2., vollständig überarbeitete Auflage

Reiseziele und Routen

Traveltipps von A bis Z

Land und Leute

Bangkok

Die Umgebung von Bangkok

Die Ostküste

Die nördliche Golfküste

Die Inseln im Golf

Die südliche Golfküste

Die nördliche Andamanenküste

Phuket

Die südliche Andamanenküste

Nord-Malaysia

Anhang

Volker Klinkmüller, Renate Loose,
Stefan Loose, A. & M. Markand

unter Mitarbeit von
Mischa Loose, Marion Meyers,
Nicole Sonderer und Nipaporn Yanklang

THAILAND
Der Süden
Von Bangkok bis Penang

STEFAN LOOSE
TRAVEL HANDBÜCHER

THAILAND Der Süden

1 Bangkok

Für viele erster oder letzter Stopp: In der vielseitigen Metropole kann man die Schätze des Landes bewundern, sich treiben lassen – und vor dem Rückflug auf Shoppingtour gehen. S. 129

Die Highlights

2 Erawan National Park

Ein Ausflug von Kanchanaburi führt in bewaldete Berglandschaft mit herrlichen Badestellen. S. 250

3 Ayutthaya

Die Tempelanlagen von Ayutthaya sind am schönsten am Abend – nach Abfahrt der Touristenbusse. S. 255

4 Chantaburi

Unbekannte Strände, Berge, Wasserfälle und die geheimnisvolle Wallfahrtsstätte Khao Phra Baht: unterwegs in einer beschaulichen Provinz, deren Reize sich bisher noch nicht herumgesprochen haben. S. 291

5 Ko Kood

Im Golf von Thailand vor der Küste Kambodschas fasziniert das Ko Chang-Archipel mit traumhaften Meereswelten und den letzten Inselgeheimnissen des Königreichs. S. 327

6 Ko Tao

Preiswert tauchen lernen: Direkt vom Bungalow aus geht es in die sagenhafte Unterwasserwelt. S. 381

7 Ko Pha Ngan

Ausgedehnte Strandwanderungen, Dschungeltouren und grandiose Sonnenuntergänge. Und wer feiern will, muss nicht mal auf den Vollmond warten. S. 400

8 Ko Phayam

Urlaub ohne Spaßprogramm: Hier spielt die Natur die Hauptrolle. Den Tag lässt man beim Sonnenuntergang in einer Treibholzbar ausklingen. S. 526

9 Tauchparadiese in der Andamanensee

Um Ko Surin und Ko Similan liegen erstklassige Tauchgründe: Begegnungen mit Schildkröten und Walhaien sind praktisch garantiert. S. 534 und 535

10 Khao Sok National Park

Es locken Trekkingtouren zu Wasserfällen und Ausflüge auf dem Sok-Fluss oder zum Stausee. Wer will, schläft hoch oben in den Wipfeln im Baumhauses. S. 540

11 Phuket-Stadt
Kunst, Kneipen, Kolonialarchitektur: eine Stadt mit Flair. S. 563

12 Bucht von Phang Nga

Die außergewöhnliche Karstlandschaft der Bucht ist weltberühmt. S. 631

13 | Klettern
Die Karstfelsen von Krabi sind eine Herausforderung für Anfänger und Fortgeschrittene. S. 648

14 George Town (Penang)

Britische Kolonialherren, chinesische Kaufleute und Einwanderer aus Indien prägten das Zentrum von George Town, das man zu Fuß oder per Fahrradriksha erkundet. S. 746

15 Pulau Perhentian

Inseltage in Malaysia: Die vorgelagerten Korallenriffe und das glasklare Wasser sind ideal zum Tauchen und Schnorcheln. S. 780

Inhalt

Highlights	2
Reiseziele und Routen	23
Klima und Reisezeiten	33
Reisekosten	36

Traveltipps von A bis Z

Anreise	38
Botschaften und Konsulate	40
Einkaufen	42
Essen und Trinken	43
Feste und Feiertage	50
Frauen unterwegs	52
Geld	52
Gepäck und Ausrüstung	54
Gesundheit	56
Informationen	59
Internet und E-Mail	60
Kinder	60
Maße und Elektrizität	62
Medien	62
Nationalparks und Reservate	64
Öffnungszeiten	64
Post	64
Reisende mit Behinderungen	67
Schwule und Lesben	67
Sicherheit	67
Sport und Aktivitäten	68
Sprachkurse	73
Telefon	73
Toiletten	76
Transport	76
Übernachtung	84
Verhaltenstipps	88
Versicherungen	92
Visa	94
Zeit und Kalender	95
Zoll	96

Land und Leute

Geografie	98
Flora und Fauna	98
Landschaften	102
Umwelt	103
Bevölkerung	105
Geschichte	108
Regierung und Politik	113
Wirtschaft	115
Religionen	118
Kunst und Kultur	123

Bangkok 129

Königspalast und Wat Phra Keo	131
Wat Pho	132
Museum of Siam	134
Nationalmuseum	134
Weitere Gebäude rings um den Sanam Luang	135
Banglampoo	136
Dusit	137
Thonburi	140
Rings um den Golden Mount	141
Chinatown	143
Silom	145
Siam und Pratunam	146
Sukhumvit	148
Im Norden	149

Die Umgebung von Bangkok 225

Richtung Westen 226
Sam Phran 226
Damnoen Saduak 226
Amphawa 227
Ratchaburi 229
Die Umgebung von Ratchaburi 232
Nakhon Pathom 233
Kanchanaburi 235
Die Umgebung von Kanchanaburi 245
Von Kanchanaburi nach Nam Tok 246
Nam Tok 248
Hellfire Pass 250
Von Kanchanaburi zum Erawan
 National Park 250
Erawan National Park 250
Sri Nakharin National Park (Srinagarind
 National Park) 251
Bo Phloi 252
Chaloem Rattanakosin National Park 252
Suphanburi 252
Bueng Chawak 253
Richtung Norden 253
Wat Phailom 254
Bang Sai 254
Bang Pa In – der Sommerpalast 254
Ayutthaya 255

Die Ostküste 267

Samut Prakan 269
Chonburi 270
Si Racha 271
Pattaya 272
Die Umgebung von Pattaya 282
Rayong 282
Ko Samet 284
Von Rayong nach Chantaburi 290
Chantaburi 291
Die Umgebung von Chantaburi 294
Von Chantaburi nach Trat 295
Trat 296
Die Umgebung von Trat 300
Ko Chang 301
Ko Wai 323
Ko Mak 323
Ko Rayang und Ko Kham 326
Ko Kood 327
Weitere Inseln des Archipels 330

Die nördliche Golfküste 331

Phetchaburi und Umgebung 332
Kaeng Krachan National Park 336
Cha-Am 338
Hua Hin 342

Die Umgebung von Hua Hin	352
Khao Sam Roi Yot National Park	355
Kui Buri National Park	356
Prachuap Khiri Khan und Umgebung	357
Ban Krut	362
Bang Saphan	366
Die Umgebung von Bang Saphan	368
Chumphon	370
Die Umgebung von Chumphon	374
Mu Ko Chumphon National Park	376

Die Inseln im Golf 377

Ko Tao	381
Ban Mae Hat und Ao Mae Hat	383
Ao Jansom	389
Hat Sai Ri	389
Hat Sai Nuan und angrenzende kleine Buchten	392
Ao June Juea	393
Ao Chalok Ban Kao	393
Ao Thian (Shark Bay)	395
Ao Sai Daeng	395
Ao Leuk	396
Ao Lang Khaai	396
Ao Tanote	396
Ao Laem Thian	397
Ao Hin Wong	398
Ao Mamuang (Mango Bay)	398
Ko Nang Yuan	399
Ko Pha Ngan	400
Thong Sala und Ao Bang Charu	406
Ao Nai Wok	411
Plaaylam	412
Hat Wok Tum und Hat Hin Kong	413
Ban Sri Thanu, Hat Sri Thanu und Hat Laem Niad	414
Hat Chao Pao	415

Hat Son	416
Hat Yao (West)	417
Hat Thian (West) und Hat Kruat	419
Hat Salad	420
Ao Mae Hat	422
Ban Chaloklum	423
Hat Khom	424
Hat Khuat (Bottle Beach)	425
Ao Thong Nai Pan	426
Than Sadet	430
Hat Namtok, Hat Yang, Hat Yao (East)	431
Hat Yuan, Hat Thien und Hat Wai Nam	431
Hat Rin	433
Ao Hin Lor, Ban Kai und Ban Tai	439
Ko Samui	442
Nathon	448
Hat Mae Nam	452
Hat Bo Phut und Fisherman's Village	458
Big Buddha	460
Ao Hat Thong	462
Hat Choeng Mon	462
Hat Chaweng	464
Ao Thong Ta Khien	472
Ao Lamai	473
Die Südküste	480
Die Westküste	483
Ang Thong Marine National Park	484

Die südliche Golfküste 485

Chaiya	486
Surat Thani und Umgebung	488
Strände bei Khanom und Sichon	493
Nakhon Si Thammarat	496
Phattalung	500
Die Umgebung von Phattalung	503
Songkhla	504
Hat Yai	507

Die nördliche Andamanenküste 513

Ranong	514
Die Umgebung von Ranong	520
Ko Chang	521
Ko Phayam	526
Laem Son National Park	533
Ko Surin National Park	534
Ko Similan National Park	535
Takua Pa	536
Ko Kho Khao	537
Ko Thung Nang Dam	538
Khura Buri	538
Sri Phang Nga National Park	539
Mu Ko Ra – Ko Phra Thong National Park	539
Khao Sok National Park	540
Khao Lak	**547**
Hat Nang Thong	549
Hat Bang Niang	553
Die Strände im Norden	556
Die Strände im Süden	557

Phuket 559

Phuket-Stadt (Phuket Town)	563
Die Strände der Insel Phuket	**577**
Panwa-Halbinsel	577
Chalong und Umgebung	578
Rawai	581
Nai Harn und Umgebung	583
Hat Kata (Kata Noi, Kata Yai, Kata-Karon)	584
Hat Karon	590
Ao Karon Noi (Relax Bay)	593
Hat Patong	593
Kamala	602
Hat Surin und Hat Pansea	605
Ao Bang Tao	607
Hat Layan	609
Hat Nai Thon	609
Hat Nai Yang	611
Hat Mai Khao	613
Jenseits der Strände	**614**
Der Nordosten	614
Khao Phra Taeo Wildlife Park / Gibbon Rehabilitation Project	614
Thalang	616
Tha Rua	616
Die Inseln vor Phuket	**616**
Coral Island	617
Ko Lone	617
Ko Mai Thon	617
Ko Racha Yai und Ko Racha Noi	617
Ko Rang Yai	620
Ko Naka Noi und Ko Naka Yai	620
Ko Yao Yai	620
Ko Yao Noi	622

Die südliche Andamanenküste 627

Phang Nga	**628**
Phang Nga-Stadt	628
Die Bucht von Phang Nga (Phang Nga Bay)	631
Von Phang Nga nach Krabi	632
Krabi und Umgebung	**633**
Krabi-Stadt	633
Ausflüge in die Umgebung von Krabi	639

Rai Leh	644
Ao Ton Sai	650
Ao Pai Plong	653
Ao Nang	654
Hat Noppharat Thara	658
Hat Klong Muang und Hat Tub Kaek	660
Ao Tha Len	661
Hat Yao	662
Vorgelagerte Inseln	662
Ko Si Boya	662
Ko Jum / Ko Pu	662
Ko Phi Phi	665
Rings um Ko Phi Phi Don	674
Ko Lanta	676
Von Trang bis Satun	695
Trang	695
Umgebung von Trang	699
Strände bei Trang	700
Ko Hai	702
Ko Muk	704
Ko Kradan	706
Ko Rok	707
Hin Daeng, Hin Muang und Ko Ha	707
Ko Libong	708
Ko Lao Liang	709
Ko Sukon	709
Ko Petra National Park	711
Ko Bulon Lae	711
Ko Lipe	713
Tarutao National Park	719
Pakbara	721
Satun	722
Pantai Tengah, Pantai Cenang	735
Telaga Harbour, Teluk Burau und Telaga Tujuh	739
Datai	741
Inselrundfahrt	741
Die Fährhäfen für Pulau Langkawi auf dem Festland	743
Penang	744
George Town	746
Der Norden der Insel Penang	763
Der Süden der Insel Penang	769
Die Ostküste	770
Von der West- zur Ostküste	770
Kota Bharu	770
Im Grenzgebiet	779
Pulau Perhentian	780

Anhang

Sprachführer	790
Glossar	794
Reisemedizin zum Nachschlagen	797
Bücher und Filme	803
Index	815
Anleitung Loose Travel Club	824
Danksagung	828
Bildnachweis	830
Impressum	831
Kartenverzeichnis	832

Reiseatlas 833

Nord-Malaysia 727

Grenzübergänge an der Westküste	728
Pulau Langkawi	729
Kuah	729

Themen

Der Gummibaum *(Hevea brasiliensis)*	100
Elefanten	101
Shrimp-Farmen	103
Unruhen im Süden	107
Die wichtigsten Könige Thailands	110
Preise und Löhne	116
Reis	117
Kunstepochen in Thailand	124
Mudra – Handhaltungen Buddhas	126
Die Geschichte des Smaragdbuddhas	133
Khaosan Road	137
Jim Thompson	147
Gourmetparadies	185
Die Eisenbahn des Todes	236
Die Königsstadt von Siam	258
Panoramastraße am Meer	290
Die Ringstraße – Reiz und Risiko	316
Die Seebäder Cha-Am und Hua Hin	342
Ein bedeutendes Fliegengewicht	349
Der Wasserfall, den nicht nur Könige besuchen	430
Wo die Büffel kämpfen	443
Von Kokosnüssen und Affen	444
Die versteinerten Großeltern	473
Ein Meister des Schattenspiels	496
Von Vogelschwärmen und Lotusfeldern	503
Die Stadt der Wettbewerbe	501
Die Karstfelsen	540
Eine der größten Blüten der Welt	542
Big Buddha	585
Soi Bangla	591
Das Böse wird aufs Meer geschickt	676
Von Gefangenen und Piraten	719
Die Kühe der Meere	708
Prinzessin Mahsuri	742
Unesco-Weltkulturerbe	746
Batik und Songket – Stoffe für Träume	772
Drachen und Kreisel	774

Reiseziele und Routen

Reiseziele

Was macht Thailand seit Jahrzehnten zum beliebtesten Reiseziel in ganz Südostasien – für Abenteuerlustige ebenso wie für Urlauber aller Altersgruppen? Es hat die Magie, in einer großen Vielfalt und Bandbreite alles in sich zu vereinen, was Erholung, Exotik und Abenteuer verspricht. Wahrscheinlich wirken Bilder vom türkisblauen Meer mit bunten Korallenriffen und strahlendem Sonnenschein an grauen, kalten Wintertagen besonders einladend. Badeorte an kilometerlangen Stränden mit komfortablen Spa-Resorts sowie kleine Buchten mit naturnahen, einfachen Bungalowanlagen versprechen Erholung pur bei jedem Budget. Zudem fasziniert eine fremde Kultur mit goldglänzenden buddhistischen Tempelanlagen, frisch zubereiteten, geschmackvollen Thai-Gerichten und vielfältigem Kunsthandwerk. Shopping wird großgeschrieben, und viele kehren aus Thailand mit einem extra Koffer zurück.

Die Bandbreite an Aktivitäten lässt kaum Wünsche offen. Aussichtspunkte, Höhlen und Wasserfälle in Wäldern und Nationalparks sind attraktive Ziele für Trekker, Fahrrad- und Motorradfahrer. Tauchen macht süchtig, und das vielfältige Angebot der Veranstalter stellt Anfänger wie Profis zufrieden. Auf Flüssen werden Raftingtouren angeboten, und Mangrovenwälder können mit Kajaks erkundet werden. Wer den Adrenalin-Kick sucht, gleitet an Stahlseile gekettet über Täler oder springt beim Bungee-Jumping in die Tiefe.

Wer hingegen Ruhe sucht, kann sich zum Meditieren in ein Kloster zurückziehen. In Schulen wird Yoga und Reiki, Thai-Küche, Thai-Massage und Thai-Boxen unterrichtet.

Viele kommen Jahr für Jahr wieder, um sich am vertrauten Strand zu bräunen, oder sind sogar nach Thailand ausgewandert. Wer mobil ist, entdeckt zwischen der quirligen Hauptstadt Bangkok und der malaiischen Inselwelt im Süden immer neue, überaus lohnende Ziele.

Die besten Aktivitäten

Tauchen und Schnorcheln: Selbst Anfänger können sich am mannigfaltigen Leben der wunderschönen Unterwasserwelt erfreuen und kommen von einer Schnorcheltour begeistert zurück. Am schönsten ist es vor den Surin-Inseln, Ko Tarutao, Ko Tao und Ko Phi Phi. Tauchbasen gibt es in Chumphon, Khao Lak, Krabi, Pattaya, Phuket, Ranong und Trang, auf der großen Ko Chang, auf Ko Hai, Ko Lanta, Ko Lipe, Ko Mak, Ko Pha Ngan, Ko Phayam, Ko Phi Phi, Ko Samui und vor allem Ko Tao. Dafür mindestens einen zusätzlichen Tag oder einen extra Urlaub einplanen.
Klettern: An den Karstfelsen bei Krabi.
Thai-Kochkurse: Sie sind das beste Souvenir, mit dem man sich und alle Freunde lange erfreuen kann und das keinen Platz im Gepäck braucht. Dafür mindestens einen zusätzlichen Tag in Bangkok oder Kanchanaburi einplanen.
Shoppen: In klimatisierten Konsumpalästen ebenso wie auf lebhaften Märkten macht es Spaß, in entspannter Atmosphäre das vielfältige, preisgünstige Angebot zu begutachten. Der Wochenendmarkt Suan Chatuchak in Bangkok (S. 149) ist der größte des Landes.
Weiteres im Kapitel „Aktivitäten" (S. 68) und im regionalen Teil.

Ein Thailand-Atlas listet in seinem Index fast 400 Wasserfälle, 150 Höhlen und 200 Naturschutzgebiete im gesamten Land, ganz abgesehen von unzähligen Inseln, Stränden, Tempeln und anderen Attraktionen. Wir können in diesem Buch nur die interessantesten beschreiben. Es gibt also viel zu entdecken, auch über das Buch hinaus. Einiges davon findet sich in den **eXTras**, die unter 🖳 www.stefan-loose.de und der entsprechenden Nummer [0000] auch über das Handy runtergeladen werden können. Näheres siehe auch S. 819.

Urlaubsinseln und -strände

Ich will auf die Insel! Aber welche? Es gibt große und kleine, an der Andamanen- und Golfküste, zudem kilometerlange Strände auf beiden Seiten der Halbinsel und Richtung Kambodscha mit einsamen Resorts unter Kokospalmen und quirligen Badeorten. Ein Blick auf die Klimatabelle erleichtert die Wahl, auch wenn das Wetter nicht mehr so vorhersehbar ist wie früher. In den Wintermonaten von November bis April sind die klimatischen Voraussetzungen an der Ostküste am besten, ab Dezember auch an der Andamanenküste. Im Sommer sollte man hingegen sein Augenmerk lieber auf Ziele an der Golfküste lenken. Da Sonne, Strand und Meer erfahrungsgemäß die Trägheit fördern, wird kaum jemand auf die Idee kommen, jeden Tag eine andere Insel oder einen anderen Strand aufzusuchen. Der ideale Strand sollte demnach alles haben, was das Herz begehrt – aber auch nicht mehr. Was die einen als einen vergnüglichen Bestandteil ihres Urlaubs empfinden, bezeichnen andere als Rummel. Den einen ist der Strand zu abgelegen, den anderen zu touristisch – Gott sei Dank, denn würden wir alle das gleiche Ziel haben, wäre es schnell überfüllt.

An erster Stelle der Urlaubsziele stehen die beiden Inseln **Phuket** (S. 577) und **Ko Samui** (S. 442), die durch ihre Flughäfen für Mittelklasse- wie Jetset-Touristen schnell zu erreichen sind. Unter den vielen Stränden von unterschiedlichem Charakter entdecken auch Backpacker noch die eine oder andere nette Badebucht. Die meisten Anlagen sind jedoch Erlebniswelten für anspruchsvolle Urlauber, Wellness wird hier großgeschrieben. Bars und Restaurants jeglicher Ausrichtung lassen auch nach Sonnenuntergang keine Langeweile aufkommen.

Einige weitere Urlaubsziele sind ähnlich ausgerichtet: Ganz im Osten auf der dschungelbedeckten Insel **Ko Chang** (S. 301) gibt es alles, von Luxusresorts für die einheimische High Society über große Familienhotels und kleine Anlagen für Individualisten bis zu einfachen Bambushütten an abgelegenen Stränden für junge Leute. **Pattaya** (S. 272), eine große Stadt an der Ostküste, ist für sein reges Nachtleben berühmt, aber auch ein beliebter Überwinterungsort von Langzeiturlaubern. Südlich von Bangkok in **Hua Hin** (S. 342) und **Cha-Am** (S. 338) verbringen zudem viele Nord- und Mitteleuropäer den Winter. Einige Resorts beeindrucken mit kaum zu über-

---

Die schönsten Feste

Landesweit – zum Mitmachen

Chinesisches Neujahr: Mit akrobatischen Drachen- und Löwentänzern durch die Straßen ziehen, am besten in Phuket-Stadt. S. 572

Loi Krathong: Beim Lichterfest kleine Boote mit Kerzen und Blumen auf Flüssen und Seen schwimmen lassen, am besten in Ayutthaya. S. 265

Makha Bucha und Visakha Bucha: An diesen buddhistischen Feiertagen kann man sich einer Lichterprozession in einem der Tempel anschließen, am besten in Bangkok.

Silvester: Zu Feuerwerk und Böller große, weiße Papierlampions langsam in den Himmel steigen lassen.

Regional – zum Zuschauen

Pattaya International Music Festival, wenn drei Tage lang auf vielen Bühnen Gratis-Konzerte geboten werden. S. 280

Vegetarierfest in Phuket, wenn Gläubige in Trance ihren Körper mit Haken und Speeren durchbohren. S. 572

Phon Lak Phra Festival in Phattalung, wenn am Ende der Fastenzeit Buddhastatuen zu Wasser und Land von Wat zu Wat getragen werden. S. 501

Die besten Tauchreviere

Hin Daeng und **Hin Muang**: Die Unterwasserfelsen in der Andamanensee sind das Revier vieler Großfische. Tauchtouren starten im Winter von Phuket, Ko Phi Phi, Ko Lanta und Ko Hai. S. 561, S. 671/S. 675, S. 679 und S. 703

Ko Phi Phi: Ein beliebtes Revier mit unterschiedlichen Anforderungen lädt ganzjährig zum Tauchen ein. S. 671 und S. 675

Ko Tao: Das beste Ziel für Anfänger hat die höchste Konzentration an Tauchschulen und leicht zugängliche Riffe mit vielen Korallenarten, Fischen und Schildkröten. Saison ist von Februar bis Oktober. S. 386

Ko Tarutao: Im Marine National Park nahe der malaysischen Grenze sind die Inseln rings um Ko Lipe seltener besucht, aber von November bis April gute Ziele. S. 718

Similan Islands: Die Inselgruppe in der Andamanensee zählt zu den besten Tauchrevieren der Welt mit Korallengärten in 10–40 m Tiefe und einer großen Artenvielfalt. Zu erreichen ab Khao Lak und Phuket. S. 541 und S. 561

---

bietendem Luxus – schließlich ist Hua Hin der bevorzugte Badeort der Königsfamilie. An der Andamanenküste ist in **Khao Lak** (S. 547) nach dem Tsunami 2004 alles neu und etwas größer geworden. Was blieb ist die Ausrichtung auf Gäste, die Ruhe suchen.

Weiße Sandstrände umrahmt von steil aufragenden Kalkfelsen machen **Krabi** (S. 633) zu einem beliebten Fotomotiv und Urlaubsziel, wobei die nur mit dem Boot erreichbaren Buchten lockerer bebaut sind. Recht beschaulich wirkt die Insel **Ko Lanta** (S. 676), deren Strände voll erschlossen sind. Auch die schöne Insel **Ko Hai** (S. 702) folgt diesem Trend.

Backpacker zieht es nicht nur zur Full Moon Party nach **Ko Pha Ngan** (S. 400). An den gut erschlossenen Stränden machen auch Familien Urlaub – von denen viele bereits auf der Insel waren, als es hier weder Elektrizität noch befestigte Straßen gab. Auch jene, die Yoga lernen wollen, zieht es vermehrt nach Pha Ngan. Nicht erst seit dem Film *The Beach* steht **Ko Phi Phi** (S. 665) bei jugendlichen Backpackern in der Beliebtheitsskala ganz oben. Der Bauboom

Zahlreiche Buddhastatuen stehen im Wat Yai Chai Mongkol, Ayutthaya.

nach dem Tsunami hat das Zentrum dieser wunderschönen Insel als Shopping- und Party-Meile wiederauferstehen lassen.

Tauchen ist auch bei Backpackern beliebt, und wer davon nicht genug haben kann, zieht am besten gleich nach **Ko Tao** (S. 381), das mit leicht erreichbaren Korallenriffen lockt. Auch weniger bekannte Inseln sind mittlerweile von der Travellerszene entdeckt worden, an der Andamanenküste z. B. **Ko Lipe** (S. 713), das sich in kurzer Zeit sehr stark entwickelt hat, **Ko Bulon Lae** (S. 711), das „andere" **Ko Chang** (Provinz Ranong, S. 521), **Ko Jum** (S. 662), **Ko Kradan** (S. 706) und besonders **Ko Phayam** (S. 526) oder **Ko Kood** (S. 327), **Ko Mak** (S. 323) und **Ko Wai** (S. 323) nahe der kambodschanischen Grenze.

Anfang 2011 wurden vereinzelt Tauchgebiete in sieben Nationalparks geschlossen, um den von der Korallenbleiche betroffenen Riffen eine Ruhepause zu gönnen. An der Golfküste betrifft das die Nationalparks **Mu Ko Chumphon** (S. 376) und an der Andamanenküste **Ko Surin** (S. 534), **Ko Similan** (S. 535), **Ko Phi Phi** (S. 665), **Ko Petra** (S. 711) und **Ko Tarutao** (S. 720). Weitere Infos

26 Urlaubsinseln und -strände

www.tatnews.org/VISITOR-INFORMATION/5263.asp

Andere kleinere Urlaubsziele werden vorwiegend von Einheimischen besucht. Auf der von Bangkok am schnellsten erreichbaren Insel **Ko Samet** (S. 284) und an den Stränden östlich von **Rayong** (S. 282) sowie zwischen **Prachuap Khiri Khan** (S. 357) und **Chumphon** (S. 370) sind die Bungalows vor allem an Wochenenden und Feiertagen belegt. Generell gilt: Je weiter man sich von den Flughäfen entfernt und je langwieriger die Anreise ist, umso ruhiger ist das Strandleben.

Einen Abstrich gilt es allerdings bei allen Zielen zu machen: Nahezu alle Badeorte sind erst in den vergangenen Jahrzehnten entstanden. Hier leben überwiegend Saisonarbeiter und Zugereiste. Wer einen Eindruck von der Thai-Kultur bekommen möchte, muss die Inselträgheit überwinden und sich auf den Weg ins Landesinnere machen.

Die interessantesten Museen

Dusit-Museen und das **Museum of Siam** in Bangkok: Gleich mehrere Museen sind nötig, um die reiche Geschichte und Kultur Thailands gebührend zu würdigen. S. 137 und S. 134
Historical Study Center in Ayutthaya: Auf anschauliche Art werden Aspekte des untergegangenen Königreichs dargestellt. S. 255
Schattentheater-Museum in Nakhon Si Thammarat: Die im Aussterben begriffene Kunst wird hier seit Generationen gepflegt. S. 496
Weitere interessante Museen: Tempelmuseum mit Nang Yai-Schattenspielfiguren nahe Ratchaburi (S. 233), Hellfire Pass Memorial Museum bei Kanchanaburi (S. 250), Tempelmuseum im Wat Khao Sukim bei Chantaburi (S. 294), Nationalmuseum in Nakhon Si Thammarat (S. 497), Folkloremuseum in Songkhla (S. 504).

Kulturelle Highlights

Allein die Megacity **Bangkok** (S. 129) ist eine eigene Reise wert – um auszugehen, zu shoppen und einige der schönsten Tempel Asiens zu besuchen. Der prächtige Königstempel Wat Phra Keo wetteifert mit glitzernden Shoppingmalls, stimmungsvollen Gassen und dem breiten Chao Phraya um die Gunst der Besucher. Wem die Millionenstadt zu voll ist, der kann die Umgebung erkunden: den Schwimmenden Markt von **Damnoen Saduak** (S. 226) oder **Amphawa** (S. 227), eine der größten Chedis des Landes in **Nakhon Pathom** (S. 233) oder **Kanchanaburi** (S. 235), durch das die „Eisenbahn des Todes"

Die schönsten Tempel

Phetchaburi: Eine Stadt voller vielgestaltiger, gut erhaltener Tempelanlagen. S. 332
Wat Phra Keo in Bangkok: Der Königstempel ist an Prunk nicht zu überbieten. S. 132
Wat Mahathat in Nakhon Si Thammarat, die schönste Klosteranlage des Südens. S. 496
Weitere beeindruckende größere und kleinere Tempel sind im ganzen Land zu finden.

fährt. Wer sich für Kultur und Geschichte begeistern kann, wird an den Monumenten und Ruinen der einstigen Königsstadt **Ayutthaya** (S. 255) seine Freude haben, die zum Unesco-Weltkulturerbe gehört.

Das tropische Klima hat vielen kulturellen Highlights in Süd-Thailand zugesetzt. So sind nur noch wenige Reste der über tausend Jahre alten Sri-Vijaya-Kultur in **Chaiya** (S. 486) erhalten. Wer sich für diese Kultur interessiert, wird am ehesten im Nationalmuseum Bangkok fündig.

Dschungel und Elefanten

Auf Elefanten durch dichten Dschungel reiten – ist das nur ein Traum oder ein Bild, das man irgendwo gesehen und mit Thailand in Verbindung gebracht hat? Wie sieht es in der Realität aus?

Dschungel im Sinne von dichtem, tropischem Regenwald gibt es nur noch vereinzelt im Hinterland der malaiischen Halbinsel südlich von Chumphon und, dank hoher Niederschläge, im äußersten Zipfel der Ostküste nahe der kambodschanischen Grenze. Ansonsten dominieren Laub abwerfende Monsunwälder. Sie haben sich an die Trockenzeit angepasst, die wir als ideale Reisezeit in unseren Wintermonaten schätzen.

Die beeindruckendsten Naturattraktionen

Höhlen
Hongs in der Bucht von Phang Nga: Mit dem Kajak die Passagen und das erodierte Innere der pittoresken Kegelkarst-Inseln erkunden. S. 631
Khao Luang in Phetchaburi: Die schönste der buddhistischen Höhlen und Grotten wird mittags wunderbar ausgeleuchtet. S. 334
Weitere Ziele für Höhlen-Freaks: Chumphon (S. 370), Kanchanaburi (S. 245), Krabi (S. 639), Phang Nga (S. 628), Phi Phi (S. 675), Ratchaburi (S. 229) und der Rajjaprabha-Damm (S. 544).

Nationalparks
Erawan National Park: Das äußerst beliebte Ausflugsziel bei Kanchanaburi lässt sich gut mit dem Besuch anderer Attraktionen verbinden. Nach einer Wanderung durch den dichten Wald erfrischt ein Bad im Wasserfall. S. 250
Khao Sok National Park: Zwischen Takua Pa und Surat Thani kann man Touren durch den tropischen Dschungel mit Guide oder auf eigene Faust unternehmen und ganz in der Nähe wohnen, paddeln und einen Stausee mit dem Boot erkunden. S. 540
Kaeng Krachan National Park: Die Erkundung des größten Nationalparks des Landes gestaltet sich noch recht abenteuerlich. S. 336
Weitere interessante Nationalparks: Ang Thong Marine National Park (S. 484), Khao Sam Roi Yot (S. 355), Kui Buri (S. 356) und Tarutao National Park (S. 719).

Wasserfälle
Erawan im gleichnamigen Nationalpark bei Kanchanaburi: Dieser Wasserfall ist von Bambuswäldern umgeben und ein schönes Badeziel. S. 251
Weitere Ziele für Wasserfall-Freaks: Chantaburi (S. 295), Ko Chang (S. 301), Ko Kood (S. 327), Ko Samui (S. 444).

Viele Bäume verlieren in der heißen Trockenzeit ihr Laub. Dann sind die kühlen Bambushaine, die viele Wasserfälle umgeben, ein idealer Platz. Die Wasserfälle selbst zeigen sich in dieser Jahreszeit nicht von ihrer besten Seite – sie sind naturgemäß während der Regenzeit am schönsten.

Thailand ist die Heimat der **Elefanten**, die auch in der Kultur des Landes als göttliche Wesen und Symbol der Monarchie einen hohen Stellenwert genießen. Dennoch ist es nur noch mit viel Glück möglich, sie in freier Wildbahn zu sehen – am ehesten im **Kui Buri National Park** (S. 356). Tausende von Arbeitselefanten, die seit Jahrhunderten von Spezialisten trainiert werden, waren bis zu Beginn der 1980er-Jahre in den Holzfällercamps tätig. Nach dem Holzeinschlagverbot arbeitslos geworden, finden sie nun ihr Auskommen in **Elefantencamps**. Wer einen Ausflug inklusive Elefantenreiten bucht, wird gemeinsam mit vielen anderen eine kurze Runde um das Camp drehen. Da Elefanten im tropischen Süden kaum artgerecht gehalten werden können, schließlich sind sie Bewohner des nördlicheren Monsunwaldes, hat das bereits zu tödlichen Unfällen beim Reiten geführt. Deshalb sollte man sich auf das Füttern der Tiere beschränken. Im **Elephant's World** in der Nähe von Kanchanaburi (S. 243) kümmert man sich um kranke und vernachlässigte Tiere (S. 101).

Die schönsten **Nationalparks und Naturlandschaften** sind selten mit öffentlichen Verkehrsmitteln zu erreichen. Wer sich kein Fahrzeug mieten möchte, kann einige Ziele im Rahmen organisierter Touren auch in kleinen Gruppen besuchen. In den meisten Nationalparks wurden Gebiete in der Umgebung des Headquarters für Besucher erschlossen. Auf markierten Wegen kann man auf eigene Faust wandern oder mit einem Guide losziehen. Weitere Informationen auf S. 64 und unter www.dnp.go.th.

Reiserouten

Drei Monate – ein Visum plus Verlängerung – reichen nicht aus, um alles in Thailand zu sehen, selbst wenn man täglich unterwegs ist. Auch nach Jahren intensiver Reisen entdecken wir jedes Mal wieder Neues und Interessantes. Bei diesem vielseitigen Angebot fällt es schwer, eine Auswahl zu treffen, wenn die Reise nur kurz ist. Viele wollen zudem einige Tage abhängen oder eins der Nachbarländer besuchen, und so bleibt nur wenig Zeit für eine Reise durch das Land.

Am Anfang und Ende

Mit Jetlag und nach einem im Winter extremen Klimawechsel wird man einer quirligen Stadt wie Bangkok, einem anstrengenden Kulturprogramm oder langen Rundfahrten kaum etwas abgewinnen. Vieles spricht deshalb dafür, sich erst einmal für einige Tage am **Strand** zu erholen, denn nach einer Eingewöhnungsphase fällt es leichter, das Land zu entdecken. Die Infrastruktur der Badeorte, die in den vergangenen drei Jahrzehnten an den schönsten Stränden entstanden sind, ist auf Touristen eingestellt. Hier gibt es westliche wie lokale Restaurants, die meisten Menschen sprechen Englisch, und nach den ersten Ausflügen zum Strand ist man bereit, zunehmend größere Kreise zu ziehen. Wer nicht vorgebucht hat, wird bald, durch die Vielfalt des Angebots verführt, zum Inselhüpfer und wechselt nach einiger Zeit den Urlaubsort. Schließlich hat jeder Strand seinen eigenen Charakter.

Die letzten Tage eignen sich hervorragend für einen Einkaufsbummel in **Bangkok**, dessen Highlight der Besuch des Suan Chatuchak Weekend Markets am Samstag und Sonntag ist. Zudem steht dann der Königspalast mit dem Wat Phra Keo auf dem Programm, denn wer diese kulturellen Höhepunkte zu Beginn seiner Thailand-Reise ansteuert, wird vielleicht anderen Tempeln des Landes, die kaum weniger schön sind, nicht mehr so viel abgewinnen können. Also besser erst am Ende der Reise auf Kulturtrip durch Bangkok gehen und den Abschied genussvoll mit einem Cocktail in einer der schicken Bars oder auf der lebhaften Khaosan Road feiern!

Die Zeit für eine Erkundungstour zwischen dem Erholungsurlaub und dem letzten Einkaufstrip kann je nach Interesse kurz oder auch etwas länger sein. Wer Land und Leute kennenlernen möchte, sollte frühzeitig aus den Urlaubswelten aufbrechen, denn Einheimische sind dort in der Minderheit.

Backpacker unterwegs

■ 1 bis 2 Wochen

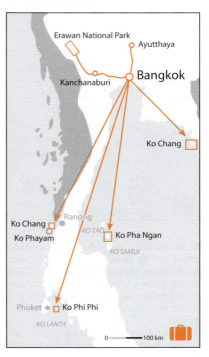

Nach einem Badeurlaub auf **Ko Pha Ngan** (S. 400) im Sommer und **Ko Phi Phi** (S. 665) im Winter oder auch auf der großen **Ko Chang** (S. 301) oder **Ko Phayam** (S. 526), die besonders für Thailand-Anfänger geeignet sind, geht es nach **Bangkok** (S. 129) in die Khaosan Road, dem

---

Die besten Essensmärkte

Floating Market in Amphawa – ein kulinarischer schwimmender Markt am Wochenende mit vielen lokalen Spezialitäten. S. 227
Gourmet-Etage im Siam Paragon in Bangkok – in ihrer Vielfalt kaum zu überbieten. S. 147

Dreh- und Angelpunkt aller Backpacker – ob mit Rucksack oder Rollkoffer unterwegs in Thailand. Es herrscht eine geschäftige Atmosphäre. Man genießt es, zu sehen und gesehen zu werden.

Wenn nur noch ein paar Tage Zeit sind, hat man von Bangkok aus drei Optionen: Viele Möglichkeiten für Ausflüge bietet **Kanchanaburi** (S. 235), wo man mit dem Fahrrad und Longtail Boat das Umland erkunden kann oder eine der vielen Tagestouren bucht, wobei der **Erawan National Park** (S. 250) den größten Zuspruch erfährt (2–4 Tage). Wer wenig Zeit hat, fährt mit dem Bus oder Zug nach **Ayutthaya** (S. 255), um sich die Tempel anzusehen (1–2 Tage). Diese Ziele lassen sich zu einer kleinen Rundreise verbinden.

Entlang der Ostküste

■ 1 Woche

An der Ostküste liegen die schönsten Badestrände auf **Ko Samet** (S. 284) und den Inseln des **Ko Chang Marine National Parks** (S. 301). Bei der Anreise lohnt sich eine Übernachtung in der Edelstein-Metropole **Chantaburi** (S. 291), die mit einer interessanten Vergangenheit aufwartet.

Wer auf Abwechslung und Nachtleben steht, legt eine durchtanzte Nacht in **Pattaya** (S. 272) ein und fährt dann weiter zu den beiden Großzoos von **Si Racha** (S. 271) oder in den Vorort der Metropole **Samut Prakan** (S. 269), wo das Freilichtmuseum Ancient City und eine riesige Krokodilfarm locken. Von hier aus lassen sich Bangkok oder der Flughafen in gut einer Stunde erreichen.

Die Phang Nga-Bucht und Inseln im Süden

■ ab 5 Tagen

Die landschaftlich reizvollste Tour durch die Karstlandschaft im Süden führt von **Phuket** (S. 563) über **Phang Nga** (S. 628) mit einem halbtägigen Abstecher durch die Mangroven zum James-Bond-Felsen nach **Krabi** (S. 631), von wo aus am nächsten Tag viele Strände, Inseln und Höhlen erkundet werden können und Kletterer die Felswände erklimmen können.

Bequem ist ein Mietwagen oder Motorrad, aber auch mit dem Fahrrad besteht die Möglichkeit, auf Nebenstraßen zu fahren, interessante Zwischenstopps einzulegen und auf einer anderen Route oder sogar mit dem Boot zurückzukehren.

Bei einer Rundfahrt mit öffentlichen Verkehrsmitteln ist es möglich, auf der Rückreise nach Phuket die Fähren zu benutzen und einen Zwischenstopp auf **Ko Phi Phi** (S. 665) einzulegen. Wer nicht vorhat, bis tief in die Nacht Partys zu feiern, lässt sich besser mit dem Longtail Boat von den überentwickelten Hauptstränden zu einem kleinen, ruhigeren Strand im Norden der Insel bringen.

Bei 2–3 Tagen mehr Zeit kann man weiter in den Süden vordringen und von Krabi aus **Ko Lanta** (S. 676) mit in die Rundreise einbauen. Von dort geht es nach Lust und Laune in 3–4 weiteren Tagen mit einem Schnellboot noch weiter in den Süden über **Ko Hai** (S. 702) und **Ko Muk** (S. 704) nach **Ko Lipe** im Tarutao Marine National Park (S. 713) nahe der Grenze zu Malaysia und darüber hinaus nach Langkawi.

Inselhüpfen am Isthmus von Kra

■ ab 2 Wochen

Die schmalste Stelle Thailands liegt südlich von Prachuap Khiri Khan, aber die schmalste Stelle der Halbinsel, der Isthmus von Kra, ist weiter im Süden bei **Chumphon** (S. 370), dem Hafen für Boote nach **Ko Tao** (S. 381). Auf dem H4 fahren Busse von hier an die Westküste in die vom Zinnboom geprägte Provinzstadt **Ranong** (S. 514) an der Grenze zu Myanmar. Mit einem eigenen Fahrzeug ist die schmale Landstraße H4139 eine wesentlich interessantere Alternative.

Zwischen Ranong und dem Urlaubsort **Khao Lak** (S. 547 weiter südlich verlocken Fähren und Charterboote in kleinen Häfen entlang der Strecke Taucher und Backpacker zu ein- oder mehrtägigen Inseltouren nach **Ko Chang** (S. 301), **Ko Phayam** (S. 526) oder zu den **Surin-** (S. 534) und **Similan-Inseln** (S. 535). Zudem sind nette Abstecher ins Hinterland möglich, so in den herrlichen Dschungel des **Khao Sok National Parks** (S. 540) und zum **Rajjaprabha-Damm** (S. 544). Von dort kann man zurück zur Golfküste nach **Surat Thani** (S. 488) fahren und auf die großen Badeinseln **Ko Samui** (S. 443) oder **Ko Pha Ngan** (S. 400) übersetzen.

Wer möchte, kann anschließend ein Boot zum beliebten Tauchziel **Ko Tao** (S. 381) nehmen und von dort nach Chomphon aufs Festland zurückkehren.

Entlang der Golfküste

■ 1 Woche

Wer in Bangkok früh aufbricht, hat die Gelegenheit, in **Damnoen Saduak** (S. 226) den Schwimmenden Markt zu besuchen, bevor es durch die idyllische Flusslandschaft über **Amphawa** (S. 227) weiter und in die wenig besuchte Provinzstadt **Ratchaburi** (S. 229) geht. Hier wie in **Phetchaburi** (S. 332) weiter südlich sind buddhistische Höhlen und Tempel interessante Ausflugsziele. Nach einem Abstecher in den Nationalpark **Kaeng Krachan** (S. 336) geht es in den typisch thailändischen Badeort **Cha-Am** (S. 338). Wer einen ruhigen Strand bevorzugt, kann sich an der Küste zwischen **Prachuap Khiri Khan** (S. 357) und **Bang Saphan** (S. 366) umsehen. Sollte man dort nicht hängengeblieben sein, gibt es in **Nakhon Si Thammarat** (S. 496) noch einen großen, alten Tempel zu bestaunen.

Wie reisen?

Überlandbusse fahren alle Städte des Landes an. Wer sich Backpackerbussen anvertraut, die bequemes Reisen von Guesthouse zu Guesthouse versprechen, sollte vorher die Warnungen lesen, s. S. 80 (A–Z, Minibusse), oder lieber gleich in den großen Bus oder Zug einsteigen.
Die **Eisenbahn** verkehrt sternförmig von Bangkok aus bis Butterworth (Penang) in Malaysia.
Es ist einfacher, als mancher denkt, mit dem **Auto** eine Rundfahrt zu unternehmen. Bei einigen Autovermietern ist es möglich, den Wagen auch in einem anderen Zielort abzugeben (dann auf *one way rental* achten!). Hat man sich an den Linksverkehr gewöhnt, stellt das Verkehrschaos der Hauptstadt das größte Hindernis dar. Dem entkommt, wer am internationalen Airport Suvarnabhumi startet und auf der Ring Road in einem großen Bogen um Bangkok herum fährt.

Auch mit dem **Motorrad** oder **Fahrrad** kann man dem Land näher kommen. Auf den meisten Inseln und an Badestränden werden Motorräder und Fahrräder vermietet. Einige Inseln eignen sich wegen schlechter Straßen und steiler Berge nicht zum Radfahren. Für längere Touren bringt man besser ein eigenes Rad mit. Ausflüge werden ab Bangkok, Phuket und Khao Lak organisiert. In einigen Badeorten kann man zudem mit einem **Quad** bzw. **ATV** *(all-terrain vehicle)* die Umgebung erkunden. Wer am Strand entlang fährt, zerstört die Ufervegetation und durch das Salzwasser auch das Fahrzeug, weshalb es von den Vermietern verboten ist.
Billigfluggesellschaften machen es möglich, an eine Reise durch Thailand einen Abstecher nach Kambodscha, Vietnam, Laos, Malaysia oder Myanmar anzuhängen. Auch zu diesen Ländern gibt es Stefan Loose Travel Handbücher.

Abseits der Touristenzentren

Genug von Touristenbussen, Sehnsucht nach Am-Ende-der-Welt-Atmosphäre? Kein Problem: Überall gibt es Reiseziele, in denen es garantiert keine anderen Touristen gibt. Am besten erreicht man sie mit einem eigenen Fahrzeug und folgt den blauen Hinweisschildern zu touristischen Sehenswürdigkeiten, die in diesem Buch nicht beschrieben sind. Auch das GPS hat sich als hilfreich erwiesen, einige schöne Nebenstrecken zu entdecken.

Die lokale Kultur und Lebensart erschließt sich vor allem in den Dörfern und Provinzstädten. Hier sind Farang, wie die Besucher aus dem Westen genannt werden, eine Seltenheit und werden manchmal sogar neugierig bestaunt. Wer nichts dagegen hat, auf den einen oder anderen Touristen zu treffen, findet in diesem Buch viele weitere Anregungen.

Klima und Reisezeiten

Klima

Niemand plant einen Badeurlaub an der Nordseeküste im Dezember, doch viele vergessen, dass auch in Thailand Regen- und Trockenzeiten berücksichtigt werden sollten, obwohl die extremen klimatischen Schwankungen der letzten Jahre auch zu außergewöhnlichen Regenfällen und Hitzewellen geführt haben. Über das Wetter informieren viele Websites sowie das Informationsministerium unter 🖥 www.tmd.go.th/en.

Die **Temperaturen** schwanken an der Küste im Verlauf des Tages meist zwischen 24 °C und 32 °C. Je näher der Äquator ist, umso geringer werden die Temperaturschwankungen. Besonders die Küsten haben ihre eigenen Windsysteme und **Regenzeiten**. Normalerweise treten von Juli bis Oktober auch mehrere Regentage hintereinander auf. Dann kann an einem Tag mehr Regen fallen als in mehreren trüben europäischen Monaten. **Winde** bringen Regen, wenn sie vom Meer her kommen – kommen sie vom Festland, sind sie hingegen trocken. Von Mai bis Oktober liegt Thailand im Einflussbereich des Südwest-Monsuns, der dem Land ab Mai hohe Niederschläge beschert. Von November bis Februar bringt der Nordostmonsun der Ostküste ab Prachuap Khiri Khan Regen. Hierdurch kommt es zu **drei Jahreszeiten**, die regional verschieden sind:

Die kühle Jahreszeit (November bis Februar)

Am „kältesten" ist es im Dezember und Januar. In diesen Monaten schwankt die Temperatur in Bangkok zwischen 20 °C am Morgen und 30 °C am Nachmittag. Im Süden gibt es geringere Schwankungen. An der Westküste klingt im November die Regenzeit aus, sodass Urlauber von Dezember bis April mit viel Sonnenschein rechnen können. An der Golfküste südlich von Chumphon (Ko Samui, Ko Pha Ngan, Ko Tao) bringt zum Ende des Jahres der Nordostmonsun viel Regen.

Die heiße Jahreszeit (März bis Mai)

Die Temperaturen steigen ab Februar ständig an. Weitere Unannehmlichkeiten bescheren eine Wasserknappheit, die sich vor allem in Bangkok bemerkbar macht. Mittagstemperaturen von bis zu 40 °C im Schatten sind im Landesinneren keine Seltenheit. Angenehm ist nur der Aufenthalt an der Küste bei maximal 34 °C im Schatten, wo in den Badeorten Hochkonjunktur herrscht.

Die Regenzeit (Mai bis Oktober)

Der einsetzende Südwestmonsun bringt vom Indischen Ozean Niederschläge, vor allem für die Andamanenküste. Die Niederschläge nehmen bis zum September / Oktober kontinuierlich zu. Dennoch kann es im Mai bereits zu Überschwemmungen kommen. Für einen Badeurlaub eignet sich der Golf von Thailand, während es an der Andamanenküste oft heftig regnet. Im September und Oktober fallen fast überall hohe Niederschläge. Wann die Regenzeit beginnt und wie lange sie dauert, ist schwer vorhersehbar.

Es kann selbst Mitte November noch stark regnen, deshalb sind unsere Angaben durchschnittliche Werte.

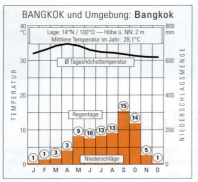
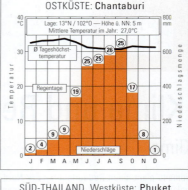
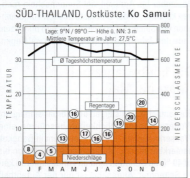
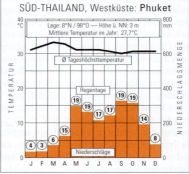

In Folge der Erderwärmung scheint sich auch der Monsun zu verschieben. In den letzten Jahren kam und endete er manchmal später. Vielen Gebieten brachte er weniger Regen, suchte jedoch den tiefen Süden mitten in der Trockenzeit mit schweren Überschwemmungen heim.

Reisezeiten

Die ideale Reisezeit ist die **Trockenzeit** (Dezember bis März). Nur in Ko Samui und an der Ostküste regnet es im November und Dezember häufig. Am sichersten ist es, die Reise einen Monat nach dem Ende der Regenzeit zu beginnen.

Wichtig für die Planung der Reise sind auch die **Schulferien**. Während der europäischen Sommer- und Weihnachtsferien, wenn auch die internationalen Schulen in Thailand Ferien machen, herrscht Hochsaison. Die thailändischen Universitätsferien (Mitte März–Ende Mai und kürzer im Oktober/November) und Schulferien variieren (meist zwei Monate zwischen März und Mai sowie drei Wochen im Oktober). Während dieser Zeit sind viele Strände an der Küste und Nationalparks gut besucht.

Vor allem an **Feiertagen** wie dem Chinesischen Neujahr, dem Thai-Neujahr, in der Zeit zwischen Weihnachten und dem 1. Januar und den Brückentagen bis zum nächsten Wochenende sind die Zimmer in Badeorten und Erholungsgebieten nicht nur ausgebucht, sondern häufig sogar überbucht. Die Preise steigen besonders am 1. Weihnachtsfeiertag und zu Silvester. Viele Bus- und Zugtickets sind ausverkauft, viele Hotels belegt und die Naturattraktionen überlaufen.

Mit dem Boot durch die faszinierenden Karstfelsen der Bucht von Phang Nga

Reisekosten

Es ist natürlich viel einfacher, mit gut gefüllter Reisekasse unterwegs zu sein, aber auch mit schmalem Geldbeutel kann man viel unternehmen, denn das touristische Angebot an Unterkünften, Restaurants, Transportmitteln, Sport- und Einkaufsmöglichkeiten ist sehr breit gefächert. Manch einer genießt es, zwischen Bambushütte und 5-Sterne-Resort zu pendeln, mit dem lokalen Bus zu fahren und sich trotzdem für einen Ausflug ein Taxi zu gönnen, die Nudelsuppe am Straßenstand ebenso zu genießen wie den Hummer am Strand und bei einem Tauchkurs nicht rechnen zu müssen. Andere wollen so lange wie möglich mit ihrem Geld reisen und haben kein Problem damit, in Schlafsälen zu übernachten und auf den Märkten zu essen, mit nicht klimatisierten Bussen zu fahren und teure Touristenzentren zu meiden.

Generell ist das allgemeine Preisniveau in Bangkok, Phuket, Ko Samui und einigen Touristenzentren wesentlich höher als in der Provinz.

Außerdem gibt es neben dem Stadt-Land-Preisgefälle beachtliche regionale Unterschiede. Billiger als in den Urlaubszentren lebt es sich in vielen Provinzstädten. Dort und an abgelegenen Stränden kann man bei anspruchsloser Lebensführung mit 500 Baht am Tag auskommen, wenn das Zimmer geteilt wird. Darin sind allerdings Souvenirs, Touren, Mieten von Motorrädern oder Autos und Schlemmereien in Edelrestaurants sowie Alkoholika nicht enthalten.

Wenn der Urlaub etwas komfortabler sein soll, braucht man mindestens das Doppelte. In diesem Budget sind etwas bequemere Unterkünfte und Essen in Restaurants enthalten. Wer regelmäßig ein Bier oder einen Cocktail trinkt, fein essen geht oder Hotels mit Pool, Spas und anderen luxuriösen Einrichtungen genießen will, braucht noch viele Baht mehr ohne Begrenzung nach oben. Da ein Zimmer für eine Person genauso viel kostet wie für zwei Personen, reist man zu zweit billiger. Unterkünfte im 4- und 5-Sterne-Bereich sind überwiegend günstiger über Reiseveranstalter oder das Internet buchbar.

Lokale öffentliche Verkehrsmittel sind außerhalb der Urlaubsorte immer noch recht günstig. Auf Langstrecken zahlt man bei Bussen wie auch der Eisenbahn für zusätzliche Bequemlichkeit (Klimaanlage, Liegesitze, Essen) etwa das Doppelte. Viele Backpacker-Busse sind zwar billig, aber weder sonderlich bequem noch sicher.

Bei Eintrittsgeldern, vor allem für Nationalparks, aber auch in Thai-Restaurants gibt es manchmal erhebliche Unterschiede zwischen dem, was Ausländern und Einheimischen in Rechnung gestellt wird. Thai-Speisekarten sind oft umfangreicher als die englischen, auf denen dann nur die teuren Gerichte übersetzt sind.

Was kostet wie viel?	
Trinkwasser (1 l)	10–20 Baht
Softdrink (0,3 l)	10–30 Baht
Bier (0,6 l)	50–120 Baht
Nudelsuppe	20–40 Baht
Curry-Gericht	50–150 Baht
Benzin (1 l)	35 Baht
Taxifahrt (in Bangkok)	ab 35 Baht
Mietwagen pro Tag	1000–2000 Baht
Eintritt Nationalpark	überw. 200 Baht
Eintritt Nationalmuseum	überw. 100 Baht
Zimmer im Gästehaus	ab 250 Baht
- im Mittelklasse-Hotel	800–2000 Baht

Traveltipps von A bis Z

Anreise S. 38
Botschaften und Konsulate S. 40
Einkaufen S. 42
Essen und Trinken S. 43
Feste und Feiertage S. 50
Frauen unterwegs S. 52
Geld S. 52
Gepäck und Ausrüstung S. 54
Gesundheit S. 56
Informationen S. 59
Internet und E-Mail S. 60
Kinder S. 60
Maße und Elektrizität S. 62
Medien S. 62
Nationalparks und Reservate S. 64
Öffnungszeiten S. 64

Post S. 64
Reisende mit Behinderungen S. 67
Schwule und Lesben S. 67
Sicherheit S. 67
Sport und Aktivitäten S. 68
Sprachkurse S. 73
Telefon S. 73
Toiletten S. 76
Transport S. 76
Übernachtung S. 84
Verhaltenstipps S. 88
Versicherungen S. 92
Visa S. 94
Zeit und Kalender S. 95
Zoll S. 96

Anreise

Flüge aus Europa

Wer zum gewünschten Zeitpunkt möglichst billig fliegen will, sollte frühzeitig buchen. Die Preise ändern sich ständig – und dank der Benzinpreiserhöhungen, der damit verbundenen Zuschläge und der 2011 eingeführten Luftverkehrsabgabe von 45 € bei Langstreckenflügen aus Deutschland leider meist nach oben. Zudem lasten die Airlines ihre Maschinen möglichst voll aus, sodass freie Plätze kurz vor dem Abflugtag kaum noch zu bekommen sind.

Zur Zeit der Recherche flogen europäische und asiatische Gesellschaften für 550–900 € (Hin- und Rückflug) von Frankfurt, Düsseldorf, Berlin, München und Wien nach Bangkok oder Kuala Lumpur. Informationen zur Flugsicherheit dieser Airlines finden sich unter www.aerosecure.de.

Inlandflüge können bei Thai Airways und Malaysia Airlines als Anschlussflüge mitgebucht werden. Nicht zu empfehlen sind die „Open date tickets", da Flüge von und nach Thailand oder Malaysia oft Monate im Voraus ausgebucht sind und für das Thailand-Visum ein bestätigter Rückflug verlangt wird.

Thai Airways
60313 **Frankfurt**, Zeil 127
✆ 069-9287 4444, ✆ 9287 4333
80335 **München**, Bayerstr. 85A
✆ 089-2420 7010, 🖥 www.thaiairways.com.
Bangkok Airways
60311 Frankfurt, Bethmannstr. 58
✆ 069-1337 7565-6, 🖥 www.bangkokair.com.
Malaysia Airlines
60329 Frankfurt, Wilhelm-Leuschner-Str. 78
✆ 069-1387 1910, 🖥 www.malaysiaairlines.com.

Weitere internationale Airlines, die Thailand anfliegen, siehe **eXTra [2590]**. Über gute Sitzplätze und weitere Details im Flieger informiert 🖥 www.seatguru.com.

Auf dem Landweg

Seit Dezember 2008 wird bei der Einreise auf dem Landweg nach Thailand an allen Grenzübergängen nur noch eine Aufenthaltserlaubnis von 15 Tagen erteilt. Wer länger bleiben will, benötigt ein Visum, das bei einer konsularischen Vertretung Thailands im Ausland beantragt werden muss, s. S. 41. Aktuelles zur Visasituation siehe **eXTra [2670]**.

Weniger fliegen – länger bleiben! Reisen und Klimawandel

Der Klimawandel ist vielleicht das dringlichste Thema, mit dem wir uns in Zukunft befassen müssen. Wer reist, erzeugt auch CO_2: Der Flugverkehr trägt mit einem Anteil von bis zu 10 % zur globalen Erwärmung bei. Wir sehen das Reisen dennoch als Bereicherung: Es verbindet Menschen und Kulturen und kann einen wichtigen Beitrag für die wirtschaftliche Entwicklung eines Landes leisten. Reisen bringt aber auch eine Verantwortung mit sich. Dazu gehört darüber nachzudenken, wie oft wir fliegen und was wir tun können, um die Umweltschäden auszugleichen, die wir mit unseren Reisen verursachen.

Wir können insgesamt weniger reisen – oder weniger fliegen und länger bleiben, den Zug nehmen (wenn es einen gibt), Nachtflüge meiden (da sie mehr Schaden verursachen). Und wir können einen Beitrag an ein Ausgleichsprogramm wie 🖥 **www.atmosfair.de** leisten. Dabei ermittelt ein Emissionsrechner, wie viel CO_2 der Flug produziert und was es kostet, eine vergleichbare Menge Klimagase einzusparen. Mit dem Betrag werden Projekte in Entwicklungsländern unterstützt, die den Ausstoß von Klimagasen verringern helfen.

nachdenken • klimabewusst reisen

Aus / nach Malaysia

Grenzüberschreitende Züge fahren zwischen Bangkok und Butterworth, dem Fährhafen für Penang. Zudem schwärmt täglich eine Flotte von Minibussen aus den großen Städten und Tourismuszentren in Changlun/Sadao über die Grenze und lädt ihre Passagiere in Hat Yai um. Aus Sicherheitsgründen sind ihnen jedoch die großen Busse vorzuziehen, die vor allem zwischen Hat Yai und allen großen Städten der Malaiischen Halbinsel verkehren. Kaum genutzt werden die abgelegenen Grenzübergänge im Landesinneren. Aufgrund der politischen Unruhen in den grenznahen Provinzen Yala, Narathiwat und Pattani fahren nur noch wenige Touristen über Tak Bai oder Sungai Golok nach Kota Bharu an der Ostküste.

Bei der Einreise nach Malaysia wird eine dreimonatige Aufenthaltserlaubnis erteilt.

Aus / nach Myanmar

Myanmar schottet sich ab, sodass das übliche Transportmittel aus dem Nachbarland das Flugzeug ist. Eine Ausreise auf dem Landweg ist nur mit Sondergenehmigung von Kengtung via Tachilek nach Mae Sai oder von Kaw Thaung mit dem Boot nach Ranong möglich.

Bei der Einreise nach Myanmar kann in der Regel nur das grenznahe Gebiet besucht werden. Für eine saubere US$10-Note wird ein 14-tägiges Visum ausgestellt.

Online buchen

In Online-Reisebüros kann man mit Kreditkarte fast alles buchen, was man zum Reisen braucht: Pauschal- wie Lastminute-Reisen, Kreuzfahrten, Flüge, Zimmer, Mietwagen und Veranstaltungstickets. Wer nicht nur über eine Hotline kommunizieren möchte, geht in ein Reisebüro mit Ansprechpartner. Flexible suchen auf Internetseiten von Veranstaltern, Hotels oder Airlines nach Lastminute-Angeboten oder Sondertarifen für Flüge, Hotelzimmer oder Tickets.

🖥 **www.agoda.com**
Mehrsprachige Buchungsmaschine mit Prämienpunktsystem.

Tipps für die ersten Schritte im Land

Leser haben uns gebeten, Tipps für die ersten Tage im Land an den Anfang des Buches zu stellen. Voilà, hier Warnungen für Bleichgesichter:

- Überall, wo sich Neuankömmlinge konzentrieren, in der Ankunftshalle am Airport oder Bahnhof (s. S. 221) oder am Königspalast (s. S. 131), sind Schlepper, Hostessen und selbst ernannte Guides nicht fern, die ein schnelles Geschäft wittern und überhöhte Preise verlangen.
- Deshalb: Keinem hilfsbereiten Taxi-/Tuk Tuk-Fahrer/Guide/Traveller glauben, der einen bei einer billigen Stadtrundfahrt für 20 Baht davon überzeugen will, dass man beim Edelstein-/Seidenhändler/Schneider einen günstigen Großeinkauf machen kann. Ein gut klingendes Angebot ist wahrscheinlich zu gut, um wahr zu sein (s. S. 42).
- Shoppingtouren auf das Ende der Reise verlegen, wenn man das Preisniveau kennt. Zudem spart man sich damit unnötige Schlepperei.
- Billiger und nicht weniger bequem als die angebotenen Limousinen am Airport in Bangkok sind Taxis mit Taxameter und noch günstiger die Busse bzw. der Airport Rail Link (s. S. 221).
- Wer sich für die ersten Tage ein Hotel reserviert, hat weniger Stress bei der Ankunft.
- Wer Thai-Essen nicht gewohnt ist, kann die ersten Tage „nicht scharf" *(mai pet)* bestellen und sich langsam steigern.
- Gepäck keinem Fremden anvertrauen, auch nicht dem Security-Personal am Airport.
- Wertsachen gehören vor allem bei Busfahrten nur ins Handgepäck, besser jedoch in den unter der Kleidung getragenen Geldgürtel.
- Insgesamt sind Thailand und Malaysia sehr sichere Länder, auf die man sich während der Reise beruhigt einlassen kann.

🖳 **www.asiatravel.com**
Buchungsmaschine mit Schwerpunkt und Büros in Asien. Bezahlt wird im Hotel.
🖳 **www.billig-flieger-vergleich.de**
Die aktuell günstigen Flüge sind hier gelistet.
🖳 **www.ebookers.de**
Ableger eines britisch-amerikanischen Reiseportals und FTI Touristik.
🖳 **www.expedia.de**
Großes, 1999 gegründetes Online-Reiseportal.
🖳 **www.hostelbookers.com**
🖳 **www.hostelworld.com**
Hostels und preiswerte Unterkünfte mit englischsprachigen Bewertungen von Reisenden sowie Buchungsmöglichkeiten. Außerdem Podcasts zum Runterladen, Reiseinformationen und mehr.
🖳 **www.hotelopia.de**
Hotelbuchungsagentur der TUI mit 24-Stunden-Hotline.
🖳 **www.de.kayak.com**
Deutsche Suchmaschine für weltweite Reiseangebote im Netz.
🖳 **www.lastminute.de**
Angebote von fast allen Reiseanbietern.
🖳 **www.latestays.com**
Lastminute-Hotels von Asia Web Direct.
🖳 **www.opodo.de**
Hier bieten verschiedene europäische Fluggesellschaften günstig ihre Tickets an.
🖳 **www.ratestogo.de**
Ableger eines australischen Reiseportals mit Lastminute-Hotelbuchungen.
🖳 **www.regit.com**
Südostasiatisches Reiseportal mit Hotelinformationen.
🖳 **www.travelchannel.de**
Eines der ersten Reiseportale von Otto Freizeit und Touristik.
🖳 **www.tripadvisor.de**
Die deutschsprachige Website der größten internationalen Reiseplattform ist ein Tochterunternehmen von Expedia, 🖳 www.expedia.de, und umfasst noch weitere Reise-Medien-Portale wie Hotel.de, Opodo, Venere und Hotels.com. Sie bietet die umfangreichste Hotelauswahl, einen Beliebtheitsindex, die Möglichkeit zum Preisvergleich verschiedener Anbieter, ein Forum sowie Bewertungen von Reisenden, die überwiegend auf Englisch geschrieben sind, und deren Fotos. Zudem kann man natürlich auch Flüge buchen und mehr.
🖳 **www.weg.de**
Angebote von fast allen Reiseanbietern. Weitere Adressen in den regionalen Kapiteln dieses Buches.

Botschaften und Konsulate

Thailändische Botschaften und Konsulate

… in Europa
Botschaft in Deutschland:
12163 Berlin, Lepsiusstr. 64-66
📞 030-7948 1117 ✉ 7948 1118
🖳 www.thaiembassy.de
🕘 Mo–Fr 9–12.30 Uhr

Generalkonsulat:
60596 Frankfurt, Kennedyallee 109
📞 069-6986 8208, ✉ 6986 8228
🕘 Mo–Fr 9–13 Uhr
Hier können Visa nur persönlich beantragt werden.

Honorargeneralkonsulate:
45131 Essen, Rüttenscheider Str. 199
📞 0201-9597 9334, ✉ 9597 9445
🖳 www.thai-konsulat-nrw.de
🕘 Mo–Fr 9–12, Fr 14–17 Uhr
20099 Hamburg, An der Alster 85
📞 040-2483 9118, ✉ 2483 9206
🖳 www.thaikonsulathamburg.de
🕘 Mo–Fr 9–12 Uhr
80639 München, Prinzenstr. 13
📞 089-168 9788, ✉ 1307 1180
🕘 Mo–Fr 9–12 Uhr

Honorarkonsulate:
70499 Stuttgart, Pforzheimer Str. 381
📞 0711-226 4844, ✉ 226 4856
🖳 www.thaikonsulat.de
🕘 Mo, Mi, Fr 12–14 Uhr

Botschaft in Österreich:
1180 Wien, Cottagegasse 48
📞 01-478 3335, ✉ 478 2907
🖥 www.thaiembassy.at
🕓 Mo–Fr 9–12 Uhr
Honorarkonsulate:
5020 Salzburg, Koch-Sternfeld-Gasse 7
📞 0662-840 0200, ✉ 840 0201
🖥 www.thaiconsulate-salzburg.at
🕓 Mo–Fr 9–12 Uhr
6021 Innsbruck, Bozner Platz 2
📞 0512-580 461, ✉ 577 250
🕓 Mo–Fr 8.30–12.30 und 14–18 Uhr
6850 Dornbirn, Rieggasse 44
📞 und ✉ 05572-256 146
🕓 Mo–Fr 9–12 Uhr

Botschaft in der Schweiz:
3097 Bern-Liebefeld, Kirchstr. 56
📞 031-970 3030-34, ✉ 970 3035
🕓 Mo–Fr 9–11.30 Uhr
Generalkonsulate:
8001 Zürich, Löwenstr. 42
📞 043-344 7000, ✉ 344 7001
🖥 www.thai-consulate.ch
🕓 Mo–Fr 9.30–11.30 Uhr
1211 Genf 13, 75 rue de Lyon
📞 022-311 0723, ✉ 345 1208
🖥 www.thaiconsulate.ch
🕓 Mo–Fr 9.15–11.45 Uhr
4010 Basel, Aeschenvorstadt 71
📞 061-206 4565, ✉ 206 4546
🖥 www.thai-consulatebasel.ch
🕓 Mo–Do 9–11.30 Uhr

… in Asien
Botschaft in Indonesien:
74 Jl. Imam Bonjol, Jakarta
📞 021-390 4052, ✉ 310 7469

Botschaft in Malaysia:
Kuala Lumpur, 206 Jl. Ampang
📞 03-2148 8222, ✉ 2148 6573
🕓 Mo–Fr 9.30–13 Uhr
Konsulate:
Penang, 1 Jl. Ayer Rajah, Ecke Jl. Tungku Abdul Rahman
📞 04-226 8029, 🕓 Mo–Fr 9–12 und 14–16.30 Uhr
Kota Bharu, 4426 Jl. Pengkalan Chepa
📞 09-748 2545, 🕓 So–Do 9–12 und 14–15.30 Uhr

Botschaft in Myanmar (Birma):
Yangon (Rangoon), 94 Pyay Rd. Dagon Township
📞 01-226 721, ✉ 221 713
🕓 Mo–Fr 9–11.30 Uhr

Botschaft in Singapore:
370 Orchard Rd.
📞 6737 2158, ✉ 6732 0778
🕓 Mo–Fr 9.30–12.30 und 14–17 Uhr

Botschaft in Vietnam:
Hanoi, 63-65 Hoang Dieu St.
📞 04-3823 5092-4, ✉ 3823 5088
Konsulat:
77 Tran Quoc Thao St., District 3 Ho Chi Minh City
📞 08-3932 7637-8, ✉ 3932 6002
🖥 www.thaiembassy.org/hochiminhcity

Botschaften und Konsulate in Thailand

Deutsche Botschaft
Bangkok 10120, 9 Sathon Tai Rd. U-Bahnhof Lumpini
📞 02-287 9000, ✉ 287 6232, 🖥 www.bangkok.diplo.de
Notfallnummer (meist nur zu den Dienstzeiten erreichbar) 📞 01-845 6224
🕓 Mo–Fr 8.30–11.30 Visaanträge
bis 10.30 Uhr
Deutsches Konsulat in Phuket (s. S. 573).
Wer sich länger in Thailand aufhält, kann sich unter 🖥 service.diplo.de/registrierungav registrieren lassen.

Botschaft von Österreich
Bangkok 10120, 14 Soi Nandha, off Soi 1 Sathorn Tai Rd.
📞 02-303 6046, ✉ 287 6058, 🖥 www.bmeia.gv.at
🕓 Mo–Fr 9–12 Uhr
Honorarkonsulat in Phuket s. S. 573.

Botschaft der Schweiz
Bangkok 10330, 35 North Wireless Rd.
☎ 02-674 6900, ℻ 674 6902,
🖥 www.eda.admin.ch/bangkok
🕐 Mo–Fr 9–11.30 Uhr

Botschaft von Myanmar (Birma)
Bangkok 10500, 132 Sathorn Nua Rd.
☎ 02-233 7250, ℻ 236 6898,
✉ mebkk@asianet.co.th
🕐 Mo–Fr 9–12 und 13–16 Uhr

Malaysische Botschaften und Konsulate

Deutschland
D 10785 Berlin, Klingelhöferstr. 6
☎ 030-885 7490, ℻ 8857 4952
(Konsularabteilung)
🖥 www.malemb.de
🕐 Mo–Fr 9–12.30 Uhr (mit Terminabsprache)
Generalkonsulat:
D 60327 Frankfurt, Platz der Einheit 1
☎ 069-870 0370, ℻ 8700 37241
🖥 www.kln.gov.my/web/deu_frankfurt/home

Österreich
A 1210 Wien, Florido Tower
Floridsdorfer Hauptstr. 1-7
☎ 01-5051 042, ℻ 5057 942
🖥 www.kln.gov.my/web/aut_vienna/home
🕐 Mo–Fr 9–17 Uhr

Schweiz
CH 3005 Bern, Jungfraustr. 1
☎ 031-350 4700, ℻ 350 4702
🖥 www.kln.gov.my/web/che_berne/home
🕐 Mo–Fr 9–17 Uhr
(Permanent Mission to the UN) 1215 Genf 15
International Center Cointrin, Block H,
1. Stock
Route de Pre-Bois 20
☎ 022-710 7500, ℻ 710 7501
🖥 www.kln.gov.my/web/che_un-geneva/home
🕐 Mo–Fr 9–17 Uhr

Einkaufen

Nicht viele Länder der Welt können mit Thailand als Einkaufsparadies konkurrieren. Da ist vor allem Bangkok mit der größten Konzentration schicker **Einkaufspaläste**, eine kühle, von Toparchitekten und -designern gestaltete Welt aus Granit, Marmor, Messing und Edelstahl mit viel Glas, das auch weniger Wohlhabenden einen Blick in die Welt internationaler Modedesigner ermöglicht. Die Spitzenpositionen nehmen derzeit das Siam Paragon und das wieder eröffnete Central World Centara ein. Auch Pattaya, Phuket und Hua Hin haben nachgezogen.

Selbst am Rand von Provinzstädten können Heimwehkranke in **Hypermärkten** wie Tesco Lotus, Big C oder Carrefour eine begrenzte Aus-

Vorsicht vor Schleppern!

In Bangkok lassen sich selbst achtsame Touristen von cleveren Schleppern zum **Kauf von Edelsteinen** überreden. Auf Ausflügen werden zum Beispiel Juweliergeschäfte mit Super-Sonderangeboten besucht. Auf anderem Wege versuchen es seriös wirkende, hilfsbereite Thais und sogar Farang. Sie sprechen Touristen auf dem Weg zu einer Sehenswürdigkeit an und geben vor, dass diese ausgerechnet heute geschlossen sei. Als Alternative bieten sie eine Tour an, bei der man nach einer Weile wieder in einem Laden endet. Es stimmt *nicht*, dass die Edelsteine in Deutschland zu vielfach höheren Preisen wieder verkauft werden können! In Wirklichkeit kauft man für weit überhöhte Preise **minderwertige Edelsteine**, für die sich in Europa kein Juwelier interessiert.

Misstrauen ist angebracht bei gesprächigen Tuk Tuk- und Taxifahrern, die einen günstigen Fahrpreis akzeptieren und unterwegs noch schnell an einem Juweliergeschäft, Seidenladen oder Schneider anhalten wollen. Sie versuchen meist nur eine Provision oder einen Benzingutschein abzugreifen.

Unter 🖥 www.oocities.org/thaigemscamgroup bemüht sich eine Selbsthilfegruppe um Aufklärung und Hilfe von Opfern. Mehr siehe **eXTra [5775]**.

wahl an Käse und Wurst von deutschen ausgewanderten Metzgern, Wein, Oliven und andere bekannte Köstlichkeiten bekommen. In Touristenzentren haben sich einige Geschäfte auf die Bedürfnisse der Ausländer eingestellt und führen ein breites Angebot an Importwaren – allerdings auch zu entsprechenden Preisen. Das eine oder andere Schnäppchen lässt sich in **Factory Outlets** machen, auf die große Schilder an einigen stark befahrenen Highways hinweisen.

Weit interessanter ist ein Bummel über die **Straßen-, Wochen- und Nachtmärkte**, die in teils gigantischen Dimensionen an mehreren tausend Ständen eine unüberschaubare Fülle an lokalen Produkten präsentieren. Traditionelle Blumen-, Lebensmittel- und Textilmärkte haben selbst in den Hochhausschluchten von Bangkok überlebt. Einige sind bei Tag, andere nur in der Nacht oder an bestimmten Tagen aktiv. Auf allen Märkten können sich Händler wie Besucher an zahlreichen Garküchen mit frisch zubereiteten Snacks und preiswerten Thai-Gerichten stärken.

Dank des Tourismus locken **Souvenirmärkte** mit einem Überangebot an lokalen Produkten: Textilien aus Baumwolle und Seide, Silberschmuck und Edelsteine, alte und neue Holzschnitzereien, Möbel und Dekoratives für Haus und Garten, Porzellan, Benjarong- und Sawankhalok-Keramik, Leder- und Lackarbeiten, Portraits am Straßenrand in Minutenschnelle oder nach Fotovorlagen gemalt, Buddhas aller Stilrichtungen auf Leinwand und Holz, Statuen geschnitzt, mit Einlegearbeiten dekoriert oder in Bronze gegossen und trotz gerichtlicher Strafandrohungen weiterhin Kopien internationaler Markenwaren, Uhren und DVDs mit den neuesten Blockbustern.

Überaus lohnend sind der Suan Chatuchak Weekend Market in Bangkok und der Nachtmarkt in Hua Hin sowie die schwimmenden Märkte von Damnoen Saduak und Amphawa. Vor allem auf Souvenirmärkten wird gehandelt. Als guter Startpreis gilt etwa die Hälfte des eigentlichen Preises.

Auch in abgelegenen Orten werden originelle Mitbringsel mit Made-in-Thailand-Garantie hergestellt: Kuchen, getrocknete Früchte und andere Leckereien ebenso wie handgewebte Stoffe und sogar Schiffsmodelle. Von staatlicher Seite gefördert, haben sich die Dorfbewohner auf eine Produktpalette spezialisiert, die in Läden mit der Aufschrift **OTOP** *(one tambon one product)* vor allem an Touristenschwerpunkten und Raststätten entlang der Highways verkauft werden.

Was fehlt, sind deutschsprachige **Bücher**. Selbst englischsprachige Zeitschriften und Bücher sind außerhalb der Touristenzentren eine Rarität. Deshalb deckt man sich am besten in Bangkok, Pattaya oder Phuket Town ein. Gästehäuser und die umliegenden Secondhand-Buchläden sind zudem die einzige Möglichkeit, unterwegs eventuell noch einen aktuellen Loose-Reiseführer zu ergattern. Mehr darüber siehe **eXTra [2671]**.

Vom Kauf von **Antiquitäten** und **Produkten aus geschützten Tieren** ist abzuraten. Nur solange sich Käufer dafür finden, werden Kultstätten geplündert, seltene Tiere gejagt und alte Erbstücke verkauft. Der Handel mit Antiquitäten ist in Thailand verboten. Alle Stücke, für die keine Exportgenehmigungen vorliegen oder die unter das Washingtoner Artenschutzabkommen fallen, werden vom Zoll beschlagnahmt (s. S. 96). Beschlagnahmt werden auch **nachgemachte Markenwaren** und **illegale DVDs**. Gefälscht wird so ziemlich alles, was Profit verspricht. Viele Produkte sind von schlechter Qualität, was besonders bei Medikamenten gefährlich sein kann.

Die **Erstattung der 7 % Mehrwertsteuer** *(VAT Refund for Tourists)* in Thailand lohnt nur bei Einkäufen ab 20 000 Baht, da Bearbeitungs- und Bankgebühren abgezogen werden. Zudem muss für Einkäufe in diesem Umfang bei der Einreise im Heimatland die Mehrwertsteuer nachentrichtet werden.

Essen und Trinken

Über Jahrhunderte hat sich die thailändische Landesküche unter asiatischen, indischen und europäischen Einflüssen entwickelt. Die Bandbreite der Gerichte reicht von sehr scharf bis mild; im Allgemeinen sind die Thai-Speisen kräftig gewürzt.

Da die meisten Thai-Frauen berufstätig sind, speist die ganze Familie in der Regel außer

Haus. Während Thais tagsüber leichte Suppen und kleine Snacks zu sich nehmen, kommt die eigentliche Hauptmahlzeit, die aus mehreren Gängen besteht, erst nach Sonnenuntergang auf den Tisch. Selbst Nachtschwärmer bekommen in Bars einen scharfen Snack aus benachbarten Garküchen geliefert.

Wer Wert auf Hygiene legt, kann sich mit einem Blick in die Küche vergewissern, ob diese einen sauberen Eindruck macht. Eine „Clean Food – Good Taste"-Kampagne, deren Schilder hier und da zu sehen sind, hat vor einigen Jahren Restaurants ausgezeichnet, deren Küchen den Reinheitstest bestanden haben.

Auch Einheimische kontrollieren die Rechnung, denn wer gut kocht, kann nicht unbedingt auch gut rechnen.

Wo essen?

Restaurants

Gourmet- und 5-Sterne-Hotel-Restaurants nehmen preislich die Spitzenplätze ein, wobei die Kosten je nach Ausstattung, Lage und Qualität stark variieren. In Touristen- wie Einkaufszentren und Großstädten bedienen Filialen internationaler Fastfoodketten sowie westliche Restaurants auch Bedürfnisse nach Hamburgern, Pizza, Steaks und Eisbein. Allerdings muss man für Importwaren europäische Preise zahlen. Zu typischen Travellerunterkünften gehören einfache Restaurants, in denen Frühstück, Standardgerichte, Travellerfood und Getränke angeboten werden. Alle diese Restaurants haben (teils bebilderte) Speisekarten auf Englisch. Separate englische Karten in chinesischen und Thai-Restaurants in der Provinz listen manchmal nur einige bei Ausländern beliebte Gerichte und haben ab und an sogar höhere Preise als die Thai-Karte.

Für ein typisches Thai-Essen sollte man in größerer Runde in ein Restaurant gehen und sich verschiedene Gerichte zusammenstellen lassen. Es ist üblich, dass alle Gerichte gleichzeitig und über den Tisch verteilt serviert werden und sich jeder nach Belieben bedient. Suppen zählen zum Hauptgericht und werden nicht vorher gegessen.

Ein Thai-Gericht mit Fleisch und Gemüse kostet in einem Standardrestaurant 60–100 Baht, Fisch und Seafood sind teurer. In Touristenorten und gehobenen Restaurants liegen die meisten Preise über 100 Baht. Der beliebte gebratene Reis mit Ei, Huhn, Schweinefleisch oder Krabben kostet in Travellerrestaurants 40–60 Baht, in einfachen Thai-Restaurants sogar noch weniger.

Essenstände und Food Center

An den preiswerten Essenständen an Straßen, großen Plätzen oder Märkten kaufen auch viele Berufstätige auf dem Heimweg ein. Häufig werden die Gerichte frisch vor den hungrigen Augen der Käufer zubereitet und kosten selten über 40 Baht. In der Nähe gibt es fast immer Sitzplätze. Alle großen Einkaufszentren beherbergen Food Courts, in denen über ganze Etagen Essenstände billige Menüs anbieten, die mit zuvor erworbenen Coupons oder Chipkarten bezahlt werden. Fertige Currys stehen in großen Töpfen in der Auslage, sodass man schnell seine Auswahl trifft. Ganz in der Nähe konkurrieren oft Restaurants und Cafés mit den Food Courts.

Coffeeshops

Wer hinter diesen Läden ein gemütliches Café mit leckerem Kuchen vermutet, wird enttäuscht. Kaffee und Kuchen sind nur in einer Bakery (Bäckerei), z. T. in Cafés oder in großen Hotels erhältlich. Der Coffeeshop hingegen ist ein großer klimatisierter Raum, der zugleich als Frühstücksraum, Restaurant und vor allem als Bar dient. Die dort herumsitzenden jungen Mädchen sind in den seltensten Fällen Hotelgäste, sondern vielmehr auf der Suche nach Kundschaft.

Keine Speisekarte?

Fernab der Touristenansammlungen gibt es oft keine Speisekarte auf Englisch. Wenn die rohen Zutaten wie Fleisch, Fisch und Gemüse in einer Vitrine oder im Kühlschrank liegen, braucht man nur darauf zu deuten und das Wort für „gebraten" oder „gekocht" zu sagen (s. Sprachführer S. 790). Oder man bestellt einfach das, was auf einem der Nachbartische lecker aussieht.

Die malaiische Küche – einige Spezialitäten

Ais Kacang (Eis, Bohnen): eine beliebte, bunte Nachspeise. Gelee-Würfel aus Agar-Agar in verschiedenen Farben, süße rote Bohnen und Mais werden auf geraspeltem Eis angerichtet und mit cremiger Kokosmilch übergossen.

Ikan Panggang (oder Bakar): über Holzkohlenfeuer gegrillter Fisch, der nicht immer ausgenommen ist.

Kari: Currys mit dicker, scharfer Soße (meist mit Kokosmilch zubereitet).

Mie Goreng: eine Abwechslung zu gebratenem Reis stellen gebratene Nudeln dar, die bevorzugt mit grünem Blattgemüse und Austernsoße gemischt serviert werden.

Nasi Goreng (Reis, gebraten): das wohl bekannteste Gericht. Weißer, gekochter Reis (Nasi Putih) wird zusammen mit Chilis, verschiedenen Gemüsen (Sayur-Sayuran) und manchmal Fleisch oder Krabben (Udang) gebraten. Nasi Goreng, das Standardgericht aller Traveller, bekommt man in verschiedensten Varianten an Essenständen und in Restaurants.

Nasi Lemak oder **Nasi Dagang** (Reis, fettig): weißer, in Kokosmilch gekochter Reis mit verschiedenen Beilagen, meist gekochte Eier, kleine Trockenfische (Ikan Bilis), Gurken (Mentimun) und Erdnüsse (Kacang Tanah) mit etwas Fleisch (Huhn oder Rendang) und Gemüse.

Rendang: malaiisches Gulasch. Rindfleischwürfel werden in einer dicken, sehr würzigen Soße gekocht. Das Fleisch kann zäh sein.

Rojak: kalter Gemüsesalat. Ananas, Gurken und Sengkuang (eine braune, knollige Wurzel) werden mit einer sauer-scharfen Soße aus Chilis, Shrimp-Paste, Tamarinde und Palmzucker angemacht. Voraussetzung ist eine hygienisch einwandfreie Küche.

Sate: malaiisches Schaschlik. Kleine Fleischwürfel werden in Gewürze eingelegt und anschließend über dem Holzkohlengrill gebraten. Dazu gibt es eine würzige Erdnusssoße, die weit mehr sättigt als die paar Gramm Fleisch, zudem Gurken- und Klebreiswürfel. Die Spieße, die man normalerweise im 10er-Bündel kauft, sind an Straßenständen recht günstig. Verwendet wird Fleisch (Daging) vom Rind (Lembu) oder Huhn (Ayam), seltener von der Ziege (Kambing). Von den Moslems verabscheut, von den Chinesen geliebt: Fleisch vom Schwein (Babi).

Sayur Goreng: ist, wie die chinesische Cap Cai-Variante, gebratenes Gemüse. Soll es etwas anderes als das übliche grüne Blattgemüse sein, bestellt man speziell eine oder mehrere Gemüsesorten: Bohnen (Kacang), Erbsen (Kacang Hijau), Sojabohnen (Kacang Soya), Kohl (Kubis), Blumenkohl (Kubis Bunga), Kartoffeln (Kentang), Okras (Bendi), Spinat (Bayam) oder Karotten (Lobak Merah).

Telur: Eier von Hühnern, Enten oder Wachteln werden sowohl hart gekocht (Telur Masak) als auch gebraten (Telur Goreng) serviert.

Bäckereien und Cafés

Tatsächliche Kaffeespezialitäten gibt es an Kaffeetheken und in Filialen internationaler und einheimischer Ketten, die sich in Einkaufs- und Touristenvierteln etabliert haben.

Geschmack und Qualität des in den Bergen Nord-Thailands angebauten Arabica-Kaffees kann mit importierten Kaffeesorten durchaus mithalten. Die in schicken Cafés angebotenen Kuchen und Torten nach französischen, amerikanischen und deutschen Rezepten sind oft von wesentlich besserer Qualität als die süßen Zuckerteilchen in traditionellen Thai-Bäckereien.

Trinkgeld

Während in Hotels und Restaurants der **gehobenen Preisklasse** in Thailand zum Rechnungsbetrag 10 % Bedienungsentgelt addiert wird, enthält die Rechnung in sonstigen Restaurants kein Trinkgeld. Hier ist es üblich, bei gutem Service einige Baht vom Wechselgeld in der Kladde liegen zu lassen. In Garküchen und Travellerlokalen sind Trinkgelder nicht üblich.

Traditionell gibt man in **Malaysia** keine Trinkgelder. In Hotels und großen Restaurants ist es üblich, dass 10 % *service charge* und 5 % Steuer auf die Rechnung aufgeschlagen werden. Taxifahrern rundet man schon mal den Betrag auf, erwarten tun sie das jedoch nicht. Für besondere Dienstleistungen, z. B. Gepäcktragen oder Autowaschen, wird dagegen ein Trinkgeld erwartet

Löffel, Gabel und Stäbchen

In der Regel wird in Thailand und Malaysia mit **Löffel** (rechts) und **Gabel** (links) gegessen. Mit Hilfe der Gabel werden, entsprechend unserem Messer, die Speisen auf den Löffel geschoben. In ländlichen Regionen benutzt man hierfür die rechte Hand, da die linke als unrein gilt und das Essen nie berühren sollte. Für Nudelsuppen werden **Stäbchen** *(chop sticks)* und ein kurzer Suppenlöffel gereicht, wobei mit den Stäbchen die Nudeln auf den Löffel geschoben werden. In chinesischen Restaurants werden auch die Reisgerichte mit Stäbchen gegessen. Touristen bekommen aber immer Gabel und Löffel gereicht.

Gewürze

Gewürzt werden die Speisen vor allem mit Fischsoße und Glutamat (MSG). Zudem ist es vor allem bei Suppen üblich, nach dem Servieren nachzuwürzen. Hierfür stehen auf den Tischen in der Regel Behälter mit Zucker, zerstoßenen und getrockneten roten Chilis sowie Chilis in Essig und Fischsoße.

Vorsicht scharf!

Einige Speisen sind mit kleinen Chilis gewürzt. Achtung: Je kleiner die Chilis, desto schärfer sind sie. Wer nicht scharf essen will, deutet auf die Gerichte und fragt: **pät mai?** (Ist's scharf?). Lautet die Antwort **mai pät** (nicht scharf), kann nicht viel passieren. Ist die Antwort allerdings **pät pät**, muss man mit einer sehr scharfen Mahlzeit rechnen.
Ein Klassiker zum Würzen ist **prik nam plah**, eine salzige Fischsoße mit Knoblauch, Limonensaft und vielen klein geschnittenen Chilis. Sie wird in Touristenhochburgen durch Ketchup ersetzt und ist nur auf Nachfrage zu erhalten.

Gerichte

Currys (gäng)

Diese gibt es in verschiedenen Zubereitungsarten, Geschmacksrichtungen und Schärfegraden:
Garih – ein gelbes, mildes indisches Curry.
Khiau wahn – extrem scharfes, grünes Curry, das zusätzlich Shrimp-Paste *(blachan)* und viele Chilis enthält.
Masaman – die gelbe einheimische Variante mit Knoblauch, Ingwer, Zitronengras, Koriander, Kardamom, Muskatnuss, Muskatblüte, Zimt, Nelken, Tamarinde, Limonen, Zucker, Kokosmilch, Kartoffeln und Chilis.
Phet – sehr scharfes rotes Curry *(gäng phet gai* = Hühnchencurry; *gäng ped* ist hingegen ein mildes Eingericht.
Panaeng – cremiges rotes Curry, das mit einer dicken Kokosmilchsoße zubereitet wird.

Fisch und Fleisch

Thailand ist für Fisch- und Seafood-Liebhaber ein wahres Paradies. Die Preise richten sich vor allem beim frischen Fisch nach dem Gewicht und liegen meist bei 40–60 Baht pro 100 g inklusive Zubereitung und Beilagen. Für edle Meeresgenüsse wie Hummer muss man auch in Thailand tief in die Tasche greifen: Für etwa 10 cm lange Langusten zahlt man mindestens 50 Baht und für einen mittelgroßen Hummer 1000 Baht. Deshalb sollte man sich vor dem Essen nach dem Preis von teurem Seafood erkundigen.
Fleisch gehört neben Gemüse zu jeder kompletten Mahlzeit, sodass es Vegetarier äußerst schwer haben.

Nudeln

Nudelgerichte sind zu jeder Tageszeit ein beliebter Snack. Sie werden sowohl auf Frühstücksbuffets als auch an Straßenständen verkauft.
Bah mie – gelbliche Weizenmehlnudeln, die es in den verschiedensten Varianten gibt.
Gueh tiao – weiße, breite Reisnudeln, die gebraten und mit viel Soße oder in süßsauren Suppen mittags an Essensständen zubereitet werden.
Khanom chin – vor allem im Süden beliebtes Gericht, wobei verschiedene Beilagen wie Trockenfische, Gurken, Pickles, rohe und eingelegte

Sojasprossen zum Verfeinern der Nudeln auf den Tisch gestellt werden. Extra bezahlen muss man nur ein gekochtes Ei *(khai)* als Beilage.

Khao soi – eingewanderte Moslems aus Yunnan machten diese leckere cremige Hühnersuppe im Norden populär. Ihre wesentlichen Bestandteile sind Curry, Kokosmilch, flache Eiernudeln und obendrauf knusprige Nudeln, dazu gibt's eingelegten Kohl.

Phat thai – (gespr. *padd tai*) ein sehr beliebtes Gericht aus gebratenen Reisnudeln mit Tofu, Gemüse, Ei und Erdnüssen.

Reis

Grundnahrungsmittel der Thais ist Reis, **kao**. *Khin kao*, der allgemeine Begriff für „essen", lässt auf die Bedeutung von Reis in Thailand schließen.

Kao nieo – Klebreis *(sticky rice)* ist vor allem im Norden verbreitet und wird auch zu *som tam* (s. u. Salate) oder als Dessert, z. B. zu frischen Mangoscheiben, gegessen.

Kao phat – gebratener Reis (gespr. *kao pad*, engl. *fried rice*), das preiswerte Standardgericht vieler Traveller. Dieses Gericht gibt es z. B. als **kao phat gung** (mit Krabben), **kao phat gai** (mit Huhn) oder *american fried rice* (mit gebratenem Ei).

Kao plao – gekochter, körniger Reis *(plain rice)* wird als Beilage zu den meisten Gerichten gereicht.

Salate

Aus gesundheitlichen Erwägungen sollten Blattsalate nur dort gegessen werden, wo sie mit sauberem oder jodiertem Wasser gewaschen worden sind. In Thailand sind nur fleischhaltige, scharfe Salate vor allem als Beilage zum Trinken, z. B.:

Nam tok – ein würziger Salat aus Fleischscheiben (zumeist Schwein oder Rind) und vielen frischen Kräutern, der mit gerösteten, zerstoßenen Reiskörnern bestreut wird.

Som tam – auch *papaya pok pok* genannt, die Nationalspeise im Nordosten: geraspelte grüne Papaya im Mörser zerstoßen mit salzigen, kleinen Krebsen oder Trockenfisch, Limone, Knoblauch, Fischsoße und vielen Chilis, bestreut mit Erdnüssen. Beliebte Beigabe zu Grillhähnchen.

Yam nüa – Salat aus Rindfleisch, verschiedenen Salaten, Korianderblättern, Minze, Knoblauch, Chilis und einer sauren Soße. Er ist so scharf, dass keine Bakterien überleben können.

Snacks

Die kleinen Mahlzeiten variieren je nach Region. Für Anfänger geeignet sind Klebreis mit Mango sowie gefüllte süße oder salzige Kuchen. OTOP-Läden führen eine Vielfalt abgepackter lokaler Spezialitäten. An Straßenständen werden leckere Snacks zubereitet, z. B.:

Gluei tord – gebratene Bananen.
Kanom dschiäb – ausgebackene Teigtaschen mit Fleisch- oder Krabbenfüllung.

Suppen

Hot pot – auch *steamboat* oder *thai-sukiyaki* genannt. Am Tisch werden in einer kochenden Brühe alle Zutaten gegart und mit Soßen verfeinert gegessen. Häufig zu finden in Einkaufszentren, aber auch auf einigen Nachtmärkten, wo man für einen festen Betrag so viel essen kann, wie man will.

Kao tom – Reissuppe mit Fleischeinlage, die zum Frühstück gegessen wird, z. B. mit Hühnchen *(kao tom gai)*.

Tom kha – würzige Thai-Suppe mit *kha*, einer Ingwerart, Zitronengras, Zitronenblättern, Chilis und anderen Zutaten und mit Kokosmilch verfeinert. Beliebt als *tom kha gai* (mit Hühnchen).

Tom yam – eine ähnliche saure Thai-Suppe mit Tamarinde, aber ohne Kokosmilch, die sauerscharf gewürzt ist. Beliebt als *tom yam gung* (mit Krabben).

Vegetarisch

Vegetarier haben es in Thailand nicht einfach, da zu den meisten Gerichten Fleisch oder Seafood gereicht wird. Nur an buddhistischen Feiertagen verzichten manche Thais auf ihre geliebten Proteine. Vor allem in Touristenzentren wächst aber die Zahl an vegetarischen Restaurants *(rahn ahahn mangsawirat)*. Traditionelle vegetarische Restaurants in der Nähe buddhistischer Tempel haben oft abends und am 15. jedes Monats geschlossen.

Früchte

Thailand ist ein Paradies für Liebhaber exotischer Früchte. Manche sind saisonal, andere das ganze Jahr über zu bekommen. Eine Spezialität im hohen Norden sind eingelegte Früchte.

Kulinarisches Wörterbuch

Deutsch	Thai (Umschrift)	Thai
hungrig	hiju	หิว
durstig sein	hiju nam	หิว น้ำ
essen	gin / tahn	กิน / ทาน
essen gehen	pai tahn ahahn	ไปทานอาหาร
Ich mag ...	pom / tschan tschoob	ผม / ฉันชอบ
kein Fleisch	mai sai nua	ไม่ใส่เนื้อ
kein Seafood	mai gin ahahn thale	ไม่กินอาหารทะเล
Dasselbe noch einmal	ao ik	เอาอีก
Das Essen schmeckt gut!	ahahn a-roi	อาหารอร่อย
Die Rechnung, bitte!	tschek bin khrap	เช็คบิล
Ei	khai	ไข่
Eis	nam käng	น้ำแข็ง
Entenfleisch	ped	เป็ด
Fisch	plah	ปลา
Fischküchlein	tord man plah	ทอดมันปลา
Garnele, Krabben	gung	กุ้ง
gebraten	tord	ทอด
gebratener Reis	kao phat	ข้าวผัด
gegrillt	yang	ย่าง
gekocht	tom	ต้ม
gelbe Nudeln	bah mie	บะหมี่
Gemüse	phak	ผัก
getoastet	ping	ปิ้ง
heiß	rohn	ร้อน
Hühnerfleisch	gai	ไก่
Hummer	gung gam gram	กุ้งก้ามกราม
Kaffee	gafä	กาแฟ
kalt	jen	เย็น
Krebse	puh	ปู
Omelett	khai dschiao	ไข่เจียว
Pfannengemüse	phat phak	ผัดผัก
Reis	kao	ข้าว
Restaurant	rahn ahahn	ร้านอาหาร
Rindfleisch	nüa	เนื้อ
scharf	pät	เผ็ด
Schweinefleisch	muh	หมู
süß	wahn	หวาน
süßsauer	prio-wahn	เปรี้ยวหวาน
Tee	tschah	ชา
Tintenfisch	plahmük	ปลาหมึก
trinken	dühm	ดื่ม
vegetarisch	mangsawirat	มังสาวิรัต
vegetarische Kost	ahahn jä	อาหารเจ
vegetarisches Restaurant	rahn ahahn mangsawirat	ร้านอาหารมังสาวิรัต
Wasser	nam	น้ำ
weiße Nudeln	göi tiao	ก๋วยเตี๋ยว
weißer Reis	kao plao	ข้าวเปล่า

A-ngun – Weintrauben, die vor allem in der Nähe des Khao Yai National Park wachsen. Saison von April bis September.

Chom-phu pa – Rosenapfel, knapp 5 cm große, glockenförmige, säuerliche Frucht mit grünlicher bis roter Schale. Saison von April bis Juni.

Durian – Zibetfrucht, Stachelfrucht oder Stinkfrucht genannt, gilt als Königin der Früchte und ist entsprechend teuer. Die grüne, stachlige Frucht mit einem penetranten Geruch wird am liebsten gleich am Verkaufsstand verzehrt und hat in Hotels und anderen öffentlichen Einrichtungen Hausverbot. Sie ist nur Mutigen zu empfehlen! Saison von April bis August.

Durian-khaek – Corossol oder Stachelannone, ähnlich einer kleinen Durian, aber mit angenehm duftendem, säuerlich cremigem Fruchtfleisch mit kleinen schwarzen Kernen.

Farang – Guave, die als „Fremde" bezeichnete grüne, apfelähnliche Frucht wird auch unreif mit Salz und Zucker genossen.

Gluei – Bananen, von denen es viele Sorten gibt, werden an Straßenständen gegrillt und gebacken, getrocknet und in Honig eingelegt oder als Chips verkauft.

Kha-nun – Jackbaumfrucht, eine riesige, grünlich gelbe Frucht mit runden Stacheln, die 30–90 cm lang und bis zu 40 kg schwer werden kann. Die festen, gelben, herausgelösten Fruchtsegmente werden in der Saison von Januar bis Mai auf Straßenmärkten verkauft.

Lamut – Sapodilla, die kleine, ovale, bräunliche Frucht schmeckt ähnlich einer reifen Birne und etwas süßsauer. Saison von Juli bis September.

Lam-yai – Longan, unter einer dünnen, braunen Schale verbirgt sich weißes, saftiges Fruchtfleisch, das etwas säuerlich schmeckt. Saison ist von Juni bis August im Norden.

Lin-chi – Litschipflaumen (Lychee) mit rötlicher, dünner, fester Schale wachsen in den Bergen im hohen Norden. Saison von April bis Juni.

Long-gong – Lansi (Duku, ähnlich: Langsat); Rispen mit kugeligen, gelblich braunen Früchten von ca. 3 cm Durchmesser. Unter einer dünnen, festen Haut liegt die weiße, säuerliche Frucht.

Ma-fuang – Sternfrucht (Karambole), eine ovale, saftig-säuerliche Frucht mit wachsähnlicher, gelblich grüner Schale, die geschnitten die Form eines Sterns hat.

Makham-wan – süße Tamarinde, große, bohnenförmige Frucht mit rötlich braunem, klebrigem Fruchtfleisch. Saison von Dezember bis Februar im Nordosten.

Malakor – Papaya, die ovale, orange-grüne, bis zu 40 cm lange Frucht schmeckt besonders gut mit Limonensaft beträufelt zum Frühstück.

Mamuang – Mango, wird in Thailand unreif mit dem säuerlichen, festen Fruchtfleisch zu einer scharfen Soße oder im reifen Zustand gegessen. Saison ist von März bis Juni.

Mangkut – Mangostanenfrucht, unter einer violetten, dicken, stark abfärbenden Schale liegen die weißen, etwas säuerlichen Segmente. Saison von Mai bis Oktober im Süden.

Maprao – Kokosnuss, gibt es vor allem an der Küste.

Ngoh – Rambutan (Zwillingspflaume), rote, tennisballgroße Frucht von haarigem Aussehen. Das weiße, konsistente Fruchtfleisch umgibt einen großen Kern. Saison ist von März bis September.

Noi-na – Zimtapfel, aus Südamerika stammende Frucht mit breiig-süßem Fruchtfleisch.

Phutsa – Jujube, kleine, runde und süße Frucht. Saison von August bis Februar im Osten.

Sapparot – Ananas, die beliebte Frucht gibt es in Restaurants wie an Straßenständen. Saison von April bis Juli und im Dezember/Januar rings um Hua Hin.

Som – Orangen, von denen es an die 100 Sorten gibt, die teils wie Orangen, teils wie Mandarinen schmecken. Sie werden gern frisch gepresst und auf Eis gekühlt verkauft. Saison ist zwischen September und November.

Som-o – Pomelos, die größte der vielfältigen Zitrusfrüchte mit gelbem oder rötlichem Fruchtfleisch. Saison ist von Anfang August bis November.

Tenglai – Honigmelonen, sind ebenso wie Wassermelonen *(tengmo)* erfrischend und deshalb als Dessert beliebt.

Getränke

Wasser und Säfte

Überall wird eine große Auswahl an kalten alkoholfreien Getränken angeboten. Beliebt und recht günstig sind die internationalen Softdrinks. Zudem gibt es Trinkwasser und Säfte. In Backpackerzentren sind frisch gepresste Fruchtsäfte auch ohne Eis zu bekommen, manchmal sogar in exotischen Varianten mit Ingwer oder Zitronengras.

Generell gilt: Vorsicht mit Wasser. Auf keinen Fall sollte das Leitungswasser getrunken werden. In Flaschen abgefülltes **Trinkwasser** ist überall erhältlich (darauf achten, dass die Sicherheitsverschlüsse intakt sind). **Eis**, das zu kalten Getränken gereicht wird, ist meist hygienisch sauber – im Zweifel besser ohne bestellen. Speiseeis sollte in Gebieten mit unregelmäßiger Stromversorgung gemieden werden, da bei angeschmolzenem Eis Salmonellengefahr besteht.
Nam manau – Zitronen- oder Limonensaft, manchmal auch Limonade.
Nam maprao – die erfrischende, klare Milch junger Kokosnüsse, schmeckt gut gekühlt am besten.
Nam som – Orangensaft, wird ebenso wie Zitronensaft manchmal mit Salz gewürzt, was zwar dem Körper gut tut, doch vielen europäischen Gaumen nicht schmeckt. Wer die Säfte pur möchte, bestellt *mai glüa* (ohne Salz). Frisch gepresster Saft einheimischer Orangen wird öfter in kleinen Plastikflaschen auf Eis gekühlt angeboten.

Kaffee
Caféketten wie Doi Tung, Wawee und Doi Chaang mit Arabica-Kaffee aus den Bergen haben die Kaffeekultur Thailands erfrischend belebt und für die Verbreitung italienischer Kaffeemaschinen gesorgt.
Gafä – wird traditionell mit süßer Kondensmilch und Pulverkaffee angerührt und hat keine Ähnlichkeit mit unserem Kaffee.
Gafä dam ron – Kaffee ohne Milch.
Gafä yen – Kaffee mit Eis.
Oh liang – süßer Eiskaffee mit Eiswürfel.

Tee
Tschah, Tee, besteht zumeist aus einem Teebeutel, getaucht in mehr oder weniger heißes Wasser. In westlich orientierten Cafés sind auch exotische Kräutertees auf dem Vormarsch.
Tschah ron – heißer schwarzer Tee, mit Milch und Zucker.
Tschah dam – Tee mit Zucker ohne Milch.

> **Alkoholverkaufszeiten**
>
> Offiziell darf in Geschäften Alkohol jeglicher Art nur von 11–14 und 17–24 Uhr verkauft werden. Die meisten Supermärkte, wie 7-Eleven oder Family Mart, halten sich strikt an die gesetzlichen Vorgaben, sodass man um 00:01 Uhr kein Bier mehr kaufen kann.

Tschah dam yen – Eistee mit Zucker (manchmal aus der Dose).
Tschah manau – Tee mit Zitrone (*manau* = Zitrone).
Nam tschah – dünner grüner Tee, wird in chinesischen Lokalen kostenlos zum Essen gereicht.

Alkoholische Getränke
Weit verbreitet sind **Singha**- und **Heineken-Bier**, Lagerbiere mit 6 % Alkoholgehalt, und die preiswerteren Lagerbiere **Chang** und **Leo** mit 6,4 % Alkohol. Manchmal gibt es auch **Erdinger Weißbier** und zunehmend eine akzeptable Auswahl einheimischer und importierter **Weine**.

Die thailändische Alkoholdroge Nummer eins ist **Thai-Whisky**, der wie akzeptabler Weinbrand schmeckt und zu allen Gelegenheiten aufgetischt wird. Wir empfehlen, ihn mit Wasser oder Cola zu verdünnen.

Alkoholische Getränke gibt es in **Malaysia** in moslemischen Restaurants nicht. Auch in manchen Bungalowanlagen und kleinen Hotels an der Ostküste bekommt man keinen Alkohol. Zu den gängigen Sorten Bier (Bir) zählen das im Land gebraute Tiger, Anchor, Carlsberg und Guinness. Weine und ausländische Spirituosen sind sehr teuer und nicht überall erhältlich.

Feste und Feiertage

Thailand

Während der Reiseplanung lohnt es einen Blick in den Kalender zu werfen, denn für einige der **großen Feste** sollte man schon einen Umweg oder einen extra Tag in Kauf nehmen. Im Internet sind die wichtigsten Feste auf 🖥 www.tourism

thailand.org/festival-event/ gelistet. Eine gute Website zu Festen in Thailand ist auch 🖵 www.asien-feste.de.

Es gibt viele regionale Feste in Dörfern und Tempeln, die über mehrere Tage tausende von Menschen anlocken können. Gelbe buddhistische Fahnen am Straßenrand weisen oft auf ein **Tempelfest** in der Nähe hin. Neben religiösen Veranstaltungen und Umzügen werden auf einem **Jahrmarkt** lokale Spezialitäten und allerlei Unterhaltsames angeboten. Manchmal finden sogar Schönheits- und sportliche Wettbewerbe statt. Auf **lokalen Messen** *(fairs)* werden Produkte aus der Provinz präsentiert; Erntefeste und andere lokale Ereignisse sind immer ein guter Anlass für ein **Volksfest**. **Musik-, Film-, Verkaufsfestivals** und **Sportwettbewerbe** werden in Urlaubsgebieten veranstaltet, um den Tourismus zu fördern.

Alle Feste **buddhistischen Ursprungs** richten sich nach dem religiösen Kalender, der sich am Mondzyklus orientiert. Deshalb kann der Termin innerhalb von 29 Tagen variieren. Andere Feste fallen meist auf ein Wochenende. Die genauen Termine gibt es in jedem Tourist Office oder im Internet.

Staatliche Feiertage orientieren sich am gregorianischen westlichen Kalender. Wie in England ist der Montag frei *(bank holiday)*, wenn der gesetzliche Feiertag auf ein Wochenende fällt. Auch freitags ist kaum jemand anzutreffen, wenn an den vorangegangenen Tagen gefeiert wurde. Dadurch gibt es viele lange Wochenenden, die die Thais für Ausflüge nutzen.

Vollmondtage siehe **eXTra [2672]**.

Januar / Februar

1.1. – Westliches Neujahr: Es wird ausgiebig bis zum folgenden Wochenende gefeiert.
Neumondtag zwischen 21.1. und 19.2. – Chinesisches Neujahr: Das dreitägige chinesische Neujahrsfest findet vor allem im Familienkreis statt, wird aber auch für Ausflüge genutzt. Näheres siehe **eXTra [2673]**.

März / April

Vollmondtag im März – Makha Bucha: Lichterprozessionen um die Tempel erinnern an Buddhas Predigt vor 1250 Zuhörern. Mönche und Gläubige umrunden am Abend mit Blumen und Kerzen in gefalteten Händen dreimal eine Stupa oder ein anderes Gebäude. Besonders sehenswert im Marmortempel von Bangkok.
6.4. – Chakri-Tag: Inthronisation des ersten Chakri-Königs und Begründers der Königsstadt Bangkok, Feier im Wat Phra Keo.
13.–15.4. – Thai-Neujahr: Bekannt als *songkran* oder Wasserfest. In der heißesten Zeit des Jahres bespritzen sich die Menschen auf den Straßen mit Wasser – manchmal mit Pumpguns, was nicht immer eine willkommene Erfrischung ist. Meiden sollte man Bangkok, wo man schon mal mit einer Dusche dreckigen Klong-Wassers rechnen muss. Buddhafiguren werden gebadet, und älteren Familienmitgliedern erweist man durch zeremonielle Handwaschungen und Geschenke Hochachtung. Vom 6.–17.4. sind Ferien, und das ganze Land ist unterwegs.

Mai

5.5. – Krönungstag: Langes Wochenende aus Anlass der Krönung des heutigen Königs Bhumipol (Rama IX.) am 5.5.1950.
Vollmondtag im Mai – Visakha Bucha: Heiligstes buddhistisches Fest zur Feier der Geburt und Erleuchtung Buddhas und seines endgültigen Eintritts ins Nirvana. Abendliche Lichterprozessionen im Tempel, zentrale Feiern im Wat Phra Keo.
Mitte Mai – Königliche Zeremonie des Pflügens: Zeremonie brahmanischen Ursprungs, bei der ein Stellvertreter des Königs bei einer symbolischen Aussaat auf dem Sanam Luang in Bangkok um eine gute Ernte bittet. Zahlreiche Bauern aus dem ganzen Land reisen dafür in die Hauptstadt und versuchen ein Reiskorn zu ergattern, das der eigenen Saat untergemischt eine gute Ernte gewährleisten soll.

Juli / August

Vollmondtag im Juli – Asanha Bucha (Khao Phansa): Zur Erinnerung an die erste Predigt Buddhas in der Öffentlichkeit finden Prozessionen mit Blumen und Kerzen im Tempel statt. Am Tag nach Asanha Bucha beginnt die dreimonatige Fastenzeit Khao Phansa. Bis zum Ende der Regenzeit dürfen Mönche das Kloster nachts nicht verlassen. Traditionell lassen sich junge Männer während dieser Zeit für einige Wochen ordinieren.

12.8. – **Geburtstag der Königin**: Langes Wochenende zum Muttertag und Geburtstag der Königin, die seit 1950 First Lady in Thailand ist.

Oktober
Vollmondtag im Oktober – **Thot Kathin** (Ok Phansa): Nach dem Ende der Fastenzeit reisen die Thais in ihre Heimattempel, um den Mönchen neue Roben und Opfergaben zu überbringen.
23.10. – **Chulalongkorn-Tag**: Am langen Wochenende wird der Todestag von König Chulalongkorn (Rama V.) gefeiert, der das Land westlichen Einflüssen öffnete.

November / Dezember
Vollmondtag im November – **Loi Krathong**: Lichterfest am Ende der Regenzeit. Kleine Boote, die traditionell aus Bananenstrünken gefertigt sind, werden mit Kerzen, Räucherstäbchen und Blumen geschmückt und auf eine Reise über Flüsse, Seen und Klongs geschickt – eine Opfergabe an die Göttin des Wassers. Im Norden lässt man Heißluftballons *(yipeng)* in den Himmel steigen.
5.12. – **Geburtstag des Königs**: Paraden und Feiern in Bangkok sowie auf dem Land.
10.12. – **Verfassungstag**: Langes Wochenende.
31.12. – **Silvester**: Langes Wochenende.

Malaysia

1. Januar – Neujahr
Neumondtag zwischen 21. Januar und 19. Februar – Chinesisches Neujahr
Januar / Februar – Ma'al Hijrah (Awal Muharam), islamisches Neujahrsfest
April / Mai – Mohammeds Geburtstag
1. Mai – Internationaler Tag der Arbeit
Vollmondtag im Mai – Wesak, größter buddhistischer Feiertag
2. Juni – Geburtstag des Königs
Juli / August – Beginn des Ramadan
31. August – Nationalfeiertag
August / September – Hari Raya Puasa, Ende des Ramadan
Ende Oktober / Anfang November – Deepavali, hinduistisches Lichterfest
25. Dezember – Weihnachten
Dezember / Januar – Hari Raya Haji

Frauen unterwegs

Auf den ersten Blick scheint es, dass die Wirtschaft in Thailand von Frauen in Schwung gehalten wird. Sie dominieren den Dienstleistungsbereich und arbeiten selbst auf Baustellen. Die Entscheidungsträger in Politik und Wirtschaft sind allerdings Männer. Während in Mitteleuropa nur etwa jede zweite Frau berufstätig ist, liegt die **Frauenerwerbstätigenquote** in Thailand bei 86 % und ist damit Weltspitze. Garküchen, Ganztagsschulen und andere Dienstleistungen erleichtern berufstätigen Müttern das Leben. Abends gehen auch einheimische Frauen in Gruppen aus. Allein reisende Frauen können sich in diesem Umfeld unkompliziert bewegen. Eine Touristin kann schnell Bekanntschaft mit **einheimischen Frauen** machen. Hierbei ist vor allem ein leichtes gegenseitiges Berühren am Arm üblich. Allerdings lassen sich einheimische Frauen solche Berührungen von fremden Männern nicht gefallen. Frauen, die sich durch Rauchen und Trinken „unfraulich" verhalten, werden in Städten und Touristenzentren toleriert. Traditionelles Handeln und Denken tritt hier in den Hintergrund. Trotzdem kommt für die meisten Thai-Frauen ein freizügiges Baden im Bikini am Strand nicht in Frage.

Auf dem Land sind die Ansichten wesentlich konventioneller. Frauen erregen Aufsehen, wenn sie mit lockeren Umgangsformen und allzu luftiger Kleidung nicht dem gängigen Bild von Ehefrau oder Mutter entsprechen. Auch in Tempeln und Klöstern sind sie noch lange nicht gleichberechtigt. Nonnen werden in einigen Klöstern zwar akzeptiert, haben aber längst nicht den Status der Mönche. Der Zutritt zum heiligen Bereich (Bot) einiger buddhistischer Tempelanlagen ist ihnen teils sogar verboten. Zudem dürfen Frauen keine buddhistischen Mönche berühren.

Geld

In ganz Thailand ist das einzige Zahlungsmittel der Baht, in Malaysia der Ringgit. Bargeld gibt es an fast jedem Geldautomaten, auch am Flugplatz. US$, Euro und andere Währungen können in Wechselstuben und Banken umgetauscht werden. Wegen zahlreicher im Umlauf befindlicher Fälschungen werden US$100-Noten häufig nicht akzeptiert, Gleiches gilt für beschädigte Scheine.

Wer die Landgrenze zu Myanmar überschreitet, sollte für die entsprechenden Visagebühren unbeschädigte Dollarnoten mitnehmen. Empfehlenswert ist es, etwas Bargeld, die Bank- und Kreditkarte mitzunehmen.

Währungen

Die Währungseinheit in **Thailand** ist der Baht mit 100 Satang. In Umlauf sind Banknoten zu 1000, 500, 100, 50 und 20 Baht sowie Münzen zu 10, 5, 2 (selten) und 1 Baht. Ebenfalls selten geworden sind Münzen zu 50 und 25 Satang.

In **Malaysia** ist die Währungseinheit der malaysische Ringgit (RM) mit 100 sen (¢). In Umlauf sind Banknoten zu 5, 10, 20, 50, 100, 500 und 1000 RM sowie Münzen zu 1, 5, 10, 20, 50 sen und 1 RM (alte 1 RM-Scheine gibt es kaum noch).

Banken

Banken in **Thailand** sind an hohen Schildern mit den jeweiligen Logos erkennbar. Sie öffnen Montag bis Freitag außer feiertags von 8.30–15.30 Uhr. In Touristenzentren haben Wechselstuben *(currency exchange service)* täglich bis spät abends geöffnet. Notfalls wechseln Hotels zu schlechten Kursen. Geldautomaten (ATM) sind weit verbreitet.

Bei der Einreise nach Malaysia beachten: In Kelantan und Terengganu (Ostküste), Kedah und

Wechselkurse					
1 €	=	43,90 Baht	10 Baht	=	0,23 €
1 sFr	=	37,00 Baht	10 Baht	=	0,27 sFr
1 US$	=	30,92 Baht	10 Baht	=	0,32 US$
1 €	=	4,35 RM	1 RM	=	0,23 €
1 sFr	=	3,67 RM	1 RM	=	0,27 sFr
1 US$	=	3,07 RM	1 RM	=	0,33 US$

Aktuelle Wechselkurse unter 🖥 www.oanda.com/lang/de/currency/converter/

Augen auf beim Kreditkartenkauf

Die Kreditkarte sollte beim Bezahlen nicht aus den Augen gelassen und in keinem Fall in Safes verwahrt werden, die für andere zugänglich sind. Schon viele Reisende mussten zu Hause bei dem Blick auf die Kontoauszüge feststellen, dass während ihrer Abwesenheit ohne ihr Wissen eingekauft wurde.

Auch in Thailand und Malaysia werden vor allem in öffentlichen Internetcafés Computer angezapft, um Daten von Transaktionen mit Kreditkarten zu erhalten. Wer sein Kreditkartenkonto im Blick hat, kann innerhalb einer begrenzten Zeit eine falsche Abbuchung reklamieren.

Perlis (Westküste) sind die Banken am Donnerstag nur von 9.30–11.30 Uhr geöffnet und Freitag geschlossen, am Samstag und Sonntag dagegen geöffnet. Ansonsten öffnen Banken in Malaysia Mo–Fr 10–15 und Sa 9.30–11.30 Uhr.

Bank- und Kreditkarten

Einige Bankkarten mit Maestro- bzw. Cirrus-Symbol können zum Geldabheben an Automaten verwendet werden, andere nicht, wie die V-Pay-Card. Auch der Maximalbetrag und die Gebühren pro Transaktion sind von Bank zu Bank verschieden. Deshalb ist es erforderlich, vor der Abreise bei seiner Bank nachzufragen und evtl. eine Kartensperre aufheben zu lassen. Kostenlos ist die Abhebung mit der Postbank Sparcard zehnmal jährlich an Visa/Plus-Automaten und bei der DKB Bank beliebig oft, siehe 🖥 www.weltweit-kostenlos-geld-abheben.de. Umgerechnet wird zum Briefkurs. Die Thai-Bank schlägt bei ausländischen Geldkarten 150 Baht auf. Als Maximalbetrag gelten 20 000 Baht, in Malaysia 1500 RM. Bei einigen Automaten ist er aus technischen Gründen geringer. Wer von Automaten vor einer geöffneten Bank abhebt, kann bei einem Problem gleich reklamieren. Vorsicht! In Thailand geben die Automaten zuerst das Geld und zuletzt die Karte, die man keinesfalls vergessen sollte.

Mit Kreditkarten kann man im oberen Preissegment bargeldlos bezahlen oder Bargeld ab-

> **Zur Sicherheit**
>
> Alle **wichtigen Reisedokumente** zu Hause fotografieren oder scannen und an die eigene E-Mail-Adresse schicken, evtl. auch Geheimzahlen, Telefonnummern, Reisescheckummern, Medikamentennamen, Blutgruppe usw. So können diese im Notfall unterwegs abgerufen werden. Auch Fotos von aufgegebenen Gepäckstücken können bei Verlust des Fluggepäcks eine große Hilfe sein.

heben. Auszahlungs- und Akzeptanzstellen sowie Geldautomaten sind in Thailand weit verbreitet und auf den Webseiten der Anbieter zu finden.

Nicht selten verlangen Geschäfte entgegen den Vertragsvereinbarungen die **Verkäufergebühr** (3–5 %) vom Kunden. In diesem Fall sollte man sich diesen Betrag auf der Rechnung extra ausweisen lassen und diesen später beim Kreditkartenunternehmen zurückfordern.

Verlust oder Diebstahl von Kreditkarten sind sofort zu melden, um Missbrauch zu verhindern. Bei Mietwagen oder Flügen, die mit der Karte bezahlt wurden, ist in der Regel eine automatische Unfallversicherung enthalten, bei einigen Karten sogar eine Mietwagen-Vollkaskoversicherung.

Reiseschecks

Eine aussterbende Spezies sind Reiseschecks (Travellers Cheques), die gegen 1 % Provision bei Banken erhältlich sind. **Euro-Reiseschecks** werden überall in Thailand gewechselt. Der Wechselkurs für Schecks ist dort zwar günstiger als für Bargeld, dafür wird aber eine Provision pro Scheck verlangt. Deshalb sind weniger Schecks mit einem höheren Wert zu empfehlen. Manche Banken wechseln nicht mehr als 300–500 €.

Bei Verlust oder Diebstahl werden die Schecks im nächsten Vertragsbüro ersetzt. Hierfür ist es wichtig, dass für den Nachweis die Kaufabrechnung und die eigentlichen Schecks getrennt voneinander aufbewahrt werden. Außerdem hilft eine Auflistung aller bisher eingelösten Schecks, da diese natürlich nicht ersetzt werden. Schecks von Thomas Cook oder American Express werden in den entsprechenden Vertretungen in Bangkok ersetzt, s. S. 208.

> **Informationen und Notrufnummern:**
>
> Sperrung von Geld- und Kreditkarten:
> ☎ +49-116 116, 🖥 www.sperr-notruf.de
> **American Express**: ☎ +49-69-979 720 00 (auch bei Verlust für Ersatzkarten zuständig), 🖥 www.americanexpress.com/germany.
> **Maestro Card**: ☎ +49-69-740 987, 🖥 www.maestrokarte.de. Bei Verlust: ☎ +49-1805 021 021. Standorte von Geldautomaten unter 🖥 www.maestrokarte.de/atm_locator.html.
> **MasterCard**: ☎ +49-69-793 319 10. Karte sperren: ☎ 001-63 67 22 71 11 (international gebührenfrei), 🖥 www.mastercard.com/de/.
> **Visa**: Karte sperren: ☎ 001-800-11-535-0660 (international gebührenfreies R-Gespräch), 🖥 www.visa.de. Standorte der Geldautomaten unter 🖥 visa.via.infonow.net/locator/global/.
> **Western Union**, ☎ 0800-181 1797, 🖥 www.westernunion.com. Wird in Deutschland von allen Zweigstellen der Postbank angeboten.

Gepäck und Ausrüstung

Der Rollkoffer hat den ideologischen Graben zwischen Rucksack und Koffer geschlossen, und so reist jeder mit dem Gepäck, das er mag. Letztendlich hängt es weitgehend von den Transportmitteln und Zielen ab, ob sich das eine oder andere als bequemer erweist. Der „Gepäck-Check" im Kasten kann als Hilfe beim Packen dienen, ist aber keineswegs vollständig und kann nach individuellen Bedürfnissen ergänzt werden.

Kleidung

Ein Wickelrock (malaiisch: *sarong*, thai: *phasin*) eignet sich höchstens als Strandkleidung. In einer schicken Bar, auf einem Fest, bei einem formellen Essen, dem Besuch im Königspalast und in anderen königlichen Gebäuden oder Tempeln

❌ Gepäck-Check

Kleidung
- [ ] **Badekleidung** (für Frauen außerhalb der Touristenzentren einteiliger Badeanzug)
- [ ] **Badelatschen** (wegen Pilzgefahr beim Duschen!)
- [ ] **Hemden*** oder **Blusen***
- [ ] **Hosen** bzw. **Röcke** (die leicht sind und bequem sitzen sollten)
- [ ] **Jacke** (für An- und Abreise, Nächte in den Bergen und AC-Busse)
- [ ] **Kurze Hosen** (bei Männern bis zur Hälfte des Oberschenkels, bei Frauen bis zum Knie, Shorts nur am Strand)
- [ ] **Pullover**
- [ ] **Sandalen** (in die man leicht hinein- und herausschlüpfen kann)
- [ ] **Schuhe** (für Trekkingtouren reichen Turnschuhe meist aus)
- [ ] **Socken** (dichte, nicht allzu kurze Socken als Moskitoschutz für den Abend)
- [ ] **T-Shirts*** / **Polo-Shirts*** (mit Ärmel)
- [ ] **Unterwäsche**

Hygiene und Pflege
- [ ] **Feuchttücher** (zur Hygiene für unterwegs)
- [ ] **Kosmetika** / Hautpflegemittel
- [ ] **Nagelschere*** und Nagelfeile (nicht ins Handgepäck)
- [ ] **Nähzeug** (Zwirn, Nähseide, Nadeln, Sicherheitsnadeln)
- [ ] **Papiertaschentücher**
- [ ] **Plastiktüten*** (für schmutzige Wäsche und als Nässeschutz)
- [ ] **Rasierer** (für abgelegene Gebiete einen Nassrasierer)
- [ ] **Shampoo** / Haarpflegemittel
- [ ] **Tampons** (Nachschub bei 7-Eleven oder in Supermärkten)
- [ ] **Toilettenpapier*** (auf öffentlichen Toiletten oft nicht vorhanden)
- [ ] **Zahnbürste*** / Zahnpasta*

Sonstiges
- [ ] **Notizbuch*** / Stifte*
- [ ] **Regenschirm** (keine Gummijacke)
- [ ] **Reiseapotheke** (s. S. 57)
- [ ] **Reiseführer**, **Landkarten**
- [ ] **Reiselektüre**
- [ ] **Reisewecker** (falls kein Handy)
- [ ] **Sonnenschutz**: Hut, Brille* (in unzerbrechlicher Box), Sonnencreme*
- [ ] **Taschenlampe***
- [ ] **Taschenmesser** (nicht ins Handgepäck)

Dokumente
- [ ] Flugunterlagen
- [ ] Führerschein (gültiger internationaler)
- [ ] Geld (Bargeld, Bankkarte, Kreditkarte)
- [ ] Impfpass
- [ ] Reisepass (evtl. internationaler Studentenausweis, Personalausweis)

Wer in einfachen Unterkünften wohnen wird, braucht zudem
- [ ] **Handtücher*** (die schnell trocknen)
- [ ] **Klebeband*** (fürs Packen, zum Dämpfen von Klimaanlagen und zum Verschließen von Löchern im Moskitonetz)
- [ ] **Kordel*** (als Wäscheleine oder zum Aufspannen des Moskitonetzes)
- [ ] **Moskitonetz***
- [ ] **Nägel*** (zum Befestigen des Moskitonetzes)
- [ ] **Plastikbürste*** (zum Reinigen von Wäsche und Schuhen)
- [ ] **Schlafsack** (Seiden- bzw. Leinenschlafsack oder zwei dünne Tücher, da es in billigen Hotels keine Decken gibt und Laken nicht häufig gewechselt werden)
- [ ] **Seife*** oder Waschlotion
- [ ] **Vorhängeschloss*** (und kleine Schlösser* fürs Gepäck)
- [ ] **Waschmittel** (in der Tube)

*Die mit * gekennzeichneten Gegenstände sind unterwegs preiswerter zu erwerben.*

---

sollte man sich dem Umfeld entsprechend kleiden, s. S. 90. Bei der Auswahl der Kleidung empfiehlt sich eine Kombination aus bequem und gut aussehend. Thais bewerten die Menschen weitaus mehr als in Europa nach ihrem Äußeren, und ein ungepflegtes Auftreten stößt auf Ablehnung.

Wäsche wird in Touristenzentren innerhalb von Stunden an fast jeder Ecke für wenig Geld gewaschen und für einen etwas höheren Preis gebügelt.

Die Kosten für den *laundry service* in Gästehäusern und Hotels stehen in direkter Relation zum Zimmerpreis.

Technik

Kaum jemand möchte unterwegs auf sein **Handy** verzichten: Tipps s. S. 74. Neuere Modelle ersetzen zudem **MP3-Player, Organizer, Kamera** und das **GPS**. Vor allem Letzteres ist auf Reisen in unbekannte Gebiete unglaublich hilfreich. Dank der günstigen Gebühren und zahlreicher kostenloser Hotspots (in Thailand und Malaysia: WiFi) sind Surfen im Internet, Abrufen von Mails und die Speicherung digitaler Fotos mit einheimischer SIM-Card einfach und preiswert. Mehr und mehr Reisende wollen auch auf einen **Laptop** oder ein **Netbook** nicht mehr verzichten.

Alle technischen Geräte benötigen Energie und daher **Akkus** sowie den unvermeidlichen Kabelsalat. Gängige Flachstecker passen in thailändische Steckdosen, sodass man in diesem Fall zumindest auf den **Adapter** verzichten kann. Für Steckdosen in Malaysia sind hingegen Adapter erforderlich, da weder europäische Schukostecker noch normale zweipolige Stecker in die dreipoligen Messerstecker passen.

Wertsachen

Geld, Pässe, Kreditkarten und Tickets lassen sich am besten in einem breiten, unauffälligen Hüftgurt nah am Körper aufbewahren. Sämtliche Papiere sind zusätzlich durch eine Plastikhülle zu schützen, da Schweiß zerstörerisch wirken kann. Taschen mit Kameras, Laptop und anderer Elektronik sollten möglichst nicht schon von außen auf den teuren Inhalt schließen lassen, also aus festem Material bestehen, gut verschließbar sein und Platz für weiteres Handgepäck bieten.

Gesundheit

Die gesundheitlichen Risiken sind in Thailand und Malaysia relativ gering. Wer ungeschältes Obst sowie nicht ausreichend gekochte bzw. gebratene Gerichte meidet und sich vor Mückenstichen schützt, braucht keine Angst vor Krankheiten zu haben.

Näheres zu möglichen Krankheiten und ihren Symptomen im Anhang unter „Reisemedizin zum Nachschlagen", s. S. 797.

Auf jeden Fall sollte vor der Reise überprüft werden, ob der Schutz gegen Tetanus, Diphtherie und Kinderlähmung (Polio) noch besteht. Viele Reisemediziner raten außerdem zu **Impfungen** gegen Hepatitis A und Typhus. Ob noch weitere Impfungen nötig sind, etwa gegen Tollwut oder Hepatitis B, hängt von den besuchten Regionen, der Reiseart und -dauer und dem Gesundheitszustand des Reisenden ab.

Über notwendige Impfungen und die Art der Malariaprophylaxe sollte man sich unbedingt sechs bis acht Wochen vor Reiseantritt von ei-

Reisemedizin im Internet

Wer sich vor dem Besuch beim Reisemediziner schon mal über die Gesundheitsrisiken kundig machen möchte, findet auf den folgenden Websites Informationen:
Auswärtiges Amt
💻 www.auswaertiges-amt.de
Robert-Koch-Institut
💻 www.rki.de
Centrum für Reisemedizin
💻 www.crm.de
Deutsche Gesellschaft für Tropenmedizin
💻 www.dtg.org
Dt. Ges. für Reise und Touristik-Medizin
💻 www.drtm-online.de
Die Reisemedizin
💻 www.die-reisemedizin.de
Reisemedizinische Beratung Freiburg
💻 www.tropenmedizin.de
Tropeninstitut Hamburg
💻 www.gesundes-reisen.de
Fit for Travel
💻 www.fit-for-travel.de

❌ Vorschlag für eine Reiseapotheke

Von allen regelmäßig benötigten Medikamenten sollte man einen ausreichenden Vorrat mitnehmen. Nicht zu empfehlen sind Zäpfchen oder andere hitzeempfindliche Medikamente.

Basisausstattung
- [ ] Verbandzeug
- [ ] Fieberthermometer
- [ ] Ohrstöpsel
- [ ] Sonnenschutz mit UVA- und UVB-Filter
- [ ] Beipackzettel

Malaria
- [ ] ggf. Lariam* oder Malarone* als Standby-Therapie
- [ ] Mückenschutz (für Kinder: Zanzarin)

Schmerzen und Fieber
- [ ] Benuron, Dolormin (keine acetylsalicylsäurehaltigen Medikamente)
- [ ] Buscopan (bei krampfartigen Schmerzen)
- [ ] Aspirin-Granulate oder auch GeloMyrtol Forte (bei Erkältung)
- [ ] Antibiotika* gegen bakterielle Infektionen (in Absprache mit dem Arzt)

Magen- und Darmerkrankungen
- [ ] Imodium akut oder in Thailand und Malaysia erhältlich: Lomotil (gegen Durchfall)
- [ ] Elotrans (zur Rückführung von Mineralien; Kinder: Oralpädon-Pulver)
- [ ] Dulcolax-Dragees, Laxoberal-Tropfen (gegen Verstopfung)

Erkrankungen der Haut
- [ ] Desinfektionsmittel (Betaisodona-Lösung, Kodan-Tinktur)
- [ ] Nebacetin-Salbe RP (bei infizierten oder infektionsgefährdeten Wunden)
- [ ] Soventol-Gel, Azaron-Stift, Fenistil-Tropfen, Teldane-Tabletten (bei Juckreiz nach Insektenstichen oder allergischen Erkrankungen)
- [ ] Soventol Hydrocortison-Creme, Ebenol-Creme (bei starkem Juckreiz oder stärkerer Entzündung)
- [ ] Bepanthen (Wund- & Heilsalbe)
- [ ] Fungizid ratio, Canesten (bei Pilzinfektionen)
- [ ] Berberil, Yxin (Augentropfen bei Bindehautentzündungen)

Reisekrankheit
- [ ] Superpep-Kaugummis, Vomex

Bitte bei den Medikamenten Gegenanzeigen und Wechselwirkungen beachten und sich vom Arzt oder Apotheker beraten lassen.
rezeptpflichtig in Deutschland

---

nem Reisemediziner beraten lassen. Sämtliche Impfungen müssen mit Ort, Datum und Unterschrift des Arztes in einen **Internationalen Impfpass** eingetragen werden.

Tropenmedizinische Institute
Deutschland
Berlin Spandauer Damm 130, Haus 10, 14050
✆ 030-301 166
Dresden Friedrichstr. 41, 01067
✆ 0351-4803 801
Düsseldorf Moorenstr. 5, 40225
✆ 0211-8117 031
Göttingen Werner-von-Siemens-Str. 10, 37077
✆ 0551-307 500
Hamburg Bernhard-Nocht-Str. 74, 20359
✆ 040-428 180
Heidelberg Im Neuenheimer Feld 324, 69120
✆ 06221-562 905
Leipzig Delitscher Str. 141, 04129
✆ 0341-909 2619
München Leopoldstr. 5, 80802
✆ 089-218013500
Rostock Ernst-Heydemann-Str. 6, 18057
✆ 0381-494 7511
Tübingen Wilhelmstr. 27, 72074
✆ 07071-2982 365
Ulm Robert-Koch-Str. 8, 89081
✆ 0731-5002 4421

Würzburg Salvatorstr. 7, 97074
📞 0931-7912 821

Österreich
Wien Lenaugasse 19, 1080
📞 01- 4026 8610

Schweiz
Basel Socinstr. 57, 4051
📞 061-2848 111. Telefonische Auskunft vom Band unter 📞 0900-575 131 (2,69 sFr./Min.)

Gesundheitstipps für die Reise

Essen

Am besten hält man sich an die alte Tropenregel: kochen, braten, schälen – oder lassen. Denn ein Großteil der Infektionen wird durch unsauberes Essen übertragen. Wer kein ungeschältes Obst und keine rohen oder halb garen Speisen isst, hat seiner Gesundheit schon einen großen Dienst erwiesen. Keine aufgewärmten oder warm gehaltenen Speisen – wie oft an Essenständen angeboten – essen. Buffets bergen am ehesten das Risiko, sich einen Durchfall einzuhandeln. Wichtig ist auch die persönliche Hygiene, denn viele Krankheitserreger trägt man mit den eigenen Fingern zum Mund.

Wer unter **Durchfall** leidet, muss sich erst einmal Ruhe gönnen und den Flüssigkeits- und Salzverlust mit angereichertem Wasser ausgleichen. Abgepackte Elektrolyt-Lösungen gibt es in jeder Apotheke. Erkrankte sollten auf Gemüse und Obst verzichten und fette Speisen meiden. Mit viel Reis (gesalzen), ausreichend Wasser und ein wenig Medizin sind die meisten Durchfälle in den Griff zu kriegen. Spätestens nach drei bis fünf Tagen ohne Besserung sollten Erkrankte aber einen Arzt aufsuchen. Extrem dünner, weißlicher Stuhl deutet auf eine Cholera-Infektion hin, die unverzüglich behandelt werden muss.

Klima

Sonne und Hitze machen Reisenden oft als Erstes zu schaffen. Wer aus Europa ins tropische Asien reist, hat nicht selten eine Temperaturdifferenz von 20 °C und mehr zu verkraften. Deswegen ausreichend trinken, denn der Körper schwitzt gerade in den ersten Tagen sehr. Als Faustregel gilt: **3 l Flüssigkeit** pro Tag.

Wie überall in den Tropen ist die Sonnenstrahlung eine Gefahr. Je nach Typ braucht die Haut bis zu fünf Tage, um den Eigenschutz aufzubauen. **Sonnencreme mit hohem Lichtschutzfaktor** (15 und höher) und ein Basecap bieten zusätzlich Schutz.

Auch **Erkältungen** kommen häufiger vor, als man denkt, denn in der kühlen Jahreszeit wird es nach Sonnenuntergang schnell frisch. Dann hilft ein dünner Pullover – in den Bergen ein dicker. Nachts die Klimaanlage oder den Ventilator ausstellen!

Medizinische Versorgung

Dank eines gut entwickelten Gesundheitswesens erreicht man in Thailand und Malaysia im Notfall von fast allen Orten aus schnell ein **Krankenhaus**. Bei ernsthaften Erkrankungen oder anstehenden Operation sollte man ein internationales privates Krankenhaus mit Englisch sprechendem Personal in Phuket, Bangkok oder Penang aufsuchen. Allerdings trägt der Patient die Kosten

---

Medizintourismus

Immer mehr Touristen lassen in Thailand oder Malaysia Eingriffe vornehmen. Die großen internationalen Krankenhäuser gehören vom medizinischen Standard her zur Weltklasse. Vor allem die Plastische Chirurgie und Zahnmedizin erfreuen sich großer Beliebtheit, da die Behandlungen (für Füllungen, Kronen, Brücken, Implantate oder Bleichen) im europäischen Vergleich sehr preiswert sind. Das gilt ebenso für das Lasern von Augen oder Anfertigen von Brillen. Auch Angebote der traditionellen chinesischen und indischen Medizin wie Akupunktur und Ayurveda werden zunehmend von Reisenden in Anspruch genommen.
Weitere Informationen in einem umfangreichen englischen Prospekt des Thai- sowie des Malaysischen Fremdenverkehrsbüros in Frankfurt.

selbst und muss deshalb vor der Aufnahme die Kreditkarte zücken.

Staatliche Krankenhäuser sind zwar sauber und gut ausgestattet, ihr Standard entspricht jedoch oft nicht den europäischen Erwartungen. Abgesehen von einer geringen Aufnahmegebühr ist die Behandlung dafür kostenfrei. Medikamente müssen selbst bezahlt werden. Gesundheitszentren (Health Centers) oder Erste-Hilfe-Stationen in vielen Dörfern beschäftigen meist nur Krankenschwestern.

In absoluten Notfällen hilft die Botschaft weiter. Krankenhäuser sind im regionalen Teil des Buchs bei den entsprechenden Touristenorten unter „Medizinische Hilfe" aufgeführt.

Informationen

Fremdenverkehrsämter und Websites liefern im Vorfeld der Reise diverse Informationen. Achtung: Gewisse Reisebüros in Thailand mit Namen T.A.T. haben absolut nichts mit dem staatlichen Fremdenverkehrsamt TAT zu tun!

Fremdenverkehrsämter

Thailändisches Fremdenverkehrsbüro (TAT)
Deutschland und Österreich
60311 Frankfurt, Bethmannstr. 58
📞 069-1381 390, 📠 13813 950
✉ info@thailandtourismus.de
🖳 www.tourismthailand.org
🖳 www.thailandtourismus.de (allgemeine Infos auf Deutsch)
🖳 www.tatnews.org (News Room)

Schweiz
3012 Bern, Zähringerstr. 16
📞 031-3003 088, 📠 3003 077
✉ info@tourismthailand.ch
🖳 www.tourismthailand.ch

Malaysisches Fremdenverkehrsbüro
60311 Frankfurt, Weissfrauenstr. 12-16
📞 069-4609 23420, 📠 4609 23499

🖳 www.tourismmalaysia.de
🖳 www.tourism.gov.my

Wer sich über die aktuelle Lage informieren will, kann auf den **Websites der Außenministerien** nachschlagen:
🖳 www.auswaertiges-amt.de
🖳 www.eda.admin.ch
🖳 www.bmaa.gv.at/
oder checkt die lokalen **englischsprachigen Medien**:
🖳 www.nationmultimedia.com/
🖳 www.bangkokpost.com/
🖳 www.thestar.com.my/
🖳 www.malaysiakini.com/
🖳 www.nst.com.my/
oder stellt Fragen ins **Forum**:
🖳 www.stefan-loose.de
🖳 www.thailandqa.com

Informationen im Internet

Allgemeine Infos auf Deutsch (d) und Englisch (e)
Thailand
🖳 www.amazing-thailand.com (e)
🖳 www.baanthai.com (d)
🖳 www.easythailand.de (d)
🖳 www.khaosanroad.com (e)
🖳 www.passplanet.com/thailand (e)
🖳 www.schoenes-thailand.de (d)
🖳 www.siam.de (d)
🖳 www.siam-info.de (d)
🖳 www.thailand-community.de (d)
🖳 www.thailandforvisitors.com (e)
🖳 www.thailand-interaktiv.de (d)
🖳 www.thailand-reisetipps.de (d)
🖳 www.thailandsworld.com (e)
🖳 www.thailandtip.de (d)
🖳 www.thaiminator.de (d)
🖳 www.thaipage.ch (d)
🖳 www.travelfish.org (e)

Malaysia
🖳 www.malaysiadirectory.com (e)
🖳 www.networkmalaysia.com (e)
🖳 allmalaysia.info (e)
🖳 www.emmes.net (d + e)

- www.malaysiaforum.de (d)
- www.malaysiasite.nl (e)

Hotelbuchung und mehr
- www.asiatravel.com/thailand.html (e)
- www.hostelbookers.com/hostels/thailand/ (e)
- www.hotelstravel.com/thailand.html (e)
- www.hotelthailand.com (e)
- www.sawadee.com (d)
- www.welcomethai.com (e)
- www.asiarooms.com (e)
- www.agoda.de (d)

Weitere Adressen in den jeweiligen regionalen Kapiteln.

Internet und E-Mail

Auch im Urlaub möchte man seine E-Mails checken oder Fotos auf Internetplattformen wie Flickr, www.flickr.com, laden. Günstige **Internetcafés** und Gästehäuser mit Internetanschluss sind weit verbreitet. Die Preise liegen in größeren Orten bei 1–2 Baht pro Minute oder 2–6 RM pro Stunde. Auf Inseln, die kein Festnetz besitzen, kann man über Mobiltelefone ins Internet, was etwas mehr kostet und langsamer vonstattengeht. Nicht alle Computer sind gut gewartet, frei von Viren und ermöglichen einen schnellen Zugang. **WLAN-Hotspots** (in Thailand und Malaysia: WiFi) werden von zahlreichen Gästehäusern, Hotels, Cafés und sogar in Beach Bars und Tankstellen als Service kostenfrei angeboten. Teure Hotels verlangen oft eine Gebühr.

Kinder

Thailand und Malaysia eignen sich für einen Urlaub mit Kindern jeglichen Alters – egal ob die Kleinen noch im Wagen liegen oder Größere ihre Umgebung selbstständig erkunden, ob es die Eltern zu kulturellen Orten, an die Strände oder in die Berge zieht. Fast überall wird sich eine Familie wohlfühlen, denn Kinder sind in beiden Ländern beliebt und immer dabei. Sie krabbeln durch Läden und Restaurants, werden von Eltern, Großeltern, Geschwistern und Freunden herumgetragen – die sich auch ausländischer Kinder gerne annehmen.

Kinder genießen vor allem die **Natur**. Es gibt Strände und Märkte, Blumen, leckere Früchte, Muscheln in allen Farben und Größen und Tiere. Besonders für die Älteren ist ein Besuch in den Werkstätten interessant, wo sie den Handwerkern und Künstlern bei der Arbeit zusehen können. Natürlich gibt es auch **Zoos und Vergnügungsparks**, vor allem in Bangkok und Pattaya. Und immer wieder finden im ganzen Land **Tempelfeste** statt, auf denen Karussells zum Mitfahren einladen.

Wegwerfwindeln gibt es fast überall, da sich die Ketten 7-Eleven, FamilyMart und Tesco/Lotus rasant über das ganze Land ausbreiten. Alle diese Läden führen Pampers, meist in sehr kleinen Packungen à drei bis vier Windeln. Beobachtet man thailändische Kinder, fällt auf, dass sie recht selten Windeln tragen. Es ist selbst im Restaurant kein Problem, wenn sich eine kleine Pfütze auf dem Boden bildet (diese wird schnell mit einem Lächeln weggewischt), und eingenässte Kleidung trocknet schnell oder kann durch mitgenommene Ersatzkleidung ersetzt werden.

Sehr wichtig ist die **Einbeziehung der Kinder** bei der Planung und beim Kofferpacken. Am Familientisch kann man prima Bilder von Thailand betrachten und gemeinsam überlegen, was man sich anschauen möchte.

Anreise

Die Wahl der **Fluggesellschaft** entscheidet, wie entspannt die reisende Familie ankommt. Für die ganz Kleinen *(infants* bis etwa 10 kg) empfiehlt sich das schwebende Kinderbettchen. Der dazugehörende Platz bietet auch den Erwachsenen mehr Beinfreiheit. Kindermenüs werden als Erste ausgegeben. Wechselkleidung, Windeln und Babynahrung gehören ins Handgepäck. Die Behälter für Babynahrung dürfen auch entgegen den sonstigen Sicherheitsbestimmungen größer als 100 ml sein.

Bewährt haben sich aufstellbare Rückentragen oder ein Maxi Cosi. Da Kinder unter zwei

Jahren zwar 10–20 % eines regulären Tickets zahlen, ihnen aber kein eigener Sitzplatz zusteht, bleibt den Eltern nur die Hoffnung, dass der Flug nicht ausgebucht ist. Kinder zwischen zwei und zwölf Jahren zahlen für einen Platz etwas mehr als die Hälfte des Flugpreises.

Die etwa elfstündige Anreise mit dem Flugzeug, die **Zeitverschiebung** und die Klimaveränderung sind in den ersten Tagen etwas beschwerlich, doch bei ruhiger Herangehensweise gut zu meistern. Es ist empfehlenswert, sich nach der Ankunft ein ruhiges Zimmer zu nehmen und die ersten Tage keine großen Anstrengungen zu planen. Es ist aufregend genug, die nähere Umgebung zu erkunden, das fremde Essen zu probieren und die Menschen kennenzulernen.

Gesundheitliche Risiken

Gerade in den ersten Tagen haben viele Kinder Probleme mit der **Hitze** und der feuchten Luft und neigen zu Hautausschlag, der sich in Form von roten Pusteln über den ganzen Körper ausbreitet. Wickelkinder haben besonders im Windelbereich damit zu kämpfen. Dagegen hilft der Talcum-Baby-Puder „New Born", den es in jeder Apotheke und vielen Supermärkten gibt. Das Puder hilft auch gegen vermehrtes Schwitzen. Gegen Durst sollte in der Nacht viel zu trinken bereit stehen und in der Zeit des Jetlag vielleicht der eine oder andere Snack.

Keiner braucht sich vor Schmutz, **Krankheiten** und der fremden Sprache zu ängstigen! Kinder haben meist gute Abwehrkräfte, finden leicht Anschluss und regeln vieles nonverbal. Sie sehen schnell ein, dass sie sich öfter als zu Hause die Hände waschen müssen und weder Leitungswasser trinken noch ungeschältes Obst essen dürfen.

Vor der Reise sollte jedes Kind gründlich untersucht werden und spätestens einen Monat vor der Abreise geimpft sein (einschließlich aller Kinderkrankheiten). Wenn sich das Kind verletzt, muss jede offene Wunde und jeder Kratzer desinfiziert werden. Dafür eignet sich am besten alkoholfreies, farbloses Desinfektionsspray, das nicht brennt, wie Octenisept (aus der heimischen Apotheke, denn in Thailand sind die Mittel eingefärbt, was eine Beurteilung der Wundheilung erschwert).

Gegen **Mücken** empfiehlt sich für Babys oder empfindliche Kleinkinder die in deutschen Apotheken erhältliche Bio-Lotion Zanzarin (etwa 7 €). Für die ganze Familie und Kinder ab zwei Jahren hat sich Autan Family bewährt. Empfehlenswert ist ein Moskitonetz, vor allem in den Strandbungalows. Meist sind diese vorhanden, wenn nicht, kann man sie günstig erstehen. Sollte doch mal eine Mücke zugestochen haben oder auch eine Prellung schmerzen, empfehlen erfahrene Thai-Mütter kühlenden Kräuterbalsam aus der Apotheke.

Reisen in Thailand

Das Reisen in Thailand ist einfach und gut organisiert. Kinder, die keinen eigenen Sitzplatz beanspruchen, unter vier Jahre alt sowie unter 1 m groß sind (Zug), reisen in **Bussen, Booten** und **Bahnen** generell umsonst. Zwischen

❌ Nicht vergessen

- ☐ **Reisepass** (Kinder jeden Alters brauchen einen Reisepass)
- ☐ **Impfpass**
- ☐ **SOS-Anhänger** mit allen wichtigen Daten
- ☐ **Kleidung** – möglichst strapazierfähige, leichte Sachen
- ☐ **Babynahrung**
- ☐ **Fläschchen** für Säuglinge
- ☐ **Walkman** oder **MP3-Player**
- ☐ **Spiele** und **Bücher**
- ☐ **Fotos** von Daheimgebliebenen gegen Heimweh
- ☐ **Kuscheltier** (muss gehütet werden wie ein Augapfel, denn ein verloren gegangener Liebling kann allen den Rest der Reise verderben – reiseerprobte Kinder beugen vor, indem sie nur das zweitliebste Kuscheltier mitnehmen)
- ☐ **Sonnencreme** mit hohem Lichtschutzfaktor
- ☐ **Kopfbedeckung**

www.stefan-loose.de/thailand

vier und zwölf Jahren bzw. bei einer Größe bis 1,50 m zahlen sie den halben Preis. Dieser Preis beinhaltet, wenn man darauf besteht, einen Sitzplatz. In Zügen ohne Sitzplatzausgabe findet sich meist ein Platz für die Kleinen. Sobald aber ein Backpackerbus gebucht wird oder man in Zügen mit Sitzplatzausgabe reist, ist es ratsam, dem Kind einen eigenen Platz zu bezahlen.

Sinnvoll ist es, im Reisegepäck immer etwas Spielzeug bereit zu halten, auch ein MP3-Player mit Geschichten und Liedern hat sich auf längeren Strecken als Zeitvertreib bewährt. Auf jeder noch so kurzen Strecke sollte im Handgepäck immer etwas zu trinken, zu essen und ein Set Wechselgarderobe mitgenommen werden.

Übernachtung und Essen

Viele Unterkünfte haben Familienzimmer, in denen eine vierköpfige Familie gut schlafen kann. Zudem gibt es Doppelbungalows oder nebeneinander liegende Hotelzimmer mit Verbindungstür, die sich für Familien mit älteren Kindern eignen. Auf Inseln werden größerer Bungalows mit Terrasse, Küche, Badezimmer und ein bis zwei Zimmern vermietet ("House for rent", z. B. auf Ko Samui und Ko Pha Ngan).

Keine Probleme gibt es normalerweise mit dem Essen. Besonders in chinesischen Restaurants finden Kinder viel Leckeres auf der Karte. Hingegen sind einige Thai-Gerichte scharf, werden jedoch auf Nachfrage mild gewürzt. Kindgerecht das vegetarische **Nudelgericht** *pad thai* oder eine milde Reissuppe mit Huhn. In touristisch erschlossenen Orten werden in fast allen Restaurants Burger, Pommes und Spaghetti zubereitet. Wenn das Kind noch zu klein zum Mitessen ist, findet sich meist ein Angestellter, ein Gast oder gleich eine ganze Gruppe, die sich des Babys annimmt und es unterhält, solange die Eltern essen. Als Mahlzeit für die ganz Kleinen kann man – außer in abgelegenen Orten – Fertig-Babymilch und **Babynahrung** kaufen. Es ist ratsam, die Packungsangaben sorgfältig zu lesen, denn vielfach wird genmanipulierter Mais beigegeben. Besser eignet sich natürlich auf Reisen Muttermilch. Lecker und nahrhaft sind Babybananen, die sich leicht zerdrücken lassen. Äpfel, Birnen, Karotten und Kartoffeln sind oft gespritzt, sodass sie auf jeden Fall geschält werden sollten. *Sticky rice (khao niau)* ist bei Kindern besonders beliebt und unterwegs gut zu essen. Viel Spaß macht ein Picknick, vor allem wenn man vorher alles gemeinsam auf dem Markt besorgt hat.

Als **Getränk** eignet sich frisches kühles Wasser. Für Abwechslung sorgen eine große Auswahl an 0,2-l-Tetra-Packungen oder kleine Flaschen mit Tee, Milch, Kakao, Saft oder Joghurt. Meist sind die Getränke sehr süß, doch vermehrt werden Tees, Sojagetränke und Säfte ohne Zuckerzusatz angeboten. Generell sollte man Nahrungsmittel in Plastikdosen aufbewahren, denn nur so sind sie vor Ameisen und anderen Kleinstlebewesen sicher.

Maße und Elektrizität

1923 wurde in Thailand das **metrische System** eingeführt. Die Länge wird demnach überall in Metern und Kilometern angegeben, als Raummaß ist Liter gebräuchlich. Allein bei der Fläche stößt man auf eine ungewohnte Einheit, den Rai (1 Rai = 1600 Quadratmeter). Nach der Unabhängigkeit wurde auch in Malaysia das metrische System eingeführt.

Die **Stromversorgung** in Thailand und Malaysia ist zuverlässig und basiert auf 220/240 V Wechselstrom und 50 Hz. Spannungsschwankungen treten kaum auf, sodass man Laptop, Handy, Kamera und andere elektronische Geräte ohne Probleme anschließen kann. Auf einigen Inseln und in abgelegenen Resorts wird der Strom von Generatoren erzeugt, die teils nur stundenweise in Betrieb sind.

Medien

Der Fernseher gehört als Statussymbol zu fast jedem Haushalt. Trotz einer hohen Alphabetisierungsquote von über 90 % der Bevölkerung ist das Lesen von Zeitungen nicht so verbreitet wie das von Comics.

Zeitungen und Fernsehen für deutschsprachige Touristen

In deutscher Sprache erscheinen wöchentlich bzw. monatlich
Der Farang (30 Baht, manchmal gratis),
www.der-farang.com
Pattaya Blatt (25 Baht),
www.pattayablatt.com
Thai Fokus (gratis), www.thai-fokus.com
Thai Zeit (100 Baht), www.thaizeit.de
Tip - Zeitung für Thailand (gratis),
www.thailandtip.de

Und auf Englisch:
Pattaya Mail (25 Baht),
www.pattayamail.com
Phuket Gazette,
www.phuketgazette.net

Deutsche Welle
Die Deutsche Welle strahlt ihr 24-stündiges Fernsehprogramm **DW TV** in Deutsch und Englisch aus und sendet Hörfunkprogramme über den Satelliten AsiaSat 3S oder Insat 4B. Einige Hotels speisen das Programm in das hoteleigene Netz ein. Alle ein bis zwei Stunden wird ein halbstündiges Nachrichtenjournal ausgestrahlt. Daneben laufen halbstündige Beiträge mit deutschlandbezogenen Themen. Mit einem guten Weltempfänger ist auch das Hörfunkprogramm der Deutschen Welle über Kurzwelle zu empfangen. Die aktuellen Frequenzen, die Programmvorschau und weitere Infos sind erhältlich bei der Deutschen Welle, 53113 Bonn, 0228-4290, www.dw-world.de.

Fernsehen

Der Fernseher läuft immer und überall, sogar in Restaurants. Auch in preiswerten Thai-Hotels gehört zur Standardausstattung ein kleiner Apparat – selbst wenn der Empfang schlecht und die Programmauswahl begrenzt ist. Die staatlichen und kommerziellen kostenlosen **Thai-Sender** sind teils auch über Internet zu empfangen, www.thailivetv.com. Zum Programm gehören japanische Zeichentrickfilme, chinesische Serien, Talk- und Spielshows sowie billig produzierte Soaps, die das Alltagsleben thematisieren. Ausländische Filme und Serien werden in Thai synchronisiert. NBT sendet vor allem Nachrichten aus Politik und Wirtschaft sowie Dokumentationen. Ähnlich wie bei den Presseorganen mussten auch einige kritische TV-Journalisten und Talkshow-Moderatoren ihren Arbeitsplatz während der Thaksin-Herrschaft räumen.

Im regionalen Teil dieses Buches sind Fernseher nur in dem Fall erwähnt, wenn zur Zeit der Recherche auch englischsprachiges **Kabel-TV** zu empfangen war. Angeboten werden u. a. Nachrichten von BBC, CNN, CNBC, Aljazeera und Fox, Musik von True Music, Channel [V], MTV oder Majung TV, Filme von HBO, Max, Star Movies oder True Film, Dokumentationen von National Geographic und Discovery und natürlich Sport. Auch anderssprachige Sender sind vertreten, darunter die Deutsche Welle, s. Kasten. Allerdings ist die Auswahl meist auf einige wenige Sender begrenzt. Wer auch auf Reisen Wert auf den Lieblingssender legt, sollte im Hotel danach fragen.

Presse

Der überwiegende Teil aller Presseorgane in Thailand erscheint im Großraum Bangkok. Die renommierten englischsprachigen Tageszeitungen, **The Nation**, www.nationmultimedia.com, und **Bangkok Post**, www.bangkokpost.com (30 Baht, die dicke Sonntagsausgabe 40 Baht), zeichnen sich durch eine kritische Berichterstattung aus. Zur Leserschaft gehören neben den zahlreichen in Thailand lebenden Ausländern vor allem Angehörige der westlich gebildeten Oberschicht.

Die größten thaisprachigen Tageszeitungen mit Boulevardcharakter sind **Thai Rath** und **Daily News**, mit viel Werbung und großen Fotos.

Da in **Malaysia** mit der Einführung von Bahasa Malaysia als allgemeiner Unterrichtssprache das Potenzial der Leser, die Malaiisch in Wort und Schrift beherrschen, gewachsen ist, wird mittlerweile die Hälfte der Gesamtauflage aller Tageszeitungen in Bahasa Malaysia geschrieben. Es folgen mit 35 % die englischen, mit 16 % die chinesischen und mit 1 % die tamilischen Ausgaben. **Utusan Malaysia** ist die Nummer Eins. Die zweithöchste Auflage unter den in Bahasa Malaysia erscheinenden Tageszeitungen nimmt **Berita Harian** ein.

Die wichtigsten englischsprachigen Tageszeitungen sind die **New Straits Times** und **The Star**. **The Sun** erreicht eine geringere Auflage. Alle drei Zeitungen publizieren auch eine Sonntagsausgabe.

Nationalparks und Reservate

Die letzten Reste der Wälder Thailands bedecken knapp 16 % der Landesfläche und werden in National und Forest Parks, Wildschutz- und Nichtjagdgebieten geschützt. Wasserfälle, Höhlen, Aussichtspunkte und andere Picknickplätze in den Wäldern sind vor allem an Wochenenden und Feiertagen beliebte Ausflugsziele. Während der Woche kann man hingegen die Ruhe genießen. Man sollte vor allem im Norden keine tropischen Dschungelgebiete erwarten, s. „Flora und Fauna" S. 99.

Das Zentrum der Nationalparks bildet das Headquarter mit der Verwaltung und das Information Center mit einer Ausstellung über Sehenswürdigkeiten und Besonderheiten im Park. ⏱ 8.30–16.30 Uhr. Allerdings ist das meiste Informationsmaterial nur in Thai vorhanden, und auch Englisch sprechende Ranger sind selten anzutreffen. Das trifft selbst auf die Guides zu, die Ausflüge und Touren zur Tierbeobachtung leiten.

Ausländer zahlen in den meisten Nationalparks 200 Baht **Eintritt**, Einheimische 40 Baht und Kinder die Hälfte. In weniger attraktiven Parks halbiert sich der Eintritt auf 100 Baht und in wenigen abgelegenen Parks ist der Eintritt sogar kostenlos. Man kann mit dem Ticket an einem Tag mehrere Parks besuchen, wobei der Preis für den teuersten zu zahlen ist. Manchmal ist vor 7 und nach 17 Uhr keiner mehr zum Abkassieren da.

Für die **Übernachtung** können in der Hälfte der Parks größere und kleinere Bungalows sowie Zelte vor Ort gebucht werden. Reservierungen im Internet unter 🖥 www.dnp.go.th/parkreserve/reservations.asp?lg=2 sind bis zu 60 Tage im Voraus möglich. Allerdings ist der Zimmerpreis innerhalb von zwei Tagen bei der Krung Thai Bank einzuzahlen. Die Zimmer sind meist spartanisch, aber geräumig und kosten 600–2000 Baht. Der Besitz von alkoholischen Getränken ist in Nationalparks verboten.

Beschreibungen von 148 Parks (auf Englisch) unter 🖥 www.dnp.go.th.

Öffnungszeiten

Geschäfte in Thailand und Malaysia sind in der Regel von 8–21 Uhr geöffnet, Kaufhäuser erst ab 10 Uhr, die großen Hypermärkte haben bis 23 Uhr geöffnet. Sonntags öffnen manche Läden etwas später. Auf den meisten Märkten herrscht dagegen schon vor Sonnenaufgang Hochbetrieb – wenn Obst und Gemüse noch frisch sind.

Ämter und Behörden öffnen in **Thailand** Montag bis Freitag von 8.30–12 Uhr und 13–16.30 Uhr, wobei die Mittagspause variieren kann. Auch kurz vor Büroschluss ist gegebenenfalls keiner mehr ansprechbar. In **Malaysia** sind sie Mo–Do 8–12.45 und 14–16.15 Uhr geöffnet, Fr 8–12.15 und 14.45–16.15 Uhr (die Mittagspause wird wegen der Gebetszeiten verlängert) und Sa 8–12.45 Uhr. Öffnungszeiten von **Banken** s. S. 53.

Post

Nach unseren Erfahrungen ist die Post zwischen Thailand oder Malaysia und Europa recht zuverlässig.

Briefe, Karten und Dokumente

Urlaubsgrüße auf **Postkarten** erreichen den Empfänger per Luftpost in fünf bis sieben Tagen. Wichtige Post sollte man per **Einschreiben** *(re-*

Abhängen und Beine baumeln lassen

Portogebühren

Von Thailand bzw. Malaysia nach Europa

Postkarte (Luftpost)	12 Baht	1,50 RM
große Postkarte	15 Baht	1,50 RM
Aerogramm	15 Baht	1,50 RM
Brief bis 20 g (Luftpost)	24 Baht	1,50 RM
EMS bis 250 g	950 Baht	70 RM
bis 500 g	1100 Baht	70 RM
bis 1 kg	1300 Baht	90 RM

EMS-Gebühren innerhalb Thailands

bis 20 g	27 Baht
bis 100 g	32 Baht
bis 250 g	37 Baht
bis 500 g	47 Baht

gistered mail) oder mit **EMS** (Express Mail Service) versenden. Auch bei Briefen, die schnell ankommen sollen, lohnt sich der EMS-Service im Hauptpostamt großer Städte; nur mit „Express" versandte Post wird dagegen erst im Ankunftsland bevorzugt.

ausfüllen. Was Zeit hat, kann auf dem Land- bzw. Seeweg gemächlich nach Hause fahren.

Soll die Fracht möglichst schnell und sicher nach Europa gelangen, ist der **Kurierdienst** EMS der Post oder DHL empfehlenswert. Die Paketgebühren nach Österreich und in die Schweiz sind zum Teil etwas niedriger.

Beim Kauf von großen Gegenständen übernimmt das Geschäft häufig den Versand nach Europa (immer auf einer exakten Quittung bestehen) oder man beauftragt selbst eine **Spedition**. Die Speditionskosten setzen sich aus Seefracht (bis zum jeweiligen Hafen) und Landfracht (Hafen bis Heimatort) zusammen, wobei Letzteres häufig ein Vielfaches der Seefracht beträgt.

Eine übergewichtige Kiste kann auch bei der **Luftfracht** als unbegleitetes Gepäckstück *(unaccompanied baggage)* aufgegeben werden. Dann schickt sie die Fluggesellschaft, bei der man das Ticket gebucht hat, mit der nächsten unausgebuchten Maschine nach. Die Fracht muss mindestens 4 Tage vor Abflug aufgegeben werden. Zuverlässig sind beispielsweise TNT Express, 🖥 www.tnt.com, oder Schenker, 🖥 www.schenker.co.th.

Päckchen, Pakete, Fracht

Thailand ist ein wahres Einkaufsparadies – es dauert also nicht lange, bis Rucksäcke und Koffer aus allen Nähten platzen und die Freigepäckgrenze beim Heimflug überschritten ist.

Viele große Postämter bieten einen **Packservice** an: Am Schalter werden Kartons unterschiedlicher Größe für 5–35 Baht angeboten, in denen hilfsbereite Postbeamte gegen eine geringe Gebühr alles fachmännisch verpacken. Die Zollerklärung müssen die Reisenden selbst

Post empfangen

Falls man keine feste Adresse hat, kann man Sendungen **postlagernd** an ein Postamt schicken lassen. Ein Brief muss folgendermaßen adressiert sein:
- Name (hervorgehoben!),
- Vorname (ohne Herr/Frau/Mr./Mrs.)
- General Post Office (G.P.O.)
- Poste Restante
- Stadt
- Thailand

Paketgebühren nach Deutschland (in Baht)

	Land-/ Seeweg	SAL	Luftpost	EMS (Paket)	DHL Express
Dauer	8–12 Wochen	3–4 Wochen	1–2 Wochen	3–5 Tage	3–5 Tage
1 kg	850	900	1100	1340	1978
2 kg	970	1180	1450	1750	3509
5 kg	1330	2020	2500	3100	6664
10 kg	1930	3420	4250	5000	10 184
20 kg	3130	6220	7750	8800	13 124

Reisende mit Behinderungen

Nur wenige Einrichtungen sind explizit auf behinderte Gäste eingestellt. Selbst die Toiletten der Flughäfen sind nicht behindertengerecht. Trotzdem sind Rollstuhlfahrer mit und ohne Begleitung in Thailand unterwegs. Reisen organisiert u. a. RollOn Travel, 💻 www.rollontravel.de.

Bundesverband Selbsthilfe Körperbehinderte – Reiseservice
Altkrautheimer Str. 20, 74238 Krautheim
📞 06294-428 10, 📠 428 179,
💻 www.reisen-ohne-barrieren.eu
Vermittelt Reiseassistenten, organisiert Reisen und hilft mit Ratschlägen.

Mobility International Schweiz
Amthausquai 21, 4600 Olten
📞 062-2126 740, 📠 2126 739,
💻 www.mis-ch.ch
Informationen und Empfehlungen, Reiseführer für Behinderte, Touren und Austauschprogramme sowie ein Forum zum Informationsaustausch.

NatKo
Fleher Str. 317a, 40223 Düsseldorf
📞 0211-3368 001, 📠 3368 760, 💻 www.natko.de
Die Nationale Koordinationsstelle Tourismus für Alle unterstützt barrierefreies Reisen.

SATH, Society for the Advancement of Travelers with Handicaps
347 5th Ave, Suite 605, New York, NY 10016, USA
📞 212-4477 284, 💻 www.sath.org
Gemeinnützige Organisation, die seit 1976 aktiv die Interessen behinderter Reisender verfolgt. Online-Reisemagazin.

Schwule und Lesben

Thais sind Homosexuellen gegenüber, ob männlich oder weiblich, sehr tolerant. Vor allem Schwule sind aus Servicebetrieben wie Hotels, Gaststätten und Bars nicht mehr wegzudenken. Die thailändischen Transvestiten, die sogenannten Katoeys, sind im Prostitutionsgewerbe wegen ihrer Gewaltbereitschaft und vielen kriminellen Delikte berüchtigt.

Wie in den meisten islamischen Staaten wird in **Malaysia** ein Mann für den sexuellen Akt (aber nicht für das Schwulsein an sich) vor Gericht gestellt. Das Thema Homosexualität wird tabuisiert. Sich zu seiner gleichgeschlechtlichen Neigung offen zu bekennen, kommt einer gesellschaftlichen Ächtung gleich. Frauen oder Männer, die in Malaysia Händchen haltend durch die Straßen bummeln, sind keineswegs lesbisch oder schwul – ganz im Gegenteil.

Sicherheit

Thailand und Malaysia gelten allgemein als sichere Reiseländer. Im Verhältnis zur großen Zahl an Touristen gibt es nur wenige Überfälle auf Ausländer, die jedoch umso publikumswirksamer in der Presse dargestellt werden. Wer trotz politischer Unruhen in die südlichen Provinzen Thailands Pattani, Yala und Narathiwat reisen will, sollte sich gut über die momentane Sicherheitslage informieren, z. B. beim Auswärtigen Amt, 💻 www.auswaertiges-amt.de.

Im Notfall

Wenn etwas gestohlen wurde, muss die **Polizei** verständigt werden, denn die **Reisegepäckversicherung** zahlt nur bei Vorlage eines Polizeiprotokolls. In allen Touristenzentren findet man eine Englisch sprechende Touristenpolizei als Ansprechpartner (meist in der Nähe der Tourist Information).

Die landeseinheitliche Nummer der **Touristenpolizei** lautet 📞 1155 bzw. 📞 999 in Malaysia. Allerdings ist die Polizei bei Zwischenfällen mit westlichen Ausländern auch immer daran interessiert, etwas Geld zu verdienen. Man sollte keine gerechte Behandlung erwarten, denn oft wird die Entscheidung von finanziellen Zuwendungen abhängig gemacht, was der Willkür Tür und Tor öffnet.

Einbruch und Diebstahl

Insbesondere in Schlafsälen und Gästehäusern kann es hin und wieder zu Diebstählen kommen, nicht selten auch durch Mitreisende. Manchmal wird das Gepäck von unehrlichen Mitarbeitern durchwühlt oder Geld aus dem Safe gestohlen. Außerhalb der Hotels ist die Gefahr von Diebstählen an Orten mit vielen Touristen am größten: in überfüllten Bussen und auf Schiffen, an Stränden und nicht zuletzt in Travellerzentren.

Gepäck sollte nie unbeaufsichtigt sein, was in der Praxis für Alleinreisende kaum möglich ist. Dann ist die **Gepäckaufbewahrung** an Bahnhöfen eine billige und sichere Möglichkeit (was leider nicht für den Hauptbahnhof in Bangkok gilt). Auch im Reisebüro, bei dem man sein Ticket erworben hat, kann man in der Regel großes Gepäck bis zur Abfahrt verwahren. Tipp: Gepäck mit kleinen Vorhängeschlössern und einem leichten Fahrradschloss zusätzlich absichern. Gegenüber Reisebekanntschaften ist eine gesunde Skepsis angebracht.

Beim Reisen gehören **Wertsachen** ausschließlich ins Handgepäck. Handtaschen und Portemonnaies sind nur für Kleingeld geeignet, Scheine sind in Hosentaschen oder in doppelt gesicherten Brusttaschen sicherer aufgehoben. Unsicher sind dagegen dicke Bauch- oder Nierentaschen. Daypacks können leicht aus Fahrrad- und Mopedkörben gestohlen werden, auch während der Fahrt, was zu Unfällen führt. Abzuraten ist ebenso vom offensichtlichen Tragen wertvollen Schmucks und vom Prahlen mit großen Geldbeträgen.

Tricks und Betrügereien

Zu den häufigsten Fällen gehören Betrügereien mit **Kreditkarten**, deren Informationen in falsche Hände geraten sind. Auch mit doppelten Abbuchungen in Restaurants und Geschäften werden Touristen über den Tisch gezogen (s. Kasten S. 42).

Andere Tricks werden vor allem in Bangkok angewandt: Touristen sollen mit scheinbar einmalig günstigen Angeboten von **Edelsteinen** zum „Geschäft ihres Lebens" verführt werden (s. Kasten S. 205). Und man sollte misstrauisch sein, wenn man von Unbekannten in ein privates Gespräch verwickelt wird, in dem es hauptsächlich um finanzielle Verhältnisse geht.

Taxifahrer, die überzogene Preise fordern, lässt man entweder gleich stehen oder versucht mit ihnen zu handeln. Manchmal geben die Fahrer vor, kein Wechselgeld zu haben, was nicht immer den Tatsachen entspricht. Mit passendem Kleingeld beugt man dem leicht vor. Eine größere Rechnung im Restaurant kontrollieren auch Einheimische oft nach.

Am Busbahnhof wartende Fahrer behaupten oft, das gewünschte Hotel oder Gästehaus sei geschlossen/voll/abgebrannt ... und es gäbe ein viel besseres. Sicher ist, dass sie von diesem eine bessere Provision erhalten.

Sport und Aktivitäten

Wer sich aktiv betätigen möchte, findet in Thailand und Malaysia zahlreiche Gelegenheiten. An der Küste ist Wassersport aller Art möglich, und Berge und Nationalparks im Hinterland bieten sich für Trekkingtouren an. Auch mit dem Fahrrad oder Motorrad lassen sich auf Nebenstraßen reizvolle Gegenden erkunden. Mehr zu Fahrrädern und Motorrädern s. S. 82.

Doch damit sind die Möglichkeiten noch lange nicht erschöpft. Schwindelfreie können in Krabi oder auf Ko Phi Phi klettern oder sich bei Chonburi oder Pulau Langkawi mit Canopy Adventures gut angeseilt durch die Wipfelregion des Waldes bewegen.

Über eines der breitesten und preiswertesten Angebote verfügt Pattaya – von sämtlichen Wassersportarten über eine enorme Auswahl an Golfplätzen und Gokart-Bahnen bis zum Reiten und Bungee-Jumping oder Muay Thai Boxing.

Bootstouren

In den meisten Badeorten werden Bootsausflüge in die nähere Umgebung organisiert. Manche sind mit einem Sightseeing-Programm, andere mit Aktivitäten wie Fischen und Schnorcheln verbunden, und Baden kann man allemal. Wer Gleichgesinnte findet, kann sich auch ein Boot chartern und das Programm selbst bestimmen. Richtig romantisch wird es bei Sonnenuntergang *(sunset cruises)*.

Die Inselwelt der Andamanensee und im Golf von Thailand eignen sich gut für Segeltörns. Mehr zu Bootsfahrten s. S. 80.

Golf und Tennis

Das Golfspiel ist ein Hobby der reicheren Thais, der Touristen und der ausländischen Geschäftsleute. Viele Golfplätze konzentrieren sich rings um Bangkok, Pattaya, Phuket und andere Touristenzentren. Passionierte Golfsportler fahren ins königliche Seebad Hua Hin, wo es die schönsten Plätze Thailands gibt. Viele Vereine nehmen Mitglieder auch für kurze Zeit auf, sodass selbst Touristen Golf spielen können. Das Fremdenverkehrsamt hat hierzu eine Broschüre herausgegeben. Informationen gibt's auch im Web unter 🖥 www.golfasian.com und 🖥 www.thaigolfer.com.

Tennisplätze und -kurse findet man z. T. in größeren Hotels. In einigen gibt es außerdem Trainingsoutfits für Kurzentschlossene.

Kochen

Kochschulen schießen wie Pilze aus dem Boden. Nach Bangkok und Kanchanaburi gibt es sie nun in fast allen Touristenzentren. Sie wetteifern um die Gunst der Kunden mit der Anzahl der Gerichte und den Extras, wie Besuch auf einem Markt, Currypasten oder Getränke aus Thai-Kräutern zubereiten, Kochen am eigenen Herd, Gerichte nach Wunsch, Kurse beim Chefkoch persönlich ... Anfängern macht ein lustiger Kurs, bei dem sie in einem Wok ein Thai-Omelette selbst zubereiten, mehr Spaß als ein professioneller Kurs im Gemüseschnitzen. Es ist gut, vor dem Buchen die Kochlehrer, die Küche und die maximale Anzahl an Teilnehmern zu kennen. Weitere Infos und Empfehlungen in den regionalen Kapiteln dieses Buches.

Meditieren

Wer tiefer in das Wesen der buddhistischen Religion eindringen will, kann Meditationskurse in Klöstern besuchen, die speziell auf die Vorkenntnisse und Bedürfnisse von Westlern eingehen. Kurse von unterschiedlicher Dauer werden von vielen Wats in Bangkok angeboten, vom Wat Khao Tham auf Ko Pha Ngan und vom Wat Suan Moke bei Chaiya (s. Meditationsklöster S. 122 im Kapitel „Land und Leute").

Muay Thai und Tai Chi

Die ganze Nation fiebert vor dem Fernseher mit, wenn die Champions im Thai-Boxen (Muay Thai) gegeneinander antreten. Auch andere Kampfsportarten sind beliebt, sodass 2009 erstmalig die Asian Martial Arts Games in neun verschiedenen Disziplinen in Thailand stattfanden.

Muay Thai wird in großen Stadien ebenso wie auf Volksfesten ausgetragen. Dabei wird nicht nur mit den Fäusten, sondern auch anderen Körperteilen zugeschlagen. Bei einer Live-Vorstellung ist das Publikum mindestens ebenso interessant wie der Kampf selbst, denn es wird heftig gewettet. Schulen, in denen Muay Thai unterrichtet wird, gibt es unter anderem in Bangkok. Die besten Kämpfe werden in den beiden großen Stadien in Bangkok ausgetragen.

Menschen aller Altersklassen praktizieren in den Parks morgens Tai Chi. Lernen und praktizieren kann man Tai Chi in Ko Pha Ngan und Ko Samui.

Auf Pha Ngan gibt es gute Yoga-Retreats, wo man vom einfachen Anfängerkurs bis hin zur dreimonatigen Ausbildung Yoga lernen kann.

Paddeln und Rafting

Einige Veranstalter organisieren Kajak- und Raftingtouren. Von Phuket oder Krabi aus erkundet man mit Seekanus Mangrovenküsten, Tunnel und Lagunen der Karstfelsen in der Andamanensee.

Takraw

Das Spiel mit dem Rattanball ist in Thailand sehr beliebt. Meist nehmen ein bis acht Spieler teil, die einander den Ball mit den Füßen zuspielen. Ausländer dürfen gern mitmachen.

Allein das Zuschauen ist unterhaltsam: Echte Könner beeindrucken mit akrobatischen Sprüngen.

Tauchen und Schnorcheln

Freunde der Unterwasserwelt kommen in Thailand und an der Ostküste Malaysias auf ihre Kosten. Ob Tauchen oder Schnorcheln – ein fremdes Universum voller bunter Fische, Korallen, Nacktschnecken und Seepferdchen erwartet jeden, der einen Blick unter die Wasseroberfläche wagt.

Allen Tauchgebieten gemein sind angenehme **Wassertemperaturen** um die 27 °C und Sichtweiten von durchschnittlich 10–15 m, zum Teil sogar bis zu 25 m. Ein Highlight ist die Begegnung mit einem bis zu 10 m langen Walhai, dem größten Fisch der Welt, der sich überwiegend von Plankton ernährt. Aber auch Haie, Rochen, Mantas, Muränen und Meeresschildkröten sowie die bunten Korallenfische und -gärten hinterlassen bleibende Eindrücke.

Viele Riffe liegen in Küstennähe und sind auch für Schnorchler interessant. Gute **Schnorchelgebiete** gibt es vor fast allen Touristeninseln und in den meisten Tauchgebieten.

Sicheres Tauchen

Von Michael Wendling
Die gewählte Tauchschule sollte einer international anerkannten Tauchorganisation wie PADI, SSI, NAUI oder CMAS angeschlossen sein. Am besten verlässt man sich auf sein Gefühl und lässt sich nicht von zu viel Glitzer beeindrucken. Wichtig ist die Frage nach Erster Hilfe und Notfallsauerstoff-Ausrüstung sowie Zugang zu einer Rekompressionskammer.

Anfänger
Bei der Auswahl der Tauchschule sollte man sich die Kursstruktur genau erklären lassen. Ein Open Water Diver-Kurs sollte etwa vier Tage dauern, damit auch der theoretische Teil der Ausbildung richtig durchgeführt wird (z. B. Video anschauen, Vortrag des Tauchlehrers, Ankreuztest und späteres wiederholtes Durchgehen der Prüfungsfragen. Jeder Tauchschüler sollte sein eigenes Kurs-Manual mit Tauchtabelle bekommen und auch behalten! Das leihweise Überlassen eines Lehrbuchs ist nicht mehr erlaubt. Wenn möglich, die Ausbildung in Deutsch machen. Die Teilnehmerzahl im Kurs sollte klein sein: Drei bis vier Schüler pro Tauchlehrer sind okay.

Zu klären ist, was in den Kurskosten enthalten ist: z. B. Leihgebühr für die Ausrüstung, Zertifizierungsgebühr oder Zusatzgebühren für Bootstauchgänge.
Bei einigen Organisationen (z. B. PADI) besteht die Möglichkeit einer Überweisung *(referral)* für den Fall, dass man den Kurs wegen Krankheit oder Schlechtwetter an der gewählten Tauchschule nicht beenden kann. Dann hat man ein Jahr Zeit, um den Kurs irgendwo anders zu beenden. Es empfiehlt sich auch, sich die Zertifizierungskarte des Tauchlehrers zeigen zu lassen, um zu prüfen, ob er überhaupt berechtigt ist, Tauchkurse durchzuführen. Schließlich sollte die Tauchschule eine Versicherung für Tauchschüler abgeschlossen haben.

Ausgebildete Taucher
Im Tauchshop umschauen: In welchem Zustand befindet sich die Leihausrüstung, wie wird sie aufbewahrt, gibt es Gelegenheit, die eigene Tauchausrüstung zu waschen und sicher zum Trocknen aufzubewahren?
Wichtige Fragen zu den Tauchgängen sind: Wie viele Taucher pro Tauchguide (nicht mehr als vier wäre gut)? Länge der Tauchgänge und Länge der Oberflächenpausen (mindestens eine Stunde – besser mehr)? Was ist im Preis des Tauchausflugs inbegriffen (Ausrüstungsmiete, Essen/Snacks, Softdrinks, Wasser usw.)?

Manche **Tauchgebiete** sind ganzjährig offen, in anderen schließen die Basen während der Regenzeit für ein paar Monate im Jahr. Nähere Informationen in den Regionalkapiteln. Im Januar 2011 wurden 18 populäre Tauchgebiete in verschiedenen Meeresnationalparks gesperrt.

Auch unter Wasser lauern Gefahren: Zunehmend breiten sich Quallen aus, deren Berührung ebenso wie die mit Feuerkorallen brennende Hautreizungen verursacht. Rochen und Steinfische mit giftigen Stacheln sind nur schwer im sandigen Boden zu erkennen. Wenn sie sich attackiert fühlen, wehren sie sich, und das kann sehr schmerzhaft werden.

Trekking

Einige Nationalparks kann man auf gut markierten Pfaden auf eigene Faust erwandern, so den Khao Sok National Park nördlich von Phuket oder den Kaeng Krachan National Park bei Phetchaburi. Alle **Veranstalter und Guides** müssen bei der Tourismusbehörde registriert sein.

Die **Ausrüstung** für mehrtägige Treks sollte umfassen: Kleidung zum Wechseln, feste Schuhe, Sandalen, Sonnen- und Regenschutz, Mückenmittel, Toilettenartikel und Medikamente, Pflaster und Verbandszeug, Toilettenpapier, Taschenlampe, Wasserflasche, Kleingeld, Kreditkarten, Kopie des Reisepasses (Original im Safe des Hotels lassen), in der kühlen Jahreszeit, wenn es nachts in den Bergen kalt wird, einen Schlafsack oder Decken. Wertsachen sollte man nicht mitnehmen bzw. gut darauf aufpassen.

Wassersport

Thailand hat zwar eine lange Küste und viele Inseln, doch kann man nicht überall gefahrlos baden. Manche Gewässer in der Nähe von Industriezentren und Städten sind verschmutzt, und an vielen Strandabschnitten herrschen starke Strömungen. Dennoch gibt es sie, die Bilderbuchstrände, zumeist auf den Inseln. Schwimmen ist nur dort zu empfehlen, wo es erschlossene Strände gibt.

Hotels der mittleren bis oberen Preisklasse und Resorts an der Küste locken mit wahren Pool-Landschaften. Sogar einige Gästehäuser und Bungalowanlagen besitzen ein Schwimmbad. Manchmal steht es (gegen Eintritt) auch Gästen von außerhalb offen.

In den großen Strandresorts können sich Anfänger wie Fortgeschrittene auf Surfbrettern oder Wasserskiern austoben. Auch Jetskis und Wakeboards werden an Stränden vermietet. Badeurlauber sollten bei der Wahl des Hotels darauf achten, denn am Hauptstrand ist aufgrund der vielen Wassersportler Schwimmen nur in abgegrenzten Gebieten möglich ist.

Wellness

Thailand nennt sich selbst „The Wellness Capital of Asia", und wer möchte sich nicht im Urlaub mal so richtig verwöhnen lassen? Vor allem die 5-Sterne-Hotels tragen diesem Bedürfnis Rechnung und offerieren im luxuriösen Ambiente ihrer Spas Massagen und kosmetische Behandlungen.

Wer sich von bezaubernd klingenden Wellnesspaketen eines Luxus-Spas zu einem Erholungstag für Körper und Seele verführen lässt, sollte vorher einen Blick auf die Preisliste werfen. In einigen Spas kann das Halbtagsprogramm mit einer Rechnung enden, die höher ist als der Übernachtungspreis. Aber auch mit schmalem Geldbeutel muss man nicht auf eine Massage verzichten. Bei jedem Friseur erhält man eine erfrischende Kopfmassage und am Strand wie in vielen Massagesalons eine erholsame Fußreflexzonenmassage. Zudem werden für Frauen wie Männer Ganzkörpermassagen zu günstigen Preisen angeboten, die nichts mit sexuellen Liebesdiensten zu tun haben.

Allerdings ist Vorsicht geboten: In vielen Massagesalons arbeiten nur angelernte Kräfte. Da vor allem in Hinblick auf das Ambiente die Ansprüche sehr unterschiedlich sind, können wir nur schwer Empfehlungen geben.

Fast 800 Spas, Massage-, Gesundheits- und Schönheitssalons sind vom thailändischen Gesundheitsministerium zertifiziert worden. Weitere Details finden sich auf 🖥 www.thaitherapist.com, www.thaispaassociation.com und im **eXTra [2763]**.

Unangenehme Begegnungen

Gefahren lauern überall – im Straßenverkehr wie im Dschungel. Allerdings wird man einem Tiger kaum in freier Wildbahn begegnen. Alle Tiere hören Menschen schon von Weitem und verschwinden. Unangenehm können nur die kleineren Bewohner des tropischen Regenwaldes werden.

Blutegel sind recht harmlose, aber aggressive Tierchen, die im Dschungel vor allem während der Regenzeit auf Warmblüter warten und auch Menschen nicht verschmähen. Meist kriechen sie in Stiefel oder Schuhe, aber auch die Beine hinauf, saugen sich an der Haut fest und nehmen Blut auf. Dabei wird ein Enzym abgegeben, das die Blutgerinnung für eine Zeit stoppt. Erst wenn sie sich vollgesaugt haben, fallen sie ab. Vorbeugende Maßnahme: *leech socks* (dichte Stulpen, die keine Egel eindringen lassen, werden von Veranstaltern gestellt). Auch ein schnelleres Marschtempo reduziert das Risiko. Solange die Blutegel sich noch nicht festgesaugt haben, kann man sie wegschnipsen. Ansonsten sollten sie durch die Berührung mit ätherischen Ölen abgelöst und die blutenden Einstiche gut desinfiziert werden.

Giftschlangen beißen nur selten Menschen. Trotzdem gilt es, die Augen offen zu halten. Tritt man zufällig auf eine Schlange, fühlt sie sich angegriffen und wird zubeißen. Handelt es sich um eine Giftschlange, hängt die Menge des abgegebenen Giftes davon ab, wann sie zuletzt zugebissen hat. Im schlimmsten Fall hilft vielleicht noch eine rasche Serumbehandlung im nächsten Krankenhaus. Dafür ist es allerdings wichtig, die Schlangenart zu kennen.

Unterschätzt wird die Gefahr, die von Insekten wie **Wespen und Hornissen** ausgeht. Ihre Nester hängen an Bäumen oder Baumstümpfen und gleichen graubraunen Tonklumpen. Wer durch Zufall an ein Nest gestoßen ist, sollte so schnell wie möglich verschwinden, denn die Tiere greifen sofort an.

Gefährlich, aber nicht tödlich sind Bisse von **Skorpionen** oder **Tausendfüßlern**.

Sprachkurse

Phuht thai nitnoi – ich spreche ein wenig Thai. Ein Grundwortschatz – vor allem die Zahlen – vermittelt zumindest dem Taxifahrer, dass man sich etwas auskennt. Wer viel unterwegs ist, wird allerdings schon bald feststellen, dass ein im Süden gelerntes Wort im Norden nicht unbedingt verstanden wird.

Thai gehört zur sinotibetischen Sprachfamilie und ist wie Chinesisch eine einsilbige Tonsprache. In diesem gänzlich fremden Sprachmodell liegt die größte Schwierigkeit. Die Wortbedeutung richtet sich nach der Tonhöhe. In der Thai-Hochsprache existieren fünf **Tonhöhen**: steigend, fallend, hoch, mittel und niedrig. Darüber hinaus unterscheidet man in Nord-Thai (Lanna) sieben verschiedene Tonhöhen. In Zentral-Thailand ist die Sprache von vielen Khmer- und Pali-Worten geprägt. Im Süden werden malaiische Dialekte gesprochen.

Eine zusätzliche Hürde beim Thai-Lernen stellt die schwungvolle **Devanagari Thai-Schrift** dar. Sie wird seit dem 13. Jh. benutzt und basiert auf der von den Mon übermittelten Variante der südindischen Pali-Schrift.

Thai lernen

In vielen Touristenzentren werden Thai-Sprachkurse angeboten. Wer einen längeren Kurs belegen möchte, informiert sich vorher bei:
American University Alumni Association (AUA)
179 Ratchdamri Rd., Bangkok, ✆ 02-252 8398, 🖵 www.auathai.com. Intensivkurse auch in vielen anderen Städten des Landes.
Berlitz
Silom Centre, 323 United Centre Bldg., 5th Fl., Silom Rd., Bangkok, ✆ 02-231 1222, 🖵 www.berlitz.co.th.
Nisa Thai Language School
32/14-16 Yen-Arkart Road Sathorn, Bangkok, ✆ 02-671 3359-60, 🖵 www.nisathailanguageschool.com.
Viel Spaß macht ein **Crashkurs im Internet**, der neben Grundlagen die wichtigsten Worte vermittelt.
🖵 www.clickthai.de/_LEXIKON/lex.html (Online-Wörterbuch Deutsch–Thai und umgekehrt)
🖵 www.learningthai.com (kostenlose Thai-Kurse und viele weitere Infos)
🖵 www.thaitrainer111.de/index-de.html (Trainingskurs zum Runterladen)
Ein Sprachführer findet man im Anhang dieses Buches, S. 790.

Telefon

Die Telefonnetze in Thailand und Malaysia sind relativ zuverlässig, auch wenn es hin und wieder zu Überlastungen kommt. Die Preise sind für europäische Verhältnisse sehr günstig.

Festnetz

Thailand

Von den roten Telefonzellen sind ausschließlich Ortsgespräche möglich, während man von den blauen auch nationale Gespräche führen kann. Die grünen Kartentelefonzellen stehen für Inlandsgespräche bereit und die gelben für Auslandsgespräche. Da mittlerweile fast jeder in Thailand ein Handy besitzt, gibt es immer weniger öffentliche Fernsprecher. Von diesen kosten Gespräche ab 5 Baht. Da sie häufig kaputt sind, lohnt der Kauf einer **Telefonkarte** nicht. Bei einigen **Münztelefonen** muss, wenn sich der Gesprächspartner meldet, ein Knopf gedrückt werden, um das Gespräch freizuschalten. Bei Privatanschlüssen wird, selbst wenn niemand abhebt, bereits nach dem zweiten Rufzeichen eine Einheit berechnet.

Internationale Gespräche können von Fernsprechämtern *(telecommunication centers)*, privaten *oversea telephones*, mit internationalen Telefonkarten oder der Thaicard geführt werden. Wer weniger Wert auf die Gesprächsqualität legt, telefoniert günstig übers Internet und natürlich übers Handy. Bei Fernsprechämtern, Telefonkarten und der Thaicard wird mit dem **internationalen Selbstwähldienst** im Block zu 6 Sekunden für ca. 5 Baht abgerechnet. Wer vom

Hotelzimmer aus telefoniert, muss diesen Luxus teuer bezahlen.

Malaysia

Sofern noch vorhanden, können von öffentlichen Fernsprechern aus für 10 sen Ortsgespräche geführt werden. Auch internationale Gespräche sind von den meisten öffentlichen Telefonen mit der üblichen internationalen Vorwahl möglich. Der internationale Selbstwähldienst (IDD-calls) wird im Block zu 6 Sekunden abgerechnet. In Malaysia kostet ein Gespräch nach Deutschland 1,80 RM pro Minute und in die Schweiz und Österreich 2,40 RM pro Minute.

Kartentelefone haben Münztelefone fast vollständig verdrängt. In Malaysia konkurrieren mehrere Telefongesellschaften miteinander. Obwohl ihre Tarife identisch sind, werden Telefonkarten nur von der entsprechenden Gesellschaft akzeptiert. Am weitesten verbreitet sind die blauen Telefone der Telekom, die mit der Phonecard, auch *kadfon* genannt, betrieben werden. Telefonkarten im Wert von 5–100 RM (bzw. 5–50 S$) sind am Zeitungskiosk, in kleinen Geschäften, bei einigen Money Changern sowie bei der Post erhältlich.

Mobilfunk

Thailand

In jedem 7-Eleven und Handyverkaufsstand können Prepaid-SIM-Karten der verschiedenen thailändischen Mobilfunkgesellschaften gekauft werden. Aufgrund ihrer Verbreitung sind allerdings die Happy-Card von der staatlichen Gesellschaft **DTAC**, 🖳 www.happy.co.th/home_en.php, und die 1-2-Call-Karte der größten Gesellschaft **AIS**, 🖳 www.ais.co.th/12call/en, am empfehlenswertesten. Die Netzabdeckung ist aus eigener Erfahrung bei AIS besonders in entlegenen Regionen und auf Inseln etwas besser. Die SIM-Karten kosten 60–200 Baht mit jeweils einem kleinen Guthaben.

Inlandsgespräche sind mit diesen Karten sehr günstig (ca. 2 Baht pro SMS und erste Gesprächsminute, jede weitere Minute ist nochmals deutlich günstiger). Es gibt regelmäßig Sonderangebote für bestimmte Zielgruppen und noch günstigere Minutenpreise zu bestimmten Nummern bzw. gewissen Tageszeiten oder nahezu kostenlos SMS-Versand. Desweiteren gibt es eine Vielzahl an interessanten Services, die auch für Touristen sehr hilfreich sein können.

Die folgenden Informationen beziehen sich auf die Happy-Card von DTAC, allerdings gibt es bei AIS vergleichbare Services und Angebote:

Um günstig **nach Deutschland, Österreich oder in die Schweiz** zu telefonieren, sollte die 007, 008 oder 009 vor der eigentlichen Telefonnummer gewählt werden (z. B. 007-49-30-12345678). So kann man aus jedem Handynetz in Thailand für 7–9 Baht/Min. ins deutsche Fest- und Mobilfunknetz (!) telefonieren und im Vergleich zu den horrenden Roaminggebühren der heimischen Anbieter viel Geld sparen. Die günstigste Vorwahl ist mit 7 Baht/Min. die 009. Der weltweite SMS-Versand schlägt mit 5 Baht pro SMS zu Buche.

Wichtige Telefonnummern / Vorwahlen	
Notruf	
Polizei (nicht überall in der Provinz)	191
Feuerwehr (nicht überall in der Provinz)	199
Tourist Service Line	
(nicht überall in der Provinz)	1155
Touristenpolizei	1699
Vermittelte Ferngespräche	
innerhalb Thailands	101
Ausland	100
Auskunft	
national	183
international	100
Internationaler Selbstwähldienst	001
Zeitansage	181
Vorwahlen	
Deutschland	00149
Indonesien	00162
Malaysia	00160
Niederlande	00131
Österreich	00143
Schweiz	00141
Thailand von D, A und CH	0066
+ Ortsvorwahl ohne 0, z. B. Bangkok: 0066-2	

Noch günstiger ist es, wenn man sich von den Daheimgebliebenen (vorausgesetzt sie besitzen noch einen Telekom-Telefonanschluss) per Call-by-Call zurückrufen lässt. Hier kann man zzt. ab 1,22 Cent/Min. thailändische Mobiltelefone anrufen. Die aktuellen Preise erfährt man unter 🖥 www.teltarif.de oder 🖥 www.billiger telefonieren.de.

Ein weiteres interessantes Angebot sind die **GPRS/EDGE-Datentarife** der zwei großen Anbieter. Nach der Buchung über die Kundenservice-Hotline, die bei der Happy-Card (Nummer 1678) ebenso wie bei 1-2-Call (Nummer 1175) mit erstaunlich guten Englischkenntnissen aufwartet, kann man sich zwischen verschiedenen Stundenpaketen entscheiden. So kann man z. B. bei Happy im 20-Stunden-Paket für gerade einmal 100 Baht buchen, was deutlich günstiger und entspannter ist als das ständige Aufsuchen von Internetcafés. Die erforderlichen Einstellungen werden nach der Buchung automatisch an das Handy übermittelt. Nun kann jedes einigermaßen moderne Handy als Modem genutzt werden. Auch E-Mails und Webseiten können direkt über das Handy abgerufen werden. Das verbleibende Guthaben der Datenpakete kann man durch Wählen der Tastenkombination *101*4*9# erfahren.

Die Geschwindigkeit der Datenverbindung ist keinesfalls mit den UMTS-Geschwindigkeiten der europäischen Handynetze vergleichbar, reicht aber allemal, um E-Mails abzurufen oder die neuesten Nachrichten aus der Heimat zu lesen. In den großen Ballungszentren werden teilweise Übertragungsraten erreicht, die mit dem EDGE-Standard bei 40 KB/Sek. liegen. In weniger dicht besiedelten Gegenden steht allerdings nur GPRS, d. h. Geschwindigkeiten von ca. 5 KB/Sek. zur Verfügung. Aber selbst das reicht für einfache Anwendungen wie den Abruf der E-Mails oder Ähnliches aus.

Ohne die vorherige Buchung eines Internetpakets kostet eine Minute im Datenmodus ebenfalls nur 1 Baht, was zwar deutlich teurer als die Pakete ist, allerdings oftmals günstiger als die Preise der Internetcafés.

Ein weiteres interessantes Happy-Card-Angebot besteht in der Bereitstellung eines **Englisch-Thai-Dolmetschers**, der rund um die Uhr unter der *1021 erreicht werden kann. Bei möglichen Verständigungsproblemen kann dieser angerufen werden, um nach kurzer Erläuterung des Problems auf Englisch dieses dem nur Thai sprechenden Gegenüber in der Landessprache zu erklären. Somit lassen sich eine Vielzahl von komplizierten Situationen deutlich entspannen.

Weiterhin bietet Happy die Möglichkeit, durch die Tastenkombination *110*9# einen **Kleinkredit** von 30 Baht zu erhalten, was in Notsituationen nützlich sein kann, um kurz in die Heimat zu telefonieren oder Bekannte in Thailand zu erreichen, selbst wenn die Karte eigentlich kein Guthaben mehr aufweist. Die 30 Baht werden dann beim nächsten Aufladen mit dem Aufladungsbetrag und einer Gebühr von 2 Baht verrechnet. Den aktuellen Guthabenstand erfährt man, indem *101*9# in das Handy eingegeben und der Senden/Anrufen-Knopf betätigt wird.

Eine praktische, wenn auch etwas veraltete Sammlung von deutschsprachigen Informationen zum Thema erhält man unter 🖥 www.bluewater.de/zips/internet-thailand.pdf.

Wer sein Mobiltelefon mit eigener Nummer mitnehmen möchte, sollte sich vor der Reise bei seiner Telefongesellschaft erkundigen, über welche Netze das Mobiltelefon vor Ort betrieben werden kann. Generell sind **Roaming-Tarife** jedoch um ein Mehrfaches teurer als einheimische Anbieter. Zudem fallen auch bei eingehenden Anrufen aus Europa sehr hohe Gebühren für den Handybesitzer an.

Malaysia

Handys sind in Malaysia ein selbstverständlicher Bestandteil des Alltags. Mit Ausnahme der kleineren Inseln und dünn besiedelten ländlichen Regionen ist die Netzabdeckung hervorragend. Am besten kauft man sich eine **Prepaid-SIM-Karte** von Hotlink (Maxis) oder Celcom (Xpax), ☎ 1-300-111 000, 🖥 www.celcom.com.my, für ca. 10 RM in einem der vielen Telefonshops. Das Installieren und Anmelden ist eine kostenlose Serviceleistung. Nutzt man die günstigen Sondervorwahlen 132 bei Hotlink oder 131 bei Celcom kann man schon ab 20 sen pro Minute (ca. 4 Cent) Festnetz- und 0,95 RM pro Minute (ca. 19 Cent) Mobilfunkanschlüsse in Deutschland und der Schweiz erreichen. Nach Österreich kostet es 1,50/1,50 RM, nach Singapore 0,20/0,30 RM und nach Thailand 0,20/0,45 RM. Noch günstiger sind SMS. Innerhalb von Malaysia kostet eine Minute je nach Prepaidtarif ca. 40 sen. Prepaidkarten zum Auffüllen des Kontos bekommt man überall. Weitere Infos unter 🖳 www.hotlink.com.my oder 🖳 www.celcom.com.my.

Toiletten

Ein WC *(hong nahm)* findet sich fast überall in Thailand oder Malaysia, vor allem in Tankstellen, Busbahnhöfen, Kaufhäusern und an Piers. In der Nähe von Restaurants und Essenständen teilen sich oft mehrere Läden eine Toilette. Diese sind überwiegend sauber und meist kostenlos oder kosten in Busbahnhöfen und Restaurants nur wenige Baht. Für edle öffentliche Toiletten mit Warmwasser, Seife und Musikbeschallung werden auch schon mal 5 Baht verlangt.

Die meisten Toiletten entsprechen westlichem Standard. Es gibt aber auch Hocktoiletten und Schöpfkellen statt Wasserspülung sowie WC-Duschen; dafür fehlen häufig Toilettenpapier und Seife. Das Papier sollte nicht in die Toilette geworfen werden, sondern gehört in den dafür vorgesehenen Eimer.

Transport

Flüge

Der Suvarnabhumi Airport von Bangkok, 🖳 www.airportsuvarnabhumi.com, ist ein wichtiges Drehkreuz in Südostasien. Weitere internationale Flüge landen in Phuket. Anschlussflüge im Land können bei der nationalen Fluggesellschaft Thai Airways und privaten Anbietern gebucht werden. Einige kleinere Airlines fliegen auch ab Don Muang, dem alten Flughafen von Bangkok. Da die **Flugpreise** variieren, lohnt es, frühzeitig nach Angeboten Ausschau zu halten. Flüge aller Gesellschaften können mit Kreditkarte günstig im **Internet** gebucht werden. Im Flugpreis ist die **Flughafensteuer** *(airport tax)* inbegriffen.

Air Asia (FD), 🖳 www.airasia.com, die größte Billigfluggesellschaft, verbindet Bangkok mit Chiang Mai, Chiang Rai, Udon Thani und Ubon sowie Phuket, Krabi, Surat Thani, Nakhon Si Thammarat, Hat Yai und Narathiwat. Weitere Flüge gibt's nach Saigon, Hanoi, Phnom Penh, Rangoon, Kolkata, New Delhi, Taipei, Hong Kong, Macao, Shenzhen, Guangzhou, Medan, Penang, Singapore, Kuala Lumpur, Jakarta, Surabaya und Bali. Gepäck, das aufgegeben wird, ist vorher im Internet anzumelden und kostet bei Inlandsflügen bis 15 kg 290 Baht, bis 20 kg 321 Baht, bis 25 kg 428 Baht und bis 30 kg 535 Baht, bei internationalen Verbindungen bis 15 kg 370 Baht, bis 20 kg 450 Baht., bis 25 kg 525 Baht und bis 30 kg 630 Baht. Tickets können gegen Gebühren umgebucht werden, Essen und Getränke während des Flugs müssen bezahlt werden, Platzreservierungen kosten extra.

Bangkok Airways (PG), 🖳 www.bangkokair.com, fliegt von Bangkok (*und Chiang Mai) nach Sukhothai, Lampang, Chiang Mai, Ko Samui*, Phuket, Krabi und Trat sowie nach Ho Chi Minh City, Siem Reap*, Phnom Penh, Luang Prabang, Yangon und in verschiedene Städte Chinas. Von Samui geht es zudem nach Singapore, Phuket, Krabi und Hongkong. Bangkok Airways bietet in Kooperation mit Berjaya Air und Lao Airlines einen „Discovery Airpass" an, bei dem man drei bis sechs Coupons für die meisten Inlandsflüge zu je US$88 und für die meisten Auslandsflüge zu je US$120 kaufen kann. Diese sind zwei Monate gültig.

Happy Air (HPY), 🖳 www.happyair.co.th, fliegt mit Saab 340 Turboprop-Maschinen von Bangkok Suvarnabhumi nach Mae Sot, Nan und Loei, außerdem von Phuket nach Ranong und Hat Yai und von Phitsanulok nach Chiang Mai und Korat.

Nok Air (DD), 🖳 www.nokair.com, die Billigfluggesellschaft von Thai Airways, verkehrt von beiden Flughäfen Bangkoks in 15 Provinzhauptstädte. Das Maximalgewicht beträgt bei Nok Eco 15 kg, Nok Flexi 20 kg und Nok Plus 30 kg. In der billigsten Eco-Kategorie sind Umbuchungen teuer, in der Flexi- und Plus-Kategorie sind sie kostenlos; in der teuersten ist außerdem Verpflegung inbegriffen.

Orient Thai (OX), 🖥 www.flyorientthai.com/en, fliegt von Bangkok (DMK) nach Chiang Mai, Chiang Rai, Surat Thani, Nakhon Si Thammarat, Phuket, Trang und Hat Yai. Es gibt feste Sitzplätze, während des Flugs kostenlos Essen und Getränke und 20 kg Freigepäck.

Solar Air, 🖥 www.solarair.co.th, fliegt vom Don Muang Airport im Norden von Bangkok mit kleinen 19-sitzigen Maschinen in Zukunft auch nach Hua Hin.

Thai Airways (TG) bietet auf seinen Websites 🖥 www.thaiairways.com, deutsch 🖥 www.thaiair.de, alle wichtigen Infos, z. B. über den „Discover Thailand Airpass", Stopover-Programme, Meilen sammeln und natürlich die aktuellen Flugpläne. Zudem können Online-Buchungen vorgenommen werden. Bei internationalen Anschlussflügen empfiehlt es sich, auch den Zubringer mit Thai Airways zu buchen, da dann das Gepäck durchgecheckt werden kann und Umbuchungen bei Verspätungen unproblematischer sind. Die Airline fliegt elf Ziele in Thailand an und wird immer wieder für ihren guten Service und Komfort, auch in der Economy, ausgezeichnet.

Malaysia Airlines (MAS), ✆ 02-263 0565 (Bangkok), ✆ 03-784 33000 (in Malaysia), 🖥 www.malaysiaairlines.com.my, fliegt mit modernen Maschinen innerhalb Malaysias, in die Nachbarländer und nach Europa. Das Flugnetz ist auf Kuala Lumpur ausgerichtet.

Firefly, Komtar, 38 Penang Rd., ✆ 04-2502 000, 🖥 www.fireflyz.com.my, die neue Billig-Airline, eine Tochter der MAS, fliegt ab Penang u. a. nach Phuket. Buchungen im Internet zu sehr attraktiven Preisen.

Zuschläge

- AC 2./3. Klasse 60–110 Baht je nach Zug, mit Essen + 50 Baht
- AC 2. Klasse Schlafwagen 120–140 Baht
- Express 150 Baht
- Rapid 50–110 Baht je nach Entfernung und Zug
- Bett im Schlafwagen 2. Klasse 100–150 Baht oben / 150–240 Baht unten
- Bett im Schlafwagen 1. Klasse 300 Baht oben / 500 Baht unten
- Special Express 170–190 Baht je nach Zug

Weitere Infos:
🖥 www.railway.co.th/English/Supple.asp

Eisenbahn

Ein zuverlässiges, sicheres Verkehrsmittel ist die Eisenbahn der **State Railway of Thailand (SRT)**. Das einspurige Streckennetz verläuft sternförmig von Bangkok aus in Richtung Norden, Nordosten, Osten, Süden und Westen. Die Züge sind bequem, aber langsamer als Busse. Sie unterscheiden sich in Komfort und Geschwindigkeit.

Aktuelle englischsprachige **Fahrpläne** werden kostenfrei an Bahnhofsschaltern ausgegeben. Die meisten Bummelzüge (ORD.) sind darin nicht aufgeführt. Unter dem **eXTra [1234]** werden Fahrpläne von uns regelmäßig aktualisiert. Nicht immer aktuell sind die Fahrpläne auf der Website der State Railway of Thailand, 🖥 www.railway.co.th/English/Time_PDF.asp. Der Bahnhof von Bangkok ist erreichbar unter ✆ 02-223 7010, 223 7020. Weitere Infos unter 🖥 www.amazingthailand.com/SRT.html.

Über die gute Homepage der Kereta Api Tana Melayu, der **malaysischen Eisenbahnen** (🖥 www.ktmb.com.my), kann man nicht nur die neuesten Fahrpläne und -preise abrufen, sondern auch Buchungen vornehmen, die prompt per E-Mail und einer Buchungsnummer bestätigt werden.

Fahrkarten

Mit dem Computerreservierungssystem kann man an größeren Bahnhöfen bis zu 60 Tage im Voraus **Tickets kaufen**, was sich vor allem für Nachtzüge empfiehlt. Bei Stornierungen wird der halbe Fahrpreis erstattet. Wer das Ticket am Bahnhof kauft, hat seinen gewünschten Platz sicher und muss sich nicht auf ein möglicherweise windiges Reisebüro verlassen. Auch im Internet kann man mit Kreditkarte unter 🖥 www.thairailwayticket.com/estars/Default.aspx?language=1 für einige Strecken Tickets kaufen und sie sich am heimischen Computer ausdrucken. Auch Asia Discovery, 🖥 www.asiadiscovery.com/train.htm, besorgt Tickets gegen Vorkasse und eine Servicegebühr von 200 Baht.

Für den Versand ins Ausland wird ein Aufschlag berechnet.

Ausländische Touristen können einen **Thailand Rail Pass** für 1500 Baht (ohne Zuschläge) oder für 3000 Baht (inkl. Schlafwagen und Zuschläge) kaufen. Dieser gilt 20 Tage für alle Züge und Abteile außer der 1. Klasse.

Im Zug

In klimatisierten Großraumwaggons der Sprinter und Express Diesel Railcars lassen sich die bequemen Sitze wie im Flugzeug zurückstellen. In nichtklimatisierten Zügen sind die Sitze manchmal etwas durchgesessen. Die Holzbänke in der 3. Klasse werden auf längeren Strecken zunehmend durch plastikbezogene, gepolsterte Bänke ersetzt. In den Wagen sind ausreichend Toiletten, Waschbecken und in einigen sogar eine Dusche vorhanden.

Mittags und abends werden im Abteil Fertiggerichte serviert, die kein kulinarisches Erlebnis versprechen. Zwischen den Hauptmahlzeiten verkaufen das Zugpersonal und fliegende Händler Getränke und Imbisse.

Preiswerter und unterhaltsamer ist es, im Speisewagen zu essen, den es allerdings nicht in allen Zügen gibt. Zudem kann man sich bei einem längeren Zwischenaufenthalt an Bahnhöfen mit einem Snack eindecken. Die Preise für Essen variieren je nach Zugklasse und sind im Rapid am günstigsten.

Schlafwagen

In der **1. Klasse** der klimatisierten Expresszüge bieten Zwei-Personen-Abteile die größte Privatsphäre. Außer den übereinander angeordneten Betten, von denen das obere tagsüber abgeklappt wird, gibt es einen kleinen Tisch und ein Waschbecken mit Spiegel sowie Bettwäsche. In der klimatisierten **2. Klasse** sind die Betten durch Vorhänge abgeteilt. Hier wird ebenfalls am Abend frische Bettwäsche verteilt.

Nur gute Schläfer sollten sich ein Bett in der **nichtklimatisierten 2. Klasse** buchen, denn sie ist sehr laut. Sprinterzüge haben keine Schlafwagen. Nachts kann man das **Gepäck** mit einem Fahrradschloss anschließen und das Handgepäck mit Wertsachen nah am Körper verstauen.

Zugkategorien

Express Diesel Railcar (EXP. DRC., Sprinter): Der schnellste und teuerste Zug in den Nordosten mit bequemen Sitzplätzen.

Special Express (EXP. SP.): Haben klimatisierte und nichtklimatisierte Abteile der 1. und 2. Klasse sowie Schlafwagen. Der Internationale Express fährt bis Butterworth (Penang).

Express (EXP.): Abteile der Schnellzüge haben Sitze in der 2. und 3. Klasse sowie Schlafwagen. Klimatisiert sind nur Teile der 2. Klasse.

Rapid (RAP.): In den recht betagten Eilzügen mit Waggons der 2. und 3. Klasse gibt es in der teils klimatisierten 2. Klasse auch Schlafwagen.

Ordinary (ORD.): Bummelzüge mit 3.-Klasse-Waggons, die immer anderen Zügen Platz machen müssen, sodass Verspätungen häufig sind.

Diesel Railcars (DRC.): Langsame Züge mit Holzbänken verkehren über Kanchanaburi nach Nam Tok und nach Aranyaprathet, dem Grenzübergang nach Kambodscha.

Eastern & Oriental Express: Wer bereit ist, für die 2000 km lange Fahrt von Bangkok nach Singapur mindestens 1700 € auszugeben, kann den nostalgischen Eastern & Oriental Express buchen. Er verkehrt ein- bis zweimal wöchentlich. Informationen und Buchungen unter 🖳 www.orient-express.com/web/eoe/eoe_c1a_home.jsp.

Busse

In Thailand hat man die Wahl zwischen unterschiedlichen **Buskategorien** der staatlichen Gesellschaft Borisat Khon Song (kurz: Baw Kaw Saw oder englisch The Transport Company, 🖳 www.transport.co.th, nur Thai) und privater Subunternehmer.

Billige lokale Busse empfehlen sich nur für Kurzstrecken, da sie unbequem sind und überall anhalten. Klimatisierte Busse mit weniger Sitzplätzen sind auf langen Strecken bequemer.

An **Bus Terminals** werden an einer verwirrenden Anzahl von Schaltern Bustickets zu verschiedenen Zielen verkauft, die nur auf Thai angeschrieben sind. Oft hilft ein Englisch sprechender Angestellter an der Information. Ansonsten kann man einfach fragen und wird dann an jemanden weitergeleitet, der Englisch spricht.

Wer die Fahrtziele in Thai selbst entziffern will, kann die Ortsnamen in Thai im Anhang nachschlagen, s. S. 810/811. Vom Busbahnhof findet sich immer eine Möglichkeit, auch mitten in der Nacht, mit einem lokalen Bus, Taxi, Songthaew, Tuk Tuk oder Motorradtaxi ans Ziel zu kommen. An Bushaltestellen in Touristenzentren sind allerdings häufig Fahrer anzutreffen, die Gäste zu Unterkünften fahren, die ihnen eine Provision zahlen.

Für AC-Busse erhält man Tickets ab drei Tage vor Abfahrt in den Büros und an den Bus Terminals. Wer Thai lesen kann, kann sie bei einigen Unternehmen auch online buchen. In lokalen Bussen wird nach dem Einsteigen abkassiert. Die **Preise** sind staatlich festgelegt und wurden während der Recherche sogar gesenkt. Das kann sich jederzeit wieder ändern, sodass sie von den im Buch angegebenen, aufgerundeten Preisen abweichen können.

In **Malaysia** fahren vormittags mehr Busse als nachmittags. Mit Nahverkehrsbussen lässt sich jedes Dorf erreichen, sofern es eine Straße gibt. Da sie überall halten, um Passagiere aufzunehmen oder abzusetzen, kann eine Fahrt von 30 km durchaus eine Stunde und länger dauern. Tickets sind am Automaten im Bus erhältlich. Minibusse fahren zumeist ohne festen Fahrplan ab, wenn sie voll sind. Fernbusse sind wesentlich schneller und zuverlässiger. Zwischen den großen Städten West-Malaysias verkehren klimatisierte Expressbusse zahlreicher privater Gesellschaften und der staatlichen Transnasional zum Einheitspreis. Nur die bequemeren Business-Busse, auch Luxus- oder VIP-Busse genannt, mit weniger Sitzplätzen sind teurer. Tickets werden an Schaltern der Busgesellschaften am Busbahnhof verkauft.

AC-Busse

Teils doppelstöckige klimatisierte Busse verkehren auf längeren Strecken zu festen Zeiten. Sie starten von staatlichen Bus Terminals oder Büros privater Busgesellschaften. Wegen der Klimaanlage kann es nachts sehr kalt werden. In teureren Bussen werden Decken ausgeteilt.

Die billigeren orangefarbenen **AC-Busse der 2. Klasse** mit 48–60 engeren Sitzen haben keine Toilette und sind langsamer, da sie überall halten. **AC-Busse der 1. Klasse** mit Toilette und etwa 40 Sitzen holen manchmal Passagiere auch vom Hotel ab. Für Getränke, kleinere Mahlzeiten sowie Unterhaltung mit DVDs ist während der Fahrt ab 200 km Länge gesorgt.

Die **VIP-Busse** mit 24–40 Sitzplätzen haben Toiletten und mehr Beinfreiheit. Sie legen unterwegs eine Essenspause ein, wobei das Essen im Preis inbegriffen ist. Auf Langstrecken haben sie zwei Fahrer, die sich abwechseln. Es lohnt sich, auf den Zusatz **VIP-32** (vier Sitzplätze pro Reihe) oder **VIP-24** (drei Sitzplätze pro Reihe) zu achten. Vor allem Letztere sind sehr bequem. Sie eignen sich gut für Nachtfahrten, denn die Sitze lassen sich so weit wie im Flugzeug zurückstellen. Einige haben sogar einen in den Sitz eingebauten Bildschirm.

Aufgepasst bei Backpackerbussen

Zahlreiche Backpackerbusse bedienen die Rennstrecken zwischen beliebten Zielen. Viele operieren ganz oder zumindest am Rand der Legalität. Einige haben keine Transportgenehmigung, sondern werden von den Passagieren „gechartert", die nicht immer versichert sind. Im Norden kommt es häufig zu Unfällen durch riskantes Fahren und im Süden zu Diebstählen von Wertsachen aus aufgegebenem Gepäck. Die Busse über Surat Thani auf die Inseln haben oft „Verspätung": Schlagzeilen in der Presse macht es erst, wenn ein ganzer Minibus schlafender Backpacker in den frühen Morgenstunden abseits des Highways vom Personal komplett ausgeraubt wurde. Einige Traveller fühlten sich bei diesen Touren abgezockt, da ihnen z. B. am Zielort eine Unterkunft oder eine Tour aufgedrängt wurde oder sie stundenlang auf den Anschlussbus warten mussten. Andere fanden es sehr bequem, abgeholt zu werden und sich damit die Fahrt zum Busbahnhof zu ersparen sowie das auf Touristen abgestellte Videoprogramm statt der ansonsten üblichen Horrorstreifen zu genießen. In einigen Hotels werden übertеuerte Tickets für private VIP-Busse verkauft, die den Mehrpreis nicht lohnen. Wer sichergehen will, fährt mit dem großen Bus und kauft das Ticket am Busbahnhof.

Minibusse

Zwischen zahlreichen Städten verkehren private 16-sitzige AC-Minibusse, auch Minivan oder Microvan genannt. Sie sammeln Passagiere vor Unterkünften und ihren Buchungsbüros oder an verkehrsgünstig gelegenen Kreuzungen auf. Die Tickets sind etwas teurer als für AC-Busse. Ist der Bus voll, wird abgefahren. Staatliche Kleinbusse mit festen Abfahrtzeiten verkehren auf einigen Bergstecken.

Non-AC-Busse

Nichtklimatisierte lokale Busse fahren nahezu jede Stadt des Landes an. Sie werden immer häufiger durch AC-Busse der 2. Klasse ersetzt und sind mit ihrem engen Sitzabstand ein Gräuel. Wer Gepäck hat, muss sich dafür oft einen zweiten Sitzplatz kaufen oder etwas draufzahlen. Die Busse starten zu festen Zeiten an den Bus Terminals. In der Provinz fahren sie ab dem späten Nachmittag nur noch selten.

Sammeltaxis

In einigen Städten Süd-Thailands sind Sammeltaxis eine gute Alternative zum Bus. Sobald sechs Passagiere zum selben Ziel wollen, starten die alten Benz-Limousinen, die für unterschiedliche Richtungen verschiedene Startplätze haben. Sie sind etwa 50 % teurer als die weitaus langsameren Busse.

In **Malaysia** dürfen Überlandtaxis (Kereta Sewa) laut Gesetz vier Personen befördern. Die Fahrpreise liegen bei voll besetzten Taxis leicht über denen einer 2.-Klasse-Bahnfahrt. Bei langen Strecken oder abgelegenen Zielen muss man oft einen Teil der Rückfahrt bezahlen. Das Gleiche gilt auch für Fahrten am Nachmittag.

Boote

Selbst Bangkok lässt sich auf der „Mutter der Flüsse", dem Menam Chao Phraya, recht geruhsam durchqueren. Neben den beliebten **Expressbooten** und **Personenfähren**, die einen Teil des öffentlichen Nahverkehrs in Bangkok ersetzen, verkehren **Klongboote**, **Charterboote** jeglicher Größe und abends sogar große **Restaurantboote**. Schön ist eine Bootsfahrt in Thonburi, wo noch einige dem Wasser zugewandte Holzhäuser und Tempel die Ufer säumen. Für Touristen ist die Bootstour nach Ayutthaya und Bang Pa In lohnenswert.

Regelmäßig verkehren vom Festland Boote auf vorgelagerte Inseln. Ab **Phuket** starten täglich Passagierschiffe, Motor-, Longtail- und Segelboote zu den vorgelagerten Inseln. Hunderte von Passagieren passen auf die großen **Ausflugsschiffe** von Phuket oder Krabi nach Ko Phi Phi. **Autofähren** verkehren zwischen dem Festland und Ko Samui, Ko Pha Ngan, Ko Tao und Ko Chang (Trat). Sie sind sicher und zuverlässig, es kann aber in Stoßzeiten zu langen Wartezeiten kommen. **Personenfähren** transportieren Passagiere regelmäßig zwischen den Inseln in der Andamanensee und im Ko Chang-Archipel, im Tarutao Marine National Park und in der Phang Nga Bay. Mehrstöckige, langsame **Nachtboote**, von Travellern „schwimmende Jugendherberge" genannt, verkehren von Surat Thani nach Ko Samui, Ko Pha Ngan und Ko Tao.

Schnelle **Expressboote** sind zwischen Phuket, Ko Phi Phi, Krabi und Ko Lanta im Einsatz sowie von Chumphon und Surat Thani auf die Inseln im Golf. Mit ihnen werden auch Tagesausflüge zu den Similan- und anderen Inseln angeboten. Solange sie nicht überladen werden, sind sie bei normalen Witterungsverhältnissen recht sicher.

Mit kraftvollen **Speed Boats** werden Gäste zu Inselhotels und Tauchgebieten gebracht. Einige Ausflugsboote sind umgebaute **Fischkutter**, die auch von Tauchbasen genutzt werden. Weniger bequem, laut und dem Spritzwasser ungeschützt ausgesetzt, reist man mit dem **Longtail Boat**. Es wird von einem Motor angetrieben, dessen Schraube weit nach hinten über das 5–10 m lange, offene Boot hinausragt. Bei schönem Wetter ist es ein Vergnügen, mit ihnen auf den Klongs und dem Chao Phraya in Bangkok, auf vielen Flüssen, Stauseen und zwischen den zahlreichen Inseln zu fahren. Bei schlechtem Wetter sollte man hingegen unbedingt auf sichere, größere Boote ausweichen oder an Land bleiben. Immer wieder berichten Medien von Schiffsunfällen. Auch Motorschäden und Wassereinbrüche auf hoher See sind kein Vergnügen.

Infos zu Touren mit Kajaks, Kanus und Flößen siehe S. 69.

Mietwagen

Thailand ist verkehrstechnisch gut erschlossen. Der Großraum Bangkok wird von mautpflichtigen Stadtautobahnen durchzogen. Die wichtigsten Fernstraßen nach Norden (Chiang Mai, Mae Sai), Nordosten (Nong Khai), Osten (Trat) sowie in den Süden sind fast durchgängig vier- bis sechsspurig ausgebaut. Dank des ausgezeichneten Straßennetzes lässt sich Thailand hervorragend mit einem Mietwagen erkunden. Die Straßen sind meist auch auf Englisch ausgeschildert. Einige Mietwagen werden sogar mit Navigationsgerät angeboten. Einzig der Linksverkehr ist anfangs gewöhnungsbedürftig.

Zum Mieten von Autos benötigt man den internationalen Führerschein und eine Kreditkarte. Die **Preise** in der Mittelklasse liegen bei 1000–2000 Baht pro Tag, ab sieben Tagen Mietdauer bei 1100–1800 Baht, Sonderangebote auch darunter. Preiswerte lokale Autovermieter verlangen 1000–1500 Baht. In Touristenzentren werden Jeeps ab 1000 Baht, Pickups und Songthaew für Kleingruppen bis zehn Personen ab 800 Baht vermietet. Bei längerer Mietdauer ist der Preis verhandelbar. Als Sicherheit wird von der Kreditkarte ein Blankobeleg hinterlegt, was bei renommierten Firmen kein Problem ist.

Avis, 🖳 www.avisthailand.com, Hertz, 🖳 www.hertzthailand.com, und Budget, ✆ 1800-283 438, 🖳 www.budget.co.th, bieten eine Einwegmiete (*one way rental service*) zwischen ihren Stationen an, ab einer Mindestmietdauer oft ohne Aufpreis. Zu empfehlen ist eine **Probefahrt**. Schäden am Fahrzeug sollten vor dem Losfahren im Beisein des Vermieters protokolliert und evtl. fotografiert werden.

Der Preis für **Normalbenzin** schwankte in den vergangenen Jahren an großen Tankstellen zwischen 25 und 35 Baht pro Liter. Kleine Tankstellen, die das Benzin aus Fässern pumpen, verlangen etwas mehr.

Es ist nicht ratsam, seine ersten Erfahrungen in Bangkok zu machen. Außer dem obligatorischen **Linksverkehr** werden die weiteren **Verkehrsregeln** nicht sehr ernst genommen. Auf dem Land haben große Fahrzeuge wie Busse und Lastwagen immer Vorfahrt. Der Seitenstreifen dient als Spur für langsame Verkehrsteilnehmer und zum Ausweichen bei entgegenkommenden überholenden Fahrzeugen. Die Geschwindigkeitsbegrenzung auf den Highways liegt bei 90 km/h, auf Autobahnen bei 120 km/h. Wenn Verkehrspolizisten behaupten, das Radar hätte eine überhöhte Geschwindigkeit gemessen, sollte man die geforderte Strafe zahlen. Thais, die sich bei einem **Verkehrsvergehen** von der Polizei erwischen lassen, kommen in der Regel mit 100–400 Baht davon – normalerweise ohne Quittung.

Eine **Haftpflichtversicherung** ist gesetzlich vorgeschrieben. Darüber hinaus kann eine Vollkaskoversicherung mit geringer Selbstkostenbeteiligung abgeschlossen werden. **Unfallverursacher** müssen bei Personenschäden den Betroffenen je nach Schwere der Verletzungen Entschädigungen von 10 000–200 000 Baht zahlen. Da Farangs meist mehr Geld als die anderen Beteiligten haben, wird erwartet, dass sie für kleinere Schäden aufkommen. Einen Rechtsbei-

---

GPS

Die Navigationsgeräte lassen sich in Thailand gut von Autofahrern wie Fußgängern einsetzen. Selbst Taxifahrer kann man mit Ortskenntnissen beeindrucken, und sie werden garantiert keinen Umweg fahren. Wer bereits ein Navi oder GPS hat, kann sich von Garmin die Kartensoftware zu Südostasien kaufen und einladen. 🖳 www.garmin.com.de/maps/strassenkarten. Sie deckt das ganze Land ab und enthält detaillierte Informationen vor allem in bewohnten Gebieten. Nur Straßen, die in den vergangenen ein bis zwei Jahren neu angelegt wurden, fehlen. Selbst die kostenlosen GPS-Karten für zahlreiche modernere Nokia-Handys, 🖳 www.nokia.de/ovi-dienste-und-apps/ovi-karten, sind mit wenigen Ausnahmen im Grenzgebiet und in Bergregionen sehr exakt und hilfreich. Wer kein Nokia-Handy besitzt, kann, sofern eine Internetverbindung verfügbar ist, mit Google Maps, 🖳 www.google.com/intl/de_ALL/mobile/maps, navigieren Einige Handys haben bereits ein eingebautes GPS, andere können durch einen externen Empfänger nachgerüstet werden.

stand empfiehlt gegebenenfalls die Deutsche Botschaft.

Die **Straßenkarte** am Ende dieses Buches reicht meist aus. Wer vor allem abseits der Highways fahren möchte, besorgt sich den zweisprachigen Atlas *Thailand Deluxe Atlas* von thinknet mit zahlreichen Stadtplänen und Karten im Maßstab 1 : 550 000 oder ein GPS.

Leider kann man bisher nicht mit einem Mietwagen die Grenze nach Malaysia, überschreiten. **West-Malaysia** lässt sich gut mit dem eigenen Fahrzeug erkunden. Renommierte Firmen vermieten Autos in allen größeren Städten. Viele Firmen besitzen an den Flughäfen Langkawi, Penang und Kota Bharu einen Schalter und gegebenenfalls einen Zubringerdienst. Zudem besteht die Möglichkeit, das Auto am Ort A zu mieten und am Ort B abzugeben *(one way rental)*. Kleinere Firmen verlangen eine Rückgabe am selben Ort, sind allerdings dafür oft etwas billiger.

In Malaysia genügt für Deutsche, Österreicher und Schweizer der nationale Führerschein. Es empfiehlt sich für täglich 10–12 RM eine Zusatzversicherung *(collision damage waiver)* abzuschließen, um die Eigenbeteiligung in Höhe von 2000 RM bei Schäden am Mietwagen aufzuheben. Fahrer und Beifahrer, die sich nicht anschnallen, müssen mit hohen Strafen von 200 RM Geldstrafe oder bis zu sechs Wochen Haft rechnen.

Motorräder

An jedem vierten Verkehrsunfall in Thailand ist ein Motorrad beteiligt, und oft trifft es auch Farangs. Allein in Pattaya endet während der Hochsaison fast jeden Tag ein Motorradunfall tödlich, was vor allem auf das Fahren ohne Helm, Alkoholgenuss und mangelnde Verkehrssicherheit vieler Fahrzeuge und Fahrer zurückzuführen ist.

In nahezu allen Touristenhochburgen im Norden und auf den meisten Inseln gibt es Motorräder **preiswert zu mieten**. Die kleine Honda Dream ist für Tagesausflüge zu empfehlen, aber keinesfalls für lange Touren, zu zweit oder mit Gepäck.

Obwohl die Einheimischen oft mit schlechtem Beispiel vorangehen, ist **Helm tragen Pflicht**, denn das Fehlen eines Sturzhelms ist riskant

Vorsichtsmaßnahmen auf einen Blick

- Helm und feste Schuhe, Jeans und möglichst Jacke tragen.
- Auf unübersichtlichen Strecken niemals über 40 km/h schnell fahren.
- Linksverkehr immer beachten.
- Wer in Gruppen fährt und sich absprechen will: Am Straßenrand, einer Einbuchtung, einer Abzweigung und nicht auf der Straße stehen bleiben.
- Nie unter Alkoholeinfluss oder gar Drogen am Verkehr teilnehmen.
- Anfänger sollten in Thailand nicht das Mopedfahren erlernen wollen.
- Immer auf die Straße achten! Vielfach tauchen unvermittelt Hindernisse auf: Löcher oder Sand, Kokosnüsse, Hunde, Warane oder Schlangen.

(Hirnblutungen, Schädelbruch) und bei Kontrollen mit 500 Baht Geldstrafe teuer. Wer öfter mit dem Motorrad unterwegs ist, sollte seinen eigenen Helm im Gepäck haben, da die geliehenen häufig nicht passen.

Auf Handschuhe und Brille verzichten viele Fahrer ebenso wie auf feste Kleidung. Wer in Shorts und Gummisandalen fährt, holt sich aber selbst bei leichten Stürzen schwere Hautabschürfungen. Anfänger sollten langsam fahren und Bergstrecken meiden. Auch Inselstraßen habe starke Steigungen. Überall kann ein unerwartetes Hindernis auftauchen oder der Straßenbelag wechseln. Ein besonders gefährlicher Schmierfilm bildet sich bei einsetzendem Regen. Deshalb sollte man auf keinen Fall versuchen noch schnell nach Hause zu fahren. Sicherer ist die Fahrt immer mit eingeschaltetem Scheinwerfer. Auf keinen Fall Rucksäcke im Korb transportieren, da es neuerdings zum gefährlichen Sport geworden ist, diese während der Fahrt zu klauen.

Bei der Motorradmiete wird verlangt, den Internationalen Führerschein vorzuzeigen und den Reisepass zu hinterlegen. In Ko Samui ist hiervon abzuraten, weil viele Verleiher schon beim kleinsten Kratzer den Pass nicht mehr herausrücken (also besser nur den Personalausweis abgeben). Die **Haftpflichtversicherung** deckt Personenschäden bis 50 000 Baht ab, jedoch keine Sachschäden! Wer selbst verletzt wird und keinen Motorradführerschein hat, muss damit rechnen, dass die Reisekrankenversicherung für die Behandlungskosten nicht aufkommt.

In ländlichen Regionen **Malaysias** sind kleine Motorräder ideale Transportmittel, um gemütlich das Land und seine Menschen kennen zu lernen. Zu beachten ist die Helmpflicht für Motorradfahrer auch auf kleinen Maschinen!

Fahrräder

Auf dem Land benutzen nur die ärmeren Thais das Rad als Fortbewegungsmittel. Wer es sich leisten kann, legt sich ein Motorrad oder Auto zu. Touristen auf Fahrrädern werden dementsprechend geringschätzig betrachtet und auch schon mal von einem heranbrausenden Lkw rücksichtslos von der Straße gedrängt. In Bangkok und anderen Großstädten hingegen erlebt das Fahrrad eine Renaissance unter der jungen, wohlbetuchten Mittelschicht, die sich qualitativ hochwertige Fahrräder leisten kann.

Auf wenig befahrenen Nebenstrecken sind sehr schöne Fahrradtouren möglich. In Tourismuszentren können Fahrräder gemietet werden. Nicht alle sind verkehrssicher und komfortabel. Gute Vermieter von Rädern und Mountainbikes sind im regionalen Teil dieses Buches gelistet. Für längere Touren bringt man am besten sein eigenes Rad mit. Airlines haben für die Beförderung unterschiedliche Tarife. Es wird am besten in einen Karton verpackt (eine Rolle Klebeband im Handgepäck hilft, es nach einer Kontrolle am Flughafen wieder zu verpacken). Unattraktive Strecken in Städten, auf unvermeidlichen Highways oder an einem nicht enden wollenden steilen Berg legt man samt Rad am besten in einem Songthaew zurück. Fahrräder werden auch von einigen lokalen Bussen und Zügen befördert.

Optimale Bedingungen herrschen während der kühlen Jahreszeit (November bis Februar) am Morgen und späten Nachmittag abseits der Hauptstraßen. Auch die Landstraßen entlang der Flüsse und Kanäle in der zentralen Tiefebene eignen sich gut zum Radfahren. Rings um Kanchanaburi, Amphawa, Rachaburi sowie südlich von Prachuap Khiri Khan macht Radeln ebenfalls Spaß. Geführte Touren werden in Phuket und sogar in Bangkok durchgeführt.

Weitere Fahrradinfos 💻 www.radfahren. mynetcologne.de/rad_thai.htm, www.hermann niedermeyr.de.

Nahverkehr

Eine große Bandbreite kostengünstiger Nahverkehrsmittel erleichtert die Fortbewegung in Städten wie auf dem Land. Nach Sonnenuntergang dünnt der Verkehr aus. Manchmal muss man dann ein Fahrzeug chartern.

Motorradtaxi

Die Fahrer von Motorradtaxis sind an farbigen Westen mit Rückennummer zu erkennen. Sie bringen auf dem Sozius ein bis zwei Fahrgäste zu beliebigen Zielen. Der Fahrpreis ist niedrig, muss aber vorher geklärt werden. Eine Besonderheit in Prachuap Khiri Khan sind Samlor Gai-Na, Motorradtaxis mit Beiwagen, auf denen eine ganze Familie Platz hat. Wer keinen eigenen Helm hat, ist hier ungeschützt, denn für die Passagiere haben die Fahrer selten Helme dabei.

Samlor

Die dreirädrigen Fahrradrikschas mit überdachter Sitzbank für zwei Personen verschwinden zunehmend aus dem Stadtbild. Sie fahren nur kurze Wege und sind meist teurer als Tuk Tuks und Motorradtaxis. Samlor Krueng werden von einem Motorrad angetrieben. Es gibt zudem Samlor vielfältiger Art, die zu Lastentransportern umgebaut worden sind.

Songthaew

Songthaew (gespr. *song-täo)* sind Sammeltaxis, die auch Baht-Bus oder Sielor genannt werden. Die Passagiere sitzen auf zwei niedrigen, sich gegenüber liegenden Sitzbänken auf der überdachten, hinten offenen Ladefläche eines Pickups. Kleine Songthaew/Tuk-Tuk-Kreuzungen und große umgebaute Lkw sind vor allem in der Provinz im Einsatz.

Einige verkehren in Städten auf festen Routen zum Einheitstarif und teils sogar bis vor die

Tür. Andere fahren ebenso wie lokale Busse ins Umland oder zu Stränden. Sie haben selten feste Haltestellen und nehmen überall Passagiere mit. Manchmal kurven sie lange auf der Suche nach Fahrgästen durch die Stadt. Wenn man Zeit hat, kann man auf diesem Weg viel kennenlernen.

Sobald das gewünschte Ziel von der Route abweicht, muss man das Fahrzeug chartern; das ist wesentlich teurer als der sonst übliche Fahrpreis von meist 5–20 Baht. In diesem Fall zuvor mit dem Fahrer den Preis vereinbaren, der von vielen Faktoren abhängt. Auch für Ausflüge können Kleingruppen ein Songthaew mieten.

Stadtbus

Die nummerierten Busse fahren auf festen Routen für 2–10 Baht. In Bangkok sind sie meist klimatisiert (12–25 Baht). Minibusse, Microbusse oder Microvans bedienen ländliche Regionen und nachts in Bangkok auch einige Busstrecken.

Taxi

Fast alle Taxis sind klimatisiert. In Bangkok sind sie mit Taxameter ausgestattet, auf Ko Samui, Phuket und in anderen Touristenorten eher selten. Die Fahrer sind manchmal nur schwer dazu zu bewegen, den Taxameter auch einzuschalten und verlangen vor allem vor teuren Hotels und nachts in Vergnügungsvierteln völlig überzogene Preise. Taxifahrer sprechen in der Regel kein Englisch und erhalten kein Trinkgeld – außer für besondere Gefälligkeiten.

Tuk Tuk

Dreirädrige Motorroller (Vespa) mit überdachter Sitzbank verkehren in Städten wie Bangkok oder Trang. In Phuket sind sie durch einen umweltfreundlichen Viertakter für vier Personen abgelöst worden. Den Fahrpreis muss man vorher aushandeln.

Übernachtung

Die Bandbreite an Unterkünften in Thailand und Malaysia ist extrem groß und reicht von einfachen Absteigen bis zu luxuriösen Erlebniswelten der Boutiqueresorts, Designerhotels und Wellnessoasen. In allen Travellerzentren – in Städten wie auf Inseln – finden billig reisende Backpacker und Langzeitreisende preisgünstige, einfache Zimmer vor. Seit Jahren geht aber der Trend zu bequemeren, etwas teureren Gästehäusern mit sauberen Zimmern, die durchaus Hotelstandard aufweisen und eine eigene Dusche und Klimaanlage haben.

Preise

Die Preise richten sich nach der Art des Zimmers und nicht nach der Anzahl der Personen. Sie schwanken stark und sind abhängig von der Region und Saison sowie der Art der Buchung, wobei Internetbuchungen, sofern möglich, oft erhebliche Preisnachlässe gewähren.

Billigreisenden wird in **Gästehäusern** ein besseres Preis-Leistungs-Verhältnis geboten als in Hotels. Ein Zimmer mit Gemeinschaftsdusche ist bereits ab 200 Baht zu bekommen, während bessere Zimmer in Boutique-Gästehäusern bis zu 800 Baht kosten können. **Schlafsäle** mit Doppelstockbetten, die preiswerte Alternative für Einzelreisende, sind selten und kosten mindestens 100 Baht.

Der Preis für einfache **Bambushütten** am Strand oder in den Bergen liegt um die 200 Baht.

Preiskategorien der Unterkünfte

Wir haben die Unterkünfte in acht Kategorien unterteilt. Die Preise gelten für Doppelzimmer *(double room)* mit Du/WC und AC:

❶	bis 200 Baht	bis 30 RM
❷	bis 400 Baht	bis 60 RM
❸	bis 600 Baht	bis 100 RM
❹	bis 1200 Baht	bis 150 RM
❺	bis 2400 Baht	bis 220 RM
❻	bis 3600 Baht	bis 300 RM
❼	bis 4800 Baht	bis 400 RM
❽	über 4800 Baht	über 400 RM

In den gehobenen Kategorien werden auf den Zimmerpreis 10 % Steuern *(government tax)* und 7 % Servicegebühr *(service charge)* aufgeschlagen.

Feste **Bungalows** mit guten Matratzen sind wesentlich teurer, der Preis kann sich in der Hochsaison noch verdoppeln. Mit Ventilator sind sie wesentlich preiswerter als mit Klimaanlage und in den hinteren Reihen günstiger als am Meer.

In Hotels der **unteren Preisklasse** in der Provinz schläft man bereits ab 300 Baht in einem sauberen Doppelzimmer mit Dusche und Ventilator, Einzelzimmer sind – falls vorhanden – etwas billiger und Zimmer mit AC etwas teurer. Einige Hotels sind nur in Thai-Schrift gekennzeichnet und werden auch stundenweise vermietet. Abseits der Touristenpfade findet man zu diesen oft lauten Unterkünften kaum eine Alternative. Wer relativ ungestört schlafen will, besorgt sich am besten ein Zimmer im Obergeschoss und nach hinten raus.

Zimmer in der **mittleren Preisklasse** sind im Norden günstiger als an der Küste und ab 800 Baht zu haben. Komfortable Zimmer der oberen Mittelklasse sind bei Veranstaltern bereits zu Preisen um 2500 Baht pro Zimmer zu bekommen.

In **Luxushotels** von internationalem Standard, die es in allen Touristenorten gibt, sind Zimmer erheblich teurer. Das Mandarin Oriental Hotel in Bangkok gehört zu den fünf besten der Welt und verlangt Zimmerpreise um 40 000 Baht pro Nacht für die Author's Residence. Allerdings lassen sich viele bei Veranstaltern oder im Internet zu Schnäppchenpreisen buchen.

Zimmer reservieren

Im Grunde gibt es immer irgendwo ein freies Zimmer. Problematisch wird es in Touristenorten an Feiertagen, vor allem zur Weihnachtszeit und zum westlichen, chinesischen und thailändischen Neujahr *(songkran)*. Auch während der europäischen Sommer- und Weihnachtsferien sind beliebte Gästehäuser und Hotels oft ausgebucht. Während der Universitätsferien (Mitte März bis Juni) und Schulferien (Mitte Mai bis Mitte Juli) sind oft Jugendgruppen in den Nationalparks und entlang der Küste unterwegs.

Während der **Hochsaison** lohnt es, über Reisebüros, -veranstalter oder im Internet Zimmer zu buchen. Oft sind Zimmer in Touristenhotels im mittleren und gehobenen Preisbereich

> **Jede Erfahrung zählt**
>
> Da wir nicht in allen Betten geschlafen haben können, freuen wir uns über Rückmeldungen auf unserer Website im Travel Club unter
> 🖵 www.stefan-loose.de.

bei Veranstaltern am billigsten zu bekommen. Günstigere Preise erhält man für Gästehäuser wie Hotels auch im Internet. Üblich ist die Angabe der Kreditkartennummer oder eine Anzahlung, die den gewünschten Aufenthalt sichert, was vor allem für Reisen während der Hochsaison sinnvoll sein kann.

Wer nicht vorgebucht hat und sichergehen will, sollte am Vormittag im entsprechenden Hotel anrufen und ein Zimmer reservieren. Wer ohne Vorbuchung an der Rezeption erscheint, kann ebenfalls nach einem Rabatt fragen und erhält dann vor allem in der Nebensaison ab Mitte April häufig einen *off season discount*.

Ausstattung

Billigzimmer und Holzhütten sind karg ausgestattet, aber relativ sauber. Neben einer mehr oder weniger durchgelegenen dünnen Matratze auf einem Bett, einem Bettlaken und Kopfkissen beschränkt sich die Ausstattung auf einen Tisch- oder Deckenventilator. Manchmal ist auch ein Moskitonetz vorhanden. Sofern es Bettdecken gibt, sind diese nicht bezogen.

Duschen und Toiletten werden in Billigunterkünften gemeinschaftlich genutzt. Es ist ratsam, sich diese vor dem Einchecken anzusehen. Wenn es auf einer Etage für viele Zimmer nur zwei Duschen und keine separaten Toiletten gibt, kann man sich morgens auf lange Wartezeiten einstellen. Auch an die Sauberkeit und Größe der Duschen hat jeder durchaus andere Ansprüche.

Selbst in der einfachen Preisklasse gibt es viele Zimmer mit Bad: kleine Nasszellen mit einfachen Duschen neben der Toilette und einem Wasserabfluss im Boden. Außerhalb der Strände gehört ein launischer Durchlauferhitzer zur Standardausrüstung. In teureren Zimmern fließt

Warmwasser auch aus dem Hahn des Waschbeckens, und die Duschen sind abgetrennt, sodass das restliche Badezimmer trocken bleibt. Wer auch in Thailand ein Bad nehmen will, sollte die obere Preisklasse buchen. In der Mittelklasse dienen Badewannen meist nur zum Duschen.

Die Zeiten romantischer Petroleumlampen sind vorbei, und **Elektrizität** ist selbst auf abgelegenen Inseln vorhanden, zumindest zu der Zeit, wenn der Generator läuft. Dieser, und damit auch die Klimaanlage, wird oft erst bei Sonnenuntergang angeworfen, sodass sich tagsüber Zimmer, die der Sonne ausgesetzt sind, fast unerträglich aufheizen.

Preiswerte Zimmer haben selbst in Mittelklassehotels manchmal keine **Fenster.** In einigen Gästehäusern sind sie durch Sperrholzwände voneinander abgetrennt. Dadurch können sie ebenso wie Reihenbungalows recht **hellhörig** sein. Wer seine Ruhe haben möchte, bucht besser einen Einzelbungalow oder ein etwas teureres Zimmer mit dicken Türen, das nicht direkt am Aufzug oder Treppenaufgang liegt.

Einige Gästehäuser und Bungalows sind ausgesprochen geschmackvoll und landestypisch eingerichtet. Andere Zimmer sind zwar klein, aber funktional. Viele Gästehäuser verfügen über **Aufenthaltsräume** (Dachterrassen, Cafés, Innenhöfe, Gärten) und einige sogar über einen Pool. In neueren Backpackerunterkünften gehören Satelliten-TV, DVD-Player, Internet und WLAN in den Gemeinschaftsräumen zur Standardausstattung.

Das vorhandene Angebot an **Fernsehgeräten** repräsentiert unabhängig vom Zimmerpreis die Produktpalette der vergangenen 20 Jahre. Manchmal gibt es noch die Ein-Kanal-Programme mit Namen „Schneegestöber", aber auch Satelliten-TV mit englisch- und deutschsprachigen Kanälen.

Service

In Billigunterkünften erfolgt die **Zimmerreinigung** erst nach dem Auszug der Gäste. Wer länger bleibt und frische Bettwäsche (sofern vorhanden) oder eine Zimmerreinigung wünscht, sollte dies auf nette Art dem Management gegenüber zum Ausdruck bringen. Handtücher und Bettwäsche werden in Billigunterkünften nur kalt gewaschen und sehen deshalb nicht immer frisch und sauber aus. Je teurer die Zimmer, umso dicker, weißer und zahlreicher sind die Handtücher. **Wäsche** von Gästen wird fast überall im Laufe eines Tages gewaschen. Der Preis dafür steigt mit dem Zimmerpreis.

In Thai-Hotels sorgt ein **Zimmerservice** oft rund um die Uhr für Essen und Getränke. Manchmal ist der Kühlschrank gut bestückt. Hingegen haben sich **Wasserkocher**, mit denen man sich Kaffee und Tee selbst zubereiten kann, nur in wenigen Hotels durchgesetzt. In vielen angegliederten Restaurants wird morgens ein **Frühstück** angeboten. Das Angebot orientiert sich an den Essensgewohnheiten der Mehrheit der Gäste. Sind diese Einheimische, gibt es eine Reissuppe, gebratene Nudeln oder Reis und ähnliche Gerichte sowie für Ausländer Toast, süße Marmelade und eventuell ein amerikanisches Frühstück mit Spiegelei, Würstchen und Schinken. In Hotels und Gästehäusern, die auf westliche Ausländer ausgerichtet sind, ist das Angebot vielfältiger und umfasst auch frisches Obst, Saft, Pancakes und manchmal sogar Käse und Wurst.

Auch Gästehäusern und Bungalowanlagen sind Cafés oder Gemeinschaftsräume angegliedert, in denen es Getränke und ein Frühstück gibt, das manchmal im Preis inbegriffen ist. Auch ein Wäscheservice, Abholservice, Fahrzeugverleih oder Ausflüge gehören zum Angebot.

Sicherheit und Unannehmlichkeiten

Auch die Sicherheit spielt bei der Auswahl der Unterkunft eine Rolle. Manche Strandhütte ist leicht durch das Fenster oder eine unzureichend gesicherte Tür zugänglich. Leser mussten sogar feststellen, dass sie mit ihrem Schlüssel auch andere Zimmertüren öffnen konnten.

Manchmal stören ungewohnte **Geräusche** aus Fallrohren oder benachbarten Bars und Restaurants die Nachtruhe. Noch unangenehmer sind **Gerüche** von unzulänglich entsorgten Abwässern.

Farang Homestays

Manch ein Aussteiger, der nach Thailand ausgewandert ist, möchte in Verbindung mit dem Heimatland bleiben. Viele brauchen eine Aufgabe, gründen Metzgereien und Bäckereien, eröffnen Restaurants oder bauen Häuser. Die Gästezimmer sind selten mit Verwandten und Freunden belegt, sodass einige auch Touristen, bevorzugt aus dem Heimatland, aufnehmen. Andere bauen gleich professionell Zimmer und Bungalows für Touristen. Je kleiner die Unterkunft, umso näher lebt man mit dem Gastgeber zusammen. Mancher entpuppt sich als ausgesprochener Landeskenner, organisiert Touren und eröffnet einen neuen Blickwinkel auf das Land. Andere Besitzer haben persönliche Probleme mit der Thai-Familie oder dem Alkohol, was nicht verborgen bleibt. Wo sich die einen Gäste wohlfühlen und immer wieder hin zurückkehren, möchten andere am liebsten gleich wieder abreisen.

Camping

Insbesondere in Nationalparks ist das **Zelten** sehr beliebt. In den meisten können Zelte, Matten und Schlafsäcke ausgeliehen werden. Auch einige Gästehäuser in ländlichen Gebieten und Bungalowanlagen am Strand stellen begrenzt Zeltmöglichkeiten zur Verfügung. Wo große Gruppen einheimischer Jugendlicher zelten, ist Mitfeiern angesagt.

Ferienwohnungen und mehr

Nur selten werden in Urlaubszentren Ferienwohnungen und -häuser angeboten. Der Standard entspricht internationalem Niveau, die Preise liegen dagegen niedriger. Es gibt voll ausgestattete Küchen, die aber meist nur für Frühstück oder zur Zubereitung von Babynahrung genutzt werden, da außerhalb das Essen bekanntlich günstig und schmackhaft ist.

Wer privat oder gar in einem Kloster übernachtet, sollte sich zuvor genau über die Regeln informieren und eine entsprechende Spende geben. Tipps s. S. 121.

Unerwünschte Mitbewohner

Ameisen

Kleine, unangenehme Zimmergenossen sind Ameisen, die in unglaublichen Mengen auftauchen, wenn sie irgendetwas Essbares vorfinden. Deshalb möglichst keine Lebensmittel mit aufs Zimmer nehmen, oder sie luftdicht in Dosen verschließen – im Zweifelsfall mit Klebeband abdichten.

Bettwanzen

Zu einer wahren Seuche haben sich in vielen Travellerunterkünften Bettwanzen entwickelt. Obwohl sich die meisten Besitzer um Sauberkeit bemühen, nisten sie in den Matratzen, Holz- oder Wandritzen vieler Billigunterkünfte. Besonders betroffen sind fensterlose Schlafsäle und Billigzimmer.

Die 1–7 mm großen, rotbraunen, nachtaktiven Insekten leben versteckt in Bettritzen, schmalen Spalten und Hohlräumen in Bettgestellen und zwischen den Matratzen, in Spalten der Bettkästen, unter Polstern und Gardinenvorrichtungen. Nach dem 5–10 Minuten dauernden Stich wandern die Tiere in ihre Verstecke zurück. Der beim Stich abgegebene Speichel enthält Juckreiz auslösende Stoffe. Dieser Juckreiz kann 7–10 Tage andauern. Es entstehen häufig Quaddeln. Nach gegenwärtigem Wissensstand übertragen Bettwanzen keine Krankheitserreger. Dennoch sollte man beim Einchecken Matratzen und Bettgestelle gründlich untersuchen und Bettwanzen sofort an der Rezeption melden. Ist man von Wanzen überfallen worden und entdeckt am Morgen kleine Blutspuren im Bett oder Quaddeln auf der Haut, sollte man gründlich duschen und das Gepäck mit einem Insektenspray behandeln, um die Tiere nicht weiterzuverbreiten.

Kakerlaken

Sie kommen in den besten Häusern vor. Man kann wochenlang in billigen Hotels wohnen, ohne eines dieser Tierchen gesehen zu haben, und während der ersten Nacht in einem besseren Hotel huschen sie plötzlich durchs Badezimmer und verschwinden im nächsten Abfluss. Ist ihre Population übermächtig, dann hilft nur sprühen. Da sie normalerweise Abstand halten, kann man

Moskitos

Gefährliche Zimmergenossen sind Moskitos (s. S. 799). Befinden sie sich in einem Zimmer, dann sollte dieses am Nachmittag gut mit einem Insektenspray ausgesprüht und vor dem Schlafengehen gründlich (ohne Licht!) gelüftet werden. In nichtklimatisierten Räumen ist ein Moskitonetz unbedingt erforderlich. Manchmal haben Vormieter Nägel zum Aufhängen hinterlassen. Zum Aufbauen des Netzes Zeit nehmen, und es regelmäßig auf Löcher kontrollieren.

Verhaltenstipps

Thailand

Natürlich kann man im Urlaub einfach am Strand liegen und Einheimische nur am Rande als Taxifahrer, Kellner, Verkäufer, Hotelpersonal oder „Betreuerinnen" älterer Herren wahrnehmen. Aber die bleibenden Eindrücke, die unser Leben bereichern und unseren Horizont erweitern, sind meist Begegnungen mit Menschen. In Urlaubszentren und Großstädten sind viele Traditionen von westlichen Einflüssen überlagert worden, während sie auf dem Lande noch gelebt werden.

Von Touristen wird nicht erwartet, dass sie alle religiösen Sitten der Einheimischen praktizieren und sich wie Thais verhalten. Aber schon das Bemühen und das Interesse, die Sitten und Gebräuche des Gastlandes zu kennen und zu respektieren, werden überaus freundlich aufgenommen und honoriert.

Betteln

Mit Ausnahme von körperbehinderten und alten Menschen sollte man Bettlern, vor allem Kindern, nichts geben. Die Bitte um Spenden in Tempeln oder der morgendliche Rundgang der Mönche, um Gaben der Gläubigen einzusammeln, hat nichts mit Betteln zu tun. Diese freiwillige Gabe ermöglicht es Gläubigen, einen Verdienst für ihr nächstes Leben zu erwerben.

Hilfreicher ist es, Projekte durch Spenden zu unterstützen, z. B. terre des hommes, 🖥 www.tdh.de/content/themen/laenderinformationen/thailand. Die Organisation unterstützt interessante Projekte in verschiedenen Landesteilen. SOS-Kinderdörfer, 🖥 www.sos-kinderdoerfer.de, gibt es in Bangkok, Chiang Rai, Hat Yai, Phuket und Nong Khai.

Drogen

Marihuana, Haschisch, Kokain, Heroin und Methamphetamine wie Yaba sind illegal und dennoch in einigen Gebieten ohne größere Probleme zu beschaffen. Nicht selten werden sie Ausländern geradezu aufgedrängt – vor allem von Dealern, die die Polizei anheuert, um Erfolge bei der Drogenbekämpfung nachzuweisen.

Leider bewirkt die ausgelassene Urlaubsstimmung bei vielen Reisenden ein naives Verhältnis zu Drogen. Wer sich mit Rauschmitteln erwischen lässt, muss mit einer hohen Geld- oder gar einer Gefängnisstrafe rechnen und wird ausgewiesen. Bei schweren Drogendelikten droht sogar die Todesstrafe. Nach Full Moon Partys auf Ko Pha Ngan war schon so mancher Tourist gezwungen, sich durch finanzielle Zuwendungen einen entsprechenden Polizeibericht und durch eine hohe Kaution seine Freilassung aus dem Gefängnis zu erkaufen.

Handeln

Vor allem auf Touristenmärkten gehört zum Einkaufen das Handeln. Es ist ratsam eine Preisvorstellung zu haben und nie direkt nach der Ankunft zu shoppen. Nach dem ersten Preis des Händlers, der nicht völlig überzogen sein sollte, nennt man seinen Preis, der unter dem liegen sollte, den man wirklich bereit ist zu bezahlen. Es liegt nun ganz an der jeweiligen Situation, wie weit der Verhandlungsspielraum genutzt wird und wo man sich einigt, aber es gehört zum guten Ton, dass man nach einiger Einigung auch kauft.

Beim Kauf größerer Mengen kann man auch in Geschäften mit Preisnachlässen rechnen. Nicht üblich ist Handeln in Kaufhäusern, Hotels, Restaurants und in öffentlichen Verkehrsmitteln mit Festpreisen. Den Preis eines Essens vorher herunterzuhandeln, wäre sehr unklug, da es dadurch viel schlechter werden kann. Wer nicht

Hoffentlich wird endlich die Hütte frei.

weiß, ob es möglich ist zu handeln, fragt einfach, ob er einen Discount bekommt.

Individuum und Gemeinschaft

Man existiert in Thailand nicht als Individuum, sondern als Teil der Familie und Dorfgemeinschaft, was in vielen Thai-Farang-Beziehungen die Ursache von Konflikten ist. Der Familienverband bietet Sicherheit und Geborgenheit. Wer sich der Gemeinschaft entzieht, verliert jede soziale Anerkennung. Kinder werden angehalten, das Alter zu ehren. Ebenso wie die Eltern genießen auch Lehrer, religiöse und politische Oberhäupter, oft auch Vorgesetzte in Betrieben unumstößliche Autorität. Der König als religiöses und repräsentatives Oberhaupt des Landes wird hoch verehrt, s. S. 114.

Der Bau von Tempeln und die Vorbereitung der großen Feste ist, wie die Wahrnehmung anderer übergeordneter Interessen, Aufgabe der Gemeinschaft. Das Familienleben hat im Gegensatz zur westlichen Gesellschaft keinen Platz für individuelle Bedürfnisse, Absonderung und Ruhe.

Ehen werden nicht selten als Versorgungsgemeinschaft angesehen, was einige Ausländer, die einheimische Frauen heiraten, oft schmerzhaft erfahren müssen.

Mai pen rai – Das macht nichts!

Das Streben nach Harmonie ist Grundlage des Gesellschaftssystems. Konflikte bleiben unausgesprochen, stattdessen versucht man eine ähnliche Situation in Zukunft zu vermeiden. Wer Auseinandersetzungen in der Öffentlichkeit austrägt, gilt als rüde und verliert sein Gesicht. Das gilt auch für Touristen, die ihren Ärger zeigen oder ihre Gastgeber kritisieren.
Wer um etwas bittet, wird selten eine Absage bekommen, selbst wenn es nicht möglich ist, der Bitte zu entsprechen. Statt „nein" sagt man aus Höflichkeit lieber „vielleicht" und zeigt durch zögerndes Verhalten seine Ablehnung. Auch die Frage nach dem Weg wird eher falsch als gar nicht beantwortet, was zu einer Odyssee oder völliger Ratlosigkeit führen kann. Ein Lächeln hilft, manche problematische oder unsichere Situation zu überstehen, ebenso wie die häufig verwandte Formel *mai pen rai* – was so viel heißt wie: „Das macht nichts!"

Kleidung

Angemessene Kleidung spielt im ganzen Land eine sehr bedeutende Rolle – das gilt vor allem für den Besuch von religiösen Stätten und allen Gebäuden des Königshauses. Unangebracht sind offene Sandalen, besonders Flipflops, ärmellose Shirts, kniefreie Röcke und Hosen sowie manchmal sogar Daypacks (Tagesrucksäcke). Bei chinesischen Festen (außer bei Begräbnissen) wird keine weiße, blaue oder schwarze Kleidung getragen. Vor dem Betreten eines Hauses oder eines buddhistischen Tempels zieht man die Schuhe aus.

Königshaus

Der seit über 60 Jahren regierende König von Thailand, Bhumipol Adulyadej, wird wie ein Gott verehrt (s. Kapitel „Land und Leute" S. 114). Ihm, seiner Familie und seinen Symbolen gebührt äußerster Respekt. Die ausgeprägte Verehrung des Königs kommt im Abspielen der Königshymne um 8 und 18 Uhr zum Ausdruck. Ob im Kino oder an öffentlichen Plätzen – die Nation steht still, wenn aus Lautsprechern die Königshymne erklingt. Seit 1908 gibt es im Thai-Strafgesetzbuch den Tatbestand der Majestätsbeleidigung *(lèse majesté)*. Die Höchststrafe liegt bei 15 Jahren. Unbedarfte Ausländer können schon mal in die Gesetzesfalle stolpern, denn als Majestätsbeleidigung gilt bereits, eine Münze oder Banknote mit dem Fuß zu berühren – tragen beide doch das Porträt des Königs. Sogar Ausländer standen bereits wegen unziemlicher Aussagen über das Königshaus vor Gericht.

Körpersprache

Für Buddhisten ist der **Kopf** (im Gegensatz zum Fuß) ein heiliger Körperteil. Deshalb sollte man nie einem erwachsenen Thai an den Kopf fassen, ihm die Füße entgegenstrecken, die Füße aufs Armaturenbrett im Bus legen oder Gepäckstücke ins Gepäcknetz über die Köpfe der Mitreisenden wuchten, ohne sie vorher zu fragen.

Den **Fuß** als unedelstes Körperteil sollte man niemals einem anderen Menschen oder gar einer Buddhastatue entgegenstrecken. Da die

linke Hand als unrein gilt, nutzt man in Thailand die rechte Hand zum Essen, zum Geben und um etwas in Empfang zu nehmen.

Müssen Einheimische **durch Gruppen hindurchgehen**, beugen sie leicht den Oberkörper nach vorn und halten den rechten Arm schräg nach unten gestreckt, als ob sie die Verbindung zwischen den Menschen durchschneiden wollen.

Wenn Thais jemanden **heranwinken**, wird das von Europäern oft falsch ausgelegt, da das Winken mit der abgewinkelten Hand unserer „Hau ab"-Geste ähnelt.

Es gilt als Zeichen der Freundschaft, wenn Männer oder Frauen Hand in Hand durch die Straßen bummeln. **Körperkontakte** zwischen Männern und Frauen in der Öffentlichkeit sind in traditionellen Gesellschaften hingegen tabu, trotz der scheinbaren Freizügigkeit in den Touristenzentren. Nach überlieferten Verhaltensmustern gilt es als äußerst unschicklich, Gefühle zwischen Mann und Frau in der Öffentlichkeit zu zeigen.

Korruption

Thailand liegt im Korruptionsindex zusammen mit China und Griechenland auf Platz 78 von insgesamt 178 Ländern. Eltern zahlen für die Aufnahme ihrer Kinder an Schulen und in Jobs, Firmen für Aufträge. Zahlungen bei kleineren Verkehrsverstößen ohne Quittung werden als Bonus für die Polizei betrachtet, die ebenso wie Lehrer, Zöllner und andere schlecht bezahlte Staatsangestellte auf zusätzliche Einnahmen angewiesen ist. Umfragen zufolge akzeptiert die Hälfte der Bevölkerung korruptes Verhalten. Auch Touristen sind den lokalen Machtverhältnissen ausgeliefert. Bei Streitigkeiten mit korrupten Gegnern sollte man versuchen, die Situation unbeschadet zu überstehen. Im Idealfall wendet man sich im Nachhinein an die Touristenpolizei.

Lärm

Lärmgeplagten Europäern ist es unverständlich, dass Thais auch noch so großen Lärm nicht als unangenehm empfinden. Schon um 5 Uhr morgens dröhnen die Dorflautsprecher und senden bis 7 Uhr Nachrichten und Musik. Bei Festen und Feierlichkeiten wird das gesamte Dorf bis tief in die Nacht beschallt, ohne dass sich jemand darüber beschwert. Im Gegenteil: Ruhe und Dunkelheit gelten als unheimlich und werden vermieden. Viele glauben, dass Lärm böse Geister vertreibe – je lauter umso wirkungsvoller.

Rauchen

Das Rauchverbot in Restaurants wurde auf Pubs, Kneipen und Bars ausgeweitet und wird mit einem Bußgeld von 2000 Baht geahndet. Rauchen ist nur noch in begrenzten Bereichen gestattet. Sogar auf Märkten und in öffentlichen Einrichtungen darf nicht geraucht werden. Raucher sollten sich deshalb aufmerksam umschauen, bevor sie sich einen Glimmstengel anzünden.

Religion

Die Religion spielt im täglichen Leben eine bedeutende Rolle, mehr dazu s. S. 119. Mönche unterliegen strengen Klosterregeln, dürfen ab mittags keine feste Nahrung zu sich nehmen und keine Frauen berühren. Manches, was in Tempeln passiert, ist nur schwer mit der eigentlichen buddhistischen Lehre zu erklären. So sind auf dem Tempelgelände auch Amulettverkäufer und Wahrsager anzutreffen. Tempelbesucher sollten keinesfalls vor betenden Gläubigen herumlaufen, sich über ihre Köpfe erheben oder gar religiöse Statuen oder Anlagen erklimmen. Fotografieren kann man während religiöser Zeremonien, wenn es auch die Einheimischen tun oder man die Erlaubnis dazu erhalten hat.

Sauberkeit

Die Straßen sind vor allem im Norden sehr sauber. Hingegen sehen Strände, die nicht gereinigt werden, manchmal wie wilde Müllkippen aus. Selbst in kleinen Orten in der Provinz gibt es mittlerweile eine Müllabfuhr, wenn auch manches nicht ordnungsgemäß entsorgt wird. Strikte Gesetze drohen für das Verunreinigen von Straßen Strafen von bis zu US$100 an. Schon mancher Tourist in Bangkok musste für das achtlose Wegwerfen einer Kippe 200–2000 Baht Strafe zahlen.

Wai

Thais begrüßen sich in der Regel nicht mit Handschlag, sondern mit dem sogenannten *wai*, bei dem die eigenen Handinnenflächen gegeneinander gelegt werden. Diese Geste stellt nicht nur eine Begrüßung dar, sondern auch ein Zeichen des Respekts, das zuerst dem höher gestellten Menschen dargeboten wird. Ausländer können darauf mit einem Kopfnicken reagieren oder zumindest darauf achten, dass sie kein falsches *wai* benutzen und bestimmte Regeln beachten: gefaltete Hände vor der Stirn und gebeugter Kopf bei Mönchen, bei Älteren auf Nasenhöhe, bei niedriger gestellten Personen (Kinder, Hausangestellte, Kellner usw.) vor der Brust und bei Höhergestellten die Hände vor dem Mund.

Malaysia

Malaysia ist ein Vielvölkerstaat, in dem Malaien, Chinesen, Inder und andere Völker, Moslems, Hindus, Buddhisten und Christen Tür an Tür miteinander leben.

Alle Lebensbereiche der **malaiischen Bevölkerung** werden vom Islam geprägt. Die strengen islamischen Regeln erfordern es, dass Frauen sich in der Öffentlichkeit verhüllen, sodass nur Gesicht, Hände und Füße zu sehen sind. Ausschließlich der Genuss von Lebensmitteln, die unter islamischen Riten zubereitet wurden, also *halal* sind, ist erlaubt. Der Verzehr von Alkohol und Schweinefleisch ist verboten wie auch das Glücksspiel. In einem malaiischen Restaurant nach einem Bier oder einem *sate babi* (Schweinefleischspieß) zu fragen, wird daher nur ungläubiges Erstaunen hervorrufen. Ebenso ist die Berührung mit dem Speichel oder den Exkrementen von Hunden tabu, daher gibt es in moslemischen Dörfern kaum Hunde.

Es ist äußerst unhöflich, vor den betenden Gläubigen in der Moschee herumzulaufen oder sich über ihre Köpfe zu erheben. Viele Moscheen sind Frauen nicht zugänglich. Der Kopf gilt als heilig und sollte nie, auch nicht in freundschaftlicher Geste, berührt werden. Wie in Thailand gilt auch in Malaysia die Rechte-Hand-Regel.

Der **chinesische** Buddhismus ist sehr mit der Verehrung der Ahnen verwoben. Man betritt einen Tempel durch die rechte Tür und verlässt ihn durch die linke. Wer in eine chinesische Familie eingeladen wird, sollte sich möglichst nicht in Blau, Schwarz oder Weiß kleiden, denn diese Farben sind an besondere Anlässe gebunden.

Geschenke sind beim ersten Besuch nicht üblich. Als Geschenk für gute Freunde sind Lebensmittel – möglichst paarweise – am besten geeignet. Das gemeinsame Essen spielt eine große Rolle und wird ausgiebig genossen. Einen „Anstandsrest" auf dem Teller zu lassen, gilt traditionell erzogenen Chinesen als Verschwendung, die auf den Platten verbliebenen Reste mit nach Hause zu nehmen, hingegen als normal. Die materielle Not, die die Chinesen einst zum Verlassen ihres Heimatlandes zwang, zeigt noch ihre Auswirkungen. Angestrebt wird finanzieller Wohlstand für die Familie.

Versicherungen

Auslandsreise-Krankenversicherung

Der Abschluss einer Auslandsreise-Krankenversicherung ist in jedem Fall zu empfehlen. Insbesondere bei Krankenhausaufenthalten kann schnell eine erhebliche Summe zusammenkommen. Bei schwerer Erkrankung wird der Betroffene in die Heimat geflogen, wenn er plausibel darlegen kann, dass am Urlaubsort keine ausreichende Versorgung gewährleistet ist. Dabei ist der Passus „wenn medizinisch notwendig" im Kleingedruckten zu beachten, denn gerade medizinische Notwendigkeit ist selten leicht zu beweisen. Einschränkungen gibt es zudem bei Zahnbehandlungen (nur Notfallbehandlung) und chronischen Krankheiten.

Im Krankheitsfall müssen die Rechnungen für die Behandlung vorher beglichen werden. Wenn nach der Rückkehr die Belege bei der Versicherung eingereicht worden sind, werden die Kosten erstattet. Manche internationale Krankenhäuser können bei ernsten Erkrankungen und teuren Behandlungen direkt mit der Versicherung abrechnen.

Auslandskrankenversicherungen für Reisen von bis zu sechs Wochen Dauer werden ab 6 €

pro Person angeboten, wer länger verreist, zahlt um 1 € pro Tag. Zudem gibt es Versicherungen für die ganze Familie ab 19 €. Anbieter sind u. a. ADAC, Barmenia, Central, Debeka, DKV, Europäische, HUK-Coburg, International Service Assekuranz (bis zu 18 Monaten, Extra Versicherungen für Sportler), TAS Assekuranz, Signal Iduna, Universa und Victoria. Bei einigen Kreditkarten sind Auslandskrankenversicherungen enthalten. Reisende über 60 oder gar 70 Jahre werden teils gar nicht oder nur teuer versichert.

Reisegepäckversicherung

Viele Versicherungen sichern auch Gepäckverlust ab, einige haben sich sogar auf solche Fälle spezialisiert (z. B. Mondial Assistance International, ☎ 089-624 240, 🖥 www.allianz-assistance.de). Die Bedingungen sind immer sehr eng gefasst. Die Stiftung Warentest rät von einer Gepäckversicherung ab, da sich die Versicherer meist auf die Unachtsamkeit des Reisenden berufen und nicht zahlen. Für wertvolle Sachen wie eine Fotoausrüstung kann eine Fotoversicherung abgeschlossen werden, die zwar relativ teuer ist, aber die Geräte gegen sämtliche Risiken versichert. Die Kamera darf wegen möglicher Motorradräuber nur am Körper befestigt getragen werden.

Im Schadensfall muss der Verlust sofort bei der Polizei gemeldet werden. Eine **Checkliste**, auf der alle Gegenstände und ihr Wert eingetragen sind, und Fotos der Gepäckstücke ist dabei hilfreich. Ansonsten sollte alles, was nicht ausreichend versichert ist, im Handgepäck transportiert werden. Eine Reisegepäckversicherung mit einer Deckung von rund 2000 € kostet für 24 Tage ca. 30 €, ein Jahresvertrag 60–70 €.

Reiserücktrittskostenversicherung

Bei Pauschalreisen ist die Rücktrittskostenversicherung meistens im Preis eingeschlossen. Man sollte sicherheitshalber noch einmal nachfragen. Sie muss in der Regel 30 Tage vor Reiseantritt abgeschlossen werden. Die Stornokosten werden beim Tod eines Familienmitglieds oder Reisepartners und im Krankheitsfall übernommen, wenn die Reiseunfähigkeit ärztlich nachgewiesen werden kann. Die Kosten der Versicherung liegen meist bei 27–45 € pro 1000 € Reisepreis.

Versicherungspakete

Diese Rundum-Pakete sind auf maximal fünf bis acht Wochen begrenzt und beinhalten neben der Reisekrankenversicherung eine Gepäck-, Reiserücktrittskosten- und Reisenotruf- bzw. Rat&Tat-Versicherung.

Letztere bietet eine Notrufnummer zur Soforthilfe während der Reise. Außerdem werden Krankenhauskosten sofort von der Versicherung beglichen und bei ernsthaften Erkrankungen der Rücktransport übernommen. Wenn der Versicherte nicht transportfähig ist und länger als zehn Tage im Krankenhaus bleiben muss, darf auf Kosten der Versicherung eine nahestehende Person einfliegen. Auch beim Verlust der Reisekasse kann man über den Notruf einen Vorschuss erhalten. Versicherungspakete lassen sich über das Reisebüro zu Hause abschließen, wobei sich die Kosten nach Dauer und Wert der Reise richten.

Bei Reisen, die zwei Monate und länger dauern, sind nur Einzelversicherungen möglich. Ein optimaler Versicherungsschutz wird dann teuer. Deshalb sollten in diesem Fall die Leistungen verschiedener Unternehmen verglichen und nur das, was man wirklich braucht, versichert werden.

Bei häufigen Auslandsreisen können Versicherungen auch für ein ganzes Jahr mit automatische Verlängerung abgeschlossen werden.

🖥 **www.test.de**
Die Stiftung Warentest nimmt Versicherungen unter die Lupe.
🖥 **www.dooyoo.de/reiseversicherung/**
Dieses Portal sammelt Erfahrungsberichte zu Reiseversicherungen.

Visa

Thailand

Da sich die Visabedingungen in den vergangenen Jahren häufig geändert haben, sollte man sich vor der Abreise noch einmal über die aktuelle Situation informieren, siehe **eXTra [2670]**.

Aufenthalt zwischen 15 und 60 Tagen

Das Thai-Visum **Visa on Arrival** erhalten deutsche, österreichische und Schweizer Touristen bei der Ankunft am Flughafen kostenfrei für einen Aufenthalt von maximal 30 Tagen. Voraussetzungen sind ein mindestens sechs Monate gültiger Reisepass und der Nachweis einer bestätigten Flugbuchung für die Weiter- oder Rückreise. Kinder benötigen einen eigenen EU-Reisepass, da der Kinderausweis nicht anerkannt wird. In der Regel wird die Aufenthaltsgenehmigung bei der Einreise problemlos in den Pass gestempelt (Stempeldatum kontrollieren!). Wer auf dem See- oder Landweg einreist, bekommt derzeit nur 15 Tage.

Für längere Aufenthalte benötigt man ein **Touristenvisum**, das vor der Anreise bei einer diplomatischen Vertretung im Ausland beantragt werden muss. Für Reisen bis zu 60 Tage kostet es 25 €. Es kann einmalig um 30 Tage verlängert werden (s. u.). Die Einreise muss innerhalb von 90 Tagen erfolgen.

Das Visum nicht überziehen!

Wird die Aufenthaltsgenehmigung oder das Visum wenige Tage überzogen, ist bei Ausreise für den zweiten überzogenen Tag eine Geldstrafe von 1000 Baht in einheimischer Währung fällig (für jeden weiteren Tag 500 Baht). Vor der Abreise muss ein Grenzbeamter mehrere Formulare ausfüllen, daher rechtzeitig am Immigrationsschalter erscheinen. Das Überziehen vom Visum wird nicht als Bagatelle angesehen. Wer mit abgelaufenem Visum im Land ertappt wird, wird festgenommen und nach einer Gerichtsverhandlung ausgewiesen. Wer seine Strafe nicht bezahlen kann, muss ins Gefängnis.

Langzeitaufenthalte

Mit Thailändern verheiratete Ehepartner und Rentner können das **Non-Immigrant-Visum „O"** und Geschäftsreisende das **Non-Immigrant-Visum „B"** beantragen. Diese gelten entweder für eine einmalige Einreise von 90 Tagen (50 €) oder für mehrere Einreisen innerhalb von 365 Tagen, jeweils für max. 90 Tage (120 €). Die Konsulate verlangen unterschiedliche Belege. Es gibt auch ein Jahresvisum für Ausländer über 50 Jahre, für das man regelmäßige Einkünfte und 800 000 Baht auf dem Konto vorweisen muss.

Mehrfache Aus- und Einreise

Mit einem **Double-Entry-Visum** kann man in die Nachbarländer reisen und problemlos nach Thailand zurückkehren. Für zwei bzw. drei Einreisen kostet es 50 bzw. 75 €, wobei die Aufenthaltsdauer von 60 Tagen pro Reise und 180 Tagen pro Jahr nicht überschritten werden darf.

Wer von Bangkok in ein Nachbarland fliegen möchte, kann mit einem gültigen Touristenvisum in der Abflughalle oder zuvor bei der Immigration ein **Re-Entry-Permit** für 1000/3800 Baht für eine einmalige/mehrfache Ausreise beantragen, das aber das 60-Tage-Touristenvisum nicht verlängert. Ansonsten verfällt ein normales Touristenvisum bei der Ausreise und muss neu beantragt werden.

Das 15-tägige **Visa on Arrival** wird derzeit an der Grenze maximal viermal hintereinander ausgestellt. Nach 60 Tagen muss man mindestens 90 Tage im Ausland verbracht haben, bevor wieder eines genehmigt wird.

Papierkram

Das erforderliche Antragsformular kann man auf den Webseiten der Botschaft, 🖳 www.thaiembassy.de (deutsch), 🖳 www.mfa.go.th (englisch), und des Konsulats, 🖳 www.thaikonsulat.de, herunterladen oder sich vom Konsulat oder der Botschaft zuschicken lassen (Adressen s. S. 40). Für die Beantragung werden ein Passbild, bei einigen Botschaften auch zwei, der Reisepass (bei Einreise noch mindestens sechs Monate gültig), die Visagebühr in bar oder die Kopie der Überweisung, ein mit 3,50 € frankierter Rückumschlag sowie eine Reisebestätigung oder eine Bestätigung des gebuchten und bezahlten Rückflugs benötigt. Manchmal muss man mindestens US$500 Vermögen nachweisen.

Visaverlängerung

In Thailand kann das 60-Tage-Touristenvisum bei dem Immigration Office einmalig für 1900 Baht um 30 Tage verlängert werden. Auch die Aufenthaltserlaubnis von 15 bzw. 30 Tagen kann einmalig für 1900 Baht um sieben Tage verlängert werden.

Immigration Office
507 Soi Suanphlu, Sathon Tai Rd., Bangkok 10120, ✆ 02-287 3101-9, ✉ 287 1310.

One-Stop Service Center (für Langzeitaufenthalte)
Chamsuree Square, 18th floor, Phaya Thai Rd., Bangkok 10330, ✆ 02-209 1100.

Malaysia

Für die Einreise nach Malaysia benötigt man einen Pass, der noch mindestens sechs Monate nach Einreisedatum gültig sein muss. Bei der Einreise wird Deutschen, Schweizern und Österreichern ein **Visit Pass** ausgestellt, der zum dreimonatigen visafreien Aufenthalt berechtigt.

Zeit und Kalender

Zeitverschiebung

Die Zeitverschiebung zur Mitteleuropäischen Zeit (MEZ) beträgt in Thailand sechs Stunden, zur Sommerzeit fünf Stunden, in Malaysia eine Stunde mehr.

Kalender

Die Thais kennen drei Kalender: den westlichen, den buddhistisch-thailändischen und den chinesischen.

Uhrenvergleich

MEZ	Sommerzeit	Thailand
17	18	23
20	21	2
23	24	5
2	3	8
5	6	11
8	9	14
11	12	17
14	15	20

Demnach feiern sie auch dreimal im Jahr ausführlich Neujahr – am 1. Januar das Geschäftsneujahr, am 13. April *songkran* (Thai-Neujahr) und am Neumondtag im Januar oder Februar das Chinesische Neujahrsfest.

Im täglichen Leben wird der **westliche Kalender** verwendet, dessen Zählung mit der Geburt Buddhas im Jahr 543 v. Chr. beginnt. Das Jahr 2012 ist das Jahr 2555 nach Buddha, 2013 entspricht 2556 und 2014 demnach 2557.

Der traditionelle **thailändisch-buddhistische Kalender** richtet sich nach dem Mondzyklus. Entsprechend wird alle vier bis fünf Jahre ein Monat eingeschoben.

Im **chinesischen Kalender** wird das Jahr im Rhythmus von zwölf Jahren nach einem Tier benannt, das mit bestimmten Eigenheiten assoziiert wird.

Im Vielvölkerstaat **Malaysia** benutzt man im Alltagsleben den westlichen Kalender, an dem sich staatliche Feiertage, Geburtstage und offizielle Veranstaltungen orientieren.

Hingegen werden moslemische Feste wie der Ramadan nach dem **islamischen Kalender** festgelegt. Dieser beginnt mit der Flucht Mohammeds aus Mekka am 16. Juli 622 n. Chr. Da diesem Kalendersystem der Mondzyklus zugrunde liegt, besteht jedes Jahr aus 12 Mond-Monaten mit 29 oder 30 Tagen und ist mit 354–355 Tagen normalerweise 10–11 Tage kürzer als das Sonnenjahr. Ein neues Jahr beginnt mit dem Erscheinen des 13. neuen Mondes.

2012 beginnt der Ramadan, der 9. Fastenmonat, am 20. Juli und endet mit dem Hari Raya-Fest am 18. August (2013: 9. Juli–8. August).

Zoll

Zollfrei sind in **Thailand** neben den üblichen Gegenständen des täglichen Bedarfs 200 Zigaretten bzw. 250 g Tabak, 1 l Wein oder 1 l Spirituosen, ein Fotoapparat und eine Videokamera. Sämtliche anderen Dinge müssen bei der Einreise nach Thailand deklariert und verzollt werden.

Verboten sind die Einfuhr von Waffen, Pornoliteratur, Drogen sowie die Ausfuhr von Buddhastatuen und echten Antiquitäten. Der Handel mit Antiquitäten ist in Thailand verboten.

Ausländische Währung darf in beliebiger Höhe ohne Deklaration ein- und ausgeführt werden. Die Einfuhr thailändischer Währung ist auf 50 000 Baht pro Person begrenzt. Wer nach Malaysia, Myanmar, Laos, Kambodscha oder Vietnam ausreist, kann bis zu 500 000 Baht mitnehmen.

Bei der Einreise mit dem Flugzeug nach Deutschland dürfen Waren im Wert von bis zu 430 € pro Person mitgebracht werden, aber natürlich keine gefälschten Markenwaren und Produkte geschützter Tiere und Pflanzen.

Wer sich teure Einkäufe ins Heimatland schicken lässt, muss diese versteuern, wodurch sich manches Schnäppchen nicht mehr lohnt. Weiteres zum zollfreien Einkauf s. S. 43.

Zollfrei sind in **Malaysia** 200 Zigaretten, 1 l alkoholische Getränke, Lebensmittel bis zu einem Wert von 75 RM und andere Geschenke bis zu einem Wert von 200 RM. Teurere Geschenke müssen verzollt werden. Normalerweise müssen 50 % des Neuwerts (Kaufbeleg hilfreich) gegen Quittung als Pfand hinterlegt werden, bei der Ausreise mit dem Objekt bekommt man das Geld zurück.

Land und Leute

Geografie S. 98
Flora und Fauna S. 99
Umwelt S. 103
Bevölkerung S. 105
Geschichte S. 108
Regierung und Politik S. 113
Wirtschaft S. 115
Religionen S. 118
Kunst und Kultur S. 123

Geografie

Fläche: 514 000 km²
Nord-Süd-Ausdehnung: über 1800 km
Ost-West-Ausdehnung: 800 km
Größte Städte: Großraum Bangkok (11,5 Mio.), Udon Thani (230 000), Chonburi/Pattaya (203 000), Korat (Nakhon Ratchasima) (202 000)
Längste Flüsse: Menam Chao Phraya (370 km) ab dem Zusammenfluss von Ping (569 km) und Yom in Nakhon Sawan, Teile des Mekong (4350 km) und Salween (2815 km)
Höchster Berg: Doi Inthanon (2565 m)

Beim Anflug auf Bangkok erblickte man einst ein Mosaik aus Reisfeldern, durchzogen von Kanälen und Flüssen, an deren Ufern die Dörfer wie Perlen an einer Schnur lagen. Die Ebene ist mittlerweile mit Reihenhaussiedlungen für die neue Mittelschicht und riesigen Fabriken bebaut. Rings um Bangkok hat sich der weitaus größte Teil der verarbeitenden Industrie Thailands angesiedelt. Bei einer Reise in den Süden zeigt sich das Land von seiner eher ländlichen Seite.

Thailand, mit 514 000 km² um 43 % größer als Deutschland, liegt südlich des nördlichen Wendekreises, zwischen 6° und 20° nördlicher Breite und 97° und 106° östlicher Länge. Vom Norden bis in den südlichen „Rüssel" des sogenannten Elefantenkopfes beträgt die Entfernung über 1800 km. Das entspricht der Entfernung Kopenhagen–Rom. Von Westen nach Osten sind es 800 km, fast so weit wie von Paris nach Berlin. Dagegen ist das Land an seiner schmalsten Stelle bei Prachuap Khiri Khan nur 15 km breit. Vom weit verzweigten Flussnetz sind nur 10 000 km schiffbar. Durch Wasserkraft wird mehr als ein Drittel des Energiebedarfs gedeckt.

Die Zentralregion

Die ebene Landschaft ist vom Menam Chao Phraya, dem mit 370 km größten Fluss des Landes, seinen Nebenflüssen und dem weiten Delta geprägt. Der Menam („Mutter des Wassers" bzw. „Flusses") Chao Phraya (hoher Adelstitel) windet sich durch ein Tiefland, das weniger als 80 m über dem Meeresspiegel liegt. Sand, Kies und andere verwitterte Materialien wurden von den Wassermassen im Laufe der Jahrmillionen in der Ebene abgelagert. Jedes Jahr werden weitere Mengen an Sedimentgestein und fruchtbaren Mineralstoffen aus den Bergen in Richtung Meer transportiert. Mit dem Einsetzen der Regenzeit steigen die Wassermassen der Flüsse bis auf das Hundertfache an und überfluten weite Landstriche. Viele Staudämme haben die Flüsse im Oberlauf gebändigt. Doch noch immer stehen monatelang weite Gebiete des Kernlandes unter Wasser. Diese fruchtbare angeschwemmte Ebene, die – sofern nicht bebaut – intensiv für den Reisanbau genutzt wird, geht in ihren Randbereichen in eine hügelige Landschaft über, die zum Teil aus älteren Gesteinsablagerungen besteht.

Die Südregion

Thailand besitzt eine über 2600 km lange Küste, überwiegend am Golf von Thailand und zu einem geringeren Teil an der Andamanensee. Im Südosten erstrecken sich die Ausläufer der Bilauktaung-Bergkette bis zum Meer. In der frühen Erdneuzeit (Tertiär) lagerte sich hier Sandstein ab, der später von Vulkangestein überlagert wurde.

Auf der Malaiischen Halbinsel im Süden trennen staffelförmig versetzte Bergketten die West- und Ostküste. Während an der Westküste schroffe Karstfelsen ins Meer abfallen und Inselgruppen aus bizarren Kalkformationen (Bucht von Phang Nga) bilden, läuft das Gebirge im Osten in eine weite Küstenebene aus.

Die Küste am relativ seichten Golf von Thailand verändert sich laufend durch Erosion und Sedimentablagerungen.

Flora und Fauna

Pflanzenarten: etwa 12 000
Waldfläche: 10 Mio. ha
Naturschutzgebiete: 16 % der Landesfläche
Tierarten: etwa 1100
Bedrohte Arten: Nashorn, Kouprey (Wildbüffel), Elefant, Tiger, Banteng (Wildrind), wilder Wasserbüffel und diverse Fledermausarten

Elefanten und Teakwälder, die beiden typischsten Vertreter der thailändischen Fauna und Flora, werden die meisten Besucher des Landes kaum noch in ihrem natürlichen Umfeld sehen können. Das Bild des Landes prägen stattdessen Felder, Gärten und domestizierte Tiere.

Wälder

Während im Süden immergrüne Wälder einen Teil des Landes bedecken, muss sich die Pflanzenwelt weiter im Norden an eine zunehmende Trockenperiode und stärkere Temperaturschwankungen anpassen. In den Bergen, wo Temperaturen bis in die Nähe des Gefrierpunktes absinken, findet man eine entsprechend angepasste Pflanzenwelt.

Immergrüne Regenwälder

Immergrüne Regenwälder, von denen etwa 3 % Primärwälder sind, bedecken einige Landesteile südlich von Chumphon. In bis zu 70 m Höhe erstreckt sich das dichte Blätterdach ihrer höchsten Bäume. Im Dämmerlicht zwischen breiten Brettwurzeln und Lianen wachsen verschiedene Büsche und Sträucher, die eine hohe Luftfeuchtigkeit benötigen, aber mit wenig Licht auskommen. In Bodennähe wird das Grün nur selten von farbigen Blumen unterbrochen. Viele Orchideenarten sind Epiphyten und leben wie Schmarotzerpflanzen auf anderen Pflanzen in den oberen Stockwerken des Waldes. Wird der Wald abgeholzt, entwickelt sich ein Sekundärwald, der weitaus weniger Artenfülle aufweist und aus niedrigen Bäumen, Büschen und Lianen besteht.

Monsunwälder

Ausgeprägte Trockenzeiten bestimmen den Pflanzenwuchs in den meisten Landesteilen. Vergleichbar unserem Herbst werfen die Bäume in der regenarmen Zeit ihre Blätter ab. Im Januar leuchten die Blätter erst in herbstlichen Farben. Bis zum Einsetzen der Regenzeit im Mai sind viele Bäume dann unbelaubt, andere blühen in kräftigen Farben. Mit dem Einsetzen der Regenzeit entwickelt sich dann wieder eine üppige Belaubung. Büsche und andere Pflanzen werfen ihre Blätter nicht ab, da diese durch eine Verdunstung behindernde Schicht vor dem Austrocknen geschützt sind.

In trockenen Monsunwäldern überwiegen die *Dipterocarpaceen*, lichte Bäume mit immergrünen, ledrigen Blättern, deren Blüten und Harz einen aromatischen Duft verbreiten. Ein typischer Vertreter der Laub abwerfenden Wälder ist der **Teakbaum** *(Tectona grandis)*. Sein hartes, haltbares Edelholz wird bereits seit Jahrhunderten geschätzt und in vielen Plantagen kultiviert. Er ist auf wasserdurchlässigen Böden in Bergwäldern bis zu 900 m Höhe von Indien bis Thailand beheimatet und gedeiht am besten bei einer mittleren Jahrestemperatur von 24–27 °C sowie einer jährlichen Niederschlagsmenge um 1500 mm.

Mangrovenwälder

An flachen Küsten im Süden und Osten bilden Mangrovenwälder einen schwer zu durchdringenden, schmalen Saum. Die bis zu 20 m hohen Wälder haben sich an das Leben im Salzwasser angepasst. Die Bäume finden mit Stelzwurzeln Halt im Schlick und Schlamm der Gezeitenzone. Häufig bilden sich vor den Mangroven Sandbänke im Meer, wodurch die Sümpfe verlanden. Wo Mangroven abgeholzt wurden, wachsen Nipapalmen *(Nypa fruticans)*, deren Palmwedel zum Dachdecken und für Matten verwendet werden und aus deren Früchten eine Art Bier für den Eigenbedarf gebraut wird. Innerhalb eines halben Jahrhunderts ist die Hälfte aller Mangrovenwälder Thailands zu Holzkohle verarbeitet oder für Bauprojekte abgeholzt worden. Zunehmend belastet die Anlage von Shrimp- und Fischfarmen das Ökosystem der Küste. Das Gleichgewicht wird nachhaltig gestört, und der Ufersaum ist schutzlos der Meeresbrandung ausgesetzt.

Tiere

Im Übergangsbereich zwischen dem kontinentalen Hochland im Norden und der tropischen Malaiischen Halbinsel verfügt das Land über eine besonders artenreiche Fauna. Obwohl seit 1961 zum Schutz der Tiere immer mehr Wälder unter Naturschutz gestellt werden, sind 37 Säugetierarten von der Ausrottung bedroht, vor allem Großtiere. Tapir, Leopard und Tiger sind nur noch in kleineren Populationen vorhanden, und man bekommt sie in den seltensten Fällen zu Gesicht. Neben der Jagd und dem illegalen Tierfang wurde durch das Abholzen der Wälder der Lebensraum der Tiere stark eingeengt. Auch die Meeresfauna ist durch die gnadenlose Überfischung und Wasserverschmutzung massiv gefährdet.

Säugetiere

Die Monsunwälder sind der Lebensraum der Hirsche, des **Sambar** *(Cervus unicolor)*, eines dunkelbraunen, verhältnismäßig großen Tiers, und des **Schweinshirsches** *(Axis porcinus)*. Immer seltener sind in den letzten Jahren das Wildrind **Banteng** *(Bos javanicus)* und **Gibbons** zu sehen. Häufig hört und sieht man dagegen **Makaken**. Junge, männliche Tiere einer rotbraunen Makakenart mit kurzem Schwanz werden in den Dörfern (z. B. auf Ko Samui) bei der Kokosnussernte eingesetzt.

Im immergrünen Regenwald sind relativ häufig sogenannte Gleiter (fliegende Säugetiere) zu sehen. Der größte unter ihnen, das **Riesenflughörnchen**, erreicht ausgestreckt eine Länge von knapp 1 m, wobei der Rumpf etwa 50 cm lang ist. Daneben gibt es **Flattermakis** *(flying lemur)*, die zur Familie der Halbaffen gehören und etwa die Größe einer Hauskatze erreichen.

In vielen dunklen Höhlen leben Schwärme von bis zu mehreren Millionen **Fledermäusen**, die abends fast gleichzeitig aufbrechen, um auf Insektenfang zu gehen oder sich an reifen Früchten gütlich zu tun. Die Hummelfledermaus *(Craseonycteris thonglongyai)*, die erst 1973 entdeckt wurde, gilt als das kleinste Säugetier der Welt: Sie wiegt nur 1,5–2 g.

Amphibien und Reptilien

Thailands Gewässer sind die Heimat zahlloser Fische und Frösche, Schildkröten und Krokodile. Das bis zu 10 m lange **Leistenkrokodil** ist ebenso wie das kleine Siamesische Krokodil zumeist nur in Krokodilfarmen zu sehen.

Unter den mehr als 100 Schlangenarten Thailands gibt es 16 giftige, aber nur sechs, deren Biss tödlich sein kann: **Königskobra** *(Naja han-*

Der Gummibaum *(Hevea brasiliensis)*

Er war ursprünglich am Amazonas beheimatet und hatte den Kautschukbaronen der brasilianischen Urwaldstadt Manaus einen beispiellosen Boom beschert. Um das Monopol zu schützen, war die Ausfuhr der wild wachsenden Pflanze bei Todesstrafe verboten. Dennoch kamen 70 000 Samen 1876 auf dunklem Wege nach London, wo sie im Kew Garden Früchte trugen, die den Grundstein von Malaysias Kautschukindustrie bildeten. Henry Nicholas Ridley, Leiter der Forstverwaltung des Straits Settlements und des Botanischen Gartens in Singapur, führte viele Experimente durch, entwickelte eine neue Zapfmethode und propagierte den Plantagenanbau des Gummibaums unter den britischen Pflanzern. 1896 entstanden die ersten Kautschukplantagen, und schon bald hatte der billigere Malaya-Kautschuk den brasilianischen vom Weltmarkt verdrängt.

Vor allem Dunlops Erfindung des pneumatischen Fahrradreifens und die Einführung der Fließbandproduktion in der Automobilindustrie durch Henry Ford ließen den Bedarf an Naturkautschuk in die Höhe schnellen, sodass in Gebieten mit entsprechenden Klima- und Bodenverhältnissen immer mehr Plantagen entstanden. Fast 40 % der Weltproduktion an Kautschuk wird mittlerweile in Thailand erzeugt.

Ein Gummibaum muss fünf bis sechs Jahre alt sein, um zum ersten Mal angezapft werden zu können. Dabei wird mit einem besonderen Messer ein spiralförmig nach unten laufender Schnitt in die Baumrinde geritzt. In einer Schale wird der milchige Kautschuksaft aufgefangen und später vom Zapfer in einen Sammelbehälter gegossen. Unter Zusatz von Chemikalien wird der frisch gezapfte Latex zu dünnen Fladen verarbeitet, anschließend mit einer Handmangel zu Fußabstreifern ähnelnden Lappen ausgewalzt, getrocknet und in größeren Betrieben verarbeitet.

nah), **Kobra** *(Naja naja)*, **Russel's Viper** *(Vipera russelli)*, **Gestreifte Krait** *(Bungarus fasciatus)*, **Malaiische Viper** *(Ancistrodon rhodostoma)* und **Grüne Pit Viper** *(Trimeresurus popeorum)* sowie einige Arten von **Seeschlangen**. Während die Kobra beim Biss ein Nervengift überträgt, wirkt das Gift der Vipern auf Blut und Blutgefäße.

Auch die längste Schlange Asiens, der **Netzpython**, kommt in Thailand vor. Pythons können bis zu 10 m lang und 140 kg schwer werden. Sie umschlingen und erdrücken ihre Beute, die aus kleineren Säugetieren, Affen oder Vögeln besteht. Ungefährlich dagegen sind **Geckos**, kleine Eidechsen, die mit Vorliebe abends an der Zimmerdecke rings um die Lampe Insekten auflauern.

Zu den exotischen Reptilienarten gehören **Flugdrachen** *(flying lizard)* und **Flugfrösche**. Sie haben eine enorme Gleitfähigkeit entwickelt, die es ihnen erlaubt, sich im Blätterdach des Dschungels schnell fortzubewegen.

Weitere Wassertiere

Schlammspringer, etwa 15 cm lange Knochenfische, leben in Mangroven im Wasser wie auf dem Land. Dann atmen sie durch die Haut und benutzen ihre Brustflossen, die wie Arme ausgebildet sind, um sich durch den Schlamm zu bewegen. In den Gewässern treffen Taucher mit viel Glück den **Walhai** an. Der größte Fisch der Erde wird bis zu 18 m lang und über 10 t schwer und ernährt sich hauptsächlich von Plankton. Zwischen den Inseln vor Trang leben noch wenige **Seekühe**, auch Dugong genannt. Die Säugetiere können bis zu 4 m lang und 400 kg schwer werden.

Insekten

Unüberschaubar ist die Vielfalt an Insekten – Grillen, Grashüpfer und Gottesanbeterinnen gibt es ebenso wie weniger angenehmen oder sogar gefährlichen Ameisen, Anopheles-Mücken, Wespen, Hornissen, Hundertfüßler und Tausendfüßler. Allein von den **Schmetterlingen** kommen in Thailand 500 verschiedene Arten in allen Größen und Farben vor. Beeindruckend ist der bis zu 5 cm lange **Nashornkäfer**. Unter der Vielzahl an Käfern leben auch winzige mit Ameisen zusammen in ihren Nestern und gehen mit ihnen eine Symbiose ein. Die **Riesenameise** wird über 2,5 cm lang. Die **Rote Baumameise** baut Nester aus Blättern oder Blattstücken, die sie durch ein fadenähnliches Sekret zusammenfügt. Wenn man durch Zufall an eines ihrer Nester stößt, reagiert diese Ameisenart aggressiv.

Elefanten

Selbst der von den Thais seit Jahrhunderten verehrte und wegen seiner Kraft geschätzte Elefant ist gefährdet. Man nimmt an, dass wilde Elefanten, sofern man sie nicht stärker schützt, in 30–40 Jahren ausgerottet sein werden. In ganz Thailand leben laut WWF etwa 1200–1500 wilde Elefanten, überwiegend im Tenasserim-Gebirge entlang der Grenze zu Myanmar. Zudem werden etwa 3000 gezähmte Elefanten gehalten (1955 waren es noch über 13 000). Mit dem 1989 ausgesprochenen Verbot, Bäume für kommerzielle Zwecke zu fällen, wurden viele Elefanten in Thailand regelrecht arbeitslos. Einige sind jetzt in Shows im Einsatz, unterhalten Touristen oder ziehen „bettelnd" durch Bangkok und die Touristenzentren.

Ein ausgewachsenes, kräftiges Tier von 16–40 Jahren hebt mit den Stoßzähnen bis zu 400 kg und zieht bis zu 1,5 t. Die Stoßzähne des asiatischen Elefanten sind zwar kleiner als die des afrikanischen, dennoch wird ein Paar der bis zu 80 cm langen und 24 cm starken Zähne für 20 000 Baht und mehr verkauft. Seit dem weltweiten Verbot des Elfenbeinhandels ist der Markt weitgehend zusammengebrochen. Ein ausgewachsener Arbeitselefant, der ein 6-jähriges Training hinter sich hat, wird mit 400 000 Baht gehandelt.

Verschiedene Organisationen in Thailand engagieren sich für Elefanten, z. B.:

Friends of the Asian Elephant, 🖳 www.eleaid.com. Weitere Infos s. „Reiseziele" S. 27 und im Kasten "Begegnungen mit Elefanten", S. 243.

Vögel

In Thailand wurden über 1000 Vogelarten gezählt, Zugvögel eingeschlossen. An den flachen Binnenseen Süd-Thailands kann man viele asiatische Wasservögel beobachten. Auch auf wenig besiedelten Inseln oder an Dschungelflüssen und vor allem in den Bergen kommen Vogelfreunde auf ihre Kosten. Vögel, die sich in den oberen Baumkronen aufhalten, sind am ehesten frühmorgens in der Nähe Früchte tragender Bäume zu beobachten. Schon von Weitem ist das laut klatschende Fluggeräusch der **Nashorn-**

vögel zu hören, deren Flügel Spannweiten bis zu 3 m erreichen.

An den Flussläufen huschen die grünblau schillernden **Eisvögel** auf ihrer Jagd nach Insekten und kleinen Fischen entlang, während die weißen **Reiher** auf dem Rücken der Wasserbüffel und in den Reisfeldern ihre Nahrung suchen. Zu ihnen gesellen sich **Pelikane, Ibisse, Kraniche** und **Klaffschnabel-Störche** aus dem kalten Sibirien, die in der zentralen Tiefebene überwintern. Vogelparadiese sind vor allem die Feuchtgebiete, die mit über 25 000 km² knapp 5 % der Landesfläche bedecken.

Haustiere

Der **Wasserbüffel**, das Rückgrat der traditionellen Landwirtschaft, wird zunehmend durch den „Eisernen Wasserbüffel", den kleinen Traktor, ersetzt. Da die Thais viel Fleisch essen, werden Tiere auch für die Fleischproduktion gehalten. Traditionell leben unter den auf Stelzen errichteten Häusern und in den umliegenden Gärten **Schweine, Enten** und **Hühner**. Vereinzelt grasen auf den Weiden höher gelegener, kühlerer Regionen große Rinderherden. Um den Fleischbedarf zu decken, ist auch in Thailand Massentierhaltung erforderlich.

Herrenlose **Hunde** und **Katzen** sind überall anzutreffen. Einige gelten als gefährliche Überträger von Tollwut, Hakenwürmern und anderen z. T. lebensgefährlichen Krankheiten.

Landschaften

Die abwechslungsreichen Landschaften Thailands überraschen mit vielen Naturschönheiten: zerklüfteten Kalksteinfelsen, magischen Tropfsteinhöhlen und herrlichen Wasserfällen.

Kalksteinfelsen

Ebenso wie in Süd-China, Vietnam und Malaysia ragen auch in Thailand, vor allem in der Bucht von Phang Nga und rings um Krabi, steile, bizarre Felsen aus der Ebene auf. Diese **Turmkarstfelsen** und die dazwischen liegenden **Cockpit-Senken** konnten sich nur unter den klimatischen Bedingungen der tropischen und subtropischen Gebiete dort entwickeln, wo große Kalkschichten durch das Absinken des Meeresspiegels freigelegt wurden. Während der erdgeschichtlich folgenden kälteren Periode verwitterte das Gestein durch heftige Niederschläge und wurde durch die Lösung von Gesteinen (Korrosion) ausgespült. Den extremen Umweltbedingungen an den steilen Felswänden haben sich einige außergewöhnliche Pflanzen angepasst.

Höhlen und Hongs

Im angenagten Kalkgestein bildeten sich Tunnel und Höhlen, in denen durchsickerndes kalk- und mineralienhaltiges Wasser Tropfen für Tropfen Stalagmiten aufgebaut hat und Stalaktiten von den Decken gewachsen sind. In großen Höhlen haben Wasserläufe weite Höhlenkammern und Passagen geschaffen. Stürzen die Decken größerer Kammern ein, bilden sich abgeschlossene Gärten oder, sofern die Böden unter der Meeresoberfläche liegen, von Felsen umrahmte Lagunen, sogenannte **Hongs** (Thai für „Räume"). Viele Grotten und Höhlen werden als **Meditationshöhlen** oder Tempel genutzt.

Wasserfälle

Vor allem in der heißen Jahreszeit zieht es die Menschen ans Wasser. Neben dem Meer und den Seen sind hunderte rauschender Wasserfälle in schattigen Bergwäldern beliebte Ausflugsziele. Einige sind erst nach langem Fußmarsch zu erreichen, andere liegen nahe der Straße und sind umgeben von Essensständen und Picknickplätzen. Besonders beliebt sind die Badeplätze mit „Naturdusche", denn das Wasser aus den Bergen ist kühl und völlig klar. Nur bei wenigen Fällen stürzt es in einem schmalen Band hohe Felswände hinab oder rieselt in breiten Tropfenschleiern über das bemooste Gestein. Meist bildet es treppenartige **Kaskaden**. Einige Flüsse haben in ihrem Oberlauf je nach Gefälle eine ganze Serie von Stromschnellen, Katarakten und kaskadenförmigen Wasserfällen ausgebildet. Manchmal bilden sich durch krustenförmige mineralische Ablagerungen **Sinterterrassen**. Während und nach der Regenzeit stürzen wahre Fluten die Berge hinab, die oft Sand und Holz aus den Bergen mit sich führen. Dann ist es kaum vorstellbar, dass einige Flüsse am Ende der Trockenzeit zu einem schmalen Rinnsal verkümmern oder ganz austrocknen.

Küsten

Überaus vielgestaltig ist die 2600 km lange Küste entlang der Andamanensee und im Golf von Thailand sowie auf hunderten von Inseln. Die Gezeitenzonen und Mangroven sind ein faszinierender Lebensraum vieler Pflanzen und Tiere. Dazwischen erstrecken sich in kleineren und größeren Buchten die bei Touristen beliebten Strände. Einige sind von Kokospalmen, andere von Kasuarinen *(Casuarina equisetifolia)* gesäumt. Der Sand kann alle Farben aufweisen, von blendend weiß bis schwarz, wobei er in Thailand meist gelblich weiß und von unterschiedlicher Körnung ist. Für die geometrischen Muster aus kleinen Kügelchen sind winzige Winkerkrabben *(sand-bubbler crabs, Scopimera sp.)* verantwortlich. Aber auch andere Krebse, Muscheln, Garnelen und Seesterne bevölkern die Gezeitenzone. Viele Strände fallen leicht zum Meer hin ab und eignen sich bei Ebbe eher für lange Spaziergänge als zum Schwimmen. An einigen steil abfallenden Stränden besteht die Gefahr von Unterströmungen, vor allem an der Andamanenküste im ehemaligen Zinnabbaugebiet.

Korallenriffe

In klaren tropischen Gewässern bilden sich in bis zu 50 m Tiefe Korallenriffe mit einer großen Artenvielfalt. Das komplexe Ökosystem ist der Lebensraum vieler bunter Rifffische, Langusten, Krebse, Seeanemonen, Seesterne und Korallen. Die Grundlage dieser Riffe bilden winzige Steinkorallen-Polypen, die zu den ältesten Lebewesen der Erde gehören. Sie setzen sich an festem Untergrund fest und scheiden Calciumcarbonat aus. Zahllose dieser winzigen Tiere haben im Laufe von Millionen Jahren gewaltige Riffe aufgebaut, die in mannigfaltigen Formen wahre Unterwassergärten bilden. Während das abgestorbene Skelett von weißer Farbe ist, nimmt das lebende verschiedene Farben an.

Viele Riffe sind in den vergangenen Jahrzehnten durch Fischer und Sportler ebenso wie durch die Erwärmung der Meere und den Tsunami zerstört worden. An Wracks lässt sich erkennen, dass sich Korallen relativ schnell regenerieren. Beim Tauchen und Schnorcheln sollte man in diesem empfindlichen Ökosystem dennoch ganz besondere Vorsicht walten lassen.

Umwelt

Seit Beginn der 1960er-Jahre weitete sich die landwirtschaftliche Anbaufläche Thailands von knapp 8 Mio. auf über 20 Mio. ha aus. Gleichzeitig nahm die Waldfläche von nahezu 30 Mio. auf rund 10 Mio. ha ab. Das unkontrollierte Abholzen hatte stärkere Überschwemmungen und Temperaturschwankungen zur Folge. Bei Erdrutschen im Süden des Landes starben 1988 über 700 Menschen. Dieses Ereignis war der Anlass für ein königliches Dekret, das 1989 den kommerziellen Holzeinschlag stoppte. Seither wird Holz mehr als zuvor aus Laos und Myanmar – legal wie illegal – importiert.

Da natürliche Wasserspeicher fehlen, kommt es in der Trockenzeit immer früher im Jahr zu **Wassermangel**. Die Stauseen leeren sich zudem durch höheren Bedarf und künstliche Bewässerung immer schneller, sodass die Bevölkerung gezwungen ist, verstärkt Grundwasser anzuzapfen. Während der Regenzeit kommt es an abgeholzten Hängen zu Bodenverlust durch **Erosion**. Überschwemmungen und lange Dürreperioden sind das Ergebnis, denn die weit verbreiteten Lampenputzergräser *(Pennisetum)*, Wildkräuter

Shrimp-Farmen

Nach China ist Thailand der weltweit größte Produzent und größte Exporteur von Shrimps. Seit 1985 wurden tausende von Hektar Mangrovenwälder und Reisfelder an der Küste und im Hinterland zu Fisch- und Shrimp-Farmen umgewandelt. Sogar vor Nationalparks machte man nicht Halt. Das verzehnfachte zwar das Einkommen der ehemaligen Reisbauern, führte aber auch zu erheblichen Umweltproblemen. Die Abwässer waren durch Düngemittel, Pestizide und Antibiotika belastet und vergifteten das Umland. Der Schlamm aus den Teichen entpuppte sich als hochgradig verseuchter Sondermüll. Häufigen Infektionen der Monokulturen begegneten die Farmer mit massenhaftem Einsatz von Antibiotika, bis Ende der 1990er-Jahre Verbraucherorganisationen in westlichen Ländern mehrfach einen Importstopp der hoch belasteten Shrimps bewirkten.

und Nutzpflanzen können weitaus weniger Wasser speichern als der Wald.

Mit zunehmender Industrialisierung und steigendem Lebensstandard nehmen die Umweltprobleme dramatisch zu. Nach Jahren gedankenloser **Müllbeseitigung** stehen aber mittlerweile auch in kleinen Orten Mülleimer vor jedem Haus, und die illegale Müllentsorgung wird zumindest in den Städten mit hohen Strafen belegt. In vielen Nationalparks sind Wegwerfflaschen verboten. Dennoch sind Bahndämme, einige Strandabschnitte, Wanderwege und Picknickplätze noch voller Müll.

Aus Wohnhäusern, Fabriken und Hotels werden weiterhin bedenkenlos Abfälle ungeklärt in Flüsse und ins Meer gekippt. Bei vielen Hoteliers und Restaurantbesitzern liegt das Umweltbewusstsein im Argen. Nur wenige entsorgen ihre Abwässer ökologisch unbedenklich in Kläranlagen. Wer seiner Nase folgt, wird feststellen, dass ungeklärte Abwässer in Lagunen und Flüsse geleitet werden, von wo sie sich an den Stränden verteilen. In Bangkok haben sich die meisten Klongs (Kanäle) zu Kloaken entwickelt. Besonders die Lebensmittel-, petrochemische, Leder- und Papierindustrie belasten die Gewässer. Der unkontrollierte Einsatz von Pestiziden und Düngemitteln nach dem Prinzip „Viel hilft viel" fördert diese Entwicklung. Hinzu kommt die Belastung mit Schwermetallen, vor allem im relativ flachen Golf von Thailand. Organische Abfallstoffe brauchen den Sauerstoff des Wassers auf: Der Fluss kippt um, und die Fische verenden im faulig stinkenden Wasser.

In Netzwerken organisiert sich der Widerstand gegen Staudämme, die Sprengung von

Öko-Tipp

Einrichtungen, die sich durch ein besonderes Umweltengagement auszeichnen, sind in diesem Buch mit dem Baum gekennzeichnet. Sie verwenden zum Beispiel Solarenergie, verzichten auf Klimaanlagen, Fernseher oder Kühlschränke, sind auf harmonische und verträgliche Weise in die Natur integriert, stellen Umwelt-Informationen für die Touristen bereit etc.

Urlaub und Umwelt

Auch wir als Besucher können einen Beitrag zum Schutz der Umwelt leisten.

- Generell gilt im Dschungel wie am Strand der Grundsatz: *Take nothing but pictures, leave nothing but footprints.*
- Souvenirs von bedrohten Lebewesen (z. B. Schildkröten, Krokodile) werden nur hergestellt, wenn sich dafür auch Abnehmer finden. Der Import nach Europa ist aufgrund des Washingtoner Artenschutzabkommens ohnehin verboten!
- Taucher sollen sich nicht auf Korallen stellen oder diese abbrechen; so sind schon ganze Riffe zerstört worden. Das vernichtet den Lebensraum zahlloser Fische, Krebse und anderer Weichtiere.
- Guides darum bitten, kein Einweggeschirr zu verwenden und nicht kompostierbaren Müll mit zurückzunehmen.
- Softdrinks und Wasser gibt es auch in Pfandflaschen. Manchmal kann man Wasserflaschen auch auffüllen lassen.
- Auf Plastiktüten und überflüssige Verpackungen verzichten und Müll nicht achtlos in die Landschaft werfen.
- Touristen sind große Wasserverschwender. Sie sollten deswegen sorgsamer mit dem kostbaren Nass umgehen.

Stromschnellen und industrielle Großprojekte. Beispiele sind im Internet nachzulesen, etwa Foundation for Ecological Recovery, 🖳 www.terraper.org, Mekong Info, 🖳 www.mekonginfo.org und Southeast Asia Rivers Network, 🖳 www.livingriversiam.org.

Die Regierung hat mit entsprechenden Gesetzen eine Basis für besseren Umweltschutz geschaffen. Es mangelt jedoch noch vielfach an der Umsetzung und nicht alle Maßnahmen sind erfolgreich. So wurden 16 % der Landesfläche unter **Naturschutz** gestellt, aber nicht alle Nationalparks verdienen diesen Namen. Unter der Patronage des Königs versucht man mit Hilfe von Aufforstungsprogrammen den Landverlust durch Erosion und die Ausbreitung von Ödland zu stoppen. Auch die Regierung unterstützt forstwirtschaftliche Projekte. Die Monokulturen, vor allem die Eukalyptusplantagen in Trockengebieten, die anfangs bevorzugt wurden, zogen jedoch neue Probleme nach sich.

Den Bergvölkern, die traditionell **Brandrodung** betreiben, versucht man in zahlreichen landwirtschaftlichen Projekten moderne Anbaumethoden nahezubringen und durch die Zucht ertragreicher Pflanzen bessere Einkommensmöglichkeiten zu erschließen. Anfangs verfolgte die Regierung dabei vor allem das Ziel, den Mohnanbau für die Opiumproduktion zu bekämpfen. Die unzugängliche Bergwelt wurde durch Straßen erschlossen und damit der Abtransport der Ernte in die Täler ermöglicht. *Cash crops* wie Gemüse und Blumen erzielten jedoch keinen vergleichbaren Gewinn wie Rohopium. Mittlerweile wird eine große Bandbreite an landwirtschaftlichen Produkten angebaut, von Kräutern und Salaten bis zu Pfirsichen und Avocados. Besonders der Arabica-Kaffee hat erfolgreich den lokalen Markt erobert und wird mittlerweile sogar exportiert. Allerdings wird immer noch Brandrodung betrieben. Während der *burning season* im März/April verdunkelt sich immer noch der Himmel, und viele Menschen müssen mit Atembeschwerden in den Krankenhäusern behandelt werden.

minimum, im gesamten Land sind es ca. 10 %. Entgegen der populären staatlichen Familienplanungspolitik sind die **Bergvölker** noch immer traditionellem Denken verhaftet. Viele Kinder steigern das Ansehen und sind die einzige Alterssicherung. Dagegen praktizieren die meisten Thai-Familien auch auf dem Land Geburtenplanung. Noch leben 69 % der Bevölkerung auf dem Land, doch ist die **Verstädterung**, wie überall, nicht zu übersehen. Die Bevölkerung der Region Bangkok hat sich während der letzten 20 Jahre mehr als verdoppelt und beträgt je nach Schätzungen 9–12 Mio. Menschen. Die Stadt wirkt wie ein Magnet auf die junge, arbeitslose Landbevölkerung, aber auch auf illegale Ausländer, deren Zahl sich schätzungsweise auf 3–4 Mio. beläuft. Die Träume von einem besseren Leben enden nicht selten in Fabriken mit menschenunwürdigen Arbeitsbedingungen oder in der Prostitution.

Die Bevölkerungsdichte der städtischen Region Bangkok liegt bei 5111 Einwohnern pro Quadratkilometer, was über dem Wert entsprechender europäischer Großstädte liegt. Im Gegensatz zu den westeuropäischen Städten leben die meisten Menschen in ein- bis zweistöckigen Häusern – ähnlich wie in den Kleinstädten. Neben der Hauptstadt Bangkok gibt es keine weiteren Millionenstädte.

Bevölkerung

Einwohner: 66 Mio.
Bevölkerungswachstum: 0,66 %
Lebenserwartung: 73 Jahre
Säuglingssterblichkeit: 18,8 auf 1000 Lebendgeburten
Alphabetisierungsrate: 92,6 %
Stadtbevölkerung: 31 %

In Thailand leben etwa 66 Mio. Menschen. Waren 1970 noch 16,5 % der Bevölkerung jünger als 5 Jahre, sind es mittlerweile weniger als 9 %. Die durchschnittliche Lebenserwartung liegt in Thailand bei 73 Jahren (1960: 52 Jahre, in Westeuropa heute etwa 78 Jahre).

Vor allem im ländlichen Raum lebt etwa ein Drittel der Bevölkerung unter dem Existenz-

Thais

85 % der Bewohner Thailands sprechen eine Thai-Sprache, sodass das Land relativ homogen ist. Über Jahrhunderte wanderten Thai-Völker aus Süd-China in Richtung Süden. Während die „großen Thai", die heutigen Shan, ins östliche Birma (Myanmar) zogen, ließen sich die „kleinen Thai" im Gebiet des heutigen Nord-Thailand nieder. Andere Thai-Völker siedeln in Laos und im Nordosten Indiens.

Ein Drittel der Bevölkerung lebt in der zentralen Ebene des Chao Phraya und in Bangkok und spricht **Siamesisch** (Zentral-Thai), die heutige Staatssprache, die an allen Schulen unterrichtet wird. Ein weiteres Drittel lebt im Nordosten des Landes (Isaan) und spricht **Laotisch**. Im Norden, dem alten Königreich Lanna, wird von etwa 19 % der Gesamtbevölkerung **Nord-Thai** (Lanna) gesprochen, und 14 % im südlichen Landesteil sprechen **Süd-Thai**. Diese Sprachenvielfalt erleichtert mobilen Reisenden nicht gerade das Thai-Lernen.

Von den alten Hochkulturen der **Mon** und **Khmer** übernahm man die Grundzüge für eine eigene Schrift. Aus dem ceylonesischen Raum brachten Mönche den Theravada-Buddhismus, und aus China kamen Handwerker und Künstler ins Land. Da die Thais niemals kolonisiert wurden, haben sie ihre eigene kulturelle Identität bis heute weitgehend bewahrt.

Noch immer werden die Könige von Sukhothai oder Ayutthaya fast gottähnlich verehrt. Obwohl Thailand 1932 in eine konstitutionelle Monarchie umgewandelt wurde, kommt dem verehrten **König** nach wie vor eine große Bedeutung zu. Ebenso wie die prunkvollen Tempel das Bild der Städte und Dörfer bestimmen, prägt der **Buddhismus** das gesellschaftliche Leben der Thais. Neben buddhistischen Traditionen haben zahllose Riten und Bräuche hinduistischen oder animistischen Ursprungs einen festen Platz im Leben der Menschen.

Ethnische Minderheiten

Vor allem in den südlichen und nördlichen Provinzen leben ethnische Minderheiten. Die Südprovinzen an der Grenze zu Malaysia (Pattani, Yala, Narathiwat, Songhkla und Satun) werden von **islamischen Malaien** bewohnt, die dort bis zu 80 % der Bevölkerung ausmachen. Aber auch in den anderen südlichen Provinzen bis hinauf nach Ranong stellen Moslems eine beachtliche Minderheit dar, allein 30 % in der Provinz Phuket.

In den Nordprovinzen leben als weitere ethnische Minderheit des Landes etwa 800 000 **Angehörige der Bergvölker**. Ihre Zahl nimmt zu, da einerseits die Lebenserwartung steigt und andererseits viele Menschen über die Grenze aus Myanmar nach Thailand kommen. Die sieben größten Völker sind die sinotibetischen **Karen, Hmong, Yao, Lahu, Lisu** und **Akha** sowie die zur Mon-Khmer-Gruppe gehörenden **Lawa**. Während die Lawa bereits im 11. und 12. Jh. von den einwandernden Thais in die Berge gedrängt wurden, sind die Karen wahrscheinlich im 17. und 18. Jh. aus Nord-China über das südöstliche Birma in ihr heutiges Siedlungsgebiet gezogen.

Andere Völker folgten verstärkt seit der Mitte des 19. Jhs. Innenpolitische Wirren in Süd-China waren einer der Gründe für die Wanderungsbewegungen in Richtung Süden. 1880 gelangten die ersten Akha-Stämme in das heutige thailändische Staatsgebiet, 1920 waren Hmong bereits bis in die Provinz Tak vorgedrungen. Nach dem Ende des Zweiten Weltkriegs verstärkte sich die Einwanderung. Jetzt kamen Reste der geschlagenen **Kuomintang-Truppen** aus Süd-China. Man schätzt ihre Zahl heute auf etwa 10 000. Ein ähnlicher Schub erfolgte nach 1975 aus Laos, als vor allem Yao und Hmong das Land verließen.

Die alteingesessenen Völker (Lawa, Karen) siedeln weitgehend in den Tälern, wo sie in festen Dorfverbänden überwiegend vom Nassreisanbau leben. Hingegen sind die Berghänge in 800–1200 m Höhe der Lebensraum später zugewanderter Völker, die Brandrodungsfeldbau betreiben. Eine staatliche Politik gegenüber den Bergvölkern wurde erst in den 1950er-Jahren in Bangkok formuliert.

Außerdem leben in Thailand hunderttausende illegaler **Immigranten** aus Myanmar und Indochina. Während seit Mitte der 1970er-Jahre vor allem billige Arbeitskräfte aus **Myanmar** in den Süden des Landes strömen, haben sich viele **Vietnamesen** im Osten und Nordosten niedergelassen. Sie sind rechtlos und oft die Ersten, die während der Wirtschaftskrise ihren Job verlieren und ausgewiesen werden.

Eine andere, wirtschaftlich allerdings einflussreiche Minderheit sind die ca. 9 Mio. **Thai-Chinesen**. Obwohl die wirtschaftlichen Beziehungen zwischen Thailand und China bis ins 13. und 14. Jh. zurückreichen, sind die meisten erst in jüngerer Zeit eingewandert. Zwischen dem beginnenden 19. Jh. und 1950 flüchteten etwa 4 Mio. Chinesen aus ihrer krisengeschüttelten Heimat nach Thailand, wo ihre Arbeitskraft geschätzt wurde und sie in Handel und Wirtschaft zu Wohlstand gelangten. Eine Untersuchung der Thammasat-Universität stellte fest, dass 63 der 100 größten Industriebetriebe Thailands von Chinesen kontrolliert werden. Zudem sind 23 der 25 einflussreichsten Männer der Wirtschaft chinesischstämmige Thais.

Moslemische Minderheit

Seit dem 13. Jh., als die Herrscher Sukhothais die malaiischen Sultanate im Süden der Halbinsel zu Vasallenstaaten erklärten, war diese Region zwar unter der formalen Oberhoheit Siams, aber praktisch blieb sie sich selbst überlassen. Mit der Ausbreitung des Islam im indonesischen Raum wurde auch die malaiische Bevölkerung der Halbinsel bis hinauf nach Chumphon islamisiert.

1909 mussten unter britischem Druck die Sultanate Kedah, Perlis, Kelantan und Terengganu abgetreten werden. In den verbleibenden **malaiischen Gebieten** Süd-Thailands, dem Sultanat Pattani, begann eine radikale Assimilierungspolitik, die von Unverständnis, Vorurteilen und kulturellem Chauvinismus gekennzeichnet war und die bis zum heutigen Tag die Beziehungen zwischen dem Staatsvolk der Thais und den Thai-Moslems, wie sie von Bangkok euphemistisch genannt werden, bestimmt.

Von den über 3 Mio. Moslems des Landes leben drei Viertel im Süden, vor allem in den Provinzen **Yala, Narathiwat, Pattani** und **Satun**. Immer wieder gibt es Auseinandersetzungen um eine regionale Autonomie zwischen ihnen und den von Bangkok eingesetzten Verwaltungsbeamten.

Europäer

Schon seit Jahrhunderten haben Weiße (Farang) das Land bereist. In der Königsstadt Ayutthaya lebten Europäer, Chinesen und Japaner im 17. und 18. Jh. in eigenen Stadtvierteln. Europäische Missionare, Händler, Politiker und Ingenieure dienten den siamesischen Königen als Berater und Geschäftspartner. Die Könige Rama IV. und V. waren westlichen Einflüssen gegenüber aufgeschlossen. Da Thailand niemals unter Kolonialherrschaft geriet, waren Europäer nur mehr oder minder willkommene Gäste in Thailand. Es ist daher nicht erstaunlich, dass auch Touristen in traditionell strukturierten Gebieten als Gäste betrachtet werden, während in den Urlaubsgebieten das kommerzielle Interesse überwiegt.

Unruhen im Süden

In Bangkok hat man nicht vergessen, dass über Jahrzehnte kommunistische und separatistische Guerilla (neben ganz gewöhnlichen Banditen) den Süden mit Überfällen, Entführungen und Morden terrorisiert haben. Leekpai (Premierminister Thailands 1992–2000), der aus Trang stammt und mit der Situation im Süden vertraut ist, hatte während seiner Regierungszeit wichtige und mutige Schritte in allen politischen Bereichen unternommen oder zumindest in die Wege geleitet, um die politische, kulturelle und wirtschaftliche Situation der malaiischen Minderheit zu verbessern. Hingegen war in der ersten Amtszeit seines Nachfolgers Thaksin (2001–2005) die Situation in den südlichen Provinzen von Untätigkeit, Thai-Chauvinismus und militärischen Lösungsversuchen geprägt. Man verhängte in den Provinzen Yala, Narathiwat und Pattani das Kriegsrecht, verlagerte starke Militärverbände in den Süden und regierte mit harter Hand. Diese Politik bewirkte nur eine weitere Radikalisierung der Separatisten. In den Südprovinzen sind Bombenanschläge, Überfälle auf Polizei- oder Militärposten und Mordanschläge auf buddhistische Thais fast schon an der Tagesordnung. Auch nach Thaksins Sturz und der Machtergreifung der Militärs im September 2006 war, trotz diverser Deeskalationsversuche der Regierung, die Spirale der Gewalt nicht aufzuhalten. Wie es scheint, bestehen auch Verbindungen zur radikal-islamistischen Terrororganisation Jemaah Islamiyah. Auch die Regierung unter Premier Abhisit musste 2011 zugeben, dass die Gewalt im Süden ein immer größeres Problem darstellt und seit 2004 etwa 4000 Menschen ums Leben gekommen sind.

Weitere Informationen über die Entstehung und den Verlauf der Unruhen im Süden unter 🖥 www.globalsecurity.org/military/world/war/thailand2.htm und 🖥 en.wikipedia.org/wiki/South_Thailand_insurgency. Aktuelle Berichte über die Situation in den Südprovinzen findet man täglich in einer der beiden englischsprachigen Tageszeitungen *The Nation* und *Bangkok Post*.

Geschichte

Im Gegensatz zu allen anderen Staaten Südostasiens kam Thailand nie direkt unter **koloniale Herrschaft**. Zwischen den Einflussgebieten Großbritanniens (Britisch-Indien und Birma im Westen, Malaya im Süden) und der französischen Kolonie Indochina (Laos, Kambodscha und Vietnam im Osten) gelegen, musste Thailand einer vorsichtigen **Balancepolitik** zwischen den Großmächten folgen und im 19. Jh. große Gebiete abtreten. 1896 garantierten beide rivalisierenden Großmächte die immerwährende Neutralität des zentralen Teils Siams – wie die damalige offizielle Staatsbezeichnung Thailands lautete –, ohne dabei zu vergessen, sich gegenseitig wirtschaftliche und strategische Einfluss- und Interessensphären zuzuschanzen. Militärisch aber wurde das Land nie unterworfen.

Bis zum 13. Jh.: Frühgeschichte

Keramik- und Waffenfunde in Ban Chiang und in der Nähe von Kanchanaburi weisen eine **Besiedlung** des Landes vor über 7000 Jahren nach. Neueren Funden in Grotten bei Krabi zufolge lebten bereits vor 43 000 Jahren Jäger und Sammler im Süden Thailands. Auch die **Mlabri**, „Geister der Gelben Blätter", genannten ehemaligen Nomaden, die in den Wäldern bei Nan leben, siedelten bereits lange vor der Einwanderung der Thais in den Bergen im Norden (s. S. 805, Bücher).

Die Herkunft der Thais ist wissenschaftlich umstritten. Im 8.–11. Jh. wanderten sie aus dem heutigen Süd-China in ein Gebiet, das sich von Assam im äußersten Westen bis nach Vietnam erstreckt. Dort kamen sie in Kontakt mit hinduisierten Bevölkerungsgruppen wie den Mon und Khmer. Vom 10.–13. Jh. erstreckte sich im Süden das **Khmer-Reich** von Angkor (Kambodscha) bis weit in das heutige Thai-Staatsgebiet hinein. In Chiang Saen und Chiang Rai, aber auch in Nord-Birma (Shan-Staat) und Yunnan entstanden unter lokalen Fürsten die ersten **Thai-Reiche**. Im 13. Jh. standen einige als Vasallen der Mongolen auf der richtigen Seite und gewannen nach der Eroberung von Birma und dem Champa-Reich in Vietnam an Einfluss.

13. / 14. Jh.: Unter der Herrschaft von Sukhothai

Die Khmer im Mekong-Delta und heutigen Kambodscha sowie die Mon in Zentral-Thailand und Niederbirma hatten mächtige Hindu-Reiche und hoch entwickelte Kulturen geschaffen. Ihr Einfluss ging jedoch im 13. Jh. stark zurück. In diesem Machtvakuum besiegte der Lanna-König **Mengrai** den geschwächten Mon-Staat Haripunchai (Lamphun) und gründete 1296 die Stadt Chiang Mai. Bereits 1220 waren die Khmer aus der zentralen Ebene verdrängt worden, wo 1228 Sukhothai als erste Thai-Hauptstadt entstand. Beide Thai-Fürstentümer waren von der Kultur der Mon und Khmer beeinflusst. Sie übernahmen deren Schrift und den Theravada-Buddhismus aus Ceylon, in den viele Elemente des Hinduismus und alten animistischen Glaubens integriert wurden. Sukhothai gelangte Ende des 13. Jhs. unter **König Ramkhamhaeng** zu kultureller Blüte. Er verband die Fähigkeit einer effizienten Herrschaft mit militärischer Stärke und trat gleichzeitig als Befürworter des Buddhismus und der Künste auf. Heute wird er in der offiziösen Geschichtsschreibung als „Vater Thailands" betrachtet.

Mitte 14.–Mitte 18. Jh.: Unter der Herrschaft von Ayutthaya

Der Nachfolgestaat Sukhothais war das um 1350 entstandene Königreich Ayutthaya im Zentrum der fruchtbaren Chao Phraya-Ebene. Zu Beginn des 15. Jhs. wurde Sukhothai unterworfen und das Khmer-Reich besiegt bzw. zum Vasallen degradiert. Gegen die nördlichen Kleinstaaten Lanna und Luang Prabang führten die Truppen von **König Trailok** zahlreiche Kriege. Um die militärische Position gegenüber dem nördlichen Nachbarn zu verbessern, wurde vorübergehend die Hauptstadt nach Phitsanulok verlegt. Chiang Mai, die Hauptstadt von Lanna, konnte jedoch nicht unterworfen werden. Seit 1578 war sie mit dem Königreich Birma verbündet bzw. 200 Jahre lang ein Vasall Birmas, des Erzrivalen des Ayutthaya-Reichs. Erst Ende des 18. Jhs. gelang die Eroberung von Chiang Mai und die Errichtung eines siamesischen Protektorats im Norden.

Waren die Sukhothai-Könige noch volksverbunden, so wurden jetzt am Hof Zeremonien eingeführt, die dem Herrscher göttliche Eigenschaften zusprachen. Damit war die **absolute Monarchie** geboren. Am weitesten gingen die Veränderungen in der Administration. Mitglieder der Königsfamilie, die bisher eigene Ländereien verwalteten, wurden durch ernannte Adlige ersetzt. In einer hierarchischen Rangordnung wurden die gesellschaftlichen Funktionen jedes Mitglieds des Königshauses und des Adels festgelegt. An der Spitze stand der König. Die Masse der Bauern waren entweder Freie oder Sklaven. Freie durften Land bis zu einer Größe von 25 rai (1 rai = 1600 m²) bestellen. Das Abgabenrecht teilte jedem Bürger Ayutthayas eine „soziale Wertigkeit" *(sakdi na)* zu, die über Landbesitz definiert war: Die des Königs war unendlich, die eines freien Bauern 25 *sakdi na*, die des Thronfolgers 100 000 usw.

1569 wurde Ayutthaya von seinem stärksten Rivalen, dem benachbarten Königreich Birma, besiegt und ein neuer König ernannt, der die Oberhoheit Birmas anerkannte. 15 Jahre war Ayutthaya ein Vasall Birmas, bis es **Prinz Naresuan** in fünf Kriegszügen zwischen 1584 und 1592 gelang, die birmanische Herrschaft abzuschütteln. Mit den meisten anderen asiatischen Staaten unterhielt Ayutthaya intensive Handelsbeziehungen. Schiffe segelten nach Malakka, Indien, China und Java. Besondere Beziehungen bestanden mit China, das als „älterer Bruder" angesehen wurde.

Bedeutsam waren auch die Kontakte Ayutthayas mit europäischen Großmächten. Portugal hatte im Jahr 1511 das Sultanat Malakka erobert. Portugiesische Händler, Missionare und Diplomaten kamen auch nach Ayutthaya, portugiesische Söldner dienten im Heer. Im 17. Jh. trafen Holländer und Engländer ein, die Handelsstützpunkte nahe der Hauptstadt und in den Häfen des Südens einrichteten. 1664 erzwang Holland unter der Androhung militärischer Gewalt den Abschluss eines Vertrags, der ihm in wichtigen Bereichen des Außenhandels ein Monopol einräumte. Um den holländischen Einfluss zu begrenzen, nahmen die Ayutthaya-Könige von 1665–90 diplomatische Kontakte zu Frankreich auf. 1687 traf eine französische Gesandtschaft mit mehr als 600 gut ausgerüsteten Soldaten ein. **König Narai** geriet unter dem Einfluss des griechischen Abenteurers **Konstantin Phaulkon** mehr und mehr unter europäischen Einfluss. 1688 mündete der Widerstand des Thai-Adels und der königlichen Familie in einer Palastrevolte. Phaulkon wurde geköpft, die französischen Soldaten wurden vertrieben und das Land für die folgenden 150 Jahre gegenüber den westlichen Großmächten abgeschottet.

Mitte 18.–Mitte 19. Jh.: Beginn der Chakri-Dynastie

Nachdem Ayutthaya 1767 von Birma völlig niedergebrannt und dem Erdboden gleichgemacht worden war, versank das Land im Chaos. Wie bei damaligen Kriegen üblich, wurden qualifizierte Handwerker, die überlebenden Mitglieder der Königsfamilie und weitere 106 000 Bewohner nach Birma verschleppt. Einige Provinzen und Vasallenstaaten erklärten sich nach der Invasion Birmas für unabhängig. Der Provinzgouverneur **Taksin** versuchte mit einigen verbliebenen Soldaten das Land erneut zu einen. Er wurde 1768 in der neuen Hauptstadt Thonburi zum König ausgerufen. In den folgenden 14 Jahren gelang es ihm in zahlreichen Kriegen, das Land wieder zusammenzufügen. Wichtigster Heerführer wurde **General Chakri**, der Taksin entmachtete und sich zum König **Rama I.** krönen ließ, dem ersten König der noch heute herrschenden Dynastie.

Die Chakri-Könige verfolgten bis zur Mitte des 19. Jhs. eine Politik der Restauration: Der vergangene Glanz Ayutthayas sollte wiederhergestellt werden. Für die neuen Tempel und Paläste in Bangkok verwendete man sogar Ziegelsteine aus den Ruinen der alten Hauptstadt. Veränderungen sozialer und wirtschaftlicher Natur waren unumgänglich, als sich die Handelsbeziehungen zu China ausweiteten und die europäischen Großmächte neues Interesse an Ostasien zeigten. Chinesische Einwanderer, meist Händler oder Unternehmer, siedelten sich vor allem in Bangkok an. Mitte des 19. Jhs. waren mehr als die Hälfte der 400 000 Einwohner der Stadt Chinesen.

Mitte 19.–Anfang 20. Jh.: Reformen unter Mongkut und Chulalongkorn

König Mongkut (Rama IV.) wird als Erneuerer und Reformer des Reiches angesehen. Zu jener Zeit war Birma nach drei Kriegen vollständig Britisch-Indien einverleibt worden – für Siam eine traumatische Erfahrung. Entsprechend zielte die Außenpolitik darauf ab, den Einfluss der westlichen Großmächte im Gleichgewicht zu halten. England, den Vereinigten Staaten, Frankreich und anderen Ländern wurden Handelsprivilegien eingeräumt und Territorien abgetreten.

Französische Kanonenboote auf dem Menam Chao Phraya ließen Mongkuts Sohn **Chulalongkorn** keine andere Möglichkeit, als territoriale Konzessionen an Frankreich und Großbritannien zu machen. Alle laotischen Vasallenstaaten und große Gebiete in Kambodscha fielen an Frankreich. 1909 wurden die nordmalaiischen Sultanate Perlis, Kedah, Terengganu und Kelantan an das Großbritannien abgetreten. Nur das malaiische Sultanat Pattani fiel an Siam. Diese Beschwichtigungspolitik nach außen wurde ergänzt durch ein innenpolitisches **Reformprogramm**. Doch die Durchsetzung stieß auf große Schwierigkeiten, da es Privilegien des Adels und der Königsfamilie beschnitt. Unter Chulalongkorn wurde ein Dekret erlassen, dass niemand mehr als Sklave geboren werden könne, was die Abschaffung der Sklaverei einleitete. Die Verwaltung wurde zentralisiert und nach europäischem Vorbild mit Ministerien an der Spitze umgestaltet. Steuergesetze lösten die hierarchische Abgabenordnung ab. Im Rahmen der Umgestaltung des Bildungssystems entstanden Universitäten nach westlichem Vorbild. Der König beschäftigte in der Verwaltung Briten, Belgier und Italiener. Deutsche projektierten bis zum Beginn des Ersten Weltkriegs die Eisenbahnlinie nach Norden, Briten die nach Süden. Damit wurde die Infrastruktur erheblich verbessert.

Zweck aller Reformen war es, Siam im Inneren zu stärken, um der westlichen Herausforderung standzuhalten. Chulalongkorn veränderte die alte Gesellschaftsordnung, hielt aber gleichzeitig an bestimmten Traditionen fest und gilt deswegen als Begründer des modernen Siam.

Die 1930er- und 40er-Jahre: Konstitutionelle Monarchie

1932 wurde Siam, wie die offizielle Staatsbezeichnung bis dahin lautete, durch einen unblutigen **Staatsstreich** in eine konstitutionelle Monarchie umgewandelt. Westlich ausgebildete Intellektuelle und große Teile des Bürgertums waren mit der Herrschaft König Prajadhipoks unzufrieden, da er, im Gegensatz zu seinem Großvater Chulalongkorn, kaum Interesse an der Erneuerung des Landes zeigte und sich Vettern- und Misswirtschaft ausbreitete. **Pridi Phanomyong**, ein in Frankreich ausgebildeter Rechtsanwalt, war der politische Kopf der radikaldemokratischen Bewegung, die, zusammen mit den eher konservativen Militärs, den Coup durchführte. **Pibul Songgram**, Führer des konservativen Flügels, stieg bald zum stärksten Mann der Nation auf, die nun Thailand hieß.

1940 war das Land Alliierter der Achsenmächte Nazi-Deutschland, Japan und Italien. Mit japanischer Unterstützung annektierte Thailand Teile von Birma, Laos, Kambodscha und Malaya. 1944 wurde Pibul Songgram gestürzt, und Thailand verbündete sich mit seinen ehemaligen Gegnern. Pridi Phanomyong, während des

Die wichtigsten Könige Thailands	
1239–1311	Mengrai (Lanna)
1275–1317	Ramkhamhaeng
1350–1369	U-Thong
1388–1395	Ramesuan
1590–1605	Naresuan
1630–1656	Prasat Thong
1657–1688	Narai
1767–1782	Taksin
1782–1809	Rama I. (General Chakri)
1809–1824	Rama II. (Phra Phutthalaetla Naphalai)
1824–1851	Rama III. (Phra Nangklao)
1851–1868	Rama IV. (Mongkut)
1868–1910	Rama V. (Chulalongkorn)
1910–1925	Rama VI. (Vichiravudh)
1925–1935	Rama VII. (Prajadhipok)
1935–1946	Rama VIII. (Anand Mahidol)
seit 1946	Rama IX. (Bhumipol)

Krieges Führer der antijapanischen Bewegung **Freies Thailand**, arbeitete mit seinen Freunden eine neue Verfassung aus. Er wurde 1947 durch einen Militärputsch unter der Führung von Songgram gestürzt und ging ins Exil. Später wurde er Sprecher der Bewegung Freies Thailand, zuerst in der Volksrepublik China, dann in Frankreich.

Die 1950er- und 60er-Jahre: Diktatur

Unter der Führung Songgrams entwickelte sich das Land streng antikommunistisch und wurde Mitglied in der Seato (South East Asia Treaty Organization), dem asiatischen Gegenstück zur Nato. 1957 stürzten Militärs unter Marschall **Sarit** die Einmann-Diktatur. Sarit, eine umstrittene Figur der neueren Geschichte, war beim Volk beliebt, während viele Landeskenner ihn als korrupten Diktator einstufen. Feldmarschall **Thanom Kittikachorn** wurde neuer Premier und führte Thailand noch enger in die Arme der USA. Während des Vietnamkrieges war das Land von einem Netz von US-Militärstützpunkten überzogen. Von Udon Thani, Ubon Ratchathani oder U-Tapao aus wurden viele verheerende B52-Bombereinsätze in Vietnam und Laos geflogen. Nach den Wahlen von 1969 kam es zur Bildung eines Parlaments, doch die Macht lag weiterhin in den Händen von Kittikachorn und seinen Generälen.

Die 1970er-Jahre: Demokratische Erneuerung

Die fortwährenden Auseinandersetzungen zwischen Parlament und Militär führten im November 1971 zur Auflösung der Nationalversammlung, Aufhebung der Verfassung und Erklärung des Kriegsrechts. Fast zwei Jahre lag die Macht in den Händen korrupter Armee- und Polizeioffiziere. Im Oktober 1973 protestierten Hunderttausende gegen die Verhaftung oppositioneller Studentenführer. 71 Menschen wurden erschossen und mehrere Hundert verletzt; erbitterte Straßenkämpfe folgten. Das Ende der Militärclique war gekommen, als Kittikachorn, Prapas und Narong ins Ausland flohen. **König Bhumipol** verkündete die Auflösung des Militärregimes; er setzte den Rektor der Thammasat-Universität, **Sanya Dharmasakti**, als neuen Premier ein, was man als Sieg der Studentenbewegung verstand.

Sanya hatte die undankbare Aufgabe, das dem Ruin zustrebende Land zu regieren. Streiks, Kriminalität, Inflation und die sich zuspitzenden Auseinandersetzungen mit kommunistischen Guerillas im Norden und Nordosten sowie die militante Bewegung der moslemischen Minderheit im Süden waren nur einige Probleme. In der folgenden Zeit wechselten sich die Parteien mit der Bildung von Regierungen ab, bis im Oktober 1976 das Militär wiederum die Macht übernahm. Ab 1977 war **General Kriangsak** Premier. Er unterschied sich von seinen Vorgängern durch eine Reformpolitik und eine realistische Ausgleichspolitik.

Die 1980er-Jahre: Wirtschaftsboom

Im Frühjahr 1980 wurde Kriangsak gestürzt. Das Parlament bestimmte **General Prem Tinsulanond** zu seinem Nachfolger, der das Land mit einer demokratisch legitimierten Mehrparteienkoalition regierte. Thailand wurde wieder streng antikommunistisch. Die Auseinandersetzungen an der Grenze zu Kambodscha waren Anlass für verstärkte Waffenlieferungen und gemeinsame Manöver mit den USA. Viele innenpolitische Reformen verliefen im Sande. Die moslemische Separatistenbewegung im Süden verlor 1987 durch die Kapitulation von 650 Guerillas an Einfluss.

1988 ging die Chart Thai-Partei aus den allgemeinen Parlamentswahlen als Sieger hervor. Ihr Vorsitzender, **Chatichai Choonhavan**, führte als Ministerpräsident eine Sieben-Parteien-Koalition an. Daneben behielt die Armee großen Einfluss. Durch populäre Anordnungen (z. B. Amnestie für politische Gefangene, Erhöhung der Gehälter der Staatsangestellten und des Reispreises für die Bauern) und den wirtschaftlichen Boom konnte die Regierung die anfängliche Skepsis in der Bevölkerung überwinden. Doch schon bald kam es durch steigende Verbraucherpreise, die ungleiche Einkommensentwicklung, Bodenspekulation und Korruption zu Spannungen, die vor allem im Militär zu Unmutsäußerungen führten.

Die 1990er-Jahre: Politisierung der Massen

Es überraschte nicht, als im Februar 1991 die Armee in einem unblutigen Putsch Chatichai Choonhavan absetzte. Ein **National Peace Keeping Council** (NPKC) übernahm die Macht und beauftragte Zivilisten unter der Leitung von Premierminister **Anand Panyarachun** mit der Ausarbeitung einer neuen Verfassung. Ein Jahr später fanden Wahlen statt, bei denen die den Militärs nahe stehenden Parteien vor allem im ländlichen Raum die Mehrheit der Stimmen erhielten oder kauften. Als im Mai der Anführer des Putsches, **General Suchinda Kraprayoon**, der nicht dem Parlament angehörte, zum Ministerpräsidenten ernannt wurde, gingen die Massen auf die Straße. Die Demonstrationen gipfelten in gewalttätigen Auseinandersetzungen mit zahlreichen Toten und der Verhaftung des charismatischen Leiters der Palang Dharma-Partei, **Chamlong Srimuang**, sowie 4000 seiner Anhänger. Der König intervenierte, die Gefangenen kamen frei, und General Suchinda („Big Su") musste zurücktreten.

Unter dem Druck der Straße kam es im September 1992 zu Neuwahlen, aus denen eine Fünf-Parteien-Koalition unter dem demokratischen Premierminister **Chuan Leekpai** hervorging. Die Palang Dharma-Partei verlor im Lauf des Jahres 1994 durch innerparteilichen Streit an Ansehen. Die Mai-Unruhen von 1992 hatten jedoch das demokratische Bewusstsein gestärkt. Außerparlamentarische Gruppen setzten die Politiker unter Druck, die Reformen fortzuführen vor allem die Lebensbedingungen auf dem Land zu verbessern. Aufgrund von Korruptionsvorwürfen zerbrach die Fünf-Parteien-Koalition im Mai 1995. Chuan Leekpai verlor die Neuwahlen, bei denen viel über Stimmenkäufe in ländlichen Regionen gemunkelt wurde. Der Führer der Chart Thai-Partei, **Banharn Silpa-archa**, wurde zum 21. Premierminister Thailands ernannt. Aber auch diese Sieben-Parteien-Koalition ging schnell in die Brüche, sodass Ende 1996 wieder Neuwahlen anstanden.

Aus ihnen ging **Chavalit Yongchaiyudh**, ein ehemaliger General, als Sieger hervor. Die überwältigende Mehrheit der Wähler in Bangkok stimmte jedoch für die Opposition. Die wankelmütige Palang Dharma-Partei wurde nahezu aufgerieben.

Zu dieser Zeit kündigte sich mit dem Verfall der Immobilienpreise und dem Zusammenbruch einiger Grundstücksgesellschaften die erste **Wirtschaftskrise** an. Der Rücktritt zweier Finanzminister, ein rapider Währungsverfall und der Vertrauensverlust beim IWF wie bei der Bevölkerung zwangen Chavalit, im November 1997 sein Amt niederzulegen. In dieser schwierigen Situation beauftragte König Bhumipol den demokratischen Ex-Ministerpräsidenten Chuan Leekpai, eine neue Koalition zu bilden, die mit einer dünnen Mehrheit wichtige Reformen durchsetzen musste.

Seit 2001: Aufstieg und Fall der Thaksin-Regierung

Unter diesen Bedingungen fand **Thaksin** von der neu gegründeten Partei **Thai Rak Thai** („Thais lieben Thais") mit seinen großzügigen finanziellen Versprechungen und offener Polemik gegen westliche Ausländer und Minderheiten Gehör. Er gewann im Januar 2001 mit einer überwältigenden Mehrheit die Wahlen. Thaksin bildete eine Drei-Parteien-Koalition, um mit einer Zweidrittel-Mehrheit Gesetze schnell verabschieden zu können, und berief in sein Kabinett viele alte Gesichter aus gescheiterten Regierungen.

Bei der Wahl im Februar 2005 gelang es Thaksin erneut, die Regierung zu bilden – diesmal sogar mit absoluter Mehrheit. Nach den Wahlen allerdings verstärkte sich hauptsächlich in der städtischen Bevölkerung der Widerstand gegen die zunehmend autokratisch und diktatorisch herrschende Thaksin-Regierung. Die Einschränkung der Pressefreiheit, die persönliche Bereicherung des Thaksin-Clans und der selbstherrliche Regierungsstil waren Anlässe für Demonstrationen. Nach monatelangen **Protesten** kam es im April 2006 zu Neuwahlen, die alle wichtigen Oppositionsparteien boykottierten. In vielen Wahlkreisen wurden nicht genügend Stimmen abgegeben, sodass trotz des Wahlsiegs der Thai Rak Thai-Partei deren Abgeordnete als nicht gewählt galten. Der Oberste Gerichtshof erklärte die Wahlen im Mai für ungültig und legte einen neuen Wahltermin im Oktober 2006 fest.

Thaksins Fall begann mit dem Verkauf seines Telekomkonzerns Shin Corp., der beim Aufbau der Mobilfunknetze von staatlichen Zuschüssen profitiert hatte. Die staatliche Singapurer Temasek Holdings Ltd. hatte für fast US$2 Mrd. knapp 50 % der Firma gekauft, wofür Thaksin, dank entsprechend geänderter Gesetze, keine Steuern zahlen musste. Das nahm ein Großteil der Mittelschicht nicht hin. Als am 19. September 2006 das Militär unter **General Sonthi Boonyaratkalin** putschte, wurden die Einheiten in Bangkok freundlich begrüßt. Aller Wahrscheinlichkeit nach hat auch der Kronrat unter Vorsitz des früheren Ministerpräsidenten Prem den Umsturz geduldet. Der König bestätigte Sonthi in einer Rede als Vorsitzenden des neuen „Rates für demokratische Reformen", löste das Parlament, die Regierung und das Verfassungsgericht auf und setzte die Verfassung außer Kraft. Einen Monat später setzte Sonthi eine zivile Regierung ein. Thaksin befindet sich seit dem Putsch im Ausland. Seine Thai Rak Thai-Partei wurde per Gerichtsbeschluss im Mai 2007 aufgelöst.

Nach den Wahlen 2007 bildete die Nachfolgepartei der Thai Rak Thai, die People Power-Partei (PPP) unter **Samak Sundaravej**, eine neue Regierung. Thaksin nahm weiterhin aus dem Ausland beträchtlichen Einfluss. Ein Großteil der Bangkoker Elite und der Bevölkerung Süd-Thailands wollte das Wahlergebnis nicht akzeptieren und gründete die **PAD** (People's Alliance for Democracy). Die gelbe Farbe ihrer Hemden symbolisiert das Königshaus. Mit stiller Duldung eines Teils der Polizei und des Militärs behinderte die PAD die Regierungsarbeit. Sie besetzten Ministerien und das Government House, dann die Flughäfen von Phuket, Krabi und Had Yai. Gewerkschaftsmitglieder blockierten die Bahnverbindungen.

Am 1. September 2008 verhängte die Samak-Regierung den Ausnahmezustand über Bangkok. Am 9. September verfügte das Verfassungsgericht aus vorgeschobenen Gründen die Absetzung von Samak. Da die Partei weiterhin eine Mehrheit im Parlament besaß, wurde der Schwager Thaksins, **Somchai Wongsawat**, zum Premier gewählt. Unverändert gingen die Proteste der „Gelben" weiter und erreichten mit der Besetzung der beiden internationalen Flughäfen Bangkoks einen neuen Höhepunkt. Das Verfassungsgericht entschied die Auflösung der PPP wegen Wahlbetrugs, Somchai trat zurück, und am 15. Dezember 2008 wurde der Vorsitzende der Demokraten, **Abhisit**, auch mit einem Teil der Stimmen der PPP-Abgeordneten zum neuen Premier gewählt.

Eine „rote" Opposition formierte sich bereits während dieser Zeit aus Thaksin-Anhängern und überzeugten Demokraten, die die Macht der Bangkoker Elite und der mit ihr verbündeten Militärs sowie von Teilen des Königshofs beenden wollten. Im Frühjahr 2010 besetzten sie wochenlang mehrere Straßenzüge in der Innenstadt von Bangkok und forderten Neuwahlen. Die Auseinandersetzungen erreichten ihren Höhepunkt, als regierungstreue Armeeeinheiten mit Scharfschützen ein Blutbad anrichteten. 91 Menschen starben und etwa 2000 wurden verletzt. Auch im Norden und Nordosten kam es zu Unruhen, und erst im Dezember 2010 wurde der Ausnahmezustand in vielen Provinzen aufgehoben. Im tief gespaltenen Land ließ Abhisit im Juli 2011 Neuwahlen durchführen, die mit absoluter Mehrheit von Yingluck, der jüngsten Schwester von Thaksin, gewonnen wurden.

Regierung und Politik

Staatsform: konstitutionelle Monarchie
Provinzen: 5 Regionen mit 76 Changwats (Provinzen)
Hauptstadt: Bangkok
Premierminister: Abhisit Vejjajiva
König: Rama IX. (Bhumipol Adulyadej)

Verfassung

Nach der Revolution von 1932 wurde die erste Verfassung des Landes in Kraft gesetzt. Danach liegt die oberste Gewalt in der Hand des Volkes. Der Monarch, die Nationalversammlung, der Staatsrat und die Gerichte üben die Staatsgewalt im Namen des Volkes aus. War damit die Souveränität des Volkes gegeben, so wurden außerdem die Gleichheit vor dem Gesetz wie auch die allgemeinen Grundfreiheiten westlicher Verfassungen garantiert. Seit 1932 sind viele neue Verfassungen erstellt worden, die alle diese Grundsätze beibehielten. Unter massivem Druck der Öffentlichkeit und des Militärs billigte das Parlament im September 1997 eine neue Verfassung. Sie sollte das politische Leben reformieren, Machtmissbrauch des Staates verhindern und die Korruption in Politik und Verwaltung eindämmen. Nach dem Putsch im September 2006 wurde auch diese Verfassung wieder außer Kraft gesetzt und 2007 eine neue verabschiedet – die 18. seit 1932!

Königsfamilie

Obwohl die Revolution von 1932 das Ende der absoluten Monarchie bedeutete, verehrt die Bevölkerung die Königsfamilie und sieht in ihr ein die Nation einendes Element. Der König ist Staatsoberhaupt, Oberbefehlshaber der Streitkräfte und religiöses Oberhaupt zugleich. Die unglaubliche Verehrung der königlichen Familie ist für Europäer kaum nachvollziehbar. Das Portrait von **König Bhumipol** (Rama IX.) und Königin Sirikit findet sich in jedem Haus, in jedem Laden, in den Büros der Staatsangestellten ebenso wie in Restaurants. Der König steht über dem politischen Tagesgeschehen. König Bhumipol allein hat seit seinem Amtsantritt 1946 insgesamt 20 Militärputsche und gewaltsame Regierungswechsel erlebt. Das Königshaus wirkte in all den Wirren immer als stabilisierende Kraft. Entsprechend prunkvoll werden Thronjubiläen und Geburtstage von Mitgliedern der Königsfamilie gefeiert.

König Bhumipol und Königin Sirikit haben einen Sohn, **Kronprinz Maha Vajrakingkorn**, und drei Töchter, die Prinzessinnen Chulabhorn, Sirindhorn und Ubol Ratana.

Vor allem **Prinzessin Sirindhorn**, die bei der Bevölkerung große Beliebtheit genießt, unterstützt unermüdlich die Arbeit ihres Vaters, wofür sie den neuen Titel Maha Chakri erhielt. Zudem wurde 1974 zum ersten Mal in der Geschichte des Landes die Thronfolge so geändert, dass unter bestimmten Bedingungen auch königliche Töchter die Nachfolge übernehmen können.

Die Königsfamilie gibt sich volksverbunden und besucht selbst abgelegene Provinzen. In vielen königlich initiierten und unterstützten Projekten werden vor allem in der Land- und Forstwirtschaft neue Maßstäbe gesetzt. Die Verehrung des Königs erfordert ein respektvolles Verhalten, auch von Ausländern, s. „Traveltipps von A bis Z" S. 90.

Innenpolitik

Der größte Teil der thailändischen Bevölkerung lebt auf dem Land, allerdings drängen immer mehr Menschen in die Städte. Seit den 1990er-Jahren siedeln sich zunehmend Arbeitskräfte vom Land dauerhaft im Großraum Bangkok und den angrenzenden Industriezentren an, die während des wirtschaftlichen Aufschwungs entstanden sind. In vielen Dörfern des Nordostens und den nichttouristischen Gebieten des Südens, wo die Armut landesweit am größten ist, haben sich die Lebensbedingungen ebenfalls geändert. Insbesondere im Nordosten vergreisen einerseits die Dörfer, andererseits sieht man auch hier immer mehr Motorräder statt Rikschas und „Eiserne Wasserbüffel" statt der lebendigen Variante. Um der **Abwanderung** entgegenzuwirken, sind rings um einige Provinzhauptstädte wie Korat oder Khon Kaen neue Fabrikanlagen vor allem der Lebensmittel verarbeitenden Industrie entstanden, die das Arbeitskräftepotenzial des Nordostens nutzen. Im Süden hat die Umorientierung auf den Tourismus zumindest einigen Regionen einen beachtlichen Wohlstand, aber auch Probleme beschert.

Mitte der 1980er-Jahre kam es durch den Preisverfall bei traditionellen Agrarprodukten zu Einkommensverlusten in der Landwirtschaft. Das führte zu Unruhen. Als dann noch die Lebensmittelpreise stiegen und große Staudammprojekte die Existenz ganzer Dörfer bedrohten, kam es 1993/94 zu massiven **Protestaktionen**. Seither wehrt sich die ländliche Bevölkerung gegen Ungerechtigkeiten bei der Landreform ebenso wie beim Bau von Staudämmen, wenn sie fruchtbares Ackerland gegen minderwertige Böden eintauschen sollen. Während die Auseinandersetzungen um die neue Verfassung 1997 noch breite

Bevölkerungsschichten mobilisierten, kam unter Premier Thaksin die basisdemokratische Bewegung fast zum Erliegen. Thaksin führte auch den Kampf um die Moral des Landes mit harten Bandagen. So starben 2001/02 während des zehnmonatigen Kriegszugs gegen die Drogenmafia über 2000 Menschen; ausländische Regierungen und Menschenrechtsorganisationen protestierten.

Nach jahrelangen Bemühungen zeigte die staatlich propagierte **Familienplanung** in den 1990er-Jahren mit öffentlichen Verteilungsstellen von Kondomen und massiver Aufklärung Erfolge und kann anderen asiatischen Ländern als Vorbild dienen. Das Bevölkerungswachstum von über 3 % ist mittlerweile auf 0,5 % gesunken. Aufklärungskampagnen und Maßnahmen gegen Aids (Meldepflicht, Verpflichtung der Prostituierten zum Gebrauch von Kondomen) sind im Vergleich zu anderen Ländern Asiens vorbildlich.

Außenpolitik

In der Außenpolitik war Thailand seit dem Ende des Zweiten Weltkriegs bis in die 1970er-Jahre auf streng antikommunistischem Kurs und mit den USA militärisch verbündet. Thai-Soldaten kämpften in Korea und Vietnam. Unter Ministerpräsident Kriangsak begann eine vorsichtige Annäherung an die Nachbarn im Osten: Vietnam, Laos und Kambodscha. Damit wurde dem traditionellen Ziel der thailändischen Außenpolitik Rechnung getragen, die eigene Unabhängigkeit durch realpolitische Beziehungen zu den drei Großmächten Sowjetunion, China und USA zu bewahren.

Thailand ist Mitglied in der Bewegung der Blockfreien Staaten und im südostasiatischen Staatenverband Asean. Das Auseinanderfallen des Ostblocks erleichterte in den 1990er-Jahren den Ausbau der Wirtschaftsbeziehungen zu den ehemals sozialistischen Nachbarstaaten. 1994 konnte die erste Mekong-Brücke zwischen Thailand und Laos eröffnet werden, 2007 folgte die zweite Brücke, und im Frühjahr 2009 wurde die Eisenbahnlinie Bangkok–Nong Khai über die Freundschaftsbrücke bis nach Laos verlängert. Zudem wurden die Beziehungen zu China ausgebaut.

Wirtschaft

BIP pro Kopf: 4000 US$
Wachstum: 7,6 %
Inflation: 5,5 %
Agrarsektor: 42 %
Industriesektor: 20 %
Dienstleistungssektor: 38 %
Exporte: 191 Mrd. US$
Importe: 157 Mrd. US$

Thailand ist kein Entwicklungsland und in vielerlei Hinsicht moderner als das alte Europa. Das wird jedem Besucher bei der Ankunft am Flughafen Bangkok deutlich vor Augen geführt. Auch bei der Fahrt in die Stadt gleitet man auf mehrspurigen Highways vorbei an riesigen, modernen Fabrikhallen und neuen Vorortsiedlungen des Großraums Bangkok. Dank der zunehmenden **Industrialisierung** ist der Wohlstand stark gestiegen. Vor allem Mitte der 1980er- bis 90er-Jahre waren jährlich fast zweistellige Zuwachsraten zu verzeichnen. Die Wirtschaft ist eng an den Export gekoppelt, der zwei Drittel des Bruttoinlandsprodukts ausmacht. Der Tourismus ist wichtigster Devisenbringer; das macht das Land enorm von der globalen Wirtschaft abhängig. Die aktuelle Weltwirtschaftskrise, die innenpolitischen Unruhen und die Flughafenschließung haben Ende 2008 das Land arg in Mitleidenschaft gezogen. Doch die Thais sind erprobt im Krisenmanagement, die letzte Krise liegt erst gut zehn Jahre zurück.

Damals, 1997/98 während der großen asiatischen **Wirtschaftskrise**, wurde vielen Menschen die Bedeutung der internationalen finanziellen Verflechtungen deutlich. Die hohe Auslandsverschuldung, strikte Auflagen des IWF und zahlreiche Pleiten machten sich im Alltag vieler Thais bemerkbar. Die Auslöser für die Wirtschaftskrise waren bereits 1996 zu erkennen, als einige Immobiliengesellschaften aufgrund fallender Preise und unverkäuflicher Bauprojekte Konkurs anmelden mussten. Durch ausstehende fällige Kredite und die Flucht von ausländischem Kapital kam es zu finanziellen Engpässen bei Banken und Finanzierungsgesellschaften. Kreditzinsen und die Auslandsverschuldung stiegen so rapide an, wie die Börsenkurse fielen. Im August 1997 musste der IWF mit Kreditzusagen in Höhe von US$17,2 Mrd. eingreifen. 2002 kam die Wirtschaft wieder in Schwung und erreichte schnell imposante Zuwachsraten. In den Folgejahren stieg das Bruttoinlandsprodukt jährlich um 6–7 %. Selbst 2008 wuchs die Wirtschaft noch um 2,5 %, 2009 fiel das BIP um 2,2 %, und 2010 wurde wiederum ein Wachstum von 7,6 % erreicht.

In der **Landwirtschaft** sind noch 42 % der Bevölkerung tätig. 20 % arbeiten in der Industrie, die aber 45 % Anteil am Bruttoinlandsprodukt hat. In der Landwirtschaft werden hingegen nur 11 % des Bruttoinlandsproduktes erwirtschaftet. Die Zahl kommerzieller Tierzuchtbetriebe ist im letzten Jahrzehnt enorm gestiegen, dennoch heißt Landwirtschaft in Thailand hauptsächlich Reisanbau. Noch bis in die 1950er-Jahre wurde in erster Linie Nassreis angebaut, das Hauptnahrungsmittel. Um die rasch anwachsende Bevölkerung zu ernähren, kultivierten die Bauern seit Ende des Zweiten Weltkriegs auch Berghänge und schlechte Böden. Hier pflanzten sie neue Kulturpflanzen mit geringeren Ansprüchen an die Bodenqualität wie Zuckerrohr, Mais, Cassava, Tapioka und Kenaf. In der Umgebung der Städte und in den Bergen im Norden stieg die Produktion von Obst und Gemüse. Im Süden erstrecken sich heute riesige Ananas- und Gummibaumplantagen. Mittlerweile ist Thailand der weltgrößte Kautschukproduzent.

Zwischen 1985 und 1994 verdoppelte sich das durchschnittliche **Einkommen** der Thais auf 2321 Baht pro Haushalt im Monat. Heute liegt es im Durchschnitt bei 12 500 Baht pro Monat, wobei die Preissteigerungen der vergangenen Jahre und erheblichen regionalen Unterschiede zu berücksichtigen sind. Dank der 1992–94 eingeleiteten Maßnahmen der Regierung, den Wohlstand aus dem Zentrum aufs Land zu verteilen, halbierte sich der Anteil der unter der Armutsgrenze lebenden Menschen. Dennoch gibt es vor allem auf dem Land Menschen, die sich nicht ausreichend ernähren können.

Noch konzentrieren sich über die Hälfte der **industriellen Produktionsstätten** im Großraum Bangkok. Die bedeutendsten Zweige stellen die Auto-, Computer- und Halbleiterindustrie, die arbeitsintensive Textilindustrie sowie die Verarbeitung von Nahrungsmitteln und anderer agrarischer Erzeugnisse dar. So erreichte Thailand innerhalb weniger Jahre die Weltspitze als Exporteur von Schalentieren. Relativ neu ist die Zement- und Automobilindustrie, die hauptsächlich im Ausland gefertigte Teile montiert.

Die zunehmende Industrialisierung lässt den **Energiebedarf** des Landes ansteigen. Nur ein Viertel des Bedarfs kann das Land aus eigenen Öl- und Gasvorkommen im Golf von Thailand und im Indischen Ozean decken. Der Vertrag mit dem Regime in Myanmar über die Lieferung von Gas aus den Vorkommen bei Yetagun stieß bei Menschenrechtlern und Umweltschützern auf Kritik. Durch eine 700 km lange Pipeline, davon 346 km in Thailand, die über das Tenasserim-Gebirge und Kanchanaburi nach Ratchaburi verlegt wurde, wird Thailand mit Gas aus dem Nachbarland versorgt.

Exporte spielen für die thailändische Wirtschaft eine große Rolle, wobei ein Wandel von

Preise und Löhne

Der staatlich festgelegte Mindestlohn eines Industriearbeiters beträgt seit 2007 im Großraum Bangkok 203 Baht pro Tag, in anderen Landesteilen weniger – und das bei einer offiziellen 48–54-Stunden-Woche! Bauarbeiter können über 300 Baht verdienen. Insgesamt sind die Einkommen in der Hauptstadt wesentlich höher als in den Provinzen. Laut der Tageszeitung *Bangkok Post* zahlt man hier im Durchschnitt neunmal so viel Lohn wie im Nordosten, wo viele Bauern gerade einmal 50 Baht am Tag verdienen.

Die Mindestlöhne gelten nur für gewerbliche Arbeitnehmer und werden von der Industrie häufig unterlaufen. Vor allem Frauen und Kinder erhalten oft Hungerlöhne. Zum Vergleich: Pro Tag gibt ein Durchschnittstourist fast 4000 Baht aus.

Trotz steigender Konsumgüterpreise sind aus Angst vor Arbeitslosigkeit Forderungen nach Lohnerhöhungen nur selten zu vernehmen. Stattdessen vertrauen die Thais aufs Glück – was der Lotteriegesellschaft stattliche Gewinne beschert und den Staatshaushalt erheblich aufbessert.

Rohstoffen und Nahrungsmitteln zu Fertigwaren und Industrieprodukten festzustellen ist. Bis Mitte der 1990er-Jahre kam der überwiegende Teil aller Exporte aus dem agrarischen Bereich, seither produziert der industrielle Sektor die Mehrheit aller ausgeführten Güter. Reis, bis 1986 auf Platz eins, ist mittlerweile weit zurückgefallen und von Autos, Computerteilen (mit dem stärksten Wachstum), Textilien, Edelsteinen, integrierten Schaltkreisen, Schuhen, Elektroartikeln, Obst und Garnelen überrundet worden. Importiert werden vor allem elektronische Bauteile, Maschinen, Chemikalien, Stahl und Öl.

Tourismus

Mit 15,8 Mio. Touristen, 612 000 davon aus Deutschland, sind 2010 wieder mehr Besucher nach Thailand gekommen als in den vorangegangenen Jahren. Etwa die Hälfte war nicht zum ersten Mal hier. Die Mehrheit reist auf eigene Faust, daher bleibt der größte Teil der Einnahmen von ca. 9 Mrd. € im Land. Das bringt Devisen. Schätzungen gehen davon aus, dass etwa 700 000 Menschen in Thailand direkt oder indirekt vom Tourismus leben.

Der **internationale Tourismus** begann während des Vietnamkriegs, als viele US-Soldaten ihren R&R-Urlaub *(rest and recuperation)* in Thailand verbrachten. Nach ihrem Abzug füllten sich die Betten mit bildungshungrigen Gruppenreisenden, die kurze Zeit mit viel Geld unterwegs waren, und auch mit abenteuerlustigen Globetrottern mit weniger Geld, dafür mehr Zeit. Erst später ermöglichten günstige Charterflüge auch einen Badeurlaub in Thailand, vor allem im Winter. Neben dem tropisch-warmen Klima war dafür vor allem das gute Preis-Leistungs-Verhältnis ausschlaggebend. Viele Urlauber, oft Rentner, überwintern mittlerweile hier. Andere haben sich ganz in Thailand niedergelassen. Dabei sind Besucher aus westeuropäischen Ländern in der Minderheit. Die Mehrheit der Touristen kam in den vergangenen Jahren vor allem aus Japan, Korea und China, zunehmend auch aus den USA und Russland.

Im Kampf um den Touristen-Dollar hat Thailand den anderen Mitbewerbern im asiatischen Raum den Rang abgelaufen. Die **Einnahmen** aus dem Tourismus, die 6 % der gesamtwirtschaftlichen Leistung ausmachen, unterliegen jedoch starken Schwankungen. Einerseits profitiert das Land vom weltweiten Reiseboom, der Öffnung der östlichen Nachbarländer Laos, Kambodscha und Vietnam sowie seinem guten Image als beliebtestes Reiseziel in Südostasien. Andererseits war es immer wieder unvorhersehbaren Rückschlägen ausgesetzt, ausgelöst etwa durch den Irak-Krieg, politische Unruhen in den moslemischen Südprovinzen und in Bangkok, durch SARS und Vogelgrippe, die Energiekrise und natürlich den Tsunami.

Reis

Der Reisanbau bildete schon in der Frühzeit die Nahrungsgrundlage der Thai-Gesellschaft. Im Laufe der Jahrhunderte wurden die Flussniederungen kultiviert, denn sie erhielten durch die alljährlich über die Ufer tretenden Flüsse stetig neue Nährstoffe. Mitte des 19. Jhs. begann das damalige Siam Reis zu exportieren, was zu einer Umstrukturierung der Landwirtschaft führte, die bis dahin nur auf Selbstversorgung ausgerichtet war. Anbau, Transport und Verarbeitung von Reis bestimmten das wirtschaftliche Geschehen der 1920er- und 30er-Jahre. Der Handel ließ in Bangkok einige Reisbarone chinesischer Herkunft zu Wohlstand gelangen. Obwohl sich das Land rasch zu einem der größten Reisexporteure der Welt entwickelte, behielt man die überlieferten landwirtschaftlichen Anbaumethoden bei. Investitionen in die Intensivierung der Landwirtschaft hielten sich in Grenzen, sodass die Hektarerträge gleich blieben oder gar sanken. Die Ausdehnung der Anbauflächen folgte zwangsläufig. Vor allem im Nordosten, wo das Land durch fehlende Niederschläge zunehmend versteppte, gingen die Erträge zurück. Bauern, die durch den Einsatz von Düngemitteln und Pestiziden diese Entwicklung aufzuhalten versuchten, verschuldeten sich zunehmend. Die sich verschärfenden Probleme wurden besonders von der *Thai Rice Foundation under Royal Patronage* erkannt und Lösungsmodelle erarbeitet.

Ziel der thailändischen **Tourismuspolitik** ist es, die Infrastruktur in Touristenzentren zu verbessern und neue Gebiete, vor allem an der Küste und auf den vorgelagerten Inseln, mit einem hochwertigen touristischen Angebot auszustatten. Man möchte das Land als Reiseziel vermarkten, das sicher, bequem und umweltbewusst ist und einen Luxusurlaub auf hohem Niveau ermöglicht. So sollen spendierfreudige Besucher angelockt werden, die in Resorts und Spas mehr Geld ausgeben und längere Zeit bleiben. Allerdings ist gerade diese Zielgruppe die erste, die während einer Wirtschaftskrise ausbleibt, während Backpacker weiterhin das Land bereisen.

Umweltkriterien spielen bei der Auswahl des Reiseziels eine immer größere Rolle. Daher verabschiedete der Innenminister bereits 1989 eine strenge Regelung für die Errichtung von Gebäuden an den Stränden. So dürfen Neubauten, die bis zu 75 m vom Strand entfernt liegen, offiziell nur noch 6 m hoch sein. Bis zu 200 m vom Strand entfernt beträgt die maximale Höhe 12 m, also niedriger als die Kokospalmen. Von der Lücke, die zwischen Gesetz und Realität klafft, kann sich jeder Tourist selbst vor Ort überzeugen.

Thailand ist die Drehscheibe für Südostasien-Touristen, die auch Laos, Kambodscha, Vietnam, Süd-China oder Myanmar besuchen wollen. Es gilt allerdings noch, dem schlechten Image zu begegnen, das durch Schlagzeilen über Kinderprostitution, Kriminalität oder Aids im Ausland entstanden ist.

Schließlich kann Thailand auf ein großes Plus verweisen: Dank der ausreichenden Kapazitäten bietet es Hotels und touristische Dienstleistungen zu einem äußerst guten Preis-Leistungs-Verhältnis an – auch wenn für anspruchsvolle Reisende der Service in manchen Bereichen zu wünschen übrig lässt, weil es an qualifizierten Arbeitskräften mangelt.

> **Buddhismus und Tourismus**
>
> - Prinzipiell sollte jeder die Religion seines Gastlandes respektieren, egal welche Meinung man selbst darüber hat. Es ist selbstverständlich, dass man einen Tempel nur ordentlich bekleidet betritt und die Schuhe auszieht.
> - Buddha ist immer heilig, und es gilt als äußerst unschicklich, eine Buddhastatue an einem ihr nicht angemessenen Ort zu platzieren.
> - Im Tempel darf man keine Buddhastatuen berühren und schon gar nicht für Erinnerungsfotos darauf posieren.
> - Es ist üblich, dass Besucher eines Tempels eine Spende für den Erhalt der Anlage hinterlassen.
> - Mönche werden verehrt. Man grüßt sie mit einem besonders höflichen, tiefen *wai*, lässt ihnen den Vortritt, bietet ihnen im voll besetzten Bus seinen Sitzplatz an und geht nicht neben, sondern einen Schritt hinter ihnen.
> - Frauen sollten Mönchen gegenüber zurückhaltend sein, ihnen nichts direkt überreichen, sie nicht berühren, sich nicht neben sie setzen oder mit ihnen fotografieren lassen.
> - Während morgens zur Zeit des Sonnenaufgangs die Mönche durch die Straßen ziehen, um Opfergaben einzusammeln, sollte man sie nicht ansprechen.
> - Gibt man einem Kloster oder einem Mönch eine Spende, sollte man sie mit beiden Händen geben. Einen Dank darf man nicht erwarten. Normalerweise danken die Gläubigen für die Annahme der Spende, da ihnen so eine gute Tat ermöglicht wurde.

Religionen

Buddhisten: 94,6 %
Moslems: 4,6 %
Christen: 0,7 %
Sonstige: 0,1 %

Buddhismus

Thailand gehört neben Myanmar, Sri Lanka, Kambodscha und Laos zu den buddhistischen Ländern der Theravada-Richtung, die der ursprünglichen, manchmal abwertend „kleines

Fahrzeug" genannten Lehre zugehören. Während der Mahayana-Buddhismus (das „große Fahrzeug") der nördlichen Länder China, Japan, Korea und Vietnam viele Wege zur Erlösung akzeptiert, orientieren sich die Lehren des Theravada-Buddhismus streng an den überlieferten Pali-Schriften. In Thailand bekennen sich 85 % der Bevölkerung zum Buddhismus, darunter eine konfuzianistisch-chinesische Minderheit. Vor allem im Süden konzentriert sich die moslemische Minderheit, während Christen und Animisten überwiegend bei den Bergvölkern im Norden zu finden sind. Obwohl in Thailand die Freiheit der Religionsausübung garantiert wird, ist der Buddhismus eine Art Staatsreligion.

Buddha

Um 563 vor unserer Zeitrechnung wurde in Lumbini, heute Süd-Nepal, am Fuße des Himalaja ein Prinz geboren – Siddhartha Gautama. Seine Mutter Mahamaya, die sieben Tage nach der Geburt starb, hatte während ihrer Schwangerschaft einen Traum, dass ein silberweißer Elefant seitlich in ihren Körper eingedrungen war. Hindu-Priester interpretierten dies als Hinweis auf die Geburt eines großen Herrschers oder Buddhas. Sein Vater, König Shuddhodana, erzog ihn zu seinem Nachfolger und umgab ihn mit allem Luxus.

Im Alter von 16 Jahren heiratete er seine Cousine, eine hübsche Prinzessin, die einen Sohn bekam. Dennoch blieb ihm das menschliche Leid nicht verborgen. Die Legende berichtet, dass er nach dem Anblick eines alten, eines kranken und eines toten Mannes an seinem 29. Geburtstag beschloss, den irdischen Genüssen zu entsagen und als Bettelmönch durch Nord-Indien zu ziehen. Nach sechs Jahren der Besinnung und Selbstkasteiungen erlangte er während einer Vollmondnacht 528 v. Chr. während einer Meditation unter einem Bodhi-Baum *(Ficus religiosa)* im heutigen Bodh Gaya die Erleuchtung, das Erwachen *(bodhi)*. Er begann, im Hirschpark Isipatana nahe Varanasi den ersten fünf Jüngern seine Erkenntnis von den **Vier Edlen Wahrheiten** darzulegen: vom Leiden *(dhukha)*, seiner Ursache *(samudaya)*, der Aufhebung des Leidens *(nirodha)* und dem Weg dorthin über den Achtfältigen Pfad *(ashtanga-marga)*.

Die Legende berichtet, dass Buddha 500 Lebenszyklen benötigte, um als **Shakyamuni Buddha** das Nirvana, die letzte Realität, zu erreichen. Diese Lehre von der Wahrheit *(dharma)* gab Buddha, der Erleuchtete, an seine Mönchsgemeinde *(sangha)* weiter, was im Buddhismus als die **Drei Kostbarkeiten** bezeichnet wird. Er verbreitete zusammen mit seinen Jüngern in vielen Städten des Ganges-Tales seine Erkenntnis, bis er im Alter von 80 Jahren starb.

Seine Lehre

Die Überwindung des menschlichen Leidens erreicht man weder durch Selbstkasteiung noch durch ein ausschweifendes Leben, sondern auf dem „Mittleren Weg". Da sich die Welt in ständiger Veränderung befindet, kann nichts von Dauer sein. Entsprechend gibt es keine unveränderlichen Dinge – aus Altem entspringt ständig etwas Neues, das durch das Vorangegangene bedingt ist. Die menschliche Wirklichkeit beginnt schon mit der Geburt als ein schmerzhaftes Dasein, und Leiden bestimmt das weitere Leben bis zum Tod. Mit dem Tod ergibt sich die Möglichkeit der Wiedergeburt, die einen neuen Leidenszyklus einleitet. Nur die Erkenntnis vom Ursprung des Leidens und den Möglichkeiten seiner Veränderung ermöglicht es dem Menschen, sich aus diesem Daseinskreislauf *(samsara)* zu befreien.

Der Ursprung allen Leidens liegt in der Begierde nach weltlichen Genüssen und der Unzulänglichkeit, Egoismus und Stolz, die Schwächen seines eigenen Egos, zu beherrschen. Wer ausschließlich nach weltlichen Genüssen strebt, wird die zerstörerischen Kräfte von Hass, Gier, Begehren und Verblendung erfahren. Menschen sind ein Produkt ihrer Umwelt. Da sie durch individuelle Erfahrungen und Handlungen geprägt sind, sollten sie die Entwicklung der eigenen Persönlichkeit nicht dem Zufall überlassen, sondern selbst in die Hand nehmen. Das Ziel des geistigen Reifeprozesses liegt im **Nirvana**, in dem man sich von allen Voreingenommenheiten befreit hat. Mit der Loslösung von weltlichen Genüssen und egoistischen Bedürfnissen und dem Bemühen, geduldig, liebevoll, wohltätig, mitfühlend und gütig zu sein, wird man zufrieden und erreicht einen emotional positiven Zustand.

Damit ist jeder Mensch in der Lage, zu einem höheren Wissen über den Zustand der Welt zu gelangen und sein Karma zu verbessern.

Dem Ziel nähert man sich durch ständiges Einüben der acht Regeln vom **Edlen Achtfältigen Pfad**:

Rechte Erkenntnis – indem man seine geistigen Fähigkeiten nutzt, um die wahren Probleme der menschlichen Existenz zu verstehen.

Rechtes Denken – ohne Hass, Zorn, Begierde, Grausamkeit und Stolz.

Rechte Rede – bei der man Lügen und eitle Selbstdarstellung meidet.

Rechte Tat – Mönche unterliegen strengeren Verhaltensregeln als Laien, die nicht töten, lügen und stehlen sowie Drogen und sexuelle Ausschweifungen meiden sollten.

Rechter Lebenserwerb – man soll sein Geld verdienen, ohne dabei anderen zu schaden.

Rechte Anstrengung – um mit seinem Willen und seiner Selbstbeherrschung eine unheilvolle geistige Verfassung zu überwinden.

Rechte Achtsamkeit – um durch Vertiefung und Meditation Selbsterkenntnis zu erlangen.

Rechte Konzentration – damit man lernt, sich in Gedanken zu vertiefen ohne abzuschweifen.

Nur so nähert man sich dem Nirvana, dem vollendeten Zustand der Ruhe und des Glücks im Leersein jenseits der erfahrbaren räumlichen wie zeitlichen Realität.

Buddhismus in Thailand

256 Jahre nach Buddhas Tod nahm der über den indischen Kontinent herrschende, mächtige Kaiser Ashoka die Lehre an. Er sorgte für ihre Verbreitung weit über Indien hinaus. Die mündlich überlieferten Regeln wurden erst 400 Jahre nach Buddhas Tod schriftlich auf Palmblättern in der Pali-Schrift festgehalten. Diese Aufzeichnungen sind als *Tripitaka* („Dreikorb") bekannt, da sie in drei Körben aufbewahrt wurden. Bereits während der ersten 300 Jahre nach Verkündung der Lehre spaltete sich der Buddhismus in die sogenannten 18 Schulen. Als Überlieferer der alten Schule gilt der **Theravada-Buddhismus**.

Buddhistische Mönche verbreiteten ihre Lehre des Mahayana-Buddhismus bei den Mon, deren Reiche sich von Süd-Birma bis in die Gegend von Nakhon Pathom erstreckten. Im 8. Jh. entstand in Lamphun das buddhistische Mon-Königreich Haripunchai, weitere große Zentren befanden sich in Thaton und Pegu.

In Thailand erlangte der Buddhismus erst Bedeutung unter König Ramkhamhaeng im 13. Jh. Der König ließ Mönche aus Ceylon (Sri Lanka) kommen, um die reine buddhistische Lehre der Theravada-Richtung zu verbreiten. Während der folgenden Jahrhunderte waren die Könige bedeutende Förderer des Buddhismus, und noch heute bestehen enge Verbindungen zwischen dem Staat und der Sangha, der Mönchsgemeinde. Der thailändische König ernennt das religiöse Oberhaupt des Landes, wobei der Patriarch allerdings zuvor von Vertretern der beiden buddhistischen Sekten des Landes, Mahanikaya und Dhammayuttika-Nikaya, gewählt wird. Auch bei den großen religiösen Festen kommt dem König eine wichtige Rolle zu.

In der modernen großstädtischen Gesellschaft spielt Religion eine immer geringere Rolle. Wenige Jugendliche lassen sich ordinieren. Man schätzt die philosophische Komponente des Buddhismus, die Meditation als geistige Erneuerung, die den Alltagsstress bewältigen hilft, und charismatische Mönche für ihre geistige Macht. In der schnelllebigen Gesellschaft bleibt wenig Zeit für Tempelbesuche, man verlässt sich lieber auf religiöse Amulette, die neben Buddha oder berühmten Mönchen auch König Chulalongkorn – den westlich orientierten Reformer – oder andere starke historische Persönlichkeiten darstellen. Die Verbesserung des Karmas tritt dabei häufig hinter der Aufstockung des Bankkontos zurück.

Geisterglaube

Neben der streng an den Pali-Schriften orientierten Lehre wurden vom Volksglauben Geister, Einflüsse aus der Mythologie, Erzählungen und Legenden aus vorbuddhistischer Zeit übernommen, was besonders in der religiösen Kunst und Literatur zum Ausdruck kommt. Geister mit unterschiedlichen Namen und Unheil verbreitende Seelen von Verstorbenen tauchen in jeder Seifenoper im Fernsehen auf, und Höllendarstellungen sind in vielen Tempeln zu finden. Neben jedem Haus wird für die Schutzgeister ein kleines „Geisterhäuschen" errichtet (s. auch S. 126). Sogar in buddhistischen Tempeln haben Amulettverkäufer und Handleser ihren festen Platz. Zu Amuletten s. **eXTra [2693]**.

Klosterleben

Die Gemeinschaft der Mönche, **Sangha**, stellt die Verkörperung der reinen Lehre dar. Zumindest für ein paar Monate nehmen viele Männer, einschließlich des Königs, und sogar Frauen freiwillig das entbehrungsreiche, strenge Klosterleben auf sich. Mit Beginn der Regenzeit bereiten sich die jungen Männer, die im Idealfall das 20. Lebensjahr vollendet haben, auf das Klosterleben vor. Für sie ist die mit der Ordination beginnende dreimonatige Zeit als Mönch der symbolische Übergang in die Welt der Erwachsenen. In 40 000 Tempeln leben über 240 000 Mönche und 100 000 Novizen (junge, noch nicht volljährige Mönche) und unterwerfen sich den 227 strengen buddhistischen Regeln. Sie verzichten unter anderem auf jedes Eigentum, dürfen weder Menschen noch Tiere verletzen, nicht in bequemen Betten schlafen, singen oder tanzen, kein Parfüm benutzen und müssen ein striktes Zölibat befolgen. Kurz nach Sonnenaufgang ziehen die in safrangelben Roben gekleideten Mönche durch die Straßen, um Opfergaben von den Gläubigen – meist in Form von Lebensmitteln – entgegenzunehmen. Mit ihren Spenden erwerben sich die Geber Verdienste für ihr zukünftiges Leben, sodass sie sich ehrfürchtig und wortlos bei den Mönchen für die erwiesene Gunst bedanken. Ihre Mahlzeiten dürfen Mönche nur vormittags einnehmen. Schließlich sollen sie sich von allen irdischen Verlockungen lösen; so durften sie ursprünglich nicht einmal mit einer Frau sprechen.

Dorfklöster stellen auch eine Alternative zum öffentlichen **Schulsystem** dar. Viele Bauernsöhne werden Novizen, um neben der 4–6-jährigen Grundschulzeit eine weiterführende Bildung zu erhalten. Gerade im 20. Jh. ist es zu einer zunehmenden Verschulung des Mönchsordens gekommen. Die Sangha unterhält in Bangkok zwei buddhistische Universitäten, wo auch weltliche Studienkurse angeboten werden, so weit sie mit dem Leben der Mönche in irgendeinem Zusammenhang stehen. Auf diese Weise macht man zum Beispiel die Mönche mit den sozialen Problemen auf dem Land vertraut. Ist ein Haus fertig gestellt oder wird ein Geschäft eröffnet, lädt man eine Gruppe von Mönchen ein, die durch ihre Anwesenheit und Gebete Glück bringen sollen.

Mit der Ordination zum Mönch wird jeder Thai gleich welcher Herkunft zu einer respektierten Persönlichkeit, und es entspricht selbst der Würde des Königs, einem Bauernsohn als Mönch Respekt zu bezeugen. Das beruht auf der Tatsache, dass der Mönch nicht als Individuum, sondern als Vertreter des buddhistischen Ideals angesehen wird. Um ihre individuellen Züge zu verbergen, halten Mönche bei bestimmten Ritualen fächerartige Schirme vor ihr Gesicht.

Das Klosterleben steht **Frauen** nur eingeschränkt offen. Buddhistische Nonnen gehören weder einem Orden an, noch können sie Rechte und Privilegien beanspruchen. Während es im ursprünglichen Buddhismus dafür keinerlei Rechtfertigung gibt, ist zu späteren Zeiten versucht worden, die Lehre entsprechend zu interpretieren.

Islam

Der Islam ist die Lehre des Propheten Mohammed, wie sie im 7. Jh. christlicher Zeitrechnung in Arabien verkündet wurde. Mohammed wird als der letzte einer Reihe von Propheten verstanden (Adam, Moses, Noah, Jesus usw.). Im Jahr 622 n. Chr. musste er von Mecca nach Medina fliehen. Mit diesem Jahr beginnt die islamische Zeitrechnung.

Grundlage ist der Glaube an Allah als den alleinigen Gott. Allah ist Schöpfer, Erhalter und Erneuerer aller Dinge. Der Wille Allahs, dem sich der Mensch zu unterwerfen hat, ist im heiligen Buch, dem **Koran**, ausgedrückt. Er wird als Wort Gottes betrachtet, das Mohammed durch den Engel Gabriel verkündet wurde.

Unterteilt in 114 Suren beschreibt der erste Teil des Korans die ethische und geistige Lehre sowie das Jüngste Gericht; die restlichen Suren befassen sich mit der Soziallehre und den politisch-moralischen Prinzipien, durch die sich die Gemeinschaft der Gläubigen definiert. Von Beginn an hatte der Islam eine soziale Komponente, die sich in der Gleichheit und Brüderschaft der Gläubigen manifestierte. So gibt es im idealen islamischen Staat keinen Widerspruch zwischen

Meditationsklöster

Folgende Klöster nehmen auch Ausländer auf. Alle besitzen ein Vipassana-Meditationszentrum mit Unterweisungen auch auf Englisch. Die Unterkünfte, Klosterregeln und Meditationskurse sind sehr unterschiedlich und vor Ort oder über das Internet zu erfragen.

Bangkok
Phra Sanghachai Internationales Meditationszentrum in Taling Chan nahe Southern Bus Terminal, hier unterrichtet die österreichische Nonne Acharn Mae Chee Brigitte Schrottenbacher, 🖥 www.meditationthailand.com.
Wat Mahathat in der Buddhistischen Universität am Sanam Luang, section 5.

Weitere Empfehlungen im Kapitel „Bangkok", s. S. 198.

Süd-Thailand
Wat Suan Moke bei Chaiya, s. S. 486, in der Tradition von Ajahn Buddhadasa 🖥 www.suanmokkh.org.
Wat Khao Tham in Ban Tai auf Ko Pha Ngan, ein internationales Meditationszentrum unter der Leitung von Rosemary und Steve Weissman, 🖥 www.watkowtahm.org.

Detaillierte Infos: 🖥 www.retreat-infos.de, www.buddhanet.net oder 🖥 www.hdamm.de/buddha/mdtctr01.htm.

---

weltlicher und religiöser Macht, zwischen gesellschaftlichem Sein und religiösem Bewusstsein. Dieser duale Charakter – religiös und sozial – war allen damals bestehenden Religionen überlegen. Christen und Juden wurden, da auch sie Heilige Bücher besaßen, toleriert, die „Ungläubigen" aber mussten im Heiligen Krieg *(jihad)* zum wahren Glauben gebracht werden.

Erstaunlich ist die Ausbreitung des Islam in den ersten Jahrhunderten nach Mohammeds Tod. Ein großer Teil des damals bekannten Erdballs von Spanien bis Indien und Zentralasien wurde für den Islam erobert. Arabische, persische und indische Händler brachten den Glauben auch in die hinduistischen und buddhistischen Großreiche Südostasiens.

Die **Fünf Grundpfeiler des Islam** wurden schon kurz nach dem Tod des Propheten aufgestellt, um die Wesensmerkmale des Glaubens darzulegen:

Glaubensbekenntnis *(taschahhud)* – „Es gibt keinen Gott außer Allah, und Mohammed ist sein Prophet". Dieses Bekenntnis muss mindestens einmal im Leben aufgesagt werden – laut und fehlerfrei, und der Gehalt muss vom Geist und vom Herzen vollständig verstanden werden.

Gebet – Obwohl der Koran nur drei tägliche Gebete nennt, werden im Zweiten Grundpfeiler der Lehre fünf Gebete vorgeschrieben. Der Muezzin ruft die Gläubigen zum Gebet in der Moschee. Vor jedem Gebet müssen die Hände, das Gesicht und die Füße gewaschen werden. Der Imam steht vor den Gläubigen, nach Mekka gewandt, und rezitiert Suren aus dem Koran. Zwei Mal müssen die Gläubigen auf die Knie fallen und „Gott ist groß" *(Allahu akbar)* ausrufen. Der reinen Lehre nach müssen diese fünf täglichen Gebete ausgeführt werden, obwohl sich heute selbst überzeugte Moslems nicht daran halten. Einen besonderen Stellenwert besitzen die Freitagsgebete.

Zakat – Der Koran schreibt eine jährliche Abgabe oder Steuer vor. Sie ist exakt festgelegt: Getreide und Früchte werden mit 10 %, wenn das Land künstlich bewässert wird mit 5 % belastet. Auf Bargeld und Edelmetalle werden 2,5 % Zakat erhoben. In den meisten islamischen Ländern wird die Abgabe, die v. a. für die Armen verwendet werden soll, auf freiwilliger Basis geleistet.

Fasten – Im neunten Monat des islamischen Kalenders (Ramadan) ist ein tägliches Fasten von Sonnenauf- bis Sonnenuntergang vorgeschrieben. Während des Tages darf nicht gegessen, getrunken oder geraucht werden.

Hadsch – Mindestens einmal in seinem Leben sollte ein Moslem die Pilgerfahrt nach Mekka unternehmen, „vorausgesetzt, dass man es sich leisten kann" und dass die zurückgebliebene Familie in der Abwesenheit des Pilgers versorgt ist. Höhepunkt einer jeden Pilgerreise ist der Besuch der Kaaba, eines viereckigen, aus dem Stein der Berge Mekkas erbauten Gebäudes inmitten der

Großen Moschee. Nach uraltem Brauch wird das Heiligtum mit schwarzen Brokatstoffen umhüllt. In der östlichen Ecke der Kaaba steht der berühmte schwarze Stein, den die Pilger berühren und küssen. Ähnlich wie in anderen islamischen Ländern wird auch in Malaysia die Hadsch, die im letzten Monat des islamischen Kalenders stattfinden muss, von offiziellen Institutionen unterstützt.

Traditionen und Tabus der Malaien

Obwohl die Malaien vor mehreren hundert Jahren islamisiert wurden, haben sich alte Traditionen und Tabus aus animistischer und hinduistischer Vorzeit erhalten. Übernatürliche Wesen, Geister, Feen und Gespenster spielen in vielen Lebenssituationen der malaiischen Dorfbevölkerung eine wichtige Rolle und werden nicht als Widerspruch zum monotheistischen Islam begriffen. **Geister** sind allgegenwärtig, hausen in Tieren, Pflanzen, Bäumen und auf Bergen. Aber auch im Kopf eines Menschen versammeln sich die Schutzgeister, die nicht erzürnt werden dürfen. Jeder Malaie ist daher verärgert, wenn man seinen Kopf oder sein Haar berührt, denn das schreckt die Geister auf. Das Konzept der gegenseitigen Achtung ist auf alte animistische Traditionen zurückzuführen. Ein Malaie wird seinen Nachbarn nie verachten, denn dadurch würde er sich den Zorn der nachbarlichen Hausgeister zuziehen. Auch viele Krankheiten versteht man als das Werk böser Geister. Um sie zu heilen, wird der *Dukun*, eine Art traditioneller Medizinmann, gerufen. Ernstere Krankheiten behandelt der *Pawang* oder *Bomoh*.

Unter **Tabus** versteht man Aktionen oder Verhaltensweisen, die den Mitgliedern einer Gesellschaft oder gesellschaftlichen Gruppen verboten sind. Um nur zwei Beispiele aus der unendlichen Liste gesellschaftlicher Tabus zu nennen: Babys dürfen nachts nicht an einem Stück Zuckerrohr kauen, denn damit saugen sie das Blut aus ihren Müttern. Oder: Wer ein *Ketupat* (Reis in Kokosnuss- oder Palmblättern gewickelt) isst, darf das Päckchen nicht achtlos aufreißen, denn sonst verläuft er sich später.

Viele Tabus werden noch heute eingehalten, andere eher vernachlässigt oder sind in Vergessenheit geraten. Ausländischen Gästen wird jeder Malaie mit Nachsicht begegnen, wenn sie sich „falsch" verhalten oder ein Tabu nicht berücksichtigen, trotzdem sollte man die Konventionen seiner Gastgeber unbedingt respektieren.

Kunst und Kultur

Kunstepochen

Die traditionelle Kunst und Kultur Thailands ist vom Buddhismus geprägt. Daneben haben animistische und hinduistische Überlieferungen aus früherer Zeit ebenso die Entwicklung der Künstler beeinflusst wie die alten chinesischen und indischen Kulturreiche. Künstler waren in erster Linie für die Ausschmückung der Tempel zuständig. Entsprechend bestehen die Sammlungen der Museen aus religiösen Gegenständen. Vieles ist im Laufe der Geschichte dem zersetzenden tropischen Klima, Bränden oder Kriegen zum Opfer gefallen, vor allem Holzschnitzereien, Textilien und Holzgebäude. Steinerne Tempel und aus Metall gefertigte Buddhafiguren haben die Zeit überdauert.

Daneben wurden stets alte Bauwerke und Skulpturen neu bearbeitet und dem Zeitgeschmack angepasst oder verblichene Wandmalereien übermalt. Nicht selten wurden mehrere Chedis übereinander errichtet, denn mit der Produktion von Neuem erwarb man sich einen größeren Verdienst als mit dem Restaurieren verfallener Werke. Dennoch zeugen zahlreiche Skulpturen und Tempelruinen von dem ästhetischen Empfinden der Menschen vergangener Jahrhunderte und beeindrucken die Betrachter durch ihre hohe künstlerische Qualität und Ausdruckskraft.

Vor der Gründung des Thai-Reiches

Früheste **steinzeitliche Funde,** die bis zu eine Million Jahre alt sind, wurden in der Provinz Kanchanaburi gemacht. Nahe dem Dorf Ban Chiang im Nordosten Thailands entdeckte man bis zu 7000 Jahre alte Tonscherben, Waffen, Schmuck und andere Hinterlassenschaften einer der ältesten Siedlungen Südostasiens. Bereits vor 4500 Jahren, früher als in China und Indien, stellte man hier Werkzeuge und Waffen aus Bronze her.

Im ersten Jahrtausend unserer Zeitrechnung hatten sich kulturell hoch stehende Reiche entwickelt. Der Süden Thailands stand im 8. Jh. unter dem Einfluss des **Srivijaya**-Reiches von Palembang (Süd-Sumatra), eines der ersten buddhistischen Reiche, dessen Kunst besonders von indischen Einflüssen geprägt war. Bereits früher hatten sich in Zentral-Thailand (Nakhon Pathom, Lopburi, U Thong), im Irrawaddy-Delta und Tenasserim-Gebirge zahlreiche Mon-Fürstentümer zu einem lockeren Verband im **Dvaravati**-Reich zusammengeschlossen. Die Skulpturen und Bauwerke aus jener Zeit sind durch eine klare Linienführung sowie symmetrische, stark stilisierte Muster gekennzeichnet. Die Buddhastatuen, überwiegend in stehender Haltung, wirken recht massiv und breitflächig. Typisch sind die spiralförmigen, großen Locken sowie die zusammenlaufenden, wellenförmig geschwungenen Augenbrauen.

Die Khmer in Kambodscha begannen im 9. Jh. ihren Machtbereich zu festigen und nach Westen auszudehnen. Sie verdrängten die Mon und beherrschten die Flussebene des Menam Chao Phraya, bis sie im 13. Jh. von den Thais zurückgedrängt wurden. In Phimai, Lopburi, Sukhothai und anderen Orten sind Zeugnisse der vom Mahayana-Buddhismus beeinflussten Khmer-Architektur erhalten, die als **Lopburi**-Stil bezeichnet wird. Typisch sind reich dekorierte, phallusförmige Tempeltürme (Prangs), die auf einem rechteckigen Unterbau sitzen und in deren Nischen Buddhafiguren stehen. Türstürze und Fenster sind mit figürlichen Darstellungen reich dekoriert. Die Buddhabildnisse aus jener Epoche weisen, ebenso wie die Bildnisse anderer Gottheiten, stark individuelle Züge auf. Häufig tragen sie Hals- und Armketten sowie einen kegelförmigen Kopfschmuck, dessen Abschluss am Haaransatz parallel zu den fast geraden Augenbrauen verläuft. Die wulstigen, großen Lippen und flachen, breiten Nasen geben dem rechteckig geformten Gesicht einen strengen Ausdruck.

Parallel dazu entwickelte sich im nördlichen **Lanna**-Reich ein eigener Kunststil. Bereits vor der Gründung von Sukhothai hatten die Thais in der Gegend von **Chiang Saen** unter dem Einfluss der benachbarten Birmanen und des Mon-Reichs **Haripunchai** einen indisch beeinflussten Stil entwickelt.

Kunstepochen in Thailand

1.– 6. Jh.	Indische Einflüsse
6.–11. Jh.	Dvaravati / Mon
8.–13. Jh.	Srivijaya (Süden)
8.–14. Jh.	Lopburi / Khmer (8.–10. Jh. früh; 11.–13. Jh. mittel; 13.–14. Jh. spät)
13.–15. Jh.	Sukhothai (13.–14. Jh. früh, 14.–15. Jh. spät)
? –14. Jh.	Haripunchai (Norden)
? –13. Jh.	Lanna (Norden)
14.–16. Jh.	Chiang Saen (Norden)
14.–15. Jh.	U Thong
14.–18. Jh.	Ayutthaya
18.–20. Jh.	Bangkok / Ratanakosin

Sukhothai-Periode

Mit der Gründung von Sukhothai durch den Thai-König Ramkhamhaeng war die Grundlage für die Entwicklung einer eigenen Thai-Kultur geschaffen. Typisch für die Tempelarchitektur der Sukhothai-Zeit ist der Lotosknospen-Turm. Die Buddhaskulpturen vollziehen einen deutlichen Wandel, wobei der Khmer-Stil fast völlig umgekehrt wird. Die Gesichter erhalten einen weiblichen, verklärten Gesichtsausdruck. Die spiralförmigen Haarlocken türmen sich über dem ovalen Gesicht in Form einer Stupa und enden in einer stilisierten Flamme. Über einer langen, spitzen Nase vereinigen sich die hochgeschwungenen Augenbrauen, die Lider sind halb geschlossen, während die Mundwinkel leicht nach oben gezogen sind. Die harmonisch fließenden Linien zwischen Kopf und Körper werden durch die langen, nach außen geformten Ohrläppchen unterstützt

U-Thong- und Ayutthaya-Periode

Nach dem Zerfall von Sukhothai übernahm von Mitte des 14.–Mitte des 18. Jhs. das Königreich Ayutthaya im zentralen und südlichen Thailand auch in der Kunst die führende Rolle. In der frühen Ayutthaya-Periode bis zum 15. Jh., auch U-Thong-Periode genannt, nahm man Elemente des Khmer- und Sukhothai-Stils wieder auf, die aber mit dem Erstarken der Großmacht in den Hintergrund traten. Deutlich wirkte sich der Einfluss des Königshofs auf die buddhistische Kunst in einem prunkvollen Stil aus. Zudem griff man europäische Einflüsse auf. Tempel wurden mit überdimensionalen Wandmalereien ausgestattet. Ornamente, Gold und Edelsteine schmückten die Buddhaskulpturen, die im 18. Jh. sogar in Königsgewänder gekleidet wurden. Sie veränderten ihren Ausdruck von der religiösen Entrücktheit der Sukhothai-Periode zu einer majestätischen Distanz. Allerdings wurden Kunstwerke vielfach bereits in großen Mengen hergestellt und verloren an künstlerischer Ausdruckskraft.

Bangkok-Periode

Nach der Zerstörung von Ayutthaya durch die Birmanen 1767 wurden nicht nur viele Schätze, sondern auch Handwerker und Künstler nach Birma verschleppt, die dem Land zu einer erneuten Blüte verhalfen. Die Chakri-Dynastie in Siam begann damit, der neuen Hauptstadt Bangkok die Pracht der zerstörten Königsstadt zu verleihen. 1785 begann man mit dem Bau des Königstempels, Wat Phra Keo. Chinesische und europäische Einflüsse werden seit der Mitte des 19. Jhs. aufgenommen und wie selbstverständlich integriert. Ein gutes Beispiel dafür ist der Königspalast von Bangkok – ein Bauwerk in neoklassizistischer Bauweise mit einem gestaffelten Dach im typischen Ratanakosin-Stil, dem Bangkok-Stil der vergangenen beiden Jahrhunderte.

Buddhistische Tempel

Für die Ausstattung der Tempel und Klöster sind die Thais bereit, finanzielle Opfer zu bringen. Schließlich hat eine Tempelanlage traditionell verschiedene Funktionen zu erfüllen: Sie dient den Gläubigen als Ort für Meditationen, religiöse Zeremonien, Feierlichkeiten und Gebete, den Mönchen als Wohnbereich und Bibliothek, der Dorfbevölkerung als Versammlungsort, Wanderern als Ruhestätte und Übernachtungsmöglichkeit. Die Anlage steht Frauen und Männern, Gläubigen wie Ungläubigen offen, sofern sie die religiöse Stätte respektieren.

Entsprechend der vielfältigen Funktion besteht normalerweise eine Tempelanlage, in Thailand **Wat** genannt, aus mehreren Gebäuden, die von einer Mauer umschlossen sind: Schon von weitem erkennt man einen Tempel am glockenförmigen, spitz zulaufenden Turm, dem **Chedi** – je nach Region und Kulturepoche auch **Pagode** (Myanmar), **Dagoba** (Sri Lanka), **Stupa** (Indien, Nepal) oder **Prang** (Khmer) genannt. Er geht auf hinduistische Ursprünge zurück und beherbergt häufig eine Reliquie Buddhas. Man umschreitet ihn immer im Uhrzeigersinn. Manche Tempeltürme sind begehbar, wobei Frauen in bestimmten Bereichen oft nicht zugelassen sind.

Das religiöse Zentrum bildet die Gebetshalle **Bot**. Der weite Innenraum ist mit vielen, kleineren Skulpturen dekoriert, und die Wände schmücken häufig Wandmalereien oder Ornamente. Im Mittelpunkt dieses heiligen Bezirkes steht eine große Buddhastatue. Im Bot werden religiöse Zeremonien abgehalten. Die Gläubigen sitzen dabei auf dem Boden, die Füße weisen respektvoll nach hinten. In Nord-Thailand gilt ein Bot manchmal als so heilig, dass er von Frauen nicht betreten werden darf. Daneben gibt es eine oder mehrere Seitenkapellen, **Viharn**, in denen sich Mönche versammeln und die Gläubigen beten, sowie ein kleines Bibliotheksgebäude, **Mondhop** genannt, das zum Schutz häufig auf einem hohen Unterbau steht, und **Sala**, offene Pavillons, die Tempelbesuchern Schatten und Schutz vor Regen bieten. Der Klosterbezirk, in dem die Mönche leben, ist von diesen Gebäuden abgetrennt oder grenzt an sie an. Vor dem Betreten eines Tempelgebäudes müssen die Schuhe ausgezogen werden.

Buddhastatuen

Jahrhundertelang wurden Buddhastatuen in Stein gemeißelt, aus Holz geschnitzt, aus Ziegelstein gefertigt und mit Gips überzogen, aus Bronze, Kupfer oder Gold gegossen. Daneben wurden auch hinduistische Götter und animistische Geister in Plastiken und Reliefs dargestellt, blieben jedoch zweitrangig. Obwohl sich die künstlerischen Stilrichtungen und technischen Möglichkeiten im Laufe der Jahrhunderte gewandelt haben, ist die Darstellung von Buddha, dem Erleuchteten, an strengen Prinzipien aus der überlieferten indischen Kunst orientiert. Mit den

Buddhabildnissen will man, entsprechend der Theravada-Lehre, nicht die Person darstellen, sondern an die Lehre erinnern. Von besonderer Bedeutung ist hierbei **Asana**, die Körperhaltung, und **Mudra**, die Handhaltung, als Ausdruck bestimmter Ereignisse und Lebenssituationen Buddhas. Traditionell werden vier Körperhaltungen dargestellt: sitzend, liegend, stehend und schreitend, wobei die erste am weitesten verbreitet ist und in verschiedenen Variationen vorkommt.

Mythologische Figuren

In einigen Plastiken wird der meditierende Buddha auf einer siebenköpfigen Schlange sitzend dargestellt, die ihn vor einem Unwetter schützt. Die buddhistische Lehre erscheint häufig im Gewand der hinduistischen Mythologie.

Nagas, Diener Buddhas, sind halbgöttliche Schlangenwesen, die eine Zwischenwelt bewohnen, ein unterirdisches Königreich. Sie können sich mit ihren magischen Kräften in Menschen verwandeln und mit ihnen Kinder zeugen. Schlangen, manchmal auch Krokodile (das Naga-Symbol der Mon), schmücken Treppenaufgänge und Tempeldächer. Manchmal werden sie in den Klauen ihres erbitterten Erbfeindes, des **Garuda**, abgebildet. Die in Südostasien und Indien verbreitete Darstellung des Königs der Vögel hat die Flügel, Klauen und den Kopf eines Raubvogels, aber den Körper eines Menschen. Er ist das Reittier des Gottes Vishnu und daher auch das königliche Wappentier, denn die thailändischen Könige gelten als Inkarnation Vishnus auf Erden. Entsprechend findet man den Garuda auf Geldscheinen und im thailändischen Wappen.

Ein weiteres königliches Tier ist **Erawan**, der dreiköpfige Elefant, Reittier von Gott Indra und zugleich der hinduistische Gott der Künste und Wissenschaft. Am siamesischen Hof wurden weiße Elefanten als Symbole der königlichen Macht gehalten. Auch der jetzige König besitzt elf weiße Elefanten, die sich überwiegend in Lampang aufhalten. Aus Teakholz geschnitzte Elefanten werden an Schreinen und in Tempeln als Opfergaben dargebracht.

Weitere mythologische Figuren dienen als Tempelwächter, so die **Yakshas**, riesige Figuren mit grimmigen Gesichtern, **Kinnaras** und **Kinnaris**, himmlische Vogelmenschen, oder **Singhas**, die zähnefletschenden, birmanischen Löwen, die vor allem in Nord-Thailand anzutreffen sind.

Mudra – Handhaltungen Buddhas

Die symbolischen Handhaltungen haben unterschiedliche Bedeutungen.
Dhyana: Der in Meditation versunkene Buddha. Im Schoß ineinander verschränkte Hände mit nach oben weisenden Handflächen.
Abhaya: Der furchtlose, Segen und Schutz spendende Buddha. Die rechte in Schulterhöhe erhobene offene Hand mit der nach außen gekehrten Handfläche.
Bhumisparsa: Der die Erdgöttin als Zeugin anrufende Buddha. Die offene herabhängende Hand bei nach innen gekehrter Handfläche.
Vara: Der Segen gewährende, barmherzige Buddha. Die gleiche Handhaltung wie bei Bhumisparsa mit nach außen gekehrter Handfläche.
Vitarka: Die erklärende, argumentierende Handhaltung. Die Handfläche zeigt nach außen, die Finger sind leicht gebeugt, wobei sich der Daumen und Zeigefinger berühren und einen Kreis bilden.
Dharmacakra: Buddha dreht das Rad der Lehre, des endlosen kosmischen Zyklus, womit an seine erste Predigt im Hirschpark von Isipatana erinnert wird. Beide Hände sind in ähnlicher Haltung wie bei Vitarka vor der Brust mit nach innen gekehrten Handflächen ineinander verschränkt.

Geisterhäuschen

Außerhalb der Tempelbezirke huldigt die thailändische Bevölkerung Schutzgeistern. So besitzt jede Stadt einen eigenen Tempel, den **Lak Muang**, in dem der Schutzgeist des Ortes verehrt wird. Jedes Haus hat sein eigenes **Chao Thi**, ein Geisterhäuschen, in dem der Hausgeist wohnen kann. Es wird nach bestimmten Riten errichtet. So darf es z. B. nie im Schatten des zu beschützenden Hauses stehen. Auf einem kleinen Vorbau werden regelmäßig Opfergaben niedergelegt. Je nach Wohlstand und Schutzbedürfnis der Hausbesitzer kann das Geisterhäuschen beachtliche Formen annehmen. So ist der Haustempel des Erawan Hotels in Bangkok (s. S. 148) zu einer Wallfahrtsstätte für die gesamte Bevölkerung geworden. Zudem werden für die Ahnen kleine Tempel erbaut. Vor allem in chinesischen Wohnhäusern, Hotels und Restaurants darf ein Ahnenschrein nicht fehlen.

Kunsthandwerk

Viele Kunstfertigkeiten wurden von Generation zu Generation weitergegeben. Während alte Lackarbeiten, Seidenstoffe und Seladonporzellan kaum erhalten sind, hat sich die Methode ihrer Fertigung in ungebrochener Tradition bis heute bewahrt. Von den Einheimischen werden diese Einzelstücke keineswegs ausschließlich als Souvenirs gekauft, sondern sie kommen noch immer bei Festen und im Alltag zum Einsatz. Die meisten Formen des Kunsthandwerks, die ursprünglich nicht in Süd-Thailand verbreitet waren, wurden von der Tourismusindustrie dorthin importiert. In einigen Touristenzentren können Besucher Handwerkern bei der Arbeit zuschauen.

Seidenweberei

Vor allem in den ärmeren ländlichen Regionen des Nordens und Nordostens weben die Frauen auf einfachen Handwebstühlen Seidenstoffe, die für besondere Festgewänder oder als Geschenke der Ehrerbietung gedacht sind. Die Seidenraupen werden mit Blättern von Maulbeerbäumen gefüttert, bis sie sich in Kokons einspinnen. Nachdem die Reisernte eingebracht ist, beginnt die Zeit des Webens, und in einigen Dörfern ist dann noch immer das monotone Schlagen der Webstühle zu hören. Die Frauen sitzen im Schatten ihrer Häuser und spinnen die feinen Seidenfäden, die anschließend bunt eingefärbt werden. Jim Thompson (s. S. 147) begann mit der industriellen Seidenproduktion.

Naturfarben werden nur noch selten benutzt: das Blau der Indigo-Pflanze, Rot aus dem Sekret eines Insekts und Gelb aus einer Wurzel. Besonders kostbar ist die thailändische „Mut-Mee"-Seide, deren Muster entstehen, indem man die Fäden spannt, abbindet und mehrfach einfärbt, bevor sie gewoben werden.

Silberarbeiten

Birmanische Handwerker, die bereits seit dem 13. Jh. Silber bearbeiteten, brachten diese Kunst auch nach Nord-Thailand, wo neben Schmuck und modernen Gegenständen noch immer die traditionellen Schalen und Gefäße für den religiösen Gebrauch hergestellt werden. Das Silber schmilzt man zusammen mit alten, überwiegend indischen Münzen ein. Die ausgekühlten, dünnen Silberplatten werden anschließend mit Meißeln verschiedenster Größe bearbeitet, bis die entsprechende Form und Dicke erreicht ist. Die feinen Reliefs und Ornamente der Schalen und Gefäße werden anschließend mit feinen Meißeln über einer hölzernen Form herausgearbeitet.

Holzschnitzereien

Schon vor Jahrhunderten wurden die Fassaden und das Innere der Tempel und Wohnhäuser mit plastischen Holzschnitzereien verziert. Besonders schöne Arbeiten findet man an den Giebeln, Türen und Fenstern der Tempel. Monatelang arbeiten Frauen und Männer aus einzelnen Holzstämmen tiefe Reliefs heraus, unter ihren Händen entstehen dreidimensionale Bilder, die von Buddhas Leben oder alten Heldenepen berichten. Für wertvolle Dekorationen, wie die berühmten Elefanten, und für Möbel wird das harte Teakholz verwendet, das einige Jahre ablagern muss, bevor es bearbeitet werden kann.

Sawankhalok-Keramik

Die Technik des unter hohen Temperaturen gebrannten Steinguts war in Nord-China bereits vor 2000 Jahren bekannt. König Ramkhamhaeng von Sukhothai brachte 1294 von einem Besuch in China 300 chinesische Töpfer mit. Sie produzierten in den Brennöfen von Sukhothai Sawankhalok-Keramik, die bis in den Vorderen Orient exportiert wurde. Mit dem Untergang von Sukhothai ging auch die Herstellung der Keramik zurück. Nach einem Krieg zwischen Ayutthaya und Lanna wurden alle Künstler aus Sukhothai, einschließlich der Töpfer, nach Chiang Mai gebracht, wo sich noch heute das Zentrum der Keramikproduktion befindet. Wie früher verwendet man für die Keramik mit der grünlich schimmernden, eisenhaltigen Glasur keine chemischen Zusätze.

Lackarbeiten

Die Yun oder Kern aus den nördlichen Bergen Myanmars sollen diese Kunst auch nach Nord-

Thailand (Chiang Mai) gebracht haben, wo sie noch heute praktiziert wird. Die Herstellung von Schalen, Dosen und anderen Gegenständen erfolgt in einem langwierigen Prozess. Zuerst wird eine Grundform hergestellt, die entweder aus Holz oder bei qualitativ hochwertigeren Gegenständen aus geflochtenem Bambus besteht. Diese wird mit einem Lack bestrichen, der aus Asche, Kalk und dem Saft des Schwarzen-Lack-Baums *(Melanorrhoea usitatissima)* besteht. Nachdem er getrocknet und glatt geschliffen ist, werden weitere Lackschichten aufgetragen (mitunter bis zu 15-mal). Einige Lackarbeiten werden mit Goldfarbe dekoriert, andere Arbeiten sind mehrfarbig verziert; dabei entstehen die Muster durch das Anbringen farbiger Lackschichten oder -ornamente, die anschließend graviert oder abgeschliffen werden.

Tanz, Theater und Musik

Tanz und Theater

Die Heldenepen *Ramayana* (in Thailand *Ramakien*) und *Mahabharata* liefern den Stoff für zahllose klassische Tanz- und Theateraufführungen. Dem thailändischen Maskentanz der Götter und Dämonen, **Khon,** liegt das *Ramakien* zu Grunde. Bei den regelmäßig stattfindenden Aufführungen zeigen die farbenprächtig kostümierten und maskierten Tänzer nur einzelne Episoden. Das *Ramakien* ist eine dramatische Liebesgeschichte zwischen dem tapferen Prinzen Rama, seiner anmutigen Frau Sita und dem ewigen Kampf gegen den heimtückischen Widersacher Ravana. Beim Khon sind Theater, Tanz und Musik auf das Engste miteinander verbunden, denn die klassischen Vorlagen erfordern ein gutes Zusammenspiel von Orchester, Tänzern und Rezitatoren.

Während der Maskentanz in früheren Zeiten nur am Königshof aufgeführt wurde, unterhielt man mit weniger stilisierten, humorvollen und lebensnahen **Lakon-Nok**-Aufführungen im Freien bei Dorf- und Tempelfesten das Volk. Aus dem Lakon Nok entwickelte sich im 18. Jh. der **Lakon Nai**, ein höfisches Tanztheater, das von den Frauen des Königs in graziösen, anmutigen, Bewegungen getanzt wurde. Sie wurden von Orchestern, Sängern und Rezitatoren begleitet, die in getragener Form romantische Epen vortrugen. Das beliebteste Motiv war das von Rama II. geschaffene, 20 000 Verse umfassende Epos *Inao*.

Die älteste Form des Tanztheaters, **Lakon Jatri**, stammt aus dem Süden Thailands und wurde ursprünglich nur von Männern getanzt. Beliebtestes Motiv ist die Geschichte der liebreizenden Vogelprinzessin Manohra, in die sich Prinz Suton verliebt, der sie mit Hilfe des Schlangenkönigs an den Hof des Königs Atityawong entführt.

Musik

Schon immer gab es vielfältige Anlässe, um Menschen mit Musik und Tanz zu unterhalten – zu religiösen Feierlichkeiten gehört eine musikalische Umrahmung ebenso wie zu Staatszeremonien, Dorf- und Familienfesten. Die ersten bekannten Musikinstrumente aus frühester Zeit sind Bronze-Gongs, die sowohl in Thailand als auch in Indonesien und Vietnam ausgegraben wurden. Bronze-Gongs gehören neben Trommeln, Becken, Oboe, Bambusflöte und Bambusxylophon zu den wichtigsten Musikinstrumenten in Thailand.

Man unterscheidet drei Orchestertypen: Am Königshof wird bei Zeremonien und Theateraufführungen das **Pi Phat** gespielt, das aus Gongs, Xylofonen, Metallophonen und Oboe oder Flöte besteht. In Süd-Thailand kann man es heute auch häufig bei Tempelfesten hören und sehen. Im **Mahori-Orchester,** das Solo- und Chorgesänge begleitet, kommen Laute, Zither und andere Saiteninstrumente hinzu. Das **Kruang Sai** hingegen, das ländliche Orchester, verwendet ausschließlich Saiten- und Blasinstrumente.

In der aktuellen **Popmusik** bringen viele Texte das Lebensgefühl der jungen Generation zum Ausdruck, das noch in den 1980er-Jahren stark von den ländlichen Wurzeln bestimmt war. Die berühmteste Band Carabao griff 1985 mit ihrem Lied „Made in Thailand" die Situation Jugendlicher vom Land auf, die, mit den Werten der Großstadt konfrontiert, auf der Suche nach ihrer Identität sind. In den 1990er-Jahren wandelte sich das Bild; die heutigen Stars unterscheiden sich kaum von ihren Kollegen in Hongkong oder den USA. Besonders erfolgreich sind Musiker, deren Lieder von individuellen Problemen der städtischen Jugend handeln, die sich kaum noch von denen anderer Jugendlicher im Westen unterscheiden.

Bangkok 🟧 HIGHLIGHT

Stefan Loose Traveltipps

Wat Phra Keo und Dusit-Museen
Die größten Schätze des Landes warten im Königspalast und in den Dusit-Museen. S. 131

Museum of Siam Die Hintergründe der thailändischen Identität werden in dem attraktiven Museum zeitgemäß präsentiert. S. 134

Chinatown Schmale Gassen voller Menschen und Verkaufsstände. S. 143

Siam Paragon Ein gigantisches Einkaufszentrum und das größte Aquarium Südostasiens. S. 147

Baiyoke II Tower Bei klarem Wetter liegt einem hier die Metropole zu Füßen. S. 148

Chatuchak Weekend Market Der größte Markt Thailands: ein idealer Ort, um außergewöhnliche Souvenirs zu erstehen. S. 149

Restaurantboote Ein romantisches Abendessen bei einer Bootsfahrt durch die erleuchtete Stadt. S. 181

Skybars Kühle Cocktails bei Sonnenuntergang über dem Häusermeer der Millionenstadt. S. 194

RCA Tanzen und Feiern mit den Thais in den angesagtesten Clubs. S. 194

Krung Thep Mahanakhon, die „Stadt der Engel", ist das unumstrittene politische, wirtschaftliche, religiöse und kulturelle Zentrum Thailands. Über Bangkok werden 90 % des Außenhandels abgewickelt, hier wird die Hälfte des Bruttosozialproduktes erwirtschaftet und hier konzentrieren sich religiöse Stätten, Industrie und Administration. Die Hoffnungen vieler Thais auf ein besseres Leben sind mit dieser Stadt verknüpft – kein Wunder, dass die erst 220 Jahre alte Metropole mittlerweile 7 Mio. Einwohner zählt, der Großraum Bangkok sogar über 12 Mio. Jeder achte Thai lebt hier.

Viele ausländische Besucher fühlen sich von den gewaltigen Dimensionen und der Lebendigkeit der Stadt überfordert. Manche empfinden sie absurderweise als langweilig, was oft daran liegt, dass sie sich zu lange in dem für Bangkok absolut untypischen Traveller-Ghetto der Khaosan Road aufhalten. Tatsächlich gibt es kaum eine spannendere, aber auch lebenswertere Metropole in Südostasien: In kaum einer anderen Stadt treten die Gegensätze, die sich im Spannungsfeld zwischen einer traditionellen asiatischen und modernen westlichen Gesellschaft aufbauen, deutlicher hervor. Dicht beieinander liegen Armut und Reichtum, Hektik und Ruhe, Glanz und Elend. In den Straßen pulsiert das Leben: Mitten im Verkehrsgewimmel wird gekauft und verkauft, Bürgersteige werden zu Märkten, Menschenmassen strömen zu den Bussen und in die Geschäfte, während in den schmalen Gassen nebenan Kinder spielen. Nur noch gedämpft dringt der Verkehrslärm in die von Mauern umgrenzten Tempelanlagen, deren prunkvolle Bauten im Schatten weit ausladender Bäume Oasen der Ruhe sind – sofern ihre Freiflächen nicht als Parkplätze vermietet werden. Nirgendwo sonst sprechen so viele Thais Englisch, erhält man so viele Informationen über die Geschichte und Kultur der Nation. Über 400 Tempel, viele Märkte und internationale Restaurants gibt es in der Stadt. Und auch nach Sonnenuntergang wird sich niemand langweilen, denn die Clubs, Pubs mit Livemusik, Kinos, Kunstgalerien und Biergärten haben Weltstadtniveau.

Der Schlüssel zu einem gelungenen Bangkok-Aufenthalt liegt in einer offenen Einstellung, der Bereitschaft die ausgetretenen Touristenpfade zu verlassen und sich auf das thailändische Stadtleben einzulassen und, ganz wichtig, der richtigen Wahl der Wohngegend. Die Hauptstadt Thailands scheint endlos. Es gibt zahlreiche weit auseinanderliegende Zentren, die im Berufsverkehr nur mit langen Fahrten zu erreichen sind. Dazwischen wälzt sich ein Strom von Taxis, qualmenden Bussen, knatternden Tuk Tuks und Motorrädern durch die Stadt und verleiht der Luft ihr typisches „Aroma". Nur die Hochbahn BTS, die U-Bahn MRT und die Expressboote auf dem Fluss Manam Chao Phraya, der sich durch die Stadt schlängelt, ermöglichen auch während der Rushhour ein zufriedenstellendes Reisetempo.

Orientierung

Bangkok hat sich entlang der vier- bis sechsspurigen, stark befahrenen Ausfallstraßen weit ins Umland hinaus ausgedehnt. Die wichtigsten Verkehrsadern, u. a. der Menam Chao Phraya, die Eisenbahn und zwei Expressways, verlaufen in Nord-Süd-Richtung. Im Zentrum werden diese Trassen von breiten, in West-Ost-Richtung verlaufenden Straßen und Expressways gekreuzt. Zwischen Bangkok und der Schwesterstadt Thonburi im Westen stellt der breite Menam Chao Phraya eine natürliche Barriere dar. Die sieben Brücken sind während der Rushhour ständig verstopft.

Von den Hauptstraßen zweigt ein unüberschaubares Netz von schmalen Gassen ab, die **Sois**. Sie sind meist nach der Hauptstraße, von der sie abgehen, benannt und durchnummeriert. Bei Adressen wie 236/1-5 Sukhumvit Soi 29 sorgen neben der Nummer der Soi (29) zudem Blocknummern (236) und Hausnummern (1-5) für Verwirrung.

Im Westen der Innenstadt am Fluss liegt das Travellerviertel **Banglampoo**, an das südlich das historische Zentrum um den großen, ovalen Platz **Sanam Luang** angrenzt. Hier liegen der Königspalast, einige der besten Tempel des Landes und das neue, sehr empfehlenswerte Museum of Siam. Etwas weiter nördlich findet sich die ruhige **Sam Sen**-Gegend, das Regierungs- und Verwaltungszentrum **Thewet** sowie die Palastanlagen von **Dusit**. Westlich des Flusses liegt **Thonburi**, das teilweise noch dörflichen Charme bietet. Weiter im Süden hat sich entlang der Charoen Krung Road die größte **Chinatown** Südostasiens ausgebreitet. Eine Flussbiegung weiter erheben sich in **Sathorn** und **Silom** die chromverkleideten Hochhäuser des modernen Bangkok, das Herz der thailändischen Wirtschaft, aber auch die Vergnügungsmeile Patpong. Weiter nordöstlich, im Zentrum der Stadt, locken im Haupteinkaufsviertel **Siam** schmucke Shopping-Center und Kinos. Östlich davon beginnt die über 400 km lange **Sukhumvit Road**, die auf den ersten 3 km das Touristenzentrum wohlhabender Reisender ist, im weiteren Verlauf zur beliebten Ausländerwohngegend wird und einige der besten Restaurants und Nachtclubs des Landes beheimatet. Daneben gibt es zahllose weitere Stadtviertel, die alle eigenen Charakter haben.

Bangkok ist eine unübersichtliche Stadt, in der die meisten Ziele nicht zu Fuß zu erreichen sind. Gerade deshalb sollte man sich bereits vor der Ankunft Gedanken machen, was man sehen möchte. Möglicherweise lohnt es sich auch einmal innerhalb der Stadt umzuziehen, um mehr als eine Gegend kennenzulernen.

Königspalast und Wat Phra Keo

Wer für Bangkok nicht viel Zeit hat, wird direkt zum Sanam Luang fahren, dem kulturellen Zentrum der Stadt. Der Bereich südlich des Platzes bis zum Fluss beherbergt die Bauten des Königspalastes und des Königstempels Wat Phra Keo, die von hohen, weißen Mauern umgeben sind. Eine ungeheure, märchenhafte Pracht erwartet den Besucher dort. Schon allein deswegen gilt das Palastgelände für jeden Thailand-Reisenden als Muss, denn etwas Vergleichbares gibt es im ganzen Land nicht noch einmal.

Als 1782 der Königspalast nach Bangkok verlegt wurde, wählte man dafür das am höchsten gelegene Gebiet, da es vor Überschwemmungen sicher war. Die hier siedelnden chinesischen Händler mussten in die heutige Chinatown ausweichen. Der Palast wurde mehrfach erweitert und mit Bauten in verschiedenen Stilrichtungen ergänzt. Nur sein nördlicher Bereich und das königliche Wat Phra Keo können besichtigt werden. Während offizieller Staatsempfänge bleibt der gesamte von einer hohen Mauer umgebene Palast geschlossen.

Das bewachte Eingangstor befindet sich am südlichen Ende des Sanam Luang. Einfach mit dem Expressboot am Chang Pier aussteigen. ⏱ 8.30–15.30 Uhr, Eintritt 350 Baht inkl. Informationsbroschüre in Deutsch oder Englisch sowie Eintritt innerhalb von einer Woche zum Dusit-Palast mit dem Vimanmek Mansion (s. S. 137, dorthin mit Bus 70), zum Tempelmuseum sowie zu den Königlichen Kroninsignien, Münzsammlungen und Dekorationen, ☏ 02-623 5500, Ext. 1124, 3100, 🖥 palaces.thai.net/day/index_gp.htm. Ein informativer, auch in deutscher Sprache erhältlicher Audioguide kostet 100 Baht, bei der Ausleihe muss ein Pass hinterlegt werden. Die Wachen am Eingang verbieten Besuchern in kurzen oder sehr weiten Hosen, kurzen Röcken, Strumpfhosen, schulterfreier Kleidung, nach hinten offenen Sandalen u. Ä. (manchmal) den Zutritt bzw. verpassen ihnen gegen Hinterlegung des Passes oder einer Leihgebühr angemessene Kleidung. Die Bedeckung der Schultern mit einem Tuch reicht nicht aus, Dreiviertel-Hosen und hinten geschlossene Sandalen hingegen schon.

Im ersten Gebäudekomplex hinter der Kasse sind die **Königlichen Kroninsignien, Münzsammlungen und Dekorationen** untergebracht – juwelenbesetzte Orden, Fahnen, Münzen vom 11. Jh. bis heute und Wappen. Unter anderem interessant sind die prächtigen Gewänder aus Gold und Edelsteinen für den Jadebuddha, die zum Beginn

> ### Der erste Tag in Bangkok
>
> ■ Erst einmal ankommen, an einem Essenstand, in einem Tempel oder einem Restaurant in der Khaosan Road Platz nehmen und das Treiben beobachten.
> ■ Sich vom Expressboot (s. S. 216) oder von einem Aussichtspunkt (s. S. 149) aus einen Überblick über die Stadt verschaffen.
> ■ Den Besuch im Wat Phra Keo und Einkäufe auf später verschieben.
> ■ Bangkok ist für Touristen eine überaus sichere Stadt, dennoch gibt es einiges, das man wissen sollte (s. S. 67/68, 135 und 205).

der Regenzeit, der heißen und der kalten Jahreszeit gewechselt werden, und die königliche Wiege. ⊙ Mo–Fr 8.30–16 Uhr, Führung auf Englisch um 10 Uhr.

Wat Phra Keo

Durch Eingangstore, die von riesigen Dämonen, den Yaks, bewacht werden, gelangt man in den Tempelbezirk. Er ist von einem überdachten **Wandelgang** umgeben, der mit besonders schönen **Wandmalereien** geschmückt ist. Sie stellen auf 178 Bildern Szenen aus dem thailändischen Ramayana-Epos, dem Ramakien, dar. Die in Thai durchnummerierte Bildgeschichte beginnt hinter dem Viharn Yot.

Im Zentrum der Anlage erhebt sich der über und über dekorierte **Bot des Jadebuddhas**. Ordner sorgen dafür, dass man die Schuhe vor dem Eingang abstellt und sich im Inneren des Bot (Fotografieren verboten!) auf den kühlen Boden setzt, wobei die Füße nach hinten zeigen sollten.

Die Wandmalereien, die den gesamten Innenraum bedecken, stellen das Leben Buddhas dar. Auf einem mehrstufigen Altar thront die mit einem goldenen Gewand bekleidete, 66 cm hohe Buddhastatue aus Nephrit, einer Jadeart. Sie gilt als Beschützerin des Landes und der Dynastie.

Gegenüber dem Haupteingang zum Bot stehen auf einer hohen Marmorplattform verschiedene Gebäude. In wohl keinem Bildband fehlt das von zwei vergoldeten Chedis umgebene **Königliche Pantheon**, dessen mehrfach gestaffeltes Dach von einem Prang gekrönt wird. Goldene Kinaras, mythische Wesen, halb Vogel, halb Mensch, bewachen das Gebäude. Daneben ragt die Bibliothek für die Heiligen Schriften des Therawada-Buddhismus (Triptaka) mit pyramidenförmigem Mondhop-Dach empor.

Der große, goldene **Chedi** hinter der Bibliothek enthält eine Reliquie Buddhas. Das steinerne **Modell des Tempels von Angkor Wat** nördlich der Bibliothek entstand zu einer Zeit, als Kambodscha ein Vasallenstaat Siams war.

Dahinter, auf der unteren Ebene, steht die mit glasierten Tonblumen verzierte Gebetshalle **Viharn Yot**. In der **Viharn Phra Nak**, im Nordwesten, wird die Asche der verstorbenen Angehörigen der Chakri-Dynastie aufbewahrt. Das Gebäude **Ho Monthien Dhamma**, in der nordöstlichen Ecke der Anlage, diente zur Aufbewahrung heiliger Schriften.

Die Palastbauten

Zum Königspalast gelangt man durch das südwestliche Tor hinter dem Bot. Das erste Gebäude im Thai-Stil, die **Amarin Winitchai-Thronhalle**, ließ Rama I. als Gerichtshalle erbauen, später wurde sie für Krönungsfeierlichkeiten und Empfänge genutzt. In der Halle steht ein Thron mit dem neunstufigen, weißen Schirm des Herrschers sowie ein Thron mit einem mehrfach gestaffelten Dach, in dem noch heute Buddhastatuen bei religiösen Zeremonien ausgestellt werden. Beide sind reich dekorierte Herrschaftssymbole und wurden von König Rama I. genutzt.

Am großen Platz erhebt sich der **Chakri Maha Prasad-Palast**, dessen Fassade im Renaissancestil so gar nicht zu den siamesischen Spitzdächern und Türmen der Umgebung passt. Die großen Empfangshallen im 1. Stock und die zentralen Räume, in denen die Urnen der letzten Könige verwahrt werden, sind ebenso wie alle anderen Räume nicht zugänglich.

Der kleine, graziöse **Umkleidepavillon** nebenan gilt als typisches Beispiel thailändischer Architektur. Dahinter steht der von Rama I. als Krönungshalle geplante **Dusit Maha Prasad-Palast**, der seit seinem Tod nur noch für Totenfeiern genutzt wird.

Im westlichen Bereich wird im **Tempelmuseum** eine interessante Ausstellung über die Restaurierungsarbeiten Anfang der 1980er-Jahre gezeigt. Im 1. Stock sind steinerne Buddhastatuen aus Java und andere Votivgaben, ein großer, gelackter Wandschirm und der Manangasila-Thron zu sehen.

Wat Pho

Südlich vom Königspalast gelangt man über die Sanam Chai Road zum Wat Pho oder Wat Phra Chetuphon, dem Tempel mit dem liegenden Buddha, einem der wichtigsten Tempel des Landes. Bereits 1789 begann unter Rama I. der Bau dieses Klosters auf dem Areal eines Wats, das aus dem 16. Jh. stammen soll. Rama III. ließ Anlage renovieren und für die schreibunkundige

Die Geschichte des Smaragdbuddhas

Um den Smaragdbuddha, oft auch Jadebuddha genannt, ranken sich zahlreiche Legenden. Man vermutet, dass er aus Indien stammt. 1434 schlug ein Blitz in den Chedi eines Tempels in Chiang Rai ein. Dabei kam unter einer Hülle aus Gips die grüne Figur zum Vorschein. Da Chiang Rai damals von Chiang Mai aus regiert wurde, wollte man die von der Bevölkerung verehrte Statue dem König übergeben. Doch der Elefant, der die Statue in die Hauptstadt bringen sollte, lief nach Lampang. Als sich dies mehrfach wiederholte, beließ man den Smaragdbuddha 32 Jahre lang dort. Erst 1468 wurde er nach Chiang Mai gebracht und in der östlichen Nische des Chedi Luang aufgestellt. 1551 nahm ihn der befreundete König von Laos mit nach Luang Prabang, und als die Hauptstadt unter dem Druck der angreifenden birmanischen Truppen nach Vientiane verlegt wurde, transportierte man die Buddhastatue dorthin. 1778 brachten die Thais den Jadebuddha als Kriegsbeute nach Thonburi und sechs Jahre später an ihren jetzigen Platz im Wat Phra Keo.

Bevölkerung das Allgemeinwissen jener Zeit an den Tempelwänden bildhaft darstellen.

In den weitläufigen östlichen Tempelbezirk mit Bot geht es durch den Eingang in der Chetuphon Road. Die meisten Touristen, die nur der Viharn mit dem ruhenden Buddha sehen wollen werden vor den nordwestlichen Eingang in der Thai Wang Road gefahren. Bei einem Besuch nach 17 Uhr, wenn der Viharn mit dem ruhenden Buddha geschlossen ist, sind nur noch wenige Touristen in der Anlage. ⏱ 8–21 Uhr, ☎ 02-225 9595, 🖥 www.watpho.com/en/home/index.php.

Der Viharn mit dem **ruhenden Buddha**, Eintritt 50 Baht, nimmt den nordwestlichen Bezirk ein. Die vergoldete, 45 m lange, liegende Statue symbolisiert Buddha bei seinem Eingang ins Nirvana. An den Fußsohlen stellen 108 Tafeln aus Perlmutt-Einlegearbeiten die Tugenden eines wahrhaften Buddhisten dar. Es bringt Glück, in jede der 108 Almosenschalen vor der Statue 25 Satang zu werfen (Schalen mit Kleingeld werden angeboten).

Südlich des Viharn, hinter dem chinesischen Pavillon, steht die Bibliothek, an die ein Teich mit einem kleinen Aussichtsberg angrenzt. Östlich davon umschließt ein Wandelgang mit zahlreichen Buddhastatuen die vier großen, mit farbigen Kacheln bedeckten **Chedis** in Grün, Orange, Gelb und Blau. Durch zwei von Tempelwächtern bewachte Tore erreicht man den westlichen Tempelbezirk.

Gleich dahinter stehen zwei kleine Pavillons. Die Innenwände des nördlichen Gebäudes sind mit medizinischen Motiven bemalt. Während der Regentschaft von Rama III. wurde im Wat Pho eine Medizinschule gegründet, in der vor 150 Jahren die ersten Studenten unterrichtet wurden. Etwa 20 steinerne Figuren im Hof zeigen Positionen dieser von indischen Gelehrten verbreiteten Massageart.

In den Galerien, die an den Kardinalpunkten von vier **Viharn** unterbrochen werden, sind etwa 400 Buddhafiguren aus unterschiedlichen Epochen hinter schützendem Glas untergebracht. Die Eingänge zum zentralen **Bot** werden von Bronzelöwen bewacht. Die 152 Marmorreliefs auf dem Sockel und die mit Intarsienarbeiten verzierten Eingangstore stellen detailliert Episoden aus dem *Ramayana* dar. Szenen aus dem Leben Buddhas zieren die Innenwände.

Das südlich der Chetuphon Road an die Sakralbauten angrenzende Kloster ist mit über 300 Mönchen das größte von Bangkok.

Die heutige Massageschule liegt außerhalb der Tempelanlage, 392/25-28 Soi Pen Phat 1, Maharaj Rd., ⏱ 8–17 Uhr, ☎ 02-221 2974, in der kurzen Soi südlich vom Wat Pho ab Maharaj Rd. in Richtung Fluss. Hier kann man sich für 250 Baht pro Std. fachkundig massieren lassen. Die meisten Ausländer machen den empfehlenswerten fünftägigen Grundkurs für 8500 Baht. Dieser ist Voraussetzung für den 30-Tage-Kurs. Es gibt weitere Ableger in der Chaengwatthana im Norden, in Salaya westlich von Bangkok und in Chiang Mai. Der 30-Tage-Kurs wird nur in Chaengwattana angeboten, wo es auch Unterkunftsmöglichkeiten gibt. Auch außerhalb des Klosters Richtung Fluss werden professionelle Massagen angeboten.

Museum of Siam

Das 2008 eröffnete **Museum of Siam** im ehemaligen Gebäude des Handelsministeriums südlich vom Wat Pho verfolgt einen weitaus moderneren Ansatz als das verstaubte Nationalmuseum. Der historische und kulturelle Werdegang Thailands und seiner Einwohner wird mit zahlreichen aufwendigen Medieninstallationen mit viel Humor dargestellt. ⓘ Di–So 10–18 Uhr, Eintritt 300 Baht, ab 5 Pers. 150 Baht, kein Eintritt nach 16 Uhr, an Feiertagen und für alle unter 15 und über 60, ✆ 02-225 2777, 🖳 www.ndmi.or.th.

Ein einführender Film stellt sieben Charaktere vor, die Besucher durch die 16 chronologisch angeordneten Galerien führen. Zunächst werden einige Kulturmerkmale vorgestellt, die als „typisch Thai" gelten. Danach beginnt der historische Teil, der die frühen internationalen Handelsbeziehungen, die buddhistische Lehre, die Ayutthaya-Periode und die Gründung Bangkoks als neue Hauptstadt erläutert. Im Anschluss wird in vier Galerien der traditionelle dörfliche Lifestyle mit den Entwicklungen der Moderne kontrastiert. Ein beliebtes Fotomotiv ist der bunte Nachbau eines Diners aus den 1960er-Jahren und ein alter Sportwagen.

Im Laufe des überaus empfehlenswerten Rundgangs erfahren Besucher viel Spannendes und Wissenswertes über die thailändische Geschichte und Kultur, sodass sich eine Stippvisite gut als Einstieg in das Land, aber auch zur Vertiefung bereits vorhandenen Wissens anbietet. Neben der sehr empfehlenswerten Dauerausstellung finden Wechselausstellungen zu Lifestyle-Themen statt.

Nationalmuseum

Das größte Museum Thailands möchte einen Überblick über die Geschichte des Landes vermitteln. Allerdings präsentiert es seine Schätze seit Jahrzehnten unverändert und völlig unattraktiv. Man muss schon ein Kunstliebhaber sein, um den Rundgang durch die teils muffigen, schlecht klimatisierten Hallen mit den lieblos präsentierten Sammlungen zu genießen. ⓘ Mi–So außer feiertags 9–16 Uhr, Eintritt 200 Baht, ✆ 02-215 8173, 🖳 www.nationalmuseums.finearts.go.th/thaimuseum_eng/bangkok/main.htm. Fotografieren im Inneren verboten. Do um 9.30 Uhr findet eine deutschsprachige 90-minütige Führung zur Kunst und Kultur Thailands statt, 🖳 www.museumvolunteersbkk.net/html/germanpage.html. Das kleine Restaurant hinter dem Haus Nr. 17 kommt mit seinen Plastiktischdecken ebenso unattraktiv daher wie das ganze Museum.

Die **Buddhaisawan-Kapelle** rechts vom Eingang wurde für eine der am meisten verehrten Buddhastatuen, Phra Buddha Singh, errichtet. Die über 200 Jahre alten restaurierten Wandmalereien stellen 28 Szenen aus Buddhas Leben dar. Die ehemalige **Audienzhalle** links von der Kapelle vermittelt einen chronologischen Überblick über die Thai-Geschichte. Zwischen Dioramen und Informationstafeln lohnt es, nach den Goldschätzen aus Ayutthaya Ausschau zu halten. Im nahe gelegenen sogenannten **Roten Haus** lebten mehrere Prinzessinnen und Konkubinen.

Der zentrale Bau des Museums war das **Palastgebäude** des Zweiten Königs, der eine Art Stellvertreterfunktion hatte. Es beherbergt dekorative Kunst aus der jüngeren Bangkok-Periode, prunkvoll dekorierte Sänften und Elefantensättel *(Howdah)* ebenso wie Khon-Masken, Puppen und Spiele, Silber, Porzellan, Sawanhalok-Keramik, Musikinstrumente und Textilien.

Der alte Bereich wird von zwei Museumsgebäuden aus den 1970er-Jahren umrahmt. Der Rundgang beginnt links vom Eingang. Die prähistorische Sammlung enthält u. a. ein neolithisches Grab, und schöne Ban Chiang-Keramik. Zudem umfasst dieser Bereich Lopburi- und Khmer-Kunst aus dem 10.–13. Jh., frühe Hindu-Skulpturen, Dvaravati-/Mon-Kunst, javanische Hindu-Steinskulpturen aus dem 7.–11. Jh., darunter ein schöner Ganesha (der Elefantengott), sowie hinduistische und buddhistische Kunst des Srivijaya-Reiches aus dem 13. Jh.

Im nördlichen Gebäude sind u. a. Skulpturen, Keramiken und Textilien der Bangkok-Periode untergebracht. Im 1. Stock gelangt man zu Kunstobjekten aus Chiang Saen, Chiang Mai, Sukhothai und Ayutthaya. Auf dem Weg zum Ausgang lohnt ein Blick in Halle 17, wo prunkvolle Sänften und Trauerkutschen für Verbrennungsfeierlichkeiten stehen.

Weitere Gebäude rings um den Sanam Luang

Auf dem ovalen Phra Mane-Platz vor dem Königspalast, bekannt als Sanam Luang ("Königswiese"), finden in der Trockenzeit **Drachenwettkämpfe** an großen Feiertagen zentrale Veranstaltungen statt. Auch bei politischen Kundgebungen dient der Platz häufig als Versammlungsort.

Nationaltheater und Nationalgalerie

Im **Nationaltheater** werden klassische Tänze, aber auch populäre Khon-Dramen aufgeführt. Programminformationen Mo–Fr 8.30–16.30 Uhr unter ✆ 02-224 1352. Von November bis Mai finden Sa und So ab 16.30 Uhr im Garten des Nationalmuseums Aufführungen statt, Eintritt 50–200 Baht.

Die **Nationalgalerie** (National Gallery of Art), 4 Chao Fa Road, stellt Werke moderner Künstler aus und beherbergt das nationale Filmarchiv. Die ständige Ausstellung vermittelt auf zwei Stockwerken einen guten Einblick in die Entwicklung der darstellenden Künste Thailands während der vergangenen 100 Jahre und der religiösen und höfischen Malerei. Daneben liegt ein Raum für Sonderausstellungen. ⏰ Mi–So 9–16 Uhr, Eintritt 30 Baht, ✆ 02-282 2639, 🖥 www.nationalgallery.go.th.

Thammasat-Universität

Die Thammasat-Universität, ✆ 02-613 3333, 🖥 www.tu.ac.th/eng, eine der größten Universitäten der Stadt, wurde 1976 als Zentrum des politischen Widerstands von Polizei und Militär mit Waffengewalt gestürmt. Auf dem Campus kann man Englisch sprechende Studenten kennenlernen. In regionalen Fachbereichen für den Norden und Nordosten wird u. a. die Kultur dieser Regionen (z. B. die Musik auf traditionellen Instrumenten) gepflegt. Die meisten Studenten werden auf dem neuen Campus weit außerhalb, nahe dem alten Don Muang Airport, unterrichtet.

"Guter" Rat kann teuer werden

Besonders am Sanam Luang wird man von Tuk-Tuk-Fahrern, seriös aussehenden Einheimischen und sogar von Europäern zum Kauf von Edelsteinen oder Seide sowie überteuerten Reiseangeboten überredet. Da bereits seit Jahren viele Touristen auf diese Tricks hereinfallen und große Mengen Geld verlieren, möchten wir noch einmal eindringlich vor solchen Schleppern warnen (s. S. 205). Es ist kein Fehler, resolut aufzutreten und mit der Polizei zu drohen.

Silpakorn-Universität

In den alten Universitätsgebäuden neben dem Palast wird u. a. Kunst unterrichtet und ausgestellt. Besuchern zugänglich sind das **Art Centre Silpakorn University**, ⏰ Mo–Fr 9–19, Sa 9–16 Uhr, ✆ 02-221 3841, 🖥 www.art-centre.su.ac.th (nur auf Thai), sowie die **Art Gallery** in der Faculty of Painting, ⏰ Di–So 9–16.30 Uhr, die **Gallery of Art and Design** in der Faculty of Decorative Arts, ⏰ Mo–Sa 10–18 Uhr, und die **Phrapromphijit Gallery** in der Faculty of Architecture, ⏰ Mo–Sa 10–18 Uhr.

Wat Mahathat

In der schmalen Seitenstraße hinter der Nationalbibliothek, gegenüber der Universität, liegt im Wat Mahathat, die buddhistische **Mahachulalongkorn University**, 🖥 www.mcu.ac.th/En/index.php. An dieser Stelle stand bereits vor der Gründung Bangkoks ein Tempel, der von Rama I. zu einem der wichtigsten religiösen Zentren umgestaltet wurde. Das Wat, eines der größten des Landes, ist das Zentrum für Studien der Pali-Schriften und alter religiöser Überlieferungen. Es beherbergt in seinem abgegrenzten Klosterbereich zwischen 300 und 400 Mönche. Im Wandelgang, der das Heiligtum umgrenzt, stehen zahlreiche Buddhastatuen. In die dahinter liegenden Wände sind die Urnen Verstorbener eingelassen. ⏰ 6–19 Uhr.

Das auf Englisch ausgeschilderte **Meditationszentrum** (Section 5), ✆ 02-623 5881, Ext. 1, 🖥 www.mcu.ac.th/IBMC, im südwestlichen Tempelbereich steht auch ohne Voranmeldung Ausländern offen. Um 7, 13 und 18 Uhr beginnen zwei- bis dreistündige Vippasana-Meditationen mit einer kurzen Einführung, die sich auch für Anfänger eignen. Von 20–21 Uhr kann man an religiösen Unterweisungen auf Englisch teilnehmen. An der Rezeption gibt es Informationen über Meditationszentren und -kurse.

In den Läden in der Phra Chan Road und in einem überdachten Markt in der Maharaj Road hinter dem Tempel werden Heilkräuter, Schutz- und Glücksamulette sowie andere Dinge für religiöse Zeremonien verkauft (Handeln nicht üblich).

Lak Muang-Schrein

Nordöstlich vom Wat Phra Keo, jenseits des Verteidigungsministeriums (mit Kanonen im Garten), wurde am 21.4.1782 um 6.54 Uhr, dem astronomisch berechneten „Geburtstermin" der neuen Königsstadt, der Grundstein Bangkoks gesetzt. Er markiert nicht nur das Zentrum des Landes, von dem aus alle Entfernungen gemessen werden, sondern ist auch Sitz des Schutzgeistes der Stadt. Den phallusförmigen, aus Holz geschnitzten Grund„stein" schützt ein neues Gebäude, dessen Dach von einem Prang gekrönt wird.

Besucher bekleben Repliken des Grundsteins mit Goldplättchen, umwickeln sie mit bunten Tüchern und stellen Kerzen und Blumen auf. Zu Ehren des Schutzgottes werden Opfergaben dargebracht und zum Dank für erfüllte Wünsche auf einer kleinen Bühne **traditionelle Tänze** aufgeführt. Besonders Lotteriespieler und kinderlose Paare bitten um das große Glück, dem zudem mit der Freilassung von Vögeln und Schildkröten, die auf der Straße verkauft werden, nachgeholfen werden kann.

Banglampoo

Wer genug von Kultur und Tempeln hat, kann die Chakraphong Road hinauflaufen und im traditionellen Einkaufsbezirk Banglampoo stöbern gehen. In seinem Zentrum hat sich die Khaosan Road zum größten Travellertreffpunkt Südostasiens entwickelt. Mehr Infos zu Übernachtung, Restaurants, Unterhaltung und Einkaufen ab S. 151, Karte S. 162/163.

Wat Bowonniwet

In diesem berühmten Tempel gründete Kronprinz Mongkut 1827 das Zentrum der Dhammayuti-Sekte, die strengen Regeln folgt. Der Kronprinz lebte 14 Jahre hier, bevor er 1851 König wurde. Auch Rama VI. und Rama VII. sowie der heutige König verbrachten vor ihrer Krönung einige Zeit als Mönche in diesem Kloster. Im Tempel befindet sich das Studienzentrum für Heilkräuter sowie die Pali-Schule, die Mahamonkut Buddhist University. Tempel ⏱ 8–21 Uhr, 💻 www.watbowon.org.

Im **Bot** steht eine berühmte, 4 m hohe bronzene Buddhafigur aus der Sukhothai-Periode. Die Wandmalereien berichten von den Verfehlungen der Menschen, ihrer zunehmend besser werdenden Lebensführung unter dem Einfluss des Buddhismus, bis sie am Ende die gelbe Robe tragen. Es ist interessant, dass hier die europäischen Einflüsse positiv dargestellt werden – westliche Gebäude, Pferderennen, Schiffe mit Missionaren, ja sogar Kirchgänger in westlicher Kleidung. ⏱ 8–8.40 Uhr.

Phra Sumen Fort

An der Einmündung des Klong Banglampoo in den Menam Chao Phraya stehen Reste der Stadtmauer und das achteckige **Phra Sumen Fort**. Rama I. ließ die neue Stadt mit einer Mauer, 14 Forts und Kanonen befestigen. Bis auf zwei Festungen wurden die Mauern unter Rama V. geschleift und an ihrer Stelle Straßen angelegt. Rings um die Bastion lädt ein kleiner **Park** mit Bänken, Sitzterrassen und dem kleinen **Santichaiprakarn-Pavillon** zum Ausruhen ein. Über die neue Fußgängerpromenade gelangt man am Flussufer entlang zur Phra Pinklao-Brücke.

Wat Indraviharn

Nördlich von Banglampoo steht das **Wat Indraviharn** – Eingang über die Wisut Kasat Road oder von der Samsen Road über Soi 10 Trok Wat In. Durch diese schmale Gasse gelangt man nach etwa 100 m auf einen kleinen Platz mit einem restaurierten Tempel, der von einer 32 m hohen, stehenden Buddhastatue überragt wird. Die großen Füße, auf denen Gläubige Blumen niederlegen, sind ein beliebtes Fotomotiv. ⏱ 8.30–17 Uhr.

Khaosan Road

Zu Beginn des Filmes *The Beach* (2000) streift Richard alias Leonardo DiCaprio durch die quirlige Khaosan Road. Zwar wird man das Guesthouse aus dem Film vergeblich suchen, denn es handelt sich um das On On Hotel in Phuket Town, aber die vollgepackten Straßenstände, Zöpfchenflechter, Straßencafés und exotisch gekleideten Traveller aus dem Film findet man durchaus vor. Während sich hier vor Jahren noch selten Urlauber sehen ließen und die internationale Backpacker-Szene unter sich blieb, ist die Khaosan Road mittlerweile eine etablierte Sehenswürdigkeit geworden.

Bis in die späten 1970er-Jahre unterschied sich diese belebte Gegend mit ihren vielen Stoffgeschäften durch nichts von anderen Altstadtstraßen. Dann eröffneten die ersten beiden Gästehäuser in den schmalen Seitengassen, die die steigende Nachfrage schnell nicht mehr decken konnten, sodass sich Traveller in den oberen Zimmern der Ladenhäuser einmieteten. Es folgten zahllose Hostels, Musik- und Bücherläden, Reisebüros, Restaurants, Schmuckgeschäfte und andere Läden, die den Bedürfnissen der Traveller Rechnung tragen. Illegale Drogengeschäfte sind unter den aufmerksamen Blicken der Polizei, deren Zentrale mitten im Geschehen liegt, weniger offensichtlich als früher.

Hunderte von Gästehäusern aller Komfortklassen füllen sich Abend für Abend mit Neuankömmlingen. Ab 17 Uhr wird die Khaosan Road für den Durchgangsverkehr gesperrt und zur Flaniermeile. Dann kommen auch Einheimische, um die bunte Travellerwelt zu bestaunen und in den zahlreichen Bars einen Drink zu nehmen. Selbst Modedesigner sollen sich hier Anregungen holen. Mutige lassen sich Zöpfchen flechten oder ein mehr oder weniger permanentes Tattoo machen. Zudem lockt das einst verrufene Backpackerquartier mit immer schickeren Restaurants und Gästehäusern. Ebenso gut besucht sind die Gassen rings um das Wat Chai Chana Songkhram. Hinter der Tempelmauer gibt es Essenstände und in einem umgebauten VW-Bus werden Cocktails gemischt. Weitere Infos über die Khaosan Road auf der Website 🖥 www.khaosanroad.com.

Dusit

König Chulalongkorn (Rama V.) und sein Vater, König Mongkut, waren die ersten Herrscher, die europäischen Einflüssen offen gegenüberstanden. Nach einer Europareise ließ sich Chulalongkorn von westlichen Architekten Straßen, Brücken und Paläste errichten. Als Verlängerung der Ratchdamnoen Klang Road in nordöstlicher Richtung entstand so die **Ratchdamnoen Nok Road**, eine breite Prachtstraße, die der König 1904 jeden Nachmittag mit einem der ersten Automobile Südostasiens entlangtuckerte. Hier finden am Nationalfeiertag und zum Geburtstag des Königs die großen Paraden statt. Der Boulevard endet am **Denkmal von König Rama V**. Noch heute lebt die Königsfamilie im weitläufigen, von einer Mauer umgrenzten **Chitralada-Palast**, der nicht besichtigt werden kann.

Nördlich der Kreuzung mit der Wisut Kasat Road finden im **Rajadamnern Stadium** Thai-Boxkämpfe statt (s. S. 198).

Vimanmek Mansion

Das Highlight des Dusit-Komplexes: König Rama V. residierte 1901–06 in diesem luftigen, vierstöckigen Teakholzpalast, der ursprünglich auf Ko Si Chang vor der Stadt Si Racha in der Provinz Chonburi stand. Das größte Teakholzhaus der Welt wurde in den 1930er-Jahren nur kurzzeitig von einer der Nebenfrauen des Königs bewohnt und aus Anlass der 200-Jahr-Feier Bangkoks 1982 als Museum wieder hergerichtet.

Bei einem Rundgang durch einige der 31 im originalen Stil eingerichteten Zimmer und Galerien erhalten Besucher einen guten Eindruck von den Lebensverhältnissen am königlichen Hof. Historische Fotos von der langen Europareise des Königs, Möbel, Porzellan und Kristall aus Europa und China sowie die erste westliche Schreibmaschine und Badewanne des Landes zeugen von der weltoffenen Haltung der Monarchen. Das kleine Gästehaus hinter dem Palast wurde in einer Bauzeit von nur sieben Monaten aus Teakholz errichtet. Abgesehen vom Fußboden wurden dabei keine Nägel verwendet.

Die lohnenden Innenräume können nur im Rahmen einer Führung besichtigt werden. Englische Touren beginnen zwischen 9.45 und

Dusit-Museen

Inmitten einer weitläufigen, gepflegten Parkanlage liegen das Vimanmek Mansion, die Ananta Samakhom-Thronhalle und 15 weitere als Museen umgestaltete historische Gebäude. Sie vermitteln einen guten Überblick über die Zeit der Herrschaft der Bangkok-Könige und lohnen einen mehrstündigen Besuch. ⏲ außer feiertags 9.30–16 Uhr, letzter Einlass 15.15 Uhr. Die Eintrittskarte zum Königspalast berechtigt auch zum Besuch aller Museen in diesem Komplex und bleibt eine Woche lang gültig, ✆ 02-628 6300-9, Ext. 5120–21, 🖳 www.vimanmek.com. Wer nur die Museen sehen möchte, zahlt 100 Baht. Mehrere Selbstbedienungs-Restaurants sorgen für das leibliche Wohl. Eine Karte des Parks gibt es auch auf Deutsch. Eingänge gegenüber dem westlichen Zoo-Eingang und von der Ratchawithi Road. Verbindungen vom östlichen Sanam Luang mit Non-AC-Bus 3, 30–33 oder 64 bis Ratchawithi Road. Dort umsteigen in den Non-AC-Bus 18 oder 28 Richtung Victory Monument. Karte S. 152/153.

15.15 Uhr jede halbe Stunde und dauern 90 Minuten. Die Kleiderordnung wird hier noch strenger gehandhabt als im Königspalast: Frauen sollen einen langen Rock oder eine Hose und geschlossene Schuhe tragen! Taschen und Kameras müssen in Schließfächern verstaut werden.

Ananta Samakhom-Thronhalle

Im Auftrag von König Chulalongkorn (Rama V.) entwarfen italienische Architekten 1907 einen opulenten Kuppelbau aus glänzendem Marmor im neovenezianischen Renaissancestil als Thronhalle. Die vom berühmten Künstler Galileo Chini geschaffenen Deckengemälde im Inneren des Doms stellen die historischen Ereignisse während der ersten sechs Generationen der Chakri Dynastie dar. König Rama V. wird auf einem Wandbild wie ein Heiliger von seinen Untertanen verehrt, während auf einem anderen Gemälde Repräsentanten aller Weltreligionen dem König Mongkut (Rama IV.) ehrfürchtig Respekt zollen.

Als 1932 die absolute Monarchie abgeschafft wurde, zog das Parlament in das Gebäude ein. Mittlerweile ist ein neues Parlamentsgebäude errichtet worden, und die ehemalige Thronhalle dient repräsentativen Zwecken. So fanden hier Ende 1996 die prächtigen Feierlichkeiten zum 60. Thronjubiläum von König Bhumipol statt. Das Original-Gedeck des Banketts kann bewundert werden.

In einem Großteil der Hallen wird die beeindruckende **Sammlung der Support Foundation** von Königin Sirikit präsentiert. Die besten Handwerker des Landes schufen in aufwendiger Handarbeit über 20 prachtvolle Werke zu Ehren des Königs und der Königin. Überall blitzt und blinkt es golden und silbern. Die verspielte Detailfülle der Objekte offenbart sich erst bei genauerem Hinsehen: So beeindruckt der Busabok Mala, eine Insignie der Königswürde, aus Holz, Gold, Silber, Emaille, Nielloarbeiten und Damaszener mit eingearbeiteten grünen Schildkäferflügeln, bunten Lackarbeiten und perfekt geschnitzten Wächterfiguren. Goldene oder mit Diamanten besetzte Howdahs – Sänften, die Könige früher auf den Rücken von Elefanten in die Schlacht beförderten – demonstrieren die Vielfalt des thailändischen Kunsthandwerks. Auch aufwendige Nachbildungen von Sänften und königlichen Barken, sowie dreidimensional wirkende Schnitzereien und Stickereien bezeugen die außerordentliche Fingerfertigkeit der Künstler und ihre Hingabe gegenüber der königlichen Familie. Einige Räume der Halle sind buddhistischen Zeremonien vorbehalten und können nicht besichtigt werden.

Die Räumlichkeiten können mit einem Audioguide erkundet werden. Frauen in Hosen und Männer in kurzen Hosen bekommen einen Wickelrock, kein Einlass für Männer mit schulterfreien Shirts. ⏲ Di–So 10–18 Uhr, letzter Einlass um 17 Uhr, Eintritt 150, Studenten 75 Baht, ✆ 02-283 9411, 🖳 www.artsofthekingdom.com/EartsofA.html.

Weitere Museen des Komplexes

Textil- und Muschelmuseum (HRH Princess Orathai Thep Kanya Residential Hall): Die qualitativ hochwertigen, größtenteils weit über 100 Jahre alten Textilien stammen aus königlichem Besitz. Das breite Spektrum umfasst Mut Mee-Seidenstoffe aus dem Nordosten und Kambodscha, Songket-Stoffe von der Malaiischen Halbinsel, die mit Gold- und Silberfäden durchwirkt sind, farbenfrohe indische Stoffe sowie feine Stempelbatiken. Fotos von überwiegend weiblichen Mitgliedern des Hofes in traditioneller Kleidung schmücken die Wände. Ausführliche Beschreibungen auch in englischer Sprache machen diese Ausstellung zu einem Muss für Textilfans. Im Nachbargebäude, das durch einen Übergang zu erreichen ist, sind in Vitrinen und Glastischen Muscheln aus aller Welt ausgestellt – sehr dekorativ, aber ohne Erläuterungen. In einem Gebäude nahe dem Eingang sind besonders schöne einheimische Textilien zu sehen.

Royal Elephant National Museum: Das kleine Museum befindet sich in zwei unter Rama V. und Rama VII. errichteten ehemaligen Ställen für die königlichen weißen Elefanten. Die Tiere sind nun unter besseren Bedingungen in Lampang, Sakhon Nakhon und Hua Hin untergebracht. Fotos, Modelle, Elfenbeinschnitzereien, Ganesha-Statuen und andere Gegenstände belegen, dass Elefanten nicht nur als Wappentier Thailands eine große Bedeutung beigemessen wird.

Abhisek Dusit Thronhalle: In der 1903 erbauten Halle im morischen Stil sind kunsthandwerkliche Produkte der königlichen Support-Stiftung ausgestellt, darunter Mut Mee-Seide, Niello-Waren und fein geflochtene Körbe, die in vom König initiierten Projekten entstanden sind.

Suan Bua Residence: Es lohnt sich, zwischen vielen Geschenken, historischen Fotos, Bootsmodellen und Buddhastatuen nach dem Stammbaum von Chulalongkorn Ausschau zu halten.

Fotogalerie (HRH Princess Bussaban Bua-Phan Residential Hall und **HRH Princess Arun-Wadi Residential Hall):** In den beiden Häusern sind Fotos zu sehen, die der König geschossen hat. Besonders interessant sind einige Privatfotos, die den leidenschaftlichen Hobbyfotografen als Familienmenschen zeigen, aber auch Bilder von seinen Reisen durch das Land, die aus seiner Perspektive einen ganz neuen Blick vermitteln. Weitere Fotos vom König ergänzen die Ausstellung.

Gemäldegalerie (Suan Kularb Residential Hall): Hier hängen Ölgemälde, gemalt von König Bhumipol.

Old Clock Museum (HRH Princess Puang Soi Sa-Ang Residential Hall): In der ehemaligen Residenz von König Chulalongkorn, die später von Offizieren bewohnt wurde, sind Standuhren und andere königliche Souvenirs aus Europa und Amerika sowie Präsente ausgestellt.

Krom Luang Vorased Thasuda-Residenz: Sie beherbergt eine prähistorische Ausstellung, darunter ausgezeichnet erhaltene Ban Chiang-Keramik aus dem Besitz der Prinzessin Maha Chakri Sirindhorn.

Suan Farang Kangsai-Residenz: Wenig interessant ist die Sammlung von Porträts und Ausrüstungsgegenständen hochrangiger Offiziere.

Suan Hong-Residenz: Das zweistöckige Holzhaus wurde 1902–10 von der Königin Savang Vadhana bewohnt und enthält Fotos von offiziellen königlichen Zeremonien und vom Kronprinzen Maha Vajiralongkorn.

Tam Nak Ho (Newlyweds Residential Hall): Ausstellung persönlicher Gegenstände der Frau von Rama VII. und Keramik und Töpferwaren, die im Golf von Thailand gefunden wurden.

Royal Carriage Buildings: Hier hat eine Sammlung königlicher Kutschen Platz gefunden.

Suan Si Rue Du Residence: Ausstellung von Gegenständen aus der persönlichen Sammlung von König Bhumipol.

Wat Benchamabopitr (Marmor-Tempel)

Südöstlich des Museumsbereichs in einem hübschen Park steht Wat Benchamabopitr, allgemein als Marmortempel bekannt, da er unter König Chulalongkorn weitgehend aus weißem Carrara-Marmor erbaut wurde. Der Haupteingang zum Bot wird von zwei weißen Marmorlöwen bewacht. Der Bot selbst ist nur an Festtagen geöffnet. Ansonsten gelangt man durch einen Seiteneingang in den Innenraum mit einer großen Buddhastatue. Der mit Marmorplatten gepflasterte Innenhof ist von einer Galerie umgeben, in der 52 lebensgroße Buddhastatuen stehen, die zu den schönsten des Landes zählen. ◐ 8–17 Uhr, Eintritt 20 Baht, ✆ 02-281 3277, 🖥 www.watbencha.com/index-e.html.

Dusit-Zoo

Ein Besuch des Zoos lohnt sich allein schon zum Auftanken. Obwohl er nicht gerade mit großen Sensationen aufwartet, bummeln am späten

Nachmittag viele junge Thais durch die Parkanlage und genießen einen der entspanntesten Gärten der Stadt. Im Restaurant am See werden zu akzeptablen Preisen Seafood- und andere Thai-Gerichte serviert. An Wochenenden ist der Zoo mit thailändischen Familien überfüllt und nicht besonders erholsam. ⏱ 9–18 Uhr, Eintritt 100 Baht, Kinder 50 Baht, ✆ 02-281 2000, 🖥 www.zoothailand.org/index.php?lang=en.

Thonburi

Die Schwesterstadt westlich des Flusses wurde 1767 nach der Zerstörung von Ayutthaya die erste Zufluchtsstätte der zersprengten Armee unter König Taksin bis Rama I. 1782 nach Bangkok übersiedelte. Seither konzentriert sich nicht nur das politische Leben, sondern auch Handel und Industrie am östlichen Flussufer. Auch wenn heute die beiden Millionenstädte zu einem dicht besiedelten Großraum mit gemeinsamer Verwaltung zusammengewachsen sind, scheint die Verstädterung in Thonburi noch nicht so weit fortgeschritten wie in Bangkok. Der Verkehr auf den **Klongs**, den kleinen Verbindungskanälen, hat im Zuge des Straßenausbaus deutlich abgenommen. Mehr über die Klongs s. **eXTra [2692]**.

Die Königlichen Barken

Am Klong Bangkok Noi sind vor der Arun Amarin-Brücke, in der Nähe des Rod Fai Piers in einer Bootshalle am Nordufer, die Königlichen Barken untergebracht. Die 51 Boote sind mit Holzschnitzereien und Lackarbeiten kunstvoll verziert. Allerdings können nur einige der prunkvollsten besichtigt werden. Aus einem einzigen Teakbaum ist die 46 m lange, graziöse königliche Barke *Suwana Hongsa* gearbeitet, deren Bug der kampfbereit aufgerichtete Kopf des Hamsa (eines mythischen Vogels und Transportmittels des Gottes Brahma) ziert und die in einem hoch aufgerichteten Schwanz endet. Die zweite königliche Barke ist die 45 m lange *Ananta Nagaraj* mit dem siebenfachen Schlangenkopf, dem Symbol des Wassers. In ihr befand sich während der letzten Prozessionen eine heilige Buddhastatue. Das dritte und älteste Boot *Anekajati Bhujonga* stammt aus der Zeit von König Rama V. und ist mit filigranen Nagaschlangen verziert. Die großen Boote werden von zahlreichen kleineren Barken eskortiert, die mit Hanumanfiguren, grimmigen Wächtern, Tigerköpfen, gehörnten Drachen und anderen mythischen Fabelwesen geschmückt sind. Einige transportieren das Orchester, andere sind mit Kanonen bestückt. ⏱ 9–17 Uhr, Eintritt 100 Baht, Fotoerlaubnis 100 Baht, Videoerlaubnis 200 Baht, ✆ 02-424 0004.

Zu den Königlichen Barken gelangt man auf zwei Wegen: zum einen über einen schmalen Weg nach der Brücke hinter dem Bahnhof in Thonburi (leicht zu übersehender Wegweiser), zum anderen vom Wat Dusitaram hinter der Phra Pinklao-Brücke aus. Beide sind mit Hinweisschildern markiert. Von der Endstation des AC-Busses 3 ist es nicht weit zu den Königlichen Barken *(Royal Barges)*. An der Brücke hält auch der Non-AC-Bus 19 ab Sanam Luang. Zudem fährt ein Shuttleboot vom Phra Arthit Pier (Banglampoo) von 10–16 Uhr für 20 Baht, hin und zurück 40 Baht.

Gerichtsmedizinisches Institut

An der Mündung des Klong Bangkok Noi in den Menam Chao Phraya ist der alte Bahnhof von Thonburi ab dem Phra Chan Pier zu erreichen. Das **Siriraj-Krankenhaus** südlich des Bahnhofs war vor über 100 Jahren das erste westliche Krankenhaus des Landes. Es hat im **Siriraj Medical Museum** etwas makabre Ausstellungsstücke zusammengetragen. Im Gerichtsmedizinischen Institut im 2. Stock des Adulayadejvikrom Building sind Skelette, konservierte Organe und Körper von Mördern und deren Opfern – einschließlich der Mordwerkzeuge – zur Besichtigung freigegeben. Das Ellis Pathological Museum umfasst 4000 Präparate von Kranken und alte Laboreinrichtungen. Im Parasitology Museum sind tropische Parasiten und Tiere zu sehen, die für den Menschen gefährlich werden können. Zudem sind weiter südlich im Anatomy Building im 3. Stock des Congdon Anatomical Museum allerlei Präparate, missgebildete Föten, in Streifen geschnittene oder auf einzelne Aspekte reduzierte menschliche Körper, Organe und Skelette zu bewundern. Die angestaubte prähistorische Sammlung im Erdgeschoss ist weniger interessant ebenso wie die Abteilung über die

Geschichte der Thai-Medizin im Ouay Ketusing Museum im anderen Gebäude. ⏱ Mo–Sa 9–16 Uhr, Eintritt 40 Baht, für Kinder und Studenten Eintritt frei, ☎ 02-419 7000, Ext. 6363, 💻 www.si.mahidol.ac.th/museums/en/index.htm.

Wat Arun

Jeden Morgen lässt die aufgehende Sonne die mit chinesischem Porzellan bedeckten Prangs in vielen verschiedenen Farben erstrahlen, daher wird der Wat Arun auch Tempel der Morgenröte genannt. Die verschieden hohen Türme symbolisieren das buddhistische Universum, in der Mitte der heilige Berg Meru, den die Weltmeere umgeben. Innerhalb der Tempelmauern stehen steinerne Figuren – u. a. ein europäischer Kapitän –, die als Schiffsballast aus China nach Thailand gelangten. Sie sind auch in anderen Tempeln zu finden. Immer steiler werdende Treppen führen den höchsten Prang (86 m) hinauf. Die oberen Plattformen sind für Touristen nicht zugänglich.

Auch der **Bot** lohnt einen Besuch. Ist der Zugang vom Tempel aus geschlossen, gelangt man über einen weiteren Eingang von der Gasse nördlich des Tempels in den Hof. Hier sind steinerne chinesische Statuen ähnlicher Art in großer Zahl aufgereiht. Der Wandelgang ist mit bunten Blumenmotiven bemalt, und auch das Innere des Bot ist mit Wandmalereien bedeckt. Rings um den Tempel lauern Fotografen und Souvenirhändler auf Touristen. ⏱ 8–17 Uhr, Eintritt 20 Baht, ☎ 02-891 1149, 💻 www.watarun.org/index_en.html. Vom Tha Thien Pier setzen Fähren zum Wat Arun über.

Das südliche Thonburi

Das riesige **Wat Kanlayanimit** steht 500 m südlich vom Wat Arun, am Ende der Soi Wat Kanlaya, zu erreichen über die Israphap und Thetsaban Sai 1 Road. Von Bangkok fahren einige Fähren ab Rajini Pier hierher – vom selben Pier verkehren auch Fähren zur Santa Cruz-Kirche. Im Glockenturm im Hof hängt die größte Bronzeglocke Thailands. Weit beeindruckender ist die riesige sitzende Buddhafigur im höchsten Viharn der Stadt, vor der die überwiegend chinesischen Besucher winzig wirken. Die verbliebenen Wandgemälde weisen starke chinesische Einflüsse auf. Nur wenige Touristen kommen hierher, die Anlage macht einen etwas verwahrlosten Eindruck. ⏱ 6–18 Uhr.

800 m weiter südlich (zurück zur Thetsaban Sai 1 Road und nach links zum Soi Kuti Cheen) erreicht man die **Santa Cruz-Kirche** (Wat Kuti Cheen) inmitten des ehemaligen portugiesischen Viertels, des ersten europäischen Geschäftszentrums, von dem heute kaum noch etwas zu sehen ist. Seit dem 16. Jh. lebten portugiesische Diplomaten, Händler und Missionare im Land. Nach der Zerstörung von Ayutthaya ließen sie sich hier nieder und errichteten eine kleine Kirche, die 1913 durch das heutige unspektakuläre Bauwerk ersetzt wurde. Die Grotte neben der Kirche wird von Gläubigen mit Jasminkränzen geschmückt. ⏱ 5–19 Uhr, Gottesdienste um 6 und 19 Uhr.

Am gegenüberliegenden (Bangkok-)Ufer erstrecken sich die Hallen des Lebensmittel- und Blumengroßmarktes **Pak Klong Talat**, in denen vor Sonnenaufgang am meisten los ist.

Rings um den Golden Mount

Ratchdamnoen Road

Zu Beginn dieses Jahrhunderts wurden die Ratchdamnoen Klang und die Verlängerung Ratchdamnoen Nok Road angelegt. Gemeinsam bilden sie einen prunkvollen, breiten Boulevard vom Sanam Luang zur Ananta Samakhom-Thronhalle (S. 138), der von Regierungs- und Verwaltungsgebäuden gesäumt ist. An der Ecke Tanao Road erinnert das **14. Oktober 1973 Memorial** mit Fotos und Zeitungsausschnitten an die blutigen Auseinandersetzungen an jenem Tag (s. S. 112). Inmitten eines Kreisverkehrs erhebt sich das **Demokratie-Denkmal**, das an den Staatsstreich im Jahre 1932 und das Ende der absoluten Monarchie erinnert. Wer die Reliefs aus der Nähe bewundern möchte, muss es erst durch den dichten Verkehr schaffen, was nahezu unmöglich ist.

Einstmals umgrenzte eine **Stadtmauer** entlang des Klong Banglampoo und des Klong Ong Ang das Stadtgebiet. Ein Teil davon ist an der Brücke restauriert worden. Vom dahinter liegenden Phanfa Pier legen Boote ab, die in die östlichen Vororte fahren.

Die von Queen Sirikit geförderte **The Queen's Gallery**, 101 Ratchdamnoen Klang Road, stellt in ihren hellen, klimatisierten Räumen moderne Gemälde und Skulpturen zeitgenössischer einheimischer Künstler aus. Ihr sind ein kleiner Shop und ein Café angeschlossen. ⊙ außer Mi 10–19 Uhr, Eintritt 20 Baht, ✆ 02-281 5360-1, 🖳 www.queengallery.org (nur auf Thai).

An der Mahachai Road wurde ein kleiner Park mit einer **Gedenkstätte für König Rama III.** und einem Pavillon errichtet. Südlich davon befinden sich mehrere Tempel.

Loha Prasat und Wat Ratchanatda

Hinter dem Park erhebt sich 36 m hoch der eigentümliche Metallpalast **Loha Prasat**, der an indische Tempelbauten erinnert. Viele kleine Türmchen sind auf drei quadratischen Ebenen pyramidenförmig angeordnet. Manchmal ist es möglich, über die zentrale Wendeltreppe zur obersten Plattform hinaufzusteigen. ⊙ 9–17 Uhr.

Hinter der Gedenkstätte für Rama III. steht **Wat Ratchanatda**. Die Anlage wurde für eine Nichte Ramas III. errichtet. Im Viharn befindet sich eine Statue des Königs. ⊙ 9–17 Uhr, der Viharn ist nur gegen 16 Uhr zum Gebet geöffnet.

Im angrenzenden Astrologiezentrum lassen sich Besucher aus der Hand lesen. Im südlichen Vorhof sowie in der Gasse jenseits des überbauten Klongs vor Wat Theptidaram werden an zahlreichen Ständen eines **Amulettmarktes** religiöse Statuen und Glücksbringer sowie Aphrodisiaka verkauft. Vor einem zerfallenen, überwucherten Mondhop neben dem Markt bringt man Opfergaben dar. Mehr zu Amuletten s. **eXTra [2693]**.

Südlich des Klongs steht ein weiterer großer, aber einfacher Tempel, **Wat Theptidaram**. Der Bot und die Prangs sind mit Mosaiken geschmückt. Im Hof stehen Figuren, die als Schiffsballast aus China hierherkamen. Inmitten der Mönchsquartiere kann das Wohnhaus des berühmten thailändischen Dichters **Sunthon Phu** besichtigt werden.

Es ist weitaus angenehmer, die ruhige Gasse zwischen den Mönchsquartieren hindurch nach Süden zu laufen als auf der belebten Mahachai Road entlang der Stadtmauer.

Golden Mount

Den Zusammenfluss der drei Klongs überragt der 79 m hohe, von 1782–1800 künstlich aufgeschüttete **Golden Mount** mit dem goldglänzenden Chedi von **Wat Saket**. Der Chedi enthält eine Reliquie Buddhas, die hoch verehrt wird – v. a. während des Tempelfestes im November. Zum Golden Mount gelangt man am besten durch den westlichen Eingang an der südlichen Borpat Road, östlich des Klongs, sowie an der Chakraphadipong Road durch eine schmale Palmenallee zwischen einer kleinen Schule und dem Wat Saket. Die Anlage ist ein luftiger und ruhiger Ort für eine kurze Verschnaufpause vom Trubel und dem Straßenlärm. Von der oberen Plattform des Chedi bietet sich eine schöne Aussicht. ⊙ 7–18 Uhr, Eintritt 10 Baht.

Wat Suthat und Umgebung

Folgt man der Borpat Road Richtung Süden kommt man zum **Ban Batt-Viertel**, in dem noch traditionelle Mönchsschalen *(batt)* hergestellt werden. Schilder weisen den Weg zu den Produktionsstätten. Die Almosenschalen werden aus acht Metallen zusammengefügt, die den edlen achtfachen Pfad des Buddhismus symbolisieren. Heute ist das Handwerk vom Aussterben bedroht, und die Handwerker leben hauptsächlich vom Verkauf der Schalen an Touristen. Mehr Infos unter 🖳 www.banbatt.com.

Anschließend geht es auf der Bamrung Muang Road Richtung Westen. In mehreren Geschäften wird eine faszinierende Sammlung von vergoldeten Buddhastatuen, Almosenschalen und anderem Tempelzubehör verkauft. In einem Kreisverkehr an der verkehrsreichen Straße steht die restaurierte, etwa 25 m hohe **Riesenschaukel** *(giant swing)*. Bei einem hinduistisch-brahmanischen Fest wurden lebensgefährliche Schaukelwettkämpfe ausgetragen, bis sie unter Rama VII. 1933 verboten wurden.

Südlich der Schaukel erhebt sich der etwa 200 Jahre alte **Wat Suthat**, der nach dem Schutzgott Bangkoks benannte „Palast von Indra". Seine schönen **Wandmalereien** gehören zu den bedeutendsten Zeugnissen thailändischer Kunst. Bronzepferde, Pagoden und steinerne Figuren im chinesischen Stil umgeben den großen Viharn, auf dessen wunderschönen, mit Schnitzereien verzierten Teakholztüren Themen aus dem Ramayana dargestellt sind. Die Innenwände sind bemalt mit Szenen aus den

Leben der legendären 28 Buddhas, während die Motive auf den acht Säulen der hinduistisch-buddhistischen Kosmologie entnommen sind. Im Zentrum des Raumes steht die 8 m hohe **Buddhastatue Sri Sakyamuni** aus der Sukhothai-Periode. Den Viharn umgrenzt ein Wandelgang mit 156 Buddhastatuen. Auch der Bot, weiter südlich, beeindruckt durch seine Größe und durch hübsche Wandmalereien. König Rama VIII., dessen Bronzestatue im Vorhof steht, wurde im Tempel beigesetzt. Ihm zu Ehren findet alljährlich am 9. Juni eine königliche Zeremonie statt. ⏲ 9–21 Uhr, Eintritt 20 Baht.

Östlich vom Tempel auf dem Mittelstreifen der Unakan Road steht der kleine **Hinduschrein Vishnu Mandir** unter Schatten spendenden Bäumen, die mit Glöckchen behängt sind. Der Gottheit Vishnu opfern Gläubige Teller mit Gaben und Blumenkränze. Zudem steht nordwestlich von Wat Suthat etwas versteckt in der Dinso Road der brahmanische **Bot Phram**. Zu den mit gelben Blumenkränzen geschmückten Schreinen der Gottheiten Vishnu vor dem Tempel, Shiva, der schwarzen Statue im Tempel, Ganesha (Elefantengott) und Skanda (Kriegsgott, kleiner Schrein links vom Eingang) kommen Thai-Brahmanen um zu beten. Die ursprünglich aus Südindien stammenden Mitglieder der obersten Hindukaste sind für die Durchführung von überlieferten brahmanischen Riten am Königshof zuständig.

Wat Ratchabophit

Einen Abstecher zum hübschen Wat Ratchabophit am Ostufer des Klong Lod sollte man sich nicht entgehen lassen. Er wird von einem 43 m hohen, mit goldfarbenen Keramikkacheln bedeckten Chedi überragt. Die Eingangstore sind mit geschnitzten Soldaten unterschiedlicher Einheiten verziert. ⏲ 5–18 Uhr, 🖥 ratchabophit.blogspot.com.

In der südöstlichen Ecke des Tempelareals befindet sich das Grab der Ehefrau Ramas V. und im Tempelbereich an der Atsadang Road, der meist nur von der Straße aus zu besichtigen ist, die Gräber der königlichen Familie, die zum Teil gotischen Kirchen nachempfunden sind.

Westlich des Tempels, jenseits der Fußgängerbrücke über den Klong, steht ein **Schwein-Denkmal**. Das vergoldete Tier wurde zur Erinnerung an die im Jahr des Schweins geborene Ehefrau von Rama dem V. errichtet.

Chinatown

Die endlos lange Straße vom Wat Pho Richtung Osten, die **Charoen Krung Road** (auch New Road), wurde als erste Straße der Stadt unter Rama IV. 1851–1868 entlang eines ehemaligen Elefantenpfades gebaut. Zu dieser Zeit wurde in Bangkok noch alles auf dem Wasser transportiert. Europäische Händler, die ihre Lagerhallen am Fluss hatten, forderten vom König eine Straße, um einen besseren Warentransport zu gewährleisten.

Old Siam Plaza und Pahurat-Markt

Im Block, der von der Charoen Krung Road, Pahurat, Tripet und Burapha Road umgrenzt wird, wurde der ehemalige Ming Muang-Markt zum **Old Siam Plaza** umgebaut, einem fünfstöckigen Einkaufszentrum. Viele Geschäfte, die v. a. Textilien, Porzellan, Waffen und Schmuck anbieten, sind rings um drei überglaste Innenhöfe angeordnet. In einem der Höfe lockt ein Food Market mit einheimischen Süßigkeiten.

Entlang der Pahurat Road und in den schmalen Gängen zwischen den alten Holzhäusern

Ein Besuch der Chinatown

Etwa 6 Mio. Chinesen leben in Thailand, zum Teil schon seit vielen Generationen. Weitaus stärker als in anderen Ländern haben sie sich in die Thai-Gesellschaft integriert oder wurden assimiliert.
Ein Besuch der Chinatown ist während der großen chinesischen Feste (Fest der hungrigen Geister im 7. Monat des chinesischen Kalenders, Mondkuchenfest Mitte des 8. Monats) und der Neujahrsfeierlichkeiten besonders interessant. Dann wandelt sich die Yaowarat Road zu einer riesigen Festmeile mit Verkaufs- und Essensständen, Küchenchefs zeigen ihre Künste, und es finden Umzüge mit Löwentänzen, chinesische Opernaufführungen und andere kulturelle Veranstaltungen statt. Weitere Infos 🖥 www.bangkok.com/chinatown.

werden auf dem **Pahurat-Markt** Textilien, von Saris bis zu Brokatstoffen für Tempeltänzer, Schmuck und vieles mehr angeboten – günstig, aber ohne viel Exotik. Dazwischen verkaufen Essenstände indische Currys und Snacks.

Die Wohn- und Geschäftshäuser hinter dem indischen Markt überragt die goldene Kuppel des **Sikh-Tempels** Gurdwara Siri Guru Singh Sabha. Besucher, die sich in dem modernen, sehr sauberen, etwas kühl wirkenden Gebäude umsehen wollen und um Erlaubnis fragen, sind willkommen und bekommen das erforderliche Kopftuch ausgeliehen.

Chinesische Märkte und Tempel

Von der Pahurat Road Richtung Osten gelangt man in die 1 km lange und nur 4–5 m breite **Sampeng Lane** (Soi Wanit 1), durch die sich Lastkarren, Motorräder und Einkäufer drängen. In dem einstigen verruchten Hafenviertel voller Opiumhöhlen, Spielsalons und Bordellen quellen die kleinen offenen Läden über mit preiswerten Artikeln. Da die Häuser eng zusammenstehen und zum Teil durch ein hohes Dach vor der Sonne abgeschirmt sind, ist es hier selbst mittags relativ kühl.

In den parallel verlaufenden Hauptstraßen **Yaowarat** und **Charoen Krung Road**, wo sich ein Geschäft an das nächste reiht, bauen fliegende Händler auf den schmalen Bürgersteigen ihre Stände auf und verkaufen Kleinkram. Welch ein Kontrast zu den dahinter liegenden, mit Gold und Jade vollgepackten Schmuckläden und den großzügigen, klimatisierten Verkaufsräumen für aphrodisische Antilopengeweihe und wertvolle Schwalbennester! Exotische Düfte weisen den Weg zu traditionellen chinesischen Apotheken, die jedem Kunden die passende Medizin aus ungewöhnlichen Bestandteilen zusammenbrauen. Auf den Bürgersteigen östlich vom großen **Wat Chaichana Songkhram** werden Uhren, Taschenrechner und Batterien feilgeboten.

Erholsamer ist ein Spaziergang durch die parallel zum Fluss verlaufende **Songwad Road**, vorbei an kleinen Tempeln und den mit Reis, Nelken, Pfeffer und anderen Produkten vollgepackten alten Lagerhäusern der Großhändler. Von Frachtkähnen werden die Waren auf Lkw verladen. Am **Ratchawongse Pier** legen die Expressboote an.

Auf dem chinesischen Markt in der **Soi Isaraphap** werden exotische Zutaten für die chinesische Küche verkauft, von denen Hühnerfüße und Seegurken noch die harmloseren zu sein scheinen.

Ein besonders schöner chinesischer Mahayana-Tempel, der **Leng Noi Yee** (Thai-Name: Wat Mangkon Kamalawat), steht an der Charoen Krung Road zwischen Mangkon und Phlapphla Chai Road. Durch ein hohes, prächtiges Tor betritt man einen ausgedehnten Hof, der von der 1871 erbauten Tempelanlage begrenzt wird. Hinter dem aufwendig dekorierten Haupttempel liegen mehrere kleinere Räume, in denen Wahrsager und Heilkräuterverkäufer ihren Geschäften nachgehen.

Die chinesische Gemeinde hat 1999 zu Ehren von König Bhumipol zu dessen 72. Geburtstag am südlichen Ende der Yaowarat Road ein gigantisches **China Gate**, ein Eingangstor zur Chinatown, errichtet. Am kleinen Informationsschalter erhält man eine gute Karte mit Vorschlägen für Rundgänge durch die Chinatown.

Wat Traimit

Der massiv-goldene Buddha im Wat Traimit, Charoen Krung, Ecke Traimitr Road, wiegt etwa 5 t. Die aus dem 14. Jh. stammende eindrucksvolle Statue wurde erst im Jahr 1955 durch Zufall entdeckt: Als ein vermeintlicher „Stuck"-Buddha aus einer Tempelruine in diesen neuen Tempel gebracht werden sollte, fiel er zu Boden, und unter den Rissen kam die versteckte Goldstatue zum Vorschein. Unter einem Banyan-Baum im Vorhof wird dem Hindugott Brahma geopfert. ◷ 8.30–17 Uhr, Eintritt 20 Baht, ✆ 02-623 1279.

Hua Lamphong

Im Osten endet die Chinatown am Hauptbahnhof der Stadt, Hua Lamphong, der 1890 nach dem Vorbild des Bahnhofs von Manchester errichtet wurde. Entsprechend ist der Kopfbahnhof mit seiner großen, überdachten Halle ausgestattet.

Ein Hauch von Luxus breitet sich aus, wenn vom linken Gleis der Eastern & Oriental Express abfährt, dessen Passagiere in einem separaten Wartesaal abgefertigt werden.

Silom

Über die Charoen Krung Road gelangt man weiter Richtung Süden in das älteste Banken- und Geschäftsviertel der Stadt. Wer sich nicht dem Lärm und den Abgasschwaden des dichten Verkehrs aussetzen möchte, kann mit dem Expressboot über den Menam Chao Phraya bis zum Sathorn Pier fahren.

River City und Umgebung

Kaum zu übersehen sind das beliebte River City-Einkaufszentrum, in dem zahllose Souvenirs und auf alt getrimmte „Antiquitäten" angeboten werden, und das angrenzende Royal Orchid Sheraton, eines der größten Hotels der Stadt. Inmitten dieser modernen Bauten wirkt die **Portugiesische Botschaft** südlich des Si Phraya Piers wie ein Relikt aus der Vergangenheit. Leider umgibt sie eine hohe Mauer, sodass das schöne Gebäude nur vom Fluss aus zu sehen ist.

Nördlich des Si Phraya Piers erheben sich die Türme der **Rosenkranz-Kirche**, auch Kalwar Church genannt. Bereits kurz nach der Zerstörung von Ayutthaya errichteten Portugiesen hier eine katholische Kirche. Das heutige Gebäude mit schönen Bleiglasfenstern stammt allerdings aus dem Jahre 1897. ⏰ 6–21 Uhr.

Vom Fluss her nicht zugänglich ist das große **Hauptpostamt**. König Rama V., dessen Denkmal vor dem Hauptgebäude steht, führte 1883 das Postsystem in Thailand ein und wenig später auch das Telefon.

Vom Oriental nach Süden

Das traditionelle **Oriental Hotel** zählt zu den Hotellegenden Asiens und hat nach wie vor seinen Platz unter den Weltbesten. Wer einen Blick in den alten Flügel (Garden Wing) werfen möchte, sollte sich ordentlich anziehen und den Nebeneingang über die Einkaufspassage oder durch den Garten benutzen, denn die Portiers wimmeln Nichtgäste ab. Im Hotel ist fast alles noch so wie zu der Zeit, als Joseph Conrad, Somerset Maugham oder Noel Coward hier abstiegen. Bei einem Drink auf der Terrasse hat man einen herrlichen Blick auf den Sonnenuntergang über dem Fluss.

Vorbei am kolonialen Gebäude der **East Asiatic Company**, das zur Jahrhundertwende von einem dänischen Geschäftsmann errichtet wurde, gelangt man zu einem Platz. Er ist von den Schulgebäuden des Assumption College und einer der größten Kirchen der Stadt, der katholischen **Assumption-Kathedrale** (Maria Himmelfahrts-Kathedrale) im englischen Kolonialstil, umgeben. Durch bunte Bleiglasfenster wird das in Ockertönen gehaltene Innere der Kirche erleuchtet. Der Altar ist aus französischem Marmor. Sonntags um 10 Uhr findet ein englischsprachiger Gottesdienst statt.

Auf dem **Fischmarkt**, weiter südlich in der Soi 58 ist gegen 2 Uhr morgens am meisten los.

Silom Road

Mehrere Straßen verlaufen von der Charoen Krung Road unter dem neuen Highway hindurch Richtung Osten. Die interessanteste ist die belebte Silom Road. Hier findet sich ein Heiligtum ganz besonderer Art, der **Sri Mariamman-Tempel**, ein Hindutempel der Shakti-Sekte, der 1879 von südindischen Tamilen erbaut wurde (Fotografieren verboten). Neben der Urmutter Uma Devi, Krishna, Kali, Rasmi, Khandakumara, einem Shiva-Lingam, Ganesh und anderen hinduistischen Gottheiten hat auch Buddha hier seinen Platz. Während des größten Hindufestes Thaipusam Ende Januar/Anfang Februar und beim Navratri Festival im Oktober steht der Tempel im Mittelpunkt des Geschehens. Gäste sind gern gesehen. ☎ 02-238 4007.

Gegenüber in der Soi 20 erhebt sich hinter der Markthalle die **Masjid Mirasuddeen**, eine der rund hundert Moscheen der Stadt im orientalischen Baustil. ⏰ 6–20 Uhr, ☎ 02-238 4007. Die Straße ist von zahlreichen Essensständen gesäumt.

Ein Liebesbeweis ganz besonderer Art befindet sich an der Surawongse Road, Ecke Soi 18: In einem kleinen Garten steht der elegante, neoklassizistische Bau der **Neilson Hays Library** mit einer guten Bibliothek und regelmäßigen Kunstausstellungen. Der weiße Bau wurde in den 1920ern von einem wohlhabenden Briten zu Ehren seiner an Cholera verstorbenen Frau erbaut und von dem italienischen Architekten gestaltet, der bereits für die pompösen Bauten der Ananta Samakhom-Thronhalle und des Hua Lamphong-Bahnhofs verantwortlich war. Die hohen Räume lassen architektonische Parallelen erkennen. Im Garten finden regelmäßig Bücher-Flohmärkte statt. ⏲ Di–So 9.30–17 Uhr, 🖥 www.neilsonhayslibrary.com.

Am östlichen Ende der Silom Road liegt eine der berühmt-berüchtigten Amüsiermeilen Bangkoks, die **Soi Patpong**. Auf den ersten Blick wirkt sie mit ihrem touristischen Straßenmarkt ab 17 Uhr fast wie eine Flaniermeile. Die Go-go-Bars im Erdgeschoss werden sogar von Reisegruppen angesteuert, denn Patpong gehört zu den „Sehenswürdigkeiten" der Stadt (s. S. 191).

Lumphini Park

Am Ende der Silom Road erstreckt sich eine der wenigen großen Grünflächen der Stadt: der Lumphini-Park, der am Wochenende ein beliebtes Ausflugsziel für Familien ist. Vor dem Park steht das **Denkmal von König Rama VI**. Im Schatten der Bäume halten Angestellte aus den benachbarten Büros ihr Mittagsschläfchen und am frühen Morgen praktiziert man Schattenboxen und Tai Chi. Während Kinder auf den Spielplätzen und über den Rasen toben, zieht es Erwachsene auf den Fitness-Parcours und die Fußball- oder Takraw-Plätze. An den Kanälen kann man große Warane bestaunen, die sich in der Sonne aufwärmen. Während der Trockenzeit findet im zentralen Pavillon ein klassisches Musikfestival statt. Tretboote können gemietet werden. Nach Einbruch der Dunkelheit sind hier viele zwielichtige Gestalten unterwegs, sodass es besser ist, den Park dann zu meiden. Von der nordöstlichen Ecke führt ein Fußgänger-Hochweg mit Spielplätzen über den Slum hinweg in die Sukumvit-Gegend.

Etwas weiter südöstlich sind im großen **Lumphini Stadium** Thai-Boxkämpfe zu sehen (s. S. 198). Die MRT-Station Lumphini befindet sich in unmittelbarer Nähe.

Der **Suan Lum Night Bazaar**, Rama IV, Ecke Witthayu Road, wurde aufgrund auslaufender Pachtverträge im Dezember 2010 geschlossen. An seiner Stelle werden weitere Bürohochhäuser errichtet. 2012 soll ein neuer Suan Lum Night Bazaar neben der MRT Ratchada eröffnet werden. Alternativ ist ein großer, touristischer Nachtmarkt in der Sukhumvit Soi 101 geplant, der aber erst nach der Verlängerung der BTS für Touristen interessant sein wird. Auch das **Joe Louis-Puppentheater**, der einzige Ort in Bangkok, an dem traditionelles thailändisches Puppenspiel *(hun lakorn lek)* aufgeführt wurde, ist geschlossen. Darbietungen der Truppe finden in Pattaya statt.

Schlangenfarm

Das **Königin Saovabha Memorial Institute** an der Rama IV, Ecke Henri Dunant Road, beherbergt die Schlangenfarm. Das Institut wurde 1923 unter französischer Mithilfe als weltweit zweite Schlangenfarm gegründet, um die damals wütenden Tollwutepidemien zu bekämpfen. Im Außenbereich werden Lebensräume einheimischer Schlangen vorgestellt. Pythons, Wasserschlangen und Kobraarten können in Glaskästen bewundert werden. Im Innenbereich des Serpentariums sind weitere 35 Schlangenarten ausgestellt. Im 2. Stock des Si Maseng Gebäudes ist eine kleine Ausstellung über die Verhaltensweisen und Gifte der Schlangen aufgebaut. Im 1. Stock kann beobachtet werden, wie verschiedenen südostasiatischen Schlangen Gift entnommen wird, um daraus Serum zu gewinnen. Vorführung der Giftentnahme Mo–Fr um 11 Uhr, eine informative Show mit Vortrag um 14.30, Sa, So und feiertags um 11 Uhr. ⏲ Mo–Fr 8.30–16.30, Sa, So und feiertags 9.30–13 Uhr, Eintritt 200 Baht, Kinder 50 Baht, ☎ 02-252 0161-4, 🖥 www.saovabha.com/en/snakefarm.asp.

Siam und Pratunam

Zahllose gläserne, chromglitzernde Einkaufspaläste, Hotel- und Bürokomplexe haben sich östlich des alten Stadtkerns ausgebreitet. Zwischen **Siam Square** und **Siam Paragon** liegt über der Rama I Road der quirlige Umsteigebahnhof der Hochbahn BTS, die sich vor dem Erawan-Schrein verzweigt.

Zwischen der Siam und Chit Lom Station kann man über der verkehrsreichen Straße auf dem **Skywalk** flanieren, eine Fußgängerzone mit Zugang zu den Einkaufszentren und der BTS. Abends findet ein Markt statt, auf dem Kleidung und Accessoires verkauft werden.

Jim Thompson-Haus

Das hübsche, traditionelle Jim Thompson-Haus liegt eingequetscht zwischen modernen Allerweltsfassaden etwas versteckt am Ende der Soi Kasemsan 2 direkt am Klong (Zugang ab Rama I Road, BTS National Stadium). In seinem ehemaligen Wohnhaus, das aus sechs z. T. über 200 Jahre alten Teakhäusern besteht, hat Jim Thompson zu Lebzeiten südostasiatische Kunstschätze zusammengetragen. Die kleineren Häuser, teils ehemalige Reisspeicher, enthalten u. a. chinesisches Porzellan und Gemälde aus der Ayutthaya-Periode. Die wahren Schätze verbergen sich im Haupthaus, das nur im Rahmen einer der ausgezeichneten Führungen zugänglich ist. ⏱ 9–17 Uhr, die englischsprachigen halbstündigen Führungen beginnen alle 10 Minuten, Eintritt 100 Baht, Studenten bis 25 Jahre 50 Baht, ☏ 02-216 7368, 💻 www.jimthompsonhouse.com. Ein deutschsprachiges Buch über das Haus ist für 250 Baht an der Kasse erhältlich. Im Inneren der Häuser darf nicht fotografiert werden. Angeschlossen ist ebenfalls ein gutes, wenn auch recht touristisches und hochpreisiges Restaurant.

Madame Tussaud's Bangkok

Nun gibt es auch in Thailands Hauptstadt einen Ableger des berühmtesten Wachsfigurenkabinetts der Welt. Auf 3000 m² sind 70 Figuren aus Film, Musik, Fernsehen, Politik, Literatur und Sport versammelt. Darunter finden sich neben zahlreichen einheimischen Berühmtheiten auch

Jim Thompson

Kurz vor dem Ende des Zweiten Weltkriegs setzte der amerikanische Geheimdienst den ehemaligen Architekten Jim Thompson als Verbindungsmann zur „Bewegung der freien Thai" ein. Thompson blieb nach dem Krieg in Bangkok, managte das Oriental Hotel und gründete 1948 die Thai Silk Company. Damit erweckte er die vom Aussterben bedrohte Seidenweberei in Thailand zu neuem Leben. In den 1950er-Jahren ließ er alte Teakhäuser nach Bangkok bringen und als Wohnhaus umbauen. Ostern 1967 verschwand der 61-Jährige spurlos im Dschungel der Cameron Highlands in Malaysia.

Das größte Aquarium Südostasiens

Eine besondere Attraktion für Jung und Alt ist **Siam Ocean World** im Untergeschoss des Siam Paragon, ein Aquarium der Superlative auf 10 000 m² Fläche, mit über 400 verschiedenen Arten und 30 000 Tieren, darunter Haie und Pinguine, in insgesamt 2,8 Mio. Litern Wasser. Besucher können die in sieben Zonen unterteilte, aufwendig gestaltete Unterwasserwelt durch gläserne Tunnel erkunden. Im größten Becken mit einem Korallenriff, Mantas und zahlreichen Tigerhaien können Abenteuerlustige tauchen, oder man betrachtet die Großfische von oben aus dem Glasbodenboot. Neben den Becken für Salzwasserfische gibt es die größten Krebse der Welt, eine Sammlung von Quallen und eine Regenwaldzone mit Süßwasserfischen, Fischottern und Wasserratten zu bestaunen. Alles ist auch auf Englisch beschriftet. ⏱ 9–21 Uhr, letzter Einlass 20 Uhr, Eintritt 900 Baht, Kinder 700 Baht, Fahrt mit dem Glasbodenboot und ein Fisch-Spa bei dem winzige Fische überflüssige Hornhaut an den Füßen abknabbern inkl.; Audioguide und Tauchgänge kosten extra, ☏ 02-687 2000, 💻 www.siamoceanworld.com.

internationale Stars wie Brad Pitt, Angelina Jolie und Julia Roberts, Michael Jackson, Madonna und Beyoncé, Muhammad Ali, Cristiano Ronaldo und Serena Williams, aber auch Gandhi, Aung San Suu Kyi und der Dalai Lama. ⏱ 10–21 Uhr, Eintritt 700 Baht, Kinder 500 Baht, ☏ 02-658 0060, 💻 www.madametussauds.com/bangkok/en.

Siam Paragon

Ende 2005 wurde das 500 000 m² große exklusive Einkaufszentrum Siam Paragon eröffnet. Neben zahlreichen edlen Boutiquen befinden sich hier eine Luxus-Autogalerie, der größte Buchladen Thailands (s. S. 205), 14 Kinos mit bis zu 1100 Plätzen (s. S. 197), ein IMAX-Kino mit 500 Plätzen, ein großes Theater, eine Bowlingbahn und ein Fitnessclub sowie ein Messe- und Veranstaltungszentrum. Besonders lohnend ist zudem die Gourmet-Etage im Erdgeschoss (s. S. 185), in deren Restaurants und Food Center westliche und östliche Delikatessen teils vor den Augen der Kunden frisch zubereitet werden. ⏲ 10–22 Uhr, Restaurants bis 23 Uhr, 🖳 www.siamparagon.co.th.

Erawan-Schrein

An der Ecke Ratchadamri Road steht vor dem Grand Hyatt Erawan Hotel, umrahmt von massigen BTS-Trassen, der kleine Erawan-Schrein (Thao Maha Brahma). Er ist einer von vielen Haustempeln der Stadt und erfreut sich seit seinem Bau 1956 größter Beliebtheit. Gott Brahma ist v. a. nach Geschäftsschluss das Ziel vieler Verehrer. Sie opfern Räucherstäbchen, Früchte und Kerzen, behängen die Statue mit Blumenkränzen und erbitten den Segen der Götter, oder sie engagieren Tänzerinnen, die begleitet von traditioneller Musik klassische Tänze vorführen. Ist ein Wunsch in Erfüllung gegangen, opfert man einen Teakholz-Elefanten – den herumstehenden Tieren nach zu urteilen, müssen es einige wahrhaft große Wünsche gewesen sein. Besonders lebhaft geht es am 9. November, dem Jahrestag der Einweihung, zu.

Pratunam

Im quirligen Stadtviertel Pratunam rings um das Amari Watergate Hotel und Indra Regent Hotel wird ein Großteil des Textilhandels in Südostasien abgewickelt. Entlang der Bürgersteige, in den Einkaufszentren, überdachten Markthallen und schmalen Sois drängen sich die Verkaufsstände. Auch im Untergeschoss des Baiyoke II Tower stapeln sich bunte T-Shirts, Jeans, Tücher und Kleider.

Der **Baiyoke II Tower** ist mit 304 m Gebäudehöhe plus weiteren 24 Antennen-Metern das höchste Gebäude des Landes und das höchste Hotel Südostasiens. Für das 85-stöckige Hochhaus mussten die Pfeiler 65 m tief in die Erde gerammt werden. Etwa 1000 Besucher pro Tag fahren zur Aussichtsplattform im 84. Stock hinauf. Bei guten Wetterverhältnissen liegt einem Bangkok zu Füßen – im Westen breitet sich die von Tempeltürmen überragte Altstadt (bestes Licht vormittags) aus, und im Osten und Süden sieht man die modernen Hochhäuser der Geschäftsviertel (bestes Licht nachmittags). Ein Gewirr von Straßen und Expressways durchzieht das Häusermeer, breite Ausfallstraßen verlieren sich Richtung Norden am Horizont.

⏲ 10.30–22.30 Uhr, Sa und So ab 10 Uhr, Eintritt 250 Baht inkl. eines Drinks an der Bar oder 350 Baht inkl. einer 30-minütigen Massage mit Blick über die Hochhäuser der Stadt, ab 22.30 Uhr umsonst, dann ist lediglich der Besuch der Skybar möglich, ✆ 02-656 3000, 🖳 baiyokesky.baiyokehotel.com. Wer ein Buffet in einem der Restaurants auf den beiden oberen Etagen genießen möchte, zahlt mittags 700 Baht und abends 900 Baht inkl. Aufzugfahrt.

Suan Pakkard-Palast

Der Suan Pakkard-Palast in der Sri Ayutthaya Road enthält die private Kunstsammlung einer Prinzessin. Einige Ausstellungsstücke sind in traditionellen Thai-Häusern untergebracht, die 1952 aus Chiang Mai hierher transportiert wurden. Zudem gibt es einen Lackpavillon aus der Ayutthaya-Periode, dessen Innenwände mit Szenen aus dem Ramakien-Epos und Buddhas Leben geschmückt sind (Fotografierverbot). Die angrenzende **Marsi Gallery** präsentiert wechselnde Archäologie- und Kunstausstellungen. Zudem gibt es einen schönen subtropischen Garten. ⏲ 9–16 Uhr, Eintritt 100 Baht, ✆ 02-245 4934, 🖳 www.suanpakkad.com.

Sukhumvit

Nach Osten geht die Ploenchit Road in die Sukhumvit Road über, eine 400 km lange Straße, die erst an der kambodschanischen Grenze bei Trat endet. Die BTS gleitet hier über den dichten Straßenverkehr hinweg. Hinter den modernen Einkaufszentren liegen in den Seitenstraßen, den durchnummerierten Sois, kleine Geschäfte, Hotels und Restaurants. In dieses enge Gewirr schlagen die ausgebaute **Soi Asoke** (Soi 21), die von modernen Hochhäusern gesäumt wird, und weiter östlich die **Soi Thong Lo** (Soi 55) und die **Soi Ekamai** (Soi 63) breite Schneisen.

Zwischen Soi 1 und 5 finden sich eine Vielzahl von Geschäften, Bars und Restaurants, die sich besonders an eine arabische und afrikanische Kundschaft richten. Die ganze Gegend zwischen Soi 1 und Soi 11 ist ein bekanntes Vergnügungsviertel mit einem turbulenten Nachtleben. Besonders in der Umgebung der Nana Plaza auf

Die besten Aussichtspunkte

1. Baiyoke II Tower (S. 148)
2. The Dome at lebua, State Tower (S. 183)
3. Golden Mount (S. 142)
4. Vertigo Grill & Moon Bar, Banyan Tree Bangkok (S. 194)
5. Dachterrasse des Grand China Princess Hotel, 215 Yaowarat Rd., Chinatown
6. Red Sky Bar auf dem Dach des Centera Central World (S. 201)
7. Bei einer Fahrt mit der BTS (S. 213)

Mehr zur modernen Architektur in Bangkok s. eXTra [2694].

---

der Soi 4 arbeiten viele leichte Mädchen, wobei die Klientel hier meist deutlich älter ist als in Patpong. Die Atmosphäre ist hier nicht besonders angenehm.

Kamthieng House

Wie eine ruhige Oase zwischen den Zweckbauten aus Glas und Beton wirkt der subtropische Garten der Siam Society, 131 Soi Asoke (BTS Asoke und MRT Sukhumvit, Exit 1). Hier steht ein 1844 erbautes, exzellent erhaltenes Teakhaus aus dem Norden des Landes, das **Kamthieng House**, das 1962 von einem Professor der Siam Society nach Bangkok gebracht wurde, um als ethnologisches Museum zu dienen. Die hier ausgestellte Sammlung vermittelt in zeitgemäßem, multimedialem Stil einen guten Einblick in das Alltagsleben und den traditionellen Geisterglauben der Menschen im abgeschiedenen nördlichen Lanna des späten 19. Jhs. Während des Rundgangs durch die fünf Bereiche erklingt traditionelle Musik, teilweise animierte Filme zeigen Tänze, die Zubereitung von Hausmannskost und das Leben im Dorf – vom Hausbau bis zu Ritualen. Auch für Kinder interessant. Im Vorgarten befindet sich auch ein Café. ⏰ Di–Sa 9–17 Uhr, außer feiertags, Eintritt 100 Baht, ☎ 02-661 6470-7, 🖥 www.siam-society.org.

Queen's Park

Inmitten des Großstadtgetümmels lädt der **Queen's Park**, auch Benjasiri Park, zwischen Soi 22 und 24, mit seinen künstlichen Seen, Schatten spendenden Bäumen und modernen Skulpturen zu einer Ruhepause ein. Kinder vergnügen sich auf der Rollerskatebahn oder dem Basketballplatz. Gegen 18 Uhr finden hier jeden Tag gemeinschaftliche sportliche Aktivitäten, wie z. B. Aerobic oder Tai Chi, statt. Im Süden grenzt an den Park das Gebäude der **World Fellowship of Buddhists** und im Osten das moderne und luxuriöse Einkaufszentrum **Emporium**.

Untere Sukhumvit Road

Das 1964 begründete **Planetarium** und das **Science Museum**, zwischen Soi 40 und dem Ekamai (Eastern) Bus Terminal, in direkter Nähe der BTS Ekkamai, werden von einer weitläufigen Gartenanlage umgeben. Dazu gehören sechs Gebäude: das Planetarium mit 3D-Kinosaal (Gebäude 1), naturwissenschaftliche Ausstellungen zu den Themen Technologie (Gebäude 2), Natur und Umwelt (Gebäude 4) und Gesundheit (Gebäude 5 und 6) sowie ein Aquarium (Gebäude 3). Der Komplex bietet Kindern die Möglichkeit, spielerisch in die Naturwissenschaften einzutauchen. Allerdings sind die Ausstellungen nur unzureichend in Englisch beschriftet. Einzige englischsprachige Show im Planetarium Di um 10 Uhr. ⏰ außer Mo und feiertags 9–16.30 Uhr, Eintritt für Planetarium bzw. Ausstellungen jeweils 20 Baht, Kinder 10 Baht, ☎ 02-392 5951-9, 🖥 www.sciplanet.org und 🖥 www.bangkokplanetarium.com.

In der **Thong Lo** (Soi 55) konzentrieren sich neben vielen japanischen und koreanischen Restaurants auch andere hervorragende Gaststätten und Essenstände. Außerdem gibt es rund um die Thong Lo Soi 10 einige sehr angesagte Clubs und Bars.

Im Norden

Suan Chatuchak Weekend Market

Mit der BTS und MRT kommen am Wochenende Tausende von Touristen in diese ansonsten wenig besuchte Gegend der Stadt und erliegen einem Kaufrausch, der seinesgleichen sucht. Bereits am Freitagnachmittag, aber v. a. am Samstag und Sonntag zwischen 7 und 18 Uhr drängen sich bis zu 400 000 Besucher auf dem

> **Weekend Market: Hier gibt es fast alles!**
>
> Der Markt ist zur besseren Orientierung in 27 Sektionen (S1–S27) aufgeteilt. Durch die Eingänge gelangt man zunächst auf den Platz, der von Ständen mit Büchern und Amuletten (S1), Pflanzen, Blumen, Gartenutensilien (S3, 4), dekorativen Haushaltsgegenständen (S1, 3, 4, 7, 8), Schmuck und Textilien (S5, 6) umrahmt wird. Der zentrale Bereich scheint überzuquellen vor Textilien und Taschen (S2–6, 18–26), Vögeln, Fischen (donnerstags großer Zierfischmarkt), Hunden und anderen Tieren (S8, 9, 11, 13). Lädt dieser Teil des Marktes mehr zum Schauen und Fotografieren ein, so fällt es im südwestlichen Bereich nicht schwer, Geld auszugeben. Kunstgewerbe aus allen Landesteilen stapelt sich neben Stickereien aus Myanmar, Sarongs aus Indonesien, Lackarbeiten, Holzschnitzereien, Keramiken und T-Shirts mit ausgefallenen Motiven (S22–25) sowie Antiquitäten (S26). Selbst sperrige Möbel oder schwere Keramiken (S17, 19) können gleich vor Ort an Speditionen übergeben werden. Zudem kann man sich mit frischen Früchten und an zahllosen Essensständen (v. a. S17, 19) stärken. An den Geldautomaten (S27) gibt es ausreichend Geld-Nachschub. Auch die Tourist Police (S27) betreibt hier Sa und So von 9–17 Uhr einen Stand. Wer sich nicht gleich für etwas entscheiden kann, wird Schwierigkeiten haben, den entsprechenden Stand später wiederzufinden. Vorsicht vor Taschendieben!

quirligen Wochenendmarkt am Suan Chatuchak, der oft auch Jatujak oder JJ Market genannt wird. Zusätzlich findet am Mittwoch und Donnerstag im hinteren Bereich ein Pflanzenmarkt statt. Wer sich auf dem 18 ha großen, L-förmigen Platz mit 15 000 Ständen zurechtfinden möchte, orientiert sich anhand der Karte, die es beim Tourist Office (Sektion 27) nahe dem Eingang 1 und an vielen Verkaufsständen gibt, oder der *Market Map* von Nancy Chandler, die in vielen Buchhandlungen erhältlich ist. Eingang 1 ist an der Kamphaeng Phet 2 Rd., nahe der MRT Kamphaeng Phet, Eingang 2 im Norden an der Kamphaeng Phet 3 Road und Eingang 3 am Busstopp und nahe der BTS Mo Chit an der Paholyothin Road. Anreise mit der BTS oder MRT, ab Banglampoo mit Bus 3, ☏ 02-272 4440-1, 🖥 www.jatujakguide.com.

Nach dem Einkaufen bietet sich der angrenzende **Chatuchak Park** mit dem kleinen Botanischen Garten, **Queen Sirikit Park**, für eine Rast an.

Children's Discovery Museum

Im **Children's Discovery Museum**, 810 Kamphaeng Phet Rd. 4, gegenüber dem Chatuchak Markt können Kinder die Bereiche Natur und Umwelt, Wissen und Technik, Kultur und Gesellschaft sowie Körper erkunden und dabei vieles anfassen und ausprobieren. Auf einer Ausstellungsfläche von über 7000 m² werden wissenschaftliche Phänomene, kulturelle Zusammenhänge und technologische Entwicklungen kindgerecht präsentiert. Eintritt 190 Baht, Kinder 170 Baht, ⏰ Di–Fr 9–17, Sa und So 10–18 Uhr, ☏ 02-615 7333, 🖥 www.rama9art.org/artisan/childsite_data/childmuseum/index.html.

Ko Kret Ban und Bang Bua Thong

Nördlich der Stadt wurde vor über 200 Jahren eine Flussschleife des Menam Chao Phraya durch den Bau eines Kanals begradigt. Auf der kleinen Flussinsel **Ko Kret Ban**, die dadurch entstand, siedelten sich Mon an. Viele nutzten die feine Tonerde für die Produktion von Wasserkrügen und anderen Töpferwaren. Getöpfert wird hier noch immer, allerdings kommt der Ton mittlerweile aus anderen Gegenden. Wegen ihrer ländlichen Atmosphäre, die sie sich bis heute bewahrt hat, ist die autofreie Insel ein beliebtes Ausflugsziel. Nahe dem Pier steht der größte Tempel der Insel, **Wat Paramai Yikawat**, der Schauplatz für einen hübschen Markt ist. Das kleine **Töpfereimuseum** in einem Holzhaus 150 m weiter westlich ist nur auf Thai ausgeschildert. ⏰ bis gegen 15 Uhr. Expressboote fahren bis Pak Kret. Vom Pier am Wat Sanam Nuea, südlich der Anlegestelle der Expressbote, fahren Fähren auf die Insel.

Weiter westlich am Klong in **Bang Bua Thong** werden morgens zwischen 9 und 10 Uhr traditionelle Süßigkeiten für den Verkauf auf dem Großmarkt hergestellt. In das Dorf gelangt man mit einem gecharterten Boot ab Pak Kret.

Kuan-Im-Palast (Chao Mae Kuan Im)

Dieser fantastische chinesische Tempel mit einer zwölfstöckigen Pagode wurde für über 500 Mio. Baht zu Ehren der Göttin der Barmherzigkeit errichtet. Er ist mit zahllosen farbigen Buddhastatuen geschmückt, von denen eine sogar das Dach ziert. Daneben finden sich Schreine im chinesischen und thailändischen Stil, hohe, mit bunten Schnitzereien verzierte Säulen, Verbrennungsöfen, Ruhepavillons, ein Souvenirladen und mehr. Während der chinesischen Neujahrsfeiern und des Vegetarierfestes kommen viele Besucher hierher. ⏱ 7–21 Uhr. Von der Endstation der BTS Mo Chit oder der MRT mit dem Taxi Richtung Norden, nach 1,5 km rechts in die Lad Phrao Road abbiegen, nach 4,5 km links in die Soi 53 und nach weiteren 2 km links in die Soi Suk San 7.

Rare Stone Museum

Das **Rare Stone Museum**, 29/2 Moo 1 Rangsit, Pathum Thani Road, im Norden der Stadt, stellt über 10 000 seltene und besondere Steine und Mineralien aus, von denen einzelne tonnenschwer sind. Das angeschlossene **Ashtray Museum** zeigt interessante und ausgefallene Aschenbecher. ⏱ 10–17 Uhr, Eintritt 40 Baht, ☎ 02-245 6397.

Southeast Asian Creamics Museum

In dem teilweise unterirdisch angelegten Bau auf dem Campus der Bangkok University im Norden der Stadt wartet ein ganz besonderes Highlight auf Keramikfreunde. Im **Southeast Asian Ceramics Museum**, 9/1 Moo 5, Phaholyothin Rd., verdeutlichen zahlreiche Meisterwerke aus ganz Südostasien die Entwicklung der Kunst. Die meisten Exponate stammen aus dem 14.–16. Jh. und aus Sukhothai und Lanna. Auch gut erhaltene Tonkrüge aus der prähistorischen Ban Chiang-Periode und zahlreiche Khmer-Keramiken sind ausgestellt. ⏱ Di–Sa 9–16 Uhr, ☎ 02-902 0299 Ext. 2890, 🖥 museum.bu.ac.th/index_eng.html. Von der Endstation der BTS Mo Chit mit dem Bus 510 am alten Flughafen Don Muang vorbei bis zur Bangkok University.

Übernachtung

Bei der Wahl der Bleibe sollte in erster Linie die Lage entscheiden, denn jedes Viertel hat seine eigene Atmosphäre. Zudem ist man bei den großen Entfernungen und dem zähen Verkehr lange unterwegs. Mittelklasse- und Luxushotels können günstiger über das Internet oder über Reisebüros gebucht werden. Die Websites einiger Hotels sind über 🖥 www.bangkok.com erreichbar.

Weitere Übernachtungstipps s. eXTra [2806].

Banglampoo

Karte „Banglampoo" S. 162/163

Rings um die Khaosan Rd. konzentrieren sich günstige Gästehäuser und ein breites Angebot an Restaurants, Reisebüros, Wäschereien, Internet-Cafés und anderen Versorgungseinrichtungen. Die Angebote für Backpacker – vom Zöpfchenflechten bis zu Tattoos – sind überwältigend und die Hauptsehenswürdigkeiten leicht zu Fuß zu erreichen. Es entstehen immer mehr teurere, komfortablere Unterkünfte. In den Gassen rings um das Wat Chai Chana Songkhram ist es etwas weniger turbulent als direkt in der Khaosan Rd. Der Durchgang durch das Wat wird um 18 Uhr geschlossen.

Expressboote auf dem Menam Chao Phraya sind eine Alternative zu den verstopften Straßen. Der Weg Richtung Ekamai (Eastern) Bus Terminal erfordert tagsüber viel Geduld. Travellerbusse fahren zum Airport und zu anderen Zielen in Thailand, ein Taxi zum Airport kostet ca. 350 Baht. Weitere Infos unter 🖥 www.khaosanroad.com.

Untere Preisklasse

Baan Sabai (84), 12 Soi Rongmai, ☎ 02-629 1599, ✉ baansabai@hotmail.com. Guesthouse mit nettem, hilfsbereitem Personal und ziemlich kleinen, aber günstigen und durchaus sauberen Zimmern mit AC und sehr niedrigen Türen und

Achtung

In Banglampoo sind einige zwielichtige Gestalten auf der Suche nach leichtgläubigen Touristen. Sie bieten sich als hilfsbereite „Retter in der Not" an, wollen ihre Kunden aber nur um die Reisekasse erleichtern. Mehr Infos s. S. 67/68, 135, 205 und 221.

Bangkok Übersicht

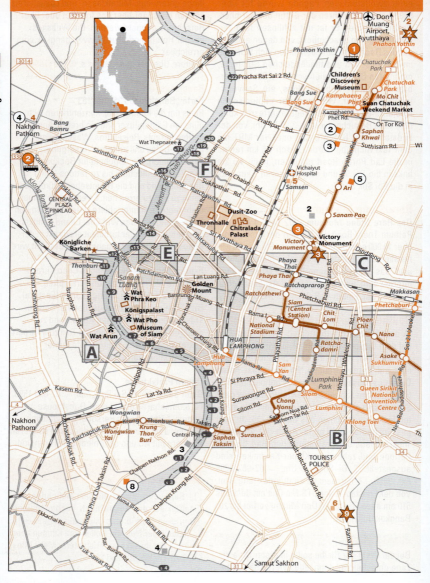

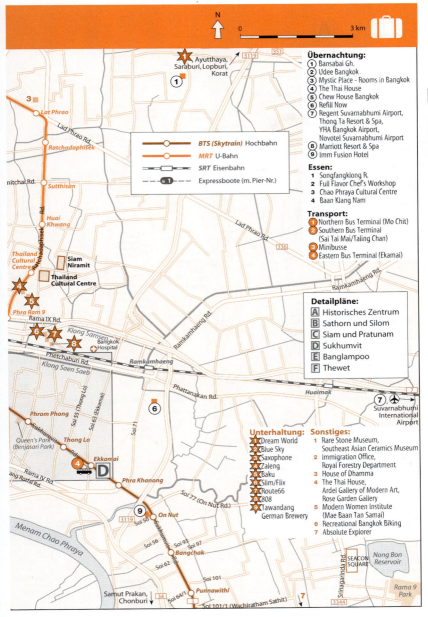

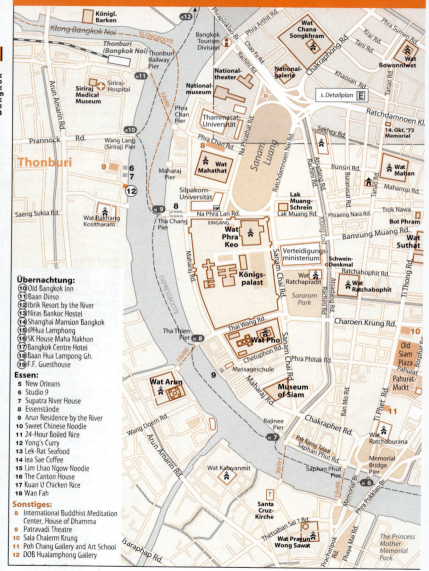

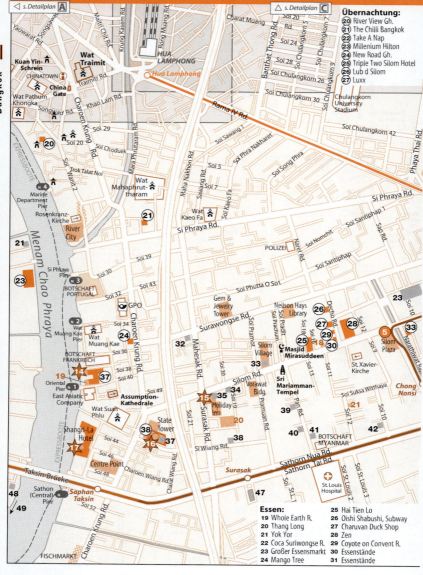

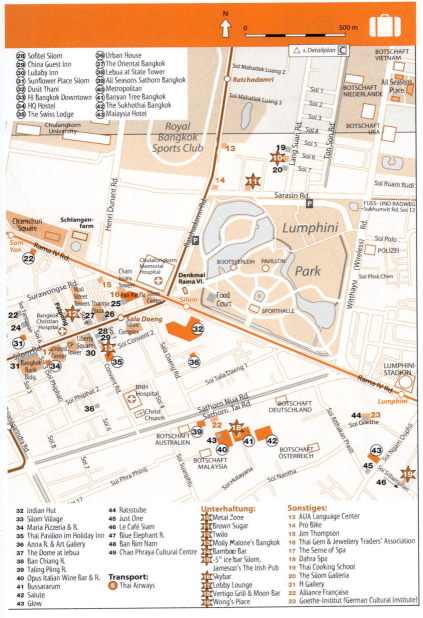

Bangkok C Siam und Pratunam

Übernachtung:
- 44 Baiyoke Sky Hotel
- 45 Samran Place
- 46 White Lodge
- 47 Reno Hotel
- 48 Siam@Siam
- 49 Lub d Siam Square
- 50 Pranee Building Accommodation
- 51 Four Seasons Hotel Bangkok

Essen:
- 50 Jao Khun Ou-Gallery R. (Once upon a time)
- 51 Sra Bua by Kiin Kiin
- 52 Fifty Five
- 53 Fuji
- 54 Thann Tea Café
- 55 Bali R.
- 56 Curries & More by Baan Khanitha

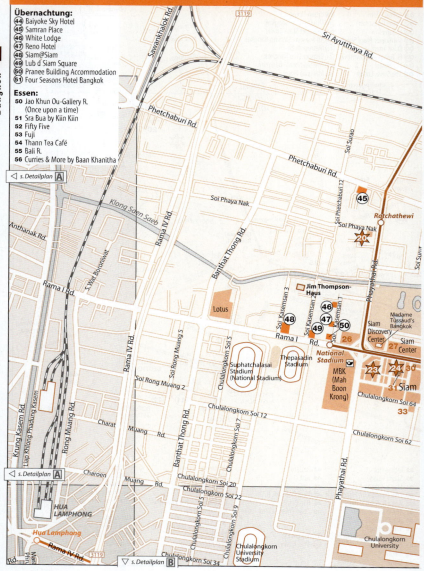

158 Siam und Pratunam www.stefan-loose.de/thailand

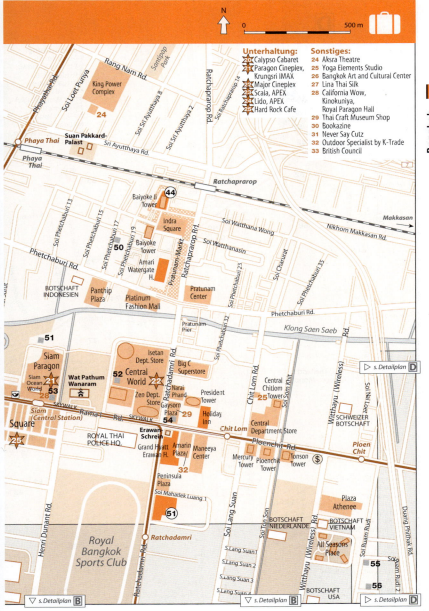

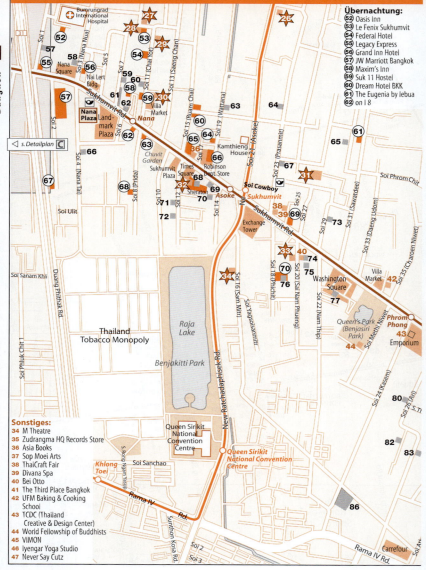

- 63 Siam Inn Gh.
- 64 S.V. Gh.
- 65 S15 Sukhumvit Hotel
- 66 The Westin Grand Sukhumvit
- 67 The Atlanta
- 68 Salil Hotel Sukhumvit
- 69 Na Na Chart Sukhumvit 25
- 70 Rembrandt Hotel
- 71 Hi Sukhumvit YHA

Essen:
- 57 Tilac German R.
- 58 Akbar R.
- 59 Banya
- 60 Rosabieng R.
- 61 Essenstände
- 62 Subway
- 63 Le Beaulieu
- 64 Le Dalat Indochine
- 65 Home Run Bar & Grill
- 66 Heidelberg
- 67 giusto
- 68 Basil
- 69 Thongkee
- 70 Suda
- 71 Cabbages & Condoms
- 72 Crêpes & Co.
- 73 Mahanaga
- 74 Bei Otto
- 75 Chesa Swiss R.
- 76 Rang Mahal, Señor Pico
- 77 Bourbon St. R.
- 78 Phuket Town
- 79 WTF
- 80 Rung Rueng
- 81 Soul Food Mahanakorn
- 82 Bo.Lan
- 83 Indus R.
- 84 Essenstände
- 85 Face Bangkok
- 86 Seafood Market
- 87 Khun Churn

Unterhaltung:
- 26 Singha Beer House
- 27 Q Bar
- 28 The Nest
- 29 Bed Supperclub
- 30 Cheap Charlie's
- 31 Narz (Narcissus Club)
- 32 The Living Room, BarSu
- 33 Scratch Dog
- 34 Long Table
- 35 Iron Fairies
- 36 Muse
- 37 Funky Villa
- 38 Major Cineplex

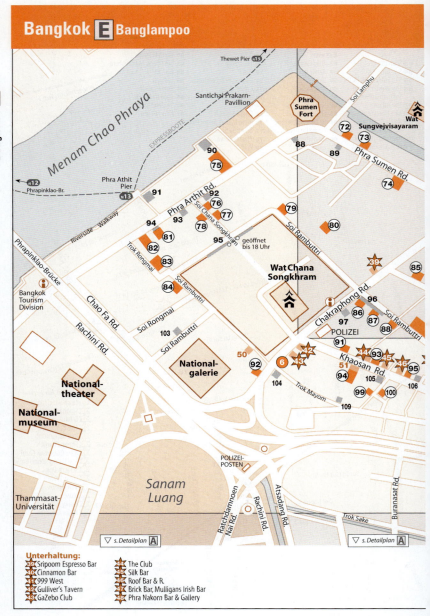

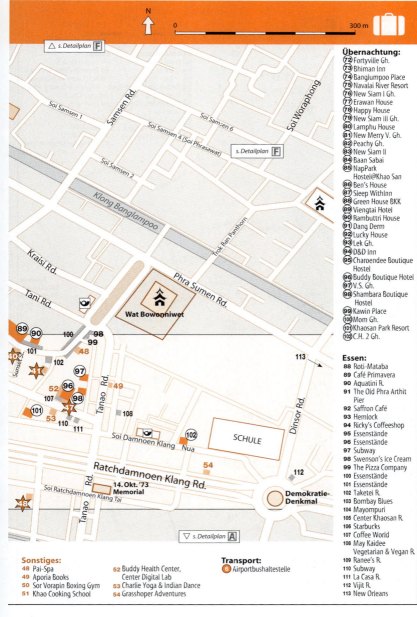

Übernachtung:
- 72 Fortyville Gh.
- 73 Bhiman Inn
- 74 Banglumpoo Place
- 75 Navalai River Resort
- 76 New Siam I Gh.
- 77 Erawan House
- 78 Happy House
- 79 New Siam III Gh.
- 80 Lamphu House
- 81 New Merry V. Gh.
- 82 Peachy Gh.
- 83 New Siam II
- 84 Baan Sabai
- 85 NapPark Hostel@Khao San
- 86 Ben's House
- 87 Sleep WithInn
- 88 Green House BKK
- 89 Viengtai Hotel
- 90 Rambuttri House
- 91 Dang Derm
- 92 Lucky House
- 93 Lek Gh.
- 94 D&D Inn
- 95 Charoendee Boutique Hostel
- 96 Buddy Boutique Hotel
- 97 V.S. Gh.
- 98 Shambara Boutique Hostel
- 99 Kawin Place
- 100 Mom Gh.
- 101 Khaosan Park Resort
- 102 C.H. 2 Gh.

Essen:
- 88 Roti-Mataba
- 89 Café Primavera
- 90 Aquatini R.
- 91 The Old Phra Arthit Pier
- 92 Saffron Café
- 93 Hemlock
- 94 Ricky's Coffeeshop
- 95 Essenstände
- 96 Essenstände
- 97 Subway
- 98 Swenson's Ice Cream
- 99 The Pizza Company
- 100 Essenstände
- 101 Essenstände
- 102 Taketei R.
- 103 Bombay Blues
- 104 Mayompuri
- 105 Center Khaosan R.
- 106 Starbucks
- 107 Coffee World
- 108 May Kaidee Vegetarian & Vegan R.
- 109 Ranee's R.
- 110 Subway
- 111 La Casa R.
- 112 Vijit R.
- 113 New Orleans

Sonstiges:
- 48 Pai-Spa
- 49 Aporia Books
- 50 Sor Vorapin Boxing Gym
- 51 Khao Cooking School
- 52 Buddy Health Center, Center Digital Lab
- 53 Charlie Yoga & Indian Dance
- 54 Grasshoper Adventures

Transport:
- 6 Airportbushaltestelle

www.stefan-loose.de/thailand **Banglampoo** 163

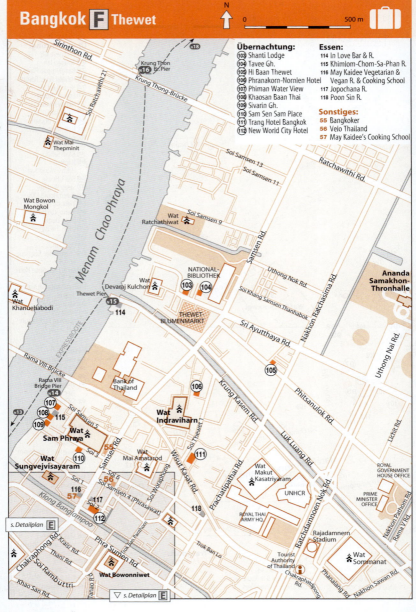

Decken. Zimmer mit einstelligen Nummern sind nicht für Körpergrößen über 1,90 m geeignet. Die teureren haben Du/WC, sonst sogar Gemeinschaftsduschen. Liegt in direkter Nähe zu einer Militärkaserne, daher wird es in manchen Zimmern früh morgens etwas lauter. Hübscher Innenhof mit Sitzgelegenheiten. ❷–❸

C.H. 2 Gh. ⑩②, 85-87 Soi Damnoen Klang Nua, ☏ 02-280 6284, ✉ orana52@hotmail.com. Sehr hellhörige, ursprüngliche und etwas schmuddelige Zimmer mit Ventilator zu einem sehr günstigen Preis. Unfreundliches Personal. ❶–❷

Charoendee Boutique Hostel ⑨⑤, 189 Khaosan Rd., ☏ 02-629 1980, ✉ charoendeehotel@gmail.com. Die inflationäre Entstehung von Boutiquehotels macht auch vor Hostels auf der Khaosan Rd. nicht Halt. Die schmucklosen, teils recht lauten Zimmer ohne jegliche kreative Einrichtung beinhalten wirklich gar nichts, dass die Bezeichnung „Boutique" rechtfertigen würde. Günstigere Zimmer nur mit Ventilator und Gemeinschaftsduschen. Dürftiges Frühstück und WLAN inkl. ❸

Green House BKK ⑧⑧, 84 Soi Rambuttri, ☏ 02-281 4293, 🖥 www.greenhousebkk.com. Die schicke Rezeption hinter dem beliebten und gemütlichen Café mit WLAN hat wenig mit den Zimmern gemein. Diese sind zwar sauber, aber klein und mit schlechten, sehr dünnen Matratzen und sehr kleinen Bädern, teilweise auch mit AC, ausgestattet. Die Türschlösser machen nicht den sichersten Eindruck. ❷–❸

Kawin Place ⑨⑨, 86 Khaosan Rd., ☏ 02-281 7512, ✉ kawinplace@yahoo.com. Zurückversetzt in einer ruhigen Gasse gelegenes, sauberes Kleinhotel mit hellhörigen, relativ großen, sauberen Zimmern mit spärlicher Einrichtung und sehr harten Matratzen, Ventilator oder AC, die günstigeren ohne Du/WC. Gesellige, freundliche Atmosphäre. WLAN in der Lobby inkl. ❷–❸

Lamphu House ⑧⓪, 75-77 Soi Rambuttri, ☏ 02-629 5861-2, 🖥 www.lamphuhouse.com. Freundliches, bei Rucksackreisenden beliebtes, ruhiges Guesthouse, das versteckt in einer Gasse liegt. Saubere, mit Bambusmöbeln eingerichtete Zimmer, die günstigeren mit Ventilator und Gemeinschaftsdusche, die teureren mit AC, Du/WC und Balkon. WLAN im Lobbybereich für 30 Baht pro Std. Reservierung empfehlenswert. ❷–❹

Lek Gh. ⑨③, 125–127 Khaosan Rd., ☏ 02-281 8441. Laut zwischen Silk Bar und The Club gelegen bietet der Familienbetrieb sehr einfache und hellhörige, aber saubere Ventilatorzimmer mit sehr harten Matratzen, einfacher Gemeinschaftsdusche und so gut wie keiner Einrichtung, abgesehen von einem klapprigen Tisch und einer Wäscheleine. Manche Zimmer mit Balkon mit Blick auf den Trubel der Khaosan Rd. Nettes, hilfsbereites Personal, sehr gutes Preis-Leistungs-Verhältnis. ❷

Lucky House ⑨②, 35 Chakraphong Rd., ☏ 02-629 2965, 🖥 www.khaosanby.com. Saubere, relativ kühle, aber nicht sehr einladende, dunkle Zimmer mit steinharten Matratzen, Steinboden, TV, alter AC und Du/WC. Gutes Preis-Leistungs-Verhältnis. Viele Gäste aus Israel. ❷

Mom Gh. ⑩⓪, 98 Khaosan Rd., ☏ 02-282 7191, ✉ mom_guesthouse@yahoo.com. Einfache, kleine, aber saubere Zimmer mit Gemeinschaftsdusche, harten Matratzen und Ventilator oder AC. Viele Zimmer ohne Außenfenster, was allerdings bei der Beschallung mit lauter Thai-Musik im Restaurant vor dem Guesthouse von Vorteil sein kann. ❷

New Merry V. Gh. ⑧①, 18-20 Phra Arthit Rd., ☏ 02-280 3315, ✉ newmerryv@yahoo.com. Laut zur Straße hin liegen die kleinen, einfachen und spartanisch eingerichteten Zimmer mit Ventilator und steinharten Matratzen; nach

Traveller-Treffpunkt

NapPark Hostel@Khao San ⑧⑤, 5 Tani Rd., ☏ 02-282 2324, 🖥 www.nappark.com. Das neue Hostel bietet nur Schlafsaalbetten; diese sind aber umso empfehlenswerter. Neben einem kommunikativen, gemütlichen Gemeinschaftsbereich im Thai-Stil mit Liegeflächen gibt es stylishe, blitzsaubere, weiße Dorms in verschiedenen Größen, einige un nur für Frauen. Die teuersten verfügen über kleine TVs mit DVD-Player, kosten aber mehr als viele Zimmer in Banglampoo. Sehr hilfsbereites Personal. WLAN und DVD-Verleih inkl. ❷–❹

hinten bessere, saubere Zimmer mit AC und TV. Wortkarger Service. Direkt davor der beliebte Ricky's Coffeeshop, der zum Frühstück in Banglampoo die erste Wahl ist. ❷–❸

New Siam I Gh. ⑦⑥, 21 Soi Chana Songkhram, ✆ 02-282 4554,🖳 www.newsiam.net. Das alteingesessene, beliebte und empfehlenswerte Guesthouse bietet 93 saubere, teils aber auch kleine und sehr dunkle, Zimmer auf drei Stockwerken mit Ventilator und Gemeinschaftsdusche oder AC, TV und Du/WC. EZ gibt es ab 280 Baht. In den Zimmern ohne AC kann es sehr stickig werden. Im Erdgeschoss ein Restaurant mit gutem Essen, 🕒 ab 6 Uhr, und ein Reisebüro. Der Pool des New Siam II kann gegen eine Gebühr von 90 Baht p. P. mitbenutzt werden. ❷–❸

Peachy Gh. ⑧②, 10 Phra Arthit Rd., ✆ 02-281 6471. Das alteingesessene Guesthouse bietet ältere, einfache, aber sehr preisgünstige Zimmer mit Ventilator oder AC und TV. Die günstigsten, nicht sehr sauberen EZ gibt es bereits ab 160 Baht. Im Innenhof liegt die bei thailändischen Studenten beliebte Moonshine Bar, sodass es bis 1 Uhr etwas lauter werden kann. ❶–❷

Rambuttri House ⑨⓪, 323 Soi Rambuttri, ✆ 02-629 3233, 🖳 www.rambuttri-house.com. Das Hotel bietet 80 sehr saubere, nett eingerichtete Zimmer mit TV, Telefon und blank geputzten Bädern. Die günstigeren haben Gemeinschaftsdusche. ❸–❹

Shambara Boutique Hostel ⑨⑧, 138 Tanao Rd., ✆ 02-282 7968, 🖳 www.shambarabangkok.com. Mit etwas historischem Flair eingerichtetes Haus mit einem kleinen Restaurant im schönen Vorhof. 9 saubere, sehr kleine Zimmer mit Gemeinschaftsdusche ohne Schnickschnack. EZ 300–390 Baht. Freundliches Personal. Einfaches Frühstück inkl., WLAN für 50 Baht pro Tag. Online-Reservierung empfehlenswert. ❸

V.S. Gh. ⑨⑦, 136 Tanao Rd., ✆ 02-281 2078. Das einfache, kleine Guesthouse versprüht noch den ursprünglichen Charme der 1970er-Jahre. Ungefähr so hat man vor 35 Jahren in Bangkok übernachtet. Kleine, einfache Zimmer mit Ventilator, weichen Matratzen und sehr einfachen sanitären Anlagen. Gemeinschaftsraum im 1. Stock des alten Holzhauses. Familiäre, fast schon dörfliche Atmosphäre. ❷

Mittlere Preisklasse

Banglumpoo Place ⑦④, 84-86 Phra Sumen Rd., ✆ 02-282 9632-3, 🖳 www.banglumpooplace.net. Etwas unscheinbar gelegen bietet dieses Apartment-Hotel 160 große, helle Zimmer mit Marmorböden, TV, Kühlschrank, Balkon und Dusche bzw. Bad/WC. Die einfachsten haben nur Ventilator und kein TV, die neueren im The Room@BKK-Flügel sind zwar nett eingerichtet, aber etwas überteuert. Günstige Wochen- und Monatsmietpreise (12 000 Baht). Freundliches Personal und zuverlässiger Wäscheservice. ❸–❹

Ben's House ⑧⑥, 74 Soi Rambuttri, ✆ 02-281 2476. Der neue, nette Familienbetrieb unterscheidet sich vom gewöhnlichen Einerlei der Unterkünfte in der direkten Umgebung, denn alle Zimmer sind 2-stöckig und in verschiedenen Farben eingerichtet. Unten befindet sich das Du/WC, oben das Bett mit sehr harter Matratze und TV. ❹

Bhiman Inn ⑦③, 55 Phra Sumen Rd., ✆ 02-282 6171-5, 🖳 www.bhimaninn.com. Mittelklassehotel mit 45 vernünftigen, teils geräumigen Zimmern mit Holzböden, guten Matratzen, TV, Kühlschrank und kleiner Du/WC. Gutes Preis-Leistungs-Verhältnis für eine Unterkunft mit kleinem Pool, der direkt am Klong liegt. ❺

D&D Inn ⑨④, 68-70 Khaosan Rd., ✆ 02-629 0526-8, 🖳 www.khaosanby.com. Mitten im Trubel der Khaosan, aber etwas zurückversetzt von der Straße gelegenes, großes, bei jungen Australiern beliebtes Hotel mit einer labyrinthartigen Anlage. 100 gute Mittelklasse-Zimmer mit AC, TV und teilweise schön gestalteten Du/WC, viele davon um den Innenhof. Auf dem Dach Pool und Bar. ❹

Dang Derm ⑨①, 1 Khaosan Rd., ✆ 02-629 2040-48, 🖳 www.khaosanby.com. Mittelklassehotel mit ansprechend gestalteten, wenn auch schon etwas abgewohnten Zimmern mit zentraler AC, TV und Matratzen auf Podesten. Das Fenster oder der Balkon verbergen sich hinter einer Bambusschiebetür. Auf dem Dach ein ansprechend gestalteter Poolbereich und eine kleine Bar. ❹

Erawan House ⑦⑦, 17/1-2 Soi Chana Songkhram, ✆ 02-629 2121, 🖳 www.erawanhouse.net. Ruhiges Guesthouse im modernen Stil mit

Sauberes Guesthouse mit guten Zimmern

Happy House ⑦⑧, 46 Soi Chana Songkhram, ☏ 02-280 3301, 🖥 www.happyhouseguesthouse.com. In dem Hostel in relativ ruhiger Lage gibt es hübsch eingerichtete, geflieste Zimmer mit guten Matratzen und Du/WC, einige mit sehr kleinen Balkon, über den man das Bad erreicht, die teureren mit LCD-TV und AC. Angenehmes Restaurant im Erdgeschoss. Freundliches Personal. WLAN inkl. ❹

---

freundlicher Atmosphäre und etwas kleinen, sauberen und einladenden Zimmern mit bequemen Matratzen, AC, Du/WC und TV. Nette Sitzecken im Treppen- und Flurbereich. Die Zimmer im Erdgeschoss können ziemlich dunkel sein, oben dagegen angenehm hell. Leicht überteuert, aber dennoch empfehlenswert. WLAN inkl. ❹

Fortyville Gh. ⑦②, 9 Phra Sumen Rd., ☏ 02-282 3932-3, 🖥 www.fortvilleguesthouse.com. Der neue, edlere Backpacker zieht mit seinem minimalistischen Design mit Betonwänden und kleinen Zimmern mit guten, harten Matratzen auf niedrigen Betten, neuer AC, LCD-TV und Du/WC vor allem junge japanische Gäste an. Freundliches Personal. ❹

Khaosan Park Resort ⑩①, 202 Khaosan Rd., ☏ 02-281 9509, 🖥 www.khaosanpark.com. Die 47 Zimmer des 2009 eröffneten Mittelklassehotels sind geräumig und entsprechend der Preisklasse mit guten Matratzen, AC, TV und Kühlschrank eingerichtet, manche auch mit Balkon und Verbindungstüren. Hilfsbereites Personal. ❹–❺

New Siam II ⑧③, 50 Trok Rongmai, ☏ 02-282 2795, 🖥 www.newsiam.net. Geschäftiges, nicht besonders hervorstechendes Kleinhotel mit Aufzug und sauberen, funktional gestalteten Zimmern mit gefliesten Böden. Ältere Einrichtung mit harten Matratzen, AC, TV, Safe, geschnitzten Spiegelrahmen, sehr kleinem Balkon und Du/WC. Pool mit eingeschränkten Öffnungszeiten und vielen Verbotsschildern vorm Haus. Restaurant mit großen Sandwiches. WLAN 20 Baht. ❹

New Siam III Gh. ⑦⑨, 7 Soi Rambuttri, ☏ 02-629 4844, 🖥 www.newsiam.net. Die neueste Filiale der New Siam-Kette bietet 40 gemütliche und saubere Zimmer mit guten Matratzen, neuer AC, TV und teilweise auch Balkon. Der Pool des New Siam II kann gegen eine Gebühr von 90 Baht p. P. mitbenutzt werden. ❹

Sleep WithInn ⑧⑦, 76 Soi Rambuttri, ☏ 02-2803070, 🖥 www.sleepwithinn.com. Relativ neues Hostel mit kleinen, ansprechend und modern mit Gemälden gestalteten Zimmern mit guten Matratzen, AC, TV, Kühlschrank und verglaster Du/WC. Die teureren sind etwas geräumiger. Pool auf dem Dachgarten. Nicht besonders freundliches Personal. ❹–❺

Obere Preisklasse

Buddy Boutique Hotel ⑨⑥, 265 Khaosan Rd., ☏ 02-629 4477, 🖥 www.buddylodge.com. Großes Hotel in der Einkaufspassage im nordöstlichen Teil der Khaosan Rd. Gemütlich mit viel Holz und warmen Farben gestaltete Zimmer mit guten Matratzen, alten TVs, Kühlschrank und sehr kleinem Du/WC. Die Deluxe-Zimmer haben schöne Balkone, Himmelbetten und Badewanne. Attraktiver Pool auf dem Dachgarten, Spa im Haus. Gutes Frühstück und gut ausgestattetes Fitnesscenter im Zimmerpreis eingeschlossen. Etwas überteuert, dennoch empfehlenswert. ❻

Viengtai Hotel ⑧⑨, 42 Soi Rambuttri, ☏ 02-280 5434-45, 🖥 www.viengtai.co.th. Das 3-Sterne-Hotel ist seit über 50 Jahren eine Institution in Banglampoo und bietet 200 renovierte und saubere Zimmer mit Teppichboden und jeglichem Komfort der oberen Mittelklasse inkl. Badewanne. Einfacher, sauberer Pool

Der neue Chic in Banglampoo

Navalai River Resort ⑦⑤, 45/1 Phra Arthit Rd., ☏ 02-280 9955, 🖥 www.navalai.com. Direkt am Fluss gelegenes Boutiquehotel mit 74 sauberen, komfortablen, mit viel Holz und schönen Details eingerichteten Zimmern mit Balkon, TV, DVD-Player und Safe im guten Mittelklassestandard. Jedes Zimmer ist geschmackvoll, teilweise sogar kunstvoll mit einem von 4 Themenbereichen gestaltet. Elegantes Restaurant und toller Dachgarten. WLAN und Frühstück inkl. ❺–❼

im Innenhof im 3. Stock. Einer der freundlichen Pagen arbeitet bereits seit über 20 Jahren hier und freut sich, eine der zahllosen Sprachen anzuwenden, die er beherrscht. An der Rezeption nach Rabatt fragen. Frühstücksbuffet inkl. ❺

Sam Sen
Karte „Thewet" S. 164
In der Gegend direkt nördlich des Klong Banglampoo, zu Fuß 15 Min. von der Khaosan Rd. entfernt, geht es beschaulicher und ruhiger zu. Die Hotelangestellten sind in der Regel freundlicher und hilfsbereiter als im Herzen von Banglampoo.

Khaosan Baan Thai ⑩⑧, 11/1 Soi Samsen 3, ☏ 02-628 5559, 🖳 www.khaosanbaanthai.com. Hinter dem Sivarin Gh. in einem frisch renovierten, 70 Jahre alten Haus gelegenes Hostel mit kleinen, einfachen Zimmern mit AC, Matratzen auf dem Boden und Gemeinschaftsbädern. Die Wände sind teils mit sehr schönen Zeichnungen versehen. Sehr freundliche, familiäre Atmosphäre. Frühstück und WLAN inkl. ❸

New World City Hotel ⑪⑫, 2 Soi Samsen 2, ☏ 02-281 5596, 🖳 www.newworldcityhotel.com. Das recht große muslimische Hotel bietet Mittelklassezimmer mit weichen Matratzen und einer etwas älteren, gepflegten Einrichtung, die teureren mit Balkon. WLAN 30 Baht pro Std. oder 90 Baht pro Tag, Frühstück inkl. Ab 2011 im Neubau nebenan die ersten 4-Sterne-Zimmer in Banglampoo zu deutlich höheren Preisen. ❺

Phiman Water View ⑩⑦, 123 Soi Samsen 5, ☏ 02-628 8246, 🖳 www.phimanwaterview.com. Kleines, nicht sehr empfehlenswertes Hostel in versteckter Lage mit einem Gemeinschaftsbereich am Fluss und in teilweise grellen Farben eingerichteten, einfachen, nicht sehr sauberen Zimmern, die günstigsten mit Ventilator und Gemeinschaftsdusche. Auch Schlafsaalbetten für 160 Baht. WLAN inkl. ❸–❹

Sam Sen Sam Place ⑩, 48 Soi Samsen 3, ☏ 02-628 7067, 🖳 www.samsensam.com. In einem türkisfarben gestrichenen Teakhaus mit schönem Vorgarten gibt es Zimmer in verschiedenen Ausstattungen und Farben, die sonst aber nicht besonders spektakulär sind. Entspannte Atmosphäre, ideal für Ruhesuchende. ❸–❺

Entspannte Atmosphäre

Sivarin Gh. ⑩⑨, 11/1 Soi Samsen 3, ☏ 02-628 5659, 🖳 www.sivaringuesthouse.com. Die sauberen, einfachen Zimmer sind zweckmäßig eingerichtet, im oberen Stockwerk auch sehr luftig und mit Blick auf die Rama VIII.-Brücke. Alle mit Gemeinschaftsbädern. Sehr hilfsbereites Personal. Frühstück und WLAN inkl. ❸–❹

Thewet
Karte „Thewet" S. 164
Weiter nördlich, zwischen Banglampoo und Ratchawithi Rd., wohnt man in einer ruhigen, zentralen Wohngegend nahe dem Fluss mit Lokalkolorit und vielen Moskitos. Neben einigen Gästehäusern mit deutlich alternativerer Atmosphäre als in Banglampoo locken farbenprächtige Märkte. Etwas weiter südlich im Verwaltungs- und Regierungsviertel gibt es einige gute Mittelklassehotels, allerdings auch sogenannte Curtain-Hotels, die stundenweise von einheimischen Männern besucht werden – zu erkennen an den Autoparkplätzen mit Vorhang. Der Sanam Luang ist mit Bussen und Expressbooten gut zu erreichen, die Anfahrt zu den Busbahnhöfen ist mühsamer.

HI Baan Thewet ⑩⑤, 25/2 Phitsanulok Rd., ☏ 02-282 0361, 🖳 www.tyha.org. In der gepflegten, sicheren und sauberen Anlage gibt es recht komfortable, schön gestaltete Zimmer mit harten Matratzen und LCD-TV. Nach vorne sind die Zimmer ziemlich laut. 200 Baht Ermäßigung mit Jugendherbergsausweis. Im Eingangsbereich gibt es eine kleine Bibliothek. Freundliches Management. WLAN inkl. ❸–❹

Shanti Lodge ⑩③, 37 Soi 16, Sri Ayutthaya Rd., ☏ 02-281 2497, 🖳 www.shantilodge.com. In der gepflegten Anlage mit kleinem Garten werden neben sauberen, stilvoll und kreativ minimalistisch eingerichteten Zimmern mit Ventilator oder AC und Safe auch Schlafsaalbetten für 200 Baht angeboten. Gutes, vegetarisches, glutamatfreies Essen im gemütlichen Aufenthaltsraum und Restaurant im Erdgeschoss. ❸–❹

Tavee Gh. ⑩④, 83 Soi 14, Sri Ayutthaya Rd., ✆ 02-280 1447. Blitzsaubere, aber hellhörige Zimmer mit guten Betten und Gemeinschafts-Du/WC, teils mit AC, in einem schönen, geräumigen Teakhaus mit ursprünglicher Travelleratmosphäre. Einladendes Restaurant und angenehmer Aufenthaltsraum; nettes, kompetentes Personal. ❸–❹

Trang Hotel Bangkok ⑪, 97/5-6 Wisut Kasat Rd., ✆ 02-282 2141-4, 🖥 www.tranghotelbangkok.com. Ruhig gelegenes, frisch renoviertes Hotel mit sauberen, ziemlich kleinen Zimmern mit LCD-TV, Kühlschrank und Bad. Schöner Pool im Innenhof des neuen Flügels. WLAN 150 Baht pro Tag, Frühstück inkl. ❺

Am Ufer des Menam Chao Phraya

Hier liegen einige der teuersten Hotels der Stadt.

Ibrik Resort by the River ⑫, 256 Soi Wat Rakhang, nahe dem Patravadi Theatre, Eingang in einer schmalen Gasse, ✆ 02-848 9220, 🖥 www.ibrikresort.com, Karte S. 154/155. Schön gelegenes, kleines, fast schon winziges Boutiquehotel mit 3 schönen Zimmern mit TV, Telefon, Himmelbett, Open-Air-Dusche und Terrasse direkt am Fluss. Für das Gebotene übertauert. Frühstück inkl. ❼

Oase der Ruhe mitten in der Stadt

Phranakorn-Nornlen Hotel ⑩⑥, 46 Thewet Soi 1, ✆ 02-628 8188-90, 🖥 www.phranakornnornlen.com. Sehr schön, lebendig und farbenfroh gestaltetes Hotel mit einem freundlichen, ruhigen Innenhof voller Pflanzen und Reliquien vergangener Tage. Hier sollte man einen der exzellenten, frisch zubereiteten Smoothies probieren. Die 25 Zimmer sind mit wunderschönen, handgemalten Motiven verziert und individuell eingerichtet, auch mit CD-Player. Von einigen Zimmern hat man Blick auf die riesige Buddhastatue des benachbarten Wat Indraviharn. Die interessante und kreative Gestaltung zieht sich durch die gesamte Anlage. Gemüse- und Kräutergarten auf dem Dach; Internet und Frühstück inkl. Sehr nettes, hilfsbereites Personal. ❺

Luxus im Kolonialstil

The Oriental Bangkok ㊲, 48 Oriental Ave., ✆ 02-659 9000, 🖥 www.mandarinoriental.com/bangkok, Karte S. 156/157. Das Hotel zählt zu den besten Hotels der Welt. Aufmerksamer, etwas elitärer Service, Gartenterrasse mit 2 Pools und Blick auf den Fluss. Zimmer im River Wing mit Flussblick, sehr teure Zimmer im historischen Garden Wing im Kolonialstil. Seafood-Restaurant Lord Jim's mit großem Aquarium. Shuttleboot zum Einkaufszentrum River City. ❽

Marriott Resort & Spa ⑧, 257 Charoen Nakhorn Rd., ✆ 02-476 0022, 🖥 www.marriotthotels.com, Karte S. 152/153. 5-Sterne-Luxus am Fluss in einer großzügigen Gartenanlage mit Pool unter Palmen. Abends Thai-Tanzshow zum Buffet, sehr gutes Essen. Alle 15 Min. kostenloser Shuttle zur BTS Saphan Taksin. ❼–❽

Millenium Hilton ㉓, 123 Charoen Nakhon Rd., ✆ 02-442 2000, 🖥 www1.hilton.com, Karte S. 156/157. Hochhaus jenseits des Flusses mit großzügigen Zimmern mit allem Komfort, einem schönen Pool auf der Terrasse im 4. Stock und einem hervorragenden Steakhouse. ❼–❽

River View Gh. ⑳, 768 Soi Panuangsri, Songwad Rd., ✆ 02-234 5429, 🖥 www.riverviewbkk.com, Karte S. 156/157. Das ältere Gästehaus bietet auf 7 Stockwerken 45 relativ große, frisch renovierte Zimmer mit dicken Matratzen und TV, die günstigen mit Ventilator und Gemeinschaftsdusche, die teureren mit schönem Flussblick vom kleinen Balkon. Gemütliches Dachrestaurant mit gutem Essen und schönem Ausblick, 🕐 7–22 Uhr. ❷–❹

Rings um den Golden Mount

Südlich der Ratchdamnoen Klang Rd., wenige Hundert Meter von der Khaosan Rd. entfernt, finden sich einige gemütliche Unterkünfte, die mit ihrem weniger kommerziellen, touristischen Charakter punkten. Neben der ruhig auf dem Golden Mount gelegenen Tempelanlage des Wat Saket befinden sich auch zahlreiche Tempel, das Rathaus, sowie die rote Riesenschaukel und letzte Reste der Stadtmauer in der Gegend. Siehe Karte „Historisches Zentrum" S. 154/155.

Refugium im Kolonialstil

Baan Dinso ⑪, 113 Trok Sin, Dinso Rd., ✆ 02-622 0560-3, 🖥 www.baandinso.com. In der schmalen Gasse abseits der lauten Dinso Rd. kommt eine friedliche, dörfliche Atmosphäre auf. In dem ansehnlichen, klassischen, cremefarbenen Teakhaus werden im Kolonialstil eingerichtete Zimmer mit großem LCD-TV und DVD-Player vermietet. Nur die teureren haben Du/WC. Sehr freundliches, hilfsbereites Personal. Frühstück, WLAN und DVD-Verleih inkl. ❺

Old Bangkok Inn ⑩, 609 Phra Sumen Rd., ✆ 02-629 1787, 🖥 www.oldbangkokinn.com. Wer eine luxuriöse Zeitreise ins alte Bangkok unternehmen möchte, ist in den 2 aufwendig restaurierten Ladenhäusern genau richtig. Die opulent eingerichteten Zimmer bestechen mit edlen, dunklen Teakholz-Möbeln und seidenen Bettbezügen, aber auch modernen Annehmlichkeiten wie einem eignen PC und TV mit DVD-Player. Die beeindruckenden Suiten bieten zudem einen kleinen Garten und Open-Air-Badewannen. Frühstück und Internet inkl. ❻–❼

Chinatown und Hua Lamphong

Neben den günstigen Unterkünften rings um den Hauptbahnhof Hua Lamphong gibt es gute chinesische Mittelklassehotels in der Yaowarat

Traditionell und doch modern

Niras Bankoc Hostel ⑬, 204-206 Mahachai Rd., ✆ 02-221 4442, 🖥 www.nirasbankoc.com. Zwischen geschäftigen Essensständen und Läden gelegenes, neues Hostel in einem schönen, über 100 Jahre alten Holzhaus. Während man im netten, kleinen Café im Erdgeschoss guten Kaffee aus Nordthailand schlürft und im Internet surft, wohnt man in den oberen Stockwerken in teils dunklen, schön eingerichteten Zimmern mit komfortablen Matratzen, TV, DVD-Player, Kühlschrank und bunt verzierten Bädern. Schlafsaalbetten für 440 Baht. Bei den teureren Zimmern Frühstück inkl. Freundliches Personal. ❹–❺

Rd. Die lebendigen Märkte und die Nähe zum Hauptbahnhof, der MRT und dem Fluss Menam Chao Phraya sind Gründe, hier zu wohnen, Siehe Karte „Historisches Zentrum" S. 154/155.

Untere Preisklasse

Baan Hua Lampong Gh. ⑱, 336/20 Soi Chalong Krung, Rama IV Rd., in einer Gasse gegenüber dem Bahnhof, ✆ 02-639 8054, 🖥 www.baanhualampong.com. In einem Haus mit vielen Pflanzen gibt es etwas überteuerte, verstaubte Zimmer mit sehr harten Matratzen und Gemeinschaftsduschen, teilweise auch mit AC. Einfache Schlafsaalbetten für 220, EZ für 290 Baht. Kostenpflichtiges WLAN, eine Gemeinschaftsküche, Waschmaschinen und die Dachterrasse vervollständigen das Angebot. ❸–❹

F.F. Guesthouse ⑲, 338/10 Trok La-O, Rama IV Rd., ✆ 02-233 4168. In einem kleinen Haus, ruhig am Ende der Soi gelegen, bietet ein altes, sehr freundliches chinesisches Pärchen 10 sehr preiswerte und einfache, aber saubere und große Zimmer mit Ventilator und Gemeinschaftsdusche in familiärer Atmosphäre an. Auch Einzelzimmer für 180 Baht. ❷

Mittlere Preisklasse

Bangkok Centre Hotel ⑰, 328 Rama IV Rd., ✆ 02-238 4980-99, 🖥 www.bangkokcentrehotel.com. Großes, von der Straße zurückversetztes Hotel der oberen Mittelklasse mit Pool und älteren, recht ansprechend gestalteten Zimmern mit Bad. Langsamer, ineffizienter Service. Aus den oberen Stockwerken bietet sich ein schöner Blick über die Innenstadt oder den Fluss. Frühstück inkl. ❺

SK House Maha Nakhon ⑯, 326/23-25 Rama IV Rd., ✆ 02-639 1338, 🖥 www.skmahanakhon.com. Das chinesische Mittelklassehotel bietet relativ große, leider etwas muffige Zimmer mit LCD-TV an, die teils mit schönen Himmelbetten und Antiquitäten verschönert wurden. Die günstigeren Zimmer mit Ventilator. WLAN inkl. ❹

Obere Preisklasse

Shanghai Mansion Bangkok ⑭, 479-481 Yaowarat Rd., ✆ 02-2221 2121, 🖥 www.shanghaimansion.com. Boutiquehotel mit

Freundliches Hostel direkt am Bahnhof

@Hua Lamphong ⑮, 326/1 Rama IV Rd., ✆ 02-639 1925, 🖥 www.athualamphong.hostel. com. In dem 2010 eröffneten, dezent modern gestalteten Hostel ist es trotz Bahnhofsnähe sehr ruhig. Die sauberen Zimmer sind mit TV, AC, Kühlschrank und Du/WC komfortabel ausgestattet. Schlafsaalbetten für 300–350 Baht und Gemeinschaftsraum mit großem LCD-TV. Sehr hilfsbereites, kompetentes Personal. WLAN im Lobbybereich inkl. ❹

76 sauberen Zimmern und Suiten ohne Außenfenster, die im etwas schrillen traditionell-chinesischen Stil eingerichtet und mit moderner Technik ausgestattet sind. Die teureren Zimmer mit Himmelbett sind wesentlich geräumiger. Frühstück, Inhalt der Minibar und WLAN inkl. ❻

Sathorn und Silom
Karte „Sathorn und Silom" S. 156/157
Eine Vielzahl der Mittelklassehotels in der unteren Silom und Surawongse Rd. werden von asiatischen Geschäftsleuten und Reisegruppen bevorzugt. In der Gegend um Patpong haben in den letzten Jahren allerdings auch einige sehr gute auf Backpacker ausgerichtete Unterkünfte geöffnet. Die Hotels entlang der Sathorn Tai Rd. zählen zu den luxuriösesten der Stadt.

Untere Preisklasse
HI Bangkok Downtown ㉝, 395/4 Silom Rd., ✆ 084-066 4141, ✉ hostelthailand@yahoo.com. In einem sehr schmalen, zentral gelegenen Haus befinden sich die sehr kleinen, sauberen und dezent im Thai-Stil eingerichteten Zimmer mit schmalen Betten. Auch teurere Zimmer mit TV und Kühlschrank. Schlafsaalbetten ab 289 Baht. Saubere Gemeinschaftsduschen, hilfsbereites Personal. ❹
New Road Gh. ㉔, 1216/1 Charoen Krung Rd., ✆ 02-237 1094. In dem 3-stöckigen, relativ ruhig gelegenen Haus gibt es Zimmer in vielen verschiedenen Kategorien mit Ventilator oder AC, TV und nachträglich eingebauter Du/WC hinter einer Falttür. Schlafsaalbetten 160–250 Baht. Hilfreiches Personal. ❷–❹

Sunflower Place Silom ㉛, 39/17-19 Soi Anuman-Rajdhon, ✆ 02-235 9080, 🖥 www.sunflowerplace.com. Versteckt in einer unscheinbaren, überdachten, von der Silom Soi 6 abgehenden Gasse und damit schwer zu finden liegen die neuen, sehr sauberen, etwas dunklen, in verschiedenen Farben gestrichenen Zimmer mit Kühlschrank und TV. Freundliche Besitzerin. WLAN inkl. ❹
The Chilli Bangkok ㉑, 53/15 Charoen Krung Soi 37, ✆ 02-639 5707, 🖥 www.thechillibangkok.com. Modernes, im Herbst 2010 eröffnetes Hostel am Ende einer kleinen Soi in 3 alten Ladenhäusern, das mit viel schwarzem Metall und Beton sehr stylish gestaltet wurde. In der Gasse kann ursprüngliches Straßenleben bestaunt werden. Zimmer mit AC, LCD-TV und bequemen Schlafsaalbetten für 425 Baht. Sehr freundliche, hilfsbereite Besitzer, die bereits selbst weit gereist sind, wie die Postkarten an den Wänden bezeugen. ❹

Mittlere Preisklasse
All Seasons Sathorn Bangkok ㊴, 31 Sathorn Tai Rd., ✆ 02-343 6333, 🖥 www.allseasons-sathorn.com. Mittelklassehotel mit bunt eingerichteten, gemütlichen Zimmern mit LCD-TV, rotem Plüschsessel und Du/WC mit großem und kleinem Duschkopf. Gutes Preis-Leistungs-Verhältnis, WLAN und Frühstück inkl. ❺–❻
China Guest Inn ㉙, 14-16 Decho Rd., ✆ 02-635 7112-3, 🖥 www.china-guestinn.com. Im empfehlenswerten Hotel gibt es kleine, aber gut eingerichtete und saubere Zimmer mit TV, DVD-Player und Du/WC mit großen Duschköpfen. In der Lobby eine große Auswahl an DVDs, die für 40 Baht pro Tag ausgeliehen werden können. WLAN inkl. ❹–❺
HQ Hostel ㉞, 5/3-4 Silom Soi 3, ✆ 02-233 1598, 🖥 www.hqhostel.com. In diesem neuen, edel anmutenden Hostel werden größtenteils nicht besonders günstige, ganz in weiß gehaltene Schlafsaalbetten für 380–600 Baht angeboten, aber auch sehr saubere und interessant gestaltete Zimmer mit LCD-TV, DVD-Player, kühlem Steinboden und offener Du/WC mit großem Duschkopf. WLAN und DVD-Verleih inkl. Nettes Personal. ❺

Eins der 17 besten Hostels weltweit!

Lub d Silom ㉖, 4 Decho Rd., ☎ 02-634 7999, 🖥 silom.lubd.com. In dem beliebten, neuen, interessant mit viel Beton und Stahl gestalteten Hostel gibt es schicke, saubere und komfortable Schlafsäle und Zimmer, teils mit TV und Du/WC. Schlafsaalbetten 420–500 Baht. Das Hostel wurde 2008 von der englischen Tageszeitung *The Guardian* zu einem der 17 besten Hostels der Welt gewählt. Geschäftiger, lebendiger Eingangsbereich mit moderner Atmosphäre. Gemeinschafsraum mit riesigem TV. Internet in der Lobby und WLAN kostenlos. Kompetentes, freundliches Personal. Online-Buchung empfehlenswert. ❹–❺

Lullaby Inn ㉚, 18-22 Decho Rd., ☎ 02-635 5984-5, ✉ lullabyinnsilom@yahoo.com. Das kleine Hotel bietet 18 neue Zimmer mit LCD-TV und komfortablen Matratzen. Die günstigsten ohne Fenster, daher etwas muffig und nicht empfehlenswert. Freundlicher Service. ❺

Luxx ㉗, 6/11 Dencho Rd., ☎ 02-635 8800, 🖥 www.staywithluxx.com. Im kleinen, modernen, 5-stöckigen Boutiquehotel gibt es 13 unterschiedlich große Zimmer, die interessant im minimalistischen Zen-Stil gestaltet und mit LCD-TV und DVD-Player sowie bequemen, breiten Betten ausgestattet sind. Im Bad erfreuen hölzerne Badewannen und Tropendusche. DVD-Verleih und WLAN inkl. Freundlicher Service. ❺–❼

Malaysia Hotel ㊸, 54 Soi Ngam Duphli, ☎ 02-679 7127-36, 🖥 www.malaysiahotelbkk.com. Traditionelles Travellerhotel, das seine Popularität vergangenen Tagen und zahlreichen leichten Jungen und Mädchen verdankt. Wen das nicht stört, der bekommt neben einem Pool auch ältere, recht saubere Zimmer mit unbequem weichen Matratzen, TV und Kühlschrank zu sehr guten Preisen. Im neuen Gebäude liegen komfortablere Zimmer. ❹–❺

Take A Nap ㉒, 920-926 Rama IV Rd., ☎ 02-637 0015-6, 🖥 www.takeanaphotel.com. In direkter Nähe zu Patpong bietet das moderne Hostel ansprechend gestaltete, teilweise schon etwas abgewohnte Zimmer in unterschiedlichen Designs mit neuer AC und TV in den Kategorien S, M, L und XL. Die XL-Zimmer besitzen zusätzlich einen Vorraum mit Sofa, TV und DVD-Player. Schlafsaalbetten für 300 Baht. Nach vorne hin recht laut. Nettes Personal. WLAN inkl. ❹–❺

The Swiss Lodge ㉟, 3 Convent Rd., ☎ 02-233 5345, 🖥 www.swisslodge.com. Geschmackvoll eingerichtetes Hotel der oberen Mittelklasse. Empfehlenswerte Zimmer mit riesigen, komfortablen Betten und stimmigen Details, wie z. B. Büchern und praktischen Schreibwaren. Kleiner Pool, freundliches Personal. WLAN und Frühstück inkl. ❺–❻

Urban House ㊱, 35/13 Soi Yommarat, Saladaeng Rd., ☎ 081-492 7778, 🖥 www.urbanh.com. Das kleine, sehr ruhig am Ende einer Gasse gelegene Haus ist besonders bei japanischen Reisenden beliebt und bietet schlicht eingerichtete, aber schicke Zimmer mit TV und Kühlschrank. Freundliches Personal. WLAN kostenlos. ❹–❺

Obere Preisklasse

Banyan Tree Bangkok ㊶, 21/100 Sathorn Tai Rd., ☎ 02-679 1200, 🖥 www.banyantree.com/en/bangkok. Sehr modernes Luxushotel mit Suiten in einem schmalen, zerbrechlich wirkenden 64-stöckigen Hochhaus. Im 60. Stock liegt das noble chinesische Bai Yun Restaurant und die romantische Vertigo Bar (s. S. 194) mit toller Aussicht. Über mehrere Stockwerke erstreckt sich eines der größten Wellnesscenter der Stadt. ❽

Dusit Thani ㉜, 946 Rama IV Rd., ☎ 02-200 9000, 🖥 www.dusit.com. Kaum vorstellbar, aber das gepflegte 5-Sterne-Hotel war noch in den 1970er-Jahren das höchste Gebäude der Stadt. Nun wirkt es in seiner direkten Umgebung winzig. Frisch renovierte, sehr luxuriöse Zimmer mit allem Komfort, aber kleinen Schönheitsfehlern im Bad. Große Preisunterschiede zwischen Haupt- und Nebensaison. ❽

Lebua at State Tower ㊳, State Tower 1055, 42 Silom Rd., ☎ 02-624 9999, 🖥 www.lebua.com/en/lebua-at-state-tower/. Schon die Piano-Livemusik in der Lobby zeugt von der Exklusivität dieses luxuriösen Hotels. Die geräumig gestalteten Suiten punkten mit einer

Design und Komfort vereint

Triple Two Silom Hotel ㉕, 222 Silom Rd., ☏ 02-627 2222, 🖥 www.tripletwosilom.com. Teures Boutiquehotel mit 45 sehr elegant gestalteten, gemütlichen und großen Zimmern mit LCD-TV, DVD-Player, Sofa und großen Marmorbädern mit Badewanne und Dusche. Frühstück, WLAN und DVD-Verleih inkl. Der Pool des benachbarten Narai Hotels kann mitgenutzt werden. Sehr zuvorkommender Service. ❼

traumhaften Aussicht über Bangkok und allem nur erdenklichen Komfort. Schöner Pool, Sauna und Fitnesscenter. In den obersten Stockwerken liegt der Dome at State Tower (s. S. 183) mit der beeindruckenden Skybar (s. S. 194) und edlen Restaurants. Große Preisunterschiede zwischen Haupt- und Nebensaison. ❼–❽

Metropolitan ㊵, 27 Sathorn Tai Rd., ☏ 02-625 3333, 🖥 www.metropolitan.bangkok.como.bz. Das luxuriöse Hotel im westlich-östlichen Designmix bietet 171 moderne und sehr komfortable Zimmer mit LCD-TV, DVD-Player, Internet und sehr schönen Bädern. Hoteleigenes Fusion-Restaurant Glow. ❽

Sofitel Silom ㉘, 188 Silom Rd., ☏ 02-238 1991, 🖥 www.sofitel.com. Das gläserne Hochhaus des modern und kühl gestalteten 5-Sterne-Hotels bietet Geschäftsleuten einen aufmerksamen, nahezu perfekten Service. Exzellent instand gehaltene Zimmer, überdachter Pool, hervorragendes Frühstücksbuffet und eine Filiale der Feinkostkette Lenôtre Paris mit exzellenten Kuchen. ❼–❽

The Sukhothai Bangkok ㊷, 13/3 Sathorn Tai Rd., ☏ 02-344 8888, 🖥 www.sukhothai.com. Im Gegensatz zu dem angrenzenden kühlen Riesen besitzt dieses modern und sachlich gestaltete Hotel asiatisches Flair. Es ist eine der exklusivsten Unterkünfte der Stadt mit wunderschönen Zimmern, Suiten und einem sehr aufmerksamen Service. ❽

Siam und Pratunam

Karte „Siam und Pratunam" S. 158/159
In diesem Gebiet gibt es einige günstige Kleinhotels etwas abseits vom Trubel und dennoch absolut verkehrsgünstig an der BTS und in der Nähe vieler Restaurants und guter Einkaufsmöglichkeiten.

Untere Preisklasse

Pranee Building Accommodation ㊿, 931/12 Soi Kasemsan 1, Ecke Rama I Rd., ☏ 02-216 3181, ✉ praneebuilding@hotmail.com. Einfache, aber sehr preisgünstige, zur Hauptstraße hin ziemlich laute Zimmer, teilweise mit AC. Unfreundlicher, desinteressierter Besitzer. ❷–❸

White Lodge ㊻, 36/8 Soi Kasemsan 1, ☏ 02-216 8867. Kleine, einfache, relativ saubere Zimmer mit AC und recht durchgelegenen Matratzen, aber einem sehr guten Preis-Leistungs-Verhältnis, teilweise auch mit TV. Die Zimmer im Erdgeschoss können wegen der angrenzenden Waschküche laut sein. Freundlicher, wenn auch etwas resoluter Service. ❷–❸

Mittlere Preisklasse

Reno Hotel ㊼, 40 Soi Kasemsan 1, ☏ 02-215 0026-7, 🖥 www.renohotel.co.th. In dem Mittelklassehotel täuscht der erste Eindruck der modernen Lobby, denn die relativ großen gefliesten Zimmern mit durchgelegenen Matratzen und schmuddeligen Bädern sind deutlich betagter. Die teureren haben auch TV, Kühlschrank und Safe. Sehr dürftiges Frühstück inkl. Im Hinterhof Pool und Parkplatz. Recht wortkarges, unfreundliches Personal. ❺

Schickes Wohnen in Siam

Lub d Siam Square ㊾, 925/9 Rama I Rd., ☏ 02-612 4999, 🖥 siam.lubd.com. Bereits von Außen wird klar, dass Reisende hier eine ultra-moderne, schicke, aber dennoch einladende Backpacker-Unterkunft erwartet. Neben komfortablen Betten im AC-gekühlten 4-Pers.-Schlafsaal für 600 Baht (auch nur für Frauen) und blitzblanken Gemeinschaftsbädern, gibt es sehr cool mit viel kühlem Stein in Orange und Rot gestaltete Zimmer, teils mit TV und Du/WC. Ein geselliges Kino-Zimmer, ein Waschraum und WLAN komplettieren das Angebot. Sehr freundliches, kompetentes Personal. ❺

Samran Place ㊺, 302 Phetchaburi Rd., ✆ 02-611 1245-54, 💻 www.samran.com. Mittelklassehotel im Stil der 1980er-Jahre mit 78 etwas muffigen und älteren, aber sauberen Zimmern, die zur Straße hin laut sein können. Träger, ineffizienter Service. Frühstück inkl. ❺

Obere Preisklasse

Baiyoke Sky Hotel ㊹, im Baiyoke II Tower, 222 Ratchaprarop Rd., ✆ 02-656 3000, 💻 baiyokesky.baiyokehotel.com. 660 großzügige, saubere, aber schon etwas ältere Zimmer mit allem Komfort im 22.–74. Stock des höchsten Gebäudes der Stadt. Die Preise steigen mit der Geschosszahl. Frühstücksbuffet im Baiyoke Sky Restaurant im 78. Stock. ❻–❽

Four Seasons Hotel Bangkok ㊿̶ 51, 155 Ratchadamri Rd., ✆ 02-126 8866, 💻 www.fourseasons.com/bangkok. Die monumental designte Lobby bereitet auf die schönen und luxuriösen Zimmer mit allen nur erdenklichen Annehmlichkeiten vor. Elegant und elitär. Sehr schöner Pool. ❽

Sukhumvit

Karte „Sukhumvit" S. 160/161

In dieser Gegend sind die meisten Europäer zu Hause – Touristen wie Geschäftsleute. Entsprechend groß ist die Auswahl an Hotels der mittleren und gehobenen Kategorien, allerdings gibt es kaum empfehlenswerte Zimmer in den unteren Preisklassen. Hier braucht man auf nichts zu verzichten, internationale Restaurants und vielfältige Einkaufsmöglichkeiten erleichtern das Geldausgeben. Während der Hauptverkehrszeit wird die Sukhumvit Rd. zu einem kilometerlangen Parkplatz, über den man mit der BTS problemlos hinübergleitet. Über den Expressway ist die Verkehrsanbindung zum Flugplatz Suvarnabhumi recht gut, und auch der Ekamai (Eastern) Bus Terminal liegt vor der Tür.

Künstlerisch gestaltete Zimmer

Siam@Siam ㊽, 865 Rama I Rd., ✆ 02-217 3000, 💻 www.siamatsiam.com. Stylishes Designerhotel mit 203 individuell, in kräftigen Farben und mit viel dunklem Holz und Stein gestalteten, modernen Zimmern mit allen technischen Raffinessen und schönen Bädern. Wunderschön gestaltete Rooftop Bar, ein elegantes Restaurant mit Pub sowie Lobby Bar und ein hoteleigner Nachtclub im Erdgeschoss, 🕓 22–1 Uhr. Außerdem Pool, Spa, Fitnesscenter und über das gesamte Gebäude verteilte Kunstwerke. Frühstück und gratis WLAN inkl. ❽

Untere Preisklasse

HI Sukhumvit YHA (71), 23 Sukhumvit Soi 38, BTS Thong Lo, Exit 4, ✆ 02-391 9338, 💻 www.hisukhumvit.com. In einem schönen Haus in einer ruhigen Gasse einen Steinwurf von der angesagten Thong Lo entfernt gibt es kleine, saubere Zimmer mit sehr harten Matratzen, Steinboden und neuer AC, teilweise auch Gemeinschaftsdusche. Betten im Schlafsaal für 350 Baht. Gemütlicher Dachgarten, Waschmaschine, Gepäckaufbewahrung und Internet-Zugang inkl. Hilfsbereites Personal, entspannte Atmosphäre. ❹

Maxim's Inn (58), 131/21-23 Sukhumvit Soi 7/1, BTS Nana, ✆ 02-252 9911-2, 💻 www.maximinn.com. Am Ende einer Soi voller zwielichtiger Bars liegt das relativ ruhige Haus mit renovierten Zimmern mit neuen LCD-TVs und guten Matratzen. Wer günstig im oberen Abschnitt der Sukhumvit wohnen möchte, ist hier am besten aufgehoben. WLAN und Frühstück inkl. ❹

Na Na Chart Sukhumvit 25 (69), 2 Sukhumvit Soi 25, BTS Asoke, ✆ 02-259 6909, 💻 www.thailandhostel.com. In etwas sterilem Ambiente einfache, saubere, geflieste Zimmer mit harten Matratzen, neuer AC, TV und Kühlschrank. Es ist billiger, für 200 Baht eine HI-Karte zu kaufen; dann bezahlt man 500 Baht weniger pro Nacht. Schlafsaalbetten ab 290 Baht. Frühstück und WLAN inkl. Freundliches Personal. ❹

S.V. Gh. (64), 35-36 Sukhumvit Soi 19, BTS Asoke, ✆ 02-253 3556-7. Der Familienbetrieb bietet einfache, saubere Zimmer mit TV und Kühlschrank. Recht wortkarges Personal, aber sehr günstig für die Gegend. WLAN 50 Baht pro Tag. ❹

Mittlere Preisklasse

Federal Hotel (54), 27 Sukhumvit Soi 11, BTS Nana, ✆ 02-253 0175, 💻 www.federalbangkok.

Das beste Hostel auf der Sukhumvit Rd.

Suk 11 Hostel (59), 1/33 Sukhumvit Soi 11, BTS Nana, ✆ 02-253 5927, 💻 www.suk11.com. Nur mit kleinen Schildern versehen, aber am Restaurant und Souvenirshop im Holzhaus zu erkennen. Freundliches Gästehaus mit angenehmer Atmosphäre im ländlichen Thai-Stil in zwei restaurierten Holzhäusern. Saubere, zweckmäßig eingerichtete Zimmer mit guten Matratzen, alter AC, einige mit Du/WC. Hübsch gestalteter Innenhof, Dachterrasse und Aufenthaltsräume. Zahllose Gäste haben sich an den Wänden verewigt. Frühstück und WLAN im Eingangsbereich inkl. Hilfsbereites Personal. ❹

com. Altes, ruhig und etwas abseits der Hauptstraße gelegenes Hotel mit Pool und hellen, geräumigen, sauberen und gepflegten Zimmern mit guten Matratzen, TV, Kühlschrank und Bad, teilweise auch mit Verbindungstüren. Gutes Preis-Leistungs-Verhältnis. WLAN kostenpflichtig, Frühstück inkl. ❺

Grand Inn Hotel (56), 2/7-8 Sukhumvit Soi 3, BTS Nana, ✆ 02-254 9021-6, 💻 www.grandinnthailand.com. Mittelklassehotel mit modern minimalistisch gestalteten und recht geräumigen Zimmern mit weichen und breiten Matratzen, großem LCD-TV und Bad. WLAN inkl. ❺

Imm Fusion Hotel ⑨, 1594/50 Sukhumvit Rd., BTS On Nut, ✆ 02-331 5555, 💻 www.immhotel.com, Karte S. 152/153. Relativ weit draußen gelegenes Hotel in opulentem orientalischem Design mit Pool und schönen Zimmern mit dicken Matratzen und TV. Die Zimmer werden auch langfristig vermietet. Frühstück und WLAN inkl. ❹–❻

Legacy Express (55), 29 Sukhumvit Rd., Ecke Soi 1, BTS Ploen Chit, ✆ 02-655 7474, 💻 www.legacyexpressbangkok.com. Im Sommer 2010 eröffnetes Mittelklassehotel mit modernen, farbenfroh gestalteten Zimmern mit großem LCD-TV und Minibar. Frühstück, WLAN und Internetzugang in der Lobby inkl. ❺

Oasis Inn (52), 230/8 Sukhumvit Soi 1, BTS Ploen Chit, ✆ 02-655 5181, 💻 www.oasisbangkok.com. Beiderseits einer ruhigen Seitengasse nahe dem Bumrungrad Hospital liegen 24 geräumige Zimmer mit großem LCD-TV, Kühlschrank, Du/WC mit verglaster Duschkabine und teilweise großen Balkonen. Gemeinschaftsküche im Erdgeschoss. Freundliches Personal. ❺

on I 8 (62), 162 Sukhumvit Rd., Ecke Soi 8, BTS Nana, ✆ 02-254 8866, 💻 www.on8bangkok.com. Zentral gelegenes, modernes Hotel mit in hellen Braun- und sanften Rottönen gestalteten, recht kleinen Zimmern mit großem LCD-TV. Viele Zimmer ohne Fenster. Für das Gebotene recht teuer. Frühstück im Café und WLAN inkl. ❺–❻

Salil Hotel Sukhumvit (68), 50 Sukhumvit Soi 8, BTS Nana, ✆ 02-253 2474-7, 💻 www.salilhotel.com. Ruhig gelegenes Hotel mit 27 kleinen, freundlich wirkenden, etwas abgewohnten und nicht sehr gepflegten Zimmern mit guten, harten Matratzen, großem LCD-TV, DVD-Player und Tropendusche. Die teureren, deutlich größeren Zimmer sind mit Bad. Entspannte Atmosphäre. ❺–❻

Siam Inn Gh. (63), 170/1 Sukhumvit Soi 8, BTS Nana, ✆ 02-253 3195, ✉ siaminnguesthouse@hotmail.com. Kleines Hotel mit 15 sauberen, recht einfachen, dunklen und kleinen, gefliesten Zimmern mit harten Federkernmatratzen, TV und Kühlschrank. Für die Gegend gutes Preis-Leistungs-Verhältnis. WLAN inkl. ❹–❺

Obere Preisklasse

JW Marriott Bangkok (57), 4 Sukhumvit Soi 2, BTS Ploen Chit, ✆ 02-656 7700, 💻 www.marriott.com/bkkdt. Im modernen Hochhaus gibt

Wie ein lebendes Museum

The Atlanta (67), 78 Sukhumvit Soi 2, am Ende der Soi, BTS Ploen Chit, ✆ 02-252 6069. Das 1952 eröffnete Hotel mit schönem Garten und Pool versprüht immer noch den Charme der 1950er-Jahre. Beim Betreten der Rezeption fühlt man sich wie auf einer Zeitreise. Auch die Zimmer vermitteln diesen Eindruck, sind aber gut instand gehalten und sauber. Jeweils 2 Zimmer teilen sich einen Vorraum und das Bad/WC. Nicht zuletzt wegen der überaus günstigen Zimmerpreise und der Intoleranz gegenüber Sextouristen wird das Hotel von Familien und alleinreisenden Frauen geschätzt. ❹

Ideal für gutbetuchte Nachtschwärmer

Le Fenix Sukhumvit ⑤③, 33/33 Sukhumvit Soi 11, BTS Nana, ✆ 02-305 4000, 🖳 www.lefenix-sukhumvit.com. Neues, sehr stylishes Designhotel mit edlem Indoor Swimming Pool und eleganten Zimmern mit bequemen Matratzen, großem LCD-TV und moderner Du/WC. Hotelgäste haben in der gegenüberliegenden Q Bar und im elitären Bed Supperclub um die Ecke kostenlosen Eintritt. Wer sich abends nicht auf die Tanzflächen der Clubs begeben will, kann sich in der hoteleigenen Tapasbar *Flow* oder im entspannten *The Nest* (s. S. 194) auf dem Dach des Hauses auf die Nacht einstimmen. Sehr freundliches Personal. WLAN inkl. ⑤–⑥

es höchst luxuriöse Zimmer mit allem Komfort und schöner Aussicht über die Sukhumvit. Der aufmerksame Service zieht viele Geschäftsleute an. ⑧

Rembrandt Hotel ⑦⓪, 19 Sukhumvit Soi 18, BTS Asoke, ✆ 02-261 7100, 🖳 www.rembrandtbkk.com. Empfehlenswertes 4-Sterne-Hotel mit über 400 sehr gepflegten, mit allem Komfort gemütlich eingerichteten Zimmern auf 26 Stockwerken. Reichhaltiges Frühstücksbuffet inkl. Pool im 4. Stock. Das indische Restaurant Rang Mahal im 26. Stock gilt als das beste Thailands. ⑥–⑧

S15 Sukhumvit Hotel ⑥⑤, 217 Sukhumvit Soi 15, BTS Asoke, ✆ 02-651 2000, 🖳 www.s15hotel.com.

Blau, die Farbe der Entspannung

Dream Hotel BKK ⑥⓪, 10 Sukhumvit Soi 15, BTS Asoke, ✆ 02-254 8500, 🖳 www.dreambkk.com. Das schick designte und moderne Hotel ist empfehlenswert für alle, die etwas mehr Geld ausgeben wollen. In 2 benachbarten Gebäuden finden sich 200 sehr schöne, elegante und zugleich gemütliche Zimmer mit blauer Beleuchtung, weichen, bequemen Matratzen, riesigen LCD-TVs, DVD-Player und jeglichem Komfort. Kleiner Pool auf dem Dach. WLAN, DVD-Verleih und Frühstück inkl. ⑥–⑦

com. Hotel mit geschmackvoll designten und minimalistisch mit dunklem Holz eingerichteten, geräumigen Zimmern mit großem LCD-TV, DVD-Player, separater Badewanne und Tropendusche. Der Pool des Schwesterhotels in der Soi 31 kann mitbenutzt werden. Freundlicher, hilfsbereiter Service. Frühstück und WLAN inkl. ⑥–⑦

The Eugenia by lebua ⑥①, 267 Sukhumvit Soi 31, ✆ 02-259 9011-9, 🖳 www.theeugenia.com, Karte S. 160/161. Eine Zeitreise in 19. Jh.: luxuriöses Boutiquehotel mit Pool und 12 Suiten, die ganz im Stil des neokolonialen Hauses stimmungsvoll und authentisch mit vielen Antiquitäten eingerichtet sind. Die Badewannen aus Kupfer und Aluminium sind handgefertigt und die Bettgestelle über 100 Jahre alt. Außerdem ein hochklassiges Café und Restaurant. Der Service ist dem Preis entsprechend perfekt, sogar an einen Babysitter wurde gedacht. WLAN und Telefon inkl. ⑧

The Westin Grand Sukhumvit Hotel ⑥⑥, 259 Sukhumvit Rd., zwischen Soi 17 und 19, BTS Asoke, ✆ 02-207 8000, 🖳 westin.com/bangkok. Großes und exklusives 5-Sterne-Hotel direkt an der Sukhumvit mit einem kleinen Pool im 8. Stock. Sehr komfortable, großzügig geschnittene, schön eingerichtete Zimmer mit allem erdenklichen Luxus und separater Dusche und Badewanne. WLAN 530 Baht pro Tag! ⑧

In der Nähe des Flughafens Suvarnabhumi

Karte „Bangkok Übersicht" S. 152/153
Reisende, die in Bangkok einen Stopover einlegen, können in der Umgebung des internationalen Flughafens übernachten.

Novotel Bangkok Suvarnabhumi Airport ⑦, 10 Min. zu Fuß vom Terminal, ✆ 02-131 1111, 🖳 www.novotel.com. Riesiger 4-Sterne-Hotelbau mit 612 luxuriösen Zimmern mit allen Annehmlichkeiten. Pool inkl. 24-Std.-Shuttleservice alle 10 Min. vom Gate 2 Level 4 oder zu Fuß vom Terminal über einen 300 m langen Tunnel erreichbar. ⑧

Regent Suvarnabhumi Airport ⑦, 30/1 Latkrabang Soi 22, ✆ 02-346 4400, 🖳 www.regentsuvarnabhumi.com. 144 komfortable, geräumige Mittelklasse-Zimmer mit LCD-TV und Kühlschrank. Wenig Fluglärm. WLAN und Airport-Abholung inkl. ⑤

Thong Ta Resort & Spa ⑦, 1894 Latkrabang Rd., ✆ 02-326 7258-9, 🖥 thongtaresortandspa.com. 3-Sterne-Hotel 10 Min. vom Flughafen mit preisgünstigen, recht geräumigen Zimmern mit TV, Kühlschrank und teils etwas schmuddeligen Du/WC. Transfer zum Airport, WLAN und kleines Frühstück inkl. ❹

YHA Bangkok Airport ⑦, 58/203 Kingkaew Soi 58, ✆ 085-990 9661. 18 einfache, saubere Zimmer in Flughafennähe, teurere mit TV und Kühlschrank. WLAN und Frühstück inkl. ❹

In den Außenbezirken
Karte „Bangkok Übersicht" S. 152/153

Bansabai Gh. ①, 8/137 Moo 3, Soi Sahakon 15, Lat Phrao, MRT Lat Phrao, ✆ 02-932 9200-3, 🖥 www.bansabaihostel.com. Sehr ruhig gelegene Anlage mit schönem Pool und Dachgarten und gemütlichen Zimmern mit TV und Kühlschrank. Die teureren bieten einige Schmankerl wie einen Jacuzzi oder direkten Zugang zum Dachgarten. Schlafsaalbetten 290 Baht. Sehr freundliches, hilfsbereites Personal. WLAN und 2x tgl. Transfer in die Innenstadt inkl. ❹

Chew House Bangkok ⑤, 68/1 Phaholyothin Soi 6, BTS Ari, ✆ 02-619 1164, 🖥 www.chewhouse.com. Freundliches Hostel in einem Holzhaus mit kleinen, einfachen Zimmern mit TV nahe der BTS. WLAN, Fahrradverleih, Sauna und Frühstück inkl. ❹

Mystic Place – Rooms in Bangkok ③, 224/2-9, 224/11-18 Pradipat Rd., BTS Saphan Khwai, ✆ 02-270 3344, 🖥 www.mysticplacebkk.com.

> **Moderner und schicker Backpacker**
>
> **Refill Now** ⑥, 191 Soi Pridi Bhanom Yong 42, Yak 5, Sukhumvit Soi 71, ✆ 02-713 2044-5, 🖥 www.refillnow.co.th. In einem netten Garten mit Pool befindet sich der mit viel Glas gestaltete Block mit sauberen, hellen und individuell gestalteten Zimmern. Schlafsaalbetten ab 470 Baht. Im Erdgeschoss liegt die stylishe, ganz in weiß gehaltene Bar und das Restaurant. Abholservice von der Airport Rail Link Station Ramkamhaeng für 40 Baht p. P. Freundliches Personal. Online-Buchung empfehlenswert. ❹

Designerhotel mit kreativem Konzept: Jedes Zimmer wurde von einem anderen Künstler gestaltet, dabei reicht die Bandbreite von schrill, kitschig und bunt bis zu schlicht und elegant. Alle 36, nicht immer sauberen Zimmer sind mit TV, DVD-Player und Kühlschrank ausgestattet. Frühstück, DVD-Verleih mit großer Auswahl und WLAN inkl. Mit Spa und Kunstgalerie. Freundliches Personal. ❺–❻

The Thai House ④, 32/4 Moo 8, Tambol Bang Muang, Bang Yai, Nonthaburi, ✆ 02-903 9611, 997 5161, 🖥 www.thaihouse.co.th, außerhalb der Stadt im Westen. In einem wunderschönen, traditionellen Teakhaus, in dem man sich bei einer liebenswerten Familie schnell wie zu Hause fühlt, liegen schöne Zimmer im Thai-Stil mit Gemeinschaftsduschen. Das Haus am Klong ist von Bangkok aus sowohl mit dem Boot (ca. 1 1/2 Std.) als auch mit dem AC-Bus 516 zu erreichen. Letzterer fährt alle 15 Min. ab Sanam Luang bis Bang Buatong; hinter dem Mitsubishi-Gebäude und der Brücke aussteigen und 10 Min. laufen oder ein Motorradtaxi für 10 Baht nehmen. Wer möchte, kann bei der herzlichen Gastgeberin Peep die Geheimnisse der traditionellen Thai-Küche ergründen, s. S. 190. Der ideale Ort zum Ankommen, Relaxen und um das Leben auf dem Land kennen zu lernen. Frühstück inkl. ❺

Udee Bangkok ②, 49 Pradiphat Soi 19, südlich vom Chatuchak Market, BTS Saphan Khwai, ✆ 02-279 2595, 🖥 www.udeebangkok.com. Sehr hübsch gestaltetes, familiäres, aber dennoch modernes Guesthouse in einer ruhigen Gegend mit kleinem Dachgarten, Gemeinschaftsküche und Fernsehraum. Einfache, sehr saubere, in Grün gehaltene Zimmer mit guten Matratzen und modernen Bädern. Auch 4- und 3-Bett-Schlafsaal für 350 Baht p. P. WLAN inkl. ❹

Essen

Aus kulinarischer Sicht ist Bangkok ein wahrhaft kosmopolitisches Paradies. Neben den asiatischen Küchen von Japan bis zum Vorderen Orient gibt es deutsche, französische, italienische, spanische und auch amerikanische Restaurants, die oft mit der Küche der besten Restaurants ihrer Ursprungsländer mithalten

Straßenküchen

Bangkok ist bekannt für seine exzellenten Garküchen. Daher verwundert es nicht, dass sich auf Schritt und Tritt Gelegenheiten bieten, authentische Snacks und Gerichte für wenig Geld zu probieren. Diese werden an portablen Straßenständen, auf Märkten oder oft auch in Supermärkten frisch zubereitet. Da häufig niemand Englisch spricht, schaut man am besten in die Töpfe oder bestellt, was am Nachbartisch lecker duftet. Die beliebtesten Gerichte für Einsteiger sind Klebreis mit Mango oder etwas deftiger gegrillte Hähnchenspieße sowie Nudelsuppen in allen Variationen. Es lohnt sich, über den eigenen kulinarischen Tellerrand zu schauen und nicht immer die gleichen drei Gerichte zu essen, denn viele der geschmacklichen Abenteuer erweisen sich als wahre Gaumenfreuden. Wenn an einem geschäftigen Essenstand fast alle das gleiche Gericht essen, sollte man dieses definitiv ebenfalls probieren, auch wenn es möglicherweise exotisch anmutet. Nur zu! Die thailändische Küche zählt nicht umsonst zu den variationsreichsten und besten der Welt!

---

können – und sie manchmal sogar übertreffen. Und das alles zu deutlich niedrigeren Preisen! Essen zu gehen kostet kein Vermögen, denn die meisten Einheimischen tun dies sehr häufig. An Straßenständen gibt es schon ab 20 Baht eine kräftige Suppe, in normalen Restaurants bekommt man ab 100 Baht ein leckeres Thai-Gericht; westliche Gerichte können allerdings wesentlich teurer sein. Ein Essen in den hochklassigen Gourmetrestaurants ist deutlich kostspieliger, aber es ist ziemlich schwierig, auch nur annähernd so viel auszugeben wie in vergleichbaren Gaststätten in Europa.

In AC-Restaurants darf generell nicht geraucht werden.

Weitere Restauranttipps s. **eXTra [2808]**.

Banglampoo und Thewet

Karten „Banglampoo" S. 162/163 und „Thewet" S. 164

Zu den Travellerrestaurants in der Khaosan Rd. und ihrer Umgebung gibt es zahlreiche interessante Alternativen. Auch das Essen an Garküchen kann richtig gut sein.

Fast Food und Essensstände

Den Travellerbedürfnissen tragen mehrere Fastfood-Restaurants in und um die Khaosan Rd. Rechnung. Garküchen befinden sich gehäuft in der oberen Soi Rambuttri, nahe der Chakraphong Rd. Nach dem Besuch des Königspalasts kann man sich an die ruhig unter Bäumen gelegenen Garküchen am Chang Pier setzen. Hier gibt es leckeren Saft und gutes, preiswertes Essen.

Center Khaosan R., im Zentrum der Khaosan Rd., 🖥 www.thekhaosarncenter.co.cc. Eignet sich bestens, um sich inmitten des Trubels auszuruhen und das Treiben bei einem kühlen Bier zu beobachten. Das Essen ist allerdings nur mäßig. ⏱ 24 Std.

Cafés

Coffee World im Buddy Boutique Hotel, 265 Khaosan Rd. Im modernen amerikanischen Stil eingerichtetes Café mit klassischer, entspannender Hintergrundmusik. Espresso, verschiedene Kaffee- und Teesorten, zudem leckere Kuchen, Torten, Pasta und Salate. WLAN und Internet-Terminals inkl. ⏱ 7.30–2 Uhr.

Saffron Café, Phra Arthit Rd. Kleines, entspanntes Café mit einer guten Auswahl an leckeren westlichen Kuchen (v. a. die Schwarzwälder Kirschtorte und der Heidelbeerkäsekuchen) und gutem Kaffee. Auch große Auswahl an Tees und Thai-Gerichte ab 80 Baht. ⏱ 8–21 Uhr.

Starbucks ist ebenfalls mit einer Filiale in der Sunset Street in die Gegend vorgedrungen.

Chinesisch

Poon Sin R., 460 Wisut Kasat Rd., ☎ 02-282 2728. Einfaches, etwas steriles Restaurant gegenüber dem De Moc Hotel, berühmt für leckere chinesische geröstete Enten- und Schweinefleisch-Gerichte, die traditionell kalt serviert werden, aber auch aufgewärmt zu bekommen sind.

Das beste Frühstück in Banglampoo

Ricky's Coffeeshop, Phra Arthit Rd. Unter dem New Merry V. Gh. liegt das beliebte, geschmackvoll im chinesischen Kolonialstil gestaltete Café mit sehr gutem Kaffee und einer riesigen Auswahl an leckeren Baguettes, Sandwiches und mexikanischen Gerichten. Sehr freundliche Atmosphäre.

Europäisch

Café Primavera, 56 Phra Sumen Rd., ✆ 02-281 4718. 2-stöckiges italienisches Restaurant unter österreichischer Leitung mit freundlichem Service, das zu Jazzmusik Pizza und eine gute Auswahl an Nudelgerichten sowie italienisches Eis und leckeren Apfelstrudel serviert. Pizzen um 300 Baht, Pastagerichte etwas günstiger. Das schmackhafte Graubrot aus eigner Produktion wird auch am Stück verkauft. ⏱ 8–23 Uhr.

La Casa R., 210 Khaosan Rd. Hier schmeckt es wie beim Italiener um die Ecke. Gerichte von guter Qualität mit teils original italienischen Zutaten. Hauptgerichte 250–350 Baht. ⏱ 12–24 Uhr.

Indisch

Bombay Blues, Soi Rambuttri, nahe der Nationalgalerie, ✆ 085-859 1515. Gemütliches, nett eingerichtetes Restaurant, in dem man auf Kissen sitzend leckeres Chicken Tandoori oder andere indische Spezialitäten kosten und danach eine Shisha rauchen kann. Hauptgerichte 100–150 Baht. ⏱ 15–2 Uhr.

International

Ranee's R., 77 Trokmayom Chakraphong, ✆ 085-065 6388. In einem ruhig gelegenen, teils überdachten Innenhof werden preisgünstige hausgemachte Nudeln mit leckeren Soßen, Pizza und Thai-Gerichte ohne Glutamat zubereitet, auch Vegetarisches sowie knusprige Baguettes aus der eigenen Bäckerei. ⏱ 8–24 Uhr.

Japanisch

Taketei R., Soi Rambuttri, ✆ 02-629 0173, 🖳 www.taketei.com. Helles, japanisches Restaurant mit Gerichten von guter Qualität zu vernünftigen Preisen. Für 449 Baht gibt es ein Buffet mit mehr als 120 verschiedenen Gerichten aus dem Land der aufgehenden Sonne. ⏱ 11.30–14 und 17.30–23.30 Uhr.

Thai

Angenehme Restaurants, die v. a. von einheimischen Studenten besucht werden, haben sich in den kleinen Geschäftshäusern rings um das Phra Sumen Fort niedergelassen. Viele sind nur abends geöffnet.

Jopochana R., Talad Nana, Ecke Soi Samsen 2. Sehr kleines, aber beliebtes Restaurant, das Seafood und preiswertes Bier verkauft. ⏱ 18–4 Uhr.

Mayompuri, 22 Chakraphong Rd., ✆ 02-629 3883, 🖳 www.mayompuri.com. Das schicke Restaurant mit Wasserfall ist die edle Alternative in der Khaosan und bietet etwas teurere westliche und einheimische Küche sowie gepflegte Cocktails in gediegener Atmosphäre. ⏱ 15–23.30 Uhr.

New Orleans, 522 Phra Sumen Rd., ✆ 02-282 6800. Großes Haus im Südstaatenstil mit unterschiedlich dekorierten Räumen und asiatisch-internationalem Essen. Am Besten sind die Thai-Gerichte um 100 Baht, auch günstige Mittagsmenüs. ⏱ 11–1 Uhr.

Vijit R., 77/2 Ratchdamnoen Klang Rd., am Demokratie-Denkmal, ✆ 02- 282 0958. Mutigen sei dieses Restaurant empfohlen. Groß, beliebt, laut, mit Thai-Livemusik und bebilderter Karte

Thai-Essen in seiner ganzen Vielfalt

Hemlock, 56 Phra Arthit Rd., ✆ 02-282 7507. Hier gibt es fast 200 sehr leckere, z. T. traditionelle Thai-Gerichte zu günstigen Preisen in gepflegter Atmosphäre. Darunter finden sich wahre Geschmacksabenteuer wie *Miang Kam*, eine klassische Vorspeise, bei der verschiedene Zutaten in Blätter gewickelt werden. Auch im Angebot sind französische und kalifornische Weine und eine große Auswahl an Tees. Freundlicher Service und entspannte Musik. ⏱ 16–23.30 Uhr.

mit vielen Gerichten von 80–250 Baht. Alles authentisch scharf!

Vegetarisch

May Kaidee Vegetarian & Vegan R., 111 Tanao Rd. und ein weiteres Restaurant mit Kochschule in der Samsen Rd. nördlich des Klong Banglampoo, 02-281 7699, www.maykaidee.com/restaurants. Seit 1989 gibt es hier gesunde, glutamatfreie, vegetarische Kost, sowie preiswerte Sandwiches und andere Snacks. Der schwarze Klebreis ist besonders empfehlenswert. Bebilderte Speisekarte. In der Hauptfiliale jeden Samstag Abend ausgiebiges Buffet für 99 Baht p. P. mit traditionellen Tänzen. 9–22 Uhr.

Am Ufer des Menam Chao Phraya

Aquatini R., 45/1 Phra Arthit Rd., 02-280 9955, Karte S. 162/163. Direkt am Fluss gelegenes, edel anmutendes Restaurant, in dem an dunklen Holztischen unter freiem Himmel eine große Auswahl an thailändischen Gerichten ab 150 Baht serviert wird. Seafood ist deutlich teurer. 18.30–1 Uhr.

Arun Residence by the River, am Ende der Soi Chetuphon südlich vom Wat Pho direkt am Fluss, 02-221 9158, www.arunresidence.com, Karte S. 154/155. Gegenüber dem Wat Arun mit traumhaftem Blick auf das erleuchtete Wat am Abend. Ein idealer Ort für einen romantischen Abend bei ausgezeichnetem Essen. Hauptgerichte 150–400 Baht. 11–22 Uhr.

Baan Klang Nam, ca. 4 km südlich von Silom, 288 Rama III Rd., Soi 14, 02-292 0175, www.baanklangnam.net, Karte S. 152/153. Bei Bangkokern beliebtes Seafood-Restaurant

Original Roti Canai wie in Malaysia

Roti-Mataba, 136 Phra Arthit Rd., 02-282 2119. Eine Institution, die seit 1943 in Banglampoo Roti, sehr leckeres, leicht süßliches indisches Fladenbrot, anbietet, das in Malaysia oft zum Frühstück gegessen wird. Sehr lecker schmeckt dazu Hühnchen-Curry. Äußerst preiswert. 7–22 Uhr, s. **eXTra [2709]**

mit tollen Krebs- und Fischgerichten. In romantischer Lage in einem schönen, mit Schindeln verkleideten Holzhaus am Flussufer kann man ein exzellentes, romantisches Dinner an der frischen Luft genießen. Um 500 Baht p. P. Auf alle Fälle reservieren. 11–22.30 Uhr.

Ban Rim Nam, auf der Thonburi-Seite direkt am Fluss, 723 Charoen Nakhon Rd., 02-860 4500, Karte S. 156/157. Die Auswahl an Thai-Gerichten ist so groß, dass die Speisekarte dick wie ein Kochbuch ist. 10.30–24 Uhr.

In Love Bar & R., 2/1 Krung Kasem Rd., direkt am Thewet Pier, 02-281 2900, Karte S. 164. Mit einem schönen Blick auf den Fluss und die Rama VIII.-Brücke kann man hier sehr gute Thai-Gerichte essen. Eine Spezialität des Hauses ist der scharfe Pomelo-Salat mit Hühnchen. 11–1 Uhr.

Khimlom-Chom-Sa-Phan R., 11/6 Soi Samsen 3, am Fluss hinter Wat Samphraya, 02-628 8382-3, Karte S. 164. Großes, beliebtes Restaurant mit einer breit gefächerten Auswahl an Seafood-Gerichten um 200 Baht. Trotz englischer Karte kommen noch wenig Touristen. Kleine Bäckerei mit leckeren Kuchen. 11–1 Uhr.

Songfangklong R., 17/55 Sukhaprachasan 2 Rd., Fährhaltestelle Pakkret (Nr. N33), Nonthaburi, 081-270 9911, www.songfangklong.com, Karte S. 152/153. In dem am Fluss gelegenen, klassisch im Kolonialstil mit dunklen Holztischen gestalteten Restaurant gibt es neben Plätzen im Inneren auch eine Flussterrasse auf der die glutamatfreien Thai-Gerichte genossen werden können. Abends Livemusik. Hauptgerichte 100–240 Baht. 11–1 Uhr.

Studio 9, 69/1 Soi Wat Rakhang, Arun Amarin Rd., 02-866 2144, www.patravaditheatre.com, Karte S. 154/155. Etwas moderner und günstiger als das Supatra River House. Hauptgerichte ab 120 Baht. Kulturprogramm jeden Fr und Sa von 19.30–22 Uhr. Reservierung empfehlenswert. So–Do 11–22, Fr und Sa 11–24 Uhr.

Supatra River House, 266 Soi Wat Rakhang, Arun Amarin Rd., 02-411 0305, www.supatrariverhouse.net, Karte S. 154/155. Hauseigene Fähre ab dem Maharaj Pier. In dem stilvoll restaurierten Thai-Haus mit Garten

und Bühne kann elegant am Fluss diniert werden. Leider liegt eine laute Bootsanlegestelle direkt neben dem Restaurant. Im angrenzenden Patravadi Theatre gibt es Fr–So abends klassische Tänze und Theaterstücke. Hauptgerichte ab 200 Baht, ordentliche Kleidung erwünscht, keine Sandalen. 11–14 und 17.30–23 Uhr.
The Old Phra Arthit Pier, 23 Phra Athit Rd., 02-282 9202, Karte S. 162/163. Angenehm gestaltetes Restaurant in schöner Lage direkt am Pier, von dem aus die Expressboote Richtung Sathorn ablegen. Thailändische Küche zu Preisen um 100 Baht. Freundlicher Service. 11–24 Uhr.

Restaurantboote

Die Boote starten in der Regel abends zwischen 18 und 20.30 Uhr ab River City Pier, z. B.
Chao Phraya Chartered, 02-639 0704,
Chao Phraya Princess, 02-437 9667,
Loy Nava, 02-437 4932, www.loynava.com. Für 1500 Baht gibt es neben einem leckeren Buffet traditionelle Tänze und klassische Thai-Musik. Das Boot ist etwas kleiner als viele andere und ist daher persönlicher. Abfahrt um 18 und 20.10 Uhr.
Manohra, 02-476 0770, www.manohracruises.com. Ab dem Marriott Resort & Spa fährt diese umgebaute Reisbarke, auf der von 19.30–22 Uhr Dinner Cruises für 1990 Baht angeboten werden. Zusteigen am Taksin und Oriental Pier möglich.
Pearl of Siam, 02-225 6179.
River Side Cruise, 02-497 1588, www.cruise-thailand.com/River_Side. Für bis zu 800 Gäste gibt es neben einem Mittagsbuffet für 450 Baht 2 Abendbuffets für jeweils 1200 Baht, dazu eine Thai-Musik Show.
Wan Fah, 02-622 7657-61, www.cruise-thailand.com/Wan_Fah_Dinner_Cruise. Menü auf einer umgebauten Reisbarke für 1200 Baht inkl. Thai-Tänze; Getränke kosten extra. Restaurant am Ratchawongse Pier. 19–21 Uhr.
Yok Yor, 885 Somdej Chao Phraya 17 Rd., ab der Yok Yor Marina auf der Thonburi-Seite, schräg gegenüber der River City, 02-280 1319, www.yokyor.co.th, Karte S. 156/157.

Lust auf Lieferservice?

Wer nach einer durchzechten Nacht keine Lust hat, sein Hotelzimmer zu verlassen, kann problemlos bei einem der zahlreichen Lieferservices sein Essen bestellen. Hier eine Auswahl:
Chef XP, 02-204 2001, www.chefsxp.com. Der große Anbieter hat eine breit gefächerte Auswahl an Restaurants im Angebot, die alle innerhalb 1 Std. liefern.
Food by Phone, 02-663 4663, www.foodbyphone.com. Ähnliches Angebot wie Chef XP, jedoch etwas teurer.
Chester's Grill, 1145, www.chestersgrill.co.th.
KFC & Pizza Hut, 1150, www.kfc.co.th, www.pizzahut.co.th.
McDonald's, 1711, www.mcthai.co.th.
Pizza Company, 1112, www.pizza.co.th.
Oishi Express, 02-712 3456, www.oishi-group.com.
S&P Delivery, 1344, www.snpfood.com.

Bekannt für scharfes Essen. Das Boot legt um 20 Uhr ab und kostet 800–1100 Baht inkl. Seafood-Dinner.

Chinatown

Karte „Historisches Zentrum" S. 154/155
Entlang der Yaowarat Rd. reiht sich ein chinesisches Restaurant an das nächste. Viele verkaufen fragwürdige Spezialitäten wie Haifischflossen- und Schwalbennest-Suppe, aber auch andere Köstlichkeiten aus dem Reich der Mitte. In der Gegend um das Hauptpostamt (GPO) und östlich dem Sikh-Tempel gibt es zahlreiche einfache indische Restaurants.

Cafès

Iea Sae Coffee, an der Ecke Phat Sai Rd. und Phadung Dao Rd., 02-573 3388. Im über 80 Jahre alten, historischen Coffeeshop kann man bei einem bitteren Taeochew-Kaffee das Straßenleben beobachten, während an den Nachbartischen wie eh und je über die neueste politische Entwicklung diskutiert wird. 5–22 Uhr.

Chinesisch

24-Hour Boiled Rice, an der Ecke Plaeng Nam Rd. und Charoen Krung Rd., ✆ 02-623 0907. Unscheinbar, fast schon etwas schmuddelig, aber geschmacklich so ziemlich das Beste, was Chinatown zu bieten hat. Reis mit über 30 verschiedenen Beilagen. Das Barbecue Pork ist exzellent. Lieber einen Sitzplatz mit Blick zur Straße wählen. ⏱ 24 Std.

Kuan U Chicken Rice, im Talad Kao (Old Market) in der Soi Issaraphap am Guan U Schrein, kein Namensschild, ✆ 081-855 9354. Wenn man den Laden einmal gefunden hat, wird man mit dem besten Chicken Rice der Stadt entschädigt. Die chinesische Spezialität aus gegrilltem Hühnchen und Reis, der in Hühnerbrühe gekocht wird, ist eine wahre Gaumenfreude: Außen knusprig und innen zart. ⏱ 6–14 Uhr.

Lek-Rat Seafood, an der Ecke Yaowarat Rd. und Phadung Dao Rd., ✆ 081-637 5039. Restaurant mit leckeren, preisgünstigen Seafoodgerichten, wie etwa gegrillten Muscheln. ⏱ 18–3 Uhr.

Lim Lhao Ngow Noodle, Song Sawat Rd. Die Nudeln mit Fischbällchen für 20–25 Baht sind seit Jahrzehnten ein Begriff. Außen knusprig und innen luftig, ein wahrer Genuss. ⏱ 19–23 Uhr.

Sweet Chinese Noodle, Pee Ra Ga Market, an der Ecke Yaowarat Rd. und Chakkawat Rd., ✆ 086-086 4166. Für 15 Baht gibt es die Spezialität aus feinen Reisnudeln, serviert mit Trockenfrüchten und scharfem geriebenem Ingwer. ⏱ 9.30–16 Uhr.

The Canton House, 530 Yaowarat Rd., neben dem Chinatown Hotel, ✆ 02-221 3335. Großes, modernes und lautes Dim Sum-Restaurant. ⏱ 11–22 Uhr.

Yong's Curry, Yaowarat Rd., zwischen Yaowarat Soi 6 und Plaeng Nam Rd., ✆ 02-221 9908. Das süße Curry mit Schweinefleisch im indischen Stil ist stadtbekannt, aber auch die anderen wohlduftenden Varianten mit Wels, Hühnchen oder Fleischbällchen erfreuen sich großer Beliebtheit. ⏱ 16–2 Uhr.

Sathorn und Silom

Karte „Sathorn und Silom" S. 156/157
In der Silom Rd. dürfte es kein Problem sein, ein Restaurant zu finden. Viele sind auf die flanierenden Touristen eingestellt und entsprechend teuer. Auch rings um die Patpong Rd. konzentrieren sich nicht nur Go-go-Bars und Nachtclubs, sondern auch gute Restaurants.

Fast Food und Essenstände

In zahlreichen Nebenstraßen finden sich Essenstände, z. B. östlich der Moschee, zwischen der Silom und Anuman Raichon Rd., neben dem Bangkok Bank Building und am Beginn der Soi Convent. Es gibt sehr gute Nudelgerichte, Suppen für ca. 30 Baht, gegrillten Fisch, Meeresfrüchte u. a. Die westliche Küche ist v. a. mit Fastfood-Ketten in der oberen Silom Rd. und rings um Patpong vertreten.

Chinesisch

Charuvan Duck Shop, offenes Restaurant in der Silom Rd., nahe Patpong, BTS Sala Daeng. Hier bekommt man preiswerte, einfache, aber leckere Entengerichte auf unfreundliche Weise serviert.

Coca Suriwongse R., Soi Tantawan, Surawongse Rd., BTS Sala Daeng, ✆ 02-236 9323, 🖥 www.coca.com. Das beliebte Restaurant ist eine Institution und betreibt mittlerweile weitere Ableger in der Stadt. In der edel anmutenden Zentrale der Kette gibt es „Steamboat" und andere ausgefallene chinesische Gerichte (Entenfüße, Taube, usw.). Hauptgerichte ab 100 Baht. ⏱ ab 18 Uhr.

Hai Tien Lo, im 22. Stock des Pan Pacific Hotel, 952 Rama IV Rd., BTS Sala Daeng, ✆ 02-632 9021. Gutes und teures kantonesisches Essen, mittags exzellente Dim Sum. ⏱ 11.30–14.30 und 18.30–22.30 Uhr.

Europäisch

Le Café Siam, 4 Soi Sri Akson, ✆ 02-671 0030-1, 🖥 lecafesiam.com. In der originalgetreu restaurierten, alten Villa werden in stilvoller Atmosphäre einheimische und französische Gerichte serviert und Antiquitäten zum Verkauf angeboten. Gehobenes Preisniveau. ⏱ 18–1 Uhr.

Maria Pizzeria & R., 907 Silom Rd., BTS Surasak. Modern gestaltete Pizzeria mit großer Fensterfront und einem breiten Angebot an Pizza und Pasta für 150–300 Baht, Thai-Küche um 100 Baht. WLAN inkl. ⏱ 8–22.30 Uhr.

> **Besser als viele Italiener zu Hause**

Opus Italian Wine Bar & R., 64 Pan Rd., BTS Surasak, ✆ 02-637 9899, 🖥 www.wbopus.com. Fantastisches italienisches Restaurant mit einer exzellenten Weinauswahl und sehr geschmackvoller Einrichtung. Der Besitzer Alex führt Gäste gern in den Weinkeller, um ihnen den perfekten Tropfen für ihr Essen vorzuschlagen. Die hausgemachte Pasta und die Nachspeisen sind ein Gedicht. Hohe Preise und entsprechender Dresscode, aber jedes Gericht ist ein wahrer Gaumenschmaus. Perfekter Service. ⊙ 18–24 Uhr.

Ratsstube, im Goethe-Institut, Soi Goethe, ✆ 02-286 4258. Das nett eingerichtete, etablierte Restaurant hält ein breites Angebot an europäischen und einheimischen Gerichten bereit. ⊙ 10–22 Uhr.
Salute, 73 Sathorn Soi 10, BTS Chong Nonsi, ✆ 02-234 9933. In gemütlichem Ambiente gibt es leckere Spezialitäten aus Italien, Frankreich, Spanien und Griechenland. Auch netter Außenbereich. Reguläre Hauptgerichte 300–450 Baht. ⊙ 11.30–14.30 und 18–23 Uhr.

Indisch
Indian Hut, 311/2-5 Surawongse Rd., gegenüber dem Manohra Hotel, ✆ 02-635 7876. Wie die weißen Tischdecken und das edle Ambiente signalisieren, ist dies kein Billig-Inder, doch das preisgekrönte Restaurant lohnt die Mehrausgabe. Auf der Karte stehen auch ausgefallene Gerichte wie die der Jain-Religion, die strengen Essensregeln unterliegen. Abends fast immer voll. ⊙ 11–22.30 Uhr.

International
🛈 **Glow**, im 2. Stock des Metropolitan Hotels, 27 Sathorn Tai Rd., ✆ 02-625 3366, 🖥 www.metropolitan.bangkok.como.bz/eat-and-drink/glow. Das edle, minimalistisch gestaltete Restaurant serviert Produkte aus ökologischem Anbau aus den Königsprojekten im Norden des Landes. Aus den hochwertigen Zutaten werden kreative und schmackhafte Gerichte gezaubert. Der Clou ist der Gesundheitsdrink aus dem Weizengras, das im Restaurant wächst. ⊙ 6–21 Uhr.
The Dome at lebua, State Tower, 42 Silom Rd., BTS Surasak, 🖥 www.lebua.com/de/the-dome-dining/. Der Luxuskomplex in den oberen Stockwerken des State Tower besteht aus der spektakulären **Skybar** (s. S. 194), der gediegenen Whiskey- und Zigarren-Bar **Distil**, dem extrem hochpreisigen, renommierten Open-Air-Restaurant **Sirocco** mit mediterraner Küche im 63. Stock, dem asiatischen **Breeze**, der Lounge **Ocean 52** sowie dem hochklassigen Italiener **Mezzaluna** im 65. Stock. Zum Essen ist eine Reservierung erforderlich. ⊙ 18–1 Uhr.

Japanisch
Oishi Shabushi, Silom Rd., BTS Sala Daeng, ✆ 02-712 3456, 🖥 www.oishigroup.com. Beliebtes Restaurant der japanischen Kette mit rotierender Sushi-Bar. Günstiges Mittagsbuffet. ⊙ 10–22 Uhr.
Zen, Convent Rd., BTS Sala Daeng, ✆ 02-266 7150-1. Schickes, modern designtes japanisches Restaurant mit vernünftigen Preisen, das interessante Sushi-Variationen anbietet. Weitere Filialen im 3. Stock des MBK-Center, im 4. Stock des Siam Center und im 2. Stock des CRC Tower im All Seasons Place. ⊙ 10–22 Uhr.

Mexikanisch
Coyote on Convent R., 1/2 Convent Rd., BTS Sala Daeng, ✆ 02-631 2325, 🖥 www.coyoteonconvent.com. Schickes mexikanisches Restaurant mit moderner Atmosphäre und sehr gut ausgestatteter Bar, die leckere Margaritas zubereitet. Insgesamt stehen über 100 importierte Soßen zur Auswahl. ⊙ 11–1 Uhr.

Thai
Anna R. & Art Gallery, 27 Soi Phiphat, Sathorn Soi 6, BTS Chong Nonsi, ✆ 02-237 2788-9, 🖥 theannarestaurant.com. In einem restaurierten, weiß-grün gestrichenen Holzhaus im Kolonialstil werden leckere, größtenteils einheimische Gerichte serviert. Auf der Karte sind die von den Köchen empfohlenen Speisen mit Sternen markiert. Hauptgerichte ab 150 Baht. ⊙ 11–22 Uhr.

Thai-Küche mit dem gewissen Etwas

Taling Pling R., 60 Pan Rd., BTS Surasak, ✆ 02-234 4872. In dem sowohl bei Einheimischen als auch Ausländern beliebten Restaurant in einer alten, geschmackvoll eingerichteten Villa wird eine breit gefächerte Auswahl an authentischen Thai-Gerichten angeboten. Als Vorspeise sind die exotisch anmutenden, sehr leckeren *Miang*-Gerichte empfehlenswert: verschiedene Zutaten, die in Blätter eingerollt werden. Hauptgerichte ab 100 Baht. Ableger im 5. Stock des Central Plaza Rama III und im 3. Stock des Central World. ⏱ 11–22 Uhr.

Ban Chiang R., 14 Si Wang Rd., BTS Surasak, ✆ 02-236 7045. In einem schönen, alten Thai-Haus kann man in freundlicher Atmosphäre im Freien oder im AC-gekühlten Innenraum gut essen. Gerichte um 150 Baht. Empfehlenswertes Entencurry.

Blue Elephant R., 233 Sathorn Tai Rd., BTS Surasak, ✆ 02-673 9353-8, 🖥 www.blueelephant.com. Exzellentes Restaurant in einem schönen, geschmackvoll eingerichteten Haus im Kolonialstil mit viel Atmosphäre. Hervorragende, mehrfach ausgezeichnete, königliche Thai-Küche. Aufmerksamer Service. Vorspeisen ab 200 Baht, Hauptgerichte um 500 Baht. Auch Kochschule (s. S. 190). ⏱ 11.30–14.30 und 18.30– 22.30 Uhr.

Bussaracum, 135 Pan Rd., BTS Surasak, ✆ 02-266 6312-8. Ein erstklassiges Thai-Restaurant, vornehm und teuer. ⏱ 11–14 und 17–22 Uhr.

Just One, 58 Soi Ngam Duphli, MRT Lumphini, ✆ 02-679 8033. Einfaches Gartenrestaurant mit Tischen unter Bäumen und einer guten Auswahl an Thai-Gerichten für 100–250 Baht. ⏱ 11–23 Uhr.

Mango Tree, 37 Soi Tantawan, Surawongse Rd., BTS Sala Daeng, ✆ 02-634 3911, 🖥 www.coca.com/mangotree. Das hübsch gestaltete Restaurant befindet sich in einem alten Thai-Haus aus der Zeit von Rama VI. und verdankt seinen Namen dem großen Mangobaum im Innenhof. Die einladende Terrasse ist zum Abendessen bei Touristen beliebt. Leckere Gerichte für ca. 200 Baht. Freundlicher Service. ⏱ 11.30–24 Uhr.

Thai-Dinner mit Tänzen

Es gibt Thai-Restaurants, in denen klassische Thai-Tänze bei traditionellem Dinner vorgeführt werden. Sie sind zwar recht teuer, aber auch entsprechend stilvoll.

Chao Phraya Cultural Centre, 94 Soi 21, Charoen Nakorn Rd., ✆ 02-439 3477, Karte S. 152/153. Bietet abends ein Menü, das von klassischen Thai-Tänzen begleitet wird.

Silom Village, 286 Silom Rd., BTS Surasak, ✆ 02-233 9447, 🖥 www.silomvillage.co.th. Gute Auswahl leckerer Speisen und professioneller Service. Abends zwischen 19.30 und 20.30 Uhr werden im Garten kostenlos etwa 1 Std. lang klassische Thai-Tänze mit Musik vorgeführt. Die meisten Gerichte kosten 150–300 Baht. Danach treten die Tänzer im Restaurant **Ruen Thep** im 1. Stock des gleichen Komplexes für Gruppen auf, Dinner ab 19 Uhr, Show von 20.30–21.30 Uhr. ⏱ 10–22 Uhr.

Thai Pavilion im Holiday Inn, Silom Rd., BTS Surasak, ✆ 02-238 4300. Sehr gute Thai-

Buffets in Hotels

Viele der großen Hotel-Restaurants veranstalten Aktionswochen mit Brunch-, Lunch- und Dinner-Buffets, die in den Tageszeitungen und Magazinen angekündigt werden. Auch wenn sie nicht gerade billig sind, lohnen sie doch einen Besuch aufgrund der schier endlosen Mengen an exquisiten Speisen. In den großen Hotelgärten oder auf den Hotelterrassen werden außerdem stilvolle Dinner mit Barbecue veranstaltet. Wann kann man schon mal zu Hause bei einem lauen Lüftchen am Pool unter Palmen tafeln? Mit entsprechendem Outfit und der Bereitschaft, gern auch etwas mehr zu zahlen, wird solch ein Abend zu einem unvergesslichen Erlebnis.

Zwei gute Beispiele sind die abendlichen Buffets auf der Flussterrasse des **Oriental Hotels** und der **Sunday Jazzy Brunch** im **Marriott Resort & Spa**, 257 Charoen Nakhorn Rd., ✆ 02-476 0022.

Gerichte in großer Auswahl, ab 20 Uhr Khon-Tänze.

Vegetarisch
Whole Earth R., 93/3 Soi Lang Suan, Ploenchit Rd., BTS Ratchadamri, ☎ 02-252 5574. Das größte vegetarische Restaurant der Stadt. In verschiedenen Räumen werden Thai- und indische Gerichte serviert. Di–Sa 19.30–22.30 Uhr gibt es klassische Gitarrenmusik live. Sehr touristische Atmosphäre. ⏰ 11.30–14 und 17.30–23.30 Uhr.

Vietnamesisch
Thang Long, 82/5 Soi Lang Suan, BTS Ratchadamri, ☎ 02-251 3504. Nördlich vom Lumphini Park liegt das vietnamesische Restaurant im modern-minimalistischen Stil mit gutem Essen und angenehmer Musik. ⏰ 11–14 und 17–23 Uhr.

Siam und Pratunam
Karte „Siam und Pratunam" S. 158/159
Internationale Ketten sind am Siam Square und in allen größeren Einkaufszentren vertreten. Wer Appetit auf etwas anderes hat, findet eine Vielzahl an Alternativen. Denn auch Steakhäuser, japanische, vietnamesische, chinesische und italienische Restaurants finden sich entlang der Rama I Rd. und in den Konsumtempeln.

Bali R., 15/3 Soi Ruam Rudee, BTS Ploen Chit, ☎ 02-250 0711. Im netten, kleinen Haus gegenüber dem Ruam Rudee Village wird sehr gut indonesisch gekocht. Hier bekommt man leckere Saté oder Fisch in Bananenblättern gegrillt. Gutes Preis-Leistungs-Verhältnis. ⏰ Mo–Sa 11–22, So ab 17 Uhr.

Curries & More by Baan Khanitha, 63/3 Soi Ruam Rudee, BTS Ploen Chit, ☎ 02-253 5408-9, 💻 www.curriesandmore.com. In einem Designerlokal mit schönem Garten, bewässertem Glasdach und Brunnen werden viele leckere Currygerichte und einige Kreationen der Fusionküche angeboten. Mittlere Preisklasse, sehr netter Service. ⏰ 11.30–14.30 und 18–23 Uhr.

Fifty Five, im 55. Stock des Centara Grand at Central World, BTS Chit Lom, ☎ 02-100 1234-11,

Gourmetparadies
Die ungebrochene Leidenschaft der Thais fürs Essen kommt im Untergeschoss des **Siam Paragon** in einer Vielfalt zum Ausdruck, die ihresgleichen sucht. Die großen internationalen Franchises sind ebenso vertreten wie lokale Nudelküchen. Im lupenrein sauberen Edelstahl-Ambiente wird an Essenständen gekocht und gebraten. Zudem umwerben Delis und Restaurants mit asiatischen wie europäischen Küchen die Kunden. Die leckeren Kuchen von Lenôtre aus Paris kann man sogar auf einer Terrasse an der frischen Luft genießen. An Verkaufsständen werden Kekse gebacken und Thai-Süßigkeiten zubereitet. Im großen Gourmetsupermarkt und speziell in der Weinabteilung entdeckt man so manche ausgefallene Spezialität. Sogar Gewürze werden in einem Laden optisch ansprechend präsentiert.

💻 www.centarahotelsresorts.com/cgcw/restaurant.asp. In höchst exklusiver Atmosphäre und gediegenem Ambiente kann über den Dächern der Stadt gegessen werden. Leckere internationale Küche und gute Weinauswahl zu gehobenen Preisen. ⏰ 11.30–14.30 und 18.30–23.30 Uhr.

Jao Khun Ou-Gallery R. (Once upon a time), 32 Soi Petchaburi 17, in der Soi gegenüber dem Pantip Plaza, BTS Ratchathewi, ☎ 02-252 8629, 💻 www.onceuponatimeinthailand.com. Gutes Thai-Restaurant, das auch vietnamesische Gerichte anbietet. In drei hübsch gestalteten alten Häusern, mit AC, dunklen Holzmöbeln und historischen Fotos, kann man ebenso wie im tropischen Garten und auf der Terrasse auf niedrigen Kissen sitzend ein fantastisches Dinner genießen. ⏰ 11–23, Mo ab 17 Uhr.

Sra Bua by Kiin Kiin, im Siam Kempinski Hotel Bangkok, 991/9 Rama I Rd., BTS Siam, ☎ 02-162 9000, 💻 www.kempinskibangkok.com. Höchst exklusives Restaurant unter der Leitung eines der zwei weltweit einzigen mit Michelin-Sternen ausgezeichneten Thai-Köche. Es serviert moderne Küche mit einem dekonstruktivistischen Einschlag in der Zubereitung, der das Essen zu

> **Sushi frisch, gut und günstig**
>
> **Fuji**, über 40 Filialen in den großen Einkaufszentren der Stadt, 🖥 www.fuji.co.th. Eine beliebte japanische Restaurant-Kette mit preisgünstigen, leckeren Sushi- und Sashimi-Menüs, aber auch vielen anderen Gerichte aus dem Land der aufgehenden Sonne. ⏱ bis 22 Uhr.

einem echten Erlebnis macht. In geschmackvoll gestaltetem, von kleinen „Reisfeldern" unterbrochenem Ambiente werden die visuell, kulinarisch und preislich auf allerhöchstem Niveau angesiedelten Gerichte serviert. Dinner-Menüs ab 1800 Baht. ⏱ Mo–Fr 12–15 Uhr und tgl. 18–22 Uhr.
Thann Tea Café, im 1. Stock der Gaysorn Plaza, BTS Chit Lom, ☎ 02-656 1061. Teehaus, Restaurant und Florist unter einem Dach. Von der Decke hängen aus recyceltem Papier geschnittene Blätter, die eine interessante Stimmung schaffen. In dieselbe ökologische Kerbe schlägt das leckere, glutamatfreie Essen aus Ost und West auf der breit gefächerten Speisekarte. ⏱ 10–21 Uhr.

Sukhumvit

Karte „Sukhumvit" S. 160/161
Viele Cafés und internationale Restaurants haben sich auf Touristen und die hier lebenden Europäer eingestellt. Ein Abendessen kann daher 80, aber auch 1800 Baht kosten. Dafür gibt es neben einem oft einmaligen Ambiente auch hervorragende Speisen. Einige Spitzenköche haben sich von der europäischen und thailändischen Küche anregen lassen und neue, überraschende Gerichte kreiert. In den europäischen Restaurants wird zumeist bekannte Kost serviert, wobei das Preis-Leistungs-Verhältnis nach kontinentalen Maßstäben stimmt. Die Gegend eignet sich zudem hervorragend für eine Reise durch die Küchen der asiatischen Nachbarländer.

Fast Food und Essenstände
Am preiswertesten sind die Straßenküchen und Essenmärkte, von denen viele in die großen Einkaufszentren verlagert wurden, z. B. in den **Robinson Department Store** zwischen Sukhumvit Soi 19 und 21, BTS Asoke, und das **Emporium** am Queen's Park (Benjasari Park), BTS Phrom Phong.
In der **Sukhumvit Soi 7** locken überdachte Essenstände mit frischem Seafood und bebilderten Speisekarten v. a. Touristen an. Fast schon berühmt sind die Essenstände in der **Sukhumvit Soi 38** direkt an der BTS Thong Lo, wo nicht nur Anwohner, sondern auch Models, Manager und Soapstars speisen. Einige der Stände, wie der Pad Thai-Verkäufer am Anfang der Soi, haben sogar schon Auszeichnungen gewonnen, ⏱ nur abends.

Amerikanisch
Bourbon St. R., 29/4-6 Sukhumvit Soi 22, am Ende des Washington Square, BTS Asoke, ☎ 02-259 0328, 🖥 www.bourbonstbkk.com. In Südstaaten-Atmosphäre mit entsprechender Musik und Sportprogramm auf den Bildschirmen gibt es sättigende Cajun-Küche mittlerer Preisklasse. Es wurde als bestes amerikanisches Restaurant der Stadt ausgezeichnet. WLAN inkl. ⏱ 7–1 Uhr.
Home Run Bar & Grill, 253/2 Sukhumvit Soi 31, BTS Asoke, ☎ 02-258 6250, 🖥 homerunbangkok.com. Die Sport-Bar mit modernem Ambiente, Billardtisch und riesigen TVs im Erdgeschoss lädt zum Mitfiebern bei US-Sport-Großereignissen ein, während das rustikale, mit Baseballkarten dekorierte und bequemen Lederstühlen eingerichtete Restaurant im 1. Stock herzhafte Burger und Steaks serviert. Hauptgerichte ab 300 Baht, Bier ab 120 Baht. ⏱ Mo–Fr 11.30–13.30 und 16.30–1, Sa 11.30–1, So 8–23 Uhr.

Cafés
Crêpes & Co., 18 Sukhumvit Soi 12, BTS Asoke, ☎ 02-653 3990, 🖥 www.crepes.co.th. In einem Haus im Kolonialstil gelegenes, kinderfreundliches und dennoch ruhiges Restaurant mit Bistro-Ambiente: Terrasse und ein vielseitiges Angebot an leckeren Crêpes (herzhafte um 250 Baht, süße ab 100 Baht) und anderen mediterranen Spezialitäten. Auch eine gute Weinauswahl. ⏱ 9–24 Uhr.

WTF, 7 Sukhumvit Soi 51, BTS Thong Lo, ✆ 02-662 6246, 🖥 wtfbangkok.com. Interessante Mischung aus einem alternativ eingerichteten Café und einer modernen Kunstgalerie in einem restaurierten Ladenhaus. Die Wände im Erdgeschoss zieren alte thailändische Schallplattencover aus den 1960er-Jahren und bunte portugiesische Fliesen, während die Galerie ganz in Weiß gehalten ist. ⏲ Mi–So 18–1 Uhr, Galerie 15–22 Uhr.

Chinesisch

Thongkee, an der Abzweigung der Soi 14 von der Sukhumvit Rd., BTS Asoke, ✆ 02-229 4420. In dem alteingesessenen China-Restaurant, werden von 11–14 Uhr für 159 Baht leckere Dim Sum, chinesische Teigtaschen, frisch zubereitet serviert. Das restliche Essen ist eher mäßig. ⏲ 9.30–23 Uhr.

Europäisch

Chesa Swiss R., 5 Sukhumvit Soi 20, BTS Asoke, ✆ 02-261 6650, 🖥 www.chesa-swiss.com. In der Küche dieses schweizer Restaurants steht der ehemalige Küchenchef des Rembrandt Hotels, Thomas Nowak. Günstige Tagesmenüs, aber auch Raclette und andere schweizer Gerichte. Hauptspeisen 350–650 Baht. ⏲ 11–22.30 Uhr.

giusto, 16 Sukhumvit Soi 23, BTS Asoke, ✆ 02-664 4420-1, 🖥 www.giustobangkok.com.

Gegen kulinarisches Heimweh

Bei Otto, 1 Sukhumvit Soi 20, BTS Asoke, ✆ 02-262 0892, 🖥 www.beiotto.com. Seit 1984 eine Institution in Bangkok. Neben dem Restaurant mit deutschen Gerichten und thailändischer Bedienung im Dirndl gibt es die Schwarzwaldstube, eine großzügige Gaststätte mit Tischen und Bänken im Freien sowie Bier vom Fass, und einen Laden, der Brot und Wurst aus eigener Herstellung sowie andere deutsche Spezialitäten und Zeitungen verkauft. Hauptgerichte kosten 300–1000 Baht. Eine weitere Filiale in Penny's Balcony, Thong Lo (Sukhumivt Soi 55). ⏲ 11.30–1 Uhr, Café ab 8 Uhr.

Der preiswerte und beliebte Klassiker

Suda, 6 Sukhumvit Soi 14, BTS Asoke, ✆ 02-229 4664. In dem einfachen, familiären thai-chinesischen Restaurant servieren schon seit Jahrzehnten jeden Abend die gleichen Damen sehr leckere Gerichte in großen Portionen zu günstigen Preisen. Das in Pandanblättern gegarte Hühnchen ist sehr delikat. Fast immer voll mit Touristen. ⏲ zum Mittag- und Abendessen, So erst ab 16 Uhr.

Gutes, elegantes und hochpreisiges italienisches Restaurant mit einsehbarer Küche und formeller Atmosphäre. Gerichte ab 300 Baht. ⏲ 11.30–14 und 18–22.30 Uhr.

Heidelberg, 21/1 Sukhumvit Soi 4, BTS Nana, ✆ 02-252 3584. Kleine Kneipe, in der ein reichhaltiges Frühstück serviert wird. Auch das Fondue und die Bratkartoffelgerichte sind bei Stammgästen beliebt. Deutsche Gerichte 300–400 Baht. ⏲ 24 Std.

Le Beaulieu, 50 Sukhumvit Soi 19, BTS Asoke, ✆ 02-204 2004, 🖥 www.le-beaulieu.com. In dem wunderschön im Stil eines Picasso-Gemäldes gestalteten, hochklassigen Restaurant kann man essen wie Gott in Frankreich. In der offenen Küche werden exzellente Gerichte zubereitet. Tolle Weinauswahl. Hauptgerichte ab 1000 Baht. ⏲ 11.30–14.30 und 18.30–23 Uhr.

Tilac German R., 38 Sukhumvit Soi 1, BTS Ploen Chit, ✆ 02-255 6881. Urig anmutendes, gepflegtes Restaurant mit deutschen und einheimischen Gerichten. Die Auswahl reicht von Schweinshaxe über Leberkäs bis hin zu belegten Broten. Bei Kaffee und Kuchen kann hier in aktuellen deutschen Zeitschriften geschmökert werden. Hauptgerichte ab 200 Baht. ⏲ 8–24 Uhr.

Indisch

Akbar R., 1/4 Sukhumvit Soi 3, BTS Nana, ✆ 02-255 6935. Kleines, älteres Restaurant mit pakistanischen, indischen Gerichten und

> **Das beste indische Essen Thailands**
>
> **Rang Mahal**, im obersten Stock des Rembrandt Hotels, 19 Sukhumvit Soi 18, BTS Asoke, ☎ 02-261 7100, 🖥 www.rembrandtbkk.com/dining/rang-mahal. Das nordindische Restaurant bietet eine fantastische Speisekarte mit hervorragenden Menüzusammenstellungen zu gehobenen Preisen. Die prachtvollen Räumlichkeiten mit guter Aussicht und die Livemusik machen das Essen zu einem besonderen Erlebnis. Reservierung empfehlenswert. ⓘ 11.30–14.30 und 18.30–22.30 Uhr.

Shishas. Fleischgerichte um 200 Baht. ⓘ 10.30–1 Uhr.
Indus R., 71 Sukhumvit Soi 26, BTS Phrom Phong, ☎ 02-258 4900, 🖥 www.indusbangkok.com. Kreuzung aus Club und edlem Restaurant, das traditionelle Zubereitungsarten vom indischen Subkontinent mit Einflüssen aus Bali, Marokko und Thailand vereint. Schmackhafte Gerichte, gediegenes, schön gestaltetes Ambiente, aufmerksamer Service und großer Außenbereich. Gerichte ab 250 Baht. Abendveranstaltungen mit DJ und Konzerten berühmter Musiker. ⓘ 11.30–14.30 und 18–24 Uhr.

International
Mahanaga, 2 Sukhumvit Soi 29, BTS Asoke, ☎ 02-662 3060, 🖥 www.mahanaga.com. In einem elegant mit dunklem Holz und chinesischen Fliesen in Rot und Orange eingerichteten Neubau im Kolonialstil servieren kostümierte Kellner einem trendbewussten Publikum schmackhafte, im Fusion-Stil zusammengestellte Thai-Gerichte mit westlichem Einschlag. Weitere Tische stehen im ruhigen Garten unter Bäumen, die mit Lampen und Bändern dekoriert sind. Hauptgerichte 200–550 Baht, 4-Gänge-Menüs 800–1200 Baht, gute Weinauswahl. ⓘ 11.30–14.30 und 17.30–23 Uhr.
Face Bangkok, 29 Sukhumvit Soi 38, BTS Thong Lo, ☎ 02-713 6048, 🖥 www.facebars.com. In dem wunderschön in verschiedenen asiatischen Stilrichtungen gestalteten Komplex bieten sich viele exklusive Möglichkeiten für ein unvergessliches, exquisites Abendessen in edlem Ambiente: das Thai-Restaurant **Lan Na Thai**, ⓘ 12–14.30 und 18–23 Uhr, Gerichte ab 300 Baht, das indisch-afghanische **Hazara**, ⓘ 18–23 Uhr, die neue High-End Sushi Bar **Misaki**, ⓘ 18–23 Uhr, mit japanischem Koch, und die mit Anklängen an die Seidenstraße eingerichtete **Face Bar** mit edlen klassischen Cocktails, ⓘ So–Do 17–1, Fr und Sa 17–2 Uhr.

Mexikanisch
Señor Pico, im hinteren Flügel des Rembrandt Hotels, 19 Sukhumvit Soi 18, BTS Asoke, ☎ 02-261 7100, 🖥 www.rembrandtbkk.com/dining/senor-pico. Gilt zu Recht als einer der besten Mexikaner Bangkoks. Selbst Mitglieder des Königshauses waren hier schon zu Gast. Exzellente, aber auch hochpreisige Gerichte. Abends Livemusik aus Mittelamerika. Reservierung empfehlenswert. ⓘ 17–1 Uhr.

Seafood
Seafood Market, 89 Sukhumvit Soi 24, etwa 1 km südlich der Sukhumvit, BTS Phrom Phong, ☎ 02-261 2071-4, 🖥 www.seafood.co.th. Der Markt ist ein einmaliges Einkaufs- und Essenserlebnis, sofern man bereit ist, gehobene Touristenpreise zu bezahlen. Nachdem die Zutaten, v. a. frischer Fisch und anderes Seafood, aber auch Gemüse und Getränke in einer Art Supermarkt eingekauft und bezahlt sind, werden sie nach individuellen Wünschen

> **Klassisch thailändisch – einmal anders**
>
> **Bo.Lan**, hinter dem Four Wings Hotel, 42 Soi Pichai Ranarong, Sukhumvit Soi 26, BTS Phrom Phong, ☎ 02-260 2962, 🖥 bolan.co.th. Hochexklusives, stadtbekanntes und angesagtes Restaurant in einem ehemaligen Wohnhaus, das moderne Interpretationen einheimischer Klassiker serviert und besonders für sein Balance-Menü berühmt ist. Für 1500 Baht p. P. gibt es ein mehrgängiges, perfekt aufeinander abgestimmtes Menü, das sowohl ein Augen- als auch Gaumenschmaus ist. Auch das piekfeine Ambiente passt zum perfekten Gesamteindruck. ⓘ Di–So 18.30–24 Uhr.

in einer riesigen, von außen einsehbaren Küche zubereitet. ⏱ ab 11 Uhr.

Thai

Banya, Sukhumvit Soi 7, BTS Nana, ✆ 02-251 6439. In der geschäftigen Soi 7 serviert das gemütlich eingerichtete Restaurant eine interessante Auswahl an gesunden, authentischen Thai-Gerichten. Der frittierte Wels mit saurer *Sangwah*-Soße ist besonders lecker. ⏱ 11.30–22.30 Uhr.

Basil, im Sheraton Grande Sukhumvit, BTS Asoke, ✆ 02-649 8366, 🖥 www.sheratongrandesukhumvit.com/en/basil. Das Restaurant ist eine gute Alternative für den besonderen Abend und serviert leckere einheimische Küche zu hohen Preisen. Besonders empfehlenswert sind die Fischgerichte und Mango Sticky Rice als Dessert. Äußerst aufmerksamer Service. ⏱ 18.30–22.30 Uhr, So–Fr auch 12–14.30 Uhr.

Cabbages & Condoms, 10 Sukhumvit Soi 12, BTS Asoke, ✆ 02-229 4610, 🖥 www.cabbagesandcondoms.com. Mit viel Humor hat Meechai Virayaidya seit den 1970er-Jahren Methoden zur Geburtenkontrolle im ganzen Land populär gemacht. Sein Restaurant besteht aus einem schönen, wenn auch etwas kitschigen dschungelartigen Biergarten und einem schlichteren Innenbereich. Die einheimischen Gerichte kosten ab 100 Baht. Dem Namen entsprechend werden an der Kasse statt Bonbons Kondome ausgegeben. ⏱ 11–23 Uhr.

Phuket Town, 160/8 Sukhumvit Soi 55 (Thong Lo), Ecke Thong Lo Soi 6, BTS Thong Lo, ✆ 02-714 9402. Kleines südthailändisches Restaurant in einem gelb-gestrichenen Ladenhaus. Die zentrale Wand wird von einem schönen Gemälde einer Straße in Phuket Town geschmückt. Gute Speisen zu moderaten Preisen. Empfehlenswert sind die Reisnudeln mit gedämpftem Krebs für 130 Baht. ⏱ 10.30–22 Uhr.

Rosabieng R., 3 Sukhumvit Soi 11, BTS Nana. In dem alten Haus mit schönem Vorgarten gibt es eine riesige Auswahl an leckeren thailändischen Gerichten. Hauptgerichte kosten 120–300 Baht. Freundlicher Service. ⏱ 11–23 Uhr.

Leckere Thai-Küche und starke Cocktails

Soul Food Mahanakorn, 56/10 Sukhumvit Soi 55 (Thong Lo), BTS Thong Lo, ✆ 085-904 2691, 🖥 soulfoodmahanakorn.com. Angesagtes Restaurant in einem hübsch restaurierten Ladenhaus unter der Leitung eines US-amerikanischen Autors der Feinschmeckerküche. Das Lokal hat sich der Zubereitung einheimischer Gerichte mit Fleisch und Fisch frisch vom Markt und Bio-Gemüse verschrieben. Alle Soßen, außer der Sojasoße, werden selbst hergestellt. Der *Laab* mit Entenfleisch ist besonders köstlich. Sehr freundlicher Service. Zudem ausgefallene, starke Cocktailkreationen zu moderaten Preisen. Hauptgerichte ab 140 Baht. ⏱ Di–So 18–0.30 Uhr.

Rung Rueng, 10/1-2 Sukhumvit Soi 26, BTS Phrom Phong, ✆ 02-258 6744. Beim kleinen Familienbetrieb gibt es nur ein Gericht, die 40–50 Baht teure Nudelsuppe mit Schweinefleisch, Hühnchen oder Fisch. Sie ist so lecker, dass es regelmäßig proppenvoll ist. Leute, die keine Innereien wollen, sollten bei der Tochter des Besitzers bestellen, die Englisch spricht. ⏱ Mo–Fr 8.30–16.30 Uhr.

Ein paar Meter weiter Richtung Sukhumvit Rd. liegt die unscheinbare, ebenfalls empfehlenswerte Garküche **Somtam Soi 26**, die preisgünstige Isaan-Spezialitäten verkauft. ⏱ 6–16 Uhr.

Vegetarisch

Khun Churn, im Erdgeschoss des Bangkok Mediplex Building, Sukhumvit Soi 42, BTS Ekkamai, ✆ 02-713 6599. Vegetarisches Restaurant mit edlem Ambiente, das authentische Gerichte mit Bio-Produkten aus Zentral-, Nord- und Nordostthailand auftischt. Alle Soßen sind hausgemacht. ⏱ 10–20.30 Uhr.

Vietnamesisch

Le Dalat Indochine, Sukhumvit Soi 23, BTS Asoke, ✆ 02-664 0670. Das geschmackvoll eingerichtete, von einem schönen tropischen Garten umgebene, traditionelle Holzhaus wurde direkt aus Hanoi nach Bangkok transportiert

Ein wunderbares Souvenir: Kochen à la Thai

Was gibt es Schöneres, als nach der Rückkehr aus Thailand Freunde zu einem selbst gekochten Thai-Essen einzuladen? Wer die vorzügliche Küche auch zu Hause selbst zubereiten möchte, dem bieten Hotels, Restaurants und andere Organisationen Kochkurse an. Sie sind allerdings teurer als in Kanchanaburi oder Chiang Mai.

Blue Elephant, 233 Sathorn Tai Rd., BTS Surasak, ✆ 02-673 9353-4, 🖥 www.blueelephant.com, Karte S. 156/157. Professionell geführte 4-stündige Morgen- oder 3 1/2-stündige Nachmittagskurse für 3000 Baht p. P., bei denen 4 verschiedene Gerichte gekocht werden.

Khao Cooking School, D&D Inn Hotel, Khaosan Rd., 🖥 www.khaocookingschool.com, Karte S. 162/163. Mit viel Spaß kann hier in lockerer Atmosphäre das Kochen erlernt werden. 2x tgl. 3-stündige Kochkurse für 1500 Baht bei denen 3 Gerichte zubereitet werden, auch teurere Kurse für Profis und für 800 Baht eine Tour zum Markt.

May Kaidee's Cooking School, 33 Samsen Rd., gegenüber Soi Samsen 2, ✆ 02-281 7699, 089-137 3173, 🖥 www.maykaidee.com/cookingschool, Karte S. 164. Tgl. vegetarische Kochkurse von 9–12 und 13–16 Uhr für 1200 Baht, bei denen die Zubereitung von 8 Gerichten gelehrt wird. Die morgendlichen Kurse beinhalten einen Marktbesuch.

The Thai House, ✆ 02-903 9611, 997 5161, 🖥 www.thaihouse.co.th, außerhalb des Zentrums. Eintägiger Kochkurs inkl. Unterkunft (s. S. 177), Transport, Vollverpflegung und Marktbesuch 5500 Baht, ohne Übernachtung 3800 Baht, auch mehrtägige Kurse. Die Chefin Peep bringt ihren Schülern auf liebenswerte und informelle Art die Geheimnisse der traditionellen Küche nahe.

Gut sind auch die teuren Kurse der **Thai Cooking School** im Oriental Hotel, ✆ 02-659 9000, Karte S. 156/157, die 9-tägigen Kurse im **Modern Women Institute (Mae Baan Tan Samai)**, nahe dem Samsen-Bahnhof, ✆ 02-279 2831, Karte S. 152/153, und in der **UFM Baking & Cooking School**, Sukhumvit Soi 33/1, ✆ 02-259 0620, Karte S. 160/161.

---

und mühsam wieder aufgebaut. Das tolle Ambiente und die gepflegte Atmosphäre lassen das Essen zu einem wahren Vergnügen werden. Leckere Hauptgerichte 200–1200 Baht. Besonders empfehlenswert sind die Rippchen in Zitronengras. ⏰ 11–23 Uhr.

In den Außenbezirken

Full Flavor Chef's Workshop, Phahon Yothin Soi 5 (Soi Ratchakhru), BTS Sanam Pao, ✆ 081-644 3868, Karte S. 152/153, Reservierung 3 Tage im Voraus notwendig, kein Hinweisschild am Eingang. Ein ganz besonderes Erlebnis für bis zu 6 Pers. bietet der charmante, gut ausgebildete Jade Cheosakul in seiner hellen, modern eingerichteten Küche an: „Chef's Table", ein Konzept bei dem Gäste am Tisch des Kochs speisen. Ähnlich wie bei einer privaten Einladung überrascht der Hausherr mit einem kreativ zusammengestellten Essen. Es gibt keine Speisekarte. Das italienisch geprägte 5-Gänge-Menü kostet 2500–3000 Baht. Wein und Musik können gern mitgebracht werden.

Unterhaltung

Thailands Hauptstadt bietet vielfältige Unterhaltungsmöglichkeiten für jeden Geschmack. Neben den schummrigen Tanzbars mit und ohne Go-go-Tänzerinnen, finsteren, unterkühlten Thai-Nachtclubs und Massagesalons findet sich in Bangkok eine große Auswahl an Kneipen, Veranstaltungsorten mit Livemusik, Bars, Biergärten, Kinos,

Veranstaltungs-Infos

Am aufschlussreichsten sind das *Guru Magazine*, die Freitagsbeilage der *Bangkok Post*, und das ebenfalls wöchentlich erscheinende *BK-Magazine*, 🖥 bk.asia-city.com, das kostenlos in vielen Cafés, Buchläden und einigen Hotels ausliegt. *The Nation* publiziert zudem am Freitag die Beilage *Best of the Week*. Aktuelle Infos über Konzerte, sportliche Veranstaltungen und mehr finden sich auch unter 🖥 www.thaiticketmaster.com.

Clubs und Discotheken, die einen Vergleich mit Europa nicht zu scheuen brauchen. Jedes Stadtviertel hat seinen völlig eigenen Charakter. So verbringt man in Banglampoo den Abend in den Restaurants bei aktuellen Filmen, plaudert mit anderen Travellern, surft im Internet oder schreibt Postkarten und beobachtet das Treiben. Auch viele junge Thais kommen hierher, um Farangs zu beobachten und sich zu vergnügen. Hingegen zieht die Umgebung der Silom Rd. die Patpong Nachtschwärmer magisch an, während viele Besucher der Sukhumvit Rd. die sehr guten Einkaufsmöglichkeiten bis zum späten Abend nutzen oder sich in den exklusiveren Clubs vergnügen.

Seit 2002 wird darauf geachtet, dass alle Bars, Clubs und Restaurants spätestens um 2 Uhr schließen und nur Gäste, die älter als 20 Jahre sind, eingelassen werden. Da Ausweispflicht besteht, sollte man immer den Pass oder eine Kopie dabei haben, um nicht vor der Tür stehen zu bleiben. Manche Läden haben auch länger auf, was wohl durch Zahlungen an die Polizei erreicht wird.

Bars und Pubs

„Bar" ist ein weitläufiger Begriff in einer Stadt, die für ihr Nachtleben berühmt und berüchtigt ist. Sowohl eine Vielzahl an urigen britisch-beeinflussten Etablissements als auch moderne Sports Bars nach amerikanischem Vorbild und exklusive, glitzernde Hotelbars gehören in diese Kategorie. Mittlerweile gibt es auch einige kleinere Bars, die sich eher an mitteleuropäischen Vorbildern orientieren und oft mit einer guten Auswahl an Cocktails und Alkoholika überraschen.
Weitere Tipps zu Bars und Pubs s. eXTra [2808]

-5° ice bar Silom, 981 Silom Rd., neben dem Holiday Inn, BTS Surasak, ✆ 02-266 7703, Karte S. 156/157. Wer seinen thailändischen Freunden die winterlichen Temperaturen der Heimat näherbringen möchte, ist in der 2010 eröffneten Bar bestens aufgehoben. Bei eisigen Temperaturen können für 500 Baht p. P. in dicke Jacken gehüllt süße Absolut Vodka Cocktail Shots oder für 1600 Baht eine ganze Flasche

Patpong

Ein Patpong-Besuch gehört mittlerweile zum Programm der meisten Reisegruppen. Da hier abends einer der größten Touristenmärkte aufgebaut wird, ist die Gasse nicht mehr nur für Männer attraktiv. Die verspiegelten, dunklen Go-go-Bars mit bis zu 100 Tänzerinnen sind von Ständen mit T-Shirts, Seidentüchern und -krawatten, DVDs, Designertaschen und -sonnenbrillen in den Hintergrund gedrängt worden. Nicht zu ignorieren sind allerdings die Schlepper, die versuchen die Touristen zu verschiedenen Sex-Shows in die oberen Stockwerke zu locken. Dort werden viele Gäste übers Ohr gehauen und mit saftigen Getränkerechnungen konfrontiert, v. a. die Transvestitenszene ist bekannt dafür. Die Touristenpolizei rät, im Falle einer zu hohen Rechnung auf eine Quittung zu bestehen und sie anschließend zu benachrichtigen. Die Gegend um die Patpong hat auch einige akzeptable Restaurants und Pubs zu bieten.

Die **Soi Cowboy** parallel zur Sukhumvit Rd., zwischen Soi 21 und 23, BTS Asoke, ist voll gepackt mit bunten Go-go-Bars und etwas weniger touristisch als die Patpong.

Auch im **Nana Plaza**, Sukhumvit Soi 4, konzentrieren sich die Bars, die aber alle Vorurteile zu bestätigen scheinen, die gegen dieses Gewerbe bestehen und in den nächsten Jahren geschlossen werden sollen.

Bevor Mann sich ins Vergnügen stürzt, sollte er S. 799 lesen.

Vodka inkl. Mixer und Eintritt für 4 Pers. getrunken werden. ⏱ bis 24 Uhr.
Cheap Charlie's, Seitengasse der Sukhuvit Soi 11, BTS Nana, ✆ 02-253 4648, Karte S. 160/161. Die kleine, skurril und fantasievoll gestaltete Open-Air-Bar ist seit 1982 eine Institution im Bangkoker Nachtleben der Expats und mit ihren sehr günstigen Drinks der optimale Ausgangspunkt für eine Nacht in der Suk 11. Neuerdings gibt es sogar eine Toilette.
Gulliver's Tavern, 2/2 Khaosan Rd., gegenüber der Polizei, ✆ 02-629 1988, 🖥 www.gulliverbangkok.com, Karte S. 162/163. Sehr

kommerzielle, große, modern dekorierte Kneipe mit LCD-TVs für Sportübertragungen, die rund um eine viereckige Bar aufgebaut ist. Serviert wird westliches und einheimisches Essen, Hauptgerichte ab 150 Baht. Happy Hour von 15–21 Uhr. Im hinteren Bereich auch Kicker und Billardtische. WLAN inkl. Eine weitere Filiale in der Sukhumvit Soi 5. ⏰ 10–2 Uhr.

Iron Fairies, 395 Sukhumvit Soi 55 (Thong Lo), BTS Thong Lo, ✆ 084-520 2301, 🖥 www.theironfairies.com, Karte S. 160/161. Die mit viel Metall gestaltete Bar dient tagsüber als Fabrik für Stahlfiguren. Zu späterer Stunde gibt es neben guten Cocktails und einer breiten Weinauswahl auch herzhafte Burger. Alles erinnert an die düsteren Beschreibungen in den Romanen von Charles Dickens, allerdings ist das Klientel deutlich wohlhabender. ⏰ 18–2 Uhr.

Jameson's The Irish Pub, 981 Silom Rd., direkt neben dem Holiday Inn, BTS Surasak, ✆ 02-266 7703, 🖥 www.jamesons-bangkok.com, Karte S. 156/157. Etwas moderner anmutender Pub im britischen Stil mit Live-Sportübertragungen auf Großbild-TVs. Hauptgerichte um 300 Baht, Happy Hour 16–20 Uhr. ⏰ bis 1 Uhr.

Lobby Lounge, Shangri-La Hotel, 89 Soi Wat Suan Plu, BTS Saphan Thaksin, ✆ 02-236 7777, Karte S. 156/157. Der ideale Platz für einen Drink zum Sonnenuntergang mit wunderbarem Blick auf den Menam Chao Phraya. ⏰ 7–24 Uhr.

Molly Malone's Bangkok, 1/5-6 Convent Rd., BTS Sala Daeng, ✆ 02-266 7160, 🖥 www.mollymalonesbangkok.com, Karte S. 156/157. Das authentische irische Pub ist ein kommunikationsfreundlicher Treffpunkt der Expats und Fußballbegeisterten, die hier typisches Pub-Food für ca. 300 Baht bekommen. Happy Hour Mo–Fr 16–19 Uhr, WLAN inkl. ⏰ 9–1 Uhr.

Mulligans Irish Bar, 265 Khaosan Rd., ✆ 02-629-4691, 🖥 www.mulligansthailand.com, Karte S. 162/163. Auch auf der Khaosan Rd. findet sich ein rustikales irisches Pub. Britisches Essen, Live-Sport auf LCD-TVs und Happy Hours von 8–20 und 1–4 Uhr gehören zum Angebot. ⏰ 24 Std.

Phra Nakorn Bar & Gallery, 58/2 Soi Damnoen Klang Rd., in der 1. Gasse westlich der Tanao Rd., ✆ 02-622 0282, Karte S. 162/163. Nette, mit Postern der 1950er- und 60er-Jahre dekorierte Bar, die bei Künstlern beliebt ist. Im 2. Stock monatlich wechselnde Ausstellungen, im 3. Stock Billard und Darts, zudem Musik und eine gute Aussicht vom Dach. Überwiegend Einheimische erfreuen sich an den günstigen Preise und der reichhaltigen Essensauswahl. ⏰ 18–2 Uhr.

Silk Bar, 129-131 Khaosan Rd., ✆ 02-281 9981, 🖥 www.silkbars.com, Karte S. 162/163. Elegante Bar, in der regelmäßig DJs auflegen. Live-Sportübertragungen auf großen Bildschirmen. ⏰ bis 2 Uhr.

Sripoom Espresso Bar, 95 Chakraphong Rd., ✆ 02-281 4445, Karte S. 162/163. Eine kleine, nette und kreativ eingerichtete Bar mit entspannter Atmosphäre, netten Leuten und guten Cocktails. Sie erinnert etwas an modern-alternative Lounges in Europa. An Wochenenden legen manchmal befreundete DJs Lounge-Musik, House oder Elektro auf. Größtenteils junge thailändische Gäste. ⏰ 17–1 Uhr.

Wong's Place, 27/3 Soi Sribamphen, Rama 4 Rd., ✆ 081-901 0235, Karte S. 156/157. Kleine Kneipe mit freundlicher, informeller Atmosphäre, die bis in die frühen Morgenstunden geöffnet ist. Der richtige Ort um nach 2 Uhr in geselliger Runde Musikvideos aus den 1980er-Jahren zu sehen. ⏰ bis frühmorgens.

Bars und Pubs mit Livemusik

In Bangkok gibt es eine Reihe von Pubs, in denen nicht nur getrunken, sondern auch gute Livemusik gehört wird. Da meist kein Eintritt verlangt wird, sind die Getränkepreise höher als in normalen Kneipen.

Für Freunde des Reggae

Brick Bar, 265 Khaosan Rd., ✆ 02-629 4477, 🖥 www.brickbarkhaosan.com, Karte S. 162/163. Die dunkle, mit roten Ziegelwänden versehene Bar im hinteren Teil des Buddy Boutique Hotel ist eine der bekanntesten Reggae-Bars Bangkoks und an vielen Abenden voll. Ab 20 Uhr guter Live-Reggae und Ska in entspannter Atmosphäre. ⏰ 18–1 Uhr.

999 West, 108/5-6 Khaosan Rd., ☎ 081-930 3379, Karte S. 162/163. In der recht neuen, aber nicht sehr gemütlich anmutenden Kneipe treten jeden Abend von 21.30–22.30 und 0.30–2 Uhr 2 Livebands auf, die einen breit gefächerten Musikgeschmack bedienen. Auf der Speisekarte findet sich typisches Pub-Food vom Grill für um 200 Baht. ⏲ 14–3 Uhr.

Bamboo Bar, Oriental Hotel, 48 Oriental Avenue, ☎ 02-659 9000, Karte S. 156/157. Das Image, eines der besten Hotels der Welt zu sein, pflegt man hier mit sehr hohen Preisen. Gute Livemusik. ⏲ 11–1 Uhr, Fr und Sa bis 2 Uhr.

Cinnamon Bar, 106 Soi Rambuttri, ☎ 02-629 4075, Karte S. 162/163. Neuere, schick mit viel Glas und Stahl gestaltete Bar mit guten Cocktails und freundlichem Service. ⏲ bis 1 Uhr.

Hard Rock Cafe, 424/3-6 Siam Square Soi 11, BTS Siam, ☎ 02-254 0830-1, 🖥 www.hardrockcafe.com, Karte S. 158/159. Die Filiale der weltweit bekannten Kette bietet auf 3 Stockwerken allerlei Musik-Memorabilia. Ab 22 Uhr treten professionelle Livebands auf, am Wochenende 2 Bands, meist Pop- und Rockmusik. Teure Gerichte und Snacks. ⏲ 11–2 Uhr.

Metal Zone, Lang Suan Rd., BTS Ratchadamri, ☎ 02-255 1913, Karte S. 156/157. Hier wird zu Heavy Metal abgerockt. ⏲ Mo–Sa 21–2 Uhr. In der direkten Umgebung in der Sarasin Rd. gibt es weitere Musikkneipen und Pubs, deren Namen und Besitzer häufig wechseln.

Roof Bar & R., 183-185 Khaosan Rd., ☎ 02-629 2301, Karte S. 162/163. Beliebte, oft brechend volle Open-Air-Bar, von der man einen guten Überblick über das hektische Treiben auf der Khaosan gewinnt. Jeden Abend Livemusik in lockerer Atmosphäre. ⏲ bis 1 Uhr.

Biergärten und Brauhäuser

Singha Beer House, Sukhumvit Soi 21, BTS Asoke, Karte S. 160/161. In dem Biergarten zwischen den Hochhäusern wird das lokale Singha-Bier von Thais im Dirndl an Angestellte aus den umliegenden Büros ausgeschenkt. ⏲ Mo–Fr 17–2, Sa und So ab 16 Uhr.

Tawandang German Brewery, 462/61 Rama III Rd., ☎ 02-678 1114-6, 🖥 www.tawandang.com,

Die Klassiker für Jazz- und Bluesfans

Brown Sugar, 231/19-20 Sarasin Rd., BTS Ratchadamri, ☎ 02-250 1826, Karte S. 156/157. Ein Klassiker nördlich vom Lumphini Park mit Jazz- oder Rhythm & Blues-Livebands ab 21 Uhr. Die einladende, gemütliche Musikkneipe punktet vor allem bei den Livesessions mit einer mitreißenden Atmosphäre. ⏲ So–Do 17–1 Uhr, Fr und Sa bis 2 Uhr.

Saxophone, 3/8 Phayathai Rd., BTS Victory Monument, ☎ 02-246 5472, 🖥 www.saxophonepub.com, Karte S. 152/153. Ein Klassiker, den es bereits seit 1987 gibt, ist dieses dunkle, gemütliche mit viel Holz und Ziegeln eingerichtete Pub mit guter Atmosphäre und einer großen Bar. Hier treten jede Nacht einige der besten Jazz-, Rock- und Bluesmusiker der Stadt auf. Den besten Blick hat man von den Tischen im 2. Stock. Livemusik Mo und Di ab 21, Mi–So ab 19.30 Uhr. ⏲ bis 1.30 Uhr.

The Living Room, im Sheraton Grande, 250 Sukhumvit Rd., gegenüber Soi 19, BTS Asoke, ☎ 02-653 0333, 🖥 www.sheratongrandesukhumvit.com/en/thelivingroom, Karte S. 160/161. Die elegante Bar im 1. Stock ist mit gemütlichen Sesseln und Sofas eingerichtet, bietet eine große Auswahl an guten alkoholischen Getränken und Zigarren und ist seit Jahren eine der besten Adressen für Freunde des gepflegten Jazz. Livemusik ab 21 Uhr. ⏲ 9–24 Uhr.

Karte S. 152/153. Trotz der 1600 Sitzplätze kann das Brauhaus am Wochenende nach 21 Uhr so voll werden, dass sich draußen eine Schlange bildet. Gute Livemusik sowie leckere einheimische und deutsche Gerichte ziehen ein überwiegend thailändisches Publikum an. ⏲ 17–1 Uhr.

Clubs und Discos

Die Stadt hat ein riesiges Angebot an gut besuchten Discos und Clubs, die zum Trinken und Tanzen einladen. Viele der Clubs können locker mit ihren europäischen Kollegen mithalten. Der dominierende Einrichtungsstil ist kühl, modern und minimalistisch und die Musik zumeist elektronisch oder Hip-Hop- und RnB-

Die schönsten Freiluftbars der Stadt

Es gibt nur wenig, was so beeindruckend ist wie der Genuss eines Drinks auf einem Hochhaus in entspannter, gepflegter Atmosphäre bei Sonnenuntergang und mit fantastischem Blick über die sich bis zum Horizont erstreckende Metropole. Immer mehr sogenannte Skybars ermöglichen dieses unvergessliche Erlebnis. Viele bieten zudem die Möglichkeit zu einem romantischen Dinner unter freiem Himmel.

Blue Sky, 24. Stock des Sofitel Centara Bangkok, 1695 Phaholyothin Rd., MRT Phahon Yothin, 02-541 1234, www.centarahotelsresorts.com/scp, Karte S. 152/153. Geschmackvoll mit dunklem Holz und roten Tischen gestaltet, punktet die etwas außerhalb in Lat Phrao gelegene Skybar nicht nur mit gemütlich gepolsterten Sesseln, sondern auch mit einer unverbauten Sicht auf die Skyline und den Chatuchak Park. Gute Cocktails ab 250 Baht und herzhafte Hauptgerichte um 800 Baht. Gute Weinauswahl. 18–2 Uhr.

Long Table, im 25. Stock des Column Tower, 48 Sukhumvit Soi 16, BTS Asoke, 02-302 2557-9, www.longtablebangkok.com, Karte S. 160/161. Sehr innovativ gestaltetes und ausgeleuchtetes Lounge-Restaurant mit einem wunderschönen Blick über die Sukhumvit Rd. Der lange, namensgebende Tisch bietet Platz für 70 Pers., dazu weitere Sitzmöglichkeiten drinnen und ein toller, verglaster Außenbereich. Gutes, sehr hochpreisiges Thai-Essen sowie Cocktails. 17–2 Uhr.

The Nest, im Le Fenix Sukhumvit, 33/33 Sukhumvit Soi 11, BTS Nana, 02-305 4000, www.thenestbangkok.com, Karte S. 160/161. Modern bunt und einladend gestaltete, weniger elitäre Lounge mit entspannter Atmosphäre auf dem Dach des Le Fenix Hotels. Die ausfahrbare Marquise sorgt dafür, dass Besucher auch bei Regen die beeindruckende Aussicht auf die umliegenden Hochhäuser genießen können. Zu späterer Stunde legt ein DJ auf und es wird getanzt. Breit gefächertes Getränkeangebot zu moderateren Preisen. 17–2 Uhr.

Skybar, im The Dome at lebua, State Tower, 42 Silom Rd., BTS Surasak, www.lebua.com/de/the-dome-dining/sky-bar-bangkok/, Karte S. 156/157. Äußerst elegante Freiluftbar im 64. Stock – eine der höchsten der Welt, mit einem spektakulären Ausblick auf die Stadt und den Fluss. Sie ist einer der besten Plätze zum Entspannen bei Sonnenuntergang und Lounge-Musik. Die hochwertigen Cocktails kosten um 500 Baht. Männer mit Sandalen, kurzen Hosen oder ärmellosen Shirts werden nicht eingelassen, auch 3/4-Hose und Top sowie Rucksäcke sind nicht erlaubt. Frauen dürfen keine Flip-Flops tragen. 18–1 Uhr.

Vertigo Grill & Moon Bar, Banyan Tree Bangkok, 21/100 Sathorn Tai Rd., MRT Lumphini, 02-679 1200, www.banyantree.com/en/bangkok/dining/vertigo_and_moon_bar, Karte S. 156/157. Im 61. Stockwerk des spektakulär schmalen Hochhauses liegt die edle und besonders zum Sonnenuntergang romantische Freiluftbar mit wunderschönem Blick auf das Panorama der Metropole und den Chao Phraya. Zu gediegener Jazz-Musik unter dem Sternenhimmel werden gute, hochpreisige Cocktails und gegrilltes Seafood serviert. 2 Seatings (18–20 und 20.30–22 Uhr), ähnlich strikter Dresscode wie in der Skybar. 17.30–1 Uhr.

---

lastig. Die fünf Hotspots, in denen sich die meisten Clubs befinden, sind:

Royal City Avenue, kurz RCA, eine gewundene Straße zwischen Rama IX und Phetchaburi Rd. Hier liegen die beliebtesten Clubs eines Publikums unter 30 aus der oberen Mittelschicht. Es sind auch einige Ausländer unterwegs. Besonders Fr und Sa wird es brechend voll, sodass man zu späterer Stunde nicht mehr in einige Clubs hineinkommt. Die Getränkepreise sind weitgehend moderat. Den Namen Royal City Avenue kennen nur wenige Taxifahrer, es ist besser, RCA als Ziel anzugeben.

Ratchada, die Sois der Ratchadapisek Rd., etwas weiter nördlich in der Nähe der MRT-Station Thailand Cultural Centre. Hier sind fast ausschließlich junge Thai-Studenten unterwegs und die Getränke sind günstiger als anderswo. Es gibt einige kleinere Clubs, die oft Liveauftritte bekannter thailändischer Künstler veranstalten,

aber auch einige große Läden, in denen ausgiebig gefeiert wird.
Sukhumvit, in dieser Gegend konzentrieren sich die edelsten Clubs der Stadt. Besonders in der Sukhumvit Soi 11 rund um den Bed Supperclub und die BTS Asoke finden sich Clubs mit langen Öffnungszeiten und/oder elitärem, teils älterem Publikum. Die Preise liegen über denen in der RCA oder Ratchada.
Thong Lo/Ekamai, im östlichen Bereich der Sukhumvit Road gibt es zahlreiche exklusive und beeindruckende Etablissements, die besonders bei der jungen einheimischen Oberschicht beliebt sind. In den Seitenstraßen zwischen Thong Lo (Sukhumvit Soi 55) und Ekamai (Sukhumvit Soi 63) reihen sich zahlreiche Clubs, Restaurants und Bars aneinander. Das Preisniveau ist mit RCA vergleichbar.
Banglampoo, auf der Khaosan Rd. konzentrieren sich einige Clubs, die ein ausländisches Travellerpublikum ansprechen. Auch Thais kommen am Wochenende zum Feiern hierher. Die Preise sind moderat.
Weitere Tipps zu Clubs und Discos s. eXTra [2808].

808, RCA, 🖳 www.808bangkok.com, Karte S. 152/153. In dem modern-minimalistisch designten Club wird am Wochenende viel elektronische Musik aufgelegt, während der Woche meistens Hip-Hop. Das Publikum ist etwas gediegener als im benachbarten Route66. ⏱ 21–2 Uhr.
Baku, Ratchadapisek Rd. Soi 4 (Ratchada Soi 4), MRT Phra Ram 9, ☎ 02-248 2563, Karte S. 152/153. In dem kleinen Club wird regelmäßig gute Thai-Livemusik dargeboten, auch bekannte Künstler treten auf. Freundliche Bedienungen und günstige Preise. Fast nur Einheimische. ⏱ 19–2 Uhr.
BarSu, im Sheraton Grande, 250 Sukhumvit Rd., BTS Asoke, ☎ 02-649 8888, 🖳 www.barsubangkok.com, Karte S. 160/161. Modern gestaltete Hoteltanzbar, die sich an ein etwas gediegeneres Publikum richtet und in der hauptsächlich Pop, Soul und Rock der 1970er- und 1980er-Jahre gespielt wird. Relativ teure Getränke. ⏱ 18–2 Uhr.

Bed Supperclub, 26 Sukhumvit Soi 11, BTS Nana, ☎ 02-651 3537, 🖳 www.bedsupperclub.com, Karte S. 160/161. Eine der exklusivsten Locations Bangkoks ist dieser atmosphärisch und architektonisch schicke, elitäre Club mit einer Lounge-Bar wie aus einem Stanley Kubrick-Film. Zudem gibt es ein Gourmetrestaurant, wo man im Liegen exzellente Kreationen ausprobieren kann. Je nach Programmpunkt werden bis zu 1500 Baht Eintritt verlangt. Relativ strikte Türpolitik und sehr hohe Getränkepreise. ⏱ 19.30–1 Uhr.
Funky Villa, Thong Lo Soi 10, Sukhuvit Soi 55 (Thong Lo), BTS Thong Lo, ☎ 02-711 6970-1, Karte S. 160/161. In dem edel mit dunklem Holz gestalteten Club läuft in einem Raum wie üblich Hip-Hop, während der andere von Thai-Livemusik beschallt wird. Das freundliche Publikum besteht aus jungen, wohlbetuchten Thais der Oberschicht. Normale Getränkepreise. ⏱ bis 2 Uhr.
GaZebo Club, 44 Chakraphong Rd., ☎ 02-629 0705, 🖳 www.gazebobkk.com, Karte S. 162/163. Im marokkanisch-nordafrikanischen Stil eingerichteter Club mit Bar und eigener Shisha-Lounge in den oberen Stockwerken eines Gebäudes am westlichen Ende der Khaosan Rd. Besonders zu späterer Stunde eine Anlaufstelle für das unermüdliche Partyvolk. 300 Baht Eintritt. ⏱ bis 7 Uhr.
Muse, Thong Lo Soi 10, Sukhuvit Soi 55 (Thong Lo), BTS Thong Lo, ☎ 089-885 5995, 🖳 www.musebkk.com, Karte S. 160/161. Netter, in direkter Nachbarschaft der Funky Villa gelegener Club mit edlem Ambiente und einer

Party Deluxe

Route66, RCA, ☎ 02-203 0936, 🖳 www.route66club.com, Karte S. 152/153. In diesem riesigen, schick designten Club mit 3 Dancefloors wird jeden Abend Hip-Hop, thailändische Popmusik und Techno gespielt. Junges, fröhliches Publikum, moderate Getränkepreise und oft besondere Promotion-Aktionen. Am Wochenende kann es brechend voll werden, dann zahlen Ausländer 200 Baht Eintritt; darin enthalten sind Getränkegutscheine im selben Wert. ⏱ 20–2.30 Uhr.

Party in Bangkok

Es gibt einige Besonderheiten, die es zu beachten gilt, wenn man in Bangkok ausgeht: Um nicht vor verschlossenen Türen zu stehen, sollte stets eine Kopie des Reisepasses oder der Personalausweis mitgeführt werden. Türsteher achten strikt darauf, dass keine unter 20-Jährigen Einlass erhalten, besonders wenn ein Club berstend voll ist. Die Einlasskriterien werden jedoch meist locker gehandhabt. Fast immer reicht es, gepflegt zu wirken und stylish angezogen zu sein; Flip-Flops und Shorts meiden.

In der Regel öffnen Clubs frühabends ihre Pforten und schließen um 2 Uhr. Wenige haben bis 3 Uhr oder länger geöffnet – ein Privileg, das sie sich mit Zahlungen an die Polizei erkaufen und sich in den Eintritts- und erhöhten Getränkepreisen niederschlägt. Die Stimmung ist freundlich, gelöst, ungezwungen und entspannt. Der hohe Stellenwert von *sanuk* (Spaß) in der thailändischen Kultur macht sich auch beim Ausgehen bemerkbar.

Es gibt normalerweise keinen großen, zentralen Dancefloor, sondern Stehtische und Hocker, an denen Besuchergruppen ihre Drinks nehmen und wo sie auch tanzen. Manchmal werden zu späterer Stunde die Hocker zur Seite gestellt, sodass sich mehr Platz zum Tanzen bietet. Parallel zur Musik laufen entsprechende Videos auf riesigen LCD-TVs, was manchmal dazu führt, dass ganze Choreografien nachgetanzt werden. Der mit Abstand beliebteste Drink ist Whiskey Cola. Normalerweise bestellt man sich eine 1-Liter-Flasche Johnnie Walker Red oder Black Label sowie Cola, Soda und Eis dazu. Eine Flasche Red Label kostet je nach Preisklasse des Clubs 900–2000 Baht, die Mixer noch einmal 300–600 Baht. Die Getränke werden am Tisch von den Bedienungen gemixt. Praktisch ist das Angebot, seine halb volle Flasche Alkohol kostenlos im Club lagern zu lassen und sie innerhalb von einem Monat beim nächsten Besuch weiter trinken zu können. In manchen Clubs kann eine Shisha am Tisch für ungefähr 300 Baht geraucht werden.

Besonders in den Läden der Ratchada und in Patpong ist es normal, dass auf Herrentoiletten Massagen angeboten werden. So kann es schon mal dazu kommen, dass während des Wasserlassens von hinten zwei Hände beginnen, den Rücken zu massieren und den Hals zu knacken. Wenn man dies nicht möchte, sollte man es mit einem *mei au* („Ich will das nicht") ablehnen. Ansonsten sind mind. 20 Baht, meist aber mehr, dafür zu zahlen.

Bei einer Bestellung ab 1000 Baht ist es üblich, mind. 60 Baht Trinkgeld zu geben, denn die Bedienungen sind in der Regel auf Trinkgelder angewiesen. Bei der Bezahlung ist es ratsam, sich die Nummer der jeweiligen Bedienung zu merken, um eine Basis für etwaige Reklamationen zu haben. In der Regel tragen alle Kellner einen Button mit einer ein- bis dreistelligen Nummer.

schönen Dachterrasse, auf der neben Cocktails auch leckere Gerichte zu moderaten Preisen serviert werden. In den unteren Räumlichkeiten tanzt die junge Oberschicht zu wummernden Bässen und einheimischer Livemusik. ⏰ bis 2 Uhr.

Narz (Narcissus Club), 112 Sukhumvit Soi 23, BTS Asoke, 🖥 www.narzclubbangkok.com, Karte S. 160/161. Einer der ältesten und größten Nachtclubs der Stadt ist zu späterer Stunde, wenn viele der anderen Clubs schließen, eine gute Anlaufstelle. Im großen, opulent gestalteten Raum mit rundem DJ-Pult und viel Platz zum Tanzen läuft Hip-Hop und Dance, im kleineren Raum Techno. Eintritt frei, außer bei Sonderveranstaltungen, höhere Getränkepreise als anderswo. ⏰ bis 6 Uhr.

Q Bar, 34 Sukhumvit Soi 11, BTS Nana, ☎ 02-252 3274, 🖥 www.qbarbangkok.com, Karte S. 160/161. Edler, kleiner und relativ dunkler Club im futuristischen Design, in dem zum Teil berühmte internationale DJs elektronische Musik auflegen und sich die kreative Schickeria der Stadt trifft. Eintritt 500–700 Baht inkl. 2 Getränke, teure Drinks. ⏰ ab 20 Uhr.

Scratch Dog, Windsor Suites Hotel, Sukhumvit Soi 20, BTS Asoke, ☎ 02-663 4447, Karte S. 160/161. Im Untergeschoss liegt dieser bei

Einheimischen beliebte, komplett in weiß gehaltene Club, der Dance und Hip-Hop spielt. Wer nach 2.30 Uhr noch nicht genug gefeiert hat, kann hier bis in die frühen Morgenstunden bleiben. Eintritt 400 Baht inkl. 2 Getränke, beim Kauf einer Flasche für ca. 2000 Baht ist der Eintritt für 4–5 Pers. inkl. ⏱ bis 6 Uhr.
Slim/Flix, RCA, ☎ 081-645 1188, Karte S. 152/153. Großer, edel gestalteter Club direkt neben dem Route66. Im beliebten Slim läuft Hip-Hop und RnB, im benachbarten Flix Elektro und House. Da es Sa brechend voll wird, sollte man nach Möglichkeit gegen 21.30 Uhr da sein, um noch einen freien Tisch zu ergattern. Ab 23 Uhr werden die Hocker weggeräumt, und es wird getanzt. Leicht höhere Getränkepreise als anderswo. Neuerdings müssen Ausländer 400 Baht Eintritt zahlen; darin enthalten sind 2 Freigetränke, beim Kauf einer Flasche ist der Eintritt für bis zu 5 Pers. inkl. ⏱ 20–2.30 Uhr.
The Club, 123 Khaosan Rd., ☎ 02-629 1010, 🖥 www.theclubkhaosan.com, Karte S. 162/163. Neuer, kühler und etwas sterile Club im Herzen der Khaosan Rd., in dem House, Hip-Hop und Trance aufgelegt wird. Großer Lounge-Bereich. ⏱ So–Do 22–1, Fr und Sa 20–1 Uhr.
Twilo, Patpong 1, 🖥 twilobangkok.com, Karte S. 156/157. Eine der wenigen Alternativen zu den Stripbars in Patpong. Auf der Bühne vor dem kleinen Dancefloor tritt jeden Abend eine Liveband auf, die neue Hip-Hop-, RnB- und Rock-Hits zum Besten gibt und das relativ junge Publikum zum Tanzen animiert. Recht teure Getränke. ⏱ bis 3 Uhr.
Zaleng, Ratchadapisek Rd. Soi 4 (Ratchada Soi 4), MRT Phra Ram 9, ☎ 02-245 0789, Karte S. 152/153. Großer, bei der einheimischen Hip-Hop-Szene beliebter Club mit riesigen LCD-TVs, auf denen Musikvideos laufen. ⏱ 19–2 Uhr.

Kinos

Amerikanische, chinesische und koreanische Filme, sowie einheimische Produktionen stehen auf dem Programm. Die großen Kinos im Zentrum und in den Einkaufszentren zeigen fast ausschließlich englischsprachige Filme, die teilweise untertitelt sind. In der Regel starten Filme parallel zu den Terminen in den USA und laufen nur für 1–2 Wochen. Vor dem Film ertönt die Königshymne, dann wird erwartet, dass alle Zuschauer als Zeichen des Respekts aufstehen. Das aktuelle Programm ist unter 🖥 www.movieseer.com abzurufen und wird jeden Tag in *Bangkok Post* und *Nation* abgedruckt. Generell sind Kinos AC-gekühlt, sodass ein leichter Pullover nicht schaden kann. Die Eintrittspreise liegen zwischen 100 und 200 Baht.
APEX, am Siam Square, BTS Siam, 🖥 www.apexsiam-square.com, Karte S. 158/159. Zu ihnen gehören das Lido und Scala, Kinos, die nicht nur Blockbuster, sondern teilweise auch interessante Arthouse-Filme ins Programm aufnehmen.
Major Cineplex, z. B. im Central World oder in der Sukhumvit Rd. Nähe BTS Ekkamai, ☎ 02-511 5555, 🖥 www.majorcineplex.com, Karte S. 160/161. Wartet mit modernen Sälen und komfortablen Sitzen auf und zeigt viele aktuelle englischsprachige Filme. Die großen Säle der Gold Class bieten ein einmalig luxuriöses Kinoerlebnis. Hier kann man es sich in paarweise aufgestellten Liegesitzen mit Decken bequem machen und sogar einen Drink oder Snack ordern, der am Platz serviert wird. Allerdings ist der Eintritt um einiges teurer als eine normale Kinokarte.
Paragon Cineplex im 5. und 6. Stock des Siam Paragon, 🖥 www.paragoncineplex.com, Karte S. 158/159. Dem Multiplexkino mit 14 Sälen ist auch das riesige **Krungsri IMAX**, 🖥 www.imaxthai.com/index_en.html, angeschlossen, das sich sowohl bild- als auch tontechnisch auf dem neuesten Stand der Technik befindet und das größte des Landes ist. Die Großleinwand unterstützt auch die neueste 3D-Technologie. Deutsche Filme zeigt einmal wöchentlich das Goethe-Institut, englische der British Council und französische die Alliance Française (s. S. 199).

Schwule und Lesben

In der Stadt gibt es einige schwulenfreundliche Clubs, Bars, Restaurants und Unterkünfte. Das Zentrum der Szene bilden die Silom Soi 2 und 4 in direkter Umgebung der Patpong.
Jedes Jahr findet im November das mehrtägige Bangkok Gay Festival statt.
Informationen für Schwule und Lesben über ganz Thailand erteilen:

Utopia, ✆ 02-238 3227, 🖳 www.utopia-asia.com/thaibang.htm.
Anjaree Group, die lesbische Organisation ist zu erreichen über ✆ 086-677-9009, 🖳 www.utopia-asia.com/womthai.htm, zudem die Internet-Plattform 🖳 www.lesla.com (nur auf Thai).

Thai-Boxen
Kampfatmosphäre mit Begeisterung und Wetten: Thai-Boxen ist ein thailändisches Männervergnügen. Auf den Tribünen nahe des Rings ist am meisten los. Freundliche Ticketverkäufer lassen Touristen schon mal rein, um die Plätze in Augenschein zu nehmen. Ausländer werden in der Regel in den Touristenflügel verwiesen, wo sie angeblich vor möglichen Schlägereien sicher sind, die Sicht auf den Ring und die Wetten abschließenden Thai aber leider nicht gut ist.

Sor Vorapin Boxing Gym, 13 Trok Kasap, am Ende der Soi südlich vom Wat Chai Chana Songkhram, gegenüber der Khaosan Rd., 🖳 www.thaiboxings.com, Karte S. 162/163. Wer selbst Thai-Boxen erlernen möchte, kann sich hier zu Übungsstunden von 7.30–9.30 und 15–17 Uhr anmelden. Die Schule ist auf Ausländer und Anfänger eingestellt und verlangt 500 Baht pro Trainingseinheit, 7 Einheiten für 2500 Baht. Weitere Trainingscamps außerhalb in Taling Chan.

Muay Thai hautnah erleben

Lumphini Stadium, östlich des Lumphini Parks, MRT Lumphini, ✆ 02-251 4303, 🖳 www.muaythailumpini.com, Karte S. 156/157. Kämpfe finden Di und Fr um 18.30 und Sa um 17 und 20.30 Uhr statt, Eintritt 1000 Baht im Touristenflügel, am Ring 2000 Baht. AC-Loge im 3. Stock. Die besten Kämpfer treten erst gegen 21 Uhr an.
Rajadamnern Stadium, Ratchdamnoen Nok Rd., ✆ 02-281 4205, Karte S. 154/155. Kämpfe Mo, Mi und Do 18.30, So 16 und 20 Uhr, Eintritt 500–2000 Baht.

Travestieshow
Calypso Cabaret, im Asia Hotel, 294/1 Phayathai Rd., 🖳 www.calypsocabaret.com, von 9–18 Uhr Karten an der Theaterkasse oder Reservierungen unter ✆ 02-653 3960-2, danach unter ✆ 02-216 8937-8, Karte S. 158/159. In dem Theater, das deutlich kleiner und weniger spektakulär ist als die Bühnen in Pattaya, treten bei einer Travestierevue der gehobenen Klasse u. a. verblüffende Kopien berühmter Stars auf. Shows um 20.15 und 21.45 Uhr. Eintritt 1200 Baht inkl. 1 Drink oder 1700 Baht inkl. Abendessen. Bei Buchung über Reisebüros 900 bzw. 1400 Baht inkl. Transport zum Asia Hotel.

Vergnügungszentren
Dream World, ✆ 02-533 1152, 🖳 www.dreamworld-th.com, weit außerhalb nördlich des Don Muang Airport an der Nakhon Nayok Rd., dem H305, zwischen H1 und Outer Ring Road, Anreise vom Victory Monument mit Stadtbus 538. Ein besonderes Highlight für die jüngsten unter den Lesern ist der große Vergnügungspark. Er vereint riesige Wasserrutschen, Achterbahnfahrten, Autoscooter und vieles mehr. Sogar ein Bereich mit künstlich hergestelltem Schnee ist vorhanden. Eintritt 450–1000 Baht. ⏱ 10–17 Uhr.

Kunst und Kultur

Buddhistische Meditation
Informationen über buddhistische Zentren in Thailand sowie aktuelle Infos über Retreats und Unterweisungen bekommt man bei:
World Fellowship of Buddhists, 616 Sukhumvit Soi 24, ✆ 02-661 1284-7, 🖳 www.wfb-hq.org, Karte S. 160/161. Informationsveranstaltungen über den Buddhismus, Einführung in die Meditation und erste eigene Meditation jeden 1. So im Monat von 13–16 Uhr.
International Buddhist Meditation Center, House of Dhamma, Wat Mahathat, ✆ 02-222 6011, Karte S. 154/155. Das Meditationszentrum offeriert neben Vipassana-Meditationen auch Seminare zum Buddhismus in Englisch. Im selben Tempel werden in der Section 5 (den blauen Schildern folgen) um 7, 13 und 18 Uhr 2–3-stündige Vipassana-Meditationen und um 20 Uhr 2-stündige

Unterweisungen angeboten (s. S. 135/136), Retreats sind möglich. Im Mahachula Building Zimmer 106 finden an jedem 2. und 4. Sa im Monat von 15–17 Uhr kostenlose buddhistische Unterweisungen statt. Infos unter ✆ 02-623 6326, 🖳 www.mcu.ac.th/IBMC.
House of Dhamma, 26/9 Soi 15, Lat Phrao, ✆ 02-511 0439, 🖳 www.houseofdhamma.com, Karte S. 152/153. Auch hier werden verschiedene Meditationskurse und Unterweisungen angeboten.
Mehr über buddhistische Meditationen s. S. 122.

Konzert- und Veranstaltungshallen

Karten für nahezu alle Veranstaltungen können über **Thai Ticket Master**, ✆ 02-262 3456, 🖳 www.thaiticketmaster.com, bestellt werden.
Aksra Theatre, (s. Theater und Tanz).
Bangkok Art and Cultural Center, (s. Kunstausstellungen).
Impact Arena, im Norden von Bangkok, BTS Mo Chit, 🖳 www.impact.co.th. Hier finden viele große Musikkonzerte, aber auch Messen, Ausstellungen und Festivals statt.
Royal Paragon Hall, im 5. Stock des Siam Paragon, Rama I Rd., BTS Siam, 🖳 www.royalparagonhall.com, Karte S. 158/159. In 3 großen Sälen finden Konzerte und andere kulturelle Veranstaltungen statt.
Thailand Cultural Centre, (s. Theater und Tanz).

Kulturinstitute

Goethe-Institut (German Cultural Institute), 18/1 Soi Goethe, Sathorn Tai Rd., MRT Lumphini, ✆ 02-287 0942-4, 🖳 www.goethe.de/bangkok, Karte S. 156/157. Das deutsche Kulturzentrum hat eine Bibliothek mit deutschsprachigen Büchern (auch Kinderbücher), aktuellen Zeitungen (*Süddeutsche, FAZ, Die Zeit*) und diversen Magazinen (*Spiegel, Stern, Brigitte*), außerdem ein Restaurant, eine Cafeteria und die Clubräume der Thai-Deutschen Gesellschaft. Hier finden regelmäßig kulturelle Veranstaltungen statt. In einer 6x jährlich veröffentlichten Broschüre werden alle gelistet. ⓘ Mo–Do 8–16.30, Fr 8–14 Uhr, Sa und So geschlossen.
Alliance Française, 29 Sathorn Tai Rd., MRT Lumphini, ✆ 02-670 4200, 🖳 www.alliance-francaise.or.th, Karte S. 156/157, ⓘ Mo–Fr 8–18.30, Sa 8.30–17, So 8.30–12.30 Uhr.
British Council, 254 Chulalongkorn Soi 64, hinterer Siam Square, BTS Siam, ✆ 02-657 5678, 🖳 www.britishcouncil.org/thailand, Karte S. 158/159, ⓘ 8.30–19 Uhr.

Kunstausstellungen

Wechselnde Ausstellungen finden in den Kulturinstituten, im Nationalmuseum und in der Nationalgalerie statt. Eine gute Übersicht der aktuellen Ausstellungen unter 🖳 www.bangkokartmap.com und der Galerien unter 🖳 www.rama9art.org/artisan/galleries.
Ardel Gallery of Modern Art, 99/45 Moo 18, Belle Ville, Borommarachonnanee Rd., ✆ 02-422 2092, 🖳 www.ardelgallery.com, Karte S. 152/153. Die 2006 eröffnete Kunstgalerie bietet in ihren modernen Räumen zahlreichen einheimischen Künstlern Platz für ihre Werke und veranstaltet Workshops für Kinder. Ein Ableger ist **The Third Place Bangkok** in der Thong Lo Soi 10, Karte S. 160/161.
Art Centre Silpakorn University, (s. S. 135).
Bangkok Art and Cultural Center, 939 Rama 1 Rd., BTS National Stadium, ✆ 02-214 6630-1, 🖳 www.bacc.or.th (nur auf Thai), Karte S. 158/159. Das neue, riesige Art Center soll den Dialog zwischen Subkulturen und etablierten Stilrichtungen fördern und bietet auf 11 Stockwerken viel Platz für Ausstellungen, Veranstaltungen und Konferenzen, aber auch für Restaurants und eine Bibliothek. Regelmäßige Opernaufführungen ab 300 Baht. Im Oktober findet regelmäßig die National Exhibition of Art und Ende Nov/Anfang Dez das Bangkok Art Festival statt. ⓘ Di–So 10.30–21 Uhr.
DOB Hualamphong Gallery im DOB Building, Rama IV Rd., Karte S. 154/155, und die **Rose Garden Gallery** in der Phet Kasem Rd., Karte S. 152/153. ⓘ Di–Sa 10.30–19, So bis 17.30 Uhr.
H Gallery, 201 Sathorn Soi 12, ✆ 081-310 4428, 🖳 www.hgallerybkk.com, Karte S. 156/157. Die Galerie hat sich auf moderne asiatische Malerei spezialisiert.
M Theater, (s. Theater).
Nationalgalerie, (s. S. 135).
Poh Chang Gallery and Art School, 86 Tripet Rd., ✆ 02-623 8790-9, 🖳 www.rama9art.org/gallery/

pohchang, Karte S. 154/155. Diese große Kunstschule in der Nähe des indischen Pahurat-Marktes verfügt über eine eigene empfehlenswerte Kunstgalerie. Hier werden v. a. Werke von Studenten und bekannten thailändischen Künstlern ausgestellt.
TCDC (Thailand Creative & Design Center), 6/F The Emporium, 662 Sukhumvit Soi 24, BTS Phrom Phong, ✆ 02-664 8448, Ext. 213-4, 🖥 www.tcdc.or.th, Karte S. 160/161. Im 6. Stock des Emporium-Einkaufszentrums gelegenes Kunst- und Designzentrum mit regelmäßig wechselnden, interessanten Ausstellungen. ⏲ Di–So 10.30–21 Uhr.
The Queen's Gallery, (s. S. 141/142).
The Silom Galleria, 919/1 Silom Soi 19, BTS Surasak, ✆ 02-630 0944-50, 🖥 www.thesilomgalleria.com, Karte S. 156/157. Das auf Kunstobjekte spezialisierte Einkaufszentrum wirkt als solches nicht besonders einladend, beherbergt aber einige sehenswerte Galerien, die zeitgenössische thailändische Kunst ausstellen und verkaufen, z. B. die **Thavibu Gallery**, 🖥 www.thavibu.com, die **Gossip Gallery** im 3. Stock oder die **Number One Gallery** im Untergeschoss. ⏲ 10–20 Uhr.

Tanz

Sala Chalerm Krung, Old Siam Plaza, 66 Charoen Krung Rd., ✆ 02-222 0434, Karte S. 154/155. Das Gebäude beherbergte in den 1930er-Jahren das größte und modernste Kino des Landes. Es war das erste AC-gekühlte Lichtspielhaus Asiens und als solches eine große Attraktion. Besonders zur touristischen Hauptsaison werden in dem pompösen Bau beeindruckende Tanzaufführungen gezeigt, z. B. den Khon-Maskentanz von der Acme of Thai Dramatic Arts am Fr und Sa um 20.30 Uhr für 1000 und 1200 Baht.
In verschiedenen Restaurants werden zudem klassische Thai-Tänze zu einem festen Menü aufgeführt (s. S. 184).
Kostenlos sind die Vorführungen am Lak Muang-Schrein am Sanam Luang (s. S. 136) sowie am Erawan-Schrein an der Ratchadamri, Ecke Ploenchit Rd. (s. S. 148).

Theater

Karten für nahezu alle Veranstaltungen können über **Thai Ticket Master**, ✆ 02-262 3456, 🖥 www.thaiticketmaster.com, bestellt werden.
Aksra Theatre, im Pullman Bangkok King Power Hotel, 8/1 Rangnam Rd., BTS Victory Monument, ✆ 02-677 8888, 🖥 www.kingpower.com (in Englisch) oder 🖥 www.aksratheatre.com (auf Thai), Karte S. 158/159. Im opulenten 600 Sitze fassenden Theatersaal werden allabendlich 75-minütige kabarettartige thailändische Puppenvorführungen *(Hoon Lakorn Lek)* mit viel Tanz und Gesang veranstaltet. Jede Puppe wird von 2–3 Menschen bewegt. Shows um 19.30 Uhr, am Wochenende auch um 13.30 Uhr, 400 Baht.
M Theatre, 2884/2 New Petchaburi Rd., ✆ 02-715 3547-9, 🖥 www.mtheatrebangkok.com (Informationen nur auf Thai), BTS Thong Lo, Karte S. 160/161. Privates modernes Theater in einem mit viel Glas gestalteten Neubau. Hier finden regelmäßig Theater-, Opern- und Puppenspielaufführungen statt. Auch Kunstausstellungen. Im Erdgeschoss ein Starbucks.
Nationaltheater, Na Phratat Rd., am Sanam Luang, ✆ 02-224 1342, Karte S. 154/155. Hier

Atemberaubende Bühnenbilder

Siam Niramit, Ratchada Theatre, 19 Tiam Ruammit Rd., MRT Thailand Cultural Centre, Exit 1, von dort 18–19.45 Uhr kostenloser Shuttleservice, ✆ 02-649 9222, 🖥 www.siamniramit.com, Karte S. 152/153. In dem pompösen, 2000 Zuschauer fassenden Theater wird von über 150 Darstellern auf einer 65 m breiten Bühne ein höchst unterhaltsames Spektakel dargeboten. In 3 Akten werden die Geschichte Thailands, seine Mythologie und Feste in äußerst aufwendiger Art und Weise thematisiert: Teilweise tummeln sich bis zu 80 Pers. auf der Bühne. Elefanten und andere Tiere, sowie spektakuläre Spezialeffekte werden in die Show integriert. Beginn um 20 Uhr, Eintritt 1500 Baht. Hinter dem Theater liegt ein schön angelegtes Museumsdorf, das Touristen einheimische Baustile und Kulturen vorstellt. Das Buffet-Dinner ist nur eingeschränkt zu empfehlen. ⏲ 18–22 Uhr.

werden moderne Stücke und die bei Touristen beliebten klassischen Shows gezeigt.
Patravadi Theatre, auf der Open-Air-Bühne neben dem Supatra River House, 69/1 Soi Wat Rakhang, Arun Amarin Rd., ✆ 02-412 7287-8, 🖥 www.patravaditheatre.com, Karte S. 154/155. In dem von einer berühmten thailändischen Schauspielerin begründeten Komplex am Fluss wird in der Trockenzeit ab 19 Uhr ein interessantes Kulturprogramm geboten, allerdings nicht täglich. Eintritt 200–500 Baht. Vor der Bühne werden an den Ständen des Lan Hin Tak-Theaterrestaurants preiswerte Snacks verkauft. Auch Kunstausstellungen.
Thailand Cultural Centre, Ratchadaphisek Rd., MRT Thailand Cultural Centre, ✆ 02-247 0028, 🖥 www.thailandculturalcenter.com, Karte S. 152/153. Das Kulturzentrum, 1 km von der MRT-Station entfernt, umfasst ein Theater mit 2000 Plätzen, eine Freilichtbühne für 1000 Zuschauer, eine Bücherei und ein Sprachlabor. Hier finden fast jede Woche Konzerte mit klassischer europäischer Musik statt.

Einkaufen

Bangkok ist das Einkaufsparadies Südostasiens: Egal ob Textilien, Kunsthandwerk, Accessoires, Bücher, Technik oder Kosmetika, man bekommt hier alles zu meist deutlich günstigeren Preisen als in der Heimat.
Die großen Einkaufszentren konzentrieren sich in der Siam Gegend entlang der **Rama I.** und **Ploenchit Rd.**, aber auch in der **Sukhumvit** und **Silom Rd.** Nahezu alle großen internationalen Marken sind hier mit eigenen Boutiquen vertreten. Gerade im **Siam Square** und auf dem **Suan Chatuchak Weekend Market** findet man auch viele ausgefallene Geschäfte mit interessanten und kreativen Produkten.
Der **Pratunam-Markt** und die angrenzenden **Platinum Fashion Mall**, **Pratunam Center**, **Indra Square**, **City Complex**, **Krung Thong Plaza** und die unteren Stockwerke des **Baiyoke II Towers** stellen das Zentrum des südostasiatischen Textilgroßhandels dar. Hier werden sowohl günstige Produkte minderer Qualität, als auch gefälschte und originale Markenprodukte in großen Mengen verkauft. Auswahl und Ausmaß der Verkaufsfläche sind überwältigend. Manche Händler verkaufen nur in großen Mengen an die geschäftig umher eilenden Händler aus Indien, Afrika und Europa. Die meisten sind jedoch auch bereit, einzelne Stücke zu veräußern.
Technik ist am besten im **MBK (Mah Boon Krong Center)** oder in der **Panthip Plaza** zu bekommen. Allerdings sind hier die Preisunterschiede zu Europa deutlich geringer als bei Textilien, Souvenirs und Accessoires.
Die großen Touristenmärkte mit einem breiten Angebot an Souvenirs, nachgemachten Textilien und Accessoires befinden sich den ganzen Tag auf der **Khaosan Rd.**, entlang der unteren **Sukhumvit Rd.**, und abends auf dem Nachtmarkt in der **Patpong**.
Die Straßenhändler in der Patpong und Khaosan verlangen oft hoffnungslos überhöhte Preise, die mit etwas Geschick deutlich gedrückt werden können. Die meisten Preise auf dem Pratunam-Markt und außerhalb der Touristenhochburgen sind realistischer, daher wird hier deutlich weniger gehandelt.

Shopping Center

Wahre Konsumtempel konzentrieren sich in der Siam-Gegend, der unteren Sukhumvit Rd., der Ploenchit Rd. und Silom Rd. Hier sind Boutiquen, Dienstleistungsunternehmen und Büros, Restaurants, Kinos, Supermärkte und Kaufhäuser untergebracht.

Siam
Karte S. 158/159

Amarin Plaza, Ploenchit Rd., 🖥 www.amarinplaza.com. Beherbergt auf 5 Stockwerken viele Edelboutiquen, Möbel- und Seidengeschäfte und Kunsthandwerk. Im 3. Stock liegt der Sogo Department Store. ⏱ 9–21 Uhr.
Central Department Store, Ploenchit Rd., 🖥 www.central.co.th. Das älteste Kaufhaus Bangkoks. Weitere Filialen u. a. im Silom Plaza und der unteren Silom Rd. ⏱ 10–22 Uhr.
Central World, Ratchadamri, Ecke Rama I Rd., BTS Chit Lom, 🖥 www.centralworld.co.th/Default-en.aspx. Das 7-stöckige Shopping-Center ist das größte Einkaufszentrum in Südostasien. Es befriedigt v. a. die Bedürfnisse der wohlhabenden Schicht und beherbergt

Alles unter einem Dach und günstig dazu

MBK (Mah Boon Krong Center), Rama I Rd., Ecke Phayathai Rd., BTS National Stadium, www.mbk-center.co.th/en. Der riesige Block beherbergt eine schier unendliche Auswahl an kleinen Geschäften, die eine breite Palette von Waren zu günstigen Preisen nach Stockwerken geordnet anbieten. Klamottenläden finden sich im 1., 2., 3. und 6. Stockwerk, Technik, besonders Handys, im 4. und Möbel im 5. Stockwerk. Außerdem gibt es den Tokyu Department Store und eine Vielzahl an Restaurants, ein Postamt im 2. Stock und den SF Cinema City Multiplex im Obergeschoss. Jeden Mi von 18–21 Uhr Muay Thai Kämpfe. ⊙ 11–22 Uhr.

neben unzähligen Läden internationaler Labels auch den Zen Department Store. ⊙ 10–21 Uhr.
Gaysorn Plaza, BTS Chit Lom, www.gaysorn.com. In dem großzügig mit Marmor verkleideten Gebäude finden sich über 100 Edelboutiquen internationaler Designer. Im 3. Stock gibt es auch interessante Geschäfte mit teurem Kunsthandwerk. ⊙ 10–20 Uhr.
Narai Phand, nahe BTS Chit Lom, www.naraiphand.com. Geräumiges Handicraft Center mit einer großen Auswahl (s. S. 206). ⊙ 10–20 Uhr.
Peninsula Plaza, Ratchdamri Rd., BTS Ratchdamri. Das neben dem Four Seasons Hotel gelegene Gebäude im französischen Kolonialstil beherbergt viele Luxusboutiquen. Hier gibt es ein Swarovski-Geschäft, die Galeries Lafayette und Gucci-, Louis Vuitton- und Versace-Filialen. Auch eine Filiale von Asia Books befindet sich im Haus. ⊙ 10–21 Uhr.

Siam Center, BTS Siam, www.siamcenter.co.th. Als es 1973 gebaut wurde gehörte es zu den ersten großen Einkaufszentren des Landes. Der Hauptfokus in den 4 Stockwerken liegt auf Boutiquen für Markenbekleidung und Sportartikel, die ein junges Klientel anlocken. Zudem liegen hier auch der British Council und einige Restaurants. ⊙ 9–21 Uhr.
Siam Discovery Center, BTS Siam, www.siamdiscoverycenter.co.th. Der Komplex ist direkt mit dem Siam Center verbunden. Runde Formen und der Einsatz von Chrom und Glas geben dem Gebäude eine futuristische Note. Jedes Stockwerk hat einen speziellen Fokus. Im 4. Stock befindet sich eine Filiale von Asia Books, zudem ein großes Multiplex-Kino. ⊙ 10–22 Uhr.
Siam Square, BTS Siam. Hier geht die junge, stilbewusste Mittel- und Oberschicht einkaufen. Entsprechend besteht das Angebot aus vielen kleinen, alternativen Geschäften mit Modeschmuck, Taschen und anderen Accessoires sowie relativ hochpreisigen, aber ausgefallenen Textilien und Schuhen.

Pratunam
Karte S. 158/159

Indra Square, Ratchaprarop Rd. Im Zentrum von Pratunam gelegen, beherbergt das Einkaufszentrum besonders viele Taschen- und Accessoiregeschäfte, aber auch Mode und Fastfood-Restaurants. ⊙ 10–20 Uhr.
Pantip Plaza, Phetchaburi Rd., 10 Min. zu Fuß von der BTS Ratchathewi, www.pantipplaza.com. Gigantischer Einkaufskomplex für Computerfans. Hier werden auf einer großen Fläche Computerhardware sowie legale und kopierte Software verkauft. An Computern kann

Das schickste Einkaufszentrum Thailands

Siam Paragon, www.siamparagon.co.th. Das zurzeit schickste und modernste Shopping Center Bangkoks ist aufgrund seiner Architektur und einmaligen Läden an sich schon eine Sehenswürdigkeit (s. S. 147/148). Die 500 000 m² Geschäftsfläche bieten Ausgefallenes wie das größte Aquarium Südostasiens im 2. Untergeschoss (s. S. 147), einen Luxusautohändler im 2. Stock (!), Kunstgalerien sowie Kinokunya, den größten Buchladen des Landes. Im Erdgeschoss gibt es einen riesigen Food Court, der keine kulinarischen Wünsche offen lässt (s. S. 185), auf der oberen Etage außerdem ein riesiges Multiplex-Kino mit angeschlossenem Imax (s. S. 197). ⊙ 10–22 Uhr.

> **Für modebewusste weibliche Traveller**
>
> **Platinum Fashion Mall**, Phetchaburi Rd., 🖥 www.platinumfashionmall.com. Mit über 2000 Modegeschäften richtet sich diese riesige Mall v. a. an eine mode- und preisbewusste weibliche Zielgruppe: wenig Markenprodukte, dafür viele kreative Designs und sehr günstige Preise, im obersten Stockwerk ein guter Food Court. ⓘ 10–22 Uhr.

überprüft werden, ob die Software fehlerfrei funktioniert. Auch Digitalkameras, DVDs, Handys und andere Technik können erstanden werden. ⓘ 10–20.30 Uhr.

Sukhumvit
Karte S. 160/161

Emporium, 622 Sukhumvit Rd., am Queen's Park (Benjasari Park), 🖥 www.emporiumthailand.com. Elegantes, hochpreisiges, 7-stöckiges Einkaufszentrum mit Designerboutiquen, einem Kinokuniya-Buchladen im 3. Stock und einer Food Hall im 5. Stock. ⓘ 10.30–22 Uhr.
Sukhumvit Plaza, 212 Sukhumvit Soi 12. Dieses Einkaufszentrum hat sich voll und ganz seiner koreanischen Kundschaft verschrieben.
Times Square, 246 Sukhumvit Rd., zwischen Soi 12 und 14. Beherbergt zahlreiche Boutiquen, ein kleines Postamt, Restaurants sowie eine Filiale von Asia Books.
Villa Market, Sukhumvit Soi 11, 🖥 www.villamarket.com. Toller Supermarkt mit Importprodukten. Wurst, Käse, Räucherlachs und Graubrot finden sich hier genauso wie ausgefallenere Biere und Weine. Weitere Filialen in der Soi 33 und 49, in Silom, Thong Lo Soi 15 und im Phloenchit Center. ⓘ 24 Std.

Silom
Karte S. 156/157

River City am Menam Chao Phraya, neben dem Royal Orchid Sheraton Hotel, 🖥 www.rivercity.co.th. Rings um eine weite Halle, in der offene Stände Kunsthandwerk anbieten, reihen sich kleine Läden, u. a. viele Antiquitäten- und Seidengeschäfte. In der Halle finden monatlich wechselnde Ausstellungen statt. In manchen Läden ist die Qualität der angebotenen Waren so hoch, dass man sich wie in einem Museum fühlt. Kostenloses Shuttleboot zur BTS Saphan Thaksin. ⓘ Antiquitätengeschäfte 8.30–18 Uhr, Boutiquen 10–20 Uhr.
Silom Complex, nahe Dusit Thani Hotel, 🖥 www.silomcomplex.net. Wird überwiegend vom Central Department Store eingenommen. Im Tiefgeschoss einige Fastfood-Restaurants und ein Sportartikelverkäufer.
Silom Village, Silom Road, 🖥 www.silomvillage.co.th. Kleines Einkaufszentrum mit Restaurant, Hotel und einem guten Angebot an Kunsthandwerk.
Thaniya Plaza, nahe Patpong, 🖥 www.thaniyaplaza.com. Kleiner Komplex mit mehreren Kunsthandwerksläden, Asia Books und einem Kaffeehaus.

Chinatown
Karte S. 154/155

Old Siam Plaza, 66 Charoen Krung Rd. Eine restaurierte Markthalle, die noch etwas historisches Flair ausstrahlt, was sie v. a. ihren überglasten Höfen, den im traditionellen Design gefliesten Böden und dem sparsamen Einsatz von Klimaanlagen verdankt. Eine Augenweide ist der Food Market in einem der Höfe. ⓘ 9–21 Uhr.

Außerhalb
Karte S. 158/159 und S. 152/153

King Power Complex, Rangnam Rd., BTS Victory Monument, 🖥 www.kingpower.com. Der architektonisch beeindruckende, moderne Glaskuppelbau ist das Highlight des neu eröffneten Duty Free-Komplexes. Am Eingang werden Besucher mit einer Shoppingcard ausgerüstet, die erst am Ende abgerechnet wird – für Menschen, die gerne viel einkaufen, kann das gefährlich werden. Das Angebot umfasst die üblichen Souvenirs und Duty Free-Artikel, aber auch einheimisches Kunsthandwerk; außerdem das Aksra Theatre (s. S. 200), in dem traditionelle thailändische Puppenshows stattfinden. ⓘ 10–21 Uhr. Weitere Einkaufspaläste liegen an den Ausfallstraßen, z. B. der riesige **Seacon Square** in der Srinakarin Rd. östlich des Zentrums,

🖳 www.seaconsquare.com, oder die **Central Plaza Pinklao**, Borommaratchachonnani Rd., 🖳 www.central.co.th, im Westen, ⏲ 10–22 Uhr.

Märkte

In der Millionenstadt Bangkok haben einige Märkte mit ländlichem Charakter überlebt. Auf ihnen wird frisches Obst und Gemüse, Fisch und Fleisch angeboten. Die legendären schwimmenden Märkte gibt es allerdings nur noch außerhalb der Metropole. Auf den meisten Märkten werden v. a. Textilien und Drogerieartikel verkauft, aber auch Pflanzen und Souvenirs für die zahlreichen Touristen.

Amulettmarkt, neben dem Wat Ratchanatda, westlich vom Golden Mount, Karte S. 154/155. Schutz- und Glücksamulette und religiöse buddhistische und hinduistische Statuen sowie Abbildungen der Könige werden hier verkauft. Handeln nicht üblich.
Or Tor Kor, Kamphaeng Phet Rd., MRT Kamphaeng Phet, Karte S. 152/153. Dieser sehenswerte, saubere Lebensmittelmarkt wird von wohlhabenderen Bangkokern als zuverlässige Quelle für qualitativ hochwertige Frischware geschätzt. An 600 Verkaufsständen bekommt man eine riesige Auswahl an Obst, Gemüse, Meeresfrüchten und leckeren, frisch zubereiteten Gerichten und Desserts aus allen Landesteilen. ⏲ 6–18 Uhr.
Pahurat-Markt, südlich der Pahurat Rd., Karte S. 154/155. Dieser überdachte Markt, auf dem v. a. Textilien angeboten werden, weist einen deutlich spürbaren indischen Einfluss auf. Hier findet man alles, von Saris bis zu Brokatstoffen für Tempeltänzer, Schmuck, Betelnüsse, Kurzwaren, Schreibwaren u. a. Feilschende Touristen sind nicht gern gesehen.
Pak Klong Talat, nahe der Memorial-Brücke, Karte S. 154/155. In der großen Halle am Fluss findet täglich ein sehenswerter Blumen-Großmarkt statt. Hier kaufen frühmorgens die Großhändler ihre Ware.
Pratunam-Markt, entlang der Ratchaprarop Rd. sowie im und um den Baiyoke II Tower, Karte S. 158/159. Es gibt unzählige Stände, die Textilien, aber auch Souvenirs zu unschlagbar günstigen Preisen verkaufen. Nichts für Leute mit Platzangst. Die Verkäufer lassen mit sich handeln.
Sampeng Lane, von der Pahurat Rd. über den Klong Richtung Südosten und in den Seitengassen, Karte S. 154/155. In den schmalen Gassen wird in zahllosen offenen Geschäften eine Vielfalt von Waren angeboten.
Suan Chatuchak Weekend Market, BTS Mo Chit, MRT Kamphaeng Phet, Karte S. 152/153. Das absolute Shopping-Highlight Bangkoks: An 15 000 Ständen gibt es kreative Textilien, Souvenirs und Kunsthandwerk aus allen Landesteilen, Schmuck, Porzellan, Haushaltswaren, Lebensmittel, Tiere, Musik, Bücher (auch in Englisch), Elektroartikel, Pflanzen (s. S. 149/150).
Thewet-Blumenmarkt, am nördlichen Ende der Luk Luang Rd., an der Mündung des Klong Phadung Krung Kasem, Karte S. 164. Hier werden täglich Blumen und Pflanzen verkauft. Auf der anderen Seite des Klong erstreckt sich ein Obst- und Gemüsemarkt, der sich in die Samsen Rd. fortsetzt. Auch Textilien und Essensstände.

Antiquitäten

Der Handel mit echten Antiquitäten ist in Thailand seit 1989 verboten. Deshalb lebt eine ganze Branche von der Produktion täuschend echter „Antiquitäten".
Bester Anlaufpunkt ist die **River City** (s. S. 203). Weitere Informationen erteilt das **Fine Arts Department** unter ☏ 02-225 2652.

Brillen

Mit einer Sehstärken-Bestimmung eines Augenarztes kann man sich günstig neue Gläser in eine vorhandene Brille einsetzen lassen. Auch Fassungen sind in Thailand billiger; Handeln möglich. Empfehlenswert ist die Kette **Charoen Krung Optical Shop** mit Filialen in der ganzen Stadt, u. a. in der Chakraphong Rd. nahe der Khaosan Rd.

Bücher und Landkarten

Aporia Books, 131 Tanao Rd., ☏ 02-609 2552, Karte S. 162/163. Der kleine Laden in

Banglampoo überrascht mit einer guten Auswahl an englischsprachigen Reiseführern, Kunstbänden und Romanen. Im 1. Stock gibt es außerdem gebrauchte deutschsprachige Bücher. ⓒ 9–20 Uhr.

Asia Books, 🖥 www.asiabooks.com, 221 Sukhumvit Rd., BTS Asoke, Karte S. 160/161, außer dem Mutterhaus zwischen Soi 15 und 17 zahlreiche weitere Filialen u. a. im 1. und 3. Stock des Landmark Plaza zwischen Sukhumvit Soi 4 und 6, im Times Square, zwischen Soi 12 und 14, im Peninsula Plaza, Ratchadamri Rd., Central World, im Siam Discovery Center und vielen anderen Einkaufszentren. ⓒ bis 20 Uhr, im Central World bis 21 Uhr.

Bei Otto, Sukhumvit Soi 20, BTS Asoke, Karte S. 160/161. Kleiner Zeitungsladen mit vielen aktuellen deutsch-sprachigen Magazinen und Zeitungen.

Bookazine, Siam Square, BTS Siam, Karte S. 158/159. Der kleine 2-stöckige Laden hat eine gute Auswahl an englischsprachigen Büchern und Magazinen, auch Reiseführer und Karten. Weitere Filialen im Sogo Department Store im 3. Stock, Ploenchit Rd., Silom Complex im 2. Stock, CP Tower im 1. Stock und All Seasons Place, Witthayu Rd. und in der Chakraphong Rd. in Banglampoo.

White Lotus, 🖥 thailine.com/lotus. Hat sich auf die Lieferung von Büchern über Thailand und Südostasien in Englisch und Deutsch spezialisiert, verschickt Kataloge.

Der größte Buchladen Thailands

Kinokuniya, 🖥 www.kinokuniya.com. Die große japanische Kette hat 3 Filialen in Bangkok, die größte im 3. Stock des Siam Paragon, BTS Siam, ✆ 02-610 9500, 🖥 www.siamparagon.co.th, Karte S. 158/159, mit vielen Reiseführern und Büchern zu Thailand und Südostasien sowie zu anderen Sachgebieten. Hier findet man fast alles! Weitere Filialen im Isetan Department Store, 6. Stock, Central World, BTS Chit Lom, ✆ 02-255 9834, und im Emporium Shopping Complex, 3. Stock, 622 Sukhumvit Rd., BTS Phrom Phong ✆ 02-664 8554.

Es ist nicht alles Gold, was glänzt!

Besonders beim Kauf von Edelsteinen werden viele Ausländer übers Ohr gehauen – so geschickt, dass man es kaum glaubt! Die meisten Betroffenen werden auf der Straße von Tuk-Tuk-Fahrern, selbst ernannten Guides, angeblichen Polizisten, uniformierten Frauen, netten Studenten oder sogar weißen Travellern angesprochen. Mit fadenscheinigen Gründen (besonderer Feiertag, Sehenswürdigkeiten geschlossen, usw.) wird man zu einer Edelsteinschleiferei gelockt und mit dem Versprechen, die Steine zum Vielfachen des Einkaufspreises zu Hause wieder verkaufen zu können, zum Kauf überredet (die falschen Adressen werden sogar mitgeliefert).

Wir erhalten trotz dieser Warnung immer noch jedes Jahr Briefe von Betroffenen, die zum Teil mehrere tausend Dollar verloren haben.

Wer betrogen wurde, wendet sich an die Tourist Police, s. S. 211. Weitere Tipps für Geschädigte enthält ein Merkblatt der Deutschen Botschaft, s. S. 41.

Edelsteine

Bangkok ist das weltweite Zentrum für die Aufarbeitung minderwertiger und die Herstellung synthetischer Steine. Relativ gering ist das Angebot an im eigenen Land geförderten Saphiren und Rubinen, das meiste wird importiert. Die Verarbeitung der Steine wird kostenlos in einigen Gem Cutting Factories demonstriert.

Potenzielle Käufer sollten bedenken, dass zurzeit auf dem Weltmarkt eine Saphirschwemme herrscht, die angebotene Ware zumeist nur von minderer Qualität ist und man fast jeden Stein künstlich herstellen kann. Der Verkauf von Ramsch ist schließlich nicht verboten. Wer kein Experte ist, lässt besser die Finger von lukrativ erscheinenden Geschäften. Ansonsten sollten Schmuckstücke immer mit einer Echtheitsbescheinigung versehen sein, mit der Angabe von Größe, Gewicht und Preis sowie einer Rückgabegarantie (innerhalb von 30 Tagen ohne Einschränkungen) und einer Quittung.

Thai Gem & Jewellery Traders' Association, 942/152 Chan Issara Tower, Rama IV Rd., ℡ 02-235 3039, 🖥 www.thaigemjewelry.or.th, Karte S. 156/157. Die Vereinigung schätzt gegen eine Gebühr den Wert von Schmuckstücken und Edelsteinen.

Kameras / Filme

Center Digital Lab, 169 Khaosan Rd., ℡ 02-629 3703, Karte S. 162/163. Hier gibt es auch Diafilme zu angemessenen Preisen.
VIMON, 835 Sukhumvit Rd., zwischen Soi 45 und 47, ℡ 02-258 7402, Karte S. 160/161. In dem Geschäft werden zuverlässig Kameras repariert.

Kunsthandwerk

Narai Phand, Ratchadamri Rd., gegenüber dem Central World, 🖥 www.naraiphand.com, Karte S. 158/159. Von allen Einkaufszentren hält der staatliche Verkaufsraum das größte Angebot bereit. Im Untergeschoss ist ein Souvenirmarkt für alle, die nicht gern an den Straßenmärkten handeln. ⏱ 10–20 Uhr.
Sop Moei Arts, 8 Raum 104, Sukhumvit Soi 49, ℡ 02-7147269, 🖥 www.sopmoeiarts.com, Karte S. 160/161. Wer in Bangkok authentische Kunst aus dem Nordwesten des Landes erstehen möchte, ist hier genau richtig. Die Sop Moei Foundation vertreibt qualitativ hochwertige Erzeugnisse der Karen. ⏱ So–Fr 9.30–18 Uhr.
Suan Chatuchak Weekend Market, hier gibt es fast alles (s. S. 149/150).
ThaiCraft Fair, 🖥 www.thaicraft.org, Karte S. 160/161. Der ThaiCraft-Verband veranstaltet seit 1992 wöchentlich Märkte in Bangkok, bei denen über 80 Kunsthandwerkergruppen aus allen Landesteilen ihre Produkte verkaufen. Das Geschäftsmodell mit fairen Fixpreisen für qualitativ hochwertige Erzeugnisse kommt besonders kleinen Produzenten zugute. Momentan findet der Markt Sa von 9.30–15 Uhr im 3. Stock des Jasmine City Building in der Sukhumvit Soi 23, BTS Asoke, statt.
Thai Craft Museum Shop, im 2. und 3. Stock des Gaysorn Plaza, Karte S. 158/159. Das Geschäft offeriert in ansprechender Umgebung hübsches, wenn auch nicht sehr günstiges Kunsthandwerk aus dem ganzen Land. ⏱ 10–21 Uhr.

Musik

Zudrangma HQ Records Store, 2/F Baan Ekamai, 77 Soi Chamchan, Ekamai Soi 21/Thong Lo Soi 20, BTS Ekkamai, ℡ 088-891 1314, 🖥 www.zudrangmarecords.com, Karte S. 160/161. Der enthusiastische Vinyl-Sammler Maft Sai betreibt diese Schatztruhe für Freunde der schwarzen Scheiben. Hier finden sich zahllose Thai-Raritäten aus längst vergangenen Epochen. Er veranstaltet auch die Paradise-Bangkok Party-Reihe, die traditionelle Thai-Musik aus den 1950ern, 60ern und 70ern mit Soul, Funk und Reggae vermischt. ⏱ ab 14 Uhr.

Schmuck

Modischen Silberschmuck in großer Auswahl zu günstigen Preisen gibt es in Banglampoo in der östlichen **Trokmayom Chakraphong Rd.**, der Gasse südlich der Khaosan Rd. Eine Vielzahl an weiteren, größeren Läden befinden sich in der **Tanao Rd.** um die Ecke. Siehe auch „Edelsteine".

Schneider

Schneider nähen Hemden, Kleider und Anzüge nach Vorlage (Katalogbilder reichen aus, die eigene Lieblingshose ist aber besser). Sie sprechen alle Englisch, wenn nicht sogar Deutsch. Selbst wenn die Kleidung innerhalb von 24 Std. fertig sein könnte, lohnt es sich, 3 Tage und mehrere Anproben zu investieren, Details genau abzusprechen, nicht auf superbillige Sonderangebote hereinzufallen und Änderungen zu verlangen. Handeln ist angebracht. Je nach verarbeitetem Material variieren die Kosten. Als Anhaltspunkt könnten folgende Preise dienen: 3-teiliger Nadelstreifenanzug inkl. maßgeschneidertem Hemd oder Hosenanzug plus Rock und Bluse je nach Material und Verarbeitung für 5000–10 000 Baht. Adressen und mehr s. **eXTra [2696].**

Seide

Seide wird in vielen Geschäften in verschiedenen Qualitäten und Farben angeboten – als Kissen, Krawatten, Kleider usw. oder am laufenden Yard (1 Yard = 91,44 cm) in einer Breite von meist 1 m.

Preiswerte Seide gibt es auf dem Suan Chatuchak Weekend Market. Allerdings wird viel Kunstseide oder eine Mischung mit hohem Kunstfaseranteil als angeblich echte Seide angeboten.

Jim Thompson, 9 Surawongse Rd., nahe Rama IV Rd., BTS Sala Daeng, MRT Silom, ✆ 02-632 8100, 🖥 www.jimthompson.com, Karte S. 156/157. Dies ist das führende Geschäft für qualitativ hochwertige Seidenprodukte. ⊙ 9–21 Uhr. Weitere Filialen u. a. im Jim Thompson House, im Central World Plaza, im Emporium, im Siam Paragon, im Central Chidlom und in vielen Luxushotels. Günstiger sind die Factory Outlet-Niederlassungen neben der Hauptfiliale und in der 153 Sukhumvit Soi 93, ⊙ 9–18 Uhr.

Lina Thai Silk, 231 Siam Center, 979 Rama 1 Rd., BTS Siam, ✆ 02-251 5950, ✉ lina@linagroup 1970.com, Karte S. 158/159. Kleines Geschäft voller qualitativ hochwertiger Seide, alles wird handgeschneidert und kann in kürzester Zeit für Kunden passend geändert werden.

Textilien

Kleidung gibt es nicht nur auf dem Chatuchak Weekend Market, sondern auch auf Straßenmärkten. Eine große Auswahl wartet in der Sukhumvit Rd., in Patpong und in Banglampoo. Großhändler kaufen auf dem Pratunam-Markt und in den umliegenden Einkaufszentren (s. S. 148 und 202/203), wo die Auswahl an qualitativ hochwertigen Textilien am größten und die Preise am niedrigsten sind.

Bangkoker, 113 Samsen Rd., ✆ 02-628 9722, 🖥 www.bkker.com, Karte S. 164. Der freundliche Bangkoker Designer und seine Mutter verkaufen kreativ bedruckte Shirts.

Outdoor Specialist by K-Trade, Outdoor Unlimited Zone, 2. Stock, Amarin Plaza, 496-502 Ploenchit Rd., BTS Chit Lom, ✆ 081-634 6350, 🖥 www.k-trade-international.com, Karte S. 158/159. Hier gibt es eine große Auswahl an Trekkingausrüstung und Klamotten renommierter internationaler Hersteller. ⊙ Do–Di 11–20 Uhr.

Sonstiges

Autovermietungen

Es ist kein Vergnügen, einen Wagen durch Bangkok zu steuern. Neben der großen Verkehrsdichte und dem ungewohnten Linksverkehr fordert ein verwirrendes System von Einbahnstraßen und Busspuren, die zu unterschiedlichen Zeiten in Betrieb sind, die ganze Aufmerksamkeit des Fahrers. Wer das Verkehrschaos umgehen will, kann sein Auto am Suvarnabhumi Airport mieten und von dort auf der Ring Road weiterfahren. Sonntage sind gut zum Fahren, da v. a. vormittags wenig los ist.

Expressways in Bangkok kosten pro Abschnitt 25–90 Baht Gebühren.

Informationen über Mietwagen s. S. 81/82.

Avis, 2/12–13 Witthayu (Wireless) Rd., ✆ 02-251 2011, 🖥 www.avisthailand.com, ⊙ 8–18 Uhr. Weitere Filialen an den Flughäfen, ⊙ 24 Std., sowie in Chiang Mai, Chiang Rai, Hat Yai, Hua Hin, Khon Kaen, Ko Samui, Krabi, Pattaya, Phitsanulok, Phuket, Surat Thani und Udon Thani.

Budget, 19/23 Royal City Avenue, Building A, New Phetchaburi Rd., ✆ 02-203 0225, 🖥 www.budget.co.th. Weitere Filialen an den Flughäfen, in Bowin, Chiang Mai, Chiang Rai, Hat Yai, Hua Hin, Khao Lak, Khon Kaen, Korat, Ko Samui, Krabi, Pattaya, Phitsanulok, Phuket, Surat Thani, Ubon Ratchathani und Udon Thani.

Hertz, 72/8-9 Sathorn Nua Rd., ✆ 02-266 4362, 🖥 www.hertz.com, ⊙ 7–19 Uhr. Weitere Filialen an den Flughäfen, ⊙ 24 Std., in Chiang Mai, Chiang Rai, Ko Samui, Krabi, Pattaya, Phang Nga und Phuket.

Klong Toey Car Rent, 1921 Rama IV Rd., ✆ 02-251 9856.

National Car Rental, 727 Srinakarin Rd., ✆ 02-722 8487, 🖥 www.nationalcar.com, ⊙ 8–17.30 Uhr. Weitere Filialen am Suvarnabhumi Airport, ⊙ 8–20 Uhr, in Chiang Mai, Chiang Rai, Krabi und Phuket.

Botschaften

Adressen und Öffnungszeiten ausländischer Botschaften s. S. 41/42.

Christliche Kirchen

Deutschsprachige Gemeinden:
Evangelisch, 🖥 www.die-bruecke.net.
Katholisch, 🖥 www.gemeinde-bangkok.com.

Fahrräder

Selbst auf „Radwegen", wie dem vom Lumphini Park zur Sukhumvit Soi 12 mit seinen Treppen und Steigungen, ist Radfahren kein Vergnügen. Wer auf eigene Faust per Rad die Stadt erkunden möchte, bekommt bei der **Bangkok Tourism Division**, 17/1 Phra Arthit Rd., Karte S. 162/163, den Prospekt *Bangkok's 10 Biking Routes* mit interessanten Routenvorschlägen inkl. Kartenmaterial, Beschreibungen und weiteren wichtigen Infos.
Pro Bike, 231/9 Sarasin Rd., ✆ 02-253 3384, 🖥 www.probike.co.th, Karte S. 156/157. Der wohl größte Fahrradladen Südostasiens mit einer riesigen Auswahl an neuen Rädern, Ersatzteilen und einer eigenen Werkstatt. ⊙ Mo-Fr 10-19, Sa 8.30-19 und So 8.30-17 Uhr. Zu Radwegen s. **eXTra [2697]**. Informationen für Biker s. S. 83.

Feste und Festivals

Staatliche Feiertage und große religiöse Feste werden in Bangkok besonders prunkvoll begangen: Zum Geburtstag der Königin oder des Königs finden Paraden und Umzüge in den geschmückten Straßen statt. Bei großen Festen werden sogar die Königlichen Barken zu Wasser gelassen. Auch das chinesische Neujahrsfest ist Anlass zu 3-tägigen Feierlichkeiten in der Chinatown.
Visakha Bucha, das größte buddhistische Fest, wird im Wat Phra Keo und auf dem Sanam Luang begangen. Bereits ab 8 Uhr ziehen 30-40 liebevoll dekorierte Wagen mit Statuen, die Szenen aus dem Leben Buddhas darstellen, durch die Ratchadamnoen Rd. zum Königspalast.
Drachenwettkämpfe finden während der kühlen Jahreszeit von Mitte Februar bis Ende März auf dem Sanam Luang statt.
Zur **Pflugzeremonie** auf dem Sanam Luang Mitte Mai strömen Bauern aus dem ganzen Land nach Bangkok.
Während der **Songkran**-Feiern werden in Bangkoks Straßen wahre Wasserschlachten ausgetragen, wobei Touristen ein beliebtes Ziel darstellen. Wer nicht ständig bis auf die Haut nass werden und mit schmierigem Wasser übergossen werden möchte, sollte die Stadt in diesen Tagen meiden. Zudem führen zahlreiche Absperrungen zu einem Verkehrschaos. In der Chinatown hingegen ist es dann ruhig.

Fitnesscenter / Tanz-Studios / Yoga

Fitnessstudios sind relativ teuer, bieten aber auch einiges, wie eigene DJs und ein breites Spektrum an Kursen von Aerobic bis Yoga. Auch kürzere Mitgliedschaften sind möglich bei:
Buddy Health Center, im 3. Stock des Buddy Boutique Hotels, 265 Khaosan Rd., ✆ 02-629 4477, Karte S. 162/163. Jeder kann für 200 Baht einen Tag im gut ausgestatteten Fitnessstudio des Buddy Boutique Hotels verbringen. ⊙ 9-24 Uhr.
California Wow, Filialen in mehreren Einkaufszentren, wie Siam Paragon, in der Silom Rd. nahe BTS Sala Daeng und in der Sukhumvit Rd., nahe Soi 23, ✆ 02-789 3222, 🖥 www.californiawowx.com, Karte S. 158/159. Große, moderne Fitnessstudio-Kette unter der Schirmherrschaft von Jackie Chan. In die Studios ist auch Planet Yoga mit einer Fülle von Kursen integriert. ⊙ Mo-Sa 6-23, So 8-22 Uhr.
Charlie Yoga & Indian Dance, 207 Khaosan Rd., ✆ 02-282 7921, 🖥 www.charlie-yoga.com, Karte S. 162/163. Der lustige Inder Sudhakar gibt mehrmals wöchentl. unterhaltsame 1-stündige Tanzkurse im Bollywood-Stil, während in der übrigen Zeit sein Kollege Satheesh Yoga-Kurse anbietet. ⊙ 13.30-21 Uhr.
Iyengar Yoga Studio, 3. Stock, 55th Plaza Bldg., 90 Sukhumvit Soi 55 (Thong Lo), BTS Thong Lo, ✆ 02-714 9924, 🖥 www.iyengar-yoga-bangkok.com, Karte S. 160/161. 1 Std. für 450 Baht.
Yoga Elements Studio, 23. Stock, Vanissa Bldg., 29 Soi Chitlom, BTS Chit Lom, ✆ 02-655 5671, 🖥 www.yogaelements.com, Karte S. 158/159. Hier wird Vinyasa- und Ashtanga-Yoga gelehrt. 1 Std. für 500 Baht.

Geld

Der Nachschub an Bargeld ist durch zahllose Geldautomaten und Wechselstuben gesichert.
Kreditkartenorganisationen:
American Express, 388 Paholyothin Rd., ✆ 02-273 5544 (Amexkarten), 273 5296 (Reiseschecks), ⊙ Mo-Fr 8.30-17 Uhr.
Diners Club, 191 Silom Rd., Mo-Fr 8-17 Uhr ✆ 02-238 3660, ansonsten ✆ 02-233 5775-6, bei Verlust ✆ 02-231 3500.

Wie in einem Barbershop in Harlem

Never Say Cutz, 927 Sukhumvit Rd., zwischen Soi 49 und 51, BTS Thong Lo, ☏ 02-662 6781, Karte S. 160/161, und Siam Square im Komplex des Lido, BTS Siam, ☏ 085-199 9555, Karte S. 158/159. In den beiden beliebten Friseursalons fühlt man sich fast wie auf der anderen Seite des Pazifiks. Hier werden neben regulären, höchst professionell durchgeführten Haarschnitten inkl. Rasur für 200 Baht auch aufwendige Bilder, Muster und Symbole in die Haare der Kundschaft rasiert. In der Filiale in der Sukhumvit Rd. werden zudem Mützen und T-Shirts der thailändischen Hip-Hop-Marke Raven verkauft. ⓘ 10–21 Uhr.

Master, Empire Tower, 195 South Sathorn Rd., ☏ 02-670 4088.
Visa, ☏ 001800 11 535 0660, außerdem bei Filialen der Kasikorn Bank, der Siam Commercial Bank und der Bank of America.

Immigration
Immigration Office, 2. Stock, Government Complex, Bldg. B, Chaeng Watthana Soi 7, im Norden der Stadt, am besten zu erreichen mit Taxi ab BTS Mo Chit, ☏ 02-141 9889, Call Center: 1178, 🖥 bangkok.immigration.go.th/en, Karte S. 152/153. ⓘ Mo–Fr 8.30–12 und 13–16.30 Uhr, auch am Airport. Ein wichtiger Tipp: Früh ankommen, da sonst lange Wartezeiten drohen.

Kompetente und hilfreiche Tipps

Bangkok Tourism Division, 17/1 Phra Arthit Rd., ☏ 02-225 7612-5, 🖥 www.bangkoktourist.com, Karte S. 162/163. Von den hilfreichen, kompetenten Mitarbeitern erhält man Antworten auf alle Fragen rund um die thailändische Hauptstadt und gute Straßen-, Bus- und Klongkarten. Hier gibt es einen kostenlosen, allerdings etwas unübersichtlichen Stadtplan auf Deutsch, auf dem viel Buslinien verzeichnet sind. ⓘ Mo–Fr 8–19, Sa und So 9–17 Uhr. Weitere Filialen: Vor dem Robinson Department Store in der Silom Rd., nahe Rama IV, außerdem kleine Stände, die ein paar allgemeine Broschüren verteilen.

Informationen
Einige selbst ernannte „Touristeninformationen" werden privat betrieben und verdienen sich eine Provision durch die Vermittlung von Hotels und Touren im Zielgebiet. Als angebliche TAT-Reisebüros ködern sie Kunden mit der falschen Behauptung, Lizenzunternehmen des staatlichen Fremdenverkehrsamtes zu sein. Besonders vor dem Königspalast und am Bahnhof sprechen sie Ausländer an, um überteuerte Reisen und Visa zu verkaufen.
Tourist Authority of Thailand Service Center (TAT), nahe dem Demokratie-Denkmal, 4 Ratchdamnoen Nok Avenue, ☏ 02-283 1556, 🖥 www.tourismthailand.org, Karte S. 154/155. Am Informationsschalter gibt es einen Stadtplan und mehr oder weniger aktuelle Publikationen zu ganz Thailand. Für Fragen und weitere Infos stehen die kompetenten und hilfsbereiten Angestellten bereit. ⓘ 8.30–16.30 Uhr.
Die Zentrale befindet sich in der 1600 New Phetchaburi Rd., ☏ 02-250 5500, ⓘ Mo–Fr 8.30–16.30 Uhr.
Auch im Untergeschoss des Airport, gegenüber der Polizeistation am westlichen Ende der Khaosan Rd., vor dem Ambassador Hotel, Sukhumvit Soi 11 und am Chatuchak Weekend Market, ⓘ Sa und So 9–17 Uhr, verteilen TAT-Filialen Infomaterial und Stadtpläne.
Tourist Service Line, touristische Informationen und Hilfe in Englisch, ☏ 1672.
Im Internet: 🖥 www.bangkok.com, 🖥 bk.asia-city.com, 🖥 www.bangkokmag.infothai.com.

Internet
Eine Vielzahl von Restaurants, Bars und Hotels haben kostenlose WLAN-Zonen. Zahlreiche Internet-Cafés in den Gästehäusern in Banglampoo bieten ab 20 Baht pro Std. die günstigste Möglichkeit zu surfen. In anderen Stadtvierteln gibt es ebenfalls zahlreiche Anbieter, die aber etwa doppelt so teuer sind.

Massagen / Spas
Traditionelle Thai-Massage gibt es in der direkten Umgebung des **Wat Pho**. Hier finden zudem Massagekurse statt (s. S. 132/133). Auch in der **Khaosan Rd.** und ihren Seitengassen bieten Masseure ihre (teils unprofessionellen)

> **Entspannen in Bangkok**
>
> - Im nächstgelegenen Tempel (außer dem Wat Phra Keo)
> - Bei einem Spaziergang durch die Parkanlage der Dusit-Museen, den Lumphini Park, Queen's Park (Benjasari Park) in der Sukhumvit Rd. oder den Chatuchak Park im Norden der Stadt
> - Bei einer Fahrt mit dem Expressboot bis zur Endhaltestelle und zurück
> - Im Kino
> - Bei einer Massage

Dienste an. 1 Std. kostet etwa 150–300 Baht. Einige Massagesalons dienen mehr sexuellen Vergnügungen mit (möglicherweise) weniger gesunden Nachwirkungen.

Dahra Spa, Silom Rd. 154/8-9, BTS Chong Nonsi, ✆ 02-235 4811, 🖳 www.sridharaspa.com, Karte S. 156/157. Schönes Spa mit breit gefächertem Angebot. 1 Std. Thai-Massage für 500 Baht. ⏲ 10–23 Uhr.

Divana Spa, 7 Sukhumvit Soi 25, BTS Asoke, ✆ 02-661 6784-5, 🖳 www.divanaspa.com, Karte S. 160/161. Das Spa mit empfehlenswerten Massagen und Behandlungen wirkt wie eine kleine grüne Oase inmitten der Sukhumvit-Gegend. ⏲ 11–23 Uhr.

Pai-Spa, 156 Soi Rambuttri, ✆ 02-629 5155, 🖳 www.pai-spa.com, Karte S. 162/163. Elegantes, etwas hochpreisigeres, aber empfehlenswertes Spa mitten in Banglampoo, das eine Vielzahl an Massagen, Behandlungen und Schönheitsmasken anbietet. 1 Std. traditionelle Thai-Massage kostet 300 Baht, 2 Std. 500 Baht. ⏲ 10–23 Uhr.

The Sense of Spa, 1. Stock, 323 United Center Bldg., Silom Rd., Ecke Soi Pipat 3, ✆ 02-635 5488, Karte S. 156/157. Blitzsauberes und gut eingerichtetes Spa, das exzellente Massagen und Kosmetikbehandlungen ab 500 Baht anbietet. Gutes Preis-Leistungs-Verhältnis. ⏲ 10–22 Uhr.

Medizinische Hilfe

Bangkok besitzt eine hohe Dichte an professionell geführten Krankenhäusern, die westlichen Standards entsprechen oder sogar besser sind. Englischsprachiges Personal ist immer vor Ort. Die Kosten für Behandlungen und Medikamente sind moderat und die Wartezeiten wesentlich kürzer als in Deutschland. In allen Krankenhäusern praktizieren auch **Zahnärzte**, die mit ihren Patienten sanft umgehen.
Die Behandlung muss direkt im Anschluss bezahlt werden, daher sollte immer genügend Bargeld oder eine Kreditkarte mitgeführt werden. Notfalls kann der Pass als Pfand einbehalten werden!

Bangkok Adventist Hospital, 430 Phitsanulok Rd., BTS Phaya Thai, ✆ 02-282 1100, 🖳 www.mission-hospital.org, Karte S. 154/155. Ein gut organisiertes und zuverlässiges, von Missionaren geleitetes Krankenhaus.

Bangkok Christian Hospital, 124 Silom Rd., BTS Sala Daeng, ✆ 02-233 6981-9, 🖳 www.bkkchristianhosp.th.com, Karte S. 156/157. Ein großes Krankenhaus, in dem einige Ärzte auch Deutsch sprechen.

Bangkok Hospital, 2 Soi Soonvijai 7, nahe New Phetchburi Rd. Soi 47, ✆ 02-310 3000, 🖳 www.bangkokhospital.com, Karte S. 152/153. In dem großen Krankenhaus arbeiten viele Spezialisten, und es gibt eine neue Zahnklinik.

BNH Hospital, 9 Convent Rd., BTS Sala Daeng, ✆ 02-233 2610-9, 🖳 www.bnhhospital.com, Karte S. 156/157. Dieses Krankenhaus ist schon etwas älter, bietet aber zuverlässigen, freundlichen Service vom Englisch sprechenden Personal.

Bumrungrad International Hospital, 33 Sukhumvit Soi 3, BTS Ploen Chit, ✆ 02-2667 1000, 🖳 www.bumrungrad.com, Karte S. 160/161, kurzfristig Terminvereinbarung unter -1234 (internationale Patienten) oder -1555 (ambulant). In Asiens größtem, luxuriösestem und modernstem Krankenhaus werden jährlich etwa 700 000 Ausländer effektiv behandelt. Einige der 700 Ärzte sprechen auch Deutsch. Logischerweise liegen die Preise hier deutlich über denen vieler anderer Krankenhäuser.

Hua Chiew General Hospital, 665 Bamrungmuang Rd., Pom Prab, BTS National Stadium, ✆ 02-223 1351, 🖳 www.huachiewhospital.com, Karte S. 154/155. Das Krankenhaus ist bekannt für seine alternativen asiatischen Behandlungsmethoden.

St. Louis Hospital, 215 Sathorn Tai Rd., BTS Surasak, ✆ 02-212 0033-48, 🖥 www.saintlouis.or.th, Karte S. 156/157. Großes, modernes, katholisches Krankenhaus.
Vichaiyut Hospital, 71/3 Setsiri Rd., BTS Ari, ✆ 02-265 7777, 🖥 www.vichaiyut.co.th, Karte S. 152/153. Krankenhaus im Norden der Stadt mit effizientem und freundlichem Service.

Nationalparks

Royal Forestry Department, 61 Paholyothin Rd., außerhalb Richtung Don Muang Airport, ✆ 02-561 4292-3, 🖥 www.forest.go.th. Hier ist auch die **National Parks Division** untergebracht, ✆ 02-561 0777, 🖥 www.dnp.go.th, die Informationen über die Parks erteilt und Reservierungen für Übernachtungen vornimmt.

Post

General Post Office (GPO), 1160 Charoen Krung Rd., ✆ 02-233 1050-9, 🖥 www.thailandpost.com, Karte S. 156/157, ⏱ Mo–Fr 8–20, Sa, So und feiertags bis 13 Uhr. Packservice im Hauptpostamt, ⏱ Mo–Fr 8–16.30 und Sa 9–12 Uhr. Weitere **Postfilialen** befinden sich in Banglampoo am großen Platz nördlich der Tani Rd. und in der Soi Damnoen Klang Nua, schräg gegenüber dem Sweety Gh., am Hauptbahnhof links vom Haupteingang, versteckt im östlichen Siam Center am Parkhaus, im MBK Center, 2.Stock, in der Sukhumvit Rd. nahe Soi 4, in der Soi 23 und an der BTS Thong Lo, ⏱ Mo–Fr 8.30–17.30, Sa 9–12 Uhr.
Außerdem gibt es folgende Kurierdienste:
DHL, 1634/4 New Petchburi Rd., ✆ 02-684 8200, 🖥 www.dhl.co.th.
TNT, 599 Chong Nonsi Rd., ✆ 02-257 6000, 🖥 www.tnt.com.

Rauchen

Verstöße gegen das Rauchverbot werden mit einem Bußgeld von 2000 Baht geahndet. Es gilt für alle geschlossenen Restaurants, Wartehallen, Geschäfte und Einkaufszentren, öffentlichen Verkehrsmittel (Busse, Taxis, Eisenbahnwagen, Fähren und Flugzeuge), Tempel, Aufzüge, öffentlichen Toiletten und Fähranlegestellen und (mit wenigen Ausnahmen) auch für alle öffentlichen Gebäude, Banken und Flughäfen.

Reisebüros

Unzählige Reisebüros bieten v. a. in der Khaosan-, Silom- und Sukhumvit-Gegend Touristen ihre Dienste an. Einige sind seriös und professionell geführt, andere versuchen einem schlechte Touren und billige Tickets zu überhöhten Preisen anzudrehen. Es gibt auch schwarze Schafe, die Anzahlungen kassieren, das Büro schließen und anschließend unter anderem Namen wieder eröffnen. Prinzipiell sind größere Büros und solche, in denen Mitarbeiter nicht darauf drängen, gleich die komplette Thailand-Reise zu buchen, vertrauenswürdiger.

Touristenpolizei

Tourist Police, Hotline ✆ 1155, 🖥 www.thai-touristpolice.org, Zentrale im 23. Stock des TPI Tower, 26/56 Chan Tat Mai Rd., ✆ 02-678 6800, Karte S. 156/157.
Außenstellen befinden sich an der Rama IV Rd., Ecke Ratchadamri Rd., am Lumphini Park, ✆ 02-253 9560, und neben dem Tourist Office nahe dem Demokratie-Denkmal.

Visa

Visa für viele der Nachbarländer sind in Bangkok preiswerter und schneller zu bekommen als in Europa. Sie können über Reisebüros organisiert werden. Für die meisten Visaanträge sind 2 Passfotos erforderlich. Mit einer Agentur kostet die Ausstellung für:
CHINA (30-Tage-Visum) 2600 Baht in 1 Tag, 2200 Baht in 2 Tagen oder 1350 Baht in 4 Tagen.
INDIEN (6-Monats-Visum) 3600 Baht in 5 Tagen, 3000 Baht in 6 Tagen.
INDONESIEN (2-Monats-Visum) 2000 Baht in 3 Tagen.
KAMBODSCHA (30-Tage-Visum) 1100 Baht in 1 Tag oder 1000 Baht in 2 Tagen. Ein Visa-on-Arrival kostet US$25 an der Grenze oder den internationalen Flughäfen.
LAOS (30-Tage-Visum) 1600 Baht in 1 Tag oder 1400 Baht in 2 Tagen. Für Österreicher und Schweizer 200 Baht mehr.
MYANMAR (28-Tage-Visum) 1300 Baht in 2 Tagen. Z. Zt. werden keine Anträge von

Agenturen akzeptiert, sodass die Bewerbung persönlich eingereicht werden muss. Da dies sehr kompliziert ist, lohnt es definitiv, bereits um 8 Uhr bei der Botschaft zu sein, obwohl sie erst um 9 Uhr öffnet, denn es werden max. 30 Anträge pro Tag bearbeitet. Die Visabestimmungen für Burma ändern sich andauernd – am besten vor Ort informieren.
NEPAL (30-Tage-Visum) 2000 Baht in 2 Tagen.
VIETNAM (30-Tage-Visum) 2200 Baht in 1 Tag, 2000 Baht in 2 Tagen oder 1800 Baht in 3 Tagen.

Wäschereien
Wäsche wird in nahezu allen Unterkünften innerhalb von 24 Std. kalt gewaschen. In den Wäschereien der Hostels wird sie nur selten gebügelt. Der Preis beginnt bei 25 Baht pro Kilo und steht in direktem Verhältnis zum Zimmerpreis.

Touren
BKK Tours, 17/92 Soi Ramkhamhaeng 43/1, 085-135 9292, bkktours.com. Unter der Leitung des freundlichen Holländers Michiel und seiner Frau Photjaman werden eine Fülle von empfehlenswerten, persönlich geführten und informativen Touren durch die Stadt und in die Umgebung angeboten. Stadt-Touren kosten bei mind. 4 Teilnehmern je nach Umfang 950–2700 Baht p. P.

Stadtspaziergänge auf Deutsch

Green Mango, 296 Soi Indramara 45, Ratchadapisek Soi 17, www.green-mango.net. Die empfehlenswerten, professionell geführten, deutschsprachigen Stadtspaziergänge zeigen Bangkok von einer weniger bekannten Seite. Neben der informativen Ratanakosin-Tour durch die Altstadt und Chinatown und der interessanten Thonburi-Tour werden Routen auf individuelle Bedürfnisse zugeschnitten, eine gute Gelegenheit, die Stadt intensiver kennenzulernen. Die Touren für 40–75 € und max. 8 Pers. können online gebucht und bezahlt werden, was dank des deutschen Managements problemlos funktioniert.

Bustouren
In vielen Hostels, Hotels und Reisebüros werden Tagesfahrten mit dem Bus angeboten. Bei diesen Touren erhält man nur einen flüchtigen Eindruck, denn die Fahrt selbst dauert recht lange, sodass wenig Zeit für Sehenswertes bleibt. Zudem hält der Fahrer auf dem Rückweg meist vor einer Orchideenfarm, einem Juwelenladen oder einer „Fabrik", um mit der Provision sein Gehalt aufzubessern. Von den preiswerten Touren der Reisebüros in der Khaosan Rd. sollte man nicht zu viel erwarten.

Bootstouren
Einen Überblick über fast alle Touren mit Buchungsmöglichkeit unter www.thairivercruise.com.
Chao Phraya Express Boat Service, 78/24-29 Maharaj Rd., 02-623 6001, www.chaophrayaexpressboat.com. Betreibt ein Ausflugsboot, das So um 8 Uhr vom Maharaj Pier und um 8.30 Uhr vom Sathorn Pier 9 bis gegen 16 Uhr zu 9 berühmten Tempeln fährt, darunter Wat Arun, Wat Phra Chetuphon und Wat Yannawa für 550 Baht.
Früh morgens zwischen 6.30 und 8 Uhr beginnen Tagestouren mit Luxusschiffen, u. a. **River Sun Cruise** (ab River City), www.riversuncruise.co.th, **Oriental Queen** (ab Oriental Hotel), **Horizon Cruise** (ab Shangri-La) und **River King Cruise** nach Ayutthaya, wobei der Transfer ab/nach Bang Pa In mit dem Bus erfolgt. Die Bootsfahrt ist als Hin- oder Rückfahrt buchbar. Rückkehr gegen 15.30 Uhr. Im relativ hohen Preis von 1500–2000 Baht ist in der Regel ein Buffet auf dem Schiff enthalten.
Mekhala, 02-651 9101. Eine luxuriöse Alternative ist die Fahrt nach Ayutthaya auf einer der umgebauten Reisbarken der Mekhala-Flotte für max. 42 Passagiere inkl. einer Übernachtung auf dem Schiff und Essen ab 9990 Baht.
Weitere Möglichkeiten für Flusstouren bieten die Restaurant- und großen Ausflugsboote, die meist auf dem Menam Chao Phraya flussaufwärts fahren (s. S. 181 und 216)

Radtouren

Höchst empfehlenswert sind geführte Radtouren, die Bangkok von einer "grüneren" Seite zeigen und auch – je nach Tourprogramm – hinaus aufs Land führen. Mittlerweile gibt es zahlreiche Anbieter. Weitere Tipps zu Radtouren s. **eXTra [2688]**

Absolute Explorer, 99/1 Udomsuk 43-45, Sukhumvit Soi 103, ✆ 087-077 9696, 🖥 www.absoluteexplorer.com. Der größere Anbieter veranstaltet ab 10 Uhr interessante 5–8-stündige Tagestouren in der ländlichen Umgebung Bangkoks, die inkl. Abholung und Transport 1200–1500 Baht p. P. bei max. 6 Teilnehmern kosten.
Co van Kessel Bangkok Tours, 🖥 www.covankessel.com/en/homeEN.php. Der holländische Gründer war vor über 20 Jahren der erste, der damit begann, Fahrradtouren in unberührte Ecken der Stadt auszuarbeiten. Das Angebot umfasst eine 3-Std.-Tour für 950 Baht durch die Chinatown und Thonburi und eine 5-Std.-Tour für 1350 Baht, die zudem den Transfer mit einem Longtail-Boot in die grünen Refugien der Vorstadt beinhaltet. Treffpunkt ist das Grand China Princess Hotel, 215 Yaowarat Rd. in Chinatown.
Recreational Bangkok Biking, Baan Sri Kung 350/127, Rama III Rd. Soi 71, ✆ 02-285 3867, 🖥 www.bangkokbiking.com. Entspannte Halbtagestouren in Bangkok ab 1000 Baht.
SpiceRoads, 14/1-B Soi Promsi 2, Sukhumvit Soi 39, ✆ 02-712 5305, 🖥 www.spiceroads.com. Der professionelle Veranstalter bietet interessante, ausgefallene Radtouren in Asien an, darunter eine Vielzahl von Touren in und um Bangkok ab 2 Pers.

Professionell geführt und hochgelobt

Grasshoper Adventures, 57 Ratchadamnoen Klang Rd., ✆ 02-280 9832, 🖥 www.grasshopperadventures.com, Karte S. 162/163. International aktiver Anbieter, der neben einigen sehr interessanten und informativen Touren durch Bangkok auch exotischere, weitaus längere durch Thailand und die Nachbarländer anbietet. Empfehlenswerte Stadttouren für 750–2500 Baht. Die Guides sprechen sehr gutes Englisch. Auch Kinderräder und Nachttouren im Angebot.

Velo Thailand, 88 Soi Samsen 2, ✆ 089-201 7782, 🖥 www.velothailand.com, Karte S. 164. Organisiert für max. 12 Pers. Touren durch Bangkok und Thonburi. Die Halbtagestour startet um 13 Uhr für 1000 Baht, am Wochenende auch eine Tagestour um 9 Uhr für 1600 Baht. Außerdem für 1100 Baht ab 18 Uhr eine Nachttour durch Thonburi. Die ordentlichen Fahrräder werden auch vermietet (50 Baht pro Std. bzw. 300 Baht pro Tag).

Nahverkehr

Das Verkehrschaos während der Rushhour (6–9 und 16–20 Uhr) sollte jedem Bangkok-Besucher bekannt sein. Wenn möglich sollte in diesem Zeitraum jeder Transport mit Taxi, Bus oder anderen motorisierten Verkehrsmitteln vermieden werden. Nur die Fähren, BTS- und MRT-Bahnen fahren dann noch mit einer vernünftigen Reisegeschwindigkeit.

BTS (Skytrain)

Die Hochbahn BTS (Bangkok Mass Transit System), ✆ 02-617 6000, 🖥 www.bts.co.th/en/index.asp, ist schnell, sauber und recht zuverlässig. Sie wird jeden Tag von fast 500 000 Pendlern genutzt. Beide Linien kreuzen sich am Umsteigebahnhof Siam (Central Station), Umsteigemöglichkeit in die MRT gibt es in Mo Chit / Chatuchak Park, Asoke / Sukhumvit und Sala Daeng / Silom. Die 6,5 km lange **Silom Line** führt vom National Stadium über den Siam Square, die Ratchdamri Rd., obere Silom Rd. und untere Sathorn Rd. über Saphan Taksin (Taksin-Brücke) nach Thonburi; die **Sukhumvit Line** 17 km von der Endstation Mo Chit am Weekend Market über die Paholyothin Rd., am Victory Monument vorbei, über Phayathai Rd., Ploenchit und Sukhumvit Rd. bis zur Endstation On Nut an der Sukhumvit Soi 77. Der Ausbau der Sukhumvit Line 5 km weiter Richtung Osten bis zur Sukhumvit Soi 107 ist fast abgeschlossen. Die Teilstrecke soll bereits im Sommer 2011 eröffnet werden. Die Verlängerung der Silom Line um 4 Stationen bis nach Bang Wa in Thonburi befindet sich noch in der Bauphase. Weitere Ausbauvorhaben Richtung Norden, Westen und zum Flughafen sind in Planung.

Tickets gibt es am Automaten. Sie kosten je nach Anzahl der Stopps 15–40 Baht, der Tourist Pass für 1 Tag 120 Baht, der 30-Tage-Pass mit 15/25/35/45 Fahrten 375/550/735/900 Baht. Hinzu kommen noch 30 Baht Gebühr für die Kartenausstellung.

Züge fahren von 6–24 Uhr, Ansagen in den klimatisierten Wagen erfolgen in Thai und in Englisch.

Einen Überblick über die Lage der BTS-Stationen bietet die Karte „Bangkok Übersicht" S. 152/153.

MRT (U-Bahn)

Neben der BTS wurde 2004 die MRT (Mass Rapid Transit), ein eigenständiges U-Bahn-System, eingeweiht, 🖳 www.bangkokmetro.co.th. Fertiggestellt ist die 21 km lange Strecke vom Hauptbahnhof Hua Lamphong nach Norden über die Ratchadaphisek Rd. bis Bang Sue. Die von Siemens gebauten Züge verkehren von 6–24 Uhr im 2–10 Minutentakt und halten an 18 Bahnhöfen.

Einzelfahrscheine kosten je nach Entfernung 15–40 Baht, alternativ gibt es wiederaufladbare Stored Value Cards und Zeitkarten. Umsteigemöglichkeit in die BTS bestehen an den Stationen Silom (Exit 2 + Fußweg), Sukhumvit (direkt) und Mo Chit (Exit 4 + Fußweg). Die Geschichte des U-Bahn-Baus wird auf Infotafeln in der Passage der Station Hua Lamphong, Exit 2 zum Bahnhof, auch mit englischen Beschriftungen dargestellt.

Einen Überblick über die Lage der MRT-Stationen bietet die Karte „Bangkok Übersicht" S. 152/153.

BRT (Expresslinie für Busse)

Das System BRT (Bus Rapid Transit) teilt Bussen eine eigene, räumlich abgetrennte Fahrspur zu, um in der Rushhour schneller voranzukommen. Die erste von 5 geplanten Buslinien führt von der BTS Chong Nonsi in Sathorn über 12 Stationen nach Ratchaphruek in Thonburi, wo sie demnächst Anschluss an die BTS haben wird. Sie folgt nach den ersten 4 km dem Verlauf der Rama III. Rd. Die nächste Route von Mo Chit Richtung Norden nach Pak Kret soll im Laufe des Jahres 2012 eröffnet werden.

Stadtbusse

Stadtbusse sind je nach Komfort und Ausstattung unterschiedlich teuer und zunehmend mit Automaten ausgestattet. Es ist sinnvoll, das Fahrgeld passend bereitzuhalten. Infos unter 🖳 www.bmta.co.th.

Fahrpreise für Stadtbusse:
Non-AC-Busse   6,50–8 Baht
AC-Busse   11–36 Baht

Einen **Stadtplan** mit allen Buslinien, den *Bangkok Bus Guide*, erhält man für 99 Baht in den Villa Markets, in Buchhandlungen und einigen Gästehäusern. Da die Zielorte nur in Thai auf den Stadtbussen stehen, orientieren sich Touristen am besten an den Nummern. Dabei ist zu beachten, dass man nicht in die falsche Richtung fährt. Im Zweifelsfall lieber den Busfahrer beim Einsteigen fragen.

Non-AC-Stadtbusse haben pinke, grüne, blaue oder orangene Schilder. Stadtbusse mit rotem Schild weichen von der normalen Route ab. Die wichtigsten non-AC-Busse (+ bedeutet, Busse verkehren rund um die Uhr):

2: Ekamai (Eastern) Bus Terminal – Ratchdamnoen Klang Rd. +
3: Banglampoo (Phra Arthit Rd.) – Suan Chatuchak (Weekend Market) – Mo Chit (Northern Bus) Terminal
25: Samut Prakan – Sukhumvit Rd. – Hua Lamphong – Sanam Luang +
30: Nonthaburi – Banglampoo – Sanam Luang (bis 21.30 Uhr)
40: Ekamai (Eastern) Bus Terminal – Hua Lamphong – Itsaraphap Rd. (bis 21.45 Uhr)
47: Königspalast – Hua Lamphong – Silom/Patpong.
53: Hua Lamphong – Phra Arthit Rd. (Nähe Khaosan Rd.)

AC-Stadtbusse haben geschlossene Türen und Fenster. Die wichtigsten AC-Busse (bis gegen 20 Uhr):
501: Minburi – Ekamai (Eastern) Bus Terminal – Hua Lamphong

503: Rangsit – nahe Suan Chatuchak (Weekend Market) – Banglampoo (Phra Arthit Rd.) – Nationalmuseum
507: Rama IV Rd. – Hua Lamphong – Sanam Luang
508: Samut Prakan – Ekamai (Eastern) Bus Terminal – Chinatown – Sanam Luang (bis 20.30 Uhr)
511: Samut Prakan – Sukhumvit Rd. – Banglampoo – Southern Bus Terminal
539: Victory Monument – Southern Bus Terminal – Om Yai
552: On Nut (Endstation BTS) – Suvarnabhumi Airport, Public Transport Centre
556: Southern Bus Terminal – Makkasan Terminal
597: Banglampoo – Victory Monument

Taxis

Durch Bangkok fahren 90 000 Taxis auf der Suche nach Fahrgästen. Sie sind alle mit Taxameter ausgestattet. Man sollte darauf bestehen, dass das Taxameter eingeschaltet wird oder ein anderes Taxi nehmen. Manchmal wird kurz vor Ende der Fahrt oder beim Gepäckausladen das Taxameter ausgeschaltet und ein überhöhter Preis verlangt. Für derartige Fälle Kleingeld passend bereithalten. Da viele Autos mit Gas fahren, ist der Kofferraum oft zu klein für großes Gepäck.

Die Einschaltgebühr beträgt bereits seit 1992 35 Baht einschließlich des ersten Kilometers, jeder folgende Kilometer kostet bis zu 12 km 5 Baht, danach je nach Streckenlänge bis zu 8,5 Baht, zudem werden bei Stau (Geschwindigkeit unter 6 km/h) 1,5 Baht pro Minute fällig. Am besten während der Rushhour gar nicht erst losfahren.

Vom Airport ist ein Aufschlag von 50 Baht zu zahlen. Die Gebühren für die Benutzung der Expressways, pro Strecke 40–65 Baht, sind von den Passagieren zu bezahlen. Wenn ein Fahrer das Fahrziel nicht versteht, hilft eine Straßenkarte mit thailändischer Beschriftung, die Visitenkarte des Hotels, oder eine Telefonnummer bei der der Fahrer anrufen kann.

Radio Taxis können rund um die Uhr unter ✆ 1681, 02-880 0880 für zusätzliche 20 Baht telefonisch bestellt werden. Beschwerden über Taxis unter Angabe des Datums, der Uhrzeit und der Registrierungsnummer unter ✆ 1661.

Skytrain-Kreuzung über der Straßenkreuzung

Motorradtaxis

Die Fahrer, an den farbigen Westen mit Nummern zu erkennen, warten an den Abzweigungen der Sois. Sie legen in mafiaähnlichen Strukturen die Preise für die Strecken in ihrem „Revier" fest. Daher variieren die Kosten für kurze Strecken sehr stark (10–50 Baht). Auf Hauptstraßen und für längere Strecken sind sie nicht zu empfehlen, da sie gefährlich sind. Motorradtaxis dürfen nur eine Person befördern. Theoretisch besteht Helmpflicht. In naher Zukunft sollen auch Motorradtaxis mit Taxameter ausgestattet werden.

Tuk Tuks

Die offenen Motorroller mit Sitzbank verlangen mind. 30 Baht für eine Fahrt, sind damit meist teurer als Taxis und im dichten Verkehr ein Gesundheitsrisiko. Viele Fahrer sind nicht mehr bereit, Touristen zu einem fairen Preis zu befördern, oder versuchen mit falschen Behauptungen ihre Passagiere zu „Einkaufstouren" zu überreden, um eine entsprechende Provision zu kassieren. So schließen Touren für 20 Baht unter Garantie den Besuch von Geschäften mit ein. Auch an Betrügereien mit Edelsteinen (s. S. 205) sind manche Tuk-Tuk-Fahrer beteiligt. Sprechen die Fahrer kein Englisch, sollte man sich vergewissern, dass sie das Fahrtziel richtig verstanden haben. Aufgrund zahlreicher Beschwerden raten wir, besser ein Taxi zu nehmen.

Personenfähren

Mit den relativ hohen Booten mit Dach kann man von zahlreichen Piers aus zwischen 8 und 18 Uhr den Menam Chao Phraya überqueren. Die meisten Passagiere stehen.

Expressboote

Chao Phraya Express Boat Service, 78/24-29 Maharaj Rd., ✆ 02-623 6001-3, 🖥 www.chaophrayaexpressboat.com. Die langen Boote mit vielen Sitzplätzen verkehren auf dem Menam Chao Phraya über eine Länge von 21 km zwischen Pakkred (Norden) und Ratburana (Süden) zwischen 6 und 20 Uhr ca. alle 20 Min. An allen 34 Piers halten die Boote ohne Flaggen, die Mo–Sa zur Rushhour (6–8 und 15–17.30 Uhr) im Einsatz sind. Die Expressboote mit orangenen Flaggen, die tgl. von 6–19 Uhr alle 10–20 Min. verkehren, halten nur an den 18 wichtigsten Piers. Boote mit grünen Flaggen fahren vom Sathorn Pier flussaufwärts hinaus bis Pakkret (N33) und die mit gelben Flaggen in den Süden bis Ratburana (S4). Eine detaillierte Karte findet sich unter 🖥 www.chaophrayaexpressboat.com/en/services/map-print.asp.

Fahrpreis, je nach Bootsflagge und Entfernung, 9–31 Baht. Tickets aufheben, da sie an manchen Piers bei der Ankunft kontrolliert werden.

Chao Phraya Tourist Boat, ✆ 02-617 7340. Pendelt halbstündlich von 9.30–15 Uhr zwischen Sathon Pier (Central) und Phra Arthit Pier (N13) mit Zwischenstopps an den touristisch interessanten Stationen Oriental Pier (N1), Si Phraya Pier (N3), Ratchawongse Pier (N5), Wat Kanlayanamit Pier, Tha Tien Pier (N8), Maharaj Pier und Wang Lang Pier (N10). Die Fahrt kostet 25 Baht, ist etwas komfortabler und benötigt ca. 30 Min. für die gesamte Strecke. Die englischsprachigen Erläuterungen sind teils fehlerhaft und unverständlich. Das Tourist-Tagesticket für 150 Baht p. P. für unbegrenzte Fahrten lohnt nicht. An den Piers informieren Schautafeln über die Boote.

Linienboote auf den Klongs

Rua hang yao – schmale Boote mit Sitzplätzen für etwa 15 Pers., die von einem Außenborder an einer langen Stange angetrieben werden – verkehren immer seltener auf den Klongs. Sie werden v. a. von Pendlern genutzt, um in die Vororte zu gelangen. Bei Ausflugsfahrten lohnt es sich, erst nach 9 Uhr loszufahren, wenn die Rushhour vorüber ist. Vor Spritzwasser schützt eine Plane oder ein Schirm.

In **Thonburi**: Die Boote fahren in Bangkok von separaten Anlegestellen neben den Expressbootstopps ab, wenn sie voll sind. Während der Fahrt setzen die Boote die Passagiere einzeln an privaten Bootsstegen ab, auf die diese zuvor gewiesen haben. Der Fahrpreis variiert je nach Boot, Tageszeit und Entfernung. Da die Boote von Pendlern genutzt werden, verkehren sie vermehrt morgens stadteinwärts und spät nachmittags stadtauswärts.

Ab **Chang Pier** auf dem Klong Bangkok Noi und dem Klong Bangkok Yai fahren Boote ab 16 Uhr je nach Bedarf mit Pendlern nach Bang Kruay oder weiter ins ländliche Bang Yai.
Ab **Tha Thien Pier** v. a. während der Rushhour für Pendler auf dem Klong Mon entlang.
Ab **Phibul 1 Pier** auf dem Klong Om, während der Rushhour bis Bang Yai.
In Bangkok: Vom **Phanfa Pier** an der Ratchdamnoen Rd. am Golden Mount verkehren Boote auf dem **Klong Saen Saeb** in die östlichen Vororte und halten z. B. am Jim Thompson House, an der Phayathai Rd. nördlich vom Siam Square, der Ratchadamri Rd. am Pratunam-Markt, der Chitlom und Witthayu Rd. und in der Sukhumvit Rd. Soi 3 und 23. Mit glitschigen Stegen, Gedränge und wegen des dreckigen Spritzwassers seitlich hoch gezogenen Planen ist zu rechnen.
Ein Shuttleboot fährt von 10–16 Uhr vom Phra Arthit Pier zu den **Königlichen Barken** für 20 Baht einfach.
An der Endstation der Linienboote auf den Klongs können kleine Taxiboote für bis zu 5 Pers. gechartert werden.

Charterboote

Klongboote, in denen 6–10 Pers. Platz haben, werden ab 1000 Baht pro Std., Expressboote ab 1200 Baht, an verschiedenen Piers vermietet, u. a. an der Phra Pinklao-Brücke (Bangkok-Seite), Tha Chang (hinter dem Nationalmuseum), Tha Thien (hinter Wat Pho), River City Pier (am Royal Orchid Sheraton, teure Charterboote), Oriental Pier (viele Touristen und Schlepper) und Central Pier (Shangri-La). Bootsfahrer versuchen Touristen während der Tour zu Restaurantbesuchen, Einkaufstouren und anderen Fahrtpausen zu überreden. Beim Anlegen an den Expressboot-Piers wird eine Landegebühr von 20 Baht p. P. verlangt.

Transport

Backpackerbusse

Reisebüros verkaufen Tickets für Minibusse zu Touristenzielen.
Folgende Preise können als Anhaltspunkt dienen:

> **Warnung vor Backpackerbussen**
>
> Es ist in letzter Zeit vermehrt vorgekommen, dass das Gepäck und sogar kleine, zwischen den Füßen verstaute Rucksäcke durchsucht und Wertgegenstände gestohlen wurden. Die großen staatlichen Busse ab den Hauptbusstationen sind hingegen sicher.

Innerhalb Thailands

CHIANG MAI, um 18 Uhr für 500 Baht in 10–11 Std. (großer VIP-Bus).
KANCHANABURI, um 9 und 10 Uhr für 200–250 Baht in 2 Std.
KO CHANG, um 8 Uhr für 300–350 Baht in 7 Std.
KO LANTA (via Krabi), mit dem Nachtbus für 750 Baht in 16 Std.
KO SAMET, um 8 und 14 Uhr für 320 Baht in 4 Std.
KO SAMUI, um 18 Uhr mit dem Nachtbus für 550 Baht in 14 Std. (großer VIP-Bus).
KO PHA NGAN, um 18 Uhr für 650–750 Baht in 18 Std. (via Surat Thani) oder um 19.30 Uhr für 900 Baht in 16 Std.
KO PHI PHI (via Krabi), um 18 Uhr für 750 Baht in 17 Std.
KO TAO, um 20 Uhr für 850 Baht in 12 Std.
KRABI, um 18 Uhr für 550 Baht in 13 Std.
PHUKET, um 18 Uhr für 750 Baht in 15 Std.
Kombitickets für Bus und Katamaran bis Ko Samui, Ko Pha Ngan und Ko Tao sind am besten bei **Lomprayah**, www.lomprayah.com, zu buchen.

In die Nachbarländer

Busse in die südlichen Nachbarländer sind aufgrund der teilweise langen Fahrzeiten und vergleichsweise günstigen Flugpreise nicht empfehlenswert, es sei denn, der Weg ist das Ziel.
KUALA LUMPUR, für 1600 Baht mit 4x Umsteigen in über 24 Std.
PENANG (Butterworth), für 1450 Baht in mind. 20 Std.
SIEM REAP (Angkor, Kambodscha), um 7 Uhr ab Khaosan Rd. für 600 Baht in 11 Std. über Aranyaprathet.
SINGAPORE, für 2800 Baht in 30 Std.

> **Vorsicht bei Billigtickets**
>
> Die Billiganbieter von Bustickets **nach Kambodscha** sollten Reisende meiden. Uns erreichen vermehrt Leserbriefe, die sich über Diebstähle und unsichere Fahrzeuge beklagten. Auf der thailändischen Seite werden meist recht komfortable Busse eingesetzt, in Kambodscha aber deutlich schlechtere Minibusse mit unerfahrenen Fahrern. Viele kommen erst abends an, sodass man gezwungen ist, im Hostel des Busunternehmens zu übernachten. Eine Alternative besteht darin, nur bis Aranyaprathet zu fahren und die Weiterfahrt von dort selbst zu organisieren.

VIENTIANE (Laos), um 19 Uhr ab Khaosan Rd. für 850 Baht in 13 Std.

Minibusse

Vom Victory Monument nördlich des Stadtzentrums (BTS Victory Monument, vom Northern Bus Terminal Bus 77) verkehren eine Vielzahl von Minibussen in verschiedene Orte in der Umgebung. Allerdings fahren die meisten nicht zu festen Zeiten, sondern dann ab, wenn der letzte Platz besetzt ist. In der Regel dauert es selten länger als 30 Min. Minibusse sind meist nicht günstiger als die großen Busse, aber schneller.
Preisbeispiele: AYUTTHAYA 60–90 Baht, HUA HIN 180 Baht, LOPBURI 120 Baht, NAKHON SAWAN 180 Baht, PATTAYA 100 Baht, PHETCHABURI 100 Baht.

Busse

Mit einigen Ausnahmen fahren die meisten Unternehmen von den 3 großen Busbahnhöfen ab, Mo Chit ist der mit Abstand betriebsamste. Man sollte bereits 30 Min. vor Abfahrt dort sein, da Busse, die voll sind, manchmal auch früher losfahren.
Gelistet sind hier die AC-Busse 1. und 2. Klasse sowie ggf. bequeme VIP-Busse der staatlichen **Transport Co. Ltd.**, ✆ 1490, 🖥 www.transport.co.th (nur auf Thai). Die Busse verschiedener privater Gesellschaften fahren zu gleichen Preisen und werden aus Platzgründen hier nicht aufgezählt. Langsame lokale Busse mit Ventilator sind nur zu nahen Zielen zu empfehlen.

Richtung Norden und Nordosten
Northern Bus Terminal (Mo Chit), Kamphaengphet 2 Rd., westlich der Straße zum Don Muang Airport, ✆ 02-936 2841-8 (für Norden), 02-936 2853-6 (für Nordosten), „1" drücken für Englisch, BTS Mo Chit (Exit 4), MRT Kamphaeng Phet. Der Stadtbus 3 fährt von der Phra Arthit Rd. in Banglampoo nach Mo Chit, Bus 77 vom Victory Monument aus. Weitere Busse zum Terminal s. S. 214/215. Die Stadtbusse fahren etwa 200 m südlich vom Terminal ab. Der Weg führt durch ein unüberschaubares Marktgewirr, daher ist es am besten nach „local bus" zu fragen.
Am Busbahnhof gibt es Restaurants, eine Information, die ihren Namen nicht verdient, und eine Gepäckaufbewahrung.
ARANYAPRATHET (Grenze Kambodscha), 269 km, 5, 5.30, 6. 9.30, 14.30 und 16 Uhr für 210 Baht in 4 Std.
AYUTTHAYA, 75 km, alle 15 Min. von 4.30–19.30 Uhr für 50 Baht in 1 1/2 Std. Minibusse ab Victory Monument (s. u. links).
BANG PA IN, alle 30 Min. bis 18 Uhr für 50 Baht in 2 Std.
CHIANG KHONG (Grenze Laos), 875 km, um 7, 16.30, 18.40 und 20 Uhr für 500–640 Baht in 13 Std.
CHIANG MAI, 713 km, zahlreiche Busse überwiegend morgens und abends für 410–520 Baht. VIP-32 um 9, 20 und 21 Uhr für 810 Baht in 9–10 Std.
CHIANG RAI, 801 km, um 7.50, 8.50, 11.30, 17, 20.20 und 21.30 Uhr für 460–590 Baht. VIP-24 um 20 Uhr für 910 Baht in 11 Std.
KANCHANABURI, 149 km, um 6, 8, 11, 14.30 und 17 Uhr für 100–130 Baht in 3 Std.
KORAT (Nakhon Ratchasima), 256 km, alle 30 Min. bis 24 Uhr für 160–200 Baht in 3 1/2 Std.
LAMPANG, 610 km, um 17.10, 18.50, 21 und 21.40 Uhr für 350–450 Baht in 8 Std.
LOPBURI, 153 km, alle 10–20 Min. bis 20.30 Uhr für 100–120 Baht in 2 1/2 Std. Minibusse ab Victory Monument (s. u. links).
MAE SAI, 857 km, um 17.30, 18.15 und 20.30 Uhr für 490–630 Baht. VIP-32 um 7.30 und 19.40 Uhr für 970 Baht in 12 1/2 Std.

MAE SOT, 520 km, um 8.15, 9, 19.15, 20.20, 20.50, 21, 22 und 22.20 Uhr für 310–400 Baht, VIP-32 um 21.15 und 22.30 Uhr für 620 Baht in 7–8 Std.
NAKHON PHANOM (Grenze Laos), 727/815 km, um 6, 15, 16.30, 17.30, 18.15, 19, 20 und 21 Uhr für 420–470 Baht. VIP-32 um 7.30, 19, 20.30, 20.45 und 21.15 Uhr für 830 Baht in 11–12 Std.
NAKHON SAWAN, 237 km, alle 30 Min. für 160–200 Baht in 3 1/2 Std. Minibusse ab Victory Monument (s. S. 218).
NAN, 677–747 km, um 6, 7.45, 8.30, 18.20, 20.30 und 21 Uhr für 390–500 Baht in 10–12 1/2 Std.
NONG KHAI (Grenze Laos), 614 km, um 20.30 und 21.45 Uhr für 350–450 Baht. VIP-32 um 20.30 Uhr für 700 Baht in 10 Std.
PAK CHONG (Khao Yai), 170 km, um 7.10, 9.15, 10.05, 12.15, 17.20, 18.20 und 19.10 Uhr für 140 Baht in 3 Std.
PATTAYA, 141 km, ständig bis spät abends für 140 Baht in 2 1/2 Std.
PHANOM RUNG, 360 km, um 10 und 21.30 Uhr für 220–280 Baht in 5 1/2 Std.
PHITSANULOK, 386 km, um 8.10, 10, 12.30, 14.30 und 22.30 Uhr für 220–280 Baht. VIP-24 um 24 Uhr für 440 Baht in 5–6 Std.
SANGKHLABURI, um 5, 6, 8 und 9.30 Uhr für 260–330 Baht in 6–7 Std.
SUKHOTHAI, 440 km, nach Neu-Sukhothai ständig, nach Alt-Sukhothai um 9.20, 12 und 14 Uhr für 260 Baht in 7 Std.
SURIN, 428 km, um 7, 8.30, 10, 11, 13, 17, 19.30, 20.30, 22 und 23 Uhr für 250 Baht. VIP-24 um 22 Uhr für 500 Baht in 7 Std.
TAK, 420 km, um 22 und 24 Uhr für 250–320 Baht in 6 1/2 Std.
UBON RATCHATHANI, 614–801 km, um 6, 18, 19.50, 20.30 und 21.15 Uhr für 350–480 Baht. VIP-32 um 21 Uhr für 740 Baht und VIP-24 um 21.30 Uhr für 690 Baht in 8–11 Std.
UDON THANI, 561 km, etwa stdl. bis 23 Uhr außer gegen 19 Uhr für 330–420 Baht. VIP-24 um 10, 21.30 und 22 Uhr für 640 Baht in 9 Std.

Richtung Ostküste
Eastern Bus Terminal (Ekamai), Sukhumvit Rd., gegenüber Soi 63 (Ekamai), ℡ 02-391 2504, 02-391 8097. Gepäckaufbewahrung 35 Baht pro Gepäckstück und Tag, ⊙ So–Fr 8–20 Uhr, Sa bis 18 Uhr. BTS Ekkamai oder Anreise mit Stadtbussen, s. S. 214/215.
Einige Busse an die Ostküste halten auch am Public Transport Centre am Flughafen.
CHANTABURI, 229–249 km, um 5, 5.30, 6.20, 7.30, 7.45, 12, 15.40, 17, 20 Uhr für 150–200 Baht in 3 1/2–5 Std.
LAEM NGOP (Fähre nach Ko Chang), 331 km, um 6.30, 7.45 und 9.45 Uhr für 250 Baht in 5 Std.
PATTAYA, 141 km, alle 40 Min. von 5–23 Uhr für 140 Baht in 2 1/2 Std. Weitere AC-Busse ab Public Transport Centre am Airport und mit Minibussen ab Victory Monument (s. S. 218).
RAYONG (Fährhafen für Ko Samet), 194 km, um 6, 12, 13, 15, 17 und 20 Uhr für 160 Baht in 3 Std.
TRAT, 317–393 km, häufig von 4–9 Uhr, um 11, 12.30, 14.30, 15, 16, 17.30, 22 und 24 Uhr für 250–290 Baht in 4–6 Std.

Richtung Süden und Westen
Southern Bus Terminal (Sai Tai Mai/Taling Chan), Phutthamonthon Soi 1 am H338 in der Nähe der Outer Ring Road, ℡ 02-894 6122, „5" drücken für Englisch. Der moderne Terminal wurde im Dezember 2007 eröffnet. Im AC-gekühlten, flughafenähnlichen Gebäude befinden sich Geschäfte und Restaurants. Anreise mit dem Stadtbus s. S. 214/215.
CHUMPHON, 468 km, um 21 Uhr für 350 Baht in 8 1/2 Std.
DAMNOEN SADUAK, 96 km, alle 15–30 Min. bis 21 Uhr für 60–90 Baht in 2 Std.
HAT YAI, 954–1014 km, um 6, 7.30, 17.50, 19.30 und 21.45 Uhr für 540–810 Baht. VIP-32 um 18 Uhr für 1130 Baht in 12 1/2–14 1/2 Std.
HUA HIN, 201 km, etwa stdl. bis 15.40, um 17.40, 19.40 und 21 Uhr für 160 Baht in 3 Std.
KANCHANABURI, 149 km, alle 20 Min. von 5.30–22 Uhr für 90–110 Baht in 2 1/2 Std.
KHAO LAK, 9x tgl. für 490–630 Baht, VIP-24 für 970 Baht in 12 Std.
KO PHANGAN, 740 km, um 19.30 Uhr für 540 Baht. VIP-24 um 19.50 Uhr für 840 Baht in 12 Std.
KO SAMUI, 745–781 km, über Surat Thani oder direkt um 7, 18.15, 18.30, 19, 19.30 und 20 Uhr für 430–550 Baht. VIP-24 um 7.15, 7.30, 19, 19.15, 19.30, 20.20 und 20.30 Uhr für 850 Baht in 12 Std.
KO TAO, über Chumphon für 850–1100 Baht in 10–15 Std.

KRABI, 817–876 km, um 7.30, 18 und 20 Uhr für 470–620 Baht. VIP-32 um 19.30 Uhr für 930 Baht in 12 Std.
NAKHON PATHOM, 56 km, alle 15–20 Min. bis 23.20 Uhr für 30–50 Baht in 1 1/2 Std.
NAKHON SI THAMMARAT, 805 km, um 18, 20 und 23 Uhr für 460–490 Baht. VIP-32 um 19 Uhr für 980 Baht in 11–12 1/2 Std.
PHANG NGA, 783–815 km, um 19.30 Uhr für 460 Baht. VIP-24 um 20 Uhr für 890 Baht in 12 Std.
PHETCHABURI, 135 km, große Busse um 13, 15 und 17 Uhr für 112 Baht, zudem bis 20 Uhr Minibusse alle 30 Min. für 100 Baht in 2 Std. ab Victory Monument (s. S. 218).
PHUKET, 867–903 km, um 5, 6, 9.30, 14, 16, 18, 18.30, 18.45, 19.15, 20 und 21.30 Uhr für 490–740 Baht. VIP-24 um 18.25 Uhr, VIP-32 um 7.30, 17.30, 18.30 und 20 Uhr für 980 Baht in 12–13 Std.
RANONG, 583 km, um 20.30 Uhr für 470 Baht, VIP-24 um 20 Uhr für 670 Baht in 8–10 Std.
RATCHABURI, 96 km, alle 20 Min. bis 22.30 Uhr für 80–90 Baht in 1 1/2 Std.
SUNGAI GOLOK (malaysische Grenze), 1227 km, um 15.30, 18 und 21 Uhr für 690–880 Baht. VIP-32 um 17 Uhr für 1370 Baht in 15–17 Std.
SURAT THANI, 668 km, zahlreiche Busse für 440–850 Baht in 10 Std.
TAKUA PA (umsteigen nach Khao Lak oder Khao Sok), 757 km, 8x tgl. für 460 Baht, VIP-24 um 18 und 20 Uhr für 930 Baht in 11 Std.
TRANG, 862 km, um 7, 7.30, 17.30, 18.30 und 19.30 Uhr für 490–730 Baht. VIP-32 um 19 Uhr für 970 Baht in 12 Std.

Eisenbahn

Von **Hua Lamphong**, dem überschaubaren Hauptbahnhof, 02-223 7010, fahren die meisten Züge Richtung Norden, Nordosten, Osten und Süden. Verbindungen mit der MRT sowie mit Stadtbussen s. S. 214/215. Richtung Kanchanaburi / Nam Tok sowie langsame Züge in den Süden verkehren ab der **Thonburi Railway Station (Bangkok Noi)**. Frühzeitig da sein, denn in Thonburi können Tickets nur am Abfahrtstag gekauft werden.
An einem Informationsschalter vor der Bahnhofshalle sind Fahrpläne erhältlich. Fahrplanauskunft rund um die Uhr 02-220 4334, www.railway.co.th. Die englischsprachigen Anzeigetafeln in der Haupthalle erleichtern die Orientierung.
Ein Food Court im Erdgeschoss und mehrere Restaurants im 1. Stock sorgen für das leibliche Wohl. Am besten lässt sich das Treiben vom Balkon im 1. Stock bei gutem Thai-Essen beobachten, 11–21 Uhr. Weiterhin gibt es einen Schalter der Tourist Police, Geldautomaten, eine Gepäckaufbewahrung, 4–23 Uhr, pro Gepäckstück und Tag je nach Größe 30–100 Baht (keine Wertsachen im Gepäck lassen), und ein Postamt, 7–19 Uhr. Kalte Duschen können in der Bahnhofshalle neben dem Reservierungsbüro genutzt werden.
Die Abfahrtszeiten und Haltepunkte sind den Fahrplänen auf S. 812–814 zu entnehmen. Die Plan sind allerdings nicht immer zuverlässig, da sich Abfahrtszeiten kurzfristig ändern können.

Tickets

Tickets erhält man bis zu 60 Tage vor der Abreise im **Advance Booking Office** im Hauptbahnhof Hua Lamphong, 02-222 0175, 220 4272, 220 4268, 8.30–16 Uhr, danach sind Buchungen an den Schaltern möglich. Schalter 2 ist für Ausländer reserviert. Kreditkarten werden akzeptiert. Tickets gibt es auch in jedem anderen thailändischen Bahnhof mit Reservierungssystem. Für zurückgegebene Tickets werden 50 % und ab dem 5. Tag vor dem Reisetermin nur 20 % des Fahrpreises erstattet, Umbuchungen kosten 100 Baht. Wer vorhat, viele Langstrecken mit der Bahn zurückzulegen, kann sich den Thailand Rail Pass besorgen (s. S. 78).
Reservierungen sind v. a. für den Zug nach Butterworth zu empfehlen und aus dem Ausland per Brief mit Bankscheck möglich. Sitzplätze werden nur bis zur Grenze reserviert. Adresse: **Passenger Division**, Bangkok Railway Station, Bangkok 10330, Thailand.

Verbindungen

Fahrpreis in der 1. Klasse Schlafwagen oben (unten +200 Baht) / 2. Klasse Sitzplatz Ventilator (AC +60–180 Baht, Bett oben/unten +100/150

Baht, Bett und AC oben/unten +320–360/390–450 Baht) / 3. Klasse Ventilator (AC, falls vorhanden, +60–100 Baht):
ARANYAPRATHET, 255 km, (nur 3. Kl.) 48 Baht.
AYUTTHAYA, 71 km, (nur 2. / 3. Kl.) 45 / 20 Baht.
BUTTERWORTH, 1230 km, (nur 2. Kl. Sleeper oben / unten) 1120 / 1210 Baht.
CHIANG MAI, 751 km, 1253 / 431 / 271 Baht in 12–14 1/2 Std.
CHUMPHON, 485 km, 1034 / 380 / 272 Baht in 6 1/2–9 Std.
HAT YAI, 945 km, 1394 / 535 / 339 Baht in 13 1/2–17 1/2 Std.
HUA HIN, 229 km, 822 / 292 / 234 Baht in 3–4 1/2 Std.
KANCHANABURI, 133 km, (nur 3. Kl., ab Thonburi) 100 Baht.
KHON KAEN, 450 km, 968 / 329 / 227 Baht in 8–9 Std.
KORAT (Nakhon Ratchasima), 264 km, 810 / 265 / 200 Baht in 4–6 Std.
LAMPANG, 642 km, 1172 / 394 / 256 Baht in 9 1/2–12 Std.
LAMPHUN, 729 km, 1235 / 423 / 268 Baht in 11 1/2–16 Std.
LOPBURI, 133 km, (nur 2. / 3. Kl.) 80 / 40 Baht in 2–3 Std.
NAKHON PATHOM, 64 km, (nur 2. / 3. Kl.) 181 / 164 Baht in 1–1 1/2 Std.
NAKHON SAWAN, 246 km, 838 / 260 / 198 Baht in 3–5 1/2 Std.
NAKHON SI THAMMARAT, 832 km, 1312 / 498 / 323 Baht in 15–16 Std.
NAM TOK, 211 km, (nur 3. Kl., ab Thonburi) 100 Baht in 4 1/2–5 Std.
NONG KHAI, 624 km, 1117 / 388 / 258 Baht in 10 1/2–13 Std.
PADANG BESAR, 990 km, 1427 / 550 / 346 Baht in 17 Std.
PAK CHONG, 170 km, 741 / 232 / 186 Baht in 3–4 1/2 Std.
PATTAYA, 155 km, (nur 3. Kl.) 31 Baht in 3 1/2 Std.
PHETCHABURI, 167 km, (nur 2. / 3. Kl.) 228 / 184 Baht in 2 1/2–3 1/2 Std.
PHITSANULOK, 389 km, 964 / 309 / 219 Baht in 5–8 1/2 Std.
PRACHUAP KHIRI KHAN, 318 km, 892 / 325 / 248 Baht in 4–6 Std.

Skepsis ist angebracht

Im und um den Bahnhof gibt es neben den hilfsbereiten, mit Namensschildern versehenen Hostessen auch selbst ernannte Guides privater Reisebüros, die vorgeben, Lizenznehmer der staatlichen Touristeninformation zu sein. Mit der Begründung Züge seien ausgebucht, verkaufen Reisebüros überteuerte Bustickets, Trekkingtouren und Zimmer. Zudem hat es in einem Reisebüro gegenüber dem Bahnhof Betrügereien mit Kreditkarten gegeben.
Am Fahrkartenschalter werden beim Kauf einer Fahrt nach Surat Thani auf Wunsch Kombitickets nach Ko Samui verkauft. Dabei landet man auf einem absolut nicht empfehlenswerten Songserm-Schiff, was deutlich längere Transport- und Wartezeiten zur Folge hat.
Bei Problemen wenden sich Touristen am besten an die Tourist Police, die im Wartesaal patrouilliert.

RATCHABURI, 117 km, (nur 2. / 3. Kl.) 207 / 175 Baht in 2–3 Std.
SUNGAI GOLOK, 1159 km, 1553 / 607 / 370 Baht in 20–22 Std.
SURAT THANI, 651 km, 1179 / 438 / 297 Baht in 8 1/2–12 Std.
SURIN, 420 km, 946 / 319 / 223 Baht in 6 1/2–9 Std.
UBON, 575 km, 1080 / 371 / 245 Baht in 8–12 Std.
UDON, 569 km, 1077 / 369 / 245 Baht in 10–12 Std.

Da alle Züge Richtung Süden auch in Nakhon Pathom halten, kann man dort umsteigen, ohne nach Bangkok fahren zu müssen. Nach Ko Samui und Ko Pha Ngan bis Surat Thani. Hier warten am Bahnhof auch Anschlussbusse nach Krabi. Nach Ko Tao bis Chumphon.
Der Luxuszug **Eastern & Oriental Express** verkehrt 1–2x monatlich zwischen Singapore, Hua Hin, Kanchanaburi (River Kwai) und Bangkok. Informationen in Bangkok ✆ 02-216 8661, in Deutschland unter ✆ 0221-338 0300, 🖳 www.orient-express.com/web/eoe/eastern_and_oriental_express.jsp. Er kostet von Bangkok nach Singapore mind. 1700 €.

Flüge
Flughäfen

Vom neueren **Suvarnabhumi Airport** östlich der Stadt fliegen alle großen Fluggesellschaften, während der ältere **Don Muang Airport**, 🖥 www.donmuangairportonline.com, im Norden nur noch von wenigen einheimischen Gesellschaften für Inlandstrecken genutzt wird. Bei der Buchung von Flugverbindungen sollte immer darauf geachtet werden, dass die Flieger vom gleichen Flughafen starten, oder man plant entsprechend mehr Umstiegszeit ein.

Der **Suvarnabhumi Airport** (gespr.: Su-wanna-puhm, Abkürzung BKK), allgemeine Auskunft ☎ 02-132 1888, 🖥 www.suvarnabhumiairport.com, liegt 32 km außerhalb des Zentrums, östlich der Outer Ring Rd. zwischen Buraphawithi Expressway (H34 nach Chonburi) und dem Motorway H7 in der Provinz Samut Prakan. Um den architektonisch interessanten, mit Shops und Restaurants vollgepackten mehrstöckigen Terminal von 444 m Länge und 111 m Breite zu durchqueren, braucht man Zeit. Lange Schlangen bilden sich während der belebten Stunden vor den Immigration-Schaltern und am internationalen Transfer Counter. Das WLAN-Netz hinter der Immigration kann für 15 Min. kostenlos genutzt werden. Eine Aussichtsplattform gibt es auf Level 7, Restaurants auf Level 6, Airline-Büros auf Level 5, die Abflughalle mit zahllosen Restaurants, Duty Free-Shops, dem Fundbüro und einem Postamt liegt auf Level 4. Geschäfte, Airline Lounges, eine Krankenstation und noch mehr Restaurants gibt es auf Level 3, die Ankunftshalle, Shops, ein weiteres Postamt, Geldautomaten, eine Polizeistation, weitere Airline Lounges, eine Krankenstation und am äußersten Ende (wenn man ankommt, links) eine TAT-Information auf Level 2. Auf Level 1 finden sich eine Krankenstation, Bushaltestellen und Taxis, die Station des Airport Rail Link und eine preiswerte, bei den Flughafenangestellten beliebte Kantine im Untergeschoss auf Level 0.

Weiterreise vom Suvarnabhumi Airport

Zur Rushhour oder als Einzelreisender lohnt es sich vom Suvarnabhumi Airport auf den neuen **Airport Rail Link**, ☎ 1690, 🖥 airportraillink.railway.co.th/en oder 🖥 www.bangkokairporttrain.com, zurückzugreifen, der auf einer 28,6 km langen Strecke mit einer Geschwindigkeit von bis zu 160 km/h tgl. von 6–24 Uhr in 2 Varianten verkehrt.

Der **Expresszug** (SA Express Line) fährt vom Airport alle 30 Min. non-stop in 15 Min. bis zum Makkasan Terminal in Laufentfernung zur MRT-Station Petchaburi. Diese Variante ist für Reisende, die in der Sukhumvit Rd. wohnen, attraktiv. Er kostet 150 Baht einfach.

Eine Alternative ist die langsamere **SA City Line**, die an 8 Stationen hält und alle 15 Min. in knapp 30 Min. für 45 Baht zur BTS-Station Phaya Thai (Sukhumvit Line) verkehrt. Von dort geht es mit der BTS nach Silom oder Saphan Taksin (Fähren nach Banglampoo) weiter.

Das teuerste Transportangebot sind private Limousinen, die ein Vielfaches des Taxipreises kosten. Man kann sie getrost ignorieren.

Ab Level 1 fahren **Taxis** mit Taxameter und verlangen ab dem Airport 50 Baht Zuschlag und selbstverständlich die Bezahlung der Expressway-Maut. Auf diesem Weg kostet es ungefähr 350–500 Baht, um in die Stadt zu gelangen, allerdings kann es zur Rush Hour morgens und spät nachmittags sehr langwierig werden.

Alternativ fährt der **Airport Express Bus** alle 30 Min. für 150 Baht ab Level 1 vor Gate 8. AE 1 fährt über Ratchadamri Rd. zur Silom Rd., AE 2 nach Banglampoo (Khaosan Rd.), AE 3 in die Sukhumvit Soi 3, und AE 4 über das Victory Monument zum Hauptbahnhof Hua Lamphong. Weitere Busse vom Public Transport Centre (kostenloser Shuttle vom Level 2 und 4 vor Gate 3, 6 und 9). Nach Bangkok fahren für 35 Baht u. a. Nr. 551 zum Victory Monument in knapp 1 Std. (Haltestelle im Nordosten des Platzes), Nr. 55 zur BTS On Nut und nach Ekkamai, Nr. 553 nach Samut Phrakan, Nr. 554 und 555 zum alten Flughafen Don Muang und Nr. 556 zum Southern Bus Terminal. Zudem verkehrt Nr. 825 nach NONG KHAI um 21 Uhr für 460 Baht in 9 Std. sowie nach UDONTHANI um 20.40 Uhr für 420 Baht in 9 Std., Nr. 389 und 9905 nach PATTAYA um 6.30, 9, 11, 13, 15, 17 und 20.30 Uhr für 119 Baht in 1 1/2 Std. und Nr. 9908 nach TRAT. Auch einige Busse von Mo Chit (Northern Bus Terminal) zur Ostküste halten hier.

Weiterreise vom Don Muang Airport
Der Bus Nr. 59 von der etwas versteckten Haltestelle hinter einem Parkplatz ist mit 25 Baht die günstigste Möglichkeit, um in 1–1 1/2 Std. bis zur Khaosan Rd. zu kommen. Zur Rushhour ist die Verbindung definitiv nicht zu empfehlen.

Transport zum Suvarnabhumi Airport
Der **Airport Rail Link** (s. S. 222) ist eine gute Möglichkeit, die Staus während der Rushhour zu umgehen. Dabei können Passagiere von Thai Airways und Bangkok Airways am Makkasan Terminal bereits das Gepäck einchecken. Diese komfortable Möglichkeit soll in Zukunft für weitere Fluggesellschaften ergänzt werden. Zudem fahren **Airport Express-Busse** etwa alle 30–60 Min. von verschiedenen Haltestellen in der Stadt (s. S. 222).
Ein **Taxi** aus der Innenstadt kostet zum Airport etwa 300–450 Baht. Es empfiehlt sich, auch außerhalb der Rushhour etwa 1–1 1/2 Std. für die Anfahrt einzukalkulieren.
Wer Großeinkäufe getätigt hat (mind. 5000 Baht und 2000 Baht pro Rechnung), kann sich in der Abflughalle gegen eine Gebühr von 100 Baht die Mehrwertsteuer zurückerstatten lassen, muss aber größere Einkäufe bei der Ankunft in Deutschland wieder verzollen. Geld spart man, wenn Übergepäck vor Gate 8, ☎ 02-134 2090, als unbegleitetes Gepäck eingecheckt wird.

Inlandsflüge
Air Asia, 🖥 www.airasia.com, fliegt ab Suvarnabhumi nach CHIANG MAI 6x tgl., CHIANG RAI 2x tgl., HAT YAI 4x tgl., KRABI 2x tgl., NAKHON SI THAMMARAT 2x tgl., NARATHIWAT 1x tgl., PHUKET 7x tgl., SURAT THANI 2x tgl., UBON 2x tgl. und UDON 2x tgl. Inlandsflüge kosten bei rechtzeitiger Buchung 1200–2000 Baht.
Bangkok Airways, 🖥 www.bangkokair.com, fliegt ab Suvarnabhumi nach CHIANG MAI 5x tgl. ab 2000 Baht, KO SAMUI 16x tgl. (dennoch oft voll) ab 3000 Baht, KRABI mit Zwischenstopp auf Ko Samui 1x tgl. ab 4500 Baht, LAMPANG via Sukhothai 1x tgl. ab 2400 Baht, PHUKET 6x tgl. ab 2200 Baht, SUKHOTHAI 2x tgl. ab 2200 Baht und TRAT 2x tgl. ab 2000 Baht.
Nok Air, 🖥 www.nokair.com, fliegt ab Don Muang nach BURIRAM 2x wöchentl., CHIANG MAI 4x tgl., HAT YAI 6x tgl., LOEI 3x wöchentl., MAE SOT 4x tgl., NAKHON PHANOM 1x tgl., NAKHON SI THAMMARAT 4x tgl., NAN 1x tgl., PHITSANULOK 2x tgl., PHUKET 3x tgl., ROI ET 1x tgl., SAKON NAKHON 2x tgl., SURAT THANI 3x tgl., TRANG 1–2x tgl., UBON 3x tgl. und UDON 4x tgl. Flüge kosten bei rechtzeitiger Buchung 1300–2200 Baht.
Orient Thai Airlines, 🖥 www.flyorientthai.com/en, fliegt ab Don Muang nach CHIANG MAI 4x tgl., CHIANG RAI 2x tgl., HAT YAI 3x tgl., NAKHON SI THAMMARAT 1x tgl., PHUKET 3x tgl., und TRANG 1x tgl. Flüge kosten bei rechtzeitiger Buchung im Internet 1300–1600 Baht.
Thai Airways, 🖥 www.thaiairways.com, fliegt ab Suvarnabhumi nach CHIANG MAI 10x tgl. ab 2600 Baht, CHIANG RAI 3x tgl. ab 3000 Baht, HAT YAI 3x tgl. ab 3400 Baht, KHON KAEN 3x tgl. ab 2300 Baht, KO SAMUI 2x tgl. ab 5000 Baht, KRABI 3x tgl. ab 2900 Baht, PHITSANULOK 2x tgl. ab 2000 Baht, PHUKET 11x tgl. ab 3100 Baht, SURAT THANI 2x tgl. ab 2800 Baht, UBON 2x tgl. ab 2500 Baht und UDON 3x tgl. ab 2400 Baht.

Internationale Flüge
Australien/Neuseeland: Thai Airways fliegt nach AUCKLAND 1x tgl., BRISBANE 1x tgl., MELBOURNE 2x tgl., PERTH 1x tgl. und SYDNEY 2x tgl., Jetstar, 🖥 www.jetstar.com, 3x wöchentl. nach MELBOURNE und mit

---

Zurück nach Thailand?

Besucher mit einem gültigen, aber noch nicht abgelaufenen Visum erhalten am Schalter Re-Entry-Permit eine Wiedereinreise-Genehmigung, die allerdings die Visadauer nicht verlängert oder verkürzt. Für eine Reise sind 500 Baht, für mehrere 1000 Baht zu zahlen, zudem ist der *boarding pass* des internationalen Fluges vorzulegen.

Zwischenstopp in Singapore nach AUCKLAND, BRISBANE, CAIRNS, CHRISTCHURCH, DARWIN, PERTH, SYDNEY und WELLINGTON. Air Asia fliegt mit Zwischenstopp in Kuala Lumpur nach CHRISTCHURCH, GOLD COAST, MELBOURNE und PERTH.

China: Air Asia fliegt nach GUANGZHOU (Kanton) 1x tgl., HONG KONG 2x tgl., MACAO 3x tgl. und SHENZHEN 1x tgl., weitere Ziele via Kuala Lumpur, Thai Airways nach CHENGDU 4x wöchentl., GUANGZHOU (Kanton) 2x tgl., KUNMING 5–6x wöchentl., PEKING 1x tgl., SHANGHAI 2x tgl. und XIAMEN 3–4x wöchentl.

Kambodscha: Air Asia fliegt nach PHNOM PENH 1x tgl., Bangkok Airways nach PHNOM PENH 4x tgl. und SIEM REAP 5x tgl., Thai Airways nach PHNOM PENH 2x tgl.

Laos: Bangkok Airways fliegt nach LUANG PRABANG 1x tgl., Thai Airways nach VIENTIANE 2x tgl. und Lao Airlines, www.laoairlines.com, nach LUANG PRABANG, PAKXE und VIENTIANE.

Indien: Air Asia fliegt nach DELHI 1x tgl. und nach KOLKATA 1x tgl., weitere Ziele via Kuala Lumpur, Thai Airways nach BANGALORE 1x tgl., CHENNAI 1x tgl., DELHI 2x tgl., HYDERABAD 5x wöchentl., KOLKATA 1x tgl. und MUMBAI 2x tgl. Kingfisher Airlines, www.flykingfisher.com, und Jet Airways, www.jetairways.com, fliegen ebenfalls nach DELHI, MUMBAI und KOLKATA.

Indonesien: Air Asia fliegt nach BALI 1x tgl., JAKARTA 1–2x tgl., MEDAN 3x wöchentl. und SURABAYA 4x wöchentl., Thai Airways nach BALI 1x tgl. und JAKARTA 1x tgl.

Malaysia / Singapore: Air Asia fliegt nach KUALA LUMPUR 7x tgl., PENANG 1x tgl. und SINGAPORE 4x tgl., Thai Airways nach KUALA LUMPUR 2–3x tgl., PENANG 1x tgl. und SINGAPORE 3x tgl., Jetstar nach SINGAPORE 3x tgl. und Tiger Airways, www.tigerairways.com, 4x tgl.

Myanmar (Burma): Air Asia fliegt nach YANGON 2x tgl., Thai Airways 2x tgl. und Bangkok Airways 2x tgl. Auch Myanmar Airways International, www.maiair.com, bedient die Strecke.

Philippinen: Thai Airways fliegt nach MANILA 1–2x tgl., wesentlich günstiger ist Cebu Pacific Air, www.cebupacificair.com, nach MANILA 1x tgl. und CLARK 1x tgl.

Vietnam: Air Asia fliegt nach HANOI 1x tgl. und HO CHI MINH CITY (Saigon) 2x tgl., Thai Airways nach HANOI 2x tgl. und HO CHI MINH CITY (Saigon) 2x tgl.

Deutschland: Thai Airways fliegt nach FRANKFURT 2x tgl. und nach MÜNCHEN 1x tgl., Air Berlin/LTU, www.airberlin.de, fliegt nach BERLIN 3x wöchentl. und DÜSSELDORF 4x wöchentl., weitere Ziele mit Umsteigen.

Fluggesellschaften in Bangkok: Weitere internationale Gesellschaften s. **eXTra [2590]**.
Air Asia, 02-515 9999, www.airasia.com, 6 Sales Offices in Bangkok, u. a. in der Tanao Rd. in Banglampoo.
Bangkok Airways, 99 Moo 14, Wiphawadi Rangsit Rd., 02-265 5678, www.bangkokair.com.
Nok Air, 183 Rajanakarn Bldg., 17. Stock, Sathon Tai Rd., 02-627 2000, www.nokair.co.th.
Orient Thai Airline (one-two-go), 18 Ratchadapisek Road, 02-229 4260, www.fly12go.com.
Thai Airways, 89 Wiphawadi Rangsit Rd., 02-545 3691, www.thaiairways.de. Weitere Büros: 485 Silom Rd., 02-288 7000, Karte S. 156/157, und 6 Larn Luang Rd., 02-356 1111.

Die Umgebung von Bangkok

Stefan Loose Traveltipps

Damnoen Saduak und Amphawa
Schwimmende Märkte voller faszinierender Bilder und ungewöhnlicher Snacks. S. 226/227

Ratchaburi Ein schier endloses Band ausschwärmender Fledermäuse am Abendhimmel. S. 229

Wat Khanon Das Ramayana-Epos mit riesigen Schattenspielfiguren aus Büffelhaut. S. 233

Nakhon Pathom Die höchsten Pagoden des Landes im ältesten buddhistischen Zentrum. S. 233

Kanchanaburi Die Eisenbahn des Todes über die geschichtsträchtige Brücke am Kwai. S. 235

Elephant's World Ein Refugium für alte und vernachlässigte Elefanten. S. 243

2 Erawan National Park Wasserfälle im Dschungel, die zu einem Bad einladen. S. 250

Bang Pa In Der abwechslungsreiche, weitläufige königliche Sommerpalast. S. 254

3 Ayutthaya Die großartigen Tempelanlagen der früheren Königsstadt. S. 255

Einige der in diesem Kapitel beschriebenen Ziele eignen sich für einen Tagesausflug. Da es aber dauern kann, aus Bangkok heraus oder wieder hinein zu kommen, lohnt es sich, Übernachtungen außerhalb der Stadt, vor allem in Kanchanaburi oder Ayutthaya, einzuplanen. An Wochenenden und Feiertagen schwärmen viele Großstädter auf der Suche nach Grün und frischer Luft aus, sodass dann das Verkehrschaos auch das Umland erreicht und viele gute Hotels ausgebucht sind.

Richtung Westen

Eine schöne Tour führt am Morgen zum schwimmenden Markt von Damnoen Saduak, von wo es weiter nach Nakhon Pathom und Kanchanaburi geht. Hier lohnt eine Übernachtung. Reisebüros in Bangkok bieten entsprechende Tagestouren an. Alternativ kann man nach dem morgendlichen Besuch des schwimmenden Marktes die Umgebung erkunden oder nach Amphawa und Ratchaburi weiterfahren, Höhlen besichtigen und abends den Flug der Fledermäuse beobachten.

Das von Klongs durchzogene Hinterland birgt einige reizvolle Ziele. Der sogenannte „Garten Thailands" versorgt die städtische Bevölkerung mit frischem Obst und Gemüse. Entlang der Klongs erstrecken sich wahrhaft idyllische Plätze, die in starkem Kontrast zu den dicht bebauten Ausfallstraßen, weiten Salinenfeldern rings um Samut Songkhram und gigantischen Fabriken der Lebensmittelindustrie stehen.

Sam Phran

Jenseits der Außenbezirke von Bangkok erstreckt sich südlich vom H338 das riesige Parkgelände des **Wat Phuttamonthon**. Das größte buddhistische Zentrum des Landes beherbergt Repliken von Bauwerken, die für den Buddhismus von Bedeutung sind, ein kleines Museum, eine Sammlung von Pali-Schriften, Meditationshallen sowie im Zentrum einen 15,8 m hohen Bronzebuddha. Weitere Tipps s. **eXTra [2602]**.

Transport

Am Wat Phuttamonthon halten alle **Busse** von BANGKOK nach Nakhon Pathom.

Damnoen Saduak

Der **schwimmende Markt** (Talat Nam) im ansonsten uninteressanten Damnoen Saduak, 97 km westlich von Bangkok, ist ein Touristenmagnet. Den ganzen Tag werden Reisegruppen durch die Kanäle und über die Brücken des teils überdachten Marktes geschleust. Von der großen **Brücke** und Fußwegen aus lässt sich das Treiben beobachten. Durch Souvenir-, Essen- und Kaffeestände, Geldautomaten sowie die Ladenzeilen beiderseits des Kanals hat der Markt seine einst ländliche Atmosphäre eingebüßt. Vorteilhaft ist hingegen die Regelung, dass im Bereich des Marktes nur Boote ohne Motor fahren dürfen. Es sind überwiegend Touristen, die Obst und Gemüse, Snacks und Souvenirs kaufen. Die beste Zeit, den Markt zu besuchen und eine auf dem Boot zubereitete Nudelsuppe zu essen, ist zwischen 7 und 9 Uhr.

Einstündige Bootstouren von verschiedenen Anlegestellen kosten 300 Baht p. P., mit dem Longtailboot 400 Baht. Sobald man vom geschäftigen Markt in einen Seitenkanal abbiegt, findet man sich in ruhigen Gegenden mit hübschen Holzhäusern wieder und kann die liebenswürdige Seite des Landes kennenlernen.

Weitere schwimmende Märkte in der Umgebung finden in Amphawa (s. u.) und **Ban Tha Kha** 6x monatlich (abhängig von den Gezeiten, und damit vom Mondkalender) an 2 aufeinander folgenden Tagen von 6–12 Uhr statt. Nur einmal monatlich sind viele Boote auf dem kleinen, gut organisierten Markt unterwegs. Trotz der ersten Souvenirstände ist die Atmosphäre authentisch.

Transport

Selbstfahrer

Wer mit eigenem Fahrzeug unterwegs ist, kann den gut ausgeschilderten, 18 km langen Weg von Samut Songkhram aus über den H325 nicht verfehlen. Vom Busterminal zum 1,8 km entfernten schwimmenden Markt fahren **gelbe Songthaew**.

Wochenendziel der jungen Bangkok-Szene

Der **schwimmende Markt** in Amphawa nahe dem Wat Amphawa Chetiyaram hat sich mit seinem bunten kulinarischen und Shopping-Angebot zu einem überaus beliebten Wochenend-Ausflugsziel entwickelt. Fr von 15–22 Uhr, Sa, So und feiertags von 12–22 Uhr erwacht das ruhige Örtchen zum Leben. Auf dem Klong Amphawa sind Hunderte von Restaurant- und Ausflugsbooten unterwegs. Entlang der Uferwege drängen sich die überwiegend aus Bangkok angereisten Besucher und lassen sich vom Angebot der schicken Lädchen im Retro-Stil, Kunstgalerien, Restaurants, Cafés, Pubs und Homestays locken. Kleinere Heimatmuseen mit alten Fotos, Haushaltsgegenständen und Werkzeugen ermöglichen einen Einblick in das ländliche Amphawa.

Jenseits der Straße in einem von Kanälen durchzogenen Park laden im Schatten von Kokospalmen kleine *klae* (Bambus-Plattformen) und *salas* (Pavillons) zu einer Ruhepause ein. Obstbäume sind mit englischsprachigen Infotafeln versehen. Zwischen kleinen Läden gibt es sogar ein historisches Postamt mit hübschen Sondermarken.

Busse

Man nimmt den Bus Richtung Ratchaburi bis zur Bang Phae-Kreuzung, von wo Songthaew ständig zum Markt fahren.
Nach BANGKOK, Southern Bus Terminal, AC-Bus 78 bis 18 Uhr alle 15–30 Min. für 60–90 Baht in 2 Std., zurück bis gegen 21 Uhr. Von Reisebüros werden Touren ab 600 Baht angeboten.
KANCHANABURI, via Bang Phae (Bus 78 oder Songthaew für 30 Baht in 20 Min. ab Markt), weiter mit gelbem Bus 461, alle 15 Min. für 40 Baht in 90 Min.
NAKHON PATHOM, AC-Bus 78 ab 6 Uhr alle 30 Min. für 30/50 Baht in 1 Std.
RATCHABURI, mit dem gelben Lokalbus in gut 1 Std., 50 Baht, oder über Bang Phae.

Amphawa

Durch die Obstgärten Thailands geht es mit einem eigenen Fahrzeug am **Mae Klong** entlang von Samut Songkhram nach Amphawa. Die Wasserwege sind gesäumt von Mango- und Zitrusbäumen, Kokospalmen und Bananenstauden. Der Agrotourismus lockt vor allem Städter hierher, die das üppige Grün genießen, in Homestays übernachten und beispielsweise im **Suan Saeng Tawan** in **Bang Phrom**, 29/2 Moo 3, ✆ 034-711 711, frisch geerntete Pomelos kosten.

Die Kleinstadt **Amphawa** wurde als Geburtsort von König Rama II. auf Initiative des Königshofes hin touristisch entwickelt. Überwiegend Einheimische besuchen den ihm gewidmeten Tempel und den **Rama II Memorial Park**, wo seine Mutter noch auf dem Grundstück des heutigen Wat Amphawa Chetiyaram wohnte, als er schon König war. Das kleine **Museum** in vier traditionellen Teakhäusern zeigt Gegenstände, eine Küche und Wohnräume aus der Epoche des Dichterkönigs. Der Park ⏰ 8.30–17 Uhr, Eintritt 20 Baht, Museum ⏰ Mi–So 9–16 Uhr. Interessant ist ein Besuch während des großen Volksfestes im Februar. Mittlerweile haben sich in dem während der Woche überaus geruhsamen Ort auch einige Künstler niedergelassen.

In **Bang Nok Kwaek**, 5 km nördlich von Amphawa, überrascht die große katholische **Marien-Kathedrale** im neogotischen Stil. Sie wurde 1890 von französischen Missionaren am ältesten Bischofssitz von Siam anstelle einer ehemaligen Holzkirche erbaut und besitzt noch die originalen, aus Frankreich importierten Bleiglasfenster. 100 m südlich der Kirche überspannt eine neue Brücke den Mae Klong.

Mit Fahrrädern und Booten kann man die Gärten erkunden und beobachten, wie Palmzucker geerntet und eingekocht wird, z. B. am H325 zwischen KM 30 und 34. Südlich der Kathedrale erreicht man auf einer Landstraße Richtung Osten nach 4,5 km **Damnoen Saduak**. Die Straße verläuft in vielen Kurven durch kleine Dörfer und eine wunderschöne, von Kanälen durchzogene Gartenlandschaft mit Kokospalmen, Bananenstauden, Mango- und anderen Obstbäumen.

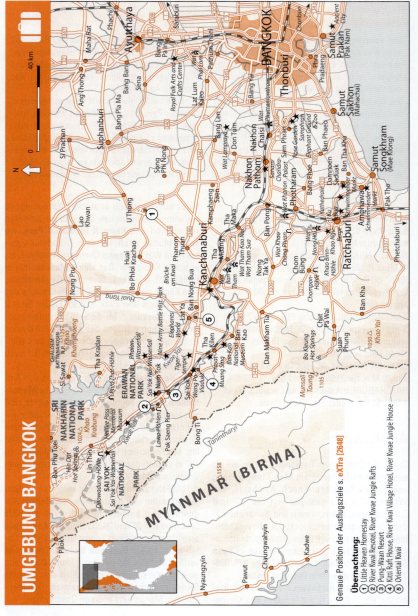

Übernachtung

Homestays in Privathäusern nahe dem Floating Market in Amphawa und in den umgrenzenden Dörfern kosten meist um 1000 Baht Vollpension p. P. Es wird nur wenig Englisch gesprochen.
Ruan Sabai, am nordöstlichen Klong Amphawa, ☎ 034-725 871, 086-344 7418. In einem Holzhaus einfache Zimmer auf 2 Stockwerken. Sitzkissen am Wasser, Halbpension möglich. ❹
Suan Nork Hideaway, 10 Min. zu Fuß nördlich von Amphawa am KM 0, zwischen Straße und Fluss, ☎ 081-655 6246. Hinter dem ehemaligen Restaurant werden von Khun Vatana, die Englisch spricht, im 1. Stock 3 nett eingerichtete Zimmer mit Dusche vermietet. Zudem dahinter in Flussnähe 2 kleine Häuser mit kleiner Küche, Außendusche und kleiner Terrasse. Essen auf Wunsch. ❹–❺
Thanicha Boutique Resort, 261 Rim Klong, am Kanal, ☎ 034-725 511, 089-104 5444, 🖥 www.thanicha.com. Umgebautes Holzhaus am Kanal mit 24 kleinen Zimmern im Thai-Stil mit TV, Kühlschrank und WLAN. Sitzkissen am Kanal. Während der Woche ist es nicht nur billiger, sondern auch ruhiger. Fahrradvermietung, einfaches Thai-Frühstück inkl. ❹–❺
Weitere Übernachtungsangebote s. **eXTra [2607]**.

Essen

Am Wochenende überwältigt das Angebot an den **Essenständen** und **Bootsrestaurants**. Man hat die einmalige Chance, Snacks und regionale Spezialitäten zu probieren, die ansonsten selten angeboten werden
Amphawa Ha-Hae, ☎ 034-725 584, 081-440 9734. Mit dunklem Holz und alten Lampen, Uhren und anderem Trödel eingerichtetes Pub in einem Holzhaus am Kanal mit guter Bar. ⏱ 11–23 Uhr.
Pornsawan, am Nordufer des Kanals nahe dem District Office östlich der kleinen Brücke. Große Auswahl, vor allem Seafood, und eine englische Karte.

Sonstiges
Bootstouren

Boote können von den Resorts und an den Piers in Amphawa und den anderen Orten gechartert werden. Auf die abendlichen Speedboot-Touren für 300 Baht p. P. zu den Glühwürmchen am **Klong Kone** sollte man verzichten, da Anwohner wie Mangroven unter den lauten Booten und hohen Wellen leiden.

Einkaufen

Das Ufer des Klong Amphawa, wo der Floating Market stattfindet, säumen kleine Galerien und interessante Souvenirgeschäfte, darunter einige mit hervorragenden Postkarten, Sandalen, Taschen, kreativ bedruckten T-Shirts und handgemachtem Schmuck. Die allermeisten sind allerdings nur am Wochenende geöffnet.

Fahrräder

An der Abzweigung der Nebenstraße nach Amphawa werden in einem kleinen Büro Fahrräder vermietet. **Cycling Thailand**, ☎ 02-990 0274, 🖥 www.cyclingthailand.com, bietet geführte Tagestouren auf ruhigen Nebenstraßen an.

Transport

Empfehlenswert ist ein **eigenes Fahrzeug**. Dann zweigt man vom H325 südlich von Amphawa auf den H6006 ab und fährt ganz gemächlich am Ostufer entlang Richtung Norden bis Ratchaburi.
Nach SAMUT SONGKHRAM, 6 km, und in andere Orte der Umgebung mit **Songthaew** und **Minibussen** für 10–20 Baht. **Tuk Tuk** 100 Baht.
BANGKOK, ab Amphawa-Tempel zum Victory Monument Minibusse, ☎ 084-111 6630, 087-667 2391, bis 19 Uhr für 100 Baht.

Lecker gefüllte Blätter *(miang kam)*

Die frischen Blätter werden mit gerösteten Kokosflocken, Erdnüssen, Zwiebeln, Chilis, Ingwer und Knoblauch gefüllt, gefaltet und als Häppchen gegessen.

Ratchaburi

Westlich von Bangkok, in der fruchtbaren Mündungsebene des 520 km langen Mae Klong, liegt die idyllische Provinzhauptstadt Ratchaburi

(95 000 Einwohner). Sie hat einen netten Markt, eine kleine Chinatown und historisch Interessierten einiges zu bieten. Archäologen stoßen immer wieder auf Zeugnisse der tausend Jahre alten Dvaravati-Kultur. Von der verfallenen einstigen Handelsstadt **Ku Bua**, 8 km südlich, sind nur noch Fundamente innerhalb eines Wallgrabens zu bestaunen, s. **eXTra [2612]**.

Im **Wat Mahathat** (Wat Na Phratat), das im 10. Jh. gegründet und mehrfach überbaut wurde, sind hinter den alten Mauern Ausgrabungsarbeiten im Gang. In der Gebetshalle sitzen Rücken an Rücken zwei große Buddhastatuen, von denen Gläubige Schutz von allen Seiten erbitten. Daneben erheben sich umgeben von einem Wandelgang mit zahlreichen Stein-Buddhas aus verschiedenen Epochen vier mit Stuckornamenten verzierte Prangs.

Die interessantesten Funde befinden sich im **Nationalmuseum**, ✆ 032-321 513, in den Räumen der ehemaligen Präfektur-Verwaltung. Sie sind gut ausgeleuchtet, mit informativen englischen Texten, Fotos und Karten von den Fundstätten versehen. Bemerkenswert sind die Funde aus der Dvaravati- und Khmer-Periode. Die historische Sammlung ergänzt eine Ausstellung über ethnische Minoritäten, die während der letzten Jahrhunderte hier angesiedelt wurden – von Chinesen bis zu Mon und Karen aus Myanmar, Lao Song und Lao Vieng aus Laos oder Yuan aus dem Norden. ◷ Mi–So außer feiertags 9–16 Uhr, Eintritt 100 Baht, Thais 20 Baht.

Bekannt ist Ratchaburi für die riesigen irdenen **Wasserkrüge** mit Drachenmotiven. Sie werden noch heute in Handarbeit in etwa 50 Manufakturen hergestellt, z. B. am H4 Richtung Süden, am H3087 Richtung Chom Bung sowie neben dem Westin Grand Hotel.

Übernachtung

Araya Hotel ③, 187/1-12 Kraipet Rd., ✆ 032-337 781-2. 6-stöckiges, einfaches chinesisches Stadthotel mit Aufzug. Gut gelüftete, einfach eingerichtete Zimmer mit Steinböden, älterer Klimaanlage oder Ventilator, z. T. mit Kaltwasser. ❷

Golden City ①, außerhalb am H4, 2 km östl. der Abzweigung des H3087, ✆ 032-317 140-5, 🖥 www.goldencity-hotel.com. Der 9-stöckige Block mit 216 Zimmern wird von Reisegruppen bevorzugt und lockt mit dem einzigen Pool der Stadt. Restaurant. ❹–❺

Namsin Hotel ②, 2-16 Kraipet Rd., ✆ 032-337 551. Die Zimmer des Hotels in der Chinatown mit Ventilator oder AC sind sauber, aber die Matratzen könnten mal wieder erneuert werden. ❷

Western Grand Hotel ④, 105/1 Old Petchkasem Rd., ✆ 032-337 777, 🖥 www.westerngrandhotel.com. 5-stöckiges Businesshotel mit 75 komfortablen Standard-, größeren Deluxe-Zimmern und bezahlbaren Suiten mit Kühlschrank, Flachbildschirm und Jacuzzi. Restaurant und Kaffee-Ecke. WLAN in der Lobby 50 Baht/Std. Amerikanisches Frühstück inkl. ❹

Essen

In der Chinatown werden an zahlreichen **Straßenständen** und in kleinen Restaurants lokale Gerichte zubereitet und verkauft.

Banka-Nom, 187/27-28 Kraipet Rd., ✆ 032-322 923. Bäckerei mit der größten Auswahl. ◷ 7–20.30 Uhr.

Ratchaburi 100 Coffeeshop, Kraipet Rd. Hier servieren junge Leute in einem kleinen, offenen Eckrestaurant Milchshakes, Kaffee und Snacks.

Sri Fa Kanch, Amarin Rd. Kleine Bäckerei mit süßen und salzigen Kuchen. ◷ 7–19.30 Uhr.

Tesco Lotus, im riesigen Supermarkt gibt es einen Food Court, eine Filiale von Hotpot und KFC sowie das **MK Restaurant** mit Wassertopf, rot geröstetem Enten- und Schweinefleisch. ◷ 9–24 Uhr.

Das große **Food Center** neben dem Uhrturm wurde während unserer letzten Recherche gerade komplett umgebaut.

Nahverkehr und Touren

Während der Baumaßnahmen rings um den Uhrturm wurden einige Haltestellen verschoben.

Rikschas gibt es fast nur noch in der Chinatown.

Motorradtaxis verkehren in der Stadt ab 20 Baht.

Songthaew kosten je nach Tour ca. 200 Baht pro Std.

Tuk Tuks kosten in der Stadt 30 Baht, zu Zielen in der Nähe siehe dort.

Ratchaburi

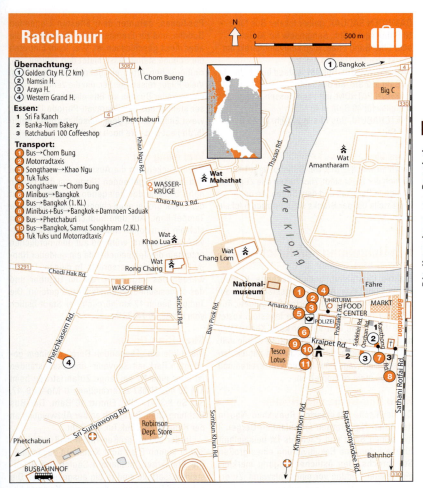

Übernachtung:
1. Golden City H. (2 km)
2. Namsin H.
3. Araya H.
4. Western Grand H.

Essen:
1. Sri Fa Kanch
2. Banka-Nom Bakery
3. Ratchaburi 100 Coffeeshop

Transport:
1. Bus→Chom Bung
2. Motorradtaxis
3. Songthaew→Khao Ngu
4. Tuk Tuks
5. Songthaew →Chom Bung
6. Minibus→Bangkok
7. Bus→Bangkok (1. Kl.)
8. Minibus+Bus→Bangkok+Damnoen Saduak
9. Bus→Phetchaburi
10. Bus→Bangkok, Samut Songkhram (2.Kl.)
11. Tuk Tuks und Motorradtaxis

Transport

Busse

Der neue **Busbahnhof** im Süden der Stadt mitten im Großmarkt wird kaum genutzt. Stattdessen halten die Busse weiterhin im Zentrum. Die Abfahrtsstellen sind auf dem Ortsplan eingezeichnet.

Nach BANGKOK Bus 76 von verschiedenen Haltestellen in der Altstadt entlang der Kraipet Rd. 2.-Kl.-AC-Busse bis 18 Uhr alle 30 Min, 80 Baht. 1.-Kl.-AC-Busse bis 20.30 Uhr für 90 Baht ab dem Büro neben dem Namsin Hotel in 1 1/2 Std. Minibusse vom Busbahnhof und vom Zentrum zur Phrapinklao-Brücke in Thonburi (nahe Banglampoo) für 100 Baht.

CHOM BUNG, lokaler Bus 8161 und große Songthaew für 30 Baht in 40 Min. zur Chompon-Höhle (+ 2 km zu Fuß) und der Zufahrt zur Khao Binn-Höhle (+ 1,7 km zu Fuß).

DAMNOEN SADUAK, gelber lokaler Bus für 50 Baht in gut 1 Std., Songthaew für 30 Baht oder über Bang Phae. Man kann sich direkt am Markt absetzen lassen.
KANCHANABURI, Bus 461 laufend bis 18 Uhr für 50 Baht in 2 Std. ab Busbahnhof.
NAKHON PATHOM, mit allen Bussen Richtung Bangkok für 40 Baht in 45 Min.
PHETCHABURI, Bus 73 alle 20 Min. für 40 Baht in 1 Std.

Eisenbahn
Fahrplan s. S. 812/813. Der Bahnhof liegt 1 km südlich der Innenstadt. Hier halten alle Züge zwischen Bangkok und dem Süden. An der Haltestelle bei der Brücke stoppen zudem lokale Züge.

Die Umgebung von Ratchaburi

Bizarre Kalkfelsen, beeindruckende Höhlen, Tempel und eine Ausgrabungsstätte sind am besten mit einem gecharterten Songthaew, Tuk Tuk oder Taxi zu erreichen. Eine Tagestour kostet etwa 1000 Baht. Wer vor der Kang Khao-Höhle das Ausschwirren der Fledermäuse sehen will, sollte frühzeitig aufbrechen. Touren mit lokalen Bussen sind wegen der langen Wartezeiten und Fußwege nicht zu empfehlen.

Khao Ngu-Berge und -Höhlen
Der idyllische **Steingarten** Ruesikhao Ngu in den Khao Ngu-Bergen („Schlangen-Bergen") mit seinen Seen und Pavillons ist beispielhaft für die gelungene Rekultivierung eines großen Steinbruchs. Den östlichen Zugang markiert ein riesiger Buddha vor einer Felswand. Zu erreichen von der Stadt aus auf dem H3087 7 km Richtung Westen und dann 1 km Richtung Nordosten auf dem H3089. Songthaew (letzter zurück um 18.30 Uhr) für 20 Baht, Tuk Tuk 200 Baht hin und zurück.

Auf schmalen, kurvenreichen Straßen gelangt man zu den vier buddhistischen **Khao Ngu-Höhlen**: **Fa Tho** mit einem liegenden Buddha im indischen Stil aus dem 7. Jh., **Chin** mit zwei restaurierten Buddhaskulpturen aus der Dvaravati-Zeit, **Cham** mit Buddhastatuen in unterschiedlichen Positionen, darunter dem ältesten Liegenden Buddha, und zur Eremitenhöhle **Tham Russi**, die aber meist geschlossen ist. Wer beim Eintreten die Schuhe stehen lässt, bietet den zahlreichen, räuberischen Affen ein gefundenes Spielzeug. Viele Pilger reisen hierher, um die zentrale Figur, ein sitzender Buddha als Basrelief, zu sehen. Dieser stammt aus der Dvaravati-Periode (10. Jh.), weist Einflüsse aus dem indischen Gupta-Reich (5. Jh.) auf und wird hoch verehrt.

Wat Nong Hoi
Beeindruckend ist die Aussicht über die Ebene und die sie umgebenden Berge von den beiden nahe beieinander gelegenen Bergkegeln, auf denen der große, neue chinesisch-buddhistische Tempel liegt. Auf dem südlichen Berg erhebt sich ein 16 m hoher, weißer sitzender Bodhisattva Avalokitesvara, während auf dem nördlichen unterhalb der Tempelgebäude ein goldener Happy Buddha Glück verspricht. In diesem Tempel werden das Vegetarier-Fest im Oktober und das chinesische Neujahrsfest groß gefeiert. Die Tempel liegen 12 km nördlich der Stadt östlich vom H3089. ⊙ 7–17 Uhr.

Khao Binn-Höhle
Die Höhle am „Fliegenden Berg" in einem gepflegten Park mit Souvenir- und Essensständen ist über eine 1,7 km lange Zufahrtsstraße beim KM 20 des H3087 zu erreichen, ⊙ Mo–Fr 9–17, Sa, So 8.30–17 Uhr, Eintritt 10 Baht. Der Bus Richtung Chom Bung hält an der Abzweigung an der Hauptstraße. Tuk Tuk 400 Baht.

In der 800 m² großen Höhle sind auf einem 300 m langen Pfad acht Kammern zugänglich. Die Stalaktiten, eleganten Säulen und Tropfsteinwasserfälle sind farbig ausgeleuchtet. Die schönste Formation in der vierten Kammer ähnelt einem gewaltigen Adler. Am Ende des abgesicherten Wegs wartet eine feuchtheiße Grotte mit kleinen Teichen und heiligem Wasser.

Chompon-Höhle
2 km westlich von Chom Bung liegt hinter dem Teacher College in einem Arboretum die Höhle Tham Chompon. Der Bus 8161 fährt nur bis Chom Bung, Tuk Tuk 500 Baht. ⊙ 9–16.30 Uhr, Eintritt 10 Baht.

Ein wahrhaft königliches Schattentheater

Der alte Tempel Wat Khanon beherbergt ein einmaliges **Museum** mit wunderschönen, großen Nang Yai-Schattenspielfiguren für das Ramayana-Epos, das in dieser Form ausschließlich am königlichen Hof gespielt werden durfte. Die über 150 Jahre alte Sammlung umfasste ursprünglich 313 aus Büffelleder ausgestanzte Figuren. In großen Schaukästen werden die Prächtigsten ausgeleuchtet und beschrieben. Außerdem informiert ein Faltblatt über die Tradition des Schattenspiels. Manchmal wird demonstriert, wie die Figuren aus Büffelleder ausgestanzt werden. Der Abt des Klosters, ✆ 032-233 386, 081-753 1230, informiert über Aufführungen, die meist Sa von 10–11 Uhr stattfinden. Zur Musik eines großen traditionellen Orchesters und den vorgetragenen sowie gesungenen Texten bewegen Tänzer die großen Figuren. ⏰ 8–17 Uhr, Eintritt frei, um eine Spende wird gebeten.

Zwischen schattigen großen Bäumen, kleinen Bonsai-Bäumchen, Bougainvilleen und Teichen laden Essenstände zu einem Imbiss ein. Die bettelnden, Respekt einflößenden Affen sollten nicht gefüttert werden. Über eine Treppe erreicht man durch einen schmalen Eingang die 240 m lange Haupthalle mit vielen hübschen Stalaktiten und Stalagmiten. Durch das Loch des abschließenden Doms fällt malerisch das Tageslicht. Ein ruhender Buddha und der Heilige Phra Phutta Siyat sind die am meisten verehrten Statuen.

Wat Khanon

Alte, hohe Laubbäume umgeben die weitläufige Klosteranlage des Wat Khanon, ✆ 032-233 386, deren schöne, alte Teakhäuser eine besondere Atmosphäre vermitteln. Anfahrt von Photharam auf dem H3080, über den Fluss und hinter der Brücke rechts auf einer schmalen Landstraße 2,5 km bis zum Tempel, Tuk Tuk 600 Baht. Alternativ über Photharam, Bus ab Bangkok oder Ratchaburi, und weiter mit dem Motorradtaxi.

Wat Khao Chong Phran und die Fledermaus-Höhle

Jeden Abend, sobald die Sonne untergeht, bietet sich über dem **Wat Khao Chong Phran** ein sehenswertes Naturschauspiel. Aus der Kang Khao-Höhle quillt ein scheinbar endloses, dunkles Band heraus, das über den dunklen Abendhimmel gleitet. Von den flatternden Punkten geht ein hohes Zirpen aus. Es sind etwa 4 Mio. kleiner Faltlippen-Fledermäuse *(Tadarida plicata)*, die sich unter den Augen Hunderter Zuschauer auf den Weg zu den Obstbäumen im „Garten Thailands" weiter im Süden machen. In der Höhe kreisende Raubvögel nutzen die ersten Minuten für einen Festschmaus. Nach etwa 20 Minuten wird das Band zunehmend dünner. Noch vor dem Morgengrauen kehren die Flattertiere wieder in die Höhle zurück.

Die Fledermaus-Höhle liegt 24 km nordwestlich von Ratchaburi am H3089 Richtung Bang Phae hinter der Abzweigung des H3357. Sie ist mit dem Tuk Tuk oder Songthaew ab 600 Baht zu erreichen. Vor dem Beginn des Schauspiels zwischen 17 und 18 Uhr (bei dunklem Himmel eher früher) postieren sich die Touristen auf dem großen Parkplatz mit dem Fledermaus-Denkmal neben dem Tempel. Essenstände sorgen für das leibliche Wohl.

Weitere Ausflugsziele s. eXTra [2612] und [2613].

Nakhon Pathom

Vor über 2000 Jahren zogen Mönche aus dem buddhistischen Ceylon nach Osten. Sie errichteten einen buddhistischen Tempel wahrscheinlich an der Stelle, wo heute der über 127 m hohe **Phra Pathom Chedi** steht. Wegen der beeindruckenden Konstruktion der frühen Bauten nimmt man an, dass sich hier das erste buddhistische Zentrum auf thailändischem Boden befand. Unter der heutigen Pagode befindet sich ein 39 m hoher Chedi aus dem 4. Jh. im Mon-Stil, der im 11. Jh. mit einem Khmer-Prang und vor über 100 Jahren mit dem heutigen Chedi überbaut wurde. Er gilt als eines der höchsten buddhistischen Bauwerke der Welt. Eintritt zum Chedi mit dem **Tempelmuseum** (Eingang im Norden) 40 Baht. Mehr zum Chedi s. **eXTra [2616]**. Im November, nach dem Loi Krathong-Fest, findet rings um die Pagode ein zehntägiges, großes **Tempelfest** statt.

Im angeschlossenen **Nationalmuseum**, ⏱ Mi–So 9–16 Uhr, 100 Baht, sind einige Funde von 1934 durchgeführten Ausgrabungsarbeiten im Tempelbezirk ausgestellt. Die Ausstellungsstücke aus der Dvaravati-Periode geben einen Einblick in den Alltag der Menschen vor über tausend Jahren, ihre Religion, Kunst und Architektur. An der Kasse ist ein guter zweisprachiger Katalog erhältlich.

Sanam Chandra-Palast

Rama VI. hielt sich oft in Nakhon Pathom auf, um dem Training seiner hier stationierten paramilitärischen Einheit beizuwohnen. Er ließ sich 2 km westlich der Pagode 1902–11 den kleinen Sanam Chandra-Palast erbauen. Dieser liegt in einem gepflegten Park mit Pavillons, Teichen und kleinen Brücken sowie dem Denkmal seines Lieblingshundes Yalae und des Elefantengottes Ganesha aus dem hinduistischen Pantheon. Die Anlage wurde 2003 restauriert und der Öffentlichkeit zugänglich gemacht.

In der **Chaleemongkolasana-Residenz**, einem zweistöckigen Gebäude nahe dem Kreisverkehr, das wie ein zu klein geratenes Märchenschloss wirkt und vor dem das Denkmal des Hundes steht, ist ein Museum mit Fotografien und persönlichen Gegenständen aus dem Besitz König Ramas VI. untergebracht. Ebenfalls besichtigt werden können die **Bhimarn Prathom-Residenz** im westlichen Kolonialstil mit den einstigen Privatgemächern des Königs sowie die **Samakkeemukamartaya-Halle**, die für Theatervorstellungen und Empfänge genutzt wurde. ⏱ 9–16 Uhr, ☎ 034-244 236-7. Eintritt in den Park frei, in die Museen 50 Baht. Es gilt die Kleiderordnung wie im Königspalast in Bangkok (s. S. 131). In einer Kantine werden einfache Thai-Gerichte und Getränke verkauft.

Übernachtung

Mitpaisal ①, am Bahnhof, 120-30 Phaya Phan Rd., ☎ 034-342 422, ✉ mitpaisal@hotmail.com. Hellhörige Zimmer mit AC oder Ventilator in einem älteren Hotelblock mit Aufzug und einer museumsreifen Telefonanlage. Einziger Vorteil ist die Nähe zum Bahnhof. ❷–❸

Nakhorn Inn Hotel ③, 55 Soi 3, Ratchavithi Rd., ☎ 034-251 152-4, ✉ 254 998, nahe der Pagode am Ende der Sackgasse. In einem zurückversetzten Hotelblock mit Aufzug 70 nicht mehr ganz neue Zimmer mit Kühlschrank. Er grenzt hinten an eine Schule an, daher sind die Zimmer vorn ruhiger. ❸

Whale ②, 151/79 Soi 19, Ratchavithi Rd., ☎ 034-253 855-63, 🖥 www.whale.co.th. Das größte Hotel des Ortes, ca. 1 km westlich der Pagode, etwas abseits der Hauptstraße, aber von dort leicht zu sehen. Gute Zimmer, Nightclub, am Wochenende Disco. Das chinesische Restaurant lässt zu wünschen übrig. Frühstück inkl. Mit dem Bus kommend an der Ampel aussteigen. ❹

Essen und Nahverkehr

Auf dem tollen Markt zwischen Bahnhof und Chedi gibt es leckeren *kao larm*, Klebreis, der mit Kokos und Palmzucker gesüßt in Bambus gebacken wird. Vor allem abends laden viele Essensstände zum Schlemmen ein.

Transport

Busse

Sie fahren auf dem Weg zu den außerhalb gelegenen Busbahnhöfen durchs Zentrum und lassen Touristen an der Pagode ein- oder aussteigen. Überlandbusse halten südlich des Zentrums am Highway, lokale Busse, z. B. nach Damnoen Saduak, an der Bus Station im Süden der Stadt oder rings um die Pagode. Ortsunkundige sollten sich bei Einheimischen nach den Bus Stops im Zentrum erkundigen, da diese nicht ausgewiesen sind. Das beste und günstigste Transportmittel innerhalb der Stadt sind Motorradtaxis.

Nach BANGKOK, 56 km, AC-Busse bis 21 Uhr alle 15–20 Min. für 30–50 Baht, zurück bis gegen 23.20 Uhr, in 1 1/2 Std. Minibusse ab der Straße vor der Silpakorn-Universität nach Bangkok (Phrapinklao-Brücke nahe Banglampoo) für 60 Baht.

Ab der Polizeistation südlich des Chedi nach

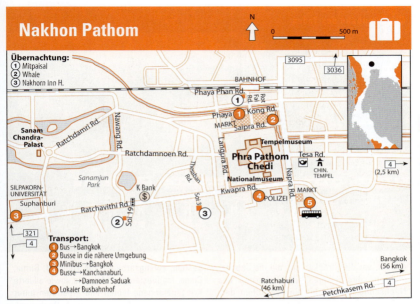

DAMNOEN SADUAK, AC-Bus 78 ab 6.30 Uhr alle 30 Min. für 30–50 Baht in 1 Std.
KANCHANABURI, AC-Bus 81 aus Bangkok kommend alle 20 Min. für 50 Baht in 2 Std.
RATCHABURI, Bus 76 für 40 Baht in 45 Min.

Eisenbahn

Fahrplan s. S. 812/813. Der **Bahnhof** liegt 500 m nördlich des Chedi. Nach BANGKOK fahren ein Dutzend Züge in 1–1 1/2 Std., die wegen der Zuschläge überwiegend teurer sind als Busse. Günstig der DRC um 17.19 Uhr für 14 Baht. Zwischen THONBURI und KANCHANABURI kosten alle Züge trotz 3. Kl. für Touristen 100 Baht.

Kanchanaburi

Nicht nur die weltberühmte Brücke am Kwai, die Vorlage zu Pierre Boulles Roman und dem gleichnamigen Film, zieht einheimische wie ausländische Touristen in diese Provinzhauptstadt (67 000 Einwohner), die häufig nur Mueang Kan oder Kanburi genannt wird. Familien japanischer und alliierter Kriegsveteranen kommen wegen der Kriegsmuseen, Soldatenfriedhöfe und anderen Spuren, die der Zweite Weltkrieg hinterlassen hat. Thailändische Familien flüchten am Wochenende aus der Metropole, um in den Resorts aufzutanken. Traveller finden hier preiswerte Gästehäuser und Restaurants sowie vielfältige Möglichkeiten für Touren und Aktivitäten.

Rings um den Busbahnhof liegt das planmäßig angelegte neue Geschäftszentrum. Es wird von der vierspurigen Fernstraße vom alten, chinesisch geprägten, quirligen Kern getrennt. Am Fluss konzentrieren sich die Touristen, südlich der neuen Brücke frequentieren asiatische Reisegruppen die schwimmenden Karaoke-Restaurants, während sich die Farangs in den Gästehäusern weiter nördlich entlang der Straße zur Eisenbahnbrücke wohlfühlen. Die Sehenswürdigkeiten – die Friedhöfe, Tempel, die Brücke und die Museen – liegen weit verstreut zwischen Hauptstraße und Fluss.

Die berühmte **Brücke am Kwae**, besser bekannt als „River Kwai Bridge" bzw. „Brücke am

Die Eisenbahn des Todes

415 km war die Strecke lang, die die Japaner während des Krieges zur Sicherung des Nachschubs als Verbindung zwischen dem thailändischen und birmanischen Eisenbahnnetz durch die Wildnis treiben ließen. Innerhalb von 17 Monaten, von Juni 1942 bis Oktober 1943, hatten 200 000 asiatische Zwangsarbeiter und 62 000 Kriegsgefangene unter großen Opfern die Trasse durch den Dschungel, die noch immer lakonisch Death Railway genannt wird, fertiggestellt. Zwangsarbeiter aus Thailand, Birma, China, Indonesien und Malaysia sowie alliierte Kriegsgefangene lebten und arbeiteten unter unmenschlichen Bedingungen im Dschungel. Allein von den Kriegsgefangenen starben über 12 000 durch Unfälle, Unterernährung und Krankheiten, bei den Zwangsarbeitern waren es sogar über 80 000.

Weitere Infos s. **eXTra [2619]**.

Kwai", liegt 4 km nordwestlich des Busbahnhofs. Über sie pendelt eine Touristenbahn. Zudem wird sie von Zügen überquert, die durch das Tal des Kwae Noi bis zur heutigen Endstation Nam Tok fahren. Sie machen durch lautes Pfeifen auf sich aufmerksam, sodass sich Passanten rechtzeitig in Sicherheit bringen können. Die schlichte Stahlträgerkonstruktion sieht ganz und gar nicht so aus wie im Film und Roman beschrieben. Dennoch wird sie von zahllosen Touristen fotografiert. Auf dem von Souvenirständen umgebenen Platz vor der Brücke stehen neben einer Informationstafel eine alte Draisine und zwei historische Lokomotiven.

Von dem privaten **World War II Museum** südlich der Brücke, ✆ 034-512 596, sollte man keine historische Aufarbeitung der Kriegsereignisse erwarten. Neben prähistorischen Faustkeilen und einer Galerie der Helden Thailands haben auch die des Zweiten Weltkriegs, von Stalin bis Einstein, ihren Platz – kurzum: bizarr und voller Fehler! ⏱ 8–18.30 Uhr, 40 Baht.

Wesentlich kleiner, aber angenehmer ist das **JEATH-Kriegsmuseum** (JEATH = die in den Krieg verwickelten Länder: Japan, England, Australien, Amerika, Thailand und die Niederlande) im Wat Chai Chumphon am Mae Klong-Fluss, das Ende der 1970er-Jahre vom damaligen Abt in der rekonstruierten Baracke eines Kriegsgefangenenlagers eingerichtet wurde. Anhand von Fundstücken, Fotos und anderen Dokumenten vermittelt es einen Eindruck vom Leben der Gefangenen und der asiatischen Zwangsarbeiter, die 1942/43 am Bau der Eisenbahnlinie

Kanchanaburi

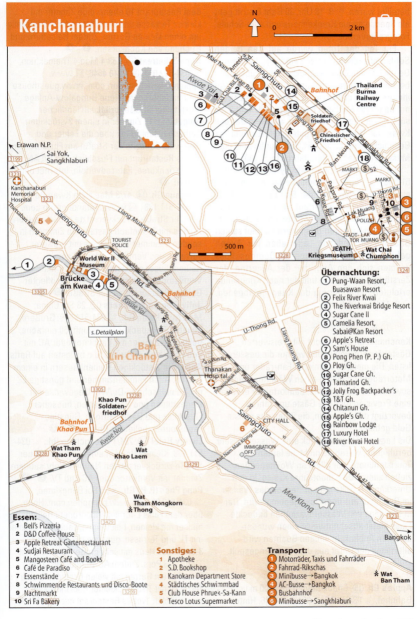

Übernachtung:
1. Pung-Waan Resort, Buasawan Resort
2. Felix River Kwai
3. The Riverkwai Bridge Resort
4. Sugar Cane II
5. Camelia Resort, Sabai@Kan Resort
6. Apple's Retreat
7. Sam's House
8. Pong Phen (P. P.) Gh.
9. Ploy Gh.
10. Sugar Cane Gh.
11. Tamarind Gh.
12. Jolly Frog Backpacker's
13. T&T Gh.
14. Chitanun Gh.
15. Apple's Gh.
16. Rainbow Lodge
17. Luxury Hotel
18. River Kwai Hotel

Essen:
1. Bell's Pizzeria
2. D&D Coffee House
3. Apple Retreat Gartenrestaurant
4. Sudjai Restaurant
5. Mangosteen Café and Books
6. Café de Paradiso
7. Essenstände
8. Schwimmende Restaurants und Disco-Boote
9. Nachtmarkt
10. Sri Fa Bakery

Sonstiges:
1. Apotheke
2. S.D. Bookshop
3. Kanokarn Department Store
4. Städtisches Schwimmbad
5. Club House Phrue-Sa-Kann
6. Tesco Lotus Supermarket

Transport:
1. Motorräder, Taxis und Fahrräder
2. Fahrrad-Rikschas
3. Minibusse→Bangkok
4. AC-Busse→Bangkok
5. Busbahnhof
6. Minibusse→Sangkhlaburi

www.stefan-loose.de/thailand

beteiligt waren. ⏱ 8–18 Uhr, 30 Baht Eintritt geht als Spende an ein Krankenhaus und eine Schule, Fotografierverbot.

Ein Teil der Toten wurde auf den beiden **Soldatenfriedhöfen** *(war cemetery)* beigesetzt. Der größte, auf dem 6982 Soldaten begraben sind, befindet sich etwa 300 m südlich vom Bahnhof. An ihn grenzt ein chinesischer Friedhof. Der zweite, auf dem 1750 Soldaten begraben sind, liegt 2 km südlich der Stadt in **Khao Pun**, am Westufer des Kwae Noi. Wer an einer guten Aufarbeitung der Geschichte interessiert ist, sollte unbedingt zum Museum am Hellfire Pass fahren (s. S. 250).

Im **Thailand Burma Railway Centre**, ☎ 034-510 067, 💻 www.tbrconline.com, einem informativen Museum, wird der Bau der Death Railway und der Kriegsverlauf in Asien in vielen Details und durch Videofilme dargestellt. Im Erdgeschoss werden Besuchern die mühsamen Bauarbeiten und das Lagerleben vor Augen geführt. Die Ausstellungen im Obergeschoss widmen sich den Angriffen der Alliierten, der Zerstörung der Brücke und der nach Kriegsende erfolgten Repatriierung der Kriegsgefangenen. ⏱ 9–17 Uhr, 100 Baht.

Übernachtung

Kanchanaburi überrascht mit preiswerten Gästehäusern, von denen wir nur die besseren listen. Die meisten vermieten Fahrräder und Motorräder und bieten einen Wäscheservice sowie kleine Restaurants. Samlorfahrer erhalten eine Provision für neue Gäste und fahren bevorzugt diejenigen an, die ihnen das meiste Geld geben.

Die Lage am Fluss mit Blick aufs Wasser ist sehr beruhigend, wären da nicht die lauten Touristenboote. Vor allem an Wochenenden ziehen zudem Discoboote ihre Kreise. In den Unterkünften sollte man prüfen, ob das Wasser im Bad nicht aus dem Fluss gepumpt wird. Der in Ufernähe mit Wasserhyazinthen bedeckte Fluss bietet abschnittsweise einen wunderschönen Anblick. In einigen Buchten wird allerdings der Unrat aus dem Fluss angespült.

Untere Preisklasse

Apple's Gh. ⑮, Chaokhunnen Rd., 200 m vom Bahnhof, ☎ 034-512 017, 081-948 4646. Hinter dem Restaurant 10 ebenerdige Zimmer mit kleiner Terrasse und Ventilator oder AC L-förmig um einen kleinen Garten. Zudem Reisebüro und Buchung von Kochkursen. ❸–❹

Apple's Retreat ⑥, 153/4 Moo 4 Thamakham, ☎ 034-512 017, 081-948 4646, 💻 www.applenoi-kanchanaburi.com, www.guesthousekanchanaburi.com. Neue Bungalow-Anlage jenseits der Straßenbrücke in ländlicher Umgebung. 16 Zimmer in einem 2-stöckigen Reihenhaus mit Blick über die Felder und Bergwelt. Jenseits der Straße am Flussufer ein nettes Restaurant mit Flussblick und WLAN. Gute Kochkurse, Fahrradverleih, Internet und Touren. ❸

Chitanun Gh. ⑭, 47/3 Mae Nam Kwae Rd., ☎ 034-511 138, 💻 www.chitanungroup.com. Von der Straße zurückversetzte große, saubere Anlage mit 38 einfach gestalteten Zimmern in soliden 4-Zimmer-Bungalows mit größerer Terrasse und Ventilator oder AC sowie Reihenhäuser mit kleineren Zimmern mit Ventilator und kleinen Terrassen. Gepflegter Garten. Restaurant an der Straße. ❷–❸

Jolly Frog Backpacker's ⑫, 28 Soi China, Mae Nam Kwae Rd., ☎ 034-514 579. Größere, beliebte Backpacker-Unterkunft. 50 einfache, hellhörige Zimmer mit Ventilator oder AC mit und ohne kleiner Du/WC, die billigsten auf Rafts. Andere in 2-stöckigen Reihenhäusern in einem Garten. Auch Familienzimmer und günstige EZ mit Gemeinschafts-Du/WC. Liegewiese mit Liegestühlen und Hängematten, hübscher Flussblick und Badeplattform. Günstige Tagestouren, beliebtes Restaurant. ❷

Luxury Hotel ⑰, 284/1 Saengchuto Rd., ☎ 034-511 168. Kleines Hotel in einem etwas von der Straße zurückversetzten Neubau. Sehr saubere Zimmer mit Ventilator oder AC und TV. ❷–❹

Pong Phen (P. P.) Gh. ⑧, 5 Soi Bangklated, ☎ 034-512 981, 💻 www.pongphen.com. Hoch über dem Fluss L-förmig angeordnete Reihenhäuser mit kleinen, hellhörigen, sauberen Zimmer mit TV und Terrasse, günstige mit Ventilator. 3-stöckiges Haus mit sehr großen Zimmern mit TV für 2–3 Pers. Zudem AC-Bungalows. Zum Fluss hin ein Garten mit vielen Orchideen, eine Terrasse mit Tischen, kleiner Pool mit vielen Liegestühlen. Nettes Restaurant mit Bar. ❸–❹

Rainbow Lodge ⑯, 48/5 Rong Heeb Oil Rd., ☎ 034-513 976. 9 in unterschiedlichen Farben gestrichene, kleine Häuser mit Ventilator oder AC, 3 teure VIP-Zimmer mit großen Fenstern und eigener Terrasse am Fluss. Restaurant mit schönem Ausblick, gratis Internet, WLAN und Fahrräder, Kochkurse. Abholservice vom Busbahnhof. ❷–❸

Sam's House ⑦, 14/2 Moo 1 Mae Nam Kwae Rd., ☎ 034-515 956, 🖥 www.samsguesthouse.com. Umgeben von einem Wassergarten im überwachsenen Flussarm stehen Holzhäuser auf Stelzen mit AC oder Ventilator und TV. Dustere, aber nette Zimmer in L-förmigem Reihenhaus nahe dem Restaurant. Gegenüber große A-Frames. Auch Familienzimmer. ❸–❹

Sugar Cane Gh. ⑩, 22 Soi Pakistan, Mae Nam Kwae Rd., ☎ 034-624 520, 🖥 www.sugarcaneguesthouse.com. Einfache ältere Holz-Bungalows, die billigen mit kalten Duschen und durchgelegenen Matratzen. 4 Rafts mit schönem Ausblick, großen Zimmern mit alten Matratzen, AC und Sonnenterrasse. Gutes Essen, vom Restaurant (⏱ 7–22 Uhr) Blick auf den Fluss. ❶–❸

Sugar Cane II ④, 7 Soi Cambodia, Mae Nam Kwae Rd., ☎ 034-514 988, 🖥 www.sugarcaneguesthouse.com. Im Reihenhaus, das senkrecht zum Fluss steht, Zimmer mit Ventilator. AC-Zimmer in steinernen Bungalows, die leider etwas dicht aneinander stehen. Auch ein Raft mit 4 AC-Zimmern, mit abgestellter Klimaanlage günstiger. Restaurant am Fluss mit schönem Ausblick und Traveller-Food. ❷–❸

T&T Gh. ⑬, 1/14 Mae Nam Kwae Rd., ☎ 034-514 846, 081-856 2400. In einem doppelstöckigen Reihenhaus 12 Zimmer mit AC, Du/WC und TV sowie Ventilator-Zimmer mit TV. 4 weitere Zimmer auf einem Raft. Garten und Flussterrasse. ❶–❸

Tamarind Gh. ⑪, 29/1 Mae Nam Kwae Rd., ☎ 034-518 790, 089-837 7256. Auf einem schmalen Grundstück am Fluss in einem 2-stöckigen ruhigen, sauberen Reihenhaus 15 gepflegte Zimmer, unten mit Ventilator, oben hellere mit AC und TV, gegenüber dem Frühstücksraum. Weitere Zimmer auf einem Raft. Zudem recht große, billige Zimmer mit Gemeinschaftsdusche. ❶–❸

Mittlere Preisklasse

Buasawan Resort ①, 135 Soi 2, ☎ 034-514 324. Westlich der Stadt in ruhiger Lage, 16 Zimmer mit kleiner Du/WC, großem Kühlschrank, TV, Wasserkocher und Terrasse in freistehenden, netten Bungalows, im Haupthaus sowie auf einem Floß. Auch Schlafsaalbetten. Alles ist umgeben von einem Park mit Salas und Baumhäuschen. Großes Restaurant am Fluss und Badeplatz. Frühstück inkl. ❺

Camelia Resort ⑤, 9 Soi Cambodia, Mae Nam Kwae Rd., ☎ 034-624 884. Größeres Resort in Billigbauweise nahe dem Fluss, das gar nicht in die ansonsten ländliche Umgebung passt. Oberhalb einer großen Wiese mit Pool stehen 7 3-stöckige Häuser mit jeweils 6 etwas abgewohnten Zimmern mit Balkon und WLAN. Restaurant, dessen Speisekarte mit koscheren Gerichten auf Gäste aus Israel abzielt. ❹

Ploy Gh. ⑨, 79/2 Mae Nam Kwae Rd., ☎ 034-515 804, 081-807 7475, 🖥 www.ploygh.com. Geschmackvolle, kleine Anlage mit 20 Zimmern im modernen Thai-Stil. Hinter dem Restaurant mit Dachterrasse stehen quer zum Fluss ein 1- und 2-stöckiges Reihenhaus. AC-Zimmer mit kleinen, privaten Gärten und offen einsehbarer Warmwasserdusche im Freien, im 1. Stock etwas preiswerter ohne Garten. Der Service macht sich rar. Einfaches Frühstück inkl. Übers Internet günstiger. ❹

River Kwai Hotel ⑱, 284/3-16 Saengchuto Rd., ☎ 034-513 348, 510 111, 🖥 www.riverkwai.co.th. Großes, renoviertes Mittelklassehotel in einem Block, guter Service, Disco, Pub, Pool mit Jacuzzi, Spa, gutes Restaurant, Frühstück inkl. ❺

Sabai@Kan Resort ⑤, 317/4 Mae Nam Kwae Rd., ☎ 034-625 544, 🖥 www.sabaiatkan.com. 23 schöne, helle Zimmer mit guten Matratzen, TV, Kühlschrank und Sitzkissen auf dem Boden, im Obergeschoss mit Balkon. Schöner Garten mit kleinem Pool. ❺

The Riverkwai Bridge Resort ③, 8 Vietnam Rd., unterhalb der Brücke, ☎ 034-514 522, 🖥 www.riverkwaibridgeresort.com. Die 46 Zimmer in großen, soliden Einzel- und Doppelbungalows sind mit modernen, dunklen Holzmöbeln recht hübsch eingerichtet. Weitere 25 nette Zimmer mit Terrasse oder Balkon in einem einstöckigen und neueren 2-stöckigen Hotelgebäude. Edles Restaurant am Fluss. Pool nahe der Rezeption. Frühstück inkl., am Fr und Sa teurer. ❺

Obere Preisklasse
Nördlich der Brücke am Kwai: Resorts und Bungalows für Einheimische sowie 2 schöne Hotelanlagen, die am günstigsten im Internet gebucht werden können:
Felix River Kwai ②, 91/1 Moo 3 Thamakham Rd., ✆ 034-551 000, 🖥 www.felixriverkwai.co.th. In Sichtweite der Brücke am jenseitigen Flussufer. In die Jahre gekommenes Hotel aus den 1980er-Jahren mit 255 großen, teils muffigen Zimmern, die mit netten Kleinigkeiten dekoriert sind. Restaurants, 2 Pools. ❻–❼
Pung-Waan Resort ①, 72/1 Moo 2 Thamakham Rd., ✆ 034-625 270-5, 🖥 www.pungwaan riverkwai.com. Resort 2 km nördlich der Brücke in einem weitläufigen Park östlich des Flusses. 110 großzügige Zimmer mit allem Komfort, Landschaftspool, Sauna und Spa. Schwesterresort am Kwae Noi bei Nam Tok. Frühstück inkl. ❻

In diesem Resort stimmt jedes Detail
Oriental Kwai ⑤, 194/5 Moo 1, Ladya, ✆ 034-588 168, 🖥 www.orientalkwai.com, Karte S. 228. Das kleine, schicke Resort in idyllischer Lage am Fluss nördlich der Stadt lädt zum Entspannen ein. Evelien und ihr Mann Djo kümmern sich aufmerksam um ihre Gäste und sorgen mit ihren 3 kleinen Söhnen für eine familiäre Atmosphäre. 12 helle, großzügige Bungalows mit geräumigen Bädern, Kühlschrank, Fön, Wasserkocher, DVD-Player und WLAN rings um einen Pool mit Liegen, Schirmen und Schatten spendenden Bäumen. Im Restaurant über dem Fluss leckere westliche und Thai-Gerichte, tolle Speisekarte und entspannte Musik. Terrasse am Flussufer mit Thai-Sitzkissen. Zudem Bücher-, DVD-, Fahrrad- und Motorrad-Verleih, viele Infos über Kanchanaburi, Vorschläge für Rad- und andere Touren, Transport in die Stadt mit dem Taxi, Boot oder Pickup-Service. Frühstück inkl. ❺–❻

Essen
Im Umkreis der Gästehäuser konzentrieren sich **Essenstände** und kleine Restaurants, die ein preiswertes, leckeres Angebot bereithalten – auf Sauberkeit achten! Am preiswertesten sind die Nudelläden südlich und westlich des Busbahnhofs. Abends werden zudem entlang der südlichen Uferstraße Essenstände aufgebaut. Vor allem Thais essen hier. Ein **Nachtmarkt** findet jeden Abend außer Mi von 18–22 Uhr neben dem Bahnhof statt. In **schwimmenden Restaurants** im Zentrum und beiderseits der Brücke tafeln abends die Reisegruppen und genießen bei Sonnenuntergang die tolle Atmosphäre. Die Meinungen über die Qualität der Küchen sind geteilt. Vielen Gästehäusern sind kleine **Backpacker-Restaurant** angegliedert, in denen es Frühstück und die üblichen Standardgerichte gibt.
Bell's Pizzeria, 24/5 Mae Nam Kwae Rd., gegenüber Ploy's Gh., ✆ 081-010 6614, 🖥 www.bellspizzeria.com. Kleines Restaurant mit leckerer Pizza um 200 Baht und Pasta um 100 Baht. ⏱ ab 17 Uhr.
Café de Paradiso, Song Kwae Rd., am Fluss nahe dem Zusammenfluss des Kwae Yai und Noi. Eines der ersten kleinen Cafés mit einer Auswahl an gutem Kaffee und Tee sowie WLAN. Auch Torten, Gebäck und Toast-Sandwiches. Man kann auf der Terrasse an der Straße sitzen. Mittags bevorzugen Gäste die klimatisierten Nebenräume, wo zudem entspannende Musik läuft.
D&D Coffee House, Mae Nam Kwae Rd. Eine nette Café-Bar, in der man herrlichen Espresso, Cappuccino und dergleichen bekommt und schön frühstücken kann. Abends wird es eine Bar mit Snacks. WLAN und Motorradvermietung.
Mangosteen Café and Books, 13 Mae Nam Kwae Rd., ✆ 081-793 5814, 🖥 www.mangosteencafe.net. Nett eingerichtetes, kleines Café-Restaurant mit entspannter Musik, Sofaecke und Büchern. Bebilderte, informative Karte mit Thai- und westlichen Gerichten, die nicht nur gut aussehen, sondern auch schmecken. ⏱ 8.30–21 Uhr, geschlossen jeden 1. und 3. Montag im Monat.
Sri Fa Bakery, nahe dem Busbahnhof. Die große, sehr gute Bäckerei verkauft sogar richtig knusprige Baguettes. ⏱ 7.30–20 Uhr.

Genießen und Kochen lernen

Apple's Restaurant, luftiges, ruhig gelegenes Gartenrestaurant mit tollem Flussblick gegenüber Apple's Retreat, 💻 www.applenoikanchanaburi.com, www.guesthousekanchanaburi.com. Apple und Noi servieren ordentliche Portionen sehr schmackhafter einheimischer und europäischer Gerichte, großes vegetarisches Angebot, freundlicher Service. Wer mehr über Apple und Nois Kochkünste erfahren möchte, kann an einem eintägigen Kochkurs teilnehmen. Vergnügliche englischsprachige Tageskurse für 1250 Baht von 10.30–15 Uhr, bei denen alle gemeinsam über den Markt streifen, 4 Gerichte kochen und essen. Anmeldung im Guesthouse. Weitere Kochkurse in der **Rainbow Lodge** (3 Gerichte 750 Baht).

Sudjai Restaurant, Moo 4 Thamakham Rd. In dem Thai-Gartenrestaurant hinter der schmalen Straßenbrücke vor Apple's Retreat wird gutes Essen serviert. Zumeist Einheimische kommen v. a. am Wochenende hierher.

Unterhaltung

Bars

Auf der unteren Mae Nam Kwae Rd. wird mit dem Spruch geworben: „Get drunk for 10 Baht". Auch wenn es etwas teurer wird, trifft es doch den Kern der Bierbar-Szene. Viele Pubs und Bars werden von pensionierten Briten und deren thailändischen Freundinnen geführt. Sie werden auch von Prostituierten genutzt, ebenso wie einige angrenzende Gästehäuser.

Disco-Boote

Sie fahren bis 24 Uhr meist auf dem Kwae Noi, sind mit Karaoke ausgestattet und v. a. bei Japanern und Koreanern beliebt. Wegen der hohen Diesel-Preise sind sie aber recht teuer.

Einkaufen

Apotheke

Nahe Jolly Frog. Die hilfreiche Chefin hilft auch bei kleinen medizinischen Problemen.

Bücher

S.D. Bookshop, 17 Mae Nam Kwae Rd. Große Auswahl an gebrauchten Büchern. Rückkauf für 50 %, auch Internet. Secondhand-Bücher kaufen und tauschen zudem das **Mangosteen Café and Books** sowie einige Bars.

Einkaufszentren

Factory Outlet an der Straße nach Bangkok, etwa 16 km außerhalb. Große Auswahl an Kleidung, Schuhen, auch Adidas, Taschen und Haushaltstextilien.
Kanokarn Department Store, 3-stöckiges, einfaches Kaufhaus nahe dem Busbahnhof. ⏰ 9–21 Uhr.
Tesco Lotus Supermarket, 2,1 km südlich vom Tourist Office. ⏰ 9–23 Uhr.

Sonstiges

Die Uferstraße in der Nähe der Gästehäuser säumen Bars, Wäschereien, Internet-Cafés, Motorrad- und Fahrradvermietungen, Büros der Tourveranstalter und Massage-Angebote.

Autovermietungen

Es gibt keine offizielle Autovermietung. Teils nicht ausreichend versicherte Autos werden in der Nähe der Gästehäuser angeboten.

Fahrräder

Sie werden von und in der Nähe von Gästehäusern für 30–50 Baht pro Tag vermietet. Gute Räder, wie im Oriental Kwai Resort, bis 150 Baht. Radtouren veranstaltet Good Times Travel (s. Touren).

Feste

Ende Nov/Anfang Dez findet das 10-tägige **River Kwai Bridge Festival** statt. Höhepunkt ist die bombastische Sound-and-Light-Show über die Geschichte der Brücke, die trotz der vielen Darsteller und dem Feuerwerk wenig fasziniert. Tickets über 💻 www.thaiticketmaster.com. Zu dieser Zeit fährt sogar der legendäre Eastern & Orient Express nach Kanchanaburi.

Immigration

100/22 Mae Klong Rd., ☎ 034-564 265, in Pak Praek, 3,5 km Richtung Bangkok, an der City Hall (bis dorthin mit dem Stadtbus) 800 m nach rechts, neues Haus links. Eine Visumverlängerung geht schnell. ⏱ Mo–Fr 8.30–16.30 Uhr.

Informationen
Tourist Office, Saengchuto Rd., ☎ 034-623 691, 512 500. Hilfsbereite Mitarbeiter verteilen einen guten Stadt- und Umgebungsplan, Hotel- und Transportlisten. ⏱ 8.30–16.30 Uhr. Die deutsche **Website** 🖥 www.kanchanaburi-info.com/de von Edgar König informiert über Sehenswertes in der Stadt und die angrenzenden Provinzen. Ebenso die englischsprachigen Sites 🖥 www.kanchanaburiguide.com und www.visitkanchanaburi.com.

Internet
Zahlreiche Internet-Cafés für 20–30 Baht pro Std.

Massagen
Mehrere Läden in der Mae Nam Kwae Rd. verlangen 120–150 Baht pro Behandlungsstunde, Ölmassage 180–200 Baht.

Medizinische Hilfe
Kanchanaburi Memorial Hospital, am H323, der Hauptstraße, im Norden der Stadt, ☎ 034-624 184-93. Privatkrankenhaus mit englisch sprechenden Ärzten. Manchmal wurde die Behandlung von Notfällen abgelehnt, weil die Bezahlung nicht geregelt war.

> #### Oase zum Entspannen
>
> **Suan Nanachaat**, 12 km außerhalb in Ban Nong Bua, vom H323 am KM 5 Richtung Norden, ☎ 034-633 356, 081-699 9052, 🖥 www.suan-nanachaat.com. In ländlich-grüner Umgebung leiten Helen und Craig ein wunderbares Spa für Tagesgäste in einem geschmackvoll eingerichteten Thai-Haus. In dieser tollen Atmosphäre sind Behandlungen natürlich etwas teurer (z. B. 650 Baht für eine einstündige Thai-Massage). Bei den Anwendungen werden vor allem lokale Produkte verwendet. Abholung inklusive. ⏱ 10–20 Uhr.

Thanakan Hospital, an der Straße nach Bangkok, ☎ 034-622 366, ist besser, sauberer und großzügiger, hat aber weniger Spezialisten.

Motorräder
In mehreren Gästehäusern und vielen Läden in der Gästehaus-Gegend werden kleinere Maschinen für 250–300 Baht, Automatik 350 Baht, vermietet. Geführte Tagestouren ab 600 Baht. Bei folgender Werbung sollte man auf alle Fälle die erste Option wählen: „If you can't drive we have a driver or can teach you how to do it."

Polizei
Tourist Police, Büro nördlich des Zentrums in der Saengchuto Rd., nahe dem Isuzu Building, ☎ 034-512 795. ⏱ rund um die Uhr.

Post
Hauptpost 1 km südlich vom Tourist Office Richtung Bangkok.

Schwimmen / Tennis
Im **Felix River Kwai Hotel** können auch Nichtgäste für 500 Baht den Pool benutzen. **Club House Phruek-Sa-Kann**, 3 km nördlich der Brücke hinter einer PTT-Tankstelle in einer großen Wohnanlage. Sauberer Pool 100 Baht, außerdem Tennisplatz. ⏱ 10–20 Uhr, nach 17 Uhr sind Tennisplatz und Pool stark frequentiert.
Städtisches Schwimmbad an der Flusspromenade, Eintritt 50 Baht. An Wochenenden manchmal nur für Gruppen geöffnet.

Touren

Etwa 20 Veranstalter unterbieten sich mit preiswerten Tagestouren zur Brücke, den Höhlen und in die nähere Umgebung. Zudem werden Bahn- und Bootsausflüge, Trekkingtouren mit Elefantenreiten und Bambus-Rafting-Trips angeboten, teilweise alles an einem Tag, sodass zwischen den Fahrten kaum Zeit bleibt, die schöne Natur zu erleben. Nur selten werden weiter entfernte Ziele wie Tham Than Lot oder Sangkhlaburi angeboten. Einfache Tagestouren kosten um 900 Baht,

2-Tage-Touren mit Elefanten und Rafting mind. 2000 Baht.
A.S. Mixed Travel, ☎ 034-512 017, ☏ 514 958, 🖥 www.applenoi-kanchanaburi.com. Tagestouren mit guter Betreuung.
Good Times Travel, 63/1 Mae Nam Kwae Rd., ☎ 034-624 441, 🖥 www.good-times-travel.com. Freundliches, zuverlässiges und gut englisch sprechendes Personal, günstige Preise. Radtouren für 350–700 Baht p. P.
Mellow Trek, 295/5 Mae Nam Kwae Rd., ☎ 084-727 1959, 084-191 2519, 🖥 www.mellowtrek.com. Der Skandinavier Stefen Trulsen und sein einheimischer Kollege haben sich auf individuelle Touren spezialisiert.
R.S.P. Jumbo Travel Center, 3/13 Chaokhunnen Rd., ☎ 034-514 906, 512 280, 🖥 www.jumboriverkwai.com. Bis zu 3-tägige Trekkingtour mit Elefantenritt, Bootsfahrt, Rafting, Schwimmen, Jeepfahrten, Besuch einer Höhle und von Wasserfällen.
Toi's Tours, 45/3 Rong Heeb Oil Rd., ☎ 034-514 209. Touren in Englisch und auf Anfrage Französisch.

Bootstouren

Am JEATH-Museum und an der Eisenbahnbrücke werden Boote vermietet. Sie lohnen sich für eine Stadtrundfahrt auf dem Kwae Noi, dem Kwae Yai und flussabwärts auf dem Mae Klong. Eine Fahrt vom JEATH-Museum zur Brücke kostet 200 Baht, bis Wat Tham Khao Pun 500 Baht, eine 2-stündige Tour ab der Brücke zur Höhle, dem Friedhof und Museum etwa 800 Baht pro Boot.

Kanutouren

Folgende Veranstalter organisieren Tagestouren auf dem Kwae Yai und Kwae Noi in Stadtnähe inkl. Ausrüstung, Boote, Mittagessen, Guides und Transfer. Beide verlangen 350 Baht p. P. für 1 1/2 Std. und 450 Baht für 3 Std. ab Nongbua Bridge.
River Kwai Canoe Travel Services, 11 Mae Nam Kwae Rd., ☎ 034-512 346, 087-001 9137, ✉ riverkwaicanoe@yahoo.com. Tagestouren inkl. Besuch eines Elefantencamps oder Nationalparks ab 1300 Baht. Individuelle und mehrtägige Touren ab 2 Pers. ab 3600 Baht.

> **Begegnungen mit Elefanten**
>
> Der Elefant ist nicht nur Thailands Wappentier, sondern auch eine der größten Touristenattraktionen des Landes. Entlang der Touristen-Rennstrecke von Kanchanaburi nach Nam Tok offerieren mehrere Camps Ausritte auf Elefanten. Busladungen von Touristen werden auf die teils völlig überarbeiteten Dickhäuter verfrachtet, um eine Runde zu drehen und sich gegenseitig zu fotografieren. Wer diesen tierquälerischen Zirkus ablehnt, hat eine Alternative:
> **Elephant's World**, 32 km nordöstlich, von der Straße zum Erawan National Park am Nitchiko Resort & Country Club abbiegen und an der Schranke 4,6 km nach rechts, ☎ 086-335 5332, 🖥 www.elephantsworld.org, weitere Infos auf Facebook und 🖥 http://tourismlog.wordpress.com/2009/06/15/der-elefantendoktor/. In diesem vom obersten Tierarzt der Region, Vet. Samart Prasitphol, gegründeten und von der Holländerin Agnes geleiteten Camp leben alte, behinderte und kranke Tiere. Es werden keine Ausritte veranstaltet, aber man kann die Tiere füttern und gegen 15 Uhr mit ihnen baden. Wer mit den einfachen Lebensbedingungen und der Hitze klarkommt, kann als Freiwilliger hier arbeiten: Futter ernten, bei der Zubereitung des Essens oder der Pflege der Tiere helfen. Mehr Infos dazu auf der Website. Von 10–16 Uhr zahlen Tagesbesucher 1350 Baht inkl. Mittagessen, Halbtagsgäste ab 13 Uhr 650 Baht. Übernachtungsmöglichkeit im Haus für 2000 Baht, im Schlafsaal für 500 Baht oder Zelt für 200 Baht p. P. Taxi ab Kanchanaburi, ☎ 083-317 9639, 400 Baht oder 200 Baht p. P.

Safarine, 120/5 Moo 4, Nongbua-Sayok Rd., ☎ 034-625 567, 086-049 1662, 🖥 www.safarine.com. Tagestour ab 1450 Baht. ⏱ 8–17 Uhr.

Nahverkehr

Fahrrad-Rikschas

Fahrer von Fahrrad-Rikschas (Samlor) und Motorradtaxis bekommen von den Gästehäusern 50–100 Baht Provision pro Gast. Dennoch verlangen Samlor-Fahrer für kurze Strecken mind. 50 Baht. Längere

Backpacker-Unterkünfte säumen den Fluss.

Strecken besser mit dem Tuk Tuk oder Songthaew fahren.

Motorradtaxis
Die Motorräder mit Beiwagen kosten etwa 10 Baht pro km, eine Fahrt im Stadtgebiet ab 30 Baht, vom Tourist Office zur Brücke 60 Baht, zum Immigration Office und zurück 80 Baht.

Songthaew und Minibusse
Innerhalb des Stadtgebietes kostet eine kurze Strecke mind. 60 Baht, die Fahrt zur Brücke 100 Baht, Wat Tham Khao Pun oder Wat Tham Mongkorn Thong 300–350 Baht. Eine Kleingruppe kann mit einem Songthaew für 100 Baht zur Brücke fahren. Chartern für Ausflüge 1700 Baht pro Tag, von 9–17 Uhr 1500 Baht.

Stadtbusse
Entlang der Hauptstraße verkehren zwischen 6 und 19 Uhr alle 15 Min. orangefarbene Songthaew für 10 Baht, die an festen Haltestellen stoppen, z. B. gegenüber der Einmündung der U-Thong Rd. Linie 2 fährt an der Brücke vorbei. Zu den Gästehäusern bis zum Friedhof mitfahren und dann laufen.

Tuk Tuk
Einige Tuk Tuks stehen am Nordende des Busbahnhofs auf der gegenüberliegenden Straßenseite. Die Fahrt zu den meisten Gästehäusern kostet 50 Baht, zur Brücke 60 Baht. Charter 200 Baht/Std.

Transport
Ankommende Touristen werden von Samlor-Fahrern abgepasst, die nachher von den Gästehäusern eine Provision verlangen und daher nicht jedes gewünschte Gästehaus gern anfahren.

Busse
Die Ziele sind an den Plattformen der **Bus Station** in lateinischen Buchstaben angeschrieben. Aktuelle Abfahrtszeiten hängen am Eingang aus. Busse Richtung Suphanburi stoppen an der U-Thong Rd., Busse nach Norden und Nordwesten am Friedhof. Nach BANGKOK, zum New Southern Bus Terminal, 129 km, alle 20 Min. bis 20 Uhr für 90/110 Baht in 2 1/2 Std. Zurück bis 22 Uhr. Zum Morchit (Northern Bus Terminal), 150 km, 1.- und 2.-Kl.-AC-Bus 9918 etwa stdl. bis 19 Uhr für 100–130 Baht. Diese Busse fahren über

Kamphaeng Saen nördlich von Nakhon Pathom. Zurück bis 16 Uhr.

Zu anderen Zielen:
AYUTTHAYA, lokaler Bus bis SUPHANBURI alle 20 Min. bis 18 Uhr für 50 Baht in 2 Std. Von dort nach Ayutthaya Bus 703 für 50 Baht in 1 1/2 Std.
DAMNOEN SADUAK (Floating Market), über BANG PHAE, gelber Bus 461 alle 15 Min. für 50 Baht und weiter mit Bus 78 oder 1733.
NAKHON PATHOM, AC-Bus 81 Richtung Bangkok alle 20 Min. für 50 Baht in 2 Std.
RATCHABURI, Bus 41 von 5–18 Uhr etwa alle 15 Min. für 50 Baht in 2 Std. Von dort weiter nach Süden.
RAYONG (für Ko Chang), via PATTAYA um 7, 12 und 17 Uhr für 350 Baht.

In die Umgebung:
BO PHLOI, 50 km, Bus 325 alle 25 Min. bis 18.30 Uhr in 1 Std. für 40 Baht, weiter zum CHALOEM ERAWAN NATIONAL PARK, 65 km, Bus 8170 um 8, 9, 10, 10.30 und alle 50 Min. bis 17.20 Uhr (zurück bis 16 Uhr) für 60 Baht in 1 1/2 Std.

RATTANAKOSIN NATIONAL PARK für 70 Baht in 2 Std. Busse um 6.25, 8.10, 12.25 und 15.20 Uhr fahren bis zum Park.

Minibusse
Nicht alle Minibusse sind lizenziert.
Nach BANGKOK offizielle Minibusse ab Busbahnhof zum Victory Monument mehrmals tgl. von 7.30–19.30 Uhr für 110 Baht, Morchit (Northern Bus Terminal) alle 2 Std. von 7.20–17.20 Uhr für 200 Baht. Khaosan Road-Minibusse für 160–250 Baht, die von Tür zu Tür fahren und auf dem Rückweg zudem am Royal Hotel, Sanam Luang, Ecke Ratchadamnoen Rd., halten. Sie sind zeitlich jedoch nicht immer zuverlässig. Daher bei knappen Verbindungen besser den AC-Bus nehmen.
AIRPORT, um 5, 8, 10, 12, 14 und 16 Uhr für 500–1000 Baht in 3–4 Std.
AYUTTHAYA, um 13.30 Uhr für 400 Baht in 2 Std.

Eisenbahn
Fahrplan s. S. 812/813. Richtung Süden steigt man am besten in NAKHON PATHOM um. Plätze im Schlafwagen Richtung Süden frühzeitig reservieren, ⏱ 6–18 Uhr.

Eine Fahrt mit der Eisenbahn des Todes

Beliebt ist die gemächliche Fahrt mit dem Zug nach Nam Tok, die für Touristen unabhängig von der Strecke 100 Baht kostet. Billiger ist nur der Abschnitt Nam Tok – Tha Kilen – Nam Tok für 50 Baht. An den Vormittagszug werden zwei klimatisierte Touristenwaggons angehängt, in denen weitere 200 Baht für Snacks, Getränke und einen garantierten Sitzplatz gezahlt werden müssen. Der interessanteste Teil der Fahrt über das Wang Po-Viadukt vor Nam Tok dauert nur wenige Minuten, die restliche Zeit geht es durch eine eher eintönige Landschaft. In der Hochsaison sind die Züge manchmal so überfüllt, dass man nichts sieht.

Ein kleines, buntes Bähnchen mit offenen Wagen fährt Mo–Fr von 8–10, 11.30–14 und 15–16 Uhr, Sa, So nicht am Nachmittag, für 20 Baht für Touristen über die Brücke. Weitere Infos unter ✆ 02-620 699-700 oder am Bahnhof, ✆ 034-511 285.

Die Umgebung von Kanchanaburi

Mit Fahrrädern sind diese Touren zwar machbar, aber wegen der Hitze sehr anstrengend. Besser eignen sich Motorräder. Die Strecke auf dem H3228 nördlich des Kwae Noi: Kanchanaburi – Khao Pun (Friedhof) – Wat Tham Khao Pun – Stone Garden und zurück beträgt ca. 22 km, die Tour zwischen Kwae Noi und Mae Klong: Kanchanaburi – Wat Tham Mongkorn Thong – Wat Ban Tham – Kao Noi – Tham Sua – Kanchanaburi ist ca. 38 km lang. Frauen sollten aus Sicherheitsgründen nicht allein fahren. Während der Zuckerrohrernte im Dez/Jan können voll beladene Lkw vor allem Radfahrern gefährlich werden.

Wat Tham Khao Pun
Die Tempelanlage liegt auf einem Berg am KM 55,8 des wenig befahrenen H3228 etwa 4 km südwestlich von Kanchanaburi hinter dem Friedhof. Songthaew 200–300 Baht, Tuk Tuk max. 160 Baht. In einigen der sechs Kammern der **Khao Pun-Höhle** versammelt sich ein Kaleidoskop von brahmanischen, chinesischen und bud-

dhistischen Gottheiten, Heiligen und Buddhastatuen sowie viele Tiere. Vom Hügel vor dem Tempel schaut ein riesiger Buddha auf den Fluss herab. Man erreicht ihn, wenn man gegenüber vom Höhleneingang am kleinen chinesischen Pavillon vorbei eine kleine Anhöhe hinaufgeht.

Wat Tham Mongkorn Thong

Diese Tempelanlage liegt 9 km außerhalb der Stadt an einem Kalkfelsen. 3,4 km südlich vom Tourist Office zweigt man vom H323 Richtung Bangkok hinter der großen Klinik nach rechts auf eine breite Straße ab und überquert nach 1 km den Fluss. Weiter geradeaus liegt nach 2 km 500 m links der kleine, ruhige Höhlentempel **Khao Laem**. Weiter geradeaus taucht hinter einer Schule das Eingangstor zum **Wat Tham Mongkorn Thong** auf. Eintritt 10 Baht, Minibus 300–350 Baht, Tuk Tuk 200–250 Baht. 700 m hinter diesem Tor erhebt sich die Tempelanlage zum Teil auf einem Berg. In einem kleinen überdachten Pool am Fuß des Berges zeigt eine Nachfolgerin der bekannten, verstorbenen *floating nun* gegen eine Spende von 200 Baht (ab 10 Pers. 20 Baht p. P.) ihre Fähigkeit, meditierend auf dem Wasser zu schweben.

Eine steile Treppe führt zum Höhlentempel hinauf. Gegen eine Spende für die Beleuchtung kann man durch die teils enge, niedrige Höhlenpassage klettern. Zurück zum Kloster geht es auf dem einfacheren Weg durch einen Bambushain.

Wat Ban Tham

Vor der großen Brücke zweigt eine schmale, teilweise von Schlaglöchern übersäte Straße Richtung Südosten ab und führt 5,5 km parallel zum Fluss an Steinbrüchen, chinesischen Friedhöfen und mehreren Tempeln vorbei.

Bemerkenswert ist der Höhlentempel Wat Ban Tham nach 5,8 km. Nach 115 Stufen ist der Eingang durch das 3 m hohe Maul eines riesigen Drachen erreicht, der sich den Berg hinabzuschlängeln scheint. Nach weiteren 40 Stufen durch seinen „Körper" erstreckt sich eine halb offene, natürlich erleuchtete Haupthöhle mit einer großen Buddhastatue und der Statue einer Frau, die als wundertätig angesehen wird. Körbe voller Spielzeug und Kleidung sollen sie günstig stimmen. Steigt man die Wendeltreppe am Höhleneingang weiter hinauf, gelangt man durch einen Bambushain zu einer hübschen Tropfsteinhöhle und nach einer halbstündigen Wanderung zum Gipfel.

Wat Tham Kao Noi / Wat Tham Sua

Nach weiteren 2 km auf der Uferstraße überquert man einen Kanal und erblickt bereits in der Ferne die roten und goldenen, mehrfach gestaffelten Tempeldächer des Bot im modernen, dekorativen Thai-Stil. Eine überdimensionale Buddhafigur blickt auf das Land hinab. Es geht 2 km weiter teils am Fluss entlang und durch das Dorf bis zu einem schmalen Zufahrtsweg, der nach 500 m am großen Parkplatz am Fuß der beiden Tempel **Wat Tham Kao Noi** und **Wat Tham Sua** endet. Alternative Anreise: Vom H323 Richtung Bangkok in Tha Muang als KM 115,5 rechts abbiegen und hinter einer Brücke nach 1,3 km rechts über den Damm und nach weiteren 3 km nochmals nach rechts weitere 2,5 km auf einer schmalen Landstraße und durch ein Dorf zum Tempel. Songthaew 300–400 Baht, Tuk Tuk 200–300 Baht.

Die beiden großen buddhistischen Tempel auf zwei Hügeln sind nur separat zugänglich. Von den kleinen Tempeln am Fuße des Berges führt eine steile Treppe über 158 Stufen zum Thai-Tempel hinauf, oder man kann für 15 Baht die kleine Seilbahn in Betrieb setzen lassen. Von oben eröffnet sich ein fantastischer Ausblick über die Reisfelder und die Flusslandschaft. Neben dem Bot und gigantischen Buddha des Thai-Tempels erhebt sich ein riesiger, brauner Chedi. In den Fensternischen stehen zahlreiche Buddhastatuen. Der südliche taoistische Tempel ist ganz im chinesischen Stil gehalten. Löwen bewachen das mit chinesischen Schriftzeichen verzierte Eingangstor, dahinter begrüßt ein lächelnder chinesischer Buddha die Besucher. Treppenaufgänge führen durch die Anlage hinauf zur runden, siebenstöckigen Pagode, deren Innenwände mit Hunderten von Votivtafeln bedeckt sind.

Von Kanchanaburi nach Nam Tok

Mit einem eigenen Fahrzeug bieten sich verschiedene Möglichkeiten für interessante Abstecher vom breit ausgebauten H323. Abzweigungen, die von öffentlichen Verkehrsmitteln nicht befahren werden, verlaufen Richtung Kwae Noi-Fluss. Am H3305, der am KM 2 hinter der Brücke links zum H3305 hinab führt, liegen Resorts, die vor allem von Thai-Familien bewohnt werden.

Ban Kao

Auf dem H3229, 18 km von Kanchanaburi am KM 0 des H323 nach links, erreicht man nach insgesamt 34 km Ban Kao. Etwas schöner, aber länger ist die Strecke über den H3228 vorbei an Wat Khao Pun und Dan Makham Tia. Auf diese biegt man vom H323 bereits hinter der Bahnlinie links auf den H3228 ab. Die 1 km lange Abzweigung zum **Ban Kao National Museum** am Fluss ist ausgeschildert. Hierher verirrt sich nur selten ein Tourist. Ein holländischer Archäologe hatte als Kriegsgefangener einige bedeutsame Funde gemacht. Ausgrabungen förderten menschliche Skelette, Tonscherben und andere Gegenstände zutage, die beweisen, dass dieses Gebiet schon vor über 5000 Jahren besiedelt war. Das Museum zeigt Ausgrabungen von 44 menschlichen Skeletten, Waffen, Werkzeugen, Schmuck, Keramiken und vielen Grabbeigaben, den Fundorten in der Nähe und in weiter entfernten Höhlen, die u. a. den Jägern und Sammlern der steinzeitlichen Hoabinhian-Kultur (1000–400 v. Chr.) als Wohnung dienten. ⏰ 9–16.30 Uhr, 50 Baht.

Muang Sing

6,5 km weiter am Fluss entlang Richtung Nordwesten zweigt 500 m hinter dem Bahnhof Tha Kilen der Weg zu den verwitterten **Khmer-Ruinen** der „Löwenstadt" Muang Sing ab. In einer Flussschleife ließ im 13. Jh. ein Nachfahre des Khmer-Königs Yayavaraman VII. zu Ehren seines Vaters in dieser rechteckigen Befestigungsanlage eine bedeutende Bodhisattva-Statue aufstellen. Der Wassergraben und die 880 m langen Befestigungsmauern sind noch zu erkennen. Mit riesigen Steinen gepflasterte Wege führen durch vier hohe Eingangstore zum zentralen Prang aus Lateritgestein. Bei Ausgrabungsarbeiten wurden Buddha- und Bodhisattva-Skulpturen, Keramiken und andere Kunstwerke

Tigertempel (Luangta Bua Yannasampanno Forest Monastery)

Nachdem Bilder des Abtes Phra Acharn Phoosit Khanthidaro und seiner Mönche mit ihren Tigern in der internationalen Presse zu sehen waren, ist der Tempel, der ursprünglich gar keiner war, ein beliebtes Ausflugsziel. Minibusse oder Tuk Tuk ab Kanchanaburi 600 Baht. Veranstalter bieten Ausflüge für 100–130 Baht plus 600 Baht Eintritt an sowie Kombi-Touren in Verbindung mit dem Sai Yok National Park. Vom H323, 40 km nordwestlich von Kanchanaburi, weist ab KM 21 rechts ein Schild (nur aus Richtung Kanchanaburi kommend zu sehen!) auf die 1,5 km lange Zufahrtsstraße hin.

Das Feedback ist extrem widersprüchlich und reicht von totaler Begeisterung bis zu absoluter Ablehnung. Wir raten von einem Besuch ab. Die überwiegend nachtaktiven Tiere werden zwischen 12 und 15.15 Uhr in eine Schlucht geführt. Zeitweise werden einige Tiger von der Leine befreit und toben im Wasser herum. Der Kommerzialisierung sind keine Grenzen gesetzt. Bis zu 100 Besucher können persönliche Fotos mit den meist schlafenden Tieren machen, wofür 1000 Baht extra zu zahlen sind. Zudem ist es in begrenzter Zahl möglich für 1000 Baht extra 3x tgl. mit den jungen Tigern zu spielen oder 4x tgl. Babys zu füttern. Max. 15 Pers. dürfen für 5000 Baht extra die Tiere morgens ab 7.30 Uhr füttern und baden, und 20 Pers. abends für 500 Baht extra 40 Min. mit in den Canyon zu den großen Tieren kommen. Wer will, kann zudem spenden. Bei all diesen Einnahmequellen verwundern die gigantischen Ausbaupläne und zahlreichen anderen Aktivitäten, wie ein eigener Radiosender, nicht. Besucher müssen eine Haftungsausschlusserklärung unterschreiben, sodass sie bei einem Unfall keine Ansprüche an den Veranstalter geltend machen können, und Kleidung in dezenten Farben (kein orange und rot) tragen oder zusätzlich ein teures T-Shirt kaufen. Wer möchte, kann hier sogar meditieren. ⏰ 12–15.30 Uhr, ☎ 034-531 557, 🖥 www.tigertemple.org. Bitte zuvor lesen: 🖥 tourismlog.wordpress.com/2009/06/13/freie-wildbahn-im-tempel/.

freigelegt, die meist als Kopien in einem kleinen Museum ausgestellt sind. Schilder weisen den Weg zur prähistorischen Ausgrabungsstätte am Flussufer, einem Begräbnisplatz mit freigelegten Skeletten. ◐ 8–16.30 Uhr, Eintritt zu dieser gepflegten, unspektakulären Anlage 100 Baht, Thai 20 Baht, Autos 50 Baht, Motorräder 20 Baht, Fahrräder 10 Baht. Von der Bahnstation Ban Tha Kilen sind es 1,4 km zu Fuß bis zum Eingang.

Wang Po-Viadukt (Tham Krasae)

Kurz vor Nam Tok führt die *Death Railway* auf einer zum Teil abenteuerlichen Strecke von 500 m zwischen steilen Felsen und dem Fluss entlang. Höhepunkt der Eisenbahnfahrt ist die Überquerung des Wang Po-Viadukts (auch Wampo), einer 200 m langen Holzbrücke, die sich eng an die steilen Felswände schmiegt und über die der Bahn im Schritttempo fährt. Kaum vorstellbar, unter welchen unsäglichen Anstrengungen dieser Streckenabschnitt von Kriegsgefangenen mit einfachsten Werkzeugen erbaut wurde. Wer am Viadukt an der Bahnstation Tham Krasae aussteigt, kann über die Holzbrücke laufen und die tolle Aussicht genießen, die sich vor allem von der kleinen **Krasae-Höhle** in der Felswand bietet, in der ein großer Buddha steht. In den Restaurants kann man sich bis zur Ankunft des nächsten Zuges stärken. Mit dem eigenen Fahrzeug geht es von Sai Yok über die Brücke und dann nach links.

Nam Tok

Die Endstation der Eisenbahnlinie, 77 Bahn- und 58 Straßenkilometer von Kanchanaburi, hat als Versorgungszentrum der Dorfbewohner im Hinterland an Bedeutung eingebüßt. Viele Holzhäuser sind unbewohnt, und selbst der Markt und die kleinen Läden haben wenig zu bieten. Der verschlafene Ort erwacht nur zum Leben, wenn der Touristenzug einfährt und Guides, Händler, Busse, Taxis und Elefanten mit ihren Mahouts zum Bahnhof strömen.

Von Nam Tok führt ein beliebter Ausflug zum **Sai Yok Noi-Wasserfall**. Man läuft die Gleise entlang vorbei an einer **alten Lokomotive**, die von den Japanern im Zweiten Weltkrieg für Truppentransporte in Thailand gebaut und bis 1976 im Passagierverkehr genutzt wurde. Am H323 geht es von der Polizeistation 800 m Richtung Norden. Am großen Parkplatz verkaufen mehrere Stände gesalzene Tamarinde, die hier besonders gut sein soll, und andere Snacks. Der am Wochenende gut besuchte Wasserfall am eingefassten Pool (Baden verboten!) ist nur während der Regenzeit (Juni–Okt) wirklich schön. Wer der Ausschilderung zur „Water Source" folgt, kommt nach 900 m zu einer **Quelle** an einem Felsen, aus dem kristallklares Wasser sprudelt. In den von hohen Bäumen, Picknickplätzen und einem Getränkestand umgebenen Strudellöchern kann man herumwaten und sich abkühlen. Oberhalb der Quelle am Headquarter des Erawan-Nationalparks beginnt ein 1350 m langer Nature Trail durch ein kleines Tal zur großen **Badan Cave** (auch Wang Ba Dahl). Parkranger kassieren am Beginn des Fußpfads manchmal 50 Baht Eintritt und führen Besucher mit einer starken Lampe durch die Höhle. An steilen Stellen sind Bambusleitern angebracht, die sehr schlüpfrig sind, an anderen Stellen muss man sich durch enge Passagen zwängen. Vor allem während der Regenzeit sind die Wände sehr feucht. Auf alle Fälle sind feste Schuhe mit gutem Profil und alte Kleidung angeraten.

Am **Pak Saeng Pier** werden Boote für eine zweistündige Tour zu den größten Tropfsteinhöhlen in dieser Gegend, den **Lawa-Höhlen**, vermietet (s. u.). Sie sind auch auf der Straße zu erreichen. Der Weg über den 16 km langen H6037 jenseits des Flusses ist ausgeschildert. Es geht beim Pak Saeng Pier über eine Brücke und nach 1,5 km nach rechts. Eintritt wegen der Lage der Höhlen im Sai Yok National Park 200 Baht. Trotzdem eine lohnende Tour, vor allem am frühen Morgen, wenn noch keine Reisegruppen unterwegs sind. Vom Pier sind es 200 m bis zur Treppe, auf der es 140 Stufen hinauf zur 485 m langen Höhle geht. Essen und Getränke gibt es im nahen Resotel.

Übernachtung

In Nam Tok am H323
Cola Hotel, 241 Moo 3, Tha Sao, ✆ 034-634 380. Einfaches Hotel an der lauten Hauptstraße für Notfälle. Zimmer mit Ventilator oder AC. ❷
Sai Yok Noi Blue Mountain Resort, 3/2 Moo 3, Tha Sao, ✆ 034-565 123. Es hält nicht, was der

Name suggeriert. AC-Zimmer in 4-stöckigem Block sowie Bungalows dahinter. ❸

Nahe dem Fluss

Ban Farang, 4 Moo 3, Tha Sao, 500 m unterhalb der Hauptstraße am Ortsausgang von Nam Tok, ☏ 089-886 9955. Neben dem großen, 2-stöckigen Privathaus eines Paares aus den USA und Thailand werden in einem Nebengebäude 5 relativ kleine, im westlichen Stil eingerichtete Zimmer mit großem Kühlschrank und TV vermietet. Der großzügige Pool, umgeben von gefliesten Höfen, Schwänen und anderen Statuen, kann auch von Gästen von außerhalb von 11–20 Uhr für 50 Baht genutzt werden. ❺

Boutique Raft Resort, 103 Moo 3, ☏ 034-634 191, 086-309 4200, 🖥 www.boutiqueraft-riverkwai.com. Am Fluss nahe dem Pak Saeng Pier werden im Haupthaus 2 luxuriöse Suiten und auf Rafts 9 Zimmer mit Terrasse vermietet. Gediegene Einrichtung, recht harte Matratzen. Frühstück inkl. ❻

Pung-Waan Resort ③, 72/1 Moo 2, südlich vom Pak Saeng Pier, Buchungen über ☏ 034-625 270-5, 🖥 www.pungwaanriverkwai.com. Ein schöner Platz für Motorisierte, die Komfort suchen. In einem weitläufigen, üppig-grünen Park stehen 15 hübsche Holz-Cottages mit komfortablen Betten, dekorativen Moskitonetzen und großer Terrasse. Häuser mit 50 kleinen Standard-Zimmern mit TV und Minibar sowie 64 etwas größeren Superior-Zimmern mit Flussblick.
In 4 schwimmenden Häusern Zimmer für 4 Pers. mit 2 großen Betten und tiefen Fenstern. Vom Restaurant mit Terrasse schöner Ausblick auf den Fluss. Großer Pool mit Liegen. Diverse Aktivitäten wie Rafting, Elefantenreiten, Radfahren und v. a. Vogelbeobachtung. Es wird kaum Englisch gesprochen. ❺–❻

Außerhalb (von Süd nach Nord)

Karte S. 228, genaue Position s. **eXTra [2648]**.
River Kwae Jungle House ④, gegenüber dem Wang Po-Viadukt, 20 km südlich vom Pak Saeng-Pier, ist über eine Stichstraße zu erreichen. ☏ 034-561 052, 561 429, 🖥 www.banrimkwae.com. Die Rafts sind auf einheimische Großgruppen ausgerichtet. Zimmer für 4 Pers. mit Ventilator und Gemeinschaftsdusche auf dem Land. Sa und So nur Übernachtung mit Vollpension (Thai-Buffet). Mo–Fr günstige Preise. Zudem AC-Zimmer in einem Neubaublock, Frühstück inkl. Aktivitäten und Touren. Bootsshuttle ab Bahnstation am Viadukt. ❹–❻

River Kwai Village Hotel ④, ☏ 034-918 4562-3, 083-242 1120, Zufahrt am KM 54. Touren ab Bangkok, Buchungen unter ☏ 02-251 7494, ✆ 255 2350. 69 km nördlich von Kanchanaburi gelegenes, komfortables Resort für westliche Reisegruppen, auch Einzelreisende sind willkommen. 190 klimatisierte, große Zimmer im 3-stöckigen Haupthaus mit Balkon, in Bungalows am Fluss und auf Rafts. Restaurant, Pool. Zu erreichen über die Straße. ❻

Kitti Raft House ④, ☏ 034-634 168, nahe dem River Kwae Village Hotel. 14 preiswertere ältere und neuere Zimmer mit kalter Dusche auf Rafts, entspannte Atmosphäre. Vom schwimmenden Restaurant am Pak Saeng Pier fahren Boote für 200 Baht pro Boot in 20 Min. Hier übernachten westliche Kleingruppen. ❹

River Kwai Resotel ②, ☏ 081-809 0623, Buchung in Bangkok ☏ 02-642 5497, 🖥 www.riverkwairesotel.com, kurz vor den Lawa-Höhlen am Hang, 40 Min. vom Pak Saeng Pier, Boot 1200 Baht, Gäste werden kostenlos von einem eigenen Pier weiter nördlich, 5 Min. vom Resort, abgeholt. Einzel- und Doppel-Bungalows, 81 Zimmer mit AC, TV, Du und separatem WC. Hübscher Pool, Frühstück inkl. Restaurant mit abgemilderten, leckeren Thai-Gerichten. Boots- und Kanutouren zum Schwesterresort River Kwae Jungle Raft. Der 20 km lange Mountainbike-Rundkurs eignet sich nur für geübte Geländefahrer. ❺–❻

River Kwae Jungle Rafts ②, gleiche Besitzer wie das Resotel, 10 Min. von dort. Buchungen nur in Bangkok, ☏ 081-734 0667. Sehr ruhig gelegene Rafts auf dem Fluss hinter den Lawa-Höhlen, 100 Zimmer mit Petroleumlampen, keine Elektrizität, Restaurant vorhanden. ❹–❺

Essen und Sonstiges

Gegenüber vom Bahnhof in Nam Tok sorgen offene Restaurants für das leibliche Wohl der Touristen. Viele einheimische Gäste und

günstige Preise. Auch am Pier gibt es einige Restaurants, wo Reisegruppen essen (müssen). Ansonsten ist die Auswahl außerhalb der Resorts sehr begrenzt.
Krung Thai Bank in Nam Tok am Highway mit Geldautomat.

Transport

Der **Bus** 8203 nach Kanchanaburi für 40 Baht hält jede halbe Stunde bis 17 Uhr an der Polizeistation in der Hauptstraße und vor dem Sai Yok Noi-Wasserfall.

Nach KANCHANABURI brauchen die **Züge** 2 Std. Die Fahrt kostet für Touristen 100 Baht, im Touristenwaggon 300 Baht. Abfahrt um 5.20, 12.55 und 15.15 Uhr.

Boote fahren ab Pak Saeng Pier, 2 km südwestlich vom Bahnhof, am KM 44,5, zu den Resorts am Fluss, zu den LAWA-HÖHLEN für 900–1000 Baht und zum SAI YOK NATIONAL PARK für 2500 Baht pro Boot für bis zu 6 Pers. hin und zurück. **Songthaews** zur Lawa-Höhle 1200 Baht.

Hellfire Pass

Aufgrund einer Initiative ehemaliger australischer Kriegsgefangener wurde Mitte der 1980er-Jahre der Grundstein für diese Gedenkstätte gelegt. Sie befindet sich am KM 64,8, westlich des H323 an der ehemaligen Bahnstrecke. Songthaew ab Kanchanaburi bis hierher für 1300–1400 Baht. Der Parkplatz vor dem Museum ist über die gut ausgeschilderte Zufahrt zur National Security Command Livestock Farm nach 500 m zu erreichen. Das informative **Hellfire Pass Memorial Museum** lohnt die Fahrt, ⊙ 9–16 Uhr, Spende. Ein informatives Buch wird im Museum für 200 Baht verkauft. Es stellt anhand von Fotos, Skizzen, Funden und ausführlichen englischen Beschreibungen die Geschichte der Zwangsarbeiter dar. Berichte Überlebender und historische Aufnahmen sind in einem siebenminütigen Video zusammengefasst. Am Modell des Hellfire Passes lässt sich der Verlauf der Schneise gut nachvollziehen. An dieser Stelle mussten etwa 1000 Kriegsgefangene für die Bahnlinie unter großem Zeitdruck selbst nachts bei Holzfeuerbeleuchtung eine 10 m tiefe Schneise in einen Hügel schlagen, was etwa 400 Menschen das Leben kostete.

Beim 4,5 km langen Rundweg durch Bambuswälder mit schönen Ausblicken, der u. a. zur 500 m entfernten Schneise **Konyu Cutting** führt, kann man erahnen, unter welch schwierigen Bedingungen die Zwangsarbeiter ihrer Arbeit nachgingen. Der Fußweg führt weiter zu anderen Schneisen, Bombenkratern, ehemaligen Camps und temporären Brücken. Wer auf dem Schotterbett bis Hintok laufen will, sollte für den Rückweg ein Fahrzeug an der Hintok Road organisieren.

Von Kanchanaburi zum Erawan National Park

Beliebt ist der Ausflug zum Erawan National Park, 64 km nordwestlich von Kanchanaburi. Da der H3199 nur wenig befahren ist, eignet er sich auch für eine Motorradtour. Am KM 4 passiert man den **Chon Kai Mountain** mit einem kleinen Tempel. Vorbei an Resorts für Thai-Familien und dekorativen, bizarren Steinen, die als Gartenschmuck verkauft werden, gelangt man am KM 24 zum **Nine Army Battle Historic Park**. Hier wird der Sieg der siamesischen Truppen über den Erzfeind Birma gefeiert.

Empfehlenswert ist das Elefantencamp **Elephant's World** des Tierarztes Dr. Samart Prasitphon am H3457, ✆ 081-632 2258, 🖳 www.elephantsworld.org. Näheres s. S. 243.

Weiter auf dem H3199 geht es hinter dem Thatungna-Staudamm (KM 26) am Ostufer des Stausees entlang durch eine zunehmend bewaldete Berglandschaft. Der kleine **Phalan-Wasserfall** ist über eine 3 km lange Abzweigung am KM 47 zu erreichen.

2 HIGHLIGHT

Erawan National Park

Der attraktive, bereits 1975 gegründete Nationalpark erstreckt sich entlang eines schmalen, bewaldeten Tals beiderseits eines Nebenflusses des Kwae Yai. Er bildet eine Reihe von sieben

Herrliche Badeplätze

Am schönsten sind die zweite, dritte und fünfte Stufe des Wasserfalls, die dritte eignet sich am besten zum Baden. Nach einem 1 1/2-stündigen, schweißtreibenden Aufstieg bis zur 7. Stufe, die nur Trittfesten zu empfehlen ist, kehren alle Wanderer um. Es ist nicht möglich, weiter hinaufzuklettern. Zwei interessante Naturlehrpfade verlaufen beiderseits des Wasserfalls vom Campingplatz und Parkplatz zur zweiten Stufe: der erste durch immergrünen Monsunwald und der zweite durch Bambushaine. Weitere Touren von bis zu 4 km Länge sind nur in Begleitung von Rangern nach Voranmeldung unter ☏ 034-574 222 möglich.

sehr schönen **Wasserfällen** mit Sinterterrassen, an denen man weit hinauflaufen kann.

Der weitere Weg über den Markt mit vielen Essensständen und den Parkeingang zum Headquarter ist gut ausgeschildert. Danach geht es nur zu Fuß 720 m zum Beginn des Wasserfalls.

Lebensmittel dürfen nur bis zur ersten Stufe mitgenommen werden, wo sich auch Toiletten und Umkleidekabinen befinden. Der Morgen ist die beste Zeit, um gleich ganz hinaufzuklettern und dann langsam hinabzuwandern. Am Wochenende wird es sehr voll. Ab 16 Uhr sind die Wasserfälle oberhalb der zweiten Stufe und ab 17 Uhr auch die unteren geschlossen. ⏲ Parkeingang 8–16.30 Uhr, Eintritt 200 Baht, Auto 50 Baht. Im Headquarter werden Schlauchboote für 100 Baht/Std. vermietet.

Die **Phra That-Höhle** ist vom Park über eine 11 km lange Schotterstraße nur mit einem eigenen Fahrzeug oder einem gecharterten Bus zu erreichen. Man braucht eine starke Taschenlampe und etwas Vorsicht, um die Gänge in der Höhle zu erkunden.

Übernachtung und Essen

Erawan Resort, 140 Moo, 4,5 km vor dem Park, ☏ 034-574 098, 081-838 7360. Kleine Bungalows am Hang in einem Dorf mit Du/WC, Ventilator oder AC. Nebenan ein Restaurant. ❹

Transport

Durch die Verbindungsstraße zwischen dem H323 und H3199 ist es Motorisierten möglich, vom Erawan National Park direkt nach NAM TOK zu fahren.
Nach KANCHANABURI, 65 km, Bus 8170 alle 50 Min. für 60 Baht in 1 1/2 Std. vom Markt im Dorf vor dem Erawan National Park. Die Busse um 12, 14, 15 Uhr und der letzte um 16 Uhr fahren vom Parkplatz vor dem Parkeingang ab. Songthaew kosten ab Kanchanaburi 1200 Baht.

Eine Nacht im Park

Die beste Unterkunft sind die Bungalows im Erawan National Park. So kann man den Park abends und morgens vor dem Eintreffen der Besuchermassen genießen. Wer tagsüber andere Nationalparks besucht hat und nachmittags zum Übernachten hier eintrifft, braucht nur einmal Eintritt zu zahlen.
Im Park gibt es **Bungalows** unterschiedlicher Größe ab 2 Pers. mit Ventilator oder AC. Zelte für 90–225 Baht je nach Größe. Matten, Kissen und Decken extra. Buchungen über die National Park Division in Bangkok, ☏ 02-562 0760, evtl. auch direkt unter ☏ 034-574 222, 🖥 www.dnp.go.th. Das Restaurant mit guter Thai-Küche hat von 7–20 Uhr geöffnet. ❹

Sri Nakharin National Park (Srinagarind National Park)

Oberhalb des Erawan National Parks erhebt sich der riesige Staudamm des **Srinagarind Reservoirs**, der im gleichnamigen Nationalpark liegt, Eintritt 200 Baht. Das Park Headquarter, ☏ 034-516 667, befindet sich am Westufer des Stausees. Es kann bei Trockenheit über eine 40 km lange Erdstraße mit dem Motorrad oder Geländewagen erreicht werden. Ansonsten fährt man vom Staudamm 24 km bis Tha Kradan und mietet sich dort ein Boot. Die einstündige Fahrt für max. zwölf Personen kostet mind. 1500 Baht. Zudem verkehrt 2x tgl. eine Fähre über den See nach Si Sawat, Anlegestelle 5 km nördlich des Ortes, und für 180 Baht pro Auto weiter nach Huay Khamin im Nationalpark. Songthaew kosten in

Kanchanaburi 1500–1700 Baht bis zum Huay Khamin-Wasserfall. Weiter Richtung Sangkhlaburi s. **eXTra [2628]**.

Bo Phloi

Bei Bo Phloi, 48 km nördlich von Kanchanaburi, sind die Vorkommen an Saphiren und Halbedelsteinen erschöpft. Es werden noch importierte Steine geschnitten und poliert. Ein **Safaripark** am KM 21 hinter Ban Nong Krathum mit vielen Tieren, darunter Giraffen, Kamele, Tiger, Strauße, Zebras und Papageien, lockt einheimische Besucher an, lohnt aber auch für Selbstfahrer einen Abstecher. Im Botanischen Garten können Schmetterlinge bewundert werden, zudem werden Tiershows geboten. Wer keinen eigenen Wagen hat, kann sich mit einem Bus herumfahren lassen. 9–17 Uhr, 034-500 089, Eintritt 300 Baht, Kinder 150 Baht. Bus 325 ab Kanchanaburi für 40 Baht, Sammeltaxi nach Voranmeldung um 13 Uhr für 130 Baht.

Chaloem Rattanakosin National Park

Dieser wunderschöne, 59 km² große Nationalpark heißt auch Tham Than Lot National Park und liegt 97 km nördlich von Kanchanaburi, 50 km von Bo Phloi entfernt, Eintritt 200 Baht, 034-519 606. Für die Tour sind feste Schuhe erforderlich, in der Regenzeit sind Furten zu überqueren.

Vom Eingang aus erreicht man in 10 Min. die eindrucksvolle, 400 m lange Tropfsteinhöhle **Tham Than Lot Noi**, die von 8–16 Uhr beleuchtet wird. Ein flacher Bach durchfließt die geräumige Höhle, die wuchtige, weiße Tropfsteinüberhänge enthält. Am anderen Ende führt ein gut gekennzeichneter Weg von 1 1/2 Std. am Bach entlang durch eine schöne Dschungellandschaft an drei Wasserfällen vorbei. Nach dem ersten (1,5 km) wird der Pfad schwieriger und in der Regenzeit gefährlich. Am Ende des Tals (2,5 km) erhebt sich die etwa 60 m lange und 50 m hohe Naturbrücke **Tham Than Lot Yai**, die als prähistorische Begräbnisstätte genutzt wurde. Nur 10 Min. weiter liegt ein Waldtempel.

Leben auf dem Land bei Anna und Klaus

Little Heaven Homestay ①, 41/1 Moo 6, Srayaisom Rd., 081-622 6750, www.homestaythailand.de, Karte S. 228, **eXTra [2975]**. Voranmeldung erforderlich. Von Kanchanaburi auf dem H324 Richtung Suphanburi 15 km südlich von U Thong rechts abbiegen. Durch Reisfelder und ein Dorf gelangt man hinter dem Tempel zum familienfreundlichen Homestay von Anna und Klaus Stark in einem in dieser Umgebung ungewöhnlichen Neubau neben dem alten Haus ihrer Familie. Gäste wohnen in einem der 4 Zimmer mit Du/WC und werden mit einheimischen sowie deutschen Gerichten bewirtet. Zum Frühstück gibt es selbst gebackenes Brot, Obst und Gemüse aus dem Garten. Man kann auf der Dachterrasse in Hängematten die Zeit vergessen und bei Radtouren die ländliche Umgebung genießen. Zudem ein- und mehrtägige Ausflüge, die von Klaus organisiert werden. Vollpension 700 Baht p. P., im Schlafsaal 500 Baht.

Übernachtung und Essen

Bungalows der Nationalparkverwaltung für 4–6 Pers., zu buchen in Bangkok, 02-562 0760, www.dnp.go.th, zudem mehrere kleine Restaurants. ❹

Transport

Von KANCHANABURI Bus 325 um 6.25, 8.10, 12.25 und 15.20 Uhr bis zum Park für 70 Baht in 2 Std. Ansonsten über Bo Phloi und Nong Pru und die letzten 19 km mit dem Songthaew.

Suphanburi

Wer auf dem Weg zwischen Kanchanaburi und Ayutthaya hier einen Zwischenstopp einlegt, kann sich etwa 2 km westlich vom Bus Terminal im **Chalerm Phatara Rachini Park** erholen. Zwischen den in Tierformen getrimmten Büschen, Springbrunnen und einem künstlichen Wasserfall erhebt sich der 123 m hohe **Banharn Tower**, von dem sich eine gute Aussicht bietet. Di–Fr

10–19, Sa, So 10–20.30 Uhr, Eintritt 30 Baht, ab 18 Uhr 40 Baht.

In einem schönen chinesischen Park liegt eine sehenswerte Anlage mit einem farbenprächtigen Schrein, einem Aussichtsturm und dem **Chinesischen Museum** in einem überdimensionalen Drachen. Es präsentiert in 20 Räumen mit Modellen und moderner Technik die Geschichte der chinesischen Dynastien und Legenden. Ausländer zahlen 499 Baht Eintritt, wofür es eine Audiotour in englischer Sprache gibt.

Am H340 Richtung Norden sind im beeindruckenden **Nationalmuseum** im modernen Western Art and Cultural Centre Exponate aus der langen Geschichte und von verschiedenen Bevölkerungsgruppen dieser Region zu sehen. ✆ 035-535 330, ⏱ Mi–So 9–16 Uhr, 100 Baht.

Übernachtung

Country Hotel, in Bang Pla Ma, südlich der Stadt, vom H340 nach Westen abbiegen und am Wat Suan Hong vorbeifahren. 500 m entfernt von der Kreuzung am Golfplatz und der Tankstelle liegt die nur in Thai beschriftete, unscheinbare Anlage. Doppelbungalows mit Autostellplätzen liegen zurückversetzt in einem Garten und sind von viel Grün umgeben. Saubere, gepflegte Zimmer mit kleiner Veranda und TV. Der Besitzer spricht gut englisch. Hübsches, offenes Restaurant mit Blick auf den Teich, günstige, gute Gerichte, auch Zimmerservice. Frühstück inkl. ❸

Transport

Nach AYUTTHAYA gelber lokaler Bus 703 für 50 Baht in 1 1/2 Std.
BANGKOK (Southern Bus Terminal), AC-Bus alle 20 Min. bis 18 Uhr für 80 Baht in 2 1/2 Std.
KANCHANABURI, lokaler Bus 411 für 50 Baht in 1 1/2 Std.

Bueng Chawak

Nahe dem H340 Richtung Chainat liegt am Ufer eines großen Altwasser-Sees ein **Agro Tourismus Projekt**, dessen interessanteste Teile das riesige neue **Meeres-Aquarium** mit über 50 Becken, ein riesiges Becken mit Haien, ein kleineres Süßwasseraquarium (30 Baht) sowie die Sumpflandschaft mit Krokodilen sind. Er macht vor allem Kindern Freude, ist aber am Wochenende wegen zahlreicher Tagesausflügler nicht zu empfehlen. ✆ 035-481 249, ⏱ Mo–Fr 10–17, Sa, So 9–18 Uhr. Eintritt 30 Baht, für das Meeres-Aquarium 150 Baht extra inkl. einer Krokodilshow 3x tgl. am Wochenende. Zudem ein großer **Gemüsegarten** mit einem Kürbistunnel und über 500 Gemüsesorten. ⏱ 8.30–18 Uhr.

Transport

Von SUPHANBURI mit dem Bus bis Duembang Nangbuat, 50 km nördlich, weitere 12 km mit dem Motorradtaxi für 100 Baht.
Autofahrer folgen der Ausschilderung vom H340 am KM151, am Ende der Straße nach rechts und kurz darauf wieder nach links abbiegen.

Richtung Norden

Vier- bis achtspurige Highways durchqueren nördlich der Metropole die fruchtbare Ebene des Menam Chao Phraya und seiner Nebenflüsse, die „Reiskammer" des Landes. Bis weit über Ayutthaya hinaus sind viele ehemalige Reisfelder mit Industrieanlagen und neuen Wohngebieten bebaut worden. In den verbliebenen ländlichen Regionen durchziehen Dämme und baumgesäumte Kanäle die Ebene. Hier finden zahlreiche Wasservögel reichlich Nahrung, wie Pelikane und Ibisse, zu denen sich im Oktober Kraniche, Störche und andere Zugvögel zum Überwintern gesellen.

Vom 10. bis 13. Jh. wanderte das Volk der Thai von Norden in dieses Gebiet, das bereits von den Mon und Khmer besiedelt war. Vor allem für Kulturinteressierte lohnt sich ein Besuch der Ruinenstädte Ayutthaya, Lopburi und der weiter im Norden liegenden alten Königsstädte Sukhothai, Si Satchanalai und Kamphaeng Phet. Wer selber fährt, kann auf schmalen Straßen entlang der Kanäle und Flüsse zahllose Dörfer inmitten endloser Reisfelder erkunden.

Wat Phailom

Die Attraktion dieses Klosters in ländlicher Umgebung am Ostufer des Menam Chao Phraya in der Nähe von Phatum Thani ist eine riesige **Klaffschnabel-Storchkolonie**, die in einem zum Tempel gehörenden Wald lebt. Im November/Dezember kommen bis zu 25 000 Störche aus dem Brahmaputra- und Gangesdelta hierher, um zu brüten. Tagsüber sind die Vögel auf Futtersuche. Am späten Nachmittag kehren sie zu ihren Nistplätzen zurück. Wenn die Jungen geschlüpft sind, wacht ein Elterntier beim Nest. Nach 6–8 Wochen sind die Jungtiere flugfähig, dann kehren viele wieder zurück.

Zu den Vögeln haben sich einige tausend Flughunde gesellt, die nach Sonnenuntergang in großen Schwärmen auf Nahrungssuche gehen.

Transport

Ab BANGKOK werden Touren angeboten, oder man chartert ein Taxi. Mit öffentlichen Verkehrsmitteln dauert die Fahrt sehr lange und ist nicht zu empfehlen.
Von der Outer Ring Road H9 nimmt man die Ausfahrt kurz vor der Menam-Brücke und fährt auf dem H3309 parallel zum Fluss 6,3 km Richtung Süden. 1 km hinter dem Dorf Suan Ma Muang zweigt am KM 28,7 eine 500 m lange Stichstraße zum Tempel ab.

Bang Sai

Der Grundstein für das Ausbildungszentrum für traditionelles Kunsthandwerk in einer weitläufigen Parklandschaft bei Bang Sai wurde 1976 durch die Gründung der Stiftung „Support" unter der Schirmherrschaft der Königin gelegt, um vom Aussterben bedrohtes Kunsthandwerk zu retten. Junge Leute aus ländlichen Regionen werden in Handwerkskünsten unterrichtet, deren traditionelle Formen sie entsprechend den Bedürfnissen des modernen Marktes weiter entwickeln. Di–Fr 8–17, Sa, So bis 19 Uhr. 035-366 666, www.sacict.net.

Im zentralen **Handicrafts Training Center** werden Di–So von 9–14.30 Uhr in 20 unterschiedlichen Fachrichtungen Glas- und Flechtarbeiten, Möbel, Seidenstoffe und Textilien gefertigt. Die besten Produkte werden in den Chitralada Handicraft Shops (z. B. am Airport) verkauft.

Zur Anlage gehören u. a. ein buddhistisches Zentrum, eine Krankenstation, der **Bananengarten** mit 300 verschiedenen Sorten, der **Vogelpark**, 9–17 Uhr, 20 Baht, ein **Süßwasseraquarium** mit riesigen Welsen, Di–Fr 10–16.30, Sa, So und feiertags 10–18 Uhr, eine Bootsanlegestelle, ein Restaurant und Souvenirshops. Was wie ein großer Tempel aussieht, entpuppt sich als Einkaufszentrum.

Transport

Motorisierte nehmen auf der Outer Ring Road H9 die Abfahrt kurz vor der Menam-Brücke, ca. 14 km westlich vom großen Autobahnkreuz mit dem H1, und fahren auf dem ausgeschilderten H3309 parallel zum Fluss 5,4 km Richtung Norden. Busse von BANGKOK nach BANG PA IN fahren etwa alle 30 Min. am Eingang vorbei.

Bang Pa In – der Sommerpalast

Im 17. Jh. wurde dieser Sommerpalast der Könige von Ayutthaya neben einer Insel im Menam Chao Phraya erbaut. Er geriet in Vergessenheit, als Bangkok Königsstadt wurde. Erst König Mongkut nutzte ihn wieder und baute ihn aus. Damals entstand die Mischung verschiedener Baustile aus China, Europa und Siam. Im Zweiten Weltkrieg erfuhr der Palast eine dritte Blüte, als sich die Königsfamilie hierher zurückzog.

Für den Rundgang durch die gepflegte Gartenlandschaft sollte man sich mind. 2 Std. Zeit lassen. Rechts am Flussufer steht ein kleiner Schrein in Form eines Khmer-Prangs, der **Ho Hem Monthian Thewat**. Er enthält die Statue des Königs Prasat Thong von Ayutthaya, des „Königs des Goldenen Palastes". Am gegenüberliegenden Ufer steht **Saphakhan Ratchprayun**, das eine textlastige Ausstellung über die Geschichte des Palastes und seiner Bewohner enthält. 8.30–15.30 Uhr.

In zahlreichen Prospekten abgebildet ist der Wasserpavillon **Aisawan Thippa-at**, eine

Holzkonstruktion aus dem Jahr 1876 inmitten eines Teiches. Besonders fotogen ist das dem Umkleidepavillon im Königspalast von Bangkok nachempfundene Gebäude in der Nachmittagssonne, wenn es sich im Wasser spiegelt und der im Inneren als Bronzestatue verewigte König Chulalongkorn in die Kamera blickt. In der Thronhalle **Warophat Phiman**, links vom Pavillon, finden noch immer königliche Zeremonien statt. Die Halle des neoklassischen Gebäudes ist nur in angemessener Kleidung zugänglich. Eine überdachte Brücke führt zum **Thewarat Khanlai**, dem Tor zum Inneren Palast.

Am interessantesten ist in der Gartenanlage des Inneren Palastes das von Chinesen gestiftete zweistöckige Gebäude **Wehat Chamrun**. Es wurde 1889 im Stil einer ihrer Herrscherresidenzen errichtet. Die **Uthayan Phumisathian Residential Hall** mit ihren Jungendstilelementen könnte durchaus in einem noblen Ostseebad stehen. Sie ist ein Nachbau des 1938 abgebrannten Originals und dient heute als königliche Residenz und Audienzhalle.

Auf einer kleinen Insel steht der Aussichtsturm **Ho Withun Thatsana**. Von oben bietet sich ein schöner Blick über die Gartenanlage. **Gedenksteine** neben einem Pavillon erinnern an Königin Sunanda Kumariratanas (1860–1880), die erste Frau von Chulalongkorn und Tochter von Mongkut, sowie an deren Tochter. Sie ertranken auf dem Weg von Bangkok in die Sommerresidenz in einem gekenterten Boot vor den Augen ihrer Begleiter, denen es verboten war, die Königin und Prinzessin zu berühren.

🕓 8–16 Uhr, ✆ 035-261 548, 100 Baht (inkl. Infobroschüre), Thais 30 Baht. Im Palastbereich herrscht eine strikte Kleiderordnung: Frauen müssen Schultern und Knie bedecken, im Thronsaal dürfen sie keine Hosen tragen. Bei Männern sind kurze Hosen unangebracht. Angemessenes Outfit wird ausgeliehen.

Hinter dem Parkplatz verkehrt eine von Mönchen betriebene einfache Seilbahn auf die **Flussinsel**. Hier steht ein Wat im Stil einer europäischen Kirche, auf dessen Glasfenstern König Chulalongkorn zu sehen ist. Nebenan im Klostermuseum wird eine bunte Sammlung aufbewahrt. Auch die Mönchsquartiere sind im neoklassizistischen Stil erbaut.

Transport
Vom Bahnhof in Bang Pa In führt eine schmale Straße zwischen Fluss und Eisenbahn zum Palast. **Minibusse** können am Bahnhof für 250 Baht pro Std. gechartert werden. Nach Ayutthaya kosten sie 150 Baht.
Viele Tagesausflüge ab Bangkok schließen neben Ayutthaya auch Bang Pa In ein.

Busse
Nach AYUTTHAYA Songthaew über die Straße oder den Highway bis gegen 18 Uhr für 20–30 Baht in 1 Std.
BANGKOK, Northern Bus Terminal (Mo Chit), Busse alle 30 Min. bis 18 Uhr für 50 Baht in 2 Std.

Eisenbahn
Zwischen BANGKOK und AYUTTHAYA verkehren zahlreiche Vorortzüge, die in Bang Pa In halten. Auch zwei Eilzüge halten am kleinen Bahnhof, 1,7 km nördlich des Palastes. Mit dem Samlor weiter für 30 Baht.

Boote
Am schönsten ist die Fahrt nach Bang Pa In mit einem Ausflugsboot ab Bangkok, River City-Pier, s. S. 212.

3 HIGHLIGHT

Ayutthaya

Die historische Stadt Ayutthaya (gesprochen: Ayut-tha-ja), mit vollem Namen Phra Nakhon Si Ayutthaya, seit 1991 zum Unesco-Weltkulturerbe, 🖥 whc.unesco.org, gehörig, erstreckt sich über ein weites Areal, dessen Zentrum durch den Zusammenfluss dreier Flüsse umgrenzt wird. Die Ruinen wurden ausgegraben und die meisten von ihnen rekonstruiert. Die neue, 83 000 Einwohner zählende Stadt Ayutthaya östlich der Ruinenstadt ist nicht sonderlich attraktiv, eignet sich jedoch gut als erstes Reiseziel.

Ayutthaya Historical Study Center
Zu Beginn einer Rundfahrt durch die historische Stadt sei ein Besuch im Ayutthaya Historical

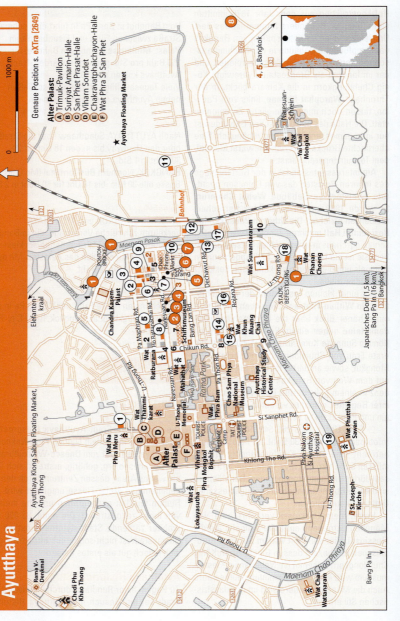

Study Center empfohlen. Das Gebäude, das von japanischen und thailändischen Architekten in den 1980er-Jahren entworfen wurde, dient dem Studium der Ayutthaya-Periode und beherbergt ein lohnendes Museum sowie eine Bibliothek. Im Museum wird die Vergangenheit mit Hilfe von Modellen, Schautafeln und Dioramen zum Leben erweckt, die leider teils schwer lesbar sind, weil die Beleuchtung nicht funktioniert. Vier Themenschwerpunkte zeigen Ayutthaya als Hauptstadt, als Handelszentrum, als zentralistischen Staat sowie das traditionelle Dorfleben. ⏱ 9–16.30 Uhr, ☏ 035-245 123, 100 Baht, Studenten 50 Baht.

Chao Sam Phya National Museum

Das traditionell gestaltete Chao Sam Phya National Museum ist in mehreren Gebäuden in einem kleinen Park untergebracht; der Eingang befindet sich in der Rotchana Road. Im Erdgeschoss werden Funde aus verschiedenen Epochen gezeigt, die in den 1950er-Jahren ausgegraben wurden. Beeindruckend sind die Goldschätze aus dem Wat Ratburana im 1. Stock, darunter goldene Amulette, Statuen, Schmuck und ein königliches Schwert. Im zweiten Gebäude sind Funde aus verschiedenen Regionen und Epochen zu sehen. In den Thai-Häusern werden Alltagskunst und Gebrauchsgegenstände ausgestellt. ⏱ Mi–So außer feiertags 9–16 Uhr, ☏ 035-241 587, 150 Baht.

Rings um den Rama Park

Der Rama Park mit seinem See, über den sich steile Brücken spannen, stellt die ihn umgebenden Tempel in einen ansprechenden Rahmen. Südwestlich des Parks erhebt sich der hohe Prang des **Wat Phra Ram**, das 1369 unter dem zweiten König Ramesuan als Begräbnisstätte für dessen Vater U-Thong, den Gründer von Ayutthaya, erbaut wurde. ⏱ 8–18 Uhr, 50 Baht.

Östlich des Parks erstreckt sich die weitläufige Anlage von **Wat Mahathat**, einem 1374 gegründeten und mehrfach erweiterten Tempel. Aus der frühen Zeit sind Grundmauern erhalten. Die Ruine des zentralen Prangs, der 44 m hoch war, lässt seine ursprüngliche Größe nur noch erahnen. Die Umgrenzung zieren zahlreiche kopflose, ursprünglich dreiteilige Buddhafiguren. Im südöstlichen Bereich findet man den in einen Feigenbaum eingewachsenen Buddhakopf, ein beliebtes Fotomotiv, das sogar bewacht wird. ⏱ 8.30–16.30 Uhr, 50 Baht.

Gegenüber überragt ein stark restaurierter Prang die große Halle des **Wat Ratburana** (auch Ratchaburana). 1424 ließ der 7. König von Ayutthaya diesen Tempel als Begräbnisstätte für seine beiden älteren Brüder bauen. Es lohnt, die steilen Treppen zu erklimmen. Oben sind Fotos der bei der Plünderung von Ayutthaya durch die Birmanen geraubten Kroninsignien und Goldbuddhas sowie anderer Goldschätze zu sehen, die in den Krypten unter dem Prang entdeckt und im Obergeschoss des Museums ausgestellt sind. Durch einen schmalen Gang geht es hinab in die Grabkammer, wo noch die originalen Wandgemälde zu erkennen sind. ⏱ 8.30–16.30 Uhr, 50 Baht.

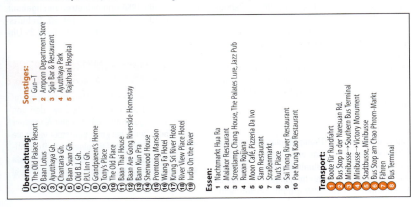

Übernachtung:
1 The Old Palace Resort
2 Baan Lotus
3 Ayutthaya Gh.
4 Chantana Gh.
5 Baan Suan Gh.
6 Old B.J. Gh.
7 P.U. Inn Gh.
8 Grandparent's Home
9 Tony's Place
10 The Old Place
11 Baan Thai House
12 Baan Are Gong Riverside Homestay
13 Bann Kun Pra
14 Sherwood House
15 Promtong Mansion
16 Wiang Fa Hotel
17 Krung Sri River Hotel
18 River View Place Hotel
19 Iudia On the River

Essen:
1 Nachtmarkt Hua Ra
2 Malakor Restaurant
3 Streetlamp, Chang House, The Palates Lure, Jazz Pub
4 Ruean Rojjana
5 Moon Café, Pizzeria Da Ivo
6 Siam Restaurant
7 Straßenmarkt
8 Nut's Place
9 Sai Thong River Restaurant
10 Pae Krung Kao Restaurant

Sonstiges:
1 Gun-T
2 Amporn Department Store
3 Spin Bar & Restaurant
4 Ayutthaya Park
5 Rajathani Hospital

Transport:
1 Boote für Rundfahrt
2 Bus Stop in der Naresuan Rd.
3 Minibusse → Southern Bus Terminal
4 Minibusse → Victory Monument
5 Stadtbusse, Minibusse
6 Bus Stop am Chao Phrom-Markt
7 Fähren
8 Bus Terminal

Die Königsstadt von Siam

417 Jahre lang war Ayutthaya Königsstadt des siamesischen Reiches, bis sie 1767 von birmanischen Truppen zerstört wurde. In dieser damals sicheren Hafenstadt, 80 km vom Meer entfernt, regierten 33 Könige. Auf dem Höhepunkt ihrer Macht im 17. Jh. hatten die absoluten Monarchen die Bevölkerung durch Eroberungskriege und Aufnahme von Flüchtlingen stark vermehrt und errichteten eine prunkvolle Stadt, die es mit allen europäischen Metropolen ihrer Zeit aufnehmen konnte. 375 Tempel, 29 Festungen und 94 Tore zählte man auf einem riesigen Areal, dessen Ausmaße sich heute zwischen Wohnhäusern, Feldern und Gärten nur noch erahnen lassen. Ein umfangreicher Beamtenapparat, geschützt von einer einflussreichen Militärmacht, verwaltete die im Reich eingetriebenen Steuern und pflegte regen internationalen Handel. Schiffe aus aller Welt segelten den Menam Chao Phraya hinauf, und 40 verschiedene Nationalitäten, darunter Europäer, Chinesen und Japaner, siedelten in eigenen Stadtvierteln. Die Pracht bei Hofe und die Ausstattung der Heiligtümer waren legendär – was davon heute noch zu sehen ist, sind nur kümmerliche Überreste.

Nördlich des Rama Parks an der Ostseite des Palastes befindet sich **Wat Thammikarat**. Die erhaltenen Löwenskulpturen deuten darauf hin, dass dieses Wat in der frühen Ayutthaya-Periode entstanden ist. ⏰ 6–18 Uhr.

Einen anderen Blick in die Geschichte erlaubt das private **Schiffsmuseum** östlich vom Park. Äußerst aufwendig gestaltete Modelle mittelalterlicher Königsbarken und vieler anderer traditioneller Schiffe sind in einem stilvollen Thai-Haus untergebracht. ⏰ 8–17 Uhr, ☎ 035-241 195, Spende erwartet.

Der Palastbereich

Nordwestlich des **U-Thong Memorials** mit einer Statue des ersten Königs von Ayutthaya sind auf einem weitläufigen, baumbestandenen Gelände die Mauerreste seines ehemaligen Palastes zu besichtigen. Er war 1350 erbaut worden, wurde aber bereits 100 Jahre später vom 8. König aufgegeben, als dieser seine Residenz weiter nach Norden verlegte. Die zweistöckige **Suriyat Amarin-Halle** nutzte König Narai zur Beobachtung der Prozession königlicher Barken auf dem Fluss. Die angrenzende **San Phet Prasat-Halle**, von der nur die Fundamente erhalten sind, wurde 1448 als Empfangsgebäude für Staatsgäste erbaut. Unter dem 24. König von Ayutthaya entstanden Anfang des 17. Jhs. die Zeremonienhalle **Viharn Somdet** und die **Chakravatphaichayon-Halle** am östlichen Ende des Palastes, von der aus der König Paraden abnahm. Der offene, hölzerne **Trimuk-Pavillon**, westlich der San Phet Prasat-Halle, wurde erst 1907 unter König Chulalongkorn errichtet.

Im Süden erstreckt sich **Wat Phra Si San Phet**. Mit dem Bau der prunkvollen Tempelanlage wurde 1448 begonnen. Sie wurde mehrfach erweitert, bis die birmanischen Eroberer sie 1767 niederbrannten. Der 16 m hohe vergoldete Bronzebuddha Phra Sri San Phet, der im Viharn stand, wurde dabei zerstört. Die Anlage mit ihren vielen halb verfallenen Tempeltürmen wird von drei großen, restaurierten Chedis dominiert, die Asche verstorbener Könige und eine Reliquie Buddhas enthalten. Rechts davon ragen die Säulen des früheren Viharn in den Himmel. ⏰ 7–18 Uhr.

Der Innenraum des rekonstruierten **Viharn Phra Mongkol Bophit** wird von einem der größten Bronzebuddhas Thailands ausgefüllt – die Rekonstruktion einer Statue aus dem 15. Jh. Der Viharn wurde 1956 originalgetreu nachgebaut, die Figur 1991/92 anlässlich des 60. Geburtstags der Königin vergoldet. ⏰ 8.30–16.30 Uhr, Eintritt frei.

Tipps für die Tempeltour

Eine Sammelkarte für fünf Haupttempel kostet 220 statt 250 Baht. Diese Wats werden von 19–21 Uhr angestrahlt und bei einer Nachttour angefahren. Auch bei einer Bootstour legen die Boote an 3–6 Tempeln für eine kurze Besichtigung an. Am besten gegen 16 Uhr abfahren, da dann die Lichtverhältnisse gut und die Tempel noch offen sind.

Am Wochenende ist hier viel los. Um den Tempel herum warten zahlreiche Souvenir- und Getränkehändler auf Kunden.

Im Westen der Stadt

Etwas versteckt liegt **Wat Lokayasutha**. Hier blieb eine der größten liegenden Buddhafiguren aus Stuck erhalten, die nun, nachdem das Kloster abgebrannt ist, unter freiem Himmel ruht.

Im Südwesten steht am anderen Flussufer **Wat Chai Wattanaram**, eine große Anlage im Khmer-Stil mit einem zentralen Prang, der von einem Kreuzgang mit acht kleineren Prangs umgeben ist. In ihnen stehen große Buddhas aus Ziegel und Stuck, deren Holzgerüste noch zu erkennen sind. Auch einige bemalte Deckenpaneele sind gut erhalten. Das Wat wurde als zeitweilige Residenz von König Prasat Thong um 1690 erbaut. Der Tempel wird von 19–21 Uhr angeleuchtet. ⊙ 9–18 Uhr, 50 Baht.

Wat Phutthai Sawan, einer der ältesten Tempel am Flussufer gegenüber dem Hospital, ist schon von Weitem an seinem hohen Prang zu erkennen, vor dem eine Statue von König U-Thong steht und den ein Wandelgang umgibt. Östlich davon bietet ein liegender Buddha in einem verfallenen Viharn ein schönes Fotomotiv.

Chandra Kasem-Palast und Wat Senatsanaram

Im Nordosten der Insel befindet sich der rekonstruierte Palast des Kronprinzen Naresuan aus dem Jahre 1577. Den zerstörten Palast ließ König Mongkut neu erbauen, um zeitweise hinter den hohen Mauern zu leben. Den großen Platz umgeben mehrere Gebäude; das erste Gebäude links vom Eingang, der **Chantura Mukh-Pavillon**, enthält das kleine **Chandra Kasem-Nationalmuseum**, u. a. mit Keramiken, Buddhafiguren und Holzschnitzereien aus dem Besitz von König Mongkut.

Im dahinter liegenden **Piman Rajaja-Pavillon**, der ehemaligen königlichen Residenz, sind weitere Buddhastatuen und andere Gegenstände ausgestellt. Den **Pisai Salak-Turm** hinter der Residenz ließ sich Mongkut für seine astronomischen Studien erbauen. ⊙ Mi–So außer feiertags 9–16 Uhr, ✆ 035-251 586, 100 Baht.

Im Südosten

Weiter im Südosten erstreckt sich zwischen Fluss und Straße das weitläufige **Wat Phanan Choeng**, das in früheren Jahren als Exerzierplatz diente. Möglicherweise gab es den Tempel bereits vor der Gründung von Ayutthaya, denn die

Im Wat Mahathat, Ayutthaya

Viele Buddhas und ein König

Wat Yai Chai Mongkol liegt außerhalb des historischen Stadtkerns (bestes Fotolicht am Morgen). Der Tempel in seiner heutigen Form mit einem 62 m hohen Chedi, den zahlreichen Buddhastatuen und der gepflegten Gartenanlage wurde unter Naresuan zur Erinnerung an den historischen Sieg über seinen birmanischen Widersacher Phra Maha Uparacha umgestaltet. Naresuan hatte den birmanischen Herrscher 1592 bei Nong Sarai (Provinz Saraburi) in einem Zweikampf auf dem Rücken eines Kriegselefanten eigenhändig besiegt. Ihm zu Ehren wurde neben dem Tempel jenseits des liegenden Buddhas ein über Betonbrücken zugänglicher Park angelegt. In seinem Zentrum erhebt sich ein großer gläserner Schrein mit einer von Hähnen und Kunstblumen umgebenen, überlebensgroßen Statue des Herrschers. ⊙ 8–17 Uhr, 20 Baht.

20 m hohe Buddhastatue Phra Chao Phananchoeng (Luang Po To) im hinteren hohen Viharn soll bereits 1325 gefertigt worden sein. Sie gilt als Beschützerin der Seeleute und wird vor allem von Chinesen verehrt. Hinter dem großen Gebäude im Thai-Stil werden in einem großen Tempel im chinesischen Stil sowie in zwei weiteren Schreinen verschiedene Schutzgottheiten mit Blumen, Kerzen und Geld günstig gestimmt und nach der Zukunft befragt. ⊙ 8–17 Uhr, 20 Baht. Von der Bootsanlegestelle hinter dem Wat verkehren Fähren über den Fluss.

Im **Wat Suwandararam** zeigen Wandmalereien den 1592 stattgefundenen Kampf zwischen den verfeindeten Herrschern. Die Tore zum Bot und Viharn sind allerdings meist verschlossen. Evtl. hat man während der Gebetszeit gegen 16 Uhr die Gelegenheit, einen Blick hineinzuwerfen.

An der Einmündung des Klong in den Menam Chao Phraya, etwas weiter westlich, wurden 1959 Teile der bereits unter U-Thong errichteten alten **Stadtbefestigung** rekonstruiert. Die Ziegel der ursprünglichen Anlage waren auf Frachtkähne verladen und beim Aufbau der neuen Hauptstadt Bangkok verwendet worden.

Weiter außerhalb

Nördlich des ehemaligen Königspalastes erhebt sich jenseits des Klong Sabua **Wat Na Phra Meru** (auch: Wat Na Phramane), eine wahrscheinlich bereits 1503 gegründete Tempelanlage. Sie diente angreifenden Birmanen als Basislager und verdankt diesem Umstand, dass sie nicht zerstört wurde. Der mit Holzschnitzereien geschmückte, imposante Bot enthält einen 6 m hohen, vergoldeten Bronzebuddha, der im Stil eines Ayutthaya-Herrschers gekleidet ist. Das Innere des daneben liegenden kleinen Viharn, dessen Wände mit verblichenen Wandmalereien bedeckt sind, wird von einem Buddha im Dvaravati-Stil dominiert. Die eindrucksvollen Skulpturen und prunkvolle Ayutthaya-Architektur lohnen einen Besuch. ⊙ 8–18 Uhr, 20 Baht.

2,5 km nordwestlich der Stadt liegt südlich vom H309 der 80 m hohe **Chedi Phu Khao Thong**. Als die Birmanen 1569 erstmals Ayutthaya eingenommen hatten, errichteten sie diesen Tempel zur Erinnerung an ihren Sieg auf einer bereits 1387 erbauten Anlage. 15 Jahre später wurden sie wieder vertrieben, und der Chedi erhielt ein neues Äußeres im Thai-Stil. Aus Anlass des 2500-jährigen Bestehens des Buddhismus wurde 1956 eine 2,5 kg schwere Goldkugel auf der Spitze der Pagode angebracht. Vor dem Chedi befinden sich ein **Monument** zu Ehren von König Naresuan und eine große Parkanlage.

Hunderte von **Klaffschnabel**-Störchen bevölkern im Winter die Palmen in der Nähe des **Wat Kuti Lai**, das am H309, hinter der Kreuzung mit dem H347, 6 km nördlich der Stadt liegt.

6 km außerhalb, nördlich der historischen Stadt, steht der **Elefantenkraal** (Paniad). Innerhalb der Umzäunung aus Teakpfosten wurden die königlichen Elefanten gezähmt. Heute leben hier die Mahouts in schäbigen Quartieren zusammen mit 30–40 Elefanten, die gefüttert und geritten werden können.

Südlich von Wat Phanan Choeng befand sich das **japanische Dorf** mit etwa 1500 Einwohnern, vor allem japanischen Christen, die zu jener Zeit in ihrer Heimat verfolgt wurden. Ein interessantes Video informiert über die Bedeutung des Handelszentrums Ayutthaya zwischen der östlichen und westlichen Welt und eine kleine Ausstellung über die Beziehungen zu Japan.

Draußen am Fluss wurde ein kleiner japanischer Garten angelegt. ⏲ 8–17 Uhr, 50 Baht. Anreise mit den Songthaew nach Bang Pa In.

Der **Ayothaya Floating Market** im Osten nahe Wat Maheyong mit Schlangenshows, Elefantenreiten, Plankenwegen mit Nippes- und T-Shirt-Läden sowie einem schwimmenden Essensmarkt ist eine künstliche Touristenattraktion, der westliche Besucher nicht viel abgewinnen können. ⏲ 9–21 Uhr.

Nur am Wochenende findet auf dem **Ayutthaya Klong Sabua Floating Market** nahe Wat Phrayaman ein Wasser-Tanztheater statt. Die Tänzer in traditionellen Kostümen führen auf Booten und im Wasser kurze, leicht verständliche Stücke auf. Anfahrt zum ausgeschilderten Ziel am besten über den H309 und nach ca. 2 km auf der H2003. Shows Sa, So und feiertags um 11, 12, 13.30, 15 und 16 Uhr, ✆ 081-875 0838, 🖥 www.ayutthayafloatingmarket.com, 50 Baht.

Übernachtung

Untere Preisklasse

In der Naresuan Rd., der „Khaosan Road" von Ayutthaya, konzentrieren sich die einfachen Gästehäuser. Daneben haben Internet-Cafés und Restaurants eröffnet, die abends ihre Tische auf die Straße stellen.

Ayutthaya Gh. ③, 12/34 Naresuan Rd., ✆ 035-232 658, ✉ blues_taxi@hotmail.com. Eines der ältesten Gästehäuser, das in die Hände der nächsten Generation übergegangen ist. 30 saubere Zimmer, zur Straße hin laut. Ältere mit Ventilator und Gemeinschaftsdusche, neuere mit teils offenem Bad und AC. Restaurant im EG und nebenan das Straßenrestaurant Streetlamp. Fahrrad- und Motorradvermietung. Internet. Auch Zimmer im Nachbarhaus. ❷–❸

Baan Are Gong Riverside Homestay ⑫, Kramang Rd., ✆ 035-235 592, 087-107 0745. Eines der kleinen, einfachen Gästehäuser in den Gassen zwischen Bahnhof und Fähre. 2-stöckiges altes chinesisches Holzhaus mit hellhörigen Zimmern im EG mit Du/WC, oben mit Gemeinschafts-Du/WC, günstige EZ. Auch Motorrad- und Fahrradverleih, Internet, Gepäckaufbewahrung und Duschen für 30 Baht. Es wird kein Englisch gesprochen. ❷

Baan Lotus ②, 20 Pa Maphrao Rd., ✆ 035-251 988. Restauriertes, hellhöriges Thai-Holzhaus mit sauberen Zimmern, harten Matratzen und AC oder Ventilator. Nebenan in einem neuen 3-stöckigen Haus Zimmer mit kleiner Terrasse und Tischen. Neben der Rezeption Tische und Stühle zum Frühstücken, WLAN. Großer, etwas vernachlässigter Garten mit Palmen und Lotosteich. Geschäftstüchtige Vermieterin. Touren und Radverleih. ❸

Baan Suan Gh. ⑤, 23/1 Jakrapard Rd., ✆ 035-242 394, 🖥 www.baansuanguesthouse.com. In einem 2-stöckigen renovierten Holzhaus einfach eingerichtete helle, saubere Zimmer mit Ventilator oder AC und Gemeinschaftsdusche sowie 3 Bungalows im gepflegten Garten mit AC und Duschen, die nicht immer funktionieren. Internet, Frühstücken möglich. Der hilfsbereite, nette Besitzer Khun Sumet spricht sehr gutes Englisch. An der Straße davor ist abends bis Mitternacht eine kleine Bar mit lauter Musik in Betrieb. ❷–❸

Chantana Gh. ④, 12/22 Naresuan Rd., ✆ 035-323 200, 089-885 0257, ✉ chantana house@yahoo.com. 2-stöckiger Neubau für nichtrauchende, ruhebedürftige Traveller. Kleine Zimmer, 2 mit Ventilator und Du/WC, 10 mit AC und Warmwasserdusche, dicke Matratzen. Einige mit Fenstern zum Gang, andere mit Balkon. In den Zimmern hinten rechts stört der Lärm einer Wasserpumpe. Große, überdachte Terrasse im 1. Stock. ❸

Grandparent's Home ⑧, 19/40 Naresuan Rd., ✆ 083-558 5829, 087-496 2009, 🖥 www.grandparenthome.com. Die freundliche Großfamilie vermietet in vier 2-stöckigen Neubaublocks mit je 10 Zimmern die vorderen monatlich und die hinteren täglich. 5 günstige mit Ventilator, 15 mit AC, alle mit guten Matratzen, TV, Kühlschrank und gefliesten Böden. Rezeption ⏲ bis 21.30 Uhr. Gäste haben rund um die Uhr Zugang. Frühstücken im Vorhof möglich. ❷–❸

Old B.J. Gh. ⑥, 16/7 Naresuan Rd., ✆ 035-251 526, in der Seitengasse links des Ayutthaya Gh. 8 sehr einfache Zimmer mit Gemeinschaftsdusche, Zimmer mit Ventilator und Du/WC, 1 AC-Zimmer mit Dusche. Im Haus Wäscherei, Fahrradverleih. ❶–❷

Freundlich und kompetent geleitet

P.U. Inn Gh. (Ubonpon Gh.) ⑦, 20/1 Moo 4, ✆ 035-251 213, 🖥 www.puguesthouse.com. Von der engagierten Ubonpon individuell gestaltetes Gästehaus mit 22 sauberen Zimmern mit guten Ventilatoren oder AC. Großes, klimatisiertes Restaurant mit TV, thailändischer, japanischer Küche und gutem Frühstück. Sitzplätze auf einer überdachten Terrasse im 1. Stock und im kleinen Hof darunter. Schließfächer, Fahrradvermietung, Wäscheservice, Touren, WLAN, Internet und Gepäckaufbewahrung inkl. ❸

Sherwood House ⑭, 21/25 Dechawut Rd., ✆ 086-666 0813, ✉ sherwoodmm@yahoo.com. Kleines Stadthaus von Steve, das von 3 netten Frauen geleitet wird. 3 saubere, freundlich eingerichtete Zimmer mit AC, 2 nach hinten mit Ventilator, Du/WC außerhalb. Familienzimmer in einem Privathaus. Kleines Restaurant mit mäßigem Essen und Bar. Pool, in dem von 9–20 Uhr auch Gäste von außerhalb für 50 Baht schwimmen können. Motorräder und Fahrräder zu vermieten, Internet.

The Old Place ⑩, 102 U-Thong Rd., ✆ 035-211 161, 🖥 www.theoldplaceguesthouse.com. In kleinem Haus am Fluss große, mit Bambusmatten verkleidete Zimmer mit Ventilator oder AC, teils ohne Fenster, gefliesten Böden, kleiner Dusche und TV neben einem großen Gartenrestaurant. ❷–❸

Wiang Fa Hotel ⑯, 1/8 Rojana Rd., ✆ 035-241 353, 📠 321 572, ✉ wiangfa@hotmail.com. In 2-stöckigem Haus im Motelstil mit Innenhof etwas ältliche Zimmer mit TV, einige mit Kühlschrank und Warmwasser. Recht ruhig gelegen, freundliche Leute, Internet, Parkplatz. Kleines Café an der Straße. ❸

Mittlere Preisklasse

Bann Kun Pra ⑬, 48 Moo 3 U-Thong Rd., ✆ 035-241 978, 014-422 742, 🖥 www.bannkunpra.com. Ein Komplex aus fast 100 Jahre alten, gepflegten Thai-Häusern am Fluss, der liebevoll im traditionellen Stil restauriert und eingerichtet wurde. 4 teurere Zimmer mit Flussblick und teils eigener großer Terrasse, 6 preiswertere nach hinten, alle mit Ventilator, 4 Gemeinschaftsduschen. Schlafsaal mit 4 Betten 250 Baht p. P. Nichts für Geräuschempfindliche. Der Eingang schließt um 23 Uhr. Großes, stilvolles Restaurant mit Flussterrasse mit Blick auf einen neueren Tempel, Thai-Gerichte mit westlichem Touch bis 100 Baht. ⏱ 11–21 Uhr. Teure Zimmer inkl. Frühstück. ❹

The Old Palace Resort ①, 1/35 Moo 5, Tavasukree Rd., ✆ 035-251 774, 081-351 2355, 🖥 www.theoldpalaceresort.com. 300 m nördlich vom alten Palast hinter Wat Na Phra Meru liegt die von der gut englisch sprechenden Gift und ihrer Mutter Jane geleitete, nett gestaltete, sehr ruhige Anlage. Auf einem großen Grundstück stehen Einzel- und Doppel-AC-Bungalows. Insgesamt 9 kleinere und größere Zimmer für bis zu 3 Pers. mit Kühlschrank, großer Fensterfront und Terrasse, teurere mit 2 Betten. Einfaches Frühstück inkl. Auf Wunsch wird auch ein Thai-Abendessen zubereitet. ❹

Tony's Place ⑨, 12/18 Naresuan Rd., ✆ 035-252 578, 080-994 5409. 🖥 www.tonyplace-ayutthaya.com. In einem geräumigen, mit einigen Antiquitäten eingerichteten Teakhaus mit eigenem Charme Zimmer mit Gemeinschaftsdusche, andere mit Dusche und Ventilator oder AC, die teuren mit Balkon, TV und Kühlschrank. Teils überdachtes, nicht besonders gepflegtes Restaurant mit Bar mit

Bestens umsorgt

Promtong Mansion ⑮, 23 Soi 19, Pathon Rd., ✆ 035-242 459, 089-165 6297, 🖥 www.promtong.com. Das neue, ruhig gelegene Guesthouse wird von zwei Schwestern geführt, die in England bzw. der Schweiz gelebt haben und wissen, was ihre Gäste brauchen. In einem 4-stöckigen Neubau 18 sehr saubere, nett eingerichtete, große Zimmer mit guten Matratzen und Decken, TV, Kühlschrank, Du/WC und separatem Raum mit Waschbecken. Auch Familienzimmer. Wäscheservice, viele Infos über Ayutthaya, Organisation von Touren und Transport. WLAN, Internet und Frühstück inkl. ❹

Stylish

Iudia On the River ⑲, 11-12 Moo 4, U-Thong Rd., im Südwesten nahe dem Krankenhaus, ☏ 035-323 208, 086-080 1888, 🖥 www.iudia.com. Freundliches Boutique-B&B am Fluss in einem 2-stöckigen, architektonisch interessant gestalteten Neubau, in dem modernes Design und Antiquitäten spannend miteinander harmonieren. 8 mit wertvollen Möbeln ausgestattete Zimmer, die 3 günstigeren mit Fenstern zum schattigen Innenhof, die teuren mit eigener Terrasse am hübschen, aber schattenlosen Pool mit Blick über den Fluss auf den Tempel. Sie sind unten mit großer Dusche, oben mit Wanne ausgestattet, zudem mit DVD-Player, LCD-TV, Kühlschrank und WLAN. Nettes Café an der Straße, Frühstück inkl. ❺–❼

Traveller- und vegetarischen Gerichten. Sitzgelegenheiten und Hängematten im teils offenen Hof und auf der Terrasse im 1. Stock. Kleiner Pool zum Beine abkühlen. Irgendwo wird immer an- und umgebaut. ❸–❹

Obere Preisklasse

Baan Thai House ⑪, 199/19 Moo 4, Pailing, ☏ 035-245 555, 080-437 4555, 🖥 www.baanthaihouse.com. Nur 600 m vom Bahnhof in ländlicher, sehr ruhiger Umgebung stehen in einem gepflegten Garten 12 Bungalows, besonders schön die Häuser auf Stelzen im Thai-Stil am See. Die Zimmer und vor allem die Bäder sind relativ klein, aber gut ausgestattet mit Holzmöbeln und Teakböden, Wasserkocher, LCD-TV, Kühlschrank, Terrasse oder Balkon und separatem WC, teils mit Außendusche. Viele Sitzgelegenheiten, Pool, Spa und Restaurant. Günstige Preise in der Nebensaison. Fahrräder, WLAN und Frühstück inkl. ❺–❻

Krung Sri River Hotel ⑰, 27/2 Moo 11, Rojana Rd., ☏ 035-244 333, 🖥 www.krungsririver.com. Angenehmes, gepflegtes Hotel westlich der Brücke am Fluss. Komfortable Zimmer mit Marmorbad, großes Frühstücksbuffet inkl. Im beliebten Restaurant Suan Rim Nam mit Flussterrasse und vorwiegend westlicher Livemusik leckere einheimische und italienische Gerichte, gehobenes Preisniveau. Zudem Bowlingbahn, Pub und Pool. ❺

River View Place Hotel ⑱, 35/5 U-Thong Rd., ☏ 035-241 444, 🖥 www.riverviewplacehotel.com. Apartments mit Küchenzeile und Zimmer mit Balkon, z. T. Blick auf Fluss und Tempel, Frühstück inkl. Restaurant mit Flussterrasse. Kleiner Pool. ❺

Essen

Essenstände

Essenstände findet man vor dem **Bahnhof** und dem **Amporn Department Store**. In diesem älteren Einkaufszentrum und seiner Umgebung haben sich Filialen internationaler Fastfood-Ketten und ein Supermarkt eingemietet. Im **Rama Park** laden Essenstände und offene Restaurants mittags zu einer Pause ein. Die Preise sind moderat. Nette Atmosphäre inmitten von Blumen und Palmen, hinter denen die Tempeltürme hervorschauen.

Restaurants

Auf Backpacker eingestellt sind die Restaurants in den Gästehäusern und die offenen Straßenrestaurants in der Naresuan Rd. (von Nord nach Süd) **Streetlamp, Chang House, The Palates Lure** und der **Jazz Pub** sowie gegenüber das **Moon Café** und die **Pizzeria Da Ivo** von Marco (☏ 087-402 7944, ⏰ 10.30–22.30 Uhr).

Fuji, Filiale der guten, günstigen japanischen Kette im Ayutthaya Park im Eingangsbereich zum Tesco Lotus, die auch bei Einheimischen sehr beliebt ist. Im Einkaufszentrum zudem diverse Fastfood-Restaurants. Endstation des grünen Stadtbusses 5.

Malakor Restaurant, nordöstlich vom Wat Ratburana. In einem kleinen Holz- und Bambushaus mit Terrasse und einigen Sitzkissen werden Thai- und europäische Gerichte serviert. Manchmal längere Wartezeiten. Alle Speisen auf Wunsch mit Tofu statt Fleisch. Nebenan tagsüber Essenstände.

Nut's Place, Chikun Rd., nahe Dechawut Rd. In dem kleinen Restaurant serviert der kanadische Chef bei entspannter Musik Frühstück, leckere Sandwiches, Pizza und Hamburger sowie Thai-Favouriten. ⏰ Di–So 10–22 Uhr.

Abendessen an Straßenständen

Wer in Ayutthaya übernachtet, sollte sich den abendlichen Bummel über den **Nachtmarkt Hua Ra** am Fluss gegenüber dem Chandra Kasem-Palast oder den abendlichen **Straßenmarkt** östlich vom Rama Park direkt südlich vom hohen Sendemast nicht entgehen lassen. An etwa 30 Ständen wird von 17–22 Uhr gekocht und gebraten. Frische Zutaten stehen bereit, die nach Wunsch zubereitet werden – zum Mitnehmen oder an Tischen serviert. Beschriftungen sind nur auf Thai, doch ist alles sehr preiswert.

Pae Krung Kao Restaurant, südlich der Brücke, z. T. klimatisiert. Schöner ist es draußen auf der Terrasse oder dem schwimmenden Restaurant. Englische, etwas schwer verständlich geschriebene Speisekarte.
Ruean Rojjana, 22/13 Chikun Rd., ☏ 035-323 765, 🖥 www.rueanrojjana.com. In diesem Thai-Restaurant sind vor allem die Plätze auf Thai-Kissen am Fenster wegen des schönen Ausblicks auf das erleuchtete Wat Mahathat am Abend beliebt. Gut gewürzte, leckere Currys, mittleres Preisniveau. ⏱ 20–21 Uhr.
Sai Thong River Restaurant, 45 Moo 1, U-Thong Rd., ☏ 035-241 449, 087-121 3936. Die englische Speisekarte dieses großen, hervorragenden Restaurants listet eine große Auswahl leckerer, teils ungewöhnlicher Thai- und Isarn-Gerichte um 100 Baht. Sehr gutes Homok. Professioneller Service im Thai-Stil. Auch Tische im Freien am Fluss. Von hier legt um 13 und 19 Uhr bei mind. 10 Gästen ein Restaurantboot für 100 Baht extra ab. ⏱ 10.30–22.30 Uhr. In der Umgebung weitere ähnliche Thai-Restaurants ohne Boot.
Siam Restaurant, 11/3 Chikun Rd., ☏ 035-211 070. Auf der bebilderten Karte stehen thailändische, chinesische und vietnamesische Gerichte. Hummer bis 500 Baht, andere Fischgerichte und Rindfleisch um 100 Baht, Suppen und Nudeln billiger. ⏱ 10–22.30 Uhr.

Unterhaltung

Open-Air-Cafés und Bars in der Naresuan Rd. in der Umgebung der Gästehäuser haben ihr Angebot auf das westliche Publikum eingestellt. Bei Livemusik, Reggae und anderen angesagten Klängen aus der Konserve oder Sportübertragungen auf dem Großbildschirm schlürft man einen Cocktail oder guten italienischen Kaffee. Die Atmosphäre ist lässig-locker, das Essen eher mäßig, aber die Preise sind niedrig. Zudem Billard, es werden Fahrräder vermietet und Touren angeboten.
Gun–T, 22 Pa Maphrao Rd., neben dem Gästehaus Baan Lotus, ☏ 089-227-9913, Open-Air-Bar mit freundlichem englischsprachigem Personal. Frische Shakes und Cocktails werden stilvoll in einem kleinen Urwald serviert.
Spin Bar & Restaurant, 1/1 Moo 1, Naresuan Rd., an der Abfahrtstelle der Minibusse zum Victory Monument in Bangkok. Kleine Bar mit Cocktails, Thai-Gerichten und Chill-out-Musik.

Sonstiges
Einkaufen

Auf dem **Chao Phrom-Markt** werden Lebensmittel und Haushaltswaren verkauft. Der **Amporn Department Store**, ein altes Warenhaus gegenüber dem Markt, erhielt durch ein riesiges Einkaufszentrum östlich der Stadt an der Umgehungsstraße Konkurrenz. Der große **Ayutthaya Park**, 126 Moo 3, Asia Rd., ☏ 035-229 234, am H32, südlich der Abzweigung des H309, beherbergt den Robinson Department Store, einen Tesco Lotus, eine große Elektronikabteilung, Kinos und viele Restaurants. Dorthin mit Stadtbus 5 ab Chao Phrom-Markt.

Elefanten

Elefanten mit kostümierten Mahouts stehen im **Elephant Camp**, ☏ 035-211 001, im östlichen Bereich des Rama Parks, um in 20 Min. für 400 Baht p. P. Touristen zum alten Palast und Wat Phra Ram zu bringen. Eine Besichtigung der zentralen Tempel auf dem Elefantenrücken mag zwar sehr romantisch sein, ist aber keineswegs artgerecht.

Fahrräder

Im Zentrum der Ruinenstadt lässt es sich auf den breiten Straßen gut radeln. Meiden sollte man die U Thong Rd. und den H309, denn dort ist der Verkehr chaotisch und dicht. Fahrräder gibt's in Gästehäusern und bei der Touristenpolizei für 30–50 Baht, einen Stadtplan mit Tipps für eine Radtour im Tourist Office.

Feste und Feiertage
Am **chinesischen Neujahrstag** findet am Wat Phanan Choeng im Süden der Stadt ein großer Jahrmarkt statt.
Songkran (13. April) wird mit einem Umzug in der Nähe des Wat Mahathat gefeiert.
Ayutthaya – World Heritage Site Celebrations (Dez), Markt und Veranstaltungen, darunter eine Light & Sound Show über die Geschichte der Stadt. Während der Festtage kostenloser Eintritt zu allen Tempeln.
Loi Krathong (Nov) wird besonders prächtig im und um den Rama Park begangen.

Informationen
TAT-Tourist Office, im kleinen Thai-Haus, ℡ 035-246 076-7, ⊙ 8.30–16.30 Uhr. Broschüren, ein Stadtplan, aber wenige detaillierte Infos. Eine gute Website ist 🖥 ayutthaya-info.com.

Medizinische Hilfe
Phra Nakorn Si Ayutthaya Hospital, Neubau im Süden in der U-Thong Rd., ℡ 035-242 987, 241 027.
Rajathani Hospital, Rojana Rd., östlich des Zentrums nahe H32, ℡ 035-355 555-61.

Motorräder
Gegenüber vom Bahnhof und in einigen Gästehäusern zu mieten, z. B. im **Sherwood House, Baan Are Gong Riverside Homestay, Tony's Place** oder im **Ayutthaya Gh.** sowie bei **Good Luck**, 12/38 Soi 2 Narasuan Rd., ℡ 081-934 7001, 089-925 1902, ⊙ 8–19 Uhr, ab 200 Baht, Automatik ab 300 Baht pro Tag.

Schwimmen
Der Pool im **Sherwood House** kann auch von Tagesgästen genutzt werden, war aber bei unserem letzten Besuch nicht wirklich sauber. ⊙ 9–20 Uhr, 50 Baht.

Touren
Die Gästehäuser organisieren **Rundfahrten** ohne Guide morgens und abends durch die Ruinen. Die Fahrt dauert 2–2 1/2 Std. und kostet mit dem Bus 100–150 Baht, mit dem Auto 400 Baht. Obwohl die Tempel nur von außen zu sehen sind, lohnt es. Insektenschutz nicht vergessen!

Tourist Police
Am Wat Phra Si San Phet, Zentrale neben dem Tourist Information Center, ℡ 1155. Einige Polizisten sind auch mit dem Fahrrad unterwegs.

Nahverkehr
Tuk Tuks, Songthaew
Innerhalb des Stadtgebietes kostet eine Kurzstrecke mit dem Tuk Tuk oder Songthaew ab 50 Baht, vom Bus Terminal am Highway in die Stadt ab 100 Baht. Nach Sonnenuntergang sind fast keine Tuk Tuks mehr unterwegs. Für ein Besichtigungsprogramm des weitläufigen historischen Ayutthaya benötigt man mit einem Tuk Tuk oder Songthaew etwa einen Tag. Touren kosten ca. 200 Baht pro Std. Fahrer, die am Zug- oder an den Busbahnhöfen Touristen als Kunden zu gewinnen suchen, haben meist wenige Informationen. Besser lässt man sich vom Gästehaus einen Fahrer empfehlen.

Behagliche Bootstouren

Kleine Boote für bis zu 6 Pers. können für 400 Baht pro Std. und große Longtails für bis zu 10 Pers. für 800 Baht gechartert werden. Zweistündige Bootstouren ab Wat Na Phra Meru, hinter dem Wat Phanan Choeng und ab der Anlegestelle hinter dem Hua Ra-Nachtmarkt von verschiedenen Anbietern und Reisebüros für 250–300 Baht p. P., in Gästehäusern ab 200 Baht. Die Touren in kleineren Booten für max. 6 Pers. sind entspannter als in den großen, lauten Longtails. Die meisten halten etwa 20 Min. am Wat Phanan Choeng, Wat Phutthai Sawan und Wat Chai Wattanaram. Sie eröffnen zudem einen Blick auf das Leben am und auf dem Fluss, die alten Holzhäuser und schicken Villen ebenso wie die gewaltigen Schlepperboote mit ihren Lastkähnen und die herausgeputzten Restaurantboote.

Stadtbusse
Der AC-Stadtbus 5 pendelt für 7 Baht zwischen dem großen Einkaufszentrum Ayutthaya Park, der Bus Station und dem Zentrum und hält ebenso wie Bus 6 am Markt. Letzterer fährt von der City Hall und dem Tourist Office zum Hua Ro-Markt und Chandra Kasem-Palast.

Fähren
Vom Bahnhof kann man mit 2 Fähren für 4 Baht in die Stadt übersetzen. Zudem verkehren Fähren über den Fluss zum Wat Phanan Choeng.

Transport
Busse
Expressbusse halten am **Bus Terminal** westlich vom Highway, an der Einmündung der Rojana Rd., ca. 4 km östlich der Stadt, ✆ 035-335 413. Vom Bus Terminal aus fahren Stadtbusse etwa alle 15 Min. für 7 Baht ins Zentrum.

Bus Stop in der Naresuan Rd.:
Nach BANGKOK, 75 km, Mo Chit (Northern Bus) Terminal 2.-Kl.-AC-Bus teils über Bang Pa In alle 20 Min. von 5–8, stdl. bis 15, um 15.30, 16, 16.20, 16.40, 17, 17.30 und 18.30 Uhr für 50 Baht in 1 1/2 Std., 1.-Kl.-AC-Bus direkt alle 20 Min. bis 19 Uhr für 60 Baht. Zurück bis gegen 19.30 Uhr.

Bus Stop am Chao Phrom-Markt:
BANG PA IN, Songthaew für 20–30 Baht bis 18 Uhr auf der Landstraße H3057, die 16 km am Fluss entlangführt, in 30 Min. Ein Tuk Tuk kostet für eine Tour 800 Baht hin und zurück.
KANCHANABURI, mit dem Minibus zum Southern Bus Terminal in Bangkok und von dort mit dem AC-Bus oder über SUPHANBURI, gelber non-AC-Bus 703 alle 20 Min. bis 18.30 Uhr für 50 Baht in 1 1/2 Std. Von dort weiter mit Bus 411 nach Kanchanaburi, 50 Baht, 1 1/2 Std.

Minibusse / Backpackerbusse
Nach BANGKOK vom Bus Stop in der Naresuan Rd. nahe dem Kanal zum Victory Monument bis 19 Uhr für 80 Baht in 1 Std. Von der Haltestelle etwas weiter westlich zum Southern Bus Terminal für 70 Baht. Von dort weiter nach Kanchanaburi. Die Minibusse fahren ab, sobald sie voll sind und werden vor allem von Pendlern genutzt. Wer viel Gepäck hat, muss 2 Plätze bezahlen.
Backpackerbusse, ✆ 089-661 6179, fahren von den Gästehäusern nach
BANGKOK (Khaosan Rd.), um 9, 13 und 17.30 Uhr für 200 Baht in 1 1/2 Std.
KANCHANABURI, Minibus um 9 und 16.30 Uhr für 400 Baht in 2 1/2 Std.
Zu anderen Zielen fährt man mit dem Zug nach Bangkok und steigt am KFC gegenüber dem Hauptbahnhof in Busse um.

Eisenbahn
Fast stdl. fahren tagsüber Vorortzüge von und nach Bangkok, die nicht im Fahrplan verzeichnet sind. Nur mit diesen oder den Eilzügen fahren, da andere durch erhebliche Zuschläge sehr teurer werden. Fahrplan der überregionalen Züge s. S. 812/813. Ab dem Bahnhof, ✆ 035-241 521, fahren Songthaew zu den Ruinen. Für Tagesbesucher Gepäckaufbewahrung am Bahnhof 10 Baht, ⌚ rund um die Uhr.
Nach BANGKOK für 45/20 Baht in der 2./3. Kl. in 90 Min. über BANG PA IN.

Boote
Von BANGKOK bieten verschiedene Gesellschaften Tagestouren mit dem Boot nach Bang Pa In und weiter mit dem Bus nach Ayutthaya an (s. S. 212).

Die Ostküste

Stefan Loose Traveltipps

Samut Prakan   Ein einziger Park als Kaleidoskop von ganz Thailand. S. 269

Pattaya   Eintauchen ins schillernde Nachtleben des größten asiatischen Seebads. S. 272

Ko Samet   Ideales Ziel für die ersten oder letzten Badefreuden des Urlaubs. S. 284

4 Chantaburi   Unterwegs auf verborgenen Pilgerpfaden. S. 291

Ko Chang   Auf Neulandsuche an der Ostküste der Elefanteninsel. S. 301

Ko Rayang   Paradiesische Robinson-Gefühle auf einer Trauminsel. S. 326

5 Ko Kood   Wo es noch jungfräuliche Inselidylle zu entdecken gibt. S. 327

OSTKÜSTE

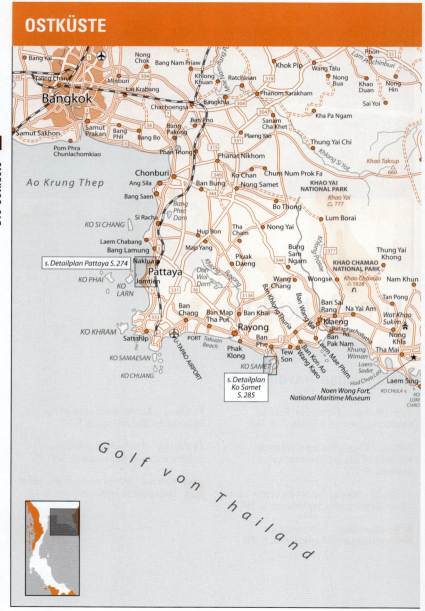

Aus Bangkok in Richtung Südosten fahrend, scheint die Hauptstadt kein Ende zu nehmen. Zwischen der kleinen Provinz Samut Prakan und dem Seebad Pattaya gehen die Küstenstädte Bang Pakong, Chonburi, Bang Saen und Si Racha mit dem geschäftigen Tiefseehafen Laem Chabang fast nahtlos ineinander über. Als kürzeste Verbindung aus dem Zentrum bietet sich der Bang Na–Chonburi Expressway an, der auch als H3 oder H34 ausgewiesen und als kreuzungsfreie Hochstraße angelegt worden ist. Die schnellste Anbindung ist der M7 oder Bangkok-Chonburi-Motorway. Über ihn ist auch der neue Suvarnabhumi Airport angebunden, rund 30 km von der Metropole entfernt, östlich der Outer Ring Road gelegen. Der M7 verläuft durch das dünn besiedelte Hinterland, vorbei an gigantischen Industrieparks. Hinter der großen Brücke, zwischen KM 49 und 50, wird er beidseitig von einem Rastplatz mit Restaurants und Läden gesäumt.

Wer den alten H3 (Sukhumvit Road) nach Chonburi benutzt, gelangt zunächst zur Provinzhauptstadt Samut Prakan (Pak Nam), die mit überraschend spektakulären Sehenswürdigkeiten aufwarten kann. Von hier geht es in das Mündungsgebiet des Menam Chao Phraya. Die letzten Mangrovengebiete und traditionellen Holzhäuser an schmalen Kanälen umrahmen Industriekomplexe, die sich trotz der häufigen Überschwemmungen hier angesiedelt haben.

Samut Prakan

An der Flussmündung hatten sich lange vor den Thais bereits die Mon niedergelassen. Inmitten der geschäftigen Straßen und Wohnsiedlungen sind die Reste einer bedeutenden Befestigungsanlage kaum noch zu erkennen, die dem Ort einst seinen Namen „Bollwerk der Küste" gab. Um 1600 lag Samut Prakan noch direkt am Meer und war von großer strategischer Bedeutung. Von diesem Landstrich aus ließen die Könige in Ayutthaya seit dem frühen 17. Jh. den Schiffsverkehr auf dem Menam Chao Phraya kontrollieren. 1767 wurde die Stadt von den Birmanen zerstört. Als Bangkok neue Hauptstadt wurde, ließen die Chakri-Könige die Flussmündung durch mehrere Forts befestigen. Durch die Öffnung des Landes und die Transportmittel der Neuzeit wurden die Anlagen überflüssig und verfielen.

Das **Wat Chedi Klang Nam** (Phra Samut Chedi), das eine hochverehrte Reliquie Buddhas beherbergt, hat 1826 König Rama III. auf einer Insel mitten im Fluss errichten lassen. Es sollte Ankömmlinge auf die Bedeutung des Buddhismus in Siam hinweisen. Nun liegt das Heiligtum am Westufer in **Phra Pradaeng** und ist von Thonburi aus über die Suksawat Road zugänglich. Vom Ostufer, zu dem man über die neue, futuristisch anmutende Dipangkorn Ramijoti-Brücke gelangt, hat man den besten Blick auf den Chedi und einen dem Big Ben nachempfundenen Uhrenturm. Im Oktober/November wird mit einem großen Jahrmarkt, Prozessionen und Bootsrennen das berühmte **Tempelfest** des Wat Chedi Klang Nam gefeiert. Das **Songkran-Festival** wird hier erst vom 17. bis zum 19. April – also einige Tage später als im Rest des Landes – begangen.

Erawan-Museum

Im Ort hat Khun Lek Viriyapant, der sich um die thailändische Kultur verdient gemacht und auch Muang Boran bzw. die Ancient City (s., Kasten: Ancient City) gegründet hat, das gigantische Erawan-Museum erbauen lassen. Es wird von der 29 m hohen und 250 t schweren Statue des dreiköpfigen Elefanten **Airavata** gekrönt – dem mythologischen Reittier des hinduistischen Gottes Indra. Auch das Innere des ungewöhnlichen, aus oxidiertem Kupfer bestehenden Bauwerks ist aufwendig mit mythologischen Figuren ausgeschmückt und voller Symbolik. Aus dem Untergeschoss bzw. der Unterwelt (Möbel) geht es durch die menschliche Welt (Antiquitäten aus aller Welt) und den Elefantenkörper (Buddhastatuen) auf eine Aussichtsplattform. Das Innere ist jedoch nur im Rahmen einer Führung zugänglich. 02-371 3135-6, www.erawan-museum.com, 8–17 Uhr, Eintritt 150 Baht, Kinder 50 Baht. Ein Besuch der Außenanlagen kostet nur 50 Baht.

Crocodile Farm und Zoo

Wer von Samut Prakan weiter nach Süden fährt, kann am KM 28 nach rechts zur größten Krokodilfarm der Welt abbiegen. 1950 gegründet, sollen sich auf dem 300 ha großen Gelände über 100 000 Reptilien tummeln, wovon zuweilen auch ein strenger Geruch zeugt. Eigentlich werden die 21 einheimischen und importierten Arten wegen ihres Leders gezüchtet. Doch auch lebendig bringen sie eine Menge Geld, wie die etwa 1000 Besucher pro Tag beweisen. Schautafeln und Ausstellungen informieren über die Reptilien. Neben Krokodilen – darunter mit 6 m Länge und 1200 kg Gewicht das weltweit größte in Gefangenschaft – werden auf dem weitläufigen Areal auch viele andere Tiere gehalten und gezüchtet, wie weiße Tiger, Flusspferde, Elefanten, Kamele und Pythons. In einem **Dinosaurier-Museum** sind Skelette und lebensgroße Modelle zu besichtigen. Wer Handtaschen, Gürtel oder Schuhe aus Krokodilleder kauft, erhält ein Cites-Zertifikat, dass diese aus einem Zuchtbetrieb stammen. Die Einfuhr derartiger Produkte in die EU ist aber trotzdem genehmigungspflichtig, www.zoll.de (Stichwort „Artenschutz"). Im Restaurant kann man sich unkompliziert an Krokodilfleisch versuchen. Es gibt Fütterungen und bis 16 Uhr fast stündlich **Krokodilshows**, bei denen Dompteure mit den Reptilien ringen, doch auch die Darbietungen mit Elefanten oder Affen mögen Europäer nur bedingt begeistern. 02-703 5144-8, www.worldcrocodile.com, 7–18 Uhr, Eintritt 300 Baht, Kinder 200 Baht.

Transport

Der **Busbahnhof** liegt etwas außerhalb an der alten Sukhumvit Rd. Von hier starten viele Busse mit und ohne AC für 10–30 Baht nach BANGKOK, die Fahrt kann bis zu 2 Std. dauern. Die nächste Skytrain-Station ist On Nut; als Tagesausflug per Taxi aus Bangkok bereits ab 1200 Baht.

Chonburi

Dieser boomende, rund 80 km von Bangkok an der Küste liegende Industrieort kann mit keinen größeren Attraktionen aufwarten. Die 250 000 Einwohner zählende Provinzhauptstadt ist stets mit dichtem Verkehr belegt. Im Zentrum erhebt sich das von König Taksin erbaute **Wat Yai Intraram**. Sein Denkmal findet sich am Eingang, im Inneren des Tempels sind Wandmalereien zu sehen. Vor den Toren startet alljährlich im Oktober das spektakuläre Büffelrennen, bei dem ge-

Ancient City (Muang Boran)

Rund 7 km südlich der Krokodilfarm liegt die spektakuläre Ancient City ("Alte Stadt"), auch Ancient Siam oder Muang Boran genannt. Hier erstreckt sich Thailand als Miniaturausgabe, und das sogar in den Umrissen des Königreichs – mit 300 ha das wohl größte **Freilichtmuseum** der Welt. Auf dem 1972 eröffneten Gelände, das bestens per Fahrrad zu erkunden ist, finden sich 116 fotogene, geografisch korrekt zugeordnete Modelle in einem Drittel der Originalgröße, sodass sich die Attraktionen des Landes hier quasi im Eilverfahren besichtigen lassen. Sie sind mit englischen Erläuterungen versehen und repräsentieren berühmte oder typische Gebäude verschiedener Baustile sowie Szenen aus der Literatur. Das wunderschöne, keineswegs überlaufene Areal ist gespickt mit Anpflanzungen aller Art, kleinen Wasserfällen und Seen.
📞 02-709 1644-5-0, 💻 www.ancientcity.com, 🕗 8–17 Uhr, Eintritt 350 Baht, Kinder 150 Baht, Fahrrad oder Rundfahrtticket je 50 Baht, englischsprachiger Führer für 2 Std. 1500 Baht (Vorbuchung empfehlenswert). Es gibt ein informatives Buch in Englisch für 300 Baht.

schickte Reiter auf bemalten Wasserbüffeln eine 150 m lange Spurtstrecke zurücklegen.

Im Süden von Chonburi (Cholburi) liegen die größten Austernkolonien des Landes, denn hier bietet das ruhige Meer ideale Voraussetzungen zur Muschelzucht. Ein Beispiel ist der traditionelle Fischerort **Ang Sila**, zu dem vom H3 beim KM 100 der H3134 hinunterführt. Entlang der 4 km langen Straße sieht man Steinmetze Gartenskulpturen und Mörser erschaffen. Das frische Seafood-Angebot in den Restaurants und an den Essensständen am Meer lockt einheimische Ausflügler zuweilen in Scharen an. Meeresfrüchte aus küstennahen Gewässern sind allerdings aufgrund der chemischen Industrie oft mit Schwermetallen und Giften belastet.

Südlich des Orts führt von der Küstenstraße am KM 9 auf der felsigen Halbinsel eine schmale Abzweigung über einen Hügel zum **Sri Samuk Ground** mit dem Schrein der Göttin Samuk. Hier füttern Touristen zahlreiche Makaken mit Früchten, während zwei Aussichtspunkte einen herrlichen Ausblick auf die Küstenlandschaft bieten. Über eine Treppe geht es zum **Wat Saensuk** hinab, das von einer überdimensionalen Statue der Göttin Kuan Yin überragt wird. Im umliegenden Park finden sich allerlei bizarre, bunt bemalte Skulpturen. Sie lassen auf einen buddhistischen, hinduistischen oder auch konfuzianischen Hintergrund schließen.

Einen Einblick in typisch thailändisches Strandvergnügen bietet das zwischen Chonburi und Si Racha liegende Seebad **Bang Saen**, s. **eXTra [2735]**.

Si Racha

Diese rund 120 km südöstlich von Bangkok liegende Handelsstadt hat sich im Sog ihres Tiefseehafens und Industriezentrums **Laem Chabang** zu einem modernen Versorgungszentrum mit drei großen Krankenhäusern, Einkaufszentren, Banken und Apartmenthäusern entwickelt. Zu den landesweit größten Hafenanlagen gehören eine Werft sowie ein Container- und ein Kreuzfahrtterminal. Sie wurden seit 1990 im Rahmen des „Eastern Seaboard Development Program" ehrgeizig ausgebaut. Drumherum haben sich petrochemische Industriebetriebe angesiedelt. Gespeist werden sie unter anderem von den Erdgasvorkommen im Golf. Auch wenn die Fischerromantik von einst im wuseligen Si Racha (Si Ratcha oder Sri Racha) mit der Lupe gesucht werden muss, wird hier die angeblich landesweit beste Fischsauce produziert.

Auf einer Abzweigung vom H3, ausgeschildert mit dem Samitivej Hospital und Ko Si Chang, geht es hinab zur Küste. Vom **Ko Loy Park** kann man über einen langen, mit Autos befahrbaren Steg zur Felseninsel **Ko Loy** (Koh Loi) gelangen. Einst diente sie Mönchen als Refugium zur Meditation, heute erheben sich hier das **Wat Sri Maharaja** und ein kleiner, chinesischer Tempel. Umrahmt von allerlei Souvenir- und Essensständen, eröffnet sich ein weiter Blick auf Bang Saen, Si Racha und die hügelige Insel Ko Si Chang. Das Bangkok am nächsten gelegene Eiland im Golf von Thailand wird von einer illustren Armada unterschiedlichster Wasserfahrzeuge umlagert.

Wilde Tiere als Familienattraktion

In der Umgebung von Si Racha bieten sich gleich zwei Gehege mit Wildtieren als Familienattraktion an: 18 km östlich des H3 erstreckt sich am südwestlichen Hang des gleichnamigen Bergs der **Khao Kheow (Khiew) Open Zoo**, ☏ 038-318 444, 089-970 5511, 🖳 www.kkopenzoo.com. 1974 als Ableger des Dusit-Zoos von Bangkok gegründet, gilt er mit seinen 8 km² als größter Zoo Asiens, was aber nicht für die Anzahl seiner Bewohner gilt. Hier tummeln sich um die 8000 Tiere bzw. 300 Arten aus allen Kontinenten, wie Bisons, Hirsche, Antilopen, Tapire, Affen, Bären, weiße Tiger (aus Memphis/USA), Nebelparder, Flusspferde und Wasserbüffel. Spektakulär ist die zweitgrößte Voliere Asiens, in der etwa 6800 exotische Vögel – darunter auch seltene Riesenstörche und sogar einige *Gurney's Pittas* – leben. Zwei Drittel des weitläufigen, international anerkannten Zoos dienen der Zucht von heimischen Wildtieren und sind nicht zugänglich. Das übrige Gelände können Besucher gratis mit Fahrrädern oder einem Shuttlebus erkunden.

🕗 8–18 Uhr, Eintritt 300 Baht, Kinder 50 Baht. Es gibt bis zu fünf 40-minütige Tiershows pro Tag, einen Streichelzoo, Elefantentrekking und eine 3,5 km lange Nachtsafari (18.45–20.45 Uhr, 200 Baht, Kinder 100 Baht). Außerdem im Angebot sind die sportiv-spannenden Dschungelabenteuer von **Flight of the Gibbon**, ☏ 089-970 55 11, 🖳 www.treetopasia.com mit einem 3 km langen Parcous und 26 Plattformen, ab 1900 Baht.

Der 1997 eröffnete, 100 ha große **Si Racha Tiger Zoo** wird als private Forschungs- und Aufzuchtstation betrieben. Hier gibt es an die 450 Bengalische Tiger und 3000 Krokodile zu bestaunen, aber auch Kamele, Kängurus, Strauße und allerlei illustre Tiervorführungen, auch von weiblichen Dompteuren – was selten genug ist. Im Restaurant kann man sich an sehr exotischen Speisen versuchen. Zu erreichen ist der Zoo über den H3241, der vom H3 am KM 21 bzw. dem M7 am KM 20 nach Norden abzweigt. ☏ 038-296 556-8, 🖳 www.tigerzoo.com, 🕗 8–18 Uhr, Eintritt 450 Baht, Kinder 250 Baht.

Ein Besuch auf der vorgelagerten Insel **Ko Si Chang**, 🖳 www.koh-sichang.com, empfiehlt sich vorwiegend für Neulandsucher, die schon viele thailändische Inseln besucht haben, s. **eXTra [6050]**.

Transport

Ob nach BANGKOK oder in Richtung Süden nach PATTAYA und RAYONG: Alle **Busse** steuern die an der Sukhumvit Rd. ausgeschilderten Haltestellen an, können ggf. aber auch direkt an der Straße gestoppt werden. Der Terminal für AC-Busse liegt an der Abzweigung, die vom Highway an die Küste hinunterführt. Tickets zu den nächsten größeren Städten kosten 50–80 Baht.

Pattaya

Entlang einer herrlichen Halbmond-Bucht und der angrenzenden Strände erstreckt sich das an Sensationen und Superlativen reiche Pattaya. Die internationale Schlemmer-, Shopping-, Strand-, Spaß- und Sportmetropole lockt jährlich um die 5 Mio. einheimische und ausländische Touristen an. Immer mehr Deutsche, Österreicher und Schweizer (auch Ehepaare) kehren alljährlich zum Überwintern in das Seebad zurück, das als größtes Urlauberzentrum und am meisten boomende Stadt Südostasiens sowie inoffiziell sogar schon als zweitgrößte Stadt Thailands gilt. Trotzdem scheiden sich an diesem quirligen, ideal ganzjährig zu bereisenden Reiseziel die Geister: Aufgrund regelmäßiger Schmuddelberichte und des Rufes als Sexparadies und Verbrecherfluchtburg wird Pattaya von vielen Thailand-Touristen gemieden. Andere wiederum machen hier Urlaub, ohne daheim davon zu erzählen.

Das Image mag strittig bleiben, der Boom ist es nicht: In rasanter Weise verdichtet sich der Küstenort mit Resorts (darunter nun auch die renommiertesten Hotelketten der Welt) und einer neuen Generation von Wolkenkratzern, die bis zu 50 Stockwerke hoch in den Himmel wachsen und teilweise mit avantgardistischer Architektur überraschen. Da ist z. B. der als höchster Wohnbau Asiens geplante **Ocean 1 Tower** – mit 611 Apartments, 327 m Höhe und 91 Stockwerken, konzipiert von Deutschen, die die Geschichte und Entwicklung des Seebads auch sonst entscheidend mitbestimmt haben. Überall schießen neue Wohnbauten, Einkaufszentren, Geschäfte, Restaurants und Vergnügungsbetriebe aus dem Boden, während sich die Stadt immer weiter ins Hinterland ausdehnt.

Unmengen von Geld fließen auch in die Infrastruktur und Verschönerung des Stadtbilds. Doch die beiden Großkläranlagen konnten die Wasserqualität kaum verbessern und die vielen neuen Straßen werden dem stetig steigenden Verkehrsfluss nur bedingt gerecht. Als echter Gewinn gelten immerhin die gediegene **Strandpromenade** mit etlichen Sitzbänken, Blumenrabatten und Bronzeskulpturen, die mit Buntsteinpflaster belegte Fußgängerzone oder der 200 m lange **Bali Hai Pier** mit einem attraktiven Passagierterminal im Thai-Stil. Bis 2021 sollen weitere 15 Mrd. Baht in die Erneuerung und Erweiterung der Infrastruktur gesteckt werden.

Bizarr geht es im amerikanischen Museum **Ripley's Believe it or not** im Royal Garden Plaza zu, ☏ 038-710 294-8, 🖳 www.ripleysthailand.com, ⏱ 11–23 Uhr. 1994 eröffnet, hatte es den großen Reigen an neuen Sehenswürdigkeiten eingeläutet und erste Erfolge im angestrebten Imagewandel des Urlaubsorts erzielt. Hier locken 250 unterhaltsame Kuriositäten, faszinierende optische Täuschungen und eine rot lackierte DC 3 aus Zeiten des Vietnamkriegs. Dazu gehören die angrenzenden Erlebniswelten **Moving Theater** (4-D-Filme mit Spezialeffekten), **Infinity Maze** (bizarre Spiegelwelten) und **Haunted Adventure** (Gruselkabinett). Alle Attraktionen für 880 Baht, Kinder 780 Baht. Als Alternative lockt das **Tuxedo Magic Theatre**, ☏ 038-488 880, 🖳 www.tuxedo-magic.com, mit täglich vier Vorstellungen für 450 Baht, Kinder 225 Baht, bzw. einem Magier von Weltklasse.

Zu den Attraktionen der neuesten Generation zählt ein 48-sitziges, knallgelbes **U-Boot**, mit dem man bei der vorgelagerten Insel Ko Sak bis zu zehn Mal täglich in die Tiefen des Meeres hinabtauchen kann, ☏ 038-415 234, 🖳 www.thaisubmarine.com, 2000 Baht, Kinder 1000–1500 Baht.

Das höchste Holzbauwerk der Welt

Von spektakulärer Handwerkskunst und unschätzbarem Wert zeugt das **Sanctuary of Truth** („Heiligtum der Wahrheit"). Das höchste aus Holz errichtete Bauwerk der Welt erhebt sich malerisch auf einer Landzunge im Stadtteil Naklua und wurde als Schmelztiegel asiatischer Kulturen erschaffen. Über zwei Jahrzehnte haben mehr als 250 Handwerker an dem über 100 m hohen Pavillon gewerkelt und ihn mit Schnitzereien religiöser und weltlicher Motive sowie riesigen Skulpturen versehen. Das viele Jahre abgelagerte Tropenholz muss ständig befeuchtet werden. Die Besichtigung lässt sich mit allerlei neckischen touristischen Aktivitäten umrahmen, z. B. Kutschfahrten oder dem Besuch von Delphinshows. ☏ 038-367 815, 🖳 www.sanctuaryoftruth.com, ⏱ 8–18 Uhr, Eintritt 500 Baht, Kinder 250 Baht.

Der mit allerlei romantischen Holzbauten an der Sukhumvit Road erschaffene **Floating Market** ist zwar ein Disneyland, aber extrem erfolgreich und für Besucher sogar gratis (Zubringer-Service mit Red Line-Bus 30 Baht), ☏ 038-706 340, 🖳 www.pattayafloatingmarket.com. Als nächstes Großprojekt wollen russische Investoren bis Ende 2012 in Jomtien den 160 000 m² großen **Ramayana Water Park** entstehen lassen – ein gigantisches Vergnügungsbad mit 50 atemberaubenden, branchenführenden Attraktionen.

Am Südende der Stadt führt eine Serpentinenstrecke auf den Berg **Phratamnak**, von der neu angelegte, rund um den Hügel führende Panoramastraßen abzweigen. Am Westhang des Hügels erstreckt sich der bei Joggern beliebte **Rama IX Memorial Park**. Von einem Tempel auf der Spitze eröffnet sich ein eindrucksvoller Blick auf das einstige Fischerdorf Pattaya, dessen Name sich mit „Südwestwind" übersetzen lässt. Vom **Wat Phra Yai** auf dem benachbarten Hügel blickt ein riesiger sitzender Buddha auf das Treiben von Pattaya hinab.

Den besten Ausblick bietet der 240 m hohe **Pattaya Park Tower**, ☏ 038-364 110-20, 🖳 www.pattayapark.com, mit seinen drei Drehrestaurants in der 52. bis 54. Etage, ⏱ 10.30–22 Uhr. Für

Pattaya

Übernachtung:
1. Crystal Palace
2. Radi Mansion
3. Cabbages & Condoms
4. Eurostar Hotel

Essen:
1. Bali Hai Sunset
2. Sugar Hut

Unterhaltung:
1. Limalima
2. Mixx Disco

Sonstiges:
1. Medienhaus
2. Buttra Team Massage
3. Bottle Museum
4. Mini Siam
5. Tuxedo Magic Theatre
6. Gems Gallery
7. Pattaya Orphanage
8. Thai Submarine
9. Tony's Gym
10. Varuna Yacht Club
11. Pattaya Park Entertainment
12. Outlet Mall
13. Tesco Lotus I
14. Immigration
15. Floating Market
16. Blue Lagoon Watersport Club, Ocean Marina Yacht Club

Transport:
1. Bus- Terminal Rong Rueang Coach nach Bangkok, Nordosten (Mukdahan), Pattaya Van nach Bangkok
2. Bell Travel Service zum Airport
3. Busstation 407 nach Nordosten
4. Bus-Terminal Nakhonshai Air nach Nordosten, Norden
5. Thai Living Fery nach Hua Hin
6. Busstation Jomtien

Die Ostküste

274 Pattaya

www.stefan-loose.de/thailand

Heim für Hilflose

Als engagiertes Waisenhaus ist das von dem britischen Priester Raymond Allyn Brennan gegründete **Pattaya Orphanage**, 384 Moo 6, Sukhumvit Rd., ✆ 038-423 468, 🖥 www.thepattaya orphanage.org, auf Spenden und freiwillige Helfer angewiesen. Es wurde bereits in den 1970er-Jahren gegründet, um unerwünschtem Nachwuchs aus sporadischen Beziehungen zwischen einheimischen Frauen und westlichen Ausländern aufzunehmen.

200 Baht (inkl. Buffet 600 Baht) geht es mit dem Lift nach oben und dann für jeweils 300 Baht (Thais lediglich 100 Baht!) über Seilzüge mit dem Sky Shuttle (8 Pers.), dem Speedshuttle (2 Pers.) oder dem Tower Jump (allein am Flaschenzug) wieder nach unten. Zur Anlage gehören ein **Vergnügungspark** und ein **Spaßbad** mit einem Strömungsbecken und atemberaubenden Rutschen, ⏱ 8–18 Uhr, Eintritt 100 Baht.

Hinsichtlich der Horizontale kann Pattaya nach wie vor alle Vorurteile bestätigen: Wenn das südliche Ende der **Beach Road**, „Walking Street", „Strip" oder auch „Goldene Meile" genannt, von 19–2 Uhr zur Fußgängerzone wird, stürzen sich Männer aller Altersgruppen mit jungen Mädchen (oder auch feschen Liebesdienern aus dem Schwulenbezirk „Boyz-Town") in das Nachtleben und lassen das Seebad als Mischung aus Vergnügungshochburg und Panoptikum erscheinen. Ständig eröffnen neue Freiluft-Barcenter, aber auch stilvolle Szenepubs mit Livemusik, die dem Nachtleben mehr Vielfalt und Niveau verleihen. Trotz häufiger Klagen über das Sexgeschäft, wilde Müllkippen, angeschwemmten Dreck, Fäkaliengeruch, Fallgruben auf Gehwegen oder aggressive Anmache von (Moped-)Taxifahrern und die erschreckend rasante Erosion des Strands (entlang der Beach Road hat er sich von einst 96 000 m² und einer Breite von 36 m auf nur noch 5 m reduziert) können sich die zahlreichen Unterkünfte recht guter Auslastung erfreuen – was nicht zuletzt enormen Urlauberscharen aus Russland zu verdanken ist.

Begonnen hatte die Geschichte des Seebads in den 1960er-Jahren als „Rest and Recreation Center" der Amerikaner, die vom Flughafen U-Tapao mit ihren B-52-Bombern zu Kampfeinsätzen nach Vietnam starteten. Aus dieser Urzeit zeugt noch immer das erste und lange Zeit einzige Luxushotel der Stadt – die an der Beach, Ecke Central Road liegende, ehemalige Nipa- und heutige Nova-Lodge. Auch in den entlegenen Sois des nördlichen Stadtteils **Naklua** haben einige architektonische Zeitzeugen überlebt. Hier stehen vor allem alte Holzhäuser, um die es noch erheblich ruhiger zugeht oder auch einige Grundstücke, die als kleine Dschungeloasen überlebt haben und zuweilen sogar noch mit herrlichen Baumriesen bestückt sind. Der hier liegende, schöne und etwa 1 km lange **Wongamat Beach** mit vielen kleinen Seafood-Restaurants, wenigen Scootern und relativ sauberem Wasser ist fest in der Hand von deutschsprachigen, aber auch immer mehr russischen Urlaubern. Südlich von Pattaya lädt der rund 6 km lange **Jomtien Beach** (auch Chomtien) zum (Sonnen-)Bad oder Windsurfen ein. Angesichts der Hochhäuser kommen hier aber genauso wenig Südseeträume auf wie am schmalen **Stadtstrand**. Bei Insidern beliebt sind der **Dongtan Beach** und seine benachbarten Badebuchten am Pratamnak Hill.

Übernachtung

Derzeit gibt es in Pattaya rund 400 Hotels mit etwa 45 000 Zimmern (so viele wie in Singapore). Die starke Konkurrenz, aber auch der große Trend zum Wohnen in Apartments drücken so sehr auf die Preise, dass komfortable Unterkünfte bereits ab 600 Baht zu haben sind (Monatsmieten ab 5000 Baht). Empfehlenswert ist die Übernachtung im nördlichen, angenehmen Stadtteil Naklua, das sich mittlerweile quasi zur Stadt in der Stadt entwickelt hat.

Im Norden (Pattaya Naklua)
Crystal Palace ①, 284/68 Moo 5, Naklua Rd., ✆ 038-413 535-39, 🖥 www.crystal palacepattaya.com. Empfehlenswerte, behagliche Anlage mit 215 preiswerten Komfortzimmern in 3 Kategorien, davon 88 in einem Neubau. Schwimmbad mit tollem Panoramablick auf dem Dach. ❹–❺

🏠 Familienhotel mit 63-Meter-Pool

Thai Garden Resort ⑥, 179/168 Moo 5, North Rd., ✆ 038-370 614-8, 🖳 www.thaigarden.com. Lange etabliertes, umfassend renoviertes Familienhotel in idealer Lage. 227 geräumige, komfortable Zimmer und Apartments mit einem 63 m langen, lagunenartigen Schwimmbad in einer weitläufigen Gartenanlage. Der holländische Direktor René Pisters und sein freundliches Team sorgen für Wohlfühlatmosphäre. Ein erheblicher Teil des Energiebedarfs wird mit moderner Umwelttechnik aus Deutschland bzw. Sonnenkollektoren sowie der Abwärme von Klimaanlagen und Kühlschränken gedeckt. ❻–❼

East Sea Resort ⑤, Naklua Rd., Soi 20, ✆ 038-426 524, 🖳 www.eastsearesort.net. 175 unterschiedliche, meist recht schöne und auch günstige Zimmer, meist in Bungalows. Die hübsch begrünte Anlage besteht aus 3 Bereichen mit 4 Schwimmbädern. ❺

The Cottage ⑦, 78/36 Second Rd., ✆ 038-425 650, 🖳 www.thecottagepattaya.com. Beliebtes Bungalowresort mit vielen Stammgästen in idealer Lage. 88 günstige Zimmer zu 1100 und 1300 Baht, die schönsten in 2 neuen attraktiven Seitenflügeln. Leider wurde diese bisher einzigartig anachronistische Dschungeloase Mitte 2011 überraschend wie brutal ihrer faszinierenden Urwaldriesen beraubt und hat entsprechend an Charme verloren ❹

In der Mitte (Pattaya Klang)

Apex Hotel ⑨, 216/1 Moo 10, Second Rd., nahe Soi 11, ✆ 038-428 281-2, 🖳 www.apexhotelpattaya.com. Beliebtes, preiswertes Hotel im Herzen der Stadt. 109 Zimmer, teilweise etwas abgewohnt. 2x tgl. üppige Buffets. ❸

Radi Mansion ②, 10/50 Moo 9, ✆ 038-716 386, 🖳 www.radi-mansion.com. Ziemlich verwinkelt und verbaut, aber günstig und extrem sauber mit 180 Zimmern. Chef Radi entpuppt sich als agiler Deutsch-Serbe. ❸

Sawasdee Sea View ⑧, 302/1 Moo 10, Beach Rd., Soi 10, ✆ 038-711 079, 🖳 www.sawasdee-hotels.com. 157 Zimmer mit gemütlicher Lobby in 2 Flügeln in Meeresnähe. Ordentliches Preis-Leistungs-Verhältnis wie auch bei den anderen 4 Unterkünften der Sawasdee-Gruppe im Innenstadtbereich. ❹–❺

Im Süden (Pattaya Tai und Jomtien Beach)

🏠 **Cabbages & Condoms** ③, am Asia Beach, ✆ 038-250 035, 🖳 www.cabbagesandcondoms.co.th. Ruhiges Hotel mit 54 Zimmern, idyllischem Restaurant und tropischem Garten an einer herrlichen Bucht. Die Anlage des früheren Ministers Meechai Viravaidya (Spitzname: Mr. Condom) ist umweltfreundlich konzipiert, die Gewinne fließen teilweise in Hilfsprojekte. ❻–❼

Eurostar Hotel ④, Jomtien Beach Rd., 152 Soi 1, ✆ 038-233 333, 🖳 www.eurostarhotel.com. Seit 2009 mit 55 Komfortzimmern und schönem Restaurant in Strandnähe. ❺. Etwas günstiger sind die 32 Zimmer im gleich-namigen, benachbarten Hotel, ✆ 038-232 923. ❹

The Penthouse ⑩, Soi Pattayaland 2, ✆ 038-429 639, 🖳 www.penthousehotel.com. Mit 40 plüschigen Partyzimmern, Babylon-Suiten und einem originellen Exotic-Spa-Pool-Gym mitten im schillernden Geschehen. Das wohl urigste Hotel der Stadt. ❹–❺

Weitere empfehlenswerte **Unterkünfte** inkl. Luxusanlagen als etablierte Strandhotels, neue Designer- oder stilvolle Boutique-Resorts, s. **eXTra [2844]**.

Essen

Das vielfältige Angebot der über 1000 Restaurants ist faszinierend. Chinesisch, indisch oder japanisch kann man hier ebenso essen wie französisch, italienisch, arabisch, mexikanisch und vor allem: deutsch! Und das in gediegenen Gourmettempeln, typischen Filialen internationaler Fastfood-Ketten, den weitläufigen Food Courts der Einkaufszentren, beliebten Aussteigerkneipen mit heimatlicher Hausmannskost oder an einfachen Straßengrills und Garküchen, wie sie nicht zuletzt auch die zahlreichen Nachtmärkte der Stadt bieten.

Bali Hai Sunset, an der neuen Panoramastraße vom Bali Hai auf den Pratamnak Hill, ✆ 080-095 2526. Als Geheimtipp die stadtweit beste und romantischste Gelegenheit, Mahlzeiten

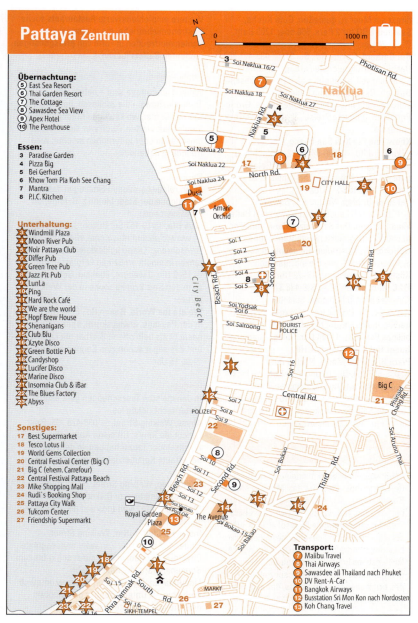

direkt am Meer zu genießen. Gute Küche, Seafood-BBQ für 2 Pers. 660 oder 1200 Baht. ⓒ 12–24 Uhr.

Bei Gerhard, Naklua Rd., Soi 31, ✆ 038-421 589. Das wohl erfolgreichste Farang-Restaurant. Da häufig voll, empfiehlt sich der antizyklische Besuch. Beste deutsche (jeden Sa Eintopf), schwäbische und thailändische Küche. Große Portionen, günstige Preise. ⓒ ab 8.30–23 Uhr, außer So.

Khow Tom Pla Koh See Chang, North Rd., Ecke Third Rd., ✆ 089-884 9582. Einfach und mit Straßenatmosphäre, die beste Gelegenheit, gute und supergünstige Thai-Speisen zu genießen. ⓒ 16.30–1 Uhr.

Paradise Garden, Naklua Rd., Soi 16/2, ✆ 038-422 871. Lauschiger kann man in Pattaya kaum speisen. Der Schweizer Hans Bänziger tischt in seinem Gartenrestaurant exotische Gerichte aus Australien auf sowie leckere Schweizer Kost – wie die einzigartigen Röstikompositionen. ⓒ 13–22 Uhr.

P.I.C. Kitchen, Soi 5, ✆ 038-428 374, 🖥 www.pic-kitchen.com. Stilvoller, romantischer Ort mit tropischem Grün und gediegenem Live-Jazz (s. u.). Gutes, nicht billiges Essen. ⓒ 11–24 Uhr. Ableger namens **Sugar Hut** am Pratamnak Hill.

Pizza Big, 668/9 Moo 5, Naklua Rd., ✆ 038-427 314. Der freundliche Roberto lockt mit den größten und knusprigsten Pizzen der Stadt – wie der leckeren Quattro Formaggio mit scharfer Salami – und knackigen Seafood-Spaghetti. Auch als Lieferservice. ⓒ 12–24 Uhr.

Gourmettempel mit Atmosphäre

Schönstes, edelstes und originellstes Lifestyle-Restaurant der Stadt ist das **Mantra**, Moo 5, Beach Rd., ✆ 038-429 591, 🖥 www.mantra-pattaya.com. Hier verbindet sich eine überaus kreative internationale Speisekarte (7 unterschiedliche Küchen) mit angemessenem Preis-Leistungs-Verhältnis und bestem Service. Als kulinarisches Erlebnis empfiehlt sich, allein wegen der fangfrischen Meeresspezialitäten und des originellen Dessertbuffets, der sagenhafte Sonntagsbrunch für 1600 Baht. ⓒ 11–15 Uhr.

Weitere empfehlenswerte **Restaurants** sowie Gastronomiebetriebe, die mit exzessiven Schlemmerfreuden in Form von **preisgünstigen, opulenten Buffets** locken, s. eXTra [2862].

Unterhaltung

Typisch für Pattaya sind – neben den Travestieshows – die zahllosen, halb offenen Bierbar-Center, wo käufliche Mädchen auf Kundschaft warten. Auch wer sich hier nur umschauen oder unterhalten möchte, wird freundlich behandelt.

Bars

Einen relativ harmlosen Einstieg in das Nachtleben der Stadt bieten z. B. folgende Etablissements:

Club Blu, 33/10-151 Soi Bokao, ✆ 038-413 193, 🖥 www.clubblupattaya.com. Hier siegt die Transparenz: Knapp bekleidete Coyote-Girls tanzen in einem großzügig verglasten Pub. ⓒ 15–2 Uhr. 3 weitere, ähnliche Schuppen gibt es in den Sois 2 und 8 sowie in der Walking Street.

We are the World, Beach Rd., Ecke Soi 8, in der Passage. Etwas skurril, aber stets gut besucht als halb offene Bierbar mit Livemusik – und das sogar schon zum Sonnenuntergang. ⓒ ab 15 Uhr.

Discos

In den meisten Tanzschuppen geht es erst ab Mitternacht richtig los.

Abyss, Walking Street, ✆ 038-425 795. Einst beliebt als Tony's. Oft seine Aufmachung wechselnder Tanzschuppen, in dem die penetrante Kommerzialisierung schon fast Kult ist.

Candyshop, Walking Street. Halb offene, trotzdem klimatisierte Diskothek mit stilvollem Mobiliar, guten Livebands und mitreißender Tanzstimmung.

Insomnia Club & iBar, Walking Street. Ist der seit geraumer Zeit wohl angesagteste Coyote-Schuppen, in dem meist sogar bis zum Sonnenaufgang die Post abgeht.

Limalima, am Bali Hai Pier, 🖥 www.limalimaclub.com. Im Untergeschoss des Mixx als neueste und nobelste Disco der Stadt.

Hochpreisige Drinks und Star-Dj's aus aller Welt.

Lucifer, Walking Street. Beliebtester und daher auch stets voller Szenetreff. Urig als Höhle durchgestylter Tanzschuppen mit Disco- und Livemusik. Im Eingangsbereich spielt eine weitere Band.

Marine Disco, Walking Street. Seit Jahrzehnten legendärer Ruf wegen der lasziven Tanzstimmung (ab 1 Uhr nachts garantiert) und dem bizarren Publikum. Schöne, aber wenig genutzte Außenterrasse.

Mixx, am Bali Hai Pier, 🖥 www.mixx-discotheque.com. Von Deutschen gegründet und besonders beliebt bei Russen. 2 große, ansprechend gestaltete Discosäle in einem Obergeschoss. Guter Sound, beliebte Modelpartys und stets tolle Stimmung.

Xzyte, Third Rd. Moderne Mega-Diskothek mit Livekonzerten bekannter Stars, Shows und Videowänden.

Livemusik

Etliche Bierbars bieten ein Dauerkonzert mit Live-Bands. In den gediegeneren, klimatisierten Etablissements wird die Musik mit überraschend reichhaltigen Speisekarten garniert.

Green Bottle Pub, Second Rd., ☎ 038-421 622-4. Seit 1988 mit gediegener Atmosphäre und gutem, gekühltem Ambiente. ⏰ 11–1 Uhr, ab 20 Uhr. Musik von bis zu 3 verschiedenen Bands.

Green Tree Pub, Beach Rd., ☎ 038-414 353-5. Ab 20 Uhr bunte Mischung aus Thai-Songs, Jazz und Rock in einem romantischen, bunt beleuchteten Garten mit Bühne, Meeresblick und Grill. ⏰ 8–2 Uhr.

Hard Rock Café, Beach Rd., ☎ 038-426 635, 🖥 www.hardrockhotels.net. Heiße Rhythmen ab 21 Uhr bei leider etwas teuren Getränken. ⏰ 9–1.30 Uhr.

Hopf Brew House, Beach Rd., Ecke Soi Yamato, ☎ 038-710 650-5. Seit 1997 erste Mikrobrauerei Pattayas mit exzellentem Bier und deftigen Gerichten, 20–24 Uhr Auftritte einer Band und des beliebten italienischen Tenors Enzo Masetti. ⏰ 11–1 Uhr.

Jazz Pit Pub, im Restaurant P.I.C. Kitchen, ☎ 038-428 374, ✉ picpih@loxinfo.co.th. Empfehlenswert als renommierter und einziger Jazz-Club von Pattaya. Hier bieten Jazz-Musiker aus aller Welt beeindruckende Jam-Sessions. ⏰ So–Do 20–24, Fr und Sa 20–1 Uhr.

Moon River Pub, am Thai Garden Resort, ☎ 038-370 614-8. Philippinische Bands spielen Countrymusik, internationale Hits und Evergreens. Stilechtes Westernambiente mit Erdinger vom Fass. ⏰ ab 18 Uhr.

Noir Pattaya Club, Third Rd. Hier feiert die lokale High Society ihr High Life – genau wie in den nicht weit entfernten Nachtclubs **LunLa**, **Ping** und weiteren, chilligen Etablissements dieser Hauptschlagader. Das Motto lautet: Sehen und gesehen werden, besonders bei den Gastkonzerten einheimischer Popstars. Ähnliches gilt für den hinter dem Central Festival Center (Big C) liegenden, extrem angesagten **Differ Pub**, ☎ 038-362 467, 🖥 www.differ-pub.com.

Shenanigans, Second Rd., im Einkaufszentrum The Avenue, ☎ 038-723 939-40, 🖥 www.shenanigans-pattaya.com. Stilechter, irischer Pub mit Dunkelbieren, typischer Speisekarte und Ableger in Jomtien. ⏰ 8.30–1 Uhr.

The Blues Factory, Beach Rd., Soi Lucky Star, 🖥 www.thebluesfactorypattaya.com. Bietet beste Unterhaltung für Blues-, Oldie- und Rockmusikfans – allein schon wegen Thailands Rocklegende und Gitarrenkönig Lam Morrison. ⏰ ab 21 Uhr.

Windmill Plaza, Naklua Rd., gegenüber Einmündung Soi 18/1, 🖥 www.windmillresortpattaya.com. Hier schwingen deutschsprachige Urlauber gern das Tanzbein. In der Hochsaison tgl. Stimmungs- und Livemusik ab 19 Uhr, oft mit dem beliebten Musikus und Entertainer Georg Hilbert.

Mehr über die weltberühmten **Travestieshows** von Pattaya sowie den Besuch der modernen, teilweise bis 3 Uhr früh betriebenen **Kinos**, s. **eXTra [2847]**.

Sonstiges

Auto- und Motorradverleih

Als Alternative zu den internationalen Verleihern empfehlen sich die rundum versicherten Limousinen von **DV Rent-A-Car**,

☎ 038-371 482, 🖥 www.pattayacarrent-dv.com, ⏰ 9–17.30 Uhr. Tagesrate meist 1300–1500 Baht inkl. Bring- und Abholservice, eine Woche ca. 8500 Baht. **Poi Motorbikes**, ☎ 083-270 4093, bietet die neusten Motorrad-Roller mit Voll-Versicherung.

Paradies für Wassersportler

Trotz oft getrübter Meeresfluten und nervtötender Jetskis gilt Pattaya neben Phuket als größtes Wassersportzentrum Thailands. Internationale Wettbewerbe und ideale Bedingungen zum Windsurfen, Parasailing oder Wasserskifahren gibt es am Jomtien Beach, wo allenfalls von November bis Januar mit stärkeren Winden und höheren Wellen zu rechnen ist. Laser, Hobie Cats oder Optimists werden schon für 500–1000 Baht pro Std. angeboten. Weitaus professioneller geht es im etwas entlegenen **Blue Lagoon Water Sports Club**, ☎ 038-255 115-6, 🖥 www.clubloongchat.com, zu. Hier kann man sich sogar von Thailands charismatischer Surflegende **Amara Wichithong** unterrichten lassen, die schon rund 30 Jahre im Geschäft ist, ☎ 081-862 9958, 🖥 www.iwindsurf.asia. Segelfans sollten versuchen, mal für einen Drink beim legendären, 1957 gegründeten **Royal Varuna Yacht Club**, ☎ 038-250 116, 🖥 www.varuna.org, vorbeizuschauen. Alternativ bietet sich der 10 km südlich der Stadt liegende, gediegene **Ocean Marina Yacht Club**, ☎ 038-237 310-23, 🖥 www.oceanmarinayachtclub.com, an. Segelboote lassen sich dort u. a. bei **Gulf Charters Thailand**, ☎ 038-237 752, 🖥 www.gulfchartersthailand.com, chartern. Gut abtauchen kann man mit **Rudi's Booking Shop**, ☎ 038-374 988, 087-244 4953, 🖥 www.dive-thailand.eu. Als sympathischer Tauchguide bietet der Braunschweiger **Rüdiger Müller** in Zusammenarbeit mit örtlichen Tauchschulen 4-tägige Open-Water-Kurse mit Zertifikat ab 15 000 Baht an, Tagesausflüge mit zwei Tauchgängen kosten 2800–4800 Baht. Auch Handycap-Taucher sind willkommen, während Kinder vor allem das Tauchen mit Haien in der Underwater World begeistert, s. **eXTra [2867]**. Informationen über alle anderen, in Pattaya mit großer Vielfalt vertretenen Sportarten wie Boxen, Reiten oder Bungy-Jumping, s. **eXTra [2924]**.

Feste

Zu den wichtigsten, offiziell organisierten Festen zählen der **Pattaya Marathon** im Juli und das **Pattaya International Music Festival** Mitte März. **Songkran** findet hier, anders als im Rest des Landes, v. a. am 18. und 19. April statt.

Geld

Einige der zahlreichen Bankfilialen haben bis 20 Uhr geöffnet, doch ist die Stadt auch flächendeckend mit **Wechselschaltern** versorgt, ⏰ meist bis 22 Uhr.

Immigration

Jomtien Beach Rd., Soi 5, ☎ 038-252 750-1. Die örtlichen Reisebüros organisieren für rund 2000 Baht komfortable Visa Runs nach Kambodscha.

Informationen

Massenhaft Infos und Stadtpläne gibt es in den vielfältigen, örtlichen und meist kostenfreien Publikationen. Wer gezielte Fragen hat, kann sein Glück rund um die Uhr unter der Hotline ☎ 1337 des **Pattaya City Call Center** versuchen. Das **TAT Office** der Region 3 versteckt sich in einem abgelegenen Haus am Rama IX Memorial Park, 609 Moo 10, Pratamnak Rd., ☎ 038-428 750, 📠 423 990, ✉ tatchon@tat.or.th, ⏰ Mo–Fr 8.30–16.30 Uhr.

Medizinische Hilfe

Die medizinische Versorgung durch moderne Krankenhäuser ist exzellent.
Bangkok Pattaya Hospital, Sukhumvit Rd., ☎ 038-427 777, Notfallnr. ☎ 038-259 911, 🖥 www.bangkokpattayahospital.com. Moderne Klinik mit 400 Betten, über 100 Vollzeitärzten, allen Fachrichtungen und 24-stündigem Übersetzungsdienst. Langzeiturlauber bevorzugen das gute, preiswerte **Samitivej**, ☎ 038-320 300, 🖥 www.samitivej.co.th, im nahen Si Racha.
Dr. Olivier Meyer, 20/29 Moo 10, Soi Hotel Day-Night, ☎ 038-723 600, Notfall-Nr. ☎ 038-

Man spricht Deutsch

Da Pattaya besonders bei deutschsprachigen (Langzeit-)Urlaubern, Aussteigern und Rentnern beliebt ist, reicht das Angebot heimatsprachlicher Dienstleistungen von Zahnbehandlungen und Brillenanfertigungen über Schneider und Videotheken bis zu Anwaltskanzleien und ganzen Wohnanlagen. So hat sich die Stadt auch zum Zentrum deutschsprachiger Thailand-Medien entwickelt. Das **Medienhaus** z. B. gibt alle 2 Wochen das beliebte Magazin **Der Farang**, 🖳 www.der-farang.com, heraus und betreibt die Internet-Plattform **Thai Page**, 🖳 www.thaipage-online.com. Einige interessante, in diesen Blättern veröffentlichte **Lesestücke** über Urlaub und Leben in Thailand, s. **eXTra [2674]**, Kategorie „Sonstiges".

827 6922, 🖳 www.dr-olivier-clinic.com. Deutschsprachige Praxis eines Schweizers.

Polizei

Hauptwache an der Beach Rd., Ecke Soi 9, ✆ 038-420 802-5, **Notruf** 191. **Tourist Police** an der Second Rd., nahe Soi 6, ✆ 038-429 371, **Notruf** 1155. Bei Problemen sollen die 15 westlichen **Volonteers** der Touristenpolizei helfen.

Wellness

Pattaya hat sich zum preisgünstigen Zentrum für chiropraktische Behandlungen, Schönheitsoperationen und Zahnpflege/-ersatz oder die Anfertigung von Brillen spezialisiert. Das Angebot an Wellness aller Art – auch jenseits des Rotlichtmilieus – ist überwältigend und mit den großen Schaufenstern der unzähligen Massageläden und etlichen Fish-Spas sogar Stadtbild-prägend.

Massage

Buttra-Team-Massage, ✆ 038-368 209, 🖳 www.buttra.com. Unter thailändisch-schweizerischer Leitung bzw. in einer behaglichen AC-Atmosphäre gibt es Wohlfühl- und Therapie-Massagen schon ab 150 Baht die Stunde.

Mehr praktische Tipps zu **Medizin** und Gesundheit sowie Streifzügen durch schillernde **Einkaufspaläste** und szenische Märkte oder für engagierte **Reise-Agenturen**, s. **eXTra [2864]**.

Nahverkehr

Das Rückgrat des Nahverkehrs bilden mehr als 500 **Baht-Busse**, die in ihrer Masse oft die Straßen verstopfen. Die dunkelblauen, offenen Sammeltaxis kosten 10–20 Baht auf fester Route entlang der Hauptstraßen oder bis zu 200 Baht, wenn sie im Stadtgebiet gechartert werden. **Motorrad-Taxis** kosten 30–100 Baht. Der klimatisierte Red Line-Bus des Floating Markets fährt für 30 Baht alle 2 Std. vom Delphin-Kreisel in Naklua mit 50 Haltepunkten über Jomtien zum Floating Market an der Sukhumvit Rd.
Vom Bali Hai Pier starten viele **Boote** nach **Ko Larn**. Die offizielle Fähre verkehrt zwischen 7 und 18.30 Uhr ca. alle 1–2 Std. und kostet seit ewigen Zeiten nur 20 Baht.

Transport

Busse

BANGKOK, mit **Rong Reuang Coach**, North Rd., ✆ 038-429 877, zum Eastern Busterminal (Ekamai) von 4.30–23 Uhr für 113 Baht und zum Northern Bus Terminal (Morchit) von 4.30–21 Uhr für 121 Baht, jeweils nach Andrang alle 20–40 Min. in gut 2 Std. Zum Southern Busterminal (Sai Tai) von 6–18 Uhr fast stdl. für 113 Baht. Zum Suvarnabhumi Airport mit **Bell Travel Service**, ✆ 038-370 055-6 inkl. Abholung vom Hotel um 6, 9, 11, 13, 15, 17 und 19 Uhr für 200 Baht in knapp 2 Std. Charter-Taxis kosten 1000–1300 Baht, zurückfahrende Taxameter-Taxis ab 900 Baht.
CHIANG MAI, mit **Nakhonchai Air**, Sukhumvit Rd., Richtung Rayong, Terminal kurz hinter der Einmündung Central Rd., ✆ 038-427 841, 02-936 3355 (Hotline), 4x tgl. für 640 Baht sowie um 19, 19.50 und 20 Uhr als VIP für 725 Baht, über Phitsanulok, Uttaradit und Lampang. Nach CHIANG RAI um 13 und 17.50 Uhr für 779 Baht.
KORAT, mit **Sri Mong Kon**, 245/82-83 Third Rd., ✆ 038-424 085, 089-280 2255, als unscheinbare Townhouse-Busstation, aber schicke, komfortable Doppeldecker, um 7.15, 7.30, 7.40, 9, 10, 13 und 20 Uhr als VIP für 405 Baht.

KO SAMUI, tgl. ab 18 Uhr über HUA Hin mit knallgelben Luxusbussen, die 24 Standard- (695 Baht) und 6 Luxussitze (1025 Baht) bieten. Ab Busstation in Nord-Pattaya, ✆ 081-806 1050.
NONG KHAI, mit **407**, Petronas-Tankstelle, Sukhumvit Rd. Richtung Bangkok, mit spartanischem Abfahrtsort kurz hinter der Einmündung der Central Rd., ✆ 038-421 535, 8x für 360–500 Baht sowie 4x als VIP für 400–790 Baht.
PHUKET, tgl. ab 18 Uhr von der North Pattaya Rd. (Höhe James Jewellery). **Sawasdee All Thailand**, ✆ 083-398 1777, 🖥 www.phuket-pattaya.com/service-eng.html. Luxusbusse mit 36 Sitzen (848 Baht) bzw. 6 Sitzen (1131 Baht) in 14 Std.
UBON RATCHATHANI, mit **Sri Mong Kon**, 10x tgl. für 390 Baht, als VIP 590 Baht über Korat, Buriram, Surin und Sisaket.

Minibusse
BANGKOK, mit Pattaya Van, 3 086-324 2389, bzw. von der Busstation in Nord-Pattaya tgl. um 9, 12, 15 und 18 Uhr zur Khao Sarn Rd. Ebenfalls 180 Baht kosten Minibusse zur Rama 9 Rd. bzw. nach Don Mueang, die von 5.40–19.30 Uhr alle 40 Min. aus dem Bereich des Town in Town-Hotels abfahren, 3 083-112 1915.
Ban Phe bzw. Fährhafen für KO SAMET, mit Minibussen von Malibu Travel, 158/4 Moo 5, Soi 16/3, Naklua Rd., 3 038-370 259, 🖥 www.malibu-travel.com, ⏰ 7–22 Uhr. Tagesausflüge tgl. ab 7.30 und 11.30 Uhr inkl. aller Transfers, Eintritt und Mittagessen 900 Baht (nur Transfers 600 Baht), zurück um 12 und 16 Uhr.
LAEM NGOP bzw. Fährhafen für KO CHANG, mit Minibussen von **Koh Chang Travel**, 183/72 Soi Post Office, 3 038-710 145-8, 🖥 www.kohchangtravel.com, Ⓖ 7–22 Uhr. One way für 700 Baht inkl. Minibus, Fähre und Transfers auf Ko Chang. Start um 7.30, zurück um 10 Uhr.

Fähren
Zwischen den Touristenzentren Pattaya und Hua Hin verkehrt neuerdings ein moderner **Katamaran von Thailiving Ferry**, ✆ 038-364 515, 🖥 www.thailivingferry.com. Ab 8.30 Uhr in 3 1/2 Std. für 1600 Baht, Kinder 900 Baht. Mehr Details zu den **Verkehrsverbindungen** aus Pattaya, s. **eXTra [2866]**.

An Bord bei Captain Peak
Tagesausflüge mit Charterbooten bzw. umgebauten Fischkuttern zu den vorgelagerten Inseln gibt es meist inkl. deftiger Verpflegung an Bord. Es werden Stopps zum Baden, Schnorcheln oder Angeln eingelegt. Für 500 Baht p. P. (bei 8 Teilnehmern) legt z. B. der gut Englisch sprechende, in der Nähe des Amari Orchid Resorts am Strand stationierte **Captain Peak**, ✆ 081-982 8716, nach Ko Larn, Ko Pai und/oder Ko Sak ab. Weitere Schiffstouren sind in diversen Restaurants/Bars buchbar, wie bei **Anton**, ✆ 038-371 315, für 750 Baht.

Die Umgebung von Pattaya

Die vorgelagerten Badeinseln, ein Meeresaquarium, eine Show von Weltklasse oder die zahlreichen Erlebnisparks mit ihren Naturwundern, Skulpturen und Heiligtümern: Pattayas Umgebung ist nur so gespickt mit familienfreundlichen **Attraktionen**. Mehr s. **eXTra [2867]**.

Rayong

Der direkte Weg von Bangkok bzw. Pattaya zur Provinzhauptstadt Rayong führt über die alte Sukhumvit Road (H3). An der Strecke liegen der Marinestützpunkt **Sattahip** und der im Vietnamkrieg angelegte Militärflughafen **U-Tapao**, der heute teilweise zivil genutzt wird. Wesentlich schneller geht es über den mehrspurigen H36. Im Umfeld der Stadt lassen sich emissionsreiche Anlagen der Petrochemie erspähen bzw. das Industriegebiet **Map Ta Phut**, wo sich seit Beginn der 1990er-Jahre neben asiatischen auch etliche westliche Konzerne wie BASF, General Motors oder Toyota angesiedelt haben. Kein Wunder, dass westliche Touristen Rayong meist nur auf dem Weg nach **Ban Phe** – dem Fährhafen für Ko Samet – streifen.

Der Hintergrundexkurs „Der schlummernde Riese" befasst sich mit der Geschichte, Bedeutung und möglichen Zukunft des Militärflughafens **U-Tapao**, s. **eXTra [2869]**.

Erstmals in den Annalen erwähnt wurde Rayong, als König Taksin nach dem Fall von Ayutthaya hier im späten 18. Jh. mit 5000 Getreuen Station machte und die thailändische Flotte neu aufbaute, um damit nach Chantaburi weiterzuziehen. Die wichtigste Buddhastatue der Stadt findet sich in einem Pavillon im **Suan Sri Mueang-Park** hinter dem Rathaus, ein ausnahmsweise nach links ausgerichteter, liegender Buddha im **Wat Papradu**. Die 2 km südlich des Zentrums auf einer kleinen Insel im Rayong-Fluss errichtete, 10 m hohe Pagode **Phra Chedi Klang Nam** (Chedi im Wasser) ist alljährlich im November Mittelpunkt eines großen Tempelfestes mit allerlei Darbietungen und einem Bootsrennen.

Ursprüngliche Natur findet sich in dieser Provinz nur noch selten. Als einziges Rückzugsgebiet der Flora und Fauna fungiert der rund 70 km östlich von Rayong liegende **Khao Chamao/Khao Wong National Park** (200 Baht, zu erreichen über den H3, am KM 274 Richtung Norden abbiegen). Dort gibt es trotz der geringen Größe von nur 84 km² stattliche, bis zu 1028 m hohe Kalksteinberge, fast 80 Tropfsteinhöhlen, 53 Vogelarten und einige wild lebende Elefanten. Der Wasserfall **Nam Tok Khao Chamao** erstreckt sich mit acht Stufen über insgesamt 3 km und ist leicht zu erkunden. In den unteren Felsbecken tummelt sich eine spezielle Karpfenart. Als reizvollster Wasserfall des Naturschutzgebiets gilt der **Nam Tok Klong Pla Gang**, der sich 5 km vom Hauptquartier im Dschungel verbirgt. Es gibt Übernachtungsmöglichkeiten in etwa 15 Bungalows oder auch Zelten, Reservierung s. S. 64, ❶–❸.

Am bekanntesten ist die Provinz Rayong für die Badeinsel Ko Samet (s. S. 284). Aber auch die langen **Strände** der rund 100 km langen Küstenlinie erfreuen sich immer größerer Beliebtheit und locken auch westliche Touristen an.

Übernachtung und Essen

Die lange Küste der Provinz Rayong wird von etlichen großen Hotelanlagen flankiert, in denen meist einheimische Gäste dominieren.
Christie's, in Ban Phe direkt gegenüber dem Hauptpier und einer 7-Eleven-Filiale, ☎ 038-651 976, ✉ je-christie@hotmail.com. Kleines Guesthouse mit 4 Zimmern in idealer Lage.

Restaurant als Dschungelwelt

Eine künstliche, aber täuschend echt wirkende Dschungelwelt wurde mit dem faszinierenden Erlebnisrestaurant **Tamnanpar** erschaffen, ☎ 038-652 879, 🖳 www.tamnanpar-rayong.com, ⏱ 10–22 Uhr. Rund 16 km östlich von Rayong über die Sukhumvit Rd. erreichbar, überrascht es seit 1989 mit üppigem tropischen Grün, bemoosten Felsen, rauschenden Wasserfällen und schwarzen Schwänen sowie bis zu 1000 Sitzplätzen und höhlenartigen Toiletten. Die Speisen sind von exzellenter Qualität und angesichts des Ambientes erstaunlich preiswert. Weitere Genüsse beschert ab 300 Baht (80 Min.) das integrierte **Natural Spa**, ☎ 038-652 195, ⏱ 9.30–20 Uhr. Neuerdings gibt es 50 Zimmer zu 3000 Baht, ☎ 038-928 222.

Wegen des lauschigen Bar-Restaurants und der guten, günstigen Speisekarte (westliche Gerichte 120–250 Baht, Pizzas ab 160 Baht) kann es sich glattweg lohnen, die Fähre nach Ko Samet zu verpassen. ⏱ 7–23 Uhr. ❹
Sabai Sabai, im Zentrum von Rayong, Soi 6, Rajbamrung Rd., ☎ 038-622 580, 🖳 www.bmsfood.com. Restaurant und Deli Store. Seit Ende 2008 sorgen Ilka Zindler und ihr deutsches Team für leckere Kost wie Schweinebraten, Steaks, Spaghettis, Pizzas und selbst produzierte Wurstwaren. ⏱ Mo–Sa 10–24, So 18–22 Uhr.

Direkt am Strand
Baansiri On Sea Resort, 42 km östlich von Rayong, ☎ 038-648 549-50, 🖳 www.baansiri.com. Angenehme Anlage mit Boutiquecharakter und familiärer Atmosphäre. 44 Zimmer an einem herrlichen, weitläufigen Sandstrand. ❺
Novotel Rim Pae Resort, 40 km östlich von Rayong, ☎ 038-648 008-12, 🖳 www.novotel.com/1130. Klassisches, bei Ausländern beliebtes Hotel einer renommierten Unternehmenskette. 2–4 Stockwerke mit 189 Zimmern und 3 Schwimmbädern an einem langen Sandstrand. ❻
Rayong Resort Beach & Spa Hotel, 30 km östlich von Rayong, ☎ 038-651 000, 🖳 www.rayongresort.com. Seit 1986 landschaftlich

reizvoll, aber mit nur wenig Sandstrand auf einer Landzunge. 162 mind. 25 m² große Zimmer. Maximaler Komfort und trotz der Größe reichlich Wohlfühlatmosphäre. ⑥

Transport

Alle Transfers zu Land oder Wasser sind besonders einfach beim **Tourist Information Center** zu buchen, das von **Tarua Phe**, ✆ 038-896 155-6, 089-931 5553, in einem unübersehbaren Kiosk am Hauptpier **Suphan Nuan Thip** betrieben wird.

Busse und Taxis

BANGKOK, vom Busbahnhof in Rayong, Phetkasem Rd. im Süden der Stadt, fahren tagsüber stdl. günstige AC-Busse für 190 Baht ab. Von Ban Phe geht es am bequemsten tgl. von 8.30–18.30 Uhr alle 40 Min. mit Minibussen für 300 Baht nach Bangkok zum Victory Monument sowie um 10 und 13.30 Uhr zur Khaosan Rd. für 280 Baht, Taxis kosten 2500 Baht.
Zum Suvarnabhumi Airport um 10, 13.30 und 17 Uhr per Minibus für 500 Baht oder mit Charter-Taxis für 2000–2200 Baht in 2 1/2 Std.
PATTAYA, die häufigste und bequemste Anbindung erfolgt mit den Minibussen von Malibu Travel für 250 Baht; Charter-Taxi 1200–1500 Baht.

Zu den Inseln

BAN PHE / KO SAMET, zum 20 km östlich von Rayong liegenden Hafen verkehren Sammeltaxis für 25 Baht, als Charter für 500 Baht.
Das Inselhopping zwischen Ko Samet und Ko Chang ist mit Minibussen zwischen den entsprechenden Festlandsanlegern möglich: LAEM NGOP / KO CHANG, von Ban Phe nach Laem Ngop um 9.30 und 11.30 Uhr in 2 1/2 Std. für 280 Baht oder mit Charter-Taxi 2200–2500 Baht.

Fähren nach Ko Samet

Wer sich nicht von Schleppern aufhalten lassen möchte, sollte die **Tickets** direkt am Tourist Information Center besorgen.
Die **Fähren** verkehren von 8–18 Uhr zwischen BAN PHE und dem Inselanleger Ban Na Dan auf KO SAMET, an dem stets etliche Sammeltaxis lauern, für 50 Baht in 30–40 Min. Die Schiffe werden von konkurrierenden Unternehmen betrieben und fahren oft, aber unregelmäßig ab, da sie erst möglichst „voll" werden müssen. Eine feste Linie bedient für 60–70 Baht um 9.30, 13.30 und 17 Uhr den Ao Wongduan an der Ostküste von Ko Samet, zurück geht es um 8.30, 12 und 16 Uhr.
Schnellboote kosten 250 Baht p. P., als Charter mit bis zu 10 Pers. je nach Anlaufpunkt 1200–1400 Baht, und lassen sich am Hauptpier in Ban Phe chartern. Die besseren Hotels der Insel verfügen über einen eigenen Shuttleservice.

Ko Samet

Es war einst Thailands Nationaldichter Sunthorn Phu, der Ko Samet (Samed) im ganzen Land bekannt gemacht hat. In seinem Anfang des 19. Jh. verfassten berühmten Epos *Phra Apaimani* rettet sich ein verwunschener Prinz vor einer liebeskranken Riesin auf diese Insel, wo er sie mit einer Zauberflöte besänftigen und besiegen kann. Auch heute noch kann man sich auf dem Eiland an der östlichen Golfküste gewaltig betören lassen – vor allem von herrlichen Badestränden mit viel tropischem Grün und dem angeblich weißesten Sand des Königreichs, meist glasklaren Meeresfluten, ganzjährigen Wassertemperaturen um die 30 °C sowie sogar während der Monsunzeit verblüffend wenig Niederschlag. Doch auch aufgrund seiner Nähe zu Bangkok und zum Suvarnabhumi Airport lockt das T-förmige, 13 km² große Ko Samet als ideales Ziel, um die ersten Badefreuden des Thailand-Urlaubs zu genießen oder die letzten Sonnenstrahlen vor dem Rückflug einzufangen.

Das rund 200 km von der Hauptstadt entfernte Strand- und Sonnenparadies ist die größte Insel des **Khao Laem Ya Samet Marine National Park**. Die meisten Boote legen am Pier des einzigen Inselorts **Ban Na Dan** an, der von imposanten Baumriesen beschattet wird. Von hier sind es nur knapp 10 Min. Fußmarsch zum Hauptstrand. Der **Hat Sai Kaew** (Diamond Beach) liegt an der Ostküste Ko Samets, die auf ihrer gesamten Länge aus von Felsvorsprüngen eingerahmten, überwiegend sandigen Badebuchten besteht.

Die beiden ruhigsten Strände locken im Süden und sind nur mit je einem einzigen Resort bebaut. Verbunden sind sie durch einen Fußpfad, der parallel zur unbefestigten Straße verläuft. Über diese kann man mit den offenen, lindgrünen Inseltaxis bis in den tiefen **Südzipfel** der Insel vordringen. Das Kap präsentiert sich als kahle Landspitze mit vielen Felsen.

Auch im Norden liegen einige der inselweit insgesamt 14 Strände, während die gesamte Westküste – bis auf den schönen **Ao Phrao** (Paradise Beach) – aus schroffen Klippen besteht. Die fast 7 km lange, zwischen 200 m und 2 km breite Ko Samet weist keine Wasserfälle auf und wirkt mit ihrer Gestrüppvegetation extrem trocken. Den heutigen Namen verdankt die einst Ko Kaew Phitsadan (Magic Crystal Island) genannte Insel den allgegenwärtigen, anspruchslosen Cajeput-Bäumen (Thai: *Samet*).

Als ehemaliges Ziel für Traveller verwöhnt Ko Samet heute mit einem breiten Angebot an **Unterkünften**, die aber vergleichsweise teuer sind. Das gilt leider besonders für die empfehlenswerten, von dem Schweizer Hans Heinrich Spoerri gemanagten Resorts der **Samed Group**, die die Entwicklung der Insel mit fünf Luxusherbergen (die sechste ist ein exklusiver Stelzenbau und fungiert als Domizil des Besitzers) bzw. mit avantgardistischer Architektur und exklusivem Boutique-Flair vorangetrieben hat.

Unter der Woche gibt es fast überall – erst recht außerhalb der Hochsaison – Nachlässe von 30–50 %. Es empfiehlt sich auch wegen des Andrangs aus Bangkok, die Insel nicht unbedingt an Wochenenden oder Feiertagen zu besuchen.

Der Zutritt zur Ostküste kostet 200 Baht, die zuweilen aber verblüffend nachlässig kassiert werden. Bei einem Tagestrip mit mehreren Personen kann es sich lohnen, ein eigenes Speedboat zu chartern, um Zeit zu sparen oder vor der Rückfahrt noch die abendlichen Freiluft-Restaurants am Strand zu genießen. Der Hintergrundkurs „Im Schatten der Schönheit" gibt Aufschluss über die **ökologischen Probleme** von Ko Samet, s. **eXTra [2872]**.

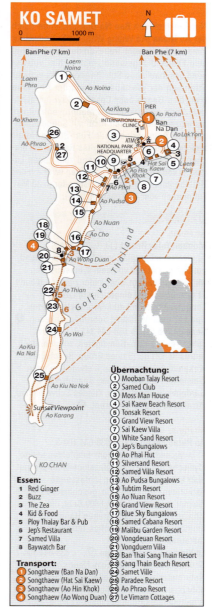

KO SAMET

Die Ostküste

Essen:
1 Red Ginger
2 Buzz
3 The Zea
4 Kid & Food
5 Ploy Thalay Bar & Pub
6 Jep's Restaurant
7 Samed Villa
8 Baywatch Bar

Transport:
1 Songthaew (Ban Na Dan)
2 Songthaew (Hat Sai Kaew)
3 Songthaew (Ao Hin Khok)
4 Songthaew (Ao Wong Duan)

Übernachtung:
1 Mooban Talay Resort
2 Samed Club
3 Moss Man House
4 Sai Kaew Beach Resort
5 Tonsak Resort
6 Grand View Resort
7 Sai Kaew Villa
8 White Sand Resort
9 Jep's Bungalows
10 Ao Phai Hut
11 Silversand Resort
12 Samed Villa Resort
13 Ao Pudsa Bungalows
14 Tubtim Resort
15 Ao Nuan Resort
16 Grand View Resort
17 Blue Sky Bungalows
18 Samed Cabana Resort
19 Malibu Garden Resort
20 Vongdeuan Resort
21 Vongduern Villa
22 Ban Thai Sang Thain Resort
23 Sang Thain Beach Resort
24 Samet Ville
25 Paradee Resort
26 Ao Phrao Resort
27 Le Vimarn Cottages

Nord- und Westküste

Nordwestlich von **Ban Na Dan** präsentiert sich der **Ao Noina** (Ao Wiang Wan) als Strandziel für Insider. Abseits vom Trubel an der Ostküste und dem Festland zugewandt, gibt es hier vorwiegend beschaulichen Schiffsverkehr. Als einziger Strand an der Westküste erfreut der **Ao Phrao** (Paradise Beach oder Coconut Bay) mit schönem Sand und stattlichen Mangrovenbäumen, als einziger der ganzen Insel mit Sonnenuntergängen. Zwei verlockende Fünf-Sterne-Hotels und ein großes, durchgestyltes Restaurant machen den 250 m langen Strand zum neuen Luxusziel von Ko Samet. Zu erreichen ist er mit den Hotelbooten, über die Inselpiste oder in 30 Min. Fußmarsch vom Ao Phai (Ostküste).

Übernachtung

Ao Noina

Mooban Talay Resort ①, ☎ 038-644 251, 🖥 www.moobantalay.com. Sehr ansprechend, gut beschattet und von dem sympathischen Mr. Tony gemanagt, aber leider ziemlich teuer. 21 geschmackvoll eingerichtete Luxusbungalows mit Freiluftbädern. Verlockendes Spa und gute (Wasser-) Sportmöglichkeiten. ❼
Samed Club ②, ☎ 038-644 341-7, 🖥 www.samedresorts.com. Günstigstes, aber dennoch teures Resort der Samed Group. Beschaulich wirkende Anlage mit 30 z. T. etwas beengten Zimmern in den Kategorien Beachfront, Gardenview und Hillside. Kleines Schwimmbad, attraktives Strandrestaurant. ❼

Ao Phrao

Ao Phrao Resort ㉖, ☎ 038-644 100-3, 🖥 www.samedresorts.com. Empfehlenswerte, idyllische Anlage mit professionellem Personal, aber entsprechend teuer. Umfassende Aktivitäten. 52 behagliche, geschmackvolle Zimmer in Holzbauten ab 6800 Baht, die sich an einem tropisch grünen Hang hinaufziehen. Beschauliches Terrassenrestaurant am Meer. ❽
Le Vimarn Cottages & Spa ㉗, ☎ 038-644 104-7, 🖥 www.samedresorts.com. Neues, mit viel Naturmaterialien und großer Gartenanlage hübsch gestaltetes Boutique-Resort, aber auch zweitteuerstes Hotel der Insel. 31 mind. 45 m^2 große Cottages und Spa-Villen ab 13 000 Baht. Vielfältiges Gerät für Wassersport. ❽

Hat Sai Kaew und Ao Hin Khok

Der an der Ostküste liegende Hauptstrand **Hat Sai Kaew** (Diamond Beach) zählt mit schneeweißem Puderzuckersand zu den landesweit schönsten Stränden. Von westlichen Besuchern wird er zuweilen verschmäht, weil die zahlreichen Wochenendtouristen aus Bangkok für eine entsprechend dichte Infrastruktur aus Hotels, Restaurants, Geschäften und Liegestühlen sorgen. Dabei verstecken sich die meisten Bauten im Grünen, während sich das Strandleben über einen ganzen Kilometer verteilt. Wer auf der Suche nach Partystimmung ist, kann hier junge Leute aus Bangkok treffen oder auch jede Menge Sportmöglichkeiten und Serviceleistungen nutzen.

Über einen Felsvorsprung mit einem Monument, das an die Sage des Flöte spielenden Prinzen erinnert, geht es zum südlich benachbarten **Ao Hin Khok**. Der 400 m lange, von Felsen und Bäumen (der entstehende Schatten wird leider meist von den Restaurants verbraucht) gesäumte Strand erfreut sich großer Beliebtheit bei Langnasen, denn er bietet wesentlich mehr Ruhe, besonders schönen Sand und meist herrliche Meeresfluten.

Übernachtung

Die 3 besten Resorts liegen aufgelockert am Nordende, während die Mitte und der Süden der Bucht eng bebaut sind.

Hat Sai Kaew

Grand View Resort ⑯, ☎ 038-644 220, 🖥 www.grandviewgroupresort.com. Bestens platzierte, aufgelockerte Anlage mit viel Grün. 52 geschmackvoll eingerichtete Zimmer in mehreren Kategorien, davon 11 als tolle Beachfront-Bungalows im Thai-Stil. ❻
Moss Man House ③, an der Zufahrt zum Hat Sai Kaew, ☎ 038-644 017. Die 22 sauberen, gut ausgestatteten Zimmer für günstige 1000–1200 Baht liegen in einem orangefarbenen Bau. Im Obergeschoss sogar mit Balkon und Blick ins Grüne. Nur 2 Min. Fußweg zum Hauptstrand! ❹

Sai Kaew Beach Resort ④, ☎ 038-644 193, 🖳 www.samedresorts.com. Größte, bekannteste und luxuriöseste, aber auch teuerste Anlage am Hauptstrand. 158 Komfortzimmer in 8 Kategorien und am Strand neuerdings sogar 2-stöckig. 3 Schwimmbäder, 2 Restaurants und 1 Bäckerei. ❽

Sai Kaew Villa ⑦, ☎ 038-644 144-8, ✆ 038-644 010. Gehört mit seiner zusammengewürfelten, engen Bebauung seit 20 Jahren zu den beliebten Klassikern am Strand. 100 recht günstige Zimmer, davon 30 mit Ventilator. Zimmer 407 liegt mit einer Terrasse direkt an der Promenade. ❹–❺

Tonsak Resort ⑤, ☎ 038-644 314, 🖳 www.tonsak.com. Seit 2006, empfehlenswerte Anlage mit viel Holz und Grün. Stimmungsvolles Country-Flair mit 20 behaglichen Zimmern in Blockhütten, originelle Bäder. ❻

White Sand Resort ⑧, ☎ 038-644 000-3, ✆ 644 004. Die 100 günstigen, ganz unterschiedlichen Zimmer liegen z. T. auch in Bungalows, 40 haben Ventilator und kosten nur 800 Baht. ❹–❺

Ao Hin Khok

Jep's Bungalows ⑨, ☎ 038-644 112-3. Älteste Anlage an diesem Strand und beliebt. 52 akzeptable Zimmer, davon 10 mit Ventilator und schon ab 300 Baht. Ausgezeichnetes Restaurant. ❷–❺

Ao Phai

Der sich südwestlich an den Ao Hin Khok anschließende, durch eine Landzunge abgetrennte Strand wird auch Bamboo Bay genannt. Trotz der bei Ebbe massenhaft aus dem Meer ragenden Felsen erfreut er sich großer Beliebtheit.

Übernachtung

Ao Phai Hut ⑩, ☎ 038-644 075. Beliebte, gut beschattete Anlage mit 70 Zimmern, teilweise in Bungalows und die 40 günstigsten mit Ventilator. ❸–❹

Samed Villa Resort ⑫, ☎ 038-644 094, 🖳 www.samedvilla.com. Lange etabliert und beliebt, professionell geführt von dem Schweizer Josef Ottiger bzw. seiner Frau. 60 Komfortzimmer in Bungalows – umrahmt von einer Gartenanlage mit dem inselweit einzigen (gewiss künstlichen) Wasserfall. Speedboat-Service, Tourangebot und exzellentes Restaurant. ❺–❻

Silversand Resort ⑪, ☎ 038-644 301, 🖳 www.silversandsamet.com. Zählt mit seinen etwas eng stehenden Bungalows zu den ältesten Resorts der Insel. 58 komfortable, saubere AC-Zimmer. ❹–❺

Ao Pudsa (Ao Tubtim)

Dieser herrliche, kleine Sandstrand ist nicht weit vom Geschehen am Hat Sai Kaew entfernt und verwöhnt trotzdem mit viel Ruhe.

Übernachtung

Ao Pudsa Bungalows ⑬, ☎ 038-644 030. Einige Bungalows am Sandstrand, andere nur auf flachen Felsen und direkt am wichtigen Fußweg zwischen Ao Phai und Ao Pudsa. 28 Zimmer, davon 12 mit Ventilator. ❹–❺

Tubtim Resort ⑭, ☎ 038-644 025-7, 🖳 www.tubtimresort.com. Empfiehlt sich wegen seiner entspannten Atmosphäre und der teilweise gut beschatteten Holzbungalows. 65 Zimmer, davon 30 mit Ventilator. Gutes Preis-Leistungs-Verhältnis, Restaurant direkt am Sandstrand. ❹–❺

Ao Nuan

Die abgeschiedene Geheimtipp-Bucht lässt jedes Travellerherz höherschlagen. Sie ist so klein, dass sie auf vielen Landkarten gar nicht erst eingezeichnet ist – eine einsame Naturidylle.

Übernachtung

Ao Nuan Resort ⑮, ☎ 081-781 4875. Naturnahes Hideaway mitten in beschaulichem Dschungel-grün. 8 einfache Zimmer mit Ventilator und Veranda, Gemeinschaftsbad und szenischem Restaurantpavillon sowie 2 erheblich teurere Zimmer mit AC und Innenbad. Rechtzeitige Reservierung empfohlen. ❹–❺

Ao Wongduan und Ao Cho

Der über den abgelegenen Ao Cho zu erreichende Strand Ao Wongduan (Wong Deuan, Vongdeuan, Vongduern oder Malibu Bay) wäre ein perfektes Badeparadies, wenn sich hier nicht so viele Wasserfahrzeuge tummeln würden. Tagsüber füllt sich der halbmondförmige, zweitlängste Strand Ko Samets mit Tagesausflüglern aus Pattaya und allem Trubel, der dazu gehört.

Übernachtung
Ao Wongduan
Blue Sky Bungalows ⑰, ☏ 089-936 0842. Als eine der letzten Travellerunterkünfte mit etwas Hippieflair in den Felsen am Nordende der Bucht. 10 einfache, günstige Zimmer in Bungalows, davon 6 mit Ventilator. ❸–❹

Malibu Garden Resort ⑲, ☏ 038-710 676, 🖥 www.malibu-samet.com. Bunte Mischung aus unterschiedlichen, insgesamt 70 Zimmern in weitläufiger Anlage mit Schwimmbad. V. a. auf Kurzzeiturlauber aus Pattaya spezialisiert. ❺–❻

Samed Cabana Resort ⑱, ☏ 02-260 3592-5, 🖥 www.samedcabana.com. Abgeschieden am Nordende der Bucht im Schatten hoher Bäume. 34 Zimmer in Bungalows mit eigenen Terrassen, davon 16 direkt am Strand. ❼

Vongdeuan Resort ⑳, ☏ 038-644 171-3, 🖥 www.vongdeuan.com. Etabliert seit 1981 und das zweitälteste und schönste Resort an diesem Strand. 50 Komfortzimmer in einer bunten Mischung aus Holz- und Betonbungalows. ❺–❼

Vongduern Villa ㉑, ☏ 038-644 260, 🖥 www.vongduernvilla.com. Die mehr als 50 Bungalows liegen im Süden der Bucht direkt am Strand oder am Hang. Das Restaurant und die Bar sind beliebte Treffpunkte. ❺–❻

Ao Cho
Grand View Resort ⑥, ☏ 038-644 332, 🖥 www.grandviewgroupresort.com. 27 schöne, aber teure Zimmer in edel wirkenden, hölzernen Bungalows. ❻–❼

Ao Sang Thian
Der fast 1 km lange Ao Sang Thian (auch Saengtien, Sangtain oder Candlelight Beach) ist vom Ao Wong Duan rund 300 m entfernt und erfreut als einsamere Alternative zum Hauptstrand Hat Sai Kaew. Er ist besonders sauber und durch seine Findlinge von landschaftlichem Reiz. Die dichte Bebauung bietet alles, was der Inselgast begehrt.

Übernachtung
Ban Thai Sang Thain Resort ㉒, ☏ 038-644 322, 🖥 www.banthaisangthain.com. Im traditionellen Thai-Stil mit alten Edelhölzern aus Ayutthaya errichtet. 21 etwas kleine, aber ganz unterschiedliche und behagliche Zimmer sowie 3 Bungalows für 2000–3000 Baht. Toller Blick auf die Bucht. ❺–❻

Sang Thain Beach Resort ㉓, ☏ 038-644 255, 🖥 www.sangthain.com. Mit 43 Zimmern größte und bekannteste Anlage an diesem Strand. Die Bungalows sind meist in den Hang gebaut und bieten einen herrlichen Blick. ❺–❻

Der Südzipfel
Der abgelegene, nur mit einem einzigen Resort bebaute **Ao Wai** ist etwa 1 km vom Ao Sang Thian entfernt und auf einem küstennahen Pfad über Felsen und durch Gestrüppvegetation zu erreichen. Herrlicher Sand, alte Bäume und flankierende Korallenbänke fügen sich zu einer idyllischen Symphonie. Die schmalste Stelle Ko Samets ist mit dem **Ao Kiu Na Nok** (Ao Kiew) erreicht. Hier lassen sich der Sonnenaufgang vom Strand und von der nicht weit entfernten Felsenküste der Sonnenuntergang erleben. Ebenfalls nur ein Katzensprung ist es zum benachbarten felsigen **Ao Karang** (Coral Bay) bzw. zur Südspitze mit dem **Aussichtspunkt**, von dem sich ein herrlicher Blick auf eine bizarre Felsenlandschaft und das kahle Eiland **Ko Chan** (Ko Jan, Moon Island) eröffnet. Wo sich einst nur eine Backpackerunterkunft befand, erstreckt sich ein ultimatives Luxusresort bzw. das teuerste Hotel der Insel.

Das Paradies im Paradies
Das entlegene **Paradee Resort** ㉕, Ao Kiu Na Nok, ☏ 038-644 288, 🖥 www.paradeeresort.com, dürfte zu den landesweit schönsten Hotels zählen und bietet ultimativen Inselgenuss. Hier verbindet sich stilvolle Architektur mit herrlicher, tropischer Eingrünung. Das Resort verfügt über 40 behagliche, ab 110 m² große Luxusvillen ab 22 000 Baht sowie eine Suite-Villa für 88 000 Baht, fast alle mit eigenem Pool.

Übernachtung
Ao Wai
Samet Ville ㉔, ☏ 038-651 681-2, 🖥 www.sametvilleresort.com. Verteilt sich ruhig, abgelegen und aufgelockert in dichtem Dschungelgrün. 69 Zimmer und 44 Cottages, davon rund ein Viertel mit Ventilator, als Bungalows und Villen, aber nicht alle einladend. Guter Ausgangspunkt für Kajaktouren. ❺–❻

Essen
Die größten Schlemmerfreuden Ko Samets bestehen natürlich aus fangfrischem Fisch und Meeresfrüchten. Beides wird reichlich bei den allabendlichen BBQ-Buffets der Strandrestaurants am Hat Sai Kaew geboten, der auch wichtigster Anlaufpunkt für Nachtschwärmer ist. Zudem lockt immer mehr Gourmet-Gastronomie in Restaurants mit moderner Architektur. Erheblich preiswerter essen kann man in den kleinen Restaurants an der Hauptstraße von **Ban Na Dan**, wo auch eine einladende Kneipenszene erblüht ist.

Buzz, Ao Phrao, ☏ 038-644 104-7, 🖥 www.samedresorts.com. Zum Le Vimarn Cottages & Spa gehörend, besticht dieses schicke Restaurant mit seiner Loungebar durch eine inselweit einzigartige, avantgardistische Architektur und besondere Genüsse, wie den Signature-Cocktail, in einem gediegenen Umfeld. ⏱ 11–22.30 Uhr.

Jep's Restaurant, Ao Hin Khok, ☏ 038-644 112-3. Unter hohen Bäumen steht uriges Holzmobiliar. Umfangreiche Speisekarte mit preiswerten Thai-Gerichten und internationalen Köstlichkeiten wie Tsatsiki, Mousaka, Enchiladas oder Chili con carne für 100–150 Baht. Bier vom Fass. ⏱ 7–24 Uhr.

Ploy Thalay Bar & Pub, ☏ 038-644 212-3, und **Kid & Food**, Hat Sai Kaew, ☏ 038-644 087. In diesen benachbarten Strandrestaurants beginnt die Vorbereitung auf das Beachbuffet bereits gegen 15 Uhr mit dem Ausbreiten von Bastmatten und gemütlichen Bodenkissen. Es locken üppige BBQ-Buffets mit vielfältigem Seafood und leckeren Grillspießen sowie von 21.30–2 Uhr Barbetrieb mit Livemusik (tgl. außer Mi). ⏱ 6–24 Uhr.

Red Ginger, Ban Na Dan, an der Hauptstraße, ☏ 084-383 4917. Lauschig, familiär und

Auf Baywatch bei Robert
Gegründet 1997 und geführt von dem netten Holländer Robert, hat sich die am Ao Wong Duan liegende **Baywatch Bar**, ☏ 081-826 7834, 081-864 7666, 🖥 www.baywatchbar.com, zu einem der beliebtesten Ausländer-Spots auf der Insel entwickelt. Als szenische Kombination aus Restaurant, Bar und Strandclub verwöhnt sie ihre Gäste mit guten Pizzas, Steaks, Salaten und natürlich auch süffigen Cocktail-Buckets sowie exzellenten Infos und allerlei hier buchbaren Serviceleistungen. ⏱ Essen bis 23.30 Uhr, Betrieb bis in die frühen Morgenstunden.

farbenfroh geht es in dem kleinen, originellen Restaurant des freakigen Kanadiers Roger Lefebvre zu. Es gibt allerlei exotische Speisen wie Lammcurry, Gazpacho, Schokoladen-Fondue oder Ziegenkäsesalat und von Khun Nood als Dame des Hauses kreierte Fashion. ⏱ 17–22 Uhr.

Samed Villa, Ao Pai, ☏ 038-644 094. Gute, deftige Küche mit großen Portionen – darunter auch leckere Schweizer Hausmannskost wie Zürcher Geschnetzeltes mit Pilzrahmsauce und Rösti. ⏱ 6–22 Uhr.

The Zea, Hat Sai Kaew, ☏ 038-644 195-200, 🖥 www.samedresorts.com. Gehobene Gastronomie mit avantgardistischer Architektur – gelegen im Sai Kaew Beach Resort, wie auch das italienische Restaurant **La Luna** und das empfehlenswerte **The Mango Café & Bakery**. ⏱ 9 bzw. 10–22 Uhr.

Der Exkurs „Feuershows und Freakstimmung" gibt Anregungen für sternenbeschienene Streifzüge durch das **Nachtleben** von Ko Samet, s. **eXTra [2874]**.

Sonstiges
Geld
Im Bereich der 7-Eleven-Filialen am Pier in Ban Na Dan und am Zugang zum Nationalpark bzw. dem Hat Sai Kaew finden sich Geldautomaten.

Medizinische Hilfe
Die beste Versorgung und 3 Betten bietet die neue, moderne **International Clinic**,

Sieben auf einen Streich

Tagesausflüge von Ko Samet führen meist zu den Korallenriffen bei Ko Talu, der mit kleinen Stränden gesegneten Robinson-Insel Ko Mun Nok, dem Schildkrötenprojekt von Ko Mun Nai oder zur Insel Ko Kudee mit dem höchsten Aussichtspunkt des Meeresnationalparks. **Sinsamut Group Tour**, ✆ 038-644 134, 089-939 5849, 🖥 sinsamutgroup.com, www.sinsamutkohsamed.com, z. B. bietet neben „Sunset Trips" (16–18.30 Uhr, 400 Baht) und einer „Four Island Tour" (12–17 Uhr, 600 Baht) auch ein „Seven Island Adventure" (10–17 Uhr, 1200 Baht) an. Die **Samed Villa** lockt mit den ebenfalls schon lange etablierten Trips (mind. 6 Teilnehmer) „Snorkeling around the island" (2 1/2 Std., 360 Baht), „Coral Island" (4 Std., 520 Baht) und „Adventure Boat Tour" (7 Std., 840 Baht). Für die Erkundung tieferer Unterwasserwelten empfiehlt sich **Jimmy's Tour**, ✆ 038-644 340 (Büro, ⏱ 8–17 Uhr), ✆ 089-832 1627, 086-512 2020, 📠 038-644 339, das mit den Resorts der Samed Group kooperiert. Tagestouren (mit 2 Tauchgängen, 3500 Baht) führen vor allem zu den Weichkorallen von Ko Chan, den Weihnachts-Röhrenwürmern von Hin Sapan oder dem Doppelfelsen Alhambra Rock.

✆ 038-644 414, 086-094 0566 (Notrufe von 20–8 Uhr), ✉ ICKS.info@gmail.com, von Dr. Roontham im Herzen von Ban Nadan. ⏱ 8–20 Uhr.

Mietfahrzeuge

Wegen der hohen Taxipreise kann sich die Anmietung eines Mopeds für 300–400 Baht pro Tag lohnen. Besonders angesagt sind 4-rädrige ATVs/Quads für 300–400 Baht pro Std. bzw. 1000–1200 Baht pro Tag.

Nahverkehr

Falls kein Sammeltransport für 20–50 Baht p. P. zustande kommt, müssen die Pick-ups der Insel gechartert werden, was pro Strecke und je nach Entfernung 100–400 Baht kostet.

Transport

Die Weiterreise vom Fährhafen Ban Phe erfolgt meist mit Minibussen nach Bangkok oder weiter in Richtung Osten nach Laem Ngop/Ko Chang, s. S. 284, Transport, Rayong.

Von Rayong nach Chantaburi

Östlich von Rayong und entlang des in Ban Phe beginnenden, direkt an der Küste verlaufenden H3145 finden sich etliche Hotels und Bungalowresorts an schönen Stränden, die bisher kaum von westlichen Touristen besucht werden. Am **Laem Mae Phim** kann man fangfrischen Fisch und Meeresfrüchte genießen. Der bekannteste Strand der Region ist der **Wang Kaeo**, von dem Ausflugsboote zu den vorgelagerten **Mun-Inseln** verkehren.

Der weitere Küstenverlauf in der Provinz Chantaburi wird durch tiefe Meeresarme geprägt. Die weitläufigen Flussmündungen, Mangrovenwälder und Garnelenfarmen ziehen die Badequalität der Strände oft in Mitleidenschaft. Doch wer lieber mal unter Thais als europäischen Urlaubern verweilen möchte, kann sich hier wohlfühlen und z. B. Radtouren unternehmen. Mögen die Strände unter der Woche noch so einsam erscheinen, können sie sich am Wochenende umso mehr füllen.

Noch bevor der H3 die Provinzhauptstadt Chantaburi erreicht, zweigt am KM 305 der

Panoramastraße am Meer

Das Beachhopping an der Ostküste des Golfs ist erheblich einfacher geworden. Denn seit 2011 verbindet die neue, 111 km lange **Buraphachollathit Road** alle wichtigen Badeziele zwischen Rayong und Chantaburi direkt miteinander, sodass man zwischen dem Sukhumvit Highway und den Stränden oder Resorts an der Küste nicht mehr ständig die rund 20 km langen Stichstraßen hinunter- und hinauffahren muss. Die neue Panoramastraße beginnt mit einer Abzweigung des H3161 hinter Rayong, besitzt zwei markierte Fahrspuren für Radfahrer und endet in Laem Sing.

H3399 in Richtung Süden zur Küste ab, die nach etlichen Kurven und rund 24 km erreicht wird. Die zum Distrikt Tha Mai gehörenden, 30–40 km von Chantaburi entfernten Strände sind die längsten und bedeutendsten der Region. Neben dem nördlichsten **Khung Wiman** und dem von Kasuarinen beschatteten **Laem Sadet** begeistert vor allem der von Palmen flankierte **Chao Lao Beach**. Zwischen etlichen, noch jungen Strandresorts finden sich zahlreiche Einrichtungen für Tagesgäste: Mit Schilfdächern beschattete Park- und Picknickplätze, Seafood-Restaurants und einfache Übernachtungsmöglichkeiten.

Im Hinterland verläuft über Holzstege der 1,5 km lange **Ao Koong Krabane Nature Trail**, ⏱ 6.30–18 Uhr, der als Lehrpfad einen interessanten Einblick in das reichhaltige Ökosystem der Mangroven vermittelt. Eintritt frei, Vermietung von Kajaks.

Übernachtung

Die schönsten und professionellsten Resorts sind in den letzten Jahren am Chao Lao Beach entstanden, wo man unter der Woche bis zu 40 % Ermäßigung erhält. Alle Resorts verfügen über Restaurants mit guter Thai-Küche.

Boom Boom Hotel & Resort, Chao Lao Beach, 📞 039-388 055, 💻 www.boomboomresort.com. Rund 300 m vom Strand als originelles, verspieltes Märchenland mit einer Windmühle, wo keines der 20 Zimmer dem anderen gleicht. ❹–❺

🏠 **Faa Sai Resort & Spa**, Khung Wiman Beach, 📞 039-417 404, 💻 www.faasai.com. Rund 300 m vom Strand, aber schön im Grünen. Versteht sich als Ökoresort und familien-freundlich. 15 unterschiedliche Zimmer, dunkelblaues Schwimmbad und exzellente Küche. Die neuseeländische Besitzerin engagiert sich in privaten Naturschutzprojekten. ❹–❺

Rattanapura Resort, Laem Sadet Beach, 📞 039-388 000, 💻 www.rattanapura.com. Seit 2008 als großzügige Anlage mit hübschen Zierkanälen. 24 geräumige, behagliche Bungalows mit schönen Terrassen, davon 9 direkt am Strand. ❺

Tonwa Resort, Chao Lao Beach, 📞 039-369 208, 081-177 3940, ✉ tonwa_a@hotmail.com. Liegt

Stilvolle Oase am Strand

Perfekt in der Mitte des Chao Lao Beach liegend, besticht das **Chivaree (Shivaree) Resort**, 📞 039-388 105-7, 💻 www.chivareehotelandresort.com, als schönste und stilvollste Unterkunft der Provinz. Fast nur aus betagtem, wertvollem Recycling-Holz bestehend, verwöhnt es mit 25 geschmackvollen Bungalow-Zimmern für 2000–2600 Baht, eines davon sogar im Rumpf eines aufgebockten Boots, sowie einer lauschigen Strandbar. ❺

zwar an der Straße, zählt aber mit Preisen von 800 Baht zu den günstigsten Optionen. 10 Zimmer in 8 hübschen Reihen-Bungalows mit blauen Dächern und Terrassen. ❸–❹

4 HIGHLIGHT

Chantaburi

Das charmante, von Einheimischen gern als „Chan" abgekürzte Chantaburi führt zwischen Pattaya und Ko Chang ein touristisches Schattendasein. Ganz zu Unrecht. 260 km von Bangkok entfernt, erstrahlt die Provinzhauptstadt im Osten Thailands im Glanz und Glimmer ihres Edelsteinhandels. Wie z. B. im 2003 errichteten **Gem & Jewelry Center**, wo über 40 Händler zwischen glitzernden Vitrinen Saphire und Rubine aus ganz Südostasien umschlagen. Obwohl die Minen der Umgebung bis auf zwei längst geplündert sind, kann sich die Stadt als Edelsteinmetropole Thailands immer noch behaupten. Zudem bietet der 140 000 Einwohner zählende, wohlhabende und saubere Ort eine facettenreiche Historie.

Davon zeugen die chinesischen Tempel, die Gassen mit beschaulichen Holzbauten und die landesweit größte **Kathedrale** (den Schlüssel gibt es ggf. im Pfarrhaus). Um 1909 errichtet, erinnert ihre Architektur an Notre-Dame von Paris und daran, dass Chantaburi als einzige Provinz Thailands zwölf Jahre lang Teil des französischen Kolonialreichs war. Zum 100-jährigen Jubiläum hat das gotische Bauwerk sogar seine Turmspit-

Chantaburi

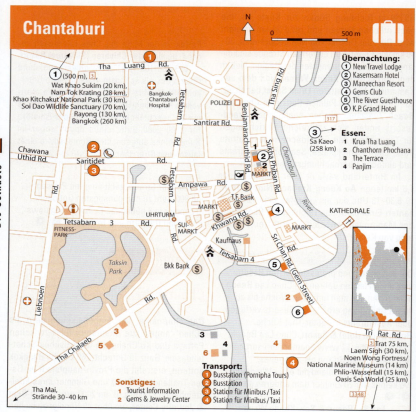

zen zurückerhalten. Im Zweiten Weltkrieg waren diese von der katholischen Gemeinde aus Angst vor Bombardierungen abgebaut worden.

Die heute in Chantaburi zahlreich lebenden, ethnischen Vietnamesen hatten ihre Heimat im 19. Jh. aufgrund religiöser Verfolgung verlassen und sich unter anderem an der **Tha Sing Road** niedergelassen, die heute den Kern der Altstadt markiert. Weitere Einwanderungswellen aus Vietnam folgten in den 1920er- und 40er-Jahren sowie nach dem Sieg der Kommunisten 1975. Ebenfalls parallel zum Fluss pulsiert die **Sri Chan Road**, auch „Gem Street" genannt und Hauptschlagader der zahlreichen Edelsteingeschäfte, die sich besonders am Wochenende füllen. Vielerorts kann man beim Sortieren oder Schleifen der Steine zusehen, s. auch **eXTra [5164]**.

Wer das Zentrum von Chantaburi mit einem eigenen Fahrzeug ansteuern will, sollte sich auf ein rasant befahrenes System aus Einbahnstraßen gefasst machen. Erholung von der geschäftigen Innenstadt verspricht der weitläufige **Thaksin Park** – und vor allem die ländliche Umgebung, die sich vortrefflich mit beschaulichen Fahrradtouren erkunden lässt.

Übernachtung

In Chantaburi gibt es zwar nur ein einziges Guesthouse, doch bieten die Hotels für relativ wenig Geld erfreulich viel Komfort.

Boutique-Resort in idealer Lage

Das 2006 in idealer Lage eröffnete **Kasemsarn Hotel** ②, 98/1 Benjamarachuthid Rd., ✆ 039-312 340, 🖥 www.hotelkasemsarn.com, verwöhnt seine Gäste mit viel Wohlfühlatmosphäre, Boutiqueelementen und einem exzellenten Restaurant. Die 60 Komfortzimmer ab 800 Baht liegen an einem offenen Innenhof und werden von freundlichem und hilfsbereitem (aber nur wenig Englisch sprechendem) Personal gemanagt. ❹–❺

Gems Club ④, 68 Sri Chan Rd., ✆ 039-311 599, ✉ gemshotel@gmail.com. Neu seit 2008 in ultimativer Innenstadtlage. 44 saubere Komfortzimmer mit kühlem Ambiente, davon einige als günstige Suiten. ❸–❹

K.P. Grand Hotel ⑥, 35/200-201 Trirat Rd., ✆ 039-323 201-10, 🖥 www.kpgrandhotel.com. Seit 1996 bestes Hotel und höchster Bau der Stadt. 202 günstige, aber teilweise schon etwas abgewohnte Luxuszimmer in einem Turmbau mit funkelndem Foyer und Restaurant im 18. Stock. Gleich nebenan liegt das Gem & Jewellery Center. ❹–❺

Maneechan Resort ③, 110 Sukhumvit Rd., ✆ 039-343 777, 🖥 www.maneechan.com. Rund 1,5 km vom Zentrum, modernes, angenehmes Hotel mit 70 Komfortzimmern und dem besten Fitnessclub der Stadt. ❺–❻

New Travel Lodge ①, 14/5 Raksakchamoon Rd., ✆ 039-301 888-92, 🖥 www.newtravellodgehotel.com. 130 meist etwas kleine, aber nett eingerichtete Komfortzimmer. Riesiges Schwimmbad. ❹

The River Guesthouse ⑤, 3/5-8 Sri Chan Rd., ✆ 039-328 211, 📠 328 533, ✉ theriverchant@hotmail.com. Mehrstöckiger Bau am Fluss und direkt an der Brücke zum Edelsteinmarkt. Einziges Guesthouse und günstigste Unterkunft der Stadt, aber entsprechend spartanisch. 25 zumeist kleine, saubere Zimmer mit kleinen Betten ab 150 Baht, davon 15 mit AC. Das beste Zimmer ist Nr. 403. ❶–❷

Essen

Gerühmt wird Chantaburi für seine Variationen an Reis-Nudel-Gerichten und frisches, günstiges Obst. Am Markt im Zentrum liegen etliche Essenstände, die teilweise bis spät in den Abend geöffnet haben. Die meisten Restaurants finden sich entlang der Maharat Rd., Vergnügungsstätten vorwiegend an der Tha Chalaep Rd., die am Thaksin Park entlangführt.

Chanthorn Phochana, 102/5-8 Benjamarachuthid Rd., ✆ 039-312 339. Hier kann man sich nicht nur an Chantaburis traditioneller Kräutersuppe *Bai Cha Moung* (100 Baht) laben, sondern auch an sagenhaften 50 Jahren Tradition und einer denkbar familiären Atmosphäre. ⏱ 9–21.30 Uhr.

Krua Tha Luang, ✆ 039-312 340. Bistro-Restaurant im Kasemsarn Hotel. Kreative Küche und schickes Mobiliar vereinen sich zu einem angenehmen Ambiente. Empfehlenswert sind die Lasagne für 150 Baht, die gebratenen Rippchen mit Käse für 200 Baht sowie die Thai-Gerichte. ⏱ 7–21.30 Uhr.

Panjim, 88 Maharat Rd., ✆ 039-332 270. Gutes, günstiges Restaurant mit vietnamesischen und thailändischen Speisen ab 60 Baht. Großer Biergarten mit gemütlichem Holzmobiliar unter hohen Bäumen am Flussufer. ⏱ 11–23.30 Uhr.

The Terrace, 88 Maharat Rd., ✆ 086-664 0865. Biergarten mit Livemusik bzw. Country und Folk ab 19.30 Uhr. Unter anderem gibt es Sukiyaki, Sushi, Sashimi, aber auch etliche Thai-Gerichte, Meeresfrüchte sowie zwei Sorten Fassbier in Gläsern, Jugs oder Türmen. ⏱ 17–24 Uhr.

Wo das **Nachtleben** von Chantaburi tobt s. **eXTra [2923]**.

Sonstiges

Feste

Beim **Edelsteinfestival** Anfang Dezember gibt es Shows und Wettbewerbe rund um die Preziosen, im Mai wird ein einwöchiges **Erntedankfest** für den fruchtbaren Obstanbau in der Region zelebriert.

Informationen

Allerlei Broschüren und engagierte Beratung sind im örtlichen **Touristenbüro**, 39 Tetsabarn 3, Ecke Liebnoen Rd., ✆ 039-350 224, ⏱ 8.30–16.30 Uhr, erhältlich.

Nahverkehr

Die **Songthaew** wirken wie Lastwagen im Miniaturformat und sind etwas unbequem. Auf die Ladefläche der mickrigen Mazdas passen gerade mal 4 Passagiere. Nach Einbruch der Dunkelheit werden sie zur Mangelware. Gechartert zu den Wasserfällen und Heiligtümern der Umgebung oder nach LAEM SING, kosten diese Pick-up-Taxis 200–300 Baht. Auf diesen Strecken verkehren für 60–80 Baht auch **Minibusse**.

Transport

Die wichtigste Busstation Saritidet Rd., ✆ 039-311 299, liegt im Norden der Stadt. Auf Transporte nach Bangkok haben sich **Cherdchai Tour**, ✆ 039-350 357, oder **Pornipa Tour**, ✆ 039-311 278, spezialisiert. Taxis lassen sich z. B. bei **Mr. Polwut**, ✆ 039-301 338, oder **Mr. Ting**, ✆ 089-250 4269, chartern.
BANGKOK, zum Eastern Bus Terminal tagsüber alle 30 Min. für 190–200 Baht in 3 1/2–4 Std., nachts teilweise noch stdl. Es gibt auch einige Verbindungen zum Northern Bus Terminal in 3 1/2 Std. Charter-Taxis ca. 2500 Baht.
BAN PAKKAD (Grenzübergang nach Kambodscha), mit Minibussen und Songthaew für 80–100 Baht in 1–1 1/2 Std.
KORAT, über weitere Städte des Nordostens, 11x tgl. für 270 Baht.
RAYONG, AC-Busse fahren für 80 Baht die 110 km in 1 1/2–2 Std. Charter-Taxis ca. 1700 Baht, weiter nach PATTAYA sind es 175 km.

Neuer Direktbus zum Chao Lao Beach

Seit 2010 wird der steigenden Bedeutung von Chantaburis Stränden mit einem Direktbus von/nach Bangkok Rechnung getragen. Für 202 Baht fährt „Cherdchai Tour", ✆ 02-391 2237, mit einem 45-Sitzer um 8 und 14 Uhr von Ekamai unter anderem über die Haltepunkte Bang Na, Chonburi, Klaeng und den **Chao Lao Beach** (Haltestelle am TAF-Büro) bis nach **Laem Sing**. Zurück geht es um 8 und 13 Uhr (bzw. 8.30 und 13.30 Uhr ab Chao Lao Beach). Die Fahrtzeit beträgt insgesamt ca. 4 1/2 Std.

Auf Tour mit Tom und Tam

Kaum ein Ausländer dürfte Chantaburi besser kennen als der 42-jährige Schweizer **Thomas Ruprecht**, der hier schon seit 16 Jahren als Tourismus-Pionier fungiert. Über seine am Chao Lao Beach beheimatete Agentur „Travel und Fun" (TAF), ✆ 081-940 6885, 🖳 www.travelandfun.ch, vermittelt der sympathische **Mr. Tom** Infos aller Art, günstige Hotel-Reservierungen, Transfers und Tagestouren (2500–3000 Baht) mit seinem geländegängigen Nissan sowie neuerdings auch spannende Koch- und Töpferkurse bei Einheimischen. Auf erlebnisreiche Fahrrad-Touren spezialisiert hat sich der freundliche Tanongsak Sangwong, ✆ 081-912 8109, ✉ guidetam@yahoo.com. Als studierter Agronom bietet der 56-jährige **Mr. Tam** zehn Marken-Mountain-Bikes sowie individuell an die Wünsche und Konstitution seiner Gäste angepasste Radtouren (1500 Baht p. P., 2 Pers. 2000 Baht), die sogar bis nach Angkor Wat/Siem Reap in Kambodscha führen können. Ende 2009 hat er sogar ein eigenes Guesthouse mit 4 Komfortzimmern zu 1500 Baht, einem Schwimmbad und Garten mit ökologisch produziertem Gemüse eröffnet.

TRAT / LAEM NGOP, auf der 70 km langen Strecke verkehren regelmäßig AC-Busse und Songthaew für 70–90 Baht in 1 1/2 Std. Charter-Taxis ca. 800–1000 Baht.

Die Umgebung von Chantaburi

Ausgedehnte Gärten und Plantagen prägen die regenreiche und besonders fruchtbare Region in der Umgebung von Chantaburi. Ob Durian, Rambutan, Langsat, Longans, Orangen, Ananas oder Mangosteen – irgendeine Obstart hat immer gerade Erntezeit. Der beliebteste Abstecher ins Landesinnere führt von der „Stadt des Mondes" über den H3322 zu dem 20 km nördlich liegenden, imposanten **Wat Khao Sukim**. 1966 errichtet, erstreckt sich die Anlage über 1320 ha. Im 4-stöckigen Klostergebäude bzw. in den zahlreichen Museums- und Versammlungshallen finden sich illustre Antiquitäten, imposante Möbelstücke, Unmengen Bodenvasen, ausgestopfte Tiere und verblüffend lebensechte Wachsnachbildungen angesehener Mönche. Auf dem Areal ist mit dem Bau des gigantischen Heiligtums **Burapha Thitha Wiriya Pracha Samakkee** begonnen worden – einer 119 m hohen, vieltürmigen Pagode.

Ebenso über den H3322 lässt sich nach 28 km auch der gut ausgeschilderte **Nam Tok Krating** erreichen. Als der schönste von insgesamt drei Wasserfällen liegt er im nur 58 km² kleinen, 1977 gegründeten **Khitchakut National Park**, ⏰ 6–18 Uhr, Eintritt 200 Baht, Übernachtungsmöglichkeiten in 7 Bungalows oder Zelten, Reservierung s. S. 64, ❶–❸. Der Fall lässt sich über einen steilen, rund 1 km langen Fußpfad erkunden, der am Parkplatz beginnt und durch dichten Dschungel zu den 13 Kaskaden und etlichen Wasserbecken führt. Fall Nr. 8 rauscht über 50 m und vier Stufen in einen seichten Pool – ein paradiesisches Badevergnügen mit Talblick. Unter Ausländern weitestgehend unbekannt ist das in den Bergen des Nationalparks liegende Heiligtum **Khao Phra Baht** (s. Kasten links).

Im Norden schließt sich das über den H317 erreichbare, 70 km von Chantaburi liegende **Khao Soi Dao Wildlife Sanctuary** an. Hier locken die mit bis zu 1675 m höchsten Berge Ostthailands, eine intakte Fauna mit wilden Elefanten, ein 16-stufiger Wasserfall und an der Peripherie der **Pong Nam Ron Canal**, der von Juni bis Dezember 12 km lange Wildwasserfahrten ermöglicht, mit Stufe 1 und 2 geeignet für Anfänger, ✆ 039-317 024.

Als Geheimtipp gelten bisher noch die Strände der Provinz. Rund 25 km südöstlich von Chantaburi erstreckt sich die **Oasis Sea World**, ✆ 039-363 238-9, 🖥 www.oasisseaworld.net, ein beliebter Freizeitpark mit Delphinen (2011 in der Sanierung). Eine historische bzw. neue Sehenswürdigkeit besteht in den Überbleibseln des **Noen Wong Forts**, wo 2009 das **National Maritime Museum**, ✆ 039-391 431, ⏰ Mi–So 9–16 Uhr, mit zahlreichen Schiffsmodellen und Fundstücken der Unterwasser-Archäologie eröffnet hat.

> **Unterwegs auf Pilgerpfaden**
>
> Ein einzigartiges, stimmungsvolles Erlebnis verspricht der Besuch des Heiligtums **Khao Phra Baht**, das sich im Khitchakut National Park verbirgt. Bei der **Pilgerstätte** handelt es sich um **bizarre Felsformationen** wie beim Goldenen Felsen von Kyaikthyo, und auch die sich hier abspielenden, buddhistischen Rituale erinnern an jene Wallfahrtsstätte in Myanmar – mit dem Unterschied, dass der exponierte **Rundling** im Mittelpunkt des Heiligtums von Chantaburi sehr viel größer, nur im untersten Bereich vergoldet und von einem Fußabdruck Buddhas benachbart ist. Der erste Teil der ab Hauptquartier insgesamt 16,5 km langen Strecke wird mit Pick-ups bewältigt (4 Abschnitte à 50 Baht), die mit Pilgerscharen auf einer steilen, kurvenreichen Lehmstraße durch den Bergwald hinaufröcheln. Dann führt ein schattiger, teilweise von **Verkaufsständen** und **Andachtsstätten** flankierter, allerlei Meriten bescherender Pilgerpfad durch den Dschungel bis in eine Höhe von fast 1100 m. Von den Gläubigen üppig mit Blüten bestreut, erstrahlt er über einige Passagen in sattem Gelb. Die Pilgertour ist nur von Januar bis März möglich, die genauen Daten wechseln von Jahr zu Jahr, Krating-Tempel ✆ 039-452 056, oder Nationalpark-Büro ✆ 039-452 074.

Von Chantaburi nach Trat

Am H3 nach Trat liegt 12 km südöstlich von Chantaburi das **Wat Mungkorn Bupparam** (Leng Hua Yi). Mit seinen Schnörkeleien und bunten Mosaiken ist es leicht als chinesischer Tempel zu identifizieren. 2 km weiter zweigt nach links ein breiter Zubringer zum **Nam Tok Phlio** (Pliu) ab, Eintritt 200 Baht, gute Gratisbroschüre erhältlich. Es ist der bekannteste und meistbesuchte der vier Wasserfälle, die im 135 km² weiten, 1975 deklarierten **Phlio National Park** rauschen. Ständig von den Besuchern mit bohnenartigem Gemüse gefüttert, konzentrieren sich in den Wasserbecken Fische der Spezies *Pla Pluang* (Soro Brook-Karpfen) manchmal in derartigen Massen, dass kaum noch etwas von den glasklaren Fluten zu erspähen bleibt. Ein 1,2 km langer **Nature Trail** beschert herrliche Impressionen vom Dschungel. Als kulturhistorisches Fotomotiv bieten sich eine Stupa und ein Chedi an, die aus der Epoche von König Rama V. stammen.

Weiter dem H3 folgend, wird beim KM 347 die Abzweigung nach **Laem Sing** (Singha; „Löwenkap") erreicht. Der Name resultiert aus der Form dieser Landzunge, die wie ein zum Meer schauender, liegender Löwe erscheint. Hier, rund 30 km südlich von Chantaburi, finden sich noch Überreste ehemaliger Bollwerke aus der Zeit König Ramas III., mit denen feindliche Angriffe vom Meer abgewehrt werden sollten. Das ehemalige Offiziersheim „Tuk Daeng" (Rotes Haus, Eintritt frei) stammt ebenso aus der französischen Besatzungszeit (1893–1905) wie das „Khuk Khi Gai", dessen Name sich wörtlich mit „Hühner-Scheiße-Gefängnis" übersetzen lässt: Die Invasoren hatten das mittelalterlich anmutende, 7 m hohe Ziegelbauwerk mit Hühnerkäfigen gekrönt, aus denen die Hinterlassenschaften des Federviehs auf die Insassen herabrieseln sollten, um sie zu demütigen. Jede Menge frische Luft hingegen bieten Ausflüge zu den in Sichtweite vorgelagerten Inseln **Ko Chula** und **Ko Nom Sao**.

In die Zukunft gerichtet indes ist der blau geziegelte Neubau eines internationalen Fährterminals. Es markiert nicht nur den Endpunkt der Buraphachollathit Road, sondern auch Laem Sings neue Bedeutung als Tor nach Kambodscha und Vietnam: Schon bald sollen von hier Hochgeschwindigkeitsfähren nach Koh Kong, Sihanoukville, Can Tho oder Saigon ablegen.

Trat

Als östlichste Provinz Thailands genießt auch Trat (Trad) einen legendären Ruf für den ertragreichen Anbau von Früchten. Die gleichnamige, 25 000 Einwohner zählende Hauptstadt erstreckt sich 315 km von Bangkok und 75 km von Chantaburi entfernt. Sie verdankt ihre Geschäftigkeit vor allem dem 90 km entfernten Grenzübergang **Hat Lek**, der nach **Koh Kong** in Kambodscha führt. Auch als Tor zum Ko Chang-Archipel, zu dem es immer mehr Fährverbindungen aus dem nahe gelegenen **Laem Ngop** gibt, gewinnt Trat an Bedeutung. In den 1970er- und 1980er-Jahren hingegen war die Provinz in aller Welt für riesige

Gelbes Öl als Wundermittel

Als nützliches Mitbringsel aus Trat empfiehlt sich gelbes Kräuteröl, das seit Generationen nach dem geheimen Rezept einer Apothekerfamilie hergestellt wird. Es soll gegen allerlei Beschwerden helfen – wie Arthritis, Rheuma und Hautprobleme, kann aber auch gegen Kopfschmerzen, Übelkeit, Erkältungen, die Stiche von Mücken oder die Bisse von Sandflöhen eingesetzt werden. Das ätherische **Naam Man Liang** oder *Yellow Oil* soll aus einem Baum gewonnen werden, der angeblich nur in dieser Region wächst.

Flüchtlingslager bekannt. Hier suchten Kambodschaner und Vietnamesen Zuflucht vor den im Nachbarland wütenden Roten Khmer.

Auf dem Weg zu den Inseln in Trat zu stranden, kann durchaus reizvoll sein. Zum einen gibt es hier enorm günstige Möglichkeiten zum Übernachten und Schlemmen, zum anderen bietet die Altstadt mit ihren kleinen (Teakholz) Häusern ein beschauliches Flair, das andernorts längst verloren gegangen ist. Außerdem steuern Ausflugstouren in die Umgebung der Stadt idyllische Ziele an, die jenseits der Touristenrouten liegen.

Interessant ist ein Bummel durch den Frischfischbereich der großen Markthalle, die auch mit etlichen Essenständen aufwartet. Schräg gegenüber kann man im **Wat Chai Mongkol** malerische alte Chedis und ein Museum besichtigen. Das 2 km westlich vom Zentrum liegende, 350 Jahre alte **Wat Plai Khlong** (Wat Bupharam) verfügt sogar noch über einige Holzbauten aus der Ayutthaya-Zeit. Der Wihan soll der älteste des Landes sein. Im chinesischen Schrein **Laek Muang** wird den Stadtgeistern gehuldigt. Eine neue Brücke am Südrand der Altstadt ermöglicht einen guten Blick auf das Leben am Fluss.

Aus hässlichem Beton und neueren Datums ist auch der 2 km lange **River Walkway** entlang des Flussufers, der sich zum Spaziergang oder Joggen anbietet. In den Monaten der Regenzeit sollte man keinesfalls das Schauspiel der **Glühwürmchen** *(fire flies)* in den Mangroven versäumen.

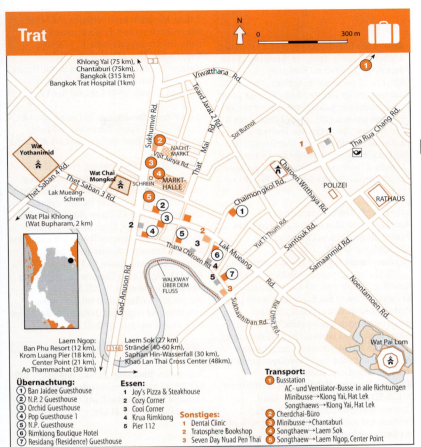

Übernachtung

In der Stadt gibt es überraschend viele günstige Guesthouses. Sie liegen dicht beieinander, fast sämtlichst in Holzhäusern und wirken erheblich einladender als die beiden Stadthotels. Achtung – viele Tuk Tuk-Fahrer fungieren als Schlepper.

Ban Jaidee Guesthouse ①, 67-69 Chaimongkol Rd., ℡ 039-520 678, 083-589 0839, ✉ maneesita @hotmail.com. 9 saubere, gemütliche Zimmer mit Warmwasser-Gemeinschaftsbad in einem mit Kleinodien, Kunst und alten Möbeln dekorierten Holzhaus. Idyllische Atmosphäre, WLAN. ❶

N.P. Guesthouse ⑤, 12 Lak Mueang Rd., Soi Yaiorn, ℡ 039-512 270. Nach einem Brand 2009 erneut eröffnet. 8 saubere Zimmer, davon 2 mit AC, teilweise mit Gemeinschaftstoilette. ❶–❷

N.P.2 Guesthouse ②, 33-35 Lak Mueang Rd., ℡ 087-695 8333, ✉ 039-524 463. 200 m vom N.P. Guesthouse. 9 Zimmer mit Ventilator und Gemeinschaftsbad, freundlich-familiäres Management. ❶

Orchid Guesthouse ③, 92 Lak Mueang Rd., ℡ 039-530 474, ✉ orchidguesthouse@gmail. com. Seit 2007 mit 5 ansprechenden Zimmern

Selig schlummern bei Herbert

Als einziges Guesthouse der Stadt besteht das 4-stöckige, ruhig gelegene **Residang (Residence)** ⑦, 87/1 Thana Charoen Rd., ✆/☏ 039-530 103, 🖥 www.trat-guesthouse.com, nicht aus Holz und ist entsprechend kühler. Es bietet 9 ansprechende Komfortzimmer mit mehreren Fenstern und Kabel-TV, davon 3 Zimmer mit AC und Minibar. Herbergsvater Herbert schwört auf seine Doppelboxspring-Matratzen mit Kautschukauflage, seine thailändische Frau Can verwöhnt die Gäste mit Filterkaffee und einem originellen, vielfältigen Frühstück. ❷–❸

unterschiedlichen Standards, nette Atmosphäre. Im 50 m entfernten, lauschigen Restaurant gibt es u. a. Cocktails für 100–120 Baht. ❶–❸

Pop Guesthouse 1 ④, 1/1 Thana Charoen Rd., ✆ 039-512 392, ✉ popson1958@hotmail.com. Beliebter Travellertreff mit 4 Ablegern und 35 Zimmern, davon 5 in Bungalows am Fluss. Professionell geführt mit umfassenden Serviceleistungen. Die freundlich-agile Mrs. Sunny lässt nichts unversucht, ihr Guesthouse-Monopol in Trat immer weiter auszubauen – worauf nicht zuletzt die hartnäckigen Schlepper am Busbahnhof hinweisen. ❶–❸

Rimklong Boutique Hotel ⑥, 194 Soi Rimklong, ✆ 039-523 388, 081-861 7181 (Mr. Tooh), ✉ soirimklong@hotmail.co.th. In einem Eckhaus und seit Ende 2008 einzige Unterkunft mit Boutiquecharakter. 4 von der Straße aus zugängliche, geräumige AC-Zimmer mit Kabel-TV und WLAN für 800 Baht. ❹

Essen

Der **Nachtmarkt** gegenüber dem Trat Hotel besteht ausschließlich aus Essenständen. Doch wer die Probe aufs Exempel macht, könnte enttäuscht werden (oder Ratten sichten). ⏲ ab 18–22 Uhr.

Cool Corner, 55 Thana Charoen Rd., ✆ 086-156 4129. Bei einem 2008 in einem Frisiersalon entstandenen Großfeuer abgebrannt und 50 m vom alten Platz wieder aufgebaut. Beliebter Treff für Traveller. Guter Kaffee, Mixgetränke, Fruchtsalat und Müsli – alles hübsch serviert. Englischsprachige Zeitschriften und gute Infos. ⏲ 7–22 Uhr.

Cozy Corner, Thana Charoen Rd. Gleicher Besitzer wie das beliebte Nature Beach Resort am Lonely Beach auf Ko Chang. Günstige und gute Speisen ab 40 Baht, mit Sat-TV. ⏲ 17–24 Uhr.

Joy's Pizza & Steakhouse, 26 Chaimongkol Rd., ✆ 039-522 551. Kleine Pizzen 140–180 Baht, große 200–250 Baht. Lieferservice bis 20 Uhr für 20 Baht.

Krua Rimklong, Soi Rimklong, ✆ 039-524 919. Gehört zum Rimklong Boutiquehotel und liegt nur 100 m entfernt am Ende der Soi. Beliebtes, szenisches Restaurant mit kleiner, idyllischer Gartenanlage und AC-Raum. Besitzer Mr. Tooh versteht sich darauf, seine Gäste – darunter auch besser verdienende Thais – mit originellen Speisen, erlesenen Weinen und einem Schwätzchen zu erbauen. ⏲ 11–22 Uhr.

Pier 112, 132/1 Thana Charoen Rd., gegenüber Residang Guesthouse, ✆ 039-525 577. Beschauliches Restaurant mit Biergartencharakter und origineller Dekoration. Bei Partys kann es laut werden. ⏲ 10–22.30 Uhr.

Sonstiges

Bücher

Tratosphere Bookshop, 23 Rimklong Soi, ✆ 039-523 200, ✉ tratospherebookshop.yahoo.fr. Der Franzose Serge (ver)kauft und tauscht jede Menge Bücher. ⏲ 8–21 Uhr.

Massage

Seven Day Nuad Pen Thai, 140 Thana Charoen Rd., Soi Rimklong Bangpra, ✆ 039-524 479. Schon ab 150 Baht pro Std., zu empfehlen sind die 2-Std.-Thaimassagen für 250–300 Baht. ⏲ 9.30–22 Uhr. Als Alternative bietet sich die örtliche Blindenmassage an (Ausbildung im Wat Pho).

Medizinische Hilfe

Bangkok-Trat Hospital, Sukhumvit Rd., 400 m nördlich des Zentrums, ✆ 039-532 735. Professionellste Versorgung in der Region. ⏲ 24 Std.

Dental Clinic, 1/5-6 Vivittana Rd., ✆ 039-524 007. Dr. Wirapong und seine 3 Kollegen übernehmen auch preisgünstige, komplette Gebisssanierungen. ⏲ 9–20 Uhr.

Nahverkehr

Fahrten mit **Sammeltaxis** innerhalb der Stadt kosten meist nicht mehr als 20, als Charter bis zu 100 Baht. Die 3 Piers um LAEM NGOP sind mit **Songthaew** über den H3148 zu erreichen. Sie fahren meist im Bereich des Marktes ab: zum KROM LUANG PIER (alter Laem Ngop Pier), 18 km, für 50 Baht p. P., als Charter ab 150 Baht. Zum CENTER POINT, 21 km, für 50 Baht p. P., als Charter ab 150 Baht. Nach AO THAMMACHAT, 30 km, für 50 Baht p. P., als Charter ab 200 Baht – falls man nicht von den dort ansässigen Fährunternehmen abgeholt wird. Der Transfer zum 25 km südlich von Trat liegenden, über den H3155 erreichbaren LAEM SOK PIER ist beim Ticketkauf meist inbegriffen, Charter-Taxis kosten 250 Baht.

Transport

Busse

Der **neue Busterminal**, ✆ 039-252 222, 532 627, liegt 2 km außerhalb des Zentrums an der Sukhumvit Rd. (Sammeltaxis dorthin 10–20 Baht).
BANGKOK, die Busse fahren auch im Zentrum ab (z. B. von den Büros der Unternehmen **Cherdchai**, ✆ 039-511 062, oder **T.T.T.**, ✆ 039-525 222). Mit den stdl. Abfahrtszeiten 7–18 Uhr sowie 23 und 23.30 Uhr steuern sie das Eastern Bus Terminal (315 km, 250 Baht, 4 1/2 Std.) an sowie um 8.30 und 14.30 Uhr das Northern Bus Terminal (320 km, 5 Std.), wobei auf dieser Strecke am Suvarnabhumi Airport gehalten wird.
CHANTABURI, die Busse erreichen den 75 km entfernten Ort in 1 1/2 Std. Einige Verbindungen führen auch nach CHONBURI (220 km).
KORAT, es gibt tgl. um 9, 11 und 15 Uhr für 450 Baht Verbindungen in den Isarn.
PATTAYA, um 5.30, 9.30, 12 und 15 Uhr, rund 250 km für 160 Baht.

Minibusse

BANGKOK, tgl. zwischen 6 und 23 Uhr stdl. für 300 Baht zum Victory Monument, ✆ 087-833 7965.
BAN HAT LEK (kambodschanische Grenze, 95 km), tgl. 6–18 Uhr über KHLONG YAI (75 km, auf dem Rückweg meist mit Umsteigen) stdl. für 120 Baht, 60–90 Min. Abfahrt von der Busstation, sobald die Fahrzeuge voll sind. Mit Abholung vom Hotel 140 Baht.

Fähren

Für die Anreise mit Sammeltaxis zu den Piers s. Nahverkehr.

Nach Ko Chang

Der Fährverkehr wird weitgehend über den Anleger **Ao Thammachat**, ✆ 039-518 588-9, 30 km westlich von Trat, 15 km von Laem Ngop, abgewickelt. Hier setzen große Fähren die Passagiere und Fahrzeuge über. Auf Ko Chang landen sie je nach Wellengang nach 30–50 Min. in Ao Sapparot, wo auch die meisten Inseltaxis warten. Abfahrt ist in der Hochsaison von 7–19 Uhr alle 30 Min., sonst ggf. nur stdl. Tickets 80 Baht p. P. (Return-Tickets 120 Baht), Autos 120 Baht.
Bei den Fähren ab **Center Point**, ✆ 039-538 196, stdl. 6–19 Uhr, die vorwiegend von Reisenden aus Trat genutzt werden, ergeben sich z. T. längere Wartezeiten. Tickets kosten 80 (Return-Tickets 120 Baht) Baht, Fahrzeuge sind gratis.
Vom **Krom Luang Pier** legen für 50–60 Baht um 8, 12 und 15 Uhr noch die alten Holzboote ab, die früher die Hauptlast des Fährverkehrs getragen haben (z. T. als Kommissionsgeschäft der Taxi- und Minibusfahrer oder mit Mitarbeitern von Behörden). Charterboote nach Ko Chang liegen bei 2000 Baht, als Schnellboote um die 3500 Baht. Einige Resorts holen ihre Gäste kostenlos vom Festland ab.

Nach Ko Mak und zu weiteren Inseln

Nur 1 km vom Dorf Laem Ngop liegt der **Krom Luang Pier** (alter Laem Ngop Pier). Von hier verkehren von Nov–Mai regelmäßig Boote zu den Nachbarinseln Ko Changs, in der Regenzeit seltener. Angelaufen werden KO MAK (3 Std., 350 Baht, tgl. auch Schnellboote für 450 Baht in 1 Std.), KO KHAM (300 Baht, 3 1/2 Std.), KO WAI (450 Baht, 2 1/2 Std., auch als Zwischenstopp des Schnellboots nach Ko Mak). Charterboote zu den Inseln kosten 6000–8000 Baht.

Nach Ko Kood
Die schnellste Anreise bieten Schnellboote, die 3x tgl. für 600–650 Baht (meist inkl. Abholung in der Unterkunft) vom **Laem Sok Pier** starten und 1 Std. benötigen, wobei meist auch kurz auf KO MAK gehalten wird. Das Expressboot kostet 350 Baht und braucht 1 1/2 Std., das Slowboat für 250 Baht benötigt 2 Std. (s. auch Kasten „Inselhopping leicht gemacht" S. 322).

Flüge
Bangkok Airways, ✆ 039-525 767-8, 🖷 525 769 (Flughafenbüro), 🖳 www.bangkokair.com, nach BANGKOK vom Flughafen bei Trat, je nach Saison 2–4x tgl., 50 Min., einfacher Flug je nach Saison 2000–3000 Baht. Transfers mit Minibus und Fähre zu/von den Hotels auf Ko Chang kosten ca. 500 Baht, ✆ 039-525 776.

Die Umgebung von Trat

Im Hinterland von Trat bietet sich in Richtung Nordosten über den H3 bzw. den H3159 ein Abstecher in das rund 70 km entfernte **Bo Rai** an. Der Ort liegt im Grenzgebiet zu Kambodscha und ist von Edelsteinminen umgeben. Sie sind längst ausgebeutet, doch das scheint dem dortigen Handel mit Rubinen und Saphiren keinerlei Abbruch zu tun. Nicht weit entfernt erstreckt sich der **Nam Tok Khlong Khaew National Park**, der von immergrünem Regenwald, einer seltenen Flora und vielen Wasserfällen geprägt wird. Der größte Fall rauscht über insgesamt sieben Stufen (Panoramablick vom vierten Level) und ist auf einer mehrstündigen Wanderung zu erkunden.

Bekanntester Ort in der Umgebung von Trat ist das 18 km entfernte, südwestlich liegende **Laem Ngop** – zumal von hier die Fähren ins Ko Chang-Archipel starten. Die meisten Touristen jedoch kommen mit diesem Hafenort nicht mehr direkt in Berührung, da sie die Überfahrt vom 15 km entfernten Ao Thammachat antreten. Wer jedoch vom Krom Luang Pier – dem einstigen Hauptanleger für Ko Chang – übersetzt, sollte das **Naval Battle Monument** besuchen. Das mit der Optik eines Kriegsschiffs gestaltete Museum erinnert an die große Seeschlacht mit den Franzosen vom 5. bis zum 17. Januar 1941, bei der drei thailändische Marineeinheiten versenkt wurden. Der Hintergrundexkurs „Wie eine Niederlage als Sieg gefeiert wird" befasst sich mit der Bedeutung der **Seeschlacht bei Ko Chang**, s. **eXTra [2876]**.

In Richtung Südosten führt der H318 – parallel zur Küste und dem dicht bewaldeten Khao Bantal-Gebirge – durch einen extrem schmalen Landstreifen nach **Hat Lek**. Dies ist nach Aranyaprathet/Poipet der wichtigste Grenzübergang nach Kambodscha. Die erste größere Sehenswürdigkeit findet sich nach 30 km mit dem Wasserfall **Saphan Hin**. Im weiteren Verlauf bieten sich mehrere einsame, von Kasuarinen, Pinien oder Palmen bewachsene Strände für beschauliche Natur- und Badeerlebnisse an. Teilweise ausgeschildert sind es aufeinander folgend der Hat Sai Kaew, Hat Sai Ngam (Ngoen) und der Hat Mook Kaew. Empfehlenswert sind der rund 40 km von Trat entfernte **Tub Tim Beach** oder der nach etwa 60 km erreichte **Ban Chuen Beach**. Dazwischen erinnert das eindrucksvolle, 1992 eingeweihte **Khao Lan Thai Red Cross Center** an die einstigen Flüchtlingslager der Region. Größter und urigster Ort auf dem Weg zur Grenze ist **Khlong Yai** – ein aus engen Gassen und Stegen bestehendes Fischerdorf.

Übernachtung

Die meisten Unterkünfte in der Umgebung von Trat versprechen Ruhe und Idylle, was natürlich verstärkt unter der Woche gilt.
Banpu Resort & Spa, bei Ban Laem Hin, 12 km südöstlich von Trat und über den H3155 erreichbar, ✆ 039-542 355-6, 🖳 www.banpuresortandspa.com. Romantische Anlage in den Mangroven mit 54 Zimmern und Suiten in hölzernen Stelzenbauten. Gutes Restaurant. Das Resort, dessen Name „Dorf der Krabben" bedeutet, hat einen stilvollen Ableger am White Sand Beach auf Ko Chang. ❺
Rim Thalay Resort, in Laem Ngop, ✆ 039-597 084-5. Bungalowanlage mit 20 Zimmern. Angenehmste Unterkunft für Reisende, die unbedingt in Laem Ngop übernachten müssen. ❹

Auf dem Weg nach / von Hat Lek (H318)
Chanchon Resort, am Ban Chuen Beach, ca. 60 km südöstlich von Trat, ✆ 039-581 173,

🖳 www.chanchonresort.com. Schöne Bungalowanlage mit 55 Zimmern und angenehmem Strandrestaurant. ❹
Haad Mook Kaew Resort, am Hat Sai Kaew, 47 km südöstlich von Trat, ✆ 039-511 777, 🖳 www.haadmookkaew.com. Einsames Strandresort mit 25 behaglichen Zimmern aus Naturmaterialien und hübscher Gartenanlage. ❺
Mairood Resort, in Ban Mairood, 56 km südöstlich von Trat, ✆ 039-691 119, 🖳 www.mairood-resort.com. 13 Zimmer, davon 3 mit Ventilator. Schwimmbad und Sauna. Wer hier eincheckt, kann sich mit Abgeschiedenheit, Idylle und Fischerromantik verwöhnen. ❹–❺

Ko Chang

Kaum zu glauben, dass die mit 155 km² zweitgrößte Insel Thailands erst Mitte der 1990er-Jahre auf die touristische Landkarte gelangte, nachdem sie lange militärisches Sperrgebiet war. Zu verdanken hatte Ko Chang (von den beiden möglichen Schreibweisen für Insel, wird an der gesamten Ostküste Thailands im offiziellen Sprachgebrauch ausschließlich die Version „Koh" verwendet, während hier im gesamten Buch jedoch auf „Ko" vereinheitlicht wurde) den verlängerten Dornröschenschlaf der Nähe zum krisengeschüttelten Kambodscha sowie den im Archipel umherstreunenden Rebellen, Schmugglern und Piraten. Obwohl die „Insel der Elefanten" durch ihre rasante touristische Entwicklung inzwischen gewaltig auf Trab gekommen ist, gilt sie noch immer als Naturparadies. Denn schon 1982 waren 80 % sowie die meisten der 52 umliegenden Eilande zum **Ko Chang Marine National Park** erklärt worden. Schließlich ist die 34 km lange und bis zu 12 km breite Ko Chang gesegnet mit ausgedehnten Sandstränden, geheimnisvollen Mangrovenlagunen, bis zu 744 m hohen Bergen und rauschenden Wasserfällen. Der **Regenwald** zählt zu den besterhaltenen Südostasiens und beherbergt mit 29 Säugetierarten, 74 Vogelarten und 42 verschiedenen Reptilienarten eine erfreulich reichhaltige, exotische Tierwelt.

Auch wenn es unter den insgesamt 211 Unterkünften bereits mehrere Fünf-Sterne-Resorts gibt und die Landpreise unermesslich gestiegen sind, ist der **Bauboom** längst nicht zu Ende. Immer mehr namhafte Hotelketten investieren auf Ko Chang, während die einst inseltypische Bambushütten- und Hängematten-Romantik auf dem Rückzug ist. Bereits etablierte Strandresorts sind bestrebt, sich mit schicken Schwimmbädern und Wellnessoasen aufzuwerten – auch gibt es bereits einen ersten Golfplatz. Selbst in den einfachen Unterkünften wird ständig am weiteren Ausbau gewerkelt, während an den wichtigsten Stränden immer mehr Supermärkte, Souvenirshops, Maßschneider, Optiker, Serviceagenturen, Restaurants, Bars, Internet-Cafés und Massageläden die Ringstraße säumen. Auch das Angebot für Aktivitäten hat sich enorm vervielfältigt. Als neueste Attraktionen locken Klettereien in Baumwipfeln und Trekkingrouten quer über die Insel oder in fünf Stunden sogar hinauf bis zum **Khao Salak Phet** – dem höchsten unter den inselweit 299 Bergen. Der große Boom basiert nicht zuletzt auf den neuen Massen russischer Besucher.

Es darf spekuliert werden, ob sich Ko Chang zu einer geschniegelten Urlaubsinsel wie Phuket entwickelt oder dem ausverkauften Ko Samui den Rang abläuft … 1996 wurde die Insel an das Festlandstromnetz angebunden, seit 1998 verkehren Autofähren und 2003 ging der Küstenflughafen von Trat in Betrieb. Wenn das letzte

In der Nebensaison

Wer das Ko Chang-Archipel in der Nebensaison bereisen möchte, kann zwar mehr Ruhe, Einsamkeit und günstigere Preise erwarten, sollte sich aber – zumindest jenseits der Hauptinsel – auf **Einschränkungen** gefasst machen. Die Boote fahren seltener, einige Resorts, Geschäfte oder Tauchbasen haben geschlossen, während Strand und Meer wegen des **Strömungswechsels** weniger sauber wirken. Zudem ertrinken – gerade am sicher wirkenden, flachen White Sand Beach, aber auch am Klong Prao und am Lonely Beach – jedes Jahr mehrere Badende, die die tückische **Unterströmung** (Rip Current) völlig unterschätzen und abgetrieben werden.

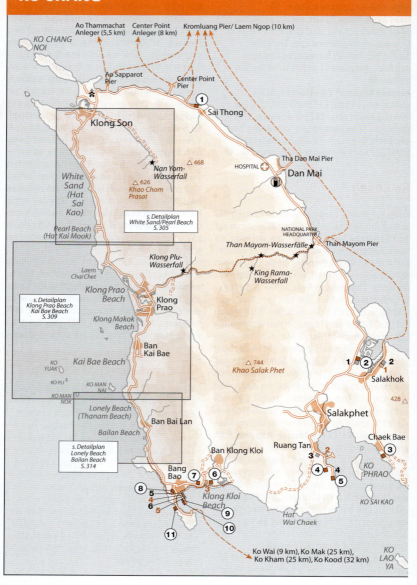

Übernachtung:
1. Amber Sands
2. The Spa Koh Chang Resort
3. Judo Resort
4. Salakphet Resort & Spa
5. Island View Resort
6. Grand Lagoona Resort
7. Chivapuri Beach Resort
8. Remark Pu-Zi Hut
9. Ocean Blue
10. Koh Chang Sea Hut
11. Nirwana Resort
12. Tree House Lodge
13. Tan Ta Wan Resort

Essen:
1. The Spa Koh Chang
2. Salakkok Seafood
3. Urai's Place
4. Salakphet Seafood
5. Chow Lay Seafood
6. Bangbao Delight
7. Sea Breeze

Sonstiges:
1. Chang Spirit Club
2. Koh Chang Marina Resort & Spa
3. Kongoi Jungle Trekking
4. The Dive Adventure
5. Sea Hunter

Teilstück der Ringstraße im Süden tatsächlich noch fertiggestellt wird, dürfte das einen weiteren Quantensprung bedeuten. Da mag es ein wenig trösten, dass auf dieser Insel wegen extremer Steigungen und enger Kurven auch künftig keinerlei große Reisebusse werden verkehren können.

Die einst bekundete Absicht jedenfalls, Ko Chang zu einer „Insel der Reichen" zu machen, scheint genauso hinfällig wie das von der deutschen GTZ angeleierte, als Farce erscheinende Vorhaben, diese Insel CO_2-frei werden zu lassen. Es wäre wünschenswert, wenn sich zumindest mal – besonders im Bereich des White Sand Beach – die augenfällige Vermüllung reduzieren lassen würde. Wer auf der Suche nach der letzten, authentischen Idylle ist, sollte sich ohnehin besser auf den Weg in den beschaulichen Osten Ko Changs machen (dort gibt es sogar Sortier-Mülltonnen) oder die zahlreichen neuen Speedboat-Verbindungen nutzen, um in die bisher teilweise kaum bekannte, unglaublich schöne Weite des Archipels vorzudringen.

White Sand Beach (Hat Sai Kao)

Dies ist der erste Strand, der sich vom Fähranleger **Ao Sapparot** und über das inselweit größte Dorf **Klong Son** nach rund 7 km an der Westküste erreichen lässt. An diesem „Sunset Strip" begann einst der Tourismus auf Ko Chang. Kein Wunder also, dass der White Sand Beach als Inselzentrum gilt – und stets die rasanteste Entwicklung zu verzeichnen hat. Hier gibt es eine bunte Mischung aus Inselgästen und auch Unterkünften, die in den verschiedensten Baustilen entstanden sind. Bei Flut kann der flach ins Meer führende, 2,5 km lange Sandstrand ziemlich schmal werden. Bei Ebbe jedoch verwandelt er sich in eine szenische Naturpromenade, auf der sich vielfältiges Urlaubsleben abspielt: Man kann mit Blick auf die tropisch bewaldete Bergkulisse des Hinterlands bzw. den 626 m hohen, zuckerhutförmigen **Khao Chom Prasat 2** flanieren, sich im weiß schimmernden Sand sonnen, im Schatten von Baumriesen massieren lassen, mit Kokosnüssen jonglieren oder Volleyball spielen – in Erwartung eines spektakulären Sonnenuntergangs und verlockender Schlemmerfreuden in den romantischen Freiluftrestaurants.

> ### Hippiehütten an Felswänden
>
> Die mit viel buntem Zierrat abenteuerlich an Felsen klebenden Bungalowresorts erscheinen als illustres Überbleibsel der Pionierzeit und bieten bei Preisen von meist 300–800 Baht die mit Abstand günstigsten Zimmer am Strand inkl. einzigartigem Ambiente. Das von der Schottin Fiona geführte **Independent Bo's** ④, ☏ 085-283 5581 (keine tel. Reservierungen), ist mit 18 Zimmern nicht nur die größte Anlage, sondern mit allerlei Malereien und Skulpturen auch die schillerndste: Bei der Ausgestaltung durften einheimische und ausländische Künstler ihrer Kreativität freien Lauf lassen. Das **Star Beach Bungalow** ⑥, ☏ 084-345 1079, des sympathischen, 26-jährigen Holländers Mitchel bietet 10 einfache Zimmer (Nr. 6, 8, 9 und 10 mit Meeresblick) sowie ein Restaurant mit günstiger Küche und lauschigen Sitzmöglichkeiten als verlockende Option zum Sonnenuntergang. Die benachbarte, legendäre **Chang Bar** ⑤, ☏ 089-169 3336, lockt mit 7 einfachen Zimmern, davon 2 als AC für 1200 und 1700 Baht sowie Nr. 1 und Nr. 2 sogar mit Meeresblick, während **Pen's Bungalows** ⑦, ☏ 086-151 3744, über 13 Zimmer, davon 2 als AC, zu bieten hat. Das als Übergang zwischen dem Süden und Norden des White Sand Beach konzipierte, auf Felsen im Meer thronende **Rock Sand Resort** ③, ☏ 084-781 0550, 🖳 www.rocksand-resort.com, ist – unter Leitung eines holländischen Ehepaares – mit 20 Zimmern bestückt, davon 3 mit AC für 1600 Baht. Nördlich davon schließt sich nur noch das etwas spartanische **Maylamean** ②, ☏ 082-257 6271, an. Es verfügt über 12 Zimmer mit Bad, von denen A1 und A2 für je 800 Baht mit dem wohl strandweit schönsten Ausblick verwöhnen können. Auch das lauschige Restaurant hängt auf einer Plattform herrlich an den Felsen (Cocktails zu sagenhaften 59–99 Baht). Bei dem vom tagelangen Dauerregen ausgelösten Erdrutsch am 11. Oktober 2010 verloren die Hippie-Resorts insgesamt 16 Zimmer und 2 kambodschanische Angestellte.

Wesentlich einsamer geht es am schönen Nordende des Strands zu: Es ist durch Felsvorsprünge abgetrennt, an denen bunte Hippieresorts kleben (s. Kasten „Hippiehütten an Felswänden" links). Wer diese passiert oder es von der Ringstraße über die extrem steile Stichstraße hier hinunter geschafft hat, findet sich in einem herrlichen Badeparadies wieder! Selbst bei hohem Wasserstand verbleibt ein breiter Sandstrand mit meist glasklaren Meeresfluten.

Übernachtung

Die Anzahl der Unterkünfte hat sich in wenigen Jahren vervielfacht, doch einfache und preiswerte Zimmer direkt am Strand sind immer schwieriger zu finden. Online buchen kann man z. B. über 🖳 www.kohchangonline.com.

Untere Preisklasse

Koh Chang Hut ⑲, ☏ 039-551 160, ✉ k.c.hut@hotmail.com. Stein- und stufenreiches Resort am Berghang, aber direkt am Meer. Sagenhaftes Preis-Leistungs-Verhältnis mit 36 Komfort-Zimmern zum Sparpreis von 400–900 Baht inkl. WLAN. Es empfehlen sich besonders Nr. 5, 7, 8, 11 (!) oder 17. ❸–❹.

Sang Aroon Bungalow ⑪, ☏ 081-795 2655. 20 Zimmer in Holzbungalows, davon einige mit Ventilator und wesentlich günstiger die mit AC. F1, F2 und F3 liegen direkt am Strand. Kleine, aber feine Gartenanlage mit vielen bunten Blumen. ❹–❺

Sangtawan Resort ⑨, ☏ 039-551 475, 📠 039-551 588, ✉ sangtawanresort@hotmail.com. Beliebte, etwas enge Bungalowanlage am Meer, wo der schönere Teil des Strands beginnt. Freundliches Personal, familiäre Atmosphäre und allabendliches, empfehlenswertes BBQ unter stattlichen Baumkronen. ❹–❺

Tantawan Resort ⑩, ☏/📠 039-551 178, ✉ tantawan_kohchang@hotmail.com. Von den 16 Zimmern sind 8 mit Ventilator und günstiger. Die teureren befinden sich in Bungalows im Thai-Stil mit Holzböden und Terrassen. Am Strand locken im Schatten hoher Bäume ein schönes Restaurant und die benachbarte, angesagte Reggae-Bar **Tapas**. ❹–❺

Mittlere und obere Preisklasse

Alina Grande ⑯, ☏ 039-551 135, 🖳 www.alinaresort.com. Am steinigen Südende des

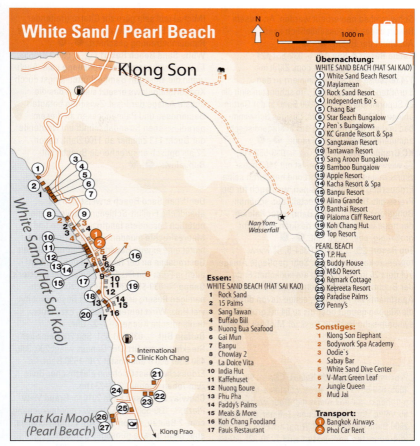

White Sand / Pearl Beach

Übernachtung:
WHITE SAND BEACH (HAT SAI KAO)
1. White Sand Beach Resort
2. Maylamean
3. Rock Sand Resort
4. Independent Bo`s
5. Chang Bar
6. Star Beach Bungalow
7. Pen`s Bungalows
8. KC Grande Resort & Spa
9. Sangtawan Resort
10. Tantawan Resort
11. Sang Aroon Bungalow
12. Bamboo Bungalow
13. Apple Resort
14. Kacha Resort & Spa
15. Banpu Resort
16. Alina Grande
17. Banthai Resort
18. Pialoma Cliff Resort
19. Koh Chang Hut
20. Top Resort

PEARL BEACH
21. T.P. Hut
22. Buddy House
23. M&O Resort
24. Remark Cottage
25. Keereeta Resort
26. Paradise Palms
27. Penny's

Essen:
WHITE SAND BEACH (HAT SAI KAO)
1. Rock Sand
2. 15 Palms
3. Sang Tawan
4. Buffalo Bill
5. Nuong Bua Seafood
6. Gai Mun
7. Banpu
8. Chowlay 2
9. La Dolce Vita
10. India Hut
11. Kaffehuset
12. Nuong Boure
13. Phu Pha
14. Paddy's Palms
15. Meals & More
16. Koh Chang Foodland
17. Pauls Restaurant

Sonstiges:
1. Klong Son Elephant
2. Bodywork Spa Academy
3. Oodie`s
4. Sabay Bar
5. White Sand Dive Center
6. V-Mart Green Leaf
7. Jungle Queen
8. Mud Jai

Transport:
1. Bangkok Airways
2. Phol Car Rent

Strands mit 68 gepflegten, z. T. recht günstigen Komfort-Zimmern in Bungalows und einem großen Gebäudetrakt, der über ein Schwimmbad mit hübschem Blick auf die Berge verfügt. Als Besitzer zählen die Lehrerin Ek und ihr kanadischer Mann Dave zu den Tourismuspionieren. ❺

Apple Resort ⑬, ☏ 039-551 228-9, ✆ 039-551 288. Mit 31 etwas eng aufeinander gebauten Holzbungalows szenisch in der Mitte des Hauptstrands gelegen. ❹–❺

Bamboo Bungalow ⑫, ☏ 039-551 158. Typisch für dieses kleine, angenehme Resort mit 11 Komfort-Zimmern sind die blauen Dächer und Terrassen. ❺

Banpu Resort ⑮, ☏ 08-1863 7314, 🖥 www.banpuresort.com. Besonders die urgemütlichen 11 Bungalows (3500 Baht) dieser Anlage mit 31 Zimmern sind an Romantik kaum zu überbieten – sollten aber in der Saison rechtzeitig reserviert werden. ❻

Banthai Resort ⑰, ☏ 039-551 108-9, ✆ 039-551 110. Erstaunlich, auf wie wenig Platz sich ein Boutique-Resort zaubern lässt. Enge, aber schöne Anlage mit 11 Zimmern, warmen Farben und viel Thai-Stil. Soll 2012 inkl. einem

Schwimmbad neu erbaut werden. An diesem Resort endet der ausschließlich sandige Abschnitt der Bucht. ❹–❺

Kacha Resort & Spa ⑭, ✆ 039-551 424, 🖥 www.kohchangkacha.com. Zählt mit 174 teilweise arg teuren Zimmern zu den 3 größten Hotels der Insel. Am schönsten sind die 36 Superior-Bungalows (3800 Baht) in der Gartenanlage. Hübsch angelegtes, riesiges Schwimmbad und auf der Bergseite das avantgardistisch anmutende Restaurant Le'zanne. ❺–❻

KC Grande Resort & Spa ⑧, ✆ 039-552 111, 🖥 www.kckohchang.com. Ist mit 140 Luxuszimmern das größte Resort und hat durch seine Erneuerung enorm gewonnen, was auch für die Preise gilt. Der alte Teil besteht aus schönen Bungalows (6000–17 000 Baht) unter Palmen, der neue wirkt mit einem riesigen Pool sehr großzügig, aber auch kalt. ❼–❽

Top Resort ⑳, ✆ 039-551 364-5, 🖥 www.topresort-kohchang.com. Sehr gepflegte Anlage auf dem 26 m hohen Berg am südlichen Ende der Bucht. 26 günstige, komfortable Zimmer und Apartments ab 1300 Baht, einige davon direkt in die Klippen gebaut oder bis zu 84 m² groß. Der sympathische Berliner Besitzer Michael Weber

Wohnen bei James

Wer im **Plaloma Cliff Resort** ⑱, ✆ 081-863 1305, 039-551 119-0, 🖥 www.plaloma-cliff.com, eincheckt, tut das meist nicht nur wegen der 85 völlig unterschiedlichen Zimmer für 800–2600 Baht, die es im Cliff Wing, als Pool Rooms (die neuesten und besten sind C 70-82) oder Seaside Bungalows gibt. Das bereits 1991 eröffnete Hotel gehörte einst zu den 3 ersten Anlagen mit westlichem Komfort. Aus diesen spannenden Tagen kann Inhaber und Inseloriginal James Brunner in unverwechselbarer Manier erzählen ... Besser als der 56-jährige Schweizer dürfte sich auf Ko Chang ohnehin niemand auskennen. Das Resort liegt mit Palmenwiese am felsigen Südende des White Sand Beach und verfügt über ein lauschiges Bambusrestaurant (die besten Rösti Ko Changs) am Meer, ⏱ 12–24 Uhr (Nov-April) sowie WLAN in der Lobby. ❹–❻

(Micha) und sein gern zur Gitarre greifender Manager Bernhard werden für ihre engagierte Rundumbetreuung geschätzt. ❺–❻

White Sand Beach Resort ①, ✆ 086-310 5553, 🖥 www.whitesandbeachkohchang.com. Auch wenn die einstigen Bambushütten längst durch Komfortbungalows ersetzt sind, ist das die älteste Anlage der Insel. Zwischen betagten Baumriesen und Palmen locken an diesem paradiesischen Strandabschnitt am Nordende der Bucht 113 Zimmer ab 1700 Baht, davon 32 als optisch ansprechende Beachfront-Bungalows. ❹–❼

Essen

Der White Sand Beach erweist sich als abendliche Freiluft-Schlemmermeile, auf der natürlich besonders fangfrischer Fisch und Meeresfrüchte munden. Fast jede Unterkunft bietet eine eigene Bewirtung, während sich die Gastronomie an der Ringstraße vervielfältigt – auch in Form von Fastfood-Filialen wie Chester's.

Banpu, ✆ 039-551 235-6. Gehört zum gleichnamigen Resort, urgemütliches Restaurant mit viel Holz. Wirkt teurer, als es ist. Exzellente, thailändische Küche. ⏱ 7–22 Uhr.

Buffalo Bill, ✆ 039-551 451. Seit 2007 einziges Steakhouse am Ort. Der Genuss wiegt 200, 300, 450 oder 600 g und kostet 270–1590 Baht. Im Erdgeschoss lässt sich ein elektrischer Bulle zum Toben bringen. ⏱ 7–23 Uhr.

Chowlay 2, neu seit Ende 2010 im Grand View Plaza, ✆ 039-558 118, 🖥 www.chowlaykochang.com. 2 Bauten, davon 1 als AC. Professionelles, aber nicht gerade günstiges Seafood-Restaurant. Die meisten Gerichte 200–250 Baht – plus umfangreicher, japanischer Speisekarte. ⏱ 10–24 Uhr.

15 Palms, ✆ 039-551 095, 🖥 www.15palms.com. Angesagter Strand-Ableger vom Irish-Pub Paddy's Palms, schön zum Sitzen. ⏱ 8–1 Uhr.

Gai Mun, ✆ 086-816 2872. Mrs. Sao und Mr. Boy brutzeln allerlei Isarn-Spezialitäten, v. a. knusprige Hühnchenteile. Günstig, aber nicht besonders gemütlich. ⏱ 8–21.45 Uhr.

India Hut, ✆ 081-441 3234. Auf der Speisekarte von Mr. Sam stehen kulinarische Köstlichkeiten aus Indien, natürlich besonders viele Currys sowie Tandoori Chicken. ⏱ 10–22 Uhr.

Kaffehuset, ✆ 085-070 1107. Neu seit Ende 2010, klein, gemütlich und beliebt. Mr. Jong (gleiche Familie wie M&O-Resort) braut leckere Kaffeespezialitäten in heißer und kalter Version. ⏲ 7–23 Uhr.

Koh Chang Foodland, ✆ 039-551 547, 🖥 www.kohchang-foodland.com. Täglich ofenfrische Brötchen, leckeres Graubrot und kalte Theke, aber auch saure Gurken, Brathering und Kieler Sprotten in Dosen. Weine aus aller Welt (auch Äbbelwoi), mehr als 10 Sorten deutsches Bier wie Flensburger Pilsener, Fürstenberg, Köstritzer oder Weihenstephan sowie 25 verschiedene deutsche Obst- und Kräuter-Schnäpse. Alles auch per Online-Bestellung bzw. Lieferservice erhältlich. ⏲ 7–21 Uhr.

Meals & More, ✆ 039-551 467, 087-929 5199, ✉ carwie@web.de. Im Geschäftsblock am Ende des White Sand Beach. Beste deutsche Hausmannskost in Form von erfreulich großen Portionen. Liveübertragungen von Bundesliga-Spielen und Formel 1. Der deutsche Besitzer Carsten Wiegand und seine Frau Lek betreiben nebenbei eine Reiseagentur. ⏲ 8.30–22 Uhr.

Nuong Boure, ✆ 089-608 1740, gegenüber Chang Buri Resort. Hier kann man nichts falsch machen: Das günstige Angebot an Thai- und Spaghetti-Gerichten wird mithilfe von eindrucksvollen Fotos und Plastik-Imitationen präsentiert. ⏲ 7–22 Uhr.

Nuong Bua Seafood, ✆ 081-864 4737, 🖥 www.nongbuarestaurant.com. Gegenüber dem Banpu Resort als einfaches Restaurant mit günstigem Thai-Essen als auch Seafood. Betrieben von der gleichen Familie wie Nuong Boure. ⏲ 8–22 Uhr.

Paddy's Palms, ✆ 039-619 085, 🖥 www.paddyspalmspub.com. Beliebter, irischer Pub, dessen tiefgrüne Fassade neben dem neuen, gelben Keereela-Hotel ins Auge fällt. 6 Sorten Fassbier für 45–220 Baht pro Glas – darunter Guinness, Kilkenny, Stowford und Cider. 3 Großbildschirme für die Liveübertragung von Fußballspielen und Formel 1. ⏲ 7.30–0.30 Uhr.

Paul's Restaurant, im Top-Resort (s. o.), höchstgelegenes Restaurant der Insel. Unter Leitung von Paul Spiegel wird beste Thai-Kost oder auch leckere Currywurst serviert – stets mit tollem Ausblick. ⏲ 7–12 und 17–22 Uhr.

Fo(u)r Cheese

Angesichts der inselweit zahlreichen (Pseudo) Italiener muss die Suche nach einer guten Pizzeria nicht zum Lotteriespiel geraten … Das von dem netten Mailänder Paar Juiseppe und Soly in der im Grand View Plaza geführte **La Dolce Vita**, ✆ 089-683 5057, bietet die besten Pizzas am Ort – auf Wunsch mit einem genialen, leckeren Vier-Käse-Mix aus Mozzarella, Parmesan, Pecorino und Gorgonzola. ⏲ 11.30–22.30 Uhr.

Phu Pha, ✆ 086-140 0282. Einfaches Restaurant mit 3 Tischen und Thai-Küche zu unschlagbar günstigen Preisen von 40–60 Baht, Frühstück ab 45 Baht. ⏲ 6–21 Uhr.

Rock Sand, s. o. Thront auf einem Felsen im Meer und empfiehlt sich deshalb auf perfekte Weise für romantische Sunset-Drinks. Quantität und Qualität des Essens allerdings erweisen sich oft als weniger verlockend. ⏲ 7–22 Uhr.

Sangtawan, s. o. Unter den immer zahlreicher werdenden Sandstrand-Restaurants die beste und romantischste Option. Allabendliches, preisgünstiges BBQ unter stattlichen Baumkronen. ⏲ 7–22 Uhr.

Der Exkurs „Im Rhythmus der Nacht" informiert über den legendären Strand-Club **Sabay Bar**, ✆ 039-551 098, 🖥 www.sabaybar.com, ⏲ 18–2 Uhr, die beliebte Livemusik-Kneipe **Oodie's Place**, ✆ 039-551 193, ⏲ 16-1 Uhr, neue Szene-Pubs wie das **Jungle Queen** oder **Mud Jai** in der Grand View Plaza – und darüber, an welchen Stränden Ko Changs nach Sonnenuntergang sonst noch etwas los ist, s. **eXTra [2878]**.

Pearl Beach (Hat Kai Mook)

Ein guter Beweis dafür, dass auf Ko Chang jeder Strand einen ganz eigenen Charakter hat. Der nicht weit vom Hauptstrand entfernte, 1 km lange Pearl Beach konnte seine Beschaulichkeit bewahren, weil seine Natur von Felsen und Steinen statt verlockenden Sandmassen geprägt wird.

Übernachtung

Obwohl – oder besser: weil – es hier keinen Sandstrand gibt, finden sich überraschend schöne Bungalowanlagen. Wer hier wohnt, mietet meist ein Moped, sodass es zum nächsten Sandstand bzw. zur üppigen Gastronomie-Szene am White Sand Beach nicht weit ist.

Buddy House ㉒, Stichstraße/Bergseite, ☏ 081-297 4043. Familiäre Atmosphäre mit 12 Zimmern, davon 7 mit AC. Nr. 8 und 9 haben Terrassen. Der nette Besitzer Mr. Pook spricht englisch. ❷–❹

M&O Resort ㉓, Stichstraße/Bergseite, ☏ 081-854 8371, 🖳 www.mokochang.com. Neu seit 2010 und empfehlenswert. Hinter dem profanen Namen verbirgt sich ein originell angelegtes, günstiges Resort. 19 schöne Zimmer mit viel Holz ab 800 Baht, besonders verlockend ist das Treehouse für 1500 Baht. ❹

Paradise Palms ㉖, ☏ 089-094 6023, 🖳 www.paradisepalmsresort.net. Klein, aber fein. Der lockere Engländer Matt bietet 3 abgelegene, ruhige Komfortbungalows und ein kleines Fitness-Center in einem schattigen Garten am Naturstrand. ❺

Penny's ㉗, ☏ 039-551 122, 🖳 www.penny-thailand.com. Abgelegene, aber populäre Anlage unter deutscher Leitung. Relaxte Atmosphäre direkt am Naturstrand mit Felsen, der Smooth Bar und lauschigen Sitzecken. Besonders empfehlenswert sind die 16 der 28 Komfort-Zimmer im rückwärtigen Bereich. ❹

Remark Cottage ㉔, ☏ 039-551 261, 🖳 www.remarkcottage.com. Empfehlenswert, da

---

Idyllische Nostalgieherberge

Ein Boutique-Resort zum Verlieben ist das **Keereeta Resort** ㉕, ☏ 039-551 304-5, 🖳 www.keereeta.com. Es liegt zwar 200 m vom Strand entfernt an der Ringstraße, präsentiert sich aber dennoch als einzigartige Oase der Romantik, Ruhe und Nostalgie. Die stilvoll eingerichteten, überraschend günstigen 18 Zimmer zu 2500 und 3000 Baht (Top View-Zimmer) gruppieren sich um einen lauschigen Innenhof mit Schwimmbad und Salas. ❻

---

zweifellos eines der inselweit schönsten Resorts. Behagliche Anlage mit 15 Bungalows aus Naturmaterialien in einem herrlichen Tropengarten, aber natürlich auch Mücken. Idyllisch durchgestylt bis zum Dschungel-Schwimmbad. ❺–❻

T.P. Hut ㉑, Stichstraße/Bergseite, ☏ 085-444 3282. Schöne Anlage in ruhiger, idyllischer Nachbarschaft mit dem Buddy House und M&O-Resort. 12 Zimmer aus Naturmaterialien ab 300 Baht, davon 8 mit AC für 600 Baht. WLAN verfügbar. ❷–❸

Klong Prao Beach

Mit fast 6 km ist er nicht nur der längste, sondern für viele auch der reizvollste Strand Ko Changs. Eine felsige Landzunge, zwei malerische Lagunen und ein dichter Palmenbestand lassen den ganz flach in das Meer führenden Klong Prao Beach als gute Laune der Natur erscheinen. Im nördlichen Bereich Chae Chet und im Süden Klong Makok genannt, sind hier die meisten namhaften Luxusresorts Ko Changs aus dem Sand gewachsen. Das jedoch scheint etwas im Gegensatz zu den leidig-lästigen Sandfliegen zu stehen, die hier besonders gern ihr Unwesen treiben und den Strandgenuss nachhaltig beeinträchtigen können. Das Hinterland erstreckt sich flach und bis zu einer Breite von 2 km, sodass hier noch viel Platz für Entwicklung und auch schon ein kleiner, privater Grasbahn-Flugplatz angelegt worden ist. In den Bergen verbirgt sich der **Nam Tok Klong Plu**, 200 Baht. Er ist über einen Dschungelpfad in rund 20 Min. zu erreichen und der wohl eindrucksvollste Wasserfall der Insel. Mit seinen 22 m Höhe füllt er sogar in der Trockenzeit eine große und mehrere kleine Felsbadewannen.

Übernachtung

Zwischen den Luxusherbergen für Pauschalurlauber wie dem Amari Emerald Cove, Tropicana, Koh Chang Resort, Koh Chang Paradise, Ramayana, Barali oder The Dewa finden sich durchaus attraktive Resorts für Individualreisende sowie sogar noch 2 Resorts mit Bambushütten-Nostalgie. Viele Unterkünfte sind nur über die Pistenzufahrt des Panviman Resorts erreichbar, die im Bereich Chai Chet sind offenbar besonders bei Russen beliebt.

Klong Prao/Kai Bae Beach

Übernachtung:
KLONG PRAO BEACH
1. Thai Garden Hill Resort
2. Chai Chet Resort
3. Royal Coconut Resort
4. Coconut Beach Resort
5. Klong Prao Resort
6. Aana Resort
7. Keereeta Lagoon
8. Baan Rim Nam
9. Panviman Resort
10. Tiger Hut
11. K.P. Huts
12. Country Bungalows
13. Magic Resort

KAI BAE BEACH
14. Cliff Beach Resort
15. Coral Resort
16. Garden Resort
17. Sea Breeze Bungalows
18. Paradise Bungalows
19. K.B. Resort
20. Kai Bae Beach Resort
21. Grand View
22. Porn's Bungalow
23. Sea View Resort & Spa

Essen:
KLONG PRAO BEACH
1. Royal Coconut
2. Palm Beach
3. Lay Lay Tong
4. Iyara Seafood
5. Phu Talay Seafood
6. Baanta
7. M & D
8. Cheap Thrills
KAI BAE BEACH
9. Friend Seafood
10. O2 Food & Drink
11. Ziva
12. Kai Bae Marina

Sonstiges:
KLONG PRAO BEACH
1. Koh Chang Offroad ATV Tour
2. VJ Plaza
3. Boutique Resort & Health Spa
4. Chang Diving Center
5. Natsala Thai Classical Dance Show
6. Bodywork Spa Academy
7. Ban Kon Chang
8. Koh Chang Cooking School
9. Ban Chang Tai
10. Eco Divers
11. Ka-Ti Culinary
12. Chang Chutiman
13. Blue Lagoon Cooking School
14. Dental Clinic
15. Dolphin Divers
KAI BAE BEACH
16. Bodywork Spa Academy
17. Kon Tiki

Die Ostküste

Untere Preisklasse

Country Bungalows ⑫, ☎ 080-0153 078, ✉ Alex_tour@windowslive.com. Neu seit 2009 mit Geheimtipp-Charakter. Klein, aber fein. Idyllisch und ruhig an einer Lagune, erfreut Mr. Alex mit 6 einfachen, wohnlichen Bungalows in Gelb mit Ventilator, die mit Freiluftbädern und WLAN aufwarten. ❷

K.P. Huts ⑪, ☎ 08-4077 5995, ☎ 039-557 190. Weitläufige, naturbelassene Anlage mit vielen Palmen und schilfgedeckten Bambusbungalows, die an die Pionierzeit der Insel erinnern. Einige der 40 Zimmer auch mit etwas mehr Komfort. ❸–❹

Tiger Hut ⑩, ☎ 039-557 115, 084-109 9660, 🖥 www.maipenlaitigerhut.com. Bambushütten-Nostalgie mit 36 preiswerten Bungalows für 300–600 Baht, 13 davon direkt am Meer. Etwas spartanisch, aber sauber. Einige mit Ventilatoren, andere mit Gemeinschaftsbad.

Einladende Restaurant-Plattform am Strand. ❷–❸

Mittlere und obere Preisklasse

Aana Resort ⑥, ☎ 039-551 539, 🖥 www.aanaresort.com. Herrliches Boutique-Resort am Klong. 29 Zimmer in extravaganten Luxusvillen und 42 in einem Seitentrakt für 3000–5000 Baht. Paradiesisches Schwimmbad. ❻–❼

Baan Rim Nam ⑧, ☎ 087-005 8575. Kleines Homestay-Resort an der Lagune. Der Brite Mr. Ian, Betreiber der besten Insider-Homepage über Ko Chang, bietet 5 Zimmer für 1100 Baht in denkbar idyllischer Lage. ❹

Chai Chet Resort ②, ☎ 039-551 070-2, 🖥 www.chaichetresort.com. Thront mit herrlichem Panorama auf dem gleichnamigen Felsvorsprung am Nordende der Bucht sowie an einem beschaulichen Klong mit Schiffen. Weitläufig angelegt mit 70 Zimmern und Bungalows. ❺–❻

Trotz des großen Booms findet sich auch heute noch Bungalow-Idylle auf Ko Chang.

Looses Lonely Beach

Der wahre Lonely Beach Ko Changs liegt nicht an der südlichen Westküste, sondern am Klong Prao-Strand … Auf den rund 500 Sand-Metern zwischen dem Koh Chang- und dem Klong Prao Resort präsentiert sich die Insel noch völlig unbebaut, mit ursprünglichem Grün und paradiesisch einsam. Lediglich 2 kleine, urige Bambus-Restaurants finden sich hier unter imposanten Bäumen bzw. dort, wo Ko Chang am schönsten scheint. Im **Lay Lay Tong**, ✆ 089-072 8518, ⏱ 7–22 Uhr, brutzelt Mr. Kay u. a. 152 leckere Hausmannskost-Gerichte, die meist nur 50–60 Baht, aber selten mehr als 120 Baht kosten. Cocktails zu Reggae-Rhythmen gibt es für 130 Baht. Etwa 200 m weiter liegt das **Palm Beach**, ✆ 084-946 3563, ⏱ 8–24 Uhr, von Mrs. Pranee. Sie verwöhnt die Badegäste zu einem geringfügig höheren Preisniveau. Ein weiteres Stückchen Naturstrand findet sich zwischen dem Panvimarn Resort und der Lagunen-Mündung.

Klong Prao Resort ⑤, ✆ 039-551 115-6, 🖥 www.klongpraoresort.com. In der Mitte des Strands und mit 126 Zimmern in die Lagune gebaut. Lang etabliertes, beliebtes Resort mit allem, was dazugehört. ❺–❻

Magic Resort ⑬, ✆ 039-557 074, 🖥 www.magicresort.info. Lange etabliert mit 50 Bungalows in unverwechselbarem Mischstil am Südende der Bucht. Weitläufige Gartenanlage, legendäres Stelzenrestaurant im Meer. ❺

Faszination am Klong

Als Designerresort mit nur 5 Zimmern für 4000 Baht zählt das **Keereeta Lagoon** ⑦, ✆ 039-551 304-5, 086-833 5257, 🖥 www.keereetalagoon.com, zu den faszinierendsten Unterkünften der Insel. Das Interieur besteht aus einer illustren Mischung aus Weiß und Farbenfroh. Ein weiterer Höhepunkt ist die romantische Lage direkt am Klong und gegenüber dem Restaurant Phu Talay, zu dem die Gäste einfach hinüberschwimmen können. ❻–❼

Panviman Resort ⑨, ✆ 039-551 290-6, 🖥 www.panviman.com. Teuer, aber eine der inselweit stilvollsten Anlagen mit 50 gediegenen Zimmern in tempelartigen Pavillons für 6800–8800 Baht, umrahmt von einem herrlichen Tropengarten und paradiesisch angelegten Schwimmbad. ❽

Royal Coconut Resort ③, ✆ 039-551 217, 551 218. Am Nordende der Bucht (Erosion auf dem Vormarsch) mit 42 günstigen Zimmern, davon 6 als Beachfront-Bungalows mit Ventilator für 700 Baht. Das benachbarte, verschnörkelte **Coconut Beach Resort** ④, ✆ 039-551 273, 🖥 www.coconut-kohchang.com, gehört der gleichen Familie, ist aber erheblich teurer. ❹–❻

Thai Garden Hill Resort ①, Ringstraße/Bergseite, ✆ 039-551 573-4, 🖥 www.kohchangthaigardenhill.com. Schöne Anlage mit 47 Zimmern in 2-stöckigen, ansprechenden Thai-Stil-Bungalows mit Balkon. Einladendes Schwimmbad. ❺

Essen

Von besonderem Reiz sind die Seafood-Restaurants am Klong, zu denen man von der Hauptstraße über die Soi Vorvan gelangt.

Baanta, Ringstraße/gegenüber Abzweigung Panviman Resort, ✆ 081-733 5203. Rustikal und günstig. Herrliche tropische Eingrünung mit Kletterpflanzen und Hänge-Orchideen. ⏱ 10–23 Uhr.

Cheap Thrills, ca. 1 km vom Kai Bae Beach, ✆ 084-914 0137. Neu seit 2010: Der Italiener Andrea und seine Thai-Freundin Nicha backen Brot und brutzeln Fusionsküche. In der Saison ab 19 Uhr Livemusik. ⏱ 9–1 Uhr.

Iyara Seafood, ✆ 039-551 353. Lange etabliertes, professionelles Seafood-Restaurant – idyllisch gelegen an der Klong Prao-Lagune. ⏱ 10–22 Uhr.

M & D, ✆ 081-905 7699. Restaurant mit Bar. Kreative Küche mit Hühnchen-Gerichten und Mongolian BBQ. ⏱ 10–24 Uhr.

Royal Coconut, s. o., Romantische Möglichkeit zum Abendessen am Strand. Gute Küche und allabendliches BBQ. Mit Reisgerichten ab 40 Baht erfreulich günstig, auch das Bier. ⏱ 7–21.30 Uhr.

> ### Einkehr im Fischerhaus
>
> Wer möglichst romantisch und authentisch speisen möchte, sollte im **Phu Talay Seafood**, 400 m von der Ringstraße, ℡ 039-551 300, ⏰ 10–22 Uhr, einkehren. Das weiß-blaue Restaurant besteht aus einem ehemaligen hölzernen Fischerhaus mit Terrasse zur Lagune. Die Angestellten sind freundlich, die meisten Speisen mit 100–200 Baht erfreulich moderat bepreist.

Kai Bae Beach (Hat Kai Bae)

Mit dichtem Dschungel, überhängenden Palmen, stattlichen Laubbäumen und den malerisch vorgelagerten Inseln Ko Yuak, Ko Pli, Ko Man Nok und Ko Man Nai gilt der Kai Bae Beach als naturbelassenster Strand Ko Changs. Fast 2,5 km lang, gliedert er sich in drei Abschnitte. Während der Flut allerdings bleibt an vielen Stellen kaum noch Sandstrand übrig und bei Ebbe zieht sich das Meer bis zu 200 m weit zurück. Für unbeschwerte Badefreuden eignet er sich eigentlich nur im südlichen Abschnitt – zwischen der Pier (Kai Bae Hut) und dem Siam View Resort. Im Bereich der Ringstraße floriert buntes Geschäftsleben, das bei abendlicher Beleuchtung große Wirkung entfaltet. In der Saison kommt es hier sogar zu Staus, weil der Verkehr durch die verengte Hauptschlagader pulsieren muss. Am südlichen Ende ansteigend, führt die Ringstraße zum schönsten Aussichtspunkt der Westküste.

Übernachtung

Untere Preisklasse

Grand View ㉑, ℡ 039-557 292. Von den 60 Zimmern sind nur die 10 Bungalows mit Ventilator im südlichen, 200 m von der Rezeption entfernten Teil der Anlage reizvoll. Sie liegen zwischen viel Grün direkt am Meer. ❺

Paradise Bungalows ⑱, ℡ 039-557 311, 🖥 www.paradisebungalows.net. Die empfehlenswerte, gepflegte Anlage schmiegt sich mit 20 ockerfarbenen Bungalows an einen Hügel. Teilweise etwas kleine, aber behagliche Zimmer. In 2 Reihenbauten, die seit 2010 unter dem Namen **Sea Breeze Bungalows** ⑰, ℡ 039-557 151-2, 🖥 www.seabreezebungalows.com, laufen, gibt es 16 weitere Zimmer. Keine Restaurants. ❹

Porn's Bungalow ㉒, ℡ 089-251 9233, 🖥 www.pornsbungalows-kohchang.com. 27 einfache Bungalows mit Ventilator aus Naturmaterialien zwischen alten Bäumen am Meer für 600–900 Baht. Plattformrestaurant. Familiäre, relaxte Atmosphäre. ❹

Mittlere und obere Preisklasse

Cliff Beach Resort ⑭, ℡ 039-557 034-5, 🖥 www.kohchangcliffbeach.com. Schön, aber nicht gerade billig. 50 Zimmer, z. T. am Felshang. Gartenanlage, bestechender Inselblick und Kajakverleih. Die 16 Zimmer im Mandalay Wing an der Straße kosten nur 2500 Baht. ❻–❽

Coral Resort ⑮, ℡ 039-557 136-9, 🖥 www.kohchang-coralresort.com. Eindrucksvoll auf einer schmalen Landzunge gelegen. 35 gute Zimmer in originellen Bungalows, Schwimmbad mit Panoramablick. ❺–❻

Kai Bae Beach Resort ⑳, ℡ 039-557 132, 🖥 www.kaibaebeach.com. 35 Holz- und Steinbungalows als architektonisches Sammelsurium, teilweise noch mit großen Fensterfronten zum Meer. Die günstigsten nur mit Ventilator. ❺

K.B. Resort ⑲, ℡ 039-557 125, 🖥 www.kbresort.com. Schon der originelle Hotelprospekt verspricht ein super Resort. Empfehlenswert mit 45 Bungalows unterschiedlicher Architektur, davon 20 mit Ventilator. Garten. ❹–❺

Sea View Resort & Spa ㉓, ℡ 039-552 888, 🖥 www.seaviewkohchang.com. Lange etabliert und mit imposantem Haupttrakt, ständigen

> ### Garten mit Salzwasserpool
>
> Ein gutes Beispiel dafür, dass man sich auch in einer Unterkunft jenseits des Strands wohlfühlen kann, ist das **Garden Resort** ⑯, ℡ 086-145 9500, 🖥 www.gardenresortkohchang.com. Der Holländer Mr. Mause lockt mit 20 wohnlichen Komfortbungalows zu 2500 und 2750 Baht, einem Restaurant und einem schicken, dunkelblauen Salzwasserschwimmbad in einem üppigen Garten. ❺

Erweiterungsbauten und 10 Deluxe-Bungalows bzw. insgesamt 164 Zimmern ab 4000 Baht eines der beliebtesten Hotels. Wunderschöne landschaftliche Einbettung mit vorgelagerten Inselchen. ❼–❽

Essen

An der Ringstraße wimmelt es nur so von verlockenden Restaurants. Viele haben ein allabendliches Grillbuffet.
Friend Seafood, ☎ 087-428 3700. Beliebtes Tischdecken-Restaurant, recht nett zum Sitzen. Allabendliches Seafood-BBQ mit großer Auswahl. ⓣ 18–22 Uhr.
Kai Bae Marina, ☎ 097-044 0385, 🖥 www.kaibaemarina.com. In angenehmer Atmosphäre gibt es fast alles, was die internationale Küche hergibt, aber auch Thai-Gerichte für 60–150 Baht. Pizzas liegen bei 300 Baht. ⓣ 7.30–22 Uhr.
O2 Food & Drink, ☎ 039-557 321. Günstiges Restaurant mit gemütlichem Holzmobiliar. Thai-Gerichte 90–120 Baht, westliche um 130 Baht. Gute Musik. ⓣ 10–14 und 17–22.30 Uhr.
Ziva, ☎ 087-801 6159, 🖥 www.zivarestaurant.com. In ihrem idyllischen Garten-Restaurant bietet die Mailänderin Fernanda u. a. 28 Pastagerichte und 10 Desserts. ⓣ 17–22.30 Uhr.

Lonely Beach (Thanam Beach)

Wer diesen 1 km langen Strand noch aus Urzeiten kennt und schätzt, mag sich an einer ersten Luxusherberge und Maßschneider-Geschäften im szenischen Palmenwald-Quartier stören. Ein Grund vielleicht, dem hier einst legendären Tree House (s. S. 318, Kasten „The Beach lässt grüßen") zu folgen, dessen Bambushütten sich nun am Long Beach an der Ostküste finden. Trotzdem hat sich hier ein faszinierendes, internationales Travellerflair erhalten (nur zum Besuch am besten ab Sonnenuntergang) – begleitet von originellen, günstigen Restaurants, angesagten, luftigen Nachtklubs und verblüffend gut genutzten Tatoostudios. All dies an dem von Geröll und Mangroven geprägten Küstenabschnitt, aber nicht unbedingt am ersten Kilometer, wo sich der Lonely Beach mit gelbem Sand präsentiert. Im Hinterland verläuft die Ringstraße steil und kurvenreich durch die herrlich sprießende Natur.

Übernachtung

Neben neuen Luxusresorts gibt es hier nach wie vor die günstigsten Unterkünfte der Insel – mit Preisen ab 200 Baht. Sie liegen direkt am Strand, im Palmenwald-Quartier oder auch verlockend beidseits der Ringstraße.

Untere Preisklasse

Jackfruit Bungalows ⑥, ☎ 081-606 4454, ✉ jackfruit-bungalow@hotmail.com. Seit 2008 mit 9 Bungalows. Einfach, aber akzeptabel und sauber. ❷
Lamyai Bungalows ⑦, ☎ 080-619 0703. Idyllische, farbenfrohe Anlage mit 10 Zimmern mit Ventilator als gelbe Bungalows mit blauen Dächern und roten Geländern. ❷–❸
Lonely Beach Resort ⑨, ☎ 081-279 5120, 🖥 www.lonelybeach.net. 10 Bungalows, davon 3 mit AC, unter Leitung des Dänen Tammes. Umfassendes Serviceangebot. ❸–❹
Nature Beach Resort ②, ☎/📠 039-558 027. Zählt mit 55 freakigen Bambushütten unter Palmen für 600–900 Baht, davon 7 wesentlich teurere als AC, zu den beliebtesten Unterkünften – besonders für Traveller, die Partystimmung lieben. Aus der hoteleigenen Nature Bar, ⓣ 17–3 Uhr, gibt es verstärkt heiße Rhythmen. Angesagt ist auch das schöne Strandrestaurant. ❸–❹
Siam Hut ③, ☎ 086-609 7772, 🖥 www.siamhutkohchang.com. Locker geführte, etwas abgewirtschaftet wirkende Backpacker-Absteige. 115 Zimmer, davon 22 mit AC. Holzterrasse am Meer, allabendliches BBQ. ❷–❹
Sunset Hut ④, ☎ 089-245 4626. Scheint als Ersatz für das verlustige Treehouse zu fun-

Urige Doppeldecker

Als urige Anlage mit 17 teilweise 2-stöckigen Ventilator-Bambushütten für 400–700 Baht erfreut der 37-jährige Holländer Matt in seinem **Magic Garden** ⑪, ☎ 083-756 8827, 🖥 www.magicgardenresort.com. Es empfiehlt sich allein schon wegen seines Hip(pie)-Restaurants mit mehreren gemütlichen Plattformen, stets gut aufgelegtem Sound und WLAN. ❷–❸

Lonely Beach/Bailan Beach

Übernachtung:
LONELY BEACH (THANAM BEACH)
1. Siam Beach
2. Nature Beach Resort
3. Siam Hut
4. Sunset Hut
5. Ting Tong Bungalows
6. Jackfruit Bungalows
7. Lamyai Bungalows
8. Warapura Resort
9. Lonely Beach Resort
10. Golden Home Stay
11. Magic Garden

BAILAN BEACH
12. Bailan Bay Resort
13. Mangrove
14. Bailan Beach Resort
15. Orchid Resort

Essen:
1. The Sunflower
2. Ting Tong Bar
3. Art Café & Art Gallery
4. Himmel Cocktail Bar
5. Sawasdee, Stone Free, Om Bar

Sonstiges:
1. Eco Divers
2. BB Divers
3. Bailan Herbal Sauna
4. Bailan Tree Top Adventure

---

gieren. 26 Bungalows, davon 10 AC. Angesagtes, hölzernes Terrassen-Restaurant am Meer – mit tgl. Livemusik von 21–2 Uhr. ❸–❹
Ting Tong Bungalows ⑤, ☏ 084-947 5767. Seit 2008, lauschige Anlage mit 7 einfachen Bungalows, davon 2 mit AC für 500 Baht, um einen kleinen Innenhof mit Teich. Seit Anfang 2011 mit Guesthouse bzw. 23 kleinen, sauberen Zimmern mit Fenster für sagenhafte 200 Baht. ❷–❸

Mittlere und obere Preisklasse

Golden Homestay ⑩, ☏ 039-558 087, ✉ goldenhomestay@hotmail.com. Der Franzose Roland bietet 4 behagliche, perfekt ausgestattete AC-Bungalows mit schönen Bädern. Weitere Zimmer und Pool geplant. ❹–❺
Siam Beach ①, ☏ 039-558 082-3, 🖥 www.siambeachkohchang.com. Anlage am nördlichsten, sandigen Abschnitt des Strands mit 92 behaglichen Komfortzimmern. Romantisches Strandrestaurant unter Bäumen und nebenan die neue, angesagte Sandy Bar. ❺–❻
Warapura Resort ⑧, ☏ 039-558 123, 🖥 www.warapuraresort.com. Seit 2008 als neues Luxus-Resort im ultimativen Travellerbereich. 20 ungewöhnliche, großzügig verglaste Bungalows für 1700–3300 Baht unter einem einsamen Urwaldriesen. Schwimmbad und romantische Salas am Meer. ❺–❻

Essen

Im szenischen Palmenwald-Viertel verbergen sich allerlei angesagte Nightlife-Spots. Viele bieten eine Happy Hour oder haben rund um die Uhr geöffnet. Es gibt tgl. (am Sa. und Do. sogar 2) Vollmond-Partys, bei denen sich die ausrichtenden Resorts und Restaurants abwechseln.

Art Café & Art Gallery, ☏ 039-696 608. Kaffee und Gemüse aus Öko-Produktion. Schummrig und szenisch mit wechselnden Ausstellungen von Nachwuchskünstlern. ⏲ 9–24 Uhr.
Himmel Cocktail Bar, ☏ 085-026 7299. Mit Holzplattform und Sitzkissen zum Abhängen, zuweilen auch Livemusik und Disco. Himmel-Drinks 130 Baht, Buckets 200–250 Baht. ⏲ 7–2 Uhr.
Om Bar, ☏ 081-916 6129. Etabliert seit 2000, stets urig und noch immer angesagt. Szenischer 2-stöckiger Holzbau mit origineller Toilette, DJ-Sound, zuweilen auch Disco. ⏲ 24 Std.

Sawasdee, ✆ 084-382 9871. Schön gestaltetes, verlockendes Restaurant mit einheimischer und italienischer Küche bzw. leckeren Pizzas. ⏱ 11–1 Uhr.

Stone Free, ✆ 089-229 5946. Der Name ist Programm: In diesem urgemütlichen Restaurant ist (fast) alles aus Treibholz. Wunderschön zum Sitzen, manchmal auch Livemusik. ⏱ 8–24 Uhr.

The Sunflower, ✆ 084-021 5333, 💻 www.the-sunflower.com. Zu diesem beliebten Restaurant gehören auch einige Bungalows und ein Minimarkt. Abends laufen Filme. ⏱ 8–22 Uhr.

Ting Tong Bar, s. o. Mr. Kachan weiß, was Traveller lieben. Szenisches Restaurant mit Bar, Internet-Plätzen und günstigen Zimmern. Thai-Gerichte und Cocktail-Buckets. ⏱ 24 Std., Livemusik 19–23 Uhr.

Bailan Beach

Der sich südlich anschließende Strand wurde früher nur als Verlängerung des Lonely Beach betrachtet. Mittlerweile hat er sich durch seine Baumhausresorts an bewaldeten Hängen ein eigenes Profil zugelegt. Auch die Küste ist eher etwas für Romantiker als für Badefreaks, da sie hier viel von Steinen und Mangroven geprägt wird und das Schwimmen sogar bei Flut schwierig ist. Im Hinterland des Bailan Beach (Bai Lan Beach) windet sich die Ringstraße einmal mehr mit steilen Serpentinen durch den Dschungel.

Übernachtung

Wer Abgeschiedenheit, Ruhe und Natur sucht, wird es hier gut aushalten.

Untere Preisklasse

Bailan Bay Resort ⑫, ✆ 039-558 022-4, 💻 www.bailan-kohchang.com. Am Nordende in einem Dschungelhang. Empfehlenswert mit 16 angenehmen Bungalows aus Naturmaterialien, davon 6 AC. Restaurant mit Meeresblick und guter Küche. ❹

Mittlere und obere Preisklasse

Bailan Beach Resort ⑭, ✆ 039-558 173-4, 💻 www.bailanbeach-kohchang.com. 30 Bungalows in einer Reihe direkt am Strand, davon 8 mit AC. Es gibt auch Hängematten und seit 2010 einen attraktiven Pool. ❺

Ultimatives Hideaway

Inmitten üppigen Dschungels bzw. direkt an der Küste liegend, zählt **The Mangrove** ⑬, ✆ 081-949 7888, ✉ the-mangrove@mail.com, mit 10 Bungalows aus Naturmaterialien zu 1000 Baht und einem magischen Holzterrassen-Restaurant zu den stilechtesten Unterkünften der Insel. Besitzerin ist Mrs. Ying – Tochter des Herausgebers von Thailands größter Tageszeitung *Thai Rath*. ❹

Orchid Resort ⑮, ✆ 039-558 137, 💻 www.kohchangorchid.com. Angenehme Anlage mit 20 AC-Bungalows aus Naturmaterialien in 7 Kategorien. Einladende Terrassen, Pool. ❹–❻

Bang Bao und Klong Kloy Beach

Das im Südwesten liegende Stelzendorf, an dem auch der wichtigste Teil der Ringstraße endet, fungiert als Haupthafen der Insel (Parkplatz: 40 Baht). Fast 30 km vom nördlichen Fähranleger Ao Sapparot entfernt, wird der Hafen von einem schicken, weißen Leuchtturm geziert. Von hier starten die meisten Fähren zu den umliegenden Inseln und fast alle Ausflugstouren. Wer sich an früher erinnert, dürfte Bang Bao heute kaum wiedererkennen: Am Eingang grüßt ein profaner 7-Eleven, während die einstmals beschauliche Siedlung mit einem wuchtigen Betonpier in die Länge und mit teilweise arg klotzigen Homestay/Guesthouse-Unterkünften, etlichen Seafood-Restaurants (spannende Aquarien und Wasserbecken), Kneipen, Tauchschulbasen und Souvenirläden in die Breite gegangen ist. Bei Ebbe läuft die halbkreisförmige Bucht, die sich aufgrund ihrer Beschaffenheit aus Stein und Schlamm nur mancherorts zum Baden anbietet, teilweise trocken. Wer hier wohnt und baden will, steuert den rund 3 km östlich liegenden Klong Kloy (auch Kroy, Koi) Beach an, wo sich in letzter Zeit mit mehreren Anlagen eine neue Urlauber-Szenerie entwickelt hat. In die von hier ins Landesinnere führende, schöne Lagune darf man nur gegen 150 Baht Entgelt: In ihr dümpeln zu Gästezimmern umgebaute Reisbarken und ein siebenstöckiges Wohnschiff mit 125 Luxuskabinen – als Herzstück des einzigartigen **Grand Lagoona Resorts** ⑥, 💻 www.grandlagoona.com.

Die Ringstraße – Reiz und Risiko

Die gern zitierte „Ringstraße" trägt ihren Namen eigentlich (noch) zu Unrecht. Denn aufgrund der schwierigen, bergigen Topografie fehlen im Süden zwischen Bang Bao und Salakphet noch immer einige Kilometer (Insider sprechen gar nur von 750 m), um den Ring zu schließen – womit in absehbarer Zeit nicht zu rechnen ist. Um 2003 war es einigen Motorradfahrern schon einmal gelungen, diesen Abschnitt mit Geländemaschinen zu befahren. Doch schwere Erdrutsche in der Regenzeit verschütteten die ersten Konturen dieses einst schon mal durch den Dschungel getriebenen Pistenteils wieder, was zum Einstellen der Bauarbeiten führte (Insider vermuten als Ursache eher die Interessen von Landbesitzern). So befahren die Besucher Ko Changs meist nur den Abschnitt zwischen den Fähranlegern im Norden und dem Hafenort Bang Bao im Süden. Dieser verbindet alle wichtigen Strände der Westküste, die entlang der Trasse ihre Lage jeweils durch eine enorme Verdichtung der Geschäfte, Restaurants und Serviceagenturen verraten. Andernorts wiederum reicht der dichte Dschungel noch nah an den Asphalt. Die vergleichsweise hohen Taxipreise lassen auch viele ungeübte Touristen auf Mietmopeds umsteigen. Mit den steilen, kurvigen Abschnitten, wie sie zwischen Klong Son und dem White Sand Beach oder im Hinterland des Lonely Beach teilweise an alpine Spitzkehren erinnern, sind sie jedoch oft überfordert und verlieren schnell die Kontrolle über ihr Fahrzeug. Was durchaus auch für die Einheimischen gilt – wie sich an der häufigen Begegnung mit verunglückten Mopeds, Autos und Lastwagen ablesen lässt.

Übernachtung

Der Übergang zwischen Homestay-Unterkünften und Guesthouses ist fließend Karte S. 302/303
Chivapuri Beach Resort ⑦, ✆ 039-558 203, 🖥 www.chivapuriresort.com. Zählt seit Ende 2010 als romantisches Boutique-Resort mit 18 Zimmern in 11 traditionellen Thai-Häusern zu den neuen Anlagen am 500 m langen Klong Kloy Beach. ❽
Nirwana Resort ⑪, ✆ 039-558 061-4, 🖥 www.nirvanakohchang.com. Auf einer Landzunge und somit an zwei Buchten gelegen. Macht dem vielversprechenden Namen alle Ehre. 15 Zimmer und 11 wesentlich teurere Bungalows, Restaurant mit Panoramablick auf Bang Bao und 2 Schwimmbäder – umrahmt von einer grandiosen Vegetation und Landschaft. ❺–❼
Ocean Blue ⑨, ✆ 039-558 168, 🖥 www.oceanbluethailand.com. Hölzernes Reihenhaus auf Pfählen. Mr. Pattara bietet 8 kleine, aber wohnliche Zimmer mit Ventilator und eine große Gemeinschaftsterrasse mit szenischem Panoramablick auf die Schiffe am Anleger. ❹
Remark Pu-Zi Hut ⑧, ✆ 039-558 116, 🖥 www.remarkpuzi.com. Originelles Schilfhüttenresort auf einer Palmenwiese am Ortsrand von Bang Bao, aber nicht so schön wie das Resort am Pearl Beach. 20 Zimmer mit Ventilator. ❸–❹

Wohnen über dem Wasser

Sieben haben die Behörden schon abreißen lassen, die restlichen sieben können hoffentlich noch lange bleiben ... Denn die Stelzen-Bungalows des **Koh Chang Sea Hut** ⑩, ✆ 081-285 0570, 🖥 www.kohchang-seahut.com, zählen mit ihren Terrassen zu den faszinierendsten Übernachtungsmöglichkeiten Ko Changs. Sie thronen über dem Meer, sodass sich die Gäste (theoretisch) direkt ins Meer gleiten lassen können. Ebenfalls 2500 Baht kosten die 5 Zimmer im Haupthaus, das aus einer imposanten, einzigartigen Holzkonstruktion besteht. ❺–❻

Essen

Bangbao Delight, ✆ 039-558 074, 🖥 www.bangbaodelight.com. Beliebt zum Frühstücken. Guter Kaffee, riesiges Tee-Angebot, frisch gepresste Säfte und Leckereien aus eigener Bäckerei. ⏱ 7–19 Uhr.
Chowlay Seafood, ✆ 039-558 118, 🖥 www.chowlaykochang.com. Marktführer unter den populären Seafood-Restauants in Bang Bao und wie alle anderen als Pfahlbauterrasse mit viel

Holz über dem Meer und von einer gewissen Romantik. Frisches Seafood, z. T. aus schwimmenden Käfigen, professionell und lecker zubereitet. ⏱ 9–21.30 Uhr.

Die Ostküste

Im Gegensatz zur Westküste ist dieser Inselteil bisher noch von Touristenmassen verschont geblieben. Grund sind vor allem die Steinstrände und Mangrovenwälder, aber sicher auch die nicht vollendete Ringstraße. So verbirgt sich im Osten noch erfreulich viel unverbrauchte Natur, Einsamkeit und Idylle. Das trifft z. B. auch auf die vier wenig besuchten und meist nur zur Regenzeit eindrucksvollen Wasserfälle **Nang Yom**, **Klong Nonsi**, **Klong Nung** und **Kheeri Pet** zu. Lediglich der von der Küste mit 5 Min. Fußmarsch erreichbare **Than Mayom**, 200 Baht, genießt größere Popularität. Je höher man ihn hinaufsteigt, desto interessanter werden die Stufen, wie die des King V-Wasserfalls. Von hier könn(t)en sich geübte Trekker in einem anstrengenden Tagesmarsch bis zum Klong Prao-Wasserfall an der Westküste durch den Dschungel schlagen, was aber bisher kaum jemand tut. Ein Abenteuer, das man auch allenfalls zu dritt oder viert eingehen sollte, damit im Fall einer Verletzung oder eines Schlangenbisses eine Chance auf Rettung besteht.

Von den Fähranlegern kommend, liegen zunächst die beiden kleinen Siedlungen **Sai Thong** und **Dan Mai** am Straßenrand, bevor nach 20 km **Salakhok** (Salakkok) als eines der inselweit viel größten Dörfer erreicht wird. Mit rustikalen Stegen und Stelzenbauten markiert es den Zugang zu einer Lagune, die sich durch einen der intaktesten Mangrovenwälder Thailands schlängelt. Statt mit Supermärkten, Souvenirshops und Szenecafés präsentieren sich die Einheimischen hier noch mit Ursprünglichkeit und echter Fischerromantik. Besucher können im stillen, örtlichen Restaurant einkehren oder mit Kajaks und hölzernen Ruderbooten (100 Baht pro Std. und p. P.) in die bizarre Welt der Mangroven vordringen. Wer dieses ausgeklügelte Ökosystem auf weniger schaukelige Weise erkunden will, kann das über einen nicht weit entfernten, rund 1,5 km langen, aufgestelzten Beton-Trail tun. Der Ringstraße weiter nach Süden folgend, landet man nach 4 km an den Piers von **Salakphet** (Ruang Tan), wo auf Pfahlbauten über dem Meer schwebend zwei Resorts, einige Homestay-Unterkünfte und Seafood-Restaurants locken. Von hier starten die meisten **Segeltouren** durch das Archipel. Erster Anlaufpunkt ist meist der im tiefen Süden und nur über den Seeweg zu erreichende **Wai Chaek Beach** – in seiner Idylle der letzte unverbaute Strand Ko Changs.

Wer nach Salakhok auf die östliche Abzweigung der Ringstraße begibt, gelangt nach 25 km schließlich nach **Chaek Bae** (Chek Bae, Jek Bae) und damit zu einer Handvoll abgelegener Bungalowanlagen. Von hier führt – ca. zur Hälfte noch als zerfurchte Schotterpiste – eine 7 km lange, steile und mitten durch tiefen Dschungel geschlagene Piste zum **Long Beach** am Südostzipfel. Auf rund 400 m flach in das Meer führend und bisher nur mit zwei einfachen Resorts bebaut, präsentiert er sich für westliche Touristen – oder präziser: ausschließlich Freaks – als wichtigster Anlaufpunkt der Ostküste. Das Anfang 2011 nicht weit entfernt an einem Meeresarm im Stelzenstil eines Malediven-Resorts eröffnete, exklusive **Tan Ta Wan Resort** jedoch dürfte die Mischung der Urlauber in dieser Region etwas verändern.

In der Regenzeit ist die Strecke teilweise extrem schwierig zu befahren, sodass Taxifahrer diese Tour meist ablehnen. Sie endet wenig später am sogenannten **Dead End** bzw. dem spartanischen Bambus-Restaurant **Sea Breeze** (Verleih von Kajaks) sowie einem herrlichen Blick auf **Ko Ngam**. Die mit einer palmenbewachsenen Sandbank verbundene, an die Silhouette von Ko Phi Phi erinnernde Doppelinsel ist in Privatbesitz und umfasst eine kleine Bungalow-Anlage, die bisher nie eröffnet worden ist. Das gilt auch für ein nicht weit entferntes Resort mit massiven Stelzenbauten, das vom Besitzer des Sea View Resorts in die Natur geklotzt worden ist.

Es lohnt sich, am **Koh Chang Naval Battle Memorial** Station zu machen, das mitten in der Natur an die große Seeschlacht vom Januar 1941 (s. Umgebung Trat, **eXTra [2876]**). Die Franzosen hatten hier damals drei thailändische Kriegsschiffe versenkt, die allerdings keine Taucherziele darstellen: Zwei der Wracks liegen nur 200 m vor der Inselküste und etwa 100 m von-

The Beach lässt grüßen

Als bekanntestes und beliebtestes Resort der Ostküste lockt die **Tree House Lodge** ⑫, ✆ 081-847 8215 (Rezeption), 089-543 7674 (Khun Paradon). Kultstatus hatte sie spätestens erreicht, nachdem Gründerin Pamela nach Ko Pha Ngan abgewandert ist und das einstige Stammhaus am Lonely Beach geschlossen werden musste. Das ideale Erbe der netten Nürnbergerin verbirgt sich am Nordende des entlegenen Long Beach, wird von Ex-Mann Paradon gepflegt und begeistert nach wie vor durch ein Höchstmaß an globaler Travelleridylle. Die aus Naturmaterialien errichteten 45 urtypischen Hütten für 200–300 Baht fügen sich harmonisch in die Landschaft ein, während das imposante, schilfbedeckte Bambusrestaurant an die Verfilmung des Rucksacktouristen-Romans *The Beach* (s. S. 804) erinnert. Es gibt 45 Bungalows mit Gemeinschaftsbad und Elektrizität von 18–2 Uhr, aber keine Ventilatoren. Außerdem 4 Mietmopeds für 200–250 Baht pro Tag. In der Saison holt das Lodge-Taxi die Gäste um 12 und 18 Uhr vom 32 km entfernten Center Point Pier für 100 Baht p. P. ab, in umgekehrter Richtung geht es ebenfalls tgl. um 8 und 16 Uhr. Zudem ist ein Bootstransfer von Bang Bao in der Diskussion. ❶–❷

einander entfernt. Sie sind mit Boyen markiert, doch beträgt die Sichtweite in dieser schlammigen Gegend meist nur wenige Zentimeter.

Übernachtung

Karte S. 302/303
Die wenigen Unterkünfte der Ostküste verteilen sich noch wohltuend einsam in der weiten Landschaft und werden meist nur am Wochenende frequentiert. An Werktagen sind sie oft erheblich günstiger.
Amber Sands ①, nahe Center Point Anleger, ✆ 039-586 177, 🖳 www.ambersandsbeachresort.com. Seit Ende 2008, Neueröffnung des südafrikanischen Ehepaars Julian und Cheryl. Boutique-Resort mit 8 stilvollen Chalets und viel Abgeschiedenheit zum Relaxen. ❺
Island View Resort ⑤, Salakphet, ✆ 085-963 5130, 🖳 www.erlebnisreisen-thailand.de. Mit 20 Komfortzimmern für 800–1200 Baht und unter Leitung des Deutschen Dieter Düsterdiek und besonders bei Seglern beliebt: Denn hier können Gäste quasi direkt am Ende eines 100 m langen Privatpiers an Bord ihrer Jachten oder Kajaks gehen – zumindest aus den 9 in einem Stelzenbau liegenden, günstigen Zimmern. ❹
Judo Resort ③, bei Chaek Bae, ✆ 089-925 4122. Ganz anders als es der Name vermuten lässt: verschlafene Hideaway-Unterkunft an einem Steinstrand mit langem, romantischem Holzpier und 17 günstigen AC-Zimmern. ❹
Salakphet Resort & Spa ④, Salakphet, ✆ 039-553 099-100, 🖳 www.kohchangsalakphet.com. Eindrucksvolles, weitläufiges Boutique-Resort aus Naturmaterialien, das auf Pfählen komplett über dem Meer thront. 22 behagliche, teilweise sehr großzügig verglaste Zimmer. ❺–❼
Tan Ta Wan Resort ⑬, ✆ 039-552 888 (Buchung über Seaview Resort/Kai Bae Beach). 21 behagliche Komfort-Zimmer für 3000 Baht in 14 Stelzenbungalows mit Glasboden-Fenstern über dem Meer. Strom 18–24 Uhr. Bis Ende 2011 Eröffnung eines 2-stöckigen Hotelflügels an Land mit 12 Zimmern mit Ventilator für 1500 Baht. Taxi-Transfers von/zur Fähre: je 600 Baht. ❺–❻
The Spa Koh Chang Resort ②, bei Salakhok, ✆ 039-553 091-2, 🖳 www.thespakohchang.com. Schönstes und bisher teuerstes Resort der Ostküste, das rundum Idylle, Ruhe und Gesundheit verspricht. 26 Zimmer in naturnahen Holzbauten – umrahmt von einer herrlichen Gartenanlage. ❺–❻

Essen

Allein schon die hier aufgeführten Restaurants sind einen Tagesausflug an die Ostküste wert.
Salakkok Seafood, Salakhok, ✆ 087-132 2962. Bisher die einzige Möglichkeit, in diesem Dorf einzukehren. Hier sollte man sich als seltene Leckerei eine Portion Stachelschnecken *Hoi Nahm* für 150 Baht schmecken lassen, die die Fischer extrem mühsam aus ihren Netzen pulen müssen, oder eine Dinnerkreuzfahrt durch die Mangroven buchen (s. unten). ⏱ 8–20 Uhr.
Salakphet Seafood, Salakphet, s. o. Größtes Seafood-Restaurant der Insel, das sich an

> ### Schlemmen im Mangrovenwald
>
> Als romantischer Geheimtipp locken die in Salakhok vom **Chang Spirit Club**, ✆ 087-748 9497, inszenierten Dinnerkreuzfahrten durch die bizarre Welt der Mangroven. Zwischen 17.30 und 19.30 Uhr kann man sich von einem Gondolieri für 1200 Baht beschaulich und bei Mondschein durch die schimmernden Naturkanäle rudern lassen und dabei ein leckeres Menü mit Weißwein genießen.

Wochenenden mit Kurzzeiturlaubern aus Bangkok füllt. Entsprechend überteuert wirken die 100-Gramm-Preise 60–80 Baht für fangfrische Fische und Meeresfrüchte. ⏰ 8–21 Uhr.
The Spa Koh Chang, Salakhok, s. o. Als romantisches Terrassenrestaurant lockt es mit sensationell kreativen Speisen wie „Rainbow Vegetable Terrine" (180 Baht), die als bunter Rundkuchen aus Körnern und Kräutern serviert wird. ⏰ 7–21.30 Uhr.
Urai's Place, Salakphet, ✆ 087-138 3176. Wer gedacht hat, dass es an der Ostküste keine Nürnberger, Gulaschsuppe und Schweinskopfsülze gibt, irrt sich. Ulli aus Halle an der Saale serviert all das in seinem schummrigen Restaurant. ⏰ 8–20 Uhr.

Aktivitäten

Die Zeiten, in denen sich die Inselgäste lediglich am Strand entspannt haben, sind längst vorbei – wie das reichhaltige Angebot an Aktivitäten beweisen dürfte. Die meisten Anbieter offerieren einen kostenlosen Transferservice.

Angeln
Sea Hunter Tour, ✆ 039-558 101, 🖥 www.seahuntertour.com, bietet Tages- (9–16 Uhr) und Nachttouren (18–23 Uhr) für 1300 Baht sowie 2 Tage dauernde Trips für 4500 Baht.

Elefantentouren
Einen guten Ruf besitzt **Klong Son Elephant** (Ban Kwan Chang), ✆ 081-919 3995, das von der Asian Elephant Foundation unterstützt wird. 1 Std. Elefantenreiten zum Nan Yom-Wasserfall kostet 500 Baht, 2-Std.-Touren 900 Baht. Weitere „Soft Adventures" mit Dickhäutern organisieren **Ban Chang Thai**, ✆ 039-551 474, 🖥 www.banchangthaikohchang.com, oder **Chang Chutiman**, ✆ 08-939 6676, ✉ changchutiman@yahoo.com. Mit 13 Elefanten neu ist **Ban Kon Chang** an der Zufahrt zum Klong Plu-Wasserfall, ✆ 081-940 9420.

Geländefahrten
Offroad-Vergnügen mit ATVs/Quads und vielversprechenden Parcours bieten **Koh Chang Offroad ATV Tour**, ✆ 039-551 585, 🖥 www.kohchangatv.com, für 450–1700 Baht, und **Koh Chang Adventure Center** am Klong Prao Beach an, ✆ 039-619 015, 550–950 Baht pro Std. ⏰ 9–18 Uhr.

Kajaktouren
Führender Anbieter ist **KayakChang.com**, ✆ 087-673 1923, 🖥 www.kayakchang.com. 5,5 km lange Touren mit professioneller Führung kosten 2000 Baht, die 11 km lange „Five Island Tour" 2700 Baht. Es gibt auch „Multi Day Expeditions". Das Kai Bae Hut, ✆ 039-557 128, vermietet Kajaks für 2 Pers. bzw. 600 Baht pro Std. Kajaks an der Ostküste gibt es in Salakhok beim **Chang Spirit Club**, s. Kasten links oben, oder an der Kajakstation in Salakphet, ✆ 086-817 6800. Pro Std. 100 Baht, pro Tag 500 Baht.

Klettern
Nervenkitzel in Baumwipfelhöhe bietet auf 2 Parcours – bzw. dem „Easy blue course" und dem „Challenging red course" (insgesamt 30 Stationen) – mit atemberaubenden Hängebrücken, Tarzanschaukeln und Klettermöglichkeiten der **Tree Top Adventure Park** am Bailan Beach, ✆ 084-310 7600, 🖥 www.treetopadventurepark.com, 1100 Baht, ⏰ 9–17 Uhr.

Kochschule
In der **Koh Chang Thai Cooking School**, an der Zufahrt zum Klong Plu-Wasserfall, ✆ 081-286 6740, 🖥 www.kohchangcookery.com, bieten Mr. Lab und Mrs. Nam 4-stündige Lektionen für 1200 Baht. Ebenfalls professionelle Kochkurse bieten das **Blue Lagoon Resort**,

Auf Kreuzfahrt im Archipel

Wer sich auf eine Tagestour durch das Archipel begibt, gewinnt mehr Gefühl für die Ausdehnung und Schönheit dieser Meeresregion. Dazu locken umfunktionierte, farbenfroh lackierte Fischerboote wie die **Buppha**, ℘ 087-976 8425, 🖥 www.buppha.com, mit der sich 8 Inseln für 1000 Baht erleben lassen. **Mr. Khai Tour**, ℘ 081-782 1710, 🖥 www.mr.khaitour.com, verfügt über Boote für bis zu 15 bzw. 35 Teilnehmer. Mit der 22 m langen **Kon Tiki**, ℘ 084-863 2805, 🖥 www.kontikikohchang.com, deren Passagiere bei Bedarf in den Genuss einer lizensierten Krankenschwester oder von Fußmassagen kommen können, gibt es auch Gourmettrips für 1000–1500 Baht (mind. 6 Pers.).

Die weitesten Runden auf komfortabelste Weise lassen sich mit den Tageskreuzfahrten der schnittigen **Thai Fun**, ℘ 081-003 4800, 🖥 www.thaifun-kohchang.com, drehen. Sie kosten 1290 Baht inkl. Abholung vom Hotel, Ein/Ausschiffung am Strand per Beiboot (keine Taxifahrt nach Bang Bao!), Verpflegung und Schnorchelausrüstung. Auf blau gepolsterten Logenplätzen oder den Liegestühlen des Sonnendecks geht es unter dem Kommando von Kapitän Jit und der knuffigen Kreuzfahrtchefin Nok Noi auf die einstigen Routen von Schmugglern und Seeräubern. Dabei scheint der Schiffsname Programm, was auch die routinierte, stets gut gelaunte und clubähnlich agierende Crew vermittelt. Obwohl die ehemalige, mit einer 420-PS-Maschine ausgestattete Ko Samet-Fähre pro Tagestour gut 230 Liter Diesel verdüst und das Schiff bis zu 100 Personen an Bord aufnehmen darf, gehen der deutsche Betreiber Peter und seine Frau Nok bereits mit einer Teilnehmerzahl ab 8 Passagieren tgl. auf Kreuzfahrt. In Sicht kommen dabei insgesamt 15 Inseln – darunter Ko Yuak, Ko Khlum, Ko Rang, Ko Kra, Ko Tilang, Ko Phie, Ko Mak, Ko Kham, Ko Badeng, Ko Lao Ya oder Ko Wai (teils mehrtägiges Inselhopping ohne Aufpreis möglich). Meist hängt es von den aktuellen Wetter- und Wellenbedingungen ab, wo Zwischenstopps zum Baden, Schnorcheln oder Angeln (auch Schleppangeln) eingelegt werden. Zu den Höhepunkten zählen ein asiatisch-italienisches Mittagsbuffet sowie die Audienz bei einer quirligen Affenhorde, die sich zum Sonnenuntergang an das Meer wagt.

℘ 081-940 0649, und **Ka-Ti Culinary**, ℘ 081-903 0408.

Massage

Im Palmenschatten am Strand kosten Massagen 200–300 Baht. Klein, aber herrlich angelegt ist das idyllische **Boutique Resort & Health Spa** am Klong Prao Beach, ℘ 039-551 050, 🖥 www.kohchangboutique.com, ⏰ 7–22 Uhr, diverse Massagen für 250–350 Baht, man kann für 1200 Baht auch in 11 idyllischen Bungalows aus Naturmaterialien übernachten. Ebenfalls empfehlenswert ist die urige **Herbal Sauna** im Dschungel am Bailan Beach, ℘ 086-252 4744, ⏰ ab 14 Uhr. Haarpflege 50–80 Baht, Sauna 200 Baht, Massage 350 Baht. Teurer, aber ebenfalls bezahlbar sind Anwendungen in den gediegenen Niederlassungen der **Bodywork Spa Academy**, ℘ 039-551 615, 🖥 www.bodyworkspa.com, ⏰ 10–21 Uhr, an den Stränden White Sand, Klong Prao (herrlich direkt am Klong!) und Kai Bae.

Segeln

Die Basis für Segelsport liegt in der Bucht von Salakphet, wo Schulung und Charter u. a. vom **Koh Chang Island View Resort** angeboten werden. Jollen, Hobies oder Katamarane gibt es ab 1500 Baht pro Tag, organisierte Tagestörns kosten 1000 Baht p. P. (bei max. 12 Teilnehmern). Alternative Angebote im nahe gelegenen **Koh Chang Marina Resort & Spa**, ℘ 08-1782 6040, oder bei **Gulf Charters Thailand**, ℘ 081-38 023 (s. Pattaya S. 280). **Sea Adventures**, ℘ 084-728 6387 bietet Tagestouren mit einem schnittigen 13 m langen Katamaran.

Show

Die neue **Natsala Thai Classical Dance Show** am Klong Prao Beach, ℘ 039-696 529, www.natsalakohchang.com, erfreut sich großer Beliebtheit. Eintritt 490 Baht (inkl. Freigetränk), Transfer-Service 50–100 Baht. Achtung Open-Air. Showtime am Fr, Sa und So 19–20.45 Uhr

Tauchen und Schnorcheln
Es gibt rund ein Dutzend Tauchbasen, die meisten unterhalten einen Stützpunkt am Pier von Bang Bao. Sie bieten ganztägige Schnorcheltouren für 700–1200 Baht, 2 Tauchgänge für 2500–3000 Baht und 4-tägige Open-Water-Kurse ab 14 000 Baht an. Als Unterwasser-Spots locken unter anderem die artenreichen Korallenfelsen Hin Look Baht und Hin Sam Sao. Einen professionellen Ruf haben **B.B. Divers**, 039-558 040, www.bbdivers.com, oder das **White Sand Dive Center**, 039-551 096, www.whitesandsdc.com. Weitere Tauchbasen betreiben **The Dive Adventure**, 039-558 134, www.thedivekochang.com, die **Eco Divers**, 039-557 296, www.ecodivers-kohchang.com, das **Chang Diving Center**, 039-619 022, www.changdiving.com, oder die **Dolphin Divers**, 039-557 030, www.scubadivingkohchang.com.

Trekkingtouren
Erlebnisreiche Tagestouren bietet der sympathische, drahtige Mr. Rath von **Kongoi Jungle**, 089-763 0832, 080-779 7009, www.kohchang_snorkeling@yahoo.com. Für 600–1200 Baht führt er passioniert über Dschungelpfade durch dichten Urwald, zu rauschenden Wasserfällen und atemberaubenden Aussichtspunkten auf den Bergen. Zu gleichen Preisen und ebenfalls freakig angehaucht lockt Mr. Tan(it) von **Tan Trekking**, 089-832 2531, in die Wildnis, der in Australien Film- und TV-Produktion studiert hat. Als weitere Alternative bietet sich Mr. Toon, 081-588 3324, von **Jungle Fever** an.

Wasserski
Mit den Schnellbooten des **Kai Bae Hut**, 039-557 128, kostet das spritzige Vergnügen für bis zu 4 Pers. 2500 Baht pro Std.

Sonstiges
Einkaufen
Die Westküste ist fast flächendeckend mit 7-Eleven-Filialen überzogen. Größter Supermarkt am White Sand Beach bzw. der Insel ist der überraschend gut sortierte **V-Mart Green Leaf**, von dem sich eine weitere Filiale im **VJ-Plaza** am Klong Prao Beach findet, beide 8–24 Uhr.

Fahrzeugvermietung
Mopeds kosten 150–300 Baht pro Tag, sind vielerorts zu mieten und empfehlen sich vor allem, wenn man in entlegenen Resorts wohnt (Unfallgefahr, s. S. 316, Kasten „Die Ringstraße – Reiz und Risiko"). **Autos** werden meist für 1200 Baht (Suzuki Carrebean) oder 1500 Baht (kleine Limousinen) angeboten – z. B. von **Phol Car Rent**, 081-887 9515, pholcarrent@hotmail.com. Sprit gibt es an 4 kleinen Tankstellen oder aus Getränkeflaschen. Fahrräder werden vergleichsweise selten angeboten, doch Mr. Harald, 085-917 6479, Stützpunkte am White Sand- und am Klong Prao Beach, hat gepflegte **Mountain-Bikes** mit 24 Gängen für 150 Baht pro Tag.

Geld
Die Zahl der Geldautomaten auf der Insel wächst, Bankfilialen finden sich vermehrt am White Sand und Klong Prao Beach. Wer die Nachbarinseln bereisen möchte, sollte sich ausreichend mit Bargeld versorgen.

Informationen
Die Insel wird von mehreren Herausgebern, wie www.whitesandsthailand.com oder www.koh-chang.com, mit nützlichen, kostenlosen Broschüren und Inselkarten überschwemmt, die vielerorts ausliegen. Das Top Resort produziert ein eigenes **Infomagazin** auf Deutsch, der Deutsche Peter Heim die Website www.kohchangvr.de mit vielfältigen Buchungs-Möglichkeiten im gesamten Archipel. Ebenfalls extrem reichhaltig und informativ ist www.kohchang2.com. Interessante und gewitzte Insiderinfos für Traveller gibt der Brite Ian auf http://iamkohchang.com.

Medizinische Hilfe

Die **International Clinic Koh Chang** der renommierten Bangkok-Gruppe liegt an der Ringstraße südlich vom White Sand Beach, ✆ 039-551 555. Die am Klong Prao Beach liegende **Koh Chang Dental Clinic**, ✆ 039-557 235, wird von einem guten, englischsprachigen Zahnarzt betrieben.

Nahverkehr

Auf der Insel verkehren **Pick-ups** von 7–17.30 Uhr als Sammeltaxis. Für die Hauptroute von den Anlegern zum White Sand Beach werden 40–50 Baht p. P. berechnet, bis zum Lonely Beach 80 Baht (40 Min.) und nach Bang Bao am Ende der Strecke 100–150 Baht. Charter-Fahrten sind weniger beliebt, da je nach Ziel mit 300–800 Baht ziemlich teuer, was besonders in der Dunkelheit gilt. Deshalb bleiben die meisten Besucher abends gern am Strand ihrer Unterkunft.

Transport
Busse

Sämtliche (Mini)Bus-Transfers können in den Hotels oder etlichen kleinen Reisebüros des Ko Chang-Archipels gebucht werden. Unbedingt nötig ist das für den großen **VIP-Bus**, der vom Fähranleger Ao Thammachat (Festland) tgl. um 11.30 Uhr für 300 Baht (als Kombitickets mit Fähre 350), nach BANGKOK zur Khaosan Rd. fährt. Ebenfalls günstig und bequem ist der **Bus Nr. 999**. Er startet gegen 12 und 16 Uhr von den Festlandsanlegern Center Point und Ao Thammachat, um für 250 Baht den Suvarnabhumi Airport und anschließend Ekamai anzusteuern.
Für Busverbindungen ab Trat, s. S. 299, Trat, Transport.

Minibusse

An allen 3 Festlandsanlegern von LAEM NGOP warten Minibusse, die für 350 Baht nach BANGKOK fahren (am Nachmittag deutlich weniger). Wer seinen Platz im Voraus bucht, kann sich von der Unterkunft auf Ko Chang abholen lassen (erfolgt meist zwischen 10 und 11 Uhr), um dann nach dem Übersetzen gegen 13 Uhr vom Festland aus zu starten: Nach Bangkok 700 Baht (zum Suvarnabhumi Airport muss unterwegs umgestiegen und für ca. 150–200 Baht ein Taxi bestiegen werden)

Inselhopping leicht gemacht

Durch den vermehrten Einsatz von Slow- und Speedboats eröffnen sich jenseits der Tageskreuzfahrten vielfältige Möglichkeiten zum Inselhopping. Von BANG BAO und KAI BAE im Südwesten Ko Changs starten zwischen September und Juni mehrmals täglich die Verbindungen zu den Nachbarinseln. Mit den Schnellbooten von **Bang Bao Boat**, ✆ 087-054 4300, 084-866 1886, 🖥 www.bangbaoboat.com (bzw. Ao Thai Marine Express, ✆ 086-1102167, 081-8633525, 🖥 www.kohkoodspeedboat.com) geht es z. B. um 10.30 und 12 Uhr (bzw. 9 und 11 Uhr) für 400–550 Baht nach KO MAK (je nach Zwischenstopps 1–2 Std.), wobei die Passagiere meist auch unterwegs auf KO WAI, KO KHAM oder KO RAYANG aussteigen können. Das gilt auch für den Rückweg der Boote, die um 10, 11.30 und 12 Uhr von Ko Mak nach Ko Chang starten. Wer bis Ko Mak gelangt ist, kann um 13 Uhr für 400 Baht in rund 30–50 Min. nach KO KOOD übersetzen (ganze Strecke von Ko Chang über Ko Mak 900 Baht, Slowboats zu anderen Uhrzeiten und für 300–700 Baht). Von Ko Kood geht es tgl. um 9 Uhr und 10.30 Uhr (bzw. 9.30 Uhr) auf gleichem Weg zurück oder mit **Ninmungkorn**, ✆ 086-126 7860, (Expressboot ab Bang Bao, 1 1/2 Std.) für 350 Baht in 1 1/2 Std., oder **Siriwhite**, ✆ 083-311 0448, 081-377 1713 (Speedboat ab den Resorts, insofern es der Wasserstand erlaubt, Festlandtransfers inkl.), für 600 Baht in 1 Std. zum Festlandsanleger LAEM SOK. Das Speedboat von **AO Thai Marine Express** startet um 9 und 13 Uhr ab Klong Chao und fährt in 1 1/2 Std. für 600 Baht durch die Flussmündung fast bis Trat hinauf. Charterboote für privates Inselhopping kosten je nach Entfernung um die 1500–5000 (Slowboats) bzw. 3000–12 000 Baht. Weitere Hinweise zum Fährverkehr s. S. 299, Trat, Transport.

nach BAN PHE (Ko Samet, 180 km) oder nach PATTAYA 550 Baht, 250 km.
Minibusse über ARANYAPRATET nach SIEM REAP (Fahrzeugwechsel an der Grenze) kosten 650 Baht, nach PHNOM PENH oder SIHANOUKVILLE 1400 Baht (inkl. Übernachtung in Koh Kong). Auf professionelle Transfers aller Art und günstige Trips nach Kambodscha spezialisiert hat sich **Kaittipol Tour**, ✆ 081-781 6816 (Mrs. Cat), 083-807 5623 (Mrs. Soom), ✆ 039-597 645, ✉ kaittipol@gmail.com, am Krom Luang Pier, ⏱ 8–22 Uhr.

Taxis
Nach BANGKOK 4000–4500 Baht, nach PATTAYA um die 3000–3500 Baht und nach BAN PHE (Ko Samet) 3000 Baht inkl. der Abholung vom Hotel auf Ko Chang und Fährkosten (zuverlässig buchbar z. B. im Restaurant Meals & More).

Flüge
Bangkok Airways hat ein Inselbüro am White Sand Beach, an der Ringstraße, ✆ 039-551 654-5, ✆ 551 656. Infos s. S. 300, Trat, Transport.

Ko Wai

Diese 6 km südöstlich von Ko Chang liegende Insel verfügt über mehrere Hügel sowie eine Vegetation aus Bananenstauden, Mango-Bäumen und Kokospalmen. Hauptattraktion sind die kleinen Strände, von denen einige wahrhaft paradiesisch wirken. Zwischen 10 und 16 Uhr wird die Idylle verstärkt durch Tagesausflügler gestört. Die Korallengärten beginnen meist schon in unmittelbarer Strandnähe, doch leider sind schon weite Flächen abgestorben. An den Koh Wai Paradise Bungalows gibt es einen Weg von der Nord- zur Südseite, der etwa 15 Min. in Anspruch nimmt.

Verglichen mit den Nachbarinseln erscheinen Standard und Komfort der Unterkünfte überraschend niedrig – was darauf zurückzuführen ist, dass die Eigentumsverhältnisse auf der Insel unzureichend geklärt sind. Fährbindung s. S. 299.

Neu in der Natur
Auf der „Rückseite" der Insel hat der weltoffene eloquente Mr. Pan(uwat) in 2009 bzw. herrlicher Natur das **Koh Wai Resort**, ✆ 081-306 4053, 🖥 www.kohwaibeachresort.com, eröffnet. Es bietet den meisten Luxus der Insel 35 Zimmer in 4 Bungalow-Kategorien für 1900–4900 Baht. Strom gibt es von 15–9 Uhr. ❺–❼

Übernachtung und Essen
Neuerdings hat jedes Resort seinen eigenen Pier. Von Juni bis Ende Sep sind 5 der insgesamt 6 Anlagen geschl.
Ao Yai Ma (Grandmother), ✆ 081-841 3011. Abgelegenes Hideaway auf dem hügeligen, östlichsten Inselpunkt mit 6 einfachen Bungalows mit Ventilator für 250–400 Baht, Elektrizität von 18–22.30 Uhr. Viel Ruhe, beschauliches Restaurant auf einer Bergkuppe. ❷
Good Feeling Bungalows, ✆ 081-850 3410. Am Hauptpier liegende, ursprünglich einzige Anlage der Insel mit 12 rustikalen Bungalows, davon einige mit AC. Elektrizität 15.30–23 Uhr, freundliches Personal. ❷–❸
Koh Wai Pakarang (Coral) Resort, ✆ 084-113 8946, 🖥 www.kohwaipakarang.com. Professionellstes Resort und als einziges ganzjährig geöffnet. 28 Zimmer, bei Bedarf mit AC, in 7 Kategorien für 600–2500 Baht, bei den Holz- und Zementbauten mit 24-stündiger Elektrizität. Neues, schönes Pier-Restaurant im Meer, Aktivitäten und Filmabende. ❸–❺
Koh Wai Paradise Bungalows, ✆ 081-762 2548, dicht am Hauptpier. Einfach, aber beliebt. 30 Zimmer als Stelzenbungalows ohne Strom bzw. ohne Ventilator oder AC für 250 Baht, aber mit Gemeinschaftsbad. Restaurant mit kleinem Laden. ❷

Ko Mak

Rotbraune Lavaformationen, rauschende Palmenwälder, bunt-belebte Korallenriffe und herrliche Sonnenuntergänge: Wer auf dem

25 km südöstlich von Ko Chang liegenden Ko Mak (Ko Maak) anlandet, hat das Gefühl, auf eine geheimnisvolle Schatzinsel gelangt zu sein. Das kleeblattförmige, 16 km² kleine Eiland ist das drittgrößte des Archipels und vulkanischen Ursprungs. Die Insel erfreut mit seichten Buchten, wunderschönen Naturstränden und einer sagenhaften Ruhe. Die etwa 1000 Bewohner leben nicht in einem Dorf, sondern verteilt über die Insel. Hier gibt es keine Hektik, kaum Kommerz und nur wenige Fahrzeuge, was vor allem Familienurlauber anzieht. Vor rund 100 Jahren war Ko Mak – als Geschenk König Ramas V. – an vier Familien übertragen worden, deren Dynastien noch heute die Geschicke des Eilands bestimmen. Überraschend viele einheimische Resortbetreiber sprechen Deutsch.

Die mit Kautschuk- und Kokospalmenplantagen überzogene „Insel der Betelnüsse" gilt nicht unbedingt als klassisches Badeziel, obwohl sich allein der **Ao Kratueng Beach** (Ao Kathueng) als Hauptstrand über eine Länge von 5 km erstreckt. Dass die Insel in den Reiseführern gern für ihr leidiges Sandfliegenproblem, den angeschwemmten Müll oder das hohe Preisniveau gerügt wird, scheint die touristische Entwicklung nicht weiter zu beeinträchtigen: Inzwischen gibt es schon um die 35, meist erfreulich geschmackvolle Resorts sowie drei Tauchbasen.

Die neue, in vielfältigen Umweltfragen engagierte Hotelierversammlung **Friends of Koh Mak**, 🖳 www.kohmakfriend.com, bemüht sich, den Plagegeistern mit ökologischen Chemikalien beizukommen. Auch die regelmäßige Strandreinigung hat schon etwas Abhilfe schaffen können.

Übernachtung

Die meisten Anlagen haben inzwischen das ganze Jahr geöffnet – zumal die Schnellbootanbindung gesichert ist (s. S. 299). Das Festnetztelefon wirkt etwas anfällig, sodass einige Resorts lieber auf ihre Mobiltelefone vertrauen.

Untere Preisklasse

Ao Pong Seaview Resort ⑬, Ao Pong, 500 m vom Ao Nid Pier, ✆ 082-795 1085, ✉ resort@aopong.com. Abgelegen in schöner Bucht mit Felsenstrand an der Ostküste als angenehmes Resort mit 7 günstigen, blitzsauberen Bungalows, davon 3 mit Ventilator. Das freundliche Besitzerpaar Michal und Riam bietet gute Küche. ❸–❹

Island Hut Resort ⑨, Ao Kratueng, ✆ 083-139 5537. Beliebte, günstige Travellerunterkunft in zentraler Strandlage und mit liebevoller Dekoration durch viele Orchideen. 20 Zimmer, davon 9 mit Ventilator. ❷–❹

Monkey Island Resort ⑧, Ao Kratueng, ✆ 089-501 6030, 🖳 www.monkeyislandkohmak.com. Empfehlenswertes, originelles Resort – wie sich schon an der Homepage ablesen lässt. 40 Zimmer, davon 28 mit Ventilator und die billigsten mit Gemeinschaftsbad. ❷–❹

Suchanaree Resort ①, ✆ 089-606 2413. Östlich vom Koh Mak-Resort. Neu und bisher noch Geheimtipp – familiär geführte, gepflegte Anlage an schönem Strand. 8 einfache, aber saubere Zimmer in Bungalows für 400 Baht. ❷

TK Hut Beach Resort ⑥, Ao Kratueng, ✆ 086-111 4378, ✉ tkhutresort@yahoo.de. 18 Zimmer, davon 8 mit Ventilator, in Bungalows aus Naturmaterialien unter Bäumen am Sandstrand. Bei Mrs. Nut im Restaurant gibt es Filterkaffee und Fassbier, doch Besitzerwechsel wahrscheinlich. ❹

Mittlere und obere Preisklasse

Ao Kao Resort ⑪, Ao Kao, ✆ 081-982 0610, 🖳 www.aokaoresort.com. Am malerischen, 300 m langen Strand Ao Kao eine der am längsten etablierten Anlagen. 30 Zimmer, davon

Residieren in Thai-Villen

In reizvoller Hügellage zwischen den beiden Sandstränden Ao Kao und Suanyai fasziniert das **Good Time Resort** ④, ✆ 039-501 000, 🖳 www.goodtime-resort.com. Es besteht aus 22 urgemütlichen, bis zu 3-stöckigen und 220 m² großen Teakholzvillen im traditionellen Thai-Stil, wobei kein Bau und Zimmer dem anderen gleicht. Die weitläufige, hübsch begrünte Anlage verspricht ein stilvolles Höchstmaß an Ruhe, Erholung und Entspannung. Besitzer Mr. Yodying, seine Frau Kerstin und ein engagierter deutscher Manager sorgen für freundlich-familiäre Atmosphäre. ❺–❽

KO MAK

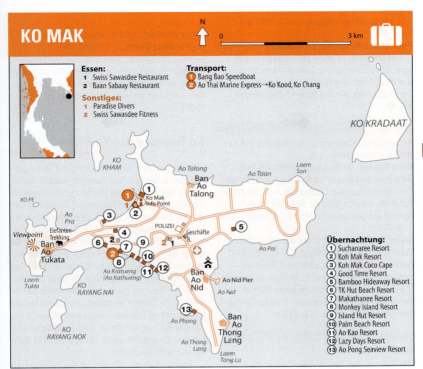

Essen:
1. Swiss Sawasdee Restaurant
2. Baan Sabaay Restaurant

Sonstiges:
1. Paradise Divers
2. Swiss Sawasdee Fitness

Transport:
1. Bang Bao Speedboat
2. Ao Thai Marine Express → Ko Kood, Ko Chang

Übernachtung:
1. Suchanaree Resort
2. Koh Mak Resort
3. Koh Mak Coco Cape
4. Good Time Resort
5. Bamboo Hideaway Resort
6. TK Hut Beach Resort
7. Makathanee Resort
8. Monkey Island Resort
9. Island Hut Resort
10. Palm Beach Resort
11. Ao Kao Resort
12. Lazy Days Resort
13. Ao Pong Seaview Resort

5 mit Ventilator, in wunderschönen Bungalows im Thai-Stil. Patriarch Khun Somchai hat mehrere Jahre in Deutschland studiert. ❺

Bamboo Hideaway Resort ⑤, Ao Pai, ☏ 039-501 085, 🖥 www.bamboohideaway.com. Im Inselinneren, preisgünstig und empfehlenswert. Idyllisches, von dem freundlichen Neuseeländer Martin erschaffenes Boutique-Resort mit 8 Komfortzimmern in rustikalen Bungalows und Schwimmbad. ❺

Koh Mak Coco Cape ③, Ao Suanyai, ☏ 039-501 003, 🖥 www.kohmakcococape.com. Gestaltet von zwei Architekten-Brüdern in herrlicher, landschaftlicher Lage an der Nordwestküste. Empfehlenswert als romantischstes und kreativstes Resort mit 39 ganz unterschiedlichen Bungalows, davon 16 mit Ventilator und 9 mit Gemeinschaftsbad. ❹–❽

Koh Mak Resort ②, Ao Suanyai, ☏ 039-501 013, 🖥 www.kohmakresort. Etablierte Anlage im Nordwesten mit einem der insgesamt 3 Inselpiers und dem besten Badestrand Ko Maks. 54 Zimmer, davon 14 mit Ventilator, in unterschiedlichen Bungalows. ❹–❻

Lazy Days Resort ⑫, Ao Kao, ☏ 081-882 4002, 🖥 www.lazydaytheresort.com. Wer das alte legendäre Hippieresort mit Hütten für 150 Baht sucht, wird arg enttäuscht. Die neue, vorwiegend mit Rasen begrünte Anlage bietet 12 gepflegte Zimmer. Viel gelobtes Restaurant. Die neue Betreibergeneration, Mr. Ann und Mrs. Jup, spricht Deutsch. ❻

Makathanee Resort ⑦, Ao Kratueng, ☏ 087-600 0374, 🖥 www.makathanee.com. Direkt am Meer, aufgelockerte Anlage aus 16 ansprechenden, modernen Komfortbungalows mit schönen Terrassen. Hier

gibt es das bisher einziges Beach-BBQ der Insel. ❻
Palm Beach Resort ⑩, Ao Kratueng, ℡ 084-659 7437, 🖥 www.palm-beach-resort.com. Gilt als bestes und luxuriösestes Hotel der Insel. 8 stilvolle Wohlfühl-Bungalows, Dachterrassen und herrliches Schwimmbad. ❻–❼

Essen

Neben den Restaurants in den Resorts gibt es rund 8 eigenständige, z. B.:
Baan Sabaay, Ao Kratueng, ℡ 081-495 9416. Beliebtes Restaurant mit Bar. Als Spezialitäten des Hauses munden Cordon Bleus mit Rösti für 220 Baht, Banana Split für 90 Baht und als Aperitif gut geschüttelte Mojito-Cocktails. ⏱ 8–23 Uhr.
Swiss Sawasdee, mitten auf der Insel, an der Zufahrt zum Island Hut Resort. ℡ 086-026 6202. Leckere Thai-Gerichte, aber auch Fondues – serviert von dem Schweizer Markus und seiner Frau On, ⏱ 8–22 Uhr. Appetit holen können sich die Gäste im angeschlossenen Fitness-Center – dem einzigen der Insel. ⏱ 8–20 Uhr.

Sonstiges

Geld
Da die Insel über keinerlei Geldautomaten verfügt, sollte genug Bargeld mitgebracht werden – das gilt auch für fast alle Nachbarinseln.

Elefanten-Trekking
Die neuen Soft-Adventure-Trips, tgl. 8–17 Uhr, sind über den Koh Mak Info-Point buchbar und kosten 500–900 Baht.

Informationen
Interessantes findet sich auf den Internet-Seiten 🖥 www.kohmakguide.com, 🖥 http://kohmak.com, 🖥 www.kohmak.de, 🖥 www.koh-mak.de oder 🖥 www.kohmakisland.com, vor Ort im Büro von **Pijet Tour** am Makatani Resort oder bei der Österreicherin Christina am neuen **Koh Mak Info Point**, ℡ 085-665 3794, 087-614 7641, ⏱ 9–20 Uhr, am Ende des Piers bzw. Anfang des Koh Mak Resorts.

Tauchen
Lange etabliert und empfehlenswert sind die **Paradise Divers**, ℡ 080-553 5461, 🖥 www.thailandtauchen.com. Sie residieren im Koh Mak Resort unter Leitung von Arnold Kübler (Arni), der die Unterwasserwelt im Archipel kennt wie kein anderer. Tagestouren ab 2500 Baht.

Ko Rayang und Ko Kham

Hier lassen sich noch romantische Robinson-Gefühle ausleben. Ein herrlich weißer Sandstrand, ein von dichtem Dschungelgrün bedeckter Höhenzug, bizarre Felsen und Korallengärten lassen die beiden kleinen Nachbarinseln Ko Maks als tropische Bilderbuch-Paradiese erscheinen. Das im Nordwesten vorgelagerte **Ko Kham** lässt sich gut mit Kajaks erreichen, bei starker Ebbe sogar auch über eine fast 1 km lange Sandbank. Es hat 2008 für rund 200 Mio. Baht den Besitzer gewechselt, der noch einmal die gleiche Summe investiert, um ein exklusives Luxushotel mit Übernachtungspreisen von bis zu 100 000 Baht zu errichten. Tagesausflügler dürfen den Strand für einen Obolus von 100 Baht vorerst noch ansteuern.

Ebenfalls im Privatbesitz ist das reizvolle, an die Form eines liegenden Elefanten erinnernde **Ko Rayang Nok**. Es wird vom Good Time Resort (Kasten S. 324) betrieben und darf für 70 Baht betreten werden. Am einfachsten lässt sich die 12 km² kleine Insel mit einer 10-minütigen Bootsfahrt von der Südwestküste Ko Maks erreichen. Die führt an der Schwesterinsel **Ko Rayang Nai** vorbei und kostet inkl. Rückweg und einem Erfrischungsgetränk 150 Baht. Im Norden liegt der paradiesische, steil abfallende Hauptstrand, an der Ostküste ein weiterer, aber winziger und nur per Boot erreichbarer Sandstrand. Auf dieser Insel herrscht pure Idylle, während die wenigen Besucher stets eine harmonische Gemeinschaft bilden. Wer lieber allein residieren will, kann das ganze Eiland für 500 € pro Tag mieten.

Übernachtung und Essen

Auf beiden Inseln gibt es jeweils nur eine einzige Unterkunft, was auch so bleiben dürfte.

Ko Kham Resort. Diese einstige Anlage aus Naturmaterialien wird durch ein 200 Mio. Baht teures Resort mit 24 exklusiven Pool-Villen ersetzt, die wohl erst Anfang 2012 zu beziehen sein werden. **Rayang Island Resort**, ✆ 083-118 0011, ✆ 039-501 000, 🖥 www.rayang-island.com. Beschaulich, aber nicht billig. 14 einfache, saubere Zimmer mit Ventilator in gemütlichen, weißen Holzbungalows. Stromversorgung 18–23 Uhr. Im romantischen Restaurant gibt es kreativ angemachte Salate, Seafood-Currys für 140 Baht und Cocktails für 150–200 Baht. ❺

5 HIGHLIGHT

Ko Kood

Wer erfahren möchte, wie jungfräulich sich Ko Chang vor rund 20 Jahren präsentiert hat, sollte bis nach Ko Kood (Kud, Kut) vordringen. Es sind nicht nur die hohen, ebenfalls von dichtem Urwald überzogenen Berge, die an die Hauptinsel des Archipels erinnern, sondern auch die geheimnisvollen Lagunen, Pfahlbausiedlungen, die schmalen (teilweise betonierten) Mopedpfade und vor allem natürlich die schönen, langen Strände, wie sie gerade die Südwestküste mit dem z. B. 700 m langen **Ao Klong Chao** zieren. Auch drei rauschende Wasserfälle gibt es auf Ko Kood – darunter der imposante **Nam Tok Klong Chao** und der etwas kleinere **Nam Tok Klong Yai-Kee**. Sie verführen zum paradiesischen Badegenuss, da sie alle mit einem großen, tiefen und runden Felsenpool aufwarten können. Kaum zu glauben, dass diese Naturschätze offiziell nicht zum Schutzgebiet des Ko Chang-Meeresnationalparks zählen. Die über 3000 Insulaner leben ihr Leben weiter – ohne 7-Eleven-Filialen und überall T-Shirts an Urlauber verkaufen zu wollen. Das gilt nicht nur für die Hauptorte wie das Stelzendorf **Ao Salad** (Salat), sondern auch für den abgelegenen Süden von Ko Kood, das einst sogar die Hauptinsel des gesamten Archipels war.

Das Potenzial der 129 km² großen Insel, die südöstlichste des Archipels und viertgrößte Thailands, wurde spät erkannt und bisher vorwiegend zu Stippvisiten einheimischer Pauschalreisegruppen genutzt. Erst allmählich kommen auch westliche Neulandsucher dem „letzten Geheimnis Thailands" auf die Spur. Doch ist Ko Kood bereits auf dem besten Weg, vom einstigen Unterschlupf der Seeräuber und Schmuggler (diese gibt es noch reichlich) zu einem der exklusivsten Urlaubsziele Südostasiens aufzusteigen. Die meisten neuen Resorts versprechen eine herrliche Idylle – allen voran das von 1000 Arbeitern errichtete, im Oktober 2009 eröffnete **Soneva Kiri Resort** der renommierten Hotelkette Six Senses. Bei Architektur und Bau sollen höchste Maßstäbe an die Umwelt berücksichtigt worden sein. Für die Shuttlemaschinen des Hotels wurde allerdings auf der vorgelagerten Insel Ko Mai Si Lek ein eigener Flughafen in die Wildnis gewalzt, damit die hier für Übernachtungspreise von US$2000–3000 wohnenden Gäste auch standesgemäß anreisen können.

Weitere Transfermöglichkeiten s. S. 300 und S. 322. Die Speedboat-Betreiber setzen ihre Reisenden direkt an den Anlegern ihrer Unterkunft ab bzw. holen sie dort ab.

Übernachtung

Mittlerweile gibt es mind. 40 Resorts auf der Insel – darunter immer mehr Luxusresorts. Sie verfügen meist nur über wenige Zimmer. Unter der Woche ist es meist günstiger und wesentlich einsamer.

Untere Preisklasse

Ao Salad Homestay ①, Ao Salad, ✆ 081-615 249. Seit 2006 mitten im Stelzendorf über dem Meer. Gemütliche Atmosphäre mit viel Holz. 6 Zimmer, davon 2 mit AC, gruppieren sich um einen familiären Innenhof. Das zugehörige Seafood-Restaurant mit schwimmenden Käfigen ist eines von insgesamt 3 im Dorf, aber nicht unbedingt billig. 1 kg Krabben oder Fisch 350 Baht. ❷–❹
Dusita Resort ⑩, Ao Ngam Kho, ✆ 081-420 4861, 🖳 www.dusitaresorts.com. In einem weitläufigen, schattigen Palmengarten verteilen sich Bungalows mit 13 Zimmern. Schöner Strandabschnitt mit interessanten Felsformationen. Nette Leute. ❹
Garden View Resort ⑧, an der Straße, ✆ 087-908 3593. Einfache, günstige und saubere Zimmer, insgesamt 8, davon 2 mit AC. Empfehlenswertes Restaurant mit schmackhaften Seafood-Gerichten für 80–180 Baht. Nettes Personal. ❷
Happy Days Guesthouse ⑨, Ao Ngam Kho, ✆ 087-144 5945, 🖳 www.kohkood-happydays.com. Unter deutscher Leitung. 10 einfache, saubere Zimmer in 2-stöckigem Gebäude, davon 5 mit TV. Das Restaurant floriert wegen guter Küche und als unverzichtbare Geheimtippbörse. ❷–❸
Ngamkho Resort ⑪, Ao Ngam Kho, ✆ 084-653 4644, 🖳 www.kohkood-ngamkho.com. Am Ende der Bucht. Angenehme, relaxte Travelleratmosphäre mit Hängematten und 9 günstigen, luftigen Bungalows mit Ventilator, die billigsten mit Gemeinschaftsbad. Bei Uncle Jo darf auch gezeltet werden. ❷–❸

Mittlere und obere Preisklasse

Away Resort ⑤, Klong Chao, ✆ 081-835 4517, 🖳 www.awayresorts.com. Mit 45 Zimmern reizvoll am Eingang einer Lagune gelegen, die sich mit einer Miniaturfähre überqueren lässt. Schöne Komfortzimmer, besonders die teuren, geräumige Beachfront-Bungalows, aber auch 7 erheblich günstigere Zelte mit Ventilatoren. Professionelles Center für Aktivitäten wie Tauchen und Kajakfahren. Über Quantität und Qualität des Essens gibt's Beschwerden. ❺–❼

Angekommen im Paradies

Obwohl man sich den sagenhaften Strand hier zuweilen leider mit Sandfliegen teilen muss, zählt das **Koh Kood Neverland Beach Resort** ⑭, ✆ 081-762 6254, 089-096 0028, 🖳 www.neverlandresort.com, zu den paradiesischsten Orten des gesamten Ko Chang-Archipels. Die 14 mit TV ausgestatteten AC-Bungalows der Kategorien Garden-, River- und Sea-View verteilen sich großzügig über eine von Palmen beschattete Wiese, während am Meer eine rustikale Beachbar lockt. Hier spielen der Manager oder auch Gäste gern mal den Bartender. Die Anlandung der Gäste erfolgt meist über den Hauptanleger am Ao Bang Bao (Siam Beach) und dann per Pick-up. ❹–❺

Koh Kood Beach Bungalow Resort ③, Klong Mat, ✆ 081-908 8966, 🖥 www.kohkoodbeachresort.com. Gehört einer dänischen Agentur und hat meist skandinavische, aber auch vermehrt deutsche Gäste. Auf Hügeln am Meer mit 16 Bungalows, davon 8 aus Naturmaterialien im originellen Bali-Stil. Schönes Schwimmbad und Tauchcenter der Paradise Divers. ❺

Pa Hin Sai Resort ⑬, Takhian Beach, ✆ 089-099 5093, 🖥 www.pahinsai.com. Neu seit 2011 mit 9 Bungalows aus Naturmaterialien mit Ventilator für 1500 Baht direkt am Strand mit herrlichem Meeresblick. Es gibt Kajaks und gute Möglichkeiten zum Schnorcheln. ❹–❺

Peter Pan Resort ⑥, Klong Chao Beach, ✆ 080-608 5522, 🖥 www.peterpanresort.com. Neue Luxusanlage mit 42 Zimmern in 4 Kategorien (davon 8 „Billighütten" für 1800 Baht) sowie zauberhafter Beleuchtung in den Bäumen und gefragter Cocktail-Bar am Strand. ❽

Shantaa Resort ④, Klong Hin Dam, ✆ 081-566 0607, 🖥 www.shantaakohkood.com. Seit 2004 als Luxusanlage geschmackvoll zwischen sanften Hügeln. 15 behagliche Holzbungalows mit originellen Freiluftbädern. Kleiner, netter Sandstrand nahe dem Hauptpier. ❼–❽

🌳 **Soneva Kiri Resort** ②, Ao Lak Auan, ✆ 039-619 800, 🖥 www.sixsenses.com. Verteilt sich mit 29 exklusiven Villa-Suites der Kategorien Hill, Cliff und Beach (am teuersten) über eine riesige Fläche von 400 Rai an der Nordwestküste. Die Transfers von/bis Bangkok erfolgen – trotz gesteigerten Ökoanspruchs – mit eigens umgebauten, exklusiven Cessna Grand Caravan-Flugzeugen für US$380. ❽

The Beach Natural Resort ⑫, Ao Bang Bao, ✆ 086-009 9420, 🖥 www.thebeachkohkood.com. Zählt zu den reizvollsten Unterkünften. Stilvolle Anlage aus Naturmaterialien mit 34 Zimmern, davon 6 mit Ventilator, in hübschen Bungalows. Familienfreundlich, gute Möglichkeiten zum Kajakfahren. ❺–❼

Tinkerbell Resort ⑦, Klong Chao Beach, ✆ 086-017 0055 🖥 www.tinkerbellresort.com. Neu seit 2010 als besonders bei Honeymoonern beliebtes, exklusives Luxusresort. 8 Beachfront- und 7 Pool-View-Bungalows ab 13 000 Baht. ❽

Tauchen und Touren

Der sympathische deutsche Inhaber des Happy Days Guesthouse, der auch die Tauchbasis der **Paradise Divers**, ✆ 087-144 5945, 087-604 7623, 🖥 www.thailandtauchen.com, betreibt, lebt schon seit 2004 auf Ko Kood. Michael Misic (Mike) kennt sich in der Unterwasserwelt genauso aus wie mit den Geheimnissen im Inneren der Insel, zu denen er mit spannenden Trekkingtouren für ca. 1000 Baht p. P. führt. Mind. 4-stündige Angeltouren kosten 1500 Baht, Tauchausflüge mit 2 Durchgängen 3000 Baht.

Essen

In den vergangenen Jahren hat die Gastronomieszene erfreulich viel Aufwind erfahren – besonders am Klong Chao Beach:

Ban Klong Chao, ✆ 087-075 0942. Sehr beliebt wegen exzellenter Gerichte mit Meeresfrüchten und herrlichem Ausblick auf den Fluss und die Mangrovenwälder. ⏰ 7–21 Uhr.

Pizza & Pasta, ✆ 083-297 2860, 🖥 www.pizzanpasta.info. Der Italiener Alessandro (Alex) und seine Thai-Frau Keau hatten früher ein Restaurant auf Phuket und bieten originäre Pizzas für 220 Baht – bei Bedarf sogar Lieferservice. ⏰ 11–21 Uhr.

View Point Café, ✆ 087-886 5330. Am Ende des Strands hoch oben am Hügel mit faszinierendem Ausblick, besonders zum Sonnenuntergang. Der Australier Dick und seine Frau servieren vietnamesischen Kaffee, alkoholfreie Cocktails, Shakes und Lassies. ⏰ 9–19 Uhr.

Sonstiges

Informationen

Gute Infos zu den Unterkünften sowie zur Geschichte der Insel, den Attraktionen, Aktivitäten, Stränden und Unterkünften bietet 🖥 www.kokood.com.

Mopeds

Mangels seltenen und teuren Charter-Taxis (Fahrten jeweils 500–600 Baht) stellen Miet-Mopeds (350 Baht pro Tag) durchaus eine Alternative dar.

Weiterreise nach Kambodscha

Alle Übergänge ⏲ 7–20 Uhr, Visa on Arrival (s. S. 94).

Grenzübergang Ban Hat Lek – Koh Kong

Von Trat führt der H318 bis Ban Hat Lek an die kambodschanische Grenze. Hier kostet das 30-Tage-Visum theoretisch US$20 – verlangt werden jedoch gern bis zu unverschämten 1400 Baht, also mehr als das Doppelte. Man kann sich auf eine Diskussion einlassen oder den Vorfall melden. Doch es hat sich bewährt, US$20 und von vornherein mind. 200 Baht Schmiergeld in den Reisepass zu legen. Anschließend geht es – vorbei an zwei Spielcasinos – per Mopedtaxi (60–80 Baht) oder Taxi (als Charter 200–300 Baht) über eine fast 12 km lange Strecke mit einer gebührenpflichtigen Brücke nach Koh Kong. Der Name bezeichnet die Provinz, ihre Hauptstadt und die vorgelagerte Insel. Als gute Infobörse fungieren das **Restaurant Otto's**, ✆ 00855-1202 4249 (westliche Küche), oder das von Nhim Sophat gegenüber dem Rasmey Buntam Guesthouse 2010 eröffnete **Paddie's Bamboo Pub**, ✆ 0855-1553 3223. Für die direkte Anreise nach Siem Reap (Angkor Wat) empfiehlt sich der Grenzübergang **Aranyaprathet-Poipet**.

Grenzübergang Ban Pak Kard (Provinz Chantaburi) – Pailin (Psah Prum)

Von Chantaburi geht es auf dem H317 nach Norden bis Wat Nam Khao, von dort über den H3210 und den H3193 zur Grenze nach Kambodscha (dem Schild „Thai Cambodian Market" folgen). Die Visagebühr beträgt US$20 oder eher 1000–1200 Baht. Im Niemandsland finden sich mehrere Spielcasinos und 3 Hotels – darunter das neue Victoria mit 80 Zimmern (US$50-120). Mit Mopedtaxis für 100–120 Baht oder Charter-Taxis für 300–400 Baht kann man die 20 km nach Pailin bewältigen. Aus Kambodscha sollte man nicht nach 16 Uhr ankommen, da es auf der Thai-Seite keine Unterkünfte gibt.

Weitere Inseln des Archipels

Jede der insgesamt 52 Inseln im Meeresnationalpark von Ko Chang hat ihren eigenen Charakter. Die meisten sind unbewohnt, andere wiederum in Privatbesitz mit einem abgeschiedenen Bungalowresort bebaut und nur im Rahmen von Pauschaltouren zu besuchen. Unter westlichen Besuchern bisher kaum bekannte Eilande sind z. B. **Ko Phrao Nai** und das ebenfalls vor der Küste der Hauptinsel geschützt in der Bucht von Salakphet liegende **Ko Phrao Nok**, das mit einer kleinen Bungalowanlage bebaut ist. Auch die flache, als „Papierinsel" bezeichnete **Ko Kradaat**, benannt nach den dort wachsenden Bäumen, verfügt über ein Inselresort – und Süßwasservorkommen. Sie wird von einigen Plantagenarbeitern bevölkert sowie einer speziellen Hirschart, die hier gezüchtet wird und ihr den Spitznamen „Deer Island" beschert hat. Die vor allem im Rahmen von Tauchexkursionen angelaufene, aus acht Eilanden bestehende Inselgruppe von **Ko Rang** ragt mit ihren Felsen steil aus dem Meer und ist für die Ernte von Schwalbennestern bekannt. Unter der Wasseroberfläche locken ausgedehnte Korallengärten. Von besonderem Reiz ist **Ko Lao Ya**, das an seiner Ostküste mit einem 200 m langen Sandstrand gesegnet ist, während die beiden unmittelbar vorgelagerten Inselchen **Ko Lao Ya Klang** und **Ko Lao Ya Nok** schöne Korallenriffe aufweisen.

Die nördliche Golfküste

Stefan Loose Traveltipps

Phetchaburi   Entdeckungstouren abseits der Touristenpfade. S. 332

Kaeng Krachan National Park   Auf Abenteuertour in die unberührte Natur. S. 336

Khao Sam Roi Yot National Park   Streifzüge durch das Naturschutzgebiet unweit von Pranburi mit seinen Höhlen, dem Meer und einer reichen Vogelwelt. S. 355

Prachuap Khiri Khan   Toller Ausblick: vom Gipfel des Spiegelberges über wunderschöne Buchten und die schmalste Stelle Thailands hinweg bis nach Myanmar. S. 357

Cha-Am und Hua Hin   Strandurlaub nach Art der thailändischen Oberschicht und des Königshauses. S. 338 und S. 342

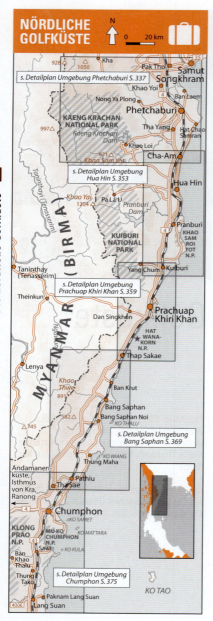

Der schmale Landstrich zwischen Bangkok und Chumphon wird vor allem von einheimischen Touristen viel besucht. Im 19. Jh. erkannten die Mitglieder des Königshauses die Schönheit der hiesigen Strände und ließen Seebäder erbauen. In Hua Hin steht noch heute der königliche Bahnhof aus den 1920er-Jahren, als der Tourismus begann.

Das Gebiet kann mit dem Bus oder dem Zug bereist werden. Beide Strecken führen nahe am Meer entlang. An den Bahnhöfen der Provinzhauptstädte stehen Taxis mit ortskundigen Fahrern, die gerne weiterhelfen. Zahlreiche lokale Verkehrsmittel ermöglichen, die Gegend auf eigene Faust abseits aller Touristenpfade zu entdecken. Für kleinere Ausflüge empfiehlt sich ein Fahrrad oder Moped.

Wen es im Urlaub nach westlichem Komfort gelüstet, der ist in Hua Hin richtig. Ruhesuchende zieht es nach Ban Krut oder Bang Saphan. Auch Chumphon bietet einige schöne Strände, die nicht überlaufen sind. Von hier aus hat man die Wahl, in Richtung Ranong an der Westküste zu fahren, weiter an der Golfküste entlangzureisen oder auf eine der Inseln im Golf (Ko Samui, Ko Phangan und Ko Tao) überzusetzen.

Phetchaburi und Umgebung

Die kleine Stadt Phetchaburi [4073] mit ihren rund 40 000 Einwohnern blickt auf eine lange Geschichte zurück und ist daher besonders für Kulturinteressierte ein lohnendes Ziel. Über 30 Tempelanlagen, die bis in die Zeit der Khmerherrschaft im 11. Jh. zurückreichen, gilt es zu entdecken. Zugleich erlebt der Reisende hier das ursprüngliche Thailand: Gemächlich fließt der Fluss Phetchaburi durch die Stadt, begrenzt von alten Holzhäusern. Neben Mopeds und Autos fahren in Phetchaburi noch Rikschas – und dies nicht nur für Touristen.

Meist wird die Stadt Phetchaburi genannt, von manchen auch Petchburi, Phetburi oder Bhetchaburi. Sie liegt etwa 135 km südlich von Bangkok und dient seit Ende des 19. Jhs. den Herrschern Thailands als Ferien- und Rückzugsort. So entstanden hier Paläste und zahlreiche Wats. Dass die Stadt bereits in Zeiten der Khmerherrschaft bedeutend war, belegen die von ihnen hinterlassenen Bauten. Noch heute wird die Kunst des Tempelbaus, vor allem die Ausarbeitung der Ornamentik, in Phetchaburi gelehrt.

In der Umgebung lockt der Strand **Hat Chao Samran**, dessen rauer Charme zwar nicht mit den Traumstränden weiter im Süden konkurrieren kann, der aber vor allem bei den Einheimischen sehr beliebt ist.

Auch die ländliche Umgebung ist interessant: Auf den Salzfarmen mühen sich junge Männer mit den ursprünglich aus Vietnam stammenden Tragestangen ab und sammeln das Salz auf große Haufen zum Transport. Ochsen grasen am Wegesrand, sie gehören den Bauern, die in hochstelzigen Häuser wohnen (auch diese lassen, wie die Tempel der Stadt, in ihrer Bauweise die Einflüsse der Khmer erkennen).

Wats

Mitten in der Stadt steht **Wat Mahathat Worawihan** [4682], das weithin sichtbare Wahrzeichen der Stadt. Etwa 50 m hoch und glänzend weiß getüncht, erhebt sich der zentrale Prang, umrandet von vier kleineren Stupas. Die Legende weiß zu berichten, dass der Prang entstand, um die Herrschaft gegen die Birmanen zu verteidigen. Als die Birmanen vor über 1000 Jahren versuchten Phetchaburi einzunehmen, ließen sie sich auf einen Wettstreit ein: Sie sollten außerhalb der Stadt einen Prang bauen, Phetchaburis Herrscher innerhalb. Wessen Prang als erster so hoch war, dass der Gegner ihn sehen konnte, sollte der legitime Herrscher sein. Die Thais gewannen den Wettkampf, die Birmanen mussten sich geschlagen geben. Das Wat beherbergt Reliquien Buddhas und zahlreiche Arbeiten zeitgenössischer Ornamentik. Sehenswert sind die Stuckarbeiten, die Wandmalereien und die drei wichtigsten Buddhafiguren Phetchaburis.

Als ältester Tempel der Stadt gilt das **Wat Kamphaeng Laeng** [4683]. Der Bau dieser Sandsteinruinen datiert aus der Zeit der Khmerherrschaft im 12. Jh. und ist das südlichst gelegene Khmerheiligtum Thailands. Das Wat diente vor der Umgestaltung zum buddhistischen Heiligtum der Verehrung brahmanischer Götter. Die drei Prang sind in der Bauweise der Bayon-Zeit erbaut, an den Steinmauern finden sich leider nur noch wenige erkennbare Darstellungen von Nagas und Dämonen.

Schöner und recht gut erhalten sind die Steinmetzarbeiten des **Wat Pailom** [4684]. Dieser kleine Tempel ist zwar sehr verfallen, doch sind einige Alltagsszenen in Stein noch gut erkennbar und auch der wachende Garuda strahlt Präsenz aus.

Wat Yai Suwannaram [4685] stammt aus der Ayutthaya-Periode (17. Jh.). Vor allem der fensterlose Bot beeindruckt mit seinen achteckigen Säulen und riesigen Holztüren. Wandmalereien schmücken die Türen und Wände; sie erzählen von Hindugöttern, die Buddha ehren, und mythischen Fabelwesen. Zudem zeigen sie Naturabbildungen von Flora und Fauna. Vor dem Gelände befindet sich ein kleiner Spielplatz, eine willkommene Rast für Familien.

Das aus Holz erbaute **Wat Ko Kaew Sutharam** stammt ebenfalls aus der Ayutthaya-Periode und gehört dank seiner kunstvollen Stuckarbeiten, die Gottheiten und Blumen zeigen, zu den schönsten Heiligtümern der Stadt. Meist ist der Bot verschlossen, wer jedoch früh hierher kommt, hat gute Chancen einen Mönch zu finden, der die Türen zum Heiligtum öffnet. Zu sehen sind wunderschöne Wandmalereien aus der Mitte des 18. Jhs., die Szenen aus dem Lebensalltag der Stadt zeigen. Motive sind zudem die ersten zehn Leben Buddhas. Gegenüber der zentralen Buddhafigur ist das Universum mit den 27 Sterngruppen dargestellt. Das Wat ist etwas versteckt und schwer zu finden. Die Seitenstraßen Wat Ko Kaew I und II führen zum Tempel.

Im **Wat Phra Song** ist aktuelle Holzschnitzkunst zu sehen. Dargestellt sind u. a. Szenen des Ramakien. Erzählt wird die Rettung Sitas aus den Fängen ihres Entführers Tosakan durch Rama und den Affengeneral Hanuman. Auch **Wat Chi Prasoet** beeindruckt durch aktuelle Stuckarbeiten hiesiger Künstler.

Wat Phuttha Saiyat [4686] (auch Wihara Phranon) befindet sich am Fuße des Khao Wang und beherbergt Thailands viertgrößten liegenden Buddha, der beeindruckende 34 m lang ist.

Phra Nakhon Khiri-Palast

Auf einem der drei kleinen, bis etwa 95 m Höhe aufsteigenden Hügel Khao Wang unweit der

Stadt steht der von König Mongkut (Rama IV.) 1859 erbaute Sommerpalast **Phra Nakhon Khiri** [4690]. Der Komplex ist eine Verbindung aus westlichen und asiatischen Stilen. Der Palast umfasst neben dem Herrscherhaus, der Thronhalle, dem Theater, einem Wat und den Tierställen auch ein Observatorium. Der Herrscher, dessen Hobby die Sternenkunde war, blickte hier aus dem gläsernen Kuppeldach ins All. Die Menschen der Umgebung nutzten dieses Gebäude als Leuchtturm, denn der Lichtschein zeigte ihnen den sicheren Weg in die Ao Ban Laem. Heute können Besucher von der Kuppel aus die Umgebung betrachten. Im **Phra Nakhon Khiri-Nationalmuseum** kann man den königlichen Haushalt bestaunen, der Einfluss westlicher Stilrichtungen (einiges mag von Rama V. stammen, der hier ebenfalls wohnte und ein Freund Kaiser Wilhelms war) ist unübersehbar. Obwohl Rama VI. den Berg in Khao Mahasawan („Großes Paradies") umbenannte, blieb im Volk der Name Khao Wang erhalten. Der gesamte Komplex wurde zum **National Historical Park** erklärt. Im Februar wird hier ein großes Fest gefeiert und das Areal in Musik und Licht getaucht.

Man erreicht den Palast mit der Schienenbahn oder zu Fuß. Wer marschieren will, muss sich mit den Affen herumschlagen und sollte sein Geld sichern. Auch mitgebrachtes Essen wird gerne von den frechen Tieren geklaut. Unterwegs kann man überall Futter kaufen, um die hungrigen Mäuler zu stopfen. Der etwa halbstündige Spaziergang ist sehr schön und beginnt an der Ratchavithi Road; Nagas weisen den Weg. Eintritt 150 Baht, Kinder frei. Seilbahn Kinder ab 90 cm 15 Baht, Erwachsene 40 Baht, die Bahn fährt von 8.30–16.30 Uhr. ⏱ Museum 9–16 Uhr.

Grotten und Höhlen

Etwa 3 km nördlich von Phetchaburi liegt die Tropfsteinhöhle **Khao Luang** [4695], im gleichnamigen Berg, mit faszinierenden Stalagmiten und Stalaktiten, zahlreichen antiken Buddhafiguren, Chedis und einem 6 m langen liegenden Buddha. In der großen Haupthalle und zwischen den Tropfsteinen oder in Nischen und Höhlen versteckt, kommen die heiligen Relikte im Schein der durch die Decke strahlenden Sonne zur Geltung. Durch die Öffnungen im Dach strömt auch frische Luft herein. Die Szenerie beeindruckt besonders zwischen 11 und 14 Uhr. ⏱ 9–16, am Wochenende und an Feiertagen bis 17 Uhr. Führer 100 Baht. Motorradtaxi 40 Baht, Taxi 100 Baht. Busse mehrmals tgl. bis zur Haltestelle am Fluss.

Auch die drei Höhlen auf dem Berg **Khao Bandai It**, knapp 3 km westlich von Phetchaburi, sind einen Besuch wert. Ein neuer Buddha blickt erhaben vom Hang hinab. Auf halber Höhe des 120 m hohen Hügels stößt man auf ein Labyrinth aus Tropfsteinhöhlen, die einst der Meditation dienten. Die etwa 30 m lange Höhle **Tham Pathun** beherbergt über 40 Buddhafiguren. Die Höhle **Tham Russi** (Höhle der Weisen) diente Einsiedlern als Ort der Meditation. Ihr Eingang liegt neben **Wat Khao Bandai It** [4696]. Dieser Tempel wurde von einem wohlhabenden Bürger Phetchaburis in der Ayutthaya-Ära erbaut. Bewundernswert ist der schön gestaltete Garuda. Die Legende weiß zu berichten, dass der Mann den Chedi errichtete, seine Frau den Bot und seine Nebenfrau den Viharn. Letzterer beugt sich leicht Richtung Chedi, was in romantischer Lesart die wahren Gefühle des Trios offenbart.

Hat Chao Samran

Etwa 15 km von Phetchaburi entfernt erstreckt sich über viele Kilometer der weitläufige, von Kasuarinen bestandene **Chao Samran-Strand** –

Leben wie Kaiser Wilhelm

Im Süden Phetchaburis befindet sich der Palast **Phra Ram Ratcha Niwet** (im Volksmund Ban Puen Palace – *Puen* heißt übersetzt Kanone, diese schmücken den Eingang) [4693]. Ganz im Stil Kaiser Wilhelms wurde er ab 1910 unter der Leitung des deutschen Architekten Karl Sigfried Dohring (1879–1941) im Auftrag von Rama V. erbaut. Der König plante hier die Regenzeit zu verbringen, verstarb jedoch vor Fertigstellung. Erst 1916 unter Rama VI. wurde der Palast fertiggestellt. Er diente ab 1918 als Unterkunft für Staatsgäste. Seit der Renovierung 1987 erstrahlt das Gebäude in neuem alten Glanz. Zu sehen ist ein Mix aus Jugendstil, Art nouveau und Barock, welches sehr an die alten Schlösser in Deutschland erinnert. ⏱ 8–16 Uhr, 100 Baht.

Phetchaburi

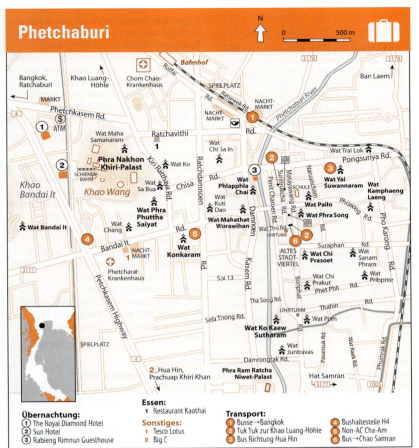

Übernachtung:
① The Royal Diamond Hotel
② Sun Hotel
③ Rabieng Rimnun Guesthouse

Essen:
1 Restaurant Kaothai

Sonstiges:
1 Tesco Lotus
2 Big C

Transport:
① Busse→Bangkok
② Tuk Tuk zur Khao Luang-Höhle
③ Bus Richtung Hua Hin
④ Bushaltestelle H4
⑤ Non-AC Cha-Am
⑥ Bus→Chao Samran

beliebt bei einheimischen Touristen. Am zentralen Sammelpunkt finden sich Restaurants und Supermärkte. Am Wochenende ist oftmals alles ausgebucht. Weitere Infos s. **eXTra [4644]**.

Übernachtung

Rabieng Rimnun Guesthouse ③, 1 Shee Sra Inn Rd., ✆ 032-425 707, 🖳 www.rabiengrimnum.com, **[4637]**. Traditionelles Holzhaus mit sehr einfachen sauberen kleinen Zimmern, z. T. ohne Bad. In anderen kann der Lärm der Straße stören. Organisiert Touren in die Umgebung. Beliebtes Restaurant am Fluss. ❷

Sun Hotel ②, 3/33 Soi Phetkasem 1 (gegenüber der Schienenbahn), ✆ 032-400 000, 🖳 www.sunhotelthailand.com, **[4075]**. Sehr große Zimmer mit AC und TV. Einige haben einen Balkon und bieten einen tollen Blick auf Khao Wang. Das Restaurant befindet sich in der Lobby. Inkl. Frühstück. Nachteil der oberen Geschosse: Es gibt keinen Aufzug. ❹

The Royal Diamond Hotel ①, 555 Petchkasem Rd., ✆ 032-411 061, 🖳 www.royaldiamondhotel.com.

> ### Urlaub im Thai-Dorf
>
> In **Ban Krong**, etwa 8 km nördlich von Phetchaburi, liegt an einem kleinen Fluss das Homestay **Dato Farm** ①, ✆ 087-116 4504, 🖥 www.datofarm.com, [4641]. Es gibt 3 Zimmer in einem Teakhaus – sehr schön ist das obere Zimmer, die beiden unteren haben Betonwände und daher weniger Flair. Der Deutsche Thomas Krey und seine Tochter managen das Homestay – und da Thomas seit Jahren hier lebt, fließend Thai spricht und sich in den Alltag integriert hat, bekommt auch der Gast einen guten Eindruck vom einfachen Leben der Menschen auf dem Dorf. Wer mag, kann kochen lernen, mit dem Fahrrad (stehen zur Ausleihe bereit) die Gegend erkunden oder Bootstouren unternehmen. Besonders schön sind die abendlichen Glühwürmchentouren, aber auch die Ausflüge zu den Salzfeldern und dem Mangrovenwald lohnen. Thomas unterrichtet Deutsch an der Universität in Nakhon Pathom und weiß Interessantes über Thailand, die Menschen und die Natur zu berichten. Gute Touren in den Kaeng Krachan National Park. Auch Vollpension. Ein Zimmer mit AC, ansonsten Ventilator. ❸

Recht kleine Zimmer im großen Hotelkomplex. Doppelbett, Extrabett für Kinder 350 Baht. Etwas verwohnt und mit Teppichboden. TV und Minibar. Aufzug. ❸–❺

Essen

Bekannt ist die Region für besonders leckere Süßigkeiten, die aus Kokosnussmilch, Palmzucker und Gänseeiern hergestellt werden. Im alten Stadtviertel finden sich einige Geschäfte, die diese Köstlichkeiten seit Generationen verkaufen. Erhältlich sind sie auch auf dem Markt, der morgens von 3–9 Uhr zwischen der Chomklao-Brücke/Yai-Brücke und der Charoen Rd. stattfindet. Nachmittags gibt es einen Markt in der Phanit Rd. Auf beiden Märkten finden sich auch kleine Stände mit Suppengerichten sowie viel Obst und frischem Gemüse.
Rabieng Rimnun Guesthouse, s. Übernachtung. Das beliebte Restaurant besticht vor allem durch seine Lage am Fluss. Englische Speisekarte. Vegetarier können sich auf eine vielfältige Auswahl freuen. Günstig und gut.
Restaurant Kaothai, es liegt zwar weniger idyllisch an der großen Straße, doch das Essen in diesem einfachen Haus ist schmackhaft, die Preise niedrig und die Besitzer sehr freundlich. Am Uhrturm kann man zudem viele günstige Stände finden, an denen z. B. Som Tam für 20 Baht angeboten werden.

Transport

Busse

BANGKOK, ab AC-Bus Terminal gegenüber der Post am Nachtmarkt. Von morgens 8 bis etwa 20 Uhr fahren unregelmäßig AC-Busse für 100–150 Baht. Vermehrt werden Minibusse eingesetzt.
CHA-AM, mit den non-AC-Bus von der Haltestelle vor Wat Konkaram zwischen 8 und 18 Uhr mehrmals tgl. für 30 Baht.
HUA HIN, ab der Haltestelle nahe des Big C (Petchkasem Highway) zwischen 8 und 18 Uhr mehrmals tgl. mit dem 2.-Kl.-AC-Nahverkehrsbus für 45 Baht.
In Richtung Süden nach CHUMPHON, SURAT THANI, PHUKET ab dem Busbahnhof Khao Wang, der etwa 15 Min. Fußweg vom Zentrum entfernt liegt.

Eisenbahn

Nachtzüge s. Fahrplan S. 812/813.
BANGKOK, tagsüber mit den Bummelzügen um 7.40, 12.40, 15 und 16.44 Uhr für 35–150 Baht in 3 1/2 Std.
CHA-AM, mit den Nahverkehrszügen um 10.43, 12.06, 16.38, 19.12 und 21.38 Uhr für 50 Baht in etwa 30 Min.
CHUMPHON, um 10.43 Uhr für 240 Baht in 6 Std., außerdem mit den Tageszügen in Richtung Surat Thani.
SURAT THANI, um 10.30 und 16.07 Uhr für 370 Baht in 6 Std.

Kaeng Krachan National Park

Der größte Nationalpark Thailands mit etwa 2915 km² ist noch weitgehend unerforscht. Im Juni 1982 wurde das Gebiet zur Schutzzone erklärt. Der Park erstreckt sich bis an die bir-

UMGEBUNG PHETCHABURI

Übernachtung:
1. Dato Farm
2. Sea Sky Beach Resort
3. Rubiom Resort
4. Blue Sky Boutique Resort
5. Raje Miau Talesant
6. Pakarang Guesthouse
7. Chao Samran Beach Resort
8. Bang Krang Camp
9. Thai Bamboo Guesthouse
10. Phanoem Tung Camp

manische Grenze. Die bergige und nur schwer zugängliche Region ist Heimat vieler Großtiere: Hier soll es noch wilde Elefanten geben, einige Tiger durchstreifen angeblich die Gegend, und auch Wildrinder sind hier zuhause – ebenso wie die Krokodile und Bären allesamt sehr scheu und nicht leicht zu entdecken. Eher trifft man auf einer Trekkingtour auf Makaken, Gibbons und Warane. Ansonsten kommen vornehmlich Naturliebhaber und Vogelkundler auf ihre Kosten. Von den 300 Vogelarten leben einige nur in den Wintermonaten hier, andere ganzjährig. Am besten ist es, sich etwas Zeit zu nehmen und in einem der Camps des Parks zu übernachten. Beste **Reisezeit** sind die Monate von Mitte November bis Mai. Von Mitte August bis in den November hinein bleibt der Park geschlossen.

Namtok Tho Thip

Freunde von Wasserfällen können den 18-stufigen Namtok Tho Thip besuchen. Man sollte ein geübter Wanderer sein und über eine ordentliche Kondition sowie gutes Schuhwerk verfügen – und niemals ohne Guide losziehen. Nahe dem Wasserfall gibt es eine gute Möglichkeit zu campen. Interessierte finden einen Guide am Phanoenthung-Servicebüro der Ranger. Geführte Touren von 12–13 und von 16.30–18 Uhr.

Khao Phanoen Thung

Etwa 54 km vom Parkbüro entfernt befindet sich auf dem höchsten Berg des Parks ein Aussichtspunkt. Vom Gipfel des 1207 m hohen Phanoen Thung bietet sich ein wunderbarer Ausblick über den Regenwald. Von hier oben sieht man am noch am ehesten wilde Großtiere. Wer hierher wandern will (nur mit Führer), muss mind. zwei Tage einkalkulieren, an denen jeweils etwa 6 Std. marschiert wird. Übernachtet wird im Zelt. Da es nachts das ganze Jahr über sehr kalt wird, sollte man einen warmen Pullover dabeihaben.

Übernachtung

Die meist thailändischen Besucher übernachten i. d. R. im **Bang Krang Camp** auf dem Weg

Richtung Khao Phanoen Thung. Hier gibt es Platz für Zelte. Einfache Toiletten sind vorhanden. Ein kleiner Fluss dient als Badewanne und Dusche. Man kann auch in einem der 21 **Nationalpark-Bungalows** wohnen oder sich für 100 Baht ein Zelt mieten. Die Bungalows sind gut ausgestattet und haben alle Warmwasser und AC. Preis je nach Ausstattung und Größe (3–6 Pers.). Informationen und Buchung im Internet unter 🖥 http://www.dnp.go.th. ❹–❻

Transport

Am einfachsten mit einer Tour; die Fahrt mit dem eigenen Pkw kann holprig werden. Busse fahren morgens für die Angestellten. Eintritt 200 Baht (Auto 30 Baht). Ab 15 Uhr gilt das Ticket bereits für den nächsten Tag. Für ein eigenes Auto sind 30 Baht zu zahlen.

Eine **Hauptroute** durch den Park, die von den meisten Besuchern genutzt wird, ist ausgebaut und für Autos zugelassen. Mopedfahren ist nicht erlaubt. Infos für Selbstfahrer unter **eXTra [5639]**.

Cha-Am

Cha-Am [5443] ist neben Hua Hin der wohl bekannteste und älteste Badeort Thailands. Schon im Jahr 1921 wurde der Strand von wohlhabenden aristokratischen Thais erschlossen. Die Mangroven mussten weichen und auch die einst hier lebenden Bären sind seither verschwunden. Hua Hin war den Ruhe suchenden Herrschaften zu sehr vom Königshaus okkupiert, sodass man kurzerhand hierher auswich, eine Straße erbaute und zahlreiche private Villen am insgesamt fast 7 km langen Strand errichtete.

Heute ist Cha-Am ein geruhsamer Ort. Neben Privathäusern der reicheren Thais aus Bangkok, die hier ihre Freizeit verbringen, gibt es an der Straße entlang des Strandes zahlreiche Hotels, Gästehäuser und Restaurants. Unter der Woche ist es hier sehr ruhig, am Wochenende kommen die Ausflügler. Es gibt Liegen (30 Baht p. P.) unter Sonnenschirmen; aufgepumpte Autoreifen zum Schwimmen (30 Baht), Bananenboot-Fahrten sowie Reitpferde sorgen für „Abenteuer", und Jetski-Fahrer brettern übers Wasser (Jetski 2000 Baht/Std.). Dank einer ausgewiesenen Badezone kann man trotzdem gefahrlos schwimmen. Im Winter ist der Strand am südlichen Ende meist abgetragen, nördlich ist er das ganze Jahr über breiter. Hier ist es auch ruhiger; es gibt weniger Liegestuhlgruppen, stattdessen spenden hohe Kasuarinen Schatten. Der Sand ist fein, weiß und sauber. Im Norden befindet sich ein Fischerdorf, wo morgens am Pier geschäftiges Treiben herrscht. Dahinter beginnen weitere Strände mit den internationalen Luxusanlagen. Weiter südlich, zwischen Cha-Am und Hua Hin, reihen sich weitere Fünf-Sterne-Hotels am Strand auf.

Das kleine sehenswerte **Wat Neran Chararama** steht am Nordende der Stadt gegenüber der Statue König Naresuns. Zahlreiche Stupas und eine Buddhafigur mit sechs Armen, die sich Augen und Ohren bedeckt, befinden sich im Garten. Innen wird ein Mönch verehrt.

Phra Ratchaniwet Maruekkhathaiyawan, die königliche Sommerresidenz Ramas V. (s. S. 342, Kasten: Die Seebäder Cha-Am und Hua Hin), die sich auf dem Weg Richtung Hua Hin befindet, lohnt einen Besuch. Der Komplex, welcher auch als **Mrigadayavan-Palast** bekannt ist, besteht aus mehreren pastellfarbigen Teakholz-Gebäuden. Gerne wäre man König oder Königin und würde sich, nachdem man einen der zwei luftigen Gänge zum Strand entlangwandelte, in den kleinen Badehäuschen umziehen und anschließend in die Fluten stürzen. Oftmals spielen Musiker auf, und dank der luftigen Bauweise ist das Spiel während des ganzen Rundgangs zu hören.

Mit dem eigenen Fahrzeug oder Taxi folgt man von Norden kommend kurz vor dem Sheraton der Ausschilderung „Sirindorn International Environmental Park". Die Zufahrtsstraße verläuft durch ein Militärübungsgelände. Die Wachen am Eingang verlangen bei Anreise mit dem Fahrzeug einen Ausweis zur Hinterlegung. Von hier sind es noch einmal etwa 1,5 km. Das weitläufige Parkgelände kann auch mit dem Fahrrad erkundet werden. Räder werden am Parkplatz für 20 Baht vermietet. Ordentliche Kleidung ist angebracht: Keine ärmellosen T-Shirts oder kurzen Röcke bzw. Hosen. Es werden Sarongs bereitgehalten. Eintritt in den Palast und Park 60 Baht. ⏰ 8.30–16, Sa/So bis 17 Uhr, Mi geschl.

Cha-Am

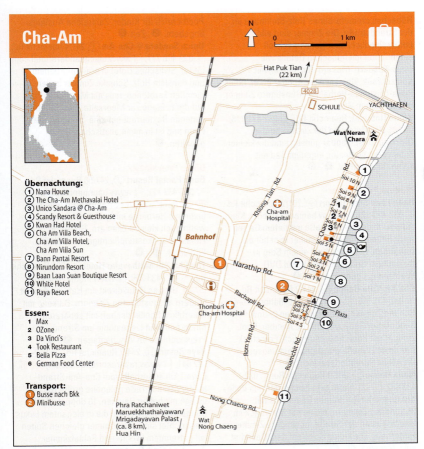

Übernachtung:
1. Nana House
2. The Cha-Am Methavalai Hotel
3. Unico Sandara @ Cha-Am
4. Scandy Resort & Guesthouse
5. Kwan Had Hotel
6. Cha Am Villa Beach, Cha Am Villa Hotel, Cha Am Villa Sun
7. Bann Pantai Resort
8. Nirundorn Resort
9. Baan Laan Suan Boutique Resort
10. White Hotel
11. Raya Resort

Essen:
1. Max
2. OZone
3. Da Vinci's
4. Took Restaurant
5. Bella Pizza
6. German Food Center

Transport:
1. Busse nach Bkk
2. Minibusse

Übernachtung

Entlang der Ruamchit Rd. und rund um die Plaza werden einfache Zimmer in Hotels und Gästehäusern ab 500 Baht vermietet. Vornehmlich thailändische Wochenendgäste, unter der Woche gibt es Preisnachlässe. Zimmer in etwas besseren Hotels kosten 600–1000 Baht. Weitere Unterkünfte s. **eXTra [5444]**.

Untere Preisklasse

Cha Am Villa Hotel ⑥, 241/1 Ruamchit Rd. ✆ 032-471 241 und **Cha Am Villa Sun** ⑥, 241/20 Ruamchit Rd. ✆ 032-471 382, beide www.chaamvillahotel.com, [5817]. Auf Thai-Geschmack ausgerichtet, es dominiert der gefliese Boden. Im Villa Sun Hotel gibt es in den günstigen Zimmern nur kaltes Wasser und keinen Kühlschrank. Man kann den Pool des Cha Am Villa Beach Hotels nutzen. ❷–❸
Kwan Had Hotel ⑤, 246/64 Ruamchit Rd., ✆ 032-471 312, ✆ 433 420, [5789]. Das einfache Hotel liegt etwas zurückversetzt an der Strandstraße. Die Zimmer sind sauber, große Bäder. Günstige Zimmer mit Ventilator und TV. ❷–❹
Nirundorn Resort ⑧, 247/7 Ruamchit Rd., ✆ 032-471 038, 🖥 www.nirundorn.com, [5793].

Hübsches cremefarbenes Holz-Steinhaus an der Strandstraße. Die Zimmer sind alle unterschiedlich, aber geschmackvoll eingerichtet mit hübschen Details wie Mosaikbädern. Modern und sauber, mit TV, Kühlschrank, kleinem Austritt oder Erker, gutes Preis-Leistungs-Verhältnis. Günstigere Zimmer nur mit kaltem Wasser. ❸
White Hotel ⑩, Ruamchit Rd., ✆ 032-471 118, [5818]. Das Hotel und die Zimmer sind in Ordnung. Unschlagbar günstig sind die kleinen Zimmer mit Ventilator, eigenem Bad mit Kaltwasser und TV. ❷–❸

Mittlere Preisklasse

Baan Laan Suan Resort ⑨, 261/2 Ruamchit Rd., ✆ 032-433 171, www.banlansuan.com. Kleine Anlage an der Hauptstraße mit tiefem Garten nach hinten. Attraktive Zimmer in schönen Gebäuden, verbunden mit einem Steg in tropischem Grün. WLAN, TV und DVD. Wochentags günstiger. ❹–❺
Cha Am Villa Beach ⑥, 241/2 Ruamchit Rd., ✆ 032-471 595, www.chaamvillahotel.com. Schöne Zimmer in verschiedenen 2- und 3-stöckigen Gebäuden mit TV, Minibar, Pool. Zimmer mit Pool- oder Meerblick. Frühstück inkl. In der Woche günstiger. Kostenloses WLAN im Rezeptionsbereich. ❹
Nana House ①, 208/3 Ruamchit Rd. ✆ 032-433 632, [5792]. Nahe dem Fischerdorf am Ende der Ruamchit Rd. Kleines Gästehaus mit 25 schönen Zimmern, einige mit Meerblick im Haupthaus an der Straße, günstigere Zimmer im Hinterhaus. Die kleine Suite auf dem Dach hat eine Terrasse. ❹–❺
Scandy Resort & Guesthouse ④, 274/32-33 Ruamchit Rd., ✆ 032-471 926, 🖥 www.scandy-resort.com. Kleines Haus mit einfachen Zimmern. Familienzimmer für 4 Pers. inkl. American Breakfast. Es wird u. a. deutsch gesprochen. Unten Restaurant und Bar. ❸–❹
Thai Bamboo Guesthouse ⑨, 100 Moo 9 Ban Khao Pong, ✆ 032-470 617, 🖥 www.thai-bamboo.de, Karte S. 337. Etwa 5 km vom Strand entfernt. 4 große Bambus-verkleidete Steinbungalows im tropischen Garten, alle mit Safe und Balkon. Der Eigentümer vermietet auch einige Zimmer im Haupthaus oder ein Zelt.

Poolbereich für Kinder. Zahlreiche Ausflugs-angebote. ❺, Zelt ❷
Unico Sandara @ Cha-Am ③, 241/4 Ruamcht Rd., ✆ 032-470 777, 🖥 www.unicosandarahotel.com, [5816]. Stylisches Hotel in orangefarbenem und dunklem Holz. Schicke Zimmer in den gleichen Farbtönen, teils mit Meerblick. Pool auf der 6. Etage zur Meerseite. Das daneben liegende Restaurant hat eine große offene Front und ist in minimalistischem Dekor gehalten. ❺

Obere Preisklasse

Bann Pantai Resort ⑦, 247/58 Ruamchit Rd., ✆ 032-433 111, 🖥 www.bannpantai.com, [5782]. Zentral an der Strandstraße gelegene luxuriöse Herberge mit geschmackvollen, wenn auch kleinen Zimmern. Großer Pool. Fitnessraum, kostenpflichtiges WLAN. Inkl. Frühstück. ❻–❽
The Cha-Am Methavalai Hotel ②, 220 Ruamcht Rd., ✆ 032-433 250, 🖥 www.methavalai.com, [5791]. Großes Hotel direkt am Hat Cha Am mit modern ausgestatteten Zimmern, Balkone mit Meerblick. Poollandschaft mit separatem Kinderpool und Liegestühle am Strand. Preisnachlass an Wochentagen. ❺–❽
Raya Resort ⑪, 264/2 Ruamchit Rd., ✆ 032-472 641, 🖥 www.rayaresortchaam.com, [5810]. Etwa 1 km außerhalb vom Cha-Am-Strand an der Strandstraße gelegene große Garten-anlage mit hohen Bäumen. 16 doppelstöckige Bungalows und 4 Villen, die in elegantem Luxus eingerichtet sind. Alle Zimmer gleichen Suiten mit getrenntem Wohn- und Schlafzimmer. Bungalows mit Terrasse im Erdgeschoss, die Villen mit privatem Garten und Maisonette-aufteilung. Kostenlose Minibar, Fahrradverleih, Internet, Pool, gutes Restaurant. ❽

Essen und Unterhaltung

In Cha-Am gibt es viele internationale Restaurants und Kneipen mit einem vielfältigen Angebot entlang der Ruamchit Rd., zudem einige Essensstände, vor allem am Wochenende. Viele Gästehäuser haben ein Restaurant, das Thai- und westliche Gerichte serviert. Da das nahe Fischerdorf täglich für Nachschub an frischen Meeresfrüchten sorgt, gibt es viel

Seafood. Die besten Fisch-Lokale befinden sich nahe dem Pier. Fische und Schalentiere können dort lebend in Bassins ausgesucht werden. Wer gerne am Strand liegend speist, kann sein Essen in den Liegestuhlkolonien bestellen.
Bella Pizza, 234/40-42 Ruamchit Rd. Gute Pizza ab 155 Baht von erfahrenem Küchenchef. ⏱ in der Hochsaison ab 11 Uhr, in der Nebensaison ab 17 Uhr, jeweils bis 23 Uhr.
Da Vinci's, 247 Ruamchit Rd. Gemütlich eingerichteter Italiener. Pasta und Pizza um 200 Baht. ⏱ bis 23 Uhr.
German Food Center, Plaza. Deutsche Brot- und Wurstwaren neben typisch deutschen Gerichten. Dienstags ist Schnitzeltag (99 Baht). Sonntagsbrunch von 9–14 Uhr. ⏱ ab 11 Uhr.
Took Restaurant, Plaza, Ecke Ruamchit Rd. Gute und günstige thailändische Garküche. Bei Einheimischen und Expats sehr beliebt. Gerichte zwischen 30 und 100 Baht.
Bars gruppieren sich rund um die Plaza. Im **OZone** und **Max** an der Strandstraße (zwischen Soi 6 und 8 North) wird tgl. ab 21 Uhr ruhige Livemusik gespielt. Am Platz vor dem Golden Beach Cha-Am-Hotel befinden sich mehrere Kneipen in englischer, skandinavischer und deutscher Hand. Die abendliche Unterhaltung richtet sich hauptsächlich an die etwas älteren Urlauber.

Sonstiges

Fahrrad- und Mopedvermietung
Auf dem Drahtesel lässt sich geruhsam die Strandstraße und die nahe Umgebung erkunden. Ein Rad kostet 100 Baht am Tag. Spaß für die Familie bietet eine Ausfahrt mit dem Tandem oder dem 3er- und 4er-Rad (ab 200 Baht/Tag). Mopeds können für 300 Baht pro Tag ausgeliehen werden. Verleih entlang der Strandstraße.

Medizinische Hilfe
Thonburi Cha-Am Hospital, Petchkasem Rd., ☏ 032-433 903. Ambulanz ☏ 1554.

Touren
Wem die Strandaktivitäten in Cha-Am nicht reichen, kann bei den Touranbietern an der Strandstraße unter diversen Touren wählen. Ausflüge nach Hua Hin, Phetchaburi, zum Sam Roi Nationalpark, Pala U-Wasserfall werden genauso angeboten wie Rafting, Fischen oder Kayaking.

Transport

Wer mit dem Bus aus Bangkok oder Hua Hin kommt, wird an der Narathip Rd., Ecke Petchkasem Rd., nahe dem Bahnhof abgesetzt. Von hier sind es etwa 900 m zum Strand.

Busse
Busse und Minibusse fahren am Highway Phetchkasem Rd. ab.
BANGKOK, tgl. 9 Busse zum Southern Busterminal, von 3.30–21.30 Uhr alle 2–3 Std. für 140–150 Baht in etwa 3 Std., zudem halbstdl. von 7–17.30 Uhr zum Victory Monument für 160 Baht in 2 1/2 Std.
CHUMPHON, um 6.30 Uhr in 6 Std. für 280 Baht.
HUA HIN, stdl. in 20 Min. für 35–50 Baht.
PHETCHABURI, halbstdl. in 45 Min. für 50–80 Baht.
Minibusse fahren auch von der Soi-Busstation am Plaza ab.

Taxis
Taxis nach HUA HIN (400 Baht), PHETCHABURI (bis 800 Baht) und BANGKOK (2500 Baht) an der Soi-Busstation und der Strandstraße.

Eisenbahn
Nachtzüge s. Fahrplan S. 812/813.
BANGKOK, um 4.53 und 14.33 Uhr für 90 oder 143 Baht in 4 1/2 Std.
CHUMPHON, um 11.18 und 19.44 Uhr für 103 oder 173 Baht in 5 1/2 Std.
HUA HIN, um 11.18, 13.11, 17.21, 19.44 und 22.26 Uhr für 26 Baht in 30 Min.
PHETCHABURI, um 2.34, 4.35, 6.33, 11.53, 14.33, 17.21 und 19.44 Uhr für 28 oder 38 Baht in 30–45 Min.
SURAT THANI, um 19.44 Uhr für 187 oder 289 Baht in 7 1/2 Std.
THONBURI, um 2.34, 6.33 und 11.53 Uhr für 88 oder 137 Baht in 4 1/2 Std.

Die Seebäder Cha-Am und Hua Hin

Die beiden Seebäder liegen knapp 190 km von Bangkok entfernt und dienen seit den 1910er-Jahren den reichen Familien und dem Königshaus als Badeorte. Rama V. ließ im 19. Jh. nahe dem später erschlossenen Cha-Am und dem Fischerdorf Hua Hin den Sommerpalast **Phra Ratchaniwet Maruekkhathaiyawan** erbauen. Später bezog Rama VI. den Sommerpalast und baute ihn weiter aus. In den 1970er-Jahren wurde der Palast in **Mrigadayavan Palace**, „Palast der Liebe und der Hoffnung", umbenannt. Heute existieren beide Namen gleichberechtigt nebeneinander (s. auch S. 338).

Der Bruder von Rama VI. und spätere Thronfolger Rama VII. gab 1927 die etwa 2 km nördlich des Hafens gelegene Sommerresidenz **Klai Kangwon** („Palast fern aller Sorgen") in Auftrag. Lange Zeit besuchte auch der amtierende König Bhumipol den Palast, um sich von seinen Amtsgeschäften zu erholen. Wenn kein königlicher Besuch im Palast residiert, wird ab 17 Uhr der Park für Besucher geöffnet, die oft hier ihre sportlichen Runden drehen.

Richtig populär wurde Hua Hin, als in den 1920er-Jahren die Eisenbahnlinie fertiggestellt wurde, die von Bangkok nach Singapore führte. Der Bahnhof Hua Hin entstand; einer der ersten Bahnhöfe und der schönste des Landes. Heute hält hier (meist So gegen 16 Uhr aus Bangkok kommend) der **Eastern Oriental Express**. Dieser Luxuszug mit kolonialem Ambiente pendelt seit 1993 ein- bis viermal monatlich zwischen Bangkok und Singapore, Fahrplan s. 🖥 www.orient-express.com. Doch auch wer mit einem lokalen Zug fährt, kann hier zu- oder aussteigen. Für die königlichen Besuche reserviert ist der Königspavillon, der rechter Hand des Hauptgebäudes steht.

Direkt nach Fertigstellung der Bahnlinie erbaute Prinz Purachatra in seiner Funktion als Eisenbahndirektor das immer noch aktive **Railway Hotel** (heute Hotel Sofitel Centara Grand Resort). Vor seiner Renovierung diente das Hotel als Filmkulisse und gab sich im Film *The Killing Fields* als Hotel Le Phnom Penh aus. Ganz im angesagten viktorianischen Stil der Zeit erbaut, orientierte sich der Königsspross an Europa und ließ es sich nicht nehmen, neben einer Tennisanlage auch den ersten Golfplatz Thailands zu erbauen. Erdacht und realisiert wurde der Platz vom britischen Eisenbahningenieur A.O. Robins. Noch heute schwingen begeisterte Golfer am **Royal Hua Hin-Golfplatz** ihren Schläger und lassen sich bequem über das Grün chauffieren. Rama VII., so heißt es, habe gerade Golf gespielt, als er im Sommer 1932 von der Abschaffung der absoluten Monarchie und damit seiner Entmachtung erfuhr.

Hua Hin

Hua Hin [4776] ist ein mondänes Touristenziel mit allen Annehmlichkeiten. Große Hotels dominieren das Strandleben. Die Stadt lässt sich bequem erkunden und ist ein lohnenswerter Shopping-Stop vor der Abreise für all jene, die dem Trubel von Bangkok entfliehen wollen. Wer gerne auf dem Rücken eines kleinen Pferdes am Strand entlangreitet oder sich einfach nur faul am Hotelpool ausruhen möchte, der ist hier gut aufgehoben.

Zahlreiche Touren in die Umgebung bieten sich an, sodass ein Urlaub sowohl für Individual- als auch für Pauschaltouristen zahlreiche Erlebnisse bietet.

Bereits seit den frühen 1920er-Jahren reisen Angehörige des Königshauses in dieses Seebad. Bis heute nutzt Bangkoks Oberschicht Hua Hin als Wochenendziel.

Strand

Der kilometerlange Strand von Hua Hin ist bei Ebbe über 100 m breit. Der Hauptstrand besteht aus weichem weißen Sand und ist dank wöchentlicher Reinigung überwiegend sauber. Er wird von Felsen gesäumt, die gern als Sitzplatz für ein Erinnerungsfoto genutzt werden. Im Süden stehen kleine Tempel auf der sich hier zuspitzenden Landzunge, im Norden befindet sich ein kleiner chinesischer Tempel in den Felsen. Sowohl nördlich als auch südlich schließen sich weitere Strände an. Das Wasser ist flach und bei Ebbe müssen einige Meter bis zur Schwimmtiefe zurückgelegt werden.

Thais lassen sich vor allem im Norden des Strandes nieder, wo es zahlreiche Imbiss- und Massagestände, Sonnenschirme und Liegen gibt. Einige Liegestuhlgruppen bieten eine nahezu vollständige Überdachung und belegen ganze Strandabschnitte – beliebt bei Thai-Touristen, die hier entspannen können, ohne sich der Sonne aussetzen zu müssen.

Im Sommer stören oft Quallen das Badevergnügen, aber da die hier urlaubenden Thais ohnehin nicht gerne schwimmen gehen, stört sie das nicht. Die westlichen Touristen nutzen dann den Hotelpool. Statt Palmen säumen Steinhäuser und hohe Hotelbauten den Strand, daneben gibt es einige hölzerne Fischrestaurants auf Stelzen sowie Gästehäuser. Etwas weniger Stadtstrand-Feeling ist an den nahe gelegenen Stränden Pranburi und Takiap zu finden.

Stadt und Hafen

Die Stadt ist Heimat für etwa 50 000 Menschen. Es gibt zahlreiche Geschäfte, darunter Schneider, Schmuckhändler, Souvenirverkäufer und Anbieter von Kunsthandwerk. Nördlich des Hilton Hotels befindet sich die **Altstadt**, das Zentrum von Hua Hin. Hier findet man keine Hochhäuser, sondern traditionelle, niedrige hölzerne Thai-Häuser. Wer in eine der kleinen Nebenstraßen abbiegt, taucht ein in das ursprüngliche Leben Hua Hins.

Einen Blick von oben auf die Stadt erlaubt der 160 m hohe **Khao Hin Lek Fai**, der kaum 2 km westlich des Zentrums liegt. Es gibt zwei offizielle

Ein Ausritt am Strand

Kleine Pferde und Ponys warten am Strand am Ende der Damnoen Kasem Rd. (entlang des Sofitel Central) und laden zum Fototermin oder zum Ausritt ein. Brav im Schritt werden sie am Strand auf- und abgeführt, was den Reiter 400 Baht für 30 Min. oder 800 Baht für 1 Std. kostet. Der Ritt führt vorbei an einigen renovierten oder verfallenen alten Häusern am Strand [5839].

Reisezeiten

Saison ist in Hua Hin das ganze Jahr über. Am Wochenende ist es besonders voll. Die meisten Reisenden in den Monaten Juni bis Oktober sind Thais. Daneben kommen von November bis April zahlreiche Westler, vor allem Skandinavier, aber auch viele Deutsche. Im Winter ist der Wasserstand hoch, dann bleibt von dem eigentlich breiten Hauptstrand nicht viel übrig. Zu dieser Jahreszeit ist auch das Wasser oft aufgewühlt; erst im Februar wird es klar und blau.

und mehrere unausgeschilderte Aussichtspunkte mit Blick auf Hua Hin und das Umland. Liebespaare kommen zum Sonnenuntergang hierher, aber wegen des Ausblicks lohnt auch ein Besuch zum Sonnenaufgang gegen 5 Uhr. In dem kleinen Park kann man gemütlich picknicken.

Der Hafen befindet sich im Norden Hua Hins. Hier lässt sich noch lokales Fischerleben beobachten, wenn morgens der Fang ausgeladen und direkt am Pier oder in der nahe gelegenen Markthalle verkauft wird.

Khao Thakiap und Khao Krilas

Am südlichen Ende des Strandes, etwa 8 km vom Zentrum entfernt, liegt der **Khao Takiap**, der von vielen auch „Chopstick Mountain" oder „Monkey Hill" genannt wird. Letzterer Name trägt der Tatsache Rechnung, dass hier viele Affen zu Hause sind, die leider nicht jeden Besucher herzlich empfangen. Die 20 m hohe, golden glänzende Buddhafigur am Fuße des nördlichen Kliffs gehört zur Tempelanlage **Wat Khao Lad**. Vom oberhalb gelegenen Wat, das man über knapp 130 Stufen auch vom Strand aus erreicht, hat man einen fantastischen Panoramablick. Überall finden sich hier kleine Tempelschreine und Buddhafiguren. Anfahrt mit dem lokalen grünen Pick-up, welches den ganzen Tag zwischen Hua Hin und Khao Takiap verkehrt (10 Baht), mit dem eigenen Moped oder zu Fuß am Strand entlang. Dominiert wird dieser Strandabschnitt von mehreren hohen Gebäuden mit Eigentumswohnungen, die höchstens am Wochenende bewohnt werden.

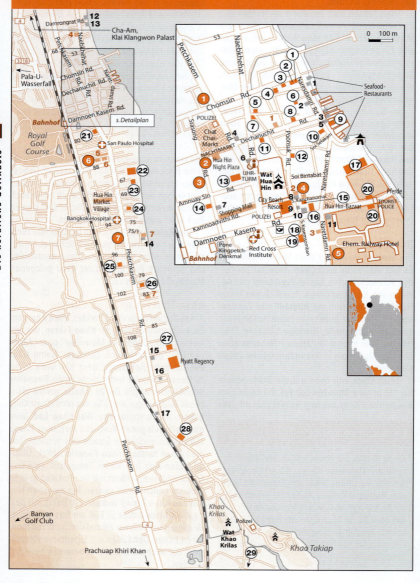

Übernachtung:
1. The Fat Cat Guesthouse & Pianobar
2. Baan Chalelarn Hotel
3. Araya Residence
4. Top Marks Hotel
5. Tong-Mee House
6. Pattana Guesthouse
7. Pananchai Hotel
8. All Nations Guest House
9. Fulay Guesthouse
10. Fulay Hotel
11. Hua Hin Paradise
12. Sand Inn
13. My Place Hua Hin Hotel
14. Cha Ba Chalet
15. MP. Guesthouse
16. Sirin Hotel
17. Hilton Resort & Spa Hua Hin
18. Baan Oum-O.R.
19. Baan Somboon
20. Hotel Sofitel Centara Grand Resort & Villa
21. Citin Loft
22. Marriott Resort & Spa
23. Veranda Lodge
24. Baan Bayan
25. Prinz Garden Villa
26. Sailom Hotel
27. Chiva Som Resort
28. Baan Kang Mung
29. Boat Lodge

Essen:
1. Brasserie de Paris
2. Tapas Café
3. Thai Food Hanuman
4. Doi Tung Cafe
5. Maharaja
6. Starbucks
7. All Inn Hua Hin
8. Heidi's Gardenrestaurant
9. La Villa
10. Sailom Pavillion: Mc Donalds, Subway, Black Canyon Café
11. Hagi
12. Coco 51
13. The Duke's
14. Beach Café und Restaurant
15. Lost Café
16. Sasi Dinner Theater
17. Papa John

Sonstiges:
1. Bucha Bun Cooking Course
2. Thai Boxing Garden
3. Megabooks
4. Rashnee Thai Silk Village
5. Grand Night Market
6. Grand Sport
7. KBA und Surfspot

Transport:
1. Minibusse nach Victory Monument Bkk
2. Songthaew nach Takiap und orangene Busse nach Had Suan Son und Pranburi
3. AC-Busse nach Bangkok und Minibusse
4. Lomprayah
5. Shuttle-Busse Khao Sam Roi Yot
6. Budget
7. Sombat Tour Busbahnhof (Chiang Mai, Korat, Chumphon)

Wer ein weiteres Wat besuchen will, kann das sehenswerte **Wat Khao Krilas** im Süden der Stadt ansteuern. Mit dem Motorrad oder Taxi ist das Wat auf dem Berg in etwa 10 Min. erreicht.

Übernachtung

In Hua Hin gibt es nur wenige günstige Unterkünfte: Die Nachfrage danach ist gering. Einige der billigen Häuser dienen als Stundenhotels und sind daher für Traveller keine gute Wahl. Mittelpreisige Gästehäuser und kleine Hotels sind hingegen zahlreich vorhanden, oftmals mit gutem Preis-Leistungs-Verhältnis. Wer sich Luxus leisten kann, wird in Hua Hin auf jeden Fall schöne Unterkünfte finden. Es gibt renovierte Ferienhäuser aus den 1920er-Jahren ebenso wie große Hotels mit jeglichem Komfort. Weitere Unterkünfte s. **eXTra [5440]**.

Untere Preisklasse

All Nations Guest House ⑧, 10-10/1 Dechanuchit Rd., ☎ 032-512 747, ✉ cybercafehuahin@hotmail.com, **[5821]**. Zimmer mit Ventilator oder AC. Ohne viel Komfort mit großen Bädern. In die Jahre gekommen, aber sauber. Warmwasser. Einige Zimmer mit Balkon zur Straße. ❸–❹
Cha Ba Chalet ⑭, 1/18 Sasong Rd., ☎ 032-521 181, 🖥 www.chabachalet.com, **[5828]**. Kleines Hotel in Bahnhofsnähe. Einfache, geräumige Zimmer mit TV und Kühlschrank. Familienzimmer. Viel Licht dank großer Fenster. Gutes Preis-Leistungs-Verhältnis, inkl. Frühstück. ❹
Pattana Gh. ⑥, 52 Naresdamri Rd., ☎ 032-513 393, **[5848]**. Schön, einfach und günstig im alten Teakhaus. Zimmer im EG mit Dusche, die im 1. OG ohne Bad. Alle mit Ventilator und Moskitonetz. Ruhe im wundervoll dekorierten Garten mit Bar. ❷–❸

Mittlere Preisklasse

Araya Residence ③, 15/1 Chomsin Rd., ☎ 032-531 130, 🖥 www.araya-residence.com. Boutiquehotel mit gehobener Ausstattung. TV, Minibar, Safe, inkl. Frühstück. ❹–❺
Baan Chalelarn Hotel ②, 11 Chomsin Rd., ☎ 032-512 233, 🖥 www.chalelarnhuahin.com, **[5823]**. Kleines Hotel mit großen Zimmern, einige Schritte vom Pier entfernt. Die Zimmer im Erdgeschoss haben einen kleinen Austritt. Safe,

Die nördliche Golfküste

Wohnen auf Pfählen über dem Meer

Fulay Guesthouse ⑨, 110/1 Naresdamri Rd., ✆ 032-513 145, 🖥 www.fulay-huahin.net, [5442]. Eines der alten Stelzenhäuser über dem Strand. Schöne Seeterrasse und Pavillon. WLAN am Empfang (100 Baht/Tag). Zimmer mit Ventilator und Warmwasser, billiger mit Kaltwasser. AC-Zimmer etwas näher am Meer. Oft ausgebucht. ❸–❹

TV, Kühlschrank, Balkon. Kostenlos Internet im Foyer. ❹–❺

Baan Oum-O.R. ⑱, Soi Kasemsomban, Damnoen Kasem Rd., ✆ 032-515 151, ✉ baan_oum-or@hotmail.com, [5825]. Kleines familiäres Eckhotel. Der Empfangsbereich ist modern weiß gehalten, die Zimmer sind großzügig. Schön ist das Zimmer mit Balkon. ❹

Baan Somboon ⑲, 13/4 Soi Kasemsomban, Damnoen Kasem Rd., ✆ 032-511 538, 🖥 www.baansomboon.com. Heimelige Atmosphäre in familiärem Haus. Schöner kleiner Garten. Zimmer mit Ventilator oder AC, TV und Kühlschrank, inkl. Frühstück. ❹

Hua Hin Paradise Guesthouse ⑪, 45/8-9 Dechanuchit Rd., ✆ 032-530 114, 🖥 www.huahin-paradise.com, [5837]. 200 m vom Strand entfernt. 13 Zimmer auf zwei Etagen; ausgefallene Dekoration, Minibar und Wasserkocher. Schöner Gemeinschaftsbalkon zur Straße. ❹

MP Guesthouse ⑮, 6/5 Soi Khanjanomai, ✆ 032-511 344, [5846]. Kleines Gästehaus mit familiärer Atmosphäre in kleiner geschäftiger Soi. Zimmer mit TV und Kühlschrank, sauber und einfach im Plastikstil möbliert. ❹

My Place Hua Hin Hotel ⑬, 17 Soi Hua Hin, 74 Amnuaysin Rd., ✆ 032-514 111, 🖥 www.myplacehuahin.com, [5441]. Boutiquehotel mit 24 schönen, gut ausgestatteten geschmackvollen Zimmern. TV, Safe, Balkon und WLAN im Zimmer. Frühstück inkl., kleiner Pool auf dem Dach. Oft Promotion-Angebote. ❹–❽

Sand Inn ⑫, 38/1-4 Poolsuk Rd., ✆ 032-532 060, 🖥 www.sandinn-huahin.com, [5885]. Schlicht, aber geschmackvoll im Boutiquestil möblierte Zimmer, z. T. Richtung geschäftiger Straße, andere mit Balkon und Blick auf Pool und Garten. Internet in der Lobby. Kneipe im EG. ❹

The Fat Cat Guesthouse & Pianobar ①, 8/3 Naresdamri Rd., ✆ 086-2062 455, 🖥 www.thefatcathuahin.com, [5832]. Orangefarbenes Hotel direkt am Pier. Die Zimmer nach vorne haben Balkon und Meerblick. Im Hinterhaus günstige Zimmer mit Ventilator und Kaltwasser, sonst AC, TV und Kühlschrank. Im Erdgeschoss befinden sich ein Restaurant und eine Bar. Zwischen 21 und 23 Uhr macht der dänische Eigentümer Jazzmusik. ❷–❹

Top Marks Hotel ④, 100/4-6 Poolsuk Rd., ✆ 032-530 404, 🖥 www.topmarkshotelhuahin.com, [5948]. Gefliese große Zimmer mit TV, Safe, Minibar. Freies WLAN, teils im Zimmer. Fitnessgeräte. Unten große Kneipe mit Flachbildschirm und Billard. 1 Zimmer mit Ventilator ❷, sonst AC ❹

Gutes Preis-Leistungs-Verhältnis

Tong-Mee House ⑤, 1 Soi Raumpown, ✆ 032-530 725, ✉ tongmeehuahin@hotmail.com, [5947]. Kleine Zimmer mit Balkon, Holzmöbeln, TV, Safe und Kühlschrank als Minibar. Familiäre Atmosphäre durch die immer gut gelaunte Eigentümerin. Gemütliche Sitzmöglichkeiten drinnen und auf der Terrasse. Sehr gutes Preis-Leistungs-Verhältnis. Internet an der Rezeption für 30 Baht/Std. ❸

Obere Preisklasse

Baan Kang Mung ㉘, 122 Moo Baan Takiab Nongkae, ✆ 032-536 727, 🖥 www.baankangmung.com, [5824]. Kleines familiäres Bed & Breakfast-Hotel. Die luftigen, weißen Zimmer mit großen Betten und Moskitonetz verbreiten mediterranes Flair. ❺–❼

Prinz Garden Villa ㉕, 8/30 Soi Hua Hin 98, ✆ 032-511 720, 🖥 www.prinz-garden-villa.de, [5883]. Große Zimmer und Apartments, inkl. Frühstücksbuffet. Schöner Pool im Garten unter Mango-Bäumen und Palmen.

Königlich wohnen für wenig Geld

Citin Loft ㉑, 120/22 Soi Huahin, 78 Petchkasem Rd., ✆ 032-533 778, 🖥 www.citinlofthuahin.com, [5830]. 50 schön gestaltete, gefliese Zimmer mit Balkon. Kleiner Pool auf dem Dach, kostenfreies WLAN. Rabatte bei Buchung über die Website. ❺

Rollstuhlgerecht. Deutsch-thailändische Leitung. ❺–❼
Sirin Hotel ⑯, 6/3 Damnoen Kasem Rd., ✆ 032-511 150, 🖥 www.sirinhuahin.com, [5887]. Gut ausgestattete Zimmer, TV, Minibar und Balkon in 3-geschossiger Hotelanlage. Ein paar Schritte vom Strand entfernt, ohne Meerblick. Pool. ❺–❻

Luxusklasse

Baan Bayan ㉔, 119 Petchkasem Rd., ✆ 032-533 544, 🖥 www.baanbayan.com. Boutiquehotel in renoviertem antiken Thai-Haus von ca. 1920. Direkt am Strand, wenige Minuten südlich des Zentrums. Pool mit Meerblick. Hochzeitsarrangements. Promotion-Preise im Internet. ❽
Chiva Som Resort ㉗, 73/4 Petchkasem Rd., ✆ 032-536 536, 🖥 www.chivasom.com, [5829]. Luxuriöse Anlage am Strand, etwa 3 km südlich des Zentrums. Massage und Aromatherapie, Yoga und andere fernöstliche Heilmethoden

Stilvoll leben und Tee trinken

Hotel Sofitel Centara Grand Resort & Villa ⑳, 1 Damnoen Kasem Rd., ✆ 032-512 021, 🖥 www.sofitel.com, [5888]. Luxushotel, einst unter dem Namen Railway Hotel in den 1920er-Jahren erstes Hotel am Platz. Die im viktorianischen Stil erbauten renovierten Villen und der Hotelkomplex strahlen eine gediegene, geschichtsträchtige Atmosphäre aus. Es gibt 5 Restaurants und eine riesige Pool-Landschaft, natürlich auch Fitnesscenter und Spa. Feudaler geht's nicht in Hua Hin. Wem es hier zu teuer ist, der sollte es sich nicht nehmen lassen, im Museumscafé in kolonialer Atmosphäre einen Tee oder Kaffee zu schlürfen. ❽

(auch besonders zubereitete Speisen) sind Teil des Übernachtungspreises. Pool mit Meerblick. Packagebuchungen übers Internet. Keine Kinder unter 16 Jahren. ❽
Dusit Thani Hua Hin ④, 1349 Petchkasem Rd., ✆ 032-520 009, 🖥 www.dusit.com, Karte S. 353. Beeindruckt mit großer Pool-Anlage. Die Zimmer lassen keine Wünsche offen. 5 Restaurants und Bar (abends Livemusik). Wassersport, Tennis, Squash, Fitnesscenter, Spa (9–20 Uhr). ❼–❽
Sailom Hotel ㉖, 29 Petchkasem Rd., ✆ 032-511 890, 🖥 www.sailomhotelhuahin.com, [5884]. 64 Zimmer etwa 2,5 km südlich des Zentrums am Strand. Großer Pool mit abgetrenntem Kinderbecken und zweiter Pool auf der 2. Etage. Große Zimmer, die Einrichtung reicht vom Schreibtisch über den kleinen Flachbildfernseher bis zum Haartrockner. ❻–❼
Veranda Lodge ㉓, 113 Hua Hin Soi 67, ✆ 032-533 678, 🖥 www.verandalodge.com, [5949]. Schönes stylishes Hotel am Strand mit geschmackvoll gestalteten Zimmern. Der Gartenbereich macht einen etwas verwilderten Eindruck. Veranstaltet Hochzeits- und private Strandpartys. Pool in tropischem Garten. Frühstück inkl. ❽

Essen

Hua Hin hat zahlreiche Lokale und Essenstände. Man kann am Foodstall authentische Thai-Küche genießen oder auf schweizerisch-deutsche Art mit Fondue seinen Hunger stillen. Wer es mediterran mag, geht zum Italiener und bestellt Pizza und Pasta. Und wer Fisch und Meeresfrüchte liebt, hat eine riesige Auswahl: von einfachen oder auch sehr guten Thai-Restaurants bis hin zu westlichen Restaurants mit gehobener und teurer Küche.
Viele Restaurants befinden sich in der Altstadt in der Naresdamri Rd., hinter dem Hilton und rund um die Soi Kanchanomai. Hier liegt auch die Ausgehmeile mit zahlreichen Kneipen.

Asiatische Küche

Wer unverfälschte Thai-Küche liebt, isst an einem der vielen kleinen Essenstände am Abend in den Sois und an den Kreuzungen. Hier

> ### Seafood direkt am Meer
>
> In den Restaurants, die auf Stelzen im Süden des Strandes thronen, kann man gut und lecker Fisch und andere Meeresfrüchte essen. Die Ware ist meist sehr frisch. Angesichts der exquisiten Lage sind die Preise für das Essen trotz der etwas heruntergekommenen Atmosphäre in den Restaurants recht hoch. Gerichte zwischen 150 und 500 Baht.

werden überwiegend Suppen angeboten. Leckere Wok-Gerichte gibt es z. B. in der Naebkhehat Rd. am 7-Eleven schräg gegenüber dem Pananchai Hotel. Da die wenigsten westlichen Reisenden hier essen, ist das Gebotene noch sehr authentisch. Am besten zeigt man einfach auf etwas und probiert.
Auf den **Nachtmärkten** gibt es zahlreiche Stände mit Fisch; aber auch bereits T-Bone-Steak vom Grill. Viele Besucher freut es, dass sich die meisten Stände und Lokale hier mittlerweile am Geschmack der westlichen Reisenden orientieren und die Gerichte auf deren leicht brennbare Zungen abschmecken. Der **Grand Night Market** ist noch weniger touristisch, sodass man hier die Gerichte auch als Europäer nach Landesart zubereitet bekommt, was u. a. bedeutet, dass an Chilis nicht gespart wird.
Auf dem **Chat Chai Markt** gibt es morgens Reissuppe (meist nur bis 8 Uhr). Tagsüber günstiges Seafood oder andere Thai-Gerichte.
Hagi Japanese Restaurant, Naresdamri Rd./ Damnoen Kasem Rd. Gehört zum Komplex des Sofitel Hotels. Nicht nur Sushi, sondern auch andere japanische Köstlichkeiten werden stilecht serviert. Nicht für den kleinen Geldbeutel. 17–23 Uhr.
Lost Café, 123/33 Soi Nong Kae, 032-511 624, www.lost-cafe.com. Liebevoll gestaltetes 2-stöckiges Restaurant, das auch an einen einsamen Strand passen würde. Überwiegend thailändische Küche, Snacks an der Bar, Wein und belgisches Bier. 9–23 Uhr.
Maharaja, 25 Naresdamri Rd., gute nordindische Küche in schöner Lage.
Thai Food Hanuman, Naresdamri Rd. Gute authentische thailändische Küche in rustikalem Ambiente. Lecker ist das Penang Curry. 11–23 Uhr.

Westliche Küche

Von Pizza über Steaks in allen Variationen bis hin zum guten französischen Drei-Gänge-Menü wird alles kredenzt, was der Magen begehrt. Die Preise sind etwas höher als in Thai-Restaurants. Viele Lokale befinden sich in der Poonsuk Rd. oder der Naresdamri Rd. Am Strand, meist einige Minuten vom Zentrum entfernt, laden gediegene Restaurants zum Dinner für gehobene Ansprüche.
Brasserie de Paris, 3 Naresdamri Rd., 032-530 637. Restaurant mit Meerblick und schönem Ambiente. Französische Küche, viel Seafood, gehobene Preise.
Coco 51, Westende der Soi 51, 032-515 597. Gediegene Casual Cuisine mit Blick aufs Hilton und die Skyline der Stadt. Am Strand gelegen, tgl. Live-Jazz zum Dinner, Sa Swing-Jazz. 10–23 Uhr.
Heidi's Gardenrestaurant, 2/1 Poonsuk Rd., 032-532 367, www.heidis-gartenrestaurant.com. Käsefondue gehobene Version von Schwein, Huhn und Rind. Zudem Chang-Bier vom Fass und Weißbier aus der Flasche. Kinderteller. Gruppen sollten ihren Tisch vorbestellen. 11–24 Uhr.
La Villa, Poonsuk Rd., 032-513 435. Gute italienische Küche. Tgl. frische Pasta, gute Weinauswahl. Gehobene Preise. 12–14 und 18–22.30 Uhr.

> ### Zum Essen etwas Kultur
>
> **Sasi Dinner Theater**, 83/159 Nhongkae Rd., Reservierungen über Reisebüros oder unter 032-512 488, www.sasi-restaurant.com. Zum großen Dinner wird eine gelungene Show geboten. Tänzer zeigen einen Ausschnitt aus dem Ramakien und die Kunst des Schwertkampfes wird demonstriert. Das Ensemble besteht aus jungen talentierten Künstlern. Showbeginn 19 Uhr, 750 Baht. Das Restaurant liegt etwa 10 Min. südlich des Zentrums. Gäste werden ab 18.30 Uhr vom kostenlosen Shuttlebus am Uhrturm abgeholt.

Papa John, 154 Takiab Rd., ✆ 032-514 295. Nahe Khao Tapiab. Unter deutscher Leitung, vor allem bei Finnen beliebt. Steaks aus Neuseeland, Fisch aus Thailand und Wein aus Italien und Frankreich. ⏱ 12.30–23.30 Uhr.

Tapas Café, 62 Naresdamri Rd., ✆ 032-531 062, 🖥 www.tapascafehuahin.com. Das Restaurant befindet sich in der Altstadt in einem renovierten antiken Holzhaus. Kleiner Gartenbereich. Sehr gute Tapas, frische Sangria und eine gute Weinauswahl. Happy Hour von 15–19 Uhr, 3 Tapas zum Preis von 2.

The Duke's, 3 Damrongrat Rd., Hua Hin Soi 51, ✆ 032-515 787, 🖥 www.theduke51.com. Hochpreisige Thai- und europäische Küche in gehobenem Ambiente direkt am Strand. Gutes Seafood. Livemusik, Di und Sa klassische Gitarrenklänge. ⏱ 11–23 Uhr.

Kaffee und Kuchen

All Inn Hua Hin, Srasong Rd. Täglich wird hier frisches Brot gebacken, das man zum Frühstück mit leckerer Wurst oder Schinken verspeisen kann. Zudem weitere Gerichte aus der europäischen Küche. ⏱ 8–22 Uhr.

Beach Café und Restaurant, Soi Hua Hin 75/1, ✆ 032-512 254, direkt neben den Kiteschulen. Hier kann man sich vom Kitesurfen erholen oder den Sportlern zusehen und dabei entspannt etwas essen. ⏱ 10–22 Uhr

Doi Tung Café, Ecke Petchkasem Rd. Nahe Nachtmarkt. Leckerer Kaffee und Kleidung. Das Café ist Teil eines Entwicklungsprojekt in Chiang Rai unter königlicher Schirmherrschaft und eine Non-Profit-Organisation.

Aktivitäten

Boxen

Stadion **Grand Sport**, Petchkasem Rd., vor dem Grand Hotel, ✆ 089-754 701, 🖥 www.huahingrandsport.com. Kostenloser Transport zu den Kämpfen am Mi und Fr ab 21 Uhr mit den Tuk Tuks Hua Hins. Kurse in Aikido, Taekwondo und Yoga. Fitnesscenter ⏱ 9–21 Uhr.

Thai Boxing Garden, hinter dem Tempel in der Soi Kanjanomai (von der Poonsuk abgehend). Kämpfe Do und Sa 21 Uhr. Etwas weniger kämpferisch sind die hier immer mal wieder stattfindenden Ladyboy-Shows. Karten zwischen 400 und 600 Baht.

Einkaufen

Wer Shopping liebt, wird in Hua Hin fündig. Der **Nachtmarkt**, der allabendlich ab 17 Uhr in der Innenstadt ab Kreuzung Petchkasem/Dechanuchit Rd. über zwei Blocks hinweg seine Buden öffnet, ist bis Mitternacht eine wahre Fundgrube. Ein weiterer Nachtmarkt, der **Grand Night Market**, befindet sich gegenüber dem Grand Hotel. Hier gibt es nahezu alles, von

---

Ein bedeutendes Fliegengewicht

Ein Denkmal ehrt einen starken Sohn der Stadt: **Pone Kingpetch** (auch Man Seedokbuab genannt), der am 16. April 1960 erstmalig einen Weltmeistertitel im Boxsport nach Thailand brachte. In Bangkok gewann er gegen den Argentinier Pascual Perez. Drei Mal bewies er seine Stärke im Fliegengewicht. Der im Februar 1935 geborene Sportler starb mit 47 Jahren. Die Einwohner Hua Hins sind noch heute stolz auf ihn. Lange Jahre stand das Denkmal nahe dem Hilton Hotel, heute befindet es sich an der Damnoen Kasem Rd.

Seidenherstellung

Das **Rashnee Thai Silk Village**, 18/1 Naebkeharst Rd., ✆ 032-531 155, ist eine gute Geschäftsidee des Schneiders Mike & Co Tailors und wirklich sehenswert. Ohne Kaufzwang oder gar Eintritt wird dem Besucher in einem kleinen, aber schön gestalteten offenen Holzunterstand gezeigt, wie Seide hergestellt wird: von der Raupe bis zum Stoff. Freundlich und unaufdringlich wird das Ausgestellte erklärt. Entweder läuft man etwa 1 km vom Uhrturm oder lässt sich vom kostenlosen Bringservice abholen. Mike & Co Tailors haben insgesamt fünf Geschäfte in Hua Hin. ⏱ 9–21 Uhr.

Neben dem Geschäft befindet sich vom gleichen Betreiber ein hübsches thailändisches Restaurant. Gerichte um 200 Baht, Menüs zwischen 590 und 890 Baht.

Kleidung über Pflanzen bis zu Hunden und anderen Tieren. Neben zahlreichen kleineren Geschäften im Zentrum besitzt Hua Hin auch eine Shopping Mall, das **Hua Hin Market Village**, Satukarn Square, gegenüber dem Hua Hin-Tempel. Auch drei große **Outlets** zwischen Cha-Am und Hua Hin und die zahlreichen Schneider- und Uhrenläden sind ein Eldorado für Schnäppchenjäger, die Markenartikel schätzen. Oft sind diese hier echt, aber nicht immer.

Golf

Hua Hin bietet Freunden des Golfsports paradiesische Bedingungen. Es gibt 9 Golfplätze in unmittelbarer Umgebung. Die Preise sind gemessen am Standard günstig. Einige Plätze bieten zudem gute Unterkünfte. Neben dem ersten Golfplatz Thailands, dem seit den 1920er-Jahren bespielten **Royal Hua Hin**, gibt es beispielsweise den ganz neuen **Banyan Golf Club**, der erst Ende 2008 seine Pforten öffnete. Inkl. Ausrüstung und Caddy kostet eine Runde je nach Platz zwischen 2250 und 3600 Baht.

Kochkurse

Bucha Bun Cooking Course, 22 Dechanuchit Rd., ✆ 032-531 220, 🖥 www.thai-cookingcourse.com. Mind. 4, max. 10 Schüler lernen hier von einem (auch in Sachen Unterricht für Ausländer) erfahrenen Koch die Kunstgriffe der Thai-Küche. Beginn 9 Uhr, nach dem Marktbesuch wird zubereitet und anschließend gemeinsam gegessen. Ende gegen 15 Uhr. Freier Transport vom und zum Hotel. 1500 Baht/Pers.

Wassersport

KBA, ✆ 081-591 4593, 🖥 www.kiteboardingasia.com. Eines der 7 Kiteboard-Zentren der KBA-Schule. Gutes Equipment, gute Ausbildung. Kurse in der Gruppe und Privatstunden. Bietet Tageskurse oder Kurse bis zu 3 Tagen, zwischen 4000 und 11 000 Baht.

Sonstiges

Auto-, Fahrrad- und Mopedvermietung

In Hua Hin kann man Autos, Fahrräder und Mopeds leihen. Die meisten Gästehäuser vermieten ab 70 Baht pro Tag ein Fahrrad, für 200 Baht ein Moped. Autos, die man auch an anderen Orten zurückgeben kann, hat **Avis**, ✆ 032-512 021-38, 🖥 www.avisthailand.com. Günstiger sind die Jeeps der lokalen Anbieter. Autos mit Navigationsgerät hat **Budget**, ✆ 032-514 220, 🖥 www.budget.co.th, ganz im Süden, hinter dem Grand Night Market.

Bücher

Megabooks, Naresdamri Rd., offeriert eine Auswahl an Büchern und Karten und führt auch Zeitschriften und Zeitungen aus Europa. Deutschsprachige gebrauchte Schmöker sind ebenfalls für rund 220 Baht erhältlich. ⏱ 9.30–21 Uhr.

Feste

Beliebt ist das **Jazzfestival**, welches seit 2002 alljährlich Mitte Juni stattfindet und 2–3 Tage dauert. Auf bis zu 3 Bühnen wird gekonnt musiziert, kein Eintritt.
Ein besonderes Erlebnis ist das **Königliche Elefanten-Poloturnier**, alljährlich auf dem Gelände des Anantara Resorts. Kein Eintritt. Geld wird gesammelt für das National Elephant Institute im nordthailändischen Lampang. Polospieler aus aller Welt messen hier auf dem Rücken der Elefanten ihr Können. Die Elefanten freut besonders das vor dem Rennen aufgebaute Buffet aus Früchten.

Informationen

Es gibt 2 Büros des **Tourist Office**. Das meistfrequentierte und sehr informative Büro befindet sich am Uhrturm, das andere an der Damnoen Kasem Rd., Ecke Petchkasem Rd., ✆ 032-512 120 oder 532 433. ⏱ Mo–Fr 8.30–20, Sa/So und an Feiertagen 9–17 Uhr.
Zudem gibt es in der Stadt werbefinanzierte Pocket Guides mit aktuellen Veranstaltungshinweisen.

Medizinische Hilfe

Red Cross Institute, Erste-Hilfe-Station. Neben der Touristeninformation an der Damnoen Kasem Rd.
San Paulo Hospital, 222 Petchkasem Rd., ✆ 032-532 576-80, 🖥 www.sanpaulo.co.th.

Hua Hin Hospital, 30/2 Petchkasem Rd., ✆ 032-547 350-9, 🖥 www.eng.huahinhospital.go.th.
Ambulanz, ✆ 032-532 576.

Polizei
Touristenpolizei nahe dem Sofitel, ✆ 032-515 995, oder Notrufnummer 1155.
Polizeistation (Diebstahlmeldung usw.), Damnoen Kasem Rd., ✆ 032-511 027.

Nahverkehr

Songthaew, Kleinbusse und Taxis
Songthaew fahren von 6 bis 18 Uhr. Kurze Strecken kosten ab 10 Baht. Zum Khao Takiap 10 Baht, Abfahrt in der Srasong Rd.
Grün-gelbe **Kleinbusse** bedienen den ganzen Tag über den Stadtverkehr. 20 Baht pro Kurzstrecke, Preise vorher absprechen.
Taxis mit Taxameter verlangen für Kurzstrecken 50–100 Baht. Ein Taxi für den ganzen Tag kostet etwa 800 Baht, in der Hauptsaison 1000 Baht.

Transport

Busse
BANGKOK, ab der Busstation in der Srasong Rd. AC-Busse zum Southern Busterminal um 3, 5, 8, 10, 12, 14, 16, 18.30 und 21 Uhr für 160 Baht in 3 1/2 Std.
Minibusse ab der Busstation in der Srasong Rd. fahren zum Victory Monument halbstdl. zwischen 4.30 und 19.30 Uhr für 180 Baht und zum Southern Busterminal stdl. zwischen 4 und 19.30 Uhr für 180 Baht.
Minibusse ab der Petchkasem Rd. fahren zum Victory Monument halbstdl. zwischen 4 und 19 Uhr für 180 Baht. Die Minibusse benötigen bis Bangkok etwa 2 1/2 Std.
CHA-AM, alle Busse und Minibusse halten auf Wunsch in Cha-Am, 30 Baht in 30 Min.
CHIANG MAI, mit dem VIP-Bus um 8 und 17 Uhr ab dem Sombat Tour Terminal, ✆ 032-514 477, etwa 3 km südlich des Zentrums, Petchkasem Rd., Höhe Soi 96/98, für 785 Baht in 12 Std.
CHUMPHON, ab dem Sombat Tour Terminal um 8, 9, 10, 11, 12 und 12.30 Uhr für 160 Baht in 4 Std. (fährt von der gegenüberliegenden Straßenseite ab; frühzeitig dort sein, da der Bus von Bangkok kommt).
CHUMPHON (und zu den Fähren nach KO TAO, KO PHANGAN und KO SAMUI), mit Lomprayah um 8.30 und um 23.45 Uhr, Abfahrt ab Uhrturm. Seatran fährt um Mitternacht los. Buchungen unter ✆ 032-533 739 (Lomprayah) und im Reisebüro. Ko Tao 900 Baht, Ko Phangan 1150 Baht, Ko Samui 1300 Baht.
Die Überlandbusse auf dem Weg nach Bangkok kommen zwischen 21 und 23 Uhr durch Hua Hin. Wer 24 Std. vorher im Reisebüro bucht, kann hier zusteigen.
KORAT, ab Sombat Tour Terminal, ✆ 032-514 477, um 6.30, 8.30, 10, 14, 19 und 21 Uhr für 369 Baht in 7 Std.
PATTAYA, Minibusse ab Srasong Rd. Zwischen 6 und 18 Uhr alle 2 Std. für 400 Baht in 3 Std.
PRANBURI, mit den orangefarbenen Bussen, Abfahrt in der Srasong Rd. für 30 Baht etwa alle 20 Min.
PRACHUAP KHIRI KHAN, ab dem Sombat Tour Terminal in den Bus Richtung Chumphon um 8, 9, 10, 11, 12 und 12.30 Uhr für 60 Baht in 1 1/2 Std. (fährt von der gegenüberliegenden Straßenseite ab; frühzeitig dort sein, da der Bus von Bangkok kommt).
Shuttlebus zum HAT SAM ROI YOT (Delphinbucht) vor dem Sofitel Hotel um 14, 16 und 21 Uhr in 45 Min. für 120 Baht. 2 Std. vorher buchen unter ✆ 086-0843708.

Taxis
BANGKOK (Flughafen), je nach Tageszeit und aktuellem Spritpreis für rund 1500 Baht.
CHA-AM, tagsüber für etwa 350 Baht.
Die Fahrt mit dem Taxi zum KHAO SAM ROI YOT ist für 1500 Baht zu haben (Hin- und Rückfahrt, einfache Fahrt 800 Baht).

Eisenbahn
Nachtzüge s. Fahrplan S. 812/813. Es ist ratsam, bei diesen Überlandfahrten frühzeitig vorzubuchen. Für Bummelzüge und Fahrten von kurzer Dauer gibt es Tickets kurz vor Abfahrt am Bahnhof.
BANGKOK, um 14.10 und 16.01 Uhr in 4 1/2 bzw. 3 3/4 Std. Alle Züge ab 44 bis 382 Baht.
BUTTERWORTH (Malaysia), um 18.21 Uhr für 1120/1210 Baht in 17 1/2 Std., mit Halt in PADANG PESAR (14 1/2 Std.).

CHA-AM, um 6.10, 11.28 und 14.10 Uhr für 26 Baht in 20–30 Min.
CHUMPHON, um 11.11 Uhr in 3 Std. oder 17.10 Uhr mit dem Bummelzug in 4 Std. Hier in der 3. Klasse für 40 Baht, sonst 250 Baht.
KO SAMUI und KO PHA NGAN, mit den Nachtzügen, welche die morgens ablegenden Boote ab Surat Thani erreichen.
PHETCHABURI, um 14.10 und 16.01 Uhr für 50 Baht in 45–60 Min.
SUNGAI GOLOK (Grenze Malaysia), um 17.10 und 19.08 Uhr für 690 Baht in 16 Std. Alle Züge erreichen die Grenze vormittags, passend für den Grenzübertritt.
SURAT THANI, per Tageszug Richtung Chumphon um 11.11 Uhr für 250 Baht in 5 1/2 Std.

Die Umgebung von Hua Hin

Ausflugstouren ab Hua Hin werden nach Cha-Am und zu den zwei nahe gelegenen Nationalparks **Kaeng Krachan** und **Khao Sam Roi Yot** angeboten. Daneben gibt es Touren zu den Affen auf der nach ihnen benannten Insel **Ko Lam** (Monkey Island) und zu den in der Nähe lebenden **Delphinen**, die sich noch vor der Küste des Hat Sam Roi Yot (s. S. 354) tummeln.

Hat Suan Son und Khao Tao

Hinter Khao Takiap schließt sich der Hat Takiap an. Das Hua Hin Watersports Centre vermietet Bananenboote, Scooter und Allradfahrzeuge. Mehr Ruhe als am Jetskistrand findet man direkt anschließend am etwa 8 km langen Hat Suan Son. Dieser Strand endet am Fuße des Khao Tao und wird von Pinien gesäumt. Am Wochenende tummeln sich hier viele urlaubende Thais. Der Strand gehört zum **Suan Son Pradipat** (Sea Pine Tree Garden), einem Erholungspark des Militärs. Der Zutritt ist kostenlos. Am Ende des Strandes befindet sich ein Fischerdorf. Hier erhebt sich der **Khao Tao**, der Schildkrötenberg, an dem eine große goldene Schildkröte verehrt wird; gedankenverloren guckt sie aufs Meer hinaus. Der Berg thront etwa 13 km von Hua Hin entfernt an der Küste; oben steht eine große, weithin sichtbare goldene Buddhafigur. Hier findet man zahlreiche Tempel und kleine Höhlen mit weiteren Buddhafiguren. An den nahe gelegenen Stränden **Hat Sai Noi** und **Hat Sai Yai** gibt es Restaurants.

Anfahrt: Mit dem Bus alle 20 Min. für 20 Baht ab Dechanuchit/Srasong Rd.; zum Khao Tao am einfachsten mit dem Taxi oder geliehenen Moped bzw. Auto in 20 Min. (Highway 4 nach Süden, kurz vor Erreichen des Berges links in die 3325 abbiegen).

Übernachtung

Hat Takiap
Boat Lodge ㉙, 84/12 Moobaan, ✆ 032-537 223, 🖥 www.boatlodgeresort.com, Karte S. 344. Eine extravagante Unterkunft, die schöne Zimmer mit Safe, TV, Minibar und Wasserkocher in unkonventionell gestalteten Häusern und im Leuchtturm bietet. Es gibt einen Pool, und zum Strand sind es nur ein paar Meter. ❻

Hat Suan Son
Hier gibt es zwei Arten von Unterkünften im **Suan Son Pradipat Resort**, ✆ 032-536 581, [6002]. Etwa 50, etwas verwohnte Bungalows mit 2 oder 3 Schlafzimmern, ❺–❻, stehen direkt am Eingang der Zufahrt am Strand. 300 m weiter liegt das moderne, nach thailändischem Geschmack gestaltete Hotel mit Pool, [6003]. Am Wochenende oft ausgebucht. ❺

> ### 🌳 Ein Hideaway zum Wohlfühlen
>
> Ein besonderer Ort ist das **Evason Six Senses & Hideaway** ⑤, 9/22 Moo 5 Paknampran Beach, ✆ 032-618 200, 🖥 www.sixsenses.com/Six-Senses-Hideaway-Hua-Hin, [5993]. Ansprechendes Hotel und Pool-Villen, großer Pool für alle. Abwechslungsreiches Frühstück, oft bei dezenter klassischer Livemusik. Gute Anwendungen in ansprechend gestaltetem Spa. In der Saison oft auch Yogakurse. Kinderbetreuung möglich. Das Konzept der Hotelanlage basiert trotz allem Luxus auf der sparsamen Nutzung natürlicher Ressourcen. Bei Flut gibt es keinen Sandstrand; Zugang zum Meer über ein paar Stufen. ❼–❽

Pranburi

Bekanntester Ort der Gegend um Pranburi ist der **Pranburi Forest Park**. Hier kann man auf einem Steg zwischen natürlich gewachsenen Mangroven entlangwandern. Das Gebiet liegt am Pranburi-Fluss, der sich vom Kaeng Krachan National Park bis zur Golfküste über 130 km seinen Weg bahnt. Hier leben zahlreiche Vögel, die man beobachten kann. Vom Wasser aus lässt sich dieses Gebiet besonders entspannt genießen. Touren werden von Mermaid Cruises, 🖳 www.huahincruises.com, angeboten.

Anfahrt: Nach Pranburi kommt man den ganzen Tag über mit den öffentlichen orangefarbenen Bussen, die ständig an der Kreuzung Dechanuchid Road und Srasong Road vor dem 7-Eleven losfahren. Die Fahrzeit bis zur Hauptstraße von Pranburi beträgt 30 Min.; Preis: 30 Baht. Einfacher geht es mit dem Moped in 45 Min. Von Pranburi bis zum Strand sind es ca. 10 km.

Das etwa 25 km von Hua Hin entfernte **Fischerdorf Pak Nam Pran** ermöglicht einen Einblick in das Leben der einfachen Menschen. Nur wenige Kilometer weiter hat sich am Strand eine Hotelszene entwickelt. Hier gibt es Luxushotelanlagen und schöne Boutiquehotels, die pauschal gebucht sogar erschwinglich sind. Wermutstropfen: Die Resorts liegen hinter einer kleinen Straße und nicht direkt am Strand.

Sirinat Bajini Mangrove Ecosystem Learning Center

Die kleine Ausstellung, etwa 15 km vom Zentrum Hua Hins entfernt, informiert mit Infotafeln im Parkzentrum über den Mangrovenwald. Er ist Resultat einer gelungenen Aufforstung ehemaliger Shrimps-Farmfelder und unterstreicht die Bedeutung derartiger Landschaften. Zahlreiche einst vertriebene Tiere sind hier wieder heimisch geworden, einige davon sind auf dem 30-minütigen Rundgang durch den Mangrovenwald zu sehen. Wer kein Thai spricht, muss ohne Führer auskommen. ✆ 032-632 255, ⏰ 8.30–16.30 Uhr, Eintritt frei (die Ausstellung wird von der PTT, einem Mineralölkonzern, unterhalten).

Anfahrt: Mit dem Fahrrad, Moped oder Auto über den Highway 4 Richtung Paknampran; der Weg ist gut beschildert. Die Straße führt nach

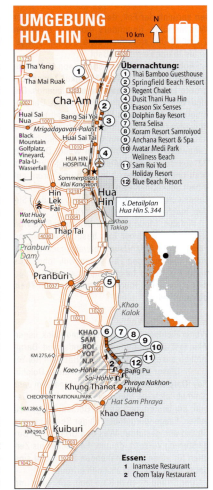

Überquerung der Eisenbahnschienen durch Ananasfelder und ist angenehm zu befahren.

Pala U-Wasserfall und Huay Mongkul-Tempel

Der viel besuchte Pala-U-Wasserfall wird vom Krachan National Park verwaltet und befindet sich etwa 60 km westlich von Hua Hin. Oft wird er in einer Tagestour angesteuert. Über 15 Stufen sprudelt der Fall, der das ganze Jahr über Wasser führt. Besonders morgens zwischen 7 und 10 Uhr sieht man viele Schmetterlinge. ⏱ bis 16 Uhr, Eintritt 200 Baht.

Auf dem Weg dorthin sitzt knapp 16 km von Hua Hin entfernt im **Huay Mongkul-Tempel** die größte **Luang Phor Tuad-Statue** Thailands. Die Figur wurde von Königin Sirikit gestiftet. Der meditierende Mönch aus Südthailand gilt als Boddhisattva (ein Heiliger, der das Nirvana erreicht hat, aber aus Mitleid für die nicht erleuchteten Lebewesen weiter auf Erden weilt). Die Figur ist aus schwarzem Metall gefertigt, fast 1 m breit und etwas über 1 m hoch und thront auf einem Sockel im Freien. Viele Thais, vornehmlich Landsleute des verehrten Mönches aus dem Süden, machen einen Ausflug hierher.

Anfahrt: Meist wird der Wasserfall ab Hua Hin im Rahmen einer Tour besucht. Auf eigene Faust ist der Anfahrtsweg etwas beschwerlich; wenn man nur den Fall sehen will, lohnt dies nicht. Ein Stopp beim Tempel ist auf Anfrage möglich und bei Touren mit mitreisenden Thais obligatorisch.

Hat Sam Roi Yot

Weiter Richtung Süden, hinter Khao Kalok, liegen 7 km fast unbebauter weißer Sandstrand. Daran südlich anschließend lockt der Hat Sam Roi Yot [5950]. Dieser Strand hat den Beinamen Dolphin Bay (**Delphin-Bucht**). Etwa zehn Monate im Jahr tummeln sich die Meeressäuger in diesem Gebiet; am besten sind sie bei Bootsausflügen zu sehen. Einige wurden bei ruhiger See auch vom Strand aus gesichtet. Was den Urlauber in Begeisterung versetzt, deuten die Fischer als Zeichen für einen herannahenden Sturm und sind daher mehr alarmiert als hoch erfreut.

Der Strand ist etwa 5 km lang, sehr breit und ideal für Kinder, denn er fällt im Wasser seicht ab und es gibt nur selten starken Wellengang. Gegenüber dem Strand liegt die kleine Insel **Ko Lam**, die wegen der hier lebenden wilden Affen auch Affeninsel genannt wird. Alle Unterkünfte konzentrieren sich am südlichen Ende des Strandes.

Von hier sind es nur noch wenige Minuten Fußweg zum Fischerdorf **Bang Pu** und dem **Sam Roi Yot National Park** (s. unten). Viele Besucher ziehen eine Übernachtung an diesem ruhigen Strand den Unterkünften im Nationalpark vor. Es gibt ein paar nicht ganz so günstige Unterkünfte – alle mit Restaurant –, einen Minimarkt und einen Geldautomaten. Von der Dolphin Bay aus kann man wunderbar zur Erkundung in den direkt benachbarten Park aufbrechen. Einige Anlagen und Straßenstände vermieten Mopeds (250 Baht/Tag), Kajaks (140 Baht/Std.), Fahrräder (100 Baht/Tag) und organisieren auch Taxifahrten. Bootsausflüge zur vorgelagerten Insel werden am Strand angeboten (800 Baht). Ein Shuttlebus nach Hua Hin wird vom Koram Resort organisiert, Abfahrt 12, 15 und 17 Uhr in 45 Min. für 120 Baht.

Übernachtung

Eine kleine Teerstraße verläuft zwischen den Anlagen und dem Strand.

Anchana Resort & Spa ⑨, 228 Moo 4, ☏ 032-559 366, 🖥 www.anchana.com, [5952]. Luxuriöse Zimmer mit Baldachinbetten und Balkon. Spa-Anwendungen. Jacuzzi und Pool. ❼–❽

Avatar Medi Park Wellness Beach Resort ⑩, 212 Moo 4, ☏ 032-559 312, 🖥 www.avatarmedipark.com, [5953]. Zimmer mit Poolblick und Balkon. Daneben werden Wellnessprogramme angeboten wie Check-ups, Aromatherapie, Sauna und Gesichtsbehandlungen. Inkl. Frühstück, WLAN. ❺–❽

Blue Beach Resort ⑫, 185 Moo 5, ☏ 032-559 314, 🖥 www.bluebeachresort.net, [5954]. 100 m von der Strandstraße. Kleine gemütliche Steinbungalows mit Terrasse unter Palmen. Inkl. Frühstück, WLAN, Kajak. ❹

Dolphin Bay Resort ⑥, 227 Moo 4, ☏ 032-559 333, 🖥 www.dolphinbayresort.com, [5955]. Bungalows und Zimmer im 2-geschossigen Reihenhaus. Großer Poolbereich mit Rutschen. Zimmer für 2–8 Pers. mit Küchenzeile, die großen Bungalows mit eigenem Pool. Kinderspielplatz. Hier machen viele Familien mit Kindern Urlaub. ❺–❽

Koram Resort Samroiyod ⑧, 230 Moo 4, ☏ 032-559 233, 🖥 www.koramresort.com, [5956]. Schöne Zimmer im Reihenhaus oder Bungalow. American Breakfast inkl. Kostenloses WLAN in der gesamten Anlage. Moped-, Fahrrad-, Auto-

und Kajakverleih. Zudem Jet Ski und Bananenboote. Kleiner aufblasbarer Pool für Kinder. In der zugehörigen Monkey Bar gibt es abends TV. ❺

Sam Roi Yod Holiday Resort ⑪, 181 Moo 4, ✆ 032-559 364, 🖥 www.samroiyodresort.com, [5957]. Einfache Bungalows auf einer großen Gartenfläche. Inkl. Frühstück ❺

Terra Selisa ⑦, 223 Moo 4, ✆ 032-559 359, ✉ www.terraselisa.com, [5958]. Mediterran anmutende Doppel-Steinbungalows in einem Garten. Innen einfache Ausstattung. Pool. Inkl. Frühstück. ❺

Essen

Alle Hotels haben ein eigenes Restaurant. Zusätzlich liegen an der Strandstraße das **Inamaste Restaurant** mit indischer und thailändischer Küche sowie das **Chomtalay Restaurant**, das thailändische Küche ohne Geschmacksverstärker in einem gemütlichen großen Holzpavillon serviert.

Khao Sam Roi Yot National Park

Der Khao Sam Roi Yot National Park [5409] war bei seiner Eröffnung im Jahre 1966 der erste in Thailand, der auch Küstengebiete und das davorliegende Meer schützte. Er befindet sich südlich von Pranburi und nimmt eine Fläche von etwa 100 km² ein. Die Übersetzung des Namens Sam Roi Yot lautet „Berg mit 300 Gipfeln", und diesem Namen wird das Gebiet gerecht. Zahllose kleine Karstberge durchziehen die flache, baumbestandene Ebene. Manche ragen bis knapp über 600 m empor. In den Felsen verstecken sich Höhlen, die besucht werden können.

Lange Zeit wurde – trotz Schutzprogramm – mit der Zulassung von Shrimps-Farmen (und der damit einhergehenden Rodung der Mangrovenwälder) die Ökologie des Gebietes eher verletzt als geschützt. Noch heute gibt es zahlreiche dieser Farmen, doch man beginnt inzwischen wieder mit der Aufforstung.

Die Hauptattraktion für Besucher bilden die zahlreich hier lebenden **Vögel**, die sich in dem großen Feuchtgebiet besonders wohlfühlen. Viele davon sind Zugvögel, sodass man vor allem im Winter zahlreiche gefiederte Besucher beobachten kann. Vogelkundler kommen besonders von November bis Januar auf ihre Kosten.

Die beste **Reisezeit** ist von November bis März. Ab August bis Ende Oktober regnet es. Ab April steigen die Temperaturen oft so hoch, dass kaum jemand mehr die steilen Wege erklimmen mag.

Der Park kann auf einer Straße durchquert werden. Von hier aus sind alle interessanten Ziele gut ausgeschildert und über Stichstraßen zugänglich.

Einen guten Überblick über den Park verschafft man sich vom nordwestlich des Hauptquartiers gelegenen **Aussichtspunkt Khao Daeng**. Nach nur 400 m Asphaltstraße beginnt der etwa 30-minütige Aufstieg, belohnt von der Aussicht auf die faszinierende Karstlandschaft und die Küste aus 160 m Höhe. Diese Tour sollte man nur mit gutem Schuhwerk und bei trockenem Wetter unternehmen. Zurück an der Abzweigung Richtung Hauptquartier, lohnt ein Besuch des **Wat Khao Daeng**, das in die felsige Landschaft hineingebaut wurde. Vom nahegelegenen Dorf (Richtung Nordosten) lässt sich auch eine Bootsfahrt entlang des **Klong Khao Daeng** organisieren. Ein Boot fasst max. zehn Personen und kostet etwa 250 Baht p. P. und Std. Die Tour dauert 2–3 Std. und führt rund 3,5 km den Fluss hinab, was zum Sonnenuntergang besonders schön ist. Möglich ist bei ruhiger See auch die Fahrt von Bucht zu Bucht.

Besonders sehenswert sind die **Höhlen Phraya Nakhon** (s. u.) und **Tham Kaeo**. Beide liegen nahe dem Dorf **Ban Pu**. Wie Diamanten glitzern in der Kaeo-Höhle die Gesteine, was der Ablagerung von Mineralien zu verdanken ist. Die etwa zweistündige Tour durch die Höhle wird mit einem der Führer, die vor der Höhle auf Kunden warten, unternommen. Eine Taschenlampe und gutes Schuhwerk sind hilfreich. Wer noch nicht genug Höhlen gesehen hat, kann anschließend noch zur **Sai Cave** aufsteigen. Der Aufstieg beginnt am Fischerdorf **Khung Tanot** und dauert etwa 20 Min. Am besten nimmt man sich einen Führer.

Der Park hat auch zwei nennenswerte Strände zu bieten. Ganz nah am Hauptquartier befindet sich **Hat Sam Prayah**, gefolgt vom **Hat Laem Sala** (s. u.).

Den Eintritt von 200 Baht pro Tag zahlt jeder Besucher am Checkpoint. ⏲ ca. 7–19 Uhr.

Phraya-Nakhon-Höhle

Die meistbesuchte Höhle des Parks ist für Thais eine Art Pilgerstätte, denn Rama V. schaute einst hier vorbei. Neben den beeindruckenden Stalagmiten und Stalaktiten übt der in der Höhe aufgebaute Pavillon, der 1890 zu Ehren Ramas V. erbaut wurde, die größte Faszination auf Besucher aus. Der kleine Tempel **Phra Thinang Khuha Kharuehat** mit seinen vier Giebeln ist heute Symbol für die Region Prachuap Khiri Khan. Die Legende berichtet, dass bereits sein Vorgänger Rama IV. die Höhle besuchte: Dieser der Wissenschaft und Astronomie zugewandte Herrscher besuchte den Park, um mit seinem Gefolge aus Wissenschaftlern und Gesandten anderer Länder eine von ihm vorhergesagte Sonnenfinsternis zu beobachten. Kurz darauf verstarb Rama IV., denn er hatte sich im Khao Sam Roi Yot eine Malaria zugezogen.

Bester Zeitpunkt für einen Besuch des Pavillons ist von 10.30–11.30 Uhr, wenn das Licht durch die Öffnung über dem Tempel hineinfällt und ihn in glänzendes Licht taucht. Vor Urzeiten ist hier das Dach der Höhle eingestürzt.

Die Höhle erreicht man in einem etwa 30-minütigen Aufstieg vom Hat Laem Sala aus. Von Bang Pu dauert der Weg zur Höhle etwa 45–60 Min.

Hat Laem Sala

Dieser schöne Strand wird fast gänzlich von Kalkfelsen umrahmt und ist von Schatten spendenden Kasuarinen bestanden. Es gibt ein Restaurant und Bungalows sowie öffentliche Waschräume. Boote zum Strand kann man in Bang Pu mieten; max. zehn Personen können mitfahren. Ansonsten ist der Strand in etwa 25 Min. zu Fuß erreichen.

Übernachtung und Essen

Hauptquartier im Süden des Parks. Hier gibt es eine Parkskizze und einige Informationen. Wer übernachten will, tut dies i. d. R. im Zelt für 150–225 Baht. Zudem werden einige Bungalows für 1200–1500 Baht vermietet, jeweils für 6–7 Pers. Die Bungalows am **Hat Laem Sala** kosten 1600–2200 Baht für 6–9 Pers. Am **Hat Sam Phraya** nahe dem Dorf Khung Tanot kann man für 50 Baht sein eigenes Zelt aufstellen. Vorsicht: Dreiste Affen haben den einen oder anderen Gast hier um sein Essen oder andere Gegenstände erleichtert. Restaurant ⏲ 7–19 Uhr.

Informationen unter **eXTra [5411]**, Kontakt zur Nationalparkverwaltung auch unter ✆ 032-821 568 oder ✉ reserve@dnp.go.th. Alternativ kann man am Hat Sam Roi Yot wohnen, dort zahlt man keine Nationalparkgebühr (s. S. 354).

Transport

Busse, Taxis und Mopeds
Ab HUA HIN mit dem orangefarbenen Songthaew nach PRANBURI. Von hier am besten mit dem Taxi für 300 Baht zum Park. Taxi ab Hua Hin ab 500 Baht, für den ganzen Tag ab 1200 Baht. Mit dem Moped (ca. 60 km ab Hua Hin) etwa 1 1/2 Std.

Touren
Organisierte Tagesausflüge in den Park gibt es in den Agenturen in Hua Hin für etwa 1500 Baht, inkl. Transfer, Essen, Eintritt und Bootsfahrt.

Kui Buri National Park

Der knapp 1000 km2 große Kui Buri National Park beginnt nahe der Stadt Kui Buri und reicht bis an die Grenze zu Myanmar. Dieser Park hat eine ganz besondere Attraktion: **wild lebende Elefanten** in einer recht hohen Population, die auf etwa 100 Tiere geschätzt wird. Neben schönen Wasserfällen und viel Natur sind es vor allem die imposanten Dickhäuter, die einen Besuch lohnen. Auf Safaritouren kann man sie beim Trinken an den Seen beobachten. Kleine und große Tiere versammeln sich hier regelmäßig zum gemeinsamen Trank und zum Bade.

Im Park leben außerdem noch Tapire, Affen, Bären und Wildschweine. Wer diese Tiere nicht sieht, kann sich vielleicht mit den zahlreichen bunten Schmetterlingen trösten. Die Wasserfälle plätschern und bilden Pools, die sich herrlich für ein Bad und manchmal sogar zum Schwimmen eignen.

Die beste **Reisezeit** ist von November bis Mai. Auch im Juni und Juli kann es schön sein, den Rest des Jahres regnet es viel. Selten fallen die Temperaturen unter 25 °C, und in den warmen Monaten wird es nicht heißer als 30 °C.

Übernachtung und Essen

Am Hauptquartier stehen Bungalows für 6 Pers. zur Verfügung, die mit Ventilator, Warmwasser und Handtuch ausgestattet sind. Zudem kann man für wenige Baht auf dem Zeltplatz sein Quartier aufschlagen. Auch Mietzelte für 300 Baht. Verpflegung muss jeder selbst mitbringen. Informationen unter ✆ 032-646 292 oder ✉ kui_np@hotmail.com. Am Hauptquartier befindet sich ein kleines Besucherzentrum mit Schautafeln und sanitären Anlagen. Eintritt 200 Baht.

Transport

Auto und Taxi

Mit dem eigenen Auto oder einem Taxi geht die Fahrt auf der Petchkasem Rd. (Highway 4) Richtung Süden. Etwa 3 km vor der Stadt Kui Buri nach Westen auf die Straße 3217 abbiegen, ab hier ist der Park ausgeschildert. Nach etwa 35 km ist das Hauptquartier erreicht. Ab Kui Buri kostet ein Motorradtaxi 200 Baht.

Touren

Einige Agenturen in Hua Hin haben bereits Ausflüge mit dem Geländewagen im Programm. Eine Tour dauert etwa 3 Std. und kostet inkl. Eintritt um die 1000 Baht.

Prachuap Khiri Khan und Umgebung

Einst ein Fischerdorf, heute eine kleine Provinzhauptstadt mit etwa 27 000 Einwohnern: Ein Besuch in **Prachuap Khiri Khan [5412]** verspricht einen geruhsamen und entspannten Aufenthalt. Dank vieler interessanter Ausflugsziele gibt es gute Gründe, ein paar Tage in dieser angenehmen Stadt zu verweilen. Die Prachuap-Bucht wird von Felsen umrahmt, Fischerboote liegen

Soldaten und Limonenbäume

Die **Ao Manao** (Limonenbucht) wird von der Armee verwaltet – ein Umstand, der sicherlich auf die Tatsache zurückzuführen ist, dass an diesem Strand am 8. Januar 1941 (zeitgleich mit der Bombardierung Pearl Harbours) die Japaner anlandeten, um von hier aus ihre Invasion Südostasiens zu starten. Wer mit dem Moped anreist, sollte beim Passieren der Kontrollstelle auf jeden Fall einen Helm tragen. Reisende wissen zu berichten, dass die Soldaten vielfach auf die strikte Einhaltung der Gesetze pochen.

hier vor Anker – ein malerischer Anblick. Die ausgebaute Strandpromenade lädt zum Flanieren ein und zahllose Restaurants verführen zum Meeresfrüchte-Schlemmen. Mitten in der Stadt steht die größte **Stadtsäule** Thailands, der Lak Muang. Ganz im Stil der Lopburi-Periode gestaltet, ist dieses Wahrzeichen wirklich gelungen. Gerade abends, wenn das Bauwerk angestrahlt wird, herrscht hier eine tolle Atmosphäre.

Die nahe gelegenen **Strände** locken mit weißem Sand. Das Angebot hier richtet sich an thailändische Tagestouristen, aber auch immer mehr Westler entdecken die feinen Sandstrände. Es gibt viele Sonnenliegen und -schirme sowie Essensstände und Duschen. Wer mag, kann sich gegen eine geringe Gebühr einen aufgepumpten Autoreifenschlauch ausleihen. **Ao Manao**, die Limonenbucht, hat auf 3 km gelb-weißen Sand zu bieten. Das seichte Wasser eignet sich perfekt für kleinere Kinder. Ao Manao ist durch eine Strandstraße mit dem Prachuap-Strand verbunden. Am **Waghor-Strand** kann man zudem den sehenswerten **Science Park** besuchen, ein Museum, das sich u. a. König Mongkuts Leidenschaft für die Sternenkunde annimmt (s. u., Ausflüge). Es war dieser Strand, den der König einst als jenen Ort erkannte, an dem am 18. August 1868 die von ihm prophezeite Sonnenfinsternis am besten zu sehen sein sollte. Flugs ließ er für seine Gäste (Wissenschaftler, befreundete Staatslenker und Finanziers) eine eigene kleine Stadt bauen – mit Bootsanleger, Wohnhäusern und allem Komfort. Eine Woche nach dem Treffen wurde alles wieder abgerissen. Ein „Andenken" blieb Mongkut: Es heißt, er habe sich bei diesem wissenschaftlichen Ausflug mit Malaria infiziert – an der er kurze Zeit später verstarb.

Unübersehbar ist der Kalksteinfelsen, der sich über dem Prachuap-Strand erhebt und den Namen **Khao Chong Krajok** [5415] trägt, was so viel wie Spiegelberg bedeutet. Grund für diese Namensgebung ist eine Kalksteinbrücke auf der Klippe, die den Himmel zu spiegeln scheint. Sportliche Reisende können die 400 Stufen bis zum **Wat Thammaikaram** auf den Berg hinaufsteigen. Hier gibt es einen Fußabdruck Buddhas zu sehen und einen Bhodi-Baum aus Indien, den Rama IX. am 12. Juli 1958 hier pflanzen ließ. Wer hierher kommt, wird mit einem tollen Ausblick über die Gegend belohnt: Von oben sehen die drei Buchten Ao Noi, Ao Prachuap und Ao Manao aus, als seien sie mit einem Zirkel gezeichnet. An dieser Stelle misst Thailand gerade einmal 12 km Breite, und so kann man zudem die Wälder Myanmars erblicken. Den Weg erschweren diebische Affen, derer man sich erwehren muss. Sie sind auch verantwortlich für den etwas heruntergekommenen Zustand des Außengeländes: Ziegel und anderes fiel dem äffischen Spieltrieb zum Opfer. Der kleine Tempelraum mit dem Fußabdruck Buddhas ist daher verriegelt, kann aber von Menschenhand geöffnet werden.

Ausflüge

Einen sehr schönen Tag verspricht ein Ausflug Richtung Süden zum **Memorial Park**. Ein besonderes Erlebnis ist bereits die Zufahrt, wenn man „einfach so" an den Wachen des Militärgeländes (der Basis der Royal Thai Airforce) vorbeifährt und an Start- und Landebahn vorbeibraust. Das sogenannte **Wing 5** [5419] (zwischen 21 und 5 Uhr geschl.) dient als Eingang. Hier stehen alte **Flugzeuge**, was vor allem kleine Jungs (oder auch ältere) faszinieren wird. Im Park erinnert ein **Denkmal** an die Gefallenen des 8. Dezember 1941, als japanische Truppen hier an Land gingen. Dank einer Karte findet man von hier aus den Weg zum **Dusky Langur Conservation Center**. Am Fuße des **Khao Lom Muak** wartet, untergebracht in ein paar Holzständen, eine kleine Horde dieser Languren-Affen, die sich auch füttern lassen. Rechter Hand geht es zum Viewpoint und weiter zum Ao Manao, wo ein Sonnenbad lockt. Diesen Ausflug kann man mit dem Moped, aber auch mit dem Fahrrad unternehmen (Letztere können am Nachtmarkt an der Bahnlinie für 60 Baht pro 24 Std. ausgeliehen werden).

Etwas weiter entfernt, etwa 12 km von Prachuap Richtung Süden am Waghor-Strand, befindet sich der **Waghor Marine Science Park**, ✆ 032-661 098, [5414], der auch zum **King Mongkut Memorial Park of Science & Technology** gehört und dem königlichen Technikfreak Rama V. gewidmet ist. Hier sollen die Grundlagen der Astronomie, aber auch der Aerodynamik und anderer Wissenschaften und Techniken erläutert werden. Auch Themen aus Fauna und Flora sind vertreten. Viel besucht ist das Aquarium. Die Anreise ist auf eigene Faust entlang der Küstenstraßen Richtung Süden möglich. ⏲ 9–16 Uhr, 20 Baht.

Auf der Straße, die um den Khao Chong Gra Jok herumführt, stößt man nach etwa 16 km auf das kleine Dorf **Ban Ao Noi** und den gleichnamigen Strand. Vom Ortsstempel **Wat Phra That Khoa** führt ein Weg über fast 300 Stufen hinauf in die Kalksteinberge zur **Höhle Tham Khao Khan Kradai**, die einen 16 m langen liegenden Buddha beherbergt. Vor dem Aufstieg kann man die Mönche bitten, das Licht in der Höhle anzustellen.

Wer den kleinen Markt an dem seit Jahrhunderten genutzten kleinen Grenzübergang zwischen Myanmar und Thailand in **Dan Singkhon** besuchen will, muss etwa 25 km Richtung Westen radeln oder sich fahren lassen. Westler dürfen hier nicht passieren, können aber die Waren des kleinen Grenzverkehrs erwerben, u. a. auch Schmuck und Edelsteine sowie Gebrauchsgüter aus Myanmar.

Übernachtung

In der Stadt
Untere Preisklasse
Maggies Homestay (6), 5 Soi Tampramuk 4, ✆ 032-604 216, ✉ maggies.homestay@gmail.com. Der Traveller-Treffpunkt in Prachuap. Nicht nur wegen der teils großen, individuell mit alten Möbeln eingerichteten Zimmer,

sondern auch um im Garten Reiseerfahrungen auszutauschen. Ein Familienzimmer vorhanden. Alle Zimmer mit Ventilator, ohne eigenes Bad. Küchenmitbenutzung, WLAN. ❷

Suksant Hotel ⑤, 11 Susuek Rd., ✆ 032-611 145, 🖳 www.suksanthotel.com. An der Strandstraße gelegener 4-stöckiger Hotelkasten. Einfach möblierte Zimmer mit Ventilator oder AC. Toller Blick aufs Meer. ❸–❹

Tang Bed Hotel ⑨, 133/7 Maharach Rd., ✆ 032-611 377. Etwas abseits, westlich der Bahnlinie gelegenes kleines Hotel mit einfach möblierten Zimmern (AC/Ventilator), hübschen neuen Badezimmern, teils mit Balkon, Kühlschrank, TV. Gutes Preis-Leistungs-Verhältnis. Die etwas günstigeren Zimmer mit Fenster zum Gang. Verleiht Mopeds, WLAN. ❷

Yuttichai ④, 115 Klonckiat Rd., ✆ 032-611 055. Großes, offen gestaltetes Holzhaus mit sauberen, recht kleinen Zimmern an befahrener Straße oder größeren Zimmer zur Seite raus; alle mit TV und einer Bibel, sowie z. T. mit eigenem Badezimmer. Beliebt bei Travellern mit schmalem Budget. Internet. Ventilator und Kaltwasser. ❶–❷

Mittlere Preisklasse

Hadthong Hotel ⑦, 21 Susuek Rd., ✆ 032-601 050, 🖳 www.hadthong.com. Schöne Zimmer, verteilt auf 6 Stockwerke. Pool. Billige Zimmer ohne Fenster in den unteren Stockwerken und im Keller, sowie teurere mit Balkon (Sicht auf die Bucht). ❸–❺

Prachuap Beach Hotel ⑧, 123 Susuek Rd., ✆ 032-601 288, 🖳 www.prachuapbeach.com. Saubere, gut möblierte kleine Zimmer mit tollem Blick aus vielen Fenstern über die Bucht. Etwas günstiger wohnt es sich in den unteren Stockwerken. ❹

Sun Beach Guesthouse ⑩, 160 Chaitalae Rd., ✆ 032-604 770, 🖳 www.sunbeach-guesthouse.com. Zimmer im netten, gelb getünchten Haus rund um einen Pool. Die geschmackvollen Zimmer sind mediterran in Blau und Weiß gestaltet. Veranden mit und ohne Meerblick. Internet 30 Baht/Std. ❸–❹

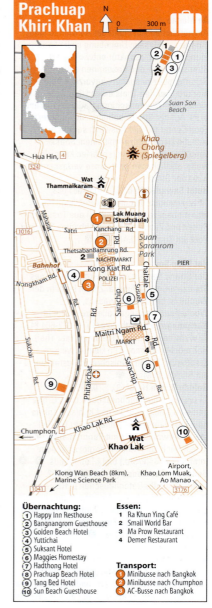

Prachuap Khiri Khan

Übernachtung:
1. Happy Inn Resthouse
2. Bangnangrom Guesthouse
3. Golden Beach Hotel
4. Yuttichai
5. Suksant Hotel
6. Maggies Homestay
7. Hadthong Hotel
8. Prachuap Beach Hotel
9. Tang Bed Hotel
10. Sun Beach Guesthouse

Essen:
1. Ra Khun Ying Café
2. Small World Bar
3. Ma Prow Restaurant
4. Demer Restaurant

Transport:
1. Minibusse nach Bangkok
2. Minibusse nach Chumphon
3. AC-Busse nach Bangkok

Am Strand
Ao Manao

Am nördlichen Abschnitt der Ao Manao steht ein Hotel, in dessen Umgebung sich etwas touristische Infrastruktur entwickelt hat. Statt sich unter den Kasuarinen einen Schattenplatz zu suchen, bevorzugen die hier urlaubenden Thais einen Liegestuhl in einem ihrer Sonnenschirmparadiese (10 Baht p. P.). Auf der Straße befinden sich mehrere Food Center mit viel Auswahl, sodass man sich die Liegestuhlzeit mit einem Snack versüßen oder auch verschärfen kann. Je weiter südlich man geht, umso verlassener wirkt der Strand.

Hotel Sawadee Kah (13), ✆ 032-661 088, 🖥 www.aomanao.com. Das Publikum hier stammt nahezu ausschließlich aus Thailand. Suiten und Zimmer mit Teppichboden. Schöner Pool am Strand. WLAN. ❹–❼

Hat Suan Son

Der Strand beginnt etwa 1,5 km nördlich des Stadtzentrums und ist ca. 2,5 km lang. In der Woche ist hier fast nie was los, am Wochenende hingegen alles ausgebucht.

Bangnangrom Guesthouse (2), ✆ 032-604 841, 🖥 www.bangnangrom.9nha.com (auf Thai). Hell möblierte Zimmer im kleinen weißen Stadthaus. TV und Kühlschrank. Restaurant mit Blick aufs Meer. ❸

Golden Beach Hotel (3), ✆ 032-601 626, 🖥 www.goldenbeachprachuap.com. Große gefliese Zimmer mit TV und Kühlschrank im neuen Gebäudeteil. Zimmer im älteren Teil etwas verwohnt. Teils mit Panoramafenster und tollem Blick aufs Meer. Hier gibt es zudem Internet (30 Baht/Std.) und Mietmopeds. ❸–❹

Happy Inn Resthouse (1), ✆ 032-602 082. 13 kleine weiße Betonhäuschen in Reihe am Fluss. Minifernseher und spartanische Einrichtung. Hocktoiletten. Ventilator oder AC. Schöner Blick auf den Fluss von der letzten Hütte (Ventilator) am Fluss. ❸

Hat Aow Noi

Dieser schöne Sandstrand gehört zu dem kleinen Fischerdorf Aow Noi und liegt etwa 6 km nördlich von Prachuap. Hier gibt es nur 2 Hotels. Am Ende der Straße liegt eine sehenswerte Tempelanlage.

Aow Noi Beach Resort (12), ✆ 032-601 350. Auf einem großen, etwas unaufgeräumten Gelände in ruhiger Lage stehen einfach möblierte Bungalows am Strand (Ventilator) und im Garten (AC). ❸–❹

Aow Noi Seaview (11), ✆ 089-615 9012, 🖥 www.aownoiseaview.com. Schön möblierte, große Zimmer im 2-geschossigen Strandhotel. Beliebt sind die Zimmer mit Blick auf die Bucht. Ventilator und AC. ❸–❹

Hat Klong Wan

Etwa 5 km südlich vom Zentrum Prachuaps liegt das kleine beschauliche Dorf Klong Wan. Hinter dem Fischerdorf beginnt der Hat Klong Wan-Strand. Während der nördliche Teil mit wenigen Unterkünften bebaut ist, die alle am kaum vorhandenen Sandstrand liegen, erstreckt sich südlich unberührter Sandstrand.

Araya Resort (15), ✆ 032-661 252. Im gepflegten Garten stehen 1- und 2-stöckige Holz-Reihenhäuser, Zimmer mit Blick auf den Strand. Zudem gibt es Hütten für Familien. Rabatt für jeden, der länger als eine Woche bleibt. ❸–❺

Baan Chow Lae Resort (18), ✆ 032-322 100. Reihenhaus mit recht kleinen, sauberen Zimmern mit großen Fenstern in einem sandigen Garten. Schöne Dachterrasse mit Blick aufs Meer. Dank kleiner Accessoires, vieler Pflanzen und Muscheldekor angenehmes Ambiente. Massagen am Strand. ❹–❺

Baan Forty (17), ✆ 032-661 437, 🖥 www.baanfortyresort.com. Gute Zimmer mit heller Möblierung, Kühlschrank und Thai-TV im Reihenhaus. Daneben gibt es auch 6 helle Bungalows, die mit Kochecke ausgestattet sind, und ein Haus für bis zu 9 Pers. ❹–❺

Tanawan (16), ✆ 032-661 789, 🖥 www.tana-cabana.com. 12 neue Bungalows in Reihe. Kleiner Pool mit Meerblick. ❹

Vienna House (14), 333/1 Klongwanmuangmai, ✆ 032-661 499, 🖥 www.viennahousethailand.com. 200 m landeinwärts gelegenes Haus mit 9 Zimmern, von einem deutsch-thailändischen Ehepaar geleitet. Familiäre Atmosphäre mit vielen deutschen Urlaubern. Große, hell möblierte Zimmer. Vermietet

Fahrräder und Mopeds. Rabatte ab 7 Übernachtungen. ❹

Essen und Unterhaltung

In Prachuap kann man sich neben Fisch auch ausgefalleneres Meeresgetier zubereiten lassen. Restaurants und Foodstalls sind zahlreich vorhanden, und so sollte die Frische der Auslagen über die Lokalwahl entscheiden. Eine gute Auswahl gibt es an der Uferstraße, in der Sarachip Rd. und entlang der Strände. Auch am Bahnhof sind empfehlenswerte Essenstände zu finden. Frische Früchte und anderes Essen gibt es am Nachtmarkt.

Ma Prow Restaurant, Chaitale Rd. Seit 1998 in Prachuap und berühmt für seine Fish & Chips. Es gibt aber auch eine kleine Auswahl an Thai-Gerichten, Spaghetti und Sandwiches. Gemütliches Ambiente mit Holzstühlen und Blick aufs Meer. Gerichte zwischen 100 und 250 Baht. Nebenan das ähnliche **Demer Restaurant**. ⏱ 11–23 Uhr.

Ra Khun Ying Café, Suan Son Beach. Hier wird in einem kleinen Café an der Strandstraße vorzüglicher Kaffee serviert. Wer keinen Koffeinschock bekommen will, sollte dem Café Latte den Vorzug vor Brazil oder Blue Mountain geben. Gutes Frühstück für 45 Baht. ⏱ 6.30–17 Uhr.

Small World Bar, 120 Phitakchat Rd. Die einzige Bar im Ort; hier treffen sich Einheimische und Urlauber. Der Name ist Programm: eine winzige Theke und 5 Tische auf der Straße. Dazu wird jeden Abend Livemusik gespielt. Neben den beiden E-Gitarristen greifen auch andere Musiker und Gäste zu den Instrumenten. Der Wirt organisiert auch Ausflüge in die Umgebung.

Sonstiges

Informationen

Prachuap hat ein kleines **Tourist Information Service Center** nahe des Spiegelberges, ☏ 032-611 491, das informative Auskünfte erteilt. Das freundliche Personal kann beim Buchen eines ortskundigen Führers helfen. ⏱ 8.30–16.30 Uhr, Mittagspause von 12–13 Uhr.

Moped- und Fahrradverleih

Die Stadt oder vielmehr das Städtchen ist gut zu Fuß zu erkunden. Man kann sich aber auch ein Fahrrad (60–90 Baht) mieten oder mit dem Moped (200–300 Baht) herumfahren. Viele Hotels und Gästehäuser vermieten Mopeds, einige auch Fahrräder.

Transport

Es gibt verschiedene innerstädtische Bushaltestellen, und das System ist nicht leicht zu durchschauen. Selbst wer theoretisch weiß, wo ein Bus abfährt, erkennt die Haltestellen nicht zwangsläufig. Bei konkreten Fragen kann das Tourist Office weiterhelfen.

Busse

Ab **Busbahnhof am H4** westlich von Prachuap:
BANGKOK, AC-Busse alle 30 Min. von 6 bis 18 Uhr für 170 Baht in 5 Std.
CHUMPHON, mit den Bussen Richtung Surat Thani alle 30 Min. zwischen 8.30 und 17 Uhr für 120 Baht in 2 1/2 Std.
HAT BAN KRUT, mehrmals tgl. für 65 Baht in 1 Std.; man wird am Highway abgesetzt. Weiterfahrt s. S. 365 (Hat Ban Krut).
HUA HIN, mit den Bussen Richtung Bangkok für 90 Baht in knapp 2 Std.
PHETCHABURI, mit den Bussen Richtung Bangkok für 110 Baht in 3 Std.
PHUKET, etwa stdl. zwischen 9.30 und 13 Uhr für 335 Baht in 10 Std.
RANONG, etwa alle 2 Std. zwischen 9.30 und 17 Uhr für 200 Baht in 5 Std.
SURAT THANI, mit AC-Bussen alle 30 Min. zwischen 8.30 und 17 Uhr für 220 Baht in 6 Std.
THAP SAKAE, für 24 Baht und nach BANG SAPHAN für 33 Baht mit dem Bus Richtung Surat Thani. Ausstieg nach Ansage beim Fahrer am H4 und Weiterfahrt mit dem Motorradtaxi für etwa 60 Baht.

Ab Pratchuap Zentrum:
Ab Bushaltestelle Phitakchat Rd. AC-Busse nach BANGKOK um 6.30, ab 8 Uhr stdl. bis 16.30, 18.30, 0.30, 1 und 1.30 Uhr für 170 Baht in 4 Std. direkt.
Minibusse ab Phitakchat Rd. an der Kirche nach BANGKOK zwischen 3 und 19 Uhr etwa jede halbe Stunde für 200 Baht in 4 Std.
Minibusse ab Phitakchat Rd. nach CHUMPHON um 6.30, etwa stdl. bis 17.30 Uhr für 180 Baht in 2 1/2 Std.

Eisenbahn

Nachtzüge vgl. Fahrplan „Züge Richtung Süden", S. 812/813.
BANGKOK, Bummelzug um 9.46 Uhr in 6 Std. nach THONBURI, mit Halt in HUA HIN (1 1/2 Std.), CHA-AM (2 Std.) und PHETCHABURI (3 Std.). 60 Baht bis Bangkok. Schneller geht es mit dem Zug um 15.04 Uhr für 270 Baht in 4 Std.
CHUMPHON, Bummelzug um 13.30 Uhr für 20–120 Baht in 3 Std, um 12.08 Uhr in 2 1/2 Std.
BAN KRUT, um 13.30 Uhr für 20 Baht in 45 Min.

SURAT THANI, Tageszug um 12.08 Uhr für 250 Baht in 4 1/2 Std.

Ban Krut

Die schöne Bucht von Ban Krut [6062] erstreckt sich nördlich von Bang Saphan (s. S. 366) auf einer Länge von fast 15 km. Der Sand des einladenden Strandes ist fein und schimmert rosa-beige, und so haben sich hier zahlreiche Resorts und Anlagen angesiedelt. Im Winter ist der von Palmen und Kasuarinen gesäumte Strand schmal, im Sommer wesentlich breiter.

Auf ca. 2–3 km verteilt sich eine Art kleines Strandzentrum mit Bungalowanlagen, Restaurants und wenigen kleinen Läden. Die ruhige und beschauliche Atmosphäre zieht u. a. zahlreiche deutsche Rentner an. Am südlichen Ende des touristischen Zentrums biegt die Straße landeinwärts ab und führt zum ca. 2 km entfernten Fischerdorf Ban Krut, wo auch der Bahnhof liegt.

Am Nordende der Bucht befinden sich auf dem Berg **Khao Thong Chai** das gleichnamige **Wat** und die **Phra Phut Kiti Sirichai-Pagode**. Das Wat erinnert mit seinen vielen Chedis, die golden in der Sonne glänzen, beinahe an ein kleines Märchenschloss. Eine Straße führt bis zum großen Buddha, der hier am Berg thront und aufs Meer hinausblickt. Die letzten Meter zum Tempel läuft man über flache Stufen hinauf. Der Tempel ist in jedem Fall einen Besuch wert; er ist modern und sauber, mit viel Gold und Malereien und einem mit Blattgold verehrten Mönch. Besonders wohltuend fürs Gemüt ist allerdings der Blick von hier auf die geschwungene Bucht von Ban Krut und die Berge des nahe gelegenen Myanmar. Es wird erwartet, dass Gäste sich angemessen kleiden und eine Spende ab 20 Baht entrichten.

Übernachtung

Am Hat Ban Krut südlich des Tempelberges stehen keine Bungalows direkt am Strand. Alle Anlagen befinden sich auf der landeinwärts gelegenen Seite der gut geteerten Uferstraße. Nur am Wochenende wird es hier voll. Viele Thais reisen teils von weit her an, um den Samstag bei Karaoke am Strand

Ban Krut

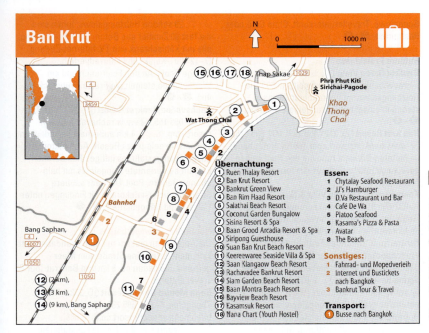

zu verbringen. Die Unterkünfte sind dann teurer.

Südlich des Tempelberges
Untere Preisklasse
Ban Rim Haad Resort ④, ✆ 032-695 205, 🖥 www.banrimhaad.com, [6072]. Mehrere Bungalows in gepflegter kleiner Anlage, vorne AC, hinten im weitläufigen Garten unter Kokospalmen mit Ventilator. Große Zimmer mit Kühlschrank, TV, Moskitonetz. Terrasse mit Tisch und Sitzgelegenheiten. Restaurant mit Blick aufs Meer. Am Wochenende steht auf dem Vorplatz eine Karaoke-Anlage. Pool. ❸–❹

Coconut Garden Bungalow ⑥, 176/5 Moo 3, ✆ 081-9161 722, [6077]. Etwa 300 m vom Strand, am Ende eines piniengesäumten Waldweges liegen verschiedenste Bungalows mit Ventilator und AC. Das verwunschene Gelände und liebevoll dekorierte offene Haupthaus laden zum Verweilen ein. Erhebliche Rabatte ab der zweiten Übernachtung. Familienbungalows vorhanden. ❸–❹

Ruen Thalay Resort ①, ✆ 032-695 192, 🖥 www.ruenthalayresort.com, [6085]. Die einzige Bungalowanlage mit direktem Zugang zum Strand an dessen nördlichem Ende. Kleine Anlage mit 5 Bungalows. Kostenloser Kaffee. Schön ist der kleine Bungalow direkt am Strand. Strand wird gereinigt. ❸–❹

Salathai Beach Resort ⑤, ✆ 032-695 181, 🖥 www.salathaibeachresort.com, [6086]. Kleine Bungalows mit TV für 2 Pers. und große mit 3 Betten, TV und Kühlschrank für 6 Pers. Etwas kitschige Einrichtung. Frühstück inkl. ❸–❹

Siam Garden Beach Resort ⑭, ✆ 032-619 154, ✉ siamgarden@hotmail.com. Etwa 10 km außerhalb; sehr einsam gelegen. Bungalows mit Ventilator oder AC parallel zum Strand. Nicht besonders gepflegt, aber günstig. Familienbungalows mit 2 Räumen für 6 Pers. (2400 Baht). Bootsausflüge. ❷–❹

Siripong Gh. ⑨, ✆ 032-695 464, [6087]. Kleines Gästehaus mit 4 Zimmern und 3 winzigen

Bungalows. Travellerunterkunft. Ohne Café oder Restaurant. ❷–❸

Mittlere Preisklasse
Bankrut Green View ③, ✆ 032-695 112, 🖥 www.bankrutgreenview.com, [6069]. Die Holzbungalows mit überdachter Terrasse stehen in einem hübsch angelegten Garten. ❸–❹
Ban Krut Resort ②, 212 Moo 2, ✆ 032-695 076, 🖥 www.bankrutresort.com, [6070]. Haupthaus im hinteren Bereich, rund um den Pool stehen geräumige Holzbungalows mit Terrasse. Inkl. Frühstück. ❹–❺
Keereewaree Seaside Villa & Spa ⑪, ✆ 032-695 511, 🖥 www.keereewaree.com, [6080]. Im Tempelstil gehaltenes Haupthaus, im hinteren Teil Gartenvillas mit großer Fensterfront. Luxuriöse Einrichtung mit Waschbecken im Zimmer, WC und Außendusche hinter einer Schiebetür. Pool. ❹–❻
Sisina Resort & Spa ⑦, ✆ 032-695 355, 🖥 www.sisina-resort.com, [6088]. Rosa getünchte große Steinbungalows mit Holzfußboden eng beieinander, einige Meter von der Strandstraße entfernt. Gehobene Ausstattung mit TV und Kühlschrank. ❺
Suan Ban Krut Beach Resort ⑩, ✆ 032-695 217, 🖥 www.suanbankrut.com, [6089]. Weitläufige Anlage mit großen Bungalows unterschiedlichen Standards. Insgesamt 48 Zimmer mit Holzboden oder gekachelt. TV, Minibar, z. T. auch Wasserkocher. Zudem kleinere, etwas verwohnte günstigere Bungalows. Großer Pool mit Kinderbecken im Garten. ❹–❻

Obere Preisklasse
Baan Grood Arcadia Resort & Spa ⑧, ✆ 032-695 095, 🖥 www.bgaresort.com, [6067]. Zimmer im Hotelkomplex mit Blick auf den Strand und schöne Luxusbungalows aus Holz am Pool mit Meerblick. Auch Bungalows mit Gartenblick, eigenem Außenjacuzzi und große Familiensuiten für 6–8 Pers. Je näher am Strand, desto teurer die Zimmer. Poollandschaft mit Bar. Fitnessraum. ❹–❽
Baan Klangaow Beach Resort ⑫, 300 Moo 3, ✆ 032-695 123, 🖥 www.baanklangaow.net, [6071]. 29 schöne Holzbungalows. Innen sind die fast 80 Zimmer aus Beton. Gute Ausstattung, alle mit Kühlschrank und TV. Internet-Zugang (7–12 Uhr), Kajak- und Fahrradverleih. 2 lange Pools. An den Feiertagen und am Wochenende steigen die Preise. Frühstück inkl. ❺–❽
Rachavadee Bankrut Resort ⑬, 98/1 Moo 7, ✆ 032-695 155, 🖥 www.rachavadeebeach resort.com, [6084]. 4 km außerhalb im südlichen Teil einsam gelegenes Resort. Architektonisch ausgefallen gestaltetes luftiges Restaurant. Elegant eingerichtete Bungalows mit halb offenen Bädern. Pool. Der sehr saubere Strandbereich ist dekoriert mit Findlingen unter Palmen und Hängematten. ❺–❼

Nördlich des Tempelberges
Die Anlagen an diesem ruhigen Strandabschnitt sind nicht durch eine Straße vom Meer getrennt. Sie liegen ca. 5 km von Bankrut Tour & Travel entfernt.
Baan Montra Beach Resort ⑮, 333/1 Moo 3, Thongchai, ✆ 032-695 294, 🖥 www. baanmontrabeachresort.co.th, [6068]. Neues Resort mit 18 individuell gestalteten, geschmackvollen Bungalows im marokkanischen Stil. 4 verschiedene Kategorien, alle mit Dusche/WC und TV, z. T. mit zusätzlicher offener Dusche. Das Restaurant mit Terrasse direkt am Meer. Pool, WLAN. Frühstück und Fahrrad inkl. ❺–❻
Bayview Beach Resort ⑯, ✆ 032-695 566, 🖥 www.bayviewbeachresort.com, [6075]. Kleine Häuser am Strand, am Pool oder im Garten, alle mit TV und Kühlschrank. Schnorcheltouren zur nahen Insel Ko Lam Ra. Vermieten Fahrräder (100 Baht) und Mopeds (250 Baht). Inkl. Frühstück ❺–❽
Kasamsuk Resort ⑰, ✆ 032-695 030, [6079]. Gefliese Zimmer im Haupthaus oder hübsche muscheldekorierte Holzbungalows in gepflegter grüner Anlage. Liegestühle am Strand. ❹
Nana Chart (Youth Hostel) ⑱, ✆ 032-695 525, 🖥 www.thailandbeach.com, [6081]. Hotelgebäude und Bungalows mit offenem Bad (AC oder Ventilator). Kleiner Pool. Frühstück inkl. ❸–❺

Essen

Die meisten Gäste essen in ihren Anlagen. Es gibt aber dennoch einige kleine Restaurants mit Thai-Küche und Meerblick. Zudem befindet sich an der Straße Richtung Bahnhof ein recht guter **Nudelsuppenshop**.

Avatar, orangefarbenes verwinkeltes Gebäude in arabischem Stil mit Innen- und Außenbereich. Thai-Gerichte ab 50 Baht, Cocktails und Livemusik. ⏲ ab 18 Uhr.

Café De Wa, modernes Café mit Caféhausstühlen, Barhockern und Sofas, zudem Dachterrassenplätze. Eis aus der Truhe. Das Café gehört zum Baan Grood Arcadia Resort.

Chytalay Seafood Restaurant, unter Palmen und direkt am Strand kann man hier nicht nur Fisch, sondern auch fleischige Gerichte der thailändischen Küche genießen. Gerichte ab 40 Baht.

D.Va Restaurant und Bar. Thailändisch und Europäisch, für jeden Geschmack etwas. Hübsche Bar mit dezenter Musik.

JJ's Hamburger, an der Strandstraße. Hier gibt es Hamburger für alle, die ohne den westlichen Klassiker nicht auskommen. Gehört zum Salathai Resort und ist auch Treffpunkt für ein Bier am Abend. Hamburger 75 Baht.

Kasama's Pizza & Pasta, ✆ 032-695 555. Pizza und Nudeln auch zum Bestellen mit Lieferservice.

Platoo Seafood, großes überdachtes Restaurant mit Seafood in allen Varianten.

The Beach, ✆ 032-695 467. In dieser mit Naturmaterialien gedeckten Beachbar gibt es Thai- und westliche Küche. Gerichte zwischen 100 und 250 Baht. ⏲ 8.30–22 Uhr.

Informationen

Im **Bankrut Tour & Travel**, ✆ 081-736 3086, 💻 www.bankrut.co.th, erhält man gute Informationen. Der junge Besitzer, Mr. Jason, ist ausgesprochen freundlich und vermittelt u. a. Hotelzimmer. Er hält auch einen Übersichtsplan von Ban Krut bereit. Im Angebot sind Touren in die Umgebung, z. B. Schnorcheltouren zur Insel Nam Thalu oder nach Prachuap Khiri Khan und zum Grenzmarkt nahe Myanmar. Es gibt Internet (40 Baht/Std.), und wer mit einem eigenen Laptop kommt, surft kostenfrei. ⏲ 7–21 Uhr

Nahverkehr

Die Bucht und die Umgebung eignen sich gut zum Fahrradfahren, da die Straßen gut geteert sind und das Gelände flach ist. Es wird recht einsam, sobald man das Strandzentrum hinter sich gelassen hat und in südliche Richtung die Bucht entlangfährt.

Motorradroller kosten zwischen 150–300 Baht pro Tag, je nachdem ob mit oder ohne Gangschaltung. **Fahrräder** gibt es für um die 100 Baht in fast allen Anlagen zu mieten, teils auch kostenlos zu nutzen. Auch Bankrut Tour & Travel vermietet fahrbare Untersätze.

Taxifahrer kann man persönlich anrufen. Empfehlungen: Kumla, ✆ 086-050 0660, Lek, ✆ 086-165 3881, Loong Lek, ✆ 081-795 0062, und Nien, ✆ 087-086 2847.

BAN KRUT (Dorf), per Motorradtaxi 70–80 Baht, nachts 100 Baht, ca. 10–14 km. Bahnhof Ban Krut 50 Baht p. P. (nachts 60 Baht), ca. 5–10 km. SUAN LUANG, per Motorradtaxi 100 Baht, nachts 200 Baht.

Transport

Busse

Nahezu alle Fernbusse halten am Highway, ca. 9 km vom Strand entfernt. Anfahrt per Motorradtaxi für 80–100 Baht p. P.

BANGKOK, die wenigen Busse, die im Dorf halten, fahren zum Southern Terminal. Abfahrt 10, 14 und 23 Uhr für 280 Baht. Vom Highway aus fahren Busse nach Bangkok zudem um 6.20, 8, 9, 9.30, 11.20, 12.20, 13.30, 16.20, 19.20 und 22.30 Uhr.

CHUMPHON, Minibus um 8 Uhr ab Hotel in 2 Std. für 350 Baht.

HAT SUAN LUANG, der Minibus nach Chumphon hält auch auf Wunsch am Hat Suan Luang (Bang Saphan).

PRACHUAP KHIRI KHAN, über den Tag verteilt fahren ab Highway etwa 10 Minibusse nach Prachuap für 70 Baht in 1 Std.

Eisenbahn

Die Zugverbindung nach Ban Krut ist eine angenehmere Reisevariante als der Bus.

BANGKOK, mit dem schnellen Tageszug um 14.23 Uhr in 5 Std. Nach THONBURI mit dem

Bummelzug um 8.44 Uhr für 60–265 Baht in 7 Std.
CHUMPHON, per Schnellzug um 12.47 Uhr ab 83 Baht in 1 1/2 Std. und per Bummelzug um 14.34 Uhr für 23 Baht in 2 Std.
HUA HIN, mit allen Zügen Richtung Bangkok und Thonburi, für 20–70 Baht in 1 1/2–3 Std. Schneller geht's mit dem Tageszug um 14.23 Uhr in 1 1/2 Std.
LANG SUAN, mit den Tageszügen Richtung CHUMPHON ab 60 Baht in ca. 3 Std.
PHETCHABURI um 8.44 Uhr in 4 Std. und um 14.15 Uhr in 2 1/2 Std. ab 120 Baht.
SUNGAI GOLOK (Grenze Malaysia), um 19.30 Uhr in 15 Std. für 620 Baht.
SURAT THANI, per Tageszug um 12.47 Uhr in 3 1/2 Std. für 150–250 Baht.

Bang Saphan

Die kleine Stadt Bang Saphan [6101] (eigentlich Bang Saphan Yai oder „Groß-Bang Saphan") ist ein wenig auf der Strecke geblieben. Verlassene oder kaum benutzte Industrieanlagen zeugen von besseren Zeiten. Auch der Tourismus ist hier mehr oder weniger zum Erliegen gekommen; es gibt nur wenige Unterkünfte, in die es neben Rucksackreisenden vor allem alleinreisende, etwas ältere Herren, die hier überwintern, zieht. In der Stadt gibt es ein Wat, einen kleinen Markt mit frischen Waren wie Obst und Gemüse, einige Banken und Geldautomaten, mehrere 7-Eleven und einige kleine Geschäfte. Sonst ist hier nichts los. Hinter dem Fischerhafen befindet sich die kleine angenehme Bucht **Bo Thon Lang**. Hier kann man in einem Ausflugslokal etwas essen, ansonsten lädt der Strand zum Schwimmen und Relaxen ein.

Ein lohnendes Ausflugsziel im Süden ist die zum **Wat Tam Ma Rong** gehörende **Höhle**. Am Eingang befindet sich ein eher unscheinbarer Buddha in einem kleinen Holzhäuschen. Die Höhle selbst besteht aus mehreren recht großen Kammern, an deren Decke zahlreiche Fledermäuse gemütlich abhängen. An den Wänden entlang stehen aufgereiht etwa 50 cm große Buddhafiguren. An einigen Stellen reichen Tropfsteine, die wie riesige Wasserfälle aussehen, bis an den Boden und bilden faszinierende Säulen. Hinten links in der ersten Kammer liegt eine etwa 4 m lange, gut ausgeleuchtete Buddhastatue, die durch das tropfende Wasser an einigen Stellen rötlich schimmert. Das Licht in der Höhle wird für die Besucher bereits am Eingang des Wat angeknipst, nachdem man seinen Energiekosten-Obolus von 20 Baht p. P. entrichtet hat. Spannender ist es mit der eigenen Taschenlampe.

Anfahrt: Gegenüber dem Yamaha-Shop (neben dem Markt) beginnt die Straße in Richtung Süden. Bereits 1 km nach Verlassen der Ortschaft biegt man rechts ab Richtung Wat (der Beschilderung folgen). Nach nochmals ca. 1 km ist das Wat erreicht. Weiter zur Höhle geht es mit dem Moped über eine steil bergauf führende kleine Straße. Zu Fuß ist es ein schöner, wenn auch schweißtreibender, etwa 15-minütiger Fußweg entlang eines Bambuswaldes.

Übernachtung

Statt des wenig sehenswerten Dorfstrandes von Bang Saphan Yai sollten Reisende den etwa 5 km südlich gelegenen **Hat Suan Luang** aufsuchen. Hier gibt es einfache Unterkünfte. Der recht schöne Strand ist etwas verwildert, aber meist sauber und ohne viel Treibgut.
Bangsaphanbeach Resort ⑩, ☎ 032-817 124, 🖥 www.bangsaphanbeach.com, [6113].
10 Bungalows in Reihe, weiß getüncht oder mit Bambus verkleidet. Schön ist der Blick auf die Rasenfläche und die Palmen. ❹
Coral Hotel ⑤, ☎ 032-817 121, 🖥 www.coral-hotel.com, [6116]. Sehr schön in thailändischer Tempelbauweise gestaltetes Haupthaus, Bungalows und der 2-stöckige Zimmerkomplex. Ebensolche Einrichtung. Alle Annehmlichkeiten eines Luxushotels vorhanden: großer Pool, Jacuzzi, Fitnessraum, Sauna. Ein Boxring vor dem Pool, an dem allabendlich trainiert wird. Das Hotel ist fast ausschließlich von Franzosen bewohnt. ❺–❽
Dang Bungalow ①, ☎ 089-207 8917, [6117].
4 kleine gefliestete, saubere Steinbungalows mit Ventilator am Strand und im schönen Garten. ❷
Lola Bungalow ⑥, ☎ 032-817 120, ✉ lola_bungalow@hotmail.com, [6119].
14 einfache kleine bunte Holzhütten oder

Steinhäuser mit Ventilator, z. T. Kühlschrank, in einem Palmengarten. Familiäre Atmosphäre. Oft ausgebucht. ❷

Palm Gardens Resort ⑧, ✆ 084-441 3633, 🖳 www.bangsaphanguide.com/palm-gardens.php, [6112]. 100 m vom Strand: 5 große neue Steinbungalows rund um den Pool. Unter englischer Leitung, sehr familiär. WLAN. ❹

Ploy Bungalows ③, ✆ 032-817 119, [6121]. 4 recht neue Bungalows mit Ventilator. 2 stehen direkt am Strand mit Meerblick, die anderen beiden dahinter. Gefliest und sehr sauber mit kleiner Terrasse. 2 weitere große ältere Bungalows, ebenfalls am Strand, von der gleichen Familie, oft ausgebucht. ❷

Roy-Ta-Wan ④, ✆ 087-6708 943, ✉ roy-ta-wan@hotmail.com, [6122]. 4 winzige gelbe Hütten mit Ventilator und eigenem Bad, allerdings ohne Waschbecken. Der Besitzer liebt Kampfhähne, was zu frühen Weckzeiten führen kann. Kleines Restaurant direkt am Strand. ❸

Sangiun On Beach Resort ⑦, ✆ 032-817 167, [6123]. Etwas zurückgesetzt stehen 4 gemütliche große Holzbungalows. ❹

Suan Luang Beach Resort ⑨, ✆ 032-691 445, [6124]. Unterschiedlich große Bungalows in Reihe, nach Thai-Geschmack eingerichtet. ❹

Suanluang Resort ②, ✆ 032-817 031, 🖳 www.suanluangresort.com, [6125]. Etwa 500 m vom Strand entfernt. In einem großen Garten gibt es Holzbungalows mit Ventilator inkl. Bad mit Warmwasser oder AC-Bungalows. Auch Familienbungalows vorhanden. Hier werden neben Transportmöglichkeiten auch Räder und Mopeds vermietet und viele Touren angeboten. Restaurant. ❹

Sunrise Resort ⑪, ✆ 087-7047 809, 🖳 www.sunriseresort.in.th, [6126]. Etwa 2,5 km von der Strandstichstraße entfernt, einsam gelegenes Resort auf der Straßenseite. Die Bungalows am Pool sind groß mit einem Vorzimmer, separatem Schlafzimmer und großem Bad. Die Einrichtung ist etwas altbacken. ❺

Essen

Bew Beam Restaurant, zwischen Bang Saphan und der Abfahrt zum Suan Luang-Strand gelegen, erkennbar an der Schweizer Fahne

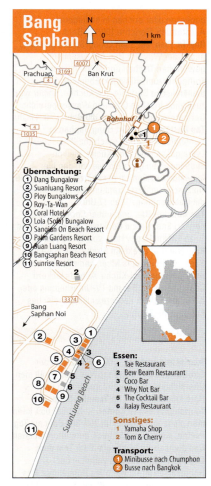

auf dem Schild. Wenige Tische und überdachte Bar an der Straße. Sehr gute thailändische Gerichte, Makkaroni und Schweinshaxe. ⏱ 9–22 Uhr.

Coco Bar, Suan Luang-Strand, gemütliche kleine Strandbar, der Besitzer Morthy hält gerne ein Schwätzchen mit seinen Gästen. ⏱ ab 10 Uhr.

Italay, Suan Luang-Strand, gehobene thailändische Küche mit viel Seafood auf der Karte. Auf weißen Holzmöbeln wird am Strand gegessen oder drinnen in gediegener Ausstattung. Gerichte 100/120 Baht.

Roy-Ta-Wan, an Suan Luang-Strand gelegen, neben der Why Not Bar. Auf zusammengewürfelten Tischen und Stühlen ist es der Treffpunkt zum Frühstück. Ebenfalls gute thailändische Gerichte und Kuchen. Immer wird zusätzlich frisches Obst und Wasser gereicht. Gerichte zwischen 20 und 100 Baht. ⏲ 8–17 Uhr.

Tae Restaurant, im Ort Bang Saphan in Bahnhofsnähe. Unter irisch-thailändischer Leitung. Thailändische Küche, die von Einheimischen genauso wie von den hier lebenden Ausländern geschätzt wird. Rustikale Holztische im Restaurant und einige draußen mit Überdachung. ⏲ ab 17 Uhr.

The Cocktail Bar, gegenüber Coral Hotel, serviert Snacks und Cocktails direkt am Strand. ⏲ ab 12 Uhr, Happy Hour von 15–19 Uhr.

Why Not Bar, direkt am Strand. Die Füße im Sand, den Blick aufs Meer, genießt man hier gute günstige Thai-Küche. Abends leckere Cocktails an der Bar mit TV-Unterhaltung oder direkt am Strand. Leckeres mildes indisches Curry. ⏲ 10–23 Uhr.

Sonstiges

Informationen

Tourist Information, ☎ 032-691 828, an der Straße nach Bang Saphan Noi. Hier erhält man Übersichtskarten, Tourinformationen und Hotelempfehlungen. Im **Yamaha-Shop** und **Tourist Information Center**, ☎ 032-691 059, kann man nicht nur Mopeds für 200–300 Baht am Tag mieten, sondern erhält auch gute Informationen. Das deutsch-thailändische Paar **Tom und Cherry**, ☎ 081-2942 738, wohnt in der Hauptsaison direkt vor Lolas Bungalows. Das sehr nette Paar lebt seit 20 Jahren hier und gibt gerne Informationen und Hilfe jeglicher Art.

Internet

Im **Skynet** nahe dem Markt gibt es Internet für 20 Baht/Std. ⏲ 8.30–22 Uhr.

Transport

Bang Saphan ist nur unzureichend an das Busnetz angebunden. Am besten reist man mit dem Tageszug an und ab. Mit einem eigenen Mietmoped oder dem Mopedtaxi geht es weiter zum Strand.

AC-Busse nach BANGKOK ab Bang Saphan, Nähe Bahnhof, um 6, 7.45, 8.30, 9.30, 11, 12, 13.30, 16, 19.30 und 23 Uhr für 280 Baht in etwa 5 Std.

Minibusse nach CHUMPHON um 7 und 8 Uhr von Bang Saphan; halten auch am Abzweig zum Suan Luang-Strand; für 120 Baht in 2 Std.

Die Umgebung von Bang Saphan

Rund um Bang Saphan gibt es einige interessante Strände, darunter der beliebte **Ban Krut** (s. S. 362) und der wenig besuchte und für manchen gerade daher attraktive **Hat Suan Luang**. Weiter Richtung Süden, nahe der Stadt Bang Saphan Noi (Klein-Bang Saphan), befindet sich zudem der schöne **Hat Bang Burd**, an dem die einzigen Sanddünen von ganz Thailand zu finden sind. Südseeträume unter Palmen verspricht ein Besuch der kleinen Insel **Ko Thalu**.

Goldwaschen am Flussufer

Wer sich als Goldwäscher versuchen will, kann sich auf einem Tagesausflug die **Goldfelder** von Bang Saphan ansehen. Hier wird wie eh und je in reiner Handarbeit Gold gewaschen, welches zu Blattgold verarbeitet wird. Die Anfahrt führt über die N4, wo in der Nähe des KM 397 ein Weg in Richtung Berge abzweigt. Den richtigen zu finden ist eine Sache des Herumfragens: Gold heißt auf Thai *thong* oder *thong-kham*. Nach 4 km ist ein Fluss erreicht, an dessen Ufern das Gold gewaschen wird. Ein Schild am anderen Ufer jenseits der Brücke berichtet (auf Thai) von den Goldfunden. Feldwege am Flussufer führen zu den einzelnen Waschstellen. Reisende, die sich mit dem Moped hierher durchgeschlagen haben und sich von den Arbeitern gegen ein Trinkgeld in die Kunst des Goldwaschens einweisen ließen, konnten ihren eigenen (mikroskopisch kleinen) Goldschatz mitnehmen und berichten, es sei besonders für die Kinder ein Riesenspaß gewesen.

Neben Kokosnüssen werden in dieser Gegend vorwiegend Kautschuk-Bäume, Ölpalmen, Tapioka und auch Bananen angebaut. Diese Plantagen wurden angelegt, nachdem ein Taifun 1989 die einst hier vorherrschenden Kokosnussplantagen hinweggefegt hatte.

Bang Saphan Noi

Touristen verirren sich hierhin nur selten. 100 m vom Strand gibt es das **Baan Somluck**, 101 Moo 3, ✆ 032-699 344, 🖥 www.somluck.de.vu, [6105]. In einem tropischen Garten stehen 11 Bungalows mit Ventilator rund um einen kleinen Pool. Der freundliche deutsche Besitzer Günther und seine Frau Somluk kümmern sich liebevoll um die hauptsächlich deutschen Urlauber. Gute thailändische Küche und viele deutsche Klassiker auf der Speisekarte. Mopedverleih. Kostenloser Transport vom Bahnhof. ❹

Ko Thalu

Vor der Küste Bang Saphans liegt die kleine Insel Ko Thalu. Lange Zeit wurde hier mit Dynamit gefischt, doch hat sich dies nach dem Bau des Resorts geändert. Hier kann man schön schnorcheln und es gibt im Osten auch ein Gebiet, das sich zum Tauchen eignet. Heute steht die Insel im Zeichen des nachhaltigen Tourismus, und dem Eigner des Resorts liegt der Erhalt des Eilandes am Herzen. Tickets und Touren vermitteln der Yamaha-Shop oder das Ko Thalu Resort (s. u., Übernachtung; Buchungen auch per Internet). Das Speedboot Ko Thalu Express benötigt für die Überfahrt zur Insel 10 Min.

Wer weder schnell fahren noch auf der Insel übernachten will, kann sich auch nur zu einer Tagestour hierher bringen lassen. Buchungen bei **Suchat Boat Tour**, ✆ 032-699 455, auf halbem Weg zum Hat Bang Burd. Verleiht auch Schnorchel- und Tauchausrüstung.

Tom & Cherry, s. Bang Saphan, Informationen, vermitteln auch Fischer, die Gäste nach Ko Thalu bringen.

Hat Bang Burd

Etwa 15 km südlich von Bang Saphan Yai befindet sich nahe Bang Saphan Noi der etwa 10 km lange, schöne Sandstrand Hat Bang Burd [6107]. Pinien säumen die weitgehend unbebaute Bucht, in deren südlichem Bereich sich die Sanddünen befinden. Ihre Entstehung verdanken sie dem Wind – besonders einem Taifun Ende der 1980er-Jahre. Im kleinen Dorf Bang Burd gehen Fischer ihrem traditionellen Lebensstil nach.

Einige wenige Resorts am nördlichen, recht steinigen und nicht ganz sauberen Strand bieten Unterkunft für die vorwiegend einheimischen Gäste.

Anreise am besten mit dem Moped oder dem Auto bzw. Taxi. An der H4 am KM 425 biegt man nach links Richtung Meer ab.

Übernachtung

Ko Thalu

Wer möchte, kann sich von den oben genannten Touranbietern eine Übernachtung in einer **Fischerhütte** bei einer Familie organisieren lassen. In diesem Fall das Essen und Trinken (für die gesamte Familie) nicht vergessen. Oder man wohnt im **Koh Talu Island Resort**, ✆ 032-442 636, 🖥 www.taluisland.com, an der Westküste. Unterschiedliche Unterkünfte mit Zimmern für 2–4 Pers., von der luxuriösen Villa im Thai-Stil mit gediegenem Holzinterieur bis zum Reihenhauszimmer im gefliesten Steinhaus. Als Komplett-Tour (Programm s. Website) mit 1–3 Übernachtungen buchbar (auch längere Touren möglich). Trekking, Kajaks, Segeltörns, Tauch- und Schnorcheltouren. 2 Tage inkl. Essen und einer Übernachtung 4000 Baht, 3 Tage etwa 9000 Baht, je nach gewünschtem Komfort auch teurer. ❼–❽

Bang Burd

Bangburd Resort, ✆ 086-0757 521, 🖥 www.bangburd.9nha.com, [6130]. Anlage mit schönem Garten und Pool. Empfangen wird der Gast vom plastikbestuhlten Restaurant an der Straße. Dahinter liegt der große Garten und die um den Pool gruppierten Bungalows. Recht klein, aber sauber. Einfache Einrichtung, aufgehübscht mit etwas Dekor. ❺

Ban Sai Thong Beach Resort, ✆ 081-858 3350, 🖥 www.bansaithong.com, [6131]. Etwa 1 km vom Bang Burd Strand entfernt gelegenes Resort mit eigenem Strand. Gut in Schuss gehaltene Zimmer in Bungalows und im Langhaus; große Badezimmer. Im Restaurant in Form eines Schiffes gute einheimische Küche. Pool. Gäste können die Küche benutzen. ❹–❺

Boonchu Bangburd Resort, ✆ 032-817 246, 🖥 www.bangburd.net, [6132]. Lang gezogenes Reihenhaus mit einfachen funktionalen Zimmern mit Kühlschrank. 2-geschossiges Haus im Bau. Inkl. Thai-Frühstück. ❹

Krua Khanthong, ✆ 089-808 8611. Hinter dem Restaurant werden 2 einfach möblierte Zimmer mit Bad vermietet. ❷

Chumphon

Chumphon [2655], die Hauptstadt der gleichnamigen Provinz, wird als das Tor des Südens bezeichnet: Von hier geht es über den Isthmus von Kra, die schmalste Stelle Thailands, an die Küste der Andamanensee oder weiter in den Süden hinab am Golf von Thailand entlang. Die Stadt liegt knapp über 500 km von Bangkok entfernt und gibt 56 000 Menschen ein Zuhause.

Das Klima in Chumphon wird sowohl vom Nordost- als auch vom Südwest-Monsun beeinflusst, sodass es hier teils ausgiebig regnet. Im August und September kam es daher schon mehrfach zu starken Überschwemmungen. Positiv wirkt sich dies auf die Fauna und den Anbau von Nutzpflanzen aus: Kaffee, andere Früchte und Palmen gedeihen prächtig. Da die Gegend noch nicht für den westlichen Massentourismus erschlossen ist, bieten sich für Traveller ungeahnte Möglichkeiten, die Gegend zu erkunden und an den meist nur am Wochenende von Thais besuchten Stränden, Tempeln oder Höhlen eigene Abenteuer zu erleben. Wer mit dem Moped unterwegs ist, kann sich problemlos selber fortbewegen, andere können eine Tour mit dem Minibus buchen oder sich einer meist für Thais organisierten Fahrt anschließen. Letzteres ist zwar weniger eigenständig, verspricht aber multikulturellen Spaß.

Die einzige Attraktion der Stadt ist das **Nationalmuseum**. Es widmet sich der Darstellung der lokalen Kultur, u. a. dem Schattentheater. Zudem bietet es Miniaturdarstellungen vom ursprünglichen Dorfleben in Chumphon. Als Mitbringsel kann man hier Kunsthandwerk, z. B. Stoffe, erstehen. ⏱ Mi–So 9–16 Uhr, Eintritt 30 Baht.

Ausflüge in die Umgebung

Wichtigstes Ausflugsziel sind die Strände und vorgelagerten Inseln des **Mu Ko Chumphon National Park** (s. S. 376). Sehenswert ist auch die **Tham Rab Ro-Höhle**, die etwa 21 km nordwestlich von Chumphon liegt. Im Berg hinter dem Tempel Thep Charoen sind zahlreiche Höhlen zu finden, die miteinander verbunden sind und im Schein einer selbst mitgebrachten Taschenlampe erkundet werden können. Zu sehen gibt es Tropfsteine und Buddhafiguren. Im Tempel selbst wartet ein mumifizierter Mönch auf Besu-

Chumphon

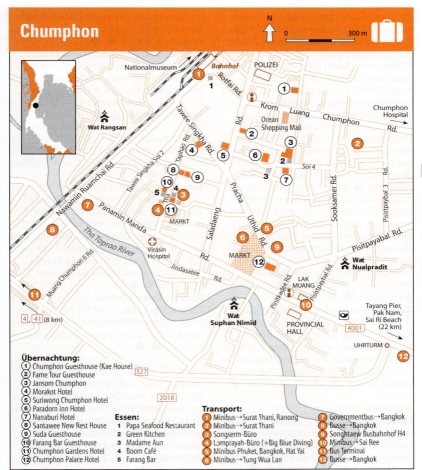

Übernachtung:
① Chumphon Guesthouse (Kae House)
② Fame Tour Guesthouse
③ Jansom Chumphon
④ Morakot Hotel
⑤ Suriwong Chumphon Hotel
⑥ Paradorn Inn Hotel
⑦ Nanaburi Hotel
⑧ Santawee New Rest House
⑨ Suda Guesthouse
⑩ Farang Bar Guesthouse
⑪ Chumphon Gardens Hotel
⑫ Chumphon Palace Hotel

Essen:
1 Papa Seafood Restaurant
2 Green Kitchen
3 Madame Aun
4 Boom Café
5 Farang Bar

Transport:
① Minibus→Surat Thani, Ranong
② Minibus→Surat Thani
③ Songserm-Büro
④ Lomprayah-Büro (+Big Blue Diving)
⑤ Minibus Phuket, Bangkok, Hat Yai
⑥ Minibus→Tung Wua Lan
⑦ Governmentbus→Bangkok
⑧ Busse→Bangkok
⑨ Songtaew Busbahnhof H4
⑩ Minibus→Sai Ree
⑪ Bus Terminal
⑫ Busse→Bangkok

cher, und auch die uralten Schildkröten, die am Fuße des Felsens leben und von denen es heißt, einige seien bereits über 100 Jahre alt, freuen sich über einen Besuch. Die Anlage befindet sich etwa 4 km westlich des H4, von dem man am KM 490 abbiegt.

Das schöne **Wat Tham Khwan Muang**, auch als Marmortempel bekannt, liegt knapp 50 km südlich von Chumphon auf einem Hügel. Von hier hat man einen herrlichen Blick auf die Umgebung.

Übernachtung

Untere Preisklasse

Chumphon Gh. (Kae House) ①, Krom Luang Rd., Soi 1, ☏ 077-502 900, 🖥 www.chumphontour.com. Bei Travellern unter dem Namen Miao berühmt gewordenes Gästehaus. Hat sich trotz Besitzerwechsel seinen Charme erhalten. Freunde familiärer Atmosphäre in ruhiger Gegend inmitten von Thai-Häusern. 3 einfache Zimmer (Gemeinschaftsbad, kleine Balkone) auf

der oberen Etage. Unten im Haus und neben dem gemütlichen Restaurant weniger schöne Zimmer in Stein. Kostenloser Internet-Zugang. Rund um die Uhr geöffnet, Abholung vom Pier, Mopedverleih, Tickets für Boote und Busse. ❷
Fame Tour Gh. ②, 188/20-21 Saladang Rd., ☎ 077-571 077, 🖳 www.chumphon-kohtao.com. Zentral in Bahnhofsnähe lädt das gemütliche Travellercafé (mit Internet und Reisebüro) zur Rast. Beliebt: die Pizza und das frische Olivenbrot. Geräumige Zimmer mit Matratze, alle mit Fenster und Ventilator. Gemeinschaftsbad mit Warmwasser. Einige etwas teurere Zimmer mit Bad. Kostenloses WLAN. ❶–❷
Farang Bar Gh. ⑩, 69/36 Tha Taphao Rd., ☎ 077-501 003, 🖳 www.farangbarchumphon.com, [2704]. Zentral gelegen und Anlaufstelle nahezu aller ankommenden Busse. Spartanische, muffige Zimmer mit AC oder Ventilator, durchgelegene Matratzen. Sauberes Gemeinschaftsbad. Viele Informationen, Reisebüro, Geldwechsel, Auto, Moped- und Fahrradverleih (1500, 150 und 50 Baht pro Tag). Gratis WLAN. ❶–❷
Santawee New Rest House ⑧, 4 Tha Taphao Rd., ☎ 077-502 147. Bei einer Familie im Hinterhof. 4 saubere Zimmer (eines mit Bad), großes Gemeinschaftsbad mit Warmwasser im kleinen Garten. Die Besitzer verarbeiten Kaffee und Tee. Günstige Boots- und Bus-Tickets, Wäscheservice, Moped- und Fahrrad-Verleih. ❶–❷

Mittlere Preisklasse

Chumpon Gardens Hotel ⑪, 66/1 Tha Tapao Rd., ☎ 077-506 888. Mittelklassehotel mit Standardzimmern und einigen Suiten auf 3 Etagen. Die Räume sind mit Kabel-TV, AC und Kühlschrank ausgestattet. Kostenloses WLAN. ❸–❺
Chumphon Palace Hotel ⑫, 328/15 Pracha Uthid Rd., ☎ 077-571 715. Gut ausgestattete Zimmer im großen Hotel; viel Pink und ein bisschen Thai-Kitsch zu funktionalen Möbeln. Kostenfreies WLAN. Parkplatz. ❸
Jansom Chumphon ③, 188/138 Saladang, ☎ 077-502 506. Gut gebucht. Großes Bett, TV, Tisch, Stuhl und Badewanne. Viele Thai-Touristen checken hier ein. ❸–❺
Morakot Hotel ④, 118 Tawee Singkha Rd., ☎ 077-502 999, 🖳 www.morakothotel.com. In Bahnhofsnähe, recht großes Hotel. Schön gestaltete, geräumige Zimmer, einige mit Badewanne. Aufzug. ❹–❻
Nanaburi Hotel ⑦, unweit vom Nachtmarkt, ☎ 077-503 888, 🖳 www.nanaburichumphon.com. Großes, gepflegtes Hotel mit gut ausgestatteten Zimmern. Aufzug, Parkplatz; Frühstück inkl. Kostenloses WLAN. ❹–❺
Paradorn Inn Hotel ⑥, in Bahnhofsnähe, ☎ 077-511 500. Saubere Zimmer mit großen, ordentlichen Betten, TV, Kühlschrank und kostenfreies WLAN. Vom Flur sollte man sich nicht abschrecken lassen. Restaurant mit Thai-Küche. ❷–❹
Suda Guesthouse ⑨, 8 Tha Taphao Rd., ☎ 077-504 366. Einfache, saubere Zimmer im Steinhaus mit Ventilator oder AC. Saubere Gemeinschaftsduschen mit Warmwasser. Größere Familien-Zimmer mit Balkon, aber ohne Aussicht. Internet im Erdgeschoss. Boots- und Bus-Tickets, Touren (z. B. Trekking, Fischen, Tauchen). Auto- und Moped-Verleih. Kein Restaurant. ❶–❸
Suriwong Chumphon Hotel ⑤, 125/30 Saladang Rd., ☎ 077-511 203. Gefliese, große, einfach möblierte Zimmer mit Ventilator oder AC, alle TV, Kühlschrank und Warmwasser. Parkplatz. ❷–❸

Essen

Empfehlenswert sind die Essenstände auf den Märkten, u. a. in der Tha Taphao Rd. und auf dem Nachtmarkt in der Krom Luang Chumphon Rd. Es gibt Muscheln im Omelette und sehr guten leckeren Fisch. Daneben wie üblich Klebreis und Hühnergrilltes auf die Hand.
Boom Café, ☎ 077-511 523. Kleine Bäckerei gegenüber der Farang Bar mit leckerem Kuchen, Espresso, Cappuccino, Mocca und Thai-Tea im Angebot. ⏰ 8–19 Uhr.
Farang Bar. Hier gibt es alles, was das Travellerherz begehrt. Die Preise sind höher als auf dem Markt, aber das Essen ist okay. Thai- und westliche Küche. Cocktails 100–150 Baht, Gerichte zwischen 80 und 150 Baht.
Green Kitchen, ☎ 077-571 731. Vor dem Nanaburi Hotel gelegenes schönes vietnamesisches AC-Restaurant. Geboten

werden auch einige europäische (ab 80 Baht) und Thai-Gerichte (ab 50 Baht). ⓘ 10–22 Uhr.
Madame Aun, ☏ 077-571 199. Die freundliche Eigentümerin spricht zwar kein Englisch, serviert aber gute einheimische und ein wenig westliche Küche in einem mit Sofas bestückten, bunten Lokal nahe des Paradorn Inn Hotels. ⓘ 16 Uhr bis Mitternacht.
Papa Seafood Restaurant, am Bahnhof, ☏ 077-504 504. Offenes, plastikbestuhltes Restaurant am Bahnhof. Viel Fisch und Fleisch (110–250 Baht) und andere Thai-Küche. ⓘ ab 11 Uhr zum Lunch, ab 18 Uhr BBQ.

Nahverkehr

In der Stadt bewegt man sich am besten zu Fuß. Mit dem **Motorradtaxi** innerhalb der Stadt 20 Baht, nach Sonnenuntergang etwa 30 Baht. Unbedeutend teurer, aber beschaulicher ist die Fahrt in einer Fahrradriksha.
NACHTBOOTPIER, mit dem Songthaew laufend von 6–18 Uhr für 30 Baht. Mit dem Taxi 50 Baht.
SAI RI BEACH, Abfahrt gegenüber der Post von 6–16 Uhr für 30 Baht in 45 Min.
THAM RAB RO-HÖHLE, Minibusse von 7–16 Uhr für 50 Baht.
THUNG WUA LAEN BEACH, hinter dem Frischwarenmarkt in der Pracha Uthit Rd. Von 5.30–16 Uhr alle 40 Min. mit dem gelben Songthaew für 30 Baht in 30 Min.
Busbahnhof am Highway, Songthaew ab Markt für 30–50 Baht, Motorradtaxis 80–100 Baht.

Transport

Busse

In Chumphon operieren verschiedene Touranbieter, die oft eigene Bahnhöfe betreiben. Wer Tickets im Gästehaus bucht, wird zur Abfahrtstelle gebracht. Wer selbst organisiert reist, fährt von der Station am Highway ab.

Busbahnhof am Highway 4
BANGKOK, stdl. von 6.30–2 Uhr morgens, 270 Baht. 1. Kl. (halten nicht in den Städten Hua Hin, Phetchaburi usw.) um 10, 11, 12 und 20.30 Uhr für 347 Baht in 7 Std.
BANG SAPHAN / BAN KRUT / PRACHUAP KHIRI KHAN, mit den Bussen Richtung Bangkok für rund 111 Baht in 4 Std.
HUA HIN / CHA-AM, mit den Bussen Richtung Bangkok für 160 Baht in 5 Std.
KRABI, um 14.30 Uhr für 235 Baht.
PHETCHABURI, mit den Bussen nach Bangkok für ca. 192 Baht in 5 1/2 Std.
RANONG, Busse um 6, 8.30, 10.30, 12 Uhr (1. Kl.) und 16.30 und 21 Uhr (2. Kl.) für 110 bzw. 80 Baht in 2 1/2 Std.
KURABURI / TAKUA PA / KHAO LAK / PHUKET, mit den Bussen Richtung Ranong für 144–251 Baht in 5–7 Std.

Private Busse

BANGKOK, vom privaten Busterminal beim Markt mit Chokeanan Tour um 9, 10.30, 12, 14 und 21.30 Uhr für 347 Baht in 7–8 Std. Zudem fahren einige Gesellschaften über CHA-AM, HUA HIN, PHETCHABURI und PRACHUAP KHIRI KHAN nach BANGKOK.
HAT YAI, mit Chokeanan um 8.30, 9.30, 11.30 und 21 Uhr für 370 Baht in 7 Std.
PHUKET, mit Chokeanan um 5.30, 8, 10 und 11.15 Uhr für 320 Baht in 7 Std.
RANONG, KURA BHURI, TAKUA PA, KHAO LAK, PHUKET, mit Rungkit Tour (stoppt bei vorheriger Buchung am Chokeanan-Busbahnhof), ☏ 076-421805, um 5.50, 8.30, 10.30 und 12.30 Uhr für 120–320 Baht in 3–7 Std.

Minibusse

BANGKOK, Minibusse starten direkt am Pier, nachdem die Boote angelegt haben. Abfahrt gegen 13.30 und 17 Uhr für 400 Baht in 7 Std.
HAT YAI, um 8.30, 9.30 und 11.30 Uhr für 350 Baht, Ankunft nachts oder frühmorgens.
NAKHON SRI THAMMARAT, um 8.30, 10.30 und 13.30 Uhr für 300 Baht.
RANONG, stdl. von 7–17 Uhr für 120 Baht.
SURAT THANI, stdl. von 5.30–17 Uhr für 180 Baht in 2 1/2 Std.

Eisenbahn

Nachtzüge s. Fahrplan „Züge Richtung Süden", S. 812/813.
BANGKOK, mit den Booten von KO TAO, KO PHANGAN oder KO SAMUI kann man theoretisch den Zug um 12.46 Uhr erreichen, 480 Baht in 7 Std. Wegen möglicher Verspätung Tickets erst kurz vor Abfahrt besorgen.

CHA-AM, mit den Zügen nach Phetchaburi für 40–190 Baht.
HUA HIN, Bummelzug um 6.40 Uhr für 99 Baht in 5 Std. oder um 12.46 Uhr für 220 Baht in 4 1/4 Std.
PHETCHABURI, um 6.42 oder 12.46 Uhr für 245 Baht in 4 Std.
SURAT THANI, Bummelzug um 6.35 Uhr für 34 Baht in 3 Std. Schneller um 14.28 Uhr für rund 100 Baht in 2 Std.

Boote
KO TAO, mit der Autofähre um 23 Uhr, Ankunft morgens um 5 Uhr, tgl. außer So. Das Nachtboot startet um 21 Uhr und erreicht Ko Tao morgens um 6 Uhr, 250 Baht. Es verkehrt nicht bei hohem Seegang und kehrt bei unerwartet hohen Wellen wieder um.
Tickets zu den Inseln im Golf verkaufen Reisebüros und Gästehäuser. Empfehlenswert sind die Katamarane von Lomprayah (bei hohem Seegang wird man schnell seekrank; das Personal verteilt professionell die nötigen Tüten). Weniger schaukelt das Speedboot von Seatran. Busse 1 1/4 Std. vor dem Ablegen von den Büros und Gästehäusern.
Selbstorganisierte Pick-ups oder Minibusse zum Anleger 50 Baht, Motorradtaxi 200 Baht, Taxi 400 Baht. Bei Lomprayah Parkplatz, bei Seatran keine Parkmöglichkeit.
Lomprayah um 7 und 13 Uhr: KO TAO für 550 Baht in 1–2 Std., KO PHA NGAN für 750/850 Baht in 2–3 Std., KO SAMUI für 850/950 Baht in 3–4 Std.; Kinder ab 4 Jahren halber Preis.
Seatran startet um 7 Uhr, erreicht KO TAO in derselben Zeit wie Lomprayah und kostet 650 Baht.
Songserm legt um 7 Uhr ab und erreicht die Inseln um 10, 11.30 und 12.45 Uhr. Nach KO TAO 400 Baht, KO PHA NGAN 650 Baht, KO SAMUI 750 Baht.

Die Umgebung von Chumphon

Einige Strände in der Umgebung von Chumphon ziehen neben wochenendurlaubenden Thai-Touristen auch westliche Reisende an. Besonders beliebt ist **Hat Thung Wua Laen [2656]**, etwa 16 km nördlich der Stadt. Ruhesuchende werden hier glücklich, denn außer einigen Resorts und ein paar wenigen Restaurants gibt es nichts. Der Strand erstreckt sich über knapp 2 km, und unter der Woche sind die eigenen Fußspuren oft die einzigen. Schwimmen ist das ganze Jahr über möglich.

Der **Hat Sai Ri [2657]**, 20 km südlich von Chumphon, ist weniger schön, wird jedoch von einheimischen Ausflüglern geliebt, die am Wochenende zum guten Seafood-Essen vorbeikommen oder zu einem Schäferstündchen im 24-Std.-Hotel einchecken – nicht ohne vorher ihre patriotische Pflicht zu erfüllen und dem **Krom Luan Monument** einen Besuch abzustatten, das dem Gründer der thailändischen Seestreitkräfte gewidmet ist. Das hier liegende ausgemusterte Torpedoboot ist seit 1975 ein beliebtes Fotomotiv.

Die kleine Insel vor dem Südende des Strandes heißt **Ko Maphrao** und wird von einigen Vogelnest-Sammlern bewohnt, weswegen sie lange Zeit nicht zugänglich war. Heute kann man Boote mieten, um zu dem Strand zu gelangen, der so verlockend Richtung Festland leuchtet. 600 Baht, am Hat Sai Ri-Resort fragen. Etwa 5 km nördlich von Hat Sai Ri liegt **Hat Paradonpab**. Wer hier Golf spielen will oder absolute Ruhe am wenig attraktiven Strand sucht, s. **eXTra [2677]**.

Übernachtung und Essen

Außer an den Wochenenden ist es an den Stränden sehr ruhig. Viele Anlagen besitzen ein angeschlossenes Restaurant, wo es meist gutes Seafood gibt, aber auch der westliche Hunger nach Pommes und Pizza bedient wird. Einige weitere Anlagen am Thung Wua Laen finden sich unter **eXTra [3165]**, zum Hat Sai Ri s. **eXTra [3160]**.

Hat Thung Wua Laen
Chuan Phun Lodge ④, 54/3 Moo 8 Saphli Rd., ☏ 077-560 120, 🖥 www.chuanphunlodge.net. Großes Hotel, helle Zimmer mit Kühlschrank. Auch große Familien-Zimmer (2 große Betten) für 850 Baht. Zimmer mit Meerblick sind etwas teurer. ❹

Chumphon Cabana Beach Resort & Diving Center ⑤, ☏ 077-560 245, 🖥 www.cabana.co.th, **[3167]**. Große Anlage mit

Zimmern im Reihenhaus und geräumigen Bungalows (2 rollstuhlgerecht mit Meerblick für 2050 Baht). Großer Pool. Umweltfreundliche Trinkwasseranlage. Komposthaufen. Im Restaurant Gemüse aus ökologischem Anbau. Frühstücksbuffet auch für Nichtgäste (200 Baht). Mountainbike- und Kajakvermietung. Angeschlossene Tauchschule. Wer das Loose-Buch vorzeigt, bekommt 10 % Rabatt uf den Zimmerpreis. ⑤

Clean Wave Resort ③, ✆ 077-560 151, 🖥 www.cleanwaveresort.com. Saubere, etwas unpersönliche Unterkünfte in einem Garten an der Strandstraße. Das Angebot reicht vom einfachen Zimmer mit Ventilator im Reihenhaus über besser ausgestattete Suiten bis zum Bungalow: Nettes Restaurant. ❷–❹

Miao Guesthouse ②, ✆ 085-784 0119. Kleines Gh. abseits des Strandes (500 m). Günstig. Wenige Zimmer mit Ventilator, Bad, Kühlschrank und TV. Kostenlose Leihfahrräder. ❶–❸

Sea Beach Bungalows ①, ✆ 077-560 115. Einfache Zimmer ohne Komfort für Sparfüchse; doch auch wer sich TV, AC und einen Kühlschrank wünscht, kommt auf seine Kosten. Die Bungalows liegen im Garten hinter der Strandstraße. Wenig Atmosphäre. Bei Langzeitaufenthalten gibt's Rabatt. ❷–❹

View Resort ③, ✆ 077-560 214, [3169]. Viele verschiedene Bungalows, teils direkt am Strand. Wer ohne AC wohnen möchte, bekommt hier dennoch eine exklusive Lage. Daneben AC-Bungalows mit TV und Kühlschrank und größere sechseckige Bungalows für Familien im Garten. ❹

Aktivitäten

Tauchen

Vor der Küste Chumphons lohnt die Unterwasserwelt um einige kleine Inseln einen Tauchausflug. Tauchbasen befinden sich am Thung Wua Laen.

Dive Chumphon, ✆ 089-645 5576, 🖥 www.divechumphon.com. PADI-Kurse, Tauchausflüge, Leihausrüstung. Der deutsche Tauchlehrer Werner steht auf Abruf für Tauchausflüge und Touren in den National Park bereit. Ansonsten englischsprachige Tauchlehrer.

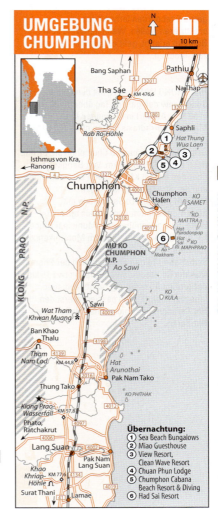

UMGEBUNG CHUMPHON

Nereides Dive, Snorkeling & Sailing, ✆ 083-591 6107. PADI-Kurse und Fundives, Schnorcheltrips.

Kiteboarden

JP Kite School, ✆ 087-685 7362, ✉ jpachille @hotmail.com. Kleine Basis für alle, die gerne Kiteboarden lernen oder praktizieren wollen. Wenn der Wind kein Boarden erlaubt, geht es zum Fischen oder zum Tauchen.

Transport

HAT THUNG WUA LAEN, mit den gelben **Songthaew** den ganzen Tag über für 30 Baht in 30 Min. Abfahrt in Chumphon hinter dem Markt. Motorradtaxis kosten etwa 120 Baht pro Fahrt.
Selbstfahrer nehmen ab Chumphon die Straße nach Pathiu (3180); 16 km. Von Bangkok aus über den H4; am KM 476 nach links abbiegen und der Straße für 19 km folgen.
HAT SAI RI, größere Songthaew mit hölzernen Aufbauten mehrmals tgl. ab der Haltestelle gegenüber dem Municipal Office, für 30 Baht in 50 Min. Mit dem Motorbiketaxi 150 Baht.
Selbstfahrer folgen ab Chumphon der Phoramin Makkha Rd. stadtauswärts; nach etwa 15 km an der großen Abzweigung rechts abbiegen (ausgeschildert). Man passiert zuerst den Hat Paradorn und kommt anschließend zum Hat Sai Ri.

Mu Ko Chumphon National Park

Berühmt ist dieser etwa 30 km von Chumphon bei Hat Sai Ri liegende 317 km² große Park vor allem für seine schönen Tauchgebiete. Mehr als 40 Kalksteininseln locken Unterwasserfans. Die Touren ab Chumphon führen nach **Ko Ngam Yai** und **Ko Ngam Noi** mit Hart- und Weichkorallen und auch einigen größeren Fischen. Auch die Felsen **Hin Pae** und **Hin Lak Ngam** werden besucht. Hier taucht man auf maximal 27 m ab. Wer Glück hat, sieht einen Walhai oder eine Seeschildkröte. Auch **Ko Thalu** und **Ko Mattra** bieten gute Tauchmöglichkeiten. **Ko Thong Lang** eignet sich gut zum Schnorcheln, man kann am Strand liegen und mit Genehmigung der Parkverwaltung zelten. Die beste Reisezeit für Taucher ist April bis Oktober, die Sicht beträgt dann bis zu 20 m.

Am Pong Pang Mountain Viewpoint befindet sich die Parkverwaltung. Hier stehen **National Park Bungalows** für 2 Pers., mit Ventilator oder AC, alle Heißwasser. Kontakt und Reservierungen unter ✆ 077-558 144 und 🖥 www.dnp.go.th. ❸–❹. Die Anreise ist am einfachsten im Rahmen einer Tour der Gästehäuser, einem Reiseveranstalter oder dem Tauchboot. Eintritt 200 Baht.

Die Inseln im Golf

Stefan Loose Traveltipps

6 **Ko Tao** Die schönsten Tauchreviere des Golfes. S. 381

7 **Ko Pha Ngan** Radtouren bei Sonnenuntergang entlang der Westküste, Wanderungen durch den Dschungel zu abgelegenen Stränden und Tanzvergnügen im Mondschein. S. 400

Ko Samui Der Hat Chaweng verführt zum Faulenzen, Einkaufen und Bummeln, das Fisherman's Village zum Dinieren – und am Hat Mae Nam laden einfache Hütten oder noble Anlagen ein, das ruhige Samui zu erleben. S. 442

Ang Thong Marine National Park
Fantastische Naturschönheiten über und unter Wasser. S. 484

Im Südwesten des Golfs von Thailand liegen die etwa 80 Inseln des Ang Thong-Archipels, darunter die seit Jahren beliebten Reiseziele Ko Samui, Ko Pha Ngan und Ko Tao. 40 zumeist unbewohnte Inseln des Gebietes genießen als Nationalpark staatlichen Schutz und können auf Tagestrips oder auch von Übernachtungsgästen besucht werden. Hierhin zieht es vor allem Taucher. Bekannt und beliebt sind die Inseln im Golf vor allem bei eingefleischten Strandurlaubern, die an palmenbestandenen Stränden relaxen wollen. Aber auch Wassersportler kommen gerne hierher und nicht zuletzt unzählige junge Traveller, die monatlich zu Tausenden nach Pha Ngan pilgern, um eine Party am Strand oder im Dschungel zu feiern.

Man nimmt an, dass Samui (und wohl auch die Nachbarinsel Pha Ngan) bereits in der Don Son-Zeit besiedelt war. Belegt ist dies durch 1977 gefundene Bronzetrommeln, die auf die Zeit zwischen 1000 und 500 v. Chr. datiert wurden. Woher diese Siedler kamen, ist noch nicht abschließend geklärt; Historiker vermuten jedoch, dass es muslimische Seenomaden aus dem malayischen Raum waren. Ko Tao wurde erst im späten 19. Jh. von Bewohnern Ko Pha Ngans besiedelt.

Die Inseln

Ko Samui, etwa 20 km vor der Küste gelegen, ist die größte Insel des Archipels und mit ihren 14 km Breite und 29 km Länge gleichzeitig die drittgrößte Thailands. Sie fehlt in kaum einem Katalog der großen Reiseveranstalter, und folglich tummeln sich hier viele Pauschalreisende. Das Angebot an Unterhaltung ist kurzweilig, wenn auch zumeist nicht eben hochwertig. Man kann gut einkaufen, und auch einige Restaurants sind einen Besuch wert. Viel thailändisches Flair ist allerdings an den Hauptstränden nicht mehr zu finden. Westliches reiht sich an Westliches, und meist wird es auch von Westlern betrieben. Abseits der Touristenpfade gibt es jedoch noch einiges zu entdecken, und wer einen Streifzug abseits von Strand- oder Poolliegen unternimmt, lernt die Herzlichkeit der verbliebenen Kokosnussbauern kennen. So ist Ko Samui eine gute Wahl für all jene, die es in eine Fremde zieht, die man nicht allzusehr verspürt.

Die Schwesterinsel **Ko Pha Ngan** lockt ein anderes, gemischteres Publikum an. Sie bietet nahezu jede Unterkunftskategorie, und jeder Strand zieht seine ganz eigene Klientel an. Noch immer können hier viele Individualisten ihren ganz persönlichen Inseltraum ausleben. Beliebt ist Pha Ngan vor allem bei Partyfans, die hier zu allen möglichen Mondphasen am Strand oder im Dschungel die Nächte durchfeiern. Andere kommen hierher, um sich in einem der zahlreichen Yoga Retreats, dem Meditationswat Wat Khao Tham oder einem Spa-Zentrum auf ihren Körper und Geist zu besinnen.

Taucher zieht es vor allem nach **Ko Tao**, die hier noch weit mehr Tauchschulen vorfinden als auf den ebenfalls gut versorgten Inseln Ko Samui und Ko Pha Ngan. Vor der Küste der Schildkröteninsel treffen Taucher und Schnorchler leider nur noch selten auf Exemplare der putzigen Panzertiere, doch noch immer gelten die Riffe als die interessantesten des Archipels. Die Gegend eignet sich perfekt für Anfänger. Taucher, die jederzeit gute Sicht wünschen, sind an der Andamanenküste besser aufgehoben. Wer sich jedoch

House for Rent

Ko Pha Ngan und Ko Samui sind Inseln, die viele Langzeiturlauber und Stammgäste anlocken. Immer mehr Inselbewohner errichten daher Häuschen und Bungalows, die sie wochen- und monatsweise vermieten. Viele davon sind geschmackvoll ausgestattet; oft liegen sie etwas abseits vom Strand und bieten resortähnlichen Komfort, manchmal sogar einen Pool. Immer öfter trifft man auf Heißwasserduschen und sogar TV und Internet. Vor allem auf Ko Samui sind die Standards (und auch die Preise) höher als anderswo. In Pha Ngan liegen viele Anlagen fernab der Straße im Dschungel oder im tropischen Hinterland. Sie bieten absolute Ruhe inmitten der Flora und Fauna. Weniger naturnah sind die ebenfalls angebotenen Häuser an der Straße, richtig schön hingegen die (seltenen) Häuser direkt am Meer. Man trifft sie jedoch nur auf Pha Ngan, in Samui ist dieser Luxus dem Geldadel vorbehalten, der sich hier exquisite Ferienwohnungen leistet. Siehe **eXTra [2751]**.

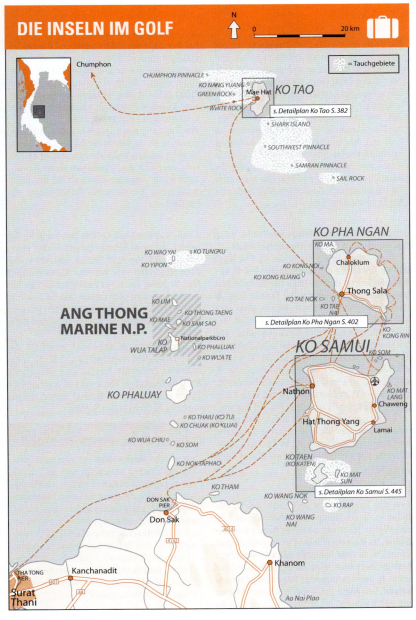

Vorsicht: altersschwache Expressboote und zweifelhafte Billigbusse

Die Boote der Gesellschaft **Songserm**, die seit vielen Jahren die Inseln mit dem Festland verbinden, sind nicht zu empfehlen: Sie sind nicht nur ständig überbelegt, sondern müssen auch seit nahezu zwei Jahrzehnten Wind und Wetter trotzen. Ein Unfall ist daher nur eine Frage der Zeit. Wer keine Wahl hat, sollte zumindest niemals im Schiffsbauch Platz nehmen, sondern mit Rettungsweste ausgestattet auf Deck ausharren. Empfehlenswerte Alternativen sind die neuen Boote von Lomprayah und Seatran oder die Autofähren. Reisende nach Ko Pha Ngan oder Ko Tao sollten sich möglichst in Mae Nam oder Big Buddha einschiffen.

Bei den ganz besonders günstigen **Bussen** ist ebenfalls Vorsicht geboten. Leser melden immer wieder, dass Busse und Minibusse ab Surat Thani oftmals nicht abfahren, da zu wenige Plätze gebucht sind. Reisende werden dann in alte, klapprige Fahrzeuge umgeladen, die zum Ziel meist eine Ewigkeit brauchen.

Wer Tickets für einen der sogenannten Khaosan-Busse bucht, die bereits für 250 Baht inkl. Fähre verkauft werden, muss sich darüber im Klaren sein, dass die Angestellten dieser Gesellschaften ihr mageres Gehalt oft mit Diebstahl aufbessern. Ein normales Ticket kostet ab 600 Baht.

---

schulen will und kein Gutwettertaucher ist, findet hier wunderbare Plätze auf herrlichen Inseln.

Rund um die Inseln Ko Samui, Ko Pha Ngan und Ko Tao bieten die **Tauchschulen** i. d. R. einheitliche Touren an. Die Größe der Boote richtet sich dabei nach derjenigen der Tauchschule. Je nach Geschmack fährt man also in einer sehr kleinen Gruppe oder mit einem Boot voller Taucher unterschiedlichster Professionalität. Die am häufigsten gebuchten Touren beinhalten zwei Tauchgänge und ein Mittagessen. Sie führen Taucher zu den besten Divespots der Region (s. S. 401, Tauchplätze im Golf). Wer in Ko Tao wohnt, genießt den Vorteil kurzer Wege und kann Kurse und Ausflüge zu sehr günstigen Preisen buchen.

Exkursionen aus Ko Pha Ngan sind schon etwas teurer; den höchsten Spritzuschlag zahlt man aufgrund der Entfernung ab Ko Samui. *Liveaboards* gibt es höchst selten auf dieser Seite Thailands.

Klima und Reisezeiten

Eine gute Reisezeit sind die Monate Juli bis Oktober. In dieser kleinen Zwischenregenzeit ist das Wetter ideal: ein bisschen Regen und viel Sonne. Im November regnet es hingegen meist so viel, dass viele Reisende das Weite suchen. Erst im Dezember wird es allmählich wieder voller. In der nun folgenden Regenzeit ist **Hauptsaison**: Von Mitte Dezember bis Ende März ist auf den Inseln viel los, wobei die Saison auf Ko Samui länger als auf Ko Pha Ngan und Ko Tao dauert, wo es im Februar bereits wieder etwas ruhiger wird. Weniger Betrieb herrscht in den dann folgenden sehr warmen Monaten April/Mai. In dieser Zeit ist es zumindest für Familien mit Kindern nicht sehr ratsam, auf die Inseln im Golf zu fahren, da spätestens ab 10 Uhr morgens jegliche Aktivitäten der großen Hitze zum Opfer fallen.

Die **Temperatur** schwankt innerhalb der Hauptreisezeiten zwischen 23 und 32 °C. In der heißesten Zeit im Mai kann es auch mal gefühlte 40 °C heiß werden. Wenn die Luft steht und die Sonne unerbittlich vom Himmel brennt, hilft nur noch der Rückzug in den Schatten.

Fahrt auf dem Nachtboot

Wer mit den **Nachtbooten** von oder nach Surat Thani/Chumphon unterwegs sein will, sollte sich auf wenig Freiraum einstellen: Die Matratzen sind sehr schmal und die vielen Passagiere liegen eng aneinandergereiht unter einem niedrigen Dach auf dem zweiten Deck eines alten Holzbootes. Wer mit großem Gepäck reist, sollte sich eine Tasche für die Nacht packen, da Koffer i.d.R. nicht mit in die Schlafetage genommen werden sollen. Diese einfache Art des Reisens ist nicht jedermanns Sache – während einige gerade sie genießen.

Wer nur für einen kurzen Badeurlaub anreist, sollte nach Möglichkeit um Neumond herum kommen. Dann sorgt die hohe Flut an den seichten Stränden zur Mittagszeit für viel Badespaß. Bei **Vollmond** ist der Strand tagsüber weit weniger malerisch und das Meer hat sich weit zurückgezogen, sodass man oft kilometerweit hinauslaufen muss. Wenn abends das Wasser wieder etwas aufläuft, kann man aber auch dann an den meisten Stränden baden und schwimmen.

Die Fährgesellschaften

Folgende Fährgesellschaften verkehren zu den Inseln im Golf:
Lomprayah, ℡ 077-456 176, 🖥 www.lomprayah.com
Seatran, ℡ 077-456 907, 🖥 www.seatrandiscovery.com
Songserm, ℡ 077-456 274. Wenig empfehlenswert, s. Kasten.

6 HIGHLIGHT

Ko Tao

Die nur ca. 21 km² große „Schildkröteninsel" Ko Tao erhielt ihren Namen in einer Zeit, als in dem kristallklaren Wasser noch viele Wasserschildkröten lebten. Leider hat der zunehmende Boots- und Touristenverkehr die Schildkröten in andere Gefilde vertrieben. Einst besuchten die Insel nur vorüberziehende Fischer. In der Zeit von 1933 bis 1947 waren auf Ko Tao politische Gefangene interniert. Nach 1947 wurden Familien aus Ko Samui und Ko Pha Ngan hier sesshaft. In den 1980er-Jahren entdeckten die ersten Traveller die Insel. Je mehr Reisende es auf die Insel verschlug, umso besser, schneller und sicherer wurden die Boote, die Ko Tao vom Festland aus ansteuerten. Ihre Tauchgründe machten Ko Tao schließlich weltberühmt; immer mehr touristische Infrastruktur entstand, und die einstigen Fischer leben heute ausschließlich vom Tourismus.

Die Insel ist hügelig mit zum Teil steilen Hängen zwischen 210 m und 380 m Höhe, die mit Primärdschungel bewachsen sind. Wer über etwas Kondition verfügt, kann die Insel zu Fuß oder mit dem Mountainbike auf einsamen Straßen erkunden. Die Hauptreisezeiten sind Dezember bis März sowie Juli und August. In dieser Zeit kann es auf der Insel voll werden. Aber auch rund um den Vollmond ist Ko Tao ein beliebtes Ziel – dann suchen viele Reisende die hiesigen Tauchgründe auf und verbinden dieses Vergnügen mit einem Ausflug zur Vollmondparty auf Ko Pha Ngan (s. S. 405).

Ko Tao zieht mittlerweile mehr als 100 000 Besucher pro Jahr an, die in über 140 Anlagen übernachten können. Nirgendwo sonst in Thailand machen so viele junge Leute ihre ersten Taucherfahrungen. Aber auch Nichttaucher schätzen die Insel mit ihren weißen Sandstränden, malerischen felsigen Buchten und den guten Schnorchelgründen, die unmittelbar vom Strand aus erreichbar sind.

Die Strände und Buchten von Ko Tao

Der schönste Strand ist der lange Hat Sai Ri im Westen der Insel, dessen Kokospalmen sich bilderbuchartig im Wind wiegen. Hier haben sich die meisten Anlagen, Restaurants und Bars angesiedelt. Einfache Holzhütten für 400 Baht gibt es noch, doch zu diesen gesellen sich immer mehr luxuriöse Unterkünfte mit AC ab 1500 Baht. Beschaulicher geht es in Mae Hat zu. Hier kommen die Boote an, dann herrscht geschäftiges Treiben am Pier. Ao Chalok Ban Kao ist die drittgrößte Bucht; der schmale Sandstreifen ist mit Tauchunterkünften, Restaurants und Bars inzwischen fast zugebaut. Schöne Buchten mit pittoresken Felsen gibt es zwischen Ao Mae Hat und dem südlichen Ende der Insel sowie an der Ao Jansom, Hat Sai Nuan oder Ao June Juea, jeweils mit wenigen Anlagen an den Hängen.

Die Ostküste empfiehlt sich für alle, die Ruhe suchen: Ao Tanote, Ao Leuk oder Ao Thian sind kleine Buchten mit weißen Sandstränden. Ganz abgeschieden präsentieren sich Ao Hin Wong, Ao Laem Thian oder Ao Lang Khaai. Hier findet man einfachste Holzhütten zwischen den Felsen, davor liegen meist winzige Sandflecken.

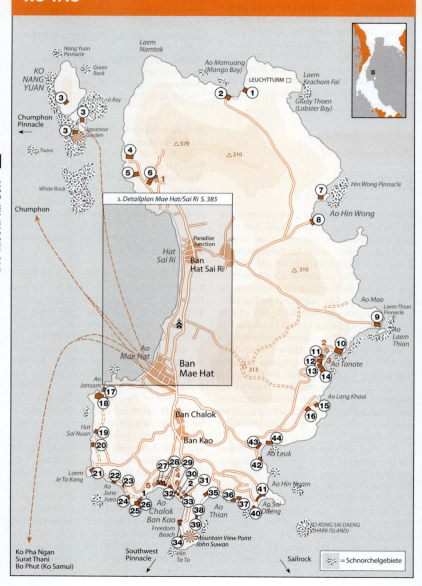

Übernachtung:
AO MAMUANG (MANGO BAY)
① Ao Muong Resort
② Mango Bay Grand Resort

KO NANG YUAN
③ Nang Yuan Dive Resort

HAT SAI RI
④ Dusit Buncha Resort
⑤ Thipwimarn Resort
⑥ Sairee View Resort

AO HIN WONG
⑦ View Rock Resort
⑧ Hin Wong Resort

AO LAEM THIAN
⑨ Laem Thian Bungalows

AO TANOTE
⑩ Family Tanote Bay Resort
⑪ Black Tip
⑫ Diamond Resort
⑬ Poseidon Resort
⑭ Mountain Reef

AO LANG KHAAI
⑮ Yang Villas and Bungalows
⑯ Pahnun View Bungalows

AO JANSOM
⑰ Jansom Bay Bungalows
⑱ Charm Churee Village

HAT SAI NUAN
⑲ Sai Thong Resort & Spa
⑳ Siam Cookie
㉑ Tao Thong Villa Resort

Essen:
AO CHALOK BAN KAO
1 Babaloo Strand Bar
2 Koppee Bakery

AO JUNE JUEA
㉒ Sunset Bungalows
㉓ P.D. Resort
㉔ Orchid Bungalows

AO CHALOK BAN KAO
㉕ Viewpoint Resort
㉖ Taraporn Resort
㉗ Sunshine Resort 1 und 2
㉘ Buddha View Dive Resort
㉙ J.P. Resort
㉚ Bhora Bhora Resort
㉛ Kae Big Fish Resort
㉜ Koh Tao Tropicana Resort
㉝ Ko Tao Resort
㉞ Freedom Beach Bungalows

AO THIAN (SHARK BAY)
㉟ the haad tien
㊱ Rocky Resort
㊲ Jamahkiri Spa & Resort
㊳ New Heaven
㊴ OK 2 Bungalow

AO SAI DAENG
㊵ Coral View Resort
㊶ New Heaven Huts

AO LEUK
㊷ Aow Leuk II
㊸ Aow Leuk Bungalows
㊹ Aow Leuk Grand Hill

Sonstiges:
HAT SAI RI
1 Walskelett

AO TANOTE
2 Calypso Diving
3 Black Tip Diving

AO CHALOK BAN KAO
4 Chalok Clinic
5 Reef Riders
6 New Heaven Dive School

Ban Mae Hat und Ao Mae Hat

In Ban Mae Hat kommen alle Boote an. In dem kleinen, tagsüber quirligen Ort finden sich Banken, Geldautomaten, Tauchbasen, Geschäfte, Supermärkte, Restaurants und zahlreiche Reisebüros.

Der winzige Strand zwischen den Piers lädt nicht unbedingt zum Schwimmen ein, die Strandabschnitte nördlich und südlich der Piers sind hingegen schöner.

Übernachtung

Über den Geschäften in der Verlängerungsstraße des Seatran Pier werden Zimmer vermietet, häufig an Langzeiturlauber. Beispiele sind die Gästehäuser **Bam Bam**, **Nemo** oder **Mae Haad**. Überall ähnliche Preise: 400–600 Baht für ein Zimmer mit Ventilator, 800–1000 Baht mit AC, oft auch mit WLAN. Schöner wohnt es sich allerdings in Meeresnähe. Weitere Unterkünfte unter **eXTra [3027]** und **[3093]**

Am Strand
Karte S. 385
Untere bis mittlere Preisklasse
Ananda Villa ㉛, ☏ 077-456 478, 🖥 www.anandavilla.com, ✉ anandakohtao@gmail.com, **[3059]**. 2-stöckiges Hotel mit ungewöhnlicher Architektur, hellgelber Anstrich. Große, helle, gefliesten Zimmer und Balkone. Gegenüber am Hang einige Holzbungalows, von außen hübsch, innen wirkt die Einrichtung etwas zusammengewürfelt. Ruhige Lage. Ventilator oder AC. WLAN. ❸–❺
Blue Diamond Dive Resort ㊲, ☏ 077-456 255, 🖥 www.bluediamonddiving.com, **[3060]**. Viele Holzbungalows unterschiedlicher Größe mit gefliesten Böden am hübsch bepflanzten Hang. Zudem Zimmer mit großer Terrasse im Haus; tolle Aussicht aufs Meer. Familienbungalows im Garten, dahinter große neue Thai-Style-Häuser. 10–20 % Rabatt für Taucher an Tauchtagen. Ventilator oder AC. WLAN. ❷–❻
Crystal Dive Resort ㉚, ☏ 077-456 106, 🖥 www.crystaldive.com, **[3061]**. Große Tauchbasis, die ihre Zimmer vorrangig an Taucher vermietet (mit Rabatt: einfache Hütte mit Ventilator 200 Baht, mit AC 500 Baht). Mehrstöckiger Hotelbau; am Hang gute Holzbungalows im Thai-Stil. Pool in Strandnähe, hier auch Übungen für Tauchanfänger. ❷–❹
Kallapangha Resort ㊱, ☏ 087-268 6985, ✉ chokkallapangha@hotmail.com, **[3062]**. Verwinkelte, lila Bungalows mit unterschiedlicher Außenfassade. Einfache, aber gemütliche Ausstattung, Ventilator und Terrasse. Am Strand die bunte Karma Beachbar mit Liegestühlen am Strand. WLAN im Restaurant. ❷–❺

Medizinische Hilfe auf Ko Tao

In Mae Hat gibt es das **Koh Tao Health Center**, ☎ 456 490, ⏲ 8–16.30 Uhr, und das **Thai Inter Hospital**, ☎ 077-456 661, ⏲ 8–20 Uhr, 24 Std. Notdienst.

Erste-Hilfe-Stationen und Health Center, jeweils von Krankenschwestern geleitet, besitzen die drei Hauptorte Mae Hat, Sai Ri und Chalok Ban Kao. Hier werden nur kleinere Wehwehchen wie die regelmäßig vorkommenden Hautabschürfungen bei Mopedunfällen behandelt. Bei **Tauchunfällen** steht die nächstgelegene Dekompressionskammer mit ausgebildeten Tauchärzten auf Ko Samui zur Verfügung: **SSS Koh Samui Recompression Chamber**, ☎ 077-427 427. Eine Behandlung ist sehr teuer, über eine Tauchversicherung sollte mit der gewählten Tauchschule vorab gesprochen werden. Am besten schließt man bereits zu Hause eine Krankenversicherung ab, die dieses sportliche Risiko offiziell mitversichert.

Ko Tao Beachside Resort ㊳, ☎ 077-456 565, 🖥 www.kohtaobeachsideresort.com, [3063]. Am südlichen Ende von Ao Mae Hat. Einfach eingerichtete Holzbungalows am Hang oder am Strand. Ventilator oder AC. Im Restaurant und in den vorderen Bungalows WLAN. ❹–❺

Koh Tao Royal Resort ㊴, ☎ 077-456 156, [3064]. Holzbungalows im Thai-Stil im hübsch angelegten Garten, alle mit großzügiger Terrasse, auch Familienbungalows. Teils Badewanne auf der uneinsehbaren Terrasse, sonst mit großem Bad. Ventilator oder AC, WLAN. ❹–❽

The Sea Lodge ㉜, ☎ 077-456 111. Zimmer, teils mit AC, für bis zu 4 Pers. im 1. OG über der Tauchbasis. TV, Kühlschrank, tgl. Zimmerservice. 10 % Rabatt für im Haus gebuchte Tauchgänge. WLAN. ❸–❺

Obere Preisklasse

Koh Tao Montra Resort & Spa ㉙, ☎ 077-457 057, 🖥 www.kohtaomontra.com, [3065]. Zimmer in 2-stöckigen Gebäuden am Strand, großer Pool. Edle Einrichtung mit viel Holz, Bäder mit Badewanne. Alle Zimmer mit Balkon. Direkt am Strand große Strandvillas. WLAN. ❻–❽

Sensi Paradise Resort ㊵, ☎ 077-456 244, 🖥 www.sensiparadise.com, [3066]. Großzügige Anlage am Südende der Bucht. Am Strand, am Hang oder über rund geschliffenen Felsen komfortabel ausgestattete Holzbungalows im Thai-Stil, alle mit großer Terrasse. Oft fantastischer Blick aufs Meer. Familienbungalows. Große Poollandschaft. Direkt vor dem Resort liegt ein kleines Schiffswrack im Wasser. WLAN. ❻–❽

In den Bergen
Karte S. 385

Wer hier wohnen will, nimmt am besten ein Taxi oder mietet ein Motorrad. Den steilen Berg hinaufsteigen sollte man auf keinen Fall mit Gepäck. Hier oben wohnt man schön ruhig an den Berghängen mit umwerfendem Blick auf Hat Sai Ri.

Moonlight View Bungalows ㉖, ☎ 077-456 966, ✉ nok_moonlight8@hotmail.com, [3069]. Höchstgelegene Anlage mit tollem Blick vom Restaurant und der Bucht, Logenplätze zum Sonnenuntergang. Einfache Holzbungalows verstreut am Hang zwischen Blumen und Sträuchern. Einige Bungalows mit Doppel- und Einzelbett. Ventilator. ❷–❸

OK View ㉘, ☎ 081-080 4842, 🖥 www.okview-kohtao.com. Am Hang hinter dem gemütlichen Restaurant einfache Mattenbungalows und größere Steinbungalows mit kleiner Küche. Ideal für Langzeitreisende. 2 Dormitories (jeweils 4 Betten) im Haus oben am Hang. Alle mit Ventilator. Im Restaurant kann man dem Koch über die Schulter blicken. Freundliches englisches Management. WLAN. ❶–❹

Essen und Unterhaltung

Buddy Restaurant, ☎ 077-456 714. Große, offene Terrasse am Meer, um den Sonnenuntergang samt Brise zu genießen und dazu exzellent zubereiteten frischen Fisch zu verspeisen. Currys um 80 Baht, Fisch 150–300 Baht. ⏲ 8–23 Uhr.

Café del Sol, Steakhaus und Pizzeria mit französischer und italienischer Küche mitten in Mae Hat. WLAN. ⏲ 8–22 Uhr.

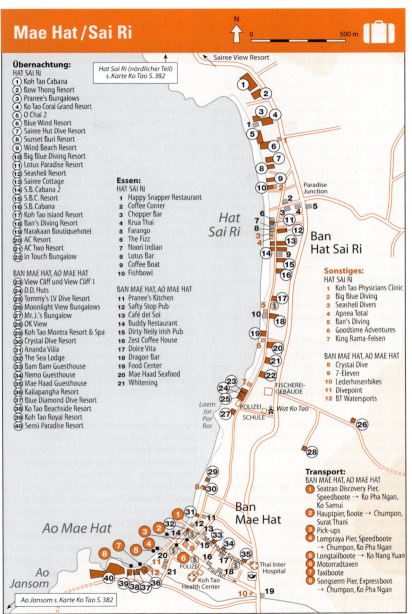

Tauchen an der Schildkröteninsel

In Thailand ist Ko Tao die erste Adresse für Tauchschüler. Fast nirgendwo auf der Welt kann man so günstig in die Unterwasserwelt hinabgleiten und Zertifikate bis hin zum Divemaster erwerben. 25 als Schutzzonen ausgewiesene Tauchgebiete liegen rund um die Insel verstreut. Im klaren Wasser tummeln sich die unterschiedlichsten Fischarten, darunter auch Walhaie und an manchen Orten sogar noch Schildkröten. Heute sind die Tiere, die der Insel ihren Namen gaben, nur noch vereinzelt am White und Red Rock anzutreffen. Auch die putzigen Seepferdchen, die sich rund um die korallenbewachsenen Riffe tummeln, sind vor allem für Tauchanfänger beeindruckend. Die Tauchtiefen von 5–28 m eignen sich hervorragend, um erste Erfahrungen zu sammeln. Auch **Schnorchler** kommen auf Ko Tao auf ihre Kosten: entweder direkt vor der eigenen Bungalowtür oder auf einer Tour rund um die Insel – mit dem Longtail für 550 Baht inkl. Mittagessen und Schnorchelausrüstung. Gestoppt wird an fünf besonders schönen Schnorchelplätzen oder auf Zuruf. Buchbar ist diese Tour in den Unterkünften oder Reisebüros.

Die Tauchgebiete von Ko Tao

Getaucht wird fast das ganze Jahr über, außer zur Regenzeit zwischen Oktober und Anfang Dezember. Eindrucksvoll sind die Walhaie, die überwiegend von April bis Juli zu sehen sind.

Ko Nang Yuan

Die über eine Sandbank mit Ko Tao verbundene Insel eignet sich nicht nur für Taucher, sondern auch für Schnorchler. Zwischen den vielen kleinen Granitfelsen, deren Unterwasserwelt bereits in einer Tiefe von 2 m beginnt, gibt es viele kleinere Meeresbewohner zu sehen und zahlreiche Durchgänge zu betauchen. Beeindruckend sind die hier lebenden Oktopusse. Nahebei liegen White Rock, die Twins und Green Rock. Hier wimmelt es jeweils von Fischen und Anemonen. **Green Rock** lockt mit korallenbewachsenen Höhlen und Vorsprüngen; hier leben Koffer- und Skorpionfische, Seeschlangen und Riffbarsche, daneben auch Drückerfische, die angriffslustig ihr Brutrevier verteidigen. Auch am **White Rock** leben diese aggressiven und nicht ganz ungefährlichen Fische (engl. Triggerfish), die manchem Taucher schon ein Loch in den Anzug gebissen haben. Wer aufpasst, kann rechtzeitig Reißaus nehmen und hat keine Attacke zu befürchten. Auch Schildkröten sollen hier noch vorbeikommen. Mit einer Tauchtiefe von 5–22 m ist der White Rock ein fantastischer Tauchplatz für Anfänger. Auf etwa 10 m Tiefe liegt ein weites Korallenband mit vielen Hart- und Weichkorallen, bevölkert von Drückerfischen, Wimpelfischen, Rochen, Fledermausfischen, Muränen, Clownfischen und auch Schildkröten. White Rock ist außerdem bekannt

---

Dirty Nelly Irish Pub, unter Leitung des Iren Don. Poolbillard in Biergartenatmosphäre. Sportereignisse auf Großleinwand. Mehrmals in der Woche Livemusik.

Dolce Vita, viel gelobte italienische Küche in mediterranem Ambiente mit weiß verputzten Wänden. Auswahl an Flaschenweinen. ⓧ 14–22 Uhr.

Dragon Bar, auffälliges modernes rotes Gebäude mit schicker Inneneinrichtung: kleine Theken und eine tiefer gelegte, halbrunde Sitzecke. Cocktailkarte mit interessanten Kreationen; schon die Kommentierung der Drinks liest sich spannend. Cocktails ab 150 Baht. ⓧ 17–2 Uhr.

Food Center, hier treffen sich die Thais. Mehrere Gerichte auch auf englischsprachigen Tafeln.

Currys und Reisgerichte, auf dem Tisch stehen gehackte Erdnüsse und Chilis. 60–80 Baht.

Mae Haad Seafood, ✆ 077-456 160. Einfaches Restaurant mit guter thailändischer Küche. Sympathischer Familienbetrieb. Halb überdachte Terrasse mit Meerblick. ⓧ 8–22 Uhr.

Pranee's Kitchen, Pizza, Snacks und eine große Auswahl an Thai-Gerichten zu fairen Preisen. Abends ab 18 Uhr Filme. ⓧ 7–22 Uhr.

Safty Stop Pub, unter südafrikanischer Leitung, ideal für ein gemütliches Bier am Abend. Große Auswahl an Burgern und Snacks für europäische Gaumen. WLAN. Manchmal Livemusik.

Whitening, hübsch minimalistisch in Weiß gehaltene Bar. Selbst die kahlen Bäume sind weiß lackiert. Auf der Terrasse kann man in

für gute Nachttauchgänge, bei denen nachtaktive Bewohner des Meeres wie Oktopusse, Krabben oder jagende Barrakudas beobachtet werden können. Die Sichtweite beträgt 12–15 m. Die **Twins** sind mit einer Wassertiefe von 4–18 m ebenfalls ideal für Anfänger. Vier Felsen, bewachsen mit Weich- und Hartkorallen, zwischen denen sich farbenprächtige Clownfische, Muränen, Zackenbarsche, Kaiser- und Kugelfische tummeln. Ein beliebtes Ziel für Nachttauchgänge.

Ao Leuk und Shark Island
Die glasklare Bucht ist ideal für Tauchanfänger, die durchschnittliche Tauchtiefe beträgt etwa 8 m. Neben Korallen am südlichen Ende können Barsche, Barrakudas, Kaiserfische oder Prachtlippfische beobachtet werden. Am Shark Island sind immer wieder junge Riffhaie zu sehen.

Hin Wong Pinnacle
Im Nordosten von Ko Tao, Tauchtiefe 8–30 m. Auf dem Plateau wachsen verschiedenste Korallen. Hier leben Barsche, Wimpelfische, Papageienfische und Anemonenfische; in der Nähe sind auch Riffhaie und Rochen zu sehen.

Southwest Pinnacle
Eine Felsspitze, die mit Anemonen bedeckt ist, Tauchtiefe 7–36 m, Sicht-weiten 10–40 m. Auch hier trifft man oft auf Walhaie. Gigantische Fächerkorallen bedecken im tieferen Wasser den Fels.

Weitere Tauchspots in der Umgebung s. „Tauchplätze im Golf", S. 401.

Die Wahl der Tauchschule und die Kosten
Über 45 gut ausgerüstete Tauchbasen mit den internationalen Standards SSI, PADI, BSAC und CMAS/TDA sind mittlerweile auf Ko Tao angesiedelt, die Preise nahezu identisch. Viele Unterkünfte halten Zimmer für Taucher frei. Oft wohnt man bei Belegung eines Tauchkurses in dieser Zeit kostenlos, bei Tagestauchfahrten wird ein Rabatt auf den ansonsten üblichen Zimmerpreis gewährt.

Tauchkurse: Der Open Water Diver kostet ca. 9000 Baht; für den Advanced Diver werden rund 8000 Baht fällig, für den Rescue Diver 10 000 Baht. Ein Tauchgang ist ab 1000 Baht inkl. Ausrüstung zu haben, ab sechs Tauchgängen gibt es meist Rabatt.

Die Website 🖳 www.taucher.net hilft vielleicht bei der Auswahl des richtigen Ziels: Hier finden sich Community-Bewertungen über Tauchschulen weltweit.

Bitte unbedingt lesen: Traveltipps von A bis Z, „Sicheres Tauchen", S. 70.

edler Atmosphäre seinen Sundowner schlürfen. Die Thai-Küche (neben westlichen Gerichten) stellt auch den anspruchsvollen Gourmet zufrieden, preislich gehoben. Angenehme Loungemusik. ⏱ 16–24 Uhr.

Zest Coffee House, für Frühaufsteher die erste Adresse. Frühstücksauswahl mit selbst gemachtem Brot und Kuchen. Gute Baguettes und Croissants. WLAN. ⏱ 6–18 Uhr.

Aktivitäten

Tauchen
Crystal Dive, ☎ 077-456 107, 🖳 www.crystaldive.com. Sehr großes, beliebtes PADI 5-Star IDC Center in Mae Hat. Über 15 Tauchlehrer verschiedenster Nationalitäten. Eigener Pool direkt am Strand von Mae Hat.

Divepoint, ☎ 077-456 231, 🖳 www.divepoint-kohtao.com. Der Österreicher Walter Nemetzek leitet diese große Tauchbasis. Zweite Tauchbasis ist die *M.V. Dive Point*, ein 27-m-Boot mit 3 Decks, auf dem bis zu 40 Taucher Platz finden. PADI, CMAS oder SSI, auch Nacht-, Strömungs- und Wracktauchen. Unterwasserkameras und Video zur Ausleihe. Frühaufsteher starten um 6.45 Uhr, Frühstück an Bord.

Weitere Aktivitäten
BT Watersports, ☎ 089-589 4253. Bietet bei ruhiger See alles an, was hinter einem Motorboot hergezogen werden kann:

Wasserski, Wakeboard, sowie alle möglichen aufblasbaren Vehikel wie Ringe, Bananen oder Ähnliches. 1000–3500 Baht (3 Pers.). Das Motorboot kann auch gechartert werden (18 000 Baht pro Tag, 1/2 Tag 10 000 Baht, bis zu 6 Pers.). Es gibt weitere Anbieter mit ähnlichem Programm.

Viele Bungalowanlagen am Strand vermieten **Kajaks**, ca. 100–150 Baht/Std., 500 Baht pro Tag. **Mountainbikes** werden von mehreren Unterkünften vermietet. Die steilen Pisten sind sowohl zu Fuß als auch mit dem Rad recht anstrengend, unbedingt genügend Trinkwasser mitnehmen! Wer nicht allein losziehen will, kann sich auch einer Gruppe anschließen: **Goodtime Adventures**, ☎ 087-275 3604, 🖥 www.gtadventures.com.

Sonstiges
Bücher
Mr. J's Bungalow in Mae Hat, auch deutsche gebrauchte Bücher.

Geld
In Mae Hat einige Banken, ⏱ Mo–Fr 9–16.30 Uhr, die BKK Bank auch Sa/So. Mehrere Geldautomaten an der Strandstraße.

Massagekurse
Angebote u. a. bei Frau Natvipa, ☎ 077-456 138. Die Ärztin vermittelt auch medizinische Grundkenntnisse. 5-tägige Kurse mit je 3 Std. Nachmittagsunterricht plus Hausaufgaben. Abschließendes Zertifikat. 9500 Baht.

Mopeds
Mopeds werden in den Unterkünften und vielen Reisebüros vermietet, 200 Baht pro Tag. **Lederhosenbikes** vermietet und verkauft auch Geländemaschinen. Der deutsche Automechaniker Bernd hält seine Maschinen gut in Schuss.

Polizei
Zwischen Mae Hat und Sai Ri, ☎ 077-456 631.

Post
In Mae Hat, ☎ 077-456 869. ⏱ Mo–Fr 9–17, Sa 9–12 Uhr.

Straßenverhältnisse
Selbst für geübte Mopedfahrer sind die Straßenverhältnisse auf Ko Tao eine Herausforderung. Zwar wurden einige besonders steile Teilstücke inzwischen asphaltiert, doch die Wege zu den östlichen Buchten sind generell steil, ausgewaschen und mit Sand bedeckt. Regelmäßig kommt es hier zu Unfällen, sodass die vielen Erste-Hilfe-Stationen einiges zu tun haben.

Nahverkehr
Pick-ups und **Motorradtaxen** stehen in Mae Hat. Die Preise sollten vorher ausgehandelt werden. Sie variieren je nach Fahrer, Uhrzeit (nachts werden erhebliche Aufschläge verlangt) und Fahrtziel, abhängig von den Straßenverhältnissen. Anhaltspunkte: Von Mae Hat nach Sai Ri oder Chalok Ban Kao 50–100 Baht, schwieriger zu erreichende Ziele wie Ao Leuk, Tanote oder Hin Wong etwa 250 Baht, jeweils p. P. für einen Pick-up bei 4 Insassen.
Longtails dienen als **Boottaxen** und sind in Mae Hat und Hat Sai Ri zu chartern. Auch hier gilt es, den Preis vorher auszuhandeln. Eine Bootstour um die Insel ist für etwa 1500 Baht zu haben.

Transport
Viele Schlepper warten bei Ankunft der Boote auf Kunden. Die Besitzer der Gästehäuser in den abgelegeneren Buchten holen bei vorheriger Anmeldung ihre Gäste kostenlos mit Pick-ups am Pier ab und bringen sie zu den gewünschten Abfahrtzeiten zurück.

Boote
BANGKOK, mit Lomprayah (Katamaran und Bus) um 10.15 und 14.45 Uhr für 950 Baht in 10 Std. Mit Songserm (Expressboot und Bus) um 14.30 Uhr für 700 Baht in 14 1/2 Std. und mit dem Nachtboot (siehe Hinweis zu Nachtbooten auf der Insel S. 380) um 22 Uhr für 850 Baht, Ankunft in Bangkok um 15.30 Uhr. Wer das Boot um 10.15 Uhr nimmt, kann mit Lomprayah (Air Solar) ab Chumphon nach Bangkok (Don Muang) fliegen (Ankunft 15.15 Uhr) für 3250 Baht inkl. Boot.
CHUMPHON, mit Lomprayah um 10.15 und 14.30 Uhr für 550 Baht in 1 1/2 Std., Songserm

um 14.30 Uhr für 500 Baht in 3 Std. Die Autofähre fährt um 23 Uhr für 350 Baht in 6 Std.
HUA HIN, mit Lomprayah (Katamaran und Bus) um 10.15 und 14.45 Uhr für 950 Baht in knapp 7 Std.
KO PHA NGAN, mit Lomprayah und Seatran nach Thong Sala um 9.30 und 15 Uhr für 400 Baht in 1 Std. Zur Vollmondparty fährt Lomprayah um 17.30 Uhr für 550 Baht in 1 Std., inkl. Transfer nach Hat Rin. Zurück um 6.30 Uhr. Abholung in Hat Rin, Boot um 8.30 Uhr, hin und zurück für 1000 Baht. Das Songserm-Expressboot startet um 10 Uhr für 250 Baht, Fahrtzeit 1 3/4 Std.
KO SAMUI (Mae Nam), mit Lomprayah und Seatran über Ko Pha Ngan für 600 Baht in knapp 2 Std. Mit Songserm (nach Nathon) um 10 Uhr für 400 Baht in 3 Std.
KRABI, PHI PHI, KO LANTA, PHUKET, KHAO SOK und HAT YAI, für eine Weiterfahrt mit Bussen zu diesen Zielen nimmt man am besten das Nachtboot (siehe Hinweise zu den Nachtbooten S. 380) um 21 Uhr für 600 Baht in 8 Std. Ansonsten schläft man eine Nacht in Surat Thani.
SURAT THANI (Don Sak), Lomprayah um 9.30 Uhr für 700 Baht in 4 Std., bis zum Flughafen oder Bahnhof in 5 3/4 Std. für 750 Baht. Songserm um 10 Uhr für 550 Baht in 6 1/2 Std.

Ao Jansom

Hier locken zwei kleine, ruhige Privatbuchten mit weißem Sand zwischen hohen, runden Felsen, an denen sich hervorragend schnorcheln lässt. Wer nicht Gast einer der beiden Resorts ist, muss für die Strandbenutzung 200 Baht bezahlen.

Übernachtung

Karte S. 382
Charm Churee Village ⑱, ✆ 077-456 394, 🖥 www.charmchureevillage.com, [3396].
Weitläufige Anlage. Luxusvillen aus Holz im Hang. Exklusive Möblierung im asiatischen Stil, individuelle Bäder, teils mit Außendusche. Großräumige Bambushäuser, z. T. mit eigenem Pool. Am kleinen Strand die Elvis Bar, das gemütliche Restaurant thront auf den Klippen. Freundliches Personal. WLAN. ❽
Jansom Bay Bungalows ⑰, ✆ 077-456 883, [3395]. Gehört zum Charm Churee Villa, ist jedoch günstiger. Alte Holzbungalows mit Ventilator an einem winzigen Sandstrand, von großen Felsen eingeschlossen. Baden und Schnorcheln am angrenzenden Strand des Charm Churee Villa. Keine Reservierungen. Es heißt, die Hütten sollen luxuriösen Bungalows weichen. ❹

Hat Sai Ri

Der bekannteste Strand der Insel ist Hat Sai Ri. Bei Flut ist der etwa 2 km lange Strand sehr schmal, doch immer noch malerisch – mit seinen pittoresken Felsen, den sich ins Meer neigenden Kokospalmen und dem weichen, weißen Sand. Da der Strand sehr langsam abfällt, muss man zum Schwimmen ein Stück hinauswaten. Für Familien ist das von Vorteil, vor allem die kleinen Kinder haben in diesen riesigen Badewannen ihren Spaß. Das **Sai Ri-Riff** mit einigen interessanten Korallen liegt 100 m vor dem Ufer und eignet sich wunderbar zum Schnorcheln.

Die kleine gepflasterte Straße parallel zum Strand hat sich zur Ausgehmeile entwickelt, hier findet sich eine riesige Auswahl an Restaurants, Bars und Diskotheken neben Unterkünften, Tauchbasen, Geschäften, Reisebüros und Touranbietern, leider auch entsprechend viel Mopedverkehr. Im Norden hinter dem Dorfkern wird es ruhiger.

Am 18.6.1899 besuchte König Rama V. (1868–1910) die Insel und hinterließ sein Monogramm an einem großen Felsen an der **Ao Jor Por Ror**, dem südlichen Ende von Hat Sai Ri. Dieser Ort wird von den Einheimischen sehr verehrt und sollte mit Respekt behandelt werden.

Übernachtung

Hat Sai Ri hat Unterkünfte in allen Preisklassen und für alle Geschmäcker zu bieten. Es gibt einfache Bungalows direkt am Strand, aber auch gediegene Zimmer mit AC, TV und Safe. Die meisten Bungalows liegen hinter der Strandstraße. Karte S. 385.
Weitere Unterkünfte unter **eXtra [3160]**.

Untere und mittlere Preisklasse

AC Resort ⑳, ☏ 077-456 197, ✉ acresort.kohtao@gmail.com, [3406]. Im mit Bäumen bestandenen Hanggelände von der Strandstraße durch eine in Beton ausgekleidete Höhle mit kleinem Wasserlauf abgetrennt. Unten am Pool geräumige Doppelbungalows, vielfach mit bunten Glasfenstern und TV. Dahinter einfache Holzbungalows mit Ventilator. Weit oben (fast an der Straße) große Mattenbungalows auf einer offenen Rasenfläche, mit AC, großem und kleinem Bett. Zum Resort gehört die Tauchbasis Phoenix Divers, 🖳 www.phoenix-divers.com. Bei Tauchkursen 3 Nächte frei in einfachen Zimmern im einem Reihenhaus. Am Strand das große, weithin sichtbare 2-stöckige Restaurant mit beliebter AC-Bar. Für Taucher ab ❶, sonst ❷–❺

AC Two Resort ㉑, ☏ 077-456 195, ✉ yaac2@hotmail.com, [3410]. Direkt am Strand das Restaurant, auf der anderen Seite der Straße im Grünen versteckte recht große Hütten mit Ventilator. Einige Steinhäuser mit AC, Kühlschrank und TV. ❸–❺

Ban's Diving Resort ⑱, ☏ 077-456 466, 🖳 www.bansdivingresort.com, [3411]. Große Hotelgebäude, die sich den Hang hinaufziehen. Ansprechend mit Wasserläufen, Teichen und tropischer Vegetation gestaltet. Teils gute Zimmer, teils recht verwohnt – je nachdem, wie viel Geld man auszugeben bereit ist. Zwei Pools, wo auch die Anfängerkurse der Tauchschüler stattfinden. Auch in Zimmern mit Ventilator TV. Für Taucher ab ❶, ansonsten ❸–❺

Blue Wind Resort ⑥, ☏ 077-456 116, ✉ bluewindadear@hotmail.com, [3412]. Unterschiedlichste Hütten auf dem schattigen Grundstück, das sich ins Landesinnere erstreckt, teils aus Stein, teils aus Holz. Viele mit langen Fenstern oder aufklappbaren Türen. Moskitonetze. Ventilator und AC. Restaurant am Strand auf 2 Ebenen, viele Sitzkissen. Bäckerei (Croissants, Kuchen). Yogaschule (s. u.). ❷–❹

In Touch Bungalow ㉒, ☏ 077-456 514, [3402]. Hinter der Strandpromenade ganz im Süden. Unter Bäumen und Sträuchern versteckte einfache Holzbungalows sowie bunte ansprechende Steinbungalows. Viele mit Ventilator. Während der Recherche entstand ein großes Haus mit moderner Ausstattung. Am Strand gemütliches Restaurant mit von Lesern gelobter Küche. WLAN. ❷–❺

O Chai 2 ⑤, im Norden der Bucht, [6240]. Familienbetrieb mit einfachen Holzbungalows und ein paar Steinhäuschen im großen Garten. Hinten etwas älter und günstiger, vorne direkt am Strand besser in Schuss und eine gute Wahl. Alle mit Ventilator. Kein Restaurant.

Sairee Cottage ⑬, ☏ 077-456 374, 🖳 www.saireecottagediving.com, [3417]. Nette Hütten mit Ventilator jenseits der Strandpromenade. Groß und imposant wirken die Thai-Häuser mit AC und TV, einige davon direkt am Strand. Für Tauchschüler 2 Tage kostenlos in günstiger Kategorie. ❷–❺

Sairee Hut Dive Resort ⑦, ☏ 077-456 000, 🖳 www.saireehutresort.com, [3418]. Moderne, gut ausgestattete Zimmer in 2-stöckigen Häusern, die sich rückwärtig des Strandes erstrecken. Zudem wenige einfache Hütten mit Ventilator und dahinter einfache Zimmer im Reihenhaus. Pool. Restaurant am Strand. Inkl. Frühstücksbuffet. ❷–❺

Sairee View Resort ⑥, ☏ 077-456 649, [3405]. Oberhalb am Hang gelegen (Karte S. 382). Wer Ruhe sucht und wenige Ansprüche stellt, wird sich hier wohlfühlen. Einige weiße Holzbungalows mit Ventilator unter Palmen. Einfache Ausstattung. Alle mit Warmwasser. Attraktion ist ein etwa 10 m langes Walskelett. ❷

S.B. Cabana ⑯, [6311]. Holzhütten älteren Datums, recht gut gepflegt. Einige Hütten direkt am Strand. Zudem Steinhäuser. Familienbetrieb – oft findet sich keiner, der englisch spricht. ❷–❸.

S.B. Cabana 2 ⑭, ☏ 077-456 005, [3419]. Holz- und Steinbungalows mit Ventilator in Reihen

Gepflegt und familiär

Bow Thong Resort ②, ☏ 077-456 351, 🖳 www.bowthongresort.com, [3413]. Gepflegte Anlage mit unterschiedlichen Bungalowtypen: einfache Holzhütten, moderne gut 2-stöckige Bungalows mit Terrassen und gute Holzbungalows mit AC, TV und Safe, einige direkt am Strand. Dort auch das Restaurant. ❸–❻

versetzt hinter des Strandstraße. Einfach, aber ordentlich. ❸–❹

Obere Preisklasse

Dusit Buncha Resort ④, ✆ 077-456 730, 🖳 www.dusitbuncharesort.com, [3424]. Am Nordende von Hat Sai Ri, Karte S. 382. Vom Restaurant wunderschöner Blick auf Ko Nang Yuan. Großzügige Holzbungalows am Hang oder auf Steinen am Meer. Große Fensterflächen, Badewannen mit Whirlpool, teils im Freien. TV, Kühlschrank, Pool. Kein Strand. Aufmerksame deutsche Leitung. 70 % des Energiebedarfs der Anlage wird mit Solarenergie gedeckt. ❻–❽

Ko Tao Coral Grand Resort ④, ✆ 077-456 431, 🖳 www.kohtaocoral.com, [6241]. Schöne Bungalows in ansprechender Anlage. Einige für Familien mit zwei Eingängen. Alle AC. Hinten einfache kostenlose Unterkünfte für Tauchschüler im Reihenhaus. Pool. Tauchschule Coral Grand Divers, 🖳 www.coralgranddivers.com. ❹–❽

Narakaan Boutiquehotel ⑲, ✆ 077-456 644, 🖳 www.narakaanhotels.com, [6242]. Modernes, kleines 2-stöckiges Hotel direkt am Strand. Große Zimmer ansprechend möbliert. Am besten sind die mit Terrasse direkt über dem Strand. TV, Minibar, tgl. Roomservice. ❺–❽

Seashell Resort ⑫, ✆ 077-456 299, 🖳 www.seashell-resort.com, [6243]. Schönes Resort mit

Idylle mit Stil

Koh Tao Cabana ①, ✆ 077-456 504, 🖳 www.kohtaocabana.com, [3425]. Schon ist das dreiteilige Haupthaus ist beeindruckend: 2 Rundhäuser und ein begehbarer Aussichtsturm. Große Gartenfläche mit Palmen, die in einer Liegewiese am Strand mündet. Im Garten selbst runde, weiß getünchte Villen, innen ausgefallen mit Beton gestaltet. Auf den Klippen großzügige Holzbungalows mit Palmdächern, gemütlich möbliert. Steine z. T. in den Bungalow integriert. Außergewöhnlich raffinierte Innen- und Außenbäder. TV und DVD, Minibar, Nichtrauchervillen. Kinderspielgeräte. Am Strand das noble Restaurant Rim Lay. ❻–❽

ansprechenden Bungalows; einfache mit Ventilator oder bessere mit AC und TV. Schöner großer Pool. Schüler der Tauchschule Seashell Divers, 🖳 www.seashelldiverskohtao.com, erhalten 20 % Rabatt bzw. kostenlose Zimmer der einfachsten Kategorie. WLAN ❹–❻

Thipwimarn Resort ⑤, ✆ 077-456 409, 🖳 www.thipwimarnresort.com, Karte S. 382. Am steilen Hang zwischen Bananenstauden, Palmen und anderen dekorativen Pflanzen versteckte Palmdachbungalows, innen mit Holz und hellen Bädern. Große Terrassen mit Meerblick. Pool, kein Strand, Schnorcheln und Schwimmen von den Felsen aus möglich. ❻–❽

Essen und Unterhaltung

Die Restaurants an Hat Sai Ri offerieren eine große Bandbreite an Küchen. Im Angebot sind thailändische, französische, italienische, mexikanische oder auch indische Gerichte. Einige Restaurants zeigen abends Filme auf größeren Fernsehern, schöner sitzt man jedoch an der Großleinwand am Strand, gegenüber vom Koh Tao Island Resort. Am Strand und der Strandstraße bieten des Resorts BBQ mit Fisch, Fleischspießen und Folienkartoffeln an. Garküchen und einfache Restaurants finden sich im „Dorf" nahe der Paradise Junction.

Chopper Bar, sehr beliebtes und lautes Restaurant auf 2 Etagen mit 2 Bars. Sportübertragungen auf Großfernsehern, Poolbillard. Täglich wechselnde Angebote, z. B. Thai-Gerichte zum halben Preis oder lange Happy Hour. Mehrmals wöchentlich Livemusik. WLAN. ⏰ 9 Uhr bis spät.

Coffee Boat, authentische thailändische Küche, günstig mit Gerichten ab 60 Baht, dafür kein stylisches Ambiente. WLAN.

Coffee Corner, beliebte Frühstücksalternative im Dorf. Bis abends geöffnet, aber dann ist die Auswahl arg zusammengeschrumpft.

Farango, vorne kann man dem Pizzabäcker bei der Arbeit zuschauen. Holzofenpizza, hausgemachte Pasta und italienischer Nachtisch.

Fishbowl, Restaurant von Ban's Diving Resort mit leckerem gegrilltem Fisch. Die Beachbar ist der angesagte Treffpunkt, um sich in drangvoller Enge bei lauter Musik näherzukommen.

Happy Snapper Restaurant, direkt am Strand vor dem Ko Tao Coral Grand Resort. Thai- und europäische Gerichte, außerdem Kochkurse.
Krua Thai, thailändische Küche mit leckeren Currys und als Nachtisch Klebreis mit Mango.
Lotus Bar, Treffpunkt zum Sonnenuntergang, abends Beach Party. Am Strand ziehen Feuerkünstler die Zuschauer in ihren Bann.
Noori Indian, neben Lotus Bar. Direkt am Strand indische Küche genießen.
The Fizz, angesagte Bar mit Restaurant am Strand. Gemütliche Sitzkissen. Tgl. DJs.

Aktivitäten
Klettern
Goodtime Adventures, ✆ 087-275 3604, 🖥 www.gtadventures.com. Klettern, Abseilung, Cliff Jumping, Bouldern, Wandern und Mountainbiking. Die steilen Hügel im Inselinnern und die großen Klippen am Meer bieten ideale Möglichkeiten für Kletterer. Auch Anfänger können erste Versuche unternehmen.

Tauchen
Apnea Total, ✆ 084-878 6269, 🖥 www.apneatotal.com. Am Hat Sai Ri hat bei Monica und Eusebio jeder die Möglichkeit, die Ruhe des Freedivings ohne Flaschen, nur mit der eigenen Atemluft, zu erleben.
Ban's Diving, ✆ 077-456 061, 🖥 www.bansdiving.de. PADI 5-Star IDC Center. In der großen Tauchschule sprechen die Divemaster über 15 Sprachen. Die Basis verfügt über 2 Tauchboote, um mit Anfängern und Fortgeschrittenen die jeweils geeigneten Tauchgebiete anzufahren. Eigener Pool. Bietet auch Nitrox-Tauchen, Nachttauchen, Unterwasserfotografie und andere Spezialkurse. Tauchsafaris und *Liveaboards*.
Big Blue Diving, ✆ 077-456 415, 🖥 www.bigbluediving.com. Großes PADI 5-Star IDC Center. Kurse werden nach PADI oder SSI durchgeführt. 2 deutschsprachige Tauchlehrer gehören zum Stammteam. 3 Boote für bis zu 50 Pers. sind beständig im Einsatz, um die Tauchschüler und Fortgeschrittenen zu verschiedenen Divespots zu fahren. Nitrox-Tauchen, Wracktauchen, Nachttauchen, Frühstückstrips und Sunsettauchen.

Sonstiges
Bücher
Am Hat Sai Ri gibt es 3 Buchläden, die an- und verkaufen. Zudem findet man in vielen Hotelanlagen gebrauchte Bücher, die man sich leihen, kaufen oder tauschen kann.

Geld
Vor Ban's Diving Resort befindet sich ein kleiner Ableger der Bangkok Bank, der auch Reiseschecks einwechselt. Mehrere Geldautomaten.

Yoga
Am Hat Sai Ri gibt es im **Blue Wind Resort** eine Yogaschule. Kurse Mo–Sa 10–12 Uhr sowie 16.30–18 Uhr für 300 Baht.

Medizinische Hilfe
Koh Tao Physicians Clinic, nahe Blue Wind Resort, ✆ 077-456 712, ⏱ 8–20 Uhr, 24 Std. Notdienst, auch bei Tauchunfällen. Gesundheitsattest für Tauchkurse.

Hat Sai Nuan und angrenzende kleine Buchten

Die kleine ruhige Bucht mit ihren vielen hohen Palmen und den dschungelbewachsenen Hügeln hinter dem weißen Sandstrand, der mit einigen gröberen Korallenresten durchsetzt ist, bildet ein beliebtes Postkartenmotiv. Das Meer ist hier gut zum Schwimmen und Schnorcheln geeignet. Zu Fuß erreicht man diese Bucht über einen abenteuerlichen Dschungelweg, der im Charm Churee Resort abzweigt. Die 800 m sind in 20 Min. zu bewältigen, teils mit Kletterei über Felsen und wackelige Bretter. Einfacher geht es mit dem Boot oder Moped. Bis zum Kap Je Ta Kang ziehen sich kleine, von Felsbändern getrennte Buchten. Die Resorts bieten einen Taxibootservice für 100 Baht nach Mae Hat an (nachts 150 Baht).

Übernachtung
Karte S. 382
Sai Thong Resort & Spa ⑲, ✆ 077-456 868, 🖥 www.saithong-resort.com, [3438]. Schöne dunkle Holzbungalows auf Stelzen am

malerischen Strand oder am Hang, Ventilator und Warmwasser. Das Resort nimmt die gesamte Bucht Sai Nuan ein. Im Restaurant wenig Auswahl, leicht überhöhte Preise. Freundlicher Service und herrliche Aussicht von den niedrigen Tischen und Sitzkissen. Schnorchelausrüstung (150 Baht/Tag), Kajaks (300 Baht/Tag). ❹–❺

Siam Cookie ⑳, ☏ 081-747 5357, [3439]. Unterschiedlich große, ältere Holzbungalows in einfacher Bauweise, teils am Strand, teils am Hang als Doppelbungalows. Ventilator. ❸–❺

Tao Thong Villa Resort ㉑, ☏ 077-456 078, [3440]. Der etwas beschwerliche Trampelpfad am Wasser führt zum Kap Je Ta Kang. Stelzenhütten am Hang oder direkt am Wasser, meist aus dunklem Holz. Ventilator und AC. Schwimmen und Schnorcheln an 2 recht kleinen Stränden auf beiden Seiten des Kaps. Großes familiäres Restaurant über dem Wasser. ❷–❺

Ao June Juea

Abgeschieden im Südwesten liegt der kleine weiße Strand mit Korallenresten unter Palmen, immer wieder durchbrochen von großen runden Felsen. Für Ruhesuchende ein idealer Rückzugsort, der am besten mit dem Boot oder Pick-up zu erreichen ist. Das letzte steile Stück ist nicht asphaltiert und nur schwer mit dem Moped zu befahren.

Übernachtung

Karte S. 382

Orchid Bungalows ㉔, ☏ 077-456 667. Kleine, einfache und gemütliche, blau gestrichene Holzbungalows mit Ventilator am steilen Hang, dicht beieinander, alle mit Meerblick, die besseren aus Stein direkt über dem Wasser. Zum Strand muss man ein paar Meter gehen. ❷–❺

P.D. Resort ㉓, ☏ 077-457 028, 🖥 www.pdresort.com. Am Hang großzügige Bungalows mit Ventilator, Warmwasser und Kühlschrank. Große Terrassen, schön in Holz gehalten mit grünen Applikationen. Große, ansprechende Bäder mit Naturmaterialien. Sehr gemütlich. Vom Restaurant aus führt eine Treppe zum winzigen Strand. WLAN. ❸–❺

Sunset Bungalows ㉒, ☏ 077-456 761, [3447]. Am Hang teils auf hohen Stelzen 17 einfache Holzbungalows mit Ventilator, einige wenige direkt am Strand. Sehr steiles Gelände. Entspannte Atmosphäre im kleinen gemütlichen Strandrestaurant. WLAN. ❷–❺

Ao Chalok Ban Kao

Der drittgrößte Strand der Insel liegt an der Südküste mit Blick auf Ko Pha Ngan und Ko Samui. Hier ist es zwar viel ruhiger als am Hat Sai Ri, dennoch ist die Auswahl an Unterkünften groß. Zudem gibt einen 7-Eleven, zwei Geldautomaten und eine Bank. Die Bucht bietet viele herrliche Aussichtsmöglichkeiten, die östliche Felsformation **Hin Ta To** soll einen sitzenden Buddha verkörpern. Am ehesten erkennt man dies vom gegenüberliegenden Strand oder vom Boot aus.

Der Strand von Ao Chalok Ban Kao schrumpft von Jahr zu Jahr, bei hohem Wasserstand zeigt sich nur noch ein schmaler Streifen weißen Sandes. Rund um das Buddha View Resort ist alles sehr eng bebaut, die meisten Urlauber weichen zum Sonnenbaden auf die Holzplateaus aus. In der Bucht herrscht tagsüber ein reger Verkehr von Tauchbooten und Longtails, worunter die Wasserqualität leidet.

Übernachtung

Karte S. 382

Untere Preisklasse

Koh Tao Tropicana Resort ㉜, ☏ 077-456 167, 🖥 www.koh-tao-tropicana-resort.com, [3448]. In einer weitläufigen Gartenanlage in 2 Reihen ordentliche Steinbungalows mit gefliesten Böden und wenigen, aber gemütlichen Möbeln. Im hinteren Teil 2- und 3-stöckige Gebäude mit teils gut ausgestatteten Zimmern. Ventilator oder AC. ❷–❺

Sunshine Resort 1 und 2 ㉗, ☏ 085-476 7191, [3449]. Bambus- und Holzhütten, günstigere Zimmer in 2-stöckigen Gebäuden, zwischen Bäumen und Sträuchern in einer gepflegten Gartenanlage hinter dem Restaurant. Ventilator und AC. Sunshine 2 liegt am Ende des Strandes und bietet etwas mehr Ruhe. ❷–❹

Taraporn Resort ㉖, ☏ 081-968 2565, **[3451]**. Westlich vor der Bucht (dem Holzsteg um das Kap herum folgen). Am Strand unter Bäumen schöne Holzhütten, alle mit Ventilator und Hängematte auf der Terrasse. Man erreicht das Restaurant über einen kleinen Betonsteg. Zum Strand sind es 2 Min. Weißer Sand, der von großen runden Felsen durchbrochen ist. Ruhig und abgeschieden. Taucher (mit Alvaro Diving) übernachten gratis. ❸–❹

Mittlere und obere Preisklasse

Buddha View Dive Resort ㉘, ☏ 077-456 074, 🖥 www.buddhaview-diving.com, **[3452]**. Sehr beliebte Tauchschule. Gut eingerichtete Zimmer im 2-stöckigen Haus in grauem Putz, moderne Möbel. Ventilator oder AC, alle mit Warmwasser. Geringe Nachlässe für Taucher. Kleiner Pool hinter der Tauchschule. Abends BBQ am Strand. ❹–❺

J.P. Resort ㉙, ☏ 077-456 099, 🖥 www.jpresort.asia. Großes Resort mit 55 Zimmern. Jenseits der Straße in den Hang gebaute Steinbungalows mit Fliesenböden und tollem Blick. An der Straße drei 2-stöckige Gebäude mit Zimmern sowie wenige Bungalows am Strand. Ventilator und AC. Strandrestaurant mit BBQ und Beachbar. Im Restaurant WLAN. ❸–❺

Kae Big Fish Resort ㉛, ☏ 077-456 150, 🖥 www.kaebigfish-resort.com, **[3453]**. Schöne, im Halbkreis am Strand gelegene 1- bis 2-stöckige Steinbungalows mit großen Balkonen. Ventilator und AC. ❸–❺

Ko Tao Resort ㉝, ☏ 077-456 133, 🖥 www.kotaoresort.com. Gepflegte Luxusanlage.

Bungalows mit Flair

Bhora Bhora Resort ㉚, ☏ 089-871 2665. Jenseits der Straße nett gestaltete Holzhütten am Hang. Innen und außen bunt bemalt. Klein und gemütlich. Ventilator (mit und ohne Warmwasser) oder AC (dann mit TV, DVD, Kühlschrank). Bäder teils mit bunten Flaschenböden oder im Bambuslook. Terrassen mit Blick auf die Bucht. Keine Reservierungen übers Telefon – viele Tauchschulen vermitteln aber Zimmer. WLAN. ❸–❺

Verschiedene Preiskategorien, je nach Strandnähe. Die einfacheren Bungalows am Hang jenseits der Straße, die größeren mit Wohnzimmer oder 2 Doppelbetten, TV, Kühlschrank in Strandnähe. Pool und kleiner Fitnessbereich. Ein weiterer Ableger der Anlage auf dem Berg. Kostenloser Transport zwischen den Resorts und 4x tgl. nach Mae Hat. Nebenan die Tauchbasis Samui Diving. Inkl. Frühstück. WLAN. ❺–❽

Viewpoint Resort ㉕, ☏ 077-456 444, 🖥 www.kohtaoviewpoint.com. 15 Min. Fußweg westlich der Bucht Chalok Ban Kao. Auf den Klippen hinter vielen Sträuchern, Bäumen und Bambuszäunen versteckte, luxuriöse Bungalows mit halb offenen Bädern. Großzügige Poolvillen. Die günstigeren Bungalows liegen oberhalb. Das Resort ist mit vielen Naturmaterialien gestaltet; Naturschutz wird ernst genommen: Abwasseraufbereitung, Kompostierung, Solarenergie. WLAN im Restaurant. ❹–❽

Am Freedom Beach
Karte S. 382

Freedom Beach Bungalows ㉞, ☏ 077-456-596. In einer abgeschiedenen Bucht mit glasklarem Wasser einfache Holz- und Steinhütten mit Ventilator am Hang und bessere Steinhäuser mit AC über den Klippen. Ein Steg führt um die Felsen herum zu einer weiteren Bucht mit Holzbungalows am Hügel. Das Restaurant liegt auf halber Höhe. Freedom Bar. Etwa 10 Min. zu Fuß zur Chalok Ban Kao. WLAN. ❸–❻

Essen und Unterhaltung

Babaloo Strand Bar, idyllisch und abgeschieden am Strand des Taraporn Resorts. Gelegentliche Strandpartys.

Koppee Bakery, Frühstück ab 7.30 Uhr. Tolle Sandwiches und warme getoastete Bagels, außerdem Waffeln, Kuchen, Croissants. Die kleine Terrasse an der Straße ist immer besetzt. WLAN.

Aktivitäten

Tauchen

Reef Riders, ☏ 077-456 084, 🖥 www.reef-riders.de. Unter deutscher Leitung von Peter Bär und

🌳 Tauchen und entspannen

Die **New Heaven Dive School**, ✆ 077-457 045, 🖥 www.newheavendiveschool.com. PADI- und SSI-Kurse, hat Ökoprojekte wie die Einführung einheimischer Kinder in die Unterwasserwelt ins Leben gerufen und ist Mitinitiator regelmäßiger Säuberungsaktionen der Riffe und Strände. Positiv fällt auch die praktizierte Mülltrennung auf. Wer will, kann sich hier in einem 3-Tageskurs, bzw. in einem 2-wöchigen Kurs, darin schulen lassen, wie man die Unterwasserwelt schützt. Auf der Terrasse der New Heaven Dive School finden zudem tgl. von 11–13 und 17–19 Uhr **Yoga-Kurse** für 200 Baht statt. Anmeldung erforderlich.

Werner Haller. Kleine PADI-Tauchschule. 2-Tages-Safaris möglich.

Sonstiges

Geld
In Chalok Ban Kao gibt es zwei Geldautomaten und die Bangkok Bank, die auch Reiseschecks tauscht.

Medizinische Hilfe
Chalok Clinic, ✆ 077-456 922, ⏱ 8–22 Uhr. Hilft auch bei Tauchunfällen.

Ao Thian (Shark Bay)

Ein Bilderbuchstrand mit weißem Sand und türkisfarbenem Wasser, vor dessen bewaldeten Hängen sich die Palmen wiegen. Schnorchler können an dieser Privatbucht auch Riffhaie beobachten, morgens an der Ostseite, nachmittags besser an der Westseite.

Übernachtung

Karte S. 382
Jamahkiri Spa & Resort ㊲, ✆ 077-456 400, 🖥 www.jamahkiri.com. Luxusresort mit elegant eingerichteten weißen Palmdach-Bungalows am Hang. Das neue 5-stöckige Hauptgebäude nimmt leider eine Seite der Bucht ein. Kein Strandzugang, nur eine kleine Plattform mit aufgeschüttetem Sand sowie eine große Holzliegefläche am Wasser. Grandioser Felsenpool mit Blick über die Bucht. Spa-Bereich, auch für Tagesgäste (Whirlpool, Sauna, Fitness). WLAN (Lobby, Restaurant, Pool). ❽

New Heaven ㊳, ✆ 077-456 462. Gepflegte, edle dunkle Bungalows unter vielen schattigen Bäumen, am Hang mit Ventilator und AC. Gemütliches Restaurant mit Sitzkissen, toller Blick auf Shark Island und die Bucht. Kleiner Privatstrand zwischen den Felsen mit exzellenten Schnorchelbedingungen. WLAN im Restaurant. ❺–❼

OK 2 Bungalow ㊴, ✆ 077-456 506. Einfache kleine Holzbungalows mit Ventilator auf Stelzen in den Felsen, alle mit tollem Blick von den Terrassen. Sauber, ordentliche Bäder. Die unteren Bungalows liegen direkt am Wasser. Kein Strand. ❹

Rocky Resort ㊱, ✆ 077-456 035, [3459]. An der östlichen Hangseite auf den Klippen ältere, einfache Hütten direkt am Wasser, manche als Holz-Reihenbungalows, andere aus Stein und in Reihen angeordnet. Alle mit Ventilator. ❷–❹

the haad tien ㉟, ✆ 077-456 580, 🖥 www.haadtien.com, [3460]. Die Anlage nimmt den zentralen Strandabschnitt ein. Hochwertige, große Holzbungalows mit AC, 3-seitigen Fensterflächen, Palmdach. Die Bungalows stehen im gepflegten großen Garten und direkt am Strand. Weiter hinten gelbe Steinbungalows mit Ventilator oder AC, alle malerisch unter Palmen angeordnet. Die Beachbar am Strand verleiht Schnorchelausrüstung. WLAN. ❻–❽

Ao Sai Daeng

Zwei Resorts und eine Tauchschule haben sich an diesem idyllischen weißen Sandstrand mit türkisfarbenem Wasser angesiedelt. Dahinter erheben sich steile Hügel.

Übernachtung

Karte S. 382
Coral View Resort ㊵, ✆ 077-456 058, 🖥 www.coralview.net. Anlage mit 26 Zimmern mit Ventilator im 2-stöckigen Haupthaus. Mit Doppel- und Einzelbett. Außerdem 6 Steinbungalows.

Einfache Holzhütten mit Moskitonetzen am Hang zwischen Palmen, wenige Meter vom Strand. 2-stöckiges Restaurant mit Meerblick, am Fuße die kleine Beachbar Woody's. Tauchbasis Coral View Divers. Transport nach Mae Hat 4x tgl. hin und zurück (100 Baht). WLAN im Restaurant, Kajakverleih. ❹–❺
New Heaven Huts ㊶, ✆ 077-457 042, [3463]. Einfache, stimmungsvolle Holzhütten unterschiedlicher Bauweise direkt am Strand. Weit dahinter, unter vielen Bäumen Holzbungalows mit viel Platz. Zudem ein Familienbungalow. Alle Ventilator. Es lohnt, sich mehrere Hütten anzusehen. Gemütliches, mit versetzten Terrassen und vielen Muscheln dekoriertes Restaurant mit WLAN. 3x tgl. Taxiboot nach Mae Hat. ❸–❹

Ao Leuk

Ein schöner, breiter Strand mit weißem feinen Sand und kristallklarem, türkisblauen Wasser, aus dem bei Ebbe einige Steine ragen. Hier kann man sehr gut schwimmen und rund um die Felsen schnorcheln. Die Bucht ist mit dem Moped, Jeep oder Taxiboot zu erreichen. Zu Fuß ist der 3 km lange Weg nach Mae Hat in 40 Min. zu bewältigen.

Übernachtung

Karte S. 382
Aow Leuk II ㊷, ✆ 081-077 9574, 🖳 www.aowleuk2.com, [5222]. Unter professioneller, liebevoller Leitung von Da und Zua. An der südlichen Hangseite 6 hübsche, individuelle Holzbungalows mit Ventilator. Preis je nach Aussicht, die meist grandios ist. Innen Holzböden, grob verputzte Wände, außergewöhnliche Möbel. Bäder, halb offen zum Meer. Hübsche Details, viel Schmuck und schöne Farben auch im Restaurant über den Klippen. WLAN. Reservierung ratsam. ❸–❺
Aow Leuk Bungalows ㊸, ✆ 080-876 1379, [3475]. Vorne große weiße Steinbungalows, hinten alte gemütliche Mattenbungalows. Ventilator oder AC und Warmwasser. Das Restaurant ist etwas kahl und ungemütlich. ❸–❻

Aow Leuk Grand Hill ㊹, ✆ 084-847 5576. Hinter dem Restaurant 4 schöne Steinbungalows am Hang mit Ventilator und Warmwasser. Schöne Aussicht auf Ao Leuk. Ein großer Familienbungalow aus Holz mit Doppel- und Einzelbett. ❹–❺

Ao Lang Khaai

Diese winzige und ruhige Bucht bietet zwei sehr günstige Unterkünfte. Es gibt keinen Strand, aber dafür tolle Schnorchelmöglichkeiten direkt vor der Tür. Von hier hat man einen schönen Blick auf die kleine Insel Shark Island. Der Strand ist am besten per Pick-up oder bei vorsichtiger Fahrweise mit dem Moped zu erreichen.

Übernachtung

Karte S. 382
Pahnun View Bungalows ⑯, ✆ 086-470 5989, ✉ pahnun_kohtao@hotmail.com, [3480]. Kurz vor der Bucht hübsche, einfache Holz- und Mattenhütten mit Ventilator im begrünten Hang, einige mit tollem Blick. Innen weiß gestrichen, einfaches Bad ohne Waschbecken. Sehr freundliche, aufmerksame Familie. Wenige Meter Fußmarsch zu den Steinen am Wasser. ❷
Yang Villas and Bungalows ⑮, ✆ 077-456 264. Einfache Holzbungalows zum Meer hin, Matratze auf einem Podest, sauberes Bad. Dahinter, große moderne Steinbungalows mit Panoramafenstern und großzügiger Veranda. Ventilator. Schöne helle Bäder. Am Meer kleine Sandterrasse oberhalb der Steine. WLAN im Restaurant. ❷–❹

Ao Tanote

Eine paradiesische Bucht mit geschwungenem weißen Sandstrand, dahinter Palmen und die bewaldeten Hänge. In der Mitte des Strandes liegen ein paar Felsbrocken, über die man klettern kann. Es gibt es 5 Gästehäuser und zwei Tauchschulen. Zum Schwimmen eignet sich die Bucht weniger gut, da Korallenreste den Meeresboden bis zum Ufer bedecken. Dafür sind die Schnorchelmöglichkeiten vom Strand aus grandios. An der Nordseite lassen sich große Fische wie Barrakudas, Snapper und junge Riffhaie beobachten.

Mit dem Moped sind die 4,5 km vom Pier aus nur mit Mühe zu bewältigen, meist muss der Sozius die Steilhänge hinauflaufen. Einfacher geht es mit den Taxibooten oder Pick-ups. Vom Black Tip Resort aus fährt fast stündlich ein Wagen von und nach Mae Hat (100 Baht p. P.), auf Wunsch auch bis Hat Sai Ri (150 Baht).

Übernachtung

Karte S. 382
Black Tip ⑪, ✆ 077-456 488, 🖥 www.blacktipdiving.com. Aus Holz und Stein errichtete Hütten am Hang hinter dem futuristischen Haupthaus. Viele Doppelbungalows mit Gemeinschaftsbad; auch Familienbungalows mit Doppel- und Einzelbett, AC oder Ventilator. Vor dem erhöht liegenden Restaurant der einzige Pool dieser Bucht, schöner Meerblick. Tauchschule (s. u.), 50 % Rabatt für Tauchkurs, 15 % für Tauchtage. Bauarbeiten 2010/2011, Preise steigen. ❸–❻.
Diamond Resort ⑫, ✆ 077-456 591, [3498]. Schöne, hellgrüne Bungalows in eckiger Bauweise unter Bäumen mit vielen tiefen Fenstern und großen Terrassen, auch größere Familienbungalows. Alle mit Ventilator. Ungemütliches Haupthaus mit Restaurant direkt am Strand gelegen. ❸–❹
Family Tanote Bay Resort ⑩, ✆ 077-456 757, ✉ Tanotebay@hotmail.com, [3499]. Hübsche, einfache Holzbungalows (Ventilator oder AC) in Weiß mit grünen Dächern am Hang unter vielen blühenden Bäumen. Die Anlage nimmt fast den kompletten nördlichen Hang ein. Wer ganz oben wohnt, genießt die fantastische Sicht. Nebenan die deutsche Tauchschule Calypso. ❸–❺
Mountain Reef ⑭, ✆ 081-956 2916, [3500]. Am Ende der Bucht. Sehr einfache und betagte, aber gemütliche Holzbungalows und etwas neuere in Stein, alle mit Ventilator. Abends BBQ am Strand, gegessen wird an niedrigen Tischen mit Sitzkissen. ❷–❹
Poseidon Resort ⑬, ✆ 077-456 734. Wunderschön begrünte, blumenreiche Anlage am Hang. Individuell gestaltete Hütten aus Holz oder Stein mit Ventilator, meist hinter Pflanzen. Ein ausgefallenes Resort mit relaxter Atmosphäre. Kajakverleih. WLAN. ❷–❹

Aktivitäten

Tauchen
Black Tip Diving, ✆ 077-456 488, 🖥 www.blacktipdiving.com. PADI Gold Palm IDC-Resort unter langjähriger einheimischer Leitung von Dam. Hier können Kinder ab 8 Jahren erste Schritte in die Unterwasserwelt unternehmen. Eigener Pool. Black Tip Diving unterstützt die Initiative, einheimischen Kindern das Schwimmen und Tauchen beizubringen, um ihnen die Schönheit der Unterwasserwelt nahezubringen und sie für deren Schutz zu begeistern.
Calypso Diving, ✆ 077-456 745, 084-841 5166, 🖥 www.diving-calypso.de. Kleine familiäre Tauchschule unter professioneller deutscher Leitung. Tauchkurse nur in kleinen Gruppen (bis 6 Pers.), individuelle Wünsche werden nach Möglichkeit gern berücksichtigt. In der Ao Tanote kann direkt vom Strand aus getaucht werden, oder Dennis fährt mit dem Tauchboot, das für max. 15 Taucher ausgerüstet ist, an die Ostküste abseits der Massenströme. PADI- und CMAS-Kurse.

Ao Laem Thian

Zwischen Tanote und Hin Wong liegt dieses private Kap mit seinem einzigen Resort an einem kleinen Strand, dessen eine Seite durch Felstürme geschützt ist. Hier lebt man sehr abgeschieden. Das Meer zeigt sich außerhalb der Bucht recht bewegt, doch die Schnorchelbedingungen in der Bucht sind gut. Zum Sonnenaufgang und -untergang kann man hier Riffhaie beobachten. Die 6 km von Mae Hat aus sind am besten mit dem Jeep oder aber per Boot zu meistern, es gibt einen etwas schwierig zu begehenden Trampelpfad oberhalb der Steine zur Ao Tanote.

Übernachtung

Karte S. 382
Laem Thian Bungalows ⑨, ✆ 077-456 477, ✉ pingpong_laemthian@hotmail.com,

[3503]. Auffallendes flaches 2-stöckiges Steingebäude. Halb offenes Restaurant im EG, im 1. Obergeschoss Zimmer mit Doppel- und Zustellbett. Am Hang einfache Holzbungalows mit Ventilator oder AC. Schöne, unterschiedlich gestaltete Badezimmer, mit Korallenresten ausgelegt oder in die großen Felsbrocken integriert. Bei Vorausbuchung freier Transport. ❷–❹

Ao Hin Wong

Im Nordosten der Insel liegt diese felsige Bucht, die mit Jeep oder Boot zu erreichen ist. Zu Fuß führt der Weg bis Hat Sai Ri in 30 Min. über steile Pfade. Hier haben sich drei in die Hänge gebaute Resorts und eine Tauchschule angesiedelt. An dem winzigen Zipfel Sandstrand wird Treibgut angeschwemmt, das nicht immer entsorgt wird. Die vielen Felsen bieten fantastische Schnorchelmöglichkeiten. Zu beobachten sind viele große Fische wie Barsche und Snapper. Den südlichen Strandbereich nimmt ein mehrstöckiger weißer Bau ein, derzeit Privatgelände.

Übernachtung

Karte S. 382
Hin Wong Resort ⑧, ☏ 077-456 006. Hinter dem gemütlichen, familiären Restaurant und dem Fleckchen Strand einfache Holzbungalows mit Ventilator. Im rückwärtigen Teil die kleine Mols Bar, die zum Familienbetrieb gehört und immer dann geöffnet ist, wenn Gäste den Barkeeper aus der Hängematte werfen. ❷
View Rock Resort ⑦, ☏ 077-456 548, [3506]. Auf den Felsen einfache Steinbungalows mit Ventilator und großartigem Meerblick. Ohne Strand, dafür große Sonnenterrasse aus Holz über dem Wasser. Tauchbasis Scuba View. ❷–❹

Ao Mamuang (Mango Bay)

Die kleine malerische Bucht besteht aus einem schmalen Streifen weißen Sandes, am Ufer liegen große runde Gesteinsbrocken. Hier ist man nur morgens und abends allein, denn tagsüber

Öko-Projekte auf Ko Tao

Die Meeresflora und -fauna ist ein fragiles Ökosystem, das auch um Ko Tao massiv bedroht ist. Dem Ziel, die Insel mit ihrer einzigartigen Unterwasserwelt zu erhalten, hat sich die Organisation **Save Koh Tao** verschrieben. Sie wird u. a. von 26 Tauchschulen, Hotels und Geschäften auf Ko Tao tatkräftig oder mit Spendengeldern unterstützt. Gefördert werden verschiedenste Maßnahmen wie die Säuberung von Stränden und Riffen, aber auch aufwendigere Projekte wie das Anbringen von Bojen, um die Korallen vor den Ankern der Longtails und Tauchboote zu schützen. Die Aufzucht sogenannter Riesenmuscheln, deren Bestand drastisch gesunken ist, hilft die Wasserqualität zu verbessern. Jede ausgewachsene Muschel filtert 1000 l Meerwasser pro Tag. 400 „junge" Muscheln werden aufgezogen, um sie dann an den Riffen auszusetzen. Ein weiteres Projekt ist das Riff-Monitoring: Dabei werden die Riffe und die darin vorkommenden Korallen- und Fischarten regelmäßig katalogisiert und die Daten mit der jeweiligen Wasserqualität verglichen, um langfristige positive und negative Entwicklungen erfassen zu können.
Ein weiteres großes Vorhaben im Golf von Thailand neben der Einzelaufzucht von Korallen ist das **Biorock-Projekt**. Stahlrahmenkuppeln, durch die schwacher Gleichstrom fließt, werden auf dem Meeresgrund verankert. Angebrachte Korallenreste wachsen an den Rahmen fest, vermehren sich und ziehen weitere Riffbewohner an. Eines dieser „neuen" Riffe wurde 2008 zwischen Sai Ri und Ko Nang Yuan installiert und trägt den Namen Hin Fai, Feuerfelsen.
Einige Tauchschulen wie die New Heaven Dive School oder Black Tip Diving bieten spezielle Tauchkurse an, die einen ein- bis dreitägigen Einblick in die Meeresforschung, die Beobachtung, Kontrolle und Wiederherstellung von Riffen bieten. Wer sich länger engagieren will, kann dies in zwei- bis vierwöchiger Projektarbeit tun. Und: Auf Ko Tao werden Batterien gesammelt und fachgerecht entsorgt.

Marion Meyers

tummeln sich zahlreiche Tauchboote in der Bucht, und die Longtails der Schnorchelausflügler liegen im Sand vertäut. Nicht nur die possierlichen Seepferdchen machen diese Bucht zu einer der attraktivsten Tauchgründe Ko Taos. Ganz im Norden gelegen, ist die Bucht mit dem Auto oder besser noch mit dem Taxiboot zu erreichen. Beide hier ansässigen Resorts holen ihre Gäste am Hafen in Mae Hat mit dem Boot ab. Kein Handyempfang.

Übernachtung

Karte S. 382
Ao Muong Resort ①, ✆ 077-457 027, 🖥 www.aomuongresortkohtao.com, **[3509]**. Oberhalb des Strandes liegt das moderne Haupthaus mit Zimmern, die Balkone zur Seeseite. Am Hang unter Palmen Holzbungalows, freundlich eingerichtet mit weißen Bädern. Das Restaurant liegt erhöht mit Blick in die Bucht, dazwischen eine Holzplattform mit Sonnenliegen. Kostenloser Bootstransfer nach Mae Hat. 24 Std. Strom. ❺–❻

Mango Bay Grand Resort ②, ✆ 077-456 948, 🖥 www.kohtaomangobay.com, **[3510]**. Holzbungalows direkt am steilen Hang auf den Steinen und zwischen den Bäumen, z. T. recht klein. Kein Strandzugang, dafür eine große Holzliegeplattform direkt über dem Wasser. Ventilator oder AC, Warmwasser. Im großen Restaurant kann man von allen Seiten das Treiben der Taucher und Schnorchler beobachten. Strom von 6.30–11 und von 18–5 Uhr. 2x tgl. kostenloses Longtails nach Mae Hat und zurück. ❺–❻

Ko Nang Yuan

Die drei Inseln bilden ein beliebtes Postkartenmotiv. Sie sind durch einen blendend weißen, 50 m langen Sandstrand verbunden, rechts und links das türkisfarbene Wasser. Bei Flut wird der Sand überspült. Malerisch ragen große runde Felsbrocken vor der mittleren Insel aus dem Wasser, auf Holzstegen gelangt man zu den Bungalows des einzigen Resorts. Stufen führen zum Aussichtspunkt auf der Südinsel, von hier hat man den besten Blick auf die Umgebung.

An der mittleren Insel liegt das beliebte Schnorchelgebiet **Japanese Garden**, wo die meisten Korallen ihre Farbenpracht bereits verloren haben. Auch die Fische haben sich in ruhigere Gefilde zurückgezogen. Etwas mehr sieht man am nördlich gelegenen **Green Rock** (s. S. 386/387, Kasten: Tauchen an der Schildkröteninsel). Am Strand finden Sonnenanbeter perfekt aufgereihte Liegestühle und Schatten spendende Schirme.

Für viele Reisende ist Nang Yuan der Inbegriff eines Inselparadieses, andere fühlen sich im Trubel der vielen Ausflügler nicht sehr wohl. Das große Restaurant auf der mittleren Insel ist teuer und auf die Verpflegung der Tagesausflügler ausgerichtet. Diese kommen in Scharen: Hunderte Taucher oder Schnorchler reisen mit Schnellbooten von Ko Samui und Ko Pha Ngan an oder nutzen inseleigene, knatternde Longtails. Erst am späten Nachmittag kehrt Ruhe ein.

Die Insel ist als Schutzgebiet ausgewiesen, Tagestouristen zahlen 100 Baht Eintritt. Plastikflaschen sind auf der Insel verboten, zu viele Traveller haben ihren Müll dort hinterlassen.

Übernachtung

Karte S. 382
Nang Yuan Dive Resort ③, ✆ 077-456 088, 🖥 www.nangyuan.com. Auf den 3 Inseln verteilen sich über 60 Bungalows unterschiedlichen Komforts, von der einfachen Holzhütte bis zur gut ausgestatteten Familiensuite mit Wohnzimmer, TV, Kühlschrank und AC. Fantastischer Blick von den luxuriöseren Bungalows auf den höheren nördlichen und südlichen Inseln, dafür anstrengender Aufstieg. Auf der mittleren kleineren Insel wohnt man direkt am Meer in Nähe des Restaurants. Angegliederte Tauchbasis mit Tagestouren, Tauchkurse von Open Water bis Divemaster. Taucher erhalten Rabatte auf den Zimmerpreis. ❺–❽

Transport

Mit dem Taxiboot, individuell von Mae Hat oder Had Sai Ri für 350 Baht hin und zurück. Speedboote der Tauchschulen und die großen Boote von Lomprayah oder Seatran fahren Nang Yuan an, meist als Tagesausflug ab Ko Samui oder Ko Pha Ngan. Die regulären Boote der Strecke Chumphon–Ko Samui halten hier, sofern Tagestouristen an Bord sind, dann können auch Übernachtungsgäste direkt hier aussteigen. Anderenfalls fährt man weiter nach Ko Tao und setzt mit dem Longtail über.

7 HIGHLIGHT

Ko Pha Ngan

Etwa 40 km südöstlich von Ko Tao und 17 km nördlich von Ko Samui liegt Ko Pha Ngan, Thailands fünftgrößte Insel. *Ngan* bedeutet Sandbank, und da eine solche sich wie ein schützendes Band an der gesamten Küste von Hat Rin im Süden bis nach Chaloklum im Norden entlangzieht, wurde das 19 km lange und 12 km breite Eiland kurzerhand „Insel, vor der Sandbänke liegen" getauft. Nach offiziellen Statistiken zählt Ko Pha Ngan heute etwa 12 000 Einwohner. Sehr wahrscheinlich siedelten bereits in der Bronzezeit von 1000 bis 500 v. Chr. Menschen auf der Insel. Legenden berichten, dass vor über 600 Jahren hier Seenomaden lebten. Später ankerten Piraten in Hat Salad, und im Sand von Ao Kai sollen Zinnarbeiter gezeltet haben. Auch am Laem Son See nahe Ban Sri Thanu wurde dieses Metall abgebaut. Die letzten Einwanderer vor Ankunft der Touristen in den 1980er-Jahren waren die Chinesen, die hier vor 200 Jahren Fuß fassten und heute aus Pha Ngan nicht mehr wegzudenken sind. Im Dorf **Ban Chaloklum**, dem größten Fischerort, begegnet man zudem vielen Zugezogenen aus dem Isarn und Myanmar.

Ein Großteil der Insel ist als **Nationalpark** geschützt. Etwa 80 % des 167 m² großen Eilands sind noch von Regenwald bedeckt, dessen Flora und Fauna weitgehend sich selbst überlassen bleibt. Schlangen und Riesenwarane finden hier noch ihren Lebensraum. Bis auf 627 m erhebt sich der höchste Berg **Khao Ra**, den man erwandern kann. Einige Wege führen zu wenig besuchten Stränden, die ansonsten nur per Boot erreichbar sind. Auf hohen Besuch kann **Than Sadet** verweisen: 1889 betrat Rama V. hier erstmals die Insel, es folgten viele weitere Aufenthalte. Auch der amtierende König Bhumibol war in den frühen Jahren seiner Amtszeit einmal hier. Es heißt, der hiesige Wasserfall besitze spirituell wertvolles Wasser und sei der von Königen meistbesuchte in ganz Thailand.

Die erschlossenen Gebiete entfalten ihren jeweils eigenen Reiz: Auf der breiten Hauptstraße in den Norden geht die Fahrt durch Palmenhaine, und an der Westküste erlebt man entlang der Strandstraße wunderschöne Sonnenuntergänge. Die Hauptstadt **Thong Sala** wächst beständig an; Boutiquen entstehen, internationale Küche ist längst eine Selbstverständlichkeit. Das Straßennetz der Insel wird stetig ausgebaut, und wer mag, kann die Insel mit dem Jeep oder Moped erkunden. Inzwischen gibt es auch Verkehrsampeln, die ihren Dienst jedoch noch lernen müssen. Offiziell besteht jetzt auch Helmpflicht.

Die Strände

Seit Mitte der 1980er-Jahre wird Pha Ngan mehr und mehr von Ausländern besucht, und die fast 30 Strände sind meist gut erschlossen. Schnell erreichbar ist die **südliche Westküste** mit den palmengesäumten Sandstränden **Hat Ban Tai** und **Ao Ban Kai**. Bei hohem Wasserstand wähnt sich hier so mancher in der Südsee, bei niedrigem hingegen werden Erinnerungen an Nordsee-urlaube wach: Watt, wohin das Auge blickt. Ausgedehnte Strandwanderungen bis ans Ende der Insel, wo der für seine Vollmondpartys bekannte Strand **Hat Rin** lockt, machen zu jeder Jahreszeit Spaß. An der Südspitze um Hat Rin herrscht viel Trubel: Bungalowanlagen für Backpacker und komfortablere Unterkünfte reihen sich dicht an dicht aneinander. Es gibt zahllose Restaurants, die für jeden Geschmack das Passende bieten. Etwas ruhiger ist es am **Hat Sarikantang**, der durch einen Berg von Hat Rin getrennt ist. Wer sich noch weiter vorwagt und durch den Dschungel trekkt oder ein Longtail nimmt, erreicht Strände fernab des Massentourismus.

Eine gute Gelegenheit zum Schwimmen und Schnorcheln bieten die kleinen Buchten im Nordwesten der Insel. Insbesondere **Ao Mae Hat** mitsamt der vorgelagerten **Insel Ko Ma** begeistert viele Reisende so sehr, dass sie jedes

Tauchplätze im Golf

Die Tauchreviere des Ang Thong Marine National Parks und rund um Ko Tao können das ganze Jahr über betaucht werden, sofern die Wetterverhältnisse es gestatten (s. Klima und Reisezeiten, S. 33 – vor allem von November bis Februar lohnt die Andamanensee eher den Besuch). Die ideale Reisezeit für Taucher ist von März bis August. Als beste Tauchplätze gelten Chumphon Pinnacle, Sail Rock und Nang Yuang. Die Gegend eignet sich sowohl für Anfänger als auch für Fortgeschrittene.

Bester Tauchspot der Gegend ist der **Chumphon Pinnacle**, der etwa 10 km nordwestlich von Ko Tao liegt und wegen oftmals starker Strömung nur von erfahrenen Tauchern betaucht werden sollte. Vier Granitfelsen beginnen in einer Wassertiefe von 16 m; sie sind mit farbenfrohen Anemonen bewachsen, dazwischen tummeln sich Clownfische, Krebse und Garnelen. Zackenbarsche, Barrakudas, Thunfische, Crouper, Riffhaie und bis zu 8 m große Walhaie können ebenfalls hier bestaunt werden, Letztere vor allem von Februar bis April. Tauchtiefe 12–40 m, die Sichtweite beträgt etwa 20 m.

Ein weiteres spannendes Ziel ist der **Sail Rock**, im Südosten von Ko Tao Richtung Ko Pha Ngan. Die Tauchtiefe rund um den großen Felsen beträgt etwa 27 m. Das Highlight ist der Kamin, dessen Eingang auf 18 m liegt. Dieser Tunnel hat zwei Ausstiege. Während jener auf 10 m eher klein ist, bietet der auf 5 m einen größeren Spielraum. Riffhaie, Leopardhaie und Walhaie sind hier anzutreffen. Ansonsten bestimmen große Fischschwärme das Bild.

Viele Tauchgebiete befinden sich rund um Ko Tao. Mehr dazu s. S. 386/387, Kasten: Tauchen an der Schildkröteninsel, und auf der Karte S. 379.

Jahr wiederkommen. Auch **Hat Salad** und **Hat Khom** haben viele Anhänger, darunter besonders viele Familien.

Im Osten liegen **Than Sadet** und die Doppelbucht **Thong Nai Pan**. Einst Refugium von Backpackern, die die Einfachheit lieben, bietet die schöne Bucht heute auch mittelpreisige und teurere Unterkünfte. Lange war der Strand nur schwer zu erreichen, das hat sich mit dem Ausbau der Straße geändert. Zudem reisen viele Urlauber direkt von Ko Samui aus an. Auch der kleine Than Sadet wird wohl bald an die Straße angeschlossen sein.

Tempel

Etwa 600 Jahre ist es her, dass Mönche sich auf Ko Pha Ngan niederließen und **Wat Phu Khao Noi** erbauten. Der antike, 12 m hohe Stupa erhebt sich rechter Hand auf dem Gelände. Links neben dem Stupa befindet sich ein alter Gebetsraum, der u. a. antike Buddhastatuen aus Holz beherbergt. 2008 wurde er zwecks Renovierung verschlossen. Bekannt bei Reisenden aus aller Welt und für seine Offenheit geschätzt ist Mönch Som Chai. Ein kleiner betonierter Weg zur Linken des alten Heiligtums führt hinab zu seinem Haus, wo er Kaffee und Tee anbietet und seinen Segen spricht. Der Tempel ist mühelos mit dem Moped oder dem Taxi erreichbar. Gegenüber vom staatlichen Krankenhaus führt ein steil ansteigender betonierter Weg zum Tempelkomplex.

Etwa 5–10 Min. von der Hauptstraße in Ban Tai liegt auf dem Berg **Wat Khao Tham**. Das Wat wird als eines der wenigen Thailands von einer Nonne geleitet. Neben einem Fußabdruck Buddhas wird hier auch der größte liegende Buddha der Insel verehrt. Viel besucht und bekannt ist der Tempel vor allem wegen seiner Meditationskurse (s. S. 442), **eXTra [2754]**.

Der **Chinesische Kuan Yin-Tempel** im Nordwesten bietet von der oberen Gebetshalle einen schönen Ausblick, und dank des recht großen lachenden Buddhas hat man nach einem Besuch meist gute Laune. Die Legende berichtet, dass eine chinesische Dame aus Bangkok von Buddhas Auftrag träumte, auf diesem Hügel eine Pagode zu errichten. 1990 begann sie mit der Sammlung von Spendengeldern und 1992 mit dem Bau der Anlage. Kurz vor der Auffahrt zum Hügel, der von Thong Sala zum chinesischen Tempel führt, stehen rechter Hand hinter einer kleinen Brücke zwei kleine **Schreine**, die eine Vielzahl von Phalli enthalten. Diese Schreine mit ihren Fruchtbarkeitssymbolen sind Pilgerstätte für all jene, die sich Kinder wünschen. Respekt zollt man auch, wenn man beim Vorbeifahren die Hupe ertönen lässt.

KO PHA NGAN

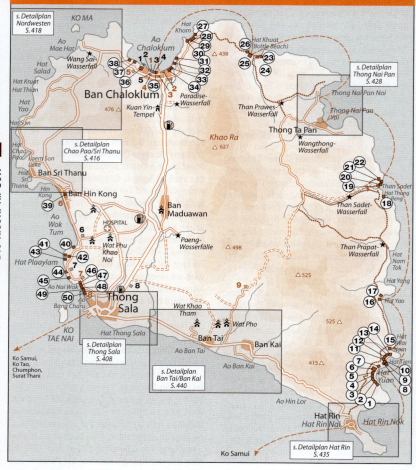

Wasserfälle

Der **Than Sadet-Wasserfall** gehört zu den wichtigsten Sehenswürdigkeiten der Insel. Der Pfad dorthin ist recht schwierig, sodass man tunlichst mit Jeep oder Taxi anreisen sollte. Hier sind die Inschriften Ramas V. von 1889, Ramas VII. von 1926 und auch von König Bhumibol aus dem Jahr 1962 zu finden. Der Fluss überwindet drei Stufen und bildet Frischwasserpools, bis er am Strand ins Meer mündet. Man kann über eine Länge von 3 km daran entlangwandern und immer wieder ein Bad nehmen. Der Fall selbst ist von Anfang Oktober bis zum 23. Dezember geschlossen.

Übernachtung:

HAT YUAN
① Ocean Rock Resort
② Haad Yuan Resort
③ Barcelona Resort
④ Centara Pariya
⑤ Dream Bungalow
⑥ Big Blue Bungalows
⑦ Bamboo Hut

HAT TIEN
⑧ Horizon Muay Thai Boxing Camp
⑨ The Sanctuary
⑩ Haad Tien Resort
⑪ World Nature Resort
⑫ Family Shop & Bungalows
⑬ Love Lips
⑭ Beam Bungalows

HAT WAI NAM
⑮ Why Nam Hut R. & Bungalows

HAT YAO EAST
⑯ Ploy Beach
⑰ Haad Yao Cabana

HAT THONG RENG UND THAN SADET
⑱ Treehouse Lodge
⑲ Mai Pen Rai Bungalows
⑳ Silver Cliff Resort
㉑ Plaa's Bungalows
㉒ Seaview Than Sadet

HAT KHUAT (BOTTLE BEACH)
㉓ BB2 Bungalows (Bottle Beach II)
㉔ Haad Khuad Resort
㉕ Bottle Beach 1 Resort
㉖ Smile Bungalow

HAT KHOM
㉗ Coconut Beach
㉘ Haad Khom Bungalows
㉙ Ocean View
㉚ Coral Bay Bungalows

CHALOKLUM
㉛ Buri Tara Resort
㉜ Fanta
㉝ North Beach
㉞ Fanta Sea Resort
㉟ Mandalai Boutiquehotel
㊱ Malibu Beach Bungalows
㊲ Chaloklum Bay Resort
㊳ Wattana Resort

HAT HIN KONG
㊴ Ananda Resort

HAT WOK TUM
㊵ Woktum Bay Resort

HAT PLAAYLAM
㊶ Sabai Beach Resort
㊷ Stone Hill Resort
㊸ Sea Scene
㊹ Cookies
㊺ Beach 99

AO NAI WOK
㊻ Grand Sea Resort
㊼ Joon Bungalows
㊽ Phangan Bungalow
㊾ Best View Villas
㊿ Baan Manali Resort

Essen:

CHALOKLUM
1 Malibu Beach Restaurant
2 Sea Side Restaurant
3 Besco Night Light, Nongnook Restaurant
4 Nong Restauant
5 West Coast Bakery (WCB)

HAT WOK TUM
6 Sukho Restaurant

HAT PLAAYLAM
7 Top Rock Bar
8 Home Made Icecream

Sonstiges:

CHALOKLUM
1 Chaloklum Diving School
2 Sail Rock Divers
3 The Dive Inn
4 Books
5 Wake Up!

HAT HIN KONG
6 Agama-Yoga

HAT PLAAYLAM
7 Monte Vista Retreat
8 SL2K Adventure
9 Just for Fun

Über die etwa 4 km lange Straße von Thong Sala Richtung **Paeng Waterfall Forest Park** erreicht man nach 200 m den **Paeng Noi-** und wenige Schritte weiter den **Paeng Yai-Wasserfall**. Während Letzterer meist länger Wasser in seinem mit schwarzen Steinen durchsetzten Bett führt, stürzt sich der kleinere aus höherer Tiefe hinab, ist aber in der Trockenzeit nicht mal ein Rinnsal. Vorteil: Jetzt kann man auf den Steinen entlangwandern. Nach 500 m Fußweg auf einem steilen, von Wurzeln stabilisierten Pfad ist ein Aussichtspunkt erreicht. Weitere kleine Trampelpfade führen durch dichten Dschungel. Mit dem Moped gelangen Fußfaule bequem zum **Wang Sai-Wasserfall**. Ein Fußmarsch ab Ao Mae Hat dauert etwa 15 Min. Nach heftigen Regenfällen sind die zahlreichen Pools ein tolles Ziel.

Alle Wasserfälle lohnen zumeist in den Monaten zwischen November und Januar.

Trekking

Die als Fußwege auf den Landkarten markierten Wege sind in der Praxis schwer zu finden, und es empfiehlt sich dringend, das Innere der Insel mit einem Führer zu erkunden. Zu finden sind diese am **Paeng Waterfall Forest Park**. Mit einem sachkundigen Begleiter lassen sich sehr spannende, ungefährliche und informative Treks auf den **Khao Ra**, den höchsten Berg der Insel, unternehmen. Sie dauern etwa 2 Std. Eine schöne, ebenso lange Tour führt von Chaloklum zunächst nach Hat Khom und dann weiter auf einem kleinen, schmalen Weg über den Berg zum **Hat Khuat (Bottle Beach)**. Auch der Trek von Hat Rin nach **Hat Yuan** und **Hat Thian**

Resort, Boutiquehotel oder Bambushütte?

Noch gibt es günstige Hütten für wenige Euro direkt am Strand, für viele einst der Aussteigertraum. Doch die Nachfrage nach diesen Anlagen wird immer geringer, und wer es sich leisten kann, rüstet auf. Mal ersetzen robuste Holzhütten alten Plattenbestand, mal werden Pool und Highclass-Zimmer errichtet. Inzwischen gibt es die ersten Boutiquehotels, die auch gehobenen Ansprüchen gerecht werden. Etwa 400 Bungalowanlagen mit etwa 5000 Zimmern stehen auf der Insel bereit. Das Preisniveau ist moderat. Kurz vor der monatlichen Vollmondparty ziehen die Preise an, und es wird von Tag zu Tag schwieriger, eine nette, bezahlbare Unterkunft zu finden. In der Hauptsaison (s. Klima und Reisezeiten, S. 33) gilt dies nicht nur für Hat Rin, sondern für alle Strände der Insel. An Neumond ist es besonders in der Nebensaion absolut ruhig – mit Ausnahme von Hat Rin, wo eigentlich immer Betrieb herrscht.

ist in 2 Std. zu bewältigen. Wer den ersten, recht steilen und anstrengenden Aufstieg gemeistert hat, folgt dem grünen Punkt bis zu den Stränden. Abenteuerlustige können zu Fuß eine mehrtägige **Inselumrundung** unternehmen. Das schwierige Gelände entlang der Ostküste kann die Tour ungewollt verlängern. Auch hier ist ein sachkundiger Begleiter erforderlich, der ab 500 Baht pro Tag zu haben ist. Gutes Schuhwerk und Trekking-Erfahrung sind ohnehin Voraussetzung.

Ausflüge aufs Meer und rund um Pha Ngan

Lohnend ist ein Tagesausflug zum **Ang Thong Marine National Park**. Ausflüge nach **Ko Tao** und **Ko Nang Yuang** starten um 9 Uhr, Rückkehr um 16 Uhr. Im Preis von 1300 Baht sind Essen, Getränke, Eintritt und Schnorchelausrüstung enthalten.

Reizvoll sind Ausflüge mit dem **Longtail** an die Strände. Einst konnte man die Strände von Ko Pha Ngan nur auf diese Art erreichen, doch seit es fast überallhin Straßen gibt, wird dieses Verkehrsmittel immer öfter aus Spaß denn aus Notwendigkeit gewählt. Mittlerweile sind standardisierte Touren im Angebot, viele ab Hat Rin; Preis ab etwa 1000 Baht p. P. Hier werden zu immer gleichen Zeiten mit vollen Booten die immer gleichen Strände angefahren, darunter Ao Mae Hat und Hat Thong Nai Pan, aber auch Hat Yuan und Hat Thien. Wer es individueller mag, chartert ein Boot und erkundet die Insel auf eigene Faust. Longtails gibt es in Chaloklum, Hat Rin, Baan Tai sowie weiteren Stränden und Piers. Auch mit dem Kajak lässt sich die Küste individuell erkunden.

Anreise

Die meisten Fähren steuern einen der drei Piers in der kleinen Hauptstadt Thong Sala an. Von Ko Samui aus kann man aber auch direkt nach Hat Rin und in der Saison auch bis Thong Nai Pan fahren.

Von und nach **Bangkok** reist man am bequemsten per Nachtzug oder Flieger, aber auch der Bus ist eine gute Option. Teuerste Variante ist ein Flug mit Bangkok Airlines nach Ko Samui mit anschließendem Bootstransfer. Billigflieger landen auf dem staatlichen Flughafen in Surat Thani; von hier geht es weiter mit der Fähre. Die meisten Traveller reisen mit einem Kombiticket von Bangkok über **Surat Thani** oder **Chumphon** an. Eine gute Wahl sind die Fähren von Lomprayah und Seatran.

Weitere Infos zur Anreise s. Thong Sala, Transport (S. 410).

Die schönsten Schnorchelreviere

Über 20 lokale Tauchreviere mit etwa 10 km intakten Korallenriffen sind zu entdecken. Ko Pha Ngans Westküste bietet die schönsten Schnorchelgebiete am **Hat Khom**, **Hat Salad**, **Hat Yao**, **Hat Chao Phao** und vor **Ko Ma**. Man kann diese Strände entweder per Fahrrad, Moped oder Auto auf eigene Faust anfahren oder mit einer organisierten Tour besuchen.
Schnorchler und Taucher sollten niemals auf Korallen treten und diese nur im Notfall berühren. Intakte Tiere sterben bereits bei der leichtesten Berührung ab – und tote, deren Skelette noch stehen, sind so scharfkantig, dass man sich schnell den Fuß aufschneidet.

Öko-Safaris auf traurigen Dickhäutern

Seit vielen Jahren werden auf Ko Samui, neuerdings auch auf Ko Pha Ngan, Elefantencamps inkl. anschließender Safaritour mit dem Jeep angeboten, die bisweilen mit dem etwas frechen Etikett „Ecotour" daherkommen. Doch nur wer seine Touren mit dem Fahrrad oder zu Fuß statt mit dem Jeep unternimmt, verhält sich umweltfreundlich. Zudem sind die Führer in Naturschutzfragen wenig bewandert. Die Elefanten, die hier fernab ihres natürlichen Lebensraumes als Touristenattraktion ihr Leben fristen, stehen gelangweilt an den Straßen, und auch den Mahouts, ihren Führern, geht es nicht viel besser. Ein paar wenige Elefanten in der Nähe des Dschungels auf dem Weg zum Thong Nai Pan haben ein etwas artgerechteres Umfeld, können sie doch unter dem Blätterdach des Urwaldes Schutz vor der Sonne suchen und den Wald hören und riechen.

Man mag vor allem Eltern verstehen, die ihren Kindern das Vergnügen, einem der Dickhäuter so nahe zu kommen, nicht verwehren wollen. Doch reicht es gerade den Kindern oft, sich dem Elefanten mit Futter zu nähern. Ein Ritt ist gar nicht nötig.

Kajak, Windsurfen, Kite- und Wakeboarden

In Chaloklum kann man sich in der Kunst des **Wakeboarding** versuchen. Am Plaaylam-Strand gibt es kleine **Segelboote** und **Katamarane** zur Ausleihe. Auch **Surfbretter** werden hier verliehen, und Anfänger können mithilfe von Kursen den Spaß des Windsurfens für sich entdecken. Am Thong Sala-Strand und in Baan Tai gibt es **Kiteboarding-Schulen**, die bei genügend Wind täglich (zumindest in der Saison) Einführungskurse an den besten Stränden ausrichten. Für Erfahrene steht Leihausrüstung bereit. Im Winter und bei starken Winden belebt sind das Kap vor dem Malibu Beach Resort und die Wellen der westlichen Bucht, die dank eines Riffs vor dem offenen Meer geschützt sind. Nur geübte Kiter sollten sich bei starken Winden den Naturkräften aussetzen. **Kajaks** sind an vielen Stränden im Angebot. Lohnend ist u. a. ein Ausflug vom Thong Sala-Strand oder dem Ao Nai Wok zur kleinen Insel **Tae Nai**, die nach etwa 15–30 Min. Paddelarbeit erreicht ist. Alternativ kann man die Strände von **Wok Tum** bis nach **Hat Salad**, manchmal auch bis **Ko Ma**, anfahren. Auch in der Gegend um **Thong Nai Pan** und **Hat Khruat** kajaken viele Urlauber. Von Hat Rin aus sind Fahrten zu den Stränden **Hat Thien** und **Hat Yuan** möglich. Bei allen Ausflügen sollte man genügend Zeit einplanen und Trinkwasser sowie Sonnenschutz mitnehmen. Vorsicht vor starker Strömung und kräftigem Wind – in diesem Fall lieber auf Ausflüge verzichten. Kajaks sind manchmal kostenlos erhältlich, meist berechnen die Verleiher pro Std. 150 Baht.

Partys

Allmonatlich findet auf Ko Pha Ngan der bekannteste Rave Südostasiens statt: Die **Vollmondparty**, s. eXTra [2757], lockt zwischen 8000 und 30 000 vor allem junge Menschen auf die Insel. Bereits eine Woche vor diesem Ereignis tanzen Trance-Fans im Dschungel auf dem **Half Moon Festival**. Drei Tage vor Vollmond startet in der Pirates Bar an der Westküste am Chayo Phao die **Moonset Party**. Eine Woche nach Vollmond findet erneut ein **Half Moon Festival** in Ban Tai statt (Näheres unter www.halfmoonfestival.com). Und damit auch der letzte wichtige Mondtag nicht unbeachtet vorübergeht, gibt es schließlich die **Black Moon Party**, die ebenfalls in Ban Tai gefeiert wird. Auch die **Shiva Moon-** und die **Dschungel-Party** orientieren sich am Mondzyklus – oder zumindest an der Vollmondparty. Beide Partys finden regelmäßig in der Hauptsaison statt. Die Musik ist meist Progressive Sound, daneben Underground Trance und Techno. Neben den festen Partys, die meist auch in der Nebensaison stattfinden, gibt es in der Hauptsaison weitere Veranstaltungen an verschiedenen Stränden, im Dschungel oder etwa am Paradise Waterfall. Flyer und Plakate kündigen den Spaß an. Viele Partys sind kostenlos, darunter die Vollmondparty, andere (wie das Half Moon Festival) kosten 500 Baht Eintritt, bei der Black Moon Party sind es 300 Baht. Meist ist ein Freigetränk im Eintrittspreis inbegriffen.

Thong Sala und Ao Bang Charu

In Thong Sala [5545] legen fast alle Fähren und Expressboote an, und der „internationale" Hafen lässt erahnen, welch hochfliegende Träume die Verwaltung des einstigen Fischerdorfes hegt. Zahlreiche Geschäfte mit Kleidung und den gebatikten, in Ko Pha Ngan gefertigten Hängematten, moderne Boutiquen mit allerlei Geschmackvollem und alteingesessene Dorfläden locken ein stöberfreudiges Publikum an. Daneben gibt es Reisebüros, Internetshops, Supermärkte, Apotheken und all jene Geschäfte, die eine Kleinstadt ausmachen. Einige große Banken haben in Thong Sala Zweigstellen eröffnet, und auch die Post ist hier zu finden. Neben ein paar wenigen Hotels lockt vor allem die Vielzahl guter Restaurants mit einheimischer und internationaler Küche. Wer authentische Thai-Küche genießen will (die an den Stränden mittlerweile rar sind), findet auf dem Markt gute und günstige Angebote. In und um Thong Sala finden regelmäßig Boxkämpfe statt, die von Werbeautos angekündigt werden.

Jeden Samstag von 16–10 Uhr wird ein großer Teil der Taladkao Road zur Walkingstreet; allerlei Händler und Köche bieten ihre Ware feil.

Der flache, etwa 1 km lange Stadtstrand **Ao Bang Charu** [5547] im Süden bietet einige Unterkünfte für jene, die in Stadtnähe, aber abseits des Trubels übernachten möchten. Von Dezember bis April ist hier Schwimmen möglich, ansonsten herrscht oft Wattstimmung. Je nach Wetterlage ist der Strand mit Muscheln oder Strandgut durchsetzt. Sonnenbadende Partytouristen findet man wenig, vielmehr eignet sich dieser erste Abschnitt der Westküste perfekt zum Flanieren, da sich die Strände Ban Tai und Ban Kai nahtlos anschließen und man bei Ebbe bis nach Hat Rin laufen kann. Abends gibt es wunderschöne Sonnenuntergänge zu sehen.

Übernachtung

In der Stadt
Karte S. 408
Bua Kao Inn ①, ✆ 077-377 226. Gehört zu A's Coffee Shop. AC-Zimmer mit TV und Kühlschrank; hohe, bequeme Matratzen. ❹
The Sweet Café ③, ✆ 077-239 597. 4 schöne Zimmer mit Ventilator oder AC, Letztere mit Balkon und Blick auf den Hafen sowie heimeliger Sitzecke. Inkl. Frühstück im Café. Jeweils 2 Zimmer teilen sich ein Bad. ❹–❺

Am Strand
Karte S. 408
Wer morgens mit dem Boot abfahren will oder spätabends ankommt, kann hier Quartier beziehen. Die ersten Resorts liegen nur einen kurzen Fußweg abseits der Hauptstraße.
Holiday Beach Resort ⑦, ✆ 077-238 855, 🖥 www.holidayphangan.com. Großes Gelände mit Bungalows aus Stein und Holz, einzeln oder in Reihe. Vorne mit AC, hinten mit Ventilator. Restaurant ebenfalls hinten. Hängematten und schattige Sala am Strand. Oft ausgebucht. Pool, WLAN. ❸–❺
Phrueksa Beach Bungalows ④, ✆ 077-238 959. Große Anlage mit Pool. Ältere, einfache Steinbungalows mit Ventilator im hinteren Bereich, runde, kleine AC-Bungalows in der Mitte und große AC-Räume vorne am Strand. Spartanisch eingerichtet. Pier auf Sichtweite. ❷–❹
White West ⑤, ✆ 077-238 070. Mit Bambus verkleidete Steinhäuser am Meer und im Garten. Großer Bungalow am Strand mit 2 breiten Betten und Ventilator, außerdem große Bungalows ohne Meerblick mit AC und TV. ❸–❹

Essen

Thai
Wer authentische Thai-Küche schätzt, ist in Thong Sala richtig. Frühmorgens vor 8 Uhr gibt

Detox und Retox

Pha Ngan ist die Insel für alle Detox- und Retoxfans: Feiern und danach in einem Retreat, einem Spa oder einem Yogazentrum entschlacken und meditieren. Neben dem für seine Meditationskurse bekannten Wat Khao Tham gibt es zahlreiche **Meditationszentren und Yoga-Retreats**. Diese richten sich nicht nur an Partygestresste, sondern vor allem an jene, die eine Abkehr vom alltäglichen Leben suchen. Orte der inneren Einkehr gibt es nahe Thong Sala, in Hin Kong, in Ban Tai oder auch am Hat Thien.

es auf der Straße typisches Thai-Frühstück wie Reissuppe und Fettgebackenes. Einen Besuch wert ist ab den Mittagsstunden der **Essensmarkt** neben dem zentralen 7-Eleven. Schon ab etwa 5 Uhr beginnen die Betreiber mit dem Aufbau ihrer Stände. Es gibt frischen Fisch und Shakes, Gebratenes vom Huhn und zahlreiche scharfe Currys, ebenso gutes Isarn-Essen (Papaya- und Bambussalat). Kleine Thai-Lokale findet man zudem an der chinesischen Geschäftsstraße auf dem Weg zum Ao Bang Charu.

Coco Garden, www.cocogardens.com. Restaurant des gleichnamigen Resorts, am Ende des Ao Bang Charu. Leckere Thai- und westliche Gerichte. Eis aus inseleigener Produktion. Liegebereich am Strand. Volleyball. ❸–❹

Isaan, bei Thais beliebtes Restaurant nahe der chinesischen Versammlungshalle. Empfehlenswerte Isarn-Küche.

Khun Phen Restaurant, alteingesessenes Restaurant, zentral gelegen. Immer gut besucht. Das Preis-Leistungs-Verhältnis stimmt.

Kitchen Corner, in Hafennähe. Gut besucht von Thais, Expats und Touristen. Reichhaltige Auswahl an Thai- und westlichen Gerichten, gutes Frühstück. Offene Küche, man kann der Köchin bei der Arbeit zusehen.

Lobster Seafood, mit Blick aufs Meer. In der Saison Fisch in reichlicher Auswahl zu moderaten Preisen. Für die Unbekehrbaren gibt es auch Burger oder Pommes.

Panthip Foodcourt, ein Nachtmarkt, bereits ab morgens gibt es hier leckere Shakes, Suppen, gegrilltes Huhn und mehr aus der Thai-Küche. Und wer es mag, bekommt auch Burger. Günstig, viele Tische. WLAN.

International

A's Coffee Shop, gegenüber der Krung Thai Bank. Nicht ganz billig, aber gut; das gilt auch für die Thai-Gerichte. Sehr sauber. Leckere Kokosnuss-Shakes und frische Tees. Pizza, Knoblauchbaguette und gute Currywurst. Zum Frühstück gibt es „Strammen Max". WLAN ab einem Verzehr von 100 Baht/Std. ⏰ Mo–Sa 10–21 Uhr.

Pizza Chaira, unweit vom Nachtmarkt in der Ladenpassage. Gute Pizza und Pasta, Wein und italienischer Kaffee. WLAN. Alles auch zum Mitnehmen.

Bäckereien und Cafés

Niras Homebakery, in Hafennähe. Baguette und hausgemachte Erdnussbutter.

Sweet Café, mit Hafenblick. Kleine Auswahl an Broten und Gebäck. Frisch gebrühter Kaffee. Die Kölnerin Irene vermietet auch Zimmer (s. o., Übernachtung). ⏰ 7–19 Uhr.

Yellow Café, in Hafennähe. Gute Auswahl an westlichen Snacks. Der Laden ist meist voll, bevor die Boote abfahren, ansonsten bevölkern Laptop-Nutzer die Tische. WLAN-Zone. ⏰ So–Fr 9–17 Uhr.

Aktivitäten

Tauchen

Fun Factory, ☎ 077-238 745. Kleine Tauchschule unter deutscher Leitung. Kurse und Trips in kleinen Gruppen, meist auf dem eigenen Boot.

Handwerkskunst

Silberworkshop, ☎ 086-096 1580. In 1- bis 3-tägigen Kursen kann man die Kunst des Silberschmiedens erlernen. Wer mag, wertet seine Schmuckstücke mit Strandfunden wie Muscheln oder Steinen auf und entwirft so ganz eigene Kreationen. Abholung bei telefonischer Anmeldung, auch Rücktransport. Workshops auch in Had Rin. Ab 1500 Baht. Voranmeldung erbeten.

Sonstiges

Mietwagen, Mopeds und Fahrräder

Große Allradfahrzeuge werden direkt am Pier am Taxistand nach Thong Nai Pan vermietet. Restaurantbesitzer, Reisebüros oder Internetshops verleihen Jeeps und Mopeds. Die kleinen 4WD Suzuki Caribbean-Jeeps kosten am Tag 600–800 Baht, größere Pick-ups sind ab 1200 Baht zu haben, jeweils zzgl. Versicherung. Eine 100–125 ccm Honda Dream kostet 150–200 Baht. Je nach Nachfrage und Mietdauer ist der Preis verhandelbar. Größere 125-ccm-Geländemaschinen gibt es ab 350 Baht pro Tag. Es besteht Helmpflicht, die auch kontrolliert wird (300 Baht Strafe pro nicht behelmter Person). Nicht am Strand fahren, das schadet

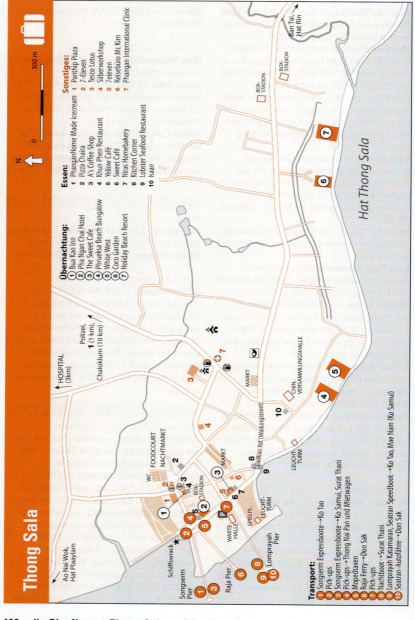

den Maschinen und man muss mit saftigen Geldstrafen rechnen. Fahrräder sind ebenfalls im Angebot und kosten 80–250 Baht (ohne Lampen und Helm, die man selbst mitbringen muss).

Geld
Banken mit Wechselschaltern, ⏰ Mo–Fr 8.30–15.30 Uhr. Zahlreiche Geldautomaten.

Informationen und Karten
Gute Informationen bieten das kostenlose Heft *Pha Ngan Info* und die zugehörige Karte. Beide liegen in nahezu allen Resorts aus.

Internet
Im Internetshop i.d.R. 1 Baht/Min. Besonders günstig sind die Tarife bei **Pha Ngan Batik** (30 Baht/Std.). Immer mehr Lokale und Resorts haben (meist gratis) WLAN.

Medizinische Hilfe
Das **staatliche Krankenhaus**, ✆ 077-375 103, liegt 3 km nördlich von Thong Sala (s. Wok Tum, S. 413), zu erreichen über die Inlandsstraße vor dem Tesco Lotus oder die Westküste; Fahrtzeit ca. 10 Min. In Thong Sala befindet sich am Ende der Hauptstraße vor dem Abzweig nach Chaloklum die **Phangan International Clinic**, ✆ 077-239 508. Ende 2008 eröffnete eine 24-Std.-Notfallpraxis des **Bangkok-Samui-Hospital**, ✆ 077-239 599, etwa 2 km außerhalb Thong Salas in Ban Tai (s. auch dort). Notarztwagen.

Bei ernsten Erkrankungen wird man in eines der internationalen Krankenhäuser auf Ko Samui überwiesen. Ein gemeinnütziger **Rettungsservice**, ✆ 077-377 500 oder 081-698 9493 (Khun Lek) bietet einen 24-Std.-Notfalldienst. Spenden erbeten. Neben dem Krankentransport nach Mopedunfällen hilft der Dienst bei der Benachrichtigung der Angehörigen und bietet Unterstützung bei allen Formalitäten.

Bei **Tauchunfällen** steht in Ko Samui eine Dekompressionskammer bereit. Alle Tauchschulen können diese belegen und kümmern sich im Fall der Fälle um die Überstellung.

Mit dem Rad über die Insel

Reizvoll und sportlich ist eine Fahrt mit dem **Fahrrad**. Wer keine Lust hat, die schweißtreibenden steilen Hügel (etwa zwischen Sri Thanu, Hat Yao und Chaloklum oder im Süden nach Hat Rin) zu erklimmen, kann gemütlich an der Strandstraße im Westen entlangradeln. Nachdem hinter Thong Sala ein Hügel überwunden ist, geht es mehr oder weniger ohne Steigungen von Wok Tum bis Sri Thanu am Meer entlang. Ab hier kann man über die Straße im Landesinneren nach Thong Sala zurückkehren. Ebenfalls hügellos ist die Straße in Ban Tai und Ban Kai. Allerdings ist sie stark befahren und bietet keinen Blick aufs Meer. Mit einem **Mountainbike** kann man wunderbare Seitenabstecher ins Inland auf den zahlreichen ungeteerten Straßen unternehmen und das ursprüngliche Leben der Inselbewohner entdecken.

Wer mit dem Rad unterwegs ist, sollte immer genügend Wasser mitführen und niemals vergessen, sich vor der Sonne zu schützen: Neben Muskelkater auch noch einen ausgewachsenen Sonnenbrand ertragen zu müssen, ist wirklich keine Freude.

Polizei
Ko Pha Ngan hat keine eigene Touristenpolizei, sodass geschädigte Touristen auf die Hilfe der örtlichen Polizei angewiesen sind. Das **Polizeirevier**, ✆ 077-377 114, Notruf 191, befindet sich etwa 5 Min. mit dem Moped außerhalb Thong Salas auf der gut ausgebauten Straße Richtung Chaloklum. Meist ist ein englischsprachiger Polizist vor Ort, und man kann sich einen Bericht für die heimische Versicherung ausstellen lassen. Wer nicht weiterkommt, kann 24 Std. lang einen Übersetzer in Anspruch nehmen, ✆ 08-3106 7978. Bevor man eine Anzeige aufgibt, lohnt die Nachfrage nach den anfallenden Gebühren. Dann kann man entscheiden, ob das Prozedere lohnt. Möglich ist auch der telefonische Kontakt zur Touristenpolizei auf Ko Samui.

Vor und während der Vollmondpartys sind Polizisten aus anderen Städten auf der Insel unterwegs. Drogenmissbrauch und Helmpflicht werden mittels Straßensperren kontrolliert. Jeder, der unter Alkohol- oder Drogeneinfluss erwischt wird, muss mit harten Strafen rechnen.

Post
In Thong Sala ✆ 077-377 118, ⏱ Mo–Fr 8.30–12 und 13–16, Sa 9–12 Uhr. Man kann sich auch Post hierher schicken lassen, die **PLZ** lautet 84280.

Reisebüros
Alle Reisebüros vermitteln Boots-, Eisenbahn- und Flugtickets. Viele Büros nehmen auch das Gepäck in Verwahrung, so auch ein Shop direkt am Taxistand nach Thong Nai Pan. Empfehlenswert ist **Mr. Kim**, ✆ 077-377 274, hinter der Marktstraße. Mr. Kim hat gute Tipps auf Lager und ist sehr zuverlässig. Wenn er vor einer Reisevariante warnt, sollte man seinem Rat folgen.

Supermärkte und andere Geschäfte
An der Hauptstraße nahe dem Hafen gibt es in Gemischtwarenläden Spielwaren, Batterien und Souvenirs. Nette kleine Läden finden sich im Zentrum und an der Hafenstraße. Hier reihen sich traditionelle und touristische Geschäfte aneinander. Schöne Souvenirs und Kleidung. **Tesco Lotus** bietet Haushaltswaren und Nahrungsmittel und richtet sich eher an Dauergäste und Thais: Thai-Gerichte, kleine Würste und fertig gegrilltes Huhn oder Fisch. Auch Sushi zum Mitnehmen.

Nahverkehr
Vor dem Pier warten **Songthaew**. Schlepper empfangen neue Besucher direkt am Pier und sammeln Passagiere ein. Sobald genügend Mitfahrer gefunden sind, starten die Fahrzeuge. Wer zurückbleibt, muss mit einem Charterpreis ab 300 Baht bis zu 1000 Baht (nachts) rechnen. Ansonsten 150–200 Baht in den Westen und Norden; nach Hat Rin (ab 100 Baht) und für Kurzstrecken wie zum Hat Plaaylam ab 50 Baht. Thong Nai Pan und Than Sadet 250 Baht. **Mopedtaxen** warten neben dem Songserm Pier und am Lomprayah/Seatran Pier. Eine Fahrt kostet etwa so viel wie im Taxi.

Transport
Boote
Die aktuellsten Zeitpläne der empfehlenswerten Boote auf den Webseiten: 🖥 www.lomprayah.com und http://seatrandiscovery.com.
CHUMPHON, um 8.30, 13 und 14 Uhr für 700–800 Baht in 3 1/2 Std., mit Songserm um 12.30 Uhr für 650 Baht in 4 1/2 Std.
KO NANG YUAN, mit Lomprayah auf dem Weg nach Ko Tao. Als Tagestrip ab 8.30 Uhr, Rückkehr 16–17 Uhr, inkl. Kajaks und Schnorchelausrüstung für rund 2000 Baht.
KO SAMUI, i. d. R. ab Thong Sala (nur die *Hat Rin Queen* legt vom namensgebenden Strand um 9.30, 11.40, 14.30 und 17.30 Uhr ab; 200 Baht, 50 Min.). Angesteuert werden **Nathon** und **Mae Nam** von Lomprayah: Nathon um um 7.15 und 12 Uhr für 400 Baht (inkl. Zubringerbus zum Strand der Wahl) in 30 Min. und Mae Nam um 16.20 Uhr in 20 Min für 300 Baht. **Bang Rak (Big Buddha)** mit Seatran um 11 und 16.20 Uhr für 300 Baht (inkl. Minibus zum Strand) in 30 Min.; **Nathon** mit Songserm um 7 und 12.30 Uhr für 200 Baht (mit Zubringer zum Strand der Wahl 250 Baht).
Wer außerhalb dieser Zeiten nach Samui fahren will, nimmt das Samui Phangan Express Boat (ein kleines Schnellboot) von Ban Tai nach **Bo Phut**, Buchungen unter ✆ 082-037 2701 oder über Reisebüros. Abfahrt stdl. von 8.30–17.30 Uhr für 550 Baht in 15 Min.
KO TAO, mit den Booten nach Chumphon ab 350 Baht in 1 1/2–2 Std. An Vollmond fährt Lomprayah auch um 8 Uhr (inkl. Transport von Hat Rin zum Pier in Thong Sala um 7 Uhr). Mit Songserm um 12.30 Uhr für 250 Baht.
SURAT THANI, mit Lomprayah um 7.15 (bis zum Flughafen oder Bahnhof möglich, Ankunft 10.30 Uhr) und 12 Uhr (Bahnhof / Flughafen 15.15 Uhr) für 700 Baht. Songserm Express fährt um 7 und 12.30 Uhr nach Don Sak (etwa 1 Std. bis Surat Thani) in 4 1/2 Std. für 350 Baht inkl. Transport zum Bahnhof oder Flughafen buchbar. Möglich ist auch die Fahrt mit dem **Nachtboot** um 22 Uhr (siehe zum Thema Nachtboot S. 380). Bei Ankunft in Surat Thani wird man morgens um 4 Uhr gnadenlos von Bord komplimentiert. Tickets für einen der Liegeplätze gibt es am Abfahrtstag ab dem späten Nachtmittag am Pier.

Eine gute Wahl sind auch die **Autofähren** nach Don Sak mit Raja Ferry, ✆ 077-377 452, um 5, 7, 13 und 17 Uhr für 220 Baht in 2 1/2 Std. In der Saison bei genügend Nachfrage zusätzliche Abfahrten um 11 und 15 Uhr. Mit Zubringer zu den Bahnhöfen bzw. Flughafen 320 Baht. Auch die Autofähre von Seatran bedient diese Strecke.

Busse

BANGKOK, eine gute Wahl sind die **Government-Busse** (ab 1000 Baht), die gemeinsam mit der Raja-Autofähre die Insel mit Bangkok verbinden. Vorteil: Das Gepäck wird in Pha Ngan direkt in den Bus geladen. Tickets im Reisebüro oder in Ban Tai, 999 Government Bus, ✆ 077 238 507. Kombitickets verbinden den Bootstransfer (Lomprayah, Seatran oder Songserm) mit einem **Bus der privaten Gesellschaften**. Start frühmorgens und mittags, Ankunft in Bangkok abends gegen 21 Uhr bzw. morgens gegen 5 Uhr, Preis 750–900 Baht.

> **Vorsicht: Kombitickets und Klaubusse**
>
> Die meisten Reisenden kaufen ein Kombiticket *(joint ticket)*, in dem Bus- und Bootstransfer enthalten sind. Sie reisen meist mit den Schnellbooten der mittlerweile arg in die Jahre gekommenen Gesellschaft Songserm. Da deren Fähren vor allem zu Vollmondzeiten restlos überladen sind, empfiehlt es sich, auf die Kombitickets von Raja Ferry ab Don Sak oder die Anreise über Chumphon mit Lomprayah und Seatran auszuweichen.
>
> Wer ein besonderes Schnäppchen zu machen hofft und ein Billigticket für rund 350 Baht ersteht, muss sich darüber im Klaren sein, dass diese Gesellschaften ihr Geld mit etwas anderem als Transport verdienen. Die Busse halten meist in der Nacht ohne vorherige Ankündigung, wobei alle Passagiere aus dem Bus gebeten werden und dieser an einen anderen Ort „zum Tanken" fährt. Wer schlaftrunken Gepäck an Bord vergisst, findet bei seiner Rückkehr garantiert keine Wertsachen mehr vor. Auch während der Fahrt ist schon Reisenden unbemerkt Geld geklaut worden, auch aus der vermeintlich sicheren Bauchtasche.

HUA HIN, mit Boot nach Chumphon und Bus in 7 Std. mit Lomprayah und Seatran ab 900 Baht. KRABI, PHUKET und KHAO LAK (und andere Ziele der Andamanensee), Kombitickets mit Minibus-Anschluss in Surat Thani allenfalls in der Hauptsaison. Bei zu wenig Mitfahrern wird man in lokale Busse verfrachtet. Weniger frustrierend ist die Anreise mit dem (Nacht-)Boot zum Busbahnhof Surat Thani, wo man sich auf eigenen Faust einen Bus zur Weiterfahrt sucht.

Eisenbahn

BANGKOK, Fährtickets mit Songserm oder Raja Ferry sind auch in Verbindung mit einem Zugticket erhältlich. Von Surat Thani fahren Nachtzüge, die man am besten einige Tage vorher bucht. Wer gemächlicher reisen will, kann ein frühes Boot nehmen und sich entweder in Chumphon oder in Surat Thani in den Bummelzug setzen.
PATTHALUNG, NAKHON SI THAMMARAT, SONGHLA (und andere Orte in Süd-Thailand), auch hier nimmt man am besten ein frühes Boot und steigt in Surat Thani oder Chumphon in den Zug.

Flüge

Ko Samuis privaten Flughafen nutzen auch viele Pha Ngan-Urlauber. Die Weiterreise auf die Insel dauert weitere 30 Min. bis 2 Std. – vorausgesetzt, der Flieger landet vor 17 Uhr. Das letzte reguläre Boot startet um 18.30 Uhr von Bo Phut nach Hat Rin. Wer sparen will, fliegt mit Airasia oder One-Two-Go zum staatlichen Flughafen in Surat Thani. Von hier dauert die Weiterfahrt 4–5 Std. und kostet mit Taxi und Boot 350–500 Baht.
Eine weitere Option bietet Lompraya mit Air Solar. Wer das Boot um 8.30 Uhr nach Chumphon nimmt, kann hier um 14 Uhr weiterfliegen und ist bereits um 15.15 Uhr in Bangkok. Kosten 3500 Baht inkl. Boot.

Ao Nai Wok

Dieser etwa 1 km lange Strandabschnitt befindet sich nur einige Fußminuten westlich von Thong Sala. Grandiose Sonnenuntergänge sind bei

> ### Das etwas andere Nusseis
>
> **Phangan Home made Ice cream**, nahe der Straße von Thong Sala nach Chaloklum (auf Höhe der Schule), ☏ 077-238 681. Karte S. 402. Seit Jahrzehnten wird hier erfolgreich leckeres Eis hergestellt. Besonders berühmt und beliebt ist das hauseigene Kokosnusseis aus der frisch geernteten Nuss. Neben Klassikern wie Vanille und Schokolade können Entdecker Kreationen aus Kürbis, Tarot und grünem Tee probieren. Kugel 30 Baht, im Töpfchen 35 Baht, Pakete zum Mitnehmen 120/200 Baht. Das kleine Restaurant ist einen Abstecher wert, denn das Eis schmeckt wirklich gut. Es gibt auch Frühstück und eine Auswahl an Thai-Gerichten. ⏱ 8–22 Uhr.

entsprechendem Wetter garantiert. Der Strand eignet sich bei Flut zum Baden. Der Vorteil der Unterkünfte liegt in ihrer Nähe zur Stadt bei gleichzeitiger Abgeschiedenheit in einer Bucht, s. **eXTra [2817]**.

> ### Übernachtung
>
> Karte S. 402
> **Baan Manali Resort** ㊿, ☏ 077-377 917, ✉ baan.manali@gmail.com, **[6245]**. 11 schöne, geschmackvoll möblierte Bungalows locker im schattigen gepflegten Garten verteilt, alle mit Meerblick. Im Preis enthalten ist ein Frühstück, wahlweise westlich oder asiatisch. WLAN. Westliche Leitung. ❺
> **Best View Villas** ㊾, ☏ 081-787 3617. Kleine, beige getünchte Steinhäuser mit Ventilator, teils Warmwasser. Kein Balkon, aber Stühle vor der Haustür mit Blick auf den Sonnenuntergang. ❷
> **Grand Sea Resort** ㊻, ☏ 077-377 776, 🖥 www.grandsearesort.com. Großer Hotelkomplex und Holzbungalows im Thai-Stil. TV, Minibar, Pool und Internet. Aus einigen Zimmern fantastischer Meerblick. WLAN. ❹–❻
> **Joon Bungalow** ㊼, ☏ 087-881 0988. Kleine, teils niedlich angemalte Bungalows mit Ventilator aus alten Tagen, die an winzige Schrebergartenhäuschen erinnern. Innen nett eingerichtet. Angenehme Atmosphäre, gute Musik.

Einladendes Restaurant. Inkl. Frühstück. Oft BBQ am Strand. ❸

> ### Sonstiges
> #### Meditation
> **Monte Vista Retreat Centre**, ☏ 077-238 951, 🖥 www.montevistathailand.com. Oberhalb der Straße mit fantastischer Aussicht. Fastenkuren, Krisenbewältigung, Massagen und Anwendungen gegen Stress, für die Schönheit und einen besseren Energiefluss. Angeboten wird u. a. ein einmonatiges Programm zur Änderung der Lebensführung. Deutsch-amerikanische Leitung.
>
> #### Wassersport
> **SL2K Adventure**, ☏ 083 390 3125, ✉ sl2k@ymail.com, oder über das Baan Manali Resort (s. o.). Katamarane für Könner ab 700 Baht pro Std. zur Ausleihe. Zudem Kurse und Aktivprogramme (Tauchen, Trekken usw.) auf der Insel. Westliche Leitung.

Plaaylam

Der erste längere Strand im Westen von Thong Sala ist der Hat Plaaylam **[2818]**. Er wird überragt vom Hin Nok-Hügel. Hier stehen Bars und auch Resorts mit wunderschönem Blick auf den Ang Thong Marine National Park und die untergehende Sonne. Aufgesucht wird dieser Küstenabschnitt überwiegend von Reisenden, die die Einfachheit schätzen. Nur wenige Resorts bieten gehobenen Standard. Das Thai-Essen in den meist als Familienbetrieb geführten Anlagen ist günstig und auf den Geschmack der Traveller abgestimmt. Das Meer eignet sich an diesem Strand gut für Wassersport jeder Art. Etwa 80–100 m vor der Küste kann man am vorgelagerten Riff die Unterwasserwelt erkunden. Wer nicht zu den Fußfaulen gehört, erreicht Thong Sala in etwa 30 Min.

> ### Übernachtung
>
> Karte S. 402
> **Beach 99** ㊺, ☏ 077-377 518. Am Hang und am Strand individuell gestaltete Bungalows mit Ventilator und großen Balkonen, mal auf einem

Stein thronend, mal an diesen geschmiegt unter dichtem Blätterwerk. Achtung, einige Hütten eignen sich nicht für große Menschen. Einige Bungalows mit 2 großen Betten. Bekannt für authentische Thai-Küche. ❷

Cookies ㊹, ✆ 077-377 499. Beliebte Anlage mit zahlreichen Holz- und Mattenbungalows (Ventilator, AC) am Strand und am Hang. Nettes Restaurant mit empfehlenswerter Küche. Verleih von Surfbretter, Segelbooten und Katamaranen. ❷–❺

Sabai Beach Resort ㊶, ✆ 077-238 895, 🖥 www.sabai-beach.com. Ansprechende Anlage im großen Garten. Bungalows aus Holz oder Stein. Geschmackvoll ausgestattet, Ventilator, Sitzkissen, Liegen. Teils große Balkone. Auch Familienzimmer. Am Strand Schatten spendende Bäume mit Hängematten. Oft Promotion im Internet. ❺

Sea Scene ㊸, ✆ 077-377 516, 🖥 www. seascene.com. Gepflegte Anlage mit zahlreichen Stein-bungalows in mehreren Reihen. Bungalows mit Ventilator oder AC (TV, teils Kühlschrank). Ansprechend einfach eingerichtet. Weißer Sandstrand mit Liegen, teils Schatten unter Bäumen. Kajakverleih (120 Baht pro Std.). ❸–❺

Stone Hill Resort ㊷, ✆ 077-238 447. Unterhalb der Amsterdam Bar. Stilvolle Häuser mit Panoramafenstern auf schwarzen Fels gebaut. Gute Ausstattung, AC oder Ventilator. Tolle Aussicht. ❹–❻

Aktivitäten

Segeln und Windsurfen

Verleih von Surfbrettern bei **Cookies**, das auch Anfängerkurse anbietet. Zudem gibt es hier kleine Segelboote und Katamarane. **Sea Scene** vermietet Kajaks.

Hat Wok Tum und Hat Hin Kong

Die Mündung eines Baches trennt die beiden weiten, flachen Küstenabschnitte **Wok Tum** und **Hin Kong**. Statt Strand gibt es hier eine ruhige Wattlandschaft, die an einigen Stellen noch von Mangroven bewachsen ist. Ein Besuch lohnt insbesondere am Abend bei untergehender Sonne: zur einen Seite das plätschernde Meer, zur anderen sich im Wind wiegende Kokospalmen. Bei Ebbe kann man die Thais beim Ausgraben von Muscheln beobachten.

Die hier entlangführende Strecke ist nahezu hügellos und eignet sich gut für Touren mit dem Fahrrad.

Übernachtung und Essen

Wok Tum
Karte S. 402

Dieser Küstenabschnitt ist nicht unbedingt einen längeren Aufenthalt wert. Wer dennoch über-nachten will, findet Unterschlupf im **Woktum Bay Resort** ㊵, ✆ 077-377 430. Von außen adrette Bungalows, innen mit etwas viel Mobiliar, Internetanschluss, Meerblick. Kleiner Pool. ❸–❹

Für einen Essensstopp bietet sich das **Sukho Restaurant** an. Man sitzt auf einer kleinen Sala am Meer. Das zugehörige Resort wird von Langzeitreisenden genutzt.

Hin Kong
Karte S. 402

An diesem Teil der Küste gibt es nur wenige, für das Gebotene teure Resorts. Viele „Houses for rent" laden hingegen zum Verweilen ein. Yogies übernachten gut im **Ananda Resort** ㊴, ✆ 08-1397 6280, 🖥 www.anandaresort.com. Kleine Zimmer in Steinhäusern mit und ohne AC, einige ebenerdig auf dem Weg zum Yogaraum (s. u., Agama Yoga), andere am Hang mit Blick aufs Meer. Zimmer auch im 2-stöckigen Haus an der Straße. Kleiner Pool, Liegen und Sauna. ❹ Wer die Strandstraße entlangfährt, kommt an einigen kleinen Bars und Restaurants vorbei. Vor allem zum Sonnenuntergang kann man hier eine herrliche Rast einlegen.

Sonstiges

Medizinische Versorgung

Staatliches Krankenhaus zwischen Wok Tum und Hin Kong im Inland. Hier finden vor allem Opfer von Motorradunfällen Hilfe. Es gibt ein Röntgengerät, aber ansonsten ist die Klinik schlecht ausgestattet. In schwierigen Fällen Verlegung nach Ko Samui.

Yoga

Agama Yoga, 16/3 Moo 6 Hin Kong, ✆ 089-233 0217, 🖥 www.agamayoga.com. Tgl. außer So Kurse, kostenlose Schnupperstunde. Gelehrt werden Hatha, Raja und Tantra Yoga. 8.30–10.30 Uhr Theorie, Praxis 16.30–18.30 Uhr. Wer eine Ausbildung absolvieren will, sollte 1 Monat Aufenthalt einplanen. Alle Kurse kosten 300 Baht pro Tag. Ein großes Retreat auch in Ban Sri Thanu.

Ban Sri Thanu, Hat Sri Thanu und Hat Laem Niad

Der Hafen von Ban Sri Thanu [2819] am südlichen Ende des Strandes wird von den Fischer- und Tauchbooten vor allem bei drohendem Sturm angesteuert. Auch das Meer vor Sri Thanu ist dann von miteinander vertäuten Fischerbooten bevölkert. Das Dorf selbst hat sich in den letzten Jahren zu einem beliebten Ziel für Tagesausflügler entwickelt, nicht zuletzt wegen seiner Restaurantszene. Wem es nach italienischen Gerichten oder Steak gelüstet, ist hier richtig. Auch einige Restaurants mit Thai-Küche, die sich rund um den strandnahen, recht großen **Laem Son-See** gruppieren, sind empfehlenswert. Neben Palmen bestimmen vor allem Kasuarinen das Erscheinungsbild dieser Gegend. Den Nadelbäumen verdankt der Laem Son seinen Namen. Hier findet man Abkühlung, wenn einem das Meer zu warm ist. Die an den Kasuarinen befestigten Seile laden zum Tarzanspielen ein. Fischen ist hier nicht erlaubt. Nur gute Schwimmer sollten sich weit hinauswagen; das quer über den See gespannte Seil ist keine Sicherheitsleine. Der Zugang zum See befindet sich auf der Zufahrtsstraße zu beiden Bungalowanlagen von Laem Son.

Vom Hat Sri Thanu blickt man auf den Marine Park. Im Süden begrenzt ein Hügel die Bucht, im Norden liegt der schmale, nahezu unerschlossene Hat Laem Niad, wo sich lediglich ein einfaches Resort und ein Raum von **Agama Yoga** befinden. Der Strand wird begrenzt durch eine Felszunge, über die man bei Ebbe bequem zum Hat Chao Pao hinüberlaufen kann. Im Fels liegt die Pirates Bar, wo zweimal monatlich die Moonset Party gefeiert wird (s. S. 405, Partys).

Übernachtung

Karte S. 416

Golden Rock (8), ✆ 077-349 262, [6247]. Kleine einfache Bambusmattenhütten am Ende des Laem Niad-Strandes im Bananenhain. Ventilator, Hängematte, einfache Betten. Ausgelassene Stimmung, viele bleiben mehrere Monate. Fast immer ausgebucht, daher sollte man vorher anrufen. ❶

Laem Son 1 Bungalows (11), ✆ 077-349 031, [6248]. Viele Bungalows mit Ventilator in 2 Reihen an einem schönen langen Strandabschnitt. Viel Sonne, auch auf den Balkonen. Einfachste Ausstattung und seit Jahren bewohnt. Die blauen Hütten am Meer sind etwas besser in Schuss. ❷–❸

Loyfa Natural Resort (16), ✆ 077-377 319, 🖥 www.loyfanaturalresort.com, [6249]. Zahlreiche neue ansprechende Bungalows mit guter Ausstattung und großen Balkonen im Hang mit Meerblick, TV, DVD, Minibar, WLAN. Darunter am kleinen Strand ein paar ältere Bungalowmodelle. Schöner Pool und Restaurant am Strand. Zum Sri Thanu-Strand zu Fuß etwa 10 Min. ❺–❻

Seaview Rainbow (12), ✆ 077-349 084, [6250]. Alteingesessene Anlage mit gepflegten Holzbungalows mit Ventilator. Die Zimmer vorne sind etwas größer. Volleyball auf der großen Sandfläche zwischen den Bungalows. ❷–❸

The Beach (13), [6251]. Schöner Strandabschnitt. Kleine, meist weißgetünchte Holzbungalows im Schatten unter Kasuarinen. Teils mit 2 großen Betten. Vorne 4 AC-Häuser mit Küche (2000 Baht). Gute Preise für alle, die länger bleiben. ❷–❸

Zen Bungalows (9), ✆ 089-648 0684, [6252]. Schöne Holzbungalows mit und ohne AC an der Landzunge zwischen Hat Laem Niad und Hat Sri Thanu. Auch einige Steinhäuser mit Küche. ❷–❸

Essen

Fellini, ✆ 077-349 020, 🖥 www.ristorantefellini.net. Im Shophouse vor der Abzweigung zur Ao Mae Hat. Bekannt für gute Pizza und Pasta, auch außer Haus. Italienischer Kaffee. WLAN. ⏱ 10–23 Uhr.

Peppercorn, ✆ 087-896 4363, 🖥 www.peppercornphangan.com. An der Verbindungsstraße zwischen Westküste und Inlandstraße. Beliebtes Steakhaus. Für Vegetarier herzhafte Salate und gute vegetarische Küche. Tische auf der 2. Ebene des Hauses und in Salas im Garten. ⏲ tgl. außer So 14–23 Uhr.

Hat Chao Pao

Zwischen Hat Son und Ban Sri Thanu liegt der weißsandige, ruhige Ao Chao Pao [2820], dessen Unterkünfte jedes Anspruchsniveau befriedigen. Das Meer eignet sich bei Flut in den Wintermonaten zum Schwimmen. Ansonsten kann man im seichten Wasser relaxen, den Blick auf den Horizont genießen oder vor dem Riff schnorcheln. Mit Kajaks lassen sich kleine Ausflüge nach Hat Son und Hat Yao oder an der Pirate Cove vorbei bis zum Hat Sri Thanu unternehmen. Hinter dem Strand führt die Straße nach Hat Yao mit Geldautomat und kleinen Läden.

Drei Tage vor und nach Vollmond wird in der Pirates Bar die Moonset Party gefeiert (s. auch S. 405, Partys). Dann kann es bis in die Nacht hinein lauter werden. Vor allem die günstigen Anlagen sind um diese Zeit oft ausgebucht.

Auf dem Hügel im Norden zwischen Hat Chao Pao und Hat Son gibt es einige Anlagen, deren Bungalows einen herrlichen Blick aufs Meer bieten. Wenn das Meer sich zurückzieht, kann man über Steine bis an den Strand laufen; steht das Wasser jedoch hoch, bleibt der Zugang verwehrt.

Die Sonne brennt erbarmungslos

Der Strand ist hier strahlend weiß und weich, das Meer seicht und ganzjährig zum Schwimmen geeignet. Mangels Schatten ziehen sich zur Mittagszeit die meisten Gäste in ihre Bungalows oder die Gärten der Anlagen zurück. Wer es dennoch nicht lassen kann, sich in der Sonne zu braten, sollte hohen Sonnenschutz auftragen. Sonst ist der Urlaubsspaß schnell dahin.

Der Strand ist vor allem im Winter einen Besuch wert, im Sommer ist er oft voller Strandgut und weniger gepflegt.

Übernachtung

Benjamins Hut ②, ✆ 077-349 061, ✉ BKBenjaminhut992@gmail.com. Nette kleine Anlage im Norden der Bucht. Meist Steinhäuser im Garten. Einige davon, wie auch 2 neue Bambusbungalows, direkt am Meer. Alle mit Ventilator und Kaltwasser. Restaurant zurückversetzt. Nette Atmosphäre. WLAN. ❷–❹

Blue Ocean Garden Hideaway Spa & Beach Resort ⑦, ✆ 089-636 8189, 🖥 www.blueoceangarden.com, [4023]. Gepflegte Anlage am südlichen Strandende. Stein-Bungalows rund um einen großen Garten. Alle mit Safe, einige mit TV und Kühlschrank und geschmackvoller Ausstattung. Spa. Liegen unter Palmen. Während der Moonset Party kann es laut werden. WLAN. Inkl. Frühstück. ❹–❺

Haad Chao Phao Resort ⑤, ✆ 077-349 273. Ein paar wenige einfache Hütten in kleiner, familiärer Anlage. Angenehme Atmosphäre; wer hier einen Platz findet, der bleibt meist länger. Restaurant mit Meerblick, daneben eine kleine Bar, an der manchmal abends gefeiert wird. In der Hochsaison je nach Nachfrage BBQ. ❷

Hut Sun Bungalows ④, ✆ 077-349 097. Gepflegte Holzbungalows mit AC oder Ventilator. Bungalows vom alten Schlag, aber recht gut in Schuss, mit Moskitonetz. Am Strand geräumige AC-Bungalows. Autovermietung. ❸–❹

Seaflower Bungalows ⑥, ✆ 077-349 090, 🖥 www.seaflowerbungalows.com. Moderne Steinbungalows mit TV und AC, die sich vom Strand Richtung Hinterland erstrecken, zudem Holzbungalows mit Ventilator, die billigeren hinten im Garten. Alle blicken auf den großen Garten. Noch stehen 2 windschiefe Hütten aus Hippietagen (200 Baht). ❸–❻

Sunset Cove Sea & Forest Boutique Resort ③, ✆ 077-349 211, 🖥 www.thaisunsetcove.com, [4024]. Am Nordende des Strandes. Bungalows direkt am Pool und günstigere Zimmer in Reihenbungalows dahinter, alle mit AC und TV. Restaurant am Meer. Tandemverleih (60 Baht/Std.). WLAN für Resortgäste. ❺–❼

Chao Pao und Sri Thanu

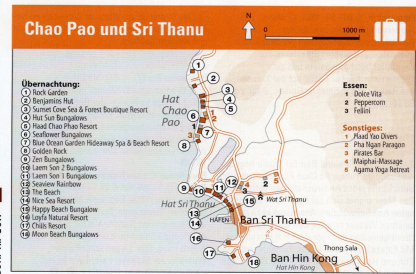

Übernachtung:
1. Rock Garden
2. Benjamins Hut
3. Sunset Cove Sea & Forest Boutique Resort
4. Hut Sun Bungalows
5. Haad Chao Phao Resort
6. Seaflower Bungalows
7. Blue Ocean Garden Hideaway Spa & Beach Resort
8. Golden Rock
9. Zen Bungalows
10. Laem Son 2 Bungalows
11. Laem Son 1 Bungalows
12. Seaview Rainbow
13. The Beach
14. Nice Sea Resort
15. Happy Beach Bungalow
16. Loyfa Natural Resort
17. Chills Resort
18. Moon Beach Bungalows

Essen:
1. Dolce Vita
2. Peppercorn
3. Fellini

Sonstiges:
1. Haad Yao Divers
2. Pha Ngan Paragon
3. Pirates Bar
4. Maiphai-Massage
5. Agama Yoga Retreat

Essen

Dolce Vita, direkt am Strand. Geschmackvoll gestaltetes Restaurant mit italienischer und Thai-Küche. Recht große Weinauswahl. Faire Preise. ⊙ 8–22 Uhr.

Nam Bar and Restaurant, am Hang gelegenes, sympathisches kleines Restaurant. Vom Frühstück bis abends geöffnet. Schöne Aussicht von der Terrasse aus (Hängematten und Sitzkissen). Stühle und Tische im Innenraum.

Aktivitäten

Wassersport

Im **Blue Ocean Garden** werden Kajaks für 100 Baht pro Std. verliehen (Zweisitzer kosten 150 Baht). Günstiger paddeln die Gäste des **Sunset Cove** (50/100 Baht, Nichtgäste 100/180 Baht).

Haad Yao Divers, Tauchbasis an der Straße. Weitere Infos s. Hat Yao West, Tauchen (S. 419).

Wellness

Pha Ngan Paragon, an der Straße, 🖥 www.phanganparagon.com. Bietet das volle Spa-Programm in angenehmer Atmosphäre: Bodymaske, Maniküre und Pediküre sowie traditionelle Massage, außerdem Sauna, Pool (nur dessen Nutzung 100 Baht), Fitnessraum und Whirlpool. Vermieten auch große Zimmer mit ausgewählter Einrichtung. ❹–❽

Hat Son

Weicher Sand und ein paar schattige Plätze machen den Reiz des Hat Son [3127] aus, an dem es sehr beschaulich zugeht. Das Wasser ist seicht, was besonders Familien entgegenkommt, und bei Ebbe kann man herrlich faulenzen. Den kleinen Hat Son erreicht man durch das Haad Son Resort.

Übernachtung

Karte S. 418
Bounty Resort ㊳, ✆ 077-349 105, 🖥 www.bountyresort.com, [3130]. Geschmackvolle Steinbungalows, einige mit AC, TV, Kühlschrank und Meerblick. 6 schöne einfache Holzbungalows mit Ventilator und Moskitonetz. Ein Steg führt zu einer sehr kleinen, etwas rauen Bucht mit Sand-Korallen-Strand. Kleiner Pool. Kostenpflichtiges WLAN. ❸–❺

Haad Son Resort ㊴, ☎ 077-349 103, 🖥 www.haadson.info, **[3129]**. Geschmackvolle große Anlage mit Zimmern in diversen Preisklassen in Bungalows und im Reihenhaus. Dieses steht ebenso wie die besseren Bungalows direkt am Wasser. Zimmer mit Deckenventilator, teils auch Safe. Netter Pool mit Kinderbecken und Blick aufs Meer. Zum Strand ein paar Meter in die Bucht. ❹–❺

Tantawan Bungalow ㊵, ☎ 077-349 108, 🖥 www.tantawanbungalow.com. Kleine Anlage oberhalb der Straße am Hang. Mit Liebe zum Detail gestaltete Zimmer. Schöner Pool, in dem man richtig schwimmen kann. Riesige Hängematten. Toller Meerblick. Im Restaurant Thai- und französische Küche, auch Eiscreme. Gutes Preis-Leistungs-Verhältnis. ❸

Hat Yao (West)

Der herrlich weiche Sandstrand von Hat Yao **[2821]** lockt zu jeder Jahreszeit zahlreiche überwiegend junge Reisende an. Wer schon früher einmal hier war, wird vieles nicht mehr wiedererkennen. Die etablierten Anlagen sind weitgehend verschwunden oder haben sich einem veränderten Publikum angepasst, das für etwas mehr Sauberkeit, AC oder auch TV im Zimmer gern ein paar Euro mehr ausgibt. Steinbungalows, einige äußerst platzsparend als Reihenbungalows gestaltet, locken AC-Fans, denen der Meerblick weniger wichtig ist. Daneben gibt es ordentliche Bungalows mit Ventilator am Hang und auch noch einige an der Strandfront. Nostalgiker finden sogar noch Anlagen aus uralten Zeiten, die aber nur für Hartgesottene empfehlenswert sind und weit abseits des Strandlebens liegen.

Die Attraktion ist der Sand von Hat Yao. Je weiter die Flut zurückgeht, desto mehr glatte weiche Körner in funkelndem Weiß kommen zum Vorschein, sodass sich der etwa 600 m lange, seichte Strand sehr gut zum Flanieren oder sportlichen Schaujoggen eignet. Der feine Sand federt perfekt nach. Nach der winterlichen Regenzeit kann Korallenschrott vom vorgelagerten Riff den Spaß etwas verderben. Wer schnorcheln will, kann sich in jeder Anlage eine Ausrüstung leihen und wenige Meter vom Strand entfernt Fische und Korallen bestaunen.

Tagsüber gibt es nur wenig Schatten, und das Leben spielt sich an den Bungalows, im Wasser oder an den Pools ab. In den Strandbars läuft laute Musik, meist Reggae und viel Easy Listening. Abends wird in den Bars die Musik weiter aufgedreht, die Tische werden im Sand platziert und eine bunte Beleuchtung installiert. Es gibt BBQ und Bier, Cocktails und mit etwas Glück auch einen tollen Sonnenuntergang.

Die Zufahrtstraße nach Hat Yao ist mittlerweile sowohl von Sri Thanu als auch von Hat Salad aus gut ausgebaut. Sie wird von immer mehr Supermärkten, Bars und Restaurants, Reisebüros und Internetcafés gesäumt.

Übernachtung

Oberhalb der Straße finden sich die günstigeren Unterkünfte. Dann ist der Weg zum Strand allerdings recht weit. Wenn wenig los ist, geben die besseren Resorts große Rabatte auf die Walk in-Preise.
Karte S. 418

Untere Preisklasse

Easy Life Bungalows ㉞, ☎ 077-349 116. Schöne, günstige Bungalows oberhalb der Hauptstraße. Von den Balkonen der Zimmer mit Ventilator kein Meerblick. Diesen bieten 2 AC-Bungalows. ❷, mit AC ❹

Ibiza Bungalows ㉜, ☎ 077-349 121, **[3119]**. An der großzügigen Rasenfläche im rückwärtigen Bereich des zentralen Strandabschnitts Holzbungalows mit Ventilator, einige AC-Steinhäuser mit Blick aufs Restaurant. Einfache Ausstattung. Geldautomat im Restaurant. ❸–❹

J.B. Hut Bungalows ㉝, ☎ 077-349 154, **[3120]**. Günstige Holz- und Steinbungalows rechts der Hauptstraße am Hang. Von den Balkonen meist gute Sicht aufs Meer. Ein großer Bungalow mit Ventilator, TV und Kühlschrank. Rezeption an der Straße. ❷–❸

Mittlere Preisklasse

Baan Haad Yao Villas ㉟, ☎ 077-349 160, **[3112]**. Geschmackvolle Anlage zwischen Straße und Strand. Ansprechend geräumige

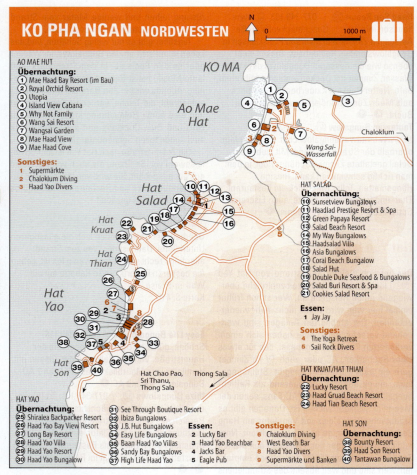

KO PHA NGAN NORDWESTEN

AO MAE HUT
Übernachtung:
1. Mae Haad Bay Resort (im Bau)
2. Royal Orchid Resort
3. Utopia
4. Island View Cabana
5. Why Not Family
6. Wang Sai Resort
7. Wangsai Garden
8. Mae Haad View
9. Mae Haad Cove

Sonstiges:
1. Supermärkte
2. Chalokum Diving
3. Haad Yao Divers

HAT SALAD
Übernachtung:
10. Sunsetview Bungalows
11. Haadlad Prestige Resort & Spa
12. Green Papaya Resort
13. Salad Beach Resort
14. My Way Bungalows
15. Haadsalad Villa
16. Asia Bungalows
17. Coral Beach Bungalow
18. Salad Hut
19. Double Duke Seafood & Bungalows
20. Salad Buri Resort & Spa
21. Cookies Salad Resort

Essen:
1. Jay Jay

Sonstiges:
4. The Yoga Retreat
5. Sail Rock Divers

HAT KRUAT/HAT THIAN
Übernachtung:
22. Lucky Resort
23. Haad Gruad Beach Resort
24. Haad Tian Beach Resort

HAT YAO
Übernachtung:
25. Shiralea Backpacker Resort
26. Haad Yao Bay View Resort
27. Long Bay Resort
28. Haad Yao Villa
29. Haad Yao Resort
30. Haad Yao Bungalow
31. See Through Boutique Resort
32. Ibiza Bungalows
33. J.B. Hut Bungalows
34. Easy Life Bungalows
35. Baan Haad Yao Villas
36. Sandy Bay Bungalows
37. High Life Haad Yao

Essen:
2. Lucky Bar
3. Haad Yao Beachbar
4. Jacks Bar
5. Eagle Pub

Sonstiges:
6. Chalokum Diving
7. West Beach Bar
8. Haad Yao Divers
9. Supermärkte und Banken

HAT SON
Übernachtung:
38. Bounty Resort
39. Haad Son Resort
40. Tantawan Bungalow

und stilvoll eingerichtete Holzbungalows rund um den Pool. Offenes Bad mit Badewanne. Das zum Resort gehörende Seaside Guesthouse ist weniger schön. ❸–❺
Sandy Bay Bungalows ㊱, ☎ 077-349 119, [6253]. Bungalows am Strand und in Reihen dahinter bis hoch in den Hang über einen weiten Abschnitt bis ans Ende der Bucht. Bungalows in allen Preislagen mit AC oder Ventilator. Die besonders großen im Süden eignen sich für Großfamilien oder große Gruppen (hier kann die Beschallung durch den Eagle Pub den Schlaf rauben). Schöner Pool am Strand. ❸–❺
See Through Boutique Resort ㉛, ☎ 077-349 315, 🖥 www.haadyao.net, [3195]. Langes 2-geschossiges Reihenhaus, das sich vom Strand rückwärtig erstreckt, in unverputztem Betonbauchic. Innen sind die Zimmer in warmen Tönen gestrichen und nett möbliert, TV und Safe. Die unteren Zimmer haben direkten Zugang zum langen Pool. Hinter der Straße einfachere Hütten. ❹

Der Blick von oben

High Life Haad Yao ㊲, ☎ 077-349 114, [3111]. Schöne Holzbungalows und einige aus Stein mit unterschiedlichster Ausstattung am südlichen Hang, die besseren mit TV/DVD im von schwarzen Felsen durchsetzten Garten oder am Fels mit Blick auf die Bucht. Einige einfache Bungalows mit Ventilator, teils sogar mit Meerblick und Warmwasser. Pool an der Kante des Berges. Tolle Sicht auch aus dem Restaurant. Eine Steintreppe führt aus den Strand, bei Flut überspült. Nachts z. T. laute Musik, die vom Eagle Pub herüberweht. ❸–❻

Shiralea Backpacker Resort ㉕, im Hinterland, ☎ 080-719 9256. Ansprechende Holzbungalows mit Ventilator oder AC im Garten, teils mit 2 großen Betten für bis zu 4 Pers. Geräumiges Bad mit Warmwasser. Preis je nach Anzahl der Bewohner. Großer Pool, nachts beleuchtet. Im Pool tauchen auch die Kursteilnehmer der **Reefers**, 🖥 www.reefersdiving.com. Wer mit dieser Schule taucht, wohnt in kleineren Mattenhütten nebenan umsonst. WLAN. ❸–❹

Obere Preisklasse
Haad Yao Bay View Resort ㉖, ☎ 077-349 140, 🖥 www.haadyao-bayviewresort.com, [3118]. Schöne Zimmer im Hotelkomplex und in Bungalows. TV und Safe. Veranden mit spektakulärem Blick auf die Bucht. Einige Zimmer für 4 Pers. Großes Restaurant, Strandbar. Kleiner Pool. WLAN. ❹–❼
Long Bay Resort ㉗, ☎ 077-349 057, 🖥 www.longbay-resort.com. Weitläufige Anlage mit zahlreichen Steinbungalows, einige direkt am Strand. Alle mit TV, die teuersten mit Safe. Großer Pool. Beliebtes Restaurant. Abends Tische im Sand und BBQ. Frühstück inkl. An Vollmond 5 Tage Mindestaufenthalt. Nach Rabatt fragen lohnt. ❹–❼

Essen, Bars und Kneipen
Die meisten Restaurants stellen zum Sonnenuntergang Tische in den Sand, sofern die Flut dies zulässt. Zentral stechen die Beachbars des **See Through**, von **Haad Yao Bungalow** [6254], die **Lucky Bar** des **Haad Yao Resorts** [6255] und von **Haad Yao Villa** [6256] ins Auge. Hier spielt den ganzen Tag Musik und auch nachts ist es recht laut. Wer hier übernachten will, findet mehr Infos unter den **eXTras**. Alle diese Bars/Restaurants bieten morgens Frühstück und abends BBQ, Thai- und westliche Küche. Im Hinterland von Ibiza Bungalows lädt **Jacks Bar** jeden Samstag zum BBQ und chilliger Musik. Ganz im Süden steht der **Eagle Pub**, ein Betonbau mit lauter Musik. Mitten am Strand (ein noch unbebautes Stück Land) befindet sich die **West Beach Bar**: Technopartys werden rechtzeitig angekündigt.

Aktivitäten
Tauchen
Einige Tauchschulen unterhalten hier eine Basis. Alteingesessen sind die **Haad Yao Divers**, ☎ 084 841 2102, 🖥 www.haadyaodivers.com. Kurse in kleinen Gruppen, auch auf Deutsch. Angeboten werden Unterwasserfotografie und Kinderkurse (ab 8 J.), Tauchkurse für Anfänger und Fortgeschrittene sowie Halbtagesausflüge und Ausbildung bis zum Instructor.
Neben dem Long Bay Resort liegt eine Basis der empfehlenswerten Tauchschule **Chaloklum Diving**. Genauere Infos s. Ban Chaloklum, Tauchen (S. 424).

Hat Thian (West) und Hat Kruat

Die kleinen Buchten Hat Kruat und Hat Thian (West) sind beschaulich. Der Strand am **Hat Kruat** eignet sich nicht zum Schwimmen, auf dem Sand liegen viele Korallen. Am vorgelagerten Riff kann man gut schnorcheln. In Hat Kruat ist es immer etwas windiger; hier treten oft Wellen auf, selbst wenn es am Hat Salad oder am Hat Thian ruhig ist. Wer schwimmen will oder Entspannung an einem feinsandigen Strand sucht, geht zu Fuß über Cookies Bungalow zum Hat Salad oder über das Kap aus vielen Korallen und dicken Steinen zum **Hat Thian**. Das Kletterparadies für Kinder beherbergt unzählige Schätze spannend aussehender Korallenbruchstücke und anderes Treibgut. Neben dem Resort beginnt der

Strandabschnitt mit schönem weißen Sand. Hier kann man sonnenbaden, schwimmen und über einen Fußweg bis nach Hat Yao wandern.

Selbstfahrer aufgepasst: Auf der gut ausgebauten Straße nach Hat Yao und Hat Salad gelangt man zur Abzweigung nach Hat Thian. Von hier geht es über eine ausgewaschene Sandstraße zu den Anlagen. Die Straßenverhältnisse sind nicht ungefährlich.

Übernachtung

Hat Kruat
Karte S. 418

Haad Gruad Beach Resort ㉓, ☏ 077-349 242, 🖥 www.haadgruadresort.com, **[6258]**. Große Anlage mit AC-Steinhäusern und Bungalows mit Ventilator, teils mit Warmwasser. Linker Hand über dem Meer einfache strohgedeckte Hütten mit dünnen Fußböden (nichts für Übergewichtige) in den Fels gebaut. Pool, Internet, Billard. ❷–❻

Lucky Resort ㉒, ☏ 077-349 007, 🖥 www.luckyresort.com, **[6259]**. Schöne Anlage in einem großzügigen Garten voller tropischer Blüten am Hang. Kunstvolle Betonbungalows, die an riesige Findlinge erinnern, zudem Holzbungalows und Steinhäuser mit AC oder Ventilator. Pool und Restaurant mit Meerblick. Zugang ins Meer über einen gemauerten Steg. Kein Strand. ❷–❹

Hat Salad

Seinen Namen „Piratenbucht" verdankt Hat Salad **[2822]** seiner Geschichte, da sich in die einst unzugängliche Bucht Piraten zurückzogen, um ihre Boote zu flicken und auf besseres Wetter zu warten. Mit ihren gestutzten Schnurrbärten, den glänzenden oder verwuschelten langen schwarzen Haaren, deren Ansatz unter einem geknotetem Tuch verschwindet, sowie den gestählten und tief gebräunten Körpern lassen die heutigen um Gäste bemühten jungen Männer erahnen, wie sie einst aussahen, die Bewohner der Bucht.

Heute zieht Hat Salad zahlreiche Reisende an; vor allem Familien kommen gerne hierher. Der Strand besteht aus ganz weichem weißen Sand, der an manchen Stellen mit einigen Muscheln oder Steinen durchsetzt ist. Bei Ebbe kommt mehr Gestein zum Vorschein, denn vor der Bucht liegt ein Riff. Bei Flut spült das Wasser bis an die gemauerten Festungen der meisten Anlagen heran. Zarte Gemüter sollten bei Sturm daher einen Bungalow bevorzugen, der nicht direkt am Strand liegt.

Im Winter und bei hoher Flut lädt das Meer zum Schwimmen ein, ansonsten kann man eher im seichten Wasser dümpeln, sich bräunen und die Seele baumeln lassen. Kleine und hoch schwingende Strandschaukeln begeistern nicht nur Kinder. Abends gibt es BBQ am Strand, eine Eisdiele offeriert den ganzen Tag leckeres Eis, und Massagen verhelfen gestressten Urlaubern zur Entspannung. Die Resorts versprechen einen angenehmen Aufenthalt: Es gibt einfache Hütten und Resorts mit gehobener Ausstattung und Pool – und alles direkt am Meer. In einigen Anlagen kann man Angelausrüstungen, Kajaks oder Segelboote mieten.

Die Supermärkte bieten neben Alltagsgegenständen auch Badesachen, Spielzeug, Andenken und Mitbringsel, Internet-Zugang und Mopedverleih an.

An der Straße lässt sich zu jeder Tageszeit ein Taxi zu beliebigen Zielen finden. Zur Vollmondparty kann man den Service seiner Unterkunft in Anspruch nehmen; einige Resorts bieten auch zu Halfmoon und Darkmoon, Shiva Moon und sonstigen Monden Shuttletaxis an. Vom Cookies Salad Resort aus lässt sich der Hat Kruat über eine steile Betonstraße sehr leicht zu Fuß erreichen.

Übernachtung

Karte S. 418

Untere Preisklasse
Oberhalb der Straße gibt es einige günstige Unterkünfte in einfachsten Hütten, die jedoch nicht regelmäßig in Betrieb sind .

Coral Beach Bungalow ⑰, ☏ 084-844 4523, **[3201]**. Einfache Anlage mit 7 gut gepflegten Holzbungalows am Strand. Eine Terrasse versperrt leider für die meisten ein wenig die Sicht auf den Strand. Günstig und vor allem an Vollmond immer voll. ❷–❸

Double Duke Seafood & Bungalows ⑲, ✆ 081-311 1435, 🖳 www.doubledukebungalow.com, **[3202]**. Einfache Holz- und Mattenbungalows parallel zum Strand. Einige auch aus Stein und mit großen Veranden. Nette Atmosphäre. ❷–❹

Haadsalad Villa ⑮, ✆ 081-894 1758, 🖳 www.nairock.com/haadsalad. Um einen Garten Steinbungalows mit AC (einige mit Mattenverkleidung) und robuste Holzbungalows mit Ventilator. Die beste Sicht bieten 2 Zimmer im vordersten Bungalow mit Panoramafenstern und großer Terrasse. Günstige Holzbungalows ganz hinten. ❷–❹

My Way Bungalows ⑭, ✆ 077-349 267. Einfache Mattenbungalows mit Ventilator im hinteren Bereich in recht kargen Garten. Vorne größere AC-Steinhäuser. Ein Familienbungalow. Spartanische Ausstattung. Gemütliche Bar und Restaurant am Meer. Abends bei Ebbe BBQ am Strand. ❸–❹

Sunsetview Bungalows ⑩, ✆ 086-947 3606, 🖳 www.sunsetviewbungalows.ch. Kleine Anlage mit 7 Mattenbungalows (6 geräumig, 2 recht klein) am rechten Ende der Bucht. Doppelmatratze auf selbst gezimmertem Bett. Die 2 letzten Bungalows bieten besonders schönen Strandblick. Das Wellenrauschen ersetzt den Wecker. Einfach, aber sauber. ❷

Mittlere Preisklasse

Asia Bungalows ⑯, ✆ 077-377 288, ✉ asiabungalows@hotmail.com. Im weitläufigen Palmenhain in Ufernähe 8 geschmackvolle AC-Bungalows mit Panoramafenstern. Vorne fantastischer Meerblick. Bei Sturm spritzt die Gischt bis ans Fenster. Vor der Anlage kein Liegestrand, aber eine besandete Kaimauer. Kein Restaurant. ❸–❹

Cookies Salad Resort ㉑, ✆ 077-349 125, 🖳 www.cookies-phangan.com, **[3200]**. Angenehme Anlage mit schönen Zimmern im Apartmenthaus oben und Bungalows am Hang. Pool am Strand. Aus dem Restaurant toller Blick über die Bucht. Kajak-, Katamaran- und Segelbootverleih (150/400/600 Baht pro Std.). Steiler Anfahrtsweg über Hat Thian. Rezeption im Restaurant. ❹–❻

Salad Beach Resort ⑬, ✆ 077-349 149, 🖳 www.phangan-saladbeachresort.com. Bungalows und Zimmer im Steinhaus in ansprechend gestalteter Anlage mit geschmackvoll ausgestatteten Zimmern. Pool mit Liegen. Kajakverleih. Massagen. Liegen mit Meerblick auf der Kaimauer. Schöner Strandabschnitt. Frühstück inkl. ❹–❺

Salad Hut ⑱, ✆ 077-349 246, 🖳 www.saladhut.com, **[3203]**. Schöne Anlage in gediegenem dunklen Holz mit Pool am Strand. Dahinter über einen Steg verbundene Zimmer in Doppelbungalows. Die Veranden bieten dank dichtem Grün Privatsphäre. Große Familienzimmer. 3 Bungalows mit Meerblick. Reservierung nur per Internet. Restaurant mit WLAN. ❺

Obere Preisklasse

Green Papaya Resort ⑫, ✆ 077-374 230, 🖳 www.greenpapayaresort.com, **[3126]**. 20 Zimmer, einige in Bungalows am langen Pool, andere hinten im Hotelkomplex. Viel Holz und schöne Gartenanlage. Vor dem Hotel ist auch bei Flut fast immer Sand. Spa-Bereich und Liegen an der Kaimauer. Restaurant und Bar am Meer. Frühstück inkl. ❺–❽

Haadlad Prestige Resort & Spa ⑪, ✆ 077-349 285, 🖳 www.haadladresort.com, **[3184]**. Anlage mit 3-geschossigem Hotelkomplex, Bungalows und Poolvillen. Etwas in die Jahre gekommen. Alle TV, Minibar und Safe. Großer Pool. Um Vollmond Mindestaufenthalt 3 Tage. WLAN im Restaurant. Inkl. Frühstück. ❺–❽

Yoga, Sauna und ein leckeres Buffet

The Yoga Retreat, ✆ 077-374310, 🖳 www.yogaretreat-kohphangan.com. Kleines Retreat an der Straße oberhalb von Hat Salad. Angeboten werden Yoga, Detox und Kochkurse. Es gibt auch Zimmer, wenn man einen Kurs (Package) belegt. Mi, Fr und So von 14–19 Uhr Sauna für jedermann für 50 Baht. Restaurant, in dem jeden Fr ein indisches Buffet kredenzt wird (150 Baht) – auch für alle Nicht-Yogis ein Genuss.

Salad Buri Resort & Spa ⑳, ✆ 077-349 187, 🖳 www.saladburi.com. Geschmackvolle, geräumige Zimmer, Villen mit Pool und Strandblick. Große Wasserlandschaft. Zimmer auch in mehrgeschossigen Apartmenthäusern am Hang. Inkl. Frühstück. Safe. ❽

Essen

Im **My Way** abendliches BBQ. Das **Beach BBQ** bietet Eis und ebenfalls BBQ. In der kleinen Ladenstraße auf dem Zufahrtsweg zum My Way hat ein **Suppenladen** überlebt. Gediegen ist das Ambiente im **Salad Hut**, ebenso die Küche. Eine schöne Aussicht bietet **Cookies**. Wer italienisch essen will, kann dies im **Jay Jay**, direkt an der Zufahrtstraße, tun.

Sonstiges

Tauchen

Sail Rock Divers, ✆ 086-272 0176. Basis dieser beliebten Tauchschule (Speedboote), mehr Informationen s. Chaloklum, S. 424.

Ao Mae Hat

Im Nordwesten der Insel erstreckt sich die 500 m breite Bucht Mae Hat [2823]. Gleich daneben und durch eine Sandbank mit der Bucht verbunden, befindet sich die kleine bewaldete Insel **Ko Ma**. Hier stehen ein paar Bungalows, die aber derzeit nicht bewirtschaftet werden. Der seichte Sandstrand der Ao Mae Hat bietet dank zahlreicher Bäume viel Schatten und zieht daher viele Familien an.

Gute Schnorchelbedingungen locken nicht nur Stammpublikum, sondern auch Tagesausflügler immer wieder hierher. Das Schnorcheln lohnt sich besonders im Westen von Ko Ma. Seitdem die Bucht zum Marine National Park erklärt wurde, ist kommerzielles Fischen und Harpunieren verboten.

Bei hohem Wasserstand kann man an einem kleinen Abschnitt der Bucht schwimmen, doch Vorsicht: Viel Strand ist von Korallen und Muscheln durchsetzt. Es empfiehlt sich daher, stattdessen durch den kleinen Kanal in Strandmitte, den auch die Taucher nutzen, ins Meer hinauszuschwimmen. Bei starker Strömung und hohem Wellengang sollte man allerdings aus Sicherheitsgründen davon absehen.

Im Hinterland der Bucht liegt der **Wang Sai-Wasserfall**, der während der Trockenzeit schwer auszumachen ist und eigentlich nur nach der Regenzeit einen Besuch lohnt. Dann lässt es sich in den Wasserbecken herrlich baden.

Übernachtung

Karte S. 418

Untere Preisklasse

Mae Haad View ⑧, ✆ 089-823 9756, [6260]. Kleine Betonbungalows mit tollem Blick aufs Meer, dahinter neuere Mattenbungalows (einige mit einem großen und einem kleinen Bett). Alle mit Ventilator und Warmwasser. Seit 2011 neues Management. Tauchbasis von Haad Yao Divers. ❷ – ❸

Royal Orchid Resort ②, ✆ 077-374 182, [6261]. Diese Anlage bietet einen tollen Blick auf Ko Ma. Die Holzbungalows stehen parallel zum Meer (AC) oder weg vom Strand in 2 Reihen (Ventilator). Einige Bungalows weiter hinten am Hang. Schöner Garten mit einigen runden Felsen am Strand. Restaurant mit Tischen am Meer. ❷ – ❹

Why Not Family ⑤, ✆ 089-648 2141, 🖳 www.whynotphangan.com, [6262]. Oben im Hang mit teils sehr schönem Blick aufs Meer stehen einfache saubere, recht geräumige Holzbungalows mit Ventilator. Gemütliches Restaurant. Wer selbst fährt, ist gut beraten, im ersten Gang am Hügel anzufahren. ❷

Mittlere und obere Preisklasse

Island View Cabana ④, ✆ 077-374 172, [3204]. Holzbungalows am Strand in 3 Reihen mit AC. Der Strandabschnitt ist einer der besten: weißer Sand bis ins Meer, man kann herrlich im Wasser liegen und bei Flut schwimmen. Bäume spenden Schatten. Restaurant am Meer. Einige wenige verwohnte Holzhütten an einem weniger schönen Strandabschnitt rechts vom Restaurant in 2. Reihe mit Ventilator. ❸ – ❺

Utopia ③, ✆ 077-374 093, 🖳 www.phanganutopia.com, [3194]. Geschmackvolle Holzbungalows mit TV auf dem Berg über Ko Ma. Pool und Restaurant mit Aussicht aufs

Meer. Schöne offene Badezimmer, einige mit Badewanne oder Whirlpool. Anfahrt über eine sehr steile schmale Betonpiste. ❹–❼
Wang Sai Resort ⑥, ✆ 077-374 238, [3205]. Direkt am Strand 4 Steinbungalows unter Palmen. Massive Steinhäuser jeder Größe mit Holzverzierungen am Klong und im Hang mit tollem Blick aufs Meer. Einige Holzbungalows mit Ventilator hinten. Basis von Chaloklum Diving. Großes Restaurant, nette Betreiber. Hier findet man auch Ansprechpartner, wenn man im Wangsai Garden ❸ wohnen möchte. WLAN im Restaurant. ❸–❺

Ban Chaloklum

Das kleine Dorf Chaloklum [2824] liegt mitten in einer palmengesäumten Bucht mit Sandstrand im Norden der Insel. Mit seinen vielen nicht touristischen Geschäften ist Chaloklum eine der wenigen Orte der Insel, die sich ihre Ursprünglichkeit teilweise bewahren konnten. Im Hafen liegen zahlreiche Fischerboote und ein paar Tauchboote vor Anker. Lange Jahre war Chaloklum für seine Squidproduktion bekannt und berüchtigt: In der Nacht leuchtete eine Armada von Booten hell auf dem Meer, tagsüber verströmte der in der Sonne trocknende Tintenfisch einen nicht bei allen Besuchern wohlgelittenen Geruch. Heute ist das Meer fast leergefischt, und so findet man nur noch in Piernähe einige Tintenfische auf Trockengestellen. Geblieben sind viele der Birmanen, die auf den Booten als billige Arbeitskräfte eingesetzt wurden. Heute schuften sie im Straßenbau. Die Birmaninnen erkennt man an dem für dieses Volk typischen Schutz gegen Sonne und Hautprobleme: die Tanakapaste, die kreisrund auf die Wangen aufgetragen wird.

Rechts des Hafens fahren die Longtails direkt vom Strand zum Hat Khuat. Hier befinden sich auch die günstigsten Unterkünfte. Linker Hand des Dorfes lädt die pittoreske Malibu Beach, ein kleines mit Kasuarinen bestandenes Kap mit hellweißem Sand, zum Relaxen ein. Das Meer eignet sich meist eher zum Dümpeln denn zum Schwimmen. Und der Sand ist leider auch bei Sandfliegen sehr beliebt.

Wem der Lesestoff ausgeht, der kann sich im **Books**, zentral im Dorf gelegen, mit neuer Lektüre eindecken. Hier gibt es viele deutsche Bücher.

Übernachtung

Weitere Unterkünfte unter **eXTra [3123]**
Karte S. 402
Buri Tara Resort ㉛, ✆ 077-374 021, 🖥 www.buritaraphangan.com, [5548]. Zu erreichen über einen eigenen Zufahrtsweg an der Straße zum Hat Khom. AC-Bungalows am Hang und am Kanal mit TV und Sicht auf den Pool. Der Strand ist vom Hauptstrand durch einen Kanal getrennt. WLAN. ❸–❻
Chaloklum Bay Resort ㊲, ✆ 077-374 147, 🖥 www.chaloklumbay.com, [3124]. Große Bungalows und Häuser mit 1–3 Betten, einige mit TV und Kühlschrank. Pool mit Meerblick (Besucher 150 Baht). Kajakverleih. Viele russische Gäste. ❺–❼
Malibu Beach Bungalows ㊱, ✆ 077-374 057, 🖥 www.malibubeachbungalows.com, [3190]. In Matten gekleidete Rundbungalows aus Stein und weiß getünchte Häuschen um den Pool mit TV. Dahinter einfache Holzbungalows mit Ventilator und Moskitonetz. Idyllisch gelegenes Restaurant vorne am Kap (s. u.). Inkl. Frühstück. Schöner Pool. ❹–❺
Mandalai Boutiquehotel ㉟, ✆ 077-374 316, 🖥 www.mymandalai.com, [3191]. Schön gestaltetes kleines Hotel mit Minipool und Spa. Geschmackvolle Ausstattung mit Safe. Von den vorderen Zimmern fantastische Sicht auf das Treiben am Hafen. Sonnenterrasse mit Liegen. Oft günstige Sonderangebote. ❼
North Beach ㉝, Chaloklum, ✆ 077-374 258. 9 einfache, dicht gedrängte Holzbungalows

Pizzatag

Cucina Italiana (Besco Night Light), gegenüber von Chaloklum Diving. Einer der besten Italiener der Insel, zumindest die Pizzen und die hausgemachte Pasta bekommen beste Noten nicht nur vom italienischen Publikum. Do und So ab 19 Uhr frische Pizza für 200 Baht. Dann herrscht viel Betrieb (Reservierung empfohlen). ⊙ Di–So ab 17.30 Uhr.

mit Ventilator direkt am Strand. Ein großer Bungalow für Familien. ❶–❷
Wattana Resort ㊳, ☏ 077-374 022, 🖥 www.wattana-resort-phangan.info, [5550]. Holzbungalows in 3 Reihen am Meer, alle AC. Im Garten weitere Holzbungalows, einige wenige mit Ventilator. Familienbungalows. Die Anlage wird von Steinen geschützt. Bei Ebbe auch Sandstrand. ❸–❺

Essen

In Chaloklum findet man noch **traditionelle Thai-Küche** an Straßenständen und in kleinen Restaurants. Die frittierten Bananen und anderen Leckereien sind unbedingt einen Versuch wert. Vor allem am frühen Morgen (etwa bis 7 Uhr) gibt es viele Leckereien an der Straße neben Chaloklum Diving. **Früchtestände** stehen an der hinteren Durchgangsstraße. Einige Restaurants bieten gute Fischgerichte. Es lohnt sich, die Fische vorher anzusehen, um sicherzustellen, dass sie auch frisch sind.
Nong Restaurant, nahe dem Pier. Leckere traditionelle Thai-Küche in einfachem Restaurant.
Nongnook Restaurant, 50 m von Chaloklum Diving entfernt. Gekocht wird in der zur Straße offenen Küche, gegessen im gegenüberliegenden Restaurant mit Blick aufs Meer. ⊙ 10–23 Uhr.
Sea Side Restaurant, am Ende der Strandstraße. Gute Küche, Sitzmöglichkeiten auch auf dem Boden.

Aktivitäten

Tauchen
Sail Rock Divers, ☏ 077-374 321, 🖥 www.sailrockdiversresort.com. Tauchschule mit englischem Personal. Unterricht dank PADI-Video aber auch in Deutsch. Wer kein Englisch spricht, kann dann jedoch keine Fragen stellen. Die Schule hat ein Büro in Chaloklum an der Strandstraße und einen kleinen Trainingspool an der Hauptbasis auf dem Weg nach Hat Khom. Tauchfahrten mit dem Speedboot.
The Dive Inn, Hauptbasis direkt am Pier, ☏ 077-374 262, 🖥 www.the-diveinn.com. Kurse und Tauchgänge, arbeiten oft mit Chaloklum Diving zusammen. Basis auch am Sri Thanu.

Tauchschule mit viel Erfahrung

Chaloklum Diving School, ☏ 077-374 025, 🖥 www.chaloklum-diving.com. Empfehlenswerte, erfahrene Tauchschule. Seit über 20 Jahren leben Michael und Nick auf Ko Pha Ngan, wo sie vor mehr als 15 Jahren ihre Tauchschule eröffneten. Michael spricht deutsch, sein Partner Nick englisch. Geboten werden Kurse in kleinen Gruppen (max. 4 Teilnehmer). Mit dem zum Tauchboot umgerüsteten Fischerboot geht es auf Tauchausflüge, Nacht- und Strandtauchgänge in der Bucht Mae Hat. Nick hat fast immer eine Unterwasserkamera dabei, und die geschossenen Fotos sind eine tolle Erinnerung. Günstiges Leihequipment für Schnorchler.

Wakeboarden
Im **Wake Up!**, ☏ 087-283 6755, 🖥 www.wakeupwakeboarding.com, bietet der Brite Jamie Spaß auf dem Wakeboard. Geboardet wird am Strand von Chaloklum. Auch für Anfänger geeignet.

Hat Khom

Im Nordosten von Chaloklum versteckt sich der kleine, weißsandige Hat Khom [5551], der von ein paar großen schwarzen Steinen durchzogen wird. Kokosnusspalmen und Kasuarinen vervollständigen das Idyll. Und da der Strand mit nur vier günstigen Bungalowanlagen bebaut ist, findet man hier Ruhe. Hat Khom gilt dank herrlicher Unterwasserwelt als einer der besten Strände und lädt ganzjährig zum Schnorcheln ein. Etwa

Glutenfrei und mit Vollkornmehl

North Coast Bakery (NCB), Chaloklum, ☏ 089-591 9412. Der frischgebackene Bäcker Jörg aus Mannheim backt gutes Vollkornbrot und leckeres Weißbrot (Zutaten aus biologischem Anbau). Auf Anfrage auch Kuchen und mit Glück leckere Brezeln. Und für alle, die glutenfreies Brot suchen, wird Reismehl lecker in Form gebracht.

50 m vor dem Strand befindet sich das Riff. Meist ist das Wasser bis hin zu den Korallenbänken ganz seicht. Von April bis Oktober kann man in der Bucht zumeist schwimmen, ohne vor das Riff wandern zu müssen.

Von Hat Khom erreicht man in einem etwa 2 1/2-stündigen Marsch den Hat Khuat (Bottle Beach). Markiert ist der Weg mit Flaschen. Gutes Schuhwerk ist erforderlich, außerdem unbedingt an genügend Trinkwasser denken!

Zum Strand selbst führt eine Asphaltstraße, und Coral Bay ist bereits ans Stromnetz angeschlossen. Die anderen Anlagen werden sicherlich alsbald folgen. Bis dahin gibt es an den hinteren Anlagen Generatorstrom ab 18 Uhr bis zur Morgendämmerung.

Übernachtung

Karte S. 402

Coral Bay Bungalows ㉚, ☏ 077-374 245, [5552]. Älteste und größte Anlage des Strandes. 30 Bungalows von der einfachen Holzhütte mit Gemeinschaftsbad bis hin zum gut ausgestatteten Natursteinhaus in einem schönen Garten am Hang. Blick auf Chaloklum und Hat Khom. Einige Bungalows für 4 Pers. (familiengeeignet). ❷–❸

Haad Khom Bungalows ㉘, ☏ 077-374 246, [6323]. Größere und kleinere Holzbungalows mit Ventilator in einem üppigen Wäldchen, das bis an den mit kleinen Felsen durchsetzten Strand reicht. Restaurant mit tollem Blick auf die Bucht. ❷

Ocean View ㉙, ☏ 077-377 231, [6325]. Schöne große Holzbungalows parallel zum Strand, einige Steinhäuser etwas nach hinten versetzt. Schatten spendende Kasuarinen und Palmen bis weit an den Strand. Bungalows mit Kinderzimmer. Zudem nette Zimmer im Holzreihenhaus am Meer mit Gemeinschaftsbad. Rundes gemütliches Strandrestaurant. ❷–❹

Hat Khuat (Bottle Beach)

An der felsigen Ostküste liegt die abgelegene und idyllische, etwa 500 m lange Sandbucht Hat Khuat [3197]. Wenn sich im Frühjahr (Feb–Mai) das Wasser an den meisten Stränden Ko Pha Ngans zurückzieht, hat man hier noch gute Chancen auf herrlichen Strand- und Badeurlaub. Das vorwiegend junge Publikum spielt Volleyball, liegt in der Sonne, joggt, übt sich in Yoga oder wandert zum etwa 40 Min. entfernten Aussichtspunkt (der Aufstieg befindet sich hinter dem BB2, dort bitte noch mal nachfragen, man wird dann zum richtigen Pfad geleitet). Auch Kinder kommen hier voll auf ihre Kosten: dank herrlich weichem, gelbem Sand, einfach zu erreichenden Schnorchelgebieten und einem Meer, das die Badenden oft mit kleinen Wellen beglückt.

Es gibt vier Anlagen, die für jeden Geschmack und Geldbeutel die passende Unterkunft bereithalten. Die Preise sind angemessen, teils auch noch sehr günstig. Teuer ist allerdings die Verpflegung. In der Saison ist Hat Khuat fest in der Hand von Langzeiturlaubern – man sollte also vorher anfragen, ob Bungalows frei sind. Von Oktober bis Dezember sind die Wellen meist so hoch, dass nur wenige Gäste kommen, sodass einige Anlagen schließen.

Übernachtung

Karte S. 402

BB2 Bungalows ㉓, ☏ 077-445 156, [4353]. Am Westende der Bucht einfache Mattenhütten aus alten Tagen in 2 Reihen parallel zum Strand. Im Fels 3 bessere Holzbungalows mit 2 großen Betten. Alle mit Ventilator und Moskitonetz. Am Klong ein paar Minihütten ohne Badezimmer auf freier Rasenfläche. Strom nur nachts. Ticketservice und Transport zur Vollmondparty (500 Baht). Volleyball. ❶–❷

Bottle Beach 1 Resort ㉕, ☏ 077-445 151, 🖥 www.bottlebeach1resort.com, [4339]. Parallel zum Strand 6 stabile, recht große Holzbungalows mit Ventilator. Zudem ältere Steinbungalows und Holzhütten, teils auf Wunsch mit AC. Neuere große Stein- und Holzhäuser mit gehobenerer Ausstattung (TV, wahlweise mit AC). Einige für 3 Pers. Moskitonetze. Im Garten Pool mit Kinderbecken (viel Chlor). Massage am Strand. ❸–❺

Haad Khuad Resort ㉔, ☏ 077-445 153, [4347]. Zentral am Strand. Schattig gelegenes, 2-geschossiges Reihenhaus mit gehobener Ausstattung: TV, Warmwasser, Minibar, Regale,

Bett und Tisch, Balkon, auf Wunsch AC. Daneben 4 eng beieinanderstehende Holzbungalows mit 2 Etagen. Oben schräge Decken und kleine Veranda im Giebeldach. 2 separate Schlafzimmer (familiengeeignet). Ventilator und Moskitonetz. Volleyball, Kajakverleih (2-Sitzer 100 Baht/Std., 3-Sitzer 120 Baht/Std.). Minimarkt. ❹–❺
Smile Bungalows ㉖, ☏ 081-9563133, ✉ smilebeach@hotmail.com, [4349]. Im gepflegt begrüntem Hang am östlichen Ende der Bucht Mattenbungalows mit stabilen Dächern. Kleine Bungalows mit einem Bett und etwas größere mit 2 großen Betten, schönen Bädern und Panoramafenstern. Teils 2-geschossig mit steilen Stufen. Moskitonetze. Angenehme Atmosphäre. Schönes Restaurant. Strom im Zimmer ab dem frühen Abend bis in die Morgenstunden. Kajakverleih. ❷–❹

Essen

Die Verpflegung am Strand ist relativ teuer, es gibt nur einen kleinen Supermarkt mit ein paar Keksen, Snacks, Getränken und Waschmittel. Viele kaufen bei der Anreise in Chaloklum große Wasserkanister, um ein bisschen Geld zu sparen. Auch kleine Snacks und frisches Lieblingsobst sollte man sich mitbringen. Alle Anlagen haben ein Restaurant. Recht günstige Küche mit breiter Auswahl hat das sehr große, etwas unpersönliche **Haad Khuad Resort**. Hier lockt den einen und stört den anderen die allabendliche Fernsehvorführung (über das Programm stimmen die Besucher vorher ab) ab 19.30 Uhr. Manchmal gibt es davor und danach Livemusik. Gemütlich und nett, immer gut besucht, aber etwas teurer ist das Restaurant von **Smile Bungalows**. Im **BB2** gibt es auch israelische Küche. Abends sitzt man schön unter freiem Himmel am Strand. Manchmal veranstaltet eine Anlage BBQ, der frische Fisch ist dann fast immer einen Besuch und den Preis (um die 250–350 Baht) wert.

Sonstiges

Telefon und Internet

Wer sein Handy mitgebracht hat, legt am Bottle Beach eine Kommunikationspause ein. Nur selten ist ein Netzwerk verfügbar, Internet gibt es nicht. Wer nach Europa telefonieren will, kann dies bei Smile Bungalows für 35 Baht pro angefangene Min. tun.

Transport

Die Bucht erreicht man per Longtail ab CHALOKLUM. Reguläre Boote der Anlagen starten um 9.30 Uhr, in der Saison zudem um 10, 13 und 17 Uhr für 100 Baht. Zurück fahren Boote um 10 Uhr, manchmal auch weitere um 11, 14 und 18 Uhr. Am besten erkundigt man sich am Vortag nach den geplanten Fahrten. Mit wenig Gepäck kann man auch zu Fuß in 2–2 1/2 Std. über die Berge durch den Dschungel trekken. Festes Schuhwerk erforderlich, auch Wasser sollte man nicht vergessen.
Nach THONG NAI PAN, THAN SADET und HAT RIN kann man ein Longtail chartern. Bei mehreren Personen kostet die Fahrt nach Hat Rin 400 Baht p. P. oder etwa 1500 Baht pro Boot. Eine schlechte Straße führt zum Thon Nai Pan, doch wird diese nur genutzt, wenn hohe Wellen Bootstransporte verhindern. Zu Fuß anstrengend und wenig spannend, mit dem Moped oder Mini-Jeep nicht passierbar. Nur richtige Offroader kommen hier durch.

Ao Thong Nai Pan

Palmengesäumt und an den Enden unterbrochen von kleinen schwarzen Felsformationen, mit strahlend weißem, weichen Sand und türkisfarbenem Wasser: So präsentiert sich Thong Nai Pan, für viele der schönste Strand Pha Ngans. Ein steiler Hügel trennt ihn in einen großen und einen kleinen Teilstrand: **Thong Nai Pan Yai** und **Thong Nai Pan Noi** [2825].

Die Atmosphäre an diesem Strand ist geprägt von alten und neuen Anlagen; von jenen Besuchern, die mehr Luxus suchen, und jenen Backpackern, die um ihre liebgewonnenen Hütten trauern und sie zu erhalten versuchen. Es bleibt zu hoffen, dass auch künftig noch Unterkünfte für Traveller mit geringem Budget zur Verfügung stehen werden. Wenn in der Saison alle Bungalows belegt sind, wird viel gefeiert – vor allem wenn das Partyvolk sich auf Vollmond freut. Fast jeden Abend gibt es dann irgendein Ereignis, das ein kleines Feuerwerk wert ist. In der Nebensaison wird es gemütlich. In den neuen und etablierten Luxusanlagen ist es fast immer ruhig, hier steht oft Wellness im Vordergrund und es gibt wenig Partyvolk. Ab Oktober und bis in den Dezember hinein ist es oft windig und regnerisch, viele Anlagen sind dann aufgrund zu geringer Nachfrage geschlossen. An beiden Teilstränden werden öfter Quallen gesichtet.

Thong Nai Pan Yai

Das Dorf **Ban Thong Nai Pan** befindet sich direkt hinter dem großen (Yai-) Strand. Die Bars haben meist ganzjährig geöffnet, kleine Läden machen in der Nebensaison die Schotten dicht. Es gibt Reisebüros, Geldautomaten, eine Wechselstube und kleine Supermärkte. Briefmarken führt der Supermarkt kurz vor den Bamboo Bungalows, der auch als Post fungiert. Am Strand bietet der Starlight Supermarkt eine kleine Auswahl an Waren des alltäglichen Bedarfs.

Die große Bucht ist fast 900 m lang und wird an den Enden von Felsen gesäumt. Einige große Bäume spenden Schatten. Zu allen Jahreszeiten kann man hier schwimmen.

Übernachtung

Weitere Unterkünfte unter **eXTra [3196]**

Untere Preisklasse

Bamboo Bungalow ⑨, ✆ 077-238 540. Kleines einfaches Resort in 2. Reihe. Bäume bilden einen schattigen Durchgang, daneben Holzbungalows. In der Nebensaison sehr ruhig, dann ist auch die Bar geschlossen. In der Hauptsaison wird viel und gerne laut gefeiert. ❸

Dolphin Resort ⑭, ✉ kimgiet@hotmail.com, [6263]. Geschmackvolle Anlage mit Holzbungalows, Ventilator und AC. Restaurant und Café vorne am Strand in angenehm zurückgezogener Atmosphäre. Viele kleine Details runden den Charme der Anlage ab. Ruhig. ❸–❹

Pingjun ⑧, ✆ 077-445 062, [6264]. Eine der verbliebenen Anlage aus dem Beginn der Travellerzeit. Schon vor 20 Jahren lebte es sich großartig in diesen großen Holzbungalows im weiträumigen Garten. Die Anlage hat im Frühjahrssturm 2011 einige Hütten ans Meer verloren. Es heißt, bald wird abgerissen und neu gebaut. Doch solange die Hütten noch stehen, sind sie eine gute Wahl für Budgettraveller. ❷

Mittlere und obere Preisklasse

Candle Hut Resort ⑥, ✆ 077-445 119, 🖥 www.candlehutresort.com, [6265]. Im großzügig angelegten Garten im Norden der Bucht Luxusbungalows mit allem Komfort um einen Pool. Offene Bäder. Daneben ansprechend große Holzhäuser mit AC oder Ventilator, teils mit 2 Doppelbetten. ❹–❼

Central Cottage ⑩, ✆ 077-445 128, 🖥 www.centralcottage.net, [3208]. Bungalows und Zimmer im Reihenhaus am Pool, teils einfacher, teils mit gediegener Ausstattung. Ventilator und AC. Kajakverleih, Billard, Kicker. Restaurant unter dichtem Blätterdach am Strand. WLAN. ❸–❻

Nice Beach Bungalows ⑫, ✆ 077-238 547, 🖥 www.nicebeachresort.net, [6266]. Steinbungalows mit AC oder Ventilator. Zudem am Strand Zimmer in 2-stöckigen Häuschen mit AC und TV. Nette Ausstattung. Pool. An Vollmond mind. 3 Tage Aufenthalt. ❸–❻

Star Light Resort ⑪, ✆ 077-445 026, 🖥 www.starlightkohphangan.com, [6267]. Steinbungalows mit guter Ausstattung und Zimmer in 2-geschossigen Reihenhäusern, die sich vom Strand ins Landesinnere erstrecken. Auch nur Ventilator, ansonsten TV, Safe und Minibar. Pool. WLAN. ❸–❺

Beschaulichkeit am Rande der Bucht

Longtail Beach Resort ⑮, ✆ 077-445 081, 🖥 www.longtailbeachresort.com, [3207]. Schöne Anlage am südlichen Ende der Bucht. Gute, liebevoll dekorierte Bungalows, meist aus Holz und mit Ventilator. Teils mit Steinfußboden und daher immer angenehm temperiert. Fenster und Türen mit Moskitogittern. Freundliches Management. WLAN. ❷–❹

Essen und Bars

Chai-Ya Bar & Restaurant, Nudelsuppen, Papaya-Salat, Burger und Sandwiches. ⏰ ab 11 Uhr.

Thong Nai Pan

Übernachtung:
1. Santhiya Resort
2. Baan Tapanoi
3. Thongtapan Resort
4. Ra Sa Nan Da
5. Panviman Resort
6. Candle Hut Resort
7. Dreamland Resort
8. Pingjun
9. Bamboo Bungalow
10. Central Cottage
11. Star Light Resort
12. Nice Beach Bungalows
13. Havana Beach Resort
14. Dolphin Resort
15. Longtail Beach Resort

Essen:
1. Chantara
2. Baan Tapanoi
3. Som Tum Restaurant
4. Handsome Sandwiches
5. Rasta Baby Restaurant & Bar
6. Ayutthaya Noodlesoup
7. Luna, Lounge Bar & Restaurant
8. Dreamland Restaurant
9. Su's Espresso Bakery
10. Chai-Ya Bar & Restaurant
11. Game Bar

Sonstiges:
1. Ayurvana Spa
2. Tropical Dive Club
3. Tipi
4. H2O Scuba
5. Muaythai Pechrungruang
6. Dreamland Divers
7. Starlight Supermarkt

Dreamland Restaurant, ☎ 077-238 539, 🖥 www.dreamlandresort.net. BBQ am Strand unter einem mit Lampions geschmückten Baum. Tagsüber spendet dieser Schatten, sodass man während der Mittagshitze prima speisen kann. Wohnen kann man hier in Stein- und Holzbungalows mit Ventilator und AC in enger Gartenanlage. Großer Pool mit Poolbar und Blick aufs Meer (200 Baht für Nichtgäste). Kajakvermietung. ❸–❼

Game Bar, an der Straße Höhe Bamboo Bungalow. Neben einigen Gerichten vor allem Warm-up für die Vollmondparty. Ganzjährig geöffnet.

Su's Espresso Bakery, kleine Bäckerei im Dorf mit wenigen Tischen. Deutsches Brot, Bananenkuchen, Kaffee, Joghurt, Eiscreme, Pizza und Pasta. ⏲ 8–21 Uhr, in der Nebensaison geschl.

Aktivitäten

Tauchen
Dreamland Divers, ☎ 077-238 735. Kurse, Fundives und Schnorcheltrips. Zwei eigene Boote fahren gegen 11 Uhr direkt vom Strand ab. PADI- und SSI-Standards.

Thong Nai Pan Noi

Der kleine Thong Nai Pan ist etwa 700 m lang und bei Ebbe am nördlichen Ende fast 15 m breit. Weißer Sand überall, ein paar nette Beachbars, und ganzjährig besteht die Möglichkeit zu schwimmen. Das Meer ist hier etwas rauer und die Wellen sind oft etwas höher als nebenan. Hinter dem Strand finden sich auf der Zufahrtsstraße Restaurants, Reisebüros, Supermärkte, Geldautomaten, Massagesalons und das interessante Schmuckgeschäft **Tipi**.

Viele Geschäfte haben im Oktober und November geschlossen.

Übernachtung

Baan Tapanoi ②, im nördlichen Hang, ☎ 077-445 145, [6268]. Türkis getünchte Mattenhütten mit teils fantastischem Blick, einfachste Ausstattung mit ein paar kleinen Extras. Ein paar wenige noch ohne Bad. Bei Nachfrage werden die Bungalows wohl bestehen bleiben – ansonsten weichen sie alsbald Luxuszimmern. ❷

Panviman Resort ⑤, ☎ 077-445 101, 🖥 www.panviman.com, [3186]. Exklusive Anlage mit kleinem Privatstrand im Süden der Bucht. Wunderschöner tropischer Garten. Pool auf mehreren Ebenen. Frühstücksrestaurant am Hang, abendliches Dinner im Strandrestaurant. Kajaks, Mountainbikes. ❽

Ra Sa Nan Da ④, ☎ 077-239 555, 🖥 www.rasananda.com, [3188]. Luxusanlage, die weite Teile des zentralen Strandabschnitts belegt. Bungalows mit Pool am Strand, dahinter Zimmer in 2-stöckigen Häuschen. Großer Pool. Oft gute Promotion, sonst weit über ❽.

Santhiya Resort ①, ☎ 077-238 333, 🖥 www.santhiya.com, [3189]. Geschmackvolles Resort mit Teakhäusern im klassisch-modernen Thai-Stil an einem eigenen Privatstrand. Alle Bungalows auf den Hügeln nördlich des Strandes mit tollem Blick auf die Bucht, exzellentes Restaurant. Riesiger Pool mit Wasserfall. ❽

Essen und Unterhaltung

Ayutthaya Noodlesoup, kleines Restaurant an der Straße mit einfacher, traditioneller Thai-Küche.

Baan Tapanoi, schönes Restaurant am Strand ganz im Norden der Bucht. Abends BBQ, auch tagsüber gute Küche. Angenehm schattig unter Bäumen gelegen.

In den Felsen am schattigen Strand

Thongtapan Resort ③, ☎ 077-445 067, 🖥 www.thongtapan.com, [6269]. Steinerne Hütten, innen mit Holz verkleidet, und Holzhäuser, locker gruppiert im Garten und am Hang zwischen schwarzen Granitfelsen im Norden der Bucht. Große Bungalows für Familien. Schöne Innenausstattung. WLAN. ❹–❻

Chantara, ☎ 077-428 999, 🖥 www.santhiya.com. Restaurant des Santhiya Resorts. Leckere Salate, Steaks und Fisch. Di und Sa 20.30–22.30 Uhr Aufführung klassischer Thai-Tänze. Gehobenes Preisniveau. ⏱ 8–22 Uhr.

Handsome Sandwiches, Foodstall mit Ham- und Cheeseburgern, frisch gebraten im Wok. ⏱ 10 Uhr bis spät (in der Hauptsaison bis nachts um 3 Uhr).

Luna, Lounge Bar & Restaurant, an der Straßenecke zum Panviman und Star Huts, ☎ 083-136 8130. Elegante Bar und Restaurant mit Fusionküche in gehobener Atmosphäre. In der Nebensaison geschl.

Rasta Baby Restaurant & Bar, an der Straße etwas oberhalb der Kurve. Küche für Westler in Rasta-Ambiente von früh bis spät. Schnitzel, Pizza, Pasta und Asiatisches.

Som Tum Restaurant, an der Straße. Neben Thai-Küche auch laotische Spezialitäten: Sticky Rice, Lap und andere Kleinigkeiten.

Aktivitäten

Thai-Boxen

Kampfsport lehrt die kleine Schule **Muaythai Pechrungruang** an der Straße neben dem Que Pasa. In diesem kleinen Ring finden auch Kämpfe statt, deren Daten frühzeitig aushängen.

Tauchen

H2O Scuba, ☎ 081-186 1616, 🖥 www.h2oscubaschool.com. Kleine Tauschschule hinter dem Star Hut an der Straße. Kurse bis zum Divemaster und Fun Dives.

Tropical Dive Club, ☎ 077-445 081, 🖥 www.tropicaldiveclub.com. Deutsches Personal. Tauchtrips ab 12 Uhr. PADI und SSI. Ein Schnellboot kann für Fahrten von und nach Ko Samui gechartert werden.

Wellness

Ayurvana Spa, ☎ 077-238 333, 🖥 www.santhiya.com. Massagen und Wohlfühlprogramm im luxuriösen Spa. Nicht ganz billig. Immer mal wieder Sonderangebote.

Nahverkehr

Vom einen Strand zum anderen führt zwar ein kleiner Dschungelpfad, doch dieser beginnt

bzw. endet auf dem Privatgelände des Panviman Resorts. Die Betreiber sehen es nicht gerne, wenn man hier entlanggeht. Ein Schild verbietet den Zutritt. Auf der Straße geht man von Strand zu Strand etwa 20 Min.
THONG SALA, die Taxis Richtung Strand starten gegenüber dem Songserm-Pier. Manche Anlagen holen Besucher ab. Ab Thong Nai Pan Taxis um 10 und 14 Uhr, manchmal auch um 16 Uhr für 200 Baht in 25 Min.
THAN SADET, HAT THIEN, HAT RIN, in der Hauptsaison um 9 Uhr für 100 Baht, weiter nach MAE NAM (Ko Samui) für 300 Baht.

Than Sadet

Weißer feiner Sand lockt am kleinen malerischen Strand von Than Sadet [2834]. Grüne Hügel umrahmen die etwa 500 m lange Bucht, rechter Hand laden dicke Gesteinsbrocken zu einem Sprung ins türkis schimmernde Nass. Die Berge im Hinterland mit ihren Wasserfällen und deren zahlreichen Pools verlocken Wanderfreude zu Entdeckungsstreifzügen. In der Trockenzeit kann man auf den großen Steinen entlang der sachte plätschernden Sadet-Fälle herrlich picknicken. Am südlichen Strandende mündet dieser Wasserfall ins Meer. Ein kleiner Holzsteg führt zu den Felsen, die die Bucht säumen und auf denen ein paar Bungalows thronen.

Weder Bars noch laute Musik stören hier die Ruhesuchenden, denn Than Sadet ist noch nicht ans Stromnetz angeschlossen. Man kann dem Klang der Wellen oder dem Rauschen der Palmen lauschen. Lediglich die hier ankernden Ausflugsboote durchbrechen tagsüber die Stille.

Übernachtung

Karte S. 402
Es gibt nur wenige Anlagen. Einige Hütten sind in den Hang hineingebaut, und nur wenige befinden sich direkt am Strand. Die Bungalows sind günstig, geräumig und haben weder Warmwasser noch AC. Viele eignen sich aufgrund 2-geschossiger Bauweise und großer Betten auch für Familien. Gegessen wird in den Anlagen.
Mai Pen Rai Bungalows ⑲, ✆ 077-445 090, 🖳 www.thansadet.com, [6272]. Geräumige Holzbungalows rechts am Strand und beidseitig am Hang, manche malerisch auf Steinen oder versteckt hinter dichtem Blätterdach. Bad aus Natursteinen. Moskitonetze. Einige Bungalows mit Aussichtsterrasse. Rezeption und Restaurant an der Mündung des Than Sadet. Mit großen Bungalows auf unschönen Betonfundamenten versperrt die Anlage seit 2011 den Weg nach Hat Thong Reng. ❷–❹
Plaa's Bungalows ㉑, ✆ 077-445 192, [6273]. Kleine und größere, teils 2-stöckige Holz-

Der Wasserfall, den nicht nur Könige besuchen

Than Sadet bedeutet so viel wie „der Platz, den Könige besuchen", und mit diesem Namen huldigen und danken die Inselbewohner ihrem geliebten ehemaligen Monarchen Chulalongkorn, Rama V., seine zahlreichen Besuche auf der Insel. 1889 kam er erstmals hierher, und es folgten zahlreiche weitere Aufenthalte. Inschriften bezeugen sein Interesse an der Insel. Drei weitere Könige (Rama VI., VII. und XI.) taten es ihm später nach. Sie alle entnahmen dem Fall Wasser, das sie für Zeremonien nutzten.
Etwas abseits des Strandes, jedoch mit freiem Blick aufs Meer, steht der königliche Pavillon, in seiner jetzigen Gestalt erst in jüngster Zeit erbaut und noch nicht von einem König besucht. Der Platz selbst wurde jedoch schon von Rama V. (1901), Rama VII. (1926 und 1928) und Rama IV. (dem bis heute regierenden Bhumipol, 1962) aufgesucht. Der hier verehrte Stein mit Inschriften legt davon Zeugnis ab.
Wer der Straße Richtung Ban Tai folgt, erreicht nach etwa 2 km linker Hand eine Statue Ramas V. Ein Pfad führt zum kleinen Waldkloster Thong Nang, dessen Schrein sich auf einem großen schwarzen Stein befindet. Dahinter führen Stufen hinab zum Wasserfall. Eine Inschrift von Rama V. verrät, dass bereits im 18. Jh. hier Felder bewirtschaftet wurden.

bungalows oben im nördlichen Hang, manche mit gläsernen Panoramafenstern. Moskitonetz und Ventilator. Strom von 19–24 Uhr. Rezeption und Restaurant oben auf dem Hügel erreicht man durch eine Felsspalte am Wasser. ❷–❹
Seaview Than Sadet ㉒, ✆ 080-696 5304, 🖥 www.seaview.thansadet.com, [5278]. Nette kleine Anlage am steilen Hang. Einfache Bungalows mit fantastischem Blick. Ebendiesen hat man auch aus dem Restaurant. ❷–❸
Silver Cliff Resort ⑳, ✆ 077-445 087, [6274]. Zahlreiche Bungalows verschiedener Bauart am nördlichen Hang. Teils gefliest und aus Stein, teils älteren Datums und aus Holz. Große Veranden, toller Blick auf die Bucht. ❷–❹

Nahverkehr

Der Strand befindet sich etwa 3 km von THONG NAI PAN entfernt und ist von BAN TAI aus über die gleiche Straße erreichbar. Der Abzweig ist am Roundabout ausgeschildert. Die Straße wird ausgebaut, doch bis sie fertig ist, ist die Zufahrt nicht für Fahranfänger geeignet. Songhaew oder Longtails ab 250 Baht.

Tgl. außer in der Nebensaison (Nov–Dez) fährt ein Boot von THONG NAI PAN kommend gegen 9.15 Uhr in Than Sadet ab in Richtung HAT THIEN und HAT RIN und weiter zum MAE NAM auf KO SAMUI. Tickets innerhalb von Ko Pha Ngan 100 Baht, nach Ko Samui 300 Baht. In die Gegenrichtung nach THONG NAI PAN Abfahrt gegen 13.30 Uhr.

Hat Namtok, Hat Yang, Hat Yao (East)

Südlich von Than Sadet erstrecken sich die wohl abgelegensten Strände der Insel. Zunächst erreicht man den kleinen **Hat Namtok**, an dem man unter Palmen entspannen kann. Von hier aus führt ein Weg zum Than Prapat-Wasserfall, der nach der Regenzeit von November bis Januar ein eindrucksvolles Naturschauspiel bietet. Es folgt der **Hat Yang**, der im Süden von einem Kap begrenzt wird, hinter dem sich der zu Spaziergängen einladende Sandstrand **Hat Yao** befindet. Unterkunft bieten hier nur Haad Yao Cabana ⑰ und Ploy Beach ⑯, jeweils mit einfachen, preis-

Flowerpower im Paradies

Direkt neben Than Sadet auf der anderen Seite des Wasserfalls befindet sich die kleine Bucht **Hat Thong Reng** [3212]. Dieser Platz ist malerisch, und das einzige hier befindliche Resort hat sich unter Travellern aller Welt einen Namen gemacht. Die **Treehouse Lodge** ⑱, 🖥 www.tree-house.org, lockt zahlreiche Budgetreisende aller Altersklassen und Nationen an. Am Hang individuelle bunte Hütten. Einfache, aber freundliche Ausstattung. Malerische Kulisse und für alle, die buntes Flowerpower lieben, eine gute Adresse. Pamela aus Deutschland betrieb jahrelang das erfolgreiche Treehouse Lodge auf Ko Chang und hat jetzt hier auf Ko Pha Ngan eine neue Heimat gefunden. Anfahrt Richtung Than Sadet, eine Brücke führt wenige Meter davor über den Wasserfall zum Treehouse. ❷–❸

werten Bungalows ohne größeren Komfort. ❶–❷ Es kann durchaus sein, dass sie mangels Betrieb geschlossen sind.

Hat Yuan, Hat Thien und Hat Wai Nam

An der Südostspitze der Insel liegen drei weitere Strände, die lange nur von Langzeiturlaubern frequentiert wurden. Seit dem Bau einer Straße von Hat Rin erhöht sich hier jedoch mit steigendem Komfort auch die Zahl der Kurzzeitbesucher.

Hat Wai Nam ist der kleinste und nördlichste der drei Strände; eine einzige Anlage bietet Unterkunft. Ein Hügel weiter liegt der **Hat Thien**. Zum Schwimmen ist er aufgrund des Korallenschrotts am Ufer kaum geeignet, nur ein kleiner Abschnitt im Süden wurde von den scharfkantigen scharzen Brocken gereinigt – als Ankerplatz für die Longtails. Hat Thien ist eine Enklave der Yoga-Freunde und von Anhängern sonstiger New-Age-Lehren – hier wird therapiert, diskutiert und meditiert. Es gibt so gut wie keine Bungalows am Strand; dafür um so mehr im Hinterland – zum großen Teil schön eingebettet in die Landschaft. Auch Häuser für Langzeit-Yogis wurden errichtet. Die Ruhe an diesem Strand wird nur freitagnachts von einer Party gestört. **Hat Yuan [3181]**, der südlichste Strand der Ostküste, liegt schon in der Nachbarschaft von Hat Rin. Neben einigen älteren Anlagen mit Old Skool Reggae-Feeling gibt es inzwischen auch mittelpreisige Unterkünfte für alle, denen es am Hat Rin zu voll ist und die dennoch in der Nähe des Trubels bleiben wollen, sowie eine komfortable Anlage mit Pool.

Alle drei Strände sind über steile Fußpfade miteinander verbunden, besser jedoch mit dem Longtail erreichbar.

Übernachtung

Hat Wai Nam

Karte S. 402

Why Nam Hut Restaurant & Bungalows ⑮, ✆ 081-370 2667. Einzige Anlage am kleinen Strand, daher sehr familiär. Einfache, aber geräumige Bungalows verteilen sich über den Hang. Grober Sand und steiniger Meeresboden, Schwimmen ist dennoch möglich. Auf einer kleinen Plattform in den Felsen wird Yoga praktiziert. Es wird erwartet, dass Gäste im Restaurant essen; wer fasten oder sich selbst versorgen möchte (beides in dieser Gegend nicht unüblich), ist nicht gern gesehen. ❸–❹

Hat Thien

Karte S. 402

Beam Bungalows ⑭, ✆ 086-943 9294. 40 recht gut in Schuss gehaltene Bungalows im hügeligen Hinterland im nördlichen Bereich des Strandes. Kein direkter Strandzugang. ❷–❹
Haad Tien Resort ⑩, ✆ 080-647 4862. Der freundlichen Besitzerin gehört sehr viel Land an diesem Strand. Neben 4 kleinen Bungalows am südlichen Strandabschnitt und 3 kleinen, gelben Steinhäuschen etwas weiter nördlich (fast immer an Langzeitgäste vermietet) noch mehrere Bungalows im Hinterland. Das Restaurant ist eher ungemütlich, doch hier zu essen ist Teil des Deals. ❷–❸
Horizon Muay Thai Boxing Camp ⑧, ✆ 077-238 374, 🖥 www.horizonmuaythai.com. Auf den Klippen, die den Had Tien im Süden begrenzen. Gut ausgestattetes Gym (Gewichte etc.) und eigener Boxring. Wer hier trainieren will, kann

Wellness und Meer

The Sanctuary ⑨, Hat Thien, ✆ 081-271 3614, 🖥 www.thesanctuarythailand.com. Karte S. 402. Gepflegtes Wellness-Resort, 1992 gegründet und bis heute beliebt. Diverse Zimmer von einfachen, relativ günstigen Räumen bis hin zur Luxusbleibe. Viel Holz und im traditionellen Stil erbaut. Internationales Restaurant und Bibliothek mit über 1000 New-Age-Titeln. Detox-Programme zur Entgiftung des Körpers über 1, 3 oder 7 Tage. Yoga-Kurse für Anfänger und Fortgeschrittene, 250 Baht pro Tag. Auch Ausbildung zum Yoga-Lehrer. Auch Hochzeiten werden hier veranstaltet. Infos unter 🖥 www.pranayogacollege.com. ❸–❽

Unmittelbar angrenzend 3 weitere Anlagen, die viel von Yoga-Freunden belegt werden (Karte S. 402): Das **World Nature Resort** ⑪, ✆ 089-530 8827, **Love Lips** ⑬, ✆ 089-873 2257, und **Family Shop & Bungalows** ⑫, alle mit einfachen Bungalows im Hinterland, z. T. mit Gemeinschaftsbad. Wer erst mal die Lage im Sanctuary sondieren möchte, wohnt hier preiswerter. Auch als alternative Unterkunft für Besucher des Horizon Boxing Camp geeignet. Alle ❷–❸

in einer der simplen Bambusbungalows mit z. T. toller Aussicht preiswert wohnen. ❷–❸

Hat Yuan

Karte S. 402

Bamboo Hut ⑦, ✆ 087-888 8592. Schöne Bungalows aus Naturmaterialien auf den Klippen am Nordende des Hat Yuan; alles eingebettet in eine schöne Gartenanlage. Einladendes Restaurant mit viel gelobter Küche und toller Aussicht. ❷–❸
Barcelona Resort ③, ✆ 085-787 2339. Große Anlage am Strand; wie der Name vermuten lässt, wohnen hier viele Spanier. 35 einfache, aber helle Holzbungalows mit Glasfenstern zu 2 Seiten und weißem Innenanstrich. ❷–❹
Big Blue Bungalows ⑥, ✆ 086-470 2625. Solide Holzbungalows, die weiter oben gelegenen mit schönem Strandblick. Auch 2 teurere Familienhäuser hinter großen Steinen direkt am Strand. ❷–❹

Centara Pariya ④, ✆ 086-470 4251, 🖳 www.pariyahaadyuan.com, **[3183]**. Luxuriöse Anlage mit achteckigen Steinbungalows im Thai-Bauhaus-Boutique-Stil mitten am Strand. Pool, Massage-Pavillons, Spa-Bereich. Wurde zur Zeit der Recherche gerade renoviert und wird bei Erscheinen des Buches sicher in neuem Glanz erstrahlen. ❻–❽

Dream Bungalow ⑤, auf dem schmalen Streifen zwischen Centara Pariya und Big Blue hinter dem Tattoo Shop den Weg hoch. Einfache, nette Holzbungalows mit Außendusche beim freundlichen Rastamann. ❷

Haad Yuan Resort ②, ✆ 087-268 6069 (deutsch), ✉ tonga@gmx.at. Eine Handvoll netter Bambusbungalows am Hang. Schöne, dichte Gartenanlage, z. T. tolle Aussicht. Gemütliches Restaurant mit wenigen Tischen. Freundliche Leute. Unter thai-österreichischer Leitung. ❷

Ocean Rock Resort ①, ✆ 089-044 3942, ✉ p.kak_oceanrock@hotmail.com. Einfache Holz-Bambus-Bungalows auf den Felsen am Südende des Strandes. Nur über Stege zu erreichen. Gelangweiltes Personal, fantastische Aussicht. ❷

Hat Rin

Das südliche Inselkap ist Schauplatz der wohl bekanntesten Party Thailands. Hier findet allmonatlich die Vollmondparty statt. Die drei hiesigen Strände sind eng miteinander verbunden, haben jedoch alle ein eigenes Flair. Das einstige Fischerdorf Hat Rin zwischen den beiden Stränden Sunrise und Sunset gleicht heute einer Kleinstadt, mit Banken, Boutiquen, Supermärkten, Schneidern und Hotels neben Restaurants, Bars, Tattoo-Shops, Reisebüros und Mopedverleihstationen. Immer mehr kleine Schmuck- und Modeläden, die Importiertes aus aller Herren Länder oder auch lokal hergestellte Waren offerieren, öffnen ihre Pforten. Stöbern lohnt sich immer; das Angebot ist hier vielfältiger als in Thong Sala, wenngleich bei etwas höherem Preisniveau.

Neben den Restaurants der Resorts und Anlagen besitzt Hat Rin scheinbar unendliche Verpflegungsmöglichkeiten. Es gibt einfache Foodstalls mit Milchshakes, Nudelsuppen und Crêpes, zudem Gegrilltes und viele westliche Gerichte. Neben Restaurants mit sehr unterschiedlicher Atmosphäre bestimmen Fastfood-Läden, in denen Take-away-Menüs zum Standard zählen, die Szenerie. Da viele Israelis nach Hat Rin reisen, gibt es auch Falafel.

Hat Rin verfügt über derart zahlreiche Unterkünfte, dass man meinen könnte, eine Vorbuchung sei überflüssig. Das täuscht. Wer hier um Vollmond herum anreist, muss damit rechnen, auf der Straße zu stehen, selbst dann, wenn er keinerlei Ansprüche stellt. Einige Unterkünfte bestehen bei Buchung auf Vorauszahlung mittels Kreditkarte und fast alle auf einer Mindestverweildauer von 5–7 Tagen. Die Preise steigen teils um das Doppelte, schließen aber auch ein einfaches Frühstück ein. Walk-In ist nicht mit einem Zeitminimum verbunden. Die hier angegebenen Preise zahlt man ab dem Tag nach Vollmond bis fünf Tage davor in der Hauptsaison. Wer in der Nebensaison anreist oder länger bleibt, kann handeln und auch für die teureren Zimmer Nachlässe erzielen. Viele weichen auf eine Unterkunft

Schöner feiern: ein paar Party-Regeln

Eine schöne Party kann feiern, wer folgende Regeln beherzigt:

- Immer mit dem Taxi oder zu Fuß die Party besuchen. Wer nicht in Hat Rin übernachtet, kann einen der Taxiservices der Anlagen nutzen. Den ganzen Abend hindurch stehen Taxis für Heimkehrer bereit.
- Schuhe tragen, da am Strand kaputte Flaschen herumliegen.
- Abstand von Drogen halten: Pillen, Pilze und Dope sind streng untersagt. Buckets (Trinkeimer mit einem Gemisch aus Alkohol und Softdrinks) sind nicht zu unterschätzen.
- Keine Taschen mit Geld und Wertsachen mitnehmen: Sie werden oft geklaut, aber noch öfter vergessen.
- Den Pass im Safe des Resorts lassen und nur eine Kopie mitnehmen.
- Geldreserven wegschließen, Bargeld in Höhe von etwa 3000 Baht mitnehmen.

in Ban Tai oder Ban Kai aus. Wer in den empfohlenen Anlagen kein Bett mehr bekommt, findet weitere Anlagen unter eXTra [2760].

Hat Rin Nok

Der zentrale Strand im Südosten der Halbinsel, der auch **Hat Rin East** oder **Sunrise Beach** genannt wird, ist der schönste. Hier wird allmonatlich an Vollmond gefeiert, und der Strand verwandelt sich in eine riesige Partyzone. Tipps und weitere Infos zur Vollmondparty s. eXTra [2757]. Der Strand ist 800 m lang, auch bei Flut noch breit genug und besitzt malerisch weißen Sand. Bei rauerem Wetter brechen sich die Wellen. Für Schwimmer wurde ein Bereich abgesperrt, sodass die Longtails niemanden stören. Umgeben wird die Bucht von steilen Felsen. Allabendlich werden Tische im Sand aufgestellt, und die Bars wissen ihre Gäste zu unterhalten.

Übernachtung

Weitere Unterkünfte unter eXTra [2760]
Karte S. 435

Untere und mittlere Preisklasse

Mellow Montain Bungalow ⑤, [3152], ältere Bungalows mit Ventilator am Hang am Nordende des Strandes. Verwinkelt angelegte blaue Hütten, teils aber schön freistehend fern des Trubels. Schöner Blick auf den Strand. Unten hauseigene Partybars für Technofreunde. Außer an Vollmond findet man nur schwer jemanden an der „Lobby". ❸

Sea View Sunrise Resort ⑥, ✆ 077-375 160, [6275]. Recht geräumige Holzbungalows im verwilderten Garten und direkt vorne am Strand. Die meisten mit Ventilator, einige wenige hinten mit AC und TV. Alle mit Heißwasser. Safe an der Rezeption. An Vollmond 200 Baht teurer. ❸–❹

Obere Preisklasse

Pha Ngan Bayshore Resort ㉖, ✆ 077-375 224, 🖥 www.phanganbayshore.com, [3158]. Mit Blick auf den großen Pool am Strand gut ausgestattete Zimmer mit AC und TV in 2- und 3-geschossigen Häusern. Zudem moderne Bungalows, teils mit Meerblick. Hinten weitere Bungalows. WLAN. ❺–❼

Sunrise Resort ㉗, ✆ 077-375 145, 🖥 www.sunrisephangan.com, [6276]. Hotelkomplex mit AC-Zimmern, zudem 2-geschossige Häuser. Teils mit TV. Viele Zimmer mit Blick auf den Pool. Kinderbecken, Poolbar. Vorne am Strand 4 Thai-Häuser (für 3 Pers.). Safe im Zimmer. Bei Vollmond ist hier viel los, 1000 Baht Aufpreis. ❹–❽

Tommy Resort ㉕, ✆ 077-375 215, 🖥 www.phangantommyresort.com, [6277]. Schöne geschmackvoll eingerichtete Bungalows am Strand und dahinter im großen Garten. Zudem etwas weniger ansprechende Zimmer im Hotelkomplex. Die meisten mit TV und Kühlschrank. Alle mit Safe. Frühstücksbuffet inkl. Pool, Poolbar. Zur Vollmondparty eines der Hotspots, [2757]. ❺–❽

In der Stadt

Drop In Club ㉞, ✆ 077-375 444, 🖥 www.dropinclub.com. Großer Hotelkomplex. Teils einfache, teils geschmackvolle Zimmer. Wenige Minuten Fußweg zu beiden Stränden. Im Drop In Sunrise Hotel (Werbeslogan „Partyhotel") oft Schaumpartys im großen Pool. Vor allem an Vollmond wird kräftig gefeiert. Junges Publikum. ❺–❽

Jaya's ㉛, ✆ 077-375 563, ✉ Jaya-guesthouse @yahoo.com, [3148]. Günstiges Gästehaus direkt am See. Im Erdgeschoss einfache Zimmer, 2 mit Ventilator, ohne Bad, aber mit Seeblick. Weitere Zimmer mit Bad und Warmwasser, teils mit AC. Auf der 1. Etage 3 AC-Zimmer mit TV und Dachterrasse mit Seeblick. An Vollmond verdoppeln sich die Preise. ❷–❹

> **Wo alles begann**
>
> **Moon Paradise Bungalows** ㊴, ✆ 077-375 506, ✉ moon2paradise@gmail.com, [3157]. Hier fand die erste Vollmondparty statt, und hier legen an Vollmond die angesagtesten Stars der Szene auf. Über 40 Bungalows, ein paar wenige aus alten Tagen. Vielfach Betonbungalows und immer mehr mit AC am Hang. Am Strand gut ausgestattete Zimmer in 2-geschossigen Häusern. Auf dem Felsen „The Rock" Restaurant und Bar. ❸–❹

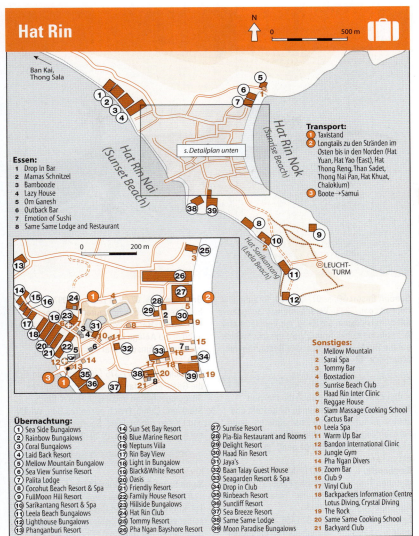

Hat Rin

Essen:
1. Drop In Bar
2. Mamas Schnitzel
3. Bamboozle
4. Lazy House
5. Om Ganesh
6. Outback Bar
7. Emotion of Sushi
8. Same Same Lodge and Restaurant

Transport:
1. Taxistand
2. Longtails zu den Stränden im Osten bis in den Norden (Hat Yuan, Hat Yao (East), Hat Thong Reng, Than Sadet, Thong Nai Pan, Hat Khuat, Chaloklum)
3. Boote → Samui

Übernachtung:
1. Sea Side Bungalows
2. Rainbow Bungalows
3. Coral Bungalows
4. Laid Back Resort
5. Mellow Mountain Bungalow
6. Sea View Sunrise Resort
7. Palita Lodge
8. Cocohut Beach Resort & Spa
9. FullMoon Hill Resort
10. Sarikantang Resort & Spa
11. Leela Beach Bungalows
12. Lighthouse Bungalows
13. Phanganburi Resort
14. Sun Set Bay Resort
15. Blue Marine Resort
16. Neptuns Villa
17. Rin Bay View
18. Light In Bungalow
19. Black&White Resort
20. Oasis
21. Friendly Resort
22. Family House Resort
23. Hillside Bungalows
24. Hat Rin Club
25. Tommy Resort
26. Pha Ngan Bayshore Resort
27. Sunrise Resort
28. Pla-Bla Restaurant and Rooms
29. Delight Resort
30. Haad Rin Resort
31. Jaya's
32. Baan Talay Guest House
33. Seagarden Resort & Spa
34. Drop in Club
35. Rinbeach Resort
36. Suncliff Resort
37. Sea Breeze Resort
38. Same Same Lodge
39. Moon Paradise Bungalows

Sonstiges:
1. Mellow Mountain
2. Sarai Spa
3. Tommy Bar
4. Boxstadion
5. Sunrise Beach Club
6. Haad Rin Inter Clinic
7. Reggae House
8. Siam Massage Cooking School
9. Cactus Bar
10. Leela Spa
11. Warm Up Bar
12. Bandon International Clinic
13. Jungle Gym
14. Pha Ngan Divers
15. Zoom Bar
16. Club 9
17. Vinyl Club
18. Backpackers Information Centre Lotus Diving, Crystal Diving
19. The Rock
20. Same Same Cooking School
21. Backyard Club

Seagarden Resort & Spa (33), ☎ 077-375 281, 🖥 www.seagarden-resort.com, [6278]. Hinter der Straße mit direktem Zugang zum Strand (Sunrise) schöne und geräumige Holzbungalows mit Platz für 2–4 Pers. Zudem weitere AC-Zimmer, alle mit TV, im Hotelkomplex. Auch einige kleinere Bungalows nur mit Ventilator. Wer über Vollmond vorbucht, muss 7 Tage bleiben (etwa doppelter Preis). Walk-in jederzeit, wenn was frei ist. ❷–❺

Der Gecko: kleine Mitbewohner mit lautem Organ

Suncliff Resort ㊱, ☎ 077-375 134, ✉ suncliff@hotmail.com, **[6279]**. Verschiedenste Bungalows aller Altersklassen am Hang, mit Ventilator und AC, teils mit Kühlschrank. Viele mit tollem Blick auf die Bucht. Kleiner Pool und Restaurant mit Meerblick. ❷–❺

Essen

Hinter dem Strand sind auch die meisten Restaurants auf Partyfreunde eingestellt und schwören auf den Publikumsmagneten „laute Fernsehfilme". Es gibt aber mittlerweile auch einige Lokale, in denen man gepflegt und ruhig essen kann.

Bamboozle, ☎ 085-471 4211. Mexikanisches, daneben Thai- und westliche Fusionküche. Werben mit „Organic Salads". Innen- und Außenbereich. ⏰ 10–22 Uhr.

Emotion of Sushi, ☎ 077-375 496. Sushi und andere japanische Kleinigkeiten im eleganten Restaurant. ⏰ 19–24 Uhr.

Lazy House, gepflegte Atmosphäre, Lamm, Grillplatten und andere Fleischgerichte nach griechischer Art zubereitet. Auch Vegetarisches.

Mamas Schnitzel, zahllose Schnitzelvariationen, auch Burger und Baguettes. ⏰ 24 Std.

Om Ganesh, ☎ 077-375 123. Seit 1997 beliebtes indisches Restaurant direkt am Pier. Wer in Hat Rin wohnt, kann sich das Essen auch in die Anlage bringen lassen. Gewürzt wird nach Wunsch – mal scharf, mal mild. ⏰ 9–23.30 Uhr.

Outback Bar, ☎ 077-375 126. Hier lümmeln sich die Gäste auf Sofas und anderen bequemen Sitzgelegenheiten und essen Fish'n' Chips, Steak und Lamm. Frisch gezapftes Bier. WLAN und Laptop zur Ausleihe. Sportveranstaltungen auf großen Monitoren. ⏰ 10–2 Uhr.

Aktivitäten

Kochkurse

Same Same Thai Cooking Classes, ☎ 077-375 200, 🖥 www.same-same.com. Tgl. Kurse. Am eigenen Gasherd kann sich jeder selbst versuchen und unter Anleitung die Grundlagen der Garkunst erlernen. Auch Kurse im Schnitzen von Obst- und Gemüse-Dekorationen. Dazu gehört **Same Same Lodge and Restaurant**, WLAN. ⏰ 8.30–1 Uhr. Zimmer mit Ventilator oder AC. ❸–❹
Kochkurse bietet auch die **Siam Massage Cooking School** des Leela Spa.

Tauchen
Lotus and Crystal Diving, ✆ 077-375 535, 086-469 4719. Neben dem **Backpackers Information Centre**, 🖥 www.backpackersthailand.com, und von denselben Leuten geleitet, offeriert Tauchkurse von Crytal Dive in Ko Tao und Lotus auf Ko Phangan. Viele Informationen rund ums Reisen.

Hat Sarikantang
Ruhig und idyllisch liegt im Süden der Westküste der palmengesäumte Hat Sarikantang, der auch unter dem Namen **Hat Leela** bekannt ist. Wenn sich im Frühjahr das Wasser zurückzieht, kann man hier nur noch dümpeln. Herrlich schwimmen lässt es sich im Winter. Im Norden führt ein Holzsteg zum kleinen Tempel des Sea Breeze Resorts.

Übernachtung
Karte S. 435

Nur 3 Anlagen liegen direkt am Strand. Über einen Steg erreicht man eine weitere einfache Unterkunft in sehr ruhiger Umgebung.
Cocohut Beach Resort & Spa ⑧, ✆ 077-375 368, 🖥 www.cocohut.com. Große Anlage im Norden der Bucht. Geschmackvolle Zimmer in 2-stöckigen Häusern, davor einige Pool-Villen am Meer. Auch die im Garten in den Hang gebauten Holzbungalows sind gut ausgestattet mit TV, DVD, Computer. WLAN im Restaurant. In den Cliff-Bungalows kann es an Vollmond laut werden. Backpacker bekommen mit Glück noch Zimmer im alten Haupthaus, allerdings ohne eigenes Bad ❸. Großer Pool mit Meerblick (Tagesgäste 100 Baht). Tolles Spa mit Kräutersauna. Volleyball. Oft Sonderangebote. ❺–❽
Leela Beach Bungalows ⑪, ✆ 077-375 094, 🖥 www.leelabeach.com, [3137]. Am südlichen langen Strandabschnitt stehen direkt am Meer alte Hütten aus Travellertagen – die leider nicht mehr gepflegt werden (bei Nachfrage ändert sich dies vielleicht). Dazwischen etwas lieblose Steinbungalows mit Fließenboden und alter AC, günstig. Wer länger bleibt, kann es sich mit etwas Geschick gemütlich machen. Toller Strand. ❶–❸
Lighthouse Bungalows ⑫, ✆ 077-3765 075, 🖥 www.lighthousebungalows.com. In die Felsen am Hang gebaute schöne Anlage mit einfachen Zimmern. Einfache Hütten ohne Bad, bessere mit Ventilator und Du/WC, auch ein großer AC-Bungalow. Restaurant vorne am Meer, Glasfenster schützen die Gäste bei rauer See vor der spritzenden Gischt. WLAN, teils im Zimmer. ❷–❹
Sarikantang Resort & Spa ⑩, ✆ 077-375 055, 🖥 www.sarikantang.com, [3134]. Große Anlage mit Steinbungalows im Hang (AC und TV) bis hin zu Luxus-Strandvillen mit allem Komfort. Modernes 2-geschossiges Haus, teils mit direktem Zugang zu einem Pool. Ein weiterer kleiner Pool am Strand. Alle Zimmer mit Safe. Sarai Spa am Strand. ❺–❽

Hat Rin Nai
Auf der Westseite genau gegenüber von Hat Rin Nok befindet sich **Hat Rin Nai**, auch als **Sunset Beach** oder **Hat Rin West** bekannt. Oft sorgt angeschwemmtes Treibgut für eine etwas abgeschwächte Idylle. Der Strand gleicht vor allem in den Monaten Juli bis November bei Ebbe einer Wattlandschaft, und man kann nur bei hoher Flut schwimmen. Das Publikum ist hier nicht unbedingt auf Party aus, sondern sucht eher geruhsames Strandleben mit Sonnenuntergangsstimmung, ohne auf die nahe gelegenen Verpflegungs- und Einkaufsmöglichkeiten Hat Rins verzichten zu müssen. Zentral liegt der Hafen, an dem die *Hat Rin Queen* an- und ablegt.

Übernachtung
Karte S. 435
Untere Preisklasse
Coral Bungalows ③, ✆ 077-375 023, 🖥 www.coralhaadrin.com, [3142]. Im hinteren, schattigen Bereich Bungalows und Zimmer in 2-geschossigen Häusern mit AC oder Ventilator, alle mit Warmwasser. Recht einfache Ausstattung. Bekannt für seine Poolpartys. Großes Restaurant. Auch in der Nebensaison belebt. ❸–❹
Friendly Resort ㉑, ✆ 077-375 167, 🖥 www.friendlyresort-spa.com, [3144]. Recht große gefliste Steinbungalows und Zimmer in 2-geschossigen Reihenhäusern am Hafen. Einfache Ausstattung, alle AC, einige auch TV. Pool am Meer. ❸–❹

Shiva und Ganesh

Sea Breeze Resort ㊲, ☏ 077-375 362, 🖥 www.seabreezekohphangan.com, **[5586]**. An der Straße nach Hat Sarikatang. Große, individuelle Bungalows im Garten (Ventilator und AC) und im Felsen (AC) ganz im Süden auf dem Hang. Fantastische Sicht auf die untergehende Sonne. Gehobene, gepflegte Ausstattung im großen Hotelkomplex (nur diese Zimmer kann man auf der Homepage finden). Schöner schattiger Pool. Vom Restaurant und dem großen hauseigenen Shiva-Tempel, der auf einem enorm großen Stein thront, Blick auf Hat Sarikantang. Ein Steg führt von Hat Sarikantang den Berg hinauf zum Tempel. ❸–❽

Laid Back Resort ④, ☏ 077-375 190, **[3150]**. Die alten bemalten Holzbungalows verbreiten nostalgisches Hippieflair. Zum Teil mit offenem Bad. Wenige Zimmer in 2-geschossigem Steinbungalow für jene, die doch etwas Komfort wünschen. ❷–❸

Sea Side Bungalows ①, ☏ 087-266 7567, **[6280]**. Ruhige Anlage mit einfachen Holzbungalows im tropischen Garten, mit AC oder Ventilator. Ein Haus mit 2 AC-Zimmern direkt am Meer. Teils einfach, teils besser ausgestattet. Keine Vollmondpreise. Veranstaltet eine trancige Moonset Party am Strand. Schönes Restaurant am Meer. ❷–❹

Mittlere und obere Preisklasse

Blue Marine Resort ⑮, ☏ 077-375 079. Große, gefliese Steinbungalows mit Panoramafenstern parallel zum Meer, alle mit Strandblick. Im Garten hinter der Straße auch Zimmer, die mit Ventilator zu haben sind. Alle Zimmer mit Minibar, einige mit TV. An Vollmond werden alle Zimmer nur mit AC vermietet und sind doppelt so teuer. ❸–❹

Phanganburi Resort ⑬, ☏ 077-375 481, 🖥 www.bestwesternphanganburi.com, **[3159]**. Bungalows und Zimmer in mehreren 2-stöckigen Apartmenthäusern. Schöne Ausstattung, manche mit Badewanne. Safe, TV und teilweise Computer. In der Hauptsaison oft ausgebucht, in der Nebensaison Rabatt. Großer Pool. Billiger bei Buchungen übers Internet. ❻–❼

Rinbeach Resort ㉟, ☏ 077-375 112, 🖥 www.rinbeachresort.com, **[3174]**. Bungalows, die meisten mit AC, TV, Minibar und Safe. Einige wenige Bungalows mit Ventilator im Garten. Als Boote gestaltete Luxuszimmer direkt am Wasser. Pool in tropischer Gartenanlage mit Meerblick. Kinderrutsche (9–19 Uhr, 200 Baht für Besucher). An Vollmond 7 Tage Mindestaufenthalt. ❸–❽

Aktivitäten

Jungle Gym, ☏ 077-375 115, 🖥 www.junglegym.co.th. Gewichte, Crosstrainer, Laufbänder und andere moderne Geräte. Kurse im Thai-Boxen vom Exchampion. Yogakurse (tgl. 13–15 Uhr). Sauna.

Pha Ngan Divers, ☏ 077-375 117, 🖥 www.phangandivers.com. Diese seit 1990 etablierte Tauchschule blickt auf eine lange Tradition am Hat Rin zurück. Guter Shop, alle Touren und Kurse nach PADI und SSI. Nitrox-Tauchen möglich.

Spa, Massage und andere Therapien

Neben klassischer Massage gibt es bei **Chakra Massage** eine Vielzahl von Anwendungen, die manch einem suspekt erscheinen mögen, während andere darauf schwören: Geschult werden Techniken zur emotionalen Befreiung, und wer will, kann sich eine therapeutische Kerze ans Ohr halten lassen. Auch wer über sein früheres Leben etwas erfahren will, ist hier richtig. Das zentral gelegene **Leela Spa** offeriert Massagen. Um jeder zwielichtigen Frage vorzubeugen, gibt es die hochoffizielle Ansage: „Keine Intimmassage". Auch Massagekurse, oft Werbeangebote. Empfehlenswert sind die Tages- oder Halbtagesanwendungen im **Sarai Spa** im Sarikantang Resort am Hat Sarikantang. In traumhafter Umgebung kann man sich hier verwöhnen lassen. Nicht ganz billig.

Sonstiges

Medizinische Hilfe

Bandon International Clinic, ℡ 077-375 471. 24-Std.-Dienst unweit vom Pier und am Partystrand. Erste Hilfe. Bei ernsteren Notfällen Transport nach Ko Samui. Röntgengerät. Akzeptiert fast alle Reisekrankenversicherungen.

Haad Rin Inter Clinic, ℡ 077-375 342, Notfallhandy 081-318 5085. Dr. Siripong hat 24-Std.-Dienst, akzeptiert fast alle Versicherungen. Auch Kreditkarten.

Nahverkehr

THONG SALA mit dem Taxi für 100 Baht. An Vollmond fahren die Taxen die ganze Nacht von und nach Thong Sala, sobald genügend Passagiere zusammenkommen. Umstieg in Thong Sala zu den Stränden weiter im Norden. Mit dem Moped ist die Strecke nach THONG SALA dann zu meistern, wenn man mind. eine 125-er fährt, kleinere Motoren versagen an den Steilhängen oft den Dienst. Die Straße ist geteert, Anfänger sollten sich dennoch fahren lassen. Um Vollmond ist von Mopedfahrten Abstand zu nehmen.

Zu den angrenzenden Stränden HAT YUAN, HAT THIEN, HAT YAO (EAST) bis hin zum THAN SADET, THONG NAI PAN und CHALOKLUM fahren Taxiboote, die man sowohl am Hat Rin Nok als auch am Hat Rin Nai Pier mieten kann. Max. 4 Pers. auf einem Longtail. Eine Tagestour mit Hin- und Rückfahrt kostet pro Boot etwa 1200 Baht. Nach Than Sadet und Thong Nai Pan werden etwa 3000 Baht für die einfache Fahrt fällig, nach Chaloklum etwas mehr. Außerdem ein Boot aus Ko Samui bis zum Thong Nai Pan (s. u.).

Transport

Vom Hat Rin Nai Pier fährt die *Hat Rin Queen* tgl. um 9.30, 11.40, 14.30 und 17.30 Uhr in 1 Std. nach Ko Samui. In der Saison legt zudem um 9.30 Uhr ein Schnellboot nach Mae Nam (Ko Samui) ab, das gegen 13 Uhr zurück in Richtung Thong Nai Pan fährt (aktuelle Zeiten bitte im Reisebüro erfragen, meist verkehrt dieses Boot nur in der Hauptsaison). Kosten: 300 Baht nach Ko Samui, 100 Baht zu den Stränden Ko Pha Ngans bis einschließlich Thong Nai Pan.

Ao Hin Lor, Ban Kai und Ban Tai

Diese drei Strände mit einer Gesamtlänge von etwa 10 km liegen an der Küste zwischen Hat Rin und Thong Sala. Sehenswert sind die spektakulären Sonnenuntergänge von Mai bis Juni. Der Sand ist grobkörnig und je nach Wetterlage mit Treibgut oder Korallenresten bedeckt. Baden ist bei Flut und zunehmendem Mond fast überall möglich, bei Ebbe im abnehmenden Mond sieht es hier aus wie am Wattstrand in der Nordsee. Das gilt vor allem in den Monaten Juli bis November. Gut sichtbar am Horizont liegt Ko Samui.

Schwarze Granitfelsen säumen den Strand von Hin Lor und grenzen ihn gegen die langen Strandabschnitte von Ban Kai und Ban Tai ab. Dieser lange Strandabschnitt wird anfänglich noch von wenigen Steinen durchsetzt, unterbrochen lediglich von drei Klongs, die bei Flut so tief sind, dass auch Fußgänger die Straßenbrücken benutzen müssen.

Im Hinterland befinden sich viele Kokosnussplantagen, wo man den Einheimischen bei einer ihrer traditionellsten Tätigkeiten zusehen kann.

Geschätzt wird dieses Gebiet auch von Partyfans, denn hier finden sowohl am Strand (**Black Moon, Day Party**) als auch im Dschungel (**Half Moon, Shiva Moon, Dschungelparty**) einige beliebte Events statt. Und wer nicht in Hat Rin wohnen und trotzdem zur Vollmondparty gehen möchte, kann diese bei Ebbe in etwa 1 Std. zu Fuß erreichen.

Im Ort **Ban Tai**, in dem noch einige alte Häuser zu sehen sind, gibt es eine Tankstelle, einen Geldautomaten, Märkte, eine Sanitätsstation sowie mehrere Restaurants, Internetcafés, Mopedverleih und einen interessanten Laden mit Artefakten aus Asien, daneben Kleidung und Bilder.

Sehenswert ist **Wat Khao Tham** im Hinterland auf dem Berg (s. „Tempel", S. 401). In zehntägigen Meditationskursen (s. u., Aktivitäten) kann man meditieren lernen. In Ban Tai zweigt die Straße nach Thong Na Pan und Than Sadet ab. Nach wenigen Metern steht rechter Hand der **größte Baum** Ko Pha Ngans mit einem Umfang von etwa 14 m. Man erkennt diesen Riesen von weitem bereits an den bunten Bändern, die ihn als heiligen Baum markieren.

Ban Tai / Ban Kai

Übernachtung:
1. First Villa
2. Power Beach Resort
3. Rung Arun Resort
4. Pha Ngan Beach Resort
5. Milky Bay
6. Dew Shore
7. Life Style
8. Hansa Resort
9. Liberty
10. Mac's Bay Resort
11. My Pha Ngan
12. Morning Star Resort
13. Coach Bungalow
14. Lee Garden
15. Munichs
16. Pha Ngan Rainbow
17. Pha Ngan Orchid
18. Jamaika Inn
19. Thong Yang
20. Boom's Café Bungalow

Essen:
1. Boat Ahoi
2. Niras Bakery
3. Café de Fee – Bakery und Bar
4. Blue Top Coffeeshop

Sonstiges:
1. Dschungel-Party
2. Half Moon Festival
3. Bangkok-Samui Hospital
4. Dr. Taeng Dental Home
5. 7-Eleven
6. One2Kite
7. Black Moon Party

Transport:
1. Bus Station Super VIP Bangkok (Government Bus)

Übernachtung

Karte S. 440

Untere Preisklasse

Boom's Café Bungalow (20), ☏ 077-238 318, 🖥 www.boomscafe.com. Am Ende des Ao Hin Lor. Schöne Holzbungalows direkt am Meer. AC/TV und Ventilator. Auch kleinere Steinbungalows. Ruhig. ❷–❹

Coach Bungalow (13), ☏ 077-238 432. Am Strand in einer Reihe schöne Holzbungalows mit Meerblick. Quer dahinter neue Bambushütten und ältere Steinhäuser ohne Aussicht. Alle mit Ventilator. Restaurant am schönen Strandabschnitt. ❷–❸

Liberty (9), ☏ 077-238 171. Entspannte Atmosphäre. Einfache Plattenhütten mit Ventilator im Garten und am Strand. Jeder Bungalow ist individuell eingerichtet, mal mit Regal, mal mit Tisch, alle mit Hängematte. ❷–❸

Life Style (7), [4028], bunte, individuell gestaltete, schöne kleine Holzhütten. Zudem stabilere Holzbungalows mit etwas weniger Flair. Alle mit Ventilator. Schattiger Strand. Schöne Bar und Restaurant. ❷–❸

Mittlere Preisklasse

Dew Shore (6), ☏ 077-238 128, 🖥 www.dewshore.com, [4026]. Schön gestaltete Holz- und Steinbungalows am großen Pool (Jacuzzi), teilweise mit Meerblick. Geschmackvolle Einrichtung, TV. Balkone mit Sitzkissen. Bei Flut kein Strand. Pool (Tagesgäste 200 Baht) von 9–21 Uhr geöffnet. Familienbetrieb. Inkl. Frühstück. WLAN. ❸–❼

Lee Garden (14), ☏ 077-238 150. Im Garten geschmackvolle individuelle Bungalows, alle mit großen Betten. Schöne Balkons, Regale und

Moskitonetz. Einladendes Restaurant am Meer. ❸–❹

Munichs ⑮, schöne Bambushütten mit Ventilator am Strand und nach hinten versetzt im Schatten unter Palmen und Bäumen. Teils mit 2 Doppelbetten für 4 Pers. Viele junge Leute; man muss es mögen. WLAN. ❸–❹

My Pha Ngan ⑪, ✆ 077-377 302. Saubere Holzbungalows in tropisch grünem Garten unter Palmen und anderen wundersamen Gewächsen. Ventilator oder AC. ❸–❹

Pha Ngan Beach Resort ④, ✆ 077-238 809, 🖥 www.phanganbeachresort.com, [4029]. Geschmackvolle Holzbungalows senkrecht in Reihen in gepflegter Gartenanlage. Einige AC-Bungalows mit TV parallel zum Strand. WLAN im Restaurant und den angrenzenden Bungalows. Kostenloses Vollmond-BBQ für Gäste. Volleyball. ❸–❻

Pha Ngan Rainbow ⑯, ✆ 077-238 236. Schöne Holzbungalows im Thai-Stil am Strand und im tropischen Garten. Gute Ausstattung, Badewanne und große Betten. Breiter Strandabschnitt. ❸–❹

Power Beach Resort ②, ✆ 077-238 937, 🖥 www.powerbeachresort.com, [6281]. Große Anlage mit Steinhäusern in hübscher Bambusverpackung, vorne mit AC, hinten mit Ventilator. Zudem Mattenhütten mit Ventilator und TV und davor steinerne Luxusbungalows mit Kühlschrank und TV. Viele junge Leute. 2 Pools. Um Vollmond 3 Tage Mindestaufenthalt und teurer. Rabatte für alle, die länger bleiben. ❸–❺

Wohnen und feiern am Ban Tai

Mac's Bay Resort ⑩, ✆ 077-238 443, [5590]. Seit Jahrzehnten bewohnte weiße kleine Steinhäuser direkt am Meer mit Ventilator. Dahinter neuere Holzbungalows und Zimmer im 2-geschossigen Hotelkomplex mit AC, TV und Safe. Pool mit Meerblick. Breiter Strandabschnitt mit weiß glänzendem Sand. Allmonatlich findet hier die **Black Moon Party** statt. Dann wird der Strand zur Tanzfläche, und wer hier übernachtet, sollte in Feierlaune sein. An allen anderen Tagen viel Ruhe. ❸–❺

Obere Preisklasse

First Villa ①, ✆ 077-377 225, 🖥 www.firstvilla.com, [4025]. Gut ausgestattete Zimmer mit TV und Wanne. Hotelzimmer mit Safe im Haupthaus. Kleiner Pool mit Meerblick, erhöht an der mit Sand aufgeschütteten Balustrade. ❹–❺

Hansa Resort ⑧, ✆ 086-690 5887, 🖥 www.hansaresort.com. Zentral am alten Dorfkern gelegen. Gut ausgestattete Bungalows, TV und Minibar. Kleiner Pool am Strand. ❹–❺

Milky Bay ⑤, ✆ 077-238 566, 🖥 www.milkybaythailand.com, [3122]. Geschmackvoll gestaltete Bungalows unter Schatten spendendem Bambus. Liegen auf der Balustrade am Meer. Kleines Gym und netter überdachter Pool. Gutes Essen in gehobenem Ambiente. Musikalisch begleitete Massage, Sauna. WLAN. ❺–❻

Morning Star Resort ⑫, ✆ 077-377 757, 🖥 www.morningstaresort.com, [3192]. Schöne mit TV und Safe ausgestattete Holzbungalows am Pool, die sich vom Meer Richtung Landesinnere erstrecken. Kleinere und größere Gebäude und 1 Bungalow mit 2 Doppelbetten. WLAN. ❺–❼

Rung Arun Resort ③, ✆ 077-238 624, 🖥 www.rungarun-resort.com. Weit auseinanderstehende große Bungalows am Strand und am Pool (mit Kinderbecken) im schönen Garten. AC, TV, Badewanne, teils Kühlschrank. Strandbereich mit Liegen, wenig Schatten. ❹–❺

Essen

Am Hafen von Ban Tai gibt es kleine Foodstalls, die den ganzen Tag über gebratenes Huhn, Papaya-Salat und Trockenfisch anbieten. Zudem an der Straße bis nach Ban Kai einige Restaurants und Nudelsuppenstände. In Ban Kai öffnen und schließen ein westliche Restaurant rasant, einige Thailäden halten sich länger – doch nur wenig scheint von Dauer. Es gibt aber neben den Restaurants derart viel Auswahl im Dorf, dass keiner hungrig bleibt.

Blue Top Coffeeshop, in Ban Kai. Ansprechend gestaltet; frisch gerösteter Kaffee und leckere Baguettes. Eignet sich prima für ein zweites Frühstück. WLAN. ⏱ 6–22 Uhr.

Boat Ahoi, ☎ 077-238 759. Authentische Thai-Küche in vielen Variationen im großen Restaurant an der Hauptstraße. Daneben kleiner Plastikspielplatz und Bootsbar.

Niras Bakery, schönes Café in Hafennähe mit großer Auswahl an Brot und Kuchen, darunter Apfelstrudel und Schokocroissants. Schöne Sitzgelegenheiten in schattigen Salas und an der Straße vor dem Café.

Aktivitäten

Kitesurfen

One2Kite, ☎ 087-555 9700, 🖥 www.one2kite.com. 1- bis 3-tägige Kurse sowie Kites zur Ausleihe für Könner. Auch in der Nebensaison geöffnet. Wer einen Kurs bucht, wird von seinem Resort abgeholt und dorthin zurückgebracht. Transport von hier aus an die besten Kitestellen je nach Windlage.

Meditation

Wat Khao Tahm, 🖥 www.watkowtahm.org. Internationales buddhistisches Meditationszentrum. Seit Ende der 1980er-Jahre 10-tägige Retreats (amerikanisch-australisches Lehrerehepaar Weismann). Gelehrt wird Vipassana-Meditation. Es wird weder geredet noch geschrieben oder gelesen. Es gilt, sich aufs Laufen, Sitzen und Stehen zu konzentrieren. Reden ist während der Kurszeit nur an 3 Abenden erlaubt (Privatgespräche mit den Lehrern). Ein Infoheft liegt am Wat aus oder kann von der Website heruntergeladen werden. Am Anschlagbrett befinden sich die Listen für die kommenden Kurse. Ein Kurs kostet knapp 100 €.

Sauna

Die Kräutersauna des Wat Pho ist seit Jahren beliebt. Getrennt nach Männern und Frauen sitzt man hier in gesundem Dampf. Die Sauna wird auf Spendenbasis betrieben. ⏲ 13–18 Uhr.

Abenteuer in den Wipfeln

Just for Fun, auf dem Weg zum Thong Nai Pan, ☎ 087 908 8610. Auf acht Seilbahnen geht es von Baum zu Baum. Nichts für Menschen mit Höhenangst und Kinder unter 1,40 m. ⏲ 10–18 Uhr.

Sonstiges

Medizinische Hilfe

Bangkok-Samui Hospital, rechter Hand an der Hauptstraße kurz vor dem Pha Ngan Beach Resort. 24-Std.-Notfallpraxis. Notruf (Krankenwagen) ☎ 077-239 599. Wer hier nicht behandelt werden kann, wird nach Ko Samui überführt.

Dr. Taeng Dental Home, ☎ 077-238 820. Zahnärztin mit gutem Ruf. Spritzen ohne Schmerzen und freundlichste Behandlung. Günstige Preise. ⏲ Mo–Fr 17–20, Sa–So 9–17 Uhr.

Nahverkehr

Am Hafen von Ban Tai Boote für selbstorganisierte Trips. Neben Longtails kann auch ein Schnellboot gechartert werden. Schnorchel- und Angelausrüstung ist vorhanden. ☎ 087-069 0036, 🖥 www.island-discovery.com.

KO SAMUI mit dem **Samui Phangan Express**-Schnellboot, ☎ 082-037 2701, stdl. von 8.30–17.30 Uhr für 550 Baht in 15 Min. zum Pier Pecharat Marine (bei Bo Phut).

Ko Samui

Ko Samui ist eine der Inseln, die Stefan Loose in den 1970er-Jahren noch mit dem Fischerboot ansteuerte, um zu Fuß die Strände zu erkunden und seinen persönlichen Traumstrand zu entdecken. Wo es keine freie Hütte mehr gab, wurde flugs eine neue für den Gast errichtet. Ein einfaches Dach aus Bambus über dem Kopf, eine geflochtene Matte als Bett und eine Kerze daneben reichte den jungen Weltenbummlern damals aus.

Heutige Besucher schätzen den Komfort, den Ko Samui mittlerweile zu bieten hat. Man reist mit dem Flugzeug, der Autofähre oder dem Schnellboot an und wohnt in stilvollen AC-Unterkünften. Auf der etablierten Ferieninsel warten rund 400 Bungalow- und Hotelanlagen mit etwa 14 000 Zimmern auf Gäste. Dank guter Infrastruktur, der Vielzahl hochwertiger Unterkünfte und des breiten Unterhaltungs- und Freizeitangebots kommen zahlreiche Pauschalreisende.

> **Wo die Büffel kämpfen**
>
> Auf Samui gibt es ihn noch, den traditionellen Büffelkampf. In drei Arenen nahe Nathon, am Lamai und in Bo Phut wird zu wechselnden Terminen ein Kampf zwischen zwei Bullen ausgetragen. Die Kämpfe werden rechtzeitig auf der Ringstraße angepriesen, und in den nahe gelegenen Orten wissen auch die Hoteliers, wann ein Kampf stattfindet.

Die alten Traditionen werden bei vielen der etwa 40 000 Einheimischen noch immer hochgehalten, und zahlreiche Familienclans geben ihre Berufe als Kokosnussbauer oder Fischer an die nächste Generation weiter. Nicht alle Bewohner sind im Tourismus tätig. Wer ein authentischeres Alltagsleben erleben möchte, wird fündig, sobald er sich etwas abseits der großen Straßen auf eigene Faust auf den Weg macht. Auch die Hauptstadt Nathon hat noch etwas Ursprüngliches, und in der Nebensaison sind sogar noch einsame Strände zu finden.

Lohnend sind allemal die zahlreichen Sandstrände, die sich auf insgesamt 26 km erstrecken. Während ein Viertel der Insel überwiegend aus Flachland mit Kokospalmenkulturen besteht, wird das mit dichtem Wald bedeckte Hochland im Inneren kaum landwirtschaftlich genutzt. Die äußeren Hänge sind vielfach mit Nutzbäumen wie Durian, Rambutan, Langsat und Mangosteen oder Kautschuk bepflanzt. Doch auch hierher verschlägt es immer mehr Besucher, welche die immer zahlreicheren Privatferienhäuser in modernsten Wohnsiedlungen bevölkern.

Die Strände

Die beiden gut besuchten Hauptstrände Chaweng und Lamai an der Ostküste bestechen mit ihrem weißen Sand, sauberen Wasser und ihren Palmen. Das Meer eignet sich an beiden Stränden bestens zum Schwimmen. Am **Hat Chaweng** [2828] ist es voller und lauter, hier tobt das Nachtleben. Nach Chaweng kommen viele Pauschaltouristen und Partyfreunde, denen allerdings manchmal der nötige Respekt für die Sitten des Gastlandes fehlt. Am **Hat Lamai** [2829] urlaubt ein individuelleres und zurückhaltenderes Publikum, entsprechend ist es hier ruhiger. **Hat Mae Nam** [2765] wird immer beliebter und gehört für uns zu den schönsten Stränden der Insel: ein Wat am Strand sowie Anlagen und Restaurants für alle Anspruchsniveaus. Er eignet sich auch perfekt für einen Familienurlaub.

Tempel

Das Kennzeichen Ko Samuis ist der große goldglänzende Buddha, den Flugreisende bereits beim Landeanflug sehen. Für Thais ist die **Big Buddha**-Statue im **Wat Phra Yai** auf der kleinen Insel Ko Fan die Wallfahrtstätte Samuis schlechthin. Zwei Dämme verbinden die Insel mit dem Festland. Die vergoldete, 12 m hohe Statue ist besonders abends ein beliebtes Fotomotiv. Während nationaler Feste wie Loy Kratong und Songkran (s. „Feste und Feiertage", S. 50) drängen sich auf dem Tempelgelände die Garküchen und Souvenirstände, und es wird ausgiebig gefeiert.

Lohnend ist auch ein Abstecher zum unweit gelegenen Tempel **Wat Plai Laem**, der in beeindruckender Weise zeigt, wie lebendig das Kunsthandwerk des Tempelbaus bis heute ist. Die Tradition, in der dieses Gebäude Anfang des 21. Jhs. erbaut wurde, ist Jahrhunderte alt. Über drei Jahre arbeitete der Künstler Jarit Phumdonming an den bunten und kunsthandwerklich wertvollen Wandgemälden, die u. a. den Werdegang Buddhas zeigen. Daneben kann man im künstlich angelegten See Fische füttern.

Wat Khunaram gehört zweifellos zu den bedeutendsten Sehenswürdigkeiten der Insel. Zu

> **Ich weiß, wo ich wohne!**
>
> Wer in der Hauptsaison auf die Insel kommt, dem sei geraten vorzubuchen. Das gilt ganz besonders während der europäischen Weihnachtsferien. Buchungen über einen Anbieter sind meist sicher. Wer per Telefon oder über die Website des Resorts bucht, wird bei Ankunft nicht immer ein freies Zimmer vorfinden. In der Zeit vom 20.12. bis 10.1. verlangen die meisten Anlagen einen Aufschlag von ca. 25 % nebst Buchung eines teuren Weihnachts- bzw. Silvestermenüs. Günstig bucht man nicht nur in dieser Zeit übers Netz, s. unter **eXTra** [2770].

Von Kokosnüssen und Affen

Ko Pha Ngan und Ko Samui werden vielfach in einem Atemzug mit dem Anbau von Kokosnüssen genannt; Samui trägt sogar den Beinamen „Kokosnussinsel". Das bewirtschaftete Land beider Inseln besteht hauptsächlich aus Kokosnussplantagen. Wer sich mit dem Fahrrad ins Inland begibt, wird schnell Berge von Kokosnüssen erspähen, die von fleißigen Arbeiterinnen gespalten und geschält werden. Lastwagenweise werden die Früchte nach Bangkok oder an andere Zielorte verfrachtet. Geerntet werden die reifen Früchte von ausgebildeten Affen, die man sehr oft bei ihrer Arbeit beobachten kann. Wer sich für die Ausbildung der flinken, jedoch leider meist sehr unfreundlichen tierischen Helfer interessiert, kann die **Affenschule nahe Surat Thani** besuchen. Von den leider noch immer angebotenen Affenshows ist aus Artenschutzgründen abzuraten.

besichtigen ist hier ein mumifizierter Mönch, der einst als Luong Por Daeng bekannt und verehrt wurde. Der Mönch starb vor über 20 Jahren und meditiert seither in einem Glaskasten. Der Tempel befindet sich nahe dem Fischerdorf **Hua Thanon** an der Straße gegenüber der Einfahrt zum **Namuang-Wasserfall**. Auch im **Wat Kiri Wongkaram** beim Dorf **Taling Ngam** im Westen der Insel kann ein mumifizierter Mönch bestaunt werden. Dieser verstarb vor über 25 Jahren. Zwei große Elefantenstatuen markieren den Eingang zur von Kokospalmen umsäumten alten Tempelanlage.

Ein weißer Jade-Buddha wird im **Wat Samret** nahe dem Dorf Hua Thanon verehrt. In der geheimnisvollen Halle der Buddhas sind zahlreiche Buddhastatuen aufgestellt. Da im Laufe der Zeit viele der Figuren gestohlen wurden, ist die Tür heute meist verschlossen, wird jedoch auf Anfrage geöffnet.

Wasserfälle und Aussichtspunkte

Am bekanntesten ist der **Namuang-Wasserfall**, bei dem es sich eigentlich um zwei Fälle handelt. Der zweite Wasserfall stürzt fast 80 m in die Tiefe, während der erste mit etwas über 18 m wesentlich beschaulicher ist. Urlaubende Thais bevölkern ihn am Wochenende, und auch in den Ferien ist hier viel los. Beide Wasserfälle befinden sich im Süden der Insel, und ein Besuch lässt sich gut mit einem Ausflug zum **Wat Khunaram** verbinden. Eine gut ausgebaute Straße führt direkt zu einem Pool des ersten Falls, in dem man sich erfrischen kann. Während dieser Fall gut erschlossen ist, nötigt der zweite dem Besucher mehr Anstrengung ab. Die vormals gute Straße verwandelt sich alsbald in eine ungeteerte Schlammstraße. Auf dieser ist nach etwa 10-minütigem Spaziergang der Fuß des zweiten Falls erreicht. Wer hinaufsteigen will, sollte über Klettererfahrung verfügen, denn der Weg ist rutschig. An beiden Fällen helfen Elefanten beim Aufstieg.

Im Westen Ko Samuis nahe dem Dorf Lipa Yai befindet sich der **Hin Lat**-Wasserfall, ein weiterer schöner Platz zum Baden. Auf einem etwa 3 km langen schmalen Dschungelpfad gelangt man an einen großen Pool am Fuße des Wasserfalls, wo man schwimmen oder sich unter das herabstürzende Wasser stellen kann. Unterwegs passiert man einen kleinen Getränkestand (nur

Safaris auf Ko Samui

An allen Stränden werden nahezu identische Touren angeboten, auch wenn sie jeweils unterschiedliche Namen tragen, geringfügig andere Abfahrtszeiten haben und je nach Buchungsort auch unterschiedlich viel kosten. Geboten wird überall das Gleiche: Großmutter- und Großvaterfelsen am Lamai, Elefantentrekking, Schwimmen im Wasserfall, Krokodil- oder Affenshow, mumifizierter Mönch, Buddhagarten mit seinen steinernen Figuren und Latexgewinnung auf Gummiplantagen. Zudem besucht man Aussichtspunkte und geht zum Sonnenuntergang zu Big Buddha. Einige Touranbieter besuchen Thai-Boxer, organisieren Ochsenkarrenritte oder kurze Kanu-Touren. Dazwischen gibt es Essen, Wasser und Früchte, die im Preis inbegriffen sind. Abfahrt gegen 9 Uhr; Halbtagestouren enden um 15 Uhr, Ganztagestouren um 17.30 Uhr. Ab 1200 Baht (Kinder von 5–12 Jahren 700 Baht) bis 2000 Baht.

KO SAMUI

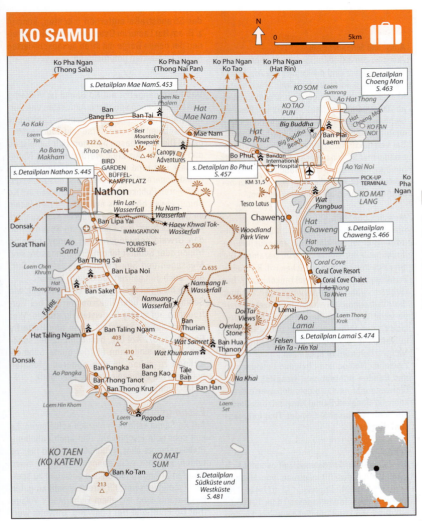

in der Saison). Hinter der kleinen Brücke können Kletterkundige noch 500 m höher steigen.

Weitere Wasserfälle befinden sich nahe dem **Lipa Noi-Aussichtpunkt**. Ein Besuch auf den zahlreichen Aussichtspunkten im Inland, die auf den Routen vom Norden der Insel hinüber in den Osten liegen, lohnt für Wanderfreunde. In der Regenzeit sollte man sich vorher erkundigen, ob Rutschgefahr besteht, und in jedem Fall an die schnell hereinbrechende Dunkelheit denken: Lange Wege sollten früh begonnen und mit sachkundiger Führung unternommen werden. Immer genügend Wasser mitnehmen! Weniger Unternehmenslustige, die sich nicht so weit von

Ko Samui: Praktische Tipps

Auto- und Mopedverleih
Autos kosten 800–2000 Baht pro Tag (inkl. Versicherung). Billig sind die kleinen Suzukis, teurer Pick-ups und am teuersten Pkws. Bei längerer Mietdauer wird Rabatt gewährt. Mopeds gibt es ab 200–300 Baht pro Tag. Oft muss der Pass als Sicherheit hinterlegt werden. Sicherheitsgurte im Auto sind Pflicht, ebenso Helme bei Mopeds. Bei Verstoß drohen Geldstrafen (s. „Vorsichtsmaßnahmen auf einen Blick", S. 82). Theoretisch benötigt man einen Internationalen Führerschein, dieser wird allerdings meist weder bei der Ausleihe noch bei Kontrollen verlangt.

Medizinische Hilfe
Auf der Insel gibt es einige große Privatkliniken. Hier ist bei kleineren Untersuchungen direkt nach der Behandlung zu bezahlen. Die ausgestellten Formulare reichen i. d. R. für eine Erstattung durch die Reisekrankenkasse. Bei längeren stationären Behandlungen rechnet das Krankenhaus direkt mit der Reisekrankenversicherung ab. Die Krankenhäuser befinden sich an den Stränden; das staatliche Hospital in Nathon (s. S. 450) ist allenfalls mittellosen Nichtversicherten zu empfehlen.
Zwischen Nathon und Chaweng befindet sich **das Bandon International Hospital**. Am Hat Chaweng gibt es das empfehlenswerte Krankenhaus **Bangkok Samui Hospital**, das **Samui International Hospital** und das **Thai International Hospital**.

Polizei
Die Zentrale der **Touristenpolizei** befindet sich 2 km südlich des Ortszentrums von Nathon, ✆ 077-410 0504. Chaweng ✆ 077-414 198. **Notruf** ✆ 1699 (Touristenpolizei) oder 191 (Polizei). Auch die regulären Polizeireviere können im Notfall kontaktiert werden, doch spricht hier nicht unbedingt jeder englisch: Nathon ✆ 077-421 095-8, Chaweng ✆ 077-422 067, Lamai ✆ 077-424 068, Mae Nam ✆ 077-425 070, Big Buddha ✆ 077-425 071, Hua Thanon ✆ 077-424 069, Taling Ngam ✆ 077-423 009, Bo Phut ✆ 077-422 067.

der Strandstraße entfernen möchten, können z. B. am Hat Lamai im Osten einen Ausflug auf einen der nahen Berge mit ihren ausgeschilderten Aussichtspunkten unternehmen.

Sport, Spa und Spaß
Das Freizeitangebot auf Ko Samui ist vielseitig und umfasst auch sportliche Aktivitäten wie Surfen, Kajaktouren oder Schwimmen. Zahlreiche Tauchschulen bieteten Kurse und Tauchausflüge an. Die Tauchbasen befinden sich zumeist an den Stränden. Als Ziele werden Riffe im Nationalpark und rund um Ko Tao angesteuert. Aufgrund längerer Anfahrtswege und des zahlungskräftigeren Publikums ist das Preisniveau auf Ko Samui etwas höher als auf den anderen Inseln im Golf. Jene, die den besonderen Kick suchen, können sich am Hat Chaweng an Seilen durch den Urwald schwingen, dem Bungy-Jumping frönen oder Scooter fahren. Entspannender sind Massagen und Spa-Behandlungen, die 1 Std., aber auch den ganzen Tag dauern können.

Die hiesigen zoologischen Einrichtungen wie Schlangenfarm oder Tigerzoo werden bei Tierfreunden auf wenig Begeisterung stoßen. Wer im März auf Ko Samui ist, kann den **Butterfly Garden**, ✆ 077 424 020, besuchen. In der schönen Anlage sind dann allerlei bunte Schmetterlinge zu sehen, in den anderen Monaten hingegen nur aufgespießte tote Exemplare. ⏲ 9–18 Uhr, Eintritt 150 Baht.

Essen gehen
Auf Ko Samui kann man herrlich schlemmen. Es gibt sehr gute Fischlokale, und auch gehobene Etablissements aller Nationalitäten sind hier zu finden. Es lohnt sich, abends einmal an einen anderen Strand zu fahren, um gediegen zu speisen. Empfehlenswert für ihre Auswahl an guten Restaurants sind vor allem Fisherman's Village (Hat Bo Phut) und Hat Chaweng. Gewählt werden kann zwischen teurer Küche in gediegenem Ambiente und authentischer, empfehlenswerter Küche im einfachen Lokal. Wer mit dem Moped oder Auto unterwegs ist, sollte die Chance nutzen und an einem der Lokale Halt machen, die sich an exquisiter Stelle an einem Aussichtspunkt niedergelassen haben und allein wegen des Ausblicks aufs weite Meer einen Besuch lohnen.

Ein Muss auf Ko Samui: der Besuch eines Fischlokals, ob einfach oder gehoben.

Nathon

Der Hauptort der Insel ist eine kleine geschäftige Stadt und einer der größeren Orte der Insel. Er hat sich viel von seinem ursprünglichen Charme erhalten: Alte Holzhäuser dienen als Wohn- und Lagerstätte, es gibt zahlreiche authentische Thai-Restaurants, und nicht alle der Verkaufsangebote richten sich an Reisende oder ausländische Residenten.

Doch natürlich fehlen auch hier nicht Geschäfte mit Kleidung, Büchern, Malereien oder den hübsch geschnitzten Seifeblumen. Ein Einkaufsbummel gestaltet sich in Nathon gemütlich bis beschaulich, denn die Zahl der Läden ist überschaubar. Der Markt bietet eine gute Möglichkeit, frisches Obst zu erstehen, und wer von Thailand nur Ko Samui kennenlernt, kann hier die Atmosphäre eines typischen Thai-Marktes erschnuppern.

An den drei Piers in Nathon legen die Seatran-Autofähre, die nicht empfehlenswerten Expressboote von Songserm und das Nachtboot an. Bunt bemalte, mit den Routen beschriftete Songthaew, Taxi- und Mopedfahrer begrüßen die Ankommenden und bringen sie an die Strände.

Übernachtung

Damrong Town Hotel ①, Pakdi Rd., ☎ 077-420 359. Großes Hotel am Stadtrand. Einfache, geräumige Zimmer mit TV und AC, z. T. auch mit Warmwasser und Badewanne. ❸

Grand Sea View Resortel ⑥, 175/4 Moo 3, Preeda Rd., ☎ 077-421 481, 🖥 www.grandseaviewbeachhotel.com. 4-geschossiges Hotel mit kleinem Pool in Strandlage. Teils kleine Balkone mit Meerblick. Stühle und Liegen am bei Ebbe wenig attraktiven Strand. Alle Zimmer

Zentral und günstig

Nathon Residence ②, Tawirat Rd., ☎ 077-236 058. Mitten im Zentrum nahe dem chinesischen Tempel. Schön möblierte Zimmer mit Tisch, AC, TV, Minibar und wahlweise Warmwasser, die nach vorne zur Straße z. T. mit kleinem Balkon. Die Zimmer nach hinten sind ruhiger. WLAN. ❸–❹

mit AC, TV und Minibar. Frühstück inkl. WLAN und Internet. ❹–❺

Jinta City Hotel ⑤, Chonvithi Rd., ☎ 077-420 630, 🖥 www.jintasamui.com. Um einen kleinen Pool verschiedene 1- oder 2-geschossige Apartmenthäuser mit schön eingerichteten Zimmern, alle mit AC, Minibar und TV. WLAN. ❸–❹

Seaside Palace Hotel ③, in Piernähe, ☎ 077-421 079. In die Jahre gekommenes Hotel mit abgetretenem roten Teppich. Ordentliche Zimmer mit Warmwasser und Ventilator oder AC. Ein paar neue Zimmer, nur bedingt besser, aber teurer und mit TV. Einige Zimmer mit kleinem Balkon und Blick auf den Hafen. WLAN. ❷–❹

Win Hotel ④, 366 Chonvitee Rd., ☎ 077-421 500. Am Hafen gelegenes, alteingesessenes und einfaches Hotel. Gut in Schuss gehaltene Zimmer mit AC, TV, Minibar und Teppichboden, teils auch mit Verbindungstür. Manche Zimmer mit kleinem Balkon und tollem Hafenblick. ❸

Essen

Überall in Nathon gibt es kleine und größere Lokale, die sich vornehmlich an einheimische Gäste richten und entsprechend authentisches Essen (Vorsicht: scharf) in einfacher Umgebung bieten. Wer sich traut, nimmt einfach auf den Plastikstühlen Platz und bestellt (meist per Fingerzeig auf die vorbereitete Kost oder auf den Teller des Nachbarn).

Coffee Island, Amphoe Rd., ☎ 077-420 153. Nett eingerichtetes Eckrestaurant mit Kaffee und Thai-Gerichten, natürlich auch Burger und Pommes. Schöner Blick aufs Fährpier und Meer. Gegenüber vergleichbaren Lokalen der Stadt leicht gehobenes Preisniveau. Vermieten auch übertreuerte, wenig ansprechende Zimmer. WLAN.

Ruang Thong Bakery, nahe dem Hafen. Leckerer Kaffee und viele Gerichte, zudem frisches Brot und Gebäck. Bebilderte Speisekarte.

Sunset Seafood, Chonvithi Rd. Unter freiem Himmel oder überdacht frisch gebratener Fisch vom Grill und andere Thai-Gerichte. Meerblick. Bei gutem Wetter und Flut schönes Ambiente. ⏲ 10–23 Uhr.

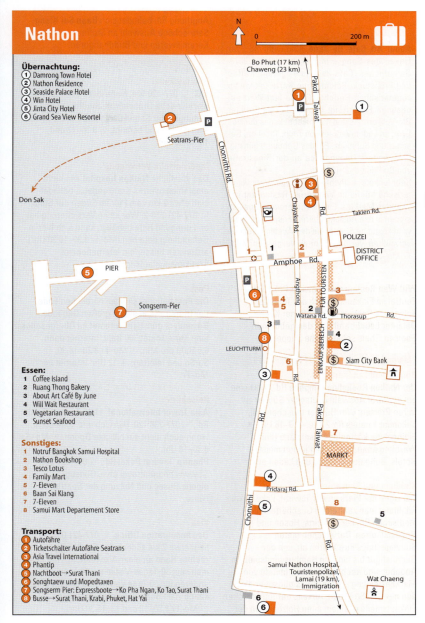

Tipps für Vegetarier

About Art Café By June, Chonvithi Rd., zur Linken des Songserm Pier, ☎ 089-724 9673. Gemütliches Café mit sehr gutem Kaffee und Frühstück. Reichhaltige Karte mit vielen vegetarischen Gerichten. June legt Wert auf gesunde Ernährung, im Angebot sind daher Bio-Vollkornreis und frisch gebackenes dunkles Brot. Im Laden Verkauf von Tuch, Taschen, Geschirr und Schmuck. Für das Gebotene günstig. Eine weitere Dependance an der Ringstraße von Bo Phut. ⏱ 8–17 Uhr.

Sehr leckere, authentische und günstige vegetarische Küche im **Vegetarian Restaurant** unweit des Marktes. Einige vorbereitete Speisen stehen in den Auslagen bereit. Frisch zubereitet wird köstliche Suppe, die den Ausblick auf den vermüllten Vorplatz schnell vergessen lässt. ⏱ Mo–Sa 7–16 Uhr.

Will Wait Restaurant, Thawirat Pakdi Rd. Zentral im Einkaufsbereich der Touristen gelegenes Restaurant mit offener Küche. Dahinter Leuchttafeln mit den gebotenen Speisen. Thais schätzen die Suppe.

Einkaufen

Bücher und Landkarten

Der **Nathon Bookshop**, Amphoe Rd., führt eine gut sortierte Auswahl deutscher Bücher zu fairen Preisen. Wer Bücher tauschen will, bekommt 1 neues für 2 alte. ⏱ 9–18 Uhr.
Einige gute, kostenlose Inselpläne (durch Werbung finanziert) liegen in den meisten Hotels, Bungalowanlagen und Läden aus.

Kleidung und Souvenirs

Auf Höhe der Piers an der Tawirat, Ecke Pakdi Rd. findet man zahlreiche Geschäfte mit modischen Röcken, T-Shirts, Hosen und Badeklamotten. Dazwischen bieten Souvenirshops ihre Waren an, von der Buddhafigur bis hin zum Bambuswindspiel. Im Angebot sind auch Schuhe und Imitate von Markenkleidung – alles etwas günstiger als an den meisten Stränden. Abseits der touristischen Einkaufsmeile in einem alten Holzhaus an der Angthong Rd. befindet sich **Baan Sai Klang**. Sehr schöne Auswahl an Stoffen, Keramikwaren und Buddhafiguren.

Sonstiges

Informationen

TAT, ☎ 077-420 504, hinter der Post. Hier gibt es zahlreiche Broschüren, Stadtpläne und Zeitungen der Samui Community. Die Damen sind höflich und bemüht. ⏱ 8.30–12 und 13–16.30 Uhr.

Medizinische Versorgung

Das staatliche **Nathon Hospital**, ein nicht empfehlenswertes Krankenhaus, befindet sich etwa 2 km vom Pier im Süden der Stadt, ☎ 077-421 230-2. Wer keine Versicherung hat und dringend Hilfe benötigt, kann sich hier in Behandlung begeben (Mo–Fr 8.30–16.30 Uhr), ansonsten besser ein internationales Krankenhaus aufsuchen.

Post

Die Post befindet sich am nördlichen Ende der Uferstraße in einem großen Gebäude. Besonders günstiges Internet im Obergeschoss: Eine Karte kostet 300 Baht, Internet dann 0,5 Baht pro Min. ⏱ Mo–Fr 8.30–16.30, Sa/So und feiertags 9–12 Uhr. Internet nur Mo–Fr.

Reisebüros

Asia Travel International, 11/15 Tawirat Pakdi Rd., ☎ 077-236 120. Hilfreich und kompetent, wenn auch nicht die billigste Option. ⏱ Mo–Sa 8.30–18 Uhr.
Phantip, Tawirat Pakdi Rd., ☎ 077-421 221, 🖥 www.phantiptravel.com. Günstig; eigene Busse und Nutzung der Seatran-Fähre.

Visa

Das **Immigration Office**, ☎ 077-421 069, liegt etwa 2 km südlich des Stadtkerns rechter Hand an einer Abzweigung. Hier kann man sein 30-Tages-Visum um 14 Tage, alle anderen um 30 Tage verlängern. Visagebühr knapp 2000 Baht. Passfoto mitbringen. ⏱ Mo–Fr 8.30–12 und 13–16.30 Uhr.

Nahverkehr

Songthaew

Rote Songthaew mit bunt aufgepinselten Fahrzielen befahren immer dieselben Strecken. Diese sind jedoch nicht einheitlich, sodass man bei Zielen unterwegs nachfragen sollte. Manche Songthaew verkehren über den Flughafen, andere folgen einer längeren Route über den Süden. Betriebszeiten 6–18 Uhr, manche Fahrzeuge auch abends. Wer mit einer Fähre in Nathon ankommt, wird meist ein bereitstehendes Songthaew vorfinden. Fahrpreis zu den Stränden je nach Streckenlänge 50–100 Baht (am besten passend bereithalten, da die Fahrer nur selten Geld wechseln). Wer ein Fahrzeug für sich allein nutzt, etwa am Abend, zahlt etwa 500–800 Baht.

Taxis und Mopedtaxis

Auf der Ringstraße verkehren zahlreiche Taxis. Auch Resorts und Anlagen bestellen Taxis. Man sollte auf das Einschalten des Taxameters bestehen, doch garantiert dies nicht unbedingt einen besseren Preis. Nachts lassen sich die Fahrer selten auf Taxameter ein und verlangen Höchstpreise. Zu den Stränden tagsüber 300–700 Baht. Mopedtaxis warten am Hafen. Zum Busbahnhof und zur Immigration 30 Baht, zu den Stränden 50–300 Baht.

Minibusse

Songserm bietet bei Ankunft seiner Fähren einen Zubringerbus zu den Stränden für 50 Baht extra. Das Ticket gilt nur direkt bei der Ankunft, man kann also nicht erstmal in Nathon herumschlendern, bevor es weitergeht.

Transport

Die meisten Reisenden kommen entweder mit dem Boot oder mit einem der sogenannten *joint tickets*, die Bus- bzw. Bahn- und Bootsfahrt in einem Kombipaket verbinden. Aus Bangkok kommend, fährt man dabei über Nacht. Die Boote nach Ko Samui verkehren ab Ban Don in Surat Thani, ab Tha Thong (etwa 8 km östlich) und ab Don Sak (fast 70 km östlich). Zu allen Fähren gibt es Zubringerbusse, die auch Reisende ohne Kombiticket noch bei Ankunft buchen können.

Ankunftsorte auf Ko Samui sind neben der Hauptstadt Nathon diverse Strände. Die Raja-Autofähre steuert Lipa Noi an. Der Highspeed-Katamaran von Lomprayah landet am Hat Mae Nam. Seatran bringt seine Gäste zum Bang Rak Pier nahe Big Buddha. Von hier bietet die *Had Rin Queen* tgl. mehrmals eine Verbindung zum Partystrand von Ko Pha Ngan, und stdl. verkehrende Express-Charterboote verbinden Ko Samui mit Ban Tai, ebenfalls auf Ko Pha Ngan. Abfahrtszeiten nach Ko Samui s. Chumphon (S. 374) und Surat Thani (S. 493), Weiterfahrt an die jeweiligen Strände s. oben (Nahverkehr).

Busse

BANGKOK, ab Bus Station (knapp 1,5 km südlich von Nathon) um 7.30, 13.30, 15.30, 16.30 und 17.30 Uhr für 600/700 Baht in 12–14 Std. VIP-24-Bus um 7.30, 15.30, 16.30 und 17.30 Uhr für knapp 1000 Baht. Private Busse zu denselben Abfahrtszeiten kosten etwas weniger. Bei allen Bussen muss das Fährticket extra bezahlt werden (120 Baht). Die billigsten Kombitickets werden meist mit Songserm angeboten, jeweils über Don Sak, Abfahrt 14 Uhr (nicht empfehlenswert, s. S. 411, Kasten: Vorsicht: Kombitickets und Klaubusse). HAT YAI, AC-Bus um 7.30 und 9.30 Uhr für 510 Baht in 7 Std. KRABI, AC-Bus und Seatran-Fähre um 7.30 für 410 Baht in 8 Std. PHUKET, AC-Bus um 7.30 und 9.30 Uhr für 510 Baht in 7–8 Std. SURAT THANI, AC-Bus ab Nathon um 7.30, 9.30, 11.30, 13.30 und 15.30 Uhr für 285 Baht inkl. Fähre.

Boote

KO PHA NGAN, Lomprayah um 11.15 und 17 Uhr in 30 Min. für 300 Baht. Songserm-Expressboot um 11 und 17.30 Uhr für 200 Baht in 1 Std. KO TAO, Songserm-Expressboot um 11 Uhr über Ko Pha Ngan für 350 Baht in 3 Std. SURAT THANI, **Nachtboot** um 21 Uhr zum Ban Don Pier direkt in der Stadt. Ankunft 4 Uhr morgens, 150 Baht. Seatran-**Autofähre** nach Don Sak stdl. von 5–18 Uhr für 150 Baht in 1 1/2 Std. Zubringerbus nach Surat Thani

240 Baht. Pkw inkl. Fahrer 400 Baht. Am Wochenende und in den thailändischen Ferienzeiten ist die wartende Autoschlange meist lang. Fußgänger können hingegen direkt an Bord gehen. Auch Songserm fährt um 14 Uhr nach Don Sak (nicht empfehlenswert, s. o., Busse). In 45 Min. bedient Lomprayah mit dem Katamaran die Strecke nach Don Sak, Abfahrt 8 und 12.45 Uhr, für 350 Baht. Bis in die Stadt dauert die Fahrt 2 Std., zum Flughafen oder Bahnhof 2 1/2 Std. für 600/500 Baht. Lomprayah-Busse fahren von Don Sak zudem nach Krabi, Ko Lanta, Phuket, Hat Yai und Ko Phi Phi.

Flüge

Ko Samui hat einen wunderschönen Flughafen. Wer aus der Ferne anreist und hier zum ersten Mal thailändischen Boden betritt, gewinnt mit Sicherheit einen positiven ersten Eindruck. Der Flugplatz befindet sich in Privatbesitz, daher gibt es nur relativ teure Flüge. AC-Minibusse warten auf Kunden, Airportlimousinen fahren Betuchtere zu den Stränden. Wer vorgebucht hat, wird oft abgeholt (manchmal gegen Gebühr). Normale, etwas günstigere Taxis stehen etwa 300 m vom Terminal entfernt an der Hauptstraße. Mietwagen bei Budget, ✆ 077-427 188.

Flüge von **Bangkok Airways**, ✆ Ko Samui 077-420 133, Flughafen ✆ 077-428 500, Reservierung auch in Bangkok, ✆ 02-2293456–63, 🖥 www.bangkokair.com. Wer übers Internet bucht, bekommt meist sehr günstige Tickets. Wer früh bucht, hat die Chance auf günstige Webpromotion. Die gelisteteten Preise sind nur als Orientierung zu verstehen.

BANGKOK, 20x tgl. von 6–22 Uhr etwa 5000 Baht (günstige Webpromotion für alle, die früh buchen) in 65 Min.
CHIANG MAI, tgl. um 10 Uhr, 7000 Baht in 3 1/2 Std.
KRABI, Mo, Do und So um 11.10 und 12.30 Uhr, 2900 Baht in 40 Min.
PATTAYA, tgl. um 9.15 und 11.10 Uhr, 4500 Baht in 1 Std.
PHUKET, tgl. um 8.05, 11.20, 15 und 18 Uhr, 2900 Baht in 1 Std.
SINGAPORE, tgl. um 16.35 Uhr, 11 700 Baht in 1 3/4 Std.
HONG KONG, tgl. um 11.30 Uhr, 17 300 Baht in 3 1/4 Std.

Hat Mae Nam

Die weit geschwungene Bucht Hat Mae Nam **[2765]** ist etwa 4 km lang und mit schattigen Kokospalmen bewachsen. Einige Besucher kommen über die Ringstraße, andere landen direkt mit dem Boot am Strand an. Der Sand ist an den beiden Buchtenden grobkörnig und goldgelb, auf Höhe des Dorfes Ban Mae Nam am zentralen Abschnitt lockt feiner Sand. Hier stehen junge Kokospalmen und spenden Schatten. Während am zentralen Strandabschnitt einiges los ist, herrscht an den Enden des Strandes viel Ruhe. Das Meer wird überall schnell tief, und man kann das ganze Jahr über schwimmen.

Hat Mae Nam bietet Übernachtungsmöglichkeiten jeglicher Art: Von der einfachen Holzhütte (manch eine noch direkt am Strand) über gut ausgestattete, bezahlbare Bungalows mit AC bis hin zur Luxusherberge findet an diesem sauberen Strand jeder ein passendes Angebot. Viele Anlagen sind auf Sand gebaut, der Strand davor ist eher schmal.

Am **Wat Phra Lam** sieht man viele Thais relaxen. Wer den Tempel besuchen will, sollte sich angemessen kleiden. Ein Besuch bei Buddha im Bikini ist absolut tabu.

Übernachtung

Am Strand finden sich über 30 Unterkünfte. Einfache Hütten aus alten Tagen sind schon ab 350 Baht zu haben, für stabile Reihenbungalows mit AC muss man um die 1000–1500 Baht kalkulieren. Bei den ebenfalls vorhandenen Luxusanlagen mit allem Komfort ist der Preis nach oben offen. Hinter dem Dorf Richtung Osten schützen Betonmauern die Anlagen vor der anrollenden Flut. Hier werden zu manchen Jahreszeiten Korallenreste angeschwemmt, sodass man zum Baden an einen anderen Strandabschnitt ausweichen sollte.
Weitere Unterkünfte unter **eXTra [2766]**

Mae Nam

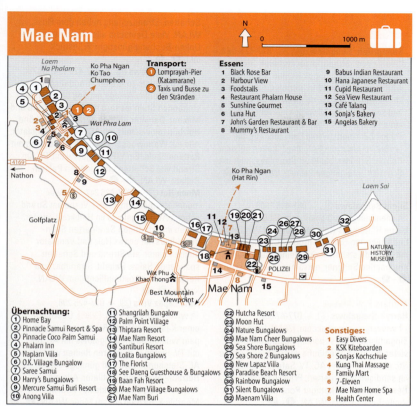

Untere Preisklasse

Anong Villa ⑩, ☏ 077-247 256, **[3072]**. Einfache Holzbungalows mit Ventilator und Steinbungalows mit AC am Strand und hinter dem Restaurant. Ziemlich eng bebaut. Am Strand ist viel los. Familienbetrieb. ❷–❺

Maenam Villa ㉜, ☏ 077-425 501, ✉ maenamvilla@hotmail.com. Einfache Holzbungalows mit Ventilator und Steinbungalows mit AC am ruhigen Strandabschnitt. Großer Sandgarten. ❷–❹

Naplarn Villa ⑤, ☏ 077-247047, **[3080]**. Im Westen, etwas im Hinterland in einem Cashewgarten gelegen. 4 kleine, einfache und 6 große Bungalows, Letztere mit Doppel- und Einzelbett, TV und AC. Große Räume, wenig Ausstattung. Im Restaurant (s. u., Essen) WLAN. ❸–❹

Nature Bungalows ㉔, ☏ 081-367 3312, **[3047]**. Am schönsten Strandabschnitt direkt am Strand in 2 Reihen Bungalows aus einem anderen Jahrtausend. Windschief, teils bemalt, aus Holz oder Matten. Alte Matratzen, Tisch und Stuhl und oft sogar ein Regal. Ideal für Anspruchslose und alle, die das Moskitonetz zu schätzen wissen. Günstigste Unterkunft am Hat Mae Nam. ❷–❸

Rainbow Bungalow ㉚, ☏ 077-425 425. Reihenbungalows mit Ventilator und AC, vom Strand Richtung Landesinnere. Manche Zimmer mit Ventilator haben auch Warmwasser. Im Restaurant WLAN. ❷–❹

Bungalows nach Maß

Shangrilah Bungalow ⑪, ☏ 077-425 189, [3081]. Vom Strand in rückwärtige Richtung stehen in Reihe 3 Bungalowtypen: empfehlenswerte, gut ausgestattete Holzbungalows mit AC im manikürten Garten, daneben kleine, einfache und sehr günstige Holzhütten mit Ventilator und hinter dem großen Restaurant große Steinhäuser mit 2 Zimmern (wenig Flair, aber TV), alle mit großer Veranda und Sitzgelegenheiten auf dem Balkon. Schöner, beliebter Strandabschnitt mit Schatten unter jungen Palmen. WLAN. ❸–❻

Silent Bungalows ㉛, ☏ 081-415 1806, ✉ silentbungalow@gmail.com, [3083]. Sehr kleine Hütten aus Holz und Stein mit Ventilator und sauberem Bad und große AC-Bungalows mit Veranda stehen in drei Reihen sehr dicht aneinander. Schöner, einsamer Strandabschnitt. ❷–❹

Mittlere Preisklasse

Harry's Bungalows ⑧, ☏ 077-47 097, 🖥 www.harrys-samui.com, [3044]. Imposante Eingangshalle mit schönem Restaurant unter vielen Bäumen. Weitläufig verteilte, geräumige Steinbungalows mit AC, TV, Safe und Minibar, im sandigen Naturgarten, Preis je nach Bewohnerzahl. Schattiger Pool mit Kinderbecken. Spa. WLAN. ❹–❺

Home Bay ①, ☏ 077-247 214, ✉ homebaysamui@googlemail.com, [3041]. Große und kleinere Bungalows im Westen der Bucht mit AC oder Ventilator, auch einige Zimmer mit Ventilator und Warmwasser. Einige Bungalows direkt am Strand (einer davon mit Kühlschrank). Dahinter einfache und größere Holzbungalows mit Ventilator und Steinbungalows mit AC (teils mit 2 großen Betten). Vorne hört man nachts die Musik der nahe gelegenen Black Rose Bar. WLAN. ❸–❺

Hutcha Resort ㉒, ☏ 077-425 555, 🖥 www.hutcharesort.com, [3045]. Große, moderne Anlage mit ungetünchten Steinhäusern im Boutique-Stil. Neben AC-Zimmern mit TV und Minibar auch günstigere Zimmer mit Ventilator. Schöne Bäder. Großer, attraktiver Pool mit Schatten. Strandzugang neben dem Fluss. WLAN. Viele Deutsche aller Altersstufen. Bei Online-Buchung günstiger. Frühstück inkl. ❹–❻

Lolita Bungalows ⑯, ☏ 077-425 134, [3078]. In Dorfnähe am zentralen Strandabschnitt. Lang gestreckte Anlage mit eng beieinander stehenden Steinhäusern mit Meerblick, AC und Minibar. Dahinter ebenso geräumige, schöne Holzbungalows, teils mit AC, teils mit Ventilator. Alle mit Warmwasser. Hübsche Einrichtung mit Rattanmöbeln. Ein VIP-Bungalow mit TV. Am Strand viel Schatten unter jungen Palmen. Beliebt. WLAN. ❹–❺

Moon Hut ㉓, ☏ 077-425 247, 🖥 www.moonhutsamui.com, [3084]. Vorne am Strand schöne AC-Bungalows im Halbkreis, weiter hinten im schattigen Sandgarten Steinbungalows mit etwas Holz und Ventilator. Junge Palmen am Strand und Schatten spendende Salas. Beliebt. Strandbar und Restaurant mit kostenpflichtigem WLAN. Kajaks. ❸–❺

New Lapaz Villa ㉘, ☏ 077-425 296, 🖥 www.newlapaz.com, [3085]. Oberhalb einer Kaimauer. Vorne Restaurant und ein paar wenige Strandbungalows mit AC, teils mit TV. Hinten in mehreren Reihen weitere AC-Steinbungalows und günstige stabile Holzbungalows mit Ventilator. Alle mit Warmwasser. Spa und kleiner Pool mit Meerblick. Restaurant am Meer. WLAN. ❷–❺

Palm Point Village ⑫, ☏ 077-247 372, 🖥 www.palmpointsamui.net, [3090]. Vom schönen Strandabschnitt Richtung Hinterland attraktive große Steinbungalows mit AC oder Ventilator.

Traumresort nicht nur für Familien

Mae Nam Resort ⑭, ☏ 077-247 286, 🖥 www.maenamresort.com, [3073]. Eng bebauter tropischer Garten, dessen Pflanzen die Bungalows voneinander abschirmen. Geräumige, gut ausgestattete Bungalows, teils mit 2 Betten. Auch Familienbungalows mit 2 Zimmern. Am schönsten sind natürlich die Strandbungalows. Autoverleih. Schatten am Strand unter jungen Palmen. WLAN. ❺

Hinten günstige Holzbungalows. Steiler Strand, Schatten spendende Palmen. ❸–❹

Pinnacle Coco Palm Samui ③, ✆ 077-247 288, 🖥 www.pinnaclehotels.com, [3040]. Resort mit großen Bungalows diverser Preisklassen am Strand und im tropischen Garten. Geschmackvolle Einrichtung, alle mit AC, TV und Kühlschrank. Einige Pool-Villen. Pool mit Kinderbecken, aber wenig Schatten. Spa, Restaurant. Inkl. Frühstück. WLAN. ❺–❽

Pinnacle Samui Resort & Spa ②, ✆ 077-427 308, [3040]. Gehört zum angrenzenden Pinnacle Coco Palm Samui. Hotelkomplex und Bungalows gehobener Ausstattung. Spa. Kleiner, angenehmer Pool mit Kinderbecken und viel Schatten. Massives Kinderklettergerät. Inkl. Frühstück. WLAN. ❻–❼

The Florist ⑰, ✆ 077-425 671, 🖥 www.floristresort.com, [3087]. Schöne Anlage am Dorfstrand mit 2-geschossigen Reihenhäusern, die sich um 2 kleine Pools gruppieren. Hübsche Einrichtung, TV, Minibar und meist Moskitonetz. Abends BBQ am Strand. WLAN. ❺–❼

Thiptara Resort ⑬, ✆ 077-425 351, 🖥 www.thiptararesort.com, [3092]. Hinter dem Mae Nam Resort. Grün getünchte kleine Steinhäuser mit AC, Kühlschrank und TV um einen kleinen Pool herum. Gelungen sind die Badezimmer. WLAN im Zimmer. Ab 7 Tagen 10 % Rabatt. ❹–❺

Obere Preisklasse

Mae Nam Buri ㉑, ✆ 077-427 036, 🖥 www.maenamburi.com, [3074]. Am östlichen Ende des Dorfstrandes. Schöne Steinbungalows, 2 davon mit Meerblick, die anderen Richtung Hinterland. Große Betten, in manche Zimmer passt ein Extrabett (500 Baht). TV und Kühlschrank, teils auch Safe. Hinter der Straße eine Pool-Villa mit 2 Zimmern. WLAN. Frühstück inkl. ❺–❻

Mercure Samui Buri Resort ⑨, ✆ 077-447 275, 🖥 www.mercuresamuiburi.com, [3093]. Sehr geräumige Zimmer im Hotel und in Pool-Villen, alle mit Badewanne, TV, Kühlschrank, Wasserkocher. Von den Zimmern im EG gelangt man sofort zu einem langen, schmalen Schwimmbecken. Großer Pool am Strand mit Meerblick und Kinderbecken. Kids-Club und Fitnessraum. ❼–❽

Paradise Beach Resort ㉙, ✆ 077-247 227, 🖥 www.samuiparadisebeach.com, [3054]. Große Anlage mit geräumigen Bungalows und Zimmern in 2-geschossigen Reihenhäusern im tropischen Garten. TV, Minibar. 2 Pools, einer mit abgetrenntem Kinderbereich, überdachter Babypool. Fahrräder, Fitnessraum. Tauchschule Divers in Paradise (s. u., Tauchen), Kajaks, Windsurfen und Katamarane. Kostenloser Shuttle nach Chaweng. WLAN. ❽

Essen

Die meisten Resorts haben ein Restaurant. Zudem gibt es viele einfache Lokale mit Thai- und westlichen Gerichten, meist etwas im Hinterland gelegen. Authentische Thai-Küche für wenig Geld offerieren die **Foodstalls** vor dem Tempel am Strand. Den ganzen Tag über flanieren zudem Händler mit aufgeschnittener Ananas oder anderen Leckereien am Strand entlang. Abends werden Tische in den Sand gestellt, und viele Anlagen, vor allem im zentralen Strandabschnitt, bieten BBQ.

Babus Indian Restaurant, ✆ 084-877 6034. Einfaches, überdachtes Restaurant mit Roti, Naan und Samosas. Currysets ab 195 Baht, Lammcurry 275 Baht.

Café Talang, rechts vom Pier, schönes Holzhaus mit Korbsesseln im überdachten Haus oder draußen an Bambustischen im Sand. Abends leckeres BBQ. Happy Hour 16–19 Uhr.

Cupid Restaurant, vor der Wartesala der Speedboote. Einfaches, überdachtes und freundliches Lokal mit vielen Gerichten aus der Thai-Küche. Leser loben die Fischgerichte und Milchshakes.

Hana, kleines japanisches Restaurant an der Hauptstraße auf Höhe Santiburi Resort und Lolita Bungalows. Sushi ab 100 Baht. ⏱ 12–21 Uhr, Di Ruhetag.

Harbour View, großes Restaurant am Lomprayah Pier, in dem man vor Abfahrt der Boote trotz vollem Haus noch zügig etwas zu essen bekommt. Zudem Shakes und Kaffee. ⏱ 7–17.30 Uhr.

John's Garden Restaurant & Bar, ℡ 089-972 9369, 🖥 www.johnsgardensamui.com. Gemütliches Gartenrestaurant hinter dem Tempel an der Zufahrtsstraße. Thai-Küche, Steaks und Seafood. ⊙ 10–22 Uhr, Mo Ruhetag.

Luna Hut, gegenüber von Harry's Bungalow am See. Thai- und westliche Gerichte im überdachten Restaurant. Wein. Ruhig und angenehm. Moderate Preise.

Mummy's Restaurant, ℡ 077-427 699. Hinter dem Mae Nam Resort. Leser loben das gute Thai-Küche in diesem einfachen Restaurant. Vermietet auch Steinbungalows direkt gegenüber. ⊙ 8.30–22 Uhr.

Restaurant Phalarn House, Thai-Küche und Europäisches. Seafood und Steaks vom Grill. WLAN. ⊙ 9–23.30 Uhr.

Sunshine Gourmet, hinter dem Tempel. Abends leckeres BBQ, tagsüber Thai-Küche. Zudem italienischer Kaffee und deutsche Bratwurst. Offenes, nett hergerichtetes einfaches Restaurant mit moderaten Preisen.

Cafés und Bars

Angelas Bakery, an der Hauptstraße hinter dem Dorf Richtung Bo Phut. Seit Jahren beliebt wegen seiner leckeren Backwaren. AC-Raum, außerdem einige Tische an der Straße im überdachten Bereich. ⊙ 8.30–17 Uhr.

Black Rose Bar, im Westen der Bucht vor dem Felsen neben Home Bay. Abends stehen hier kleine Tische im Sand, ab Sonnenuntergang Musik bis etwa 1 Uhr nachts.

Sea View Restaurant, am Anlegeplatz der Speedboote im Dorf. Viele Stühle und Tische am Strand, Plätze auch im Schatten des überdachten Restaurants. Viel Westliches, ein paar Thai-Gerichte.

Sonja's Bakery, ℡ 089-725 5610. Auf der Hauptstraße Höhe Baan Fah Resort, kurz hinter der Ampel. Die Deutsche Sonja betreibt hier seit fast 10 Jahren eine kleine Bäckerei mit deutschen Backwaren zu nahezu deutschen Preisen. Große Portionen. Es gibt guten Kaffee. Leser loben das gute Frühstück mit dunklem Brot, Parma-Schinken und Gouda. Außerdem Pasta und Schnitzel. ⊙ 9–16 Uhr. Mo Ruhetag.

Aktivitäten

Einkaufen

In Mae Nam gibt es nur wenige Geschäfte, ein paar Schneider hier und da. Am Highway stehen ein Family Mart und ein 7-Eleven, die 24 Std. geöffnet sind. Dinge des alltäglichen Bedarfs gibt es zudem in den vielen kleinen Kramläden auf den Zufahrtstraßen zum Strand.

Kiteboarden

KSK, ℡ 086-267 1169, 🖥 www.kohsamuikiteboarding.com. Büro an der Straße hinter dem Tempel. Max. 2 Schüler pro Kurs. Es wird deutsch gesprochen. Kurzeinführungen, die in 3 1/2 Std. den Thrill erleben lassen (ca. 4000 Baht); ein ganzer Kurs dauert 13 Std. ⊙ 18–20 Uhr.

Kochkurse

Sonjas Kochschule, ℡ 089-255 610, 🖥 www.thaicookingclass-samui.com, [3105]. Hinter dem Phalarn Inn an der Zufahrtsstraße betreibt die deutsche Sonja (siehe Cafés) eine kleine Kochschule (nachmittags auch auf Deutsch). Max. 3 Schüler pro Lehrer. Vegetarische Gerichte auf Anfrage, auch private Kurse möglich. 2 Kurse tgl., 10–14 und 13–17 Uhr.

Massagen

Am Strand gibt es zahlreiche überdachte Massagepavillons. Gute und günstige Massagen (ab 300 Baht) auch bei **Kung Thai Massage**, ℡ 089-872 8058, direkt neben dem Sunshine Gourmet. Im Dorf lädt das **Mae Nam Home Spa**, ℡ 089-195 6048, zur Entspannung. Massagen, Wraps und Gesichtspflege. ⊙ 11–22 Uhr.

Tauchen

Tauchtrips mit 2 Tauchgängen ab 5000 Baht. Die meisten Tauchschulen arbeiten zusammen. Abholung ist um 7 Uhr am Resort, Rückkehr gegen 16 Uhr.

Divers in Paradise, ℡ 077-247 408, 🖥 www.diversinparadise.net, im Paradise Beach Resort. Deutsche Tauchschule. Kurse für

Bo Phut/Big Buddha

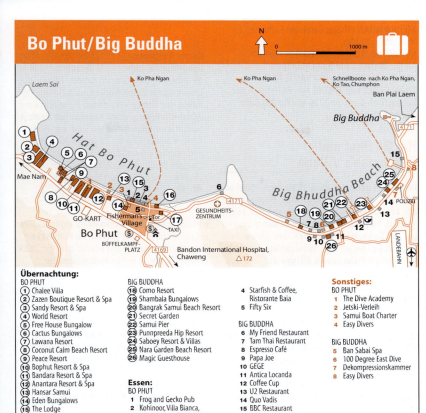

Übernachtung:

BO PHUT
1. Chalee Villa
2. Zazen Boutique Resort & Spa
3. Sandy Resort & Spa
4. World Resort
5. Free House Bungalow
6. Cactus Bungalows
7. Lawana Resort
8. Coconut Calm Beach Resort
9. Peace Resort
10. Bophut Resort & Spa
11. Bandara Resort & Spa
12. Anantara Resort & Spa
13. Hansar Samui
14. Eden Bungalows
15. The Lodge
16. L´Hacienda
17. Cocooning

BIG BUDDHA
18. Como Resort
19. Shambala Bungalows
20. Bangrak Samui Beach Resort
21. Secret Garden
22. Samui Pier
23. Punnpreeda Hip Resort
24. Saboey Resort & Villas
25. Nara Garden Beach Resort
26. Magic Guesthouse

Essen:

BO PHUT
1. Frog and Gecko Pub
2. Kohinoor, Villa Bianca, Billabong Surf Club, Kyoto
3. Happy Elephant Restaurant
4. Starfish & Coffee, Ristorante Baia
5. Fifty Six

BIG BUDDHA
6. My Friend Restaurant
7. Tam Thai Restaurant
8. Espresso Café
9. Papa Joe
10. GEGE
11. Antica Locanda
12. Coffee Cup
13. U2 Restaurant
14. Quo Vadis
15. BBC Restaurant

Sonstiges:

BO PHUT
1. The Dive Academy
2. Jetski-Verleih
3. Samui Boat Charter
4. Easy Divers

BIG BUDDHA
5. Ban Sabai Spa
6. 100 Degree East Dive
7. Dekompressionskammer
8. Easy Divers

Anfänger und Fortgeschrittene, für Kinder ab 8 Jahren gibt es Kidskurse (2 Std., 2400 Baht), Unterwasserfotografie. PADI-Ausbildung bis zum Assistant Instructor. Kostenlose Probestunde im Pool.
Easy Divers, ✆ 077-425 397. Büro am Lomprayah Pier. Die agile Managerin Pawarisa ist unter ✆ 084-689 1900 mobil erreichbar. Tauchtrips mit dem Speedboot. Das Büro gehört zu Lomprayah, 🖥 www.lomprayah.com, und organisiert deren Tauchangebote. Ausrüstung wird gestellt, kann vor dem Trip anprobiert und gegebenenfalls ausgewechselt werden.

Sonstiges

Medizinische Hilfe
Health Center, Behandlung gegen eine angemessene Spende.

Transport
Ab **Lomprayah Pier** im Westen: BANGKOK und HUA HIN, mit den Booten nach Chumphon und weiter mit dem Bus. Hua Hin in 9 Std., Bangkok in 12 1/2 Std., jeweils ab 1400 Baht (Sonderangebot).
CHUMPHON, um 8 Uhr ab 1100 Baht in knapp 4 Std.

KO PHA NGAN (Thong Sala), um 8 Uhr für 300 Baht in 20 Min.
KO TAO, um 8 Uhr für 600 Baht in 1 3/4 Std. Ab der Wartesala in **Baan Mae Nam**:
HAT RIN, HAT THIEN, HAT YAO (EAST), THAN SADET und THONG NAI PAN, tgl. in der Saison (Dez–Sep) um 12.30 Uhr für 300 Baht. Nur bei ruhiger See.

Hat Bo Phut und Fisherman's Village

Im Norden der Insel, etwa 15 km hinter Nathon, erstreckt sich in einem großen Bogen diese 2,5 km lange Bucht. Der Strand ist recht schmal, fällt schnell steil ab und bietet groben gelben Sand. Hier kann man das ganze Jahr über schwimmen und windsurfen. Flanierer kommen im **Fisherman's Village** auf ihre Kosten. In den alten Ladenhäusern am Meer wurden zahlreiche gute Restaurants und einige nette Boutiquen eröffnet, die Publikum von der ganzen Insel anziehen. Vor allem abends lockt hier leckeres BBQ in idyllischer Atmosphäre. Jeden Freitag wird die schmale Straße zum Walkway – dann wird es ohne Autos noch beschaulicher. Von der Ringstraße gelangt man durch ein großes Tor in die alte Stadt hinein. Fischer gibt es heute hier nicht mehr, aber die alten, oft restaurierten hölzernen Ladenfronten, in denen neben Restaurants auch Schmuck- und Modegeschäfte Quartier bezogen haben, blieben erhalten und sorgen für das einzigartige Flair dieses Ortes.

Übernachtung

Die meisten Anlagen am Bo Phut gehören zur mittleren bis oberen Preiskategorie. Es gibt ein paar preisgünstige Bungalows, von denen jedoch nur wenige empfehlenswert sind. Da der Strand recht schmal ist, ist er nur bei Ebbe

Allzeit online: WLAN

Bo Phut hat flächendeckend eine WLAN-Zone von Cyberpoint. Sofern WLAN nicht inklusive ist, kann man über eine eigene Netzkarte surfen.

Harmonische Farbe – schöne Bungalows

Cactus Bungalows ⑥, ☏ 077-245 565, ✉ cactus bung@hotmail.com, [6284]. Geschmackvoll in dezenten Naturfarben gehalten. Neben gut eingesetztem Beton wurden auch Naturmaterialien wie Steine verwendet. Bungalows mit AC oder Ventilator im mit Kakteen und Bambus gestalteten wilden Garten und am Strand. Schöne Bäder. Alle mit TV, in den AC-Zimmern auch ein Safe. Gemütliches Restaurant. Billard. Einziger Nachteil: Auch in den Zimmern mit Ventilator gibt es keine Moskitonetze. WLAN. ❸–❺

wirklich schön. Zum Ausspannen eignet er sich aufgrund seiner Ruhe perfekt: Bu Puth ist kein Partystrand – nur hin und wieder düst ein Jetski vorbei. Die Preise in den Restaurants der günstigen Anlagen sind im Vergleich zu anderen Stränden recht hoch.

Untere Preisklasse

Chalee Villa ①, ☏ 081-895 4780, [6285]. Ganz im Osten der Bucht, hinter dem Klong. 4 Holzbungalows direkt am Strand. 2 kleine, 2 etwas größer mit TV. Es folgt das Restaurant am Strand und dahinter kleine und große Bungalows. Wer direkt am Strand wohnt, liegt richtig, alle anderen Bungalows sind eher überteuert. ❸–❹

Coconut Calm Beach Resort ⑧, ☏ 077-245 965, 🖥 www.coconutcalmbeachsamui.com, [6286]. Bunt bemalte kleine Steinbungalows im Garten mit AC oder Ventilator. 6 größere Steinbungalows mit AC und TV. Die Ausstattung ist einfach und nicht gerade geschmackvoll. Nette Leute. Restaurant am Strand. Zweite Wahl. ❸–❹

Cocooning ⑰, ☏ 077-427 150, 🖥 www. cocooninghotelsamui.com, [6287]. Kleines Stadthaus mit schönen, recht engen Zimmern. Nett möbliert, Safe und TV. Minipool. ❹

Free House Bungalow ⑤, ☏ 077-427 516, 🖥 www.freehousesamui.com, [6288]. Auf einem kleinen schmalen Grundstück liegen schöne, in dunklem Holz gestaltete Bungalows mit

Ventilator und großen Moskitonetzen. Einige sind mit Verbindungstüren ausgestattet. Weiter vorne Steinhäuser mit AC, TV und Safe. Nettes Restaurant am Strand. ❸–❹

Mittlere Preisklasse
Eden Bungalows ⑭, im Fisherman's Village, ✆ 077-427 645, 🖳 www.edenbungalows.com, [6289]. Im tropischen Garten mit kleinem Pool eine Oase der Ruhe. Schöne Zimmer im kleinen Reihenhaus oder in Bungalows. Alle mit Safe und TV. ❺

Lawana Resort ⑦, ✆ 077-425 631, 🖳 www.lawanaresort.com, [6290]. Große Anlage mit dicht an dicht in Reihen stehenden buntgetünchten Bungalows. Innen ist die Ausstattung recht geschmackvoll (TV, AC, einige mit Badewanne und Safe), die Zimmer sind sauber. Vorne am Strand locken ein Pool und ein Restaurant. Mit und ohne Frühstück. ❹–❻

L'Hacienda ⑯, ✆ 077-245 943, 🖳 www.samui-hacienda.com. Stadthaus im Westen der Bucht. Geschmackvolle Zimmer mit Blick auf die Straße oder aufs Meer. TV und Safe. Pool auf dem Dach. ❺–❻

Sandy Resort & Spa ③, ✆ 077-425 353, 🖳 www.sandysamui.com, [6291]. Diverse Bungalows (vorne recht groß mit AC und TV, weiter hinten mit Ventilator, alle Warmwasser) stehen recht dicht beieinander. Gute Zimmer im 2-geschossigen Haus. Recht kleiner Pool. Liegen am Strand. ❹–❺

The Lodge ⑮, ✆ 077-425 337, 🖳 www.lodgesamui.com. Beliebtes, schönes Stadthaus mit Zimmern in gehobener Ausstattung. Alle mit Meerblick und sehr sauber. Liegen am Strand. Oft ausgebucht. ❺

World Resort ④, ✆ 077-425 355, 🖳 samuiworldresort.com, [6292]. Spaß und Erholung für die ganze Familie. Ansprechende, meist geräumige AC-Zimmer in Bungalows und Villen, teils mit einem großen und zwei kleinen Betten. Pool mit Kinderbecken. Kajakvermietung. Selbst in der Nebensaison finden Kinder hier Spielkameraden. Abends klassischer Thai-Tanz im Restaurant am Strand. Freundliche Stimmung. Wer eine Woche bleibt, zahlt nur für 5 Tage. ❺–❽

Wie in 1001 Nacht
Zazen Boutique Resort & Spa ②, ✆ 077-425 085, 🖳 www.samuizazen.com, [6295]. Im Osten der Bucht liegt diese wunderschön harmonisch gestaltete Anlage. Sehr geschmackvoll, dezent farbig: Thailand wie im Traum. Bungalows und Villen, die keinerlei Wünsche offenlassen. Frühstück inkl. Vor Blicken geschützter Pool mit Kinderbecken und Jacuzzi. Tolles Restaurant am Strand. Kajaks. Liegen am bei Flut recht schmalen Strand. ❽

Obere Preisklasse
Die besten Preise gibt es in dieser Kategorie i.d.R. pauschal gebucht oder im Internet. Den zentralen Strandabschnitt nehmen die großen Spa-Anlagen **Boputh Resort & Spa** ⑩, **Bandara Resort & Spa** ⑪ und **Anantara Resort & Spa** ⑫ ein. Günstige Buchungslinks siehe [3217].

Hansar Samui ⑬, ✆ 077-245 511, 🖳 www.hansarsamui.com, [6293]. Großes 3-geschossiges Haus in U-Form um einen riesigen Pool direkt am Fisherman's Village. Gute Ausstattung mit TV, Safe, WLAN, teils Badewanne. ❽

Peace Resort ⑨, ✆ 077-425 357, 🖳 www.peaceresort.com, [6294]. Große AC-Bungalows aus Holz und Stein am Meer und im Garten. Gute geschmackvolle Ausstattung. Pool mit Kinderbecken am Strand. Nahebei auch ein kleiner Spielplatz und ein Fitnessparcours für die Großen. Weiträumiges Gelände, tolles Spa. Schneider, Internet-WLAN-Zone, Kinderspielzimmer, kleine Bücherei. ❼–❽

Essen
An der Strandstraße des Fisherman's Village reihen sich gute Restaurants aneinander, oft von Franzosen, Belgiern oder Engländern geführt. Hier eine kleine Auswahl. Es lohnt sich, sich treiben zu lassen und einfach in das Lokal einzukehren, das einen am ehesten anspricht. Die Preise sind meist relativ hoch.

Billabong Surf Club, ✆ 077-430 144. Thai-Küche und Australisches in großen Portionen, dazu leckeren Wein oder eiskaltes Bier. WLAN. Vielfach Livemusik. ⓘ 10–2 Uhr.

Fifty Six, Thai- und Western-Fusionküche. Kleine, aber gute Auswahl und modernes Ambiente. Mi Thai-Tanz. Speisekarte auch auf Deutsch.

Happy Elephant Restaurant On the Beach, ✆ 077-245 347. Seit 1995 bekannt für gutes Seafood. Großes Restaurant direkt am Meer.

Kohinoor, schmackhafte indische Küche. Auch Thai-Gerichte. ⏲ 12–24 Uhr.

Kyoto, moderner Japaner, bei dem man dem Koch beim Zaubern zusehen kann. Tolle Lage am Wasser.

Ristorante Baia, neben italienischer Küche auch gutes Seafood mit Blick auf den Hafen.

Starfish & Coffee, gemütliches in Rot gehaltenes Restaurant mit breit gefächerter Speisekarte. Abends Seafood-BBQ. Meerblick. Sitzplätze auf dem Boden, an kleinen niedrigen oder normal hohen Tischen.

The Frog and Gecko Pub, ✆ 077-425 248. Oft Livemusik englischer Musiker oder Übertragung von Sportereignissen, dazu spielt man Billard oder genießt englisches Essen oder Thai-Küche. ⏲ 12 Uhr bis spät am Abend.

Villa Bianca, ✆ 077-245 941. Italienisches mit Blick aufs Meer. Gehobene Qualität und Preise.

Aktivitäten

Tauchen
The Dive Academy, ✆ 077-427 339, 💻 www.thediveacademysamui. Im Bandara Resort. Tauchschule mit PADI-Programm. Speedboote können auch für Ausflüge gechartert werden.

Easy Divers, ✆ 077-245 026, 💻 www.easydivers-thailand.com. Renommierte und in ganz Thailand operierende Tauchschule. Neben den üblichen Kursen auch Unterwasserfotografie.

Segel- und Bootcharter
Kia Ora, 💻 www.kiaorathailand.com. Mit dem nötigen Kleingeld kann man sich ein exklusives Katamaran-Segelboot inkl. Besatzung mieten. Segelboote vermietet auch **Samui Boat Charter**, 💻 www.samuiboatcharter.com.

Sonstiges

Medizinische Hilfe
Bandon International Hospital, 123/1 Moo 1, Bo Phut, ✆ 077-425 382, 💻 www.bandonhospital.com. An der Hauptstraße, etwa auf halber Strecke zwischen Bo Phut und Chaweng. Kleinere Unfälle werden im **Gesundheitszentrum** auf dem Weg nach Bo Phut versorgt.

Transport
KO PHA NGAN (Ban Tai), mit dem **Samui Phangan Express**-Schnellboot, ✆ 082-037 2701, stdl. von 8–17 Uhr für 550 Baht in 15 Min. **Samui Boat Charter**, ✆ 086-476 1245, fährt ab 10.30 Uhr alle 2 Std. bis 18.30 Uhr für 350 Baht nach Hat Rin. KO TAO (Mae Hat), Schnellboot über Ko Pha Ngan in 90 Min., Rückfahrt nachmittags. Schnorcheltrips inkl. Hoteltransfer, Frühstück, Mittagessen, Englisch sprechendem Führer und Versicherung ab 2000 Baht.

Taxis nach BIG BUDDHA (Bang Rak Pier) zu den Booten nach KO PHA NGAN (Hat Rin und Thong Sala) 30 Min. vor Abfahrt (30 Baht). Zu Vollmond fahren stdl. von 17–24 Uhr Boote nach Hat Rin, zurück zwischen 1 und 8 Uhr für 700 Baht.

Big Buddha

Etwa 19 km von Nathon entfernt liegt im Nordosten der Insel diese rund 2 km große Bucht, die auch unter den Namen Hat Bang Rak und Hat Phra Yai bekannt ist. Über der Bucht wacht die Hauptsehenswürdigkeit der Insel, **Big Buddha**, und auch zum sehenswerten **Wat Plai Laem** (s. S. 443) ist es nicht weit.

Wenn zur europäischen Sommerzeit der Westwind weht, verspricht der schöne Strand mit seinem grau-weißen Sand und dem leicht abfallenden Ufer ungetrübte Badefreuden. Im europäischen Winter zieht sich das Meer bei Ostwind jedoch weit zurück, sodass bei Ebbe der breite Strand mit dunklem Matsch und glitschigen Steinen wenig einladend wirkt. In dieser Zeit ist er nur bei Flut zum Schwimmen geeignet, und auch dann präsentiert er sich nur mit einem schmalen Sandstreifen.

Die meisten Resorts sind eher klein und liegen dicht an der Straße. Am zentralen Abschnitt werden die Grundstücke etwas größer. Da das östliche Ende der Bucht direkt unter der Einflugschneise des Flughafens liegt, kann der Fluglärm hier eine Belastung darstellen.

Empfehlenswert ist ein Aufenthalt, wenn man frühmorgens abfliegt oder (bei Abreise am Abend) den Abflugtag gemütlich in einer der Luxusanlagen verbringen möchte.

Übernachtung

Karte S. 457

Bangrak Samui Beach Resort ⑳, ✆ 077-484 595. Steinbungalows auf einem schmalen Grundstück in 2 Reihen. AC, TV und Minibar. Die teureren sind hübsch gestaltet. WLAN. Frühstück inkl. ❹–❺

Como Resort ⑱, ✆ 077-425 210, 🖥 www.kohsamuibeachresort.com. Kleine Hütten mit Ventilator und etwas größere AC-Bungalows, alle Warmwasser, inmitten einer kleinen Gartenanlage mit Minipool. Liegen am Strand unter Palmen. Größere Bungalows mit 2 Zimmern für Familien. WLAN. ❹–❺

Magic Guesthouse ㉖, ✆ 080-648 2730, ✉ marcoschmid96@hotmail.com. An der Straße, 2-stöckiges Haus mit 12 hübschen Zimmern. AC, TV, Minibar und Wasserkocher. Der Schweizer Marco veranstaltet Anti-Stress- und Angstbewältigungs-Seminare sowie mehrtägige alternative Thailand-Rundreisen. ❹

Nara Garden Beach Resort ㉕, ✆ 077-425 364, 🖥 www.naragarden.com. Zimmer in Reihenhäusern und 2-stöckiges Hotel mit gemütlichen AC-Zimmern in schöner Gartenanlage. Schattiger kleiner Pool. Einladendes Restaurant am Strand. ❺–❻

Punnpreeda Hip Resort ㉓, ✆ 077-246 333, 🖥 www.punnpreedapoolvilla.com. Luxuriöse Anlage mit elegant gestalteten Zimmern im Haupthaus, teils mit Jacuzzi auf der großen Dachterrasse. Zudem großzügige Villen hinter unverputzen Mauern im Garten, Panoramafenster mit Blick aufs Meer, schöner Pool mit Kinderbecken. WLAN. ❼–❽

Saboey Resort & Villas ㉔, ✆ 077-430 450, 🖥 www.saboey.com. Hinter einer hohen Mauer, die die Privatsphäre des betuchten Publikums abschirmt, warten luxuriöse Zimmer und Bungalows mit allem Schnickschnack. Am Pool WLAN. ❼–❽

Samui Pier ㉒, ✆ 077-417 337, 🖥 www.samuipierresort.com. Steinbungalows mit Ventilator und AC direkt neben dem Pier. Panoramafenster, kleiner Pool. TV, Safe. Familienzimmer. Großer Garten mit gepflegter Wiese und wenigen Bäumen. WLAN. ❹–❻

Secret Garden ㉑, ✆ 077-245 255, 🖥 www.secretgarden.co.th. Große gefliese Bungalows mit AC, TV und Minibar zum Meer hin. Schöner Sandgarten. Günstigere Zimmer im Doppelbungalow dahinter. Restaurant mit Meerblick. WLAN. Frühstück inkl. ❹–❻

Shambala Bungalows ⑲, ✆ 077-425 330, ✆ 081-822 4557, 🖥 www.samui-shambala.com. Gemütliche Holzbungalows mit Ventilator in verwilderter Gartenanlage. Keine Rezeption, am besten vorher anrufen. WLAN. ❸–❹

Essen

Antica Locanda, gute italienische Küche. Leckere Pizza und Pasta.

BBC Restaurant, ✆ 077-425 089, 🖥 www.bbcrestaurant.com. Frische Meeresfrüchte, gekocht oder als BBQ, daneben eine große Auswahl an Thai-Gerichten und westlich Angehauchtem. Australisches Rind und neuseeländisches Lamm. Blick aufs Meer. WLAN. ⏱ 9 Uhr bis spät.

Coffee Cup, gegenüber vom Samui Pier Resort, serviert Mocca, Espresso und Caffè Latte, dazu gibt's Frühstück. Thai-Küche und einige westliche Gerichte.

Espresso Café, frisch gebrühter Kaffee als Espresso, Mocca, Latte oder Cappuccino. Preisgünstig. Meerblick. WLAN.

GEGE Restaurant, ✆ 081-797 3499. Einfache französische Küche. Es werden auch kleine Bungalows vermietet. ❸–❹.

My Friend Restaurant, ✆ 077-425 187. Bekannt und beliebt für gute Thai-Küche und hervorragendes Seafood.

Papa Joe Restaurant und Bar, ✆ 081-709 7136. Schweizer Gerichte wie Spätzli mit Schweinsmedaillons. Auch Thai-Küche. Flaschenweine. ⏱ 12–24 Uhr.

Quo Vadis Bar & Restaurant, stilvolles Essen mit Meerblick im Lokal des Saboey Resorts. Mediterrane Küche mit asiatischem Einschlag. Auch Ausgefallenes, wie mit Pfefferkaramell

> **Eine Verwöhnkur für Körper und Seele**
>
> **Ban Sabai Spa**, ℡ 077-245 175, 🖥 www.ban-sabai.com, bietet hochklassige Massagen. Sauna mit lecker duftenden Kräutern (ohne Anwendung 650 Baht). Auch mehrtägige Programme, z. B. Entgiftungskuren. Abholung vom Hotel inkl.

gefüllte Litschis oder marokkanische Tajin und Süßspeisen. Gerichte 180–600 Baht.
🕐 18–23 Uhr.
Tam Thai Restaurant, etwas erhöht an der Straße. Neben Thai-Küche auch westliche Gerichte. Freundliches Personal. WLAN.
🕐 11–23 Uhr.
U2 Restaurant, Thai-Küche für Travellerbudgets mit den Klassikern wie Massaman Curry oder Fried Rice und Westliches, wie Pizza, Burger, BBQ.

Aktivitäten

Tauchen
Die Dekompressionskammer Ko Samuis befindet sich hier an Big Buddha.
Easy Divers, Airport Rd., ℡ 081-737 4311, 🖥 www.easydivers.info. Bekannte, etablierte Tauchschule mit Basis am Big Buddha. Kurse aller Kompetenzniveaus, Ausflüge in alle Tauchgebiete der Umgebung.
100 Degrees East Dive, ℡ 077-245 936, 🖥 www.100degreeseast.com. Gegenüber vom Magic Guesthouse. Die PADI-Award-Gewinner bieten Touren nach Koh Tao, zum Marine Park und Sailrock an.

Transport

Ab Bang Rak-Pier fahren die Speedboote von Seatran Discovery und die langsame *Had Rin Queen*.
KO NANGYUAN, per Tagesausflug mit der Seatran Discovery, 🖥 www.seatrandiscovery.com. Abfahrt um 7 Uhr, Rückkehr um 17 Uhr, ab 2000 Baht für Hin- und Rückfahrt, inkl. Schnorchelausrüstung.
KO PHA NGAN (Thong Sala), mit Seatran Discovery um 8 und 13.30 Uhr für 300 Baht (inkl. Zubringerbus vom Hotel) in 30 Min.
Die *Had Rin Queen* fährt um 10.30, 13, 16 und 18.30 Uhr für 200 Baht in 45 Min. zum gleichnamigen Pier.
KO TAO, mit dem Boot über Koh Phangan für 400 Baht in 90 Min.

Ao Hat Thong

Ganz im Nordosten, etwa 2,5 km von Big Buddha und 24 km von Nathon entfernt, hat man von zwei kleinen Buchten eine wunderschöne Sicht in Richtung Ko Pha Ngan. Zum Baden ist der Strand nur bei hohem Wasser oder an den weniger korallendurchsetzten Abschnitten geeignet. Schnorchler kommen bei ruhiger See auf ihre Kosten.

Vorsicht: Von September bis November bläst stürmischer Wind mit hohen Wellen in die Bucht. Es gibt einige hochpreisige Anlagen, darunter das empfehlenswerte **Sila Evason Hideaway Samui**, 🖥 www.sixsenses.com/Six-Senses-Hideaway-Samui.

Hat Choeng Mon

Kokospalmen und Kasuarinen säumen diese kleine Bucht mit feinem, weichen Sand, etwa 4 km nördlich von Hat Chaweng. Hier geht es recht ruhig zu; einige Boote liegen im Meer, und auch Jetski stören ab und an die Idylle. Der mittlere Teil der Bucht eignet sich das ganze Jahr über zum Baden, besonders für die kleinen Badegäste.

Bei Ebbe kann man zur vorgelagerten Insel Ko Fan Noi herüberwaten. Auf der Haupt- und Zufahrtsstraße gibt es Supermärkte, Schneider, ein paar wenige Restaurants und Reisebüros.

Die günstigen Songhtaew fahren hier seltener als an den Hauptstränden. Jene auf der Route Mae Nam, Big Buddha, Chaweng, Nathon verkehren i. d. R. über Choeng Mon, man sollte jedoch nachfragen, bevor man zusteigt.

Übernachtung

Chatkaeo Resort ⑥, ℡ 077-425 109. Kleines Resort im Familienbesitz. Hinten 3 kleine, alte Bungalows mit Ventilator, gegenüber geräumige, 2-geschossige Steinhäuser mit AC, TV und oben Sonnenterrasse. Weiter strandwärts leicht versetzt und Richtung Hinterland Holzbungalows mit Ventilator und Warmwasser. ❷–❹

Choeng Mon Buri Hotel ⑤, ✆ 077-448 007. An der Straße gelegenes kleines Hotel mit gut ausgestatteten Zimmern. TV, Teppichboden, Kleiderschrank, Minibar und AC. ❸

Island View ④, ✆ 077-245 031. Steinbungalows mit Holzverkleidung und Zimmer im Reihenhaus. Alle mit AC und TV, einige größer und teurer und mit etwas schönerer Einrichtung. Restaurant am Strand. ❹–❺

P.S. Villa ②, ✆ 077-425 160, 🖥 www.psthana resort.com. Holz- und Steinbungalows, einige am Meer, andere im kargen Garten. Hinten ein 2-geschossiger Apartmentkomplex vom Strand Richtung Hinterland. Alle Zimmer mit AC, einige auch mit TV, die günstigen ab 700 Baht ohne Frühstück. ❹–❺

Sala Samui Resort & Spa ①, ✆ 077-345 888, 🖥 www.salaresorts.com. Nobles Resort mit privaten Pool-Villen. 2 Pools, ein überdachter kleiner Kinderpool. Bibliothek, WLAN. Spa. Über die Website sind Sonder- und Paketangebote erhältlich. ❽

The Imperial Boathouse ⑦, ✆ 077-425 041, 🖥 www.imperialhotels.com/boathouse/, [5592]. Große Anlage, hinten Zimmer in 3-geschossigen Apartmenthäusern, vorne Bootshäuser mit Wohnzimmer und Bett auf Podest. Alle Zimmer mit TV und Safe. Riesiger Pool in Bootsform am Strand. Tauchschule, Spa. ❽

White House Beach Resort & Spa ③, ✆ 077-247 921, 🖥 www.whitehousebeach resort.com. Eingangstor im Bayonstil. Große, gut ausgestattete Bungalows und 2-geschossige Doppelbungalows im tropischen, gepflegten Garten auf einem schmalen Streifen Land. Leicht kitschige Ausstattung. Kleiner Pool. ❻–❽

Essen

Honey BBQ Restaurant, am Kap gegenüber Ko Fan Noi. Gutes BBQ, tagsüber Thai- und westliche Gerichte zu moderaten Preisen.

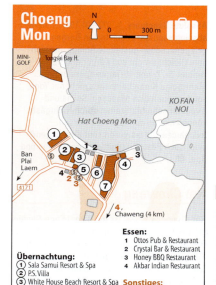

Choeng Mon

Übernachtung:
① Sala Samui Resort & Spa
② P.S. Villa
③ White House Beach Resort & Spa
④ Island View
⑤ Choeng Mon Buri Hotel
⑥ Chatkaeo Resort
⑦ The Imperial Boathouse

Essen:
1 Ottos Pub & Restaurant
2 Crystal Bar & Restaurant
3 Honey BBQ Restaurant
4 Akbar Indian Restaurant

Sonstiges:
1 Dive Point
2 Family Mart
3 7-Eleven
4 Absolute Sanctuary

Tische im Sand und überdacht im einfachen Strandrestaurant.

Zentral liegen die beiden Strandrestaurants **Crystal Bar & Restaurant** und der überdachte **Ottos Pub & Restaurant**. Beide haben auch Liegestühle am Strand für die Gäste.

An der Straße liegt das kleine indische **Akbar Indian Restaurant**, ✆ 086-593 0430. Lieferservice bei telefonischer Bestellung. ⏱ 11–23 Uhr.

Aktivitäten

Tauchen

Dive Point, ✆ 081-787 4893, 🖥 www.divepoint-thailand.com. Tauchtrips ab 4000 Baht auf dem eigenen, 27 m langen Boot und Tauchkurse bis zum Rescue Diver (PADI). Kostenloses Schnuppertauchen tgl. im Pool. Bubble Maker-Kurse für Kids ab 8 Jahren. Auch Kajakausflüge in den Ang Thong Marine National Park.

Yoga

Absolute Sanctuary, ℡ 077-601 190, 🖳 www.absolutesanctuary.com. In den Bergen gelegene, schön gestaltete Anlage, die sich dem Gleichgewicht von Körper und Geist widmet. 5-, 7- und 10-Tages-Kurse in Yoga. Mehrtägige Kurse beinhalten nicht nur Yoga, sondern auch eine Massage, Sauna und 3 vegetarische Mahlzeiten. Auch Nichtgäste können hier an den täglichen Kursen teilnehmen, die bisweilen sehr anstrengend sind. Auch Pilates, Entgiftungsprogramme und Spa. ❽

Hat Chaweng

Hat Chaweng [2828] ist mit 6 km Länge Samuis größter und seit Jahrzehnten beliebtester Strand. Die Bucht präsentiert sich weit geschwungen, Kokosnusspalmen wiegen sich im Wind, der Sand ist angenehm weich, und das seichte Meer eignet sich ganzjährig zum Schwimmen. Kein Wunder, dass Hippies und andere Traveller bereits in den 1970er-Jahren diesen Strand für sich entdeckten.

Seither hat sich viel getan, es sind Bungalows, Resorts und Hotelkomplexe entstanden. Immer mehr Altanlagen rüsten auf oder machen ganz den neuen Resorts Platz, die nicht nur Komfort bieten, sondern oft auch mit Sinn für Ästhetik erbaut werden.

Langsam, aber stetig ändert sich das Publikum. Die feiernden Rucksackreisenden, die den Hippies folgten, haben vielfach bereits den Pauschaltouristen Platz gemacht. Daneben kommen immer mehr betuchte Urlauber hierher, welche die angesagten, ultramodernen Resorts mit Spa und allem Komfort bevölkern.

Die meisten Anlagen befinden sich direkt am Strand. Dahinter verläuft die Strandstraße, an der sich zahllose Restaurants, Bars und Geschäfte mit allen erdenklichen Einkaufsmöglichkeiten angesiedelt haben. Für viele Thailand-Reisende stellt dieses Gemisch aus Kommerz, Thai-Kitsch und Unterhaltung das ultimative Urlaubserlebnis dar. Während der Hauptsaison im Winter sind alle Anlagen oft über Wochen hinweg ausgebucht, und die Preise klettern in ungeahnte Höhen. Individualreisende sollten im Internet vorbuchen oder die Hilfe eines Reisebüros in Anspruch nehmen. Wer spontan eine Bleibe sucht, muss meist auf andere Strände ausweichen.

Chaweng unterteilt sich in mehrere Strandabschnitte: Ganz im Norden liegt die ruhige Ao Yai Noi. Es folgt der nördlich gelegene Hat Chaweng Yai, der durch ein Riff unterbrochen wird und sich wiederum in einen nördlichen und einen südlichen Bereich unterteilt. Am vollsten ist der zentrale Hat Chaweng.

Etwas beschaulicher ist es ganz im Süden, am Hat Chaweng Noi.

Hat Chaweng Yai

Der schöne und recht ruhige, 2 km lange flache Sandstrand lockt im Norden von Chaweng. Bei Ebbe wird er sehr breit. Sportbegeisterte spielen Volleyball oder Frisbee, schlendern mit Maskel und Schnorchel ausgerüstet zum Riff oder unternehmen eine Wanderung zur Insel Ko Mat Lang. Zum Baden lädt der Strand vor allem von November bis April ein, wenn der Wasserstand recht hoch ist. Ab Mai/Juni fällt dagegen der Wasserspiegel extrem ab. Im September sind nur noch die Flächen zwischen den Sandbänken mit Wasser gefüllt. Während die nördliche Hälfte dann oft verschmutzt ist, lassen die Besitzer der südlichen Anlagen den Strand reinigen. Hinter dem Strand stehen ein paar Supermärkte mit Geldautomat.

Übernachtung

Weitere Unterkünfte unter **eXTra [2327]**

Baan Haad Ngam Boutique Resort & Spa ②, ℡ 077-231 500, 🖳 www.baanhaadngam.com. Schöne Anlage mit viel Wasser. Vorne am Meer Bungalows, hinter einer kleinen Straße ein 3-geschossiges Apartmenthaus, daneben abgeschottete Pool-Villen. Schöne Zimmer, teils mit Moskitonetz. Alle mit Whirlpool, Balkon, DVD und TV, Wasserkocher. WLAN. ❽

Matlang Resort ①, am Kap, ℡ 077-230 468. Bei Flut schlägt das Wasser bis hoch an die Balustrade. Einfache Holz-Bambus-Bungalows und Zimmer in Reihenhäusern, mit AC oder Ventilator, alle mit Warmwasser. Neue Ausstattung, TV, Kühlschrank. Einige mit

> **Gelungene Kombination: Zen mit Komfort**
>
> **Muang Kulaypan Hotel** ⑤, ✆ 077-230 849, 🖥 www.kulaypan.com, [3244]. Am Strand dominieren der große Pool und der weitläufige Garten. Seitlich davon und hinten 2-geschossiges Haus mit Zen-inspiriertem Ambiente. Geschmackvolle Ausstattung, Safe, TV, Minibar, teils auch Balkon. Großes, exklusives Bad. Inkl. Frühstück. Einen Besuch wert ist das **Budsaba Restaurant**, ✆ 077-230 036, am Strand. Man sitzt in kleinen, einfachen Salas auf dem Boden oder im gestylten Restaurant unter viel Glas. Gute Küche, gehobene Preise. Do und So Thai-Tanz und klassische Musik. WLAN im Restaurant und am Pool. ❽, bei Promotion-Aktionen ab ❺

Meerblick. Im Restaurant am Meer WLAN. ❸–❹

Tango Beach Resort ③, ✆ 077-422 470, 🖥 www.tangobeachsamui.com. Kleine Anlage mit niedrigen Reihenhäusern, die sich vom Strand in den rückwärtigen Bereich erstrecken, im hinteren Bereich schöner Pool mit Kinderrutsche. Schöne Einrichtung, TV, Minibar, Safe. Familienzimmer mit 2 Schlafzimmern. Restaurant Lazy Wave am Strand. WLAN. ❺–❽

Zentraler Hat Chaweng

Diesem etwa 2,5 km langen Teil des Strandes verdankt Chaweng seine Popularität. Der weiße Sand ist genauso fein, wie es die Werbeprospekte daheim erhoffen lassen. Die sich im Wind wiegenden Palmen und das klare, blau und türkis schimmernde Meer können dem Besucher zu fast jeder Zeit den Atem verschlagen. In den Monaten um Weihnachten ist der Strand meist etwas weniger einladend, da der Wind das Wasser gegen die Küste treibt.

Dieser Strandabschnitt hat sich in den vergangenen Jahren voll und ganz auf jene Reisende eingestellt, die nicht mehr in günstigen Hütten am Strand, sondern in eleganteren, luxuriösen Anlagen mit Spa urlauben wollen. Einige der Anlagen zählen zu den teuersten und besten von Samui. Noch gibt es einige preisgünstigere Bungalowanlagen, doch finden Traveller, die mit schmalem Portemonnaie reisen, eher eine Bleibe im Hinterland oder in einer Pension an der lauten Hauptstraße.

Entlang des Strandes und an der dahinter verlaufenden Straße lockt ein breites Einkaufs- und Unterhaltungsangebot. Schneider, Kleiderboutiquen, Supermärkte, Bäckereien, Reisebüros, Fotoshops und Goldgeschäfte warten auf Kundschaft. Dank zahlreicher Strandrestaurants, einfacher und origineller Lokale sowie unzähliger Discos und Bars kommt hier jeder, der Trubel liebt, auf seine Kosten.

In den Morgenstunden herrscht sowohl am Strand als auch entlang der Straße gespenstische Ruhe. Das Nachtleben fordert seinen Tribut, die eigentlich typische Geschäftigkeit der Asiaten am Morgen fehlt hier vollständig. Mittags fahren die Autos bereits wieder dicht an dicht, überholt von Mopeds und durchsetzt von unzähligen Touristen. Am frühen Abend wird es erneut etwas ruhiger, alle machen sich fein für die Nacht. Dann erleuchten nicht nur die Restaurants die Straße, auch zahlreiche Ladyboys bringen Glitzer und Glamour auf die Flaniermeile und in den dahinter liegenden Barbezirk. Leicht bekleidete Mädchen kümmern sich um einsame Herzen, und viele Vergnügungssüchtige sowie manch ein Zukurzgekommener genießen die ihnen zuteil werdende Aufmerksamkeit. Viele fallen erst weit nach Mitternacht betrunken und anderweitig zufriedengestellt in ihre Betten. Wer sich nicht sicher ist, ob er ein Mädchen oder einen Jungen vor sich hat, kann sich damit trösten, dass dies fast jedem so geht, der sich auf das Rotlichtgewerbe in Thailand einlässt.

Übernachtung

Untere Preisklasse

Colibri Guesthouse ㉔, Soi Colibri, ✆ 077-230 574. Große Betten, TV, Minibar, Tisch und Schrank. Einige Zimmer haben Balkon. ❹

Kings Garden Resort ⑳, ✆ 077-230 430, 🖥 www.kings-garden-resort.com. Attraktive, zwischen vielen Pflanzen dicht gedrängte Holzbungalows mit Ventilator oder AC im Garten, auf der Wiese und am Strand. Die AC-Versionen haben TV und Minibar. Bei längerem Aufenthalt Rabatt. WLAN. ❹–❺

Le Murraya ㉒, ✆ 077-422 118, 🖥 www.lemurraya.com. Geräumige weiße Stein-

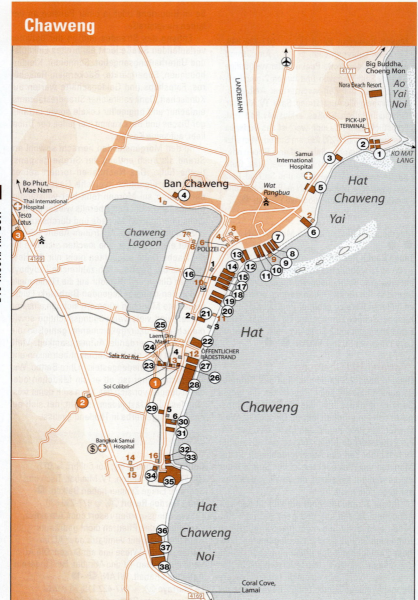

Übernachtung:
1. Matlang Resort
2. Baan Haad Ngam Boutique Resort & Spa
3. Tango Beach Resort
4. Reuan Thai Village
5. Muang Kulaypan Hotel
6. Dara Samui Beach Resort & Spa Villa
7. Chaweng Villa Beach Resort
8. Montien House
9. Lucky Mother Bungalows
10. The Suneast
11. Ark Bar Garden Beach Resort
12. Chaweng Garden Beach Resort
13. Baan Chaweng Beach Resort
14. Malibu Beach Resort
15. Chaweng Buri Resort
16. Chaweng Center Hotel
17. Long Beach Lodge
18. Baan Samui Resort
19. The Page
20. Kings Garden Resort
21. The Wave
22. Le Murraya
23. P. Chaweng Guest House
24. Colibri Guesthouse
25. Queen Boutique Place
26. The Loft
27. Chaweng Resort
28. Centara Grand Beach Resort
29. Chaweng Budget Hotel
30. Poppies Samui Resort
31. Baan Talay Resort
32. Samui Paradise Chaweng Beach Resort & Spa
33. Sea Side Bungalow
34. First House
35. First Bungalow Beach Resort
36. New Star Beach Resort
37. The Imperial Samui
38. Impiana Samui Resort & Spa

Essen:
1. Noori Indian & Thai Restaurant
2. Ninja Crêpes Restaurant
3. Eat Sense Restaurant
4. Zico's
5. Ruang Thong Bakery
6. Poppies

Sonstiges:
1. Chaweng Lake View
2. Salinas Beach Club
3. Green Mango
4. Sound Pub
5. Blue Stars Kayaking
6. Sawang Optical
7. Bungy Jump
8. Reggae Pub
9. Big Bamboo Beach Party
10. Easy Divers
11. Monkey Bay
12. Tradewinds
13. Sitca (Kochschule)
14. Noori Indian Cooking School
15. Calypso Diving
16. Dive Point Samui

Transport:
1. Baan Chaweng Inter Travel
2. Budget
3. Bangkok Airways

bungalows mit AC im Sandgarten am öffentlichen Strandabschnitt. Hinten neue graue Bungalows ohne Putz, mit viel Platz. Frühstück inkl. ❹–❻

Lucky Mother Bungalows ⑨, ✆ 077-230 931, [3241]. Im Norden des zentralen Strandabschnitts. Einige neue Steinbungalows und ein Hotelkomplex mit AC und Ventilator. Daneben die günstigsten Hütten des Strandes aus alten Tagen, sehr verwohnt. Moskitonetz mitbringen. Im Restaurant WLAN. ❸–❺

P. Chaweng Guest House ㉓, Soi Colibri, ✆ 077-230 684, 🖥 www.pchaweng.com. Ruhige, gut ausgestattete Zimmer, teils mit Holzfußboden, teils mit Kühlschrank und TV. 2 Familienzimmer. Kostenpflichtiges WLAN. ❸–❹

Reuan Thai Village ④, ✆ 077-422 661, 🖥 www.sasitara.com. Oberhalb der Straße am See. Schöne Holzbungalows und AC-Zimmer in Holzreihenhäusern mit großen Betten, TV und Kühlschrank. Ruhiger Pool. Kinderspielplatz im großen Garten. Weit weg vom Strand, aber dafür günstig. WLAN. ❹

The Loft ㉖, ✆ 077-413 420, 🖥 www.theloftsamui.com. An der Straße und ruhig dahinter nahe der Soi Colibri. Nett eingerichtete Zimmer mit Ventilator im Reihenhaus und schöne AC-Zimmer im 3-stöckigen Haupthaus, TV und Kühlschrank. WLAN. Inkl. Frühstück. ❹

The Wave ㉑, ✆ 077-230 803, 🖥 www.thewavesamui.com. An der Straße. Seit Jahren beliebte, günstige Unterkunft. Zimmer mit AC oder Ventilator, alle mit TV, die günstigen ohne Bad. Etwas verwohnt, aber sauber, freundlicher Service. Bibliothek im gut besuchten Restaurant. Freies WLAN für Gäste. ❷–❺

Mittlere Preisklasse

Ark Bar Garden Beach Resort ⑪, ✆ 077-961 333, 🖥 www.ark-bar.com. Schmales Grundstück im Norden mit 2-geschossigen Hotelbauten. AC-Zimmer in schönen Farben, TV, Minibar. Viel Partyvolk. Laute Bar am Strand. Wer gern lange feiert, ist in den vorderen Zimmern gut aufgehoben. Kleiner Pool. WLAN. ❺–❻

Chaweng Budget Hotel ㉙, ✆ 077-422 703. Saubere Zimmer mit TV, Kühlschrank und AC. Auch große Familienzimmer. Gute Lage. ❺

Chaweng Center Hotel ⑯, ✆ 077-413 747. An der Strandstraße, daneben direkter

Strandzugang. Recht große, ansprechende Zimmer mit großen Betten, TV, Safe und Minibar. Wer länger als eine Woche bleibt, bekommt Rabatt. ❹–❺

Chaweng Garden Beach Resort ⑫, ✆ 077-960 394, 🖳 www.chawenggardensamui.com, [3239]. Große Mittelklasseanlage mit 2-stöckigem Hotelkomplex in schönem Garten mit Pool. Ansprechende Zimmer mit Ventilator oder AC. Zudem Luxusvillen mit eigenem Pool. WLAN in der Lobby. ❺–❽

Chaweng Villa Beach Resort ⑦, ✆ 077-231 123, 🖳 www.chawengvillabeachresort.com. Geräumige AC-Steinbungalows im großen Garten am nördlichen Strandabschnitt. Zimmer im Apartmenthaus oberhalb der Lobby für schmale Budgets. Pool am Strand und in der Anlage. WLAN in der Lobby. ❺–❻

Long Beach Lodge ⑰, ✆ 077 422 162. Schöne AC-Holzbungalows im großen Sandgarten und bis an den Strand. Alle Zimmer mit TV und Kühlschrank. Hinten im Haus kleinere Zimmer. ❹–❻

Malibu Beach Resort ⑭, ✆ 077 231 546, 🖳 www.malibukohsamui.com. Geräumige Zimmer mit TV in 2-stöckigen Apartmenthäusern. Nett angelegter Garten. Näher am Strand schöne Bungalows mit offenem Bad. Am Strand kleiner Pool. Safe. WLAN. ❺–❻

Montien House ⑧, ✆ 077 422 169, 🖳 www.montienhouse.com, [3242]. Schöne Steinbungalows in Reihenhäusern. Gepflegte Anlage. Die Zimmer sind hell und ansprechend modern eingerichtet, viel Holz. Großer Pool am Strand. Villas mit separatem kleinen Garten und Pool. Inkl. Frühstück. WLAN. ❹–❽

Queen Boutique Place ㉕, Soi Colibri, ✆ 077-413 148, 🖳 www.queenboutiquehotel.com. Ruhiges Boutiquehotel mit 16 verschieden gestalteten Zimmern, teils riesigen Betten und schöner Ausstattung. Flachbildschirm, Safe. Zentral gelegen, für den gebotenen Standard recht günstig. ❹–❺

Sea Side Bungalow ㉝, ✆ 077-422 364, [3228]. Einfache Bungalows der alten Schule direkt am Meer bis zur Straße. Links mit AC, rechts mit Ventilator. Toll ist der weite, leere Garten mit Wiese vor den Bungalows, der sich angenehm von der sonst so dichten Bebauung abhebt. ❸–❺

The Suneast ⑩, ✆ 077 422 115, 🖳 www.thesuneastbungalows.com, [3240]. Steinbungalows, die sich vom Strand in rückwärtiger Richtung erstrecken. Im Haus dahinter geräumige AC-Zimmer. Gepflegter Garten und Pool. Traditionsreicher Familienbetrieb. Durch einige Treppen vom Strand getrennt. Kajak- und Angelverleih. ❺–❻

Obere Preisklasse

Baan Chaweng Beach Resort ⑬, ✆ 077-422 403, 🖳 www.baanchawengbeachresort.com. Zimmer in 2-stöckigen Reihenbungalows und Steinbungalows im wunderschön gepflegten Palmengarten. Einige Villen, teils am Meer. Schöner Pool am Strand. ❻–❽

Baan Samui Resort ⑱, ✆ 077-230 965, 🖳 www.see2sea.com. Bunt gestrichene 1- und 2-stöckige Gebäude mit geschmackvoll und kreativ gestalteten Zimmern. Im Gemeinschaftsraum Billardtisch, Lese- und Spieleecke. Großer Pool und Spa. Inkl. Frühstück. ❼–❽

Chaweng Buri Resort ⑮, ✆ 077-422 465, 🖳 www.chawengburi.com. Geschmackvolle Steinbungalows im Schatten spendenden Palmengarten. Inneneinrichtung aus Rattan. Restaurant am Strand und auf einer schattigen Terrasse, abends manchmal traditioneller Thai-Tanz. Babysitter auf Anfrage. Spa. ❽

Dara Samui Beach Resort & Spa Villa ⑥, ✆ 077-231 323, 🖳 www.darasamui.com. Luxushotel mit hochwertig ausgestatteten Zimmern im 3-geschossigen Haus. Suiten mit teils offenem Badezimmer und eigener Küche. Pool mit kleinem Wasserfall am Strand. Rundes, verglastes Restaurant mit Meerblick. WLAN im Zimmer. ❽

First Bungalow Beach Resort ㉟, ✆ 077-230 414, 🖳 www.firstbungalowsamui.com. Eingang am Ende des zentralen Hat Chaweng. Bungalows rund um den großen Pool, Zimmer im Apartmenthaus und riesige Bungalows am Strand Chaweng Noi. Modernisiertes alteingesessenes Resort, die ersten Hütten entstanden in den 1970er-Jahren. Noch heute

Erster Klasse wohnen und essen

Poppies Samui Resort ㉚, ☎ 077-422 419, 🖥 www.poppiessamui.com, [3235]. Fantastisch angelegter Garten. Hinter bunter Vegetation versteckte Steinbungalows mit moderner Einrichtung, Flachbildschirm, Safe. Bis zu 2 Kinder (unter 12 Jahre) wohnen kostenlos. Inkl. Frühstück für 2 Pers. bis 12 Uhr. Liegen am Pool und am Strand. Beliebtes Strandrestaurant mit Fusion-Küche in gekonnt arrangiertem Ambiente. Oft Livemusik. Thai-Probier-Menü für 2 Pers. 1300 Baht. Sa Thai-Tanz zum Dinner. WLAN. ❽

als Familienbetrieb geführt. Kinderpool, Spa. Am Strand ist viel los: Strandbar und Restaurant, Liegestühle. WLAN. ❻–❽

First House ㉞, ☎ 077-413 752, 🖥 www.samuifirsthouse.com. Gleiche Besitzer wie das First Bungalow Beach Resort. Zimmer mit TV, Minibar und Badewanne. ❺–❻

The Page ⑲, ☎ 077 422 767, 🖥 www.thelibrary.co.th. Hochmodernes, minimalistisches Resort. 2-stöckige Häuser mit ansprechend geräumigen, meisterhaft designten Suiten und Studios. Jedes Zimmer mit modernsten MAC-Computern und Internetanschluss, Flachbildschirm, direkte und indirekte Beleuchtung sowie Buddhafigur. Gebadet wird im rotgekachelten Pool. Bibliothek mit ausgewählter Literatur, viele Bildbände für Gäste. ❽

Essen

Die meisten Lokale reihen sich entlang der Strandstraße auf, und man kann hier herrlich essen gehen. Thai-Snacks wie gegrillte Spießchen, Obst und Mais gibt es unmittelbar am Strand von fliegenden Händlern. Die Restaurants offerieren eine Vielzahl relativ authentischer internationaler Gerichte, darunter indische, italienische, französische und auch deutsche. Auf der Karte finden sich immer auch einige dem westlichen Gaumen angepasste Thai-Speisen. Zahlreiche Lokale legen allabendlich ihr Angebot an frischen Meeresfrüchten aus, und man kann per Augenschein den Fisch, die Garnele oder die Muschel auswählen, die auf dem Teller landen soll. Viele Toplokale der Insel befinden sich am Chaweng. Sie gehören oftmals zu den großen Resorts, die repräsentative Strandrestaurants betreiben. Wer die folgenden Tipps bereits ausprobiert hat und nach weiteren Anregungen sucht, kann sich in den örtlichlen Publikationen über die gerade angesagten Restaurants informieren.

Eat Sense Restaurant, ☎ 077-414 242, 🖥 www.eatsensesamui.com. Gehobene Küche der Extraklasse direkt am Strand. Elegantes Ambiente und vor allem abends oft restlos ausgebucht, daher unbedingt reservieren. Zumindest eine Meereskostlichkeit sollte man sich hier gönnen, sofern es die Reisekasse zulässt.

Ninja Crêpes, großes, hell erleuchtetes Restaurant. Einfache Ausstattung mit Plastikbestuhlung. Riesige, bebilderte Speisekarte mit großer Auswahl an günstigen und leckeren Gerichten. Prompte, freundliche Bedienung. ⏰ 24 Std.

Ruang Thong Bakery, gutes Frühstück, frisches Brot und Gebäck. Bebilderte Speisekarte und große Auswahl an Thai- und westlichen Gerichten. Guter Kaffee. ⏰ 7–22.30 Uhr.

Zico's, ☎ 077-230 500, 🖥 www.zicossamui.com. Gehobenes BBQ-Restaurant mit brasilianischer Küche, gutes BBQ. Zudem große Auswahl an

Vegetarisches und mehr aus Indien

Noori Indian & Thai Restaurant, ☎ 077-413 108. Authentische Küche einer Familie aus Rajasthan. Viele vegetarische Gerichte, zudem einige Thai-Speisen. Die Portionen sind reichlich und günstig. Riesige Menüs (499 Baht für 2 Pers.), Bestellung per Telefon möglich, Lieferung am Chaweng kostenlos. ⏰ 11–22.30 Uhr. Mr. Didi betreibt auch die **Noori Indian Cooking School** in Chaweng, in der bis zu 8 Pers. vormittags oder nachmittags die Zubereitung diverser indischer Gerichte erlernen können. Auf individuelle Wünsche wird gerne eingegangen. 1800 Baht pro 1/2 Tag.

chilenischem und argentinischem Wein. Am Wochenende Live-DJs mit House-Vibes.

Unterhaltung

Zahlreiche Bars, Kneipen und Diskotheken laden am Chaweng zum Feiern ein. Am besten lässt man sich treiben und schaut, was einem zusagt. Die meisten Diskotheken schließen gegen 2 Uhr, manche Bar hat bis in die Morgenstunden geöffnet. Viele Bars mit Livemusik. Direkt am Strand steigt die Party im **Salinas Beach Club**. Morgens ab 8 Uhr gibt es Frühstück, danach den ganzen Tag über Alkoholisches an der Strandbar, und bis nachts um 2 Uhr wird im Ibiza-Stil mit DJs aus aller Welt gefeiert. Di ertönt Musik aus deutschen Landen.

Ebenfalls am Strand feiert man in der **Monkey Bay**: Sa Strandpartys ab 14 Uhr bis in die Nacht. Die **Big Bamboo Beach Party** findet jeden Mi und Sa von 20–2 Uhr im Norden statt: Das Tanzparkett ist der Sand, die Glitzerkugel hängt unterm Bambuszelt.

Im **Reggae Pub**, ✆ 077-422 331, 🖥 www.reggae-pub.com, seit Jahrzehnten etabliert, rockt die Liveband. Es fehlt zwar die Musik, die der Name verspricht, aber das Ambiente stimmt: 5 Bars, Biergarten und Freilichtkino. Die Bands „Diesel" und „Siam" spielen tgl. ab 22 Uhr im **Sound Pub**. Dancefloor und wechselnde DJs im dazugehörigen Dance Club.

Seit Jahren beliebt ist die Diskothek **Green Mango**, 🖥 www.thegreenmangoclub.com, wo es ab Mitternacht voll wird. Im **Chaweng Lake View** hat sich eine Black Moon Party etabliert. Ebenso angesagt sind die hier stattfindenden House-Partys, Start ist immer frühestens ab 21 Uhr. Die Daten sind variabel und werden per Flyer mitgeteilt.

Aktivitäten

Kochkurse

Sitca (Samui Institute of Thai Culinary Art), Soi Colibri, ✆ 077-413 172, 🖥 www.sitca.net. Die Kunst der thailändischen Küche und die kleinen Geheimnisse der Zubereitung werden in dieser renommierten Schule vermittelt. Kurse Mo–Sa um 11 und 16 Uhr für 1950 Baht p. P. (inkl. Kochbuch), max. 10 Teilnehmer. 3-Tages-Kurs in der Kunst des Foodcarvings für 5000 Baht. Täglich verwandeln sich während der 3-stündigen Kurszeit Früchte und Gemüse in Kunstwerke.

Tauchen

Calypso Diving, ✆ 077-422 437, 🖥 www.calypso-diving.com. Deutsche Tauchschule am südlichen Ende der Bucht an der Zufahrtsstraße. Eigenes Boot und engagiertes Team. Bubble Maker-Kurse für Kinder.

Dive Point Samui, neben dem First House, ✆ 081-787 5472. Tauchschule unter deutscher Leitung. PADI-Kurse vom OWD bis zum Dive-Master. Mit dem 27 m langen Boot geht's nach Ko Tao, zum Sail Rock und zum Marine Nationalpark.

Easy Divers, ✆ 077-413 372, 🖥 www.easydivers-thailand.com. Auf dem gesamten Archipel etablierte Schule mit 5 Basen auf Samui. PADI ECO-Programm mit gezielten Angeboten, die die Natur der Unterwasserwelt eingehend erkunden.

Andere Wassersportarten

Neben Tauchern kommen vor alle Freunde des **Surfsports** auf ihre Kosten. Auch **Wasserski** ist im Angebot. Weniger sportlich, dafür aber spaßig ist die Fahrt auf dem Bananaboat, welches vor allem asiatische Gäste begeistert. Wer dem **Segeln** frönen will, findet Boote im **Tradewinds**, ✆ 077-230 602, 🖥 www.tradewinds-samui.com, am zentralen Chaweng. Das Resort bietet Segeltouren und Fahrten auf dem Katamaran (800 Baht pro Std., mit Anleitung 900 Baht). Bei ausreichend Nachfrage auch Katamaran-Safaris mit Übernachtungen.

Kanutouren kann man am Strand oder mit **Blue Stars Kayaking**, ✆ 077-413 231, 🖥 www.bluestars.info, zu Höhlen der Inseln im Ang Thong Marine National Park (s. S. 484) unternehmen.

Weitere Aktivabenteuer

Den Thrill des freien Falls verspricht **Bungy Jump**, ✆ 077-414 252. Sprung aus 50 m Höhe für 1700 Baht. Auch Tandemsprünge mit einem erfahrenen Buddy. Wer sich anmeldet, wird vom Hotel abgeholt und erhält ein Gratisgetränk. Die Anlage besitzt einen großen Pool.

Taucheruhren

Wer eine gute Taucheruhr sucht oder seine Citizen Promaster mit neuen Batterien versehen will, wird fündig bei **Sawang Optical**, ✆ 077-422 285, 🖥 www.sawangoptical.co.th. Gute Preise, schneller Service, echte Markenartikel. ⏱ 11–21.30 Uhr.

Über den dichten Urwald schwebt man bei **Canopy Adventures**, ✆ 077-414 150, 🖥 www.canopyadventuresthailand.com. Die ca. 300 m langen Seilfahrten verbinden 7 Baumhäuser und sind für 1750 Baht zu haben. Im Preis inklusive sind die Abholung vom Hotel, Wasser, Früchte, ein Bad in einem Wasserfall und der Rücktransport.

Einkaufen

Supermärkte

Kleinere Super- und Minimärkte befinden sich an der Straße hinter den Resorts, darunter viele 7-Eleven- und Family Mart-Filialen, die rund um die Uhr geöffnet sind. Der größte **Tesco Lotus** der Insel liegt an der Ringstraße. Hier gibt es Nahrungsmittel, Kleidung, Fahrräder, Handys, Computer und mehr. ⏱ 10–22 Uhr.

Kleidung

Das Angebot reicht vom klassischen bunt bemalten Strandtuch, der bequemen Fischerhose oder der gerade angesagten Strandmode bis hin zu Jeans und T-Shirts – entweder in dem von den Thais gerade bevorzugten Stil oder als Fälschung bekannter Marken. Wem das Angebot von der Stange nicht zusagt, kann sich bei einem **Schneider** etwas maßanfertigen lassen. Diese Anzüge und Kleider sind günstig, und wer nicht an der Qualität des Stoffes spart, wird lange seine Freude daran haben. Da meist mehrere Anproben nötig sind, sollte man bei Auftragsvergabe abklären, wie viel Zeit der Schneider braucht.

Sonstiges

Auto-, Moped- und Fahrradverleih

Internationaler Anbieter von Mietwagen ist **Budget**, ✆ 077-413 384, nahe des Makro-Marktes an der Hauptstraße. Eine gute Wahl, insbesondere bei einer Mietdauer über 5 Tage, denn dann sind innerhalb von Thailand kostenlose *one-way rentals* möglich. Günstiger für Touren nur auf Ko Samui sind Autos der lokalen Anbieter. Kleine Jeeps ab 900 Baht. Darauf achten, dass sich die Fahrzeuge in gutem Zustand befinden, es gibt erhebliche Qualitäts- und Sicherheitsunterschiede.

Gute **Fahrräder** kosten etwa 200 Baht pro Tag. Radtouren kann man allein oder auch mit einer geführten Gruppe unternehmen: **Samui Mountain Bikes**, ✆ 081-982 3715, Abholung ab 9 Uhr im Hotel, Rückkehr gegen 18 Uhr. Fahrräder stellt der Veranstalter.

Medizinische Hilfe

Samui International Hospital, ✆ 077-230 781, 🖥 www.sih.co.th. Labor, Zahnarzt und Krankenwagen. ⏱ 24 Std.
Thai International Hospital, ✆ 077-414 400, 🖥 www.thaiinterhospital.com. Mit Dialyse-Station.
Bangkok Samui Hospital, ✆ 077-429 500, 🖥 www.samuihospital.com. Sehr empfehlenswert. Guter Ruf und hervorragende Ausstattung.

Refugien für Ruhebedürftige

Nahe dem geschäftigen Hat Chaweng locken kleine, von Felsen begrenzte Buchten Reisende an, die mehr Einsamkeit suchen (Karte S. 445). In der etwa 500 m langen Sandbucht vermietet das **Coral Cove Resort**, ✆ 077-422 126, ältere Steinbungalows einfacher Bauart mit Ventilator direkt am Strand, dahinter mit AC. Zudem besser ausgestattete Steinhäuser am Hang mit Panoramafenstern und TV, dort auch Pool. Günstiges Restaurant, Strandbar mit Tischen im Sand. WLAN in der Lobby. ❹–❻
Eine Bucht weiter liegt das **Coral Cove Chalet**, ✆ 077-422 260, 🖥 www.coralcovechalet.com. Geräumige Bungalows und Zimmer in Reihenhäusern, alle mit Meerblick. TV, Badewanne, Minibar. Großes und kleines Bett, auch Reihenhäuser mit Verbindungstür. Kleiner Pool. Der Strand ist nicht zum Schwimmen geeignet. Spa. WLAN. Frühstück inkl. ❻–❽

Als Erstbesucher muss man meist etwa 50 € Anmeldegebühr zahlen. Stationär Behandelte schwärmen vom Luxus der Zimmer (in dem auch Verwandte oder Freunde mitwohnen können).

Reisebüros

Leser loben das Büro **Baan Chaweng Inter Travel**, ℡ 077-422 153, gegenüber dem Central Samui. Beratung in Deutsch. Gruppen- oder Individualreisen mit deutschem Reiseleiter.

Hat Chaweng Noi

Felsen trennen diesen Strandabschnitt vom zentralen Chaweng. Während der vordere Bereich von Resorts besetzt ist, haben sich weiter hinten im Süden günstige Strandrestaurants angesiedelt. Die Bucht ist etwa 1 km lang und hat weichen Sand, in der Mitte befinden sich kleine Felsformationen. Im Süden ragen Korallenbänke hervor. Baden kann man in den europäischen Sommermonaten; von November bis März stellt die hohe Brandung bisweilen eine Gefahr dar. Rote Flaggen warnen vor dem Gang in die Wellen. Den nördlichsten Teil der Bucht nehmen die Bungalows des First Bungalow Beach Resort ein (s. oben, Zentraler Hat Chaweng).

Übernachtung

Karte S. 466
Impiana Samui Resort & Spa ㊳, ℡ 077-422 011, 🖥 www.impiana.com. Reihenhäuser am Hang mit Blick auf den kleinen Pool. Günstigere, etwas laute Zimmer im Reihenhaus weiter oben mit Blick auf die Straße. Bei längeren Aufenthalten Rabatt. Alle Zimmer mit TV. WLAN. ❼–❽

New Star Beach Resort ㊱, ℡ 077-422 407, 🖥 www.newstarresort.com. Moderne Anlage mit Pool-Villen und riesigen Strandbungalows, weitere geräumige Bungalows und toll gestaltete Zimmer in 2-stöckigen Gebäuden am Hang. TV, Minibar und Badewanne. Großer Pool. Spa. ❽

The Imperial Samui ㊲, ℡ 077-422 020, 🖥 www.imperialhotels.com. Riesige Anlage am Hang. Große Zimmer in 3-geschossigen Hotelkomplexen im mediterranen Stil. Alle Zimmer mit Meerblick. Unten großer und attraktiver, in die Steine integrierter Salzwasserpool, oben Süßwasserpool. WLAN. ❽

Transport

Die meisten **Songthaew** fahren über Hat Chaweng und können herangewunken werden. Eine Kurzstrecke kostet ab 20 Baht, oft aber den vollen Preis von 50 Baht. **Taxis** stehen am Tesco Lotus oder fahren auf der oberen Ringstraße. Nachts explodieren die Preise, ansonsten oft Taxameter möglich.
KO PHA NGAN, zur **Vollmondparty** per Speedboot von 18–24 Uhr, Rückfahrt 6–8 Uhr, ab 500 Baht für Hin- und Rückfahrt. Bis 16 Uhr in den meisten Resorts buchbar, inkl. Abholung und Rücktransport zur Unterkunft. Alle, die nur zur Vollmondparty nach Ko Pha Ngan kommen, zahlen 100 Baht Eintritt.

Ao Thong Ta Khien

Thong Ta Khien, zwischen Chaweng und Lamai gelegen, ist eine malerische kleine Bucht mit herrlich pudrigem weißen Sand, umrahmt von Felsen und Palmenhängen. Der Strand ist schön breit, aber nicht besonders groß und macht in der Hauptsaison einen eher überfüllten Eindruck. Bei Ebbe kann man prima schnorcheln, aber nicht mehr sehr gut schwimmen.

Übernachtung

Karte S. 474
Crystal Bay Resort ①, ℡ 077-422 677. Am Hang am nördlichen Ende der Bucht. Steinzimmer oder Bungalows mit Ventilator oder AC. Das gefliestes Restaurant lässt zwar ein wenig Flair vermissen, bietet aber eine tolle Aussicht. Kein direkter Strandzugang, die Gäste liegen vor dem Silver Beach. ❸–❺

Samui Yacht Club ④, ℡ 077-422 225, 🖥 www.samuiyachtclub.com. Großzügige Gartenanlage mit schönen Einzelbungalows. Restaurant und Bar am Strand. Der Poolbereich ist auch für Kinder eingerichtet (viel Spielzeug). ❺–❻

Silver Beach Resort ②, ℡ 077-422 478, 🖥 www.go2silverbeach.com. 29 Zimmer und Bungalows mit Ventilator oder AC. Bevorzugte Anlage der jüngeren Ruhesuchenden. ❹–❺

Thongtakian Resort ⑶, ☎ 077-230 978, 🖥 www.thongtakian.com. AC-Zimmer in 2-stöckigem Gebäude und Einzelbungalows mit Panoramafenstern und AC in toller Gartenanlage. Sehr gediegen, feine Möblierung mit TV. Pool. ❺–❻

Essen

Gutes und teures, mediterran angehauchtes Essen mit herrlichem Blick auf die Bucht im **The Cliff Bar & Grill**, ☎ 077 414 266, 🖥 www.thecliffsamui.com, ⏱ 12–1, Küche bis 21.45 Uhr. Billiger ist es im **Big Rock Café & Restaurant** mit Thai- und westlichen Gerichten.

Ao Lamai

Das Bild der sichelförmigen Ao Lamai [3375], einer 4 km langen Bucht, etwa 22 km von Nathon entfernt, wird von Hunderten Kokospalmen geprägt. Die sauberen Strandabschnitte wirken nicht überfüllt, und das Publikum ist gemischt. Etwa 90 Hotels und Bungalowsiedlungen bieten Obdach für Individualreisende und Pauschalurlauber. Am südlichen Strandende Lamais steht die neben Big Buddha meistbesuchte Attraktion Samuis: die Felsformationen **Hin Ta** und **Hin Yai**.

Die **östliche Bucht** reicht von den Felsen bis zum Jungle Park Resort; sie glänzt mit weißem Sandstrand und einem vorgelagerten Korallenriff. Das Wasser ist seicht und bei Ebbe weniger als hüfttief. Aus dem Sandstrand erheben sich glatte Felsen. Am Hang liegen gepflegte Bunga-

Chinesische Kultur

Eine Reise in die Kulturgeschichte bietet die **Cultural Hall** in Ban Lamai auf dem Gelände des Dorfklosters Wat Lamai. Die Ausstellung zeigt von chinesischen Händlern mitgeführte Gegenstände aus dem 19. Jh., darunter Waffen, Teegeschirr, Instrumente und Uhren, aber auch alte landwirtschaftliche Geräte. Sehenswert sind die 2000 Jahre alten Bronzegongs. ⏱ vom frühen Morgen, wenn die Mönche das Tor öffnen, bis etwa 18 Uhr.

Die versteinerten Großeltern

Hin Ta und **Hin Yai**, zu Deutsch Großvater- und Großmutterfelsen, sind die wohl beliebtesten Postkartenmotive Samuis, von Strandbildern einmal abgesehen. Gut sichtbar ist der Großvater, ein Stein wie ein perfekt geformter Phallus. Meer, Regen und Wind haben die uralten Steine so geschliffen, dass sie wie genaue Abbildungen eines männlichen und eines weiblichen Geschlechtsteiles aussehen, die brav nebeneinander stehen. Die Legende weiß zu berichten, dass die Steine an ein hier gestrandetes älteres Ehepaar erinnern, welches vor Tausenden Jahren vor der Küste Schiffbruch erlitt.

lowanlagen in Kokosplantagen und locken vor allem Ruhesuchende Urlauber an. Vor dem 1 km langen **nördlichen Strand**, unweit der Straße, erhebt sich bis zur Höhe des Dorfes **Ban Lamai** ein Riff. Hier ragen bei Ebbe die Felsen aus dem Meer heraus. Bei den Unterkünften überwiegen kleine Anlagen in der mittleren Preisklasse, darunter so manche aus der alten Globetrotterzeit. Der Sand im nördlichen Abschnitt ist teilweise etwas grober. Auch der über 2 km lange **zentrale Strandabschnitt** wird am südlichen Ende von malerischen Felsen unterbrochen. Trotzdem eignet er sich bei Ebbe und Flut gut zum Baden. Das ändert sich dagegen im Winter, wenn die starke Brandung und der hohe Wasserstand den Strand schwinden lassen. Am **südlichen Ende** der Bucht ist das Wasser meist zu seicht zum Schwimmen, wird jedoch dann attraktiv, wenn starker Ostwind herrscht. Die ruhige Bucht hinter den Großelternfelsen nennt sich **Ao Nam Chuet**, wird aber oftmals allein aus Werbegründen von den Anlagen noch als Ao Lamai bezeichnet. Bei Flut ist der Strand nur etwa 2 m breit.

Vorsicht: Generell ist zu beachten, dass Lamai nicht von einem vorgelagerten Korallenriff geschützt ist – daher ist die Brandung immer etwas heftiger als an geschützten Stränden.

Die kleine Straße und einige abgehende Parallelstraßen unmittelbar um die Variety Bars herum sind die **Amüsiermeile** Lamais. Hier gibt es Restaurants, Reisebüros, Internetshops, Kla-

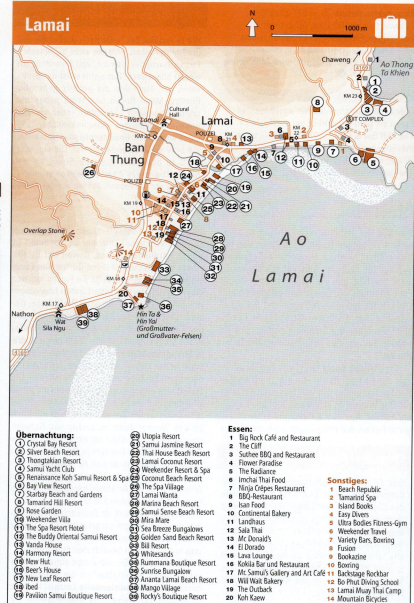

mottenläden und zahlreiche Girlie-Bars. Vom Bild ähneln diese Straßenzüge immer mehr von Chaweng, aber insgesamt geht es hier noch etwas ruhiger zu. Direkt hinter der Brücke über den Klong Richtung Ringstraße und auf der anderen Seite ab „The Outback" wird es dann ruhiger. Jeden Sonntag von 15 bis 23 Uhr wird die Beachroad ab Ringroad bis zum Kanal als **Walkway** gesperrt. Dann kann man hier Kleidung und allerlei Mitbringsel kaufen, zudem gibt es viele Foodstalls.

Übernachtung

Viele der großen Hotels können (und sollten oft wegen des Preises) pauschal gebucht werden. Die Auswahl an mittelpreisigen Unterkünften mit Bungalows um die 1000–1500 Baht ist groß, und auch wer günstiger wohnen möchte, findet zahlreiche Plätze (sogar direkt am Strand). Selbst in der Hauptsaison finden Individualreisende, die nichts gebucht haben, meist noch ein Zimmer, wenn auch vielleicht nicht in der bevorzugten Anlage. Im Dorf und an der Ringstraße gibt es zahlreiche günstige Zimmer ab 300 Baht. Es entstehen zudem immer mehr moderne Häuser, die Zimmer mit AC und TV (meist auch mit Safe) ab 1000 Baht anbieten. Mit Ausnahme der wenigen Luxusresorts werden die Anlagen meist noch als Familienbetrieb geführt. Weitere Unterkünfte unter [3375].

Untere Preisklasse

Beer's House ⑯, ☏ 077-231 088, 🖳 www.beerhousebungalow.com, [3377]. Verwunschene, dschungelgrüne Anlage. Holzbungalows mit Ventilator und Warmwasser in 2 Reihen parallel zum Strand. Große Bäder. Veranden mit Bank, Tisch, Stühlen und Hängematte. Sichtschutz zum Nachbarbungalow. Im hinteren Bereich am Fluss AC-Steinbungalows mit Kühlschrank und TV. WLAN. ❸–❹

Harmony Resort ⑭, ☏ 077-458 120, [6296]. Schöne Holzbungalows in drei Reihen parallel zum Strand. Vorne mit AC und TV, hinten mit Ventilator (teils auch mit TV). WLAN. ❸

New Hut ⑮, ☏ 089-729 8489, [6298]. Kleine, einladende Holzbungalows am Strand mit

Wohnen wie in den 80er-Jahren

Whitesands ㉞, ☏ 077-424 298, [6297]. Die Bungalows wurden Ende der 1970er-Jahre erbaut. Da sie gut gepflegt sind, wohnt es sich hier wie einst. Viele ältere Traveller treffen hier auf jene, die noch heute günstig die Welt erkunden möchten und keinen Luxus brauchen. Gemeinschaftsduschen und Hocktoiletten (nicht gerade neu, aber sauber). Matratze auf dem Boden. Große Moskitonetze. Egal ob am Strand oder in dritter Reihe, der Preis bleibt gleich (150 Baht!!!). Einige wenige Bungalows mit eigenem Bad etwas teurer. Ganz vorne geräumige Bambushäuser mit eigenem Bad, in denen auch **Familien** Platz finden (900 Baht). Hinten gibt es günstige AC-Steinbungalows. Australisch-neuseeländische Leitung. WLAN (30 Baht/Tag) ❶–❹

winzigem Bad in zwei Reihen. Zudem schöne A-frame Hütten mit Matratzen auf dem Boden und sehr sauberem Gemeinschaftsbad. Alle mit Ventilator und Moskitonetz. Gemütliches, großes Strandrestaurant, riesige Frühstücksauswahl. ❷–❸

Rose Garden ⑨, ☏ 077-424 115. Weitläufige Anlage mit einfachen Holzbungalows (Ventilator) und Steinbungalows mit AC. Meist ist jedoch das Restaurant geschlossen. Unfreundliche Managerin, aber nettes Personal und toller Strandabschnitt. ❸–❹

Sunrise Bungalow ㊱, ☏ 077-424 057, 🖳 www.sunrisebungalow.com, [3379]. An den Großelternfelsen. Verschiedenste Bungalows in Holz oder Stein mit Ventilator oder AC. Schöner Ruhepunkt an den Felsen mit kleinem Strand. Restaurant mit Meerblick. Anheimelnde Atmosphäre, viele Stammgäste. ❸–❺

Utopia Resort ⑳, ☏ 077-233 113, 🖳 www.utopia-samui.net, [6299]. Über 30 unterschiedliche Holzbungalows im tropischen Garten am zentralen Strandabschnitt. Selbst die günstigen Bungalows mit Ventilator sind geräumig. Weiter vorne am Strand große AC-Bungalows mit TV, Kühlschrank und je einem großen und einem

Hier logiert der moderne Backpacker

Ibed ⑱, an der Strandstraße, ☏ 077-458 760, 🖥 www.ibedsamui.com, **[6303]**. In diesem modernen Haus gibt es 4 Dormitories der besonderen Art: Jeweils 8 Pers. schlafen in einem AC-Raum, in abgetrennten großen Doppelstockbetten. Jeder hat seinen eigenen Fernseher (mit Kopfhörer). Ein Dorm ist nur den Frauen vorbehalten. Zudem warten 8 Doppelzimmer mit Stockbetten und TV. Saubere Gemeinschaftsbäder. Inkl. Frühstück. Große Sonnenterrasse. WLAN. Es werden auch Kochkurse (**ido Cooking School**) angeboten. Bett im Dorm ❸, DZ ❹

---

kleinen Bett. Safe in der Lobby. Restaurant am Strand. ❷–❹

Vanda House ⑬, an der Ringstraße, ☏ 077-418 277, 🖥 www.vandahouseresort.com, **[6300]**. Zurückversetzt und lärmgeschützt, schöne geräumige Zimmer im 3-stöckigen Gebäude. Alle mit AC, TV, Safe, WLAN (100 Baht/Tag). ❹

Mittlere Preisklasse

Ananta Lamai Beach Resort ㊲, ☏ 077-232 279, 🖥 www.anantaresort.com (nur in Thai), **[3380]**. Die Anlage direkt an den Felsen der Großeltern. Zimmer mit großen Panoramafenstern. Innen ragen die Felsen in viele Schlaf- und Badezimmer hinein. AC, TV, DVD. Kleiner Pool und nette Bar auf den Felsen. Thai- und französische Küche. ❹

Bay View Resort ⑥, ☏ 077-458 778, 🖥 www.bayviewsamui.com, **[6304]**. Am östlichen Ende in den Hang gebaute AC-Steinbungalows mit TV, Safe und Minibar und großen Balkonen. Dahinter (aber ebenfalls mit Blick aufs Meer) kleine Holzbungalows mit Bad und Ventilator. Kleiner Pool und privater winziger Strandabschnitt mit Schatten und pittoresken Steinen. ❸–❺

Bill Resort ㉝, ☏ 077-424 403, 🖥 billresortsamui.com, **[3383]**. Auf dem Berg und am Strand Holzbungalows, viele mit Blick auf den Strand. TV und Minibar, teils Badewanne. Großer, blickgeschützter Pool mit Kinderbecken inmitten von Grün. Einige Bungalows direkt am Meer. Steiler Aufgang zur Lobby und den oberen Bungalows. ❹–❺

Golden Sand Beach Resort ㉜, ☏ 077-458 111, 🖥 www.goldensand-resort.com, **[6305]**. Große Anlage mit modernen Zimmern in 2-stöckigen Häusern und Bungalows. TV, DVD, Minibar, Wasserkocher und Internet. Viele Zimmer mit Panoramafenster oder große Schiebetüren. Inkl. Frühstück. Schöner großer Pool mit Jacuzzi, Kinderpool und Strandblick. ❺

Lamai Coconut Resort ㉓, ☏ 077-232 169, 🖥 www.lamaicoconutresort.com, **[3384]**. Hübsche große Holzbungalows in Reihe vom Strand Richtung Hinterland. Die Zimmer sind gefliest und mit dunklen Möbeln ausgestattet, alle mit TV. ❺

Lamai Wanta ㉗, ☏ 077-424 550, 🖥 www.lamaiwanta.com, **[3390]**. Am zentralen Strandabschnitt schöne weiße AC-Bungalows mit Panoramafenstern großzügig im Garten verteilt. TV, Kühlschrank, DVD. Kleiner Pool mit Meerblick. Schicke Bar erhöht über dem Strand. WLAN. ❺–❼

Mango Village ㊳, ☏ 087-138 3350, 🖥 www.mangovillagesamui.com, **[3385]**. In der Nam Chuet Bucht am Hang hübsche gelbe Steinbungalows am großen Pool oberhalb des kleinen, von Felsen umrahmten Strandes. TV, Minibar. Restaurant mit Thai- und italienischer Küche. ❺–❻

Nicht nur für Wochenendausflügler

Weekender Resort & Spa ㉔, 124/19 Moo Lamai Beach, ☏ 077-424 429, 🖥 www.weekender-samui.com, **[6306]**. Schöne Zimmer in 2-geschossigen Gebäuden parallel zum Strand. Zudem Bungalows. Alle Zimmer mit AC, TV und Badewanne. Pool mit Meerblick. ❺–❽

Weekender Villa ⑩, ☏ 077-424 116, 🖥 www.weekender-villa.com, **[3389]**. Angenehm gestaltete, sehr ruhige Anlage im Osten der Bucht. 10 AC-Bungalows im Garten und am Strand. Restaurant mit Leseecke, Billardtisch. Kleiner Pool. Der Strand vor dem Resort wird bei Flut überspült. ❸–❹

Marina Beach Resort ㉘, ℡ 077-233 116, 🖳 www.marinabeachresort.com. Große weiße AC-Steinbungalows, die sich vom Strand in rückwärtige Richtung erstrecken. TV, Minibar, Safe. Viele Langzeitreisende ab 40 Jahre, vor allem aus Deutschland. WLAN. ❹–❺

Mira Mare ㉚, ℡ 077-424 262, 🖳 www.miramare-samui.com, [3386]. Am Strand Richtung Hinterland in Reihe hübsche, geräumige AC-Bungalows aus Holz und Stein mit Kühlschrank. Hinten Holzbungalows mit Ventilator. Netter Familienbetrieb. Safe in der Lobby. ❷–❺

Starbay Beach and Gardens ⑦, ℡ 077-424 546, ℡ 085-228 0281, 🖳 www.starbay-beach.com, [3388]. Am nördlichen Ende, ruhig gelegen. Tolle Gartenanlage mit großen, weit auseinanderliegenden Holzhäusern im Thai-Stil, teils mit 2 Schlafzimmern. Ansprechende Möblierung. Kleiner Pool und winziger privater Strandabschnitt. Deutsche Leitung. ❺–❻

Obere Preisklasse

Pavilion Samui Boutique Resort ⑲, ℡ 077-424 030, 🖳 www.pavilionsamui.com, [3391]. Exklusive Suiten und Villen aus feinsten Materialien in asiatischem Flair. Großer Pool mit Meerblick. Das Restaurant The Patio gehört zu den besten der Insel. Strandbar. ❽

Renaissance Koh Samui Resort & Spa ⑤, ℡ 077-429 300, 🖳 www.renaissancehotels.com, [6307]. Ruhige Lage am südlichen Ende der Bucht. Alten Thai-Häusern stilvoll nachempfundene Bungalows sowie AC-Zimmer auf der anderen Straßenseite im Haupthaus. Luxuriöses Flair. Verschiedene Restaurants. Pool mit 3 Ebenen, auch für Kinder geeignet. Kleiner Privatstrand. ❽

Rocky's Boutique Resort ㊴, ℡ 077-233 020, 🖳 www.rockyresort.com. Am Ende der Ao Nam Chuet am Hang. Luxusanlage mit weit auseinanderliegenden, großen Holzbungalows. 2 Pools, Bar auf einem Felsen, Restaurant mit Meerblick. 2 kleine Privatstrände. ❽

Rummana Boutique Resort ㉟, ℡ 077-418 418, 🖳 www.rummanaresort.com. Riesige Bungalows inmitten tropischer Vegetation mit Brunnen, Teichen und Wasserspielen. Luxuriöse Zimmer, TV, Wasserkocher, Safe und Badewanne im offen gestalteten Bad. Pool mit Meerblick. Bei Flut nur sehr schmaler Strand. ❽

Samui Jasmine Resort ㉑, ℡ 077-232 446, 🖳 www.samuijasmineresort.com. Geschmackvolle Anlage mit Zimmern im Hotelkomplex und Bungalows, deren dezente, stilvolle Einrichtung keine Wünsche offenlässt. Großer Pool mit Meerblick. ❽

Samui Sense Beach Resort ㉙, ℡ 077-424 441, 🖳 www.samuisense.com, [3392]. Wunderschöne, großzügige AC-Holzbungalows in tropischer Gartenanlage mit Wasserläufen. Ruhiger Luxus. ❽

Thai House Beach Resort ㉒, ℡ 077-418 005, 🖳 www.thaihousebeach-resort.com, [6308]. Komfortable Bungalows am Strand und im Garten. Günstigere Zimmer im Hotelkomplex. Schöner Pool mit Jacuzzi und Kinderbecken. ❽

The Buddy Oriental Samui Resort ⑫, ℡ 077-458 560, 🖳 www.buddysamui.com, [6309]. Eine eigene Welt für sich. Neben schönen Zimmern mit allem Komfort gibt es einen Schneider, einen irischen Pub, Massage, ein Coffee World, Mamas Burger und sogar einen Kindergarten. Ein Pool im Hotelbereich, ein großer Pool direkt über der Straße mit Strandblick auf den „Buddy Beach". ❽

Essen

Es gibt jede Menge Restaurants und Straßenküchen. An ausländischen Küchen dominiert eindeutig die Pizzeria. Viele Thai-Restaurants bieten neben typischer Thai-Küche (oftmals auf europäische Gaumen abgestimmt) Nudeln, Burger, Steaks und Pommes. Kleine Garküchen bieten Gegrilltes und Som Tam (Papaya-Salat). Neben den Variety Bars werden abends einige Stände aufgebaut. Hier gibt es Thai-Küche, Obst und Pancakes. Wem es nach Hamburger gelüstet, findet ein McDonald's mit Allerweltsburgern und Pommes. Viele Restaurants, vor allem hinter dem zentralen Strandabschnitt, locken mit frischem Fisch, Krabben und Muscheln.

Continental Bakery, Backwaren, so viel das Herz begehrt, u. a. Sauerteigbrot, Croissants, Käsekuchen und Geburtstagstorten.

Einfach und günstig essen

Ninja Crêpes Restaurant, große Auswahl an Pancakes, daneben zahlreiche Thai-Gerichte. Günstig und lecker. Nachteil: Das Restaurant liegt an der recht befahrenen Ringstraße. Gegenüber im Garten werden angenehme Bungalows mit Ventilator oder AC vermietet. Alle aus Stein, mit TV, Safe, Moskitonetz und WLAN. Sehr nette Leute. ❹

El Dorado, Schwedisches und andere westliche Speisen, daneben Gerichte aus der Thai-Küche. Mi beliebter Grillabend. Billard.
Flower Paradies, ✆ 077-418 059, 🖳 www.samuiroestiland.com. Für diejenigen, die im Urlaub auch mal Lust auf Schweizer Küche haben, eine feine Adresse. Vermieten auch einige orangefarbene Steinbungalows ohne direkten Strandzugang. ❹
Imchai Thai Food, neben Island Books an der Ringstraße. Einfaches Thai-Restaurant mit guter günstiger Thai-Küche. Große Portionen, sehr nette Leute. Nur Kaffee und Softdrinks.
Isan Food, typisches Thai-Restaurant mit Gerichten aus dem Nordosten. Keine englische Karte, aber die Besitzerin spricht englisch. Es gibt das, was gerade frisch und vorrätig ist. Nur Softdrinks.
Koh Kaew, an der Ringstraße Abzweigung zu den Großelternfelsen. Kleines Thai-Restaurant mit origineller Küche. Es gibt aber auch Burger und Pommes. ⏱ 10–22 Uhr.
Landhaus, der Kärntner Michael lebt seit Jahren am Lamai, und sein Landhaus hat eine guten Ruf, vor allem wegen der großzügigen Portionen. Für Liebhaber deftiger europäischer Küche.
Mr. Samui's Gallery and Art Café, das Café macht seinem Namen alle Ehre und präsentiert ansprechende Kunst. Dazu guter Kaffee in gemütlicher Atmosphäre.
Sala Thai, thailändische Küche und europäische Gerichte. Nicht gerade die billigste Küche, aber seit Jahren beliebt. Gutes Seafood.
Suthee BBQ and Restaurant, Nord-Lamai an der Samui Ring Rd. Hier kann man sich jeden Tag für wenig Geld am leckeren *all you can eat*-BBQ sattessen. Dasselbe gibt es auch im **BBQ-Restaurant** Ecke Beach Rd./Ringstraße.
Will Wait Bakery, gutes Frühstück und riesige Speisekarte: Thai, deutsch, international. WLAN-Zone.

Unterhaltung

An der Hauptstraße und den zwei Stich- und Nebenstraßen liegen die meisten Bars. Etwa die Hälfte der Bars entlang der abendlichen Flaniermeile hat weiblichen Überhang. Die Go-go-Bars konzentrieren sich an den Variety Bars, auch hinter dem McDonald's und in den Seitenstraßen der Hauptstraße gibt es zahlreiche Bars. Für alle Restaurants, Kneipen und Bars gilt die Polizeistunde um 2 Uhr.
Backstage Rockbar, begeistert seine Gäste mit Rockmusik. Kris aus Schweden sorgt seit Jahren für eine angenehme Atmosphäre.
Beach Republic, 🖳 www.beachrepublic.com. Stylischer und teurer geht es nimmer: exklusiver Club mit Restaurant und Pool an einem kleinen privaten Strandabschnitt. Hier kann man auch wohnen (Pool-Villen, Suiten). Wer sich nur sonnt, zahlt 500 Baht am Tag. Jeden Samstag BBQ und sonntags von 11.30–15.30 Uhr Buffet – dazu legt ein DJ auf bis Sonnenuntergang. Bei Verzehr ist der Eintritt an diesen beiden Tagen frei – man wird sogar bei Anmeldung vom Hotel abgeholt.
Fusion, Bar und Disco für Nachtschwärmer, gegenüber Variety Bars. Feierte 2011 10-jähriges Bestehen.
Kokila Bar und Restaurant, kleine nette Bar mit Billard und Großbildschirm. Oft wird abends gemeinsam ein Film angeschaut. WLAN-Zone.
Lava Lounge, Wohlfühl-Cocktailbar mit loungiger Musik in der Straße zum Strand.
The Outback, Treffpunkt für Jung und Alt, auf englisches Publikum ausgerichtet. Billard und Fußballübertragungen.

Aktivitäten

Tauchen

Bo Phut Diving School, 141/32 Lamai Beach Rd., ✆ 077-458 302, 🖳 www.bophutdiving.com. Tauchausflüge und Tauchkurse vom Anfänger bis zum Divemaster. Auch Bubble Maker für Kinder ab 12 Jahren.

Easy Divers, ☏ 077-413 373, 🖥 www.easydivers-thailand.com. An der Ringstraße gibt es eine große Basis dieser Tauchschule. PADI-Tauchkurse sowie Tauchausflüge.

Thai-Boxen und Fitness

Thai-Boxkämpfe finden Sa abends im Boxring neben den Variety Bars statt. Neben Männern kämpfen hier auch Frauen. Wer selber Boxen lernen will, geht meist ins **Lamai Muay Thai Camp**, 🖥 www.lamaimuaythaicamp.com. Hier gibt es auch günstige Unterkünfte für Schüler ❷. Im dazugehörenden **Ultra Bodies Fitness-Gym** im Osten Lamais trainieren ab 8 Uhr morgens bis in den Abend die Muskeljungs auf Urlaub. Im Camp selber gibt es ebenfalls ein paar Geräte.

Touren

Reisebüros bieten die üblichen Inseltouren (s. S. 444, Kasten: Safaris auf Ko Samui). Für Buchungen darüber hinaus und v. a. für die Weiterreise empfiehlt sich **Weekender Travel**, ☏/📱 077-424 225, 🖥 www.weekender-travel.com.

Wellness

New Leaf Resort ⑰, ☏ 077-960 520, 🖥 www.newleafresort.com, [3387].

Fasten mit Meerblick

The Spa Resort Hotel ⑪, ☏ 077-230 855, 🖥 www.spasamui.com, [6310]. Wellness-Oase mit erholsamen Gesundheitstherapien (Yoga, Meditation und Massage), daneben auch begleitetes Fasten, Entschlackungen und Schulung in natürlicher gesunder Ernährung. Übernachtung in netten kleinen Bungalows um den Pool und teils mit Meerblick oder in Zimmern im Haupthaus möglich (aber kein Muss!). Alle mit AC und Safe. Preisgekröntes **Restaurant The Radiance**. ❹–❺

Günstige Bungalows mit Ventilator und sehr schöne Bungalows mit AC gibt es zudem im **The Spa Village** ㉖ auf dem Berg, ☏ 077-424 666. Hier locken zudem ein natürlicher Pool und eine Sauna. ❹–❻

5- bis 21-tägige Fasten- und Entgiftungskuren. Direkt neben dem Fluss schöne, weit auseinanderstehende Holzhütten in einer grünen Gartenanlage. Ventilator oder AC, Kühlschrank, TV. Kleiner Pool. Nur für Detox-Gäste. ❸–❹

Tamarind Springs ⑧, ☏ 077-424 436, 🖥 www.tamarindsprings.com. Kräutersauna in den Felsen und herrlich kühlender Pool. Gute Anwendungen. Noch tropischer ist das Wald-Spa mit Sauna im Fels und in den natürlichen Pools. Klassische Massagen und Anwendungen für die Haut. Saftbar. ⌚ 11–22 Uhr. Beide Spas gehören zum Tamarind Hill Resort, ☏ 077-424 221. ❽

Sonstiges

Bücher

Bookazine, englische Bücher und Zeitschriften, auch über Thailand. Landkarten.

Island Books, Kauf, Verkauf und Buchverleih. Englisch, deutsch, holländisch; diverse Genres. In entspannter Atmosphäre bekommt man hier auch einen Kaffee oder ein Bier.

Motorräder, Mountainbikes, Autos, Jeeps

Motorräder gibt es bei den meisten Resorts oder in den Reisebüros und Restaurants. Mountainbikes (200 Baht pro Tag) zur Ausleihe findet man bei **Mountain Bicycles**, ☏ 087-382 6178, ✉ mountain-bicycle@hotmail.com, kurz vor dem Lamai Post Office. Autos und Jeeps werden ebenfalls entlang der Straße und in vielen Resorts vermietet.

Eine **Warnung für Selbstfahrer**: Die Beachroad ist eine Einbahnstraße in Nord-Süd-Richtung, auch wenn sich viele nicht daran halten!

Nahverkehr

Mit dem **Songthaew** ab Nathon 60 Baht. Wer nach 18 Uhr mit dem Boot ankommt, muss meist ein Taxi nehmen. Songthaew fahren den ganzen Tag bis etwa 19 Uhr, mal Richtung Nathon, mal Richtung Chaweng. Wer zum Big Buddha (40 Baht) oder Fisherman's Village (30 Baht) will, steigt an der Abfahrt zur Beach Rd./Hat Chaweng (50 Baht) um.

Hat Lamai: Der nach dem Chaweng meistbesuchte Strand Samuis – mit etwas weniger Trubel.

Die meisten Reisebüros verkaufen Tickets für die Weiterfahrt; vielfach ist der Transport ab Hotel/Anlage enthalten.

Die Südküste

Das traditionelle moslemische Fischerdorf **Hua Thanon** mit einem kleinen Markt liegt an der Hauptstraße. Markenzeichen sind die alten zwei- bis dreigeschossigen Holzhäuser, die als Läden, Werkstätten und Wohnräume dienen. Die Öffnungen unter den Dächern und Geschossdecken sorgen für eine natürliche Ventilation und sind oft noch mit kunstvollen Schnitzereien verkleidet. Die großen Dächer und weit überdachten Veranden bieten Schutz gegen Sonne und Monsunregen. Es folgt etwas abseits gelegen der kleine Strand **Na Khai Cove**, der außer einigen guten Unterkünften keinerlei Attraktionen besitzt. Jenseits des 135 m hohen Hügels Khao Tale erstreckt sich die flache **Ao Bang Kao** (17 km von Nathon), an deren Küste sich ein mehrere hundert Meter langes Riff entlangzieht. Der Strand ist wenig einladend, doch manch ein Schnorchler geht bei hohem Wasserstand ins Meer, um die bunte Korallenlandschaft zu erkunden.

An der schmalsten Stelle zwischen dem Meer und der Straße ruht das Dorf **Thong Krut**. Die Gegend ist verschlafen, der Strand dient Fischern als Ankerplatz. Von dieser flachen Sandbucht fahren mehrere Boote ins Katen-Archipel.

Etwa 15 km von Nathon verbirgt sich unter Palmen und schattigen Laubbäumen die Ao Pangka. Hier wohnen Fischer und Feriengäste, Letztere in der günstigen Bungalowanlage Emerald oder in den hier errichteten Privatvillen. Für die nächsten Jahre ist der Bau eines Jachthafens geplant. Das Wasser erreicht auch bei Flut höchstens Brusttiefe und eignet sich zum Baden und Kajakfahren.

Von **Thong Krut** starten 4- bis 5-stündige Schnorchel- und Fischfangtouren für bis zu 8 Pers. Angesteuert werden oft die vorgelagerten Inseln: **Ko Katen** (auch **Ko Taen**) liegt nur wenige

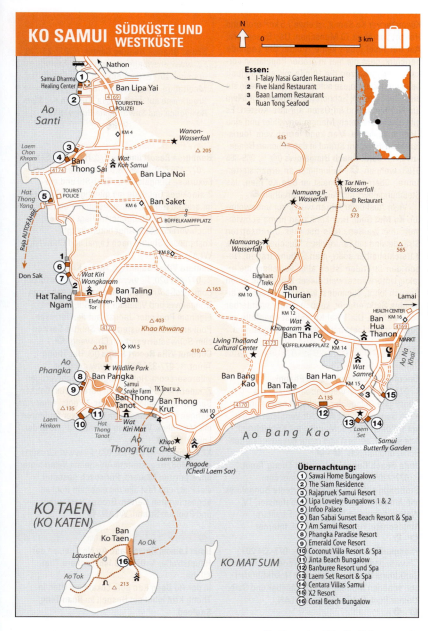

Kilometer vor Ko Samui, ist etwa 7,5 km² groß und Heimat von etwa 70 Menschen. Das Besondere: Auf der Insel leben keine Hunde. Die Legende berichtet, dass die hier in großer Population vorkommenden Katzen die Hunde mit einem Fluch belegen, sodass diese sofort versterben, wenn sie die Insel betreten. Schnorchler kommen vor allem am Nordende und im Osten auf ihre Kosten. Es gibt einen Lotusteich, Mangrovenwälder und eine Fledermaushöhle. Man kann fernab vom Touristenstrom direkt am Strand in den schönen Bungalows von **Coral Beach Bungalows** ⑯, ✆ 089-866 5106, wohnen ❹. Teilnehmer an organisierten Touren übernachten meist im **Ban Ko Taen**, das Steinbungalows mit Ventilator bereithält ❷.

Viele Ausflügler fahren weiter zur unbewohnten **Ko Mat Sum**. Hier kann man prima schwimmen; die weißen, teils mit Kies durchsetzten Strände sind mit zahlreichen Muscheln bedeckt. Vorsichtshalber sollte man Schuhe tragen. Neben den Stränden ist es aber vor allem die intakte Unterwasserwelt dieser Inseln, die einen Besuch lohnt. Zumindest wenn die Strömung eine gute Sicht erlaubt, kann man hier wunderbar schnorcheln. Die Insel **Ko Rab** ist ebenfalls unbewohnt und lockt mit hellweißem Sandstrand.

Übernachtung

Untere und mittlere Preisklasse

Emerald Cove Resort ⑨, Ao Phangka, ✆ 077-334 100, ✉ wesinac@hotmail.com. Günstigste Anlage der Bucht mit neuen und alten Bungalows mit AC oder Ventilator, direkt am schönen Strand. Manche mit Kühlschrank. Alle sauber, gefliest und recht gut ausgestattet. Ruhig und familiär. ❷-❹

Jinta Beach Bungalow ⑪, Hat Thong Tanot, ✆ 077-420 630, 🖥 www.jintasamui.com. Großzügig auf dem Gelände verteilte Bungalows mit Ventilator oder AC, Panoramafenster, TV, Warmwasser und Moskitonetz. Familiäre Atmosphäre, ruhig. Kleiner Pool. Internet. ❹-❺

Phangka Paradise Resort ⑧, ✆ 077-334 207, 🖥 www.phangkaparadiseresort.com. Geräumige Steinbungalows mit Holzfußböden und schönen Möbeln. AC, TV, Minibar und Safe. Kleiner Pool. Großer Garten. WLAN. ❺-❻

Wellness

Samui Dharma Healing Center, ✆ 077-234170, 🖥 www.dharmahealingintl.com. Fastenprogramme zur Entschlackung und Entgiftung. Meditation, Yoga und vieles mehr. Aktuelle Programme auf der Website. Kurse in der **Siam Residence** und **Sawai Home Bungalows**.

Obere Preisklasse

Banburee Resort und Spa ⑫, Hat Laem Set, ✆ 077-429 600, 🖥 www.banbureeresort.com. Luxuriöse Bungalows im Thai-Stil und ein 2-stöckiges Gebäude mit günstigeren Zimmern im großen Garten. Familiensuiten. Pool. Viel Luxus. Das Hauptaugenmerk liegt auf den hochwertigen Spa-Angeboten. 2x tgl. kostenloser Shuttle nach Lamai und Chaweng. WLAN. ❽

Centara Villas Samui ⑭, Ao Na Khai, ✆ 077-424 020, 🖥 www.centarahotelsresorts.com. Große Anlage mit in den Hang gebauten Bungalows und Villen im Thai-Stil, teils mit eigenem Pool oder Jacuzzi auf der Terrasse. Pool am Strand. Kostenloser Shuttle-Service zum Schwesterresort am Chaweng. ❽

Coconut Villa Resort & Spa ⑩, Hat Thong Tanot, ✆ 077-334 069, 🖥 www.coconutvillaresort.com. Hotelanlage mit hochwertigen Zimmern in Reihenhäusern parallel zum flachen Sandstrand. Familien-zimmer. 2 Pools, einer zum Bahnen ziehen, einer zum im Wasser faulenzen mit Meerblick. WLAN im Restaurant und in der Lobby. ❼-❽

X2 Resort ⑮, ✆ 077-233 033, 🖥 www.x2resorts.com. Modern gestaltete Anlage mit Villen hinter unverputzten Mauern. Puristisch gestaltet, viel Platz und fast alle mit eigenem Pool im abgeschirmten Garten. Großes Restaurant und Pool am Strand. WLAN. ❽

Essen

Baan Lamom Restaurant, Ao Na Khai, an der Hauptstraße, ✆ 077-233 146. Leckere Thai-Küche.

In der Ao Bang Kao gute Lokale am Ufer. In Thong Krut lohnt ein Besuch im **Ruan Tong Seafood**.

Aktivitäten

Touren

Schnorchel- und Angeltouren z. B. mit **TK Tour**, ✆ 077-334 052, von 9.30–14.30 Uhr nach Ko Taen und Ko Mat Sum für 1500 Baht pro Boot. Um 15 Uhr Boote zur Fahrt in den Sonnenuntergang nach Ko Taen und Ko Mat Sum für 1300 Baht. Ebenso teuer sind die organisierten Schnorchel- und Kajaktrips. Alle Preise inkl. Abholung von den Stränden. Übernachten kann man in einfachen Unterkünften auf Ko Taen (Ko Katen), Ko Mat Sum und Ko Rab. Vermietet auch 3 AC-Zimmer zwischen der Straße und dem Strand ⑤.

Transport

Nach KO TAEN ab Thong Krut Pier mit dem **Longtail** auf Anfrage in 30 Min. Charter-Preise pro Boot 1200 Baht (4 Pers.) bis 1500 Baht (6 Pers.). Buchung von Ausflugsfahrten in den Reisebüros oder direkt am Pier.

Die Westküste

Die flachen Strände der Westküste sind im Vergleich zur Ostküste wenig besucht. Wer romantische Sonnenuntergänge vor der atemberaubenden Kulisse des Ang Thong Marine National Parks erleben möchte und fernab vom Trubel Ruhe sucht, wird sich hier wohlfühlen. Der Romantikfaktor ist hoch, und so bieten die meisten Resorts Hochzeitsarrangements an. Das Dorf **Taling Ngam** ist etwa 10 km von Nathon entfernt und besteht noch immer aus zahlreichen Fischerhütten (den Weg markiert ein Elefantentor). Schön ist der ruhige **Hat Santi**, der sich dank seines hohen Wasserstands ganzjährig zum Schwimmen eignet und zu kilometerlangen Wanderungen einlädt.

Übernachtung

Am Samui Resort ⑦, ✆ 077-235 165, 🖳 www.amsamuiresort.com. Schöne Holzbungalows hinter dem Restaurant, geräumige Steinbungalows mit großen Fenstern und runde Steinbungalows am Strand mit fast komplett verglasten Fronten. Alle mit AC, TV und Minibar. Inkl. Frühstück. WLAN. ⑤–⑥

Ban Sabai Sunset Beach Resort & Spa ⑥, ✆ 077-428 200, 🖳 www.ban-sabai.com. Luxuriöse Zimmer in 2-stöckigen Gebäuden. Offene Bäder und Whirlpool direkt hinter dem Bett. Große Villen mit eigenem kleinen Garten und Pool. Sauna. Großer Pool. Kajak und Jetski am Strand. WLAN. ❽

Infoo Palace ⑤, ✆ 077-485 777, 🖳 www.infoopalace.com. Kleine, gefliestes Steinbungalows weit auseinanderstehend in zwei Reihen im Palmengarten mit AC und Ventilator. Familiäre Atmosphäre. WLAN. ❸–❹

Lipa Loveley Bungalows 1 & 2 ④, 🖳 www.thelipa.com. Etwa 5 Min. vom Fährpier entfernt. Viele verschiedene Steinbungalows vom Hat Thong Yang Richtung Hinterland und Reihenbungalows. Große gefliestes Zimmer, TV, DVD, Minibar, Wasserkocher. Pool mit Kinderbereich. Kajaks. WLAN. Gutes Seafood-Restaurant Big John. ❻–❽

Rajapruek Samui Resort ③, ✆ 077-485 780, 🖳 www.rajapruekssamuiresort.com. Angenehme Anlage am Hat Santi. Gute Ausstattung, große Panoramafenster. TV und DVD, Safe. Pool. Günstige Hochzeiten ohne religiöse Zeremonie, zudem christliche und buddhistische Trauungen am Strand. ❺–❻

Sawai Home Bungalows ①, ✆ 077-421 635. Einfache und gemütliche, ruhige Anlage mit kleinen und größeren, hübschen Bungalows unter schattigen Bäumen und Palmen gelegen. Ventilator oder AC, Kühlschrank und TV. WLAN. ❷–❹

The Siam Residence ②, ✆ 077-420 008, 🖳 www.siamresidence.com. Schönes Spa-Resort am Hat Santi mit 9 attraktiven, freistehenden Villen, alle mit Whirlpool und viel Platz. Einrichtung im Thai-Stil. Großer Pool und Sauna. ❻–❼

Essen

I-Talay Nasai Garden Restaurant, ✆ 081-721 3683. Direkt am Strand wird im strohgedeckten, offenen Restaurant frisches Seafood und Thai-Küche serviert. Ebenso ein paar westliche Gerichte Gegessen wird an Bambustischen mit kleinem Dach unter Palmen. 🕘 tgl. 10–21 Uhr.

Ausflüge

Das **Five Island Restaurant**, ✆ 077-415 359, 🖥 www.thefiveislands.com, bietet Ausflüge zu den 5 unbewohnten vorgelagerten Inseln. Angelandet wird nicht, da dies verboten ist (nur Vögel und Menschen, die die Vogelnester waghalsig aus den Felsen ernten, haben Zutritt). Der Ausflug beinhaltet Schnorchelausrüstung und ein Essen im Restaurant.

Transport

SURAT THANI (Don Sak), vom Lipa Noi Pier mit der Autofähre von Raja Ferry stdl. Zwischen 5 und 18 Uhr für 150 Baht in 1 1/2 Std., 240 Baht inkl. Transport zum Bahnhof oder Flughafen. BANGKOK, VIP-Busse um 7.30, 15.30 und 16.30 Uhr. Infos unter ✆ 077-421 125.

Ang Thong Marine National Park

Der 40 Inseln umfassende Archipel befindet sich nordwestlich von Ko Samui und südwestlich von Ko Pha Ngan. Der Park ist ein Naturreservat, und ein Ausflug lohnt wegen der zahlreichen (nahezu) unberührten Unter- und Überwasserwelten. Man kann die Inseln mit dem Kajak erkunden, an den Küsten schnorcheln und tauchen oder im Landesinneren wandern. Es ist möglich, den Marine Park auf einem Tagesausflug zu besuchen; wer länger bleiben will, kann eine Übernachtung auf einem Tauchboot arrangieren oder in einer Anlage nächtigen.

Die meistbesuchten Inseln sind **Wua Talap** und **Ko Mae**. Letztere lockt mit dem grün schimmernden Thale Noi, dem Salzwassersee, der Blue Lagoon oder auch Emerald Lake genannt wird. Man erreicht dieses Naturwunder über einen schmalen Pfad. Schwimmen ist hier untersagt. Auf **Wua Talap** wartet der Utthayan-Berg auf Wanderer. Der freie Blick über die Inseln und das funkelnde Meer ist Lohn für alle Mühen des Aufstieges. Da man hier wohnen kann, gibt es auch ein Restaurant.

Übernachtung

Auf der Insel Wua Talap kann man in den **Park Bungalows** übernachten, wahlweise auch im Zelt. Arrangiert wird dies bei der Buchung der Tour. Persönliche Anfragen unter ✆ 025-620 760 (Bungalows) oder 077-286 588 (Zelt). Kajakverleih möglich. Die Rückkehr muss vorgebucht werden, ansonsten sitzt man ggf. unbefugt im Nationalpark fest. Die Anlage ist von November bis Heiligabend geschlossen. ❹

Aktivitäten

Boots- und Kajaktouren

Ab Samui und Pha Ngan Tagestouren zu den Inseln Ko Mae und Wua Talap. Einige Leser schwärmen, andere beklagen sich über diese recht touristische Tour. **Phangan Cruise** bietet ein Ausflugspaket für 1600 Baht, Kinder 850 Baht, inkl. Schnochelausrüstung, Mittagessen und Nationalparkgebühr. Abfahrt von den Anlagen um 7.30, Rückkehr um 16.30 Uhr. Tagesausflüge auch mit **Lomprayah**, Mo, Mi, Fr von 9–16 Uhr für 1800 Baht (inkl. Essen, Getränke, Parkeintritt, Kajak- und Schnorchelausrüstung).

Eine Tour mit dem Kajak zu den Höhlen der Inseln Ko Wao und Ko Tungku organisiert **Blue Stars**, Chaweng, Samui, ✆ 077-413 231, 🖥 www.bluestars.info. In der Hochsaison ab Weihnachten bis in den August unter sachkundiger Führung. Tagestrip ab 2000 Baht, mit Übernachtung knapp 5000 Baht, Kinder zahlen etwa 40 % weniger. 10 % Rabatt bei Direktbuchungen. Anfahrt aus Samui mit dem Schnellboot.

Kajak- und Schnorcheltouren organisiert auch **Samui Island Tour**, ✆ 077-421 506, 🖥 www.samui-island.com. Die Kajaktouren sind geführt und ermöglichen die Erkundung der Buchten rund um den Ang Thong National Marine Park. Schnorcheltouren kosten ab 1300 Baht, Kajaktoren ab 1850 Baht. Auch der Anbieter **Sea Canoe**, ✆ 077-230 484, hat geführte Paddeltouren im National Marine Park im Angebot.

Die südliche Golfküste

Stefan Loose Traveltipps

Khanom und Sichon Lange und einsame Strände warten abseits der Touristenpfade und ziehen das ruhesuchende Publikum an. S. 493

Nakhon Si Thammarat Fernab der Touristenströme im religiösen Zentrum der Region stehen einige der ältesten Tempel des Südens. S. 496

Thale Noi-See Wenn die Seerosen blühen und Tausende Zugvögel kommen, begeistert der See Naturfreunde. S. 503

Songkhla In dieser ruhigen Stadt sind Touristen selten. Der Stadtstrand bietet Entspannung und die Meerjungfrau lächelt dazu. S. 504

Hat Yai Die geschäftige Großstadt ist das Sprungbrett nach Malaysia. S. 507

Die südliche Golfküste zählt zu den weniger besuchten Regionen Thailands. Das verdankt sie dem Fehlen herausragender Sehenswürdigkeiten und macht sie umso interessanter für Entdecker, die sich etwas abseits der ausgetretenen Pfade bewegen möchten. Auch Ruhesuchende kommen hier auf ihre Kosten.

Die beiden Hauptverkehrsknotenpunkte sind Surat Thani und Hat Yai. Beide Städte sind alles andere als beschaulich. **Surat Thani** lädt nicht gerade zu einem längeren Aufenthalt ein, doch in **Hat Yai** kann man durchaus einen interessanten (Einkaufs-)Tag verbringen und zudem gut essen.

Strandliebhaber können östlich von Surat Thani bei **Khanom** und **Sichon** auf die Suche nach ihrem ganz persönlichen Paradies gehen – wer sucht, findet hier noch wunderschöne, einsame Strandabschnitte. Im Hinterland laden Berge und Wasserfälle zu Erkundungstouren ein.

In **Nakhon Si Thammarat** werden Tempelfreunde glücklich: Hier stehen einige der bedeutendsten Anlagen des Südens. Die Stadt blickt auf eine lange Geschichte zurück, und es werden noch alte Traditionen gepflegt, die anderswo längst ausgestorben sind, wie z. B. die des Schattenspiels.

Ein Ziel für Naturliebhaber ist der **Thale Noi-See**, der sich über 80 km entlang der Küste erstreckt. Besonders Vogelfreunde kommen hier auf ihre Kosten und können von **Phattalung** aus zu spannenden Exkursionen aufbrechen.

Chaiya

Vom 8. bis ins 13. Jh. war das heutige Südthailand Teil eines mächtigen Imperiums, des Srivijaya-Reichs, das neben Südthailand auch Indonesien und Malaysia umfasste. Einige Forscher versteigen sich in die Behauptung, dass die kleine, unauffällige Stadt Chaiya, etwa 55 km nördlich von Surat Thani, einst Hauptstadt dieses Reichs gewesen sei – Begründung: Die Namen klängen ähnlich. Wahrscheinlicher ist jedoch, dass das Reich von Sumatra aus regiert wurde.

Immerhin wurden in Chaiya wertvolle Zeugnisse aus dieser Zeit gefunden. Im kleinen **Chaiya National Museum**, Raksanorakit Rd., ✆ 077-431 066, sind Beispiele zu sehen. Die ältesten Exemplare gehen bis ins 6. Jh. zurück. Die meisten ausgestellten Stücke sind allerdings Nachbildungen; die Originale stehen in Bangkok im Nationalmuseum. ⏰ Mi–So 9–16 Uhr, Eintritt 30 Baht. Nahe dem Museum liegt das **Wat Phra Boromathat**, dessen ehemaligem Abt Phrakhru Sophonjetasikaram ein Großteil der Sammlung zu verdanken ist.

Das Zentrum von Chaiya besteht aus der Hauptstraße, die in Ost-West-Richtung verläuft, und den beiden, sie kreuzenden Parallelstraßen Chawananun Road und Vichitpukdee Road. Diese beiden Straßen sind gesäumt von niedrigen alten Holzhäusern mit kleinen Geschäften im Erdgeschoss.

So uninteressant Chaiya für die meisten Touristen ist, so bedeutend ist es für Leute, die sich eingehender mit dem Buddhismus beschäftigen. Das **Wat Suan Moke** (Kurzform für: Wat Suan Mokkhaphalaram) zieht seit vielen Jahren Meditierende aus der ganzen Welt an. Der Abt Buddhadasa Bhikkhu (1906–1993) übernahm das einfache Waldkloster im Jahre 1932 und entwickelte im Laufe der Zeit eine eigene, moderne Interpretation der klassischen Theravada-Lehre, die ihm zwar die Kritik des konservativen Klerus, aber auch viel Respekt bei den buddhistischen Laien des Landes und weltweite Beachtung einbrachte. Er diskutierte unter anderem Aspekte der christlichen Lehre und anderer Religionen und machte damit vielen nicht im buddhistischen Kanon Erzogenen den Einstieg in die Lehre des Erleuchteten leichter. Das Kloster wurde im Laufe der Jahre ausgebaut und präsentiert sich heute modern und mit viel Beton, doch das große Gelände ermöglicht weiterhin entspannende Spaziergänge, auch für Tagesbesucher. Das Rauschen der nahe gelegenen Schnellstraße nicht zu beachten, ist noch eine der leichteren Übungen während eines längeren Aufenthalts. Weitere Informationen unter ✆ 077-431 552, 431 662, 🖥 www.suanmokkh.org.

Übernachtung

Das einzige akzeptable Hotel am Platz ist das **Udomlarp**, 136/4 Mutapruke Rd., ✆ 077-431 123. An der Vichitpukdee Rd., Ecke Mutapruke Rd. ist ein Hinweisschild „Hotel" angebracht; von dort noch 40 m. Das einstöckige Holzhaus fällt zuerst

ins Auge; dahinter liegt das neue 2-geschossige Gebäude. Zugang entweder durchs Holzhaus oder aber über den rückwärtigen großen Parkplatz. Sehr familiär. Alle sind hilfsbereit und freundlich. Es gibt eine fotokopierte Skizze vom Ort, und das einzige Fahrrad wird aus Nettigkeit auch mal einem Gast überlassen. 5 einfache Zimmer im Holzhaus ohne (notwendiges) Moskitonetz. Gemeinschafts-Du/WC auf dem Gang. ❶
Im Neubau 15 Zimmer mit AC oder Ventilator, TV und eigenem Bad (Kaltwasser); sauber und geräumig. ❷

Essen

Einige **Essenstände** und **Mini-Restaurants** finden sich im Zentrum. Mittags gibt es Nudelsuppe oder eine gutes Pad Thai bei der sehr netten Dame schräg gegenüber dem 7eleven an der Vichitpukdee Rd., Ecke Hauptstraße.

Transport

Nach SURAT THANI mit den **blauen Songthaew** den ganzen Tag mind. stdl. ab Zentrum für 50 Baht in 1 Std.
Zum WAT SUAN MOKE etwa 7 km vom Zentrum entfernt, mit den Songthaew Richtung Surat Thani für 20 Baht in knapp 10 Min. (Eingang auf der gegenüberliegenden Straßenseite).

Surat Thani und Umgebung

Surat Thani bedeutet „Die Stadt der guten Menschen". Dieser Ehrentitel wurde ihr vor etwa 100 Jahren von König Rama VI. verliehen, als ihm die besondere Hinwendung der Bewohner zum Buddhismus deutlich wurde. Das ist allerdings lange her ... Heute entlockt der Name „Stadt der guten Menschen" vielen Reisenden nur ein gequältes Lächeln. Surat Thani ist Travellern hauptsächlich als **Verkehrsknotenpunkt** ein Begriff, und als solcher hat es keinen guten Namen. Zwangspausen im Wait-for-the-bus-Restaurant, VIP-Busse, die sich als Klapperkisten herausstellen, ausgeraubte Rucksäcke – die Geschichten nehmen kein Ende. Hier hilft nur, seine Wertsachen noch besser im Auge zu behalten als sonst, sämtliche Schlepper zu ignorieren und – leider – allen einheimischen „neuen Freunden", die man abends beim Bier kennenlernen kann, eine Portion Misstrauen entgegenzubringen.

Ein paar Meter abseits des ausgetretenen Traveller-Pfads beginnt das „richtige" Surat Thani. Abends kann man die Ban Don Road am Tapi-Fluss entlangschlendern, wo sich ein **Nachtmarkt** ausbreitet. Thais und Ausländer lassen sich hier auf Plastikstühlen kleine, authentische Mahlzeiten schmecken. An vielen Ständen helfen englische Speisekarten bei der Auswahl.

Ansonsten vermittelt Surat Thani den Eindruck einer geschäftigen Provinzmetropole. Ein paar im Stadtbild verstreute **chinesische Tempel** sprechen für einen starken chinesischen Bevölkerungsanteil.

In der Umgebung von Surat Thani werden in **Monkey Training Centern** Affen als Erntehelfer ausgebildet. Überall in Südthailand kann man beobachten, wie geschickt sie auf die Palmen klettern und die unreifen Kokosnüsse herabwerfen, deren zartes Fleisch besonders geschätzt wird. Ein halbes Jahr dauert die Ausbildung. Dabei müssen die wild gefangenen Makaken (Schweinsaffen) unter anderem lernen, bei ihrem Besitzer auf dem Moped mitzufahren. Das und noch mehr lernen sie z. B. an der **Affenschule in Kanchandit**, etwa 15 km südöstlich von Surat Thani. Unter ✆ 077-227 351 kann man sich für Vorführungen anmelden (etwa 300 Baht). Anreise aus Surat über den H 401 stadtauswärts nach Osten; nach 7 km rechts abbiegen (Beschilderung). Ein guter Motorradtaxi-Preis für die Strecke liegt bei 150 Baht. Eine weitere Affenschule befindet sich 20 km nordwestlich von Surat Thani bei **Tha Chang**, ✆ 077-268 088, Anreise aus Surat über den H 417 nach Westen, am T-Stück rechts auf den H 4112, vor Tha Chang links abbiegen (Beschilderung).

Vorsicht: Die Affen sind zwar als Erntehelfer ausgebildet, aber das macht sie nicht unbedingt zu freundlichen Zeitgenossen. Besonders Kinder sollten nicht zu nah an die kräftigen Tiere mit dem beeindruckenden Gebiss herangehen.

Übernachtung

Gesichtslose Zimmer an langen Fluren, durchgelegene Betten und kaltes Wasser –

Surat Thanis Hotels sind nicht gerade besonders einladend.

Bandon Hotel ②, 268/2 Namaung Rd., ✆ 077-272 167. Recht ruhig in einer Seitenstraße gelegenes, sauberes und gepflegtes Haus mit 15 Zimmern mit Ventilator, z. T. auch AC und TV. Zimmer teilweise ohne Aussicht. Restaurant im Eingangsbereich. Gutes Preis-Leistungs-Verhältnis. Safe in der Lobby (Leser berichten von Diebstahl – also besser Wertsachen mitnehmen). ❷–❸

Grand City Hotel ③, 427/7-10 Chon Kasem Rd., ✆ 077-272 960. Beliebtes Haus, 2010 renoviert. ❸

Seree Hotel ⑤, 2/2-5 Tonpo Rd., ✆ 077-272 279. Einfaches Hotel im Eckhaus mit schlichten, abgewohnten Zimmern mit Ventilator, z. T. mit TV. Im Erdgeschoss ein chinesisches Frühstücks-Restaurant (6–11 Uhr). Freundlicher Besitzer. ❷

Tapee Hotel ④, 100 Chonkasem Rd., ✆ 077-272 575. Der himmelblaue Betonklotz birgt blitzsaubere AC-Zimmer mit TV; einige mit Kühlschrank. Große Fenster, großes Bett. WLAN. Restaurant. ❸

T.H. Mansion ⑥, 70/1-4 Mitr Kasem Rd., ✆ 077-212 701. 50 Zimmer mit Ventilator oder (unwesentlich teurer) mit AC, alle mit TV, einige ohne Fenster. Sauber und gut in Schuss. Praktisch: Abends füllt sich der kleine Platz vor dem Hotel mit Essenständen. ❸

Die beste Unterkunft von Surat

100 Islands Resort & Spa ①, 19/6 Moo 3 Bypass Rd., ✆ 077-201 500-8, 🖥 www.roikoh.com, [6055]. Recht großes Hotel mit imposanter Lobby und unschlagbar günstigen Zimmern für den gebotenen Standard. Alle Zimmer sind groß, haben TV, Kühlschrank und AC, einige einen Balkon. Manche liegen direkt am schönen Pool, der wie ein Natursee angelegt ist. In der Nachbarschaft gibt es einige Lokale, direkt am Hotel mit englischer Speisekarte. Ansonsten nur in Thai, auch im Foodcourt des großen Tesco-Lotus-Supermarktes, der direkt gegenüber liegt. Frühstücksbuffet 90 Baht p. P. WLAN. ❸–❹

Essen

Wer die Gelegenheit hat, sollte sich eine Mahlzeit auf dem **Nachtmarkt** am Ufer des Flusses gönnen. Englische Speisekarten erleichtern die Auswahl zwischen den lokalen Spezialitäten. Die Preise liegen zwischen 40 und 100 Baht.

Baan Satek, Witeetad Rd. Der Name ist Programm: In diesem kleinen „Steakhaus" gibts Gutes vom Rind (Sirloin 350 Baht). Daneben Pizza, Salate, Thaifood (Curry um 60 Baht) und Frühstück (um 50 Baht). Kostenloses WLAN. ⏰ 10–21 Uhr.

Chabar Pub & Restaurant, Tri Anusson Rd., ✆ 077-281 417. Schickes Gartenrestaurant, Speisekarte auf Thai mit Gerichten von 80–150 Baht. Open-Air-Bar mit Shishas. Livemusik ab 20 Uhr. ⏰ 18–1, Küche bis 21 Uhr.

Coffee Zone, Ban Don, Ecke Ton Pho. An einem kleinen Kreisverkehr gegenüber von zwei chinesischen Tempeln gelegenes modernes Café mit Kaffee, Kuchen, Eis und Sandwiches. Klimatisierter Sitzbereich mit einigen Tischen zur Straße hin, im OG bequeme bunte Sessel. ⏰ 10–22 Uhr.

Crossroads Restaurant, hinter der Brücke. Schickes, etwas teureres Restaurant mit Bar, Musik und umfangreicher Speisekarte; zum Essen genießt man einen schönen Blick auf den Tapi-Fluss. ⏰ 10–23 Uhr.

Miss Tuk Ta Cappuccino, 442/306-8 Talat Kaset 2. Im Erdgeschoss des wenig empfehlenswerten Thaithani Hotels befindet sich ein Internet-Café (20 Baht/Std.) mit hervorragendem Kaffee; daneben preiswertes Frühstück (Omelette 30 Baht) und Snacks. ⏰ 9–24 Uhr.

Pizza Company, im Sahathai-Kaufhaus, serviert ihre globalisierte Version des italienischen Originals.

Ploypailin Restaurant, 100 Chon Kasem Rd. Anständige westliche und asiatische Küche im Erdgeschoss des Tapee Hotels. Eine Bar ist angeschlossen. ⏰ 6.30–22 Uhr.

Sweet Kitchen Bakery & Restaurant, 100 Ban Don Rd., ✆ 077-210 108. Nettes Restaurant im 2-stöckigen Eckhaus gegenüber vom Nachtboot-Pier. Schöner als im poppig-grünen Erdgeschoss sitzt man im Obergeschoss mit Blick auf den Fluss. Umfassende Speisekarte

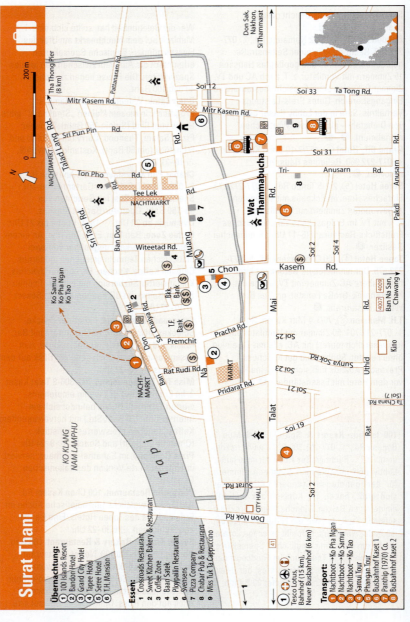

(westliche und Thai-Küche) mit reellen Preisen. Die scharfen Gerichte sind mit roter Schrift gekennzeichnet. WLAN. ⏱ Di–So 10–22 Uhr.
Svensens Eisspezialitäten schmecken in Surat in der Na Muang Rd. so gut wie überall auf der Welt.
Vegetarisches Essen gibt es von 7–13.30 Uhr im Erdgeschoss des Thaithani Hotels (442/306-8 Talat Kaset 2) im hinteren Bereich.

Sonstiges

Immigration
Büro in der City Hall, Don Nok Rd., ✆ 077-273 217, ⏱ Mo–Fr 8.30–12 und 13–16 Uhr.

Informationen
Tourist Information Office, 5 Talad Mai Rd., ✆ 077-288 817, ✉ tatsurat@tat.or.th. Sehr freundliche Angestellte, die allerdings bei Fragen in sichtliches Unwohlsein geraten. Englischsprachige Broschüren mit Infos zur Provinz. Die etwas abseitige Lage lädt nicht gerade zu einem spontanen Besuch ein. ⏱ 8.30–16.30 Uhr.

Medizinische Hilfe
Surat Thani Hospital, 2 km westlich des Zentrums, ✆ 077-272 231, hat einen guten Ruf.

Reisebüros
An der Talat Mai liegen einige Reisebüros. Bewährt hat sich **Panthip (1970) Co.**, s. „Transport".

Nahverkehr

Der innerstädtische Nahverkehr wird von **Tuk Tuks** übernommen. Auf die Preislisten, die innen hängen, ist allerdings nicht immer Verlass. Eine Fahrt vom Zentrum zur Tourist Info, etwa 2 km die Talat Mai entlang, kostet 15–20 Baht p. P.
Zum rund 15 km entfernten Bahnhof Phun Phin mit dem orangenen **Bus** (Ziel an der Front-scheibe angeschrieben) bis 18 Uhr, 15 Baht. Diese Busse halten außerdem am 4 km vom Zentrum entfernten Busbahnhof. Danach Sammeltaxi zum Bahnhof (150–200 Baht).

Transport

Als Transport-Drehscheibe ist Surat Thani ziemlich unübersichtlich – das machen sich allerhand Schlepper zunutze, die verwirrt in der Hitze stehenden Travellern ihre Tickets anzudrehen versuchen.

Busse, Songthaew und Taxis
Tickets aus dem Reisebüro
Wer Hilfe sucht oder Stress vermeiden möchte, sollte sich ins klimatisierte Büro von **Panthip (1970) Co.**, 293/6-8 Talat Mai, ✆ 077-272 230, 272 906, 🖥 www.phantip.co.th, begeben: Es hat Tickets zu allen wichtigen Zielen (u. a. auch Busse zum Flughafen), ist zuverlässig und hat sich vielfach bewährt – und für die Wartezeit gibt's sogar Internet-Zugänge und kalte Getränke. Panthip vermittelt nicht nur Tickets, sondern betreibt auch eigene Busse:
KO PHA NGAN, um 9.30, 12.30 und 15 Uhr für 350 Baht in 4 Std.
KO SAMUI, um 9.30, 12.30, 15 und 17 Uhr für 230 Baht in 3–3 1/2 Std.
Weitere Ziele sind KHAO SOK (200 Baht), KO PHI PHI (500 Baht), KRABI (140 Baht) und PHUKET (210 Baht), Abfahrt jeweils mehrmals tgl. bis spätestens 17 Uhr.
Anlaufstellen für Trips auf die Inseln im Golf sind auch **Samui Tour**, 326/12 Talat Mai, ✆ 077-282 352, und **Phangan Tour**, gegenüber dem Wat Thammabucha.

Busbahnhöfe der Innenstadt (Kaset 1 und 2)
Die hier genannten Busse fahren, wenn nicht anders angegeben, am größeren Terminal Kaset 2 ab. Die Minibusse sind die etwas teurere, aber schnellere Alternative. Wenn zu wenige Fahrgäste da sind, stellen sie allerdings oft den Betrieb schon vor den hier angegebenen letzten Abfahrtszeiten ein. Wenn der Minibus nicht fährt, wird das bereits gekaufte Minibusticket 1:1 in ein Ticket für einen großen Bus umgetauscht bzw. ist für den großen Bus gültig. Hier mit Verhandlungen über die Preisdifferenz zu beginnen, ist nur etwas für Kämpfernaturen mit Sprachkenntnissen.
CHUMPHON, von 8–17 Uhr stdl. in 3 Std. für 250 Baht. Große Busse nur ab der neuen Busstation (s. u.).

DON SAK PIER, den ganzen Tag über ab Kaset 1 für 30 Baht in einer knappen Stunde.
HAT YAI, von 7–15 Uhr stdl. mit Minibussen für 250 Baht in 4 Std.; von 7–16 Uhr mit dem großen AC-Bus (Nr. 490) für denselben Preis in 5–6 Std.
KRABI, Minibusse stdl. von 8–16 Uhr für 180 Baht in etwas über 2 Std., große Busse stdl. 6.30–16.30 Uhr für 150 Baht in fast 4 Std.
NAKHON SI THAMMARAT, von 7–17 Uhr ungefähr stdl. mit dem großen Bus für 90–100 Baht ab Kaset 1 in 3 Std.
PHUKET, Minibusse stdl. von 8–16 Uhr für 250 Baht in 4 Std.; große Busse (Nr. 465) von 7–14 Uhr für 250 Baht; Letzterer fährt über KHAO SOK (120 Baht) und KHAO LAK (160 Baht).
RANONG, Minibusse von 8–16 Uhr für 190 Baht in knapp 4 Std.; große Busse (Nr. 469) stdl. von 6.30–13 Uhr für 170 Baht ab Kaset 1 in 4–5 Std.
TRANG mit dem großen Bus um 6 und 8.30 Uhr für 170 Baht in 4 Std.
Richtung Malaysia: Minibusse tgl. je nach Nachfrage bis zum frühen Nachmittag nach SUNGAI GOLOK (550 Baht), PENANG (850 Baht) und KUALA LUMPUR (1200 Baht).

Busse vom neuen Busbahnhof

Der „neue" Busbahnhof Takub liegt (nun schon einige Jahre, aber der Name hat sich eingebürgert) etwa 6 km westlich des Zentrums. Transport dorthin mit dem Motorradtaxi oder dem Songthaew für Touristen bis zu 150 Baht (Normalpreis: Motorrad 50 Baht, Songthaew 12 Baht). Von hier fahren den ganzen Tag über Busse gen Norden und Süden, z. B.:
BANGKOK, ganztags insgesamt etwa 30 Busse, von morgens früh bis in die späten Abendstunden. Reisedauer ca. 10 Std., Tickets je nach Busklasse zwischen 350 und 850 Baht. Am bequemsten sind die VIP-24-Busse, Abfahrt zwischen 19 und 21 Uhr.
CHUMPHON, mehrere Busse zwischen 8 und 13 Uhr, 220 Baht, 4 Std.
HAT YAI, ungefähr stdl. bis mittags für ca. 500 Baht in 5–6 Std.

Busse ab Bahnhof Phunpin

Wer mit dem Nachtzug ankommt, wird meist gleich in einen Anschlussbus zu den Piers nach KO PHA NGAN, KO SAMUI, PHUKET oder KRABI verfrachtet; falls die Tour nicht durchgebucht wurde und noch ein Platz frei ist, kann man auch zusteigen (dann oft überhöhte Preise). Viele Busse, die am Kaset 2 in Surat gestartet sind (vgl. dort), kommen etwa 30 Min. später am Bahnhof vorbei. Tickets für alle Busse: wenn man aus dem Bahnhof kommt, schräg links gegenüber.

Songthaew ab Bahnhof Phunpin

CHAIYA, mit dem blauen Songthaew vor dem Bahnhof Phunpin nahe dem 7eleven ganztags für 50 Baht in 1 Std.
WAT SUAN MOKE (7 km vor Chaiya), mit denselben Songthaew; dem Fahrer Bescheid sagen und sich vorher absetzen lassen.

Taxis ab Bahnhof Phunpin

Wer schnell und bequem weiterkommen möchte, nimmt ein Taxi vom Bahnhof. Zum NACHTBOOTPIER BAN DON 150 Baht, DON SAK PIER 1200 Baht, WAT SUAN MOKE 600 Baht, KHAO LAK 2500 Baht, KHAO SOK 1500 Baht, KRABI 2200 Baht, RANONG 2800 Baht, HUA HIN 6000 Baht.

Eisenbahn

Der **Bahnhof** liegt außerhalb von Surat Thani in Phunpin, etwa eine halbe Busstunde mit dem orangefarbenen Bus (an der Windschutzscheibe angeschrieben) ab Kaset 1 (knapp 20 Baht) in Surat. Vor dem Bahnhof (wenn man rauskommt, rechts) liegen einige Ticketbüros, die die Weiterreise nach Ko Samui und Ko Pha Ngan organisieren können. Zu empfehlen sind die Autofähren ab Don Sak (etwa 400 Baht inkl. 1 Std. Transport zum Pier), nicht das Speedboot ab Surat Thani.
BANGKOK, Dieselzug Nr. 40 um 10.40 Uhr (Ankunft 19.45 Uhr), Nr. 174 um 16.46 Uhr (Ankunft 4.45 Uhr).
BAN KRUT, 10.40 Uhr (Ankunft 14.24 Uhr), 16.46 Uhr (Ankunft 21.21 Uhr).
CHAIYA, mit dem Ordinary Train 446 um 13.16 Uhr in 2 Std. (für 60 km!), 10 Baht.
CHUMPHON, 10.40 Uhr (Ankunft 12.46 Uhr), 16.46 Uhr (Ankunft 19.24 Uhr), 17.42 Uhr (Ankunft 20.32 Uhr).
HAT YAI, 8.11 Uhr (Ankunft 12.27 Uhr).
HUA HIN, 10.40 Uhr (Ankunft 16.01 Uhr).

PATTHALUNG, 8.11 Uhr (Ankunft 11.08 Uhr).
PETCHABURI, 10.40 Uhr (Ankunft 16.44 Uhr).
PRACHUAP KHIRI KHAN, 10.40 Uhr (Ankunft 15.04 Uhr).
Siehe auch Bahnfahrplan S. 812/813.

Boote

Nach KO SAMUI mit den Autofähren **Raja** stdl. von 5–19 Uhr oder **Seatran** stdl. 6–19 Uhr in etwa 1 1/2 Std. ab Don Sak für 180 Baht (plus Zubringerbus nach Don Sak etwa 100 Baht). In der Nebensaison werden einige Fähren gestrichen (besonders Seatran). Alternativ mit dem **Nachtboot** ab Ban Don Pier um 22 Uhr (Ankunft 5 Uhr) für 150 Baht.
KO PHA NGAN mit den Autofähren **Raja** stdl. von 5–19 Uhr oder **Seatran** ab Don Sak stdl. 6–19 Uhr in etwa 2 1/2 Std. für 250 Baht (plus Zubringerbus nach Don Sak etwa 100 Baht); mögliche Streichungen in der Nebensaison. Mit dem **Nachtboot** ab Ban Don Pier um 22 Uhr (Ankunft 5 Uhr) für 250 Baht. **Lomprayah** fährt mit dem Katamaran ab Don Sak nach Ko Samui (Nathon), Ko Pha Ngan und Ko Tao um 10.10 Uhr für 350/450 bzw. 600 Baht in 45 Min., 95 Min. bzw.knapp 5 Std. bis nach Ko Tao. Nach Ko Pha Ngan zudem um 15.30 Uhr.
Von den **Songserm-Expressbooten**, die vormittags zu den drei Golfinseln starten, raten wir besonders in der Hochsaison (überfüllte Boote) und bei schlechtem Wetter (Sicherheit) ab. Achtung: Die billigen Joint-Tickets, die in Bangkok in der Khaosan Rd. verkauft werden, beinhalten (neben den berüchtigten Bussen) meist diese altersschwachen Expressboote.

Flüge

Der **Flughafen** liegt ca. 21 km vom Zentrum entfernt und ist in etwa 50 Minibusminuten (100 Baht) zu erreichen. Panthip fährt 4x tgl. vom Kaset 1 mit dem Minibus, Abfahrt 8.30, 10.30, 14 und 17 Uhr. Ab Flughafen: Im Terminal finden sich Busanbieter nach Surat Thani, Don Sak und anderen Zielen in der Umgebung. Zum Anleger DON SAK (Fähren auf die Inseln) 1 1/2 Std. einplanen.
BANGKOK wird tgl. morgens und mittags von **Air Asia** und abends von **Thai Airways** angeflogen. Zudem **Nok Air** morgens und abends. Ab 1300 Baht pro Strecke.

Strände bei Khanom und Sichon

Etwas über 80 km östlich von Surat Thani in Richtung Nakhon Si Thammarat liegen die beiden kleinen Städte Khanom und Sichon. Dazwischen erstreckt sich etwa 30 km Küste am Golf von Thailand – ein Gebiet mit vielen langen, schönen Strandabschnitten. Die Region zieht inzwischen einige Individualreisende an. Noch finden sich aber einsame Strände. In den Wintermonaten wird es voller; dann flüchten Schweden und Finnen vor den langen dunklen Nächten daheim hierher.

Südlich von Khanom erstreckt sich der 7 km lange **Hat Na Dan**, ein flach ins Meer ragender Sandstrand. Er wird im südlichen Bereich auch als Nai Pet-Strand bezeichnet. Noch weiter im Süden, hinter einem Felsenhügel etwa 7 km von Khanom entfernt, erstreckt sich die malerische **Nai Plao-Bucht**, die sich durch feinen Sand auszeichnet. Am Ende der Bucht führt eine 2 km lange Straße zur schönen **Ao Thong Yhee**, die sich in zwei Abschnitte gliedert. Felsen teilen den ersten, nördlichen Strand in mehrere Bereiche, wo Entdecker, die sich von der Straße einen Weg zu den Buchten bahnen, ganz unter sich sind (eine Unterkunft s. u.).

Das bergige Hinterland bietet die Möglichkeit, dem Strandleben für kurze Zeit zu entfliehen. Über die Region erhebt sich der 814 m hohe **Khao Luang**, auch Khao Phra genannt, von dessen östlichen Hängen einige Wasserfälle herabstürzen. Die zweithöchste Erhebung ist der **Khao Dat Fa** (732 m), der ein lohnendes Ziel für eine Mopedtour ist. Informationen, fahrbare Untersätze mit und ohne Fahrer oder Führer gibt es bei One More Travel (s. „Übernachtung", One More Beer).

Von **Sichon** aus gelangt man über die Straße bequem zu Fuß ans Meer zur **Hin Ngam-Bucht**. Hier kann man Surfbretter ausleihen und sich in die Wellen stürzen. Über den Hügel geht es zum hinteren Strandabschnitt. Dort warten verschiedene Restaurants direkt am Meer auf Gäste. Die Spezialität: natürlich Meeresfrüchte.

Übernachtung und Essen

Viele Ferienanlagen richten sich weniger an westliches als an einheimisches Publikum. So wird auch kaum Englisch gesprochen.

Khanom
Hat Nai Plao

Gegessen wird meist in der Unterkunft. In **Khanom** kann man sonntags und mittwochs die leckeren Spezialitäten der Garküchen kosten, die auf dem Wochenmarkt aufgestellt werden.

Na Dan-Strand (bei Khanom)

Dieser lange, weiße Sandstrand ist derzeit noch recht wenig bebaut, doch Baustellen und Landvermessungen nehmen zu. Die Unterkünfte haben alle ein etwas gehobenes Preisniveau.
Alongkot Resort ①, 075-529119. Hübsche rote Steinbungalows in grüner Anlage, Restaurant und Strandbar mit gemütlichen Tischen direkt über dem Strand. ❺
Aava Resort & Spa ④, 075-75 300 310, www.aavaresort.com. Luxus-Spa-Resort. Pool, einige Bungalows mit direktem Zugang. Schöne Ausstattung, WLAN. Spa-Programm mit Gastlehrern, z. B. Yoga-Kurse. ❽
Golden Beach Hotel ③, 075-326 688, www.khanomgoldenbeach.com. 6-stöckiges Hotel mit Fahrstuhl. Typische Hoteleinrichtung: Teppichboden, Schrankwand, Kommode, 2 Betten. Balkone zur Straße oder Strandseite. Pool mit Strandblick. ❺
Sand Terrace Resort ⑤, 075-528910. An einem schönen Strandabschnitt. 15 große, geflieste AC-Steinbungalows sowie 8 große, helle Zimmer mit Ventilator, in zwei Reihen quer zum Strand. Restaurant an der Straße. Etwas in die Jahre gekommen. ❸–❹
Talkoo Beach Resort ②, 075-528 667. 42 große Steinbungalows in verschiedenen Ausführungen in weitläufiger Anlage. Hübsch möbliert, TV, Kühlschrank und neue Bäder. Autoverleih. Ein Restaurant mit Strandblick. ❺

Nai Plao

Dieser Sandstrand ist der beliebteste der Region, naturbelassen und mit schönem, feinkörnigem, weißem Sand. Es gibt hier keine Restaurants, weshalb man in den Unterkünften isst.
Khanom Hill Resort ⑨, 075-529 403, www.khanom.info. Am Anfang der Nai Plao-Bucht am Hang. Weit auseinander stehende Bungalows, teils in Thai-Stil mit großen Terrassen und Blick auf die Bucht. Auf der anderen Straßenseite neue, architektonisch ausgefallene Steinbungalows mit großen Betten und gemütlicher

Ein Resort der besonderen Art

Rachakiri Resort & Spa ⑮, ℡ 075-300 245, 🖥 www.rachakiri.com. Traumhafte Anlage am Hang mit verschiedenen Suiten zwischen 45 und 76 m² Größe, alle mit Meerblick. Die größeren mit 2 oder 3 Schlafzimmern. Badewanne mit Meerblick. TV, DVD, Minibar, Bücherei, Sauna, Jacuzzi, Spa. Kein Sandstrand, nur von den Felsen aus gelangt man ins Meer. Rabatte in der NS. ❽

Sofaecke (Schlafplatz für Kinder). 3 kleine Pools direkt an der Straße. Restaurant am Hang mit schönem Strandblick. Internet. ❺–❻

Nai Plao Bay Resort ⑭, ℡ 075-300 250. Über 40 Bungalows aus Stein und Holz, verteilt im riesigen Garten. Die hinteren 6-eckigen Ventilator-Bungalows haben gefliese Terrassen und Böden. Die vorderen beiden Reihen sind mit AC, TV und Kühlschrank sowie gemütlicheren Holzböden ausgestattet (auch ohne AC buchbar). Preise in der Nebensaison verhandelbar. Restaurant, wenn genug Gäste da sind. ❸–❺

Naiplao Natural Resort ⑫, ℡ 089-683 3111. Die am Fluss hinter dem Nai Plao Richtung Thong Yi gelegenen kleinen Ventilator-Holzhütten aus natürlichen Materialien sind etwas für Naturliebhaber. Back to Basics mit Matratzen auf dem Boden. Dazu schöne Bäder und kleine Veranden mit Sitzkissen. ❸

One More Beer ⑬, ℡ 081-396 4447, 🖥 www.1morebeer.net. Amerikanische Leitung. 8 große Zimmer mit Kühlschrank und TV, teils 2 Doppelbetten. Kein Strandzugang. Hauptattraktion ist das Restaurant mit langen Holztischen: Frühstück, Pizza, Sandwiches, Suppe, Salat und Eis. Billard, Tischtennis, WLAN, Internet-Zugang und Mopedverleih. Taxi-Service, Touren in die Umgebung. ❹

Zelten in der einsamen Bucht Thong Yhee

Thong Yhee Camping ⑥, in der gleichnamigen Bucht, ℡ 075-470 334. 3 Bungalows mit AC und Mehrbettunterkünfte. Auch Zelten ist möglich. Restaurant, nette Betreiber. Man kann sich abholen lassen. ❸–❹

Supar Royal Beach Resort ⑪, ℡ 075-300 300, 🖥 www.suparroyal.com. 6-stöckiges Haus an der Straße sowie Bungalows in 2 Reihen am Strand mit insgesamt 100 Zimmern, die den Charme der 70er-Jahre verbreiten. Ungemütliche, große Hotellobby. Pool. Karaoke. Inkl. Frühstück. ❹–❻

White Beach Service ⑩, ℡ 075-527 503. 4 Zimmer an der Straße. Das kleine Restaurant mit 5 Tischen ist gut. Die Besitzerin spricht jedoch so gut wie kein Englisch. ❹

Ao Hin Ngam (bei Sichon)

In dieser kleinen Bucht gibt es nur wenige Unterkünfte. Der schöne, sichelförmige weiße Strand befindet sich direkt hinter der Flussmündung bei Sichon. Gegessen wird in den Anlagen oder den drei großen, mit Plastikstühlen ausgestatteten Restaurants, die Meeresfrüchte und Thai-Küche anbieten.

Krua Poy Beach Resort ⑦, ℡ 075-536 055, 🖥 www.kruapoybeachresort.com. 10 Reihen-Bungalows aus Holz, quer zum Strand hinter einladendem Restaurant. Vorne einfache Zimmer mit Ventilator und Linoleumboden. Hinten Zimmer mit Holzboden und Kunst an den Wänden. Windsurfbrett-Verleih. WLAN. ❷–❹

Prasarnsook Resort ⑧, ℡ 075-536 299, 🖥 www.pssresort.com. Etwa 30 weit auseinander liegende Steinbungalows, aber keiner direkt am Strand, nur das Restaurant. ❺

Transport

Busse

Nach BANGKOK von Khanom (der Bus fährt etwas außerhalb von Baan Nood) mit VIP- oder nur AC um 17 Uhr für 450–900 Baht in 11 Std. DON SAK, 8–18 Uhr stdl. von Khanom und Sichon, sobald der Wagen voll ist, Songthaew 50 Baht. Wer vom Don Sak Pier nach Khanom oder Sichon fahren will, nimmt ein Motorradtaxi oder das manchmal wartende Songthaew. NADAN BEACH und AO NAI PLAO, mit dem Motorradtaxi für 50 Baht.
NAKHON SI THAMMARAT, von Khanom mit dem Minibus zwischen 8 und 18 Uhr stdl. für 80 Baht in 1 Std. Von Sichon fahren die Busse häufiger.
SURAT THANI, stdl. Minibusse ab Khanom, ab Sichon jede halbe Std. für 100 Baht.

Taxis

Ein Taxi zwischen den Stränden und Khanom kostet 200 Baht, bis nach DON SAK 800 Baht. Nach NAKHON SI THAMMARAT und SURAT THANI jeweils 2000 Baht. Weiter Richtung Süden bis KHAO SOK 6500 Baht, PHUKET 8000 Baht und bis nach SATUN 8500 Baht.

Nakhon Si Thammarat

Die Provinzhauptstadt Nakhon Si Thammarat gehört zu den ältesten Städten Thailands. Die Stadt, von ihren 125 000 Bewohnern kurz „Nakhon Si" genannt, präsentiert sich als untouristisches, geschäftiges Zentrum der Region. Hauptschlagader ist die Ratchadamnoen Road, die von Surat Thani kommt und nach Songkhla weiterführt – die alte Ostküstenstraße, auf der es seit dem Ausbau des Highway 41 etwas ruhiger zugeht.

Nakhon Si Thammarat ist stolz auf die eigene Geschichte. Noch heute findet sich hier beispielsweise ein Museum, in dem die uralte Kunst des Schattenspiels (s. Kasten) an die junge Generation weitergegeben wird. Überbleibsel einer alten Befestigung aus dem Jahr 655 sind steinerne Zeugen der Vergangenheit. Lange Zeit war die Stadt ein wichtiges Zentrum des hinduistischen Srivijaya-Reichs und die umliegenden Gebiete waren ihr tributpflichtig. Erst seit dem Aufstieg der Könige von Sukhothai 1292 gehört Nakhon Si zu Thailand (damals: Siam). Später zog sich das Meer immer weiter zurück, bis Nakhon Si nicht mehr direkt am Wasser lag. Dennoch blieb die Stadt eine wichtige Handelsmetropole, und sie wurde einer der Ausgangspunkte für die Verbreitung des Therava-Buddhismus. Ein bedeutendes Monument dieser Religion ist das Wat Mahathat, das mit seinen über 1000 Jahren als eines der ältesten Wats Thailands gilt. Die heutige Ausdehnung verdankt die Stadt unter anderem den Königen Ramesuan (1407) und Narai (1677), die die alten Erdwälle erneuerten und sie teils mit Ziegelmauern befestigten.

Das Leben spielt sich im neuen Stadt- und Geschäftszentrum ab, das östlich vom Bahnhof zu finden ist. Hier gibt es auch die meisten Hotels und Restaurants. Westliche Reisende werden in der Stadt selten gesichtet, und so kann sich jeder Besucher der freundlichen Aufmerksamkeit der Einwohner sicher sein. Nicht alle, die ein Gespräch suchen, verstehen Englisch. Wer kein Thai spricht, ist dann auf andere Kommunikationswege angewiesen.

Historisch und architektonisch Interessierte können in Nakhon einen kurzweiligen Tag verleben. Das **Wat Mahathat** gehört zu den wichtigsten und ältesten Tempeln Thailands. Im 8. Jh. soll es von König Si Thanna Sokarat errichtet worden sein. Den Tempel überragt der 77 m hohe **Phra Borommathat**, der zweitgrößte Chedi Thailands, mit einer goldenen Spitze. Es heißt, über 272 kg pures Gold seien hier verarbeitet. Der Chedi ist

Ein Meister des Schattenspiels

Seit Generationen wird die Kunst des Schattenspiels in Thailand vom Vater an den Sohn weitergegeben, doch das Interesse an dieser Form der Unterhaltung schwindet zusehends – nicht nur, weil die Jugend an den alten Stoffen kaum noch Interesse hat, sondern auch weil Kino und Fernsehen die Sehgewohnheiten verändert haben. Der Künstler Suchat Sapsin aus Nakhon Si hat es sich zur Aufgabe gemacht, seine Kunst des Schattenspiels in die moderne Zeit zu überführen und die junge Generation dafür zu begeistern. Manchmal hält er Workshops in Zusammenarbeit mit einer nationalen Kunstkommission ab. Sein Museum im Suchat House, 110/18 Si Thammasok Rd., Soi 3, ☏ 075-346394, wurde nicht zuletzt deshalb 1996 vom TAT mit der Auszeichnung für besonders erwähnenswerte kulturelle und historische Stätten gewürdigt. In dem kleinen Schattentheater-Museum heißt der Meister, der liebevoll Onkel Suchat genannt wird, auch westliche Touristen willkommen.

Im Obergeschoss des schönen Holzhauses sind verschiedene, bis zu 200 Jahre alte Schattenspielfiguren ausgestellt. Außerdem wird die Herstellung der Puppen erklärt und gezeigt. Bei Gruppen werden auf Wunsch 20-minütige Schattentheater-Vorführungen geboten (50 Baht p. P.). Verkauft werden auch VCDs mit aufgezeichneten Aufführungen. ⏰ 8–17 Uhr, zwischen 11 und 12 Uhr Mittagspause, Eintritt frei.

während der Sri Vijaya-Herrschaft entstanden und beherbergt eine Zahnreliquie Buddhas. Im Innern des Tempelbezirks befinden sich über 100 Buddhastatuen. Aus der Ayutthaya-Periode stammt der schöne Buddha, der im **Wihan Luang**, südlich des Chedi, von der Decke auf den Besucher hinunterblickt. Der Klosterschatz ist im **Tempelmuseum** ausgestellt. ⊙ Museum 8.30–16 Uhr (Mittagspause 12–13 Uhr), Eintritt 20 Baht. ⊙ Wat 8–16 Uhr.

Weit im Süden der Stadt befindet sich das sehenswerte **Nationalmuseum**. Es zeigt Funde aus der Region und religiöse Kunstwerke. Beeindruckender Beleg für die frühe Besiedlung der Region ist die Bronzetrommel, die etwa 2500 Jahre alt ist. Porzellan, Keramik und Schattenspielfiguren verbinden Kunsthandwerk und Alltag. Die Ausstellung ist informativ und anschaulich gestaltet: Lebensgroße Figuren demonstrieren Sitten und Gebräuche. Viele landwirtschaftliche Geräte und Musikinstrumente gehören heute noch zum Alltag. Die meisten Erklärungen sind auch ins Englische übersetzt. ⊙ Mi–So 9–16 Uhr, geschl. an Feiertagen, Eintritt 30 Baht.

Südlich des Zentrums kann man neben Resten der Befestigungsanlagen auch einen Teil der alten **Stadtmauer** bestaunen. Die beiden hinduistischen Schreine **Ho Phra Isuan** (Shiva gewidmet) und **Ho Phra Narai** (Vishnu gewidmet) schmücken die Hauptstraße. Neben dem Ho Phra Isuan steht eine **Giant Swing**, eine Riesenschaukel, die früher für brahmanische Riten genutzt wurde.

Übernachtung:
① Nakorn Garden Inn
② Grand Park Hotel
③ Grand Nakara
④ Thai Hotel
⑤ Siam Hotel
⑥ Muang Thong Hotel
⑦ Bue Loung Hotel
⑧ Thai Lee Hotel
⑨ Twin Lotus Hotel

Transport:
① Minibusse→Ko Samui
② Busbahnhof
③ Sammeltaxis→Surat Thani
④ Thai Airways
⑤ Minibusse→Surat Thani, Khanom und Sichon
⑥ Minibusse→Krabi und Phuket
⑦ Minibusse→Trang
⑧ Sammeltaxis
⑨ Minibusse→Hat Yai
⑩ Songthaew→Sichon Karom Falls und Phromkiri

Essen:
1 DiDi Cafe
2 A&A Restaurant
3 KFC, Pizza Company, Svenson Eiskrem, M.K. (Ocean Robinson)
4 Daily Hut
5 Chao Roer
6 Gotee
7 Moslemische Restaurants
8 Bavorn Bazar (Khrua Nakhon, Rock 99, Hao Coffee, Ligor Home Bakery)

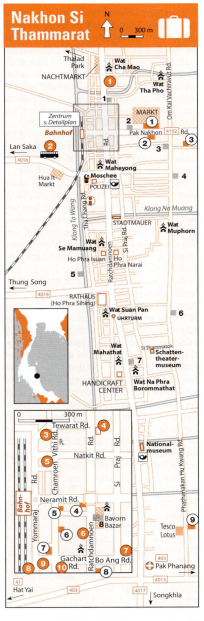

Etwa 500 m weiter südlich hat vor dem Rathaus das moderne Gebäude **Ho Phra Sihing** seine Türen geöffnet. Hier wird die berühmte Buddhastatue **Phra Buddha Sihing** aufbewahrt, eine von drei Statuen, die angeblich das aus Sri Lanka stammende, etwa 1500 Jahre alte Original darstellen. Die beiden Konkurrenten um Originalität befinden sich im Buddhaisawan-Tempel auf dem Gelände des Nationalmuseums in Bangkok sowie im Wat Phra Sing in Chiang Mai. ⏱ Mo–Fr 9–16 Uhr.

Die große **Moschee** in der Tha Chang Rd. mit ihren fünf Kuppeln und dem schlanken, von kleinen Balkonen gesäumten Minarett gibt den hiesigen Thai-Moslems eine religiöse Heimat.

Der **Thalad Park** hinter dem Stadion ist ein schöner, großzügiger Park mit See und Zoo, in dem u. a. Krokodile, Bären, Affen und Tiger (leider nicht immer artgerecht) gehalten werden. Auch ein Streichelzoo ist vorhanden. Auf dem See kann man Tretboote mieten. Viele Restaurants rund um den See bieten Seafood und Isan-Essen. ⏱ bis 19 Uhr, Eintritt frei.

Nur etwa 10 km nordwestlich der Stadt entfernt befindet sich der **Khao Luang National Park**. Dieser 570 km² große Nationalpark liegt um den 1835 m hohen Khao Luang und ist unter Einheimischen als „Nam Tok Karom" bekannt. Ein Ausflug zwischen Januar und April verspricht beeindruckende Wasserfälle inmitten eines tropischen Primärwalds. Freunde von Orchideen kommen hier ebenso auf ihre Kosten wie Vogelbeobachter. Inmitten des grünen Monsunwalds stürzen die **Karom-Wasserfälle** von den Felsen herab. Sieben der 19 Fälle erreicht man über einen Pfad. Der natürliche Pool am Fuße des 7. Wasserfalls lädt zum Bade. Im neunstufigen **Prom Lok-Wasserfall** finden sich einladende Badebecken und für Mutige eine felsige Rutschbahn.

Nationalparkbungalows stehen zur Verfügung, zudem kann man zelten ❸–❺. Es gibt ein Restaurant und Waschhäuser. Transport am einfachsten mit dem Mietwagen inkl. ortskundigem Fahrer. Allradantrieb ist Voraussetzung. In Nakhon Si Thammarat hat das Tourist Office in einem TAT-Informationsheft eine grobe Beschreibungskarte der Gegend veröffentlicht.

Trekkingtouren sollte man während der Regenzeit von Oktober bis Dezember meiden. Eintritt 200 Baht.

Übernachtung

Untere Preisklasse

Bue Loung Hotel ⑦, 1487/19 Soi Luang Muang, ☏ 075-341 518. 6-stöckiges Gebäude mit großen, unpersönlichen, aber sauberen gefliesten Zimmern mit Ventilator oder AC. Möbliert mit Bett und Tisch, teils mit 2 Doppelbetten. Hell dank großer Fenster. ❷–❸

Siam Hotel ⑤, Soi Luang Muang. Versteckt zwischen den Verkaufsständen, ist der Eingang mit dem englischen Namensschild fast zu übersehen. 5-stöckiges Gebäude mit Fahrstuhl. Zimmer mit Ventilator oder AC, groß, spärlich möbliert und mit asiatischen Toiletten. ❶–❷

Thai Lee Hotel ⑧, 1130 Ratchadamnoen Rd., ☏ 075-356 948. An der Hauptstraße gelegen, daher ist es oft laut. Große Zimmer mit Bett und Schrank, Bad mit Badewanne. Ab Mitternacht wird abgeschlossen. ❷

Mittlere Preisklasse

Grand Nakara ③, Phathanakan Hu Kwang, ☏ 075-319 558. Schönes neues Hotel in einer Seitenstraße nahe dem Einkaufscenter Robinson. Schön möblierte Zimmer mit TV und Kühlschrank. ❸

Muang Thong Hotel ⑥, 1459/7 Jamrernvitee Rd., ☏ 075-343 026. 3-stöckiges Gebäude direkt nach den Straßenständen. Breite Flure und große, gefliese Zimmer, Ventilator oder AC, TV. ❷–❸

Thai Hotel ④, 1375 Ratchadamnoen Rd., ☏ 075-341 509. Typisches, sauberes und ordentliches Mittelklassehotel. Lobby, Bar, Restaurant, Parkhaus. Zimmer mit Ventilator

Gemütliche Atmosphäre

Nakorn Garden Inn ①, 1/4 Parknakorn Rd., ☏ 075-313 333. Schönes Ambiente mit tropischem Flair. Die Eingangshalle ist offen gestaltet, dahinter liegt ein Garten, um den sich auf 2 Stockwerken die Zimmer gruppieren. Verglichen mit den Einheits-Zimmern, die sonst geboten werden, ist diese Unterkunft eine rühmliche Ausnahme. Die Wände sind gemauert, und die Zimmer wirken dank Holz und Stoffdekorationen warm und gemütlich. TV, Kühlschrank. ❸

oder AC, TV und Kühlschrank, Teppichboden, Kommode und Schrank. WLAN. ❷–❹

Obere Preisklasse
Grand Park Hotel ②, 1204/79 Phaknakorn Rd., ✆ 075-317 666, 🖥 www.grandparknakhon.com. Steriles großes Hotel, allerdings mit eleganter Lobby und angegliedertem Restaurant. ❹
Twin Lotus Hotel ⑨, 97/8 Pattanakarn-Kukwang Rd., ✆ 075-323 777, 🖥 www.twinlotushotel.net. Luxuriöses Hotel mit 120 Zimmern. Pool, Fitnesscenter, Billard, Coffeeshop, Restaurant, Tiefgarage. Schöne, voll möblierte Zimmer. Angegliedert der Singha Pub sowie die Disco Fusion, beide mit Livemusik. ❺

Essen und Unterhaltung
Bäckereien
DiDi Cafe, Ratchdamnoen Rd. Lokaler Kaffee, Frühstück, Reis- und Nudelgerichte sowie Eis. Kühles Ambiente mit vielen Spiegeln.
Hao Coffee, im Bavorn-Basar. Schnuckeliges Café mit gemütlicher dunkler Einrichtung und Gardinen an den Fenstern, serviert eine große Auswahl an Kaffee und Tee.
Ligor Home Bakery, im Bavorn-Basar. AC-Restaurant im Stil der 50er-Jahre, große Frühstückskarte, Riesenauswahl an Reisgerichten sowie Kuchen und Eis.

Restaurants
A&A Restaurant, Pak Nakhon Rd. Kühles, elegantes AC-Restaurant, auch Frühstück.
Chao Roer, Tha Chang Rd. Schönes Restaurant auf zwei Ebenen, direkt am Fluss. Gemütliches Ambiente, große Holztische und viel Grün drumherum. Etwas gehobene Thai-Küche.
Daily Hut, Phathanakan Hu Kwang Rd. Gute Seafood, Hamburger und Steaks unter dreieckigem Glasdach mit darüber laufendem Wasserfall. Zu erkennen an der schwarz-weißen Kuh vor der Tür.
Gotee, Phathanakan Hu Kwang Rd. In einer großen Halle mit grünem Dach wird koreanisches BBQ geboten: Aus einer großen Auswahl an Fleisch und Fisch nimmt man, so oft und so viel man will, und grillt oder kocht es selber am Tisch. Daneben Beilagen und Obst.

Khrua Nakhon, im Bavorn-Basar. Überdachtes, aber offenes Restaurant mit lokaler Küche, Gerichte ab 20 Baht. Museumsflair mit vielen Holzfiguren an der Wand. ⏱ 7–14 Uhr.
Moslemische Restaurants befinden sich gegenüber vom Wat Mahathat sowie bei der Moschee.
Nachtmarkt mit Essensständen auch zum Sitzen, tgl. ab 16 Uhr in der Ratchdamnoen Rd. zwischen Fluss und Stadion. Hier treffen sich auch die Einheimischen zum Essen.
Rock 99, im Bavorn-Basar. Restaurant und Bar mit europäischen Gerichten, Baguettes, Thai-Küche und Cocktails. Oft Livemusik. Treffpunkt der hier lebenden Ausländer. Ab dem frühen Abend geöffnet.

Sonstiges
Einkaufen
Wer zwischen Moschee und Kanal die **Tha Chang Road** Richtung Süden entlangbummelt, kann auf der rechten Seite Lederartikel, Schmuck und Kunsthandwerk erwerben. Zudem hat Nakhon einige Märkte zu bieten, darunter den großen, dreimal wöchentlich stattfindenden **Hua It-Markt** in der Nähe des Busbahnhofs, wo abends hauptsächlich Kleidung und CDs verkauft werden. Ein Markt mit Lebensmitteln und einer grandiosen Obstauswahl befindet sich in der **Pak Nakhon Road** im Nordosten der Stadt. Auch auf dem Straßenmarkt in den schmalen Gassen gegenüber vom **Bahnhof** kann man bis spät abends einkaufen. Im südlichen Tempelbereich des Wat Mahathat bieten verschiedene Stände des **Handicraft Center** neben Snacks auch Souvenirs und Kunstgewerbe-Artikel der Region an, darunter Messing-, Bronze- und Silberarbeiten sowie Schattenspielfiguren und Korbwaren.

Informationen
Tourist Office, Tha Chang Rd., ✆ 075-346 515, ✉ tatnksri@tat.or.th. Die Mitarbeiter sprechen Englisch und sind sehr hilfsbereit. Die meisten Prospekte nur auf Thai. Wer plant, in den Khao Luang National Park zu reisen, kann nach einem TAT-Informationsheft fragen, das eine grobe Übersichtskarte der Gegend beinhaltet. ⏱ 8.30–16.30 Uhr.

Nahverkehr

Auf der Hauptstraße fahren ständig **Songthaew**, ab 10 Baht. **Motorradtaxis** innerhalb der Stadt für 20 Baht einfache Strecke. Außerdem gibt es **Fahrrad-Rikschas**, die für mind. 200 Baht eine 3-stündige Sightseeing-Tour anbieten.

Transport

Minibusse

Nach HAT YAI, am Ende der Gachard Rd., ab 11 Uhr bis abends (immer wenn der Bus voll ist) für 140 Baht in 2 Std.
KO SAMUI, ab Ratchdamnoen Rd., hinter der Brücke, 7–17 Uhr jede halbe Stunde für 270 Baht inkl. Fähre in 3 1/2 Std.
KRABI, mit dem Minibus nach Phuket für 190 Baht in 3 Std.
PHUKET, ab Ratchdamnoen Rd. gegenüber der City Hall, 8–16 Uhr stdl. für 340 Baht in 5 Std.
SURAT THANI (über SICHON und KHANOM), nördlich des Bahnhofs. 6–18 Uhr jede halbe Stunde. Sichon 70 Baht, Khanom 90 Baht, Surat Thani 130 Baht.
TRANG, ab Bo Ang Rd., 7–17 Uhr stdl. für 130 Baht in 2 Std.
Die meisten Städte werden auch von Sammeltaxis angefahren, die in der Regel etwas günstiger sind als Minibusse, aber erst fahren, wenn sie voll sind.

Busse

Der **Busbahnhof** liegt etwa 1 km westlich des Zentrums.
BANGKOK, 8, 9, 17, 17.10 und 17.30 Uhr für 760–970 Baht in 11 Std.
HAT YAI, 4.30–16 Uhr stdl. für 100–146 Baht in 4 Std.
PHATTALUNG, 5.30–17 Uhr jede halbe Stunde für 70–80 Baht in 3 Std.
PHUKET (über KRABI), 6–10 Uhr sowie 13 und 16 Uhr für 315 Baht in 6 Std.
SONGKLA, 5–15 Uhr stdl. für 100–125 Baht in 4 1/2 Std.
SURAT THANI (über SICHON), 5–17 Uhr stdl. für 90–100 Baht in 3 Std.

Eisenbahn

Siehe Bahnfahrplan „Southern Line" S. 812/813.

BANGKOK, Express 15 Uhr (Ankunft 6.05 Uhr) für 450–1432 Baht.
PHATTALUNG, 14.20 Uhr (Ankunft 17.23 Uhr) für 22 Baht.
SUNGAI GOLOK (über HAT YAI), 6 Uhr (Ankunft 14.45 Uhr) für 70 Baht.
YALA, 9.38 Uhr (Ankunft 17.20 Uhr) für 55 Baht.

Flüge

Der **Flugplatz** liegt etwa 20 km nördlich des Zentrums.
Air Asia fliegt jeden Abend, **Nok Air** 2x tgl. (morgens und abends) von und nach BANGKOK. Beide verlangen rund 2500 Baht inkl. Gebühren.

Phattalung

Die Stadt Phattalung ist nahezu 850 km von Bangkok entfernt und sowohl geografisch als auch geschichtlich an Songkhla und den Süden angebunden. Die etwa 42 000 Einwohner sehen selten ausländische Touristen. Nur wenige sprechen Englisch, doch wird dieses Defizit in der Kommunikation durch Freundlichkeit mehr als ausgeglichen.

In der Stadt selbst ist der Höhlentempel **Wat Kuha Sawan** zu besichtigen. Ansonsten ist es eher die Umgebung, die einen Besuch lohnt: Es gibt neben den die Gegend bestimmenden Kalksteinbergen, die mit Grotten durchzogen sind, einige Handwerksdörfer. Vor allem aber zieht der nahe gelegene **Thale Noi-Wasserschutzpark** Naturliebhaber in seinen Bann (s. S. 503, Kasten: Von Vogelschwärmen und Lotusfeldern).

Zudem werden in Phattalung die traditionellen Künste gepflegt. Legenden berichten, dass hier die Ursprünge des Schattenspiels **Talung** und des **Nora-Tanzes** liegen. Nora ist eine Form des klassischen Thaitanzes, der von Indien beeinflusst wurde. Der Tanz wird im Phattalung College der Künste gelehrt, und so gibt es einige recht gute Gruppen, die ihre Fähigkeiten immer mal wieder auf Festivals und anderen Veranstaltungen präsentieren (s. Kasten).

In den Kalkfelsen der Stadt und der Umgebung finden sich buddhistische **Höhlentempel**. Bekannt ist vor allem das in der Nähe des

Die Stadt der Wettbewerbe

In Patthalung sind die wichtigsten Feste zugleich Wettbewerbe: Im April wird ein Schattenspiel-, im Juni ein Tanz- und im Oktober der **Trommel-Wettbewerb** ausgefochten. Dieser ist von besonderer Bedeutung und eng mit dem wichtigsten buddhistischen Fest der Region verbunden, der Feier zum Ende der buddhistischen Fastenzeit. Es wird im Oktober in allen Provinzen begangen, doch in Phattalung hat sich dazu eine besondere Tradition entwickelt. Zum **Phon Lak Phra Festival** werden Statuen Buddhas von Wat zu Wat getragen, mal auf dem Wasser, mal auf dem Land. Begleitet wird die Prozession von Trommlern, die, sobald sie beim Wat ankommen sind, mit den dort Feiernden in einen Wettbewerb um den besten Trommelrhythmus treten. Spaß ist garantiert. Zum Fest werden zudem jeden Oktober viele Händler erwartet, eine ganze Woche lang ist Feiern angesagt, mit Tanz-, Trommel- und Gesangsshows, Bootprozessionen und Volkstheater.

Marktes liegende **Wat Kuha Sawan** mit vielen verschiedenen Darstellungen des Erleuchteten. Schon während der Sri Vijaya-Periode sollen diese Höhlen als Meditationsklöster gedient haben. Der Tempel selbst wurde in der Ayutthaya-Periode erbaut und später zum wichtigsten Heiligtum der Region gekürt. Am Eingang sind Inschriften mit Initialen diverser königlicher Besucher zu sehen.

Etwa 2 km vom Stadtzentrum entfernt, an den Bahngleisen entlang Richtung Norden, gelangt man zum Höhlenkloster **Tham Malai**. Die beiden berühmtesten Gipfel der Umgebung, der Broken Chest und der Broken Head Mountain, begrenzen die Höhle. Die Legende berichtet, die beiden Berge seien zwei versteinerte Frauen, die sich einst eifersüchtig um einen Mann stritten. Für eine Besichtigung der Höhle sind eine Taschenlampe und Mückenschutz ratsam.

Auf dem H4047 erreicht man etwa 8 km vom Stadtkern entfernt den bedeutenden und ältesten Tempel der Region: das **Wat Wang**, erbaut während der Herrschaft Rama III. Beeindruckend sind die Malereien aus dem 18. Jh. mit Darstellungen von Buddhas Leben in der renovierten Kapelle.

Übernachtung

Grand Phattalung Hotel ④, 64/12 Prachabumrung Rd., ☏ 074-615 705. Große Zimmer mit Bett, Kommode, Spiegel, TV, Kühlschrank. Hübsche gefliese Böden und Bäder in ruhiger Seitenstraße. Die beste Adresse der Stadt. Das Personal versteht etwas Englisch. ❸

Ho Fah Hotel ①, 28-30 Kuharsawan Rd., ☏ 074-611 645. 5-stöckiges Gebäude mit Fahrstuhl, Zimmer mit Ventilator oder AC, recht groß, möbliert mit Bett, Schrank, Kommode sowie TV. Zimmer und Einrichtung sind schon etwas älteren Datums. ❷–❸

Holiday Hotel ⑤, Padung Tonya Rd., ☏ 074-612 555. Schickes Hotel mit schöner Optik. Die gemütlichen Zimmer sind mit viel Marmor ausgestattet. Das Personal spricht kein Englisch. ❸–❹

Lampan Resort ②, 88 Ramesuan Rd., ☏ 074-604 525. 60 Bungalows mit Ventilator oder AC direkt am Fluss. Schön eingerichtet mit chinesischen Lampen, Schreibtisch, Moskitonetz, TV. Viele mit Balkon zum Fluss. Auch Plätze im Dorm. Gutes Restaurant mit Seeblick und Seafood. ❷–❹

Phatthalung Thai Hotel ③, 14/1-5 Disara Skarin Rd., ☏ 074-611 636. Ähnelt dem Ho Fah Hotel. Große Zimmer mit Ventilator oder AC, möbliert, gefliese Böden, etwas besser und sauberer. Das Personal versteht ein wenig Englisch. ❷–❸

Essen

Das Essen auf dem **Nachtmarkt**, der ab 17 Uhr am Bahnhof aufgebaut wird, ist gut und günstig.

Boom Steak, gegenüber vom Bahnhof. Wer Steak, Burger, Wurst und Fritten liebt, ist hier richtig.

Nighty Night, in der kleinen Seitenstraße nördlich vom Bahnhof. Restaurant und Karaoke. Großer gefliester Raum mit Plastikbestuhlung. Zum Essen gibt es abends Selbstgesungenes und oftmals gute Stimmung.

Phattalung

Übernachtung:
1. Ho Fah Hotel
2. Lampan Resort
3. Phattalung Thai Hotel
4. Grand Phattalung Hotel
5. Holiday Hotel

Transport:
1. Pick-up
2. Songthaews→Thale Noi
3. Busse→Surat Thani
4. Busse und Minibusse→Hat Yai
5. Busse→Krabi, Phuket, Trang

Essen:
1. Nighty Night
2. Boom Steak
3. Nachtmarkt
4. Garküchen
5. Bäckerei

Bäckerei, Pracha Bamrung Rd. Mit typisch thailändischen Brot- und Kuchensorten.

Im Einkaufszentrum **Coliseum** an der Ramesuan Rd. sind **KFC**, **Svensens Eis** und ein **Donutladen** angesiedelt.

Transport

Busse

Der **Busbahnhof** von Phattalung liegt etwa 5 km außerhalb des Stadtzentrums.
BANGKOK (vom Busbahnhof), 4 Busse zwischen 8.45 und 10.20 Uhr, ab 16 Uhr nahezu halbstündlich bis 21.50 Uhr für 517–775 Baht. VIP-24-Busse um 9.45 Uhr und 7 weitere ab 17.30–20.40 für 1033 Baht in 12–14 Std.
HAT YAI (ab Zentrum), Bus für 70 Baht oder Minibus für 80 Baht jeweils ab 5.30 Uhr bis 18 Uhr jede halbe Stunde in 1 1/2 Std.
KRABI, mit dem Bus Richtung Phuket für 166 Baht in 3 Std.
NAKHON SI THAMMARAT, zwischen 6 und 16 Uhr stdl. für 70 Baht in 3 Std.
PHUKET, ab der Ramesuan Rd. um 9.10, 9.40, 10.40, 11.40, 12.50, 14.10, 19.10, 20.30 und 22.20 Uhr für 302 Baht in 6 Std.
SURAT THANI (ab Zentrum), um 8.50, 10.40, 12.25, 14.40 und 16.40 Uhr für 90 Baht in 3 Std.
TRANG mit dem Bus nach Phuket für 45 Baht in 1 1/2 Std.

Eisenbahn

Nach BANGKOK 15.57 Uhr (Ankunft 8.05 Uhr), 16.51 Uhr (8.10 Uhr), 17.27 Uhr (5.40 Uhr), 19.39 Uhr (9.35 Uhr), 19.53 Uhr (10.30 Uhr), im Sleeper je nach Platz zwischen 918 und 1535 Baht.
HAT YAI, 6 Uhr (Ankunft 7.44 Uhr), 8.30 Uhr (10.14 Uhr), 10.38 Uhr (12.05 Uhr), 12.35 Uhr (14.36 Uhr) und 14.22 Uhr (16 Uhr) für 18 Baht.
NAKHON SI THAMMARAT, 6 Uhr (Ankunft 8.30 Uhr), 11.41 Uhr (13.55 Uhr) und 15.29 Uhr (17.35 Uhr), möglich nur in der 3. Klasse, 22 Baht.
SURAT THANI, 8.29 Uhr (Ankunft 13.13 Uhr) und 6 Uhr (17.50 Uhr) für 42 Baht.

YALA, 6 Uhr (Ankunft 9.59 Uhr), 8.30 Uhr (12.30 Uhr), 12.35 Uhr (17.20 Uhr) für 39 Baht.

Die Umgebung von Phattalung

Wat Khiam Bang Kaeo

Wegen seiner Geschichte interessant ist das Wat Khiam Bang Kaeo aus der Ayutthaya-Periode. Es wurde im Stil des Phra Mahathat in Nakhon Si Thammarat (s. S. 496, Wat Mahathat) erbaut.

Auf dem Tempelgelände fanden sich zahlreiche alte Buddhadarstellungen und Ruinen, die darauf schließen lassen, dass die Stadt Phattalung, die in ihrer Geschichte mehrmals umzog, einst hier gestanden haben könnte.

Der Tempel befindet sich am H 4081 am Kilometerstein 14.

Lam Pan und Thale Sap

Etwa 8 km von Phattalung in Richtung Osten liegt der **Songkhla-See**, der in seinem nördlichen Bereich auch Thale Sap heißt. Er gilt als der größte Süßwassersee Thailands und erstreckt sich über mehr als 1000 km². Vom Meer ist er durch eine schmale, fast 80 km lange Landzunge getrennt. Von Phattalung aus sind die interessanten nördlichen Teile des Sees, **Thale Luang** und **Thale Noi**, zu erreichen.

Am **Dorfstrand von Lam Pan** kann man leckeren Fisch essen. Die Imbissbuden locken vor allem am Wochenende auch zahlreiche Thai-Familien an. Unter der Woche ist es hier ruhig und beschaulich. An Wochenenden werden Bootsausflüge zur Vogelbeobachtung angeboten. Auch ein Bootstrip zu den Schwalbennester-Inseln **Ko Si** und **Ko Ha** mitten im See sind möglich. Songthaew nach Lam Pan starten ab

Von Vogelschwärmen und Lotusfeldern

Der **Thale Noi-See** ist ein beeindruckendes Naturschutzgebiet mit einer Größe von insgesamt 450 km². Das Gebiet, das bereits seit 1975 unter Naturschutz steht, umfasst neben dem See vor allem auch Sumpfland, Grasland und Regenwaldgebiete. Der See selbst ist 5 km breit und 6 km lang und erreicht eine maximale Tiefe von 1,20 m.

Zahlreiche Vögel, knapp 190 Arten, sind in diesem Gebiet heimisch. Wenn in der Hauptsaison von Oktober bis März noch die Zugvögel hinzukommen, tummeln sich hier bis zu 50 000 Vögel – ein Naturschauspiel besonderer Art, denn dann blüht auch der pinkfarbene Lotus im See und lässt die Szenerie geradezu irreal kitschig erscheinen. Frühmorgens, wenn die Sonne aufgeht und das Leben auf dem See erwacht, geben die Vögel ein einzigartiges vielstimmiges Konzert.

Das Long Ruea-Lae Nok Thale Noi Festival

Seit 1998 wird alljährlich ab Mitte Februar bis Mitte März ein einmonatiges Festival veranstaltet, bei dem schöne Fahrten mit dem Longtailboot geboten und lokale Künste präsentiert werden. Zudem sind dann an den Verkaufsständen der nahe gelegenen Handwerksdörfer am See interessante Souvenirs zu erstehen.

Handwerker und Purpurhühner

Phattalung ist für seine Handwerksdörfer bekannt, die jeweils nur eine Kunstfertigkeit ausüben. Dazu zählt z. B. die Herstellung von Matten aus Schilfgras, das am See wächst. Die Purpurhühner bauen aus diesem Gras übrigens auf dem Thale Noi kleine „Plattformen", auf denen sie ihre Brut großziehen und herumwandern (was ein besonderes Schauspiel ist). Auf einem Bootsausflug legt man oft an kleinen Läden und Dörfern an und kann geflochtene Matten, Hüte oder Taschen erstehen.

Mit dem Longtail auf dem Thale Noi

Touristen können den See auf zweierlei Routen befahren, wobei sie immer auf die Genehmigung und den Service der Thale Noi-Parkverwaltung angewiesen sind. Ratsam ist der frühe Aufbruch. Eine Bootstour dauert 90 Min. und kostet rund 300 Baht p. P. Es ist zudem möglich, am See zu nächtigen; mehr Infos unter ☏ 074-685 230 oder im Restaurant Rim Nam. Hier können private Unterkünfte ab ca. 200 Baht organisiert werden.

Phattalung in der Parallelstraße südlich zum Bahnhof für 12 Baht.

Der **Thale Noi** (ganz im Norden) liegt etwa 32 km nordöstlich von Patthalung-Stadt entfernt und ist auf dem Highway 4048 zu erreichen. Busse starten ab der Posaart Rd. für 25 Baht, zurück geht es bis 17 Uhr.

Handwerksdörfer

Der Verarbeitung von Kokosnüssen hat sich die Bevölkerung des Dorfes **Ban Khok Wua** in Chaiburi verschrieben. Das Dorf ist etwa 6 km von Phattalung Richtung See entfernt und wird liebevoll „The Million Baht Coconut Shell Village" genannt. Von Küchenutensilien bis zu Schmuck und Dekorationsgegenständen gibt es wohl wenig, was sich nicht aus einer Kokosnuss herstellen ließe. Fast 100 Haushalte sind dem Ruf ihres Dorfoberhauptes gefolgt und haben sich auf die Verarbeitung der großen Nüsse spezialisiert. Wer Lust hat auf eine Kokosnusslampe, einen Eierlöffel oder ein Kokosnussweinglas, der sollte dieses Dorf aufsuchen oder auf einem der Feste nach Ständen seiner Bewohner Ausschau halten. Da viel in angrenzende Länder exportiert und in andere Ecken Thailands verkauft wird, stößt wahrscheinlich jeder einmal auf ein Kokosnuss-Produkt aus diesem Dorf.

Songkhla

Das hübsche Städtchen Songkhla steht etwas im Schatten der benachbarten Boomtown Hat Yai, die als Verkehrskreuz und Einkaufsparadies alle Aufmerksamkeit auf sich zieht – dabei ist Songkhla als Provinzhauptstadt eigentlich die „wichtigere" Stadt. Aber vielleicht sind die Bewohner von Songkhla auch ganz froh, dass ihnen der Lärm und die Hektik der großen Nachbarin erspart bleiben; zumindest kann man sich dieses Eindrucks nicht erwehren, wenn man Jung und Alt unter den Kasuarien am kilometerlangen Stadtstrand sitzen sieht, ein milder Wind in den Bäumen rauscht und die Sonne malerisch im Meer versinkt.

Songkhla liegt auf einer Landzunge, die sich von Südosten nach Nordwesten in den Golf von Thailand erstreckt. Fast die gesamte östliche Seite dieser Landzunge säumt der wunderbare Samila-Strand, der sich über 9 km ausdehnt. Das Gewässer am westlichen Ufer, wo die Hafenanlagen und Piers liegen, ist der **Songkhla-See**, Thailands größter Binnensee, der sich weit nach Norden erstreckt (s. S. 503). Bei Songkhla liegt die knapp 400 m breite Einfahrt, die diesen See mit dem Golf von Thailand verbindet.

Bei einem Rundgang lassen sich die wenigen Sehenswürdigkeiten der Stadt entdecken. Im Zentrum künden Reste von **Festungsmauern** aus dem 15. Jh. von einer langen, bedeutungsvollen Geschichte der Siedlung. Schräg gegenüber den Festungsmauern steht das kleine **Pathammaron-Museum**, das den berühmtesten Sohn der Stadt ehrt: **General Prem Tinsulanonda**, Premierminister von 1980 bis 1988. Das hübsche Holzhaus enthält einige Stücke aus Familienbesitz; eine Besichtigung dauert nur wenige Minuten; ⊙ 8.30–16 Uhr, Mo und feiertags geschl., Eintritt frei. Auf dem Gelände befindet sich auch eine kleine **Touristeninformation**. Kulturell und historisch Interessierte können sich im nahe gelegenen **Provinzmuseum** weiter in die Besonderheiten der Region vertiefen. Das Haus wurde 1878 als Privathaus errichtet und war später Sitz des Gouverneurs der Region; ⊙ Mi–So 9–16 Uhr, Eintritt 30 Baht.

Nördlich des Zentrums liegt auf einem kleinen Berg, dem **Khao Tang Kaon**, der **Chedi Luang**, ein jahrhundertealtes Heiligtum, das sein heutiges Erscheinungsbild König Mongkut verdankt, der 1856 Geld für die Restauration zur Verfügung stellte. 1996 stiftete der heutige König einige Buddha-Reliquien, die im Chedi untergebracht sind. Wer sich die knapp 200 Stufen Aufstieg ersparen will (Zugang von der nordöstlichen Seite), kann auch den neuen Lift benutzen; Betrieb von 8.30–18.30 Uhr, 30 Baht.

Eine Sehenswürdigkeit der besonderen Art ist die **Statue der Meerjungfrau**, die seit 1966 auf einem kleinen Felsen am Nordende des Samila-Strandes sitzt und zum Wahrzeichen der Stadt avanciert ist – kaum ein Thai-Besucher, der sich nicht mit ihr zusammen fotografieren ließe. Weitere Statuen und Skulpturen finden sich in loser Folge an der gesamten Ostseite der Landzunge. Das **Katze und Ratte**-Ensemble etwas westlich der Meerjungfrau bezieht sich auf die beiden kleinen vorgelagerten Inseln, Ko Meo und Ko Nu, die fantasievolle Betrachter an eine Katze und ein Nagetier erinnern.

Die vielleicht bemerkenswerteste Skulptur von allen ist die dreiteilige **Naga-Schlange**. Ihr Schwanzende findet sich in der Chalatat Road etwa in Höhe des Golfplatzes. Der mittlere Teil mit dem Nabel ragt halbkreisförmig an der Laen Son On Road aus dem Boden empor; das Kopfende findet sich an der äußersten Spitze der Landzunge und speit dort in einem hohen Bogen Wasser in die schmale Einfahrt des großen Sees – Nagas gelten in der thailändischen Mythologie als Wächter von Einfahrten und Übergängen. Der Bau des Denkmals wurde im Jahre 2006 vom Bürgermeister Uthit Chuchoy angestoßen, der den Bürgern seiner Stadt durch die Anrufung dieses mächtigen Fabelwesens ewiges Wohlergehen (und sich vielleicht einen Platz in der Geschichte) sichern wollte. Eingeweiht wurde es 2007.

Aus der gleichen Zeit stammt das kleine **Aquarium** am Nordende der Landzunge. Von außen präsentiert es sich in moderner Architektur, innen gibt es neben einigen Schwärmen von Korallenfischen auch Haie, Rochen und große Barsche zu sehen. Zwei Tunnel und ein großes, 3x7 m messendes Panoramafenster ermöglichen gute Einblicke. ◷ 9–18 Uhr, Eintritt 200 Baht, Kinder (unter 80 cm) die Hälfte. Auf dem Gelände gibt es auch eine **Go-Cart-Bahn**, ◷ 9–21 Uhr, ein paar Runden im Einsitzer kosten 400 Baht, im Zweisitzer 500 Baht. Das Ticket fürs Aquarium wird verrechnet.

Über die lange **Tinsulanonda-Brücke** südlich des Zentrums ist die Insel **Ko Yor** erreichbar, die für ihre Baumwollstoffe bekannt ist. Im Norden der Insel steht das interessante **Folklore-Museum**, das zur dortigen Universität gehört. Die umfangreiche Sammlung zu Südthailand wird in mehreren Häusern präsentiert. ◷ Mo–Fr 8.30–16.30 Uhr, Eintritt 50 Baht.

Mehr s. **eXTra [2830]**.

Übernachtung

Die Unterkünfte in Songkhla sind bis auf ein paar höherpreisige Anlagen alle sehr einfach und preiswert. Überall wird man freundlich empfangen.

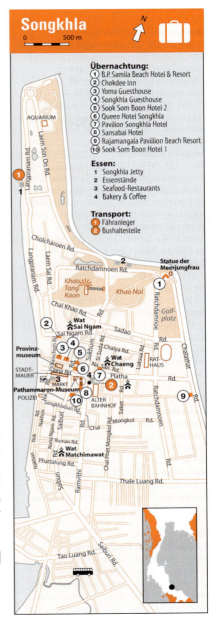

Songkhla

Übernachtung:
1. B.P. Samila Beach Hotel & Resort
2. Chokdee Inn
3. Yoma Guesthouse
4. Songkhla Guesthouse
5. Sook Som Boon Hotel 2
6. Queen Hotel Songkhla
7. Pavilion Songkhla Hotel
8. Sansabai Hotel
9. Rajamangala Pavillion Beach Resort
10. Sook Som Boon Hotel 1

Essen:
1. Songkhla Jetty
2. Essenstände
3. Seafood-Restaurants
4. Bakery & Coffee

Transport:
1. Fähranleger
2. Bushaltestelle

Untere Preisklasse

Chokdee Inn ②, 14/19 Vichienchom Rd., ✆ 074-312 275. Versprüht mit seinem hellblauen Innenanstrich fast ein wenig mediterranes Flair. Die sauberen Zimmer werden auch zur monatlichen Miete angeboten. ❷

Sansabai Hotel ⑧, 1 Petchkeree Rd., ✆ 074-441 027. Kleine, aber saubere Zimmer mit Fenster auf die nächste Hauswand; preiswerter mit Ventilator, etwas teurer mit AC und TV. ❶–❷

Songkhla Guesthouse ④, 15/30-39 Rongmuang Rd., ✆ 085-895 1573. Im alten Holzhaus an der Straße preiswerte, z. T. ganz gemütliche Zimmer mit Ventilator für Nostalgiker; die preiswerteren mit Gemeinschaftsbad. Abends manchmal laut wegen der benachbarten Bamboo Bar. Im nahe gelegenen neuen Haus, das über eine Seitenstraße zu erreichen ist, ganz neue Zimmer mit riesigen Bädern und großem TV. ❷

Sook Som Boon Hotel 1 ⑩, 40 Petchkeree Rd., ✆ 074-311 049. Ordentliche, einfache Zimmer mit Ventilator oder AC, teils mit Hock- und teils mit Sitzklo. Etwas in die Jahre gekommen. ❷

Yoma Guesthouse ③, 7 Rongmuang Rd., ✆ 074-326 433. Familiäres kleines Guesthouse mit einfachen Zimmern mit Ventilator, die z. T. mit Postern thailändischer Popstars dekoriert sind und so eine persönliche Note bekommen. ❷

Mittlere Preisklasse

Queen Hotel Songkhla ⑥, 20 Traibur Rd. Helle, saubere Zimmer in diesem Haus mit Aufzug; besonders empfehlenswert ist die größere „Suite" mit ihren Fenstern zu zwei Seiten. ❷–❸

Sook Som Boon Hotel 2 ⑤, 14 Saiburi Rd., ✆ 074-323 809. Das neuere Schwesterhotel des Sok Som Boon 1 hat helle AC-Zimmer mit kleinem TV. ❸

Obere Preisklasse

B.P. Samila Beach Hotel & Resort ①, 8 Rachadunern Rd., ✆ 074-440 222, 🖥 www.bphotelsgroup.com. Sehr schön gelegen an der Landzunge bei der Goldenen Meerjungfrau, bietet diese Bettenburg über 200 Zimmer, die zwar nichts Besonderes, aber sauber und auf dem üblichen internationalen Standard sind. Auf jeden Fall ein Zimmer mit Meerblick nehmen: Es ist nur unwesentlich teurer als eines mit „Garden View". Pool, Fitness- und Businesscenter. Frühstück inklusive. ❺

Pavilion Songkhla Hotel ⑦, 17 Platha Rd., ✆ 074-441 850 🖥 www.pavilionhotel.co.th. Sehr gepflegte Herberge mitten in der Stadt. Die 180 Zimmer in drei Kategorien sind einladend und komfortabel. Interieur mit leichten kolonialen Anklängen. ❺–❻

Rajamangala Pavillion Beach Resort ⑨, 1 Ratjadamnoennok Rd., ✆ 074-487 222, 🖥 www.pavilionhotels.com. Die schickste Unterkunft am Platze wird vom Samila Beach nur durch die Straße getrennt. Komfortabel ausgestattete Zimmer in mehreren Gebäuden, zwischen denen hübsche Grünflächen liegen. Kleiner Pool. In den Suiten gibt es sogar kleine Kochgelegenheiten. Beliebt bei höherrangigen Militärs, die die benachbarte Navy Base besuchen. ❺–❻

Essen

Einige gute **Essensstände** befinden sich in der Nähe des Subsin-Marktes und der Post. Dabei wechselt die Auswahl im Laufe des Tages; wen es z. B. nach einer guten Reissuppe gelüstet, der sollte morgens vor 9 Uhr da sein.

Seafood-Restaurants, in denen es zumeist auch eine Auswahl Fleischgerichte gibt, reihen sich entlang der Strandstraße südlich der Goldenen Meerjungfrau, einige weitere westlich von dieser.

Im bis auf die Worte **Bakery & Coffee** nur auf Thai beschrifteten Restaurant neben der Pizza Company in der Pra Ta 32-34 gibt es neben Eis, Kuchen und einem Blick auf die belebte Straße auch eine große Auswahl an preiswerten asiatischen und internationalen Gerichten. Kein kulinarisches Highlight, aber eine passable Alternative zu den Essensständen.

Wer sich etwas leisten will, kann im **Songkhla Jetty** nahe dem Fähranleger nicht ganz billige westliche und asiatische Küche mit Blick auf das Treiben auf dem Wasser genießen. ⏱ 11–22 Uhr.

Sonstiges

Im Songkhla Guesthouse und im Yoma Guesthouse können **Mopeds** geliehen werden (Halbautomatik, 200 Baht/Tag).

Transport

Selbstfahrer

Wer mit dem eigenen Transportmittel unterwegs ist, kann südlich der Küste entlang weitere Strände entdecken, die allerdings ungepflegt wirken. Dazu am Ende der Chalatat Rd. direkt in der 90-Grad-Rechtskurve nach links in die Dorfstraße einbiegen und dann im Zickzack-Kurs zurück ans Ufer.

Abenteuerliche Naturen können versuchen, nördlich auf der langen, schmalen Landzunge, die den großen See vom Meer trennt, noch unberührte Strände zu finden, was allerdings umso schwieriger wird, je weiter man nach Norden kommt: Shrimpsfarmen haben dort das Landschaftsbild zerstört. Die Straße 408 ist eine ziemliche Rennstrecke und besonders mit dem Motorrad kein Vergnügen; Laster, Busse und unvermittelt auf der eigenen Spur entgegenkommende Fahrzeuge zwingen auch erfahrene Biker zu einem defensivem Fahrstil. Wer es wagen will, nimmt die Fähre am nördlichen Pier (5–22 Uhr), Moped 7 Baht, Auto 23 Baht.

Busse und Minibusse

Der **Busbahnhof** liegt im Süden der Stadt, doch für die Weiterreise muss man sich nicht hierher bemühen. Besser weg kommt man an der Kreuzung Ravmitee Rd./Jana Rd.

Nach SONGKHLA ganztags mit dem grünen Bus 1871 etwa alle 30 Min. in knapp 2 Std. für 18 Baht oder mit dem Minivan in 1 1/2 Std. für 25 Baht (Haltestelle Ravmitee Rd.).

NAKHON SI THAMMARAT, stdl. zwischen 6 und 17 Uhr für ca. 100 Baht (Haltestelle Jana Rd. an der Bank) in 4 Std.

Weiter entfernte Ziele ab Hat Yai.

Hat Yai

Hat Yai ist das wichtigste Verkehrs- und Geschäftszentrum in Südthailand. Dem Besucher, der sich von Bahnhof, Busbahnhof oder Flughafen ins Zentrum bringen lässt, präsentiert es sich als eine Art Miniatur-Bangkok: mit breiten Umgehungsstraßen, großen Vororten und einem modernen Zentrum, das Hotelhochhäuser, Einkaufsmeilen, McDonalds & Co beherbergt. Die nächste Grenze zu Malaysia in Sadao ist nur 60 km entfernt, und so ist besonders am Wochenende die Stadt voller Besucher aus dem südlichen Nachbarland, die zum Einkaufen hinkommen oder um sich das zu holen, was sie im konservativeren Heimatland nicht so einfach bekommen können: schnelle „Liebe" gegen Geld. Dieses Geschäft geht hier allerdings etwas verdeckter vor sich als in den ordinären Sex-Zentren für westliche Besucher: Statt Gogo-Bars und Vier-Gewinnt-Kneipen sind hier Hotelbars und Massagesalons die Anbahnungsstätten. Wären da nicht die vielen jungen Frauen im Minirock, die über die Gehsteige stöckeln und neben den kopftuchtragenden Musliminnen besonders auffallen, würde der Besucher kaum etwas mitbekommen.

Für die meisten Besucher aus dem Westen ist Hat Yai eine Durchgangsstation. Die Verkehrsverbindungen sind vielfältig; alle touristischen Ziele Südthailands werden bedient, ebenso Malaysia.

Wer eine Nacht in der Stadt verbringen muss, sollte sich in einem der vorgeschlagenen Hotels einmieten und abends über die paar Straßen bummeln, die das Zentrum markieren: Zwischen den Niphat Uthit-Straßen 1-3 und der Sanehannussorn Road in West-Ost- sowie der Suphasarnrangsarn und Thammanoon Vithi Road in Nord-Süd-Richtung wird genug Abwechslung geboten: Restaurants verschiedener Küche, Straßenstände, Marktgassen und Geschäfte.

Wer einen ganzen Tag hier verbringen muss oder will, kann etwas außerhalb das **Wat Hat Yai Nai** in der Petchkasen Road besuchen, dessen 35 m langer liegender Buddha zu den wichtigsten Heiligtümern der Region zählt. Zu einem Spaziergang lädt der **Hat Yai Municipal Park** an der Kanchanawit Road etwa 6 km nördlich des Zentrums ein. Hier steht eine große Statue der chinesischen Gnadengöttin Kuan Yin.

Zu den besonderen Spektakeln in dieser Gegend zählen **Büffelkämpfe** und **Tauben-Sing-Wettbewerbe**. Sie sind meist plakatiert; ansonsten kann das TAT-Büro weiterhelfen.

Mehr s. **eXTra [2831]**.

Übernachtung

Bei weit über 100 Hotels braucht man in Hat Yai keine Bettenknappheit zu befürchten; selbst an Feiertagen findet sich immer ein Zimmer. Was das Preis-Leistungs-Verhältnis angeht, so lohnt sich jeder mehr ausgegebene Baht – der Konkurrenzkampf ist hart, und kein Hotel kann es sich leisten, mit seinen Preisen weit über dem Durchschnitt zu liegen. Schon in der mittleren Preisklasse kann man mit livrierten Hotelpagen rechnen. Sollte das ausgewählte Hotel über Karaoke, Club oder Disco verfügen, empfiehlt es sich, ein Zimmer möglichst weit entfernt von der Geräuschkulisse zu nehmen – die Beschallung lässt manchmal die Wände wackeln! In den günstigen Unterkünften stehen oft auch Fernseher, aber ohne englisches Programm.

Untere Preisklasse

Birth Mansion ③, 60 Dunglan Rd., ✆ 074-233 931. Geräumige AC-Zimmer mit gutem Preis-Leistungs-Verhältnis im Schatten des Regency Hotels. ❷–❸

Center Mansion ⑦, 80 Saengchan Rd., ✆ 074-351 430. Zentral gelegene, einfache AC-Zimmer; auch für 3–4 Pers. geeignet. ❷–❸

In Town ④, 70 Duangchan Rd., ✆ 074-350 503. Ordentliche Zimmer; die kleineren etwas beengt, die größeren z. T. mit Balkon. Die Rezeption ist rund um die Uhr besetzt. Es wird eine Kaution von 200 Baht verlangt. ❷–❸

Indra Hotel ⑪, 94 Thammanoon Vithi Rd., ✆ 074-245 886. Typisches „Chinesenhotel" mit etwas abgewohnten AC-Zimmern. Große Betten, Badewanne, Kühlschrank mit Minibar. Wer seinen Abend in einer der beiden gegenüberliegenden englischen Bars/Restaurants verbringt, hat es nicht weit nach Hause. ❸

Ladda Guesthouse ⑧, 13-15 Thammanoon Vithi Rd., ✆ 074-220 233. Saubere, Anfang 2009 renovierte Zimmer mit AC oder Ventilator, meist ohne Fenster. Beim Bahnhof. Ok für eine Nacht, wenn man auf den Zug wartet. ❷

Louise Guesthouse ⑨, 21-23 Thammanoon Vithi Rd., ✆ 074-220 966. Einfache Zimmer mit AC oder Ventilator in Bahnhofsnähe. Freundliche Atmosphäre; mehr Traveller als in den anderen Häusern. ❷

Pueng Luang Hotel ⑫, 241-245 Saengchan Rd., ✆ 074-244 548. Wer jeden Baht zweimal umdrehen muss, kann hier in einem der billigen, großen Zimmer mit Deckenventilator absteigen, sollte aber in puncto Sauberkeit Abstriche machen. ❷

Mittlere Preisklasse

Hatyai Central Hotel ⑬, 180-181 Niphatutit 3 Rd., ✆ 074-230 000. Saubere, akzeptable Zimmer mit Badewanne und Kabel-TV. ❹

Sakol Hotel ⑩, 47-48 Sanehanusorn Rd., ✆ 074-355 500. Zentral gelegen mit über 100 komplett ausgestatteten Zimmern (TV, Kühlschrank, Minibar und Haartrockner). Eine gute Wahl. ❹

Sakura Grand View Hotel ⑭, 186 Niphatutit 3 Rd., ✆ 074-355 700. Gepflegte, aber wenig aufregende Zimmer auf 18 Stockwerken – die namensgebende gute Aussicht genießt man besonders aus den oberen. ❹ Preiswerter wohnt man im gegenüberliegenden Schwesterhotel **Sakura** ⑮, 185/1, ✆ 074-235 111-3. ❸

Siam Center Hotel ①, 25-35 Niphatutit 2 Rd., ✆ 074-353 111, 🖳 www.siamcenterhotel.com. 200 angenehme, gut ausgestattete Zimmer im 16-stöckigen Hochhaus (Karaoke in der 2. Etage). Zimmer mit TV, Safe und Minibar. Einige Stockwerke sind Nichtrauchern vorbehalten. Restaurant mit internationaler Küche und Klavierspieler. ❹

Obere Preisklasse

The Novotel Central Sukhontha Hotel ⑤, 1 Sanehanusorn Rd., ✆ 074-352 222, 🖳 www.centralhotelsresorts.com/csh. Empfehlenswertes Haus mit 245 gepflegten Zimmern in verschiedenen Preisklassen, alle mit international üblicher Ausstattung (Minibar, TV, ID-Telefon etc.). Mehrere Restaurants und Bars, Spa. ❹–❻

The Regency Hotel ②, 23 Prachathipat Rd., ✆ 074-353 333, 🖳 www.theregencyhatyai.com. Hoch aufragendes Haus mit 28 Stockwerken in zentraler Lage. Beeindruckende Lobby; die insgesamt 436 Zimmer sind komplett

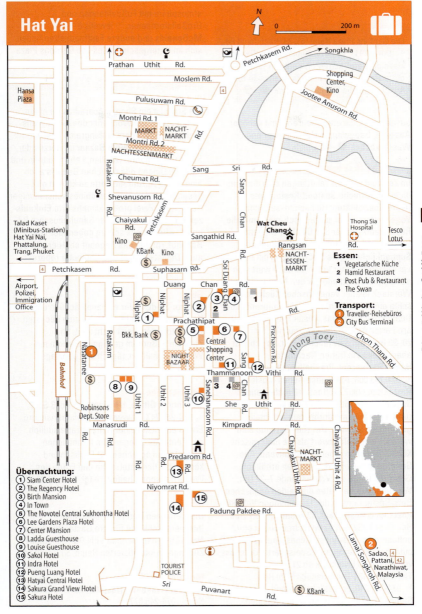

> **Toller Blick über die Stadt**
>
> **Lee Gardens Plaza Hotel** ⑥, 29 Prachthipat Rd., ℡ 074-261 111, 🖥 www.leeplaza.com. Das erstklassige Hotel mitten im Zentrum bietet sehr gut ausgestattete Zimmer mit teilweise tollem Ausblick auf die Skyline der Stadt. ❺–❼

ausgestattet; die etwas teureren mit schöner Aussicht, Badewanne, Haartrockner und Wasserkocher. ❹–❻

Essen und Unterhaltung

Im Zentrum von Hat Yai drängen sich dicht an dicht **chinesische Seafood-Restaurants** (teure Spezialitäten: Haifischflossen- und Vogelnestersuppe), **malaysisch-moslemische Restaurants** (lecker das Chicken-Biryiani: Curry-Reis mit Huhn) und **thailändische Suppenküchen** (gute Nudelsuppen mit Einlage um 40 Baht). Immer einen Versuch wert sind auch die **Essenstände** auf den Nachtmärkten. Wer nach lokaler **vegetarischer Küche** sucht, sollte einmal das einfache Eckrestaurant in der Duangchan Rd. etwas westlich des Regency probieren: Ausgezeichnet, was hier für 20–30 Baht auf den Teller kommt. Es schließt aber bereits am frühen Nachmittag.
Hamid Restaurant, Prachathipat Rd., ℡ 074-243 008. Alteingesessenes Moslem-Restaurant (1967 eröffnet) mit umfassender Speisekarte. Größere Gruppen können an runden Tischen mit drehbarem Innenteil gemeinsam speisen. Die Thai-Gerichte sind weniger empfehlenswert als die malaysische Küche. Leicht gehobenes Preisniveau. Alle Gerichte in zwei Portionsgrößen erhältlich. ⏰ Mo–Fr 10–22, am Wochenende 7–22 Uhr.
Westliche Küche bieten die beiden englischen Bars/Restaurants in der Thammanoon Vithi Rd.:
Post Pub & Restaurant, 82 Thammanoon Vithi Rd., ℡ 074-232 027, 🖥 www.freewebs.com/potlaserdisc. Alteingesessenes Haus (seit 1982) mit einer umfangreichen Speisekarte, Guinness vom Fass und Livemusik ab 21 Uhr.
The Swan, 131 Thammanoon Vithi Rd., ℡ 074-354 310. Frühstück, Thaifood, Steaks und Sandwiches in typisch britischer Kneipenatmosphäre mit Fußballfahnen und Großbildfernseher. ⏰ jeweils 8–1 Uhr.
McDonalds und andere Fastfoodketten finden sich im Untergeschoss des Lee Gardens Plaza Hotel.

Sonstiges

Einkaufen

Die Stadt ist ein Shoppingparadies für einen steten Strom von Wochenendbesuchern aus Malaysia. Besonders umfangreich ist die Auswahl auf dem **Night Bazaar** im Herzen der Stadt, wo es neben Textilien, Lebensmitteln und anderen Dingen des täglichen Bedarfs auch eine große Anzahl Amulette zu kaufen gibt – besonders beliebt bei den chinesischstämmigen Besuchern. Zwei große, klimatisierte **Einkaufszentren**, das Central in der Sanehanussorn Rd. und das Robinsons schräg gegenüber vom Bahnhof, runden das Angebot ab. Hier gibt es auch Digitalkameras und Computer (obere Stockwerke).

Geld

In einer Stadt, in der es hauptsächlich ums Kaufen werden geht, ist es bis zum nächsten Geldautomaten meist nicht weit. Im Zentrum außerdem genügend Banken mit Wechselschaltern; täglich und ganztags geöffnet.

Informationen

TAT Tourist Office, 1/1 Nipathutit Rd. 3 Soi 2, ℡ 074-243 747, 🖥 www.songkhlatourism.org. Etwas abseits in einer Seitenstraße südlich des Zentrums gelegen. Die freundlichen Angestellten sprechen gut Englisch und können bei der Hotelsuche und Frage des Weitertransports helfen. ⏰ tgl. 8.30–16.30 Uhr.

Internet

Die wenigsten Hotels verfügen über Internetanschlüsse für ihre Gäste. **Quickcom. Net**, 131/1 Thammanoon Vithi Rd., hat stabile Zugänge im klimatisierten Raum, 30 Baht/Std.

Medizinische Hilfe

Songkhla Nakharin Hospital, Kanchanavanit Rd., ℡ 074-245 677.

Aus einigen Hotels eröffnet sich ein fantastischer Blick auf das Häusermeer Hat Yais.

Tourist Police
1/1 Niphat Uthit 3 Rd. Soi 2, südlich des Zentrums nahe dem TAT Office, Notruf ☎ 1155.

Touren
Im Zentrum befindet sich eine große Anzahl Reisebüros, die **Touren nach Malaysia** anbieten und fast ausschließlich von Malaysiern aufgesucht werden.

Am Bahnhof (schräg gegenüber links) haben einige auf internationale Traveller spezialisierte Reisebüros Touren zu allen größeren Zielen an der Golf- und Andamanenküste im Programm, z. B. die All-Inclusive-Tour nach **Ko Lipe** für 700 Baht. Weitere Ziele sind **Ko Samui** und **Ko Pha Ngan** (mehrmals tgl., 800 Baht), **Butterworth** (9.30, 12.30, 15.30 und 16.30 Uhr, 300 Baht), **Kuala Lumpur** (9, 10.30, 12 und 13 Uhr, 500 Baht) und **Singapore** (12 und 13.30 Uhr, 900 Baht). Weitere Infos unter 🖳 www.hatyaitour.com oder www.satunpcstravel.com.

Transport
Die **Reisebüros am Busbahnhof** leben hauptsächlich davon, ahnungslosen Reisenden Bustickets zu übertreuerten Preisen anzudrehen, die ganz einfach am Schalter selbst gekauft werden können (Beispiel: öffentlicher Bus Hat Yai-Chumphon: am Schalter 370 Baht, im Reisebüro gegenüber 490 Baht).

Busse
Hat Yais **City Bus Terminal** liegt etwas südöstlich des Zentrums, der Transport aus der oder zur Innenstadt mit dem Mopedtaxi kostet 40–50 Baht. Den ganzen Tag über fahren Busse in alle Regionen des Südens bis hinauf nach Bangkok und nach Malaysia. Jedes Ziel hat seinen eigenen Ticketschalter (vgl. „Touren"). Am besten kauft man sein Ticket am Schalter und nicht bei den „hilfsbereiten Helfern", dann sind sie etwas günstiger.

BANGKOK, im VIP-24-Bus um 8.30, 16 und 18.30 Uhr für 1070 Baht, im 32-Sitzer um 7, 15, 17, 19 und 20 Uhr für 802 Baht, im 38-Sitzer um 18 und 19.30 Uhr für 688 Baht. Fahrzeit mind. 13 Std.; die 38-Sitzer sind oft mehrere Stunden länger unterwegs.

CHUMPHON, mit dem 1.-Kl.-AC-Bus um 8.15, 9.30, 12 und 21 Uhr für 370 Baht in 8 Std.

KRABI, mit dem 1.-Kl.-AC-Bus um 11 Uhr für 220 Baht in 4 1/2 Std.

NAKHON SI THAMMARAT, mit dem 2.-Kl.-AC-Bus um 6.15 und 15.40 Uhr für 135 Baht in knapp 4 Std.

PHANG NGA, mit dem 1.-Kl.-AC-Bus um 10 Uhr für 280 Baht in knapp 7 Std.
PHUKET, mit dem 1.-Kl.-AC-Bus um 8, 8.30, 9.30, 10.30, 11.45, 13 und 21.30 für 350 Baht in etwas über 7 Std. Mit dem 2.-Kl.-AC-Bus um 11.30, 12.30 13.30, 14.30 und 15.40 Uhr für 267 Baht. Dieser Bus fährt über KRABI (169 Baht) und PHANG NGA (217 Baht).
SATUN, stdl. zwischen 6.30 und 19 Uhr für 70 Baht (Schalter Nr. 7 „im Glaskasten" mittig im Bahnhof; nur auf Thai beschriftet) in 2 Std.
SONGKHLA, etwa alle 30 Min. für 18 Baht in knapp 2 Std.; grüner Bus Nr. 1871 (kann auch in der Stadt am Uhrturm angehalten werden).
SURAT THANI, mit dem 1.-Kl.-AC-Bus um 7.10, 9, 13, 14 und 15 Uhr für 260 Baht in etwas über 5 Std.
TRANG, mit dem 2.-Kl.-AC-Bus um 5.10 und 16.45 Uhr für 100 Baht in 3 1/2 Std.

Grenzübergänge nach Malaysia
PEDANG BESAR, mit dem Minivan etwa stdl. für 50 Baht.
SADAO, mit dem Minivan etwa stdl. für 55 Baht.
SUNGAI GOLOK, mit dem Minivan mehrmals tgl. für 180 Baht.

Minibusse
Die Minibusse zu den weiter entfernten Zielen haben ihre eigene Busstation **Talad Kaset** westlich der Stadt, etwa 3 km vom Bahnhof entfernt. Transport mit dem Mopedtaxi ab Zentrum für 50 Baht. Wer will, kann auch eines der blauen Songthaew nehmen, die die beiden Busbahnhöfe verbinden; 12 Baht, Stadtrundfahrt inkl.
Wichtig: Minibusse heißen in dieser Gegend „Minivan", und nur mit diesem Wort kommt man weiter. Die letzten fahren, wenn nicht anders erwähnt, gegen 17 Uhr ab, aber es ist sicherer, früher loszufahren, denn je nach Betrieb entfallen die letzten Fahrten schon mal.
KRABI, um 9.30, 12 und 15.30 für 250 Baht in 4 Std.
NAKHON SI THAMMARAT, ab 7 Uhr bis nachmittags alle 40 Min. für 100 Baht in 3 Std.
PADANG BESAR, mind. stdl. ab 8.30 Uhr für 60 Baht in 1 1/2 Std.
PAKBARA, von 8 bis 18.45 Uhr etwa alle 40 Min. für 140 Baht in 2 Std.
PHUKET, ab 9.30 Uhr bis zu 5 Minivans, die abfahren, sobald sie voll sind, für 500 Baht in 5 Std.
SURAT THANI, ab 7.30 Uhr 5 Minivans, Abfahrt etwa stdl., für 300 Baht in 4 Std.
TRANG, ab 7.30 Uhr stdl. für 100 Baht in 2 1/2 Std.

Eisenbahn
Nach Norden
Nach BANGKOK mit Nr. 170 um 14.18 Uhr, Nr. 172 um 15.26 Uhr, Nr. 42 um 16.20 Uhr, Nr. 38 um 18.05 Uhr und Nr. 36 um 18.20 Uhr. Billigster Platz in der 3. Klasse 259 Baht, teuerster Platz in der 1. Klasse 1394 Baht. Im Folgenden die mittleren Preisklassen:
CHUMPHON mit Nr. 3 um 6.30 Uhr für 500 Baht.
NAKHON SI THAMMARAT mit Nr. 456 um 9.16 Uhr und Nr. 452 um 13.43 Uhr für 458 Baht.
PHATTALUNG mit Nr. 464 um 16.53 Uhr für 300 Baht.

Nach Süden
KUALA LUMPUR mit Nr. 35 Richtung Butterworth um 6.57 Uhr für 360 Baht.
SUNGAI GOLOK mit Nr. 37 um 6.44 Uhr, mit Nr. 463 um 7.54 Uhr, mit Nr. 451 um 10.24 Uhr und mit Nr. 447 um 12.25 Uhr für 100 Baht.
Nachtzüge siehe Bahnfahrplan S. 812/813.

Flüge
Air Asia, www.airasia.com, fliegt 5x tgl., z. T. auch öfter, von und nach BANGKOK ab etwa 1500 Baht (einfach).
Nok Air, www.nokair.com, fliegt 2x tgl. (mittags und abends) von und nach Bangkok für rund 1500 Baht pro Strecke.
Auch **Thai Airways**, www.thaiair.com, bedient diese Strecke, etwas teurer.

Die nördliche Andamanenküste

Stefan Loose Traveltipps

Ranong Entspannung findet man in den heißen Quellen oder im Spa. S. 514

8 Ko Phayam Hier fühlen sich Traveller wohl, die keinen Luxus brauchen und einfach nur die Natur genießen wollen. S. 526

Laem Son National Park Ein gemeinsames Picknick mit den urlaubenden Thais am Wochenende, während man in der Woche die Strände fast ganz für sich allein hat. S. 533

9 Tauchparadiese in der Andamanensee Von berauschender Schönheit: bunte Korallen, Walhaie und einsame Strände. S. 534ff.

10 Khao Sok National Park Riesige Blumen, Höhlen und versunkene Dörfer warten auf Entdeckung. S. 540

Khao Lak Stundenlange Wanderungen von Strand zu Strand, ein kühlendes Bad im Meer und dann den fantastischen Sonnenuntergang genießen. S. 547

Die nördliche Andamanenküste lockt nicht nur mit schönen Stränden, sondern auch mit Tauchparadiesen und sehenswerten Nationalparks. Malerische Sonnenuntergänge sind an dieser Küste Thailands in den Saisonmonaten von November bis April nahezu garantiert.

Über den Isthmus von Kra gelangt man nach kurzer Fahrt von Chumphon aus an die Andamanensee und kann seine Reise mit einem entspannenden Bad in den heißen Quellen von Ranong beginnen. Ruhesuchende, die Thailands Strände abseits der ausgetretenen Pfade erleben wollen und auf jeglichen Luxus verzichten können, entspannen auf der nahe gelegenen Insel Ko Phayam oder gehen noch einen Schritt weiter in die unberührte Natur auf Ko Chang. Wer vom Tauchen nach Thailand gereist ist, zieht weiter nach Khura Buri oder Khao Lak und besucht von hier aus die Tauchparadiese Ko Surin und Ko Similan. Die Strände von Khao Lak selbst bieten viel Ruhe und Entspannung.

Wen es in die Kühle des Waldes zieht, der ist im Khao Sok-Nationalpark am richtigen Ort. Hier kann man in Bungalows oder in malerischen Baumhäusern im Dschungel wohnen. Ausgedehnte Treks in die Wälder und Höhlen der Karstfelsen lassen die Herzen von Naturfreunden höher schlagen.

Die Gegend lässt sich problemlos mit dem Bus, dem eigenen Fahrzeug und im Rahmen gut organisierter Touren bereisen.

Ranong

Die kleine Provinzhauptstadt Ranong [5446] grenzt an das Nachbarland Myanmar und ist mit etwa 25 000 Einwohnern recht überschaubar. Vor rund 250 Jahren ließen sich hier Hokkien-Chinesen nieder, die die Zinnminen als einträgliche Geldquelle erkannten. Noch heute prägen ihre zweigeschossigen Handelshäuser das Stadtbild, und auch an chinesischen Feiertagen wird offensichtlich, dass die Bevölkerung noch mehrheitlich chinesischstämmig ist. Während des vor allem aus Phuket bekannten Vegetarian Festivals im Oktober verwandelt sich die Hauptstraße in eine Festmeile, Millionen von Böllern fliegen durch die Luft und junge Männer demonstrieren ihre Unverwundbarkeit, indem sie sich Speere durch die Wange spießen (mehr zu diesem Fest s. S. 572, Phuket). Aufgrund der nahen Grenze zu Myanmar leben und arbeiten auch viele Birmanen (legal und illegal) in Ranong.

Das Zinnerz ist seit Langem ausgebeutet. Heute sorgen der Anbau von Kaffee und Cashewnüssen, Gummibäumen und anderen Nutzpflanzen für das wirtschaftliche Auskommen. Dank der heißen Quellen trägt auch der Tourismus etwas zum Lebensunterhalt der Bewohner bei. Doch der Touristenandrang in Ranong hält sich in Grenzen. Besucher kommen hierher, um **Kaw Thaung** (Victoria Point) in Myanmar zu besuchen (und sich ein neues Thailand-Visum zu besorgen) oder weiter auf die bei Ruhesuchenden beliebten Inseln **Ko Chang** und **Ko Phayam** zu fahren.

Wer in der Stadt bleibt, kann sich in den **heißen Quellen** entspannen und die nahe Umgebung erkunden. Einen Besuch wert ist **Wat Suwan Khiri Wihan**. Der Tempelkomplex entstand 1890 für Rama V. Sehenswert sind die Pagode im birmanischen Stil und die Marmorfigur Buddhas. Vor allem im Abendlicht lohnt ein Foto vom nachgebauten **Holzpalast von Rama IV.** [5448] in der Kamlungsap Road. Aber auch die entspannte Atmosphäre der Kleinstadt und ein Besuch auf dem Markt, in dem viele Waren aus Myanmar angeboten werden, laden zum Verweilen ein.

Spas und heiße Quellen

Bereits Rama V. besuchte 1890 Ranong wegen seiner drei 65 °C heißen Quellen und gab der hierher führenden Straße Chon Ra U („heißes Wasser") ihren Namen. Wer nicht nur seine Füße in die kostenlosen kleinen Pools der **Thermalquellen** [5450] tauchen möchte, findet einige interessante Spas mit entspannenden und heilenden Angeboten. Neben Massagen – von Thaistyle über Öl bis zur Aromatherapie – kann man saunieren und im Thermalquellwasser baden. Nahe den Quellen bieten dies das **Siam Hot Spa**, ✆ 077-813 551, 300 Baht für Pool und Sauna, und das **Jansom Hot Spa Ranong Hotel** (s. Übernachtung), 300 Baht für 2 Std. Am Fluss nahe dem Nachtmarkt befindet sich das sehr gute **Chao Ruen Spa**, ✆ 077-812 524, 120 Baht für den Spabereich. Alle Spas sind nach Geschlechtern getrennt.

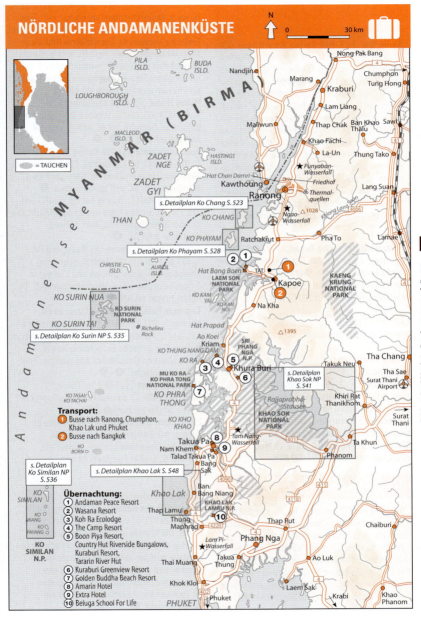

Schattiges Plätzchen am Hot Spring

Apres Ski J&D Hot Spring Guesthouse ⑬, ✆ 081-416 9584, [6155]. An den heißen Quellen im Hang gelegenes familiäres Guesthouse unter deutscher Leitung von Jens. 1 Bungalow und 4 Zimmer mit Ventilator oder AC sind zum Teil in den Fels gehauen. Individuell und mit viel Liebe zum Detail eingerichtet. Der Garten mit Sitzgelegenheiten und Hängematte lädt zum Entspannen ein oder man genießt im kalten Bachwasser nebenan ein Bad. Kleine Karte mit deutschen Gerichten wie Nürnberger Bratwürste oder Cordon Bleu. Oft gibt es für alle Gäste gemeinsames Abendessen. Jens bietet seinen Gästen tolle Ausflüge an: zu einem See, Mangroven oder den chinesischen Friedhöfen. ❸

Pornrang Hot Spring Resort, ✆ 077-825 946, ❹, liegt etwa 8 km von der Stadt entfernt an den gleichnamigen Quellen. Wer in der Ferienanlage wohnt, duscht mit Mineralwasser. Auch hier gibt es öffentliche Bäder für 200 Baht p. P.

Übernachtung

Weitere Unterkünfte unter **eXTra [6154]**

Untere Preisklasse

Casa Theresa ⑩, 119/18 Tha Muang Rd., ✆ 077-812 615, ✉ casa_theresa202@hotmail.com, [6161]. Der Garten mit Sitzgelegenheiten und Gemüseanbau ist mitten in Ranong nicht zu toppen. Die Zimmer sind spartanisch eingerichtet. Ventilator oder AC. ❷–❸

Kiwi Orchid & PL Gh. ⑭, 96/19-20 Moo 1, Phetchakasem Rd., ✆ 077-832 812, 🖳 www.kiwiorchidplranong.com, [6166]. Das gelb getünchte Haus liegt direkt am Busterminal. Einfache, verwohnte Zimmer ohne Bad. Jede Menge Informationen. Viele Reisende, die am Busbahnhof ankommen, fahren direkt mit den hier angebotenen Touren weiter zu den Inseln Ko Phayam und Ko Chang. WLAN. ❷

Palmy Home ⑥, 32/29 Kamlungsap Rd., ✆ 077-811 005, [6170]. Weißes Steinhaus mit gefliesten Zimmern mit AC oder Ventilator, Kühlschrank und TV. ❷–❸

Rattanasin Hotel ⑤, 226 Ruang Rat Rd., ✆ 077-811 242, [6173]. Gelbes, 2008 renoviertes, einfaches Haus im Zentrum. Sehr geräumig, Ventilator oder AC und große Betten. ❷

Sintavee Hotel ⑧, Ruang Rat Rd., ✆ 077-811 213, [6174]. Großes Haus neben dem Markt. Die Zimmer sind abgewohnt, aber günstig. Ventilator oder AC. ❷

Suta House Bungalows ④, Ruang Rat Rd., ✆ 077-832 707, [6176]. Zentral, aber ruhig gelegene Reihenbungalows und Zimmer in 2-geschossigem Haus. Ventilator oder AC, TV, Kühlschrank. WLAN. ❷

Tanatnan Palace ②, 16/7-8 Chonrau Rd. Muang, ✆ 077-822 807, 🖳 www.staythailand.net, [6177]. AC oder Ventilator, einige Zimmer mit Balkon. Die einfache Einrichtung ist auf thailändischen Geschmack abgestimmt. Pool mit Kinderrutsche. ❷–❸

Thansila Resort ⑪, 129/2 Soi Thara, ✆ 077-823 405, ✉ sawitp@thansilaresort.com, [6178]. Große geräumige Zimmer im 2-stöckigen Steinhaus. Günstigere kleiner Zimmer mit Bambusmatten verkleidet. Direkt am Fluss sehr schöne Zimmer mit Steinoptik, großer Fensterfront und Flussblick. ❷–❹

Mittlere Preisklasse

Le Sarin Chalet Resort ①, 306 Ruang Rat Rd., ✆ 077-825 725, 🖳 www.lesarinchalet.com, [6168]. Die Wände und Böden der großen Zimmer sind gelb verputzt. Harmonisch wirken dazu die dunklen schweren Holzmöbel. TV, Minibar und große Betten. Große Bäder mit abgemauertem Duschbereich. Suiten für Familien unwesentlich teurer als ein Doppelzimmer. ❸

Ruhig und mittendrin

Dahla House ③, Ruan Rat Rd., ✆ 077-812 959, 🖳 www.dahla.siam2web.com, [6162]. Hinter dem Restaurant stehen rund um eine sehr gepflegte Gartenfläche und einen Pavillon neue rosafarbene Steinbungalows. Gefliste Böden, schöne große Bäder, TV und Kühlschrank. Entweder mit AC oder Ventilator. Man wohnt hier ruhig inmitten der Ausgehmeile. WLAN. ❸

Ranong

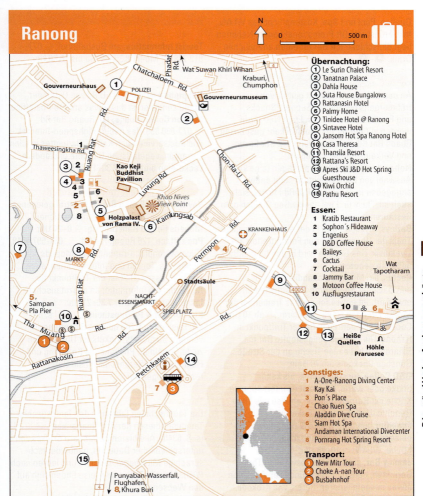

Übernachtung:
1. Le Surin Chalet Resort
2. Tanatnan Palace
3. Dahla House
4. Suta House Bungalows
5. Rattanasin Hotel
6. Palmy Home
7. Tinidee Hotel @ Ranong
8. Sintavee Hotel
9. Jansom Hot Spa Ranong Hotel
10. Casa Theresa
11. Thansila Resort
12. Rattana's Resort
13. Apres Ski J&D Hot Spring Guesthouse
14. Kiwi Orchid
15. Pathu Resort

Essen:
1. Kratib Restaurant
2. Sophon´s Hideaway
3. Engenius
4. D&D Coffee House
5. Baileys
6. Cactus
7. Cocktail
8. Jammy Bar
9. Motoon Coffee House
10. Ausflugsrestaurant

Sonstiges:
1. A-One-Ranong Diving Center
2. Kay Kai
3. Pon´s Place
4. Chao Ruen Spa
5. Aladdin Dive Cruise
6. Siam Hot Spa
7. Andaman International Divecenter
8. Pornrang Hot Spring Resort

Transport:
1. New Mitr Tour
2. Choke A-nan Tour
3. Busbahnhof

Pathu Resort ⑮, 29/5 Petchkasem Rd., ☏ 077-823 749, 🖥 www.pathuresortranong.com, [6171]. Geschmackvolle Anlage in üppigem Grün. Hellhörige Zimmer. TV, Minibar, kleiner Pool. Suiten und Familienzimmer vorhanden. WLAN. ❹

Rattana's Resort ⑫, 127/7 Moo 1, ☏ 081-606 7099, 🖥 www.rattanasresort.com, [6172]. 6 Zimmer im 2-stöckigen Steinhaus. Großzügig mit TV und Küchenzeile. AC oder Ventilator. ❸–❹

Obere Preisklasse

Tinidee Hotel @ Ranong ⑦, 41/44 Tamuang Rd., ☏ 077-835 240, 🖥 www.tinidee-ranong.com, [6179]. Luxushotel mit 138 Zimmern. Helle große Zimmer und cremefarbene Möbel. Wer hier wohnt, duscht mit Mineralwasser aus den

Quellen. Pool und Spa. Kostenpflichtiges WLAN. Inkl. Frühstück. Oft Promotionaktionen. Nebenan liegt die schicke Ice Bar für einen abendlichen Drink. ❹–❺

Essen

An den Ständen am Markt gibt es von frühmorgens bis abends Suppen, Snacks und Früchte. In der Saison Ende Nov–April werden auf der für den Autoverkehr gesperrten Ruang Rat Rd. sonntags von 17–2 Uhr Essen- und Verkaufsstände aufgebaut.
Neben den gelisteten Vorschlägen (eine kleine Auswahl von Lokalen, sofern nicht anders angegeben in der Ruang Rat Rd.) finden sich auch am Fluss und bei den heißen Quellen gute Restaurants.

Baileys, stylische Bar, in der sich abends junge Thais der Oberschicht zum Feiern treffen. Oft Livemusik. Das Gleiche wird in den beiden Bars nebenan geboten.

Cactus, ein Mix aus thailändischer und europäischer Küche. Von hier schaut man etwas erhöht entweder auf das Treiben an der Straße oder den Flachbildschirm. ⊙ ab 10 Uhr.

Cocktail, seit Jahren beliebter Treffpunkt in Ranong. Die winzige vollgestopfte Bar mit Billardtisch hat einige Tische an der Straße. Günstige Cocktails um 70 Baht.

D&D Coffee, frischer Kaffee, als kalter Shake oder warm, dazu gibt es internationale Küche mit Burgern und Co. ebenso wie Thai-Gerichte. Umfangreiche Eiskarte.

Engenius, am Suta House & Bungalows gelegen. Gute und günstige thailändische Küche. WLAN. ⊙ 10–23 Uhr.

Jammy Bar, gigantische Auswahl an Thai-Gerichten, daneben Steak und Filet. Auch von etwas ausgefalleneren Tieren, wie Krokodil, Hirsch und Strauß. Oft Livemusik im Gartenrestaurant.

Kratib Restaurant, ein prima Ort, um mit Einheimischen in Kontakt zu kommen. Besonders beliebt ist der frische Fisch aus der Auslage, der direkt auf den Grill kommt. ⊙ 17–2 Uhr.

Sophon's Hideaway, ✆ 077-832 730, 🖥 www.sophonshideaway.com. Gute Küche, u. a. Pizza, im überdachten Restaurant. Gratis-WLAN. ⊙ 10–24 Uhr.

Sonstiges
Informationen

Tourist Information, am Busbahnhof, ✆ 077-812 788. ⊙ Mo–Fr 8.30–20, Sa bis 16.30 Uhr.

Post

Hauptpostamt, Chon Ra U Rd., im Osten der Stadt. Zentraler ist das etwas andere Postoffice **Mooton Coffee House**, 116 Ruang Rat Rd., ✆ 077-830 399, das neben Highspeed-Internet und Postservice auch Kaffee, Baguettes in allen Varianten, vegetarische Gerichte und andere Leckereien bietet. ⊙ 7.30–19.30 Uhr.

Reisebüros, Travellertreffs und Mopeds

Kay Kai, 293/6 Ruang Rat Rd., zentral gelegenes Travellercafé. Neben guten Informationen Mopeds für 200 Baht pro Tag. ⊙ 8–24 Uhr.

Pon's Place, 126 Ruang Rat Rd., ✆ 081-597 4549, 🖥 www.ponplace-ranong.com. Mopeds, Flugtickets, Touren und Informationen, auch etwas zu essen. Hier ist der Treffpunkt für Reisende, um Informationen auszutauschen. Immer gut besucht. ⊙ 7.30–21 Uhr.

Kiwi Orchid & PL Guesthouse, [6166] s. o. Am Busbahnhof. Die quirlige Eigentümerin verkauft Bustickets, Tickets für Überfahrten zu den Inseln Ko Phayam und Ko Chang und Flugtickets. Außerdem nimmt sie Hotelreservierungen vor.

Tauchen

Die Tauchschulen fahren zu den fantastischen Tauchparadiesen der Andamanensee (s. S. 534ff). Alle bieten *Liveaboard Cruises* von unterschiedlicher Dauer an, haben deutschsprachige Mitarbeiter, tauchen und lehren nach PADI. Aktuelle Trips und Preise finden sich auf den Webseiten.

Aladdin Dive Cruise, ✆ 077-813 698, 🖥 www.aladdindivesafari.com. Am Pier nach Ko Phayam, auf der gleichnamigen Insel und auf Ko Chang (Hauptbasis). Gute Preise.

Andaman International Divecenter, an der Busstation, ✆ 089-814 1092, 🖥 www.aidcdive.com. Guter Service und Ausrüstung. Ansprechende Liveaboards.

A-One-Ranong Diving Center, 256 Ruang Rat Rd., ✆ 077-832 984, 🖥 www.a-one-diving.com.

Der Visa Run – eine kurze Reise nach Myanmar

Die meisten, die von Ranong aus auf Visa Run nach Myanmar gehen, kommen mit organisierten Touren und übernachten nicht in Ranong. Wer individuell anreist, bleibt eher eine Nacht und hat die Wahl zwischen einer schnellen und einer langsamen Variante. Gästehausbetreiber haben Komplettpakete im Angebot.

Auf eigene Faust nach Myanmar

Am Sapan Pla Pier fahren von frühmorgens bis gegen 17 Uhr **Longtailboote** für 50 Baht p. P., Charter ab 200 Baht einfach bzw. 400 Baht hin und zurück, mit Aufenthalt von 2–3 Std. 600 Baht. Mit dem **Big Boat** um 10 Uhr hin und um 12 Uhr zurück für 250 Baht einfach bzw. 500 Baht hin und zurück. Oft versuchen Schlepper, Reisenden eine Tour in einem Charterboot zu verkaufen. Wer im Longtailboot nehmen will, sollte eines wählen, das gerade abfahrbereit ist, sonst wartet man, bis das Boot voll ist. Besser den frühen Vormittag für den Visa Run einplanen, es kann auf den nicht überdachten Booten sehr heiß werden.

Das Myanmar-Visum

In Gästehäusern kann man für 400 Baht eine saubere 10-US$-Note (Visa-Gebühr für **Myanmar**) tauschen. Wer ohne einen geeigneten Geldschein unterwegs ist, bekommt diesen auch am Sampan Pla-Pier und in Kaw Thaung, allerdings für etwas mehr Baht. Wichtig: Es muss eine saubere 10-Dollar-Note sein. Schmutzige oder zerknitterte Scheine werden nicht akzeptiert. Kinder zahlen die volle Visagebühr. Das Visum ist 14 Tage gültig und berechtigt zum Aufenthalt in Kaw Thaung. Wer durch das Land reisen will, muss zuvor ein Visum in Bangkok beantragen.

Nützlich sind bei der individuellen Einreise Kopien des Reisepasses, die ansonsten gegen geringes Entgelt angefertigt werden. Wer in Kaw Thaung bleibt, bekommt einen eigens ausgestellten Ausweis und hinterlegt seinen Reisepass bei der Immigration.

Ein Tag in Myanmar

Nur 1–2 Touristen bleiben jeden Monat über Nacht in Kaw Thaung. Und so ist es etwas Besonderes, mit den Einheimischen Billard zu spielen, leckeres Myanmar-Bier zu trinken und sich die nähere Umgebung zeigen zu lassen. Man kann zur Pyi Taw Aye-Pagode marschieren (Fotogebühr 20 Baht, eine Spende wird erbeten), sich über den Markt treiben lassen, Mohinga (Frühstücks-Fischsuppe) essen oder in einem der Teashops leckeren Kaffee und Tee trinken und dazu Samosas verspeisen. Die Snacks werden auf den Tisch gestellt; man zahlt, so viel man gegessen hat.

Wie oft in **Myanmar** gibt es halboffizielle Aufpasser, die Besucher begleiten. Immer öfter sind es jedoch junge Leute ohne staatlichen Observationsauftrag, die sich um die Reisenden kümmern (beobachtet wird man allerdings dennoch). Sicherlich will jeder von ihnen ein bisschen vom Ausländer profitieren. Der eine Besucher zahlt in Billardrunden oder Bier, der andere indirekt durch Provision in einem Geschäft, und wieder ein anderer wird am Ende um ein paar Dollar gebeten.

Übernachtung

Andaman Club, auf einer kleinen Insel, ✆ 077-835 223. Spielcasinohotel für Gutbetuchte. Das Gastland selbst bekommt man allerdings nur von Weitem zu sehen. ❺

Honey Bear Hotel, am Hafen in Kaw Thaung. Ältere Zimmer, selten funktionierende AC, tagsüber Schiffslärm, abends lauter Generator. ❸

Kaw Thaung Motel, links vom Pier auf dem Hügel. Ältere, verwohnte Zimmer mit ebenfalls kaum brauchbarer AC, TV. Recht gute Matratzen. ❸

Taninthari Guest House, links vom Hafen aufwärts, dann rechts in einer Seitenstraße. Einfachste Zimmer mit Ventilator ohne Moskitonetz. Oft voll. ❷

Geld

Es gibt in **Myanmar** weder Geldautomaten noch eine Bank. Wer einkaufen will, kann in Baht bezahlen, muss dann aber etwa das Doppelte hinblättern. Dollar und Baht tauscht eine Wechselstube am Markt in Kyat (gesprochen: „Tschatt"). Auch im Hotel bekommt man einheimische Währung. Je besser die Geldscheine aussehen, desto höher der Kurs.

In Ranong und auf Ko Phayam. Liveaboards, nette Leute.

Nahverkehr

Durch Ranong fahren von 6–18 Uhr rote und blaue **Songthaew**. Die rote Nr. 2 fährt zwischen Markt (Ruang Rat Rd.) und den heißen Quellen. Die rote Nr. 3 verbindet die Stadt und den Hafen Sampan Pla. Die blaue Nr. 6 fährt am unteren Ende der Ruang Rat Rd. über die Kamlung Sap Rd. zum Busbahnhof. Einige blaue Busse fahren in die nähere Umgebung. Alle ab 15 Baht.
Eine Alternative sind **Motorradtaxis**, vom Zentrum zum Hafen für 30–50 Baht.

Transport
Busse
Busbahnhof in der Petchkasem Rd. nicht weit vom Zentrum. Die meisten Minibusse, die Ranong anfahren, halten hier und fahren Passagiere anschließend bis vor die Tür ihrer gewünschten Unterkunft.
BANGKOK, mit dem 2.-Kl.-AC-Bus 10x tgl. von 5–20.30 Uhr für 333 Baht in 8 Std. und bequemer mit dem VIP-24-Bus um 20 Uhr für 666 Baht. **Choke A-nan Tour**, ☎ 077-812 128, und **New Mitr Tour**, ☎ 077-811 140, betreiben VIP-Busse und haben ihr Büro in der Tha Muang Rd. Beide Anbieter haben einen VIP-Bus, der morgens und abends Ranong verlässt, im Angebot (ab 428 Baht).
CHUMPHON, mit dem aus Phuket kommenden 1.-Kl.-AC-Bus um 10.40, 13.30, 15.45, 17.30, 19.30, 21.15 und 23.30 Uhr für 100 Baht in 2 Std.
HAT YAI, um 6, 10 und 18 Uhr für 410 Baht in 10 Std.
KRABI, um 7 und 10 Uhr für 200 Baht (Tickets im Bus) in 6–7 Std.
NAKHON SI THAMMARAT, um 7.30 Uhr für 300 Baht in etwa 8 Std.
PHUKET, 2.-Kl.-AC-Busse um 5, 6, 11.30, 14.30, 16.30 und 18.30 Uhr in 5 Std. für 196 Baht. Empfehlenswerter: 1.-Kl.-AC-Bus, 7x tgl. zwischen 6.30 und 16.30 Uhr für 240 Baht in 5 Std. Dieser hält auch in KURABURI (100 Baht in etwa 3 Std.), KOK KLOI (in 2 1/2 Std. für 120 Baht), Takua Pa (s. u.) und KHAO LAK (170 Baht, in 4 Std.).
TAKUA PA, mit dem 1.-Kl.-AC-Bus Richtung Phuket für 140 Baht in etwa 3 Std. Zudem 2.-Kl.-AC-Bus um 14 Uhr für 116 Baht.

Minibusse
CHUMPHON, 9x tgl. von 7–15.30 Uhr für 120 Baht in 2 Std.
SURAT THANI, 9x tgl. von 6–16.30 Uhr für 190 Baht in 4 Std.

Boote
Die Boote nach Ko Phayam und Ko Chang starten von einem kleinen Pier linker Hand der Sampan Pla Rd., kurz vor dem gleichnamigen Pier. Bei Niedrigwasser starten die Boote entweder vom Sampan Pla oder vom Frachtpier. Man wird mit einem Pick-up an die Abfahrtstelle transportiert.
KO CHANG, in der Saison Taxiboot um 13 Uhr für 100 Baht in 1 Std. Erste Ziele sind die Buchten im Norden, es folgen Ao Yai, Ao Ta Daeng und Ao Siad. Es ist auch möglich, sich von einem Longtail von der Ko Phayam-Fähre abholen zu lassen. Vor allem Anlagen am Ao Siad bieten diesen Service. KO PHAYAM, um 9.30 und 14 Uhr für 150 Baht in 2 Std. (bei Ebbe 3 Std.). Mit dem Schnellboot außer der Saison um 10, 14.30 und 17 Uhr für 350 Baht in 45 Min.

Flüge
Ranong Air, ☎ 077-832 222, 🖥 www.ranongair.com, fliegt nach BANGKOK Mo, Mi, Fr und So um 16.20 Uhr in 1 1/2 Std. für 2800 Baht. Nach HAT YAI Mo, Mi und Fr um 11.10 Uhr in 2 Std. für 2800 Baht. Nach PHUKET Mi, Fr und So um 11 Uhr in 30 Min. für 1300 Baht. Flüge sind u. a. buchbar bei Pon's Place, Kay Kai oder im Kiwi Orchid Guesthouse.
Taxi zum Airport u. a. bei Kay Kai (s. Reisebüros) für 200 Baht/Pers.

Die Umgebung von Ranong

Die Umgebung der Stadt ist üppig und tropisch grün, denn dank einer fast achtmonatigen Regenzeit (Anfang Mai–Ende Dez) kann sich die Natur optimal entfalten. Die Berge sind unzugänglich und zu etwa 70 % mit dichtem Dschungel bewachsen. Bereits neben den heißen Quellen betritt man dichtes Grün, kann auf schmalen Pfaden durch den Dschungel wandern oder auf dem Rücken eines Elefanten die Umgebung erkunden (30 Min. für 300 Baht, Kinder 100 Baht). Nahebei befindet sich die kleine **Praruesee-Höhle**, in der der Affengott Hanuman verehrt wird. An der Straße nach Chumphon lohnt etwa 14 km vor Ranong ein Stopp am **Punyaban-Wasserfall**.

Zwischen Ranong und Chumphon, nahe der Stadt Kra Buri, befindet sich der **Isthmus von Kra**, die mit 44 km schmalste Stelle der malaischen Halbinsel. Seit Jahrhunderten träumen Händler von einem Kanal über den Isthmus, um den Weg ihrer Handelsschiffe abzukürzen. Politisch ist ein solcher Plan kaum durchführbar, da ein Kanal den Süden von Thailands Zentrum abspalten würde. Man erreicht den Isthmus auf dem H4 etwa 66 km östlich von Ranong. Hier gibt es einen Aussichtspunkt mit Blick auf Myanmar und den die Grenze bildenden Kra Buri-Fluss.

Ko Chang

Die Insel Ko Chang [2788] ist eine Oase der Ruhe ohne große touristische Infrastruktur. Hin gelangt man nur mit dem Longtail. Auf diese kleine Insel verirren sich nur Leute, die nicht einmal Wert auf einen Ventilator legen. Vergnügungsangebote gibt es keine, selbst der Strand ist nicht besonders erwähnenswert. Strom ist nur zwischen 18 und 23 Uhr vorhanden. Doch all das macht gerade den Reiz dieser Insel aus – Alltag reduziert auf das Notwendigste: essen und schlafen. Straßen sucht man hier vergebens, nur wenige Meter Betonstraße gibt es bisher und keine Mopeds zur Ausleihe. Man geht zu Fuß oder bleibt einfach wo man ist: in seiner Hängematte oder seinem Bungalow mit Blick aufs Meer.

Nur wenige Menschen leben auf Ko Chang. Etwa 30 Familien arbeiten im Tourismusbereich und vermieten Bungalows, kochen gute, günstige Thai-Küche oder unternehmen mit den Gästen Ausflüge. Andere gehen hauptberuflich fischen oder bewirtschaften Gummi- und Cashewplantagen.

Das Innere der Insel ist unzugänglicher Dschungel; Heimat vieler Vögel und Affen. Auch Schlangen leben hier noch zahlreich. Wer den Kontakt zur ungezähmten Natur scheut, sollte Ko Chang nicht besuchen. Neulinge seien vorgewarnt: Die schönsten Bungalows sind meist die gesamte Saison von Dezember bis April von Dauergästen belegt. Die Bungalows stehen in Cashewhainen, unter Gummibäumen oder schattigen Kasuarinen, viele am Hang und derart in die Natur integriert, dass sie vom Strand aus nicht zu sehen sind. Alle sind einfach und bescheiden – aus Holz oder Matten, nur wenige aus Stein. Die meisten Bungalows haben keinen Ventilator, aber alle ein Moskitonetz. In sämtlichen Anlagen gibt es Thermos-Wasserkocher, mit denen man sich zu jeder Tageszeit seinen Kaffee oder Tee zubereiten kann. Über ihren Konsum führen die Gäste i. d. R. selber Buch.

In der Regenzeit haben nur ganz wenige Unterkünfte geöffnet. Angelegt wird dann am neuen Pier an der Ostseite der Insel. Ein Besuch ist in diesen Monaten nicht empfehlenswert. In der Saison sind dagegen viele Anlagen ausgebucht.

Ao Yai

Die etwa 3 km lange Bucht liegt zentral an der Westseite der Insel. In der Saison kann man hier herrlich, aber spartanisch wohnen und wunderschöne Sonnenuntergänge genießen. Der Strand ist bei Flut hellgelb und mittelfein. Bei Ebbe wird er sehr breit. Der feuchte Sand ist oft mit schwarzem Zinnoxid durchsetzt. Wunderschöne Muster zeichnen sich ab. In der Mitte des Strandes befindet sich das Wat der Insel, ein Neubau mit alten und neuen Buddhafiguren. Die Überreste des alten Piers ragen skelettartig aus dem Wasser. Je weiter man sich Richtung Koh Chang Resort bewegt, desto öfter wird der weite Strand mit Steinen und Felsen durchsetzt und man kann nur bei Flut schwimmen. Vorsicht: Oft gibt es lästige Sandfliegen.

Übernachtung

Weitere Unterkünfte unter **eXTra [2789]**.
Andaman Hill Beach Resort ⑥, ✆ 087-283 0108, **[6223]**. 3 Holzbungalows hinter dem Restaurant unter dichten Bäumen. ❷

Cashew Resort ⑩, ✆ 084-538 5385, **[3349]**. Die erste Anlage von Ko Chang ist noch heute eine der schönsten und gut organisiert. Die etwa

> **Das private kleine Paradies**
>
> **Sunset Bungalows** ⑨, ☎ 080-693 8577, [3347].
> Herrlich unter Schatten spendenden Gummi-
> bäumen am schönsten Strandabschnitt. Die
> Mattenbungalows liegen weitläufig im Wald
> verteilt. Besonders die vorderen sind fast immer
> belegt, denn wer hier einzieht, will meist nicht
> mehr weg. Schönes, aus Steinen gemauertes
> Restaurant mit einer großen Bücherauswahl.
> Volleyballnetz und Liegen am Strand. Einige
> Bungalows ohne eigenes Bad. ❶–❷

40 Bungalows aus rotem Backstein oder aus Holz verteilen sich weitläufig parallel zum zentralen Strandabschnitt unter Schatten spendenden Bäumen. Billard. WLAN. ❷–❸

Chang Tong Bungalows ⑫, ☎ 077-820 178, [3430]. Ein schöner Sandstrand lockt vor den robusten Holzhütten, die mit wenig Mobiliar auskommen. Zudem größere ältere Holzbungalows mit 2 großen Betten, die sich für Familien eignen. Dank den vielen deutschen Besuchern der Insel gibt es Bratkartoffeln und Schnitzel. ❷

Eden Bungalows ⑧, ☎ 084-937 9576. Einfache Holzbungalows parallel zum Strand unter Bäumen. Vermieten auch 1 Zimmer über dem Restaurant. ❶–❷

Full Moon Resort ⑯, ☎ 084-850 3809, ✉ familymoon99@hotmail.com, [5454]. Im Garten am flachen Strand Bungalows der neuen Generation. Außen Holzimitat, innen mit Rattan verkleidet und Holzfußboden. Geräumig und große Betten. Prima für Familien. Ab einer Woche Rabatt. ❷–❹

Golden Bee Resort ⑪, ☎ 085-795 3955, [3353]. Am schönen Strandabschnitt liegen weit verteilt unter schattigen Bäumen unterschiedlichste Bungalows. Es gibt kleine Holzbungalows, größere aus Matten und winzige Steinhäuser in zweiter Reihe. ❷

Koh Chang Resort ⑭, ☎ 081-896 1839, [5455]. Zahlreiche schöne Holz- und Bambusbungalows auf den Felsen über dem Meer und dahinter am Berg. Einige geräumigere Bungalows mit 2 großen Betten. Auch Vertreter der neuen Generation mit Imitatholzverkleidung. Viele mit großer Terrasse. Meist Hocktoiletten. Kleiner steinerner Pier, der zu Kais Restaurant führt. Gutes Essen und toller Ausblick. Internet. ❷–❸

Long Beach Resort ⑦, ☎ 087-283 0108, [3346]. 2 ältere und 2 neue wetterfeste Holzimitatbungalows mit Panoramafenstern am Strand. Letztere haben Solarstrom und Ventilator. Dahinter am Hang einfache Holzbungalows, teils ist das Bad nur von außen zugänglich. Authentisches Essen auch aus dem Nordosten mit Sticky Rice und Papaya-Salat. ❷–❸

Nature View Bungalows ⑲, ☎ 087-271 5700, ✉ kornelis@mail.com, [6231]. Bungalows im Hang mit sehr schönem Blick auf den Ao Yai-Strand. Das Restaurant an den Klippen ist weithin sichtbar. Ab 2012 ein doppelstöckiger Steinbau mit 2 großen Zimmern über dem Wasser. ❷–❸

Paradise Bungalows ⑮, ☎ 080-145 5986, [6233]. Einfachste Holzbungalows auf dem Hang mit Blick in die Sandbucht, teils ohne Bad. 2 neue Steinbungalows direkt am Strand. ❶–❸

Sabai Yai Bungalows ⑬, ☎ 080-884 3477, [5453]. Am Hang verteilt gepflegte Matten- und Holzbungalows unter Schatten spendenden Gummibäumen und anderen Nutzpflanzen. Nur wenige Meter weiter beginnen die Felsen, und einige Steine stören auch hier schon das Badevergnügen. Minimarkt auf dem Gelände. ❷

Sawasdee Resort ⑰, ☎ 084-846 5828, 077-820 177, 🖥 www.sawasdeekohchang.com, [5456]. Schöne Bungalows in ansprechender Anlage. Liegeplattformen und geflochtene Hängematten. Störend ist der wenig ansehnliche betonierte Schutzwall, der die Flut zähmt. Bei Ebbe extrem flaches Wasser. Viele Tische im Freien unter Bäumen. Hölzerne Kinderwippe und Schaukelpferd vertreiben den Kleinen die Zeit. ❷–❸

Ta Dang Bay Resort ⑱, ☎ 081-691 7130, [6236]. Hellblau gestrichene Bambushütten verschiedener Größen über den Klippen im Hang. Im Restaurant gibt es selbst gemachten Wein aus Ananas, Guave oder Ingwer. ❷–❸

Essen, Unterhaltung und Einkaufen

Baan Suan, kleines Restaurant mit drei großen Tischen im Inneren der Insel. Vom Tempel sind es etwa 700 m auf einer kleinen Betonpiste.

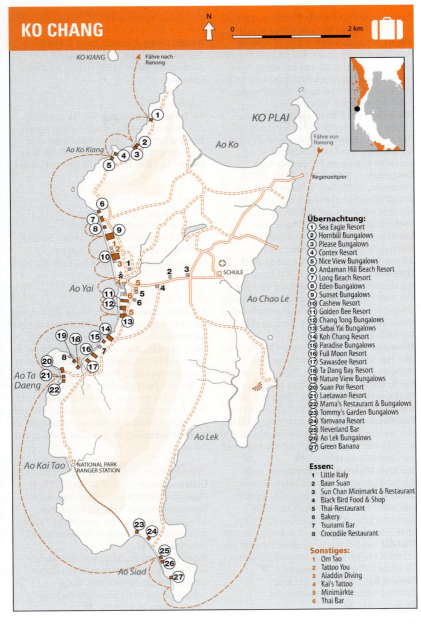

Fantastische Küche, große Portionen, niedrige Preise. Wer einmal hier war, kommt wieder.
Bakery, hinter dem Golden Bee, hin gelangt man über eine Sandpiste. Frische Brötchen und Kuchen ab 9.30 Uhr, solange der Vorrat reicht. Unter Schatten spendenden Bäumen kann man an kleinen Tischen auf dem Boden sitzend auch frisch aufgebrühten Kaffee trinken.
Black Bird Food & Shop, etwas im Inland gelegen. Gut sortierter kleiner Minimarkt und Restaurant, neben thailändisch auch Pasta und Sandwiches. Gute Lassies. Internet.
Crocodile Restaurant & Crocodile Rock Bungalows, 087-040 8087, tonn1970@yahoo.com, [5459]. Sehr schönes Restaurant des gleichnamigen Resorts mit tollem Ausblick, vor allem zum Frühstücken und nachmittäglichen Kaffee. Lecker ist der Espresso, dazu werden oft Brötchen und Marmelade gereicht. Vermieten auch 3 Bambusbungalows mit Blick auf die Bucht. ❷
Little Italy, 084-851 2760, [6229]. Pasta und hausgemachtes Brot im Hinterland auf Höhe des alten Piers. Vermieten auch zwei 2-stöckige schöne Bungalows; großes ansprechendes Bad unten, Wohnraum mit großer Veranda oben und eigene Solarzelle. ❷
Minimarkt, neben dem Restaurant des Golden Bee. Hier kann man Obst und Dinge des täglichen Bedarfs erstehen. Zudem ein weiterer kleiner **Markt** hinter der Brücke am Tempel rechts, wo es Obst, Batterien, Toilettenartikel und andere Kleinigkeiten gibt. Dazu gehört ein **Thai-Restaurant** mit guter und günstiger Küche. Hier werden auch einige kleine Steinhäuser und einfache Holzbungalows vermietet (vornehmlich von Stammkunden belegt). ❷
Sun Chan Minimarkt und Restaurant, recht großer Minimarkt, in dem es Toilettenartikel, Süßes, Kleider, Obst und Gemüse zu erstehen gibt. Unter dem gleichen Dach kocht der Besitzers gute und günstige Thai-Küche. Die Speisekarte ist als Fotoalbum gestaltet. Internet.
Thai Bar, aus Schwemmholz gebastelte Bar am Strand mit vielen Sitz- und Liegemöglichkeiten. Vermietet einfache Holzbungalows. ❷
Tsunami Bar, [5457], nette Bar etwas zurückversetzt am Strand. Vermietet 2 Baumhäuser. ❷

Aktivitäten
Tauchen
Aladdin Diving (Kontaktdaten s. S. 518) bei Cashew Bungalows. Gute, preiswerte *Liveaboards*, sofern genug Kunden zusammenkommen.

Tätowieren
Bei **Tattoo You** neben dem Om Tao kann man sich mit maschinellen Nadeln stechen lassen. Bambus-Tattoos, etwas schmerzhafter, aber auch authentischer und filigraner, fertigt **Kai's Tattoo** hinter dem Klong am Strand kurz vor der Thai Bar.

Yoga
Im **Om Tao** gibt es in der Saison empfehlenswerte Yoga-Stunden in ruhiger Atmosphäre unter schattigen Bäumen am Strand. Um 8.30 Uhr Hata Yoga (tgl. außer Sa); So, Di und Do um 16 Uhr Yin-Yoga. 250 Baht pro Std.

Ao Ta Daeng
Die kleine, überschaubare, knapp 200 m lange Bucht erreicht man in etwa 5 Min. über den Hügel vom Ao Yai. Der Sand ist fein und weiß, am Meer schwarz durchsetzt. Umgrenzt wird die Bucht von Felsen. Lediglich vor Mama's Bungalows kann man nicht direkt ins Meer gehen.

An den Felsen entlang erreicht man nach wenigen Metern den kleinen Weg zur einsamen Rangerstation. Wanderfreaks sollten früh aufbrechen und genug Wasser mitnehmen, da es weder unterwegs noch am Ziel etwas zu kaufen gibt.

Übernachtung
Laetawan Resort ㉑, 080-698 6227, [5460]. Robuste, einfache Matten-Stein- oder reine Steinbungalows am Hang. Ein sehr schön gelegener Steinbungalow direkt in den Felsen am Strand. Kinderschaukeln im Schatten und Volleyballnetz. ❷
Suan Por Resort ⑳, [5462], einfache Matten- und Bambusbungalows im sandigen Garten unter schattigen Laubbäumen. Einige Holzbungalows direkt am Strand. Schöne Liegeplattform im Schatten. ❷

Wohnen und essen bei Mama

Von außen sieht es nicht nach etwas Besonderem aus, doch **Mama's Restaurant & Bungalows** ㉒, ✆ 088-476 7144, ✉ mamasbungalows@hotmail.com, [5461], ist seit Jahren bei vielen Travellern legendär. Ko Chang-Dauergäste schwören auf die gute Küche – eine meist gelungene Mischung aus Thai- und Western-Küche. Hierher wandern auch die Faulsten. Sei es um Wiener Schnitzel oder Cordon Bleu, Exotischeres aus der kantonesischen Küche oder Mamas Fusionküche zu kosten: Kartoffelpuffer mit Ingwer ist allemal einen Versuch wert. Und da eine Solaranlage der Köchin Strom liefert, gibt es leckere Shakes. Vermietet werden 14 Matten-, Holz- und Steinbungalows am Hang und am Strand. Mal groß, mal klein, mal aus Holzimitat, mal schön gemauert oder einfach aus Beton. ❷

Ao Siad

Im Süden Ko Changs liegt diese recht große, etwa 1 km lange Bucht mit einem 600 m langen Strand und zwei kleinen Strandbuchten jeweils im Norden und Süden. Hierher kommt vor allem Stammpublikum auf der Suche nach absoluter Abgeschiedenheit. Anreise am einfachsten mit dem Phayam-Boot.

Bei Anmeldung wird man von jungen tätowierten Männern mit einem Longtail abgeholt. Joe vom Yamvana Resort holt auch Gäste vom Ao Yai Strand oder Ko Phayam mit seinem großen Longtailboot ab. Der Strand ist bei Ebbe sehr breit mit vielen dunklen, durch Zinnoxid gemusterten Abschnitten.

Übernachtung

Ao Lek Bungalows ㉖, ✆ 087-926 4430. 2 Holzbungalows direkt am Strand. Eine Reihe weiterer Holzbungalows und ein Steinbungalow am Hang unter Bäumen, viele mit Blick auf den Strand. ❷

Green Banana ㉗, ✆ 081-728 5147, [6228]. Auffällig mit Schwemmholz und anderem Treibgut dekorierte kleine Anlage mit 4 Holzbungalows ohne Bad. Schöne gemauerte Gemeinschaftsdusche. ❶

Neverland Bar ㉕, [6232]. Gemütliche Schwemmholzbar auf dem Hügel. Vermieten einen einfachen Holzbungalow. ❷

Tommy's Garden Bungalows ㉓, ✆ 084-993 8545, [6237]. Im Norden der Bucht an einem kleinen hellgelben Strand gelegen und vom Hauptstrand durch Felsen abgetrennt. Matten- und Bambusbungalows unter schattigen Bäumen auf dem Hang, alle mit Meerblick. 2 weitere Mattenbungalows und ein größerer Holzbungalow am Strand. Hübsche Badezimmer mit Steinarbeiten oder Muschelornamenten. Großes Restaurant mit Sofaecke. ❷

Yamvana Resort ㉔, ✆ 081-892 5469, ✉ yamvanaresort@hotmail.com, [6238]. 4 kleine weiße Holzbungalows stehen im Garten hinter dem Restaurant. Kleine saubere weiße Bäder. Terrasse. Joe hat ein eigenes Boot und organisiert Transport und Angelausflüge. Internet. Ganzjährig geöffnet. ❷

Die Buchten im Norden

Die kleine **Ao Ko Kiang**, die dem Ao Yai nördlich nächstgelegene Bucht, ist rund 100 m breit, wovon etwa 25 m heller, feiner Sandstrand sind. Drumherum ist es felsig. Zwei Anlagen mit insgesamt 22 Bungalows sind zur Hauptreisezeit ein lohnendes Ziel für Ruhesuchende, die dennoch nicht auf WLAN verzichten möchten. Zwei weitere kleine Buchten folgen, in denen insgesamt drei Anlagen stehen und man sehr abgeschieden wohnt. Alle Buchten sind mit dem Boot oder zu Fuß vom Ao Yai (30–50 Min.) erreichbar. Erst geht es über eine Betonstraße bis zum Armeestützpunkt und dem Hubschrauberlandeplatz, dann auf einer ausgewalzten Schneise vorbei an Bananenstauden und durch Kautschukplantagen. Je weiter nach Norden man kommt, desto weniger bewirtschaftet ist das Land. Das Taxiboot nach Ranong liest Winkende gegen 8.45 und 14.15 Uhr an den Stränden auf.

Übernachtung

Ao Ko Kiang

Contex Resort ④, ✆ 083-392 0076, ✉ contexkohchang@hotmail.com, [5463]. Restaurant mitten in der kleinen Bucht. Rechts davon Sandstrand. 17 einfache Bungalows aus Stein, Holz und Matten am

Meer und am Hang. Gute Schnorchelbedingungen. Gutes Thai-Essen und Schnitzel mit Pommes. Kostenpflichtiges WLAN. ❷–❸
Nice View Bungalows ⑤, ✆ 081-930 6122, [3348]. Am steilen Hang 4 Holz- und ein Steinbungalow. Auch das ansprechende Restaurant thront weit oben. Zum Schwimmen geht man an den Sandstrand vor dem Context Resort. ❷

Die nördlichsten Buchten

Hornbill Bungalows ②, ✆ 077-820 134, [5473]. An dem recht großen Sandstrand, wo Schlammspringer auf den Steinen dösen, stehen 8 Holzbungalows hinter Bäumen. Große Bungalows vorn, kleinere dahinter, einer am Hang. Internet. ❷
Please Bungalow ③, ✆ 081-415 9744, [6234]. Gleich neben den Hornbill Bungalows. Mr. Moore vermietet 3 neue Mattenbungalows mit offenem Bad und Terrasse direkt auf dem Strand. ❷
Sea Eagle Resort ①, ✆ 081-894 5665, [5474]. Schöner, goldgelber Sand lockt in dieser kleinen Bucht ganz im Norden. Ein moderner Stein-Holzimitat-Bungalow am Strand, die anderen noch einfacher aus Holz und versteckt unter dichtem Grün. Kajaks, Surfbretter, Volleyball. Hängematten. Internet. ❷

Transport

RANONG, gegen 8 und 13 Uhr starten die Taxiboote von Ao Ta Daeng, passieren ab 8.15 Uhr bzw. 13.15 Uhr Ao Yai und sind eine Viertelstunde später an den nördlichen Buchten. Mitfahrer stellen sich an den Strand vor ihren Bungalow und winken das Boot heran. Kosten 150 Baht. Wer am Ao Siad wohnt, wird mit dem Longtail zur Phayam-Fähre gebracht, die den südlichen Zipfel etwa 1 Std. nach Abfahrt von Ko Phayam erreicht. Fahrzeit etwa 1 Std. bis Ranong.
KO PHAYAM In der Saison fahren Longtailboote um 10 Uhr für 150 Baht in 1 Std. Man kann sich auch mit dem Longtail zur Fähre chauffieren lassen, die Ko Chang 1 Std. nach Abfahrt von Ranong passiert.

8 HIGHLIGHT

Ko Phayam

Die 8 km lange und bis zu 5 km breite Insel Ko Phayam, etwa 30 km vom Festland entfernt, verspricht entspannten Strandurlaub unter Kokospalmen und Schatten spendenden Laubbäumen. Hier fühlen sich alle wohl, die die Natur lieben und auf Luxus verzichten wollen. Überall riecht es nach Cashewnüssen, denn die Einheimischen, die nicht vom Tourismus leben, pflanzen vorwiegend diese Frucht an (mehr dazu im **eXTra [2791]**). Sowohl im Tourismusgeschäft als auch im Feldbau helfen birmanische Familien.

Für den Strandurlaub eignen sich die beiden Hauptstrände **Ao Yai** („Lange Bucht") und **Ao Khao Kwai** („Büffelbucht") mit weißem Sand, türkisblau funkelndem Meer und Sonnenuntergängen, die manch einem Besucher das Gefühl geben, im Werbeprospekt gelandet zu sein. Auch am Strand vor dem kleinen Dorf, an dem die Boote anlegen, und in weiteren kleinen Buchten gibt es Unterkünfte; hier kann man jedoch selten oder nie schwimmen. AC-Bungalows gibt es bisher nur wenige. Zu den Hauptstränden führen kleine einspurige Betonstraßen durch dichtes Grün. Mit Ausnahme der zentral gelegenen Anlagen am Ao Yai sind die Unterkünfte nur auf abenteuerlichen Sand- und Steinpisten zu erreichen.

In der Saison sind viele Anlagen ausgebucht. Weitere Unterkünfte unter **eXTra [2793]**.

Ko Phayam Village, Ao Mae Mai und Ao Hin Kao

Der erste Strand, den Besucher sehen, ist **Ao Mae Mai**. Hinter dem Pier gibt es entlang des Strandes einige kleine Geschäfte, Restaurants und Bungalows. Rechter Hand fällt der Bootsanleger des Tempels ins Auge. Am Pier der Passagierboote warten Mopedfahrer auf Ankommende.

Übernachtung

Chan Bungalows ㊴, nahe dem Tempel, ✆ 085-478 2807, [6184]. Einfache Holz- und Mattenbungalows und 3 blaue Steinbungalows am Hang mit Blick aufs Meer. ❷–❸

Ko Phayam: Praktische Tipps

Fahrräder und Mopeds
Auf Ko Phayam kann man herrlich Rad fahren. Sobald man sich abseits des geteerten Weges befindet, freut man sich über den (noch) guten Zustand der Mountainbikes. Viele Gästehäuser verleihen Fahrräder ab 80 Baht pro Tag. Man sollte sich eine Stirn- oder Fahrradlampen mitbringen (am besten auch einen Helm).

Mopeds sind ebenfalls in jeder Anlage und im Dorf zu mieten, ab 200 Baht pro Tag. Manche Anbieter bestehen auf einer Mindestmiete von 3 Tagen, andere verleihen die Mopeds auch stundenweise für 50 Baht. Helme gibt es kaum.

Die Fahrt auf den Pisten und Wegen ist zwar mit dem Fahrrad schweißtreibender, aber in jedem Fall spaßiger und sicherer als mit einem Moped.

Geld
Geldautomaten gibt es derzeit noch nicht. Einige Resorts (z. B. Bamboo Bungalow und Hornbill Huts am Ao Yai und Nice Tour & Travel im Dorf) geben Geld auf Kreditkarte (Mastercard und Visa). Die Reiseagentur wechselt auch Reiseschecks. Der Kurs ist etwa 10 % schlechter als auf dem Festland. Das getauschte Geld sollte man gut nachzählen. Besser ist es allemal ausreichend Bargeld mitnehmen!

Nahverkehr
Auf Ko Phayam gibt es keine Autos, nur Mopeds und Fahrräder. Die wenigen kleinen Traktoren dienen dem Waren- und Gepäcktransport. Ein Golfwagen kutschiert Gäste zum Phayam Cottage Resort und ein Tuk Tuk kurvt für Smile Hut zum Ao Yai. Eine Fahrt mit dem Motorradtaxi kostet je nach Entfernung 20–100 Baht, zum Pier 50–100 Baht.

Reisebüros und Ausflüge
Nahezu jedes Resort hilft bei der Organisation von Ausflügen. Touren mit dem Longtail gehen u. a. zur kleinen Ko Kham. Angeltouren stehen ebenfalls auf dem Programm. Mr. Trip, ✆ 077-870 222 (auch über die Unterkunft zu buchen), bietet Schnorchel- und Angeltouren in einem großen Boot für 600–1000 Baht. Das einzige offizielle Reisebüro der Insel ist Nice Tour & Travel, ✆ 077-828 093, ⏲ 8.30–20.30 Uhr.

Bootstickets für die Fähre nach Ranong oder Longtailboot nach Ko Chang gibt es am Pier oder im Boot. Überfahrten mit dem Schnellboot nach Ranong in der Saison besser einen Tag vorher kaufen, meist auch in den Bungalowanlagen erhältlich.

Reisezeit
Die Reisezeit beginnt im Oktober. Ab November wird es voller, dann kommen die ersten Langzeitbesucher, die die besten Hütten meist den gesamten Winter über belegen. Im Dezember sollte man auf jeden Fall vorbuchen. Das gilt auch für andere Feiertage, an denen vor allem Deutsche in Urlaub fahren, z. B. Ostern. Die Saison endet im Mai.

Die großen Anlagen haben das ganze Jahr über geöffnet, die kleineren schließen in der Nebensaison.

Tauchen
Sowohl **Aladdin Dive Safari**, ✆ 087-278 6968, **Andaman International Dive Center**, ✆ 089-814 1092, 🖳 www.aidcdive.com, als auch **Phayam Divers**, neben Hornbill Huts und ein Büro am Pier, ✆ 086-995 2598, haben hier in der Saison eine Basis. Ratsam ist eine Kontaktaufnahme übers Telefon oder das Internet, da die Basen, falls zu wenig los ist, geschlossen haben.

Telefon
Wer mit dem eigenen Handy reist und eine thailändische Sim-Karte hat, ist mit Happy besser bedient als mit 1-2-Call.

Unterhaltung
Gemessen an der Größe der Insel gibt es viele Bars – zumeist am Ao Yai gelegen, oft aus Treibgut gebaut und unter einem natürlichen Blätterdach. Leckere Cocktails und eisgekühltes Bier machen herrliche Sonnenuntergänge noch schöner. In der Hauptsaison finden sich dafür viele schöne Plätze.

KO PHAYAM

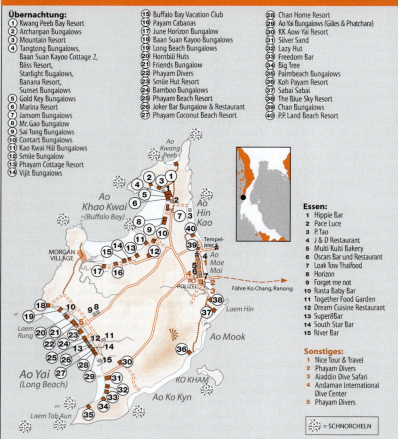

Übernachtung:
1. Kwang Peeb Bay Resort
2. Archanpan Bungalows
3. Mountain Resort
4. Tangtong Bungalows, Baan Suan Kayoo Cottage 2, Bliss Resort, Starlight Bugalows, Banana Resort, Sunset Bungalows
5. Gold Key Bungalows
6. Marina Resort
7. Jansom Bungalows
8. Mr. Gao Bungalow
9. Sai Tong Bungalows
10. Contact Bungalows
11. Kao Kwai Hill Bungalows
12. Smile Bungalow
13. Phayam Cottage Resort
14. Vijit Bungalows
15. Buffalo Bay Vacation Club
16. Payam Cabanas
17. June Horizon Bungalow
18. Baan Suan Kayoo Bungalows
19. Long Beach Bungalows
20. Hornbill Huts
21. Friends Bungalow
22. Phayam Divers
23. Smile Hut Resort
24. Bamboo Bungalows
25. Phayam Beach Resort
26. Joker Bar Bungalow & Restaurant
27. Phayam Coconut Beach Resort
28. Chan Home Resort
29. Ao Yai Bungalows (Gilles & Phatchara)
30. KK Aow Yai Resort
31. Silver Sand
32. Lazy Hut
33. Freedom Bar
34. Big Tree
35. Palmbeach Bungalows
36. Koh Payam Resort
37. Sabai Sabai
38. The Blue Sky Resort
39. Chan Bungalows
40. P.P. Land Beach Resort

Essen:
1. Hippie Bar
2. Pace Luce
3. P. Tao
4. J & D Restaurant
5. Multi Kulti Bakery
6. Oscars Bar und Restaurant
7. Loak Tow Thaifood
8. Horizon
9. Forget me not
10. Rasta Baby Bar
11. Together Food Garden
12. Dream Cuisine Restaurant
13. Super8Bar
14. South Star Bar
15. River Bar

Sonstiges:
1. Nice Tour & Travel
2. Phayam Divers
3. Aladdin Dive Safari
4. Andaman International Dive Center
5. Phayam Divers

P.P. Land Beach Resort ㊵, ☎ 081-678 4310, 🖥 www.payampplandbeach.com, [3921]. Etwa 1 km nördlich des Dorfs am Ao Hin Khao. Weitläufig verteilte grüne Holzbungalows mit Meerblick durchs Panoramafenster. Eigener Gemüseanbau und Mülltrennung. 24 Std. Solarstrom (dank guter Batterien auch bei Regen), Ventilator und Safe. Internet. Hausgemachte Eiscreme. Schöne Aussicht vom 2-stöckigen Haupthaus. Kleiner Pool. ❹

Sabai Sabai ㊲, ☎ 087-148 5406, [6214]. 5 Holzbungalows parallel zum Strand im Norden. Einfach, aber geschmackvoll eingerichtet. Die Anlage mit viel Treibgut individuell mit Sinn fürs witzige Detail hergerichtet. Eigene Solarzellen. Junge englische Betreiber. Leseecke und TV für Videoabende. Familiäre Atmosphäre. ❷

The Blue Sky Resort ㊳, ℡ 081-489 2881, 🖥 www.theblueskyresort.com, **[6221]**. Luxusanlage etwa 500 m vom Anleger entfernt. Geschmackvolle runde AC-Bungalows sind über den Mangroven angelegt und über ein Stegsystem miteinander verbunden. Viele Fenster geben den Blick frei auf Wasserflächen bei Flut. Die Bäder haben ebenfalls große Fenster. Liegeflächen, TV, Minibar, Safe. Das große runde mattenüberdachte Restaurant am Strand ist stilvoll in Braun- und Grautönen gehalten. Neben thailändischer Küche gibt es auch westliches Essen, unter anderem gute Steaks. WLAN. ❼–❽

Essen

J & D Restaurant, nahe des Tempelpiers im Dorf. Neben Klassikern aus der Traveller-Thai-Küche auch Bratwurst und Brot. Jens und seine Frau Dick haben jede Menge Tipps. Internet.
Loak Tow Thaifood, gleich rechts am Hafen. Gute Thai-Küche.
Oscars Bar und Restaurant, links vom Hafen. Ein seit Jahren beliebter Treffpunkt. Westliche und Thai-Küche, angesagte Bar am Abend. Die Speisekarte wird durch Tagesgerichte ergänzt.
Multi Kulti Bakery, rechts vom Hafen. Leckere Pizza und gutes Brot. Auch Sandwiches für unterwegs.
P. Tao, am Hin Kao Strand. Hier gibt es jeden Tag frischen Fisch – je nachdem, was die Fischer gefangen haben. Bei P. Tao finden auch sporadisch Partys mit Livemusik und BBQ statt.

Transport

Nach RANONG mit der Fähre um 8.30 und 14 Uhr für 150 Baht in 2–3 Std., bei Ebbe zum Sapan Pla Pier, ansonsten zum Bootspier nahebei (s. S. 520). In der Saison (Nov–Mai) zudem Schnellboote um 9 und 13 Uhr für 350 Baht in 45 Min. **Mr. Trip**, ℡ 077-870 222, bietet Charterfahrten zum Flughafenpier Tah Ton Son (Ranong) für 5000 Baht. Charter nach oder von Ranong 6000 Baht für max. 25 Pers.
Wer von Ko Phayam nicht über Ranong zur Nachbarinsel KO CHANG fahren will, kann in der Saison Mo–Fr um 16 Uhr in 1 Std. für 150 Baht auf einem überdachten Longtail übersetzen. Wer am Ao Siad von Ko Chang vorbucht, wird von Longtails der gebuchten Anlage von den Booten nach oder von Ranong abgeholt. Charter kleiner Boote in der Nebensaison ab 700 Baht, aber nicht immer lassen die Wellen eine Anlandung an allen Stränden zu. Wer einen Ausflug nach KO SURIN plant, kann auf dem großen Boot (max. 25 Pers.) bei Mr. Trip (s. o.) buchen. Eine 2-Tagetour mit Übernachtung im Zelt, Essen und Parkgebühr als Komplettangebot 4900 Baht. Schnorchelausflüge rund um Ko Phayam für 700 Baht/Pers.

Ao Yai

Die fast 3 km lange Bucht gilt den meisten als der schönste Strand von Ko Phayam. Er hat pudrig weißen Sand, ist sehr breit und das Meer eignet sich auch bei Ebbe zum Baden und Schwimmen. Bei Flut entsteht ein Flusslauf bis weit ins Inselinnere, sodass man dann nicht zu den südlichsten Anlagen am Strand laufen kann. Im Schatten der Bäume locken Hängematten und Tische. Sportfans spielen Volleyball, paddeln im Kajak, reiten mit Boogieboards auf den Wellen – oder lassen sich dösend darauf bräunen.

Die Anlagen liegen weit verstreut in Palmenhainen oder unter Cashew-Bäumen und sind vom Strand aus so gut wie nicht zu sehen. Es gibt derzeit eine neue Anlage mit AC. Die Bungalows sind fast alle aus Holz oder Matten, immer mit Moskitonetzen ausgestattet, einfach und meist sauber und gepflegt.

Übernachtung

Weitere Unterkünfte unter **eXTra [3362]**

Untere Preisklasse

Baan Suan Kayoo Bungalows ⑱, ℡ 085-655 4906, 🖥 www.gopayam.com, **[5465]**. 12 ursprüngliche Bambushütten parallel zum Strand hinter Grün und 9 größere neuere Mattenbungalows im Garten. Schöner, ruhiger Platz am Ende der Bucht. Griffbereite Schnorchelausrüstung. ❶–❷
Freedom Bar ㉝, **[6188]**. Bambusbungalows hinter der Bar, kein eigenes Bad. ❶
Joker Bar Bungalow & Restaurant ㉖, ℡ 087-271 2561, **[6193]**. Einfachste kleine Bambushütten mit und ohne Bad im Garten. Nachtruhe gibt es erst nach Barschluss. ❶–❷

Lazy Hut ㉜, ☎ 089-647 1844, ✉ lazyhut@hotmail.com, [6202]. Einfache Bambushütten mit offenen Bädern. Familiäre Atmosphäre. WLAN. ❷

Long Beach Bungalows ⑲, ☎ 086-285 6064, [3363]. Bunt bemalte, einfache, kleine ebenerdige Hütten in einer Reihe direkt am Strand. Etwas größere im hinteren Teil. Lockere Atmosphäre. Beachbar. ❶

Palmbeach Bungalows ㉟, ☎ 082-279 1063, [6208]. Ganz im Süden, hoch am Hang. 5 ältere, aber gepflegte Bungalows, teils mit Bad und Matratze in einem Zimmer. 2 Bungalows am Meer. Kein Strand. Der Eigentümer spricht deutsch. Individuell gestaltete Sitzplätze am Wasser. ❷

Smile Hut Resort ㉓, ☎ 077-820 335, 🖳 www.smilehutthai.com, [3367]. Einfache, strohgedeckte Mattenbungalows eng beieinander. Manch einer duscht neben einem Cashew-Baum, der beim Bau der Hütte nicht gefällt wurde. In die Jahre gekommen, aber durchaus mit Charme. Internet. ❷–❸

Mittlere Preisklasse

Ao Yai Bungalows (Gilles & Phatchara) ㉙, ☎ 083-389 8688, 🖳 www.aowyai.com, [3365]. Einfache, gut gebaute große und kleine Mattenbungalows, die in mehreren Reihen großzügig im Garten verteilt sind. Von der Anlage zum Strand geht es durch einen kleinen Wald aus Kasuarinen. Gäste aller Altersklassen. Sehr viel Stammpublikum. ❸–❹

Sonne tanken auf Ko Phayam

Während der Reisende tagsüber in der Hängematte problemlos Energie tankt, ist dies für Kamera, Laptop und andere batteriebetriebene Geräte meist nur wenige Stunden möglich. Gesichert Strom gibt es zwischen 18 und 22 Uhr vom Generator. Viele Unterkünfte haben zudem Solaranlagen, die tagsüber Batterien aufladen, mit denen nachts das Bad beleuchtet werden kann. Sofern der Bungalow eine eigene Solarzelle besitzt, kann man den Ökostrom auch tagsüber anzapfen. Die Generatoren stehen meist an der Straße. Wer nahebei wohnt, kann erst wieder ab 22 Uhr ungestört den Lauten der Natur lauschen.

Alles inklusive

Bamboo Bungalows ㉔, ☎ 077-820 012, 🖳 www.bamboo-bungalows.com, [5385]. Tropische Gartenanlage mit hohen, Schatten spendenden Bäumen. Die Bungalows diverser Standards – von einfachen Mattenhütten für Budgettraveller bis hin zu geschmackvollen Suiten – sind immer gut belegt. Kostenlos WLAN in eigens eingerichteter Computerecke. Kajak-, Schnorchel- und Boogieboardverleih. Volleyball am Strand. Akzeptiert Visakarten. Strom von 18–23 Uhr. Die meisten Bungalows haben eine eigene Solaranlage. ❷–❺

Big Tree ㉞, ☎ 087-893 7075, [3364]. Am Banyan-Baum am Ende der Bucht. Der Strand ist schon mit Steinen durchsetzt (von hier kann man direkt losschnorcheln). Das Resort hat Bungalows aus Holz und Stein auf Stelzen, teils am Strand, teils am Hang. ❷–❹

Friends Bungalow ㉑, ☎ 085-679 9568, [4388]. In einem Garten unter schattigen Bäumen senkrecht zum Strand angeordnete 5 große überdachte Zelte auf einer Plattform, Liegekissen. Daneben gemauerte, nach oben offene eigene Badezimmer. Auf Wunsch Extramatratze für Familien. Inkl. Frühstück im großen Strandrestaurant. 2 Holzbungalows mit großen abgetönten Scheiben. Zelte ❷, Bungalow ❹

Hornbill Huts ⑳, ☎ 081-891 6008, 🖳 www.hornbill-hut.com, [4389]. 2 bunt bemalte Steinbungalows, dazu schöne Holzbungalows hinter Mangroven und unter jungen Palmen sowie einfache Bambushütten zwischen Cashew-Bäumen weitläufig im Garten verteilt. In den Bambushütten bieten zwei große Betten auch anspruchslosen Familien Platz. Schöner Strandabschnitt. Hängematten, Angeltouren, WLAN, Geld auf Kreditkarten und Fahrräder. ❷–❹

Phayam Beach Resort ㉕, ☎ 084-768 9595, ✉ jj-payam@hotmail.com. 5 Holzbungalows hinter dem Restaurant unter Schatten spendenden Bäumen. Liegekissen und Tische am Strand. ❸

Phayam Coconut Beach Resort ㉗, ☎ 083-389 6408, 🖳 www.koh-phayam.com,

[5464]. 5 Einfache Holz- und Mattenbungalows im hinteren Teil des Grundstücks und bessere, grün gestrichene Holz- und Steinhäuser auf dem Gelände. Riesiges Restaurant. WLAN. ❷–❹

Silver Sand ㉛, ✆ 080-041 3349, [5475]. Schöne Bungalows auf hohen Stelzen, unten Stein und oben Holz, teils mit Baum durch die Terrasse. Meerblick. Inneneinrichtung mit Liebe zum Detail. Zudem kleine Steinbungalows. Nettes Restaurant mit Sitzgelegenheiten auf einer erhöhten Plattform. Buchausleihe. Liegestühle. ❸–❹

Essen und Unterhaltung

Alle Anlagen haben ein eigenes Restaurant mit meist guter Küche. Die Strandbars, wie z. B. **Rasta Baby Bar** und **South Star Bar**, bieten gutes BBQ. Das **Dream Cuisine Restaurant** am Strand hat gute und günstige Thai-Gerichte auf der Speisekarte. Nebenan, in der mit tibetanischen Gebetsflaggen geschmückten **Super8Bar**, gibt es zu lounger Musik Drinks und kleine Snacks. In der Zufahrtstraße befinden sich mehrere ansprechende Lokale: Thai-Küche gibt es im **Forget me not**, während **Horizon** frischen italienischen Kaffee und Pizza offeriert. Im **Together Food Garden Restaurant** hinter dem Phayam Coconut Beach Resort gibt es ebenfalls sehr gute thailändische Gerichte um 70 Baht.

Ao Kwang Peeb

Die kleine Bucht ganz im Norden der Insel liegt ruhig und abgeschieden und ist nur über eine steile Sandpiste zu erreichen. Eine Anlage nimmt die gesamte – auch Monkey Bay genannte – Bucht ein. Das **Kwang Peeb Bay Resort** ①, ✆ 077-870 218, 🖥 www.kwangpeebbay.com, [6201], hat 25 Bungalows geschickt in die Hanglandschaft integriert. Wahlweise einfache Mattenbungalows oder große Holzhütten mit vielen Fenstern, innen in Weiß gehalten und mit offenen Bädern. ❷–❹

Ao Khao Kwai

Umstritten ist, ob dieser Strand nicht der schönere ist. Zumindest für jene, die mehr Ruhe suchen und viel schnorcheln wollen. Es heißt, hier seien die Sonnenuntergänge besonders malerisch. Die „Büffelbucht" befindet sich im Nordwesten der Insel und wird durch einen Felsen in zwei Teile geteilt – bei Ebbe eine schöne Kletterpartie, ansonsten gelangt man nur über die Straße oberhalb in die andere Buchtseite. Der Vorteil: Es gibt viele Schnorchelmöglichkeiten. In wenigen Minuten kann man von nahezu jeder Anlage losschnorcheln. Die vorgelagerten Inseln gehören bereits zu Myanmar.

Der Sand in der nördlichen Bucht ist recht grobkörnig, goldgelb und manchmal von Zinnoxid durchsetzt. Das Meer eignet sich bei Ebbe und Flut zum Baden. Der südliche Strandabschnitt weist extrem feinen, weißen Sand auf. Bei Ebbe muss man viele Meter wandern, um das Wasser zu erreichen und auch nicht schwimmen. Die wenigen AC-Steinbungalows befinden sich in der südlichen Bucht. Sie sind wenig reizvoll und bei den meisten Ko Phayam-Reisenden auch nicht beliebt.

Die Betonstraße endet im Norden hinter Jansom Bungalows. Sie wird von einer hügeligen Sandpiste abgelöst.

Übernachtung
Untere Preisklasse

Archanpan Bungalows ②, auf dem Berg, [3360]. Manche der älteren Hütten blicken auf die Bucht, andere auf den Lagerfeuerplatz. Tolle Traveller-Atmosphäre. Manchmal Probleme mit dem Wasser und manchmal kein bewirtschaftetes Restaurant. ❶

Baan Suan Kayoo Cottage 2 ④, ✆ 085-668 1225, [6180]. 5 große Holzbungalows stehen weit verteilt auf einem etwas kargen Grundstück. Wenn es voll auf der Insel wird, werden hier auch Zelte aufgeschlagen ❸

Banana Resort ④, ✆ 080-622 9477, ✉ misbanana2010@yahoo.com, [6181]. Mattenbungalows horizontal in Reihe zum Strand. Im hinteren Teil große cremefarbene Holzbungalows mit schönen weiß halb offenen Bädern. Aussichtsplattformen mit Strandblick. ❷–❸

Contact Bungalows ⑩, ✆ 085-781 2006, ✉ saowanee27@windowslive.com, [3357]. Anlage auf dem Hügel in der Strandmitte mit großen, einfachen Mattenbungalows, einige mit schöner Veranda. Restaurant und kleine Plattformen mit Meerblick. Bei Flut kein Strand. Man kann nie schwimmen. Viel Privatsphäre. Vermietet auch ein Zimmer über dem Restaurant. ❶, sonst ❷–❹

Jansom Bungalow ⑦, ✆ 081-968 5720, 🖥 www.jansom.info, [5466]. 24 Bungalows mit großen Fenstern am Hang im nördlichen Abschnitt in zwei Reihen zum Strand. Von außen etwas in die Jahre gekommen, innen schön gemacht mit neuen Bädern. Der Strand ist mit Felsen durchsetzt. ❷–❸

June Horizon Bungalow ⑰, ✆ 080-145 9771, [6194]. Südlichste Anlage am Ao Khao Kwai, etwas abseits gelegen. Schöne große Holzbungalows mit Terrasse. Die halbrund gezimmerten offenen Bäder haben teils die vorhandenen Bäume mit integriert. Mülltrennung. ❷

Kao Kwai Hill Bungalows ⑪, ✆ 081-847 6285, [3358]. Einfachste ältere, grün gestrichene Holzhütten im Hang. Toller Blick auf die südliche Bucht auch vom Restaurant. Treppen führen an den südlichen Strand, der hier mit wunderschönen Felsen aufwartet. ❷

Mountain Resort ③, ✆ 077-820 098, [3359]. Gepflegter Palmenhain mit 5 weiß getünchten Steinhäusern. Schöner Strandabschnitt am nördlichen Ende der Bucht. Wenn es heiß wird, ist die Steinbauweise von Nachteil, da der Ventilator nach 23 Uhr nicht mehr betrieben werden kann. ❸

Sai Tong Bungalows ⑨, ✆ 080-141 1231, [5467]. Einfache Bungalows aus Holz und Matten. 3 große schöne Steinbungalows. Schöner Strandabschnitt direkt neben den Felsen, wo man herrlich baden und schnorcheln kann. Kajaks, Hängematten und Schaukeln am Strand unter Bäumen. Meist von Stammkunden belegt. ❷–❸

Smile Bungalow ⑫, ✆ 083-551 4796, [6215]. 7 Mattenbungalows in Reihe auf Stelzen unter Bäumen. An der südlichen Zufahrtsstraße zum Ao Khao Kwai, 200 m vom Strand. ❷

Starlight Bungalows ④, ✆ 089-922 5301, [6217]. 5 Mattenbungalows hinter dem Restaurant. Das Restaurant ist aus Schwemmholz gefertigt und auf dem Dach befindet sich eine große Sonnenterrasse mit Meerblick. ❷–❸

Sunset Bungalows ④, ✆ 082-279 1290, [6218]. 5 großzügige Mattenbungalows hinter dem Restaurant unter Bäumen. ❷

Vijit Bungalows ⑭, ✆ 077-834 082, 🖥 www.kohpayam-vijit.com, [5468]. Gemütliche Holz- und Steinbungalows unterschiedlichster Größe und Form im naturbelassenen Garten. 3 große Familienzimmer mit 2 großen Betten, auch für Kleinkinder geeignet. Schönes Restaurant am Strand. Internet. Kajakverleih und Ausflüge mit dem Boot. Preisnachlass bei einer Woche Aufenthalt. ❷–❹

Mittlere Preisklasse

Bliss Resort & Restaurant @ Khao Kwai Beach ④, ✆ 089-248 2030, [6182]. Holzbungalows in Boutiquestil. Geschmackvoll große Bungalows mit je einer farbig verputzten Wand. Entsprechende Farbgebung im Designregal und im offenen Bad. ❹

Buffalo Bay Vacation Club ⑮, ✆ 085-107 9473, 🖥 www.buffalobayclub.com, [5469]. Zahlreiche Steinhäuser im großen Garten. Größere Bungalows, mit Ventilator oder AC und teils mit Kinderstockbetten versehen. Kids Club mit vielen Spielsachen. Dahinter kleiner überdachter Kinderpool aus Plastik. Riesiges Restaurant. Rabatt ab 7 Tagen. Eigene Tauchbasis. WLAN. ❸–❻

Gold Key ⑤, ✆ 077-812 202, [3354]. Einfache Holzhütten mit Meerblick, etwas neuere und

Abseits der beliebten Strände

Koh Payam Resort ㊱, ✆ 083-176 4102, 🖥 www.kohpayamresort.com, [6198]. Einfache Mattenbungalows mit halb offenem Bad und 2 neuere große Holzimitat-Bungalows, auf Wunsch mit AC. Seit Anfang 2011 sind 12 neue Steinbungalows im Bau, weitere Flächen wurden bereits gerodet. Mit dem Moped kann man bis auf den Hügel fahren, dann blickt man bereits auf die vorgelagerte Ko Kham und die schöne Ao Mook. Bei Ebbe kann man auf die Insel Ko Kham hinüberspazieren und dort schnorcheln. Starke Strömungen bei Flut. ❸–❹

größere in Reihe im Garten. Hier stört der Generator von 18–23 Uhr. Alle Bungalows mit eigenen Solarzellen und Ventilator. Fahrräder. Liegen am Strand. Vorsicht bei Absprachen, der Eigner hat ein temperamentvolles Gemüt. ❸–❹

Marina Resort ⑥, ☏ 081-891 9809, ✉ marinaresortkp@gmail.com, [6203]. Große schöne Holzbungalows mit Spiegeltisch, Sofa und Toilettenvorraum auf einem weitläufigen Grundstück. Kleine Mattenbungalows in Reihe. Meerblick vom erhöhten Restaurant.

Mr. Gao Bungalow ⑧, ☏ 077-870 222, 🖥 www.mr-gao-phayam.com, [5476]. 12 gute Holzbungalows im Garten und am Hang, 4 mit Strandblick. Offene Badezimmer. Liegestühle, Hängematten und Schaukeln. Schönes Restaurant. Das ganze Jahr geöffnet. ❹

Payam Cabanas ⑯, ☏ 086-023 1304, 🖥 www.payamcabana.com, [6209]. Ansprechende große Mattenbungalows mit hübschen abgemauerten Bädern mit Steineinlegearbeiten. Großes Moskitonetz. Ein Drei-Bett-Zimmer. Liegen am Strand. Schneller Internet-Zugang. Mindestaufenthalt 3 Tage. ❸–❺

Obere Preisklasse

Phayam Cottage Resort ⑬, ☏ 085-222 1847, [6210]. Steinbungalows mit AC oder Ventilator rund um eine große Rasenfläche in kahl geschlagener Gartenanlage. Kinderspielplatz aus Metall in der prallen Sonne. Fitnessgeräte auf der Rasenfläche. Großer Pool mit Meerblick. 24 Std. Strom und WLAN. ❺–❼

Essen und Unterhaltung

Alle Resorts bieten gute Küche – leider selten Fisch, aber viel aus der westlichen und der Thai-Küche. Zwischen Gold Key und Jamson Bungalows lockt an der Sandstraße der Italiener **Pace Luce** mit italienischen Snacks. ⓘ 10.30–17.30 Uhr.

Hippie Bar am nördlichen Ende des Ao Khao Kwai. Schon tagsüber ein schöner Platz zum Abhängen, doch abends zum Sonnenuntergang besonders lohnend.

Laem Son National Park

Das Schutzgebiet, das sich über 100 km entlang der Küste ausdehnt und eine Gesamtfläche von rund 300 km² umfasst, schließt neben zahlreichen weißen und grauen Sandstränden vor allem Mangrovenwälder und etwa 20 nahe der Küste gelegene unbewohnte Inseln ein.

Das **Hauptquartier** des Nationalparks, ☏ 077-861 442, befindet sich 50 km von Ranong entfernt am feinsandigen, von Kasuarinen beschatteten **Hat Bang Baen**. Hierher kommen am Wochenende viele Thais zum Picknick. Der Strand ist weitläufig, und in den markierten Bereichen kann man gefahrlos schwimmen. An anderen Abschnitten gibt es dagegen gefährliche Strömungen. Etwas einsamer ist der von Kasuarinen bestandene **Hat Laem Son**, 4 km weiter nördlich. Hier sind viele Vögel zu sehen.

Die Parkangestellten organisieren Ausflüge zu den vorgelagerten Inseln. Eine 1 1/2-stündige Bootsfahrt führt nach **Ko Kam Yai** und **Ko Kam Noi** zum Tauchen und Schnorcheln oder Kajakfahren. **Ko Kangkao**, 40 Min. entfernt, lohnt zum Schnorcheln und Fischen.

ⓘ Ende Nov–April, Eintritt 200 Baht.

Übernachtung und Essen

Karte S. 515

Andaman Peace Resort ①, ☏ 077-820 239. Zimmer für 2–6 Pers., einige mit TV und Kühlschrank. Schönes Restaurant mit Blick aufs Meer. Hier hat eine Kiteschule, 🖥 www.kitethailand.com, ihre Basis. ❷–❹

Wasana Resort ②, 36/9 Hat Bang Bean, am Eingang des Nationalparks, ☏ 077-861 434. Steinbungalows für 2–4 Pers., mit Fliesen und Metallbetten ausgestattet, teils mit AC. Kostenloser Fahrrad-Verleih und Internet. ❸–❹

Transport

Mit dem **eigenen Fahrzeug** sind es ab Ranong auf dem H4 etwa 45 km zum ausgeschilderten Parkeingang, am KM 657 nach rechts weitere 10 km zum Headquarter.

Zur und von der hier an der Abzweigung liegenden **Bushaltestelle** fahren von der Tourist Information Autos und Mopedtaxen für 200 bzw. 100 Baht. Wer mit dem Bus anreist, sollte dem

Fahrer und Kontrolleur auf jeden Fall mitteilen, dass er am Laem Son NP aussteigen möchte. BANGKOK, der Bus um 20 Uhr startet von Tapoe. Transport hierher wird von den Resorts organisiert.
CHUMPHON und RANONG, Busse ab Highway um 10, 12.30, 16.30 und 18.30 Uhr.
KHAO LAK und PHUKET, Busse ab Highway um 10.30, 11.30, 13.30, 15.30 und 17.50 Uhr.

9 HIGHLIGHT

Ko Surin National Park

Der 60 km vor der Küste gelegene 142 km² große Nationalpark bietet tropischen Urwald, fein-sandigen Strand, kristallklares Wasser und faszinierende Korallenriffe. Im Meer tummeln sich Schildkröten und Walhaie; Korallengärten, in denen eine bunte Vielfalt anderer Meerestiere wohnt, besiedeln die Felsen. An Land leben Vögel und Säugetiere, wie z. B. Lemuren. Die

Tauchparadiese in der Andamanensee

Die Tauchgründe **Mu Ko Surin** und **Mu Ko Similan** in Thailand sind weltbekannt. Ihre Beliebtheit zeigt sich vor allem am Andrang der Safariboote, unter denen vor allem Mu Ko Similan leidet. Da es an Land keine Kompressoren zum Befüllen der Tanks gibt, wird nur vom Boot und nicht von der Insel aus getaucht. Wem Schnorcheltrips ausreichen und wer Abgeschiedenheit in Einfachheit sucht, kann an Land gehen und dort übernachten. Eintritt jeweils 400 Baht pro Tag. Taucher zahlen weitere 200 Baht.
Im Norden der Andamanensee gibt es zwei weitere Tauchgründe in birmanischen Hoheitsgewässern: den **Mergui-Archipel** und die **Birma Banks**. Besuchen kann man diese Plätze während mehrtägiger Tauchsafaris. Wer hier tauchen geht, zahlt dem Militärregime satte US$200 am Tag. Da sich Thaifischer günstig Konzessionen zum Fischen besorgen und nicht an Dynamit sparen, ist ein Trip hierher allerdings oft eher erschütternd als faszinierend.

größten Inseln des Parks, **Ko Surin Nua** (Nord-Surin) und die kleinere **Ko Surin Tai** (Süd-Surin), haben wunderschöne Strände mit vorgelagerten Riffen. Die Strände **Ao Chonk Khad** und **Ao Mai Ngam** auf Nord-Surin sind über einen 2 km langen Wanderweg miteinander verbunden. Vom Ao Mai Ngam aus kann man mit Kajaks (200 Baht pro Std., 1000 Baht am Tag) von Strand zu Strand paddeln. Longtailboote bringen Besucher zu allen zugänglichen Stränden, Inseln und Schnorchelplätzen (ab 250 Baht). Am **Ao Bon** auf Süd-Surin wohnen Seenomaden, die bis heute nach alter Tradition leben. Vor der kleinen **Ao Tao** gibt es, wie der Name verspricht, Meeresschildkröten. Wie die anderen Tauchgebiete auch sind **Ao Suthep** und **Ao Pak Kad** nur mit dem Tauchboot bzw. Longtail erreichbar.

Einen weiteren schönen Strand, **Hat Mang Kon**, und gute Tauchgebiete besitzt **Ko Klang** (auch Ko Pachumba). **Ko Khai** (auch Ko Torinla) hat keine Strände, ist aber ein gutes Ziel für Taucher und Schnorchler. Explizit nur für Taucher geeignet sind die beiden Felsen **Hin Pae** und **Hin Kong**. Der bekannteste Tauchgrund der Region ist der **Richelieu Rock**, eine Gruppe schlanker Felsen, die unter Wasser mit wunderschönen purpurnen Weichkorallen bewachsen sind. Zwischen Februar und April kann man relativ sicher mit bis zu 14 m langen Walhaien tauchen. Daneben schwimmen Seepferdchen, Kofferfische, Barracuda-Schwärme und Mantarochen. Getaucht wird auf 5–25 m, meist mit einer Sicht von 15–35 m.

Beste Reisezeit Dez–April. Vom 16. Mai–15. Nov ist der National Park geschl.

Übernachtung und Essen

Auf **Ko Surin**, Nationalparkbüro an der **Ao Chong Khad**, ☏ 076-472 145, Stelzenbungalows am Hang mit Ventilator, 2 Betten; Extrabett 100 Baht. ❺. Schließfächer für Wertsachen kosten 30 Baht am Tag. Buchbar unter 🖥 www.dnp.go.th. In der Nebensaison gibt es unter der Woche gelegentlich freie Bungalows. Zelten an der Ao Chong Khad und **Ao Mai Ngam** 300 Baht (2–3 Pers.), 450 Baht (3–4 Pers.), mit dem eigenen Zelt 80 Baht. Isomatte und Decke kosten 80 Baht pro Tag. An beiden Stränden gibt es **Restaurants**, ⏲ 7.30–20.30 Uhr. Set-Menüs und kleine Gerichte,

KO SURIN NATIONAL PARK

Snacks und Getränke; Preise ab 60 Baht. Heißes Wasser kostenlos von 7.30–14 Uhr.

Transport

Nach KHURA BURI mit dem **Schnellboot** um 13.30 Uhr für 1600 Baht, inkl. Transfer zum Busbahnhof. Komplettangebote kombinieren einen Besuch auf Ko Surin oft mit dem Ko Similan National Park.

Ko Similan National Park

Die Artenvielfalt der hier lebenden Meerestiere ist einzigartig in Thailand. Daher gehören die neun Inseln des Parks zu den Highlights des Landes. Es gibt u. a. Riffhaie, Rochen und Schildkröten, und die Sicht ist meist sehr gut.

Auf **Ko Meang** (Insel Nr. 4) befindet sich das Hauptquartier. Der lange und der kleine Strand mit feinem Sand sind einen 20-minütigen Fußweg durch den Wald voneinander getrennt. Wer sich etwas ins Inselinnere wagt, bekommt meist neben Landkrabben auch die hübschen Nicobar-Tauben zu Gesicht. Sie sind die nächsten Verwandten des ausgestorbenen Dodos. Man erkennt sie an ihren langen Halsfedern. Auf Thai heißen sie *Pu Kai*, da ihre Laute an kleine Hühnerküken erinnern. Im Kanal zwischen Ko Meang und Ko Payu (s. u.) kann man herrlich schnorcheln.

Eine kleine Bucht mit der Möglichkeit, an Land zu gehen, befindet sich im Westen von **Ko Similan** (Nr. 8), der größten Insel der Gruppe. Mit einem wunderschönen, breiten Strand lockt **Ko Tachai**. Boote für Schnorchelausflüge stehen bereit; recht häufig sind hier Mantas und Walhaie anzutreffen.

Die Mehrheit der Tauchboote stoppt an der **Ko Bon** (auch Ko Talu). Ein weißer, puderiger Strand lädt zur Rast ein, doch die meisten Besucher tauchen lieber mit den hier häufig vorkommenden Walhaien. Ein Tauchgang vor **Ko Bangu** (Nr. 9) gehört bei vielen *Liveaboards* zum Programm. Der Tauchplatz liegt in 10–35 m Tiefe vor einem schönen, unbewohnten Strand zwischen Felsen.

Der Strand von **Ko Huyong** (Nr. 1) ist den Meeresschildkröten vorbehalten, die hier ihre Eier ablegen. Taucher haben Zugang zum sehr einfach zu tauchenden Riff mit Hart- und Weichkorallen in 10–15 m Tiefe. Nur für Taucher geeignet ist **Ko Hin Pousar** (Nr. 7). Der Felsen ähnelt einem Elefantenkopf und verbirgt Höhlen, durch die man hindurchschwimmen kann. Erfahrene Taucher sehen hier Mantarochen und Meeresschildkröten. Auch **Ko Payu** (Nr. 6) mit Weich- und Hartkorallen, die felsige Unterwasserwelt von **Ko Payan** (Nr. 3) und **Ko Ha** (Nr. 5), wo Garden Eels ihre Köpfe aus dem Sand recken, sind nur Tauchern zugänglich.

Übernachtung

Auf **Ko Similan** gibt es eine kleine Rangerstation mit Übernachtungsmöglichkeit. Auf **Ko Meang** (Insel Nr. 4) sind die von der Nationalparkverwaltung betriebenen **Chomview Bungalows**,

KO SIMILAN NATIONAL PARK

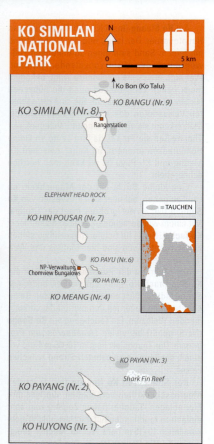

In beiden Nationalparks stehen Longtails für individuelle Touren bereit. Vom Thap Lamu Pier nahe KHAO LAK fahren private Schnellboote unter Nationalparkkontrolle um 8.30 Uhr in 1 1/2 Std. nach Surin, zurück um 15 Uhr für 2700 Baht. Zum Pier über die 5 km lange Zufahrtsstraße, die vom H4147 am KM 51 abzweigt.

Takua Pa

Ein Aufenthalt in der Stadt und vor allem in der Umgebung verspricht Erlebnisse fernab touristischer „Hotspots". Während in Takua Pa, dem Verkehrsknotenpunkt für Busse, Kleinstadtleben auf dem Programm steht, kann man auf den angrenzenden, als Nationalparks ausgewiesenen Inseln Natur pur erleben.

Viele Reisende sehen nur den quirligen Busbahnhof mit dem angrenzenden Markt. Wer bleibt, erlebt eine ruhige Kleinstadt mit etwa 22 000 Einwohnern. Begründer der Stadt waren der Legende nach indische Hindus, die hier im 3. Jh. v. Chr. vor dem buddhistischen König Ashoka Zuflucht suchten. Archäologische Ausgrabungen bezeugen, dass Händler aus Griechenland, China, Persien und aus arabischen Ländern hier Handel trieben. Nachdem im 12. Jh. reiche Bleivorkommen entdeckt wurden, erhielt die damalige Stadt Takola ihren heutigen Namen: Takua („Blei") Pa („Wald"). Doch erst im 19. Jh., als mithilfe chinesischer Kulis der Abbau von Zinn vorangetrieben wurde, gelangte die Stadt zu Reichtum.

An der südlichen Kreuzung, 7 km von der Neustadt (formal Yan Yao), liegt links die alte Stadt (formal Talad Kao). Das einstige Geschäftszentrum weist sichtbar chinesischen Einfluss auf. Den Wohlstand schützte eine Mauer, zu deren Überresten ein Schild am Ortseingang weist.

076-595 045, angesiedelt. Hier schläft man in Reihen-Bungalows mit Ventilator, die am Strand oder im Hang auf Stelzen stehen. Übernachtung auch im Zelt möglich. ❸–❺
Campen ist außerdem auf **Ko Tachai** am breiten, wunderschönen Strand mit eigenem Zelt möglich (80 Baht). Restaurant vorhanden.

Transport

Tagestrips aus der Umgebung mit dem **Schnellboot** für 2000–3000 Baht. *Liveaboards* (teils auch für Schnorchler,) für 3 Nächte um 20 000 Baht. Bei längeren Touren wird zudem Ko Surin besucht, was entsprechend teurer ist.

Übernachtung

Karte S. 515
Amarin Hotel ⑧, 33 Montri Rd., ☎ 076-421 083, in der Altstadt (ohne englisches Schild). Großes Hotel, das schon bessere Zeiten gesehen hat. Zimmer teils mit AC. ❶–❷
Extra Hotel ⑨, 46 Sena Rat Rd., ☎ 076-421 026, in der Neustadt. Vom Busbahnhof etwa 1 km Richtung Zentrum hinter der Tankstelle.

4-stöckiges Hotel mit 75 sauberen, gefliesten Zimmern mit Ventilator oder AC. Die hinteren sind gut möbliert, haben Balkon und TV. Disco/Bar im Erdgeschoss. ❷–❸

Essen und Sonstiges

Das Essen an den **Ständen am Busbahnhof** ist lecker, gut und preiswert. Ab dem späten Nachmittag werden auf dem **Nachtmarkt** an der südlichen Ampelkreuzung Gegrilltes, Currys, Obst und Süßes verkauft. ⌚ 17–21.30 Uhr. Nahebei im modernen, sonnig-gelben **Restaurant** (ohne englischen Namen) mit Vogelnestern an der Decke und englischer Speisekarte: Frühstück, Steaks mit Pommes, Salat, Eis und einheimische Desserts. Direkt gegenüber der Tankstelle befinden sich zwei Restaurants, die gern von Einheimischen besucht werden.

Café, Bakery and Internet, an der Hauptstraße zwischen Busbahnhof und Tankstelle kurz hinter der Brücke. Schickes Café mit süßen Leckereien. WLAN. ⌚ 10–21 Uhr.

Cookie & Cream, in der Hauptstraße vom Busbahnhof kurz vor der südlichen Ampelkreuzung. Guter Kaffee, Espresso oder Cappuccino und Sandwiches.

In Takua Pa gibt es zwei **Banken** mit Geldautomat. Weitere in der Altstadt und am Busbahnhof.

Transport

Der **Busbahnhof** befindet sich 1 km östlich der Neustadt am H4.

BANGKOK, 8x tgl. von 11–20.30 Uhr ab 428 Baht in 12 Std. VIP-Busse um 17.40 und 18.15 Uhr für 857 Baht.
CHUMPHON, mit Bangkok-Bussen (außer VIP) für 180 Baht in 5 Std.
KHAO LAK, mit Phuket-Bussen für 60 Baht in 45 Min.
KHAO SOK, mit Surat Thani-Bussen für 70 Baht in 1 Std.
KHURA BURI, mit Ranong-Bussen für 60 Baht in 45 Min.
KRABI (Nr. 435), um 10.30 und 13.30 Uhr für 130 Baht in 2 Std.
LAEM SON NP, mit dem Bus Richtung Khao Lak und Phuket (Fahrer Bescheid geben, dass man am Nationalpark aussteigen möchte)
PHANG NGA, mit dem Krabi-Bus für 60 Baht in 1 Std.
PHUKET (Nr. 436), 12x tgl. von 4.30–17.30 Uhr für 110 Baht in 3 Std.
PHUKET (Nr. 465), 10x tgl. von 9.20–17.40 Uhr für 100 Baht in 3 Std.
RANONG (Nr. 435), 5x tgl. von 8–15.30 Uhr für 130 Baht in 3 Std.
SURAT THANI, 8x tgl. von 9.30–16.30 Uhr für 120 Baht in 3 Std.

Ko Kho Khao

Vom kleinen, modernen Fischerort **Nam Khem** fahren Longtails zur vorgelagerten Insel Ko Kho Khao. Im Süden der 15 km langen, flachen Insel liegt das Dorf **Toong Tuek** und im Norden weitere kleine Fischerdörfer. An der Westseite lockt ein schöner, langer, feiner Sandstrand. Hier liegen einige Resorts relativ weit auseinander. Die Insel ist ruhig und beschaulich. Schnorchelausflüge werden nach **Ko Pathong** angeboten.

Übernachtung

Amandara Island Resort, ✆ 076-417 068, 🖥 www.amandararesort.com. Gepflegte, weitläufige Anlage unter Bäumen. Die vorderen Deluxe-Bungalows mit Meerblick. Pool. Der Strand ist sehr breit. ❻

Andaman Princes Resort & Spa, ✆ 076-592 222, 🖥 www.andamanprincessresort.com. Große Luxusanlage mit 62 Zimmern sowie 20 Villen und Suiten im Thai-Stil. Riesiger Pool, Fitnessraum, Tennisplatz. ❽

C&N Resort, ✆ 086-470 4789, 🖥 www.cnkhokhaobeachresort.com. 14 hübsche Bungalows am Strand. Kleiner Pool und Strandbar, die zum Sundowner lädt. Familiäre, kleine Anlage. ❺

Tacola Resort & Spa, ✆ 076-417 041. Luxuriöse Anlage in Weiß und dunklem Holz. Zimmer und Bungalows mit Balkon oder Terrasse, herrlich große Bäder mit Badewanne. Großer Pool. Fitnessraum. ❻–❼

Essen und Unterhaltung

Alle Resorts haben ein Restaurant. Außerdem gibt es ein Lokal direkt am Pier mit Blick auf

Nam Khem und 3 Restaurants auf den ersten 500 m hinter dem Pier, z. B. **Taco Time** mit thailändischen, europäischen und mexikanischen Gerichten, sowie die **Siam Bar**. Besonders hübsch ist das **Papaya Thai Kitchen Restaurant** auf dem Weg zum Andaman Princess Resort mit Liegekissen auf zwei gemütlichen Plattformen über dem Fluss. Wer mag, kann Fische füttern.

Transport

Nach Nam Khem mit dem **Taxi** von TAKUA PA für 300 Baht, ab KHAO LAK 600 Baht. Mit dem **Bus** zwischen Takua Pa und Khao Lak den Fahrer an der Abzweigung nach Nam Khem halten lassen. Die folgenden 5 km kann man per Anhalter zurücklegen. Vom Hafen fahren den ganzen Tag Longtailboote in 10 Min. für 20 Baht (bei 3 Pers.) auf die Insel, Charter 70 Baht.

Ko Thung Nang Dam

Diese kleine Insel, etwa 20 Min. Bootsfahrt von Khura Buri entfernt, wurde 2010 für den Ökotourismus erschlossen. Die Natur ist hier noch voll intakt und alle Gäste werden angehalten, sich rücksichtsvoll zu benehmen. Dazu gehört auch, dass man seinen Müll wieder von der Insel mit aufs Festland nimmt. Gebucht werden können bisher Touren mit ein bis zwei Übernachtungen. Transport von Khura Buri, Khao Lak oder Phuket, ab 6600 Baht (inkl. Ausflug in den Surin NP).

Übernachtung

Karte S. 515

The Camp Resort ④, ☎ 076-491 923, 🖳 www.thungnangdamisland.com. Die großen geräumigen Zelte am Strand sind ansprechend möbliert. Wer hier nicht pauschal wohnt (s. o.), zahlt pro Nacht 1500 Baht inkl. Essen. Das Resort ist von Nov–April geöffnet. ❺

Khura Buri

Die kleine Hafenstadt Khura Buri besteht mehr oder weniger nur aus einer Hauptstraße mit Geschäften, Geldautomat, einer Tankstelle mit

Abseits vom Touristenstrom

Tararin River Hut ⑤, ☎ 076-491 789. 6 Holzbungalows am Fluss, mit Terrassen über dem Wasser. Einige bunt bemalt mit Waschbecken im Freien. 2 bessere Bungalows im Garten sowie 5 AC-Zimmer in gediegenerem Design. Vermittelt Bootstickets, Kochkurse. Familiäre Atmosphäre. ❸

Markt, Tauchbasis und zwei Internetshops. Die Busse halten und fahren etwa von der Ortsmitte ab. Vom Hafen geht es nach Ko Surin (s. S. 534).

Übernachtung und Essen

Zwischen Bushaltestelle und Brücke liegen rechter Hand einfache Resorts und kleine Straßenrestaurants.
Karte S. 515
Boon Piya Resort ⑤, an der Hauptstraße, ☎ 076-491 464. 20 neue, weiße, saubere Bungalows mit Granitboden und TV. Beim Kauf eines Bootstickets gibt es freien Transfer zum Hafen. ❸
Country Hut Riverside Bungalows ⑤, ☎ 086-272 0588, hinter der Brücke, wird von Tom and Am Tour vermittelt. 5 einfache Mattenbungalows mit Ventilator oder AC sowie 3 Zimmer. ❸
Kuraburi Greenview Resort ⑥, ☎ 076-401 401, 🖳 www.kuraburigreenviewresort.com. Rustikale Anlage mit 33 Bungalows und Pool am H4 wenige Kilometer südlich von Khura Buri an einem See. ❹–❻
Kuraburi Resort ⑤, ☎ 081-719 4775, 🖳 www.kuraburiresort.com. Hübsche gelbe Bungalows mit Ventilator oder AC, schöne Terrasse, teils mit Flussblick, TV und Kühlschrank. ❸

Transport

Boote

Boote nach KO SURIN legen am 9 km entfernten Hafen ab. Selbstfahrer kommen vom H4, biegen am KM 721 ab und legen 6 km Richtung Khura Buri zurück. An der Kreuzung weitere 2 km der Ausschilderung folgen. Taxi 200 Baht, Motorradtaxi 50 Baht. Kauft man das Ticket bei einem Touranbieter, ist der Transport zum Hafen frei. Das Schnellboot fährt in der Hauptsaison um

8.30 Uhr für 1600 Baht in 70 Min., ein Big Boat um 9 Uhr für 1200 Baht in 2 1/2 Std., zurück jeweils um 13 Uhr.

Busse

Bei **Tom and Am Tour**, an der Hauptstraße, ✆ 086-272 0588, hängen die aktuellen Busfahrpläne aus.
BANGKOK, 6x tgl. von 10–21 Uhr für 425–590 Baht; VIP-Bus um 18.15 Uhr für 690 Baht in 10–12 Std.
CHUMPHON, 6x tgl. von 11.30–21.15 Uhr für 180 Baht in 5–6 Std.
KRABI, um 9 und 12 Uhr für 150 Baht in knapp 4 Std.
RANONG, 5x tgl. von 9.30–16 Uhr für 110 Baht in 3 Std. oder mit den Bussen Richtung Chumphon.

Sri Phang Nga National Park

Zwischen Khura Buri und Takua Pa liegt im Hinterland der 246 km² große, lang gezogene Sri Phang Nga National Park mit imposanten Wasserfällen. Neben dem Headquarter stürzt das Wasser des **Khlong Tam Nang** 63 m tief in ein natürliches Schwimmbecken. Der **Khlong Ton Tonsai** ist eher ein über große Steine flach dahinplätschernder Bach.

Nashornvögel, Spechte und Greifvögel bevölkern den dichten Monsunwald, in dem noch einige Großtiere leben sollen. Vom Headquarter am Khlong Tam Nang führt ein etwa 2 km langer Lehrpfad durch den immergrünen Wald bis zu einem Aussichtspunkt. Bis auf die heiße Jahreszeit von Januar bis April ist es hier sehr regenreich.

Übernachtung

Im Park stehen 8 Bungalows für je 3 Personen sowie Zelte. Man kann auch sein eigenes Zelt auf dem Campingplatz aufstellen und die Aussicht auf die bewaldeten Hügel genießen. ✆ 076-411 136. ❹

Transport

Mit dem Taxi oder eigenem Auto am KM 756 vom H4 rechts abbiegen. Nach etwa 6 km endet die Straße am Headquarter, Eintritt 100 Baht.

Mu Ko Ra – Ko Phra Thong National Park

Der kleine Nationalpark vor der Küste zwischen Takua Pa und Khura Buri umfasst zwei ursprüngliche Inseln, die seit Mitte 2001 geschützt sind (Eintritt frei). Es heißt, dass auf der großen Insel Piraten einst eine goldene Buddhastatue versteckten, weshalb sie **Ko Phra Thong**, frei übersetzt: Goldene Buddha-Insel, genannt wird. Das abenteuerliche Eiland ist sehr flach. Savannenartige Landschaft und Dschungel bestimmen die Vegetation. Die Artenvielfalt ist beachtlich: Es gibt intakte Mangrovenwälder, seltene Orchideenarten und verschiedene Tiere: Schmetterlinge und Affen leben an Land, und vor der Küste tummeln sich Meeresschildkröten. In drei Dörfern leben Thais und Moken (Seenomaden). Es werden organisierte Wanderungen, Vogelbeobachtung, Kajakfahrten übers Meer und durch die Mangroven, Tauchausflüge und Yogakurse angeboten.

Die kleine **Ko Ra** ist sehr bergig. Die von Dschungel bedeckten Klippen fallen steil ins Meer ab. Intakte Mangrovenwälder säumen die Küste, und Strände warten auf Besucher.

Übernachtung

Karte S. 515
Wer will, kann am Strand von Ko Phra Thong sein Zelt aufschlagen.
Golden Buddha Beach Resort ⑦, ✆ 081-892 2208, 🖥 www.goldenbuddharesort.com. 25 individuell, offen und luftig gestaltete Häuser aus Naturmaterialien, teils auf verschiedenen Ebenen, mit einladend großen Terrassen.

🌳 Ökologische Vollpension

Koh Ra Ecolodge ③, ✆ 089-867 5288, 🖥 www.thaiecolodge.com. Am Nordzipfel von Ko Ra liegt dieses Ökoresort mit 18 einfache Holzbungalows mit Terrassen unter Bäumen. Strom von 18–23 Uhr. Restaurant am Strand, gemeinsames Abendessen (3 Mahlzeiten 500 Baht). Das Resort unterstützt Ökoprojekte, z. B. zum Erhalt der Korallenriffe, und Bildungsangebote für die lokale Bevölkerung. Transport zur Insel 250 Baht. Padi-Tauchbasis. ❹–❺

Restaurant und Bar am Strand. Strom von 18–23 Uhr verfügbar. Auf Energiefresser wie Fernsehen oder Warmwasser wird bewusst verzichtet. Der Transport zur Insel und die dortigen Aktivitäten werden organisiert. Die Anlage ist von Okt–Mai geöffnet. ❺–❼

Transport

Der Transport zu beiden Inseln wird von den Resorts organisiert. Wer auf eigene Faust reist, findet Boote ab 250 Baht an zahlreichen kleinen Piers entlang der Küste, u. a. nahe dem Sri Phang Nga National Park.

10 HIGHLIGHT

Khao Sok National Park

Der 1980 gegründete Nationalpark zwischen der Andamanensee im Westen und dem Golf von Thailand im Osten bildet zusammen mit dem Khlong Saeng und Khlong Nakha National Park im Norden sowie dem Klong Phanom National Park im Süden und dem Sri Phang Nga National Park im Westen einen rund 4400 km² großen Naturpark. Zum größten Naturschutzgebiet in Thailands Süden steuert Khao Sok 739 km² bei.

Die Karstfelsen

Um die Entstehung der Karstfelsen, für die der Khao Sok, die Pha Nga-Bucht und die gesamte Umgebung von Krabi berühmt sind, zu erklären, muss man etwa 345 Mio. Jahre zurückgehen. Einst gab es hier riesige Korallenriffe, die durch Erosion von Sedimentgestein bedeckt wurden. Etwa 280 Mio. Jahre später (vor rund 66 Mio. Jahren) – das Sediment war durch Druck zu hartem Fels geworden – schob sich die indische unter die asiatische Erdplatte. Die Berge wuchsen in die Höhe. Zeitgleich ging der Meeresspiegel zurück. Noch heute befinden sich die Berge in Erosion, durch den Monsunregen und die Auswaschungen des Meeres entstehen immer neue Höhlen bzw. verschwinden, wenn ihr Dach einbricht.

Auf zumeist 300–600 m Höhe verteilen sich Primärdschungel, Kalksteinformationen, Höhlen, Flüsse und Wasserfälle. Darüber erhebt sich der mit 960 m höchste Berg, der **Khao Mok**. Die fantastischen Karstfelsen prägen die Landschaft.

Der Park kann das ganze Jahr über bereist werden. Vom 1. Juli–14. September sind allerdings die Wasserfälle Sip-et-Chan, Bang Lap Man, Tong Kloi und die Höhlen Nam Thalu, Si Ru und Khang Cow geschlossen.

Heute leben im Khao Sok 48 Säugetierarten, darunter optimistischen Schätzungen nach auch Leoparden, Tiger, Bären und Elefanten. Hinzu kommen über 300 Vogelarten, von denen man viele sieht und hört. Die wissenschaftliche Erfassung der Reptilien, Amphibien und Insekten hat gerade erst begonnen. Wer sich für Pflanzen interessiert, stößt auf seltene Exemplare wie die Rafflesia (siehe Kasten). Auch die Langkow-Palme *(Kerriodoxa elegans)* mit einer grünen Ober- und silberweißen Unterseite ist nur im Khao Sok und auf Phuket zu finden.

Der Khao Sok National Park ist besonders bei westlichen Reisenden beliebt. Bewundert werden die Erhabenheit der Karstfelsen, die Urwaldriesen mit ihren Stützwurzeln und der meterhohe Bambus. Makaken sind zu sehen, und der Ruf der Gibbons schallt durch den Wald. Chöre von Zikaden beginnen morgens und spätnachmittags einen Wettstreit, wer den schrillsten Ton hervorbringt. Neben Nashorn- und Eisvögeln, Schmetterlingen und Libellen leben hier Warane, Wildschweine, Otter, Eichhörnchen und Eidechsen. Wer sich mit einem Guide lange auf die Pirsch begibt und vom Touristenpfad entfernt, hat Chancen, auch größere Säugetiere zu sehen.

Das **Wat Tham Phanturat** und die dahinter liegende **Höhle** befinden sich außerhalb des Nationalparks und sind ein leicht zu erreichendes Ausflugsziel. In der Höhle gibt es einen natürlichen Pool, dessen Wasser heilende Wirkung verspricht. Allerdings darf darin nicht gebadet werden. Am späten Nachmittag tauchen Horden von Makaken vor der Höhle auf, die sich gerne füttern lassen. Neben dem Höhleneingang geht es über Stufen den Berg hinauf zu einem fantastischen Aussichtspunkt.

Zwei Wanderwege sind vom Nationalparkbüro ausgeschildert. Der erste, 7 km lange Wan-

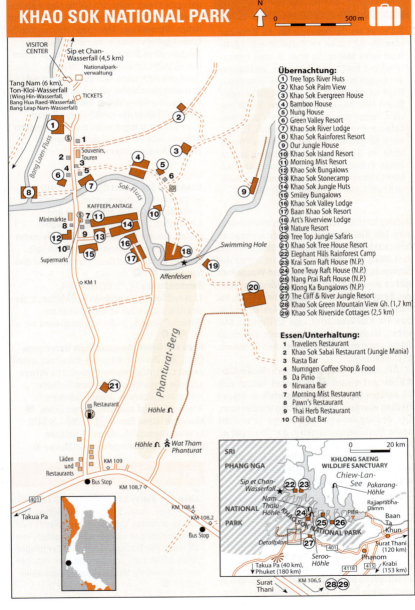

> ### Eine der größten Blüten der Welt
>
> Bis zu 80 cm Durchmesser hat die Blüte der parasitär auf Lianen am Boden lebenden **Rafflesia Kerrii Meijer**. Sie blüht zu allen Jahreszeiten und benötigt neun Monate, um sich von der Knospe bis zur vollen Blüte zu entwickeln. Dann ist die Pracht der roten kugelförmigen Blume eine Woche zu bestaunen. Die Blume sieht besser aus, als sie riecht: Ihr süßliches Bukett erinnert an Verwesungsgeruch. Touranbieter hängen Schilder aus, wenn eine Pflanze blüht. Da unaufmerksame Besucher bereits einige Exemplare zerstört haben, schützen kleine Holzabsperrungen die Blumen und viele sind vom 1. Mai–31. Okt nicht zugänglich.

derweg führt an mehreren Wasserfällen entlang zum **Ton Kloi-Wasserfall**. In der Monsunzeit lohnt nach 2,8 km ein Abstecher über den Fluss zum **Wing Hin-Wasserfall**. 3,3 km hinter den Stromschnellen des **Bang Hua Raed-Wasserfalls** gibt es einen Badeplatz namens Wang Yao. Auch der **Bang Leap Nam-Wasserfall**, bei KM 4,5, hat einen natürlichen Pool zu bieten. Am letzten Fall, dem Ton Kloi-Wasserfall, sind oft Gibbons, Makaken, Nashornvögel und fliegende Eidechsen Gäste, wenn man sich im natürlichen Schwimmbecken abkühlt.

Die zweite, anspruchsvollere Route führt 4,5 km auf einem kleinen Pfad hinauf zum 11-stufigen **Sip et Chan-Wasserfall**, in dessen Becken ebenfalls geschwommen werden kann. Der Anstieg ist anstrengend und kann dank sechs Flussüberquerungen in der Regenzeit eine nasse Angelegenheit werden. Dieser Weg ist recht verwahrlost und nach Regenfällen gibt es viele lästige Blutegel. Unerfahrene Trekker sollten diesen Weg keinesfalls alleine gehen.

Übernachtung

Die meisten der zahlreichen Gästehäuser sind günstig und liegen vor dem Parkeingang in einem Garten oder in den Dschungel integriert. Aufgrund des feuchten Klimas werden viele Hütten nach und nach ersetzt, sodass sich oft verschiedene Materialien oder Stilrichtungen in einer Anlage finden. Wer außerhalb der heißen Jahreszeit reist, sollte sich für die Nacht etwas Warmes einpacken. Selbst Hütten mit Ventilator haben Warmwasser. Manchmal verirren sich Dschungelbewohner in die Hütten. Fast alle Zimmer haben daher ein Moskitonetz, das man nutzen sollte. Empfehlenswert ist eine Taschenlampe, wenn man abends noch auf spärlich beleuchteten Wegen unterwegs ist. Pick-ups der Gästehäuser warten am Bus Stop. Sollte der Fahrer des gewünschten Resorts nicht da sein, bringen einen die Fahrer anderer Anlagen auch schon mal zur Konkurrenz. Weitere Anlagen unter **eXTra [2796]**.

Untere Preisklasse

Baan Khao Sok Resort ⑰, ☏ 081-958 0185, ✉ baankhaosok@yahoo.com. Teils einfache große Bambushütten mit Terrasse und Bambusbad in einem hübsch angelegten Garten. Neuere Bungalows hoch am Baum mit ansprechender Inneneinrichtung. Vom halb offenen, gemütlichen Restaurant Blick auf den Sok-Fluss. ❸–❹

Bamboo House ④, ☏ 081-787 7484. 17 verschiedene Bungalows aus Matten, Stein und Holz auf Stelzen im Garten oder am Flussufer. Neuere, große Holzbungalows mit AC. ❷–❹

Khao Sok Green Mountain View Guesthouse ㉘, ☏ 987-263 2481, ✉ green_mountain_view@yahoo.co.th. Abgelegene romantische Anlage am Fuße eines Kalksteinfelsens. Einfache Mattenbungalows im Urwald. Familiäre Atmosphäre und ausgezeichnetes Essen. ❷

Khao Sok Island Resort ⑩, ☏ 086-120 9476, 🖥 www.khaosokisland.com. 7 einfache, gepflegte Mattenbungalows auf Stelzen in

> ### Mit den Eichhörnchen per Du
>
> **Khao Sok Valley Lodge** ⑯, ☏ 086-283 9933. Auf Stelzen stehen 5 einfache Holzhütten, teils mit Warmwasser. Von den Terrassen kann man frühmorgens den Eichhörnchen zusehen, wie sie durch den Dschungel toben. In der ruhigen Anlage fühlt man sich bei dem sehr rührigen und informativen Besitzer Bao bestens aufgehoben. ❷

Reihe sowie ein Familienbungalow mit Dschungelblick. Kochkurse und Massagen. ❷
Khao Sok Jungle Huts ⑭, ☏ 077-395 160. Zimmer im Langhaus, ebenerdig, auf Stelzen oder in baumhausähnlichen Bungalows. Alle aus verschiedensten Materialien. ❷–❸
Khao Sok Palm View ②, ☏ 086-163 5478. Neue Anlage mit ansprechenden Holzbungalows in zwei verschiedenen Größen in einem üppigen Garten. Ein kleiner Pfad führt als Abkürzung zur Hauptstraße. ❷–❸
Khao Sok Rainforest Resort ⑧, ☏ 089-827 6230, 🖥 www.khaosokrainforest.com. Mehrere Steinbungalows am Fluss. Daneben auch Baumhäuser und Bungalows aus Holz am Hang mit Flussblick. ❸
Khao Sok Stonecamp ⑬, ☏ 089-289 0018. Weit verteilt in einem malerisch angelegten Park stehen 2-Personen-Zelte auf einer dicken Matratze unter Palmendächern. Kostenlose Übernachtung bei Tourbuchung. ❶
Nung House ⑤, ☏ 077-395 147, 🖥 www.nunghouse.com. Diese kleine nette Anlage hat Bungalows unterschiedlichster Ausstattung: Es gibt ein paar ganz kleine alte Holzhütten mit minimalem Komfort und nur Platz für ein Bett. Zudem aber auch Familienbungalows aus Stein und große Zimmer mit 2 großen Betten, einem schönen Badezimmer und Balkon im 2-geschossigen Reihenhaus. Gutes Restaurant. ❷–❸

Mittlere Preisklasse

Green Valley Resort ⑥, ☏ 077-395 145, 🖥 www.khaosokgreenvalley.com. Komfortable, gefliese, ebenerdige Steinbungalows mit hellem Bad nah beieinander stehend in einem kleinen verwunschenen Garten. ❸–❹
Khao Sok River Lodge ⑦, ☏ 077-395 165. Grüne Stelzen-Steinbungalows direkt am Fluss mit großen Terrassen am und über dem Fluss. Schönes Restaurant. Kinderkrabbelecke. ❹
Khao Sok Riverside Cottages ㉙, ☏ 077-395 159. Romantische, abseits gelegene Anlage im dichten Wald. Große, weit auseinander stehende Bungalows aus Holz, mit Palmdächern und Panoramafenstern. Teils über ein weites Netz von Stegen mit dem Restaurant verbunden. ❹–❺

Ganz nah am Naturpool

Art's Riverview Lodge ⑱, ☏ 086-470 3234. Attraktive Anlage aus Naturmaterialien mit 1- bis 2-stöckigen Holz/Steinbungalows, größtenteils am Fluss. Schöne Terrassen. Warmwasser. Das gemütliche Restaurant auf verschiedenen Ebenen liegt direkt am Badeplatz und Affenfelsen. Hier hat man den besten Blick auf die nachmittags auftauchende Affenhorde. ❹

Khao Sok Tree House Resort ㉑, ☏ 077-395 169, 🖥 www.khaosok-treehouse.com. Schöne, individuell gestaltete Baumhäuser, die über Stege und Treppen erreichbar sind. Große Terrassen. Die höchsten Bungalows befinden sich 9 m über dem Boden. Einige Zimmer wurden um Bäume gebaut. AC-Bungalows mit TV, DVD und WLAN. Ventilator ❹, AC ❽
Morning Mist Resort ⑪, ☏ 089-971 8794, 🖥 www.khaosokmorningmistresort.com. Große Anlage mit zahlreichen unterschiedlichen Bungalows. Mal als Doppelbungalows aus Bambus, 2-stöckige Holz/Steinbungalows und steinerne Familienbungalows, alle auf Stelzen, einige mit toller Aussicht auf die Berge. Kleiner Pool, nur für Gäste. Beliebtes Restaurant. ❸–❹
Nature Resort ⑲, ☏ 086-120 0588. 10 große, perfekt in den Wipfeln versteckte Baumhäuser mit Stämmen durch Zimmer oder Bad. Die tollen begrünten Bäder haben eine Bambuskipp-Dusche. Das gemauerte, halb offene Restaurant liegt ein Stück weiter außer Sicht- und Hörweite. ❹
The Cliff & River Jungle Resort ㉗, 🖥 www.thecliffandriver.com. 11 km in Richtung Surat Thani; ruhige Anlage mit 30 Bungalows aus Naturmaterialien und großen Fensterflächen, sehr malerisch am Fuße eines Kalksteinfelsens gelegen. Pool. ❺

Auf dem Stausee Chiew Lan

Die schwimmenden Nationalpark-Bungalows mit kleinen zweckmäßigen Hütten liegen alle am und auf dem See oder einem kleinen Seitenarm und kosten 500 Baht p. P., größere Hütten mit Schlafmöglichkeiten für 8–10 Pers. 1800 Baht pro Hütte. Toiletten an Land. Jede Anlage

Staunen am Stausee

Im Jahre 1982 wurde das umstrittene Projekt des **Rajjaprabha-Damms** in Angriff genommen: Der Pasaeng-Fluss wurde gestaut und Teile des Khao Sok-Gebiets geflutet. Entstanden ist der 162 km² große **Chiew Lan-See**, für dessen Entstehung 900 Menschen aus fünf Dörfern umgesiedelt wurden – ihre Häuser liegen nun in 100 m Tiefe auf dem Grund des Sees. Aus dem Wasser ragen kleine Inseln aus Karstfelsen fast senkrecht empor, ebenso wie die Kronen alter, abgestorbener Bäume. Die Szenerie fasziniert vor allem in den Morgenstunden, wenn Nebel über dem Wasser liegt.

Die nahe des Sees gelegene **Nam Thalu-Höhle** geriet 2007 in die Schlagzeilen, als hier sechs Urlauber und zwei Führer bei Flut den Tod fanden. Gefährlich ist der durch die Höhle fließende Fluss allerdings nur in der Regenzeit. Ansonsten begeistert Nam Thalu mit außergewöhnlichen Felsformationen und Stalaktiten. Ausflüge zum Stausee schließen in der Regel den Besuch der Höhle mit ein.

Wer es individueller mag, kann andere Höhlen besuchen. Alle werden mit Booten angesteuert. Man läuft 30–40 Min. zu Fuß bergauf. Die **Diamanten-Höhle** hat sehenswerte Tropfsteine. In der **Fledermaus-Höhle** werden die namensgebenden Tiere vor allem in den Abendstunden aktiv. Die **Seroo-Höhle** hat vier Zugänge. Zur **Pakarang-Höhle** („Korallen-Höhle") sind es nur 5 Min. Fußweg. Verschiedene Räume mit Tropfsteinen gaben der Höhle ihren Namen. Einige Höhlen dienten zwischen 1975–82 rebellierenden Studenten als Versteck, die als Kommunisten gebrandmarkt und verfolgt wurden. Mehr dazu im **eXTra [2805]**.

Gästehäuser und Veranstalter bieten **Touren** mit und ohne Übernachtung. Tagestouren ab 1500 Baht inkl. Mittagessen mit dem Minibus/Pick-up zu einem Markt, dann zum Rajjaprabha-Damm, Longtailfahrt auf dem See zu einem der Rafthäuser, zu Fuß weiter zur Höhle Nam Thalu. Zurück beim Rafthaus bleibt Zeit für einen Sprung in den See. Bei der 2-Tagetour ab 2500 Baht (inkl. Übernachtung in den schwimmenden Bungalows und Verpflegung) bleibt Zeit zum Schwimmen, für eine Kanutour und eine kurze Dschungelwanderung. Nach dem Abendessen geht es per Boot zur Nachtsafari. Am nächsten Morgen startet der Bootsausflug inkl. Höhlenbesuch. Wahlweise kann man auch in Zelten übernachten, dann entfällt wegen des Zeltaufbaus der Weg zum Aussichtspunkt und der Preis reduziert sich auf 2000 Baht.

Mit **öffentlichen Verkehrsmitteln** ist die Anreise zum Damm beschwerlich. Mit dem Surat Thani-Bus geht es bis Ban Ta Khun und weiter mit dem Taxi bzw. Motorradtaxi für 150–200 Baht zur Bootsanlegestelle. Da dort keine Taxis warten, sollte man einen Abholtermin vereinbaren. Bei den Verkaufsständen am Wasser kann für 2000–2500 Baht für bis zu 10 Personen ein Longtail gechartert werden (2 Std.). Gerne setzen die Fischer Gäste bei den Nationalpark-Bungalows ab. Die **Nationalparkgebühr** von 200 Baht p. P. und Tag wird am Steg fällig.

verfügt über ein Restaurant. Es entstehen immer mehr bessere Anlagen, die allerdings i.d.R. Nur pauschal (mit vielen anderen Aktivitäten) gebucht werden können.

Elephant Hills Rainforest Camp ㉒, ☏ 076-381 703, 🖥 www.www.elephant-hills.com. Sehr schöne neue Zelte am Rande des Sees. Gute Küche. Solarzellen sorgen für Strom. Nur im Tourprogramm buchbar (siehe Webseite).

Krai Sorn Raft House ㉓, 15 Bambusbungalows am See sowie 4 Gruppenunterkünfte am Ufer. Ordentliches Restaurant.

Tone Teuy Raft House ㉔, 25 kleine Bungalows am Wasser. Hier übernachten die Teilnehmer einer Seetour. Die Bungalows eignen sich hervorragend als Ausgangsbasis für Treks. Gutes Essen.

Eher auf Thai-Kundschaft eingestellt sind das **Nang Prai Raft House** ㉕ und die **Klong Ka Bungalows** ㉖.

Essen

Entlang der Zufahrtsstraße entstehen immer mehr Restaurants. Alle Resorts haben ein Restaurant.

Da Pinio, alles was ein Italiener bietet: Pizza, Pasta, Fisch und Fleisch und zum Nachtisch Tiramisu. Die Pizza wird vielfach gelobt. Gut besucht.

Khao Sok Sabai Restaurant (Jungle Mania), in der Hauptstraße. Drinnen und draußen wird thailändische Küche mit vielen vegetarischen Gerichten serviert. Auf Wunsch erhält man glutamatfreies Essen.

Numngen Coffee Shop & Food, kleines Café mit gemütlicher Terrasse zur Straße. Thailändische Küche und Sandwiches.

Pawnís Restaurant, kleines unscheinbares Restaurant gegenüber des Morning Mist Resorts. Lesertipp: „Authentische Thai-Küche, super frisch, einfach perfekt".

Thai Herb Restaurant, hübsch dekoriertes, halb offenes Restaurant mit thailändischer Küche, leckere Desserts.

Travellers Restaurant, Thai- und europäische Küche mit Burgern, Steaks und Sandwiches. Ab 15 Uhr gibt es Unterhaltung mit DVD-Filmen. Wer eigene Filme dabeihat, kann diese dort ansehen. Unter englischer Leitung.

Unterhaltung

Chill Out Bar, offene, kleine Bar mit Theke und einigen Sitzgelegenheiten im Garten. Alles ist mit schönen bunten Lichtern dekoriert. Die Musikauswahl reicht von Reggae bis House.

Rasta Bar, in der Hauptstraße gelegene, beliebte Bar auf zwei Etagen. Große Terrasse. Reggaemusik.

Aktivitäten

Bei den angegebenen Preisen für Aktivitäten im Nationalpark ist die Parkgebühr in Höhe von 200 Baht (das Ticket gilt 24 Std.) nicht berücksichtigt.

Lagerfeuer und mehr

Nirwana Bar, kleine Hütte in großem Garten. Auf Sitzmatten mit niedrigen Tischen kann man rund um ein Lagerfeuer Gegrilltes essen. Abwechslungsreiche Musik, auch mitgebrachte Scheiben werden gespielt.

Hervorragende Küche

Morning Mist Restaurant, gemütlich eingerichtet mit viel Holz und bunten Lichtern. Die Karte bietet auch ein paar außergewöhnliche Speisen und Getränke, z. B. Lemongrass-Shake. Unbedingt gebratenen Dschungelfarn probieren! Teils werden Zutaten aus dem eigenen Garten verwendet. Kochkurse.

Wanderungen und Touren

Es ist ratsam, nur lizenzierte Führer anzuheuern und sich die Lizenz zeigen zu lassen. Neben den von Touranbietern und Gästehäusern vermittelten Führern kann man auch beim Headquarter des Nationalparks **Guides** für Wanderungen anheuern. Wer es individuell mag, ist hier gut aufgehoben. Die Alternative: Bei den Anlagen nach privat organisierten Touren fragen. Diese sind zwar etwas teurer als Gruppentouren, aber wesentlich empfehlenswerter und können individuell gestaltet werden. Tipps für zwei Wanderrouten ohne Guide gibt es im Visitor Center. Die Wege sind gut ausgeschildert, wengleich schon ziemlich verwahrlost. An ausreichend Getränke denken!

Gästehäuser bieten eine geführte **2-Tagetour** (Übernachtung im Zelt) zum Ton Kloi-Wasserfall; inkl. Essen und Nachtsafari 1800 Baht.
Geführte **Tagestouren** im Nationalpark kosten 700 Baht inkl. Mittagessen und Transport. Halbtagestouren 500 Baht.
Nachtaktive Dschungelbewohner sind bei 3-stündigen **Nachtsafaris** für 600 Baht aufzuspüren.
Wanderungen zur **Rafflesia** dauern etwa 2 Std. und kosten 500 Baht. Ebenso lang dauern **Elefantenritte** zu einem Wasserfall für 800 Baht inkl. Transport zum Camp.

Wassersport

Tubing nennt sich der Spaß, bei dem man in aufgepumpten Autoschläuchen auf dem Fluss treibt. Je nach Wasserstand wird es an den am Fluss gelegenen Gästehäusern angeboten (350 Baht pro Std., Preis inkl. Transport zum Startpunkt und zurück zum Resort).

> ### Lesetipp: Waterfalls & Gibbon Calls
>
> Wer sich näher mit der Flora und Fauna im Khao Sok National Park beschäftigen möchte, dem sei das gelungene Buch *Waterfalls & Gibbon Calls – Exploring Khao Sok National Park* von Thom Henley ans Herz gelegt. Der Autor beschreibt darin nicht nur Geschichtliches und Wissenswertes über Tiere und Pflanzen. Vielmehr wendet er sich auch in spannenden Beiträgen an hier lebenden Menschen zu. Zeichnungen der „Fußabdrücke" ermöglichen auch Ungeübten, gefundene Tierspuren zuzuordnen. Eine Zusammenstellung aller im Park vorkommenden Säugetiere, Vögel, Reptilien und Amphibien mit englischen und lateinischen Namen findet sich im Anhang. Das Buch gibt es für 520 Baht in den Minimärkten.

Außerdem sind **Touren in aufblasbaren Kanus oder Schlauchbooten** auf dem Sok-Fluss möglich. Das Boot wird an der Brücke zum Nationalpark gewässert oder ein paar Kilometer weiter flussabwärts. Beim Bang Hua Raet-Wasserfall gibt es starke Stromschnellen. Inkl. An- und Abreise 2 Std. für 700 Baht. Der ideale **Badeplatz** ist das Swimming Hole, ein etwas breiterer und tieferer Flussabschnitt an der Art's Riverview Jungle Lodge. Am späten Nachmittag tummeln sich Affen bei den Felsen. Schwimmen kann man auch in den von Wasserfällen gebildeten natürlichen Pools im Nationalpark, z. B. am Bang Liap Nam-, am Ton Kloi- oder am Sip et Chan-Wasserfall.

Sonstiges

Geld
Geldautomat am Morning Mist Supermarkt. Ein Shop kurz vor dem Eingang zum Nationalpark (gegenüber vom Travellers Restaurant) tauscht Reiseschecks und gibt Bargeld auf Kreditkarten. Im Tourist Info Shop (neben Da Pinio) gibt es Geld auf Kreditkarte.

Informationen
Das **Visitor Center** am Nationalparkeingang informiert über die Fauna, Flora und Geologie des Parks anhand anschaulicher Fotos und Grafiken auf Englisch und Thai sowie aus erster Hand vom netten Angestellten. ⏱ 8–16.30 Uhr, Eintritt in den Park für 24 Std. 200 Baht, Kinder ab 14 Jahren 100 Baht.

Internet
Internetcafés entlang der Hauptstraße. Auch in vielen Anlagen gibt es Internet, etwa 2 Baht pro Min.

Motorräder und Fahrräder
Motorräder werden von vielen Unterkünften ausgeliehen (200 Baht, Automatik 300 Baht). Fahrräder in einigen Gästehäusern und am Visitor Center für 50 Baht/Std. oder 200 Baht/Tag.

Reisezeit
Im Park regnet es fast immer. Die Region gilt als die regenreichste Thailands. Die beste Reisezeit ist von Dez–April, dann regnet es nicht den ganzen Tag lang.

Transport

Die Verkehrsanbindung zum Park ist gut, und allein die Anfahrt eine Reise wert. Der H401, der Takua Pa und Surat Thani verbindet, schlängelt sich durch die Hügel, und man wird immer wieder mit atemberaubenden Ausblicken belohnt. Die Busse halten an der Bushaltestelle am KM 109,1, von wo eine 2 km lange Straße bis zum Khao Sok National Park führt. Immer warten Gästehausbetreiber auf Kunden. Wer vorgebucht hat, wird abgeholt. Nutzt man nur den Taxiservice, kostet es 50 Baht.

Busse
SURAT THANI (Nr. 465), 9x tgl. von 10–17.30 Uhr mit AC oder Ventilator für 100 bzw. 120 Baht in 2 1/2 Std.
PHUKET, 9x tgl. von 8.30–16.30 Uhr für 180 Baht in 3 Std.
TAKUA PA, mit den Phuket-Bussen für 60 Baht in 1 Std.

Minibusse
BANGKOK, um 15 Uhr, Ankunft am nächsten Morgen um 6 Uhr.
CHUMPHON, um 8.30 Uhr für 500 Baht in 5 1/2 Std.

HAT YAI, um 8.30 Uhr für 600 Baht in 6 1/2 Std.
KO LANTA, um 8.30 Uhr für 650 Baht in 5 Std.
KO PHANGAN, um 9 und 15 Uhr Uhr für 650 Baht in 8 Std., Ankunft mit dem späten Bus um 6 Uhr (Nachtboot)
KO PHI PHI, um 8.30 Uhr für 750 Baht in 7 1/2 Std.
KO SAMUI, um 9 und 15 Uhr für 500 Baht in 7 Std. (Ankunft beim späten Bus gegen 6 Uhr (Nachtboot)
KO TAO, um 15 Uhr für 870 Baht, Ankunft gegen 6 Uhr (Nachtboot)
KRABI, um 8.30 Uhr für 300 Baht in 2 Std.
SATUN, um 8.30 Uhr für 800 Baht in 8 1/2 Std.
SURAT THANI, um 9, 11.30 und 15 Uhr für 250 Baht in 3 Std.
TRANG, um 8.30 Uhr für 600 Baht in 4 1/2 Std.

Khao Lak

Scheinbar endlose, goldgelbe Strände schmiegen sich wunderschön an die Andamanensee. Dahinter liegen Palmen- und Kautschukhaine. Sie werden im Norden von Lagunen unterbrochen und im Süden durch Felsformationen begrenzt. Im Hinterland überragen die dschungelbewachsenen Hügel des **Khao Lak Lamru National Parks** die zahlreichen schönen Strände der Region.

Das Gebiet rund um Khao Lak bietet vielfältige Erlebnisse, darunter Dschungeltreks in der üppi-gen Natur des Parks oder einen entspannten Badeurlaub am Strand. Einzelreisende kommen vor allem zum Tauchen, denn Khao Lak ist eine gute Ausgangsbasis für Tauchtrips zu den Similan Islands. Deutsche und Skandinavier sind Stammgäste.

Die Ruhe an den Stränden genießen Paare jeden Alters ebenso wie Familien. Es gibt weder knatternde Longtails noch Motorboote oder Jetskis. Auch laute Bars fehlen an den Stränden. Nicht einmal ein Meer von Liegestühlen und Sonnenschirmen stört das Auge.

Ein richtiges Zentrum sucht man vergebens. Die meisten Resorts und auch die damit verbundene touristische Infrastruktur von Restaurants, Souvenirläden, Schneidern, Massageshops, Tauchbasen, Banken und Reisebüros befinden sich hinter dem Hat Nang Thong entlang der Hauptstraße und 2 km weiter nördlich an der Zufahrtsstraße zum Hat Ban Niang. Es gibt aber auch hier nur wenige Bars und ein kaum nennenswertes Nachtleben. Neben den jeweils bei den Stränden genannten Unterkünften weitere unter **eXTra [2802]**.

Vielen ist Khao Lak erst seit dem verheerenden Tsunami von 2004 ein Begriff: Fernsehbilder zeigten die Riesenwelle, die am 2. Weihnachtsfeiertag auch viele deutsche Urlauber überrollte. Heute erinnert nur noch wenig an die Naturkatastrophe. Lediglich die Schilder mit Fluchtrouten fallen ins Auge.

Mahnmale sind das **Polizeiboot**, das von der Welle über 1 km aufs Festland gespült wurde und nun an der Straße in Ban Bang Niang auf dem Trockenen liegt. Etwas mehr Aufmerksamkeit wird dem modernen **Tsunami Memorial** gewidmet, zu dem am Jahrestag Angehörige der Opfer reisen. Interessant ist das wissenschaftlich gehaltene kleine **Tsunami-Museum** an der Hauptstraße von Bang Niang. Gezeigt werden Luftaufnahmen von Khao Lak vor und nach dem Tsunami. Auf die Präsentation reißerischer Bilder wurde verzichtet. Englischsprachige Erklärungen informieren über die Entstehung der Riesenwellen und ihre Auswirkungen. ⏱ 10–17 Uhr, 100 Baht.

Die Strände von Khao Lak

Das Gebiet, das gemeinhin als Khao Lak bezeichnet wird, zieht sich auf vielen Kilometern an der Küste entlang und umfasst insgesamt sieben reizvolle Strände. Überall können tolle Sonnenuntergänge beobachtet werden. Die Beschreibung der Strände beginnt ihrer Wichtigkeit nach mit den zentralen Stränden Hat Nang Thong und Hat Bang Niang. Hier ist am meisten Betrieb. Im Norden folgen Hat Khuk Khak, Leam Pakarang und Hat Pakweep. Im Süden schließen sich an den Hat Nang Thong der Sunset Beach und der Poseidon Beach an.

Reisezeit

Viele Resorts sind ganzjährig geöffnet. In der Nebensaison von Mai bis November sind oft Preisnachlässe von bis zu 50 % möglich.

Khao Lak

Übernachtung:
1. Haadson Resort
2. Le Meridien Khaolak Beach Resort & Spa
3. An Thong Beach Resort
4. The Sarojin Resort
5. Pakarang Villa
6. Palm Galleria Resort
7. Takolaburi Spa & Sport Resort
8. Apsaras Beach Resort & Spa
9. Lake View Bungalows
10. Khaolak Riverside Bungalow
11. Andamania Beach Resort
12. Khaolak Orchid Beach Resort
13. Nationalpark Bungalows und Zeltplatz
14. Emerald Beach Resort & Spa
15. Luckanawadee Boutique Beach Resort
16. Briza Beach Resort
17. Merlin Resort
18. Khao Lak Mountainview Bungalows
19. Pramote Bungalow
20. Poseidon Bungalows

Essen/Unterhaltung:
1. Rim Lay Restaurant und Bar
2. Viewpoint Restaurant

Sonstiges:
1. 7-Eleven
2. Asia Safari Park

Transport:
1. Bus Stop
2. Busstation

Nahverkehr

Songthaew können in Nang Thong in der Hauptstraße und in der Parallelstraße zum Strand gechartert werden. In Bang Niang stehen sie am Taxistand. Die Preise sind recht hoch. Betrag vor Abfahrt klären. Die 2 km lange Fahrt zwischen Bang Niang und Nang Thong kostet 150 Baht. Kommen mehr Leute zusammen, wird es günstiger. **Motorradtaxis** sind schwer zu finden; sie stehen vereinzelt in Bang Niang am Taxistand.

Transport

Busse

Entlang der Hauptstraße gibt es mehrere Bushaltestellen. Die Busse können aber überall in der Hauptstraße angehalten werden. Die **offizielle Busstation** befindet sich zwischen Ban

Bang Niang und Ban Khuk Khak. Wer mit dem Bus anreist, wird am Ende des Hat Nang Thong rausgelassen (also nicht an der Busstation), sofern er keinen anderen Ausstiegsort angibt.
BANGKOK, gegen 8 und 14 Uhr und ab 16 bis 20 Uhr stdl. für 700–1200 Baht in 12 Std. ab der Hauptstraße. Ab der Busstation um 16.30 Uhr. Busse der 2. Kl. 586 Baht. Um 17 Uhr VIP-24-Bus für 910 Baht.
CHUMPHON, alle 2 Std. von 7–16 Uhr für 300 Baht in 6 Std.
HUA HIN, ab Busstation um 12.30, 14 und 16 Uhr für 350 Baht in 8 Std.
PHUKET, stdl. zwischen 5.30 und 20 Uhr für 120 Baht in 2 1/2 Std.
RANONG, mit Chumphon-Bussen für 180 Baht in 3 Std.
SURAT THANI (über Khao Sok), stdl. von 7–16.30 Uhr für 180 Baht in 4 Std.
TAKUA PA, stdl. von 7–16 Uhr für 60 Baht in 45 Min.
Richtung Süden mit dem Phuket-Bus bis KHOK KLOI für 60 Baht in ca. 90 Min. Von dort Anschluss nach Krabi und Trang sowie zu weiteren Zielen.

Minibusse und Fähren

Viele Touristenziele können direkt mit dem Minibus (manchmal mit großem Bus) und dem dazugehörigen Bootsticket gebucht werden. Passagiere werden um 8 Uhr am Hotel abgeholt. Zu den angebotenen Zielen gehören Hat Yai, Ko Lanta, Ko Phi Phi, Krabi, Pakbara, Satun und Trang – buchbar bei nahezu allen Tourveranstaltern.
Die 22-stündige Fahrt nach KUALA LUMPUR für 1400 Baht, die 12-stündige nach PENANG für 950 Baht oder gar die 28-stündige nach SINGAPORE für 1800 Baht sind nicht ratsam. Man sollte lieber einen Zwischenstopp einplanen. In Hat Yai wartet man zwangsweise auf Passagiere aus anderen Richtungen.

Überlandtaxis

Taxiunternehmen in Bang Niang und Nang Thong fahren nach KRABI für 2800 Baht, PHUKET für 2500 Baht und SURAT THANI für 3000 Baht.

Hat Nang Thong

Der schöne breite Hat Nang Thong ist durch einige Felsen unterteilt und eignet sich sowohl bei Ebbe als auch bei Flut hervorragend zum Schwimmen und Sonnenbaden. An der Strandzufahrt ist der Sand schwarz marmoriert. Der Strand selbst ist aber weiß. Hier liegen die größeren Anlagen. Die Zufahrtsstraße ist wenig bebaut, während es in der Hauptstraße geschäftig zugeht. Dieses Stück wird auch **Khao Lak Zentrum** genannt. Hier finden sich eine Menge Restaurants unterschiedlicher kulinarischer Ausrichtung. Geschäfte mit Kleidung, Schuhen und Schmuck laden zum Einkaufsbummel ein.

Übernachtung

Karte S. 551
Untere Preisklasse
Fasai House (18), ☏ 076-485 867. In einer ruhigen Nebenstraße 26 Zimmer mit Ventilator oder AC in 2 parallel zueinander stehenden 2-stöckigen Gebäuden. Die Zimmer sind sauber und einfach möbliert mit Terrasse oder Balkon. Kleines Frühstücksrestaurant. ❸–❹
Khao Lak Banana Bungalow (27), ☏ 076-485 889, 🖳 www.khaolakbanana.com. Schöne, begrünte Anlage. Viele engstehende Stein-Bungalows mit bunten Fenstern, Veranda, kleiner Küchenecke mit Spüle und Kühlschrank. Hübsche Bäder mit Außendusche. Kleiner Pool. Gemütlicher Coffee-Corner. Gratis-WLAN. ❸–❹
Khao Lak Family House (22), ☏ 076-485 318. In einer ruhigen Seitenstraße hinter dem gleichnamigen, gut besuchten Restaurant (⏱8–22 Uhr) liegen sehr schöne gefliete Bungalows im Thai-Stil mit AC in einem schön angelegten Garten. Auch Zimmer mit

Mit Blick ins Grüne

Ocean Breeze Resort (19), ☏ 076-485 314, 🖳 www.oceanbreezekhaolak.com. Hübsche rote Steinbungalows mit Steinboden reihen sich, eng aneinanderstehend, zwischen viel Grün. Zudem Zimmer im 2-stöckigen Gebäude. Pool und Kinderbecken. Strandbar und Liegen. Gratis WLAN in der Lobby. ❻–❽

Ventilator in einem 2-stöckigen Gebäude. ❸–❹

Nom's Family Bungalow ㉓, ✆ 076-485 277, ✉ nomsfamily@hotmail.com. In einem riesigen Garten 10 unterschiedliche, saubere Bungalows aus Stein mit Ventilator und Terrasse. Einige mit Kühlschrank. Zudem hübsche, weitläufig verteilte einfache Bambus/Holzbungalows, alle mit kaltem Wasser. ❷–❹

Srichada Motel ⑰, ✆ 076-485 370. 2-stöckiges Gebäude in einer kleinen Seitengasse der Hauptstraße. 21 saubere Zimmer mit Ventilator oder AC, TV und Kühlschrank. Alle mit Warmwasser. Große Fenster mit Blick auf den Wald im Hinterland. WLAN ist gratis. ❸–❹

Mittlere Preisklasse

Happy Lagoon ㉔, ✆ 076-485 409. In der Zufahrtsstraße zum Strand liegt der große Garten, vorne wie eine Lagune gestaltet. Die Zimmer mit Ventilator befinden sich im hinteren Bereich, geräumige AC-Bungalows an der Straße, gemütliches Restaurant mit fantasievoll bemalter Wand. ❹–❺

Khao Lak Country Side Resort ㉖, ✆ 076-485 474, 🖳 www.thekhaolakcountrysideresort.com. Über 70 Zimmer rund um einen Pool im Garten in zweiter Reihe zum Strand. 1- bis 2-stöckige Steinbungalows. Ruhige, gediegene Atmosphäre. ❺

Khao Lak Green Beach Resort ⑳, ✆ 076-485 346, ✉ greenbeach_th@yahoo.com, **[3293]**. Einfachere AC-Holzbungalows halbkreisförmig direkt am Strand und im Garten dahinter eng aneinanderstehend. Schöne Bambusmöbel, große Fenster. Gute Wahl, wenn man direkt am Strand wohnen will. ❹–❺

Nang Thong Bay Resort ㉕, ✆ 076-485 0889, 🖳 www.nangthong.com. Gartenanlage direkt am Strand; hübsche Bungalows mit halb offenem Bad. Geeignet für Familien. Pool mit Kinderbecken. Gratis WLAN. ❺–❻

Obere Preisklasse

Andaburi Resort ⑯, ✆ 076-443 388, 🖳 www.theandaburiresort.com, **[3295]**. Villen und Zimmer im 2-stöckigen Gebäude im Garten rund um eine Poollandschaft mit Kinderbecken. Die Bungalows sind geräumig, gefliest, mit TV und großen Bädern. ❻

Baan Khao Lak Resort ㉘, ✆ 076-485 123, 🖳 www.Baankhaolak.com. Große, komfortable Stein-Bungalows und Zimmer im 2-stöckigen Haus. Panoramafenster, TV, Minibar, teils Badewanne, Fitnessraum. Großer Pool mit Strandblick. WLAN. ❽

Khaolak Bhandari Resort & Spa ㉑, ✆ 076-485 751, 🖳 www.khaolakbhandari.com. In zweiter Reihe nahe am Strand, tolle Thaistyle-Bungalows oder Zimmer in 2-stöckigen Gebäuden aus dunklem Holz. Geschmackvolle Anlage mit Pool und Seerosenteichen. 3 Restaurants. ❽

Khao Lak Laguna ㉙, ✆ 076-427 888, 🖳 www.khaolaklaguna.com. Große, weitläufige, geschmackvolle Anlage, die sich von der Hauptstraße bis zum Strand erstreckt. Über 150 Zimmer und Bungalows, 2 Pools mit Meerblick, darüber ein großes Restaurant. Fitnessraum, WLAN. ❽

Essen

Gut und günstig isst man abends Thai-Gerichte und Pancakes an den beiden mobilen **Essenständen** neben Wetzone Diving. Bei Bedarf werden auch Tische aufgestellt. Die dahinter liegende Bar ist Treffpunkt für einen Drink. Direkt am Strand ist die Auswahl begrenzt: Nur das Nang Thong Bay Resort, Khao Lak Andaman Resort sowie das Khao Lak Green Beach Resort haben ein Strandrestaurant. Alle anderen Lokale liegen an der Hauptstraße:

Bussaba Thai und Café Arthit, stilvoll thailändische Küche speisen – mit Rattanmöbeln und Seidenschals auf den Tischen. Auswahl an Flaschenweinen.

Coffee Corner, wer früh unterwegs ist, kann hier ab 7 Uhr auf Plastikstühlen Platz nehmen und den ersten Kaffeedurst stillen. Es gibt auch Sandwiches und Currys.

Evergreen Indian Food, für Anhänger der indischen Küche empfehlenswert.

La Dolce Vita, italienische Küche mit großer Speisekarte. Es gibt neben Pizza auch Pasta, Fisch und Fleisch.

O'Rendevous Restaurant, Treffpunkt vieler Taucher. Serviert traditionelles Thai-Food und

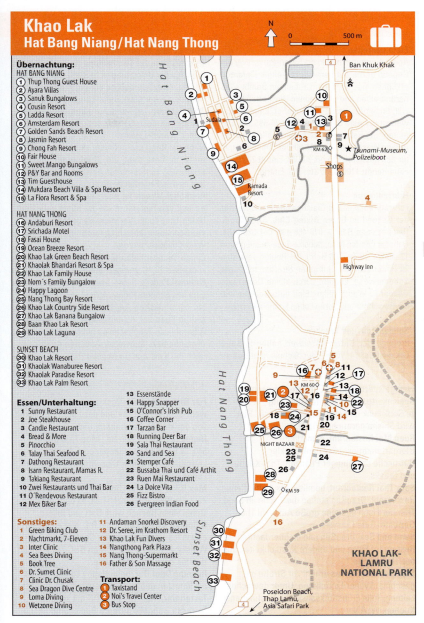

Aktivitäten in und um Khao Lak

Elefantenreiten
Abenteuertouren bieten die Safari-Parks: Wer die Gegend gerne auf dem Rücken eines Elefanten erkunden möchte, zudem auf einem Bambusfloß herumtreiben und unter einem Wasserfall baden will, findet das passende Angebot. Empfehlenswert ist der **Asia Safari Park**, ✆ 076-595 324. Elefantenritte, Rafting mit dem Bambusfloß und ein Bad im Wasserfall. ⏲ 8–16.30 Uhr, Anmeldungen für den nächsten Tag bis 20 Uhr. Eintritt 200 Baht, Elefantenritt 1100 Baht/Std. inkl. Eintritt.

Fahrradtouren
Fahrradfreaks finden Gleichgesinnte und Kenner der Gegend im **Green Biking Club**, 67/5 Moo 5, Petchakasem Rd., ✆ 076-486 430, 081-326 6164. Geboten werden Mountainbike-Tagesausflüge von 17–40 km (1850–2400 Baht). Die Routen verlaufen im Hinterland, teils auf guten Straßen, teils über Schotterwege. Es geht durch kleine Dörfer und Wälder zu Wasserfällen. Eine gute Gelegenheit, die Bewohner und deren Leben kennenzulernen.

Schnorcheln und Tauchen
Freunde der Unterwasserwelt haben in Khao Lak die Qual der Wahl. Tauchschule reiht sich an Tauchschule. Es geht meist zu den vorgelagerten Tauchplätzen, auf Tauchsafaris zu den Tauchparadiesen der Umgebung (s. S. 534ff) und nach Ko Phi Phi. Zwei Tauchgänge am Tag in der näheren Umgebung um 4000 Baht. Längere Touren ab 2800 Baht pro Tag. Zu den meisten Tauchgebieten können auch Schnorchler mitkommen. Sie zahlen etwa die Hälfte.

Nahe bei Khao Lak befinden sich zwei Wracks. In 18 m Tiefe liegt ein **Zinnbagger**, dessen Erkundung sich auch für Anfänger eignet. Hier gibt es u. a. Feuerfische und Leopardenhaie. Das **Premchai-Wrack** ist noch wenig bewachsen, es liegt erst fünf Jahre vor der Küste nahe dem Hafen Thap Lamu. Vor allem kleine Riffbewohner wie Seenadeln leben hier. Auch nachts kann das Wrack besucht werden.

Einige Tauchschulen bieten 2-tägige Ausflüge zum etwa 28 °C warmen Stausee im **Khao Sok National Park** (s. S. 544, Stauseetouren) an.

Eine fast unübersehbare Anzahl von Tauchschulen mit ähnlichen Angeboten und Preisen hat sich in Khao Lak niedergelassen. Die folgende Auswahl von Tauchschulen beschränkt sich auf deutsche bzw. Schweizer Anbieter. Ausbildung nach PADI bis zum Divemaster.

---

wenige internationale Gerichte. Deutsche Speisekarte. Abends gute Stimmung zu Soul, Funk und elektronischer Musik. Hier wird Shisha geraucht. WLAN.

Ruen Mai Restaurant, gemütliche Biergartenatmosphäre dank dunkler Holztische und üppiger Pflanzen. Thai-Küche und Steaks.

Sala Thai Restaurant, gemütliches, halb offenes Restaurant. Draußen stehen die Tische im Sand. Frischer Fisch und eine große Auswahl Thai-Gerichte. Gute Currys.

Sand and Sea, draußen und im überdachten Restaurant Fisch und andere Köstlichkeiten aus der Thai-Küche.

Stemper Café, etwas erhöht zur Straße mit geschmackvoller Einrichtung. Unter deutscher Leitung. Tolle Frühstücksauswahl. Nachmittags Kuchen. WLAN.

Unterhaltung

Fizz Bistro, Main Rd. Cocktails im kühlen rot-weiß-schwarzen Look und dazu eine Kleinigkeit von der kleinen Speisekarte genießen.

Happy Snapper, Main Rd., Moo 7, ✆ 076-423 540, 🖥 www.happysnapper.com. Bar mit Livemusik. Wenn hier Gigs stattfinden, ist der Laden gerammelt voll.

Mex Biker Bar, Main Rd. Auch wenn sich die Zahl der Biker in Grenzen hält, ist der gemütliche Laden einen Besuch wert. Dart und Billard.

O'Connor's Irish Pub, Main Rd., hier ist immer etwas los – dank Guinness, Cocktails und Whisky. Jeden Abend Korean BBQ *(all you can eat)* für 250 Baht. Kochkurse.

Running Deer Bar, beim Happy Lagoon, ist oft am längsten geöffnet und fantasievoll gestaltet.

Tarzan Bar, Main Rd. Im 1. OG mit schöner Terrasse, schnelle dezente Bedienung,

Andaman Snorkel Discovery, im O'Connor's Irish Pub, ✆ 087-887 0276, 🖥 www.andamansnorkeldiscovery.com. Tolle *Liveaboards* für Schnorchler zu den Highlightunterwasserplätzen der Region. Wer in der Zeit des Ausflugs und der Nächte auf dem Boot kein Hotel hat, kann sein Gepäck unterstellen. Von Lesern empfohlen.

Khao Lak Fun Divers, Ban Nang Thong, ✆ 076-485 685, 🖥 www.khao-lak-fun-divers.com. Familiäre Tauchschule. Für Safaris mietet sich die Schule bei anderen Tauchschulen ein.

Loma Diving, vor dem Andaburi in Ban Nang Thong, ✆ 076-485 612, 🖥 www.loma-diving.com. Kleine Tauchschule mit 1–5 Tage dauernden Trips zu den Hotspots der Region.

Sea Bees Diving, zwischen Bang Niang und Nang Thong, ✆ 076-485 174, und im Le Meridien, ✆ 076-487 077, 🖥 www.sea-bees.com/de. Basis auch in Phuket. Die Tauchschule ist stolzer Träger des Goldenen Delphins. Filme zum Download auf der Internetseite.

Sea Dragon Dive Centre, Ban Nang Thong, ✆ 076-485 420, 🖥 www.seadragondivecenter.com. Einst die erste, heute die wahrscheinlich größte Tauchschule in Khao Lak. Basis mit Aufenthaltsbereich und Pool. Drei Boote für diverse Trips. Schweizerisch-englische Leitung.

Wetzone Diving, ✆ 076-485 806, 🖥 www.wetzonedivers.com. In der Saison von Nov–Mai geöffnet. Kostenloses Nitrox für geübte Taucher. Tauchsafaris dank Zusammenarbeit mit anderen Schulen. WLAN.

Tagesausflüge in die Umgebung

An der Straße von Nang Thong und Bang Niang haben sich eine Reihe von Tourveranstaltern niedergelassen. Angeboten werden Touren zum **Khao Sok National Park**, in die **Phang Nga-Bucht** und eine Einkaufstour nach **Phuket-Stadt**.

Außerdem gibt es eine 3-Tempel-Tour zu den wichtigsten Tempeln der Region. In der Kalksteinhöhle **Dragon Cave** stellen Mönche traditionelle Medizin her. Die **Bang Rieng-Pagode** vereint verschiedene Tempelstile, und im **Suwanakuha-Tempel** besucht man einen imposanten liegenden Buddha. Nach 40 Min. Fahrt mit dem Taxi in Richtung Ranong erreicht man den schönen **Sri Phang Nga-Wasserfall** mit vielen Süßwasser-Fischen und mehreren Pools zum Baden.

gemütliche Atmosphäre. Rockig angehauchte Musik.

Sonstiges

Einkaufen

Book Tree, am Ortseingang von Nang Thong, verkauft und kauft gebrauchte Bücher auch in deutscher Sprache.

Nang Thong-Supermarkt hat neben den üblichen Supermarkt-Waren auch westliche Produkte wie Wurst, Käse, Brot und Wein.

Nangthong Park Plaza: Einkaufen auf zwei Ebenen mit einer hübschen Bar im Innenhof.

Fahrräder, Motorräder, Autos

Khao Lak Family House vermietet Mountainbikes für 120 Baht. **Noi's Travel Center** hat Mountainbikes für 150 Baht und Autos für 1800 Baht. Die meisten Unterkünfte vermieten Motorräder für 250 Baht. Einige der größeren Resorts vermitteln Autos.

Medizinische Hilfe

Die Kliniken in Nang Thong sind kleine Privatpraxen. Alle liegen in der Hauptstraße.

Clinic Dr. Chusak, 98 Moo 6, Petchkasem Rd., ✆ 081-988 9702, ⏱ 17.30–20.30 Uhr.

Dr. Sumet Clinic, ⏱ Mi–Do 10.30–16.30, Fr–So 13–20 Uhr, Notruf ✆ 086-946 7638.

Dr. Seree praktiziert im Krathom Resort, ⏱ 16.30–21.30 Uhr.

Hat Bang Niang

Der feine, gelbe Sandstrand ist mit wenigen Muschel- oder Korallenresten durchsetzt. Er eignet sich bei Ebbe und Flut sehr gut zum Schwimmen.

Vom Hat Bang Niang ausgehend, kann man in fast völliger Einsamkeit stundenlang Richtung Norden 14 km bis zum Pakweep-Strand laufen. Die beiden Lagunen können durchschwommen oder Boote zum Übersetzen herangewunken werden (20 Baht).

In der Hauptstraße von Ban Bang Niang gibt es einige Geschäfte und Unterkünfte. An der 800 m langen Zufahrtsstraße zum Strand reihen sich Restaurants, Schneider, Massageshops und Geschäfte aneinander.

Übernachtung

Die meisten Hotels und Resorts befinden sich am Strand sowie in den drei Gassen dahinter. In der Zufahrtsstraße sind über den Ladenzeilen mehrere günstigere Zimmer zu haben.

Karte S. 551

Untere Preisklasse

Amsterdam Resort ⑥, ✆ 081-857 5881, 🖳 www.amsterdamresortkhaolak.com. Ruhig gelegenes, einstöckiges rotes Hauptaus mit Restaurant und Bar. Zimmer mit Ventilator im 1. Stock sowie in kleinen Steinbungalows im Garten. Ein größerer Bungalow mit AC. Engagierter holländischer Betreiber, entspannte Atmosphäre. Bei Voranmeldung Abholung von der Hauptstraße und vom Flughafen. Fahrrad- und Motorradverleih. Gratis WLAN. ❸–❹

Fair House ⑩, ✆ 084-842 7144, [3299]. In kleiner Stichstraße, ruhig gelegen. Weit auseinanderstehende, gefliese Steinbungalows mit Ventilator und Blick in den Garten. Kein Restaurant. Gratis WLAN. ❸

Massagen vom Könner

Eine Adresse für Top-Massagen ist **Father & Son** nahe dem Laguna Resort. Der Deutsch sprechende Sohn und seine Mitarbeiterinnen bieten sehr empfehlenswerte Massagen, die individuell auf jeden Kunden abgestimmt werden. Voranmeldung ✆ 076-485 498, 081-956 0662. Thai-Massage 350 Baht pro Std. Ab der Saison 2011/12 werden im hinteren Bereich des Gartens auch neue, gut ausgestattete Bungalows vermietet. ❺

P&Y Bar and Rooms ⑫, ✆ 087-164 2431, 🖳 www.rooms-khaolak.com. Über der gleichnamigen Bar in der Ladenzeile, 1 Zimmer mit AC, 2 mit Ventilator. Gratis WLAN. Häufig ausgebucht. ❷–❸

Sweet Mango Bungalow ⑪, ✆ 085-069 1907, 🖳 www.sweet-mango-bungalow.com, [3298]. Neben Fair House Bungalow. Geräumige, helle Steinbungalows mit AC, Kühlschrank und kleiner Kochnische in einem ruhigen Garten. Unter thai-deutscher Leitung. Gratis WLAN. ❹

Tim Guesthouse ⑬, ✆ 083-391 3384. Über einem kleinen Restaurant in der Ladenzeile, 3 Zimmer mit TV, Kühlschrank und AC, teils Badewanne. Kostenloses WLAN. ❹

Mittlere Preisklasse

Cousin Resort ④, ✆ 076-486 681, 🖳 www.cousinresort.com. Ruhige Anlage mit 17 Bungalows und 8 Zimmern im Langhaus, alle im Garten und um einen kleinen Pool. Jacuzzi. ❹–❺

Jasmin Resort ⑧, ✆ 076-486 695, 🖳 www.jasminresort.com. Großzügige Bungalows mit TV, Kühlschrank, Minibar, Safe und großem Bad in einem schönen Garten. Gratis WLAN. ❺

Ladda Resort ⑤, ✆ 076-486 294, 🖳 www.ladda-resort.com, [3301]. Stein- und Holz-Bungalows um einen kleinen Pool sowie Zimmer im 2-stöckigen Langhaus. Kinderbecken. Bei längerem Aufenthalt gibt's Rabatt. ❹–❺

Sanuk Bungalows ③, ✆ 080-884 3158, ✉ sanukbungalow@yahoo.de. 5 hübsche, kleine Steinbungalows mit Ventilator oder AC, einfach möbliert und mit Teeküche. Ruhig gelegen in einer urigen kleinen Gartenanlage. Deutsche Leitung. ❹

Thup Thong Guest House ①, ✆ 076-486 722, 🖳 www.thupthong-guesthouse.com. 3-stöckiges kleines Gebäude in der 1. Reihe hinter dem Strand. Ruhig gelegen. Zimmer mit Ventilator oder AC und großen Bädern. Familiäre Atmosphäre. Gratis WLAN. ❹–❺

Obere Preisklasse

Ayara Villas ②, ✆ 076-486 478, 🖳 www.ayara-villas.com. In zwei Reihen am Strand stehen Bungalows im Thai-Stil. Weitere Zimmer in 2-stöckigen Doppelbungalows im tropischen

🏠 Urlaub mit gutem Gewissen

Beluga School for Life ⑩, 7/5 Moo 4, Tambon Thung Mapraow, ✆ 085-473 3615, 🖥 www.beluga-schoolforlife.com, Karte S. 515. Buchungen über 🖥 www.charity-travel-thailand.com. Die Anlage der Beluga-Reederei aus Bremen kombiniert ein Hilfsprojekt (Schule für Waisenkinder) mit einem ansprechenden touristischen Angebot. Etwa 10 Min. von Khao Lak entfernt, stehen nahe dem Dschungel schöne Rundbungalows, wahlweise für 2 oder 4 Pers., mit AC, Moskitonetz, Wasserkocher, TV und ansprechenden Bädern mit offener Dusche. Großer Pool im Garten. Es wird ökologischer Landbau betrieben und der Müll getrennt. Solaranlagen und weitere umweltverträgliche Maßnahmen sollen folgen. Viele Ausflüge, Mopedverleih, kostenlose Fahrräder. Vor allem für Familien interessant. Sie können an vielen Projekten der hier lebenden Kinder teilnehmen. Spielplatz vorhanden. Preise werden pro Person berechnet. Alle Einnahmen kommen der Schule zugute. ❽ Die Beluga School for Life ist auch für Tagesausflügler interessant. Samstags gibt es Kaffee und selbst gebackenen Kuchen. Feste und Veranstaltungen werden rechtzeitig in der Umgebung Khao Laks plakatiert. Wer sich über das Projekt informieren oder das in der Gegend bereits bekannte und beliebte Brot probieren will, kann dies Mi und So auf dem Nachtmarkt von Bang Niang.
Mehr Informationen zur Beluga School for Life unter **eXTra [2803]**.

Garten und dahinter geschmackvolle Zimmer im 2-stöckigen, modernen, eleganten Hauptgebäude. 2 Pools. Rabatte bei Buchungen übers Internet. ❼–❽
Chong Fah Resort ⑨, ✆ 076-486 858, 🖥 www.chongfahresort.com. Futuristisches, stilvolles Ambiente mit großen ein- und doppelstöckigen AC-Bungalows direkt am Strand. Modern gestaltete Räume. Bäder teils mit Jacuzzi. Toller Pool aus schwarzem Granit mit Meerblick. Minibar, TV, Gratis WLAN. ❽
La Flora Resort & Spa ⑮, ✆ 076-428 000, 🖥 www.lafloraresort.com. Große Gartenanlage mit Pool. Verschiedene Bungalows am Strand und im Garten oder Zimmer im hinteren Bereich, teils mit Poolzugang. Kinderbecken, Bücherei, Internet, Fitnesscenter, Tennisplatz. ❽
Mukdara Beach Villa & Spa Resort ⑭, ✆ 076-429 999, 🖥 www.mukdarabeach.com. Große Anlage mit unterschiedlichen Zimmern und Bungalows im Thai-Stil, die sich um eine fantastische Poollandschaft gruppieren. Fitness-Center, Tennisplatz, Spa. ❽

Essen

Bread & More, an der Zufahrtsstraße zum Strand. Frühstück in allen Varianten, verschiedene Brotsorten, Sandwiches, Ciabatta, Wurstsalat und Kuchen, reichhaltige Portionen. Nur tagsüber geöffnet.
Candle Restaurant, an der Hauptstraße. Stilvolle thai-französische Cross-over-Küche.
Dathong Restaurant, an der Hauptstraße. Schönes Ambiente mit guter thailändischer Küche. 🕐 ab 16 Uhr.
Joe Steakhouse, nahe dem Strand im Hinterland gelegen. Der Besitzer Ludwig ist ein echtes Original. Er bereitet Steaks zu und alles was dazugehört. Das Haus hat er wie viele andere neu aufgebaut, nachdem die Riesenwelle alles verschlang. 🕐 außer Mo ab 18 Uhr.
Pinocchio, an der Zufahrtsstraße zum Strand. Pasta und Pizza aus dem Holzofen. Gegenüber gibt es hausgemachtes Eis.
Sunny Restaurant, direkt am Strand wird u. a. frischer Fisch zubereitet.
Talay Thai Seafood Restaurant, nahe dem Strand. Beliebtes Restaurant mit Seafood in allen Variationen, Speisekarte auch in Deutsch. Am Strandende, hinter dem Ramada Resort, liegen zwei einfache Restaurants direkt am Strand sowie die gemütliche **Thai Bar**.

Gerolltes und scharfe Salate

Isarn Restaurant und **Mamas Restaurant**, beide neben dem 7-Eleven am Taxistand an der Hauptstraße, servieren Thai-Küche aus dem Nordosten. Drumherum gibt es immer etwas zu sehen. Die Frühlingsrollen bei Mamas sind ein absolutes Highlight.

Gutes Essen und das gewisse Extra

Takiang Restaurant, an der Hauptstraße neben dem Polizeiboot. Nicht nur das Essen ist toll, auch das Ambiente stimmt. Viele Antiquitäten und Fundstücke aus dem Norden Thailands, die leider nicht zum Verkauf stehen. ◐ ab 16 Uhr.

Sonstiges
Geld
Mehrere **Banken** mit Geldautomat in der Hauptstraße sowie an der Strandzufahrt. Die **Wechselstube** bei der Pizzeria Pinocchio zahlt Geld auf Kreditkarte und wechselt Reiseschecks.

Medizinische Hilfe
Inter Clinic, ✆ 076-486 551, in der Zufahrtsstraße, Wundbehandlung, Bluttest, EKG. ◐ 9–21 Uhr.

Die Strände im Norden

Das Dorf **Khuk Khak** mit ein paar Läden, einer Tankstelle und der Polizeistation liegt 4 km nördlich von Ban Bang Niang an der Hauptstraße. Der weite, schöne, goldgelbe Strand ist mit ein paar Muscheln durchsetzt und sehr sauber. Hier kann man kilometerweite Strandwanderungen unternehmen.

Folgt man der Hauptstraße hinter Ban Khuk Khak weitere 3 km in nördlicher Richtung, erreicht man hinter dem 7-Eleven die Zufahrtsstraße zum **Coral Cape** und den Abzweig zum Hat Pakweep. Zu Fuß kommt man am Strand auch vom Hat Khuk Khak hierher. Ausruhen kann man dann im Strandrestaurant oder dem Apsaras Resort. Der erst gelbe Strand des Coral Cape wird ab dem Apsaras Resort fein und weiß. An kleinen Wellen üben sich Surfer. Die Landzunge Coral Cape selbst bedecken Korallenreste, hier ist Baden nicht möglich. Bis auf eine Unterkunft gibt es an diesem Strand nur teure Anlagen.

Hat Pakweep (auch White Beach) liegt hinter dem Coral Cape in nördlicher Richtung. Der schöne, weiße, lange Sandstrand ist von einigen Muscheln und Korallenresten durchsetzt. Einige wenige Felsenbänder ragen ins Meer, bei Ebbe kann man lange Strandspaziergänge unternehmen. Das Meer eignet sich bei jedem Wasserstand zum Schwimmen. Die Resorts liegen weitläufig verteilt.

Übernachtung
Hat Khuk Khak
Karte S. 548
Andamania Beach Resort ⑪, ✆ 076-584 666, 🖥 www.andamania.com. Schöne Gartenanlage am Strand mit zwei 3-stöckigen Gebäuden, Pool, Restaurant mit Strandblick. ❺–❽
Khaolak Orchid Beach Resort ⑫, ✆ 076-486 141, 🖥 www.khaolakorchid.com. Schickes Resort einsam am Hat Khuk Khak. Zwei 3-stöckige Gebäude mit angenehmen Zimmern, teils mit Verbindungstür. Pool und Kinderbecken mit Rutsche. Bücherei. Eine kleine, selten genutzte Straße liegt zwischen Resort und Strand. Stdl. Shuttle-Service nach Khao Lak. ❽
Khaolak Riverside Bungalow ⑩, ✆ 084-187 7580, 🖥 www.khaolak-riverside-bungalow.de. 1 km von der Hauptstraße an einem See. Steinbungalows sowie Zimmer mit Küche. Pool und Restaurant. Unter deutscher Leitung. WLAN. ❹
Lake View Bungalows ⑨, ✆ 087-890 7307, 🖥 www.lakeviewbungalows.com. 1 km vom Strand unter Palmen an einem See. Bisher 3 Steinbungalows sowie ein interessanter Holzturm mit 2 Zimmern in großer Gartenanlage. Unter deutscher Leitung. Restaurant mit kleiner Karte. Kinderspielplatz. ❷–❺

Coral Cape – Leam Pakarang
Karte S. 548
Apsaras Beach Resort & Spa ⑧, ✆ 076-584 444, 🖥 www.apsarasresort.com. Stilvolle, schicke Anlage – als einzige direkt am Strand. Moderne, luftige Architektur. Großer Pool, Fitnesscenter, Internet, Shops, Restaurant. ❻–❽
Pakarang Villa ⑤, ✆ 076-487 096, 🖥 www.pakarangbungalows.com. Liegt an der Zufahrtsstraße zum Strand. 20 nette AC-Zimmer in Bungalows in einer Gartenanlage mit Pool mit Kinderbereich, etwa 1,5 km vom Strand entfernt. Restaurant. Gratis WLAN. ❸–❹

Palm Galleria Resort ⑥, ✆ 076-427 000, 🖳 www.khaolakpalmgalleria.com. Ruhige, schicke Gartenanlage mit großem Pool. Darum gruppieren sich ein Restaurant und Wohngebäude mit großen Zimmern und Meerblick. Offene, moderne Architektur. Kein direkter Strandzugang. Shuttle-Service zum Hat Pakweep. ❼–❽

Takolaburi Spa & Sport Resort ⑦, ✆ 076-429 777, 🖳 www.khaolaktakolaburi.com. Grandiose Anlage im Thai-Tempel-Ambiente mit 4 großen Pools. Tauchschule, Fitnessraum, Tennisplatz. Yoga-, Koch- und Malkurse, Kitesurfen, Kanufahrten, Ausritte und Katamaransegeln. Strandzugang über die ruhige Straße. ❽

Hat Pakweep
Karte S. 548
An Thong Beach Resort ③, ✆ 087-886 6486. Mehrere große Steinbungalows mit Minibar direkt hinter dem am Strand liegenden Restaurant. ❺

Haadson Resort ①, ✆ 076-593 510, 🖳 www.haadsonresort.com. In tropischem Ambiente an einer Lagune liegen 39 Zimmer in palmblatt-gedeckten Bungalows und Villen. Pool. ❻–❽

Le Meridien Khaolak Beach Resort & Spa ②, ✆ 076-427 500, 🖳 www.lemeridien.com. Große und weitläufige Anlage. Über 240 Zimmer und Villen rund um eine große Poollandschaft. Fahrradverleih. ❽

The Sarojin Resort ④, ✆ 076-427 900, 🖳 www.sarojin.com. Ausgezeichnete Luxusanlage von exquisitem Geschmack mit großen Villen im Garten rund um einen Pool. ❽

Essen
Alle Resorts haben ein Restaurant. Am **Hat Khuk Khak** finden sich entlang des Strandes in regelmäßigen Abständen kleine Bambushütten mit kalten Getränken und ein paar Gerichten. An der Abzweigung zwischen der kleinen Strandstraße und der Zufahrtsstraße zum **Coral Cape** gibt es einige Seafood-Restaurants sowie direkt in der Zufahrtsstraße beim Palm Galleria Resort eine Pizzeria.
Am **Hat Pakweep** beim An Thong Resort ist ein kleines Strandrestaurant angesiedelt. Ein paar Meter weiter befindet sich das **Rim Lay Restaurant und Bar** mit Thai- und Seafood-Gerichten.

Die Strände im Süden

Hinter Hat Nang Thong beginnt der kleine, etwas schmalere **Sunset Beach**. Er wird auf beiden Seiten von Felsen eingeschlossen. Abgesehen von einer einfachen Unterkunft gehören alle Resorts zur Luxusklasse und sind in den dicht bewachsenen Hang gebaut. Die Ausblicke aufs Meer und die dschungelbewachsenen Hügel sind wunderschön.

Der **Poseidon Beach**, auch Khao Lak Süd genannt, ist der südlichste Strand des Einzuggebietes von Khao Lak. Der schöne, gelb-weiße Sand ist mit ein paar Muscheln geschmückt und hin und wieder von Felsen durchsetzt. Die Atmosphäre ist ruhig und relaxt.

Zum Hauptquartier des **Khao Lak-Lamru National Parks** führt die schön geschwungene Hauptstraße durch tropische Vegetation. Am oberen Pass liegt ein Polizeiposten, dahinter das Büro des Nationalparks. Ein Fußweg durch den Dschungel geht zum kleinen, von Felsen umrahmten **Hat Lek** (Sandy Beach), Teil des Khao Lak-Lamru National Parks. Süßwasser fließt in einer kleinen Lagune ins Meer, in dem schwarze Felsen stehen, von Wellen umspielt oder schäumend vor Gischt. Der Sand ist an vielen Stellen durch schwarzen Zinnstaub marmoriert. Der Eintritt in den Park (100 Baht) gilt für drei Tage. Wer im Restaurant speist, zahlt keinen Eintritt. Weiter an der Straße liegen einige einfache Restaurants.

Übernachtung
Sunset Beach
Karte S. 551
Am Strand des Nationalparks kann man am Hang wohnen ⑬. Hier gibt es einige einfache Steinbungalows mit Ventilator und Bad, zudem 3 mannshohe Zelte. Anmeldung im Headquarter. ❷–❹

Khao Lak Palm Resort ㉝, ✆ 076-429 200, 🖳 www.khaolakpalmbeach.com. Rund um 2 Pools mit Wasserfall stehen 58 Thai-Stil-Bungalows mit geräumigen Zimmern, halb offenen Bädern und Terrasse im gepflegten Garten. ❽

Khaolak Paradise Resort ㉜, ☎ 076-429 100, 🖥 www.khaolakparadise.com. Am Hang und im Garten mit Naturmaterialien gebaute Bungalows. Zudem 4 luxuriöse Zimmer in 2-stöckigen Gebäuden, große Panoramafenster. Pool mit Meerblick. WLAN. ❽

Khao Lak Resort ㉚, ☎ 076-428 111, 🖥 www.khaolakresort.com. Weitläufige Anlage mit 2-stöckigen Haus sowie schönen, aus Naturmaterialien gefertigten Bungalows. Mehrere Pools. Die vorderen Bungalows mit eigenem Jacuzzi. Kleiner Fitnessraum. Eine Wasseraufbereitungsanlage filtert das Abwasser. ❽

Khaolak Wanaburee Resort ㉛, ☎ 076-485 333, 🖥 www.wanaburee.com. Edle Anlage mit Bungalows im Garten und Zimmern in 2-stöckigen Gebäuden, teils private Jacuzzis. Viel Grün gibt einem das Gefühl, im Dschungel zu wohnen. 2 schöne Pools. ❽

Poseidon Beach (Khao Lak Süd)
Karte S. 548

Emerald Beach Resort & Spa ⑭, ☎ 076-428 700, 🖥 www.khaolakemeraldresort.com. Zimmer in langen, 3-geschossigen Gebäuden und Villen im Thai-Stil. LCD-TV, Minibar und Wasserkocher. Großer Pool mit Meerblick und ein separates Kinderbecken mit Wasserrutsche. Toll für Familien. Animateure kümmern sich um die Kleinen im Kids-Club. ❽

Khaolak Mountainview Bungalows ⑱, ☎ 089-593 2495. Abseits des Strandes, auf einem kleinen Hügel, ruhig gelegen, reihen sich 12 gemütliche Holzbungalows mit AC oder Ventilator und großen Fenstern in einem Garten aneinander. ❹

Luckanawadee Boutique Beach Resort ⑮, ☎ 076-595 316, 🖥 www.luckanawadee.com. Kleine Luxus-Anlage mit familiärem Charakter. Hervorragend eingerichtete, weiße Bungalows

Wohnen mit Blick über die Bucht

Poseidon Bungalows ⑳, ☎ 076-443 258, 🖥 www.similantour.com. Einsam, ein Stück von den anderen Anlagen entfernt an der Flussmündung. 15 kleine Holz- und Steinbungalows mit Ventilator, malerisch am Hang mit Meerblick und teils direktem Zugang zu kleinen Badeplätzen. Familiäre Atmosphäre. Schwedische Leitung. 8 größere Bungalows besonders geeignet für Familien. Touren zu den Similans. ❹–❺

mit LCD-TV und viel Platz zum Wohlfühlen. Küche im Haupthaus zur freien Nutzung. Kleiner Pool. Bequeme Sofas am Strand. ❽

Merlin Resort ⑰, ☎ 076-428 300, 🖥 www.merlinphuket.com. Große Anlage in weitläufigem Garten, mehrere Pools, die über kleine Wasserfälle miteinander verbunden sind und zum Strand hin abfallen. Große Liegewiese. Geräumige Zimmer in 1- oder 2-stöckigen Gebäuden mit Balkon oder Terrasse. ❻–❽

Pramote Bungalow ⑲, ☎ 095-929 660. 14 unterschiedliche, schon etwas in die Jahre gekommene Holz- und Steinbungalows mit Ventilator. ❷–❸

Briza Beach Resort ⑯, ☎ 076-428 600, 🖥 www.brizakhaolak.com. Um den Pool in einer Gartenanlage große Bungalows oder Zimmer in 2-stöckigen Gebäuden. Kinderpool. WLAN. ❽

Essen und Unterhaltung

Alle Resorts haben ein Restaurant. Am **Sunset Beach** liegen in der Hauptstraße das **Viewpoint Restaurant** mit fantastischer Sicht über die ganze Küste von Khao Lak sowie 2 weitere einfache Restaurants am National Park Headquarter.

Am Highway und an den Zufahrtsstraßen vom Hat Lek kommend zum Poseidon Beach gibt es einige wenige Restaurants mit Thai-Küche und ein paar europäischen Gerichten.

Phuket

Stefan Loose Traveltipps

11 **Phuket-Stadt** In der Stadt warten sino-portugiesische Architektur, Künstlerateliers und quirlige Jazzkneipen auf ihre Entdeckung. S. 563

Hat Patong Auf einem der Essensmärkte köstliches Seafood genießen. S. 593

Phuket FantaSea Ein Muss: die einzigartige Bühnenshow. S. 605

Inseln vor Phuket Verlockend: die herrlichen Strände auf den kleinen Eilanden. S. 616

Ko Phuket [2653], die mit 543 km² größte Insel Thailands am Rande der Andamanensee im Indischen Ozean, ist seit den 1980er-Jahren von der touristischen Landkarte Thailands nicht mehr wegzudenken. Kleine und größere Buchten mit weißen Sandstränden, schöne Tauchgründe und herrliche Segelreviere, Luxushotels und Seafood-Restaurants machen Phuket (gesprochen: Pu-kett) zu einem Fernwehziel par excellence. Wer teures Remmidemmi und Vergnügen sucht, kommt hier genauso auf seine Kosten wie der Urlauber, der einen ruhigen Strand oder kleinere Inseln vorzieht. An fast jedem Strandabschnitt stehen mittlerweile komfortable Resorts und große Hotels internationalen Standards mit eleganten Empfangshallen, Pools, mehreren Restaurants und Bars, Spielzimmern, Einkaufsarkaden und Unterhaltungsangeboten. Der malaiische Einfluss ist auf Phuket (abgeleitet von *bukit* – malaiisch „Hügel") deutlich spürbar – von etwa 300 000 offiziell registrierten Einwohnern sind ein Drittel Moslems. Buddhistische Thais und Chinesen dominieren dennoch das Bild.

Reisezeit

Das Wetter – sofern noch vorhersehbar – ist von Dezember bis März am besten. Im April und Mai kann es an windstillen Tagen heiß werden, nachts kühlt es jedoch immer ab. Im Mai/Juni setzen die zeitweise stürmischen Südwestwinde ein, die feuchte Luft und viele, zumeist kurze Regenschauer mit sich führen. Drei bis vier Tage mit Dauerregen kommen vor allem im September und Oktober vor. Auf sein Badevergnügen braucht auch im Monsun keiner zu verzichten – fast überall warten Hotelpools auf Gäste. Generell ist von November bis April mit etwa doppelt so hohen Preisen zu rechnen wie in der Nachsaison, wobei zwischen Weihnachten und Neujahr noch einmal kräftig aufgeschlagen wird. Viele Anlagen sind preiswerter über das Internet zu buchen. Einige Vorschläge unter **eXTra [2782]**.

Aktivitäten
Mit dem Kanu in die Phang Nga-Bucht

Von Phuket aus starten zahlreiche Touren mit dem Kanu in die Bucht von Phang Nga. Einst war diese Tour sehr idyllisch, doch mittlerweile operieren zahllose Seekanu-Veranstalter mit insgesamt über 200 Kanus, sodass es zu bestimmten Zeiten in der Hochsaison fast wie auf den schwimmenden Märkten zugeht. Es empfiehlt sich daher, außerhalb der Hauptsaison zu fahren oder bei einem Veranstalter zu buchen, der eigene Wege beschreitet (siehe Veranstaltertipps Phuket-Stadt S. 571/572, zudem Kasten s. links und unseren Tipp **eXTra [5485]**).

Die langen Strecken in die Bucht werden auf großen Booten zurückgelegt. Gepaddelt wird um malerische Inseln herum und durch Höhlen hindurch. Höhepunkte sind Fahrten in Hongs, natürlichen Lagunen, die von hohen, üppig bewachsenen Felswänden völlig umschlossen sind. Nur zu einem ganz bestimmten Zeitpunkt zwischen Ebbe und Flut kann man vorübergehend mit den Kanus durch enge Höhlen in diese unberührten

---

Tagesausflug in die Phang Nga-Bucht

Die meisten Reisenden unternehmen einen Tagesausflug durch die Inselwelt in der Bucht von Phang Nga (s. S. 631). Zahlreiche Boote fahren jeden Tag zur selben Zeit in einen kleinen Teil der Felsenlandschaft, meist zum sogenannten James Bond-Felsen **Ko Tapu**, der durch den Film *Der Mann mit dem goldenen Colt* berühmt wurde.

Ein unvergleichliches, aber relativ teures Erlebnis bieten Touren zu den Felsen der Phang Nga-Bucht mit Seekanus (s. S. 639). Ihr Ziel ist vor allem **Ko Hong** (s. S. 632), eine der zahlreichen bizarren Felseninseln weiter im Süden.

Das Betreten der James Bond-Insel und des Strands von Ko Hong kostet 200 Baht, andere Strände und Inseln dürfen kostenlos angesteuert werden. Bei der Buchung einer Tour sollte man darauf achten, dass der Nationalpark-Eintritt im Preis enthalten ist.

Die Tour selbst zu organisieren lohnt sich höchstens ab Ko Yao Noi oder – für Reisende mit eigenem Fahrzeug – ab Phang Nga. Dann kann man bereits am frühen Morgen losfahren und hat mit etwas Glück eine Insel für sich allein. Auf den Nachmittagstouren geht es etwas ruhiger zu. Je nach Komfort werden die Halbtagstouren in Phuket-Stadt und an allen Stränden für 850–1500 Baht p. P. inkl. Mittag-/Abendessen und Hoteltransfer angeboten.

Wie sicher sind wir bei einem weiteren Tsunami?

Phuket geriet am 26. Dezember 2004 durch den verheerenden Tsunami ins Blickfeld der Weltöffentlichkeit. Von der Katastrophe betroffen waren nicht nur Einheimische, sondern auch Touristen aus aller Welt. Die Insel, deren Wohlstand früher auf Kautschukplantagen, Kopra, Perlenzucht, Fischerei und vor allem auf umfangreichen Zinnerzvorkommen gründete, hat sich seit den 1980er-Jahren überwiegend auf den Tourismus konzentriert, der viel Geld auf die Insel brachte. Der Tsunami unterbrach diese Entwicklung für kurze Zeit, heute ist die Insel wieder so beliebt wie in den Jahrzehnten zuvor.

Nach dem Tsunami wurde klar, dass bei rechtzeitiger Warnung viele Menschenleben hätten gerettet werden können. Zu Recht stellte man sich die Frage, warum es nicht geschah. So hat man die Konsequenzen gezogen und an den gefährdeten Küstenabschnitten ein Tsunami-Warnsystem installiert. Die betreffenden Regionen sind durch blaue Hinweisschilder gekennzeichnet, welche über die optimalen Evakuierungsrouten informieren, die nach einem Erdbeben und spätestens beim Ertönen der aufgestellten Sirenen einzuschlagen sind. Funktioniert dieses System, hat man zwischen einem Erdbeben und dem Eintreffen der Flut-welle ausreichend Zeit, sicheres, höher gelegenes Gelände aufzusuchen, wo in Schulen, Tempeln oder auf größeren Freiflächen Sammelpunkte ausgewiesen sind. Der durch ein starkes Erdbeben ausgelöste Tsunami ist eine Naturkatastrophe und nicht zu verhindern – die vielen Menschenopfer sind es aber schon.

Naturwunder eindringen. Hier darf sich der Gast entspannen, da erfahrene Guides das Paddel übernehmen. In jedem aufblasbaren Kanu sitzen max. zwei Passagiere, die von einem Führer gepaddelt werden. Preis für einen Tagestrip mit Transfer und guter Verpflegung: ab 3000 Baht. Auf eigene Faust ohne erfahrenen Führer sind solche Kanutrips lebensgefährlich. Also nicht von Billiganbietern dazu verleiten lassen!

Beliebt sind die große **Ko Phanak** und die kleine **Ko Hong** nahe dem Festland nördlich von Ko Yao Noi.

Schnorcheln

Die Unterwasserwelt der Tropen mit Maske und Schnorchel zu entdecken, gehört zu den schönsten und billigsten Urlaubsaktivitäten. Phuket bietet gute Schnorchelgebiete für Anfänger und Fortgeschrittene, vor allem an der Westküste, die allerdings unter dem Bootsverkehr und dem Tsunami gelitten haben. Das mit 1,5 km Länge größte Korallenriff liegt vor dem **Hat Nai Yang**, ca. 1 km vor der Küste in 10–20 m Tiefe. Weitere Riffe zum Schnorcheln finden sich an der **Freedom und Emerald Bay**, vor den Felsen von **Laem Promthep**, vor **Laem Son** nördlich von Hat Surin, am nördlichen **Hat Kata** (vor Club Med) und westlich des **Hat Nai Harn** vor Ao Sane.

Besser sind die Inseln, zu denen Schnorchelausflüge angeboten werden: **Ko Kaeo** (3 km von Rawai vor der Südspitze von Phuket), **Coral Island** (vor Rawai), **Ko Mai Thon** (12 km im Südosten), **Ko Khai Nai** und **Ko Khai Nok** (im Osten vor Ko Siray, zwei Felseninseln mit schattenlosem Strand, Restaurant) und **Ko Racha** (s. S. 617).

Maske, Schnorchel und Flossen werden in manchen Unterkünften und in Taucherläden für ca. 250 Baht pro Tag vermietet. Tauchschiffe nehmen häufig Schnorchler zum reduzierten Preis auf Tagestouren mit.

Tauchen

Tauchen vom Land aus ist in Phuket nur zum Eingewöhnen oder blutigen Anfängern zu empfehlen. In kurzen Bootstouren erreichbare Plätze wie **Shark Point** (Felsen mit Korallen bis in 22 m Tiefe) und das angrenzende **Anemonenriff** (mit Seeanemonen und Weichkorallen) auf halbem Weg nach Ko Phi Phi sowie **Ko Doc Mai** (steiler Felsen mit Weichkorallen) bieten eine große Vielfalt an Korallenfischen. Interessanter wird es an den vorgelagerten Inseln. Das Nonplusultra sind *Liveaboards*, bei denen man mehrere Tage an Bord verbringt und meist die **Similan Islands** und **Surin** besucht.

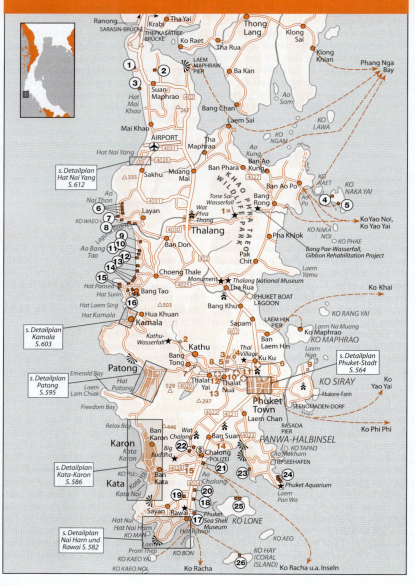

Übernachtung:

HAT MAI KHAO:
1. JW Marriott, Marriott's Phuket Beach Club
2. Phuket Camp Ground
3. Maikhao Beach Bungalows, Seaside Cottage

KO NAKA YAI:
4. Six Senses Erawan
5. Ko Naka Retreat

HAT NAI THON:
6. Naithon Beach Club, Naithon Beach Resort & R., Naithon Beach House, Phuket Naithon Resort, Naithonburi Beach Resort, Macarona Restaurant & Gh., The Angel of Naithon Resort

HAT LAYAN:
7. Trisara, Andaman White Beach Resort
8. Layan Beach Resort, Bundarika Villa

AO BANG TAO / LAGUNA BEACH:
9. Banyan Tree
10. Allamanda Laguna
11. Sheraton Grande Laguna Beach
12. Dusit Thani Laguna Resort
13. Laguna Beach Resort
14. Bangtao Beach Resort & Spa, Bangtao Beach Chalet, Bangtao Lagoon Bungalows, Bangtao Village Resort, Sunwing Resort & Spa, Amora Resort

HAT SURIN / HAT PANSEA:
15. The Chedi, Amanpuri Resort
16. Surin Bay Inn, Benyada Lodge, Manathai, Twin Palms, Marriott Courtyard, Surin Sweet Hotel, Tiw & Too Gh., Sun Set View Inn, Pen Villa

AO CHALONG UND UMGEBUNG:
17. Evason Phuket & Six Senses Spa
18. Vighit Resort
19. The Mangosteen Resort & Spa
20. Friendship Beach, Waterfront Resort
21. Ao Chalong Mansion
22. Youth Hostel Phuket, Shanti Lodge

PANWA-HALBINSEL:
23. Novotel Beach Resort, Cape Panwa Hotel
24. The Bay Hotel, Sri Panwa

KO LONE:
25. Baan Mai Cottage, Cruiser Island Resort

KO HAY:
26. Coral Island Resort

Sonstiges:
1. Cable Jungle Adventure
2. Phuket Water Ski Cableways
3. Deutsches Konsulat
4. Butterfly Garden&Insect World
5. Tourist Police
6. Mission Hospital Phuket
7. Jungle Bungy Jump
8. Tesco-Lotus Supercenter
9. Phuket Thai Cooking School
10. Bangkok Hospital Phuket
11. Vachira Phuket Hospital
12. Phuket International Hospital
13. Central Festival
14. Phuket Zoo
15. Green Man Pub

Im Durchschnitt kostet eine Tauchreise inkl. Übernachtung an Bord, Vollpension, Flaschen, Gewichten und allen Tauchgängen je nach Komfort und Leistungen 5000–10 000 Baht pro Tag. Allein auf Phuket gibt es über 100 Tauchbasen. Nur wenige verfügen über eigene Boote. Fast alle bieten dreitägige PADI-Kurse zum Open Water Diver für 8000–12 500 Baht an. In vielen Tauchschulen unterrichten auch deutschsprachige Tauchlehrer. Tagestörns zu Tauchrevieren wie dem Shark Point und Ko Racha mit zwei Tauchgängen je nach Ziel und Saison für 2500–3200 Baht (inkl. Fahrt, Softdrinks und Mittagessen). Schnupperkurse (Introductory Dive Courses) unter Aufsicht eines Tauchlehrers pro Tauchgang etwa 2000 Baht. Die Ausrüstung kann für ca. 600–800 Baht gemietet werden; Kamera, Tauchcomputer und Lampen kosten extra.

Tauchsaison ist in Phuket von Dezember bis Mitte Mai, Tauchtouren finden von Mitte Oktober bis Ende Mai statt. Adressen siehe Patong, Kata, Karon, Chalong, Bangtao, Nai Thon und Nai Yang.

Segeln

Die Inselwelt um Phuket hat sich zu einem weltweit beliebten Segelrevier entwickelt. Zu den am häufigsten angelaufenen Ankerplätze der Insel Phuket zählen der Jachthafen in der Ao Chalong und die Phuket Boat Lagoon. Über alle Ankerplätze informiert sehr detailliert 🖥 www.andamanseapilot.com.

Anfang Dezember findet die **King's Cup-Regatta** statt, zu der sich Jachten aus aller Welt in der Bucht von Nai Harn und vor Ko Phi Phi einfinden.

11 HIGHLIGHT

Phuket-Stadt (Phuket Town)

Die kleine Hauptstadt der Insel hat etwa 60 000 Einwohner. Seit einigen Jahren boomt die Stadt; junge Künstler eröffnen Ateliers, kleine Jazzkneipen lassen ein Boheme-Gefühl aufkommen, wie es in Thailand einzigartig ist. Phuket-Stadt [2783] ist dabei, sich in eine attraktive kosmopolitische Stadt zu verwandeln. Besonders schön ist das alte Zentrum, welches mit seinen sino-portugiesischen Stadthäusern, zahlreichen chinesischen Tempeln und alten Villen eindrucksvoll an die einstige Pracht der Stadt erinnert.

Phuket-Stadt bietet gute Einkaufs- und Essensmöglichkeiten sowie beste Verkehrsanbindungen. Fast alle Strände sind per Motorrad oder Auto in weniger als einer Stunde zu erreichen. Viele Besucher kommen tagsüber mit den Inselbussen in die Stadt, um sich etwas Abwechslung vom gleichförmigen Strandleben zu verschaffen.

Phuket-Stadt

Übernachtung:
1. Phuket Merlin
2. Suk Sabai
3. Sino House Apartment Hotel
4. Baan Suwantawee
5. Phuket346
6. Rommanee@9 Gh.
7. Old Town Gh.
8. Talang Gh.
9. Fourty-Three Gh.
10. On On Hotel
11. Inntown Gh.
12. Royal Phuket City Hotel
13. Phuket Backpacker Hostel
14. Pop Hostel
15. Nana Chart Mansion
16. Crystal GH.
17. P.K. Mansion
18. Metropole Hotel
19. Phuket Garden Hotel
20. Thavorn Grand Plaza
21. Old Phuket
22. Crystal Inn Hotel

564   Phuket-Stadt (Phuket Town)   www.stefan-loose.de/thailand

Essen:
1. Phuket View Restaurant, Thung-Ka Café
2. Timber Hut Pub & Restaurant
3. O'Malleys Irish Pub & Restaurant
4. Raya Thai Cuisine
5. Shintaro
6. Rommanee Café 16
7. Glasnost
8. Mian Art House
9. Lard Yai
10. Rockin Angel
11. China Inn Café & Restaurant
12. Aroon Restaurant
13. Lotus Restaurant
14. NC Bakery
15. Siam Bakery
16. Anfield
17. Siam Indigo
18. Salvatore's
19. Gallery Café
20. The Circle Café
21. Michael's Bar
22. Kopi
23. Khanasutra
24. Mai Pai Restaurant
25. Tamachart Natural Restaurant
26. Kor-Tor-Mor
27. Garküchen
28. Laem Thong Seafood
29. X-Zone
30. The Pizza Company, KFC
31. McDonald's

Sonstiges:
1. Sengho Book Store
2. Ban Boran Textiles
3. South Wind Books
4. Aubergine
5. Job and Things
6. South Wind Books
7. Radsada Handmade
8. Phuket Oldtricycle
9. The Books
10. Phuket Unique Home
11. Österreichisches Konsulat

Transport:
1. Bangkok Airways
2. Bus Terminal
3. Motorradtaxis
4. Thai Airways
5. Tuk Tuk
6. Pure Car Rent
7. Bus→Kata, Karon, Panwa, Chalong, Patong, Central, Marko und Big C
8. Bus→Rawai, Nai Harn, Kamala, Thalang

Es lohnt sich, auch mal über Nacht zu bleiben, um das interessante Nachtleben zu genießen. Vor allem am Wochenende findet immer irgendwo eine Jazz-Session statt.

In der Altstadt

Zu Beginn des 20. Jhs. residierten die reichen Zinnbarone in schönen **Villen**, die nach sino-portugiesischen Vorbildern des 19. Jhs. in weitläufigen Parks errichtet wurden. Schöne Häuser findet man an der Krabi, Ecke Satun Road sowie etwas versteckt nördlich des Kreisverkehrs mit dem Suriyadet-Brunnen an der Yaowarat Road. Alle Villen sind Privathäuser und können daher nicht besichtigt werden.

Die repräsentativen Fassaden der hübschen **Geschäftshäuser** in der Talang, Deebuk, Phang Nga und Krabi Road werden zunehmend liebevoll restauriert, die bunten Kacheln und Holzschnitzereien an den Eingangstoren erneuert. Boutiquen, Restaurants und Ateliers ziehen hier ein. Besonders gelungen ist die Komplettsanierung der winzigen **Soi Rommani** südlich des Thai-Tempels **Wat Mongkol Nimit**, in der nun kleine Cafés und Läden im chinesischen Stil historisches Flair verbreiten (s. S. 569). Eine ehemalige chinesische Schule in der Krabi Road beherbergt nach einem Umbau nun das sehenswerte **Thaihua Museum**, welches die Geschichte der chinesischen Einwanderer erzählt. ⊙ Di–So 11–19 Uhr, Eintritt frei.

Ein lohnendes kleines Museum befindet sich zudem in der Lobby des **Thavorn Hotels**, 74 Rasada Road, ℡ 076-211 154. Alte Fotos dokumentieren die Geschichte des Hotels und der Insel, zudem findet sich hier eine bunte Sammlung von Blechspielzeug, Musikinstrumenten, Filmplakaten und Rechenmaschinen, das Modell einer Zinnmine und der erste Hotelsafe (die Hotelzimmer sind nicht empfehlenswert).

Zahlreiche chinesische Tempel zeugen vom Einfluss der Einwanderer. Der große taoistische **Bang Niaw-Tempel** in der unteren Phuket Road ist dem Gott der Vegetarier gewidmet. Durch das hohe Tempeltor gelangt man hinauf zu dem lang gestreckten Hauptgebäude mit sechs Altären, auf denen mehrere Gottheiten über den Opfergaben der Gläubigen thronen. In einem Raum stehen zwei Sänften, auf denen während der

Prozession zum Vegetarierfest Götterfiguren durch die Straßen getragen werden. Im wesentlich kleineren **Hok Huang Kong** nahe dem Uhrturm bewachen Drachen und andere mythologische Figuren die Eingänge des recht fotogenen Tempels. Er ist von zahlreichen Garküchen umgeben, die vor allem tagsüber geöffnet sind. Der **Sanjao Sam San** in der Krabi Road wurde 1853 für den Schutzgott der Seeleute erbaut. Zentral gelegen und doch leicht zu übersehen ist der **Ting Kwan Tang** (Shrine of the Sirene Light) in der Pha Ngan Road. Der kleine taoistische Tempel wurde 1889 erbaut. Die Wandmalereien erzählen die Geschichte eines Volkshelden und die chinesischen Gottheiten sollen für Gesundheit und Glück sorgen. Man erreicht den Tempel durch einen kleinen Torbogen rechter Hand des Buchladens.

Außerhalb der Innenstadt

Das 100 Jahre alte imposante Gebäude der Provinzverwaltung, **Provincial Hall** *(Sala Klang)*, im Nordosten der Stadt stellte im Film *Killing Fields* die französische Botschaft in Phnom Penh dar. Nordwestlich davon steht das ebenso beeindruckende Gerichtsgebäude der Provinz (Provincial Court).

Vom **Rang Hill** im Nordwesten der Stadt, auf den eine 2 km lange Asphaltstraße führt, eröffnet sich eine gute Aussicht (Fotos am besten vor 10 Uhr). Auf dem Gipfel steht in einem gepflegten Park das Denkmal des ersten Gouverneurs von Phuket-Stadt, zudem befinden sich hier Picknickplätze, Restaurants und ein Fitness-Parcours.

Der **Rama IX-Park** an der Chao Fa Road (Richtung Rawai) mit Spazierwegen und einem Fitness-Parcours zwischen Seerosenteichen, Blumenbeeten und Bäumen lohnt einen Besuch. Das Regional Mineral Resource Centre schräg gegenüber beherbergt u. a. einen Park mit alten Dampfloks, Dinosaurierfiguren und ein kleines Museum, das auf Anfrage geöffnet wird. Im **Thai Village** des **Phuket Cultural Centre**, ℡ 076-237 400, 🖥 www.phuketthaivillage.com, nördlich des Zentrums, gibt es Shows mit Volkstänzen, Thai-Boxen, traditionellen Zeremonien und anderen Bräuchen zu sehen (tgl. außer Mo um 11.30 und 17.30 Uhr, Eintritt 650 Baht, 🖥 www.phuketcultureshow.com). Im zugehörigen **Phuket Orchid Garden** blühen nahezu 45 000 Orchideen. Anfahrt: Von Phuket-Stadt Richtung Flughafen, beim KM 2,4 nach links, weitere 1,4 km bis zum Thai Village.

5 km weiter westlich liegt **Phuket Butterfly Garden & Insect World**, ℡ 076-210 861, 🖥 www.phuketbutterfly.com. Im tropischen Garten schwirren Schmetterlinge; in viel zu kleinen Becken leben Fische, Echsen, Skorpione, Spinnen und andere Insekten. Angeschlossen ist auch ein Seidenmuseum. ⏰ tgl. 9–17 Uhr, Eintritt 300 Baht.

Ko Siray

Diese Halbinsel (auch Ko Sire) an der Ostküste ist über eine Straße, die wenig einladend durch vermüllte Mangroven führt, mit Phuket verbunden. Hinter der Schule geht es links 1 km hinab zu einem kleinen Strand mit einer **Abalonefarm**, ℡ 076-252 944, 🖥 www.phuketabalone.com, dem Ziel chinesischer Reisegruppen. In den Becken reifen über 18 Monate die begehrten Meeresohren-Muscheln heran, die im dazugehörigen Restaurant einen wichtigen Bestandteil der recht ungewöhnlichen Speisekarte bilden. Zudem werden in einem kleinen Laden Abalonesoßen und andere Produkte verkauft, und es wird ein Film gezeigt.

Nach rechts gelangt man zum **Tempel** auf der höchsten Erhebung der Halbinsel. Hier ruht eine große Buddhastatue. Im Süden liegt ein touristisch vermarktetes **Dorf mit Seenomaden** *(Chao Leh)*.

Übernachtung

Vor allem Backpacker haben Phuket-Stadt als Ort entdeckt, an dem man gut und günstig wohnen kann. Nur während des Vegetarierfestes im Oktober und des chinesischen Neujahrsfestes sind die meisten Hotels ausgebucht. Dann sollte man auf jeden Fall vorbuchen.

Untere Preisklasse

Crystal Gh. ⑯, 41/16 Montri Rd., ℡ 076-222 774. Kleine Zimmer, seit Jahren etabliert und auch von Thais gerne besucht. TV und Kühlschrank. ❸

Fourty-Three Gh. ⑨, 43 Talang Rd., ℡ 076-258 127, 🖥 www.phuket43guesthouse.com,

[5477]. Verschiedenste einfache, teils etwas verwohnte Zimmer. Einige mit Balkon, eines mit eigenem kleinen Steingarten. Die günstigsten nur mit Fenster zum Gang. Badezimmer außerhalb, aber alle mit Dusche im Zimmer. Inkl. einfachem Frühstück. ❷–❸

Inntown Gh. ⑪, 147 Phangna Rd., ✆ 084-119 4094, ✉ inntownguesthouse@hotmail.com. Nahe am Busbahnhof gelegen. 6 einfache Zimmer, Matratzen auf dem Boden. Geschmackvoll durch die kleinen Regale und Spiegel. Einige Zimmer mit Fenster zur Straße, andere zum Flur. Nur Ventilator und kaltes Wasser in den Gemeinschaftsduschen. Gratis WLAN in der unten gelegenen Bar. ❷

Old Phuket ㉑, 284 Phuket Rd., ✆ 076-355 935. Ein Leser empfahl kurz vor Redaktionsschluss noch dieses neue Haus. Schöne Zimmer mit Ventilator. Nach hinten ruhig und mit Balkon. ❸

Old Town Gh. ⑦, 42 Krabi Rd., ✆ 076-258 272. Gehört zum Talang Gh. Gut besucht und beliebt. Einfache Zimmer im ehemaligen Geschäftshaus. Zimmer mit Ventilator oder AC, teils Fenster zum Flur, Gemeinschaftsdusche. Frühstück inkl. ❷–❸

Das älteste Hotel der Stadt

On On Hotel ⑩, 19 Phang Nga Rd., ✆ 076-211 154, [2785]. Nachdem das Hotel als Drehort von *The Beach* in die Khaosan Rd. von Bangkok verlegt und weltberühmt wurde, ist es für Fans von Leonardo di Caprio ein beliebtes Ziel. Und auch für alle, die mit nostalgischem Flair wohnen wollen und keinen Wert auf Luxus legen, ist das 1929 erbaute Hotel eine gute Wahl. 49 einfache Zimmer, teils mit AC und eigenem Bad, dann auch oft mit Fenster zum Innenhof. Wer die billigen Zimmer wählt, wohnt wie Leonardo di Capri in einem fensterlosen Verschlag. Die im Hotelsafe deponierten Wertsachen sollte man sich auflisten und bestätigen lassen und bei der Abholung genau kontrollieren. Im Eingangsbereich befindet sich ein angenehmes Café, Reisebüro, Internet-Zugang und Wäscheservice. Daneben das On On Restaurant mit einfacher Travellerküche. ❶–❷

Preiswert mit Pool und viel Luxus

Baan Suwantawee ④, 1/10 Dibuk Rd., ✆ 076-212 879, 🖳 www.baansuwantawe.co.th, [5478]. 32 schöne geschmackvolle Zimmer auf 3 Stockwerken. Badewanne, Dusche, Kühlschrank, Wasserkocher, Mikrowelle und TV. Große Fenster, Balkone mit Blick auf den Pool. Internet in der Lobby (auf dem Zimmer 200 Baht pro Tag für alle, die mit eigenem Gerät reisen). ❹

P.K. Mansion ⑰, Phang-Gna Soi 2, Eingang auch über den Zeitungsladen an der 58 Montri Rd., ✆ 076-224 800. Da das Haus im hinteren Bereich eines Zeitungsladens und damit nicht direkt an der Straße liegt, ist es hier ruhig. Die 15 Zimmer sind sauber, aber einfach und älteren Jahrgangs. Wahlweise mit Ventilator oder AC. Harte Betten. Die meisten Zimmer haben Fenster. ❷

Pop Hostel ⑭, 6 Rassada Rd., ✆ 076-216 001, 🖳 www.pophostelphuket.com. Kleines Haus mit einigen sehr einfachen Zimmern mit Ventilator und Gemeinschaftsbad (auch warmes Wasser) und einem großen Zimmer mit AC. Letzteres eignet sich auch für Familien (neben einem großen Bett gibt es ein Stockbett – oben nicht gesichert). Ab 2 Pers. Zimmer im 6-Bett-Dorm mit AC (250 Baht). ❷–❸

Rommanee@9 Gh. ⑥, 9 Soi Rommani, ✆ 086-992 2888, ✉ romanee.9@hotmail.com. Nettes kleines, ganz einfaches Gästehaus. Matratzen auf dem Boden, Gemeinschaftsbad. ❶

Suk Sabai ②, 82/9 Thepkrasattri Rd., ✆ 076-216 089. Einfach ausgestattete, geräumige und ruhige Zimmer. Ventilator oder AC. Etwas abgelegen, trotzdem ist alles gut zu Fuß zu erreichen. Zimmer neben dem stinkenden Kanal meiden. ❷

Mittlere Preisklasse

Phuket Backpacker Hostel ⑬, 167 Ranong Rd., ✆ 076-256 680, 🖳 www.phuketbackpacker.com, [5480]. Schlafsäle mit 32 Betten und Ventilator, die durch Trennwände unterteilt sind, 250 Baht p. P. Ein weiterer, hellhöriger Schlafsaal mit 10 Betten und AC für 350 Baht p. P., Gemeinschaftsduschen. 7 Zimmer mit

> ### Tolle Zimmer mit Balkon
>
> **Talang Gh.** ⑧, 37 Talang Rd., ✆ 076-214 225, [5479]. Umgebautes chinesisches Geschäftshaus, saubere Zimmer, die billigen ohne Fenster. Schön sind die AC-Zimmer mit Terrasse im Obergeschoss. Kaffee, Tee und Toast inkl., freundliche Leute, Tour-Buchungen. Oft voll, daher vorher anrufen. ❸–❹

Ventilator, 5 weitere mit AC. Angenehme Aufenthaltsräume mit großem Satelliten-TV, kostenlosem Internet, Küche mit Selbstbedienung (Kaffee, Tee und Toast), Waschmaschine und Trockner. Kleiner Garten im Hinterhof, Gepäckaufbewahrung. Buchungen übers Internet empfehlenswert und günstiger. ❹
Phuket346 ⑤, 15 Soi Rommani, ✆ 076-258 108, 🖳 www.phuket346.com. Boutiquegästehaus. Schöne geschmackvoll gestaltete Zimmer mit Balkon in idyllischer Lage. Inkl. Frühstück und WLAN. ❹–❺
Thavorn Grand Plaza ⑳, 40/5 Chana Charoen Rd., ✆ 076-222 240, 🖳 www.thavorngrandplaza.com. Älteres Mittelklassehotel im Süden der Stadt. Riesige Zimmer, TV, kleines Bad. Panoramafenster. Frühstück inkl. ❹

Obere Preisklasse

Metropole Hotel ⑱, 1 Soi Surin, Montri Rd., ✆ 076-215 050, 🖳 www.metropolephuket.com. Elegantes 18-stöckiges Hotel, 248 luxuriöse Zimmer, z. T. behindertengerecht. Viele Geschäftsleute, aufmerksamer Service. Pool mit Kinderbecken. Gutes Mittagsbuffet (s. Essen), Frühstücksbuffet. Bei Sonderangeboten inkl. Shuttle zum Flughafen und Strand: Vor dem Hotel liegt der beliebte Club T-2, ⏱ bis 2 Uhr. ❺–❼
Phuket Merlin ①, 158/1 Yaowarat Rd., nördlich des Zentrums, ✆ 076-212 866, 🖳 www.merlinphuket.com. 180 Komfortzimmer mit TV und Minibar. Restaurant, Blue Marina Disco (bis 2 Uhr geöffnet!), Bar, Pool, Sauna und Massage. Kostenloser Shuttle zum Schwesterhotel am Hat Patong. Auch in der Saison Ermäßigung. ❺

Royal Phuket City Hotel ⑫, 154 Phang Nga Rd., ✆ 076-233 333, 🖳 www.royalphuketcity.com. Großes, gepflegtes 19-stöckiges Hotel. 250 Zimmer mit TV, Minibar, Safe, Internet. 2 Restaurants, Bäckerei, Pool, Fitnesscenter, Massage und Sauna. Shuttle zum Hat Laem Ka nördlich von Chalong (Duschen, Liegestühle, Restaurant). In der Nebensaison Rabatt. ❺–❽
Sino House Apartment Hotel ③, 1 Montree Rd., ✆ 076-221 398, 🖳 www.sinohousephuket.com. Von der Straße zurückversetztes schönes Apartment-Hotel im modernen sino-portugiesischen Stil. Große, helle Zimmer, teils mit Küchenzeile. Ein kleines Frühstück wird im Zimmer serviert. Ideal für Langzeiturlauber, günstige Monatsmieten. Café und Spa. ❺

Essen

Wer traditionell mit einer schmackhaften Suppe in den Tag starten will, findet in der Stadt zahlreiche **Nudelsuppenläden** – einige schließen bereits gegen 10 Uhr, manche habe aber auch den ganzen Tag über geöffnet. Es lohnt sich, in einem der **lokalen Restaurants** etwas zu probieren, denn das Essen ist nicht nur authentisch, sondern auch günstig. Wenn es nicht schmeckt, kann man immer noch in eines der Restaurants mit europäischer üche weiterziehen. Einige **Essenstände** mit authentischen Thai-Gerichten sind ab nachmittags bis in den frühen Abend auf dem **Obst- und Gemüsemarkt** gegenüber dem zentralen Markt zu finden. Hier kann man sich prima mit Obst eindecken. Neben dem Hok Huang Kong-Tempel in der Phuket Rd. werden an Garküchen die bei Thais beliebten Phuket-Nudelsuppen *Mee Thonpo* zubereitet.
Fastfood-Lokale wie **The Pizza Company**, **KFC** und **McDonald's** nahe der Ocean Shopping Mall.

Restaurants

Anfield, Yaowarat Rd. Im alten Handelshaus wird unter Fußballdekoration Frühstück (lokal, kleine Snacks), Mittag- und Abendküche (dann thai, aber auch Pommes) angeboten. Große Karte, auf Wunsch vieles auch vegetarisch. Günstig. ⏱ 7–14 und 17–24 Uhr.

Aroon Restaurant, Krabi Rd. Kleiner indischer Snackladen mit Roti, mal mit Curry, mal mit Ei.
Khanasutra, Takua Pa Rd. Leckere indische Küche in gediegenem Ambiente. Gerichte 80–450 Baht, Set Meal für 280 Baht inkl. eines Softdrinks. ⊙ Mo–Sa 11–15 und 18–23 Uhr, So nur abends.
Laem Thong Seafood, 31–39 Chana Charoen Rd., nahe Robinson Department Store. Traditionelles, großes chinesisches Restaurant, in dem neben Lobster und anderen teuren Delikatessen auch Spezialitäten wie gedünstete Ziege oder Gänsefüße auf der Karte stehen.
Lotus Restaurant, 119 Pha Nga Rd., ✆ 076-217 811. Einfaches Restaurant mit riesiger englischer Speisekarte. Authentische Thai-Küche, auch einige westliche Gerichte wie Schweinesteak mit Zwiebeln (asiatischer Stil und so nicht in Deutschland zu bekommen). Sehr günstig. ⊙ Mo–Sa 7.30–21 Uhr.
Mai Pai Restaurant, Montri Rd. Serviert ein einfaches Frühstück, europäische und thailändische Küche für 50–100 Baht, Thai-deutsche Leitung. ⊙ 6–22 Uhr.
Metropole Hotel, 1 Soi Surin Montri Rd. Das europäisch-asiatische Mittagsbuffet von 11–14.30 Uhr im 1. Stock der großzügigen Lobby mit über 150 Gerichten und Spezialitäten aus China, Thailand und Europa lohnt.
Raya Thai Cuisine, 48/1 Debuk Rd., östlich vom Klong. Eine kleine Auswahl typischer Thai-Gerichte im luftig-kühlen Raum im Erdgeschoss und 1. Stock einer alten Villa. Man spürt noch etwas Atmosphäre aus der Zeit der Zinnbarone. Nicht gerade billig. ⊙ 10–23 Uhr.
Salvatore's, Rasada Rd., ✆ 076-225 958. Alteingesessener Italiener mit interessantem

Klein und fein

Siam Indigo, 8 Phang Nga Rd., ✆ 076-256 697, 🖥 www.siamindigo.com. Altes chinesisches Haus, sehr geschmackvoll renoviert. In dem von einer Französin geführten kleinen Restaurant gibt es gutes Essen sowie Cocktails. Thai-chinesische Gerichte unter 200 Baht, westliche Fleischgerichte um 500 Baht. ⊙ Mi–Mo 11.30–14 und 18.30–23 Uhr. Gratis WLAN.

Nette Bars im alten Stadtkern

Im alten Stadtviertel lohnt der Besuch in einer der netten Bars. In den letzten Jahren und Monaten haben viele neu geöffnet und einige leider bereits wieder geschlossen – die Szene ist im Umbruch. Das **Glasnost**, Soi Rommani, wirkt dank der alten schweren Möbel charmant-gediegen. Wie in einem Spielzeugmuseum fühlt sich der Besucher des **Lard Yai** in der Thalang Rd. Wie auch im Glasnost gibt es alkoholische Getränke und kleine Snacks. Zudem leckere Smoothies.

Angebot an original italienischen Speisen und guten Weinen. Nudelgerichte unter 300 Baht, Hauptgerichte bis 500 Baht.
Shintaro, Debuk Rd. Japaner mit Sitzgelegenheit draußen am rustikalen Holztisch ebenso wie im AC-Raum und in privaten Separees. Bezahlbare Sushi und andere japanische Köstlichkeiten, die in der offenen Küche zubereitet werden. ⊙ 18–24 Uhr.
Tamachart Natural Restaurant, 62/5 Soi Phu Thon, ✆ 076-224 287, 🖥 www.naturalrestaurant-phuket.com. Uriges, mit vielen Pflanzen und Aquarien aus alten Fernsehern oder Computern bestücktes mehrstöckiges Holzhaus. Leckere Thai-Salate und riesige Auswahl in der bebilderten Speisekarte. Hauptgerichte ab 50 bis 250 Baht, ⊙ 10.30–23.30 Uhr.

Cafés

China Inn Café & Restaurant, 20 Thalang Rd., ✆ 081-979 8258, [5482]. Das schöne chinesische Geschäftshaus ist originalgetreu restauriert und mit Antiquitäten ausgestattet; vieles stammt aus Myanmar und ist recht günstig zu erstehen. Leckere Gerichte zu gehobenen Preisen. Tische im Innenhof im hübschen Garten. ⊙ Mo–Mi 11–18, Do–Sa 11–23 Uhr. Abendessen nur Fr und Sa, ansonsten Kaffee und Kleinigkeiten.
Gallery Café, 108/1 Rasada Rd. Kleines trendiges Café mit diversen Kaffeesorten und leckerem Kuchen, Sandwiches und Burgern. Besonders einladend zum Frühstück oder nachmittäglichen Kaffee. ⊙ 8–19 Uhr.

Mian Art House, Talang Rd. Kleine Holztische und eine Vielzahl gebrauchter Bücher, dazu leckerer Kaffee oder Tee zu günstigen Preisen. Nette Atmosphäre, WLAN.

NC Bakery, am Eingang zur Busstation. Hier kann man bei Kaffee, Tee und Gebäck auf den Bus warten.

Phuket View Restaurant, unterhalb des Gipfels auf dem Rang Hill, ✆ 076-216 865. Das Essen ist nicht gerade billig, dennoch sind die Bar und das darunter liegende Restaurant mit der offenen Terrasse wegen der schönen Aussicht bei Einheimischen wie Touristen beliebt. ⏱ 11–23.30 Uhr.

Rommanee Café 16, 16 Soi Rommani, ✆ 081-968 6154. Eines der netten Cafés in der Soi Rommani mit schönem Ambiente. Tagsüber Café, nachts Jazzkneipe.

Siam Bakery, 13 Yaowarat Rd., ✆ 076-355 947. Die französische Bäckerei verkauft sehr leckere Kuchen und Desserts. Zusammen mit einem guten Kaffee kann man sie hier auch in einem AC-Raum verspeisen. Baguette, Croissants und andere Köstlichkeiten. ⏱ Mo–Sa 7.30–19 Uhr.

The Circle Café, am zentralen Kreisverkehr nahe dem Markt. Hier kann man auf einem Großbildschirm Fußballspiele sehen und das Treiben beobachten. Essen sollte man allerdings besser woanders.

Thung-Ka Café, auf dem Khao Rang, ✆ 076-211 500. Von hier bietet sich eine schöne Aussicht. Das Essen ist allerdings teuer und nicht sehr gut. ⏱ 11–23 Uhr.

Unterhaltung

Pubs und Livemusik

Fast täglich, zumindest aber am Wochenende, finden in den zahlreichen kleinen Bars und Kneipen Jazzkonzerte statt.

Michael's Bar, Takua Pa Rd. Westliche Bar mit Pool-Billard, Internet und Sportübertragungen. Gratis WLAN.

O'Malleys Irish Pub & Restaurant, 2/20–21 Montree Rd., ✆ 076-220 170. Im AC-Restaurant wird abends Livemusik gespielt. Pool-Billard, Fußballübertragungen. ⏱ 17–2 Uhr.

Rockin Angel, 55 Yaowarat Rd. Nette Bar mitten in der Altstadt. Abends Livesessions, Blues. ⏱ ab 19 Uhr.

Timber Hut Pub & Restaurant, 118/1 Yaowarat Rd., ✆ 076-211 839. Die Hausband spielt ab 22.30 Uhr überwiegend Rock. ⏱ 20–2 Uhr.

X-Zone und **Kor-Tor-Mor** sind beliebte Pubs mit Livemusik am Nimith Circle, östlich des Zentrums.

Einkaufen

Lohnend ist ein Bummel durch die neue **Markthalle**, in der neben Lebensmitteln auch Textilien und Haushaltswaren verkauft werden. Die Straßen des alten Stadtkerns von Phuket säumen viele kleine Läden, in denen chinesische und moslemische Händler Haushaltswaren, Textilien und Lebensmittel verkaufen. Immer mehr **Boutiquen** und **Kunstgalerien**, Antiquitätenläden, Juweliergeschäfte und Goldschmiedeläden öffnen in der Altstadt (vor allem in der Pha Nga Rd. und der Yaowarat Rd.) ihre Pforten.

An der südlichen Tilok Uthit 2 Rd. erstreckt sich ein weiterer kleiner **Markt**. Entlang der östlichen Straßenseite werden Haushaltsgegenstände, Trockenobst und andere Lebensmittel angeboten, gegenüber Keramiken, Steinmetzarbeiten, Möbel und Pflanzen. Ein Groß- und Nachtmarkt sowie zwei Einkaufszentren komplettieren das innerstädtische Einkaufsviertel. Das Angebot wird abgerundet von modernen Shopping Centern vor den Toren der Stadt.

Bücher

Sengho Book Store, 2/14–16 Montri Rd., nahe Deebuk Rd. Der 1925 gegründete, älteste Buchladen Thailands führt neben Schreibwaren auch Reiseführer, Paperbacks, Kochbücher und Magazine auf 2 Etagen.

South Wind Books, 9 Phang Nga Rd. und schräg gegenüber, ✆ 076-258 302. Die größte Auswahl an Second-Hand-Büchern, viele auch in Deutsch. Rücknahme ausgelesener Bücher.

The Books, 53–55 Phuket Rd., ✆ 076-224 362. Zeitungen und Zeitschriften, Reiseführer, Bildbände und eine Auswahl englischer Paperbacks. Filiale in der Ocean Shopping Mall.

Einkaufszentren

In der **Ocean Shopping Mall** und ihrer Nachbarschaft mit zahlreichen Geschäften lässt es sich gut bummeln. Neben vielen kleinen Geschäften mit teils hohen Preisen gibt es auch einen Big One-Supermarkt und ein Food Center, das Black Canyon Coffee und das C.E. Paradise Multiplex Cinema.

Central Festival, 🖥 www.central.co.th, **Tesco Lotus Supercenter** sowie **Big C**, 🖥 www.bigc.co.th, sind gigantische Einkaufszentren nordwestlich der Stadt am H402, Vichit Songkhram Rd., nahe Chalerm Prakiet Rd. (Tuk Tuk 50 Baht, Stadtbus Nr. 1), ⏱ 9–24 Uhr.

Nachtmarkt

Jeden Abend 3 km südlich des Zentrums an der Straße 4021 Richtung Rawai gegenüber Wat Naka. Auf dem großen, teils überdachten Markt kann man essen und Kleidung sowie diverse „Markenartikel" erstehen.

Textilien und Kunsthandwerk

Aubergine, 114 Pha Nga Rd., ☏ 076-258 336. In dieser kleinen Boutique gibt es Kleidung und Schnickschnack, zudem einige Haushaltsgegenstände, wie etwa geschmackvolle Gläser. Viele Einzelstücke.

Ban Boran Textiles, 51 Yaowarat Rd., ☏ 076-211 563, 100 m vom Kreisel. Ein kleiner Laden mit hübscher und selbst entworfener Kleidung (Jacken, Röcke, T-Shirts und Taschen) aus einheimischer Seide und Baumwolle. Gedeckte Farben. Zudem kleine Schmuckauswahl. ⏱ Mo–Sa 10.30–18.30 Uhr.

Job and Things, Pha Nga, Ecke Yaowarat Rd. Exquisite Stücke, etwa Kleidung, Schmuck und Taschen, finden sich in diesem kleinen Eckladen.

Phuket Unique Home, 186 Phuket Rd., ☏ 076-121 093. Viele Kleinigkeiten vom Tablett über geschmackvolles Besteck bis hin zu Sitzkissen. Kleine Mitbringsel zu guten Preisen, daneben auch Tische und andere Einrichtungsgegenstände, um deren Verschiffung man sich selbst kümmern muss.

Radsada Handmade, 29 Rasada Rd., ☏ 076-355 439. Auf antik getrimmte Buddhafiguren, daneben wirklich Altes aus China, handgefertigte Produkte aus Kokosnuss oder Holzarbeiten, vor allem aber viele Stoffe. Auch Tische und Betten. Es lohnt sich zu stöbern.

Aktivitäten
Fahrradtouren

Auf der Insel herrscht in der Saison allgemein so viel Verkehr, dass Radfahren kaum noch Spaß macht und ziemlich gefährlich ist, vor allem entlang der bergigen Westküste. Gut geeignet für Touren ist der Nordosten. Wer vom Festland her Phuket-Stadt ansteuert, kann den breiten Rad- und Motorradweg der 4-spurigen H402 befahren. Er wird allerdings auch von anderen langsamen Fahrzeugen und verwegenen Autofahrern zum Überholen genutzt. Zudem dient die Straße in Ortschaften als Parkplatz und für den Aufbau von Verkaufsständen. Andere Straßen haben vielfach keine Seitenstreifen – oder diese sind zugeparkt.

Action Holidays Phuket, 10/195 Jomthong Thani, 5/4 Kwang Rd., Phuket-Stadt, ☏ 076-263 575, 🖥 biketoursthailand.com. Offeriert halb- und eintägige Radtouren im Nordosten und Süden der Insel sowie mehrtägige Touren rings um die Phang Nga-Bucht ab 1400/2100 Baht.

Phuket Oldtricycle, 62/9 Rasada Rd., ☏ 081-894 5451. Wer sich gemütlich durch die Altstadt kutschieren lassen möchte, findet hier das passende Gefährt. Die Tour dauert 1 Std. und kostet 370 Baht.

Kajaktouren mit John

John Gray's Sea Canoe, 124 Soi 1, Yaowarat Rd., Phuket-Stadt, ☏ 076-254 505, 🖥 www.johngray-seacanoe.com, [5485]. Der Pionier unter den Kajakfahrern in der Bucht achtet bei seinen Touren auf die Natur, unterweist seine Gäste in Stille und Achtsamkeit und sammelt jedes Stück Plastik aus den hintersten Karstspalten. John hat die Bucht kennengelernt, als sie noch völlig unberührt war; er weiß viel über die Hongs und die Umgebung zu berichten.

Die besten Touren starten nachmittags und enden erst bei Dunkelheit – besonders stimmungsvoll ist die Starlight-Tour. Wer länger unterwegs sein möchte, kann auch mehrere Tage mit dem Kajak die Bucht erkunden. Sehr empfehlenswert und in jedem Fall seinen Preis wert.

Kanu fahren

Sea Canoe Thailand, 367/4 Yaowarat Rd., Phuket-Stadt, ☏ 076-212 252, 💻 www.seacanoe.net. Auch mehrtägige und nachmittägliche Touren mit Dinner.
Sea Cave Canoe, 2/2 Chumphon Rd., Phuket-Stadt, ☏ 076-234 419, 💻 www.seacavecanoe.com. Di und Do Touren mit deutschsprachigen Guides.

Kochkurse

Pat's Home Thai Cooking Classes, 26/4 Kwang Rd., ☏ 076-263 366, 💻 phuketdir.com/patscooking/index.htm. Englischsprachige halbtägige Kochkurse in Pats Privathaus am Stadtrand.
Phuket Thai Cooking School, 39/4 Thepatan Rd. (Ko Siray), ☏ 076-252 354, 💻 www.phuketthaicookery.com. Tgl. Kurse von 10–15 Uhr, Transfer von und zum Hotel. Kurse ab 2500 Baht, Wochenende 2900 Baht. Di inkl. Schnitzen von Gemüsekunst.

Rituelle Feste und Feiertage

Das **Vegetarian Festival** (Vegetarierfest) im Oktober ist ein altes, wiederbelebtes chinesisches Ritual, das seit 1825 auf Phuket begangen wird. Während der 9-tägigen Feierlichkeiten, bei denen Tausende Chinakracher lautstark in den Straßen explodieren, kleiden sich die Teilnehmer in Weiß und essen rein vegetarisch. An den letzten Tagen lassen sich junge Männer in Trance zur zeremoniellen Reinigung Speere durch die Wangen stecken oder Haken am Wangen, Armen und am Rücken befestigen, ohne dass Blut fließt. Am achten Tag werden die Mönche in der Stadt empfangen. Das Fest endet am neunten Tag mit der Vertreibung des Übels, indem Männer in Trance über glühende Kohlen gehen. Den Abschluss bildet eine lärmende Mitternachtsprozession durch die Stadt und ans Meer nach Saphan Hin. Die Termine werden etwa sechs Monate im Voraus festgelegt und sind über das TAT zu erfragen.
Wer Reisen in die Fischerdörfer plant, sollte unbedingt die moslemischen Feiertage und vor allem den **Ramadan** beachten.

Segelkurse und -touren

June Hong Chian Lee, 💻 www.thejunk.com. 5-tägige Tauchkreuzfahrten mit einer chinesischen Luxusdschunke, die bis zu 22 Pers. Platz bietet. Auch Tagesausflüge im Angebot.
Lazy Tours, ☏ 081-476 1656, 💻 www.lazytours.com. Die *Dauw Talae 2*, eine 25 m lange Dschunke, segelt in der Saison wie ein Kreuzfahrtschiff für mehrere Tage durch die Bucht von Phang Nga nach Ao Nang (Krabi).
Phuket Sail Tours, 💻 www.phuketsailtours.com. Segeltouren mit max. 10 Passagieren in der Phang Nga Bay mit und ohne Übernachtung. Die Besitzer einiger Jachten bieten Mitsegelgelegenheiten an (nicht an der Regatta). Treffpunkte sind: Chalong, Phuket Boating Association; Ao Chalong Yacht Club, Phuket Boat Lagoon (bei Tha Rua, 10 km nördlich von Phuket-Stadt).
Star Flyer, 💻 www.star-clippers.de. Auf den größten Segelschiffen der Welt von Jan–März 7-tägige Kreuzfahrten rund um Phuket sowie ein längerer Törn bis Singapore und zurück.
Sunsail, Phuket Boat Lagoon, 10 km nördlich von Phuket-Stadt, ☏ 076-239 057, 💻 www.sunsail.com. Von Mai–Okt von So–Fr 5-tägige Segelkurse für Anfänger bis Fortgeschrittene (mit Zertifikat (RYA)).
Thai Marine Leisure, 20/7-8 Phuket Boat Lagoon, ☏ 076-239 111, 💻 www.thaimarine.com. Kürzere Kreuzfahrten zum Sonnenuntergang, Tagestouren nach Ko Phi Phi, aber auch längere Fahrten mit Segelbooten für 4–25 Pers. in die Bucht von Phang Nga, nach Similan und Krabi.

Sonstiges

Autovermietungen

Mietwagen sind ab 1500 Baht pro Tag ohne Benzin zu haben, inkl. Versicherung. Internationale Firmen verlangen mind. 1600–2000 Baht. Bei längerer Mietzeit werden Nachlässe eingeräumt. Alte Jeeps findet man an der Rasada Rd. und an den Uferstraßen der Strände, ab 1500 Baht. Darauf achten, dass die Autos von Billiganbietern in gutem Zustand sind (auf einer Probefahrt bestehen!). Leser berichten von schlechten Erfahrungen mit Nine Car Rent. Alle Fahrzeuge sollten versichert

Schön und gesund aus dem Urlaub

Viele Ausländer kommen nach Phuket, um sich hier behandeln oder verschönern zu lassen. Schließlich sind die erstaunlichen Resultate der plastischen Chirurgie und Zahnmedizin seit Jahrzehnten in Travestieshows zu bestaunen. Das Preis-Leistungs-Verhältnis stimmt vor allem in Bereichen, die nicht von der heimischen Krankenkasse abgedeckt werden. Eine Zahnreinigung kostet max. 1500 Baht, eine Porzellankrone ab 10 000 Baht. Auch Angebote traditioneller chinesischer und indischer Medizin wie Akupunktur und Ayurveda sind überall zu finden.

Bangkok Hospital Phuket, 2/1 Hongyok Uthit Rd., 076-254 425, Notruf 1719, www.phukethospital.com. Auf internationale Patienten zugeschnitten, dementsprechend ist das Personal englisch-, teils auch deutschsprachig, mit 150 Betten für stationäre Patienten und ein Zentrum für Tauchmedizin.

Mission Hospital Phuket, 4/1 Thepkrasattri Rd., 076-237 220-6, Notruf 076-211 173, Ext. 130, 211907, www.missionhospitalphuket.com. Seit 1940 bietet dieses Krankenhaus der Adventisten eine medizinische Rundumbetreuung, auch Zahn- und Augenärzte.

Phuket International Hospital, 44 Chalerm Phra Kiat Rd., 076-249 400, Notruf 076-210 935, www.phuket-international-hospital.com. An der Umgehungsstraße; auf Ausländer ausgerichtetes Krankenhaus, auch eine große zahnmedizinische Abteilung und traditionelle asiatische Heilmethoden.

Thalang Hospital, 358 Moo 1, Thepkrasattri Rd., Thalang, 076-311 111, 311 033, www.thalanghospital.go.th (nur Thai). Großes Angebot im Bereich alternativer und traditioneller Heilmethoden.

Vachira Phuket Hospital, 353 Yaowarat Rd., 076-211 114, 217 294, www.vachiraphuket.go.th (nur Thai). Spezialist für Unterwassermedizin mit großer Dekompressionskammer.

sein, unbedingt auf die Höhe der Eigenbeteiligung achten!
Avis, 076-351 243, www.avisthailand.com, sowie **Budget**, 076-205 396, www.budget.co.th, jeweils am Flughafen, offerieren einen one-way rental in andere Touristenorte, wo sie Filialen besitzen.
Pure Car Rent, 75 Rasada Rd., 076-211 002, www.purecarrent.com, 8–19 Uhr. Die alteingesessene Firma vermietet Autos und Motorräder.

Diplomatische Vertretungen
Deutsches Konsulat, Dirk Naumann, 100/425 Moo 3, Chalermprakiat Rd., 076-354 119, 089-668 3635, 354 602, Mo–Fr 9–13 Uhr.
Österreichisches Konsulat, c/o Anuphas Manorom Co. Ltd., 2 Moo 4, Wirut-Hongyok Rd., 076-248 334-6, 248 337, Di, Do und Fr 10–12 Uhr.

Informationen
Tourist Authority of Thailand (TAT), 191 Talang Rd., 076-212 213, 211 036, www.tourismthailand.org. In dem großzügigen orangefarbenen Gebäude, ein Neubau im historischen Stil, gibt es Karten, Prospekte, Werbezeitschriften und weitere Informationen. 8.30–16.30 Uhr.

Medizinische Hilfe
Notruf: 191. Auf der Ferieninsel sind modern ausgestattete Privatkrankenhäuser auf Patienten aus aller Welt ausgerichtet.

Motorräder
Motorräder sind in Phuket ein sehr beliebtes, aber gefährliches Transportmittel. Wer ohne ausreichende schützende Kleidung fährt, geht ein großes Risiko ein, und wer keinen Helm trägt, muss 400 Baht Strafe zahlen. Auch der Führerschein wird kontrolliert. Zweiräder werden in Phuket bei **Pure Car Rent**, Rasada Rd., und an den Stränden in vielen Anlagen für 150–500 Baht vermietet. Eine Haftpflichtversicherung für Motorräder gibt es nicht. Für Schäden muss man selbst aufkommen.

Post
Hauptpost, Montri, Ecke Talang Rd., 076-211 010, Mo–Fr 8.30–16.30, Sa, So und feiertags 9–12 Uhr.

In dem **Philatelie-Museum** vor der Post im kleinen, ehemaligen Postamt gibt es Sonderbriefmarken und -stempel.
PLZ: Chalong und Süden: 83 130; Patong: 83 150; Phuket-Stadt: 83 000.
Wer größere Dinge, etwa Möbel, versenden will, kann sich an **Big Move** wenden, ✆ 076-263 987, 🖥 www.bigmovephuket.com.

Spas
Sukko Spa, 100/497-499 Chalerm Prakiet Rd., ✆ 076-261 111, 🖥 www.sukkospa.com. Großes Spa im Westen der Stadt, zudem Kochkurse. Diese beiden Spas bieten neben Massagen auch kosmetische Behandlungen und traditionelle Anwendungen wie Bäder und Ölaufgüsse an. Die Räumlichkeiten sind ein besonderes Erlebnis. Gehobene Preise.
The Royal Spa, 367/63-64 Yaowarat Rd., ✆ 076-236 663, 🖥 www.theroyalspa.com. Filiale einer Spa-Kette mit Pool, Fitnesscenter und Sauna.

Touristenpolizei
Falls etwas passiert, wendet man sich zuerst an die **Tourist Police**, Chalerm Kiat Rd., westlich der Stadt, ✆ 076-355 015, 254 693, im Notfall ✆ 1155.

Visa
Immigration Office in der 482 Phuket Rd. kurz vor der Halbinsel, ✆ 076-212 108, ✆ 221 905, ⏰ Mo–Fr 8.30–12 und 13–16.30 Uhr. Visaverlängerung.
Visa Runs nach Myanmar über Ranong ab 1500 Baht. Das nächste Konsulat für die Beantragung eines neuen Thai-Visums ist Penang (Malaysia). Auch dorthin werden 2-tägige Touren organisiert.

Nahverkehr

Tuk Tuks
Innerhalb der Stadt kosten Tuk Tuks 20 Baht, in die Außenbezirke mehr. Nach Sonnenuntergang muss mit einem Aufschlag von 20–30 % gerechnet werden. Ungefähre Charterpreise:

AIRPORT, 32 km, 500 Baht
BANG TAO, 34 km, 500 Baht
CHALONG, 11 km, 200 Baht
KAMALA, 26 km, 600 Baht
KARON, 20 km, 300 Baht
KATA, 17 km, 270 Baht
NAI HARN, 18 km, 500 Baht
NAI YANG, 30 km, 600 Baht
PATONG, 15 km, 400 Baht
RAWAI, 17 km, 230 Baht
SURIN, 24 km, 500 Baht

Motorradtaxis
In der Stadt 20–30 Baht; Preis vor der Abfahrt aushandeln. Die Fahrer tragen rote oder grüne Westen mit Nummern.

Microbusse
Innerhalb von Phuket-Stadt verkehren Linienbusse für 10 Baht auf 2 verschiedenen Routen: Nr. 1 fährt vom Südosten über die Phuket Rd., am Kreisverkehr am Uhrturm vorbei und weiter durch die Phang Nga Rd. und Bangkok Rd. hinaus zum Lotus und Big C. Bus Nr. 2 fährt von Norden über die Thepkrasatri Rd., die Phang Nga Rd., den Markt und weiter Richtung Süden auf der Chao Fa und Sakdidej Rd.

Inselbusse (Songthaew)
Songthaew fahren etwa alle 30 Min. und kosten ab der Haltestelle in der Nähe vom Markt / ab dem Bus Terminal:

BANG TAO, 25 / 35 Baht, 7–17 Uhr
CHALONG, 20 / 30 Baht, 8–17.30 Uhr
KAMALA, 30 / 40 Baht, 7–17 Uhr
KARON, 25 / 40 Baht, 7.30–18 Uhr
KATA, 25 / 40 Baht, 7.30–18 Uhr
MAKHAM, 20 / 30 Baht, 7–15.30 Uhr (Aquarium)
NAI HARN, 30 / 45 Baht, 7–17 Uhr
NAI YANG, 30 / 40 Baht, 7–17 Uhr
PANWA Halbinsel, 25 Baht, 8–15 Uhr
PATONG, 25/ 35 Baht, 8–18 Uhr
RAWAI, 25 / 40 Baht, 7–17 Uhr
SURIN, 25 / 35 Baht, 7–17 Uhr

Es gibt keine Busse, die von Strand zu Strand fahren, und das wird von den Tuk-Tuk-Fahrern gnadenlos ausgenutzt. Manchmal fährt sogar der letzte Bus an wartenden Touristen vorbei, sodass man ein Tuk Tuk chartern muss.

Taxis

Phuket Taxi Meter, ✆ 076-232 192, sind günstiger als alle anderen Taxis. Sie verlangen für die ersten 2 km 50 Baht und für jeden weiteren 7 Baht, bei telefonischer Bestellung in Phuket-Stadt 20 Baht extra. Leider stehen diese Taxis nur in der Umgebung des Flughafens. Alle anderen Taxifahrer verlangen hohe und stark variierende Preise. Zum Flughafen muss man mit etwa 500 Baht rechnen, zu den Stränden liegen die Preise etwas höher als die der Tuk Tuks. Taxi- und Tuk-Tuk-Fahrer verlangen nach Sonnenuntergang einen Aufschlag und versuchen, Neuankömmlinge zu Hotels zu bringen, von denen sie eine Provision kassieren.

Transport

Busse

Bus Terminal, ✆ 076-211 977, im Osten der Stadt. Hier halten fast alle Busse. Bei der Ankunft der Überlandbusse stehen Tuk Tuks zu den Stränden bereit. Die Fahrer erhalten von vielen Unterkünften eine Provision, sodass diese dann bevorzugt angefahren werden. Zudem fahren von hier tagsüber die Strandbusse.
BANGKOK, AC-Bus um 7 und von 15.30 bis 18 Uhr für 626 Baht; 9x tgl. 2.-Kl.-AC-Bus von 5.15 bis 19 Uhr für 487–501 Baht; VIP-24-Bus um 7.30 und von 16 bis 19 Uhr für 974 Baht. Dauer etwa 12 Std.
CHUMPHON via RANONG, 7x tgl. zwischen 5.30 und 18.10 Uhr für 320 Baht in 6 1/2 Std.
HAT YAI, AC-Bus 12x tgl. von 5 bis 20.50 Uhr für 267–344 Baht; VIP-24-Bus um 21.45 Uhr für 535 Baht in 6–7 Std.
KHAO SOK, mit dem Bus Richtung Surat Thani für 150 Baht in etwa 4 Std.
KO LANTA, 6x tgl. von 7.30 bis 16.30 Uhr für 220 Baht in 4 Std.
KO PHA NGAN, AC-Bus um 9 Uhr für 500 Baht in 8 Std.
KO SAMUI, AC-Bus um 9 Uhr für 430 Baht in 7–8 Std.
KRABI, 2.-Kl.-AC-Bus etwa stdl. von 15.15 bis 19.10 Uhr für 120 Baht in knapp 4 Std. oder mit dem Bus Richtung Ko Lanta für 150 Baht.
NAKHON SI THAMMARAT, AC-Bus 8x tgl. zwischen 6 und 16.30 Uhr für 290 Baht; 2.-Kl.-AC-Bus um 8.20, 9.10, 10.50, 12.50 und 16 Uhr für 240 Baht in 7–8 Std.
PHANG NGA, 1.-Kl.-AC-Bus 5x tgl. von 10.10 bis 16.30 Uhr für 85 Baht in 2 1/2 Std.
RANONG, Bus Richtung Chumphon für 240 Baht in 5 Std.
SATUN, AC-Bus um 8.15, 10.15, 12.15 und 20.15 Uhr für 374 Baht in 7 Std., ansonsten in Trang umsteigen oder über Hat Yai.
SUNGAI GOLOK, AC-Bus um 6, 8 und 20 Uhr für 556 Baht in 11 Std.
SURAT THANI, AC-Bus 8x tgl. zwischen 6 und 14.25 Uhr für 185 Baht in 5–6 Std.
TAKUA PA via KHAO LAK, 9x tgl. zwischen 6.30 und 17.50 Uhr für 90 Baht. Oder Bus Richtung Chumphon für 110 bzw. 100 Baht in 3 Std.
TRANG, 1.-Kl.-AC-Bus 13x tgl. von 4.30 bis 19.10 Uhr für 240 Baht in 5 Std.

Backpacker-Busse

AC-Minibusse, die gern von Travellern genutzt werden, sind nicht immer zuverlässig und bequem. Zudem sind sie meist teurer als die Busse am Busbahnhof. Daneben verkehren auf den wichtigsten Routen auch große Privatbusse. Passagiere werden an Sammelpunkten oder von der Unterkunft in Patong, Kata-Karon und Phuket-Stadt abgeholt.

Nach Norden und Osten

BANGKOK (Khaosan Rd.), über Surat Thani, dort mit teils längeren Wartezeiten umsteigen in einen VIP-Bus, um 5 Uhr für 800–1220 Baht in mind. 15 Std. Um 13.30 Uhr nach SURAT THANI für 550 Baht (mit Anschluss an den Zug). Inkl. Fähre nach KO SAMUI 900 Baht, nach KO PHA NGAN 1000 Baht und nach KO TAO 1200 Baht.

Nach Süden

Minibus um 8.30 Uhr über PHANG NGA, 500 Baht, 1 Std.; KRABI, 550 Baht, 2 1/2 Std.; KO LANTA, 750 Baht inkl. Fähre, 6 Std.; TRANG, 750 Baht, 5 1/2 Std.; SATUN, 900 Baht, 8 1/2 Std.; und SUNGAI GOLOK, 1000 Baht, 10 Std. HAT YAI für 800 Baht in 7 Std.

Nach Malaysia und Singapore

AC-Minibus nach PENANG um 8.30 Uhr für 1200 Baht in 12 Std.; KUALA LUMPUR um

8.30 Uhr für 1550 Baht in 19 Std.; SINGAPORE um 8.30 Uhr für 1850 Baht in 25 Std.

Boote

Alle Boote starten am **Rasada Pier** im Mündungsgebiet des Klong Tha Chin östlich von Phuket-Stadt. Bei Buchungen von Tickets und Touren über Reisebüros vor Ort ist der Hoteltransfer im Preis inbegriffen und das Kombiticket ist sogar günstiger als direkt am Pier (300 statt 600 Baht). Wer von Surin, Bang Tao, Naiharn, Cape Panwa kommt, zahlt 150 Baht mehr. Von Naiyang und Naithorn sogar 700 Baht. Ansonsten kosten Tuk Tuks ab Phuket-Stadt 120 Baht, ein Minibus 80 Baht p. P. Minibusse vom Pier fahren für 150–200 Baht p. P. zu einigen Stränden, Taxis verlangen 500–700 Baht für abgelegene Ziele.
Nach KO PHI PHI (Ao Tonsai), 48 km, starten tgl. mehrere große Passagierboote, 1 1/2–2 Std. für 300–600 Baht einfach. Eine Tour inkl. Hoteltransfer, Mittagessen, Schnorchelausrüstung und Besuch der Maya Bay kostet je nach Komfort 900–1500 Baht. Boote starten um 8.30, 11 Uhr, 13.30 und 14.30 Uhr.
Nach KRABI und zum HAT AO NANG über KO PHI PHI und KO LANTA um 8.30, 11, 13.30 und 14.30 Uhr für 300–1000 Baht in 1 1/2 Std.
Nach KO LANTA zudem um 12.30 Uhr für 750 Baht, und mit dem Schnellboot um 10.30 Uhr für 1500 Baht.

Flüge

Der **Phuket International Airport**, nach Bangkok zweitgrößter Flughafen des Landes, liegt 31 km nördlich von Phuket-Stadt, Information ✆ 076-327 230-5. In der Ankunftshalle finden sich Geldautomaten, Vertreter großer Hotels mit aktuellen Broschüren, eine Gepäckaufbewahrung, eine kommerzielle Hotelvermittlung und die Tourist Police. Minibusse nach Phuket-Stadt 100 Baht, Patong 150 Baht, Kata oder Karon 180 Baht. Zudem fährt ein Airportbus, 🖥 www.airportbusphuket.com, um 6.30 (außer So), 8.45, 10.15, 11.45, 12.45, 13.45, 15, 16, 17, 18.15, 19.15 und 20.45 Uhr in 1 Std. über Nai Yang und Talang nach Phuket-Stadt bis zum Bus Terminal, je nach Entfernung für 10 bis 85 Baht.

An einem Schalter in der Ankunftshalle werden Coupons für Fahrten mit Taxis oder Minibus verkauft. Taxis kosten nach BANG TAO 450 Baht, CHALONG 700 Baht, KAMALA 500 Baht, KARON 800 Baht, KATA 800 Baht, KHAO LAK 1300 Baht, KRABI 2500 Baht, NAI HARN 650 Baht, PATONG 550 Baht, PHANG NGA 900 Baht, PHUKET-STADT 600 Baht, PHUKET PIER 500 Baht, RAWAI 800 Baht, SURIN 600 Baht. Für Flüge am frühen Morgen ein Taxi bestellen. Gegenüber dem Flughafengebäude gibt es mehrere Autovermietungen. **Budget** vermietet Pkw und Jeeps; **Airport Car Rent**, ✆ 076-327 484, 🖥 www.airportcarrent.com, hat günstige Jeeps im Angebot.
Wer nach Takua Pa (für Khao Lak) oder Krabi unterwegs ist, kann auch den Bus Richtung Phuket-Stadt nehmen und an einer Haltestelle der Überlandbusse an der Hauptstraße aussteigen. Auf der gegenüberliegenden Straßenseite einen vorbeifahrenden Bus zum Zielort stoppen.
Mit dem Taxibus kostet die Fahrt nach Khao Lak ab Flughafen 1000 Baht.

Inlandflüge

BANGKOK, mit Thai Airways, 5x tgl. ab 3000 Baht, mit Bangkok Airways 6x tgl. ab 2200 Baht. Günstiger sind Air Asia, Nok Air (4x tgl.) und Orient Thai Airline (one two go) 2x tgl.
KO SAMUI, mit Bangkok Airways, 5x tgl. in 50 Min. ab 2400 Baht.
PATTAYA, mit Bangkok Airways, tgl. ab 2800 Baht.

Internationale Flüge

KUALA LUMPUR, mehrmals tgl. mit Air Asia, Thai und MAS.
MYANMAR mehrmals wöchentl. mit Air Bagan, 🖥 www.airbagan.com.
SINGAPORE, mehrmals tgl. mit Thai, Jet, Silk Air und Tiger Airways.
Zu weiteren Zielen über Bangkok.
DEUTSCHLAND, u. a. Berlin, München, Düsseldorf und Stuttgart mit Air Berlin.

Airlines

Viele der Billigfluggesellschaften haben kein Büro in Phuket. Sie können übers Internet gebucht werden.

Air Asia, 🖥 www.airasia.com, nur 15 kg Freigepäck.
Bangkok Airways, 158/2–3 Yaowarat Rd., ✆ 076-225 033, 🖥 www.bangkokair.com. Passagiere von Bangkok Airways bekommen nach dem Check-in gegenüber Gate 1 kostenlos einen Imbiss und Getränke. Zwei Internet-Zugänge stehen zur Verfügung.
Jet, ✆ 02-267 5125, 🖥 www.jetstar.com.
Malaysia Airlines, am Flughafen, ✆ 076-216 675, 🖥 www.malaysiaairlines.com.
Nok Air, ✆ 1318, 🖥 www.nokair.co.th.
Orient Thai Airline (one two go), ✆ 076-351 238, 🖥 www.orient-thai.com, www.fly12go.com.
Singapore Airlines und ihre Tochter **Silk Air**, Bypass Square, Bypass Rd., gegenüber Tesco Lotus, ✆ 076-351 236, 🖥 www.silkair.com.
Thai Airways, 78 Ranong Rd., ✆ 076-211 195, 🖥 www.thaiairways.com.
Tiger Airways, 🖥 www.tigerairways.com.

Die Strände der Insel Phuket

Die Strände im Osten der Insel, Chalong, Laem Ka und Rawai, sind sehr flach und zum Schwimmen nicht gut geeignet. Die attraktiven Sandstrände mit ihren Touristenklaven liegen im Westen. Sie sind in mehreren Reihen mit Sonnenschirmen und Liegen vollgestellt. Mit dem eigenen Fahrzeug geht es vom Hat Nai Harn im Süden über Kata, Karon, Patong, Kamala, Surin und Bang Tao bis zum Hat Nai Yang, Busse verkehren nicht auf dieser Strecke.

Panwa-Halbinsel

Die hügelige Halbinsel erstreckt sich südlich von Phuket-Stadt und begrenzt im Norden die seichte Bucht Chalong. In der Nachbarschaft moslemischer Dörfer sind Luxusresorts entstanden, deren größtes Plus die wunderschöne Aussicht über eine der landschaftlich schönsten Küsten der Insel ist. Das Meer ist zum Baden allerdings weniger geeignet. Hinter dem Dorf **Ao Makham**

Der größte Thai-Tempel der Insel

8 km südwestlich von Phuket-Stadt liegt 2,7 km vom großen Kreisverkehr entfernt am H4022 der bekannteste Thai-Tempel der Insel, **Wat Chalong**, dessen Viharn die verehrten Statuen der beiden Mönche Luang Pho Chaem und Luang Pho Chuaing enthält, die sich unter Rama V. große Verdienste erwarben: Während des Aufstandes der chinesischen Zinnminenarbeiter retteten sie durch heilende magische Kräfte (sagen die einen) bzw. natürliche Heilmethoden und geschickte Diplomatie (sagen die anderen) Verletzte auf beiden Seiten und trugen zur Beendigung des Aufstandes bei. Pilger entzünden hier gern Kracher, lassen sich wahrsagen oder erfragen Glückszahlen für die Lotterie. In einem neuen Viharn stehen Buddhastatuen in unterschiedlichen Haltungen. Viele Opfer des Tsunami wurden im Krematorium dieses Tempels eingeäschert. Ruhesuchende finden einen hübschen Platz im hinteren Bereich an einem Teich.

an der seichten **Ao Makham** führt vom H4129 eine 400 m lange Stichstraße links zum kleinen **Ko Tapao Pier**, von dem Boote in 10 Min. auf die kleine vorgelagerte Insel **Ko Tapao** fahren. Hinter dem Dorf und der großen Ölraffinerie geht es weiter auf dem H4129, vorbei am großen **Hafen** (Port of Phuket) und dem Dorf **Ban Lampana** an der seichten Ao Thang Khem.

Am **Phuket Aquarium** und **Marine Biological Research Center** endet nach insgesamt 10 km die Straße. Im ansprechenden Gebäude tummeln sich in Bassins Süß- und Salzwasserfische aus aller Welt. Der Schwerpunkt liegt auf der Unterwasserwelt der Andamanensee, die von einem Tunnel aus betrachtet werden kann. Hier schwimmt auch ein imposanter Manta. Hinter dem Aquarium gibt es ein Außengelände, welches ebenfalls lohnenswert ist. Man sollte mind. 2 Std. Zeit einplanen. Eintritt 100 Baht, Kinder ab 104 m Körpergröße 50 Baht, ✆ 076-391 041. 🕐 tgl. 8.30–16 Uhr.

Übernachtung

Karte S. 562

Cape Panwa Hotel ㉓, 27 Moo 8, Sakdidej Rd., ℡ 076-391 123-5, 🖳 www.capepanwa.com. Vier-Sterne-Luxushotel. 232 großzügige Zimmer und 14 Bungalows mit allem Komfort, 6 Pool-Villen, mehrere Restaurants und Bars, Pool. Schöner kleiner Privatstrand, mit Zahnradbahn von den höher liegenden Gebäuden erreichbar. Frühstücksbuffet inkl. ❼

Novotel Beach Resort ㉓, 5/3 Moo 8, Ao Yon, ℡ 076-393 300, 🖳 www.accorhotels.com/asia. Hübsches, komfortables Vier-Sterne-Resort der Acor-Kette, 77 Zimmer mit Balkon oder Terrasse und Suiten im modernen Thai-Stil in 2- und 3-stöckigen Häusern an einem abgelegenen Strand an der Westküste des Kaps mit Blick auf Chalong. Großer Pool, Sauna, Fitnesscenter, Wassersport-Angebote. ❻

Sri Panwa ㉔, 88 Moo 8 Sakdidej Rd., ℡ 076-371 000, 🖳 www.sripanwa.com. Kleines, exklusives Luxusresort mit Pool-Villen ab 36 000 Baht plus Steuer und Service, zudem private Luxushäuser. Gutes Essen im edlen Restaurant Baba mit atemberaubendem Ausblick und Fusion-Küche, Gerichte um 300 Baht. ⏱ 11–16 und 17.30–24 Uhr. ❽

The Bay Hotel ㉔, 31/11 Moo 8, Sakdidej Rd., ℡ 076-391 514, 🖳 www.thebay-phuket.com. Studios und 1- bis 2-Zimmer-Apartments mit Küchenzeile, teils mit Blick aufs Meer. Italienisches Restaurant. Alle 10 Min. verkehrt ein Shuttle zum Schwesterhotel Cape Panwa. ❼ An der Promenade gibt es einige kleine Restaurants, einen Minimarkt und kleine Läden, darunter Schneider und Reisebüros.

Nahverkehr

Die Inselbusse (Songthaew) ab dem Markt in PHUKET-STADT kosten bis zum Aquarium 25 Baht. Tuk Tuks 140 Baht. Rückfahrt des Inselbusses in die Stadt bis max. 15 Uhr. Taxi zurück nach Phuket-Stadt 500 Baht.

Chalong und Umgebung

Der Pier ist das Herz dieses gesichtslosen Ortes. Morgens, wenn Tagesausflügler und Taucher anreisen, herrscht bereits 11 km südlich von Phuket-Stadt am großen Kreisverkehr, wo die Stichstraße abzweigt, Verkehrschaos. Sobald sich die Boote in Richtung Inseln entfernen, kehrt Ruhe ein. Dann sind es Jachties aus aller Welt und Langzeiturlauber aus dem Hinterland – darunter viele Deutsche –, die in den kleinen Restaurants und Bars Gesellschaft suchen. Die seichte **Ao Chalong** wird von der vorgelagerten Insel **Ko Lone** geschützt und grenzt im Süden an die kleine Felsformation **Laem Ka** (16 km). Den 750 m langen Pier – ein zweiter ist bereits geplant – umgeben gesichtslose Neubaublocks mit Geschäften, Büros und Apartments. Die Strände beiderseits der Anlegestelle in der Ao Chalong sind zu schmutzig und seicht zum Schwimmen.

Am **Hat Mittrapab**, auch Friendship Beach genannt, weiter im Süden ist das Meer ebenfalls sehr seicht. Daher sind die Bungalowanlagen kaum ausgelastet.

Das **Phuket Sea Shell Museum**, gegenüber der Einfahrt zum The Evason Phuket Resort, ist eine Privatsammlung in einem unübersehbaren, modernen Gebäude mit einem großen Souvenirshop. Die Sammlung der Brüder Patmakanthin umfasst über 200 Muschelarten aus aller Welt, darunter viele einheimische Muscheln, Schneckenhäuser und Perlen in allen Größen. ⏱ 8–18 Uhr, ℡ 076-381 266. Mit 200 Baht ist der Eintritt überhöht.

Übernachtung

Karte S. 562

Untere und mittlere Preisklasse

Nahe Wat Chalong gibt es preiswerte Unterkünfte vor allem für Langzeitgäste und 2 Billigunterkünfte. Die Busse von Phuket-Stadt nach Kata-Karon fahren daran vorbei. Songthaew ab Phuket-Stadt zum Wat Chalong 25 Baht.

Ao Chalong Mansion ㉑, ℡ 087-278 9830. An der Straße zum Pier. Recht große Zimmer, teils mit Balkon zur Hauptstraße. Gefliese Böden und ohne jegliche dekorativen Elemente, dafür unübertroffen günstig. ❷

Shanti Lodge ㉒, 1/2 Soi Ban Rae, Chaofa Nok Rd., ℡ 076-280 233, 🖳 www.shantilodge.com, [3675]. Vom Kreisverkehr 1,5 km Richtung Wat Chalong auf der linken Seite. Hübsch gestaltete, etwas hellhörige Zimmer mit Ventilator oder AC, teilweise mit Bad. Tolle Anlage mit freundlichem, gut Englisch sprechendem Management.

Gutes Restaurant, das ohne Glutamat kocht. Kostenlos WLAN, viele Pflanzen, kleiner Pool, Massagen und Mopedverleih. ❹–❺

Youth Hostel Phuket ㉒, 73/ Chaofa Rd., 1 km vor dem Wat Chalong, ☎ 076-281 325, 🖥 www.phukethostel.com, [3676]. In einem frei stehenden Haus saubere Zimmer, manche mit Balkon. Ventilator oder AC und Gemeinschaftsbad, auch Schlafsaalbetten für 180 Baht, Frühstück inkl. Weit abseits der Strände und jeglicher touristischer Infrastruktur. Mopedverleih. ❸

Obere Preisklasse
Friendship Beach Waterfront Resort ⑳, 27/1 Soi Mittrapap, ☎ 076-288 996, 🖥 www.friendshipbeach.com, [3686]. Unter Kokospalmen 30 teils familiengeeignete Zimmer mit Küche, AC und TV. Weitläufiger Garten mit großem Pool, der auch von Restaurantgästen genutzt werden kann. Amerikanischer Küchenchef, internationale und Thai-Gerichte ohne Glutamat zu moderaten Preisen. Fr und So ab 16 Uhr Live-Jazz im Garten am Pool. Wellness- und Spa-Center Atmanjai. ❺–❻

The Mangosteen Resort & Spa ⑲, 99/4 Moo 7, Soi Mangosteen, ☎ 076-289 399, 🖥 www.goldentulipmangosteen.com. 300 m abseits der Hauptstraße auf einem Hügel mit Rundumsicht über das Kap und die Inseln bis Phuket-Stadt. Exklusives Resort mit viel Privatsphäre. 40 in weitläufiger Gartenanlage locker verteilte Villen im modernen Thai-Stil. Viele Naturmaterialien, Bäder, z. T. mit Whirlpool. Hübscher Salzwasserpool mit kleinen Wasserfällen. Gutes, aber teures Restaurant, Bar und Spa. ❼–❽

The Vighit Resort ⑱, 16/1 Vichit Rd., ☎ 076-363 600, 🖥 www.vighitresort.com. Ansprechende luxuriöse Anlage mit über 70 Villen im Hang. Großer Pool und Spa. ❽

🏠 Wohlfühlen mit gutem Gewissen

Evason Phuket & Six Senses Spa ⑰, 100 Vichit Rd., ☎ 076-381 010, 🖥 www.sixsenses.com, [3677]. Auf dem felsigen Laem Ka erhebt sich das älteste internationale Hotel der Insel. 282 Zimmer mit Balkon und teils offenen Bädern in 2-stöckigen Reihenhäusern oder als Pool-Villa. Schöner Rundblick. Kein Strand, die Gäste können zur 15 Min. entfernten Bon Island hinausfahren, die exklusiv zum Resort gehört. 3 Restaurants, 3 Pools, Tauchbasis, Spa und Tennis.

Das Evason ist vielleicht das Hotel Thailand, das am strengsten auf ökologische Standards achtet: Brauchwasser und Trinkwasser des Hotels werden aus einer Regenwasseraufbereitungsanlage gewonnen, die Energie aus Solarzellen und Biomasse. Verwendung fanden nur umweltfreundliche Farben, die Stoffe bestehen aus ökologisch angebauter Baumwolle und wurden auf natürliche Weise gebleicht. Die in den Restaurants zubereiteten Fische werden geangelt und nicht mit Netzen gefischt. Gemüse und Gewürze stammen aus dem eigenen Garten. Die CO_2-Bilanz ist ausgeglichen (ohne Einbezug der Flugmeilen), kurzfristiges Ziel ist eine positive CO_2-Bilanz! 0,5 % des Umsatzes gehen an soziale Einrichtungen, 50 % des Umsatzes, welcher mit Trinkwasser erwirtschaftet wird, werden an weltweite Wasserhilfsprojekte gespendet. ❻–❽

Essen und Unterhaltung
An der Zufahrtsstraße zum Pier reihen sich Bars und Restaurants.

Anchor Inn, 1/3 Moo 9, Vichit Rd., im gleichen Gebäude wie Sea Bees (s. „Tauchen"). Bei Tauchern beliebt. Thai-Gerichte ab 50 Baht sowie Europäisches ab 90 Baht, leckere frische Fruchtsäfte. Speisekarte auf Deutsch.

Friendship Beach Waterfront Resort, das Restaurant im Resort (s. „Übernachtung") lohnt vor allem Fr und So nachmittags die Anreise.

Kan Eang, direkt am Meer südlich vom Pier, ☎ 076-381 323, 🖥 www.phuket-seafood.com. Großes Seafood-Restaurant, man sitzt an weiß gedeckten Tischen in modern gestylter Umgebung, teils unter Kasuarinen, und blickt aufs Meer. Die Phuket-Spezialität ist für viele Einheimische *nahm prik kung siab*, gegrillte Shrimps in Chilipaste. ⏱ 10–22 Uhr.

La Canabe, vom Chalong-Kreisel 1 km Richtung Rawai auf der rechten Seite. Hier zaubert ein französischer Koch riesige Portionen für 350 Baht. Französische, italienische, spanische und Thai-Küche. ⏱ 17–23 Uhr.

Mani's German Bakery 2, an der Zufahrtstraße zum Pier. Wartet mit wunderbar frischen Brötchen und einem unschlagbaren deutschen Frühstück mit Wurst und Käse auf.
◷ 7–14.30 Uhr, So bis 13 Uhr.
The Green Man Pub, 82/15 Moo 4, Patak Rd., ☏ 076-281 445. Großer Pub im Tudor Revival-Stil auf der grünen Wiese, 1 km vom Kreisverkehr Richtung Kata. Vor allem So mittags zum Roast Lunch treffen sich hier die auf der Insel lebenden europäischen Familien. Fr ist Curry Night und am Do wird abends Livemusik gespielt. Im Pub das mediterrane Restaurant **Carte Blanche**, gehobenes Preisniveau.
◷ 11–2 Uhr.
The Lighthouse, 45/33 Moo 9, ☏ 076-381 709, [6373]. Der Seglertreff unter dem Leuchtturm wurde in den 1980er-Jahren vom Amerikaner Jimmy erbaut, wechselte jedoch jüngst mehrmals den Besitzer. Unter den vergilbten Fotos von Booten treffen sich Jachties und genießen den Ausblick aufs Meer. Die Küche ist amerikanisch angehaucht. Schwarzes Brett, auch Zimmervermietung. ❺
An der Hauptstraße nahe der Zufahrt zum Vighit Resort gibt es einen großen **Nachtmarkt**, allerdings ohne Sitzgelegenheiten.

Aktivitäten

Bootstouren
Mehrere Veranstalter bieten Tagestouren nach Ko Racha zum Schnorcheln oder Tauchen an. Die Preise variieren zwischen 1000 und 1500 Baht. Schnellboote nach Ko Racha um 9 Uhr, zurück 15 Uhr.
Selbst organisierte Tagestouren zur CORAL ISLAND mit dem Longtail 2000 Baht, Schnellboot für 6–8 Pers. 7000 Baht hin und zurück. Nach KO LONE kostet das Schnellboot ca. 2000 Baht, ein Longtail etwa die Hälfte.
River Rover, ☏ 076-280 420, 🖳 www.riverrovers.com. Bootstouren durch die **Mangroven** mit max. 9 Passagieren für 2950 Baht (Tagestour) bzw. 1750 Baht (Halbtags- und Sunset-Tour).

Reiten
Phuket Riding Club, 95 Moo 4, Vichit Rd., westlich vom Chalong-Kreisverkehr, ☏ 076-288 213, 🖳 www.phuketridingclub.com. Reitunterricht und Ausritte mit oder ohne Begleitung. Die Reitwege führen durch Plantagen, Wälder und bei Ebbe am Strand entlang.

Elefantensafaris

Eine große Attraktion sind Safaris auf Elefantenrücken durch Kautschukplantagen. Halbstündige Touren kosten etwa 1150 Baht (1 Std. ca. 1390 Baht) und werden bis kurz vor Sonnenuntergang durchgeführt. Mittlerweile leben etwa 200 Elefanten auf der Insel vom Tourismus, die meisten in den Camps. Viele Unternehmen sind nicht registriert und operieren illegal. Generell gilt: Die besten Camps findet man im Norden Thailands. Wer jedoch auf einen Ritt verzichten möchte, sollte einen der folgenden relativ verantwortungsvollen Anbieter kontaktieren:
Adventure Safaris, 70/85 Rat Uthit Rd., ☏ 076-341 988 oder 341 746, 🖳 www.phuket.com/tours/safaris.htm, 30 Min. ca. 800 Baht, 1 Std. ab 1300 Baht, 2 Std. 2600 Baht).
Phuket Elephant Ride, an der Straße nach Kata vor dem View Point, ☏ 076-289 099, Ausritte von 30 Min. für 800 Baht, 1 Std. 1300 Baht, ◷ 8.30–18 Uhr.
Siam Safari Nature Tours, 45 Chao Fa Rd., Chalong, ☏ 076-280 116, 🖳 www.siamsafari.com.

Tauchen
Ocean Rover & Fantasea Divers, 43/20 Moo 5, Vichit Rd., ☏ 076-281 388, 🖳 www.ocean-rover.com, www.fantasea-divers.com. Für professionelle Taucher. *Liveaboards* auf die Similan-Inseln und auf die Andamanen, im Sommer entlang der Ostküste Malaysias und nach Nord-Sulawesi (Indonesien). Viele Amerikaner, gehobenes Preisniveau.
Poseidon, im Evason Phuket & Six Senses Spa, ☏ 076-289 401, 🖳 www.poseidondiving.com. Seit 1973 mit deutschem Tauchlehrer. Bieten u. a. Touren zu den Similan-Inseln an, mit Übernachtung im Zelt auf den Inseln.
Sea Bees, 1/3 Moo 9, Vichit Rd., ☏ 076-381 765, 🖳 www.sea-bees.com. Unter deutscher Leitung, Ableger in Khao Lak, günstig über LTU zu buchen, Kurse und *Liveaboards*.

Sea King, 20/23 Moo 4, Soi Suksan, Vichit Rd., ☏ 076-280 319, 🖳 www.seaking-diving.com. Britische Tauchschule, auch *Liveaboards*.

Thai-Boxen

Wer Thai-Boxen erlernen will, wendet sich an das **Suwit Boxing Camp**, 15 Moo 1, Chao Fa Rd., ☏ 081-737 6072, 🖳 www.bestmuaythai.com.

Sonstiges

Geld und Post

Ein Geldautomat nördlich vom Kreisverkehr und an der Zufahrtsstraße am Pier am 7-Eleven. **Post** 1 km südlich des Kreisverkehrs.

Nahverkehr

Die Inselbusse ab dem Markt in PHUKET-STADT kosten bis CHALONG 30 Baht, weiter nach RAWAI und KATA ebenfalls für 30 Baht. Tuk Tuks und Taxis nach PHUKET-STADT können für 400 Baht gechartert werden.

Rawai

Der Strand im Süden der Insel, 17 km von Phuket-Stadt, ist die Seafood-Schlemmermeile der Einheimischen. Unter den Kasuarinen am Meer mit schönem Blick auf die Inseln wird frisch zubereitetes Seafood serviert, das teils aus Restaurantküchen über die Straße getragen wird. Zwischen den Seafood-Restaurants siedeln sich mehr und mehr Bars an. Allerdings ist der schmale Sandstrand häufig verschmutzt und wirkt wenig einladend, das Meer fällt flach ab und eignet sich auch wegen der vielen Boote nicht zum Schwimmen. Durch die Coral Island ist die Bucht gut geschützt, sodass selbst während der Monsunzeit kaum Wellengang herrscht. Dort, wo die Straße nach Westen abzweigt, geht es geradeaus zum **Seenomaden-Dorf**, einer ärmlichen Siedlung, deren Bewohner sich nicht gern von Touristen bestaunen lassen. Am Ortsende wird am Strand fangfrischer Fisch zum Verkauf angeboten. Jenseits des Seenomaden-Dorfes und der Kokosplantage erreicht man einen angenehmen, schmalen **Strand** mit vereinzelten Felsgruppen. Hier kann man auch bei Ebbe schwimmen und sich unter schattigen Bäumen ausruhen.

Übernachtung

Rawai

Karte S. 582

An der Hauptstraße nördlich des Seenomaden-Dorfes werden zahlreiche Zimmer über den Ladenlokalen vermietet.

Maalai Resort ⑨, 54/14 Moo 6, ☏ 076-613 809, 🖳 www.maalairesort.com, **[6397]**. 2 Reihen Zimmer entlang von 2 langen Pools. Alle Zimmer mit großer Fensterfront zum Pool. WLAN. Inkl. Frühstück. ❺

Rawai Beach Resort ⑩, 42 Moo 6, ☏ 076-613 727, 🖳 www.rawaibeachresort.com, **[6398]**. Zimmer in drei 2-stöckigen neuen Gebäuden, teils mit Balkon. Etwas von der Straße zurückversetzt. Viele Langzeiturlauber. ❹–❺

Thai Palace Resort ⑧, 52/8 Moo 6, ☏ 076-288 042, 🖳 www.thaipalaceresort.com, **[6399]**. Zwei 2-stöckige Gebäude mit gut eingerichteten Zimmern, doppelstöckige Bungalows mit Schlafzimmer unter dem Dach sowie kleiner Küche; einfachere Bungalows. Alles rund um einen kleinen Pool mit Wasserfall. Hübsch mit viel Grün abgetrennt. ❺

Saiyan

In diesem Ort im Hinterland zwischen Rawai und Nai Harn werden Bungalows und Apartments an Langzeiturlauber überwiegend auf monatlicher Basis vermietet. Restaurants, Wäschereien und Läden haben sich auf diese Gäste eingestellt.

Essen

An zahlreichen Essenständen an der Strandstraße werden die scharfen nordostthailändischen Salate *som tam* und andere Snacks zubereitet.

Baan Had Rawai Seafood, 57/5 Rawai Beach Rd., am südlichen Ende der Bucht, ☏ 076-383 838.

Leckeres Seafood

Salaloi Seafood, eines der größten Restaurants in Rawai. Gutes, preiswertes Seafood und andere Thai-Gerichte, freundlicher Service, sehr beliebt bei Einheimischen und vor allem am Wochenende voll.

Nai Harn und Rawai

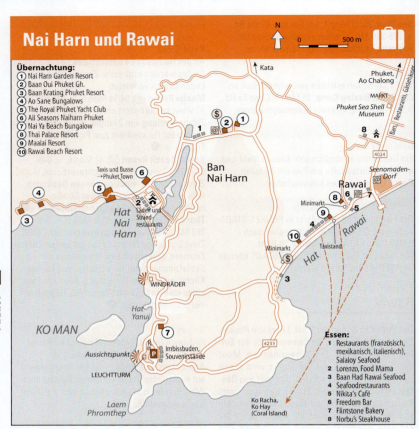

Übernachtung:
1. Nai Harn Garden Resort
2. Baan Oui Phuket Gh.
3. Baan Krating Phuket Resort
4. Ao Sane Bungalows
5. The Royal Phuket Yacht Club
6. All Seasons Naiharn Phuket
7. Nai Ya Beach Bungalow
8. Thai Palace Resort
9. Maalai Resort
10. Rawai Beach Resort

Essen:
1. Restaurants (französisch, mexikanisch, italienisch), Salaloy Seafood
2. Lorenzo, Food Mama
3. Baan Had Rawai Seafood
4. Seafoodrestaurants
5. Nikita's Café
6. Freedom Bar
7. Flintstone Bakery
8. Norbu's Steakhouse

Gutes, großes Seafood-Restaurant, teils überdacht und teils unter Bäumen direkt am Meer. Große, günstige Portionen. Aus Wasserbecken sucht man lebende Fische aus, die dann gegrillt serviert werden. Beliebt bei Einheimischen.
Flintstone Bakery, Filiale der Bäckerei Richtung Phuket-Stadt. Brot, Brötchen und Kuchen sowie Pizza, Pasta, Steaks und Eis. ⏱ 7 Uhr bis spät.
Freedom Bar, an der Hauptstraße. So nachmittag manchmal Livemusik, außerdem Pool-Billard. Serviert Burger, Tapas und Thai-Küche. Bis spät bzw. früh geöffnet.
Nikita's Café, kleine Bar unter Schatten spendenden Bäumen direkt am Meer. Ruhige, entspannte Atmosphäre, bei Ausländern beliebt.

Westliches Frühstück mit gutem Kaffee, Thai-Gerichte und eine große Auswahl alkoholischer Getränke. Mittleres Preisniveau, ⏱ ab 9 Uhr.
Norbu's Steakhouse, 148 Soi Wat Rawai, Moo 6, etwas versteckt nahe dem Tempel von Rawai, ☎ 081-367 5416. Geleitet von einem aus der Schweiz stammenden Tibeter. Hervorragende Küche. ⏱ 18–23 Uhr.

Aktivitäten

Bootstouren

Am Strand können **Longtails** und **Schnellboote** für Tagestouren gemietet werden. Longtails, nur bei ruhiger See zu empfehlen, kosten nach KO BON 800 Baht oder KO KAEO YAI 1000 Baht, nach CORAL ISLAND 1200 Baht in 20–25 Min. Nach KO MAI THON, KO KHAI oder RACHA YAI sollte man wegen der Entfernung nur mit dem Schnellboot fahren (Kosten 3000–8000 Baht). Weitere Boote ab Chalong.

Thai-Boxen
Gut organisiert ist das **Rawai Muay Thai Camp**, 43/42 M.7 Soi Sai Yuan 1 Rd., ✆ 076-381 167, 🖥 www.rawaimuaythai.com.

Sonstiges
Geld
Geldautomat neben dem Minimarkt und um die Ecke am 7-Eleven.

Nahverkehr
Inselbusse zum Markt in PHUKET-STADT 40 Baht, bis CHALONG 20 Baht. Tuk Tuks kosten nach PHUKET-STADT 400 Baht, KARON 500 Baht, PATONG 600 Baht, abends mehr. Taxi zum FLUGHAFEN 1000 Baht.

Nai Harn und Umgebung

Der herrliche Hat Nai Harn liegt in einer tiefen Bucht an der südlichen Westküste, 21 km von Phuket-Stadt entfernt. Der feine, weiße Sand ist umrahmt von felsigen, teilweise mit Kokos- und Palmyrapalmen bewachsenen Hügeln und einer befestigten, von Kasuarinen gesäumten Lagune; schöne Sonnenuntergänge. Während der Regenzeit von Mai bis November ist man jedoch voll dem Monsun ausgeliefert, es kommt zu starken Unterströmungen. Das einstige Eldorado der Traveller ist jetzt Badestrand betuchterer Feriengäste aus dem vornehmen Jacht Club und zahlreicher Urlauber aus den Ferienanlagen im Hinterland. Vielen Gästen, die Bars und Trubel nicht schätzen, bietet Nai Harn eine Alternative, und so wird es langsam auch hier voll. Das Hinterland überrascht mit reizvollen Plätzen und vielen neuen Ferienhäusern, die zum Verkauf oder zur Vermietung stehen.

Richtung Kata
Zum kleinen **Hat Nui** geht es auf der schmalen, kurvenreichen Straße 4233 Richtung Kata und hinter Sayan auf einer ausgeschilderten, steilen Lehmstraße. Die Strecke ist nur mit dem Auto zu meistern. Die saubere Bucht mit Restaurant, Bar und Du/WC wird wie ein Privatstrand verwaltet. Für 250 Baht Eintritt erhält man einen Drink, eine Liege und einen Sonnenschirm. Essen und Getränke sind sehr teuer.

Einen knappen Kilometer weiter Richtung Kata eröffnet sich vom **Khao San Had View Point** ein schöner Ausblick auf die Buchten von Kata Noi, Kata Yai und Karon. Essen- und Getränkestände und WC.

Richtung Laem Promthep
Auf der schmalen, kurvenreichen Straße östlich der Lagune zu den **Windmühlen** hinauf bietet sich ab und an eine schöne Sicht auf Nai Harn. Nach 3 km geht es hinab zum kleinen **Hat Yanui**, einem sauberen, von Felsen und abgestorbenen Korallen durchsetzten Sandstrand. Das seichte Wasser mit vielen Fischen eignet sich gut für erste Schnorcheltrips. Ein gutes Restaurant, Sonnenschirme und Liegen (150 Baht) tragen mit zur Beliebtheit dieses kleinen Strandes bei.

Übernachtung
Nördlich vom Hauptstrand
All Seasons Naiharn Phuket ⑥, 14/53 Moo 1, ✆ 076-289 327, 🖥 www.allseasons-naiharn-phuket.com. Das ehemalige Sabana Resort wurde erneuert und bietet nun gut ausgestattete geschmackvolle Zimmer. 2 Pools und kleines Fitnesscenter. ❽

Sonnenuntergang am Laem Promthep

Die wunderschönen Sonnenuntergänge auf dieser felsigen, regenarmen und mit Palmyrapalmen (Zuckerpalmen) bewachsenen Südspitze der Insel locken Abend für Abend Hunderte Schaulustige an. Eine Serpentinenstraße schlängelt sich vom Hat Rawai durch Kokoswälder zum Parkplatz unter dem Leuchtturm, der von Essen- und Souvenirständen gesäumt ist. An einem Denkmal neben dem Leuchtturm verehren Einheimische den Hindugott Brahma, dessen Namen das Kap trägt, und bringen ihm Elefantenstatuen als Opfergaben dar.

Für Traveller mit kleinem Budget

Ao Sane Bungalows ④, 11/2 Hat Nai Harn, ✆ 076-288 306, [3325], am kleinen, groben Sandstrand, nach 1 km auf der Straße über den Hügel (herrliche Aussicht). Bungalows verschiedener Altersklassen am Ende des Strandes, alle mit Ventilator. Traditioneller Familienbetrieb, sehr geruhsam. Es ist noch etwas von der alten Traveller-Atmosphäre zu spüren. Offenes Ausflugsrestaurant. Das von Felsen durchsetzte Meer eignet sich zum Schnorcheln und Schwimmen. Kleine deutschsprachige Tauchbasis. ❸–❹

The Royal Phuket Yacht Club ⑤, ✆ 076-380 200, 🖳 www.theroyalphuketyachtclub.com, [6396]. Gepflegte Anlage der Luxusklasse, die sich in Stufen den Hang hinaufzieht. 110 Zimmer. Teure Restaurants, Spa mit Blick über die Bucht. ❽

Hinter dem Yacht Club

Der Anfahrtsweg führt durch das Parkhaus des Yacht Clubs.

Baan Krating Phuket Resort ③, 11/3 Moo 1 Vichit Rd., ✆ 076-288 341, 🖳 www.baankrating.com, [6394]. Schön in die Natur integrierte Anlage am Hang mit altem Baumbestand. 65 Zimmer mit allem Komfort, u. a. Safe, TV und Minibar. Nettes Restaurant. Das Meer vor dem kleinen Strand eignet sich zum Schnorcheln, aber nicht zum Schwimmen. Pool am Hang mit Meerblick. Shuttle zum Hat Nai Harn. Frühstück inkl. ❺–❽

Hat Yanui

Die schmale Bucht liegt 1 km Luftlinie südlich von Hat Nai Harn; auf der Straße sind es 3 km.
Nai Ya Beach Bungalow ⑦, 99 Moo 6, Vichit Rd., [3329], oberhalb vom Hat Yanui, ✆ 076-288 817. 20 ansprechende Bambusmatten-Bungalows mit Ventilator und Veranda, die größeren mit Kühlschrank, in einer weitläufigen Anlage am Hang unter Bäumen Vom Restaurant (nur Frühstück) schöne Aussicht auf Hat Nai Harn. ⏱ Nov–April. ❹

Hinter der Lagune

Ca. 10 Min. Fußweg vom Strand entfernt liegen:

Baan Oui Phuket Guesthouse ②, 14/95-96 Moo 1, ✆ 076-388 538, 🖳 www.baanoui.com. Neues 3-stöckiges Haus an der Straße. Exzellent eingerichtete Zimmer mit hellen Fliesen und dunklem Holz und Balkon. WLAN. Daneben ein vegetarisch-veganisches Restaurant. ❹–❺

Nai Harn Garden Resort ①, 15/12 Moo 1, Vichit Rd., ✆ 076-288 319, 🖳 www.naiharngardenresort.com, [3319]. 200 m abseits der Straße, in einer weitläufigen, gepflegten Parklandschaft. Bungalows und Häuser mit 1–3 Schlafzimmern für Familien sowie Einzelbungalows mit AC, TV, Kühlschrank, Wasserkocher, Safe und Balkon. Pool, Bar und Restaurant, Spa, Mopedvermietung, deutschsprachiges Management. WLAN. ❺–❽

Essen

Kleine Restaurants im Kasuarinenwäldchen hinter dem Hauptstrand haben sich auf die Sonnenanbeter eingestellt. Das Essen ist dem westlichen Gaumen angepasst.
Lorenzo, bei dem jungen Italiener gibt es gutes, relativ preiswertes Essen, insbesondere die selbst zusammengestellte Pizza. Bei **Food Mama** gibt es thailändische und europäische Gerichte sowie ein gutes Frühstück.

Sonstiges

Geld
Geldautomat in Ban Naitharn in der Vichit Rd.

Nahverkehr

Bis 17 Uhr fahren Inselbusse für 40 Baht nach PHUKET-STADT. Tuk Tuks nach PHUKET-STADT für 500 Baht, Taxis 600 Baht. Zum FLUGHAFEN 1000 Baht.

Hat Kata (Kata Noi, Kata Yai, Kata-Karon)

Der Hat Kata an der Westküste, 17 km von Phuket-Stadt, besteht aus zwei Buchten, der relativ schönen, sauberen **Kata Noi** und der angenehmen, vom Club Med dominierten **Kata Yai**, an deren südlichem Ende sich ein kleines Zentrum herausgebildet hat. Sie sind durch einen Felsvorsprung getrennt, von dem sich malerische Aussichten eröffnen. Das Korallenriff mit vielen Fischen am nördlichen Ende der weit ausladenden Kata Yai-Bucht, rings um die Felsen und die kleine Insel **Ko Pu**, eignet sich gut zum Schnorcheln und für erste Tauchversuche, allerdings ist die Sicht oft schlecht. Während der Regenzeit entstehen am Kata Noi aufgrund eines Steilabfalls des Meeresbodens sehr gefährliche Unterströmungen. Dagegen ist es am Kata Yai sicher und es gibt schöne Wellen, bereits ab September eignet sich dieser Strand gut zum Wellenreiten. Der Ferienclub nimmt mehr als die halbe Bucht von Kata Yai ein. Ein abgegrenzter Badebereich schützt Schwimmer vor Scootern und Booten. In der Saison sind bereits früh alle Liegen am Strand belegt (Leihgebühr in der Saison 200 Baht pro Tag, in der Nebensaison 100 Baht).

Beiderseits der Taina Rd. liegt das zweite Zentrum mit vielen Geschäften, Unterkünften, Bars, Restaurants, Reisebüros, Motorrad- und Jeep-Verleih sowie Tauchbasen. Reisende aller Altersklassen sind hier zu finden, überwiegend deutscher, skandinavischer oder russischer Herkunft. Mit Fertigstellung der Kläranlage hat sich die Wasserqualität verbessert, aber es gelangt immer noch viel ungeklärtes Wasser ins Meer.

Eine beliebte Attraktion in Kata-Karon ist der **Dino Park**, 076-330 625, www.dinopark.com, 10–22, in der Saison bis 24 Uhr, eine mit

Big Buddha

Vom Gipfel des **Naga Kerd Hill** im Süden der Insel blickt eine gewaltige Buddhastatue über das Land. Mit dem 30 Mill. Baht teuren Bau der 25 m breiten und 45 m hohen Statue mit dem Namen **Phra Buddha Ming Mongkhol Ake Naga Khiri** wurde 2002 begonnen. Zudem wurde aus 22 t Messing ein über 12 m hoher Buddha gegossen, der auf einer Nagaschlange sitzt. In dem Park, der beide Statuen umgibt, finden regelmäßig Veranstaltungen statt, über die man sich im Internet unter www.mingmongkolphuket.com informieren kann. Vom Kreisverkehr in Chalong geht es Richtung Wat Chalong und nach ca. 2 km auf einer Abzweigung links 6 km den Berg hinauf.

steinernen Dinosauriern bestückte Minigolf-Anlage. Das nette Restaurant mit einer höhlenartigen Burger Bar und steinernen Sitzplätzen in einem künstlichen Tropengarten mit Wasserfall ist vor allem bei Familien beliebt. Eine Runde spielen kostet 240 Baht, Kinder 200 Baht, nur Besichtigung 190 Baht.

Ein großer **Markt** an der Umgehungsstraße, südlich des Zentrums, lohnt einen Besuch. Hier kaufen vor allem Einheimische Lebensmittel und Textilien ein.

Wen am Hat Kata der Lärm der Boote und Scooter stört, der fühlt sich am **Kata Noi** wohl, der ebenfalls mit vielen Liegestühlen und Schirmen bestückt ist. Die Atmosphäre am Strand wird von Hotelgästen geprägt, die vielfach, trotz des Verbotes, „oben ohne" in der Sonne brutzeln. Am nördlichen Ende der Bucht führt eine lange Treppe auf die Landzunge hinauf, die Kata Noi vom Hauptstrand trennt.

Übernachtung

Kata Noi
Die Bucht wird beherrscht vom riesigen Katathani Hotel. Außerhalb der Resorts gibt es nur wenige Restaurants und günstige Einkaufsmöglichkeiten.

Katanoi Bay Inn ㊶, 69/1 Kata Noi Rd., 076-333 308, www.katanoibayinn.com, [3664]. 28 saubere Zimmer in einem neueren Haus an der Straße hinter dem großen Hotel. Im Seafood-Restaurant im Erdgeschoss steht auch Pizza auf der Karte. ❺

Kata Noi Club Hotel ㊸, 73 Kata Noi Rd., 076-284 025, www.katanoiclub.com, [3657]. In 2-stöckigen Reihenhäusern kleine und größere AC-Zimmer in Strandnähe. Hinten einfache Zimmer und Häuser mit Ventilator. WLAN. ❺

Kata Noi Pavilion ㊵, 55 Kata Noi Rd., 076-284 346, www.katanoi-pavilion.com, [3658]. Im Zentrum der Bucht. Saubere größere und kleinere Zimmer mit TV und Minibar über der kleinen Bar. ❺

Katathani Hotel ㊷, 14 Kata Noi Rd., 076-330 124, www.katathani.com, [6409]. Riesige Hotelanlage mit 479 Zimmern und Suiten, gut der Landschaft angepasst. 3 Pools, teils im Palmengarten am Strand. Spa. 6 Restaurants, Kochkurse und Tennisplätze. ❽

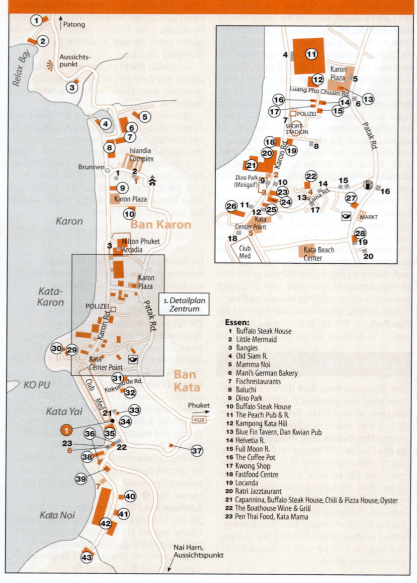

Essen:
1 Buffalo Steak House
2 Little Mermaid
3 Bangles
4 Old Siam R.
5 Mamma Noi
6 Mani's German Bakery
7 Fischrestaurants
8 Baluchi
9 Dino Park
10 Buffalo Steak House
11 The Peach Pub & R.
12 Kampong Kata Hill
13 Blue Fin Tavern, Dan Kwian Pub
14 Helvetia R.
15 Full Moon R.
16 The Coffee Pot
17 Kwong Shop
18 Fastfood Centre
19 Locanda
20 Ratri Jazztaurant
21 Capannina, Buffalo Steak House, Chili & Pizza House, Oyster
22 The Boathouse Wine & Grill
23 Pen Thai Food, Kata Mama

586 **Hat Kata (Kata Noi, Kata Yai, Kata-Karon)** www.stefan-loose.de/thailand

Übernachtung:
1. Karon Hill Bungalows
2. Le Meridien Phuket
3. On the Hill
4. In On The Beach
5. Lume & Yai Bungalows
6. Phuket Ocean Resort
7. Phuket Heritage
8. Golden Sand Inn
9. South Sea Resort
10. The Old Phuket
11. Thavorn Palm Beach Resort
12. Phuket Orchid Resort
13. Boost Gh.
14. Casa Brazil
15. Kasemsuk Gh.
16. Divers Inn
17. Baan Porn Tawan Gh.
18. Ruam Thep Inn
19. Kata Villa
20. Karon Beach Resort & Spa
21. Marina Cottage
22. Kata On Sea Bungalow
23. Kata Garden Resort
24. Diamond Cottage Resort & Spa
25. Fantasy Hill Bungalow
26. Peach Hill Hotel
27. The Little Mermaid
28. Bougainvillea Terrace House Resort
29. Karon Sea Hill Spa & Resort
30. Laem Sai Bungalow
31. Sawasdee Village
32. Sawasdee Gh.
33. Kata Poolside Resort
34. Phuket Kata Resort
35. Kata Beach Resort
36. Mom Tri's Boathouse & Villa Royale
37. P&T Kata House
38. Kata Delight Villas
39. Orchidacea Resort
40. Kata Noi Pavilion
41. Katanoi Bay Inn
42. Katathani Hotel
43. Kata Noi Club Hotel

Transport:
1. Bus→Phuket Town, Tuk Tuks

Sonstiges:
1. Dive Asia
2. Marina Divers
3. Dive Asia
4. Calypso Divers
5. Bier-Bars
6. Nautilus Divers
7. Mom Tri's Kochkurse

Kata Yai
Viele Unterkünfte konzentrieren sich am felsigen südlichen Ende des Strandes.

Untere und mittlere Preisklasse
Bougainvillea Terrace House Resort (28), 117/1 Patak Rd., ✆ 076-330 087, 🖥 www.villea.com, [6411]. Am Hügel über Kata, 1 km vom Strand. 35 Studios und Apartments mit 1 und 2 Schlafzimmern, möbliert, mit Küche; Pool. Im guten Restaurant Laconda Schweizer und einheimische Küche mit großem BBQ und Weinkeller, Abholservice von Kata und Karon. Pool. Kostenfreies WLAN. ❺–❻

Kata Poolside Resort (33), 36/38 Kata Rd., ✆ 076-333 177, 🖥 www.katapoolside.com, [3589]. Am Ende der Bar-Gasse Soi Sanuk; 3-stöckiger Neubaublock mit 72 im modernen Thai-Stil eingerichteten Zimmern mit Safe, Minibar und kleinem Balkon, im EG z. T. Blick auf eine Mauer, z. T. mit direktem Zugang zur Poollandschaft. Frühstück inkl. WLAN. ❻

P&T Kata House (37), 104/1 Koktanod Rd., ✆ 067-284 203, [6410]. Einfaches Haus. Helle Zimmer mit Ventilator oder AC. ❸–❹

Sawasdee Gh. (32), Katekwan Rd., ✆ 076-330 979, 🖥 www.phuketsawasdee.com. Der günstigere Ableger des gegenüberliegenden Sawasdee Village. Einfache, etwas dunkle Zimmer, etwa 10 Min. abseits vom Strand gelegen. ❹

Obere Preisklasse
Kata Beach Resort (35), ✆ 076-330 530, 🖥 www.katagroup.com, [6412]. Eines der wenigen Hotels direkt am gut besuchten Strand. 262 Deluxe-Zimmer im modernen Thai-Stil mit Balkon, die teureren mit Meersicht, 3 Restaurants. 2 große Pools, aber nur wenige Liegen. Fitness-Center. WLAN. ❽

Kata Delight Villas (38), ✆ 076-330 636, 🖥 www.katadelight.com (auch auf Deutsch). An der steilen Felsküste südlich der Bucht mit toller Sicht. 12 luxuriöse Bungalows teils mit Balkon über dem Meer sowie komfortable Zimmer mit TV, Minibar und Meerblick. Restaurant, kleiner Felsenpool. Schnorchelgebiet vor den Felsen. ❻–❼

Mom Tri's Boathouse & Villa Royale ㊱, 2/2 Patak Rd., ✆ 076-330 015, 🖥 www.boathouse phuket.com, [6413]. Luxuszimmer am belebten Stand und 6 exklusive Suiten im Thai-Stil im tropischen Garten über dem Meer, gepflegte Atmosphäre zu entsprechenden Preisen. Im Gebäude außerdem ein hervorragendes Restaurant. Thai-Kochkurs. Kostenfreies WLAN. ❽

Orchidacea Resort ㊴, 210 Khoktanod Rd., ✆ 076-284 083, 🖥 www.orchidacearesort.com, [6414]. Terrassenförmig angelegtes Resort mit vielen Treppen an einem steilen Hang oberhalb der Straße nach Kata Noi und der Abzweigung zur Umgehungsstraße. Großzügige, komfortable, saubere Zimmer mit Balkon und Blick über die Bucht, sehr schöner Pool, Restaurant. Ruhebedürftige sollten die Zimmer nahe der Straße und am Pool meiden. Frühstück inkl. ❻-❽

Phuket Kata Resort ㉞, 30/9 Kata Rd., ✆ 076-330 581, 🖥 www.phuketkataresort.net, [3588]. Eingang durch ein Tor, das einem Khmer-Tempel nachempfunden ist. 39 im modernen Thai-Stil eingerichtete Zimmer in einstöckigen Reihenhäusern rings um den großen, etwas schattenlosen Pool, mit 2 Duschen (innen und außen), TV, Kühlschrank und kleiner Terrasse mit Poolblick, mit Pool-Zugang teurer. ❻-❽

Sawasdee Village ㉛, 38 Katekwan Rd., ✆ 076-330 979, 🖥 www.phuketsawasdee.com. Romantische kleine Bungalowanlage im Thai-Stil, die Häuser gruppieren sich um den von Skulpturen und Pflanzen umgebenen Pool. Nebenan das große, fantasievoll gestaltete Baray Spa und das ausgezeichnete Restaurant Sawasdee, gehobenes Preisniveau. ❽

Zentrum von Kata

Im neuen Zentrum aus mehrstöckigen Stadthäusern haben zwischen Läden, Banken, Bars und Restaurants entlang der Taina Rd. (auch Moo 4, Patak Rd. genannt) einige Gästehäuser aufgemacht.

Untere und mittlere Preisklasse

Kata Garden Resort ㉓, 32 Karon Rd., ✆ 076-330 627, 🖥 www.katagardenphuket.com, [3570]. Eine der ersten Anlagen mit Bungalows im Thai-Stil unter großen Bäumen auf dem Hügel.

50 AC-Bungalows, neuere teure Deluxe-Bungalows und 13 ältere mit Ventilator. Pool, Seafood-Restaurant, Frühstück inkl. ❻

Kata On Sea Bungalow ㉒, 96/6 Taina Rd., ✆ 076-330 594, ✉ onsea@hotelmail.com, [3571]. Zwischen Palmen und Büschen auf dem Hügel stehen 25 einfach eingerichtete Steinbungalows mit Terrasse, teils Ventilator, teils AC, z. T. mit Sicht über Kata. Kleiner Pool. ❸-❺

Laem Sai Bungalow ㉚, 8 Laemsai Rd., ✆ 076-285 255, 🖥 www.laemsaibungalow.com, [3666]. An der Stichstraße 500 m vom Zentrum, oberhalb der Aspasia Apartments. 10 einfache, große Bungalows unter Schatten spendenden Bäumen mit Terrasse am Hang, z. T. mit Meerblick. ❺

The Little Mermaid ㉗, 197/2 Patak Rd., ✆ 076-330 730, 🖥 www.littlemermaidphuket.net, [6416]. 4-stöckiges Hotel an der Hauptstraße, Bungalows um den Pool mit teils riesigen Betten oder separatem Schlafbereich. Im neuen Haus AC-Zimmer und Suiten für bis zu 4 Pers. mit TV, Kühlschrank. ❺-❻

Obere Preisklasse

Diamond Cottage Resort & Spa ㉔, 6 Karon Rd., ✆ 076-286 447, 🖥 www.diamondcottage.com, [2996]. Anlage im modernen Thai-Design. 57 angenehm gestaltete Zimmer mit Balkon, außerdem 10 Villen. 2 große Pools und zusätzlicher Kinderpool, 2 Restaurants. WLAN im Zimmer. ❼-❽

Karon Sea Hill Spa & Resort ㉙, 10/3 Laem Sai Rd., ✆ 076-284 485, 🖥 phuketindex.com/karonseahill. Kleines Boutique-Resort mit 8 komfortablen Zimmern. TV, Kühlschrank,

Grün, ruhig, mittendrin

Fantasy Hill Bungalow ㉕, 8/1 Karon Rd., ✆ 076-330 106, ✉ fantasyhillbungalows@yahoo.com, [2995]. Am Hügel unter vielen Bäumen 28 große, saubere, teils etwas hellhörige Bungalows im Thai-Stil mit Ventilator, 2-stöckiges Haus mit AC-Zimmern (auch schöne Familienzimmer), zudem kleine Zimmer mit Ventilator, freundlicher Service. Mopedvermietung. Ältere Stammgäste. ❸-❹

Panoramafenster, Spa und Pool. Durch Laem Sai Bungalows zu erreichen. Im Restaurant nur Frühstück. ❼–❽

Peach Hill Hotel ㉖, 2 Laemsai Rd., ✆ 076-330 520, 🖳 www.peach-hill.com, **[6417]**. Mehrere 2- bis 4-stöckige Hotelblocks und Bungalows vom Zentrum bis in den Hang, ruhig, abseits der Straße mit teils schöner Aussicht, offenes Restaurant. 211 AC-Zimmer mit Balkon und TV. 3 Pools, Spa, Frühstück inkl. ❺–❽

Kata-Karon

Auf dem Hügel zwischen Kata und Karon in günstiger Lage zwischen Zentrum und Strand stehen Unterkünfte verschiedenster Kategorien.

Karon Beach Resort & Spa ⑳, 51 Karon Rd., ✆ 076-330 006, 🖳 www.katagroup.com, **[6418]**. Direkt am Strand. 80 Zimmer in 3-stöckigem Hotelblock mit Balkon und Meerblick; Restaurant mit Frühstücksbuffet, 2 Pools. ❽

Kata Villa ⑲, 100 Karon Rd., ✆ 076-333 030, 🖳 www.katavilla.com, **[6419]**. Kleines, preiswertes 2-stöckiges Haus an einer verkehrsreichen Straße mit Garten und Pool, alle Zimmer mit TV, Minibar und Balkon. Hohe Rabatte in der Nebensaison. ❹–❺

(ÖKO) Marina Cottage ㉑, 47 Karon Rd., ✆ 076-330 625, 🖳 www.marinaphuket.com, **[6420]**. Anlage mit viel Charme und entsprechend hohen Preisen. Große AC-Bungalows in traditioneller Thai-Architektur auf dem Hügel in tropischer Gartenanlage. Das Essen im On the Rock Restaurant über den Felsen am Meer gehört zum besten der Insel – schöne Sonnenuntergänge! Im Sala Thai Restaurant am Pool abends traditionelle Tänze. Umweltbewusstes Management (Wasseraufbereitung). ❽

Ruam Thep Inn ⑱, 53 Moo 4, Karon Rd., ✆ 076-330 281, 🖳 www.ruamthepinn.com, **[6421]**. 17 Zimmer mit AC in einigen Bungalows und dem 2-stöckigen Haus direkt am Strand, belebtes chinesisches Seafood-Restaurant. ❺

Essen

Kata Yai

Tagsüber offerieren die Strandrestaurants nördlich des Club Med und am Südende von Kata Yai die beste Auswahl und eine angenehme Atmosphäre.

Im **Fastfood Center** nördlich des Club Med ist die Atmosphäre sehr freundlich und das Essen für die Insel überraschend preiswert und gut.

Kata Mama, zu Recht beliebtes Strandrestaurant in Kata Yai. Die alteingesessene ehemalige Fischerfamilie achtet immer noch darauf, dass das Seafood frisch ist.

Pen Thai Food, gleich nebenan, ist wegen seiner tollen Aussicht und dem freundlicheren Service beliebt, aber das Essen ist nicht so gut wie bei Mama.

In der Einkaufsstraße vor dem Kata Poolside haben sich kleine Cafés und Restaurants angesiedelt, darunter das **Capannina**, ein Italiener, das **Chili & Pizza House** (Tex-Mex) und vorn an der Straße **Oyster**, ein Seafood-Restaurant.

The Boathouse Wine & Grill, 🖳 www.boathousephuket.com. Qualitativ hochwertige internationale Gerichte, die von einem Spitzenkoch zubereitet werden, dazu gute Weine. Ein Hummer- oder Lammgericht kostet bis zu 1000 Baht. ⏱ 7–22.30 Uhr.

Zentrum von Kata

Hungrige werden bei einem Bummel durch die Taina Rd. höchstwahrscheinlich zu jeder Tageszeit etwas Leckeres finden:

Im **Blue Fin Tavern** und dem benachbarten **Dan Kwian Pub** lassen bei guter Musik die Taucher aus der Nachbarschaft den Abend ausklingen. Man kann drinnen und draußen sitzen, gute Atmosphäre, freundlicher Service, akzeptables Essen.

Dino Park, 🖳 www.dinopark.com. Das hervorragende Restaurant mit tollem Ambiente lohnt die Geldausgabe (s. S. 585). Gemischtes Seafood-BBQ 380 Baht. ⏱ 10–24 Uhr.

Full Moon Restaurant, hier wird die preiswerteste Pizza des Ortes gebacken, auch spanische Gerichte sowie Zimmervermietung. ⏱ 11–23 Uhr.

Helvetia Restaurant, Taina Rd. Gute Frühstückskarte, gehobenere Preise.

Kampong Kata Hill, 112/2 Patak Rd., ✆ 076-330 103. Schöne Anlage aus Holz in tropischem Garten auf dem Berg. Das Kampong wartet nicht nur mit einer umfangreichen Speisekarte auf (Seafood, einheimische und europäische

Gerichte ab 200 Baht), sondern auch mit einer schönen Aussicht über Kata. Der Service lässt zu wünschen übrig.

Kwong Shop, 114/53 Taina Rd., ✆ 076-285 201. Lockt mit frischen Meeresfrüchten und anderen leckeren Thai-Gerichten mit chinesischem Einschlag. Einfache Ausstattung.

Locanda, im Bougainvillea Terrace House, 117/1 Patak Rd., ✆ 076-330 087, 💻 www.villea. com. Etwas außerhalb an der Hauptstraße. Stilvoll zubereitete, leckere europäische und einheimische Gerichte frisch vom Grill. Weinkeller. ⏰ 8–24 Uhr.

Ratri Jazztaurant, Kata Hill, ✆ 076-333 538-9, 💻 www.ratrijazztaurant.com. Großes, modernes Restaurant am Hang mit Ausblick auf die Bucht. Austernbar, Cocktaillounge mit Live-Jazz. Thai-Gerichte mit internationalem Touch um 300 Baht. Abholservice. ⏰ 14–1 Uhr.

The Coffee Pot, 110/3 Patak Rd. Fisch und Steaks, Burger, hausgemachte Apple und Blueberry Pies und andere australische Gerichte, abends grillt der Chef australische Steaks und Lammkoteletts. ⏰ 17–5 Uhr.

The Peach Pub & Restaurant, ✆ 076-614 616. Modern gestylte Bar und großer Restaurantbereich. Mo thail. Buffet für 349 Baht/Pers., Mi Grillbuffet für 399 Baht/Pers.

Aktivitäten

Kochkurse

Im **Mom Tri's Boathouse**, ✆ 076-330 015, 💻 www.boathousephuket.com/cooking_class, wird Sa und So nach telefonischer Voranmeldung von 10–14 Uhr ein Thai-Kochkurs abgehalten. Max. 10 Teilnehmer, 2 Tage 3500 Baht p. P., 1 Tag 2200 Baht (am besten den interessanteren Sonntagskurs nehmen).

Tauchen und Schnorcheln

Die meisten Tauchschulen haben ihre Basen in Kata. Auf einigen Tagestouren werden auch Schnorchler mitgenommen. Eine ABC-Ausrüstung kann für ca. 100 Baht geliehen werden.

Calypso Divers, 84 Taina Rd., Hat Kata, ✆ 076-330 869, 💻 www.calypsophuket.com. Deutsche Tauchschule, Spezialist für *Liveaboards* mit 9 Booten nach Similan (4 Tage), Phi Phi (2 Tage inkl. Übernachtung) und Richilieu.

Dive Asia, 24 Karon Rd., ✆ 076-330 598, 💻 www.diveasia.com. Deutsche professionelle Tauchschule und CDC Center, Tagestouren sowie 4- und 7-tägige *Liveaboard Cruises* mit eigenem Boot, auch Nitrox-Tauchen.

Marina Divers, 120/2 Moo 4, Patak Rd., Hat Kata, ✆ 076-330 272, 💻 www.marinadivers.com, beim Marina Cottage. Vor allem preiswerte Tagestouren, unter Thai-Leitung.

Nautilus Divers, 5/33 Kata Noi Rd., Hat Kata, ✆/📠 076-284 183, 💻 www.nautilusphuket.com. Tauchschule unter schweizerischer Leitung (Mike). Tauchfahrten mit dem Schnellboot, Unterwasser-Scooter, Anfängerkurse im Hausriff vor der Tür.

Nahverkehr

Die Fahrer von Samlors und Tuk Tuks verlangen bereits für kurze Strecken an den Stränden unter 1 km mind. 200 Baht. Tuk Tuks nach PATONG 400 Baht (ab Kata Noi 500 Baht), PHUKET-STADT 400 Baht (ab Kata Noi 500 Baht), Taxis vom und zum FLUGHAFEN 1000 Baht. Inselbusse fahren von 6 bis 16.30 Uhr für 30 Baht nach PHUKET-STADT, zurück bis 18 Uhr. Sie starten etwa alle 30–60 Min. am Kata Beach Resort und halten überall an der Strandstraße.

Hat Karon

An dem 3 km langen, breiten Sandstrand mit Dünen ist viel Platz zum Sonnenbaden, sodass die Liegen nicht ganz so dicht wie in Kata oder Patong stehen. Im Norden wird er von Felsen und einer vorgelagerten hübschen Lagune begrenzt. Hier führt die Straße über die Ao Karon Noi zum Hat Patong.

Beim Schwimmen ist vor allem während der Regenzeit Vorsicht geboten, da ein starker Rücksog herrscht. Am südlichen und nördlichen Rand der Bucht wurde der Islandia Complex mit Supermärkten, Apartments, preiswerten Unterkünften, Restaurants, Bars, Reisebüros und Einkaufspassagen aus dem Boden gestampft. Entlang des zentralen Strandabschnitts erstrecken

Soi Bangla

Ebenso wie ein Besuch der Travestieshow gehört ein Rundgang durch die Bierbars in der Soi Bangla zum Standardprogramm nahezu aller Urlauber. Etwas verunsichert über das „verruchte Treiben" und mit allen Vorurteilen über den Fleischmarkt im Kopf beginnt man in Kleingruppen den Rundgang durch das Gedränge – Ehepartner oder Freund(in) fest an der Hand. In gleichmäßigem Tempo geht es voran, mal nach links oder rechts auf die Bierbars blickend, die sich bei näherem Hinsehen als ziemlich harmlos erweisen. Eine Überzahl an Mädchen, meist in den Zwanzigern und durchaus normal gekleidet, umlagert gelangweilt oder auch hyperaktiv den Bartresen und unterhält die hängen gebliebenen Gäste mit harmlosen Spielchen wie Jenga oder „Vier gewinnt" oder hämmert Nägel in Baumstämme. Die Getränkepreise halten sich in Grenzen, ebenso die unzüchtigen Handlungen, die in der Öffentlichkeit selbst in diesen Kreisen verpönt sind. Auffällige Ausnahmen sind ausgerechnet die am hübschesten herausgeputzten „Mädchen", die ihre weiblichen Formen allerdings ausschließlich den Schönheitschirurgen verdanken.

In der unteren Bangla nahe dem Strand, wo die Bierbars einer Gasse fast ausschließlich von Transvestiten betrieben werden, sind schon mal nackte Brüste zu sehen. Im Allgemeinen geht es draußen recht sittsam zu. Wer allerdings eine Tür zu den angrenzenden Gebäuden öffnet, wird meist in eine Go-go-Bar blicken.

sich eine Handvoll Luxushotels. Das Preisniveau der Restaurants ist etwas überhöht.

Übernachtung

Luang Pho Chuain Rd. (auch Moo 3, Patak Rd.)
Viele preiswerte Zimmer werden im Karon Plaza, wo sich auch viele Bars und Restaurants befinden, vermietet. Einige sind schmuddelig oder laut, daher voher ansehen!
Baan Porn Tawan Gh. ⑰, 26 Moo 3, Soi Bangla, ✆ 076-398 299, [3598]. 7 Zimmer und 3 weitere 2-Zimmer-Apartments in 3-stöckigem Gebäude mit Kühlschrank, Wasserkocher. Familiäre Atmosphäre. ❹–❺
Casa Brazil ⑭, 9 Soi 1 Luang Pho Chuain Rd., ✆ 076-396 317, 🖥 www.phukethomestay.com, [3592]. Kleines, farbenfroh gestaltetes, freundliches B&B. Zimmer mit AC oder Ventilator, teils mit Balkon. Grüner Innenhof. Internet im Zimmer. ❺
Divers Inn ⑯, 127/34 Moo 3, Soi Bangla, ✆ 076-396 296, 🖥 www.diversinn.com, [6426]. 12 große Zimmer mit Minibar und Balkon. WLAN in der Lobby. ❹–❺
Kasemsuk Gh. ⑮, 28 Moo 3, Luang Pho Chuain Rd., ✆ 076-396 480, [3597]. Preiswerte Zimmer mit AC oder Ventilator, TV und Balkon, freundliche Inhaber. ❸–❹
Phuket Orchid Resort ⑫, 128/4 Luang Pho Chuain Rd., ✆ 076-396 519, 🖥 www.katagroup.com, [3591]. Die große Mittelklasse-Hotelanlage etwas abseits des Strandes beherrscht das Straßenbild. 524 Zimmer und 40 komfortablere Zimmer mit Balkon in 4-stöckigen Reihenhäusern, z. T. stört Straßenlärm. 3 Pools. ❻–❽

Zentrum
Hier dominieren große Luxushotels.
South Sea Resort ⑨, 204 Karon Rd., ✆ 076-370 888, 🖥 www.southsearesorts.com, [6431]. Etwa 100 Zimmer zu Luxuspreisen konzentrieren sich rings um den Pool des puristisch grau-weiß designten Resorts. ❼–❽
Thavorn Palm Beach Resort ⑪, 128/10 Patak Rd., ✆ 076-396 090, 🖥 www.thavornpalmbeach.com, [3594]. Riesiger, 2- bis 4-stöckiger Hotelkomplex, 210 AC-Zimmer, 3 Restaurants; 5 Pools und Tennisplätze in großer Gartenanlage. Ableger des Thavorn Hotels in Phuket-Stadt. ❻–❽
The Old Phuket ⑩, 192/36 Karon Rd., ✆ 076-396 353, 🖥 www.theoldphuket.com, [6436].

Phuket für Sparfüchse

Boost Gh. ⑬, Karon Plaza, 249/1 Patak Rd., ✆ 076-398 451, 🖥 http://boosttravel.wordpress.com, [6425]. Das 2-stöckige Hostel bietet Zimmer mit AC (manche mit Balkon) und Doppelstockbetten im Schlafsaal für 50 Baht, bei längerem Aufenthalt gibt es Rabatt. ❷–❹

Attraktiv wirken die im sino-portugiesischen Stil gestaltete Fassade und der Eingangsbereich mit dem Coffeeshop. Da können die Zimmer mit ihrer üblichen Mittelklasse-Ausstattung nicht mithalten. Pool, Fitnesscenter mit Sauna und Massage, etwas abseits vom Meer. ❼–❽

Karon Nord

Von der Strandstraße zweigt am Kreisverkehr die Patak Rd. landeinwärts ab. In den Geschäfts- und Wohnhäusern des **Islandia Complex** befinden sich Bars, Restaurants und Reisebüros sowie im Obergeschoss preiswerte Unterkünfte ab 400 Baht, deren Namen und Besitzer häufig wechseln. Zudem preiswerte, einfache Hotelblocks.

Golden Sand Inn ⑧, 556 Patak Rd., ✆ 076-396 493, 🖳 www.phuket-goldensand.com, [6441]. Bungalows mit AC, teure Hotelzimmer mit Minibar. Gutes, nicht übertreuertes Restaurant, kleiner Pool, nahe am Strand. ❺
In On The Beach ④, 395-397 Moo 1 Patak Rd., ✆ 076-398 220, 🖳 www.karon-inonthebeach.com, [6437]. Etwas abseits direkt zwischen Strand und Lagune gelegenes Hotel. Rund um den kleinen Pool recht einfach möblierte Zimmer im 2-stöckigen schicken weißen Gebäude. ❻
On the Hill ③, 9/23 Moo 1, Karon, am Hang über der Bucht, ✆ 076-286 469, 🖳 www.phuketdir.com/onthehill, [3596]. Joe, der freundliche Manager, vermietet 12 saubere AC-Zimmer mit VCD, WLAN, Safe und Terrasse. Fantastische Aussicht, Frühstück inkl. ❹
Phuket Heritage ⑦, 558/6 Moo 1, Patak Rd., ✆ 076-396 690, 🖳 www.phuketheritage.com, [3593]. 2 große, 4-stöckige Häuserblocks entlang der Straße mit Blick auf die Lagune und den Strand. Moderne AC-Zimmer mit historischen Anklängen an die Zeit der chinesischen Zinnminenarbeiter. Restaurant, Pool und Jacuzzi im 4. Stock. ❻
Phuket Ocean Resort ⑥, 562 Patak Rd., ✆ 076-396 599, 🖳 www.phuketocean.com. Akzeptables Mittelklassehotel der Best Western-Kette. Terrassenförmig angeordnete, hellhörige Zimmer mit Balkon am Hang, schöne Sicht zum 300 m entfernten Meer, chinesisches Restaurant, 2 Pools. ❻

Gut und günstig

Lume & Yai Bungalows ⑤, ✆ 076-396 382, [2983]. In einer ruhigen Nebenstraße hinter den Neubauten am Hang, Steinhäuser mit 22 großen Zimmern, z. T. mit Küche, Terrasse. Schöne Sicht auf Meer und Berge, viele deutsche Gäste. ❹

Essen und Unterhaltung

Entlang der Luang Pho Chuain Rd. haben sich einige Touristen-Restaurants etabliert, die überwiegend von Gästen des gegenüberliegenden großen Phuket Orchid Hotels besucht werden und auch mit etwas gehobenen Preisen und deutschsprachigen Speisekarten aufwarten.
Baluchi, im Horizon Hat Karon, hinter dem Stadion am Ende der Stichstraße gelegen, ✆ 076-284 555. Nordindisch-moslemisches Restaurant. Tandooris, zudem mexikanische und westliche Gerichte für 200–500 Baht. ⏱ 12–23.30 Uhr.
Bangles, 333 Patak Rd., ✆ 076-396 433, 🖳 www.phuketarcadia.hilton.com. Sehr gutes indisches Restaurant im Hilton Hotel an der Strandstraße. Moderne Innenausstattung, gehobenes Preisniveau. ⏱ Di–So 18–22 Uhr.
Mamma Noi, die früher in Kata war, ist mit ihrem Selbstbedienungsrestaurant ins Karon Plaza umgezogen. Das weiß gefliese Restaurant mit Neonlicht, Plastikstühlen, einem Tresen zum Bestellen und dem Kühlschrank, aus dem sich die Gäste selbst mit Getränken versorgen, ist nicht gerade gemütlich, aber wegen der Chefin und der relativ günstigen italienischen Gerichte beliebt. Auch Thai-Essen und Frühstück.
Mani's German Bakery, 278 Patak Rd., ✆ 076-396 882. Keine beeindruckenden Räumlichkeiten, aber die Brötchen sind absolut frisch, hervorragendes deutsches Frühstück mit Wurst und Käse sowie Kuchen, Würstchen und Leberkäs. ⏱ 7–13, So bis 12 Uhr.
Old Siam Restaurant, 128/10 Moo 3, Patak Rd., an der Strandstraße. Hier kann man in traditioneller Thai-Atmosphäre klassisch speisen, mit Aussichtsterrasse. So abends klassische Thai-Tänze. Gehobenes Preisniveau.

Gratistransport unter ☎ 076-396 090. ⏱ 12–15 und 18–23 Uhr.

Karon Nord

Buffalo Steak House, 35/19-22 Moo 1, Patak Rd., südlich vom Karon-Kreisverkehr, ☎ 076-333 013. Der schwedische Chef serviert ausgezeichnete neuseeländische oder australische Steaks und leckeren schwedischen Apfelkuchen. Man kann draußen sitzen und den Blick aufs Meer genießen. Bei Europäern trotz der hohen Preise sehr beliebt, freundlicher Service. Filiale in Kata-Karon, gegenüber dem Dino Park.
Little Mermaid, gegenüber dem Islandia Complex. Unter dänischer Leitung wird überwiegend europäisch gekocht, ⏱ rund um die Uhr, nur die Küche schließt zwischen 3–6 Uhr. Im **Islandia Complex** konzentrieren sich zahlreiche Restaurants mit relativ günstigen Preisen.

Aktivitäten

Tauchen
Dive Asia, 121 Moo 4, gegenüber dem Islandia Complex, Patak Rd., Hat Kata, ☎ 076-330 598, 💻 www.diveasia.com. Filiale in Kata.

Sonstiges

Einkaufen
Südlich vom Phuket Ocean Resort wird abends ein Nachtmarkt aufgebaut. Im **Karon Plaza** locken unzählige überdachte Verkaufsstände, überwiegend mit Textilien.

Schneider
Für gute Kleidung sollte man 4–5 Tage Zeit mitbringen und nichts innerhalb von 24 Std. fertigen lassen. Leser haben sich über mäßige bis schlechte Qualität beschwert, empfohlen wurde **La Moda**, 114/11–12 Kata Center, ☎ 076-330 934, nicht billig, aber gut.

Nahverkehr

Offizielle Preise für gecharterte Tuk Tuks: PHUKET-STADT 600 Baht, PATONG 400 Baht, CHALONG 400 Baht, NAIHARN 500 Baht, SURIN 800 Baht. Taxi zum FLUGHAFEN 1000 Baht. Inselbusse nach PHUKET-STADT von 6 bis 16.30 Uhr für 30 Baht.

Ao Karon Noi (Relax Bay)

Diese wunderschöne, kleine Bucht mit weißem Sandstrand liegt zwischen Karon und Patong, 18 km von Phuket-Stadt. Zu erreichen ist Ao Karon Noi von Karon zu Fuß (40 Min.) sowie von Karon und Patong über die Straße (3 km). Der Strand wird vom Hotel beansprucht und ist nicht frei zugänglich. Von der Straße führt eine Abzweigung hinunter, an der sich kleine Restaurants und Geschäfte angesiedelt haben.

Übernachtung

Karon Hill Bungalows ①, 8/7 Moo 1, Sirirat Rd., **[3599]**, an der Zufahrtsstraße zum Hotel Meridien, ☎/📠 076-341 343. Karte S. 586. 10 gute Bungalows mit Minibar und TV, Terrasse; leider etwas zu nahe an der Straße. Strandzugang. WLAN. ❹
Le Meridien Phuket ②, 8/5 Moo 1, Karon Noi, ☎ 076-370 100, 💻 www.lemeridien.com, **[3595]**. Karte S. 586. Die 7-stöckige terrassierte Anlage der Luxusklasse dominiert den Strand und erstreckt sich am Hang des privaten kleinen Hat Karon Noi. Geschmackvoll eingerichtete AC-Zimmer, alle mit Meerblick. Weitläufige Pools, Kinderbecken, Fitnesscenter, Tennis, Tischtennis, Squash, Bogenschießen, Windsurfen und Segeln. Tauchschule, ärztliche Versorgung. Kinderbetreuung. ❽

Hat Patong

Über 3 km säumen mehrere Reihen von Sonnenschirmen und Liegen den feinen, hellen Sandstrand, dahinter eine Stadt für Touristen mit allem, was dazugehört: Shopping, Essen und – nicht zu vergessen – die nächtlichen Vergnügungen, die Patong weltberühmt gemacht haben. Hunderte von großen Hotels, schicken Resorts und einfachen Unterkünften für weniger Betuchte erstrecken sich entlang der beiden Parallelstraßen und bis weit hinein ins Hinterland. Das Angebot der Straßenstände, Supermärkte und des gewaltigen neuen Einkaufszentrums ist auf Urlauber aus aller Welt ausgerichtet, ebenso wie die Restaurants: Die unzähligen Bars und Pubs, die am frühen Abend auch noch Familien und (meist ältere) Ehepaare zu Gast haben, werden später am Abend fast nur noch von alleinreisenden Männern frequentiert.

Der Strand lockt Urlauber aus der ganzen Welt an: Ehepaare, Familien und Senioren. Tagsüber vergnügt man sich beim Baden, Windsurfen oder Fallschirmsegeln, fährt mit dem Jeep oder Motorrad durchs Hinterland oder zum Tauchen und Schnorcheln auf die Inseln. Weniger Sportliche machen ein paar Schwimmzüge im ruhigen Wasser, legen sich in die Sonne, hängen an der Pool-Bar herum, lesen heimische Tageszeitungen und lassen sich massieren oder mani- und pediküren – ein Strand für ganz normalen Erholungsurlaub also – zumindest für jene, die sich unter diesen Massen von Menschen erholen können. Denn zuweilen scheint der Strand vor Menschen überzuquellen.

Am Abend drängen sich die Touristen auf den schmalen Gehsteigen. Pick-ups, Minibusse und Mopeds quälen sich durch die schmalen Straßen. Es wird eingekauft, gegessen und das neue Kleid zur Schau getragen; nicht immer zum Vorteil der stolzen Besitzer.

Obwohl auch am Patong Mülleimer Mangelware sind, ist der Strand sauber, denn er wird ständig gepflegt. Die Wasserqualität ist nicht immer die beste, das Meer wirkt zu bestimmten Jahreszeiten trüb, zu anderen kann es aber strahlend blau sein. Von einem Urlaubsort am Mittelmeer unterscheidet sich Patong äußerlich kaum. Allenfalls das Preisniveau liegt etwas niedriger.

Die Umgebung von Patong

Die hübschen Strände **Crystal Bay**, **Paradise Beach** und **Freedom Beach** im Südwesten von Patong werden oft mit Booten zum Schnorcheln oder Sonnenbaden angefahren. Am Paradise Beach gibt es Sonnenschirme, ein kleines Restaurant und einen Verleih von Schnorchelausrüstungen und Seekanus. Mit dem Auto oder Motorrad gelangt man auf teils steilen Straßen vorbei am gigantischen, neuen Merlin Beach Resort am Hat Tri Trang bis zum Emerald Beach. Von dort geht es auch auf einer ausgeschilderten unbefestigten Straße bis zum Paradise Beach. Zu Fuß kann man zur ersten Bucht auch bequem durch das Gelände des Coral Beach Hotels wandern.

Nördlich von Patong, hinter dem ersten Felsen, der eine schöne Sicht auf den Badeort bietet, erstreckt sich entlang der Küstenstraße die Bucht **Kalim**. Der flache, von muschel-bewachsenen, scharfkantigen Felsen durchsetzte Strand eignet sich nicht zum Schwimmen. Daher ist es von Vorteil, wenn die Unterkünfte mit einem Pool ausgestattet sind. Aussichtspunkte und Restaurants weiter oben an der Küstenstraße bieten zum Sonnenuntergang eine weniger überlaufene Alternative zum Laem Promthep (s. S. 583, Kasten: Sonnenuntergang am Laem Promthep).

Nach dem Tsunami wurden in der Bucht vor Hat Patong etwa 20 % der oberflächennahen Korallen durch den hinausgeschwemmten Müll abgeschlagen oder abgebrochen, v. a. im Gezeitenbereich.

In der Nähe des Kathu-Wasserfalls finden sich weitere Attraktionen, die vor allem auf asiatische Touristen abzielen, wie **Phuket Water Ski Cableways**, 86/3 Moo 6, Soi Namtok Kathu, ✆ 076-202 525, wo von 11–18 Uhr Wasserskifahrer an einem Seil über einen Baggersee gezogen werden (ab 200 Baht). Wer den großen Nervenkitzel sucht, kann bei **Jungle Bungy Jump**, ✆ 076-321 351, 🖥 www.phuketbungy.com, an der Zufahrtsstraße zum Patong in der Saison von 9–18 Uhr aus 54 m Höhe, mit einem Gummiseil gesichert, in die Tiefe auf einen gefluteten Baggersee springen. Der erste Sprung kostet 2000 Baht, jeder weitere wird billiger (2. Sprung 1000 Baht, 3. Sprung 800 Baht).

Übernachtung

Mehrere hundert Unterkünfte bieten Zimmer an, vom einfachen Gästehaus bis zum First-Class-Hotel. Ein Großteil der Gäste sind Skandinavier, zudem wird im Norden häufig Deutsch gesprochen. In der Soi San Sabai konzentrieren sich Angebote für britische Besucher, und im Süden sonnen sich viele Russen und andere Osteuropäer. Auch Chinesen, Koreaner und Inder kommen zunehmend als Urlauber hierher. Für Billigreisende gibt es wenige Unterkünfte –900 Baht erscheinen günstig, dabei ist das Gebotene meist ziemlich mies. Besser ist es, um die 1000–1500 Baht zu investieren. Die doppelte Investition lohnt, denn die Zimmer sind dann sauberer und nicht ganz so trashig.

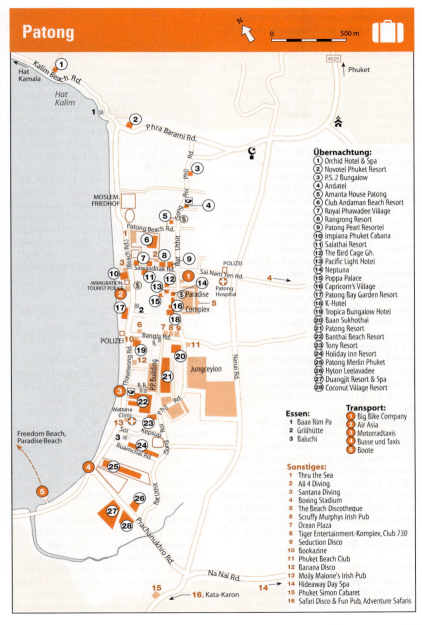

Langzeiturlauber bevorzugen die günstigeren Apartmentanlagen und Hotels in der Na Nai Rd.

Untere Preisklasse

Die Preise schwanken stark je nach Auslastung und können sich bei wenig Betrieb nahezu halbieren (Nebensaison von Mai–Okt). Die hier angegebenen Preise beziehen sich auf die Hauptsaison. Auch wer im Internet bucht, bekommt oft gute Angebote.
Kleine Hotels und Gästehäuser konzentrieren sich in der zweiten Straße, der Rat Uthit Rd., die etwa 400 m im Hinterland parallel zum Strand verläuft. In ihren Seitengassen werden in Stadthäusern über den Shops, Restaurants und Bars relativ günstig Zimmer vermietet, z. B. in den vergleichsweise ruhigen Geschäftshäusern östlich des Andaman Beach Suites-Hochhauses nördlich der Thawiwong Rd., rings um den Paradise Complex (viele Schwulenbars), in der Barstraße Soi San Sabai und in der Soi Kebsup.
Capricorn's Village ⑯, 178 Rat Uthit Rd., ✆/≋ 076-340 390, [3697]. Kleine, zentral gelegene, einfache Anlage mit neuen und älteren Reihenbungalows, AC und Ventilator. Kein Restaurant. Attraktive Rabatte in der Nebensaison. ❹
P.S. 2 Bungalow ③, 21 Rat Uthit Rd., ✆ 076-342 207, 🖥 www.ps2bungalow.com, [6382]. Einfache, saubere Zimmer im Reihenhaus mit Ventilator (700 Baht). Gegenüber auch mit AC und TV. Garten mit Pool. Nahe der Straße ein Restaurant. ❹
Rangrong Resort ⑧, 21 Sawasdirak Rd., ✆ 076-341 1608, 🖥 www.rangrongresort.com, [6383]. Geräumige Zimmer mit TV, Safe, Kühlschrank und Balkon. Sauber, nettes Personal. ❹–❺
The Bird Cage Gh. ⑫, 6/1-3 Rat Uthit Rd., ✆ 076-293 195, 🖥 www.thebirdcage-phuket.com, [6384]. Die geschmackvollen Zimmer sind stilvoll eingerichtet und meist recht geräumig (teils mit genug Platz für kleine Familien). Zudem gibt es Dreibettzimmer. Safe, Kühlschrank, TV und gratis WLAN. ❹–❺

Mittlere Preisklasse

Coconut Village Resort ㉘, 20 Prachanukhro Rd., ✆ 076-366 312, 🖥 www.coconutvillageresort.com, [6386]. 2-stöckiges Hotel, 80 nette

Ruhig und mit Atmosphäre

Im Norden Patongs sind zwei Häuser besonders empfehlenswert.
Amanta House Patong ⑤, 5/17 Hat Patong Rd., ✆ 076-290 401, 🖥 www.amantahouse.com. Ein Juwel unter den Gästehäusern. Alle AC-Zimmer und die mit Küchenzeilen ausgestatteten Apartments sind im chinesischen Stil und in unterschiedlichen Farben eingerichtet, einige mit Balkon. Gratis WLAN. Kleiner Garten im Hinterhof. Reservierung empfehlenswert, da oft voll. ❺–❻
Andatel ④, 41/9 Rat Uthit Rd., ✆ 076-290 480, 🖥 www.andatelhotel.com, [6385]. Über 50 geräumige, mit rustikalen Holzmöbeln ausgestattete AC-Zimmer in 2 sich gegenüberliegenden 3-stöckigen Reihenhäusern. Kühlschrank, TV und kleiner Balkon. Inkl. kleinem ansprechenden Frühstücksbuffet. Restaurant und recht großer Pool. Günstig über Veranstalter zu buchen. ❺

AC-Zimmer mit Balkon, TV, Wasserkocher, teils mit Safe. Großer Pool mit kleiner Wasserrutsche. Sauna. WLAN. Günstig übers Internet und Veranstalter. ❻
K-Hotel ⑱, 180 Rat Uthit Rd., ✆ 076-340 832, 🖥 www.k-hotel.com, [6387]. Bungalows mit viel deutschsprachigem Publikum. Pool mit grüner Liegewiese. Große Zimmer, große Betten, schönes geräumiges Bad. WLAN. Beliebtes Wiener Gartenrestaurant. ❺–❼
Neptuna ⑭, 176 Rat Uthit Rd., ✆ 076-340 8246, 🖥 www.phuket-netuna.com, [6388]. 3-stöckiges Haus, viele Zimmer ohne Fenster, einige mit Balkon. Kleiner Pool mit Jakuzzi im Innenhof. Etwas karge, kühle Atmosphäre. TV und Kühlschrank. WLAN in der Lobby. ❺
Pacific Light Hotel ⑬, 13 Rat Uthit Rd., ✆ 076-340 233, 🖥 www.pacificlighthotel.com. Geschmackvolle Zimmer im 3-stöckigen Reihenhauskomplex in einer Soi an der Tar Uthit. Alle Zimmer mit Balkon und Blick auf die kaum befahrene Soi. Safe im Zimmer, TV, WLAN, Kühlschrank und Minibar. Indoor-Swimming Pool. Für 1500 Baht in der Hauptsaison eine gute

Wahl – daher bekommt man selten ein Zimmer, wenn man nicht vorgebucht hat. ❺

Patong Pearl Resortel ⑨, 13 Sawasdirak Rd., ✆ 076-340 121, 🖥 www.patongpearl.com. Helle, freundliche AC-Zimmer und Bungalows. Freundliches Personal. Relativ großer Pool mit einem kleinen Becken auch für die Kleinen. Gutes Restaurant. ❺

Poppa Palace ⑮, 14–16 Rat Uthit Rd., ✆ 076-345 522, 🖥 www.poppapalace.com. In einem 4-stöckigen Hotel in ruhiger Lage und dennoch zentral. 64 AC-Zimmer im Thai-Stil, TV, Internet-Zugang, Kühlschrank und Balkon. Frühstück inkl. ❺

Tony Resort ㉓, 206/30 Rat U Thit Rd., ✆ 076-345 377, 🖥 www.tonyresorts.com, **[6389]**. 4-stöckiges großes Haus, zentral gelegen. In der Mitte liegt ein großer Pool. Alle Zimmer sind geräumig, haben eine Badewanne, einen Balkon und TV. Internet in der Lobby. Viele junge Leute. Ohne Frühstück knapp ❺

Obere Preisklasse

In dieser Kategorie finden sich vor allem typische Pauschalurlauberhotels, die z. T. günstig über Reisebüros gebucht werden können.

Baan Sukhothai ⑳, 70 Bangla Rd., ✆ 076-341 394, **[3699]**. Mitten im Zentrum auf einem großen Grundstück. Schöne, luxuriöse Bungalows im Thai-Stil sowie Zimmer im Haupthaus. Restaurants, Pool und Spa. ❻–❽

Platz spielt keine Rolle

Duangjit Resort & Spa ㉗, 18 Prachanukhro Rd., etwas abseits vom Strand, ✆ 076-340 303, 🖥 www.duangjit.com, **[6391]**. Am Rande einer riesigen Gartenanlage stehen zahlreiche 2-geschossige Häuser. Alles ist so weitläufig, dass man sich nicht in Patong wähnt, wo Platz ansonsten knapp bemessen ist. Dazu passt auch die riesige Poollandschaft. Über 300 komfortable AC-Zimmer mit Balkon oder Terrasse und über 50 kleinere AC-Bungalows. Gutes Restaurant, Spa, Kinder freuen sich auf Betreuung in den „Wunderpilzen" mit Sandkasten und Spielzimmern. ❼–❽

Anlage mit Geschichte

Tropica Bungalow Hotel ⑲, 132 Thawi-wong Rd., ✆ 076-340 204-5, 🖥 www.tropica-bungalow.com, **[6390]**. Hinter dem großen Restaurant Doppel- und Reihenbungalows im ruhigen tropischen Garten. Safe, großes Bad, TV. Recht großer Pool. An der Rezeption hängt ein Foto von den ersten Hütten unter Palmen aus dem Jahr 1986 – als diese Anlage noch in der ersten Reihe stand! Frühstück inkl. Über Veranstalter günstiger. ❻

Hyton Leelavadee ㉖, 3 Prachanukhro Rd., ✆ 076-292 091, 🖥 www.hytonleelavadee.com. 2-stöckige Häuser und einige Bungalows mit komfortablen Zimmern in einer Gartenanlage rings um einen großen Pool. TV und Safe. Restaurant, Spa, Fitnessraum. Frühstück inkl. ❻–❼

Patong Merlin Phuket ㉕, 44 Thawiwong Rd., ✆ 076-340 037, 🖥 www.merlinphuket.com, **[6392]**. 400-Zimmer-Hotel im Zentrum mit 3 Pools in einem tropischen Garten, Restaurants und Café mit Tischen im Freien. Kleiner Kinderspielplatz. Ein weiterer großer Ableger, das **Merlin Beach Resort**, mit 415 Zimmer und 4 Restaurants steht am Hat Tri Trang südlich von Patong. ❽

Patong Resort ㉑, 208 Rat Uthit Rd., ✆ 076-340 551, 🖥 www.patongresort.co.th. Großes Hotel im Zentrum mit stilvoll eingerichteten, komfortablen Zimmern mit Balkon. Der 2-stöckige Garden Wing ist rings um den Pool gebaut. Daneben liegt der dazugehörige 8-stöckige Pavilion Wing. ❻–❽

Royal Phawadee Village ⑦, 3 Sawasdirak Rd., ✆ 076-344 622, 🖥 www.royal-phawadee-village.com, **[3698]**. Komfortable Zimmer und Bungalows im traditionellen Thai-Stil. Großer Pool inmitten der ansprechend gestalteten Anlage. Gutes Restaurant. ❻–❽

Salathai Resort ⑪, 10/4 Sawasdirak Rd., ✆ 076-296 631, 🖥 www.phuketsalathai.com. In den 3-stöckigen Hotelgebäuden rund um den recht großen Pool komfortable Zimmer und Suiten mit thailändischem Touch, alle mit Balkon oder Terrasse. Großes

Restaurant vorne an der Straße. Frühstück inkl. ❺–❽

Luxus am Strand

Am Strand liegen nur noch Hotels der gehobenen Preisklasse. Wer einen Bungalow am Strand bucht und dafür extra viel zu bezahlen bereit ist, muss bedenken, dass tagsüber ein jeder Strandbesucher Einblick in die Gemächer hat und Hunderte Liegestühle den Blick aufs Meer verstellen. Mit der Idylle von einst hat ein Bungalow am Strand hier nichts mehr zu tun. Am besten bucht man diese Hotels vorher im Reisebüro oder hält nach Special Deals im Internet Ausschau.

Banthai Beach Resort ㉒, 94 Thawiwong Rd., ℡ 076-340 850, 🖳 www.banthaiphuket.com. Große Anlage mit Bungalows und Zimmern im modernen Thai-Stil, einige mit direktem Pool-Zugang, umgeben von einer Plaza mit vielen Läden und Ablegern internationaler Ketten. ❽

Club Andaman Beach Resort ⑥, 77/1 Thawiwong Rd., ℡ 076-340 361, 🖳 www.clubandaman.com. Am nördlichen Ende des Strandes in einem gepflegten, weitläufigen, tropischen Garten. 7-stöckige Vier-Sterne-Hotelanlage und 50 rustikale Bungalows im Thai-Stil, 251 AC-Zimmer unterschiedlicher Ausstattung mit Balkon oder Terrasse; 2 Restaurants, großzügig gestaltete Poollandschaft, Kinderbecken, Anda Spa. ❼–❽

Holiday Inn Resort ㉔, 52 Thawiwong Rd., ℡ 076-340 608, 🖳 www.phuket.holiday-inn.com, [6393]. Vier-Sterne-Resort. Zimmer und Villen im Thai-Stil mit 3 Pools und dem Spa The Aspara. ❼–❽

Impiana Phuket Cabana ⑩, 41 Thawiwong Rd., ℡ 076-340 138, 🖳 www.impiana.com. Stilvolles, hochpreisiges Boutiquehotel im modernen Thai-Design direkt am Strand. 70 mit dunklem Holz eingerichtete Zimmer mit jeglichem Komfort und Balkon. Gutes Restaurant mit Fusion Cuisine. ❽

Patong Bay Garden Resort ⑰, 33/1 Thawiwong Rd., ℡ 076-340 297, 🖳 www.patongbaygarden.com. Resort mit großem Garten und Pool am Strand, 70 komfortable Zimmer im Thai-Stil, teils mit Balkon, und für Familien geeignete Suiten, teurere Zimmer direkt am Strand. Italienisches Restaurant, Pool, Spa. ❽

Hat Kalim

Die felsigen Küste im Norden eignet sich nicht zum Baden.

Novotel Phuket Resort ②, Hat Kalim, ℡ 076-342 777, 🖳 www.novotelphuket.com, [3702]. Große, weitläufige Anlage am Hang, hohe Lobby im Thai-Stil, 215 nette Zimmer mit Balkon und Meerblick. Gutes, etwas teures Thai-Restaurant, 3 schöne Pools und ein großes Freizeitangebot. Frühstück inkl. ❽

Orchid Hotel & Spa ①, 320 Soi 7, Ban Kalim, ℡ 076-340 496, 🖳 www.theorchidhotel-phuket.com. Kleines Vier-Sterne-Hotel mit 25 komfortablen AC-Zimmern und Suiten im mediterranen Stil mit schöner Sicht in einem 4-stöckigen Haus; Coffeeshop, Pool an der Strandstraße. ❽

Essen

Gästehäuser und einfache Hotels servieren das übliche Ei-und-Toast-**Frühstück**, während teurere Resorts ein mehr oder weniger üppiges Buffet auftragen. Mittags verlassen nur wenige Urlauber den Strand, und wer nicht von den fliegenden Händlern mit Sandwiches, Obst und gekühlten Getränken versorgt wird, sucht höchstens eines der strandnahen Restaurants oder Foodstalls für einen Imbiss auf.

Nach Sonnenuntergang scheinen alle Touristen auf den Beinen, um ein Restaurant für den Abend zu suchen. Viele lassen sich dabei von den leckeren (aber teuren) Auslagen vor den **Seafood**-Restaurants an der Thawiwong Rd. anlocken. Viele kleine, einfache Restaurants konzentrieren sich in der Soi Post Office (Soi Permpongpatana).

Auf dem großen **Essensmarkt** in der Rat Uthit Rd. stimmt die Atmosphäre – da stört es nur wenige, dass (vor allem) beim Seafood kräftig abgezockt wird. Günstiger und überschaubarer ist der abendliche Essensmarkt etwas weiter nördlich hinter der Einmündung der Patong Beach Rd. Großes Angebot an frischem Seafood, und auch der Service ist gut.

Restaurants sind so zahlreich vertreten, dass es für jeden Geldbeutel und Geschmack das passende Lokal gibt. Es finden sich Inder, Japaner, Koreaner, Italiener, Pakistani und einige Nationen mehr – natürlich auch gehobene und einfache Thai-Küche. Viele sehr gute Restaurants mit gehobener Küche findet man in den teuren Resorts. Da gerade das Herumwandern und die Suche nach einem Lokal eine der Hauptattraktionen eines Patong-Aufenthaltes ist, hier nur ein paar Tipps.

Baan Rim Pa, auf den Felsen des Ao Kalim, ✆ 076-340 789. Das seit Jahrzehnten beliebte Restaurant ist geschmackvoll dekoriert und bietet stilvolle Thai-Küche und eine gute Weinauswahl. Das besondere Plus ist die tolle Aussicht auf Hat Patong. Frühzeitige Reservierung vor allem in der Saison zu empfehlen. Gehobenes Preisniveau. Tgl. außer Mo Live-Jazz. ⏱ 12–23 Uhr.

Baluchi, 64/39 Soi Kebsup, ✆ 076-292 526. Im Horizon Beach Resort, hervorragendes nordindisch-moslemisches Restaurant. Ausgezeichnete Tandooris, zudem westliche Gerichte für 200–500 Baht. ⏱ 12–23.30 Uhr, in der Nachsaison ab 15 Uhr.

Grillhütte, 142/1 Thawiwong Rd., ✆ 076-341 456, 🖥 www.grillhuette.com. Wenn das Heimweh plagt, tröstet dieses seit 1983 bestehende deutsch-österreichische Restaurant unter Leitung von Ulrich Sterz. Bier vom Fass. Auch Zimmervermietung.

Unterhaltung

Bier-, Video- oder Go-go-Kneipen, Discos und Bordelle: „Unterhaltung" gibt es mehr, als mancher ertragen kann. Das Überangebot hat zu einem verschärften Wettbewerb geführt, der sich auf unangenehme Weise bemerkbar macht.

Discos und Bars

Banana Disco, 94 Thawiwong Rd., ✆ 076-340 306. Die älteste Disco im Zentrum von Patong, in der es gegen Mitternacht richtig voll wird. An der Bar wird am frühen Abend oft Livemusik geboten, danach legt der DJ überwiegend House auf. Eintritt 200 Baht inkl. 1 Drink. ⏱ 21–2 Uhr, der dazugehörige Pub öffnet bereits mittags.

Club 730, im Tiger Entertainment-Komplex, 🖥 www.phuket-dir.com/tigerdisco. Eine weitere beliebte Disco in der Soi Bangla. Hier treffen sich nach Mitternacht Touristen aus aller Welt.

Aufgelegt wird ein breites Spektrum von House, Hip-Hop und den üblichen Reggae-Urlaubshits.

Molly Malone's Irish Pub, Patong Shopping Center, 94/1 Thawiwong Rd., ✆ 076-292 771, 🖥 www.mollymalonesphuket.com. Ein echt irisches Pub ohne Anmache, ⏱ 10–2 Uhr.

Phuket Beach Club, Bangla Rd. Moderne Open-Air-Pool-Disco mit angesagten Poolpartys.

Scruffy Murphy's Irish Pub, 5 Bangla Rd., ✆ 076-292 590, 🖥 www.scruffymurphysphuket.com. Ab 11 Uhr ist dieses zweite irische Pub geöffnet. Obwohl es im Zentrum des Barviertels liegt, wird „Mann" hier in Ruhe gelassen. Wenn interessante Sportübertragungen laufen oder abends Livemusik spielt, kommt Stimmung auf. ⏱ 10–2 Uhr.

Seduction Disco, Soi Happy, Bangla Rd., 🖥 www.seductiondiscotheque.com. Die größte 2-stöckige Disco auf der Vergnügungsmeile, mit einem Super-Soundsystem. Mi zur Beach Party wird die Tanzfläche mit Sand gefüllt. Eintritt 250 Baht. ⏱ 21–4 Uhr.

Safari Disco & Fun Pub, 28 Sirirat Rd. Auf einem Hügel an der Straße nach Karon. Der Traum eines Romantikers wurde wahr! Alles ist aus Naturmaterialien erbaut und mit vielen Pflanzen und originellen Tonfiguren dekoriert. Live-Bands von 22–2 Uhr. ⏱ 20–3 Uhr.

The Beach Discotheque, im Royal Paradise Hotel, 135/32 Rat Uthit Rd., ✆ 076-340 666, 🖥 www.royalparadise.com. Die größte Disco der Insel mit tollen Laser- und Lichteffekten.

Thru the Sea, Andaman Bazaar, 🖥 www.thruthesea.com. Eine Kombination aus Open-Air-Restaurant und Club mit Livemusik (Rock, Pop, Latin) und Disco.

Shows

Phuket Simon Cabaret, 8 Sirirat Rd., Reservierung unter ✆ 076-342 011-5, 🖥 www.phuket-simoncabaret.com. An der Straße Richtung Karon. Eine professionell gestaltete Travestieshow, herrliche Bühnenbilder, gekonnte Dramaturgie, fantastische Licht- und Sound-Effekte. Vorstellungen um 19.30 und 21.30 Uhr. Tickets 600 Baht, für Einheimische und in der Nebensaison günstiger.

Aktivitäten

Bootsfahrten

Longtails verkehren vom Pier am Südende der Bucht zum Freedom und Paradise Beach. Sie kosten etwa 400 Baht pro Std. Es gibt auch Bootstouren in die Bucht von Phang Nga und auf die Nachbarinseln, ab 700 Baht. Mehr zu den Zielen dieser Touren auf S. 639.
Reisebüros bieten zudem Tagestouren nach Ko Phi Phi. Inkl. Transport vom und zum Hotel, Mittagessen und Schnorchelequipment. Besuch der Viking Cave und der Maya Bay. Abfahrt gegen 8.30 Uhr, Rückkehr gegen 17 Uhr, um die 1400 Baht.

Tauchen

Die Tauchschulen am Patong arbeiten eng zusammen. Da täglich neue Kurse beginnen und nur selten 4 Pers. zusammenkommen, kann man hier mit etwas Glück in drei Tagen allein betreut den Tauchschein machen. Touren werden immer in Kooperation aller Veranstalter gemacht – auch, um nicht unnötig viele Boote in die Tauchgebiete zu fahren.
All 4 Diving, 5/4 Sawasdirak Rd., ✆ 076-344 611, ✉ info@all4diving.com. Hervorstechend ist die große Auswahl an Tauchausrüstungen im größten Shop der Insel. Der Manager spricht Deutsch. Günstige Last-Minute-Angebote für Kurzentschlossene machen einen *Liveaboard* erschwinglicher. ⏱ 9–22 Uhr.
Santana Diving, 49 Thawiwong Rd., ✆ 076-294 220, 🖥 www.santanaphuket.com (englisch und deutsch). Mit über 30 Jahren Erfahrung ist Santana Diving die älteste Tauchschule Phukets. Deutsche Leitung. 2 Tauchboote. Tgl. Tauchkurse, zudem vielfach 3- bis 7-tägige *Liveaboards* nach Similan, Surin und zu den südlichen Inseln, Nitrox-Tauchen.
Eine privat betriebene **Dekompressionskammer** befindet sich in der 231/233 Rat Uthit Rd., 🖥 www.sssnetwork.com. Eine große Kammer besitzt das Vachira Phuket Hospital in Phuket-Stadt.

Wassersport

Windsurfen für 500 Baht/Std., **Parasailing** 1000 Baht, **Wasserski** 1000 Baht/10 Min., **Bananenboot** 500 Baht p. P., Tauchen (s. o.) und **Jet Skis** 1000 Baht/30 Min. Letztere sind offiziell verboten, da sie laut und gefährlich sind – besser meiden! Immer wieder gehen die Maschinen kaputt und der Nutzer muss zahlen … eine bekannte Masche, die den Betreibern wahrscheinlich mehr Geld bringt als der Verleih der Fahrzeuge.

Sonstiges

Autovermietungen

Am Strand und bei den Gästehäusern werden Jeeps unter 1000 Baht vermietet, die allerdings nicht ausreichend versichert und oft in schlechtem Zustand sind. Vermieter an der Thawiwong Rd. nehmen meist 1500 Baht pro Tag.

Einkaufen

Neben dem Jungceylon sind auch die anderen **Einkaufszentren** gut mit den Waren bestückt, die viele Urlauber suchen – das Angebot reicht von Bademode über Sonnenbrillen bis zu Kosmetika, Spirituosen, westlichen Lebensmitteln, Postkarten, Zeitschriften und Medikamenten aller Art.
Wer **Bücher** sucht, wird am ehesten im **Bookazine**, 18 Bangla Rd., oder im Jungceylon fündig.

Shopping mit Showeffekten

Das große Einkaufszentrum **Jungceylon**, Rat Uthit Rd., 🖥 www.jungceylon.com, ist für viele eine Sehenswürdigkeit. Wer durch den ersten Bereich des Komplexes hindurchgeht, gelangt auf einen freien Platz, auf dem eine 20 m lange chinesische Dschunke steht. Davor werden allabendlich im Brunnen um 19 und 21 Uhr Wasserspiele veranstaltet. Es folgt der Phuket Square mit dem Carrefour Hypermarkt, 🖥 www.carrefour.co.th, der eine große Auswahl westlicher und asiatischer Lebensmittel führt. Zudem befinden sich hier der Robinson Department Store und 5 Kinos. Abends locken diverse Veranstaltungen auch viele Einheimische ins Center. Dahinter erstreckt sich die riesige Halle des **Banzaan Fresh Market**, wo Obst und Gemüse, Fleisch und Fisch verkauft werden.

Je nach Saison und Nachfrage schwanken die Preise an den **Souvenirständen**, die sich in der Bangla Rd., der Thawiwong Rd. und vielen Nebenstraßen ausgebreitet haben. Vor allem von gerade eingetroffenen Weißhäutigen werden stark überhöhte Preise gefordert, sodass es lohnt, das Angebot zu vergleichen und zu handeln.

Geld
Zahlreiche Wechselstuben und Banken im Zentrum und an der Rat Uthit Rd. wechseln tgl. von 9.30–20 Uhr Geld und Travellers Cheques. Spätabends sind noch die Wechselschalter in der Bangla Rd. geöffnet. Außerdem zahlreiche Geldautomaten.

Medizinische Hilfe
Das **Patong Hospital**, ✆ 076-342 633, an der Sai Nam Yen Rd. hat eine gute ambulante Station und ist sehr erfahren in der Behandlung von Verletzungen durch Motorradunfälle. Bessere stationäre Behandlung erfährt man in den Krankenhäusern von Phuket.
Wattana Clinic, 78/8 Thawiwong Rd., ✆ 076-340 690, ⊕ 9–19 Uhr. Auch Deutsch sprechende Ärzte.

Motorräder
In einem Jahr hat es auf der Insel über 1000 registrierte Motorradunfälle mit fast 200 Toten gegeben, also bitte vorsichtig und nur mit Helm fahren sowie den Führerschein mitnehmen.
Über 100 Motorräder, darunter 250cc- und 1000cc-Maschinen (500 bzw. 1000 Baht pro Tag), vermietet **Big Bike Company** an der Thawiwong Rd., ✆ 076-345 100. 100cc-Maschinen kosten ca. 200 Baht pro Tag, 125cc-Maschinen 300 Baht. Allerdings schwanken die Preise je nach Nachfrage erheblich.

Parken
Wer mit dem eigenen Fahrzeug unterwegs ist, sollte unbedingt darauf achten, dass an geraden/ungeraden Tagen das Parkverbot von einer zur anderen Straßenseite wechselt, manchmal sogar mittags. Meist findet der Wechsel um 6 Uhr morgens statt.

Post
Ein großes Postamt in der Rat Uthit Rd., ⊕ 8.30–12 und 13–16.30, feiertags 9–12 Uhr. Eine kleine Niederlassung an der Thawiwong Rd.

Spa
The Hideaway Day Spa, 157 Soi Na Nai, ✆ 076-340 591, 🖥 www.phuket-hideaway.com. Eine Oase der Ruhe am Fuß der bewaldeten Hügel, abseits des Trubels. Das bereits 1987 gegründete erste Spa der Insel.

Straßennamen
Die Thawiwong Rd., die am Strand entlang verläuft, wird häufig auch Beach Rd. genannt. Die Parallelstraße Rat Uthit Rd. erhielt den Zusatz Song Roi Pee Rd., was 200-Jahr-Straße bedeutet. Nur selten wird sie allerdings Rat Uthit Song Roi Pee Rd. genannt. Man bevorzugt die Abkürzung oder gar die englische Version 200 Year Rd.

Tourist Police
Thawiwong Rd. nördlich der Einmündung der Bangla Rd. ⊕ Mo–Fr 10–16 Uhr, Notruf ✆ 1155.

Visa
Immigration Office in der Thawiwong Rd. nördlich der Einmündung der Bangla Rd. ⊕ Mo–Fr außer feiertags 10–12 und 13–15 Uhr.

Nahverkehr
Pick-ups und Tuk Tuks im Ort verlangen in der Saison 200 Baht und mehr. Motorradtaxis ab 30 Baht.
Kaum ein Tuk Tuk-Fahrer fährt noch zu den offiziell festgelegten Preisen. Verlangt wird oft das Doppelte und mehr. Offiziell kostet PHUKET-STADT 400 Baht, KARON 300 Baht, KATA 400 Baht, CHALONG 500 Baht und SURIN 500 Baht.
Busse nach PHUKET-STADT für 25 Baht starten am Bus Stop vor dem Patong Merlin, nehmen aber auch während ihrer Fahrt durch die Thawiwong Rd. und Phra Barami Rd. Fahrgäste auf. Wer in den Bus aus Phuket-Stadt zusteigt, um zum Strand zu fahren, zahlt 10 Baht.
Taxi zum FLUGHAFEN 600 Baht.

Air Asia hat ein Büro in der Thawiwong Rd., nahe des La Flora Hotels. Hier gibt es Flüge, z. B. nach Bangkok, ohne den üblichen Reisebürozuschlag. Zudem kann man hier bis 48 Std. vor Abflug einen Air Asia-Flug gegen Gebühr umbuchen.

Kamala

Von Patong führt eine breit ausgebaute, steile Straße Richtung Norden und erreicht nach 5 km Kamala. Vorbei geht es am **Hat Nacha**, der bei hohem Wasserstand nur einen schmalen Sandstrand aufweist und dessen seichte, von Steinen durchsetzte Bucht, die zudem von einem langen Pier halbiert wird, bei Ebbe trocken liegt. Hier erstrecken sich den Hang hinauf die Luxusbungalows des **Thavorn Beach Village & Spa**, 🖥 www.thavornbeachvillage.com, ❻–❼. Zu den zweistöckigen Häuschen mit einer großen Sala fährt eine Zahnradbahn hinauf. Anschließend erklimmt man auf der extrem steilen Straße einen Berg. Von oben blickt man hinab auf die tiefe Bucht **Kamala**.

Am Südende der Bucht von Kamala zweigt links eine schmale Straße ab, die am steilen Hang des südlichen Kaps entlangführt, vorbei an mehreren neuen Condominiums, die in den Berg hineingebaut werden, dem **Aquamarine Resort & Spa**, 🖥 www.aquamarineresort.com, ❻.

Weiter im Norden erstreckt sich in einer tiefen Bucht das Moslemdorf **Ban Kamala** zwischen dem Strand und der Umgehungsstraße. Bevor am 26. Dezember 2004 die volle Wucht einer 10 m hohen Riesenwelle bis weit ins Hinterland hinein heftige Zerstörungen anrichtete, hatte bereits der Tourismus mit Läden, Restaurants und Liegestühlen am Dorfstrand Einzug gehalten. Seit dem Wiederaufbau bestimmen Kleinhotels, Souvenirläden und Touristenrestaurants das Bild des Ortszentrums. Ein von der Phuket Japanese Organization gespendetes **Tsunami-Denkmal** am Strandpark nahe des Kamala Beach Resort fordert zum Gedenken und Gebet auf. Entlang der befestigten Promenade, die den Strand abgrenzt, bieten Schneider und Masseurinnen ihre Dienste an. In Kamala urlauben vor allem Familien und Paare aus Russland; im Hinterland viele Langzeitreisende. Der Ort besitzt zudem die größte touristische Sehenswürdigkeit der Insel, **Phuket FantaSea** (s. Kasten).

Am nördlichen Ende der Bucht erstreckt sich abseits des Dorfes ein schöner Picknickplatz mit hohen Bäumen am Strand, wo man gefahrlos schwimmen kann. Die Straße verläuft an der Küste entlang weiter Richtung Norden an mehreren Apartmentanlagen vorbei nach Surin. Von einem Parkplatz am Kap (Parkgebühr von 9–19 Uhr fürs Moped 20 Baht, fürs Auto 40 Baht) geht es zu Fuß hinab zum hübschen, aber übervölkerten **Hat Laem Sing**.

In der Saison findet man am malerischen Strand Liegestühle mit Sonnenschirmen, Souvenirstände, Massageangebote, Essen- und Getränkestände. Das türkisblaue Wasser ist ruhig und gut zum Baden geeignet.

Übernachtung

In **Ban Kamala** sind viele Resorts, private Zimmer- und Bungalowvermietungen nach dem Tsunami neu aufgebaut worden. Weitere Unterkünfte befinden sich an der nördlichen Verbindungsstraße zwischen Strand und Umgehungsstraße.

Untere und mittlere Preisklasse
Baan Natacha ⑬, 96/23 Moo 3, Hat Kamala, ☎ 076-385 603, ✉ bannatacha@hotmail.com, [3707]. Möblierte AC-Zimmer in einem überschaubaren Neubau am Meer, Minibar, DVD-Player. Bar im Erdgeschoss. Frühstück inkl. ❹–❺

Chez Sabina Gh. ⑧, ☎ 076-279 544, 🖥 www.chezsabina-guesthouse.com, [3726]. 8 hübsche Zimmer mit AC und Kühlschrank in einem

Klein und fein

Papa Crab Boutique Gh. ⑮, 93/5 Moo 3, ☎ 076-385 315, 🖥 www.phuketpapacrab.com, [2989]. Sehr individuell und geschmackvoll gestaltetes Haus mit 10 Zimmern. Die Zimmer im Boutiquestil haben farbige Akzente und einen Sinnspruch auf der Wand, TV, Kühlschrank, Safe. WLAN im Zimmer. Unter thailändisch-deutscher Leitung von Koong und Charlie. ❹

Wohnhaus, auch Familienzimmer. Frühstück inkl. ❹

Ice Kamala Beach Hotel ⑨, 84/1 Moo 3, ✆/℡ 076-385 437, 🖳 www.icekamala beachhotel.com. [3730]. 3-stöckiges Gebäude hinter der Ladenzeile. Großzügige möblierte Zimmer mit Balkon. WLAN. ❺

Kamala Beach Inn ⑯, 73/115 Naga Rd., ✆ 076-385 280-3, ✉ kamalabeachinn@hotmail.com, [3704]. An der Straße ins Dorf nahe dem Tempel stehen 2 lange, 2-stöckige Reihenhäuser, die Atmosphäre vermissen lassen. Alle Zimmer mit Kühlschrank. ❺

Thai Kamala Village ⑫, 93 Moo 3, ✆ 076-279 795, 🖳 www.hotel-thaikamala.com, [3708]. Yao und ihr Mann Pascal haben ein Haus direkt am Strand zu einem hübschen Kleinhotel im Thai-Stil umgebaut. Alle 17 AC-Zimmer mit TV, Balkon und Meerblick, Beach Bar und Restaurant mit einheimischen und mediterranen Gerichten. ❺

Twin Gh. ⑭, 66/6 Moo 3, ✆ 089-875 0939, [6408]. Wechselstube im Erdgeschoss. 12 helle und saubere Zimmer mit Ventilator oder AC, TV und Kühlschrank. WLAN. Freundlicher Service. Nur wenige Meter zum Strand. ❸

Obere Preisklasse

Kamala Dreams ⑪, 74/1 Moo 3, ✆ 076-279 131, 🖳 www.kamaladreams.net, [3709]. 12 Apartments mit Küchenzeile, Kühlschrank und TV rings um einen kleinen Pool in einem 2-stöckigen Haus direkt am Strand. Seafood-Restaurant, Frühstück inkl. Unter holländisch-thailändischer Leitung. ❻

Print Kamala Resort ⑩, 74/8 Moo 3, ✆ 076-385 396, 🖳 www.printkamalaresort.net, [3107]. 51 komfortable, modern eingerichtete Zimmer mit Balkon und 29 Bungalows um einen Pool. Ansprechende Architektur, lockere Bebauung und hübsch angelegter Garten. Reservierung empfohlen. Restaurant mit lokalen und japanischen Spezialitäten. Frühstück inkl. ❼–❽

Sunprime Kamala Beach Hotel & Resort ⑦, 96/42-43 Moo 3, ✆ 076-279 580, 🖳 www.kamalabeach.com, [6406]. Großes Hotel. 4-stöckige Blocks um 4 Pools mit direktem Strandzugang. 320 Zimmer mit AC und Balkon,

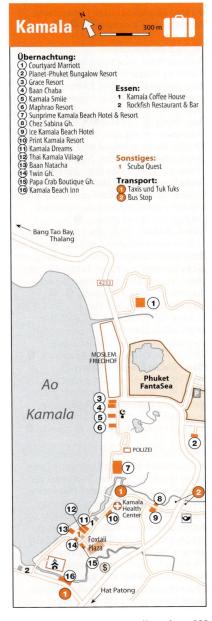

mit Meerblick etwas teurer. 2 Restaurants, Wellness- und Fitnessbereich. ❼–❽

Nördlich von Ban Kamala

Am Badestrand unter Kasuarinen stehen 2-stöckige Häuser mit AC-Zimmern und Bungalows von ähnlichem Standard, die überwiegend nach dem Tsunami erbaut worden sind.

Baan Chaba ④, 95/3 Moo 3, ✆ 076-279 158, 🖳 www.baanchaba.com, [3733]. Bungalows im Thai-Stil und Ferienhäuser mit 2 Zimmern am Strand, aber ohne direkten Zugang zum Strand. Thailändisch-belgisches Management. ❺

Grace Resort ③, 85/21 Moo 3, ✆ 076-385 839, 🖳 www.kamalagraceresort.com, [6404]. Zimmer in einem 2-stöckigen Gebäude mit Balkon. Am Weg zum Strand gelegen. ❺

Kamala Smile ⑤, 98/18 Moo 3, ✆ 076-385 515, 🖳 www.smilerestaurant.org, [3732]. Anlage mit Bungalows unterschiedlicher Ausstattung, teils mit Kühlschrank und Küche. Einfache Zimmer im hinteren Bereich. Restaurant und Bar unter thailändisch-deutscher Leitung. ❹–❺

Maphrao Resort ⑥, 95/6 Moo 3, ✆ 076-279 284, 🖳 www.maphraobeach.com, [3734]. Nett eingerichtete Zimmer in 2 nah beieinanderstehenden 2-stöckigen Reihenhäusern, Kühlschrank, WLAN, Bar und Restaurant. ❺

Planet-Phuket Bungalow Resort ②, 99/23 Moo 3, 🖳 www.planet-phuket.com, [3099]. Rainer Volz, der Betreiber, vermietet große, komfortabel eingerichtete Bungalows mit separatem Wohnraum und Terrasse in einem Garten mit Pool im Hinterland. Restaurant. ❻

Essen

Im Ortszentrum haben sich eine ganze Reihe kleiner Restaurants auf den Geschmack der Urlauber eingestellt. Am **Foxtail Plaza** gibt es mehrere Restaurants mit europäischer und thailändischer Küche, u. a. einen Ableger des Buffalo Steak House mit viel Fleisch auf der Speisekarte (austral. Entrecote für 700 Baht) oder das **Thais Sugar House** mit exzellenter Weinauswahl. Auch an der Strandpromenade sorgen unzählige kleine Restaurants und Cocktailstände bis spät mit Tischen auf dem Strand für das leibliche Wohl der Badeurlauber.

Noch hält sich das Nachtleben in Grenzen und ist beschränkt auf wenige Bars.

Kamala Coffee House, mit Fluss- und Strandblick, bietet Frühstück mit gutem Kaffee. Man kann unten oder oben auf der offenen Terrasse sitzen. ⏱ 8–23 Uhr.

Rockfish Restaurant & Bar, 33/6 Kamala Beach Rd., ✆ 076-279 732, 🖳 www.rockfishrestaurant.com. Am Hang an der südlichen Bucht mit schöner Aussicht. Gehobene Thai-Küche, viel Seafood. ⏱ 8–23 Uhr.

Aktivitäten

Tauchen

Scuba Quest, 121/7 Moo 3, ✆/📠 076-279 016, 🖳 www.scuba-quest-phuket.com. Deutsche Tauchschule, PADI- und CMAS-Kurse sowie Tagestouren, Nitrox-Tauchen.

Am Strand gibt es Bananenboote für 500 Baht pro Fahrt, Jet Skis 1500 Baht für 30 Min., Parasailing 1500 Baht für 15 Min.

Sonstiges

Einkaufen

Mehrere gut bestückte Minimärkte, eine Bäckerei und einen Markt findet man an der Umgehungsstraße. An der Strandstraße und am Strand zahlreiche Shops. Ein reichhaltiges Angebot an Souvenirs der gehobenen Preisklasse hält **Phuket FantaSea** bereit.

Geld

Geldautomaten stehen vor den Kassen von **Phuket FantaSea** und an der Umgehungsstraße.

Wäschereien

Im nördlichen Bereich des Dorfes betreiben Moslemfamilien Wäschereien. Einige sind am Fr geschl.

Nahverkehr

Tuk Tuks und Taxis kosten dasselbe. PHUKET-STADT 600 Baht, PATONG 400 Baht. Inselbusse nach PHUKET-STADT über Bang Tao und Hat Surin von 7 bis 15 Uhr etwa stdl. für 40 Baht. Haltestelle ist an der Hauptstraße, Richtung Phuket werden an der Strandstraße Mitfahrer eingesammelt. Taxi zum FLUGHAFEN 800 Baht.

Phuket FantaSea – eine Show der Superlative

Der 35 ha große Themenpark, der 80 Mio. € verschlungen haben soll, erstreckt sich an der Umgehungsstraße von Kamala. Der gigantische Parkplatz lässt bereits seine Ausmaße erahnen. Solange es genügend Touristen gibt, die den teuren, aber lohnenden Eintritt zahlen, wird dort eine gewaltige Show geboten, die selbst Las Vegas in den Schatten stellt. Vor der Show geht es zum Einkaufsbummel durch das **Festival Village**, ein teurer Shoppingkomplex mit bunten, thematisch gestalteten Disneyland-Läden. Auf den Plätzen treten Artisten und Bands auf. Am Ende des „Dorfes" werden links in einem dem Königspalast nachempfundenen Gebäude, dem **Golden Kinnaree Restaurant** mit 4000 Sitzplätzen, von 18–20.30 Uhr leckere europäisch-asiatische Buffets aufgebaut. Nach dem Essen strömen die Besucher hinüber zum **Palace of the Elephants**, einem gewaltigen Gebäude im Khmer-Stil, dessen Fassade in wechselnden Farben angestrahlt wird. Sie zieren 999 steinern aussehende Elefanten, die zum Teil beweglich sind. Hinter den Eingangstoren geht es durch tropische Ruinen in den modernen Theatersaal mit 3000 Sitzplätzen – der Kontrast könnte kaum größer sein. Um 21 Uhr beginnt das gewaltige Spektakel „Fantasy of a Kingdom" mit den Helden Rama, Hanuman und Prinz Kamala, über einem Dutzend Elefanten, Tauben, Wasserbüffeln und sogar einem Tiger. Moderne artistische Darbietungen (Bungee-Ballett) und Zauberkünstler wechseln mit traditionellem Schattenspiel (mit Lasertechnik modern verfremdet), Tänzen und Nachstellungen gigantischer Schlachten, die durch den Einsatz modernster Bühnentechnik fast real wirken. Die Texte in Thai und Englisch sind wie die Musik dem internationalen Publikum angepasst. Etwa 100 Personen stehen am Ende der eineinhalbstündigen Show auf der Bühne, und weit mehr sind zudem im Hintergrund daran beteiligt. ⏰ 17.30–23.30 Uhr, ☎ 076-385 111-5, 🖥 www.phuket-fantasea.com, Eintritt zur lohnenden Show 1500 Baht, für Dinner und Show 1900 Baht.

Hat Surin und Hat Pansea

Der Hauptstrand wird tagsüber gern von Thai-Touristen frequentiert. Schließlich stattete bereits 1928 der König (Rama IX.) diesem Strand einen Besuch ab, worauf eine Plakette am oberen Parkplatz hinweist, denn hier befand sich der erste Golfplatz der Insel. Jenseits vom unteren Parkplatz geht es hinab zur Strandpromenade. Sie wird überwiegend von alten Bäumen überschattet und von Restaurants und Läden gesäumt. Ein Teil der Liegestühle, die in mehreren Reihen am Strand stehen, ist den Gästen der besseren Hotels vorbehalten. Der Strand ist sauber, eignet sich wegen der hohen Wellen und starken Unterströmungen während des Monsuns von Mai bis Oktober allerdings nicht zum Baden.

Durch die einförmige Bebauung des Hügels im Hinterland mit Villen der Ayara-Anlage hat die Bucht an Reiz eingebüßt. Die 115–210 m2 großen Luxusvillen mit eigenem Garten und Pool kosten offiziell je nach Saison US$350–1000 pro Tag!

Weiter nördlich führt eine Nebenstraße nach links in Küstennähe aufs Kap, wo am schönen, völlig abgeschlossenen, 250 m langen **Hat Pansea** zwei Luxus-Hotelanlagen liegen. Landeinwärts geht es weiter Richtung Norden, wo schmale Wege zu Ferienanlagen an der südlichen Ao Bang Tao verlaufen.

Übernachtung

Karte S. 562

In den Hotels wohnen viele skandinavische und russische Familien, aber auch bei jungen Reisenden ist die Bucht beliebt. In Surin befinden sich Unterkünfte an der Straße zum Hat Pansea kurz hinter der Abzweigung.

Benyada Lodge ⑯, 106/52 Moo 3, Choeng Thalay, ☎ 076-271 261-4, 🖥 www.benyadalodge-phuket.com, [3556]. 4-stöckiges, im modernen Thai-Design gestaltetes Boutiquehotel. Deluxe-Zimmer mit kleinem Balkon und Suiten. Pool auf dem Dach mit Bar. Inkl. Frühstück. WLAN. ❻–❽

Manathai ⑯, 121 Moo 3, Choeng Talay, ✆ 076-270 900, 🖥 www.manathai.com, **[3555]**. Warme Farben und viel Holz sorgen in diesem Design-Resort für eine entspannte Atmosphäre. Die 52 Zimmer sind auf 3 Stockwerken mit allem Komfort verteilt; Pool, Bar und ein elegantes Restaurant mit lokalen und westlichen Gerichten. ❽

Marriott Courtyard ⑯, 106/27 Moo 3, Surin Beach Rd., ✆ 076-303 300, 🖥 www.courtyard marriottsurin.com, **[3736]**. Große, familienfreundliche Anlage, die v. a. bei skandinavischen Familien beliebt ist. Großer Pool mit Wasserrutsche, 256 Zimmer mit TV, Balkon und Kochecke, viele Aktivitäten. WLAN. ❽

Surin Bay Inn ⑯, 106/11 Moo 3, Choeng Talay, ✆ 076-271 601, 🖥 www.surinbayinn.com, **[3557]**. 12 hübsche, geschmackvoll eingerichtete AC-Zimmer, einige mit großem Balkon und Blick aufs Meer, teurere große Zimmer mit riesigem Bett, Sitzecke und Badewanne. Restaurant und Bar im Erdgeschoss. ❺–❻

Surin Sweet Hotel ⑯, 107/8 Moo 3, Choeng Talay, ✆ 076-270 863, 🖥 www.surinsweet.net, **[3737]**. 32 geräumige Zimmer mit großer Terrasse, WLAN im Zimmer. Zu dem italienischen Familienbetrieb gehört auch das hervorragende italienische Restaurant. Frühstücksbuffet inkl., abends Essen im Freien, Sa BBQ. Pool. ❺

Twin Palms ⑯, 106/46 Moo 3, Choeng Talay, ✆ 076-316 500, 🖥 www.twinpalms-phuket.com, **[6402]**. Minimalistisch-modern gestaltetes Luxushotel. 72 riesige Zimmer mit offenen Bädern, Stereo-anlage, hohen Fenstern und teils direktem Pool-Zugang. Spa, Bibliothek, Internet, Bar und das ausgezeichnete Restaurant Oriental Spoon. So 11–14.30 Uhr Brunch mit Seafood und Wein. ❽

Nördlich der Abzweigung an der Hauptstraße
Karte S. 562

Amanpuri Resort ⑮, ✆ 076-324 333, 🖥 www.amanresorts.com/amanpuri. Große, luxuriöse Pavillons und Villen im nordthailändischen Stil in einer Kokosplantage am Hang auf dem Kap Laem Son. Preise ab US$700 pro Nacht. Es wird bewusst auf TV verzichtet. Spa, Jachtcharter, Tauchtrips und Hochzeitszeremonien. Pool 70 Stufen über dem privaten Strand. Die Küche verarbeitet Freilandhühner und Bio-Gemüse. In der Nebensaison sind auch Gäste von außerhalb im Restaurant willkommen. ❽

Pen Villa ⑯, 9/1 Moo 3, Srisoontarn Rd., Choeng Talay, 15 Min. vom Strand, ✆ 076-324 221, **[3553]**. Geräumige Zimmer mit Kühlschrank in einem L-förmigen Neubau an einem großen Pool, freundlicher Service. ❺

Sun Set View Inn ⑯, 13/18 Srisoontarn Rd., ✆/📠 076-324 264. In Bonbonfarben gestrichener 4-stöckiger Bau oberhalb der Straße, eine Kopie von Tiw & Too. 15 großzügige Zimmer mit Balkon. ❹

The Chedi ⑮, 118 Moo 3, Choeng Talay, ✆ 076-324 017, 🖥 www.phuket.com/chedi, **[3552]**. An den Hang gebaute Bungalowanlage der Luxusklasse an einer kleinen Privatbucht; z. T. 200 Stufen bis zum Strand. 110 geräumige, mit Holzstegen und Treppen verbundene Bungalows im balinesischen Stil mit 1–2 Schlafräumen. Der Blick Richtung Meer wird teilweise durch Palmen und dichte Bäume abgeschirmt. Restaurants, Pool. Autovermietung. ❽

Tiw & Too Gh. ⑯, 13/11 Srisoontarn Rd., ✆ 076-270 240, ✉ tiwsurin@hotmail.com, **[3551]**. 12 saubere Zimmer mit AC und Kühlschrank in einem neueren Haus. Am Strand stehen Liegen für die Gäste bereit. ❸–❹

Essen

Auf dem Parkplatz vor dem Strand sind tagsüber viele einfache Garküchen aufgebaut, die frisch zubereitete Sate-Spieße, Reisgerichte, Obst und kalte Getränke anbieten.

Die unzähligen Restaurants entlang des Strandes halten ein breit gefächertes Angebot bereit. **Mr. Tan** kocht Thai-Gerichte, die **Twin Brothers** bereiten Pizza, Pasta und andere westliche Gerichte, aber auch Thailändisches zu und ein **Seafood-Restaurant** am südlichen Strandabschnitt frischen Fisch aus den Tanks. Im noblen **Catch Beachclub [6401]** sitzt man in Weiß und Türkis designter Umgebung, entsprechend hoch sind die Preise. Im **Pla Seafood + Beach** gibt es in ebenfalls nobler Umgebung frischen Fisch. Die Preise sind der Umgebung entsprechend höher als an vielen

anderen Stränden. Man sitzt unter schattigen Bäumen oder Sonnenschirmen unter dem Hang am befestigten Strand.
Mom Tri's Boathouse Restaurant, eine Filiale des edlen Restaurants in Kata (s. S. 589), befindet sich in der Anlage Ayara.
Das beste italienische Essen gibt es im **Surin Sweet Hotel** und das qualitativ hochwertigste und teuerste im **Twin Palms** (s. o.).

Sonstiges

Geldautomat an der Abzweigung der Moo 3, Choeng Talay.

Nahverkehr

Tuk Tuks und Taxis nach PHUKET-STADT 600 Baht, Busse 40 Baht; PATONG 500 Baht, KARON 700 Baht. Taxi zum FLUGHAFEN 700 Baht.

Ao Bang Tao

Der Ort **Bang Tao**, 24 km von Phuket-Stadt, ist eine der größten Siedlungen im Hinterland der Westküste mit einer beachtlichen sunnitischen Gemeinde. Im Ortszentrum erhebt sich die größte **Moschee** von Phuket mit ihrer weißen Fassade im maurischen Stil, ihren Türmchen und Kuppeln. Doch auch buddhistische Tempel stehen in diesem geschäftigen Ort, dessen **Markt** einen Besuch lohnt.

Nördlich des Ortes zweigt eine Straße zur Ao Bang Tao ab. Ein 5 km langer **Strand** erstreckt sich an der Küste, in deren Hinterland früher Zinn gefördert wurde. In den ehemaligen Zinnminen wurden Szenen des Films *Killing Fields* gedreht. Der Großinvestor Thai Wah Resorts ließ für 5 Mrd. Baht die toten Zinnminen rekultivieren. Auf dem Areal entstand das Laguna Phuket, eine wunderschöne Parklandschaft mit den fünf ersten Luxusresorts der Insel, einem 18-Loch-Golfplatz und vielen anderen touristischen Einrichtungen. Jedes wurde an eine andere Hotelkette verpachtet. Gäste eines Hotels können die Dienstleistungen der anderen Hotels in Anspruch nehmen. Ist in einem Hotel etwas gratis, gilt das auch für die Gäste der anderen Anlagen. Die Bucht eignet sich hervorragend für Windsurfer. Über eine kostenlose Bootslinie sind das Laguna Beach Resort, Dusit Laguna, das Sheraton und Allamanda Laguna Phuket miteinander verbunden – auch für Nichtgäste lohnt sich eine Rundfahrt.

Nach dem Tsunami hat ein Immobilienboom das einst ruhige Hinterland bis hinauf nach Layang völlig verwandelt. Mehrere Großinvestoren haben luxuriöse Apartmentanlagen, Ferienhäuser und Pool-Villen im internationalen Ferienhausstil erbaut.

Übernachtung

Karte S. 562

In der Ao Bang Tao, Ban Ketray Rd., richtete der Tsunami bis weit ins Hinterland hinein schwere Zerstörungen an. Die meisten Anlagen sind wieder aufgebaut. Das Preisniveau ist gehoben, abends gibt es nicht viel Unterhaltung. Die Straße zum Laguna Phuket ist gesäumt von Werbeschildern, sodass man die Welt dahinter kaum noch erkennen kann. Viele der Resorts sind am günstigsten über Veranstalter buchbar.
Allamanda Laguna Phuket ⑩, ✆ 076-324 359, 🖥 www.lagunaphuket.com/hotels/allamanda, [2993]. 2- bis 3-stöckige, verwinkelte Reihenhäuser entlang der Lagune und der Straße, 300 m vom Strand, Studios und Apartments mit 1 und 2 Schlafräumen und Küche. WLAN. ❽
Amora Resort ⑭, 322 Moo 2, an der Gabelung der Straße zur Küste nach rechts, ✆ 076-324 021, 🖥 www.phuket.com/amora, [2994], 3-stöckige Unterkunft am Strand in einer weitläufigen, schattigen Gartenanlage,

Ein Hauch von Bali

Bangtao Beach Chalet ⑭, 73/3 Soi Awo Bangtao 2, ✆ 076-325 837, 🖥 www.bangtaochalet-phuket.com, [3740]. Ruhiges Boutique-Resort an der Zufahrtstraße. Hinter dem Restaurant in einem schmalen, gepflegten Garten mit kleinem Pool, Brunnen und vielen Orchideen stehen 10 hübsche Bungalows im balinesischen Stil etwas dicht nebeneinander in 2 gegenüberliegenden Reihen. WLAN im Zimmer. Freundliches moslemisches Management, entsprechend ist die Küche *halal*. Frühstück inkl. ❼–❽

255 Zimmer mit WLAN. 2 Restaurants, Strandgrill, 2 Pools, Kinderbecken, Sportangebote, Windsurfen und Kanuverleih. ❽

Bangtao Beach Resort & Spa ⑭, 124/29 Moo 3, Choeng Thale, ✆ 076-270 680, 🖳 www.bangtaobeach.com, [3739]. 243 große Zimmer und Villen. 2 große Pools in einer Gartenanlage mit direktem Strandzugang, 2 Restaurants, WLAN im Zimmer, Spa. ❽

Banyan Tree ⑨, 33 Moo 4, ✆ 076-324 374, 🖳 www.lagunaphuket.com/hotels/banyan, [3745]. Weitläufige, prachtvolle Anlage für die *Upper class* und Hochzeitsreisende, 50–200 m vom Strand um eine Lagune gebaut. 108 luxuriöse, geschmackvoll eingerichtete Villen im Thai-Stil mit privatem Garten, z. T. mit eigenem Pool und Jacuzzi. Die 1994 eröffnete erste moderne Schönheitsfarm des Landes mit innovativem Therapie- und Massageangebot, das seinen Preis hat. Tennisplätze, großer Pool und umfangreiches Wassersportangebot. Im Hinterland 18-Loch-Golfplatz. ❽

Dusit Thani Laguna Resort Hotel ⑫, ✆ 076-324 320, 🖳 www.lagunaphuket.com, [3743]. 3-stöckiger Fünf-Sterne-Luxus-Hotelkomplex mit 225 Zimmern. Vornehmes Interieur, friedliche Atmosphäre. An zwei Seiten von Lagunen abgegrenzt, an einem langen, feinen Sandstrand (viele Strandverkäufer). Während des Monsuns sorgen Rettungsschwimmer für Sicherheit bei den starken Strömungen. Aromatherapie-Behandlungen und Massagen im Angsana-Spa, Kinderbetreuung, Tennis, Wassersport, Golf, Thai-Kochkurse. ❽

Laguna Beach Resort ⑬, 🖳 www.lagunabeach-resort.com, ✆ 076-324 352, [3742]. First-Class-Anlage mit großzügigen, stilvollen Zimmern ab US$200 zwischen Lagune und Strand. Großer, mit Steinmetzarbeiten verzierter Pool und ein breites Sportangebot (Windsurfen, Kajaks, Tennis) inkl. Für Familien geeignet. ❽

Sheraton Grande Laguna Beach ⑪, ✆ 076-324 101-7, 🖳 www.lagunaphuket.com/hotels/sheraton, [3744]. Luxusanlage, 50–150 m vom Strand auf einer von Salzwasserlagunen umgebenen Insel. Riesiger, mit Brücken verbundener Gebäudekomplex, der wie eine kleine Stadt wirkt. 340 Zimmer und Suiten, anspruchsvolle Restaurants, Disco, Livemusik; mehrere Pools, Langstreckenschwimmbahn, Fitnesscenter, Tauchschule. ❽

Sunwing Resort & Spa ⑭, 72/11 Moo 3, ✆ 076-324 599, 🖳 www.sunwingphuket.com. Mit hellen Holzmöbeln eingerichtete Zimmer mit Balkon. Etwas viel Beton umgibt den Pool, Restaurant am Strand. ❽

Essen

Alle Hotels im Laguna verfügen über mehrere vorzügliche Restaurants, deren Preise dem luxuriösen Ambiente entsprechen. Einige einfache Restaurants servieren direkt am Strand nördlich vom Sheraton zu weitaus niedrigeren Preisen hervorragendes Seafood. Die Speisekarten sind oft auf Deutsch und Englisch.

Aktivitäten

Reiten

Phuket International Horse Club (ehemals Phuket Laguna Riding Club), ✆ 076-324 199, 🖳 www.phuketdir.com/pktintlhorseclub. Bietet Ausritte am Strand, durch die Lagunen und Kasuarinenhaine ab 800 Baht pro Std.

Tauchen

Euro Divers, ✆ 076-324 352, im Laguna Beach Resort, auch *Liveaboards*.

Sonstiges

An der Abzweigung der Straße zum Laguna haben sich zahlreiche Geschäfte, Veranstalter und Schneider auf Gäste eingestellt, die Abwechslung suchen.

Autovermietungen

Jeeps werden bei den Strandrestaurants und an der Straße zu den Resorts ab ca. 1000 Baht pro Tag vermietet.

Geld

Bank mit Geldautomat u. a. in Bang Tao an der Hauptstraße gegenüber der Abzweigung zum Laguna.

Nahverkehr

Für die Gäste der Resorts pendeln Busse (von 7–24 Uhr alle 10 Min.) und Fähren (von 7–21 Uhr alle 20 Min.) zwischen den Einrichtungen. Auch Nichtgäste dürfen hier kostenlos mitfahren. Nach PHUKET-STADT mit dem Taxi für 600 Baht, mit Inselbussen (bis 16 Uhr) für 25 Baht. Taxi zum FLUGHAFEN 600 Baht.

Hat Layan

Zwischen Bang Tao und dem Dorf Layang wird derzeit eine neue Feriensiedlung aus dem Boden gestampft. Zwischen den Baustellen und Neubauten mit wohlklingenden Namen grasen die letzten Wasserbüffel. Am **Hat Layan**, zu dem eine 1 km lange ausgeschilderte Stichstraße führt, stehen Sonnenschirme und Liegen, auf denen sich die Hotelgäste der nahen Resorts bräunen. Ein Strandrestaurant mit guter Thai-Küche zu annehmbaren Preisen sorgt tagsüber für das leibliche Wohl. Nebenan befindet sich das Hauptbüro des **Hat Sirinath National Park**, das allerdings keine Informationen bereithält. Dafür ist auch kein Eintritt zu zahlen.

Obwohl der Küstenabschnitt von der Mündung des **Klong Kala** bis nach Nai Thon mit Ausnahme weniger Siedlungsgebiete unter Naturschutz gestellt wurde, sind entlang der 8 km langen Asphaltstraße durch den schönen Wald in den vergangenen Jahren mehrere Apartmentanlagen und Luxusresorts entstanden. Auf den letzten, kurvenreichen Kilometern hinab zum Hat Nai Thon zweigen links der schmalen Straße Wege zu Luxusanlagen in kleinen Buchten ab.

Übernachtung

Karte S. 562

Die Resorts liegen 2,5 km vom Strand entfernt im malerischen Mündungsgebiet des Klong Kala und auf der Landzunge, umgeben von bewaldeten Dünen und Mangroven.

Andaman White Beach Resort ⑦, 28/8 Moo 4, am kleinen öffentlichen Sandstrand Naithorn Noi, 1 km vom Hat Nai Thon, ✆ 076-316 300, 🖳 www.andamanwhitebeach.com, [3748]. Schöne Anlage mit Privatstrand in einer kleinen Bucht. Terrassenförmig angeordnete, geschmackvoll gestaltete Luxuszimmer. Teures Restaurant. ❽

Bundarika Villa ⑧, 89 Moo 6, ✆ 076-317 200, 🖳 www.bundarika.com. Boutique-Spa-Resort, Pool-Villen und Spa ab 17 000 Baht. ❽

Layan Beach Resort ⑧, 62 Moo 6, ✆ 076-313 412-4, 🖳 www.layanphuket.com. Resort am steilen Hang abseits vom Strand in einem Mangrovengebiet. Von den mit Beton und Bambus gestalteten 52 Zimmern hat man Blick auf die Küste. Überdachter Pool mit Jacuzzi, Spa, Sauna, auch für Nichtgäste von 10–19 Uhr offen. Für Gäste des Resorts kostenloser Shuttle zum 2,5 km entfernten Hat Layan. ❼–❽

Trisara ⑦, 2,5 km vor Nai Thon, ✆ 076-310 100, 🖳 www.trisara.com. Auf einer Klippe oberhalb des zu einem Privatstrand erklärten Hinkuay Beach. Luxusresort mit Eigentumswohnungen, 24 Pool-Villen ab US$800 und 18 Suiten mit Pool, Restaurant und Spa. ❽

Hat Nai Thon

Noch ist es am 900 m langen, herrlichen Sandstrand Had Nai Thon, 32 km von Phuket-Stadt entfernt, relativ ruhig. Von Norden kommend biegt man zum Hat Nai Thon in **Sakhu**, kurz vor KM 6, vom H4031 rechts auf eine Asphaltstraße (3,5 km) ab. Kurz darauf zweigt zur Rechten eine ausgeschilderte schmale Stichstraße ab, die zu zwei riesigen Luxusresorts am südlichen Ende des Hat Nai Yang führt. Danach geht es durch moslemische Dörfer über einen kleinen Pass. Zunächst passiert man das Fischerdorf am nördlichen, von Felsen begrenzten Ende des Strandes. Am Fuß der bewaldeten Berge, die das Hinterland umrahmen, ragen Zucker- und Kokospalmen empor. Näher zum Strand hin erstrecken sich die Resorts und Restaurants in trockengelegten Sumpfgebieten und jenseits der Straße die Sanddünen, die von Kasuarinen und Pandanus-Bäumen bewachsen sind.

An dem schönen Badestrand sind die Wellen außerhalb des Monsuns nicht allzu hoch, sodass er sich gut zum Schwimmen eignet. Schnorchelmöglichkeiten bestehen am südlichen Ende des Strandes. Im Gegensatz zu den benachbarten Stränden war dieser Küstenabschnitt kaum vom Tsunami betroffen. Die winzigen Felseninseln **Ko Waeo**, 15 Min. mit dem Boot ab Nai Thon, mit ihren Korallen und dem Wrack eines Zinnbaggers sind ein beliebtes Ziel von Tauchern, die vier bis zu 30 m tiefe Tauchgebiete erkunden können. Die fischreichen Riffe in bis zu 15 m Tiefe sind bei guter Sicht auch zum Schnorcheln geeignet.

Übernachtung

Karte S. 562

Macarona Restaurant & Gh. ⑥, 23/24 Moo 4, ✆ 084-628 3298. Panita vermietet über dem italienisch-deutschen Restaurant saubere Zimmer, teils mit Meerblick. WLAN kostenlos. ❺

Naithon Beach Resort & Restaurant ⑥, 23/31 Moo 4, ✆ 076-205 379-80, 520 5381, 🖥 www.phuket-naithon.com, [3753]. 14 kleine, eng stehende Holzbungalows mit kleiner Terrasse, auch Familienbungalows. Maipai Restaurant mit mittleren Preisen. ⏱ 7–22 Uhr. Winziger Pool mit Bar. In der Nebensaison Rabatt. Kostenpflichtiges WLAN. ❺–❼

Naithon Beach Club ⑥, 28/5 Naithon Beach Rd., ✆ 076-205 407, 🖥 www.naithon.com, [3754]. Helmut Meyer und seine Frau vermieten 6 gepflegte, große Apartments in einem 2-stöckigen Haus mit Küche, 1–2 Schlafzimmer, Terrasse oder Balkon mit Meerblick sowie Zimmer im Neubau. ❺–❻

Naithon Beach House ⑥, ✆ 076-205 245, [3752]. Über einem kleinen Deli mit Internet vermietet Rachael Chea, die gutes Englisch spricht, 4 AC-Zimmer mit Balkon. Hell möbliert, große Fenster, Kühlschrank. Billige Zimmer im Keller. Familienzimmer. Frühstück im Restaurant am Strand. Nur in der Hauptsaison geöffnet. ❹–❺

Naithonburi Beach Resort ⑥, 9 Moo 4, ✆ 076-318 700, 🖥 www.naithonburi.com, [3749]. Gepflegte, im modernen Thai-Stil gestaltete 4-stöckige Anlage mit 119 eleganten Zimmern und Suiten. Balkon und WLAN. Restaurant mit einheimischer und westlicher Küche, nette Bar, großer Pool, Frühstücksbuffet inkl. ❼

Phuket Naithon Resort ⑥, ✆ 076-205 233, 🖥 www.phuketnaithonresort.com, [3751]. 45 Zimmer und Apartments in unterschiedlichen Häusern entlang der Strandstraße mit Ventilator oder AC, zudem Deluxe-Zimmer mit Kühlschrank, Blick auf die Küste oder ins Hinterland. Restaurant mit Tischen am Strand, Thai-Gerichte 100–150 Baht, kleine Bar. Auto- und Mopedverleih. ❹–❽

The Angel of Naithon Resort ⑥, 23/18 Moo 4, ✆ 081-830 9628, 🖥 www.angelofnaithon.com, [6357]. Durch ein großes hölzernes Tor geht es in eine Gartenanlage mit großen Holzbungalows und Terrasse rund um einen Pool. ❻–❽

Essen

Shameena Restaurant & Lounge, im Zentrum. Kleines Restaurant mit Thai-Küche und deutscher Speisekarte. ⏱ 9–11 und 18–23 Uhr.

Tienseng Restaurant, 28/1 Moo 4, ✆ 081-535 0512. Das lustige und freundliche Personal serviert preiswerte, leckere Gerichte und vermietet einige Zimmer über dem Restaurant. ❹

Am südlichen Ende der Bucht laden die **Madagascar Bar** und der **Reggae Pub** am Strand auf einen Drink ein.

Aktivitäten

Tauchen

Aqua Divers, neben dem Naithon Beach Resort, ✆ 076-205 049, 🖥 www.aqua-divers.de. Unter deutscher Leitung. PADI-Kurse, IDA/CMAS-Kurse für erfahrene Taucher, Kurztrips und Mehrtagestouren. Ganzjährig geöffnet, von Okt–April Tauchen im nahen „Hausriff" vor Ko Waeo.

Sonstiges

Einkaufen

Zwei **Minimärkte** an der Strandstraße; der **Naithon Mart** bietet zudem eine kleine Auswahl an Souvenirs.

Sonnenliegen

Schirm und Liegen kosten 100 Baht.

Wäschereien

Wäscheservice im Dorf am nördlichen Ende des Strandes.

Nahverkehr

Öffentliche Verkehrsmittel fahren erst ab Nai Yang (Airportbus) bzw. Bang Tao (Inselbus). Taxis nach PHUKET-STADT 800 Baht, zum FLUGHAFEN 400 Baht, KATA-KARON 900 Baht, PATONG 800 Baht.

Hat Nai Yang

Der schöne Badestrand im Nordwesten, 32 km von Phuket-Stadt, ist nur 2 km vom Flughafen entfernt, aber trotzdem relativ ruhig. Zahlreiche Liegestühle zieren den sauberen öffentlichen Strand, an dem riesige, Schatten spendende Kasuarinen in den Himmel ragen. Da das Meer nicht tief ist und keine tückischen Strömungen aufweist, eignet sich das etwa 30 °C warme Wasser gut zum Baden, sodass sich auch weniger erfahrene Schwimmer sicher fühlen. Zum Schnorcheln ist der Strand hingegen nicht geeignet. Während der Schulferien kommen Familien mit Kindern und später ältere Menschen, die teils mehrere Monate bleiben. Nach Regenfällen spült der Bach am nördlichen Ende des Strandes eisenoxidhaltiges Wasser aus den Sümpfen im Hinterland in die Bucht, sodass das Wasser eine rötliche Farbe annimmt.

Ein Teil der Bucht ist in den 90 km² großen **Had Sirinath Marine National Park** mit einbezogen worden, der einen schmalen Küstenstreifen und das Meer entlang der Nordwestküste umfasst. Als schutzwürdig gelten die Kasuarinenwälder und Mangroven ebenso wie das kleine Korallenriff ca. 1 km vor der Küste und ein 5 km langer Meeresstreifen, der allerdings kaum zu kontrollieren ist. Der Park wurde vor allem zum Schutz der Meeresschildkröten (Leder-, Bastard- und Echte Karettschildkröte) eingerichtet, die hier während der Trockenzeit im Dezember und Januar ihre Eier zum Ausbrüten in den Sand legen. Die Verschmutzung des Wassers, die Netze lokaler Fischer und der Trubel an den Stränden haben allerdings stark zur Dezimierung der Tiere beigetragen. Sofern Schildkröten Eier ablegen, werden diese eingesammelt und in einer Aufzuchtstation unter Aufsicht gehegt, bis die Jungen schlüpfen. Mit einem großen Volksfest werden sie zum traditionellen thailändischen Neujahrsfest am 13. April ins Meer entlassen. Das Hauptbüro hält keinerlei Informationen bereit, Eintritt bis 15 Uhr 200 Baht.

Eine Abwechslung zum Strandleben bietet der **Nachtmarkt** an jedem Do von 18–20 Uhr neben dem Tempel, auf dem vor allem Textilien und die verschiedensten Thai-Snacks und Speisen angeboten werden.

Übernachtung

Im Hinterland weisen Schilder auf Bungalows, Resorts, Hotels, Homestays oder Ferienzimmer und -häuser hin, die meist von Ausländern oder einheimischen Familien vermietet werden. Bei manchen Zimmerangeboten ist der Familienanschluss garantiert. Ein eigenes Fahrzeug ist in den meisten Fällen erforderlich.

Untere Preisklasse

Eco Gh. & Minimarkt ⑪, 66 Moo 5, Sakhu, ℡ 076-205 094, 081-909 0501, 🖥 www.naiyang.com, [3759]. An der Straße zum Indigo Pearl, hinter dem 108 Shop und der Wäscherei im Garten. 5 große AC-Zimmer mit Kühlschrank und TV. Frühstück inkl. Die Eigentümerin spricht englisch. Kleiner Pool. Kostenlos Internet. ❹

Naiyang Cottage ⑨, Moo 1, Sakhu, ℡ 087-620 4030, ✉ naiyangcottage@yahoo.com, [3757]. Direkt an der Straße, 9 Zimmer mit Ventilator oder AC, Kühlschrank. Der Besitzer, Nipon Jang-Jam, spricht gut englisch. ❹

Nai Yang House ③, 6/1 Moo 1, Sakhu, ℡ 076-327 488, ✉ naiyanghouse@hotmail.co.th, [3756]. An der Hauptstraße, 1,5 km vor dem Flughafen, gegenüber dem Tempel. Ordentliche Zimmer mit Ventilator oder AC im Reihenhaus, 3 AC-Bungalows, ländliche Geräuschkulisse, nachts relativ ruhig, aufmerksam geleitet von einer pensionierten Lehrerin und ihrem Mann. 20 Min. zu Fuß vom Strand. Internet. ❹

Mittlere Preisklasse

Garden Cottage ④, 53/1 Moo 1, Sakhu, 15 Min. vom Strand, ℡ 076-327 293, 🖥 www.gardencottage.org, [3014]. 18 Bungalows mit Gründach an der Straße. Recht große, nett eingerichtete

Gut und preiswert

Wonglee House ⑤, 65/ 47 Moo 5, T. Sakhu, ℡ 076-327 471, ✉ wonglee_bungalow@yahoo.com, [2941]. Im 1. Stock Zimmer mit Ventilator oder AC. Terrasse mit Sitzgelegenheiten. 8 neuere Bungalows mit AC und TV sowie ein kleiner Pool. Adul Wonglee, der gutes Englisch spricht, und seine Familie wohnen im EG. ❷–❹

Hat Nai Yang

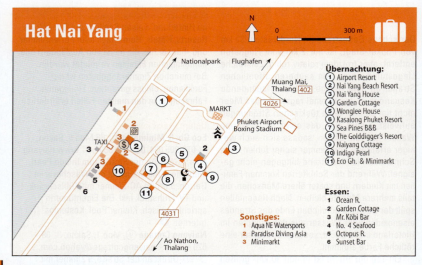

Übernachtung:
1. Airport Resort
2. Nai Yang Beach Resort
3. Nai Yang House
4. Garden Cottage
5. Wonglee House
6. Kasalong Phuket Resort
7. Sea Pines B&B
8. The Golddigger's Resort
9. Naiyang Cottage
10. Indigo Pearl
11. Eco Gh. & Minimarkt

Sonstiges:
1. Aqua NE Watersports
2. Paradise Diving Asia
3. Minimarkt

Essen:
1. Ocean R.
2. Garden Cottage
3. Mr. Köbi Bar
4. No. 4 Seafood
5. Octopus R.
6. Sunset Bar

Häuser mit Ventilator oder AC in einem üppigen Garten. Auto- und Mopedverleih. Tan und ihr Schweizer Mann Chris sorgen für eine freundliche Atmosphäre, hervorragende einheimische und europäische Küche. Thai-Massage (400 Baht pro Std.). Reservierung empfohlen. ❹–❺

Sea Pines B&B ⑦, Villa Liberg, 111 Moo 5, ☎ 076-328 585, 💻 www.villalibergphuket.com, **[3760]**. 12 hübsche, individuell gestaltete Zimmer im traditionellen Thai-Stil. 4 Zimmer im Reihenhaus am Pool mit getrennter Du/WC sowie einer Terrasse zum Pool hin. Im hinteren Bereich 3 Thai-Häuser für Familien. Die kleine Anlage mit Holzstegen am Wasser entlang ist einladend und nur durch das hohe Holztor zugänglich. Die Managerin spricht gut englisch. ❺

The Golddigger's Resort ⑧, 74/12 Surin Rd., Sakhu, ☎ 076-328 424, 💻 www.golddigger-resort.com, **[3758]**. 2 saubere, gepflegte Reihenhäuser beiderseits eines Pools, 10 Min. vom Strand im Dorf in ruhiger Lage. Zudem Zimmer mit Küche, Wohn- und Schlafraum (mit Ventilator). Im Restaurant gibt es gute Steaks; Fahrrad- und Motorradvermietung, unter Schweizer und australischer Leitung. ❹–❺

Obere Preisklasse

Airport Resort ①, 80/15 Moo 1, T. Sakhu, ☎ 04-327 697, 💻 www.phuketairportresort.com, **[2990]**. Modern eingerichtetes Kleinhotel an der Zufahrtstraße zum Strand, 16 Zimmer mit Kühlschrank, TV, Safe und großer Fensterfront zur Terrasse hin. Kleiner Pool, Autovermietung. WLAN. Frühstück inkl. ❺

Indigo Pearl ⑩, ☎ 076-327 006, 💻 www.indigo-pearl.com. 226 komfortable Zimmer, Cottages und Suiten in postmodernem Design, das an die Zeit der Zinnminen erinnern soll. Inmitten schwarzer Schieferböden oder Holzböden aus alten Bahnschwellen, unverputzter Betonwände, blauer Flächen und minimal bearbeiteter Holztüren setzen moderne Stahlskulpturen weitere kühle Akzente. 5 Restaurants, 3 Pools im weitläufigen Garten, Spa, Tennis, und Tauchschule. ❽

Kasalong Phuket Resort ⑥, 9 Moo 5, Sakhu, ☎ 076-205 208, 💻 www.kasalongphuket.com, **[3755]**. Offenheit und klare Linien bestimmen die Architektur dieses Boutique-Resorts im Hinterland. 16 modern gestaltete Komfortzimmer mit einer Kochecke, TV, Föhn, Safe und Balkon in den Häusern rings um einen großen Pool. Restaurant, Fahrradvermietung, Shuttle zum Strand. Frühstück inkl. ❻

Essen und Unterhaltung

An der Strandstraße liegen Garküchen, Seafood-Restaurants, Souvenirstände, Bars, zwei Minimärkte und zwei Tauchbasen. Aufgrund der überwiegend älteren Gäste und Familien geht es hier geruhsam zu.
Garden Cottage, ✆ 076-327 293. Die einheimischen und europäischen Gerichte sind ein Gedicht. Tischreservierung in der Saison empfehlenswert. ⏲ 18.30–21 Uhr, So geschl.
Im **No. 4 Seafood** servieren die freundliche Besitzerin und ihr Personal schmackhaftes Seafood und andere Gerichte; die Preise sind relativ niedrig.
Im **Ocean Restaurant** am Strand werden Gerichte frisch zubereitet; italienische Arien verkürzen die Wartezeit.
Im alteingesessenen offenen **Octopus Restaurant** gibt es frisches Seafood zu reellen Preisen. Zudem ist der Service überaus aufmerksam und freundlich.
Die **Mr. Köbi Bar** verdient schon allein wegen der fantasievollen Dekoration eine Erwähnung.
In der **Sunset Bar** locken gute Musik und professioneller Service.

Aktivitäten

Tauchen
Aqua NE Watersports Phuket, an der Strandstraße, ✆ 089-873 3623, 🖥 www.aqua-one.net. Breites Angebot, von Tauchgängen am Hausriff bis zu Similan-Touren und Kursen, auch auf Deutsch.
Paradise Diving Asia, im Indigo Pearl, ✆ 076-205 107, 🖥 www.dive-paradise.com. Deutsche Tauchschule, freundlich und hilfsbereit. Kurse, auch mit Nitrox, Tagestouren nach Similan.

Thai-Boxen
Phuket Airport Boxing Stadium, 96/42 Moo 1, ✆ 076-328 582. Kämpfe Sa um 20.30 Uhr für 1000/1500 Baht. Auch Unterricht ab 17 Uhr, 500 Baht pro Std.

Sonstiges

Internet
Schneller Zugang am Strand für 2 Baht/Min., ⏲ 10–22 Uhr. Günstiger im Nai Yang Beach Resort für 1 Baht/Min oder neben dem Minimarkt am Nai Yang Beach Resort für 90 Baht/Std.

Jeeps und Mopeds
Vermietung an der Strandstraße: Suzuki-Jeeps ab 800 Baht, Mopeds 250 Baht, jeweils pro Tag.

Liegestühle/Massagen
Überall am Strand werden Liegestühle mit Sonnenschirmen für 100 Baht vermietet und Strandmassagen ab 300 Baht pro Std. angeboten.

Nahverkehr

Taxis nach PHUKET-STADT 700 Baht, PATONG 900 Baht, KATA 900 Baht, FLUGHAFEN 150 Baht. Der Airport Bus fährt von der Bushaltestelle an der Hauptstraße (Abzweigung Golddigger's Resort) 5 Min. nach der Abfahrt am Flughafen in 1 Std. für 85 Baht nach Phuket-Stadt.

Hat Mai Khao

Der längste Strand der Insel im Nordwesten, 35 km von Phuket-Stadt entfernt, erstreckt sich bis hinauf zur Sarasin-Brücke. Der Strand ohne das Hinterland wurde in den **Had Sirinath National Park** mit einbezogen, da auch hier Meeresschildkröten ihre Eier zum Ausbrüten im heißen Sand ablegen.

Im Dorf **Mai Khao**, 1 km nördlich der Abzweigung zum Flughafen nach links (der Beschilderung nach Wat Mai Khao folgen), werden inmitten von Kokospalmenplantagen an der Straße zum Meer die berühmten Phuket Lobster in riesigen Tanks gezüchtet, denn der natürliche Bestand dieser heiß begehrten Delikatesse ist stark dezimiert. Die steil abfallende Küste mit grobem, gelbem Sand wird in der Monsunzeit von hohen Wellen unterspült und abgetragen. Nach einem Sturm, der auch allen Unrat hier anspült, sieht es aus wie auf einer Müllkippe. Auch in der Trockenzeit sollte man hier wegen der starken Unterströmungen nicht baden.

Ganz im Norden, wo die zur **Sarasin-Brücke** führende Fahrspur des H402 am **Hat Sai Keaw** entlang verläuft, besuchen Einheimische am späten Nachmittag die Strandrestaurants im Schatten der Kasuarinen, um bei Whisky und Snacks den Sonnenuntergang zu genießen. Neben der alten Sarasin-Brücke führt die neue **Thepkasatree-Brücke** über den **Klong Tha Nun** und verbindet die Insel Phuket mit dem Festland. Die Küste östlich der Brücke ist von Mangroven gesäumt (s. u., „Der Nordosten").

Übernachtung

Karte S. 562

Nördlich von Mai Khao liegen abseits aller Touristenzentren zwei kleine Anlagen unter Kokospalmen direkt an einem ruhigen Strandabschnitt. Wegen der starken Strömungen und hohen Wellen ist das Baden hier gefährlich. Die Anlagen in der Nähe einer Shrimpfarm sind nur von Ende Nov bis April geöffnet. In Suan Maphrao, 1,2 km südlich der Einfahrt zum Marriott Resort, am Schild „Wat Mai Khao" Richtung Süden abbiegen und nach 1 km auf der unbefestigten Straße (Schild: Maikhao Beach Bung.) 1,2 km zum Strand fahren.

JW Marriott und **Marriott's Phuket Beach Club** ①, beschilderte Abzweigung nahe KM 38, 230 Moo 3, Mai Khao, ℡ 076-338 000, ℻ 348 348, 🖥 www.marriott.com. Großes Fünf-Sterne-Luxushotel, über 265 Zimmer, u. a. DVD, riesige Badewanne. Apartments mit Küche. 2 Pools, Tennisplätze, Fitnesscenter, Spa, Einkaufszentrum, 6 Restaurants und Bars – eine Welt für sich mitten im Nationalpark etwas abseits der Küste. WLAN. ❽

Phuket Camp Ground ②, ℡ 076-348 223. Nach der Zerstörung durch den Tsunami wurde der Campingplatz von einer Privatinitiative weiter landeinwärts aufgebaut. Zelt, Matratze, Kissen, Decke, Stuhl und Sonnenschirm zur Ausleihe. Außerdem ein Doppelbungalow. Nette Atmosphäre, vor allem am Abend beim Lagerfeuer. Einfaches Restaurant. ❷–❸

Seaside Cottage ③, ℡ 080-522 8392, [2947]. Direkt am Strand unter schattigen Kasuarinen liegen 4 kleine Bambusmattenhütten (ohne Strom), 4 Holzhütten und 2 schöne runde Steinhäuser mit Ventilator. Moskitonetze. Frühstück inkl. ❸–❺

Jenseits der Strände

Vor allem im Nordosten zeigt sich Phuket von einer völlig anderen Seite. Schmale Straßen winden sich durch Kautschukplantagen, Ananasfelder, kleine Thai- und moslemische Fischerdörfer. Stichstraßen führen hinab zur Küste.

Der Nordosten

In **Tha Maphrao**, einem kleinen Thai-Dorf, steht an einem Klong in den Mangroven ein großes Seafood-Restaurant, das frischen Fisch direkt aus dem Tank zubereitet. Auch in **Laem Sai** gibt es frisches Seafood (Mutige können das scharfe südthailändische gelbe Curry *gaeng leung* probieren), ebenso in Nachbardorf, das sich auf Fischzucht spezialisiert hat. Schade, dass der Dorfstrand völlig vermüllt ist. Die großen Teiche der Aquabetriebe prägen auch das Hinterland, wo sich das Andaman Marine Shrimp Research and Development Centre befindet. Von den Piers in **Ban Ao Po** und **Bang Rong** starten Ausflugsboote in die Bucht von Phang Nga.

Transport

Im moslemischen Fischerdorf **Ban Ao Krung** kann man Boote für Touren auf die vorgelagerten Inseln mieten. Ein Boot für eine Tagestour, das 6–10 Pers. Platz bietet, kostet ca. 3000 Baht.

Von **Ban Ao Po** starten Boote der Seekanu-Veranstalter und einige Boote nach Ko Yao Noi und Ko Yao Yai.

Von der Anlegestelle östlich von **Bang Rong** starten die meisten Passagierboote nach Ko Yao Noi und Ko Yao Yai. Mit dem Longtail für 120 Baht, mit dem Speed Boat 200 Baht, Abfahrt 9.40 und 10.30 Uhr, Rückfahrten stdl.

Busse nach PHUKET von 7–16 Uhr für 80 Baht.

Khao Phra Taeo Wildlife Park / Gibbon Rehabilitation Project

In diesem letzten Rest tropischen Regenwaldes, 21 km nördlich von Phuket, leben auf 2228 ha zahlreiche Affen, Vögel, Makaken, Wildschweine und sogar noch einige Malaienbären. An den Hängen der Berge, deren höchster mit 450 m der **Khao Phara** ist, entspringen mehrere Bäche, die sich in der Regenzeit zu zwei Wasserfällen formen, dem Tone Sai-Wasserfall im Westen und dem Bang Pae-Wasserfall im Osten.

Eine einfache Tour führt vom **westlichen Parkzugang** ein Stück am **Tone Sai-Wasserfall** entlang. Ein Pool lädt zu einem abkühlenden Bad ein. Längere Touren sollten nur mit Guide unternommen werden. Wer über die Wasserscheide zum zweiten Wasserfall wandern möchte, kann sich bei Siam Safari Nature Tours, 70/1 Chao Fa Rd., Chalong, 076-280 116, www.siamsafari.com, nach einer Trekkingtour erkundigen.

Auf dem 600 m und 2 km langen **Lehrpfad** durch den Wald, der hinter dem Meeting Room beginnt und am Wasserfall endet, erhält man zu 7 bzw. 14 Stationen Informationen über verschiedene Aspekte des Regenwaldes. Endemisch ist die Palmenart *Kerriodoxa elegans* mit cremefarbigen Blüten und großen, fächerförmigen Blättern mit hellgrünen Unterseiten, die auch am Ufer des Baches oberhalb des Wasserfalls wachsen (letzte Station). Außerdem gibt es nahe am See ein kleines Restaurant und eine sehenswerte **Ausstellung** über das Ökosystem Regenwald.

Am **östlichen Parkzugang** beim Bang Pae-Wasserfall liegt am Fuß der bewaldeten Berge eine Rehabilitationsstation für Gibbons. Die 1,5 km lange Abzweigung am Elefantencamp führt zuerst durch eine Kautschukplantage. Das **Gibbon Rehabilitation Project**, 076-260 492, www.gibbonproject.org, wurde 1992 gegründet, um die in den Bars lebenden verhaltensgestörten Gibbons, die mit Drogen ruhiggestellt und an Alkohol und Nikotin gewöhnt wurden, zu rehabilitieren und in einen artgemäßen Lebensraum zurückzuführen. Auch Tiere, die in Privathäusern in Gefangenschaft aufwuchsen, sollen an das Leben im Dschungel gewöhnt werden, damit sie gruppenweise in sicheren Wäldern auf zwei unbewohnten Inseln und im Wald hinter dem Zentrum ausgesetzt werden können. Junge Leute aus aller Welt arbeiten hier freiwillig und ohne Bezahlung. Sie erklären am Eingang Besuchern gern die Hintergründe und Ziele des Projekts. Daneben können einige der Tiere in Käfigen betrachtet werden. Am Eingang ist ein Informationsblatt der „Wild Animal Rescue Foundation of Thailand" auch in Deutsch erhältlich. Für die Gibbonstation selbst ist kein Eintritt fällig, aber es wird eine Spende erwartet. Für einzelne Gibbons können Patenschaften übernommen werden. Achtung: Die Nationalparkgebühr von 200 Baht muss jeder zahlen, auch wenn er nur zu den Gibbons will. tgl. 9–16 Uhr.

Der zehnminütige Weg weiter hinauf zum nicht gerade spektakulären **Bang Pae-Wasserfall** bietet einen schönen Vorgeschmack auf die Vegetation des Regenwaldes. Auf wenigen hundert Metern wachsen viele typische Dschungelpflanzen.

Durch den Wald fliegen

Im Wald nördlich vom Thone Sai-Wasserfall kann man abgesichert wie Kletterer an Stahlseilen über acht Stationen auf 400 m Länge von Baum zu Baum gleiten und aus bis zu 15 m Höhe den Wald aus einer neuen Perspektive betrachten. Touren von 9–13 und 14–18 Uhr, 1600 Baht, Buchungen über Reisebüros an den Stränden oder über **Cable Jungle Adventure**, 232/17 Ban Suan Neramit, Moo 8, Sri Soonthon, Thalang, 076-527 054, www.phuketcanopy.com.

Übernachtung

Im Nationalpark am westlichen Parkzugang stehen die Verwaltungsgebäude und Bungalows des Khao Phra Taeo-Wildschutzgebietes, die Platz für 20 Pers. bieten. ❹

Transport

In Thalang zweigt man vom H402 nach Osten ab, folgt der Beschilderung 3 km zum Tone Sai-Wasserfall und hält sich an der Gabelung rechts. Zum Gibbon Project geht es am Kreisverkehr beim Denkmal der Heldinnen auf den H4027 und nach 9 km links Richtung Bang Rong. **Inselbusse** fahren von 8.30–16 Uhr ab Phuket-Stadt für 30 Baht nach Bang Rong, aber nicht zu den Parks, sodass man die letzten 1,5 km zum Gibbon Project laufen oder trampen muss.

An beiden Parkeingängen wird von 9–15 Uhr die Nationalparkgebühr von 200 Baht erhoben. Auf einem Ticket bestehen, vor allem wenn man am selben Tag auch den anderen Zugang zum Park nutzen möchte. Einige Reisebüros bieten die Fahrt im Rahmen einer Tour an.

Thalang

Der H402 durch Thalang, 20 km nördlich von Phuket-Stadt, wurde verbreitert, wofür ganze Häuserzeilen weichen mussten. Nur noch in den Nebenstraßen sind einige der alten Holzhäuser der ehemaligen Inselhauptstadt erhalten. Die Hauptstraße säumen Banken, chinesische Geschäfte, Restaurants und ein großer Markt.

Wat Phra Thong, der große Tempel des Goldenen Buddhas, liegt im Norden des Ortes, 400 m östlich des H402. Um die große Buddhastatue mit ihrem recht ungewöhnlichen Gesichtsausdruck, die von der Brust aufwärts aus dem Tempelboden herausschaut, ranken sich zahlreiche Legenden. Ein Junge soll beim Hüten seines Wasserbüffels die fast vollständig vergrabene Buddhastatue entdeckt haben. Kurz darauf starben beide, und dasselbe Schicksal ereilte auch alle anderen, die später versucht haben sollen, sie weiter auszugraben. Die Statue, die aus reinem Gold bestehen soll, verblieb somit an der Fundstelle, und es wurde über ihr der Viharn errichtet. Viele Chinesen glauben, dass sie ursprünglich aus China stammt, und kommen vor allem während der chinesischen Neujahrsfeierlichkeiten hierher, um zu opfern und zu beten. Neben dem Tempel lohnt das Tempelmuseum einen Besuch. Es ist eine Art Heimatmuseum, vollgestopft mit Alltagsgegenständen und Devotionalien, die einen Einblick in das Leben früherer Bewohner gewähren.

Tha Rua

Hier im Zentrum der Insel, 12 km nördlich von Phuket-Stadt, steht der **Lak Muang** von Phuket und mitten im Kreisverkehr das 1966 für die Heldinnen Thao Thepkrasatri und Thao Sri Sunthorn erbaute **Denkmal**. Die Geschwister, die im Volksmund Chan und Muk genannt werden, konnten am 13.3.1785 angreifende birmanische Soldaten während der Abwesenheit ihrer eigenen Krieger mit Ausdauer und unter Aufbietung aller Kräfte in die Flucht schlagen.

Das **National Museum** östlich vom Denkmal wird selten besucht. Der Eingangsbereich neben der Kasse bietet eine Einführung in die Frühgeschichte und die Beziehungen zu den Khmer (Kambodscha), den Thai-Reichen Sukhothai und Ayutthaya sowie zu Indien. Im ersten Raum werden die Landschaftsformen, die Geologie sowie die Grabstätten und Wohnhöhlen der ersten menschlichen Siedler sowie die Lebensweise der seit dem 7. Jh. in Takua Pa eintreffenden indischen Händler und der späteren europäischen Seefahrer dargestellt. Der zweite Raum beleuchtet die Geschichte der Insel seit dem 18. Jh. und damit auch die Entwicklung des Zinnbergbaus. Der folgende Raum zeigt auf anschauliche Weise das Leben der seit dem 13. Jh. eingewanderten chinesischen Händler und Kulis, ihre engen Beziehungen zu Penang und die Arbeit in den Zinnminen. Auch den Moslems der Insel, den Thai und Seenomaden ist ein Raum gewidmet. Im Museumsgarten stehen Boote, die Pumpe aus einer Zinnmine und einfache Häuser der Seenomaden. ⏱ tgl. 8.30–16.30 Uhr, ✆ 076-311 426, Eintritt 30 Baht.

Jeden Montag wird an der Abzweigung zum Museum ein großer lokaler **Markt** abgehalten. 200 m südlich davon steht ein großer, schöner chinesischer Tempel.

Die Inseln vor Phuket

Viele Reisebüros organisieren Ausflüge zu den vorgelagerten kleineren Inseln und Korallenriffen zu Preisen, die günstiger sind, als wenn man die Tour auf eigene Faust unternimmt, denn die meisten Boote bieten 10–60 Passagieren Platz. Zu den vorgelagerten Inseln im Süden gelangt man am günstigsten ab Chalong oder Rawai (s. S. 580 und S. 582), zu den Inseln in der Bucht von Phang Nga ab Bang Rong und anderen Piers an der Nordostküste (s. S. 614). Vielen Inseln im Süden sind Korallenriffe vorgelagert, sodass sie sich gut zum Schnorcheln und Tauchen eignen. Die Inseln in der seichten Bucht von Phang Nga können zwar nicht mit Riffen, aber mit steilen Kalkfelsen im zumeist spiegelglatten Wasser locken.

Coral Island

Die Insel Ko Hay (auch Ko Hae) liegt etwa 6 km vor Rawai am Südzipfel von Phuket. Wegen ihrer einst schönen Korallen ist sie als Coral Island bekannt. Während der Saison stehen die Liegestühle in vier bis fünf Reihen am Strand der nördlichen Bucht, Strandrestaurants bereiten mittags Thai-Gerichte zu und servieren kalte Getränke. Tagsüber ankern Dutzende von Booten vor dem westlichen Teil des Sandstrandes, wo sich das Meer am besten zum Schwimmen eignet. Die Fische werden durch laute Boote, Fallschirmsegler und propellergetriebene Deltasegler vertrieben. Der östliche Strandabschnitt mit den Bungalows des Coral Island Resorts musste bereits mit Sandsäcken abgesichert werden. Ruhiger ist es am kleinen **Banana Beach**, der nach zehnminütigem Spaziergang Richtung Osten erreicht ist.

Übernachtung und Transport

Karte S. 562
Coral Island Resort ㉖, Büro: Chalong Zufahrt zum Pier, 48/11 Chao Fa Rd., ☏ 076-281 060, 🖳 www.coralislandresort.com. Karte S. 562. Bungalows mit meist recht großen Zimmern. Pool (hier finden auch Anfänger-Tauchkurse statt). Sehr gutes Restaurant. ❺–❽
Boot ab Ao Chalong um 9.30 Uhr in 45 Min., Tagestouren 750 Baht. Longtail und Schnellboote ab Chalong und Rawai.

Ko Lone

Ko Lone ist eine der größten Inseln Phukets vor der seichten Ao Chalong mit bis zu 260 m hohen Bergen. Auf drei Seiten ist sie von einer steilen Felsküste umgeben, nur im Nordosten erstreckt sich ein Strand. Hier liegt auch ein moslemisches Dorf, dessen Einwohner vom Fischen sowie dem Verkauf von Latex und Kopra leben.

Übernachtung und Transport

Karte S. 562
Baan Mai Cottage ㉕, ☏ 076-735 2111, 🖳 www.baanmai.com. 9 wunderschöne Bungalows mit AC, ohne TV, 3 Villen mit 2 Zimmern, TV und DVD-Anlage. Pool. ❼–❽
Cruiser Island Resort ㉕, ☏ 076-383 210-1, 🖳 www.cruiserislandresort.com. 24 AC-Bungalows am Strand, Minibar, Wasserkocher, TV und Safe. Pool und Restaurant. ❼–❽
Charterboote ab Chalong. Die Resorts haben eigene Boote.

Ko Mai Thon

Auch zu dieser Insel, 16 km vor Chalong, werden Tagesausflüge angeboten, die sich wegen der schönen Strände und Schnorchelgründe lohnen.

Übernachtung und Transport

Maiton Island Resort, ☏ 076-214 954-7, ✉ maitonislandresort@thai-tour.com. 75 exklusive Villen mit Pool, Sauna, Restaurants und vielen Wassersportaktivitäten. ❽
Boote können in Rawai und Chalong gechartert werden.

Ko Racha Yai und Ko Racha Noi

Die hügelige und felsige Insel **Ko Racha Yai** (auch Ko Raya oder Ko Raja) [6312] liegt 21 km südlich von Phuket und hat sich durch den Bau des riesigen Hotelkomplexes The Racha stark verändert. Doch noch immer führen schattige Fußpfade und unbefestigte Fahrwege durch die Palmenwälder. Feiner, weißer Sand bildet die zwei größten Strände Batok und Siam Bay im Nordwesten der Insel, wo die Ausflugsboote ankern und die meisten Tagesausflügler in bereitgestellten Liegestühlen unter Sonnenschirmen (150–200 Baht) den Tag verbringen. Hier liegen die Bungalowanlagen und Restaurants. Von den Felsen hat man einen herrlichen Ausblick über die Küste. Das Wasser ist fast immer klar und an der **Ao Batok** zum Schwimmen geeignet, Schnorcheln kann man am Rand der Bucht. Die

KO RACHA YAI

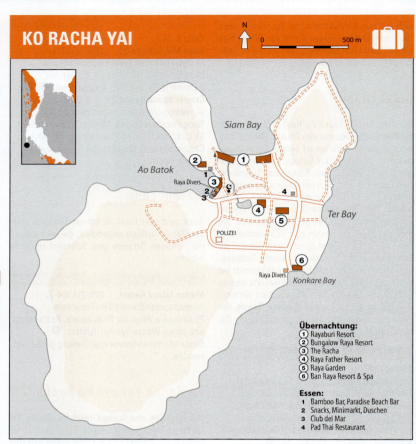

Übernachtung:
1. Rayaburi Resort
2. Bungalow Raya Resort
3. The Racha
4. Raya Father Resort
5. Raya Garden
6. Ban Raya Resort & Spa

Essen:
1. Bamboo Bar, Paradise Beach Bar
2. Snacks, Minimarkt, Duschen
3. Club del Mar
4. Pad Thai Restaurant

felsige Südküste eignet sich v. a. bei hohem Wellengang weniger zum Baden und Schorcheln.

In der **Siam Bay** erschweren vor allem bei Ebbe abgestorbene Korallen das Badevergnügen. Ansonsten ist der feine weiße Sandstrand mit noch wenigen Liegestühlen bestückt und ein gutes Rückzugsgebiet für Ruhesuchende. Gutes Tauchen ist an der Ostseite der Insel auf 9–22 m Tiefe bei 10–18 m Sicht möglich, allerdings wurden die Riffe vom Tsunami geschädigt. Viele Ausflugsboote und Tauchschulen fahren täglich zur Insel. Während der Touristeninvasion am Hauptstrand Ao Batok bis gegen 15.30 Uhr sind die anderen Strände eine ruhige Alternative, sofern sich nicht eine Baustelle in der Nähe befindet. Manchmal sind Quallen eine Plage. Während der Monsunzeit (Mai–Okt) wird die Insel kaum besucht.

Die kleinere Doppelinsel **Ko Racha Noi** liegt 8 km südwestlich und ist unbewohnt. Sie besitzt nur einen winzigen Sandstrand. Sehr gut tauchen kann man vor der Nordspitze in einer Tiefe von 9–28 m bei 15–25 m Sicht. Allerdings gibt es starke Strömungen, und während des Monsuns ist die Insel ungeschützt starken Winden ausgesetzt, sodass dann keine Boote fahren.

Übernachtung und Essen

Die Preise sind durchweg etwa doppelt so hoch wie auf dem Festland und steigen bei größerem Andrang.

Ao Batok

Bungalow Raya Resort ②, ✆ 081-676 5995, Buchungen unter ✆ 076-384 235, [6320]. Hütten auf den Felsen am linken Ende der Bucht. 16 relativ komfortable Holzbungalows mit Ventilator, gefliestem Bad und großem Bett, Moskitonetz auf Anfrage. Schöne Aussicht u. a. von Bungalow 6 und 7 am Weg zum Viewpoint. Strom von 18–6 Uhr. Großes Restaurant über der Bucht (viele Gruppen). Verleih von Schnorchelausrüstung. Frühstück 500 Baht extra. ❹–❺

The Racha ③, ✆ 076-355 455, 🖥 www.theracha.com, [6332]. Große Anlage im modern-minimalistischen, vom Zen inspirierten Stil. 70 Villen, teils mit eigenem Pool. Restaurant mit *dress code* auch für Gäste von außerhalb, 2 Pools, Spa, Tauchbasis, Wassersport. ❽
Am südlichen Ende neben dem The Racha hat der noble **Club Del Mar** [6322] aufgemacht, hier liegt man auf bequemen Liegen oberhalb des Strandes oder nutzt das Restaurantangebot mit frisch zubereiteten Snacks zu gehobenen Preisen.

In der **Bamboo Bar** [6316] und der **Paradise Beach Bar** [6317] gibt es eisgekühlte Getränke und ebensolche Cocktails.

Wohnen in der Siam-Bay

Rayaburi Resort ①, ✆ 076-352 025, 🖥 www.rayaburiphuket.com, [6330]. Die vormals drei Anlagen an diesem Strand gehören nun zu einem Resort. Bisher wurden die einfachen Holz- und Mattenhütten im Hang erhalten. Im westlichen hinteren Bereich der großen Gartenfläche stehen mehrere einfache Reihenzimmer mit Ventilator. Daneben luxuriöse doppelstöckige Bungalows mit viel dunklem Holz möbliert, offenen Bäder zum Schlafzimmer, WC und Dusche getrennt. Weitere Bungalows mit direktem Zugang zu einem Pool. Inkl. Frühstück und Liegen am Strand. ❹–❼

Im Landesinnern

Raya Garden ⑤, Buchungen über Racha Island Phuket, ✆ 076-383 136, [6328]. Hübsche Einzel- und Doppel-Bungalows in einem gepflegten, schattigen Garten. Weder Rezeption noch Restaurant. 24 Std. Elektrizität. ❹

Raya Father Resort ④, ✆ 081-893 4430, [6326]. Kleine und größere Bungalows und Reihenzimmer mit Ventilator oder AC, 24 Std. Elektrizität. Großes Restaurant. Internet. ❹–❺
Bei der Wanderung durchs Inselinnere eignet sich das **Pad Thai Restaurant** [6324] unter hohen Kokospalmen für einen Zwischenstopp. Die Familie vermietet auch Boote und offeriert Ausflüge zum Fischen.

Konkare Bay

Auf der anderen Seite der Insel in der kleinen Bucht liegt ein Resort etwas abseits an einem winzigen Strand mit guten Schnorchelmöglichkeiten. Es ist nach 20 Min. zu Fuß durch einen Palmenhain zu erreichen:

Ban Raya Resort & Spa ⑥, Buchungen unter ✆ 076-224 439, 🖥 www.banraya.com, [6318]. Unter Kokospalmen in Reihenhäusern Zimmer mit Kaltwasser, Ventilator oder AC sowie kleinen Terrassen. Zudem teure Häuser mit 4 Zimmern mit TV, 24 Std. Strom und Warmwasser. Offenes, relativ teures Restaurant. Internet, Minimarkt, Pool und Spa. Reitpferde im Stall. Tauchschule Raya Divers (s. „Tauchen") gleich nebenan. Abholservice ab Anlegestelle in der Ao Batok. ❻–❽

Aktivitäten

Tauchen

Raya Divers, 1/2 Moo 5, Rawai, ✆ 081-370 3376, (ab Phuket und Ko Racha zum Tauchen und Schnorcheln), 🖥 www.rayadivers.com. Die schwedische Tauchschule hat eine Basis neben The Racha und Ban Raya Resort & Spa. Touren für 1200/750 Baht. Günstige Tauchgänge vom Strand aus. Auch Kurse.

Sonstiges

Duschen

Komfortable öffentliche Duschen und WCs neben The Racha, die kostenpflichtig, aber sehr sauber sind.

Geld
Genügend Geld mitbringen! Es gibt auf der Insel keine Geldautomaten, und Kreditkarten akzeptiert nur The Racha und Ban Raya Resort & Spa.

Transport
Von Oktober bis Mai fahren zahlreiche **Boote** ab Chalong gegen 9 Uhr in 30 Min. nach Ko Racha Yai, Rückfahrt zwischen 15 und 16 Uhr. Buchungen u. a. über Raya Princess, ✆ 076-256 394, 081-535 9883, oder Island Safari, 🖥 www.islandsafaritour.com. Im Pauschalpreis von ca. 1000–1500 Baht sind der Transfer vom Hotel, Getränke, Lunch und Schnorchelausrüstung enthalten. Nur Bootstransfer für den gleichen Preis. Gäste des The Racha werden mit dem eigenen Boot abgeholt.

Ko Rang Yai

Vor der Ostküste, 5 km von der Phuket Boat Lagoon entfernt, werden auf dieser privaten Insel und der weit kleineren **Khai Nok** Perlen gezüchtet. Die **Phuket Pearl Farm** hat ein Büro in Sapam, nördlich von Phuket-Stadt, ✆ 076-238 002, ✉ phuketpearl@yahoo.com. Über Reisebüros oder 🖥 http://phuketdir.com/rangyaiisland können Touren für 1000–2000 Baht gebucht werden, bei denen Gelegenheit zum Baden, Windsurfen und für andere Aktivitäten besteht. Teurere Touren schließen den Besuch von Ko Khai Nok mit ein. Die Überfahrt ab Laem Hin Pier dauert 20 Min.

Ko Naka Noi und Ko Naka Yai

Auf der kleineren der Schwesterinseln in der Bucht von Phang Nga ist die **Perlenfarm Naka Noi** im Nordosten täglich für Besucher geöffnet, ✆ 076-212 901, ⏲ 9–15.30 Uhr. 2x tgl., wenn gegen Mittag die überwiegend asiatischen Reisegruppen eintreffen, wird die Perlenzucht in allen Einzelheiten demonstriert. Natürlich soll man auch Perlen und Muschelprodukte kaufen. Angeschlossen ist ein Seafood-Restaurant.

Auf der größeren, privaten Nachbarinsel Naka Yai stehen einige Resorts. Der Strand an der Westküste ist flach und nicht gut. Aber an der Ostküste (30 Min. zu Fuß) liegt ein Super-Strand: 1 km lang, davon 500 m feiner Sand, Palmen, schöne Sicht auf Felsen.

Übernachtung und Transport
Auf Ko Naka Yai werden einige private Luxusvillen vermietet.
Koh Naka Retreat, Buchungen über verschiedene Ferienhausanbieter, z. B. Asian Sky, 🖥 oder 🖥 www.onlyyouknowwhere.co.uk.
Six Senses Erawan, 🖥 www.sixsenses.com. Ein Resort, das sich der Gesundheit mit ganzheitlichen Behandlungsmethoden verschrieben hat. Entsprechend spektakulär ist der 3000 m² große Spa-Bereich. Die anspruchsvollen Gäste werden in riesigen Pool-Villen verwöhnt. ❽
Boote können am Ao Po Pier gechartert werden. Organisierte Touren kosten in zahlreichen Reisebüros 2000–2500 Baht inkl. Transfer vom Hotel, Besichtigung der Perlenfarm und Mittagessen.

Ko Yao Yai

Die 40 km lange, von Touristenmassen bisher verschont gebliebene Insel Ko Yao Yai [5486] liegt neben ihrer etwas kleineren Schwesterinsel Ko Yao Noi in der Phang Nga-Bucht zwischen Phuket und Krabi und zahlreichen kleinen Inselchen. Unberührte, feine Sandstrände, Kautschukplantagen, Palmenhaine und dichter Dschungel prägen die hügelige Landschaft. Die 3000 moslemischen Einwohner begrüßen die wenigen Touristen überall mit einem Lächeln, das ein bisschen echter wirkt als auf Phukets Hauptstränden.

In Ban Chong Lat legen auch einige Boote aus Phuket und aus Ko Yao Noi an. Motorradtaxis warten auf ankommende Passagiere. Auf der wenig befahrenen Hauptstraße, die von Nord nach Süd die Insel durchquert, ist nicht viel los. Einige Essensküchen, hie und da ein Minimarkt und viele einfache Holzhäuser auf Stelzen säumen den Straßenrand.

Zu den schönsten Stränden der Insel, die meist von Kasuarinen beschattet werden, gehören **Ao Lo Pa Ret**, eine tiefe Bucht, in der man herrlich baden kann, an der Westküste, **Ao To La Ma** im Nordosten mit tollem Ausblick auf die schroffen Felseninseln der Phang Nga-Bucht und die unbebaute, idyllische **Ao Klong Son** im Norden am Ende der Hauptstraße. Die von Felsen durchsetzten Strände **Hat Lam Sai** und **Hat Lam Nok Ok** an der Ostküste eignen sich gut zum Schwimmen.

Vier weit auseinanderliegende Bungalowanlagen und ein Mittelklassehotel machen Ko Yao Yai zu einem Geheimtipp für Pärchen, Ruhesuchende und Naturfreunde.

Übernachtung

Auf der Insel gibt es einige kleinere, einfache Unterkünfte mit Restaurant:

Elixir Resort ⑥, ✆ 087-809 3838, 🖥 www.phuket.com/elixir. Mittelklassehotel mit schönen Steinbungalows mit offenem Bad im Thai-Stil in einem weitläufigen, etwas schattenlosen Garten direkt am Strand. Pool, Restaurant, Internet (das einzige auf der Insel, kein WLAN, 1 Baht/Min.), Spa. Die teureren Villen haben einen eigenen Pool mit Meerblick. Kleine Tauchschule am Strand. Ausflugsmöglichkeiten mit dem hoteleigenen Schnellboot. Der Strand ist teilweise mit Felsen durchsetzt, Baden ist hier nur bei Flut möglich. ❻–❽

Esmeralda ①, ✆ 087-274 8832, ✉ yadamon_pond@hotmail.com. Lesertipp: Ruhiges Resort abseits der Straße. 9 geräumige Bungalows am Hang, teils mit tollem Ausblick. Ventilator und AC (TV und Kühlschrank), inkl. Frühstück. Kajaks kostenlos, Mopedverleih. ❹–❺

Halavee Resort ⑤, gleich nördlich vom Loh Jak Pier, ✆ 081-607 3648, ✉ HALAWEE_R@yahoo.co.th. Holzbungalows mit kleiner Veranda, Restaurant hat nur manchmal geöffnet. ❸

Heimat Gardens ④, ✆ 085-794 7428, 🖥 www.heimatgardens.com, [5487]. Unter Kokospalmen und Bananenstauden 5 Zimmer im Reihenhaus mit Ventilator oder AC, alle mit TV und Kühlschrank. Etwa 200 m vom Strand entfernt. Die Besitzerin Yamalia spricht deutsch. Roomservice wird extra berechnet. Bei Vorbuchung meist inkl. Transport. ❹–❺

Thiew Son Resort ②, 58/4 Moo 4, im Nordosten, südlich von Chong Lat, ✆ 081-956 7582,

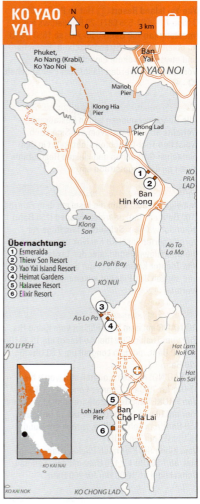

🖥 www.thiwsonbeach.com, [5488]. Direkt am Strand liegen 12 schöne Holzbungalows mit tollem Blick auf die Inselwelt. Moskitonetz, einige Zimmer mit AC, andere mit Ventilator. Familienzimmer. Sportliche Aktivitäten: Kajaktouren, Klettertrips werden organisiert. Dahinter verläuft leider ziemlich nah die Straße. ❹–❻

Yao Yai Island Resort ③, Hat Lo Pa Rat, 80/3 Moo 7, ✆ 081-535 6871. 20 Bungalows mit Ventilator (ab 700 Baht) oder AC (ab 1650 Baht) an einem schönen Strandabschnitt. Einfache und etwas verwohnte Einrichtung. Nach Voranmeldung werden Gäste vom Pier abgeholt. ❹–❺

Essen

Alle Bungalowanlagen haben Restaurants, Gerichte ab 100 Baht. Wem der Sinn nach typischen Thai-Gerichten steht, kehrt in den einfachen Garküchen und kleinen Restaurants direkt an der Hauptstraße ein.

Aktivitäten

Auf eigene Faust kann die Insel mit dem Fahrrad (100 Baht am Tag) oder dem Moped (250 Baht) erkundet werden. **Schnorchelausflüge** zur vorgelagerten Insel Ko Kai Nok organisieren die Bungalowanlagen oder der Taxifahrer John (mit Tochter Kazmiri), der gut englisch spricht und am Loh Jak Pier auf ankommende Touristen wartet.

Transport

AO NANG mit dem Schnellboot vom Klong Hia Pier zum Thalen Pier (bei Ao Nang) um 15.30 Uhr für 500 Baht, mit dem Longtail um 7.30 Uhr für 120 Baht.
KO YAO NOI mit dem Longtail stdl. von 8 bis 15 Uhr für 70 Baht, Charter-Longtail 100 Baht.
Von PHUKET mit der Autofähre vom Jian Warnitt Pier um 10 und 14 Uhr (Fr nur um 10 Uhr) für 150 Baht zum Loh Jak Pier, zurück um 8 und 15 Uhr (Fr nur um 8 Uhr).
Vom Klong Hia Pier nach Phuket (Bang Rong) stdl. ab 7.30 Uhr für 120 Baht mit dem Longtail, Schnellboot ab 10.30 Uhr für 200 Baht.

Ko Yao Noi

Das nördlich von Ko Yao Yai gelegene Ko Yao Noi [6341] ist die kleinere, aber bereits besser erschlossene Insel. In mehreren Dörfern leben etwa 6000 Moslems vor allem vom Fischfang, der Landwirtschaft, von Kautschuk- und Ölpalm-Pflanzungen. Der Tourismus ist auf diese Insel erst seit Mitte der 1990er-Jahre vorgedrungen. Mittlerweile gibt es Strom, aber bislang weder Bierbars noch Sonnenschirme oder Liegestühle. Die einstigen Erdpisten sind rund um den Süden der Insel asphaltiert worden. Neben Motorrädern können auch Tuk Tuks für Rundfahrten gemietet werden. Im größten Dorf **Ban Yai** im Südwesten (auch Ban Ta Khai genannt) befinden sich ein Pier, die Schule, Polizei, Post, ein Krankenhaus, der große Markt, ein paar kleine Restaurants und Läden, Gästehäuser, eine Moschee, ein Minimarkt, ein 7-Eleven ohne Alkoholverkauf, zwei Banken und Internet-Cafés.

Von einem weiteren Pier im Süden, **Tha Manoh**, legen die Boote nach Ko Yao Yai und Passagierboote nach Phuket ab. Die schönsten Strände liegen an der Ostküste, darunter der malerische Strand **Hat Pasai** im Süden hinter dem Dorf **Baan Laem Sai** und der **Hat Klong Jaak (Long Beach)** weiter nördlich. Weitere verhältnismäßig kleine, schmale Buchten mit feinem, gelblichem Sand werden von Kokospalmen, Kasuarinen und Mangroven gesäumt. Von diesen Stränden bietet sich eine schöne Sicht auf die bizarren weißen Felsformationen im türkisblauen Meer, die im warmen Licht der Nachmittagssonne besonders schön erleuchtet werden. Bei Ebbe ist an keinem der Strände und Buchten Schwimmen möglich. Dahinter erstrecken sich die dschungelbedeckten Berge des Festlandes bis hinab nach Krabi.

Am Pier des Fischerdorfes **Baan Tha Khao**, das von Kautschukplantagen umgeben ist, werden Latexmatten zum Abtransport vorbereitet, während daneben Fischer ihren Fang entladen. Mit ihnen kann man zum Nachtfischen hinausfahren. Kleine Läden sorgen für das Lebensnotwendige. Ein größeres Fischerdorf ist **Tha Tondo** an der Westküste, 4 km nördlich von Ban Yai. Viele Häuser stehen auf Stelzen im Meer. Am Pier kann man in Restaurants sitzen und das Dorfleben beobachten.

Übernachtung
Untere Preisklasse

Amina Bungalow ⑩, in Ban Yai, nahe dem Markt und 7-Eleven, ✆ 076-597 278, [6343]. Kleinere und größere Bungalows stehen dicht gedrängt in L-förmiger Anordnung um einen

KO YAO NOI

Übernachtung:
1. The Paradise Ko Yao
2. Suntisook Resort
3. Tha Khao Bay View Bungalows & Restaurant
4. Baan Tha Khao Bungalow
5. Koh Yao Seaview
6. Ulmar's Nature Lodge
7. The Evason Six Senses at Yao Noi
8. Koyao Island Resort
9. Koh Yao Garden Bungalows
10. Amina Bungalow
11. Holiday Resort
12. Niramaya
13. Sabai Corner
14. Coconut Corner
15. Pasai Cottage
16. Kohyao Chukit Resort
17. Ko Yao Beach Bungalows
18. Lam Sai Village Hotel
19. Ko Yao Bay Pavilions
20. Lom Lae Beach Resort

Essen:
1. Je t'aime Restaurant
2. La Luna
3. Dive & Coffee Corner, Dugong Restaurant, Para Bar & Restaurant, Chabar
4. Pyramid Bar & Restaurant
5. Teupee Pata Pub & Restaurant
6. Pasai Seafood Restaurant

kleinen Garten. Neue Doppelbungalows mit Glasfront und AC-Zimmer im 2-stöckigen Bau an der Straße. Motorräder 250 Baht/Tag. ❷–❹
Baan Tha Khao Bungalow ④, ☏ 076-597 564, 🖥 www.kohyaobungalow.com, [6366]. In einer kleinen, ruhigen Bucht mit hübschem Sandstrand in gepflegtem Garten am Wasser. 4 Bungalows für 2 Pers., 2 mit je 2 Zimmern für 4 Pers. und 3 mit je 3 Zimmern für 6 Pers., alle mit großer Terrasse und Ventilator. Restaurant, Fahrrad-, Motorrad- und Kajakverleih. Inkl. Frühstück. ❹

Coconut Corner ⑭, ✆ 076-597 134, [6348]. 6 Bambusbungalows (Ventilator) mit Palm- oder Eternitdach sowie kleiner Veranda in einem Garten. Kleines Restaurant. ❸

Holiday Resort ⑪, ✆ 076-597 539-43, 🖥 www.holidayresort.co.th, [6351]. Die große Anlage lässt ein wenig Atmosphäre vermissen: 28 größere Bungalows mit 1 oder 2 Betten auf hohen Stelzen mit Ventilator oder AC, TV und Kühlschrank an der Straße unter Bäumen. Nur bei Ebbe Strand. Großes, offenes Restaurant. Moped- und Kanuverleih. ❹–❺

Ko Yao Beach Bungalows ⑰, 17 Moo 5, nahe der Flussmündung, ✆ 087-896 3875, [6353]. 7 saubere, kleinere und größere Bungalows mit Ventilator. Die einfachen aus Matte, die größeren aus Holz und mit TV. Restaurant am Bach mit einfachen Thai-Gerichten. ❸–❹

Koh Yao Garden Bungalows ⑨, ✆ 089-592 9934, [6354]. Größere Bambusmatten-Bungalows mit Eternitdach und einfache Zimmer. Die Besitzer sprechen kein Englisch. ❸

Koh Yao Seaview ⑤, ✆ 081-607 7912 (Mr. Tan). 3 große Doppelbungalows aus Matten am kleinen Strand. Restaurant. ❹

Lam Sai Village Hotel ⑱, ✆ 087-891 7250, 🖥 www.lamsaihotel.com, [6357]. 8 sehr saubere Zimmer in 2-stöckigem Reihenhaus in dörflicher Umgebung, mit gefliesten Böden und Terrasse, davon 2 große Familienzimmer. Wahlweise AC oder Ventilator. Garten und Pool. Auf dem gleichen Gelände neben dem Restaurant steht ein Thaibox-Ring. ❹–❺

Pasai Cottage ⑮, ✆ 076-454 235, ✉ pasaicottage@hotmail.com, [6362]. 10 Bungalows mit Terrasse, Ventilator und Moskitonetz stehen in einer Reihe dicht beieinander hinter dem Restaurant, das an der Straße liegt. Backpacker-Food, Bierausschank. Kajak (500 Baht), Fahrräder (200 Baht), Motorräder, Schnorchelausrüstung, Longtails. ❹

Sabai Corner ⑬, an einer kleinen Bucht am Hang, ✆ 076-597 497, 🖥 www.sabaicorner bungalows.com, [6363]. Individuelle Palmwedel-gedeckte Hütten und Holzbungalows mit Terrassen, teilweise mit Blick aufs Meer und den Long Beach. Manche 2-stöckig mit 2 Betten als Familienbungalow. Im gemütlichen Restaurant und Cocktailbar über den Klippen am Meer gibt es Pasta, guten Kaffee und nach Voranmeldung traditionelles Thai-Dinner (400 Baht) oder BBQ (400 Baht). Unter freundlicher, familiärer und informativer deutscher Betreuung von Selma. WLAN. ❹–❺

Suntisook Resort ②, etwas weiter nördlich fast am Tha Khao Pier, ✆ 076-597 589, 🖥 www.suntisookkohyao.com, [6364]. 9 große Holz-Bungalows, Ventilator oder AC, TV und Kühlschrank und großer Terrasse im Garten. Freundliche Besitzerin. ❸–❹

Tha Khao Bay View Bungalows & Restaurant ③, ✆ 076-597 559, 086-942 0812, ✉ thakhaobay view@hotmail.com, [6368]. Über einer seichten Bucht an einem steilen Hang gelegen, tolle Aussicht. Verschieden große Bungalows, wahlweise Ventilator oder AC. 4 Doppelbungalows mit Gemeinschaftsbad an der Veranda. Restaurant mit sehr gutem Thai-Essen. Gastgeber ist die sehr freundliche Familie von Mr. Ling. ❹–❺

Ulmar's Nature Lodge ⑥, 1,5 km nördlich vom Koyao Island Resort, ✆ 076-597 189, 084-848 5112 (Mr. Bay), 089-868 8639 (Mr. Tony). 4 Bungalows für Naturfreunde liegen am Ende der Bucht in einem Mangrovengebiet. Tony und Bay organisieren fachkundige Touren für Vogelfreunde. ❸–❹

Entspannte Atmosphäre

Koyao Island Resort ⑧, 24/2 Moo 5, ✆ 076-597 474, 🖥 www.koyao.com, [6355]. In einer von Felsen umrahmten Bucht mit feinem Sandstrand abseits der Straße stehen in weiten Abständen unter Kokospalmen 15 schöne Villen mit hohen traditionellen Dächern. Alle mit Meerblick. Westlicher Komfort, 1 oder 2 große Doppelbetten mit Baumwollnetz, offenes Wohnzimmer mit TV, Video und Kühlschrank. Restaurant mit guter Thai- und mediterraner Küche. Aktivitäten (Kanu, Fahrräder, Katamaran, Windsurfing), Abholservice ab Flughafen. Spa mit Thai-Sauna. Am Strand Hängematten und Pool. ❽

Mittlere und obere Preisklasse

Kohyao Chukit Resort ⑯, ☎ 076-454 232, 🖥 www.kohyaochukit.com, [6347].
Auf thailändischen Geschmack ausgerichtete Anlage mit 16 Bungalows. Zwei Reihen blaue Steinhäuser mit gefliesten Böden und gemauerten Sitzmöglichkeiten, TV und Kühlschrank. Im hintern Bereich einfachere Mattenbungalows. Pool direkt an der Straße. Großes Restaurant. ❺–❻

Ko Yao Bay Pavilions ⑲, ☎ 076-597 441, 🖥 www.koyaobay.com, [6352]. Die 3 zum Garten hin offenen, mit viel Liebe zum Detail gestalteten Luxusvillen im Thai-Stil tragen die Handschrift von George Cortez, dem Architekten des Koyao Island Resorts, der einen großen Einfluss auf den jüngeren Baustil der Insel hat und weitere Villen im Inselinneren baut. Netter Pool. Ausgezeichnetes Restaurant mit lokaler und mediterraner Küche. 2 weitere Villen im Hinterland. ❽

Niramaya ⑫, 29/9 Moo 5, ☎ 076-454 214, 🖥 www.niramayavilla.com, [6359].
12 luxuriöse Villen als Suiten mit 1 oder 2 Schlafzimmern, alle mit eigenem Jacuzzi. 2 Restaurants. Pool. WLAN. Yogakurse. Der Long Beach befindet sich auf der anderen Straßenseite, der sich nur bei Flut zum Schwimmen eignet. ❽

The Evason Six Senses at Yao Noi ⑦, 56 Moo 5, ☎ 076-418 500, 🖥 www.sixsenses.com/hideaway-yaonoi, [6350]. Neue Superluxusanlage in den Hügeln mit kleinem Privatstrand. 56 Villen, alle mit eigenem Pool. Fantastischer Ausblick auf die Phang Nga-Bucht. Spa, Yoga, 2 Restaurants. Eigener Hubschrauberlandeplatz für Gäste wie Janet Jackson oder den Königssohn. ❽

The Paradise Ko Yao ①, 24 Moo 4, ☎ 081-892 4878-9, 🖥 www.theparadise.biz.
Ein Luxusresort im Nordosten an einem langen, geschützten Strand. Villen und Studios mit offenen Bädern, teils mit eigenem Pool. Restaurant, Bar, Spa und großer Pool. Bis zu 35 % Rabatt bei Internet-buchung. Frühstück inkl. 3x tgl. eigenes Boot zum Tha Khao Pier, da die Straße kaum befahrbar ist. ❽

Zwischen Reisfeldern und Strand

Lom Lae Beach Resort ⑳, Moo 5, Hat Pasai, 4,5 km vom Markt, ☎ 076-597 486, 🖥 www.lomlae.com, [6358]. Von der Kanadierin Jade und ihrem Mann Radt engagiert geleitet und unter deutscher Betreuung von Dagmar. Im weitläufigen gepflegten Kokospalmenhain zwischen dem schönen Strand und den Reisfeldern befinden sich 9 individuelle Teakholz-Bungalows mit Terrassen, davon 4 Familienbungalows, einer mit 3 Schlafzimmern. Kleiderschrank, Kühlschrank, Wasserkocher. Restaurant und Cocktailbar, leckere Thai- und westliche Gerichte. Buchausleihe, Tour-Angebote (Schnorcheln, Kajak, Klettern, Trekking, Kochkurse), Tauchbasis, WLAN. ❹–❼

Essen

Alle Bungalowanlagen haben ein eigenes Restaurant. Abwechslung bietet z. B.:

La Luna, im Norden oberhalb des Hat Klong Jaak an der Straße. Hübsches offenes Restaurant mit Garten. Italiener, der gute Pizzen im Holzofen macht. ⏰ ab 17 Uhr

Dive & Coffee Corner, im Norden des Hat Klong Jaak, [6349]. Hier gibt es guten Espresso aus der Maschine und Infos über die Insel. Schöne Liegeflächen. Ab 17 Uhr ist hier der Divemaster aus dem Lom Lae Beach Resort zu erreichen. Er bietet u. a. Tagestouren oder Trips nach Ko Phi Phi an.

Dugong Restaurant, Para Bar und Restaurant, Chabar, liegen alle nebeneinander im Hang im Norden des Hat Klong Jaak. Schwemmholzambiente und gute thailändische Küche. Für ein abendliches Bier oder einen Cocktail ein guter Platz. ⏰ ab 17 Uhr.

Je t'aime Restaurant, im Süden des Hat Klong Jaak. Gute Thai-Gerichte, oft Themenabende, z. B. Sushibuffet.

Pasai Seafood Restaurant, am Hat Pasai. Fisch und Co. an der Straße mit Meerblick.

Pyramid Bar & Restaurant, am Hat Klong Jaak. Thailändische Küche zu recht günstigen Preisen.

Teupee Pata Pub & Restaurant, im Süden des Hat Klong Jaak. Stilvoll unter 3 Palmendächern.

Das etwas höhere Preisniveau der thailändischen Küche ist von Qualität und Geschmack durchaus gerechtfertigt. Mit Blick auf die Inseln der Phang Nga-Bucht munden auch die hervorragenden Cocktails.

Aktivitäten

Auf eigene Faust kann die Insel mit dem Fahrrad oder dem Moped erkundet werden.
Schnorchelausflüge zu vorgelagerten Inseln organisieren die Bungalowanlagen.
Tauchbasis Koh Yao Noi mit Stützpunkten im The Paradise Ko Yao, im Lom Lae Beach Resort oder ab 17 Uhr im Dive & Coffee Corner.
Tappi Thai Cookery School, ✆ 087-887 3161. Mina gibt Einblick die authentische thailändische Küche, max. 4 Pers. Zwischen 10 und 13 Uhr oder von 15 bis 18 Uhr werden 5 Gerichte zusammen gekocht. Abholung in der Bungalowanlage und ein Rezeptbuch – auch auf Deutsch – sind im Preis enthalten.

Nahverkehr

Boote
Longtails können für Ausflüge und Badetrips auf die benachbarten Felseninseln oder aufs Festland gechartert werden. Sie bieten bis zu 10 Pers. Platz und kosten z. B. ab Ban Tha Khao nach Ko Hong 700–3000 Baht; Tagestouren z. B. in die Bucht von Phang Nga 4000–4500 Baht, nach Ao Nang 4000–4500 Baht, Phuket 3000 Baht. Fast alle Unterkünfte organisieren Longtails. Seekanus kosten ca. 600 Baht pro Tag.

Motorräder
Sie eignen sich gut, um auf eigene Faust die Insel zu erkunden. In den meisten Bungalowanlagen werden Motorräder für 250 Baht pro Tag vermietet, mit Automatik 350 Baht.

Tuk Tuks
Sie fahren von allen Piers für 70–100 Baht p. P. bzw. 250 Baht pro Std. zu den Stränden.

Transport

Nach AO NANG um 8 und 15.30 Uhr für 400 Baht in 1 1/2 Std.
Nach KO YAO YAI, tagsüber mit gechartertem Longtailboot ab Tha Manoh Pier zum Chong Lad Pier für 50 Baht/Pers. Zudem halten fast alle Longtailboote und Schnellboote nach Phuket auf Ko Yao Yai (Klong Hia Pier).
Nach KRABI (Thal Len Pier) ab Tha Khao Pier mit dem Longtailboot um 7, 7.30, 8.30, 9.30, 13 und 16 Uhr für 150 Baht in 1 1/2 Std.
Mit dem Schnellboot um 11 und 14 Uhr für 200 Baht in 45 Min. Weiter nach Krabi mit dem Bus.
Nach PHANG NGA ab Sukha Pier um 7.30 Uhr für 180 Baht in 1 Std. (außer So).
Nach PHUKET (Bang Rong Pier) in der Saison ab Manoh Pier über Ko Yao Yai Longtailboote 9x tgl. zwischen 7.15 und 16 Uhr für 120 Baht in 1 Std. Mit dem Schnellboot um 6.30, 10.10, 10.30, 12.30 (außer Fr) und 16.40 für 200 Baht in 30 Min.

Die südliche Andamanenküste

Stefan Loose Traveltipps

12 Bucht von Phang Nga Mit dem Kajak durch Höhlen und Lagunen mit bizarren Kalksteinfelsen. S. 631

Krabi Leckeres und günstiges Essen auf dem Nachtmarkt. S. 633

13 Klettern Klettern auf dramatischen Felsen in Rai Leh und Ao Ton Sai. S. 648

Ko Jum Einsames Strandleben genießen, solange es noch geht. S. 662

Ko Phi Phi Rauschende Partys auf einer der schönsten Inseln der Welt. S. 665

Ko Lanta Familienurlaub pur am flachen Strand. S. 676

Tarutao National Park Unberührte Natur in der wenig besuchten Inselwelt ganz im Süden des Landes. S. 719

An Thailands Küsten zum Indischen Ozean liegen einige der schönsten Reiseziele des ganzen Landes. Besonders die große Bucht von **Phang Nga**, zwischen Phuket und dem Festland, lockt mit traumhaften Inseln und Ausflugszielen. Dramatische Kalksteinformationen, versteckte Buchten und Lagunen, Traumstrände mit kristallklarem Wasser – all das und mehr reicht manchem für eine gesamte Thailand-Reise.

Die gemütliche Provinzhauptstadt **Krabi** ist ein guter Ausgangspunkt, um die umliegenden Strände, Inseln und Sehenswürdigkeiten zu erkunden. Wer direkt am Strand wohnen möchte, zieht weiter nach Rai Leh oder Ao Ton Sai, letzteres besonders für Kletterfreunde interessant, oder auch nach Ao Nang bzw. an den Hat Nopparat Thara. Die südlich gelegene Insel **Ko Jum** (Ko Pu) verspricht ruhige Tage, während das gut erschlossene **Ko Lanta** inzwischen alles bietet, was Familien und Bequemlichkeit Suchende wünschen.

Zahlreiche Inseln und Strände befinden sich südlich von Ko Lanta vor und an der Küste der Trang-Provinz, darunter Ko Lipe, das inzwischen gut erschlossene einstige Aussteigerparadies. Einige Inseln gehören zum **Chao Mai National Park**, andere zum **Ko Lanta National Park** oder zum **Tarutao National Park**. Sie sind zum Teil bewohnt, und es gibt Unterkünfte in allen Preisklassen. Andere kann man zwar besuchen, aber vor Ort nur in Zelten nächtigen. Wieder andere sind Ziele für einen Tagesausflug oder ragen gerade mal soweit aus dem Wasser, dass man sie zwar sehen, aber nicht betreten kann. Dafür ist es hier unter Wasser spektakulär – ein Paradies für Schnorchler und Taucher.

Phang Nga

Phang Nga-Stadt

Die ruhige Distrikthauptstadt Phang Nga selbst hat nicht viel Touristisches zu bieten. Etwas Besonderes ist allerdings ihre Lage zwischen den dramatisch aufragenden Karstfelsen, für die die Region so bekannt ist. Die Bebauung erstreckt sich v. a. entlang der Hauptstraße Phetkasem Road. Das Stadtzentrum liegt im Norden; hier befinden sich Markt, Busbahnhof und die meisten Unterkünfte. Touristen, die nach Phang Nga kommen, wohnen meist hier und unternehmen mit einem der Touranbieter, die sich um den Busbahnhof herum angesiedelt haben, einen Ausflug in die weltberühmte Bucht von Phang Nga (s. S. 631).

Wer in der Stadt ein wenig Zeit verbringen möchte, sollte die **Pung Chang-Höhle** aufsuchen, die zu den beeindruckendsten der Region zählt. Die Höhle liegt etwa 2 km südlich des Stadtzentrums hinter dem District Office am Fuße des Chang-Berges. Innen finden sich schöne Stalagmiten und Stalaktiten sowie Kopien bekannter Buddhastatuen. Etwas weiter nach Süden, auf der anderen Straßenseite, lädt der **Somdet Phrasi Nakharin-Park** zum Bummel ein. Er ist benannt nach der Mutter König Bhumipols und um einige Kalksteinfelsen herum angelegt, in denen sich ebenfalls Höhlen befinden. Bekannt und ein beliebtes Ausflugsziel für die einheimische Bevölkerung ist die bequem begehbare **Russi-Höhle**, die „Höhle des weisen Mannes". Die Statue eines Einsiedlers mit aufgetürmtem Haarzopf und Tigerfell erinnert daran, dass hier einst ein Mönch, möglicherweise aus Indien, seine Zuflucht fand.

Einige buddhistische Tempel liegen im Stadtgebiet, zentrumsnah **Wat Mongkon Sathawaat** und **Wat Prachumyothi**, unspektakuläre Alltagstempel, die immer für einen besinnlichen Moment gut sind, und etwas südlich der **Wat Thamtapan** mit einer erschreckenden Darstellung der Qualen und Strafen, die einen sündigen Buddhisten in der Hölle erwarten.

In der näheren Umgebung, 13 km außerhalb an der Straße nach Phuket, liegt der **Tham Suwan Kuha-Höhlentempel**. Draußen verkaufen Händler Nüsse und Bananen – eine Gabe für die frechen Äffchen, die hier herumlungern. Das Eingangstor liegt am Fuße eines Kalksteinfelsens. Der Boden im Inneren ist geglättet; viele schöne Buddhastatuen in verschiedenen Posen fallen ins Auge. Eine Treppe führt ins Freie; von oben hat man einen tollen Ausblick auf die Landschaft. Für die Anreise frage man am Markt nach einem Songthaew; der Fahrer hält an einer Kreuzung, von wo es noch etwa 10 Minuten Fußweg sind.

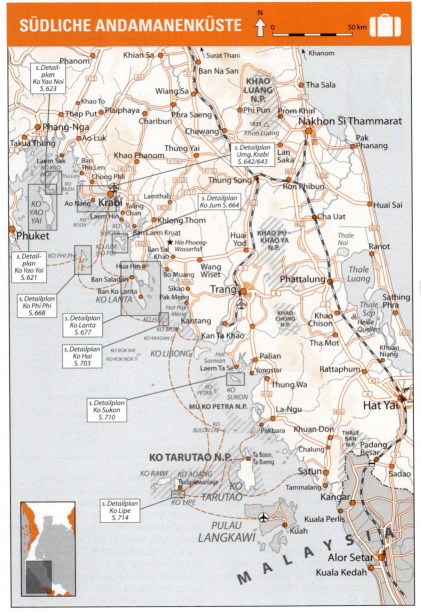

Phang Nga

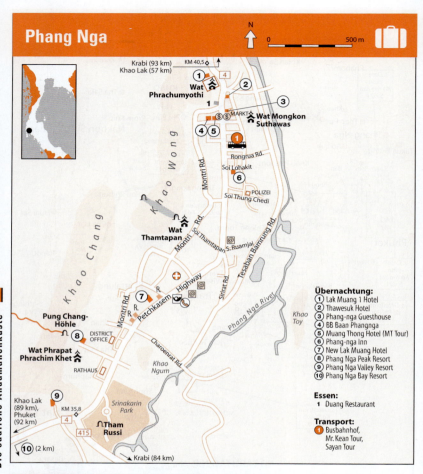

Übernachtung:
1. Lak Muang 1 Hotel
2. Thawesuk Hotel
3. Phang-nga Guesthouse
4. BB Baan Phangnga
5. Muang Thong Hotel (MT Tour)
6. Phang-nga Inn
7. New Lak Muang Hotel
8. Phang Nga Peak Resort
9. Phang Nga Valley Resort
10. Phang Nga Bay Resort

Essen:
1. Duang Restaurant

Transport:
1. Busbahnhof, Mr. Kean Tour, Sayan Tour

Übernachtung

Die meisten Unterkünfte liegen an der viel befahrenen Hauptstraße und sind daher etwas laut – es empfehlen sich jeweils die Zimmer nach hinten heraus.

BB Baan Phangnga ④, Petchkasem Rd., neben dem Muang Thong. Saubere Zimmer. Die freundliche Besitzerin, die gut Englisch spricht, betreibt auch das gemütliche Restaurant. ⏲ bis 24 Uhr. ❸

Lak Muang 1 Hotel ①, 1/2 Phetkasem Rd., ☏ 076-412 125. Zwei Dutzend akzeptable Zimmer mit Ventilator und/oder AC. War mal das beste Haus am Platze – Anfang der 1970er-Jahre, als das James-Bond-Filmteam hier wohnte. ❷ – ❸

Muang Thong Hotel ⑤, 128 Phetkasem Rd., ☏ 076-411 132, 089-289 2566. Geräumige Zimmer mit Ventilator oder AC; die Badezimmer werden z. T. über nicht bis zur Decke gemauerte Zwischenwände ins Zimmer entlüftet. Schön sind die Zimmer mit Holzfußboden im 1. Stock.

Im angeschlossenen Tourbüro bietet der gesprächige Mr. Hassim Touren in die Bucht von Phang Nga an. ❷
Phang-nga Inn ⑥**,** 2/2 Soi Lohakit, ✆ 076-411 963, 081-892 1507. Einladendes Guesthouse mit unterschiedlichen, gut in Schuss gehaltenen Zimmern. Ruhig, da etwa 100 m abseits der Hauptstraße. Für viele die beste Option in Phang Nga. ❷–❸
Phang Nga Peak Resort ⑧**,** 30/6 Soi Pungchang, ✆ 089-588 7807, 087-895 6323. Relativ neue, saubere Zimmer direkt am Fuße des Chang-Berges. Abseits des Stadtzentrums, dafür nahe bei der Pung Chang-Höhle. ❸–❹
Thawesuk Hotel ②**,** 79 Phetkasem Rd., ✆ 076-412 100. Einfache, aber saubere Zimmer mit Ventilator, einige mit (Lokal-)TV, mit eigenem Bad; für den anspruchslosen Reisenden. ❶

Essen

In Phang Nga ist man auf die lokale Hausmannskost angewiesen, die in kleinen Restaurants und an Straßenständen im Stadtzentrum um den Markt herum und nahe des New Lak Muang Hotel angeboten wird. Einheimische empfehlen die Thai- und chinesischen Gerichte im **Duang Restaurant**, an der Phetkasem Rd., zwischen Thai Farmers und Bangkok Bank.

Sonstiges

Medizinische Versorgung
Das **Krankenhaus** liegt an der Phetkasem Rd., südlich des Stadtzentrums. Bei ernsteren Fällen empfehlen sich die internationalen Kliniken auf Phuket.

Touren
Verschiedene Touranbieter buhlen um die Gunst der Kunden und vermieten auch **Mopeds**. Die meisten haben ihre Büros am Busbahnhof, und wer in eines hineinblickt, wird sofort in Beschlag genommen. Die Angebote ähneln sich: Eine **Halbtagestour**, morgens oder nachmittags, fährt die wichtigsten Highlights an (James Bond Island, Ko Panyi, Höhlen) in 4 Std. für etwa 500 Baht. Eine **Ganztagestour** mit mehr Zeit an den einzelnen Stationen und einem Besuch der Hong-Insel (s. S. 632) mit ihrer wunderschönen Lagune und ebensolchen Sandstränden kostet rund 1000 Baht. Auch Halbtagestouren mit **Übernachtung** im Moslem-Dorf auf Ko Panyi sind machbar (um die 800 Baht). Der Nationalpark-Eintritt sollte bei allen Touren im Preis enthalten sein. Anbieter sind z. B. **Mr. Kean Tour**, ✆ 076-430 619, 089-871 6092, und **Sayan Tour**, ✆ 076-430 348, beide am Busbahnhof. Außerdem **MT Tour** im Muang Thong Hotel.

Transport

Busse
BANGKOK, mit dem Government-Bus (1. Kl. AC) um 17 Uhr für 570 Baht; nicht tgl. auch mit dem 2.-Kl.-AC-Bus um 16 Uhr für 460 Baht; weitere 2.-Kl.-AC-Busse um 7.30, 17 und 20.30 Uhr für 440 Baht. Am bequemsten ist der VIP-Bus um 17.30 Uhr für 890 Baht. Fahrzeit etwa 12 Std.
KHAO LAK, im Ranong-Bus für 80 Baht bis Takua Pa und dort umsteigen (50 Baht); oder, noch komplizierter, mit dem Phuket-Bus nach Khok Kloi (40 Baht), von dort nach Takua Pa und dann weiter nach Khao Lak.
KRABI, stdl. von 7–19.30 Uhr für 80 (1. Kl. AC) bzw. 60 Baht (2. Kl. AC) in 1 1/2 Std.
PHUKET, stdl. von 8.30–19 Uhr im 1.-Kl.-AC-Bus für 80 Baht in 2 Std. Manchmal fahren zusätzlich ein paar Minibusse.
RANONG, um 8, 10 und 14 Uhr für 160 Baht in 4 1/2 Std.
SURAT THANI, im 1.-Kl.-AC-Bus um 9.30, 11.30, 13.30, 15.30 und 17 Uhr für 150 Baht in 3 Std. Es sind auch weiterführende Joint Tickets (inkl. Fähre) für KO SAMUI und KO PHA NGAN um 9.30 und 11.30 Uhr im Angebot (370 Baht).

12 HIGHLIGHT

Die Bucht von Phang Nga (Phang Nga Bay)

Kaum ein Besucher dieser Region verzichtet auf eine **Bootstour** in die Bucht von Phang Nga, denn dort stehen weltberühmte Sehenswürdigkeiten – etwa der steil aufragende James Bond-Felsen. An solchen Plätzen treffen in der Saison

Hunderte von Reisenden zusammen, paddeln mit Kajaks durch die Höhlen oder bewundern vom Boot oder Strand aus die Umgebung. Touren dorthin starten nicht nur ab Phang Nga-Stadt (s. S. 631, Touren), sondern auch ab Phuket, Krabi-Stadt (s. S. 639) und von anderen Stränden (z. B. Ao Nang).

Eine Bootstour durch die Bucht ab Phang Nga-Stadt beginnt am **Tha Dan Pier** und führt von dort durch den **Klong Khao Thalu**, dessen Ufer mit Mangroven bewachsen sind, Richtung Meer. Dort geht es vorbei an vielen bizarr aussehenden Inseln, z. B. **Ko Khai** („Eier-Insel") oder **Ko Maa Chuu** („Insel des kleinen Hundes"). Auf **Ko Panyi** gibt es ein von Moslems bewohntes Dorf, dessen 200 Häuser auf Pfählen ins Meer gebaut wurden. Der Name der Insel („Flaggeninsel") rührt von einer Fahne her, die die Bewohner auf einem Felsvorsprung gehisst haben, als sie vor etwa 200 Jahren aus Malaysia eingewandert sind. Lange lebten die Bewohner vom Fischfang; heute kommt der Tourismus als Einnahmequelle hinzu. Besucher werden meist in einem Restaurant mit einem standardisierten Mittagessen abgefüttert und fahren dann weiter, es sind jedoch auch Übernachtungen möglich.

Dass die Bucht von Phang Nga schon seit langer Zeit bewohnt ist, beweisen die Felsmalereien des **Khao Khian** („Mal-Berg"). Sie sind vor etwa 4000 Jahren entstanden.

Das Hauptziel aller Bootstouren durch die Bucht von Phang Nga ist **Khao Phingan**, besser bekannt als **James Bond Island**, denn hier wurden einige Szenen für den 1974 erschienenen Hollywoodfilm *Der Mann mit dem goldenen Colt* gedreht. Vom Strand aus sieht man **Ko Tapu**, die „Nagel-Insel": ein schmaler, sich nach unten verjüngender Felsen, der sich senkrecht aus dem Wasser erhebt – der berühmte **James Bond-Felsen**; sicher die meistfotografierte Naturschönheit der Region. Entsprechend touristisch geht es zu.

Von Phang Nga nach Krabi

Die südliche Umgebung von Phang Nga über Ao Luk bis hinunter nach Krabi ist geprägt von höhlendurchzogenen, dschungelbewachsenen Kalksteinmassiven – ein großartiges Werk der Natur, sowohl zu Wasser als auch zu Lande.

Ko Hong-Archipel

Ein beliebtes Ausflugsziel ist die Insel Ko Hong (auch Ko Lao Li Pe) mit ihren Nachbarinseln. Etwa 20 Bootsminuten von Ao Tha Len (S. 661) bei Krabi entfernt, gilt sie als eine der schönsten Inseln in dieser an schönen Inseln nicht gerade armen Region. Eine besondere Attraktion ist eine Lagune, in die durch einen engen Eingang hineingefahren wird. Dieses versteckte „Zimmer" gab der Insel ihren Namen (*hong* heißt „Zimmer", „Raum"). Auf der anderen Seite erstreckt sich ein schöner Sandstrand und im Uferbereich erhebt sich ein 10 m hoher Sandstein. Ein 400 m langer Wanderweg führt durch fantastische Natur zum Fuße eines Kalksteinfelsens. Die Insel gehört zum Than Boke Khorani National Park; an der Rangerstation auf Ko Hong sind 200 Baht Nationalpark-Gebühren zu zahlen.

Bei Ausflügen hierher werden meist auch die anderen Inseln des Archipels angefahren: Ko Pakbia, von der TAT jetzt umbenannt und vermarktet als „Paradiesinsel". Hier werden Schwalbennester für die berühmte Suppe geerntet. Ko Lao (auch Ko Sa Ka) und Ko Lao Riam eignen sich zum Schnorcheln (viele Fische, Korallen und Seesterne) und Paddeln. Vogelfreunde freuen sich über die kreisenden Seeadler.

Than Boke Khorani National Park

Auch **Than Bokkarani** oder **Tarnboke Khoranee** (oder noch anders) geschrieben und von Einheimischen kurz **Than Bok** genannt: eines der Lieblingsziele von Thai-Touristen mit Botanischem Garten und einer Höhle, in der sich eine Lagune befindet, die zum Schwimmen geeignet ist. Direkt nach dem Monsun, im Dezember, ist der Park am schönsten: Aus einer Spalte in einer Klippe strömt Wasser in ein Becken und von dort aus weiter in mehreren Strömen und über Kaskaden; kleine Wasserfälle und Pools laden zum Entspannen ein. Hunderte von Vogelarten bevölkern den Park.

Anfahrt mit Songthaew von Krabi bis fast nach Ao Luk (wer dem Fahrer Bescheid sagt, wird an der richtigen Stelle rausgelassen), von dort zu Fuß über die Straße 4039 zum Parkeingang. Einfacher geht es mit einem Tourveranstalter von Krabi aus.

Khao Phanom Bencha National Park

20 km nördlich von Krabi liegt dieser Park mit Wasserfällen, Höhlen und Wald. Der gleichnamige Berg ist der höchste Punkt der Umgebung (1350 m). Hauptsehenswürdigkeit ist der **Huay Toh-Wasserfall**, der sich in mehrere große Pools ergießt.

Anreise von Krabi mit dem Auto die 411 stadtauswärts, dann auf den H4 links Richtung Phang Nga, kurz vor Erreichen des KM 108 rechts ab auf die 1016, in Ban Thap Prik rechts halten (nicht auf die 3023) und der Straße bis zum Ende folgen.

Krabi und Umgebung

Krabi-Stadt

Die überschaubare Hauptstadt der gleichnamigen Provinz präsentiert sich als ein beschaulicher Ort voller Märkte, Restaurants und freundlicher Leute. Für viele Besucher ist Krabi, [4350] nur Durchgangsstation auf dem Weg zu einer der Inseln oder Strände, für die die Region berühmt geworden ist. Wer jedoch hier übernachtet, wohnt nicht nur preiswert in einem der einladenden einfachen Gästehäuser, sondern kann auch auf Nachtmärkten günstig und gut essen. Für viele sind eine oder mehrere Nächte in Krabi durchaus eine Alternative zu einer (teureren) Unterkunft am Strand: Ao Nang (s. S. 654) und Nopphrat Thara (s. S. 658) sind einfach und schnell mit dem ständig verkehrenden Sammeltaxi zu erreichen, Rai Leh (s. S. 644) mit dem Longtail.

Die Stadt erstreckt sich am nach ihr benannten Fluss; an der Uferpromenade mit Bänken und einem kleinen Park lassen sich ein paar Stunden vertrödeln.

Am anderen Flussufer befinden sich etwas nördlich die beiden Berggipfel des **Khao Kanab Nam** („Hundeohren-Berg"), das Symbol der Stadt. Innen findet sich eine Höhle mit prähistorischen Malereien. Gegenüber dem Chao Fah Pier, wo Longtails nach Rai Leh starten, liegt die mangrovenbewachsene Insel **Ko Klang** (s. S. 640).

Übernachtung

Die Zimmer in der unteren Preisklasse sind fast ausnahmslos mit Ventilator ausgestattet. Viele, v. a. die ganz preiswerten (ab 100 Baht), haben Gemeinschaftsbäder. Weitere Unterkünfte unter **eXTra [2774]**.

Untere Preisklasse

Baan Thung Nguyen ⑧, Soi Ruamjit, Maharat Rd., ✆ 075-623 790. Kleines, nur in Thai beschriftetes Guesthouse, das mit sauberen Zimmern (z. T. Fenster zum Flur) aufwartet. WLAN. ❷–❸

Baifern Mansion ⑱, 24/2 Chao Fah Rd., ✆ 075-630 339, 🖳 www.baifern-mansion.com. Relativ große Zimmer mit Ventilator oder AC mit TV, manche mit Balkon. Die günstigen mit Gemeinschaftsbad. WLAN. ❷–❸

Café Europa ⑥, 1/9 Soi Ruamjit Rd., ✆ 075-620 407, 089-591 0584, 🖳 www.cafeeuropa-krabi.com. Einfache Zimmer mit Ventilator über dem Restaurant. Bei Finn, Tip und Henrik treffen sich v. a. Dänen, doch in der freundlichen Atmosphäre fühlen sich Besucher vom ganzen namensgebenden Kontinent wohl. Skandinavische Küche. Gegenüber ein weiteres Smorebrod-Restaurant. WLAN. ❷

Cha Guesthouse ㉖, 45 Uttarakit Rd., ✆ 075-611 141, ✉ cha_guesthouse45@yahoo.com, [3246]. Verschieden große Zimmer mit Ventilator in kleinen Steinhäusern, die sich um einen Innenhof gruppieren. Schöne alte Bäume überragen das Gelände. ❶–❷

Chao Fah Valley Bungalows ⑯, Chao Fah Rd., ✆ 075-612 499. In einem Garten, abseits der Straße hübsche Bungalows mit Veranda. Ventilator oder AC (dann mit Kühlschrank). WLAN. ❷–❸

Good Dream Guesthouse ⑬, 83 Uttarakit Rd., ✆ 075-622 993, ✉ krabidream@gmail.com.

Schöne Zimmer mit Ruheoase im Garten

Chanchalay Guesthouse ㉕, 55 Uttarakit Rd., ✆ 075-620 952, 🖳 www.chanchalay.com, [4352]. Sehr beliebtes Guesthouse mit hübschen, hellblauen Zimmern mit Ventilator oder AC. Die Günstigen mit Gemeinschaftsbad. Im Innenhof ein kleiner Garten. ❷–❹

Verschiedene Zimmer von kleinen fensterlosen Verschlägen bis zu größeren Räumen mit Balkon, einige mit TV und AC. Gutes Restaurant. WLAN. Oft ausgebucht! ❶–❸

Green Tea Guesthouse ⑪, 4 Issara Rd., ☎ 075-630 609, ✉ greentea_guesthouse@hotmail.com. Die Zimmer im kasernenartigen Hinterhofgebäude sind nicht gerade erste Wahl, aber bei 18 Räumen ist hier oft noch was frei, wenn die kleineren Gästehäuser schon voll sind. Die teureren Zimmer haben AC, TV, Minibar und eigenes Bad. WLAN. Zentrale Lage. ❶–❸

Hello KR Mansion ⑮, 52/1 Chao Fah Rd., ☎ 075-612 761, ✉ chaina_ans66@hotmail.com. Größeres, etwas verwohntes Haus mit 33 Ventilator- und teureren AC-Zimmern, z. T. mit Balkon und TV. Günstige Zimmer im Untergeschoss mit Gemeinschaftsbad. Rooftop-Bar. WLAN. ❶–❸

Hollywood ⑨, 26 Issara Rd., ☎ 075-620 508. Zehn saubere Zimmer mit großem Deckenventilator und Gemeinschaftsbad. Die günstigen Zimmer mit Fenster zum Gang. Freundliche Betreiberin. WLAN.

J.P.'s Mansion ③, 52 Maharat Rd., ☎ 089-866 1248. Hübsche Zimmer mit bunten Wänden und originellen Bildern. Günstig mit Ventilator und Gemeinschaftsbad, teurer mit AC und TV. Gemütliches Frühstücksrestaurant. WLAN. ❶–❸

K. Guest House ㉒, 15-25 Chao Fah Rd., ☎ 075-623 166, ✉ kguesthouse@yahoo.com. Verschiedene, einladende Zimmer im 2-stöckigen Holzhaus, etwas dunkel, aber gemütlich durch die dunklen Holzwände. Ventilator und AC. Balkone zur Straße. ❶–❸

Krabi Natureview Guest House ㉘, 92-94 Kongkha Pier, ☎ 075-624 037, ✉ arunsiritour@hotmail.com. Nettes kleines Guesthouse am Pier mit schlichten Zimmern, in denen außer einem Bett nichts steht. Vom Gemeinschaftsbalkon kann man abends die Adler bei der Jagd über dem Fluss beobachten. Günstiges Reisebüro. WLAN. ❷

Kyo Ngean Mansion II ㉑, 25/1 Chao Fah Rd., ☎ 075-621 111, ✉ kyo-ngean@hotmail.com. Sauberes Hotel mit großen AC-Zimmern, die auch mit Kühlschrank und TV ausgestattet sind. WLAN. ❸–❹

Mit Blick auf den Fluss

Smile Guesthouse ⑫, 13 Kongka Rd., ☎ 075-624 015, 🖳 www.smile-guesthouse.com, [6422]. Patrick vom Siam Smile Travel betreibt dieses Guesthouse. Puristische, große, gemütliche Zimmer mit dicker Matratze auf dem Boden; einige mit Balkon. Highlight ist die begrünte Dachterrasse mit tollem Ausblick über den Fluss bis zum Tigertempel. Kaffee, Tee und WLAN kostenlos. ❶–❷

Lipstick Guesthouse ⑩, 20-22 Ruenruedee Rd. (Maharaj Soi 2), ☎ 075-612 392, ✉ lipstickb@hotmail.com. Saubere, preiswerte Zimmer mit Gemeinschaftsbad; teils ohne Fenster, teils mit TV und AC. Im EG serviert das Gusto Restaurant gute italienische Küche. WLAN. ❶–❸

Marina Seaview ㉗, 72 Klongka Rd., ☎ 075-630 090. Direkt am Pier. Helles Haus mit 18 schönen AC-Zimmern. Alle mit TV und Kühlschrank. Große Gemeinschaftsbalkone. WLAN. ❸–❹

P. Guest House ⑰, 34-36 Chao Fah Rd., ☎ 075-630 382. Gut ausgestattete, etwas kleine Zimmer mit AC oder Ventilator. WLAN. ❷–❸

Pak-Up Hostel ⑭, 87 Utarakit Rd., ☎ 075-611 955, ✉ info@pakuphostel.com. Kreativ gestaltetes Hostel mit bunter Glasfassade und mehreren sehr sauberen Schlafsälen. Die Gemeinschaftsbäder sind riesig und modern. WLAN, und das alles zu günstigsten Preisen. ❶

Phi Phi Andaman Legacy (Krabi) ⑲, 20/1 Chao Fah Rd. ☎ 075-623 534, ✉ andamanlegacy_krabi@yahoo.com. Schöne Zimmer mit AC, Bad, TV und kleinem Balkon zur Straße. WLAN. ❸–❹

Mittlere und obere Preisklasse

A. Mansion ㉓, 12/6 Chao Fah Rd., ☎ 075-630 511. Saubere, gepflegte Unterkunft mit 31 AC- und Ventilator-Zimmern. ❷–❸

City Hotel ⑤, 15/2-4 Maharat Rd. Soi 10, ☎ 075-611 961, www.citykrabi.com. Einfache Zimmer mit Ventilator und bessere mit AC, Kühlschrank und TV; empfehlenswert sind die Zimmer im neuen Flügel. Familienzimmer, WLAN, kein Restaurant. Gegenüber liegt der Nachtmarkt. ❸–❹

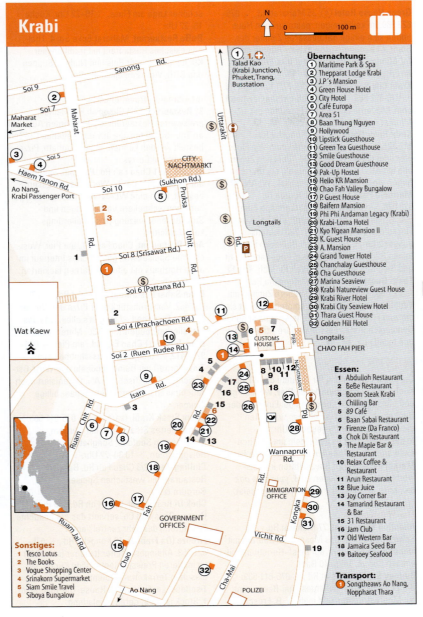

Green House Hotel ④, 35 Maharat Rd., ℡ 075-622 960. Im keilförmigen, pastellgrünen Haus finden sich einige der besseren Zimmer der Stadt. 44 bequem ausgestattete Räume mit AC, TV, Minibar und Badewanne. Inkl. Frühstück. Im Erdgeschoss WLAN. ❹–❺

Krabi City Seaview Hotel ㉚, 77/1 Kongkha Rd., ℡ 075-622 885, 🖳 www.krabicityseaviewhotel.com. Moderne Zimmer am Flussufer, mit TV, Minibar und Bibel zur Erbauung. ❸–❹

Krabi River Hotel ㉙, 73/1 Kongkha Rd., ℡ 075-612 321, ✉ krabiriver@hotmail.com. Am Flussufer liegt dieses Haus mit 20 hübschen Zimmern, alle mit AC, TV und Kühlschrank, die teureren haben einen Balkon mit Flussblick. WLAN. ❸

Maritime Park & Spa ①, 1 Tugfah Rd., ℡ 075-620 028, 🖳 www.maritimeparkandspa.com, [6423]. Nördlich des Stadtzentrums nahe des Flussufers. Luxusanlage mit 220 bestens ausgestatteten Zimmern mit Balkonen inkl. tollem Blick in die Umgebung. Pool-Landschaft und See, Spa; eine kleine Welt für sich. ❻–❽

Thara Guest House ㉛, 79/3 Kongkha Rd., ℡ 075-630 499. Gepflegte, saubere Zimmer mit Ventilator und AC-Zimmer; empfehlenswert sind die zum Fluss mit großen Fenstern und schöner Gemeinschaftsterrasse. Familiäre Atmosphäre und tolle Lage. ❷–❹

Essen

Die beste Empfehlung für Freunde der lokalen Küche ist der **Nachtmarkt am Pier**, wo man gut und günstig speist. Los geht's bei Einbruch der Dunkelheit; Schluss ist, ebenso wie in den meisten Restaurants, gegen 22 Uhr.
In der Saison gibt es außerdem am Wochenende am frühen Abend in der Stadt einen **Food Market** mit leckeren Spezialitäten in preiswerten kleinen Portionen (z. B. *yam plaa dok foo*, krisp gebratener *catfish* mit Mangosalat).

Thai/Moslemisch

Abdulloh Restaurant, 77 Maharat Rd. Schweinefleischfreies Moslem-Restaurant mit leckeren gebratenen „auf Reis"-Gerichten und einigen Currys; Teller 40 Baht.

Baitoey Seafood, Vichit Rd., ℡ 075-611 509. Bei Einheimischen beliebtes Thai-Restaurant mit Meeresfrüchten und mehr (z. B. Frosch) in schöner Lage am Fluss. ⏱ 10–22 Uhr, Küche 16–22 Uhr.

BeBe Restaurant, Maharat Ecke Soi 4. Thai-chinesisches Restaurant mit traditioneller Küche. Gebratener Reis und Nudeln, Suppen und BBQ. Viele Einheimische Gäste.

International/Travellerfood

31 Restaurant, 13/4 Chao Fah Rd. Kleines, preiswertes Restaurant mit einer guten Auswahl an Thai-Gerichten, die in verschiedenen Größen bestellt werden können; dazu Spaghetti, Pizza und indische Currys.

89 Café, 10/1 Chao Fah Rd. *Pad thai*, Spaghetti und andere Standards. Wer etwas zu Essen bestellt, kann eine WLAN-Verbindung (128kbps) benutzen, schnellere Verbindungen und Steckdosenbenutzung (!) sind allerdings kostenpflichtig.

Arun Restaurant, Chao Fah Rd., am Pier. West-östliche Speisekarte; gemütliches Interieur im alten Holzhaus mit elfenbeinfarben lackierten Holzwänden.

Baan Sabai Restaurant, Uttarakit Rd., ℡ 075-621 482. Vom Frühstück über Pizza und Burger bis zum Thai-Food – hier gibt's alles, was das Travellerherz begehrt. ⏱ 7.30–Mitternacht.

Blue Juice, 1/1 Chao Fah Rd., am Pier, ℡ 086-973 4412, ✉ bluejuicedivers@hotmail.com. Travellertreff mit Bambusmöbeln und West-Ost-Gerichten. Pool-Tisch. WLAN. Organisiert auch Tauchtouren und vermietet ein paar billige Zimmer.

Boom Steak Krabi, Isara Rd., ℡ 075-611 585. Klimatisiertes Steakhouse mit Burgern, gebackenem Seafood, Spaghetti und Reisgerichten. ⏱ 10.30–22 Uhr.

Chilling Bar, 12/3 Chao Fah Rd. Bar und Restaurant mit westlichen Speisen, Burgern & Co.

Chok Di Restaurant, Chao Fah Rd., am Pier. Burger, Pizza und Co. serviert das gut besuchte Restaurant, das sehr zentral liegt.

Firenze (Da Franco), 10 Kongkha Rd., ℡ 075-621 453. Alteingesessener Italiener (seit 1990) im mittleren Preissegment. Solide Küche, ein bisschen Terrakotta-Ambiente und karierte Tischdecken: fast wie zu Hause. Die Toilette im 1. Stock ist nicht gerade einladend.

La Panza, Old Chao Fah Pier, ✆ 089-472 7321. Gutes italienisches Restaurant am Pier mit hauchdünnen 30cm-Pizzen und vielen Spezialitäten der italienischen Küche zu reellen Preisen. Auch der Hauswein ist empfehlenswert.

Relax Coffee & Restaurant, Chao Fah Rd., am Pier. Preiswerte Thai-Küche und eine sehr umfangreiche Kaffeekarte mit diversen Frappés etc., die allerdings im Pappbecher serviert werden. ⏰ 7.30–18 Uhr, die Küche schließt um 17 Uhr; Di Ruhetag.

Tamarind Restaurant & Bar. Pizza, Pasta und Currys werden im schönen Ambiente zwischen Backsteinwänden und Holzverkleidungen serviert. Billardtisch. Gute Cocktails. ⏰ 10.30–22 Uhr, Mo Ruhetag.

The Maple Bar & Restaurant, Chao Fah Rd., am Pier. Etwas gehobenes Preisniveau, dafür länger geöffnet. Hat einen Pool-Tisch. WLAN. ⏰ 10–1 Uhr.

Unterhaltung

Es gibt eine Handvoll kleiner Bars für einen Absacker nach dem Abendessen. Mobile Bars werden abends auf Gehsteigen aufgebaut, so an der Chao Fah, Ecke Uttarakit Rd.

Jam Club, Chao Fah Rd. Musikkneipe mit guter Anlage. Hin und wieder finden kleine Auftritte oder spontane Livesessions statt.

Jamaica Seed Bar, Uttarakit Rd. Abends Reggae, Nachts Elektro-Pop und Party-Musik. WLAN. ⏰ 16–1 Uhr.

Joy Corner Bar, Samoson Rd. Beschallt abends mit lauter Musik die angrenzenden Unterkünfte mit.

Jungle Bar, Chao Fah Rd. Von freundlichen Rasta-Thais betriebene winzige Bar mit Bambustischen an der Straße. Billardtisch.

Sonstiges

Autovermietungen

Verschiedene Fahrzeuge (Toyota Vios und Salura, Suzuki Sporty und Caribian) für 900–1500 Baht am Tag werden von fast allen Reisebüros vermittelt. Mehr Infos unter 🖳 www.krabicarhire.com.

Bücher

The Books, 78-80 Maharat Rd. Englische Bücher, Karten und Sprachführer. ⏰ 8–21.30 Uhr.

Immigration

Immigration Office, Uttarakit Rd., ✆ 075-61 1097, ⏰ Mo–Fr 8.30–12 und 13–16.30 Uhr. Restriktive Auslegung der Vorschriften: Selbst auf Jahresvisa wird nur eine 7-tägige Verlängerung gewährt. Unfreundliches Personal.

Informationen

TAT Office, Uttarakit Rd., am Fluss, ✆ 075-62 2163. Hält Broschüren in einem unaufgeräumt wirkenden Büro bereit; das Personal ist freundlich desinteressiert und weiß wohl, dass die meisten Reisenden sich ohnehin in ihrem Guesthouse oder einem anderen Reisebüro beraten lassen.

Kochkurse

Siam Cuisine, ✆ 075-66 2065, ✉ krabisiamcuisine@yahoo.com. Bietet bis zu 3-tägige Kurse an, Buchung über alle Reisebüros. Der Transfer zur außerhalb in Saithai gelegenen Schule ist inbegriffen. Um die 1000 Baht.

Medizinische Hilfe

Das **Krankenhaus**, 325 Uttarakit Rd., ✆ 075-61 1227, hat einen recht guten Ruf. Einige **Apotheken** liegen im Stadtgebiet von Krabi, u. a. an der Issara Rd. nahe dem Pier; hier wird auch kompetent (in Englisch) beraten.

Post

Uttarakit Rd., ✆ 075-61 1050, ⏰ Mo–Fr 8.30–16.30, Sa, So 9–12 Uhr.

Reisebüros

Eine große Anzahl Reisebüros, die sich als „Tourist Information" bezeichnen, kümmert sich um die Bedürfnisse durchreisender Touristen. Zudem ist an fast jedes Guesthouse ein Tour Office angeschlossen. Sie sind meist zuverlässig. Bei Patrick von **Siam Smile Travel**, 4 Kongkha Rd., ✆ 075-62 3158, 081-894 9137, 🖳 www.siamsmiletravel.com, kann man sich auf Deutsch beraten lassen.

Aufenthalte auf Ko Si Boya (s. S. 662) vermittelt **Siboya Bungalows**, ✆ 075-61 8026, 081-979 3344, 🖳 www.siboyabungalows.com, neben der Joy Corner Bar.

Nahverkehr

AO NANG und HAT NOPPHARAT THARA, mit den **weißen Songthaews** alle 15 Min. von 7–22 Uhr für 50 Baht (nach 18 Uhr für 60 Baht) in 30 Min.; Start am 7-Eleven-Shop Maharat Rd., Ecke Soi 8; unterwegs kann zugestiegen werden, z. B. am Chok Di Restaurant Uttarakit, Ecke Chao Fah Rd. Vom Stadtzentrum zum BUSBAHNHOF fährt ein **rotes Songthaew** für 20 Baht.
Der **Airportbus** pendelt zwischen Krabi-Stadt, AO NANG und FLUGHAFEN für 80–150 Baht.

Transport

Minibusse/Kombitickets

Minibusse werden von vielen Travellern als bequeme Reisemöglichkeit genutzt. Praktisch ist der Abholservice. Die angegebenen Preise sind Richtwerte und können je nach Gästehaus um 50–100 Baht differieren. Bei den **Joint-Ticket-Touren** nach Ko Pha Ngan und Ko Samui lassen sich nie genaue Vorhersagen über Reiseverlauf und -dauer treffen. Oft wird man bequem durchgeschleust.
BANGKOK, im VIP-Bus um 16 Uhr für 600 Baht, Ankunft nächsten Morgen 6 Uhr.
HAT YAI, Minibus um 7 und 11 Uhr für 350 Baht in 4 Std.
KHAO LAK und KHAO SOK, Minibus um 7 und 11 Uhr für 350 bzw. 400 Baht in 3–4 Std.
KO LANTA, Minibus stdl. 8–17 Uhr für 350 Baht in 2 1/2 Std.
KO PHA NGAN, Bus und Fähre um 7, 11 und 12.30, Ankunft um 18.30 bzw. 21 Uhr, oder mit AC-Bus und Nachtboot um 16.30 Uhr, Ankunft am nächsten Morgen 6 Uhr, für 600 Baht.
KO PHI PHI, mit dem Expressboot um 9, 10, 13 und 15 Uhr für 450 Baht in 1 1/2 Std.
KO SAMUI, Bus und Fähre um 7, 11 und 12.30 Uhr, Ankunft um 17.30 bzw. 19.30 Uhr, oder mit AC-Bus und Nachtboot um 16.30 Uhr, Ankunft am nächsten Morgen 5 Uhr, für 500 Baht.
PHANG NGA, Minibus um 11.30 Uhr für 350 Baht in 2 Std.
PHUKET-STADT und FLUGHAFEN, Minibus stdl. 8–18 Uhr für 400 Baht in 3 Std.
PHUKET-STRÄNDE (Patong, Kata und Karon), Minibus um 11.30 Uhr für 600 Baht in 3 1/2 Std.
SATUN, im AC-Minibus um 7 und 11 Uhr für 550 Baht in 6 Std.
SUNGAI GOLOK, um 7 und 11 Uhr für 650 Baht in 8 Std.
SURAT THANI, Bus um 11.30 und 16.30 Uhr für 350 Baht in 3 Std. Minibus stdl. 8–18 Uhr für 400 Baht.
TRANG, Minibus um 7 und 11 Uhr für 350 Baht in 2 Std.

Nach Malaysia und Singapore

KUALA LUMPUR, Minibus und VIP-Bus (umsteigen) um 7 und 11 Uhr für 1000 Baht in ca. 15 Std.
LANGKAWI, Minibus und Boot um 7 Uhr für 850 Baht, Ankunft 15 Uhr.
PENANG, Minibus um 7 und 11 Uhr für 750 Baht in 14 Std.
SINGAPORE, Minibus und VIP-Bus (umsteigen) um 7 und 11 Uhr für 1400 Baht in ca. 17 Std.

Busse

Der **Busbahnhof**, ✆ 075-611 804, liegt etwa 6 km nördlich des Zentrums. Ein **Songthaew** nach Krabi-Stadt kostet 20 Baht, nach Ao Nang 60 Baht; **Mopedtaxi** nach Krabi-Stadt 50 Baht. Die besseren Busse sind oft ausgebucht, deshalb das Ticket einen Tag vorher besorgen. 2. Kl. AC geht immer, aber ohne Sitzplatzgarantie.
BANGKOK, im 1.-Kl.-Bus um 16 Uhr (660 Baht), 17 Uhr (920 Baht), 17.30 Uhr (626 Baht), 2.-Kl.-Bus um 16.20 Uhr für 460 Baht. VIP-24-Bus um 17 Uhr für 920 Baht, Reservierungen unter ✆ 075-66 3503.
PHANG NGA, ganztags stdl. ab 8 Uhr für 115 (1.-Kl.-AC-Bus) bzw. 90 Baht (2.-Kl.-AC-Bus) in knapp 2 Std.
PHUKET, um 7.50 Uhr für 180 Baht. Zwischen 10.15 und 16.15 außerdem stdl. Minibusse (350 Baht).
RANONG, im 1.-Kl.-AC-Bus um 8.30 und 12 Uhr für 200 Baht in 6 Std.
TRANG, halbstdl. ab 6.20 Uhr 7 Busse (letzter 9.20 Uhr) für 90 Baht.

Weitere Ziele im Süden

HAT YAI, im 1.Kl.Bus ab 9 Uhr stdl. für 220 Baht in etwa 4 Std., im 2.-Kl.-Bus um 8, 9.40, 10.45 und 16.40 Uhr für 170 Baht in 4 Std. zzgl. Pause.
PHATTALUNG, im gleichen Bus für 120 Baht in 3 Std.

Außerdem jeweils 2–3 1.-Kl.-AC-Busse vormittags nach PHATTALUNG für 160 Baht in 3 Std., SATUN für 220 Baht in etwa 5 1/2 Std., SONGKHLA für 240 Baht in 4 1/2 Std., SUNGAI GOLOK für 430 Baht in ca. 6 Std.

Boote

Ab **Chao Fah Pier** nach RAI LEH mit dem Longtail, sobald 6 bis 8 Pers. zusammenkommen für 150 Baht in 40 Min.
Ab **Krabi Passenger Port**, über die Tharua Rd. 3 km Richtung Westen (Songthaew ab/nach Krabi-Stadt 30 Baht, ab/nach Ao Nang 60 Baht): KO JUM und KO LANTA, um 11 Uhr für 400 Baht in 1 1/2–2 1/2 Std. Von Mai–Sep wird die Fähre eingestellt. Gäste für Ko Jum werden unterwegs von Longtails aufgepickt.
KO PHI PHI, um 9, 10, 13 und 15 Uhr für 400 Baht in 1 1/2 Std., in der Nebensaison nur um 10 und 15 Uhr.
Taxis ab Passenger Pier kosten nach KRABI-STADT 200 Baht, AO NANG und NOPPHARAT THARA 400 Baht, zum FLUGHAFEN 400 Baht, KO LANTA PIER 2500 Baht, auf Wunsch auch bis nach HAT YAI oder SATUN für 4500 Baht.

Eisenbahn

Krabi hat keinen Anschluss ans Eisenbahnnetz; der nächste Bahnhof liegt 2–3 Busstunden entfernt in **Phunpin** bei **Surat Thani**. In den Reisebüros werden 2 Paketangebote (Joint Tickets; Songserm hat sich hier ein Monopol gesichert) für Nachtzüge nach BANGKOK verkauft: Mit dem Bus um 12.30 Uhr und einem Anschlusszug um 16.46 Uhr (Ankunft 4.45 Uhr), 17.42 Uhr (Ankunft 5.15 Uhr), 18.22 Uhr (Ankunft 6.05 Uhr), 19.45 Uhr (Ankunft 8.05 Uhr) bzw. mit dem Bus um 17.30 Uhr und den Anschlusszügen um 20.47 oder 21.07 Uhr (Ankunft zwischen 8 und 9 Uhr) oder den späten Zügen um 23.08 und 23.19 Uhr (Ankunft nach 10 Uhr). Längere Wartezeiten am Bahnhof müssen einkalkuliert werden. Die Preise liegen je nach Zug und Bett zwischen 1000 und 1200 Baht. Kinder 120 Baht Rabatt.

Flüge

Der **Flughafen**, 075-636 541, liegt 20 km nördlich der Stadt am H4. Ein **Airportbus** verkehrt tagsüber zwischen Flughafen, Krabi-Stadt und Ao Nang. Zusteigen kostet je nach Strecke 80–150 Baht. **Taxis** nach Krabi-Stadt kosten ab Flughafen 350 Baht, nach Ao Nang 600 Baht und nach Klong Muang 900 Baht.
BANGKOK, mit Air Asia, 075-701 551, www.airasia.com, oder Thai Airways, 075-701 591, www.thaiair.com, jeweils 3x tgl.; Thai Airways Tickets ab 3870 Baht; Air Asia günstiger.
KO SAMUI, 3x wöchentl. (Di, Do, Sa) mit Bangkok Airways, www.bangkokair.com.
KUALA LUMPUR, 4x wöchentl. (Mo, Mi, Fr, So) mit Air Asia, www.airasia.com.

Ausflüge in die Umgebung von Krabi

Die Gästehäuser und Hotels in Krabi und an den Stränden vermitteln eine große Zahl an Ausflügen, Touren und Aktivitäten, die auf eigene Faust schwieriger zu organisieren wären. So wird man am Hotel abgeholt und auch wieder zurückgebracht. Die folgende Auflistung soll nur einen Überblick vermitteln; viele der Angebote lassen sich auch kombinieren. Nicht vergessen sollte man Kopfbedeckung, Sonnencreme, Schwimmzeug, Handtuch und Kamera (wasserdicht verstaut). Die angegebenen Preise sind Richtwerte und gelten pro Kopf; bei vielen Angeboten ist eine Mindestanzahl von 2–4 Teilnehmern nötig. In der Saison muss man sich darum jedoch keine Gedanken machen.

Touren zum Khao Phanom Bencha und Than Boke Khorani National Park (s. S. 632) startet man ebenfalls gut ab Krabi, entweder mit einem der vielen Touranbieter oder einem eigenen Fahrzeug. Die in Krabi erhältliche *Map of Krabi* (ISBN 0-2411-1285) ist für Selbstfahrer sinnvoll, da auf ihr sämtliche Ziele auch in Thai beschriftet sind.

Bootstouren

Verschiedene Touren führen zu den Inseln, Buchten und Stränden in der **Bucht von Phang Nga** bis hinauf zum James Bond-Felsen und zu den Inseln vor der Küste von Phuket. Fahrten in die Bucht führen meist auch zu abgelegenen Stränden und zu Höhlen; oft sind kleinere **Kajaktouren** inbegriffen.

Eine **Vier-Insel-Tour** beinhaltet einen Besuch am Hat Phra Nang mit seiner berühmten Höhle **Tham Phra Nang** (s. S. 644, Rai Leh), nach Ko Tup, die bei flachem Wasser über eine schmale, fotogene Sandbank mit einem vorgelagerten Inselchen verbunden ist, Ko Kai (Chicken Island), auf der ein emporragender Karstfelsen an einen hochgereckten Hühnerkopf erinnert, und Ko Poda mit seinen schönen Stränden und dramatischen Felsformationen.

Eine Fahrt zum **Ko Hong-Archipel** (s. S. 632) führt zu einer herrlichen Lagune auf der namensgebenden Hauptinsel, die auch über eine schöne Sandbucht verfügt. Dazu gibt's einen Stopp auf Ko Pakbia, wo ein Strand zum Schwimmen und Sonnenbaden einlädt, und einen Abstecher nach Ko Lading, einer Schwalbennest-Sammler-Insel, deren umgebende Korallenriffe sich gut zum Schnorcheln eignen.

Sehr beliebt sind Tagesausflüge nach **Ko Phi Phi** (s. S. 665); dort (preiswerte) Unterkunft zu finden, ist besonders in der Hauptsaison um die Jahreswende nicht leicht. Eine Tour fährt in zügigem Tempo alle Sehenswürdigkeiten ab: Maya und Monkey Bay, Bamboo Islands und Phi Phi Don (vgl. S. 674, Ko Phi Phi).

Andere Touren führen auf bis zu **sieben Inseln**, darunter Ko Kai mit Sandverbindung zu Ko Tub, und kombinieren verschiedene der oben genannten Möglichkeiten; Schnellboote machen's möglich. Je nach Länge und Angebot reichen die Preise von 400–1800 Baht.

Ganz etwas anderes ist eine Fahrt nach **Ko Klang**. Mit kleinen, traditionellen Moslem-Siedlungen und dem hauptsächlich von Buddhisten bewohnten 250-Einwohner-Dörfchen Klong Prasong ist Ko Klang (22 km², 12 000 Einwohner) eine andere Welt und dabei nur 15 Bootsminuten von Krabi entfernt. Eine Tour auf die ländliche Insel kann am Chao Fah Pier organisiert werden und führt durch mangrovengesäumte Kanäle. Longtails kosten etwa 400 Baht pro Stunde, 700 Baht bei 2 und 1000 Baht bei 3 Stunden; angefahren werden Moslem-Dörfer, Höhlen und Fischfarmen. Wer will, kann auch die Vogelzüchter besuchen: Ko Klang ist berühmt für die Aufzucht von kleinen Singvögeln (Nok Krong Hua Juk), die in Käfigen gehalten überall in der Region zu sehen sind. Sie sind z. T. sehr wertvoll und kosten bis zu 100 000 Baht. Nur die Männchen singen, die Weibchen werden freigelassen. Oft genug kehrten sie freiwillig in ihre Käfige zurück – es geht wohl nichts über eine bekannte Umgebung und regelmäßige Mahlzeiten.

Dschungeltouren

Auf einer Dschungeltour wird meist der Emerald Pool (Sa Morakot; s. S. 641) besucht, ein kleiner See, zu dem ein Fußweg durch Kautschukplantagen führt. Die heißen Quellen sind ebenfalls Ziel, ebenso wie ein Besuch im Tigerhöhlen-Tempel Wat Tham Sua. Eine andere Tour führt zu einigen Wasserfällen, die auch Pools zum Schwimmen haben. Oft ist hier Elefantenreiten mit inbegriffen. Um die 800 Baht.

Kajaktouren

Kajaktouren werden sowohl an einigen Inseln als auch an der Küste nördlich von Krabi im Mangrovenwald angeboten. Die Paddeltouren beim Dorf **Bor Thor** führen zu mehreren **Höhlen** mit verwunschenen Stalagmiten und Stalaktiten, die wie Skulpturen empor- bzw. herabwachsen. In der Tham Lod Yai führt ein Tunnel durch das Karstmassiv. In der großen Tham Pee Hua Toh sind die Wände mit prähistorischen Malereien geschmückt. In der großen Höhle, die mehrere Grotten enthält, soll ein sehr mächtiger Geist wohnen. Die wilde Landschaft um die Höhlen herum beleben einige Affenfamilien; wer Glück hat, kann sie in den Bäumen beobachten.

Rafting und ATV-Touren

Mehrere Kilometer im **Tonepariwat-Naturschutzgebiet** einen wild schäumenden Fluss im Schlauchboot herunterpaddeln – ein nasses Vergnügen für Abenteuerlustige. Es ist oft gekoppelt mit ATV-Fahrten: mit dem Quad über Stock und Stein, durch Plantagen und Flüsse. Den 2–3-stündigen Fahrten geht jeweils eine kurze Einführung in die Bedienung des schweren, allradgetriebenen Spaßvehikels voran. Angeblich ist eine Unfallversicherung inbegriffen; man sollte sich erkundigen, ob diese auch für längere Krankenhausaufenthalte und Schäden am Gefährt ausreicht. Die Touren sind oft noch mit einem Besuch im Elefantencamp verbunden und auch mit Übernachtung möglich. 1200–2800 Baht.

Wat Tham Sua (Tigerhöhle)

Der Tigerhöhlen-Tempel ist eines der berühmtesten **Meditationsklöster** im ganzen Land. Gegründet wurde er von Achaarn Jamnien Silasettho (geb. 1928) aus Nakhon Si Thammarat. Der Legende zufolge lebte der junge Mönch hier mit einem Tiger zusammen, der ihn bei seinen Meditationen besuchte. Heute erinnert eine Steinfigur am Eingang der Haupthöhle an das Tier, und der Meister ist umgeben von einem Gefolge von etwa 250 Mönchen und Nonnen, die hier Zuflucht vor der Betriebsamkeit der Welt gefunden haben.

Im Inneren der Tigerhöhle erinnern Nahaufnahmen menschlicher Eingeweide an die Vergänglichkeit allen Seins. Derart nachdenklich geworden, empfiehlt sich ein kleiner „Verdauungsspaziergang": Bei guter Sicht unbedingt empfehlenswert ist der beschwerliche Aufstieg über die 1273 z. T. hohen Stufen auf den Gipfel des Karstberges – die halbe Stunde stetiges Treppensteigen kann je nach Weltanschauung als Buße oder als Training betrachtet werden. Alternativ führt eine zweite, kürzere Treppe in ein wundervolles Tal mit Höhlen und mit riesigen Bäumen – der letzte primäre Tiefland-Regenwald, der in dieser Region, eingeschlossen von Berggipfeln, erhalten ist. In und um die Höhlen befinden sich viele kutis (Meditationszellen).

Anreise mit Songthaews ab Krabi für 20 Baht zur „Krabi Junction" genannten Kreuzung im Dorf Talat Kao. Dort muss man auf dem H4 in ein Fahrzeug Richtung Osten (Trang) umsteigen, um dann kurz vor KM 107 an der kleinen Polizeiwache wieder auszusteigen und mit einem Mopedtaxi (oder zu Fuß) die letzten 2 km bis zum Tempel zurückzulegen. Schneller geht es mit dem eigenen Leihfahrzeug, mit oder ohne Fahrer (wenn mit: die Länge der Wartezeit vorher festlegen!). Selbstverständlich ist im Tempelbezirk auf angemessene, Knie und Schultern bedeckende Kleidung zu achten.

Wat Klong Thom Museum und Sa Morakot

In diesem Tempel im Dorf Klong Thom werden Steinwerkzeuge, Keramik mit Tierornamenten und Bronzeteile ausgestellt, die bei archäologischen Ausgrabungen und Höhlenforschungen in der Region entdeckt wurden. Ihr Alter wird auf ungefähr 5000 Jahre geschätzt. Der Tempel liegt am H4 zwischen KM 69 und 70.

Eine Besichtigung lässt sich gut verbinden mit einem Besuch des smaragdgrünen Sa Morakot (Emerald Pool), dessen leuchtende Farbe besonders gut früh morgens und gen Sonnenuntergang wirkt. Eintritt 20 Baht. Anreise wie beim Museum über den H4 nach Klong Thom, dort allerdings auf die 4038 abbiegen, kurz darauf am Wegweiser rechts abbiegen und weiter der Beschilderung folgen. Unterwegs passiert man ein Hinweisschild, das zu einigen heißen Quellen führt.

Eingebettet ist der natürliche Warmwasserpool Sa Morakot in das **Khao Phra Bang Kram Wildlife Sanctuary**, bekannt für seine vielen gefiederten Bewohner. Vogelfreunde (denen das Gebiet unter dem Namen Khao Nor Chuchi auch geläufig ist) können übernachten im einfachen **Morakot Resort**, ❸.

Susan Hoi und Ao Nam Mao

Das Gastropoden-Fossil **Susan Hoi** ist ein Muschelfriedhof, der zwar weltweit gesehen etwas ziemlich besonderes ist (es gibt nur zwei weitere Fundstellen auf der Erde, in den USA und in Japan), aber als Ausflugsziel doch eher unspektakulär daherkommt. Man muss schon ziemlich genau hinschauen, um in der stark erodierten und von Wind, Wetter und Besucherfüßen glatt geschliffenen Oberfläche die Überbleibsel der Süßwassermuscheln zu entdecken, die hier vor 75 Mio. Jahren (andere Quellen sagen vor 40 Mio. Jahren) in einem Sumpf lebten. Ein bisschen sumpfig ist die Gegend bis heute geblieben: So ist auch die sich östlich anschließende Nam Mao-Bucht weniger etwas für Strandliebhaber als für Gäste, die in einem noch einigermaßen ursprünglichen Umfeld ein paar ruhige Tage verbringen wollen. Am Meer laden Sand, Steine und Schlamm nicht gerade zum Baden ein – eine regelmäßige Longtail-Verbindung ins 15 Bootsminuten entfernte Rai Leh kann darüber hinweg trösten.

Es gibt einige Unterkünfte, darunter das **Krabi Tropical Beach Resort** ⑰, 194/13 Moo 5, ☏ 075-69 5661, 🖥 www.krabitropicalbeach.com. Die 15 Zimmer im 2-stöckigen Reihenhäuschen überblicken den kleinen Salzwasserpool und den Strand, günstigere Zimmer mit Sicht in die

UMGEBUNG KRABI

Übernachtung:
1. Akanak Resort
2. Bananas Bungalows
3. Amari Vogue Resort
4. Anyavee Tub Kaek Beach Resort
5. Tub Kaek Sunset Beach Resort
6. Sofitel Phokeethra Resort & Spa
7. Krabi Sands Resort
8. Klong Muang Inn Guesthouse
9. Nakamanda Resort & Spa
10. Sheraton Krabi Beach Resort
11. Pine Bungalows
12. P.A.N. Beach Bungalows
13. Long Beach Krabi Villas
14. Sand Beach Resort
15. J2B Resort
16. Emerald Resort
17. Krabi Tropical Beach Resort

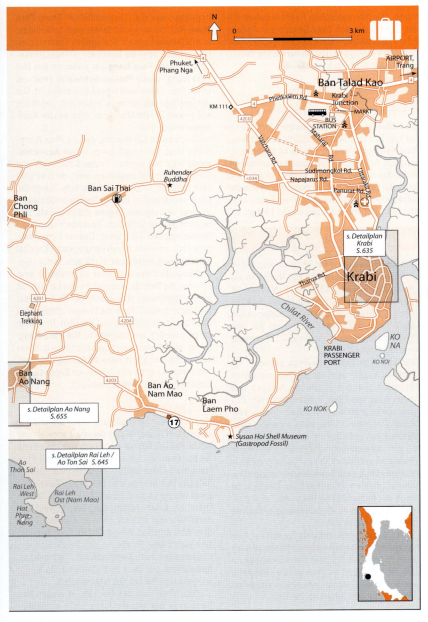

Berge. Die thai-deutschen Besitzer haben Kinder und freuen sich über Besuch mit Anhang: 2 Familienapartments mit Kochmöglichkeit und direktem Poolzugang. Thai-italienisches Restaurant. WLAN. Frühstück inkl. ❺–❼.

Rai Leh

Die Halbinsel, auf der die beliebten Strände von Rai Leh (Ost und West) **[2838]** liegen, ist durch hohe Kalksteinfelsen vom Festland abgetrennt – Longtails sind hier das Hauptverkehrsmittel und verbinden die Strände mit Krabi und Ao Nang. Auch Rai Leh selbst ist gekennzeichnet von steil aufragenden Kalksteinfelsen – ein Eldorado für Kletterer. Höhlen durchziehen die Felsen, z. T. begehbar, wie die „Diamanthöhle" **Tham Phra Nang Nai**, die innen mit fantastisch funkelnden, kristallbewachsenen Stalagtiten-Formationen beeindruckt, oder die berühmte „Prinzessinnenhöhle" **Tham Phra Nang** am Südende des Hat Phra Nang, wo ein **Phallus-Schrein** zu einer viel besuchten Sehenswürdigkeit geworden ist. Die darüberliegende Höhle zu erklettern, geschieht auf eigene Gefahr (Taschen- oder besser Kopflampe mitbringen).

Der gleiche Karstfelsen, der die Phra Nang-Höhle birgt, kann auch bis zu einem **Aussichtspunkt** erklettert werden. Festes Schuhwerk und Trittsicherheit sind empfehlenswert, denn es geht steil bergauf; z. T. bieten Seile eine Steighilfe. Oben angekommen, können Mutige hinabsteigen zu einer verborgenen **Lagune** mitten im Fels. Das ist nicht ganz ungefährlich. Besonders am letzten Absatz machen viele kehrt. Das ist sicher eine gute Idee, denn mit einem verknacksten Knöchel den Rückweg anzutreten, dürfte eine Tortur sein.

Hauptattraktion und eher ungefährlich sind sowieso die **Strände**: weniger der Rai Leh Ost mit seinen Mangroven als vielmehr der Rai Leh West mit einem breiten, flach ins Wasser abfallenden Sandstrand ohne Steine und Korallen. Und dann ist da natürlich der traumhafte **Hat Phra Nang**. Er ist allerdings von Tagesausflüglern überschwemmt und bietet keine Wohnmöglichkeiten, außer man kann es sich leisten, im Super-Luxus-Resort (ab 19 000 Baht) abzusteigen.

Rai Leh Ost

Hier legen die Longtails aus Krabi an, und bei schlechtem Wetter ist dies die einzig angefahrene Bucht. Rai Leh Ost hat an seinem südlichen Ende ein bisschen Sand; hier startet der Pfad zur Phra Nang-Höhle. Auf halbem Weg, an einer kleinen Sala (rechts), geht es links hinauf zum Aussichtspunkt und zur Lagune. Etwa die Hälfte des Rai Leh Ost ist von dichten hohen Mangroven bewachsen, deren Wurzeln sich bei Ebbe eindrucksvoll aus dem Watt erheben. Am nördlichen Ende befindet sich eine kleine Straße, an der Reisebüros, ein Kleidungsgeschäft, Kletterschulen, Tattooshops, Restaurants und Bars zu finden sind. Baden ist am gesamten Rai Leh Ost nicht möglich.

Das Hinterland des Rai Leh ist wegen des Baubooms der letzten Jahre nicht attraktiver

---

Reisezeit und Preisniveau

Die **beste Reisezeit** für einen Aufenthalt in Rai Leh ist die Hauptsaison von November bis April. Dann funkelt das Meer türkisblau und die Sonne scheint. Ab April/Mai regnet es öfter, doch mit Glück ist auch in der Nebensaison bis Oktober das Wetter noch recht gut. Das Wasser ist jedoch in dieser Zeit meist rauer und nicht mehr klar.

Insgesamt ist das **Preisniveau** gehoben, um nicht zu sagen: zu teuer für den gebotenen Standard. Einige der teureren Anlagen sind ihren Preis wert. Das Publikum formiert sich hier immer mehr aus Pauschaltouristen. Wer günstig wohnen möchte, muss mit wenig Komfort rechnen und dafür viel Geld bezahlen.

In der Hauptsaison kostet ein einfacher Bungalow am Rai Leh Ost ab 700 Baht, die paar wenigen übrig gebliebenen günstigen Bungalows am Rai Leh West etwa 1500 Baht. Günstiger ist es in der benachbarten Bucht Ao Ton Sai (S. 650). Hier gibt es in der Hauptsaison einfachste Bungalows ab 500 Baht.

In der Nebensaison sind viele Zimmer nur halb so teuer. Dann kosten einfache Bungalows am Rai Leh Ost etwa 400 Baht und AC-Bungalows mit TV in Anlagen mit Pool um die 1000 Baht. Am Ao Ton Sai starten die ersten einfachen Hütten nahe dem Strand bei 200 Baht.

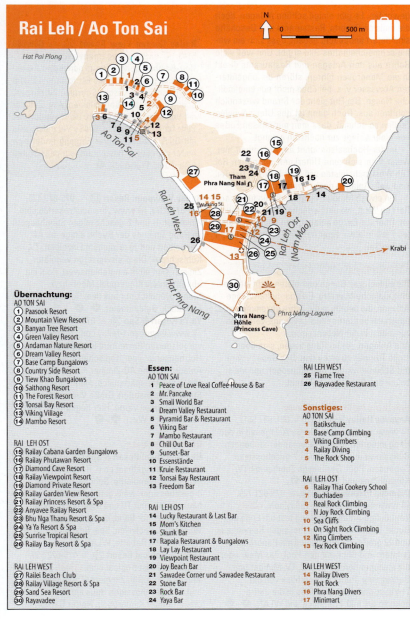

geworden. Es gibt einige schöne Anlagen, doch die meisten Resorts, Restaurants und Geschäfte sind derart unbedacht gebaut, dass sich ein wenig schmeichelhaftes Bild ergibt. Und weil viele Rohre aus den Anlagen und Restaurants direkt in die Mangroven führen, stören die ungefilterten Abwasser v. a. bei Ebbe nicht nur empfindliche Nasen. Bei Flut sieht der Strand wesentlich schöner aus. Doch dann ist das Ufer an vielen Stellen so schmal, dass man nur nassen Fußes von einer Anlage zur nächsten gelangt.

In der Hochsaison lohnt ein Aufenthalt hier, wenn man sich eine Unterkunft am nahen Rai Leh West nicht leisten will oder kann. Im Ost-Teil sind viele Anlagen noch bezahlbar.

Ein etwa 5 Minuten langer Fußweg führt nach Rai Leh West, wo ein herrlicher Sandstrand wartet. Über die Berge gelangt man über einen steilen Pfad in etwa einer halben Stunde zur Bucht Ao Ton Sai.

Übernachtung

Die einfachsten Bungalows bieten nicht mehr als eine einfache Matratze. Ein paar höherwertige Anlagen, die bereits in die Jahre gekommen sind, haben ein besseres Preis-Leistungs-Verhältnis – zumindest in der Nebensaison.
Alle Anlagen, die im Hang liegen, sind über steile Treppen zu erreichen. Das Gepäck wird auf Schienenwagen heraufgezogen und meist bis an den Bungalow gebracht.

Untere bis mittlere Preisklasse

Anyavee Railay Resort ㉒, ℡ 081-537 5517, 🖥 www.anyavee.com. Große Anlage mit in den Hang integrierten, nah beieinander stehenden Bungalows und Zimmern in 2-geschossigen Gebäuden. Pool. Geräumige Zimmer mit TV, Kühlschrank und Safe. ❹–❻
Diamond Private Resort ⑲, ℡ 075-621 729, 🖥 www.diamondprivate-railay.com, [3334]. Weitläufige Anlage am Hang fast am Ende der Bucht. 8 Zimmer im 2-geschossigen Reihenhaus und 22 große AC-Bungalows mit Panoramafenstern und Blick auf den Pool, das Meer oder die umliegenden Berge. AC, TV, Minibar und Badewanne. Pool mit Meerblick von der Terrasse und Jacuzzi. Etwas in die Jahre gekommen. Inkl. Frühstück und WLAN. ❹–❻

Tolles Design in einfachen Hütten

Railay Garden View Resort ⑳, ℡ 085-888 5143, 🖥 www.railaygardenview.com, [3332]. Holz-Bambus-Bungalows im gepflegten Garten am Hang, geschmackvolle Einrichtung mit dem gewissen Extra: Tisch, Schrank, Sitzkissen, schön gestaltete Badezimmer. Alle Zimmer mit Ventilator, Doppelbetten, ein Bungalow mit Platz für kleine Familien. Große Veranden, teils mit Blick aufs Meer. Der Eingang findet sich hinter dem Lucky Restaurant, ein paar Stufen hinauf. Inkl. Frühstück. ❺

Railay Viewpoint Resort ⑱, ℡ 075-819 428, 089-871 3372, 🖥 www.viewpointresort66.com. Zimmer in 1- und 2-geschossigen Steinhäusern im Hang am Ende der Bucht; einige mit AC, Doppelbett und zusätzlichem Einzelbett, TV, Kühlschrank. Die preiswerteren Ventilator-Zimmer sind nicht empfehlenswert. Pool mit abgetrenntem Kinderpool. Meer- bzw. Mangrovenblick nur aus dem Restaurant. Inkl. Frühstück. Geldautomat. ❹–❺
Ya Ya Resort & Spa ㉔, ℡ 075-819 460, 🖥 www.yayaresort-railay.com. Hinter dem vorgelagerten Restaurant liegen 3-geschossige Holzhäuser in einer tropischen schattigen Anlage. Schöne AC-Zimmer mit TV und Minibar. Mit Ventilator spartanisch, muffig und klein. Steile Treppenstufen. Große Veranden mit Sitzgelegenheit vorne. Hier beginnt der Weg von Ost nach West. ❹–❺

Obere Preisklasse

Bhu Nga Thani Resort & Spa ㉓, ℡ 075-819 451, 🖥 www.bhungathani.com. Resort mit gehobenem Ambiente. Schöne Zimmer in 3-geschossigen weiß getünchten Steinhäusern. Alle mit TV und Meerblick. Vorne aufgeschütteter Sand, daneben der Pool mit Wasserfall. Poolvillen, Spa, Restaurant. In der Nebensaison Rabatte; WLAN. ❽
Sunrise Tropical Resort ㉕, ℡ 075-622 599, 🖥 www.sunrisetropical.com, [3333]. Schöne Anlage mit großen Zimmern in Bungalows und im 2-geschossigen Haus am Pool (abgetrennter Kinderpool). Netter Garten,

> **Liegen am Strand zum Sonnenuntergang**
>
> **Railay Bay Resort & Spa** ㉖, ☎ 075-819 401, 🖥 www.krabi-railaybay.com, [3328]. Lang gezogene Anlage, die sich bis zum Rai Leh Ost erstreckt. Hinten die günstigsten Bungalows, in der Mitte private Villen und 2-geschossige Häuser mit Blick in die Berge. Nahe dem Strand liegen luxuriöse Bungalows im Garten. Geschmackvolle Ausstattung. 2 Pools, einer vorne am Strand, dort gibt's auch Liegen. Inkl. Frühstück. Minimarkt und Geldautomat. Spa. WLAN. Kajakverleih. ❻–❽

viel Privatsphäre. Zimmer ohne Schnickschnack, aber stilvoll und mit Komfort: TV, Wasserkocher, Badewanne. Promotion in der Nebensaison. WLAN. ❻–❽

Im Hinterland

Railay Cabana Garden Bungalows ⑮, ☎ 084-057 7167. Im tropischen Grün eines Hochtals. 15 einfache Holzbungalows recht eng beieinander auf einem riesigen Gelände. Kaum Ausstattung, aber Moskitonetze. Angenehme Atmosphäre. Zum Ao Ton Sai führt ein 20-minütiger steiler Fußweg, zum Rai Leh Ost etwa 5 Min. Fußmarsch. ❸

Railay Princess Resort & Spa ㉑, 075-81 9401, 🖥 www.krabi-railayprincess.com, [3331]. Hinter dem Ya Ya Resort gelegene 3-stöckige Häuser in einem schönen Garten. Große Zimmer mit AC, TV und Minibar. Großer Pool mit angrenzendem Spa (nur in der Saison). Kleiner Teich im Garten, ruhig. Man kommt ganz schnell zu beiden Seiten des Rai Leh. Inkl. Frühstück. Oft Rabatte. Im Restaurant WLAN. ❻–❼

Railay Phutawan Resort ⑯, ☎ 084-096 4994. Einfache robuste Holz-Mattenbungalows mit Ventilator auf dem Hügel mit viel Grün. Zudem AC-Zimmer in einem Reihenhaus und in Bungalows aus Stein. Vom Restaurant toller Blick auf die umliegenden Berge. ❹–❺

Essen und Unterhaltung

Joy Beach Bar, direkt an den Mangroven. Brüht frischen Kaffee auf. Herrliche Sitzgelegenheiten auf Plattformen am Meer.

Last Bar, ganz im Norden im Lucky Restaurant. Liegefläche über dem Wasser bzw. bei Ebbe über dem Mangrovensumpf. In der Saison dröhnt die Anlage, und die Jungs zeigen ihre Künste im Feuertanz. In der Nebensaison schweigen die Boxen.

Lucky Restaurant, am Nordende, großes überdachtes Restaurant. Sitzplattform mit Liegekissen und Blick in die Mangroven. Bei Flut toll, bei Ebbe nichts für empfindliche Nasen. Einfache Thai- und westliche Küche.

Mom's Kitchen, am nördlichen Ende. Auf Plastikstühlen im offenen Restaurant gibt es einfache Thai-Küche. Gute günstige Shakes. Die Pizza ist jedoch ungenießbar.

Rapala Restaurant & Bungalows, ☎ 084-191 5320. Indische Küche in einem einfachen Restaurant mit Blick auf die Bucht. Recht günstig. Vermietet werden auch einfache Holz-Bungalows mit Matratzen auf dem Boden hinter dem Restaurant. ❸

Sawadee Corner und **Sawadee Restaurant**, letzteres befindet sich auf dem Gelände des Anyavee Resort, ersteres hinter der kleinen Theke. Mal stilvoll, mal einfach wird hier leckere Küche serviert: Gute Burger und Pizza im Corner und gekonnt zubereiteter Barbecue-Fisch im Restaurant.

Skunk Bar, im nördlichen Teil der Bucht, Reggaebar mit überdachten und offenen Sitzgelegenheiten auf Podesten. Meist kann man aus Mom's Kitchen bestellen. Bar mit Tresen. Cocktails. Großer Billardtisch (gratis für Kunden).

Viewpoint Restaurant, gehört zum gleichnamigen Resort. Direkt am Mangrovenwald gelegen, etwas „gehobenes" Ambiente, recht hohes Preisniveau. Abends Barbecue mit frischem Fisch und teuren Seafood-Spießen.

Yam Yam Restaurant, neben dem Aufgang zu Rapala Restaurant & Bungalows. Einfaches Restaurant mit günstigen Preisen und recht guter Küche. Neben Thai-Gerichten auch lecker: Humus, Falafel und andere mediterrane Küche. Auch die Fish'n' Chips sind recht gut.

Yaya Bar, **Rock Bar** und **Stone Bar**, im Hinterland gelegene kleine Bars, bei denen v. a. in der Saison viel gefeiert wird. Nette Atmosphäre inmitten der aufragenden Felsen.

13 HIGHLIGHT

Klettern in Rai Leh und Ao Ton Sai

Die Karstfelsen mit ihren Höhlen und fantastischen Steilwänden bieten herrliche Touren für Kletterfans. Anfänger und Fortgeschrittene kommen voll auf ihre Kosten. Um die 300 Routen können erklettert werden. Die Schwierigkeitsgrade reichen von 4 bis 9A. Einige Kletterschulen haben eigene Führer in Buchform (in Englisch) herausgebracht – empfehlenswert ist das Buch der King Climbers oder der Führer von Wee's Climbing.

Es gibt in Rai Leh sowie in der Ao Ton Sai zahlreiche Kletterschulen, und wir haben bisher über keine einzige etwas Negatives gehört. Es lohnt, die Guides kennenzulernen und sich über die aktuellen Preise vor Ort kundig zu machen. Die meisten Schulen haben keine festen Telefonnummern, sodass man persönlich vorbeischauen muss (das gilt v. a. für jene in der Ao Ton Sai).

Die Schulen sind nahezu alle das ganze Jahr geöffnet. Da die Regenzeit an diesen Stränden meist recht schwach ausfällt, kann man eigentlich das ganze Jahr über klettern. Sollte es doch öfter zu Regenschauern kommen, wagt man sich eben nicht zu weit nach oben, sondern schult seine Fähigkeiten unten am Fels oder an den Balancierseilen, die hier überall aufgespannt sind.

Kosten und Kurse

Es gibt an allen Stränden Schulen, die Kurse für Anfänger und Fortgeschrittene bieten. Halbtageskurse für Anfänger kosten etwa 800 Baht, ebenso solche für Erfahrene, die nur einen Auffrischungskurs brauchen. Tageskurse kosten ab 1500 Baht. Wer richtig klettern lernen will, bucht einen 3-Tageskurs (etwa 6000 Baht). Auch für Kinder (ab 5, z. T. ab 7 Jahre) gibt es an einigen Schulen Kurse. Für Erfahrene gibt es Multipitch-Kurse: längere Routen, bei denen Stopps an „Pitch" genannten Stationen im Hang eingelegt werden. Und wer auf Nummer sicher gehen will, macht einen Rescue-Kurs, bei dem die schlimmsten Szenarien durchgespielt

---

Daneben wird die Felswand von Kletterern erklommen.

Aktivitäten

Klettern

Siehe auch Infos Kasten oben.

King Climbers, ☎ 075-66 2096, 🖥 www.railay.com, im Ya Ya Resort. Bekannte und beliebte Schule mit gutem Ruf und viel Erfahrung. Alle Führer haben einen Erste-Hilfe-Kurs absolviert, es werden private Touren ebenso angeboten wie 1–3 tägige Kurse. Wer will, kann sich filmen und fotografieren lassen. Kinder ab 5 Jahre können hier lernen, und die Betreiber werben damit, auch 100-Jährige noch sicher in den Hang zu bringen.

N Joy Rock Climbing, neben dem Diamond Cave Resort. Kurse für Anfänger und Fortgeschrittene. Erfahrene Kletterer können sich ihrem Können entsprechende Routen zeigen lassen oder Multipitch-Kurse absolvieren.

Sea Cliffs, ☎ 084-629 2173, ✉ seacliffs16707@hotmail.com. Touren und Kurse.

Tex Rock Climbing, ☎ 081-891 1528, ✉ tex.rock@hotmail.com. Neben der Erste-Hilfe-Station. Erste Kletterschule Krabis, lehrt seit 1990. Neben den üblichen Angeboten wie Touren, Kurse und Equipmentverleih kann man hier seine Schuhe reparieren lassen. Kurse bis zum Instructor. Kids-Kurse (ab 5 Jahre). Die Betreiber sind immer dabei, wenn es gilt, neue Routen abzustecken und zu sichern. ⏱ 8–19 Uhr.

Real Rock Climbing, ☎ 085-570 1736, ✉ realrockclimbing@yahoo.com. Ganz im Norden der Bucht. Kurse und Touren für Anfänger und erfahrene Kletterer.

On Sight Rock Climbing, ☎ 084-695 0208. Touren und Kurse.

Kochkurse

Railay Thai Cookery School, ☎ 084-096 4994. Morgens von 8.30–13.30 Uhr und nachmittags

werden (Tageskurs für 3500 Baht). Ein privater Führer, der erfahrene Kletterer auf einer Tour begleitet, kostet 3000 Baht für einen halben Tag und 5000 Baht für den ganzen Tag. Etwas ganz Besonderes ist das sogenannte „Deep Water Soloing", bei dem man sich über tiefem Wasser an Überhängen versucht. Die Unterwasserwelt wurde vorher erkundet, sodass man beim Herunterfallen nichts zu fürchten hat außer einer erfrischenden Abkühlung: Klettern mit Spaßgarantie.

Klettern ist ein Extremsport
Wer hier klettert, bekommt einiges geboten. Nicht nur ist es ein tolles Erlebnis, eine solche Steilwand erklommen zu haben: Der Ausblick auf das Meer und die Umgebung ist einzigartig. Man darf jedoch nicht vergessen: Klettern ist ein Extremsport! Unfälle sind nicht auszuschließen, und man sollte unbedingt Vorsicht walten lassen.

Vor der Buchung einer Tour sollte man sich immer noch einmal nach der Versicherung der Veranstalter erkundigen, sich über die Erste-Hilfe-Ausbildung der Führer schlaumachen und die Ausrüstung checken. Poröse Seile oder Ösen sind nicht sicher! Selbst dann, wenn man schon unterwegs ist: Sollte man das Gefühl haben, dass die Guides nicht 100 % konzentriert sind, ist der Kurs besser abzubrechen. Klettern ist ein Risiko, und wer hier vom Fels stürzt, muss mit dem Schnellboot oder dem Helikopter ins Krankenhaus gebracht werden. Wer vorher die Ausrüstung und den Guide checkt, sich am Fels umsichtig verhält und seine Grenzen kennt und akzeptiert, wird auf jeden Fall jede Menge Spaß haben, sicher das ein- oder andere persönliche Abenteuer erleben und zudem eine wahnsinnige Aussicht genießen können.

Namen und Adressen der Schulen siehe bei den jeweiligen Stränden.

von 14.30–19.30 Uhr. Die Kurse werden in einem kleinen offenen Haus beim Phurit Valley Resort angeboten. Jeder Teilnehmer hat seine eigene Kochstelle.

Thaiboxen
Neben dem Phutawan Resort kann man im **Jungle Thai Boxing Camp** die örtliche Boxkunst bewundern. Jeden Mi und So ab 22.30 Uhr. Kein Eintritt. Danach Fireshow und Climbing-Games.

Sonstiges
Bücher
Ein kleiner Buchladen mit vornehmlich englischer, aber auch einigen deutschsprachigen Büchern, findet sich gegenüber der Skunk Bar.

Geld
Geldautomat neben der Rezeption des Viewpoint Resort und neben dem YaYa Resort.

Internet
Neben dem Viewpoint Resort gibt es einen Internet-Shop, 2 Baht pro Min.

Medizinische Hilfe
Im Süden der Bucht neben dem Sunrise Tropical Resort gibt es eine kleine **Erste-Hilfe-Station**. Kleinere Wunden können hier versorgt werden; man wird beraten und kann in der angeschlossenen Apotheke ein paar Medikamente kaufen. ⏱ 8.30–19 Uhr.

Transport
KRABI, den ganzen Tag über mit dem Longtail, bei mind. 6 Pers. 150 Baht p. P., Charter etwa 800 Baht.

Rai Leh West
An diesem Strand lockt wunderschöner weicher weißer Sand. Der Strand ist selbst bei Flut noch recht breit. Auch bei Ebbe kann man baden,

wenngleich nicht immer schwimmen. In der Nebensaison ist es recht ruhig, nur wenige Sonnenhungrige liegen dann im Sand. Beide Seiten des Strandes sind von noblen Anlagen belegt, der Strand ist jedoch für alle zugänglich. Schön liegt man vor dem Railai Beach Club im nördlichen Abschnitt der Bucht (im Club selbst „members only"). Hier stehen am Rand sogar Mülleimer, und man findet Schatten unter Kasuarinen und an den Felsen.

In der Hauptsaison stören Ausflugsboote etwas die Idylle, denn dann ankern hier unzählige Longtails und Schnellboote. Dank eines abgegrenzten Bereiches belagern sie nur die Mitte des Strandes. Schwimmern, Badefans und Sonnenanbetern bleibt viel Strand an beiden Enden.

Übernachtung und Essen

Die Anlagen haben alle keine Bungalows direkt am Strand. Blick aufs Meer bieten hingegen die Restaurants. Das Preisniveau ist an diesem Strand selbst in der Nebensaison noch extrem hoch. Das gilt auch für das Essen: Hier muss man mit mäßiger Kost zu hohen Preisen rechnen. Im noblen **Restaurant** des **Rayavadee** ist es zwar noch teurer, aber dafür auch gut. Angenehm sitzt man auch im **Flame Tree** am Strand in den Shopping Arcaden. Hier gibt es Thai- und westliche Küche, Eiscreme, Kaffee und auch Alkoholisches.

Railei Beach Club ㉗, ✆ 086-685 9359, 🖥 www.raileibeachclub.com. Weitläufige, abgeschottete Anlage mit großräumigen gut ausgestatteten Holzbungalows auf Stelzen in einem verwachsenen Garten. Die größeren Häuser haben auch eine eigene Küche. WLAN. ❻–❽
Railay Village Resort & Spa ㉘, ✆ 075-81 9412, 🖥 www.railayvillagekrabi.com. Große Anlage mit „Spa"- und „Pool"-Villen. Im Restaurant am Strand endet der Fußweg vom Oststrand zum Weststrand. Die Unterkünfte liegen im Hinterland. 49 Bungalows mit Privatsphäre und 2 gegenüberliegende 2-geschossige Reihenhäuser. Schöner gepflegter Garten. Kajakverleih (1 Std. 200 Baht, 1000 Baht pro Tag). ❼–❽
Rayavadee ㉚, ✆ 075-620 740, 🖥 www.rayavadee.com. Luxushotel, dessen Bungalows sich über das gesamte Inland hinüberziehen und an die Strände Rai Leh West und Ost und zum Hat Phra Nang grenzen. Hier wohnt, wer sich wirklich Luxus leisten kann. Weit über ❽

Aktivitäten

Klettern
Siehe auch Infos Kasten S. 648/649.
Hot Rock, in der Walking Street, ✆ 075-621 771, 🖥 www.railayadventure.com. Unter schwedisch-thailändischer Leitung. Kinderkurse ab 7 Jahre. Lange etabliert, Kurse für Anfänger und Fortgeschrittene.

Tauchen
Phra Nang Divers, 🖥 www.phranangdivers.com. Große Tauchbasis, etabliert seit 1992. Unterricht nach PADI. Viele Artikel zum Verkauf: Von der Maske bis zum Wetsuite kann man sich einkleiden. Auch T-Shirts mit Tauchmotiven. In der Nebensaison oft zu.
Railay Divers, ✆ 088-440 2853, Basis in der Walking Street (auch Ao Ton Sai). Organisiert neben Tauchgängen v. a. Ausflüge für Schnorchler.

Sonstiges

Ein **Geldautomat** befindet sich beim **Minimarkt** des Railay Bay Resort auf halber Strecke zwischen West- und Oststrand, zudem gibt's einen Geldautomaten in der Einkaufspassage, die etwas großspurig **Walking Street** genannt wird. Hier kann man Souvenirs, Strandkleidung und Schmuck erstehen.

Transport

AO NANG, von hier fahren Longtails in 20 Min. ab 7 Pers. für 80 Baht pro Mitfahrer, Charter ab 600 Baht. In der Nebensaison auch billiger.

Ao Ton Sai

Die kleine Bucht Ao Ton Sai, [2773], ist ein Eldorado für **Kletterfans** – und das gilt nicht nur für die hier lebenden Affen, die durch den dichten Wald turnen. Direkt neben den Hütten ragen die steilen Klippen empor, an denen man das Freeclimben erlernen kann, die aber auch für erfahrene Kletterer viele spannende Routen bieten.

> **Von Generatoren und lauter Musik**

Strom gibt es meist nur nachts, manche Anlagen bieten bei voller Auslastung in der Hauptsaison auch 20–24 Std. Strom am Tag. Da die Energie von Generatoren erzeugt wird, dröhnt und brummt es an allen Anlagen. Nahe dem Strand ist zudem immer mit lauter Musik zu rechnen, und auch an der Straße dahinter ist in vielen Bars – v. a. in der Hauptsaison – immer was los. Kletterer, die nach einem anstrengenden Tag in der Steilwand und einem ebensolchen Abend in der Strandbar todmüde ins Bett fallen, stört das aber nicht.

Die Bucht eignet sich bei Flut zum Schwimmen; je weiter sich das Wasser jedoch zurückzieht, desto flacher wird es. Bei extremer Ebbe ist die gesamte Bucht leer und Korallenschrott kommt zum Vorschein.

Das **Publikum** ist sehr jung, feiert gerne und ist sportlich veranlagt. Kaum jemand liegt einfach nur am Strand.

Jeden Abend kommen die Kletterer mit ihren meterlangen Seilen bepackt müde zu ihren Bungalows, und den Unsportlichen wundert, wie man nach einem solchen Tag noch feiern kann. Doch die laute Musik und ausgelassene Stimmung zeigt: Dafür reicht die Energie. Aber statt sich sinnlos zu betrinken, wird hier viel über die Routen des kommenden Tages diskutiert und Neustes aus der Welt des Boulderns, Belayings, Multipitchens und Deep Water Soloings ausgetauscht.

Einfachheit steht an diesem Strand vor Bequemlichkeit. Der Sport in der faszinierenden Natur der Karstfelsen und die lockere Atmosphäre sind die Attraktionen, die Stammgäste und Neulinge faszinieren. Wer Kletterfotos hat, kann sie bei **eXTra [2324]** hochladen.

> **Übernachtung**

Einfache Hütten und Bungalows dominieren. Direkt am Strand gibt es keine Unterkünfte, viele liegen im Hinterland und ziehen sich weit den Hang hinauf. Nahezu alle Bungalows haben Ventilator. Wer weiter den Berg hinaufzieht, findet einfachste Hütten für recht wenig Geld; in der Nebensaison bereits ab 100 Baht, in der Hauptsaison kosten diese je nach Nachfrage ab 400 Baht. AC-Bungalows sind selten, in der Saison teuer, aber in der Nebensaison bezahlbar. Dann wohnt man hier für 1000 Baht. Weitere Anlagen unter **eXTra [3305]**.

Untere Preisklasse
Base Camp Bungalows ⑦. Einfache Mattenhütten nördlich am Weg Richtung Raileh East, davor nett gemachtes Restaurant. Alle Bungalows mit Moskitonetz, Hängematte und neuer Matratze. Ein großer Generator dröhnt Tag und Nacht. Das Ambiente entschädigt die hier wohnenden Kletterer: Slackline im Hof und Gleichgesinnte rund um die Uhr. ❸

Saithong Resort ⑩, ✆ 081-079 6583, ✉ sangdoo.ho@hotmail.com. Letzte Anlage am Fußweg nach Rai Leh. Einfache Bambushütten in 2 Größen, mit Gemeinschaftsbad und ohne großen Komfort, aber von einigen Veranden hat man einen tollen Blick in den Dschungel. ❷

Tiew Khao Bungalows ⑨, ✆ 087-893 4136. Am steilen Hang am Weg nach Rai Leh gelegene einfache, kleine und größere Mattenbungalows. Einige noch ohne eigenes Badezimmer. Ziemlich weit weg vom Strand. ❶–❷

Viking Village ⑬, ✆ 081-970 4037, 084-266 0826. Einfachste kleine Mattenhütten mit Miniveranda am Nordende des Strandes für Kletterfreunde mit wenig Geld. Vorne ist es laut, denn in der Viking Bar wird fast immer gefeiert. ❷–❹

Mittlere Preisklasse
Andaman Nature Resort ⑤, ✆ 081-979 6050, [2777]. In zwei Reihen den Hang hinauf etwas

> **Hoch oben im Stelzenhaus**

Banyan Tree Resort ③, im Hinterland, [3309]. Vorne stabile, türkis bemalte, recht geräumige Holzhäuschen. Es folgen den wenig bewachsenen Hang hinauf einfache Mattenhütten. Ganz weit oben stehen dann große robuste Holzbungalows; ganz hinten auf extrem hohen Stelzen. Von deren Balkonen bietet sich ein toller Blick auf die Berge. Alle Zimmer mit Moskitonetz, großen Betten. Strom von 18–6 Uhr. Der Generator steht direkt hinter den letzten Bungalows. ❷–❸ eng beieinander stehende einfache Bambus-Holzbungalows mit gefliestem Bad im gepflegten Garten. Auch Bungalows für 3 Pers. Restaurant. ❷–❹

Country Side Resort ⑧, ☏ 084-848 0146, [2775]. Am Fußweg Richtung Rai Leh auf hohen Stelzen gebaute, geräumige Holzbungalows (AC oder Ventilator), große Fensterfront und schöne Veranden. Restaurant mit Frühstücksbuffet, im Minimarkt Internet (2 Baht/Min.). WLAN für 200 Baht unbegrenzt nutzbar. Frühstück ist im AC-Zimmerpreis enthalten. ❹–❺

Dream Valley Resort ⑥, ☏ 075-81 9811, 🖥 www.dreamvalleyresortkrabi.com, [3310]. Im Hinterland gelegen. In Reihen den Berg hinauf stabile Holzhütten mit Mattenverkleidung, Ventilator, teils 2 Betten. Zudem Zimmer mit AC und TV in Steinbungalows. Weiter oben im Haus AC-Zimmer und etwas mehr Komfort. Zimmer mit Doppel- und Einzelbett. ❹–❺

The Forest Resort ⑪, ☏ 086-1200 935. Am Hang an der Straße nach Rai Leh. Unten neben dem Cafe-Corner Zimmer im Reihenhaus. Dahinter am Hang große Bungalows aus Holzimitat, einige in Echtholz. Teils mit einem Doppel- und einem Einzelbett. Auch Zelte für 100 Baht p. P. ❸–❹

Essen

Dream Valley Restaurant, vor dem gleichnamigen Resort. In der Saison gibt es hier von 7–10 Uhr ein leckeres Buffet für 150 Baht: Säfte, Früchte, Pancake, *fried rice*, Nudeln und Kaffee. Ebenfalls nur in der Saison wird der Pizzaofen angeworfen und Dream Pizza gebacken. Auch BBQ gibt es in der Saison.

Essensstände, am Weg ins Hinterland. Gegrilltes Huhn, Klebreis, Papayasalat und anderes aus der Isarn-Küche. Frischer Bananenkuchen und Mango mit süßem Reis in Kokosmilch. Günstig. Take away oder an kleinen Tischen zu verzehren.

Kruie Restaurant, an der Ecke zur Straße ins Hinterland neben dem Tonsai Bay Resort. Offenes überdachtes Restaurant mit Holzbestuhlung. Vor allem morgens beliebt, dann gibt es kräftigendes Müsli und Früchte. Gute Thai-Küche. ⏱ 11–23 Uhr.

Mambo Restaurant, am Strand gelegen, recht gute Küche und gut besucht. Jeden Tag gibt es ein besonderes Gericht günstiger.

Mr. Pancake, kleiner Pancake-Shop neben dem Andaman Nature Resort. Pancakes diverser Geschmacksrichtungen ab 40 Baht.

Pyramid Bar & Restaurant, auf einer erhöhten Plattform auf Kissen, davor an Tischen. Geboten wird frisch gebrühter Kaffee und morgens auch Ciabatta und Kürbiskernbrot. Shakes und Lassi. Thai-Küche, Thai-Kochkurse (ab 4 Teilnehmern) auf Anfrage.

Tonsai Bay Restaurant, liegt direkt am Fels und am Meer. Vor allem abends schön, wenn die Berge beleuchtet sind und die Feuertänzer ihr Können zeigen. Gute Küche, große Portionen, schneller Service. Kein Schweinefleisch. Thai-Küche und Pizza. Frühstückskarte. Frischer Kaffee aus der Maschine.

Unterhaltung

Chill Out Bar, coole Reggaebar am Strand mit Liegeplattformen. Vermietet auch ein paar einfache kleine Mattenhütten. Frisch gebrühter Kaffee, Cocktails und Shakes.

Freedom Bar, gehört zum Tonsai Bay Resort. Liegt direkt neben den Kletterfelsen, die des Nachts wunderschön angestrahlt sind. Jeden Abend, auch in der Nebensaison, wird hier lange und laut gefeiert. Feuershows inklusive.

Small World Bar, in dieser schön gestalteten, überdachten Bar mit großem Außenbereich wird von morgens bis abends für jeden Geschmack etwas geboten. Leckerer Kaffee und frischer Kräutertee zum Frühstück, nachmittags ein erfrischender Shake und abends gute Cocktails und Bier. Dazu die an diesem Strand besonders populäre Feuershow. Billardtisch und Tischtennis.

Sunset-Bar, direkt am Strand. Kleine Bar mit großem Podest über dem Sandstrand und vielen Sitzkissen.

Peace of Love Real Coffee House & Bar, im Hinterland. Schöne Café-Bar mit Innen- und Außenbereich. Kaffee und Tee diverser Sorten, u. a. Espresso mit Baileys. Nicht ganz billig, aber die Qualität stimmt. Am Abend wird gerne musiziert, oftmals Jam-Sessions und Party.

Viking Bar, Bar direkt am Strand. Nicht gerade schön, aber immer viel Betrieb. Bar mit Tresen, Sitzgelegenheiten am Strand im Sand auf Matten. Billard.

Aktivitäten

Batikkurse
In der **Batikschule** beim Peace of Love Real Coffee House kann man in der Saison die Kunst des Batikens von Ozzy erlernen. Für 700 Baht erhält man Unterricht und nimmt anschließend ein Tuch mit nach Hause.

Kajaktouren
Überall am Strand kann man Kajaks ausleihen und lospaddeln. Ein 2er-Kajak kostet für 4 Std. 300 Baht, für den ganzen Tag 500 Baht.

Klettern
Siehe auch Infos Kasten S. 648/649.
The Rock Shop, am Tonsai Bay Resort, ✉ sirichai_rockshop@hotmail.com. 🖥 www.justclimbthailand.com. Kleine Kletterschule. Kurse für Anfänger und Fortgeschrittene. Touren. Equipmentverleih.
Viking Climbers, vorne am Strand im Norden der Bucht. Klettertrips für Anfänger und Fortgeschrittene. Buchladen. In der Nebensaison oft zu.
Base Camp Climbing, 🖥 www.basecamptonsai.com. Große, schön gestaltete Kletterschule an der Straße im Hinterland. Schulgelände mit viel Platz zum Üben, Sitzen und sich austauschen. Bietet neben den üblichen Kursen von einem halben bis 3 Tagen auch Extratrips im Sonnenuntergang und „Deep Water Solo", eine abenteuerliche Seilpartie über dem Wasser – ein Spaß auch für Nichtkletterer. Verleih und Verkauf von Equipment. ⏱ 8–21.30 Uhr.

Tauchen
Railay Diving, ☏ 089-729 0885. Im Tonsai Bay Resort. Kurse vom Open Water bis zum Rescue nach PADI. In der Nebensaison Tauchgänge bereits ab 2 Pers. Tagestrips mit 2–3 Tauchgängen auch nach Ko Phi Phi und die umliegenden Tauchgebiete. Zudem Sunset-Snorkeling (14–19 Uhr).

Sonstiges

Geld
Es gibt keinen Geldautomaten an diesem Strand. Wer Bargeld braucht, muss nach Rai Leh.

Internet
Direkt am Strand Internet im **Diveshop** und vor dem **Tonsai Bay Resort** für 3 Baht pro Min., sofern es Strom gibt. In der Saison etwa von 8–10 Uhr, in der Nebensaison seltener. WLAN hat das **Country Side Restaurant** im gleichnamigen Resort für 200 Baht unbegrenzt.

Minimärkte
Es gibt eine Reihe Minimärkte am Strand und im Hinterland. Geöffnet ist meist von morgens 9 bis gegen 22 Uhr am Abend. Die Preise sind recht hoch, man zahlt etwa doppelt so viel wie im Supermarkt auf dem Festland. Es lohnt also, sich dort mit den Lieblingsknabbereien einzudecken.

Transport

Alle Boote fahren auf Anfrage. Wenn wenig los ist, sind die Preise verhandelbar. Beste Abfahrtszeit zwischen 9 und 18 Uhr, danach wird es teurer.
AO NANG, mit dem Longtail ab 4 Pers. für etwa 100 Baht in 20 Min.; ab 7 Pers. zahlt jeder nur noch 80 Baht.
PHRA NANG, bei 7 Pers. 50 Baht p. P.
RAI LEH OST, mit dem Longtail für etwa 100 Baht bei 4–5 Pers., 80 Baht bei mind. 7 Pers. Zu Fuß läuft man etwa 30 Min. auf einer staubigen bzw. schlammigen Piste. Der Fußweg eignet sich nicht, wenn man Gepäck transportieren muss.
RAI LEH WEST, mit dem Longtail für 50 Baht ab 4 Pers.
Tagestouren nach KO PHI PHI und BAMBOO ISLANDS für 1000 Baht. Zum KO HONG-ARCHIPEL, ab 8 Pers. etwa 700 Baht p. P. Kürzere Trips in die Umgebung, z. B. 4-Islands ab 450 Baht p. P.

Ao Pai Plong

Die Pai Plong-Bucht ist ein schmaler Landstreifen: Auf drei Seiten ragen Kalksteinfelsen in die Höhe, und auf der vierten lädt ein halber Kilometer Sandstrand zur Entspannung ein – allerdings nur den, der im luxuriösen **Centara Grand Beach Resort & Villas Krabi**, 🖥 www.centarahotelsresort.com/ckbr, abgestiegen ist, das die Bucht komplett für sich belegt hat. So bleibt für die meisten nur ein neidischer Blick vom Longtail auf dem Weg vom Rai Leh zur Ao Nang. Wer es sich leisten kann, wird allerdings mit Urlaub vom Feinsten verwöhnt. ❽

Ao Nang

Ao Nang [2839] liegt etwa 20 km von Krabi-Stadt entfernt und ist der meistentwickelte Strand der Region. Der lange Sandstreifen ist mit einer hohen Mauer versehen und zum Baden wenig geeignet – eher ein Parkplatz für Longtails. Nur im nördlichen Abschnitt, zu Füßen eines malerischen Kalksteinmassivs, drängen sich in der Hauptsaison die Gäste.

An der Strandpromenade liegen dicht an dicht Restaurants, Tauchshops und Touranbieter, die Trips auf die Inseln in der Bucht von Phang Nga (s. S. 631) anbieten – hier ist man voll auf Pauschaltouristen eingestellt, die in einer der größeren Anlagen wohnen. Neben gediegenem Luxus und Pauschalkomfort gibt es auch eine Reihe günstigerer Unterkünfte: hauptsächlich Zimmer in Gästehäusern in den Gassen hinter der Hauptstraße. Daneben etablieren sich einige neuere Boutiquehotels.

Unterkunft

Weitere Unterkünfte s. eXTra [3368].

Untere Preisklasse

Adams Bungalows ㉓, 25 Moo 2, ✆ 075-63 7667. Bungalows im weitläufigen Garten hinter dem Restaurant; ältere Holzbungalows mit Ventilator. Bessere Ausstattung in den Steinhäusern (AC, TV und Kühlschrank). Zudem Zimmer in Reihenhäusern. Recht ruhig und durchaus eine Alternative zu einem Guesthouse-Zimmer. ❸–❹
Amorn Mansion ⑰, 310 Moo 2, ✆ 075-63 7695. Preiswertes Kleinhotel mit 21 sauberen Zimmern mit Balkon, wahlweise mit AC oder Ventilator. WLAN in der Lobby. ❹
Anawin Bungalows ⑱, ✆ 081-300 1965. AC-Steinbungalows mit Veranden und günstige Zimmer mit Ventilator, in einem kleinen Garten. WLAN. ❸–❹
J. Mansion ⑮, 153/7 Moo 2, ✆ 075-69 5128, 🖥 www.jmansionaonang.com. Sehr gepflegtes Guesthouse mit gut ausgestatteten Zimmern (bequeme Betten, TV, Kühlschrank, Safe). WLAN. ❹
Jinda Guesthouse ⑭, 247/6 Moo 2, ✆ 075-637 524. Einfaches kleines Guesthouse mit 14 schlichten Zimmern mit AC oder Ventilator; dazu 6 einfache Ventilator-Zimmer, die für 300 Baht mit zu den billigsten Unterkünften am ganzen Strand gehören. Nette Leute. ❷–❹
P.K. Mansion ⑫, 247/12-15 Moo 2, ✆ 075-637 431, ✉ pkmansion@hotmail.com. Empfehlenswertes Guesthouse, gepflegte Zimmer mit Balkon, AC oder Ventilator (100 Baht Unterschied), TV und Kühlschrank im Haupthaus, modernere Räume im Anbau. Meerblick in den meisten Räumen. ❸–❺
Sea World Guesthouse ⑬, 247/10-11 Moo 2, ✆ 075-637 388, ✉ seaworld999@hotmail.com. Preiswertes Guesthouse mit sauberen Zimmern, die billigeren im EG ohne Fenster etwas unwohnlich, die etwas besseren mit AC und Balkon (Meerblick), TV, Kühlschrank und Safe. WLAN. ❷–❹

Mittlere Preisklasse

Ao Nang Beach Resort ⑨, 142 Moo 2, ✆ 075-63 7766, 🖥 www.aonangbeachresort.com. Mitten an der Strandstraße gelegene Anlage mit 26 sauberen, z. T. recht geräumigen Zimmern; Kühlschrank, TV, Safe; empfehlenswert die Suiten mit Seeblick. Pool. WLAN. ❻–❼
Ao Nang President Hotel ㉒, 76/8-9 Moo 2, ✆ 075-69 5563, 🖥 www.aonangpresident.com. Nicht wirklich eine Unterkunft für Präsidenten, aber eine recht strandnahe Option mit ordentlichen Standardzimmern mit Balkon zur Straße bzw. Blick auf Karstmassiv. Inkl. Frühstück. WLAN in der Lobby. ❹–❺
Lai Thai Resort ㉔, 25/1 Moo 2, ✆ 075-63 7281, 🖥 www.laithai-resort.com. Steinbungalows in einem Garten mit viel Grün, die sich um einen rechteckigen Pool mit tollem Blick auf die Karstfelsen gruppieren. Inkl. Frühstück. ❺–❻
Wanna's Place – Andaman Sunset Resort ⑧, 31 Moo 2, ✆ 075-637 484, 🖥 www.wannasplace.com. Steinbungalows mit bequemer Ausstattung (u. a. Badewannne) in einer

Ao Nang

Gartenanlage mit kleinem Pool, daneben Hotelzimmer an der Straße. WLAN. Thai-Schweizer-Leitung. Freundliche Atmosphäre. Inkl. Frühstück. ❻

White Sand Krabi ⓴, 143 Moo 2, ✆ 075-69 5345, 🖥 www.whitesandkrabiresort.com. Modernes Boutiquehotel. 86 geschmackvoll möblierte Zimmer mit Balkon und großem Flachbild-TV. Stilvolles Interieur. Kleiner Pool auf dem Dach. ❺–❻

Won Won Place ④, 135/2 Moo 3, ✆ 075-63 8094. Große, saubere Zimmer mit TV und Kühlschrank. An Klong Hang gelegen, Hat Noppharat Thara ist leicht zu Fuß zu erreichen. WLAN. ❹–❺

Obere Preisklasse

Aonang Cliff Beach ⑲, 328 Moo 2, ✆ 075-62 6888, 🖥 www.aonangcliffbeach.com. Sehr schickes Resort in moderner Thai-Bauhaus-Architektur. Die blitzsauberen, super ausge-statteten Zimmer lassen keine Wünsche offen. Toller Blick auf Karstfelsen und Meer. Frühstück inkl. ❻–❼

Aonang Princeville Resort ⑪, 164 Moo 2, ✆ 075-63 7971, 🖥 www.aonangprinceville.com. Hochklassiges Wohnen ganz nah am Strand: 32 komfortabel ausgestattete Zimmer mit asiatischen Stilelementen gruppieren sich um einen Pool, dem einige Bäume Schatten verleihen. Inkl. WLAN und Frühstück. ❼–❽

Golden Beach Resort ㉗, 254 Moo 2, ✆ 075-63 7870, 🖥 www.goldenbeach-resort.com. Luxuriöse Anlage in bester Lage am nördlichen Strandbereich, wo Sonnenbaden und Schwimmen möglich sind. Eine Alternative ist der große Pool. Zimmer im 2-stöckigen Gebäude sowie in Bungalows und Villen im Garten. ❼–❽

Krabi Tipa Resort ⑯, 121/1 Moo 2, ✆ 075-63 7527, 🖥 www.krabi-tiparesort.com. Angenehmes Resort mit bequem ausgestatteten Zimmern, sehr schönen Teak-Bungalows am Hang unter Bäumen. Zudem Zimmer in 2-geschossigen Gebäuden nahe des Pools. ❻–❽

Pakasai Resort ⑥, 88 Moo 3, ✆ 075-63 7777, 🖥 www.pakasai.com. Über 100 bestens ausgestattete Zimmer und ein zum Schwimmen geeigneter Pool in einer beliebten, gepflegten Anlage mit viel Grün. ❻–❽

Historische Schlafstatt

Krabi Resort ⑦, 232 Moo 2, ✆ 075-63 7030, 🖥 www.krabiresort.net. Historischer Boden: Dies war die erste Anlage am Ao Nang und gleichzeitig die erste Touristenunterkunft überhaupt in der Provinz Krabi. Was Anfang der 1980er-Jahre mit Bambushütten und Generatorstrom begann, hat sich zu einem großen, sehr gepflegten Resort entwickelt. Hotelzimmer, Poolvillen und Bungalows in einer Gartenanlage, die das Nordende der Bucht einnimmt. Es ist viel vom alten Baumbestand erhalten. ❻–❽

Pavilion Queens Bay Krabi ②, 56/3 Moo 3, ✆ 075-63 7611, 🖥 www.pavilionhotels.com. Hotelburg mit luxuriösen Zimmern zwischen 50 und 100 m², geschmackvoll im Thai-Stil ausgestattet. Pool auf mehreren Ebenen. ❻–❽

Thai Village Resort ①, 260 Moo 2, ✆ 075-63 7710, 🖥 www.krabithaivillage.com. Luxuriöse Anlage, in der alles stimmt, nur der Name nicht; denn hier wohnt man eher in einem Palast als in einem Dorf. Durch die beeindruckende Lobby gelangt man zum Dorfplatz resp. Poolbereich. Die Architektur der Pavillons und der Häuser mit bestens ausgestatteten Zimmern ist geschmackvoll im Thai-Stil gehalten. ❽

The Cliff ㉕, 85/2 Moo 2, ✆ 075-63 8117, 🖥 www.k-bi.com. Dass dieses Resort von der TAT zu einem der 50 schönsten Resorts in Thailand gekürt wurde, verdankt es weniger seinem nur mittelgroßen Pool als vielmehr den sehr komfortablen, geschmackvoll ausgestatteten Bungalows, die sogar von eigenen Wassergräben umgeben sind. Unzählige Orchideen schmücken den schattigen Garten. ❼–❽

Vogue Resort & Spa ㉑, 244 Moo 2, ✆ 075-63 7635, 🖥 www.vogueresort.com. Bequeme, hell möblierte Zimmer mit Balkon. Pool und Spa. Die Chefin kann manchmal eine günstige Walk-In-Rate anbieten. ❻

Essen

Ao Nang Boat Noodle, neben Adams Bungalows, verschiedene einfache Thai-Gerichte, besonders gut: die Nudelsuppe mit kräftiger, dunkler Brühe und verschiedenen Einlagen zur Auswahl.

Ao Nang Cuisine, das älteste Restaurant am Platze, liegt an der Strandstraße und bietet u. a. leckere Seafood-Gerichte, z. B. gegrillte Shrimps in Tamarindensauce. ⏱ 9–23 Uhr, die Küche schließt eine halbe Stunde früher.

Carnivore, 127 Moo 3, ✆ 075-66 1061, 🖥 www.carnivore-thailand.com. Der definitive Platz für Steakliebhaber und andere Fleischesser. Lamm- und Rindfleisch aus Neuseeland und Australien. Der niederländische Chef zaubert auch gute Fischgerichte. ⏱ 11.30–22.30 Uhr.

Diver's Inn, 27/9 Moo 2, ✆ 075-63 7297, Reservierungen unter ✆ 089-587 3533,

🖳 www.krabi-divers-inn.com. Deutsche und internationale Küche nicht nur für Taucher. In der Saison lockt die Dachterrasse. WLAN. ⏲ 11–23.30 Uhr.

Eden Bar & Dining, Beach Rd., ✆ 075-63 8075. Thai- und europäische Küche. Spezialität „Vulkan-Huhn": ein ganzes Huhn mit Brandy flambiert. Gute Aussicht von der Dachterrasse. ⏲ 9–24 Uhr.

Gift's Bakery, an der Straße nach Krabi, 1,5 km vom Strand entfernt, ✆ 075-63 7190. Seit 1983 werden hier Brot, Croissants und andere leckere Sachen gebacken; es gibt außerdem selbst gemachte Marmelade, Eiskaffee, Sandwiches und Kuchen. ⏲ Di–So 8–16 Uhr.

Jeseao Pizza & Pasta, Beach Rd., ✆ 075-69 5497. Italienische Nudelgerichte mit hausgemachten Soßen und Pizzen aus dem Holzofen. ⏲ 11–23 Uhr.

Soho Indian Food, große Auswahl indischer Gerichte, z. B. Lamm; dazu Seafood und Gegrilltes. Außerdem Pizza aus dem Holzofen.

Taj Palace, Sea of Love Plaza, ✆ 084-062 3265. Klassische indische Küche zu erschwinglichen Preisen.

Ton Sai Restaurant, ✆ 081-979 6891. Beliebt wegen seiner guten und günstigen Thai-Küche. Gegessen wird unter schattigen Bäumen und überdachten Bambushüttchen.

Sonstiges

Geld

Bis zum nächsten Geldautomaten sind es meist nur ein paar Schritte. Größere Transaktionen erledigt u. a. die **Siam Commercial Bank**, an der Straße nach Krabi. ⏲ Mo–Fr 9–17 Uhr.

Medizinische Hilfe

Ao Nang Clinic, Dr. Somboon, an der Straße nach Krabi links kurz vor der Moschee, ✆ 075-695 301. Bei kleineren Unfällen und Wehwehchen. ⏲ Mo–Fr 16–20 Uhr. Angeschlossen ist die **Ao Nang Smile Dental Clinic**, ✆ 075-695 303.
SSS Dekompressions-Kammer, an der Straße nach Krabi, ✆ 081-081 9222. Bei Tauchunfällen.

Wetter

Der pensionierte niederländische Meteorologe Will Ottevanger betreibt bei Ao Nang eine kleine **Wetterstation** und veröffentlicht seine Vorhersagen auf 🖳 www.aonangweather.com.

Nahverkehr

KRABI FLUGHAFEN, der **Flughafen-Shuttle-Bus** startet am Daeng-Plaza in Nopphara Thara um 9.25, 12.25, 15.55 und 17 Uhr, stoppt in Ao Nang (beim Krabi Resort und an der Kreuzung ins Landesinnere), Krabi Town (Chao Fah Rd.), an der Haupt-Bushaltestelle in Talad Keo und bei Tesco Lotus. Der Bus erreicht den Flughafen in 40 Min., 70–150 Baht.

KRABI-STADT, mit den **weißen Songthaews** von früh morgens bis 22 Uhr für 50 Baht (abends 60 Baht) oder mit dem klimatisierten Flughafenbus für 80 Baht.

Für Ausflüge in die Umgebung eignen sich **Taxis** (s. Transport) oder die preiswerteren **Tricycles** (Motorräder mit überdachtem Beiwagen), die am Nordende des Strandes starten:

GASTROPODEN-FOSSIL, für 400 Baht (hin und zurück).
HAT KLONG MUANG, für 500 Baht.
HAT NOPPHARAT THARA, für 40 Baht.
HAT TUB KAEK, für 700 Baht.
LOKALE MÄRKTE, in Ao Nang und Klong Haeng für je 50 Baht/p. P. Nach Ao Nam Mao für 100 Baht p. P.

Transport

Fähren und Schnellboote

KO PHI PHI, um 9 Uhr für 350 Baht in 2 Std.
KO LANTA, um 10.30 für 470 Baht in etwas über 2 Std.
PHUKET, um 10.30 und um 15.30 Uhr für 650 Baht in 3 Std.

Die Boote fahren oft auch am Pier am Nordende des Hat Nopphara Thara ab. Als Ziel- bzw. Abfahrtsort wird jedoch immer Ao Nang angegeben.

KOH YAO YAI und KOH YAO NOI, tgl. ein Schnellboot um 11 Uhr für 500 Baht. Manchmal vom Ao Nang Beach, manchmal Nopphara Thara. Die Ticket-Büros kümmern sich um den Transport.

Longtails

Tickets für Longtailboote in die Umgebung an den beiden Ticketschaltern am Strand.
RAI LEH / AO TON SAI, für 80 Baht p. P.

KO PODA / KO KAI (Tour), für 300 Baht p. P.
KO HONG, 2500 Baht pro Boot (max. 6 Pers.).
BAMBOO ISLANDS, für 3800 Baht pro Boot (max. 6 Pers.).
4-INSEL-TOUR, für 2200 Baht (max. 8 Pers.).
Nationalpark-Gebühren (200 Baht) sind im Ticketpreis nicht enthalten.

Taxis
DON SAK (Fähren nach Ko Samui und Ko Pha Ngan), für 4000 Baht.
GASTROPODEN-FOSSIL, für 800 Baht.
HAT KLONG MUANG, für 500 Baht.
HAT PAK MENG, für 2500 Baht.
HAT TUB KAEK, für 600 Baht.
KHAO LAK und KHAO SOK, für 3000 Baht.
KRABI FLUGHAFEN, für 600 Baht.
KRABI-STADT, für 500 Baht.
PAKBARA, für 4000 Baht.
PHANG NGA, für 2200 Baht.
PHUKET FLUGHAFEN, für 2500 Baht.
PHUKET-STADT, für 3000 Baht.
PHUKET-STRÄNDE (Patong, Kata, Karon, Kamala), für 3500 Baht.
SATUN, für 5500 Baht.
TRANG, für 2800 Baht.

Hat Noppharat Thara

Wenige Hundert Meter nördlich des Ao Nang schließt sich hinter einem kleinen Kap der rund 3 km lange Hat Noppharat Thara [2840] an. Er ist deutlich weniger entwickelt als Ao Nang. Der Strand fällt flach ins Meer ab und ist für Kinder geeignet, die sich auch über die vielen Muscheln und Korallenstückchen freuen. Bei starkem Wellengang gibt es allerdings auch hier viele Brecher. Im Westen, kurz vor dem am Klong zurückversetzten Hafen, befindet sich ein lichter Kasuarinenwald – ein netter Platz fürs Picknick. An den Wochenenden finden sich viele Einheimische ein, die genau deshalb hierherkommen. Hier, nahe des Noppharat Thara National Park Headquarter, gibt es außerdem einige beliebte Seafood-Restaurants und günstige Essensstände.

Im Hinterland steht die katholische **St. Agnes-Kirche** in einer gelungenen Mischung aus römischer Sakral- und Thai-Architektur. Die offene Marienkapelle im Vorgarten ist typisch für asiatische Kirchen. Eine kleine Gemeinde von etwa 60–80 Mitgliedern wird bei der Sonntagsmesse um 10 Uhr oft von Touristen verstärkt.

Übernachtung

Die Unterkünfte liegen alle jenseits der Straße, viele sogar noch weiter im Inland. Wegen des eingängigeren und bekannteren Namens bezeichnen sich einige der hier liegenden Unterkünfte als „am Ao Nang liegend". Weitere Optionen s. **eXTra [2841]**.

Blue Ba You ⑫, 79 Moo 3, ℡ 075-63 7558, ✉ bluebayou482@hotmail.com. Ebenerdige Steinbungalows mit kleinen Veranden, z. T. mit Ventilator, z. T. mit AC, Heißwasser, TV und Kühlschrank. Im Restaurant WLAN. ❸–❹

Cashew Nut Bungalow ④, 96 Moo 3, ℡ 075-637 560, 081-081 8095. Einfache, aber saubere Steinbungalows mit Ventilator oder AC in einer schattigen, etwas verwilderten Gartenanlage. Im Restaurant der freundlichen Moslem-Familie wird kein Alkohol ausgeschenkt. WLAN. ❸–❹

Chaya Resort ⑬, ℡ 075-63 8154, 🖥 www.chayaresort.com. Zehn bequem eingerichtete Zimmer mit Glasfront und recht großen Veranden gruppieren sich um einen gepflasterten Innenhof mit kleinem Pool. WLAN. ❻

Jinnies Place ⑥, 100 Moo 3, ℡ 075-66 1396, 🖥 www.jinniesplace.com. Schöne, liebevoll eingerichtete Backsteinhäuschen mit z. T. offenen Badezimmern und einem großen Pool. Großräumige Familienzimmer im 2-stöckigen Haus. Inkl. Frühstück. Hübsche Gartenanlage. ❺

Krabi Forest Home Resort ⑯, ℡ 075-63 8109, vor dem Red Ginger. Mit dunklen Ästen dekorierte Zimmer im Reihenhaus, alle mit Kühlschrank und TV. Großräumige Zimmer zudem in Holzbungalows. Schöne Bäder und Veranden. Frühstück inkl. ❹–❺

Laughing Gecko ⑤, ℡ 075-66 1152, 🖥 www.laughinggeckothailand.com, **[2842]**. Bungalows aus alten Tagen. Fans dieses Stils kommen immer wieder. Auch Familienzimmer. Man muss es mögen. ❷–❸

Noppharat Resort ⑨, 97 Moo 3, ℡ 075-66 1301, 🖥 www.noppharatresort.com. 21 Zimmer in Steinbungalows mit AC oder Ventilator; letztere sind ihren Preis nicht wert, erstere okay. Für

Noppharat Thara

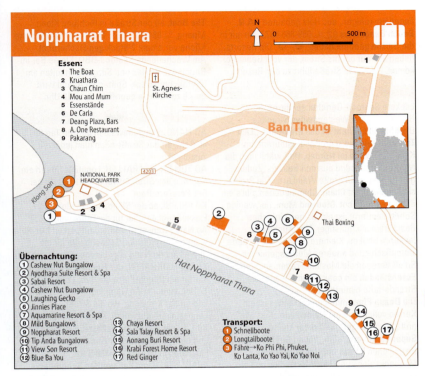

Essen:
1. The Boat
2. Kruathara
3. Chaun Chim
4. Mou and Mum
5. Essenstände
6. De Carla
7. Deang Plaza, Bars
8. A. One Restaurant
9. Pakarang

Übernachtung:
1. Cashew Nut Bungalow
2. Ayodhaya Suite Resort & Spa
3. Sabai Resort
4. Cashew Nut Bungalow
5. Laughing Gecko
6. Jinnies Place
7. Aquamarine Resort & Spa
8. Mild Bungalows
9. Noppharat Resort
10. Tip Anda Bungalows
11. View Son Resort
12. Blue Ba You
13. Chaya Resort
14. Sala Talay Resort & Spa
15. Aonang Buri Resort
16. Krabi Forest Home Resort
17. Red Ginger

Transport:
1. Schnellboote
2. Longtailboote
3. Fähre → Ko Phi Phi, Phuket, Ko Lanta, Ko Yao Yai, Ko Yao Noi

Familien 2 Doppelbungalows (Durchgangstür). Alkohol wird bei der Moslem-Familie nicht ausgeschenkt; dafür liegt direkt nebenan die ziemlich freakige Lazy Bar. ❹–❺
Red Ginger ⑰, 168 Moo 3, ☏ 075-63 7999, 🖥 www.redgingerkrabi.com. Schickes Boutiquehotel an der Soi 8, direkt hinter der Brücke am Ostende des Strandes. 68 bestens ausgestattete Zimmer und Suiten. Im EG einige mit direktem Poolzugang von der eigenen kleinen Veranda. ❽
Sabai Resort ③, 79/2 Moo 3, ☏ 075-637 791, 🖥 www.sabairesort.com. Ordentliche Steinbungalows, wahlweise mit AC oder Ventilator, ziemlich eng beieinander an gepflegten Wegen; Kühlschrank. Familienbungalows mit Küche. Restaurant mit Thai- und europäischen Gerichten. Pool. WLAN. ❹–❺
Tip Anda Bungalows ⑩, 79/45 Moo 3, ☏ 075-638 265. Liebevoll eingerichtete Holz- und Steinbungalows mit Ventilator oder AC, Kühlschrank und TV, in einem großen Garten. ❹

Jenseits des Klong Son-Flusses

Hier ist es fast schon ein wenig zu ruhig, und manchmal verdirbt eine Unmenge von Sandfliegen die Freude am Strandurlaub. Karte S. 642/643
Unterkünfte bietet u. a. das **Emerald Resort** ⑯, ☏ 081-956 2566, mit schönen Bungalows in einer großen Gartenanlage, ❺–❻. Daneben liegen die Holzbungalows vom **J2B Resort** ⑮, ☏ 084-182 4381, unter Palmen ❹. Es folgen die hübsch gestalteten Holzbungalows **Long Beach Krabi Villas** ⑬, ☏ 086-081 6633, die auch kleine Bambushütten mit Gemeinschaftsbad vermieten, ❷–❹, und das **Sand Beach Resort** ⑭, ☏ 084-625 8375, mit 9 Zimmern in Steinbungalows. ❹ Ganz am Ende des Strandes

liegen die ruhigen, aus Holz gebauten **P.A.N. Beach Bungalows** ⑫, ✆ 089-866 4373, die nur in der Saison geöffnet haben, ❸–❹. Die Resorts haben alle nur nachts Strom, der vom Generator kommt. Eine neue Straße führt zu den Resorts.

Essen und Unterhaltung

Leckere Seafood-Gerichte servieren die Restaurants am Westende des Strandes. Bekannt und beliebt ist das **Kruathara**, „**Last Tsunami**", ein recht großes Restaurant am Kasuarinenwald im Norden. Hier wählt man die Meerestiere lebend aus den Bassins. Zudem gibt es eine recht große Weinkarte. Die Preise sind moderat. Im **Chaun Chim** nebenan gibt's ein ähnliches Angebot. **Mou and Mum**, nur wenige Schritte entfernt, ist ein kleines einfaches Restaurant mit günstiger Thai-Küche und leckeren Shakes. Kleinere Snacks wie frittierte Tintenfische und anderes Meeresgetier am Spieß bereiten die Moslem-Frauen an ihren **Essensständen** ein paar Schritte weiter die Strandstraße hinunter zu.

Die **Deang Plaza** mittig des Strandes ist ein Karree voller **Bars** mit Namen wie „Kiss Me" und „Young Angel", selbst der kleine **Supermarkt** nennt sich „Young Girl Minimart". Dazwischen ist das übliche Angebot an Massagesalons und Tätowierstudios und ein paar Essenwagen mit gegrilltem Huhn mit Klebreis und anderen Kleinmahlzeiten.

Internationale Küche

A. One Restaurant, ✆ 075-63 7305. Etwas teures Restaurant (*pad thai* für 120 Baht) mit Open-Air-Sitzbereich an der Straße und einer Speisekarte, die neben den klassischen westlichen und Thai-Gerichten auch ein paar Kinderteller (Huhn mit Pommes etc.) anbietet und sonntags ab 17 Uhr leckeres Röstfleisch serviert: z. B. neuseeländisches Lamm oder australisches Rind. Eine Vorbestellung empfohlen. WLAN.
Pakarang, neben dem Sala Talay Resort, ✆ 075-81 0888. Thai- und Seafood-Gerichte in schicker, gepflegter Atmosphäre. Dazu zaubert der Schweizer Chef tolle Cordon Bleus und andere europäische Gerichte. Gehobenes Preissegment, aber nicht überteuert. Zurückhaltendes, aufmerksames Personal. ⏱ 17.30–23 Uhr.

The Boat, an der Straße in Richtung Klong Muang, ✆ 084-307 8759. Thai- und französische Küche vor einem 2-stöckigen Fischerboot. Am Wochenende Seafood-BBQ. Kleine Bar im Bauch des Bootes und Sitzgelegenheiten am überdachten Deck. Später am Abend wird gerne zur Gitarre gegriffen. ⏱ ab 18 Uhr.

Transport

AO NANG, Songthaews den ganzen Tag für 40 Baht; an der Straße kann man jederzeit zusteigen.
AO TON SAI und RAI LEH, Longtails fahren am Ostende des Strandes für etwa 100 Baht bei 6–8 Pers. pro Boot.
KO PHI PHI, an der Mündung des Klong Son-Flusses liegt der Pier für die **Fähre** (vgl. S. 657, Ao Nang, Transport). Außerdem parken hier viele weitere Longtails und **Schnellboote** für die überall am Ao Nang angebotenen Charterfahrten.
KRABI-FLUGHAFEN, der **Flughafen-Shuttle-Bus** startet am Daeng-Plaza um 9.25, 12.25, 15.55 und 17 Uhr, stoppt in Ao Nang (beim Krabi Resort und an der Kreuzung, wo die Straße ins Landesinnere abzweigt), Krabi Town (Chao Fah Rd.), an der Haupt-Bushaltestelle in Talad Keo und bei Tesco Lotus. Der Bus erreicht den Flughafen in 40 Min., 70–150 Baht.
KRABI-STADT, mit den **weißen Songthaews** für 50 Baht, zur Busstation nördlich von Krabi, 60 Baht.

Hat Klong Muang und Hat Tub Kaek

Hat Klong Muang nördlich von Ao Nang und Noppharat Thara hat sich in den letzten Jahren zu einer teuren Adresse für alle entwickelt, die dem Touristentrubel in einem luxuriösen 5-Sterne-Resort entkommen wollen. Schon die Königsfamilie mochte den von tropischer Vegetation umgebenen Strand und errichtete einen Sommerpalast auf einem Hügel an der Südspitze. Für weniger betuchte oder adelige Gäste gibt es einige günstigere Unterkünfte.

Die Resorts liegen direkt am flachen, mit Steinen durchsetzten Strand, und mangels anderem Zugang sind die vorgelagerten Strandabschnitte jeweils ziemlich privat. Zum Schwimmen ziehen die meisten Gäste den Pool vor.

Weiter nördlich liegt der lange, friedliche Hat Tub Kaek mit einigen weiteren Luxusanlagen.

Übernachtung

Karte S. 642/643

Hat Klong Muang

Klong Muang Inn Guesthouse ⑧, ✆ 089-971 9938, 🖥 www.klong-muang-inn.de. Recht große Zimmer mit Kühlschrank, Safe und Balkon. Ein paar Fußminuten vom Strand. Restaurant mit deutscher Küche. WLAN. ❹–❺
Krabi Sands Resort ⑦, ✆ 075-60 0027, 🖥 www.krabisands.com. Angenehme, ruhige 3-Sterne-Anlage mit Garten- und Poolbereich. Überschaubare Größe mit 26 Zimmern. WLAN in der Lobby. Inkl. Frühstück. ❻
Nakamanda Resort & Spa ⑨, ✆ 075-62 8200, 🖥 www.nakamanda.com. Super-Luxus-Resort im japanischen Stil – edel und nur vom Feinsten. Das hat seinen Preis: Die billigsten Zimmer kosten in der Nebensaison über 7500 Baht, Poolvillen in der Hauptsaison 25 000 Baht. WLAN. ❽
Pine Bungalow ⑪, ✆ 075-64 4332, 084-746 0992 (Ed), 🖥 www.pinebungalow.com. Im südlichen Bereich am Strand gelegene Anlage mit vielen Bungalows verschiedener Preiskategorien mit AC und Ventilator. Für Ruhesuchende (die dann aber keinen der billigeren Bungalows an der Straße nehmen sollten). Vermittlung über die Reisebüros in Krabi, die auch den Transport organisieren. ❷–❺
Sheraton Krabi Beach Resort ⑩, ✆ 075-62 8000, 🖥 www.sheraton.com. Schickes Luxusresort in moderner Architektur, das einem die Entscheidung zwischen Pool und Businesscenter nicht leicht macht. ❽

Hat Tub Kaek

Amari Vogue Resort ③, 149 Moo 3, Nong Talay, ✆ 075-60 7777, 🖥 www.amari.com/vogue. 5-Sterne-Luxus im Lanna Thai-Design; überschaubare Größe mit 57 Zimmern, großem Spa-Bereich, 2 Restaurants, mehreren Pools. WLAN. ❽

Anyavee Tub Kaek Beach Resort ④, 146 Moo 3, Nong Talay, ✆ 075-607 200, 🖥 www.anyavee.com/Tubkaek.html. Luxuriöse Anlage mit bestens ausgestatteten Zimmern und tollen Poolvillen – bis 50 000 Baht die Nacht. ❽
Tup Kaek Sunset Beach Resort ⑤, 109 Moo 3, Nong Talay, ✆ 075-628 600, 🖥 www.tupkaeksunset.com. Bungalows und Villen mit direktem Strandzugang, etwas preiswerter als die umliegenden 5-Sterne-Anlagen. ❻–❽
Sofitel Phokeethra Resort & Spa ⑥, ✆ 075-627 800, 🖥 www.sofitel.com. Gediegene Topanlage der oberen Luxusklasse. Für die Gäste der 276 Zimmer steht ein 7000 m^2 großer Pool zur Verfügung. ❽

Ao Tha Len

Über den H4 Richtung Norden erreicht man die friedliche Bucht Ao Tha Len. Sie wird von den meisten Besuchern nur als Ausflugsziel eines Tagestrips wahrgenommen, denn von hier starten viele **Kajaktouren** in die Mangroven. Es gibt keinen Strand, der Sonnenanbeter locken könnte, doch wer ein paar Tage in Abgeschiedenheit und Ruhe verbringen möchte, kann von einem der Resorts aus die Gegend erkunden.

Übernachtung

Karte S. 642/643

Akanak Resort ①, ✆ 083-649 0789, 🖥 www.akanakresort.com. 10 bequeme Bungalows im Chalet-Stil mit TV, DVD (Video-Sammlung an der Rezeption) und Kühlschrank; von den kleinen Veranden hat man einen herrlichen Blick in die Natur. Kleiner Pool. Fahrräder stehen zur Verfügung. Bei Voranmeldung gratis Abholung vom Flughafen Krabi. ❻
Bananas Bungalows ②, 54 Moo 2, Ban Tha Lane, ✆ 086-947 2482, 🖥 www.bananas-bungalows.com. Von Lesern empfohlenes kleines, familiäres Resort weit ab vom Schuss – manche lieben genau dies, andere sehen woanders ein besseres Preis-Leistungs-Verhältnis. Jedenfalls hat Olli aus Deutschland schon vielen Travellern eine schöne Zeit bereitet. Wenige Bambusbungalows mit Gemeinschaftsbad. ❸–❹

Touren

Gute Kajaktouren in die Bucht von Tha Len organisiert **Sea Kayak Krabi**, ✆ 075-630 270, www.seakayak-krabi.com, für etwa 800–2000 Baht. Vor der Bucht liegt das Ko Hong-Archipel. Dorthin fährt man auf den Touren durch die Bucht von Phang Nga.

Hat Yao

Der südlich von Krabi gelegene Hat Yao („langer Strand") macht seinem Namen alle Ehre und erstreckt sich kilometerweit; perfekt für ausgedehnte Spaziergänge. Ansonsten wirkt er mit seinem graubraunen Sand wenig attraktiv. Er geht flach ins Meer über – also nichts für Schwimmer.

Es entstehen einige Luxusanlagen und Villensiedlungen. Resorts sind u. a. das **Nantra De Deluxe Resort**, ℡ 086-471 3693, 🖥 www.nantradedeluxe.com, gut ausgestattete Luxusbungalows direkt am Strand, ❸, und **The Beach Boutique Resort** sowie **The Sea House Resort**, ähnlich gestaltete Anlagen mit wenigen (16 und 9) ansprechenden Bungalows (die hier nicht ganz zu Unrecht „Villa" heißen); in der Nebensaison nur wenig günstiger. ❽

Vorgelagerte Inseln

Ko Si Boya

Ko Si Boya (Ko Siboya), südlich von Hat Yao, ist eine weitgehend unberührte Insel und Heimat einiger Moslem-Familien, die von Kautschukproduktion und Fischfang leben. Keine Sandstrände säumen die Ufer, und das flache Meer lädt weder zum Schwimmen noch zum Schnorcheln ein – kein Wunder, dass sich hierher kaum ein Tourist verirrt. Fast die einzigen Gäste sind Langzeittraveller, die sich in den wenigen Bungalows der Insel niedergelassen haben und hier ein Leben in Abgeschiedenheit (und ohne Internet) führen. Und genau das ist der Reiz der Insel.

Übernachtung

Racha Resort, ℡ 081-083 9318. Einfache Bambusbungalows unter Palmen, etwa 2 km nördlich der Siboya Bungalows. ❸

Siboya Bungalows, ℡ 075-61 8026, 🖥 www.siboyabungalows.com. Alteingesessene Anlage mit 2 Dutzend Bungalows und einigen Häuschen in einer Gartenanlage. Restaurant. Kontaktbüro in Krabi (s. S. 637, Sonstiges, Reisebüros). ❶–❹

Transport

Die Anreise geschieht per Songthaew oder Bus (11 und 15 Uhr) ab KRABI (Maharat Rd.) nach NUEA KLONG (17 km), von dort per Songthaew oder Mopedtaxi zum PIER LAEM HIN (25 km). Dort weiter mit dem gecharterten Longtail (100 Baht oder mehr) oder der Fähre (30 Baht, 7.30 und/oder 11 Uhr: Abfahrtszeit in Krabi erfragen). Der Pick-up zu den Bungalows kostet 50 Baht. Damit er auch tatsächlich am Pier steht und einen erwartet, sollte man sich auf jeden Fall ankündigen bzw. vorbuchen! Wer bei den Siboya Bungalows den Transport vom Flughafen Krabi organisieren lässt, zahlt 1000 Baht für 1–2 Pers.

Ko Jum / Ko Pu

Wenn es in dieser touristischen Ecke Thailands mit seinen Highlights Krabi, Ko Phi Phi und Ko Lanta noch so etwas wie einen Geheimtipp gibt, dann ist es vielleicht Ko Jum, [2778]. Im Süden an der Westküste breiten sich lange Sandstrände aus, die zum Spazierengehen wie geschaffen scheinen (wer baden will, sollte je nach Strandabschnitt und Saison auf Steine und Seeigel achten), im Norden (wo die Insel Ko Pu heißt) herrscht eine rauere, bergige Landschaft mit kleinen Buchten vor. Die freundlichen Bewohner leben von Kautschukproduktion und Fischfang, bis die ersten Touristen kamen und ein Zubrot brachten – für manche Traveller, die immer wieder kamen, ein kleines Paradies.

Der Mangel an geregelter Elektrizität hat lange einen Boom verhindert – Generatoren wurden bei Sonnenuntergang angeworfen und um 23 Uhr wieder ausgestellt. Seit Frühjahr 2009 allerdings stehen Strommasten entlang der frisch verbreiterten Straßen und künden das Ende dieser Ära an. Sicherlich wird es noch einige Jahre dauern, bis sich das Gesicht der Insel total verändert hat – doch dass es das tun wird, ist abzusehen.

Übernachtung und Essen

Das Angebot an Unterkünften ist vielfältig: Von der einfachen Travellerhütte bis zum soliden kleinen Häuschen ist alles dabei. Gegessen wird meist in der eigenen Anlage oder auch mal beim Nachbarn. Wer einen Ausflug ins Dorf Ko Jum macht, findet dort am Pier ein nettes Restaurant. Einige kleine Strandbars öffnen je nach Saison in der Nähe der Anlagen. Fast alle Anlagen sind nur in der Saison von Oktober bis April geöffnet.

Ko Jum – Andaman Beach

Auch „langer Strand" genannt, erstreckt sich entlang der gesamten Südwestküste.
Andaman Beach Resort ⑭, ✆ 09-724 1544. Weitläufige Anlage mit etwas skurrilen, sauberen A-frame-Steinhäuschen, die zum Meer hin teurer sind. Dazu einige Familienhäuschen und ein Luxuszimmer mit Meerblick. ❹–❻
Bo Daeng ⑮, ✆ 08-149 4876. Die letzte Billiganlage, die sich am zentralen Strandabschnitt gehalten hat. Die 20 Bungalows sind bis auf einige in Strandnähe, die meist besetzt sind, alle ziemlich heruntergekommen. Freundliche Leute, wenig Englisch. ❶
Freedom Bar ⑲, ganz am Südende des Strandes. Hat neben chilliger Strandatmosphäre mit Blick auf die vorgelagerte kleine Insel Lola auch einige hübsche Bambushütten im Angebot. ❷–❸
Joy Bungalow ⑰, Andaman Beach-Süd, ✆ 075-618 199, 089-875 2221, 🖥 www.kohjumjoybungalow.com, [4038]. 30 unterschiedliche Bungalows und Häuser, teils aus Holz, teils aus Stein, von einfach bis komfortabel, in einer großzügigen Gartenanlage an einem schönen, flachen Strandabschnitt. ❹–❻
Woodland Lodge ⑯, am zentralen Strandabschnitt, ✆ 081-893 5330, 🖥 www.woodland-koh-jum.tk. 14 Bungalows in einer domestizierten Gartenanlage; große Bar und gepflegter Sitzbereich zum Strand hin. ❸–❹

Ko Jum – Golden Pearl Beach

Direkt nördlich schließt sich der Golden Pearl Beach an.
Golden Pearl Bungalow ⑪, ✆ 075-61 8131, 083-389 5747. Hier gibt's 20 billige, einfache Bungalows mit eigenem oder Gemeinschaftsbad; vom Strand getrennt durch die staubige Hauptstraße, die hier am Nordteil des Strandes an die Küste stößt. Nebenan versprechen die großen Lautsprecherboxen der Fu Bar lärmige Nächte. ❶–❷
Koh Jum Lodge ⑬, ✆ 089-921 1621, 🖥 www.kohjumlodge.com, [3039]. Hochklassiges Resort mit 16 hochwertig ausgestatteten Holzbungalows, Pool und gutem Restaurant. Ruhige Lage, schöner Strandabschnitt. ❻–❼
Season Bungalow ⑫, ✆ 081-895 0049, 🖥 www.seasonbungalowkohjum.com. Saubere, gefliese Bungalows, eng stehend in Reih und Glied in Strandnähe und einige preiswertere Bungalows hinten im Garten. ❷–❹

Ko Jum – Ao Si

Noch weiter nördlich schließt sich der Strand Ao Si an. Nur eine Reihe schwarzer Felsen trennt die kleine Bucht vom langen Südstrand.
Ao Si Bungalow ⑧, ✆ 081-747 2664, 082-289 4527, 🖥 www.aosibungalow.com, [4040]. 8 gut ausgestattete Holzbungalows in steiler Hanglage mit tollem Blick über den Strand. ❷–❸
Jungle Hill Beach Bungalow ⑩, ✆ 081-968 9457, 🖥 wongsachol_u@hotmail.com, [4000]. 4 gepflegte kleine Bungalows in ruhiger Lage auf einer steilen, bewaldeten Klippe; in den Bäumen leben kleine Affen. Das Restaurant liegt auf halbem Weg zum Strand runter. Ein weiterer Bungalow am Strand müsste ebenfalls inzwischen fertiggestellt sein. ❷–❸
Sun Smile Bungalow ⑨, ✆ 086-280 4811. Eng stehende Standard-Steinbungalows mit Blick auf Strand und Sonnenuntergang. ❸

Ko Pu – Hat Ting Ray

Die kleinen Buchten an der rauen Westseite von Ko Pu waren lange nur per Longtail

---

Baumhäuser am Strand – nur für Mutige

New Bungalow ⑱, Andaman Beach-Süd, ✆ 075-61 8115, 089-726 2652, ✉ nbkohjum@hotmail.com, [4001]. 2 romantische, nicht ganz neue Baumhäuser am Strand, einige größere Bungalows vorne und 2 Reihen eng stehender, solider Holzbungalows hinten im Garten. Nebenan lockt die Coco-Bar zum Sundowner. ❷–❸

KO JUM / KO PU

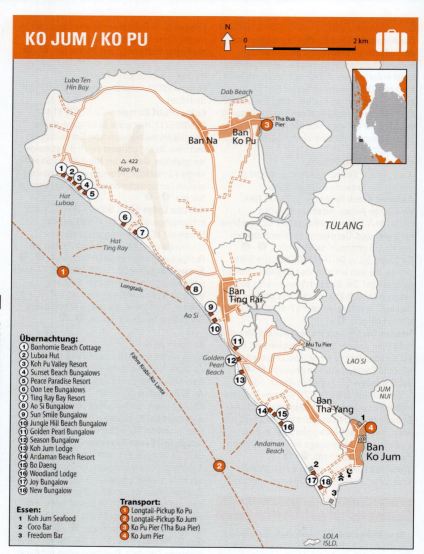

Übernachtung:
1. Bonhomie Beach Cottage
2. Luboa Hut
3. Koh Pu Valley Resort
4. Sunset Beach Bungalows
5. Peace Paradise Resort
6. Oon Lee Bungalows
7. Ting Ray Bay Resort
8. Ao Si Bungalow
9. Sun Smile Bungalow
10. Jungle Hill Beach Bungalow
11. Golden Pearl Bungalow
12. Season Bungalow
13. Koh Jum Lodge
14. Ardaman Beach Resort
15. Bo Daeng
16. Woodland Lodge
17. Joy Bungalow
18. New Bungalow

Essen:
1. Koh Jum Seafood
2. Coco Bar
3. Freedom Bar

Transport:
1. Longtail-Pickup Ko Pu
2. Longtail-Pickup Ko Jum
3. Ko Pu Pier (Tha Bua Pier)
4. Ko Jum Pier

zugänglich. Heute ermöglicht die neue, z. T. steile Küstenstraße einen Zugang auch von der Landseite, allerdings nur bei gutem Wetter und mit ausreichend Fahrpraxis.

Oon Lee Bungalows (6), ☎ 087-200 8053, 🖥 www.koh-jum-resort.com, **[3964]**. 9 Bungalows der gehobenen Klasse am bewaldeten Hang. Geschmackvoll gestaltete Anlage am ruhigen kleinen Strand. Familiäre Atmosphäre. ❸–❻

Ting Rai Bay Resort ⑦, ✆ 087-277 7379, 🖥 www.tingrai.com. Mehr als ein Dutzend solide, gepflegte Holzbungalows an einem steilen Hang. Abends, wenn der Generator läuft, gibt's sogar Internet. ❷–❺

Ko Pu – Hat Luboa

Der nördlichste Strand der Insel war lange das Ende der Straße, die um den Pu-Berg herumgeht. Die letzten Meter bis zu den Anlagen führen noch heute über den Strand.
Bonhomie Beach Cottage ①, ✆ 081-844 9069, 🖥 www.bonhomiebeach.com, [5498]. 10 große, ordentliche Holzbungalows mit schönen Betten aus Bambus und Badezimmern aus Natursteinen; die hinteren preiswerter bei gleicher Ausstattung. ❷–❹
Koh Pu Valley Resort ③, ✆ 081-077 9560, 🖥 www.kohpuvalley.com, [5495]. Alteingesessene Anlage mit preiswerten, geräumigen Holz- und Steinbungalows am waldigen Hang. Abends tuckert der Generator. ❷–❹
Luboa Hut ②, ✆ 081-388 9241, 959 4576, 🖥 www.luboahut2008.com, [5497].
9 unterschiedliche Bungalows, zum Strand hin solide und neuwertig, nach hinten raus noch 22 einfachere Mattenbungalows. ❷–❹
Peace Paradise Resort ⑤, ✆ 085-692 9269. Vier große Holzbungalows verteilen sich in einer familiären Gartenanlage am Südende des Strandes. ❸
Sunset Beach Bungalows ④, ✆ 083-182 5142, [5496]. Die schönen Holzbungalows sind geräumig und haben alle eine Veranda und ein Bad aus Natursteinen. Gepflegtes Waldstück, in dem noch Kautschuk geerntet wird. ❷

Sonstiges

Internet

Kaum eine Anlage verfügt bisher über einen Internet-Zugang. Ein Internet-Shop mit ein paar Laptops hat sich in **Jum Village** (Ostküste) etabliert. Mit dem Ende des Generatorzeitalters dürfte sich die Lage bald ändern.

Medizinische Hilfe

In Notfällen kann in **Jum Village** eine Erstversorgung vorgenommen werden; sicherer ist jedoch eine zügige Abreise nach Krabi.

Mopedverleih

Einige Anlagen vermieten Mopeds für um die 300 Baht am Tag. Vorsicht: Im nördlichen Bereich (Ko Pu) muss, besonders an der Westküste, mit schwierigen Straßenverhältnissen gerechnet werden.

Transport

Die An- und Abreise geschieht meistens mit der täglichen Fähre, die Ko Lanta und Krabi verbindet – Longtails übernehmen den Transport zur jeweiligen Anlage. Es gibt 2 Treffpunkte auf See: Einer bedient die nördlichen Strände, einer die südlichen. Diese Verbindung gibt es nur in der Saison von November–April.
KO LANTA, um 12 Uhr für 400 Baht in 1 Std.
KRABI, zwischen 8.30 und 9 Uhr für 400 Baht in 1 Std.
Von den Piers der beiden Siedlungen Ban Pu und Ban Jum an der Ostküste fahren von Touristen selten genutzte lokale Fähren ans Festland: Von Ban Pu um 7.30, 8.30 und 13 Uhr für 50 Baht; von Ban Jum um 7.30 und/oder 7.45 Uhr für denselben Preis. Zielhafen ist LAEM KRUAT, von dort geht es weiter mit dem Minibus nach NUEA KLONG am H4 (70 Baht); dort umsteigen nach KRABI.

Ko Phi Phi

Diese Insel könnte Südseeträume wecken – würde sie nicht so gnadenlos vermarktet werden und stellenweise arg vermüllt sein. Man stelle sich zwei Kalksteinmassive vor, wild zerklüftet, mit Dschungel und Kokospalmen bewachsen. Sie werden durch eine flache Landbrücke verbunden, die auf beiden Seiten eine halbrunde, schneeweiße Sandbucht formt. Die Sonne strahlt und das Meer schimmert in allen Blautönen. Doch leider ist diese Idylle fast völlig zugebaut: Auf der Landzunge reiht sich ein Verkaufsstand an den nächsten und Bungalowanlagen sowie Gästehaus stehen dicht gedrängt. Zum Glück bietet Phi Phi, [2779], auch einige abgelegene Strände mit Ruhe und Idylle – und diese Strände sind noch immer wenig besucht.

Ko Phi Phi (ausgesprochen: Pi Pi) war schon vor dem Kinoerfolg *The Beach* (s. S. 809), der

1999 hier gedreht wurde, proppenvoll. Und danach kamen noch mehr Scharen all jener, die den Traum vom Leben im Paradies träumten. Vielen Besuchern stand jedoch eher der Sinn nach Party und deshalb entwickelte sich Phi Phi zu einer Partyinsel.

Viele Strandabschnitte verdreckten, das Wasser wurde knapp, das Grundwasser brackig und die Sickergruben liefen über. Schon lange vor dem verheerenden Tsunami, der auf der Insel 691 Todesopfer und fast ebenso viele Vermisste forderte, war Ko Phi Phi kein Traumziel mehr. Jährlich kommen wieder Hunderttausende Touristen hierher, v. a. junge Leute. Auch heute gibt es wieder viel zu viel Müll und alles wurde erneut total zugebaut. Eine Armada von Longtails und Motorbooten wartet am Strand auf Ausflügler und nach dem Sunset Cocktail geht es an den Bars hoch her. Besonders beliebt: das Eimertrinken mit einer dröhnenden Mischung aus Thai-Whisky, einem internationalen Soft- und einem lokalen Energydrink (Lipovitan). In den Morgenstunden können Frühaufsteher noch die Ruhe genießen, bis sich am Horizont die Flotte mit den Tagesausflüglern ankündigt.

Die Insel zieht nicht nur junge Partyfreaks, Beach Boys und ehemalige Hippies an, sondern auch Pauschaltouristen, die mit Rucksäcken und Rollkoffern von den Booten strömen. Am Pier zahlt jeder Neuankömmling pauschal 20 Baht, egal wie lange er bleibt.

Ko Phi Phi besteht eigentlich aus zwei Inseln: **Ko Phi Phi Don** mit den Unterkünften und der schroffen, unbewohnten **Ko Phi Phi Le** mit schönen Ausflugszielen und Tauchgebieten. Ein Teil von Ko Phi Phi wurde 1983 in den 390 km² großen **Noppharat Thara–Ko Phi Phi Marine National Park** einbezogen, dessen Headquarter am Strand von Noppharat Thara (s. S. 658) bei Krabi stationiert ist. Die Korallenriffe haben aufgrund der starken Erwärmung des Wassers im Jahr 2010 sehr gelitten: Die großen über 200 Jahre alten Korallen sind für immer verloren. Doch noch immer gehören die Tauchgebiete zu den schönsten der Welt (s. S. 675, Umgebung Phi Phi).

Aussichtspunkt

Wenn man einige Tage auf Ko Phi Phi verbringt, ist die Besteigung (20 Minuten) des **Viewpoint**

Tsunami-Fluchtwege

„Es kann nützlich sein, die Fluchtwege zu kennen, die auf die Tsunami-Warnschilder in der Gefahrenzone hinweisen", schrieben wir in einer der letzten Auflagen – leider führen fast alle, die wir selber ausprobiert haben, nahezu ins Nichts. Wer also Angst vor einem Tsunami hat, sollte die Gegend selber erkunden und sich nicht auf die Schilder verlassen. Siehe auch **eXTra [2781]**.

ein absolutes Muss, denn nur aus der Vogelperspektive ist ein Überblick über die einmalige Form dieser wunderschönen Insel zu bekommen. Für Fotografen empfiehlt sich die Besteigung am Vormittag. Der breite, mit Betonstufen versehene Weg beginnt hinter dem Dorf. Von dem Felsen reicht der Blick bis zum nördlichen Kap der Insel. Ein schmaler Fahrweg führt zu einem zweiten, kleineren Viewpoint oberhalb des Dorfes.

Ao Ton Sai, Ban Laem Trong, Ao Lo Dalam und Hat Hin Khom

Rings um das ehemalige moslemische Fischerdorf Ban Laem Trong, auf dem etwa 200 m breiten Streifen zwischen der einst malerischen südlichen Ao Ton Sai und der seichten Ao Lo Dalam (Back Bay), hat sich der ausgedehnte Touristenort mit guter Infrastruktur entwickelt. Die Wucht des Tsunamis traf v. a. den Südwesten von Ton Sai und den Nordosten von Lo Dalam, wo alles dem Erdboden gleichgemacht wurde. Nun stehen hier große Hotels und zahlreiche Geschäftshäuser. Nur rings um den Markt ist noch etwas von der alten Dorfatmosphäre zu spüren.

Die Bucht **Ao Ton Sai** ist aufgrund der zahlreichen Korallensteine im Westen und der Boote im Zentrum nicht zum Baden geeignet. Der **Hat Hin Khom** weiter südöstlich besteht aus rauen Felsen. Bei Ebbe zeigt sich hier jedoch ein Sandstrand. Auch hier parken viele Boote, aber die Badegebiete sind abgetrennt und mit Bojen geschützt. Am Ende des Strandes gelangt man über die Felsen am Ufer und später am Hang entlang in 30 Minuten zu Fuß zum **Hat Yao** (Long Beach).

Die seichte **Ao Lo Dalam** auf der anderen Seite der Landbrücke sieht bei Flut wunderschön und friedlich aus. Sie wurde von der Gewalt der Riesenwelle am stärksten getroffen.

Im Dorf wurde mithilfe der dänischen Regierung die ehemalige Kläranlage in ein **Sumpfland-Biotop** (Wastewater Collection and Constructed Wetland System) umgewandelt. Im brackigen Wasser stehen Pflanzen, aber bei niedrigem Wasser stinkt es im Kanal und die gesamte Umgebung ist sehr vermüllt.

Übernachtung

In der Hauptsaison ist das Preisniveau recht hoch, etwa doppelt so hoch wie an weniger populären Reisezielen. In der Nebensaison halbieren sich meist die Preise. Einfachste Bungalows kosten ab 700 Baht aufwärts, bessere Zimmer ab 2000 Baht; nur wer im Dorf ein Dorm-Bett ergattert, kann für 300 Baht übernachten. Direkt am Pier warten Informationshäuschen auf die Ankommenden, in denen die meisten Anlagen angepriesen werden. Preise und Ausstattung sind dort angeschlagen. Anhand der Bilder lässt sich recht gut eine Wahl treffen, wenn man noch unschlüssig ist. Gezahlt wird direkt hier, dann wird man mit dem Gepäck abgeholt. Wer nicht die Katze im Sack kaufen, sondern sich erst ein Bild vom Bungalow / Zimmer machen will, der sollte vor dem Einchecken den Wasserdruck in den Leitungen testen. Außerdem sollte man wissen, wo die Abwässer versickern. Auch Unterkünfte in direkter Nachbarschaft zu Müllplätzen sollte man meiden. Den vielen Bars und Restaurants auszuweichen, wird schwierig – zumindest an der Ao Ton Sai, im Dorf und an der Ao Laem Dalam. Wer nicht in der Nähe des Dorfes bleibt, sollte zudem checken, wo der Generator steht. Check Out Time ist normalerweise 11 Uhr. Auf der Landbrücke drängen sich große Touristenresorts und einige Hotels mit Zimmern im modernen Thai-Design; kleine einfachste Gästehäuser finden sich ebenso, wie Bungalowanlagen. Mehr Unterkünfte s. **eXTra [2851]**.

Ao Ton Sai

Cabana Hotel ⑪, grenzt an beide Strände, Eingang ganz im Osten hinter dem Krankenhaus, ✆ 075-60 1170, 🖥 www.phiphi-cabana.com.

Riesige Anlage mit Blick aufs Meer und schönen Zimmern in 3-stöckigen Gebäuden. Pool. ❽
Pee Pee Don Chukit Resort ㉘, ✆ 075-60 1256. Zahlreiche recht eng stehende Bungalows mit Ventilator oder AC. Die ersten beiden Reihen am Ufer haben Ventilator. Dahinter größere AC-Bungalows. Pool. Die Einrichtung ist auf thailändische Gäste zugeschnitten. Das Restaurant liegt erhöht auf Felsen und direkt am Wasser. ❺–❻

Ao Lo Dalam

Phi Phi Sunset Pavillion ⑲, ganz am Ende der Bucht am Hang, ✆ 075-60 1293. Einfache Bambushütten mit Ventilator (ab 700 Baht). Kleiner Balkon. Je mehr Blick aufs Meer, desto teurer. Die Musik der Strandbars dröhnt recht laut bis hierher. ❹
Phi Phi Viewpoint Resort ⑳, ✆ 075-61 8111, 🖥 phiphiviewpoint.com. Große Anlage entlang der felsigen Küste den Hang hinauf. Große und kleinere Steinhäuser, teils TV und Kühlschrank. Oben am Hang zudem Zimmer in Reihenhäusern und kleine Steinbungalows mit Ventilator. Pool mit Meerblick. Schließfächer für 20 Baht in der Lobby. Tauchschule Blue View Divers (s. u.). ❺–❼
Phitharom PP Resort ㉑, ✆ 075-601 122, 🖥 www.phiphiresortphitharom.com. Über Treppen gelangt man vom Restaurant und von der Rezeption zu den Häusern am Hang. Auf 2 Stockwerken befinden sich bis zu 3 große, komfortable Zimmer mit Holzböden und geschmackvoller, hochwertiger Einrichtung. ❻
PP Good View Bungalow ⑩, ganz im Osten der Bucht (über einen Weg ab Ao Ton Sai zu erreichen), ✆ 084-625 4455. Ruhiger idyllischer Strandabschnitt. Einfache Zimmer im

---

Stilvoll, preiswert und mittendrin

Marine House ⑫, ✆ 087-714 5683, 🖥 www.marinehousephiphi.com, **[2852]**. Mitten im Ort liegt dieses kleine 2-stöckige Boutique-Guesthouse, das mit seinen 13 gut ausgestatteten Zimmern in warmen Farbtönen und dem hübsch gestalteten Patio ein Tipp ist für alle, die auf dieser Insel urban wohnen möchten. ❺

Ban Laem Trong

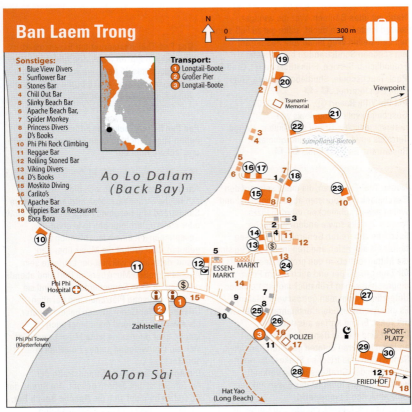

Sonstiges:
1. Blue View Divers
2. Sunflower Bar
3. Stones Bar
4. Chill Out Bar
5. Slinky Beach Bar
6. Apache Beach Bar,
7. Spider Monkey
8. Princess Divers
9. D's Books
10. Phi Phi Rock Climbing
11. Reggae Bar
12. Rolling Stoned Bar
13. Viking Divers
14. D's Books
15. Moskito Diving
16. Carlito's
17. Apache Bar
18. Hippies Bar & Restaurant
19. Bora Bora

Transport:
1. Longtail-Boote
2. Großer Pier
3. Longtail-Boote

3-stöckigen Haus am Hang mit DVD-TV. Toller Blick auf die Bucht. Leider ist auch hier oft nachts die Musik aus einer nahegelegenen Bar zu hören. In der Nebensaison geschlossen. ❺

Im Dorf (Ban Laem Trong)

Chunut House ㉓, ☎ 075-60 1227, ✉ chunut house@hotmail.com. Schöne große Bambusbungalows am Hang unter hohen Bäumen. Geschmackvolle Ausstattung mit Fantasie. Unten liegt ein großer Familienbungalow mit 2 Zimmern und Platz für bis zu 6 Pers. ❻

K House ㉔, in einer recht ruhigen Seitenstraße, ☎ 075-60 1048. Schöne Zimmer zu angemessenen Preisen. Große Betten. TV und Kühlschrank. Inkl. Frühstück. ❺

Phi Phi Palmtree Resort ⑬, ☎ 075-60 1062, 🖥 www.pphotelgroup.com. Hotel mitten im Zentrum mit gut ausgestatteten Zimmern in 3 Kategorien, alle mit TV und Minibar. Einige Zimmer mit direktem Poolzugang. ❺–❽

P. P. October ⑱, ☎ 075-60 1193, ✉ october_ phiphi@hotmail.com. Zentral gelegenes Gästehaus mit geschmackvoll eingerichteten Zimmern, AC oder Ventilator. ❹–❺

Hat Hin Khom

In einigen Bungalows östlich vom Dorf kann es wegen der Bars nachts recht laut werden.

Bay View Resort ㉝, ☎ 075-62 1223, 🖥 www. phiphibayview.com. Grüne, saubere Komfortbungalows in einheitlicher Ausstattung am

Hang mit alten Bäumen. Wer die weniger teuren weiter oben bucht, sollte gut zu Fuß sein, um den steilen Weg hinab zum Restaurant am schönen Sandstrand zu bewältigen. Freundlicher Service, Frühstücksbuffet. Großer Pool, Tauchschule, Shuttlebootservice. Gute Preise im Internet. ❺–❽
Phi Phi Villa Resort ㉛, ☏ 075-60 1100. Geschmackvolle Bungalows von unterschiedlicher Größe mit Minibar, TV und Terrasse sowie teure Familienzimmer. Restaurant. Riesiger Pool. ❺–❽

Essen

Neben Thai-Gerichten, die meist sehr auf den Geschmack der Touristen abgestimmt sind und wenig scharf schmecken, werden Pizza, Nudeln, Steaks sowie andere westliche Favoriten zubereitet. Generell ist das Essen teurer als auf vielen anderen Inseln. Mäßig sind die Mittagsbuffets in den großen Restaurants für Tagesausflügler und auch die im Preis eingeschlossenen Frühstücksangebote vieler Unterkünfte kann man getrost verschlafen. Es gibt American oder Continental Breakfast mit Toast, Ei und Kaffee aus der Tüte. Beliebt sind die mit Bananen oder vielen anderen leckeren Zutaten gefüllten Pancakes, Sandwiches und frischen Shakes, die recht günstig an den Straßenständen verkauft werden. Relativ teuer ist das Essen auf dem moslemischen **Essensmarkt**.
Chao Koh Restaurant, mit Bar und Barbecue, ist v. a. wegen seiner Lage direkt am Meer und dem frischen Seafood beliebt, aber teuer.
Cosmic, ein beliebter Italiener; Pizza ab 170 Baht und Thai Food bereits ab 100 Baht. Aufgrund der großen Beliebtheit gibt es zwei recht große Restaurants im Dorfzentrum.
Garlic 1992 Restaurant, preiswertes Lokal mit zwei dicht beieinander liegenden Restaurants. Freundlicher Service und leckere westliche und Thai-Gerichten. ⏲ 6.30–22.30 Uhr.
Hello India, Küche vom Subkontinent, z. B. Lammgerichte ab 220 Baht. Auch Dahl und andere Leckereien. Wie immer etwas teurer als die Thai-Küchen, aber dafür umso sättigender.
Madam Resto, ist ganztags geöffnet und offeriert relativ günstiges Essen.

Pad Thai satt

Das **Pad Thai-Restaurant** am Essensmarkt ist ein Geheimtipp für Fans des gleichnamigen Nudelgerichtes. In dem kleinen, sehr beliebten Haus gibt es nur Pad Thai; mit Gemüse ab 70 Baht, 100 Baht mit Shrimps.

Pee Pee Bakery, beliebtes Frühstückslokal, neben Thai-Gerichten auch Espresso, Baguette und leckere Kuchen.

Unterhaltung

Am Dorfstrand befinden sich dicht an dicht zahlreiche Strandbars. Man sitzt auf Kissen am Sandstrand und bekommt meist eine Feuershow oder andere Darbietungen (wie etwa Seilspringen mit einem leuchtenden Seil) geboten. Laut dröhnt die Musik über den Stand, denn jeder will hier der Lauteste sein. Auch die großen Musikbars im Dorf sind abends gut besucht. Zum Sonnenuntergang sind sie noch romantische Plätzchen und bei allen Urlaubern aller Generationen beliebt. Später, bis etwa 1–3 Uhr (und manchmal auch länger, aber dann ohne laute Musik), vergnügt sich ein überwiegend junges Publikum in den Bars.
Die **Apache-Bar** an der Strandstraße der Ao Ton Sai ist seit Jahren beliebt. Am Strand der Ao Dalam befindet sich die **Apache Beach Bar**, die mit wechselnden DJs zu angesagten Strandpartys lädt.
Bora Bora, im Westen der Ao Ton Sai, hat jeden Abend Programm und DJs heizen dem Publikum ein. Es gibt Feuershows, zweimal monatlich riesige Partys und eine Vollmondparty.
Chill Out Bar, im Westen der Ao Lo Dalam, große Partys am Strand.
Hippies Bar & Restaurant, unter alten Bäumen am Strand, großes Restaurant und Matten auf dem Sand. Auf der Karte stehen Burger, Pizza, Pasta und Thai-Gerichte. Am Abend Tanz am Strand, zudem Veranstaltungen wie Half Moon Partys und Feuertänze.
Jordans Irish Pub, rustikaler Pub auf 2 Etagen. Die Wände sind mit den Kommentaren unzähliger Reisender verziert.

Die große **Reggae Bar** im Dorf lockt ab 22 Uhr mit Thai-Kickboxen.
In der **Rolling Stoned Bar** wird manchmal Livemusik geboten.
Slinky Beach Bar, direkt neben der Apache Beach Bar an der Ao Dalam. Auch hier gibt es mit lauter Musik und Beleuchtung am Strand wilde Partys.
Stones Bar, Beachpartys satt, direkt neben der Chill Out Bar am Strand, im Westen der Ao Lo Dalam. Auch tagsüber beliebt und 24 Std. geöffnet. Die Musik endet zwischen 1 und 3 Uhr nachts – meist unter lautem Protest der Besucher.
Die **Sunflower Bar** ganz im Westen der Bucht (unterhalb des Phi Phi Viewpoint Resorts), ✉ sunflowerboathouse@hotmail.com, wirbt mit großen Partys, aber es ist hier längst nicht jeden Abend etwas los. Nettes Ambiente; sie liegt nicht direkt am Strand auf den Felsen mit Meerblick. WLAN. Auch Zimmervermietung in einem als Boot designten Haus mit TV. ❺

Aktivitäten

Klettern
Mehrere Veranstalter bieten in der Saison Tagestouren ab 1000 Baht, 3-tägige Kurse ab 5000 Baht und Multi-Pitch ab 3000 Baht an. Darauf achten, dass eine Versicherung inbegriffen ist!
Phi Phi Rock Climbing, neben Chunut, ✆ 083-690 1386, ✉ ppclimbing@gmail.com. Kleine Kletterschule im Hinterland. Nette Leute.
Spider Monkey, ✆ 087-267 8527, ✉ spidermonkeyclimbing@gmail.com, nahe dem PP Princess Resort.

Kochkurse
Im **PUM Thai Restaurant**, 🖥 www.pumthaifoodchain.com, einem überschaubaren, in Orange gehaltenen Thai-Restaurant mit offener Küche und begrenzter Karte werden Kochkurse von unterschiedlicher Art und Dauer veranstaltet, ⏱ 11–23 Uhr, So von 13–22 Uhr.

Tauchen
Zahlreiche Tauchstationen auf Phi Phi bieten Tagesausflüge ab 2000 Baht inkl. 2 Tauchgänge an. Auch von Tauchbasen auf Phuket werden 1- bis 2-tägige Tauchausflüge nach Ko Phi Phi organisiert. PADI-Open-Water-Kurse für ab 13 000 Baht.
Blue View Divers, Basis im Phi Phi Viewpoint Resort, ✆ 075-81 9395, 🖥 bluedivers.com. Tgl. Anfängerkurse; nur in dieser Tauchschule beginnt das Training sicher im Pool. Touren mit dem Longtail starten am frühen Vormittag: Die Tauchspots werden dann betaucht, wenn die anderen Tauchboote bereits wieder abreisen.
Princess Divers, neben der Rezeption des P.P. Princess, ✆ 075-60 1168, 🖥 www.princessdivers.com. Verkauf von Flossen und Masken. Tauchbasis in der Saison auch auf Ko Mook.
Viking Divers, ✆ 075-60 1273, ✉ vikingdivers@hotmail.com. Im Dorf befinden sich zwei Shops. Die Touren beginnen bereits um 7 Uhr, zurück sind die Taucher bereits gegen 12.30 Uhr. Vorteil: Die Tauchspots sind dann noch relativ unbevölkert.

Touren

Viele kleinere, teils unbewohnte Buchten, wie die **Lo Mu Di**, sind nette Ausflugsziele und über Fußwege oder nur mit dem Boot zu erreichen. Auch eine Wanderung zur **Ao Ran Ti** oder zur **Ao Lo Ba Kao** ist lohnenswert. Die Reisebüros organisieren **Ausflüge**, beispielsweise eine Bootsfahrt in die Maya-Bay (s. u.) inkl. Übernachtung im Zelt oder zur **Ao Yang Kasem**, die auch als Monkey Bay bekannt ist, da hier viele Affen leben.

Klettern am Fels von Phi Phi

30 Kletterrouten gibt es am Felsen **Ton Sai Tower** im Westen der gleichnamigen Bucht. 20 Routen eignen sich auch für Anfänger (5–6a+). Ganz erfahrene Kletterer schaffen es bis auf den oberen Teil des riesigen Brockens. Auch am **Hin Taak** lockt der Fels den erfahrenen Kletterfreund. Diesen Spot erreicht man vom Tower aus mit dem Longtail in etwa 5 Min. für 500 Baht, mit dem Kajak dauert die Tour etwa 30 Min.; der Weg ist nur bei Flut befahrbar. Am sichersten ist es, immer mit einheimischen Kletterern in den Felsen zu klettern. Siehe auch Kasten S. 648/649.

Sonstiges

Im Dorf gibt es zahlreiche **Geldautomaten** und einige **Wechselschalter**, zudem eine **Post**, **Supermärkte** und **Apotheken**. Zahlreiche **kleine Läden** offerieren ein breites Angebot an Textilien und Souvenirs (etwas teurer als in Bangkok).

Bücher

Bei **D's Books** gegenüber der Rezeption des PP Princess Resort. Im angeschlossenen Restaurant / Café kann man schön sitzen und dem Treiben zusehen; WLAN. Eine kleinere Niederlassung von D's Books gibt es unterhalb des Marktes. Direkt daneben hat ein Reisebüro ebenfalls Bücher (hauptsächlich auf Englisch).

Internet

Im Dorf und in den Unterkünften für meist 2 Baht pro Min. Immer mehr Unterkünfte und Restaurants haben WLAN. Oft preisen sie dies aber nicht extra an – Nachfragen lohnt.

Medizinische Hilfe

Kleines **Krankenhaus**, ✆ 086-745 0557, an der östlichen Ao Ton Sai.

Polizei

✆ 081-535 4615, nahe der Apache Bar (s. Unter-haltung) am Weg zum Hat Yao (Long Beach).

Wäschereien

In allen Bungalows und im Dorf wird Wäsche für 50–100 Baht pro Kilo gewaschen, aber meist nicht gebügelt.

Transport

Longtails

Vom Dorf zum HAT YAO (LONG BEACH) verkehren Boote für 100 Baht p. P., nach Sonnenuntergang 150 Baht oder Charter. Die Bootsleute verlangen dann bis zu 800 Baht für die 10-minütige Tour. Zur AO RAN TI 250 Baht p. P., AO NUI 800 Baht und zur AO LA NAH 1000 Baht pro Boot.
Zwischen TON SAI und PAK NAM PIER verkehren Longtails um 11.30 und 16.30 Uhr, zurück um 8 und 13 Uhr.

Fähren

In der Nebensaison verringert sich die Anzahl der Fähren manchmal von 2 auf 1 pro Tag.
AO NANG (NOPPHARAT THARA), um 15.30 und 17 Uhr für 350 Baht in 1 1/2 Std. Die Fähre macht am RAI LEH Halt, wo Longtails für die letzten Meter ans Ufer bereitstehen.
KO LANTA, um 11.30 und 14 Uhr für 450 Baht in 1 1/2 Std.
KO JUM, um 13.30 Uhr für 500 Baht.
KRABI-STADT, um 9 und 14 Uhr, in Reisebüros für 250, offiziell für 450 Baht in 1 1/2 Std.
PHUKET, um 9, 13.30 und 14.30, in der Hochsaison (um Weihnachten und Neujahr) auch öfter, für 300, bzw. 500 Baht in 2 Std.

Hat Yao (Long Beach)

Der schöne Hat Yao (auf Englisch „Long Beach"), der vom Tsunami kaum betroffen war, reicht bis ans Kap Laem Poh. Der weiße, lange Sandstrand ist mit Steinen und Korallen durchsetzt. Er bietet eine tolle Sicht übers Meer nach Ko Phi Phi Le. Direkt vom relativ steil abfallenden Strand kann man zu den Schnorchelfelsen (z. B. Hin Pae, Shark Point) und zum leider etwas geschädigten Riff schwimmen, schnorcheln oder sogar tauchen. Auch bei Ebbe ist hier – im Gegensatz zu vielen anderen Stränden – das Wasser tief genug zum Schwimmen. Unangenehm voll ist es nur zur Mittagszeit, wenn die Boote mit Tagesausflüglern anlegen. Wer dem Nachtleben nicht viel abgewinnen kann und lieber abseits des Trubels wohnen möchte, ist hier richtig. Die hiesigen Restaurants schließen bereits um 22 Uhr.

Von Ban Laem Trong erreicht man Hat Yao zu Fuß in einer guten halben Stunde (zu später Stunde starke Taschenlampe mitnehmen) über einen Fußweg (dieser beginnt im Bay View Resort). Am Ende des Weges gibt es einen steilen Abstieg über Baumwurzeltreppen. Alternativ fahren ständig Longtails (bis etwa 22 Uhr) für 100 Baht p. P. (ab 2 Pers., nachts teurer).

Übernachtung und Essen

Am Hat Yao gibt es alle Unterkunftsvarianten. Man kann ganz einfach in alten Mattenhütten schlafen, etwas bessere AC-Bungalows mieten oder sehr komfortabel in Luxussuiten das Strandleben genießen. Wer im Voraus bucht,

🌳 Der Natur ganz nah

Viking Nature Resort ㉞, ☏ 081-930 8866, 🖥 www.vikingnatureresort.com. Zwischen der Ao Ton Say und nahe des Hat Yao liegt diese weitläufige Anlage am Hang. Alte Bäume beschatten das Gelände, welches zwei kleine Privatbuchten einschließt. In der kleineren Bucht Richtung Hat Yao befindet sich das große sehr schöne Restaurant. Alles ist aus Naturmaterialien gebaut, es gibt keine AC und keinen Pool. Wer möchte, dass sein Zimmer und seine Handtücher täglich gereinigt werden, muss Bescheid sagen, denn hier wird der Schutz von Natur und Ressourcen großgeschrieben (und auch die Vermeidung von unnötiger Wäsche gehört dazu). Die Anlage bietet einfachste Bambusmattenhütten ab 700 Baht mit sauberen Gemeinschaftsduschen und WC ebenso wie bessere Bungalows mit Bad. Sehr gediegene Zimmer kosten bis zu 5000 Baht. In der Saison ist vorbuchen ratsam. ❹–❽

wird meist vom Pier abgeholt (es sei denn, man nimmt die günstigsten Hütten).
Sofern nicht im eigenen Resort gegessen wird, empfiehlt sich ein Abstecher in das am Strandende gelegene Hilltop-Restaurant. Hier gibt es Thai-Küche und leckere Shakes (40 Baht), auch zum mitnehmen. Wer mag, sitzt hier in kleinen Salas vor der Sonne geschützt am Meer. Das Restaurant des Long Beach ist eher mäßig.
Long Beach Bungalows ㊳, ☏ 075-81 9201, ✉ front.longbeach@gmail.com. Hier gibt es unzählige dicht beieinander stehende Bungalows am Strand bis hoch an den Hang: von relativ angenehmen AC-Zimmern bis hin zur einfachsten Hütte. ❷–❻
Paradise Pearl Bungalow ㊱, am nördlichen Ende des Strandes, ☏ 075-60 1246, 🖥 www.paradise-pearl.com. Einfache Zimmer mit Ventilator, außerdem viele AC-Bungalows mit unterschiedlicher Ausstattung; die Besseren mit TV, Kühlschrank und Wasserkocher, als Doppel- oder Einzelbungalow gestaltet. Minimarkt. ❹–❼
Paradise Resort ㊲, ☏ 081-968 3982, 081-968 3989, 🖥 www.paradiseresort.co.th. Große Anlage mit vielen unterschiedlichen Einzelbungalows für 2–4 Pers. Hübsche Zimmer mit TV und Kühlschrank, geschmackvoll eingerichtet. Am Strand bieten Bäume Schatten und Kinder haben viel Platz zum Toben. ❻
Phi Phi Hill Resort ㊵, ☏ 075-61 8203, 🖥 www.phiphihill.com. Zu dem Resort oberhalb des Strandes führen eine lange, steile Treppe und ein Lastenaufzug hinauf. 50 sehr geräumige, saubere Holzbungalows auf Stelzen mit Ventilator für 700 Baht (Sunrise) oder AC (Sunset), TV und Kühlschrank. Schöne Aussicht auf die Bucht von Ban Laem Trong und aufs Meer. Kajakverleih. ❹–❺
The Beach Resort ㊴, ☏ 075-618 268. Luxusbungalows am Hang. Schöne Innengestaltung, große Terrasse. Kleiner Pool am Strand. Dort gibt es bei gutem Wetter auch ein Restaurant im Sand. Die Strandbar mit Thairasta-Feeling passt nicht ganz ins Bild – komplettiert aber auf ihre Art das Resort. Tauchschule: Blacktip Scuba, ✉ victoriasailing@gmail.com. ❽

Ao Ran Ti

Die kleine, ruhige **Ao Ran Ti** erreicht man von Ban Laem Trong über den Viewpoint mit Ausblick (30 Minuten, 330 Stufen) und anschließend auf einem schlechten Trampelpfad, der bei Regen schwer begehbar ist, durch interessanten Dschungel (weitere 30 Minuten). Der Weg endet am südlichen Strand, der vom Hauptstrand durch Felsen getrennt ist. Wer hierher wandert, kann sich in kleinen Restaurants stärken und bei Flut schnorcheln. Bei Ebbe sind Wanderungen entlang der Küste möglich, sofern man die Gezeiten im Auge behält. Müde Wanderer, bzw. Anreisende mit Gepäck können ein Longtail chartern.

Übernachtung

Ran Tee Beach Resort ⑦, ☏ 086-746 3297, 086-746 3961. Die einfachen Bambusbungalows am Hang sind von unterschiedlicher Größe und Ausstattung mit Moskitonetz, teils mit Ventilator (nur nachts, wenn der Generator läuft) und Hängematten. Tagsüber einfache Gerichte im Restaurant, Buchausleihe, Bootstouren, Verleih von Schnorchelausrüstung. ❹
Ranty Garden Bungalow ⑥, am nördlichen Ende der Bucht am Strand, ☏ 083-388 9415. 4 solide rote Steinhäuser mit grünen Dächern und Ventilator; Generatorstrom in der Nacht. ❹

Toh Kor Beach Resort ⑨, ✆ 081-731 9470, 085-884 7257. Eine große Bandbreite unterschiedlicher Häuser, von einfachen Hütten am Hang über der Felsenküste bis hin zu neueren komfortablen Bungalows mit kleinen Terrassen und 2 großen Betten für Familien. Generatorstrom von 18–6 Uhr. Im Restaurant große Portionen Thai-Gerichte, Kajaks und Schnorchelausrüstung zum Ausleihen, Touren und Bootstransfer zum Pier. ❹

Ao Lo Ba Kao

Diese Bucht mit ihrem 450 m langen, wunderschönen, aber flach abfallenden feinen Sandstrand wird von Kokospalmen gesäumt. Am südlichen Ende der Bucht lässt es sich gut zwischen Felsen und Korallen schnorcheln. Die einzige Unterkunft, das Pee Pee Island Village, ist allerdings sehr teuer. Zwischen seinen Personalunterkünften beginnt ein Dschungelpfad. Rechts gelangt man nur bei Ebbe nach einer nicht empfehlenswerten, gefährlichen Klettertour an der Küste entlang bis Ban Laem Trong. Links geht es über eine Holzbrücke am Dorf vorbei quer über die Insel zur Ao La Nah. Nach einer halben Stunde (1,5 km) ist 300 m hinter der Abzweigung ein Abstecher rechts zu einem weiteren Viewpoint mit Sicht auf die Ao La Nah, Ao Lo Ba Kao und Bamboo Islands möglich.

Weitere Bucht im Norden

In der **Ao La Nah** türmt sich leider der Müll bis in die Kokosplantage hinein. Das Dorf der Seenomaden am äußersten Rand der Bucht ist z. T. über Felsen nur bei Ebbe zugänglich. Bei den ersten Hütten führt ein steiler Pfad über den Berg zur einsamen **Ao Nui** mit schneckenförmigen Felsen, Korallen, Mördermuscheln und vielen Fischen. Von hier geht es auch zur **Ao Lo Ba Kao**, die für Gäste des einzigen dort ansässigen Resorts nur mit dem Boot zu erreichen ist.

Am **Hat Laem Thong** am nördlichen Ende der Insel liegen drei Luxusresorts. Hier ist es zwar ruhig, man bekommt aber nichts von der besonderen Schönheit der Insel mit, dafür kann man auch bei Ebbe im Meer schwimmen. Der Strand ist nur mit dem Boot zu erreichen.

In der **Ao Pak Nam** (Relax Bay) teilt sich ein Resort die Bucht mit Seenomaden, die in der Saison Hütten am Ende des Strandes bewohnen. Man erreicht die Bucht mit dem Boot oder vom Aussichtspunkt in einer Stunde zu Fuß. In der Nebensaison kommen nur ein paar Tagesausflügler hierher.

Übernachtung

Phi Phi Island Village ④, Ao Lo Ba Kao, ✆ 076-81 5014, 🖥 www.ppisland.com. Luxuriöses 4-Sterne-Resort am Strand. 84 ruhige Holzbungalows im Thai-Stil auf Pfählen in einem Palmenhain am Strand. Leserlob für guten Service. Pool, Bars, Spa, Kino, Dschungelwanderungen, Segeln, Windsurfen, Schnorcheln und Fischen. PADI-Tauchkurse auch auf Deutsch. ❽

Phi Phi Relax Beach Resort ⑤, Ao Pak Nam, ✆ 081-083 0194, ✉ suteejansom@yahoo.com. Ganzjährig geöffnet, 16 neuere, einfache Bungalows mit Ventilator und Terrasse mit Blick aufs Meer, auch Familienzimmer. Generatorstrom von 18–4 Uhr. Am feinen Sandstrand eine Strandbar, Hängematten und Bänke. Restaurant mit Liegeflächen und Spielen, Touren. Bootstransfer 600 Baht. ❹–❽

P. P. Erawan Palms Resort ③, Hat Laem Trong, ✆ 076-62 7500, 🖥 www.pperawanpalms.com. 21 große, mit viel Holz geschmackvoll eingerichtete Luxusbungalows mit TV. Pool und Tauchbasis. Nur mit dem Boot zu erreichen. ❼–❽

P. P. Natural Resort ①, Hat Laem Trong, ✆ 075-81 9030, 🖥 www.phiphinatural.com. 77 Zimmer in unterschiedlichen Bungalows mit Kühlschrank, TV und Balkon, außerdem einfachere Zimmer im Reihenhaus am Hang. Restaurant, Pool und Bars. ❻–❽

Zeavola ②, Hat Laem Trong, ✆ 075-62 7000, 🖥 www.zeavola.com. Sehr luxuriöses Boutiqueresort mit 48 Bungalows unter Palmen. Süßwasserpool, Spa, Thai- und italienisches Restaurant. ❽

Rings um Ko Phi Phi Don

Eine lohnende Schnorchel- und Sightseeing-Fahrt um Ko Phi Phi Don mit dem Boot lässt sich auf eigene Faust organisieren (inkl. Schnorchelausrüstung, Mittagessen, Wasser, Früchte) oder bei einem der Reisebüros buchen. An der Ostseite der Insel gibt es Sandstrände mit mittelfeinem Sand, schön zum Baden.

Die **Bamboo Islands** sind nicht nur gut zum Schnorcheln, sie haben auch einen feinen, weißen Strand mit Schatten spendenden Kasuarinen. Man kann sie leicht umwandern. Am Nordende der **Ko Nok-Halbinsel** wächst Seefarn an den tiefen Stellen vor den steilen Felsen. An der Westseite gibt es Tropfsteinfelsen, aber keine Strände und keine Bademöglichkeit.

Bootsfahrten zur schroffen, südlichen Schwesterinsel **Ko Phi Phi Le** (auch: Ko Phi Phi Lay) mit interessanten Klifformationen werden regelmäßig angeboten. Große Tourboote legen auch an der **Viking Cave** an. Hier werden pro Jahr etwa 200 kg Schwalbennester von 16 Männern unter Lebensgefahr gesammelt, immer 3 Monate Ernte – 3 Monate Pause. Chinesen, Hauptabnehmer der Schwalbennester, bezahlen an die Konzessionäre für ein Kilo 40 000–50 000 Baht, weil sie an die potenzfördernde und lebensverlängernde Wirkung der Nester glauben.

Die **Ao Pi Leh** wirkt wie ein tief eingeschnittener Fjord, der Blick zurück ziert viele Postkarten. Vor dem Felsen in der südlichen **Ao Lo Sanah** kann man gut Gerätetauchen.

Die liebliche **Maya Bay** wurde weltweit bekannt, als dort Anfang 1999 der Travellerroman *The Beach* (S. 809) von Alex Garland verfilmt wurde. Wer einen Strand wie im Film erwartet, wird enttäuscht sein. Vor allem nach heftigen Monsunstürmen im europäischen Sommer (Nebensaison auf Phi Phi) sammelt sich viel Unrat an. Wer mit einem gecharterten Longtail frühmorgens anreist, kann die Bucht bis gegen 10 Uhr noch sehr idyllisch erleben. Es gibt auch Touren mit dem Boot und einer Übernachtungsmöglichkeit. Mehr Infos unter 🖳 www.mayabaycamping.com. Taucher steuern diese Bucht nur in der Hochsaison an, in der Nebensaison wird hingegen die Ao Pi Leh betaucht. Grund sind die unterschiedlichen Strömungen in den jeweiligen Jahreszeiten.

An den im Süden sichtbaren **Bida Islands** gehen die Einwohner von Ko Phi Phi auf Fischfang. In den steil aufragenden Felsen wurden dafür Bambusstangen bzw. Gerüste verankert, von denen sich die Fischer abseilen können.

Die manchmal zu sehenden Wasserschlangen sind zwar höchst giftig, greifen aber normalerweise keine Menschen an. An der Westseite der Insel gibt es eine Unterwasserhöhle, darin leben große Fische und vor der Höhle Haie. Für den Eintritt in den Nationalpark werden an der Zufahrt zur Bucht 200 Baht verlangt.

Aktivitäten
Schnorcheln

Ko Phi Phi besitzt Schnorchelgebiete mit vielen Fischen, aber weitgehend zerstörten Korallen. Im Village und in einigen Unterkünften gibt es ordentliche Schnorchelausrüstungen zu mieten. Die Felsengruppe **Shark Point** (Hin Phae) vor dem Hat Yao (Long Beach) kann mit Flossen in 2 Std. bequem umrundet werden. Neben vielen Rifffischen sind am westlichsten Zipfel manchmal harmlose Schwarzspitzenhaie zu sehen, v. a. früh morgens. Schön kann man auch vor dem Kap **Laem Poh** schnorcheln. Am Abhang des flachen Wassers vor dem **Hat Hin Khom** leben in geringer Wassertiefe giftige, aber friedliche Seeschlangen und in 2 m Tiefe Muränen, die man nicht anfassen oder provozieren sollte. Vorsicht vor Booten, die ins Hafenbecken fahren!

Die Schnorchelreviere vor der Ostküste besucht man am besten bei Flut. Ein flaches Riff erstreckt sich vor **Lo Mu Di** und in der **Ao Ran Ti**, wo es viele Fische gibt. Manchmal angeln hier Seenomaden (Chao Leh). Auch südlich von den Bamboo Islands lohnt es sich zu schnorcheln.

Tauchen

Die Umgebung der Inseln bietet Tauchern gute Möglichkeiten, die bunte Unterwasserwelt der Korallengärten zu erkunden. Am besten eignen sich die Monate November bis Mai, wenn die Sicht zwischen 10 und 30 m beträgt. Die schönsten Tauchgebiete liegen vor **Ko Bida Nok** südlich von Ko Phi Phi Le (schöne Riffe in 18–30 m, Korallenfische, Seepferdchen, Tintenfische und Schildkröten) und vor **Ko Phi Phi Don** (mit Korallen bewachsene Steilwände). Diese Tauchgründe eignen sich hervorragend für Anfänger und Genusstaucher, die in der Saison in großen Gruppen die Riffe bevölkern.

Nur sehr erfahrene Höhlentaucher könnten sich bei ruhigem Wasser an den bizarr geformten **Unterwasserhöhlen** an den steil ins Meer abfallenden Kalkfelsen von Ko Phi Phi Le versuchen. 20 km Richtung Phuket liegt in 18–30 m Tiefe in einem Gebiet mit starker Strömung das riesige, 80 m lange **Wrack** der Fähre *King Cruiser I*, die 1997 auf das Riff lief und sank. Das Wrack ist bereits stark mit Entenmuscheln bewachsen und lockt zahlreiche Barrakudas, Zackenbarsche und andere Fische an.

Transport

Für eine Rundfahrt können Longtails am Pier, am Hat Yao (Long Beach) oder am Hat Hin Khom gemietet werden. Sie kosten für 2–3 Std. 1000 Baht und für einen ganzen Tag 1800 Baht, für ein komfortables Schnellboot muss man etwa das Doppelte zahlen. Schnorcheltouren und Inselrundfahrten mit Stopp in der Maya Bay werden von zahlreichen Resorts ab 2000 Baht pro Boot oder 500–700 Baht p. P. offeriert. Boote zu den Bamboo Islands 2000 Baht, Phi Phi Le 1200 Baht. Billige Schnorcheltouren stoppen nicht an den Stränden. Auch Tauchschulen nehmen Schnorchler mit.

Ko Lanta

Das Ko Lanta-Archipel besteht aus etwa 50 kleinen Inseln, von denen nur drei bewohnt sind. Fast 80 % dieses Gebietes sind als Nationalpark geschützt. Bekannt ist v. a. die namensgebende Insel Ko Lanta, [2853], die wiederum aus zwei Inseln besteht. Die nördliche nennt sich **Ko Lanta**

Das Böse wird aufs Meer geschickt

Während des Vollmondes im Juni und November feiern die Seenomaden die **Loy-Rua-Zeremonie**. Die Männer bauen einfache Boote und hölzerne Figuren, die sie selbst darstellen sollen. Im Boot werden Haare und Reis mit auf die Reise aufs Meer geschickt. Mit der Zeremonie entschuldigen die Fischer sich beim Meer für die Beute, die sie machen. Zudem glauben die Seenomaden, dass mit dem Boot auch das Böse ihren Wohnort verlässt und sie bis zur nächsten Zeremonie vor Unbill geschützt sind.

Noi. Ihr Küstenstreifen ist mit vielen Mangroven bedeckt. Die südliche Insel, **Ko Lanta Yai**, ist gemeinhin das, was man unter „Ko Lanta" versteht. Diesen Namen bekam die Insel unter der Regentschaft Ramas V., also vor etwa 100 Jahren. Ko Lanta ist 27 km lang und an ihrer engsten Stelle etwa 10 km breit.

Die ersten Siedler der Insel waren die Chao Leh, **Seenomaden**. Heute stellen sie nur noch 1 % der Bewohner. Ihnen folgten Händler, die einen Zwischenstopp auf ihrem Weg zwischen China und der arabischen Welt einlegten. Heute zählt Lanta 20 000 Einwohner; die eine Hälfte lebt auf Ko Lanta Yai, die andere auf den Inseln Ko Lanta Noi und Ko Hai. Ca. 95 % der **Bewohner** sind moslemischen Glaubens, nur etwa 4 % Buddhisten (von denen der überwiegende Teil chinesischer Abstammung ist). Die Nachfahren der Seenomaden leben heute hauptsächlich im Süden von Ko Lanta Yai in Sang Ga-U. Sie sind sesshaft geworden, pflegen aber zum Teil noch ihre alten Traditionen. Die Menschen Ko Lantas leben traditionell vom Fischfang und bauen Gummi- und Cashewbäume an. Immer stärker sind sie heute von der Touristenindustrie abhängig.

Die Strände

Die Sandstrände an der Westküste sind fantastisch: kilometerlange Buchten, kristallklares Wasser und wunderbar weicher Sand.

Strandliebhaber finden an der **Westseite** touristisch gut erschlossene, lange, flache **Strände** mit weißem Sand. Nach Hat Klong Dao folgen Hat Pra Ae (Long Beach) und anschließend Hat Klong Khong. Noch etwas weiter südlich liegen Hat Klong Nin und einige kleinere Buchten. Unterbrochen werden die Strände von Klippen.

Viele Paare und Familien machen Urlaub auf Ko Lanta. Die Altersstruktur ist gemischt. Sonnenschirmparaden findet man an den Stränden von Ko Lanta nicht, auch Jet-Skis werden nicht vermietet.

Die **Ostseite** ist nicht zum Baden geeignet; hier ziehen sich weite Mangrovensümpfe durch die wattigen Ufer. Auf Ko Lanta gibt es dank des Nationalparks noch Urwald – spannend für Wander- und Höhlenfans.

Die **beste Reisezeit** ist von Oktober bis Mai. Dann ist Hochsaison. Danach sucht die Regen-

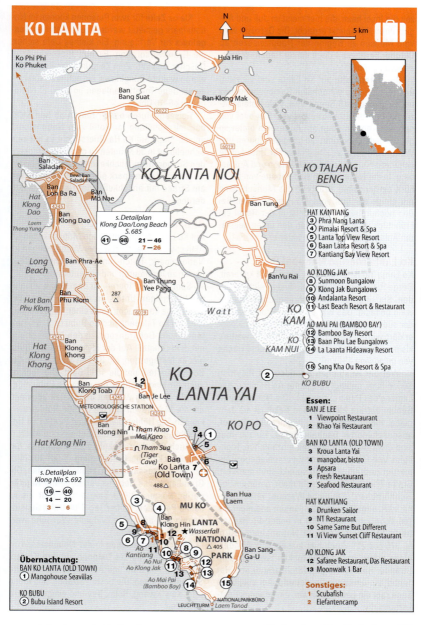

zeit die Insel heim, die hier meist im Juli und August ihren Höhepunkt erreicht. Die Ostküste wird vom Monsun zu Beginn der Hauptreisezeit ab Oktober beregnet – doch dieser Regen ist weitaus weniger heftig.

Die **Unterkünfte** auf Ko Lanta sind vielfältig und reichen vom einfachsten Bambusbungalow bis zur luxuriösen 5-Sterne-Villa. Viele Hotelbesitzer holen ihre Gäste kostenlos vom Pier oder von den anderen Stränden ab. Außerdem bietet so gut wie jede Unterkunft die gängigen Touren und Weitertransporte an. Die Preise für Unterkünfte schwanken erheblich je nach Saison und Auslastung. In der Nebensaison sind Rabatte von bis zu 50 % verhandelbar. Während des Monsuns sind nur einige der größeren Anlagen geöffnet. Bei den hochpreisigen Resorts ist in der Regel ein Frühstück inbegriffen. Neben den unten gelisteten Anlagen stehen weitere unter **eXTra [3584]**.

Ko Lanta Marine National Park

Ko Lanta Yai ist 27 km lang, aber nur 4 km breit. Berge mit bis zu 500 m Höhe finden sich im Süden. Sie sind noch mit ursprünglichem Regenwald bedeckt. Das war auch der Grund, warum der südliche Teil der Insel 1990 zum Nationalpark erklärt wurde. Dieser umfasst noch 15 weitere kleinere vorgelagerte Inseln und hat eine Fläche von insgesamt 134 km².

Wer der westlichen Strandstraße Richtung Süden folgt, gelangt kurz hinter Ao Bamboo zum Eingang des Parks (Schranke). Die Nationalpark-Gebühr beträgt 200 Baht, das Ticket ist ein Jahr gültig. Hinter dem Posten beginnt ein schöner, ausgeschilderter **Dschungelpfad**. Für die Tour sind etwa zwei Stunden Zeit einzuplanen. Highlights wie Flechten, Moose, verschiedene Baumarten und ein Aussichtspunkt sind markiert. Große Tiere leben hier nicht mehr, dafür putzige Eichhörnchen, urzeitliche Warane, verschiedene i.d.R. ungefährliche Schlangen und mehr als 100 Vogelarten. Nach 300 m endet die asphaltierte Strandstraße beim Nationalpark-Büro, ☏ 075-660 711. Auch hier lassen sich Wanderwege erforschen; zudem locken zwei einsame Strände: Hat Hin Nagam (Steinstrand) und Hat Tanod, ein einsamer Sandstrand. Am südlichen Ende ragt ein Leuchtturm auf, ein schönes Postkartenmotiv.

Kleine **Zelte** für zwei Personen können im Nationalpark gemietet werden, zudem stehen **Bungalows** zur Verfügung. Ein kleines Café sichert die Grundversorgung. Es gibt Picknickplätze, Duschen und WC. Zum Zeitpunkt der Recherche waren weitere Bungalows, ein neues Restaurant sowie neue Toilettenanlagen im Bau. ⏱ Nationalpark 6–18 Uhr.

Reiseagenturen bieten **Touren** ab Ban Saladan mit Abholung im Hotel zum Nationalpark an, mit Stopp auf Ko Ha. Zuerst geht es mit dem Schnellboot in 30 Minuten zu den beeindruckenden Schnorchelmöglichkeiten an den fünf Inseln Ko Ha. Im Nationalpark gibt es ein Mittagessen am Strand mit anschließender Dschungelwanderung.

Aktivitäten

Auf Ko Lanta gibt es unzählige Möglichkeiten für Aktive: vom Kajakfahren über Wanderungen im Nationalpark, Tauch- und Schnorchelausflüge bis hin zu Inseltouren und Elefantenritten.

Sportlich sind Touren mit dem **Kajak**, zu mieten bei einigen Hotels an den Stränden. Wer lieber eine Tour bucht, kann einen Tagesausflug rund um Ko Talabeng und Ko Bubu (s. S. 695) unternehmen. Der Transport zu den Inseln erfolgt mit dem Longtail. Auf der idyllischen Insel Bubu gibt es Mittagessen, ein Bad im Meer und in der Sonne. Kosten: um die 1000 Baht. Die Tour ist auch für einen halben Tag ohne Ko Bubu möglich. In Talabeng wird mit dem Kajak abgelegt, um die Mangroven und die dortige Höhle zu erkunden. Die Höhlen dienten einst Piraten als Unterschlupf, heute leben hier Echsen und Affen.

Auch **Segeln** wird auf Lanta angeboten. Ein Segelboot kann bei **Lanta Sailing**, ☏ 081-101 7440, 🖥 www.lantasailing.com, gemietet werden. Die Grundlagen des Segelns vermittelt der Kapitän gerne; Kosten 12 000 Baht pro Tag für bis zu sechs Personen, halber Tag 8000 Baht. Sunset-Segeln und andere individuelle Wünsche werden wahr gemacht.

Windsurfer kommen in der Nebensaison, in den Monaten Mai bis Oktober, auf ihre Kosten. Besonders im Juni und August herrschen gute Surfbedingungen. Die besten Strände sind Klong Dao, Kaw Kwang, Relax Bay und einige weitere im Süden.

Tauchen und Schnorcheln

Die Tauchgründe, die von Ko Lanta aus angesteuert werden, gehören mit zu den besten in der thailändischen Andamanensee. Die interessantesten Tauchgänge führen zu folgenden Revieren:

Ko Bida mit Hin Bida, ein buntes Korallenriff mit Höhlen und Überhängen, hier werden verschiedenste Rifffische, Leopard- und Riffhaie gesichtet. In den Anemonen leben die lustigen Clownsfische. Getaucht wird in 8–28 m Tiefe. Eignet sich für Anfänger und Fortgeschrittene.

Ko Ha (S. 707) besteht aus einer Gruppe von fünf Inseln, bei Ebbe bildet sich eine Lagune mit kleinem Sandstrand. Skorpion-, Löwen- und Engelsfische können hier beobachtet werden. Mit einer Tiefe von 3–8 m ideal für Anfänger und Schnorchler. Auch Grottentauchgänge werden hier durch Höhlen und eine Kathedrale durchgeführt.

Ko Phi Phi und angrenzende Felsengruppe Shark Point und Anemonenriff (S. 675) mit bis zu 30 m Tauchtiefe. Ko Phi Phi lohnt sich auch für Schnorchler.

Für erfahrene Taucher sind die Riffe **Hin Daeng und Hin Muang** (S. 707) mit ihren rot und violett bewachsenen Korallen tolle Tauchgebiete bei 15–35 m Tauchtiefe. Barrakudas, Wahlhaie und Mantas sind fast immer zu sichten.

Zum **Wracktauchen** geht es zum *King Cruiser I*, einem 1997 gesunkenen Fährschiff. Live-aboards stehen bei manchen Tauchbasen ebenfalls auf dem Programm.

Tauchsaison ist von November bis April, von Mai bis Oktober sind die Wellen zu stark. Im Gegensatz zu anderen Orten der Andamanensee sind auf Ko Lanta weniger Taucher anzutreffen, und so sind auch Touren meist individueller als an besser erschlossenen Taucherinseln.

Was kostet die (Unterwasser-)Welt?

Alle Tauchschulen auf Ko Lanta bieten die Tauchgänge zu fast identischen Preisen an. Tagesfahrten zu den Inseln Ko Ha, Ko Bida oder Ko Phi Phi schlagen bei zwei Tauchgängen mit 2800–3300 Baht zu Buche. Nach Hin Daeng und Hin Muang muss aufgrund der größeren Entfernung mit 3300–4600 Baht kalkuliert werden. Wracktauchen kostet 4000–4600 Baht. Die Preise beinhalten Transport, Verpflegung, Hin- und Rücktransport zum Hotel und teilweise die Ausrüstung. Auch Tauchkurse gibt es zu ähnlichen Preisen. Der 3- bis 4-tägige Open Water-Kurs kostet 14 900 Baht, Advanced Open Water 12 500 Baht, Rescue Diver 11 000 Baht und Divemaster 36 000 Baht.

Schnorcheln

Schnorchelausflüge zu den schönsten Buchten der Inseln Ko Phi Phi Don und Ko Phi Phi Le werden auch von Reiseagenturen ab 900 Baht angeboten. Viel gelobt wird der Ausflug nach Ko Rok (S. 707): mit dem Schnellboot in einer Stunde bis zu den Inseln Ko Rok Nok und Ko Rok Nai. Am schönen Strand des Nationalparks auf Ko Lanta gibt es Mittagessen. 1300 Baht.

Empfehlenswert sind **Wanderungen** zu den Höhlen. Das Tunnelsystem der **Tigerhöhle** (Tham Sua) ist zwar nicht mehr Heimat wilder Tiger, aber dennoch sehenswert. Von der Hauptstraße in Klong Nin führt eine gut 1 km lange Schotterpiste durch Gummibaumplantagen und Bananenstauden zum Tiger Cave Restaurant. Von hier geht es in 40 Minuten zu Fuß zur Höhle, empfehlenswert mit Führer für 200 Baht. Eine Alternative zum Fußmarsch ist der Trip auf dem Elefantenrücken, Touren inkl. Führer mit Hin- und Rücktransport zum Hotel ab 950 Baht. Eine Herausforderung ist die **Diamantenhöhle** (Tham Khao Mai Kaeo). Wer als Selbstfahrer anreist, biegt kurz hinter der Moschee ab und stoppt am Parkplatz. Die Besitzer des Areals nehmen Gäste hier in Empfang und führen sie auf einem 1,5 km langen Pfad zur Höhle. Der Ausflug dauert zwei Stunden; je eine halbe Stunde An- und Abmarsch durch den Dschungel und eine Stunde zur Erkundung der Höhle. In der Höhle bestaunt man einige Räume mit fantastischen Stalaktiten und Stalagmiten und einen eiskalten Unterwasserpool. Enge Stellen zum Durchkrabbeln sind nur etwas für angstfreie Naturen. Für diesen Ausflug sind feste Schuhe nötig, da man etwas klettern muss. Auch die wackeligen Leitern sind in Badelatschen nicht sehr gut zu meistern. Als Tour in Verbindung mit Elefantenreiten für 1500 Baht. Wer nur mit Führer loszieht, zahlt 200 Baht pro Person.

Viel gebucht werden auch die **Inseltouren**. Von verschiedenen Anbietern gibt es zu ähnlichen Preisen Touren inkl. Mittagessen und Hin- und Rückfahrt zum Hotel. Die **3 Island Tour** führt zu den paradiesischen Inseln Phi Phi Don (s. S. 665), Phi Phi Le und Ko Bamboo mit Aussichtsmöglichkeiten, Höhlenerkundung, Schwimmen und Schnorcheln (ab 1300 Baht). Die **4 Island Tour** führt zum Schnorcheln nach Ko Hai (s. S. 702) und Ko Chuek. Weiter geht es zur Emerald Cave (Tham Morakot) auf Ko Muk (s. S. 704) und nach Ko Kradan (s. S. 706) zum Schwimmen oder Schnorcheln. Einige 4-Insel-Touren besuchen zudem Ko Rok. Die meiste Zeit wird auf dem Boot verbracht. Selbst organisiert fährt man mit dem Longtail ab 650 Baht, Touren im Reisebüro kosten ab 1300 Baht. Wer auf Ko Rok übernachten will, wendet sich u. a. an Freedom Adventure, Kantiang Bay, ✆ 084-910 9132, 🖥 www.freedom-adventure.net.

Auf Lanta gibt es **Elefantencamps**. Wer auf einem Dickhäuter reiten will, sollte eine Tour buchen, die durch Natur führt und nicht zum nächsten Ausflugsrestaurant, z. B. Elefantenritte im Nationalpark zu den Höhlen. Touren zum Park ab 2200 Baht.

Wer **angeln** will, kommt auch auf Lanta auf seine Kosten. Touren gehen nach Ko Ha und Ko Rok (s. S. 707) und kosten inkl. Essen und Ausrüstung ab 3000 Baht (Nichtangler 1500 Baht).

Ban Saladan

In diesem kleinen Städtchen geht es beschaulich zu. Am Pier im Westen des Ortes legen alle großen Boote an. Die Tourboote haben z. T. eigene Piers. In den wenigen Straßen drängen sich eine Unmenge Reisebüros, die Bootstickets und Touren verkaufen. Es gibt Minimärkte und viele Geschäfte mit Kleidung und Souvenirs. Vor allem am Ufer nahe dem Pier reihen sich interessante Restaurants in Stelzenhäusern aneinander. Zudem gibt es einige Banken und zahlreiche Tauchschulen.

Übernachtung und Essen

In Ban Saladan gibt es ein paar wenige Übernachtungsmöglichkeiten. Da man aber von den Stränden schnell zum Pier kommt, schläft hier selten jemand.

Sincere Guest House ㊶, 150 Moo 1, ✆ 075-66 8375, 🖥 www.sincereguesthouse.com. 8 Zimmer mit AC oder Ventilator. Nette Einrichtung mit viel Holz. Alle Zimmer sind gleich, so haben auch Zimmer mit Ventilator einen Fernseher. Überall findet man etwas Kunst oder außergewöhnlich gestaltete Objekte an den Wänden, der Decke oder auf der schönen Holzterrasse, die über dem Wasser thront. 2 AC-Zimmer mit Meerblick. ❸–❹

An der Hafenstraße finden sich mehr als ein halbes Dutzend Seafood-Restaurants mit fangfrischem Fisch in der Auslage, alle mit Terrasse zum Meer und ähnlichem Angebot und Preisen.

Sea Side Restaurant, 87 Moo 1, ✆ 086-272 4938. Eines der ersten Restaurants der Insel. Jedes Jahr wird das Restaurant vergrößert. Qualität zahlt sich hier aus. Man sitzt im Lokal oder direkt über dem Wasser auf der offenen Terrasse. Sehr gute authentische thailändische Küche, sehr preiswert. Als einziges westliches Gericht gibt es Pommes. Abends gutes Seafood und Hot Stone.

Aktivitäten

Blue Planet Divers, 3 Moo 1, ✆ 075-68 4165, 🖥 www.blueplanetdivers.net. 5-Star-PADI-Center mit allen Kursen bis zum Assistant Instructor, außerdem Freediving-Kurse. An Bord des zum Tauchboot aufgerüsteten Holzbootes ist viel Platz auf dem oberen Deck. Hier sind auch Kinder und Schnorchler willkommen.

Go Dive, ✆ 075-66 8320, 🖥 www.godive-lanta.com. Beliebte, moderne Tauchschule direkt am Ende der Hauptstraße am Wasser. Weitere Basis am Hat Kantiang.

Lanta Diver, ✆ 075-68 4208, 🖥 www.lantadiver.com. Skandinavisches PADI 5-Star-IDC-Center, auch mit deutschsprachigen Tauchlehrern. Individuelle Tauchplanung mit max. 4 Pers. pro Divemaster. Bietet Tagesausflüge und Liveaboards auf eigenem Boot. Tauchkurse bis zum Instructor.

Lanta-Diving-Safaris, ✆ 075-68 4904, 🖥 www.lanta-diving-safaris.com. Unter deutscher Leitung. Neben PADI-Tauchkursen mehrtägige Tauchsafaris auf der *Flying Seahorse* mit 8 Kabinen für max. 15 Taucher.

Lanta Fun Divers, 22/3 Moo 1, ☎ 089-291 4311, 🖥 www.lantafundivers.com. Seit 10 Jahren auf Ko Lanta ansässig, unter deutscher Leitung von Uli und Louise. PADI Open Water-, Advanced- und Divemaster-Kurse, Nitrox-Tauchen. Mit dem eigenen Schnellboot werden die Tauchplätze zügig angefahren.

Sonstiges
Geld
Einige Geldautomaten; 3 Banken (u. a. Siam Commercial, Bangkok Bank) wechseln Reiseschecks. ⏲ Mo–Fr 8.30–15.30 Uhr.

Medizinische Hilfe
Ein Doktor ist im **Health Center** von ⏲ 16.30–20.30 Uhr anwesend.

Moped- und Autovermietungen
Mopeds werden in den Unterkünften oder an der Straße ab 200 Baht / Tag vermietet. Kleinwagen, Jeeps und Pick-ups können über Reisebüros und Hotels für 1200–2000 Baht pro Tag, je nach Modell, gemietet werden.

Polizei
Die **Polizeistation** liegt zwischen den beiden Piers in Ban Saladan, ☎ 075-68 4236 oder ☎ 084-305 1991.

Post
An der Straße zu den Stränden, ⏲ Mo–Fr 8.30–16.30, Sa 9–12 Uhr.

Nahverkehr
Von **Ban Saladan**, wo alle Personen- und Autofähren ankommen, führen zwei geteerte Straßen entlang der West- und Ostküste. An der Westseite hinter Kantiang ist die Straße stellenweise nur noch eine Erdpiste und während der Trockenzeit eine staubige Angelegenheit. Wer also mit dem Moped unterwegs ist: Vorsicht!
Die **Songthaews** sind auf dieser Insel weiß und abends mit unübersehbar bunten Lämpchen über der Windschutzscheibe geschmückt. Sie fahren, sobald ein paar Passagiere an Bord sind, von Ban Saladan über Klong Dao, Hat Phra-Ae (Long Beach), Klong Khong und Klong Nin, von dort zur Ostküste über Ban Lanta bis nach Ban Sang-Ga-U im Süden (und wieder zurück). Kurze Strecken ab 10 Baht; auch bei längeren Fahrten sind die Preise fast so hoch, wie bei den Tuk Tuks.
Tuk Tuks sind in Ko Lanta Motorräder mit überdachten Sidecars. Sie stehen in Ban Saladan an der Ortsausfahrt in Richtung der Strände und fahren auf der Hauptstraße stets hin- und her. Die Fahrt kostet pro Kilometer etwa 10 Baht. Von Ban Saladan zum Phra Ae (Long Beach) zahlt man 50–60 Baht, bis zum Hat Klong Nin 200 Baht. Preis vorher aushandeln. Abends sind weniger Tuk Tuks unterwegs und sie kosten dann etwas mehr.
An vielen Stränden, zumal an den abgelegeneren im Süden, sind **Taxi-Stände** zu finden; hier kann man direkt ein Tuk Tuk bestellen – dann werden in der Regel etwas höhere Preise verlangt.

Transport
Selbstfahrer
Ab Ban Hua Hin auf dem Festland (zwischen Krabi und Trang) mit der Autofähre nach Ko Lanta Noi übersetzen in 15 Min. für 20 Baht (mit Auto) oder 10 Baht (mit Moped), dann mit einer weiteren Autofähre nach Ko Lanta Yai in 5 Min. für 60 Baht (mit Auto) oder 30 Baht (mit Moped). Autofähren gehen laufend von 6–22 Uhr.

Minibusse
Minibusse, auf Ko Lanta **Minivans** genannt, fahren zwischen Ban Saladan und Hat Klong Nin, um dann mit der Autofähre zum Festland überzusetzen. Abholung im Hotel ist inbegriffen. KRABI, stdl. zwischen 8 und 13 Uhr in etwas über 2 Std. für 250–300 Baht, je nachdem an welchem Strand zugestiegen wird.
TRANG, stdl. zwischen 8 und 15 Uhr in 2 1/2 Std. für etwa 300 Baht.
WEITERE ZIELE steuert man am besten von Krabi (bzw. Trang) aus an (s. S. 638 und S. 698). In den Reiseagenturen auf Ko Lanta werden auch Joint Tickets zu allen größeren Reisezielen angeboten. (Die billigste Transportvariante geht von Krabi aus. Dies ist jedoch weder die bequemste noch die sicherste Möglichkeit, von A nach B zu kommen) Los geht es gegen 8 Uhr (PHUKET,

SURATH THANI, KO PHAN GAN, HAT YAI, PENANG). Um 13 Uhr fahren die Übernachtbusse nach BANGKOK.

Boote

Die größeren Inseln vor Trang werden von **Tigerline**, ✆ 075-59 0489, 🖳 www.tigerline travel.com, mit einem Schnellboot bedient.
AO NANG, um 13 Uhr für 460 Baht in 2 Std., in der Saison (Okt–April) fährt auch morgens gegen 8 Uhr ein Boot.
KO PHI PHI, um 8, 10 und 13 Uhr für 400 Baht in 1 Std.
Einige kleinere Inseln werden in der Saison (Okt.–April) mit einem Speedboot (53 Sitze) von **Satun Pakbara Speed Boat**, ✆ 082 433 0117, angefahren. Diese Touren sind recht teuer (es lohnt, hier eher über Trang zu fahren). Kinder müssen schon mit wenigen Monaten fast den gleichen Fahrpreis wie Erwachsene zahlen.
KO BOULON LE, um 13 Uhr für 1600 Baht in 4 Std.
KO HAI, mit dem Speedboot nach Ko Lipe um 13 Uhr für 650 Baht in 1 Std.
KO LIPE, um 13 Uhr für 1500 Baht in 5 Std.

Weitere Ziele

KO KRADAN, um 9.30 und 13 Uhr für 900 Baht in 1 Std.
KO JUM, mit der Krabi-Fähre um 8 und 13 Uhr für 400 Baht in 1 Std.
KO MUK, mit dem Expressboot um 9 Uhr für 400 Baht in 2 Std., mit dem Schnellboot um 13 Uhr für 900 Baht in 1 Std.
KO ROK, mit dem Speedboot, nur als Charter oder, wenn eine Tour stattfindet und man mitgenommen wird, ca. 1000 Baht.
PHUKET, um 8, 10.30 und 13 Uhr für 700 Baht in 2 Std.
RAI LEH, um 13.30 Uhr für 460 Baht in 1 1/2 Std.

Ostküste

Das kleine Dorf **Ban Ko Lanta**, einst Hafenstadt an der Seidenstraße zwischen China und Indien, ist heute das Verwaltungszentrum der Insel. Hier bezog auch vor etwa 100 Jahren der erste Gouverneur der Insel sein Verwaltungsgebäude, ein Holzhaus im Thai-Stil, welches noch heute in der Altstadt zu finden ist. Dort prägen chinesische Handelshäuser noch immer das Bild. An der Hauptstraße gibt es Geschäfte mit Dingen des täglichen Bedarfs und mehrere gute Fischrestaurants. Der Blick von den rückwärtigen Stelzenterrassen mit ihren Anlegepiers auf die vorgelagerten Inseln Ko Kam Nui, Ko Bubu und Ko Po lädt zum Träumen ein. Schwimmen ist hier nicht möglich. Das Wasser zieht sich bei Ebbe sehr weit zurück. Sonntags findet neben dem großen Pier ein sehenswerter **Markt** statt.

Im März wird das **Lanta-Festival** gefeiert. Hier demonstrieren die Ethnien, wie gut sie zusammenleben und welche eigenen Traditionen sie pflegen. Es wird getanzt, gutes Essen aufgefahren und auch die Tradition des Loy Rua (schwimmendes Boot) wird gezeigt (Kasten S. 676). Da die Ethnien sehr assimiliert zusammen leben, haben sie auch gemeinsame jüngere Traditionen gebildet. Dazu zählt der Rong-Ngeng-Tanz mitsamt seiner spezifischen Musik: eine Kombination aus westlichen, arabischen und chinesischen Einflüssen. Das Fest dauert drei Tage.

Übernachtung

Mangohouse Seavillas ①, ✆ 075-69 7181, **[2999]**. Das über 100 Jahre alte ehemalige chinesische Handelshaus ist eine erlesene Alternative, um abseits der Touristenstrände komfortabel zu wohnen. Das komplett renovierte Teakhaus ist ein Ort zum Wohlfühlen. Die 3 Zimmer mit großer Terrasse und Meerblick sind liebevoll restauriert. Schöne Bäder, z. T. Küche. Kunst an den Wänden, TV. Zustellbetten für Kinder vorhanden. Ventilator oder AC. ❺

Essen und Unterhaltung

Apsara, durch die Eingangshalle und die Küche geht es auf die kleine Terrasse mit 4 Tischen und Meerblick. Die 15 angebotenen Gerichte sind durchweg gut und preiswert.

Kroua Lanta Yai, **Fresh Restaurant** und **Seafood Restaurant**, alle mit großer überdachter Terrasse über dem Wasser und mit hübschen Pflanzen. Gute Auswahl an Gegrilltem, thailändischem und westlichem Essen. Ähnliche Preise.

Die schicke **mangobar+bistro** mit ihrem dunklen, stilvollen, kleinen Teakholzraum und der dezent beleuchteten Bar serviert westliches Essen wie Steaks und Burger, aber auch thailändisch und auf Wunsch sogar Hummer.

An der asphaltierten Querstraße zwischen Ban Ko Lanta an der Ost- und Klong Nin an der Westküste liegen das **Viewpoint Restaurant**, ein hübsches, im Thai-Stil gehaltenes Restaurant mit Feldstecher auf der Terrasse, und das **Khao Yai Restaurant**, ✆ 075-697 244, ⏰ 8–21 Uhr. Beide bieten Thai-Gerichte mit tollem Blick über die Mangroven und die Inseln vor der Ostküste.

Sonstiges

Medizinische Hilfe
Das **Krankenhaus** befindet sich kurz hinter Ban Ko Lanta (Old Town), ✆ 075-697 017 oder 075-697 100. 24-Std.-Notdienst.

Post
Auf der Straße zum Pier, ⏰ Mo–Fr 8.30–16.30 Uhr, Sa 9–12 Uhr.

Südspitze

Hinter dem Seenomadendorf **Ban Sang-Ga-U**, deren einfache Holzhäuser nach und nach durch eine moderne Siedlung ersetzt werden, führt eine Sandpiste durch Dschungel an den Rand des Nationalparks bis zum **Sang Kha Ou Resort & Spa** (15), ✆ 081-443 3232, 🖳 www.sangkhaou resort.com – für Ruhesuchende die ideale Oase am Dschungelrand. An einem Hügel liegen 20 verschiedene, individuelle, große, liebevoll dekorierte Bungalows in Bootsform, als Steinhaus mit runden Kieseln außen und innen, im Thai-Stil oder als Baumhaus auf Baumkronenhöhe mit umlaufender Terrasse und darunter liegendem Bad. Restaurant mit Meerblick, Pool, aber ohne Sandstrand. Auf glatten Steinen kann man hier in der Sonne liegen und von dort ins Wasser springen. Ventilator oder AC. ❹–❻

Hat Kaw Kwang und Hat Klong Dao

Von Ban Saladan Richtung Süden schiebt sich nach 800 m eine kleine Landzunge in Form eines Büffelnackens (daher der Name Kaw Kwang, **[3562]**) ins Meer. Während die Nordseite bei Ebbe Wattlandschaft bietet, hat die Südseite einen schönen weißen Strand. Bei Ebbe ist es möglich, zur kleinen Insel am Ende des Kaps hinüberzulaufen. An Kwa Kwang schließt sich direkt Hat Klong Dao, **[2857]** an, ein breiter etwa 3 km langer weißer Sandstrand. Am südlichen Ende finden sich viele Steine und Muscheln im Sand. Das Meer ist ideal zum Schwimmen und besonders bei **Familien** beliebt. Auch für kleine Kinder eignet sich dieser Badestrand, da erst nach ein paar Metern Schwimmtiefe erreicht wird. Hier machen viele skandinavische Familien Urlaub; im Ort Klong Dao selbst gibt es eine schwedische Schule. Der Strand ist mit mehreren Stichstraßen von der Hauptstraße aus zu erreichen, entlang derer sich Geschäfte, Restaurants und weitere Hotels angesiedelt haben. Die Sonnenuntergänge hier sind herrlich.

Übernachtung
Weitere Unterkünfte s. **eXTra [3000]**.

Untere Preisklasse
Hans Bungalows (45), ✆ 075-68 4152, ✉ hanskohlanta@hotmail.com, **[3001]**. Eines der ersten beiden Resorts des Strandes. Zwei Reihen einfachster, aber gemütlicher Bambushütten mit Ventilator unter Bäumen hinter dem Restaurant. Tgl. Roomservice. Familiäre Atmosphäre mit vielen deutschen Langzeitverweilern. Abends oft BBQ. ❷–❸
Merry Beach Resort (52), ✆ 086-276 8880, ✉ sornruk_pp@hotmail.com, **[3008]**. Liegt hinter den Chaba Lanta Bungalows, wenige Meter vom Strand. Einfache große Steinbungalows mit AC und ebenso große Mattenhütten mit Ventilator um einen großen freien Platz. Bunte Reggaebar, in der bei entsprechenden Gästen Partys gefeiert werden. ❷–❸

Mittlere bis obere Preisklasse
Banana Garden Home (53), ✆ 081-634 8799, 🖳 www.bananagardenhome.com. Hinter dem Restaurant stehen in 3 engen Reihen gemütliche große AC-Holzbungalows, selbst das Bad ist holzbelassen. Familienbungalows mit zwei großen Betten. Gutes Preis-Leistungs-Verhältnis. ❹–❺
Chaba Lanta Bungalow (51), ✆ 075-68 4118. Interessant und individuell gestaltet. Skulpturen aus Beton empfangen die Besucher: Kleine Dinofans sind sofort begeistert. Auch die Bungalows sind ansprechend gestaltet. Am Strand das Restaurant Picasso. Ventilator und AC. ❹–❺

Wohnen mit eigenem kleinen Garten

Ancient Realm Resort & Spa ⑥, ✆ 075-68 4016, 🖳 www.ancientrealmresort.com, [6424]. Großzügige Bambushütten im balinesischen Stil mit bunten Dekorationen. Der Australier Clinton hat in dieser Anlage ein besonderes Flair mit Blick für Individualität verwirklicht. TV, DVD, Minibar, Kühlschrank, WLAN, große Betten. Offenes Bad. Um die Bungalows liegen private Rasenflächen. Ausgestattet sind sie mit Tisch und Stuhl, oftmals großer Hängematte. Auf der überdachten Liegefläche am Strand werden Filme gezeigt. Kleine Whirlpools zum Abkühlen. ❺–❻

Kaw Kwang Beach ㊷, ✆ 075-66 8260, 🖳 www.lanta-kawkwangresort.com. Am schmalsten Punkt der Kaw Kwang-Landzunge liegen zwischen 2 Stränden unter Palmen Bungalows und Zimmer mit AC, TV, Kühlschrank. Einfache Holzhütten mit Ventilator am Hang. Schöner Pool am Strand. ❸–❼

Lanta Island Resort ㊴, ✆ 075-684 124, 🖳 www.lantaislandresort.com. 60 weiße Steinbungalows zwischen viel Grün. Viele Bungalows mit Kühlschrank, 10 mit TV. Familienbungalows mit 2 Schlafzimmern. Kleiner Pool, separater Kinderpool. Das Restaurant bietet neben Thai- auch deutsche Küche. Viele Deutsche, auch der Chef ist Deutscher. Tauchschulenbasis Lanta Diving Centre. ❹–❺

Lanta Villa Resort ㊵, ✆ 075-68 4129, 🖳 www.lantavillaresort.com. Eines der beiden ersten Resorts am Strand. Steinbungalows mit AC, wenige mit Ventilator. Pool. Viele Liegen am Strand. ❹–❻

Maya Ko Lanta Resort ㊽, ✆ 075-68 4267, 🖳 www.mayalanta.com. Edele kleine Anlage direkt am Strand. 2-stöckige Gebäude mit modern eingerichteten Zimmern und allem Komfort. Pool und Restaurant mit Meerblick. ❽

Mermaid Boutique House ㊷, ✆ 075-68 4364, 🖳 www.lantamermaid.com. An der Straße gelegenes Haus mit guten Zimmern nach vorne und hinten. Mit Meerblick teurer, aber auch lauter. TV, WLAN, Safe. Ab 3 Tagen 30 % Rabatt. ❺

Southern Lanta Resort ㊾, ✆ 075-68 4175, 🖳 www.southernlanta.com. 100 Steinbungalows im Garten mit TV, Kühlschrank. Auch Familienbungalows. Großer Pool mit Rutsche am Strand. WLAN. Gute Option in der Nebensaison. ❺–❽

Twin Bay Resort ㊸, ✆ 075-668 277, 🖳 www.twinbaylanta.com, [3565]. Romantische grüne Anlage mit schönen Palmdachbungalows, innen mit viel Holz eingerichtet, TV, Kühlschrank. Wasserlandschaft mit großem Pool, separater Kinderpool, Jacuzzi. ❼–❽

Essen und Unterhaltung

German Bakery, im Ostfriesencafé von Ina und Horst gibt es verschiedene Brote und ein gutes Dutzend Kaffeesorten. Roggenbrote, Baguettes und Ciabattas werden liebevoll und reichlich belegt. Der Renner sind Leberwurstbrote. Zudem locken Käsekuchen, Blaubeerkuchen oder Nussecken. Die meisten Zutaten kommen direkt aus Deutschland. ⏱ 7–18 Uhr.

Gong Grit Restaurant, unter Palmen, im Thai-Haus oder in Sitzhütten. Breite Auswahl an thailändischen und europäischen Gerichten.

Lap Royet, ist auch bei den Thais eine beliebte Adresse, in gemütlichen Bambushütten gibt es Thailändisch zu günstigen Preisen.

Mookandabar, in der kleinen, bunt dekorierten Bar kann man an der Theke oder am Strand auf Sitzmatten noch ein Bier oder einen Cocktail zu sich nehmen und manchmal den Feuerspielern zusehen.

Rund um die **Veed Vew Bar** haben sich im **Green Lanta Plaza** kleine Geschäfte angesiedelt mit Souvenirs, Strandartikeln, Massage und einem Supermarkt. In der großen Bar läuft Sport im TV.

Sonstiges

Geld
Mehrere Geldautomaten an der Hauptstraße, u. a. an der Tankstelle/7-Eleven.

Kochkurse
Time For Lime, ✆ 075-68 4590, 🖳 www.timeforlime.net. ⏱ 16.30–21 Uhr, außer Mo. Gekocht werden 5 Gerichte, das Menü ist für jeden Wochentag unterschiedlich, so ist für alle Geschmäcker etwas dabei. Ein „Zugucker" darf

Klong Dao / Long Beach

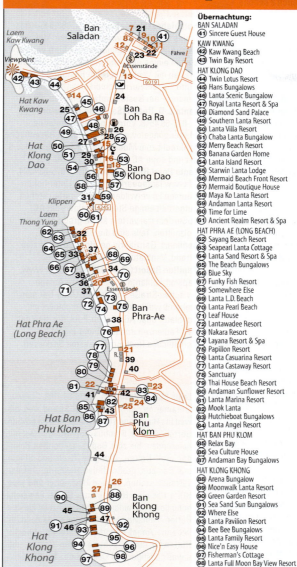

Übernachtung:
BAN SALADAN
- 41 Sincere Guest House

KAW KWANG
- 42 Kaw Kwang Beach
- 43 Twin Bay Resort

HAT KLONG DAO
- 44 Twin Lotus Resort
- 45 Hans Bungalows
- 46 Lanta Scenic Bungalow
- 47 Royal Lanta Resort & Spa
- 48 Diamond Sand Palace
- 49 Southern Lanta Resort
- 50 Lanta Villa Resort
- 51 Chaba Lanta Bungalow
- 52 Merry Beach Resort
- 53 Banana Garden Home
- 54 Lanta Island Resort
- 55 Starwin Lanta Lodge
- 56 Mermaid Beach Front Resort
- 57 Mermaid Boutique House
- 58 Maya Ko Lanta Resort
- 59 Andaman Lanta Resort
- 60 Time for Lime
- 61 Ancient Realm Resort & Spa

HAT PHRA AE (LONG BEACH)
- 62 Sayang Beach Resort
- 63 Seapearl Lanta Cottage
- 64 Lanta Sand Resort & Spa
- 65 The Beach Bungalows
- 66 Blue Sky
- 67 Funky Fish Resort
- 68 Somewhere Else
- 69 Lanta L.D. Beach
- 70 Lanta Pearl Beach
- 71 Leaf House
- 72 Lantawadee Resort
- 73 Nakara Resort
- 74 Layana Resort & Spa
- 75 Papillon Resort
- 76 Lanta Casuarina Resort
- 77 Lanta Castaway Resort
- 78 Sanctuary
- 79 Thai House Beach Resort
- 80 Andaman Sunflower Resort
- 81 Lanta Marina Resort
- 82 Mook Lanta
- 83 Hutchieboat Bungalows
- 84 Lanta Angel Resort

HAT BAN PHU KLOM
- 85 Relax Bay
- 86 Sea Culture House
- 87 Andaman Bay Bungalows

HAT KLONG KHONG
- 88 Arena Bungalow
- 89 Moonwalk Lanta Resort
- 90 Green Garden Resort
- 91 Sea Sand Sun Bungalows
- 92 Where Else
- 93 Lanta Pavilion Resort
- 94 Bee Bee Bungalows
- 95 Lanta Family Resort
- 96 Nice'n Easy House
- 97 Fisherman's Cottage
- 98 Lanta Full Moon Bay View Resort

Essen:
BAN SALADAN
- 21 Sea Side R.
- 22 The Frog
- 23 Mr. Pizza und Mr. Seafood

HAT KLONG DAO
- 24 German Bakery
- 25 Mookandabar
- 26 Lap Royet
- 27 Veed Vew Bar
- 28 Green Lanta Plaza
- 29 Easy Bar
- 30 Banana Beach R.
- 31 Gong Grit R.

HAT PHRA AE (LONG BEACH)
- 32 Suza Hut
- 33 Mr. Wee Pizzeria
- 34 iRie
- 35 Thai Cat
- 36 San's Sunset Bar, Palm Beach R.
- 37 Salinda R., Cafe, Friendly R., Elephant R.
- 38 Klapa Klum, Calypso
- 39 Country Lao
- 40 Opium Bar
- 41 Korner Bar
- 42 Faim de Loup

HAT BAN PHU KLOM
- 43 Independence Bar

HAT KLONG KHONG
- 44 Back Moon Bar
- 45 Gecko Lanta Bar
- 46 Green Chilli R., Mr. Wee Pizzeria, Hipo Bar
- 47 Green Leaf Cafe

Sonstiges:
BAN SALADAN
- 7 Go Dive
- 8 Blue Planet Divers
- 9 Lanta-Diving-Safaris
- 10 Lanta Sailing
- 11 Lanta Fun Divers
- 12 Lanta Diver
- 13 Health Center

HAT KLONG DAO
- 14 Ko Lanta Watersports
- 15 The Retreat
- 16 Apotheke
- 17 Ko Lanta Diving Centre
- 18 Surf Sport Paddle Sports

HAT PHRA AE (LONG BEACH)
- 19 OZone Bar
- 20 Palm Beach Divecenter
- 21 Dr. Saiarin Clinic
- 22 Apotheke, 7-Eleven
- 23 Happy Kids Kindergarten
- 24 Lanta Gym

HAT BAN PHU KLOM
- 25 Thai Boxing Stadium

HAT KLONG KHONG
- 26 Fresh Coffee-Used Books
- 27 Lanta Thai Cookery School

Die südliche Andamanenküste

Ko Lanta – Hat Kaw Kwang und Hat Klong Dao

auch dabei sein. Zwischen dem 24.12. und 24.1. findet zusätzlich ein Morgenkurs um 11.30 Uhr statt. 1800 Baht. Vermieten auch 8 schöne Bungalows. ❹–❺

Wassersport
Ko Lanta Diving Centre, ☎ 075-66 8065, 🖥 www.kolantadiving.com. Unter deutschem Management. Kleine Basis im Lanta Island Resort.
Ko Lanta Watersports, ☎ 080-039 7393, 🖥 www.kohlantawatersports.com. Ansprechpartner für alle, die windsurfen oder kiteboarden wollen. Auch Kajaktouren werden veranstaltet.
Surf Sport Paddle Sports, ☎ 075- 66 8096, 🖥 www.lantapaddlesports.com. An der Hauptstraße. Paddeln und Surfen.

Yoga
The Retreat, ☎ 084-675 1094, 🖥 www.theretreatthailand.com. Zentral am Hat Klong Dao neben Cha-Ba Bungalows gelegen bietet Annelie Ashtanga Yoga und Meditation für Anfänger. Ihr Ziel: Mit Körperarbeit beginnen und sich dann dem Geiste widmen. Das Retreat befindet sich hinter Chaba Lanta Bungalow. Kurse jeden Werktag von 9–11 Uhr. ⌚ Mo–Fr ab 7 Uhr.

Hat Phra Ae (Long Beach)
Südlich von Hat Klong Dao, durch ein paar Klippen getrennt, befindet sich der weiße breite Hat Phra Ae, [2854]. Der etwa 4 km lange Strand ist an seinen beiden Enden mit einigen Anlagen bebaut; in der Mitte gibt es nur wenige vereinzelte Luxusresorts. Dazwischen, in den unbebauten Abschnitten gibt es noch ursprüngliche Vegetation mit Palmen und Kasuarinen. Der Strand eignet sich bei Ebbe weniger für Kinder, da es hier schnell tief wird; für erwachsene Schwimmer ist er immer ideal.

Im Süden wird der Strand durch einen Klong getrennt, der bei hoher Flut nicht zu durchschreiten ist. Dahinter ist der Strand mit Muscheln, Steinen und Korallen durchsetzt. Große Korallenblöcke ragen bei Ebbe aus dem Wasser. Hier ist schwimmen nur eingeschränkt möglich. An der Straße dahinter gibt es zahlreiche Geschäfte, zwei Geldautomaten, Bars und Restaurants.

Übernachtung
Weitere Unterkünfte s. **eXTra [3010]**.

Untere Preisklasse
Hutchieboat Bungalows ⑧, ☎ 089-645 1083. Etwas nach hinten versetzt in einem kleinen Garten, zwischen Bambussträuchern versteckt, stehen einige einfache Mattenbungalows auf Stelzen mit Ventilator. Ohne Restaurant. An der Hütte, die als Rezeption dient, sitzt nicht immer jemand – am Besten einfach anrufen. ❷
Lanta L. D. Beach (Sandy Beach Resort) ⑲, ☎ 075-68 4548. Vorne im Garten einfache Mattenbungalows an einer großen Rasenfläche senkrecht zum Meer. Dahinter Steinbungalows mit und ohne AC (dann auch TV). ❸–❻
Lanta Pearl Beach Resort ⑳, ☎ 075-68 4204, 🖥 www.lantapearlbeach.com. Unter hohen Bäumen im verwilderten Waldgarten stehen aufgereiht einige Steinbungalows mit AC, außerdem frei verteilt ältere große Matten-Holzhütten. Teils sind die Bäder hübsch bepflanzt. Ganzjährig geöffnet. 50 m bis zum Strand. Ventilator oder AC. ❸–❺
Papillon Resort ㊄, ☎ 075-68 4429, 🖥 www.papillon-kohlanta.com. Familiäre Anlage zwischen Straße und Strand. Unter Bäumen stehen 9 weiße kleine Steinbungalows mit Ventilator oder AC. Kleiner Pool, der sich gut zum Faulenzen und für Kinder eignet. Gemütliches Restaurant u. a. mit Sitzkissen,

Günstige schöne Naturbungalows

Lanta Marina Resort ㉛, ☎ 075-68 4168, 🖥 www.lantamarina.com, [3566]. Am Strand und bis weit ins Hinterland stehen weitläufig im großen Garten schöne Bambus-Holz-Bungalows mit halbrunden, bis zum Boden reichenden Palmdächern. Betten, Ablagen, Tisch und Stühle aus Bambus, große Bäder. Hellhörig. Auf der Terrasse stehen schöne Holzmöbel und jede Hütte hat eine Hängematte. Große Familienbungalows mit einem großen und zwei kleinen Betten. Zum Marina gehört auch das dahinter liegende Angel Resort. Hier stehen ähnliche Hütten in einem schattenlosen Garten, die etwas günstiger und kleiner sind. ❸–❹

> **Ausgefallene Architektur und familiär**
>
> **Leaf House** ⑦, ✆ 075-68 4534, [5516]. Sechs doppelstöckige Bungalows aus dunklem Holz rund um einen kleinen Garten. In diesem Familienbetrieb, gemanagt von Anny und Joke, wohnt es sich sehr angenehm. Alle Zimmer mit Ventilator sind recht geräumig und haben ein großes Bett, Staumöglichkeit und Tischchen. Mit Terrasse oder Balkon. Wenige Meter zum Strand. WLAN. ❸

liebevoll dekoriert. Unter thai-belgischer Leitung. WLAN. ❸–❹
Sanctuary ⑱, ✆ 081-891 3055. Einfache recht große Mattenbungalows mit Ventilator, senkrecht erhöht vor dem recht steinigen Strand im Garten. Einfache Einrichtung. Die Bäder sind nach oben offen und bepflanzt. Das Haupthaus mit Restaurant hat ein auffällig weit ausragendes Dach. Vorne gibt es eine kleine Bar. ❸–❹
Seapearl Lanta Cottage ㉓, ✆ 075-68 4381, ✉ seapearllanta_@hotmail.com, [6429]. Geräumige Mattenbungalows mit großen Fenstern im Garten unter Kokospalmen, vertikal zum Strand in zwei gegenüberliegenden Reihen. Alle mit Ventilator und Schrank. Tauchbasis. ❸–❹
Somewhere Else ⑱, ✆ 075-68 4719, [6430]. Schöne, einfache 8-eckige Holzbungalows unter hohen Palmen, großzügig auf dem Gelände verteilt. Alle mit Ventilator. Preis nach Größe und Strandnähe. Familienbungalows vorne mit einem großen und einem kleinen Bett. Großes Restaurant mit Thai-, westlicher und indischer Küche. ❷–❹
The Beach Bungalows und O-Zone Bar ㉕, ✆ 089-729 2383. Einfache Mattenbungalows mit winziger Terrasse, einem winzigen tiefer gelegten Bad und Ventilator. Hängematte. Hier kann es in der Bar schon einmal lauter werden. Die O-Zone Bar hat hinter der Anlage eine Tanzfläche und jeden Di in der Saison ist Party angesagt. WLAN. ❷
Thai House Beach Resort ⑲, ✆ 075-68 4289, 🖥 www.thaihousebeachresort.net, [5517]. Hinter dem großen und beliebten, oberhalb des Strandes liegenden Moonwalkrestaurant (⏰ 7–23 Uhr), stehen 3 große Holzbungalows mit AC, Kühlschrank und TV. Dahinter eine Reihe einfacher Bambushütten mit Ventilator und Moskitonetz. 2 gefliese Doppelsteinbungalows mit Meerblick liegen dazwischen. Ganzjährig geöffnet. Motorrad- und Autoverleih. ❸–❺

Mittlere Preisklasse
Lanta Castaway Resort ⑰, ✆ 075-68 4851, 🖥 www.lantacastaway.com. Hübsch dunkle Holzbungalows mit Ventilator und gemütlich eingerichtete AC-Steinbungalows mit TV und Kühlschrank in verschiedenen Größen. Morgens Yogakurs um 9.30 Uhr, 200 Baht. ❹–❻
Lantawadee Resort & Spa ⑫, ✆ 075-68 4720, 🖥 www.lantawadeeresortandspa.com. Familiäre Anlage, hübsche Holzbungalows recht eng beieinander in einem verwunschenen Garten mit vielen Bäumen und Sträuchern. Die Unterkünfte sind z. T. über Stege zu erreichen. Offene Bäder. Wenige Meter vom Strand entfernt. Ventilator oder AC. ❸–❺
Sayang Beach Resort ⑫, ✆ 075-68 4156, 🖥 www.sayangbeach.com, [6428]. Schöne unterschiedlich gestaltete Bungalows in Holz oder Stein mit großen Terrassen in einem schönen Garten. Großzügig verteilt. Innen mit Holzböden und Naturmaterialien ansprechend gestaltet. AC-Zimmer haben TV, einige Wasserkocher. Wer auf AC verzichtet, zahlt 300 Baht weniger. Im Restaurant Thai- und indische Küche. Wenige Bungalows hinten mit Ventilator. ❹–❽

Obere Preisklasse
Layana Resort & Spa ⑭, ✆ 075-60 7100, 🖥 www.layanaresort.com. Luxusanlage mit 50 Thaistil-Villen, 6 davon am Meer. Elegant mit dunklem Holz eingerichtet, die Bäder mit Dusche und Badewanne, teils mit zusätzlicher Außendusche. Minibar, TV, DVD. Große Liegeflächen rund um den grandiosen Pool, separater Spa-Bereich, Jacuzzi, Sauna, Fitnessraum, Wein- und Cocktailproben, WLAN. Aufmerksames Personal. ❽
Nakara Resort ⑬, ✆ 075-68 4178. Große, moderne Anlage, zentral gelegen. Schöne Zimmer in Bungalows und im Haupthaus. Große

Fenster, was v. a. die Bewohner der Bungalows direkt am Strand erfreut. Großer Pool. Liegen am Strand. ❽

Essen und Unterhaltung

Die Bars des Strandes haben sich untereinander abgesprochen; reihum veranstalten sie an verschiedenen Tagen der Woche eine Party. Bis auf das Treiben im Funky Fish Resort und in der Opium Bar ist das Nachtleben eher unspektakulär. Während der Recherche wurde im Süden an der Straße das große Funkey Monkey gebaut: Es ist zu erwarten, dass hier spätestens im Herbst Partys steigen.

Calypso Bar & Restaurant, eine der Bars südlich des zentralen Abschnitts zwischen den Luxusresorts. Hier gibt es schattige Plätzchen ebenso wie Liegestühle in der Sonne, zudem Duschen für die Gäste.

Country Lao, gemütliches Restaurant an der Straße mit guter Thai-Küche. Freundliche Bedienung. Sehr gutes Essen aus der Küche des Isarn.

Faim de Loup, Boulangerie-Patisserie. Französische Frühstückswahl mit Latte Macchiato, Espresso und frischem Brot oder Croissants. Außerdem Kuchen, Salate und Quiches im Angebot. ⏱ 7.30–17 Uhr.

Funky Fish Restaurant & Bar, ☎ 085-824 8408, 🖥 www.funkyfish-lanta.com, [3016]. Unter der Leitung von Michael aus Deutschland steigen hier viele Partys. So Beachparty. Es werden auch Mattenbungalows und AC-Steinbungalows vermietet. ❸–❹

iRie, kleine Bar mit Livemusik an der Hauptstraße, dazu handgefertigte Schmuck- und Lederstücke zum Verkauf.

Korner Bar, ganz am Ende des Strandes auf den Klippen gelegen. Relaxte, chillige Atmosphäre.

Klapa Klum Bar, am Strand neben einigen anderen. Abends oft Partys, zum Sonnenuntergang von 17–20 Uhr Cocktails für 100 Baht.

Mr. Wee Pizzeria, die erste der 3 Niederlassungen auf Ko Lanta, direkt am Strand und an der Straße im Süden der Bucht. Gute Pizzen.

Thai Cat, großes Open-Air-Restaurant direkt am Strand. Einige Salas, viele Tische direkt im Sand. Aufmerksamer Service, gutes und bezahlbares Essen. BBQ.

Feuershow und gutes Essen

Die **San's Sunset Bar** und das daneben liegende **Palm Beach Restaurant** sind beliebte Treffpunkte am Tag und am Abend. Das große Restaurant liegt direkt am Strand; viele überdachte und offene Salas mit Sitzkissen. Gute Thai-Küche, Pizza, frischer Fisch als BBQ und viele Cocktails. Günstig und große Portionen. Abends oft Feuershows. Das dazugehörige Resort bietet Stein- und ein paar wenige Mattenhütten. ❸–❻

Am mittleren Strandabschnitt bieten u. a. das **Friendly Restaurant** und das **Elephant Restaurant** günstiges Thai- und Travelleressen. An der Hauptstraße gibt es einige einfache **Essensstände**.

Aktivitäten

Thai-Boxen und Fitness

Lanta Gym, ☎ 075-68 4847, 🖥 www.lantagym.com. Wer will, kann sich hier mit Thaiboxen, an den Geräten des gut ausgestatteten Fitnesscenters oder im Yogakurs fit halten. ⏱ 8–20 Uhr.

Tauchen

Palm Beach Divecenter, ☎ 075-68 4603, 🖥 www.palmbeachdivers.com. Diese große Tauchschule gehört zum gleichnamigen Resort und bietet Ausflüge ebenso wie Kurse bis zum Instructor.

Sonstiges

Geld

Zwei Geldautomaten befinden sich an der Hauptstraße im Süden der Bucht, ein weiterer an der Straße hinter dem Nakara Resort.

Medizinische Hilfe

Dr. Salarin Clinic, ☎ 075-68 4522, ⏱ 15.30–21.00 Uhr, außer So. An der Hauptstraße auf Höhe des Lanta Casuarina Resort.

Hat Ban Phu Klom

Durch ein kleines Kap vom Long Beach getrennt liegt dieser einsame Sandstrand mit drei Unterkünften. Am einfachsten ist er von der Hauptstraße über einen Sandweg zu erreichen. Wer es noch ruhiger mag, kann zum Sonnen zu den südlicher gelegenen zwei unberührten Buchten weiterwandern.

Übernachtung und Essen

Alle Unterkünfte haben ein Restaurant und eine kleine Bar. Daneben gibt es am Strand noch die urige **Independece Bar** aus Schwemmholz. Hier finden während der Hauptsaison ab und an Partys statt.
Andaman Bay Bungalows (87), ℡ 081-691 0889. Einfache Holz-Mattenbungalows in Reihe mit Ventilator. Direkt am Strand die Nong Bar. ❷
Relax Bay (85), ℡ 075-68 4194, 🖳 www.relaxbay.com. Wer der ungeteerten Straße die Klippen rauf, den Hügel wieder herunter folgt, landet in der abgeschiedenen ruhigen Anlage, die z. T. in den Hang gebaut ist. 37 große gelbe Matten-Steinbungalows mit gemütlicher, individueller Einrichtung weit auseinander stehend im tropischen Garten. Pool, Strandbar. Schickes Restaurant mit französischer Küche. Leicht gehobenes Preisniveau. Tauchbasis Lanta Diver (s. S. 693). Manchmal Lagerfeuer am Strand. Ventilator oder AC. ❹–❽
Sea Culture House (86), ℡ 075-66 7147. Einfachste Mattenbungalows mit Bad direkt am Strand. Viel gelobtes Restaurant mit günstiger Thai-Küche. ❷

Hat Klong Khong

Am Anfang des 3 km langen Strandes ist der Sand von etwas gelblicher Farbe mit einigen Steinen und Muscheln durchsetzt, um dann immer heller und feiner zu werden. Bei Flut verschwindet ein Großteil der Sandflächen. Vorsicht beim Schwimmen: Es droht Verletzungsgefahr durch vereinzelte Korallen, die bei Flut kaum zu erkennen sind. Bei Ebbe ragen sie aus dem Wasser.

Für **Schnorchler** herrschen optimale Bedingungen. Zwischen den langen unbebauten Abschnitten liegt Naturstrand. Hier finden sich günstige Unterkünfte, die besonders bei **Rucksackreisenden** beliebt sind, dazu eine entspannte Atmosphäre und kleine Bars mit abendlichem Sonnenuntergang-Panorama.

Übernachtung

Weitere Unterkünfte s. **eXTra [3017]**.

Untere Preisklasse
Arena Bungalow (88), ℡ 075-66 7114. Kleine Anlage im freundlichen Familienbetrieb. Matten- und Steinbungalows. Ventilator und AC. 20 m zum Strand. ❷
Green Garden Resort (90), ℡ 075-66 7059. Auf der einen Seite einer Rasenfläche einfache Mattenbungalows mit Ventilator, auf der anderen Seite AC-Steinbungalows. Majestic Bar. ❷–❸
Lanta Family Resort (95), ℡ 075-66 7053. Einfache Bambushütten und 5 Steinbungalows mit großer Fensterfront unter Palmen. Ventilator und AC. Chocolate Bar. ❷–❺

Mittlere Preisklasse
Fisherman's Cottage (97), ℡ 081- 476 1529, 🖳 www.fishermanscottage.biz. 11 Bungalows rund um einen Rasenplatz. Die mit Fischnamen bezeichneten Bungalows haben Ventilator und sind alle unterschiedlich und außergewöhnlich gestaltet. Weiß verputzte Flächen oder Bambus, Matratzen auf Podesten, offene Bäder, hübsche Dekorationen, bemalte Wände. Weißes überdachtes Restaurant und kleine Bar. WLAN. ❸–❺
Lanta Full Moon Bay View Resort (98), ℡ 075-66 7145, 🖳 www.lantafullmoon.com. Saubere Bambushütten mit Ventilator oder möblierte Steinbungalows mit AC, TV und Kühlschrank.

Im Kunstobjekt wohnen

Where Else (92), ℡ 075-66 7173, 🖳 www.lanta-where-else.com, **[4346]**. Auffällige Anlage mit Fahnen am Strand. Die Bungalows aus Bambus und Matten im hinteren Teil sind einfach (und schon etwas verwohnt), aber hübsch gestaltet. Ventilator, offene Bäder, Moskitonetz. Keine Hütte gleicht der anderen. Verschiedene Größen, eine mit interessanter Turmterrasse. Gutes, preisgünstiges Restaurant mit vielen Thai-Gerichten und ein paar indischen Spezialitäten. Oftmals finden in der Saison Partys statt, die teils sehr laut ausfallen können. WLAN. ❸–❹

Am Strand Pool und Kinderpool. Ganzjährig geöffnet. ❸–❺

Lanta Pavilion Resort (93), ✆ 075-66 7079, 🖳 www.lantapavilion.com. 2 Reihen Steinbungalows in Weiß und Orange hinter dem Pool. Alle mit AC, einige mit TV und Kühlschrank. Ganz hinten einfachere Bambushütten mit Ventilator. ❸–❺

Moonwalk Lanta Resort (89), ✆ 075-66 7134, 🖳 www.moonwalkresort.com. Große gelbe, saubere Steinbungalows und Bambusbungalows im hinteren Teil. Ventilator und AC. ❹–❺

Sea Sand Sun Bungalows (91), ✆ 075-684 859, 🖳 www.seasandsunresort.com. 2 Reihen kleine, hübsch eingerichtete Steinbungalows. Pool. WLAN. ❺

Essen und Unterhaltung

Alle Unterkünfte haben ein Restaurant, die meisten haben auch noch eine kleine Bar aus Treibholz gebastelt.

Back Moon Bar, neben dem Fluss, eine weitere Bar aus Schwemmholz und gute Alternative, um einen Drink zum Sonnenuntergang zu genießen.

Gecko Lanta Bar, von einem Franzosen geleitet. Fußballübertragungen auf einer Großleinwand. Pizza, Thai- und französische Küche.

Green Chilli Restaurant, **Mr. Wee Pizzeria** und **Hipo Bar** liegen nebeneinander am Strand. Leckere Currys im Green Chilli Restaurant; Mr. Wee mit der gewohnt guten Pizzaqualität.

Green Leaf Café, unter englischer Leitung, eine Frühstücksalternative mit Croissants und belegten Broten in einer hübsch in Rot gestrichenen Hütte.

Sonstiges

Bücher

Fresh Coffee-Used Books, in dem an der Hauptstraße gelegenen Café kann man gemütlich einen Kaffee trinken und in gebrauchten, teils deutschen, Büchern schmökern. 🕓 7–22 Uhr.

Kochkurse

Lanta Thai Cookery School, Hat Klong Khong, ✆ 087-311 3252, 🖳 www.lantathaicookeryschool.com. Etwas abseits der Straße liegt die offene, von einem Palmdach beschattete Küche. In kleinen Gruppen werden aus einer Liste von 10 Gerichten 5 ausgewählt, unter Anleitung gekocht und natürlich gegessen. Jeder hat seinen eigenen Arbeitsbereich und Kocher. Morgenkurs 8.30–13 Uhr, Nachmittagskurs 13.30–18 Uhr. 1000 Baht.

Hat Klong Nin und die Buchten weiter südlich

Hinter der Abzweigung zur Ostküste beginnt das Dorf Klong Nin mit einem tollen weißen Sandstrand, [2856]. Der Strand fällt lange flach ab, dann wird das Meer ideal zum **Schwimmen**. Im Hinterland erheben sich die grünen Riesen des Regenwaldes. Rucksackreisende mit wenig Budget wohnen hier ebenso wie jene, die sich Luxus leisten können.

An der Strandstraße gibt es einige Minimärkte und Restaurants – mal mit Blick auf den Strand, mal im Hinterland. Am Strand ist relativ viel los; Richtung Norden, wo es steiniger ist, ist es ruhiger. Die Bars haben Liegen und Sonnenschirme und auch die meisten Resorts und Gästehäuser bieten Liegen am Strand. Einige Strandverkäufer bieten ihre Ware feil, sie sind aber wenig aufdringlich.

Die Buchten weiter südlich locken alle, die etwas mehr Ruhe und Einsamkeit suchen. Der kleine Hat Nui ist nur wenige Hundert Meter lang. Hier gibt es keine Unterkunft, aber einen kleinen Erfrischungsstand. Tolle **Schnorchelbedingungen** für Aktive und viel **Ruhe** für Strandlieger. An den beiden folgenden Buchten kann man wohnen.

Übernachtung

Weitere Unterkünfte s. eXTra [3020].

Untere Preisklasse

An der nördlichen Strandstraße haben sich einige Gästehäuser mit wenigen Zimmern etabliert. Sie kosten meist zwischen 300 und 500 Baht.

Lanta Nature House ㉛, hinter der Strandstraße, ✆ 075-66 2604. Orangenes 2-stöckiges Haus mit großen Zimmern, AC und TV. Jeweils ein Doppel- und ein Einzelbett. Ein Zimmer mit Meerblick. Kostenpflichtiges WLAN. ❹

> **Unschlagbar günstig**
>
> **Oasis** ㉔, hinter der Straße, ☎ 084-118 2148 [6433]. Kleine, von einem jungen schwedischen Paar geleitete Anlage mit 5 einfachen Zimmern in Bambushäusern. Sauber, große Betten mit großem Moskitonetz. Kleine Bar. Abends manchmal „Kino" auf einer größeren Leinwand. In der Nebensaison geschlossen. ❷
>
> **Chalee Bar Ley's** ㉚, ☎ 084-745 8360, [3022]. Einfache Holzbungalows in einem kleinen Garten. Alles ist schon etwas windschief, aber der Preis ist gerade dieser Touch einladend. Der Preis der einfachsten Hütten mit Bad ist unschlagbar an diesem Strandabschnitt. Familienbetrieb. ❷

Lanta River Sand Resort ⑱, im Norden der Bucht, ☎ 075-662 660, 🖥 www.lantariversand.com. Für Ruhesuchende eine Alternative: Der davor liegende Strand, von Felsen durchsetzt, wirkt wie ein Privatstrand. Bambushütten und alte, günstige Mattenhütten mit Ventilator. Das Restaurant liegt romantisch auf Klippen. ❷–❹

Round House ㉑, ☎ 082-281 1448, [6434]. Im kleinen Garten stehen 4 schöne, mit Liebe zum Detail erbaute Bungalows mit Ventilator, zudem ein Steinbungalow mit Meerblick und AC. Nettes Restaurant mit Meerblick. ❹

Mittlere Preisklasse

Baan Pakgasri Hideaway ㉙, ☎ 075-66 2563, 🖥 www.baanpakgasri.com. Auf einem kleinen Grundstück am Strand stehen einige schöne Bungalows aus Holz und Stein; TV. Zwei exklusive Bungalows direkt am Meer. ❺

Février Resort ㉖, ☎ 075-66 2618, ✉ lanta.fevrierresort@gmail.com. 2 steinerne Doppelbungalows und vier Holzbungalows mit AC, einer mit Ventilator – alle mit TV und hübsch eingerichtet. Jenseits der Straße, doch wenige Meter vom unbebauten Strand entfernt. Familienbetrieb: Frau Lek kümmert sich rührend um ihre Gäste. WLAN. Inkl. Frühstück für 2 Pers. Kostenlose Fahrräder. Verleih von Mopeds. Ganzjährig geöffnet. ❹–❺

Lanta Miami Bungalow ㉞, ☎ 075-66 2559, 🖥 www.lantamiami.com. Schöne Anlage mit Holz-Stein-Bungalows mit großen weißen Bädern, entweder mit Strandblick (dann mit AC und Badewanne) oder hinten im Garten (mit Ventilator). Großzügiges halb offenes Restaurant am Strand. Kleine Bar. Ganzjährig geöffnet. ❹–❻

Lanta Nice Beach Resort ㉗, ☎ 075-66 2662, 🖥 www.lantanicebeachresort.com. 32 ansprechende Steinbungalows mit Fliesenböden in gepflegter Anlage am Strand, einige mit Meerblick. Auf der anderen Straßenseite weitere Steinbungalows (1300 Baht). Alle mit TV. Restaurant mit Thai- und indischer Küche am Strand, außerdem eine kleine Bar. Pool mit Meerblick. ❺–❻

White Rock Resort ㉕, ☎ 075-66 2721, 🖥 www.lantawhiterock.com, [6435]. Ansprechende Anlage an der Straße; es sind nur wenige Meter über die Straße zum unbebauten Strandabschnitt. In schattigem Grün stehen große Doppelbungalows aus Holz und Stein mit ansprechender Einrichtung. TV, Kühlschrank, Safe. Auch Familienbungalows. Viele Langzeitreisende aus Schweden. Unter thai-schwedischer Leitung. Im hinteren Bereich ein recht großer, aber schattenloser Pool. WLAN. Tauchbasis. ❺

Obere Preisklasse

Amantra Resort & Spa ㊲, ☎ 075-66 2691, 🖥 www.amantraresort.com, [6439]. Große Anlage mit schönen geräumigen Bungalows, viele mit Meerblick. 1 großes, 1 kleines Bett, TV und Kühlschrank. Pool mit Meerblick. Strand im südlichen Bereich der Anlage; das Meer ist von Felsen durchsetzt. Freundliche Leute. ❺–❼

Andalay Boutique Resort ㉘, ☎ 075-66 2699, 🖥 www.andalaylanta.com. Schöne Anlage mit 10 aneinander gebauten Bungalows parallel zum Strand in zentraler Lage. In puristischer Optik: Innen edel in Holz eingerichtet. Kleiner Pool und Liegen am Strand. Preis variiert je nach Nachfrage. In der Nebensaison geschlossen, wenn wenig los ist. ❺–❽

Moonlight Exotic Bay Resort ⑯, am Privatstrand nördlich vor Klong Nin Beach, ☎ 075-66 2590, 🖥 www.moonlight-resort.com. Durch die Anlage zieht sich malerisch ein Fluss, an dem einige Terrassen der Bungalows liegen; Pool. Bei Ebbe viele freiliegende Steine im Meer. ❻–❽

Hat Klong Nin

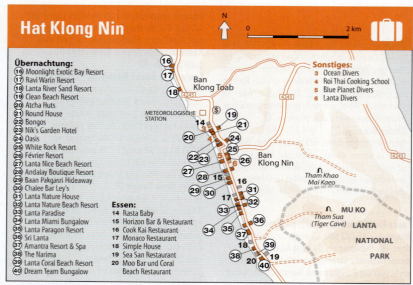

Übernachtung:
- ⑯ Moonlight Exotic Bay Resort
- ⑰ Ravi Warin Resort
- ⑱ Lanta River Sand Resort
- ⑲ Clean Beach Resort
- ⑳ Atcha Huts
- ㉑ Round House
- ㉒ Bongos
- ㉓ Nik's Garden Hotel
- ㉔ Oasis
- ㉕ White Rock Resort
- ㉖ Février Resort
- ㉗ Lanta Nice Beach Resort
- ㉘ Andalay Boutique Resort
- ㉙ Baan Pakgasri Hideaway
- ㉚ Chalee Bar Ley's
- ㉛ Lanta Nature House
- ㉜ Lanta Nature Beach Resort
- ㉝ Lanta Paradise
- ㉞ Lanta Miami Bungalow
- ㉟ Lanta Paragon Resort
- ㊱ Sri Lanta
- ㊲ Amantra Resort & Spa
- ㊳ The Narima
- ㊴ Lanta Coral Beach Resort
- ㊵ Dream Team Bungalow

Essen:
- 14 Rasta Baby
- 15 Horizon Bar & Restaurant
- 16 Cook Kai Restaurant
- 17 Monaco Restaurant
- 18 Simple House
- 19 Sea San Restaurant
- 20 Moo Bar und Coral Beach Restaurant

Sonstiges:
- 3 Ocean Divers
- 4 Roi Thai Cooking School
- 5 Blue Planet Divers
- 6 Lanta Divers

Ravi Warin Resort ⑰, ☏ 075-60 7400, 🖥 www.rawiwarin.com. Große Exklusivanlage im Norden am Strand und in den Hang gebaut. Stilvolle Bungalows, Suiten bis zu 300 m² mit eigenen Pools. Poollandschaft, 1 Meerwasserpool im Meer, Wasserrutsche, 2 Restaurants, 2 Bars, Fitnesscenter, PADI 5-Star-Tauchbasis, Kleinkino, Kinderspielraum, Spa mit Sauna, WLAN. Bei Ebbe ragen am Strand Korallen aus dem Wasser. ❻–❽

Sri Lanta ㊱, ☏ 075-66 2688, 🖥 www.srilanta.com. Pool, Bar und Spa am Strand, dazu große Rasenfläche mit Liegen. Die stilvollen großen Thaistil-Holzbungalows liegen auf der anderen Straßenseite am Hang. Großzügig bepflanzt. Viel Privatsphäre. Große überdachte Terrassen mit Blick ins Grüne. ❼

Zwischen Klong Nin und Hat Kantiang

Lanta Coral Beach Resort ㊴, ☏ 075-66 2535. In einer kleinen Bucht stehen 20 Stein- oder Bambusbungalows in einer Gartenanlage unter schattigen Bäumen, wenige Meter vom Strand entfernt. AC im Steinhaus, Ventilator im Bambusbungalow. Das gute und günstige Restaurant mit Terrasse liegt über den Klippen. Hier gibt es WLAN. Baden kann man hier nicht so gut, da ein Riff vorgelagert ist. ❸–❹

Dream Team Bungalow ㊵, ☏ 075-66 2552, 🖥 www.dreamteamresort.com. 70 Bungalows und Zimmer mit Ventilator oder AC, teils dicht nebeneinander. Die Anlage ist schön begrünt. Familien- und doppelstöckige Bungalows. Einige mit schönen Details. Pool und Kinderpool mit Rutsche sowie ein Spielplatz. Schwimmen im Meer ist nur eingeschränkt möglich. ❹–❻

The Narima ㊳, ☏ 075-66 2668, 🖥 www.narima.net, **[6440]**. Geräumige Bungalows aus Bambus mit Palmdach, AC und jeweils einem großen und einem kleinen Bett. Große Holzterrassen mit Holzmöbeln und Hängematte in einer gepflegten aber naturbelassenen Anlage. Kleiner Strand mit Liegen. Pool, kleiner Kinderpool. Schwimmen zwischen den Felsen möglich. Tauchbasis. ❺–❽

Essen und Unterhaltung

Im Norden des Strandes, wo die Strandstraße beginnt, liegen zahlreiche Restaurants am Meer. Die Preise sind relativ hoch, egal, ob das Haus edel aussieht oder im alten Travellerstil gebaut ist. Die meisten Restaurants haben Stühle,

Liegen am Strand. Alle Anlagen haben auch ein Restaurant – meist am Meer.

Cook Kai Restaurant, an der Strandstraße. Uriges Holzrestaurant mit vielen Muscheldekorationen. Gute Currys und Seafood.

Monaco Restaurant, gutes italienisches Restaurant, betrieben von Martin aus München. Auf der Karte stehen Spaghetti und Pizza zu gehobenen Preisen.

Rasta Baby Bar, am Beginn der Strandstraße im Norden. Urige Rastabar, in der des Öfteren die wohl bekannteste Band Thailands „Job 2 do" spielt. Vermieten auch günstige Zimmer.

Horizon Bar & Restaurant, gemütliches großes Holzrestaurant mit Palmendach und Strandblick. Gute Auswahl an Thai-Gerichten, vieles extra für die schwedischen Gäste. Viele junge Leute. Gehobene Preise.

An den **südlichen Buchten** lockt neben dem empfehlenswerten **Coral Bay Resort Restaurant** das **Sea San Restaurant** u. a. mit guter Pizza. Davor, nahe des Klong Nin, liegt auf den Klippen das **Simple House** über einem kleinen, selbst in der Hochsaison oft einsamen Strand. Viele Stufen führen vom Hügel hinunter in eine runde Bar, die mit Liebe zum Detail gebaut wurde. Wenige überdachte Tische bieten grandiosen Strandblick. Eine als japanische Stoffrolle gestaltete Karte listet kalte Getränke und wenige Gerichte der Thai-Küche.

Aktivitäten

Kochkurse

Roi Thai Cooking Classes, ✆ 075-66 2549, 🖥 www.myroithai.com. Zentral am Strand liegt diese ansprechende Kochschule mit renommierten Kursen und zufriedenen Kunden. Ursprünglich war das Roi Thai nur ein Restaurant, das sich durch den Einsatz natürlicher Produkte ohne Geschmacksverstärker einen Namen gemacht hatte. Essen kann man hier immer noch sehr gut!

Tauchen

Blue Planet Divers, vor dem White Rock Resort, ✆ 085-472 3450, ⊙ 7–17.30 Uhr. Kurse und Ausflüge.

Lanta Divers, gegenüber dem Lanta Nice Beach Resort, ✆ 075-668 057. Kleine Basis der bekannten Tauchschule.

Ocean Divers, direkt am Beginn der Strandstraße am Ozeanischen Institut, ✆ 075-668 245, 🖥 www.oceandiversasia.com. Kleine Tauchschule mit eigenen Speedbooten. Täglich Anfänger- und Fortgeschrittenenkurse (bis Advanced Open Water) und wechselnde Ausflüge. Fährt früher los als die meisten anderen Tauchschulen und ist so meist eine der ersten an den Tauchspots.

Hat Kantiang

Die wunderschöne, etwa 1 km lange sichelförmige Bucht (**eXtra [5507]**) lockt mit hellem feinen Sand. Das Meer ist hier ideal zum Schwimmen. Lediglich bei Ebbe ragen an beiden Enden flache Felsen aus dem Wasser. Im Hintergrund erheben sich die Berge des Nationalparks mit dichtem Grün.

Übernachtung

Baan Lanta Resort & Spa ⑥, ✆ 075-66 5091, 🖥 www.baanlaanta.com, **[5509]**. In den Hang gebaute luxuriöse Thaistil-Teakholzbungalows, 5 davon mit Meerblick, die anderen 10 rund um einen Pool. Schöne Badezimmer und Betten mit Blick auf die Terrassen durch große Fensterflächen. Restaurant am Strand. ❻–❽

Kantiang Bay View Resort ⑦, ✆ 075-66 5048, 🖥 www.kantiangbay.net. 20 eng stehende Bungalows am Strand. In den Bambushütten mit Ventilator, mit AC in den Steinbungalows, weitere im Hang jenseits der Straße. Entspanntes Restaurant und gemütliche Why Not Bar aus Schwemmholz am Strand. Volleyballnetz. ❸–❺

Lanta Top View Resort ⑤, ✆ 081-788 5578. Über eine steile, staubige Straße erreicht man den flachen, kahlen Gipfel des Hügels. Hier liegen das Restaurant und 2 Steinbungalows mit Fliesenboden, die einen fantastischen Blick auf das endlose Meer freigeben. Die restlichen Hütten in Stein und in 2. Reihe in Bambus stehen unter schattigen Bäumen. Alle Zimmer mit Ventilator. Für Mopedreisende eine günstige Alternative. ❷–❹

Wohnen wie in einer Höhle

Phra Nang Lanta ③, ☎ 075-665 025, 🖥 www.vacationvillage.co.th. 15 individuell gestaltete Zimmer in 2 doppelstöckigen gelben Gebäuden, entweder mit Terrasse oder Balkon. Die teils verputzten Wände lassen an eine helle geräumige Höhle denken. Einige Zimmer mit Verbindungstüren. Kleiner Pool direkt am Strand. ❻

Pimalai Resort & Spa ④, ☎ 075-607 999, 🖥 www.pimalai.com. Riesige Luxusanlage mit 144 Zimmern oder Villen im Hang oberhalb der Straße. Auf bis zu 420 m² mit 3 Schlafräumen und eigenem 40 m²-Pool kann man hier wohnen. 4 Restaurants, 2 Bars, 2 Pools, Kinderpool, Spa, Fitnesscenter, Tauchbasis. Hier gibt's auch Liegen und Sonnenschirme am Strand oder gemütliche Liegeflächen unter schattigen Bäumen. ❽

Essen und Unterhaltung

Drunken Sailor, Thailändisches, Sandwiches und Burger zu fairen Preisen. Entspannung bieten Hängematten. Abends werden ab 19 Uhr Filme gezeigt.
NT Restaurant, an der Hauptstraße. Das grün gestrichene Restaurant bietet neben Thai- und europäischer auch indische Küche.
Same Same But Different, ☎ 081-787 8670. Wunderschönes Restaurant unter hohen Bäumen und mit vielen Pflanzen. Große runde Bar unter einem riesigen Runddach im Pagodenstil. Weitere teils überdachte gemütliche Sitzgelegenheiten mit liebevollen Dekorationen. Die Walknochen sind durchaus beeindruckend. Gehobene Preise, da direkt am Strand gelegen.
Vi View Sunset Cliff Restaurant, kleines Restaurant am Ende der Bucht, bietet mit der Terrasse über dem Wasser einen fantastischen Blick auf die Kantiang-Bucht. Wenige gängige Gerichte der thailändischen Küche zu günstigen Preisen.

Aktivitäten

Scubafish, ☎ 086-946 8662, 🖥 www.scuba-fish.com. Beliebte Tauchschule am Strand; die üblichen Ausflüge und Kurse.

Sonstiges

Geld
Ein Geldautomat ist an der Hauptstraße.

Ao Klong Jak

Die Straße von Hat Kantiang zur Ao Klong Jak ist teils asphaltiert. Die sichelförmige ruhige Ao Klong Jak hat einen weißen, breiten Sandstrand, am südlichen Ende spenden Bäume etwas Schatten. Das klare Wasser ist ideal zum Schwimmen. Den Namen verdankt der Strand dem 3 km entfernt gelegenen **Wasserfall**. Jenseits der Straße liegt ein Elefantencamp. Man kann auch auf eigenen Füßen die etwa 1-stündige Wanderung in den Dschungel am Flusslauf bis zum kleinen Wasserfall unternehmen. Zu sehen sind viele kleine Dschungelbewohner und eine große Anzahl Vögel. Am Fall selber wartet ein kühlender natürlicher Pool.

Am nördlichen Ende der Bucht entstand zum Zeitpunkt der Recherche eine weitere große Anlage mit Bungalows im Hang.

Übernachtung

Andalanta Resort ⑩, ☎ 075-66 5018, 🖥 www.andalanta.com, [5503]. Weitläufige Anlage unter Palmen mit unterschiedlichen Bungalows aus Holz oder Stein sowie Standardzimmern im 2-stöckigen Gebäude. Großer Pool mit Meerblick. Großzügiges, überdachtes Restaurant direkt am Strand. Kajakverleih. ❻
Klong Jak Bungalows ⑨, ☎ 075-66 5016, [5504]. Versetzt und verstreut liegen einfache Mattenbungalows mit Ventilator, mehrere Steinbungalows mit AC oder weit hinten Zimmer mit Balkon und Ventilator im 2-stöckigen weißen Gebäude. Die Atmosphäre ist familiär; Restaurant und Bar sind ein beliebter Treffpunkt. ❷–❹
Last Beach Resort & Restaurant ⑪, ☎ 081-088 1779, [5505]. Nur 2 große Mattenbungalows mit Ventilator. Daneben ein hübsch mit Kokosnüssen dekoriertes Restaurant, Grillecke und Bar. ❹
Sunmoon Bungalow ⑧, ☎ 075-66 5078, ✉ musasunmoon@hotmail.com, [5506]. Verschiedene Bungalows verstreut unter Bäumen. Matte, Stein, mit Ventilator oder AC.

Nan spricht sehr gut Englisch und gibt der Anlage einen familiären Charakter. Restaurant mit großer Terrasse über einem Flüsschen. ❸–❹

Essen und Unterhaltung

Alle Unterkünfte haben ein Restaurant. Außerdem liegt am südlichen Ende des Strandes die kleine **Moonwalk 1 Bar**. Die winzige Bar lädt mit Musik zu einem gekühlten Getränk ein (gemütliche Holzplattform mit Sitzkissen und kleinen Tischen; serviert werden Frühstück, Thai-Gerichte und Sandwiches).
Safaree Restaurant und das **Restaurant**, (ohne Namen) an der Hauptstraße sind 2 weitere einfache, aber gemütliche Restaurants mit Thai-Gerichten.

Ao Mai Pai (Bamboo Bay)

Die Straße zwischen Ao Klong Jak und Ao Mai Pai ist nicht asphaltiert und erfordert ein vorsichtiges Fahren. In der Trockenzeit ist es hier sehr staubig. Ao Mai Pai ist eine malerische kleine Bucht mit weißem Sandstrand – der letzte, bevor das Nationalpark-Gebiet beginnt. Im Hintergrund erhebt sich ein bewaldeter Hang. Im Wasser liegen einige größere Felsen, die bei Ebbe zu großen Teilen freiliegen und bei Flut schöne **Schnorchelmöglichkeiten** bieten. Am südlichen Ende der Bucht kann aber auch bei Ebbe geschwommen werden. Die Bucht ist **einsam**, nur mit drei auseinanderliegenden Resorts bebaut.

Übernachtung und Essen

Baan Phu Lae Bungalows ⑬, ✆ 075-66 5100, 🖳 www.baanphulae.net, [5499]. Die familiäre Anlage besteht aus 6 einfacheren Mattenbungalows mit Ventilator, Palmendach und Terrassen am Strand unter Bäumen. 2 Doppelbungalows aus Holz auf Stelzen auf der anderen Straßenseite. AC, große Fenster mit Meerblick. Kochkurse. Freier Transport zur Anlage. ❹
Bamboo Bay Resort ⑫, ✆ 075-66 5023, 🖳 www.bamboobay.net, [3581]. Gepflegte Anlage mit 23 Bungalows, die die Bucht überblicken, z. T. oberhalb der Straße, aus unterschiedlichen Materialien (Holz, Stein, Matte). Bungalow für bis zu 8 Pers. Ventilator und AC. Gemütliches Restaurant zwischen Bougainvillen über den Klippen. Thai-dänische Leitung. ❹–❺
La Laanta Hideaway Resort ⑭, ✆ 075-66 5066, 🖳 www.lalaanta.com, [5500]. Luxusanlage mit 20 Villen. Geschmackvoll in gelber Wischtechnik gestaltet. Palmendach von außen und dunkles Holz und bemalte Wände innen. Großzügig, mit Terrasse, TV, Kühlschrank. 2 Pools mit Jacuzzi, die Strandbar ist toll für einen Sundowner. WLAN. ❻–❽

Ko Bubu

Die kleine bewaldete Insel kann in 15 Minuten zu Fuß umrundet werden. Außer Strand und Meer (und einem Resort) findet sich hier nichts: Robinson-Leben pur. Nur die Tagesausflügler unterbrechen für wenige Stunden dieses Gefühl. Am Strand liegt das **Bubu Island Resort** ②, ✆ 075-618 066, mit 15 einfachen Mattenbungalows mit Ventilator, ❷–❸.

Anreise von Ban Ko Lanta (Old Town): Am Seafood Restaurant neben dem Pier ein Longtail mieten (Hin- und Rückfahrt 400 Baht für 1 Person, 700 Baht für 2 Personen).

Von Trang bis Satun

Trang

Trang [5753] ist eine kleine angenehme Provinzstadt. Wer auf die vorgelagerten Inseln weiterfahren will, ist hier gut aufgehoben – viele übernachten hier, denn der große überdachte Markt in der Nähe des Bahnhofs sowie der **Nachtmarkt** sind wirklich einen Besuch wert. Dort kann man sich unters Volk mischen und das tägliche Leben dieser Stadt, in die sich nur wenige Touristen verirren, ganz nah erleben.

Trang hat 27 000 Einwohner, viele davon sind chinesischer Abstammung. Deren Einfluss ist deutlich spürbar; es gibt zahlreiche chinesische Läden und Restaurants. Wer sich in Trang genauer umschaut, sieht zwischen den neueren Häusern die vielen noch erhaltenen, alten **Holzhäuser**, die die Eleganz und den morbiden Charme des 19. Jhs. ausstrahlen. Die Stadt selbst ist noch weitaus älter, früher lag sie allerdings fast 2000 Jahre lang am Meer. Wegen der vielen Überflutungen wurde sie dann weiter ins Landesinnere verlegt. Ihre Bedeutung als Handelsstadt hat sie bis heute erhalten.

In Familienbetrieben wird hauptsächlich Kautschuk gewonnen und (recht guter, s. u.) Kaffee angebaut – ein einträgliches Geschäft, sodass die Stadt derzeit recht wohlhabend ist. Nicht zuletzt war es auch dem Einfluss des Politikers Chuan Leekpai zu verdanken, der, als er 1992 Premierminister wurde, seiner Geburtsstadt Gelder zufließen ließ.

Übernachtung

Baan Aothong ⑩, 25/28-31 Sathani Rd., ℡ 075-22 5611, 🖳 www.myfriend-trang.com, [6471]. Neuere Version der beliebten Friend Guesthouse. Kleine, aber saubere und nett ausgestattete Zimmer mit Kühlschrank und TV. Mit Fenster ein paar Baht teurer. ❹

My Friend Guesthouse ⑪, 25/17-20 Sathani Rd., ℡ 075-22 5447, 🖳 www.myfriend-trang.com, [6470]. Schön gelegenes beliebtes Haus nahe dem Bahnhof. Große, nett gestaltete saubere AC-Zimmer mit TV. Zimmer mit oder ohne Fenster zum gleichen Preis. ❸

PJ Guest House ⑨, 25/12 Sathani Rd., ℡ 075-21 7500. 8 Zimmer mit Ventilator im 1. und 2. Stock mit Gemeinschaftsbad und WC; nur die äußeren haben Fenster. Dachterrasse. Sauber und sehr familiär. Mrs. Joy spricht sehr gutes Englisch und vermittelt souverän Touren, Tickets, Mietwagen, Fahrräder etc. ❶

Sri-Trang Hotel ⑧, 22-26 Sathani Rd., ℡ 075-21 8122, 🖳 www.stritranghotel.com, [6472]. Große meist gefliese, recht gemütliche Zimmer mit Ventilator oder AC, TV und Kühlschrank. Teils ohne Fenster, teils sogar mit Balkon. Auch 3-Bettzimmer. Schöne Lobby mit nettem Café. ❸

The Queens Trang ②, 85 Wisetkun Rd., ℡ 075-21 8422. Große Zimmer mit Ventilator oder AC, TV und netten Möbeln. Gute Bäder. ❸

Thumrin Thana Hotel ①, 69/8 Trang Thana Rd., ℡ 075-21 1211. Sehr gutes Hotel mit luxuriöser Lobby und (fast) allem, was das Herz begehrt: etwa 300 gut ausgestattete Zimmer mit großem Bad, Fahrstuhl, Terrasse, Pool, Coffeeshop, Juwelierladen, Restaurants, Fitnesscenter, Sauna, Bar, Autovermietung, WLAN. ❺

Yamawa Guesthouse ③, 94 Visetkul Rd., ℡ 075-21 6617, 🖳 www.yamawaguesthouse.com, [6473]. Kleines Gästehaus mit einfachen sauberen Zimmern, teils recht klein. Gut ausgestattet mit Ventilator oder AC, alle TV. Einige mit Fenster oder gar Balkon. Kleine Bäder. In der Lobby kostenloses Internet. ❷

Essen und Unterhaltung

Der **Nachtmarkt** Center Point ist ein kleines Highlight von Trang. Geboten wird ein großes Angebot an allem, was essbar ist: Fleisch, Innereien, Fisch, Muscheln, Tintenfisch, Süßes, Obst. Eine Spezialität Trangs ist die Thai-Variante des Spanferkels: Das Fleisch wird allerdings im Gegensatz zur uns bekannten Präsentationsart ganz klein geschnitten und auf Reis gegessen. Leider gibt es keine Sitzmöglichkeiten, da die Besucher das Essen mit nach Hause nehmen.

Im **Siriban Shopping Center** gibt es für alle, die westlich genormtes Essen wollen, KFC, The Pizza Company, Swensen's-Eis und Dunkin Donuts.

Khao Tom Pui, schräg gegenüber dem 7-Eleven. Offenes Ecklokal ohne englisches Schild. Auf der Speisekarte, die aber auch auf Englisch informiert, finden sich die üblichen Thai-Gerichte. Sehr beliebt bei Trats Einwohnern.

Im **Muslim Restaurant** gegenüber dem Bahnhof gibt es kleine Thai-Portionen und einen hervorragenden Chai (Tee); günstig und beliebt bei der moslemischen Bevölkerung.

Wunderbar Restaurant & Tour, 🖳 www.wunderbar-trang.com. Thailändische und europäische Küche (deutsch und englisch). Viel Auswahl zum Frühstück, diverse Kaffeevarianten. WLAN. Gelobt wird das Reisebüro. ⏱ 7.30–22 Uhr.

Cafés

Trang ist bekannt für gute Kaffee- und Kuchenspezialitäten, die es in Coffeeshops überall in der Stadt gibt. Statt *kafae* (meist Nescafé) wird dieser Kaffee *kopi* genannt. Einige **Coffeeshops** öffnen gegen Abend entlang der Ratsada Rd.

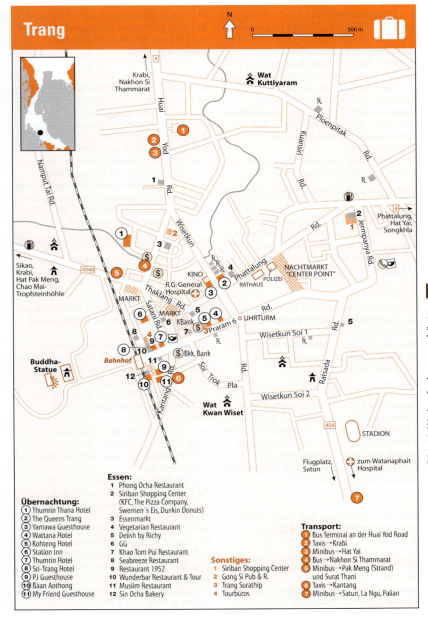

Das **1952 Restaurant** gehört zum Sri-Trang und lockt mit Kaffee und kleinen Leckereien. 9–20 Uhr, manchmal auch länger. Auch das kleine Café bietet guten Kaffee in nettem Ambiente. **Delish by Richy**, **Bakery and Restaurant**, ein Hauch von Wiener Kaffeehaus in Trang: Backwaren, Torten, Suppen, Pasta, Steak und Thai in europäischem Flair. Direkt am Bahnhof liegt die **Sin Ocha Bakery** mit dem aus der Gegend angebauten Kaffee; offenes Café, wo sich Einheimische und Touristen treffen.
Im **Thumrin Hotel** bietet die Bäckereikette **One more smile** Kuchen und mehr.

Sonstiges

Feste
Dank der chinesischen Bevölkerung wird auch in Trang ein lautes und buntes **Vegetarian Festival** (s. S. 572, Phuket) gefeiert. Jedes Jahr im Sep/Okt steht die Stadt für etwa 10 Tage Kopf.

Medizinische Hilfe
Im Zentrum, in der Sai Ngam Rd., befindet sich das staatliche **R.G. General Hospital** mit einem 24-Std.-Notdienst. 075-223 500-9, zudem im Osten der Stadt das **Watanaphait Hospital** und ein **Krankenhaus für Tropenkrankheiten** (Malariaschnelltest in 2 Std.).

Motorrad-/Auto-/Fahrradverleih
Selbstfahrer finden Angebote in den meisten Hotels, die fast immer Mopeds, oft Autos und z. T. Fahrräder vermieten. Auch die Reisebüros am Bahnhof haben ein entsprechendes Angebot: Mopeds kosten rund 250 Baht pro Tag und ein Auto 1500 Baht pro Tag. Fahrräder kann man bei PJ Guest House ausleihen.

Post
Die Post liegt gegenüber dem Thumrin Hotel an der Praram 6 Rd., Mo–Fr 8.30–16.30, Sa 9–12 Uhr.

Aktivitäten und Touren

Tauchen
Reisebüros und Touranbieter haben 2- bis 4-tägige Tauchtrips im Angebot. Ziele sind die vor Trang liegenden Inseln. Dazu zählen v. a. Ko Ha Yai, Ko Muk und Ko Rok. Auch die Felsen unter Wasser, Hin Muang und Hin Daeng werden angefahren.

Touren
Die meisten Touranbieter befinden sich direkt am Bahnhof. Viele bieten Tagestouren zu den Inseln und vermitteln auch den Transport per Minibus und Boot auf die Eilande, für alle die länger bleiben wollen. Ein Resort kann man gleich mitbuchen, oft wird man dann auf der Insel aufgepickt. Empfehlenswert ist die Buchung bei Mrs. Joy im **PJ Guesthouse**. Beliebte Anbieter sind zudem **Wunderbar Tours**, 075-21 4563, www.wunderbar-trang.com, und **Trang Island Hopping Tour**, 05-21 1457, trangislandhopping@gmail.com.

Transport

Innerhalb der Stadt fahren **Motorradtaxis** (ab 20 Baht) oder **Tuk Tuks** (ab 30 Baht).

Taxis und Busse
Abfahrt der großen Busse vom Busterminal an der Huai Yod Rd., Abfahrt der Minibusse und Sammeltaxis s. Stadtplan.
BANGKOK, um 8 und 18.30 Uhr (520 Baht), 9.30 Uhr (670 Baht), 9.40, 17, 18.30 Uhr (670 Baht), 17.30 Uhr (780 Baht). 17 und 17.30 Uhr VIP-Bus (1040 Baht). Fahrzeit 12 Std.
BUTTERWORTH (Malaysia), mit AC-Bus nach HAT YAI und weiter mit dem VIP-Bus für 450 Baht.
HAT CHAO MAI, stdl. mit Minibus zwischen 7 und 17 Uhr für 70 Baht in 1 Std.
HAT PAK MENG, Minibusse stdl. zwischen 7 und 17 Uhr für 60 Baht.
HAT YAI, Minibusse stdl. von 7.50–17 Uhr für 110 Baht. Mit dem großen Non-AC-Bus zwischen 6 und 16.30 Uhr alle 30 Min. für 100 Baht.
HAT YANG LING und HAT SAN, mit den Minibussen Richtung Hat Chao Mai.
HAT YAO, mit den Minibussen Richtung Hat Chao Mai. Nach Ansage wird man am Hat Yao abgesetzt.
KATANG, die Tour von 25 km kostet mit dem Taxi 40 Baht p. P. bei mind. 6 Pers.

KHAO LAK, mit dem Bus in etwa 4 1/2 Std. Richtung Krabi und Phuket bis Khok Kloi (220 Baht), dann Richtung Takua Pa umsteigen; Fahrzeit bis Khao Lak 1 Std. für 50 Baht.
KO SUKON, mit dem Bus für 30 Baht bis nach Yan Ta Khao und dann weiter mit dem Songthaew für 30 Baht bis zum Pier Laem Ta Se; von dort mit dem Longtail in 15 Min. (40 Baht p. P. bei mind. 5 Pers.), Chartern eines Bootes kostet 200 Baht. Eine andere Alternative ist das Versorgungs-Songthaew, welches tgl. um 11 Uhr von Trang bis zum Palian Pier fährt (1 Std., 70 Baht). Von hier mit dem Longtail für 50 Baht in 1 Std. bis Ko Sukon. Ab dem Anleger mit dem Motorradtaxi oder Pick-up zu den Resorts.
KRABI, PHANG NGA, PHUKET, mit Bus stdl. von 5.30–18.30 Uhr nach Krabi für 120 Baht in 2 Std., nach Phang Nga für 190 Baht in 3 Std. und Phuket für 260 Baht in 5 Std. Nach Krabi mit dem Minibus, ab 6 Pers. Für je 120 Baht.
NAKHON SI THAMMARAT, Abfahrt der Busse nahe Thumin Thana Hotel alle 30 Min. zwischen 5.30–17 Uhr für 50 Baht.
PAKBARA (über La-Ngu), 13.30, 15.30, 17.30 Uhr für 100 Baht in 2 Std.; von La-Ngu mit dem Songthaew nach Pakbara.
PATTHALUNG, alle 30 Min. für 70 Baht in 1 1/2 Std.
SATUN, mit AC-Bus um 13.30, 15.30 und 17.30 Uhr für 140 Baht in 2 Std.
SURAT THANI, Minibusse stdl. von 7–17 Uhr für 180 Baht.

Minibusse und Speedboote / Fähren (Kombitickets)

Die Preise gelten, sofern nicht anders vermerkt, für Kombitickets mit Minibus (1 1/2 Std. bis Pakbara Pier) und Speedboot. Abfahrtzeit ist normalerweise um 9.30 Uhr. Ab Pakbara brauchen Kinder kein Ticket für das Speedboot, ein Platz im Minibus (empfehlenswert) kostet 200 Baht pro Strecke. Wer Hin- und Rückreise bucht, spart ein paar Baht. Zudem können Tickets gesplittet werden. Das heißt, man kann auf dem Weg einen Halt einplanen (beispielsweise in Tarutao auf dem Weg nach Ko Lipe), das Ticket ist dann wesentlich billiger als separat gebuchte Fahrten.

KO BULON LAE, für 550 Baht. Mit Tigerline ab Hat Yao 600 Baht inkl. Bus ab Trang. Kinder zahlen den vollen Preis.
KO HAI, für 450 Baht.
KO KRADAN, für 450 Baht.
KO LAO LIANG, mit Tigerline ab Hat Yao für 850 Baht.
KO LANTA, stdl. von 9–16.30 Uhr für 250 Baht.
KO LIBONG, mit Minibus nach Hat Samran, dann mit einem lokalen Boot nach Ko Libong für 250 Baht.
KO LIPE, für 750 Baht mit Tigerline ab Hat Yao (Kinder zahlen voll), mit Minibus und Speedboot ab Pakbara für 800 Baht (Returnticket 1400 Baht) in etwa 3 Std.
KO MUK, Abfahrt zum Hafen Kuan Tung Ku um 11.30 Uhr, Ankunft auf Ko Muk 13.30 Uhr für 350 Baht.
LANGKAWI, mit dem Bus nach Satun, mit dem Taxi zum Tammalang Pier und mit der Fähre nach Langkawi.
KO TARUTAO, für 500 Baht.

Eisenbahn

BANGKOK, s. Fahrplan S. 812/813. Eine gute Nacht versprechen der Zug um 13.20 Uhr (Ankunft 5.15), und der Zug um 17.20 Uhr (Ankunft 8.25). Sleeper 1. Klasse kostet 1280–1480 Baht; 2. Klasse 570–870 Baht, 3. Klasse 250–290 Baht.

Flüge

Der Flugplatz liegt etwa 5 km außerhalb. **Nok Air** fliegt 1x tgl. um 11.10 Uhr nach BANGKOK. Ankunft 12.35 Uhr für 2600 Baht inkl. Gebühren.

Umgebung von Trang

Die Provinz Trang mit ihrer kleinen namensgleichen Provinzhauptstadt ist für viele Reisende der Ausgangspunkt, um zu den zahlreich vorgelagerten Inseln und den angrenzenden schönen Stränden zu gelangen.

Die **Strände** Trangs (S. 700), aber v. a. die vorgelagerten **Inseln** (ab S. 702) sind wirklich eine Reise wert: Einsamkeit, bizarre Kalksteinklippen und weißer Sand, soweit das Auge reicht, nahezu unberührte Unterwasserwelten und faszinierende Höhlen. Ab Trang sind fast alle diese Inseln erreichbar, auch wenn sie eigentlich zu den angrenzenden Provinzen gehören, z. B. Ko Hai in der nördlich gelegenen Provinz Krabi oder die inzwischen gut für den Tourismus erschlossene Ko Lipe im Tarutao National Park (Provinz Satun). Weitaus weniger westliche Reisende als auf Ko Lipe trifft man auf den anderen Eilanden. Ko Libong z. B. „gehört" noch seiner ursprünglichen Bevölkerung aus Fischern und Farmen. Inseln wie Ko Kradan und Ko Hai hingegen sind fast nur von Touristen (und deren Dienstleistern) bewohnt; dort gibt es keine gewachsenen einheimischen Dörfer. Wer ganz weit weg von der Zivilisation will, unternimmt Tagesausflüge nach Ko Petra oder Ko Rok.

Die meisten Naturschönheiten der Provinz Trang gehören zum **Chao Mai National Park** (und kosten daher vielfach 200 Baht Eintritt am Tag). Der Park erstreckt sich über 120 km entlang der Küste und umfasst neun der insgesamt 47 vorgelagerten Inseln.

Nicht nur die Inselwelt der Andamanensee zieht Besucher an – auch zu Lande gibt es in der Provinz Trang einiges zu sehen. Naturfreunde finden im **Landesinneren** neben zahlreichen **Wasserfällen** (mehr dazu siehe eXTra [5756]) natürliche und ausgebaute **Höhlensysteme** (mehr dazu siehe eXTra [5757]) in den Karstfelsen. Vogelfreunde kommen ebenfalls in dieser Gegend auf ihre Kosten.

Die beste **Reisezeit** auf den Inseln liegt zwischen Dezember und April. Wer die Natur um die Stadt Trang besuchen will, z. B. Wasserfälle, sollte in der Regenzeit oder kurz danach kommen, denn dann strömen die Fälle besonders eindrucksvoll.

Strände bei Trang

Die Festlandstrände vor Trang werden von westlichen Touristen recht selten besucht. Minibusse verkehren ab Trang, s. S. 699.

Hat Pak Meng

Der bekannteste und meistbesuchte Strand Trangs ist Hat Pak Meng, 40 km von der Stadt entfernt. Vor allem Thais kommen hierher, und sie sagen: Wer nicht hier war, hat Trang nicht gesehen. Dass sich der flache 5 km lange Sandstrand nicht zum Schwimmen eignet, stört niemanden. Während der Ebbe wird gejoggt, Frisbee gespielt oder wattgewandert. Man lässt Drachen steigen oder picknickt unter den schattigen Pinien. Leider sammeln nicht alle ihren Müll auf, so dass der Strand v. a. nach einem besucherstarken Wochenende ziemlich vermüllt ist.

Der Strand gehört zum **Chai Mai National Park**, doch es wird kein Eintritt erhoben. Wer Anfang November hierher reist, kann am Tag der niedrigsten Ebbe gemeinsam mit tausenden Besuchern Muscheln aus dem Watt graben.

Übernachtung und Essen

Zahlreiche Restaurants, die ihre Stühle am Strand unter den Kasuarinen aufstellen, haben sich entlang der Straße angesiedelt. Es gibt viele Straßenstände mit frittiertem Fisch, Tintenfisch oder Krabben, allerdings keine Bungalows direkt auf dem Strand, denn zwischen Unterkünften und Meer verläuft eine Straße.

Laytrang Resort & Travel, ☎ 075-27 4027, 🖥 www.laytrang.com. Am Pier gelegene Gartenanlage. Große Steinbungalows unter Bäumen. Die Zimmer sind recht gut eingerichtet, teils mit Himmelbett und riesigen Bädern. Etwas kühl und mit wenig Flair. Vorwiegend Thai-Gäste. Zelte stehen zur Verfügung (200 Baht). ❹

Makmai Resort, ☎ 075-27 4234. Am Ende der Restaurantzeile gelegene Anlage mit grünen Reihen-Steinbungalows. Kühles Design fürs Thai-Publikum. ❸

Pak Meng Resort, 60/1 Moo 4, ☎ 075-27 4112, 🖥 www.pakmengresort.com. Das Resort liegt etwa 2 1/2 km südlich der Promenade. Betonbungalows mit Holz- und Rattanmöbeln, TV, Ventilator oder AC. Großer Garten und Zimmer in 2 Häusern am Klong. Gutes Restaurant. Motorrad- und Kanuverleih (400 Baht pro Tag). ❹

Transport

Wer am Hat Pak Meng selbst ein Boot chartert, um zu den vorgelagerten Inseln zu gelangen, zahlt meist mehr als mit den Kombitickets ab

Trang. Nach KO HAI kostet das Longtail ab 300 Baht pro Pers. Ein Speedboat 500 Baht. Taxis/Songthaews nach TRANG 60 Baht.

Hat Chang Lang

Nahe Hat Pak Meng liegt der Hat Chang Lang. Am Büro des Chao Mai National Park zahlen ausländische Besucher 200 Baht Eintritt.

Hat Chang Lang ähnelt Hat Pak Meng. Er ist nur einige Kilometer lang und eine Freude für Muschelsammler. Die eingerichteten Picknickplätze locken v. a. Thais zu einer Rast. Schwimmen kann man nicht. Zelten hingegen ist möglich; es gibt am südlichen Ende des Strandes eine kleine Dusche und ein WC.

Übernachtung

Anantara Si Kao Resort (ehemals Amari Trang Beach Resort), 188/199 Moo 5, Changlan Rd., ℡ 075-20 5888, 🖥 www.sikao.anantara.com. Mehrgeschossige Anlage direkt am Strand mit mehreren Pools und Restaurants. Fast 140 edel eingerichtete Zimmer mit allem Komfort. ❽

Chang Lang Resort, ℡ 075-291 008, an der Straße und 5 Min. Fußweg vom Strand entfernt. Steinbungalows mit je 4 Zimmern in einer Gartenanlage. Einfache Einrichtung. Familien bis zu 8 Pers. können ein Haus mit 3 Zimmern mieten (1600 Baht). ❸–❹

Das **Haadyao Nature Resort**, ℡ 075-20 7934, 🖥 www.trangsea.com, ist eines von vier Resorts der Gruppe. Zimmer im Reihenhaus, ohne eigenes Bad, kosten 500 Baht. Zudem gibt es Bungalows mit TV und eigenem Bad für den doppelten Preis. Das Resort verwendet nur Naturmaterialien und unbearbeitete Lebensmittel. Es organisiert viele interessante Touren in die Umgebung. Nachteil: Das Resort liegt mitten im Dorf, und die nebenan abfahrenden Longtails stören Ruhesuchende. ❸–❹

Hat Yong Ling und Hat San

Etwa 5 km vom Dorf Chao Mai entfernt befinden sich diese beiden Strände, die vom Berg Yong Ling getrennt werden (Eintritt 400 Baht). Hat Yong Ling ist 2 km lang, von Pinien bestanden und beeindruckt v. a. durch seine Karstfelsen. Durch einen Tunnel und eine Höhle durch den Berg erreicht man bei Ebbe den 1 km langen Hat San. Hier geht es noch ruhiger zu. Von den Stränden hat man einen schönen Blick auf die vorgelagerte Ko Muk.

Hat Yao

Der 4 km lange Naturstrand mit pudrigem weißen Sand gehört ebenfalls zum Chao Mai National Park, aber auch hier muss kein Eintritt gezahlt werden. Der Strand ist sauber, und es gibt keinen Müll; leider stören oft Sandfliegen ein beschauliches Sonnenbad. In der Woche ist Hat Yao menschenleer. Das Wasser ist zwar am Ufer flach, eignet sich aber trotzdem gut zum Schwimmen. Ein kleines Restaurant ist vorhanden. Im Meer sieht man bei gutem Wetter Ko Libong. Der Strand wird im Süden von einem hohen Felsen begrenzt, der an die Strände bei Krabi erinnert. Hinter diesem Felsen liegt eine Bungalowanlage (nur von der Straße aus erreichbar, direkt hinter dem Felsen rechts). Die Bungalows des **Sinchai Chaomai Resort**, ℡ 075-203 034, sehen zwar nicht sehr ansprechend aus, Besucher sind dennoch oft zufrieden. ❸

Hat Chao Mai

Nur etwa 500 m neben dem Hat Yao befindet sich das kleine Fischerdorf Ban Chao Mai. Besucher können hier das Leben der lokalen Fischer beobachten oder mit dem Kanu die sehenswerte **Chao Mai-Tropfsteinhöhle** besuchen. Der etwa 2 1/2-stündige Ausflug kostet 200 Baht.

Nachhaltiger Tourismus

Von einem in Bangkok lehrenden Professor wurde ein Projekt ins Leben gerufen, das Tourismus unter ökologischen Voraussetzungen vorantreiben soll. Mittlerweile arbeiten auch viele ehrenamtliche Helfer mit, um im Dorf Chao Mai Aufklärung zu betreiben und die Dorfbewohner im Bereich nachhaltiger Tourismus zu unterstützen, z. B. bei der Herstellung von eigenen Produkten (u. a. Batikwaren). Noch immer vor dieser Küste die seltenen Dugong, s. Kasten S. 708. Auch deren Schutz wird vorangetrieben, wenn die Bevölkerung verstehen lernt, dass die Fischjagd mit Dynamit auch den friedlichen Seekühen Schaden zufügt.

An- und Weiterfahrt: Die Songthaews aus Kantang und die Minibusse aus Trang halten hier.

Ko Hai

Unter dem Schutz des **Ko Lanta National Park** steht diese kleine, nur etwa 5 km² große Insel. Am besten ist sie von Trang aus zu erreichen. Ko Hai, auch **Ko Ngai** genannt, ist mit Dschungel bewachsen und hat im Osten einen weißen, 3 km langen Sandstrand zu bieten. Bei Ebbe liegen im Norden viele Felsen über Wasser, und der Strand hier ist mit einigen Steinen durchsetzt. Schwimmen ist also nur bedingt möglich. Über einen Dschungelpfad sind in 45 Minuten zwei weitere Strände zu erreichen: An der Südseite befindet sich eine Bucht und an der Südwestseite die 400 m lange **Ko Tong-Bucht**, ein Strand mit einem Resort und dem Nationalpark-Büro. Das Meer davor eignet sich prima zum Tauchen, Schnorcheln und Schwimmen. Oberhalb der Bucht auf dem Berg haben die Parkranger eine Zweigstelle: Hier kann man auch zelten. **Hochsaison** ist zwischen Januar und April. Die Insel ist aber immer einen Besuch wert, schon im Dezember wird das Wetter besser, und bis in den Juli hinein ist es meist schön. Wer Einsamkeit und Ruhe sucht, ist hier absolut richtig. Nationalparkgebühr 400 Baht.

Übernachtung

Alle Anlagen haben ein Restaurant; normalerweise ist ein Frühstück inkl.

Oststrand
CoCo Cottage Resort ②, ☎ 087-898 6522, 🖥 www.coco-cottage.com. In romantischer Anlage, durch die ein Flüsschen führt, liegen 25 Bungalows mit Ventilator oder AC aus Naturmaterialien wie Holz und Bambus. Große Terrassen vor den Bungalows. ❺–❽
Koh Hai Fantasy Resort & Spa ⑥, ☎ 075-20 6960, 🖥 www.kohhai.com. Großes Resort mit Zimmern und Bungalows in gepflegter Gartenanlage. Geschmackvolle Einrichtung. Pool, Spa, Bars, Internet, Reisebüro, Souvenirshop, Tauchbasis Rainbow Divers. Family Suite ❽, sonst ❺–❻

Koh Ngai Mayalay Resort ⑤, ☎ 086-475 0057. Großzügige Anlage mit mehreren großen, einfachen Holzbungalows mit Palmblätterdach und großen Fenstern. Alle Bungalows liegen im hinteren Bereich. Auffällig sind die 3 wunderschönen, pagodenartigen Massageplätze in der Mitte. Hübsche Strandbar. ❹–❻
Koh Ngai Seafood ③, ☎ 087-271 4354. 8 große Mattenbungalows unter Palmen mit Ventilator und Moskitonetz. Alle bieten Meerblick. Restaurant auch mit Tischen direkt am Strand. ❺
Koh Ngai Thanya Resort ⑦, ☎ 075-20 6965, 🖥 www.kohngaithanyaresort.com. Geschmackvolle Villen in dunklem Holz eingerichtet, Panoramafenster, Bad und zusätzliches Außenbad, Minibar. Pool mit Meerblick, Jacuzzi und Kinderpool. Yogakurse. ❻–❽
Koh Ngai Villa ④, ☎ 075-21 0496, 🖥 www.kohngaivillathai.com. Viele einfache Mattenbungalows mit Ventilator, Moskitonetz und Minibad ohne Waschbecken. Zudem einige Bungalows mit AC und Zimmer im Gästehaus. Strom zwischen 18 und 6 Uhr. Winzige Strandbar, vom quirligen Franzosen Michel betrieben: guter Treffpunkt für einen Sundowner. ❹–❺
Thapwarin Resort ①, ☎ 075-21 8261, 🖥 www.thapwarin.com. Große Holzbungalows mit AC oder Ventilator, alle mit Warmwasser, Bambusdach und Panoramafenstern, teils mit Meerblick unter Kokospalmen. Hübsche Strandbar. ❺–❽

Andere Strände
Koh Ngai Paradise ⑧, an der Südwestseite, ☎ 075-21 6420. Holzbungalows am weißen Sandstrand der Ao Ko Tong. 18 schöne Zimmern, alle mit Meerblick. Nur in der Hauptsaison geöffnet. ❹
Koh Ngai Resort ⑨, ☎ 075-20 6924, 🖥 www.kohngairesort.com. In einer 200 m breiten Bucht südlich des Ortsrandes gelegenes Resort. 80 verschiedene Zimmer mit AC oder Ventilator, im Haus oder in Bungalows, im Garten und am Hang. Meerblick vom großen Restaurant. Bar, Pool, Internet, Kajak- und Schnorchelverleih. Bei hoher Flut stören die schützenden Sandsäcke die Idylle. Anfahrt mit

KO HAI (KO NGAI)

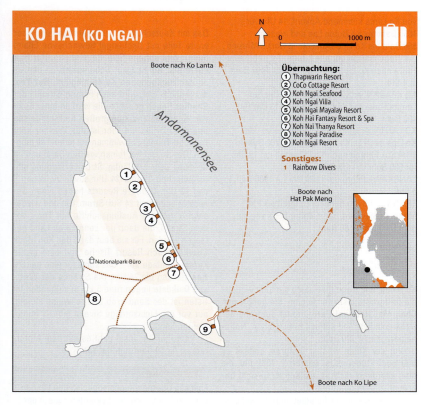

Übernachtung:
1. Thapwarin Resort
2. CoCo Cottage Resort
3. Koh Ngai Seafood
4. Koh Ngai Villa
5. Koh Ngai Mayalay Resort
6. Koh Hai Fantasy Resort & Spa
7. Koh Nai Thanya Resort
8. Koh Ngai Paradise
9. Koh Ngai Resort

Sonstiges:
1. Rainbow Divers

---

dem Boot zum hauseigenen Pier oder zu Fuß vom Oststrand bei Ebbe über die Steine, bei Flut nur über einen kleinen versteckten Pfad oberhalb der Felsen. ④–⑧

Aktivitäten

Schnorchelausflüge

Alle Resorts bieten Ausflüge in die Umgebung (teils mit Schnorchelausflug) an. Angefahren werden wahlweise **3–4 Inseln**: Ko Muk (s. S. 704) mit Besichtigung der Emerald Cave, Ko Kradan (s. S. 706) und/oder die vor Ko Hai gelegenen kleinen Inseln Ko Ma und Ko Chuak. Kosten: 400–500 Baht, eine Tour wird ab 4 Pers. durchgeführt.

Wer nach **Ko Rok** (s. S. 707) auf einen Schnorcheltrip fahren will, zahlt 1200 Baht inkl. Nationalparkgebühr; die Tour wird ab einer Mitfahrerzahl von 12 Pers. durchgeführt.

Tauchen

Rainbow Divers, ☎ 075-206 962, 🖥 www.rainbow-diver.com. Basis im Koh Hai Fantasy Resort. Führt im 5-Tages-Rythmus Tauchausflüge durch, u. a. zu den attraktiven Tauchplätzen bei Ko Rok, Ko Hai, Hin Daeng und Hin Muang (s. S. 707). Ebenfalls im Angebot Nitrox-, Nacht- und Sunset-Tauchen. Ab 4500 Baht.

Transport

KO BULON LAE / KO LIPE, das Schnellboot von Ko Lanta nach Ko Bulon Lae und Ko Lipe hält am Pier des Koh Ngai Resort (Ostküste);

von Ko Lanta kommend Ankunft 14 Uhr, für 1050 Baht bis Ko Bulon Lae und weitere 500 Baht bis Ko Lipe (Ankunft 16 Uhr). Während der Nebensaison nur alle 2 Tage. Tgl. fährt eine Fähre nach Ko Lipe um 11.30 Uhr für 1400 Baht in 4 Std.
KO KRADAN, entweder mit einem Charter-Longtail oder mit dem Boot gegen 13 Uhr für 400 Baht.
KO LANTA, Ankunft des Schnellbootes von Ko Lipe nach Lanta ca. 11 Uhr, für 700 Baht in 1 1/4 Std. Fähren nach Ko Lanta tgl. um 15 Uhr für 500 Baht in 1 1/2 Std.
LANGKAWI, Fähre um 11.30 Uhr für 1700 Baht in 6 Std.
TRANG, um 9 Uhr mit dem Longtail bis Pak Meng für 350 Baht, dann weiter bis Trang mit dem Minibus für 60 Baht.

Ko Muk

Ko Mook, wie diese Insel auch genannt wird, ist die drittgrößte Insel der Region. Sie gehört zum **Chao Mai National Park** und ist aufgrund der Nähe zum Festland schnell zu erreichen. Nationalparkgebühr 200 Baht.

Vor der Küste wächst Seegras, sodass es hier noch Dugongs (s. Kasten S. 708) gibt, die man allerdings nicht so einfach zu Gesicht bekommt.

An der Westseite befindet sich die sehenswerte, etwa 50 m lange Höhle **Tham Morakot (Emerald Cave)**. Durch die Höhle (eine wasserdichte Taschenlampe ist von Nutzen) gelangt man nach wenigen Metern an einen Strand. Einst wurde die Bucht von Piraten genutzt, die hier ihr Raubgut versteckten. Die Höhle ist mit dem Longtail oder dem Kajak (20 Min.) vom Hat Yao aus zu erreichen. Von Ko Kradan, Ko Hai oder Ko Lanta fahren Touristenboote direkt zur Höhle.

Die ruhigste Zeit, um die Höhle selbst zu erkunden, ist der spätere Nachmittag. Das beste Licht allerdings bietet sich zur Mittagszeit; dann reflektiert das Meer die einfallende Sonne und wirft funkelnde Spiegelbilder an die Felswände – daher erhielt sie den Namen „Smaragd"-Höhle.

Die Strände

Das mit Kautschuk-, Kokusplantagen und über weite Teile mit Dschungel bewachsene Eiland besitzt drei schöne Strände: Hat Yao, Hat Hua Laem und Ao Pangka. Schwimmen ist überall an der zugänglichen Küste möglich. **Hat Yao**, die große Bucht, wird auch Farang-Strand oder Charlies Beach genannt. Sie wird an einer Seite von einem malerischen großen Kalksteinfelsen begrenzt. Direkt am Ufer ist das Wasser sehr flach, bei Flut ist Schwimmen auf jeden Fall möglich. Der Strand hat feinen weißen Sand und ist bei Ebbe sehr weitläufig. Stromversorgung gibt es zwischen 17 und 24 Uhr sowie zwischen 5 und 13 Uhr. Größere Resorts haben einen Generator und somit 24 Std. Strom. Hin und wieder ankern größere Ausflugsschiffe mit Thais vor dem Strand, die dann per Longtail an Land gefahren werden. Für sie baut dann das Koh Mook Charlie Beach Resort Tische und eine große Karaoke-Anlage auf – das sorgt für eine heitere Beschallung bis 24 Uhr. Die Strände der West- und **Ostküste** liegen rund 3 km auseinander. Im Osten ist der Sand grob und teilweise steinig, nur vor der Luxusanlage Sivalai gibt es feinen weißen Sand.

Vom Pier der Insel geht es mit dem Motorradtaxi für 50 Baht zum Hat Yao.

Übernachtung

Fast alle Übernachtungsmöglichkeiten können von Trang aus vorgebucht werden, was in der Hauptsaison auch ratsam ist.

Hat Yao

Koh Mook Charlie Beach Resort, ☎ 075-20 3281, 🖥 www.kohmook.com. Große Anlage mit einfachen Mattenbungalows mit Ventilator sowie Steinbungalows mit AC und Blick aufs Meer oder zum Garten. Pool, Restaurant mit Pasta und Pizza, Strandbar, Internet, Minimarkt. NS inkl. Frühstück. 24-Std.-Strom. Verleih von Schnorchelausrüstung und Kanus. Ab Mitte November bis März kleine Tauchschule. Touren zur Emerald Cave und zu den Inseln für 200 Baht p. P. ❹–❻

Mookies, ☎ 087-275 6533, ✉ mookiebrian@yahoo.com. 5 Min. vom Strand hinter Rubber Tree, 6 Zelte unter Palmdächern am Hang einer

Kautschukplantage. Komfortabel, da groß, mit Federkernmatratze, Licht und Ventilator. Sauberes Gemeinschaftsbad, Warmwasser, wenn es Strom gibt (abends). Allabendlicher Treffpunkt ist das Restaurant. Auf Wunsch wird gegrillt. Brian, der australische Betreiber, trifft mit seinen Sprüchen nicht jedermanns bzw. -fraus Humor. ❷

Pawapi Resort, ℡ 089-669 1980, 🖥 www.pawapi.com. Direkt am Strand 10 robuste Bungalows aus Bambus und Matten. Gute moderne Ausstattung. Große Veranden. ❺–❻

Rubber Tree Bungalows, ℡ 075-21 5972, 🖥 www.mookrubbertree.com. Direkt hinter Charlie Beach Resort am Hang unter Kautschukbäumen. Orangene Steinbungalows mit AC oder Ventilator. Zudem recht günstige einfache Mattenhütten. Restaurant mit Blick auf die Bucht. Die Bungalows sind sauber gefliest mit großen Bädern. HS inkl. Frühstück. ❹–❺

Sawaddee Resort, ℡ 081-508 0432, 🖥 www.kohmook-sawaddeeresort.com. 12 Ventilator-Holzbungalows auf Stelzen am Ende der Bucht unter Bäumen. Einfache Ausstattung mit großem Bambus-Bett und Bad. ❸

Ostküste

Emeraldo Creek, ℡ 085-690 5597. Nur 5 Min. Fußweg vom Pier an der Ostküste, gegenüber einem Fischerdorf. 3 Steinbungalows mit Ventilator. Matratzen auf Holzpodest, Tisch, Stühle, offenes Waschbecken. Bad mit WC und Dusche. ❸

Koh Mook Garden Camping Tour, ℡ 075-21 1372, rechter Hand des Piers. In einer kleinen Bucht mit gelbem, etwas steinigem Sand. Nur in der HS geöffnet. Bungalows und Zimmer im Reihenhaus. Zelten ist möglich. ❷–❸

Koh Mook Resort, ℡ 075-21 9199, am Hang rechter Hand des Piers. Verschiedene Holzbungalows am Hang mit Meerblick. In der Saison geöffnet. ❷–❸

Koh Mook Sivalai Beach Resort, ℡ 089-723 3355, 🖥 www.komooksivalai.com. Vom Pier aus linkerhand auf einer Landzunge mit unglaublich feinem weißen Sand. Anlage mit 21 großen, luxuriösen Bungalows, fast alle mit Meerblick. Große Panoramafenster auf 3 Seiten, Terrassen, Holzböden und schöne Bäder. Pool,

Thai-Küche mit dem gewissen Etwas

Hill Top Restaurant, nach 5 Min. Fußweg vom Hat Yao Richtung Ostküste erreicht man dieses Restaurant mit hervorragender Thai-Küche. Die Besitzerin zeigt auch gerne, wie man Thai-Gerichte zubereitet. Einfach am Tag vorher Bescheid geben, was man gerne mag – dann wird zusammen gekocht.

separates Kinderbecken. Internet in der Lobby. Frühstücksbuffet. ❻–❽

Essen

Koyao Seafood, im Hang mit Blick auf den Hat Yao. Einfaches Restaurant mit großer Seafood-Auswahl.

Mayow Thai Kitchen, hinter Charlies Beach Resort am Hat Yao. Traditionelle Thai-Küche, leckere Currys, von netter Familie geleitet. Vermieten auch 2 große Mattenbungalows. ❷

Sonstiges

Fahrradverleih am Pier 100 Baht pro Tag. **Kajaks** werden beim Koh Mook Charlie Beach Resort oder direkt daneben am Strand vermietet. Alle Unterkünfte verleihen **Schnorchelausrüstung**. Leser loben die **Chillout-Divers** (gegenüber der Mayow Thai Kitchen). Pauline und Richard bieten neben Tauchtouren auch Yogakurse an.

Transport

Die Longtails von Trang halten am Hat Yao am Fangyao Pier.

KO KRADAN / BULON LAE / KO LIPE, mit dem Schnellboot von Ko Lanta kommend um 14.15 Uhr in 1/2 Std. nach Ko Kradan, in 1 Std. nach Ko Bulon Lae und für 500 Baht in 2 Std. nach Ko Lipe. Während der Nebensaison nur alle 2 Tage.

KO LANTA, Fähre um 11.30 Uhr für 500 Baht (zzgl. 50 Baht für die Longtails, die vom Strand an die Fähre fahren). Zudem mit dem Schnellboot von Ko Lipe kommend: um 10.45 Uhr für 900 Baht in gut 2 Std. Die Ankunftszeiten wechseln aufgrund der Gezeiten. Je nach Wasserstand wird zuerst Ko Hai angefahren und dann Ko Muk und Ko Kradan oder anders herum. Die Ausflugsboote, von Ko Lanta kommend, fahren zur Emerald Cave und halten auf telefonisch übermittelten Wunsch (jede Anlage kann dies übernehmen) am Hat Yao. TRANG, An- und Abreise am besten mit dem Kombiticket für 350 Baht: Abfahrt Ko Muk (Hat Yao) um 9 Uhr, Ankunft in Trang um 10.30 Uhr. Eine günstigere Alternative ist das Versorgungsboot, das morgens um 7.30 Uhr Ko Muk (ab Pier Ostseite) verlässt und gegen 12 Uhr von Kuan Tung Ku wieder nach Ko Muk zurückfährt. Minivans nach Trang warten am Pier für 200 Baht.

Ko Kradan

Diese Insel zeichnet sich neben traumhaften Stränden v. a. durch Wald, Kokosplantagen und Kautschukbäume aus. Zum größten Teil gehört Ko Kradan zum **Chao Mai National Park**, ein kleinerer Teil ist in Privatbesitz. Nationalparkgebühr 400 Baht.

Der schönste Strand der Insel (glaubt man der Werbung des TAT: der gesamten Region) befindet sich auf der **Ostseite**. Hier stehen auch die Bungalowanlagen, die v. a. Ruhesuchende anlocken. Bei Flut ist der Strand im hinteren Bereich weitgehend überspült. Beim Nationalpark-Quartier ist dieser Strand breiter. Ob bei Ebbe oder Flut: Hier lässt es sich herrlich baden. Gut erhaltene Korallenriffe im Nordosten und im Süden und ein glitzerndes Meer laden Schnorchler

Heiraten unter Wasser

Eine besondere Attraktion der Insel ist die Unterwasserhochzeit am Valentinstag. Bei dieser Underwater Wedding Ceremony lassen sich im Februar zahlreiche Heiratswillige unter Wasser vermählen. Wer unter Wasser, aber im privaten Rahmen heiraten möchte, kann an buddhistischen Feiertagen getraut werden. Ansprechpartner sind die Reisebüros in Trang. Das Ganze kostet 25 000 Baht pro Hochzeitspaar am Valentinstag und 7500 Baht pro Gast. Mehr Informationen unter 🖥 www.underwaterwedding.com.

zum Blick unter die Wasseroberfläche. Vor allem die südlichen **Unterwassergärten** sind einen Schnorchelausflug wert.

Der **Sunset Beach** im Westen der Insel ist eine kleine einsame Bucht, in der sich viel Treibgut sammelt, aber kaum jemals ein Tourist anzutreffen ist.

Übernachtung

Am südlichen Ende des östlichen Strandes liegt das Nationalpark-Büro. Dort können kleine **Zelte** für 150 Baht gemietet werden.
Kalumé, neben dem Sevenseas, ✆ 089-650 3283, www.kalumekradan.com. Einfache schön gestaltete Holz- und Bambushütten. Schöne ruhige Lage. ❹–❺
Kradan Beach Resort, ✆ 075-21 1391, 🖥 www.kradanbeachresort.com. Einfache Zimmer im Langhaus und 36 neue orangene Steinbungalows am Strand in 2 Reihen. Hinten mit Ventilator, vorne mit AC. Große Bambusbetten. Restaurant, Strandbar. Inkl. Frühstück. ❹–❻
Kradan Island Hut Resort, ✆ 084-721 7275. In 2 Reihen einfache Mattenbungalows parallel zum Strand, jeweils so versetzt, dass jeder Strandblick hat. ❹
Paradise Lost, ✆ 089-587 2409. Etwa 10 Min. von der Ostküste und 3 Min. vom Siunset Beach entfernt, liegt dieses Dschungelparadies. Bambus- oder Holzhütten im Halbkreis am Wald auf einem Rasenplatz, teils mit Gemeinschaftsbad. Übernachtung im Langhaus (Dorm) möglich. 24 Std. Generatorstrom; etwas laut. Das Essen ist vielfältig, große Portionen. ❸–❹
The Sevenseas Resort, ✆ 075-20 3389, 🖥 www.sevenseasresorts.com. Luxusanlage mit 24 raffiniert nobel, aber schlicht gestalteten Villen. Zu 3 Seiten Panoramafenster. Große Terrassen. TV, DVD, Minibar, WLAN. Kühl gestalteter Poolbereich in Grau- und Holztönen. Promotion-Angebote. ❻–❽

Transport

KO LANTA, KO MUK und KO HAI, um 12.30 Uhr. Ko Lanta 2 1/2 Std. / 400 Baht, Ko Muk 1/2 Std. / 200 Baht, Ko Hai 1 1/2 Std./ 400 Baht.
TRANG, mit dem Kombiticket Longtail und Minibus um 9 Uhr für 450 Baht.

Ko Rok

Ko Rok gehört zum **Ko Lanta National Park** und befindet sich mitten in der Andamanensee, 40 km von der Küste entfernt. Die Natur ist hier scheinbar noch vollständig intakt – sowohl über als auch unter Wasser. Eine Attraktion sind die riesigen **Bindenwarane**, die an Touristen und Besucher gewöhnt sind und sich problemlos beobachten lassen. Nationalparkgebühr 400 Baht.

Ko Rok besteht aus zwei Inseln: Ko Rok Nok und Ko Rok Nai. An den Stränden von **Ko Rok Nok** kann man herrlich schwimmen. Ein tolles Korallenriff gibt's im Süden der Insel. **Ko Rok Nai**, östlich von Ko Rok Nok gelegen, bietet nur einen Strand. Zwischen den beiden Inseln bildet ein Korallenriff einen Kanal – eine schöne Tauchstelle mit vielen Fischen. Das Meer um die Insel herum ist oft rau und hat schon vielen Fischern das Leben gekostet. Der am Strand stehende Schrein **Chao Mae Thapthim** wurde von den überlebenden Fischern gebaut, um die Geister versöhnlich zu stimmen. Auf dem Kap Laem Siam im Süden der Insel steht eine alte Stadtsäule, die zu Zeiten Ramas V. erbaut wurde und die damalige Grenze Thailands markierte.

Übernachtung & Transport

Man erreicht Ko Rok mit einem privat gemieteten Boot vom Hat Pak Meng oder vom Ban Saladan Pier auf Ko Lanta. Die Bootsfahrer nehmen recht hohe Preise, sodass die meisten Touristen direkt mit einer gebuchten Tour aus Trang kommen (s. S. 698, Trang, Touren). Leser hatten gute Erfahrungen mit Tony, ✉ southonlinetravel@gmail.com, ✆ 085-894 4848. Ab Krabi und Phuket organisiert die Agentur Unterkunft und Transport.

NP-Bungalows stehen auf Ko Rok Nok, sie kosten ab 2000 Baht. Buchungen und Informationen unter www.dnp.go.th. Auch eine Übernachtung in guten Zelten ist möglich.

Hin Daeng, Hin Muang und Ko Ha

Knapp 25 km westlich von Ko Rok liegen diese beiden **Tauchfelsen**, die nur gerade so aus dem Wasser ragen. Die massiven Kalksteinfelsen gehören zu den Tauchplätzen, die Kennern zufolge Weltklasseniveau bieten. Hier gibt es zahllose Fische, wunderschöne Korallen und aufregendes Meeresleben hautnah. Man taucht mit Leoparden- und Walhaien, riesigen Rochen und Mantas.

Hin Daeng bedeutet übersetzt „Roter Felsen", und er verdankt diesen Namen den hier wachsenden roten Weichkorallen. Hin Daeng ragt gerade mal 3 m aus dem Wasser heraus. Wer nicht weiß, wo er suchen soll, ahnt nicht, welche Unterwasserwelt sich hier verbirgt. Meist hat man mindestens 15 m Sicht, manchmal sogar bis zu 40 m, sodass sich das Gebiet gut für Unterwasserfotografie eignet. Angesteuert wird der Fels von geübten Tauchern, und manch eine Tauchsafari legt hier einen Stopp ein.

Hin Muang, dessen Spitze 8 m unter (!) der Wasseroberfläche liegt, beeindruckt v. a. mit vielfältigem Korallenbewuchs und seiner steil abfallenden Südseite. Bis zu 60 m geht es hier in die Tiefe: eine der längsten Steilwände Thailands. Auch dieser Felsen verdankt seinen Namen, übersetzt „Violetter Felsen", den hier wachsenden Weichkorallen in eben dieser Farbe. Der Tauchplatz ist aufgrund der Tiefe nur etwas für Fortgeschrittene.

Ko Ha ist ebenfalls ein beliebter Divespot und auch unter dem Namen Zwillingskathedrale (Twin Cathedrals) bekannt. Die Insel liegt zwischen Hin Daeng und Ko Phi Phi. Wie ihr Name (ha = fünf) schon verrät, besteht sie eigentlich aus fünf kleinen Inseln. Hier werden oft Nachttauchgänge durchgeführt.

Höhlentaucher haben auf Ko Ha Yai ihren Spaß. Hier locken zwei riesige Höhlen in einer Tiefe zwischen 10 und 14 m. In der Höhle kann man auftauchen und an der Höhlendecke Stalaktiten bestaunen. Bei Sonnenlicht sind einmalige Fotomotive möglich. Ein kleiner Strand lockt zusätzlich, und auch Schnorchler haben hier ihren Spaß.

Die **beste Tauchzeit** für beide Felsen und Ko Ha ist von November bis April/Mai. Das Wasser an der Oberfläche ist in der Regel recht unruhig. Tauchsafaris von Phuket brauchen fünf Stunden her, von Ko Phi Phi dauert die Anfahrt 2 1/2 Stunden; Touren auch ab Krabi, Ko Lanta und Trang buchbar.

Ko Libong

Die größte Insel vor Trang liegt nur wenige Kilometer vom Festland entfernt. Sie ist hauptsächlich mit **Dschungel** bewachsen. Berühmt ist sie v. a. wegen den Vorkommen der Dugongs (s. Kasten). Auch Vogelkundler werden hier fündig: Besonders am Joo Hoy Cap und am Toob-Strand brüten und leben viele seltene Vögel.

Insgesamt gibt es auf der Insel drei Dörfer: zwei an den Häfen der Nord- und Südküste sowie das kleine Fischerdorf **Ban Lang Kao** am Weststrand. Die überwiegend moslemische Bevölkerung lebt vom Fischfang oder dem Kautschukanbau. Es gibt ein paar Autos auf der Insel, der Transport erfolgt aber primär mit Mopeds über die zum größten Teil unbefestigten Straßen.

Nur vier Resorts bieten Besuchern der Insel Herberge. Drei davon liegen am langen, gelb-weißen Weststrand. Der Sand ist fein oder mit Muschelresten durchsetzt, und bei Flut kann man gut schwimmen. Bei Ebbe ragen einige Felsen und Korallenbänke aus dem Wasser, insbesondere am nördlichen Ende des Strandes.

Übernachtung

Le Dugong Libong Resort & Diving Center, 087-972 7228, www.libongresort.com. Entspanntes kleines Resort am westlichen

Die Kühe der Meere

Im Roten Meer und im Indischen Ozean sind diese Säugetiere keine Seltenheit, wohl aber in Asien und v. a. in Thailand. Nur noch sehr wenige Dugongs, die in Thailand *Pla Payun* genannt werden, haben hier überlebt. Ihnen gilt auch ein Großteil des Schutzprogrammes des Chao Mai National Park. Seit Gründung des Parks darf nicht mehr mit Dynamit gefischt werden. Auch herkömmliche Fischerei macht den Tieren zu schaffen. Zum einen verfangen sie sich in den Netzen und können nicht mehr zum Atmen an die Oberfläche gelangen. Zum anderen verletzen sie sich an den Motoren der Longtails.

Das Familienleben der Dugongs

Dugongs haben den Körper einer Robbe. Ihre Vorderflossen sind recht lang. Hinten hilft ihnen die quergestellte Schwanzflosse beim Navigieren. Der Blick der Meereskühe hat etwas Melancholisches, und obwohl sie in den letzten Jahren weniger Grund zum Weinen haben als zuvor, bleibt ihr Blick doch traurig und erinnert uns daran, dass ihre Art durch Menschenhand arg dezimiert wurde.

Ein Weibchen ist ein ganzes Jahr schwanger. Das kleine Dugong wird gesäugt und braucht 13–14 Jahre, bis es ausgewachsen ist. Dann ändert sich auch die Farbe von kindlichem Weiß in das gräuliche Braun der erwachsenen Tiere.

Ausgewachsene wohlgenährte Dugongs werden 3 m lang und bis zu 300 kg schwer.

Die Kühe der Meere leben in Familienverbänden und haben ein hoch entwickeltes Sozialverhalten. Feinde bekämpfen sie nicht selten gemeinsam, und oft treffen sich die verschiedenen Clans, um gemeinsam zu grasen. Diese Tiere sind im Idealfall die ganze Zeit am Essen. Ihre Nahrung besteht aus Seegras, einer nur in der Umgebung von Trang wachsenden Grasart, die am Meeresboden in feinem, etwas schlickigem Sand gedeiht. Während des Essens tauchen die Tiere zum Atmen alle 40–400 Sekunden zum Atmen an die Oberfläche und strecken ihre Nase an die Luft.

Menschen zu Besuch

Einige Agenturen auf den Inseln rund um Trang bieten Ausflüge zu diesen seltenen Tieren an. Wer sich einer solchen Tour anschließt, sollte zum Schutz der Tiere Abstand wahren. Die Tiere sind sehr scheu; wer zu laut angerast kommt, wird sie nicht sehen. Vielmehr muss man ruhig sein und auf die Neugier der Tiere hoffen. Taucher berichten, dass sie regelrecht mit den Seekühen spielen konnten. Doch vielleicht sollte man die Dugongs in Thailand besser zufrieden grasen lassen. Und vielleicht bleibt dann der Bestand ihrer Art in der Andamanensee noch lange erhalten.

Ende des Weststrandes. Bungalows mit Strandblick. 8 tolle gepflegte Holzbungalows mit Ventilator und großer Terrasse. Günstig, aber unwirtlich: 2 Mattenbungalows ohne Bad. Zelten möglich (200 Baht). Internet, Kajak-, Schnorchel- und Mopedverleih. Hängematten und Bar am Strand. Strom 8–13 Uhr sowie 17–24 Uhr. ❷–❹

Libong Beach Resort, ✆ 075-22 5205, 🖥 www.libongbeachresort.com. Neben Le Dugong Resort. Großzügige Gartenanlage mit Fluss. Weit auseinander stehende Bungalows: Hinten aus Holz und Matten mit Ventilator. Vorne Holzbungalows mit AC, großer Terrasse und bodentiefen Fenstern. Auch Familienbungalows. Zeltverleih. Internet, Kajak/Kanu (150 Baht), Moped (300 Baht), Schnorchelausrüstung. Strom 17–6 Uhr. ❹–❺

Libong Nature Beach Resort, ✆ 089-497 6754. Schwesterhotel des Haadyao Nature Resort, am nördlichen Ende des Strandes. Das Resort wird von einer Initiative betrieben, die den nachhaltigen Tourismus fördern will. Leider ist die Anlage aber nicht gut in Schuss. Steinbungalows mit Ventilator oder AC. Gefliese Böden, TV, helle Bäder. ❹

Song Pi Nong Bunglow, ✆ 087-276 2003. An einer kleinen Bucht mit gelbem Sand im Süden neben dem Dorf gelegen. 6 einfache blaue Holzbungalows mit Matratze auf dem Boden und offenes Bad mit asiatischer Toilette. Mit Strandblick. Restaurant über einem Seerosenteich. Die Besitzer sind sehr nett, sprechen aber kein Englisch. ❸

Aktivitäten

Jolly Roger Tauchbasis, auf dem Gelände des Libong Beach Resort. Tauchausflug in die Umgebung mit 2 Tauchgängen für 3700 Baht. Hier werden auch Tauchkurse angeboten.

Das Le Dugong und das Libong Beach Resort bieten verschiedene **Schnorcheltrips** an, z. B. Ko Muk, Ko Kradan oder rund um die Inseln zur Dugong-Beobachtung. Je nach Personenzahl zwischen 400 und 1000 Baht. Außerdem können von dort Longtails gechartert werden z. B. nach Ko Kradan, Ko Muk oder Ko Sukon (2500 Baht pro Boot).

Transport

Vom und zum Anleger im Norden der Insel mit dem Mopedtaxi für 100 Baht.

TRANG, mit dem Taxiboot für 50 Baht in 30 Min. zum Dorf Chao Mai auf dem Festland. Von hier fahren Minibusse nach Trang für 70 Baht in 1 Std. Das Taxiboot fährt in beide Richtungen erst ab einer Gesamtsumme von 500 Baht, also muss man sich auf Wartezeiten einstellen oder die Differenz bezahlen.

Ko Lao Liang

Ko Lao Liang ist wegen der hohen Kalksteinfelsen direkt am Meer v. a. bei geübten **Kletterern** beliebt. Sie besteht aus zwei massiven Steinfelsen. Die Südinsel wird von Fischern bewohnt. Hier findet sich ein wunderschöner Strand. Die Küste kann man mit dem **Kajak** erkunden, unter Kalksteinfelsen hindurch paddeln und an den blütenweißen Stränden anlanden. Beide Inseln haben an der Nord- und Ostküste herrliche Strände mit sauberem Sand.

Auf der Nordinsel steht ein modernes **Zeltresort**, welches von den Machern des Khao Kheaw Estate Resort, 🖥 www.estateresort.com, betrieben wird. Mehr Informationen und Buchungen unter 🖥 www.xsitediving.com. Die Zelte sind geschmackvoll und mit Matratzen und Ventilator ausgestattet und liegen am herrlichen 200 m langen Strand. Mit Vollverpflegung 1200 Baht p. P. und Nacht. Meist dauern organisierte Touren hierher zwei Tage und schließen Schnorcheln und Kajakfahren ebenso ein wie einen Besuch bei den Schwalbennestern. Die Saison auf Ko Lao Liang beginnt Mitte Oktober und endet im Mai.

Von Ko Sukon mit dem Longtail in 15 Minuten erreichbar oder mit dem Boot vom Hat Yao.

Ko Sukon

Vor der Küste des Ortes Palian liegt die Insel Ko Sukon (auch Koh Sukorn). An der Südküste und Nordwestspitze erheben sich zwei dschungelbewachsene Hügel, sonst ist die Insel mit den drei

KO SUKON

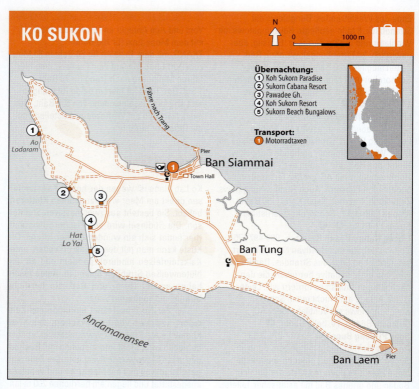

Übernachtung:
① Koh Sukorn Paradise
② Sukorn Cabana Resort
③ Pawadee Gh.
④ Koh Sukorn Resort
⑤ Sukorn Beach Bungalows

Transport:
① Motorradtaxen

Dörfern flach. Große Teile der bewirtschafteten Fläche sind mit Kautschukbäumen bepflanzt.

Im Norden liegt das größte Dorf **Siammai**, wo auch die Boote zum Festland abfahren. Hier gibt es ein paar Läden, Schulen und Moscheen. Auf den ausgebauten Straßen fahren nur wenige Autos. Wenn man überhaupt von Verkehr sprechen kann, dann wird dieser von Mopeds verursacht.

Die Strände auf der Insel haben alle eine graubraune Farbe. Strom gibt es von 9–14 sowie 17–24 Uhr. In der Hauptsaison schalten viele Resorts zusätzlich einen Generator ein, sodass Strom 24 Stunden gewährleistet ist.

Es gibt zwei Strände mit Übernachtungsmöglichkeiten. Auch im Dorf kann man wohnen. **Hat Lo Yai** liegt an der Westküste. Der Strand ist 500 m lang, mit recht feinem Sand und mit Muscheln und ein paar Steinen durchsetzt. Die Abschnitte zwischen den Resorts sind naturbelassen und daher oftmals mit Treibgut bestückt. Die einzige hochpreisigere Unterkunft befindet sich an der Nordwestseite am **Hat Lodalam**.

Übernachtung

Im **Dorf Siammai**, rechter Hand des Anlegers, an einem recht weißen Strand, kann man in 5 etwas ungepflegten Bungalows einer namenlosen Anlage wohnen. ❷
Koh Sukorn Paradise ①, ✆ 086-81 7558, 🖥 www.kohsukornparadise.com. Verwunschene, grüne, hübsche Anlage mit 9 Holzbungalows mit Ventilator und Palmdach am weiten Hat Lodalam. Große helle Bäder, z. T. Badewanne. Kajakverleih. ❺
Koh Sukorn Resort ④, ✆ 075-20 7692, 🖥 www.kohsukornresort.com. Große Anlage mit

49 weißen, innen gefliesten Ventilator- oder AC-Bungalows. Einige mit Strandblick auf Lo Hat Yai, andere um den Hang gebaut. Sehr große Räume mit Bad und separatem WC. Schon etwas älter. ❹

Pawadee Gh. ③, ☏ 083-967 3088. An der Straße auf Höhe des Sukorn Cabana Resort, hinter dem Friseursalon. 3 Zimmer, nur mit Bett ausgestattet, im Haus in der oberen Etage. Bad und WC auf der unteren Etage. 10 Min. bis zur Bucht des Cabana Resort oder bis zum Hat Lo Yai. ❷

Sukorn Beach Bungalows ⑤, ☏ 075-20 7707, 🖥 www.sukorn-island-trang.com. In einem toll angelegten Garten stehen 20 Holzbungalows unterschiedlicher Ausstattung. Manche mit gefliesten Böden. Strandbungalows am Hat Lo Yai komplett aus Holz. Hinten steht zudem ein Langhaus; Zimmer mit Ventilator- oder AC. Geldwechsel, Internet, Moped-, Kanuverleih. Niederländische Leitung. Kostenloser Transport vom Pier. ❹–❺

Sukorn Cabana Resort ②, ☏ 075-25 5894, 🖥 www.sukorncabana.com. Das Resort liegt hinter dem Hat Lo Yai an 2 kleinen Privatbuchten und bietet 17 sehr schöne Holzbungalows mit Palmdach und Holzdielen. Ventilator oder AC, Kühlschrank, Schrank, Schreibtisch, großes Bad, Veranda. Gelegen in einer gepflegten Gartenanlage und im Hang. Alle Zimmer mit Meerblick. Restaurant, Massage. Kanu-, Moped- und Fahrradverleih. WLAN. ❹–❺

Aktivitäten und Touren

Die Resorts organisieren eigentlich fast alle **Schnorchelausflüge** zu den vorgelagerten Inseln Ko Lao Liang und Ko Takiang. Seit Anfang 2011 ist Ko Takiang allerdings auf Zeit für Taucher und Schnorchler gesperrt. Ein Ausflug kostet etwa 800 Baht p. P. Das Koh Sukorn Resort organisiert auch **Bootsausflüge** nach Ko Bulon mit Schnorchelmöglichkeit am vorgelagerten White Rock für 900 Baht p. P. oder nach Ko Kradan (S. 706) und Ko Muk in die Emerald Cave (S. 704) für 1250 Baht p. P.

Transport

TRANG, mit dem Boot um 7.30 Uhr zum Laem Ta Se Pier für 40 Baht, mit dem Songthaew für 60 Baht nach Trang. Eine andere Möglichkeit ist das Taxiboot (das fährt, sobald genug Passagiere da sind) zum Ta Se Pier, weiter mit dem Songthaew bis zur Hauptstraße und dann mit dem Minibus nach Trang.

Ko Petra National Park

Ko Petra ist die Hauptinsel des Ko Petra National Park und liegt in der Straße von Malakka. Das Gebiet umfasst 22 Inseln und ist seit 1984 Thailands 14. Meeresnationalpark. Etwa 500 km^2 gehören zum Park; dazu zählen auch noch Strände vor Satun (am Südende Thailands), etwa der **Hat Rawai**. Bekannt ist der Ko Petra National Park v. a. wegen seiner vom Aussterben bedrohten **Meeresschildkröten**, die hier jedes Jahr zur Eiablage kommen.

Die Insel Petra hat aus der Luft betrachtet die Form eines Schiffes. Sie ist mit viel Grün gesegnet, hat zerklüftete Kalksteinberge und im Osten einen schönen weißen Strand. Korallenriffe sind tolle Schnorchelreviere. Das Nationalpark-Büro des Ko Petra National Park befindet sich in der **Ao Nun**, 3 km vom Pier in Pakbara entfernt. Eintritt 100 Baht.

Ko Petra darf zwischen dem 1. Mai und dem 31. Oktober nicht angefahren werden.

Ko Bulon Lae

Die hügelige kleine Insel ist Teil des **Petra-Archipels** und ein Refugium für Ruhesuchende. Hier finden sich alle Altersklassen mit und ohne Kindern, um ein paar Tage auszuspannen. Manche bleiben länger als geplant: Der Grund ist neben günstigen Unterkünften der lange weiße Sandstrand im Osten, von Muschel-, Korallenresten und ausgebleichten Holzstämmen durchsetzt, umsäumt von Palmen und Kasuarinen, und ein intaktes Korallenriff direkt davor. Vor dem Pansand Resort etwa kann man im Riff Feuerfische und andere Meerestiere sehen. Ein Nachteil der Idylle ist die große Population von Sandflöhen, die sich hier ebenfalls sehr wohlfühlen.

Empfehlenswert ist die insgesamt einstündige Wanderung auf den Pfaden der Insel. Eine

Kurzversion stellt der 20-minütige Weg vom Oststrand zur südlich gelegenen **Mango-Bucht** dar. Hier leben die **Seenomaden** (Chao Leh), und man kann sie bei ihrer Arbeit am Strand besuchen. Vor der Bucht befindet sich ein dicht bevölkertes Korallenriff; es lohnt sich, auf diesem Ausflug Schnorchelsachen einzupacken. Wer gegen Abend unterwegs ist, kann an den Obstbäumen entlang der Wege **Flughunde** bei der Nahrungssuche beobachten.

Weniger sehenswert sind die beiden Buchten **Panka Noi** und **Panka Yai** im Norden. Hier befindet sich auch das Inseldorf. Auf den Wegen zwischen Strand und Dorf nachts unbedingt festes Schuhwerk anziehen: Schlangenbisse sind im besten Fall unangenehm.

Die beste **Reisezeit** ist zwischen November und Mai.

Übernachtung

Bulone Resort, ☎ 086-960 0468, 🖳 www.bulone-resort.com. 26 große, geschmackvolle, gelb getünchte Holzbungalows (Ventilator) auf Stelzen am Nordende des Strandes. Weitläufig verteilt, teils direkt am Strand, teils dahinter, alle zwischen Palmen und Kasuarinen. Tisch, Nachttisch, Kofferablage, Moskitonetz. Schöne Details wie Sitzgelegenheiten auf der Terrasse sowie vor den Bungalows und Wäscheleinen daneben. Bäder mit Oberlichtern. Auf dem Grundstück Internet, Lebensmittelshop sowie Verleih von Kanus und Schnorchelausrüstung. Strom 18–6 Uhr. ❹

Chaolae Food and Homestay, ☎ 086-290 2519. Im Dorf gelegen, 100 m von der Panka Yai-Bucht. 8 hübsche Holzbungalows mit Ventilator, Kofferablage und Bad mit Hocktoiletten. ❷–❸

Jungle Hut, direkt hinter dem Dorf auf dem Weg zur Mango-Bucht. 13 einfache Mattenbungalows mit Bad. Restaurant. Dahinter liegen Kautschukplantagen. ❷

Marina, ☎ 081-598 2420, 🖳 www.marina-kobulon.com. Hinter dem Bulone Resort gelegene Anlage im Hang. Die Bungalows sind effektvoll aus groben Holzstämmen gezimmert, ebenso die großen Betten (mit Moskitonetz). Massageplattform, kleiner Laden mit Kleidung und Toilettenartikeln. Gemütliches Restaurant mit niedrigen Tischen und Sitzkissen, 100 m bis zum Strand. Strom von 18–6 Uhr. ❸

Pansand Resort, ☎ 075-21 9513, 🖳 www.pansand-resort.com. Große Anlage am Nordende des Strandes. 27 Holzbungalows weit verstreut in einer Gartenanlage, einige direkt mit Strandblick. Dieser Strandabschnitt eignet sich bei Ebbe nicht zum Schwimmen, da er von Felsen durchsetzt ist. Die Bungalows mit Ventilator sind großzügig mit Ablageflächen für Koffer gestaltet und bieten große helle Bäder. Restaurant, Internet, Schnorchelausrüstungsverleih. Inkl. Frühstück. Strom 18–6 Uhr sowie 12–16 Uhr. ❹

School Bungalows, direkt neben der Schule, die sich von der Bootshaltestelle am Strand 100 m geradeaus befindet. Dort kann man auch nach Zelten fragen, die unter den Kasuarinen am Strand aufgestellt werden können. Die 6 Mattenbungalows mit Ventilator, in Reihe 20 m vom Strand entfernt, sind einfach mit Bett und Moskitonetz eingerichtet. Kein Restaurant. ❷

Sulaida, vermietet ein paar Mattenbungalows mit Ventilator und Bad, auf dem Weg ins Dorf. Tolles Essen. ❷–❸

Viewpoint Resort, ☎ 089-739 2714. Direkt hinter Marina auf dem Weg ins Dorf sowie hinunter zur Panka Noi-Bucht liegen verschiedenste Bungalows, teils im Thai-Stil, teils in Fachwerk- oder Mattenbauweise, Ventilator, Bad teils nach oben offen. Strom von 18–24 Uhr. ❸–❹

Essen

Chaolae Food, im Dorf vor den Holzhütten, eine Empfehlung der Stammgäste der Insel. ⏱ ab Ende November zum Start der Saison bis zu deren Ende.

Fatima's Restaurant, direkt oberhalb der Mango-Bucht. Kleiner Imbiss mit 2 Tischen, leckerer Papayasalat mit Klebreis. Es gibt auch Hühnchen dazu oder auch einen Pancake.

Pin & Mooda Restaurant, Thai-Küche neben dem Viewpoint Resort am Hat Panka Noi. Gelobt werden die Cocktails. ⏱ ab Ende November bis Ende der Saison.

Sulaida Restaurant, am Anfang des Dorfes hinter dem Viewpoint Resort links am Weg. Grandioser gegrillter Fisch. Auch die Currys und die tolle Tom Yam sind definitiv den Weg wert.

The Garden Restaurant & Shop, hinter Sulaida am Weg in hübschem Garten unter einem Holzschirm mit thailändischer Küche.

Aktivitäten

Schnorcheltrips auf eigene Faust kann man z. B. am Riff südöstlich des Pansand Resort unternehmen. Zu sehen sind Feuerfische, die man nicht nur zum Schutz der Tiere, sondern v. a. aus Eigennutz nicht berühren sollte. Unter guten Bedingungen auch Muränen und manchmal kleine Riffhaie.

Mr. Mooda vom Pin & Mooda Restaurant (falls geschlossen über Viewpoint Resort) fährt mit dem Longtail zu verschiedenen Plätzen und umliegenden Inseln, je nach Absprache: ein- oder mehrtägige Schnorchelausflüge (auch mit Angeln und nachfolgendem Verzehr der Beute) zu den Inseln Ko Bulon Don, Ko Bulon Mai Phai, Ko Bulon Rang, Ko Petra, Ko Tarutao, Ko Adang oder Ko Lao Liang. Die Insel Ko Bulon Don ist von Seenomaden bewohnt. Dort kann gezeltet werden. Ko Bulon Mai Phai ist unbewohnt, aber ebenfalls zum Zelten geeignet. Um Ko Petra kann nur geschnorchelt werden. Auf Ko Tarutao ist eine Übernachtung im Zelt möglich (200 Baht Nationalpark-Gebühr für Ausländer). Das Bulone Resort vermietet **Kajaks**. In 1 Std. kann man die Insel umrunden und auch die Höhlen auf der Nordseite erkunden.

Transport

Longtails von Strand zu Strand 50 Baht.
KO LANTA, mit dem Schnellboot jeden 2. Tag gegen 10 Uhr in 3 Std.
KO LIPE, mit dem Schnellboot jeden 2. Tag gegen 15 Uhr für 600 Baht in 1 Std.
KO MUK und KO HAI, mit dem Schnellboot Richtung Ko Lanta.
PAKBARA, mit dem Longtail um 9 Uhr für 350 Baht in 1 1/2 Std.

Ko Lipe

Die hügelige kleine Insel Ko Lipe [5761] wurde bis vor wenigen Jahren nur von einigen abenteuerlustigen Individualreisenden besucht, denen die Ruhe, die pudrigen, feinen, weißen Strände und das klare Wasser mit den Korallenriffen gefielen. Doch seit etwa fünf Jahren wird der Ansturm stetig größer. Mittlerweile kommen Touristen jeder Altersklasse, auch Familien, für ein paar Tage vorbei, und die Anzahl der Bungalowanlagen (jeglicher Preisklasse) und der Strandbars schnellen in die Höhe. Es gibt Strom rund um die Uhr, 2010 wurde die erste Betonpiste gebaut und im Inland wird das Land abgesteckt. In der Hauptsaison von November bis März platzt die Insel aus allen Nähten – wer die Ruhe von einst und die Einfachheit sucht, sollte also nicht mehr hierherfahren. Doch für alle anderen, v. a. jene, die die Insel noch nicht kennen, hat ein Besuch durchaus seinen Reiz.

Die Insel gehörte lange Zeit zum Taruatoa National Park. Heute muss hier allerdings kein Eintritt gezahlt werden. Denn um die Seenomaden Chao Leh sesshaft werden zu lassen, wurde ihnen die Insel vor vielen Jahren zugesprochen. Die Familien erhielten Land und siedelten sich an. Doch das Glück als Landbesitzer währte für viele nicht lange. Scheinbar günstige Pacht- und Kaufangebote meist chinesischer Thais köderten viele der seid Generationen landlosen Seefahrer. Die Spekulanten erkannten dem Trend zum Touristenmekka Lipe – und trieben ihn auf die Spitze. Heute sind nur noch wenige Bungalowanlagen im Besitz der Seenomaden und keines der teuren Resorts gehört ihnen. Etwa 500 Chao Leh leben heute in einem kleinen Dorf im Inselinneren, das zwischen den Stränden nahe des Krankenhauses liegt.

Traditionell sind die Chao Leh Seefahrer und Fischer. Und so verdienen viele von ihnen mittlerweile v. a. mit Ausflügen und als Taxifahrer mit ihren Longtails ihr karges Einkommen.

Ko Lipe liegt gegenüber von Ko Adang (s. S. 720) und misst an ihrer breitesten Stelle gerade mal 3 km, an ihrer schmalsten gar nur 400 m. Wer gut zu Fuß ist und die nicht erschlossene Westküste links liegen lässt, schafft in einem längeren Spaziergang von 3–4 Stunden eine Inselumrundung.

Die Strände

Die meisten Boote kommen an den im Meer verankerten Plattformen vor dem **Pattaya Beach** [6442] an. Diese lange Bucht besticht durch ih-

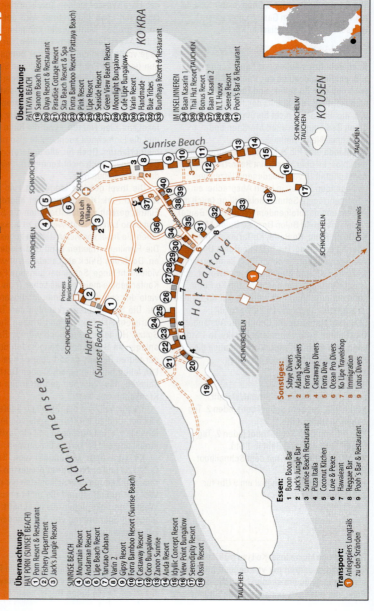

ren feinen weißen Sand. Zahlreiche Longtails ankern malerisch am Strand und in der Bucht – schwimmen ist daher nur bedingt ein Vergnügen und auch nur bei Flut möglich. Bei Ebbe kommen viele Korallen zum Vorschein und der Strand wird dann zum Teil steiniger. Am etwas schmaleren **Sunrise Beach** [6443] ist der Sand ebenfalls fein und strahlend weiß. Auch hier kommen bei Niedrigwasser Korallen und Muscheln zum Vorschein. Ein Vorteil beider Strände: Schnorchler finden direkt vorgelagerte Korallenriffe vor. Ruhiger ist es am **Hat Porn** (Sunset Beach) [6444] im Norden der Insel. Der Sand ist etwas grober, aber die gesamte Szenerie malerisch. Alle Strände sind über Fußwege miteinander verbunden und dank kurzer Entfernungen leicht zu erreichen.

Übernachtung

Die Insel zieht immer mehr Touristen an, daher ist eine Reservierung bei einer Reise in der Hauptsaison unbedingt empfehlenswert. Während der Nebensaison sind nur wenige Anlagen geöffnet; dazu zählen u. a. das Bundhaya Resort, das Mountain Resort, das Castaway Resort und Pooh's Bungalows. Die meisten Bungalows schließen ab Mai (je nach Wetterlage) und öffnen im Okt/Nov. Ab März werden die Bungalows etwa 200 Baht günstiger. Leider ändern sich, gerade in den günstigen Anlagen, ständig die Telefonnummern. Sofern kein Anschluss mehr besteht, können die Reisebüros in Trang weiterhelfen. Andernfalls bleibt nur die Hoffnung auf das Glück eines freien Bungalows. Die Anlagen haben in der Regel mittlerweile 24-Std.-Generatorstrom.

Pattaya Beach

Bundhaya Resort & Restaurant ㉝, ✆ 074-75 0249, 🖥 www.bundhayaresort.com, [6446]. Unterschiedliche Villen, Bungalows und Zimmer mit Ventilator oder AC in einer Gartenanlage im Westen der Bucht. Internet, Minimarkt, Souvenirshop, sehr gepflegt mit aufmerksamem Personal. ❺–❽

Daya Resort & Restaurant ⑳, ✆ 081-479 0682, [6450]. 7 hübsche Holzbungalows direkt am Strand. Günstiger sind jene im Garten. Noch günstiger sind die Reihenhauszimmer mit Veranden, außen hübsch bunt gestrichen, innen geflieste Böden. Die Einrichtung besteht nur aus einem Bett. Sehr beliebtes Restaurant mit BBQ am Strand, tgl. frischer Fisch. ❸–❹

Green View Beach Resort ㉗, ✆ 082-830 3843, 🖥 www.greenviewkohlipe.com, [6451]. In einem schönen Garten und nah am Strand stehen geräumige Bambusbungalows. Einfache Ausstattung, nettes Restaurant. Schatten am Strand. ❹–❺

Moonlight Bungalow ㉘, ✆ 087-392 2518, 🖥 www.moonlightkohlipe.com, [6453]. Lang gestreckte Anlage mit großen Mattenbungalows vertikal zum Strand in einer langen Reihe. Hochgelegenes Restaurant. ❸

Paradise Cottage Resort ㉑, ✆ 080-547 9475, 🖥 www.kohlipeparadisecottage.com, [6454]. Schöne geräumige Mattenbungalows mit Ventilator am Strand und im nett begrünten Garten. WLAN im italienischen Restaurant. ❺

Seaside Resort ㉖, ✆ 084-033 8332. Hinter dem Restaurant 12 einfache Mattenbungalows mit Bad, aber ohne Waschbecken, sauber. Oft voll. ❸

Varin Resort ㉚, ✆ 081-543 0505, 🖥 www.varinbeachresort.com, [6455]. Riesige Anlage

> ### Tolle Unterkunft mit Geschichte
>
> **Blue Tribes** ㉜, ✆ 086-285 2153, 🖥 www.bluetribeslipe.com, [6456]. Diese Anlage hat wunderschöne geräumige Bungalows, teils 2-stöckig und mit komplett zum Strand zu öffnender Front im Obergeschoss, alle mit Ventilator. Die Einnahmen kommen einer 30-köpfigen Chao Leh-Familie zugute. Die Geschichte dieser Anlage: Vier Tage nach dem Tsunami betrat Luca, ein Anthropologe aus Italien, den Strand von Ko Lipe. In einer kleinen bereits wieder aufgebauten Bar, der noch heute besonders beliebten Reggae Bar, trank er ein Bier und beschloss hier zu bleiben und etwas Neues mit den Seenomaden aufzubauen. Er pachtete zu einem fairen Preis das Land und errichtete die Bungalows. Seitdem lebt er mit der Familie zusammen von den Einnahmen. Luca und seine „Familie" heißen jeden willkommen und der Italiener, eine nette Persönlichkeit, weiß viel von der Insel und den Nachbarinseln zu erzählen. ❺

mit über 100 Bungalows in Reihen im Garten hinter dem Restaurant; einige aus Stein, einige aus Bambus. Mit Ventilator oder AC (TV). Restaurant, TV, Minimarkt und WLAN, Geldwechsel. Inkl. Frühstück. ❸–❽

Sunrise Beach
Untere Preisklasse
Andaman Resort ⑤, ✆ 074-71 1313, [6459]. Auf einem riesigen Gelände stehen zahlreiche ältere und einfache Mattenbungalows, einige mit Meerblick hinter hohen Kasuarinen, andere direkt am Strand. Nahe des Restaurants Zimmer in Steinbungalows (nur mit Ventilator keine gute Wahl), außerdem große neue mit AC und teils TV. Toller Strandabschnitt, sofern das Meer gerade keinen Müll anschwemmt, was aufgrund starker Strömung in einigen Monaten der Fall sein kann. ❸

Coco Bungalow ⑫, [6460]. Hinter dem Restaurant liegen große Bambusbungalows, gefolgt von vertikal in Reihe stehenden kleineren Bambushütten. Gegenüber liegen die üblichen Steinbungalows. Alle Zimmer mit Ventilator. ❸–❹

Gipsy Resort ⑨, ✆ 089-739 8201, ✉ gipsy resort@gmail.com, [6461]. Einfache kleine Bambusbungalows vertikal zum Strand angeordnet. Außerdem viele Betonhäuschen, ebenfalls in Reihe. Alle mit Ventilator. ❸–❹

Varin 2 ⑧, [6462] keine Voranmeldung möglich. Über 50 einfache geräumige Bambusbungalows in 5 Reihen versetzt, parallel zum Strand, direkt am Meer. Weitläufige Anlage auf einem kargen Gelände ohne Schatten. Kein Restaurant. Preis je nach Nähe zum Strand. ❸–❹

Mittlere Preisklasse
Castaway Resort ⑪, ✆ 083-138 7472, 🖥 www.castaway-resorts.com, [6463]. Sehr ansprechende Holzbungalows auf 2 Grundstücken, teilweise auf 2 Etagen mit langen Fenstern auch im Bad, großartigen 2-stufigen Holzterrassen, Hängematten. Großes Restaurant. Angeschlossene Tauchschule. Yoga in der Saison um 8 und 16.30 Uhr für 400 Baht pro Std. WLAN. ❻–❼

Lipe Beach Resort ⑥, ✆ 084-862 0326, [6464]. Niedliche Bambushütten in vertikalen Reihen direkt am Strand. Hübsche Details, aber sehr einfache Ausstattung. Hinten Zimmer mit AC für bis zu 4 Pers. Recht teures Restaurant. Tattooshop. Gute Atmosphäre. Auch Monatsmieten möglich. ❹–❺

Mountain Resort ④, ✆ 081-540 4163, 🖥 www.mountainresortlipe.com, [6449]. Große Anlage im Hang mit einem riesigen Restaurant. Von vielen Bungalows ergibt sich ein fantastischer Blick aufs Meer und auf den Sunrise Beach. Viele Stufen vom Strand. Zur Wahl stehen einfache Mattenhütten, bessere Holzbungalows mit AC und noch bessere bieten sogar TV. Alle AC-Zimmer haben einen Safe. 5 Luxus-Bungalows direkt am Strand. Inkl. Frühstück. ❹–❻

Obere Preisklasse
Anda Resort ⑭, ✆ 082-439 1821, 🖥 www.andaresort.com, [6465]. Im Süden des Strandes stehen ein paar wenige sehr schön gestaltete Holzbungalows mit großen Terrassen, schöner Innenausstattung und riesigen Bädern. Alle mit

---

Paradies für Taucher

Das **Forra Bamboo Resort**, ist für Taucher eine gute Wahl, denn sie erhalten hier Rabatt. Es gibt sowohl am Pattaya Beach als auch am Sunrise Beach ein solches Resort, Pattaya Beach ㉓, ✆ 080-545 5012, [6457], Sunrise Beach (Hauptbasis) ⑩, ✆ 084-407 5691, [6458] 🖥 www.forradiving.com. Die riesigen Bungalows wurden 2011 erbaut. Alles ist aus Bambus: die großen Betten, die großen Veranden, die Wände im Bad und die Ablageflächen. 2 Bungalows für 4 Pers. (1500 Baht) haben abenteuerlich hohe Bambusstockbetten (für nicht mehr ganz so kleine Kinder ideal). Am Sunrise Beach stehen die ebenso schönen Bungalows abgeschirmt voneinander und vereinzelt in einem mit Bambus bewachsenen Garten. Hier gibt es zudem WLAN. Taucher, die bei Forra einchecken, bekommen 25 % Rabatt auf die Bungalows und sie werden bei der Buchung, am Besten übers Internet, immer bevorzugt. Die Anlagen schließen je nach Wetterlage von Mai bis November. ❹

AC und Flachbild-TV, Minibar und Safe. Liegen am Strand. Für alle, die das nötige Kleingeld haben, eine schöne Wohnidee. ❼–❽
Idyllic Concept Resort ⑮, ☎ 081-802 5453, 🖥 www.idyllicresort.com, [6448]. Am Südende des Strands gelegene hochwertige Anlage mit komfortablen, im modern-minimalistischen Design ausgestatteten Bungalows. Mit allem Komfort, auch mit Safe. Pool am Strand mit Poolbar. WLAN. ❽

Im Inselinneren (an der Walking Street)

Baan Kasarin 1+2 ㉞, ㊲, ☎ 074-75 0405, 🖥 www.baan-kasarin-lipe.com. Reihenhäuschen aus Stein mit einfachen sauberen Zimmern, teils mit Ventilator, teils mit AC und TV. ❸–❹
Bonus Resort ㊱, 🖥 www.travelsatun.com/bonusresort, [6468]. Kleine Anlage unter schattigen Bäumen, etwas oberhalb der Walking Street. 25 einfache schöne Bambusbungalows. Kleine Bar. ❸
N.T. House ㊳, zentral an der Walking Street hinter dem kleinen Minimarkt. Kleine eng stehende Bambushütten, günstigste Adresse auf Lipe. ❷
Pooh's Bar & Restaurant ㊶, ☎ 074-75 0345, 🖥 www.poohlipe.com. 8 recht große Bungalows mit Ventilator oder AC, teils mit TV. Beliebtes großes Restaurant (s. u.), Tauchschule Lotus Divers, Internet. ❹–❺

Hat Porn (Sunset Beach)

In dieser kleinen Bucht, die zur Hälfte von Porns Resort und zur anderen vom Fishery Departement eingenommen wird, ist sehr einsam und noch recht idyllisch – wenngleich auch nicht so spektakulär schön wie die anderen Strände. Am Kap steht ein schönes neues Holzhaus: die Princess Residence.
Jack's Jungle Resort ③, auf dem Weg zum Hat Porn, ☎ 089-655 5651. Idyllischer Ort im Dschungel. 8 Bungalows mit Ventilator, weitläufig im Grün versteckt. Offenes Bad mit Pflanzen, Duschen mit Bambusrohr, Waschgelegenheit mit Dschungelblick. Gemütliche Atmosphäre mit Restaurant, Bar und Billard. ❹–❺
Porn Resort & Restaurant ①, ☎ 084-691 8743, [6475]. Nimmt die gesamte südliche Bucht ein. Holz-Bambusbungalows mit Ventilator, am Hang mit Meerblick zwischen den Bäumen. 10 Bungalows direkt am schmalen Strand, senkrecht dazu angeordnet. Die Matratzen sind schon arg durchgelegen, aber es ist hier idyllisch, ruhig und beschaulich. Hinten auch Familienbungalows mit einem großen und einem kleinen Bett. Zelten am Strand 200 Baht, mit eigenem Zelt 100 Baht. Im Restaurant trotz der Abgeschiedenheit faire Preise. Nette Leute. Nebenan lockt zum Sundowner die urige Boon Boon Bar. ❹

Essen

Auf der **Walking Street** zwischen Pattaya Beach und Sunrise Beach finden sich zahlreiche einfache Restaurants. Einige bieten die üblichen Gerichte wie Pad Thai, Pizza und Pasta, andere locken mit frischem Fisch. Zudem locken immer mehr Pancake-Shops, die recht günstige Shakes (ab 50 Baht), diverse Kaffees und Pancakes bieten.
Coconut Kitchen, am Pattaya Beach neben Forra Bamboo. Bemerkenswert gute Thai-Küche zu fairen Preisen.
Jack's Jungle Bar, Leser loben das Frühstück mit „Vollkornbrot".
Pooh's Bar & Restaurant, großes Open-Air-Restaurant an der Walking Street mit allen Speisen, die der Reisende sich wünscht. Fußballübertragungen relevanter Spiele und immer wieder TV-Abende (ab 17.30 Uhr) in einem separaten Bereich mit Liegeflächen zum Abhängen.
Pizza Italia, Pattaya Beach beim Paradise Cottage Resort. Lockt mit frischer Pizza aus dem Holzofen.
Sunrise Beach Restaurant ist am gleichnamigen Strand eine gute Adresse. Hier gibt es gute Thai-Küche zu fairen Preisen. Leckere Shakes und eine große Frühstücksauswahl, ⏰ 8–11 Uhr.

Unterhaltung

Am Pattaya Beach liegen mehrere Strandbars, z. B. das **Love & Peace** und das **Hawaieant**. Beide wurden urig mit viel Schwemmgut wie Holz oder Muscheln gebaut. Im Letzteren treffen Neo-Che Guevaras auf verfilzte Rastafaris – daneben sitzen Mütter aus Schweden oder Deutschland und freuen sich. Der In-Treffpunkt der Insel am Pattaya Beach ist seit Jahren die **Reggae Bar**, ebenfalls mit viel Treibgut dekoriert. Sobald Partys steigen, was oftmals in Voll- oder Halbmondnächten der Fall ist, werden Flyer verteilt.

Aktivitäten und Touren

Tauchen

Es gibt einige Tauchbasen auf Ko Lipe, die ungefähr das gleiche Angebot zu gleichen Preisen haben:

Adang Seadivers, www.adangseadivers.com. Tgl. wechselnde Tauchtouren mit Zielen je nach Nachfrage; Speedboot. Die Macher betreiben auch ein kleines Resort mit Zimmern in einem Steinreihenhaus. Sie setzen auf Umweltschutz, trennen Müll und recyceln Wasser. Ab drei Tagen Rabatt. ❹

Castaways Divers, im gleichnamigen Resort am Sunrise Beach, 087-478 1516, www.kohlipedivers.com. Kurse auch für Kinder ab 12 Jahren.

Forra Dive (Basen in der Walking Street, am Pattaya Beach und am Sunrise Beach), 080-545 5012, www.forradiving.com. Tauchkurse, Wracktauchen, Orientierungstauchen etc. sowie Live-aboards. Wer mit dieser Schule abtaucht, bekommt 25 % Rabatt in den hauseigenen Resorts.

Lotus Divers, 083-642 4821, www.lotusdive.com. Große Basis bei Pooh's Bungalow.

Ocean Pro Divers, direkt am Pattaya Beach am Beginn der Walking Street, 089-733 8068, www.oceanprodivers.net. Großes Tauchboot.

Sabye Divers, am Hat Porn, www.sabyesport.com. Kleine Tauchschule, ziemlich abgelegen.

Schnorcheln

Schnorcheln kann man bei Ausflügen mit dem Longtail und auf eigene Faust vor der Insel (beispielsweise vor dem Pattaya Beach und dem Sunrise Beach). Masken und Flossen gibt es entweder in den Resorts kostenlos oder gegen eine geringe Gebühr. Gerne fahren Schnorchler auch mit dem Kajak zu den Riffen.

Touren

Zu den umliegenden Inseln werden von fast jedem Resort Touren angeboten: So geht es beispielsweise zu den Inseln des Tarutao National Park (S. 719), wie Ko Hin Ngam, Ko Jabang, Ko Rawi, Ko Butang und Ko Yang.

Pauschaltouren kosten ab 550 Baht; wer Besonderes erleben will, zahlt mehr.

Sonstiges

Einkaufen

Auf der Walking Street zwischen Pattaya Beach und Sunrise Beach gibt es fast alles, was der Reisende so braucht: Reisebüros, Internet, Souvenirs, Bekleidung, Lebensmittel, Früchte, Secondhandbücher (auch zum Tausch), Toilettenartikel, Friseure, Massagen oder Tattoos.

Immigration

Direkt neben bzw. zum Bundhaya Resort gehörend. Hier wird vor der Abfahrt mit dem Schnellboot nach Malaysia das Thai-Visum ausgestempelt bzw. bei Ankunft aus Malaysia eingestempelt. Um die Passformalitäten zu erledigen, muss man um 13.30 Uhr am Immigrationsschalter des Bundhaya Resort sein.

Internet und Telefon

An der Walking Street und in einigen Resorts gibt es Internet für 3 Baht / Min. Es gibt nur einige wenige WLAN-Hotspots (z. B. im Serene Resort). Telefonkarten bekommt man in ein paar wenigen Minimärkten. „1-2 call" funktioniert nur eingeschränkt.

Medizinische Hilfe

Das **Krankenhaus** befindet sich im Dorf am Strand am nördlichen Ende des Sunrise Beach.

Nahverkehr

Es gibt derzeit noch keine Autos auf der Insel, nur wenige Mopeds (leider scheinen es tgl. mehr zu werden). Bisher gibt es daher auch keine Leihmopeds. Entweder man geht die kurzen Wege zu Fuß oder nutzt eines der

> ### Geld mitbringen!
>
> Es gibt weder Banken noch Geldautomaten auf Ko Lipe! Bargeld wechseln fast alle teureren Hotels, wie Bundhaya, Varin, Mountain oder Porn Resort. In **Pooh's Bungalows & Restaurant** gibt es Bargeld auf Kreditkarten oder Traveller Schecks gegen 5 % Gebühr.

Longtails (50 Baht). Motorradtaxis mit Transportbeiwagen kosten um 100 Baht.

Transport

Tickets gibt es in den zahlreichen Reisebüros der Insel. Empfehlenswert und gut frequentiert ist der **Travel Shop**, Walking Street, ✆ 089-464 5854, 🖥 www.kohlipethailand.com. Hier kann man Ausflüge ebenso buchen wie Tickets zu den umliegenden Inseln, Bahntickets bis Bangkok oder auch Flüge.

Anreise: Die Schnellboote und Fähren der **Bundhaya, Adang Sea-Linie und Tigerline** 🖥 www.tigerlinetravel.com, halten in der Bucht vor Pattaya Beach an Plattformen. Die kleinen Schnellboote haben oft Ausflügler an Bord und halten länger (etwa 20 Min.) an den angesteuerten Inseln (Ko Tarutao u. a.). Tigerline (ab Hat Yao) fährt direkt nach Ko Lipe. Zu den Stränden fahren dann Longtails zum Preis von 50 Baht. Die Boote der **Lipeh-Linie** halten am Hat Porn.

KO ADANG, mit dem Longtail nach Absprache für 100 Baht.
KO LANTA (über KO BULON LAE, KO MUK und KO HAI), mit dem Schnellboot 9 und 10 Uhr für 1550 Baht bis Ko Lanta in 4–5 Std. (500 Baht bis Ko Bulon Lae).
KO TARUTAO, mit dem Schnellboot um 9, 10 und 13.30 Uhr für 400 Baht in 1 Std. Mit der Fähre um 9.30 Uhr.
LANGKAWI (Malaysia), mit dem Schnellboot tgl. um 10.30 und 16.30 Uhr für 1200 Baht in 1 Std.
PAKBARA, mit dem Schnellboot um 9, 10 und 13.30 Uhr für 400–650 Baht in 2–3 Std.
TRANG, entweder zum Pakbara Pier und weiter mit dem Minibus (oder mit Tigerline nach Hat Yai nahe Trang) in 3 Std. für 800 Baht, über LAO LIANG (700 Baht) um 9.30 Uhr. Das Boot fährt dann weiter über KO MOOK, KO KRADANG, KO NGAI, KO LANTA (in 6 Std. für 1900 Baht) nach KO PHI PHI (Ankunft etwa 17 Uhr für über 2200 Baht).

Tarutao National Park

Dieser Nationalpark war das erste geschützte Gebiet Thailands (1974). Seit Beginn der 1980er-Jahre gehört der Park zu den Asean Heritage Parks, und seit dieser Zeit ist er auch durch die Unesco besonders geschützt. Der Name stammt vom malayischen *Tarotraw*, was ins Deutsche übersetzt soviel heißt wie „dort gibt es viele Inseln". Der Meerespark liegt im Südwesten Thailands und umfasst fast 1500 km² der Andamanensee, darunter 51 meist unbewohnte Inseln. Die größten Eilande sind Ko Tarutao, Ko Adang und Ko Rawi. Auf einigen Inseln wohnen Menschen, und auch Touristen können hier unterkommen, etwa auf **Ko Adang** und **Ko Tarutao**. Im Gebiet des Meeresnationalparks liegt auch die bekannte Insel **Ko Lipe** (s. S. 713). Sie wurde jedoch an die Seenomaden abgegeben und gehört daher nicht mehr zum Nationalpark. Eine Tour durch den Meeresnationalpark verspricht einsame Buchten, magische Tropfsteinhöhlen und v. a. Einsamkeit und Ruhe.

Hauptsaison ist zwischen November und April. Von Mai bis Oktober haben nur wenige Re-

> ### Von Gefangenen und Piraten
>
> Wer 1938 auf diese Insel kam und hier wohnte, tat dies nicht freiwillig. Tarutao diente als Gefängnisinsel, und aus den Gefangenen gingen die späteren Piraten hervor, die die Gegend unsicher machten. Spätestens während des Zweiten Weltkriegs raubten sie zahlreiche Frachtschiffe – und zwar nicht nur die Gefangenen, sondern auch deren Bewacher. Die britischen Besatzer, die in Malaysia regierten, bereiteten dem Treiben mit siamesischer Erlaubnis ein Ende. Die folgenden 26 Jahre blieb die Insel unbewohnt. Heute kommen die Besucher freiwillig und können auch wieder hier schlafen.

sorts auf Ko Lipe geöffnet; die Schnellboote und Fähren fahren in dieser Zeit zwar regelmäßig, sind aber abhängig von der Wetterlage.

Informationen und Reservierungen für **Unterkünfte** der Nationalpark-Verwaltung auf den Inseln Ko Adang und Ko Tarutao unter ☎ 074-78 3485. Der Eintritt für den Nationalpark beträgt 200 Baht pauschal, unabhängig von der Aufenthaltsdauer.

Ko Tarutao

Ganz nahe an Malaysia (etwa 8 km) liegt mit gut 150 km² (11 km lang und 26 km breit) die größte Insel des Nationalparks. Ein Großteil der Insel besteht aus Bergen. Das Nationalpark-Büro befindet sich im Nordwesten in der **Ao Pante Malaka**. Von hier führt ein 12 km langer Wanderweg bis zur östlich gelegenen **Ao Talu Wao**. Es geht vorbei an wunderschönen riesigen Bäumen, und manch ein Wandersmann hat schon einen Hornbill (Nashornvogel) zu Gesicht bekommen.

Im Süden erhebt sich der höchste Berg Ko Tarutaos, der 713 m hoch sein soll. Der **Ludu**- und der **Lopo-Wasserfall** ziehen Kletterer magisch an; und wer den Aussichtspunkt des Taobu Cliffs erreicht, wird mit einer fantastischen Sicht auf die umliegenden Inseln belohnt und kann einen unglaublichen Sonnenuntergang erleben (damit man gesund zurückkommt, vorher gut informieren und ggf. mit einem Guide gehen).

Vor der Küste schwimmen noch seltene Tiere, wie **Meeresschildkröten**, **Delphine** und **Dugongs** (s. Kasten S. 708). Eine Fahrt mit dem Longtail rund um die Insel verspricht unglaubliche Momente, angelandet wird an den weißen Stränden des **Hat Mao** und den steinigen der **Ao Son**. Hier legen Schildkröten ihre Eier ab. Besucher können sich in den während der Saison geöffneten Imbissständen tagsüber verköstigen. Mehr Informationen beim Nationalpark-Büro, ☎ 074-729 002.

Übernachtung

Es gibt auf Ko Tarutao verschiedene Übernachtungsmöglichkeiten an der Nordwestküste der Insel, die vom Nationalpark-Büro verwaltet werden. Hier finden sich auch Restaurants und kleine Shops. Freunde der Zeltkultur können es sich im **Minizelt** für 230 Baht zzgl. 30 Baht Zeltmiete gemütlich machen. Etwas gediegener wohnt es sich in den Anlagen **Ta Boon** bzw. **Ta Baeg**: Hier gibt es ein Langhaus und einfache Holzbungalows mit Bad und großer Terrasse. Beide ❸

Eine weitere Anlage ist **Mo Lae**, sie befindet sich ca. 4 km vom Pier entfernt. Schöne Holzbungalows mit Bad und großen Fenstern in einer Gartenanlage unter Bäumen. Transport für 50 Baht mit dem Auto vom Pier. ❸

Transport

Die Schnellboote und Fähren von/nach Pakbara (s. S. 722, Pakbara, Transport) halten auf Ko Tarutao.

Ko Adang

Wild bewachsene hohe Berge machen den Reiz dieser 30 km² kleinen Insel aus. Sie befindet sich 40 km westlich von Ko Tarutao. Der Name entstammt dem malaiischen Wort für „Garnelen", denn es gibt rund um die Insel viele dieser Meerestierchen.

Wer gut zu Fuß ist und ursprüngliche Natur erleben will, macht sich (am besten mit Führer) auf den Weg zu den **Wasserfällen**, die auf Ko Adang das ganze Jahr über sehenswert sind. Man kann zwar nicht darin schwimmen, aber für eine Abkühlung ist der sich bildende kühle Pool allemal gut.

Vom **Aussichtspunkt**, der heute den Namen „Chadeau Cliff" trägt, hatten einst schon die Piraten einen guten Blick auf das Meer. Heute genießen die Besucher ganz friedlich herrliche Sonnenuntergänge. Auch die Strände und die davor liegenden Korallenriffe harren der Erkundung.

Wer auch noch ein nächtliches Naturerlebnis anschließen will, mit Geräuschen, die man wahrscheinlich selten zuvor jemals gehört hat, der kann auf Ko Adang entweder im **Zelt** für 300 Baht übernachten oder in eines der Zimmer der **Ko Adang Bungalowanlage** einziehen. Hier gibt es am Strand hübsche Holzbungalows mit Ventilator und angeschlossenem Restaurant. Die Anlage liegt im Süden der Insel und aus manchen Zimmern hat man einen schönen Blick auf Ko Lipe. Strom 18–23 Uhr. ❸–❹

Transport: nach (und von) Ko Lipe für 100 Baht mit dem Longtail, ab Satun s. S. 726, Satun, Transport; oder mit einer organisierten Tour.

Weitere Inseln

Ganz nahe bei Ko Adang liegt die drittgrößte Insel, **Ko Rawi**, mit einer Fläche von 29 km². Neben totaler Einsamkeit gibt es hier tolle weiße Sandstrände und Korallenriffe. In der Hauptsaison wird zur Unterhaltung und Verköstigung auch eine Strandbar betrieben. Zudem kann man dann auch hier die Nacht verbringen: Eine **Übernachtung** im vier Personen fassenden Langhaus kostet 400 Baht. Auch zelten ist möglich. Während des 13.–15. Tages des sechsten und des zwölften Mondmonats feiern die Seenomaden ein **Bootsfest**. Tauchen und schnorcheln ist derzeit verboten.

Ko Yang ist ein perfektes Tauch- und Schnorchelrevier. Hierher kommen auch die organisierten Tauchboote, um die Hart- und Weichkorallen zu besuchen. **Ko Jabang** bietet an einer Pinnacle (Felsnadel), die bis in 16 m Tiefe reicht, schöne Weichkorallen bis an die Oberfläche. Man erreicht die Inseln von Ko Adang aus mit dem Longtail oder im Rahmen einer gebuchten Tour. Seit 2011 ist **Ko Hin Ngam** für Tauchbesucher gesperrt. Die Unterwasserwelt der kleinen Insel ohne Strand, die aus Tausenden rundgeschliffenen Steinen besteht, soll sich erholen. Mehr denn je gilt die Warnung auf dem Schild, das hier aufgestellt wurde: Wer einen Stein von dieser Insel mitnimmt, dem wird Unglück zustoßen.

Pakbara

Für die meisten Reisenden ist Pakbara nur der Umsteigeplatz in die Boote zu den Inseln Ko Lipe, Ko Bulon Lae oder Ko Tarutao bzw. um Richtung Malaysia oder in den Norden Thailands zu fahren. Der große **Hafen** und das rege Treiben am Vormittag, wenn die Boote abfahren oder ankommen, und die wenig schwimmgeeigneten Strände verleiten auch wirklich nicht gerade zum Bleiben. Wer dennoch ausharrt, erlebt abseits jeglicher Touristenpfade das Leben in einem moslemischen Dorf. Es bleibt nicht viel zu tun, außer am Strand herumzuschlendern und

Wohnen am Strand

Die kleine Anlage **Pak Nam Resort**, ✆ 074-72 0289. liegt am Bo Chet Luk-Strand, 10 km von Pakbara entfernt direkt an der Küste und verspricht absolute Ruhe. Von La-Ngu wird man auf Anfrage mit dem Taxi abgeholt, und auch von Pakbara kann man sich von einem Boot abholen lassen. Das Resort hat einfache A-frame-Hütten und gediegener ausgestattete Zimmer in Bungalows und im Reihenhaus. Moped- und Kajakverleih. ❸–❹

vorzüglichen Fisch oder andere Meerestiere in einem der Restaurants zu genießen.

Übernachtung

Die meisten Unterkünfte liegen an der Hauptstraße, die, vom Anleger aus geradeaus, parallel zum Strand verläuft.

Best House Resort, ✆ 074-78 3058, [3536], nach 200 m vom Hafen auf der linken Seite. Etwas zurückversetzt in einer Gartenanlage. Recht hübsche, saubere Bungalows und Zimmer. Das Personal spricht Englisch und ist sehr zuvorkommend. Restaurant, WLAN. ❸–❹

Diamond Beach Bungalow, ✆ 074-78 3138. Etwa 500 m vom Hafen auf der rechten Seite. Gepflegte Anlage von der Straße zurückversetzt im Garten. Einfache Holzbungalows mit Ventilator und Bad oder neue, bunt gestrichene Steinbungalows mit AC. Restaurant mit gemütlichen Bambussitzen direkt am Strand. Netter Platz, um den Sonnenuntergang zu genießen. ❷–❸

Pakarang Resort (Grand Villa), ✆ 074-78 3499. Etwa 600 m vom Pier hinter der Straßenkurve auf der rechten Seite. 2-stöckiges Gebäude mit sauberen Zimmern im 1. Stock. Bad, TV. Restaurant. ❸

Essen

An der Hauptstraße gibt es mehrere Restaurants z. T. mit englischer Speisekarte und den dort gelisteten üblichen Thai-Gerichten. Besser und günstiger sind die Speisen, die in den Auslagen angeboten werden, häufig moslemische Küche.

Die meisten Restaurants am Hafen sind abends geschlossen. Eine Ausnahme ist **Khao Yai Fast Food** mit Frühstück, Shakes, Burgern, Sandwiches und Thai-Küche.
1 km vom Hafen entfernt auf der rechten Seite mit Strandblick liegt ein **Seafood-Restaurant** neben dem anderen, alle mit schönen Gartenanlagen und separaten überdachten Tischen.

Sonstiges
Geld
Am **Hafen** wechseln die meisten Reisebüros auch Geld. Außerdem kommt immer mal wieder ein **mobiler Geldautomat-Bus** vorbei, der bei unserem Besuch an der Hauptstraße 50 m vom Hafen auf der rechten Seite parkte.

Tarutao Nationalpark-Büro
Am Hafen liegt direkt das **Tarutao National Park Office**, ✆ 074-78 3485. Hier kann man Informationen und Reservierungen für die Inseln Ko Tarutao, Ko Adang und Ko Rawi bekommen sowie die Nationalpark-Gebühr von 200 Baht entrichten. Auch Verkauf von Bootstickets.

Transport
Busse ab La-Ngu
Die Überlandbusse starten ab **La-Ngu**, einer quirligen moslemischen Stadt mit einem großen, teils überdachten Markt, 10 km von Pakbara entfernt. In Pakbara gibt es keine Bushaltestelle. Bis La-Ngu fährt man mit dem **Songthaew** für 20 Baht.
TRANG, KRABI, PHANG NGA, PHUKET, von der Hauptstraße auf der linken Seite hinter der großen Abzweigung um 9, 11 und 13 Uhr. Nach Trang für 90 Baht in 1 1/2 Std., Krabi für 200 Baht in 4 Std., Phang Nga für 260 Baht in 5 Std., Phuket für 350 Baht in 7 Std.
HAT YAI, SATUN, der Bus startet stdl. am 7-Eleven auf der Hauptstraße. Zudem fährt ein weißer Minibus nahezu stdl. für 130 Baht nach Hat Yai.

Ab Pakbara Pier
Minibusse der Reisebüros **Andrew Tour**, ✆ 074-78 3459, oder **Pakbara Travel**, ✆ 074-78 3637, 🖥 www.pakbaratravel.com, fahren nach Ankunft der Boote aus Ko Lipe. Die Langstrecken werden auch hier von den öffentlichen Bussen übernommen, sodass die Reisenden entweder mit dem Minibus nach La-Ngu oder Trang transportiert werden und dort in einen großen Bus umsteigen.
BANGKOK, mit dem Songthaew bis La-Ngu und dann mit dem Bus für 800 Baht in 14 Std.
HAT YAI, um 8.45, 9.45, 10.45, 11.45 und 12.45 Uhr für 150 Baht in 2 Std.
KO LANTA, mit Minibus und Boot für 450 Baht.
KRABI, mit Minibus für 400 Baht in 3 1/2 Std.
KUALA LUMPUR, mit Minibus und Bus für 650 Baht.
PENANG, mit Minibus und Bus für 450 Baht.
PHANG NGA, mit Minibus und Bus für 500 Baht in 4 1/2 Std.
PHUKET, mit Minibus und Überlandbus für 600 Baht in 5–6 Std.
SATUN, mit Minibus für 160 Baht in 1 Std.
SURAT THANI, mit Minibus und Bus für 500 Baht.
TAMMALANG PIER (zur Fähre nach LANGKAWI), mit Minibus für 300 Baht in 1 Std. Mit dem Taxi oft schneller für 800 Baht.
TRANG, um 8.45, 10.45, 12.45 und 14.45 Uhr für 200 Baht in 2 Std.
WANGPRACHAN (Visa Run), mit Minibus für 300 Baht. Mit dem Taxi für 800 Baht.

Boote
Die Schnellboote der Linien **Forra Travel**, **Lipeh Ferry** und **Bundhaya** fahren alle zur gleichen Zeit für das gleiche Geld.
KO BULON LAE, mit der Fähre für 350 Baht in 1/2 Std.
KO LIPE, um 11.30 und 13.30 Uhr für 650 Baht in 1 1/2 Std. Mit der Fähre Adang Sea Tour um 10.30 Uhr und 13.30 in 3 Std.
KO TARUTAO, mit dem Schnellboot um 11.30 und 13.30 Uhr (Richtung Ko Lipe) für 350 Baht in 1/2 Std. Mit der Fähre wie nach Ko Lipe um 10.30 und 13.30 Uhr für 250 Baht in 1 1/2 Std.

Satun

Bis 1929 gehörte Satun nicht zu Thailand, sondern fiel unter das Protektorat von Kedah und gehörte damit zu Malaysia. Erst dank eines Paktes mit den Briten wurde Satun unter sia-

Ein Haus mit Geschichte

Über die Region kundig machen kann man sich im **Nationalmuseum**, ℡ 074-72 3140, von Satun, auch als Kuden Mansion bekannt und als Guden Castle ausgeschildert. In einem Gebäude im Kolonialstil werden Gegenstände aus der Kultur und Geschichte der Region gezeigt. Zudem gewährt ein Besuch hier interessante Einblicke in die Geschichte des Tarutao National Park, als die Hauptinsel noch ein Gefängnis war. Das Haus, in dem sich das Museum befindet, wurde in den Jahren 1940–43 von den Japanern besetzt. Es heißt, hier haben sich führende Köpfe zur Planung des Anschlags auf Pearl Harbor versammelt. ⏱ tgl. außer Mo und Di 9–16 Uhr, Eintritt 30 Baht.

---

mesische Verwaltung gestellt. Heute ist Satun Provinzhauptstadt.

Satun liegt 973 km von Bangkok entfernt. Touristen erleben die kleine Stadt meist nur auf der Durchreise, wenn sie auf ihrer Reise nach Langkawi (Malaysia) am Pier einige Kilometer weiter südlich vom Bus ins Boot umsteigen.

Wer hierher kommt und bleibt, wird mangels Sehenswürdigkeiten selbst zu einer Attraktion: Die 28 000 Einwohner, vorwiegend moslemisch, wundern sich augenscheinlich, was ein Tourist hier sucht.

Zu sehen gibt es immerhin die **Mambang Matsayid-Moschee** mitten in Satun. Der Bau ist Treffpunkt und Mittelpunkt der Stadt, nicht wirklich etwas Besonderes, doch wer sie aufsucht, findet Kontakt zur moslemischen Bevölkerung Thailands abseits aller Touristenpfade und ohne die Gefahren, die derzeit den tiefen Süden nahezu unbereisbar machen.

Neben Moslems wohnen in Satun Thais und Chinesischstämmige. Es gibt neben der Moschee auch einen chinesischen und natürlich auch einen buddhistischen Tempel, das 200 Jahre alte **Wat Chanathip Chaloem**. Dämonen bewachen die Eingänge, innen befindet sich ein Bronzebuddha.

Die Provinz Satun beansprucht als touristisches Highlight die Inseln des **Tarutao National Park** (s. S. 719) für sich, doch die touristische Route bringt es mit sich, dass die meisten Reisenden von Trang aus die Inseln ansteuern. Insgesamt liegen vor der Küste Satuns 145 km Strand. Das **Tan Yong Cap** und der **Long Beach** sind Ziele in der Umgebung. Statt Strandleben im Bikini gibt es hier einen intensiven Einblick ins traditionelle Leben der Fischer. Nahebei befindet sich auch der **Thale Ban National Park** (mehr dazu siehe **eXTra [5759]**) und die **Phuphaphet-Höhle** („Diamanthöhle", mehr dazu siehe **eXTra [5760]**).

Übernachtung

In Satun nächtigt man am besten in einem der Hotels. Diese haben oft TV und Fenster und sind etwas besser ausgestattet als die Gästehäuser. Generell ist der Standard eher niedrig.

On's Guesthouse ②, 49 Kuhaprawed Rd., ℡ 081-097 9783, ✉ onmarch13@hotmail.com. Ruhiges Guesthouse mit einfachen, sauberen Zimmern und familiärer Atmosphäre. In einer Seitengasse nahe des Flussufers, Kontakt über On's The Living Room. ❷

Pinnacle Satun Wangmai Hotel ①, 43 Satun Thane Rd., ℡ 074-71 1607, 🖥 www.pinnaclehotels.com. 108 Zimmer mit Ventilator oder AC, recht sauber, einfache Ausstattung. V. a. Malayen, die meisten davon geschäftlich unterwegs, steigen hier ab. Minibar, TV, manche Zimmer mit Badewanne. ❸–❺

Rian Thong Hotel ⑤, 4–6 Samanta Pradit Rd., ℡ 074-71 1036. Gegenüber der Bootsanlegestelle. Große Zimmer, relativ sauber. ❷

Sinkiat Thani Hotel ④, 50 Burivanit Rd., ℡ 074-72 1055. Mittelklassehotel mit großen Zimmern, einige mit Badewanne, alle mit Minibar und TV. Obwohl nicht mehr neu, gut in Schuss gehalten und sauber. Mit Blick auf die Berge wohnt man in den Zimmern der oberen Stockwerke. ❹

Udom Suk Hotel ③, 201 Hattagam Suksa Rd., ℡ 074-71 1006. Im Zentrum und dennoch recht ruhig in einer Nebenstraße gelegen, bietet dieses Haus saubere Zimmer und einen kleinen Garten. ❷–❸

Essen

Einen Versuch wert sind die Gerichte auf dem **Nachtmarkt**. Man sollte es nicht versäumen,

Aufstand in Thailands Südprovinzen

Die drei südlichen Provinzen **Pattani**, **Yala** und **Narathiwat** sowie Teile der Provinz **Songkhla** sind seit Jahren Schauplätze eines erbitterten Kampfes zwischen den Volksgruppen der buddhistischen Thai und der moslemischen Malaien; dabei fließt fast täglich Blut.

Das alte malaiische Sultanat Pattani wurde zu Beginn des 20. Jhs. endgültig in den entstehenden Thai-Staat integriert. Bis dahin stand es formal unter der Herrschaft Siams, ähnlich wie die malaiischen Sultanate Kedah, Perlis, Kelantan und Terengganu. Es folgte eine Periode der Zwangsassimilierung, die in vielerlei Hinsicht bis heute anhält. Das Verhältnis zwischen den eingewanderten Thai und den ansässigen Malaien war von Anfang an durch Unverständnis, Thai-Chauvinismus und brutale **Unterdrückung** geprägt. Thai-Beamte, die in den Süden versetzt wurden, empfanden ihre neue Arbeitsstelle als Verbannung. Bereits mit Beginn der Annexion gab es eine Widerstandsbewegung, die nach dem Zweiten Weltkrieg erstarkte. Im Jahr 2004 erreichte sie neue Dimensionen, nachdem bei einem Massaker der Polizei und des Militärs in Tak Bai 78 Moslems umgekommen waren. Nach einer Anschlagserie in der Stadt Yala im Sommer 2005 rief die damalige Thaksin-Regierung den Notstand in den drei südlichen Provinzen aus. Mittlerweile erschießen radikale malaiische Moslems Mönche während ihrer morgendlichen Almosensammlung und Lehrer auf dem Weg in die Schule. Bomben explodieren auf öffentlichen Plätzen und Minibusse werden unter Feuer genommen.

Von Besuchen in dieser Region raten wir dringend ab. Zwar sind bisher noch keine **Touristen** Opfer von Mordanschlägen gewesen, aber wer will schon als Kollateralschaden enden? Ein Anschlag auf ein auch von Ausländern bewohntes Hotel am 15. März 2008 mit Toten und Verletzten belegt, dass hier keinerlei Rücksicht genommen wird.

Aktuelle Berichte über die Situation in den Südprovinzen findet man täglich in den beiden englischsprachigen Tageszeitungen The Nation und Bangkok Post. Weitere Informationen über die Entstehung und den Verlauf des Aufstandes unter http://en.wikipedia.org/wiki/South_Thailand_insurgency.

Die **Grenzübergänge** nach Malaysia in Betong und Tak Bai sind somit keine Optionen mehr. Der Grenzübergang **Wangprachan** ist in letzter Zeit populär geworden. Der Ort ist inzwischen das Ziel organisierter Visa Runs sogar aus Krabi oder von Ko Samui. Von Satun kostet eines der häufig verkehrenden Pick-ups 40–50 Baht einfach, ein Taxi 500–600 Baht hin und zurück. Grenzübergang 7–18 Uhr.

Von Hat Yai aus erreichbar sind Padang Besar mit dem Zug, Grenzübergang 7–21 Uhr, und Sadao mit dem Minibus für 50 Baht oder Taxi für 600–900 Baht hin und zurück, Grenzübergang 7–18 Uhr. Nach Sungai Golok fährt von Hat Yai aus ebenfalls ein Zug. Touristen haben aber bereits wegen erhöhter Gefahr dafür keine Tickets bekommen. Auch mit dem Minibus ist Sungai Golok zu erreichen. Der Weg führt jedoch quer durch die Unruheprovinzen.

---

etwas Moslemisches zu probieren. Für das gute Masaman-Curry wurde die Provinz sogar ausgezeichnet und darf das Curry als OTOP verkaufen.

Ein **chinesisches Nudelsuppen-Restaurant** mit einer kräftigen(den) dunklen Suppe liegt an der Satun Thanee, Ecke Samanta Pradit Rd. Schließt schon mittags. Wer Kurzgebratenes aus dem Wok bevorzugt, wird nebenan fündig.

On's The Living Room, tischt westliche Küche auf. Wer Pizza braucht oder Nudeln, findet hier etwas, es gibt auch Bier und Mixgetränke.

Time Restaurant, etwas gehobeneres Niveau und entsprechend etwas teurer. Hier macht eine riesige Speisekarte die Auswahl nicht gerade leicht. Zum Essen kann man sich ein kühles Bierchen gönnen.

Sonstiges

Immigration
Die Immigration hat ihr Hauptbüro in der Stadt, ⏰ Mo–Fr 8.30–16 Uhr. Ein Besuch ist kaum nötig: Wer über die Grenze nach Malaysia (Wangprachan) geht, bekommt seine Stempel am Tammalang Pier. ⏰ Grenze 6–17 Uhr

Internet
Ein Internet-Shop befindet sich in der Satun Thane Rd. nahe der Moschee. 20 Baht pro Std.

Medizinische Hilfe
Das **Krankenhaus** der Stadt befindet sich etwas nördlich vom Zentrum nahe der **Polizeistation** an der Satun Thane Rd.

Post
Das Postamt liegt in der Samanta Pradit Rd., ⏰ Mo–Fr 8.30–16.30, Sa, So und feiertags 9–14 Uhr.

Reisebüros
Satun Travel & Ferry Service, 45/16 Satun Thane Rd., ☎ 074-71 1453. Tickets zu den Inseln Ko Lipe, Ko Tarutao und Ko Adang und auch Fährtickets nach Langkawi. Minibusse. Weitere Reisebüros am **Tammalang Pier**; wer dort ankommt, kann direkt weiterbuchen; alle größeren Ziele bis nach Bangkok werden angeboten.

Transport

Busse
Die **Busstation** befindet sich etwas außerhalb, südlich der Stadt. Man kann aber auch in der Stadt in der Bureevanitch Rd. zusteigen.
BANGKOK, AC-Bus um 7.30, 14.30, 15 und 16.30 Uhr für 720 Baht, VIP-Bus um 16.30 Uhr für 1150 Baht in 15 Std.
HAT YAI, stdl. mit dem blauen Bus Nr. 7 für 60 Baht in 1 1/2 Std.; Bus kann an der Satun Thane Rd. herangewunken werden.
KRABI, mit dem Phuket-Bus für 230 Baht in 5 Std.
LA-NGU, die Busse nach Phuket halten hier nach etwa 1 Std. Fahrzeit (40 Baht). Nach PAKBARA geht es von hier mit dem Pick-up weiter.
PHUKET, um 8.15, 10.15, 12.15 und 20 Uhr für 370 Baht in 8 Std.

Satun

Übernachtung:
1. Pinnacle Satun Wangmai Hotel
2. On's Guesthouse
3. Udom Suk Hotel
4. Sinkiat Thani Hotel
5. Rian Thong Hotel

Essen:
1. Time Restaurant
2. On's The Living Room
3. Nudelsuppen-Restaurant

Transport:
1. Satun Travel & Ferry Service
2. Minibus Hat Yai
3. Bus Bangkok
4. Boote Kuala Perlis
5. Taxi Wangprachan, Thale Ban
6. Taxi Trang, Hat Yai
7. Pickup Tamalang Pier
8. Boote Langkawi
9. Busstation

TRANG, stdl. zwischen 6 und 16.30 Uhr für 90 Baht in 2 Std. Der AC-Bus nach Phuket hält auch in Trang (130 Baht).

Minibusse, Sammeltaxis und Songthaews

Je nach Saison und Reiseziel ändern sich die Abfahrtszeiten und -orte öfters; vorsichtshalber vor Ort überprüfen.
HAT YAI, stdl. Minibusse an der Satun Thane Rd. zwischen 6 und 17 Uhr für 100 Baht; außerdem Taxis gegenüber der Immigration (S. 725).
KRABI, mit Minibus (Satun Travel) um 11 und 16.30 Uhr für 450 Baht in 4 1/2 Std.
PAKBARA, mit Sammeltaxi für 300 Baht.
THALE BAN NATIONAL PARK, unregelmäßig mit dem Sammeltaxi für 50 Baht.
TRANG, mit Minibus (Satun Travel) um 11 und 16.30 Uhr für 250 Baht in 2 1/2 Std.
WANGPRACHAN (Grenze nach Malaysia), um 7 und 9 Uhr für 40 Baht bei genügend Mitfahrern; Abfahrt gegenüber dem Rian Thong Hotel. Mopedtaxis kosten für einen Weg 250 Baht. Wer also einen Visa Run macht, zahlt für die Hin- und Rückfahrt 400–500 Baht.

Boote

Die Boote nach Ko Lipe, Ko Adang, Ko Tarutao und Langkawi halten, starten und landen alle am **Tammalang Pier**, 9 km südlich von Satun. Mit dem Pick-up in 15 Min. für 20 Baht; Mopedtaxi 50 Baht. Am Hafen gibt es eine **Immigration**, die das Visum für Thailand ein- bzw. ausstempelt. Etwa 1 Std. vor Abfahrt der Fähre nach Langkawi fährt von Satun Travel ein Taxi für 30 Baht von Satun zum Pier.
KO ADANG und KO BULON LAE, 350 Baht.
KO LIPE (über KO TARUTAO und KO ADANG), um 12.30 Uhr für 700 Baht.
KUALA PERLIS, in der Saison mit dem Longtail für 150 Baht in 1 Std.; Abfahrt, wenn das Boot voll ist. Charterboot 1500 Baht. Bei genügend Wasser startet das Boot manchmal am Pier in der Stadt und fährt zur Immigration, bevor es auf die anstrengende Fahrt nach Kuala Perlis geht.
LANGKAWI, mit der Fähre um 9.30, 13.30 und 16 Uhr für 300 Baht (Kinder 230 Baht) in gut 1 Std. Ein Schnellboot geht um 8 Uhr und kostet 600 Baht.

Nord-Malaysia

Stefan Loose Traveltipps

Pulau Langkawi Eine Motorradfahrt um die Insel und mit der Seilbahn auf den Gunung Mat Cilang. S. 729

14 George Town (Penang) Ein Spaziergang durch das Stadtzentrum, das von britischen Kolonialherren, chinesischen Kaufleuten und Einwanderern aus Indien geprägt ist. S. 746

Kota Bharu Das Kulturzentrum Gelanggang Seni, das einen Einblick in die traditionelle malaiische Kultur ermöglicht. S. 770

15 Pulau Perhentian Zwei Inseln mit glasklarem Wasser, das ideal zum Schnorcheln oder Tauchen ist. S. 780

Ein Abstecher über die Grenze von Süd-Thailand nach Malaysia bietet die Möglichkeit, einen Eindruck von einem malaiisch–chinesisch–indischen Vielvölkerstaat einschließlich der Relikte aus britischer Kolonialzeit zu erhalten. Wie ein Malaysia im Miniaturformat wirkt die Urlauberinsel Langkawi an der Westküste, die trotz ihrer erschlossenen Strände und intensiver Tourismus-Entwicklungsprogramme in ihrem Hinterland noch immer viel ländliche Ruhe bietet. Traveller zieht es vor allem an die Ostküste nach Pulau Perhentian, wo sich auch gute Tauchmöglichkeiten bieten.

Ein Muss für alle ist die Insel Penang, nicht so sehr wegen ihrer Strände, sondern wegen der chinesisch geprägten Stadt George Town mit ihren historischen Bauten, dem hervorragenden Museum und der kulinarischen Genüsse. Billigreisende finden hier ebenso wie anspruchsvolle Urlauber ein breites Angebot an Unterkünften, zudem ist sie ebenso wie die malaiisch geprägte Stadt Kota Bharu an der Ostküste eine beliebte Adresse zur Beantragung des Thailand-Visums oder zur erneuten Einreise überland bei der allerdings nur noch 15 Tage in den Pass gestempelt werden.

Grenzübergänge an der Westküste

Kaki Bukit (Wangprachan)

8 km vor Padang Besar (s. u.) zweigt von der Fernstraße 7 links die Straße nach Kaki Bukit ab. Bereits nach 1 km erreicht man den kleinen Grenzort. Ein Schild weist den Weg nach **Gua Kelam** am Fuße eines Kalksteinmassivs, 1 km jenseits des Ortes. Durch die steil aufragenden Felsen führt ein etwa 350 m langer, erleuchteter Plankenweg in das kleine, abgeschirmte **Wan Tangga-Tal**. Es wurde zu einem bei Einheimischen beliebten Picknick- und Erholungsgelände umgestaltet mit Bademöglichkeit, Duschen und WC sowie einem kleinen Tiergehege.

Die Tropfsteine und die gurgelnden Geräusche des Wassers wirken bei einer einsamen Wanderung durch diese unterirdische Welt gespenstisch. Alles nicht sehr spektakulär, aber einen Abstecher wert, Eintritt 1 RM.

Von Wangprachan auf der Thai-Seite kann man mit öffentlichen Verkehrsmitteln nach **Satun** oder **Hat Yai**.

Padang Besar

Den Grenzort nach Thailand, 70 km vor Hat Yai, erreicht man mit dem Bus, Taxi oder der Bahn. Wer zu Fuß oder mit dem Rad nach Thailand einreisen will, geht die Straße hinauf bis zum malaysischen Kontrollpunkt, holt sich die entsprechenden Stempel und geht dann 10 Minuten durch ein Stück Niemandsland mit Duty-Free-Geschäften die Straße entlang bis zum thailändischen Zollhaus. Die Grenzbeamten kontrollieren Fußgänger zwar etwas gründlicher, doch bekommt man normalerweise bei Nachweis eines höheren Geldbetrages ohne Schwierigkeiten den Stempel. Eine Alternative ist der Transfer mit einem Motorrad oder Minibus. Nicht vergessen, beim Übergang nach Thailand die Uhren 1 Std. zurückstellen.

Changlun / Bukit Kayu Hitam

Vom Ende der Nord-Süd-Autobahn, 25 km vor der Grenze, verläuft eine vierspurige Straße weiter nach Norden vorbei an **Changlun**. Viele Busse und noch mehr Minibusse aus Singapore, Kuala Lumpur und Penang kommen in der Nacht ab 3.30 Uhr hier an. Sie stoppen entweder an einem der drei großen Duty Free Shops an der Straße oder im Ort. Wer in einem durchgehenden Bus sitzt, wird hier eine längere Essenspause einlegen, bei der die Papiere für die Grenzabfertigung ausgefüllt werden und Zeit zum Geld wechseln ist. Durch **Bukit Kayu Hitam**, den letzten Ort, 8 km hinter Changlun und 1 km vor der Grenze zu Thailand, brausen die meisten Busse ohne Halt.

Transport

Busse

Ab **Padang Besar** über Kaki Bukit nach KANGAR 4x tgl. lokale Busse für 5 RM. Von dort weiter nach KUALA LUMPUR und PENANG. Auf der Thai-Seite fahren Busse und Minibusse nach HAT YAI.

Von **Changlun** aus fahren lokale Busse zu verschiedenen Zielen in Malaysia. An die Ostküste nach KOTA BHARU um 9 und 21 Uhr für 13 RM in 7–8 Std. KUALA LUMPUR, zahlreiche Busse zwischen 11 und 14 Uhr für 36–43 RM. Nahverkehrsbusse nach ALOR SETAR für 4 RM.

Überlandtaxis

Von Padang Besar nach ARAU 35 RM, KAKI BUKIT 15 RM, KANGAR 35 RM, ALOR SETAR 70 RM (für Ziele weiter südlich dort umsteigen), KUALA PERLIS 40 RM, HAT YAI 100 RM. In **Bukit Kayu Hitam** stehen neben dem Tourist Office Überlandtaxis. Sie kosten nach ALOR SETAR 50 RM, BUTTERWORTH 180 RM, CHANGLUN 15 RM, KUALA PERLIS 50 RM, KANGAR 40 RM und KUALA KEDAH 60 RM.

Eisenbahn

Der International Express sowie der Langkawi Express haben eine knappe Stunde Aufenthalt in **Padang Besar**. Während dieser Zeit werden am Bahnhof, 04-949 0231, die Grenzformalitäten erledigt. Der International Express über Hat Yai und Surat Thani nach BANGKOK fährt um 18.14 Uhr, nach BUTTERWORTH um 8.55 Uhr ab, im Langkawi Express nach KUALA LUMPUR um 16.15 Uhr kostet in der 2. Klasse ein Sitzplatz 40 RM, Bett 48/53 RM.

Pulau Langkawi

Ein Malaysia im Miniaturformat mit tropischen Wäldern, imposanten Bergrücken, schroffen Felsen, Gummiplantagen, Reisfeldern, Sandstränden und luftigen Kampungs – es fehlen nur die Ölpalmen und eine Eisenbahn. Ganz so, wie man es aus Bilderbuch-Prospekten kennt, präsentiert sich die Inselgruppe im Nordwesten Malaysias. Man mag über die touristische Entwicklung, die dieses traumhaft schöne Fleckchen Erde in den letzten Jahren stark verändert hat, denken, was man mag. Tatsache ist, dass der Langkawi-Archipel mit seinen 60 000 Einwohnern noch immer eine gute Adresse an der Westküste Malaysias darstellt, für diejenigen die Ruhe und Erholung suchen und für kurze Zeit der Hektik lärmender Großstädte entfliehen wollen.

Orientierung

Pulau Langkawi ist die größte Insel im Archipel. Auf den anderen, kleinen Inseln gibt es weder Straßen noch nennenswerte Siedlungen. Hauptort, Sitz der Verwaltungen, Einkaufszentrum und Anlaufpunkt der Fähren ist Kuah. Auf gut ausgebauten Straßen erreicht man von hier aus die lang gestreckten Strände Pantai Tengah und Pantai Cenang am Südwestzipfel Langkawis. Weiter im Westen liegen der Pantai Kok und Teluk Burau, von der aus eine Seilbahn die dschungelbedeckten, steilen Berghänge hinaufführt. Edel-Resorts sind in Datai, der abgelegenen und windgepeitschten Nordwestecke, entstanden. Pittoresk ist die Bucht Tanjung Rhu im Nordosten mit einem herrlichen Ausblick auf die nahe gelegenen Inseln des thailändischen Tarutao-Nationalparks, zu denen auch Tauchtrips angeboten werden.

Reisezeit

Der meiste Regen fällt in den Monaten September bis Dezember, das Maximum im Oktober. Im regenreichen Nordwesten der Insel wurden bis zu 3900 mm Niederschlag im Jahr gemessen. Hochsaison ist dennoch zwischen Oktober und April. Während des Ramadan oder zwischen Mai und September ist auf der Insel manchmal nicht viel los. Lediglich während der LIMA-Show, einer Luftwaffenmesse, die in ungeraden Jahren Ende November / Anfang Dezember stattfindet und von lauten Tief- und Showflügen begleitet wird, sind alle Hotelbetten belegt. In dieser Woche sollte die Insel gemieden werden. Wer tosendes Nachtleben, Bars und Beach Partys liebt, wird sich wahrscheinlich langweilen.

Kuah

In Kuah, dem Hauptort auf Langkawi, kommen die Fähren an, hier kauft man ein, von hier starten Rundfahrten und Bootstouren. Über 4 km erstrecken sich locker verteilte Wohnhäuser und Geschäfte beiderseits der Hauptstraße, die vor der Landaufschüttung noch entlang der Küste verlief.

In der Nähe der Jetty wurde ein Strandpromenade angelegt, die von einem überdimensio-

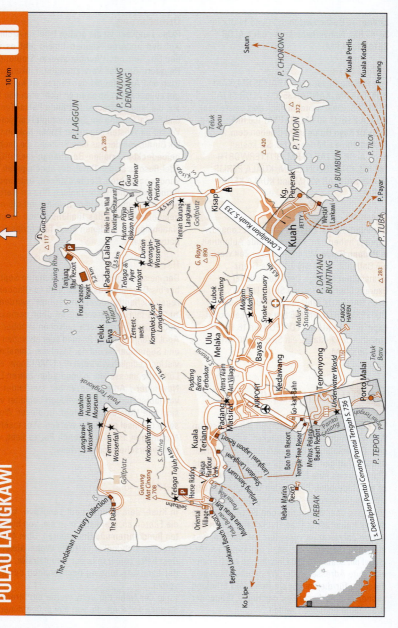

nierten **Seeadler-Denkmal** überragt wird. Auf dem aufgeschüttetem Land wurde im **Taman Lagenda Park** fertig gestellt und hier werden die Geschichte Malaysias und die zahlreichen Legenden Langkawis mit großen und recht kitschigen Figuren in riesigen Hallen und auf einer Videoleinwand zum Leben erweckt, ⊙ tgl. 9–19 Uhr.

Weiter stadteinwärts erhebt sich die alte **Al-Hana Moschee**. Mehrere neue Moscheen sind in den letzten Jahren hinzugekommen. Einige der neuen Wohn- und Geschäftshäuser im mediterranen Disney-Stil sind nicht unangenehm anzusehen, die Mehrzahl ist allerdings eher eine Beleidigung fürs Auge. An der Straße nach Padang Lalang entstanden zahlreiche Wohnparks, ein Sportzentrum und ein Fußballstadion. Zahlreiche Duty Free-Shops und Einkaufszentren haben sich etabliert. Das größte ist zur Zeit die **Langkawi Fair Shopping Mall** mit Duty-Free-Supermarkt, Essenständen und Fast-Food-Läden.

Übernachtung

In den letzten Jahren sind zahlreiche Hotels in Kuah hochgezogen worden, in der Regel gesichtslose Betonklötze, die die meiste Zeit des Jahres leer stehen oder von einkaufswütigen Reisegruppen aus asiatischen Staaten bevölkert werden. Hier nur eine kleine Auswahl bewährter Hotels in Kuah. Unsere Preiskategorien beziehen sich auf die Nebensaison.

Mittlere Preisklasse

Citin Hotel ②, 3 Jl. Pekan Kuah, ✆ 04-966 9000, 🖥 www.citinlangkawi.com. Kleine, renovierte Zimmer in klaren Farben mit 1 oder 2 Betten, Flachbildschirm, Teppich und kleinen Bädern. Am Wochenende +10 RM. ❹

Eagle Bay Hotel ③, 33 Persiaran Putera, ✆ 04-966 8585, 966 7385, 🖥 www.eaglebay.com.my, AC-Zimmer mit Balkon in einem 8-stöckigen Neubaublock nahe dem Hafen. ❸–❹

Grand Continental ⑤, Lot 398, MK Kuah Kelibang, ✆ 04-966 0333, 🖥 www.ghihotels.com.my. Größerer 3-Sterne-Hotelblock mit 198 Zimmer an der Straße zu den Stränden, Pool, Frühstück inkl., überwiegend einheimische Gäste. ❺

Obere Preisklasse

Bayview Hotel ①, Jl. Pandak Mayah, ✆ 04-966 1818, 🖥 www.bayviewhotels.com/langkawi. Der 4-Sterne-Hotelblock bietet 282 komfortable Zimmer in absoluter Citylage, ideal für Shopping-Touren, weniger geeignet für Erholungsuchende. Fitnesscenter und Pool im 4. Stock, chinesisches Restaurant. ❼–❽

The Westin Langkawi Resort & Spa ⑥, ✆ 04-960 8888, 🖥 www.westin.com/langkawi, etwa 1 km vom Jetty Point Terminal entfernt in einem kleinen Park im Südosten. Das renovierte 5-Sterne-Resort mit 202 Zimmer bietet allen Komfort, einen großen Pool, ein balinesisches Spa und vom Restaurant einen schönen Blick auf die vorgelagerten Inseln. Im Someplace Else wird abends Livemusik geboten. Preise schwanken stark nach Saison. Touren und Ausflüge im Angebot. ❽

Essen

Restaurants

Domino, 10 Pandak Maya 6, ✆ 04-966 7214. Hier serviert der deutsche Besitzer deutsche Gerichte, z. B. Currywurst oder eine Käseplatte sowie Bier vom Fass. Auch einige deutsche Bücher. ⊙ tgl. außer So 10.30–15 und 17.30–21 Uhr.

Watergate Hawker Centre, Pandak Maya 6. Chinesischer Coffeeshop mit verschiedenen Essenständen, preiswerter Chicken und Pork Rice sowie Seafood.

Makanan Laut Teo, nahe dem Tiara Hotel ist bei Einheimischen für seine große Auswahl an chinesischen Gerichten zu günstigen Preisen beliebt. Bei der Zusammenstellung der Menüs ist das Personal gerne behilflich. Nur abends geöffnet.

Xin An Vegetarian Café, ✆ 04-966 8133, das kleine Restaurant in einem der neueren Geschäftshäuser nahe dem Tiara Hotel ist eine gute Alternative für chinesisch-vegetarisches Essen. ⊙ tgl. 11–15 und 18.30–21.30 Uhr.

Yong Leong Seafood, 36 Pusat Dagangan Kelana Mas, Persiaran Mutiara, ✆ 04-966 8495. Der offene chinesische Familienbetrieb hat ganztags geöffnet. Das Essen wird frisch zubereitet und ist relativ preiswert. Die Favoriten sind auf der englischen Speisekarte auch bebildert, z. B.: Spanferkel, knusprige Ente, Garnelen auf unterschiedliche Art oder Austern mit Schwarzer Bohnensoße.

Aktivitäten

Abseilen

Langkawi Canopy Adventures, ℡ 012-484 8744, 012-470 2442, 🖥 www.langkawi.travel, am Fuß des Gunung Raya. Wer den Dschungel einmal aus einer ganz anderen Perspektive erleben möchte, kann mithilfe von Stahlseilen Schluchten überwinden, sich von steilen Granitwänden abseilen sowie über tiefe Täler von Baum zu Baum schwingen. Recht abenteuerlich, aber nach einer kurzen Einführung ins Klettern auch für Anfänger ein großes, wenn auch Schweiß treibendes Vergnügen. Die Langkawi Canopy Adventures sind möglich durch ein ausgeklügeltes System von Plattformen, Stahlkabeln und Kletterseilen, das von Jürgen Zimmerer erbaut wurde, der auch die Touren anbietet (s. Touren). Die 3-stündige Tour wird am Vor- und Nachmittag angeboten und kostet 180–250 RM inkl. Transport ab Hotel und Ausrüstung.

Bootstouren zu den benachbarten Inseln

Boote zu den benachbarten Inseln, wo man schnorcheln, bzw. im Süßwassersee baden kann, werden von verschiedenen Veranstaltern in fast allen Hotels an den Stränden und in Reisebüros angeboten. Ein 4-stündiger Standardtrip mit Speedbooten, die zwischen den Inseln Pulau Dayang Bunting, Pulau Singa Besar und Pulau Beras Basah pendeln, kostet 30–45 RM p. P., ein Boot zu chartern 300–450 RM. Ein Tagesausflug per Boot rund um die Insel Langkawi 110 RM p. P., Lunchpaket inbegriffen, nach Pulau Payar 160–240 RM p. P. Wer dem Massenbetrieb entgehen möchte, weicht auf die Angebote der Segler aus. Mehrere Veranstalter bieten Segeltörns in den Gewässern um Langkawi an.

Tauchen

Tauchschulen an den Stränden bieten Ausrüstung und Touren an. Allerdings ist die Sicht rings um die Hauptinsel mäßig, und es gibt keine Korallenriffe. Daher fahren die Veranstalter zu den Tauchgründen bei **Pulau Payar**, 1 1/2 Std. mit dem Boot Richtung Süden.

Touren

Jungle Walla, 🖥 www.junglewalla.com. Irshad Mobarak, ℡ 012-584 6184, und seine Kollegen kennen die Natur der Insel wie ihre Westentasche. Peter Höfinger, ℡ 012-456 4750, ✉ pemaaria@tm.net.my, der seit 1989 auf der Insel lebt, leitet hervorragende, informative Touren auf Deutsch. Die 6-stündigen Dschungeltouren durch den ursprünglichen Regenwald kosten inkl. Abholung ab 4 Pers. 155 RM p. P. Halbtagstouren mit dem Boot/Tagestouren mit dem Kajak durch den Mangrovenwald ab 4 Pers. 195/255 RM inkl. Mittagessen.

Sonstiges

Autovermietungen

Mietwagen organisieren Reisebüros und viele Hotels für 50–100 RM pro Tag, in der Hochsaison bis 120 RM.
Kasina Rent A Car, ℡ 04-955 3355, 🖥 www.kasina.com.my. Filialen im Andaman, Four Seasons, Datai und am nördlichen Pantai Tengah in der Sun Mall, ℡ 04-955 5999.

Einkaufen

Der ehemalige Fischerort wird mit Geschäften und Einkaufszentren voll gebaut. Die größten Einkaufszentren sind die **Langkawi Fair Shopping Mall** mit einem großen Supermarkt, **Plaza Langkawi** und **Langkawi Parade** am Ortsausgang. Neu der **Pekan Rabu**, in das auch das Tourist Office einziehen soll. Die meisten zollfreien Waren, wie Textilien, Geschirr, Küchengeräte und Elektronik, werden in den Geschäften in Kuah von Einheimischen gekauft. Für Touristen interessant sind Alkohol (auch ein großes Weinangebot), Zigaretten, Kunstgewerbe und (belgische wie Schweizer) Schokolade. Günstige Duty-free-Waren im Obergeschoss des Fährgebäudes.

Geld

Filialen der **Maybank**, **Public Bank**, **EON** und **RHB Bank** mit Geldautomaten. Schalter

Kuah

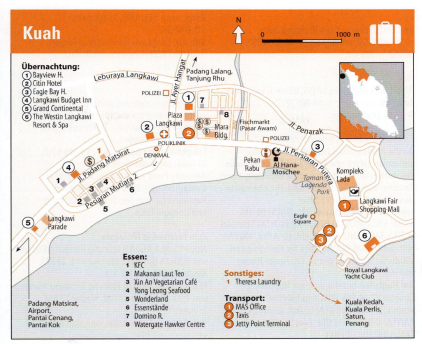

🕐 Mo–Fr 9.30–16, Sa bis 11.30 Uhr, obwohl die Behörden Do und Fr schließen, einige Geldautomaten sind zwischen 24 und 6 Uhr nicht zugänglich.
Zwei **Money Changer** mit guten Kursen neben dem MARA-Building und im 1. OG der **Langkawi Fair Shopping Mall**. Im Fährterminal Geldautomaten und Money Changer mit mäßigen Kursen.

Informationen
Tourism Malaysia Information Center, in Kuah, nahe Pekan Rabu und an der Jetty, ☎ 04-966 7789, ✉ mtpblgk@tourism.gov.my. 🕐 tgl. 9–17 Uhr.
Ein weiteres Informationsbüro im Flughafengebäude, 🕐 tgl. 9–23 Uhr.
Im Fährterminal entpuppen sich viele Informationsbüros als Reiseagenturen, die von der Vermittlung von Touren und Unterkünften leben.

Gute allgemeine Infos im Internet, 🖥 www.langkawigeopark.com.my, auf Deutsch unter 🖥 www.emmes.net, und Neuigkeiten für die überaus zahlreiche Expat Community und Aktivitäten auf der Insel unter 🖥 www.langkawi-gazette.com.

Immigration
Office am Airport, ☎ 04-955 3305.

Konsulate
Thailändisches Konsulat im City Bayview Hotel, Jl. Pandak Mayah, Kuah, ☎ 04-966 3240. Keine reguläre Visaabteilung.

Medizinische Hilfe
Das moderne **Hospital**, ☎ 04-966 3333, liegt nahe dem Golfplatz, 10 km westlich von Kuah. Eine Poliklinik befindet sich mitten in Kuah.

Polizei
Verkehrspolizei in Kuah Richtung Jetty,
✆ 04-966 6222, am Airport, ✆ 04-955 1090.
Notruf ✆ 999.

Post
Hinter dem Kompleks LADA, Block 1, zwischen dem Pier und Kuah, ✆ 04-966 7271. ⏱ Sa–Do 8–17, Fr geschlossen.

> **Nahverkehr**

Da die Autos auf der Insel steuerfrei sind, verkehren zahlreiche **PKW- und Minibus-Taxis**. Sie warten vor allem gegenüber dem Jetty Point Terminal und im Zentrum Kuahs. Preisbeispiele von der Jetty, ✆ 04-968 1163:
Taxi nach BURAU BAY 40 RM, DATAI 60 RM, KUAH 6 RM, PANTAI CENANG, PANTAI TENGAH 24 RM, TANJUNG RHU 30 RM, für 4 Std. 100 RM, jede weitere 25 RM. Minibus für Kleingruppen +50 %. Spät abends werden doppelte Preise verlangt.
Am Flughafen bezahlt man am Taxi-Ticket-Counter, ✆ 04-955 1800, den Fahrpreis im Voraus, z. B. nach DATAI 60 RM, KUAH 24 RM, PANTAI CENANG 18 RM, PANTAI KOK und TANJUNG RHU 30 RM.

> **Transport**

Flüge
Flughafen in Padang Matsirat, 20 km westlich von Kuah, ✆ 04-955 1311. Im Ankunftsbereich des Flughafens 2 Wechselstuben und am Ausgang 2 Geldautomaten. Wer an den Stränden wohnt, sollte sich mit genügend Bargeld eindecken. Zudem sind Autovermietungen, einige Hotels, Tourveranstalter und das Tourist Office vertreten.
Air Asia, am Airport, ✆ 04-955 7750,
🖥 www.airasia.com, etwa 5x tgl. nach KUALA LUMPUR, 3x tgl. nach PENANG und 4x wöchentl. nach SINGAPORE.
Firefly, 🖥 www.fireflyz.com.my, hat günstige Flüge 2x tgl. nach PENANG und KUALA LUMPUR (Subang).
MAS, Langkawi Fair Shopping Mall,
✆ 04-966 8611, ⏱ Sa–Do 8.30–17 Uhr, der Schalter am Airport bleibt tgl. geöffnet.
5x tgl. nach KUALA LUMPUR KLIA,
2x tgl. nach PENANG, 1x tgl. nach SINGAPORE.
Silk Air, Langkawi International Airport,
✆ 04-955 9771, 4x wöchentlich nach SINGAPORE.

Fähren
An Wochenenden und während der Ferien sollte man sich für die frühen Boote schon einen Tag im Voraus ein Ticket besorgen, da sie schnell ausgebucht sind.
Langkawi Ferry Services, ✆ 04-966 6316,
🖥 www.langkawi-ferry.com.
Am Jetty Point Terminal bei Kuah gibt es Geldautomaten, viele Shops, Fastfood-Restaurants, eine Gepäckaufbewahrung und Coupon-Taxis.

Zum Festland in Malaysia
Nach KUALA KEDAH (günstig Richtung Süden) von 7.30–19 Uhr etwa stündlich für 23 RM, Kinder 18 RM, in 1 1/2 Std.
Nach KUALA PERLIS (günstig Richtung Norden) von 7.30–19 Uhr für 18 RM, Kinder 13 RM, in 1 Std.
Auf die letzte Fähre sollte man sich nicht verlassen, sie fällt manchmal aus.

Nach Penang
Fähren ab Fährterminal in Kuah um 14.30 (über PULAU PAYAR) und 17.30 Uhr und ab PENANG um 8.30 und 8.45 Uhr (über PULAU PAYAR) in 2 1/2 Std. für 55 RM einfach, Kinder 40 RM, 105 /75 RM hin und zurück mit Fast Ferry, ✆ 04-966 0521. Das Rückfahrtticket ist nur für die jeweils gebuchte Fähre gültig.

Nach Thailand
Reisebüros auf Langkawi verkaufen Tickets für die Überfahrt inkl. Hoteltransfer plus Minibusse nach HAT YAI und die Weiterfahrt zu anderen Zielen bis nach Bangkok. Die Grenzformalitäten werden vor dem Einchecken am Hafen erledigt. Nach SATUN ab Jetty Point Terminal in Kuah eine große Fähre um 9.30, 13 und 17 Uhr in 1 1/2 Std. für 30 RM, Kinder 23 RM. Zurück um 10.30, 14.30 und 17 Uhr (Malaysia-Zeit = Thai-Zeit plus 1 Std.), Infos in Satun
✆ 0066-74-725 294.

Nach KO LIPE ab Telaga Harbour Park am Pantai Kok in der Saison von Nov–Mitte Mai um 9.30 und 14.30 Uhr, ansonsten seltener, zurück um 11.30 und 17 Uhr für 128 RM in 2 Std. Das Boot fasst 14 Personen, mindestens 2 Std. vor Abfahrt da sein. Buchungen über **Telaga Harbour**, ✆ 04-959 2202, in Thailand ✆ 081-092 8800, 🖥 www.telagaharbour.com. Von Ko Lipe verkehren weitere Boote in der Saison nach Trang, Ko Lanta (Saladan Pier), Ko Tarutao und Satun (Pakbara Pier), siehe 🖥 www.kohlipethailand.com/ferry_times.php.

Pantai Tengah, Pantai Cenang

Am Südwestzipfel der Insel, ca. 20 km von Kuah entfernt, erstrecken sich die beliebtesten Strände. Von Kuah nimmt man die Hauptstraße am Hospital vorbei über Kedawang und Temonyong oder die ausgebaute Straße vor dem Golfplatz nach Süden, am Cargo-Hafen vorbei Richtung Temonyong. Kurz vor dem Ort links Richtung Pantai Tengah / Cenang abbiegen.

Etwa 2 km westlich von Temonyong erstrecken sich kilometerlang über mehrere Buchten von Kokospalmen gesäumte weiße Sandstrände. Der Ausbau des Flughafens nördlich der Strände und die Anlage einer Marina für Kreuzfahrtschiffe und Jachten an der **Teluk Baru** an der Südspitze hat die Ruhe an den Stränden nicht merklich beeinträchtigt. Allerdings haben sich durch den Bau des Wellenbrechers vor dem Flughafen die Strömungsverhältnisse derart geändert, dass am südlichen Teil des **Pantai Cenang** der Strand zunehmend abgespült wird und das Ufer mit Sandsäcken und Steinen befestigt werden musste. An nördlichen Teil des Pentai Cenang erstreckt sich dafür ein weiter, sanft abfallender, heller Sandstrand. Am nördlichen **Pantai Tengah** ist der Sand etwas gelblicher und fällt steiler zum Meer hin ab, so dass bei Flut nur ein schmaler Strandstreifen übrig bleibt. Etwas breiter ist der Strand vor den Luxushotels im Süden des Pantai Tengah.

Zahlreiche Bungalowanlagen, Chalets und Luxushotels offerieren eine breite Bandbreite an Unterkünften. Nur Billigquartiere für Traveller sind fast vollständig verschwunden.

Empfehlenswert ist ein Besuch von **Underwater World**, einem modernen Aquarium. Es ist eine der typischen teuren Attraktionen an Urlaubsorten für Leute, die sich langweilen. Außer der einheimischen Tier- und Pflanzenwelt ist eine Abteilung dem südafrikanischen Regenwald und der Welt der Pinguine gewidmet. Zudem sind Anemonen, Weichtiere und andere Meeresbewohner zu sehen. Ein 15 m langer Gang führt durch das größte Becken. Dort ist man umringt von Meeresschildkröten, Haien und anderen Fischen, die von einem Taucher um 15 Uhr gefüttert werden. Am Ende des Rundgangs gelangt man zu einem riesigen Areal mit Souvenirshop. Zusätzlich werden Filme zum Thema „Unterwasserwelt" gezeigt. ⏱ tgl. 10–18, in den Ferien 9.30–18.30 Uhr, Eintritt 38 RM, Kinder 28 RM, Einheimische 28/18 RM, ✆ 04-955 6100.

Ein weiteres lohnenswertes Ausflugsziel ist das liebevoll eingerichtete **Bon Ton** an der Straße vom Pantai Cenang zum Airport. Es beherbergt im Haupthaus im Stil einer balinesischen Versammlungshalle ein luftiges Restaurant mit hervorragenden (nicht billigen) Nyonya-Spezialitäten und einen Shop mit geschmackvollem Kunsthandwerk aus dem südostasiatischen Raum. Im weitläufigen Garten wurden von der australischen Besitzerin mehrere alte Langkawi-Häuser errichtet, restauriert und zu komfortablen Wohn- und Aufenthaltsräumen mit Ventilator umgebaut. Naarelle, die australische Besitzerin, hat sich hier ihren Traum verwirklicht. Ein Paradies für Individualisten, die Hunde und Katzen lieben, s. S. 737.

Übernachtung

An diesen Stränden werden einige Unterkünfte, vor allem Reihenhäuser und große AC-Familienzimmer abseits des Strandes, vornehmlich von einheimischen Touristen gebucht, während Ausländer die Bungalowanlagen bevorzugen.

Pantai Cenang
Untere Preisklasse
AB Motel ⑯, ✆ 04-955 1300, ✆ 955 1466, ✉ abmotel@hotmail.com. Die malaiischen Besitzer vermieten 70 Chalets in einer weitläufigen Anlage, 3-stöckiger Neubau mit

Pantai Cenang / Pantai Tengah

Übernachtung:
1. Bon Ton Resort, Temple Tree Resort
2. Meritus Pelangi Beach Resort & Spa
3. Casa del Mar
4. Beach Garden Resort
5. Grand Beach Motel
6. Sweet Inn
7. Gecko Gh.
8. The Palms
9. Rainbow Lodge
10. Cenang Resthouse
11. Shirin Gh.
12. Melati Tanjung Motel
13. Malibest Resort
14. Sandy Beach Resort
15. Amzar Motel
16. AB Motel
17. Best Star
18. Nadias Inn
19. Langkawi Boutique Resort
20. Villa Idaman
21. Lagenda Permai Chalet
22. Langkapuri Inn
23. The Cabin
24. Malie Perdana Resort
25. Tanjung Malie Beach Motel
26. Sugary Sand Motel
27. Sunset Beach Resort
28. White Lodge
29. Aseania Resort
30. Pondok Keladi
31. Charlie´s Motel
32. Tropical Resort
33. The Frangipani Langkawi
34. Holiday Villa
35. The Lanai
36. Awana Porto Malai

Essen:
1. Rasa R.
2. Orkid Ria
3. Breakfast Bar, Debbies Place Irish R., Champor Champor R., Palm View Seafood R.
4. Babylon Mat Lounge
5. Red Tomato Garden Café, Ros Tea
6. Little Lylia's Chillout Café, Alia R.
7. Oasis on the Beach
8. Debbie's at the Corner
9. Lighthouse R.
10. Casablanca Langkawi Seafood R.
11. Sun Cafe
12. Sunsutra, Sunba, Sunkarma
13. Fat Mum Seafood R.
14. Sheela´s R.
15. Tang Lung Seafood
16. Boat R.
17. Cactus R.
18. Unkaizan

Sonstiges:
1. Shida Laundry
2. T-Shop
3. Cabana Watersports
4. Auto- und Motorradvermietung, Minimarkt, Wäscherei
5. Yellow Café + Watersports
6. Sun Mall

---

30 Zimmer mit Kühlschrank, Restaurant am Strand. Jenseits der Straße 30 weitere Zimmer. Auto- und Motorradverleih, Internet-Café, WLAN. ❸–❹

Gecko Gh. ⑦, 150 m vom Strand, ✆ 019-428 3801, ✉ rebeccafiott@hotmail.com, von der Engländerin Rebecca geleitete, ruhig gelegene Anlage. Kleine, einzeln stehende Holzbungalows und Reihenhäuser, Zimmer mit Ventilator und Du/WC oder Gemeinschafts-Du/WC oder AC und Du/WC, 1 Familien-Zimmer, Schlafsaalbetten zu 15 RM. Es gibt Getränke und in der Saison Frühstück, Yogakurse werden organisiert. Zudem Buch- und Motorradausleihe, WLAN, DVDs und TV. ❷–❸

Sandy Beach Resort ⑭, ✆ 04-955 1662. Große Anlage mit unterschiedlichen Zimmern, von 10 einfachen, überteuerten A-Frames bis zu 48 soliden Bungalows für 2 oder 3 Personen. Zudem 60 Hotelzimmer jenseits der Straße mit muffigen Teppichen, alle mit AC und TV. Das Restaurant ist wenig berauschend. ❸–❹

Sweet Inn ⑥, ✆ 04-955 8864, 012-493 9718, 🖥 www.sweetinns.net. In einem ruhig gelegenen, neueren Haus werden 20 saubere Zimmer mit Ventilator oder AC vermietet. Nettes Management, Frühstück inkl. ❸

The Palms ⑧, ✆ 017-631 0121, sue_arnold@yahoo.co.uk. Kleine Anlage an einer ruhigen Straße mit 8 Zimmer für Leute, die Anschluss suchen. Einige mit Ventilator, andere mit Ventilator und AC, alle mit Warmwasser, gefliesten Böden und durchgehender Veranda mit Stühlen. Die netten Besitzer Sue und Dave aus England wohnen nebenan und stellen ihre Küche auch Gästen zur Verfügung. ❸

Mittlere Preisklasse
Beach Garden Resort ④, ✆ 04-955 1363, ℻ 955 1221, 🖥 www.beachgardenresort.com, unter der bewährten Leitung von Wolfgang. 13 saubere, komfortable Zimmer mit Safe, Kühlschrank und Terrasse, Liegestühle am Strand und winziger Pool. Im beliebten Strandrestaurant sehr leckere deutsche und einheimische Gerichte vom schweizerischen Chefkoch, reichhaltiges Frühstück bis 13 Uhr inkl. Bibliothek mit deutschen und englischen Büchern. Frühzeitig buchen! ❻
The Cabin ㉓, ✆ 012-417 8499, 🖥 www.thecabin.com.my. 10 ansprechend eingerichtete Zimmer mit großem TV und Wasserkocher in fantasievoll umgestalteten Containern, die nichts mehr von ihrer ursprünglichen Funktion erahnen lassen. Kleine Terrassen zu einem kleinen Garten hin. ❹
White Lodge ㉘, ✆ 04-955 3072, 012-494 2072, 🖥 www.whitelodgechalet.com. Etwas abseits vom Strand nahe dem Aquarium werden in netten Reihenhäusern mit Terrasse 22 saubere Zimmer mit 1 Einzel- und 1 Doppelbett sowie TV vermietet, auch Familien-Zimmer. Vor allem in der Nebensaison sehr gutes Preis-Leistungs-Verhältnis. ❸–❹

Obere Preisklasse
Casa del Mar ③, ✆ 04-955 2388, 🖥 www.casadelmar-langkawi.com. Modern im mediterranen Stil gestaltetes, viel gelobtes Bed & Breakfast mit schweren Polstermöbeln. 34 Zimmer für einen individuellen Luxusurlaub mit Meerblick, Safe, frischem Kaffee, Astro-TV und DVD mit kostenloser Filmausleihe. Guter Service. ❽
Bon Ton Resort ①, ✆ 04-955 6787, 🖥 www.bontonresort.com.my. 8 über hundert Jahre alte, stilvoll eingerichtete malaiische Holzhäuser auf Stelzen, naturnah und daher besser mit Netz schlafen. Kleiner Pool im Garten. ❽

Meritus Pelangi Beach Resort & Spa ②, ✆ 04-952 8888, 🖥 www.meritus-hotels.com. Es nimmt fast den ganzen nördlichen Strand ein. Die professionell gemanagte, vielseitige 5-Sterne-Anlage mit 350 Zimmer wurde rings um den großen Pool weitgehend im malaiischen Stil erbaut – ein Luxushotel mit allem Komfort nicht nur für Pauschalurlauber. Die Zimmer sind großzügig und geschmackvoll eingerichtet. Malaiisches und Thai-Restaurant, BBQ, Pub und Pool Bar. Über Veranstalter oder Reisebüros günstiger als direkt. ❽

Pantai Tengah
Untere Preisklasse
Sugary Sand Motel ㉖, ✆ 04-955 3473, ℻ 955 5475, hinter dem Malie. Nahe dem Strand 13 Bungalows für 2–4 Personen mit zwei großen Betten. Zudem eng beieinander stehende 1- und 2-stöckige Reihenhäuser. ❸

Mittlere Preisklasse
Sunset Beach Resort ㉗, ✆/℻ 04-955 1751, 🖥 www.sungrouplangkawi.com. Auf einem optimal genutzten, schmalen Grundstück von der Straßeneinmündung bis hinab zum Restaurant am Strand. Beiderseits der liebevoll gestalteten Gartenanlage Häuser mit balinesischem Touch. 28 geschmackvoll ausgestattete AC-Zimmer mit TV und Kühlschrank in 3 Größen. Ihr einziger Nachteil ist die fehlende oder kleine Terrasse. Dafür entschädigt das große, runde Sunset-Strandrestaurant, wo von 8–10.30 Uhr Frühstück serviert wird, das im Preis inbegriffen ist. Liegen am Strand. ❺–❻
The Lanai ㉟, ✆ 04-955 8461-3, 🖥 www.lanaibeach.com.my. Anlage am Ende der Bucht, doppelstöckige Hotelblocks um einen großen Pool, 104 Zimmer mit Minibar sowie 8 teurere, schöne Villen mit Suiten. Café und Strandliegen. ❻, Villen ❽

Obere Preisklasse
Holiday Villa ㉞, ✆ 04-955 1701, 🖥 www.holidayvilla.com.my. 4-Sterne-Urlauberhotel, das etwas Auffrischung gebrauchen könnte und auch über Veranstalter zu buchen ist. 3-stöckige, große Anlage mit

258 Zimmern mit Safe, Kühlschrank, TV sowie Balkon mit mehr oder weniger Meerblick. 4 Restaurants, darunter ein italienisches, abends Cultural Show. Bar mit Billard, großer Garten mit 2 Pools und ein Frauen vorbehaltenes Hallenbad – ideal für moslemische Frauen, daher viele arabische Gäste. Fitnesscenter und Tennisplätze. ❽

The Frangipani Langkawi ㉝, ☏ 04-952 0000, 🖥 www.frangipanilangkawi.com. Umweltbewusst von Mr. Singh gemanagtes 4-Sterne-Resort mit 117 modernen Zimmern in doppelstöckigen Häusern mit Terrasse oder Balkon sowie einigen Villen mit Freiluft-Dusche. 2 Pools, Beach Bar, freundliche Atmosphäre, gepflegter Strand. Kleiner Kräutergarten, Kompostieranlage und Hof mit Hühnern und Enten. Auch wenn es den Anspruch erhebt, ein Ökoresort zu sein, hat es uns nicht überzeugt. Selbst im Internet und bei Veranstaltern überteuert. ❽

Essen und Unterhaltung

Pantai Cenang

Beach Garden Resort, Reservierungen und Abholservice unter ☏ 04-955 1363. Angenehmes, bei Gästen wie Ortsansässigen beliebtes Restaurant, teils überdacht, teils unter einem Zelt und Palmen direkt am Sandstrand. Hier serviert der Küchenchef aus der Schweiz leckere westliche und einheimische Gerichte. Wechselnde Abendkarte. Große Auswahl an Weinen, Cocktails und anderen Alkoholika. In der Hauptsaison reservieren. Happy Hour 16–18 Uhr.

Champor Champor, ☏ 04-955 1449. In angenehm ruhiger Atmosphäre serviert ein junges Team bei Kerzenschein Gerichte nach dem Motto East meets West: Roti Canai Tortilla oder Seafood Spaghetti. Nicht ganz billig und recht kleine Portionen. ⏲ tgl. 7–1 Uhr.

Debbie's Place Irish Restaurant, am nördlichen und **Debbie's at the Corner** am südlichen Pantai Cenang, ☏ 04-966 8700. Debbi aus KL und ihr Team servieren in diesen beiden beliebten Pubs zum Bier typische irische Pub-Gerichte und Burger. ⏲ tgl. 11–23 Uhr.

Oasis on the Beach, im großen, luftigen Restaurant gibt es Currys, westliche und einheimische Gerichte. Ein Billardtisch, Tische und Stühle am Strand tragen zu einer entspannten Atmosphäre bei und machen das Restaurant zu einem Favoriten auch abends zum Trinken.

Palm View Seafood Restaurant, chinesisches, nicht gerade billiges Restaurant mit Tischen drinnen und draußen.

Red Tomato Garden Cafe, an der Straße, nicht zu verwechseln mit dem Tomato Nasi Kandar am Strand, ☏ 04-955 9118, 🖥 www.redtomato.my. Gartenrestaurant mit Chill-out-Musik, von Olli mit vielen Grünpflanzen, alten chinesischen Coffeeshop-Tischen und bequemen Stühlen ausgestattet. Tanja aus Deutschland organisiert die Küche und flitzt abends von Tisch zu Tisch, gibt Tipps und genießt es, mit ihren Gästen zu plaudern. Morgens bereitet sie ein leckeres Frühstück zu mit selbst gebackenen Brötchen und fantastischem Müsli sowie gutem Kaffee und frischen Säften. Auch ansonsten setzt sie nur das auf die Speisekarte, was ihr selbst schmeckt. Das sind Salate, Pizza und Pasta, Steaks oder Geschnetzeltes, auch glutenfreie Gerichte. Empfehlenswerte Lassi-Shakes. WiFi. ⏲ tgl. außer Fr 9–23 Uhr.

Ros Tea, einfaches Thai-Lokal, hier kocht die Chefin selbst abgemilderte Thai-Gerichte zu günstigen Preisen.

Pantai Tengah

Lighthouse, ☏ 04-955 2586, 🖥 www.thelighthouse-langkawi.com. In dem Restaurant direkt am Strand werden an eingedeckten Tischen westliche Gerichte mit asiatischem Touch zubereitet, gehobenes Preisniveau. ⏲ tgl. außer So 11–22.30 Uhr.

Sunsutra, Nouveau Restaurant, ☏ 04-953 1800, 🖥 sungroup-langkawi.com, schickes, modern in Silber und Grau gestaltetes offenes Restaurant. Auch die Toiletten sind sehenswert. Relativ kleine Karte mit innovativer, westlicher und Fusion-Küche, aufmerksamer, freundlicher Service. Nebenan die schicke, in Rot gehaltene, klimatisierte Lounge **Sunkarma** und das rustikale, gemütliche Pub **Sunba**. Alle ⏲ tgl. 18–24 Uhr.

Sheela's, ☏ 04-955 2308, offenes Restaurant in einem weitläufigen, gepflegten Garten, das von

Sheela und ihrem deutschen Mann Willi gemanagt wird. Neben malaiischen Gerichten (empfehlenswert ist Saté) und Seafood finden sich auf der Karte auch europäische Gerichte, Bier, Wein und Cocktails. Gute Stimmung, prima Service! ◐ tgl. außer Mo ab 18 Uhr.

Sonstiges

Autovermietungen

T Shop und andere Läden vermieten Autos für 50–100 RM pro Tag, Motorräder und Fahrräder. Sie organisieren auch Touren.

Einkaufen

Mehrere Minimärkte an den Stränden offerieren alles, was ein Touristenherz höher schlagen lässt: Souvenirs, Snacks und Getränke ebenso wie Bücher, Filmentwicklung, Verleih von Schnorchelausrüstung, Fahrrad- und Motorradvermietung sowie Internet-Zugang, z. B. im **T Shop** gegenüber der Holiday Villa.

Geld

Am Pantai Cenang gibt es einen Geldautomaten am Aquarium, zudem viele Wechselstuben, z. T. auch bei den Mopedverleihern und in den Resorts (jedoch nicht die besten Kurse). Bankschalter und weitere Geldautomaten am Flughafen.

Internet

Zugang zum Web bieten **T Shop** gegenüber dem Holiday Villa und das **SBR Internet** im D'Kedai neben dem Sandy Beach Resort.

Motorräder

Für Inselrundfahrten nahezu von jeder Bungalowanlage und vielen Läden für 25–30 RM (150 ccm und 125 ccm Automatik) am Tag zu mieten. Auch Fahrräder für 25 RM pro Tag.

Wäschereien

Mehrere Dobis am Pantai Cenang waschen wesentlich günstiger als in den Hotels, z. B. **Shida Laundry** hinter dem Rasa Restaurant (Fr geschlossen), eine weitere nahe Malibest und an der Straße nach Temonyong.

Transport

Etliche **Taxis** fahren die Straße am Strand entlang. Ganz sicher findet man immer einige vor dem Pelangi Beach Resort. Auch die Restaurants bestellen gegen einen Aufpreis von 2–10 RM einen Wagen. Taxi nach KUAH JETTY für 24 RM, AIRPORT 18 RM, ORIENTAL VILLAGE (Seilbahn) 26 RM. Spätabends werden doppelte Preise verlangt.

Telaga Harbour, Teluk Burau und Telaga Tujuh

Über Kuala Teriang führt eine kurvenreiche Straße durch dichten Dschungel vorbei am Sheraton Langkawi und der Tanjung Sanctuary zum Pantai Kok, einem einst idyllischen Plätzchen, das komplett umgestaltet wurde. Die künstliche Lagune mit dem **Harbour Park**, 🖳 www.telagaharbour.com, wird von einer palmenbestandenen Halb-

---

Über uralten Bergdschungel schweben und spazieren

Im Village startet die **Seilbahn** – mit 920 m Kabellänge die längste der Welt – hinauf in die dschungelbedeckten Berge. Die 18-minütige Fahrt auf den 709 m hohen Gipfel des **Gunung Mat Cincang** mit Zwischenstation auf 650 m Höhe lohnt wegen der tollen Ausblicke über die Insel von den Brücken und Aussichtsdecks der aufregenden Stahlkonstruktion die Ausgabe. Wer Lust hat, kann in 20 Minuten von der Bergstation zur Zwischenstation hinabwandern. Weitere 2,5 km sind es nach Telaga Tujuh. Auf der relativ kurzen Strecke schwebt man über mehrere Vegetationszonen und dichten Bergwald hinweg, der die zerklüfteten, bis zu 550 Mio. Jahre alten Kalkberge bedeckt. Die Seilbahn, ✆ 04-956 4225, 🖳 www.langkawicablecar.com.my, ist Fr–So und feiertags von 9.30–21, Mo–Do 10–18, Mi 12–18 Uhr in Betrieb. Mehrmals im Jahr wird sie für mehrtägige Wartungsarbeiten stillgelegt. Tickets 30 RM hin und zurück, Kinder 18 RM.

insel geschützt, auf der ein Leuchtturm steht. Zu seinen Füßen erstreckt sich eine kleine Bucht mit einem öffentlichen Badestrand. Dahinter verläuft zwischen Straße und Küste eine 600 m lange Strandpromenade, die Restaurants, Läden, eine Tankstelle, die Maybank (mit Geldautomat), eine Wäscherei, ein Internet-Café und den Jachthafen miteinander verbindet.

Seilbahn und Oriental Village

Nach weiteren 2,5 km endet die Straße an der **Teluk Burau**, einem kleinen felsendurchsetzten Strand mit feinem Sand. An der Abzweigung zum Berjaya Beach Resort erstreckt sich das **Oriental Village**, geplant als Einkaufsparadies für asiatische Touristen. ⏱ tgl. 10–22 Uhr, ☏ 04-959 1606. Restaurants und Essenstände mit unterschiedlichen Küchen, das Art Café sowie das Geopark Hotel ergänzen das Angebot. Im kleinen, interessanten **Geopark Info Centre** erhalten Besucher eine Einführung in die lange geologische Geschichte der Inselgruppe. Es werden zudem interessante Landschaftsformen und ungewöhnliche Gesteinsproben vorgestellt. ⏱ tgl. 10–18 Uhr, Eintritt frei.

Telaga Tujuh

Einen Kilometer weiter nördlich endet die Straße an einem Parkplatz, dem Beginn des Wanderwegs zu den „sieben Brunnen" und dem Wasserfall Telaga Tujuh. Das letzte Stück durch den Wald muss man über Stufen zu Fuß zurücklegen, denn da geht es steil bergauf. Nach einigen Minuten Fußmarsch zweigt links ein Weg zum **Wasserfall** ab. Dort treffen sich am Abend und an Wochenenden Einheimische zum Baden und Picknicken.

Steigt man auf dem Hauptweg die Betontreppen insgesamt 638 Stufen weiter bergauf, gelangt man 480 m über dem Parkplatz zu den **Pools**. Ein erfrischendes Bad bei herrlicher Aussicht in einem der sieben natürlichen Becken belohnt die Anstrengung, allerdings wird das Vergnügen manchmal von Algen getrübt.

Vorsicht: Hinter der Absperrung wird es gefährlich steil! Wer den Weg noch weiter bergauf geht, findet am rechten der beiden Bäche eine zweite schöne Bademöglichkeit. Flussaufwärts im Dschungel kann man auf zwei markierten **Trails** spazieren gehen, ohne dass die Gefahr besteht, sich zu verlaufen. Nach lang anhaltenden Trockenperioden verkümmert der Wasserfall zu einem Rinnsal. Nach heftigen Regenfällen wird er dagegen zu einem erfrischenden Erlebnis.

Übernachtung und Essen

Karte S. 370
Gegenüber dem Telaga Harbour Park hoffen einige Restaurants auf hungrige Jachties, z. B. **Tapaz** (Kleinigkeiten und Paulaner Weizenbier), **USSR Restaurant** (mit russischer Speisekarte und Gästen), **Pulau Pulau** (Steamboat), **Mare Blu** (Pizza), **Harbour Steak House** (BBQ) usw. Günstiger sind die Essenstände am Parkplatz vor dem **Telaga Tujuh**. Eine weitere Option im **Oriental Village** mit Essensständen, einem Thai- und japanischen Restaurant.

Berjaya Langkawi Beach Resort, hinter dem Oriental Village, ☏ 04-959 1888, 🖷 959 1886, 🖥 www.berjayaresorts.com. Die weitläufige, große 5-Sterne-Anlage im „Edel-Kampung-Stil" wurde umgebaut. Die 409 Chalets und hochpreisigen Suiten am Hang oder auf Stelzen über dem Wasser in der Bucht wurden 2011 eröffnet. ❽

Mutiara Burau Bay, ☏ 04-959 1061, 🖥 www.mutiarahotels.com. Großes Pauschalurlauber-Resort auf einer Landzunge, 150 ältere Bungalows, hier geht es leger zu. ❼–❽

Sheraton Langkawi, ☏ 04-952 8000, 🖥 www.sheraton.com/langkawi, dieses komfortable, gepflegte Luxus-Resort mit 162 Zimmer und 64 Suiten weist alle Annehmlichkeiten auf, verfügt aber nur über einen winzigen Strand. Das wird ausgeglichen durch einen großen Infinity-Pool. Zudem ein Fitnesscenter, Sauna, Spa und viele Ausflugsmöglichkeiten. ❽

🔶 **Tanjung Sanctuary**, ☏ 04-952 0222, 🖥 www.tanjungsanctuary.com.my. Das bewaldete, hügelige Kap an der felsigen Küste mit kleinem Strand ist nur mit Elektrowagen zugänglich. Da das Naturerlebnis im Mittelpunkt steht, liegen die 16 großzügigen Doppelbungalows mitten im naturbelassenen, Schatten spendenden Wald am Hang. Sie haben

Platz für 4 Pers., ein Bad im japanischen Stil und große, luftige Terrassen, teils wunderbarer Meerblick, einige sind auch behindertenfreundlich. Von der offenen Lobby geht es mit einem Aufzug und auf einem Plankenweg über Felsen zum modern ausgestatteten Restaurant, das so weit wie möglich auf Klimaanlagen verzichtet. Frühstücksbuffet, abends vortreffliche mediterrane und asiatische Gerichte des belgischen Küchenchefs um 100 RM. Kleiner, hübscher Pool mit Liegen, Strandbar, Fitnesscenter mit toller Aussicht. ❽
Am Ortsausgang von **Kuala Teriang** an der Straße nach Pantai Kok gibt es mehrere Open-air-Seafood-Restaurants.

Transport

Taxis von den Hotels kosten nach KUAH JETTY 32 RM, zum AIRPORT 24 RM, PANTAI CENANG 26 RM und nach DATAI 40 RM.

Datai

Von der Straße zum Pantai Kok zweigt nach Norden eine gute, wenig befahrene Stecke ab. Bereits nach 4 km führt eine neue Straße nach links am Fuße der dschungelbedeckten Berge entlang nach Datai (43 km ab Kuah) im äußersten Nordwesten Langkawis.

Im schwer zugänglichen Nordwesten wurden zwei exklusive Deluxe-Strandresorts und ein Golfplatz errichtet. Die Privatstrände beider Anlagen sind einfach traumhaft gelegen. Das Wasser ist kristallklar, wenn nicht gerade einer der häufigen Regenschauer über dieses paradiesische Fleckchen Erde niederprasselt. Die beiden Resorts wurden innerhalb des Naturschutzgebietes angelegt und haben daher besondere Naturschutz-Auflagen zu erfüllen, weshalb der tropische Regenwald rings um die Resorts intensiv gepflegt und geschützt wird.

Übernachtung

The Datai, ☎ 04-959 2500, 🖥 www.ghmhotels.com. Aufgrund der diskreten Abgeschiedenheit bei Golfern und First-Class-Touristen sehr beliebt. 54 Luxus-Zimmer und 35 Pool-Villen, die mit allem Komfort und neuester Technik ausgestattet sind. Restaurant mit nordindischer und malaiischer Küche, Reservierung erforderlich. Das Spa gilt als eines der besten des Landes. ❽

The Andaman A Luxury Collection Resort, am Ende einer schmalen, steilen Zufahrtsstraße am Hang über einer Bucht mit Sandstrand, ☎ 04-959 1088, 🖥 www.luxurycollection.com/andaman. In den 187 Zimmern des 5-Sterne-Resorts finden Familien abseits des Trubels die nötige Entspannung und es geht etwas lockerer zu. Große Pool-Landschaft und ein breites Freizeitangebot. Mehrere Restaurants. Das Resort-Management ist für sein umweltbewusstes Engagement bekannt und beschäftigt einen eigenen Umweltbeauftragten. Es lohnt sich, die Angebote (Dschungelwanderungen, Bibliothek mit interessanter Literatur, Schmetterlingsgarten und mehr) zu studieren. ❽

Transport

Taxi nach AIRPORT 60 RM, KUAH JETTY für 60 RM, PANTAI CENANG 58 RM und PANTAI KOK 40 RM.

Inselrundfahrt

Nur am Strand herumzuhängen, kann auf Dauer eintönig werden, sodass fast jeder irgendwann zu einer Inselumrundung aufbricht. Die Rundfahrt von mindestens 70 km ist durchaus an einem Tag zu absolvieren, wer sich etwas Zeit nimmt, kann aber auch zwei oder drei schöne Touren daraus machen. Langkawi ist auch ein beliebtes Ziel einheimischer Touristen, und vielen Attraktionen, die auf diese Zielgruppe ausgerichtet sind, können europäische Urlauber kaum etwas abgewinnen.

Im Zentrum der Insel

Makam Mahsuri (Mahsuris Grab) liegt 10 km von Kuah entfernt, ausgeschildert Kota Mahsuri. Hinter dem Hospital nimmt man, von Kuah kommend, die kleinere Straße nach rechts. Über einen ausgeschilderten Weg erreicht man die Pilgerstätte vieler malaysischer Besucher. Am

Prinzessin Mahsuri

Sie war die Frau eines reichen Geschäftsmannes in Ulu Melaka und ihre Schönheit war sprichwörtlich. Sterben musste sie, weil man ihr eine Affäre mit einem malaiischen Reisenden anhängte. Zu Unrecht, wie sich bei ihrer Hinrichtung herausstellte, denn das Blut, das aus ihrem Körper strömte, war weiß wie Schnee. Sieben Generationen hindurch, so der Fluch der sterbenden Prinzessin, solle Langkawi auf keinen grünen Zweig mehr kommen, und tatsächlich folgte eine Periode der Missernten, Pleiten und Überfälle durch die benachbarten Thais. Inzwischen sind die sieben Generationen längst vorüber, und langsam erwachen die meisten Inseln des Langkawi-Archipels mit ihren bizarren Kalk- und Marmorfelsen aus ihrem nahezu unberührten Dornröschenschlaf.

Grab der moslemischen Prinzessin mit dem typischen, flachen, geschwungenen Grabstein ist der verhängnisvolle Fluch nachzulesen, der lange über der Insel lag. Zudem wird die Geschichte von Mahsuri dargestellt. Um das Grab ist ein riesiger Rummel aufgebaut worden. Händler verkaufen traditionelle malaiische Medizin, die üblichen Souvenirs und Snacks. Außerdem wurde ein traditionelles Kampung-Haus, der **Rumah Kedah**, aufgebaut, den man tgl. von 8–18.30 Uhr besichtigen kann. Darin eine Ausstellung über die Geologie und Geschichte mit Dioramen sowie über traditionelle Kuchenherstellung, Spiele und Theateraufführungen. Zudem ein Minizoo. Eintritt heftige 10 RM, Kinder 5 RM, Einheimische 5/2 RM.

Etwas weiter nördlich führt eine kaum befahrene, 13 km lange Stichstraße Richtung Osten durch einen Wald mit einigen schönen Würgefeigen fast bis auf den 890 m hohen **Gunung Raya** hinauf. Entlang der interessanten Strecke sind mit etwas Glück Makaken, die seltenen Brillenlanguren und Nashornvögel in den Baumwipfeln zu beobachten. Auf dem Gipfel wurde der Dschungel gerodet und ein Kongresszentrum errichtet. Es ist die meiste Zeit des Jahres geschlossen und der Aussichtsturm nicht zugänglich. Nebenan hat ein vietnamesisches Restaurant eröffnet, ✆ 04-968 1788, 019-362 2769, ⏱ von 8–21 Uhr. Vom Gipfelbereich aus hat man eine tolle Aussicht über Langkawi und die zahlreichen Inseln des Archipels. Wer will, kann in 3 1/2 Std. zurück zur Hauptstraße laufen, wo auch Taxis fahren. Taxi zum Gipfel ab Pantai Tengah 60 RM.

An der Nordküste

Padang Lalang besteht eigentlich nur aus dem Kreisverkehr, einer Moschee, einer Polizeistation und ein paar Häusern. Nach Westen geht es 1 km zum von Souvenirständen umringten **Pasir Hitam**, einem etwa 150 m langen Streifen schwarzen Sandstrandes, dessen Farbe natürlich ist und nicht von der nahe gelegenen Zementfabrik stammt. Allerdings ist der Strand vor allem in der Saison total verdreckt und zugemüllt.

Lohnend ist ein Stopp im **Kompleks Kraf Langkawi**, 2,5 km vom Kreisverkehr Richtung Westen, ✆ 04-959 1913, 🖥 www.kraftangan.gov.my, ⏱ 10–18 Uhr, Eintritt frei. In mehreren großen Ausstellungs- und Verkaufsräumen wird die komplette Palette malaiischen Kunsthandwerks, vom Tonväschen für 6 RM bis zum 4 m langen Seidenbatik-Stoff für 3500 RM, präsentiert. Beliebt sind florale Motive auf Bildern, Schals und Kleidern. Auch wer nichts kaufen will, sollte sich dieses Fest der Farben und Formen nicht entgehen lassen. Täglich außer Fr Vorführungen, z. B. Songket-Weben, Korbflechten, und Videoshows. Im hinteren Bereich kann man Batikmalern und in der Kristallglasbläserei Faizy Crystal den Glasbläsern über die Schulter schauen. Zwei Museen sind in die Anlage integriert. In einem werden Hochzeitsbräuche aller malaysischen Nationalitäten – von Malaien, Indern und Chinesen bis zu Iban und Orang Ulu – mit lebensgroßen, aufwendig gekleideten Puppen nachgestellt. Das andere ist traditionellen Alltagsgegenständen vorbehalten. Zu sehen sind Werkzeuge der Bootsbauer und Holzschnitzer, alte Boote, Fallen, Musikinstrumente und Wayang-Kulit-Theaterfiguren. Eine kleine Kantine verkauft Erfrischungen.

Ganz im Norden erstreckt sich der breite, weiße Sandstrand von **Tanjung Rhu**. Die Bucht ist eine der schönsten der ganzen Insel. Den größten Strandabschnitt haben zwei Luxusresorts in Beschlag genommen. Am öffentlich zugänglichen Strand am Ende der Bucht stehen unter Kasuarinen etliche Souvenirbuden und einfache Restaurants. Bei Ebbe laden die weiten, frei liegenden Sandbänke vor Tanjung Rhu zum Spazierengehen und Muschelnsammeln ein. Beim Baden ist wegen gefährlicher Unterströmungen Vorsicht geboten, denn es ist hier schon zu mehreren tödlichen Badeunfällen gekommen. Abends kommen bei Flut oft hohe Wellen auf. Es bestehen Pläne Tanjung Rhu zu „entwickeln". Hoffen wir, dass das noch lange auf sich warten lässt.

Im Osten der Insel

Vom Kreisverkehr in Padang Lalang geht es auf der Hauptstraße wieder zurück nach Kuah (18 km), vorbei an den heißen Quellen **Telaga Ayer Hangat**, die in drei runden Becken eingefasst und mit Souvenirshops zum wenig erfolgreichen *Ayer Hangat Cultural Village* aufgedonnert wurden. Bei der letzten Recherche war alles im Umbau und geschlossen.

Nach 3,5 km zweigt rechts eine 1,9 km lange Straße ab, die zum Teil durch Kautschukplantagen führt und am Fuß der Berge an einem Parkplatz endet. Hier werden einfache Snacks und Getränke verkauft und Fußmassagen angeboten. Ein Fußpfad verläuft jenseits des Baches durch eine Durianplantage und dichten Dschungel zum **Durian Perangin-Wasserfall** hinauf. Am Ende des anstrengenden Weges führt ein schmaler Pfad durch das Dickicht. Mehrere schattige, natürliche Pools laden inmitten üppiger tropischer Vegetation zum Baden und der Wasserfall selbst zu einer kühlen Dusche ein. Der steile Weg kann nach Regenfällen sehr schlüpfrig werden, also aufpassen!

Im 100 km² großen Mangroven-Schutzgebiet **Hutan Paya Bakau Kilim**, kann man 700 m von der Hauptstraße entfernt von einem Plankenweg am Flussufer das Leben in den **Mangroven** beobachten. Am Pier am Ende der Straße legen Boote für die Mangroventouren ab.

Eine weitere Attraktion für Urlauber ist der **Taman Burung Langkawi** (Langkawi Bird Paradise), ein Vogelpark mit 150 Vogelarten in Kampung Belanga Pecah, Air Hangat, ✆ 04-966 5855, ⊙ tgl. 9–18 Uhr, Eintritt 15 RM.

Entlang zahlreicher Neubauviertel und vorbei am neuen Fußballstadion Langkawis erreicht man schließlich Kuah.

Die Fährhäfen für Pulau Langkawi auf dem Festland

Kuala Perlis

Am Hafen dieses kleinen Fischerdorfs gibt es mehrere Seafood-Restaurants und einen kleinen **Markt**, auf dem man frisches Obst erstehen kann. Dienstags findet abends ein Nachtmarkt statt. Wer aus Thailand kommt, kann an zwei Geldautomaten Ringgit ziehen. Wer die letzte Fähre nach Langkawi verpasst hat, wird in Kuala Perlis übernachten müssen, z. B. im **Seaview Hotel**, ✆ 04-985 2171, älteres, renoviertes, 3-stöckiges Haus. 34 saubere Zimmer mit TV. Frühstück inkl. ❸

Der große Abfertigungsterminal für die Fähren, die Piers und Hotels liegen 1 km östlich des Zentrums.

Transport

Nach Langkawi

Nach KUAH (Langkawi) legen alle 30–60 Min. zwischen 8 und 18 Uhr Fähren ab, sie kosten 18 RM, Kinder 13 RM. In Gegenrichtung zur gleichen Zeit. Die genauen Abfahrtzeiten sind variabel. Die klimatisierten Speedboote mit nummerierten Sitzen sind komfortabel und benötigen etwa 45–60 Min. An Wochenenden und während der Ferien sind frühe und die letzten Boote häufig ausgebucht.

Nach Thailand

Wer eine ungewöhnliche Route nach SATUN in Thailand ausprobieren will und keinen Anspruch an Komfort hat, nimmt eines der großen Longtail-Boote mit Plane, die vom Fischereihafen nach Bedarf ablegen. Sie warten, bis sich 10 Passagiere eingefunden haben. Die Überfahrt dauert eine Stunde und kostet 15 RM bzw. 150 RM. Es kann recht heiß werden. Ankunft ist am Tammalang-Pier, von dort aus geht es nach den Einreiseformalitäten mit dem Pickup weiter nach Satun (3 km), wo Busse und Überlandtaxis nach Hat Yai bzw.

Trang weiterfahren. Wer aus Thailand kommt, erhält an der Anlegestelle am Fischereihafen in Kuala Perlis den Einreisestempel. Nicht vergessen, da es sonst Probleme bei der Ausreise gibt!

Kuala Kedah

2,5 km von der Fähre entfernt erhebt sich am jenseitigen Ufer an der Mündung des Sungai Kedah ein kleiner **Leuchtturm** aus dem 19. Jh. Dahinter liegen das Eingangstor und die Grundmauern eines alten **Forts**, 1780–82 unter dem 20. Sultan von Kedah von indischen Arbeitern erbaut.

Rings um die Fähranlegestelle herrscht ein reges Treiben, und überall im Ort werden freie Flächen als Parkplätze für 10–15 RM pro Nacht je nach Entfernung vom Terminal vermietet. Bereits an der Anlegestelle werden Mietwagen, Unterkünfte und Touren auf Langkawi vermittelt.

Wartende können sich an der Anlegestelle stärken, z. B. im **Hai Ting Restaurant** links der Fähranlegestelle, unter anderem mit scharfer *Tom Yam* und sehr würzig-fischiger Laksa-Nudelsuppe.

Transport

Der Bus 772 fährt permanent die 12 km nach ALOR SETAR für 1,70 RM. Überlandtaxis warten an der Anlegestelle auf eintreffende Passagiere. Im AC-Taxi nach ALOR SETAR 20 RM, zur Thai-Grenze nach BUKIT KAYU HITAM 60 RM oder CHANGLUN 50 RM, PADANG BESAR 100 RM, BUTTERWORTH 120 RM.
Langkawi Ferry Services, ✆ 04-762 4524, 🖥 www.langkawi-ferry.com, verkehren für 23 RM zwischen 8 und 18 Uhr alle 30–90 Min. in 1 1/2 Std. zur Insel. Nur während der Ferien und an Feiertagen kann es Engpässe geben.

Penang

Schon immer steht die Insel Penang ganz oben auf den Listen der Reiseveranstalter, und das, obwohl sie nicht einmal zu den atemberaubendsten Landstrichen Malaysias gehört. Gewiss – eine schöne Insel mit waldigen Bergrücken, grünen Plantagen, verschlafenen Dörfchen und reizvollen Buchten, aber für einen Badeurlaub gibt es schönere Strände, zumal die Wasserqualität wegen der Häfen und Industrieanlagen auf der Festlandseite nicht die beste ist. Dennoch: Penang ist ein „Muss". Ein paar Tage im Norden der Insel in einer luxuriösen Hotelanlage zu verbringen mag ja ganz nett sein, wird aber mit Sicherheit bald langweilig werden. Wer nach Penang fährt, sollte sich für die Stadt begeistern können, denn zu Recht wurde sie 2008 in die Liste der Unesco-Weltkulturerbe-Stätten aufgenommen.

Die korrekte malaiische Bezeichnung für die Insel ist Pulau Pinang, die Stadt heißt **George Town**, und „Penang" ist der Name, der zudem für die Insel und den Staat verwendet wird. Das historische Zentrum erstreckt sich auf dem Festland zugewandten Zipfel der Insel. Von den 1,6 Mio. Einwohnern der Provinz leben 700 000 auf der Insel, überwiegend im Stadtgebiet von George Town und in den angrenzenden Vororten sowie in den Industriegebieten entlang der Ostküste Richtung Flughafen, während das Inselinnere und die Westküste noch sehr ländlich sind. George Town ist mehrheitlich eine chinesische Stadt mit malaiischen und indischen Einsprengseln. Zudem haben hier Thais, Burmesen, Araber, Europäer und andere Nationalitäten ihre Spuren hinterlassen.

Im Südosten, dort wo die imposante, 13,5 km lange Penang Bridge George Town mit dem Festland verbindet, haben sich Industrie und Gewerbe ausgebreitet. Die größten Hafenanlagen findet man allerdings in Butterworth, jenseits der Brücke. Die Strandgebiete im Norden sind zur Wohngegend einer besser verdienenden Mittelschicht avanciert. In **Batu Ferringhi** und **Teluk Bahang**, wo die Küste am schönsten ist, wurde ein Touristenzentrum mit großen Hotelanlagen geschaffen.

Der Bergrücken, der sich von Norden nach Süden über das Inselinnere zieht, ist nach wie vor mit Dschungel bedeckt. In den Niederungen auf der Westseite liegen kleine Dörfer zwischen Reisfeldern, Kokoshainen und Obstplantagen. An der Küste im Süden liegen ein paar Fischerdörfer, zum Baden aber laden die Strände hier nicht ein.

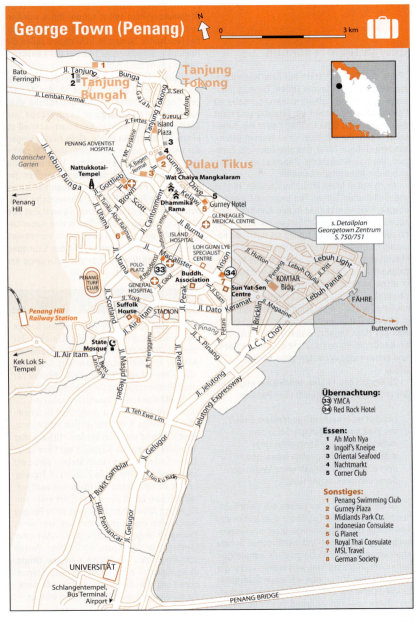

14 HIGHLIGHT

George Town (Penang)

„Perle des Orients" steht auf dem Hochglanzprospekt aus dem Tourist Office. Da mag jeder seine eigene Vorstellung haben, einmalig ist Penang aber mit Sicherheit. Einmalig sind nicht die Strände von Batu Ferringhi oder die Betelnusspalmen, die der Insel ihren Namen gaben, sondern George Town, das alte koloniale Zentrum. Wenige Großstädte Südostasiens haben sich diese Atmosphäre bewahrt.

Noch immer leben Moslems, Christen, Hindus und Buddhisten Tür an Tür, brennen Chinesen abends Räucherstäbchen in den Ahnentempeln ab, während ein paar Straßen weiter der Muezzin zum Gebet ruft. Hier stehen sie noch, die kolonialen herrschaftlichen Paläste der englischen Machthaber, die Kirchen, Gerichts- und Verwaltungsgebäude und die protzigen Vorstadtvillen in ihren schattigen Gärten. In den notorisch verstopften Straßen von Chinatown herrscht ein Gewühl von Verkehrsmitteln aller Art, wird in offenen Garküchen gebrutzelt und gekocht, was das Herz begehrt. Kaum ein Produkt oder ein Bedürfnis, für das es nicht einen Laden oder eine schummrige Werkstatt gäbe. Mehr s. **eXTra [5083]**.

Zu Beginn des 19. Jhs. schrieb der englische Gouverneur Sir George Leith über Penang:

„Es gibt wohl kaum in irgendeinem Gebiet der Welt einen so kleinen Ort, in dem viele verschiedene Menschen unterschiedlichster Nationalität leben und in dem eine solche Vielzahl verschiedenster Sprachen gesprochen wird."

Zu dieser Zeit war es gerade ein Vierteljahrhundert her, dass die Engländer dem Sultan von Kedah die fast unbewohnte Insel als Gegenleistung für Protektion und militärischen Schutz abgenommen und den Union Jack aufgezogen hatten. Ihr Interesse war, wie immer, vorrangig geschäftlicher Natur, nämlich einen Stützpunkt für die Schiffe der East India Company zu schaffen. Diese segelten während des ungünstigen Südwestmonsuns selbst auf der Reise von Kalkutta nach Madras auf einem Umweg über Aceh, der Nordspitze Sumatras. In Malacca saßen die Holländer, Singapore gab es auf der Landkarte Südostasiens noch nicht.

„George Town", wie es Gründungsvater Francis Light 1786 zu Ehren George IV., des damaligen Prince of Wales, nannte, entwickelte sich, von Light durch großzügige Landvergabe und Zollfreiheit von Kräften gefördert, schnell zu einem bedeutenden Hafen, nicht zuletzt wegen der nahe gelegenen Zinnminen. Um 1800 zählte man bereits 10 000 Einwohner, 1803 umfasste die Stadtfläche schon das Gebiet zwischen der heutigen Jl. Penang und der Lebuh Pantai bis hinunter zur Flussmündung. Chinesische Zinnbarone und Plantagenbesitzer, die im Hafen ihre Waren umschlugen, siedelten in den Außenbezirken, vor allem in den noch heute vornehmen Villengegenden im Norden. Mit der Gründung Singapores 1819 verlagerte sich allerdings der Handelsschwerpunkt.

Unesco-Weltkulturerbe

Am 7.7.2008 hat es endlich geklappt und George Town wurde gemeinsam mit Melaka, der anderen historischen Stadt an der Straße von Melaka, zum Weltkulturerbe erklärt. Gewürdigt wurde ihre religiöse Vielfalt, die Architektur der alten Straßenzüge und Geschäftshäuser sowie die multikulturellen lebendigen Traditionen, die unter europäischen und asiatischen Einflüssen eine einmalige Kultur hervorgebracht haben. Geschützt sind vor allem der fast 110 ha große Kernbereich von der Küste bis zur Love Lane/ Lebuh Carnarvon und Lebuh Melayu sowie die angrenzende 150 ha große Zone bis Jl. Transfer und Jl. Dr. Lim Chwee Leong. Dieses wird hoffentlich zum Erhalt dieser Stadt mit einer einzigartigen Atmosphäre beitragen, denn Penang besitzt noch immer etwas von dem, was wir in Singapore längst vermissen: den Zauber einer fernöstlichen Metropole mit all ihren Reizen und Problemen. Im **World Heritage Office**, Jl. Kg. Kolam, ⏱ 8–17 Uhr, gibt es mehr Informationen und eine Ausstellung über die Architektur der alten chinesischen Geschäftshäuser.

Stadtspaziergänge durch die Unesco World Heritage Site

Von 9–12 Uhr werden drei informative geführte Stadtspaziergänge für jeweils 60 RM p. P. von Mitarbeitern des Penang Heritage Trust angeboten:
- Durch Little India und das Pinang Peranakan Mansion.
- Zu den religiösen Stätten entlang der Street of Harmony und durch den Khoo Kongsi.
- Auf dem Heritage Trail und durch das Cheong Fatt Tze Mansion inkl. Eintritt.

Die entsprechenden Broschüren und weitere Informationen gibt es beim Penang Heritage Trust, 26 Lebuh Gereja, ✆ 04-264 2631, 🖥 www.pht.org.my, der auch Guides vermittelt.
Individuell gestaltete Touren für bis 3 Pers. 180 RM, jede weitere 60 RM, werden von der Architekturspezialistin Joann Khaw, ✆ 016-440 6823, ✉ jsk27@hotmail.com, und mit historischem Schwerpunkt von Theresa Pereira Capol, ✆ 012-485 6908, durchgeführt.

Penang war nie Schauplatz kriegerischer Auseinandersetzungen oder rasanter Umwälzungen. Hier ist trotz quirliger Geschäftigkeit die Vergangenheit noch immer lebendig. Zwar versuchte das KOMTAR Building der modernen Beton- und Glas-Kultur in der Altstadt eine Schneise zu schlagen, und in den Randbezirken ragen an der Stelle ehemaliger geruhsamer Kampungs uniforme Apartmentblocks in den Himmel, aber das Stadtbild im Zentrum wird noch immer von zweistöckigen Wohn- und Geschäftshäusern der chinesischen Bevölkerungsmehrheit beherrscht. Die ältesten stammen aus der Zeit ab 1800, besonders schön sind die Fassaden der zwischen 1890 und 1960 errichteten Geschäftshäuser im Stil des Straits-Eklektizismus und *Art Nouveau*. Allerdings sind diese vom Verfall und Abriss bedroht. Nach der Abschaffung der Mietpreisbindung im Jahr 2000 stiegen die Mieten teils um das Fünffache und nach der Erklärung als Unesco-Weltkulturerbe noch einmal bis um das Dreifache. Spekulanten vertreiben viele alt eingesessene Bewohner, die Häuser stehen leer oder werden luxussaniert.

Eine sehr gute Einführung sind Spaziergänge auf den **Heritage Trails** zu bekannten und weniger bekannten Sehenswürdigkeiten der Innenstadt. An jedem Gebäude informiert eine Tafel ausführlich über das Gebäude und weist den Weg zum folgenden Highlight. Die Trails verlaufen u. a. zum Fort Cornwallis, City Hall und Khoo Kongsi sowie zu der weniger bekannten Villa von Sun Yat Sen oder dem Haus des wohlhabenden Händlers Syed Al-Attas aus Aceh. An den Trails liegen zudem das Museum, der christliche Friedhof und das Cheong Fatt Tze Mansion ebenso wie das Haus der Goldschmiede- oder Schreinerzunft (Goldsmiths' & Carpenters' Guild).

Das koloniale Viertel

Der Rundgang durch die City beginnt am 18 m hohen **Uhrturm** *(Clock Tower)* in der Nähe des Hafens, den ein einheimischer Millionär 1897 Queen Victoria zum 60-jährigen Krönungsjubiläum errichten ließ. Es ist das Viertel der prächtigen kolonialen Bank- und Verwaltungsgebäude.

Am **Fort Cornwallis** war der Gründungsvater George Towns 1786 an Land gegangen. Ihre Wehrhaftigkeit brauchte die von Strafgefangenen zu Beginn des 19. Jhs. anstelle von Sir Francis Lights altem, hölzernem Fort errichtete Festung glücklicherweise nie unter Beweis zu stellen, denn eigentlich sind die Wälle viel zu niedrig, und die ganze Anlage war schon immer viel zu klein für eine wirksame Verteidigung. Eine **Statue von Sir Francis Light** begrüßt hinter dem Eingang die Besucher. ⏲ tgl. 9–18 Uhr, Eintritt 3 RM.

In der Lebuh Light, Ecke Lebuh Pantai (Beach St.), finden sich mehrere viktorianische Verwaltungsgebäude, so das alte Immigration Office, der Mariner's Club und die Polizei, vor deren Gebäude eine historische Karte von 1798 einen Eindruck von den Anfängen der Stadt vermittelt. Der nördliche Abschnitt der Lebuh Pantai ist das Finanzzentrum der lebendigen Handelsstadt. Bereits 1875 eröffnete die **Standard Chartered Bank** hier eine Filiale. Das heutige repräsentative weiße Bankgebäude stammt aus den 1930er-Jahren. Weitere Banken und Handelshäuser säumen die Straße.

Nahe dem Meer wurden 1903 zwei repräsentative Gebäude im typischen britischen Kolonialstil errichtet. In der **City Hall**, dem Rathaus, tagt noch heute der Stadtrat. Die **Town Hall**, in der ursprünglich der europäische Club und die Bibliothek untergebracht waren, wird für wechselnde Ausstellungen genutzt. Die große Rasenfläche davor, die früher als Fußballplatz diente, und die angrenzende Strandpromenade, die **Esplanade**, sind umgebaut und verschönert worden.

Weitere britische Gebäude stehen in der Lebuh Farquhar: Der **Supreme Court** (das Oberste Gericht, Mahkamah Tinggi) wird komplett restauriert. Die 1817 errichtete **St. George's Church** war die erste anglikanische Kirche Südostasiens. Der **Convent of the Holy Infant Jesus** mit dem angeschlossenen Kindergarten war die erste Mädchenschule des Landes und beherbergt immer noch eine begehrte Bildungsinstitution. Im Schulhof ist noch der erste Brunnen der Insel zu sehen, den Captain Light hatte graben lassen.

Das **Penang Museum** ist eine gute Fundgrube für alle, die sich für die Geschichte dieses Vielvölkerstaates interessieren. In dem Gebäude befand sich früher die erste englischsprachige staatliche Schule östlich von Suez, die bereits 1816 eröffnet wurde. Nun berichtet eine Ausstellung über die bunte Völkervielfalt auf der Insel, über die burmesischen Plantagenarbeiter ebenso wie die arabischen Händler und siamesischen Flüchtlinge. Ein großer Teil der Räumlichkeiten ist den größten Bevölkerungsgruppen gewidmet, ihrem Alltag und ihren Festen. Der erste Stock ermöglicht einen Rückblick auf die Geschichte einzelner Straßen, Berufszweige und Technologien (Transportmittel, Wasserversorgung). Auch die europäischen Einflüsse werden abgehandelt, und im letzten Raum sind einige schöne alte Stiche und Gemälde von der Insel zu sehen. 🖥 www.penangmuseum.gov.my, ⏰ tgl. 9–17 Uhr, Eintritt 1 RM.

Das prächtige, strahlend blau gestrichene Anwesen, das etwas zurückversetzt in der 14 Lebuh Leith steht, ist das **Cheong Fatt Tze Mansion**, eine chinesische Familienresidenz aus der zweiten Hälfte des 19. Jhs. Man nimmt an, dass es außerhalb Chinas nur in Manila und Jakarta zwei ähnliche Gebäude gibt. Es war nur eines von mehreren Wohn- und Geschäftshäusern des Kaufmanns und chinesischen Vizekonsuls Cheong Fatt Tze, der Handel mit Java, Sumatra, Hongkong und China betrieb und als „one of China's last Mandarins and first Capitalists" bezeichnet wurde. Da beim Bau des zweistöckigen Hauses die so bedeutsamen Feng Shui-Prinzipien in geradezu idealer Weise umgesetzt werden konnten, soll es sein bevorzugtes Domizil gewesen sein, und so wuchsen hier auch seine acht Kinder auf.

Traditionelle chinesische Gestaltungselemente wie *cut-and-paste*-Mosaiken und die Anordnung der 38 Zimmer um einen Innenhof wurden in einzigartiger Weise mit europäischen Stilelementen wie den gotischen Fensterbögen oder Jugendstil-Glasarbeiten kombiniert. 1994 begannen umfangreiche Restaurierungsarbeiten, für die eigens Handwerker aus China herangezogen wurden, die längst vergessene Techniken beherrschen. Seit 1998 steht das Cheong Fatt Tze Mansion Besuchern im Rahmen der einstündigen, höchst informativen Führung offen, ⏰ tgl. 11 und 15 Uhr, 12 RM; ☎ 04-262 0006, **[5084]**.

Auf der Penang Road geht es in Richtung Meer hinab. Hinter der Gabelung an der rechten Straßenseite taucht das herausgeputzte **Eastern & Oriental Hotel** (kurz E&O) auf, das vollständig im historischen Stil der 1920er-Jahre restauriert wurde. Mehr s. **eXTra [5032]**.

Das Zentrum und die Street of Harmony

Chinesische Geschäftshäuser säumen die Straßen im Zentrum, dennoch leben hier sowohl Hindus als auch Moslems, und in wenigen Metern Entfernung stehen religiöse Stätten aller großen Weltreligionen. Die Jl. Masjid Kapitan Keling, die ehemalige Lebuh Pitt, verläuft mitten durch den historischen Kernbereich. Hier entstand schon 1801 der **Goddess of Mercy-Tempel** *(Kuan Yin)*, erkennbar an dem Dach mit den Feuer speienden Drachen. Er ist der älteste und wohl auch der belebteste chinesische Tempel. Den ganzen Tag über, vor allem am 1. und 15. Tag des chinesischen Kalenders, kann man das rege Tempelleben beobachten. ⏰ tgl. 9–18 Uhr.

Nur wenige Schritte entfernt, jenseits der Straße, steht der farbenprächtige hinduistische **Sri Mariamman-Tempel** aus dem Jahr 1833, des-

sen charakteristischer Eingangsturm mit zahlreichen Götterstatuen, der Gopuram, in der Lebuh Queen liegt. Besonders verehrt wird die mit Gold und Edelsteinen dekorierte Statue von Subramaniam, die alljährlich während des Thaipusam-Festes in einer Prozession durch die Straßen der Stadt zum Nattukkotai Chettiar-Tempel nahe dem Botanischen Garten gefahren wird. ◷ tgl. 8–12 und 16–21 Uhr.

In der gleichen Straße treffen sich indische Moslems in der **Kapitan Keling-Moschee** zum Gebet. Schon zu Beginn des 19. Jhs. begann man mit dem Bau, der von einem Kaufmann aus Südindien finanziert wurde. Gegen eine Spende werden Besucher durch das restaurierte Gebäude geführt. Frauen dürfen die Moschee betreten, sofern sie ihre Beine und Schultern bedeckt halten. ◷ tgl. 9–17.30 Uhr.

Beiderseits der **Lebuh Pasar**, der zentralen Einkaufsstraße, zeigt Penang sein indisches Gesicht. Rhythmische Musik ertönt aus den Geschäften und in der Luft mischt sich der Duft von Currys und Räucherstäbchen. Von Waren überquellende Läden verkaufen indische Videos, bunte Stoffe, Goldschmuck und Haushaltswaren. In winzigen Verkaufsbuden sitzen die Verkäufer im Schneidersitz in Reichweite von Getränkedosen, Süßigkeiten, Zeitungen, Zigaretten (die auch stückweise verkauft werden), Obst, Seife und Betelnüssen.

Eines der schönsten Bauwerke Penangs, der **Khoo Kongsi**, liegt etwas versteckt zwischen Jl. Masjid Kapitan Keling und Lebuh Pantai. Auf dem Weg hierher kommt man an schönen, restaurierten Häuserzeilen vorbei. Mit dem Bau des Versammlungshauses des Khoo-Clans wurde 1894 begonnen, und erst acht Jahre später war es fertiggestellt. Die Drachenberg-Halle *(Leong San Tong)* fiel so opulent aus, dass man zeitweilig befürchtete, der Kaiser von China könne sich ob solcher Pracht kompromittiert fühlen. Allein die Figurenarrangements auf dem Dach zu studieren kann lange dauern.

Das modern gestaltete Museum im Erdgeschoss bietet einen Einblick in die Geschichte der chinesischen Einwanderer, in ihre Tradition der Ahnenverehrung und vermittelt zugleich einen guten Eindruck von der Macht des Khoo-Clans. Das gegenüberliegende Gebäude ist für Theateraufführungen gedacht. ✆ 04-261 4609, ◷ tgl. 9–17 Uhr, Eintritt 5 RM. Mehr über die Kongsi s. **eXTra [5034]**.

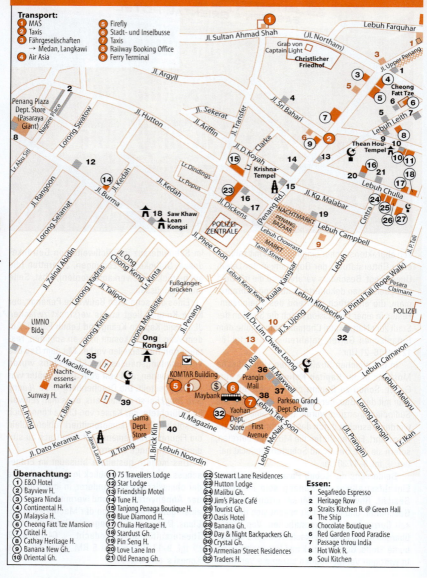

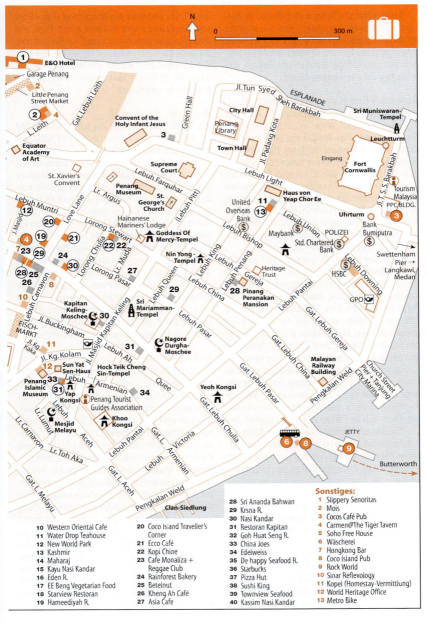

Damit wären die Sehenswürdigkeiten im Zentrum auch schon „abgehakt", und wer sich nur für diese interessiert, kann getrost weiterfahren. Das eigentliche Penang-Erlebnis, die Atmosphäre in den geschäftigen Straßen und Gassen, entfaltet sich vor allem gegen Abend.

Rings um den Botanischen Garten

Etwa 1 km vor dem Botanischen Garten, an der Jl. Kebun Bunga (Jl. Waterfall), Ecke Jl. Gottlieb, liegt der **Nattukkotai-Tempel**, der größte und berühmteste Hindutempel der Insel. Hier wird das Thaipusam-Fest im Februar besonders prächtig gefeiert. Der Rapid-Bus 102 (2 RM) fährt vorbei am indonesischen Konsulat zum **Botanischen Garten**. Er liegt in einem Tal und ist umgeben von dschungelbedeckten Hügeln. Der beliebte Ausflugsort der indischen und malaiischen Bevölkerung ist vor allem am Wochenende belebt. Die meisten Pflanzen blühen im März und April.

Einige der etwa 4000 Javaneraffen aus den nahen Wäldern haben sich daran gewöhnt, von Passanten mit Erdnüssen gefüttert zu werden. Das hat dazu geführt, dass sich die Affen zur Plage entwickelt haben, Besucher angreifen, die Pflanzen beschädigen und auf der Suche nach etwas Essbarem Müllbehälter durchwühlen und den Inhalt verstreuen. Zum Schutz der Passanten und Gewächse ist das Füttern der Tiere verboten.

Für Tropenneulinge ist ein Gang durch das kleine Areal Primärdschungel im vorderen, östlichen Teil des Parks interessant. Wer im Hochland bereits die Baumfarne bewundert hat, kann sich im Farnhaus von der Vielfalt dieser Pflanzenart beeindrucken lassen. Auch der Kräutergarten (Herbal Gardens) lohnt einen näheren Blick. Im Orchideenhaus wachsen neben einheimischen Orchideenarten auch Kannenpflanzen. Am Eingang gibt es ein Restaurant und Foodstalls. ⓒ tgl. 5–20 Uhr; Eintritt frei.

Schon seit vielen Jahren gibt es den 6 km langen Trek **vom Botanischen Garten zum Penang Hill**: Am Moon Gate, 300 m vor dem Eingang zum Botanischen Garten, beginnt der asphaltierte Pfad zum Penang Hill (Bukit Bendera) hinauf. Der Aufstieg dauert etwa 1 1/2 Std. bis zu einem *Tea Kiosk*, wo der Wanderweg auf den 5 km langen Jeep Track trifft, der direkt vom Botanischen Garten hinaufführt. Weiter geht es dann auf dem Jeep Track vorbei an den Bungalows *Grace Dieu* und *Edgecumbe* und dahinter einen Pfad und steile Treppen geradeaus hinauf zur Bergstation. So lange die Bahn im Bau ist fahren voraussichtlich bis Ende 2011 auf der unbefestigten Straße Jeeps für 60 RM pro Wagen oder 15 RM p. P. zur Bergstation und zurück.

Air Itam

Die Rapid-Busse 201 und 204 fahren für 1,40 RM ab Jetty über die Lebuh Chulia und KOMTAR Bldg. in den Vorort Air Itam.

An der Jl. Air Itam, Ecke Green Lane, erhebt sich die moderne **State Mosque**, die Moschee des Staates Penang, die 1980 fertig gestellt wurde. Vor allem zum Freitagsgebet und an hohen islamischen Feiertagen finden sich hier viele Gläubige ein. Bis zu 5000 Menschen haben im Inneren Platz, 57 m hoch ist das Minarett. Wer die Moschee besichtigen will, braucht aber – neben ordentlicher Kleidung – die Genehmigung vom *State Religious Department* in der Lebuh Pantai.

Die Busse halten am **Pasar Air Itam**, wo man vormittags über den Markt bummeln und sich mit einer Laksa stärken kann. Die beste Assam Laksa gibt es am Stand an der Abzweigung der Straße zum Tempel unter dem Hinweisschild.

Kek Lok Si-Tempel

Von der Endstation der Busse nach Air Itam führt ein Fußweg hinauf zum Kek Lok Si-Tempel, der weithin sichtbar die Ansiedlung überragt. Der schmale, überdachte Weg ist etwa 500 m lang, ziemlich steil und nahtlos von Souvenirständen mit aufdringlichen Händlern gesäumt. Beim Aufstieg kann man gefälschte Gucci-Taschen und Parfüms, malaiische Batik, billig produzierte chinesische Masken, indischen Schmuck, Stickereien, Schnitzereien, Spielzeug, Snacks, usw. erstehen (handeln!). Es ist allerdings möglich, sich den Aufstieg durch den schmalen, stickigen Gang zu ersparen und die längere, steile Straße rechts vom Tor entlangzugehen, die an einem Parkhaus endet, das in den Tempelkomplex integriert ist. Ein Devotionalien-Supermarkt unter dem Haupttempel bietet u. a. eine Riesenauswahl herrlich kitschiger dickbäuchiger Buddhafiguren in allen Größenordnungen. Der Verkaufserlös dient der Instandhaltung der Tempelanlage. ⓒ tgl. 8–17 Uhr, Eintritt.

Penang Hill (Bukit Bendera)

Schon allein die fünf bis sechs Grad Temperaturunterschied rechtfertigen den erfrischenden Ausflug auf den 830 m hohen Penang Hill, eigentlich ein Hochland mit mehreren Gipfeln. Die herrliche Aussicht auf George Town, die Insel Penang, und bei gutem Wetter auch auf die Berge von Kedah und Perak tun ein Übriges.

Schon 1923 wurde die **Penang Hill Railway** in Betrieb genommen. 25 Minuten braucht eine der beiden Bergbahnen bis zu der auf 735 m gelegenen oberen Station. Schon während der Fahrt kann man deutlich den Wechsel in der Vegetation wahrnehmen. Pfade und Treppen führen dann weiter den Penang Hill hinauf zum **Bellevue Hotel**. Das ehemalige Landhaus eines englischen Kolonialbeamten stand früher zwischen Erdbeerfeldern, die schon Sir Francis Light hatte anlegen lassen und die der Gegend um die Bergstation den Namen **Strawberry Hill** gaben. Hier befinden sich inmitten eines Blumengartens Souvenirstände, Foodstalls, eine Polizeistation, ein Postamt und das edle **David Brown's Restaurant**, in dem gepflegte englische Küche in entsprechender Umgebung aufgetragen wird.

Dahinter gelangt man auf einem Fußweg zu einem Hindutempel, einer Moschee und dem Bungalow des Gouverneurs, **Bel Retire**. Der 220 m lange **Canopy Walkway** lädt zu einem Spaziergang durch die Baumkronen in bis zu 30 m Höhe ein, sofern er nicht wegen Renovierungsarbeiten geschlossen ist. 1,2 km sind es bis zu einem **Aussichtspunkt**. Mit einem Bus (1 RM) oder Jeep gelangt man auf schmalen Straßen zu weiteren Villen im viktorianischen Stil und zum Beginn des Trails zum Teluk Bahang Forest Park, S. 766.

Übernachtung

George Town ist eine Stadt mit reichlich Hotels in allen Preislagen. Der Ansturm auf die billigen Traveller-Quartiere ist allerdings besonders in den Sommermonaten enorm. Wer spät abends ankommt, kann Schwierigkeiten haben, noch ein Zimmer in der gewünschten Kategorie zu bekommen. Mehr s. **eXTra [5031]**.

Gästehäuser und Traveller-Hotels

In keinem anderen Ort sind die Grenzen zwischen Gästehäusern und Billighotels so durchlässig – viele Chinesenhotels in der Lebuh Chulia, die sich völlig auf den Traveller-Markt spezialisiert haben, unterscheiden sich kaum von Gästehäusern, sodass wir sie hier ebenfalls listen. Preiswerte Traveller-Unterkünfte konzentrieren sich in der Lebuh Chulia (Chulia Street) und ihren Seitenstraßen. Hier hat sich auch die Gastronomie auf Traveller eingestellt.

75 Travellers Lodge ⑪, 75 Lebuh Muntri, ✆ 04-262 3378, ℻ 263 3378, saubere Zimmer mit Fenster und Waschbecken, Schlafsaal mit 10 Betten 8 RM, Zimmer mit Gemeinschafts-Du/WC mit Warmwasser, einige mit kleiner Du/WC und/oder AC und Kaltwasser, im OG ein teilweise überdachter Balkon, Wäscheservice. Tickets für Minibusse und Busse. Mr. Loo und sein Personal sind sehr freundlich und hilfsbereit. Café, WLAN inkl. ❶–❷

Hutton Lodge ㉓, 17 Jl. Hutton, ✆ 04-263 6003, 🖥 www.huttonlodge.com. 25 Zimmer in einem über 100 Jahre alten ehemaligen Wohnhaus einer indisch-muslimischen Familie, das in den 50er-Jahren zum Pin Kung Hotel umgebaut wurde, abbrannte und nun originalgetreu wieder aufgebaut worden ist. Kleine, billige Zimmer mit Gemeinschafts-Du/WC, größere Familienzimmer, einige ohne Fenster. Schlafsaal mit 4 und 6 Betten zu 30 RM, einfaches Frühstück inkl. Nette Aufenthaltsräume und kleiner Vorgarten. Touren. ❸

Oriental Gh. ⑩, 81 Lebuh Muntri, ✆ 04-261 3378, gehört zur benachbarten 75 Travellers Lodge. Am schönsten ist das luftige, weit-

---

Geschmackvoll und freundlich

Old Penang Guesthouse ㉑, 53 Love Lane, ✆ 04-263 8805, 🖥 www.oldpenang.com. In einem alten, restaurierten Gebäude freundlich gestaltete, sehr saubere Zimmer mit dicken Matratzen mit und ohne Du/WC, einige mit Fenster. Auch Schlafsaal ab 15 RM, einer nur für Frauen. Innenhof und Aufenthaltsraum mit TV und DVD-Player. Überall sorgen Lampen im alten Stil für Atmosphäre. Paul kümmert sich hervorragend um seine Gäste. Handtücher, WLAN und kleines Frühstück inkl. Günstige Getränke. ❷–❸

räumige Café im vorderen Bereich des alten Hauses, von dem hinten mit Spanplatten-Wänden die kleinen Zimmer mit Ventilator abgeteilt sind, Gemeinschafts-Du/WC. Sehr gutes, aber nicht billiges Essen. ❶

Mittlere Preisklasse

Die meisten Mittelklasse-Hotels konzentrieren sich am nördlichen Ende der **Jl. Penang**. Auf Anfrage wird von fast allen auf die offiziellen Zimmerpreise ein hoher Rabatt gewährt.
Cathay Heritage Hotel ⑧, 15 Lebuh Leith, ✆ 04-262 6271, ✉ cathayhbh@gmail.com, schräg gegenüber dem Cheong Fatt Tze Mansion. Altes Chinesenhotel, in dem sich seit Jahrzehnten kaum etwas geändert hat. 37 große Zimmer mit Du/WC, manche etwas düster, die besten nach vorn. Hinten im Haus befindet sich ein Coffeeshop mit Massagesalon. ❸
Continental Hotel ④, 5 Jl. Penang, ✆ 04-263 6388, 🖥 www.hotelcontinental.com.my. Business-Hotel mit 200 komfortablen Zimmer mit Bad, die im alten Flügel sind zwar billiger, aber auch sehr abgewohnt, bessere im 18-stöckigen Neubau, Salsas-Restaurant mit moderner westlicher Küche, Pool im 6. Stock, einfaches Frühstücksbuffet inkl. ❸–❹
Segara Ninda ③, 20 Jl. Penang, ✆ 04-262 8748, 🖥 www.segaraninda.com. In einem restaurierten Kolonialgebäude, der einstigen Residenz des Kedah-Malaien Ku Din Ku Meh, 14 freundlich eingerichtete Zimmer mit und ohne Du/WC. Wegen der vielen Bars in der Umgebung ideal für Nachtschwärmer. WLAN inkl. ❸–❹

Obere Preisklasse

Luxus kann man auch am Strand von Batu Ferringhi (s. S. 765) genießen, wo Resorts mit großen Pools locken. Bei folgenden Hotels sind nicht die meist überhöhten published rates, sondern die im Internet und vor Ort angebotenen Preise zugrunde gelegt.
Bayview Hotel ②, 25 Lebuh Farquhar, ✆ 04-263 3161, 📠 263 4124, 🖥 www.bayviewhotels.com/georgetown. 4-Sterne-Hotel mit 320 sauberen und mit allem Komfort ausgestatteten Zimmern, einige mit Blick aufs Meer. Pool, vom drehenden Restaurant genießt man eine schöne Aussicht auf die Stadt und kann es sich zum Sonnenuntergang bei Livemusik an einem sehr guten Buffet schmecken lassen (53 RM). Im Haus eine beliebte Disco. ❺
Cheong Fatt Tze Mansion ⑥, 14 Lebuh Leith, ✆ 04-262 0006, 🖥 www.cheongfatttzemansion.com, **eXTra [5084]**. Ein weiteres Kleinod aus der Kolonialzeit (S. 748). 16 stilvoll eingerichtete, große Zimmer in 2 Seitenflügeln, die mit Liebe zum Detail individuell mit alten Möbeln und modernen Bädern eingerichtet wurden. Im ruhigen Innenhof kann man frühstücken und auch ansonsten gemütlich sitzen. 2x tgl. stattfindende Führungen. Allerdings ist das Management sehr launisch. ❼
Cititel ⑦, 66 Jl. Penang, ✆ 04-370 1188, 🖥 www.cititelhotel.com. Großes 4-Sterne-Business-Hotel in zentraler Lage mit Business Centre, japanischem Restaurant, Pool, Jacuzzi, Frühstücksbuffet und großem *all you can eat buffet*. ❺
Eastern & Oriental Hotel ①, 10 Lebuh Farquhar, ✆ 04-222 2000, 🖥 www.e-o-hotel.com. Das sanierte 5-Sterne-plus-Kolonialhotel (S. 748) verbirgt hinter seiner Fassade 100 komfortable Suiten in 5 unterschiedlichen Kategorien. Vom Wohnraum mit Satelliten-TV, Bar und Wasserkocher teils Blick aufs Meer, separater Schlafraum und riesiges Bad im alten Stil. Mehr s. **eXTra [5032]**. ❽

Essen

Ein Penang-Besuch lässt sich zu einer wunderbaren kulinarischen Reise ausgestalten, denn hier sind einige der besten Küchen Asiens auf engem Raum versammelt. Malaiisch, indonesisch, chinesisch, Nyonya, nord- und südindisch, Thai, japanisch und natürlich auch europäisch lässt es sich allabendlich vorzüglich speisen, auch ohne die Reisekasse zu strapazieren. Mehr s. **eXTra [5060]**.

Cafés

Rainforest Bakery, 302 Lebuh Chulia. Umgebautes, neu gestaltetes Café, das zur angrenzenden Bäckerei gehört. Speisekarte nach westlichem Geschmack, gutes

hausgemachtes Brot und Kuchen (Muffins, Carrot Cake), leckere Sandwiches mit Baguette oder Ciabatta.
Segafredo Espresso, 3 Jl. Upper Penang, nahe E&O Hotel, ✆ 04-262 2611. In dem schicken, kleinen Café gibt es kräftigen Espresso wie in Italien. Mittagsmenü sowie morgens und abends westliche Gerichte. Abends Bar mit Sitzplätzen im Freien. ⏱ tgl. 10.30–2.30 Uhr, Happy Hour 17–21 Uhr.

Chinesisch

Kein Wunder, dass ein so chinesisch geprägter Ort wie Penang über unzählige chinesische Restaurants verfügt. Einige haben keine Speisekarte, und man muss sich ein wenig durchfragen.
Corner Club, 55 Gurney Drive, etwas außerhalb an der Restaurantmeile nahe dem Nachtmarkt, ✆ 04-228 2888. Tagsüber von 7.30–15 Uhr Dim Sum, von 18–22 Uhr lohnen die leckeren Soft Shell Crabs, Krebse, die in ihrer weichen Schale knusprig gebacken werden. Kantonesische Küche. ⏱ 7–15 und 18–22.30 Uhr.
Goh Huat Seng, 59 A Jl. Kimberley, nahe Jl. Pintal Tali. Gutes China-Restaurant, nicht ganz billig. ⏱ tgl. außer Mo ab 11 Uhr.
Kheng Ah Café, Lebuh Carnavon, nahe Lebuh Chulia, bereitet leckere chinesische Wok-Gerichte und andere Spezialitäten zu und ist vor allem bei Einheimischen beliebt. ⏱ Mi–Mo 12–14.30 und 17.30–20.30 Uhr.
Water Drop Teahouse, 16 Lebuh Penang, ✆ 04-263 6300. Buddhistisches, modern eingerichtetes, klimatisiertes Restaurant mit chinesisch-vegetarischen Gerichten. Ruhige Atmosphäre.

Essenstände

Sie servieren überall im Stadtgebiet oft erstaunlich gute Mahlzeiten. Einige sind auf dem Stadtplan verzeichnet. Ein **Nachtmarkt** findet an jedem Abend in der Fußgängerzone der Leboh Cambell statt.
Asia Cafe, Lorong Pasar, Ecke Jl. Masjid Kapitan Keling, der unscheinbare Laden mit vegetarischen Gerichten ist der älteste Kedai Kopi der Stadt.

Beliebt sind zudem:
EE Beng Vegetarian Food, 20 Jl. Dickens, gegenüber der Polizei, hier kommen Vegetarier auf ihre Kosten. Es ist nur bis 16 Uhr geöffnet und So geschlossen, da es überwiegend von der arbeitenden Bevölkerung zum Frühstücken und Mittagessen besucht wird.
Nachtmarkt am Gurney Drive am Ende der Jl. Bagan Jermal, etwas außerhalb des Zentrums (Rapid-Bus 101, 103–105 ab KOMTAR Bldg., Haltestelle hinter McDonald's und Pizza Hut), ist bei Touristen beliebt, auch wenn der Markt durch die Landaufschüttung an Attraktivität eingebüßt hat. Die meisten Stände, die sowohl malaiisches als auch chinesisches Essen sowie frisch gepresste Säfte und Bier servieren, öffnen kurz vor Sonnenuntergang. In der Umgebung zudem diverse Seafood-Restaurants.
Red Garden Food Paradise, 20 Leith Street. Beliebter, großer Essensmarkt von 17–1 Uhr im großen Hof einer alten Villa. Zahlreiche Essenstände mit lokalen Snacks, japanischen Gerichten und Seafood.

Indisch

Indische Restaurants sind vor allem rund um die Lebuh Pasar und Lebuh Penang zu finden.
Hameediyah, 164 A Lebuh Campbell, ✆ 04-261 1095. Im offenen Erdgeschoss und klimatisierten ersten Stock des einfachen indisch-muslimischen Restaurants serviert man Murtabak und Currys. ⏱ tgl. 12–23 Uhr.
Kashmir im Untergeschoss des Oriental Hotel, 105 Jl. Penang. Freunde der nordindischen Currys kommen hier auf ihre Kosten. Kein billiges Restaurant, aber es ist immer gut besucht und lohnt sich. ⏱ tgl. 12–15 und 19–23 Uhr.
Krsna, Lebuh Pasar, sauberes, preiswertes Bananaleaf-Restaurant. Morgens von 7–12 und von 15.30–22 Uhr auch frische Dosai und Puri, mittags nur Currys für 3–6 RM.
Passage thru India, 11A Leith Street, ✆ 04-262 4644. Angenehm eingerichtetes, beliebtes Restaurant, freundlicher Service. ⏱ Mo–Sa 11–15 und 18–23, So 18.30–23 Uhr.
Sri Ananda Bahwan, 25 Lebuh Penang, ✆ 04-263 3841. Zweistöckiges, beliebtes

Restaurant, oben mit AC. Auch wenn es in den Auslagen wie Fisch und Lamm aussieht, ist doch alles vegetarisch. Gäste wählen sich das Essen am Buffet oder von einer Karte aus. Mittags süd- und nordindische Meals ab 4 RM. Von 7–11 und 15–23 Uhr Dosai, Uttapam und Paratha für 2–3 RM. Zudem Lieferservice. ⏲ tgl. 7–23 Uhr.

Nyonya

Eine fantastische Mischung aus malaiischer und chinesischer Küche haben die in Südostasien lebenden Chinesinnen, die Nyonya, entwickelt. Bekannt sind die Frühlingsrollen Popiah, weniger bekannt die mit Gemüse gefüllten winzigen Teighütchen Top Hats, die es nur selten gibt.

Ah Moh Nya, 2B Jl. Oldham, gegenüber dem Copthorne Orchid Hotel, Tanjung Bungah, ☏ 016-452 3985. Authentische Nyonya-Gerichte werden von der Chefin des kleinen Restaurants nach überlieferten Familienrezepten zubereitet. ⏲ tgl. 12–22 Uhr.

Hot Wok, 124-E & F Jl. Burma, neben dem Giant Supermarket, ☏ 04-227 3368, 🖥 www.hotwok.com.my. Großes, mit Antiquitäten eingerichtetes Restaurant mit hervorragenden authentischen Nyonya-Gerichten. ⏲ tgl. 11–15 und 18–23 Uhr.

Seafood

Der hohe Fischpreis aufgrund der leer gefischten einheimischen Gewässer verdirbt vielen Chinesen nicht den Appetit an Seafood. Allerdings muss man bereit sein, weit mehr als an der Ostküste zu bezahlen, z. B. für große Prawns und Lobster bis 200 RM pro kg, ein Fisch mittlerer Größe um 50 RM. Vorsicht, auf Speisekarten und Auslagen werden immer Preise für 100 g angegeben. Da es schon viele Missverständnisse gegeben hat, sollte man sich nach der Bestellung den Preis für das ausgewählte Seafood nennen lassen.

Eden, 15 Jl. Hutton, in einer Seitenstraße der Jl. Penang, ☏ 04-263 9262. Exzellente Seafood-Spezialitäten, aber auch gute Steaks und andere Gerichte in dem seit 1964 etablierten Restaurant. ⏲ tgl. 12–15 und 18–22.30 Uhr. Ausreichend Geld bzw. Kreditkarte einstecken!

De Happy Seafood Restaurant, 62 Jl. Macalister, ☏ 012-485 2388. Im Vorhof dieses alten Hauses haben sich mehrere Essensstände angesiedelt, darunter ein etabliertes Seafood-Restaurant, das leckere Gerichte, frische Fische sowie Meeresfrüchte zubereitet, allerdings kosten die Portionen 20–50 RM. ⏲ tgl. 17–24 Uhr.

Oriental Seafood, 42 Gurney Drive, ein großes Freiluftrestaurant, Becken mit lebenden Fischen und anderen Meerestieren, die auf verschiedene Art zubereitet werden.

Townview Seafood, 11 Jl. Macalister, nahe KOMTAR Bldg., ☏ 04-228 3645. Unter dem hohen Dach wird frisches Seafood, teils aus Tanks, schmackhaft zubereitet. Leckere Krebse. Etwas günstiger als die Konkurrenz schräg gegenüber. ⏲ tgl. 17–0 Uhr.

Westlich

Ecco Café, 402 Lebuh Chulia, ☏ 04-262 3178. Pizza, Sandwiches, Pastagerichte, Joghurt und Müsli. ⏲ Mi–So 11.30–14.30 und 18–22.30, Di 18–22.30 Uhr.

Edelweiss, 38 Lebuh Armenian, ☏ 04-261 8935, 🖥 www.edelweisscafe.com. Schweizer Restaurant von Theresa und Urs in einem alten, mit Antiquitäten eingerichteten Geschäftshaus mit großem Tresen und kleinem Innenhof. Schweizer und internationale Gerichte, darunter die riesige B52-Wurst und Rösti, Kuchen (Apfelweihe, Linzer Torte …) und Mövenpick Eiscreme. Im 1. Stock hat Theresa ihre Sammlung untergebracht, ein kleines Heimatmuseum mit vielen historischen Fotos und Alltagsgegenständen. Sie kann viele Tipps

---

Penang Laksa

Eine Spezialität, die von Nyonyas auf der Insel kreiert worden sein soll, ist Laksa, eine im ganzen Land berühmte würzige, säuerlich-scharfe Nudelsuppe auf Fischbasis mit dicken Nudeln und zahlreichen weiteren Zutaten – köstlich! Laksa und malaiisches Sate gibt's an vielen Essenständen, vor allem in Coffeeshops und auf den Nachtmärkten, die häufig ihren Standort wechseln.
Gute Laksa gibt es in Air Itam und die beste in Balik Pulau, **eXTra [5061]**.

geben und leitet hervorragende Touren, s. S. 747. ⓘ Di–Fr 11–15 und 18.30–22, Sa 11.30–22, So 11.30–19 Uhr.

Salsas, modern gestaltetes Restaurant im Continental Hotel, 5 Jl. Penang. V.a. Einheimische, die die moderne europäische Küche kennen lernen wollen, bestellen die Menüs (Vorspeise, Hauptgericht und Dessert) zum Festpreis von unter 25 RM mittags und über 30 RM abends mit einem Glas Wein.

Soul Kitchen, 102 Lebuh Muntri, Ecke Lebuh Leith, ✆ 04-261 3118. Michelle Yim und Tonio Neuhaus haben das beliebte Green House Café im alten, kleinen Geschäftshaus von Pat und Allen aus Australien übernommen und mit leichtem Retro-Touch umgestaltet. Nun wird in der kleinen Küche italienisch gekocht: Hauptgerichte unter 20 RM, leckere Tiramisu. Auch Frühstück und schmackhafte gegrillte Sandwiches. Dazu gibt's frische Säfte und gute Musik. ⓘ 10–18 Uhr.

Unterhaltung

Bars und Pubs

Cocos Café Pub, Jl. Penang, nahe E&O Hotel, vor allem die große Terrasse ist abends ein beliebter Treffpunkt der einheimischen Schickeria.

Hongkong Bar, 371 Lebuh Chulia. Eine alte Bar, in der sich seit den 1940er-Jahren die Soldaten der Commonwealth-Luftwaffe aus Butterworth austobten und die immer noch der gleichen Familie gehört. Die alte Inneneinrichtung ist einem Brand zum Opfer gefallen, worunter die Atmosphäre etwas leidet. ⓘ ab 12 Uhr bis der letzte Gast geht.

Soho Free House, im Peking Hotel, 50 Jl. Penang, Pub in der ab 12 Uhr ein halbes Dutzend Biersorten vom Fass ausgeschenkt werden. Wenn auf den vielen Bildschirmen wichtige Sportereignisse live übertragen werden, ist der Laden brechend voll. Als Stärkung serviert man englisches Pub Food wie Hamburger und Pies. Happy Hour von 17–21.30 Uhr.

Discos und Clubs

Die besten Veranstaltungsorte findet man in den großen Hotels. Nur am Wochenende sind ca. 20 RM Eintritt zu entrichten.

Carmen@The Tiger Tavern im Bayview Hotel, 25 Lebuh Farquhar, 🖳 www.bayviewhotels.com/georgetown. Vor allem am Wochenende brechend voll. Livemusik und Disco, die v. a. ein junges Publikum begeistert. ⓘ Mo–Sa 19.30–3 Uhr, Livemusik ab 21.30 Uhr.

G Planet im The Gurney, 18 Persiaran Gurney, 🖳 www.gurney-hotel.com.my. Auf 3 Stockwerken finden Gäste jeder Altersgruppe das Passende. Die Musik ist eine Mischung aus Pop, Rock und House mit Schwerpunkt auf den 1980er-Jahren. Sa Livemusik. ⓘ tgl. 21–2 Uhr.

Rock World, 1 Drury Lane, ✆ 04-261 3168, große Disco im Zentrum abseits der Lebuh Campbell in einem ehemaligen Kino, überwiegend China-Pop und etwas zwielichtiger Treffpunkt, ⓘ ab 22 Uhr.

Slippery Senoritas, Jl. Upper Penang, im Unterhaltungskomplex Garage Penang, ✆ 04-263 6868, 🖳 www.slipperysenoritas.com. In diesem Club mit bunt gemischtem Publikum sorgt eine gute Hausband von den Philippinen für Stimmung auf der Tanzfläche. Der DJ bevorzugt R&B, House und Latin Fusion Music. Do Retro-Night. Am Sa jonglieren die Barkeeper nicht nur mit Gläsern und Flaschen sondern auch mit Feuer. Ansonsten mixen sie recht gute Cocktails.

Traveller-Treffs

Wer den Abend nicht nur bei einem guten Essen verbringen möchte, dem bietet George Town mehr als jede andere Stadt Malaysias (KL einmal ausgenommen) ein breites Unterhaltungsangebot. Die Schauplätze können sich, wie überall, schnell ändern. Die Traveller-Szene sitzt abends in den Kneipen rund um die Lebuh Chulia (wo sonst? s. o.). Hier geht es sehr „westlich" zu.

Einkaufen

Bei einem Bummel durch die Straßen lässt sich die faszinierende Vielfalt an Geschäften und Werkstätten erkunden. Hier gibt es fast alles, und das Angebot ist merklich größer als in anderen Orten Malaysias.

In den übervollen, kleinen offenen Läden der **Chinatown** entlang der Lebuh Kimberley, Lebuh Chulia, Lebuh Campbell und ihrer Seitenstraßen lässt es sich wunderbar stöbern, vor allem natürlich bei den Antiquitätenhändlern (Rope Walk, Lebuh Cintra), aber z. B. auch beim Tempelzubehör (Lebuh Kimberley, Rope Walk). Kleine Boutiquen haben sich in der Lebuh Campbell, Lebuh Cintra und anderen Straßen der Altstadt niedergelassen.

Die zentralen Straßen des **indisches Viertels** sind zur Fußgängerzone umgestaltet worden. Rings um die Lorong Pasar und Lebuh Penang gibt es Kassetten und Räucherstäbchen, Kupfer- und Weißblechwaren. Bunte Sari-Stoffe und exotische Gewürze stapeln sich in engen Läden.

In der **Lebuh Armenian** konzentrieren sich Kunstgalerien und Studios.

Bücher

In der Lebuh Chulia und Jl. Macalister handeln mehrere kleine Buchläden mit Second Hand-Büchern, z. B. **Saleemul Enterprise**, 440-B Lebuh Chulia. Einige bieten auch Internet-Zugang an.

H.S. Sam Book Store, 473 Chulia St, hat sein Secondhand-Sortiment an Büchern besonders sorgfältig sortiert, verkauft zudem Textilien und Tickets, organisiert Motorräder, Autos und Visa für Thailand, zudem Gepäckaufbewahrung und Internet-Zugang. ⏰ Mo–Sa 9.30–20, So und feiertags 10–13 und 18–20 Uhr.

Ein großer **MPH Bookshop** im Gurney Plaza und ein großer **Borders** in der Queensbay Mall.

Einkaufszentren

Auch in Penang hat die Shopping-Centre-Kultur Einzug gehalten. Zunehmend verlagern sich die Einkaufsaktivitäten von der Straße in die großen Einkaufszentren. Vor allem in der Jl. Penang stehen viele Läden leer.

Gurney Plaza, zwischen Jl. Kelawai und Gurney Drive. Großer Block, in dem viele Expats einkaufen gehen. Neben vielen kleinen Geschäften, u. a. ein MPH Bookshop, auch ein Parkson Grand und viele Essensmöglichkeiten.

Island Plaza, Jl. Tanjung Tokong, mit allen Bussen Richtung Tanjung Bungah zu erreichen. Filialen vieler internationaler Designer-Marken, bevorzugt aus dem hochpreisigen Bereich, Cafés und Restaurants.

KOMTAR (Kompleks Tun Abdul Razak). Das 64-stöckige „Wahrzeichen" am südlichen Ende der Jl. Penang, ist in die Jahre gekommen. Es beherbergt in den unteren Stockwerken Geschäfte und Dienstleistungsunternehmen. Mit dem KOMTAR Bldg. konkurriert die angrenzende, moderne **Prangin Mall**, das größte Einkaufszentrum im Zentrum, mit dem Parkson Grand und Giant Supermarket sowie vielen Elektronik-Geschäften. Seit 2011 auch das brandneue Einkaufszentrum **1st Avenue**.

Queensbay Mall, in Bayan Lepas, im Süden der Insel, 🖥 queensbaymallmalaysia.com. Das größte Einkaufszentrum der Insel inmitten von Wohnblocks mit über 400 Geschäften, Restaurants und Dienstleistungsunternehmen, einem Cineplex und sogar einer Eisbahn. Rapid-Bus 307 ab Jetty bzw. Lebuh Chulia nach Batu Maung für 3,40 RM.

Tesco, ein gigantischer Supermarkt, im Süden, Jl. Tunku Kudin. Endstation von Rapid-Bus 206 ab Jetty oder Lebuh Chulia 3,40 RM.

Märkte

Der kleine **Fischmarkt** in der Leboh Carnavon scheint aus einer anderen Zeit zu stammen. Vor allem Lebensmittel und Textilien werden auf den **Chowrasta Markt**, Penang Rd., verkauft.

Sonstiges

Autovermietungen

Es lohnt sich, die Preise zu vergleichen und dabei nach Sondertarifen zu fragen. Bei allen Firmen sind Rabatte möglich. Für eine Inselrundfahrt lohnt es sich, zu dritt oder viert einen Wagen zu mieten und die Kosten zu teilen, sofern man es sich zutraut, ein Auto durch das Getümmel der Stadt zu steuern. An Sonn- und Feiertagen sind nur die Büros am Airport geöffnet, und in den Stadtbüros können höchstens reservierte Autos abgeholt werden. Große Firmen bieten für eine Malaysia-Tour One-way-rental an, d. h. man kann den Wagen beispielsweise in Kuala Lumpur oder Johor Bharu wieder abgeben.

Avis, am Airport, ☎ 04-264 3963, 🖥 www.avis.com.my.

Hawk, neben dem Soho Free House, Jl. Penang, ☎ 04-881 3886, 🖥 www.hawkrentacar.com.

Hertz, 38/7 Lebuh Farquhar, westlich vom E & O Hotel, ✆ 04-263 5914, 🖥 www.hertz.com.
Kasina, Good Hope Inn, Jl. Kelawei, ✆ 04-228 2641, am Airport, ✆ 04-644 7893, 🖥 www.kasina.com.my.
Mayflower Car Rental, 48, Jl. Rangoon, ✆ 04-228 0258, und am Airport, ✆ 04-641 1191, 🖥 www.mayflowercarrental.com.my.

Feste

Vor allem die chinesischen Feste werden in Penang prunkvoll gefeiert, z. B. im Januar/Februar nach hektischen Vorbereitungstagen das 15-tägige **Neujahrsfest** mit Tempelbesuchen, gutem Essen, Böllern und Löwentänzen.
Außerdem begeht man in den großen Tempeln der Stadt spezielle **Tempelfeste** zu Ehren der jeweiligen Namensgeber.
Auch während des indischen **Thaipusam-Festes** lohnt im Januar/Februar ein Besuch in Penang. Während des ganzen Monats Dezember läuft ein buntes Programm. Der Höhepunkt der **Pesta Pulau Pinang** z. B. sind die Drachenbootrennen am Gurney Drive in Pulau Tikus. Wer abends durch die Straßen geht, kann häufig Zaungast prächtiger Familien- oder Tempelfeste werden, bei denen auch Chinesische Oper, Puppenspiele, Tänze und Musik die Gäste unterhalten. Die *Penang Tourist Newspaper* und *Penang Travel News* enthält die aktuellen Termine.

Geld

Die meisten Banken residieren im alten Verwaltungsviertel um das Hauptpostamt, z. B.: **Standard Chartered Bank** und **HSBC** in der Lebuh Pantai, **United Overseas Bank**, Lebuh Bishop, **Maybank** in der Lebuh Union und Lebuh Light. Alle mit Geldautomaten. ⊙ Mo–Fr 10–15, Sa 9.30–11.30 Uhr. Der Wechselschalter der Maybank im Komtar ist tgl. geöffnet.
Geldwechsler, meist Inder, findet man z. B. im Bankenviertel südlich des Uhrturms, in der Lebuh Chulia, im KOMTAR Bldg. und in der Jl. Masjid Kapitan Keling. Im Gegensatz zu den Banken haben sie fast immer geöffnet und wechseln auch Bargeld. Die ganze Nacht über geöffnet hat der Money Changer rechts neben dem Cititel Hotel, Jl. Penang.

Informationen

In einer Stadt wie Penang könnten die Informationen und der Service der teils privat betriebenen Informationszentralen wesentlich besser sein. Informativ ist die monatlich erscheinende Penang Tourist Newspaper.
Tourism Malaysia, Jl. Tun Syed Sheh Barakbah, gegenüber Fort Cornwallis, ✆ 04-262 0066. Engagierte Mitarbeiter, die viel über Penang wissen, zudem Pläne und Broschüren von anderen malaysischen Staaten. ⊙ Mo–Fr 8–17, Sa 8–13 Uhr. Filiale am Airport, ✆ 04-643 0501, ⊙ tgl. 8–21 Uhr.
Tourism Penang (Penang Global Tourism), im KOMTAR Bldg., 56. Stock, ✆ 04-262 0202, 🖥 www.tourismpenang.net.my (ausgezeichnet und umfangreich), im Verwaltungsgebäude (Majlis-Eingang) und nur nach Abgabe des Passes an Counter C zugänglich. ⊙ Mo–Fr 8–16.30 Uhr.
Eine weitere offizielle Website über Penang: 🖥 www.visitpenang.gov.my. Eine gute, private Website von Tim ist 🖥 www.penang-traveltips.com.

Internet

Die meisten Gästehäuser, viele Cafés und einige Shops bieten Internet-Zugang ab 2 RM pro Std. zumeist in angenehm ruhigen, klimatisierten Räumen.

Konsulate

Deutsches Honorarkonsulat, c/o OE Design Sdn. Bhd., Bayan Lepas Free Industrial Zone 3, ✆ 04-641 5707, 📠 641 5716.
Indonesian Consulate, 467 Jl. Burma, ✆ 04-282 4686, ⊙ Mo–Fr 9–12 und 14–15 Uhr. Für eine Einreise über Medan (Polonia Airport und Belawan Harbour) benötigen Deutsche, Österreicher und Schweizer für bis zu 30 Tage kein Visum, da Medan ein Visa on arrival-Ort ist. Für 60-Tage-Visa (bei ausrechend Bargeld sind derzeit auch 90 Tage möglich): 2 Passfotos mit rotem Hintergrund, mindestens US$200 zum Vorweisen und ein Return-Ticket. Die Ausstellung des Visums ist unproblematisch

und dauert 1–2 Tage. Zu erreichen mit Rapid-Bus 101.

Royal Thai Consulate, 1 Jl. Tungku Abdul Rahman, ☎ 04-226 8029, liegt im Nordwesten. ⏱ Mo–Fr 9–12 Uhr. Wer länger als 1 Monat bleiben will, braucht ein Touristenvisum. Vorgelegt werden müssen 2 Passfotos und ein Ticket aus Thailand heraus (Details ändern sich laufend). Die Bearbeitung dauert in der Regel einen Tag. Da mit langen Wartezeiten zu rechnen ist, empfiehlt es sich, für 30 RM extra einen Visaservice in Anspruch zu nehmen, der vom Banana Gh. angeboten wird. Rapid-Bus 102 bis Jl. Utama.

Kriminalität

In Penang war es immer etwas leichter, an Drogen heranzukommen. Die strenge Regelung der Drogengesetze und mehrfache Todesstrafen, auch gegen Ausländer, haben die Situation verändert.
In Penang werden häufig Handtaschen von vorbeifahrenden Motorrädern aus gestohlen. Auch allzu aufdringlichen Passanten auf der Lebuh Chulia sollte man mit einer gesunden Portion Misstrauen begegnen. Wer sich in der Nachbarschaft von Prostituierten und Transvestiten unwohl fühlt, sollte abends die Love Lane und die obere Penang Rd. meiden.

Medizinische Hilfe

Polizei und Ambulanz ☎ 999, Feuerwehr ☎ 994, Notruf ☎ 991.
General Hospital, Jl. Residensi (Jl. Western, am Poloplatz westlich des Zentrums), ☎ 04-229 3333. Im Notfall wird man hierhin gebracht.
Außerdem eine Reihe privater Kliniken, in denen die Behandlung wesentlich teurer ist und die Räumlichkeiten (nicht unbedingt die medizinische Behandlung) einen höheren Standard haben. Sie haben auch ambulante Sprechstunden Mo–Fr 8/9–17 und Sa 8/9–13 Uhr:
Gleneagles Medical Centre, 1 Jl. Pangkor, ☎ 04-227 6111, 🖥 www.gleneagles-penang.com, sehr gutes privates Krankenhaus.
Island Hospital, 308 Jl. Macalister, ☎ 04-228 8222, 24-Std.-Notdienst ☎ 04-226 8527, 🖥 www.islandhospital.com.

Penang Adventist Hospital, 465 Jl. Burma, ☎ 04-226 1133, 🖥 www.adventisthospital.com.my, liegt nahe am indonesischen Konsulat (s. o.).

Polizei

Die **Tourist Police**, ☎ 04-261 2211, ist bei Problemen die erste Anlaufstelle. Siehe Kriminalität. Notruf ☎ 999.

Post

Pejabat Pos Besar (Hauptpostamt) in der Lebuh Downing, ☎ 04-261 9222, liegt nahe am Fort Cornwallis. ⏱ Mo–Fr 8.30–18, jeden 2.–4. Sa 8–16 Uhr. Auch im EG des KOMTAR Bldg. ein Postamt.

Nahverkehr

In der Innenstadt lässt sich alles gut zu Fuß erledigen. Inselbusse oder Taxis wird man nur für Fahrten in die Vororte oder zu weiter entfernten Zielen der Insel benötigen.

Stadt- und Inselbusse

CAT (Central Area Transit), ein kostenloser Stadtbus verkehrt alle 15 Min. von 6–24 Uhr innerhalb der Unesco World Heritage Zone zwischen der Jetty und dem KOMTAR Bldg. und hält an 19 Stopps.
Die Busgesellschaft **Rapid Penang** mit ihren komfortablen, klimatisierten rot-blauen Bussen und einem dichten Netz ist ein Gewinn für die Stadt. Aktuelle Preise und Fahrpläne s. 🖥 www.rapidpg.com.my. Außer Rapid fahren die blauen, nicht klimatisierten **Hin-Busse** und der **Yellow Bus**.
Die meisten Stadt- und Inselbusse starten an der Jetty nahe dem Fährterminal und von verschiedenen Parkbuchten am Busbahnhof hinter dem KOMTAR Bldg.
Stadtbus T10 fährt etwa alle 30 Min. von der Fähre die Rundstrecke Lebuh Chulia, Lebuh Pantai, Lebuh Light und Jl. Penang zum KOMTAR und zurück über die Jl. Burma, Jl. Macalister, Jl. Penang, Jl. Dr. Lim Chwee Leong, Jl. Masjid Kapitan Keling, Lebuh Farquhar und Lebuh Downing. Eine Fahrt in der Stadt kostet 1,40 RM. Geld passend bereithalten. Die wichtigsten Linien der Inselbusse von Rapid Penang fahren alle 20–30 Min.:

An der Nordküste: bis TELUK BAHANG Bus 101 für 3,40 RM und blauer Hin-Bus 1-3. BATU FERRINGHI Bus 101, 103–105 für 2,70 RM. TANJUNG BUNGAH Bus 103+104 für 2 RM. BOTANISCHER GARTEN Bus 102 für 2 RM
Richtung Westen: AIR ITAM Bus 201 und PENANG HILL RAILWAY TALSTATION Bus 204 für 2 RM.
Richtung Süden: AIRPORT Bus 401A für 4 RM, BALIK PULAU Bus 401 für 4 RM und Penang Yellow Bus 3-4 für 2,70 RM via Schlangentempel. EXPRESS BUS TERMINAL in Sungai Nibong: Shuttlebusse ab KOMTAR etwa alle 30 Min. für 2,70 RM, Bus 25 bis kurz vor Mitternacht. Von BALIK PULAU fährt der Bus 501 stdl. für 2,70 RM nach TELUK BAHANG, sodass eine Inselumrundung mit Bussen derzeit wieder möglich ist.

Taxis
Sie sind teuer. Obwohl viele ein Taxameter haben, „funktioniert" dieses in der Regel nicht. Fahrpreis vorher klären. Kurze Strecken innerhalb des Zentrums sollten nicht mehr als 8–10 RM kosten. Zwischen Mitternacht und 6 Uhr morgens wird ein Nachtzuschlag von 50 % berechnet.
Vom Flugplatz aus fahren Coupon-Taxis in die Stadt für 45 RM, zum Flughafen kosten sie ab City 35 RM. Von der City zum Bus Terminal 30 RM, zum Kek Lok Si-Tempel 25 RM, nach Batu Ferringhi 35 RM, zur Butterfly Farm 45 RM, nach Air Itam oder zum Botanischen Garten 18 RM, nach Pulau Tikus 15 RM, Balik Pulau 50 RM und Butterworth 60 RM. Für eine Inselrundfahrt werden ab 3 Std. 30 RM pro Std. verlangt. Telefonisch sind Taxis unter ✆ 04-261 7098, 262 9842, 890 9918, 642 5961 oder 643 0161 zu bekommen.

Trishaws
Über 200 Fahrradrikschas sind im Citybereich ein beliebtes Transportmittel – man sitzt vor dem Fahrer und hat freie Sicht auf die Straße. Viele stehen vor dem Oriental Hotel. Preise aushandeln, denn der erste Preis ist meistens überhöht! Das Minimum ist 10 RM für eine kurze Fahrt und 30 RM pro Stunde.

Fähren
Seit die imposante, 13,5 km lange Brücke die Insel mit dem Festland verbindet (Gebühr für einen PKW vom Festland zur Insel 7 RM), ist es am Fährhafen ruhiger geworden. Die großen Auto- und Personenfähren zwischen Penang und BUTTERWORTH verkehren zwischen 6 und 24 Uhr (etwa alle 20 Min.). Die Fähre von Penang nach Butterworth ist kostenlos, die umgekehrte Fahrt kostet 1,20 RM, die man an der automatischen Sperre passend bereithalten sollte. Autos kosten 7,70 RM. Die Anlegestelle ist am Weld Quay (Pengkalan Weld). Fernbusse, Überlandtaxis und Züge fahren an der Anlegestelle in Butterworth ab.

Transport
Dreh- und Angelpunkt für den Schienenverkehr ist die Hafenstadt **Butterworth** auf dem Festland. Dort liegen Fähranleger, Bahnhof, Bus Station und Taxistand direkt nebeneinander. Viele Busse fahren ab dem neuen Express Bus Terminal in Sungai Nibong. Einfacher ist die An- und Weiterreise jedoch weiterhin über Butterworth.

Busse
Vom alten Busbahnhof beim KOMTAR Bldg., ✆ 04-261 2427, verkehren nur noch Stadt- und Inselbusse. Shuttlebusse fahren von hier bis gegen Mitternacht etwa alle 30 Min. für 2 RM zum **Express Bus Terminal** in Sungai Nibong (Terminal Bas Ekspres Sungai Nibong), 11 km südlich von George Town, jenseits der Brücke, genaue Lage. Tickets ab Penang verkaufen Reisebüros und Gästehäuser mit teils erheblichem Aufschlag sowie die Gesellschaften selbst. Einige haben ihre Büros neben dem Busbahnhof am KOMTAR Bldg. VIP- und Super VIP-Busse mit 24 Sitzen sowie Busse privater Gesellschaften sind teils teurer als die Transnasional-Busse.

Ab George Town
ALOR SETAR um 8.30, 13.30 und 18.30 Uhr für 12 RM, besser ab Butterworth.
KOTA BHARU um 9 und mit Mutiara Ekspres, ✆ 04-324 3355, um 21 Uhr für 38 RM in 5 Std. (rechtzeitig buchen!)

KUALA LUMPUR ständig für 35 RM in 5 Std. SINGAPORE um 9.30, 10, 20.30, 21.30 und 23 Uhr für 60–80 RM in 10 Std.

Ab Butterworth
Es lohnt, für Ziele im Norden zuerst mit der Fähre Butterworth anzusteuern. Der neue Busbahnhof liegt nördlich der Fähranlegestelle. Auch viele private Gesellschaften fahren von hier. Preisbeispiele für Transnasional / Nice: ALOR SETAR Bus 516 ständig für 10 RM in 2 Std. KANGAR und KUALA PERLIS stdl. von 7.50–18.45 Uhr für 14 RM in 3 Std. KOTA BHARU um 10 und 22 Uhr für 35 RM in 8 Std. (Rechtzeitig buchen!) KUALA LUMPUR stdl. von 9–24 Uhr für 32 RM in 6 Std., Super VIP von Nice, ✆ 04-331 2966, 15x tgl. für 75 RM, Ankunft am alten Bahnhof.

Minibusse
In Gästehäusern werden Tickets für private Backpackerbusse verkauft, z. B. in die CAMERON HIGHLANDS um 6 und 8 Uhr für 45 RM in 4 Std. Nach Pulau Perhentian via KUALA BESUT um 5 Uhr in 5 1/2 Std. inkl. Bootstransfer 140 RM, ohne 90 RM.
Nach Thailand: Minibusse, die fast alle nur eine Lizenz für Thailand haben und in Malaysia nicht versichert sind, werden von vielen Gästehäusern und Reisebüros vermittelt. Keinesfalls sollte man Geschichten Glauben schenken, dass man schon vor der Einreise nach Thailand/Malaysia einen größeren Betrag in Baht/Ringgit eintauschen muss, denn mit dem Umtausch zu ungünstigen Kursen haben einige Angestellte einen lukrativen Nebenverdienst aufgetan.
Von den Gästehäusern in der Lebuh Chulia in Penang starten Tag für Tag 10–20 Minibusse, u. a. von K.S.T., ✆ 016-495 2345, gegen 5, 8.30, 12 und 16 Uhr in 4 Std. nach HAT YAI, 30 RM, wo man in andere, teils billigere Busse umgeladen wird. Ab Hat Yai starten sie gegenüber dem Montien Hotel, ✆ 074-354 551, um 9.30, 12.30 und 15.30 Uhr. Dabei kann es zu einem längeren Aufenthalt kommen, wenn einer der Zulieferbusse noch nicht eingetroffen ist. Wer sicher gehen will, bucht nur bis Hat Yai und steigt dort am Busbahnhof in einen der großen staatlichen Thai-Busse um, die zuverlässig und bequem sind. Kein durchgehendes Ticket auf die Inseln Ko Samui und Ko Pha Ngan kaufen, da dann mit langen Wartezeiten auf das Nachtboot zu rechnen ist. Ebenfalls nicht zu empfehlen ist die 18-stündige Fahrt bis Bangkok und die Gesellschaft Chaw Wang Tours.

Überlandtaxis
Ab Penang fahren auch einige der normalen Taxis als Überlandtaxis, ✆ 04-331 6917. Sie stehen u. a. am KOMTAR und vor dem Malaysia Hotel sowie am Express Bus Terminal in Sungai Nibong. Man bucht sie am besten einen Tag im Voraus bei den Fahrern oder über die Unterkunft.
In Butterworth stehen Überlandtaxis nördlich der Fähranlegestelle, ✆ 04-331 6917. Sie sind vor allem für Ziele im Norden Malaysias günstiger, da sie nicht den Umweg über die Brücke oder die Fähre nehmen müssen. Preise von der Taxistation in Butterworth (ab Penang + 10–20 RM, abends ebenfalls mehr):
Nach Penang: (KOMTAR) 60 RM, BATU FERRINGHI 80 RM.
Nach Süden: CAMERON HIGHLANDS am besten über Ipoh, ansonsten 380 RM, KUALA LUMPUR 450 RM.
Nach Norden: ALOR SETAR 120 RM, CHANGLUN (Grenzübergang Thailand) 180 RM, KANGAR 200 RM, KUALA KEDAH 120 RM, KUALA PERLIS 200 RM.
Nach Osten: KOTA BHARU 380 RM in 4–5 Std.

Eisenbahn
Züge fahren ab **Butterworth Railway Station**, am Ferry Terminal in Butterworth, ✆ 04-331 2796, 328 7962. Schalter ⊙ tgl. 6–8, 9.30–16.30 und 17.30–21 Uhr.
Tickets gibt es auch auf der Insel beim **Railway Booking Office** am Fußweg zur Fähre, Pengkalan Weld, ✆ 04-261 0290, ⊙ tgl. 8.30–13 und 14–16 Uhr.

Nach Süden
Ekspres Senandung um 23.30 Uhr via TAIPING (2 1/2 Std., 15 RM), KUALA KANGSAR (3 1/2 Std., 17 RM), IPOH (5 Std., 21 RM) nach KUALA LUMPUR (10 Std., 34 RM). Ekspres

Rakyat um 7.45 Uhr bis SINGAPORE
(14 1/2 Std., 60 RM).

Nach Norden
International Express um 13.51 Uhr (Preis für oberes/unteres Bett) über HAT YAI (20.09 Uhr Thai-Zeit, 74/82 RM) und SURAT THANI (0.54 Uhr, Fähre nach Ko Samui, 85/93 RM) nach BANGKOK (12.24 Uhr, 104/112 RM). Zurück ab Bangkok um 14.45 Uhr, Ankunft in Butterworth am folgenden Tag um 13.51 Uhr.

Flüge
Der **Penang International Airport**, 04-643 0811, liegt 20 km südlich von George Town, 39 km von Batu Ferringhi entfernt. Coupon-Taxi nach George Town 45 RM und Batu Ferringhi 60 RM. Bank im Airport tgl. 7–23 Uhr, außerdem ein Tourist Office und Büros diverser Autovermieter aber keine Gepäckaufbewahrung.

Inlandflüge
MAS, Menara KWSP, 38 Jl. Sultan Ahmad Shah, 04-217 6321, www.malaysia-airlines.com.my, Mo–Sa 8.30–17.30 Uhr, am Airport 04-643 0811, Hotline 1-300-883 000, fliegt nach KUALA LUMPUR 10x tgl., LANGKAWI 3x tgl.,
Air Asia, Lebuh Chulia, 04-261 5642, www.airasia.com, fliegt nach KUALA LUMPUR bis zu 8x tgl., JOHOR BHARU 2x tgl., KUCHING 2x tgl., KOTA KINABALU 1x tgl. und LANGKAWI 1x tgl.
Firefly, KOMTAR Building, Penang Road, 04-250 2000, www.fireflyz.com.my, hat seine Zentrale in Penang. Flüge nach KOTA BHARU 3–4x wöchentlich, LANGKAWI 2x tgl. und KUALA LUMPUR (Subang) 10x tgl.

Internationale Flüge
MAS fliegt 1x tgl. nach BANGKOK, 4x wöchentlich nach HONG KONG, 1x tgl. nach MEDAN und 5x tgl. nach SINGAPORE.
Air Asia verkauft günstige Flüge nach BANGKOK 2x tgl., SINGAPORE bis zu 3x tgl., MEDAN und JAKARTA 2x tgl.
Firefly verkehrt am Mo, Mi, Fr und So nach PHUKET und 1x tgl. nach BANDA ACEH und 2x tgl. nach MEDAN.

Singapore Airlines, Wisma Penang Garden, 42 Jl. Sultan Ahmad Shah, 04-226 3201, www.singaporeair.com, fliegt 5x tgl. nach SINGAPORE.
Thai Airways, Burma Place, Jl. Burma, 04-226 7000, www.thaiair.com, fliegt 1x tgl. nach BANGKOK.

Schiffe
Eine gute Möglichkeit, relativ preiswert nach Langkawi oder Sumatra zu kommen. Die Büros im PPC Building, 1 King Edward Place, neben dem Uhrturm gegenüber vom Fort Cornwallis, verkaufen Tickets für folgende Fähren:
Nach MEDAN Mo, Mi und Fr um 8.30 Uhr, zurück um 10 Uhr, für 150 RM, 220 RM hin und zurück inkl. Hafengebühr.
Nach LANGKAWI um 8.15 und 8.30 Uhr (über Pulau Payar), zurück um 14.30 Uhr (über Pulau Payar) und 17.15 Uhr für 60 RM, 115 RM hin und zurückNach Medan beachten: Da 10 Min. vor der Abfahrt auch gebuchte Sitzplätze an Wartende vergeben werden, sollte man mindestens eine halbe Stunde vorher da sein.

Der Norden der Insel Penang

Genaue Lage der Ausflugsziele s. **eXTra [5095]**. Die Oberschicht von George Town bevorzugt den Norden. Heiß begehrt sind Apartments mit Meerblick und kühlender Brise in Stadtnähe. Für gigantische Neubaublocks und exklusive Wohnparks mit Loft Villen wird immer mehr Neuland aufgeschüttet und das Hinterland bis kurz vor Batu Ferringhi gerodet. In bester Lage erstrecken sich in Batu Ferringhi die Strandresorts mit riesigen Pools.

Man verlässt George Town Richtung Norden auf der Jl. Burma oder auf der Jl. Sultan Ahmad Shah, der späteren Jl. Kelawei und Jl. Tanjung Tokong durch den Vorort **Tanjung Tokong**. Parallel zur Küste geht es nach **Tanjung Bungah**, und auf einer kurvenreichen Straße an der vom Bauboom betroffenen Küste entlang weiter nach Batu Ferringhi, dem Touristenzentrum von Pulau Pinang.

Batu Ferringhi

Der kilometerlange Küstenstreifen mit Sandstränden und Badebuchten wird im Interesse des internationalen Publikums sauber gehalten – zumindest reinigt man täglich den Sand. Vor allem im Winter sieht es durchaus idyllisch aus. Große internationale Hotels bestimmen das Bild, dazwischen liegen nach wie vor bescheidene Privathäuser. Selbst der kleine Ortskern mit der Moschee ist noch auffindbar. Restaurants und Boutiquen säumen die Straße, aber die Atmosphäre ist friedlich und unaufdringlich.

Eine Seitenstraße führt gegenüber dem Bayview vorbei an einer Neubausiedlung nach 300 m zu einem kleinen **Wasserfall**, den man mit Figuren und Gärtchen zu einer Tempelanlage dekoriert hat. Nicht sensationell, aber immerhin ein Ziel für einen Spaziergang. Der Pächter des Landes lässt allerdings nach 18 Uhr einige scharfe Hunde auf seinem Grundstück frei laufen.

Von dem markanten Felsen, der 3,3 km vor Teluk Bahang, nördlich des Strandes, aus dem Meer emporragt, erhielt Batu Ferringhi, übersetzt „der portugiesische Stein", seinen Namen.

Tropical Spice Garden

Interessant ist ein Besuch im Tropical Spice Garden an der Straße nach Teluk Bahang. Auf Fußwegen gelangt man durch ein Dschungelgebiet und einen hübsch angelegten Garten mit über 500 teils seltenen tropischen Pflanzenarten, darunter Farne, Palmen, Orchideen und über 100 Gewürzpflanzen. Geführte Touren in Englisch tgl. um 9.30, 11 und 12.30 Uhr für maximal 30 Personen 22 RM. Das Visitor Center, 1 RM, in der Lone Crag Villa, einem alten Ferien-Bungalow, beherbergt ein Gewürz-Museum. Es informiert über den Gewürzhandel und die Verarbeitung der Gewürze. Zudem werden Souvenirs und Gartenartikel verkauft. ◷ tgl. 9–18 Uhr, Eintritt 14 RM, Kinder 8 RM, ✆ 04-881 1797, 🖳 www.tropicalspicegarden.com.

Teluk Bahang

Der nächste Ort, Teluk Bahang, war ursprünglich von Malabar-Fischern bewohnt. Am Ortseingang errichtete man ein Top-Hotel – grauweiß, kühl, vornehm und ein Fremdkörper neben den windschiefen Kampung-Häusern. Es steht schon jahrelang leer. Der Strand nahe dem Ort ist nicht schön und zum Baden ungeeignet. An einem weit ins Meer hinausragenden Steg am Ende der Straße liegen einige Fischerboote. Mit gemieteten Booten kann man für 60 RM zum Monkey Beach und zurück oder zu anderen Stränden rings um Mukah Head fahren.

Penang National Park

An der bewaldeten Nordwestspitze der Insel sind 1213 ha als Nationalpark ausgewiesen worden. An den Stränden der Mangrovenküste nisten immer mehr Suppenschildkröten, denn Quallen, ihre Lieblingsspeise, gibt es vor der Küste in großen Mengen. Am Ende der Straße nahe der Küste erhebt sich das gewaltige Verwaltungsbüro des Park Headquarters über der Bucht. Am Fuß des Berges muss man sich am Informationsschalter anmelden, ◷ tgl. 7.30–19 Uhr, Eintritt frei. Die Penang Nature Guide Association bietet an einem gegenüberliegenden Stand diverse Aktivitäten im Park an, z. B. 4-stündige Wanderungen für Vogelkundler um 6 und 16.30 Uhr ab 50 RM bei 2–8 Pers., Trekking bis zum Sungai Tukung, Tanjung Ailing oder Pantai Kerachut für ca. 30, 40 bzw. 60 RM, aber Wanderer können durchaus auch alleine losziehen.

Am Headquarter beginnt ein Fußweg die teils steil abfallende Küste entlang. Das erste Ziel ist nach 20 Min. die Bucht an der Mündung des **Sungai Tukun** mit einem kleinen Strand. Von hier geht es weiter entlang der Küste, vorbei an der Forschungsstation USM in **Tanjung Aling** (1 km) und dem beliebten Ausflugsziel **Monkey Beach** (Teluk Duyung, 1 km) hinauf zum 1883 erbauten Leuchtturm auf dem 227 m hohen **Mukah Head**, der nordwestlichen Spitze der Insel (1,2 km, hin und zurück ca. 3 Std.).

Butterfly Farm

Vom Kreisverkehr 800 m in Richtung Balik Pulau liegt die Butterfly Farm, ein großes Freigehege, in dem 120 Schmetterlingsarten frei umherfliegen – eine seltene Gelegenheit, die farbenprächtigsten Exemplare einmal aus der Nähe zu fotografieren. Außerdem beeindruckt eine ansehnliche Sammlung seltener Insektenarten, lebender Skorpione, Spinnen, Eidechsen, Frösche und anderer Kleintiere sowie eine interessante kleine Kunstaus-

stellung. ☎ 04-885 1253, 🖳 www.butterfly-insect.com, ⏱ Mo–Fr 9–17.30 Uhr, Sa, So und feiertags bis 18 Uhr, Show um 10 und 15 Uhr, Eintritt 27 RM, Kinder 15 RM, Fotoerlaubnis 1 RM, Videoerlaubnis 5 RM. Zudem kann man eine **Orchideenfarm** besuchen, 1 RM.

Teluk Bahang Forest Park (Taman Rimba)

Rings um das **Forstmuseum** Muzium Perhutanan, 1 km südlich von Teluk Bahang, wurden etwa 100 ha Wald zum Naturschutzgebiet erklärt, weil hier besonders viele Arten einheimischer Bäume wachsen. Eine Ausstellung im Museum informiert über Baumarten der natürlichen Wälder, die Waldbewohner und die Holzwirtschaft. Museum ⏱ tgl. außer Fr 9–13 und 14–17 Uhr, Fr 9–12 und 14.45–17 Uhr, 1 RM, ☎ 04-885 2388.

Besucher können im Park in den kleinen Pools eines Baches baden und auf 4 markierten Wegen oberhalb des Baches im Forest Park wandern. Der 880 m lange **Monkey Cup Trail** eignet sich für einen netten Spaziergang, während der 3 km lange, 3–4-stündige **Charcoal Kiln-Rundweg** oder gar der 4,3 km lange 4–5-stündige **Ridge Top Trail** wegen einiger steiler Strecken eine gute Kondition erfordern

Übernachtung

Gästehäuser

Kaum zu glauben, aber man kann in **Batu Ferringhi** auch billig in kleinen Holzhäusern bei einheimischen Familien jenseits der schmalen Strandstraße wohnen. Westlich vom Park Royal Hotel zweigt ein Weg zum Strand ab. Hier stehen einige schöne alte Bäume. In der Nähe befindet sich eine Moschee.

Ali's Gh. & Restaurant ⑥, 53+54 B Jl. Batu Ferringhi, ☎ 04-881 1316, ✉ alisguesthouse_pg@yahoo.com, in einem traditionellen malaiischen Haus vermietet die Familie bereits seit 1975 kleine Zimmer mit Ventilator und TV, z. T. mit Gemeinschafts-Du/WC, andere mit AC und Du/WC und Balkon, inkl. WLAN. Bierverkauf, am Strand kleines Restaurant. ❸

Baba Gh. ⑧, 52 Jl. Batu Ferringhi, ☎ 04-881 1686, ✉ babaguesthouse2000@yahoo.com, freundlich, sauber, mit Veranda im

1. Stock. Zimmer mit Du/WC und AC oder Gemeinschafts-Du/WC und Ventilator. Professionell von einer freundlichen chinesischen Familie gemanagt. Motorradvermietung. ❸

E.T. Budget Gh. ⑤, 47 Jl. Batu Ferringhi, ☏ 04-881 1553, ✉ etguesthouse2006@yahoo.com, gehört zu Baba und ist ebenfalls unter chinesischem Management, 15 Zimmer mit Ventilator oder AC und Du/WC, Wäsche- und Ticketservice. Man wird früh vom Muezzin der nahen Moschee geweckt. ❷–❸

Ismail's Beach Gh. ③, ☏ 04-881 2569, 016-454 1953. Neben ihrem Haus vermietet die Familie nicht besonders gepflegte Zimmer in einem einfachen Reihenhaus, davon 2 teure am Strand. ❸–❺

Shalini's Gh. ⑦, 56 Jl. Batu Ferringhi, ☏ 04-881 1859, ✉ ahlooi@pc.jaring.my, 15 recht komfortable, saubere Ventilator-Zimmer mit und ohne Du/WC, einige mit AC, Du/WC und Kühlschrank. Auf dem gemütlichen, überdachten Balkon kann man auch einen Regentag genießen. ❷–❸

In **Teluk Bahang**: Verschiedene Homestays und **Fisherman Village Gh.** ⑭, Lorong Nelayan 3, ☏ 012-483 9263, im Dorf bei einer malaiischen Familie. 9 einfache Zimmer im Nebenhaus mit Ventilator, im EG und 1. Stock Zimmer mit AC und Du/WC. In ländlicher Umgebung sehr ruhig gelegen und gut zum relaxen. Taxiservice. Durch die Uferbefestigung hat der Strand nahe dem Haus an Attraktivität verloren. ❶–❷

Obere Preisklasse

Die meisten Zimmer in den großen Hotels sind von Pauschalurlaubern belegt. Übers Internet und über Veranstalter sind sie günstig zu buchen.

Shangri-La's Rasa Sayang Resort & Spa ⑬, bereits 4 km vor Batu Ferringhi, ☏ 04-888 8888, 🖥 www.shangri-la.com. Das älteste 5-Sterne-Resort am Ende der Bucht erstrahlt nach der Renovierung in neuem Glanz. Großzügige Anlage, 304 Luxuszimmer mit Bädern auf dem Balkon ab 900 RM, Rasa Premier-Zimmer ab 2130 RM für alle, die gediegenen Luxus mögen, inkl. Frühstück, Champagner, Butler-Service und mehr. Im großen Garten ein hübscher Pool und ein Spa in 11 Villen sowie ein Yoga-Studio. ❽

Shangri-La's Golden Sands Resort ⑫, ☏ 04-881 1911, 🖥 www.shangri-la.com. 4-Sterne-Hotel mit 395 Zimmern. Große Gartenanlage mit mehreren schön gestalteten Pools. Beliebt ist Siggi's Bar & Grill. ❽

Lone Pine ⑪, 97 Batu Ferringhi, ☏ 04-886 8686, 🖥 www.lonepinehotel.com. Das älteste Strandhotel, das 1948 erbaut und bis 1973 mehrfach erweitert wurde, wurde 2010 vollständig und sehr ansprechend umgebaut. ❽

Holiday Inn ⑩, ☏ 04-881 1601, 🖥 www.holidayinnpenang.com. Der 26-stöckige Ocean Tower und der kleine Beach Wing des 4-Sterne-Hotels mit 362 Zimmern beiderseits der Straße sind über eine Fußgängerbrücke miteinander verbunden. Große Familienzimmer, Pool, Wassersportangebot, Bar, Restaurants usw. ❼–❽

Park Royal Hotel ⑨, ☏ 04-881 1133, 🖥 www.parkroyalhotels.com, nebenan. Ein weiteres 4-Sterne-Hotel für gehobene Ansprüche. ❽

Bayview Beach Resort ①, ☏ 04-881 2123, 04-881 2140, 🖥 www.bayviewhotels.com. Unpersönliches 4-Sterne-Hotel im Westen von Batu Ferringhi, 366 Zimmer mit Balkon rings um

Badespaß mit Rockmusik

Hard Rock Hotel ②, ☏ 04-881 1711, 🖥 penang.hardrockhotels.net. Die meisten der 250 Zimmer in 9 Kategorien haben DVD-Player und interaktives TV, iPod Dockingstation, WLAN, einen Balkon oder eine Terrasse, die Deluxe-Zimmer sogar einen eigenen Poolzugang. Kleidungsstücke und Instrumente, darunter 500 Originale, sowie Fotos erinnern an berühmte Rock-Musiker. Livebands spielen am Wochenende in der Lobby und Di–So ab 22.30 Uhr im Café. Im 2-stöckigen Café-Restaurant gibt es amerikanische Gerichte für 20–30 RM und Cocktails. ⏱ 11–2.30 Uhr, Happy Hour von 15–19 Uhr. Pizzeria, Poolbar, Spa, Fitnesscenter und Wassersportangebote. Kids und Teens Club mit Fahrrädern, Tischfußball, Pool-Billard, Internet und Gitarrenunterricht. Viele Angebote mit Sonderleistungen, ansonsten ❽

Teluk Bahang

Übernachtung:
14 Fisherman's Village Gh.

Essen:
1 Essenstände
2 End of the World Seafood
3 Ah Pang Seafood
4 Waterworld R.
5 Fishing Village Seafood
6 Khaleel R.
7 Chop Foo Kee R.
8 Coffeeshops

Transport:
1 Boote → Nat. Park
2 Bus 101 Endstation
3 Taxis
4 Bus Stop

einen dreieckigen, überdachten Innenhof, nur die teureren Zimmer mit Bayview. Großes Angebot an Aktivitäten und Restaurants. ❺–❻

Essen

Batu Ferringhi

Die Hotel-Restaurants bieten internationale Küche in allen Schattierungen, aber auch zu entsprechenden Preisen. Viele Hotelgäste möchten abends mal was anderes sehen und wandern die Hauptstraße entlang, an der einige Seafood-Restaurants und Essenstände auf Kundschaft warten.

Essenstände konzentrieren sich im Zentrum. Billiger als in den internationalen Hotels ist ein Drink an den Beach Bars und Essenständen, z. B. vor den Gästehäusern.

Auch tagsüber sind die kleinen **Strandbars, Bistros** und offenen Restaurants hinter dem Parkplatz am öffentlichen Strandzugang geöffnet. Man sitzt gemütlich auf einer Terrasse am Meer und genießt Seafood, chinesisches und westliches Essen, Crepes sowie Pizza oder ein kühles Bier, besonders schön bei Sonnenuntergang. Ein günstiger **Food Court** im Global Bay.
Fantasy, gegenüber der Moschee. Ein kleines, beliebtes chinesisches Restaurant mit günstigen Gerichten. ⓘ tgl. 12–24 Uhr.

Eden Seafood Village, großes Restaurant. Vielfältige Auswahl, gute Qualität und entsprechende Preise.
Guan Guan Café, Restaurant-Café, nicht ganz so fein wie die benachbarten Hotels, ganz angenehm zum Sitzen, guter Garnelensalat, Di geschlossen.
Im westlichen Teil des Ortes reihen sich entlang der Hauptstraße:
Happy Garden, man sitzt ganz nett im kleinen Gartenrestaurant etwas abseits der Straße. Großes Frühstücksangebot, leckere internationale Gerichte, die relativ preiswert sind, und viele Säfte. ⓘ tgl. 9–14.30 und 18–22.30 Uhr.
The Ship, ☏ 604 881 3870, 🖥 www.theship.com.my. In einem großen alten Segelschiff kurz vor dem Holiday Inn. Auf seiner Speisekarte westliche und asiatische Gerichte. ⓘ tgl. 12–1 Uhr.

Teluk Bahang

Billige Foodstalls und Coffeeshops an der Bushaltestelle zwischen dem Hotel und Kreisverkehr sowie an der Abzweigung hinter der Brücke. Manchmal verirren sich Touristen aus den Resorts nach Teluk Bahang und freuen sich an der ursprünglichen Atmosphäre.

Ah Pang Seafood, nebenan, hier bereiten zwei Geschwister günstige chinesische Gerichte zu, vor allem Seafood. Außerdem das **Waterworld Restaurant**.
Chop Foo Kee, chinesisches Restaurant, in dem auch Seafood zubereitet wird.
End of the World Seafood, das alte Seafood-Restaurant ist vom Ende der Bucht in die Nähe des Kreisverkehrs umgezogen.
Fishing Village Seafood, einfaches Seafood-Restaurant an der Strandstraße nahe dem Kreisverkehr, das nur abends geöffnet hat. Kurz vor dem Kreisverkehr:

Sonstiges

In Batu Ferringhi ist alles auf Touristen eingestellt. Entsprechend finden sich hier ein **Postamt**, **Wechselstuben**, bislang nur ein **Geldautomat der CMB Bank** hinter der Global Bay (in der Saison oft leer!), eine **Wäscherei** und **Polizei**.

Auto- und Motorradvermietungen

Motorräder, Fahrräder, Autos und Boote werden an mehreren Stellen vermietet.
Hawk Rent a Car, 04-881 1885, www.hawkrentacar.com und **Kasina**, 04-881 1181, www.kasina.com.my haben beide Büros in der Mutiara Arcade.

Einkaufen

Zahlreiche Geschäfte verkaufen Strand-Textilien und Souvenirs zu überhöhten Preisen.
Yahong Art Gallery, 58 D Jl. Batu Ferringhi, hier verkauft der international bekannte Künstler Chuah Thean Teng seine Batikbilder und denen, die sich sich nicht leisten können, Kunstdrucke, Antiquitäten und andere Souvenirs. tgl. 9.30–18.30 Uhr.
Zudem die Einkaufszentren **Eden Parade** und **Global Bay**.
Abends findet von 19–23 Uhr an der Straße westlich vom Holiday Inn ein **Nachtmarkt** statt.

Internet

In den beiden Einkaufszentren Eden Parade und Global Bay.

Wassersport

Angeboten werden Windsurfen, Kanufahren, Wasserski, Fallschirmsegeln sowie Bootstouren entlang der Küste. Die Preise schwanken je nach Saison und Hotel.

Transport
Inselbusse

Der blaue Hin-Bus 1-3 sowie der Rapid-Bus 101 fahren für 3,40 RM alle 30 Min. bis gegen Mitternacht vom KOMTAR Bldg. in GEORGE TOWN über die Jl. Burma, Tanjung Tokong, Tanjung Bungah und Batu Ferringhi nach Teluk Bahang. Bis Batu Ferringhi zudem Rapid-Bus 103–105 für 2,70 RM. Nach BALIK PULAU fährt der Bus 501 stdl. ab Teluk Bahang für 2,70 RM.

Taxis

Sie warten u. a. vor dem Park Royal, 04-881 4093, und Rasa Sayang, 04-881 3430. Einige Hotels verlangen bei der Bestellung von Taxis eine Provision. Taxi von **Batu Ferringhi** zum Airport 60 RM, zur Fähre 30 RM, ins Stadtzentrum 30 RM, Penang Hill 35 RM, **Teluk Bahang:** bis Mutiara 10 RM, weiter 15 RM, ab 3 Std. 25 RM pro Std. Taxifahrer nutzen die Situation, dass nach Mitternacht kein Bus mehr fährt, schamlos aus und verlangen überhöhte Preise. Daher für späte Heimfahrten Taxis vorbuchen und mit einem Aufschlag von 50 % rechnen.

Der Süden der Insel Penang

Der Rapid Penang-Bus 302 und 401 fahren auf der großen Ausfallstraße Richtung Flughafen, vorbei an zahlreichen Industriebetrieben und der Einmündung der **Penang Bridge**, mit 13,5 km die längste Brücke Südostasiens. Sie wurde 1985 nach über drei Jahren Bauzeit fertig gestellt und kostete über 850 Mill. RM. Unter dem 225 m hohen mittleren Teilstück können auch große Ozeantanker hindurchfahren.

Die Busse halten nach 14,5 km gegenüber dem **Schlangentempel** (ausgeschildert: Tonkong Ular) vor dem Osram-Gebäude. Es ist aufregender die 6-spurige Straße zu überqueren als die Schlangen zu betrachten. Die wenigen giftigen Vipern *(Wagler's Pit Viper)* liegen betäubt von Weihrauch und Räucherstäbchen schlaff auf zwei Sträuchern beiderseits des Altars im Haupttempel herum. Für Touristen zog man einigen die Zähne und stellte sie zusammen mit einer Python zum Fotografieren in einem Nebenraum ab (2 große Fotos für stolze 30 RM).

Der 1850 erbaute Tempel ist Chor Soo Kong gewidmet, dem man magische Heilkräfte zuspricht und als dessen Jünger die Schlangen angesehen werden. Die Anlage ist eigentlich recht uninteressant, und der Rummel um den Tempel steht in keinem Verhältnis zu dem, was er bietet. Wer will, kann in dem kleinen Garten mit einem Kuan Yin-Schrein und Pavillon hinter dem Schrein spazieren gehen. Es wird eine „Spende" (*donation*) für den Erhalt des Tempels erwartet.
◷ tgl. 7–19 Uhr.

Die Ostküste

Von der West- zur Ostküste

Der gut ausgebaute Highway 77 führt von Sungai Petani nach Osten, Richtung thailändische Grenze. Eine andere, ebenfalls gut ausgebaute Strecke verläuft von Butterworth über Kulim und Melau und trifft bei Kuala Ketil auf diese Überlandstraße. Reisfelder und Kampung, so weit das Auge reicht – eine ländliche, friedliche Region. Von Baling hinauf nach Pengkalan Hulu wurde der Highway durch die Berge ausgebaut. Über einen auch für Ausländer geöffneten Grenzübergang führt eine Straße über Betong nach Yala. Von einer Überlandreise in die unruhigen Südprovinzen Thailands muss derzeit allerdings abgeraten werden.

Von Pengkalan Hulu geht es weiter nach Gerik, dem größten und wichtigsten Ort des Grenzgebietes im Landesinneren mit einem Markt und zahlreichen Geschäften. Die Temperaturen hier oben sind spürbar niedriger als an der Küste.

5 km nördlich von Gerik zweigt der East-West-Highway (auf Malaiisch: Lebuhraya Timur–Barat) nach Kota Bharu ab. Vor dem Bau der Straße fuhr man von Penang nach Kota Bharu einen riesigen Umweg über Kuala Lumpur und Kuantan – insgesamt eine Strecke von über 1000 km, die sich mit der Verbindungsstraße auf 363 km reduzierte.

45 km östlich von Gerik hat der gewaltige **Tasik Temengor**, ein Stausee, weite Dschungelgebiete überflutet. Die Wälder beiderseits der Straße gehören zum **Belum State Park** und sind der Lebensraum von Großsäugetieren wie Elefanten oder Banteng. Es kann durchaus geschehen, dass eine Elefantenherde am frühen Morgen oder in der Dämmerung die Straße kreuzt, die ihre alten Pfade durchschneidet. Leider wird auch hier selektiver Holzeinschlag betrieben, die zahlreichen Sattelschlepper, schwer mit Bäumen beladen, sprechen eine beredte Sprache.

Kota Bharu

Die Hauptstadt von Kelantan lag vor 200 Jahren direkt am Meer und ist mit der Versandung der Flussmündung nach und nach 12 km ins Landesinnere „gerückt". Eigentlich war Kota Bharu immer ein unbedeutendes Nest. Bis 1909 stand Kelantan unter der Herrschaft der Thais, wurde dann britisches Schutzgebiet und kam so als Bundesstaat zum heutigen Malaysia. Noch heute sprechen die 1,2 Millionen Bewohner dieses Staates einen Dialekt, der in anderen Regionen kaum verstanden wird. Kein nennenswerter Kautschuk-Boom, kein rasanter Warenumschlag, kein hektischer Zinn-Rausch suchte das grenznahe Städtchen heim, und trotz seiner mittlerweile 280 000 Einwohner ist es ein nicht allzu aufregender Ort geblieben.

Für die erste und bisher einzige Schlagzeile in der Weltpresse sorgten die Japaner, die am 8. Dezember 1941 exakt um 4.55 Uhr am Pantai Dasar mit ihren Truppen an Land gingen und so den 2. Weltkrieg nach Südostasien trugen. Auf dem Landweg rückten sie von hier aus, zum Teil auf eilig konfiszierten Fahrrädern, in weniger als sieben Wochen bis nach Singapore vor. 95 Min. später fielen am selben Tag die ersten Bomben auf Pearl Harbor.

Auf den ersten Blick bietet das Stadtbild wenig Reize, dennoch darf Kota Bharu als das Zentrum der malaiischen Kultur gelten. Veranstaltungen wie Wettkämpfe im Drachensteigen oder Vogelsing-Wettbewerbe finden regelmäßig statt,

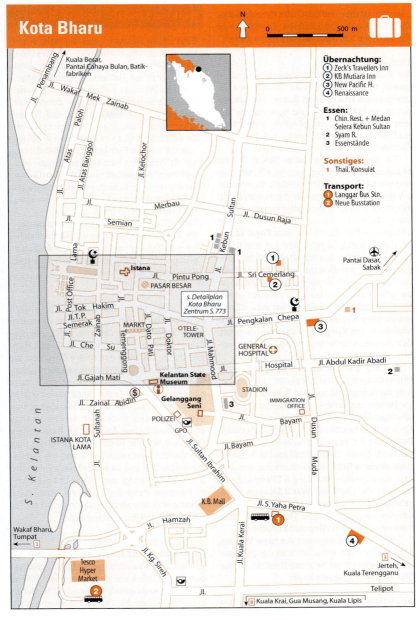

auch Werkstätten und Geschäfte für malaiisches Kunsthandwerk sind zahlreich. Ein Besuch im Tourist Office hilft beim Auf- und Herausfinden.

Das Zentrum

Am Padang Merdeka (Unabhängigkeitsplatz) stehen die wichtigen Bauten. So auch die unübersehbare **Istana Balai Besar**, der Sultanspalast von 1844. Heute ist die Residenz des Sultans Mohammed II. unzugänglich und wird nur noch für repräsentative Zwecke, z. B. königliche Hochzeiten, genutzt. Fotografierverbot!

Die kleinere **Istana Jahar** (Royal Custom Museum) hat man hingegen in ein Museum umgewandelt. Das 1887 errichtete Bauwerk ist ein großartiges Beispiel für die Holzbaukunst Kelantans. Eintritt für die Waffensammlung 1 RM extra. Hinter der Istana Jahar sind in einem ehemaligen Palastgebäude, dem **Royal Museum** (Istana Batu), Gegenstände aus dem Besitz der Sultansfamilie ausgestellt. Die Möbel, Kleidungsstücke, Haushaltsgegenstände und Fotos vermitteln einen Eindruck davon, wie Mitglieder der großen Herrscherfamilie in Kelantan lebten. Nördlich des Sultanspalastes hat man stilecht aus dunklem Holz ein Handicraft Center und Textilmuseum, das **Kampung Kraftangan**, errichtet. Es hatte jedoch nicht den erwarteten Erfolg, verfiel und wird nun renoviert.

Mit dem Bau der **Großen Moschee** wurde 1916 begonnen. Seither hat sie für die Islamisierung der Region eine wichtige Rolle gespielt. Erst vor kurzem wurden ihre Minarette mit prunkvollen neuen Messingkuppeln versehen. Die örtliche Koranschule besitzt nach wie vor landesweite Bedeutung. Ein Besuch ist Nicht-Moslems leider verwehrt. Gleich daneben befindet sich das älteste steinerne Gebäude Kelantans aus dem Jahr 1912, die ehemalige Hongkong & Shanghai Bank. Heute ist hier das **World War II Museum** untergebracht, das sich unter anderem mit der japanischen Invasion, der Rolle Thailands und dem malaiisch-britischen Widerstand beschäftigt.

Gleich daneben informiert das **Islam Museum** über die Geschichte des Islam an der Ostküste. Die Straße endet am Kelantan-Fluss, an dessen Ufer ein paar Hausboote liegen.

Von der Istana Balai Besar erreicht man über die Jl. Hulu Kota den großen Markt, den **Pasar**

Batik und Songket – Stoffe für Träume

Batik ist ein Handwerk, das die malaiischen Völker besonders kunstvoll beherrschen. Durch mehrere Färbe- und Stempelvorgänge zaubert man auf Tücher mit Hilfe des aufgetragenen Wachses raffinierte Muster, wobei sie verschiedene heiße Bäder durchlaufen und am Schluss zum Trocknen auf langen Wäscheleinen aufgehängt werden. Leider ist die Kelantan-Batik kaum noch gefragt, sodass sich die meisten Fabriken in den 90er-Jahren auf die Produktion bunt bemalter Reyon- oder Seidenstoffe umgestellt haben. Auf dem Central Market wird immer noch eine große Auswahl von Kelantan-Sarongs, Decken und Kleidung aus Baumwolle angeboten.

Die mit Goldfäden durchwirkten, handgewebten Songket-Stoffe werden auf Handwebstühlen gefertigt und nur zu festlichen Anlässen getragen. Sie können ebenfalls in den meisten Batikläden erworben werden.

Besar (nicht mit der Markthalle weiter südlich zu verwechseln). Von außen eher ein unansehnlicher Betonklotz, ist das Innere des mehrstöckigen Gebäudes ein Ereignis für Augen, Nase und Ohren, vor allem das untere Geschoss, wo die Gemüse- und Obsthändlerinnen ihr reichhaltiges Angebot ausgebreitet haben. Im 1. Stock gibt es eine Menge Essenstände, in den oberen Stockwerken, wo Textilien und Haushaltswaren verkauft werden, findet man ein preiswertes und umfangreiches Angebot an Batikstoffen. Der Blick hinunter in den mit gelblichem Glas überdachten zentralen Teil bietet ein farbenprächtiges Bild und ist ein beliebtes Fotomotiv. Die Markthalle ist tgl. von 7.30–18 Uhr geöffnet.

Zwischen Pasar Besar und der Istana Balai Besar wurde eine kleine Fußgängerzone mit Essenständen und Bänken angelegt.

Südlich vom Zentrum

Das **Kelantan State Museum** ist in den ehemaligen kolonialen Verwaltungsgebäuden zwischen dem Tourist Office und den Government Offices am großen Kreisverkehr untergebracht. Neben archäologischen Ausstellungsstücken enthält

Kota Bharu Zentrum

Übernachtung:
5 Royal Gh.
6 Ideal Traveller's House
7 Ridel H.
8 Cerana Gh.
9 Bunga Raya
10 Pesona Inn
11 KB Backpacker Inn
12 Grand Riverview H.
13 K.B. Backpacker's Lodge
14 Crystal Lodge
15 Dynasty Inn

Essen:
4 Westlake Eating House
5 Floating R.
6 KFC
7 Muhibah Aneka Cake House
8 McDonald's
9 Chinesische R's.
10 STR Family R.
11 Pizza Hut
12 Sri Devi R.
13 Muhibah Aneka Cake House
14 Natural Vegetarian Food
15 Meena Curry House

Sonstiges:
2 Drogerie/Apotheke
3 Wäschereien
4 Guardian Apotheke
5 Dr. Bates
6 SR Outdoor Gear Centre

Transport:
3 Lokale Busstation + Transnasional Büro
4 Überlandtaxis und Taxis in die Umgebung

---

es Beispiele des malaiischen Kunsthandwerks wie Drachen, Musikinstrumente, Kreisel, Silberarbeiten und Gegenstände des alltäglichen Gebrauchs. Angeschlossen ist eine zeitgenössische Kunstgalerie.

Das Kulturzentrum **Gelanggang Seni** (Zufahrt von der Jl. Mahmood), lohnt einen Besuch, wenn traditionelle malaiische Kulturveranstaltungen stattfinden. Geboten werden u. a. *Rebana Ubi* (rhythmische Musik auf Riesentrommeln), *Wau* (Drachensteigen), *Gasing Uri* (Kreiselspiel), *Silat* (eine traditionelle Art Selbstverteidigung, die bestimmten Regeln und Ritualen folgt), *Wayang Kulit* (Schattenspiel), traditionelle Tänze und Musik. Das aktuelle Programm ist im Tourist Office erhältlich. Die Aufführungen finden zwischen März und Oktober mit Ausnahme des Ramadan-Monats jeden Mo, Mi, Sa und So von 15.30–17.30 Uhr und Mi (Wayang Kulit) und Sa (Musik und Tänze) zusätzlich von 21–23 Uhr statt. Die besten Darbietungen sind samstags zu sehen, wenn traditionelle Tänze aufgeführt werden. Eintritt frei.

Übernachtung

Gästehäuser

In der Stadt gibt es über 70 Gästehäuser, die um die Gunst der Backpacker buhlen und sich dabei alle nur erdenklichen Sonderleistungen ausgedacht haben: Frühstück oder Kaffee und Tee gratis, Willkommensdrink, kostenlose Abholung vom Busbahnhof, Internet-Zugang usw., von den niedrigen Preisen ganz zu schweigen. Das Schlafsaalbett kostet in der Regel 8–10 RM pro Nacht, einfache DZ sind schon für 20–30 RM, jene mit Du/WC ab 40 RM zu haben. Viele Gästehäuser organisieren den Transfer nach Pulau Perhentian, reservieren Zimmer auf den Inseln und bewahren

Drachen und Kreisel

Drachen und Kreisel sind für Malaien weniger Kinderspielzeuge als vielmehr kunstvolle Objekte uralter regionaler Tradition. Alljährlich im Frühjahr werden beispielsweise beim internationalen *Kite Festival* die schönsten und wendigsten **Drachen** gekürt. Dabei spielen Schönheit, Handhabung und Steiggeschwindigkeit ebenso eine Rolle wie das vibrierende Summen, das die Drachen im Wind verursachen. Mittlerweile treffen sich zum Festival Drachen-Clubs aus der ganzen Welt und lassen auf dem Padang die unglaublichsten Gebilde in die Lüfte steigen.

Malaiische **Kreisel** sind meist aus Metall und etwa tellergroß. Einen Kreisel mit einem Seil anzutreiben, ihn dabei noch mit einer Art „Schaufel" aufzufangen und dann zum minutenlangen Weiterrotieren wieder abzusetzen, ist eine Übung, die großes Geschick erfordert und entsprechend feierlich vorgeführt wird.

überflüssiges Gepäck kostenlos auf. Allerdings gibt es in vielen Gästehäusern Probleme mit Bettwanzen, die so manche Nacht zum Alptraum werden lassen können.

Nördlich des Zentrums
Ideal Travellers' House ⑥, 3954-F Jl. Kebun Sultan, ✆ 09-744 2246, 🖥 www.ugoideal.com. Beliebtes, 2-stöckiges Haus mit Garten in einer ruhigen Seitenstraße hinter dem Juita Inn. Unterschiedlich große und relativ saubere Zimmer teils mit Holzböden, Balkon, Ventilator und Du/WC. Alle Zimmer mit Fenster sind gut durchlüftet. Schlafsaalbetten 10 RM. Es besteht die Möglichkeit Wäsche zu waschen, Frühstücken möglich, Biergarten. Internet, WLAN, im EG Reisebüro. Der chinesische Manager Kang Sam Chuan ist sehr freundlich und hilfsbereit. Angenehme Atmosphäre. ❶–❷

Zeck's Travellers Inn ①, 7088-G Jl. Sri Cemerlang, ab Jl. Kebun Sultan, ✆ 09-743 1613. Ruhig und etwas abseits gelegener alter Backpacker mit redseligem, launischem Besitzer. Jeweils 2 Zimmer teilen sich eine winzige Warmwasser-Du/WC, auch AC-Zimmer. Bett im Schlafsaal 10 RM. Bettwäsche und Handtücher werden extra berechnet. Internet und Fahrradvermietung. Gegenüber finden am Freitagmorgen Vogelsingwettbewerbe statt. ❶–❷

Im Zentrum
Die Gästehäuser in der Gegend um die **Jl. Padang Garong**, in unmittelbarer Nähe des zentralen Busbahnhofs, haben sich vorwiegend auf die Bedürfnisse von jungen billig reisenden Travellern eingestellt. Sauberkeit und Hygiene lassen oft zu wünschen übrig. Bettwanzen sind in vielen Gästehäusern die Regel. Einige haben ein Gemeinschaftszimmer mit TV, Video und Internet-Zugang.

Bunga Raya ⑨, Jl. Padang Garong, ✆ 09-748 9866. Schmuddliges Hostel, Zimmer mit Ventilator und Gemeinschafts-Du/WC. Viele ohne Fenster. Internet. ❸

Cerana Gh. ⑧, Jl. Dato Perdana 3, ✆ 019-960 6734, ✉ ceranakotabharu@yahoo.com. Im 1. Stock gelegen, relativ neu und sauber mit gefliesten Böden. EZ teilweise ohne Fenster, DZ mit AC mit und ohne Du/WC. Frühstück inkl., TV-Zimmer mit DVDs, Buchausleihe, kleine Küche, etwas verschlafen. ❷

KB Backpacker Inn ⑪, Jl. Padang Garong, gegenüber der HSBC Bank, ✆ 09-744 4944, im 3. Stock. Gehört zum angrenzenden Hotel Sabrina Court. Zimmer verschiedener Größe, Schlafsaalbetten 10 RM. Sehr ungepflegt und recht unangenehme Atmosphäre. ❶

KB Backpacker's Lodge ⑬, 1872-D, Jl. Padang Garong, ✆ 09-748 8841, ✉ backpackerslodge2@yahoo.co.uk. Auf 3 Stockwerken 20 Zimmer ohne und 4 mit Fenstern. Schlafsaal mit 8 Betten à 10 RM, Warmwasser-Du/WC, Internet-Zugang, Dachgarten mit Bar in der Trockenzeit. Das recht ruhige Haus wird um Zimmer mit Du/WC erweitert. Touren und Backpackerbusse (s. Transport). ❶–❸

Pesona Inn ⑩, 2981 Jl. Padong Garong, ✆ 09-747 0085, 019-928 8931. Im 1.–3. Stock; saubere, neu gefliese Zimmer mit Ventilator und Gemeinschafts-Du/WC, einige AC-Zimmer mit TV und Du/WC. Die sauberste Alternative unter den Backpacker-Quartieren in der Straße. ❶–❸

Untere Preisklasse

Diese Hotels bieten, im Gegensatz zu den Gästehäusern, meist klimatisierte Zimmer mit Du/WC. Allerdings sind sie häufig recht laut, auch die Sauberkeit lässt zu wünschen übrig. Recht gut:

KB Mutiara Inn ②, 269 Seksyen 27, Jl. Sri Cemerlang, ✆ 09-747 9888, ✉ kbmutiarainn@yahoo.com. In 4-stöckigem, ruhig gelegenen Neubau 30 saubere Zimmer mit 1 und 2 Betten sowie große für Familien. ❸

Mittlere Preisklasse

Folgende Hotels gewähren oft beträchtliche Rabatte und sind häufig ihren Preis wert. Sie liegen zentral, sind sauber und verfügen oft über einen Wasserkocher und einen Kühlschrank. Das Frühstück ist meist inbegriffen. Billiger sind Zimmer ohne Fenster. Das neue Tune Hotel liegt leider etwas weit außerhalb.

Crystal Lodge ⑭, 124 Jl. Che Su, westlich des Zentrums, ✆ 09-747 0888, 🖥 www.crystallodge.com.my. 50 kleine Zimmer mit Laminatböden, kleinem Bad und TV, Frühstücksbuffet inkl. Chinesisches Restaurant auf der Dachterrasse mit Blick auf den Fluss. ❸

Dynasty Inn ⑮, 2865-D Jl. Sultanah Zainab, ✆ 09-747 3000, 🖥 www.dynastyinn-kotabharu.com. Sauberes Hotel mit geschmackvoll eingerichteten kleinen Zimmern mit Laminatböden. Beim Frühstücken auf der gepflegten, überdachten, nur morgens geöffneten Dachterrasse im 6. Stock kann man die Aussicht auf den Fluss genießen. Teurere Zimmer mit Flussblick. ❹–❺

Ridel Hotel ⑦, Jl. Pasar Lama, hinter der Pelangi Mall am Fluss, ✆ 09-747 7000, 🖥 www.ridelhotel.com.my. 85 sehr kleine, nett eingerichtete und saubere Zimmer mit Teppichböden, TV, WLAN, Kühlschrank und Wasserkocher. Bad ohne Duschwanne. Biker's Café mit Flussterrasse unter belgischer Leitung und Restaurant. Frühstück inkl. ❸–❹

Royal Guesthouse ⑤, 440-443 Jl. Hilir Kota, ✆ 09-743 0008, ✉ royalgh@streamix.com. Entsprechend der Umgebung macht das 3-stöckige Haus mit modern gestalteter Lobby mit WLAN und Aufzug einen repräsentativen Eindruck. Allerdings sind die 45 Zimmer recht klein, besonders die Standardzimmer und Duschen. Alle mit Wasserkocher und Fenster, aber einige ohne Aussicht. Die etwas größeren Superior- und Deluxe-Zimmer mit Kühlschrank. Restaurant, Frühstück inkl. In den Ferien und an Wochenenden teurer, sonst: ❸–❹

Obere Preisklasse

Die „offiziellen" Zimmerpreise in dieser Klasse müssen meistens nicht bezahlt werden, Rabatte sind möglich.

Grand Riverview Hotel ⑫, Jl. Post Office Lama, ✆ 09-743 9988, 🖥 www.grh.com.my. Elegantes 4-Sterne-Hotel am Ufer des Kelantan-Flusses. Mit Polstermöbeln und teils etwas muffigen Teppichen eingerichtete Zimmer mit TV und Wasserkocher. In der großen Lobby WLAN, stilvoller Frühstückssaal, Sonnenterrasse am Ufer und an von viel Beton umgebene, meist ungenutzter Pool. Chinesisches Restaurant mit Dim Sum. ❺

New Pacific Hotel ③, Jl. Pengkalan Chepa, ✆ 09-745 6555, 🖥 www.newpacifichotel.com.my. Ein unübersehbarer violett-orangener Hotelklotz, der nicht hält, was er verspricht. Die in dunkelgrün und rot gestalteten, recht kleinen Zimmer mit Marmorbädern wirken edel, aber auch ein wenig eng, Aussicht auf die Innenstadt. Indoor-Pool und Jacuzzi. ❺

Renaissance ④, Jl. Sultan Yahya Petra, neben dem Kota Sri Mutiara-Einkaufszentrum, ✆ 09-746 2233, 🖥 www.renaissancekotabharu.com. Elegantes, erstklassiges Luxus-Hotel der Marriott-Hotelkette mit 298 Zimmern und Suiten. Hier trifft sich die Prominenz und nächtigt das Bordpersonal der MAS. Großzügige, geschmackvoll eingerichtete Zimmer von internationalem Standard. Allerdings ist WLAN teurer als ein Backpackerzimmer. Pool im 8. Stock mit Liegen, Fitnesscenter. Zu weit außerhalb, um zu Fuß zu gehen. ❼

Essen

Essenstände

Der **Nachtmarkt**, der früher eines der Highlights von Kota Bharu war, hat seine Attraktivität eingebüßt, seit er in eine Ecke nördlich vom Pasar Besar verbannt wurde. Nach Sonnenuntergang wird an Ständen gebrutzelt und gekocht. Die Gerichte können an Tischen verzehrt werden. Das Angebot reicht von Murtabak über Currys bis zu bunten Kuchen, Obst und Getränken (kein Alkohol). Weil mit der rechten Hand gegessen wird, stehen auf Tischen Krüge mit Wasser zum Händewaschen. Löffel und Gabeln sind an einigen Ständen vorhanden. Während der Gebetszeit schließen die Händler gegen 19.30 Uhr ihre Stände. Zahlreiche **Essenstände** sind tagsüber im Markt geöffnet. Abends trifft man sich an den **Essenständen** am Flussufer und genießt die kühle Brise.

Kleine **Freiluft-Restaurants** mit malaiischen Spezialitäten und guten Roti Canai an der Jl. Sultanah Zainab gegenüber der großen Moschee.

Medan Selera Kebun Sultan, Jl. Kebun Sultan, der überdachte überaus chinesische Nachtmarkt ist fast noch besser als der malaiische. Hier kann man an Ständen einfache Gerichte, Fruchtsäfte und Bier zu äußerst günstigen Preisen bekommen. Auch entlang der Straße wird in riesigen Woks gebraten und aus gigantischen Töpfen brodelnder Brühe schmackhafte Suppe zubereitet – eine interessante Atmosphäre.

Restaurants

Sie sind im Zentrum nicht so dicht gesät, wie man zunächst meinen möchte.

Mehrere **chinesische Coffeeshops** an der Jl. Tok Hakim neben dem Grand Riverview Hotel. Hier wird auch Bier ausgeschenkt. Die meisten chinesischen Restaurants findet man an der oberen Jl. Kebun Sultan rings um den Medan Selera.

Meena Curry House, Jl. Gajah Mati, nahe Jl. Sultanah Zainab, im südwestlichen Zentrum. Ein hervorragendes, authentisches indisches Banana Leaf-Restaurant. Preiswertes Curry mit Gemüse und Hühnchen oder Lamm. Sehr freundlicher, aufmerksamer und hilfsbereiter Besitzer.

Sri Devi Restaurant, Jl. Kebun Sultan, preiswertes und gutes indisches Essen.

STR Family Restaurant, Jl. Temenggong, ein gutes chinesisches Restaurant mit einer weiteren Filiale gegenüber der Hamzah Bus Station.

Große Auswahl und lecker

Westlake Eating House, Jl. Kebun Sultan. Mittags wird in dem einfachen, offenen Restaurant ein riesiges chinesisches Selbstbedienungs-Buffet aufgebaut. Die vielfältigen Gemüse-, Fleisch- und Fischgerichte sind preiswert und gut, auch *roasted duck*. Viele Schüler und Familien holen hier ihr Essen ab, und bis zum Abend ist alles verkauft. Die Qualität der Speisen steht allerdings in starkem Kontrast zur Küche, in der sie zubereitet werden, und der daneben liegenden Toilette, die von sensiblen Gemütern besser nicht besucht werden sollte.

Syam, Lot 594 Jl. Abdul Kadir Adabi, ausgezeichnetes, klimatisiertes Thai-Restaurant, das zu Fuß einen etwa 1 km langen Spaziergang aus dem Zentrum erfordert, besser ein Taxi nehmen.

Einkaufen

Der große Markt **Pasar Besar** bietet gute Fotomotive, aber wenige Souvenirs. In der Jl. Sultanah Zainab, kurz hinter der Jl. Zainal Abidin, verkaufen einige Läden feine Filigranarbeiten aus **Kelantan-Silber** – allerdings nicht billig, sowie traditionelles Kunsthandwerk.

Nur noch wenige **Batikfabriken**, zwei **Drachenbauer** und **Songket-Weber** haben ihre Werkstätten entlang der Straße, die über Kg. Penambang und Kg. Badang zum Pantai Cahaya Bulan hinausführt (s. Umgebung). Viele Einkaufszentren sind in den vergangenen Jahren entstanden. Hypermärkte sind der neueste Hype. Im Zentrum im **Kota Bharu Trade Centre** mit einem Giant Supermarkt und Parkson Grand sind viele Läden noch nicht vermietet.

Im südlichen Zentrum die riesige **K.B. Mall** mit großem Supermarkt, A&W, KFC und Pizza Hut. Im 2. Stock ein Buchladen und im 5. eine Foodmall.

Ein **Tesco Hypermarkt** an der Brücke vor dem neuen Busbahnhof hat ein großes Angebot auch an westlichen Waren, sogar Käse.

Sonstiges

Aktivitäten

Mr. Roselan vom Tourist Office bietet diverse Tages- und Halbtagstouren in die nähere Umgebung an, z. B. Besuch in einem Kunsthandwerksbetrieb für **Wayang Kulit** von 10–13 Uhr ohne Mittagessen für 80 RM oder von 10–17 Uhr für 145 RM inkl. Mittagessen. **Malaiisch kochen** lernt man ebenfalls im Privathaus des Junggesellen Roselan von 17.30–20.30 Uhr für 85 RM ab 2 Teilnehmern, Essen inbegriffen.

Zudem werden ab zwei Interessenten eintägige **Workshops** organisiert, bei denen man sich von 10–17 Uhr in den traditionellen Künsten versuchen kann.

Autovermietungen

Hawk Rent a Car, Kota Bharu Airport, ℡ 09-773 3824, 🖳 www.hawkrentacar.com, ⏲ tgl. 8–17 Uhr.

Geld

Wer nach Perhentian fährt, sollte sich mit ausreichend Bargeld eindecken. Geldautomaten, die Geldkarten mit Maestro-Symbol akzeptieren, findet man u. a. bei der **Maybank, MBF Finance**, 1121 Jl. Padang Garong, der **HSBC Bank**, Jl. Padang Garong und der **Southern Bank**, 3764-5 Jl. Temenggong. **Maybank**, Pantai Timur Shopping Centre, Ecke Jl. Doktor, mit Wechselschalter, ⏲ tgl. 11–19 Uhr, ℡ 09-743 2615, 📠 743 2617.

Informationen

Tourist Information Centre am oberen Ende der Jl. Sultan Ibrahim, ℡ 09-748 5534, 🖳 www.tic.kelantan.gov.my. Die Mitarbeiter sind sehr hilfreich und halten ein reichhaltiges Angebot an Informationsmaterial bereit. Auch Kunsthandwerk aus der Region wird angeboten. Keine Zimmervermittlung. ⏲ tgl. 8–13 und 14–16.45 Uhr.

Internet

Alle Gästehäuser haben Internet-Terminals, einige bieten kostenlos WiFi. Mehrere Internet-Cafés im Stadtzentrum. Meistens werden 2–3 RM pro Std. verlangt.

Konsulate

Thai Consulate, 4426 Jl. Pengkalan Chepa, ℡ 09-748 2545, ist wichtig für alle, die noch kein Visum für die Einreise nach Thailand haben und dort länger als 15 Tage bleiben wollen. Man ist gegenüber Langzeit-Urlaubern in Thailand kulanter als in Penang. Benötigt werden 3 Passfotos. ⏲ So–Do 9–12 und 14–15.30 Uhr. Grenzübergänge nach Thailand sind Rantau Panjang (Sungai Golok) und Kg. Pengkalan Kubor (Tak Bai). Vor der Einreise nach Thailand ist es unbedingt notwendig sich über die Sicherheitslage in den südlichen Provinzen zu informieren.

Medizinische Hilfe

Dr. Bates, Jl. Ismail, der Arzt spricht Englisch. **Kota Bharu Hospital**, Jl. Hospital, ℡ 09-748 5533, 750 2020, ist groß, sehr sauber und gut.

Polizei

Die **Tourist Police** ist in der Jl. Bayam unter ℡ 09-748 5522 von Sa–Do 8–16 Uhr zu erreichen. Insgesamt ist Kota Bharu allerdings eine sichere Stadt.

Post

Jl. Sultan Ibrahim und östlich vom Pasar Besar, dem großen Marktgebäude, ⏲ tgl. außer Fr 9–18 Uhr.

Wäschereien

Sind in den Stadtplänen eingezeichnet.

Nahverkehr

Taxis

Taxistand in der Jl. Doktor. Ein Wagen kostet bei mind. 3 Std. Mietdauer 30–35 RM pro Std.; die

---

Islamische Ruhetage

Für Neuankömmlinge: In den stärker moslemisch orientierten Staaten Kelantan und Terengganu ist Freitag der offizielle Ruhetag, der Donnerstag ist also so etwas wie ein „Samstag". Samstag und Sonntag sind hingegen normale Werktage. Während des Ramadan ruhen nicht nur weite Teile des öffentlichen Lebens, sondern auch die meisten kulturellen Aktivitäten.

Fahrt zur neuen Bus Station und Tesco 10 RM, Pantai Cahaya Bulan 15 RM einfach, Bahnhof Wakaf Bharu 15 RM bzw. 20 RM am frühen Morgen und zum Flughafen ab Hotel 25–30 RM. Für kurze Strecken den Preis jeweils aushandeln. Die illegalen, überteuerten Taxis sollte man meiden. Echte Taxis haben immer ein Schild auf dem Dach.

Trishaws
Nur noch wenige Fahrradrikschas quälen sich durch den dichten Autoverkehr. Sie warten vor allem westlich vom Pasar Besar auf die mit Waren bepackten Händlerinnen.

Transport
Busse
In die Umgebung
Von der lokalen Bus Station in der Jl. Hilir rote Rapid-Busse im 30-Min.-Takt. Sie kosten je nach Entfernung 1,50–4 RM und fahren nach:
BACHOK Nr. 2A, 2B und 23.
KUALA BESUT (Fährhafen für Pulau Perhentian) Nr. 639 für 6 RM oder nach PASIR PUTIH mit Bus Nr. 3 für 5 RM und weiter nach KUALA BESUT mit Bus Nr. 96 für 2 RM.
PANTAI CAHAYA BULAN Nr. 10 für 2 RM.
PANTAI SRI TUJUH und PENGKALAN KUBOR Nr. 43 für 3–4 RM.
RANTAU PANJANG (Grenze) und PASIR MAS Nr. 29 alle 30 Min. für 6 RM.
SABAK Nr. 8 und zum AIRPORT Nr. 9 für 2 RM.
TUMPAT über WAKAF BHARU Nr. 19 und 27 für 5 RM.

Fernbusse
Von der **Langgar Bus Station**, Jl. Sultan Yaha Petra fahren die Transnasional-Busse ab.
ALOR SETAR (von dort nach Langkawi) um 9.30 und 21 Uhr für 36 RM in 7 Std.
CHANGLUN (Grenze Thailand / Hat Yai) um 9 und 21.30 Uhr für 39 RM.
KUALA LUMPUR teils via Gua Musang (15 RM) von 8.30–23 Uhr für 40 RM in 7 Std.
PENANG via BUTTERWORTH (34 RM) um 9.30 und 22 Uhr für 38 RM in 7 Std.
Von der **neuen Bus Station** hinter Tesco fahren weitere private Busgesellschaften auch nach KUALA LIPIS um 21 Uhr für 30 RM.

Backbackerbusse
Verschiedene Gesellschaften bringen Backpacker von der Westküste nach Perhentian. Einige dieser Busse halten auch in Kota Bharu. KB Backpackers (s. Übernachtung), ℡ 09-743 2125, fährt mit Minibussen nach KUALA BESUT (Fähre Perhentian) für 15 RM, TAMAN NEGARA 90 RM, CAMERON HIGHLANDS 70 RM und HAT YAI (Thailand) 95 RM, auch Charter.

Überlandtaxis
Überlandtaxis fahren südlich des Sendeturms in der Jl. Doktor, in der Jl. Suara Muda sowie in der Jl. Hilir Pasar nördlich vom Markt ab. Informationen und Reservierungen unter ℡ 09-748 1386.
ALOR SETAR 450 RM, BUTTERWORTH 450 RM, KUALA BESUT 60 RM, KUALA LUMPUR 500 RM, PENANG 500 RM, RANTAU PANJANG 40 RM.

Eisenbahn
Die Bahnlinie verläuft jenseits des Flusses, der nächste Bahnhof befindet sich ca. 3 km westlich des Zentrums in **Wakaf Bharu**, ℡ 09-719 6986, Schalter ⏲ tgl. 8–18 Uhr. Zu erreichen mit Bus Nr. 19 und 27 für 2 RM von der zentralen Bus Station. Taxi nach Kota Bharu 15/20 RM, nach Kuala Besut 65 RM. Endstation der Linie in den Nordosten ist Tumpat, ℡ 09-725 7232, 17 km weiter nordwestlich.
Aktuelle Fahrpläne sind im Tourist Office oder am Bahnhof sowie unter 🖥 www.ktmb.com.my, erhältlich. Plätze im Ekspres frühzeitig reservieren.
Die angegebenen Preise gelten für Economy/Superior.
Der Nachtzug *Ekspres Wau* verkehrt tgl. um 18.16 Uhr ab Wakaf Bharu über GUA MUSANG 21.44 Uhr für 12/15 RM, KUALA LIPIS 23.25 Uhr für 16/19 RM, JERANTUT 0.22 Uhr für 18/22 RM und GEMAS 3.31 Uhr für 24/30 RM nach KUALA LUMPUR für 28/38 RM, wo er um 7.20 Uhr ankommt. Dieser Zug verfügt außerdem über Premier Class (82 RM), Premier Night Standard (96 RM) und Superior Night (46 RM).
Nach Singapore nur mit dem Nachtzug *Ekspres Timuran* um 20.46 Uhr von Wakaf Bharu über KUALA LIPIS und JERANTUT nach SINGAPORE

(11.26 Uhr) für 32/41 RM. Außerdem Superior Night (54 RM), Premier Night Standard (102 RM) und Premier Night Deluxe (119 RM).
Wer viel Zeit hat, Verspätungen hinnehmen kann und Lokalkolorit schnuppern möchte, kann in einem der langsamen Postzüge (Mel) um 6.20 und 14.27 Uhr in 5 Std. nach GUA MUSANG fahren.

Nach Thailand

Es gibt keine durchgehende Bahnverbindung nach Thailand. Zur Grenze in RANTAU PANJANG mit Bus 29 für 6 RM, Taxi 40 RM in 45 Min.
Züge fahren vom Bahnhof SUNGAI GOLOK, 1 km jenseits der Grenze, um 11.30 und 14.20 Uhr über Hat Yai und Surat Thani nach BANGKOK (ca. 20 Std.) für 850–980 Baht in der 2. Kl. AC Sleeper, Ventilator 630/680 Baht, 3. Kl. 290 Baht. Diese Expresszüge sind sehr schnell ausgebucht, daher empfiehlt es sich, frühzeitig zu reservieren. Weitere Züge ab Hat Yai.
Busse nach BANGKOK am Vormittag für 1000–1400 Baht in 18 Std., bis SURAT THANI 400 Baht.

Flüge

Der Sultan Ismail Petra Airport liegt 8 km östlich der Stadt, Taxi 25–30 RM. Coupon-Taxi nach KUALA BESUT 78 RM.
MAS, im Airport, ✆ 09-771 4703, fliegt nach KUALA LUMPUR 5x tgl. zum KLIA und 4x tgl. nach Subang.
Mit **Firefly** nach KL (SUBANG) 7x tgl.
Air Asia fliegt zum LCC-Terminal in KUALA LUMPUR 5x tgl.

Im Grenzgebiet

Wer nicht sofort nach Thailand weiter muss, kann noch einige hübsche Abstecher diesseits der Grenze unternehmen: **Pasir Mas**, jenseits des Kelantan-Flusses, lohnt wegen seines schönen Marktes einen Besuch. Kurz hinter dem Ort zweigt von der Hauptstraße Nr. 3 Richtung Rantau Panjang eine Nebenstraße rechts nach Repek ab. Nach 1,6 km dem Hinweisschild folgend gelangt man noch vor der Bahnlinie links nach 1 km zum **Wat Uttamaram**, einem besonders schönen, mit bunten, fantasievollen Figuren versehenen Thai-Tempel in friedlicher Umgebung. Die Asphaltstraße führt weiter zum Wat Phothivihan.

Nördlich des Ortszentrums von **Rantau Panjang** führt die Straße direkt zu dem großen Grenzübergang für Autos. Da weder malaysische Taxis noch Busse hinüber fahren, überquert man die Grenze zu Fuß. 400 m rechts vor der Grenze warten an einem Platz mit einigen Restaurants malaysische Überlandtaxis auf Passagiere aus Thailand, hier halten auch die Überlandbusse. Angenehmer vertreibt man sich die Wartezeit jedoch unten im Ort.

Im kleinen Grenzort **Pengkalan Kubor** verkehren Personenfähren über den Grenzfluss für 1 RM / 10 Baht p. P. tgl. 6–19 Uhr nach **Tak Bai** in Thailand.

Sonstiges

Unterhalb des neuen Grenzübergangs, im Zentrum von Rantau Panjang, 400 m südlich vom Grenzübergang, gibt es ein Postamt und mehrere Restaurants sowie eine zentrale Bus Station. Die Grenze ist zwischen 22 und 6 Uhr geschlossen.

Geld

Im thailändischen Grenzort Sungai Golok gibt es Zweigstellen aller thailändischen Banken. Die **Kasikorn Bank**, 1/6 Warakamintr Rd., hat einen Geldautomaten für Karten mit Maestro-Symbol.
Malaysische Ringgit an Geldautomaten im Zentrum nahe dem Busbahnhof.

Sicherheitslage im Nachbarland

Aufgrund der momentanen Sicherheitslage in Süd-Thailand in den Provinzen Yala, Narathiwat, Patani und Songkhla ist die Fahrt mit Bussen wesentlich riskanter als mit dem Zug. Aber auch Züge sind bereits beschossen oder überfallen worden. Mehrere Bombenanschläge wurden in Sungei Golok ausgeführt. Infos zur Sicherheitslage sind schwer zu bekommen. Am besten man fragt in den Gästehäusern in Kota Bharu angekommene Traveller aus Süd-Thailand.

Wer am Freitag **von Thailand nach Malaysia** kommt und keinen Geldautomaten nutzen kann, sollte in Rantau Panjang einige Banknoten in Ringgit eintauschen.

Transport
In Malaysia
Nach KOTA BHARU mit Bus Nr. 29 bis gegen 18 Uhr für 6 RM über PASIR MAS (2 RM). Sammeltaxis kosten nach KOTA BHARU 40 RM, abends 50 RM, nach KUALA BESUT 80 RM, abends 100 RM.

In Thailand
Minibusse fahren von einer Haltestelle nahe dem Bahnhof nach HAT YAI bis 17 Uhr für 400 Baht in 4 Std. Alle übrigen **Busse** fahren von der Bus Station ab. **Zugverbindungen** siehe Kota Bharu.
Von **Tak Bai** fahren Busse für 18 Baht und Überlandtaxis nach NARATHIWAT. Grenze ⏲ tgl. 6–19 Uhr.

15 HIGHLIGHT
Pulau Perhentian

Zwei dschungelbewachsene Felsrücken heben sich etwa 25 km vor der Küste von Kuala Besut aus dem Meer, hier und da gesäumt von kleinen Stränden, manche einsam, manche mit kleinen Hütten unter Kokospalmen – ganz so, wie man sich ein tropisches Traum-Szenario vorstellt. An vielen Stellen ist das Wasser kristallklar, beim Schnorcheln und Tauchen entdeckt man stattliche Korallen, selbst Schildkröten gehen manchmal nachts an Land. Ansonsten gibt es viel Sonne, Wind, das schrille Zirpen der Zikaden vom Dschungel her und das ein oder andere Boot, das auf dem Wasser seine Kreise zieht. Noch geht es auf den beiden Inseln **Perhentian Kecil** und **Perhentian Besar** relativ beschaulich zu. Kein großes Nachtleben, keine Disco, keine Bierkneipen, tagsüber manchmal nicht einmal Strom – vorerst jedenfalls. Ein Kraftwerk ist seit Jahren in Planung, und eine Wasserleitung soll vom Festland auf die Insel verlegt werden.

Als die erste Auflage dieses Buches erschien, war Pulau Perhentian noch ein weißer Fleck auf der touristischen Landkarte. Nun gibt es an Feiertagen, verlängerten Wochenenden und in der Hauptsaison im Juli / August oft nicht genügend Unterkünfte. Bungalows und Resorts sind wie Pilze aus dem Boden geschossen und warten mit zunehmend besserer Ausstattung auf. Die knappen natürlichen Wasservorräte verhinderten bislang noch die Ansiedlung großer Hotels, aber schon ist eine Pipeline vom Festland im Bau. Eigentlich möchte man den beiden reizvollen Inselchen nicht noch mehr Touristen wünschen.

Perhentian Besar
Wie der Name schon sagt, die größere und, wenn man so will, „erschlossenere" der beiden Inseln. Am **Teluk Pauh**, dort wo das Island Resort steht, gibt es den schönsten Strand mit feinem, weißem Sand und Wasser so klar wie in einem Swimming Pool. Südlich davon erstreckt sich ein langer, von Korallenschrott durchsetzter Strandstreifen, der an einigen Stellen durch Felspartien unterbrochen ist. An diesem geschützten Hauptstrand, der sich entlang der Meerenge zwischen den beiden Inseln erstreckt, ist das Wasser meist ruhig und von einer türkisgrünen Farbe. Hier befinden sich die meisten besser ausgestatteten Bungalowsiedlungen, und es ist am meisten los. Das gewaltige **Marine Park Centre** am Hang steht leider meist leer. Auch das dort kurzfristig untergebrachte Museum gibt es nicht mehr.

Ein ausgeschilderter **Dschungelpfad** führt von der Bucht südlich des staatlichen Guest House über den Bergrücken auf die andere Seite zur Flora Bay. Er beginnt südlich der zweiten Jetty hinter dem Café. Nach 25 m knickt er vor dem Haus, das von der *Tropical Forest Research Unit* genutzt wird, rechts in das Grasland ab. Nach ca. 50 m geht es von der Hinterseite der verfallenen Hütte den Berg hinauf. Der Pfad ist nicht so leicht zu finden und etwas zugewachsen. Der Weg endet am westlichen Ende des Teluk Dalam. Der Abstieg auf der anderen Seite ist relativ steil, aber es ist ein schöner, insgesamt etwa halbstündiger Weg durch die Natur mit vielen laut zirpenden Grillen. Unterwegs können mit etwas Glück große Bindenwarane, Eichhörn-

PULAU PERHENTIAN

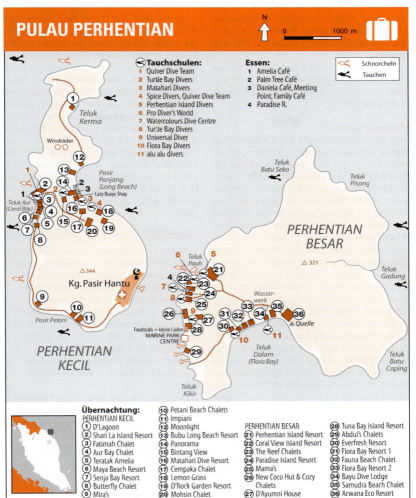

chen, elegante Gleitflieger und träge Lemuren oder Brillenlanguren beobachtet werden.

Teluk Dalam (Flora Bay), auf der anderen Seite, ist eine weit geschwungene Bucht mit einem schönen, weißen Strand und Schatten spendenden Kasuarinen, allerdings ist das Wasser hier zum Schwimmen bei Ebbe zu flach, und die Korallen sind weitgehend zerstört.

Wer von hier den Weg zum Perhentian Island Resort finden will, wendet sich am Flora Bay Resort 2 landeinwärts und am Wasserwerk vorbei. Die ersten 15 Min. folgt man der Schneise von der Wasseraufbereitungsanlage den Berg hinauf und biegt dann rechts auf einen unmarkierten Fußpfad ab, der am Tennisplatz des Perhentian Island Resorts endet. Man gelangt nach insgesamt etwa 30 Min. durch den Dschungel zum Island Resort. Am Island Resort wurde zudem ein schöner halbstündiger **Dschungel-Rundweg** angelegt.

Die anderen Strände rund um Perhentian Besar sind (noch) unbewohnt und nur mit dem Boot zu erreichen. Viele haben hervorragende Schnorchel-Ecken.

Perhentian Kecil

Hier gibt es den einzigen Ort, **Kampung Pasir Hantu**, bestehend aus einer Ansammlung von Holzhäusern, viel Müll, einem neuen Pier, der kaum genutzt wird, einer Polizeistation, einer Krankenstation mit nicht allzu qualifiziertem Personal und der Moschee. Über einen schmalen Fußweg (20 Min.) gelangt man vom südlichen Dorfrand an der steilen Küste entlang nach **Pasir Petani**, einem kleinen, von Kokospalmen gesäumten, gelblichen Sandstrand mit zwei Bungalowanlagen. Ab hier verläuft ein Dschungelpfad entlang der Westküste von einem Strand zum nächsten. Die hier einsam liegenden Unterkünfte sind jedoch, insbesondere mit Gepäck, am besten mit dem Boot zu erreichen.

Einige Kilometer nördlich vom Dorf befindet sich der **Pasir Panjang (Long Beach)**, der längste und schönste Sandstrand der Insel. Er bietet wenig Schatten und die ersten Sonnenschirme sind bereits aufgetaucht. Die bemerkenswerte Dichte von Unterkünften am südlichen Strandende lässt sich mit der Beliebtheit begründen, die der Long Beach bei vorwiegend jungen Travellern genießt. Es herrscht eine entspannte Atmosphäre. Baden kann aufgrund starker Unterströmungen und hoher Wellen sehr gefährlich sein, und es gibt jedes Jahr mehrere tödliche Unfälle. Während der Regenzeit sind viele Unterkünfte geschlossen. Ein Pfad zum Dorf (ca. 30 Min. zu Fuß) wird auch für Fahrzeuge ausgebaut. Danach ist es hier wahrscheinlich mit der Ruhe vorbei. Das ganze Jahr über kommt es vor, dass der Strand bei hohem Wellengang von den Fährbooten nicht angesteuert werden kann. Dann muss man den Weg über einen gut ausgetretenen Pfad (auch mit Gepäck kein Problem) von Teluk Aur (Coral Bay) hierher in 15 Min. laufen. Oft kreuzen große Bindenwarane den Pfad.

In der **Teluk Aur (Coral Bay)** ankern viele Boote, aber der Strand ist nicht ganz so attraktiv wie auf der Ostseite. Auch hier wurden größere Anlagen erbaut, wodurch Wasserprobleme auftreten. Im Vergleich zum Long Beach ist Coral Bay geruhsamer, malaiischer und zum Entspannen geeigneter. Am nördlichen Ende der Insel liegt **Teluk Kerma**, ebenfalls eine sehr einsame Bucht. Das Wasser ist hier seichter, aber die Schnorchelmöglichkeiten sind prima. Ansonsten sind nur noch eine der vielen Buchten im Osten und einige wenige im Süden bewohnt. Alle anderen sind einsam – noch jedenfalls. Sollte allerdings das Projekt einer Wasserleitung vom Festland auf die Inseln jemals in die Realität umgesetzt werden, ist mit weiteren Neubauten zu rechnen.

Übernachtung

Während der Hauptsaison von Juli bis August und in den malaysischen Schulferien kann es schwierig werden, günstige Unterkünfte auf den Inseln zu finden. In der Regenzeit sinken die Preise erheblich. Sämtliche Unterkünfte betreiben Generatoren, die am Tage vielleicht noch unbemerkt bleiben, da sie manchmal nur abends laufen. Es zahlt sich bei der Wahl des Chalets aus, wenn man den Standort des Generators kennt! Warmwasser ist auf den Inseln Luxus und nur in teuren Zimmern zu haben.

Viele Unterkünfte sind während der Regenzeit von November bis Januar geschlossen. Dann sollten Gäste darauf eingestellt sein, auch mal einen Tag auf das Boot zu warten, da die Verbindungen unregelmäßig sind, mehr s. **eXTra [5169]**.

Perhentian Besar
Nördliche Westküste
Von Norden nach Süden:
Perhentian Island Resort ㉑, ✆ 09-691 1111, 03-2144 8530 (Kuala Lumpur), 🖥 www.perhentianislandresort.net, **[5170]**. Die größte Anlage auf Perhentian mit einem eigenen feinen Sandstrand. 106 gut eingerichtete, komfortable Zimmer in gepflegten Chalets. Die teuren liegen in Strandnähe, dahinter die günstigeren nahe Pool und Dschungel. Sie sind gut in die

Umgebung integriert. Schattiger Tennisplatz, Pool in beschaulicher Grünanlage und Restaurant, über das wir widersprüchliche Kommentare erhielten. Am Eingang zum Resort die Perhentian Island Divers. ❼–❽

Coral View Island Resort ㉒, ✆ 09-691 1700. Reservierungen in Kuala Besut: ✆ 09-697 4276, ✉ 690 2600, [5171]. Schon von weitem an den blauen Dächern zu erkennen; eine große Anlage mit 91 schönen, aber leider überteuerten Chalets mit Veranden, Du/WC, Ventilator oder AC. Da die Häuser qualitativ sehr unterschiedlich sind, sollten sie nicht unbesehen gebucht werden. Durch die Lage auf der Landzunge verfügt das Resort über zwei von Felsen und Korallen durchsetzte Sandstrände. Beliebtes, stilvolles, sehr großes Restaurant mit halal-Gerichten, kein Alkoholausschank. Tauchschule Pro Diver's World, Schnorcheltrips und Kanuverleih. Internet 20 RM pro Std. In der Vorsaison werden 30 % Rabatt gewährt. Es werden Kreditkarten akzeptiert. ❹–❻

The Reef Chalets ㉓, ✆ 019-9816762, ✉ thereefpp@hotmail.com. 12 halbkreisförmig angeordnete, solide, saubere Bungalows mit Ventilator oder AC, Moskitonetz und großen Terrassen. ⏰ Rezeption 8–18 Uhr. Schnorchel- und Kanutrips werden organisiert. Schnelle Internet-Verbindung, 3 RM für 10 Min. ❹

Paradise Island Resort ㉔, ✆ 09-691 1852, 019-981 1852, 🖥 www.watercoursworld.com. In der ersten Reihe stehen Einzelbungalows mit Ventilator oder AC, in der zweiten muffige Reihenhäuser mit Du/WC und Ventilator, die eine Auffrischung gebrauchen könnten. Im Watercolours Restaurant herrscht jeden Abend reger Betrieb, gehobene Preise. Der Strand verschwindet bei Flut fast völlig. Visa- und Mastercard werden gegen 3 % Aufschlag akzeptiert. ❸–❹

Mama's ㉕, ✆ 019-985 3359, 019-984 0232, 🖥 www.mamaschalet.com. In 3 Reihen angeordnete, gepflegte Holz-Chalets mit kleiner Terrasse, gekacheltem Du/WC, Ventilator, dicken Matratzen und Holzboden zu einem angemessenen Preis. Einzelbungalows am Strand mit Ventilator und AC. Auch Familien-Zimmer. Reiseschecks werden gewechselt. Der etwas Deutsch sprechende Besitzer Aziz kümmert sich um die Gäste und sieht sie abends gern in seinem Restaurant, wo Mama hervorragend kocht. Tickets für Backpackerbusse. ❸–❹
Am Ende der Bucht die Basis der Turtle Bay Divers.

Perhentian Besar
Südliche Westküste
Ein Fußweg über die Landzunge beginnt hinter Mama's und führt zumeist an der Pipeline entlang. Bei Ebbe kann man versuchen durch das seichte Wasser an der Küste entlang zu laufen (nur mit Sandalen wegen des Korallenschrotts und möglichst ohne Gepäck). Bequemer geht es mit dem Boot.

New Coco Hut & Cozy Chalets ㉖, ✆ 09-691 1810, 019-910 5019. Am steilen Hang stehen an der Stelle der verfallenen Cozy Chalets nun dicht an dicht 50 neue, überteuerte AC-Doppelbungalows mit Kühlschrank, Warmwasser und Strom rund um die Uhr. Unten um den gepflegten Strand gruppieren sich die schönen älteren Doppelbungalows mit grünen und Einzelbungalows mit blauen Dächern mit Meerblick. 2 große, beliebte Restaurants mit Bierverkauf und allabendlichem BBQ. Kreditkarten werden mit 3 % Aufschlag akzeptiert, chinesisch-malaysisches Management. Tauchzentrum Turtle Bay Divers. ❸–❺

D'Ayumni House ㉗, ✆ 09-691 1680, 019-436 4463, ✉ dayumnihouse@yahoo.com. Relativ neue Anlage mit sauberen, klimatisierten Häusern auf einem großen Gelände etwas landeinwärts ohne Meerblick. 3 Doppelbungalows, 3 Einzelbungalows und 3 Zimmer über kleinem Laden. Internet inkl. Nebenan Universal Divers. ❺

Tuna Bay Island Resort ㉘, ✆ 09-690 2909, 🖥 www.tunabay.com.my. An einem sehr schönen Strand mit Palmen und Liegen stehen 45 Chalets mit AC und Ventilator, Du/WC und schönen Veranden. Generator läuft 24 Std. Unter chinesischer Leitung. Professioneller, anonymer Hotelservice. Visa- und Mastercard werden mit 3 % Aufschlag akzeptiert. Im überteuerten Restaurant westliche, malaiische und chinesische Küche. In der Saison in der Bar Livemusik. Viele europäische Gäste. ❺–❻

Abdul's Chalets ㉙, hinter dem Felsen und Marine Park Centre, ✆ 09-691 1610, 019-912 7303. An einen sauberen, ruhigen, sehr schönen Sandstrand mit Palmen grenzen neue Einzel- und Reihenbungalows mit Ventilator und AC. Auch 5 schöne, neuere Doppelbungalows mit AC und verglaster Front am Strand. Gutes Preis-Leistungs-Verhältnis und so beliebt, dass es manchmal 2 Monate im Voraus ausgebucht ist. Neues Restaurant mit leckeren Gerichten aber mäßigem BBQ. Wäscheservice, Moskitonetzverleih. Visa- und Mastercard werden akzeptiert. ❸–❹

Teluk Dalam (Flora Bay)

In der südlichen seichten Bucht gibt es folgende Anlagen von West nach Ost:
Everfresh Resort ㉚, ungepflegt und nicht zu empfehlen.
Flora Bay Resort 1 ㉛, ✆ 09-691 1666, 🖥 www.florabayresort.com. Saubere Anlage, Doppel- und Einzelbungalows mit AC, geräumige Zimmer in doppelstöckigem Langhaus mit Ventilator und 2 Veranden, eine mit Dschungelblick! Täglich Zimmerreinigung, Internet, WLAN, Restaurant, kleiner Laden, kein Alkohol. Visa- und Mastercard werden akzeptiert. Verkauf von Tickets für KB-Backpackerbusse. Am Strand Bänke und Tische aus Beton. ❸–❺
Fauna Beach Chalet ㉜, ✆ 09-691 1607, 019-966 8623. Größere Holzbungalows mit Du/WC und Ventilator, teure Zimmer mit AC. 24 Std. Stromversorgung. Großes Restaurant mit Terrasse am Strand mit Plastikstühlen. Mittags und abends günstige Tagesgerichte. Wer keinen Wert auf saubere Zimmer und nette Einrichtung legt, macht mit den Ventilator-Bungalows am Strand einen guten Deal. ❷–❹
Flora Bay Resort 2 ㉝, die wenig attraktive zweite Anlage ist nur in der Hochsaison geöffnet ebenso wie das Restaurant. ❸–❺
Bayu Dive Lodge & alu alu divers ㉞, ✆ 014-834 3851, 🖥 www.aluadivers.com. Der Tauchlehrer Johan aus Schweden und Ari Mohammed Ali, seine Frau aus KL, haben das Resort für Taucher aufgebaut. Auch andere können hier wohnen, allerdings werden Taucher bevorzugt und erhalten einen Rabatt auf den Zimmerpreis. Die 24 Zimmer in Bungalows im malaiischen Stil und einem Langhaus mit AC oder Ventilator sind ungewöhnlich gestaltet. So lässt sich ein Teil der Wand zum Schlafraum durch hohe Türen öffnen. Auch das tiefer gelegte Bad hat einen besonderen Charakter. Gutes Wasser aus eigener Quelle. Im beliebten Restaurant am Strand im Schatten ausladender Bäume gibt es leckere Pizza, Pasta und westliche Gerichte, selbst Wein ist an einem separaten Stand erhältlich. WiFi. ❸–❺
Samudra Beach Chalet ㉟, ✆ 09-691 1677, ✉ azli8880@yahoo.com. Bungalows mit 2–3 Zimmern mit Du/WC und Ventilator. Weiter hinten billiger. Alles etwas angemodert. Café. ❷
Arwana Eco Resort ㊱, ✆ 09-691 1888, 🖥 www.arwanaperhentian.com.my, [5173]. Zwischen Mangroven und Strand erstreckt sich diese riesige Anlage mit 180 muffigen Zimmern mit TV. Restaurant und großer Swimmingpool, aber unprofessioneller Service, teures Essen, Frühstück inkl. Hinter der Anlage wurde das einzige Mangrovengebiet zugemauert. Durch den fehlenden Wasseraustausch hat sich eine stinkende Kloake gebildet, die als Müllkippe verwendet wird. Auf unsere Frage was „Eco" bedeutet, kam die großartige Antwort: „Economical". ❹–❻

Perhentian Kecil
Norden und Süden

D'Lagoon ①, ✆ 019-985 7089, 🖥 dlagoonperhentian.net. Einsam an der **Teluk Kerma** gelegen, 2 A-Frame-Hütten mit Ventilator und Gemeinschafts-Du/WC, 14 Standard-Bungalows mit Ventilator am Hang, Ventilator-Zimmer im Langhaus und Schlafsaalbetten für 15 RM. Schöne Sonnenaufgänge, gut zum Schnorcheln. Günstiges, einfaches Baumhaus, Restaurant mit Alkoholausschank. ❶–❸

Die folgenden Unterkünfte liegen an **abgeschiedenen, kleinen Sandbuchten im Süden** umgeben von der felsigen Küste und sind am besten mit dem Boot für 10 RM ab Teluk Aur zu erreichen:
Mira's ⑨, ✆ 09-697 8619, 016-647 6406, ✉ keranjiholidays@gmail.com. In einsamer Lage an einem kleinen Strand, per Boot oder auf einem Fußweg in 20 Min. ab Teluk Aur oder 1 Std. ab dem Dorf zu erreichen. 6 billige Hütten

im Robinson-Crusoe-Stil in verschiedenen Größen mit und ohne Du/WC, die restauriert werden sollen. Elektrizität von 19–23 Uhr. Abends essen Gäste im Kreise der Familie. Es gibt ausgesprochen leckeres Essen und üppige Portionen. ❶–❸

Petani Beach Chalets ⑩, ✆ 09-691 1642, 691 1643, meist ausgebucht, Voranmeldung erforderlich, 🖳 www.perhentian-beach.com. Sympathische, ganzjährig geöffnete Anlage von Debbie O'Sullivan aus Südafrika und ihrem malaiischen Mann Hash Rahman an einem gelben Sandstrand, wo Ruhesuchende unter sich sind. 5 luftige, geräumige Holzhäuser mit Moskitonetzen, Du/WC und Ventilator in traditioneller Bauweise, eins davon für Familien. Nettes, rustikales Restaurant mit lokalen und westlichen Gerichten. Ein Boot steht für Ausflüge zur Verfügung. ❸

Coral Bay (Teluk Aur)

Der Strand ist schön, nur der völlig überdimensionierte Pier verschandelt die Bucht und versperrt den Blick auf den Sonnenuntergang.

Shari La Island Resort ②, ✆ 09-6911500, 🖳 www.shari-la.com. Riesige Anlage am nördlichen Ende der Bucht hinter der Jetty mit Restaurant. Mit Plastikfurnier und Polstermöbeln überdekorierte Bungalows für 2 Pers. und Familien, die mehr versprechen als sie halten können. 100 Zimmer mit TV und kleinem Kühlschrank. In der Saison (April–Aug) teuer. Bei unserem Besuch schien es Probleme mit den Abwässern zu geben, was eindeutig zu riechen war. Der Hausherr ist Eigentümer des Coral View auf Perhentian Besar. Kreditkarten werden akzeptiert. ❸–❼

Fatimah Chalet ③, ✆ 019-923 2730, 14 saubere Holzbungalows in verschiedener Größe mit Ventilator und Kaltwasser-Du/WC. Fatimah Mini Shop und Café nebenan wechselt Bargeld zu schlechten Kursen und verkauft Tickets für Boots- und Schnorchelausflüge. ❷

Aur Bay Chalet ④, ✆ 013-9950817, 5 Zimmer in einem Langhaus und 2 Bungalows mit Meerblick, 14 Zimmer mit Ventilator. Hinter der Anlage verfallen die alten Häuser und brüten Moskitos in stehendem Wasser mit viel Müll. ❷–❸

Von hier aus geht es auf einem leichten Weg in 10 Min. zum **Long Beach**.

Teratak Amelia ⑤, ✆ 019-9130742. Jenseits der stinkenden Lagune 10 etwas zurückversetzte Hütten mit Ventilator. Weitere Hütten sind geplant – ungepflegter Garten. Rezeption im Restaurant. ❷

Maya Beach Resort ⑥, ✆ 019-970 4426, 🖳 www.myspace.com/mayaguesthouse. Relativ neue, weitläufige Anlage, 2 Doppelbungalows mit Veranda und Meerblick und 8 zurückversetzte Zimmer in Doppelbungalows mit Ventilator und Du/WC. Kleines Sunset Café mit Bänken und Tischen. ❷–❸

Senja Bay Resort ⑦, ✆ 09-691 1799, 🖳 www.senjabay.com. 52 Zimmer mit AC und Du/WC, 3 günstigere A-Frames mit Ventilator am Meer. Eng aneinanderstehende Doppelbungalows teilweise am Meer oder auf Felsen (oben günstiger). Restaurant mit lokalen und westlichen Gerichten zu akzeptablen Preisen. Malaiisches Management, WiFi 8 RM, Visa- und Mastercard werden akzeptiert, *cash advance* für 10 %, Pauschalangebote. ❹–❺

Butterfly Chalet ⑧, ✆ 013-956 3082, am Ende der Bucht. Im Verfall begriffene Anlage mit dem Schild: Don't be shy - check in yourself. ❶

Long Beach

Die Umwelt leidet besonders am Long Beach erheblich unter der wachsenden Zahl von Bungalows und Touristen auf der Insel. Die Brunnen trocknen zeitweise fast völlig aus. Die Abwässer fließen ungeklärt ins Meer. Zwischen Ende November und Anfang Februar sind viele Anlagen geschlossen. Dann brechen sich hohe Wellen am ansonsten schönen Strand, und Schwimmen kann lebensgefährlich sein. Häufig können hier keine Boote anlanden und man muss zu Fuß von der Teluk Aur herüberlaufen.

Moonlight ⑫, ✆ 019-985 8222. 24 einfache, ungepflegte A-Frame-Hütten am Hang mit und ohne Du/WC, 8 mit AC, teilweise etwas duster, viele Moskitos. 3 teurere geräumige Reihenhäuser. Restaurant im Schatten eines alten Baums, in der Saison BBQ. Familiäre Atmosphäre. Eigenes Schloss verwenden und abgegebene Wertsachen quittieren lassen. ❶–❹

Bubu Long Beach Resort ⑬, ✆ 09-691 1333. Das 3-stöckige neue Haus erschlägt den nördlichen Strandabschnitt. Einfache, überteuerte Zimmer mit 2 großen Betten und kleinem Balkon. 2 sehr teure Restaurants. Viele chinesische Pauschaltouristen. Strandbar, Tauchbasis. ❼

Panorama ⑭, ✆ 09-691 1590. Etwas zurückversetzt auf einem weitläufigen, schön gestalteten Gelände am Hang stehen 6 verschiedene Typen von Unterkünften. 30 Zimmer in Bungalows mit und ohne Du/WC, Moskitonetzen, Ventilator oder AC. Billige A-frame-Hütten mit Gemeinschafts-Du/WC. Restaurant mit internationalen Gerichten zu vernünftigen Preisen, Shisha-Bar. Minimarkt, DVD- und Buchausleihe, Tischtennis, 2 Billardtische, Internet, Tauchschule. ❶–❸

Bintang View ⑮, ✆ 013-997 1563, 🖥 www.bintangview.com. Hoch oberhalb der Bucht stehen am Hang in ruhiger Lage und mit schönem Ausblick 16 Zimmer in 2 Reihenhäusern aus Holz mit Ventilator und Moskitonetz, 5 Gemeinschafts-Du und separate WCs. Terrasse mit Bänken und Tischen. Großes, luftiges Restaurant mit Tischen und Stühlen aus Holz sowie gemütlichen Kuschelsofas. In der einsehbaren Küche bereitet Finola aus Irland leckere Tagesgerichte und Salate aus frischen Zutaten zu. Ihr malaysischer Partner Joe kocht authentische einheimische Gerichte, die den Weg herauf lohnen. Zudem sorgt die angenehme Musik für eine entspannte Atmosphäre. ❷

Matahari Dive Resort ⑯, ✆ 09-691 1742, 🖥 www.mataharichalet.com. Weitläufige, bei Travellern beliebte Anlage, A-Frame-Hütten und Chalets mit Du/WC, Netz und Hängematte. Günstigere Zimmer im Langhaus mit Gemeinschafts-Du/WC. Man ist auf Service bedacht: Video am Abend, Büchertausch, Schließfächer, Wäscheservice, Internet, Restaurant, Tauchschule. ❷–❹

Cempaka Chalet ⑰, ✆ 013-946 6791. Auf einer kleinen Wiese stehen 20 A-frame-Hütten mit Moskitonetz und Gemeinschafts-Du/WC, daneben Bungalows mit Du/WC, die Abwässer stinken zum Himmel. Tauchschule Spice Divers. ❶–❹

Lemon Grass ⑱, ✆ 019-938 3893. 16 sehr eng beieinanderstehende Bungalows mit Moskitonetzen am Ende der Bucht, Gemeinschafts-Du/WC und einfache Hockklos, Restaurant. ❶

D'Rock Garden Resort ⑲, ✆ 012-355 6552, ✉ beloved8786@yahoo.com. Neue Bungalows am Hang mit Ventilator und hohen Fenstern zum Balkon, die meisten mit wunderbarer Aussicht auf die Bucht. Leider wurde viel Plastik verwendet. ❸

Mohsin Chalet ⑳, ✆ 013-220 7752, ✉ ahmad63@yahoo.com. Gepflegte Anlage am Hang, 14 Doppelbungalows aus Bambusgeflecht mit sehr schönem Ausblick, 18 saubere Zimmer mit Du/WC und Ventilator, 6 Zimmer mit AC und 1 Schlafsaal für 30 RM p. P. Reservierung empfohlen. Wäscheservice. Vom Restaurant mit großer überdachter Veranda, niedrigen Tischen und Sitzkissen aus lässt sich bei einem frisch gepressten Saft die gesamte Bucht überblicken. Tgl. gutes Buffet. ❸–❹

Essen

Die Küche der einfachen Unterkünfte ist meist wenig abwechslungsreich und auf den Traveller-Einheitsgeschmack ausgerichtet, also *fried rice*, Omelette, etc. Viele der etwas besseren Anlagen veranstalten abends regelmäßig ein BBQ, bei dem Fischliebhaber auf ihre Kosten kommen. Alkohol ist nur in Anlagen unter chinesischer Leitung erhältlich.

Perhentian Besar

Im **Perhentian Island Resort**: Das große Hotel-Restaurant lockt in der Saison abends mit einem Buffet, manchmal BBQ, ansonsten Essen à la carte. Die Kellner verlieren leicht den Überblick.

Im **Coral View**: Das Restaurant auf der Landzunge mit Sitzplätzen am Meer und unter freiem Himmel erfreut sich großer Beliebtheit. Die Preise auf der umfangreichen Speisekarte sind relativ hoch. Kein Alkohol.

Das **Paradise Restaurant** neben dem Paradise hat nichts mit diesem zu tun. Es verdankt seine Popularität einzig dem günstigen Bier, sollte aber wegen des vielen Mülls auf dem Grundstück und den Tieren in engen Käfigen boykottiert werden.

Im Restaurant des **Paradise Island Resorts** am Strand unter Bäumen wird abends gegrillt.

Außerdem gibt es etwas teure Tagesgerichte: Hähnchen, Lamm, Steak sowie Tintenfisch und Garnelen, thailändische, malaiische und europäische Gerichte. Bier ist erhältlich.
Bei **Mama's** steht die Chefin selbst am Herd und bereitet leckere Gerichte zu. Abends zum BBQ unbedingt den Fisch in Kokossoße probieren!
Im **New Coco Huts** sind nicht nur die Pfannkuchen des Thai-Kochs zu empfehlen. Abends wird gegrillt, und man trifft sich bei etwas lautem Fernseher zum Bier.
Im **Abdul's** wird im neuen Restaurant lecker gekocht, hingegen ist das BBQ weniger gut. Das Preis-Leistungs-Verhältnis ist okay. Nur der immerzu laufende Fernseher stört das Ambiente.
An der Flora Bay lohnt das Restaurant der **Bayu Dive Lodge** die Anreise, vor allem die Pizza und die anderen westlichen Gerichte. Abends wird an einem Stand auch Bier und Wein verkauft.

Perhentian Kecil
Amelia Café an der Coral Bay ist die beste Adresse für preiswerte und gute einheimische Küche sowie Baguettes.
Das Restaurant im **Bintang View** ist sicherlich die Nummer Eins am Long Beach, und es lohnt eine längere Anreise. Die Salate und Wraps sind spitze ebenso die Aussicht und Atmosphäre.
Palm Tree Café, ein Strandrestaurant am Long Beach nahe Panorama, ist bei Travellern beliebt. Im zweistöckigen, schön gestalteten, teils offenen, großen Strandrestaurant sind die Musik und das Essen ganz nach westlichem Geschmack. Es gibt auch Bier.
Daniela Café, **Meeting Point** und **Family Café**, Long Beach, die einfachen, beliebten Strandrestaurants für Sonnenanbeter haben ein ähnliches Angebot.

Sonstiges

Bücher
Second Hand-Bücher und viele Infos beim **Panorama** und **Matahari** am Long Beach und beim **Paradise** und **Flora Bay** auf Perhentian Besar.

Geld
Kreditkarten werden von fast allen Tauchveranstaltern, einigen Unterkünften und den großen Resorts akzeptiert. Allerdings werden 3% Provision aufgeschlagen. Die Möglichkeiten zu schlechten Kursen bei einzelnen Anlagen oder in Shops Bargeld zu wechseln sind begrenzt. Daher sollte man sich auf dem Festland mit ausreichend RM eindecken. Die nächste **Maybank** mit Geldautomat befindet sich in Jerteh an der Hauptstraße nahe dem Bus Terminal. Bei Mama's und im Senja Bay Resort können sich Gäste auf die Kreditkarte Bargeld auszahlen lassen.

Internet
In vielen Unterkünften für 15–20 RM/h.

Medizinische Hilfe
In Notfällen sollte man lieber nicht die Krankenstation im Dorf in Anspruch nehmen, sondern nach einem Arzt unter den anderen Touristen fahnden bzw. aufs Festland fahren. Besonders Taucher sollten sich daher umsichtig verhalten. Beim Schwimmen am Long Beach ist bei hohen Wellen wegen starker Unterströmungen Vorsicht geboten.

Tauchen und Schnorcheln
Perhentian Besar
alu alu divers, Flora Bay, ☎ 014-834 3851, 🖥 www.alualudivers.com. Tauchschule unter schwedischer Leitung mit mehrsprachigen Ausbildern und 5 eigenen Booten.
Flora Bay Divers, ☎ 09-691 1661, 🖥 www.florabaydivers.com, in der Teluk Dalam ist die einzige 5-Sterne-IDC-Tauchschule auf den beiden Inseln. Sie verfügt über 6 Tauchboote und gutes Gerät, bietet u. a. Nitrox-Tauchen an, bei dem aufgrund des niedrigen Sauerstoffgehalts der Luft längere Tauchgänge möglich sind.
Pro Diver's World, am Coral View Island Resort, ☎ 019-363 3695, 🖥 www.prodiversperhentian.com.
Turtle Bay Divers, am südlichen Ende des Hauptstrands bei Mama's, ☎ 019-910 6647, 019-333 6647, 🖥 www.turtlebaydivers.com, unter europäischer Leitung, Birgit leitet seit Jahren deutschsprachige Kurse.
Watercolours Dive Centre, im Paradise Resort, ☎ 019-911 3852, 981 1852, 🖥 www.watercoloursworld.com.

Abtauchen in die Unterwasserwelt

Dieses ist sicher eines der schönsten Vergnügen auf Perhentian. Mehr als ein Dutzend Tauchschulen kämpfen um Kunden. Etwa 20 interessante Tauchgebiete erstrecken sich rings um die beiden Inseln, teilweise direkt an den **Felsenküsten**, an einem **Schiffswrack** aus den 1970er-Jahren in 24 m Tiefe, an weiter entfernt liegenden **Riffen** oder auch auf **offener See**. Dort liegt z. B. in 5–20 m Tiefe der gut erreichbare, im Jahr 2000 gesunkene, 50 m lange Zucker-Frachter. Zudem werden Tauchgänge vor Redang und Lang Tengah angeboten, die aber etwa um 100 RM teurer sind als vor Perhentian. In den meisten Tauchschulen ist Englisch Unterrichtssprache, oft gibt es aber auch deutschsprachige Tauchlehrer. Die inselnahen Riffe sind durch die früher praktizierte Dynamit-Fischerei und das Korallensterben in jüngerer Zeit in Mitleidenschaft gezogen worden. **Suppenschildkröten** und **Riffhaie** sind regelmäßig zu sehen.

Die maximale Tauchtiefe beträgt 30 m. Alle Schulen verfügen über adäquate Ausrüstung. Es werden sowohl eintägige Schnupperkurse (Tauchgänge in Begleitung, Vermittlung der wichtigsten Grundlagen) ab 180 RM als auch komplette Tauchlehrgänge mit internationalen Zertifikaten (4-Tages-Kurse für ca. 1200 RM) angeboten. Mit Tauchschein sind diverse Tauchtrips möglich (2 Tauchgänge an verschiedenen Stellen ab 120 RM pro Tag inkl. Ausrüstung, mit eigener Ausrüstung gibt es Rabatt). Auch Nachttauchen, Fortgeschrittenen- und Rettungskurse. Alle Tauchschulen sind von Ende Oktober bis Anfang Februar geschlossen; Tauchgänge im Februar, März und Oktober sind bei stürmischem Wetter nur in wenigen Gebieten möglich. April bis September ist die beste Zeit. Schnorchelausrüstung und aufblasbare Kanus gibt es bei mehreren Bungalowanlagen und Tauchläden. Da sich die Preise stark unterscheiden, lohnt es sich, Preise zu vergleichen.

Perhentian Kecil (Long Beach)
Quiver Dive Team, ⌨ quiver-perhentian.com.
Spice Divers, ⌨ www.spicedivers.net.
Matahari Divers, ✆ 09-691 1742,
⌨ diving.mataharichalet.com.
Turtle Bay Divers vor dem Panorama,
✆ 019-913 6647.
Universal Divers, ⌨ www.universaldiver.net.

Taxiboote
Von einem Strand zum anderen kommt man am bequemsten mit kleinen Booten mit Außenborder, die über die Bungalowsiedlungen gebucht werden können. So kostet ein Taxiboot:
vom Paradise zum Dorf 5 RM p. P., zum Long Beach (Pasir Panjang) 10 RM, zur Flora Bay (Teluk Dalam) 15 RM, Coral Bay (Teluk Aur) 15 RM, D'Lagoon (Teluk Kerma) 15 RM, Mira Beach 12 RM und zu Abdul's 5 RM.
Von Flora Bay zum Dorf 10 RM p. P., zum Long Beach (Pasir Panjang) 20 RM, Mama's 13 RM, Coral Bay (Teluk Aur) 25 RM, D'Lagoon (Teluk Kerma) 25 RM, Mira Beach 20 RM und zu Abdul's 8 RM.

Für Schnorcheltouren sind je nach Entfernung und Dauer 30–45 RM p. P. bei mind. 4 Teilnehmern zu zahlen.

Transport
Die Fähren fahren auf Wunsch fast alle Strände auf den Inseln an. Wenn es keinen Pier gibt, legt man das letzte Stück zum Strand in einem Taxiboot für 2 RM oder einem kostenlosen Boot der Unterkunft zurück. Zum Long Beach muss man bei hohen Wellen von der Coral Bay laufen. Boote ab KUALA BESUT fahren je nach Saison und Nachfrage zwischen 7 und 17 Uhr, wobei die späten Schnellboote die Inseln noch im Hellen erreichen.
Von Perhentian nach Kuala Besut werden die Abfahrtszeiten um 8, 12 und 16 Uhr eingehalten. Die Schnellboote für 35 RM, 60 RM hin und zurück, brauchen 30–45 Min und holen ihre Passagiere ab, weshalb man tags zuvor an der Rezeption Bescheid geben sollte. Die einfache Fahrt im langsamen Boot ab der Government Jetty im Dorf um 7 Uhr kostet 25 RM bzw. 40 RM hin und zurück und dauert 2 Std.

Anhang

Sprachführer S. 790
Glossar S. 794
Reisemedizin zum Nachschlagen S. 797
Bücher und Filme S. 803
Wichtige Reiseziele in Thai-Schrift S. 810
Bahnfahrpläne S. 812
Index S. 815
Anleitung Loose Travel Club S. 824
Danksagung S. 828
Bildnachweis S. 830
Impressum S. 831
Kartenverzeichnis S. 832

Sprachführer

Wenigstens ein paar Worte auf Thai sprechen zu können und das Bemühen zu zeigen, noch mehr lernen zu wollen – dies weckt spontane Sympathie und Neugier in den meisten Thais. Selbst mit einem Wörterbuch hat man große Schwierigkeiten, die Worte richtig auszusprechen. Neben den Tonhöhen, die Anfänger nie richtig treffen, muss man sich mit 44 unterschiedlichen Konsonanten und 32 Vokalen herumschlagen, die es zum großen Teil in unserer Sprache nicht gibt. Der folgende Grundwortschatz kann hierbei eine kleine Hilfestellung sein. Am besten lässt man sich die Wörter von einem Thai vorsprechen und versucht, sie nachzusingen.

Wer die Zahlen bis 1000 in Thai beherrscht, wird einen guten Eindruck machen – vor allem bei Taxifahrern und beim Handeln. Tonhöhen haben wir nicht angegeben. Die Aussprache-Umschrift der ausgewählten Worte basiert auf dem Deutschen.

Das Allerwichtigste

Jeder Satz erhält durch das Anhängen der obligatorischen Endung „khrap" (von Männern gesprochen) und „kha" (von Frauen gesprochen) einen höflichen Klang.

Willkommen! (Begrüßung)	sawadie khrap / kha	สวัสดีครับ/ค่ะ
Auf Wiedersehen	pop gan mai	แล้วพบกันใหม่
tschüs	laa gon	ลาก่อน
Viel Glück!	dschok die	โชคดี
Wie geht es?	sabai die mai?	สบายดีไหม
Mir geht es gut	sabai die	สบายดี
Das macht nichts!	mai pen rai	ไม่เป็นไร
danke (Männer/Frauen)	kop khun khrap	ขอบคุณครับ/ค่ะ
bitte (fordernd)	prott	โปรด
bitte (einladend)	tschuhn	เชิญ
Wie heißt du?	dschüarai	เธอชื่ออะไร
Ich heiße...	dschüa	ฉันชื่อ
Wie alt bist du?	ahju tao-rai	เธออายุเท่าไหร่
Woher kommst du?	töh mah dschak tienai?	เธอมาจากไหน
Wo wohnst du?	ju tienai	เธออยู่ที่ไหน
Was machst du?	tham arai	ทำอะไร
Sprichst du Thai?	phuht thai daai mai?	เธอพูดไทยได้ไหม
Ich spreche ein wenig Thai	phuht thai nitnoi	ฉันพูดไทยได้นิดหน่อย
Verstehen Sie?	kao dschai mai?	คุณเข้าใจไหม
Ich verstehe (nicht)	pom (mai) kaodschai	ฉันไม่เข้าใจ
Bitte sprechen Sie langsam!	prott put cha cha	โปรดพูดช้าๆ
Darf ich fotografieren?	tai ruhpdai mai?	ถ่ายรูปได้ไหม
Achtung!	rawang	ระวัง
Es tut mir Leid	pom sia chai	ฉันเสียใจ
Entschuldigung	kao tott	ขอโทษ
müssen	tong	ต้อง
können	dai	ได้
brauchen	dongka	ต้องการ
haben	mih...	มี

Personen

ich (weiblich)	ditchan / tchan	ดิฉัน/ฉัน
ich (männlich)	pom / kra pom	ผม/กระผม
du, sie, ihr	töh / khun / puak töh	เธอ/คุณ/พวกเธอ
er, sie, es	khao	เขา
wir	rao	เรา
du, Sie bzw. Herr…	khun	คุณ
Junge	dek phudschai	เด็กผู้ชาย
Mädchen	dek phujing	เด็กผู้หญิง
Kind	dek	เด็ก
Freund	püan	เพื่อน
westl. Ausländer	farang	ฝรั่ง

Fragen

wann	möerai	เมื่อไหร่
warum	tammai	ทำไม
was	arai	อะไร
wer, wen, wem	krei	ใคร
wie	jangrai	อย่างไร
wie viel(e)	tao-rai	เท่าไหร่
wo, wohin, woher	tienai	ที่ไหน

Antworten

ja	dschai	ใช่
nein	mai, plao	ไม่/ปล่าว
nicht	mai	ไม่
gut	die	ดี
sehr gut	die mak	ดีมาก
nicht gut	mai die	ไม่ดี
sehr	mahk mahk	มากๆ
vielleicht	bangti	บางที
ein bisschen	nitnoi	นิดหน่อย

Eigenschaften

allein	kon dijo	คนเดียว
billig	mai päng	ไม่แพง
gesund	sabai	สบาย
groß	yai	ใหญ่
gut, clever	gäng	เก่ง
kaputt	pang	พัง
klein	leck	เล็ก
krank	mai sabai	ไม่สบาย
kurz	san	สั้น
lang	yao	ยาว
mit	gap	กับ
müde	nguang non	ง่วงนอน
ohne	mai mi	ไม่มี

(zu) teuer	*päng (pai)*	แพงไป
viel	*yer*	เยอะ
wenig	*noy*	น้อย

Orientierung und Transport

geradeaus	*trong pai*	ตรงไป
(nach) links	*(liao) sai*	(เลี้ยว) ซ้าย
(nach) rechts	*(liao) khwa*	(เลี้ยว) ขวา
Stopp!	*jut*	หยุด
Welche Straße ist das?	*thanon nih arai?*	ถนนนี้ชื่ออะไร
Welche Stadt ist das?	*müang nih arai?*	เมืองนี้ชื่ออะไร
Wohin gehst du?	*pai nai?*	เธอจะไปไหน
Ich gehe nach…	*pai…*	ฉันจะไป___
Nein, ich will nicht gehen	*pom mai pai*	ฉันไม่ไป
Ich gehe schwimmen	*pai wainahm*	ฉันไปว่ายน้ำ
Bus	*rot meh*	รถเมล์
Busbahnhof	*sathani rot meh*	สถานีรถเมล์
Eisenbahn	*rot fai*	รถไฟ
Bahnhof	*sathani rot fai*	สถานีรถไฟ
Flugzeug	*krüang bin*	เครื่องบิน
Flugplatz	*sahnam bin*	สนามบิน
Boot	*rüha*	เรือ
Hafen	*tah rüha*	ท่าเรือ
Taxi	*teksi*	แท๊กซี่
Auto	*rot jon*	รถยนต์
Motorrad	*mohtöhsai*	มอร์เตอร์ไซค์
Fahrrad	*dschakrajahn*	รถจักรยาน
mieten	*tschau*	เช่า
Benzin	*bensin*	เบนซิน
Normalbenzin	*tammadah*	ธรรมดา
Super	*supähr*	ซุปเปอร์

Umwelt

Stadt	*müang*	เมือง
Großstadt	*nakhon / müang yai*	นคร/เมืองใหญ่
Dorf	*bahn*	หมู่บ้าน
Berg	*doi*	ภูเขา/เขา
Kanal	*klong*	คลอง
Fluss	*mä nahm*	แม่น้ำ
Insel	*ko*	เกาะ
Strand	*haht*	ชายหาด
Bucht	*ao*	อ่าว
Wasserfall	*nahm tok*	น้ำตก
Höhle	*tam*	ถ้ำ
Straße	*thanom*	ถนน
Gasse	*soi*	ซอย
Wald	*pah*	ป่า

Übernachten

Hotel	*rong rähm*	โรงแรม
Wo gibt es ein Hotel?	*rong rähm ju tienai?*	โรงแรมอยู่ที่ไหน
Zimmer	*hong*	ห้อง
Bett	*tiang*	เตียง
Schlüssel	*gun tschä*	กุญแจ
Moskito	*jung*	ยุง
Moskitonetz	*mung*	มุ้ง
Moskito-Coils	*ja gan jung*	ยากันยุง
Badezimmer	*hong nahm*	ห้องน้ำ
Toilette	*hong suam*	ห้องส้วม
Wo ist die Toilette?	*hong nahm ju tienai*	ห้องน้ำอยู่ที่ไหน
Toilettenpapier	*gadad schamla*	กระดาษชำระ
Seife	*sabu*	สบู่
Handtuch	*pa set dua*	ผ้าเช็ดตัว

Essen und Trinken s. S. 48

Einkaufen

Wie viel kostet es?	*raka tao-rai?*	ราคาเท่าไร
Wie viel Baht?	*kih baht?*	กี่บาท
Wie viel möchten Sie?	*khun tong kahn tao-rai?*	คุณต้องการเท่าไร
kaufen	*süh*	ซื้อ
verkaufen	*khai*	ขาย
Es gibt…	*mie…*	มี
Es gibt nicht	*mai mie*	ไม่มี

Gesundheit

Apotheke	*ran khai jah*	ร้านขายยา
Arzt	*mo*	หมอ
Durchfall	*tong ruang*	ท้องร่วง
Erbrechen	*adschian*	อาเจียร
Fieber	*kai*	ไข้
Krankenhaus	*rong payabahn*	โรงพยาบาล
Medizin	*jah*	ยา
wehtun	*dschep*	เจ็บ

Zeit

Morgen	*tschao*	เช้า
Mittag	*tiang*	เที่ยง
Abend	*jen*	เย็น
Nacht	*klang khühn*	กลางคืน
heute	*wan-nie*	วันนี้
morgen	*prung-nie*	พรุ่งนี้
gestern	*müa wan-nie*	เมื่อวานนี้
Minute	*natie*	นาที
Stunde	*tschua mohng*	ชั่วโมง

Tag	wan	วัน
Woche	sapda / noeng athit	อาทิตย์
Monat	düan	เดือน
Jahr	bi	ปี
jetzt	däo-nie	เดี๋ยวนี้
später	tie-lang	ทีหลัง
noch nicht	yang	ยัง
schon / fertig	läou	แล้ว

Zahlen

1	nöng	๑
2	sohng	๒
3	sahm	๓
4	sie	๔
5	hah	๕
6	hock	๖
7	dschet	๗
8	bät	๘
9	gao	๙
10	sip	๑๐
11	sip et	๑๑
20	jie sip	๒๐
21	jie sip et	๒๐
25	jie sip hah	๒๕
30	sahm sip	๓๐
40	sie sip	๔๐
100	nöng roy	๑๐๐
200	sohng roy	๒๐๐
1000	nöng pan	๑๐๐๐
10 000	nöng müün	๑๐๐๐๐
100 000	nöng sähn	๑๐๐๐๐๐
1 000 000	nöng laan	๑๐๐๐๐๐๐

Glossar

Viele Begriffe stammen aus den altindischen Sprachen Pali oder Sanskrit (Skt.). Bei der phonetischen Umschrift wurde auf die diakritischen Zeichen (z. B. für lange Vokale oder Nasalierungen) verzichtet.

A

Ao Bucht, auch Teil einer Ortsbezeichnung, z. B. Ao Nang
Apsara himmlische Tänzerin in der buddhistischen Tradition; auch bekannt in der hinduistischen Mythologie
Asana Körperhaltung in der buddhistischen Ikonografie
Asean (Association of Southeast Asian Nations) politischer und wirtschaftlicher Verband südostasiatischer Staaten
Asura Dämon aus dem Ramayana
Avalokiteshvara (Skt.) „Herr, der die Welt betrachtet"; Bodhisattva des Mitgefühls

B

Ban, **Bang** Dorf; tritt auch in vielen Ortsbezeichnungen auf, wie zum Beispiel in Bangkok oder Ban Chiang

Bodhi-Baum *Ficus religiosa,* heiliger Baum, unter dem Buddha zur Erleuchtung gelangte
Basrelief Flachrelief, bei dem die aus dem Stein gemeißelten Figuren oder Gegenstände nur ein wenig aus der als Hintergrund dienenden Fläche herausragen
Bodhisattva im Buddhismus ein Wesen, das die vollständige Erleuchtung erlangt hat, jedoch auf den Einzug ins Nirwana verzichtet, um den Menschen ebenfalls auf diese hohe Stufe zu verhelfen
Bot Pali *sima* = Ordinationshalle; das wichtigste Gebäude eines buddhistischen Klosters mit Heiligtum, in dem die Mönche auch ordiniert werden
Brahma Schöpfergott, eine der drei zentralen Gottheiten des Hinduismus
Brahmane Angehöriger der höchsten Kaste des Hinduismus, hinduistischer Priester
Buddha „Der Erwachte"; einer, der zur vollkommenen Erleuchtung gelangt ist
Busabok Holzthron mit gestaffeltem Dach; Sitzplatz eines Königs oder einer heiligen Statue

C

Chakra (Skt.) Rad; Symbol für die buddhistische Lehre und eines der Attribute von Vishnu
Chao fa Herrscherbezeichnung der Lue, Shan und Khuen
Chedi von Sanskrit *caitya* = Heiligtum; in Myanmar und Thailand Synonym für Stupa

D

Dharma Sanskrit-Bezeichnung für die buddhistischen Lehren; entspricht dem Pali-Wort *dhamma*
Doi Gipfel, der höchste des Landes ist der Doi Inthanon
Dvaravati Kunststil der Mon, die ab dem 6. Jh. in Thailand und Burma siedelten

E

Erawan dreiköpfiger weißer Elefant; Reittier von Indra; Symbol der königlichen Macht, Sanskrit *airavata*

F

Farang westlicher Ausländer

Frangipani *Plumeria rubra;* auch: Tempel- oder Pagodenbaum

G

Ganesh elefantenköpfiger Gott der Weisheit; Sohn von Shiva und Parvati
Garuda mythisches Wesen, halb Mensch, halb Vogel; das Tragtier von Vishnu

H

Hat Strand, z. B. Hat Sai Kao (White Sand Beach)
Headquarter Büro der Nationalparkverwaltung, in dem manchmal auch Touren gebucht werden können und Informationen erhältlich sind
Howdah Sitz auf dem Rücken des Elefanten

I

Indochina Kambodscha, Laos und Vietnam
Indra (Skt.) König der Götter und Beschützer des Ostens
Isarn Der Nordosten Thailands; auch: Isan, I-san, Isaan, E-sarn

J

Jataka ein Kanon von 550 Erzählungen aus den früheren Leben und Existenzen des Buddha; häufig im Innern von Tempeln bildlich dargestellt

K

Kala Gott der Zeit und somit des Todes und Verfalls, meist mit vorstehenden Augen und Klauen sowie ohne Unterkiefer dargestellt
Kali Die schwarze Göttin des Hinduismus mit einer Kette aus Schädeln, Verkörperung der dunklen Seite der Macht. Ihr werden in einigen Teilen Indiens immer noch Blutopfer dargebracht
Kapokbaum „Baumwollbaum" (liefert Polstermaterial u. a. für harte Matratzen)
Karma Sanskrit-Bezeichnung für das Verhältnis von Ursache und Wirkung; entspricht dem Pali-Wort *kamma*
Khao Berg, Hügel
Khmer die einheimische Bevölkerung Kambodschas (austauschbar mit „Kambodschaner") und zugleich Name ihrer Sprache

Kinnara (m), **Kinniri** (w) (Skt.) im Himmel lebende, halb menschliche, halb vogelartige Musikanten und Sänger
Klong Kanal
Ko(h) Insel
Krishna achte Inkarnation des Hindugottes Vishnu, seine menschliche Form
Kuti Mönchsunterkunft

L

Lak Muang Tempel für den Schutzgeist eines Ortes; Stadtsäule
Laterit rotbraunes Gestein, das in der Sonne härtet und zu widerstandsfähigem Baumaterial wird
Lingam phallisch geformte Steinsäule; Symbol für den Hindugott Shiva
Lokesvara Avalokitesvara; Bodhisattva des Mitgefühls und Erbarmens

M

Mae Chi „weiße Mutter", buddhistische Nonne
Mae Nam Fluss, die „Mutter des Wassers"
Mahabharata eines der beiden bedeutendsten altindischen Epen (das zweite: *Ramayana*); wichtige Quelle des Hinduismus; erzählt von den Auseinandersetzungen der Familien-klane Kaurava und Pandava um die Macht im Norden Indiens
Mahout Elefantenführer
Mandapa (Skt.) zum Sanktuarium führende Vorhalle, manchmal separat stehend
Mekong Großer Fluss und Thai-Whisky, aus Reis gebrannt
Meru goldener Berg als Heimat der Götter, Zentrum des Universums in der hinduistisch-buddhistischen Kosmologie
Mit(t)hrapap Freundschaft
Mondhop Klosterbibliothek mit quadratischem Grundriss
Muang befestigte Siedlung, Stadt
Mudra Hand- und Fingerhaltung in der buddhistischen Ikonografie
Mukhalingam Lingam mit ein oder mehreren Gesichtern

N

Naga mythische, oft vielköpfige Schlange, ein Schutz gewährendes Symbol

Nakhon Große Stadt
Nam Tok Wasserfall, manchmal auch Namtok
Nandi (Sanskrit) Tragtier Shivas, ein Stier
NGO (Non-governmental Organization) Nichtregierungsorganisation
Nirvana Sanskrit-Bezeichnung für das oberste Ziel im Buddhismus, Zustand der Loslösung von Begierden und Befreiung aus der Abfolge der Wiedergeburten; entspricht dem Pali-Wort *nibbana*

O

OTOP (One Tambon, One Product) Regierungsinitiative, die Produktion und Vertrieb einer regionalen Spezialität in ländlichen Regionen fördert

P

Pali Sprache, in der die buddhistischen Texte niedergeschrieben wurden; sozusagen „das Latein" des Theravada-Buddhismus
Parvati (Skt.) „Tochter des Himalaja"; Gemahlin von Shiva
Phra Sanskrit *brah* = heilig; wird als Ehrentitel von wichtigen Buddhastatuen, Tempeln und Personen verwendet
Prang Typ der thailändischen Stupa, entwickelt aus dem Tempelturm der Khmer
Prasat Sanskrit *prasada;* Turmheiligtum, Befestigung der Khmer
Puang Ma Lai Girlanden aus Jasmin, Orchideen und anderen Blumen, die als Opfergabe dienen.

R

Rahu Dämonisches Ungeheuer mit Monsterkopf ohne Leib, das Sonne und Mond verschlingt
Raksasa böser Geist, riesenhafter Dämon
Rama siebte Inkarnation des Hindugottes Vishnu und Held des Ramayana
Ramakien thailändische Version des altindischen Ramayana-Epos
Ramayana eines der beiden bedeutendsten altindischen Epen (das zweite: *Mahabharata*), das etwa um 300 v. Chr. verfasst wurde. Es erzählt die Geschichte von König Rama, einer Inkarnation des Gottes Vishnu, und seiner Gemahlin Sita

S

Sala Versammlungs- und Übernachtungshalle in einem Kloster
Samlor dreirädrige Fahrradrikschas mit überdachter Sitzbank
Sanskrit alte indische Literatursprache
Sangha der theravada-buddhistische Mönchsorden
Shiva gleichzeitig Zerstörer und Erneuerer; eine der drei zentralen Gottheiten des Hinduismus
Singha Sanskrit: Löwe, der die Tempeleingänge bewacht (vor allem in Nord-Thailand); auch Name für ein Thai-Bier
Sita Gemahlin des Rama im Ramayana, die nach Lanka entführt und wieder befreit wurde
Skanda hinduistischer Kriegsgott
Songkran thailändisches Neujahrsfest vom 13.–15. April
Songthaew gesprochen „song-täo", privat betriebener Kleinlaster zur Personenbeförderung
Soi Gasse
Stele senkrecht stehender Stein mit Inschrift
Stuck gut formbare und schnell härtende Masse aus Gips, Kalk, Sand und (Leim-) Wasser, die für Dekorationen an Ziegelbauwerken verwendet wird
Stupa (Skt.) ursprünglich Grabhügel. Monument zur Aufbewahrung von hoch verehrten buddhistischen Reliquien; ist auch Symbol für Buddha selbst; Synonym für That
Suvarnabhumi (Skt.) „Goldenes Land". Wird in Chroniken der Mon und Birmanen mit dem Mon-Reich in Verbindung gebracht, Name des Flughafens in Bangkok

T

Talat Markt
TAT (Tourism Authority of Thailand) Thailändisches Fremdenverkehrsamt, die Abkürzung wird auch von privaten Reisebüros missbraucht
Tham Höhle
Thanon Straße
That von *dhatu* (Skt.), „Reliquien", heute die Bezeichnung eines verehrten Stupas
Tipitaka (Pali) „drei Körbe"; die klassischen buddhistischen Schriften über *vinaya* (Ordensregeln), *sutta* (Lehrreden Buddhas) und *abhidhamma* (philosophische Erweiterung der Lehrreden)
Trimurti hinduistische Göttertrinität: Shiva, Vishnu und Brahma
Trishaw Fahrradrikscha, ein aussterbendes Nahverkehrsmittel
Tuk Tuk Nahverkehrsmittel: dreirädriger Motorroller mit überdachter Sitzbank

U

Unesco Organisation der Vereinten Nationen für Erziehung, Wissenschaft und Kultur. Auf ihrer Liste des Welterbes stehen auch einige Ziele in Thailand

V

Vishnu der Welterhalter; eine der drei zentralen Gottheiten des Hinduismus
Vihara (Pali und Sanskrit) wichtiger Sakralbau neben dem Bot
Vipassana Einsichtsmeditation; Geist und Körper im gegenwärtigen Zeitpunkt klar sehen

W

Wai traditionelle Begrüßung mit vor dem Oberkörper gefalteten Händen
Wat buddhistische Klöster und angeschlossene religiöse Bauwerke

Y

Yaksha männliche Waldgottheiten, die Naturkräfte symbolisieren; der Ikonografie dienen sie als Tempelwächter, dargestellt mit vorquellenden Augen, Fangzähnen und grimmigem Blick
Yama Herrscher über die Unterwelt, Todesgott

Reisemedizin zum Nachschlagen

Allergien

Wer stark allergisch reagiert, sollte sich auch in Thailand vor einigen potenziellen Allergenen besonders in Acht nehmen: Meerestiere, Fischsoße (in jedem Essen enthalten), Geschmacksverstärker Glutamat (MSG), Quallen, verunreinigtes Meerwasser, Chlor im Swimming Pool oder Duschwasser, Massageöle, Räucherspiralen gegen Mücken, Duftstoffe der Aromatherapie, Luftverschmutzung …

Chikungunya-Fieber

Die vereinzelt auftretende Virusinfektion wird durch Mücken übertragen und kommt vor allem im Süden sowie auf Plantagen und Baustellen bei Wanderarbeitern aus den Nachbarländern vor. Sie verursacht Kopfschmerzen, Gelenkschmerzen, Übelkeit und Fieber. Die Symptome klingen nach einigen Tagen ab und sind normalerweise nicht tödlich.

Cholera

Die Cholera trat in den vergangenen Jahren mehrfach bei Flüchtlingen aus Myanmar in Mae Sot, im Nordosten sowie im Norden von Phuket auf. Die Cholera wird vom Bakterium *Vibrio cholerae* verursacht und durch direkten Kontakt mit infizierten Personen, deren Ausscheidungen oder durch verunreinigte Nahrungsmittel übertragen. Die Symptome – wässrige Durchfälle und Erbrechen – treten nach ein bis fünf Tagen auf und können schnell zur Dehydrierung führen. Wer erkrankt, muss sofort zum Arzt und die verlorene Flüssigkeit ersetzen. Wer auf eine saubere Umgebung und hygienische Nahrungsmittel achtet und nicht geschwächt ist, wird kaum gefährdet sein. Bei Aufenthalten über vier Wochen ist eine orale Impfung möglich (Dukoral) und sollte mit dem Reisearzt abgesprochen werden.

Denguefieber

Diese Viruskrankheit ist auf dem Vormarsch und tritt überall epidemieartig auf, am ehesten während der Regenzeit. Die Schätzungen schwanken zwischen 100 000 und 200 000 Erkrankungen jährlich, von denen 0,1 % tödlich verlaufen. Gerade wird in Chiang Mai ein Impfstoff gegen Dengue entwickelt.

Das Virus wird durch die tagaktive *Aedes aegypti*-Mücke übertragen, die an ihren schwarzweiß gebänderten Beinen zu erkennen ist. Nach der Inkubationszeit von bis zu einer Woche kommt es zu plötzlichen Fieberanfällen, Kopf- und Muskelschmerzen, totaler Mattigkeit und Appetitlosigkeit. Beim Abklingen der Krankheit nach etwa drei bis fünf Tagen kann ein Hautausschlag am ganzen Körper auftreten. Bei dieser Erstinfektion klingen die Krankheitssymptome in der Regel nach ein bis zwei Wochen ab. Gefährlich kann die Krankheit bei einer Zweitinfektion werden. Dann kann es zu inneren und äußeren Blutungen kommen.

Wie bei der Malaria ist der Schutz vor Mückenstichen die beste Vorsorge. Es gibt keine Impfung oder spezielle Behandlung. Schmerztabletten, fiebersenkende Mittel und kalte Wadenwickel lindern die Symptome. Wegen ihrer gerinnungshemmenden Wirkung sollten keinesfalls ASS, Aspirin oder andere acetylsalicylsäurehaltige Medikamente genommen werden, da diese einen lebensgefährlichen hämorrhagischen Verlauf hervorrufen können. Wer befürchtet an Dengue erkrankt zu sein, sollte auf jeden Fall zum Arzt, besser noch ins Krankenhaus. Die Erreger sind nicht immer sofort nachweisbar. Um andere nicht zu gefährden, sollte man sich isolieren (z. B. im Krankenhaus oder unter dem Moskitonetz), um die weitere Übertragung durch Mücken zu verhindern. Erkrankte sollten zudem dafür sorgen, dass das Ansteckungsgebiet professionell ausgeräuchert wird.

Durchfälle

Verdorbene Lebensmittel, nicht kontinuierlich gekühlte Meeresfrüchte, zu kurz gegartes Rindfleisch, ungeschältes oder schon länger aufgeschnittenes Obst, Salate, kalte Getränke oder schlecht gekühlte Eiscreme sind häufig die Verursacher von Durchfällen. Vorsicht also am Buffet! Da auch Mikroorganismen im Wasser durchschlagende Wirkung zeigen können, sollte man nur abgefülltes Wasser aus Flaschen oder Wasserspendern trinken. Eis ist normalerweise hygienisch einwandfrei, solange es sich nicht um zerstoßenes Stangeneis handelt, das eigentlich nur zum Kühlen dient.

Eine Elektrolyt-Lösung, die verlorene Flüssigkeit und Salze ergänzt, reicht bei den meist harmlosen Durchfällen aus und wird auch in Thailand verkauft. Man kann sich selbst eine Lösung herstellen aus 4 gehäuften Teelöffeln Zucker oder Honig, 1/2 Teelöffel Salz und 1 l Orangensaft oder abgekochtem Wasser. Zur Not, z. B. vor langen Fahrten, kann auf Imodium, das die Darmtätigkeit ruhig legt, zurückgegriffen werden (aber nur in geringen Dosen, da die Ausscheidung von Krankheitserregern verzögert wird!). Wer Durchfälle mit Kräutertees lindern möchte, sollte sich einen Vorrat mitnehmen. Bei länger anhaltenden Erkrankungen empfiehlt es sich, einen Arzt aufzusuchen – es könnte auch eine bakterielle oder eine **Amöben-Ruhr** (Dysenterie) sein.

Geschlechtskrankheiten (Veneral Diseases)

Gonorrhöe und die gefährlichere **Syphilis** sind in Asien weit verbreitete Infektionskrankheiten, vor allem bei Prostituierten. Bei den ersten Anzeichen einer Erkrankung (Ausfluss/Geschwüre) unbedingt ein Krankenhaus aufsuchen.

Hauterkrankungen

Bereits vom Schwitzen kann man sich unangenehm juckende Hautpilze holen. Gegen zu starkes Schwitzen hilft Körperpuder. Für andere Erkrankungen sind häufig Kopf-, Kleider-, Filzläuse, Flöhe, Milben oder Wanzen verantwortlich, s. Insektenstiche und -bisse. Hitzepickel kann man mit Prickly Heat Powder behandeln. Gegen Kopfläuse hilft Organoderm, oder, falls man wieder in Deutschland ist, Nyda L.

Hepatitis

Hepatitis ist eine Infektion der Leber, die von verschiedenen Virus-Typen verursacht wird. Inzwischen sind Typen A–G bekannt. Für Reisende spielen vor allem die ersten beiden eine Rolle.

Die **Hepatitis A** wird durch verunreinigtes Wasser, Eis und Lebensmittel oral übertragen. Die Symptome ähneln am Anfang denen einer Grippe. Später kommt es zu einer Gelbfärbung der Haut, der Stuhl wird heller und der Urin dunkler. Einen guten Schutz bieten die Impfstoffe Havrix und Vaqta. Ob die Impfung notwendig ist, zeigt ein Antikörpertest.

Die schwere **Hepatitis B** wird vor allem durch Intimkontakt und Blut (ungenügend sterilisierte Nadeln bei Bluttransfusionen, Tätowierung, Piercen, Akupunktur) übertragen. Sie kann chronisch werden. Eine vorbeugende Impfung, z. B. mit Gen H-B-Vax, Engerix oder Twinrix (Kombi-Impfung), ist bei längeren Aufenthalten zu empfehlen.

HIV / Aids

In Thailand sind etwa 1,3 % der Bevölkerung mit dem HIV-Virus infiziert. Jährlich sterben über 60 000 Menschen an Aids, vor allem in den Nordprovinzen. Stichproben ergaben, dass bis zu 90 % aller Prostituierten HIV positiv waren. Ein großer Teil der thailändischen Männer macht seine ersten sexuellen Erfahrungen mit Prostituierten. Deshalb wurde von der Regierung ein National Aids Comittee eingesetzt und die *100 %-Condom Campaign* propagiert, die Prostituierte verpflichtet, Kondome zu benutzen. Es bleibt fraglich, wie weit sie das ihren alkoholisierten Kunden klarmachen können. Unvorsichtigkeit ist schlimm genug, aber wer auch noch an „Sauberkeitsbescheinigungen" oder -beteuerungen glaubt, ist naiv.

Insektenstiche und -bisse

Insekten und Fliegen sind allgegenwärtig und manchmal eine wahre Plage. Auch in der heißen Jahreszeit lassen sie sich in Scharen von Lichtquellen und Wärme anlocken, doch die meisten sind eher lästig als gefährlich. Vorsicht ist vor Moskitos geboten, da sie gewisse Arten Dengue-Fieber und Malaria übertragen.

An einigen Sandstränden treten vor allem am späten Nachmittag und Abend **Sandfliegen** auf, deren gemeine Bisse sich erst einige Stunden später durch juckende, extreme Hautrötungen bemerkbar machen. Kratzen erhöht die Gefahr einer Entzündung, die mitunter erst nach einem Monat abklingt und hässliche Narben hinterlässt. Da sich die kleinen Plagegeister nur in begrenzten Bereichen aufhalten, sollte man sich von diesen Stränden fern halten. Zudem hilft Skin-So-Soft von Avon.

Flöhe und **Bettwanzen**, deren Bisse fürchterlich jucken können, verstecken sich bevorzugt in schmutzigem Bettzeug. Wanzenbisse bilden gewöhnlich eine säuberliche Linie. Nicht kratzen, sondern ein Antihistaminikum (Salbe) gegen Entzündungen auftragen. Besonders in Billig-Unterkünften sind immer wieder Traveller von Bettwanzen überfallen worden. Mehr s. S. 87, A–Z.

Auf dem Land sind viele Tiere von **Zecken** befallen, die sich in gesättigtem Zustand von ihrem Wirt fallen lassen und auf das nächste Opfer warten, dem sie ihre mit Haken besetzten Köpfe ins Fleisch bohren können. Sie sollten vorsichtig entfernt werden, damit keine Haken stecken bleiben.

Blutegel sind vor allem zur Regenzeit im Dschungel eine Plage, übertragen aber keine Krankheiten. Mehr s. S. 72, Kasten.

Japanische Encephalitis

Diese Virusinfektion, die zu einer schweren Hirnentzündung führt, wird durch nachtaktive Moskitos in Agrarregionen übertragen. Die Symptome umfassen Fieber, Kopfschmerzen, Nackensteife und Erbrechen. Die Vermeidung von Mückenstichen ist die beste Vorbeugung. Eine Impfung empfiehlt sich nur bei einem langen Aufenthalt in Reisanbaugebieten mit Schweinezucht. Sowohl in Deutschland als auch in Thailand ist ein Impfstoff erhältlich.

Malaria

Thailand gilt laut WHO als C-Land. Bis 2007 ging die Zahl der Fälle zurück, seither nehmen sie wieder zu. Die letzten Erkrankungen traten an der Grenze zu Myanmar (Mae Sot, Ko Chang, Trang) und Kambodscha (Trat, Ko Chang) sowie im Khao Sok National Park auf. Dennoch besteht für Touristen, die sich auf eingefahrenen Routen bewegen, ein sehr geringes Risiko.

Die Mücke *Anopheles*, die den Malariaerreger *Plasmodium falciparum* übertragen kann, sticht nachts zwischen Beginn der Dämmerung und Sonnenaufgang. Die beste Vorbeugung ist, nicht gestochen zu werden, im Fachjargon **Expositionsprophylaxe** genannt: Am Abend schützen helle Kleidung, lange Hosen, langärmlige Hemden, engmaschige lange Socken und ein Mücken abweisendes Mittel auf der Basis von DEET, das auf die Haut aufgetragen wird und die Geschmacksnerven stechender Insekten lähmt. Bewährt hat sich der Wirkstoff Permethrin, mit dem Kleidung und Moskitonetz eingesprüht werden. Er geht eine Verbindung mit dem Gewebe ein und bleibt wochenlang wirksam.

Als bestes Mückenmittel auf dem deutschen Markt gilt das österreichische No Bite, alternativ kann man auf Autan family zurückgreifen. Einige Apotheken und Bioläden bieten sanftere Mittel an, die auf Zitronella- und Nelkenöl basieren.

Ist der Schlafraum nicht mückensicher (lückenlose Mückengitter an Fenstern und Türen), sollte man unter einem Moskitonetz schlafen. Am sichersten ist ein eigenes, mit Permethrin behandeltes Netz. Löcher verschließt man am besten mit Klebeband. Bei niedrigen Temperaturen in klimatisierten Räumen sind die Mücken zwar weniger aktiv, aber keineswegs ungefährlich.

Über die beste **medikamentöse Prophylaxe** ist immer wieder heftig debattiert worden. Allen Mitteln gemein ist, dass sie unangenehme Nebenwirkungen hervorrufen können. Zu den am häufigsten verschriebenen Präparaten gehören Lariam (Wirkstoff Mefloquin) und Malarone (Wirkstoff Atovaquon/Proguanil).

Wer sich in einem Gebiet ohne ärztliche Versorgung infiziert hat, kann zur Überbrückung mit einer Standby-Therapie mit Lariam, Malarone oder Riamet (Wirkstoff Artemether/Lamefantrin) beginnen.

Wer aus Asien zurückkehrt und an einer nicht geklärten fieberhaften Erkrankung leidet, auch wenn es sich nur um leichtes Fieber und Kopfschmerzen handelt und erst Monate nach der Rückkehr auftritt, sollte dem Arzt unbedingt vom Tropenaufenthalt berichten. Die ersten Symptome einer Malaria können denen eines banalen grippalen Infektes ähneln.

Pilzinfektionen

Frauen leiden im feuchtwarmen Klima häufiger unter Pilzinfektionen. Vor der Reise sollten sie sich entsprechende Medikamente verschreiben lassen. Eine Creme oder Kapseln sind besser als Zäpfchen, die bei der Hitze schmelzen. Ungepflegte Swimming Pools sind Brutstätten für Pilze aller Art.

Poliomyelitis (Kinderlähmung)

Selbst in Europa treten immer noch Epidemien auf. Die Grundimmunisierung gehört in Deutschland zu den Standard-Impfempfehlungen für Kinder und sollte – auch unabhängig von einer Asienreise – alle zehn Jahre aufgefrischt werden.

Schlangen- und Skorpionbisse, giftige Meerestiere

Die Angst vor **Schlangen** steht in keinem Verhältnis zur realen Gefahr, denn Giftschlangen greifen nur an, wenn sie attackiert werden. Gefährlich ist die Zeit nach Sonnenuntergang zwischen 18 und 20 Uhr, vor allem bei Regen. Einige Schlangen töten durch ein Blutgift, in diesem Fall benötigt man sofort ein Serum, andere töten durch ein Nervengift, dann ist außerdem eine künstliche Beatmung wichtig. Das Provinzkrankenhaus, in das der Betroffene schnellstens gelangen sollte, muss zudem sofort informiert werden, damit ein Arzt und das Serum beim Eintreffen bereit stehen.

Skorpionstiche sind in dieser Region generell nicht tödlich. Kräutertabletten und Ruhigstellen des Körperteils lindern den Schmerz, Wasserkontakt meiden. Normalerweise lassen die anfangs starken Schmerzen nach 1–2 Tagen nach. Auch die großen **Geckos** *(tokeh)* beißen, wenn sie sich bedroht fühlen. Die kleinen sind hingegen harmlos.

Durchaus real ist in den Tropen die Gefahr, mit nesselnden und giftigen Meerestieren in Kontakt zu kommen. Nur zwei Arten von Fischen können gefährlich werden: zum einen **Stachelrochen**, deren Gift fürchterliche Schmerzen verursacht, zum anderen **Steinfische**, die sehr giftige Rückenstacheln besitzen. Beide sind nur schwer vom Meeresboden zu unterscheiden. Beim Schnorcheln führt die Berührung von **Feuerkorallen** zu stark brennenden Hautreizungen, während giftige Muränen, Rotfeuerfische und Seeschlangen nur ganz selten gefährlich werden. **Seeigel** sind zwar nicht giftig, ein eingetretener Stachel ist aber sehr schmerzhaft und verursacht lang eiternde Wunden.

Wie überall auf der Welt breiten sich auch im Südchinesischen Meer und im Golf von Thailand vermehrt **Quallen** aus, so dass Badende immer häufiger ihre giftigen Tentakeln streifen. Gehen die schmerzhaften Bläschen nach der Behandlung mit hochprozentigem Essig, Cortisonspray oder säurehaltigem Pflanzenbrei nicht innerhalb einer Stunde zurück, muss ein Arzt aufgesucht werden. Menschen, die unter einer Allergie leiden, sind besonders gefährdet.

Sonnenbrand und Hitzschlag

Selbst bei bedecktem Himmel ist die Sonneneinstrahlung unglaublich intensiv. Viele Reisende treffen nur am Strand Vorkehrungen gegen Sonnenbrand und Hitzschlag, doch dies ist auch bei Touren durchs Hinterland unbedingt notwendig. Als wichtigste Schutzmaßnahmen empfiehlt es sich, regelmäßig Mittel mit hohem Sonnenschutzfaktor auf die Haut aufzutragen, Hut und Sonnenbrille zu tragen und tagsüber viel zu trinken.

Erschöpfungszustände bei Hitze äußern sich durch Kopfschmerzen, Übelkeit, Benommenheit und erhöhte Temperatur. Um die Symptome zu lindern, sollte man unbedingt schattige Bereiche aufsuchen und genügend Flüssigkeit zu sich nehmen. Erbrechen und Orientierungslosigkeit können auf einen Hitzschlag hinweisen, der potenziell lebensbedrohlich ist – deshalb muss man sich sofort in medizinische Behandlung begeben.

Tetanus (Wundstarrkrampf)

Verletzungen sind nie ausschließen, und Wundstarrkrampf-Erreger finden sich überall auf der Welt. Die Grundimmunisierung erfolgt über zwei

Impfungen im 4-Wochen-Abstand, die nach einem Jahr aufgefrischt werden müssen. Danach genügt eine Impfung alle zehn Jahre. Am besten ist die Impfung mit dem Tetanus-Diphterie-(Td-)Impfstoff für Personen über 5 Jahre, um gleichzeitig einen Schutz vor Diphterie zu erhalten.

Thrombose

Eine Thrombose kann bei Bewegungsmangel auftreten, etwa bei längeren Flugreisen. Der verringerte Blutfluss, vor allem in den Beinen, kann zur Bildung von Blutgerinnseln führen, die, wenn sie durch den Körper wandern, eine akute Gefahr darstellen (z. B. Lungenembolie). Gefährdet sind vor allem Personen mit Venenerkrankungen oder Übergewicht, aber auch Schwangere, Raucher oder Frauen, die die Pille nehmen. Das Risiko reduziert Bewegung, viel trinken (aber keinen Alkohol) und notfalls Kompressionsstrümpfe der Klasse 1–2.

Tollwut

Theoretisch können alle Säugetiere mit dem Tollwut-Virus infiziert sein. Wer von einem Hund, einer Katze oder einem Affen gekratzt oder gebissen wird, muss sich sofort impfen lassen, da eine Infektion mit Tollwut sonst tödlich endet. Eine vorbeugende Impfung ist nur bei längerem Aufenthalt in ländlichen Gegenden oder bei vorhersehbarem Umgang mit Tieren sinnvoll.

Tuberkulose

Diese Infektion der Bronchien wird durch Tröpfchen übertragen, die infizierte Personen aushusten. In leichten Fällen heilt die Krankheit ohne Medikamente aus. In schweren Fällen können die Erreger die Lunge infizieren. In diesem Stadium leidet der Erkrankte an Fieber, Husten und manchmal Atemnot. Die Tuberkulose ist dann hochgradig ansteckend. Besonders gefährlich ist Tuberkulose für Säuglinge, weshalb für sie eine Schutzimpfung anzuraten ist.

Typhus / Paratyphus

Typhus ist nach Hepatitis A die häufigste „Tropen"-krankheit. Sie wird vom Bakterium *Salmonella typhi* verursacht und oral übertragen. Typische Symptome sind ansteigendes Fieber einhergehend mit einem eher langsamen Puls und Benommenheit. Später folgen eventuell Hautausschlag, Verstopfung oder Durchfall und Bauchschmerzen.

Empfehlenswert für Reisende ist die gut verträgliche Schluckimpfung mit Typhoral L. Drei Jahre lang schützt eine Injektion der neuen Typhus-Impfstoffe Typhim VI oder Typherix.

Unfälle

Allein auf der Urlauberinsel Phuket sind jährlich etwa tausend Touristen an Unfällen beteiligt. Die meisten passieren beim Motorradfahren (s. S. 82) unter Alkoholeinfluss. Um nicht von lautlos herabfallenden Kokosnüssen und Palmwedeln getroffen zu werden, sollte man sich vor allem nach Regenfällen von hohen Palmen in ungepflegten Palmenhainen fern halten.

Das **Bangkok Hospital**, Notruf ✆ 02-310 3456, mit Network Hospitals in allen Provinzen, verfügt über einen Flugrettungs-Notdienst. Es stehen Hubschrauber und Flugzeuge mit ausgebildetem Rettungspersonal zur Verfügung. In Bangkok gibt es Motorlance – ein Motorrad, das einen Notarzt schnell zum Unfallort bringt.

Vogelgrippe

Die Vogelgrippe trat erstmals 2003 bei Geflügel in Südostasien auf. Das unter frei lebenden Vögeln und Geflügel vorkommende Virus ist unter den Tieren hoch ansteckend und tödlich. Auf den Menschen kann es sich durch Kontakt mit infizierten Vögeln übertragen. In den meisten bekannten Fällen wurde das Virus von Vögeln auf Menschen übertragen. Nach Ansicht von Experten nehmen auch Fälle zu, in denen es von Mensch zu Mensch übertragen wird. Bisher wurden aber nur engste Familienmitglieder von betroffenen Personen infiziert. Die Symptome

(Fieber, Halsschmerzen und Husten) ähneln denen der Grippe.

Seit 2004 haben sich in Zentral-Thailand mehrfach Menschen mit dem gefährlichen Vogelgrippevirus H5N1 infiziert und es kam in den ersten beiden Jahren sogar zu Todesfällen. Die Gefahr für Reisende ist bislang äußerst gering. Sie können sich schützen, indem sie den Kontakt mit Federvieh (und Schweinen) meiden, auf Besuche von Tiermärkten verzichten und Geflügelfleisch und Eier nur gut durchgegart essen. Ebenfalls ratsam ist es, sich häufiger die Hände zu waschen, insbesondere vor dem Essen. Da sich die Situation schnell ändern kann, sollte die aktuelle Lage vor Reiseantritt mit einem Arzt erörtert werden.

Wundinfektionen

Unter unhygienischen Bedingungen können sich schon aufgekratzte Moskitostiche zu beträchtlichen Infektionen auswachsen, wenn sie unbehandelt bleiben. Wichtig ist, dass jede noch so kleine Wunde sauber gehalten, desinfiziert und evtl. mit Pflaster geschützt wird. Antibiotika-Salben, in feuchtwarmem Klima noch besser Antibiotika-Puder, unterstützen den Heilprozess. In Thailand ist die entzündungshemmende Tinktur Calmine-D hilfreich, die überall erhältlich ist.

Wurmerkrankungen

Würmer können überall lauern: in rohem oder halbgarem Fleisch und Fisch, verunreinigtem Wasser oder auf Gemüse. Sie setzen sich an verschiedenen Organen fest und sind oft erst Wochen nach der Rückkehr festzustellen. Die meisten sind harmlos und durch eine einmalige Wurmkur zu vernichten.

Nach einer Reise in abgelegene Gebiete ist es sinnvoll, den Stuhl auf Würmer untersuchen zu lassen. Das wird auch dann notwendig, wenn man über einen längeren Zeitraum auch nur leichte Durchfälle hat.

An durch Hunde- oder Katzenkot verunreinigten Stränden können Infektionen mit **Hakenwürmern** auftreten. Die Parasiten dringen durch die Fußsohlen ein und graben sich von außen sichtbare Gänge. Zur Behandlung empfiehlt es sich, einen Facharzt aufzusuchen.

Eine unangenehme Erscheinung sind **Lungen- und Leberegel**, die in rohem Süßwasserfisch, fermentierter Fischsoße und Schalentieren vorkommen können. Die Symptome hängen von der Schwere des Befalls ab. Bei Leberegeln kann es zu Fieber und Gelbsucht kommen, Lungenegel verursachen Husten (zum Teil mit rötlichem Auswurf), Fieber und Brustschmerzen. Die Diagnose erfolgt anhand einer Stuhlprobe. Die beste Prävention ist, auf rohe oder halbgare Süßwassertiere zu verzichten.

Bücher und Filme

Nicht jede Buchhandlung hat die folgenden Bücher über Thailand im Programm. Zudem sind einige nur noch secondhand zu bekommen. Buchhandlungen in Thailand, die Secondhand- und englischsprachige Bücher verkaufen, sind im Regionalteil gelistet. Neue deutschsprachige Bücher gibt es kaum. Eine weitere Quelle, die zudem nichts kostet, ist die Bibliothek des Goethe-Instituts in Bangkok. In Deutschland sind viele englischsprachige Titel über das Internet verfügbar. Wir helfen, sie zu finden unter **eXTra [2812]**.

Die **Schriftenreihe der Deutsch-Thailändischen Gesellschaft**, 🖳 www.dtg-bonn.de, publiziert auch zu Themen, die über die Tagesereignisse hinaus von fachspezifischem Interesse sind.

Umfangreiche deutsch- und englischsprachige Buchempfehlungen zu Thailand finden sich unter 🖳 www.thaibuch.de.

Romane und Erzählungen

Paul Adirex, *The Pirates of Tarutao* (Bangkok 1994). Historischer Roman über das Schicksal der Gefangenen auf der südthailändischen Insel Tarutao im Zweiten Weltkrieg. Interessant geschrieben, gut zu lesen. (Vergriffen.)

Louis Anschel, *Joys Geheimnis* (Verlag der Kriminale, Berlin 2000). Nach einem Mord im Ber-

liner Rotlichtmilieu führen die Ermittlungen Kriminalhauptkommissar Ludger Bruske auch nach Thailand, wo er einem Mädchenhändler auf der Spur ist.
Dave Barrett, *Kingdom of Make-Believe* (Village East Books, 1999). Nach dem Ende des Vietnamkriegs ereilt den amerikanischen Journalisten in der Midlife-Krise ein Hilferuf aus Bangkok, wo er schon bald in eine Liebesgeschichte mit einer Thai und ihrer Tochter sowie einen ungeklärten Todesfall verstrickt wird. (Vergriffen.)
Detlef Blettenberg, *Siamesische Hunde* (Pendragon Verlag, Bielefeld, Nachdruck 2009). Als Landeskenner hat der deutsche Entwicklungshelfer diesen spannenden Thriller mit vielen Fakten über das Leben in Thailand gespickt. Der Handlung liegen die geheimdienstlichen Aktivitäten von Jim Thompson zugrunde. Vom selben Autor ist außerdem der Roman *Farang* (2004) erschienen, der mit dem Deutschen Krimi-Preis ausgezeichnet wurde.
John Burdett, *Der Jadereiter, Bangkok Tattoo, Der buddhistische Mönch* (Piper, München 2007 / 2008 / 2010). Deftige, mit viel Insider-Wissen gespickte, spannende Krimis, in denen der buddhistische Polizist Sonchai im Drogen- und Rotlichtmilieu von Bangkok ermittelt. Ein Muss!
Caron Eastgate James, *Das Erbe der Schwestern* (Knaur, München 2005). Die junge neuseeländische Autorin beleuchtet in ihrem unterhaltsamen Familienroman das Schicksal einer englisch-siamesischen Familie in Thailand über drei Generationen, das eng mit der Geschichte des Landes verwoben ist – eine nette Urlaubslektüre.
Alex Garland, *Der Strand* (Goldmann, München 1999). Der britische Autor beschreibt in seinem viel beachteten Erstlingswerk die Traveller-Szene in der Khaosan Road und auf Ko Samui, ihr Leben und ihre Träume.
Rattawut Lapcharoensap, *Sightseeing* (Kiepenheuer & Witsch, Köln 2006). Sieben facettenreiche Kurzgeschichten eines jungen thailändischen Autors über das moderne Alltagsleben jenseits der Sandstrände, humorvoll, präzise, tiefgründig und mit thailändischer Leichtigkeit beschrieben.
Bernt Möhrle, *Ao Sane Thailand* (Books on Demand 2008). Auf Tatsachen basierender Roman, in dem versucht wird, auf einer Segeljacht von Phuket aus Haschisch nach Australien zu schmuggeln.
Christopher G. Moore, *Haus der Geister* (Unionsverlag, Zürich 2000). Ein Thriller von dem in Thailand lebenden und dort bereits viel beachteten englischsprachigen Schriftsteller um den Privatdedektiv Vincent Calvino, Drogen und das große Geld. Auch der im Bangkoker Nachtclub-Milieu spielende Roman *Nana Plaza* wurde 2001 übersetzt. *Stunde null in Phnom Penh* erhielt 2004 sogar den Deutschen Krimipreis. Wer Gefallen an dem teils recht deftigen Stil gefunden hat, kann weitere Krimis und Romane des Autors auf Englisch lesen. Einen Eindruck vom Autor vermittelt 🖥 www.cgmoore.com.
Allen Neville, *Cyber Freundin* (Bangkok Books, Bangkok 2008). In Thailand erschienene deutsche Übersetzung eines Romans, der im Rotlichtmilieu spielt und das beliebte Thema „Thai-Mädchen trifft Falang-Männer" aufgreift. Allerdings ist es in diesem Krimi durchaus spannend und informativ dargestellt. (Nur in Thailand erhältlich)
Kirsten Ritscher und Heike Werner, *Reise nach Thailand: Geschichten fürs Handgepäck* (Unionsverlag, Zürich 2007). Eine Sammlung von Texten zeitgenössischer thailändischer Autoren auf Deutsch.
John R. Saul, *Das Goldriff / Teufelskreis Bangkok* (Goldmann, München 2002). Sammelband. Interessant ist der im korrupten Milieu von Bangkok spielende Roman. (Vergriffen.)
Karel G. van Loon, *Die Unsichtbaren* (Aufbau Verlag, Berlin 2006). Ein erschütternder, einfühlsamer Roman über das Schicksal der Flüchtlinge aus Myanmar, basierend auf Interviews, die der holländische Bestsellerautor in den Lagern im thailändischen Grenzgebiet geführt hat.
Christian Velder (Hrsg.), *Muschelprinz und Duftende Blüte* (Manesse Verlag, Stuttgart 1997). Volkstümliche Liebesgeschichten aus Thailand, die zwischen dem 15. und 17. Jahrhundert in der Region Chiang Mai entstanden sind.

Reise- und Erlebnisberichte

Der Preis der Leichtigkeit. Eine Reise durch Thailand, Kambodscha und Vietnam, Andreas Altmann (Frederking & Thaler, München 2008).

Ein Schweizer reist mit leichtem Gepäck durch Südostasien und folgt seiner Intuition. Er beobachtet genau und berichtet auch in kleinen Details von Menschen, denen er begegnet.

Frei ist nur der Blick zum Himmel. Sieben Jahre Haft in Thailand, Sandra Gregory u. a. (Lübbe, Bergisch-Gladbach 2004). Eigentlich wollte sich Sandra mit dem Heroin nur den Rückflug nach London finanzieren, doch sie wird am Flugplatz geschnappt – ein fesselnder Tatsachenbericht.

Geschichten aus Thailand, Günther Ruffert (Heller Verlag, Taufkirchen 2006). Amüsante Erfahrungsberichte und Anekdoten aus dem thailändischen Alltag. Auch als eBook und Hörbuch erhältlich. Vom gleichen Autor erschien 2007 **Farang in Thailand**. Weitere Anekdoten aus dem thailändischen Alltag.

In Buddhas Gärten. Eine Reise durch Vietnam, Kambodscha, Thailand und Birma, Tor Farovik (Frederking & Thaler, München 2009). Der sozial engagierte Norweger ermöglicht auch einen Blick auf die politischen Zustände in der Region.

In Thailand leben. Geschichten und Artikel über das Leben in Thailand, Gad Labudda (Thailandbuch Verlag 2006). Erheiternde und aufmunternde, nachdenklich und mitunter ein bisschen traurig stimmende Geschichten über Einwanderer.

Mäi pen räi. Tausend Tage Thailand, Thomas Fuhrer (Traveldiary.de Reiseliteratur, Hamburg 2005). Bericht eines Reiseleiters über seine Erfahrungen und Begegnungen mit Einheimischen.

Phi Phi Island. Ein Bericht, Josef Haslinger (Fischer Taschenbücher, Frankfurt 2008). Der Autor, Schriftsteller und Professor für literarische Ästhetik, überlebte mit seiner Familie den Tsunami auf Ko Phi Phi.

Geschichte und Gesellschaft

A History of Thailand, Chris Baker und Pasuk Phongpaichit (Yale University Press, Cambridge 2005). Die erste neue Geschichte Thailands seit vielen Jahren.

Das siamesische Lächeln. Literatur und Revolte in Thailand, Hella Kothmann (Neuer Isp Verlag, Karlsruhe 1994). Gedichte und Informationen zur Politik und Zeitgeschichte der 1970er- und 80er-Jahre.

Die Nacht der Krokodile. Kinderprostitution in Bangkok, Marie-France Botte und Jean-Paul Mari (Heyne, München 1996). In dem aufschlussreichen Sachbuch fasst die engagierte Autorin, eine belgische Sozialarbeiterin, ein heißes Eisen an. Sie weiß, wovon sie schreibt, denn ihrem Engagement ist es vor allem zu verdanken, dass die missbrauchten Kinder nicht länger totgeschwiegen werden. (Vergriffen.)

Panorama. Thailands Bergvölker und Seenomaden. Unterwegs zu den Minderheiten Thailands, Aroon Thaewchatturat und Tom Vater (Reise Know-How, Bielefeld 2006). Eine bebilderte Beschreibung der ethnischen Minderheiten in Thailand. Auch in der Reihe KulturSchock als Taschenbuch erhältlich.

Sympathie Magazine des Studienkreises für Tourismus ⌨ www.sympathiemagazin.de, gibt es u. a. zu Thailand und auch zum Buddhismus.

Thai Culture in Transition, William J. Klausner (Bangkok 2002). Die ausgezeichnete kritische Einführung beschreibt den Wandel der sozialen Strukturen und der Mentalität des modernen Thailands. (In Thailand erhältlich.)

Thailand, Wolf Donner (C. H. Beck, München 1996). Kompetent geschriebene, informative Abhandlung über den Naturraum, die Geschichte, Kultur, Wirtschaft und Gesellschaft des Landes. Erschienen in der Serie Beck'sche Reihe – Länder. (Vergriffen.)

Thailand – a Short History, David Wyatt (New Haven 2003). Ausgezeichnete Einführung in die Geschichte von der Vorzeit bis heute. Auf Englisch, aber gut verständlich geschrieben.

Thaksin: The Business of Politics in Thailand, Chris Baker und Pasuk Phongpaichit (Silkworm Press, Bangkok 2005). Die erste kritische Auseinandersetzung mit dem reichsten Mann Thailands, seiner Biografie und seinem politischen Einfluss.

Kunst und Kultur

Die Kunst traditioneller Thai Massage, Asokananda/Harald Brust (Bangkok 1993). Die Techniken der Ganzkörpermassage, mit Fotos und Zeichnungen. (In Thailand erhältlich.)

Inside Thai Society: Religion, Everyday Life, Change, Niels Mulder (Silkworm Press, Bangkok

2001). Informative, persönliche Studie eines Anthropologen für alle, die sich intensiver mit der Thai-Kultur auseinandersetzen möchten.
Kulturschock Thailand, Rainer Krack (Reise Know-How, Bielefeld 2004). Informationen über Kultur und Gesellschaft der Thais. Auch als Hörbuch und eBook erhältlich.
Land & Leute Thailand, Rainer Bolik und Siriporn Jantawat-Bolik (Polyglott, München 2003). In alphabetischer Reihenfolge wird in dem gut lesbaren Band der Polyglott-Reihe Hintergrundwissen über das Alltagsleben und die Kultur Thailands vermittelt.
Reisegast in Thailand, Alice Aarau und Robert & Nanthapa Cooper (Iwanowski Verlag, Dormagen 2009). Amüsant und locker geschrieben ist dieses Buch eine Hilfestellung, um die Verhaltensweisen der Thais zu verstehen und sich als Ausländer entsprechend zu verhalten. Titel der englischen Originalversion: *Culture Shock! Thailand*.
Thai Culture, New Series (Hrsg.: The Fine Arts Department, Bangkok). Diese Reihe zu verschiedenen kulturellen Themen umfasst 25 farbige Broschüren, die leider nur selten in Museen verkauft werden.
Thai-Ramayana, Übersetzung der Fassung von König Rama I. durch M. L. Manich Jumsai (deutsch, englisch). Es gibt verschiedene Fassungen dieses Epos, das im gesamten süd- und südostasiatischen Raum bekannt ist. In die Thai-Version sind zahlreiche Märchen und Sagen Thailands eingearbeitet worden. Eine umfangreiche deutsche Übersetzung der indischen Ramayana-Version ist bei Diederichs, Köln 2004, erschienen. Eine besonders schöne englische Nacherzählung mit Bezug auf die Artus-Legende und Abbildungen der Wandmalereien im Wat Phra Keo hat J. C. Shaw 1988 bei D.K. in Bangkok veröffentlicht.
Thai Ways und **More Thai Ways**, Denis Segaller (Washington 2006). Der seit Jahrzehnten in Thailand lebende US-amerikanische Dokumentarfilmer schreibt humorvoll und doch respektvoll über Sitten und Lebensweisen der Thai. (Vergriffen.)
Traditionelle Thai-Massage. NUAD – für Gesundheit und Entspannung, Rudolf Theelen (Goldmann, München 2006). Wer die Thai-Massage genossen hat und sich etwas näher mit den Techniken und der Wirkungsweise auseinandersetzen oder gar einzelne Handgriffe lernen möchte, findet in diesem Buch viele Anregungen.

Natur

A Field Guide to the Flowering Plants of Thailand, Patrick D. McMakin (Bangkok 1988). Beschreibung von 502 Blütenpflanzen mit Fotos. (Englisch, in Thailand erhältlich.)
A Field Guide to the Wild Orchids of Thailand, Nantiya Vaddhanaphuti (Chiang Mai 1999). Beschreibung von 90 Orchideen mit Fotos. (Englisch, in Thailand erhältlich.)
Birds of Thailand, Craig Robson (Princeton 2002). Ein Vogelbestimmungsbuch mit 128 Bildtafeln und 950 Verbreitungskarten. (Englisch, in Thailand erhältlich.)
Der unersetzbare Dschungel, Josef H. Reichholf (BLV München, 1991). Verständlich geschrieben, auch für Neulinge in der Regenwald-Problematik geeignet. (Vergriffen.)
Fischführer Indischer Ozean. Rotes Meer bis Thailand, Helmut Debelius (Tetra Verlag, Berlin-Velten 2001). Ein deutschsprachiges Fischbestimmungsbuch für Taucher und andere Interessierte.
Marine Animals of Thailand, Surin Majchacheep (Bangkok 1989). Wissenschaftliche Beschreibung und Nachschlagewerk über 371 Meerestiere, jeweils mit Foto. (Englisch, in Thailand erhältlich.)
Tauchreiseführer Thailand, Frank Schneider (Kosmos Verlag, Stuttgart 2007). Deutschsprachiger Tauchführer aus der Kosmos-Reihe, in dem auf 200 Seiten die besten Tauchgebiete in Thailand – von den Similans bis Krabi – präsentiert werden.

Historische Beschreibungen

Viele historische Titel sind als Reprints bei White Lotus Press in Bangkok erschienen, 🖳 www.thailine.com/lotus, und in Buchhandlungen in Thailand zu bekommen.
A Narrative of a Residence in Siam, Frederick Arthur Neale (London 1852; Reprint White Lotus,

Bangkok 1986). Bericht eines Briten von seiner Reise nach Siam und seine Beobachtungen über die Kultur, Traditionen und das Rechtssystem des Königreichs.
Letters from Thailand, Botan (Seattle 2002). Die Geschichte eines Einwanderers aus China in den späten 40er-Jahren des vergangenen Jahrhunderts. Empfehlenswert. (Vergriffen.)
Matahari. Stimmungsbilder aus dem Malayisch-Siamesischen Dschungel, Hans Morgenthaler (Zürich 1987). Schweizer Abenteurer sucht 1917–1920 in Siam nach Bodenschätzen. (Vergriffen.)
Siam on the Meinam from the Gulf to Ayuthia, Maxwell Sommerville (London 1897; Reprint Bangkok 1985). Reiseaufzeichnungen eines US-amerikanischen Professors, der Bangkok und den Menam Chao Phraya über Ayutthaya bis Zentral-Thailand bereiste.
1688 Revolution in Siam, E. W. Hutchinson (Bangkok 1990). Memoiren von Pater de Bèze, einem Jesuitenpriester. Er beschreibt die ersten europäischen Versuche, das Königreich zu durchdringen.
The Kingdom and the People of Siam, Sir John Bowring (Reprint New York 1969). Zweibändiges, umfangreiches Werk, 1855 von einem englischen Diplomaten verfasst, der das Land bereiste.

Bildbände

Classic Thai. Design. Interiors. Architecture, Luca Invernizzi Tettoni u. a. (Periplus Edition, North Clarendon 2007). Der hervorragende Fotograf beeindruckt auch in diesem Band mit seinen Bildern zu Themen wie dem klassischen Thai-Haus, religiöser Architektur und Thai-Kunsthandwerk und Design.
Panorama Thailand, Stefan Nink (Flechsig Verlag, Würzburg 2009). Neuer Bildband im Breitformat mit Bildern zum Träumen.
Thai Style, Luca Invernizzi Tettoni u. a. (Bangkok 2001). Dieser hervorragend fotografierte Bildband stellt herausragende Beispiele der Thai-Architektur, von der traditionellen Formgebung bis zum westlich beeinflussten Tropenhaus dar.
Thailand. Land der Freien, Paul Trummer (NZ Visitor Publications, Frankfurt 2009). Gewichtiger Bildband mit wunderschönen Bildern von Tempeln und anderen Kulturgütern.
The Arts of Thailand, Steve Van Beek und Luca Invernizzi Tettoni (Periplus Edition, North Clarendon 1999). Großformatiger Bildband mit fantastischen Bildern.
The Thai House. History and Evolution, Ruenthai Chaichongrak u. a. (Bangkok 2003). Einer von mehreren Bildbänden, die die einmalige Architektur der aus Holz und Bambus erbauten traditionellen Wohnhäuser ästhetisch ansprechend präsentieren.
Very Thai. Everyday Popular Culture, Philip Cornwel-Smith (River Books, Bangkok 2005). Bildband über die farbenfrohe Alltagskultur der Thai von einem Landeskenner zusammengetragen.

Sprachführer und Wörterbücher

In Bangkoks Buchläden und in der Khaosan Road wird ein breites Sortiment an preiswerten Sprach- und Wörterbüchern verkauft. Außerdem gibt es:
Lonely Planet Sprachführer Thai (MairDumont, Stuttgart 2009). Sehr guter Sprachführer mit Lautschrift und Thai-Schrift. Sie ermöglichen auch in ländlichen Gebieten eine (Lese- und Zeige-) Konversation und fordern die jeweiligen Gesprächspartner dazu heraus, Sprachlehrer zu spielen.
Phuut Thai, Hans Möller und Wasana Suriyanja (Düsseldorf 2007). Deutsch-Thailändisches Wörterbuch mit deutscher Sprachausgabe, Textverarbeitung und Vokabeltrainer sowie Erläuterungen zur thailändischen Sprache. CD-ROM mit 13 000 Begriffen, einem elektronischen Wörterbuch und thailändischer Tastaturunterstützung für den PC, mehr Informationen: www.phuutthai.com.
Thai, Rough Guides Phrasebook (Lexus, Rough Guides, London 2006) inklusive eines kleinen Audio-Files zum Runterladen auf den iPod. Nur auf Englisch.
Thai, Wort für Wort. Kauderwelsch, Martin Lutterjohann (Reise Know-How, Bielefeld 2008). Das Buch gibt es auch auf CD und CD-ROM mit Aussprachetrainer.

Kochbücher

Jahr für Jahr erscheinen neue Kochbücher auf dem Markt mit neuen oder umgeschriebenen Rezepten.

Thai Food, David Thompson (München 2002). Eine Liebeserklärung an die Küche Siams vom australischen Koch David Thompson, einem glühenden Verehrer der thailändischen Kochkunst. (Vergriffen.)

Thai-Küche, Judy Bastyra und Becky Johnson (Kaleidoskop im Christian Verlag, München 2008). Umfangreiches Werk mit einer Warenkunde, Informationen über Essen in Thailand und natürlich vielen Rezepten.

Thailand. Kochen und genießen mit Originalrezepten, Margit Proebst und Dara Spirgatis (Gräfe und Unzer, München 2004). Die Kochbuchautorin Margit Proebst hat zusammen mit Dara Spirgatis 90 Originalrezepte zusammengetragen.

Thailändisch Kochen, Oi Cheepchaiissara (Neuer Umschau Verlag, München 2006). Deutsche Übersetzung des englischen Kochbuchs *Fresh Thai* mit 80 Rezepten für gesundes Essen.

Thai Street Food. Thailändische Garküche und ihre besten Rezepte, Vatcharin Bhumichitr (Weil der Stadt 2003). Eine kulinarische Reise durch die Garküchen Thailands. Gerichte für den Anfänger sowie Anregungen für jeden, der sich bereits in der asiatischen Küche auskennt, mit Zutaten, die auch in einer deutschen Kleinstadt zu bekommen sind. (Vergriffen.)

Reiseführer

Eine große Zahl von Reiseführern beschäftigt sich mit Thailand. Zudem gibt es eine ganze Reihe an Büchern für Auswanderer. Aus dem Angebot haben wir einige ausgewählt, die dieses Buch ergänzen können.

A Motorcycle Guide to the Golden Triangle, David Unkovich (Silkworm Press, Chiang Mai, 1999). Exakte Beschreibungen von Motorradtouren im Norden östlich von Chiang Mai. Sehr zu empfehlen. Neueste Infos und Karten 🖳 www.gt-rider.com.

Around Lan-Na, Christian Goodden (Halesworth, 1999). Ein akribisch recherchierter Führer zu den neuen Straßen entlang der Grenzen von Chiang Mai, Chiang Rai und Nan mit Burma und Laos. Eingewebt sind fesselnde Schilderungen über Begegnungen mit den Dorfbewohnern und kulturhistorische Abhandlungen über die Grenzregion. (Vergriffen.)

Bangkok Inside Out, Daniel Ziv und, Guy Sharett (🖳 www.equinoxpublishing.com, 2004). Die überaus ironische Betrachtungsweise der Hauptstadt ist in Thailand nicht richtig verstanden worden, weshalb das Buch verboten wurde. Die amüsante Lektüre ist dennoch auf dem Chatuchak-Wochenendmarkt und im Internet zu bekommen.

Exploring Chiang Mai, Oliver Hargreave (Chiang Mai, 2003). In vielen Bildern ist Chiang Mai gut beschrieben, zahlreiche korrekte Karten und Routenbeschreibungen regen zu Ausflügen im Umkreis von 100 km an. (Vergriffen.)

Kosmos NaturReiseführer Thailand, Andrea Kath und Jörg & Annette Braun-Lüllemann (Kosmos Verlag, Stuttgart 2001). Auf 286 Seiten wird der Naturraum Thailands ausführlich dargestellt und mit farbigen Fotos und Karten illustriert. (Vergriffen.)

Lanna. Thailand's Northern Kingdom, Michael Freeman (River Books, Bangkok 2001). Ansprechend bebilderter Reiseführer zu den schönsten Tempeln im Norden Thailands.

National Parks and other Wild Places of Thailand, Stephen Elliott und Gerald Cubitt (New Holland Publishers, Australien 2006). Ausführliche Beschreibung aller Nationalparks, fantastische Fotos, viele praktische Tipps. Aufgrund des Formats als praktischer Wanderführer wenig geeignet.

Polyglott APA Guide Thailand, Andrew Forbes u. a. (Polyglott Verlag, München 2010). Ein Reiseführer mit schönen Bildern und ausführlichen Routenbeschreibungen in Deutsch und Englisch. Wenig praktische Tipps!

Reise-Handbuch Thailand, Renate Loose (DuMont Reiseverlag, Stuttgart 2010). Hintergrundinformationen über das buddhistische Land. Außerdem zahlreiche Fotos und Routentipps über die wichtigsten Reiseziele in Thailand.

Landkarten und Pläne

... über Thailand

Nelles Map Thailand 1 : 1 500 000 (Nelles Verlag, München). Sehenswürdigkeiten sind markiert, Grundlage ist eine topographische Karte mit angenehmem Maßstab. 9 Stadtpläne und Detailkarten.

Thailand Highway Map 1 : 1 100 000 (Roads Association of Thailand, Hrsg.; PN Map Center, Bangkok). Der zurzeit umfangreichste Straßenatlas Thailands in Thai und Englisch, brauchbar für Haupt- und Nebenrouten. Viele Stadtpläne. Leider ist der Ortsindex nur in Thai. Erscheint jährlich neu und ist nur in Thailand erhältlich.

thinknet Bilingual Map Of ... (ThinkNet Co.; Bangkok). Hervorragend recherchierte Serie von Atlanten und Karten (auch digital) über Thailand und einzelne Regionen. Zweisprachig (Englisch/Thai) sind u. a. Karten zum Norden, Nordosten, Zentrum, Süden, zur Ostküste, eine Walk Map of Bangkok und Walk Map of Ayutthaya sowie diverse Mini Maps und digitale Karten erschienen.
🖥 www.thinknet.co.th.

... über Bangkok

Bangkok & Vicinity A to Z Atlas (PN Map Center, Bangkok). 120-seitiger Stadtatlas, sehr detailliert und präzise, aber nur mit Thai-Straßenindex.

Map of Bangkok (Nancy Chandler Graphics 2009). Grafisch hübsch gestaltete, handgezeichnete Karten von den interessantesten Märkten und Einkaufsvierteln mit eingezeichneten Geschäften, Restaurants, Sehenswürdigkeiten.

thinknet Bangkok Bus Guide. Brauchbarer Bangkok-Stadtplan mit eingezeichneten Busrouten, den es in vielen Gästehäusern und Buchläden in Bangkok zu kaufen gibt.

Filme

Anna und der König (1999)
In dem in Thailand wegen Majestätsbeleidigung verbotenen Remake spielt Jodie Foster die Rolle der englischen Lehrerin Anna Leonowens am Hof von König Mongkut. Die Romanvorlage wurde bereits 1951 als Musical mit Yul Brynner und Deborah Kerr verfilmt. Das Beeindruckendste am Remake sind die Kostüme.

Bangkok Dangerous (2009)
Hollywood-Remake eines erfolgreichen thailändischen Films mit Nicolas Cage in der Hauptrolle. Der Auftragskiller Joe wird von der Thai-Mafia in Bangkok angeheuert. Als er einen Politiker umbringen soll, beginnt er zu zweifeln.

Die Brücke am Kwai (1957)
Mit sieben Oscars prämierter, von David Lean verfilmter Klassiker über das Leben im Kriegsgefangenenlager und den Bau der Brücke über den River Kwai während des Zweiten Weltkriegs. Mit Alec Guinness in der Rolle des Colonel Nicholson.

Hangover 2 (2011)
In dieser US-amerikanischen Komödie von Todd Phillips reist Stu mit seinen Freunden nach Thailand, um in Krabi seine Hochzeit mit Lauren zu feiern. Nach einem Trinkgelage wachen sie mit einem Blackout in einem schmutzigen Hotel in Bangkok auf. Die folgenden chaotischen Ereignisse sind weitgehend an den erfolgreichen ersten Teil angelehnt.

Ong-bak (2003)
In einem der erfolgreichsten Thai-Filme versucht ein junger Mann vom Land einen geraubten Buddhakopf in Bangkok wiederzufinden. Dort gerät er in eine Szene, die illegale Wettkämpfe und Wetten organisiert und wo er seine Fähigkeiten als Thai-Boxer unter Beweis stellt.

The Beach (2001).
Der Traveller-Roman des britischen Autors Alex Garland wurde auf Ko Phi Phi Le und im Khao Yai-Nationalpark mit Leonardo di Caprio in der Hauptrolle verfilmt.

Weitere Filme, die in Thailand gedreht wurden:
Der Glückselefant - Khans großes Abenteuer (2006)
Brokedown Palace (1999)
Bridget Jones – Am Rande des Wahnsinns (2004)
Hotel Very Welcome (2007)

Wichtige Reiseziele in Thai-Schrift

Ang Sila	อ่างศิลา
Ang Thong Marine National Park	หมู่เกาะอ่างทอง
Ayutthaya	อยุธยา
Ban Mae Hat	บ้านแม่หาด
Bang Pa In – Der Sommerpalast	พระราชวังบางปะอิน
Ban Phe	บ้านเพ
Bang Saen	บางแสน
Bang Sai	บ่างไทร
Bang Saphan	บ่างสะพาน
Bangkok	กรุงเทพฯ
Cha-am	ชะอำ
Chaiya	ไชยา
Chantaburi	จันทบุรี
Chonburi	ชลบุรี
Chumphon	ชุมพร
Damnoen Saduak	ดำเนินสะดวก
Hat Yai	หาดใหญ่
Hua Hin	หัวหิน
Kaeng Krachan National Park	สวนอุทยานแก่งกระจาน
Kanchanaburi	กาญจนบุรี
Khanom	ขนอม
Khao Lak	เขาหลัก
Khao Sam Roi Yot National Park	สวนอุทยานเขาสามร้อยยอด
Khao Sok National Park	สวนอุทยานเขาสก
Khung Wiman	คุ้งวิมาน
Ko Bulon Lae	เกาะบูลอนเล
Ko Chang	เกาะช้าง
Ko Hai	เกาะไห
Ko Kradan	เกาะกระดาน
Ko Lanta	เกาะลันตา
Ko Libong	เกาะลิบง
Ko Mak	เกาะหมาก
Ko Mook/Ko Muk	เกาะมุก
Ko Nang Yuan	เกาะนางยวน
Ko Pha Ngan	เกาะพงัน
Ko Phayam	เกาะพะยาม
Ko Phi Phi	เกาะพีพี
Ko Rok	เกาะรอก
Ko Samet	เกาะเสม็ด
Ko Samui	เกาะสมุย

Ko Sukon	เกาะสุกร
Ko Tao	เกาะเต่า
Ko Wai	เกาะหวาย
Krabi	กระบี่
Laem Ngop	แหลมงอบ
Laem Sadet	แหลมเสด็จ
Laem Son National Park	สวนอุทยานแหลมสน
Nakhon Sawan	นครสวรรค์
Nakhon Si Thammarat	นครศรีธรรมราช
Nathon	หน้าทอน
Padang Besar	ปาดังเบซา
Pakbara	ปากบารา
Pattaya	พัทยา
Phang Nga	พังงา
Phattalung	พัทลุง
Phetchaburi	เพชรบุรี
Phuket	ภูเก็ต
Prachuap Khiri Khan	ประจวบคีรีขันธ์
Ranong	ระนอง
Ratchaburi	ราชบุรี
Rayong	ระยอง
Samphran	สามพราน
Samut Prakan	สมุทรปราการ
Satun	สตูล
Si Racha	ศรีราชา
Sichon	สิชล
Similan-Inseln	หมู่เกาะสิมิลัน
Songkhla	สงขลา
Sungai Golok	สุไหงโกลก
Surat Thani	สุราษฎร์ธานี
Surin-Inseln	หมู่เกาะสุรินทร์
Takua Pa	ตะกั่วป่า
Tarutao National Park	สวนอุทยานเกาะตะรุเตา
Thong Sala	ท้องศาลา
Trang	ตรัง
Trat	ตราด
Wangprachan	วังปราจัน
Wat Khao Sukim	วัดเขาสุกิม
Wat Phailom	วัดไผ่ล้อม
Wat Suan Moke	วัดสวนโมกข์

Wichtige Reiseziele in Thai-Schrift

Anhang

Züge Richtung Süden

Zugnummer	EXP SP DRC 43	DRC 261	RAP 171	EXP SP 35	EXP SP 37	RAP 169	EXP 83	RAP 173	RAP 167	EXP 85	EXP SP DRC 39-41	EXP 953	ORD 257	ORD 259
Klasse	2	3	2-3	1-2	1-2-3	2-3	1-2-3	2-3	2-3	1-2-3	2	2	3	3
Bangkok	08.05	09.20	13.00	14.45	15.10	15.35	17.05	17.35	18.40	19.30	22.50	.	.	.
Thonburi	.	.	.	.	.	.	.	.	.	.	.	.	07.45	13.55
N. Pathom	09.17	10.46	14.42	16.08	16.39	17.17	18.29	19.09	20.11	20.54	00.03	.	08.53	14.54
Kanchanaburi	.	.	.	.	.	.	.	.	.	.	.	.	10.50	16.19
Nam Tok	.	.	.	.	.	.	.	.	.	.	.	.	12.35	18.30
Ratchaburi	09.55	11.43	15.25	16.53	17.28	18.18	19.13	20.03	20.55	21.40	00.42	.	.	.
Phetchaburi	10.28	12.34	16.07	.	18.14	19.12	.	20.45	21.32	22.24	01.14	.	.	.
Hua Hin	11.11	13.35	17.10	18.21	19.08	20.11	20.43	21.37	22.20	23.19	02.13	.	.	.
Prachuap K.K.	12.08	.	18.25	.	20.27	21.37	.	22.56	23.34	00.45	03.22	.	.	.
Ban Krut	12.47	.	.	.	.	22.27	.	23.56	00.32	.	04.18	.	.	.
Chumphon	14.28	.	21.01	21.47	23.22	00.35	01.10	02.29	03.05	03.47	05.47	.	.	.
Lang Suan	15.16	.	22.18	.	.	01.54	.	03.38	04.10	04.52	06.48	.	.	.
Surat Thani	16.30	.	00.05	00.40	01.53	03.18	04.02	05.14	05.51	06.27	08.11	.	.	.
Thung Song	.	.	02.14	02.37	03.44	05.26	06.13	08.06	08.31	09.11	09.46	.	.	.
Trang	.	.	.	.	.	.	07.55	09.35	10.20	10.35	.	.	.	.
Nakhon Si Thammarat	.	.	.	.	.	.	.	.	.	.	.	.	.	.
Hat Yai	.	.	05.36	06.27	07.13	09.07	.	.	.	.	12.27	14.20	.	.
Yala	.	.	08.42	.	09.25	11.20	.	.	.	.	14.25	.	.	.
Sungai Golok	.	.	10.45	.	11.25	.	.	.	.	.	.	.	.	.
Padang Besar.	.	.	.	07.55	.	.	.	.	.	.	.	15.15	.	.
Butterworth	.	.	.	11.55	.	.	.	.	.	.	.	21.30	.	.

Zugnummer	RAP 174	EXP 168	EXP 954	EXP SP DRC 42+44	RAP 86	RAP 170	EXP 84	RAP 172	EXP SP 36	EXP SP 38	DRC 262	EXP SP DRC 40	ORD 260	ORD 258
Klasse	2-3	1-2-3	2	2	2-3	2-3	1-2-3	2-3	1-2-3	1-2	3	2	3	3
Butterworth	.	.	06.34	.	.	.	.	.	13.15	.	.	.	.	.
Padang Besar	.	.	09.00	.	.	.	.	.	17.40	.	.	.	.	.
Sungai Golok	.	.	.	14.55	.	.	.	11.30	.	14.20	.	.	.	.
Yala	.	.	.	.	.	12.35	.	13.18	.	16.06	.	.	.	.
Hat Yai	.	.	09.50	16.20	.	14.35	.	15.26	18.45	18.05	.	.	.	.
Nakhon Si T.	13.00	.	.	.	15.00	.	17.20	.	.	.	.	.	.	.
Trang	.	13.25	.	.	.	.	.	.	.	.	.	.	.	.
Thung Song	14.20	15.10	.	18.49	16.16	18.08	19.02	19.16	21.32	21.19	.	10.40	.	.
Surat Thani	16.46	17.30	.	20.25	18.22	20.02	20.47	21.07	23.17	23.25	.	.	.	.
Lang Suan	18.18	19.12	.	21.33	19.44	21.29	.	22.39	.	.	.	11.52	.	.
Chumphon	19.24	20.28	.	22.31	20.44	23.31	23.24	00.01	01.57	02.32	.	12.46	.	.
Ban Krut	21.21	.	.	.	.	.	.	.	.	.	.	14.24	.	.
Prachuap K.K.	22.30	23.36	.	00.47	00.04	02.42	.	03.04	.	05.06	.	15.04	.	.
Hua Hin	00.13	01.04	.	01.45	01.19	04.11	03.38	04.30	05.47	06.23	14.10	16.01	.	.
Phetchaburi	01.17	01.59	.	02.36	02.21	05.09	.	05.27	.	.	15.11	16.44	.	.
Rachaburi	02.09	02.45	.	03.11	03.19	05.59	05.22	06.19	07.24	08.02	16.02	17.32	.	.
Nam Tok	.	.	.	.	.	.	.	.	.	.	.	.	05.20	12.55
Kanchanaburi	.	.	.	.	.	.	.	.	.	.	.	.	07.12	14.37
N. Pathom	03.04	03.37	.	03.57	04.13	07.00	06.31	07.16	08.18	08.54	17.19	18.17	09.01	16.27
Thonburi	.	.	.	.	.	.	.	.	.	.	.	.	10.10	17.35
Bangkok	04.45	05.20	.	05.40	06.05	09.00	08.25	09.25	09.55	10.30	19.05	19.45	.	.

Anhang

Die wichtigsten Züge Richtung Osten

Zugnummer	ORD 275	ORD 283*	ORD 281	DRC 279	DRC 277
Bangkok	05.55	06.55	08.00	13.05	15.25
Chachoengsao	07.40	08.59	09.32	14.21	16.44
Prachinburi	08.58	.	10.46	15.22	17.41
Kabinburi	09.48	.	11.35	16.12	18.20
Aranyaprathet	11.35	.	.	17.35	.
Chonburi	.	09.49	.	.	.
Pattaya	.	10.35	.	.	.

Zugnummer	ORD 278	DRC 280	DRC 282	ORD 276	ORD 284*
Pattaya	.	.	.	.	14.21
Chonburi	.	.	.	.	15.21
Aranyaprathet	.	06.40	.	13.55	.
Kabinburi	06.30	08.23	12.25	15.39	.
Prachinburi	07.19	09.21	13.16	16.30	.
Chachoengsao	08.31	10.22	14.29	18.00	16.20
Bangkok	10.15	12.05	16.00	19.55	18.25

Alle Züge 3. Klasse, * verkehrt Mo–Fr

Index

A

Aids 795
Aktivitäten 68
Allergien 793
Amphawa 227
Amphibien 101
Ang Thong-Archipel 378
Ang Thong Marine National Park 484
Anreise 38
Ao Bang Charu 406
Ao Bang Kao 480
Ao Bang Tao 607
Ao Chalok Ban Kao 393
Ao Chalong 578
Ao Cho 287
Ao Hat Thong 462
Ao Hin Khok 286
Ao Hin Lor 439
Ao Hin Wong 398
Ao Jansom 389
Ao June Juea 393
Ao Karang 288
Ao Karon Noi 593
Ao Khao Kwai 531
Ao Kiu Na Nok 288
Ao Klong Chao 327
Ao Klong Jak 694
Ao Kratueng 324
Ao Kwang Peeb 531
Ao Lamai 473
Ao La Nah 674
Ao Lang Khaai 396
Ao Leuk 396
Ao Mae Hat 383, 422
Ao Mai Pai 695
Ao Makham 577
Ao Mamuang 398
Ao Nai Wok 411
Ao Nam Mao 641
Ao Noina 286
Ao Nuan 287
Ao Nui 674
Ao Nun 711
Ao Pai Plong 653
Ao Pangka 480
Ao Phai 287
Ao Phrao 285, 286
Ao Pudsa 287
Ao Ran Ti 673
Ao Sai Daeng 395
Ao Sang Thian 288
Ao Siad 525
Ao Ta Daeng 524
Ao Tanote 396
Ao Tha Len 661
Ao Thian 395
Ao Thong Nai Pan 426
Ao Thong Ta Khien 472
Ao Thong Yi 493
Ao Ton Sai 650
Ao Tubtim 287
Ao Wai 288
Ao Wiang Wan 286
Ao Wongduan 287
Ao Yai (Ko Chang) 521
Ao Yai (Ko Phayam) 529
Asienkrise 116
Außenpolitik 115
Auslandsreise-Krankenversicherung 54
Ausrüstung 54
Ayutthaya 109, 255
Ayutthaya Historical Study Center 255

B

Bamboo Bay (Ko Lanta) 695
Bambuswälder 100
Ban Ao Noi 358
Ban Chaloklum 423
Ban Chuen Beach 300
Ban Kai 439
Ban Kao 247
Ban Kamala 602
Ban Khok Wua 504 Bang Bao Beach 315
Ban Ko Lanta 682
Ban Krong 336
Ban Krut 362
Ban Laem Trong 666
Ban Mae Hat 383
Ban Na Dan 286
Ban Phu Klom Beach 688
Ban Saladan 680
Ban Sang-Ga-U 683
Ban Sri Thanu 414
Ban Tai 439
Ban Tha Kha 226
Ban Thong Nai Pan 427
Bang Nok Kwaek 227
Bang Pa In 254
Bang Sai 254
Bang Saphan 366
Bang Tao 607
Bangkok 129
   Ananta Samakhom-Thronhalle 138
   Bang Bua Thong 150
   Banglampoo 136
   Childrenís Discovery Museum 150
   Chinatown 143
   Chinesische Märkte und Tempel 144
   Dusit 137
   Dusit-Zoo 139
   Einkaufen 201
   Erawan-Schrein 148
   Essen 177
   Expressboote 216
   Gerichtsmed. Institut 140
   Golden Mount 142
   Hua Lamphong 144
   Informationen 209
   Jim Thompson-Haus 147
   Kamthieng House 149
   Khaosan Road 137
   Königliche Barken 140
   Königspalast 131
   Ko Kret Ban 150
   Kuan-Im-Palast 151
   Kunst und Kultur 198
   Lak Muang-Schrein 136
   Linienboote 216
   Loha Prasat 142
   Lumphini Park 146
   Medizinische Hilfe 210
   Mueseum of Siam 134
   Nationalgalerie 135
   Nationalmuseum 134
   Nationaltheater 135
   Old Siam Plaza 143
   Oriental Hotel 145

Orientierung 130
Pahurat-Markt 143
Patpong 191
Phra Sumen Fort 136
Pratunam 148
Queenís Park 149
Rare Stone Museum 151
Ratchdamnoen Road 141
Sanam Luang 135
Schlangenfarm 146
Siam Paragon 147
Siam Square 146
Silom Road 145
Silpakorn-Universität 135
Skytrain 213
Southeast Asian Creamics
   Museum 151
Stadtbusse 214
Suan Chatuchak Weekend
   Market 149
Suan Pakkard-Palast 148
Sukhumvit Road 148
Suvarnabhumi Airport 222
Taxis 215, 216
Thammasat-Universität 135
Thonburi 140
Touren 212
Transport (Weiterreise) 217
Tuk Tuks 216
U-Bahn 214
Übernachtung 151
Unterhaltung 190
Vimanmek Mansion 137
Wat Arun 141
Wat Benchamabopitr 139
Wat Bowonniwet 136
Wat Indraviharn 136
Wat Mahathat 135
Wat Pho 132
Wat Phra Keo 136
Wat Ratchabophit 143
Wat Ratchanatda 142
Wat Suthat 142
Wat Traimit 144
Banken 53
Bankkarten 53
Batik 772
Bücher 799
Bäckereien 45

Benzin 36, 81
Betrügereien 68
Betteln 88
Bettwanzen 87, 795
Bevölkerung 106
Bhumipol, König 114
Big Buddha 460
BIP 116
Blutegel 72, 795
Bo Phloi 252
Bo Rai 300
Boote 80
Bootstouren 68
Botschaften 40
Brandrodung 105
Brücke am Kwae 235
Briefe 64
Buddhastatuen 125
Buddhismus 119
Bueng Chawak 253
Buraphachollathit Road 290
Burau Bay 739
Busse 78

C
Cafés 45
Camping 87
Cha-Am 338
Chaek Bae 317
Chaiya 486
Chakri-Dynastie 110
Chaloem Rattanakosin
   National Park 252
Chalong 578
Chantaburi 291
Chao Lao 291
Chao Mai National Park 700
Chikungunya-Fieber 793
Cholera 793
Chompon-Höhle 232
Chonburi 270
Chulalongkorn, König
   (reg. 1868–1910) 110
Chumphon 370
Coffeeshops 44
Coral Cape 556
Coral Cove 471
Coral Island 617
Crystal Bay (Patong) 594

D
Damnoen Saduak 226
Dan Kao 317
Dan Mai 317
Datai 741
Demokratische Erneuerung
   112
Denguefieber 793
Deutsche Welle 63
Diamond Beach (Ko Samet)
   284
Diebstahl 68
Drogen 88
Durchfälle 794

E
Edler Achtfältiger Pfad 120
Einbruch 68
Einkaufen 42
Einreiseformalitäten 94
Einwohnerzahl 106
Eisenbahn 77
Eisenbahn des Todes 236, 245
Elefanten 27, 101, 580
Elektrizität 62
E-Mail 60
Erawan National Park 250
Erosion 104
Essen 43, 58
Essenstände 44

F
Fahrräder 83
Fauna 99
Feiertage 50
Ferienwohnungen 87
Fernsehsender 63
Feste 24, 50
Figuren, mythologische 126
Filme 804
Fishermanís Village 458
Fläche 98
Flüge 38
   international 38
   nationale 76
   online buchen 39
Flora 99
Food Center 44
Frauen 52

Früchte 47
Freedom Beach (Patong) 594
Fremdenverkehrsämter 59

G

Geisterglaube 121
Geisterhäuschen 126
Geld 52
Geografie 98
George Town (Penang-Stadt)
   Air Itam 752
   Botanischer Garten 752
   Kek Lok Si-Tempel 752
   Penang Hill (Bukit Bendera) 753
   Street of Harmony 748
   Zentrum 748
Gepäck 54
Geschichte 108
Geschlechtskrankheiten 794
Gesundheit 56
Getränke 49
Gewürze 46
Goethe-Institut (Bangkok) 199
Golf 69
GPS 81
Grenzübergänge 38, 728
   Thailand – Kambodscha 330
   Thailand – Malaysia 39, 728, 739, 779
   Thailand – Myanmar 39, 519
Gunung Mat Cincang 739

H

Had Sirinath Marine National Park 611, 613
Handeln 88
Handys 74
Hat Bang Burd 369
Hat Bang Niang 553
Hat Chang Lang 701
Hat Chao Mai 701
Hat Chao Pao 415
Hat Chaweng 464
Hat Choeng Mon 462
Hat Hin Kong 413
Hat Kai Bae 312
Hat Kai Mook 307
Hat Kantiang 693
Hat Karon 590
Hat Kata 584
Hat Kaw Kwang 683
Hat Khom 424
Hat Klong Dao 683
Hat Klong Khong 689
Hat Klong Muang 660
Hat Klong Nin 690
Hat Klong Prao 308
Hat Kruat 419
Hat Laem Niad 414
Hat Laem Sala 356
Hat Laem Sing 602
Hat Laem Thong 674
Hat Layan 609
Hat Lek 300, 557
Hat Mae Nam 452
Hat Mai Khao 613
Hat Mittrapab 578
Hat Nacha 602
Hat Na Dan 493
Hat Nai Thon 609
Hat Nai Yang 611
Hat Namtok 431
Hat Nang Thong 549
Hat Nopparat Thara 658
Hat Nui 583
Hat Pak Meng 700
Hat Pakweep 556
Hat Pansea 605
Hat Paradonpab 374
Hat Patong 593
Hat Phra Ae 686
Hat Rin 433
Hat Sai Kaew 284, 286
Hat Sai Kao 303
Hat Sai Keaw 613
Hat Sai Nuan 392
Hat Sai Ri 374, 389
Hat Salad 420
Hat Sam Roi Yot 354
Hat San 701
Hat Santi 482
Hat Sirinath Marine National Park 609
Hat Son 416
Hat Sri Thanu 414
Hat Suan Son 352
Hat Surin 605
Hat Thian (West) 419
Hat Thien 431
Hat Thung Wua Laen 374
Hat Tub Kaek 660
Hat Wai Nam 431
Hat Wok Tum 413
Hat Yai 507
Hat Yang 431
Hat Yanui 583
Hat Yao 662, 672, 701, 704
Hat Yao (East) 431
Hat Yao (West) 417
Hat Yong Ling 701
Hat Yuan 431
Hauterkrankungen 794
Hellfire Pass 250
Helmpflicht 82
Hepatitis 794
Het Nai Plao 493
Höhlen 28, 103
Hin Daeng 707
Hin Muang 707
Hitzschlag 797
HIV 795
Holzschnitzereien 127
Homestays 87
Hongs 103
Hua Hin 342
Hua Thanon 480
Huay Mongkul-Tempel 353

I / J

Immergrüne Regenwälder 99
Inflation 116
Informationen 59
Innenpolitik 115
Insekten 102
Insektenstiche 795
Inseln 24, 378
Internet 60
Isthmus von Kra 521
Japanische Encephalitis 795

K

Kaeng Krachan National Park 336
Kakerlaken 87
Kalender 95
Kalim 594

Kamala 602
Kanchanaburi 235
Kanchandit 488
Karstfelsen 103
Kata-Karon 584
Kata Noi 584
Kata Yai 584
Küche, thailändische 46
Khanom 493
Khao Binn-Höhle 232
Khao Chamao/Khao Wong National Park 283
Khao Laem Ya Samet Marine National Park 284
Khao Lak 547
   Strände 547
   Lamru National Park 557
Khao Ngu-Berge 232
Khao Phanom Bencha National Park 633
Khao Phra Taeo Wildlife Park 614
Khao Sam Roi Yot National Park 355
Khao Soi Dao Wildlife Sanctuary 295
Khao Sok National Park 540
Khao Tao 352
Khitchakut National Park 295
Khlong Yai 300
Khuk Khak 556
Khung Wiman 291
Khura Buri 538
Kinder 60
Kinderlähmung 796
Kleidung 54, 90
Klima 58
Klimawandel 38
Klong Kloy Beach 315
Klong Son 303
Königsfamilie 114
Königshaus 90
Ko Adang 720
Ko Bangu 535
Ko Bon 535
Ko Bubu 695
Ko Bulon Lae 711
Ko Chan 288
Ko Chang (Andamanensee) 521

Ko Chang (Golf von Thailand) 301
Ko Chang Marine National Park 301
Ko Ha 503, 535, 707
Ko Hai 702
Ko Hin Ngam 721
Ko Hin Pousar 535
Ko Hong-Archipel 632
Ko Huyong 535
Ko Jabang 721
Ko Jum 662
Ko Katen 480
Ko Kham 326
Ko Kho Khao 537
Ko Klang 640
Ko Kood 327
Ko Kradaat 330
Ko Kradan 706
Ko Lanta 676
Ko Lanta Marine National Park 678
Ko Lanta National Park 702
Ko Lao Liang 709
Ko Lao Ya 330
Ko Lao Ya Klang 330
Ko Lao Ya Nok 330
Ko Libong 708
Ko Lipe 713
Ko Lone 578, 617
Ko Loy 271
Ko Maa Chuu 632
Ko Mae 484
Ko Mai Thon 617
Ko Mak 323
Ko Maphrao 374
Ko Mat Sum 480
Ko Mattra 376
Ko Meang 535
Ko Mook 704
Ko Muk 704
Ko Naka Noi 620
Ko Naka Yai 620
Ko Nang Yuan 399
Ko Ngai 702
Ko Ngam Noi 376
Ko Ngam Yai 376
Ko Panyi 632
Ko Payan 535

Ko Payu 535
Ko Petra National Park 711
Ko Pha Ngan 400
Ko Phayam 526
Ko Phi Phi 665
Ko Phrao Nai 330
Ko Phrao Nok 330
Ko Pu 585, 662
Ko Rab 480
Ko Racha Noi 617
Ko Racha Yai 617
Ko Rang 330
Ko Rang Yai 620
Ko Rawi 721
Ko Rayang 326
Ko Rayang Nai 326
Ko Rayang Nok 326
Ko Rok 707
Ko Samet 284
Ko Samui 442
Ko Si 503
Ko Si Boya 662
Ko Similan 535
Ko Similan National Park 535
Ko Siray 566
Ko Sire 566
Ko Sukon 709
Ko Surin National Park 534
Ko Tachai 535
Ko Taen 480
Ko Tao 381
Ko Tarutao 720
Ko Thalu 369, 376
Ko Thong Lang 376
Ko Thung Nang Dam 538
Ko Tong 702
Ko Wai 323
Ko Yang 721
Ko Yao Noi 622
Ko Yao Yai 620
Kochbücher 803
Kochkurse 23, 69, 241, 319, 436, 456, 470, 572, 590, 637, 648
Konsulate 40
Korallenriffe 104
Korruption 91
Kota Bharu 770
Krabi-Stadt 633

Krabi, vorgelagerte Inseln 662
Kreditkarten 53
Körpersprache 90
Küsten 103
Kuah 729
Kuala Kedah 744
Kuala Perlis 743
Kui Buri National Park 356
Kunstepochen 123
Kunsthandwerk 126

L

Lackarbeiten 127
Laem Ka 578
Laem Mae Phim 290
Laem Ngop 300
Laem Sing 296
Laem Son National Park 533
Laem Thian 397
Lam Pan 503
Landkarten 804
Landwirtschaft 117
Langzeitaufenthalte 94
Lebenserwartung 106
Lesben 67
Literatur 799
Lohnniveau 116
Loi Krathong 24, 52
Lonely Beach (Ko Chang) 313
Long Beach (Ko Lanta) 686
Long Beach (Ko Phi Phi) 672
Lärm 91
Luangta Bua Yannasampanno Forest Monastery 247

M

Maße 62
Mahsuri, Prinzessin 742
Mai Khao 613
Mai pen rai 90
Makam Mahsuri 741
Makha Bucha 24, 51
Malaria 795
Mango Bay 398
Mangrovenwälder 100
Medien 62

Meditieren 69
  Buddhistische Zentren in Bangkok 198
  Meditationsklöster 122
Medizinische Versorgung 58
Medizintourismus 58
Meerestiere 796
Mietwagen 81
Minderheiten, ethnische 106
Minibusse 80
Mlabri 109
Mobilfunk 74
Mongkut, König (reg. 1851–68) 110
Monkey Training Center, Surat Thani 488
Monsun 33
Monsunwälder 100
Moskitos 88
Motorradtaxis 83
Motorräder 82
Mountainbikes 83
Muang Boran 271
Muang Sing 247
Muay Thai 69, 198, 479, 581, 688
Mudra 125
Mu Ko Chumphon National Park 376
Mu Ko Ra - Ko Phra Thong National Park 539
Musik 128

N

Nahverkehr 83
Nai Harn 583
Na Khai Cove 480
Nakhon Pathom 233
Nakhon Si Thammarat 496
Nam Tok 248
Nam Tok Khlong Khaew National Park 300
Nathon 448
Nationalparks 28
Nationalparks, Reservate und Schutzgebiete 64
  Ang Thong Marine National Park 484

Chaloem Rattanakosin National Park 252
Chao Mai National Park 700
Had Sirinath Marine National Park 611
Hat Sirinath Marine National Park 609
Kaeng Krachan National Park 336
Khao Chamao/Khao Wong National Park 283
Khao Laem Ya Samet Marine National Park 284
Khao Lak-Lamru National Park 557
Khao Phanom Bencha National Park 633
Khao Sam Roi Yot National Park 355
Khao Soi Dao Wildlife Sanctuary 295
Khao Sok National Park 540
Khitchakut National Park 295
Ko Chang Marine National Park 301
Ko Lanta Marine National Park 678
Ko Petra National Park 711
Ko Similan National Park 535
Ko Surin National Park 534
Kui Buri National Park 356
Laem Son National Park 533
Mu Ko Chumphon National Park 376
Mu Ko Ra – Ko Phra Thong National Park 539
Nam Tok Khlong Khaew National Park 300
Phlio National Park 295
Pranburi Forest Park 353
Sri Nakharin National Park 251
Sri Phang Nga National Park 539
Tarutao National Park 719

Thale Noi-Wasserschutzpark 503
Than Boke Khorani National Park 632
Naturattraktionen 28
Naturführer 802
Naturschutz 105
Neujahr, chinesisches 24, 51
Neujahr, thailändisches 51
Nirvana 120
Nord-Malaysia 727
Notfälle 798
Notrufnummern 54, 74

O / P
Öffnungszeiten 64
Paddeln 69
Pakbara 721
Pakete 66
Pak Nam Pran 353
Pala U-Wasserfall 353
Pantai Cenang 735
Pantai Tengah 735
Panwa-Halbinsel 577
Paradise Beach (Ko Samet) 285
Paradise Beach (Patong) 594
Paratyphus 797
Pasir Mas 779
Pattaya 272
Pearl Beach (Ko Chang) 307
Penang (Insel) 744
  Batu Ferringhi 765
  Butterfly Farm 765
  George Town 746
  Norden 763
  Penang National Park 765
  Süden 769
  Teluk Bahang 765
  Teluk Bahang Forest Park (Taman Rimba) 766
  Tropical Spice Garden 765
Penang Laksa 756
Perhentian Besar 780
Perhentian Kecil 782
Phang Nga-Bucht 560, 631
Phang Nga-Stadt 628
Phattalung 500

Phetchaburi 332
  Grotten und Höhlen 334
  Phra Nakhon Khiri-Palast 333
  Phra Ram Ratchaniwet 334
  Übernachtung 335
  Wats 333
Phlio National Park 295
Phuket FantaSea 605
Phuket, Insel 577
Phuket-Stadt 563
  Aktivitäten 571
  Altstadt 565
  Außerhalb der Innenstadt 566
  Einkaufen 570
  Essen 568
  Informationen 573
  Nahverkehr 574
  Touristenpolizei 574
  Transport 575
  Übernachtung 566
  Unterhaltung 570
Pilzinfektionen 796
Plaaylam 412
Poliomyelitis 796
Politik 114
Porto 66
Poseidon Beach (Khao Lak) 557
Post 64
Poste restante 66
Postkarten 64
Prachuap Khiri Khan 357
Praruesee-Höhle 521
Preiskategorien 84
Preisniveau 36
Presse 63
Provinzen 114
Pulau Langkawi 729
Pulau Perhentian 780

R
Rafting 69
Rai Leh 644
Rajjaprabha-Damm 544
Ranong 514
Rantau Panjang 779
Ratchaburi 229

Rauchen 91
Rawai 581
Rayong 282
Regenzeit 33
Regierung 114
Reis 47, 117
Reiseapotheke 57
Reiseführer 803
Reisegepäckversicherung 93
Reisemedizin 793
Reisende mit Behinderungen 67
Reiserücktrittskostenversicherung 93
Reiserouten 28
Reisezeiten 34
Reiseziele 23
Relax Bay (Phuket) 593
Religion 91
Reptilien 101
Restaurants 44
River Kwai Bridge 235
Romane 799
Routenvorschläge 29

S
Salakhok 317
Salakphet 317
Samlor 83
Sammeltaxis 80
Sa Morakot 641
Sam Phran 226
Samut Prakan 269
Sangha 121
Satun 722
Sawankhalok-Keramik 127
Schlafwagen 78
Schlangen 72, 796
Schlepper 42
Schnorcheln 23, 70
  Khao Lak 552
  Ko Bulon Lae 713
  Ko Chang 321
  Ko Hai 703
  Ko Pha Ngan 404
  Ko Yao Yai 622, 626
  Phuket 561, 590
  Rund um Ko Lanta 679

Schwule 67
Seidenweberei 127
Shark Bay 395
Shopping 23, 42, 201
Si Phang Nga National Park 539
Si Racha 271
Sicherheit 67, 86
Sichon 493
Siddhartha Gautama 119
Silberarbeiten 127
Sirinat Bajini Mangrove Ecosystem Learning Center 353
Sirindhorn, Prinzessin 115
Skorpione 72, 796
Songket 772
Songkhla 504
Songkran 51
Songthaew 83
Sonnenbrand 797
Sport 68
Sprachkurse 73
Sri Nakharin National Park 251
Stadtbusse 84
Strände 24
Stromspannung 62
Säugetiere 101
Sukhothai 109
Sunset Beach (Khao Lak) 557
Suphanburi 252
Surat Thani 488
Susan Hoi 641

T

Tai Chi 69
Takua Pa 536
Taling Ngam 482
Tanz 128
Tarutao National Park 719
Tauchen 23, 25, 70, 400
  Andamanensee 534
  Ang Thong Marine National Park 484
  Khao Lak 552
  Ko Chang 321
  Ko Chang (Andamanensee) 524

Ko Hai 703
Ko Kood 329
Ko Lipe 718
Ko Mak 326
Ko Phan Ngan 416, 419, 424, 428, 429, 437, 438, 460, 462, 463, 470, 478
Ko Phayam 527
Ko Phi Phi 671, 675
Ko Racha Yai 619
Ko Samui 456
Ko Tao 386
Krabi 650, 653
Phuket 561, 580, 590, 593, 600, 604, 608, 610, 613
Pulau Perhentian 788
Rund um Ko Lanta 679
Trang 698
Taxis 84
Telaga Harbour 739
Telaga Tujuh 739, 740
Telefon 73
Teluk Burau 739, 740
Tennis 69
Tetanus 797
Tha Chang 488
Tha Rua 616
Thai Rak Thai 113
Thais 106
Thaksin 113
Thalang 616
Thale Noi-Wasserschutzpark 500, 503
Thale Sap 503
Tha Maphrao 614
Tham Khao Khan Kradai 358
Tham Krasae 248
Tham Than Lot National Park 252
Than Boke Khorani National Park 632
Than Sadet 430
Theater 128
Theravada-Buddhismus 120
Thompson, Jim 147
Thong Krut 480
Thong Sala 406
Thrombose 797

Tiere 101
Toiletten 76
Tollwut 797
Tourismus 118
Trang 695
Transport 76
Trat 296
Trekking 71
Tricks 68, 135, 205
Trinken 43
Trinkgeld 45
Trockenzeit 33
Tropenmedizinische Institute 57
Tropical Spice Garden 765
Tsunami 561
Tuberkulose 797
Tub Tim Beach 300
Tuk Tuks 84
Typhus 797

U

Übernachtung 84
Umwelt 104

V

Verfassung 114
Verhaltenstipps 88
Verkehrsregeln 81
Versicherungen 92
Versicherungspakete 93
Vögel 102
Visa 94
Visakha Bucha 51
Visaverlängerung 95
Vogelgrippe 798
Vorwahlen 74

W

Wai (Begrüßung) 91
Wang Kaeo 290
Wang Po-Viadukt 248
Wasserfälle 28, 103
  Kaeng Krachan National Park 337
  Ko Phan Ngan 402
  Ko Samui 444
  Punyaban-Wasserfall (Umgebung Ranong) 521

Umgebung Hua Hin 353
Umgebung Trat 300
Wassermangel 104
Wassersport 71
Wat 125
Wat Ban Tham 246
Wat Chalong 577
Wat Khanon 233
Wat Khao Chong Phran 233
Wat Khao Sukim 294
Wat Khiam Bang Kaeo 503
Wat Klong Thom Museum 641
Wat Mungkorn Bupparam 295
Wat Nong Hoi 232
Wat Phailom 254
Wat Tham Kao Noi 246
Wat Tham Khao Pun 245
Wat Tham Khwan Muang 371
Wat Tham Mongkorn Thong 246
Wat Tham Sua 246
Wat Tham Sua (Tigerhähle) 641
Wat Uttamaram 779
Websites
  Allgemeine Infos 59
  Behindertenorganisationen 67
  Kreditinstitute 54
  Medien 63
  Reisemedizin 56
  Sprachkurse 73
Wellness 71
White Beach (Khao Lak) 556
White Sand Beach (Ko Chang) 303
Wirtschaft 116
Wälder 99
Wörterbücher 803
Wua Talap 484
Wundinfektionen 798
Wundstarrkrampf 797
Wurmerkrankungen 798

Z
Zeit 95
Zeitverschiebung 95
Zoll 96
Zugkategorien 78

So funktioniert der Loose Travel Club

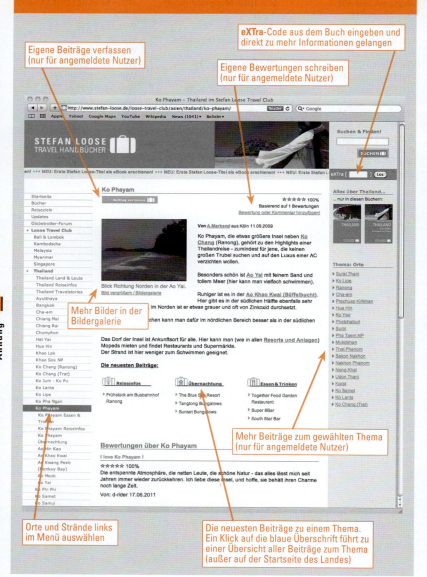

Notizen

Notizen

Notizen

Danksagung

Volker Klinkmüller
Für die Aktualisierung von Pattaya lag es auf der Hand, mal bei Martin Rüegsegger nachzufragen, der als Herausgeber des dort erscheinenden Magazins *Der Farang* stets auf dem neuesten Stand der Dinge ist. Ebenso gilt das für Chefreporter Björn Jahner, der mit seinem fast noch jugendlichen Alter als leidenschaftlicher Szenegänger gern in die Livemusik-Szene des quirligen Seebads einzutauchen pflegt. Für engagierte Recherchehilfe in und um Chantaburi ist Thomas Ruprecht zu danken, der es westlichen Besuchern mit seiner Reiseagentur *Travel & Fun* seit wenigen Jahren ermöglicht, die Reize dieser bisher noch weitgehend unentdeckten Region zu erschließen. Einmal mehr als entscheidend für den Gehalt der Seiten über das Ko Chang-Archipel hat sich James Brunner erwiesen, der als Gründer des *Paloma Cliff Resorts* ebenfalls zu den Tourismus-Pionieren der östlichen Golfküste zählt und dessen Insiderwissen sich in etlichen Passagen widerspiegelt. Ebenso für ihr liebenswürdiges Engagement zu danken ist den Insulanern Carsten Wiegand vom Hausmannskost-Restaurant *Meals & More*, Peter Gaudier als Eigner der beliebten Kreuzfahrt-Jacht *Thai Fun* und Micha(el) Winfried Weber, der von seinem *Top Resort* stets einen guten Überblick über die Geschehnisse auf Ko Chang behält. Zur umfassenden Darstellung Ko Maks hat Yodying Sudhidhanakul beigetragen, der – eines eingesessenen Familien-Dynastie entstammend – mit spannendem Hintergrundwissen aufwarten kann. Ganz besonderer Dank richtet sich an Michael (Mike) Misic als Guesthouse-Besitzer, Trekking- und Tauchführer auf Ko Kood: Vor vielen Jahren schon hat er den unwiderstehlichen Reiz dieser Insel erkannt und als Recherchehelfer auch bei dieser Neuauflage ein unermüdliches Engagement an den Tag gelegt. Prinzipiell unverzichtbar für die Qualität des Ostküsten-Kapitels war einmal mehr die Mitarbeit von Nipaporn Yanklang, die diesem Reiseführer als Einheimische in vielerlei Beziehung eine besondere Note verliehen hat.

A. & M. Markand
An erster Stelle danken wir allen Rezeptionisten, Angestellten und Anlagenbetreibern, die uns ohne zu murren diverse Zimmer zeigten. Auch wenn sie nicht verstanden, warum wir dann doch nicht einzogen, obwohl es uns gefiel, waren sie meist sehr freundlich. Das gilt auch für die Ticketverkäufer und Reisebüromitarbeiter, denen wir Informationen entlockten.
Wir danken zudem unseren unermüdlichen Rechercheuren Marion Meyers und Nicole „Niki" Sonderer, die uns nun bereits das zweite Mal sehr hilfreich zur Seite standen. Unser besonderes Dankeschön gebührt in dieser Auflage Thomas aus Petchaburi für wundervolle Tage und viele Informationen.
Ein ganz spezieller Dank geht an Frau Wildraut und Frau Fracke, ohne deren Hilfe unser „Großer" uns nicht hätte zur Seite stehen können. Besonders gedankt sei dieses Jahr dem „Kleinen", der mit seiner Mama unermüdlich auf Tour gegangen ist.
Nicht zuletzt sei all den Leserbriefschreibern, Updates-Einstellern und Forenteilnehmern gedankt, die nicht nur uns, sondern vor allem die anderen Reisenden mit wichtigen Informationen beliefern. Und ein besonderer Dank an alle Clubmitglieder, die bereits Anlagen und Resorts bewerten, Fotos einstellen und Reisegeschichten erzählen.

Renate und Stefan Loose
Während der Recherche waren uns von großer Hilfe Patchanawan aus Ayutthaya sowie Peep, Phu, Pla, Pang, Mischa Loose, Andrea Bauer und Werner Stolp, die uns auf der Reise begleitet und mitgewirkt haben.

Mischa Loose
Ganz besonders möchte ich meiner thailändischen Familie in Bang Yai für ihre Hilfe und Gastfreundschaft danken: Meine Schwestern Pang, Phu und Pla sind die besten und lustigsten Badmintonpartner der Stadt, und Peep, die beste Köchin weit und breit. Auch Moritz Jacobi, Emily Kerger, Martin Rode und Christian Wachsmuth gilt ein besonderes Dankeschön für die gemeinsame, sehr ereignisreiche Zeit in der thailändischen Hauptstadt und ihre Unterstützung während der Recherche. Weiterhin möchte ich mich bei den hilfsbereiten und freundlichen Mitarbeitern der *Bangkok Tourism Division* und der *Tourist Authority of Thailand* bedanken, die mich mit aktuellen Informationen versorgt haben. Auch Gai, Simon, Smile, Got, Kevin, Alexei, Noot, DJay Buddah, Big Calo, Christina, Tum, Chris, Finn, Kenne, Ten/Jen, Jojo, Joyce, Nadia, Oop vom Siam Ocean World, Pueng, Ping, Aom, Tai vom Siam Niramit und den vielen lustigen Taxifahrern in Bangkoks Straßen, die mich immer sicher an mein Ziel gebracht haben, gilt mein Dank für eine tolle und erfolgreiche Zeit in Bangkok... RUN BKK!

Wir danken allen Leserbrief- Updates und Forenschreibern:
Adi Blaim, Alexander He, Alexandra Blum, Amina Preissler, Andreas Lange, Andreas Orschulik, Anja Junke, Anne Marschall, Benjamin Kemmler, Bernd Teuber, Bodo Henke, Christian Schatz, Christian Wölbert, Christine Peter, Dariusch Arbab, Dieter Meyrl, Dieter Müller, Dietlind und Michael Bruns, Elfriede Schindler, Elmar Sänger, Fredrik Boye, Georg Rudel, Gerhard Tillman, Gisela Hoppe, Harry Clusen, Harry Klusen, Helene Brahm, Hendrik & Kristina Zachmann, Henrik Woelk, Hildrun Weiland, Hilke Grosse, Ines Flamm & Alexander Nagelmann, Inge Striek, Jan Reichenberger, Jana Sontheimer, Jens Voss, Johannes Kebach, Johannes Neuber, Johannes Panschar, Julia Prutscher, Julia Schütte, Jutta Schubert, Katja Menz, Kerstin Härtl, Kerstin Schleif, Manfred Geisberger, Manuel Haering, Manuel Prestele, Marc Hannappel, Mark-Oliver Münster, Markus Bötefür, Markus Freiberger, Markus Wolter, Martin Burger, Matthias Link, Michael Schmidt, Patricia Neugebauer, Petra Höfer, Sabine Schuster, Sebastian Erb, Sebastian Klötzer, Stefan Raab, Thomas Kasper, Tilo Settmacher, Trento Vanessa, Ulrich Albrecht, Ulrich Kölle, Uwe Wagner, Vanessa Trento, Werner Epple, Wolf Gotthilf, Elke Kroiss, Ingrid Mirbeth, Elfriede Schindler, Elke Spilker, Dominique Henrici, Henrik Woelk, Elke Schneider, LUMIXFAN, Susanne Keeding, satyna, Martina & Dieter Ohlhauser, Anja Röder, Silvie & Falk, Markus F., Ulrich Albrecht, Frath, Thewanderer, Sascha, Schokolade55, Gustl, okujawa, Bernd SB, Hildegard und Lothar F., Winfried D., Wieland W., Stephan B., Kerstin.H, Kim Kaiser, Zipper, R. Fi und den vielen vielen anderen mehr, die uns Leserbriefe schrieben, Updates einstellen oder im Forum aktiv sind!

Zudem danken wir Bintang, bei denen alle Arbeitsabläufe koordiniert wurden, besonders bei den Lektoren Oliver Kiesow, Gudrun Raether-Klünker und Jessika Zollikhofer, den Kartografen Katharina Grimm, Anja Krapat und Klaus Schindler, der Layouterin Gritta Deutschmann und vielen anderen für die konstruktive Zusammenarbeit, die diesen Reiseführer erst möglich gemacht hat.

Bildnachweis

Umschlag
laif/hemis.fr/Camille Moirenc: Titelfoto; Longtails, Krabi
Bildagentur Huber/Reinhard Schmid: Umschlagklappe vorn; Gemüsemarkt, Bangkok
iStockphoto/oneclearvision: Umschlagklappe hinten; Fischverkäuferin, Phuket

Farbteil
Nick Chapman/Chaloklum Diving: S. 11 (oben)
Volker Klinkmüller: S. 6, 7
Huber/F. Romiti: S. 8
iStockphoto/Simon Gurney: S. 10
laif/Wolfgang Bellwinkel: S. 2 (unten)
laif/Hemispheres: S. 9 (unten)
laif/Martin Sasse: S. 9 (oben), 13 (mitte)
LOOK/Kay Maeritz: S. 13 (oben)
Renate Loose: S. 2 (oben), 3, 4, 5, 13 (unten), 15, 16
A. & M. Markand: S. 11 (unten)
mauritius images/OM3: S. 14
Mario Weigt: S. 12

Schwarz-Weiß
Volker Klinkmüller: S. 23, 25, 32, 33, 36, 37, 72, 267, 310, 331
Mischa Loose: S. 259
Renate Loose: S. 26, 35, 65, 89, 97, 129, 215, 225, 236, 244, 480, 559, 727, 749, 789
A. & M. Markand: S. 377, 436, 447, 485, 511, 513, 627

Impressum

Thailand Der Süden
Stefan Loose Travel Handbücher
2., vollständig überarbeitete Auflage **2012**
© DuMont Reiseverlag, Ostfildern

Alle Rechte vorbehalten – insbesondere die der Vervielfältigung und Verbreitung in gedruckter Form sowie die zur elektronischen Speicherung in Datenbanken und zum Verfügbarmachen für die Öffentlichkeit zum individuellen Abruf, zur Wiedergabe auf dem Bildschirm und zum Ausdruck beim Nutzer (Online-Nutzung), auch vorab und auszugsweise.

Die in diesem Buch enthaltenen Angaben wurden von den Autoren nach bestem Wissen erstellt und vom Lektorat im Verlag mit großer Sorgfalt auf ihre Richtigkeit überprüft. Trotzdem sind, wie der Verlag nach dem Produkthaftungsrecht betonen muss, inhaltliche und sachliche Fehler nicht vollständig auszuschließen.
Deshalb erfolgen alle Angaben ohne Garantie des Verlags oder der Autoren. Der Verlag und die Autoren übernehmen keinerlei Verantwortung und Haftung für inhaltliche und sachliche Fehler. Alle Landkarten und Stadtpläne in diesem Buch sind von den Autoren erstellt worden und werden ständig überarbeitet.

Gesamtredaktion und -herstellung
Bintang Buchservice GmbH
Zossener Str. 55/2, 10961 Berlin
www.bintang-berlin.de
Redaktion: Oliver Kiesow, Gudrun Raether-Klünker, Jessika Zollickhofer
Karten: Katharina Grimm, Anja Krapat, Mischa Loose, Klaus Schindler
Grafisches Konzept: Groschwitz, Hamburg
Layout und Herstellung: Gritta Deutschmann
Farbseitengestaltung: Anja Linda Dicke
Umschlaggestaltung: Anja Linda Dicke

Printed in China

www.stefan-loose.de/thailand

Kartenverzeichnis

Reiserouten 29–31
Klimadiagramme 34

Ayutthaya 256
Ban Krut 363
Bang Saphan 367
Bang Saphan, Umgebung 369
Bangkok 152/153
  Banglampoo 162/163
  Historisches Zentrum 154/155
  Sathorn und Silom 156/157
  Siam und Pratunam 158/159
  Sukhumvit 160/161
  Thewet 164
  Umgebung 228
Cha-Am 339
Chantaburi 292
Chumphon 371
  Umgebung 375
George Town (Penang) 745
  Zentrum 750/751
Hat Yai 509
Hua Hin 344
  Umgebung 353
Inseln im Golf 379
Kanchanaburi 237
Khanom, Hat Nai Plao 494
Khao Lak 548
  Hat Bang Niang / Hat Nang Thong 551
Khao Sok National Park 541
Ko Chang (Andamanensee) 523
Ko Chang 302/303
  Klong Prao / Kai Bae Beach 309
  Ko Kood 327
  Ko Mak 325
  Lonely Beach / Bailan Beach 314

White Sand Beach / Pearl Beach 305
Ko Hai (Ko Ngai) 703
Ko Jum (Ko Pu) 664
Ko Lanta 677
  Hat Klong Nin 692
  Klong Dao / Long Beach 685
Ko Lipe 714
Ko Pha Ngan 402
  Ban Tai / Ban Kai 440
  Chao Pao und Sri Thanu 416
  Hat Rin 435
  Nordwesten 418
  Thong Nai Pan 428
  Thong Sala 408
Ko Phayam 528
Ko Phi Phi Don 668
  Ban Laem Trong 669
Ko Racha Yai 618
Ko Samet 285
Ko Samui 445
  Bo Phut / Big Buddha 457
  Chaweng 466
  Choeng Mon 463
  Lamai 474
  Mae Nam 453
  Nathon 449
  Südküste und Westküste 481
Ko Similan National Park 536
Ko Sukon 710
Ko Surin National Park 535
Ko Tao 382
Ko Tao, Mae Hat / Sai Ri 385
Ko Yao Noi 623
Ko Yao Yai 621
Kota Bharu 771
Kota Bharu, Zentrum 773
Krabi 635
  Ao Nang 655
  Noppharat Thara 659

Rai Leh / Ao Ton Sai 645
Umgebung 642/643
Nakhon Pathom 235
Nakhon Si Thammarat 497
Nördliche Andamanenküste 515
Nördliche Golfküste 332
Ostküste 268/269
Pattaya 274
  Zentrum 277
Phang Nga 630
Phattalung 502
Phetchaburi 335
  Umgebung 337
Phuket 562
  Hat Nai Yang 612
  Kamala 603
  Kata-Karon 586
  Nai Harn und Rawai 582
  Patong 595
  Phuket Town 564
Prachuap Khiri Khan 359
  Umgebung 361
Pulau Langkawi 730
  Kuah 733
  Pantai Cenang, Pantai Tengah 736
Pulau Perhentian 781
Pulau Pinang 764
  Batu Ferringhi 766
  Teluk Bahang 768
Ranong 517
Ratchaburi 231
Satun 725
Songkhla 505
Südliche Andamanenküste 629
Südliche Golfküste 487
Surat Thani 490
Trang 697
Trat 297

Thailand Der Süden — Reiseatlas

Legende

1 : 1.800.000
1 cm = 18 km

0 10 20 30 40 50 km

Symbol	Bedeutung
Autobahn mit Straßennummer (101)	Flughafen, international
Schnellstraße	Flughafen, national
Fernverkehrsstraße	Grenzübergang
Hauptstraße	Sehenswürdigkeit
Nebenstraße	Tempel
Hauptstraße, unbefestigt	Archäologische Stätte
Nebenstraße, unbefestigt	Museum
Fahrweg, Piste	Wasserfall
Fußweg, Pfad	Höhle
Eisenbahn	Aussichtspunkt
Bebaute Fläche	Bergbau
Nationalpark, Naturpark	Empfehlenswerter Badestrand
Marine Nationalpark	Sporttauchen
Gewässer	Gute Schnorchelmöglichkeit
Berggipfel (Doi Tung 1420 m)	Hochseefischen
Höhenpunkt (1462 m)	Seitenverweis (S. 835)

MYANMAR
(BURMA)
Thanbyuzayat
Setse
Sakangyi
Natchaung
Danon
Zami
Kasat
Winkana
Peinnedaw
Taminseik
Kalagauk I.
Kawdwaut
Kanin-kamaw
Lamaing
Taungbyin
Nyigarok
Sonmarha
YE
(YAI)
Yethanok
Wa Kyun
992 m
Kumai
Yindein
Kyung Gyi I.
Tayoktauk
Meiktulagale
Natkyizin
Taungzun
Yapu
Migyaunglaung
Eindayaza
Kanbauk
Kaleinaung
Kyauksat
Zadi
Pachaung
Tokkyachaung
Heinze I.
Middle Moscos Islands
Paungchon Taung
1174 m
Dauklauk
Kalonta
Hermyingi
Nabule
Yebyu
Maungmagan I.
358 m
Maungmagan
Thabawseik
Launglon
DAWEI (TAVOY)
Pagaye
Nyaungzin
Thayetchaung
Taungzin
Pawut
Peinnedaw
Laung Lon Islands
Thagyat Daw
Pyinbyugyi
Chaungwabyin
Zalut
Yange
Kadwe
Dawei (Tavoy) Point
Andamanen-see
Pe
Aw
Zinchaung
Palauk
Khao Mamuang 1732 m
Haungtharaw
Nu Pho
Klong Mai
Umphang
Ti Lo Su
Tha Sai
Kui Lor Thor 1085 m
Pueng Kueng
E-Karaja
Palatha
Zepala
Zepala
Kha Ngae Ki
Ti Lo Le
Menam Klong
Yu Nai
1158 m
1156 m
Mae Chan Tha
Ahta Taung
814 m
1052 m
827 m
Mezali
Phadaw
1298 m
Megathat Chaung
Kyondaw
Payathonzu
Three Pagodas Pass
Ban Chedi
Sangkhlaburi
Taungnyo Taung
Ananbon Chaung
Wang Kha
Sukho
Khao Tukala Pokana 1010 m
Debyu
1290 m
Khao Laem
Khao Laem Reservoir
Thi Kai
Paungsan Taung
522 m
Daichong Thong
National Park
Khao Laem Dam
Khao Dang 1209 m
Thong Pha Phum
Thong Pha Phum National Park
Pilok
Taling Daeng
Hot Springs
National
Huay Khamin
Khao Krabung 1024 m
Prang Kasi
Lin Tin
Daowadung
Sai Yok National Park
Park
1209 m
1104 m
Sai Yok
Hellfire Pass
Bilauktaung Range
1125 m
Phra That
Tha Kradan
Erawan National Park
Lawa
Khao Phang
Nam Tok
Menam Kwae Noi
Taungthonlon
Myitta
Myat Taung 1033 m
Bong Ti
Bong Ti Pass
Sai Yok
Wang Po-Viadukt
1564 m
Tanintharyi (Tenasserim)
849 m
1128 m
Chima
Myinmoletkat Taung
2074 m
Munsali Taung 1158 m
Min-ngaw
Kunzon Taung 928 m
Aungthawara
1143 m
1172
Mae Wong National Park
Menam Wong
Khao Mokochu 1960 m
Taling Sung
Mae Wong Reservoir
Mae Wong
Klong Pho Reservoir
Thap Salao Reservoir
Mae P
Khao Yai 1554 m
Esa
Hin Lat
Sai Poe
1530 m
1253 m
Huai Kha Khaeng
1811 m
1755 m
Menam Kwae Yai
Huai
Ban
Phu
National
1072 m
Srinagarind
Huai Taphoen
Thung
Tha Yai
Ban Klang
Srinagarind Reservoir
Khao Huat 1177 m
Than Lot
Si Sawat
Khao Kamphaeng 1257 m
Tham Than Lot National Park
1013 m
Tha Thung Na Reservoir
Bo Phloi
813 m
Nong Krathum
Lat Ya
River Kwai Bridge
Kanchanaburi
Muang Sing
Ban Kao
Chorakhe Phuak
Dan Makham Tia
Muang Takua Pit Thong
Muang Ton Mamuang
Menam Phachi
Suan Phung
Kha
Khao Yai 1050 m
Phet Nai Fa
Pong Krathi Bon
1090
1288
323
3272
3199
3457
3445
3228
3512
3209
3087
3313
3086
3480
3282
3011
3504

S. 838

Chonburi, Pattaya, Chantaburi, Ko Chang

S. 834
Andamanen-see
Mergui-Archipel
Investigator Passage
Nerchus Passage
Forest Str
Kadwe
Pe
Aw
Zinchaung
Palauk
Kanti
Mali Kyun (Tavoy I.)
Paine I.
Kabosa I.
Thamihla I.
Palaw
Tapo
Kawsaing
Tanintharl (Tenasserim) Kyun
Blundell I.
Elphinstone I.
Kadan Kyun
Maingyi Kyun
Kangyi
Kyataw
Mayanchaung
Kapa
Kala Kyun
Ma-aing Kyun
Tamok
Lutlut
MYEIK (MERGUI)
St. Charles Metcalfe I.
Grants I.
Daung Kyun (Ross I.)
Tatagyi I.
Bailey I.
Prinser (Sargent) I.
366 m
Lloyds I.
Mergui I.
MYANMAR
(BURMA)
Auckland Bay
Saganthit Kyun (Sellor I.)
Parker I.
Courts I.
Kunthi Kyun (Hayes I.)
Great Western Torres I.
Sabi I.
326 m
Money I.
Julian I.
Tucker I.
Pyinzabu Kyun (Bentinck I.)
Kanmaw Kyun (Ketthayin I.)
357 m
Medaw
538 m
Letsok-aw Kyun
Whale Bay
Pawe-gyi Kyun
Pisandaung-Saung
Nyiahma Ngarbaw I.
Maria I.
Pearl I.
472 m
Owen I.
Ale-Man Kyun
Bokpyin
Lanbi Kyun (Sullivan I.)
High I.
Clara I.
534 m
Kau-ye Kyun
Sir Robert Campbell I.
465 m
Karathuri
S. 840
Taung
Myinmoletkat Taung
2074 m
Munsali Taung
1158 m
Mamuang
Suan Phung
Min-ngaw
Kunzon Taung
928 m
Aungthawara
Khao Yai
1050 m
1289 m
1173 m
1143 m
Migyaungthaik
Kyaukpya
Tanintharl (Tenasserim)
Kaeng Krachan
Nation
Menam
Batdu Taung
997 m
Panoen
1513 m
Ti-ywa
Sarawa Chaung
Khao Sam
871
Tatmu
Kyauk-pyu
Pawut
Taubye
705 m
Kywegu
Kawmapyin
Tonbyawggi
Dewata Taung
720 m
Tagu
Banpyi
569 m
Thagyet
Tanintharyi (Tenasserim)
810
Kyaukmigyaung
Yndo
736 m
Theinkun
Tongpru
Theinkun Chaung
Ngawun Chaung
Nam To
543
Manoron
Awebindat
Lenya
Ban Ta Phrom
Wat Hua
832 m
875 m
Taungkup
Ban Mon Suap
Namkyo
Khao Htongdon
668 m
Nanka Hprao
Ko Yai Chim
Sai Khu
Khao Thwe
892 m
816 m
483 m
Hangapru
3497
Ke Taung
745 m
758 m
Sam Yaek Huai Sak
Kapoh National Park
Wang Sai
3253
Mai Sombun
Map Amma
692 m
Ta Hong
Khlong

1 cm = 18 km 1 : 1.800.000 0 10 20 30 40 50 km

S. 839

Golf von

Thailand

Ko Nang Yuan Ko Tao
Mae Hat
Sai Ri Beach

Sails Rock

Thong Marine National Park
Ko Wae Yai Chalok Lam
627 m **Ko Pha Ngan**
Mae Koh Thong Sala Tai
Vua Talap **Hat Rin Beach**
Big Buddha Beach **Choeng Mon Beach**
Ko Sam Sao Bo Phut **Ko Samui**
342 m Nathon Ko Samui Int.'l Airport
Phaluai Taling Ngam 635 m **Chaweng Beach**
Hua Thanon **Lamai Beach**
Ko Ta Phao *Chong Samui*
ok Ta Phao Ko Tan

Donsak Khao Noi
4142 Bang Khu
nchanadit 4142 Khanom
401 4014 **Nai Plao Beach**
rut Thong Yi
4010 4232
ol Khao Phra Sichon
4215
Khao Yai Tepha
4105
Ramyen Ton Liang
nal Park Huai Khlong Hin
Haeng Nam Cha
ung 4186 401
hing Na Reng Khlong Lung
4194 4140 Tha Sala
Khao Luang 4141 Na Thap
Saphan Rang 4016 4012
ipun 1835 m Phrom 4231 **Wat Suthep Tharam**
4194 Khiri Ao
Phrom Lok 4105 4102 Nakhon
Chawang **National Park** **NAKHON SI THAMMARAT**
Chang Karom 4013
Klang Lan Saka Sala Mi Chai Pak Phanang
4015 4238 4094
Thung Wat 403 408 Ko Thang
Na Bon Chian
Song Nong Ron Yai **Ban Pak Phraek**
Pu Kan Phibun Don Tro Khot Thammarat
4116 Bo Lo 4015
Chang Phru Prap 4151 Thung Bang Khoei
apang Lan Hua **Hua Sai**
4151 Khai
403 Chauat 4150 Pak Khlong
Katsada Mai Siap 4018 Laem
4269 Talat Nang Sala Luang
Huai **Khao Pu** *Thale* Hua Sai
Yot Nong Pru Pa Phayom *Noi*
Khao Ya 4163 Khuan **Thale Noi Bird San** S. 843

841

S. 840
Lam Pi-Had
Thai Muang
Nat. Park
Lam Pi
Thai Muang
Tham
Pung
Chang
Takua
Thung
Phang Nga
Ao Luk
Kok Luat
Tham Phet
Boke Khorani
National Park
Tham Lod
Nong Lum Pho
Khao Phanom Bencha
National Park
Khao
Phanom
Thon Nua
Wang Hin
Thung Yai
Khok Han
Khok
Sato
Chawang
Nam
Rop
Chang
Klang
Thung Wat
Na Bon
Karom
Lan Saka
Ron
Phibun
Nong
Pu Kan
Khok Kloi
Tha Yu
Tha Chat Chai
Tham
Lod
Ao Phang Nga
Marine
National Park
Tha Thong Len
Sirinath Marine
Nat. Park
Phuket Int.'l Airport
Ao Tu
Khun
Khao Phra
Taeo Nat. Park
Ban
Yai
Ko Yao
Noi
Chong
Phli
Thung
Tham Sua
Talad Kao
Krabi Int.'l Airport
Nua Klong
Lam Thap
Thung Song
Chang
Phru Prap
Kapang
Saiyat
Ratsada
Cha-uat
Mai Siap
Ko Phuket
Bang Rong
Thalang
Ko Yao
Yai
Khlong
Bon
Ko Tai
Ao Nang
Krabi Town
Phe La Tai
Bon Khuan
Thung Noi
650 m
Klong Thom
Huai Sai Khao
Huai
Nang
Khao Pu
Nong Pru
Pa Phayom
Patong
Kathu
Ao Bo Le
Noppara Thara
Ko Phi Phi
Marine
National Park
Ko Siboya
Laem
Kruat
Karon
Kata
PHUKET TOWN
Thale Phuket
Laem
Phan Wa
Laem Prom Thep
Rawai
Ko Jum
(Ko Pu)
Ko
Hang
Klong Pring
Klong Phon
Sai Khao
Sai Yao
Huai Yot
Tham
Khao Pina
- Khao Ya
Siban
Phot
Ko Phi Phi
Ko Phi Phi Leh
Hua Hin
Bang Suat
Saladan
Na
Bo
Muang
Wang
Wiset
Lang Khao
Nam Phut
National Park
Suan Not
Ko Racha Yai
Ao Phra-ae Beach
Ko Lanta Noi
Sikao
Ton Chot
Khlong
Teng
Khok
Sai
Srinacarindra
Ko Racha Noi
Ko Lanta
Ko Lanta
Ko Lanta Yai
Phru Chut
Hua
Thanon
TRANG
Khao Chong
National Park
Ko Lanta
Marine National Park
Ko Ngai
(Ko Hai)
Pak Meng
Beach
Kantang
Yan Ta
Khao
Kongra
Sairung
Prai Wan
Had Chao Mai
National Park
Chang Lang
Ko Muk
Ko Kradan
Hat Yao Beach
Chao Mai
Na
Nong Khan
Toneteh
950 m
Andamanen-
see
Ko Rok Nai
Ko Rok Nok
Ko Libong
Hat Samran
Hat Samran
Beach
Sam Yaek
Palian
Tung Yao
Yong Sala
Ko Liang
Ko Sukon
Thung Wa
Thung Sa Bo
Nong Hoi
Khong
Ko Petra
Thung Samet
Ko Petra
Marine National Park
La-Ngu
Ko Bulon Lae
Ko Bulon
Ban Pakbara
Khuan
Tho
Tha Phae
Ao Pante
Chalung
Ko Rawi
Tarutao
Marine
National Park
Ko Tarutao
713 m
Che Bilang
Satun
Ko Ta-Nga
Tammalang
Ko
Butang
Ko Adang
Ko Lipe
Langkawi Sound
Pulau
Langkawi
Padang
Masirat
Kuah
P. Tuba
Underwater World
Pulau
Singa Besar
Pulau Dayang
Bunting
Straße von Malacca
S. 843
Jitra
Kuala Tekai
Anak
Bukit
Pokok Sena
ALOR SETAR
MALAYSIA
1110 m
Naka
Kuala
Kedah
Tanah Merah
Nami
Gula
Tokai
Kuala Kangkong
Pendang
Kota Sarang Semut
Kubang Chenok
Kedah
Sungai Limau
Guar
Chempedak
Chong
Tanjang
Pari
G. Lang
Gurun
Sik
Yan
G. Jerai
1217 m
1145 m
Bedong
S. Lalang
Jeniang
Betong
Singkit Darat
Asam
Jawa
Pengkalan
Hulu
Bagan Ulu
Bukit
Selambau
Pulai
Baling
Kuala Sungai
Muda
Sungai
Petani
Kuala Ketil
Kupang
Lalang
Padang
Serai
Labu Besar
Batu
Ferringhi
GEORGE-
TOWN
Titi Karangan
G. Bintang
1862 m
Pahat
Batu Dua
Gerik
Teluk
Bahang
Mak Mandin
Butterworth
Sidim
Karangan
Kenayat Besar
Ayer Itam
Kulim
Mahang
Sungai
Nibong
Bukit
Mertajam
Terap
Lawin
Tasik Kenering
Pulau
Penang
Batu
Kawan
Val d'Or
Serdang
Lubok
Buaya
Selama
Ayer Kala
Sungai Acheh
Bander Baharu
Redang
Panjang
Sumpitan
Bagan Tiang